진 명

뉴밀레니엄
韓中小辭典

(株)進明出版社

Zhuyin	Pinyin	Zhuyin	Pinyin	Zhuyin	Pinyin	Zhuyin	Pinyin
ㄏㄣ	hen	*ㄓ	zhi	ㄕㄨㄟ	shui	ㄙㄜ	se
ㄏㄤ	hang	ㄓㄚ	zha	ㄕㄨㄢ	shuan	ㄙㄞ	sai
ㄏㄥ	heng	ㄓㄜ	zhe	ㄕㄨㄣ	shun	ㄙㄠ	sao
ㄏㄨ	hu	ㄓㄞ	zhai	ㄕㄨㄤ	shuang	ㄙㄡ	sou
ㄏㄨㄚ	hua	ㄓㄟ	zhei	*ㄖ	ri	ㄙㄢ	san
ㄏㄨㄛ	huo	ㄓㄠ	zhao	ㄖㄜ	re	ㄙㄣ	sen
ㄏㄨㄞ	huai	ㄓㄡ	zhou	ㄖㄠ	rao	ㄙㄤ	sang
ㄏㄨㄟ	hui	ㄓㄢ	zhan	ㄖㄡ	rou	ㄙㄥ	seng
ㄏㄨㄢ	huan	ㄓㄣ	zhen	ㄖㄢ	ran	ㄙㄨ	su
ㄏㄨㄣ	hun	ㄓㄤ	zhang	ㄖㄣ	ren	ㄙㄨㄛ	suo
ㄏㄨㄤ	huang	ㄓㄥ	zheng	ㄖㄤ	rang	ㄙㄨㄟ	sui
ㄏㄨㄥ	hong	ㄓㄨ	zhu	ㄖㄥ	reng	ㄙㄨㄢ	suan
*ㄐㄧ	ji	ㄓㄨㄚ	zhua	ㄖㄨ	ru	ㄙㄨㄣ	sun
ㄐㄧㄚ	jia	ㄓㄨㄛ	zhuo	ㄖㄨㄚ	rua	ㄙㄨㄥ	song
ㄐㄧㄝ	jie	ㄓㄨㄞ	zhuai	ㄖㄨㄛ	ruo	*ㄚ	a
ㄐㄧㄠ	jiao	ㄓㄨㄟ	zhui	ㄖㄨㄟ	rui	ㄛ	o
ㄐㄧㄡ	jiu	ㄓㄨㄢ	zhuan	ㄖㄨㄢ	ruan	ㄜ	e
ㄐㄧㄢ	jian	ㄓㄨㄣ	zhun	ㄖㄨㄣ	run	ㄝ	ê
ㄐㄧㄣ	jin	ㄓㄨㄤ	zhuang	ㄖㄨㄥ	rong	ㄞ	ai
ㄐㄧㄤ	jiang	ㄓㄨㄥ	zhong	*ㄗ	zi	ㄟ	ei
ㄐㄧㄥ	jing	*ㄔ	chi	ㄗㄚ	za	ㄠ	ao
ㄐㄩ	ju	ㄔㄚ	cha	ㄗㄜ	ze	ㄡ	ou
ㄐㄩㄝ	jue	ㄔㄜ	che	ㄗㄞ	zai	ㄢ	an
ㄐㄩㄢ	juan	ㄔㄞ	chai	ㄗㄟ	zei	ㄣ	en
ㄐㄩㄣ	jun	ㄔㄠ	chao	ㄗㄠ	zao	ㄤ	ang
ㄐㄩㄥ	jiong	ㄔㄡ	chou	ㄗㄡ	zou	ㄥ	eng
*ㄑㄧ	qi	ㄔㄢ	chan	ㄗㄢ	zan	ㄦ	er
ㄑㄧㄚ	qia	ㄔㄣ	chen	ㄗㄣ	zen	ㄫ	ng
ㄑㄧㄝ	qie	ㄔㄤ	chang	ㄗㄤ	zang	*ㄧ	yi
ㄑㄧㄡ	qiu	ㄔㄥ	cheng	ㄗㄥ	zeng	ㄧㄚ	ya
ㄑㄧㄢ	qian	ㄔㄨ	chu	ㄗㄨ	zu	ㄧㄛ	yo
ㄑㄧㄣ	qin	ㄔㄨㄚ	chua	ㄗㄨㄛ	zuo	ㄧㄝ	ye
ㄑㄧㄤ	qiang	ㄔㄨㄛ	chuo	ㄗㄨㄟ	zui	ㄧㄠ	yao
ㄑㄧㄥ	qing	ㄔㄨㄞ	chuai	ㄗㄨㄢ	zuan	ㄧㄡ	you
ㄑㄩ	qu	ㄔㄨㄟ	chui	ㄗㄨㄣ	zun	ㄧㄢ	yan
ㄑㄩㄝ	que	ㄔㄨㄢ	chuan	ㄗㄨㄥ	zong	ㄧㄣ	yin
ㄑㄩㄢ	quan	ㄔㄨㄣ	chun	*ㄘ	ci	ㄧㄤ	yang
ㄑㄩㄣ	qun	ㄔㄨㄤ	chuang	ㄘㄚ	ca	ㄧㄥ	ying
ㄑㄩㄥ	qiong	ㄔㄨㄥ	chong	ㄘㄜ	ce	*ㄨ	wu
*ㄒㄧ	xi	*ㄕ	shi	ㄘㄞ	cai	ㄨㄚ	wa
ㄒㄧㄚ	xia	ㄕㄚ	sha	ㄘㄠ	cao	ㄨㄛ	wo
ㄒㄧㄝ	xie	ㄕㄜ	she	ㄘㄡ	cou	ㄨㄞ	wai
ㄒㄧㄠ	xiao	ㄕㄞ	shai	ㄘㄢ	can	ㄨㄟ	wei
ㄒㄧㄡ	xiu	ㄕㄠ	shao	ㄘㄣ	cen	ㄨㄢ	wan
ㄒㄧㄢ	xian	ㄕㄡ	shou	ㄘㄤ	cang	ㄨㄣ	wen
ㄒㄧㄣ	xin	ㄕㄢ	shan	ㄘㄥ	ceng	ㄨㄤ	wang
ㄒㄧㄤ	xiang	ㄕㄟ	shei	ㄘㄨ	cu	ㄨㄥ	weng
ㄒㄧㄥ	xing	ㄕㄣ	shen	ㄘㄨㄛ	cuo	*ㄩ	yu
ㄒㄩ	xu	ㄕㄤ	shang	ㄘㄨㄟ	cui	ㄩㄝ	yue
ㄒㄩㄝ	xue	ㄕㄥ	sheng	ㄘㄨㄢ	cuan	ㄩㄢ	yuan
ㄒㄩㄢ	xuan	ㄕㄨ	shu	ㄘㄨㄣ	cun	ㄩㄣ	yun
ㄒㄩㄣ	xun	ㄕㄨㄚ	shua	ㄘㄨㄥ	cong	ㄩㄥ	yong
ㄒㄩㄥ	xiong	ㄕㄨㄛ	shuo	*ㄙ	si		
		ㄕㄨㄞ	shuai	ㄙㄚ	sa		

머릿말

중국어 학습자가 최근 몇 년간 상당수 늘어났음에도 불구하고 지금까지 간편하면서도 늘 참고할 만한 좋은 한중사전이 없는 실정이다.

수십년 동안 우리는 아쉬운 대로 1978년 중국 商务印书馆에서 출판한 《朝汉词典》이나, 1986년 중국 民族出版社와 북한의 朝鮮外国文出版社가 공동으로 《中朝词典》을 펴낸 후 1993년 2월 발행한 《朝中词典》 등을 이용하던 중, 미완성이긴 하나 1998년 (주)진명출판사가 《韓中词典》을 발행하는 정도였다.

(주)진명출판사의 《韓中词典》은 축적된 데이터가 전무하고 기술적으로도 이러한 사전을 제작한다는 것 자체가 불가능할 정도로 열악한 환경에서 기획된 것이어서 상당한 문제점을 안고 있었다. 당시에는 중국에서 규정된 간체자나 한어병음 등이 한글과 자유자재로 아우려져 전산화할 수 있는 기술이 없었기 때문에 우선 이런 환경의 구축이 급선무였다. 중국의 国家标准内码(GB code)와 台湾의 五大码(Big - 5 code)를 우리의 각종 전산부호 체계와 맵핑하고, 중국 글자나 한어병음의 입출력 방안을 모색하여야 했으며, 또 각종 중국 서체를 우리 한글과 함께 입출력하도록 해 야했다. 이런 작업이 사전 편찬의 주된 일이었기 때문에 당연히 사전 내용에 크게 신경 쓸 겨를이 없었던 것이다.

진명의 《韓中辭典》이 많은 문제를 안고 있음에도 불구하고 출판된 지 5년이 지나도록 더 좋은 사전을 내놓지 못한 것도 그 만큼 이러한 작업이 어려웠기 때문일 것이다. 이제 기존의 사전과는 완전히 다른 새 모습의 본격적인 한중사전을 선보이게 되어 독자들의 비난을 조금은 덜수 있게 되었다고 생각하니 한층 마음이 가벼워짐을 느낀다.

이 사전에서는 전통적인 한국어- 외국어 대역어 사전의 모습을 갖추도록 기획하였다. 통계와 과학적인 근거에 의해 표제어를 선정하고 이에 합당한 대역어를 찾는 한편 구어체의 예문을 보여 실용성을 높이는데 주력하였다. 나아가 대부분의 사전이 정보화 시대 이전에 제작된 것이기 때문에 급변하는 오늘의 어휘를 반영하지 못하는 결함이 있기 때문에 이 사전에서는 이 분야의 어휘를 대거 수록하였다.

수록된 표제어가 많다고 무조건 좋은 사전이라고는 할 수없을 것이다. 필요없는 어휘가 대량 수록되어 오히려 검색에 방해가 되고 휴대하기 불편한 사전보다는 필요한 어휘만 빠짐없이 수록되어 검색에 편하다면 더 좋은 사전이라고 할 수 있을 것이다. 이러한 관점에서 이 사전에는 꼭 필요한 어휘만을 골라 싣고 글자를 작게하여 휴대하기에 편하도록 하였다.

이 사전 하나면 한국어의 중국어 대역어를 검색하거나 한국어를 중국어로 바꾸는데 큰 불편함이 없을 것이다.

최근 중국에 번지기 시작한 한류(韓流)의 영향으로 중국인의 한국어에 대한 관심도 고조되고 있다. 중국인이 이 사전을 이용하는데도 어려움이 없도록 문법기능이 높은 낱말에 대해서는 중국어 설명을 덧붙여 두었다.

이 사전을 만드는 과정에는 여러 사람의 도움이 있었다. 도와준 여러 사람에게 이 지면을 빌어 정중히 감사의 말씀을 전하고 싶다.

금정산 기슭에서 편자 씀
2004년   5월   30일

일러두기

一. 표제어의 선정

(1) 한국인이 중국어를 학습하거나 중국어와 관련된 실무를 볼 때 필요한 어휘를 골라 약 3만 개 정도를 수록하였고 이의 중국어 대역어는 약 10만 개 정도에 이른다.

(2) 일상 사회에 쓰이는 표준어를 중심으로, 학습·실무에 필요한 학술어·전문어·외래어·속담·속어·관용구 등을 망라하였으며, 특히 최근에 급증한 신조어 및 전산 관련 용어를 대거 보강하였다.

(3) 한국인의 언어생활에 일상적으로 나타나지만 중국어로 표현하기 어려운 말들을 한국어의 형식에 구애되지 않고 골라 실었다.

(4) 경제 용어나 무역 실무에 필요한 어휘들을 상당량 실어 한·중 간의 경제 교류에 참고할 수 있도록 하였다.

(5) 주로 문법에 관련하는 조동사·조사·어미·접두어·접미어 등도 싣고 이의 용법에 대해서는 중국어로 설명하여 중국인들도 참고하도록 하였다.

二. 표제어의 표기

(1) 등급의 표시

서울대학교 국어연구소에서 수행한 "한국어의 등급별 총어휘 목록 선정 결과 (낱말 V.2001)"에 채록된 1등급(1,839 어)은 ᴬ로, 2등급(4,228 어)은 ᴮ로, 3등급 (8,361 어)은 ᶜ로 보기와 같이 표시하여 참고하도록 하였다.

> 보기 ᴬ**아가** 명 ❶ (갓난 아기) 【小宝宝】xiǎobǎo·bǎo
> ᴮ**아가씨** 명 ❶ 【小姐】xiǎo·jie ¶~, 길 좀 물읍시다 | 小姐, 问一下路。
> ᶜ**아궁이** 명 【灶孔】zàokǒng 【灶门】zàomén 【灶口】zàokǒu

(2) 배열 순서

① 자모는 일반적인 국어사전의 관례에 따라 가나다 순으로 배열하였다.

② 모든 표제어는 자모의 배열에 따랐으며, 같은 표기 내에서는 명사 동사 형용사 부사 등의 품사별로 나열하고, 같은 품사 내에서는 사용 빈도에 따라 배열하고, 표제어의 오른쪽 어깨에 번호를 붙여 구별하였다. 조사, 접두어, 접미어, 어미의 경우에는 "−"를 삽입하였다.

> 보기 ᴬ**가** 명 ❶ (옆에) 【边儿】biānr 【沿儿】yánr
> **가**−²[加−] 【加】jiā ¶~속도 | 加速度sùdù。
> **가**−³[假−] 명 ❶ (임시) 【临时性的】línshíxìng·de
> ᴮ−**가** 조 ❶ (表示主语的助词, 用在开音节词后表示主语.
> −**가**⁵[−哥] 回 【姓】xìng
> −**가**⁶[−家] 回 【家】jiā ¶ 철학~ | 哲学zhéxué家。
> −**가**⁷[−街] 回 【街】jiē ¶ 왕부정~ | 王府井Wángfǔjǐng街。
> −**가**⁸[−歌] 回 【歌】gē ¶ 애국~ | 爱国àiguó歌。
> −**거나** 어미 ❶ (表示让步) 【不管】bùguǎn

③ 검색의 편의를 위해 속담 등의 긴 말들도 완전히 따로 분류하여 자모 순서에 따라 배열하였다.

(3) 철자

표제어의 철자는 1988년 문교부 고시의 “한글 맞춤법”과 “표준어 규정” 및 1990년 문화부 고시의 “표준어 모음”에 따랐다.

(4) 한자 및 외국어 표기
① 표제어중 일부만 한자어이거나 외국어인 경우에는 우리말에 해당하는 부분은 [ ] 속에 “－”를 삽입하였고, 특히 컴퓨터 용어 등 최근의 외래어 어휘에는 한자어일지라도 원어를 병기하였다.

보기 **ㄱㄴ순**[－順] 몡【ㄱㄴ順序】shùnxù
　　　 ㄱ자자[－字－] 몡【直角尺】zhíjiǎochǐ
　　　 가상세계[假象世界;cyber space] 몡〈電算〉【虚拟世界】xūnǐshìjiè

② 표제어가 외래어인 경우, 영어를 제외하고 [ ] 속에 그 어원을 다음 약호로 밝혀 두었다.

보기 ᴮ**고무**¹[프 gomme] 몡【橡胶】xiàngjiāo【橡皮】xiàngpí

그:그리스어	네:네델란드어	노:노르웨이어
도:독일어	라:라틴어	러:러시아어
범:범어	벨:벨기에어	스:스페인어
아랍:아랍어	이:이탈리아어	핀:핀란드어
인:인도어	일:일본어	페:페르시아어
포:포르투갈어	폴:폴란드어	프:프랑스어
히:히브리어		

(5) 품사·전문어 등의 표시
① 품사 및 이와 관련된 용어는 다음 약호로 표시하였다.

몡:명사	의명:의존명사	대:대명사
수:수사	동:동사	조동:보조 동사
형:형용사	관:관형사	감:감탄사
부:부사	조:조사	투:접두사
미:접미사	어미:어말 어미	
하자:하다 자동사	하타:하다 타동사	하자타:하다 자·타동사
하형:하다 형용사	스형:스럽다 형용사	
관용:관용어·속담·성구		

② 전문어는 다음 약호로 표시하였다.

〈建〉건축·건설·토목	〈經〉경제·경영·무역·상업
〈蟲〉곤충	〈工〉공업·공학
〈鑛〉광물·광업	〈軍〉군사
〈機〉기계	〈氣〉기상
〈論〉논리	〈農林〉농업·임업
〈動〉동물	〈文〉문학
〈物〉물리	〈美〉미술
〈法〉법률	〈佛〉불교
〈色〉색채	〈生〉생물·미생물
〈生理〉생리	〈數〉수학
〈植〉식물	〈新放〉신문·방송·매스컴
〈心〉심리	〈藥〉약학
〈魚貝〉어류·패류	〈言〉언어학

2

〈史〉역사·고고학 〈藝〉연극·영화·촬영
〈音〉음악 〈醫〉의학·한의학
〈印〉인쇄·출판 〈電〉전기·전자·통신
〈電算〉컴퓨터·인터넷 〈政〉정치
〈鳥〉조류 〈宗〉종교
〈地〉지명·지리·지학·지질 〈天〉천문
〈哲〉철학 〈體〉체육
〈化〉화학 〈商標〉상표명
〈社名〉회사 이름

三. 대역어

(1) 의미 영역
① 표제어의 의미 영역은 ❶ ❷ ❸으로 구분하였고, 각 항목의 의미를 구별하기 위해 ( ) 속에 간단하게 넣었다.
② 표제어가 주로 문법적 역할을 하는 어휘인 경우에는 그 용법을 ( ) 속에 중국어로 설명하였다.
　　보기 ^A가 쪼 ❶ (옆에)【边儿】biānr…… ❷ (언저리에)【旁边】pángbiān
　　　　^B-가 조 ❶ (表示主语的助词, ……) ❷ (与"되다"连用表示"되다"…)

(2) 대역어의 표기와 발음
대역어는 【 】 속에 표기하고 그 발음은 바로 옆에 한어병음으로 달았다. 대역어가 여러 개일 때는 사용 빈도가 많은 것부터 표기하였다.
　　보기 ^B가격[價格] 쪼 【价】jià【价钱】jià·qian【价格】jiàgé ……

(3) 용례
① 용례는 그 어휘의 문법적 특성을 보여줄 수 있도록 정선하였다.
② 용례는 "¶"로 표시하였고 용례 안에서는 표제어의 글자 수에 관계 없이 "~"를 표기하고 생략하였으며, 표제어가 변형되어 쓰인 경우는 생략하지 않고 표기하였다.
　　보기 ^A가깝다 혱 ❶ (거리·시간이)【近】jìn ¶우체국은 집에서 매우 ~ | 邮局y-óujú离家很近。 ❷ (사이·관계가)【接近】jiējìn…… ¶가까운 관계 | 亲密的关系。……
③ 이미 열거한 용례와 같은 용례를 더 열거하고자 할 때는 "/"표를 하고 보기와 같이 표기하였다.

　　보기 ^A기게 쪼【商店】shāngdiàn …… ¶24시간 영업하는 ~ | 日夜商店/通宵t-ōngxiāo商店。……
④ 간단한 부연 설명이나 보충할 사항이 있는 경우에는 석의 뒤에 [ ] 로 표시하였다.
　　보기 가봉²[Gabon] 쪼〈地〉【加蓬】Jiāpéng [아프리카 서남부에 위치한 나라. 수도는 "利伯维尔"(리브르빌;Libreville)]
(4) 용례 등의 중국어 발음
대역어의 용례에 나오는 중국어에 어려운 글자가 있을 때는 그 글자의 옆에 한어병음을 달았다.

(5) 접미사(後 綴)의 표기

3

접미사 "一儿""一子""一的""一头" 등은 해당 항목의 ( ) 속에 표기하고, 올림 말에는 "r""·zi""·de""·tou"를 그 발음 뒤의 ( )속에 표시하였다

보기 【根(儿)】gēn(r)
　　 【条(儿,子)】tiáo(r,·zi)

四. 표음 원칙(表音原則)

(1) 표음의 일반 원칙
자음(字音)은 1985년 중화인민공화국의 "国家语言文字工作委员会"에서 공포한 《普通话异读词审音表》를 기준으로 한어병음자모로 표기하였다.

(2) 경성(輕聲)의 표시 방법
① 항상 경성으로 발음하는 것은 해당 병음자모 앞에 "·"으로 표시하였다.
　ⓐ 어기조사(語氣助詞) : 了·le 啦·la 的·de 哪·na 呢·ne 啊·a 呀·ya 哇·wa 吧·ba 吗·ma
　ⓑ 동태조사(動態助詞) : 着·zhe 了·le
　ⓒ 구조조사(結構助詞) : 得·de
　ⓓ 접미사(後綴) : 们·men 的·de 地·de 子·zi 儿·er 头·tou 么·me
　ⓔ 양사(量詞) : 个·ge
　ⓕ 부사(副詞)(경우에 따라) : 不·bu
　ⓖ 중첩에 의한 경성 : 看看kàn·kan 哥哥gē·ge
　ⓗ 형태소(詞素)로서의 경성 : 衣裳yī·shang 葡萄pú·tao
② 일반적으로 경성으로 발음하지만 중음(重音)으로 강조할 때 등 원래의 성조대로 발음할 수도 있는 경우에는 경성과 원래의 성조 기호를 함께 표시하였다.
보기 【过去】guò·qù

(3) 연음 변화(連音變化)와 변조(變調)
① 동화(同化)·이화(異化) 등의 연음 변화는 실제 발음상에서 나타나는 현상이므로 표음에 반영하지 않았다.
② 제3성(上聲)의 변화 등 규칙적인 변조(變調;tone sandhi)는 법칙에 준거하여 발음하므로 원래의 성조대로 표기하였다.
보기 【总统】zǒngtǒng
③ "一"과 "不"는 변조된 성조기호를 성조로 표기하였다.
④ 변조에 의해 품사가 바뀌는 등의 새 낱말이 파생된 경우나 불규칙적으로 변음(變音)하여 고정된 경우는 변한 성조나 음으로 표기하였다.
보기 【好好儿(的)】hǎohāor(·de)

(4) "儿化韵"
접미사(後綴) "一儿"은 자기의 음절 "er"(실질 음가은 [ɚ])을 가지지 못하고 얼마간의 변화를 일으키면서 앞의 음절에 흡수된다. 이러한 현상을 "儿化"라고 하는데, 통상적으로 변화된 음은 표기하지 않고 일률적으로 "·r"을 붙인다. 그러나 실제로는 아래와 같이 발음하여야 한다.
① "-a"·"-e"·"-o"·"-u" 다음에 "儿er"이 오면 "·r"(실질 음가는 [ɚ])만 붙여 발음한다.
보기 【法儿】fǎ+er→fǎr　　　　 【歌儿】gē+er→gēr
　　 【错儿】cuò+er→cuòr　　 【股儿】gǔ+er→gǔr
② "-i"·"-ü" 다음에 "儿er"이 오면 "·er"(실질 음가는 [ɚ])로 발음한다.
보기 【皮儿】pí+er→píer　　　 【驴儿】lǘ+er→lǘer

4

【鱼儿】yú+er→yúer

③ "-ai" "-an" "-ei" "-en" 다음에 "儿er"이 오면 "-i" "-n"을 없애고 "-r"을 붙여 발음한다.

> 보기 【盖儿】gài+er→gàr 【边儿】biān+er→biār
> 　　　【味儿】wèi+er→wèr 【分儿】fēn+er→fēr

④ "zhi" "chi" "shi" "ri" "zi" "ci" "si" "-ui" "-in" "-un" "-ün" 다음에 "儿er"이 오면 "-i" "-n"을 없애고 "-r"로 발음한다.

> 보기 【事儿】shì+er→shèr 【子儿】zǐ+er→zěr
> 　　　【腿儿】tuǐ+er→tuěr 【信儿】xìn+er→xièr
> 　　　【村儿】cūn+er→cūer 【裙儿】qún+er→qúer

⑤ "-ang" "-eng" "-ong" 다음에 "儿er"이 오면 "-ng"를 없애고 "-r"을 붙이고, "-ing"은 "-ng"를 없애고 "-er"을 붙이되, 모두 비음화(鼻音化)하여 "-ar" "-er" "-or" "-ier"로 발음한다.

> 보기 【腔儿】qiāng+er→qiār 【灯儿】dēng+er→dēr
> 　　　【空儿】kòng+er→kòr 【影儿】yǐng+er→yǐer

(5) 표음의 단위

① 대역어는 낱말을 기본 단위로 하여 표음하였다. 그러므로 복합어·속담·성어 등 여러 개의 낱말로 이루어진 말들이 올림말이 되었을 때는 낱말 단위로 띄어 썼다.
② 하나의 낱말일지라도 때에 따라 형태소(詞素)간에 분리되어 쓰이는 경우(이것을 "离子化"(이온화 현상)라고 한다)에는 그사이에 "/"를 넣었다.

> 보기 【爱护】àihù …
> 　　　【爱答不理】à dā bù lǐ …
> 　　　【爱国】ài/guó …

(6) 격음(隔音)의 표기

한어병음 방안에 따라 "a" "o" "e"로 시작되는 음절이 앞 음절의 끝 자모와 연결되어 병음자모의 경계에 혼란을 일으킬 때와 운미(韻尾) "n"과 성모(聲母) "g"가 연결되어 혼란을 야기하는 경우 등에는 "'"로 구분 지었다.

> 보기 【第二】dì'èr
> 　　　【名额】míng'é
> 　　　【掩盖】yǎn'gài

(7) 고유 명사의 표기

① 첫 자모를 대문자로 표기하였다.
② 고유 명사로서 띄어 쓸 때는 띄어 쓴 첫 음절의 자모를 대문자로 표기하였다.
③ 사람의 성과 이름은 띄어 썼다.

> 보기 【汉城】Hànchéng
> 　　　【毛泽东思想】Máo Zédōng Sīxiǎng

五. 참고어

표제어와 관련하여 동의어·반의어·참조어 등 참고할 만한 어휘는 "참고" 표시를 하고 표기하였다.

> 보기 ^A가게 몡【商店】shāngdiàn……참고〔摊tān儿〕〔浮fú摊〕〔摊子tān·zi〕

5

ㄱㄴ순[-順] 圀【ㄱㄴ顺序】shùnxù

ㄱ자자[-字-] 圀【直角尺】zhíjiǎochǐ

ㄱ자집[-字-] 圀【直角形房子】zhíji-ǎoxíng fáng·zi

A가¹ 圀 ❶ (옆에) 【边儿】biānr 【沿儿】y-ànr【畔】pàn【滨】bīn【旁】páng ¶강~ | 河边沿儿. ¶우물~ | 井jǐng沿儿. ¶길~ | 路旁. ¶바닷~ | 海滨. ¶길을 갈 때는 ~로 붙어 걸어야 한다 | 走路要靠kào边儿走. ❷ (언저리에) 【旁边】pángbiān 【角】jiǎo ¶입~에 미소를 띠다 | 嘴角带着微笑w-ēixiào.

가-²[加-] 튐【加】jiā ¶~속도 | 加速度sùdù.

가-³[假-] 튐 ❶ (임시) 【临时的】lín-shíxìng·de ¶~건물 | 临时性的建筑物jiànzhùwù. ¶~영수증 | 临时收据. ❷ (거짓) 【假】jiǎ ¶~성명 | 假名.

B-가⁴ 죄 ❶ (表示主语的助词, 用在开音节体词后表示主语. 在复句中往往做表示小主语的助词) ¶제一 | 我来做. ❷ (与"되다"连用表示"되다"所要求的对象) ¶컴퓨터 전문가~ 되다 | 成了电脑专家. ❸ (与"아니다"连用表示否定对象) ¶그 사람은 배우~ 아니야 | 他不是演员. ❹ (表示强调) ¶아무리 먹어도 배~ 부르지~ 않다 | 怎么吃肚子也不饱.

-가⁵[-哥] 回【姓】xìng ¶나는 이-이고, 그는 김씨이다 | 我姓李, 他姓金.

-가⁶[-家] 回【家】jiā ¶철학~ | 哲学zhéxué家. ¶작~ | 作家.

-가⁷[-街] 回【街】jiē ¶왕부정~ | 王府井Wángfǔjǐng街.

-가⁸[-歌] 回【歌】gē ¶애국~ | 爱国àiguó歌.

가가호호[家家戶戶] 圀【家家户户】jiā-jiā hùhù【每家】měi jiā

가건물[假建物] 圀 ❶ (임시의) 【临时建筑】línshí jiànzhù ❷ (불법의) 【违章建筑】wéizhāng jiànzhù

A가게 圀【商店】shāngdiàn【铺子】pù·zi ¶24시간 영업하는 ~ | 日夜商店/通宵tōngxiāo商店. ¶잡화 ~를 열다 | 开了一个杂货záhuò铺子. (참고) 〔摊tān儿〕〔浮fú摊〕〔摊子tān·zi〕

B가겟집 圀【店堂】diàntáng【柜上】guì·shang ¶~으로 하다 | 做店面.

가격[價格] 圀【价格】jiàgé【价】jià【价钱】jià·qian【价格】jiàgé ¶~을 10% 할인하다 | 减一成价. ¶~이 적정하다 | 价钱公道gōngdào. ¶~을 흥정하다 | 讲价钱. ¶도매 ~ | 批发pīfā价格. ¶소매 ~ | 零售língshòu价格. ¶시장 ~ | 市场价格. ¶공장도 ~ | 工厂交货价格. ¶할인 ~ | 折扣zhékòu价格. (참고) 〔货码huàmǎ〕〔价码(儿)〕

가격대성능비[價格對性能比; cost per formance] 圀【性价比】xìngjiàbǐ【性能价格比】xìngnéng jiàgébǐ

가격표[價格表] 圀【价格表】jiàgébiǎo【价目单】jiàmùdān【价目表】jiàmùbi-ǎo【报价单】bàojiàdān ¶~꼭지 | 价格标签. (참고) 〔价格标签biāoqiān〕〔价码目标签〕〔单价表〕〔目录价〕〔商品目标签〕〔定价表牌pái〕

가격 흥정[價格-] 圀【讨价还价】tǎo jià huán jià ¶갖가지 구실로써 ~하다 | 以种种借口jiềkǒu讨价还价. (참고) 〔要价(儿)还价(儿)〕〔打价dǎjià(儿)〕〔赚价jiùjià(儿)〕

가계¹[家系] 圀【家谱】jiāpǔ【家世】jiā-shì【谱系】pǔxì ¶적자는 당연히 ~에 올라가야 | 嗣子sìzi应列入家谱. ¶사람들은 모두 자기 ~를 중시한다 | 人们都重视自己的家世. (참고) 〔家牒dié〕〔家乘shèng〕〔宗谱zōngpǔ〕〔老底子〕

가계²[家計] 圀【家计】jiājì【家庭生计】jiātíngshēngjì ¶~ 경제 조사 | 家计经济情况调查diàochá. (참고) 〔家道〕〔家庭收支情况〕

가계부[家計簿] 圀【家庭帐簿】jiā-tíng jìngjì zhàngbù【家庭帐簿】jiātíng zhàngbù

가곡[歌曲] 圀【曲调】qǔdiào【唱曲】ch-àngqǔ【唱诗】chàngshī ¶~집 | 唱

1

诗集。

ᴬ**가공**[加工] 명하타【加工】jiāgōng ¶분유로 ~하다 | 加工成chéng奶粉nǎifěn。¶~ 작업장 | 加工车间。¶~비 | 加工费。¶~공업 | 加工工业。

가공업[加工业] 명【加工业】jiāgōngyè

가관[可觀] 명❶ (볼만함)【可观】kěguān【值得看】zhí·de kàn ¶이 연극은 대단히 ~이다 | 这出戏xì大有可观。❷ (꼴불견)【够瞧】dé·de qiáo·de ¶패주하는 적들의 추태야말로 ~이다 | 敌人dírén逃跑时的那种丑态chǒutài真够瞧的。

ᴬ**가구**¹[家口] 명【家】jiā【户】hù【住户】zhùhù ¶한~ | 一家。¶마을 전체가 30~이다 | 全村三十户。

ᴮ**가구**²[家具] 명【家具】jiājù【家什】jiāshí【什物】shíwù ¶~를 들여놓다 | 把家具搬进去。참고〔家伙huǒ〕〔家式shì〕〔什器〕

가극[歌劇] 명【歌剧】gējù ¶~단 | 歌剧团。

가금[家禽] 명【家禽】jiāqín ¶~사육장 | 家禽饲养场。

가금인플루엔자[家禽Influenza；HPAI；Highly Pathogenic Avian Influenza] 명〈醫〉【禽流感】qínliúgǎn

가급적[可及的] 명分【尽可能】jǐnkěnéng【尽量】jǐnliàng ¶~ 좀 일찍 오너라 | 尽可能早点儿来。¶~ 앞당겨 임무를 완성해라 | 尽量提早完成任务。

ᴬ**가까스로** 분【好容易】hǎoróngyì【好容易】hǎoróngyì【吃力地】chīlì·de【勉强】miǎnqiǎng【仅仅】jǐnjǐn ¶~지탱하다 | 吃力地扶fú着。¶수입은 다섯 사람에 ~임에 풀칠이나 할 정도이다 | 收入只够五个人勉强miǎnqiǎng糊口húkǒu。¶~ 몇 마디 말하고는 끝냈다 | 仅仅说了几句话就完了。

가까운 이웃이 먼 친척보다 낫다 관용【远亲不如近邻】yuǎnqīn bùrú jìnlín

가까워지다 동❶ (거리·시간이)【临近】línjìn ¶시험일이 점점 가까워진다 | 考试日期渐渐临近了。❷ (사이·관계가)【接近】jiējìn【亲近】qīnjìn ¶그 친구와 가까워졌어 | 和那个朋友亲近起来了。

ᴮ**가까이하다** 동❶ (사귀다)【接近】jiējìn【亲近】qīnjìn ¶군중과 ~ | 接近群

众。❷ (좋아하다)【沾】zhān【打交道】dǎjiāodào ¶담배와 술을 가까이 하지 말아라 | 别沾烟酒。¶흙을 ~ | 和黄土打交道。

ᴬ**가깝다** 형❶ (거리·시간이)【近】jìn ¶우체국은 집에서 매우 ~ | 邮局yóujú离家很近。❷ (사이·관계가)【接近】jiējìn【亲近】qīnjìn【亲密】qīnmì ¶그들 둘은 아주 ~ | 他俩亲密得很。¶가까운 관계 | 亲密的关系。¶가까운 이웃 | 亲近的邻居línjū。❸ (정도·기대치가)【差不多】chà·buduō【将近】jiāngjìn【近似】jìnsì ¶황혼이 가까워지자, 비가 내리기 시작했다 | 将近黄昏huánghūn, 天下起了雨。❹ (주변이)【身边的】shēnbiān·de ¶가까운 예를 들자면 | 要举身边的例子的话。

가꾸다 동❶ (치장하다)【打扮】dǎ·ban ¶그 여자는 정말 예쁘게 가꾼다 | 她打扮得真漂亮。❷ (식물을)【务】wù【栽种】zāizhòng【拾掇】shí·duō【侍弄】shìnòng ¶채소를 ~ | 务菜。¶논밭을 ~ | 拾掇农田。참고〔化妆zhuāng〕〔装zhuāng饰〕

ᴬ**가끔** 분【不时】bùshí【有时】yǒushí【间或】jiànhuò【时而】shí'ér ¶~ 장애를 초래하는 수가 있다 | 有时发生障碍zhàng'ài。¶이런 물건은 ~ 쓸모가 있다 | 这样的东西, 间或有用。참고〔有时候(儿)〕〔偶尔〕

ᴬ**가난** 명하囱【穷苦】qióngkǔ【寒苦】hánkǔ【贫寒】pínhán【穷】qióng ¶~한 생활을 하다 | 过穷苦的日子。¶집안이 ~하다 | 家境jiājìng寒苦。¶그는 ~한 사람이다 | 他是个穷人。참고〔贫苦〕〔贫困〕〔贫穷qióng〕

ᴮ**가난뱅이** 명【穷光蛋】qióngguāngdàn【穷汉】qiónghàn

가난과 거지는 사촌간이다 관용【贫困和乞丐是难兄难弟】pínkùn hé qǐgài shì nánxiōng nándì

가내[家內] 명【家庭】jiātíng【家内】jiānèi【家中】jiāzhōng【家里】jiā·li

ᴮ**가냘프다** 형❶ (몸이)【纤弱】xiānruò【纤瘦】xiānshòu【羸弱】léiruò【single单薄】dānbó ¶가냘픈 몸매 | 纤弱的身材shēncái。¶그는 어려서부터 몸이 ~ | 他自幼yòu羸弱。❷ (소리 따위가)【细弱】xìruò【细微】xì-

2

wēi【微弱】wēiruò ¶소리가 ～ | 声音细弱。¶가냘픈 숨 소리 | 细微的呼吸声hūxīshēng。

가네보[Kanebo] 몡〔商標〕嘉娜宝J-iānàbǎo。

ᶜ**가누다** 통〔支撑〕zhīchēng〔镇定〕zhèndìng ¶그는 가까스로 몸을 가누고 앉았으나 머리는 여전히 어질어질하였다 | 他支撑着坐起来，头还在发晕fāyūn。

ᴮ**가느다랗다** 혱〔微弱〕wēiruò ¶숨결이 ～ | 气息微弱。

ᶜ**가느스름하다** 혱 ☞ 가늘다

가는 말이 고와야 오는 말이 곱다 관용 【你不说他秃，他不说你眼瞎】nǐ bùshuō tā tū, tā bùshuō nǐ yǎnxiā

가는 정이 있어야 오는 정이 있다 관용 【人心换人心，人情换人情】rénxīn huàn rénxīn, rénqíng huàn rénqíng 【人情一把锯，你不来，我不去】rénqíng yìbǎ jù, nǐ bùlái, wǒ búqù 【人心换人心，八两换牛斤】rénxīn huàn rénxīn, bāliǎng huàn niújīn

ᴬ**가늘다** 혱 ❶ (둘레가 작다)【细】xì 【纤细】xiānxì 【纤小】xiānxiǎo ¶그녀는 손가락이 매우 ～ | 她手指shǒuzhǐ纤细。❷ (울림이 약하다)【微微】wēiwēi 【轻轻】qīngqīng ¶그녀의 소리는 아주 가늘고 작다 | 她的声音很细微。¶어머니는 가늘게 한숨을 쉬었다 | 母亲轻轻地叹tàn了一口气。❸ (너비가 좁다)【细眯】xìmī 【眯】mī 눈을 가늘게 뜨고 웃다 | 眯着眼睛笑。

가늠 명 하타 ❶ (판단·어림)【估计】gūjì 【打量】dǎ·liang 【掂】diān 【衡量】héng·liang 【掂量】diān·liang ¶입장객이 2만명이라고 ～하다 | 估计入场者有两万人。¶손으로 무게를 ～해 보다 | 用手掂(一)掂。¶좋고 나쁨을 ～하다 | 衡量好坏hǎohuài。❷ (겨냥)【瞄准】miáozhǔn ¶총을 잘 ～해서 쏘다 | 瞄准枪射击。참고 [推测tuīcè][猜想 cāixiǎng]

ᵀ**가능**[可能] 명형 혱【可能】kěnéng ¶내가 보기에 이것은 근본적으로 ～할 일이다 | 我看这是根本可能的事情。¶노력하기만 하면 이런 기술을 습득하는 것은 아직 ～하다 | 只要努力，掌握

这种技术还是可能的。

ᴬ**가다** 통 ❶ (장소를 옮김)【去】qù 【走】zǒu 【前往】qiánwǎng 【赴】fù 【上】shàng 【下】xià 【过】guò ¶우리 저쪽으로 가서 얘기하자 | 咱们过那边儿去谈谈。¶곧장 앞으로 ～ | 一直yìzhí往前走。¶학교에 ～ | 上学校。¶북경으로 ～ | 赴北京。¶공장장이 작업장으로 들어 ～ | 厂长chǎngzhǎng下车间了。¶시골에 ～ | 下乡xiāng。❷ (들어감)【上】shàng ¶군대에 ～ | 参军。¶만 여섯살이면 학교에 갈 수 있다 | 年满六岁就可以上学。❸ (시간이 지남)【过去】guò·qù 【봄이 ～】春天过去了。❹ (불·전기 등이 꺼짐)【熄灭】xīmiè 【息灭】xīmiè ¶사방의 등불이 이미 갔다 | 四周的灯火已熄灭了。❺ (음식물의 맛이 변함)【变】biàn ¶맛이 ～ | 变了味儿了。❻ (호감·흥미가 감)【产生】chǎnshēng ¶호감이 ～ | 产生好感。¶흥미가 ～ | 产生兴趣。❼ ("죽다"의 속된 말)【完蛋】wándàn ¶저 녀석은 몸 쓸 병에 한 번 걸리더니, 갔다 | 这家伙得了一场恶病，完蛋了。❽ (걷다)【走】zǒu ¶시골길을 ～ | 走在乡间的路上。❾ (전달)【进行】jìnxíng ¶기별이 갈 때까지 기다려라 | 等我的消息。❿ (닿다)【触】chù 【接触】jiēchù ¶목란꽃에 눈길을 ～ | 目光触到了木兰花上。⓫ (생기다)【有】yǒu 【产生】chǎnshēng 【受(损)】shòu(sǔn) ¶주름이 ～ | 有了皱纹了。¶금이 ～ | 有了裂纹了。⓬ (값·가치)【值】zhí 【花】huā 【花费】huāfèi ¶이 텔레비전은 값이 얼마나 갑니까? | 这台电视值多少钱。⓭ (등급 등)【流】liú 【等级】děngjí ⓮ (이느 시기에 이름)【到】dào ¶연말에 가서 다시 얘기하자 | 到年末再说。⓯ (없어짐)【没有了】méiyǒu·le 【消逝】xiāoshì 【过去】guòqù ¶한물 ～ | 流行风潮过去。⓰ (필요·소요)【需要】xūyào 【动(手)】dòng(shǒu) ¶손이 많이 ～ | 需要很多人手。¶내 힘으로 해 봐, 꼭 내 손이 가야 하겠니? | 用你自己的力量式一式，一定要我动手吗?

가다² 조동 (表示继续发展或继续进行，含有"下去""起来"等的意思) ¶밤이

깊어 ～ | 夜慢慢深了。¶죽어 ～ | 要死了。

가다듬다 图 ❶〈정신을〉【振作】zhè-nzuò〈抖擻〉dǒusǒu ¶정신을 ～ | 振作精神。❷〈목소리를〉【清理】qīnglǐ ¶목청을 한번 ～ | 清一清嗓子sǎngzi。❸〈붓끝 등을〉【搋】tiān ¶붓끝을 ～ | 搋搋笔尖。❹〈정리하다〉【整理】zhěnglǐ ¶의복을 가다듬고 나섰다 | 整了整衣服出去了。

가닥 图〈股〉gǔ〈根(儿)〉gēn(r)〈线〉xiàn〈缕〉lǚ ¶실 두 ～ | 两股线。¶실을 꼬아서 ～으로 만들다 | 把线捻niǎn成线儿。¶한 ～의 희망 | 一线希望xīwàng。

가담〈加擔〉图 하자① 〈加入〉jiārù〈参与〉cānyù ¶같은 해에 그는 동맹회에 ～했다 | 同年, 他加入了同盟会tóngménghuì。¶반혁명 테러에 ～하다 | 参与反革命政变zhèngbiàn。

가당찮다〈可當-〉图〈欠妥〉qiàntuǒ ¶가당찮은 말 | 欠妥的话。¶가당찮은 요구 | 欠妥的要求。

가던 날이 장날 관용〈喜从天降〉xǐ cóngtiān jiàng〈来得早, 不如来得巧〉lái·de zǎo, bùrú lái·de qiǎo

가동〈可動〉图 하자타 〈运行〉yùnxíng〈运转〉yùnzhuǎn〈开动〉kāidòng ¶기계가 정상적으로 ～된다 | 机器正常运转 ¶기계가 ～된다 | 机器开动了。¶～률 | 开工率/开动率。

가두〈街頭〉图〈街头〉jiētóu〈街上〉jiēshàng ¶～ 연설 | 街头演讲。¶～ 선전 | 街头宣传。¶～ 시위 | 街头示威shìwēi/游行示威。¶～로 쏟아져 나오다 | 涌yǒng上街头。

가두다 图〈사람·가축을〉【关】guān【禁闭】jìnbì【关押】guānyā【收押】shōuyā【圈】juān【收监】shōujiān ¶범인을 옥에 ～ | 关押犯人fànrén。¶개를 우리 안에 가두어라 | 把这只狗zhǐgǒu先圈起来。¶새를 새장에 ～ | 鸟儿关在笼子lóngzi里。❷〈물을〉【堵】dǔ【截】jié ¶논에 물을 ～ | 往田里堵水。쩝꾜〔囚困qiúkùn〕〔拘守jūshǒu〕〔监禁jiānjìn〕〔收监shōuyù〕〔闲押bìyā〕〔拘留〕〔收禁xì〕

가득 图〈满〉mǎn〈充满〉chōngmǎn ¶한 차 ～ 실었다 | 装满了一车。¶방

가라앉히다

안에 햇볕이 ～ 찼다 | 屋子里充满着阳光。

가득하다 图〈满〉mǎn〈装满〉zhuāngmǎn〈满登登〉mǎndēngdēng〈满满当当〉mǎn·man dāng dāng〈광주리마다 과일이 ～ | 每个筐子都装满了水果。¶방 안에 손님들이 ～ | 屋里客人挤得满满当当的。쩝꾜〔遍地皆是〕〔满满堂堂〕〔满地都是〕

가득히 图〈满〉mǎn〈满满的〉mǎnmǎn·de

가뜩이나 图【本来就…还…】běnlái jiù…hái…【本来就…更…】běnlái jiù…g-èng…【何况】hékuàng【况且】kuàngqiě ¶～ 사이가 나쁜데 거기다 대고 욕까지 해? | 本来关系不好, 你还骂他? ¶～ 병에 걸려 있는 몸에 찬바람을 맞으면 안된다 | 着了凉不可行, 何况身体又不好。

가뜬히 图〈轻便的〉qīngbiàn·de〈便当〉biàndāng·de ¶옷차림을 ～ 하고 오세요 | 来的时候衣服穿得轻便些。

가라앉다 图 ❶〈물체가〉【沉】chén〈沉淀〉chéndiàn〈沉没〉chénmò ¶화물선 몇 척이 가라앉았다 | 几艘sōu货船ò船沉没了。❷〈마음이〉【安定】āndìng【平静】píngjìng〈沉静〉chénjìng【镇静】zhènjìng ¶그도 역시 마음이 가라앉지 않았다 | 他的心也没有平静下来。¶자기의 사무실에 들어가자 마음이 좀 가라앉았다 | 进了自己的办公室, 心中安定了些。❸〈부기·종기 따위가〉【消】xiāo ¶부기가 이미 가라앉았다 | 红肿hóngzhǒng已消。❹〈분위기가〉【平息】píngxī【平静】píngjìng ¶떠들썩한 분위기가 ～ | 吵嚷的气氛平静下来。❺〈기침이나 숨결이〉【平息】píngxī【消停】xiāo·ting ¶밤새 기침이 심하더니 날이 밝자 가라앉았다 | 整晚都咳嗽得很厉害, 天亮才消停。❻〈목소리가〉【压】yā ¶그의 목소리가 가라앉아 있다 | 他压低了声音。

가라앉히다 图 ❶〈마음을〉【安定】āndìng【镇静】zhènjìng【冷静】lěngjìng〈沉静〉chénjìng ¶도저히 마음을 가라앉힐 수 없다 | 怎么也安定不下来。¶마음을 가라앉히고 방법을 잘 생각해 봐라! | 冷静下来, 好好儿想想

办法! ❷（부기·종기를）【使消】shǐxiāo ¶얼음으로 부기를 ~ | 用冰使肿气消下去. ❸（물체를）【使沉】shǐchén ¶설탕을 물에 ~ | 使糖沉淀. ❹（진압함）【镇压】zhènyā ¶폭동을 ~ | 镇压暴动.

가라오케[일 カラオケ] 명【卡拉OK】kǎlā OK

ᴮ**가락¹** 명 ❶（물레의 실 감는 꼬챙이）【纱锭】shādìng【纺锤】fǎngchuí【纺锭】fǎngdìng ❷（가늘고 긴 물건）【条儿】tiáor【根】gēn ¶~국수 | 粗面条.

ᴮ**가락²** 명〈音〉【调子】diào·zi【曲调】qǔdiào【腔儿】qiāngr【腔调(儿)】qiāngdiào(r) ¶~이 고상하고 우아하다 | 曲调高雅gāoyǎ. ¶노래 ~ | 唱腔儿. 〔참고〕〔花腔〕〔节拍jiépāi〕〔节奏jiézòu〕

가락가락 부【一根一根】yìgēn yìgēn

가락지 명【戒指】jièzhǐ ¶옥~ | 玉石戒指.

가랑눈 명【小雪】xiǎoxuě

가랑비에 옷 젖는 줄 모른다 관용【小雨湿衣裳】xiǎoyǔ shī yī·shang【细雨能打湿衣裳, 豆腐酒吃掉了家当】xìyǔ néng dǎshī yī·shang, dòu·fujiǔ chī diào·le jiādàng ¶毛毛细雨湿衣裳, 小事不防大当 | màomáoxìyǔshī yī·shang, xiǎoshì bùfángshàng dādàng

ᶜ**가랑이** 명〈又儿〉chàr ¶~를 벌리다 | 劈叉叉.

가랑이가 찢어지게 가난하다 관용【家徒壁立】jiātúbìlì【家徒四壁】jiātúsìbì【家贫如洗】jiāpínrúxǐ【穷得叮当响】qióng·de dīngdāng xiǎng

ᴮ**가랑잎** 명【干叶子】gānyè·zi

ᴮ**가래** 명〈生理〉【痰】tán ¶아무데나 ~를 뱉지 마시오 | 请勿随地吐tǔ痰. ¶~침 | 带痰的唾液.

가량[假量] 의명【左右】zuǒyòu【大约】dàyuē【上下】shàngxià【来】lái ¶그는 키가 1미터 70센티~ 된다 | 他身高一米七左右. ¶오늘 최고 기온은 25도 ~ 된다 | 今天最高气温二十五度左右. ¶백 명 ~ | 一百名上下. ¶다섯 근 ~의 고기 | 五斤来肉.

가려내다 동【区分】qūfēn【区别】qūbié【划分】huàfēn【分清】fēnqīng【分辨】f-

ēnbiàn ¶두 가지 다른 성질의 모순을 엄격히 ~ | 严格区分两类不同性质的矛盾. ¶우리는 마침내 이런 식물의 종류를 명확히 가려냈다 | 我们终于区别清楚了这些植物的种类. ¶시비를 ~ | 分清是非.

가련하다[可憐-] 형【可怜】kělián【令人怜悯】lìng rén lián mǐn ¶그가 갓 세살이 되자마자 부모가 죽었으니, 정말~! | 他刚三岁就死sǐ了父母, 真可怜呢!

ᴬ**가렵다** 형【痒】yǎng ¶모기에 물려 몸이 계속 ~ | 蚊子wén·zi咬yǎo得身上直zhí痒痒. ¶피부가 ~ | 皮肤pífū发痒.

가령[假令] 부【即使】jíshǐ【即便】jíbiàn【即或】jíhuò【即是】jíshì【设或】shèhuò【假如】jiǎrú ¶하늘이 무너져 내린다 할지라도 우리는 두렵지 않다 | 即使天塌tā下来, 咱们也不怕. ¶~그가 오지 않는다 하더라도 문제없다 | 设或他不来, 也没有问题.

ᴮ**가로¹** 명【横】héng ¶~무늬 | 横纹. ¶~줄 | 横线. ¶~쓰기 | 横写.

ᴮ**가로²** 부【横】héng ¶벌판을 ~ 지르다 | 横穿原野. ¶머리를 ~ 젓다 | 摇起头来.

가로놓다 동【横摆】héngbǎi【横放】héngfàng ¶거리에 장애물을 ~ | 街道上横放着路障.

가로놓이다 동 ❶（가로질러 놓다）【横躺】héngtǎng【横卧】héngwò ¶길에 큰 나무가 쓰러져서 가로 놓여 있다 | 树倒了, 横躺在路上. ❷（앞에 버티고 있다）【横有】héngyǒu ¶그의 앞길에 많은 난관이 가로 놓여 있다 | 他的前进的路上横有很多的关隘.

가로눕다 동 ❶（옆으로 눕다）【横躺】héngtǎng【横卧】héngwò ¶가로누워 잠을 자다 | 横躺着睡. ❷（길게 눕다）【四脚八叉地躺着】sìjiǎobāchā·de tǎng·zhe ¶그는 마루에 대자로 가로 누웠다 | 他四脚八叉地躺在地板上.

가로등[街路燈] 명【路灯】lùdēng ¶~이 오렌지색 불빛을 내고 있다 | 路灯发出橙chéng黄色的灯光.

ᴮ**가로막다** 동 ❶（앞을 가로질러 막다）【拦挡】lándǎng【拦截】lánjié【拦住】dǎng·zhù 【截住】jié·zhù ¶차량을 ~ | 拦截车辆。¶길목을 가로막고 들어가지 못하게 하다 | 挡住路口不让进。¶갈 길을 ~ | 截住去路。❷ (못하게 방해하다) 【阻挡】zǔdǎng【阻挠】zǔnáo【阻止】zǔzhǐ【碍】ài ¶역사발전의 흐름을 ~ | 阻碍历史发展的潮流。¶내가 하고자 하는 일을 가로막지 마시오 | 我想干的事，请你别阻止。¶발언을 ~ | 阻止发言。参考〔拦住〕〔拦阻〕〔阻拦〕〔阻止〕〔阻过〕〔阻碍〕

^B**가로수**[街路樹] 圐【林阴树】línyīnshù ¶~길 | 林阴道。

가로지르다 動 ❶ (빗장을) 【横插】héngchā【横门】héngshuān ¶문빗장을 가로질러 잠그다 | 把门闩横插上。❷ (가로질러 지나다) 【横穿】héngchuān ¶이 도로는 상해시를 가로지른다 | 这条公路横穿上海市。参考〔拦腰〕

가로채다 動 ❶ (물건을) 【抢】qiǎng【夺】duó【抢夺】qiǎngduó【掠夺】lüèduó ¶표 한 장을 ~ | 抢了一张票。¶물건을 ~ | 抢东西。¶폭도의 손에서 칼을 ~ | 从暴徒手中夺下刀子。❷ (남의 말을) 【打断】dǎduàn ¶함부로 남의 말을 가로채는 것은 예의없는 행동이다 | 随便suíbiàn打断人家的讲话，是不礼貌límào的行为。❸ (돈 따위를) 【侵吞】qīntūn ¶회사의 공금을 ~ | 侵吞公款kuǎn。

^B**가루** 圐【粉】fěn【面(儿)面(r)】 ¶비누 ~ | 洗衣粉。¶밀 ~ | 面粉。¶분 ~ | 香纷。¶분필 ~ | 粉笔面儿。¶~가 곱다 | 面细。¶~를 내다 | 制粉/磨面 ¶~를 빻다 | 捣成面儿/捣成米儿。参考〔粉末〕〔碎末〕

^B**가루약**[－藥] 圐【散药】sǎnyào【药粉儿】yàofěnr【面儿药】miànryào

^B**가루우유**[－牛乳] 圐【奶粉】nǎifěn ¶~를 물에 타서 마시다 | 用水沏qī奶粉喝。

^B**가르다** 動 ❶ (분할·분류하다) 【分】fēn【割】gē【切】qiē【分开】fēnkāi ¶반을 ~ | 分班。¶좋은 것과 나쁜 것을 ~ | 把好的和坏的分开。❷ (쪼개다) 【剖】pōu【割开】gēkāi【切开】qiēkāi ¶수박을 ~ | 把西瓜切开。❸ (분배하다) 【匀】yún【分配】fēnpèi ¶노동

량에 따라 (몫을) ~ | 按劳分配。❹ (관계를 떼어 놓다) 【分开】fēnkāi ¶사랑하는 두 사람 사이를 갈라놓다 | 把相爱的两个人分开。

^A**가르치다** 動 ❶ (교육하다) 【教】jiāo【指教】zhǐjiào【指导】zhǐdǎo【教导】jiàodǎo【管教】guǎn·jiao【传受】chuánshòu ¶노래를 ~ | 教唱歌。¶나는 10년 동안 대학에서 가르쳤다 | 我教了十年大学。¶我正在指导现在学生做的实验 ¶教师正在指导学生做实验。¶자녀들에게 예의 범절을 ~ | 管教儿女。❷ (알려주다) 【揭开】jiēkāi【指明】zhǐmíng【指出】zhǐchū ¶길 좀 가르쳐 주시겠습니까? | 能给我指路吗? 参考〔指点引导yǐndǎo〕〔指示教导〕〔辅fǔ导〕〔领lǐng导〕

가르침 圐 (가르치는 일) 【指导】zhǐdǎo【教导】jiàodǎo ¶스승으로부터 많은 ~을 받다 | 从导师那儿得到了很多指导。❷ (교훈) 【龟鉴】guījiàn【借鉴】jièjiàn ¶역사는 우리에게 많은 ~을 준다 | 历史给我们留下了很多龟鉴。

가름 圐하타 ❶ (나누다) 【分】fēn【分开】fēnkāi ¶음식을 ~하다 | 分吃的。❷ (분별하다) 【分辨】fēnbiàn【分别】fēnbié【辨】biàn ¶좋은 친구와 나쁜 친구를 ~하다 | 辨别好朋友和坏朋友。

가리개 圐【挡板】dǎngbǎn【屏风】píngfēng ¶~를 치다 | 打屏风。¶~를 걷다 | 收屏风。

^A**가리다**¹ 動 【遮】zhē【挡】dǎng【遮掩】zhēyǎn【遮蔽】zhēbì【遮挡】zhēdǎng ¶얼굴을 ~ | 把脸遮起来。¶태양을 ~ | 挡太阳。¶끝없이 펼쳐진 나무 숲이 우리의 시야를 가렸다 | 一片森林遮蔽了我们的视线。

가리다² 動 ❶ (가려내다) 【辨】biàn【分辨】fēnbiàn【区分】qūfēn【划分】huàfēn【分别】fēnbié ¶친구는 잘 가려서 사귀어야 한다 | 对朋友要有分别地交。❷ (낯을) 【认生】rènshēng【怕生】pàshēng ¶이 아이는 낯을 가린다 | 这小孩儿认生。❸ (따져 밝히다) 【分清】fēnqīng【识别】shíbié ¶시비를 분명히 ~ | 明辨是非。¶진위를

6

~｜识别真伪。❹(음식을)【偏食】piānshí【挑食】tiāoshí ¶음식을 가려 먹지 말아라｜不要偏食。❺(대소변을)【会大小便】huìdàxiǎobiàn ¶세 살이나 됐는데 아직 대소변을 가릴 줄 모른다｜已经三岁了还不会大小便。❻(선택하다)【择】zé【选择】xuǎnzé ¶수단을 가리지 않는다｜不择手段。

가리다³ 图【堆】duī【垛】duò ¶풀을 한 데 가려 두다｜把草堆在一起。¶볏단 가린 것이 집보다 높다｜稻子dàozi垛得比房子还高。¶나무를 ~｜把木头垛起来。

^A**가리키다** 图【指】zhǐ【指示】zhǐshì【指点】zhǐdiǎn ¶그는 칠판 위의 글자를 가리키며, "이것은 무슨 글자입니까?"라고 물었다｜他指着黑板上的字问"这是什么字?"。¶모두 그가 가리키는 방향을 바라보다｜大家朝他指的方向看去。

^B**가마**¹ 图【轿子】jiào·zi【肩舆】jiānyú【二人抬】èrréntái【舆】yú ¶여덟 대의 ~｜八抬tái轿子。¶~채｜轿子杆gān子。

가마² 图❶【锅】guō【铁锅】tiěguō ¶~에 쌀을 앉히다｜把米下进铁锅里。❷(숯이나 벽돌을 굽는 시설)【窑】yáo ¶숯~｜炭窑。

가마³ 图(머리의)【旋儿】xuànr ¶쌍~｜双旋儿。

가마⁴ 图【草袋子】cǎodài·zi

가마⁵ 의명【袋子】dài·zi ¶쌀 열 ~｜十袋子大米。

가마니¹ 图【草袋】cǎodài【草包】cǎobāo ¶~를 짜다｜编biān草袋。

가마니² 의명【袋子】dài·zi【袋儿】dàir ¶수금 한 ~｜一袋儿盐。

^B**가만**¹ 图【由任】yóurèn【任便】rènbiàn【随】suí ¶그가 무엇을 하든 가만 내버려 두어라｜他不管干什么都由他去吧。

^B**가만가만(히)** 图【悄悄地】qiāoqiāo·de【轻轻地】qīngqīng·de【蹑手蹑脚地】nièshǒunièjiǎo·de ¶~ 걷다｜轻轻地走走。¶~ 다가가다｜悄悄地接近。¶~ 다가오다｜蹑手蹑脚地走近了。

^B**가만두다** 图【不管】bùguǎn【听便】tīngbiàn【不放过】bùfàngguò ¶너는 그를 가만두지 마라｜你不要不管他。¶춤추러 가든지 말든지 가만두어라｜去不去跳舞，那就听便吧。¶모두 그가 하고자 하는 대로 가만둬라｜一切听他的便。

^B**가만있다** 图❶(움직이지 않음)【老老实实地】lǎo·laoshíshí·de【不动窝】búdòngwō ¶내가 올 때까지 여기 가만 있어라｜老老实实地等我回来。❷(관계하지 않음)【到一边凉快着】dào yìbiān liángkuài·zhe【视而不见】shì ér bú jiàn ¶아무것도 모르면 가만있어｜什么都不知道的话，到一边凉快着去。

^B**가만히** 图❶(움직이지 않음)【一动不动地】yídòngbúdòng·de ¶그가 ~ 누워있다｜他一动不动地躺着。❷(조용히)【不言地】bùyán·de【静静地】jìngjìng·de【默默地】mòmò·de ¶~ 바라보다｜默默地看着。❸(몰래)【隐密地】yǐnmì·de【偷偷地】tōutōu·de ¶그녀는 ~ 내 손을 잡았다｜她偷偷地抓住了我的手。❹(곰곰이)【(仔)细】(zǐ)xì【好好儿】hǎohǎo(r) ¶선생님 말씀을 ~ 생각해 보아라｜请你好好想一想老师的话。❺(손을 쓰지 않고)【视而不见】shì ér bú jiàn ¶그가 훔쳤다는 것을 알면서도 ~ 있을 거니?｜明知他偷了东西还想视而不见?

가망[可望] 图【可能】kěnéng【指望】zhǐ·wàng【希望】xīwàng ¶이 사태의 발전은 두 가지 ~이 있다｜这事态的发展有两种可能。¶그의 병은 아직 ~이 있다｜他的病还有指望儿。

가맹[加盟]하자【加入同盟】jiārù tóngméng【参加同盟】cānjiā tóngméng【加盟】jiāméng ¶~국｜签约国。¶~ 은행｜交换银行/清算银行。

^A**가면**[假面] 图❶(탈)【假面具】jiǎmiànjù【假面】jiǎmiàn ¶~을 쓰다｜戴dài假面具。¶~무｜假面舞。¶~무 도회｜假面舞蹈会。❷(위선)【虚假】xūjiǎ【伪装】wěizhuāng【面具】miànjù ¶자선이라는 ~을 쓰다｜带着伪善的面具。

가면극[假面劇] 图【假面剧】jiǎmiànjù

가명[假名] 图【别名】biémíng【假名字】jiǎmíngzì

가무스름하다 휑 【微黑】wēihēi ¶가무스름한 피부 | 微黑的皮肤。

가문 【家門】 명 【家门】jiāmén 【家世】jiāshì 【门庭】méntíng ¶~이 보잘것 없다 | 家世寒微。 ¶~이 쇠퇴하다 | 门庭衰落。

가문비나무 명 〈植〉【云杉】yúnshān 【宽鳞鱼鳞松】kuānlínyúlínsōng

가물가물 뷔하자 ❶ (물체가) 【隐约】yǐnyuē ¶아침 안개 속에 먼 곳의 고층 건물들이 가물가물하게 보인다 | 在晨雾中，远处的高楼大厦隐约可见。 ❷ (빛이) 【明灭】míngmiè 【闪烁不定】shǎnshuò bùdìng 【闪烁】shǎnshǎn 【忽明忽暗】hū míng hū àn ¶불이 ~하다 | 灯火明灭。 ❸ (정신이) 【恍惚】huǎng·hū 【恍惚】huǎnghū 【恍恍惚惚】huǎng huǎng hū hū ¶의식이 ~하다 | 神志恍惚 恍惚。 (참고) 〔朦胧〕〔蒙蒙胧胧〕

가물거리다 동 ☞ 가물가물

가물다 휑 【旱】hàn 【干旱】gānhàn ¶날이 ~ | 天旱。

가뭄 명 【旱】hàn 【干旱】gānhàn ¶~을 막다 | 防fáng旱。 ¶~이나 장마가 들어도 수확량을 확보하다 | 旱涝保收。 (참고) 〔旱灾hànzāi〕〔旱荒huāng〕

가뭄에 단비 관용 【久旱逢甘雨】jiǔhàn féng gānyǔ

가뭄에 콩나듯 관용 【寥寥无几】liáoliáo wú jǐ 【寥若晨星】liáo ruò chénxīng

가미하다 [加味~] 동 ❶ (양념 등을) 【加】jiā ¶여러 가지 양념으로 가미한 고기 요리 | 加了各种作料的肉菜。 ❷ (보태어 넣다) 【添加…成分】tiānjiā …chéngfēn ¶유머를 가미한 연설 | 添加了幽默色彩的讲演。

가발 [假髮] 명 【假发】jiǎ·fa 【假髻】jiǎjì 【假头】jiǎtóu 【假发】jiǎtóu·fa ¶~을 쓰다 | 戴dài假发。

ᐱ**가방** 명 【包】bāo 【提包】tíbāo 【皮包(儿)】píbāo(r) 【手提包】shǒutíbāo ¶이 ~ 좀 들고 있어줄래 | 这提包帮我拿一下。 ¶책~ | 书包。 (참고) 〔提箱(儿)〕〔手提(儿)〕

ᐱ**가벼이** 뷔 【轻】qīng 【轻易】qīngyì 【轻便】qīngbiàn ¶입을 ~ 놀리지 말아라 | 别轻易开口。

ᐱ**가볍다** 휑 ❶ (무게·비중·값어치가)

가 【轻】qīng 【轻盈】qīngyíng 【轻易】qīngyì ¶제비처럼 몸이 ~ | 身轻如燕yàn。 ¶기름은 물보다 ~ | 油比水轻。 ¶문제를 너무 가볍게 보지마라 | 这个问题，别看得太轻易。 ❷ (경솔) 【轻浮】qīngfú 【轻佻】qīngtiāo 【轻率】qīngshuài 【贱】jiàn ¶이 사람은 아주 ~ | 这个人轻浮得很。 ¶행동거지가 ~ | 举止jǔzhǐ轻浮。 ❸ (기분) 【轻松】qīngsōng 【轻爽】qīngshuǎng ¶마음이 비로소 가벼워졌다 | 心里才轻松了。 ¶심신이 ~ | 身心轻爽。 ❹ (움직임) 【轻快】qīngkuài 【轻微】qīngwēi 【轻盈】qīngyíng 【轻巧】qīngqiǎo ¶그는 가볍게 집으로 걸어 갔다 | 他轻快地往家里走。 ¶그의 입술이 가볍게 떨리고 있다 | 他的嘴唇zuǐchún轻微地颤动chàndòng着。 ❺ (음식이) 【简单】jiǎndān ¶가벼운 아침 식사 | 简单的早饭。 ❻ (심하지 않음) 【轻】qīng 【小】xiǎo ¶병세가 한결 가벼워졌다 | 病好多了。

가봉 [假縫] 명하자 【大概缝】dàgài·féng ¶결혼 예복을 ~하다 | 把婚礼服先大概缝几针。

가봉[Gabon] 명 〈地〉【加蓬】Jiāpéng [아프리카 서남부에 위치한 나라. 수도는 "利伯维尔" (리브르빌; Libreville)]

가부 [可否] 명 ❶ (옳고 그름의 여부) 【可否】kěfǒu ¶일의 ~를 논의하다 | 议论事情的可否。 ❷ (찬성과 반대) 【赞成和反对】zànchéng hé fǎnduì ¶투표로 ~를 묻다 | 用投票来探试赞成与否。

가부장 [家父長] 명 【家长】jiāzhǎng ¶~중심제 | 家长中心制。 ¶~제 | 家长制。

가분수 [假分數] 명 【假分数】jiǎfēnshù

가뿐하다 휑 ❶ (몸·마음이) 【轻松】qīngsōng ¶걸음걸이가 ~ | 他的脚步很轻松。 ¶그 일을 해결하고 나니 마음이 ~ | 那件事情解决以后，心里非常轻松。 ❷ (물건이) 【轻】qīng ¶책 가방이 ~ | 书包很轻。

가뿐히 뷔 【轻松地】qīngsōng·de 【轻省地】qīngshěng·de ¶그는 거대한 돌을 ~ 들어 올렸다 | 他把一个巨大的石头轻省地举了上去。

가쁘다 [형] ❶ (숨이) 【急促】jícù 【喘】ch-uǎn 【困难】kùn·nan ¶숨이 ~ | 呼吸急促。¶가쁘게 숨쉬다 | 急促地喘息 chuǎnxī。❷ (힘에 겹다) 【吃力】chīlì 【费劲】fèijìn ¶이 일은 그에게 아주 가쁜 일이다 | 这件事对他来说是很吃力的。

ᵃ가사¹ [家事] [명] ❶ (살림을 꾸리는 일) 【家事】jiāshì 【家务】jiāwù ¶~노동 | 家务劳动。¶~를 돌보다 | 料理家务。❷ (집안의 사사로운 일) 【家庭小事】jiātíngxiǎoshì

ᴮ가사² [歌詞] [명] 【歌词】gēcí ¶새 ~를 써 넣다 | 填进了新的歌词。

ᵃ가산¹ [加算] [명하타] 【加】jiā 【加上】jiā-shàng ¶배로 ~하다 | 加一倍。

가산² [家産] [명] 【家产】jiāchǎn 【家财】ji-āchái 【家资】jiāzī

가상¹ [假像; virtual] [명] ❶ (哲) 【假象】jiǎxiàng ¶그들은 ~을 만들어 사람들의 눈을 현혹시키고 있다 | 他们正在制造假象，迷惑人们的视线。❷ 〈電算〉 xūnǐ (참고) [假相]

가상² [假想] [명하타] 【假想】jiǎxiǎng 【设想】shèxiǎng 【想象】xiǎngxiàng ¶~의 이야기 | 假想的故事。¶여태 한번도 실현된 적이 없는 ~ | 从来没有实现过的设想。

가상세계 [假像世界; cyber space] [명] 〈電算〉【虚拟世界】xūnǐ shìjiè

가상현실 [假像現實; virtual reality] [명] 〈電算〉【虚拟现实】xūnǐ xiànshí

가상현실 모델링 언어 [假像現實mod-eling言語; VRML; virtual reality mod-eling language] [명] 〈電算〉【虚拟现实建模语言】xūnǐ xiànshí jiànmó yǔyán

가설¹ [架設] [명하타] 【架设】jiàshè 【安装】ānzhuāng ¶수도관을 ~하다 | 安装自来水管。¶~비 | 安装费。(참고) [安设]〔装置〕

가설² [假設] [명하타] 【临时设置】línshí shèzhì 【临时设施】línshí shèshī ¶~매표소 | 临时售票处。¶~ 건물 | 临时建筑物。

ᵃ가설³ [假設] [명] 【假设】jiǎshè 【假说】jiǎ-shuō 【前提】qiántí ¶~을 하나 내놓다 | 提出一个假设。¶그의 이론은 사람은 태어나면서부터 평등하다는 ~에 기초를 두고 있다 | 他的理论基

于人人生来平等的前提。

가소롭다 [형] 【可笑】kěxiào ¶유치하고 ~ | 幼稚而又yòu幼稚yòuzhì可笑。¶가소롭기 짝이 없다 | 可笑至极。(참고)〔好笑hǎo-oxiào〕

가속 [加速] [명하타] 【加速】jiāsù ¶~운동 | 加速运动。¶~하여 전진하다 | 加速前进。¶경제 개혁을 ~하다 | 加速经济改革。

ᵃ가수 [歌手] [명] 【歌手】gēshǒu 【歌星】g-ēxīng ¶민요 ~ | 民谣歌手。¶인기 ~ | 当红歌星。

ᵃ가스 [gas] [명] ❶ (연료) 【瓦斯】wǎsī 【嘎斯】gāsī 【煤气】méiqì 【气体】qìtǐ ¶~ 계량기 | 瓦斯计量器。¶~통 | 煤气罐guàn。¶천연 ~ | 天然煤气。¶유독 ~ | 有毒dú气体。❷ (뱃속의) 【气儿】qìr 【虚气】xūqì ¶뱃속에 ~가 차다 | 肚子里有好多气儿。

가스레인지 [gas range] [명] 【煤气炉】m-éiqìlú 【煤气灶】méiqìzào

ᵃ가스버너 [gas burner] [명] ❶ 【煤气炉】méiqìlú ❷ 【煤气喷嘴】méiqìpēnzuǐ

가스킷 [gasket] [명] 【垫料】diànliào (참고) [填tián料]

ᵃ가슴 [명] ❶ (가슴팍) 【胸】xiōng 【胸膛】xiōngtáng 【胸部】xiōngbù 【心口】xī-nkǒu ¶~을 쭉 펴다 | 挺直胸膛。¶~이 답답하다 | 心口发闷fāmèn。❷ (마음) 【心】xīn 【心胸】xīnxiōng ¶~을 털어놓다 | 谈tán心。¶~앓이 | 心口痛。❸ (심장·폐) 【心脏】xīnzàng 【肺】fèi ¶공기가 탁해 ~이 답답하다 | 空气混浊zhuó心里烦闷。(참고)〔胸脯子〕〔胸脯(儿)〕

가슴에 못을 박다 [관용] 【遗恨无穷】yíhèn wúqióng 【抱恨终天】bàohèn zhō-ngtiān

가슴이 널 뛰듯하다 [관용] 【心惊肉跳】xī-n jīng ròu tiào 【心惊胆战】xīn jīng dǎn zhàn 【胆战心惊】dǎn zhàn xīn jīng 【心头小鹿撞个不住】xīn·tou xiǎolù zhuàng·ge búzhù

ᵃ가시 [刺儿] [명] 【刺儿】cìr ¶장미 ~ | 蔷薇qiángwēi刺儿。¶손에 ~가 박혔다 | 手上扎zhā了个刺儿。

ᵃ가시다¹ [동] (없어지다) 【停息】tíngxī 【消失】xiāoshī 【消亡】xiāowáng 【消退】xiāotuì 【减弱】jiǎnruò ¶이런 약

을 먹었더니 아픔이 좀 가셨다 | 吃了这种药，疼痛就有点减弱了。¶시원한 바람이 더위를 가시게 했다 | 凉爽 shuǎng 的风使灼热消退了。

가시다² 宮 ❶ (그릇을) 【涮】shuàn【洗涮】xǐshuàn ¶병을 ~ | 涮一下瓶píng子。❷ (입을) 【漱】shù ¶물약으로 몇 번 입을 ~ | 用药水漱几次口。

가식〔假飾〕 图하타 【裝假】zhuāngjiǎ【虛情假意】xū qíng jiǎ yì【做作】zuò·zuo【造作】zàozuò ¶너무 ~적으로 굴면, 오히려 진정한 친구를 사귈 수가 없다 | 太做作了, 反而交不着zháo真朋友。¶이 사람은 언제나 ~적이면서도, 진실한 체한다 | 这个人一向矫揉造作, 假引假事。

가십〔gossip〕 图【流言蜚语】liú yán fēi yǔ【漫谈】màntán【茶话】cháhuà【小道消息】xiǎodàoxiāoxī【闲聊】xiánliáo ¶~난 | 漫谈栏。¶~기사 | 漫谈记事。

ᴮ**가야금**〔伽倻琴〕 图〈音〉【伽倻琴】jiāyēqín

ᶜ**가열**〔加熱〕 图하자타 【加热】jiārè ¶~기 | 加热器。¶물이 ~되어 섭씨 백도가 되면 증발 현상이 발생한다 | 水加热到摄氏一百度就会发生蒸发现象。

ᴬ**가엾다** 圈【可怜】kělián【怜悯】liánmǐn ¶그가 부모 없는 아이라고 생각하니 더욱 ~ | 想到他是没有父母的孩子, 觉得更可怜。

ᶜ**가오리연**〔- 鳶〕 图【鳐鱼形风筝】huáyúxíng fēngzhēng

ᶜ**가옥**〔家屋〕 图【房子】fáng·zi【房屋】fángwū【屋舍】wūshè ¶이층 ~ | 两层房屋

ᴮ**가요**〔歌謠〕 图【歌儿】gēr【歌曲】gēqǔ【流行歌曲】liúxíng gēqǔ ¶나는 ~를 좋아한다 | 我喜欢流行歌曲。¶~ 반주기 | 伴唱机/伴奏机。

가운〔gown〕 图 ❶ (의사·노동자·종업원의) 【工作服】gōngzuòfú ❷ (법관·변호사 등의) 【法官服】fǎguānfú【律士服】lüshìfú ❸ (졸업가운) 【学生服】xuéshífú 참고 〔制服〕〔长袍〕

ᴬ**가운데** 图 ❶ (중앙) 【中】zhōng【中间】zhōngjiān ¶물 ~로 뛰어 들어 갔다 | 跳入水中。¶기념비는 광장 ~ 있다

| 纪念碑jìniànbēi座落在广场当中。❷ (중에·속에) 【里面】lǐ·mian 【中间】zhōngjiān ¶당신들 ~ 누가 불어를 할 줄 압니까? | 你们中间谁会说法语?❸ (…하는 중에) 【当中】dāngzhōng 【过程中】guòchéngzhōng ¶일하는 ~ 알게 될 것이다 | 在工作当中会了解的。

ᴬ**가위** 图【剪刀】jiǎndāo【剪子】jiǎn·zi ¶천을 ~로 자르다 | 用剪刀绞布。

ᴮ**가위바위보** 图【剪刀、石头、布】jiǎndāo shí·tou bù【猜拳】cāiquán ¶~로 결정하자 | 用猜拳来决定吧。

ᴬ**가위질** 图하자타 【剪裁】jiǎncái ¶~하다 | 做剪裁。 참고 〔动剪子〕〔铰东西〕

ᴬ**가을** 图【秋】qiū【秋天】qiūtiān ¶~은 하늘이 높고 날씨가 상쾌한 계절이다 | 秋天是天高气爽的季节。

ᶜ**가을걷이** 图하자타 【秋收】qiūshōu ¶바삐 돌아가서 ~를 준비하다 | 忙着回去准备zhǔnbèi秋收。 참고 〔秋成〕〔秋获huò〕〔秋事〕〔收秋〕

ᴬ**가을철** 图【秋季】qiūjì【秋令】qiūlìng ¶~이 되었다 | 到了秋季。¶~로 접어들다 | 时入秋令。

가입〔加入〕 图하자타 【加入】jiārù【入】rù ¶같은 해에 그는 동맹회에 ~했다 | 同年, 他加入了同盟会。¶~한 회원 | 加入的会员。

가입자〔加入者〕 图 ❶ (조직) 【加入者】jiārùzhě ❷ (수도·전기·전화 등 설비의) 【用户】yònghù ¶전화 ~ | 电话用户。¶~가 반드시 알아야 할 사항 | 用户须知。

ᴮ**가자미** 图〈魚貝〉【鲽鱼】diéyú

가작〔佳作〕 图 ❶ (뛰어난 작품) 【佳作】jiāzuò ¶또 ~ 한 편을 썼다 | 又写了一篇佳作。❷ (당선외의) 【好作品】hǎozuòpǐn【鼓励奖作品】gǔlìjiǎngzuòpǐn

ᴬ**가장**¹〔家長〕 图【家长】jiāzhǎng ¶~ 제도 | 家长制。

가장²〔假裝〕 图하자타 ❶ (분장) 【假裝】jiǎzhuāng【裝】zhuāng【裝扮】zhuāngbàn【伪裝】wěizhuāng【扮】bàn【化裝】huàzhuāng ¶아주 그럴듯하게 ~했다 | 假裝得很像。¶상인으로 ~하다 | 裝扮成一个商人。¶~ 행렬 | 仪仗/彩仗。¶~무도회 | 化

装舞会。❷ (거짓태도) 【假装】jiǎzhu-āng 【冒充】màochōng ¶최선생이 오면 내가 외출한 것으로 ~해라 | 崔先生来的话就假装说我出去了! ¶전문가로 ~ 하다 | 冒充内行。참고〔假冒〕〔假托 tuō〕〔伪 wěi冒〕〔冒名顶替〕〔装模作样〕

^가장¹ [뭐] 【最】zuì 【顶】dǐng 【头等】tóuděng ¶~ 중요하다 | 最要紧。¶~ 사랑스러운 사람 | 最可爱的人。

^가장자리 [뭐] 【边】biān 【边缘】biānyuán 【沿儿】yánr 【边沿儿】biānyánr ¶온돌 ~ | 炕 kàng沿儿。¶강 ~ | 河沿儿。¶모자 ~ | 帽沿儿。

^B가재 [뭐]〈鱼贝〉【蝲蛄】làgǔ 【螯虾】áoxiā 【虾蛄】xiāgǔ

가재는 게편이다 [관용] 【官相官, 吏相吏】guānxiàngguān, lìxiànglì 【蝲蛄是属螃蟹的】làgǔ shì shǔ pángxiè·de 【石蟹螃蟹是一家】shíxiè pángxiè shì yìjiā

^가재 도구 [家财道具] [뭐] 【家具】jiājù 【家伙】jiāhuǒ 【家什】jiāshi

^가정¹ [家庭] [뭐] 【家庭】jiātíng ¶~ 경제 | 家庭经济。¶~ 관리 | 家务管理。¶~ 복지 | 家庭福利。¶~ 용품 | 家庭用品。¶~ 주부 | 家庭妇女 /家庭主妇。

가정² [假定] [뭐] 하자타 【假定】jiǎdìng 【假设】jiǎshè ¶매년 생산량이 만 톤이라고 ~하다 | 假设每年的产量是一万吨。참고〔假说 jiǎshuō〕

가정³ [家政] [뭐] 【家政】jiāzhèng ¶그녀는 ~ 관리에 상당히 뛰어나다 | 她颇 pō于精家政。¶~과 | 家政系。¶~학 | 家政学/持家学。

가정 교사 [家庭教师] 【家庭教师】jiātíng jiàoshī 【家教】jiājiào ¶ㄴㄷ 자리를 찾고 있다 | 她在找家庭教师这个职位。

^가정부 [家政婦] 【家政婦】jiāzhèngfù 【保姆】bǎomǔ 【家庭女服务员】jiātíng nǚfúwùyuán

^가제 [도 Gaze] [뭐] 【脱脂纱布】tuōzhī shābù 【药布】yàobù

^가져가다 [동] ❶ (몸에 지니고 감) 【拿走】názǒu 【取走】qǔzǒu 【带走】dàizǒu ¶도로 가져가거라 | 拿回去。❷ (옮김) 【移向】yíxiàng 【转向】zhuǎnxiàng ¶시선을 저쪽으로 ~ | 把视线

移向那边儿。

^가져오다 [동] ❶ (지참) 【拿来】nálái 【取来】qǔlái 【带来】dàilái ¶내 모자를 이리로 가져와라 | 把我的帽子拿到这边来。❷ (초래) 【带来】dàilái 【造成】zàochéng 【招致】zhāozhì ¶실패를 ~ | 带来失败。¶파멸을 ~ | 招致破灭 pōmiè。

^가족 [家族] [뭐] ❶ (혈연·혼인관계로 인한 가족) 【家族】jiāzú 【家口】jiākǒu 【眷属】juànshǔ 【家庭】jiātíng 【眷口】juǎnkǒu 【亲眷】qīnjuàn ¶~을 부양하다 | 养活家口。¶~ 수당 | 家属补贴/家庭津贴。¶~ 제도 | 家庭制度。❷ (이해 관계로 맺어진 가족이나 동호인) 【家属】jiāshǔ ¶종업원 ~ | 职工家属。¶군인 ~ | 军人家属。참고〔家人〕〔家人父子〕〔家里人〕

^가죽 [뭐] ❶ (동물 가죽) 【皮】pí ¶호랑이 ~ | 虎匕皮。¶소~ | 牛皮。❷ (가공품) 【皮】pí 【皮革】pígé ¶~ 옷 | 皮袄/衣。¶~ 제품 | 皮革制品。

가중 [加重] [뭐] 하형 【加重】jiāzhòng 【重】zhòng ¶병세가 ~되다 | 病情加重了。¶책임을 ~시키다 | 加重责任。¶위기를 ~시키다 | 加重危机。

가증 [可憎] [뭐] 하형 【可憎】kězēng 【可恶】kěwù 【可恨】kěhèn 【讨厌】tǎoyàn ¶그의 저 꼬락서니는 ~스럽기 짝이 없다! | 他那脸可恶极了! ¶그는 좀 ~스런 데가 있다 | 他有些地方讨厌。

^가지¹ [뭐] ❶ (나무) 【树枝】shùzhī 【条儿.子】tiáo(r,·zi) ¶나뭇 ~ | 树条子。❷ (하위 분야) 【分支】fēnzhī ¶논리학은 철학의 ~라고 할 수 있다 | 逻辑学可以说是哲学的一个分支。

^B가지² [뭐]〈植〉【茄子】qié·zi ¶~ 졸임 | 酱 jiàng茄子。

^가지³ [의뭐] 【种】zhǒng 【样儿】yàngr 【条】tiáo ¶세 ~의 천 | 三种布。¶다섯 ~ 뉴스 | 五条新闻。

^가지가지 [뭐관] 【种种】zhǒngzhǒng ¶~ 수단을 사용하다 | 使用种种手段。참고〔各种各样gèshì·gèyàng〕〔各色各样〕

가지각색 [－各色] [뭐] 【形形色色】xíngxíngsèsè 【各色】gèsè 【各式各样】gèshì gè yàng 【五花八门】wǔ huā bā

11

mén【各色各样】gè sè gè yàng ¶이 소설은 지식인들의 ～의 이미지를 형상화했다 | 这部小说塑造sùzào了形形色色的知识分子的形象xíngxiàng。¶～이 다 갖추어져 있다 | 各色俱全jùquán。〔참고〕〔各种各样〕〔各种〕〔五光十色〕

^A**가지다**¹ 匽❶ (손·몸에)【拿】ná【带】dài【携带】xiédài ¶손에 책 몇 권을 가지고 | 手里拿着几本书。¶이 물건들을 가지고 가지 마시오 | 不要把这些东西拿走。❷ (소유 하다)【有】yǒu【拥有】yōngyǒu【具有】jùyǒu【含有】hányǒu【保有】bǎoyǒu【享有】xiǎngyǒu ¶나는 두 권의 책을 가지고 있다 | 我有两本书。¶이런 경향을 가지고 있다 | 具有这种倾向。¶토지를 가지고 있다 | 保有土地。❸ (마음에)【有】yǒu【怀】huái【抱】bào ¶굳은 신념을 ～ | 抱着坚定jiāndìng的信念。¶확신을 ～ | 具有信心。❹ (아이를)【有】yǒu【怀孕】huáiyùn (아이를) 가지셨군요 | 怀孕了!/你怀孕了!❺ (관계)【建立】jiànlì【保持】bǎochí ¶외교 관계를 ～ | 建立外交关系。¶대중과 밀접한 관계를 가지고 있다 | 跟群qún众保持密mì切联lián系。❻ (사용)【用】yòng ¶도끼를 가지고 나무를 베다 | 用斧子砍树。❼ (장악)【掌握】zhǎngwò ¶정권을 ～ | 掌握政权。¶그는 그 방면의 기술을 가지고 있잖아 | 他不是掌握了那方面的技术了吗?

가지다² 匽匽 (表示状态的持续, 含有"一直"的意思)【一直】yìzhí ¶그렇게 놀아 가지고 어떻게 대학에 들어가겠니? | 一直那样晃荡来晃荡去地玩, 怎么能考上大学?

^C**가지런하다** 匽【整齐】zhěngqí ¶대열이 아주 ～ | 队伍排得整整齐齐的。¶산 아래에는 가지런히 늘어선 기와집들이 있다 | 山下有一排整齐的瓦房。

^B**가지런히** 匽【整齐地】zhěngqí·de【整整齐齐地】zhěngzhěngqíqí·de

가지 많은 나무에 바람 잘날 없다 翸【多枝的树上风不止】duōzhī·de shùshang fēng bùzhǐ【树枝多无宁日】shùzhī duō wú níngrì

^B**가짓수**[－数] 冏【品种】pǐnzhǒng【种类】zhǒnglèi ¶～가 많지 않다 | 种类不多。

^B**가짜**[假－] 冏【假】jiǎ【冒充】màochōng【冒牌】màopái【谎】huǎng ¶～ 돈 | 假币。¶이것은 ～다 | 这是假的。¶～를 속여 진짜라고 하다 | 用假的冒充真的。〔참고〕〔假jiǎ冒〕〔假充〕

가차없다[假借－] 匽【毫不留情】háo bùliúqíng【严惩不贷】yánchéng búdài【绝不宽恕】jué bùkuānshù ¶가차없는 집행 | 很严厉的执行。

가차없이[假借－] 匽【无情地】wúqíng·de【毫不姑息地】háo bùgūxī·de【严厉地】yánlì·de【毫不留情地】háo bùliúqíng·de【严惩不贷地】yánchéng búdài·de ¶～ 처벌하다 | 毫不留情地处罚。

가책[呵責] 冏匽匽【责备】zébèi【斥责】chìzé【内疚】nèijiù【谴责】qiǎnzé ¶양심의 ～을 받다 | 受到良心的责备。¶그는 이 일로 인해 심한 ～을 느꼈다 | 他为此事感到十分内疚。〔참고〕〔悔恨huǐhèn〕〔苛责kēzé〕

^B**가축**[家畜] 冏【牲口】shēng·kou【家畜】jiāchù ¶～ 우리 | 牲口棚péng/牲口圈quān。¶～ 사료 | 牲口料。〔참고〕〔生口〕〔牲畜〕

가출[家出] 匽匽【出走】chūzǒu ¶그는 이미 ～했다 | 他已经离家出走。〔참고〕〔离家〕〔离家出走〕

^A**가치**[價値] 冏【价值】jiàzhí【值】zhí【值得】zhí·de ¶사용 ～ | 使用价值。¶이 자료들은 대단히 큰 ～가 있다 | 这些资料有很大的价值。¶제기할 ～가 없다 | 不值得一提。¶볼 만한 ～도 없다 | 不值得一看。

가치관[價値觀] 冏【价值观】jiàzhíguān

가칠가칠하다 匽【粗涩】cūsè【粗糙】cūcāo ¶가칠가칠한 손 | 粗糙的手。

가톨릭[Catholic] 冏 가톨릭교

^C**가톨릭교**[Catholic教] 冏〈宗〉【天主教】Tiānzhǔjiào【加特力教】jiātèlìjiào ¶그는 ～를 믿는다 | 他信天主教。〔참고〕〔罗马公教〕〔公教〕

^C**가파르다** 匽〔陡〕dǒu〔陡峭〕dǒuqiào【峻峭】jùnqiào ¶이 길은 너무나도 ～ | 这个路太陡。¶이 산은 너무 가팔

라서, 오를 수가 없다 | 这山太陡, 上不去. **참고** 〔坡pō〕〔陡斜〕〔险xiǎn峻〕

가풍[家風] 몡 **【门风】**ménfēng **【家风】** jiāfēng **【家庭的风气】**jiātíng·defēngqì ¶그들 집안은 대대로 불효자를 내는데, 이것이 그들 집안의 ~이다 | 他们家辈bèi辈出逆nì子, 这是他们家的门风.

가하다[加-] 통 **【加】**jiā **【加以】**jiāyǐ **【加上】**jiā·shàng **【施加】**shījiā **【上】**shàng ¶제한을 ~ | 加以限制. ¶비판을 ~ | 加以批判pīpàn. ¶처벌을 ~ | 加以处分. ¶압력을 ~ | 施加压力. ¶이 기계는 기름을 가해야겠다 | 这台机器该上油了. **참고**〔给予jǐyǔ〕〔予以yǔyǐ〕

가해[加害] 몡 하자타 **【加害】**jiāhài **【陷害】**xiànhài ¶남을 ~하다 | 加害于人.

가해자[加害者] 몡 **【加害者】**jiāhàizhě **【凶手】**xiōngshǒu ¶~가 달아났다 | 凶手逃跑táopǎo了.

가호[加護] 몡하자 **【(神灵)保佑】**(shénlíng)bǎoyòu ¶신의 ~가 있기를 바랍니다 | 乞求神灵保佑.

가혹[苛酷] 몡하형 **【严酷】**yánkù **【残酷】**cánkù **【苛刻】**kēkè **【苛酷】**kēkù ¶우리가 처한 현실은 너무 ~하다 | 我们面对的现实太残酷了. ¶그들을 너무 이렇게 ~하게 대하지 마라 | 不要这样严酷地对待duìdài他们. **참고**〔恶毒èdú〕〔刻薄〕

가히[可-] 图 **【可以】**kěyǐ **【足以】**zúyǐ **【能够】**nénggòu ¶이 문제는 ~ 한 번 연구해 볼 가치가 있다 | 这个问题可以研究一番. ¶그를 설복시키기에 ~ 충분하지 않다 | 不足以说服他. ¶~이해할 만하다 | 能够理解.

^A**각**[角] 몡 ① (사각) **【方角】**fāngjiǎo **【棱角】**léngjiǎo ¶얼굴이 ~지다 | 脸有棱角. ② (각도) **【角度】**jiǎodù ¶~ 거리 | 角距离.

^A**각²**[各] 관 **【各】**gè **【各个】**gè·ge **【每】** měi ¶~ 계 인사 | 各界人士. ¶~종 직업 | 各种职业zhíyè. ¶~ 방면 | 各个方面fāngmiàn. ¶~ 5m 마다 한 그루의 나무를 심는다 | 每五米种一棵树.

각각[各各] 몡 ☞ 각

각계[各界] 몡 **【各界】**gèjiè ¶~ 인사 | 各界人士rénshì.

각골난망[刻骨難忘] **【刻骨铭心】**kègǔmíngxīn **【镂骨铭心】**ōugǔmíngxīn **【刻骨铭心】**kègǔmíngxīn **【铭刻在心】**míngkèzàixīn **【没齿难忘】**mòchǐnánwàng ¶선생님의 은혜는 정말 ~이옵니다 | 对老师的恩泽ēnzé我没齿难忘.

각광[脚光] 몡 **【脚光】**jiǎoguāng **【脚灯】**jiǎodēng **【走红】**zǒuhóng ¶~을 받다 | 受人瞩目.

^B**각국**[各國] 몡 **【各国】**gèguó ¶세계 ~ | 世界shìjiè各国.

^C**각기**[各其] 몡图 ☞ 각자

^C**각도**[角度] 몡 ① (수학) **【角度】**jiǎodù ¶~자 | 角度尺. ¶~계 | 测角器. ② (관점) **【角度】**jiǎodù **【方面】** fāngmiàn ¶현상을 분석하는 각도는 바뀌어야 한다 | 分析现象的角度要改变.

각도기[角度器] 몡 **【量角器】**liángjiǎoqì **【量角规】**liángjiǎoguī **【半圆规】**bànyuánguī **【分度尺】**fēndùchǐ **【分度规】**fēndùguī **【分度器】**fēndùqì **【分角规】** fēnjiǎoguī **【分角器】**fēnjiǎoqì

각막[角膜] 몡 〈生理〉 **【角膜】**jiǎomó ¶~염 | 角膜炎. ¶~이식 | 角膜移植yízhí.

각박[刻薄] 몡하형 **【刻薄】**kè·bó **【轻】** qīng **【薄】**bó ¶~하게 집안을 이루면 오래도록 행복을 누릴 수가 없다 | 刻薄成家, 理无久享. ¶그는 조금도 백성들을 ~하게 대하지 않는다 | 他一点儿也不刻薄老百姓. **참고**〔峭峭qiào刻〕〔峭薄〕〔峭薄〕〔镂薄〕

각별[恪別] 몡형 **【格外】**géwài **【分外】**fènwài **【特别】**tèbié **【特殊】**tèshū **【显著】**xiǎnzhù ¶오랫만에 다시 만나니 그들 둘의 다정함은 ~했다 | 久别重逢, 他们俩格外亲热qīnrè. ¶이 프로그램은 ~히 관중을 끈다 | 这个节目特别吸引观众. ¶어머니는 또 그에게 몇 마디 ~히 당부했다 | 妈妈又特别叮嘱dīngzhǔ了他几句.

^B**각본**[角本] 몡 **【角本】**jiǎoběn/juéběn **【戏本】**xìběn **【剧本】**jùběn ¶새로운 연극을 위해 ~을 한 편 썼다 | 为一部新戏xīnxì写了一个剧本. ¶영화 ~

| 电影角色.

각색[脚色]	**명하타**【改编】gǎibiān 【改写】gǎixiě【加工】jiāgōng ¶이 영화는 같은 제목의 소설을 ~하여 만든 것이다 | 这部电影，是由同名小说改编摄制的.

각서[覺書] **명**【照会】zhàohuì 【备忘录】bèiwànglù ¶~를 교환하다 | 交换照会. ¶정식 ~ | 正式照会.

각선미[脚線美] **명**【线条美】xiàntiáoměi【曲线美】qūxiànměi

각성[覺醒] **명하자**【觉悟】juéwù【觉寤】juéwù【觉醒】juéxǐng ¶일의 심각성을 ~하다 | 觉悟到事情的严重性. ¶국민의 ~시키다 | 唤起国民的觉悟.

°**각시** **명** ❶〈신부〉【新娘】xīnniáng ❷〈인형〉【木偶】mù'ǒu【泥人儿】nírénr【布娃娃】bùwá·wa ¶꼭두~ 인형 | 提线木偶.

°**각시놀음** **명**【玩娃娃】wánwá·wa

각양각색[各樣各色] **명**【各式各样】gèshì gè yàng【各色各样】gè sè gè yàng【形形色色】xíngxíng sèsè【五光十色】wǔ guāng shí sè【五花八门】wǔ huā bā mén ¶~의 그릇된 사상 | 形形色色的错误思想cuòwùsīxiǎng. ¶~의 인간 | 五光十色的人间.

°**각오**[覺悟] **명하타**【精神准备】jīngshén zhǔnbèi【思想准备】sīxiǎng zhǔnbèi【心里准备】xīn·lǐ zhǔnbèi【觉悟】juéwù ¶그들은 새로운 ~를 가졌다 | 他们有了新的觉悟.

각인각색[各人各色] **명**【各不相同】gè bù xiāng tóng【一个人一个样】yí·ge·rén yí·ge yàng【秉性各异】¶형제 세 사람이 성격이 ~이다 | 兄弟三人, 脾性píxìng各不相同. **참고**〔各式各样〕〔各色各样〕

°**각자**[各自] **명**【各自】gèzì【每个人】měi·ge·rén ¶~주의하다 | 各自留神liúshén. ¶~ 자기 일을 하다 | 各自干各的.

°**각종**[各種] **명**【各种】gèzhǒng【各项】gèxiàng【各类】gèlèi ¶~제도 | 各种制度zhìdù. ¶~권리 및 면책 | 各种权利和免责. ¶~경비 | 各项费用.

각지[各地] **명**【各地】gèdì【各处】gèchù ¶세계 ~ | 世界各地.

각처[各處] **명**【各处】gèchù【各地】

—右栏—

地 ¶~에서 주문이 쇄도했다 | 各地纷纷来订货.

각출[各出] **명하타**【各自支付】gèzì zhīfù【分担】fēndān

°**각하**[閣下] **명**【阁下】géxià ¶~ 이후에는 어떻게 할까요? | 请问阁下以后怎么办?

^A**간**[咸] **명**【咸】xián【盐】yán【咸味】xiánwèi【咸淡】xiándàn ¶~이 맞다 | 够咸了/咸淡合适. ¶~을 맞추다 | 调剂咸淡. ¶~을 보다 | 尝咸淡. **참고**〔调味〕

^A**간**[肝] **명**〈生理〉【肝】gān【肝脏】gānzàng ¶~(이) 떨리다 | 心惊胆战/心里发抖. ¶~이 떨어지다 | 心惊肉跳. ¶~이 붓다 | 胆儿大. ¶~이 콩알만 해지다 | 魂不附体.

간[間] **의명**【间】jiān ¶초가삼~ | 三间草屋.

간[間] **의명** ❶〈두 곳 사이〉【之间】zhī jiān【间】jiān ¶서울 인천 · 철도 | 汉城到仁川之间的铁道. ❷(관계없이)【不管】bùguǎn【不论】bùlùn ¶남자건 여자건 ~에 | 不管是男的还是女的. ❸(관계)【间】jiān【之间】zhījiān ¶부부~ | 夫妇间. ¶사제~ | 师徒之间. ❹(기간)【期间】qījiān ¶다년~ | 多年间. ¶일 개월 ~의 휴가 | 一个月(期间)的休暇.

간간이[間間—] **뷔** ❶(이따금)【间或】jiànhuò【有时】yǒushí【阵阵】zhènzhèn【偶尔】ǒu'ěr ¶장애를 일으키다 | 有时发生障碍. ¶~ 아프다 | 阵阵作痛. ¶~ 놀러 나간다 | 偶尔出去玩. ❷(듬성듬성)【零零散散】línglíngsǎnsǎn ¶한복을 입은 사람도 ~ 눈에 띈다 | 穿韩服的也零零散散地闪入了眼帘. **참고**〔有时候(儿)〕

°**간격**[間隔] **명** ❶(공간)【间隔】jiàngé【距离】jùlí【空隙】kòngxì ¶일정한 ~을 두다 | 隔一定的间隔. ¶일정한 ~을 유지하다 | 保持一定的距离. ❷(시간)【隔】gé【相隔】xiānggé【间】jiàn【停顿】tíngdùn ¶이틀 ~으로 다시 가다 | 隔两天再去. ¶하루 ~로 | 间一日. ❸(사람 사이의 정분)【相间】xiāngjiàn【隔阂】géhé【隔膜】gé·mó ¶그는 몇 년 내내 밖에서 장사를 하다보니, 차츰 가족과 ~이 생겼

14

다 | 他长年在外经商，遂与家人有了隔阂。❹〔틈〕【距离】jùlí ¶네 말은 현실과 상당한 ~이 있다 | 你的话和现实有相当的距离。참고〔间阂〕〔间距〕

^A**간결**[簡潔] 명하형 【简洁】jiǎnjié 【简练】jiǎnliàn ¶문장은 ~하고 생동적이어야 한다 | 文章要简洁生动。¶내용이 풍부하고 문장이 ~하다 | 内容丰富, 文字简练。참고〔简短〕

^A**간곡**[懇曲] 명하형【恳切】kěnqiè【诚恳】chéngkěn【诚挚】chéngzhì【苦口】kǔkǒu【谆谆】zhūnzhūn ¶그의 그 ~한 태도는 나를 깊이 감화시켰다 | 他那恳切的态度使我受到很大的教育。¶태도가 매우 ~하다 | 态度非常诚恳。¶입이 닳도록 ~하게 충고하다 | 苦口婆心。¶~하게 타이르다 | 谆谆教导

간과[看過] 명하타❶〔묵인〕【忽视】hūshì【置之不理】zhì zhī bù lǐ【视若无睹】shì ruò wú dǔ【视而不见】shì ér bù jiàn【熟视无睹】shú shì wú dǔ ¶규칙을 ~하다 | 忽视规则。❷〔못 보고 빠트림〕【放过】fàngguò【漏掉】lòudiào ¶우리는 아주 중요한 문제를 ~했다 | 我们漏掉了很重要的问题。

^A**간단**[簡單] 명하형【简单】jiǎndān【简短】jiǎnduǎn【简易】jiǎnyì ¶그는 ~한 보고서를 한 부 썼다 | 他写了一份简报的报告。¶양식 간화 태극권은 동작이 간단하여 체력 소모가 많지 않기 때문에 노인들이 연습하기에 적당하다 | 杨式简化太极拳, 动作简单, 消耗体力不大, 适合于老年人练习。

간단명료[簡單明瞭] 명하형【提纲挈领】tí gāng qiè lǐng【言简意赅】yán jiǎn yì gāi【要言不烦】yào yán bù fán【间明扼要】¶~하게 말씀해 주십시오 | 您提纲挈领地说说吧。¶이 문장은 ~하다 | 这篇文章言简意赅。¶그의 대답은 언제나 ~하고 쓸데없는 말이 없다 | 他回答问题一向间明扼要没有废话。

간담[肝膽] 명【肝胆】gāndǎn

간담[懇談] 명하자타【恳谈】kěntán【畅叙】chàngxù【座谈】zuòtán ¶~회 | 恳谈会 / 座谈会。

간담이 서늘하다 관용【闻风丧胆】wén fēng sàng dǎn【胆战心惊】dǎn zhàn xīn liáng

간드러지다 형【娇媚】jiāomèi【娇滴滴】jiāodīdī ¶간드러진 목소리 | 娇滴滴的声音。참고〔悦耳〕【动听】

간디스토마[肝 distoma] 명〈醫〉【肝蛭】gānzhì【肝吸虫】gānxīchóng【肝叶蛭】gānyèzhì

간략[簡略] 명하형【简略】jiǎnlüè【简约】jiǎnyuē ¶그의 소개는 아주 ~하다 | 他的介绍很简略。

간밤[昨夜] 명【昨夜】zuóyè【昨晚】zuówǎn

간부[幹部] 명【干部】gànbù ¶노동조합 ~ | 工会gōnghuì干部。¶공산당 ~ | 共产党gòngchǎndǎng干部。¶고참 | 老干部。

간사[奸詐] 명하형【奸诈】jiānzhà【狡猾】jiǎohuá ¶이 녀석은 정말 ~하다! | 这小子太奸诈了! ¶~한 놈 | 狡猾的家伙。참고〔狡滑huá〕〔狡狯kuài〕〔刁qiáo黠〕

간사[幹事] 명【干事】gàn·shi ¶선전교육 ~ | 宣教xuānjiào干事。¶문화오락 ~ | 文娱wényú干事。참고〔管事人〕〔主持者〕

간섭[干涉] 명하자타❶〔참견〕【干涉】gānshè【过问】guòwèn【管】guǎn【干预】gānyù【干与】gānyù ¶다른 나라의 내정을 ~하지 않다 | 不干涉别国内政。¶~행위 | 干涉行为。¶~하지 않을 수 없다 | 不能不管。❷〔광파·음파 등의 겹침〕〈物〉【干扰】gānrǎo【干涉】gānshè ¶~현상 | 干涉现象。

간소[簡素] 명하형【简朴】jiǎnpǔ ¶그는 비록 고급 간부이지만, 여전히 ~한 생활을 하고 있다 | 他虽然是一个高级干部, 但仍然过着简朴的生活。

간수[看守] 명하타【收】shōu【保管】bǎoguǎn【看守】kānshǒu ¶이것은 중요한 서류이니 잘 ~해야 한다 | 这是重要文件, 要收好。¶이 창고의 식량은 잘 ~되어 있다 | 这个仓库cāngkù的粮食保管得很好。

간식[間食] 명하자타【零食】língshí【零吃】língchī【零嘴(儿)】língzuǐ(r)

간신히[艱辛-] 부【好不容易地】hǎobùróngyì·de【勉强地】miǎnqiǎng·de

【很吃力地】hěnchīlì·de 【很费劲地】h-ěnfèijìn·de 【才】cái 〔艰难〕jiānnán ¶끼니를 ~잇다 | 艰难度日.

간암[肝癌]똉〔肝癌〕gān'ái
간에 가서 붙었다 쓸개에 가서 붙다 [관용]【风大随风, 雨大随雨】fēng dà suí fēng, yǔ dà suí yǔ 〔见风转舵〕jiàn fēng zhuǎn duò 〔看风使舵〕kàn fēng shǐ duò 〔朝秦暮楚〕zhāo qín mù chǔ

간염[肝炎]〔醫〕〔肝炎〕gānyán ¶그는 ~에 걸렸다 | 他得了肝炎.

간음[奸淫]똉[하자]〔奸淫〕jiānyín ¶그 둘은 염치도 모르고 늘 붙어서 ~을 일삼는다 | 他俩不知廉耻，常在一起奸淫鬼混guǐhùn.

간장[醬]똉〔酱油〕jiàngyóu ¶~병 | 酱油瓶.

간절[懇切]똉[하형]〔迫切〕pòqiè 〔殷切〕yīnqiè 〔热切〕rèqiè 〔心切〕xīn qiè 〔恳切〕kěnqiè ¶그는 아주 ~하게 말하였다 | 他说得很迫切. ¶~한 바람 | 殷切的期望qīwàng. ¶그는 아내에 대한 생각이 ~하다 | 他思妻sīqī心切. 참고 〔哀切〕〔急切〕〔诚恳〕

간접[間接]똉〔间接〕jiànjiē ¶~ 전염 | 间接传染. ¶이런 원인은 매우 ~적인 것이다 | 这个原因是很间接的.

간주看做똉하자〔当做〕dàngzuò 〔看做〕kànzuò ¶공장을 자기 집으로 ~하다 | 把工厂当做自己的家. ¶독서를 즐거운 취미거리로 간주 | 把读书当做一件赏心乐事. 참고〔当成〕〔当作〕〔认为〕〔看待〕〔看成〕〔视为〕〔看作〕

ᴮ**간지럽다** 형 ❶ (몸이) 〔痒〕yǎng 〔发痒〕fāyǎng ¶등이 간지러우니 몇 번 긁어줄래 | 背上很痒, 请你帮我抓zhuā几下. ¶피부가 ~ | 皮肤pífū发痒. ❷ (부끄럽다) 【使⋯害臊】shǐ⋯hàisào ¶낯 가지러운 짓 | 使的害臊的行为.

ᴮ**간직하다** 똉 ❶ (물건을) 〔珍藏〕zhēncáng ¶그는 아직도 이 사진을 간직하고 있다 | 他还珍藏着这张照片. ❷ (마음에) 〔铭记〕míngjì ¶마음 속에 깊이 ~ | 铭记在心坎儿里. 참고〔铭刻míngkè〕〔收存shōucún〕〔珍存〕〔收藏〕

간척[干拓]똉[하타]【开发】kāifā【围海

造田】wéihǎizàotián

간첩[間諜]똉〔间谍〕jiàndié【特务】tè·wu ¶~죄 | 间谍罪. ¶어제 ~ 두 명을 잡았다 | 昨天抓zhuā到了两个间谍. ¶~ 활동 | 特务工作. 참고〔间人〕〔间细xì〕〔间者〕〔特工〕

간청[懇請]똉[하타]〔恳求〕kěnqiú【请求】qǐngqiú〔恳请〕kěnqǐng【央告】yānggào〔祈求〕qíqiú〔恳请〕qǐqǐng ¶당신에게 ~드릴 일이 하나 있어서 왔습니다 | 我是来求您一件事的. ¶양해해 주실 것을 ~합니다 | 恳请原谅. ¶관대한 용서를 ~하다 | 央告宽恕kuānshù. 참고〔央及〕〔央请〕〔央求〕〔乞qǐ求〕

간추리다 똉 ❶ (정리) 〔弄齐〕nòngqí【整理】zhěnglǐ ¶자료를 ~ | 整理资料. ❷ (요약) 【删减】shānjiǎn ¶추린 참고서 | 删减的参考书.

간통[姦通]똉[하자]〔通奸〕tōngjiān【私通】sītōng ¶~죄 | 通奸罪. ¶남녀 ~ 사건 | 男女通奸之事. ¶두 사람은 다년간 ~했다 | 两个人私通多年.

간파[看破]똉[하타]〔看破〕kànpò〔识破〕shípò〔看穿〕kànchuān ¶그의 수단은 내가 모두 ~하였다 | 他的手段我全看破了. ¶그의 의도가 어디 있는지 나는 아직도 ~하지 못했다 | 他用心何在, 我还没有识破. ¶속임수를 ~ | 识破骗局piànjú. 참고〔看透〕〔看清〕

간판[看板]똉 ❶ (상점) 【牌子】pái·zi【招牌】zhāo·pai【广告牌】guǎnggào·pái【幌子】huǎng·zi ¶~을 걸다 | 挂guà着牌子. ¶~을 내걸다 | 挂招牌. ❷ (대표) 【牌子】pái·zi【招牌】zhāo·pai【王牌】wángpái ¶~(급) 요리 | 招牌菜. ❸ (학벌) 【牌子】pái·zi【招牌】zhāo·pai【王牌】wángpái ¶그는 ~은 괜찮은데 실력이 별로 없다 | 他牌子倒还行, 可就是没有实力.

간편[簡便]똉[하형]〔简便〕jiǎnbiàn【轻便】qīngbiàn ¶~한 방법을 채택하다 | 采取简便的方法. ¶이 운동화는 ~합니까?? | 这双运动鞋轻便不轻便. 참고〔便利〕〔方便〕

간행[刊行]똉[하타]〔刊行〕kānxíng【发行】fāxíng〔刊出〕kānchū【出版】chūb-

16

ǎn 【刊发】kānfā ¶도서를 ~하다 | 发行图书。¶그 책은 이미 ~되었다 | 那部书已经出版了。(참고)〔发刊〕〔印行〕

간행물【刊行物】똉【刊物】kānwù ¶~을 내다 | 办刊物。¶정기 ~ | 定期刊物。(참고)〔出版物〕

간호【看護】똉하타【看护】kānhù ¶환자를 ~하다 | 看护病人。¶~복 | 护士服。¶~업무 | 护理工作。

간혹【間或】閅【间或】jiànhuò ¶有时〕yǒushí ¶偶尔】ǒu'ěr ¶~ 놀러 가다 | 偶尔去玩儿。¶우리는 ~ 만난다 | 我们偶尔见面。

갇히다통【被关】bèiguān【被监禁】bèijiānjìn【被禁锢】bèijìngù【被拘留】bèijūliú【被扣】bèikòu ¶새장 속에 갇힌 새 | 被关在笼lóng子里的鸟。¶감옥에 갇힌 죄수 | 被关在监狱jiānyù的囚qiú犯。

갈구【渴求】똉하타【渴求】kěqiú ¶나는 결코 쾌락만을 ~하는 것은 아니다 | 我并不是渴求享受快乐。

갈기똉【鬃】zōng【鬣】liè ¶말 ~ | 马鬣。

갈기갈기閅【碎碎】suìsuì ¶천을 ~ 찢다 | 把布撕得碎碎的。(참고)〔一条一条〕〔一缕一缕〕

갈기다통❶ (때리다)【打】dǎ【揍】zōu【抽打】chōudǎ【鞭打】biāndǎ ❷ (글씨를)【潦草】liáocǎo ¶글씨를 너무 갈겨 썼다 | 字写得太潦草。❸ (오줌을)【撒尿】sāniào ¶아무데나 소변을 ~ | 随地suídì撒尿。❹ (총을)【猛放】měngfàng【猛打】měngdǎ ¶총을 ~ | 猛打机关枪qiāng。

갈다[1]통【换】huàn【替换】tì·huàn ¶갈아타다 | 换乘。¶3번 선수를 5번 선수와 ~ | 由三号队员替换五号队员。

갈다[2]통❶ (마찰시키다)【磨】mó【锉】cuò【抢】qiǎng【钢】gàng【研】yán【研】yà【研磨】yánmó ¶먹을 ~ | 磨墨。¶이 칼이 무뎌졌으니, 좀 갈아야겠다 | 这把小刀儿钝了，要锉cuò一钢。¶갈아서 가루로 만들다 | 研成粉末。❷ (이를)【磨】mó【咬牙】yǎo yá ¶이를 갈지 않으면 잠꼬대 한다 | 不是咬牙就是说梦话。❸ (가루가 되)

게)【磨】mó ¶콩을 ~ | 磨黄豆。

갈다[3]통 (밭을)【耕】gēng【翻耕】fāngēng【翻地】fāndì ¶깊이 갈고 정성들여 가꾸다 | 深耕细作。

갈대똉【芦苇】lúwěi【苇草】wěicǎo ¶~밭 | 芦苇荡子 / 苇帘。(참고)〔芦苇茎〕〔芦苇杆〕

갈등【葛藤】똉❶ (서로 다른 견해·욕구 따위의 충돌)【纠葛】jiūgé【葛藤】géténg【芥蒂】jièdì【矛盾】máodùn ¶그들 간에 약간의 ~이 생겼다 | 他们之间发生了一点纠葛。¶~을 없애다 | 斩断zhǎnduàn葛藤。¶갈까 말까 마음 속에서 ~이 심하다 | 又想去，又不想去，心里矛盾得很。❷ (연극의)【戏】xì【戏剧性】xìjùxìng (참고)〔纠纷jiūfēn〕〔矛盾冲突〕〔倾轧qīngyà〕

갈라놓다통【分开】fēnkāi【分裂】fēnliè【分割】fēngē ¶좋은 것과 나쁜 것을 ~ | 把好的和坏的分开。¶이어진 관계를 ~ | 分割关系。(참고)〔隔离gélí〕〔隔开gékāi〕〔划清huàqīng〕〔理出〕〔分成〕

갈라서다통❶ (이혼·절연하다)【分手】fēnshǒu【分开】fēnkāi ¶갈라선 지 삼년이 되었다 | 分开三年了。❷ (나누다)【分成】fēnchéng ¶대열은 두 줄로 갈라섰다 | 队伍分成两排站着。(참고)〔分开来排〕〔分开来站〕〔朝相反的方向分开〕〔分离〕

갈라지다통❶ (금이 가거나 쪼개짐)【裂开】lièkāi ¶지진이 지나간 뒤 벽이 갈라졌다 | 地震dìzhèn发生后，墙壁qiángbì裂开了。¶나무 판자가 갈라졌다 | 木板爆开了。❷ (관계가)【分开】fēnkāi【绝交】juéjiāo ¶그 둘은 벌써 갈라졌다 | 他俩早就分开了。¶그녀는 나와 갈라졌다 | 她跟我离婚了。(참고)〔分裂〕〔分割〕〔戳裂〕〔龟裂〕〔分手〕

갈래똉❶ (갈림길)【分支】fēnzhī【分派】fēnpài【分类】fēnlèi【条】tiáo ¶길은 두 ~밖에 없다 | 路只有两条。❷ (단서·실마리)【头绪】tóuxù【线索】xiànsuǒ ¶~를 잡을 수 없다 | 理不出头绪。

갈리다[1]통 (분리)【分】fēn【分开】fēnkāi ¶남과 북으로 ~ | 分成南和北。

갈리다[2]통 (바뀌다)【换】huàn【更换】gēnghuàn

gēnghuàn ¶담임선생님이 ~ㅣ班主任老师换了。

갈림길〔명〕【岔道(儿)】chàdào(r)【岔路】chàlù【岐路】qílù

갈망〔渴望〕〔명〕하타【渴望】kěwàng ¶그는 줄곧 작가가 되기는 ~해 왔다ㅣ他一直渴望当作家。 참고〔渴想kěxiǎng〕〔渴念〕〔梦寐以求〕〔渴求kěqiú〕

갈매기〔鳥〕〔명〕【海鸥】hǎi·ōu【鸥】ōu【鸥鸟】ōuniǎo

갈보〔명〕【卖淫妇】màiyínfù【野鸡】yějī【野妓】yějì ¶~를 사다ㅣ打dǎ野鸡。 참고〔褐luò〕【褐色】【汤tāng写了

갈비〔명〕【肋骨】lèigǔ【肋巴骨】lèibāgǔ【排骨】páigǔ【肋条】lèitiáo【肋条骨】x-iétiáogǔ ¶~ 구이ㅣ烤kǎo排骨。¶~찜ㅣ炖dùn排骨。¶~탕ㅣ炖排骨汤。

갈색〔褐色〕〔명〕〈色〉【棕色】zōngsè【肉桂色】ròuguìsè【褐色】hèsè ¶~ 피부ㅣ棕色的皮肤。

갈수록 태산이다〔관용〕【越走越是深山】yuè zǒu yuè shì shēnshān

갈아입다〔동〕【换】huàn【更换】gēnghuàn【换洗】huànxǐ ¶옷을 ~ㅣ换件衣服。¶갈아 입을 옷을 가져왔니?ㅣ把要换洗的衣服拿来了吗? 참고〔改装〕〔更衣〕

갈아타다〔동〕【换车】huànchē【倒车】dǎoché【转车】zhuǎnchē【换乘】huànchéng【改乘】gǎichéng ¶북경까지 곧바로 가니, 갈아 탈 필요 없다ㅣ直达北京, 不用倒车。¶버스를~ㅣ改乘公共汽车。

갈증〔渴症〕〔명〕【渴】kě【干渴】gānkě【口渴】kǒukě【口干】kǒugān ¶~을 풀다ㅣ解渴。

갈채〔喝采〕〔명〕하자【喝彩】hècǎi【欢呼】huānhū【叫好】jiàohǎo ¶박수~를 보내다ㅣ鼓掌欢呼。

갈치〔魚貝〕〔명〕【刀鱼】dāoyú ¶~ 양념 조림ㅣ红烧刀鱼。 참고〔海鱼边〕〔白带鱼〕〔刀条儿dāo〕〔魛鱼〕〔白条子〕【带鱼】qún帯鱼子

갈퀴〔명〕【耙子】pá·zi ¶~질ㅣ用耙子扒拢。

갈팡질팡〔부〕하자【惊惶失措】jīng huángshī cuò【东奔西窜】dōngbēnxī cuàn【东摇西摆】dōng yáo xī bǎi【局促

不安〕júcùbù'ān【茫无头绪】mángwú tóuxù ¶어디로 가야할 지 몰라 ~하였다ㅣ我因不知该走哪个方向而局促不安。

갈피〔명〕❶(책의 사이사이)【中间】zhōngjiān【里】lǐ ¶사진을 책 ~ 속에 끼우다ㅣ把相片夹jiā在书里。❷(요점·단서)【头绪】tóuxù【眉目】méi·mu【线索】xiànsuǒ ¶~를 잡았다ㅣ事情有了头绪。¶~를 잡을 수 없다ㅣ摸不着头绪。¶이 일은 아직 ~를 잡지못했다ㅣ这件事还没有眉目。

갉다〔동〕❶(파내다)【刮】guā【啃】kěn ¶쥐가 서랍을 갉아 망가뜨렸다ㅣ老鼠把抽屉啃坏了。❷(흩어진 것을 모으다)【扒】pá ¶풀을 갉아 모으다ㅣ扒草。❸(헐뜯다)【中伤】zhòngshāng【诋毁】dǐhuǐ【刮】guā ¶제멋대로 지도자를 ~ㅣ肆意诋毁领导。❹(착취하다)【剥削】bōxuē【揩油】kāiyóu ¶지주가 농민을 갉아먹다ㅣ地主剥削农民。¶그를 갉아먹다ㅣ揩他的油。

감¹〔명〕【柿子】shì·zi ¶단~ㅣ甜柿子。

감²〔명〕❶(재료)【料子】liào·zi【料儿】li-àor ¶옷을 만들 ~ㅣ作上衣的料子。❷(수량 단위)【件】jiàn ¶옷 한 ~ㅣ一件衣料。

감³〔感〕〔명〕❶(느낌)【感觉】gǎnjué【感】gǎn ¶오늘에야 비로소 이 회의가 열린 것은 좀 늦은~이 있다ㅣ今天才举行这个会议, 未免感到晚一些。❷(감도)【感】gǎn【灵敏度】língmǐndù ¶무전기가 ~이 나쁘다ㅣ无线电灵敏度不高。

감⁴〔醫〕〔명〕【疳】gān

-감⁵〔접〕【材料】cáiliào【料子】liào·zi【料】liào ¶과학자~ㅣ当科学家的料子。¶그 아이는 대통령~이다ㅣ那个孩子是当总统的料。

감각〔感覺〕〔명〕【感觉】gǎnjué ¶평형~ㅣ平衡感。¶~이 예민하다ㅣ感觉灵敏língmǐn。¶손이 얼어 ~이 없다ㅣ手冻了, 感觉麻木了。

감감〔부〕하형〕❶(시간·차이 등이)【遥远】yáoyuǎn ¶갈 길이 ~하다ㅣ路途遥远。❷(응답·소식)【杳无音信】yǎo wú yīn xìn【杳如黄鹤】yǎo rú huáng hè ¶~소식ㅣ杳无音信。❸(모르거나 잊고 있음)【全然】quánrán ¶~하

다 | 全然不晓xiǎo。

감개 무량[感慨无量]〔명〕[하형]【无限感慨】wúxiàn gǎnkǎi【不胜感慨】bùshèng gǎnkǎi【感慨无量】gǎnkǎi wúliàng【感慨万分】gǎnkǎi wànfēn【不胜感激】bùshènggǎnjī

감격[感激]〔명〕[하자]【感激】gǎn·jī【感动】gǎndòng【激动】jīdòng【兴奋】xīngfèn ¶이 얼마나 ~적인 순간인가! | 这是多么激动人心的时刻啊! | 매우 ~했다 | 兴奋极了。¶~적인 소식 | 令人兴奋的消息。xiāoxī。

감금[监禁]〔명〕[하타]【监禁】jiānjìn【监闭】jiānbì【关】guān ¶여기 수십 명의 범인이 ~되어 있다 | 这里监禁了几十个犯人。

^A**감기**[感气]〔명〕【感冒】shāngfēng【伤风】shāngfēng【着凉】zháoliáng【凉着】liángzháo【上呼吸道感染】shànghūxīdàogǎnrǎn ¶~에 걸렸다 | 得了感冒。¶~ 기운이 좀 있다 | 有点儿伤风。

^가**감기다**[1]〔동〕【缠住】chán·zhù【缠】chán ¶어린애에게 감겨서 갈 수가 없다 | 被小孩缠住,不能走了。(참고)[卷][缠绕]

^가**감기다**[2]〔동〕❶(눈이)【闭】bì ¶졸려서 눈이 절로 감긴다 | 困得眼睛自己就闭上了。❷(눈을)【使闭上】shǐbìshàng ¶죽은 사람의 눈을 ~ | 让死人闭上眼睛。

^B**감기다**[3]〔동〕[洗]xǐ ¶아이의 머리를 ~ | 给孩子洗头。

^B**감나무**〔명〕【柿子树】shì·zishù

^B**감다**[1]〔동〕[闭]bì ¶눈을 ~ | 闭眼。¶눈을 감고 모르는 척하다 | 闭眼睛装zhuāng不知道。¶눈을 감은 채 음악을 듣고 있다 | 闭着眼睛听音乐呢。

^A**감다**[2]〔동〕【缠】chán【绕】rào【绊】bàn【卷】juǎn[上弦]shàngxián[绑]bǎng ¶붕대로 상처를 ~ | 拿绷带bēngdài缠住伤shāng口。¶실을 ~ | 缠线。¶마치 무슨 물건이 내 발을 감고 있는 것 같다 | 好像有什么东西绊住我的脚jiǎo一样。¶이 시계는 태엽을 감아야 한다 | 这表该上弦xián了。

^가**감다**[3]〔동〕[洗]xǐ ¶머리를 깨끗이 ~ | 把头发洗干净。¶강가에서 멱을 ~ | 在河边洗澡。

^가**감당**[堪当]〔명〕[하타]【承担】chéngdān【承受】chéngshòu【担当】dāndāng【胜任】shèngrèn【顶】dǐng【身受】shēnshòu ¶이 임무를 능히 ~할 수 있다 | 能够承担起这项任务。| 이런 압력은 ~해낼 수 없다 | 承受不起这种压力。¶일이 힘들기 때문에, 나 혼자서는 ~할 수 없다 | 活儿重,我一个人顶不下来。¶힘이 세어서, 나 혼자서도 ~할 수 있다 (참고)[担待dàndài][盯dīng][钉dīng][把起来][负担起来]

^가**감독**[监督]〔명〕[하타]❶(관리·통제)【监督】jiāndū【工监】gōnggōng ¶~이 아주 엄격하다 | 监督很严。¶~ 관리 | 监督管理。¶~ 기관 | 监督机关。¶공사 현장에 ~하는 사람이 있다 | 工地上有人监工。❷(연극·영화의 연출)【导演】dǎoyǎn ¶이 영화의 ~은 나의 오랜 친구이다 | 这部电影的导演是我的老朋友。¶조~ | 导演助理。(참고)[监造zào][督工][工头][监察][检查][控制][管][管辖]

^가**감돌다**〔동〕❶(맴돌다)【围绕】wéirào【缭绕】liáorào【盘绕】pánrào【盘旋】pánxuán ¶달은 지구의 주위를 감돌고 있다 | 月亮围绕着地球旋转。❷(머릿속에서)【萦绕】yíngrào【缭绕】liáorào ¶노랫소리가 ~ | 歌声缭绕。❸(길·물줄기 등이)【绕】rào【回绕】huírào ¶산길이 가파르게 구불구불 감돌며 위로 뻗어 있다 | 山路崎岖qíqū,盘绕而上。❹(분위기가)【凝集】níngjí【密布】mìbù【布满】bùmǎn ¶양국사이에 전운이 ~ | 两国之间战云密布。(참고)[缠绕chánrào][环绕huánrào][回转huízhuǎn][盘络pánluò][蟠绕pánrào][般盘旋]

^가**감동**[感动]〔명〕[해자타]【感动】gǎndòng【打动】dǎdòng ¶학생들은 그의 업적 소개를 듣고는 아주 ~했다 | 学生们听了他的业绩介绍,十分感动。¶이 책은 나에게 깊은 ~을 주었다 | 这本书深深地打动了我。

감리교[监理教]〔명〕〈宗〉【监理教】jiānlǐjiào

^가**감명**[感铭]〔명〕[하자타]【铭感】mínggǎn【感受】gǎnshòu ¶평생토록 ~하여 잊지 못하다 | 铭感终身。

감미롭다[甘味-]〔형〕【甜】tián【甜蜜】ti-

ánmì【甜软】tiánruǎn【甜蜜蜜(的)】ti-
ánmìmì(·de) ¶그의 말은 정말 감미
로워서 들으니 마음이 아주 즐겁다 |
他的话真甜，我听了乐滋滋的。¶그
녀는 감미로웠던 추억 속에 빠져있다
| 她沉浸chénjìn在甜蜜的回忆里。

감미료[甘味料] 圈【甘旨素】gānzhǐsù

감방[監房] 圈【监房】jiānfáng【牢房】l-
áofáng ¶~에 들어가다 | 坐牢。（참
고）[囚室][囚房]

감복[感服] 圈하자타【佩服】pèi·fu
【拜服】bàifú【钦佩】qīnpèi【敬佩】j-
ìngpèi ¶사람들은 모두 그의 용감함
에 ~했다 | 人人都佩服他勇敢yǒngg-
ǎn。

^A**감사**[感謝] 圈하자타【感谢】gǎnxiè
【谢意】xièyì【感激】gǎn·jī ¶하느님께
~하다 | 感谢上帝shàngdì。¶~장
| 感谢信。¶이 편지 | 感谢信。¶
특별히 ~를 드립니다 | 特致谢意。
¶대단히 ~합니다 | 不胜感激。

감사¹[監事] 圈【审计】shěnjì ¶~권 |
审计权。¶~제도 | 审计制度。¶한
달 동안 ~했다 | 审计了一个月。（참
고）[验测][监理]监察chá]

감상[感想] 圈【感想】gǎnxiǎng ¶~
을 이야기하다 | 谈谈感想。¶~보
고를 듣고 나니 ~이 많다 | 听了这个
报告，我的感想很多。

감상²[感傷] 圈【感伤】gǎnshāng【伤
感】shānggǎn ¶그녀는 대단히 ~적
이다 | 她很伤感。¶~에 젖어 고개
를 떨구고 있다 | 伤感地低着头。¶
감정에 약한 사람이 잘 ~적이 된다 |
感情脆cuì弱的人容易伤感。

^B**감상**[鑑賞] 圈하타【鉴赏】jiànshǎng
【欣赏】xīnshǎng【观赏】guānshǎng
【赏识】shǎngshí【观看】guānkàn【观
揽】guānlǎn ¶음악~회 | 音乐yīnyuè
欣赏会。¶달을 ~하다 | 欣赏月亮yu-
èliàng。¶그는 창문 앞에 서서 설경
을 ~하고 있다 | 他站在窗chuāng前，
欣赏雪景xuějǐng。¶열대식물을 ~
하다 | 观赏热带植物。¶명화를 ~하
다 | 赏识名画。¶경극을 ~ | 观看京
剧jù。

감색[紺色] 圈【天青】tiānqīng【藏青】
zàngqīng

감소[減少] 圈하자타【减少】jiǎnshǎo

¶~폭 | 减幅。¶인원을 ~하다 | 减
少人员。¶결함이 ~되었다 | 缺点减
少了。（참고）[减缩]缩减][削减]

감속[減速] 圈하자타〈物〉【减速】jiǎ-
nsù ¶~장치 | 减速装置。¶~운동
| 减速运动。¶전차가 ~했다 | 电车
减速了。

감수[甘受] 圈하타【甘受】gānshòu
【甘心忍受】gān xīn rěn shòu【愿意接
受】yuàn yì jiē shòu ¶희생을 ~하다
| 甘愿牺牲xīshēng。

감수성[感受性] 圈【感受性】gǎnshòuxì-
ng【感性】gǎnxìng ¶그녀는 ~이 풍
부한 사람이다 | 她是感性丰富fēngfù
的人。

감시[監視] 圈하타【监视】jiānshì ¶멀
리 적군을 ~하고 있다 | 远地监视着
敌人。¶~시스템 | 监视系统。¶~
장치 | 监视装置。¶~레이더 | 监视
雷达léidá。（참고）[监察chá]观测guā-
ncè]

^C**감시원**[監視員] 圈【监听员】jiāntīngyuán【看守
人】kānshǒurén【监视员】jiānshìyuán

^D**감싸다** 동 ❶(휘감아 싸다)【裹】
guǒ ¶붕대로 상처를 ~ | 用绷带bēngdài
裹伤口。❷(두둔하다)【包庇】bāobì
【袒护】tǎnhù【庇护】bìhù ¶그가 그를
감싸고 돌면, 실제로는 그를 해치는
것이다 | 你袒护他，实际上是害他。
¶그녀는 자기 자식을 감싸고 돈다 |
她袒护自己的孩子。¶어린이의 과실
을 감싸고 돌아서는 안된다 | 不能庇
护小孩的过失。

감안[勘案] 圈하타【斟酌】zhēnzhuó
【考虑到】kǎolùdào ¶당신이 잘 ~해
서 처리하시오 | 请您斟酌zhuó办理。

감언이설[甘言利說]【甜言美语】tiá-
n yán měi yǔ【甜言蜜语】tián yán mì
yǔ【花言巧语】huā yán qiǎo yǔ ¶~
~에 넘어가다 | 他甜言蜜语的骗了我的
钱。¶너는 ~로 나를 유혹하지 마라
| 你别用花言巧语引诱yòu我。（참고）
[白花舌儿][巧言]

^E**감염**[感染] 圈하자타【感染】gǎnrǎn【染】
rǎn【污染】wūrǎn ¶전염병에 ~되다
| 被传染病感染。¶이질에 ~되었다 |
染上痢疾lì疾。¶외설 서적이 청
소년들의 마음을 ~시켰다 | 黄色书

刊污染了青少年的心灵。 [참고]〔感惠〕

ᴮ감옥[監獄] 명【监狱】jiānyù【牢狱】láoyù〔囚牢〕qiúláo ¶~에 갇히다 | 关在牢狱。 ¶그들은 집에 감금되어 있어서 마치 ~살이 하는 것과 같이 그들 室居zhìjū에 家里했으면 好像坐在囚牢里。 [참고]〔监牢jiānláo〕〔铁牢〕〔牢监〕〔牢槛〕

ᴬ감옥살이 명【监狱生活】jiānyù shēnghuó【蹲监狱】dūnjiānyù ¶삼년 동안 ~를 하였다 | 蹲了三年的监狱。

감원[減員] 명하타【减员】jiǎnyuán〔裁员〕cáiyuán ¶회사가 또 ~하였다 | 公司又要减员了。 ¶최근 시장이 불경기라 각 회사는 ~ 중에 있다 | 最近市面不景气ì qì, 各公司都在裁员。 [참고]〔减员 jiǎn〕

ᴬ감자 명〈植〉【马铃薯】mǎlíngshǔ〔土豆〕tǔdòu ¶~를 재배하다 | 种植zhòngzhí马铃薯。 ¶~ 튀김 | 油炸zhá马铃薯/炸土豆片。

감전[感電] 명하타〈物〉【触电】chùdiàn ¶그는 ~된 듯이 떨었다 | 他好像触电似地发抖dǒu了。 ¶~사고 | 触电事故。 [참고]〔感 电〕〔惊电〕〔中电〕〔电击〕

ᴬ감정[感情] 명【感情】gǎnqíng ¶~이 입니 感情引入니 | 感情引人。 ¶~이 상하다 | 伤shāng感情。 ¶~이 드러나다 | 感情流露liúlù。 ¶~적으로 일을 처리하다 | 感情用事。

감정²[鑑定] 명하타【鉴定】jiàndìng【评估】pínggū ¶~가 | 鉴定价。 ¶출토한 자기를 ~하다 | 鉴定出土的磁器。 ¶이 그림의 가치를 ~하다 | 评估这幅fú画儿的价值。 [참고]〔评定〕〔审定〕〔评价〕〔判断〕〔估评〕

감지[感知] 명하타【感知】gǎnzhī【感觉】gǎnjué【觉察】juéchá ¶이 사건으로 이 부서의 복잡한 인간 관계를 다소 ~할 수 있겠다 | 从这件事我多少能感知一点这个单位复杂fùzá的人际关系。

감질[疳疾] 명【馋】chán【贪】tān ¶~(이) 나다 | 贪馋/着急 ¶물이 한 방울씩 ~나게 나온다 | 水一点一点往外流, 真叫人着急。

감쪽같다 혱【妙】miào ¶옷을 어떻게

기웠는지 조그만 흔적도 없어 정말 ~!| 衣服缝儿怎么接的, 一点儿痕迹hénjì也没有, 真妙啊! [참고]〔神不知, 鬼不觉shén bù zhī, guǐ bù jué〕〔人不知不觉〕〔天衣无缝〕〔神妙shénmiào〕〔神乎其神shén hū qí shén〕〔巧妙qiǎomiào〕〔奇巧qíqiǎo〕〔灵巧língqiǎo〕〔巧夺天工qiǎo duó tiān gōng〕

감찰[監察] 명하타【监察】jiānchá【督察】dūchá ¶~권 | 监察权。 ¶위원 | 监察委员wěiyuán。 ¶~ 제도 | 监察制度zhìdù。

감촉[感觸] 명하타【触觉】chùjué【触感】chùgǎn ¶手感shǒugǎn

ᴮ감추다 동❶〈물건〉【藏】cáng【隐藏】yǐncáng【隐匿】yǐnnì ¶그는 나무 뒤에 몸을 감추었다 | 他藏在树shù后面。 ¶옷장 속에 돈을 ~ | 把钱藏在衣柜里。 ❷〈속이깨〉【瞒】mán【隐瞒】yǐnmán【掩饰】yǎnshì【掩盖】yǎngài【遮盖】zhēgài【遮掩】zhēyǎn【遮瞒】zhēmán ¶더 이상 감출 수 없다 | 再也隐藏不住。 ¶나이를 ~ | 隐瞒岁数。 ¶진상을 ~ | 掩饰真相。 ¶대담하게 잘못을 인정하고, 감추려 하지 말아라 | 大胆地承认错误, 不要遮遮掩掩。 [참고]〔蒙蔽méngbì〕〔隐瞒yǐnmán〕

감축[減縮] 명하자타【缩减】suōjiǎn【减缩】jiǎnsuō ¶군비를 ~하다 | 缩减军费。 ¶행정 인원을 ~하고 과학 기술 인원을 증원하다 | 缩减行政人员, 增加科技人员。 ¶지출을 ~하다 | 减缩开支。

감칠맛 명【美味可口】měiwèi kěkǒu【可口】kěkǒu ¶~나는 요리 | 美味可口的饭菜。 [참고]〔合口味hékǒuwèi〕〔对duì口〕〔对胃wèi口〕

ᴮ감탄[感歎] 명하타【敬佩】jìngpèi【赞叹】zàntàn【佩服】pèi·fú ¶머리를 끄덕이며 ~하다 | 点头赞叹。 ¶사람들은 모두 그의 용감함에 ~했다 | 人人都佩服他的勇敢yǒnggǎn。 [참고]〔拜服bàifú〕〔钦佩qīnpèi〕〔称美chēngxiàn〕〔赞许zànxǔ〕

감퇴[減退] 명하자타【减退】jiǎntuì【衰退】shuāituì【减弱】jiǎnruò ¶기능이 ~하였다 | 机能减退了。 ¶시력이 ~하였다 | 视力减退了。 ¶늙으니 기억

력도 ~되었다 | 人老了, 记忆力也衰退了. 〔참고〕[衰落 shuāiluò] [减少 jiǎnnshǎo]

감투 [명] ❶ (옛날 벼슬아치가 쓰던 것) 【纱帽】shāmào ❷ (벼슬을 비유하여 이르는 말) 【乌纱帽】wūshāmào 【官帽】guānmào ¶ ~ 싸움 | 争取乌纱帽. 〔참고〕[乌巾 jīn] [唐巾] [官] [官职]

감하다 [减-] [타] 【减】jiǎn 【减少】jiǎnshǎo ¶인원을 ~ | 减少人员. ¶결점이 감해졌다 | 缺点减少了.

감행 [敢行] [하타] 【敢】gǎn 【果断】guǒduàn 【果敢】gǎngǎn 【肆行】sìxíng 【犯下】fànxià 【干出】gànchū ¶약탈을 ~ 하다 | 肆行却掠. ¶사람이 할 수 없는 짓을 ~하다 | 干出不可见人的勾当. ¶노동조합은 파업을 ~하였다 | 工会果断罢工.

감화 [感化] [명][하자타] 【感化】gǎnhuà 【感染】gǎnrǎn 【感召】gǎnzhào 【熏陶】xūntáo ¶이들 소년범들을 ~하다 | 感化了这些少年犯. ¶깊이 나를 ~했다 | 深深地感染了我. ¶깊은 예술적 분위기가 그를 ~했다 | 浓厚的艺术气氛熏陶着他.

감회 [感懷] [명] 【感怀】gǎnhuái 【感受】gǎnshòu 【感念】gǎnniàn ¶~가 새롭다 | 感受颇新. ¶~에 잠기다 | 陷入感念之中.

감흥 [感興] [명] 【兴奋】gǎnfèn 【兴趣】xìngqù ¶그의 이야기는 아무런 ~을 일으키지 못한다 | 他的故事并不引起任何兴趣.

감히 [敢-] [부] 【敢】gǎn 【敢于】gǎnyú 【胆敢】dǎngǎn 【竟敢】jìnggǎn ¶~ 한 마디 하다 | 敢说一句. ¶~ 호랑이에게 덤벼들었다 | 胆敢向虎挑衅tiǎoxìn. ¶이 녀석이 ~ 어른을 욕하다니! | 这孩子竟敢骂mà大人! 〔참고〕[贸然màorán] [竟敢(然)] [悍然hànrán] [冒然] [冒昧(地)]

갑 [甲] [명] 【甲】jiǎ ¶~권 | 甲卷. ¶~팀과 을팀 | 甲队和乙队.

갑 [匣] [명] 【匣(儿·子)】xiá(r·zi) 【盒】hé 【箱】xiāng ¶화장~ | 梳妆盒儿. ¶성냥 한~ | 一盒火柴chái.

갑갑하다 [형] 【闷】mèn 【郁闷】yùmèn 【烦闷】fánmèn 【寂寞】jìmò ¶이 방은 창이 없어서 너무 ~ | 这屋子没有窗子, 太闷了. ¶마음 속으로 매우 갑갑함을 느끼다 | 内心感到十分寂寞. 〔참고〕[烦懑mèn] [烦郁yù] [气闷] [纳闷]

갑갑한 놈이 우물 판다 [관용] 【谁渴谁掘井】shéi kě shéi juéjǐng

갑골문자 [甲骨文字] [명] 【甲骨文】jiǎgǔwén ¶장군은 지금 ~를 연구 중이다 | 小张正在研究甲骨文. 〔참고〕[龟甲文] [契刻文] [商書文] [殷墟要辞] [殷墟文字] [贞zhēn要文字]

갑부 [甲富] [명] 【豪富】háofù ¶그는 경영에 능숙하여 대단한 ~가 되었다 | 他经营jīngyíng有方yǒufāng, 成为一方豪富.

갑옷 [甲-] [명] 【铠甲】kǎijiǎ 【甲】jiǎ 【盔甲】kuījiǎ ¶~을 입다 | 身披铠甲. ¶~입은 병사 | 甲士.

갑자기 [부] 【突然】tūrán 【突然间】tūránjiān 【忽然】hūrán 【遽然】jùrán 【霍然】huòrán 【陡然】dǒurán 【骤然】zhòurán 【蓦地】mòdì 【顿时】dùnshí 【倏地】shū·di 【勃然】bórán ¶어떤 사람이 뛰어 들어왔다 | 突然闯chuǎng进一个人来. ¶~ 비가 내리기 시작했다 | 天忽然下起雨来了. ¶~ 안색을 바꾸다 | 遽然变色. ¶~ 크게 웃다 | 遽然大笑. ¶기온이 ~ 뚝 떨어졌다 | 气温骤然下降. ¶그는 ~ 일어섰다 | 他蓦地站起来. ¶몸을 ~ 홱 돌리다 | 倏地转过身来. 〔참고〕[俄然éran] [忽地] [急地] [急的] [突地] [意外地] [遽尔] [陡顿] [斗顿] [暴起] [猛然]

갑작스럽다 [형] 【突然】tūrán 【突如其来】tū rú qí lái ¶그의 질문은 좀 갑작스러웠다 | 他问得有点突然. ¶결코 갑작스럽다고 생각되지는 않는다 | 并不认为突然. ¶갑작스런 변화에 어쩔 줄 모르다 | 这突如其来的变化, 叫人不知所措cuò. 〔참고〕[意外yìwài] [意想不到yìxiǎng·budào]

갑절 [명][하타] 【倍】bèi 【加倍】jiābèi ¶9는 3보다 ~ 더 크다 | 九比三大两倍. ¶9는 3의 ~ | 9是三的三倍. ¶기술 혁신 후에 생산량이 ~이 될 수 있다 | 技术革新后产量可以加倍. ¶~로 늘리다 | 加两倍.

갑판 [甲板] [명] 【甲板】jiǎbǎn 【舱面】cāngmiàn 【仓面】cāngmiàn 【船面】chuānmiàn ¶선원들이 ~에서 쉬고 있다 | 水手们在甲板上休息。

^A**값 ❶** (가격) 【价】jià 【价钱】jià·qian 【价格】jiàgé ¶~ 을 지독하게 깎다 | 杀价杀得太厉害。 ¶~이 적정하다 | 价钱公道。 ¶~이 오르다 | 价格上涨shàngzhǎng。 ❷ (대가) 【代价】dàijià 【值得】zhí·de 【成效】chéngxiào ¶~을 치르다 | 付出代价。 ¶그런 일을 하는 건 아주 ~이 있다 | 干那种事是值得的。 ❸ (의의) 【意义】yìyì ¶매우 ~있는 일 | 很有意义的事。 ❹ (수치) 【值】zhí ¶~를 구하다 | 求值。 ❺ (값어치) 【代价】dàijià 【值钱】zhíqián ¶얼굴~ | 他的面子很值钱。

값나가다 동 【值钱】zhíqián ¶이 골동품은 꽤 값나간다 | 这古董很值钱。 ¶값나가는 물건을 다소 챙겼다 | 收拾了一些值钱的东西。

값싸다 형 【便宜】pián·yi 【物美价廉】wù měi jià lián ¶값싼 물건 | 便宜货。 ¶질도 좋고 ~ | 又好又便宜。

값싼 것이 비지떡 관용 【便宜无好货】pián·yi wú hǎohuò 【贱买无好货】jiànmǎi wú hǎohuò 【贱买无好货,好货不贱卖】jiànmǎi wú hǎohuò, hǎohuò bú jiànmài

값어치 명 【值】zhí 【值得】zhí·de 【价值】jiàzhí ¶한푼의 ~도 없다 | 不值一文钱。 ¶볼 만한 ~ | 不值得一看。 ¶이 책은 살 만한 ~가 있다 | 这本书值得买。

값지다 형 【值钱】zhíqián 【有价值】yǒujiàzhí ¶집안에 값진 물건이 하나도 없다 | 家里没有一个值钱的东西。

^B**갓 명 ❶** 〈紗帽〉shāmào 【乌纱(帽)】wūshā(mào) ¶~상자 | 纱帽箱。 ¶~집 | 乌纱帽盒。 ❷ (전기 스탠드) 【灯罩】dēngzhào ¶전등에 ~을 씌웠다 | 电灯上罩了灯罩。

^C**갓² 명** 〈植〉 【芥菜】jiècài 【盖菜】gàicài

갓³ 부 〈刚〉gāng ¶~ 태어나다 | 刚出生。 ¶~ 졸업했다 | 刚毕业。 ¶~ 돋아난 야채 | 刚长出的嫩野菜。

^B**갓난아기 명** 〈嬰兒〉yīng'ér 【嬰孩】yīnghái 【毛孩子】máohái·zi 【娃娃】wáwa ¶~ 취급을 하다 | 当成毛孩子。

^A**강¹** 〈江〉 【명】 〈江〉jiāng 【河】hé 【河川】héchuān ¶낙동~ | 洛东江。 ¶한줄기의 ~ | 一条河。

강² 〈腔〉 【명】 【腔】qiāng ¶비~ | 鼻腔。 ¶복~ | 腹腔。

강³ 〈綱〉 【명】 〈生〉 【纲】gāng ¶생물 분류학상의 한 단위 "门"(문)의 아래, "目"(목)의 위 | 포유동물 ~ | 哺乳动物纲。

강⁴ 〈强－〉 【두】 【强】qiáng 【干】gān ¶~추위 | 干冷。

강가 〈江－〉 【명】 【江边】jiāngbiān 【河边】hébiān 【河沿儿】héyánr 【江岸】jiāng'àn 【河岸】hé'àn

강간 〈强奸〉 【명하타】 【强奸】qiángjiān ¶~죄 | 强奸罪。

강강술래 명 【羌羌水越来】qiāngqiāngshuǐyuèlái 【圆圈舞】yuánquānwǔ

강경 〈强硬〉 【명하형】 【强硬】qiángyìng 【坚决】jiānjué 【坚强】jiānqiáng ¶상대방의 태도가 너무 ~하여 우리들의 의견을 들어주지 않는다 | 对方的态度tàidù强硬得很。 　不接受我们的意见。 ¶~한 조치를 취하다 | 采取强硬措施cuòshī。

강구 〈講究〉 【명하타】 【谋划】móuhuà 【谋求】móuqiú 【摸索】mō·suo 【求索】qiúsuǒ ¶평화적인 해결책을 ~하다 | 谋求和平解决。

강국 〈强國〉 【명】 【强国】qiángguó ¶~의 위협을 두려워하지 않다 | 不怕pà强国的讹诈ézhà。 参考 〔大à国〕 〔强大国〕

강권 〈强權〉 【명】 【强权】qiángquán ¶~도 결국 정의 앞에 무릎을 꿇는다 | 强权终于向正义qiángquán低头dītóu。 ¶~정치 | 强权政治zhèngzhì。

^B**강남** 〈江南〉 【명】 〈江南〉Jiāngnán ¶~방언 | 江南方言。 ¶~의 경치가 대단히 수려하다 | 江南的景色十分秀丽xiùlì。

강낭콩 명 〈植〉 【扁豆】biǎndòu 【蛾眉豆】éméidòu 【鹊豆】quèdòu 【四季豆】sìjìdòu ¶~ 꽃 | 鹊豆花。 ¶~ 덩굴시렁 | 鹊豆架jià。

강냉이 명 〈植〉 【玉米】yùmǐ

강단 〈講壇〉 【명】 【讲台】jiǎngtái

강당 〈講堂〉 【명】 【礼堂】lǐtáng ¶대~ | 大礼堂。

강대[强大] 웹히형 **【强大】**qiángdà **强盛**qiángshèng ¶우리나라의 국방력이 나날이 ~해지다 | 我国的国防力量guófánglì·liang越来越yuè强大。¶한 민족이 ~해지려면 반드시 전 민족의 과학 문화 수준을 향상시켜야 한다 | 一个民族要强盛，就必须提高全民族的科学文化水平。

강도[强盗] 웹 **【强盗】**qiángdào ¶~두목 | 强盗头子tóuzi。

강력[强力] 웹 **【强有力】**qiángyǒulì **【强力】**qiánglì ¶~한 조치를 취하라 | 采取强力的措施。¶~분 | 强力面粉/强力粉。

강렬[强烈] 웹히형 **【强烈】**qiángliè ¶주관적인 색채가 아주 ~하다 | 主观色彩sècǎi十分强烈。¶한 욕망 | 强烈的欲望yùwàng。¶~하게 요구하다 | 强烈地要求。

^B**강물**[江－] 웹 **【江水】**jiāngshuǐ **【河水】**héshuǐ ¶~이 우물물을 침범하지 않는다 | 井水不犯河水。

^B**강바닥**[江－] 웹 **【河底】**hédǐ **【河床】**héchuáng **【河槽】**hécáo **【河身】**héshēn ¶가뭄으로 ~이 드러났다 | 天旱露出了河床。

강박[强迫] 웹히타 **【强迫】**qiángpò **【逼迫】**bīpò **【强逼】**qiángbī **【顽固】**wángù ¶~관념 | 思想。¶~ 신경증 | 顽固状态。

^B**강변**[江邊] 웹 **【江边】**jiāngbiān **【河边】**hébiān **【河沿】**héyán **【江岸】**jiāng'àn **【河岸】**hé'àn

강사[講師] 웹 **【讲师】**jiǎngshī **【聘用讲师】**pìnyòngjiǎngshī ¶시간 ~ | 时间讲师。참고 〔兼任讲师 jiānrèn讲师〕〔专任zhuānrèn讲师〕

^B**강산**[江山] 웹 **【江山】**jiāngshān **【河山】**héshān **【山河】**shānhé ¶금수~ | 锦绣jǐnxiù河山。¶고국의 ~ | 故国山河。¶~은 쉽게 바뀌어도 본성은 바꾸기 어렵다 | 江山易改，禀bǐng性难移。

강세[强勢] 웹히형 ❶ **【强势】**qiángshì ❷ (음성·발음의) **【重音】**zhòngyīn ¶~부호 | 重音符号。

강수량[降水量] 웹 〈氣〉**【降水量】**jiàngshuǐliàng

^C**강습**[講習] 웹히타 **【讲习】**jiǎngxí **【培训】**péixùn ¶~생 | 培训生。¶~반 | 讲习班。¶~회 | 讲习会。¶~소 | 讲习所。참고 〔学习〕〔训练〕

^A**강아지** 웹 ❶ (동물) **【小狗(儿/子)】**xiǎogǒu(r, zi) ❷ (아이) **【小宝贝】**xiǎobǎobèi ¶우리 귀여운 ~! | 我的可爱的小宝贝。참고 〔狗子〕

강압[强壓] 웹히타 **【强压】**qiángyā **【高压】**gāoyā **【压制】**yāzhì **【强制】**qiángzhì **【强加】**qiángjiā ¶~ 정책 | 高压政策zhèngcè。¶~적인 방법은 좋지 못하다 | 压制的办法bànfǎ不好。¶그를 ~적으로 해서는 안된다 | 不要强制他。

강약[强弱] 웹 ❶ (힘의 강약) **【强弱】**qiángruò **【高低】**gāodī ¶~을 다투다 | 争高低。❷ (음·진동 등의) **【强弱】**qiángruò ¶~을 넣어서 노래하다 | 把强弱拍唱出来。

^B**강연**[講演] 웹히타 **【讲演】**jiǎngyǎn **【演讲】**yǎnjiǎng ¶~을 듣다 | 听演讲。¶다음으로 이교수님께서 젊은이들의 성장 문제를 가지고 여러분에게 하겠습니다 | 下面请李教授就青年的成长问题给大家讲演。참고 〔演说〕

강요[强要] 웹히타 **【强加】**qiángjiā **【强求】**qiángqiú **【逼迫】**bīpò ¶복종하도록 ~하다 | 强迫服从fúcóng。¶남에게 ~하지 말아라 | 不要强加于人。¶네 일은 네가 알아서 하는 것이니 이 엄마는 ~하지 않겠다 | 这事由你作主，妈不强求你。¶양보를 ~하다 | 强求让步ràngbù。참고 〔强逼〕〔胁迫〕〔威逼〕〔威迫〕

강우량[降雨量] 웹 〈氣〉**【降雨量】**jiàngyǔliàng **【雨量】**yǔliàng

강의[講義] 웹히타 **【讲授】**jiǎngshòu **【讲课】**jiǎngkè **【授课】**shòukè **【上课】**shàngkè ¶~실 | 教室/课堂。¶오후에 세 시간 ~하였다 | 下午讲了三堂课。¶매주 열여섯 시간 ~를 한다 | 每周授十六小时的课。¶중국어 ~를 하다 | 上中文课。

^B**강인**[强靭] 웹히형 **【坚强】**jiānqiáng **【强毅】**qiángyì ¶의지가 ~하여 뜻을 굽힐 줄 모르다 | 坚强不屈。¶~한 사나이 | 坚强的男子汉。

강자[强者] 웹 **【强者】**qiángzhě ¶격렬한 각축과 경쟁 속에서 그녀는 ~가 되

었다 | 在激烈jīliè的角逐jiǎozhú与竞争中, 她成了强者.

강점 [强點] 몡 【长处】cháng·chu 【优点】yōudiǎn ¶그의 ~은 머리가 좋은 데다 열심히 공부하려는 것이다 | 他的长处是脑袋cǎo子好, 又肯用功. ¶이것이 그의 ~이다 | 这是他的优点.

ᄀ**강정** ❶ 【江米条】jiāngmǐtiáo ❷ 【琥珀花生】hǔpòhuāshēng

ᄀ**강제** [强制] 몡 【强制】qiángzhì 【逼迫】bīpò 【劫持】jiéchí ¶~ 징수 | 强迫征收. ¶~ 노동 | 强制劳动láodòng. ¶~적으로 실시하다 | 强制实施shíshī. 참고 〔强迫〕强逼bī〕〔威w-ēi逼〕威逼

ᄇ**강조** [强調] 몡하타 【强调】qiángdiào ¶회의석상에서 준법문제를 다시 ~해 주시기 바랍니다 | 遵纪守法问题, 请你在会上再强调一下. ¶이 점을 ~하다 | 强调这一点.

강좌 [講座] 몡 【讲座】jiǎngzuò 【课】kè ¶방송 중국어 | 汉语广播guǎngbō讲座. ¶이번 학기에 여덟 ~를 개설했다 | 这个学期xuéqī开kāi了八门mén课.

ᄀ**강철** [鋼鐵] 몡 【钢铁】gāngtiě 【铁金属】tiějīnshǔ ¶~ 하이프 | 钢管. ¶~을 생산하다 | 生产钢铁.

ᄀ**강철판** [鋼鐵板] 몡 【钢板】gāngbǎn

ᄀ**강추위** 몡 【干冷】gānlěng 【严寒】yánhán 【酷寒】kùhán ¶~를 겁내지 않다 | 不怕pà严寒. ¶나는 ~를 무릅쓰고 오랫동안 떠나 있었던 고향으로 돌아갔다 | 我冒mào着严寒, 回到久别的故乡. 참고 〔寒冷〕

강탈 [强奪] 몡 【抢夺】qiǎngduó 【掠夺】lüèduó 【抢劫】qiǎngjié 【暴掠】bàolüè ¶백성들의 재물을 ~하다 | 掠夺百姓财物. ¶행인을 ~하다 | 抢劫路人lùrén.

ᄀ**강토** [疆土] 몡 【疆土】jiāngtǔ 【领土】lǐngtǔ ¶이 모두가 한국의 ~이다 | 这都是韩国的疆土. 참고 〔疆域yù〕〔江山〕

ᄀ**강판** [薑板] 몡 【擦菜板】cācàibǎn 【削皮机】xuēpíjī ¶~에 양파를 갈다 | 用削皮机削洋葱.

강풍 [强風] 몡 【大风】dàfēng 【强风】qiángfēng ¶밖에는 ~이 불고 있다 |

外面刮着大风. 참고 〔热风rèfēng〕〔暴风bàofēng〕〔飓风jùfēng〕

강하 [降下] 몡하자타 【下降】xiàjiàng 【降落】jiàngluò ¶지반이 ~하다 | 地壳zào下降. ¶기온이 ~하다 | 气温qìwēn下降. 참고 〔下滑〕

ᄀ**강하다¹** [剛-] 혱 ❶ (지조·의지가) 【坚强】jiānqiáng 【强强】jiānqiáng ¶이 모든 것이 다 그의 신념을 강하게 했다 | 这一切都坚固了他的信心. ¶~가 강하여 뜻을 굽힐 줄 모르다 | 坚强不屈. ❷ (물질이) 【硬】yìng 【坚固】jiāngù ¶이 나무 토막은 아주 ~ | 这个木头很硬. ¶강하고 질기다 | 坚固耐用. 참고 〔刚强〕〔刚性〕〔刚硬〕〔坚硬〕〔强硬〕

ᄀ**강하다²** [强-] 혱 ❶ (강력하다) 【强大】qiángdà 【强】qiáng ¶과학기술은 사회발전을 추진시키는 강한 힘이다 | 科学技术kēxuéjìshù是推动tuīdòng社会发展的强大力量. ¶우리나라의 국방력이 나날이 강해지다 | 我国的国防力量guófánglìliàng越来越yuè强大. ❷ (강렬하다) 【坚强】jiānqiáng ¶강한 의지 | 坚强的意志. ¶그는 일에 대한 책임감이 ~ | 他的工作责任心很坚强. ❸ (엄격하다) 【严格】yángé 【严厉】yánlì ¶강한 규율 | 严格的纪律. ❹ (저항력이) 【抗】kàng 【抵抗】dǐkàng ¶이 옷은 열에 ~ | 这种衣服抗热. ❺ (신체가) 【强壮】qiángzhuàng 【强健】qiángjiàn 【硬】yìng ¶신체가 강하고 힘이 세다 | 身体力壮lìzhuàng. ¶지속적으로 체육을 통하여 단련을 해 왔기 때문에 그의 몸은 갈수록 강해졌다 | 由于坚持jiānchí体育锻炼duànliàn, 他的身体越来越强壮了. 참고 〔强健〕〔强壮〕

ᄀ**강행** [强行] 몡하타 【强行】qiángxíng 【硬干】yìnggàn ¶~ 규정 | 强行规定. ¶몇 가지 규정을 ~하여 통과시켰다 | 强行通过了几项规定.

ᄀ**강화** [强化] 몡하자타 【强化】qiánghuà 【加强】jiāqiáng 【增强】zēngqiáng ¶국가 기구를 ~하다 | 强化国家机器guójiāqì. ¶체육 운동을 발전시켜 국민의 체력을 ~한다 | 发展体育运动, 增强国民体质.

갖가지 관몡 【种种】zhǒngzhǒng 【五花

八门】wǔ huā bā mén ¶~ 수단을 사용하다 | 使用种种手段。¶~ 원인 | 种种原因。¶여러 사람들이 회의에서 ~ 의견과 건의를 내놓았다 | 大家在会上提出了种种意见和建议。〔참고〕〔各种各样〕〔各式各样〕〔各色各样〕

갖다 图【带】dài【拿】ná【取】qǔ【具有】jùyǒu ¶희망을 ~ | 带着希望。¶그는 농업상의 지식을 갖고 있다 | 他具有农业方面的知识。

ʲ갖추다 图❶ (고루 준비하다)【具备】jùbèi【齐备】qíbèi【置备】zhìbèi ¶모든 조건이 갖추어져 있다 | 一切条件具备了。¶올림픽을 개최할 조건을 갖추었다 | 具备了举办奥运会的条件。❷ (제대로 완비되다)【齐全】qíquán【完备】wánbèi【备全】bèiquán ¶재봉틀을 ~ | 置备了一台缝纫机。¶이 호텔은 방마다 냉장고가 갖추어져 있다 | 宾馆的每个房间都备了一台冰箱。❸ (재능·성질·능력 등을 지니다)【赋有】fùyǒu ¶그녀는 성악에 대한 천부의 재능을 갖추고 있다 | 她天生就赋有音乐才能。

ᴬ같다 圈❶ (동일)【相同】xiāngtóng【一样】yíyàng【同样】tóngyàng【一般】yìbān【一同】yìtóng ¶성질이 아주 ~ | 性质xìngzhì很相同。¶그들 둘은 생김새도 같고 성격도 ~ | 他们俩相貌xiàngmào一样, 脾气píqì也一样。¶여러 사람들이 모두 같은 복장을 입고 있다 | 大家都穿着一样的服装fúzhuāng。¶같은 목표를 향해 나아가다 | 向同一目标前进。❷ (비교·비유)【如同】rútóng【好似】hǎosì【如】rú【等于】děngyú【之类】zhīlèi【同样】tóngyàng ¶굳기가 강철과 ~ | 坚硬如钢。¶고기가 물을 만난 것 ~ | 如鱼得水。¶글자를 모르면 눈뜬 장님과 ~ | 不识字就等于是睁眼瞎子。❸ (추측·불확실)【仿佛】fǎngfú【好像】hǎoxiàng【像】xiàng ¶그들 둘은 아주 잘 알고 있는 사이 ~ | 他们俩好像很熟悉似的shì·de。¶마치 몇 년 전의 일인 것 ~ | 好似多少年前的事了。❹ (조건·가정)【要是】yào·shi【如果】rúguǒ【若是】ruòshì ¶이 상황에 너 같으면 어떻게 하겠느냐 | 在这种情况下, 要

是你, 怎么办。¶만약 그가 승낙하지 않으려는 것 같으면, 내게도 방법이 있다 | 如果他不答应, 我便有法子。❺ (동등)【同等】tóngděng【相等】xiāngděng ¶우리 공장의 작년 생산량은 1995年의 5배와 ~ | 我们厂去年的产量等于一九九五年的五倍。❻ (종류)【像】xiàng【一样】xiàng…yíyàng【像…这样/那样】xiàng…zhèyàng/nàyàng ¶나 같은 사람이 그런 일을 할 수 있을까? | 像我这样的人敢做那种事吗? ¶현의 진동으로 소리가 나는 악기를 현악기라고 하는데, 예를 들면 비파·바이올린과 같은 종류가 그것이다 | 由弦的振动zhèndòng而发音的乐器叫弦乐器, 如琵琶pípá·小琴tíqín之类。❼ (…답다)【像】xiàng ¶사람 같은 사람 | 像人的人。❽ (공통적)【共同】gòngtóng【相同】xiāngtóng【齐】qí ¶같은 이익 | 共同利益。¶그들은 국적은 다르지만 이해관계는 상통하다 | 他们的国籍不一样, 可是利害关系是相同的。

ᶜ같아지다 图【同化】tónghuà【变得相同】biàn·dexiāngtóng

같은 값이면 다홍치마 惯用【有红装不要素装】yǒu hóngzhuāng búyào sùzhuāng【有月亮不摘星星】yǒu yuè·liang bùzhāi xīng·xing

ᴬ같이 圈❶ (함께)【一起】yìqǐ【一同】yìtóng【一块儿】yíkuàir【一并】yíbìng【共】gòng【共同】gòngtóng ¶그와 ~ 가다 | 跟他一起走。¶우리 ~ 서울에 갑시다 | 我们一同去汉城Hànchéng吧。¶그들은 ~ 군대에 들어갔다 | 他们一块儿参军。¶~ 결산하다 | 一并报销bàoxiāo。¶~ 노력하다 | 共同努力nǔlì。❷ (같게)【一样】yíyàng【相同】xiāngtóng【相等】xiāngděng【一致】yízhì ¶이 ~ 하면 된다 | 照他做的一样做就行了。¶모두 다 ~ 동의했다 | 大家一致同意了。❸ (동시에)【同时】tóngshí ¶두 사건이 ~ 발생했다 | 两件事同时发生了。

ᴬ같이² 쬔❶ (처럼)【像…一样】xiàng…yíyàng【宛如】wǎnrú ¶대낮~밝다 | 像白昼一样大亮。¶친딸~ 키

운다 | 像亲闺女一样养。❷ (때를 강
조하여) 【就】jiù 【都】dōu ¶새벽ー 떠
났다 | 一大早就走了。¶그는 매일ー
바쁜 사람이다 | 他是个大忙人，每天
都很忙。

같이하다 동 【与共】yǔgòng ¶생사를
ー | 生死与共。

같잖다 형❶ (사소하여 상대할 거리가
못된다) 【不像样】búxiàngyàng 【不
三不四】bùsānbúsì 【就那么回事】jiù-
nà·mehuíshì ¶그는 같잖은 친구들
을 사귀었다 | 他交了一些不三不四的
朋友。¶저 녀석은 ～ | 那小子就那
么回事。❷ (시시하다) 【不齐眼】bù-
qíyǎn ¶같잖은 물건 | 不齐眼的东
西。 참고〔半三不四〕〔良莠不良, 莠
不莠〕〔不伦lún不类〕〔不值得〕

ᴬ**갚다** 동❶ (물질적인 빛) 【还】huán
【偿还】chánghuán ¶그에게 빌린 돈
은 이미 갚았다 | 欠他的钱已经还
了。❷ (은혜·원수) 【报】bào 【报答】
bàodá 【复雪】bàofù 【还】huán ¶은
혜를 원수로 ～ | 以怨报德。¶그는
언젠가는 원수를 갚는 날이 있을 것이
라고 생각하였다 | 他想，总有一天要
报仇chóu的。¶이 원한을 반드시 갚
겠다 | 此冤仇必报。

ᴬ**개¹** 명〈動〉狗【犬】quǎn ¶ー 한
마리 | 一条狗。¶ー 집 | 狗窝(子)。
¶사냥ー | 猎liègǒu。¶상갓집 ー | 丧
家之犬。

ᴬ**개²** 個 의명 【个】·ge 【块】kuài 【颗】kē
【张】zhāng 【所】suǒ ¶수박 두 ー | 两
个西瓜xīguā。¶탁자 세 ー | 三张桌
子。¶소파 두 ー | 两张沙发shāfā。

개³ 圣 【(用于一些名词前，表示'没
有价值'之意》【没有意义】méiyǒuyìyì
【白白】báibái ¶ー꿈 | 没有意义的
梦。¶ー죽음 | 白死/白白地死去。
❷ (用于一些名词前，表示'野生的'之
意)【野】yě 【山】shān ¶ー살구 | 野
杏/山杏。

ー개⁴ 미 【…的东西】…dedōng·xi ¶
덮ー | 包皮/包的东西。

개각 명하자 【改组】gǎizǔ 【改组内阁】g-
ǎizǔnèigé ¶ー을 단행하다 | 断然实
行组阁。

ᵃ**개간** 【开垦】 명하타 【开荒】kāihuāng
【开垦】kāikěn ¶ー 가능지 | 可开垦

地。¶ー지 | 开垦地。¶황무지를 ー
하여 경작하다 | 开荒耕种。

개강 【开講】 명자타 【开讲】kāijiǎng
【开课】kāikè 【开学】kāixué 【开始讲
课】kāishǐ jiǎngkè ¶이 학기는 9월 1
일에 ー한다 | 这个学期九月一号开
学。

개개 【個個】 명 【一个一个】yí·ge yī·ge
¶ー의 특성 | 一个一个的特性。

ᵃ**개고기** 명❶【狗肉】gǒuròu【香肉】xiā-
ngròu ❷【无赖汉】wúlàihàn

ᴮ**개골개골** 부자타 【呱呱】guāguā ¶청
개구리가 ～ 울고 있다 | 青蛙在呱呱
地叫着。

개과천선 【改過遷善】 명하자 【改过迁
善】gǎi guò qiān shàn 【改邪归正】gǎi
xié guī zhèng

개관 【概觀】 명하타 【总观】zǒngguān
【纵观】zòngguān 【概观】gàiguān 【概
况】gàikuàng ¶세계사를 ～하다 | 纵
观世界史。

개괄 【概括】 명하타 【概括】gàikuò 【总
括】zǒngkuò ¶몇 마디로 전체 문장을
ー하시오 | 请你用几句话概括全文。
¶이 글의 요점을 ー해 보시오 | 这篇
文章的要点，请你概括一下。 참고〔综
合概括〕〔总结zǒngjié〕

개교 【開校】 명하자 【建校】jiànxiào 【创
校】chuàngxiào 【开办学校】kāibàn x-
uéxiào 【创办学校】chuàngbàn xuéxi-
ào 【开创学校】kāichuàng xuéxiào

개구리 명〈動〉青蛙【蛙】wā
【蛤蟆】há·ma ¶ー 소리가 요란하다 |
青蛙声声。¶참ー | 黑斑蛙。¶청
ー | 青蛙。 참고〔田鸡tiánjī〕〔石鸭〕

개구리밥 명〈植〉【水萍】shuǐpíng 【浮
萍(草)】fúpíng(cǎo)

개구리헤엄 명 【蛙泳】wāyǒng

ᴮ**개구쟁이** 명 【调皮鬼】tiáopíguǐ 【淘气
鬼】táoqìguǐ ¶우리 집 ～ | 我们家的
淘气鬼。 참고〔淘气包(子)〕〔淘气精〕
〔淘气儿〕〔玩童 wántóng〕〔顽wán童〕
〔狗崽bēng子〕

개국 【開國】 명하자타 【开国】kāiguó
【建国】jiànguó ¶ー 공신 | 开国元勋
yuánxūn/建国功臣。¶ー 대제전 | 开
国大典。 참고〔肇国〕〔开元〕

ᶜ**개굴개굴** 부하자 ☞ 개골개골

ᶜ**개그** [gag] 명 【逗乐】dòulè 【笑话】xiā-

o·hua ¶그는 ～를 곧잘 한다 | 他很
会说笑话。

개그맨[gagman] 명【笑星】xiàoxīng
【喜剧演员】xǐjùyǎnyuán ¶～들의 재
치 한마당 | 笑星们设计出来的逗乐的
一幕。

ᴬ**개근**[皆勤] 명하자【全勤】quánqín【满
勤奖】mǎnqínjiǎng ¶～상 | 全勤奖ji-
ǎng/考勤奖kǎoqínjiǎng

개꿈[乱七八糟的梦]luànqībāzāo·
de mèng【说不上来是个什么梦】shu-
ō·bushànglái shì·ge shén·me mèng

ᴬ**개나리**[概念] 명〈植〉【迎春花】yíngchūnhuā
【连翘】liánqiáo ¶～는 봄의 상징이다
| 迎春花是春天的象徵。

ᴬ**개념**[概念] 명〈哲〉【概念】gàiniàn ¶
추상적 ～ | 抽象的概念。¶～ 도식
| 概念图式。¶～ 실재론 | 概念实在
论。

ᴬ**개다¹** 통【转晴】zhuǎnqíng ¶구름이 많
다가 점차 ～ | 多云转晴。

ᴬ**개다²**[调] 통【调匀】tiáoyún【和
huó【搅拌】jiǎobàn ¶배합 원료를 잘
개지 못했다 | 配料没有调匀。¶밀가
루를 한번 ～ | 把面和一下。¶콘크
리트를 ～ | 搅拌水泥。

ᴬ**개다³**[叠] 통【折叠】zhédié ¶이불
을 ～ | 叠被子。¶옷 몇 벌을 개었다
| 叠了几件衣服。¶이불을 아주 잘
개었다 | 被子叠得很整齐。

개도국[开途国] 명【发展中国家】fāzh-
ǎnzhōng guójiā ¶～에 대한 원조 |
对发展中国家的援助。

개똥벌레[～虫]【萤火虫】yínghuǒchó-
ng

ᴬ**개량**[改良] 명하자타【改良】gǎiliáng ¶
～책 | 改良方案。¶품종을 ～하다 |
改良品种。¶이런 공구는 역시 ～해
야 한다 | 这种工具还是要改良一下。

개론[概论] 명【概论】gàilùn ¶경
제학 ～ | 经济学概论。

개막[开幕] 명하자타 ❶ (막을 엶)【拉
开帷幕】lākāi wéimù ¶연극을 ～하다
| 话剧拉开了帷幕。❷ (일의 개시)
【开幕】kāimù ¶전람회가 ～되다 | 展
览会zhǎnlǎnhuì开幕了。¶～식 | 开
幕典礼/开幕式/开幕礼。참고〔幕启
mùqǐ〕

ᴬ**개머리판**[～板] 명【枪托】qiāngtuō

ᴬ**개미**[动]〈动〉【蚂蚁】mǎyǐ

ᴮ**개미집** 명【蚂蚁窝】mǎyǐwō【蚁穴】yǐ-
xué ¶천 리 되는 제방도 ～로부터 무
너진다 | 千里之堤, 溃于蚁穴。

ᴮ**개발**[开发] 명하자타【开发】kāifā【挖
掘】wājué【提高】tígāo ¶해저천연가
스를 ～하다 | 把海底的天然煤气开发
出来。¶신제품을 ～하다 | 开发新产
品。¶능력을 ～하다 | 挖掘能力。

개발 도상국[开发途上国] 명【发展中
国家】fāzhǎnzhōng guójiā

개발비[开发费] 명【开发费用】kāifā f-
èiyòng ¶～가 많이 든다 | 需要很多
开发费用。

개방[开放] 명하자타【开放】kāifāng
【开启】kāiqǐ ¶무역항을 ～하다 | 开
放商埠。¶문호를 ～하다 | 开启门
户。¶～ 경제 | 开放经济。¶～ 정
策 | 开放政策。

개벽[开辟] 명하자【开辟】kāipì ¶민
주주의 시대가 ～하였다 | 开辟民主
时代的新天地。

개별[个别] 명【个别】gèbié【单独】dā-
ndú ¶～ 행동 | 单独行动。¶～ 가격
| 个别价格。¶～ 지도 | 个别指导。

개봉[开封] 명하타 ❶ (봉한 것을)【打
开】dǎkāi【拆开】chāikāi【拆封】chāif-
ēng ¶～하다 | 打开信封。¶이 편지
는 누군가에 의해 ～ 되었다 | 这封信
已经被人拆开了。❷ (영화를)【首
映】shǒuyìng【首演】shǒuyǎn ¶〈홍가
오량〉은 북경극장에서 ～한다 | 〈红
高粱〉在北京电影院首映。참고〔开
封〕〔启qǐ封〕〔启信〕〔开匣guì〕

개비 의명【棍】gùn【条】tiáo ¶성냥～
| 火柴chái棍。¶성냥 두 ～ | 两棍
火柴。

개새끼 명 ❶ (어린 개)【小狗】xiǎogǒu
❷ (욕)【狗子子】gǒuzǐ·zi【狗养的】g-
ǒuyǎng·de 〔狗蛋dàn〕〔狗料〕
〔狗日的〕〔狗日们〕〔狗生的〕
〔狼láng日的〕〔狗入的〕〔狗崽zǎi子〕
〔驴lǘ日的〕

ᴬ**개선**[改善] 명하타【改善】gǎishàn【改
进】gǎijìn ¶생활을 ～하다 | 改善生
活。¶공장의 노동 조건이 해마다 ～
된다 | 工厂的劳动条件逐年zhúnián
改善。¶아직도 많은 부분이 ～되어
야 한다 | 许多方面还有待改进。참고

ngsōng ¶목욕을 하고 나니 온몸이 ~ㅣ洗完澡, 浑身húnshēn都舒服. ¶목욕을 하고 나니 심신이 다 ~ㅣ洗完澡心爽快.

개설[開設] 圖[하자타] 【开设】kāishè 【开办】kāibàn【开】kāi ¶~ㅣ구좌ㅣ开立帐户. ¶환경공학과정을 ~하다ㅣ开设环境工学课程. ¶훈련　과정을 ~했다ㅣ开办了培训班pēixùnbān. ¶이번 학기엔 무슨 과목을 ~하지?ㅣ这个学期开什么课?

ᴮ**개성**[個性] 圖【个性】gèxìng ¶~이 뚜렷하다ㅣ个性鲜明xiānmíng. ¶~교육ㅣ个性教育. ¶~있게 하다ㅣ个性化.

ᶜ**개수**[個數] 圖【个数】gèshù

ᶜ**개시**¹[開市] 圖[하자] 【开张】kāizhāng【开门】kāimén ¶길일을 택하여 ~하다ㅣ择吉开张. ¶오늘 우리 가게는 정오가 되어서야 비로소 ~했다ㅣ今天我们店到中午才开张. 〔开铺fù〕〔开堂táng〕〔开业yè〕〔开场〕

ᶜ**개시**²[開始] 圖[하타] 【开始】kāishǐ 【开板儿】kāibǎnr ¶~일ㅣ开始日期. ¶토론을 ~하다ㅣ开始讨论.

개심[改心] 圖[하자] 【洗心革面】xǐ xīn gé miàn ¶그녀는 ~하여 새롭게 사람 구실을 하기로 결정하다ㅣ她决定juédìng洗心革面, 重新chóngxīn做人. 〔革面洗心〕〔回心转意〕〔换骨夺胎〕〔悔过自新〕

개업[開業] 圖[하타] 【开业】kāiyè 【开张】kāizhāng ¶~한 후로 줄곧 장사가 잘 된다ㅣ自开业以来, 生意一直不错. ¶길일을 택하여 ~하다ㅣ择吉开张. 〔开市kāichǎng〕〔发市fāshì〕〔开始营业〕

개연성[蓋然性] 圖【盖然性】gàiránxìng 【或然性】huòránxìng ¶이런 결과는 매우 큰 ~이 있다ㅣ这种结果有很大的盖然性. ¶이 일은 ~을 지니고 있다ㅣ这事带有或然性.

ᴮ**개요**[概要] 圖【概要】gàiyào 【大要】dàyào 【概略】gàilüè 【摘要书】zhāiyàoshū ¶한국 철학사 ~ㅣ韩国哲学史概要. ¶문장의　~ㅣ文章zhāng的大要.

개운하다 圖 ❶ (음식이) 【爽口】shuǎngkǒu 【鲜】xiān 【开胃】kāiwèi ¶이 참외는 먹으니 입이 퍽 ~ㅣ这个瓜吃着很爽口. ❷ (기분·몸이) 【舒服】shū·fu 【爽快】shuǎng·kuai 【轻松】qī-

ᴮ**개울** [小沟] 圖【小沟】xiǎogōu 【小溪】xiǎoxī

개월[個月] 의圖【个月】·geyuè ¶12~ㅣ할부ㅣ分成十二个月付款.

ᴬ**개인**[個人] 圖【个人】gèrén 【私人】sīrén 【个别】gèbié ¶~ 플레이ㅣ个人表现biǎoxiàn. ¶~적인 감정ㅣ私人感情. ¶~적인 연고자를 임용해서는 안된다ㅣ不该任用私人.

개인용 컴퓨터[個人用compute;personal computer] 圖〈電算〉【个人计算机械】gèrén jìsuànjī 【个人电脑】gèrén diànnǎo 【微机】wēijī

개인전[個人展] 圖【个人展】gèrénzhǎn ¶~을 열다ㅣ举办个人展.

개인주의[個人主義] 圖 ❶【个人主义】gèrén zhǔyì ❷【利己主义】lìjǐ zhǔyì

개입[介入] 圖[하자] 【介入】jièrù 【插手】chāshǒu 【干预】gānyù 【干涉】gānshè ¶나는 이 사건에 ~하고 싶지 않다ㅣ我不想介入这件事. ¶너희 두 사람의 일에 나는 ~하지 않겠다ㅣ你们两人的事我不介入. ¶내 일에는 ~하지 마라ㅣ我的事情你不要干涉.

개작[改作] 圖[하타] 【改写】gǎixiě 【改编】gǎibiān ¶그는 역사를 ~하여서, 한국이 민주화의 길을 걷게 하였다ㅣ他改写了历史, 使韩国走向了民主化的道路. ¶이 영화는 같은 제목의 소설을 ~하여 만든 것이다ㅣ这部电影, 是由同名小说改编摄shè制的. 〔重chóng写〕

개장[開場] 圖[하자타] 【开盘】kāipán 【开设】kāishè 【开始营业】kāishǐ yíngyè 【开卖】kāimài 【开张】kāizhāng ¶~가격ㅣ开盘价. ¶증권거래소는 매일 아침 9시에 ~한다ㅣ证券交易所每天早上九时开盘. ¶새　수영장을 ~하다ㅣ开设新的游泳yóuyǒng池.

개재[介在] 圖[하자] 【夹杂】jiāzá 【卷入】juànrù 【介入】jièrù ¶제3국의 ~를 불허하다ㅣ不许第三国介入.

개전[改悛] 圖[하자타] 【改过】gǎiguò 【悔改】huǐgǎi 【悔改】huǐgǎi ¶그는 ~의 정이 조금도 보이지 않는다ㅣ一点儿也看不出来他要改过自新.

29

개점[開店] 명하자 ❶ (개업) 【开门营业】kāimén yíngyè【开市】kāishì【开张】kāizhāng ¶길일을 택하여 ~하다 | 择吉开张. ❷ (그날의 시작)【开店】kāidiàn【开门】kāimén ¶~휴업 | 开店停业. ¶우리 가게는 오전 10시에 ~합니다 | 我们商店上午十点开门.

개정[改正·改訂] 명하타 【改正】gǎizhèng 【改订】gǎidìng 【修正】xiūzhèng 【修改】xiūgǎi 【修订】xiūdìng ¶~안 | 修正案àn. ¶~판 | 修订版. ¶헌법을 ~하다 | 修改宪法xiànfǎ.

개조[改造] 명하타 【改造】gǎizào 【改建】gǎijiàn 【改制】gǎizhì ¶공장 건물을 ~하다 | 改造工房. ¶ 공사 | 改建工程.

개조²[改組] 명하타 【改组】gǎizǔ ¶관리 기구를 ~하다 | 改组管理guǎnlǐ机构.

개중[個中] 명 【其中】qízhōng ¶이 반은 모두 60명 학생인데, ~에 여학생이 반이다 | 这一班共六十个学生, 其中女生占一半.

개찰[改札] 명하타 【检票】jiǎn piào 【剪票】jiǎnpiào 【铰票】jiǎopiào ¶~구 | 检票处/检口. ¶~원 | 检票员. ¶~구 | 剪票口. ¶~용 펀치 | 剪票铁jiǎ/轧yà票钳.

[B]**개척**[開拓] 명하타 ❶ (땅을)【开垦】kāikěn ¶~지 | 开垦地. ¶황무지를 ~하다 | 开垦荒地. ❷ (어떤 분야를)【开辟】kāipì ¶새로운 분야를 ~하다 | 开辟新的领域. 참고〔开拓〕〔开创chuàng〕

개척자[開拓者] 명 【拓荒者】tuòhuāngzhě【开荒者】kāihuāngzhě【开创者】kāichuàngzhě【开拓者】kāituòzhě ¶신 시대의 ~ | 新时代的开创者.

[B]**개천**[開川] 명 【水沟】shuǐgōu 【河沟】hégōu

[B]**개천가**[開川一] 명 【河岸】hé'àn 【河边】hébiān【溪边】xībiān

개천에서 용 난다 관용 【穷山沟里出状元】qióngshān gōu lǐ chū zhuàngyuán【老鸦巢里出凤凰】lǎoyācháo·lǐ chū fènghuáng

[B]**개천절**[開天節] 명 【开天节】kāitiānjié

개체[個體] 명 【个体】gètǐ 【个人】gèrén ~ | 个体概念. ¶ ~ 명사 | 个体名词. ¶ 발생 | 个体发生. ¶ ~ 변이 | 个体变异.

개체 연결 및 삽입[個體連結-挿入; OLE; object linking and embedding] 명 【电算】【对象链接与嵌入】duìxiàng liànjiē yǔ qiànrù

개최[開催] 명하타 【召开】zhàokāi ¶회의를 ~하다 | 召开会议. ¶직공대표자 대회가 곧 ~될 예정이다 | 职工代表大会即将召开.

개탄[慨嘆] 명하타 【慨叹】kǎitàn ¶그는 한 마디 ~하고 조용히 떠나갔다 | 他慨叹了一声, 悄悄qiāo离去了. 참고〔叹息〕〔哀叹āitàn〕〔叹惜tànxī〕〔慨然kǎirán〕〔兴叹xīngtàn〕

개통[開通] 명하자타 【通车】tōngchē 【通航】tōngháng 【通水】tōngshuǐ 【通线】tōngxiàn ¶(기차나 자동차의) ~식 | 通车典礼. ¶포두에서 상해까지 도 ~되었다 | 从包头到上海也通车了.

개판명 【鸟烟瘴气】niǎo yān zhàng qì 【乱七八糟】luàn qī bā zāo【不像话】búxiànghuà

[B]**개펄**명 【泥滩】nítān

개편[改編] 명하타 ❶ (책 등의)【改编】gǎibiān ¶교과서를 ~하다 | 改编教材. ❷ (조직 등의)【整编】zhěngbiān 【改组】gǎizǔ 【整顿】zhěngdùn ¶당의 조직을 ~ | 整编dǎng党的组织. ¶대오 ~이 필요하다 | 队伍需要整顿. ¶관리 기구를 ~하다 | 改组管理机构.

개표[開票] 명하자 【开票】kāipiào 【箱验票】kāixiāngyànpiào ¶~구 | 开票区. ¶~에 들어가다 | 进入开箱验票. ¶~가 끝나다 | 开箱验票完毕.

개학[開學] 명하자 【开学】kāixué ¶2학기는 9월 1일에 ~한다 | 第二学期九月一号开学.

개항[開港] 명하자타 【开放港口】kāifàng gǎngkǒu

개헌[改憲] 명하자 【改定宪法】gǎidìng xiànfǎ 【修改宪法】xiūgǎi xiànfǎ ¶~안 | 改定宪法案. ¶~을 요구하다 | 要求修改宪法.

개혁[改革] 명하타 【改革】gǎigé 【变

革】biàngé【革新】géxīn【토지 ~ |
土地改革.¶경제 체제를 ~하다 |
改革经济体制.¶아주 철저하게 ~
했다 | 改革得很彻底chèdǐ.

개화¹【開花】圐하재【开花】kāihuā
❷【繁荣】fánróng【发展】fāzhǎn¶문
명의 ~기 | 文明的繁荣期.

개화²【開化】圐하재【开化】kāihuà【开
明】kāimíng ¶~운동 | 开化运动yùn-
dòng.¶이곳 산촌은 아직 크게 ~
되지 못하였다 | 这山村还很不开化.

객¹【客】圐【客人】kè·rén【客】kè【人】r-
én ¶낯선 ~ | 面生的客人.

객² 【白吃饭】báichīfàn【没有用】
méiyǒuyòng¶~식구 | 白吃饭的家
口.¶~소리 | 废话.

―객³回【客】kè【者】zhě【人】rén ¶불
청~ | 不速之客.

객관[客觀]圐【客观】kèguān¶~ 가
치 | 客观价值.¶~ 묘사 | 客观描
写.¶~주의 | 客观主义.

객관성[客觀性]圐【客观性】kèguānxì-
ng

객관적[客觀的] 관圐【客观】kèguān
¶~ 요인 | 客观因素.¶~ 확률 |
客观概率.¶그의 견해는 대단히 ~
이다 | 他的看法很客观.

객기[客氣]圐【作怪】zuòguài【血性】
xuèxìng【装模卖傻】zhuāng fēng mài
shǎ【疯疯癫癫】fēng·feng diāndiān
¶~를 부리다 | 血性发作.

객사[客死]圐하재【客死】kèsǐ【死在
外地】sǐzàiwàidì【死在他乡】sǐzàitāx-
iāng【死在外国】sǐzàiwàiguó¶타향
에서 ~하다 | 客死他乡.

객석[客席]圐【客位】kèwèi【客座】kèz-
uò【观众席】guānzhòngxí¶~을 메
우다 | 坐满观众席.

개실[客室]圐【客房】kèfáng【客室】kè-
shì【客屋】kèwū【客堂】kètáng【客
厅】kètīng【客舱】kècāng¶~ 번호 |
房间号码.¶~서비스(service) | 客
房服务.¶~ 예약 프런트(front) |
订房处.

객지[客地]圐【外乡】wàixiāng【异乡】
yìxiāng【他乡】tāxiāng【客地】kèdì¶
~ 사람 | 外乡人(儿).¶멀리 ~에
서 살다 | 远在他乡.¶~에서 고향
친구를 만나다 | 他乡遇故知.（参고

〔客土kètǔ〕〔异地〕

객차【客車】圐【客车】kèchē ¶일등~
| 头等客车.〔"货huò车"나 "专zhuān
车"와 구별하여 말함. 철도의 "客车"
에는 "餐车"邮车"行李车" 등이 포함
됨〕

객체【客體】圐【客体】kètǐ ¶주체와~
의 구분 | 主体和客体的区分.

갯가圐【河岸】hé'àn【河沟】hégōu

갯벌圐【沙堤】shādī【沙洲】shāzhōu
【沙滩】shātān【沙丘】shāqiū

갱【gang】圐【歹徒】dǎitú【暴力集团】b-
àolì jítuán（참고〔黑社会〕

갱도[坑道]圐【坑道】kēngdào【巷道】
hàngdào【矿坑】kuàngkēng

갱생[更生] 圐하자타 ❶（바른 삶으로 되
찾음）【自新】zìxīn【更生】gēngshēng
【重新做人】chóngxīn zuò rén ¶스스
로 잘못을 뉘우치고 ~하다 | 悔过自
新.¶자력 ~하다 | 自力更生.❷
（다시 살아남）【苏生】sūshēng【回
生】huíshēng【复苏】fùsū

갱신[更新；update]圐하자타 ❶【刷
新】shuāxīn【更新】gēngxīn ¶~법 |
更新法.¶그는 남자 역도에서 전국
기록을 ~했다 | 他刷新了男子举重的
全国记录.❷〈電算〉【刷新】shuāxīn
【印刷纸】yìnshuāzhǐ

갱지[更紙]圐【印刷纸】yìnshuāzhǐ

갸륵하다 휑【善良】shànliáng【可称
赞】kěchēngzàn 【可钦佩】kěqīnpèi
【令人佩服】lìng rén pèi·fú【难能可
贵】nán néng kě guì ¶갸륵한 마음씨
| 善良的心.

갸름하다 휑【稍长】shāocháng【略长】
lüècháng ¶갸름한 얼굴 | 长脸.

갸우뚱튀하자타【摇摇晃晃】yáoyáo hu-
ànghuàng【摇晃】yáohuàng ¶머리를
~하다 | 摇头晃脑.

갸우뚱거리다 동【歪】wāi【颠簸】diānb-
ǒ【晃动】huàngdòng【摇晃】yáohuà-
ng【颠簸】diānbǒ【一个劲摇晃】yī-
gèjìn yáohuàng ¶그는 고개를 갸우
뚱거리며 아무 말도 하지 않는다 | 他
歪着头, 什么也不说.¶배가 갸우뚱
거려 뒤집힐 것 같다 | 摇摇晃晃地要
翻船了.

갸웃튀하자타【歪】wāi ¶고개를 ~거
리다 | 歪着头.

개【那个孩子】nà·ge hái·zi ¶아까

개 [대]【那个孩子】nà·ge hái·zi ¶아까 온 애가 네가 말하던 ~야?|刚才来的孩子是你说的那个孩子吗?

거 [의명]【东西】dōng·xi ¶이 책은 내 ~야|这本书是我的(东西)

거²[대]【那】nà ¶잘 됐었다|那太好了。¶~ 참 잘 생겼다|那长的真好。

거개【擧皆】[명]【거의 모두가】【基本上】jīběnshàng【几乎都】jīhūdōu【大部分】dàbù·fen ¶졸업생의 ~가 취업을 했다|毕业生的大部分都就业了。

거구【巨軀】[명]【巨人】jùrén【巨大的躯体】jùdà·de qūtǐ【大块头】dàkuàitóu

△거기[대] ❶ (그곳)【那里】nà·li【那儿】nàr【那边】nàbiān ¶우체국이 ~에 있다|邮局在那里。¶~는 농수산물이 풍부한 곳이다|那里是鱼米之乡。❷ (그것)【那个】nàge【那一点】nàyīdiǎn【那一步】nàyībù【那些】nàxiē ¶~에 비해|比那一点。¶나도 ~까진 생각하지 못했어|我也没想到那一步。

♪거꾸러지다[동] ❶ (넘어지다)【跌倒】diēdǎo【摔倒】shuāidǎo【倒】dǎo【倒栽葱】dǎozāicōng ¶땅에 ~|跌倒在地。¶발 밑이 미끌하여 바로 거꾸러졌다|脚下一滑就摔倒了。¶비행기 한 대가 바다에 거꾸러졌다|一架飞机倒栽葱掉到海里了。❷ (무너지다)【垮台】kuǎtái【被打倒】bèidǎdǎo ¶구성된 지 3개월도 안 되어 내각은 거꾸러지고 말았다|成立不到三个月内阁就垮台了。¶반동파는 결국에는 거꾸러진다|反动派终究要被打倒。❸ (죽다)【咽气】yànqì【断气】duànqì【身亡】shēnwáng ¶총에 맞아 ~|中弹身亡。{참고}〔跌扑〕〔被推翻〕〔被推倒〕〔倒dǎo台〕〔塌台〕〔倒塌tā〕〔垮坤〕〔下台〕

ᴮ거꾸로[문]【反过来】fǎn·guò·lái【倒】dǎo【颠倒】diāndǎo ¶~ 생각하다|反过来想。¶흑백이 ~ 바뀌다|黑白颠倒。{참고}〔反转来〕〔转过来〕〔倒过来〕

ㅡ거니[어미] ❶ (表示让步)【不管】bùguǎn【无论】wúlùn【不论】búlùn ¶비가 오~ 말~ 꼭 갈거야|不管下不下雨

都要去。❷ (表示并列)【或是】huòshì【也许】yěxǔ ¶손뼉을 치~ 큰 소리로 웃~ 하지 마시오|请不要拍手或是大声笑。

거나하다【微醉】wēizuì ¶그는 이미 술이 거나해져, 말도 많아졌다|他已微醉，话也多了。{참고}〔微醺xūn〕〔带着醉意〕

ᴮ거느리다[동]【领】lǐng【率领】shuàilǐng【带】dài【带领】dàilǐng ¶그녀는 아이를 거느리고 떠났다|她领着孩子走了。¶그는 방문단을 거느리고 출국했다|他率领着一个访问团出国了。¶군대를 ~|带领人马。

ㅡ거늘[어미] ❶ (表示原因) ¶이미 많이 지쳤~ 좀 쉬었다 가기로 했다|已经累得不得了，决定休息一会儿再走。❷ (表示对立或转折, 通常用以疑问句强调后半句) ¶자네는 이미 부자~ 왜 만족할 줄 모르는가?|你已经是富翁fùwēng, 为什么还不会满足。

ㅡ거니와[어미] (表示先肯定前面一个事实, 进一步肯定后面一个事实)¶나도 바보~ 너는 더한 바보이야|我是傻子, 你更是傻子。¶돈도 없~, 시간도 없다|没有钱也没有时间。

ᴮ거닐다[동]【闲逛】xiánguàng【漫步】mànbù【溜达】liū·da ¶그는 한가롭게 거닐기를 좋아한다|他爱闲逛。¶金속의 그늘진 오솔길을 한가로이 ~|漫步在林荫小径。¶저녁밥을 막 먹고 나가서 잠시 ~|刚吃过晚饭, 出去溜达一会儿。{참고}〔踱步〕〔踱蹀去〕〔闲荡〕〔徘徊páihuái〕〔走来走去〕〔游荡〕〔尚羊〕〔倘佯〕〔常羊〕〔倡佯〕

ᴮ거대【巨大】[명][하형]【巨大】jùdà【庞大】pángdà【宏大】hóngdà【超级】chāojí ¶~ 한 공사|巨大的工程。¶~ 도시|超级大都市。¶공룡은 아주 ~ 한 몸집을 갖고 있다|恐龙kǒnglóng 有着十分庞大的躯体qūtǐ。¶포부가 ~하다|志向zhìxiàng宏大。

거덜나다[동]【破产】pòchǎn【完蛋】wándàn ¶거덜난 농민|破产的农民。¶우리 집은 벌써 거덜났다|我家早就完蛋了！

거동【擧動】[명][하자]【举动】jǔdòng【举止】jǔzhǐ【行动】xíngdòng ¶~이 느리다|举动缓慢。¶~이 수상하다|

举止可疑kěyǐ. 【參고】〔行为 xíngwéi〕
〔动作dòngzuò〕〔作为zuòwéi〕

거두〔巨頭〕阅【巨头】jùtóu〔头目〕tóu·
mù【头子】tóu·zi【魁首】kuíshǒu ¶재
계의 ～ | 商界的巨头。¶공업계의
～ | 工业界巨头。¶비적의 ～ | 土匪
大头目。¶그가 민족당의 ～이다 |
他是民族党的魁首。【參고】〔巨擘jùbò-
i〕〔头领〕〔头脑〕〔头头儿〕〔寡头 guǎtó-
u〕〔巨人〕大人物。

ᴮ거두다 동❶ (모아들이다)【收】shōu
¶겨울 옷을 거두어 넣다 | 把冬天的
衣服收起来。¶빨리 콩을 거두어 들
여라 | 快把大豆dòu收回来。❷(성
과·결과를 얻다)【获得】huòdé【取
得】qǔdé【赢得】yíngdé ¶승리를 ～
| 获得胜利/取得胜利shènglì/赢得胜
利。¶좋은 성적을 ～ | 取得好成
绩。❸(수확하다)【收割】shōugē ¶
보리를 거두어 들이다 | 收割麦子。
❹(세금을 거두다)【征收】zhēngshō-
u【收取】shōuqǔ ¶영업세를 ～ | 征
收商业税。¶액수대로 ～ | 如数收
取。❺(집안 일을 정돈하다)【收拾】
shōu·shi【拾掇】shí·duo【料理】liàolǐ
¶옷을 잘 거두어 두다 | 拾掇衣服。
¶집안 일을 ～ | 料理家务。❻(보살
피다)【养】yǎng【养育】yǎngyù【抚
育】fǔyù【抚养】fǔyǎng ¶일가를 ～ |
养活生口。¶고아를 ～ | 抚育孤儿。
¶자녀를 잘 ～ | 抚养子女。❼(생
각·웃음 등을 그치다)【打消】dǎxiāo
【收敛】shōuliǎn ¶그녀는 학교 다닐
생각을 거두었다 | 她打消了念书的念
头。¶그녀는 돌연 얼굴에 웃음을 거
두었다 | 她的笑容突然收敛了。

거두절미하다〔去頭截尾-〕동【提纲
挈领】tí gāng qiè lǐng

ᶜ**거드럭거리다** 동【神气】shén·qì【大摇
大摆】dà yáo dà bǎi【得意忘形】dé yì
wàng xíng【得意扬扬】dé yì yáng yá-
ng ¶너 너무 그리 거드럭거리지 마라
| 你别那么神气。¶거드럭거리며 문
을 나섰다 | 大摇大摆地走出去了。
¶절대로 자만하여 거드럭거려서는
안된다 | 绝不能得意忘形。¶그는 거
드럭거리며 갔다 | 他得意扬扬地走
了。

거드름 阅【架子】jià·zi【傲慢】àomàn

거드름부리다 동【摆架子】bǎi jià·zi【摆
空架子】bǎi kōng jià·zi【摆虚架子】bǎ-
i xū jià·zi【傲里傲气】ào lǐ ào qì【參고】
〔摆格〕〔摆款〕〔摆面子〕〔扯 chě〕〔拿架
子〕〔拿劲儿〕〔虚张声势〕大摇大摆
dà yáo dà bǎi【傲慢 àomàn】

-거든 어미 (用于动词词干或"쌌""겄"
"싰"后边)❶(表示条件或假定)【要
是】yàoshì ¶다 보았～ 그 책을 돌려
주세요 | 要是你看完了，就把那本书
还给我吧。❷(用在句末, 表示明确的
原因)【嘛】ma【呗】bei ¶왜 밥을
남기느냐고? 아까 떡을 많이 먹었～
| 问我为什么把饭剩下了，刚才多吃
了些打糕呗。

ᴮ**거들다** 동❶(도움)【帮忙】bāng máng
【帮助】bāngzhù【协助】xiézhù ¶이
일은 내가 오늘 다 할 수 없으니 네가
좀 거들어라 | 这件事我今天做不完,
你来帮帮忙。¶거들어 주다 | 给
予帮助。❷(참견)【插嘴】chāzuǐ【帮
腔】bāngqiāng ¶이것은 내 일이 아니
어서 거들 수 없다 | 这不是我的事,插
不上嘴。¶맞장구를 쳐서 ～ | 帮腔
助势shì。【參고】〔插话〕〔插口 kǒu〕〔插
舌〕〔插言〕〔抢qiǎng嘴〕〔帮喘〕〔干预g-
ānyù〕〔干与〕〔参预cānyù〕

거들떠보다 동【理】lǐ【理睬】lǐcǎi ¶오
늘 그들 둘은 서로 거들떠보지도 않는
다 | 今天他们俩谁也不理睬。¶이런
무리한 요구는 거들떠볼 필요도 없다
| 这种无理要求可不加理睬。

거들먹거리다 동【趾高气扬】zhǐ gāo qì
yáng【得意扬扬】dé yì yáng yáng【得
意忘形】dé yì wàng xíng【大摇大摆】
dà yáo dà bǎi ¶그는 아주 거들먹거
리며 나갔다 | 他得意扬扬地走了。¶
거들먹거리며 문을 나섰다 | 人摇人
摆地走出去了。

ᴮ**거듭** 早 하다】【重】chóng【一再】yízài
【再三】zàisān【再次】zàicì【反】fǎnf-
ù【再三再四】zàisān zàisì【接二连三】
jiē èr lián sān ¶～ 말하다 | 重说一
遍。¶～ 부탁하다 | 一再拜托bàitu-
ō。¶～ 요구하다 | 再三要求。¶당
신들의 도움에 ～ 감사 드립니다 | 再
次感谢您们的帮助bāngzhù。¶그는
～ 편지로 요구하였다 | 他再三再四
写来信要求。¶～되는 불행 | 接二连

次〕〔两次三番〕〔三番四复〕〔三回次〕〔三番fān两次〕〔三番四复〕〔三番五次〕〔三回五次〕〔屡次lǚcì〕〔再二连三〕〔重复〕

거뜬하다 혱【轻松】qīngsōng【轻便】qīngbiàn ¶몸이 다시 ~ㅣ浑身再一次轻松起来。

거뜬히 뮈【轻松】qīngsōng【轻便】qīngbiàn ¶병석에서 ~ 일어나다ㅣ从病床上轻松地起来。

-거라 어미 (表示命令)【吧】·ba ¶얼른 가~ㅣ快走开吧。

^B**거래**【去来】명하자타【交易】jiāoyì【成交】chéngjiāo【买卖】mǎimài【通商】tōngshāng【往来】wǎnglái ¶~하다ㅣ做交易。¶현금 ~ㅣ现款交易。¶외상 ~ㅣ赊帐交易。¶~가 이루어지다ㅣ买卖成局。¶외국과의 ~를 활발하게 하다ㅣ振兴zhènxīng对外通商。¶~처ㅣ往来店家。

거론【举论】명하타【提】tí【拿出来讨论】ná chūlái tǎolùn ¶더 이상 그 일을 ~하지 말라ㅣ别再提那件事了。참고〔提举〕〔提起〕〔提说〕

^B**거룩하다** 혱【神圣】shénshèng【伟大】wěidà ¶거룩한 임무ㅣ神圣的任务。¶거룩한 사명ㅣ神圣的使命。¶거룩한 인물ㅣ伟大的人物。

거룻배【武帆小船】wǔfān xiǎochuán【扁舟】piānzhōu【舢板】shānbǎn【驳船】bóchuán

^C**거르다**¹ 타【滤】lǜ【过滤】guòlǜ ¶약을 ~ㅣ滤药。¶불순물을 걸러 내다ㅣ滤去杂质。¶술을 ~ㅣ滤酒。참고〔滤lù〕

^C**거르다**² 타【隔】gé【跳过】tiàoguò【漏】lòu ¶이틀 걸러다 시 가다ㅣ隔两天再去。¶한 행을 걸러 읽다ㅣ跳过一行来读。참고〔隔三差俩〕〔隔三跳tiāo两〕

거름 명【肥料】féiliào【堆肥】duīféi【农家肥料】nóngjiā féiliào ¶~더미ㅣ肥堆。¶~을 주다ㅣ施肥。

거름종이 명【过滤纸】guòlǜzhǐ

^A**거리**¹ 명 (재료)【材料】cáiliào【原料】yuánliào【题材】tícái ¶요리를 만들 ~가 없다ㅣ没有材料做菜。¶웃음 ~가 많다ㅣ笑料不少。

^A**거리**² 명 ☞ 길거리

^A**거리**³【距离】명 ❶ (사정거리)【距离】jùlí ¶직선이ㅣ直线距离。¶일정한 ~를 유지하다ㅣ保持一定的距离。¶~를 좁히다ㅣ缩小距离。❷ (간격)【间隔】jiāngé【隔膜】gémó【距离】jùlí ¶~를 두고 교제하다ㅣ在交际上保持距离。

-거리다 미 (用于拟声词后, 表示动作的反复)【咯】¶고시랑 ~ㅣ叨唠/唧嘟gūjí/嘟囔dū·nang。¶꿈틀 ~ㅣ磨磨蹭蹭。

거리끼다 동 ❶ (방해)【妨碍】fáng'ài【障碍】zhàng'ài【得手碍脚】ài shǒu'ài jiǎo ¶우리의 사업엔 그 어떤 자도 거리낄 수 없다ㅣ任何人也不能妨碍我们的事业。❷ (마음)【顾忌】gùjì【顾虑】gùlǜ【内疚】nèijiù ¶할말이 있으면 할 것이지 무슨 마음에 거리낄 이라도 있느냐ㅣ有话就说吧, 你顾虑什么?¶양심에 거리끼는 일ㅣ感到十分内疚的事。참고〔忌讳〕〔忌惮〕

거만【倨慢】명하형【骄傲】jiāo'ào【高傲】gāo'ào ¶그녀는 너무 ~하다ㅣ她太骄傲。¶이 사람은 정말 ~하다ㅣ这个人太高傲。참고〔傲慢〕〔骄慢〕〔骄傲自满〕〔自满〕〔傲气〕〔骄气〕

거머리〈動〉【水蛭】shuǐzhì【蚂蟥】mǎhuáng【吸血虫】xīxuèchóng ¶그는 ~처럼 달라붙어 나를 괴롭힌다ㅣ他就像蚂蟥一样缠着折磨zhémó我。참고〔马鳖biē(子)〕〔马蟥〕〔马蛭zhì〕

거머쥐다 동【紧握】jǐnwò ¶소총을 ~ㅣ紧握钢枪gāngqiāng。

^C**거목**【巨木】명 ❶【巨木】jùmù【合抱大树】hébào dàshù ¶소나무 ~ㅣ巨松。❷ ☞ 거물

거무스름하다 혱【微黑】wēi hēi【稍黑】shāo hēi【微暗】wēi àn【暗淡】àndàn【黑黯黜】hēichùchù ¶거무스름한 색ㅣ微黑的颜色。

거무튀튀하다 혱【又黑又脏】yòu hēi yòu zāng【黑而粗糙】hēi ér cūcāo【黑不溜秋】hēibùliūqiū

^B**거문고**〈音〉【玄鹤琴】xuánhèqín ¶~를 뜯다ㅣ绷玄鹤琴。

거물【巨物】명【大人物】dàrénwù【巨人】jùrén【巨头】jùtóu ¶그는 ~이라고 칭할 만 하다ㅣ他称得上是个大人物。¶그는 시대적인 ~이다ㅣ他是时代的巨人。

ᴬ**거미** 몡〈動〉【蜘蛛】zhīzhū ¶~집 | 蜘蛛丝/蜘蛛网。¶~가 집을 짓다 | 蜘蛛结网。(참고)〔蛛 zhū蛛〕〔社公〕〔网虫〕

ᴮ**거미줄** 몡【蜘蛛丝】zhīzhūsī【蜘蛛网】zhīzhūwǎng【蜘蛛细丝】zhīzhūxìsī

거봐 갑【你看】nǐkàn【你看吧】nǐkàn·ba【你瞧】nǐqiáo ¶~, 장난감이 망가졌잖니 | 你看, 玩具给弄坏了。

거봐라 ☞ 거봐

거부【拒否】 몡하타【拒绝】jùjué【抵制】dǐzhì【否决】fǒujué ¶~ 반응 | 抵御反映。¶무리한 요구를 ~하다 | 拒绝无理要求。¶제안이 대회에서 ~되었다 | 提案被大会否决了。

ᴬ**거북** 몡〈動〉【龟】guī【乌龟】wūguī
　거북선[－船] 몡【装甲龟船】zhuāngjiǎ guīchuán

ᴮ**거북하다** 혱❶(부자유스럽다)【不方便】bùfāngbiàn【困难】kùn·nan ¶팔을 다쳐서 글 쓰기가 좀 ~ | 胳膊受了伤, 写字有些不方便。¶상황이 아주 ~ | 情况十分困难。❷(마음이)【别扭】biè·niu【不好意思】bùhǎoyì·si【为难】wéinán【尴尬】gāngà ¶그 사람 앞에 가면 어쩐지 ~ | 一到那个人面前, 不知怎的就别扭。¶그 녀석이 거북해 하며 그런 말을 한거야 | 怕他不好意思, 所以才那么说的。❸(몸이)【不舒服】bùshū·fu【欠安】qiàn·ān ¶너무 많이 먹었더니 속이 ~ | 吃得太多了, 肚子不舒服。

거사[擧事] 몡하타【举事】jǔshì【起事】qǐshì ¶다음 달에 ~를 하기로 결정하다 | 决定下月起事。

거사²[巨事] 몡【大事】dàshì ¶~를 벌이다 | 干大事。

거상[巨商] 몡【巨商】jùshāng ¶대만·홍콩 지역의 ~ | 台港巨商。(참고)〔富商 fùshāng〕

거성[巨星] 몡❶〈天〉【巨星】jùxīng ❷【巨匠】jùjiàng【名星】míngxīng ¶음악계의 ~ | 音乐界的巨匠。

거세[去勢] 몡하타❶(동물을)【阉】yān【阉割】yāngē【骟】shàn【劁】qiāo【去势】qùshì ¶새끼 돼지를 ~하다 | 阉割小猪。¶~한 염소 | 骟过的山羊。¶양을 ~하다 | 骟羊。¶~한 돼지는 빨리 자란다 | 去势的猪zhū长

장得快。❷(세력을)【扼杀】èshā【遏制】èzhì ¶반대세력을 ~하다 | 遏制反对力量。

거세다 혱❶(형세·세력이)【猛烈】měngliè【强烈】qiángliè【熊熊】xióngxióng【汹涌】xiōngyǒng ¶아주 거센 포화 | 非常猛烈的炮火。¶거세게 요구하다 | 强烈要求。¶불이 거세게 타다 | 一堆duī大火熊熊地燃rán着。¶거센 | 汹涌的怒涛。❷(성격이)【倔犟】juéjiàng ¶성품이 ~ | 性情倔犟。

거수[擧手] 몡하타【举手】jǔshǒu ¶~ 경례 | 举手礼。¶~하는 사람은 ~하세요! | 谁知道谁举手。

거스르다 톰❶(반대방향으로 흐르다)【逆】nì ¶바람을 거슬러 가다 | 逆着风走。¶시대의 흐름을 ~ | 倒行逆施。❷(반대·저항하다)【抗拒】kàngjù【对抗】duìkàng ¶거스를 수 없는 역사 조류 | 不可抗拒的历史潮流。¶명령을 ~ | 抗拒命令。(참고)〔不听从〕〔不顺〕

ᴮ**거스르다²** 톰【找】zhǎo【找回】zhǎohuí ¶5원을 너에게 거슬러 주다 | 找给你五块钱。¶잔돈을 거슬러 받다 | 找零钱。¶10원짜리를 주고 70전을 거슬러 받았다 | 给十块的票子找回七毛钱了。

거스름돈 몡【找回的钱】zhǎohuí·deqián【找钱】zhǎoqián【找头】zhǎo·tou ¶~를 가져가는 것을 잊었다 | 我忘了拿找给我的钱。¶여기 ~이 있습니다 | 这是给你的找头。

ᴬ**거슬리다** 톰【不顺耳】bùshùn'ěr【不顺眼】bùshùnyǎn【不合】bùhé ¶이 도안은 눈에 거슬린다 | 这图案看上去不顺眼。¶비위에 ~ | 不合胃口。(참고)〔看不上眼〕〔看不入眼〕〔碍ài眼〕〔瞧不上(眼儿)〕

거슴츠레하다 혱【呆滞】dāizhì【睡眼朦胧】shuìyǎn ménglóng【睡眠惺忪】shuìyǎn xīngsōng【模糊】mó·hu ¶두 눈이 ~ | 两眼呆滞无神。

거시[巨視] 몡【宏观】hóngguān ¶~ 경제 | 宏观经济。¶~적 관찰 | 宏观观察。¶~ 조직 | 宏观结构。

거실[居室] 몡【大房间】dàfángjiān

거액[巨額] 몡하자【巨额】jù'é【大宗】d-

ǎzōng ¶～ 투자 | 巨额投资tóuzī｜
¶～의 적자 | 巨额赤字。¶～을 대
출하다 | 大宗贷款dàikuǎn。¶～의
돈은 반드시 은행에 예금해야 한다 |
大宗款项必须存入银行。（참고）〔大笔〕
〔大笔钱〕

거역[拒逆] 명하타【抗拒】kàngjù【违
抗】wéikàng ¶～할 수 없는 역사 조류
| 不可抗拒的历史潮流。¶명령을
하다 | 违抗命令。（참고）〔拒绝jùjué〕
〔拂逆fúnì〕〔违逆〕〔违背bèi〕〔反对fǎn
duì〕〔反抗〕〔抗命mìng〕

^A**거울** 명❶【镜子】jìng·zi ¶～에 비추
어 보다 | 照镜子。❷（모범）【榜样】bǎng
yàng ¶그를 ～로 삼다 | 拿他做榜样。（참고）〔龟鉴guījiàn〕〔模范mó
fàn〕

^B**거위** 명〈鸟〉【鹅】é 집 ～ | 家鹅。¶
～의 물갈퀴 | 鹅掌。¶～ 털 이불 |
鹅毛被。¶～ 알 | 鹅蛋。

^A**거의** 부【几乎】jīhū【差不多】chā·bu·du
ō【快要】kuàiyào【快】kuài ¶그는 ～
밤새 자지 않았다 | 他几乎一夜没
睡。¶기차가 역에 들어 올 시간이 ～
되었다 | 火车快要进站了。¶～ 다
왔다 | 快要到了。¶～ 두 시간을 기
다렸다 | 差不多等了两个小时。¶머
리가 ～ 하얗게 되었다 | 头发白差不
多都白了。（참고）〔庶shù〕〔庶乎〕〔庶
几〕〔大多〕〔将近jiāngjìn〕〔差不点儿〕

^B**거인**[巨人] 명❶【巨人】jùrén ¶～중
| 巨人症。❷【巨头】jùtóu ¶재계 ～ |
财界巨头。

거장[巨匠] 명【巨匠】jùjiàng ¶의학계
의 ～ | 医界巨匠。

거저 부❶（빈손으로）【空】kōng【空
手】kōngshǒu ¶여자친구 집에 ～ 갔
다 | 去女朋友家的时候是空手去的。
❷（일을 안하고）【白】bái【空】kōng
¶국가의 녹을 ～ 먹다 | 白吃公家的
饭。❸（무료로）【白】bái ¶～ 주는
거야 | 白给的。

^A**거저먹기** 명【不费吹灰之力】bùfèi chuī
huīzhīlì【轻而易举】qīng ér yì jǔ【非
常顺利】fēicháng shùnlì【非常容易】f
ēichángróngyì ¶그는 정말 능력이
있어 이렇게 어려운 문제도 ～로 해결
한다 | 他真是有本事，这么困难的问
题他不费吹灰chuīhuī之力就解决

거적【草苫子】cǎoshàn·zi【草帘】cǎo
lián ¶～을 갈다 | 苫草苫子。

^A**거절**[拒绝] 명하타【拒绝】jùjué【推辞】
tuīcí ¶뇌물을 ～하다 | 拒绝贿赂。
¶그들의 요청을 ～했다 | 推辞了他
们的邀请。¶～하기가 미안하다 | 不
好意思推辞。（참고）〔推却tuīquè〕〔不
允yǔn〕〔谢绝〕〔谢〕〔谢却〕

거점[据点] 명【据点】jùdiǎn ¶전략 ～
| 战略据点。¶～을 구축하다 | 安据
点。

거주[居住] 명하자【居住】jūzhù ¶～
면적 | 居住面积。¶～ 기한 | 居住年
限。¶～ 조건 | 居住条件。

^A**거주지**[居住地] 명【住所】zhùsuǒ【住
址】zhùzhǐ【住处】zhù·chù ¶그의 ～
가 분명하지 않다 | 他的住所不明。
¶～를 남겨 두시기 바랍니다 | 请留
下您的住址。（참고）〔地dì址〕〔居jū址〕

거죽 명【表面】biǎomiàn【外面】wàimi
àn【面儿】miànr【表皮】biǎopí【外表】
wàibiǎo ¶～만 봐서는 모른다 | 光看
表面是无法知道的。

^A**거지** 명【乞丐】qǐgài （참고）〔乞子〕〔告花
子〕〔花子〕〔叫花子〕〔叫化子〕〔老花
子讨饭的〕〔要饭的yàofàn·de〕

^B**거짓** 명【假】jiǎ【虚假】xūjiǎ【虚伪】xūw
ěi ¶이것은 ～이다 | 这是假的。¶他
의 ～ 면모 | 他的虚假面目。¶～ 증
언을 하다 | 作假口供。（참고）〔诈诈zh
à〕〔佯yáng〕〔装zhuāng〕〔冒mào充〕
〔假冒〕〔假托tuō〕〔伪冒〕

^A**거짓말** 명하자【谎】huǎng【谎言】huǎ
ngyán【谎话】huǎnghuà【假话】jiǎhuà
¶～로 사람들의 동정을 끌어내다 |
用谎言骗取人们的同情。¶～ 탐지기 |
谎言探知机。¶입만 열었다하면
～을 한다 | 开口就说谎话。

^B**거짓말쟁이** 명【骗子】piàn·zi

거창하다[巨创一] 형【宏伟】hóngwěi
【宏大】hóngdà ¶거창한 사업 | 宏伟
的事业。

거처[居处] 명【住处】zhù·chù【寓所】
yùsuǒ ¶그의 ～가 분명하지 않다 |
他的住处不明。（참고）〔住址zhùzhǐ〕
〔居住jūzhù〕

거처하다[居处一] 명【居住】jūzhù ¶
판잣집에 ～ | 居住在木版房里。

거처가다[동][路过]lùguò【经过】jīngguò ¶남경에서 상해를 가자면 무석을 거쳐간다 | 从南京去上海，路过无锡。

거추장스럽다[형] ❶ (불편하다)【难弄】nánnòng【碍手碍脚】ài shǒu ài jiǎo【难对付】nánduì·fu ¶거추장스러운 짐 | 难弄的行李。❷ (귀찮다)【累赘】léizhuì【麻烦】má·fan ¶거추장스러운 일 | 麻烦的事。

거취[去就][명] ❶ (태도)【态度】tài·dù ❷ (어디로 다니는 움직임)【去处】qùchù【去向】qùxiàng ¶~를 모르다 | 不知去处。¶~가 명확하지 않다 | 去向不明。

[B]**거칠다**[형] ❶ (살갗·판자 등의 겉면이)【粗】cū【粗糙】cūcāo【麻】má ¶피부가 ~ | 皮肤很粗。¶표면이 아주 ~ | 表面粗糙得很。¶이런 종이는 한 면은 매끈하고, 한 면은 ~ | 这种纸一面光，一面麻。❷ (베·천·줄 등이)【粗】cū【粗松】cūsōng ¶거친 실 | 粗丝。¶거친 천 | 粗布。¶거친 감으로 옷을 만들다 | 用粗松的料liào子做一件衣服。❸ (일·일처리 등이)【粗】cū【粗疏】cūshū【毛糙】máocāo【毛草】máocǎo【潦草】liáocǎo【毛手毛脚】máo shǒu máo jiǎo ¶그는 거친 일을 한다 | 他干粗活儿。¶그는 일하는 태도가 좀 ~ | 他做事毛手毛脚的。❹ (성격·말·행동 등이)【粗】cū【暴】bào【毛糙】máocāo【粗莽】cūmǎng【粗野】cūyě【粗鲁】cūlǔ【粗暴】cūbào【粗俗】cūsú ¶말하는 것이 너무 ~ | 说话太粗。¶거봐, 쟤 동작이 얼마나 거친지! | 你看，他的动作多么粗莽! ¶그는 아주 거친 사람이다 | 他是个很粗野的人。¶저 사람은 성질이 아주 거치니까, 너는 절대로 그를 화나게 건드리지 마라 | 那个人脾气píqí粗暴得很，千万别惹zě他生气。❺ (바람·날씨 등이)【凶猛】xiōngměng【粗】cū【暴】bào ¶거친 비바람 | 猛风暴雨。❻ (산야·농토 등이)【荒凉】huāngliáng【荒】huāng【荒顿】huāngdùn ¶나는 농지가 이 지경까지 거칠어지리라고는 정말 생각 못했다 | 我真没想到这些田地荒凉到这种地步。¶거친 땅 | 荒地。❼ (제품의 질이)【粗糙】cūcāo【粗粗拉拉】cū·cu·lālā ¶이 번에 나온 제품들은 모두 너무 거칠어서, 내다 팔 수가 없다 | 这次弄出来的产品都是粗粗拉拉的，卖不出去。❽ (음식에)【粗】cū【淡】dàn【粗淡】cūdàn ¶거친 음식 | 淡茶淡饭。¶노인네에게 늘 이런 거친 음식을 드시게 하다니, 이건 정말 안 될 일이다 | 让老人家经常吃这种粗淡的东西，这实在是不应该的。❾ (비료·모래·흙 등이)【粗】cū【粗厚】cūhòu ¶거친 모래 알갱이 | 粗沙粒shālì。❿ (글씨·문장 등이)【了草】liǎocǎo【潦草】liáocǎo【老草】lǎocǎo ¶거친 글씨체 | 了草的字体qtǐ。¶거친 문장 | 了草的文章。¶거칠게 한 번에 갈겨 쓰다 | 潦草地写一笔bǐ。

거침없다[형]【毫无阻挡】háowú zǔdǎng【毫无障碍】háowú zhàng'ài【畅通】chàngtōng【滔滔不绝】tāotāo bùjué【敢】gǎn ¶거침없이 마음 속의 말을 토해내다 | 滔滔不绝地吐出心里话。¶거침없이 말하고 행동하다 | 敢说敢做。

거푸[부]【连续】liánxù【接连】jiēlián ¶물을 ~ 마시다 | 连续喝水。

[B]**거품**[명]【泡儿】pàor【泡沫】pàomò【气泡】qìpào ¶물 거품 | 水泡儿。¶비누 ~ | 肥皂féizào泡儿。¶이 일다 | 冒mào泡儿。¶이 비누는 ~이 많이 일어난다 | 这块肥皂泡儿起得多。¶맥주 ~ | 啤酒píjiǔ泡沫。

거행[举行][명][하타]❶ (의식을 치름)【举行】jǔxíng ¶입학식을 ~하다 | 举行入学典礼。¶주말에 혼례를 ~하다 | 周末举行婚礼。❷ (명령대로 행함)【执行】zhíxíng【办】bàn ¶명령을 ~하다 | 执行命令。

[A]**걱정**[명][하자타]❶ (근심)【担心】dānxīn【忧心】yōuxīn【操心】cāoxīn【担忧】dānyōu【忧虑】yōulǜ【挂念】guàniàn【悬念】xuánniàn【牵挂】qiānguà【提心】tíxīn【怕】pà【愁】chóu【分心】fēnxīn【心事】xīnshì ¶이 일에 대해 너는 ~할 필요없다 | 这件事，你不必操心了。¶대단히 ~스럽다 | 深感忧虑。¶그가 너무 피로해할까 ~되어서 사람을 보내 돕게 했다 | 怕他太累，所以叫人去帮忙bāngmáng。¶먹고

입는 것을 ～하지 않다 | 不愁吃不愁穿。¶무슨 ～이 있느냐? | 有什么心事? | ¶～거리가 쌓여 있다 | 心事重重。❷ (꾸지람)【数落】shǔluò ¶선생님께 ～을 듣다 | 听老师数落。

걱정거리 囤【担心事】dānxīnshì【心事】xīnshì　【费心之事】fèixīnzhīshì【令人发愁之事】lìngrénfāchóuzhīshì【麻烦事】má·fanshì【头痛的事】tóu·tòng·deshì

걱정스럽다 瓊【担心】dānxīn【操心】c-āoxīn【担忧】dānyōu【忧虑】yōulǜ

걱정이 태산이다 亞용【忧心忡忡】yōux-īnchōngchōng

건 件 图 ❶【件】jiàn【起】qǐ【项】xiàng ¶두 ～의 문서 | 两个文件。¶희소식이 하루에 여러 ～ 있었다 | 喜报xǐbào一天有好几起。❷ (사건·일)【事件】shìjiàn【事项】shìxiàng

^A**건강**【健康】 图 ^ㅎ图【健康】jiànkāng ¶나는 ～하고 활력이 가득찬 영혼 하나를 보았다 | 我看见了一个健康的, 充满活力的灵魂。¶～ 상태 | 健康状况。¶～ 진단 | 健康诊断/健康检查。

건너 图【对面(儿)】duìmiàn(r)【对过】duìguòr ¶바로 ～ | 正对过。참고〔隔〕

^B**건너가다** 图【过】guò【趟】tāng【渡】dù【渡过】dùguò【跨过】kuàguò【涉水】shèshuǐ ¶우리 저쪽으로 건너가서 애기하자 | 咱们过那边儿谈谈。¶그는 걸어서 물을 건너갔다 | 他趟着水过去了。¶빨리 ～ | 抢qiǎng渡。¶장강을 건너갔다 | 渡过了长江。참고〔涉〕

^A**건너다** 图 ☞ 건너가다

^C**건너다보다** 图 ❶ (멀리 내다보다)【望】wàng【眺望】tiàowàng ¶높은 곳에 올라 멀리 ～ | 登高望远。¶먼 곳을 ～ | 眺望远处。❷ (탐내다)【眼热】yǎnrè【眼馋】yǎnchán ¶나에게는 네가 건너다볼 만한 재산이 없다 | 我没有什么值得你眼热的财产。참고〔贪馋〕〔眼儿热〕〔眼气〕

건너뛰다 图 ❶ (건너편으로 뛰다)【跳越】tiàoyuè【跨过】kuàguò ¶그는 일미터 구십오를 건너뛰었다 | 他跳过了一米九五。❷ (거르다)【跳过】tià-

oguò【隔】gé ¶1행을 건너뛰어 읽다 | 跳过一行来读。참고〔蹦tiào〕〔越过〕〔趆chāoguò〕

^B**건너오다** 图【跳过来】tiàoguòlái【走过来】zǒuguòlái【越过来】yuèguòlái【渡过来】dùguòlái【趟水过来】tāngshuǐguòlái ¶강을 ～ | 渡江jiāng过来。

건너짚다 图 ❶ (팔을 내밀어 짚다)【伸手抵住】shēnshǒu dǐzhù ¶벽을 ～ | 伸手抵住墙壁。❷ (넘겨 짚다)【猜测】c-āicè【猜想】cāixiǎng【推测】tuīcè【揣测】chuǎicè ¶이것은 건너짚은 것에 불과하다 | 这不过是个猜测。¶그는 둘째가 그 물건들을 가져 갔다고 건너짚었다 | 他猜想了那些东西老二都拿走了。¶그는 늘 남의 마음을 건너짚는데 아주 잘 맞춘다 | 他常揣测别人的心思, 并且揣测得很准。참고〔猜思〕〔揣度〕〔揣摩〕

건너편 图【对面(儿)】duìmiàn(r)【对过】duìguòr ¶우리 집 ～이 백화점이다 | 我家对过就是百货商店。¶～이 바로 우체국이다 | 对面就是邮局。

^C**건넌방** [－房]【隔壁】gébì

^B**건널목** ❶【渡口】dùkǒu【路口】lùkǒu ¶～에 노점을 차리다 | 在渡口摆摊bǎitān。❷【人行道】rénxíngdào ¶～을 건너다 | 过人行道。참고〔渡头〕〔摆bǎi渡〕

^C**건넛마을** 图【对面的村庄】duìmiàn·de cūnzhuāng

건네다 图 ❶ (말을 붙이다)【搭(话)】dā(huà) ❷ (넘겨주다)【交给】jiāogěi【交付】jiāofù ¶일을 남에게 ～ | 把事交给别人。❸ (건네게 하다)【使】(shǐ)guò【使(渡)】(shǐ)dù

건달 [乾达]【游手好闲】yóu shǒu hào xián【懒汉】lǎnhàn【流氓】liúmáng【二流子】èrliú·zi【穷光蛋】qióngguāngdàn【阿飞】āfēi ¶이런 ～들은 건드리지 마라 | 别去惹rě这些流氓阿飞。¶그녀의 남자친구는 ～이야 | 她的男朋友是个二流子。참고〔飞女〕〔穷孙qióngsūn〕〔穷秧子〕〔二混子〕〔二大流〕〔混hùn儿〕〔二赖lài子〕〔屯tún溜子〕#

－건대 어미 ❶ (용언의 동사 어간 뒤의 접속형 어미, "제시"를 표시) ¶듣～ | 听说。¶비유하～ | 打比方。❷ (용언

의문求语语词词干干后的接续形词尾，究其"原因"）¶네가 무엇이~ 나의 일에 간섭인가? | 你是什么东西, 老干涉我的事?

건더기[图] ❶ (국물에 잠겨 있는 채소나 고기 따위)【汤】料】(tāng)liào ❷ (내용)【说道】shuōdào【说法】shuōfǎ ¶변명할 ~가 없다 | 没有辩解的说道。

[B]**건드리다**[图] ❶ (움직이게 하다)【动】dòng【摸】mō【拨弄】bō·nong ¶다른 사람의 물건을 건드리지 마라 | 别动人家的东西。¶책상 위의 책을 어떤 사람이 건드렸다 | 桌上的书有人动过。❷ (감정을 상하게 하다)【招惹】zhāo·re【挑拨】tiǎobō【触犯】chùfàn【触动】chùdòng ¶그 사람을 건드리지 않는 것이 가장 좋아 | 你最好别招惹他。¶이 말은 그의 심사를 건드렸다 | 这句话触动了他的心思。❸ (일에 손을 대다)【干涉】gānshè【着手】zhuó/shǒu ¶어디서부터 건드려야 하나 | 从何着手? ❹ (꾀이다)【挑逗】tiǎodòu ¶그녀는 나이가 어려, 나쁜 사람이 건드리는 것을 이기지 못하고 속임을 당했다 | 她年少幼稚yòuzhì, 经不住坏huài人挑逗, 上了当。(参考)[勾gōu惹][沾zhān惹][触][惹][打扰][扰乱][惹][挑斗][调斗][逗引][挑动][撩弄]

[F]**건립**[建立]【图】[하타]【建立】jiànlì【设立】shèlì【设】shè ¶근거지를 ~하다 | 建立根据地。¶외교 관계를 ~하다 | 建立外交关系。¶학교를 ~하다 | 设立学校。

-건마는[미] (用于谓语语词词干干后的接续形词尾, 表示"虽然"之意)【虽然…可】suīrán…kě ¶그는 돈이 많~ 행복하진 않다 | 虽然他有很多钱, 可是没那么幸福。

건망증[健忘症]【图】【健忘】jiànwàng【健忘症】jiànwàngzhèng ¶그는 ~이 심하다 | 他很健忘。(参考)[病忘][善忘]

[A]**건물**[建物]【图】【建筑物】jiànzhùwù【建筑】jiànzhù ¶~ 및 그 부대 시설 | 建筑物及其配套设备。¶~ 면적 | 建筑面积 / 展开面积。¶건축물 | 建筑物。

건반[键盘]【图】【键盘】jiànpán【键板】jiànbǎn ¶~악기 | 键盘乐器。¶새로운 컴퓨터 ~을 제조하다 | 制造新的电脑键盘。

건방지다[혱]【傲慢】àomàn【骄横】jiāohèng【骄傲】jiāo'ào【骄纵】jiāozòng【放肆】fàngsì ¶복장은 단정하지 않으면서 태도는 매우 ~ | 服装fúzhuāng不整齐zhěngqí, 可是态度非常傲慢。¶그는 언제나 건방지고 예의가 없다 | 他一贯骄横无礼。¶그녀는 너무 ~ | 她太骄傲。(参考)[傲慢无礼][自高自大][得意忘形][狂傲][骄肆][骄恣zì]

건배[乾杯]【图】[하자]【干杯】gānbēi ¶축하의 ~를 들다 | 举杯祝贺。

건사[하타] ❶ (수습하다)【收拾】shōu·shi ¶내가 가져 온 돈을 네가 ~했니? | 我拿来的钱, 你收拾了没有? ❷ (잘 돌보다)【照看】zhàokàn【照顾】zhào·gu ¶환자를 ~하다 | 照顾病人。(参考)[关 guān照][张 罗 zhāng·luo][周zhōu旋][保管][管理][收揽]

[B]**건설**[建设]【图】[하타]【建设】jiànshè【兴建】xīngjiàn【建立】jiànlì ¶철로를 ~하다 | 兴建铁路。¶국가를 ~하다 | 建立国家。

건성[图]【假意】jiǎyì【虚情假意】xū qíng jiǎ yì【假惺惺】jiǎxīngxīng【敷衍】fūyǎn【表面上】biǎomiànshàng ¶~으로 그의 요구에 응하지 마라! | 不要表面相应付yìngfù他的要求! ¶그는 성의가 없이 남에게 언제나 ~으로 대한다 | 他不诚恳, 对人总是敷衍。

건성건성[뮈]【大致】dàzhì【敷衍】fū·yan【粗心】cūxīn ¶~ 한 차례 설명하다 | 大致地说明一下。¶일을 ~ 처리하지 | 마라 | 作具儿不要粗心。(参考)[粗略地][不精心][表面上][不专心致志][虚应故事]

건수[件数]【图】【件数】jiànshù【起数】qǐshù ¶~별 보험 | 各件分别保险。¶~를 올리다 | 报起数。

건실[健實]【图】[하혱]【健全诚实】jiànquán chéngshí【健实】jiànshí ¶~한 청년이야 | 他是很健实的年轻人。

[B]**건의**[建議]【图】[하타]【建议】jiànyì【献议】xiànyì【提议】tíyì ¶~서 | 建议书。¶나는 이군을 반장으로 뽑기를

~합니다 | 我提议选举小李当班长。¶모두 다 이 ~에 동의한다 | 大家都同意tóngyì这个提议。¶그의 ~는 아주 가치가 있다 | 他的提议很有价值jiàzhí。

건장 [健壮] 圐[하형] 【健壮】jiànzhuàng 【壮实】zhuàng·shi 【粗壮】cūzhuàng 【硬朗】yìng·lang 【茁壮】zhuózhuàng ¶그의 몸은 ~하다 | 他的身体健壮。¶보기에 힘이 있어 보인다 | 看上去粗壮有力。¶그는 70세세가 되었지만, 몸은 아직도 ~하다 | 他七十多了, 身子骨还挺硬朗。

건재하다 [健在-] 圐【健在】jiànzài 【健存】jiàncún 【硬棚】yìngbāng ¶부모님이 모두 ~ | 双亲健在。

ⁿ건전지 [乾電池] 圐【干电池】gāndiànchí 【电池】diànchí

ⁿ건전하다 [健全-] 圐【健全】jiànquán 【健康】jiànkāng ¶몸과 마음이 ~ | 身心健全。¶사상이 ~ | 思想健康。 참고【坚定】【良好】

건지내다 圐❶ (물에서) 【打捞】dǎlāo 【捞】lāo ¶시체를 ~ | 打捞尸体shī·tī。¶바다에서 수초(水草)를 ~ | 在河里捞水草。❷ (위험·죽음 등에서) 【拯救】zhěngjiù 【救出】jiùchū 【搭救】dājiù 【挽救】wǎnjiù 【接济】jiējì 【救出来】jiùchūlái ¶물에 빠진 사람을 ~ | 拯救落水的人。¶두 여행객의 생명을 ~ | 搭救两个游yóu客的命。❸ (손해 등을) 【捞】lāo 【救】jiù ¶본전을 ~ | 捞本儿。

ⁿ건조 [建造] 圐[하형] 【建造】jiànzào 【制造】zhìzào ¶큰 공장을 하나 ~했다 | 建造一个大工厂。¶비행기를 ~하다 | 制造飞机。¶화물선을 ~하다 | 制造货船。

ⁿ건조 [乾燥] 圐[하형] 【干燥】gānzào 【干】gān ¶~기후 | 干燥的气候。¶공기가 매우 ~하다 | 空气kōngqì很干燥。¶~한 곳에 보관하다 | 干处保管。

ⁿ건조대 [乾燥臺] 圐【平台】píngtái 【晒台】shàitái 【凉台】liángtái

ⁿ건지내다 圐 건져내다

ᴮ건축 [建築] 圐[하형] 【建】jiàn 【建筑】jiànzhù 【营造】yíngzào 【营建】yíngjiàn ¶~가 | 建筑家。¶교량을 ~하다 |

建筑桥梁。¶~ 현장 | 建筑工地。¶~ 면적/전경 | 建筑面积/展开面积。¶~ 구조 | 建筑构造。¶~ 회사 | 营造工厂chǎng。

건투 [健鬪] 圐[하자] 【勇敢战斗】yǒnggǎn zhàndòu 【顽强斗争】wánqiáng dòuzhēng

건포도 [乾葡萄] 圐【葡萄干】pútáogān

ⁿ걷다¹ 圐❶ 걷히다❷ (말아 올리다) 【卷】juǎn 【撩】liāo 【绾】wǎn 【挽】wǎn 【捋】luō ¶발을 걷어올리다 | 把帘子liánzi撩起来。¶소매를 걷어 올리다 | 挽起袖xiù子。¶소매를 걷어 올리다 | 捋起袖子。❸ (치우다) 【收援】shōuduō 【收起来】shōuqǐlái 【收拾】shōu·shi ¶책꽂이의 책이 너무 어지러워 걷어놔야겠다 | 架子上的书太乱了, 要收拾收拾。❹ (돈 등을 거두다) 【收取】shōuqǔ 【收】shōu 【收集】shōují ¶회비를 ~ | 收会费。 참고【变晴】〔销xiāo歇〕

ᴬ걷다² 圐【走】zǒu 【走路】zǒulù 【步】bù 【走步】zǒubù 【步行】bùxíng ¶빨리 ~ | 走得快。¶곧장 앞으로 걸어가다 | 一直往前走。¶당신들은 차를 타고 갑니까 아니면 걸어서 갑니까? | 你们是坐车去还是走着去?

걷어붙이다 圐【挽】wǎn 【攘】rǎng ¶소매를 ~ | 挽起袖xiù子。¶팔소매를 ~ | 攘臂bì。 참고〔撩liāo〕

걷어차다 圐❶ (물건을) 【踢】tī 【踢开】tīkāi 【踹】chuài ¶발로 한 번 ~ | 踢一脚。¶장애물을 걷어차 없애다 | 踢开绊脚石。¶문을 발로 걷어차서 열다 | 一脚把门踹开。❷ (사람을) 【蹬】dēng ¶여자를 ~ | 把女的给蹬了。

걷어치우다 圐❶ (거두어 치우다) 【收拾】shōu·shi ¶깨끗이 다 ~ | 收拾停妥tíngtuǒ。❷ (그만두다) 【收起】shōuqǐ 【拉倒】lādǎo 【作罢】zuòbà 【停止】tíngzhǐ 【中止】zhōngzhǐ 【放弃】fàngqì ¶당신들의 그런 허황한 이야기는 걷어치워라 | 收起你们那一套高调吧。¶그런 속임수는 걷어치워라 | 收起你那套鬼把戏。¶이런 저질 생산품 생산을 ~ | 停止生产这种劣质产品lièzhìchǎnpǐn。¶원래 계획을 ~ | 放弃原来的计划。 참고〔中途mú〕

40

止〕〔弃让〕〔抛pāo弃〕〔吹〕〔拉吹〕〔中途不干〕〔作为累论〕

걷잡다 동 ❶ (막다) 【收拾】shōu·shi 【挽救】wǎnjiù ¶걷잡을 수 없는 정세 | 不可收拾的局面。 ❷ (참다) 【抑制】yìzhì 【压制】yāzhì ¶흐르는 눈물을 걷잡을 수가 없다 | 止zhǐ不住眼泪yǎnlèi。

걷히다 동 ❶ 【消散】xiāosàn 【散开】sànkāi 【转晴】zhuǎnqíng 【消散】xiāoxiē ¶짙은 안개가 서서히 걷혔다 | 浓雾nóngwù渐渐jiàn消散了。¶구름이 걷혔다 | 云彩散开了。

걸다¹ 동 ❶ (매달다) 【挂】guà 【悬挂】xuánguà 【挎】kuà ¶외투를 옷걸이에 ~ | 把大衣挂在衣架上。¶밝은 달이 중천에 걸려 있다 | 一轮明月挂在天空。 ❷ (잠그다) 【锁】suǒ 【闩】shuān ¶문을 ~ | 把门锁上。¶문에 빗장을 ~ | 闩上门。¶문에 빗장이 단단히 걸려 있다 | 门闩得紧紧的。 ❸ (목숨 등을) 【给定钱】gěidìngqián 【拼命】pīnmìng ¶목숨을 걸고 서로 죽이다 | 拼命厮杀sīshā。 ❹ (희망·기대 등을) 【寄托】jìtuō 【属望】zhǔwàng ¶네가 성공하는 데 기대를 걸고 있다 | 我属望你能成功。¶(시비·말등을) 【寻事】xúnshì 【寻衅】xúnxìn 【挑事】tǎo xìn 【挑战】tiǎo/zhàn 【开玩笑】kāi wánxiào ¶적이 싸움을 걸어 온 이상 우리는 끝까지 맞설 수밖에 없다 | 既然敌人挑了战, 我们就只好奉陪fèngpéi到底了。¶아무렇게나 두어마디 농담을 ~ | 随便两两句玩笑。 ❻ (재판을) 【提交】tíjiāo 【交付】jiāofù ¶재판을 ~ | 交付审判。 ❼ (금품을) 【给】gěi ¶계약금을 ~ | 给定金。 ❽ (전화를) 【打】dǎ ¶전화를 ~ | 打电话。 ❾ (작동시키다) 【发动】fādòng 【起动】qǐdòng ¶자동차에 시동을 ~ | 起动汽车发动机。 ❿ (연애를) 【谈】tán ¶연애를 ~ | 谈恋爱。 ⓫ (술책 등을) 【念】niàn 【使用】shǐyòng ¶마법을 ~ | 念咒语。¶최면을 ~ | 使用催眠术。

걸다² 형 ❶ (비옥하다) 【肥】féi ¶이 땅은 매우 ~ | 这块地很肥。 ❷ (걸쭉하다) 【稠】chóu 【浓】nóng ¶이 죽은 너무 ~ | 这粥zhōu太稠了。 ❸ (음식이

푸짐하다) 【丰盛】fēngshèng 【饱饱】bǎobǎo 【美美】měiměi ¶한 판 걸게 놀다 | 美美吃了一顿。 ❹ (식성이 좋다) 【嘴馋】zuǐchán 【贪吃】tānchī ¶~ 입맛 | 嘴馋。 ❺ (말이) 【嘴厉害la害】zuǐlìhài ¶입이 걸어 욕을 잘 한다 | 嘴厉害la害爱骂人。 참고 〔椒jiàng〕〔肥沃〕

ᴬ걸레 명 ❶ (청소용 천) 【抹布】mābù 【掸布】zhǎn·bu ¶~로 한 번 닦다 | 用抹布擦一下儿。¶깨끗한 것을 닦는 ~ | 干gān净的掸布。¶더러운 것을 닦는 ~ | 脏zāng掸布。 ❷ (너절한 물건이나 사람) 【一钱不值】yìqiánbùzhí 【破烂儿】pòlànr ¶~같은 자식 | 一钱不值的家伙。 참고 〔擦cā桌布〕

ᴬ걸리다 동 ❶ (부딪히다) 【遭到】zāodào 【妨碍】fáng'ài 【有碍】yǒu'ài ¶강렬한 반대에 ~ | 遭到强烈反对。 ❷ (얽히다) 【绊】bàn 【被缠】bèichán ¶마치 무슨 물건이 내 발에 걸린 것 같다 | 好像有什么东西绊我的脚jiǎo一样。¶그는 나무 뿌리에 한 번 걸렸다 | 他被树shù根gēn绊了一下。 ❸ (말려들다) 【遭】zāo 【上当】shàng/dàng 【被套】bèitào 【落网】luòwǎng ¶마수에 걸려들었다 | 遭了毒手。¶이번에는 조심해서 다시는 그에게 걸리지 않도록 해라! | 这次得小心, 别再上他的当! ❹ (병이 나다) 【患】huàn 【害病】hài/bìng 【伤】shāng 【得】dé ¶심장병에 ~ | 患心脏病。¶감기에 ~ | 伤风。 ❺ (시간 등이 소요되다) 【得】děi 【花费】huāfèi 【需要】xūyào ¶5시간이 걸린다 | 需要五个小时。¶이 일은 세 시간이 걸려야 할 수 있다 | 这个工作得三个小时才能做完。 ❻ (마음에 거리끼다) 【挂念】guàniàn 【不安】bù'ān 【过意不去】guòyì bù qù 【记挂】jìguà ¶마음에 ~ | 忐忑tǎntè不安/坐立不安。¶그의 말이 늘 마음에 걸린다 | 他的话老在心里记挂着。 ❼ (붙잡히다) 【被抓】bèizhuā 【被逮】bèidǎi ¶그가 교통경찰에 걸렸다 | 他被交通警察逮了。 ❽ (관계되다) 【被牵连】bèiqiānlián 【受牵连】shòuqiānlián ¶사활이 걸린 문제 | 牵连生死的问题。 ❾ (매달리다) 【被挂】bèiguà ¶벽에 걸린 달력 | 被挂在

墙上的挂历。 ❿ 〔잠히다〕【上钩】shànggōu【落入】luòrù ¶큰 물고기가 그물에 걸렸다 | 大鱼落入网中。 ⓫ 〔법 등에)〕【犯】fàn〔触犯〕chùfàn ¶법에 ~ | 犯法。 ⓬ 〔전화가)〕【打过来】dǎguòlái【打通】dǎtōng【拨通】bōtōng ¶전화가 안 걸렸어요 | 电话没打通。 참고 〔受〕〔染上〕〔传染上〕〔不放心〕〔被搞〕

걸맞다 혱 【相称】xiāngchèn【相配】xiāngpèi【合适】héshì ¶인품과 옷차림이 ~ | 人品和服饰fúshì相称。 ¶그 두 사람은 ~ | 他们俩相配。 ¶두 식구가 살기에 꼭 걸맞은 집 | 两口人住正合适的房子。 참고 〔相得〕〔适当〕〔恰当〕〔差不多〕

ᶜ**걸머지다** 통 ❶ (짐이나 책임 등을 맡다)〕【担】dān【担负】dānfù【肩负】jiānfù ¶중책을 걸머지는 것을 두려워하지 않다 | 做事不怕担重儿。 ¶책임을 그가 걸머진다 | 责任由他来担。 ¶조국 건설의 책임을 ~ | 担负建设祖国的责任zérèn。 ❷ (메다)〕【背】bēi【担】【肩荷】jiānhé ¶책가방을 ~ | 背着书包。 ¶물통을 걸머지고 돌아가다 | 把两桶水担回去。

ᴮ**걸상**〔—床〕 몡 【椅子】yǐ·zi【凳子】dèng·zi【椅凳】yǐdèng ¶그는 ~에 앉아서 신문을 본다 | 他坐在椅子上看报纸。 ¶~ 두 개를 사다 | 买了两个ge凳子。

ᴬ**걸어가다** 통 【走着去】zǒu·zhe qù【走路】zǒulù

ᴬ**걸어오다** 통 【走来】zǒulái【走过来】zǒuguòlái

ᴬ**걸음** 몡 ❶ (발걸음)〕【步子】bù·zi【步调】bùdiào【走步】zǒubù【步伐】bùfá ¶~을 재촉하여 걷다 | 步子走得快/加快走步。 ¶그의 ~은 갈수록 느려졌다 | 他的步子越走越慢。 ❷ (왕래)〕【走往】zǒuwǎng【来往】láiwǎng ¶최근에는 ~을 끊었다 | 最近断绝了来往。 참고 〔脚步〕〔步法〕

걸음걸이 몡 【走路的姿势】zǒulù·de zīshì【走路】zǒulù ¶~가 이상하다 | 走路不正常。

걸음마 몡 【学步】xuébù

ᶜ**걸작**〔傑作〕 몡 ❶ (뛰어난 작품)〕【杰

作】jiézuò 【名著】míngzhù ¶나도 이 ~을 읽으려고 한다 | 我也想读读这篇杰作。 ¶세계적 ~ | 世界名著。 ❷ (웃기는 말·행동)〕【逗】dòu【活宝】huóbǎo ¶그 사람 정말 ~이야! | 那个人真是活宝! 〔名作〕【名作品】

ᴬ**걸치다** 통 ❶ (옷을 되는대로 입다)〕【披】pī【搭】dā ¶외투를 ~ | 披着外衣。 ¶옷을 어깨에 ~ | 把衣服披在肩头上。 ¶몸에 담요 한 장을 걸치다 | 身上搭着一条毛毯máotǎn。 ❷ (겪다·걸리다)〕【经过】jīngguò【历时】lìshí ¶이 소설은 7년에 걸쳐서야 비로소 완성되었다 | 这部小说, 历时七年才完成。 ❸ (술 마시다)〕【喝】hē ¶술을 한 잔 ~ | 喝一杯酒jiǔ。 ❹ (공간적 범위에 퍼져있다)〕【涉及】shèjí【牵扯】qiānchě ¶여러 방면에 걸친 연구 | 涉及到各方面的研究。 참고 〔被bèi〕〔花费〕

걸터앉다 통 【悬腿】(xuántuǐ)zuò【骑坐】qízuò ¶걸상에 ~ | 悬腿坐在椅子上。

ᴮ**걸핏하면** 뿐 【动不动(儿)】dòng·budòng(r)【动辄】dòngzhé ¶~ 화를 낸다 | 动不动儿就生气。 ¶김군은 몸이 너무 약해서, ~ 감기에 걸린다 | 小金身子骨儿太差, 动不动儿就感冒。 ¶~ 책망을 듣는다 | 动辄得咎。 ¶~성을 내다 | 动辄发怒。

검〔劍〕 몡 【剑】jiàn【战刀】zhàndāo ¶~ 한 자루 | 一把剑。 ¶~을 휘두르며 춤추다 | 挥舞剑刀。

검거〔檢擧〕 몡 하다 【抓】zhuā【捉拿】zhuōná【逮捕】dàibǔ【拘捕】jūbǔ ¶도적을 ~하다 | 抓贼。 ¶흉악범을 ~하다 | 捉拿凶彩。 ¶도주범을 ~하다 | 捉拿逃犯。 ¶범인을 ~하여 재판에 회부하다 | 将犯人捉拿归案。 ¶~와 구금 | 逮捕和囚禁qiújìn。 참고 〔监察〕〔查缉〕〔拘捕〕〔捉获〕〔拘拿ná〕〔拘执zhí〕〔拘押〕〔拘禁jìn〕

ᴬ**검다** 혱 ❶ (色)〕【黑】hēi ¶검은 머리카락 | 黑头发tóufà。 ❷ (마음이 엉큼하다)〕【阴险】yīnxiǎn ¶속이 검고 악랄하다 | 阴险毒辣dúlà。

ᴮ**검도**〔劍道〕 몡 【剑术】jiànshù 참고 〔武艺wǔyì〕

ᴮ**검둥개** 몡 【黑狗】hēigǒu

[B]**검둥이**❶【黑狗】hēigǒu ❷【黑人】h-ēirén【黑色人种】hēisè rénzhǒng

검문【檢問】[명][하타]【讯问】xùnwèn【盘问】pánwèn ¶불심~ㅣ审问搜查 ¶~검색ㅣ盘问搜查.(참고)〔审 shěn 问〕〔审讯〕

[C]**검문소**【檢問所】[명]【检视所】jiǎnshìsu-ǒ【检查站】jiǎncházhàn【岗亭】gāngt-íng (참고)〔岗楼〕

검버섯【老年斑】lǎoniánbān【黑斑】hēibān ¶~이 피다ㅣ长zhǎng老年斑.

[C]**검붉다**[형]【黑红】hēihóng ¶검붉은 상의ㅣ黑红的上衣. (참고)〔绯红〕〔黯红〕〔枣红〕〔紫红〕

[B]**검사**[檢事】[명]【检察】jiǎnchá【检察官】jiǎnchá guān【检察员】jiǎncháyu-án ¶~장ㅣ检察长.

[A]**검사²**[檢查】[명][하타]【检查】jiǎnchá【检验】jiǎnyàn【稽查】jīchá【查验】ch-áyàn ¶짐을 ~하다ㅣ检查行李. ¶간행물의 성능을 ~하다ㅣ检查刊物. ¶자동차의 성능을 ~하다ㅣ检验汽车性能. ¶~결과 이상 없다ㅣ查验属shǔ实shí. ¶여권을 ~하다ㅣ查验护照h-ùzhào. (참고)〔稽察chá〕〔稽核hé〕〔查核〕〔查核〕〔试查〕

[C]**검산**【檢算】[명][하타]〈數〉【验算】yànsuàn【核对】héduì ¶산술문제를 푼 후 반드시 ~을 해 보아야 한다ㅣ做完算术题suànshùtí后一定要验算. ¶장부를 ~하다ㅣ核对帐目. (참고)〔核算〕〔查对〕

검색【檢索; search】[명][하타]❶【检索】ji-ǎnsuǒ【搜查】sōuchá ¶~에 편리하ㅣ便于检查. ❷【電算】【检索】jiǎn-suǒ【搜索】sōusuǒ【探索】tànsuǒ

검색엔진[檢索 engine; search engine]【電算】【搜索器】sōusuǒqì【搜索引擎】sōusuǒ yǐnqíng【检索引擎】jiǎnsu-ǒ yǐnqíng【探索引擎】tànsuǒ yǐnqíng

[C]**검소**【儉素】[명][하형]【俭朴】jiǎnpǔ【朴素】pǔsù【质朴】zhìpǔ ¶~한 생활ㅣ俭朴的生活. ¶그는 늘 ~한 옷차림을 한다ㅣ他向来都穿着朴素.

검시【檢屍】[명][하타]【验尸】yànshī【验死】yànsǐ ¶법의가 와서 ~를 하는데, 만일 어떤 의심나는 곳이 있으면 다시 해부해야 한다ㅣ法医fǎyī来验尸, 要

는 看出有什么可疑的地方, 还得解剖ji-ěpōu.

[C]**검역**【檢疫】[명][하타]【检疫】jiǎnyì ¶~소ㅣ检疫站. ¶~항ㅣ检疫港. ¶~증명서ㅣ检疫证明书. ¶~처리ㅣ检疫处理.

[C]**검열**【檢閱】[명][하자타]❶ (검사·점검하다)【审查】shěnchá【审阅】shěnyuè ¶문건을 ~하다ㅣ审阅文件. ❷ (간행물 등의)【检查】jiǎnchá【检验】jiǎnyàn【审查】shěnchá ¶간행물을 ~하다ㅣ检查刊物. ¶이 책들은 충분히 ~해보아야 한다ㅣ这些书要好好审查审查. ❸ (군대의)【检阅】jiǎnyuè【查点】chádiǎn ¶사령관이 부대를 ~했다ㅣ司令检阅部队. ¶~점호ㅣ查点名. (참고)〔稽察〕〔检查〕〔察看〕〔考验〕〔盘查〕〔盥察〕

[C]**검은색**【色〉【黑色】hēisè

[C]**검은콩**[명]【植】【黑豆】hēidòu【乌豆】w-ūdòu

검정¹【검정】[명]【黑色】hēisè【黑色·de】 ¶~ 보라색ㅣ黑紫zǐ色. ¶~빛ㅣ黑色/黑颜色. ¶~이ㅣ黑的/黑东西.

검정²【檢定】[명]【审定】shěndìng【甄别】zhēnbié【测定】cèdìng ¶시공 계획을 ~하다ㅣ审定施工方案. ¶~고시ㅣ甄别考试. (참고)〔测验〕

검증【檢證】[명][하타]❶【验证】yànzhèng【检验】jiǎnyàn ¶이론을 ~하다ㅣ验证理论. ¶자동차의 성능을 ~하다ㅣ验汽车性能. ¶실천은 이론의 척도이다ㅣ实践是检验理论的尺度. ❷〈法〉【对证】duì·zhèng【取证】qǔzhèng ¶필적을 ~하다ㅣ对证笔迹. ¶이 사건은 현장에 가서 해볼 필요가 있다ㅣ这件事要到实地去对证对证. (참고)〔证验〕〔查看证明〕〔核查〕

[C]**검지**[一指】[명]〈生理〉【食指】shízhǐ【二拇指】èrmǔzhǐ

검진【檢診】[명][하타]【诊察】zhěnchá【诊断】zhěnduàn【检查身体】jiǎnchá shēntǐ ¶정기~ㅣ定期诊察.

검찰【檢察】[명][하자타]〈法〉【检察】jiǎ-nchá ¶~ 기관ㅣ检察机关. ¶~관ㅣ检察官. ¶~장ㅣ检察长. ¶~청

| 检察厅.(참고)〔检察员〕〔监jiān察〕
검출[檢出] 명하타〈化〉【检测】jiǎncè 【检查出来】jiǎnchá chū·lai〔查出〕cháchū ¶분석한 결과 위에서 독극물이 ~되었다 | 分析的结果胃里检查出来毒剧物质.(참고)〔查知〕

°**검토**[檢討] 명하타【检讨】jiǎntǎo【检查】jiǎnchá【查对】cháduì ¶그가 제출한 서류를 네가 한번 잘 ~해 보아라 | 他交的文件, 你要好好儿检讨一番. ¶자료를 ~하다 | 查对材料liào. ¶~해본 후 다시 회답을 드리겠습니다 | 查对后再回答.

검표[檢票] 명하타【查票】chá/piào【检票】jiǎn piào【监票】jiānpiào ¶~원 | 查票员. ¶승차 후에 다시 ~한다 | 上车以后再查票. ¶~구 | 检票处/检口.

검푸르다[-푸-] 형【深蓝】shēnlán【湛蓝】zhànlán ¶검푸른 바다 | 深蓝的大海.

겁 명【害怕】hàipà【恐惧】kǒngjù ¶~이 없다 | 不知道怕.

^**겁나다**[怯-] 동【害怕】hàipà【怕】pà【畏怯】wèiqiè【胆怯】dǎnqiè【可怕】kěpà【慑】shè〔吓〕xià ¶겁나서 소리 지르다 | 因害怕叫出声儿来. ¶그는 말을 듣자마자 겁났다 | 他一听就胆怯了. ¶겁나서 혼났다 | 吓了个没魂hún/吓掉了魂.(참고)〔畏惧〕〔怯惧〕〔恐惧〕〔惧怕〕

^**겁내다**[怯-] 동【害怕】hàipà【怕】pà【畏怯】wèiqiè【胆怯】dǎnqiè【可怕】kěpà【慑】shè〔吓〕xià ¶내가 있으니 겁내지 마라! | 不用害怕, 有我在呢! ¶쥐는 고양이를 겁낸다 | 老鼠shǔ怕猫māo. ¶그녀는 아버지를 제일 겁낸다 | 她最怕爹.(참고)〔畏惧〕〔恐惧〕〔惧怕〕

겁쟁이[怯-] 명【胆小鬼】dǎnxiǎoguǐ【怕死鬼】pàsǐguǐ【懦怯者】nuòqièzhě ¶~처럼 굴지마라 | 干事不要像胆小鬼一样.(참고)〔软骨头〕

것 의명❶ (소유)【的】·de ¶내 ~ | 我的. ¶이건 누구의 ~인가요? | 这是谁的? ❷ (… 한 것)【的】·de ¶먹을 ~ 좀 주세요 | 给点儿吃的. ❸ (일·사건)【事儿】shìr【情况】qíngkuàng ¶이렇게 하는 ~이 좋겠다 | 这样做

(的情况下)好些. ❹ (가능성·추측)【要/会…吧】yào/huì…·ba ¶네가 그렇게 말하면 그가 화낼 ~이다 | 你那样说的话, 他就会生气的. ¶그는 다음 주에 집으로 돌아갈 ~이다 | 他下星期要回家的. ❺ (의무·금지)【담배를 피우지 말 ~ | 严禁吸烟. ¶차를 조심할 ~ | 小心车. ❻ (물건·사람)【东西】dōng·xi ¶너 같은 ~이 무얼 알겠니? | 像你这样的东西懂什么?

겉 명【表面】biǎomiàn【外表】wàibiǎo【面子】miàn·zi【外皮】wàipí ¶사물의 ~만 보아서는 안된다 | 不能只看事物的表面. ¶이 물건은 ~은 매우 예쁘다 | 这东西外表很好看. ¶겉을 싸다 | 盖gài面子.(참고)〔外面(儿)〕〔外貌〕

겉감 명【面料】miànliào

겉늙다[-늑-] 형【显老】xiǎnlǎo【出老相】chū lǎoxiàng ¶머리 모양을 그렇게 하니 더 겉늙어 보인다 | 头型弄成那个样子显老.

겉돌다 동❶〈機〉【空转】kōngzhuàn ¶기계를 겉돌려서 그 성능을 측정한다 | 让机器空转, 以测试其性能. ❷ (어울리지 못함)【不溶和】bùrónghé【不合群】bùhéqún ¶그는 사람들 속에서 늘 겉돈다 | 他老是跟大伙儿不合群. ❸ (섞이지 않음)【互不沾边】hù bù zhānbiān【各不相溶】gè bùxiāngróng ¶물과 기름이 ~ | 水和油各不相溶.(참고)〔浮游〕〔不融洽〕〔融圆〕

겉모양 명【外表】wàibiǎo【外观】wàiguān【外形】wàixíng ¶이 기계의 ~은 매우 멋있다 | 这种机器外形很带劲.(참고)〔外面(儿)〕〔表面〕

겉봉[-封] 명【封皮】fēngpí【信封】xìnfēng【信皮】xìnpí(참고)〔封套〕

겉옷 명【外衣】wàiyī【罩衣】zhàoyī【套衣】tàoyī ¶검은 색의 ~ | 黑色的罩衣.(참고)〔套衫〕〔套头(儿)的毛衣〕〔罩褂guà儿〕〔罩衫shān〕

겉잡다 동❶ (겉어림)【大概齐】dàgàiqí【想来】xiǎnglái ¶겉잡아 이틀이면 족하다 | 大概齐两天就够. ❷ (헤아림)【揣度】chuāiduó【捉摸】zhuōmō ¶네 말은 통 겉잡을 수가 없구나 | 你的话真捉摸不透.

겉치레 명하자타【排场】pái·chǎng【走

形式】zǒu xíngshì【面子】miàn·zi【装饰外表】zhuāngshì wàibiǎo 『저 사람은 일을 함에 있어서 ~를 많이 따진다 | 那个人做事很讲究排场。 ¶―뿐인 정 情儿。 ¶―의 말을 하다 | 说面子话。 **참고**〔装饰门面〕〔装门面〕〔装幌子〕〔研究外表〕〔虚饰外表〕〔浮华〕〔敷衍塞责〕〔装装样子〕〔门面买卖〕

겉치장[-治粧] **명**하자타【讲究外表】jiǎngjiū wàibiǎo【讲究形式】jiǎngjiū xíngshì【装饰门面】zhuāngshì ménmiàn

ᴬ**게**¹ **명**【鱼贝】【螃蟹】pángxiè 『나는 ~를 가장 즐겨 먹는다 | 我最爱吃螃蟹。 ¶―딱지 | 螃蟹盖儿gàir。 **참고**〔蟹〕〔河hé蟹〕〔海hǎi蟹〕

게² **부**【在那儿】zàinàr 『누구 없느냐? | 那儿一个人也没有吗?

게³ ❶ (사람을 얕잡아)【东西】dōng·xi【货色】huòsè 『네까짓 ~ 무얼 안다고? | 你这样的东西懂什么呢? ❷ (물건)【东西】dōng·xi 『손에 쥔 ~ 뭐야? | 手里拿的东西是什么?

―**게**⁴ **조**【在…(有)】zài…(yǒu)【给】gěi 『네ー 줄게 | 给你。 ¶내ー 할 얘기라도 있니? | 有话跟我说?

게걸스럽다 **형**【馋】chán 『이 사람은 너무 ~ | 这个人太馋! ¶그는 게걸스럽고 나태하다 | 他又馋又懒lǎn。 **참고**〔贪吃〕

게다가¹ **부** ❶ (장소)【往那里】wǎngnàli『在那里】zàinàli ¶― 놓아두게 | 放在那里吧。 ❷ (그 위에 또)【再加上】zàijiāshàng【更加】gèngjiā 『키도 크고 ― 미남이기까지 하지 | 身材高大, 再加上又是个美男子。

게시[揭示] **명**하타【布告】bùgào【告示】gàoshi【公布】gōngbù 『~하다 | 发出布告。 ¶―판 | 布告牌pái。 **참고**〔公升开〕〔颁S布榜〕

ᶜ**게시판**[揭示板;BBS;Bulletin Board System] **명**【电算】【公告板】gōnggàobǎn【电子公告牌】diànzǐ bùgàobǎn

게시판 시스템[揭示板 System;BBS; Bulletin Board System] **명** ❶【宣传画栏】xuānchuán huàlán ❷【电算】【公告牌系统】gōnggàobǎn xìtǒng【布告

兰系统】bùgàolán xìtǒng

게양[揭扬] **명**하자타【升】shēng 【悬挂】xuánguà【高挂】gāoguà 『국기를 ~하다 | 升国旗qí。 ¶―대 | 升旗台。

게우다 **동**【吐】tù【呕吐】ǒutù 『뇌물로 받은 돈을 도로 게우다니 吐出脏款zāngkuǎn。 ¶나는 배 멀미로 가는 도중 내내 게워냈다 | 我因晕船yùnchuán一路呕吐。 **참고**〔吐出〕

게으르다 **형**【懒】lǎn【懒怠】lǎn·dai【懒惰】lǎnduò 『먹기만 좋아하고 일에는 게을러서는 안된다 | 好hào吃懒不得。 ¶이 사람은 대단히 ~ | 这个人非常懒惰。

게이트웨이[gateway] **명**【电算】【网关】wǎngguān

ᴮ**게임**[game] **명** ❶ (오락)【游戏】yóuxì ❷ (경기)【比赛】bǐsài 『오늘은 누구와 ~하느냐? | 今天你跟谁比赛? ¶―세트(set) | 比赛完毕。 ¶―을 진행하다 | 进行比赛。 **참고**〔竞jìng赛〕〔比赛试〕

게재[揭载] **명**하타【刊登】kāndēng【登载】dēngzài【刊载】kānzài【登出】dēngchū 『그는 논문을 발표하여 3기에 걸쳐 연이어 ~하였다 | 他发表一篇论文, 接连刊登了三期。

겐조[Kenzo] **명**【商标】【高田贤三】Gāotiánxiánsān

―**겠** **어미** ❶ (表示将来时态) 『내일은 갈 수 있~다 | 明天可以去了。 ❷ (表示推测或可能性) 『맛있~다 | 可能好吃。 ¶곧 끝낼 수 있~다 | 一会儿就能完成。 ❸ (表示说人的意志) 『열심히 노력하~습니다 | 会努力的。

ᴬ**겨**[糠]kāng【谷糠】gǔkāng 『쌀~ | 米糠。 **참고**〔谷物皮luó〕〔米麸fū〕〔玉糠〕

겨냥하다 **동** ❶ (조준하다)【瞄准】miáozhǔn ❷ (향하다)【针对】zhēnduì 『그 말들은 나를 겨냥하고 하는 소리야 | 那些话是针对我说的。

ᴮ**겨누다** **동** ❶ (조준하다)【瞄准】miáozhǔn【对准】duìzhǔn (비교하다) ❷【比】bǐ【量】liáng 『두 사람이 키를 겨누어 본다 | 两人比个子。 ❸ (겨루다)【争(胜败)】zhēng(shèngbài)【决(胜负)】jué(shèngfù)

45

ᶜ**겨드랑이** 똉〈生理〉【腋下】yèxià【腋窝】yèwō【胳肢窝】gā·zhiwō【肋窝】gé·iwō ¶～털│腋毛。

ᴬ**겨레** 똉【同胞】tóngbāo【同族】tóngzú【民族】mínzú【同宗】tóngzōng ¶그들은 같은 ～이다│韩民族。│한～│韩民族。

ᶜ**겨루다** 통【较量】jiàoliàng【比赛】bǐsài【竞争】jìngzhēng【竞赛】jìngsài【交锋】jiāo/fēng ¶이번에는 그와 겨루었다│这回跟他较量较量了。¶오늘은 누구와 겨루느냐?│今天你跟谁比赛?¶한 판 ～│一盘决胜负。(참고)[比试shì][校jiào对][角逐zhú][斗]

ᴮ**겨를** 똉【工夫】gōng·fu【空儿】kòngr【空闲】kōngxián【余暇】yúxiá【余闲】yúxián【时间】shíjiān ¶너 ～있니?│你有工夫吗?¶잠시도 쉴 ～이 없다│没有一点休息的空闲。

ᴬ**겨우** 囝❶(억지로·가까스로)【勉强】miǎnqiǎng ¶～살아났다│勉强活下来了。❷(적은 수)【仅】jǐn【仅仅】jǐn·jǐn【只】zhǐ【才】cái ¶수입은 다섯 사람～입에 풀칠이나 할 정도이다│收入只够五个人勉强糊hú口。¶이 방에는 ～열 사람이 앉을 수 있다│这间屋子才能坐十个人。¶내 딸애는 ～다섯 살인데, 이미 많은 글자를 안다│我的女儿才五岁, 已经识了不少字了。(참고)[勉勉强强][好容易][好不容易][仅只]

ᶜ**겨우내** 똉【一冬】yìdōng【整个冬天】zhěng ge dōngtiān ¶～서울에 있었다│一个冬天都在汉城。

ᴬ**겨울** 똉【冬天】dōngtiān【冬季】dōngjì【冬】dōng ¶한국의 ～은 춥다│韩国的冬天很冷。¶～작물│冬季作物。¶～스포츠│冬季体育运动。(참고)[冬][冬季儿][冬景天儿][冬令]
겨울 방학 똉【寒假】hánjià【冬假】dōngjià ¶～을 하다│放寒假。

ᶜ**겨울새** 똉〈鸟〉【冬候鸟】dōnghòuniǎo
겨울잠 똉【冬眠】dōngmián

겨자 똉❶〈植〉【芥菜】jiècài ¶～씨│芥菜子。(양념의 일종)【芥jiè·mo】¶～를 좀 치다│放一点芥末。(참고)[芥黄][芥面儿][辣根儿]
격〔格〕 똉❶(지위·품위 등)【品格】pǐngé❷(자격)【资格】zīgé【身分】shē-

nfēn ¶주민 대표～으로 회의에 참석하다│以居民代表身分出席会议。

격돌[激突] 똉하자 【冲击】chōngjī【撞击】zhuàngjī ¶～자세│冲击姿zī势shì。(참고)[碰撞]

격동[激动] 똉하자타 【激动】jīdòng【激昂】jī'áng【激越】jīyuè【震撼】zhèn-hàn ¶이 얼마나 ～적인 순간인가!│这是多么激动人心的时刻啊!¶사람을 ～시키다│震撼人心。(참고)[振奋][打动][兴奋]

격려[激励] 똉하타 【鼓励】gǔlì【勉励】miǎnlì ¶서로 ～하다│互相勉励。│의기 소침한 친구를 ～하다│勉励灰心丧气的朋友。(참고)[勉策cè][激励]

격렬[激烈] 똉하여 【激烈】jīliè【猛烈】měngliè【剧烈】jùliè ¶논쟁이 ～하다│争论得激烈。¶～한 전투│激烈战斗。¶～한 투쟁을 벌이다│进行猛烈的斗争。¶～한 운동│剧烈运动。(참고)[激剧jù]

격리[隔离] 똉하자타 【隔离】gélí【隔绝】géjué ¶～병실│隔离病房bìngfáng。¶～ 병원│隔离医院。¶정치범을 외부세계와 ～시키다│使政治犯跟外界隔绝。(참고)[隔开][隔断]

격무[激务] 똉【苦差使】kǔchāishi ¶～에 시달리다│被苦差使缠身。

격변[激变] 똉하자 【突变】tūbiàn【剧变】jùbiàn ¶형세가 ～하다│形势突变。

격분[激愤] 똉하자 【激怒】jīnù【激愤】jī-fēn【愤慨】fènkǎi ¶그의 한 마디가 총장님을 대단히 ～하게 했다│他的一句话激怒了校长。¶그렇게 ～할 게 아니라 깊이 생각해봐│不要那样冲动, 要好好想一想。

격분²[激奋] 똉하자 【激动】jīdòng【冲动】chōngdòng ¶뭘 그렇게 ～할 필요 있나!│你何必那么激动呢!

격상[格上] 똉하타 【提升】tíshēng【升职】shēngzhí ¶그는 대사로 ～되었다│他提升为大使dàshǐ。¶그가 ～된 것을 나는 어제서야 비로소 알았다│我昨天才听说他升了职。

격세지감[隔世之感] 똉【隔世之感】gé shì zhī gǎn ¶그는 천안문 사건을 생각하면, 자못 ～이 든다│他想起天安

46

门事件，颇有隔世之感。[参考]〔恍如隔世〕

격식[格式] 图【礼节】lǐjié【排场】páichǎng【规格】guīgé ¶~은 구애받지 않다 | 不拘泥礼节。 ¶저 사람은 일을 함에 있어서 ~을 많이 따진다 | 那个人做事很讲究排场。 ¶~에 맞지 않다 | 不合规格。[参考]〔格式〕〔规范fàn〕〔形式〕〔样子〕

격심[激甚] 图 [하자] 【厉害】lì·hai【严重】yánzhòng【极大】jídà ¶~한 불황을 타개하다 | 打破严重的萧条现象。[参考]〔甚shèn大〕〔过激〕

격앙되다[激昂] 图 【激昂】jīyáng ¶격앙된 목소리로 말하다 | 用激昂的语调说。

ᴮ**격언**[格言] 图【格言】géyán ¶~집 | 格言集。

격일[隔日] 图 [하자] 【隔日】gé/rì【隔天】gé/tiān ¶~에 한 번씩 오다 | 隔日来一次。[参考]〔隔一天〕

ᶜ**격전**[激戰] 图 [하자] 【激战】jīzhàn【恶战】èzhàn ¶한 차례의 ~을 면하기 힘들다 | 难免有一场恶战。

격정[激情] 图【激情】jīqíng【冲动的情绪】chōngdòng·de qíngxù ¶~에 사로잡히다 | 被激情裹胁guǒxié。

격조[格調] 图【格调】gédiào ¶이런 가곡들은 ~가 높지 않다 | 这些歌曲格调不高。

격차[隔差] 图【差异】chāyì【差别】chābié ¶같은 노동력이라도 조작 방법에 따라 생산 효율에는 큰 ~가 생길 수 있다 | 同样的劳动力，操cāo作方法不同，生产效率就会有很大的差异。 ¶도시와 농촌 간의 ~ | 城乡差别。[参考]〔距离jù离〕〔差额chā额〕〔差幅fú〕

격찬[激讚] 图 [하타] 【极其赞扬】jíqí zānyáng【大加赞扬】dàjiāzānyáng【普遍赞扬】pǔbiàn zànyáng ¶이번 공연은 관객들의 ~을 받았다 | 这次演出受到了观众的普遍赞扬。

ᶜ**격퇴**[擊退] 图 [하타] 【击退】jītuì【打退】dǎtuì ¶적의 침공을 ~시켰다 | 打退敌人的进攻了。

ᶜ**격투**[激鬪] 图 [하자] 【格斗】gédòu【搏斗】bódòu ¶파도와 ~하다 | 与波涛bōtāo搏斗。 ¶~를 벌이다 | 做搏

斗。[参考]〔肉搏〕〔决斗〕〔打相打〕〔千仗〕〔闹仗〕〔打架〕

격파[擊破] 图 [하타] 【打垮】dǎkuǎ【击破】jīpò【击毁】jīhuǐ【攻破】gōngpò ¶왜구를 ~하다 | 把日寇rìkòu打垮了。[参考]〔打坏huài〕〔打破〕

격하다[激] 图 ❶ (흥분하다) 【激昂】jīǎng【兴奋】xīngfèn【激动】jīdòng ¶정서가 ~ | 情绪激昂。 ¶환자를 격하게 하지 마세요! | 请不要使病人兴奋! ¶네가 그렇게 격할 필요가 있니! | 你何必那么激动呢! ❷ (급하고 거세다) 【激怒】jīnù【暴躁】bàozào【激愤】jīfèn ¶성미가 ~ | 性情暴躁。 ¶성격이 격한 사람 | 性格暴躁的人。[参考]〔生气〕〔发脾气〕〔发皮气〕〔闹nào脾气〕〔使脾气〕〔发火〕〔动气〕〔动怒〕〔激烈〕〔激剧jù〕〔剧烈〕

ᴬ**겪다** 图 ❶ (고통 등을) 【经受】jīngshòu【经历】jīnglì【经】jīng ¶갖은 풍랑을 겪었다 | 经历过风浪。 ❷ (손님을) 【招待】zhāodài【款待】kuǎndài ¶손님을 ~ | 招待客人。[参考]〔承chéng受〕〔禁jìn受〕

견고[堅固] 图 [하형] 【坚固】jiāngù【牢固】láogù【巩固】gǒnggù【坚定】jiāndìng【强固】qiánggù【坚固】jiānláo ¶~하고 질기다 | 坚固耐用。 ¶~한 댐이 홍수를 막았다 | 牢固的水坝shuǐbà挡dǎng住了洪水。 ¶지반을 아주 ~하게 닦다 | 地基打得挺牢固。 ¶기초가 ~하다 | 基础jīchǔ巩固。 ¶옛 지식을 ~히 하고, 새로운 지식을 학습하다 | 巩固旧知识，学习新知识。[参考]〔牢靠〕〔结实〕

ᴬ**견디다** 图 ❶ (지탱하다) 【耐用】nàiyòng【耐】nài ¶세탁을 하여도 오래 견딘다 | 经洗耐用。 ¶고온을 ~ | 耐高温。 ¶불에 ~ | 耐火。 ¶물에 ~ | 耐水。 ¶기름에 ~ | 耐油。 ❷ (참다) 【忍耐】rěnnài【忍受】rěnshòu【吃得消】chī·de xiāo【支】zhī【挺】tǐng【经得住】jīng·de zhù【坚持】jiānchí【禁得住】jīn·de zhù ¶가려워서 견딜 수 없다 | 痒yǎng得忍不住。 ¶굴욕을 ~ | 忍受屈辱qūrǔ。 ¶체력이 견뎌내지 못하다 | 体力不支。 ¶못 견디게 좋다 | 乐不可支。 ¶그는 안간힘을 다하여 억지로 견뎌내고 있다 | 他憋足biēzú了劲儿硬挺下来。[参考]

47

〔对付〕忍奈nài〔受得了〕〔憋biē〕

°**견문**[見聞]〔하타〕**见闻**jiànwén【见识】jiàn·shi ¶~이 넓지 못하다|见识不广。¶~을 넓히다|增长见识。

(참고)〔视听〕

견본[見本]〔명〕【样品】yàngpǐn【样本】yàngběn【样子】yàng·zi【样板】yàngbǎn ¶~을 따로 보내다|样品另寄lìngjì。¶~을 청구하다|索suǒ样品。¶~을 선택하다|选择样本。¶~색·무늬|染彩rǎncǎi样本。¶~활자|字体样本。¶~에 따라 옷을 재단하다|照样板剪裁jiǎncái衣服。

(참고)〔标本〕〔样头〕〔货huò样(儿,子)〕〔样货〕〔底样〕

견습[見習]〔명〕〔하타〕【见习】jiànxí【实习】shíxí【学徒】xuétú ¶~생|见习生。¶병원에서 반년간 ~했다|在医院里见习了半年。¶~기간|学徒年限。¶작업 현장에 가서 ~하다|到工地上去实习。

°**견습공**[技工助手]〔명〕【技工助手】jìgōng zhùshǒu【学徒】xuétú【学徒工】xuétúgōng ¶~이 되다|当学徒。¶일년간 ~이 되어 배웠다|学了一年徒。

(참고)〔徒工〕〔学买卖的〕〔学生工〕〔学员〕〔艺徒〕〔养成工〕谢war师

견실[堅實]〔하형〕【坚定】jiāndìng【健全】jiànquán【健康】jiànkāng ¶몸과 마음이 ~하다|身心健全。¶사상이 ~하다|思想健康。

(참고)〔坚贞〕〔坚强〕

견인[牽引]〔하타〕【牵引】qiānyǐn【拖带】tuōdài ¶~차|牵引车。¶~료|拖挽费用。¶고장 차량을 ~하다|牵引故障车。¶이런 차들은 적재량도 클 뿐 아니라, ~하기도 편리하다|这些车辆不仅载重量大，而且拖带灵活。

견적[見積]〔명〕〔하타〕【估价】gū/jià【概算】gàisuàn【估算】gūsuàn ¶이 물건의 가격을 네가 ~내봐라|这东西你给估个价儿。¶당신은 이 공정의 생산비를 ~내 보시오|请你估算一下这项工程的成本chéngběn。

(참고)〔估计〕〔概计〕

견제[牽制]〔명〕〔하타〕❶【牵制】qiānzhì【制约】zhìyuē【制衡】zhìhéng【抑制】yìzhì ¶서로 ~하다|互相牵制。¶

~를 받다|受牵制。❷〔军〕【钳制】qiánzhì ¶적의 오른쪽 날개를 ~하다|钳制了敌人的右翼yòuyì。¶~성 공격|钳制性攻击。

(참고)〔掌控〕〔制止〕〔阻止〕〔抑制〕〔控制〕

°**견주다**〔동〕【比较】bǐjiào【对比】duìbǐ【相比】xiāngbǐ【较量】jiào·liàng ¶새 것과 옛 것을 견주어보다|新旧对比。¶모범 부서와 견주어보면 우리 작업과는 아직 적지 않은 차이가 있다|同先进单位对比，我们的工作还有不少差距chājù。¶서로 견주어 보면 여전히 내가 그만 못하다|相比之下，还是我不如他。

(참고)〔比量〕〔校jiào量〕

견지[見地]〔명〕【观点】guāndiǎn【角度】jiǎodù【见解】jiànjiě ¶교육적 ~|教育上的观点。(참고)〔见地〕〔立脚点〕〔看法〕〔立场〕〔方面〕

견지[堅持]〔명〕〔하타〕【坚持】jiānchí【力持】lìchí ¶자신의 주장을 ~하다|坚持自己的主张。¶원칙을 ~하다|坚持原则。(참고)〔固gù持〕〔继续发扬〕〔继续坚持〕〔继续发挥〕

견직물[絹織物]〔명〕【丝织品】sīzhīpǐn【丝织物】sīzhīwù ¶~공장|丝绸厂。¶~을 수출하다|出口丝织品。

견책[譴責]〔명〕〔하타〕【谴责】qiǎnzé【斥责】chìzé ¶적의 폭행을 ~하다|谴责敌人的暴行bàoxíng。¶세계 여론의 강력한 ~을 받다|遭到world舆论yúlùn的强烈qiángliè谴责。(참고)〔消qiào让〕〔责备zébèi〕

°**견학**[見學]〔명〕〔하타〕【参观】cānguān【参观学习】cānguān xuéxí ¶공장을 ~하다|参观工厂。¶~을 하다|进行参观。¶~단|参观团。¶~사절|谢绝jué参观。(참고)〔观摩〕

견해[見解]〔명〕【见解】jiànjiě【观点】guāndiǎn ¶나의 ~는 너의 ~와 같다|我的观点跟你的一样。¶예술적 ~|艺术上的观点。

°**결**[紋]〔명〕【纹儿】wénr【纹理】wénlǐ ¶이 나무의 ~은 정말 예쁘다|这木头的纹理很好看。(참고)〔波纹〕

−**결**[−]〔回〕❶(물·천·나무·피부 등의)【波】bō【波纹】bōwén【色】sè【流】liú ¶물~|水波。¶숨~|呼吸声。❷(잠시·언뜻)【工夫】gōng·fu ¶那一会

儿]nàyīhuìr 【那一阵子】nàyīzhèn·zi ¶잠 ~ 睡觉的工夫. ¶아침 ~에 | 早晨那会儿.

ᴬ**결과**[結果] 몡 ❶〈農林〉【结果】jiéguǒ ❷[結果] 몡【结果】【后果】hòuguǒ ¶~가 그런대로 괜찮은 셈이다 | 结果还算不错. ¶필연적인 ~ | 必然结果. ¶~를 예측하다 | 预测后果.

ᴬ**결국**[結局] 몡【结果】jiéguǒ【终究】zhōngjiū【终归】zhōngguī【总归】zǒngguī【到头来】dàotóulái 归根结底 guī gēn jié dǐ ¶한바탕 논쟁을 벌인 끝에 ~그가 양보했다 | 经过一番争论, 结果他让步了. ¶~ 효과를 보지 못했다 | 终归无效. ¶이 사건은 ~ 해결될 것이다 | 这件事终归会解决的. ¶곤란은 ~ 극복할 수 있는 것이다 | 困难终归是可以克服的. ¶성실하지 않은 사람은 ~에는 실패하게 마련이다 | 不老实的人到头来总是要栽跟头的. 참고〔终久〕〔到底〕〔归齐〕〔总之〕〔总而言之〕〔归总〕〔归结〕〔归根到底〕〔归根结jié柢〕〔归结蒂dì〕

ᴰ**결근**[缺勤] 몡하자【缺勤】quēqín ¶~율 | 缺勤率ǜ. 참고〔请qǐng假〕〔缺工〕〔旷工〕

ᴰ**결단**[決斷] 몡하타【决断】juéduàn【断定】duàndìng ¶하루 빨리 조만간 ~을 내리다 | 早日决断. ¶중대한 ~을 내리다 | 做出重大的决断. ¶~을 내리다 | 下决断.

결렬[決裂] 몡하자【决裂】juéliè【破裂】pòliè ¶평화회의가 ~되었다 | 和议决裂了. ¶협상이 ~되었다 | 那个协商破裂了.

결례[缺禮] 몡하자【失礼】shīlǐ ¶그의 행동이 지나치게 ~하였다 | 他的行为太失礼了. ¶이번에 여러분께 제대로 접대하지 못해 ~가 많았으니 너그럽게 용서하십시오 | 这次对诸位招待不周, 失礼了, 请多谅解. 참고〔失陪péi〕

ᴮ**결론**[結論] 몡하타【结论】jiélùn【决定】juédìng ¶~을 내다 | 做出结论来. ¶~을 내리다 | 下结论. ¶나는 대학에 진학하지 않기로 ~지었다 | 我决定了不去上大学. 참고〔总结发言〕

〔批准〕〔批示〕

ᴮ**결말**[結末] 몡【结果】jiéguǒ【结局】jiéjú【结尾】jiéwěi ¶~이 그런대로 괜찮은 셈이다 | 结局还算不错. ¶이야기의 ~은 어떻게 됐니? | 故事的结尾怎么样? ¶~이 나다 | 有结果/收场. ¶~을 짓다 | 告结束/告一段落.

결백[潔白] 몡하형【纯洁】chúnjié【清白】qīngbái ¶~한 마음 | 纯洁的心. ¶사람됨이 ~하다 | 为人wéirén清白. ¶자신의 ~을 주장하다 | 主张洁身自好. 참고〔廉洁〕〔清洁〕

결별[訣別] 몡하자【诀别】juébié【决裂】juéliè ¶나는 이미 그녀와 ~하였다 | 我已经跟她诀别了. ¶그들 두 사람은 마침내 ~하였다 | 他俩终于决裂了. 참고〔一刀两断〕〔断绝〕〔绝断〕

결부[結付] 몡하자타【结合】jiéhé【联结】liánjié【联系】liánxì ¶이론을 실제와 ~시키다 | 理论联系实际.

결사[決死] 몡하자【誓死】shìsǐ【拼命】pīnmìng ¶우리는 ~반대다! | 我们要誓死反对! ¶~적으로 서로 죽이다 | 拼命厮杀sīshā. 참고〔并骨gǔ〕〔并bìng命〕〔对duì命〕〔豁huō命〕〔坚jiān决〕

ᴰ**결산**[決算] 몡하타【决算】juésuàn【结帐】jiézhàng【结算】jiésuàn【杀帐】shāzhàng【报销】bàoxiāo【清帐】qīngzhàng【总结】zǒngjié ¶연말 총~을 하다 | 结算大帐. ¶~ 보고 | 结算报告. ¶장부를 모두 ~했다 | 把帐算好了. ¶그들은 매월 한 차례 ~한다 | 他们每月清一次帐. ¶장부는 한 번 총~해야 한다 | 帐目要总结一次. 참고〔清算〕〔清数〕〔结清〕〔煞帐〕

결산서[決算書] 몡【决算帐本】juésuàn zhàngběn

ᴬ**결석**[缺席] 몡하자【缺席】quēxí ¶무단~ | 无故缺席. ¶~ 판결 | 缺席判决pànjué. ¶일 때문에 ~하다 | 因事~.

결성[結成] 몡하타【结成】jiéchéng【组成】zǔchéng【成立】chénglì【建立】jiànlì ¶동맹을 ~하다 | 结成同盟. ¶위원회는 7인으로 ~되어 있다 | 委员会由七人组成. ¶외교 관계를 ~하

다 | 建立外交关系。 (참고)〔组织〕

결속[結束] 몡하자타 ❶ (묶음)【捆】kǔn【束】shù ❷ (단결)【融合】rónghé【团结】tuánjié 『그들은 ~하여 항의했다 | 他们团结起来提出抗议。| 우리들은 더욱 ~하여 공동으로 대적해야 한다 | 我们要加强团结, 共同对敌。 (참고)〔集结〕〔集中〕

결승[決勝] 몡자자【决赛】juésài 『준~전 | 半决赛。| ~에 진출하다 | 进入决赛。 (참고)〔锦标赛〕

결승선[決勝線] 몡〈體〉【终点线】zhōngdiǎnxiàn

결승점[決勝點] 몡〈體〉【终点】zhōngdiǎn 『나는 끝까지 달려서 ~에 도달했다 | 我坚持跑到了终点。

결실[結實] 몡하자 ❶ (수확)【结实】jiēshí 『가을은 ~의 계절이다 | 秋天是收获的季节。❷ (성과)【成果】chéngguǒ【结果】jiēguǒ【实果】guǒshí 『연구의 ~을 거두다 | 研究出成果。| 두 사람의 결혼은 사랑의 ~이다 | 他们俩的婚姻是爱的结果。 (참고)〔结晶〕

결심[決心] 몡하자타【决心】juéxīn 『~을 굳히다 | 下定决心。| 굳은 ~ | 坚定的决心。

결여[缺如] 몡하웽【缺乏】quēfá【贫乏】pínfá 『경험이 ~되어 있다 | 缺乏经验jīngyàn。 (참고)〔缺〕〔不足zú〕〔不够gòu〕

결연하다[決然-] 웽【毅然决然】yì rán jué rán【断然】duànrán 『그는 결연히 사회로 진출했다 | 他毅然决然走向社会。| 결연한 입장 | 断然的立场。

결의[決意] 몡하자타【决意】juéyì【决心】juéxīn 『~를 굳게 하다 | 下定决心。

결의문[決意文] 몡【决心书】juéxīnshū【决议】juéyì【议决】yìjué

결의안[決議案] 몡【决议草案】juéyì cǎo'àn【决议案】juéyì'àn

결재[決裁] 몡하자타【裁决】cáijué【裁可】cáikě【批准】pīzhǔn 『~를 받다 | 得到批准。| ~를 청구하다 | 请求qiú裁决。| 큰 일을 ~하다 | 裁可大事。 (참고)〔核准〕〔裁许〕

결점[缺點] 몡【缺点】quēdiǎn【弱点】r

uòdiǎn 『~을 지적하다 | 指出缺点。 (참고)〔瑕颣léi〕〔短处 duǎnchù〕〔瑕疵xiácī〕

결정[決定] 몡하타【决定】juédìng【定】dìng 『승부를 ~하다 | 决定胜负。| 이 문제는 아직 ~을 내리지 못했다 | 这个问题尚未做出决定。| 존재가 의식을 ~한다 | 存在决定意识。| ~ 요소 | 决定因素。| ~의[議yì]【商订dìng】【约yuē定】商定shāngdìng

결정[結晶] 몡 ❶〈化〉【结晶】jiéjīng 『~의 | 晶(格)面。| ~ 화학 | 结晶化学。| ~ 소금 | 盐结晶。| ~ 단면 | 结晶断面。❷ (결과물)【结果】jiēguǒ【结晶】jiéjīng【结出实果】jiéchū guǒshí 『~판 | 定本。| 이 논문은 그의 오랜 연구 생활의 ~이다 | 该gāi论文是他长期研究生活的结晶。

결정적[決定的] 관몡【决定性】juédìngxìng【坚决】jiānjué 『~인 승리 | 决定性的胜利。| ~인 의미 | 决定性意义。| ~ 조치를 취하다 | 采取坚决措施cuòshī。

결제[決濟] 몡하타〈經〉【计算】jìsuàn【决算】juésuàn【结算】jiésuàn【清算】qīngsuàn 『일수에 따라 ~하다 | 按日计算。

결코[決-] 閉【绝对不】juéduìbù【决不】juébù 『완전한 승리를 거두지 않고서는 ~ 돌아오지 않겠다 | 不获全胜, 决不回来。| 그는 ~ 나쁜 사람이 아니다 | 他绝对不是坏人。

결탁[結託] 몡하자【勾结】gōujié【狼狈为奸】láng bèi wéi jiān【串通】chuàn·tōng【勾搭】gōudā 『~하여 나쁜 짓을 하다 | 勾结作弊bì。| 그는 나쁜 놈들과 ~하여 도처에서 나쁜 짓을 한다 | 他串通坏huài人到处作恶。| 이 네 명의 나쁜 녀석들이 ~했다 | 这四个坏家伙jiāhuǒ勾搭上了。 (참고)〔勾合〕〔勾串chuàn〕〔勾连lián〕〔勾手shǒu〕〔勾通tōng〕〔串气qì〕〔串同tóng〕〔勾gōu结〕

결투[決鬪] 몡하자【决斗】juédòu 『~를 신청하다 | 申请决斗。

결판[決判] 몡하자【定胜负】dìng shèngfù 『~하다 | 定胜负。

결핍[缺乏] 몡하자【匮乏】kuìfá【欠

缺]qiānquē 【缺乏】quēfá ¶그는 역사 지식이 매우 ~되어있다 | 他欠缺历史lìshǐ方面的知识。 ¶경험이 ~되다 | 缺乏经验jīngyàn。 ¶영양이 ~되다 | 缺乏营养。 참고 〔匮缺〕〔稀缺〕

결함[缺陷] 몡 【毛病】máo·bing 【缺陷】quēxiàn 【缺点】quēdiǎn 【短处】duǎn·chu ¶김씨의 ~은 성질이 급한 것이다 | 老金的毛病是性急。 ¶신체적 ~ | 生理缺陷。 ¶~을 지적하다 | 指出缺点。 참고 〔缺站〕〔缺站diǎn〕〔缺失〕〔缺欠〕〔不足之处〕

결합[結合] 몡하자타 【结合】jiéhé 【联合】liánhé ¶이론과 실천이 서로 ~하다 | 理论和实践shíjiàn相结合。 ¶도시와 농촌간의 ~ | 城乡结合。 ¶치골 ~ | 耻骨chǐgǔ联合。 참고 〔组合〕〔搭配〕

결항[缺航] 몡하자 【停航】tínghǎng 【暂时停运】zànshí tíngyùn 【缺班】quē/bān ¶정기 항공기가 악천후로 ~되었다 | 班机因气候恶劣duǒliè缺航。 ¶여객선이 ~되었다 | 轮船停航。

[B]**결핵**[結核] 몡〈醫〉 【结核】jiéhé ¶~균 | 结核(杆)菌jūn。 ¶폐~ | 肺fèi结核。

[A]**결혼**[結婚] 몡하자 【结婚】jié/hūn ¶~ 상담소 | 婚姻介绍所。 ¶~관 | 婚姻观。 ¶~ 행진곡 | 结婚行进曲。 ¶~ 기념식 | 结婚纪念日。 ¶~ 반지 | 结婚戒指。 ¶~ 사진 | 结婚照。

[C]**결혼식**[結婚式] 몡 【婚礼】hūnlǐ 【结婚典礼】jiéhūn diǎnlǐ ¶~을 거행하다 | 举行婚礼。

겸[兼] 의몡 ❶ (두 가지를 같이) 【兼】jiān ¶서재 ~ 응접실 | 书房兼客厅kètīng。 ❷ (한 가지를 하는 김에 나머지 하나를) 【顺便】shùnbiàn 【就便】jiùbiàn。

겸비[兼備] 몡하자타 【兼备】jiānbèi 【双全】shuāngquán ¶지와 덕을 ~하고 있다 | 智德兼备。 ¶지혜와 용기를 ~하다 | 智勇双全。 ¶문무를 ~하다 | 文武双全。

겸사겸사[兼事兼事] 闬 【既要…又要】jìyào…yòuyào 【顺便】shùnbiàn 【捎带】shāodài ¶일도 보고 구경도 할 겸 ~해서 서울에 가다 | 去汉城办点儿事儿, 再顺便逛逛。

겸손[謙遜] 몡하혱 【谦虚】qiānxū 【谦逊】qiānxùn 【客气】kè·qi ¶그는 아주 ~하다 | 他谦虚得很。 ¶사람을 대할 때는 ~해야 한다 | 对待duìdài人得谦虚些! ¶말씀이 너무 ~하십니다 | 你说得太客气了。

겸업[兼業] 몡하자타 【兼业】jiānyè 【兼营】jiānyíng 【业余工作】yèyú gōngzuò ¶~농가 | 兼业农户。 ¶~ 농민 | 兼业农民。 ¶그는 음식점과 여관을 ~하고 있다 | 他兼营饮食店和旅馆。 참고 〔第二职业〕

겸임[兼任] 몡하자 【兼任】jiānrèn ¶부총리가 외무부 장관을 ~한다 | 由副总理兼任外交部部长。 ¶~지 | 兼任区。

겸하다[兼-] 동 ❶ (같이 하다) 【兼】jiān 【兼任】jiānrèn ¶두 가지 장사를 겸하여 하다 | 兼着做两种买卖。 ❷ (구비하다) 【双全】shuāngquán 【兼备】jiānbèi ¶재색을 ~ | 才色双全。

겸허[謙虛] 몡하혱 → 겸손

겹 몡 【层】céng 【夹】jiā 【双层】shuāngcéng ¶~으로 된 창문 | 双层窗户。 ¶책상에 먼지가 한 ~ 앉았다 | 桌上落了一层灰。 ¶~옷 | 夹衣(裳)。 ¶~ 이불 | 夹被。

겹겹 몡 【层层】céngcéng 【重重】chóngchóng 【团团】tuántuán ¶~으로 포위하다 | 层层包围wéi。 ¶~으로 쌓인 곤란을 극복하다 | 克服重重困难。 ¶~으로 둘러싸다 | 团团围住。 참고 〔重重叠叠〕〔重重落落〕

겹겹이 闬 【一层又一层】yìcéng yòu yìcéng 【团团】tuántuán ¶종이로 ~ 싸다 | 用纸包了一层又一层。

겹다 혱 ❶ (가득 참) 【充满】chōngmǎn 【满…是】mǎn…shì 【在…上】zài…shàng ¶눈물겨운 광경 | 充满泪水的情景。 ¶흥에 겨워 춤을 추다 | 兴头上跳起舞来。 ❷ (힘이 듦) 【费劲】fèijìn 【吃力】chīlì ¶힘에 겨운 일 | 费劲的事。

겹치다 동 ❶ (물건을) 【摞】luò 【叠】dié ¶책상 위에 책을 겹치어 쌓아 놓다 | 把书摞在桌子上。 ¶신문을 ~ | 把报纸叠起来。 ❷ (날·시간이) 【重叠】chóngdié 【重合】chónghé 【碰在一起】pèngzàiyìqǐ ¶공휴일과 일요일이 겹

친다 | 公休日和星期天重叠。**(참고)**
〔溱在一起〕〔再加上〕〔再加〕〔又加上〕

경¹[更] 명【更】gēng ¶삼～ | 三更。

경²[經] 명【经书】jīngshū【经】jīng ¶불～ | 佛经。

경−³[輕] 튼【轻】qīng【轻快】qīngkuài【简便】jiǎnbiàn ¶～공업 | 轻工业。 ¶～음악 | 轻音乐。

−경⁴[−頃] 명【前后】qiánhòu【左右】zuǒyòu ¶500년～ | 五百年前后。

경각[頃刻] 명【旦夕】dànxì【转瞬】zhuǎnshùn【瞬间】shùnjiān ¶목숨이 ～에 달렸다 | 命在旦夕。 ¶～지간 | 转瞬之间。 **(참고)**〔瞬息〕

경각[警覺] 명【警惕】jǐngtì【注意】zhùyì ¶～심을 잃다 | 放松警惕。

경감[輕減] 명하타【减轻】jiǎnqīng ¶세금을 ～하다 | 减轻。 ¶농민의 부담을 ～할 방법이 없다 | 没法减轻农民的负担。 **(참고)**〔减轻〕〔减弱〕〔缓减〕

경거망동[輕擧妄動] 명【轻举妄动】qīng jǔ wàng dòng ¶절대로 ～하지 마세요 | 千万别轻举妄动。 **(참고)**〔草率〕〔肓动〕

경건[敬虔] 명하형【虔敬】qiánjìng【虔诚】qiánchéng【肃然起敬】sù rán qǐ jìng ¶～한 태도 | 虔敬的态度qiánjìng。 ¶～하게 기도하다 | 虔诚地祈祷qídǎo。 ¶이 말을 듣고는 모두들 ～하게 경의를 표했다 | 一听此话, 大家肃然起敬。 **(참고)**〔恭 gōng敬〕〔慕敬〕〔虔心〕〔虔信qiánxìn〕

경계[境界] 명【界限】jièxiàn【境界】jīngjiè ¶시비의 ～ | 是非界限。 ¶혁명과 반혁명의 ～를 없애다 | 抹杀革命与反革命的界限。

경계[警戒] 명하자타 ❶ (감시) 【警戒】jǐngjiè【戒备】jièbèi ¶적의 습격을 ～하다 | 警戒敌人袭击。 ¶～ 경보 | 警戒警报。 ¶～망 | 警戒网。 ¶～선 | 警戒线。 ❷ (망) 【告诫】gàojiè ¶【提防】dī·fang【警惕】jǐngtì ¶이 사람은 아주 음험하니 다소간 ～해야 한다 | 此人很阴险yīnxiǎn, 要提防他点儿。 **(참고)**〔微warning〕〔儆jiè戒〕〔估class〕

경고[警告] 명하타【警告】jǐnggào ¶늦게 온 급우에게 ～했다 | 警告了迟到的同学。 ¶～ 신호 | 警告信号。 ¶～를 주다 | 给警告处分。 **(참고)**〔警

报〕

경공업[輕工業] 명【轻工业】qīnggōngyè ¶～ 지구 | 轻工业区。 ¶～품 | 轻工业产品。 **(참고)**〔轻工〕

경과[經過] 명【经过】【经历】jīnglì ❶30분이 ～하자 바로 끝났다 | 经过三十分钟就结束了。 ¶산굴을 뚫고 나오는데 족히 한 시간이 ～됐다 | 穿越山洞足足经过了一个小时。 ❷ (장소) 【经过】jīngguò ¶매일 아침 기차는 여기를 ～한다 | 每天早晨火车从这里经过。 ❸ (일) 【原委】yuánwěi【经过】jīngguò ¶그들은 (일의) ～를 말해주어야 한다 | 他们必须向人民说明原委。 ¶공장장은 내빈에게 공장의 건설 ～를 보고했다 | 厂长向来宾报告了建厂经过。 **(참고)**〔源委〕

경관[景觀] 명【景致】jǐngzhì【景观】jīngguān【景色】jǐngsè ¶자연 ～ | 自然景观。 ¶～이 그림 같다 | 景色如画。

경구[警句] 명【警句】【警语】jǐngyǔ【警辞】jǐngcí ¶～법 | 警告法。

경구[經口] 명【口服】kǒufú【内服】nèifú ¶～ 피임약 | 口服避孕药。

경극[京劇] 명【京剧】jīngjù

경금속[輕金屬] 명【轻金属】qīngjīnshǔ

경기¹[景氣] 명【经】【景气】jīngqì【景况】jīngkuàng ¶～ 변동 | 景况变动/商情变化。 ¶～ 예고 지표 | 景气预告指标。 ¶～ 조절 | 抑制景气过热。 **(참고)**〔光景〕〔行情〕〔商况〕〔市面〕

경기²[競技] 명하자【比赛】bǐsài【竞赛】jìngsài ¶～ 일정 | 赛程。 ¶～ 우승은 누구냐～하느냐? | 今天你跟谁比赛? ¶～를 진행하다 | 进行比赛。 ¶～ 규칙 | 竞赛规则。 **(참고)**〔比试shì〕

경기장[競技場] 명【体育场】tǐyùchǎng【运动场】yùndòngchǎng【操场】cāochǎng【比赛场】bǐsàichǎng

경내[境內] 명【境内】jìngnèi【内部】nèibù ¶～건물 | 内部建物。 **(참고)**〔境内〕

경단[瓊團] 명【汤元】tāngyuán【元宵】yuánxiāo **(참고)**〔浮圆子〕〔汤团〕〔汤圆〕〔汤丸〕〔圆子〕〔小汤团〕

경대[鏡臺] 명【镜台】jìngtái【梳妆台〕

shūzhuāngtái【镜奁】jìnglián

경량[輕量] 명【轻量】qīngliàng ¶～급
| 轻量级。¶～화물 | 轻量货品。

경력[經歷] 명【资历】zīlì【经历】jīnglì
【阅历】yuèlì ¶～이 매우 풍부하다 |
资历很深。¶그 양반은 ～도 많고 식
견도 넓다 | 他这人经历多, 见识广。
참고〔资历〕〔经见〕

경련[痙攣] 명〈醫〉【痉挛】jìngluán
¶～증 | 痉挛症。¶～등의 증세를 수
반하는 열병 | 痉病。¶～을 일으키
다 | 痉挛。¶아랫 다리가 ～을 일으
키다 | 小腿痉挛。참고〔抽筋〕〔抽动〕
〔抽搐〕

경례[敬禮] 명하자【敬礼】jìng/lǐ【行
礼】xíng/lǐ ¶교장선생님께 ～하다 |
向校长敬礼。¶선생님을 뵈면 ～
를 해야 한다 | 见到老师要行礼。¶
허리 굽혀 ～하다 | 鞠躬。

경로¹[敬老] 명【敬老】jìnglǎo ¶～당 |
敬老院。참고〔养yǎng老院〕

경로²[經路;path] 명 ❶ (단계·과정)
【历程】lìchéng【途径】tújìng【经历】jīng-
lì ¶같은 ～를 밟다 | 走一样的途
径。❷ (방법)【渠道】qúdào ¶외교
～ | 外交途径。¶합법적인 ～로 고
서화를 대량으로 구매했다 | 通过合
法途径, 购买了一批古画。❸〈電算〉
【路径】lùjìng 참고〔经过〕〔过程〕

경륜[經綸] 명【经纶】jīnglún ¶～가 |
经纶家。¶풍부한 ～ | 满腹经纶。

경리[經理] 명 ❶ (사람)【会计】kuàijì
【会计事务】kuàijìshìwù ¶～ 주임 |
会计主任。❷ (업무)【经营管理】jīng-
yíng guǎnlǐ ¶～사무 | 经营管理业
务。

ᴮ**경마**[競馬] 명【赛马】sài/mǎ【跑马】pǎ-
o/mǎ ¶～장 | 赛马场/赛马厅/跑
马场。

경망[輕妄] 명스형【轻妄】qīngwàng
【轻率】qīngshuài【轻浮】qīngfú【冒
失】mào·shi【轻狂】qīngkuáng ¶～
스런 행동 | 轻率的行动xíngdòng。
¶말이 ～스럽다 | 说话轻率。¶행동
거지가 ～스럽다 | 举止轻浮。¶
¶아차, 이 일을 ～스레 처리해버렸군
| 坏了, 这事做得太轻率了。¶이 사람은
너무 ～스럽다 | 这人太轻率了。참고
〔轻忽qīnghū〕〔轻佻tiāo〕〔轻脱tuō〕

경매[競賣] 명하자타〈經〉【拍卖】pāim-
ài【竞销】jìngxiāo【标卖】biāomài ¶
재산을 ～하다 | 拍卖家产jiāchǎn。
¶～를 진행하다 | 正进行拍卖。참고
〔廉价拍卖〕〔标售〕〔拍板〕

경멸[輕蔑] 명하타【轻蔑】qīngmiè【蔑
视】mièshì ¶그녀는 ～하듯 그를 한
번 힐끗 보았다 | 她轻蔑地瞥piē了他
一眼。¶～하는 말투 | 轻蔑的口气。
¶그는 언제나 가난한 집 자제를 ～한
다 | 他一向蔑视贫穷子弟。참고〔轻
视〔轻 蔑 qīngmiǎo〕〔轻看〕〔鄙夷〕
〔鄙视〕

경미[輕微] 명형【轻微】qīngwēi
【轻】qīng【小小】xiǎoxiǎo ¶거의 들
을 수 없을 정도로 발걸음 소리가 ～했
다 | 脚步很轻, 几乎jīhū听不出声来。
¶～한 자극 | 轻微的刺激。¶～한
결점 | 小小的缺点。

경박[輕薄] 명형【轻浮】qīngfú【轻
薄】qīngbó ¶이 사람은 아주 ～하다 |
这个人轻浮得很。¶그는 아주 ～
하고 오만하다 | 他表现得十分轻浮傲
慢àomàn。¶～한 태도 | 轻薄的态
度。참고〔轻佻tiāo〕〔轻脱tuō〕〔轻俏
qiào〕

경보[警報] 명【警报】jǐngbào ¶～를
울렸다 | 拉响了警报。¶공습 ～ | 防
空警报/空袭警报。¶태풍 ～ | 台风
警报。참고〔警耗hào〕

경비¹[經費] 명【经费】jīngfèi【开支】kā-
izhī【花消】huāxiāo【花费】huā·fèi
【费用】fèi·yòng ¶활동 ～는 아직 나
올 곳이 없다 | 活动经费还没有着落
zhuóluò。¶～를 줄이다 | 减省开
支。참고〔开销〕

ᴮ**경비**²[警備] 명하타【警备】jǐngbèi【警
卫】jǐngwèi ¶～ 사령부 | 警备司令
部。¶～가 삼엄하다 | 警备森严。¶
～실 | 警卫室。¶～대 | 警卫队。

경비원[警備員] 명【警卫】jǐngwèi【警
卫人员】jǐngwèi rényuán【门卫】mé-
nwèi ¶학교의 ～ | 学校的门卫。¶
하게 한다 | 学校的门卫不让我进去。

경사¹[慶事] 명【喜事】xǐshì ¶이번에
또 ～가 생겼다 | 这回又添tiān了一桩
zhuāng喜事。¶～를 치르다 | 办bàn

53

喜事。参考〔喜庆事〕〔红事〕

경사²〔傾斜〕**명**〔倾斜〕qīngxié ¶15도~가 졌다 | 倾斜了十五度。¶이 건물은 약간 ~져 있다 | 这栋大楼有点倾斜。参考〔倾侧qīngcè〕〔斜坡pō〕

경상〔輕傷〕**명**〔轻伤〕qīngshāng ¶~을 입다 | 受了轻伤。¶중~ | 重轻伤。

경색〔梗塞〕**명하자** ❶〔醫〕【梗塞】gěngsè〔流通不畅〕liútōng búchàng ¶심근~ | 心肌梗塞。❷(상황·분위기 등이)【不畅】búchàng【不舒心】bùshūxīn【尴尬】gāngà ¶~된 분위기 | 尴尬的气氛。

경솔〔輕率〕**명하형**〔轻率〕qīngshuài【轻忽】qīnghū【浮躁】fúzào【冒失】mào·shi【粗率】cǎoshuài ¶~하게 결론을 내리다 | 轻率地下结论jiélùn。¶~한 행동 | 轻率的行动。¶일을 할 때는 조심해야지 ~해서는 안된다 | 做事要小心，不能冒失。¶~한 결정 | 粗率的决定。参考〔轻浮qīngfú〕〔轻佻tiāo〕〔轻脱tuō〕〔轻佻qiāo〕〔轻妄〕〔贸然〕〔冒冒失失〕

경시〔輕視〕**명하자타**〔轻视〕qīngshì【漠视】mòshì【藐视】miǎoshì ¶식량생산을 ~해서는 안된다 | 不能轻视粮食生产。¶실업 문제는 결코 ~할 수 없다 | 失业问题不可漠视。¶인권을 ~해서는 안된다 | 不要藐视人权。参考〔莫视〕〔轻看〕

경신〔更新〕**명하타**【更新】gēngxīn【刷新】shuāxīn ¶기록~ | 刷新记录jìlù。

경악〔驚愕〕**명하자**【惊愕】jīng'è ¶모두들 이 사건을 듣고 ~을 금치 못했다 | 大家听了这个事件，都感到惊愕不已。参考〔吃惊〕

경어〔敬語〕**명**【敬语】jìngyǔ【尊敬语】zūnjìngyǔ【尊称语】zūnchēngyǔ 参考〔敬辞〕

경영〔經營〕**명하자타**【经营】jīngyíng【管理】guǎnlǐ【营业】yíngyè【运营】yùnyíng ¶~ 개선 | 改善经营管理。¶~ 기술 | 经营技术。¶~ 다양화 | 经营多样化。¶~ 간부 | 高级管理人员。¶~ 시스템 | 管理信息系统。¶~ 능력 | 管理能力。¶열차의 ~에

종사하다 | 从事火车运营。

경외〔敬畏〕**명하타**【敬畏】jìngwèi【又爱又怕】yòuài yòupà ¶~심 | 敬畏之心。¶상사를 매우 ~한다 | 对上司很敬畏。

경우〔境遇〕**명**【情形】qíng·xing【处境】chǔjìng【场合】chǎnghé【情况】qíngkuàng【境遇】jìngyù ¶~가 난처해 처해困难。¶이 ~에서는 아무 소용이 없게 되었다 | 这个场合全无用了。参考〔况况〕〔环境huánjìng〕

경운기〔耕耘機〕**명**【耕耘机】gēngyúnjī【手扶拖拉机】shǒufútuōlājī 参考〔耕种机〕

경위〔經緯〕**명** ❶(전말)【原委】yuánwěi ¶그들은 ~를 사람들에게 말해주어야 한다 | 他们必须向人民说明委。❷(지구의)【经线和纬线】jīngxiàn hé wěixiàn ¶~도 | 经纬度。¶~선 | 经纬线。

경유〔經由〕**명하타**【经由】jīngyóu【路经】lùjīng ¶~지 | 经过地区。¶그들은 홍콩을 ~하여 대만에 가다 | 他们经由香港到台湾。参考〔经过〕〔通过〕

경의〔敬意〕**명**【敬意】jìngyì ¶~를 표하다 | 致敬/致意。¶심심한 ~를 표하다 | 表示深深的敬意。

경이〔輕易〕**명하형**【轻易】qīng·yì【轻】qīng ¶~하게 우리 지역을 점령했다 | 轻轻易易地占领了我们的地方。¶문제를 ~하게 보았다 | 把问题看得太轻了。参考〔不容易〕〔轻容易〕

경이롭다〔驚異－〕**형**【惊异】jīngyì【令人惊奇】lìng rén jīngqí ¶인간의 탄생은 아주 경이로운 일이다 | 人的诞生是非常惊异的事。

경작〔耕作〕**명하타**【耕作】gēngzuò【耕种】gēngzhòng ¶~ 농민 | 耕种农民。¶~권 | 耕作权。¶~ 단위 | 耕作单位。

경작지〔耕作地〕**명**【耕地】gēngdì【耕作地】gēngzuòdì ¶~면적 | 耕地面积。

경쟁〔競爭〕**명하자**【竞争】jìngzhēng【竞赛】jìngsài ¶생존 ~ | 生存竞争。¶~ 가격 | 竞争价格。¶~국 | 竞争国。¶~율 | 竞争率。¶~심 | 竞争心/好胜心。¶군비 ~ | 军备竞

赛。¶생산 ~ | 生产竞赛。¶핵 ~ | 核竞赛。(참고)〔比赛〕〔比试 shì〕〔赌〕

경적[警笛] 圐【警笛】jǐngdí【喇叭】bǎ-ā ¶~을 울리다 | 拉响警笛。

경전[經典] 圐【经典】【经书】jīngshū ¶~을 두루 섭렵하다 | 博览经典。¶유가의 ~ | 儒家经典。¶불교 ~ | 佛教经典。(참고)〔经籍 jí〕

^A**경제**[經濟] 圐【经济】jīngjì ¶~ 분석 | 经济分析。¶~ 지리학 | 经济地理学。¶이 방법을 쓰면 시간과 금전면에서 ~적이다 | 用这种方法的话, 在时间和金钱方面是很经济的。

경제 개발[經濟開發] 圐【经济发展】jīngjì fāzhǎn【经济开发】jīngjì kāifā ¶~론 | 经济发展论。¶~ 위원회 | 经济发展委员会。

경제력[經濟力] 圐【经济力量】jīngjì lìliàng【经济威力】jīngjì wēilì【财力】cáilì ¶~이 부족하면 경영해나가기 어렵다 | 财力不足, 很难经营下去。

경제 발전[經濟發展] 圐【经济发展】jīngjì fāzhǎn ¶~ 정체 | 经济发展停滞 tíngzhì 不前。¶~ 추세 | 经济发展趋势 qūshì。

경제 성장[經濟成長] 圐【经济成长】jīngjì chéngzhǎng【经济增长】jīngjì zēngzhǎng ¶~ 저력 | 经济增长潜力。¶~률 | 经济增长率。

경제 안정[經濟安定] 圐【经济稳定】jīngjì wěndìng ¶~ 지표 | 经济稳定指标。¶~ 정책 | 稳定经济政策。

^C**경제적**[經濟的] 관圐❶【经济的】jīngjì·de【经济上的】jīngjìshàng·de ¶~ 보복 | 经济报复。¶~ 효과 | 经济成果/经济效果。¶~ 인정 | 经济上的稳定。¶~ 자립 | 经济上的独立。❷【省钱】shěngqián【经济】jīngjì ¶배를 타는 것이 비행기를 타는 것보다 ~이다 | 坐轮船比坐飞机省钱。¶국수를 먹는 것이 밥을 먹는 것보다 더 ~이다 | 吃面比吃饭更经济。¶~이지 못하다 | 不合经济。(참고)〔节俭 jiǎn的〕〔节约的〕

경제 특구[經濟特區] 圐【特别经济区】tèbié jīngjìqū ¶~를 개설하다 | 创办特别经济区。

경제 활동[經濟活動] 圐【经济活动】jīngjì huódòng ¶~ 참가 인구 | 参加经济活动人口。

경조[慶弔] 圐【庆吊】qìngdiào【贺喜或吊唁】hèxǐ huò diàoyàn

경종[警鐘] 圐❶(경보)【警报】jǐngbào ❷(경고)【警钟】jǐngzhōng ¶~을 울리다 | 警钟长鸣。¶이 사건은 한국사회에 대한 ~이다 | 这件事是对韩国社会的警钟。

^B**경주**[競走] 圐하자【赛跑】sàipǎo ¶릴레이 ~ | 接力赛跑。¶단거리 ~ | 短距离赛跑。

경중[輕重] 圐【轻重】qīngzhòng ¶의사는 병세의 ~에 따라 환자가 입원해야 하는 지의 여부를 결정한다 | 大夫根据 gēnjù 病情 bìngqíng 的轻重来决定 juédìng 病人要不要住院。

경지[耕地] 圐【耕地】gēngdì【耕作地】gēngzuòdì ¶~ 면적 | 耕地面积。¶~ 정리 | 耕地整理。

경지[境地] 圐❶(상태)【境地】jìngdì【境界】jìngjiè ¶달관의 ~에 이르렀다 | 达到了豁然的境地。❷(분야·영역)【天地】tiāndì ¶독자적인 ~를 개척하다 | 开辟独自的天地。

경직[硬直] 圐하자【不灵活】bùlínghuó【僵硬】jiāngyìng【僵化】jiānghuà【死板】sǐbǎn ¶태도가 아주 ~되어 있다 | 态度 tàidù 十分僵硬。¶그의 사고는 매우 ~되어 있다 | 他的思想 sīxiǎng很僵化。(참고)〔刚正〕

^A**경찰**[警察] 圐【公安】gōng'ān【警察】jǐngchá ¶~봉 | 警棍。¶~제복 | 警服。¶비밀 ~ | 卧底警察。¶교통 ~ | 交通警察。¶~견 | 警犬。¶~서장 | 警察署长。(참고)〔警士〕〔公安局〕〔巡警〕

경찰관[警察官] 圐【警察官】jǐngchāguān【警官】jǐngguān【公安】gōng'ān

^A**경찰서**[警察署] 圐【警察署】jǐngcháshǔ【警察局】jǐngchájú【公安局】gōng'ānjú

^C**경찰차**[警察車] 圐【警车】jǐngchē

경첩[輕捷] 圐하절【敏捷】mǐnjié【轻捷】qīngjié ¶~하다 | 动作敏捷。(참고)〔敏快〕〔轻便〕

경청[傾聽] 圐하타【倾听】qīngtīng【倾耳】qīng'ěr ¶모두들 그의 강연을

~했다 | 大家都倾听了他的讲演。

^B**경축**[慶祝] 몡하타 【庆祝】qìngzhù【庆贺】qìnghè ¶개교 80주년을 ~하다 | 庆祝建校jiànxiào八十周年。¶~ 대회 | 庆祝大会。 참고〔庆赏qìngshǎng〕〔拜祝bàizhù〕

^A**경치**[景致] 몡 【景色】jǐngsè【风光】fēngguāng【景致】jǐngzhì【风景】fēngjǐng ¶~가 그림 같다 | 景色如画。¶남국의 ~ | 南国风光。

^C**경쾌**[輕快] 몡하형 【轻松愉快】qīngsōng yúkuài【轻快】qīngkuài【爽快】shuǎng·kuai ¶발걸음이 ~하다 | 脚步jiǎobù轻快。¶~한 곡조 | 轻快的曲调qūdiào。¶목욕을 하고 나니 심신이 다 ~하다 | 洗完澡浑身爽快。¶마음이 매우 ~하다 | 心里很爽快。

경탄[驚歎] 몡하자 【惊叹】jīngtàn【惊佩】jīngpèi ¶그의 노래에 모두들 ~했다 | 他的歌曲使大家惊叹不已。

경품[景品] 몡 【赠品】zèngpǐn【彩品】cǎipǐn ¶~권 | 赠品券/奖券。¶많은 ~을 받다 | 收到不少赠品。¶~교환권 | 赠品兑换券。

^C**경합**[競合] 몡하자 【竞争】jìngzhēng【竞赛】jìngsài ¶생존 ~ | 生存竞争。¶군비 ~ | 军备竞赛。¶생산 ~ | 生产竞赛。 참고〔比bǐ赛〕

^C**경향**[傾向] 몡 【倾向】qīngxiàng【趋势】qūshì【趋向】qūxiàng ¶정치적인 ~ | 政治倾向性。¶~ 소설 | 倾向小说。¶신 ~ | 新趋势。¶시대 발전의 ~ | 时代发展fāzhǎn的趋势。¶날로 호전되는 ~이 있다 | 有着日益好转hǎozhuǎn的趋向。 참고〔动向/归向〕

^B**경험**[經驗] 몡하타 ❶【经验】jīngyàn【经历】jīnglì ¶~ 분석 | 经验分析fēnxī。¶~ 철학 | 经验哲学zhéxué。¶갖은 풍랑을 ~했다 | 经历各种风浪fēnglàng。¶그 양반은 ~도 많고 식견도 넓다 | 他这人经历多，见识广。❷〈哲〉【先验】xiānyàn【经验】jīngyàn ¶~적 법칙 | 经验法则。 참고〔经见〕

경험주의[經驗主義] 몡〈哲〉【经验主义】jīngyàn zhǔyì

경호[警護] 몡하타 【护卫】hùwèi【警

卫】jǐngwèi ¶~원 | 警卫员。¶대통령의 ~를 맡다 | 担任总统警卫。 참고〔监护jiānhù〕

경화[硬化] 몡하자 【硬化】yìnghuà【强硬】qiángyìng ¶혈관이 ~되다 | 血管硬化。¶동맥 ~ | 动脉dòngmài硬化。¶상대방의 태도가 ~되어 앞으로 처리하기 어렵게 되었다 | 对方的态度变得很强硬，以后就不好办了。 참고〔硬度/坚度〕

경황[景況] 몡 ❶(기분·마음)【兴趣】xìngzhì【心思】xīnsī【心气】xīnqì ¶아이가 아픈데 내가 무슨 ~으로 여행을 가겠니? | 孩子生了病，还有什么心思去旅行呢? ❷(시간)【时间】shíjiān ¶너무 바빠 다른 걸 생각할 ~이 없네 | 忙得没有心思时间别的事情。

^A**곁**[旁] 몡 【旁】páng【侧】cè【左右】zuǒyòu ¶자동차 ~ | 车旁。¶문 ~ | 门旁。¶양 ~에는 수양버들이 나란히 줄지어져 있다 | 左右两行垂柳。¶~에 있는 사람을 물리치다 | 屏bǐng退左右。 참고〔旁边〕〔近旁〕〔邻lín近〕〔边〕

곁눈질 몡하자 【斜视】xiéshì【侧目】cèmù【斜睨】xiénì【侧视】cèshì ¶~하다 | 侧目而视。¶그를 한 번 ~하여 보았다 | 瞟了他一眼。¶그는 이야기하면서 이선생을 ~하여 보았다 | 他一面说话，一用眼瞟李。 참고〔斜视〕〔斜眼看〕

곁들이다 동 ❶(음식을)【拼放】pīnfàng【拼配】pīnpèi【配搭】pèidā ¶스테이크에 야채를 ~ | 在凉盘里拼放蔬菜。❷(일을)【附加上】fùjiāshàng【附带上】fùdàishàng【兼做】jiānzuò

계[計] 몡 (합계)【合计】héjì【总计】zǒngjì【计】jì (책략)【计策】jìcè

계[契] 몡 【帮】bāng【帮会】bānghuì ¶~모임 | 帮会集会。¶~가 깨지다 | 帮会散伙。

계[戒] 몡 【戒律】jièlǜ【戒条】jiètiáo

-계[-計] 졉 【计】jì ¶온도~ | 温度计。¶체중~ | 体重计。

-계[-系] 졉 ❶(조직)【系】xì ¶태양~ | 太阳系。❷(혈통)【系统】xìtǒng ¶한국~ 미국인 | 韩国系统的美国人。

一**계**[一界] 回 ❶〈生〉【界】jiè ¶동물～|动物界。❷〈분야〉【界】jiè ¶출판～|出版界。¶정치～|政治界。

一**계**[一係] 回〈股〉gǔ ¶인사～|人事股。

B**계곡**[溪谷] 團【山谷】shāngǔ【峡谷】xiáﾠgǔ【峡中】xiázhōng【沟壑】gōuhè ¶소리가 ～에서 메아리치다|声音在山谷中回响。¶물이 ～을 따라 아래로 내려간다|水顺沟壑向下流去。

B**계급**[階級] 團 ❶〈지위·등급〉【阶级】jiﾠjí ¶노동자～|工人阶级。¶～ 투쟁|阶级斗争。¶～　노선|阶级路线。¶～　사회|阶级社会。❷〈비슷한 신분의 층〉【阶层】jiēcéng ¶지식～|知识阶层。

C**계급장**[階級章] 團【肩章】jiānzhāng

C**계기**¹[契機] 團【契机】qìjī【转机】zhuǎnﾠjī【换机】huànjī ¶이것을 ～로 삼다|以此为转机。參考〔主因〕[发端〕〔肇乎之因〕

계기²[計器] 團【仪表】yíbiǎo【仪器】yíﾠqì【量具】liángjù ¶～판|仪表板/表盘。¶～공장|仪表厂/仪器厂。¶～비행|依靠仪表指示飞行/依靠仪表飞行。

A**계단**[階段] 團 ❶〈층층대〉【梯】tī【楼梯】lóutī【阶梯】jiētī【胡梯】hútī【阶磴】jiēdèng【台阶】táijiē【踏级】tàjí ¶비상용～|避火梯/太平梯。¶이～은 정말 가파르다|楼梯真陡dǒu。¶～을 내려오다|走下楼梯。❷〈단계〉【阶段】jiēduàn ¶다리의 제1～ 공사는 이미 완성되었다|大桥第一阶段的工程已经完成。參考〔程序〕

계도[啓導] 團困困【启导】qǐdǎo【开导】kāidǎo【引导】yǐndǎo ¶비행청소년을 ～하나|引导失足青少年。

A**계란**[鷄卵] 團【鸡蛋】jīdàn ¶～덮밥|鸡蛋盖饭。¶～ 넣는 주머니|蛋架。參考〔鸡子儿〕〔白果(儿)〕〔鸡卵⒈uǎn〕

C**계략**[計略] 團【诡计】guǐjì【诡谋】guǐﾠmóu【谋略】móulüè ¶～을 꾸미다|谋略。¶적의 ～에 걸려들다|中zhōng敌人的诡计。參考〔圈套quāntào〕〔鬼谷计〕〔鬼八卦〕〔鬼点儿〕〔鬼点子〕

C**계량**[計量] 團困困【计量】jìliàng【过

秤】guò/chèng【过磅】guò/bàng ¶～기|量秤를 ～하여 창고에 넣다|过秤入仓。¶～ 입고|过磅入库。¶～ 단위|度量单位。¶～컵|量杯。參考〔量〕〔测量〕〔衡量〕

계면쩍다 困【慊然】qiànrán【不好意思】bùhǎoyì·si

계명[誡命] 團【诫命】jièmìng

계모[繼母] 團【继母】jìmǔ【后妈】hòuﾠmā【母母】rǔmǔ【填房娘】tiánfángniáﾠng【续母】xùmǔ

계몽[啓蒙] 團困困【启蒙】qǐméng【发蒙】fāméng【开蒙】kāi/méng ¶～교육|启蒙教育jiàoyù。¶～ 운동|启蒙运动yùndòng。¶～ 문학|启蒙文学。參考〔破蒙〕

계발[啓發] 團困困【启发】qǐfā ¶적극성을 ～하다|启发积极性性。¶많은 ～을 받았다|受了很大的启发。

계보[系譜] 團【家谱】jiāpǔ【谱系】zōﾠngpǔ參考〔家牒dié〕〔家乘shèng〕

계부[繼父] 團【继父】jìfù ¶그녀의 ～는 술고래이다|她的继父是个酒鬼。參考〔后父〕〔继父〕

A**계산**[計算] 團困困 ❶〈수학·회계〉【计算】jìsuàn【核算】hésuàn【盘算】pﾠánsuàn【算】suàn【数】shǔ ¶일수에 따라 ～하다|按日计算。¶～ 착오|计算错误。¶얼마인지 ～해보다|算算多少钱。¶쓸 수 있고 ～할 수 있다|能写会算。¶합쳐 ～하다|算在一块儿。¶모두 얼마나 있는지 ～해 보아라|你数一数一共有多少。❷〈결산〉【付】fù【结付】jiéfù【结清】jiéﾠqīng ¶월말에　～합시다|月末结清吧。❸〈계획〉【打】dǎ【打算】dǎsuàn【盘算】pán·suàn【算计】suànﾠjì ¶그～는 행동이였어|那是算计好的行动。¶당신은 마음속으로 어떻게～하고 있습니까?|您心里怎样盘算呢?

계산기[計算器;calculator] 團〈電〉【计数器】jìshùqì【计算器】jìsuànqì【计算机】jìsuànjī

계산대[計山臺] 團【柜台】guìtái【帐柜】zhàngguì【收款处】shōukuǎnchù

계산서[計算書] 團【发票】fāpiào【发

货票】fāhuòpiào 【结单】jiédān 【计单】jìdān 【计算书】jìsuànshū 【对帐单】duìzhàngdān 【帐单】zhàngdān ¶~를 발행하다 | 开发票/开单.

^계속【繼續】 圆하자타 【继续】jìxù 【不断】búduàn 【连续】liánxù 【一直】yìzhí 【接续】jiēxù ¶~ 전진하다 | 继续前进. ¶일을 ~해 나가다 | 把工作继续进行下去. ¶~하여 연장 근무를 하다 | 连续加班. ¶이틀 내내 ~해서 비가 내렸다 | 雨一直下了整整两天. ¶지난 학기부터 지금까지 ~ | 从上个学期起一直到现在. ¶~해서 하다 | 接着干. (참고)〔连连〕〔老是〕

계수【季嫂】 圆 【弟妹】dìmèi 【弟妇】dìfù 【弟媳妇(儿)】dìxífu·(r)

^계수나무【桂樹-】 圆 〈植〉【桂树】guìshù 【肉桂】ròuguì 【木桂】mùguì 【牡桂】mǔguì 【桂】guì

계승【繼承】 圆하자타 【继承】jìchéng ¶선열의 유업을 ~하다 | 继承先烈的遗业. ¶문학 유산을 ~하다 | 继承文学遗产. (참고)〔接继jiē〕〔擎qíng受〕

계시【啓示】 圆하타 【启示】qǐshì 【하느님의 ~ | 上帝shàngdì的启示. ¶나아가야 할 방향을 ~하다 | 启示了前进的方向.

^계시다 图 【在】zài ¶이선생님은 도서관에 계신다 | 李老师在图书馆里. ¶김형 계세요? 계십니다 들어 오세요 | 老金在吗? 在, 请进.

^계약【契約】 圆하타 【契约】qìyuē 【合同】hé·tong 【条约】tiáoyuē 【合约】héyuē ¶~을 맺다 | 订ding合同/立li合同. ¶생산 판매 ~ | 产销chǎnxiāo合同. ¶잠정적 ~ | 暂行zànxíng合同. ¶~ 기간 | 合同期间. ¶~ 노동 | 契约劳动. ¶~을 이행하다 | 履行契约. ¶~을 준수하다 | 遵守zūnshǒu约. (참고)〔契字zì〕〔协定〕

계약서【契約書】 圆 【合同书】hé·tongshū 【契约】qìyuē 【契纸】qìzhǐ 【契据】qìjù 【文契】wénqì

계약자【契約者】 圆 【立约人】lìyuērén 【订约人】dìngyuērén

계엄【戒嚴】 圆 【戒严】jièyán ¶~령 | 戒严令. ¶~ 지구 | 戒严地区. ¶~을 선포하다 | 宣布戒严.

계열【系列】 圆 【系列】xìliè 【序列】xùliè

¶~화 | 系列化/联营化. ¶~ 상관 | 序列相关.

계율【戒律】 圆 〈佛〉【戒律】jièlǜ 【戒条】jiètiáo ¶~이 엄하다 | 戒规严厉. ¶동자승이 ~를 위반하였다 | 小和尚违反了戒律.

계장【係長】 圆 【系长】xìzhǎng

계절【季節】 圆 【季节】jìjié 【时节】shíjié ¶춥지도 덥지도 않은 좋은 ~ | 不寒不热的好季节. ¶수확의 ~ | 收获的季节. ¶~적 증가 | 季节增长. ¶~적 변동 | 季节变动.

계절상품【季節商品】 圆 【季节性商品】jìjiéxìng shāngpǐn 【应时商品】yìngshí shāngpǐn 【适合商品】shìhé shāngpǐn 【节令商品】jiélìng shāngpǐn

계절풍【季節風】 圆 〈气〉【季节风】jìjiéfēng 【季风】jìfēng 【季候风】jìhòufēng 【气(候)风】qì(hòu)fēng ¶~ 기후 | 季风气候.

계정【計定: account】 圆 【帐号】zhànghào 【帐目】zhàngmù 【帐户】zhànghù ¶~ 대조 | 帐目核对. ¶~ 조정 | 调整帐目. ¶~ 기호법 | 帐户记号法. ¶~ 균형 | 平衡帐户. ¶~ 동결 | 冻结帐户. ¶~ 번호 | 帐号. (참고)〔帐〕

계제【階梯】 圆 ❶ (순서) 【程序】chéngxù ❷ (시기·기회) 【时机】shíjī 【地步】dìbù ¶아직 내가 간섭할 ~가 못 되지 | 还不到我干涉的地步. ¶좋은 ~를 놓쳐 버리다 | 错过cuòguò时机.

계좌【計座】 圆 【户头】hùtóu 【户名】hùmíng 【帐户】zhànghù ¶~번호 | 帐户号码. ¶~ 동결 | 冻结户头.

계주경기【繼走競技】 圆 〈體〉【接力赛】jiēlìsài 【接力赛跑】jiēlì sàipǎo ¶400 미터 ~ | 四百米接力赛.

계집 圆 【女郎】nǚláng 【女的】nǚ·de 【女孩子】nǚháizi 【丫头】yātou ¶~ 아이 | 女孩子. ¶~을 얻다 | 弄来了个女的.

^계집아이 圆 【娘儿们】niángr·men 【丫头】yā·tou ¶너 이 ~ 한 번 더 주둥이를 놀리면 후려갈겨 버리겠다 | 你这娘儿们再多嘴zuǐ, 就揍扁zòubiǎn了你. ¶이 ~는 참으로 영악하다 | 这个丫头好机灵líng. (참고)〔女孩〕

계책[計策] 圐 **[计策]**jìcè **[手儿]**shǒur **[计]**jì **[着]**zhāo ¶교묘하게 ~을 써서, 해마다 폭리를 취하다 | 巧施计策, 年取暴利。 ¶기묘한 ~ | 妙计。 ¶좋은 ~이 없다 | 没着儿。 휘고〔着数〕

계측[計測] 圐하타 **[计算测量]**jìsuàn cèliáng **[测量]**cèsuàn ¶지진계로 지진의 강도를 ~하다 | 用地震zhèn仪yí测算地震震级。

계층[階層] 圐 **[阶层]**jiēcéng ¶상부 ~ | 上部阶层。 ¶사회 ~ | 社会阶层。 ¶~ 분화 | 阶层分化。

계통[系統] 圐❶ (계보) **[系统]**xìtǒng **[体系]**tǐ·xì ¶신경 ~ | 神经系统。 ¶공업 ~ | 工业gōngyè系统。 ¶사상 ~ | 思想体系。 ❷ (혈통) **[血统]**xuètǒng ¶그는 한국 ~의 중국인이다 | 他是韩国血统的中国人。 ❸ (조직) **[组织]**zǔzhī **[结构]**jiégòu ¶이 집단의 조직 ~은 아주 치밀하다 | 这个集团jítuán的组织zǔzhī系统很严密yánmì。 ¶공화당 ~의 사람이 정권을 잡았다 | 共和党gònghédǎng组织的人士执政zhízhèng了。 휘고〔组成〕

계피[桂皮] 圐〈植〉 **[桂皮]**guìpí **[肉桂]**ròuguì ¶~수 | 桂皮水。 ¶~산 | 肉桂酸。 〔桂〕〔錫시란肉桂〕〔木桂〕〔牡mǔ桂〕

^**계획**[計劃] 圐하타 **[计划]**jìhuà **[规划]**guīhuà **[筹办]**chóubàn **[筹划]**chóuhuà ¶~작업 | 工作计划。 ¶~신청 | 计划申请。 ¶~목표 | 计划指标。 ¶장기 ~ | 远景计划。 ¶~성 | 计划性。 ¶~가격 | 计划价格。 ¶~수량 | 计划量。 ¶장기적인 ~ | 长远chángyuǎn规划。 ¶생산 ~ | 生产shēngchǎn规划。 ¶이곳에 수력발전소 하나를 건설할 ~을 하고 있다 | 这儿正在筹划建设jiànshè一座水力发电站zhàn。 휘고〔计画huà〕

계획 경제[計劃經濟] 圐〈經〉 **[计划经济]**jìhuà jīngjì ¶~학 | 计划经济学。

^**계획적**[計劃的] 관 圐❶ **[计划的]**jìhuà·à ¶유계획적인 | 有计划·de ❷ (고의) **[故意]**gùyì ¶~인 행위 | 故意行为。

고[¹ 圐 (고리) **[活扣儿]**huókòur **[活套]**huótào

고²[膏] 圐 **[膏]**gāo ¶반창~ | 橡xiàng皮膏。

고³[那] 떼 **[那]**nà ¶~ 놈 | 那个孩子。

고⁴[高-] 준 **[高]**gāo ¶~혈압 | 高血压。

고⁶[-高] 回 **[量]**liàng ¶생산~ | 生产量。 ¶수출~ | 出口量。

고¹[어미] ❶ (표시并列) ¶보~ 들은 이야기 | 所见所闻的事。 ¶그는 지식도 있~ 경험도 있다 | 他既有知识, 又有经验。 ❷ (표시对立) ¶길~ 짧은 것은 대봐야 안다 | 是长是短, 要比看才会知道。 ❸ (표시先后次序) ¶손을 씻~ 밥을 먹다 | 洗了手再吃饭。 ❹ (표시原因) ¶찬 음식을 먹~ 배탈이 났다 | 吃了凉东西闹肚子了。 ❺ (표시样态方式, 相当"着") ¶말을 타~ 가다 | 骑着马走。 ¶우산을 쓰~ 打着雨伞走 | 打着雨伞走。 ❻ (与"있다"连用, 表示现在进行) ¶그이는 지금 밥을 먹~ 있다 | 他正在吃饭。 ❼ (以"…고 …은(ㄴ)"的形式, 表示强调) ¶넓~ 넓은 바닷가 | 广阔无垠yín的大海。 ❽ (以"~고 싶다"的形式, 表示"想") ¶나는 집에 가~ 싶다 | 我想回家。

고가[家家] 圐 **[古屋]**gǔwū **[古楼]**gǔlóu **[老房子]**lǎofáng·zi

고가[高架] 圐 **[高架]**gāojià ¶~이동식 기중기 | 高架移动式起重机/高架吊车 ¶~ 철도 | 高架铁路。

고가[高價] 圐 **[高价]**gāojià **[重金]**zhòngjīn **[高价]**gāodàng ¶~로 판매하다 | 高价出售。 ¶고화를 ~에 구입하다 | 高价收购shōugòu古画。 ¶~로 구하다 | 重金相求。 ¶~ 화물 | 高档货物。

고갈[枯渴] 圐하사 ❶ (사원의) **[枯竭]**kūjié **[耗竭]**hàojié ¶수자원이 ~되었다 | 水源枯竭了。 ¶병력이 ~되다 | 兵力bīnglì耗竭。 ❷ (물 등의) **[干枯]**gānkū **[干燥]**gānzào ¶오랜 가뭄으로 우물이 ~되었다 | 连日来的干旱, 连水井都干枯了。 ❸ (비유적 의미로 뭔가를 다 썼을 때) **[用尽]**yòngjìn ¶그는 모든 아이디어들이 ~되었다 | 用尽了所有的方法。 휘고〔拮据〕〔耗尽〕

^**고개** 圐❶ (목 뒤) **[后颈]**hòujǐng ¶가

끔 ~가 뻐근한단다 | 时不时地后脖颈发硬。❷ (머리) 【头】tóu ¶~를 돌리다 | 回头看。¶~를 숙이다 | 低头。¶~를 끄덕이다 | 点头。❸ (산) 【山领】shānlǐng 【山岗】shāngāng

고객[顧客] 명 【常客】chángkè 【顾客】gùkè 【主顾】zhǔgù 【客户】kèhù 【用户】yònghù ¶그는 우리 가게의 단골이 되다 | 他成了我店的常客。¶~의 비밀 | 顾客隐私。¶ 계정 할인 | 客户帐贴现。¶~의 의견을 구하다 | 征求用户意见。참고 〔顾客〕〔买主〕

고결[高潔] 명하형 【高洁】gāojié 【清高】qīnggāo ¶~한 인품 | 高洁的人品。¶그는 아주 청렴하고 ~하다 | 他很清高。참고 〔高尚〕〔清高〕〔崇高〕

고고[考古] 명 【考古】kǎogǔ ¶~학 | 考古学。¶~학자 | 考古家。

고고[孤高] 명하형 【孤高】gūgāo ¶~한 생활태도 | 孤高的生活态度。

고공[高空] 명 【高空】gāokōng 【空中】kōngzhōng ¶~비행 | 高空飞行。¶~ 심리 | 空中心理。

고관[高官] 명 【高官】gāoguān 【显官】xiǎnguān 【显官】xiǎnhuàn 【大官】dàguān ¶~후작 | 高官厚爵hòujué。¶~과 유명한 사람 | 高官显贵。

고교[高校] 명 【高中】gāozhōng ¶~생 | 高中生。

[A]**고구마**[植]〈白薯〉báishǔ 【地瓜】dìguā 【番薯】fānshǔ 【红薯】hóngshǔ ¶군~가 정말 맛있다 | 烤白薯很香。¶~ 덩굴 | 地瓜藤。참고 〔红苕 sháo〕〔山芋 yù〕〔芋头〕

[B]**고국**[故國] 명 【故国】gùguó 【祖国】zǔguó ¶~의 품 | 祖国的怀抱。

[1]**고궁**[古宮] 명 【古宮】gǔgōng 【古老的宫殿】gǔlǎo·de gōngdiàn

고궁[故宮] 명 【故宫】gùgōng ¶~ 박물관 | 故宫博物馆。

[C]**고귀**[高貴] 명하형 【高贵】gāoguì 【宝贵】bǎoguì 【珍贵】zhēnguì 【贵重】guìzhòng ¶~한 사람 | 高贵的人。¶~한 유산 | 宝贵的遗产yíchǎn。¶이것은 대단히 ~한 문물들이다 | 这是一些十分宝贵的文物。

고금[古今] 명 【古今】gǔjīn ¶~동서 | 古今东西/古今内外。¶~을 통해서 견줄만한 것이 없다 | 古今独步dúbù。

[B]**고급**[高級] 명 【高級】gāojí 【高等】gāoděng 【高档】gāodàng 【高标号】gāobiāohào ¶~ 장교 | 高级将领。¶~ 교육을 받았다 | 受过高等教育。¶~ 제품 | 高档产品。¶~ 시멘트 | 高标号水泥。

[A]**고기**[명]❶ (육류) 【肉】ròu 【肉类】ròulèi ¶돼지~ | 猪zhū肉。¶쇠~ | 牛肉。¶~국 | 肉汤。¶~ 덩이 | 肉块。❷ (어류) 【鱼】yú ¶(물)~는 물을 떠날 수 없다 | 鱼离不开水。¶~ 그물로 (물)~를 잡다 | 捞泅鱼网。

[C]**고기압**[高氣壓] 명〈气〉【气压】gāoqìyā 【高压】gāoyā ¶~기후 | 高气压气候。

[B]**고기잡이**【打鱼】dǎ yú 【捕鱼】bǔ yú 【渔捞】yúlāo 【抓鱼】zhuāyú ¶~ 도구 | 捕鱼工具gōngjù。¶~ 시기 | 捕鱼期。

[C]**고깃간**[-間] 명 【屠宰房】túzǎifáng 【屠宰场】túzǎichǎng 【屠兽场】túshòuchǎng

[B]**고깃배**【渔船】yúchuán 【渔轮】yúlún ¶앞바다에는 ~이 떠 있다 | 近海漂piāo着一艘sōu渔船。

고까짓관【那样的】nàyàng·de 【那类的】nàlèi·de 【那种】nàzhǒng ¶~ 일로 화를 내니? | 就为那种事发火?

[D]**고깔**[명]【三角笠】sānjiǎolì 【高帽】gāomào 【凉帽】liángmào

고꾸라지다 동 【栽跟头】zāigēn·tou 【倒下去】dǎoxiàqù 【栽倒】zāidǎo ¶눈 온 뒤에는 길이 미끄러워 조심하지 않으면 고꾸라진다 | 雪后路滑, 不小心瀫栽倒头。

[C]**고난**[苦難] 명 【苦难】kǔnàn 【艰辛】jiānxīn ¶그 얼마나 많은 ~의 세월을 걸어 왔던가! | 经历了多少苦难的岁月。참고 〔艰难〕

[C]**고뇌**[苦惱] 명하타 【苦恼】kǔnǎo 【烦恼】fánnǎo ¶약간 좌절 당했다하여 ~할 필요는 없다 | 受到一点挫折用不着苦恼。

고니 명〈鸟〉【天鹅】tiān'é 【鹄】hú ¶새끼 ~ | 小天鹅/短嘴天鹅。

^B**고다** 图 ❶〔푹 삶다〕【炖】dùn【熬】áo ¶소뼈를 푹 ~｜把牛排炖得烂烂的。¶고아도 흐물흐물해 지지 않다｜熬不烂。❷ (양조하다)【酿】niàng【酿造】niàngzào ¶술을 ~｜酿酒。

^B**고단하다** 휑【疲劳】píláo【疲乏】pífá【疲倦】píjuàn【困乏】kùnfá【累】lèi【困倦】kùnjuàn ¶심신이 ~｜身心疲劳。¶나는 어제 밤샘을 해서 너무 ~｜我昨天熬夜了，很疲倦。

^B**고달프다** 휑【疲劳】píláo【累】lèi ¶심신이 ~｜身心疲劳。¶고달픔을 마다하지 않고 다른 사람을 위해 일한다｜不顾劳苦疲劳，为人做事。

^B**고대**¹〔古代〕图【古代】gǔdài【古昔】gǔxī【古时】gǔshí ¶~ 국가｜古代国家。¶~ 소설｜古代小说。〔참고〕〔古时候〕〔古〕。

^C**고대**²〔苦待〕图【苦待】kǔdài【苦盼】kǔpàn【苦苦等待】kǔkǔ děngdài【耐心等待】nàixīn děngdài【企候】qǐhòu【翘企】qiáoqǐ ¶간절히 ~하다｜不胜企翘企。

^C**고도**¹〔孤島〕图【孤岛】gūdǎo ¶~에 있으면 답답하다｜困处孤岛，百无聊赖liáolài。

^C**고도**²〔高度〕图【高度】gāodù ¶~계｜高度计。¶비행 ~｜飞行的高度。¶~의 기밀｜高度机密jīmì。

고독〔孤獨〕图혭 휑【孤独】gūdú【孤单】gūdān ¶~ 하고 처량하다｜孤单凄凉qīliáng/孤凄。¶~을 느끼다｜感到孤独。¶술로 ~을 달래다｜借酒消除孤独。

고동¹ 图【汽笛】qìdí ¶뱃~｜船的汽笛。¶~을 　　 울리다｜鸣笛/拉响汽笛。

고동²〔鼓動〕图【跳动】tiàodòng【搏动】bódòng ¶심장이 아직 ~치고 있다｜心脏zàng还在跳动。

^C**고되다**〔苦─〕혭【吃力】chīlì【辛苦】xīnkǔ【苦】kǔ ¶등산은 매우 ~｜爬pá山很吃力。¶어떤 사람은 즐길 생각만 하고 고된 노동은 하지 않으려 한다｜有的人光想享受xiǎngshòu，不肯做辛苦的劳动láodòng。¶고된 노동｜苦役／苦工。〔참고〕〔费劲〕〔繁重〕。

^B**고드름** 图【冰柱】bīngzhù【冰凌】bīnglíng【冰锥儿】bīngzhuīr【冰溜】bīngliū

^C**고등**〔高等〕图혭 휑【高等】gāoděng【高级】gāojí ¶검찰청｜高等检察厅。¶~ 법원｜高等法院。¶~ 동물｜高等动物。

^B**고등어** 图〔魚貝〕【鲐鱼】táiyú【鲐巴鱼】táibāyú【青花鱼】qīnghuāyú【鲭鲐】qīngtái〔참고〕〔青鱼〕〔鲭〕〔油筒鱼〕

^A**고등 학교**〔高等學校〕图【高级中学】gāojí zhōngxué【高中】gāozhōng【高校】gāoxiào

고딕〔Gothic〕图【哥特】gētè ¶~ 건축｜哥特建筑。¶~식｜哥特式。

고락〔苦樂〕图【苦乐】kǔlè【甘苦】gānkǔ【痛苦与欢乐】tòngkǔ yǔ huānlè ¶~을 같이하다｜同甘共苦。

고랑【垄沟】lǒnggōu【垄】lǒng ¶밭 ~｜地垄沟。¶밭 한 ~을 매다｜锄一垄地。〔참고〕〔畦沟〕〔水沟〕

^A**고래**¹〈動〉【鲸鱼】jīngyú ¶~는 물고기가 아니다. 왜냐하면 ~는 포유동물이기 때문이다｜鲸鱼不是鱼，因为鲸鱼是哺乳动物。¶~ 수염｜鲸鱼须。¶~잡이｜捕鲸。¶~작살｜捕鲸叉。〔京鱼〕

고래고래 튄【喊叫貌】hǎnjiàomào【咆哮貌】páoxiàomào

^C**고려**¹〔考慮〕图해자타【考虑】kǎolǜ【斟酌】zhēnzhuó【算计】suàn·ji【思忖】sīcǔn【思量】sī·liang【思虑】sīlǜ【顾虑】gù【度】duó ¶진지하게 이 문제를 ~하다｜认真地考虑这个问题。¶이 일은 다시 한번 ~해 봐야 한다｜这件事要再斟酌一番。¶그는 누구를 보낼까 ~중이다｜他在算计派谁去。¶여러 방면으로 ~하다｜兼jiān顾。〔참고〕〔考量〕〔估gū量〕

^C**고려**²〔顧慮〕图해자타【顾虑】gùlǜ【念及】niànjí【顾及】gùjí ¶그는 남의 이해 관계는 전혀 ~하지 않는다｜他毫不顾及他人的利害关系。

고령〔高齡〕图혭【高龄】gāolíng【老年】lǎonián ¶~자｜高龄者/年迈者。¶팔십세 ~의 노인｜一个八十高龄的老人。¶~ 보험｜老年保险。¶~ 시민｜老年市民。

고령토〔高嶺土〕图【高岭土】gāolǐngtǔ【坩子土】gān·zǐtǔ【瓷土】cítǔ

고로〔故─〕튄〔之故〕zhīgù【因此】yīncǐ【所以】suǒyǐ【由于】yóuyú ¶나는 생각한다 ~ 나는 존재한다｜我会思

고, 因此我是存在的。¶그가 있는 ~ 나는 행복하다 | 有了他, 因此我很幸福。

고루[固陋] 〖명·형〗〔頑固守旧〕wángù shǒujiù〔陈旧〕chénjiù〔固陋〕gùlòu ¶~한 관념을 버리다 | 丢弃陈旧的观念。¶~하고 무식하다 | 固陋无文/固陋无知。 參考〔墨守成规〕〔墨守旧规〕

고루고루 〖부〗〔均匀地〕jūnyún·de〔均衡地〕jūnhéng·de〔匀〕yún ¶선생님은 우리들에게 사랑을 ~ 나눠 주셨다 | 老师把糖分给我们每个人。 參考〔等〕〔平均〕

A고르다¹ 〖동〗❶ (선택하다) 【选择】xuǎnzé【挑选】tiāoxuǎn【选拔】xuǎnbá【提选】tíxuǎn【选取】xuǎnqǔ ¶결혼상대를 ~ | 选择对象duìxiàng。¶네가 마음대로 골라라 | 由你自由挑选吧。¶그녀는 고르고 또 고르고 한참을 골랐는데 아직도 마음에 드는 것을 고르질 못했다 | 她挑挑选选, 挑了半天还没有挑到满意的。❷ (평평하게 하다) 【铲平】chǎnpíng【平整】píngzhěng【填平】zhípíng【耙平】bàpíng【整平】zhěngpíng【掭】tiān ¶길바닥을 평평하게 깎아 ~ | 把路面铲平。¶붓끝을 잘 고른 다음 글을 쓰다 | 把毛笔掭掭再写。

A고르다² 〖형〗❶ (균일함) 【平均】píngjūn【均匀】jūnyún【匀整】yúnzhěng【均衡】jūnhéng【齐】qí ¶고르게 발전하다 | 平均发展fāzhǎn。¶이 국수는 면발이 정말 고르게 뽑아졌다 | 这一把面抻chēn得真匀。¶길이가 고르지 않다 | 长短chángduǎn不齐。❷ (안정적·정상적) 【正常】zhèngcháng ¶생활이 ~ | 生活正常。¶발육이 아주 ~ | 发育很正常。¶고른 체온 | 正常体温。

A고름[脓] 〖명〗【脓】nóng ¶~ 농액 | 脓水。¶~이 계속 흘러내리다 | 直流脓。¶~을 짜다 | 挤пinú脓。 參考〔脓汁〕

C고리 〖명〗❶〔圈〕quān【环(儿·子)】huán(r·zi)【圈儿】quānr ¶쇠~ | 铁圈圈。¶문~ | 门环。¶【环节】huánjié ¶중추적인 ~를 이루다 | 形成中心环节。

고리타분하다 〖형〗❶ (냄새가) 【腐臭】fǔ-

chòu ❷ (행위·행동이) 【陈腐】chénfǔ〔老掉牙〕lǎodiàoyá ¶고리타분한 학설 | 陈腐的学说。

고릴라[gorilla] 〖명〗〈动〉【大猩猩】dàxīng·xing

고립[孤立] 〖명·하자타〗【孤立】gūlì〔众叛亲离〕zhòng pàn qīn lí ¶~ 정책 | 孤立政策。¶~무원 | 孤立无助。¶~되어 의지할 데가 없다 | 孤立无依wúyī。¶그는 결국 측근마저 떠나 완전히 ~되어 철저하게 실패한 말로에 하게 되었다 | 他终于落得个众叛亲离, 彻底chèdǐ失败shībài的下场。

고마움 〖명〗【感谢】gǎnxiè【谢意】xièyì ¶~의 편지 | 感谢信。¶미리 ~을 표합니다 | 预yù致谢意。

고막[鼓膜] 〖명〗〈生理〉【鼓膜】gǔmó【耳膜】ěrmó【耳鼓】ěrgǔ ¶~염 | 鼓膜炎。

고만고만하다 〖형〗【差不多】chà·buduō ¶자매 둘은 생김새가 ~ | 姐妹俩liǎ长zhǎng相差不多。 參考〔差不离(儿)〕〔相差不多〕

－고말고 〖어미〗(종결어미, 표시非常肯定) 【肯定】kěndìng【当然】dāngrán【一定】yídìng ¶가~ | 肯定去的。

A고맙다 〖형〗【谢谢】xiè·xie【感谢】gǎnxiè【感激】gǎnjī ¶도와줘서 ~! | 谢谢你帮我忙!

고명[高名] 〖명〗❶ (명성) 【著名】zhùmíng【大名鼎鼎】dàmíngdǐngdǐng ¶왕선생님은 중국문단의一가신 작가이다 | 王老师在中国文坛上是一位大名鼎鼎的作家。❷ (경어) 【大名】dàmíng【高名】gāomíng ¶일찍이 선생님의 ~을 들어본 적이 있습니다 | 早就听说过(老师的)大名。

A고모[姑母] 〖명〗【姑母】gūmǔ【姑姑】gū-gu【姑妈】gūmā 參考〔姑姑〕〔姑妈〕〔娘娘〕

B고모부[姑母夫] 〖명〗【姑父】gū·fu【姑丈】gū·fu【姑丈】gūzhàng 參考〔姑爹diē〕〔姑爷yé〕〔姑婿xù〕

고목[枯木] 〖명〗【枯树】kūshù【枯木】kūmù ¶~도 봄이 오면 싹이 튼다 | 连枯树到了春天也会发芽fāyá。

B고무[프 gomme] 〖명〗【橡胶】xiàngjiāo【橡皮】xiàngpí ¶생 ~ | 生(橡)胶。¶천연 ~ | 天然橡胶。¶재생 ~ |

翻造橡胶/翻制橡胶/收复橡胶/再生橡胶/再生胶。¶낡은 ～ | 旧废橡胶 废橡胶。¶～장갑 | 橡胶手套。¶～지우개 | 橡胶擦子。¶(연필에 달린)~지우개 | 橡皮擦头儿。¶～ 橡皮筋 | 橡皮筋儿。¶～풀 | 橡皮糊/胶水。¶～ 타이어 | 橡胶轮胎。〔참고〕〔烟yān 胶〕

고무²[鼓舞] 圀하타 **【鼓舞】**gǔwǔ **【鼓励】**gǔlì ¶사람의 마음을 대단히 ～시키다 | 很鼓舞人心。¶사기를 ～하다 | 鼓舞士气。

ᴮ**고무보트** 圀 **【橡皮船】**xiàngpíchuán

ᴮ**고무신** 圀 **【胶鞋】**jiāoxié **【胶皮鞋】**jiāopíxié **【橡皮鞋】**xiàngpíxié

ᴮ**고무줄** 圀 **【橡皮筋(儿)】**xiàngpíjīn(r) **【猴皮筋(儿)】**hóupíjīnr ¶～ 넘기를 하다 | 跳橡皮筋儿。〔참고〕〔猴儿筋〕〔橡皮圈(儿)〕〔紧松带儿〕

ᴮ**고무풍선** 圀 **【气球(儿)】**qìqiú(r) ¶～을 띄우다 | 放气球。

고무호스 圀 **【胶皮管】**jiāopíguǎn **【橡皮管】**xiàngpíguǎn **【橡皮水龙】**xiàngpíshuǐlóng

ᴮ**고문**¹[拷問] 圀하타 **【拷打】**kǎodǎ **【刑讯】**xíngxùn 圀⦆ **【动刑】**dòng/xíng **【拷问】**kǎowèn ¶반동파는 혁명지사들을 ～하였다 | 反动派拷打了革命志士。¶～하여 자백을 강요하다 | 刑讯逼供。¶～치사 | 拷问致死。¶며칠을 하자 그가 죽었다 | 拷问了几天, 他就死了。〔참고〕〔刑讯〕〔拷掠〕〔考问〕〔拷讯〕

고문²[顧問] 圀 **【顾问】**gùwèn ¶법률～ | 法律fǎlǜ顾问。¶군사～ | 军事jūnshì顾问。

고물 圀 **【豆面】**dòumiàn **【豆沙】**dòushā ¶콩～ | 黄豆沙/黄豆粉。〔참고〕〔豆蓉〕〔豆馅儿xiànr〕〔豆粉〕

ᴮ**고물**²[古物] 圀 ❶ (골동품) **【古物】**gǔwù **【古玩】**gǔwán ❷ (헌 것) **【旧货】**jiùhuò **【旧东西】**jiùdōng‧xi **【陈货】**chénhuò ¶～은 이미 다 팔렸고 새 상품은 아직 들어오지 않았다 | 陈货已经售shòu完了, 新货尚未到。❸ (사람을 비유하여) **【老古董】**lǎogǔdǒng ¶이젠 그 사람도 ～이 다 됐다 | 现在他也成了老古董。〔참고〕〔古物〕

ᴮ**고민**[苦悶] 圀하자 **【苦恼】**kǔnǎo **【苦**

闷】kǔmèn ¶약간 좌절 당했다하여 ～할 필요는 없다 | 受到一点挫折用不着苦恼。¶나는 무엇이 그녀를 ～하게 하는지 끝내 알지 못하겠다 | 我终究没明白什么使她苦恼。

고발[告發] 圀하타 〈法〉**【告发】**gàofā **【告】**gào **【控诉】**kòngsù **【控告】**kònggào ¶범인을 ～하다 | 告发罪犯zuìfàn。¶법원에 가서 그를 ～하다 | 到法院去告他。¶～ 문학 | 报告文学。

고배[苦杯] 圀 **【苦果】**kǔguǒ **【苦头】**kǔtóu ¶그는 이번 시험에서 낙방의 ～를 마셨다 | 他在这次考试尝到落榜的苦头。

고백[告白] 圀하타 **【坦白】**tǎnbái **【自白】**zìbái **【告白】**gàobái **【表白】**biǎobái ¶잘못을 저질렀으면 스스로 ～해야지 | 犯了错误要主动坦白。¶자신의 잘못을 ～했다 | 坦白了自己的罪行。

고별[告別] 圀하자 **【告别】**gào/bié ¶그녀는 부모님과 ～하였다 | 她告别了父母。〔참고〕〔辞cí〕

고부[姑婦] 圀 **【婆媳】**póxí ¶집에는 ～간 두 사람만 남아 있다 | 家里只剩下shèng婆媳两个。¶～간 | 婆媳间。

ᴮ**고분**[古墳] 圀 **【古墓】**gǔmù **【古坟】**gǔfén ¶～을 도굴하다 | 盗掘dàojué古墓。

고분고분 甲혀꼉 **【温顺】**wēnshùn **【顺从地】**shùncóng‧de **【服服帖帖地】**fúfútiētiē‧de **【老老实实地】**lǎo‧laoshíshí‧de **【乖乖地】**guāiguāi‧de ¶성격이 ～하다 | 性格温顺。

ᴮ**고비** **【关头】**guāntóu **【节骨眼(儿)】**jiē‧guyǎn(r) ¶긴급한 ～ | 紧急jǐnjí关头。¶생사의 ～ | 生死shēngsǐ关头。¶이 결정적인 ～에 구원병이 때맞춰 도착하다 | 正在这生死骨眼上, 救兵jiùbīng及时赶到。〔참고〕〔关口〕〔关键〕〔大关〕〔时机〕〔紧迫时刻〕〔紧要关头〕

ᴮ**고뿔** 圀 **【感冒】**gǎnmào **【伤风】**shāng/fēng **【着凉】**zháo/liáng ¶～에 걸렸다 | 得了感冒。¶～의 기운이 좀 있다 | 有点儿伤风。〔참고〕〔凉着〕

ᴮ**고삐** 圀 **【缰绳】**jiāngshéng ¶～를 당기다 | 拽缰绳。

고사¹[告祀] 🅖하자 【祭祠】jìcí 【祭祠】gàocí 【祭礼】jìlǐ ¶~를 지내다 | 举行祭礼.

고사²[考查] 🅖하타 【考查】kǎochá 【考试】kǎoshì ¶학생의 학업 성적을 ～하다 | 考查学生的学业成绩. ¶중간 ~ | 期中考试. ¶기말 ~ | 期末考试.

고사³[古事] 🅖 (지난 일) 【古事】gùshì 【旧事】jiùshì 【去事】qùshì ¶그것은 이미 ~이다 | 那已是旧事. ▶참고〔往事〕〔旧例〕

고사⁴[故事] 🅖 (전설이나 이야기) 【故事】gù·shi ¶～를 이야기하다 | 说(一个)故事. ¶민간 ~ | 民间故事. ▶참고〔典故〕

ᴮ**고사리** 🅖〈植〉【蕨菜】juécài 【拳菜】quáncài ¶이 곳은 ~ 재배에 적합하지 않다 | 这儿不宜种蕨菜.

고사하고[姑捨-] 🅱 【别说…就连…】biéshuō…jiùlián… 【别说…就是…】biéshuō…jiùshì… ¶친구는 ~ 형제도 오지 않았다 | 别说朋友, 就连一个兄弟也没有来. ¶프랑스 말은 ~ 영어도 못한다 | 别说法语, 就连英语也不会说.

고산[高山] 🅖 【高山】gāoshān ¶～ 기후 | 高山气候. ¶～병 | 高山病/高山反应. ¶～ 식물 | 高山植物.

고상[高尚] 🅖하형 【崇高】chónggāo 【高尚】gāoshàng 【斯文】sī·wen 【文雅】wényǎ 【文质彬彬】wén zhì bīn bīn ¶～한 품성 | 崇高的品质. ¶～하고 우아한 태도 | 文雅的态度. ¶말이나 ~하다 | 谈吐文雅. ¶～한 무늬 | 雅致的花样. ▶참고〔典雅〕〔雅观〕〔清雅〕〔文雅〕〔雅趣〕

ᶜ**고생**[苦生] 🅖하자 【吃苦】chī/kǔ 【辛苦】xīn·kǔ 【辛劳】xīnláo 【困苦】kùnkǔ ¶나는 결코 ~스럽지 않다 | 我并不觉得辛苦. ¶우리 삼촌은 평생 ~하셨다 | 我的叔叔辛苦了一辈子. ¶대단히 ~ 많으셨습니다 | 太辛苦了. ¶밤낮으로 ~하다 | 日夜辛劳. ¶생활이 매우 힘들고 ~스럽다 | 生活很困苦. ▶참고〔受shòu苦〕〔劳苦〕苦难的生活〕

고생길[苦生-] 🅖【艰难的道路】kǔnán·de dàolù 【苦命运】kǔmìngyùn

고생살이[苦生-] 🅖하자 【苦日子】kǔ·zi 【贫困的生活】pínkùn·de shēnghuó ¶～를 하다 | 过苦日子.

고서[古书] 🅖 【古书】gǔshū 【古书籍】gǔshūjí 【旧书】jiùshū ¶～점 | 古旧书店. ▶참고〔老书〕

─고서²[어미] (连接词尾, 表示行为动作的先后或转折) ¶밥이나 먹~ 놀아라 | 吃完饭再玩吧.

고성[高声] 🅖 【高声】gāoshēng 【大声】dà/shēng ¶～ 염불 | 高声念佛. ¶～으로 이야기하지 마시오 | 别大声说话. ¶좋다고 ～으로 소리치다 | 大声叫好.

ᶜ**고성능**[高性能] 🅖 【高性能】gāoxìngnéng ¶～ 비료 | 高性能肥料.

고세[Kose] 🅖〈商標〉【高丝】Gāosī

고소¹[告訴] 🅖하타 【控告】kònggào 【起诉】qǐsù 【状告】zhuànggào 【上诉】shàngsù ¶그는 왕세를 명예훼손으로 ～하였다 | 他控告老王侵害了他的名誉. ¶～권 | 起诉权. ¶～를 취하하다 | 撤回上诉.

고소²[苦笑] 🅖하자 【苦笑】kǔxiào ¶～를 금치 못하다 | 禁不住苦笑. ¶그는 어쩔 수 없는지 몇 번 ～를 지어 보였다 | 他无可奈何地苦笑了几下.

고소득[高所得] 🅖 【高收入】gāoshōurù 【高薪】gāoxīn ¶～층 | 高薪阶层.

고소장[告訴狀] 🅖 〈法〉【诉状】sùzhuàng 【诉公状】sùsòngzhuàng 【诉纸】sùzhǐ 【起诉书】qǐsùshū 【控诉书】kòngsùshū ¶～를 제출하다 | 递交诉状. ¶법원에 ～을 제출하다 | 向法院提出诉状.

ᶜ**고소하다** ❶ (냄새·향기가) 【香喷喷】xiāngpēnpēn 【香】xiāng ¶고소한 참기름 | 香喷喷的香油. ¶～ 고소하게 자다 | 睡得很香. ❷ (남의 일이) 【幸灾乐祸】xìng zāi lè huò 【令人欣慰】lìngrén xīnwèi 【真行】zhēnxíng ¶고소하게 여기다 | (感到)幸灾乐祸. ¶아이, 고소해라! | 活该! ▶참고〔痛快〕

ᶜ**고속**[高速] 🅖 【高速】gāosù 【高速度】gāosùdù ¶～ 철도 | 高速铁路. ¶～ 버스 | 高速汽车. ¶기억장치 | 高速存储器/随机存取记忆设备. ¶～등사기 | 高速油印机. ¶～ 성장 인플레이션 | 高速发展的通货膨胀. ¶

~촬영 | 高速摄影。

[B]**고속 도로**[高速道路] 몡【高速公路】gāo-sù gōnglù【超速干道】chāosù gāndào

고수[1][固守] 몡하타【固守】gùshǒu【坚持】jiānchí【死守】sǐshǒu【维护】wéihù【保卫】bǎowèi【捍卫】hànwèi【固持】gùchí ¶진지를 ~하다 | 坚守阵地zhèndì。¶낡은 방법을 ~하다 | 固守老一套的办法bànfǎ。¶원칙을 ~하다 | 坚持原则。

고수[2][高手] 몡【高手】gāoshǒu【老手】lǎoshǒu

고수[3][鼓手] 몡【鼓手】gǔshǒu【吹鼓手】chuīgǔshǒu

고스란하다 혱【原封不动】yuánfēng bù-dòng【完整无缺】wánzhěng wúquē ¶그녀는 납채예물을 뜯어보지도 않고 고스란히 돌려보냈다 | 她把彩礼原封不动地退回来了。

고스란히 뮈【原封不动地】yuánfēng bù-dòng·de ¶~ 그대로 있다 | 原封不动。

[B]**고슴도치** 몡〈動〉【刺猬】cìwei

고승[高僧] 몡【高僧】gāosēng ¶당신은 어느 곳의 ~이십니까? | 您是哪方高僧?

고시[考试] 몡하타【考试】kǎoshì ¶입학 ~ | 入学考试。¶기말 ~ | 期末qīmò考试。¶필답 ~ | 书面shūmi-àn考试。

고시[告示] 몡하타【告示】gàoshì【出榜】chū/bǎng ¶아직 ~가 없다 | 还没有告示。¶가격을 ~하다 | 告示价格。

고심[苦心] 몡하자【苦心】kǔxīn ¶너는 엄마가 한동안 ~했다는 것을 알아야 한다 | 你要晓得，妈是费了一番苦心。(참고)〔费心〕

[B]**고아**[孤兒] 몡【孤儿】gū'ér ¶~ | 孤儿院。¶전쟁 ~ | 战争孤儿。(참고)〔孤子〕〔遗孤〕〔孤哀子〕

[C]**고안**[考案] 몡하타【发明】fāmíng【创制】chuàngzhì【创造】chuàngzào【设计】shèjì【研制】yánzhì ¶신제품을 ~해 내다 | 研制了新产品。(참고)〔研究制造〕

[C]**고압**[高壓] 몡【高压】gāoyā ¶~ 정책 | 高压政策zhèngcè。¶~ 산소 탱크 | 高压氧气罐guàn。¶~선 | 高压电线。

~전기 | 高压电气。

고액[高額] 몡【高额】gāo'é【大额】dà'é ¶~ 대중 소비시대 | 高额大众消费时代。¶~ 부동산 임대 | 高额房地租金。¶~권 지폐 | 高额券通货。

—**고야** 어미【连结词尾，表示强调】¶시험에 합격하~ 말겠다 | 非要考上不可。

[B]**고약하다** 혱❶(맛이)【恶苦】ěkǔ【怪】guài ¶이 요리는 맛이 어쩌나 고약한지 토할 것 같다 | 这个菜味道恶苦得想吐。❷(냄새가)【怪】guài【恶臭】chòu【臭】chòu ¶고약한 냄새 | 怪味(儿)。❸(소리가)【怪】guài ¶고약한 소리를 내다 | 怪声怪气/怪声怪调。❹(모양이)【讨厌】tǎoyàn【可恶】kěwù ¶꼭봐, 쟤 밥 먹는 꼴 좀 봐 얼마나 고약한지! | 你看他吃饭的样子多讨厌。¶그의 저 꼴라서니는 고약하기 짝이 없다! | 他那脸可恶极了!❺(날씨가)【坏】huài ¶날씨가 정말 ~ | 天气真坏。❻(성질·버릇·행동 등이)【怪僻】guàipì【坏】huài【乖僻】guāipì【恶】è【苦】kǔ ¶성질이 고약하다 | 性情怪僻。¶고약한 성질 | 坏脾气。¶고약한 심보 | 坏心眼儿。¶고약한 버릇 | 恶癖/奇癖/异癖。¶고약한 팔자 | 苦命。❼(일·진행이)【怪异】guàiyì【讨厌】tǎoyàn ¶일이 고약하게 돌아 간다 | 事情进展得很怪。¶이러한 병은 매우 고약해서 자주 재발한다 | 这种病讨厌得很，经常会发作。(참고)〔苦刺〕〔难吃〕〔不顺口〕〔难闻〕〔不顺耳〕〔难受〕〔奇怪〕〔不好〕

고양[高揚] 몡【提高】tígāo【昂扬】ángyáng【发扬】fāyáng ¶청년들의 문화 수준을 ~시키다 | 提高青年的文化水平。¶투지가 ~되다 | 斗志昂扬。¶장점을 ~시키다 | 发扬优点。(참고)〔发扬〕

[A]**고양이** 몡〈動〉【猫】māo ¶~ 한 마리 | 一只猫。

고양이 목에 방울 달기 관용【猫项悬铃】māoxiàng xuánlíng

고양이 앞에 쥐 관용【老鼠见猫骨头酥】lǎoshǔ jiàn māo gǔ·tou sū【猫见老鼠心欢喜，老鼠见猫骨头酥】māo jiàn lǎoshǔ xīn huānxǐ, lǎoshǔ jiàn māo gǔ·tou sū

고역[苦役] 〔명〕苦役 kǔyì 〔苦工〕kǔgōng 〔苦活儿〕kǔhuór 〔血汗劳动〕xuèhàn láodòng ¶~을 치르다 | 干苦差事。 참고〔劳役〕

고열[高熱] 〔명〕高烧 gāoshāo 〔高热〕gāorè ¶~ 반응 | 高热反应。¶~이 나다 | 发高烧。 참고〔高温〕

고온[高溫] 〔명〕高温 gāowēn ¶~ 반응 | 高温反应。¶~ 변질 | 受热变质。¶~ 살균 | 高温杀菌。

고요〔명하형〕〔静静〕jìngjìng 〔谧静〕mìjìng 〔寂静〕jìjìng 〔肃静〕sùjìng 〔鸦雀无声〕yāquèwúshēng 〔宁静〕níngjìng 〔安静〕ānjìng 〔寂然〕jìrán ¶깊고 한 한밤에 | 在寂静的深夜里。¶유흥객이 흩어진 후, 호수는 매우 ~했다 | 游人散后, 湖上十分宁静。¶이 일 대는 아주 ~하다 | 这一带很安静。¶소리 하나 없이 ~하다 | 寂然无声。

고용[雇傭] 〔명하타〕雇用 gùyòng 〔雇佣〕gùyōng 〔就业〕jiùyè ¶~ 주 | 雇用主。¶~ 노동력 | 雇佣劳动力。¶~ 과잉 | 雇用过剩。¶~ 기회 | 就业机会。¶~ 경영자 | 受雇经营者。¶~ 계약 | 雇佣契约。¶~ 근로자 | 雇佣工人。¶~살이 | 雇佣生活。

고원[高原] 〔명〕高原 gāoyuán

고위[高位] 〔명〕❶ 〔显位〕xiǎnwèi ❷ 〔高位置〕gāo wèizhi ¶~ 지도층 | 高层领导。¶~층 인사 | 高层人士。

고유[固有] 〔명하형〕固有 gùyǒu 〔专有〕zhuānyǒu ¶~ 문화 | 固有的文化 wénhuà。¶~ 정신 | 固有的精神。¶~재산 | 固有财产。

고유명사[固有名詞] 〔명〕〈言〉〔专有名词〕zhuānyǒu míngcí 〔专名〕zhuānmíng 〔固有名词〕gùyǒu míngcí 〔特有名词〕tèyǒu míngcí

고을[郡] 〔명〕郡 jùn ¶우리 ~의 특산물 | 我们郡的特产。

고음[高音] 〔명〕〈音〉〔高音〕gāoyīn ¶~부 | 高音符。¶테너 | 男高音。¶~부기호 | 高音部谱表符号。¶~계 | 高音阶。

고의[故意] 〔명〕故意 gùyì 〔有意〕yǒuyì ¶선생님이 ~로 그녀를 모른체 한 것이 아니라, 그녀를 보지 못한 것이 다 | 老师不是故意不理她, 是没看见

她。¶~적 불법행위 | 故意的违法行为。¶~적 행위 | 故意行为。

고이 〔부〕❶ (조심스럽게) 〔珍重〕zhēnzhòng 〔小心〕xiǎoxīn 〔珍惜〕zhēnxī ¶이 물건들은 ~ 보관해라 | 这些东西要小心保管。❷ (원래대로) 〔完整〕wán·zhěng 〔整然〕zhěngrán 〔照原样〕zhàoyuányàng ❸ (평안하게) 〔安息〕ān·xi 〔安稳〕ānwěn ¶~ 잠드시라 | 请安息吧。 참고〔精心〕〔恬静〕〔宁静〕

고이다[동] ❶ (괴다) 〔垫〕diàn 〔支〕zhī ¶책상 밑을 ~ | 把桌子底垫一下。❷ (받치다) 〔托〕tuō 〔拄〕zhǔ ¶손으로 턱을 ~ | 用手托着下巴。

고이다[동] (積) jī 〔噙〕qín ¶눈에 눈물이 ~ | 眼睛里噙满了泪水。

고인[故人] 〔명〕死者 sǐzhě 〔已亡故的人〕yǐwánggù·de rén

고인돌 〔명〕〔石棚〕shípéng 〔巨石坟〕jùshífén 〔支石墓〕zhīshímù

고자[古字] 〔명〕古字 gǔzì

고자[鼓子] 〔명〕〔二尾子〕èryǐ·zi 〔雀子不能者〕qiǎo·zibùnéngzhě 〔得阳痿者〕déyángwěizhě ¶~인 남편과 이혼하다 | 和二尾子男人离婚。 참고〔阳萎〕〔阴萎〕

ー고자 〔어미〕 (表示愿望) 〔为〕wèi 〔欲〕yù 〔想要〕xiǎngyào ¶오늘 떠나~ 한다 | 想要今天离开。¶목적을 달성하~ 열심히 노력하다 | 为达目的而积极努力。

고자질[告者ー] 〔명하자타〕〔告密〕gào/mì 〔密告〕mìgào 〔告状〕gào/zhuàng ¶책임자에게 ~하다 | 向领导们告ー o告密。

고작 〔부〕〔就〕jiù 〔仅仅〕jǐnjǐn 〔只〕zhǐ 〔充其量〕chōngqíliàng ¶~ 몇 마디 말하고는 끝났다 | 仅仅说了几句话完了。¶~ 한 번 가보았다 | 至多去一次。¶너는 ~해야 십년 더 할 수 있다 | 你至多还能干千年。 참고〔至多也不过〕〔顶 dǐng 多〕

고장[故障] 〔명〕故障 gùzhàng 〔事故〕shìgù 〔毛病〕máo·bìng ¶~나다 | 出故障。¶이 손목 시계는 ~이 났다 | 这个表有了毛病了。

고장[ー] 〔명〕❶ (지방·지역) 〔地方〕dìfāng ¶그는 농촌에 있을 때, 늘 그 ~ 农民

들에게 농업기술 과목을 강의해 주었다 | 他在农村的时候，常给地方的农民讲农业技术课。❷ (산지) 【产地】 chǎndì 『사과의 ~ | 苹果的产地。『인삼의 ~ | 人参产地。❸ (고향) 【故乡】gùxiāng 『우리 ~ | 我们故乡。

고저[高低] 몡 【高低】gāodī 『장단 | 高低长短。『~ 측량 | 高低测量。

고적[古蹟] 몡 【古迹】gǔjì 『명승 ~ | 名胜古迹。

B**고적**²[孤寂] 몡·혱 【孤寂】gūjì 【孤零零】gūlínglíng 【孤独】gūdú 참고〔孤丁丁〕

B**고전**¹[古典] 몡 ❶ 【古典】gǔdiǎn 『~ 문학 | 古典文学。『~ 음악 | 古典音乐。『~극 | 古典剧。『~ 조직이론 | 古典组织zǔzhī理论。『~ 주의 | 古典主义。❷ (경전) 【经典】jīngdiǎn 【经典著作】jīngdiǎn zhùzuò 『~을 두루 섭렵하다 | 博览经典。

고전²[苦戰] 몡·혱·자 【苦战】kǔzhàn 【血战】xiězhàn 【激烈】jīliè 『경기는 상당한 ~이었다 | 比赛相当激烈。『그는 며칠을 ~한 끝에 결국 이 새로운 프로그램을 편집해 만들어 냈다 | 他苦战了几天，总算把这个新节目拼凑pīncòu编造biānzào出来了。참고〔恶战〕〔苦斗〕

Ｃ**고정**[固定] 몡·혱·자타 ❶ (정해짐·움직이지 않음) 【固定】gùdìng 【钉住】dìng·zhù 『~ 불변 | 固定不变。『~ 직업 | 固定职业yè。『~ 보험료 | 固定保险费。『~ 설비 | 固定设备。『~ 소득층 | 固定收入阶层。『~ 예산 | 固定预算。『~ 재산 | 固定财产。『텔레비전의 ~ 프로 | 电视tái的固定节目。『측량대를 여기에 ~시키다 | 把标杆biāogān固定在这儿。❷ (진정) 【息怒】xīnù 『제발 ~하십시오 | 请你息怒。참고〔息火〕

Ｃ**고조**[高潮] 몡 【高潮】gāocháo 【顶点】dǐngdiǎn 【高涨】gāozhàng 『즐거운 분위기가 ~에 달했다 | 欢乐的气氛达到了顶点。『열정이 ~되다 | 热情rèqíng高涨。

고종(사촌)[姑從(四寸)] 몡 【姑表】gūbiǎo 【姑表亲】gūbiǎoqīn 【姑舅】gūjiù

姑舅亲】gūjiùqīn 『~ 동생 | 姑表弟。『~ 형제 | 姑表兄弟/姑表兄。『~ 자매 | 姑表姐妹/姑表姊妹。

고즈넉하다 혱 ❶ (분위기가) 【寂寞】jìguǎ ❷ (사람이) 【默不作声】mò bù zuò shēng 【一言不发】yì yán bù fā

고지¹[高地] 몡 【高地】gāodì 【高处】gāochù 『~에 집을 짓고 살다 | 在高处盖房子住。『백마~ | 白马高地。

고지²[告知] 몡·하타 【通告】tōnggào 【告知】gàozhī 【告诉】gào·su 『납세기일을 ~하다 | 通告纳税期日。『~ 의무 | 告知义务。

고지대[高地帶] 몡 【高台地带】gāotái dìdài

고지식하다 혱 【死心眼儿】sǐxīnyǎnr 【一根筋】yì·ge xīnyánr 【死板】sǐbǎn 【死板板(的)】sǐbǎnbǎn(·de) 『좀 털어버려라, 너무 그리 고지식하게 있지 말고 | 想开点儿吧，别死心眼儿。『그는 고지식한 사람이라 말이 쉽게 먹히지 않는다 | 他是个死板儿，不容易说得通。참고〔板板六十四〕〔耿直〕

고진감래[苦盡甘來] 관용 【苦尽甘来】kǔ jìn gān lái 【苦尽甜来】kǔ jìn tián lái 『~라고, 훗날 좋은 시절이 있을 거야 | 苦尽甘来，好日子在后头呢。참고〔乐极生悲〕

고질[痼疾] 몡 ❶ (지병) 【痼疾】gùjí 【宿疾】sùjí 【痼病】gùbìng 『~은 치료하기 어렵다 | 痼疾难治。『~이 재발하다 | 宿疾复发。❷ (오래된 버릇) 【痼癖】gùpǐ 【痼习】gùxí 【老毛病】lǎomáobìng 【恶癖】èpǐ 『그는 아편을 피우는 ~이 있다 | 他有吸鸦片烟的恶癖。참고〔老病(儿)〕〔疾不可为〕

Ｃ**고집**[固執] 몡·하타 【固执】gù·zhí 【犟】jiàng 【死守着】sǐshǒu·zhe 『~을 세우다 | 死固执。『옳다고 생각하는 바를 ~하다 | 择善固执。『성격이 ~스럽다 | 性格xìnggé固执。참고〔执〕

고집불통[固執不通] 몡 【固执不通】gùzhí bùtōng 【顽固不化】wángù búhuà 【老顽固】lǎowángù 【死顽固】sǐwángù 『세상 물정을 모르는 ~ | 不识时务的死顽固。참고〔死顽硬〕〔死不认错〕

〔死不放手〕〔死不改悔〕

C**고집쟁이**[固執-] ☞고집불통

고차원[高次元] 閺 【高层次】gāocéngcì ¶~ 세계 | 高层次世界.

고착[固着] 閺하짜 【粘着】niánzhuó 【固定】gùdìng ¶~제 | 粘着剂/固定剂. 참고 〔稳定〕

고찰[考察] 閺하타 【考察】kǎochá 【观察研究】guānchá yánjiū ¶맹자사상의 핵심을 ~하다 | 考察孟子思想的核心. 참고 〔考查〕

고참[古參] 閺 【老(人儿)】lǎo(rénr) 【老资格】lǎozīgé ¶그는 이 회사에서 제일 ~이다 | 在这个公司他可是老资格.

C**고철**[古鐵] 閺 【废铁】fèitiě 【败铁】bàitiě ¶~상 | 废铁行.

C**고체**[固體] 閺 【固体】gùtǐ ¶~연료 | 固体燃料. ¶~화 | 固体化.

고초[苦楚] 閺 【苦楚】kǔchǔ 【痛苦】tòngkǔ 【苦夷】kǔzhōng 【苦痛】kǔtòng 【苦难】kǔnàn ¶내 마음속의 무한한 ~를 누가 알아줄까?! | 谁知道我心中有无限苦楚? ¶환자의 ~ | 病人的痛苦.

^**고추** 閺 〈植〉【辣椒】làjiāo ¶~장 | 辣椒酱. ¶~가루 | 辣椒面(儿). 참고 〔辣角〕〔辣秦椒〕〔辣茄〕〔辣子〕〔番fān椒〕〔蕃fān椒〕〔海椒〕〔秦qín椒〕

B**고추잠자리** 閺 〈蟲〉【红蜻】hóngqīng 【竖眉赤卒】shùméichìzú

B**고추장**[-醬] 閺 【辣椒酱】làjiāojiàng 【辣酱】làjiàng ¶한국인은 ~을 유별나게 좋아한다 | 韩国人特别喜欢辣酱.

고충[苦衷] 閺 【苦衷】kǔzhōng ¶저의 ~을 헤아려주십시오! | 请理解我的苦衷!

고취[鼓吹] 閺하짜타 ❶ (장려·선전) 【鼓吹】gǔchuī 【宣传】xuānchuán 【提倡】tíchàng ¶애국심을 ~하다 | 宣传爱国心. ❷ (격려) 【鼓舞】gǔwǔ ¶사기를 ~하다 | 鼓舞士气.

고층[高層] 閺 ❶ (건물의) 【高层】gāocéng 【高楼】gāolóu ¶~ 건축 | 高层建筑. ¶~ 아파트 | 高层公寓. ¶~ 빌딩 | 高楼大厦. ❷ (공중의) 【高空】gāokōng ¶~기류 | 高空气流.

B**고치** 閺 〈蟲〉【茧(儿,子)】jiǎn(r,·zi) 【蚕茧】cánjiǎn

^**고치다** 됭 ❶ (수선) 【修理】xiūlǐ 【修补】xiūbǔ 【修缮】xiūshàn ¶시계를 ~ | 修理钟表zhōngbiǎo. ¶컴퓨터를 ~ | 修理电脑diànnǎo. ❷ (바로잡음) 【改】gǎi 【改正】gǎizhèng 【纠正】jiūzhèng 【纠绳】jiūshéng ¶잘못을 알면 반드시 고쳐야 한다 | 知过必改. ¶문장을 ~ | 修改文章. ¶틀린 글자를 ~ | 改正错字. ❸ (치료) 【医治】yīzhì 【治病】zhì/bìng ¶급성병은 빨리 고쳐야 한다 | 急性病应该赶快gǎnkuài医治. ¶병은 고칠 수 있지만, 운명은 고칠 수 없다 | 治得了病, 治不了命. ❹ (변경) 【改换】gǎihuàn 【变换】biànhuàn ¶이름을 ~ | 改名字. ❺ (번역) 【翻译】fānyì ¶그 문장을 한국어로 고쳐라 | 把那个句子翻译成韩国语.

B**고통**[苦痛] 閺 【苦痛】kǔtòng 【痛苦】tòngkǔ 【难受】nánshòu ¶~스런 표정을 짓다 | 痛苦的表情. ¶환자의 ~ | 病人的痛苦. ¶그는 일을 잘못했다는 것을 알자 마음이 무척 ~스러웠다 | 他知道事情做错了,心里很难受. 참고 〔痛苦〕

고투[苦鬪] 閺하짜 【苦斗】kǔdòu ¶악전 ~ | 鏖战.

고풍[古風] 閺 【古风】gǔfēng 【古色古香】gǔ sè gǔ xiāng ¶이 지방은 민심이 순박하고 매우 ~스럽다 | 这地方民情淳朴chúnpǔ古风犹存. ¶집안의 장식품이 ~스럽다 | 家里的陈设chénshè古色古香的. 참고 〔古香古色〕

^**고프다** 휑 【饿】è ¶배가 몹시 ~ | 肚子太饿了. ¶배가 고프면 겨를 먹어도 꿀같이 달고, 배부르면 꿀을 먹어도 달지 않다 | 饿了吃糠kāng甜如蜜, 不饿吃蜜也不甜. 참고 〔饥饿〕〔饥馁něi〕

고하[高下] 閺 【高低】gāodī 【上下】shàngxià 【贵贱】guìjiàn ¶지위~를 막론하고 | 不论地位高低.

^**고하다**[告] 됭 【告】gào 【告诉】gàosu 【宣告】xuāngào ¶이 일을 여러 사람에게 고해라 | 把这件事, 告诉大家. ¶사실대로 고해라 | 如实相告吧.

고학[苦學] 명하자 【工独】gōngdú【勤工俭学】qíngōngjiǎnxué ¶～생 | 勤工俭学生。¶～으로 대학을 나오다 | 勤工俭学读完了大学。

B**고함**[高喊] 명하자 【叫喊】jiàohǎn【吆喝】yāo·he【呼喊】yāo·hu 【呼喊】hūhǎn【喊叫】hǎnjiào【大叫】dàjiào ¶큰소리로～치다 | 高声叫喊。¶그는 하루 종일～쳤지만 아무도 그의 노점을 쳐다보지도 않았다 | 他叫喊了半天，就是没人光顾guāngù他的货摊huòtān。참고〔讷喊〕〔呼唤huàn〕〔吹呼hū〕

고해[苦海] 명 【苦海】kǔhǎi ¶인생은 ～라고 하지 않았던가 ! | 不是说人生就是个苦海吗！

고행[苦行] 명하자 ❶〈宗〉【苦行】kǔxíng ¶～승 | 苦行僧。❷【徒弟僧】túdìsēng

A**고향**[故鄕] 명 【故乡】gùxiāng 【家乡】jiāxiāng【老家】lǎojiā ¶～을 그리워하다 | 怀念huáiniàn故乡。¶당신은 ～이 어디입니까 ? | 你老家在哪儿？¶내 ～에는 부모님과 동생이 아직도 살고 있다 | 我老家还有父母亲和弟弟。참고〔家园yuán〕

고혈[膏血] 명 【膏血】gāoxuè【血汗】xuèhàn ¶～을 짜내다 | 压榨yāzhà膏血。¶～로 번 돈 | 血汗钱qián。¶～ 노동 제도 | 血汗劳动制。

B**고혈압**[高血壓] 명 【醫】【高血压】gāoxuèyā ¶～증 | 高血压症。

고혹[蠱惑] 명하타 【迷人】mírén【蛊惑】gǔhuò ¶그녀의 눈은 아주 ～적이다 | 她的眼睛很迷人。¶～적인 눈매 | 迷人的眼神。参攷〔鼓gǔ惑〕

고희[古稀] 명 【古稀】gǔxī ¶～연 | 古稀宴。¶나이가 ～에 가깝다 | 年近古稀。참고〔七秩zhì〕

B**곡**[曲] 명 ❶〈音〉【曲】(儿,子)qǔ(r,·zi)【曲调】qǔdiào【歌曲】gēqǔ 【乐曲】yuèqǔ ¶～소 | 小曲儿。¶협주～ | 协奏曲。¶～이 고상하고 우아하다 | 曲调高雅gāoyǎ。❷〈文〉【曲】qǔ 【元曲】yuánqǔ

곡[哭] 명하자 【哭丧】kū/sāng ¶～성 | 哭声。

곡괭이 명 【镐头】gǎo·tou 【镐】gǎo【十字镐】shízìgǎo 参攷〔丁dīng字镐〕

곡류[穀類] 명 【谷物】gǔwù【谷类】gǔlèi ¶～를 많이 심고, 연초류는 적게 심다 | 多种zhòng谷物，少种烟草。

곡마단[曲馬團] 명 【马戏团】mǎxìtuán【杂技团】zájìtuán

곡면[曲面] 명〈數〉【曲面】qūmiàn

곡물[穀物] 명 【谷物】gǔwù【粮食】liáng·shi ¶～ 거래소 | 谷物交换所。¶～ 무역 센터 | 谷物贸易中心。¶～ 시장 | 谷物市场。

곡선[曲線] 명 【曲线】qūxiàn ¶～ 도형 | 曲线图形。¶～ 조립 | 曲线拟合。¶～미 | 曲线美。¶～자 | 曲线尺。¶～ 운동 | 曲线运动yùndòng。¶～좌표 | 曲线座标。参攷〔曲线条〕

곡성[哭聲] 명 【号哭声】háokūshēng 【哭丧的声音】kūsāng·de shēngyīn ¶～이 울리다 | 响起了哭声。

A**곡식**[穀一] 명 【谷物】gǔwù【粮食】liáng·shi【稻谷】dàogǔ ¶～창고 | 稻谷仓库。参攷〔庄稼〕〔农作物〕

곡예[曲藝] 명 【杂技】zájì ¶～단 | 杂技团。¶～를 공연하다 | 表演杂技。¶～ 댄스 | 杂技舞蹈。参攷〔百戏〕〔马戏〕

곡절[曲折] 명 ❶ (까닭) 【缘由】yuányóu【由来】yóulái【缘由】yuányóu【情由】qíngyóu【原因】yuányīn【理由】lǐyóu ¶그는 이 일의 ～을 설명했다 | 他说明了这件事的缘由。❷ (복잡함) 【曲折】qūzhé【波折】bōzhé【周折】zhōuzhé ¶우여 ～ | 迂回yūhuí曲折。¶이 무역 협정은 다소의 ～ 끝에 비로소 조인되었다 | 这次贸易协定经过一些波折双方终于达成协谈。¶이 일은 한 바탕의 ～을 겪었다 | 这件事经过了一番周折。参攷〔来缘〕

C**곡조**[曲調] 명 【曲调】qǔdiào【腔调】qiāngdiào【腔】(儿)qiāng(r) ¶～가 고상하고 우아하다 | 曲调高雅gāoyǎ。¶～ 노래 | 唱腔儿。参攷〔曲〕〔花腔〕

곡조[曲調] 의명 【曲】qǔ ¶한 ～ 불러 보세요 | 唱一曲吧。

곡주[穀酒] 명 【粮食酒】liáng·shijiǔ【米酒】mǐjiǔ ¶～를 빗다 | 粮米酒。

C**곡창**[穀倉] 명 ❶ (지대) 【谷仓】gǔcāng【米粮川】mǐliángchuān ¶황무지가 ～지대로 변하다 | 荒滩变成米粮

川。❷〔창고〕【粮食仓库】liángshi cāngkù【粮仓】liángcāng

곡해[曲解]〖명〗【曲解】qǔjiě¶당신은 그의 의사를 ~했다 | 你曲解了他的意思。

곤경[困境]〖명〗【困境】kùnjìng【窘境】jiǒngjìng¶~에 빠지다 | 陷入困境。¶~에서 헤어나다 | 摆脱困境。¶~에 처하다 | 处于窘境。(참고)〔窘况 kuàng〕〔苦境〕

곤궁[困窮]〖명〗하형〗【穷困】qióngkùn【穷乏】qióngfá【窘迫】jiǒngpò¶백성들이 ~하다 | 百姓穷困。¶~한 생활을 하다 | 过着困的日子。(참고)〔窘境〕〔窘况 kuàng〕〔情况困难〕

곤두박질〖명〗하자〗【倒栽葱】dǎozāicōng【栽跟头】zāi gēn·tou¶비행기 한 대가 ~하여 바다에 추락하였다 | 一架飞机倒栽葱似的shì ~로 掉到海里了。(참고)〔倒栽下来〕〔翻跟头〕〔翻筋斗〕〔兒了个跟头〕〔打滚〕

곤두서다〖동〗【悚然】sǒngrán【倒立】dàolì【紧张】jǐnzhāng¶머리카락이 ~ | 毛骨悚然。

곤두세우다〖동〗【倒立】dàolì【绷紧】bēngjǐn¶신경을 ~ | 绷紧神经。

곤드레만드레〖부〗하형〗【酩酊】mǐngdǐng【大醉】dàzuì【晕晕忽忽】yūnyūnhūhū¶나는 ~될 때까지 마셨다 | 我喝得晕晕乎乎的。

곤란[困難]〖명〗하형〗【困难】kùn·nan¶~을 두려워하지 않다 | 不怕困难。¶상황이 매우 ~하다 | 情况十分困难。

곤봉[棍棒]〖명〗❶〈體〉【棍棒】gùnbàng¶~ 체조 | 棍棒体操。❷【棒子】bàng·zi【棍子】gùn·zi¶~을 차고 다니다 | 走路带着棍子。

곤욕[困辱]〖명〗【极大的侮辱】jídà·de wǔrǔ¶~을 치르다 | 让人侮辱。¶~을 당하다 | 受到侮辱。(참고)〔挨打rhě·nǎ〕〔痛骂 tòngmà〕

곤장[棍杖]〖명〗【棍杖】gùnzhàng【大棍】dàgùn【棍杖刑】gùnzhàngxíng¶~을 열 대 맞다 | 挨了十大棍。

곤죽〖명〗【-粥】❶(진창)【烂泥汐】nínng¶눈이 녹아 ~이 된 길 | 雪化了，路很泥泞。❷(뒤범벅)【乱七八糟】luàn qī bā zāo【一团糟】yì-

곤충[昆蟲]〖명〗【昆虫】kūnchóng¶~학 | 昆虫学。¶~ 생태학 | 昆虫生态学。¶~ 채집 | 收集昆虫。

곤하다[困-]〖형〗【累】lèi【疲劳】píláo【疲困】píkùn【疲倦】píjuàn【困乏】kùnfá¶오늘 하루 종일 바빴기 때문에 너무 ~ | 今天忙máng了一天，太累了。¶심신이 ~ | 身心shēnxīn疲劳。(참고)〔困〕

곤혹[困惑]〖명〗하자〗【困惑】kùnhuò¶도대체 어떻게 된 일인지 그는 대단히 ~스러웠다 | 到底怎么回事儿，他感到十分困惑。

곤히〖부〗【酣】hān【香】xiāng【熟】shú¶코를 골며 ~ 자다 | 打着鼾hān睡得香。

곧〖부〗❶(금방)【立刻】lìkè【立即】lìjí【马上】mǎ·shang【就】jiù【立时】lìshí【即时】jíshí【登时】dēngshí¶~ 결정을 해야 된다 | 须要xūyào立即决定。¶나 ~ 돌아올게 | 我马上就回来。¶~ 날이 밝는다 | 天很快就亮了。¶사흘 지나면 ~ 개학한다 | 再过三天就要开学了。❷(다시 말하자면)【就是】jiùshì【也就是】yějiùshì【换句话说】huàn jùhuà shuō¶그것이 ~ 뇌물이다 | 那就是贿赂。¶열심히 공부하는 것이 ~ 애국이다 | 努力学习就是爱国。(참고)〔立地〕〔立时刻〕〔立巴刻〕〔立马〕〔立就〕〔即刻〕〔马当时〕〔马溜儿〕〔快要〕〔便〕

곧다〖형〗❶(물직이)【直】zhí【端正】duānzhèng¶줄이 ~ | 绳shéng子直。¶철사를 곧게 펴다 | 把铁丝拉直。¶자세가 ~ | 姿势端正。❷(마음이)【正】zhèng【正直】zhí¶그는 곧고 사심이 없다 | 他正直无私。¶사람됨이 대단히 ~ | 为人非常正直。

곧바로〖부〗❶(다른 곳을 거치지 않고)【直】zhí【一直】yìzhí【直接】zhíjiē¶이 길을 따라 ~ 끝까지 가시면 바로 북경대학입니다 | 沿着这条路一直走到底就是北京Běijīng大学。¶당신은 ~ 집에 갑니까? | 你直接回家吗? ❷

(즉시) **【立即】**lìjí | **【马上】**mǎ·shang ¶그는 ~ 일어났다 | 他立即站了起来。¶우리는 ~ 일을 시작할 것이오 | 我们马上就动手。**참고**〔立刻〕

곧은결 **【直板】**zhíbǎn

곧이곧대로 **및** **【如实地】**rúshí·de **【认真地】**rènzhēn·de **【照直地】**zhàozhí·de **【老老实实地】**lǎo·lao shíshí·de **【确确实实地】**quèquèshíshí·de **【不折不扣】**bùzhébùkòu **【原原本本】**yuánnyuán běnběn ¶자기가 본 사실을 ~ 이야기하다 | 如实地讲述自己所看到的事实。¶~ 듣지마라 | 不要原原本本听。

곧이듣다 **동** **【听信】**tīngxìn **【相信】**xiāngxìn **【说什么听什么】**shuōshén·me tīngshén·me ¶헛소문을 ~ | 听信谣言。¶그의 말을 곧이듣지 않는다 | 不相信他的话。

[B]곧잘 **및** ❶ (제법 잘) **【相当不错】**xiāngdāng búcuò **【挺好】**tǐnghǎo **【相当好】**xiāngdāng hǎo **【善于】**shànyú ¶글씨를 ~ 쓴다 | 字写得相当好。❷ (자주) **【经常】**jīngcháng **【时常】**shícháng **【很勤】**hěnqín ¶그들은 견해 차이로 ~ 다툰다 | 他们由于观点上的不一致经常吵架。**참고**〔时不常(儿)(地)〕〔时时〕

[B]곧장 **및** **【直】**zhí **【照直】**zhàozhí **【径直】**jìngzhí **【一直】**yìzhí ¶~ 끝까지 걸어 가시오 | 一直走到底。¶전화받고 ~ 달려오는 길이다 | 接到电话就径直跑过来了。

곧추 **및** **【笔直】**bǐzhí **【竖】**shù **【直立】**zhílì ¶~ 서다 | 立得笔直。¶막대기를 ~ 세우다 | 把棍子竖起来。**참고**〔毕直〕〔立貌〕〔抄近〕

[A]골[1] **명** **【脑髓】**nǎosuǐ **【脑袋】**nǎo·dai ¶~(이) 비다 | 脑袋瓜空。¶이 사람 이어찌나 떠들던지 내 ~이 다아프다 | 这个人吵得我脑袋都疼了。**참고**〔脑子〕〔脑筋〕〔头脑〕

골[2] **명** **【恼怒】**nǎonù **【气】**qì ¶~이 나다 | 来气儿。¶너의 반대가 그를 ~나게 했다 | 你的反对使他生气了。¶그는 ~을 내었다 | 他生气了。**참고**〔愤怒fènnù〕〔怒气〕〔怒火〕

[B]골[3] **【goal】** **명** 〈體〉 **【球门】**qiúmén **【终点】**zhōngdiǎn ¶~ 포스트 | 球门柱

zhù。¶~넷 (net) | 球门网。¶~에리어(area) | 球门区。

골격[骨格] **명** **【骨骼】**gǔgé **【骨架】**gǔjià ¶그는 태어날 때부터 ~이 크다 | 他生来骨架大。**참고**〔骨龙páng儿〕〔横hēng纹肌〕

[B]골고루 **및** **【平均】**píngjūn **【均匀】**jūnyún ¶~ 나누어라 | 平均分一下儿! **참고**〔均匀〕

골골 **및**하다 **【时轻时重】**shí qīng shí zhòng **【病病殃殃】**bìngbìngyāngyāng ¶~하는 사람이 도리어 오래 산다 | 病病殃殃的人反而活得长。

골나다 **동** **【生气】**shēng/qì ¶골내지 마라 | 别生气。¶그는 아직도 너 때문에 골을 내고 있다 | 他还在生你的气。**참고**〔上火〕

[B]골다 **동** **【打鼾】**dǎhān **【打呼(噜)】**dǎhū(·lu) **【打鼻雷】**dǎbíléi ¶눕자마자 코를 ~ | 一躺下тǎngxià就打起鼾来。

골동품 **명** **【古玩】**gǔwán **【古董】**gǔdǒng ¶~점 | 古玩铺。**참고**〔旧货jiùhuò〕

골똘하다 **형** **【专心】**zhuānxīn **【专心致志】**zhuānxīn zhìzhì **【一心一意】**yìxīn yíyì ¶공부에 ~ | 专心学习。¶독서에 ~ | 一心一意读书。

골라내다 **동** **【挑出】**tiāochū **【挑选】**tiāoxuǎn **【挑】**tiāo ¶가장 마음에 드는 상의를 한 벌 골라내었다 | 挑出了一件最称心chènxīn的上衣。¶몇 명을 골라내어 시합에 참가시키다 | 挑出几个人参加比赛。¶쌀에서 돌을 ~ | 挑出米里的石子儿。**참고**〔拣jiǎn〕〔选〕

골라잡다 **동** **【挑选】**tiāoxuǎn ¶네가 마음대로 골라잡아라 | 由你自由挑选吧。¶옷을 전부 끄집어내서 여러 사람이 골라잡게 하다 | 把衣服全拿出来，让大家挑选挑选。**참고**〔选定〕

골머리 **명** **【脑筋】**nǎojīn **【脑袋瓜】**nǎodaiguā **【脑瓜子】**nǎoguā·zi ¶~ 아프다 | 伤脑筋。**참고**〔脑袋nǎo·dai〕〔脑瓜儿〕

[B]골목 **명** **【小巷】**xiǎoxiàng **【胡同】**hútong ¶~길 | 胡同路。**참고**〔巷〕

골목대장 **명** **【孩子头(儿)】**hái·zitóu(r) **【孩子王】**hái·ziwáng

71

골몰[汨没] 圏(하자)【埋头】mái/tóu ¶
공부에 ～하다 | 埋头读书. ¶저작에
～하다 | 埋头写作. 참고 [埋首]

ˆ**골무** 圏【顶针】dǐngzhēn【针箍】zhēngū

골방[－房] 圏【后房】hòufáng【小屋】
xiǎowū ¶내 주소는 kim 골방에 korea 닷
컴이다 | 我的网址是 kim 圈儿a korea
点 com.

골뱅이[at;@] 圏〈電算〉【圈儿a】quān
r a【花儿a】huār a【小老鼠】xiǎolǎo
shǔ ¶내 주소는 kim 골방에 갇혀있다 | 关在小
屋.

ˆ**골뱅이**[²] 圏〈動〉【田螺】tiánluó

골병[－病] 圏【内伤】nèishāng【病入
膏肓】bìngrùgāohuāng ¶～(이) 들다
| 病入膏肓.

골수[骨髓] 圏❶〈生理〉【骨髓】gǔsuǐ
¶－염 | 骨髓炎yán. ❷ (마음 속)
【内心深处】nèixīn shēnchù【刻骨】kè
gǔ ¶～에 들다 | 病入骨髓. ¶원한
이 ～에 맺히다 | 对仇恨刻骨铭心.

골육[骨肉] 圏❶〈生理〉【骨肉】gǔròu
¶－종 | 骨肉肿/骨肉瘤. ❷ (피붙
이)【骨肉】gǔròu【喻亲人】yùqīnrén
¶～의 정 | 骨肉之情.

골인[goal in] 圏(하자)【得分】dé/fēn

골자[骨子] 圏【要点】yàodiǎn【要旨】y
àozhǐ【大纲】dàgāng ¶～를 설명하
다 | 说明要点. ¶일의 ～를 파악하
다 | 把握住wòzhù事情的要点. 참고
[要端yàoduān]【要领líng]

골절[骨折] 圏(하자)【骨折】gǔzhé ¶김
군이 넘어져 ～되었다 | 小金跌diē了
一交就骨折了.

ˆ**골짜기** 圏【山谷】shāngǔ【峡谷】xiágǔ
【峡中】xiázhōng ¶산～에서
메아리쳤다 | 声音在山谷中回响.

골초[－草] 圏❶ (담배)【劣质烟】liè
zhìyān【次烟】cìyān【坏烟】huàiyān
❷ (사람)【烟枪】yānqiāng【烟瘾大
的人】yānyǐndà·de rén【烟鬼】yānguǐ

골치 圏【头】tóu【脑袋瓜】nǎodàiguā
【脑瓜子】nǎoguā·zi ¶～가 아프다 |
头痛. ¶～를 앓다 | 伤脑筋.

골탕먹이다[－湯－] 圏【叫人吃亏】jià
orén chīkuī【叫人吃苦头】jiàorén chī
kǔ·tou 참고 [挖苦]【拾揆】【整治]

·**골프**[golf] 圏〈體〉【高尔夫球】gāo'ěrf
ūqiú【高而富球】gāo'ěrfùqiú【高夫

球gāofūqiú ¶－장 | 高尔夫球场.
¶－클럽 | 高尔夫俱乐部.

ᴮ**곪다** 圏❶ (상처가)【化脓】huà/nóng
【鼓脓】gǔnóng ¶상처가 곪았다 | 伤
口化脓. ❷ (사물이)【腐败】fǔbài
【腐朽】fǔxiǔ ¶정치권력이 곪을대로
곪았다 | 政权腐败透顶了.

굶다[¹] 圏【饿】è【挨饿】ái/è ¶어릴 때
집이 가난하여 사흘이 멀다하고 배를
곯았다 | 小时候儿家里穷qióng, 三天
两头挨饿.

곯다[²] 圏❶ (상하다)【腐烂】fǔlàn【坏】
huài ¶참외가 곯았다 | 香瓜坏了.
❷ (골병들다)【苦闷】kǔmèn【沉缅】
chénmiǎn ¶속으로 ～ | 心里苦闷.

곯아떨어지다 圏【酣睡】hānshuì【呼呼
大睡】hūhū dàshuì【沉沉入睡】chén
chén rùshuì【倒头大睡】dǎo tóu dà
shuì ¶곯아떨어져 깨지 않다 | 酣睡
不醒. ¶그는 눕자마자 그냥 곯아떨
어졌다 | 他一躺下去就倒头大睡了.
참고 [醉倒]

ˆ**곰** 圏〈動〉【熊】xióng【狗熊】gǒuxióng
【羆】pí【白熊】báixióng ¶～ 한 마리 | 一只
zhī熊.

곰곰이 團【仔细地】zǐxì·de【细细地】xì
xì·de【反复地】fǎnfù·de ¶～ 관찰하
다 | 细细地观察.

곰방대 圏【小烟袋】xiǎoyāndài【小烟
杯】xiǎoyānbēi【烟斗】yāndǒu

ˆ**곰보** 圏【麻子】má·zi【麻脸】máliǎn ¶
～ 얼굴 | 麻子脸(儿)/麻脸. ¶애교있
는 ～자국 | 俏qiào皮麻子. ¶그녀
의 얼굴에는 몇 개의 ～자국이 있다 |
她脸上有几点麻子.

곰삭다 圏❶ (옷·나무 토막이)【糟】zā
o ¶이 나무 토막은 이미 곰삭아서 쓸
수가 없다 | 这块木头已经糟了, 不能
用. ❷ (젓갈이)【熟透】shútòu ¶젓
갈이 이미 곰삭았다 | 鱼酱yújiàng已
经熟透了.

곰지락곰지락 團(하자타)【老动摊】lǎodò
ngtān【咕容咕容】gūróng gūróng【磨
磨蹭蹭】mómócèngcèng ¶빨리 오지
않고 왜 그리 ～하니? | 为什么不赶紧
来, 老磨磨蹭蹭的?

ˆ**곰탕**[－湯－] 圏 ☞ 곰국

ˆ**곰팡** 圏〈生〉【霉】méi ¶～(이) 슬다 |
霉变. ¶～(이) 피다 | 霉/霉烂.

ᴮ**곰팡이** 몡〈生〉【霉】méi 【毛】máo 【醭】
bú ¶~ 보험 | 发霉险。¶옷에 ~가
슬었다 | 衣服有了霉味。

곱 몡❶ (갑절) 【倍】bèi ¶비용이 ~으
로 들겠다 | 费用多一倍。❷〈數〉
【乘积】chéngjī ¶다음 식의 ~을 구하
시오 | 求下面式子的倍数。

ᴬ**곱다** 혱❶ (아름답다) 【漂亮】piào·lia
ng 【好看】hǎokàn 【俏丽】qiàolì 【美】
měi 【美丽】měilì 【绮】qǐ 【绮丽】qǐlì
【妍】yán 【妍丽】yánlì 【标致】biāozhì
【俊俏】jùnqiào ¶색이 ~ | 颜色很漂
亮。¶꽃이 아주 ~ | 花儿很好看。
❷ (가루·피륙·국수·피부가) 【细】xì
【细嫩】xìnèn ¶이 국수는 너무 ~ |
这面条太细。¶고운 모래 | 细沙shā。
¶피부가 매우 ~ | 皮肤pífu很细
嫩。❸ (마음씨가) 【好】hǎo 【善良】
shànliáng ¶마음씨가 따뜻하고 고운
사람 | 又温和又善良的人。¶마음씨
가 ~ | 心地善良。❹ (순조롭게)
【顺利】shùnlì ¶곱게 기르다 | 【平安
无事】píng'ān wúshì ¶곱게 기르다 |
不费劳养活大了。¶곱게 자라다 | 平
安无事地长大。❺ (목소리가) 【好
听】hǎotīng 【中听】zhōngtīng ¶소리
가 아주 ~ | 声音很好听。❻ (건드리
지 않고) 【原封不动】yuánfēng búdò
ng ¶곱게 돌려보내다 | 原封不动送
还。❼ (깨끗하게) 【白白】báibái ¶
손을 곱게 씻다 | 把手洗得白白的。
❽ (편안하게) 【塌实】tā·shi 【踏实】t
ā·shi ¶곱게 자다 | 睡得塌实。⟨참고⟩
〔细腻nì〕【细腻匀称】píng'ān wúsh
ì〔平平安安〕

곱다² 혱【曲】qū 【弯】wān 【弯曲】wāng
ū ¶곱은 허리와 등 | 弯腰wānyāo曲
背bèi。¶곱은 막대기 | 弯棍子。¶
곱은 산길 | 弯曲的山路。

곱빼기 몡❶ (음식의) 【双份(儿)】shu
āngfèn(r) ¶~를 먹다 | 吃双份。❷
(거듭) 【一连两次】yì lián liǎng cì

곱살스럽다 혱【俊俏】jùnqiào 【相当好
看】xiāngdāng hǎokàn 【相当漂亮】xi
āngdāng piào·liang ¶곱살스러운
소녀 | 俊俏的少女。

곱새기다 동❶ (곰곰이 생각하다) 【反
复想】fǎnfùxiǎng 【反复琢磨】fǎnfùzu
ó·mo 【左思右想】zuǒ sī yòu xiǎng ¶

그는 곱새겨 봐도 여전히 분명치가 않
았다 | 他左想右想还是想不明白。❷
(오해하다) 【曲解】qūjiě 【误解】wùjiě
¶당신은 그의 뜻을 곱새기고 있다 |
你曲解了他的意思。¶그들은 내 말
을 곱새겼다 | 他们误解了我的话。

곱셈 몡【乘法】chéngfǎ

ᴮ**곱슬곱슬하다** 혱【鬈】quán 【鬈鬈】quá
nquán ¶머리카락이 아주 ~ | 头发
很鬈。

곱슬머리 몡【鬈发】quánfà 【羊毛卷儿】
yángmáojuǎnr

곱씹다 동❶ (음식 등을) 【来回咀嚼】lá
ihuí jǔjué❷ (생각을) 【反复想】fǎnfù
xiǎng 【反复说】fǎnfùshuō 【反复咀
嚼】fǎnfù jǔjué ¶집으로 돌아오면서
그가 한 말을 자꾸 곱씹었다 | 在回家
的路上我把他的话反复咀嚼了一番。

곱절 혭태【倍】bèi ¶9는 3보다 ~ 더
크다 | 九比三大两倍。

곱하기 몡〈數〉【乘法】chéngfǎ

ᴮ**곱하다** 동〈數〉【乘】chéng ¶5곱하기 4는 20
이다 | 五乘四等于二十。

ᴬ**곳** 몡【场所】chǎngsuǒ 【地方】dì·fang
【处所】chùsuǒ ¶이~은 담배를 피우
는 ~이 아니다 | 这不是抽烟chōuyān
的场所。¶이~이 그 해 회의를 했던
~이다 | 这里是当年开会的场所。¶
이~이 좀 아프다 | 这个地方有点
疼。

ᴮ**곳간**[庫間] 몡【仓库】cāngkù ⟨참고⟩〔仓
房〕〔堆栈〕〔货栈〕

ᴮ**곳곳** 몡【到处】dàochù 【各地】gèdì 【各
处】gèchù ¶~에서 물난리를 겪다 |
各地都在发大水。¶~마다 거절당하
다 | 到处碰pèng钉子。⟨참고⟩〔处处〕
〔各角落〕

ᴬ**공**¹ 몡【球】qiú 【皮球】píqiú 【沙球】shāq
iú ¶~을 던지다 | 丢球。¶~을 받
다 | 接球。¶탁구~ | 乒乓pīngpāng
球儿。

ᴬ**공**² [空] 몡❶ (아라비아 숫자0) 【零】lí
ng ❷ (아무 것도 없는 것) 【空白】kò
ngbái ¶~테이프 | 空白带/空带。

ᴮ**공**³ [功] 몡【功】gōng 【功劳】【功勋】
gōngláo 【功勋】gōngxūn ¶~을 세우
다 | 立功。¶그의 ~이 매우 크다 |
他的功劳很大。❷ (수고) 【功夫】gō
ng·fu ¶~을 들이다 | 下功夫。

공⁴[公] 【명】 【公】gōng ¶~무를 보다 | 办公。 ¶~과 사를 구별하다 | 区分公和私。

공⁵[gong] 【명】 【铜锣】tóngluó 【铜锣】tóngzhēng

-공⁶[-工] 【回】 【工】gōng 【工人】gōngrén ¶기능~ | 熟练工。

ᴮ**공간**[空間] 【명】 【空間】kōngjiān ❶ (모든 방향으로 펼쳐져 있는 곳) 空间 ¶~이 대단히 크다 | 可利用空间很大。 ¶~과 시간 | 空间和时间。 ¶우주 ~ | 宇宙yǔzhòu空间。 ❷ (빈곳) 【空地】kōngdì 【空隙】kòngxì ¶여기는 ~이 많다 | 这里有很多空地。 ¶(행군할때) 앞뒤사람의 사이는 일정한 ~이 있어야 한다 | 行距之间要有一定的空隙。

ᴮ**공갈**[恐喝] 【명】【하타】 【恐吓】kǒnghè 【讹诈】ézhà 【恫吓】dònghè ¶무력으로 다른 사람을 ~하다 | 用武力恐吓他人。 ¶~취재 | 讹诈采访。

ᴮ**공감**[共感] 【명】【하자】 【同感】tónggǎn 【共鸣】gòngmíng ¶나도 당신과 ~한다 | 我也和你有同感。 ¶시인의 애국주의 사상은 독자들의 ~을 불러 일으켰다 | 诗人的爱国主义思想引起yǐnqǐ了读者的共鸣。

공개[公開] 【명】【하타】 【公开】gōngkāi 【开放】kāifàng ¶비밀을 ~하다 | 公开秘密。 ¶~적으로 활동하다 | 公开活动huódòng。

ᴮ**공격**[攻擊] 【명】【하타】 【攻击】gōngjī 【攻打】gōngdǎ 【进攻】jìngōng ¶~준비 | 攻击准备zhǔnbèi。 ¶정면 ~ | 正面zhèngmiàn攻击。 ¶적의 진지를 ~하다 | 攻打敌军阵地。 ¶대대적으로 ~하다 | 大举进攻。 ¶태세 | 进攻姿势。

ᵀ**공경**[恭敬] 【명】【하타】 【尊敬】zūnjìng 【恭敬】gōngjìng ¶그는 부모를 아주 ~한다 | 他对父母很恭敬。 ¶아버지 연배의 어른들을 ~해야 된다 | 对长辈要尊敬。

공고¹[公告] 【명】【하타】 【公告】gōnggào 【告示】gào·shi 【公布】gōngbù 【通告】tōnggào ¶아직 ~가 없다 | 还没有告示。 ¶대중에게 ~하다 | 公布于众。 ¶전국에 ~하다 | 通告全国。

공고²[鞏固] 【명】【하형】 【巩固】gǒnggù ¶

기초가 ~하다 | 基础巩固。 ¶옛 지식을 ~히 하고, 새로운 지식을 학습하다 | 巩固旧知识, 学习新知识。

ᴮ**공공**[公共] 【명】 【公共】gōnggòng ¶~기관 | 公共机关。 ¶~요금 | 公用费用。 ¶~사업 | 公共事业shìyè。 ¶~시설 | 公共设施shèshī。

공공연하다[公公然-] 【형】 【公然】gōngrán 【悍然】hànrán 【明明白白】míngmíngbáibái ¶공공연히 부인하다 | 公然否认fǒurèn。 ¶공공연히 부정을 하다 | 公然作弊bì。 參考〔公开gōngkāi〕〔明目张胆dǎn〕

공과금[公課金] 【명】 【税金】shuìjīn ¶~을 거두다 | 收取税金。

ᴮ**공관**[公館] 【명】 【公馆】gōngguǎn ¶~장 | 公馆长。

ᴮ**공교롭다**[工巧-] 【형】 【正巧】zhèngqiǎo 【恰巧】qiàqiǎo 【正好】zhènghǎo 【偏巧】piānqiǎo ¶공교롭게도 길에서 그를 우연히 만났다 | 正巧在路上碰到了他。 ¶공교롭게도 두 번이나 찾아 갔으나 공교롭게도 두 번 다 집에 없었다 | 我找过他两次, 偏巧都不在家。 參考〔碰巧〕〔刚巧gāngqiǎo〕〔凑巧〕〔偏偏〕〔偏不凑巧〕〔恰好〕

ᴮ**공구**[工具] 【명】 【工具】gōngjù 【器具】qìjù ¶~상자 | 工具箱xiāng。

ᴮ**공군**[空軍] 【명】〈軍〉 【空军】kōngjūn ¶~ 본부 | 空军本部。 ¶~ 사관 학교 | 空军士官学校。 ¶~기지 | 空军基地。

공권력[公權力] 【명】 【行使权】xíngshǐquán

ᴮ**공금**[公金] 【명】 【公款】gōngkuǎn 【公帐】gōngzhàng ¶~도용 | 盗用公款。 ¶~유용 | 盗用公款。 ¶~횡령 | 贪污公款。 ¶~을 사사로이 쓰다 | 挪用公款。 參考〔公项xiàng〕〔公帑tǎng〕

ᴮ**공급**[供給] 【명】【하자타】 【供给】gōngjǐ 【供应】gōngyìng ¶식량을 ~하다 | 供给粮食。 ¶~처 | 供应处。 ¶~부족 | 供应紧张jǐnzhāng。 ¶~액 | 供应额。 參考〔给予jǐyǔ〕〔提供tígōng〕〔发放fàng〕

공급과 수요[供給-需要] 【명】 【供求】gōngqiú 【供需】gōngxū ¶~가 서로 엇갈리다 | 供求相忤wǔ。 ¶~의 법칙

|공급 규칙。¶~의 관계 | 供求关系。¶~의 불균형 | 供需脱节。

공급 과잉[供給過剩] 圏【供过于求】gōng guò yú qiú【供给过多】gōng gěi guò duō【供大于求】gōng dà yú qiú 【供应过剩】gōngyìng guòshèng 【供应余力】gōngyìng yúlì【市场过剩】shìchǎng guòshèng 【供给过剩】gōngjǐ guòshèng ¶일본의 자동차는 ~이다 | 日本的汽车供过于求。

ˊ**공기**¹ 圏【抓石子儿】zhuāshízǐr【抓飞子儿】zhuāfēizǐr【抓子儿】zhuāzǐr

ᴬ**공기**²[空氣] 圏【空气】kōngqì【气】qì ❶신선한 ~를 마시다 | 呼吸新鲜的空气。¶~ 여과기 | 空气滤清器。¶~ 오염 | 空气污染。¶~를 넣다 | 打气。 ❷ (분위기)【气氛】qìfēn 【空气】kōngqì ¶긴장한 ~ | 紧张的气氛。¶성의있고 우호적인 ~ | 真诚和友好的气氛。

공기업[公企業] 圏〈經〉【公营企业】gōngyíng qǐyè【国营企业】guóyíng qǐyè

공기총[空氣銃] 圏【气枪】qìqiāng【风枪】fēngqiāng【鸟枪】niǎoqiāng ¶장난감 | 玩具wánjù气枪。

공납[貢納] 圏하타【纳贡】nàgòng【进贡】jìngòng

공단[工團] 圏【工业地区】gōngyè dìqū【工业区】gōngyè qū ¶~ 도로 | 工业区道路。

공덕[功德] 圏【功德】gōngdé ¶~을 노래하다 | 歌颂功德。

ᴮ**공동**[共同] 圏하타【共同】gòngtóng【公共】gōnggòng ¶~으로 노력하다 | 共同努力nǔlì。¶~ 토론하다 | 共同讨论tǎolùn。¶~시설 | 公共设施shèshī。¶~ 취사 | 公共伙食。

공든 탑이 무너지랴[관용]【老天不负苦心人】lǎotiān bùfù kǔxīnrén【苍天不负有心人】cāngtiān bùfù yǒuxīnrén【皇天不昧苦心人】huángtiān bùmèi kǔxīnrén【皇天不昧善心人】huángtiān bùmèi shànxīnrén【功夫不负苦心人】gōng·fū bùfù kǔxīnrén

ˊ**공들다**[功−] 圄【费功夫】fèigōng·fu

ˊ**공들이다**[功−] 圄【下功夫】xià gōng·fu【用功夫】yòng gōng·fu【下力气】xià lìqì ¶공들인 보람이 없다 | 白下功夫。

공략[攻略] 圏하타【功陷】gōngxiàn【陷落】xiànluò ¶성을 ~하다 | 城池陷落。

공란[空欄] 圏【空栏】kōnglán【空格】kōnggé ¶~을 채우시오 | 填空。

공략[攻略] 圏하타【攻占】gōngzhàn ¶적의 거점을 ~하다 | 攻占敌人的据点。

공력[功力] 圏【功夫】gōng·fu【劳力】láolì ¶~을 들이다 | 花劳力。

공로[功勞] 圏【功】【功劳】gōngláo【功勋】gōngxūn ¶~를 세우다 | 立功。¶그의 ~가 매우 크다 | 他的功劳很大。¶~ 연기자 | 功勋演员。

공론¹[公論] 圏【公论】gōnglùn ¶천하의 ~ | 天下的公论。❷ (여론)【舆论】yúlùn ¶~에 따라 처리하다 | 按照舆论处理。참고【议论yìlùn】〔讨论tǎolùn〕

공론²[空論] 圏【空谈】kōngtán ¶~ 공담 | 空论空谈。¶지상 ~/탁상 ~ | 纸上空论。참고〔空论kōnglùn〕〔空言kōngyán〕〔空谈kōngtán〕〔空讲kōngjiǎng〕

ᴺ**공룡**[恐龍] 圏〈動〉【恐龙】kǒnglóng ¶지구상의 ~은 백악기말에 대규모로 멸종하였다 | 地球上的恐龙在白垩纪末大规模绝灭了。

공리[功利] 圏【功利】gōnglì ¶지나치게 ~를 추구하다 | 过分求功利。¶~성 | 功利性。¶~주의 | 功利主义。

공립[公立] 圏【公立】gōnglì ¶~학교 | 公立学校。

ˊ**공명**¹[功名] 圏【名利】mínglì【功名】gōngmíng ¶~을 바라지 않다 | 不求名利。¶부귀~ | 功名富贵。

공명²[共鳴] 圏하타 ❶〈物〉【共鸣】gòngmíng【共振】gòngzhèn ¶~관 | 共鸣管。¶~기 | 共鸣器。¶~상자 | 共鸣箱子。 ❷ (同感)【共鸣】gòngmíng ¶~을 불러일으키다 | 引起共鸣。

공명심[功名心] 圏【名利思想】mínglì sīxiǎng【名利欲】mínglìyù【成名成家的思想】chéngmíng chéngjiā ·de sīxiǎng【功名心】gōngmíngxīn

공명 정대[公明正大] 圏하형【正大光明】zhèng dà guāng míng【光明正大】guāng míng zhèng dà【光明磊落】guāng míng lěi luò ¶사람됨이 ~ 해야 한다 | 做人要正大光明。¶그는 언제나 ~하다 | 他一向正大光明。¶그는 줄곧 ~하게 일하였다 | 他做事一向光明正大。

공모[公募] 몡하타 【招募】zhāomù 【公开募集】gōngkāi mùjí ¶~주 | 公开发行股东。¶~채 | 公开发行有价证券。

공모²[共谋] 몡하타 【合谋】hémóu 【同谋】tóngmóu ¶~자 | 同谋者。¶그들이 ~하여 군사를 일으키다 | 他们合谋起事qǐshì。¶이 사건은 두 사람의 ~에 의한 것으로 단정되었다 | 这个案子断定为两个人同谋的。(참고)〔共谋 gòngmóu〕〔勾串 gōuchuàn〕〔共同策谋 gòngtóng cèmóu〕〔串同营弊 chuàntóng yíngbì〕

공무[公務] 몡 【公务】gōngwù 【公事】gōngshì ¶~ 여행 | 因公旅行。¶~집행 | 执行公务/办公事。

ᴮ**공무원**[公務員] 몡 【公务人员】gōngwù rényuán 【公职人员】gōngzhí rényuán 【官员】guānyuán 【国家公务员】guójiā gōngwùyuán

공문[公文] 몡 【公文】gōngwén 【公函】gōnghán 【档案】dàng'àn 【公牍】gōngdú ¶~ 양식 | 公文程式chéngshì。¶~을 발송하다 | 发公函。¶~서 봉투 | 档案袋。

공문서[公文書] 몡 ☞ 공문

공민[公民] 몡 〈法〉【公民】gōngmín ¶~권 | 公民权quán。¶~ 교육 | 公民教育。¶~도덕 | 公民道德。

공박[攻駁] 몡하타 【驳斥】bóchì ¶틀린 이론을 ~하다 | 驳斥谬miù论。

공방[攻防] 몡하타 【攻坚】gōngjiān 【进攻防御】jìngōng fángyù ¶적들과 다시 ~전을 벌였다 | 和敌人再次展开了攻坚战。

공백[空白] 몡 【空白】kòngbái 【空白点】kòngbáidiǎn 【空白处】kòngbáichù ¶~기 | 空白期。¶당시 내 머리 속은 ~ 상태였다 | 当时我脑子里一片空白。

공범[共犯] 몡 【同犯】tóngfàn 【共犯】gòngfàn 【同谋犯】tóngmóufàn ¶~을 잡았다 | 抓住了同犯。

공법[公法] 몡 〈法〉【公法】gōngfǎ ¶~인 | 公法人。¶~학 | 公法学。

공복[空腹] 몡 【空腹】kōngfù ¶~에 먹는 약 | 空腹服用的药。

ᴬ**공부**[工夫] 몡하자타 【学习】xuéxí 【念书】niànshū 【读书】dúshū 【用功】yònggōng ¶3년간 외국어를 ~했다 | 学了三年外语。¶영어를 ~하다 | 学习英文yīngwén。¶우리는 모두 학교에서 ~하고 있다 | 我们都在学校念书。

공비[共匪] 몡 【共匪】gòngfěi

공사[空士] 【空军士官学校】kōngjūn shìguān xuéxiào

공사²[公社] 몡 【公社】gōngshè

공사³[工事] 몡하자 【工程】gōng·chéng 【工事】gōngshì ¶~가 대규모이다 | 工程浩hào大。¶~ 사무소 | 工程处chù。¶~ 견적 | 工程估单gūdān。¶~ 설계도 | 工程设计图画。

공사비[工事費] 【工程费】gōngchéngfèi 【建筑费】jiànzhùfèi 【工款】gōngkuǎn 【工程造价】gōngchéng zàojià

공사장[工事場] 몡 【工地】gōngdì 【施工现场】shīgōng xiànchǎng ¶건축 ~ | 建筑zhù工地。

공산[公算] 몡 【概率】gàilǜ 【或然率】huòránlǜ ¶성공할 ~이 크다 | 成功概率很大。

ᴮ**공산군**[共産軍] 몡 【共产军】gòngchǎnjūn 【共军】gòngjūn

공산권[共産圈] 몡 【共产圈】gòngchǎnquān

공산당[共産黨] 몡 〈政〉【共产党】gòngchǎndǎng 【共党】gòngdǎng ¶~원 | 共产党员。

ᴮ**공산주의**[共産主義] 몡 【共产主义】gòngchǎn zhǔyì 【康姆尼】kāngmǔní ¶~의 높은 단계 | 共产主义高级阶段jiējiēduàn。¶~의 싹 | 共产主义萌芽méngyá。¶~ 사회 | 共产主义社会。¶~의 실현에 모든 것을 바치려는 인생관 | 共产主义人生观。

공산품[工産品] 몡 【工业品】gōngyèpǐn 【工业产品】gōngyè chǎnpǐn

공상[空想] 몡하타 【空想】kōngxiǎng 【幻想】huànxiǎng ¶~ 과학 영화 | 科学幻想影片。¶그는 늘 ~만 할 뿐 실행에 옮기지는 않는다 | 他老是空想,不去实行。

공상가[空想家] 몡 【空想家】kōngxiǎngjiā

공생[共生] 몡하타 【共生】gòngshēng ¶【共棲】gòngqī ¶~관계 | 共生关系.

공석[空席] 몡 ❶(빈 자리) 【空席】kōngxí 【空位】kōngwèi 오늘은 지하철에 ~이 많다 | 今天地铁里空位很多. ❷(빈 직위) 【空坐位】kōngzuòwèi 【空缺职位】kōngquē zhíwèi 그런 중요한 자리를 ~으로 두다니 | 那么重要的职位怎么能空着呢?

공세[攻勢] 몡 【攻势】gōngshì 즉각 전면적인 ~를 취했다 | 立即发动了全面的攻势. ¶맹렬한 ~ | 猛烈的攻势.

공손[恭遜] 몡하형 【恭敬】gōng jìng 【谦恭】qiāngōng ¶아주 ~하게 말씀을 드리고 있다 | 正在恭敬地听. ¶~한 말씨 | 谦恭的语气. ¶~하게 예의를 갖추어 사양하다 | 谦恭退让tuīràng. 참고 〔必尊zūn必敬〕〔毕bì恭毕敬〕〔恭恭敬敬〕

공수¹[攻守] 몡 【攻守】gōngshǒu ¶~동맹 | 攻守同盟.

공수²[空輸] 몡하타 【空运】kōngyùn 【空投】kōngtóu ¶~부대 | 空运部队. ¶재해지역에 수백 톤의 구호물자를 ~하였다 | 向灾区空运了几百吨救济物资.

공수표[空手票] 몡 【空头支票】kōngtóu zhīpiào 【不能兑现支票】bùnéng duìxiàn zhīpiào 【通融票据】tōng·róngpiàojù ¶~를 발행하다 | 发行空头支票. ¶그의 약속은 모두가 ~이어서 한결같이 현금으로 바꿀 수가 없다 | 他的许诺都是空头支票, 一样都兑现不了.

공술[供述] 몡하타 【供述】gòngshù 【口供】kǒugòng 【陈述】chénshù ¶자기에게 불리한 ~을 하다 | 作了对自己不利的口供.

공습[空襲] 몡하타 【空袭】kōngxí ¶~경보 | 空袭警报. ¶~경보 시스템 | 空袭系统.

공시[公示] 몡하타 【公告】gōnggào 【布告】bùgào 【告示】gào·shi 【启事】qǐshì 【挂牌】guàpái ¶~가격 | 牌价. ¶~시세 | 挂牌行市. ¶판결문을 ~하다 | 公告判决.

공식[公式] 몡 ❶【正式】zhèngshì ¶~시합 | 正式比赛. ¶계약은 이미 ~적으로 체결되었다 | 合同已正式签订. ❷〈數〉【公式】gōngshì 【数学公式】shùxuégōngshì ¶~화 | ~化. ¶~에 대입하다 | 代入公式.

공신[功臣] 몡 【功臣】gōngchén 【有功之臣】yǒu gōng zhī chén ¶일등~ | 一等功臣.

공신력[公信力] 몡 【公信力】gōngxìnlì

공안[公安] 몡 【公安】gōng'ān 【公共治安】gōnggòng zhìān ¶~을 유지하다 | 维持公共治安.

공약[公約] 몡하타 【公约】gōngyuē 【承诺】chéngnuò ¶~을 지키다 | 恪守承诺. ¶~을 내걸다 | 拿出承诺.

공양[供養] 몡하타 ❶【供养】gōngyǎng 【奉养】fèngyǎng 노인을 ~하다 | 供养老人. ❷〈宗〉【供米】gōngmǐ 【施舍米】shīshěmǐ ¶~미 | 供米. ¶~주 | 供养主. ¶~탑 | 供养塔.

공언[公言] 몡하타 【公开讲话】gōngkāi jiǎng 【公言】gōngyán 【明言】míngyán ¶그가 반드시 성공할 수 있다고 ~했다 | 他公言一定能成功.

공업[工業] 몡 【工业】gōngyè ¶~의 취약한 고리 | 工业薄弱的环节. ¶~의 통합 | 工业一体化. ¶~적 기반 취약 | 工业基础薄弱. ¶~기술 | 工业技术.

공업화[工業化] 몡하자타 【工业化】gōngyèhuà ¶~를 실행하다 | 实行shíxíng工业化. ¶~사회 | 工业化社会.

공연[公演] 몡하자타 【表演】biǎoyǎn 【演出】yǎnchū 【演】yǎn 【公演】gōngyǎn 【上演】shàngyǎn ¶~프로그램 | 演出节目jiēmù. ¶내일 ~할 예정이다 | 准备明天上演. ¶연극팀이 비극을 한 번 ~했다 | 话剧团演出一场悲剧. ¶분장하고 ~하다 | 化装zhuāng表演.

공연하다[空然-] 형 【空】kōng 【白白】báibái 【徒劳】túláo 【枉然】wǎngrán ¶공연한 걸음을 하다 | 白跑. ¶공연한 걱정을 하다 | 多余的担心.

공연히[空然-] 뷰 【徒然】túrán 【徒劳】túláo 【空】kōng 【白】bái 【枉然】wǎngrán ¶~인력과 재력을 낭비하다

｜徒然耗费hàofèi人力·物力。¶~
왔다 갔다 하다｜徒劳往返。¶~ 힘
만 들이다｜白费力气。참고〔平白无
故的〕[毫无根据的][无缘无故的]

공영[公营] 명하타 【公营】gōngyíng
【集体】jítǐ ¶~ 주택｜公营住宅。¶
~ 기업｜公营企业qǐyè/集体企业。

B**공예**[工艺] 명 【工艺】gōngyì ¶~ 미술
｜工艺美术。¶~ 학｜工艺学。¶~
품을 전시하다｜展示工艺品。

공예가[工艺家] 명 【工艺专家】gōngyì
zhuānjiā

공예품[工艺品] 명 【工艺品】gōngyìpǐn

공용[共用] 명하타 【共用】gōngyòng
【合用】héyòng ¶남녀 ~｜男女合
用。¶~ 급수｜共用供水。¶~물｜
共用品。

A**공원**[公园] 명 【公园】gōngyuán ¶~
도로｜公园道路。¶~ 녹지 계획｜
公园绿地规划。

B**공원**[工员] 명 【工人】gōngrén 【劳工】l-
áogōng【劳动者】láodòngzhě

공유[公有] 명하타 【公有】gōngyǒu ¶
~ 재산｜公有财产cáichǎn。¶~지
｜公有地。¶~화｜公有化。

B**공이**[杵子] 명 【杵子】chǔ·zi ¶~로 치다｜用
杵子打。

공익[公益] 명 【公益】gōngyì 【公共利
益】gōnggòng lìyì 【共同利益】gòngtó-
ng lìyì ¶~ 사업｜公共事业。¶~ 재
단｜公益财团。

공인[公人] 명 【公人】gōngrén 【公职
人员】gōngzhí rényuán ¶신문기자는
~이다｜新闻记者是公职人员。

공인[公认] 명하타 【公认】gōngrèn
❶~된 국제 법규｜公认的国际法律
则。❷[有关机关的认可]yǒuguān jī-
guān·de rènkě 【批准】pīzhǔn ¶~을
얻다｜得到批准。

공인회계사[公认会计士] 명 【公证会
计师】gōngzhèng kuàijìshī 【登记会计
师】dēngjì kuàijìshī 【审定会计师】shě-
ndìng kuàijìshī 【资格相符的职业会
计师】zīgé xiāngfú·de zhíyè kuàijìsh-
ī 【注册会计师】zhùcè kuàijìshī 【特许
会计师】tèxǔ kuàijìshī 【会计师】kuàijì-
shī 【公认会计师】gōngrèn kuàijìshī

B**공작**[孔雀] 명 〈鸟〉【孔雀】kǒngquè
¶~이 꼬리를 부채모양으로 활짝 펴

다｜孔雀开屏。참고〔孔鸟〕[越yuè
鸟]

공작[工作] 명하타 ❶[어떤 목적을
위해 일을 꾸밈] 【工作】gōngzuò 【特
工】tègōng ¶지하 ~｜地下工作。¶
~선｜特工船chuán。¶~ 게이지
(gauge)｜工作规则。❷[물건을 만
드는 일] 【手工】shǒugōng 【弄】nòng
¶~ 시간｜手工课kè。

공장[工场] 명 【工厂】gōngchǎng 【工
场】gōngchǎng ¶~ 원가｜工厂成本
chéngběn。¶~조사의 총괄 보고｜
工厂调查diàochá总结。¶~도 가격
｜出厂价格。¶~ 밀집 지역｜工厂
集中区。

공장장[工场长] 명 【厂长】chǎngzhǎ-
ng 【工长】gōngzhǎng 참고〔工头〕

공적[功绩] 명 【功绩】gōngjì 【功劳】gō-
ng·lao 【劳绩】láojì ¶~이 빛나다｜
功绩显赫。¶그의 ~이 매우 크다｜
他的功劳很大。

공적[公的] 관 【公共】gōnggòng 【公
同】gōngtóng ¶~인 생활｜公众
生活。

공전[公转] 명 【公转】gōngzhu-
àn ¶~ 주기｜公转周期。

공전[空前] 명 【空前】kōngqián ¶~
의 신기록｜空前的新记录。

공전[工钱] 명 【工钱】gōng·qian

공정[公正] 명하형 【公正】gōngzhèng
【公平】gōngpíng ¶~한 보수｜公平
报酬。¶~한 시가｜公平定价。¶~
한 시장가격｜公平市场价格。

공정[工程] 명 【流程】liúchéng 【程序】
chéngxù 【工艺流程】gōngyì liúchéng
【工程进度】gōngchéng jìndù 【施工
序】shīgōng chéngxù 【工序】gōngxù
¶이 기술을 받아들이면 생산 ~을 단
축할 수 있다｜采用这种工艺，就能缩
短生产流程。참고〔过程〕[工艺][工
程]

공정 거래[公正去来] 명 【公平交易】gō-
ngpíng jiāoyì 【公平贸易】gōngpíng
màoyì ¶~법｜公平交易法。¶~ 위
원회｜公平交易委员会。

공제[控除] 명하타 【扣除】kòuchú ¶
노임에서 방세를 ~하다｜从工资里
扣除房租。¶~ 액｜扣除额／免赔

78

額。¶~ 성향 | 扣除倾向。¶~ 조항 | 扣除条款。 **참고** 〔扣减〕〔克扣〕〔除掉〕〔减去〕〔扣〕

공조[共助] 명하자 【互助】hùzhù 【协作】xiézuò ¶~금 | 互助金。**참고** 〔共济〕〔互济〕

공존[共存] 명하자 【共存】gòngcún 【共处】gòngchǔ ¶쌍방이 하나의 통일체 내에 ~하다 | 双方共处于一个统一体。¶평화 和平hépíng共处。¶~ 공영 | 共存共荣。**참고** 〔共居〕

B**공주**[公主] 명 【公主】gōngzhǔ 【格格】gégé

B**공중**¹[空中] 명 【空中】kōngzhōng ¶새가 ~에서 비상하다 | 鸟在空中飞。¶~ 누각 | 空中楼阁。¶~ 보급 | 空中供给。¶~ 분해 | 空中分解。¶~전 | 空战。

C**공중**²[公众] 명 【公众】gōngzhòng 【公共】gōnggòng ¶~ 도덕 | 公共道德。¶~ 변소 | 公共厕所。

A**공중 전화**[公众電話] 【公用电话】gōngyòng diànhuà ¶~ 박스 | 公用电话间/公用电话亭。

공증[公證] 명 〈法〉【公证】gōngzhèng ¶이 계약서는 ~인 사무소에서 하도록 하시오 | 这份合同请到公证处公证。¶~ 증서 | 公证书。¶~ 문서 | 公证文书。

C**공직**[公職] 명 【公职】gōngzhí ¶~을 맡다 | 担任dānrèn公职。¶~자 | 公职人员。

A**공짜**[免費] 【白得的】báidé·de 【不花钱的】bùhuāqián·de ¶~나 마찬가지로 사다 | 跟白来的一样。

공채¹[公債] 명 〈經〉【公开债券】gōngkāi zhàiquàn 【公债】gōngzhài ¶~ 증권 | 公债券。¶~ 모집 | 募集公债认购人。¶~ 발행 | 发行公债。

A**공책**[空冊] 명 【笔记本】bǐjìběn 【记事本】jìshìběn 【本子】běn·zi

공처가[恐妻家] 명 【怕太太的】pàtàitài·de 【怕妻子的】pàqī·zi·de 【妻管严】qīguǎnyán

공청회[公聽會] 【公开会】gōngkāihuì

공치다[空-] 통 【白干】báigàn 【白费功夫】báifèi gōng·fu ¶비가 와서 오늘 장사는 공쳤다 | 下雨了, 今天的生意白干了。

공탁[供託] 명하타 【委托保管】wěituō bǎoguǎn ¶~금 | 委托保管款项/供托金。¶~물 | 寄存物。

C**공터**[空-] 명 【空地】kōngdì

C**공통**[共通] 명 【共同】gòngtóng 【共通】gòngtōng ¶~ 요소 | 共同因素。¶~인자 | 共同因素。¶~ 관세 | 共同关税。¶~적인 감정 | 共通感情。

공통성[共通性] 명 【共通性】gòngtōngxìng 【共同性】gòngtóngxìng 【共同点】gòngtóngdiǎn 【共性】gòngxìng ¶모순의 ~과 개별성 | 矛盾的共性和个性。

공통어[共通語] 명 〈言〉【共同语】gòngtóngyǔ

공통점[共通點] 명 【共同点】gòngtóngdiǎn 【共通点】gòngtōngdiǎn

공판[公判] 명하타 【公审】gōngshěn 【公判】gōngpàn 【审判】shěnpàn ¶~ 조서 | 公审文件。¶사건의 ~은 월요일에 열린다 | 案子的公审在星期一开始。

공평[公平] 명하형 【公平】gōng·píng 【公正】gōngzhèng 【公道】gōngdào ¶~무사 | 大公无私。¶~하고 정직하다 | 公平正直zhèng直。¶우리가 필요한 것은 ~한 것이지, 다른 것은 필요 없다 | 我们要的是公道, 不要别的。

공포¹[公布] 명하타 【公布】gōngbù 【颁布】bānbù ¶대중에게 ~하다 | 公布于众。¶새 헌법을 ~하다 | 公布新宪法。

공포²[空砲] 명 【空枪】kōngqiāng ¶~를 쏘다 | 放空枪。

공포³[恐怖] 명 【恐怖】kǒngbù 【恐惧】kǒngjù ¶~ 정치 | 恐怖政治。¶~ 분위기 | 恐怖气氛。¶그는 얼굴에 ~의 기색을 띠었다 | 他脸上流露出十分恐怖的神色。

공표[公表] 명하타 【公开发表】gōngkāi fābiǎo 【公布】gōngbù 【披露】pīlù 【发表】pābiǎo ¶그 소식은 이미 신문에 ~되었다 | 那个消息已在报上发表

了。

˘공학[工學] 명 【工学】gōngxué 【工程学】gōngchéngxué 【工艺学】gōngyìxué 【工业技术学】gōngyè jìshùxué ¶~박사 | 工学博士。 ¶기계 | 机械工学。

˄공항[空港] 명 【机场】jīchǎng 【飞机场】fēijīchǎng ¶~ 사용료 | 机场费。 ¶~ 활주로 | 机场跑道/滑huá行跑道。 ¶국제 ~ | 国际机场。

공해¹[公海] 명 【公海】gōnghǎi ¶~ 어업 | 公海渔业。 ¶~ 조약 | 公海公约。

˅공해²[公害] 명 【公害】gōnghài 【污染】wūrǎn ¶~를 없애다 | 消灭xiāomiè公害。 ¶~ 대책 | 污染防治措施。 ¶~ 산업 | 污染环境的工业。

공허[空虚] 명하형 【空虚】kōngxū ¶그는 정신이 ~하여 여러 가지 육체적 자극을 찾는다 | 他精神空虚, 寻找各种肉体刺激。

공헌[貢獻] 명자타통 【贡献】gòngxiàn ¶그의 ~은 매우 크다 | 他的贡献很大。

공화[共和] 명 【共和(制)】gònghé(zhì) ¶~ 정체 | 共和政体。 ¶~ 제도 | 共和制度。 ¶~ 정치 | 共和政治。

공황[恐慌] 명 ❶ 〈상태가〉 【恐慌】kǒnghuāng ¶적들이 ~에 빠졌다 | 敌人陷入了恐慌之中。 ❷ 〈經〉 【经济危机】jīngjì wēijī 【恐慌】kǒnghuāng ¶경제 ~ | 经济恐慌。 ¶금융 ~ | 金融恐慌。 ¶~ 가격 | 恐慌价格。

공훈[功勳] 명 【功勋】gōngxūn 【功】gōng 【功劳】gōngláo ¶~을 세우다 | 立功。

공휴일[公休日] 명 【公休日】gōngxiūrì 【假日】jiàrì 【公共假期】gōnggòng jiàqī 【法定假日】fǎdìng jiàrì ¶단지 ~에만 부모님 댁에 돌아갈 수 있다 | 只有假日才能回父母家。

ꞁ곶[―串] 回 【岬】jiǎ 【岬角】jiǎjiǎo ¶장산~ | 长山岬。

˄곶감[柿―] 명 【柿饼】shìbǐng 【柿干】shìgān

과¹[科] 명 ❶ 〈학과〉 【科】kē ¶~를 선택하다 | 选科。 ❷ 〈생물 분류 단계〉 【科】kē ¶소나무는 어느 ~에 속하느냐? | 松树属于哪一科。 ❸ 〈전공〉 【专业】zhuānyè ¶무슨 ~를 전공하

셨어요? | 学什么专业?

과²[課] 명 ❶ 〈기구 단위〉 【部门】bùmén 【单位】dānwèi ¶너는 어느 ~에 근무하느냐? | ¶你在哪一部门上班? ❷ 〈교과서 따위의 내용상의 구분〉 【课】kè ¶이 ~는 다 배웠네 | 这一课, 我们都学完。

과―³[過―] 돈 【过】guò ¶~다 | 过多。

―과¹[和] 조 【和】hé 【与】yǔ 【及】jí 【跟】gēn 【同】tóng ¶일이 있으면 군중~ 상의해야 한다 | 有事要和群众qúnzhòng商量shāngliàng。 ¶나는 이 일~ 관계가 없다 | 我和这事没关系。 ¶어려움~ 싸우다 | 与困难做斗争。 ¶그녀는 친구들~ 수영하러 갔다 | 她跟朋友游泳去了。

―과⁵[―科] 回 ❶ 〈학과〉 【系】xì 【部门】 | 中文系。 ¶철학~ | 哲学系。 ❷ 〈科〉kē 〈생물 분류 단계〉 ¶소나무 ~ | 松科。 ❸ 〈전공〉 【专业】zhuānyè

―과⁶[―課] 回 〈기구 단위〉 【课】kè ¶회계 ~ | 会计课。 ¶비서 ~ | 秘书课。 ¶총무~ | 总务课。

과감[果敢] 명하형 【果断】guǒduàn 【果敢】guǒgǎn ¶~한 조치를 취하다 | 采取果断的措施cuòshī。

과거¹[科擧] 명 【科举】kējǔ ¶신해혁명 이후 ~ 제도는 폐지되었다 | 辛亥革命以后, 科举制度被取消了。

˄과거²[過去] 명 【过去】guòqù ¶~의 고생 | 过去的苦。

과격[過激] 명하형 ❶ 〈행동 등이〉 【过激】guòjī ¶너는 행동이 ~한데, 그러면 상대방을 화나게 하여 일을 그르치기 쉽다 | 你的行为过激, 这样容易激怒对方, 把事情搞糟。 ❷ 〈생각이나 말 등이〉 【激进】jījìn 【偏激】piānjī ¶너의 생각은 ~하다 | 你的想法偏激。

˄과녁 명 【靶】bǎ 【靶子】bǎ·zi 【箭靶】jiānbǎ 【的】dì ¶~의 복판 | 靶中心。 ¶그는 단번에 ~에 명중시켰다 | 他一箭便射中了靶子。 ¶~을 맞추다 | 中的。 ▲ 참고 | 把bǎ靶子

과다[過多] 명하형 【过多】guòduō ¶~ 경쟁 | 过多的竞争。 ¶~노출 | 露出过多。

과단성[果斷性] 명 【果断】guǒduàn ¶

일처리가 ~ 있다 | 办事bànshì果断。

과당[果糖] 圐【果糖】guǒtáng

과당²[過當] 圐혱【过分】guòfèn【过度】guòdù ¶~ 경쟁 | 过度竞争。¶~하게 팽창하다 | 膨胀péngzhàng过度。

과대[誇大] 圐하타【夸大】kuādà【夸张】kuāzhāng ¶~ 평가 | 过高评价。¶~선전 | 夸大宣传。¶~광고 | 夸大广告。

과도[過度] 圐혱【过度】guòdù ¶음주량 ~하면 건강에 해가 된다 | 饮酒过度对身体有害。¶~ 한 경기 진정 정책 | 约束过热景气。¶~한 가격 | 过高的价格。

과도²[過渡] 圐【过渡】guòdù ¶~적인 조치 | 过渡措施。¶~적 실업 | 过渡性失业。¶~적 지출 | 过渡性开支。

과도기[過渡期] 圐【过渡期】guòdùqī【过渡时期】guòdù shíqī ¶~적 현상 | 过渡时期的现象。

과로[過勞] 圐하타【过劳】guòláo【过度疲劳】guòdù píláo ¶~로 쓰러지다 | 由于过劳而摔倒。

과립[顆粒] 圐【颗粒】kēlì ¶~ 감기약 | 感冒丸。¶이 진주의 ~ 크기가 매우 고르다 | 这些珍珠的颗粒大小很匀称。

과목[科目] 圐【课】kè【科目】kēmù【课程】kèchéng ¶낙제 ~ | 落榜科目。¶실습 ~ | 实习科目。¶모두 8~의 수업이 있다 | 共有八门课。

과묵[寡默] 圐하혱【斯文】sīwén【寡默】guǎmò 참고〔自重〕

과민[過敏] 圐하혱【过敏】guòmǐn ¶~성 체질 | 过敏性体质tǐzhì | ¶~증 | 过敏症。

과반수[過半數] 圐【过半】guòbàn【大半儿】dàbànr【强半】qiángbàn【大多数】dàduōshù【过半数以上】guòbànshù yǐshàng【过半数】guòbànshù ¶한나라 병사 중 죽은 자가 ~가 넘는다 | 汉兵死者过半。¶출국을 희망하지 않는 사람이 ~에 이른다 | 不愿出国者过半。

과부[寡婦] 圐【寡妇】guǎ·fù ¶~상을 한 여자 | 寡妇脸liǎn。참고〔寡鹤hú〕〔寡鹤hè〕〔寡女〕〔孤孀〕

과부족[過不足] 圐【过不足】guòbùzú【过分与不足】guòfēn yǔ bùzú【溢短】yìduǎn ¶~ 계정 | 长短数帐户。¶~용인조건 | 溢短装载条款。

과분하다[過分一] 圐【过分】guòfèn ¶그녀의 과분한 칭찬을 받았다 | 受到了她的过分的称赞。

과세[課稅] 圐하자【课税】kèshuì【征税】zhēngshuì ¶~ 가격 | 课税额。¶~ 기준 | 课税准则。¶시민들에게 ~하다 | 向市民征税。

과소비[過消費] 圐【消费热】xiāofèirè

과소 평가[過小評價] 圐하타【过低估计】guòdī gūjì【过低评价】guòdīpíngjià【低估】dīgū ¶그 영향을 ~해서는 안된다 | 其影响不可低估。참고〔低估价值〕〔定价过低〕〔定值过低〕

과속[過速] 圐하자【超速】chāosù ¶~으로 달리다 | 超速行驶。¶~차량 단속 | 检查超速车辆。

과수[果樹] 圐【果树】guǒshù ¶~ 재배 | 果树栽培zāipéi。

과수댁[寡守宅] 圐 ☞ 과부

ᴬ과수원[果樹園] 圐【果园】guǒyuán

과시[誇示] 圐하타【夸示】kuāshì【夸耀】kuāyào【夸大】kuādà ¶그는 자기 장기를 ~하기 좋아한다 | 他喜欢夸示自己的特长。¶개인의 역할을 너무 ~해서는 안된다 | 不能夸大个人的作用。

과식[過食] 圐하타【过饱】guòbǎo【过食】guòshí

과신[過信] 圐하타【过信】guòxìn【过于信赖】guòyú xìnlài【过于相信】guòyú xiāngxìn ¶나는 자신의 능력을 ~하였다 | 我过于相信了我自己的能力。

과실[果實] 圐 ☞ 과일

과실²[過失] 圐〈法〉【过失】guòshī ¶~ 치사 | 过失致死/过失杀人。¶상해죄 | 过失伤害罪。¶~범 | 过失犯。참고〔错误〕〔过误〕〔过错〕

과언[過言] 圐하자【过分的话】guòfènn·dehuà

과업[課業] 圐【任务】rèn·wu ¶정치적 ~ | 政治任务。¶~을 완성하다 | 完成任务。

과연[果然] 閉【果然】guǒrán ¶~ 명성 그대로 이다 | 果然名不虚传。참

고〔果不然〕〔果其然〕〔果料〕〔的确 díquè〕〔真的 zhēn·de〕

ʰ과열〔過熱〕 톙하자타 ❶ (너무 뜨거워짐)【过热】guòrè ¶~도|过热度。❷ (지나치게 활기를 띰)【白热化】bóirèhuà〔过热〕guòrè ¶~입시 경쟁|白热化的入学考试竞争。¶~경기|经济过热/景气过热。

과오〔過誤〕 톙【错误】cuòwù【过失】guòshī ¶~를 뉘우치다|悔悟错误。¶~를 범하다|犯过误。

ʰ과외〔課外〕 톙 ❶【课外】kèwài ¶~활동|课外活动。¶~지도|课外辅导。¶~수업|课外补习。❷【额外】éwài【业余】yèyú

과욕〔過慾〕 톙하톙【过度愿望】guòdù yuànwàng【过欲】guòyù ¶~을 부리다|贪得无厌。

과음〔過飮〕 톙하자타【过饮】guòyǐn【暴饮】bàoyǐn ¶술을 ~하다|过度饮酒。

ʰ과일 톙【水果】shuǐguǒ ¶너는 어떤 ~을 잘 먹느냐?|你喜欢吃哪种水果?¶식후에 먹는 ~|餐后水果。¶~통조림|水果罐头guàn·tou。

과일쥬스 톙【果汁】guǒzhī

과잉〔過剩〕 톙하톙【过剩】guòshèng【剩余】shèngyú ¶인구과剩。¶생산~|生产过剩。¶올해 식량 공급 ~으로 곡물가격이 폭락했다|今年粮食过剩, 所以粮价大跌bàodiē。

ʰ과자〔菓子〕 톙【点心】diǎnxīn【饼干】bǐnggān【糖果】tángguǒ ¶~점|点心铺pù。¶~상자|点心盒子。

과장²〔誇張〕 톙하타【夸张】kuāzhāng【夸大】kuādà ¶~해서 말하다|把事说得很夸张。¶네가 이렇게 말하는 것은 너무 ~하는 것 같다|你这样说未免wèimiǎn太夸张了吧。

ʰ과장²〔課長〕 톙【科长】kēzhǎng【系主任】xìzhǔrèn

ʰ과정〔過程〕 톙【过程】guòchéng ¶나의 ~이 필요하다|须要一个过程。¶토론 ~중(에 있다)|在讨论的过程中。

ʰ과제〔課題〕 톙【课题】kètí【任务】rènwu ¶많은 새로운 ~를 연구하다|研究yánjiū新课题。¶정치적 ~|政治

zhèngzhì任务。

과중〔過重〕 톙하톙【过重】guòzhòng【沉重】chénzhòng【超重】chāozhòng【超值】chāozhí ¶농민의 부담은 ~하다|农民nóngmín的负担fùdān过重。¶부담이 ~되다|负担过重。¶~한 노동|沉重的劳动。

과즙〔果汁〕 톙【果汁】guǒzhī

과찬〔過讚〕 톙하타【过奖】guòjiǎng ¶지나친 ~이십니다|过奖过奖! ¶~이십니다. 제가 무슨 일을 했다구요|你过奖了, 我并没做多少事。

과태료〔過怠料〕 톙【罚款】fákuǎn【罚金】fájīn【罚银】fáyín【罚钱】fáqián

과테말라〔Guatemala〕 톙【危地马拉】Wēidìmǎlā〔수도는 "危地马拉"(과테말라; Guatemala)〕

ʰ과하다¹〔過－〕 톙【过分】guòfèn【过度】guòdù【过重】guòzhòng ¶이렇게 하면 너무 ~|这样做过分了。¶음주가 과하면 건강에 해가 된다|饮酒过度对身体有害。¶부담이 ~|负担过重。

과하다²〔課－〕 톙 ❶ (세금·벌금 등을)【课】kè【征收】zhēngshōu ¶수입품에 높은 관세를 ~|对进口产品课以高税额。❷ (일·과제 등을)【布置】bùzhì ¶학생들에게 숙제를 ~|给学生布置作业。

ʰ과학〔科學〕 톙【科学】kēxué ¶이러한 생각은 그리 ~적이지 못하다|这种说法不很科学。¶~교육|科学教育。¶~기술부|科学技术处。¶~소설|科学小说。¶~수사|科学的搜查。

과학화〔科學化〕 톙하자타【科学化】kēxuéhuà

과히 뵈【过于】guòyú【过度】guòdù【不太】bùtài ¶이것은 ~좋지 않다|这个不太好。

ʰ관¹〔棺〕 톙【棺】guān【棺材】guān·cai ¶~을 덮은 다음에야 올바른 평가를 내릴 수 있다|盖gài棺论定。¶~을 짜다|做棺材。

ʰ관²〔管〕 톙【管】guǎn ¶수도~|水管子。¶송유~|输油shūyóu管。

관³〔冠〕 톙【冕】miǎn【冕冠】miǎnguān ¶~을 쓰다|加冠。

－**관**⁴〔－觀〕 톙【观】guān ¶인생~|

人生观。¶세계~ | 世界观。

ᵀ관가[官家] 圈【官家】guānjiā

ᵀ관개[灌漑] 圈하타【灌漑】guàngài ¶~ 용수 | 灌漑地。¶~지 | 灌漑用水。¶~망 | 灌漑网wǎng。

관객[觀客] 圈【看客】kànkè / 【观众】guānzhòng ¶~석 | 观众座位。

관건[關鍵] 圈【关键】guānjiàn ¶한 회사(기관)의 부서가 일을 잘하고 못하고는 지도자가 ~이다 | 一个单位的工作做得好坏，领导是关键。¶~이 되는 문제 | 关键问题wèntí。（참고）〔关钥yào〕〔铃qiān键〕〔环huán节〕

ᵀ관계[官界] 圈【官方】guānfāng / 【官界】guānjiè ¶~의 인사 | 官方人士。

ᴬ관계²[關係] 圈하자타 ❶ （연고·교제）【关系】guān·xi ¶부부~ | 大妻fūqī关系。¶사회~ | 社会shèhuì关系。 ❷ （관련）【关系】guān·xi / 【关联】guānlián / 【有关】yǒuguān ¶이 일은 그와 ~가 있다 | 这件事与他有关。¶~당국 | 有关当局。¶이런 문제는 모두 철학과 ~가 있다 | 这些问题都跟哲学有关。 ❸ （관여）【相干】xiānggān ¶내가 무얼 하든 네가 무슨 ~냐? | 我做什么，这与你有何相干? ❹ （성관계）【男女关系】nánnǚ guān·xi ¶그 여자와 ~를 가지다 | 有男女关系。 ❺ （이유）【由于…关系…】yóuyú…guān·xi… / 【因为…关系…】yīnwèi…guān·xi… ¶비가 오는 ~로 운동회는 내일로 연기합니다 | 因为下雨的关系运动会推到了明天。

ᴮ관광[觀光] 圈하타【观光】guānguāng / 【旅游】lǚyóu ¶~ 가이드 | 导游。¶~ 무역 | 观光贸易。¶~ 도로 | 旅游道路。¶~ 비수기 | 旅游淡季。¶~ 성수기 | 旅游旺季。¶외국으로 ~가 다 | 出国观光。¶~ 수입 | 观光收入。¶~ 자원 | 旅游资源。

관광객[觀光客] 圈【观光客】guānguāngkè / 【旅游客】lǚyóukè

관광 버스[觀光 bus] 【旅游车】lǚyóuchē / 【游览车】yóulǎnchē

관광지[觀光地] 圈【旅游区】lǚyóuqū / 【游览区】yóulǎnqū

관군[官軍] 圈【官军】guānjūn

관내[管內] 圈【管辖区】guānxiáqū ¶

자기 ~를 순시하다 | 巡视自己的管辖区。

관념[觀念] 圈【观念】guānniàn / 【意识】yì·shi / 【思想】sīxiǎng ¶시간 ~ | 时间观念。¶~의 본질 | 意识的本质běnzhì。¶낡은 ~ | 旧思想。

관능[官能] 圈 ❶ （육체기능）【官能】guānnéng ¶~장애 | 官能障碍。 ❷ （육체적 감각）【感官】gǎnguān / 【性机能】xìngjīnéng / 【性刺激】xìngcìjī ¶~미 | 官能美。¶~적인 사진 | 性刺激的照片。

관람[觀覽] 圈하타【观看】guānkàn / 【参观】cānguān ¶~료 | 票钱。¶영화 ~ | 看电影。¶경극을 ~하다 | 观看京剧。

관람객[觀覽客] 圈【参观者】cānguānzhě

관람석[觀覽席] 圈【参观席】cānguānxí / 【参观坐位】cānguān zuòwèi / 【看台】kàntái

관련[關聯] 圈하자타【关联】guānlián / 【相关】xiāngguān / 【关系】guān·xi ¶~작용을 일으키다 | 起关联作用。¶~단어 | 关联词语。¶문학과 언어학은 서로 밀접하게 ~되어 있다 | 文学与语言学密切mièqiè相关。（참고）〔连系〕〔干连gānlián〕

관례[慣例] 圈【惯例】guànlì / 【成例】chénglì / 【常规】chángguī ¶~에 따라 처리하다 | 按照惯例来处理。¶국제 ~ | 国际guójì惯例。¶~를 깨다 | 破坏成例。¶~대로 처리하다 | 按照常规办bàn事。

관록[貫祿] 圈【威严】wēiyán / 【威信】wēixìn / 【权威】quánwēi ¶~이 있다 | 有权威。

관료[官僚] 圈【官僚】guānliáo ¶~정치 | 官僚政治。¶~주의 | 官僚主义zhǔyì。

관리¹[官吏] 圈【官吏】guānlì / 【国家公务员】guójiā gōngwùyuán / 【官】guān ¶~들끼리 서로 눈감아 주다 | 官官相护。

ᵀ관리²[管理] 圈하타 ❶ （지배·감독）【管理】guānlì ¶~권 | 管理权。¶숙

사를 ~하다 | 管理宿舍sùshè。¶도서를 ~하다 | 管理图书túshū。¶비 | 管理费。¶~층 | 管理部门。❷ (돌봄) 【爱护】àihù ¶건강 | 爱护健康。참고〔经营jīngyíng〕〔管制guǎnzhì〕〔掌握zhǎng·wò〕

관리직[管理職] 명 【管理员】guǎnlǐyuán【管理职】guǎnlǐzhí

관망[觀望] 명하타 【观望】guānwàng ¶~적인 태도 | 观望的态度tàidù。

관문[關門] 명 ❶ (요새·국경의 문) 【关】guān 【关口】guānkǒu 【国门】guómén ¶~을 지키다 | 把关。¶국경 ~ | 边境biān·jìng 关口。¶~을 넘다 | 过关。❷ (난관) 【难关】nánguān 【关门】guānmén ¶입시라는 어려운 ~을 통과하다 | 通过入学考试的难关。참고〔门路〕〔关卡〕

관변[官邊] 명 【官边】guānbiān 【官方】guānfāng ¶~ 보도 | 官方报导。¶~ 논평 | 官方评论pínglùn。¶~ 문서 | 官方文件wénjiàn。

관복[官服] 명 【官服】guānfú 참고〔官衣(儿)〕〔章zhāng服〕〔制zhì服〕〔朝cháo服〕〔野yě服〕

관사[官舍] 명 【官舍】guānshè 【官邸】guāndǐ 【公房】gōngfáng ¶~에 거주하다 | 住公房。

관상¹[觀賞] 명하타 【观赏】guānshǎng ¶~ 식물 | 观赏植物。¶~어 | 观赏鱼。¶열대식물을 ~하다 | 观赏热带植物。

관상²[觀相] 명 【看相】kàn/xiàng 【相面】xiàngmiàn ¶~쟁이 | 看相的/相士。¶~ 좀 봐 줄게 | 我给你相面怎么样？ 참고〔看手相的〕〔算suàn命〕〔测cè字〕〔批pī 八 字 (儿)〕〔揣chuāi骨〕

관세[關稅] 명 【关税】guānshuì ¶~ 납입 | 缴纳关税。¶~법 | 关税法。¶보호~ | 保护bǎohù关税。¶특혜~ | 特惠tèhuì关税。

관세음 보살[觀世音菩薩] 명 〈佛〉 【观世音菩萨】guānshìyīn púsà

관습[慣習] 명 【习惯】xíguàn 【常规】chángguī 【成规】chéngguī ¶옛 ~을 타파하고 새로운 기풍을 세우다 | 破除pòchú旧jiù习惯, 树立shùlì新风尚fēng-

shàng。¶~을 타파하다 | 打破pòdǎ常规。¶낡은 ~을 고수하다 | 墨守mòshǒu成规。

관심[關心] 명하타자 【关心】guānxīn 【关注】guānzhù 【注意】zhùyì ¶매우 ~을 가지다 | 非常fēicháng关注。¶정치에 ~을 가지다 | 关心政治。¶~을 두다 | 寄予关心。

관심거리 명 【关心事】guānxīnshì

관아[官衙] 명 【官衙】guānyá 참고〔署shǔ〕〔官厅〕〔官廨xiè〕〔官所儿〕

관악기[管樂器] 명 〈音〉【管乐器】guǎnyuèqì

관여[關與] 명하자 【参与】cānyù ¶그는 이번 계획의 수립 작업에~하였다 | 他参与了这次计划制定的工作。¶남의 일에 ~하지 마라 | 不要参与别人的事情。참고〔参预cānyù〕〔干与gānyù〕〔干预〕

관용¹[寬容] 명하타 【宽容】kuānróng 【宽大】kuāndà ¶~을 베풀다 | 给以宽容。¶나는 그에게 충분히 ~을 베풀었다고 생각해, 이번에는 절대로 안 돼 | 我已经对他很宽容了, 这次绝对不行。

관용²[慣用] 명하타자 【惯用】guànyòng 【习用】xíyòng 【常用】chángyòng ¶~어 | 惯用语。¶그런 표현은 ~적이 아니다 | 那种表现不常用。

관원[官員] 명 【官员】guānyuán

관음보살[觀音菩薩] 명 〈佛〉 【观音菩萨】guānyīn púsà

관자놀이[貫子-] 명 【太阴穴】tàiyīnxué

관장[管掌] 명하타 【掌管】zhǎngguǎn 【掌握】zhǎngwò 【统管】tǒngguǎn ¶그 문제를 ~하다 | 掌握那个问题。

관전[觀戰] 명하자 【看比赛】kàn bǐsài 【观看】guānkàn ¶그는 경기장에서 경기시합 ~하기를 좋아한다 | 他喜欢在竞技场观看比赛。

관절[關節] 명 〈生理〉【关节】guānjié ¶~결핵 | 关节结核。

관점[觀點] 명 【观点】guāndiǎn 【见解】jiànjiě 【角度】jiǎodù ¶예술적 ~ | 艺术的观点。¶(정치적) ~을 확립하다 | 树立shùlì新的观点。¶모든 ~에서 검토하다 | 从所有角度去进行检查。

관제[管制] 몡하타 【管制】guǎnzhì ¶
등화〜를 하다 | 管制灯火 dēnghuǒ。
¶군사〜 | 军事 jūnshì 管制。

관중[觀衆] 몡 【观众】guānzhòng ¶많
은 〜을 깊히 감화시켰다 | 深深地感
化了广大的观众。

관직[官職] 몡 【官职】guānzhí ¶〜은
많지 않으나, 벼슬을 하고 싶어하는
사람은 오히려 적지 않다 | 官职不多,
但想当官的倒不少。

ᴮ**관찰**[觀察] 몡하자타 【观察】guānchá
【觀測】guāncè ¶세밀한 〜 | 细致的
观察。¶지형을 〜하다 | 观察地形 dì-
xíng。

관철[貫徹] 몡하타 【贯彻】guànchè
【貫澈】guànchè ¶현행의 교육정책을
〜하다 | 贯彻现行的教育政策 zhèng-
cè。¶개방하여 활력을 불어넣는 방침
을 〜시키기 위해 노력하다 | 努力贯
彻开放搞活 gǎohuó 的方针。

ᴮ**관청**[官廳] 몡 【官厅】guāntīng 【衙门】
yá·men

ᶜ**관측**[觀測] 몡하타 【观测】guāncè 【实
际测量】shíjì cèliáng ¶〜 기구 | 观测
气球。¶〜 도수 | 观测频率。¶〜
지점 | 观测点。¶기상을 〜하다 | 观
测天象。¶적의 상황을 〜하다 | 观
测敌情。

ᶜ**관통**[貫通] 몡하자타 【贯通】guàntōng
【打通】dǎtōng 【贯穿】guànchuān ¶
남경의 장강 대교는 남북을 〜한다 |
南京长江大桥贯通南北。¶이 철도는
동북의 3개성을 〜한다 | 这条铁路贯
穿东北三省。¶〜상 | 被子弹穿通的
伤。

ᴬ**관하다**[關─] 동 【关于】guānyú ¶이
일에 관해서 우리는 전혀 모른다 | 关
于这件事, 我们全然不知。¶인구 문
제에 관하여, 대표들은 충분히 각자
의견을 발표하였다 | 关于人口问题,
代表们充分发表了各自的意见。¶견
우성과 직녀성에 관하여 민간에 아름
다운 전설이 있다 | 关于牵 qiān 牛星
和织女星, 民间有个美丽的传说。

관할[管轄] 몡하타 【管辖】guǎnxiá 【属
于】shǔyú… 【┄】 관청 | 管辖官
厅。¶세 곳의 직할시는 국무원에서
직접 〜한다 | 三个直辖市由国务院直
接管辖。¶이 회사는 누가 〜하는가?

| 这个公司属于谁领导?

관행[慣行] 몡 【惯例】guànlì 【老习惯】l-
ǎo xíguàn ¶잘못된 〜 | 错误的惯
例。

ᴮ**관현악**[管絃樂] 몡 〈音〉【管弦乐】guǎ-
nxiányuè ¶〜단 | 管弦乐团。

관형사[冠形詞] 몡 〈言〉【区别词】qūbi-
écí

관혼상제[冠婚喪祭] 몡 【冠婚丧祭】gu-
ān hūn sāng jì

괄목[刮目] 몡하자 【刮目相待】guā mù
xiāng dài 【刮目相看】guā mù xiāng k-
àn 【令人瞩目】lìng rén zhǔ mù 【另眼
相看】lìng yǎn xiāng kàn 【另眼看待】l-
ìng yǎn kàn dài 【另眼相待】lìng yǎn xi-
āng dài ¶한국은 〜할만한 경제성장
을 이룩했다 | 韩国经济发展取得了令
人瞩目的成绩。

괄시[恝視] 몡하타 【轻视】qīngshì 【轻
看】qīngkàn 【歧视】qíshì ¶그는 능력
이 없어서 늘 〜를 당한다 | 他由于没
有本事, 常常受轻视。¶그를 〜하지
말라 | 你别轻视了他。

괄약근[括約筋] 몡 〈生理〉【括约筋】ku-
òyuējīn 【括约肌】kuòyuējī

괄호[括弧] 몡 【括号】kuòhào 【括弧
(儿)】kuòhú(r)

ᴮ**광**[光] 몡 【光】guāng 【光泽】guāngzé
【光彩】guāngcǎi ¶닦아서 〜을 내다
| 磨 mó 光/磨出光泽来。

광[倉庫] 몡 【仓库】cāngkù 【库房】kùfáng
【杂物房】záwùfáng
─광 〈一狂〉回 【迷】mí ¶바둑 〜 | 棋 q-
í 迷。¶축구 〜 | 足球 zúqiú 迷。¶스
포츠 〜 | 运动迷。¶영화 〜 | 电影迷
/影迷。

광견병[狂犬病] 몡 【狂犬病】kuángqu-
ǎnbìng 【疯犬病】fēngquǎnbìng

ᴮ**광경**[光景] 몡 【景象】jǐngxiàng 【情景】
qíngjǐng ¶풍작의 〜 | 丰收景象。¶
일출을 보다 | 看日出的景象。

광고[廣告] 몡하타 【广告】guǎnggào
【招贴】zhāotiē ¶〜를 내다 | 登 dēng
广告。¶〜 포스터 | 广告画huà。¶
벽에 〜벽보가 한 장 붙어 있다 | 墙上
有一张招贴。

광고문[廣告文] 몡 【广告文】guǎnggào-
wén

광공업[鑛工業] 몡 【工矿业】gōngkuàngyè

광기[狂氣]【疯狂】fēngkuáng ¶～가 서린 눈 | 充满疯狂的眼睛。

광대¹[藝人]【民间艺人】mínjiān yìrén ¶～노릇을 하다 | 当艺人。

광대²[廣大] 图剧圈【广大】guǎngdà【广阔】guǎngkuò ¶～한 조직 | 广大的组织。¶지역이 ～하다 | 地域广阔。

광대뼈[顴骨]【权骨】quán·gǔ【颧骨】quán-ngǔ ¶～가 툭 튀어 나오다 | 颧骨突起tūqǐ。

광도[光度] 图【光度】guāngdù【亮度】liàngdù ¶～계 | 光度计儿/光度表biǎo。

광란[狂亂] 图剧困【狂乱】kuángluàn【疯狂】fēngkuáng ¶～의 현장 | 狂乱的现场。

광맥[鑛脈]【矿脉】kuàngmài ¶～을 확실히 찾아내었다 | 摸mō清了矿脉。

광명[光明]【光明】guāngmíng【明朗】mínglǎng ¶어둠 속의 한 줄기 ～ | 黑暗中的一线光明。¶～의 세계 | 光明的世界。

광목[廣木]【白布】báibù【白棉布】báimiánbù ¶흰 무늬의 ～ | 提花白布。

광물[鑛物] 图【矿物】kuàngwù ¶～학 | 矿物学。¶～ 자원 | 矿物资源。¶～성 연료 | 矿物燃料。¶～ 염료 | 矿物染料。

광물질[鑛物質] 图图【矿物质】kuàngwù-zhì

광범[廣範] 图剧图【广泛】guǎngfàn【广大】guǎngdà ¶용도가 ～하다 | 用途yòngtú广泛。¶～한 조직 | 广大的组织。

광복[光復] 图剧圈【光复】guāngfù

광복절[光復節]【光复节】guāngfùjié

광부[鑛夫]【矿工】kuànggōng【矿丁】kuàngdīng【矿民】kuàngmín

광분[狂奔] 图剧困 ❶ (미처 날뛰어)【狂奔】kuángbēn【狂走】kuángzǒu ❷ (바삐 돌아다니다)【奔忙】bēnmáng【奔走】bēnzǒu【忙乱】mángluàn ¶선거 운동에 ～하고 있다 | 奔忙于选举运动。

광산[鑛山]【矿山】kuàngshān ～

측량학 | 矿山测量学。¶～ 노동자 | 采矿工人。¶～업 | 矿产业/采矿业。¶～ 오염 | 矿山污染。

광산촌[鑛山村]【矿山村】kuàngshā-ncūn

광석[鑛石]【矿石】kuàngshí【水晶】shuǐjīng ¶～내 금속 함유량 | 矿石含金属量。¶～ 검파기 | 水晶测波仪。¶～수신기 | 水晶受信机。

광선[光線] 图【光】【光线】guāngxiàn ¶～속 | 光线束。¶～ 요법 | 光线疗法。¶～욕 | 光线浴yù。

광섬유[光纖維; optical fiber] 图〈電算〉【光纤】guāngxiān【光学纤维】guāngxué xiānwéi【光导纤维】guǎngdǎo xiānwéi ¶～ 디지털 통신 | 光纤数字通信。¶～ 통신 시스템 | 光纤通信系统。

광속[光速] 图【光速】guāngsù ¶～도 | 光速(度)。

광야[曠野] 图【旷野】kuàngyě【旷原】kuàngyuán ¶～에 몇몇 황폐한 마을들이 늘어져 있다 | 旷野中横着几个荒村。

광어[廣魚] 图〈魚貝〉【偏口鱼】piānkǒu-yú【牙鲆】yápíng

광업[鑛業] 图【矿业】kuàngyè ¶～권 | 矿业权。¶～ 도시 | 矿业城市。¶～소 | 矿业所。

광역[廣域] 图【广域】guǎngyù ¶～ 경제 | 广域经济。¶～ 도시 | 广域都市。¶～수사 | 广域搜查。

광역 통신망[廣域通信網;WAN;wide area network] 图〈電算〉【广域网】guǎngyùwǎng

광우병[狂牛病] 图【狂牛病】kuángniú-bìng

광의[廣義] 图【广义】guǎngyì ¶～로 말하다 | 广义地说。

광장[廣場] 图【广场】guǎngchǎng ¶천안문 ～ | 天安门广场。

광적[狂的]【狂热】kuángrè【狂热般的】kuángrè bān·de ¶～ 집착 | 狂热的执着。¶음악에 대한 그의 애정은 ～이다 | 他对音乐的热情是狂热的。

광주리[筐(儿;子)]【筐】kuāng(r,·zi) ¶대～ | 竹筐儿。¶과일 한 ～ | 一筐果子。

광채[光彩]【光彩】guāngcǎi ¶매대

위에 ~가 눈부신 각종 비단이 놓여 있다 | 柜台上放着光彩夺目的各色丝绸 sīchóu。

광케이블[光 cable;optical cable] 명〈電機〉【光缆】guānglǎn

광택[光澤] 명【光泽】guāngzé【光亮】guāngliàng ¶닦아 ~을 내다 | 磨磨 mómo 出光泽来。¶닦을 수록 ~이 난다 | 越擦越亮。

광학 문자판독 장치[光學文字判讀裝置;OCR;optical character recognition] 명〈電算〉【光符阅读器】guāngfú yuèdúqì

광합성[光合成] 명【光合成】guānghéchéng

광활[廣闊] 명형【广阔】guǎngkuò ¶지역이 ~하다 | 地域广阔。

괘[卦] 명❶ (주역의) 【卦】guà ❷ (점괘) 【占卜】zhānbǔ【占卦】zhānguà

괘념[掛念] 명하타【挂念】guànniàn【记挂】jìguà ¶너무 ~치 마세요 | 不要太挂念。

ᴮ**괘씸하다** 형【可恶】kěwù【可恨】kěhèn【气人】qìrén ¶그의 저 꼬락서니는 괘씸하기 그지없다 | 他那嘴脸可恶极了!

괘종[掛鐘] 명【挂钟】guàzhōng【壁钟】bìzhōng

랜스레부【无端】wúduān【平空】píngkōng ¶~ 남의 일에 간섭하다 | 无端干涉他人的事。

ᴬ**괜찮다** 형❶ (쓸 만하다·나쁘지 않다) 【不错】búcuò【可以】kěyǐ【还行】háixíng ¶괜찮게 생기다 | 长得不错。¶이 모자는 써보니까 그런대로 ~ | 这顶帽子戴着还可以。❷ (무방하다) 【没关系】méiguān·xi【不要紧】búyàojǐn【无妨】wúfáng ¶늦어도 ~ | 晚一点儿也没关系。¶네가 이렇게 하는 것은 괜찮은데, 남들이 모두 너를 비웃을 것이다 | 你这么做不要紧, 可是别人都会笑xiào你的。

괜히 형【空】kōng【白】bái【枉然】wǎngrán【徒然】túrán ¶괜히 부르다 | 白叫了。¶나는 괜히 많은 돈을 썼다 | 我枉然花了不少钱。¶괜히 인력과 재력을 낭비하다 | 徒然耗费hòufèi人力·物力。참고〔无用的〕〔无谓的多〕

괜히형【多余的】duōyú·de【白白地】b-

áibái·de ¶~ 트집을 잡다 | 没事找茬儿。

ᴮ**괭이** 명【镐】gǎo ¶~ 한 자루 | 一把镐。

괴괴하다 형【安谧】ānmì【安澜】ānlán ¶괴괴한 가을 밤 | 安谧的秋夜。

괴기하다[怪奇−] 형【怪】guài【奇怪】qíguài【奇异】qíyì ¶괴기한 일 | 奇怪的事。

ᴬ**괴다**¹ 통❶ (물 등이 모이다) 【积聚】jījù【满】mǎn ¶빗물이 마당에 ~ | 院子里积了雨水。¶입에 침이 ~ | 嘴里满是口水。❷ (술 등이 발효되다) 【发酵】fājiào

괴다² 통❶ (받침대로 괴다) 【支】zhī【垫】diàn ¶걸상으로 나무 판자를 ~ | 用凳子把木板支起来。¶책상이 흔들거리니 나무조각을 한 개 괴시오 | 桌子不稳, 垫一块木片儿。❷ (쌓다) 【码】mǎ【摞】luò ¶떡을 ~ | 把打糕码起来。

괴로움 명【痛苦】tòngkǔ【难过】nánguò【难受】nánshòu ¶~을 이겨내다 | 战胜痛苦。¶환자의 ~ | 病人的痛苦。

괴로워하다 형❶ (고통을 느끼다) 【痛苦】tòngkǔ【难过】nánguò【难受】nánshòu ¶갈증으로 ~ | 渴得难受。❷ (고민하다) 【难过】nánguò【烦人】fánrén【心烦】xīnfán ¶죄책감으로 ~ | 负罪感使其很难过。

ᴮ**괴롭다** 형【痛苦】tòngkǔ【不舒服】bùshū·fu【难过】nánguò ¶그는 오랫 동안 아파서 아주 괴로웠다 | 他长期生病, 感到很痛苦。¶괴로운 표정 | 痛苦的表情。¶너무 괴로워하지 마라 | 别难过。

괴뢰[傀儡] 명【傀儡】kuǐlěi ¶~·고 傀儡军。¶~ 정권 | 傀儡政权。

괴리[乖離] 명하자【乖离】guāilí ¶~개념 | 乖离概念。

ᴮ**괴물**[怪物] 명【怪物】guài·wu

괴벽[怪癖] 명하형【怪人】guàirén【怪物】guàiwù【怪脾气】guàipí·qi ¶그 작가는 ~하기로 유명하다 | 那个作家可是出了名的以怪脾名。

괴변[怪變] 명【奇怪的变故】qíguài·de biàngù【怪事】guàishì ¶~이 생기다 | 发生了怪事。

87

괴상[怪常] 閔혜형【奇怪】qíguài【异常】yìcháng ¶~ 망측 | 奇怪。¶~한 일 | 奇怪的事。¶이런 ~한 현상을 연구해 볼만한 가치가 있다 | 这种异常现象xiànxiàng值得研究。

괴이[怪異] 閔혜형 ☞ 괴상하다

괴짜[怪-] 閔【怪东西】guàidōng·xi【古怪】gǔguài【怪人】guàirén ¶저 사람은 ~야 | 那个人是个怪人。

괴팍[乖愎] 閔형【乖僻】guāipì【乖戾】guāilì ¶성질이 ~하다 | 性情乖僻。¶이 사람은 성격이 매우 ~하여, 함께 지내기가 어렵다 | 这个人乖戾, 很不好相处。

괴한[怪漢] 閔【怪人】guàirén【怪家伙】guài jiā·huo ¶집에 ~이 침입하다 | 家里闯进来了个怪人。

굉음[轟音] 閔【垫石】chǔshí【垫石】diànshí【轟音】hōngyīn【轟鳴】hōngmíng ¶대포의 ~ | 大炮轰鸣。

굉장하다[宏壯-] 형【宏伟】hóngwěi ¶굉장한 목표 | 宏伟的目标。¶기세가 ~ | 气势很宏伟。

굉장하다[宏壯-] 형【巨大】jùdà【壮观】zhuàngguān ¶굉장한 공사 | 巨大的工程。¶굉장한 노력을 기울이다 | 倾注巨大的努力。

교가[校歌] 閔【校歌】xiàogē ¶우리 모교의 ~는 아주 듣기 좋다 | 我们母校的校歌很好听。

교감[校監] 閔【副校长】fùxiàozhǎng【教导主任】jiàodǎo zhǔrèn

교과목[教科目] 閔【课程】kèchéng

교과서[教科書] 閔【教科书】jiàokēshū【教本】jiàoběn【课本】kèběn ¶국정 ~ | 国定教科书。

교교하다[皎皎-] 형【皎洁】jiǎojiǎo ¶교교한 달빛 | 皎洁的月色。

교구[教區] 閔【教区】jiàoqū

교권[教權] 閔【教权】jiàoquán【师道尊严】shīdào zūnyán ¶~을 확립하다 | 树立师道尊严。

교단[校壇] 閔【讲台】jiǎngtái ¶~에서 물러나다 | 从讲台上退了下来。¶~에서다 | 走上讲台。

교대[交代] 閔혜자타【交代】jiāodài【替换】tì·huan ¶작업을 ~하다 | 交代工作。¶모두들 ~로 일 합시다 | 大家替换着干吧。¶~ 근무제 | 倒班制/轮值制。찹고〔交班jiāobān〕〔接jiē 班 (儿)〕〔歇xiē 班 (儿)〕〔值zhí 班 (儿)〕

교도[教導] 閔하타【教导】jiàodǎo【指导】zhǐdǎo ¶청소년을 ~하다 | 教化劣迹lièjì少年。

교도[教徒] 閔【教徒】jiàotú ¶기독~ | 基督教徒。¶불~ | 佛教徒。

교도관[矯導官] 閔【教导官】jiàodǎoguān

교도소[矯導所] 閔 ☞ 감옥

교란[攪亂] 閔하타【扰乱】rǎoluàn【搅乱】jiǎoluàn【捣乱】dǎoluàn ¶~ 요인 | 干扰因素/动乱因素。¶시장을 ~하다 | 扰乱市场。¶적의 후방을 ~하다 | 扰乱敌人的后方。참고〔扰害rǎohài〕〔窜改cuàngǎi〕

교량[橋梁] 閔【桥梁】qiáoliáng ¶~을 보호하다 | 保护bǎohù桥梁。¶~ 역할을 하다 | 起桥梁作用zuòyòng。¶~식 기중기 | 高架桥diào车/跨式吊车。

교류[交流] 閔하자【交流】jiāoliú【沟通】gōutōng ¶문화 ~ | 文化交流。¶학교간의 ~ | 校际交流。¶양국 문화를 ~하다 | 沟通两国文化

교리[教理] 閔〈宗〉【教理】jiàolǐ【教义】jiàoyì ¶기독교의 ~를 위반했다 | 违反了基督教的教义。

교만[驕慢] 閔형혜형【骄傲】jiāo'ào【傲慢】àomàn ¶~을 부리다 | 傲里傲气。¶그녀는 너무 ~하다 | 她太骄傲。¶복장은 단정하지 않으면서 태도는 매우 ~하다 | 服装fúzhuāng并不整齐zhěngqí, 可是态度非常傲慢。

교묘[巧妙] 閔형혜형【巧妙】qiǎomiào【奇巧】qíqiǎo ¶거미가 거미줄을 치는 기능은 아주 ~하여 사람들로 하여금 경탄하게 한다 | 蜘蛛zhīzhū结网jiéwǎng的技能非常巧妙, 使人惊叹jīngyà。¶이 문제를 ~하게 처리했다 | 巧妙地处理这一问题。

교무[教務] 閔【教务】jiàowù ¶~처 | 教务处。¶~처장 | 教务处处长。

교문[校門] 閔【校门】xiàomén

교미[交尾] 閔하자【交尾】jiāowěi ¶두 마리의 잉어가 ~하고 있다 | 两条鲤鱼正在交尾。

교민[僑民] 閔【侨民】qiáomín ¶~을

보호하다 | 保护bǎohù侨民.

교배[交配] 명 하타 【交配】jiāopèi 【受粉】shòufěn ¶좋은 돼지를 골라 ~하다 | 挑优良种猪交配. ¶~기 | 交配期.

^C**교복**[校服] 명 【学生制服】xuéshēng zhìfú 【校服】xiàofú

교부[交付] 명 하타 【发给】fāgěi 【颁发】bānfā 【交付】jiāofù 【交给】jiāo·gei 【缴纳】jiāonà 【交出】jiāochū 【交割】jiāogē 【拨交】bōjiāo ¶면허증을 ~하다 | 发给执照. ¶인신을 ~하다 | 交出公章.

교분[交分] 명 【交情】jiāo·qing ¶나는 그와 ~이 두텁다 | 我和他交情很深.

교사¹[校舍] 명 【校舍】xiàoshè

^B**교사**²[教師] 명 【教师】jiāoshī ¶~가 되다 | 当教师. ¶중등 ~ | 中学教师.

교사³[教唆] 명 하타 【教唆】jiāosuō ¶~범(인) | 教唆犯. ¶~죄 | 教唆罪.

교살[絞殺] 명 하타 【绞杀】jiāoshā 【绞死】jiǎosǐ 【勒死】lēisǐ 【勒毙】lēibì ¶한 이단자를 ~시켰다 | 绞死了一个异端分子. ¶악한이 인질을 ~했다 | 凶手xiōngshǒu把人质rénzhì勒死了.

교서[教書] 명 하타 ❶【国情咨文】guóqíng zīwén ❷【敕令】chìlìng 【圣旨】shèngzhǐ

교섭[交渉] 명 하자타 【交涉】jiāoshè 【商洽】shāngqià 【洽商】qiàshāng 【接洽】jiēqià 【磋商】cuōshāng 【谈判】tánpàn ¶노동자 대표가 회사 책임자와 ~중이다 | 工人代表正在跟公司负责人交涉. ¶각 관계 부처와 ~을 하다 | 与各有关部门进行磋商. ¶~에 들어가다 | 摆到了谈判桌上.

^A**교수**[教授] 명 하타 ❶ (대학에서 가르치는 사람)【教授】jiāoshòu ¶부~ | 副教授. ¶객원 ~ | 客座kèzuò教授. ❷ (가르침)【讲授】jiǎngshòu 【授课】shòukè 【教学】jiāoxué ¶~법 | 教学方法.

교수대[絞首臺] 명 【绞架】jiāojià 【绞刑架】jiāoxíngjià 【吊架】diàojià ¶전범은 마땅히 ~에서 처형해야 한다 | 战犯应当上绞架处死.

교수형[絞首刑] 명 【绞刑】jiāoxíng

교시¹[教示] 명 하타 【教导】jiàodǎo 【教诲】jiàohuì

교시²[校時] 의명 【节】jié ¶제5~ | 第五节课.

교신[交信] 명 하자 【通信】tōngxìn 【信息交流】xìnxī jiāoliú ¶그는 졸업 후에 본래 알던 학우들과 ~하고 있다 | 他毕业后常跟原来的同学通信.

^A**교실**[教室] 명 【教室】jiāoshì 【课室】kèshì 【课堂】kètáng

교양[教養] 명 【教养】jiàoyǎng ¶그는 ~이 없다 | 他太没有教养了. ¶~서적 | 教养书籍. ¶~소설 | 教养小说.

교언영색[巧言令色] 명 【巧言令色】qiǎo yán lìng sè 【花言巧色】huā yán qiǎo sè

교역[交易] 명 하타 【交易】jiāoyì 【通商】tōngshāng ¶~하다 | 做交易. ¶외국과의 ~을 활발하게 하다 | 振兴zhènxīng对外交易.

교외¹[郊外] 명 【郊外】jiāowài ¶일요일에 ~로 놀러갈 준비를 하다 | 星期天准备去郊外旅游.

교외²[校外] 명 【校外】xiàowài ¶~활동 | 校外活动. ¶~교육 | 校外教育. ¶~지도 | 校外指导.

교우[交友] 명 하자 【交朋友】jiāo péngyǒu 【交往】jiāowǎng 【交际】jiāojì ¶그는 ~범위가 넓다 | 他交友甚shèn广.

교원[教員] 명 【教员】jiàoyuán ¶~자격증 | 教员资格证书.

교육[教育] 명 하타 【教育】jiàoyù ¶~방침 | 教育方针. ¶가정~ | 家庭教育. ¶평생~ | 终生教育. ¶~공무원 | 教育公务员. ¶~보험 | 教育保险. ¶~투자 | 教育投资. ¶~행정 | 教育行政.

교육계[教育界] 명 【教育界】jiàoyùjiè ¶~인사 | 教育界人士.

교육 기관[教育機關] 명 【教育机关】jiàoyù jīguān 【教育机构】jiàoyù jīgòu

교육 대학[教育大學] 명 【师范学校】shīfàn xuéxiào 【师范大学】shīfàn dàxué 【师范学院】shīfàn xuéyuàn

교육법[教育法] 명 【教育法】jiàoyùfǎ ¶~을 개정하다 | 修订教育法.

교육비[教育費] 명【教育费】jiàoyùfèi

교육세[教育稅] 명【教育税】jiàoyùshuì

교육자[教育者] 명【教育者】jiàoyùzhě ¶그는 진정한 ~가 아니다 | 他不是真正的教育者。

교육 제도[教育制度] 명【教育制度】jiàoyù zhìdù ¶~를 개선해야 한다 | 一定得改善教育制度。

교육학[教育學] 명【教育学】jiàoyùxué

교인[教人] 명【宗教人】zōngjiàorén

교장[校長] 명【校长】xiàozhǎng

교재[教材] 명【教材】jiàocái ¶~비 | 教材费。¶~ 한 권을 편찬했다 | 编了一本教材。

교전[交戰] 명하자【交战】jiàozhàn 【会战】huìzhàn ¶~ 상태 | 交战状态。¶~ 단체 | 交战团体。¶낙동강에서 ~을 벌이다 | 在洛东江交战。

교접[交接] 명【交尾】jiāowěi ¶~불능 | 无法交尾。

교정[校庭] 명【校园】jiàoyuán 【学校操场】xuéxiào cāochǎng ¶정든 ~을 떠나다 | 离开了情深意浓的校园。

교제[交際] 명하자【交际】jiāojì 【交道】jiāodào 【来往】láiwǎng 【应酬】yìngchóu 【过从】guòcóng 【接触】jiēchù 【交情】jiāo·qing 【交往】jiāowǎng ¶나는 결코 이런 인간하고는 ~하지 않겠다 | 我决不跟这种人来往。¶~를 잘 못한다 | 不会应酬/不善应酬shànyìngchóu。¶그는 ~를 중히 여긴다 | 他讲究应酬。¶그와 ~하고 있다 | 跟他有接触。

교조[教祖] 명【教祖】jiàozǔ 【主】jiàozhǔ

교조주의[教條主義] 명【教条主义】jiàotiáo zhǔyì

교주[教主] 명【教主】jiàozhǔ

교지[敎旨] 명【圣旨】shèngzhǐ

교직[教職] 명 ❶【教师职务】jiàoshī zhíwù 【教育战线】jiàoyù zhànxiàn ¶~을 떠나다 | 离开了教育战线。❷〈宗〉【神职】shénzhí

교직원[敎職員] 명【教职员】jiàozhíyuán 【教工】jiàogōng 【教职员工】jiàozhíyuángōng ¶~이 모두 백오십 명이다 | 共有一百五十个教职员。

교차[交叉] 명하자【交叉】jiāochā 【相交】xiāngjiāo ¶~이 세 가닥의 선이 여기서 ~한다 | 三条线在这儿交叉。¶~로 | 交叉路。

교체[交替] 명하자타【交替】jiāotì 【替换】tì·huan 【置换】zhìhuàn 【对调】duìdiào 【代替】dàitì 【取代】qǔdài 【更替】gēngtì 【更换】gēnghuàn ¶새 것과 헌 것을 ~하다 | 新旧交替。¶3번 선수로 5번선수를 ~하다 | 由三号队员替换五号队员。¶서로 ~할 수 없다 | 彼此不能代替。

교칙[校則] 명【校规】xiàoguī ¶~이 아주 엄하다 | 校规很严。

교탁[教卓] 명【讲桌】jiǎngzhuō

교태[嬌態] 명【娇态】jiāotài 【娇气】jiāoqì 【娇姿】jiāozī ¶~를 부리다 | 撒娇。

교통[交通] 명【交通】jiāotōng ¶~ 표지 | 交通标志biāozhì。¶~ 수단 | 交通工具。¶~ 마비 | 交通麻痹。¶~ 신호 | 交通信号。¶~ 소음 | 交通噪音。¶~ 요충지 | 交通要塞。¶~ 순찰차 | 交通事故勘察车。¶~ 신호등 | 交通信号灯。

교통 경찰[交通警察] 명【交通警察】jiāotōng jǐngchá ¶~서 | 交通中队。¶~ 초소 | 交通岗楼。

교통비[交通費] 명【车马费】chēmǎfèi 【交通费】jiāotōngfèi

교통 사고[交通事故] 명【车祸】chēhuò 【交通事故】jiāotōng shìgù ¶세계적으로는 1분에 한 건씩 ~가 발생한다 | 世界上每分钟发生一起车祸。¶아침에 ~가 나서 출근할 수 없다 | 早上出了车祸，不能上班bān了。¶~율 | 交通事故率。¶~ 표시판 | 交通事故牌。

교통 순경[交通巡警] 명【交通警】jiāotōngjǐng

교통 체증[交通滯症] 명【交通拥挤】jiāotōng yōngjǐ 【交通阻塞】jiāotōng zǔsāi

교파[教派] 명【教派】jiàopài

교편[教鞭] 명【教鞭】jiàobiān ¶그는 초등학교에서 ~을 잡고있다 | 他在小学执教。

교포[僑胞] 명【侨胞】qiáobāo 【侨民】qiáomín ¶~가 귀국하여 정착하는 것을 환영하다 | 欢迎huānyíng侨胞回国定居。¶~를 보호하다 | 保护bǎohù侨民。

^B**교향곡**[交響曲] 圐〈音〉【交响曲】jiāoxiǎngqǔ

^C**교향악**[交響樂] 圐〈音〉【交响乐】jiāoxiǎngyuè ¶~단 | 交响乐团/交响乐队。

교화[教化] 圐하타【教化】jiàohuà ¶문제아에 대한 ~ | 关于问题儿童的教化。

^B**교환**[交換] 圐하타❶（물건）【交换】jiāohuàn【抵换】dǐhuàn【换】huàn【交流】jiāoliú【更换】gēnghuàn【调换】dàohuàn【掉换】diàohuàn【置换】zhìhuàn ¶~ 가치 | 交换价值。¶（전화의）~대 | 交换机。¶나쁜 물건을 좋은 물건으로 ~하다 | 拿不好的东西换好的。¶물물~하다 | 物物交换。❷（전화）【接线】jiēxiàn ❸（교환수）【话务员】huàwùyuán【接线生】jiēxiànshēng ¶전화 ~수의 써비스가 매우 좋지 않다 | 电话接线生服务态度很不好。❹（교환대）【总机】zǒngjī ❺〈經〉【兑换】duìhuàn【易】yì ¶화폐 ~ | 兑换货币。¶물물~ | 以物易物。

교활[狡猾] 圐하형【狡猾】jiǎohuá ¶~한 놈 | 狡猾的家伙。참고〔狡滑huá〕〔狡 狯 kuài〕〔巧qiǎo黠〕〔流猾〕〔藏奸cángjiān〕〔刁 diāo猾〕〔油猾〕〔狡黠jiǎoxiá〕〔狡诈zhà〕

^C**교황**[教皇] 圐〈宗〉【教皇】jiàohuáng ¶~사절 | 教皇使节。

^C**교황청**[教皇廳] 圐〈宗〉【教皇厅】jiàohuángtīng

^A**교회**[教會] 圐〈宗〉【教会】jiàohuì ¶~법 | 教会法。¶~ 음악 | 教会音乐。¶~를 몇 군데 설립했다 | 设立了几个教会。

^C**교회당**[教會堂] 圐【教堂】jiàotáng

^B**교훈**[教訓] 圐하타❶（훈계）【训戒】xùnjiè ¶이 아이들은 부모의 ~을 잘 지킨다 | 这些孩子严守父母的训戒。❷（가르침）【教训】jiào·xun ¶이번 실패는 나에게 소중한 ~을 주었다 | 这次失败给了我很宝贵的教训。

^C**교훈**[校訓] 圐【校训】xiàoxùn

구[區] 圐【区】qū ¶자치~ | 自治区。¶선거~ | 选举区。

구²[句] 圐〈言〉【词组】cízǔ【短语】duǎnnyǔ ¶명사~ | 名词词组。¶동목어

~ | 动宾词组。

구³[球] 圐【球】qiú ¶제일~ | 第一球。

구⁴[具] 의图【具】jù ¶시체 한 ~ | 一具死尸。

^A**구**⁵[九] 준【九】jiǔ

구~⁶[舊~] 토【旧】jiù ¶~사회 | 旧社会。¶~시대 | 旧时代。

~**구**⁷[~口] 回【口】kǒu ¶출입~ | 出入口。¶비상~ | 非常口。

구간[區間] 圐【区间】qūjiān【地段】dìduàn【段】duàn ¶~ 초과 요금 | 补票费。¶이 ~은 모든 열차가 30분마다 한 차례 운행한다 | 这区间每班列车lièchē每三十分钟行驶xíngshǐ一次。¶이 ~은 높은 건물 짓는 것이 금지되어 있다 | 这一地段禁止建筑高楼。참고〔区段〕〔距度〕

구강[口腔] 圐〈生理〉【口腔】kǒuqiāng ¶~ 모음 | 口腔元音。¶~염 | 口腔炎。¶~ 위생 | 口腔卫生。

구개[口蓋] 圐〈生理〉【上颚】shàng·è ¶연~ | 软颚。¶~골 | 颚骨。

구걸[求乞] 圐하타【乞讨】qǐtǎo【乞讨】qǐtǎo ¶평화를 ~하다 | 乞求和平。¶길에서 ~하다 | 沿街yánjiē乞讨。¶~로 살아가다 | 乞讨度日dùrì。참고〔央 求〕〔央告〕〔求乞〕〔求告〕〔化缘〕

구겨지다 동【出褶】chūzhě【起皱】qǐzhǒu

^A**구경** 圐하타【观看】guān·kàn【观赏】guānshǎng【赏玩】shǎngwán【欣赏】xīnshǎng【参观】cānguān【看】kàn ¶열대식물을 ~하다 | 观赏热带植物。¶골동품을 ~하다 | 赏玩古董。¶달 ~하다 | 欣赏月亮yuèliàng。¶전시품을 ~하나 | 参观展示品。참고〔瞧qiáo〕〔观光guānguāng〕〔观揽lǎn〕〔看热闹kàn rè·nao〕

구경거리 圐【可看的】kěkàn·de 【笑料】xiàoliào【笑柄】xiàobǐng【热闹事】rè·naoshì ¶여기엔 ~가 많다 | 这里可看的的东西很多。¶~가 되다 | 成为笑料。

구관이 명관이다 관용【姜还是老的辣】jiāng háishì lǎo·de là

구관조[九官鳥] 圐〈鳥〉【九官鸟】jiǔguānniǎo

구구[區區] 몡[허형] ❶ 〔각각 다름〕【纷纷】fēnfēn【各种各样】gèzhǒng gèyàng ¶~한 의견 | 各种各样的意见. ❷ 〔잘고 구차함〕【厚着脸皮】hòu·zhe liǎnpí【难为情】nánwéiqíng ¶~하게 변명하다 | 厚着脸皮辩白. ¶~한 사정을 말했다 | 说了些难为情的话. 참고〔恬不知耻〕tián bù zhī chǐ〔尴尬 gāngà〕〔丢脸 diūliǎn〕〔可耻 kěchǐ〕

구국[救國] 몡[하자]【救国】jiùguó ¶~운동 | 救国运动.

^B^**구근**[球根] 몡【球根】qiúgēn ¶~류 | 球根类. ¶~ 식물 | 球根植物.

구금[拘禁] 몡[하타]〈法〉【拘禁】jūjìn【囚禁】qiújìn【拘留】jūliú【禁闭】jìnbì【扣押】kòuyā ¶불법 ~하다 | 非法拘禁. ¶몇 명의 혐의자를 ~했다 | 拘留了几个嫌疑xiányí犯. ¶한 용의자가 경찰 당국에 ~되었다 | 一个嫌疑犯被警察jǐngchá局扣押了. 참고〔囚困〕〔囚系〕〔拘守〕〔监禁〕〔拘囚〕〔拘系〕〔拘押〕〔拘禁〕〔扣留〕〔关〕〔关押〕

구급[救急] 몡【救急】jiùjí ¶~약 | 救急药. ¶~ 상자 | 救急箱. ¶~낭 | 急救包. ¶~ 센터 | 急救站.

구급차[救急車] 몡【救护车】jiùhùchē

구기[球技] 몡〈體〉【球类运动】qiúlèi yùndòng

^B^**구기다** 통【皱】zhòu【弄皱】nòngzhòu ¶이 치마는 구김이 많이 있다 | 这条裙子易起了很多皱. ¶옷이 구겨졌다 | 衣裳皱了. ¶종이 구기지 말라 | 别把纸弄皱了.

구기적거리다 통【揉皱】róuzhòu【捏皱】niēzhòu

구김살 몡 ❶ 〔주름〕【皱纹】zhòuwén【褶皱】zhězhòu【折子】zhé·zi【褶子】zhé·zi ¶~이 간 모자 | 起了皱纹的帽子. ¶다리미로 바지의 ~을 펴다 | 用熨头熨平裤子的褶皱. ❷ 〔비유하여〕【波折】bōzhé【不顺心的地方】bùshùnxīn·de dì·fang ¶가난한 환경 속에서도 ~없이 자라다 | 在艰难的环境中没有波折地长大了.

구깃구깃 뵌[하타]【皱巴巴】zhòubābā【皱弄巴唧】zhòu nòng bā jī ¶~한 지폐 | 皱弄巴唧的钱币.

─구나 얘미 〔종결어미, 표시 감탄〕 ¶벌써 12시~ | 已经十二点了啊.

구내[區內] 몡【区域内】qūyùnèi【区域里】qūyùlǐ【院内】yuànnèi【场内】chǎngnèi【境内】jìngnèi

구내 매점[構内賣店] 몡【小卖部】xiǎomàibù【卖店】màidiàn【小卖点】xiǎomàidiǎn

구내 식당[構内食堂] 몡【食堂】shítáng

^B^**구단**[球團] 몡【职业球赛队】zhíyè qiúsàiduì【球队】qiúduì

구대륙[舊大陸] 몡【旧大陆】jiùdàlù

구더기[坑] 몡〈動〉【蛆】qū

구덩이[坑] 몡【坑】kēng ¶~를 파다 | 挖wā坑. ¶분뇨 ~ | 粪坑.

구도[求道] 몡[하자]【求道】qiúdào ¶~자 | 求道者.

구도[構圖] 몡【构图】gòutú【构思】gòusī ¶~를 잡다 | 构图. ¶이 그림은 ~가 정교하다 | 这幅画构图精巧.

구독[購讀] 몡[하타]【购阅】gòuyuè【订阅】dìngyuè ¶그는 매년 다섯종류의 신문과 잡지를 예약 ~한다 | 他每年订阅五种报刊.

구독료[購讀料] 몡【订(阅)费】dìng(yuè)fèi ¶월 ~는 3만원이고, 우송료는 별도로 계산한다 | 每月报刊费三万元, 邮费另加.

^A^**구두**[皮靴] 몡【皮鞋】píxié ¶~약 | 皮鞋油/鞋油. ¶~솔 | 皮鞋刷. ¶~주걱 | 鞋拔子. ¶~방 | 修鞋铺 | 皮鞋店. ¶소가죽 ~ | 牛皮鞋. ¶~창 | 皮鞋底.

구두[口頭] 몡【口头】kǒutóu ¶~ 보고하다 | 口头报告. ¶~ 협정 | 口头协定.

구두닦이[擦皮鞋] 몡【擦皮鞋】cāpíxié

구두쇠[吝嗇鬼] 몡【吝啬鬼】lìnsèguǐ【悭客人】qiānkèrén【守财奴】shǒucáinú ¶그는 목숨을 버릴지언정 재물을 버리지 않는 ~다 | 他是个舍命不舍财的守财奴. 참고〔守财房〕〔守钱奴〕〔看财奴〕〔钱串子〕〔钱串子脑袋〕〔钱房〕〔钱虏〕

구두점[句讀點] 몡【标点符号】biāodiǎn fúhào〔"句号"(./.)""逗号"(,)""顿号"(、)""分号"(;)""冒号"(:)""问号

(?)"感叹号(!)"引号("　"　'　')"括号
([　]/(　))"破折号(—)"省略号(…)"
书名号(《》/〈〉)" 등이 있음]

구둣발 阅【穿着皮鞋的脚】chuān·zhe
píxié·de jiǎo ¶～에 채이다 │ 被穿着
皮鞋的脚绊了一下。¶～로 밟다 │ 用
穿着皮鞋的脚踩。

ᶜ**구들** 阅【炕】kàng【火炕】huǒkàng【热
炕】rèkàng【暖炕】nuǎnkàng【温炕】w-
ēnkàng ¶～ 바닥 │炕上。¶～을 놓
다 │ 砌炕块。

구들장 阅【炕板石】kàngbǎnshí【炕
石】kàngshí ¶～을 지다 │ 躺在热炕
上。

ᴮ**구렁이** 阅❶〈動〉【蟒】mǎng【蟒蛇】m-
ǎngshé ❷(비유하여)【阴险的人】yī-
nxiǎn·derén

구레나룻 阅【络腮胡子】luòsāi hú·zi
【连鬓胡子】liánbìn hú·zi【连毛胡子】l-
iánmáo hú·zi

—**구려** 어미❶(表示感叹)【呀】yā ¶
참 고맙～│真感谢您呀。❷(表示祈
使或允许)【呗】bei ¶들어오～│进
来呗。¶갈 테면 가～│要去就去
呗。

ᶜ**구령**[口令] 阅하자타【口令】kǒulìng ¶
～붙이다 │ 喊口令。¶～소리 │ 口令
声。

ᴬ**구르다** 통❶(데굴 데굴 돌면서 다니
다)【滚】gǔn【滚动】gǔndòng【转动】
zhuǎndòng ¶작은 공이 이리저리 굴
러다닌다 │ 小球滚来滚去。❷(계속
굴러가다)【不停地滚动。¶바퀴가 아주
빠르게 굴러가다 │ 轮子转得很快。
❷(총포가 뒤로 되튀다)【向后坐】xi-
ànghòuzuò

구르다²[―頓]【顿】dùn【跺】duò ¶발을 몇
번 굴렀다 │ 顿了几下脚。¶그는 급
해서 마냥 발을 동동 굴렀다 │ 他急得
直跺脚儿。

ᴬ**구름** 阅【云】yún【云彩】yún·cai【云霭】
yún'ǎi【云头儿】yúntóur【烟霭】yān'ǎi
¶～같이 모여들다 │ 云集。¶만리창
공에 ～ 한 점 없다 │ 万里无云。¶짙
게 깔린 ～과 안개 │ 沉沉chén的云
霭。

ᶜ**구름다리**[―橋] 阅【天桥】tiānqiáo【吊桥】dià-
oqiáo

ᶜ**구름판**[―板] 阅【跳板】tiàobǎn

구릉[丘陵] 阅〈地〉【丘陵】qiūlíng ¶～
지 │ 丘陵地。¶～지대 │ 丘陵地带dì-
dài。(참고)〔丘垄lǒng〕〔冈峦líng〕

구리 阅〈化〉【铜】tóng

구리다 톙❶(냄새가)【臭】chòu【腐
臭】fǔchòu ¶구린내 │ 臭味儿wèir。
❷(하는 짓이 지저분하거나 인색함)
【卑鄙】bēibǐ【无耻】wúchǐ【丑恶】chǒ-
u'è ❸(말이나 태도가 떳떳하지 못
함)【可疑】kěyí【不大方】búdà·fang
¶다소 구린 데가 있다 │ 有点可疑。

구릿빛 阅【古铜色】gǔtóngsè

구매[購買] 阅하타【购买】gòumǎi【买
下】mǎixià【采购】cǎigòu ¶～하다 │
购买手段shǒuduàn。¶～력 │ 购买
力。¶일용품을 ～하다 │ 购买日用
品。¶대량의 목재를 ～했다 │ 采购
大量的木材。¶～ 책임자 │ 采购
员。

ᴬ**구멍** 阅【孔】kǒng【洞(儿,子)】dòng
(r·zi)【眼儿】yǎnr【漏洞】lòudòng ¶
바늘～│针孔。¶옷에 ～이 하나 났
다 │ 衣服上有一个洞。¶(물이 새는)
～을 막다 │ 堵dǔ住漏洞。

ᴮ**구멍가게** 阅【小铺子】xiǎopù·zi【家庭
经营的小零售店】jiātíng jīngyíng·de
xiǎolíngshòudiàn【夫妻店】fūqīdiàn
¶그들은 부부가 경영하는 ～를 개업
했다 │ 他们开了一个夫妻店。

구면[舊面] 阅【老相识】lǎoxiāngshí
【旧相识】jiùxiāngshí【熟人】shúrén
【面熟】miànshú ¶이 분은 ～인 듯한
것이 어디에선가 본 것 같다 │ 这位看
着面熟, 像在哪儿见过。

구명[究明] 阅하타【查明】chámíng
¶진상을 ～하다 │ 查明真相。(참고)
〔察chá明〕〔弄清nòngqīng〕

구명²[救命] 윈회자【救命】jiùmìng【救
生】jiùshēng ¶～ 밧줄 │ 救生绳。¶
～복 │ 救生衣。¶～ 보트 │ 救生船。
¶～운동을 벌이다 │ 展开救生运动。

구명정[救命艇] 阅【救生艇】jiùshēngtǐ-
ng

구물거리다 통❶(벌레가)【蠕动】rúd-
òng ¶작은 곤충 한 마리가 땅에서 구
물거리고 있다 │ 一条小虫在地上蠕
动。❷(동작이)【磨蹭】mó·ceng【迟
缓】chíhuǎn【慢腾腾】mànténgtēng
【慢吞吞】màntūntūn ¶이 일은 구물

거리면 안된다, 빨리 하여라 | 这件事
要赶快办, 不能磨蹭。 ¶이렇게 구물
거려서야 언제 도착할 수 있겠느냐 |
这样慢腾腾地走, 什么时候才能走到
呢。

구미[口味] 몡【口味】kǒuwèi【胃口】w-
èi·kǒu ¶~가 떨어지다 | 倒掉胃
口。 ¶~가　돌다 | 开胃/(비유)来
劲。

구미호[九尾狐] 몡【九尾狐】jiǔwěihú

구박[驅迫] 몡하타【虐待】nüèdài【欺
负】qī·fu【折磨】zhé·mo ¶~을 받다
| 受虐待。 ¶그녀는 ~을 당하여 울
었다 | 她被欺负得哭了起来。 ¶갖은
~을 다 받았다 | 受尽了折磨。

구변[口辯] 몡【口才】kǒucái ¶그의 ~
은 좋지 못하다 | 他的口才不佳。

B**구별**[區別] 몡하타【区别】qūbié【分
辨】fēnbiàn【区分】qūfēn ¶우리는 마
침내 이런 식물의 종류를 명확히 ~해
냈다 | 我们终于区别清楚了这些植物
zhíwù的种类zhǒnglèi。 ¶내가 왜 ~
해내지　못했지? | 我怎么区别不出
来。

구보[驅步] 몡하자【跑步】pǎobù ¶아
침 ~는 건강에 좋다 | 早上跑步, 对身
体有好处。

^**구부러지다** 통 ❶ (물체가) 【弯曲】wā-
nqū【弯】wān ¶구부러진 철사를 곧
게 펴다 | 把弯曲的铁丝弄直。 ¶나뭇
가지가 눈에 눌려 구부러졌다 | 树枝
都被雪压弯了。 ❷ (인체·등이) 【驼】t-
uó【曲】qū ¶할머니는 등이 구부러졌
으나 아직 정정하시다 | 老大娘虽然
背有些驼了, 但还很硬朗。 ¶구부러
진 허리와 등 | 弯曲wānqū的腰yāo和背bèi。

구부정하다 혱【微曲】wēiqū【稍微驼
背】shāowēi tuóbèi【등이 ~ | 背微
曲。

L**구분**[區分] 몡하타【区分】qūfēn【区
别】qūbié【分类】fēnlèi【划分】huàfēn
【分门别类】fēn mén bié lèi【挑选归
类】tiāo xuǎn guī lèi ¶시대 ~ | 划分
时代。 ¶두 가지 다른 성질의 모순을
엄격히 ~하다 | 严格yángé区分两类
不同性质的矛盾。

구불구불 부하형【弯弯曲曲】wānwān-
qūqū【曲曲折折】qūqūzhézhé ¶~ 굽
이 돌아 흐르는 강물 | 弯弯曲曲流着

의 河水。

구비[具備] 몡하자타【具备】jùbèi【备
齐】bèiqí【齐全】qíquán【齐备】qíbèi
【完备】wánbèi【备全】bèiquán ¶모
든 조건이 ~되었다 | 一切条件具备
了。 ¶주방 용구를 모두 ~하다 | 备
齐厨房用具。 ¶갖가지 물건이 다 ~
되어　있다 | 各种各样的货物都完备
了。

구사[驅使] 몡하타【运用】yùnyòng
【活用】huóyòng【应用】yīngyòng ¶
그는 중국어를 아주 유창하게 ~할 수
있다 | 他能流利liúlì地活用中国语
言。

구사일생[九死一生] 몡【九死一生】jiǔ
sǐ yì shēng【一生九死】yì shēng jiǔ sǐ
【死里逃生】sǐ lǐ táo shēng ¶그는 ~
으로 적의 점령지에서 도망쳐 나왔다
| 他九死一生从敌占区逃了出来。¶
그는 ~으로 살아나서 조국으로 돌아
왔다 | 他死里逃生, 回到了祖国。

구상[構想] 몡하타【设想】shèxiǎng
【构思】gòusī【构想】gòuxiǎng【文思】
wénsī ¶몇 가지 방안을 ~한 적이 있
다 | 设想过几个方案。 ¶이　소설은
그가 이미 몇 주 동안 ~했었다 | 这篇
小说, 他已经构思了好几个星期了。
¶그는 논문 한 편을 ~중에 있다 | 他
正在构思一篇论文。 참고〔规划〕guīhu-
à〔拟定nǐdìng〕〔酝酿yùnniàng〕

구색[具色] 몡【齐全】qíquán【俱全】jù-
quán【齐备】qíbèi【备全】bèiquán ¶다 갖추다
| 花色齐全。 ¶~을 갖추다 | 一概俱
全/一应俱全。

^**구석** 몡 ❶ (드러나지 않는 곳) 【角】jiǎo
【隅】yú【角落】jiǎoluò【뜰 한 ~에
복숭아 나무 한 그루가 자라고 있다 |
院子的一个角落长着一棵桃树。¶사
회의 ~~ | 社会的各个角落。 ❷ (외
딴곳) 【乡曲】xiāngqū【乡僻】xiāngpì
¶시골 ~ | 山沟沟里。 ❸ (~한 점)
【点】diǎn【面】miàn【端】duān ¶나
쁜 ~도 있다 | 也有很多弊端。

구석구석 부【每个角落】měi·ge jiǎoluò
【到处】dàochù【角角落落】jiǎojiǎoluò-
luò ¶~ 잘 찾아 보다 | 把角角落落
都好好找一找。

구석기[舊石器] 몡〈史〉【旧石器】jiùshí-
qì ¶~ 시대 | 旧石器时代。

구설[口舌] 〖명〗【数落】shǔluò 【抢白】qiǎngbái ¶남의 ~에 오르다 | 被别人数落。

구성[構成] 〖명〗〖하타〗❶ (몇 개의 요소가 하나로 짜여진 것)【构成】gòuchéng 【组成】zǔchéng 【成分】chéng·fen 【布局】bùjú ¶현대사의 주요 내용을 ~하다 | 构成了现代史的主要内容。 ¶위원회는 7인으로 ~되어 있다 | 委员会由七人组成。 ¶~ 단위 | 组成单位。 ¶~ 비율 | 构成比率。❷ (플롯)【结构】jiégòu ¶글의 ~ | 文章结构。

^B**구성원**[構成員] 〖명〗【成员】chéngyuán ¶전체 ~ | 全体成员。 ¶가족의 ~ | 家族的成员。

구성지다 〖형〗【悦耳】yuè·ěr 【动人】dòngrén 【风趣】fēngqù ¶구성진 노래 소리 | 悦耳的歌声。

구세군[救世軍] 〖명〗【救世军】jiùshìjūn

구세대[舊世代] 〖명〗【老一代】lǎo yídài 【老辈子】lǎobèi·zi

구세주[救世主] 〖명〗〈宗〉【救世主】jiùshìzhǔ 【救主】jiùzhǔ ¶세상에는 어떠한 ~도 없다 | 世界上没有什么救世主。

구속[拘束] 〖명〗〖하타〗❶【拘束】jūshù 【限制】xiànzhì 【束缚】shùfù ¶남의 정당한 활동을 ~하지 마시오 | 不要拘束孩子的正当活动。 ¶언론의 자유를 ~하다 | 限制言论自由。❷〈法〉【拘留】jūliú 【扣留】kòuliú 【扣押】kòuyā ¶몇 명의 혐의자를 ~했다 | 拘留了几个嫌疑犯。

구속력[拘束力] 〖명〗【约束力】yuēshùlì ¶~ 있는 계약 | 有约束力的合同。

구속 영장[拘束令狀] 〖명〗〈法〉【逮捕令】dàibǔlìng

구수하다 〖형〗❶ (맛·냄새가)【香】xiāng 【香喷喷】xiāngpēnpēn ¶이 요리는 아주 ~ | 这道菜很香。 ¶구수한 냄새 | 香喷喷的味。❷ (이야기가)【有趣】yǒuqù 【有意思】yǒu yì·si 【津津有味】jīn jīn yǒu wèi 【有声有色】yǒu shēng yǒu sè ¶그가 하는 말은 아주 ~ | 他说话很有意思。

구술[口述] 〖명〗〖하타〗【口述】kǒushù ¶~서 | 口述书。 ¶그는 당시의 정경을 ~하였다 | 他口述了当时的情景qíngjǐng。

구술시험[口述試驗] 〖명〗【口试】kǒushì ¶필기 시험에 합격한 후에야 비로소 ~을 볼 수 있다 | 笔试合格后,才能参加口试。

구슬[珍珠] zhēnzhū 【珠子】zhū·zi ¶~같다 | 像珍珠一样。

구슬땀 〖명〗【豆大的汗】dòudà·de hàn 【汗珠子】hànzhū·zi

구슬리다 〖동〗❶ (그럴듯한 말로)【唆使】suōshǐ 【哄骗】hǒngpiàn 【诱骗】yòupiàn 【哄】hǒng 【怂勇】sǒngyǒng 【盘弄】pánnòng 【挑逗】tiǎodòu ¶사람을 구슬리지 마! | 别哄骗人了! ¶남을 구슬려 올가미로 빠뜨리려 계획하다 | 设计诱骗人入彀gòu。 ¶어린애를 구슬려 달래다 | 哄孩子。 ¶그가 자기 생각을 굳히면 다른 사람이 그를 구슬릴 수가 없다 | 他拿定主意后,别人就怂勇不动他了。❷ (지난 일을)【回想】huíxiǎng 【回味】huíwèi 【细想】xìxiǎng ¶구슬려 생각하다 | 细想。

구슬이 서말이라도 꿰어야 보배 〖관용〗【玉不琢, 不成器】yù bùzhuó, bùchéngqì 【不经过琢磨, 宝石也不会放光】bùjīngguò zhuómó, bǎoshí yě búhuì fàngguāng

구슬프다 〖형〗【凄惨】qīcǎn 【凄凉】qīliáng ¶구슬피 울부짖는 소리 | 凄惨的哭叫声。 ¶구슬픈 여음이 이미 어두운 밤을 온통 물들였다 | 凄惨的余音yú yīn已经渗透shèntòu了整个黑夜。

구시렁거리다 〖동〗【唠叨】láo·dao 【嘟囔】dū·nang ¶할머니는 잘 구시렁거리는 법이다 | 老太太就爱唠叨。 ¶입 속으로 계속 ~ | 嘴里不住地嘟囔。 〔참고〕〔嘟哝〕〔嘟囔〕〔嘟嘟囔囔〕〔嘟嘟哝哝〕〔都嘟〕〔咕gū囔〕〔咕哝〕〔咕叨〕〔唠叨哝〕

구식[舊式] 〖명〗〖旧〗【旧】jiù 【旧式】jiùshì ¶~ 관념 | 旧的观念。 ¶옷이 너무 ~이다 | 衣服太旧了。 ¶~ 비행기 | 旧式飞机。 〔참고〕〔老式〕〔老样式〕〔旧样式〕〔旧式子〕

^B**구실**[口實] 〖명〗【借口】jièkǒu ¶~을 만들다 | 制造借口。 ¶~를 찾다 | 寻找借口。 ¶바쁜 것을 ~ 삼아 공부를 소홀히 하지 말라! | 别拿忙做借口而放松学习! ¶출장을 ~로 여행을 가다 | 以出差为借口去旅行。 〔참고〕〔由头〕

〔依yī口│藉jiè口〕

구실[명]하자[**作用**]zuòyòng[**本分**]běnfèn[**份内的事情**]fènnèi·de shì·qing ¶철로가 제 ~을 할 수 없다│铁路处理不好它的作用。¶자기 ~도 못하는 사람이 돼서야 되겠는가│连自己 份内的事情都干不好怎么行呢。

구심력[求心力][명]〈物〉[**向心力**]xiàngxīnlì ¶백성들의 ~을 증강하다│增强zēngqiáng人民的向心力。

구애[求爱][명]하자[**求爱**]qiúài ¶그는 대담하게 이 양에게 ~했다│他大胆dàdǎn·de向李小姐求爱。

구애[2][拘碍][명]하자[**拘泥**]jū·nì[**顾虑**]gùlǜ ¶형식에 ~되다│拘泥于形式。¶사소한 일에 ~받지 않다│不被小事所拘泥。참고〔拘来jūshù〕〔约束yuēshù〕[限制xiànzhì]

구약성서[舊約聖書][명]〈宗〉[**旧约圣经**]jiùyuē shèngjīng[**旧约全书**]jiùyuē quánshū

구역[區域][명][**区域**]qūyù[**区**]qū[**地段**]dìduàn[**地带**]dìdài ¶자치구.│自治区。¶~ 내 노선│段内线路。¶~ 기획 区域规划。¶이 ~은 높은 건물 짓는 것이 금지되어 있다│这一地段禁止建筑高楼。

구역질[嘔逆─][명]하자[**恶心**]ě·xin[**呕吐**]ǒutù[**呕**]ǒu[**哕**]yuě ¶정말 ~나다│真恶心。¶기름기만 보면 ~이 난다│一见油腻就发呕。

구연[口演][명]하자[**说唱**]shuōchàng ¶~동화│说唱童话。

구원[救援][명]하자[**援救**]yuánjiù[**挽救**]wǎnjiù[**抢救**]qiǎngjiù[**营救**]yíngjiù[**拯救**]zhěngjiù[**搭救**]dājiù[**援救**]yuánjiù ¶~의 손길을 기다리다│期待着人们的救援。¶다른 사람의 생명을 ~하다│抢救别人的性命。¶물에 빠진 사람을 ~하다│抢救落水者。

구인광고[求人廣告][명][**招聘广告**]zhāopìn guǎnggào[**招雇广告**]zhāogù guǎnggào[**职位空缺广告**]zhíwèi kōngquē guǎnggào

B구입[購入][명]하자[**购进**]gòujìn[**买进**]mǎijìn[**购买**]gòumǎi[**购置**]gòuzhì[**采购**]cǎigòu ¶일용품을 ~하다│购买日用品。¶가구를 ~하다

购置家具jiājù│생산 증대를 위해, 또 많은 농기구를 ~했다│为了扩大生产, 又购置了大批的农具。

구장[球場][명][**球场**]qiúchǎng

구전[口傳][명]하자타[**口传**]kǒuchuán ¶이 기예는 책에는 없고 모두가스승으로부터 ~된 것이다│这种技艺不见于书本, 都是由师傅口传的。¶~문학│口头文学[口头文学]

구절[句節][명][**句**]jù[**段**]duàn[**段落**]duànluò[**章节**]zhāngjié

구정물[명][**污水**]wūshuǐ[**脏水**]zāngshuǐ

구제[救濟][명]하타[**救济**]jiùjì[**接济**]jiējì[**赈济**]zhènjì[**周恤**]zhōuxù[**周济**]zhōujì[**补救**]bǔjiù ¶~ 금융│救济贷款。¶그는 많은 가난한 사람을 ~하였다│他救济过不少穷人。¶~식량│救济粮。¶이재민을 ~하다│赈济灾民。

구조[1][救助][명]하타[**搭救**]dājiù[**救护**]jiùhù[**救助**]jiùzhù ¶~요원│救护人员。¶~사다리│急救梯。¶~선│救护船。¶난민을 ~하는 것은 도의상 그만둘 수 없는 일이다│救助难民是义不容辞的事。

구조[2][構造][명][**构造**]jiégòu[**构造**]gòuzào ¶~가 간단하고 조작이 편리하다│结构简单, 操作方便。¶문장 ~│句子的结构。¶이 방의 ~는 매우 좋다│这所房子的构造很好。

구조물[構造物][명][**构筑物**]gòuzhùwù[**构造物**]gòuzàowù

구조적[構造的][관][**结构性**]jiégòuxìng ¶~ 변화│结构性变化。¶~ 불균형│结构性不平衡/结构性性失衡。¶~ 불황│结构性萧条。¶~ 신축성│结构伸缩性/结构弹性。

구좌[口座][명][**帐户**]zhànghù[**户头**]hùtóu ¶은행에 ~를 개설하다│在银行开立帐户。¶~를 없애다│销xiāo了帐户。

구직[求職][명]하자[**求职**]qiúzhí[**找工作**]zhǎo gōngzuò[**就业**]jiùyè ¶~광고│救职广告/招雇广告。¶~난│求职难。¶~을 신청하다│申请就业。

구질구질[부][형] ❶ (지저분함) [**污秽**]wūhuì[**脏乱**]zāngluàn ❷ (질퍽

함】【泥泞】níníng ¶비가 내린 뒤라서 길이 ~하다 | 雨后道路泥泞. ❸ (흐림)【阴霾】yīnmái ¶~한 날씨가 계속되다 | 阴霾的天气连日有.

ᴮ구찌【Gucci】몡〈商標〉【古奇】Gǔqí

ᴳ구차하다【苟且】톙❶ (가난)【贫穷】pínqióng【穷苦】qióngkǔ【寒酸】hánsuān ¶생활이 ~ | 生活shēnghuó贫穷. ¶구차한 생활을 하다 | 过穷苦的日子. ¶구차한 모습 | 寒酸相xiàng. ❷ (구구함)【厚着脸皮】hòu·zhe liǎnpí【难以启齿】nányǐqǐchǐ【寒碜】hán·chen ¶남에게 구차한 소리를 하다 | 说了些让人寒碜的话. ¶그런 구차한 말을 그만하시오 | 别说那些厚脸皮的话. [참고]〔贫苦〕【贫困】【忍辱】【忍垢】

ᴮ구청【區廳】몡【区政府】qūzhèngfǔ

ᴳ구체【具體】몡【具体】jùtǐ ¶~안 | 具体方案.

ᴳ구체적【具體性】관몡【具体】jùtǐ ¶계획이 very~이다 | 计划得很具体. ¶~으로 설명하다 | 具体地说明. ¶~적 방법 | 具体的方法. ¶~적인 예를 들다 | 举具体例子.

구체화【具體化】몡하타【具体化】jùtǐhuà ¶계획이 ~되다 | 计划具体化了.

구축【構築】몡하타【构筑】gòuzhù ¶요새를 ~하다 | 构筑堡垒bǎolěi. ¶진지를 ~하다 | 构筑阵地.

ᴳ구출【救出】몡하타【救出】jiùchū【拯救】zhěngjiù【救援】jiùyuán【搭救】dājiù【营救】yíngjiù【挽救】wǎnjiù ¶물속에서 물에 빠진 어린이를 ~했다 | 从水中救出了落水儿童. ¶~작전 | 营救战略.

구충제【驅蟲劑】몡〈藥〉【驱虫剂】qūchóngjì【杀虫药】shāchóngyào

구취【口臭】몡【口臭】kǒuchòu ¶이 치약은 ~를 전문으로 치료해 준다 | 这种牙膏专治口臭.

구치【拘置】몡하타〈法〉【拘留】jūliú ¶몇 명의 혐의자를 ~했다 | 拘留了几个嫌疑犯. ¶~소 | 拘留所.

구타【毆打】몡하타【殴打】ōudǎ【打】dǎ ¶서로 ~하다 | 互相hùxiāng殴打. ¶남에게 ~당하다 | 被人bèirén殴打.

구태【舊態】몡【旧态】jiùtài【老态】lǎotài

ài

ᴮ구태여튀❶ (불필요하게)【何必】hébì【何须】héxū ¶~ 남의 일에 상관할 필요가 있겠니? | 何必管guǎn人家的事呢. ¶~ 이렇게까지 사양할 필요가 있습니까? | 何必这么客气kèqì. ❷ (굳이)【非要】fēiyào【(不)一定】(bù)yídìng ¶그렇다면 ~ 말리지는 않겠다 | 那样的话, 我就不非要阻拦了.

구태의연[舊態依然]【依然旧态】yīrán jiù tài【依然如故】yī rán rú gù

ᴳ구토【嘔吐】몡하타【呕吐】ǒutù【吐】tù ¶나는 배 멀미로 가는 도중 내내 ~했다 | 我因晕船yùnchuán一路呕吐.

ᴳ구하다¹【求-】통【求】qiú【弄】nòng【谋求】móuqiú ¶이 문제의 답안을 구해봐라 | 求求这道题的答案dáàn. ¶명예를 구하지 않다 | 不求名. ¶가서 물을 좀 구해와라 | 去弄点水来. ¶평화적인 해결책을 ~ | 谋求和平解决.

ᴬ구하다²【救-】통【救】jiù【救济】jiùjì【救命】jiùmìng【拯救】zhěngjiù【挽救】wǎnjiù【营救】yíngjiù【搭救】dājiù ¶실족하여 물에 떨어진 어린 아이를 강기슭으로 구해 올라오다 | 把失足落水的小孩救上岸来. ¶환자의 생명을 ~ | 挽救病人的生命.

구현【具現】몡하타【体现】tǐxiàn【实现】shíxiàn ¶그는 교육 중에서 개혁정신을 잘 ~하고 있다 | 他在教学中体现了改革精神. ¶작가의 인격도 그의 작품 속에서 ~해낼 수 있다 | 作家的人格也能从他的作品中体现出来. ¶원대한 이상을 ~하다 | 实现远大的理想.

구형【求刑】몡하타〈法〉【求刑】qiúxíng ¶사형을 ~하다 | 要求处以死刑.

ᴳ구호¹[口號]몡【口号】kǒuhào【标语】biāoyǔ ¶~를 외치다 | 喊口号. ¶~ 두 장을 눈에 잘 띄는 곳에 붙였다 | 把两张标语贴在醒xǐng目的地方. [참고]〔口kǒu令〕【口yín】

ᴳ구호²〔救護〕몡하타【救护】jiùhù【救济】jiùjì【接济】jiējì ¶~ 기관 | 救济机关. ¶~ 사업 | 救济事业. ¶~ 양곡 | 救济粮食.

구혼[求婚] 图[하자] 【求婚】qiúhūn ¶그의 ~을 받아들이다 | 接受他的求婚.

구획[區劃] 图[하타] 【区划】qūhuà 【划分】huàfēn ¶~ 정리 | 区划整理. 행정 ~ | 行政xíngzhèng区划. 논·밭의 경계를 ~하다 | 区划田界. 토지를 ~하다 | 划分土地.

ᴬ국¹[湯] 【汤】tāng ¶두부~ | 豆腐汤. 쇠고기~ | 牛肉汤.

국²[局] 图【局】jú 과학 기술~ | 科学技术局. 一국[一國] = 国 回【国】guó 【国家】guójiā 독립국 | 独立国.

ᴬ국가[國家] 图【国家】guójiā ¶~를 보위하다 | 保卫bǎowèi国家. ¶~ 권력기관 | 国家权力机关. ¶~ 재정 | 国家财政. ¶~ 보안법 | 国家保安法. ¶~ 원수 | 国家元首.

ᴬ국가¹[國歌] 图【国歌】guógē ¶~를 부르다 | 唱国歌.

국거리[國거리] 图【汤料】tāngliào

ᴮ국경일[國慶日] 图【国庆日】guóqìngrì 【国庆节】guóqìngjié

국고[國庫] 图〈經〉【国库】guókù 【公库】gōngkù ¶~ 납부금 | 国库缴入款. ¶~ 보조금 | 国库补贴. ¶~ 부담 | 国库负担. ¶~출납 | 国库出纳.

ᴮ국교[國交] 图【国交】guójiāo 【邦交】bāngjiāo ¶~ 단절 | 断绝邦交. ¶~를 수립하다 | 建立jiànlì邦交. ¶양국 ~를 정상화 하다 | 实shí两国邦交正常cháng化.

ᴮ국군[國軍] 图【国军】guójūn ¶~ 병원 | 国军医院. ¶~의 날 | 建军节.

국권[國權] 图❶【国权】guóquán 상실 | 丧失国权. ¶~ 회복 | 恢复国权. ❷【政权】zhèngquán 【国家权力】guójiā quánlì

ᴮ국기[國旗] 图【国旗】guóqí ¶하늘에 나부끼는 ~ | 在天空飘扬的国旗.

국난[國難] 图【国难】guónàn ¶~이 눈앞에 닥치면, 청년들은 스스로 구국을 자기의 임무로 여겨야 한다 | 国难当头, 青年人自应以救jiù国为己任.

ᴬ국내[國內] 图【国内】guónèi 【海内】hǎinèi ¶~ 무역 | 国内贸易. ¶~ 총생산 | 国内生产总值. ¶~ 뉴스 | 国内

신문xīnwén. ¶~ 정치 정세 | 国内政治形势.

국내선[國內線] 【国内航线】guónèi hángxiàn

ᴬ국도[國道] 【国道】guódào

ᴬ국력[國力] 图【国力】guólì 【国家威力】guójiā wēilì ¶~을 기르다 | 增强国力.

국론[國論] 图【国论】guólùn 【国内的公论】guónèi·de gōnglùn

ᴬ국립[國立] 图【国立】guólì ¶~ 대학 | 国立大学dàxué. ¶~ 병원 | 国立医院yīyuàn. ¶~ 공원 | 国立公园gōngyuán. ¶~ 도서관 | 国立图书馆.

국면[局面] 图【局面】júmiàn 【局势】júshì 【形势】xíngshì 【定局】dìngjú 【状态】zhuàngtài ¶새로운 ~이 조성되다 | 出现了新的局面. ¶긴장 ~ | 紧张局势.

ᴬ국무[國務] 图【国务】guówù ¶~부 | 国务部.

국문[國文] 图【国文】guówén 【国语】guóyǔ ¶~과 | 国文系. ¶~학 | 国文文学.

국물[湯] 【汤】tāng ¶~을 조금 마시다 | 喝点儿汤.

ᴬ국민[國民] 图【人民】rénmín 【国民】guómín 【公民】gōngmín ¶~ 경제 | 国民经济. ¶~ 도덕 | 国民道德. ¶~ 교육 | 国民教育. ¶~ 투표 | 公民投票.

ᴬ국방[國防] 图【国防】guófáng ¶~비 | 国防支出zhīchū. ¶~부 장관 | 国防部长. ¶~위원회 | 国防委员会.

국법[國法] 图〈法〉【国法】guófǎ ¶이러한 행위는 ~이 용납할 수 없다 | 这等行为, 国法难容.

ᴬ국보[國寶] 图【国宝】guóbǎo ¶이 구리 거울은 정말 ~이다 | 这面铜镜tóngjìng可是国宝啊.

국비[國費] 图【国家经费】guójiā jīngfèi 【公费】gōngfèi ¶~유학생 | 公费留学生. ¶~로 공부하다 | 用公费学习.

국빈[國賓] 图【国宾】guóbīn 【贵宾】guìbīn ¶~관 | 国宾馆. ¶~석 | 贵宾席xí. ¶~ 휴게실 | 贵宾休息室.

ᴬ국사[國史] 图【国史】guóshǐ ¶~ 편찬

기관 | 国史馆。

^B**국산**[國產] 명【国产】guóchǎn ¶~ 영화 | 国产影片yǐngpiàn。¶~品 | 国产品。

국산품[國產品] 명【国货】guóhuò【国产品】guóchǎnpǐn【国内制品】guónèi zhìpǐn【本国制成品】běnguózhì chéngpǐn ¶~ 가게를 열다 | 开国货店。

국상[國喪] 명【国丧】guósāng【国服】guófú【国孝】guóxiào【国恤】guóxù

국세¹[國稅] 명【国税】guóshuì ¶~ 체납 | 拖欠国税。

국세²[國勢] 명【国势】guóshì ¶~가 우리에게 불리하다 | 国势对我们不利。

국소[局所] 명【局部】júbù ¶~ 마취 | 局部麻醉。

^B**국수**¹[麵] 명【面】miàn【面条】miàntiáo ¶~ 한 그릇 | 一碗面。¶칼~ | 切qiē面。¶~를 빼다 | 压面条。

^C**국수**² 장국[-醬-] 명【热汤面】rètāngmiàn ¶~밥 | 汤面泡饭。

국시[國是] 명【制国方针】zhìguófāngzhēn ¶이러한 경향은 이미 우리 나라의 ~가 되었다 | 这种倾向qīngxiàng早已成为了我们国家的制国方针。

국악[國樂] 명【国乐】guóyuè ¶그는 ~에 관심이 아주 많다 | 他对国乐很感兴趣。

^A**국어**[國語] 명【国语】guóyǔ【国文】guówén ¶~ 교육 | 国语教育。¶~ 문법 | 国语文法。

^C**국영**[國營] 명【国营】guóyíng ¶~ 방송 | 国营广播。¶~ 농장 | 国营农场nóngchǎng。¶~ 기업 | 国营企业qǐyè。

국왕[國王] 명【国王】guówáng ¶~ 폐하 | 国王陛下。

^C**국외**[國外] 명【国外】guówài【域外】yùwài【境外】jìngwài【海外】hǎiwài ¶~ 적대세력의 언론을 비판하다 | 批判海外敌对势力的言论。

국운[國運] 명【国运】guóyùn ¶~이 창성하다 | 国运昌隆。

국유[國有] 명【国有】guóyǒu【国家所有】guójiā suǒyǒu ¶~ 철도 | 国有铁路tiělù。¶~화 | 国有化。¶~ 재산 | 国有财产cáichǎn。

^B**국자** 명【勺子】sháo·zi【汤勺】tāngshá-

o【勺子】yáo·zi【柄勺】bǐngsháo

^C**국장**[局長] 명【局长】júzhǎng ¶우체국 ~ | 邮政局长。

^B**국적**[國籍] 명【国籍】guójí ¶~ 증명서 | 国籍证明。¶~ 변경 | 国籍改变。¶~ 상실 | 国籍丧失。¶~ 불명의 비행기 | 国籍不明的飞机。

^C**국정**¹[國政] 명【国政】guózhèng【国家政治】guójiā zhèngzhì ¶~ 감사 | 国政监察。¶~ 쇄신 | 国政革新。

국정²[國定] 명【国定】guódìng【国家规定】guójiāguīdìng ¶~ 가격 | 国家定价。¶~ 공휴일 | 国定公休。¶~ 세율 | 国定税率/法定税率。

국정³[國情] 명【国情】guóqíng ¶~ 시찰 | 视察国情。¶~이 불안하다 | 国情欠qiàn佳。

^C**국제**[國際] 명【国际】guójì ¶~ 올림픽 위원회 | 国际奥林匹克委员会。¶~ 박람회 | 国际博览会。¶~법 | 国际法。¶~ 노선 | 国际路线。¶~ 통화 | 国际货币huòbì。

국제 공항[國際空港] 명【国际机场】guójì jīchǎng

국제 관계[國際關係] 명【国际关系】guójì guān·xi

^C**국제적**[國際的] 관형【国际的】guójì·de【国际性的】guójìxìng·de

^C**국채**[國債] 명【国债】guózhài【公债】gōngzhài ¶~ 증권 | 国库证券。¶~ 상환 | 偿还国债。

^C**국토**[國土] 명【国土】guótǔ【邦土】bāngtǔ ¶~ 개발 | 国土开发。¶인구가 많고, 좁은 ~ | 人口多国土小。

국한[局限] 명하타【局限】júxiàn【限制】xiànzhì【限定】xiàndìng【限于】xiànyú ¶공부는 책 속에 있는 지식에 ~되어서는 안된다 | 学习不能局限在书本知识。¶필요한 범위 이내로 ~시키다 | 限制在必要的范围fànwéi内。¶인원수를 150명으로 ~하다 | 人数限定为一百五十人。

^C**국화**¹[菊花] 명〈植〉【菊花】júhuā ¶~주 | 菊花酒。¶~는 가을 서리에도 아랑곳하지 않는다 | 菊花傲áo秋霜。

^A**국화**²[國花] 명【国花】guóhuā

^B**국회**[國會] 명〈政〉【国会】guóhuì ¶~의원 | 国会议员yìyuán。¶~ 의장

| 国会主席。

ᴬ군¹[軍] 몡【军】jūn【军队】jūnduì ¶~에 입대하다 | 参军。

군²[君] 몡 ❶【君主】jūnzhǔ【君王】jūnwáng ❷【君】jūn ¶연산~ | 燕山君。

군³[郡] 몡【郡】jùn ¶경기도 양주~ | 京畿道杨州郡。

군⁴[君] 데【君】jūn ¶~은 훌륭한 학생 일세 | 君是个好学生。

군⁻⁵[-] 둰【废】fèi【多余的】duōyú·de ¶~ 말。废话。

⁻군⁶[어미](종결어미, 표시감탄) ¶날씨가 아주 좋~ | 天气真好。¶괜찮~ | 很好。

ᶜ군가[軍歌] 몡【军歌】jūngē

ᴮ군것질 하자【零食】língshí【零嘴(儿)】língzuǐ(r) ¶~하다 | 吃零食。¶어린이가 너무 ~하는 것은 좋지 않다 | 小孩儿吃太多零食儿不好。

군경[軍警] 몡【军警】jūnjǐng ¶~합동 수사 | 军警联合搜查。

ᶜ군고구마 몡【烤地瓜】kǎodìguā【烤白薯】kǎobáishǔ

군국주의[軍國主義] 몡【军国主义】jūnguó zhǔyì

ᶜ군기[軍紀] 몡〈軍〉【军纪】jūnjì【军规】jūnguī ¶~가 바르지 못하다 | 军纪不正。

군단[軍團] 몡〈軍〉【军】jūn ¶~장 | 军长。

ᴬ군대[軍隊] 몡【军队】jūnduì ¶~를 훈련시키다 | 训练军队。¶~에 들어가다 | 参军。

군더더기[累赘]léi·zhui【多余的】duōyú·de【赘物】zhuìwù【赘瘤】zhuìliú【赘疣】zhuìyóu ¶이 구절은 ~이다 | 这个句子有点儿多余。¶이는 ~여서, 털끝 만큼도 쓸 데가 없다 | 此乃赘屬, 毫无用处。

ᴮ군데 의명【地方】dì·fang ¶한 ~가 틀렸다 | 有个地方不对。

ᶜ군데군데 튄【这儿那儿】zhèr nàr【处处】chùchù【到处】dàochù【这里一块那里一块】zhèlǐ yíkuài nàlǐ yíkuài ¶들판에 ~ 집이 서 있다 | 原野上到处有房子。

군량[軍糧] 몡〈軍〉【军粮】jūnliáng ¶~미 | 军粮。

군림[君臨] 몡하자【统治】tǒngzhì【支配】zhīpèi【凌驾】língjià ¶다년간 ~했다 | 统治过多年。¶이 금융 재단이 금융계에서 ~하고 있다 | 这个金融jīnróng财团cáituán统治着金融界。

군말 몡하자【废话】fèihuà【闲话(儿)】xiánhuà(r)【多嘴】duōzuǐ ¶그에 관해서 ~ 이 많다 | 关于他的闲话真多。¶뒤에서 다른 사람에 대해 ~하지 마라 | 你不要在背地里说别人的闲话。 참고〔군소리〕唠叨

군민[軍民] 몡【军民】jūnmín【军队和人民】jūnduì hé rénmín

ᴮ군밤 몡【炒栗子】chǎolì·zi 참고〔炒风栗〕〔糖táng炒栗子〕

군벌[軍閥] 몡【军阀】jūnfá ¶~주의 | 军阀主义。

군법[軍法] 몡〈軍〉【军法】jūnfǎ ¶~회의 | 军法会议。¶~ 재판소 | 军法处。¶~무국 | 军法司。

군복[軍服] 몡【军服】jūnfú【军装】jūnzhuāng ¶~ 한벌 | 一套军服。

군불 몡 ❶【炕火】kànghuǒ ¶~을 지피다 | 烧shāo炕火。❷【白费的火】báifèi·de huǒ

군비[軍備] 몡【军备】jūnbèi ¶~를 확대하다 | 扩大军备。¶~ 감축 | 裁减军备。¶~ 삭감 | 裁减军费。

ᶜ군사¹[軍士] 몡【士兵】shìbīng【军队】jūnduì

군사²[軍事] 몡【军事】jūnshì ¶~ 교육 | 军事教育。¶~ 훈련 | 军事训练。¶~ 시설 | 军事设施。¶~ 분계선 | 军事分界线。¶~ 행동 | 军事行动。¶~ 학교 | 军事学院。¶~적 우세 | 军事优势yōushì。

ᶜ군사력[軍事力] 몡〈軍〉【军事力量】jūnshì lìliàng

군살 몡 ❶(지방)【息肉】xīròu【肥】féi【肉瘤】ròuliú ¶~을 빼다 | 减jiǎn肥/去息肉。❷(굳은 살)【胼胝】piánzhī【茧子】jiǎn·zi 참고〔赘瘤〕〔疣赘〕〔茧巴〕

군상[群像] 몡〈美〉【群像】qúnxiàng

군색[窘塞] 몡하형 ❶(가난함)【贫困】pínkùn【贫寒】pínhán【穷困】qióngkùn ¶백성들의 생활이 ~하다 | 老百姓过着穷困的生活。¶~한 생활

을 하다 | 过着窘迫的日子。❷〔구차함〕【窘迫】jiǒngpò【难为情】nánwéiqíng ¶입장이 아주 ～하다 | 处境窘迫。

군소〔群小〕 명【袖珍】xiùzhēn【小小】xiǎoxiǎo ¶～정당 | 小小的政党。

군소리 명하자 ❶〔쓸데 없는 말〕【废话】fèihuà ¶～마라 | 别(说)废话。❷〔잠꼬대·헛소리〕【梦呓】mèngyì【梦话】mènghuà【胡话】húhuà

군수〔軍需〕 명〔軍〕军需】jūnxū ¶～공장 | 军工厂。¶～　산업 | 军需工业。¶～ 물자 | 军需物质。

군수품〔軍需品〕 명〔軍〕【军需品】jūnxūpǐn【军火】jūnhuǒ【军用品】jūnyòngpǐn

군식구〔－食口〕 명〔寄客〕jìkè【食客】shíkè ¶吃白饭的)chī báifàn·de ¶～가 하나 더 들어왔다 | 又多了一个吃白饭的。

군신〔君臣〕 명【君臣】jūnchén

군악대〔軍樂隊〕 명〔軍〕【军乐队】jūnyuèduì

군용〔軍用〕 명【军用】jūnyòng ¶～지도 | 军用地图。¶～ 비행기 | 军用飞机。¶～ 트럭 | 军用卡车。¶～ 열차 | 军用列车。¶～ 물자 | 军用物资。

^A**군인**〔軍人〕 명【军人】jūnrén

^B**군자**〔君子〕 명【君子】jūnzǐ ¶성인～ | 圣人君子。

군자금〔軍資金〕 명【军费】jūnfèi【军事费用】jūnshì fèiyòng ¶～을 공급하다 | 提供军费。

군정〔軍政〕 명 ❶【军管】jūnguǎn【军事管制】jūnshì guǎnzhì ❷【军政】jūnzhèng【军人政府】jūnrén zhèngfǔ ¶～부 | 军政府。

군주〔君主〕 명【君主】jūnzhǔ ¶～정치 | 君主政治。¶입헌～제 | 君主立宪。¶전제～제 | 君主专制。

군중〔群衆〕 명【群众】qúnzhòng【大众】dàzhòng ¶～ 심리 | 群众心理。

군집〔群集〕 명하자 【群集】qúnjí【群聚】qúnjù【麋集】jùnjí【聚生】jùshēng ¶시민들이 광장에 ～하다 | 市民麋集到广场上。

군청색〔群青色〕 명〈色〉【藏青色】zàngqīngsè【群青色】qúnqīngsè【佛青】

fóqīng【深蓝】shēnlán【群青色】qúnqīngsè

군축〔軍縮〕 명하자 【缩军】suōjūn【裁军】cáijūn ¶～ 회담 | 缩军会谈。¶～ 위원회 | 裁军委员会。

군침 명【涎】xián【涎水】xiánshuǐ【口水】kǒushuǐ ¶～을 줄줄 흘리다 | 垂涎三尺 chǐ。¶～을 흘리다 | 流口水。

군침이 돌다 관용 ❶〔먹고 싶어하다〕【嘴馋】zuǐchán ❷〔욕심을 내다〕【眼馋】yǎnchán

군침을 삼키다 관용〔咽唾沫〕yān tuòmò

^C**군함**〔軍艦〕 명【军舰】jūnjiàn【兵舰】bīngjiàn【兵船】jūnchuán

^D**굳건하다** 형【坚强】jiānqiáng【坚定】jiāndìng ¶의지가 ～ | 意志坚定。¶의지가 굳건하여 뜻을 굽힐 줄 모르다 | 坚强不屈。참고 〔刚强 gāngqiáng〕〔刚性 xìng〕〔刚硬 yìng〕〔坚贞不屈〕

^A**굳다** 형 ❶〔물체가〕【硬】yìng【坚固】jiāngù【坚硬】jiānyìng ¶굳은 토지 | 坚硬的土地。❷〔단단하게〕【牢固】láogù【紧】jǐn【紧密】jǐnmì【坚决】jiānjué ¶붓대를 굳게 쥐다 | 捏niē紧笔杆。¶굳게 단결하다 | 紧密地团结。❸〔의지가〕【刚强】gāng·qiáng【刚性】gāngxìng【刚硬】gāngyìng【坚定】jiāndìng【坚强】jiānqiáng ¶의지가 굳지 않다 | 意志不坚定。❹〔표정이〕【板】bǎn【死板】sǐbǎn【呆板】dāibǎn ¶굳은 표정 | 呆板的表情。

굳세다 형 ❶〔몸이〕【强壮】qiángzhuàng【健壮】jiànzhuàng ¶굳센 몸 | 强壮的身体。❷〔의지·정신이〕【刚强】gāng·qiáng【刚健】gāngjiàn【强劲】qiángjìng【刚正】gāngzhèng【硬气】yìng qi【屈强】qūjiàng【坚强】jiānqiáng ¶굳센 의지 | 坚强的意志。

굳어지다 동 ❶〔단단해지다〕【变硬】biànyìng【硬化】yìnghuà ¶생고무는 냉기를 받으면 쉽게 굳어지고, 열을 받으면 쉽게 물러진다 | 生橡胶遇冷容易硬化, 遇热容易软化。¶혈관이 ～ | 血管硬化。❷〔뻣뻣해지다〕【凝滞】níngzhì【板】bǎn【麻木】má·mù【木然】mùrán ¶표정이 ～ | 表情凝滞。¶그의 연기 동작은 너무 굳어져 있다 | 他的表演动作十分呆板。¶

발이 굳어져서 말을 듣지 않았다 | 脚麻得不听使唤了。¶굳어진 듯 우뚝 서 있다 | 木然呆dāi立。❸ (굳게 되다) 【僵】jiāng 【僵硬】jiāngyìng ¶얼어서 손발이 굳어졌다 | 冻得手脚发僵。❹ (뜻이 흔들리지 않다) 【坚定】jiāndìng 【坚强】jiānqiáng 【确定不移】quèdìng bùyí

굳이 [튀] ❶ (결단코) 【坚决】jiānjué ~ 사양하다 | 坚决推让。❷ (반드시) 【一定】yídìng 【死要】sǐyào 【非要】fēiyào ¶~ 오늘 가야 하느냐? | 你非要今天走不可吗?

굳히다 [동] (坚定) 【坚定】jiāndìng 【坚凝】jiānníng ¶신념을 ~ | 坚定信念。¶나의 결심을 굳혔다 | 坚定了我的决心。

굴 [명] (魚貝) 【牡蛎】mǔlì 【蚝】háo 【海蛤蛎】hǎigélì 【蛎黄】lìhuáng 【蛎蟥】lìhuáng

굴²[窟] [명] ❶ (동물들의) 【穴】xué 【巢窟】cháokū 【窝】wō ¶석~ | 石窟。¶교활한 토끼는 ~을 세 개나 가지고 있다 | 狡兔三窟。❷ (터널) 【隧洞】suìdòng 【隧洞】suìdòng ¶철도의 ~ (터널) | 铁路隧道。¶기차가 ~로 들어가다 | 火车进入隧道。❸ (동굴) 【窟】kū 【洞窟】dòngkū 【洞穴】dòngxué 【窟洞】kūdòng ¶~속에 생활하다 | 在洞穴里生活。❹ (악당의 소굴) 【魔窟】mókū 【巢穴】cháoxué

굴곡[屈曲] [명] [하자] ❶ (굽이) 【屈折】qūzhé 【弯曲】wānqū ¶~이 많은 산길 | 弯曲的山路。❷ (어려움) 【坎坷不平】kǎn kě bù píng 【坎坷】kǎn kě 【周章】zhōuzhāng ¶~이 많은 생애 | 多坎坷的生涯。

굴광성[屈光性] [명] 【屈光性】qūguāngxìng 【向光性】xiàngguāngxìng

굴다 [동] (行动) 【行动】xíngdòng 【举止】jǔzhǐ 【惹】rě 【讨】tǎo 【待】dài 【弄】nòng ¶귀찮게 ~ | 讨嫌。¶남을 못살게 ~ | 弄得人没法活

굴다리[窟一] [명] 【天桥】tiānqiáo

굴뚝 [명] 【烟筒】yān·tong ¶~에서 연기가 나오고 있다 | 烟筒里冒mào着烟。[참고] 【烟冲】【烟囱】【烟突】【烟筒子】【烟窗】

굴러가다 [동] 【滚去】gǔnqù 【滚下去】gǔn·xià·qu 【旋转】xuánzhuǎn

굴러다니다 [동] 【滚来滚去】gǔn lái gǔn qù 【辗转】zhǎnzhuǎn 【飘泊】piāobó 【漂泊】piāobó 【飘游】piāoyóu

굴레 [명] ❶ (짐승의) 【笼头】lóng·tou ¶~ 벗은 말 | 没笼头的马。❷ (속박) 【羁绊】jībàn 【枷锁】jiāsuǒ ¶그들은 가정의 ~에서 벗어났다 | 他们脱离了家庭的羁绊。¶~를 벗다 | 摆脱bǎituō枷锁。¶정신적 ~ | 精神上的枷锁。

굴리다 [동] ❶ (굴러가게 하다) 【滚】gǔn ¶굴렁쇠를 ~ | 滚铁环tiěhuán。❷ (한구석에 방치하다) 【乱放】luànfàng 【乱】luàn 【乱扔】luànrēng ¶아무 데나 굴리지 마라 | 不要把书到处乱放。❸ (머리를 쓰다) 【动】dòng ¶머리를 ~ | 动脑筋。❹ (차를) 【开】kāi ¶자가용을 두 대나 ~ | 开着两辆私车。

굴복[屈服] [명] [하자] 【屈服】qūfú 【屈从】qūcóng 【屈膝】qūxī 【低头】dītóu 【低首】dīshǒu 【认输】rènshū ¶결코 무력에 ~하지 않다 | 决不向武力屈服。¶적에게 ~하다 | 屈服于敌人。¶그는 어떤 어려움 앞에서도 ~하지 않는다 | 他在任何困难面前都不低头。

굴복시키다 [동] 【折服】zhéfú 【折伏】zhéfú ¶어려움과 괴로움도 그를 굴복시킬 수는 없다 | 艰难困苦也折服不了他。

굴비 [명] 【干黄花鱼】gānhuáng huāyú 【干黄鱼】gānhuángyú

굴욕[屈辱] [명] 【屈辱】qūrǔ 【侮辱】wǔrǔ ¶남에게 ~을 당하다 | 受到人家的侮辱。¶~을 참다 | 忍受屈辱。

굴절[屈折] [명] [하자] ❶ (屈折) 【屈折】qūzhé 【曲折】qūzhé 【物】 【屈折】qūzhé 【折射】zhéshè ¶~각 | 折射角。¶~계 | 折射计。¶~률 | 折射率。¶~망원경 | 折射望远镜。

굴지[屈指] [명] ❶ (屈指) 【屈指】qūzhǐ 【屈指一算】qū zhǐ yī suàn ❷ 【首屈一指】shǒu qū yī zhǐ 【数一数二】shǔ yī shǔ èr ¶~의 상업 도시 | 首屈一指的大商埠。¶그는 한국 ~의 중문 컴퓨터 전문가이다 | 他是韩国数一数二的中文电脑专家。

굵다 [형] ❶ (알·목소리·입자 등이) 【粗】cū 【粗大】cūdà 【大】dà 【粗重】cūzhòng ¶굵은 밀가루 |粗面。¶굵은 실 |粗丝。¶굵은 눈썹과 커다란 눈 |粗眉méi大眼。¶목소리가 ～ |嗓sǎng音很粗。¶오랫동안의 노동으로 그의 팔은 굵고 힘있게 되었다 |长 cháng年的劳动使他的胳膊粗大有力。¶어제 저녁에 굵은 비가 한 차례 내렸다 |昨天晚上下了一场大雨。❷ (말·행동 등이)【大方】dà·fang ¶그는 선이 아주 굵은 사람이다 |他是很大方的人。

굵어지다 통【变粗】biàncū ¶팔이 점점 ～ |胳膊渐渐变粗了。

굵직하다 ☞ 굵다

굶기다 통【使饿着】shǐ è·zhe ¶가축을 좀 더 부리는 것은 상관없지만 굶겨서는 안된다! |让牲口多拉几趟不要紧, 可别饿着它!

ᴬ**굶다** 통❶ (먹지 않다)【饿】è【饥饿】jī è【没吃】méichī【空着肚子】kōng·zhedù·zi ¶밥을 ～ |饿饭。¶피검사를 하기 위해 아침을 ～ |为了验血没吃早饭。❷ (놀이나 오락 따위에서 건너뛰다)【轮空】lúnkōng【放过】fàngguò ¶이번 판은 나는 굶는다 |这一局我轮空。

ᶜ**굶주리다** 통❶ (배고파하다)【挨饿】ái è【饥饿】jī è【饥馁】jīněi ¶어릴 때집이 가난하여 사흘이 멀다하고 굶주렸다 |小时候儿家里穷qióng, 三天两头挨饿。❷ (갈망하다)【渴望】kěwàng【渴想】kěxiǎng ¶그는 줄곧 작가가되기를 굶주려 왔었다 |他一直渴望当作家。

ᶜ**굶주림** 뗑【饥饿】jī è ¶～에 시달리다 |被饥饿所折磨。

굼뜨다 혱【迟钝】chídùn【慢吞吞】màntūntūn【慢腾腾】màntēngtēng【迟缓】chíhuǎn ¶동작이 ～ |动作迟钝。

ᴾ**굼벵이** 뗑❶ (蛊)【地老虎】dìlǎohǔ【蛴螬】qícáo ❷ (게으른 사람)【慢性子】mànxìng·zi【老牛破车】lǎoniú pòchē【慢动儿】mànjìnr ¶그는 타고난 ～이다 |他是天生的慢性子。

굽 뗑❶ (蹄)【蹄(儿·子)】tí(r, ·zi) ¶말발～ |马蹄。¶말이 발～을 멈추지 않는다 |马不停蹄。❷ (신발)【后跟儿】hòugēnr ❸ (그릇·접시)【底(儿·子)】d-

ǐ(r, ·zi)

ᴬ굽다 통❶ (음식을)【烤】kǎo【炒】chǎo ¶구워서 먹다 |烤着吃。¶빵을 ～ |烤面包。¶밤을 ～ |炒栗子。❷ (숯·벽돌을)【烧】shāo ¶벽돌을 ～ |烧砖。¶숯을 ～ |烧木炭。

ᴮ굽다 혱 弯曲)【弯曲】wānqū【屈折】qūzhé ¶굽은 산길 |弯曲的山路。

굽실거리다 통【弯腰】wānyāo【哈腰】hāyāo【折腰】zhéyāo【低头哈腰】dī tóu hā yāo【卑躬屈膝】bēi gōng qū xī【卑躬屈节】bēi gōng qūjié【俯首贴耳】fǔ shǒu tiē ěr【低声下气】dī shēng xià qì【赔身下气】péi shēn xià qì【奴颜婢膝】nú yán bì xī ¶허리를 ～ |弯腰曲背。¶집권자에게 굽실거리지 않다 |不向权贵折腰。¶굽실거리며 사정하다 |低声下气地求情。（참고）〔唯唯诺诺〕〔惟恭惟谨〕〔谄媚逢迎〕

굽어보다 통【俯视】fǔshì【俯瞰】fǔkàn【鸟瞰】niǎokàn ¶비행기에서 태평양을 ～ |从飞机上俯瞰太平洋。¶산위에 올라 두루 굽어보니 장강이 마치 흰색의 띠 같다 |在山上鸟瞰, 长江就像白色的带子。

굽이 뗑【拐弯处】guǎiwānchù【转弯处】zhuǎnwānchù【曲折之处】qūzhé-zhīchù【弯儿】wānr【湾子】wān·zi【湾子】wān·zi【窝儿】wōr ¶물～ |水弯子。

굽이치다 통【曲曲折折】qūqū zhézhé【蜿蜒曲折】wānlíngqūzhé ¶파도가 굽이치며 흐르다 |波浪曲曲折折向前流去。

굽히다 통❶ (구부리다)【弄弯】nòngwān【弯】wān ¶철사를 동그랗게 ～ |把铁丝弯成个圆圈。❷ (굴하다)【屈服】qūfú【屈从】qūcóng ¶자기 주장을 끝까지 굽히지 않다 |一直不折服自己的主张。

ᴮ굿 뗑❶ (무당이 보이는 의식)【巫法】wūfǎ【巫术】wūshù【跳神】tiàoshén ❷ (구경거리)【热闹事】rè·naoshì ¶굿이나 보고 떡이나 먹지 （관용）看跳神儿, 吃饽饽bō·bo

궁[宫] 뗑【宫殿】gōngdiàn ¶창덕～ |昌德宫。

ᴮ궁궐[宫阙] 뗑【宫殿】gōngdiàn【宫阙】gōngquè ¶～을 건축하다 |修筑xiūzhù宫殿。

궁극[窮極] 명하형 【最終】zuìzhōng 【最后】zuìhòu【终究】zhōngjiū ¶~적인 목적 | 最终目的。¶그는 ~에 가서는 결국 동의했다 | 他最后终于同意了。¶한 사람의 힘은 ~적으로는 한계가 있다 | 一个人的力量终究有限。

ᴮ**궁금하다** 형❶ (알고 싶다)【想知道】xiǎng zhī·dao 【纳闷儿】nàmènr 【担心】dānxīn ¶궁금한 일 | 想知道的事。¶어머니는 외지에 나가 있는 자식을 궁금해 하신다 | 母亲担心在外地的孩子。❷ (먹고 싶다)【有点饿】yǒudiǎnè 【想吃东西】xiǎngchī dōng·xi 참고〉 (恬念diànniàn)〔惦记〕〔想念xiǎngniàn〕〔挂念guàniàn〕〔焦心jiāoxīn〕〔着急zháojí〕

궁녀[宫女] 명【宫女】gōngnǚ

ᴮ**궁둥이** 명【臀部】túnbù 【屁股】pì·gu ¶~에 주사 한 대를 놓다 | 在臀部打一针。¶~의 갈라진 틈 | 屁股沟gōu儿。¶~을 옮기다 | 挪屁股。

ᴮ**궁리**[窮理] 명하타【研究】qiǎngjiū【思考】sīkǎo 【考虑】kǎolù 【研究】yánjiū 【深思熟虑】shēn sī shú lǜ 【琢磨】zhuómó ¶아무리 ~해도 좋은 수가 없다 | 无论怎样琢磨，还是没有好法子。

궁벽[窮僻] 명하형 【偏僻】piānpì 【荒僻】huāngpì 【穷僻】qióngpì ¶~하다 | 地点偏僻。¶~한 산골 | 偏僻的山区。

궁상[窮相] 명【穷相】qióngxiàng 【寒酸相】hánsuānxiàng

궁색[窮塞] 명하형 【穷困】qióngkùn 【穷乏】qióngfá 【穷迫】qióngpò ¶백성들이 ~하다 | 百姓穷困。

궁여지책[窮餘之策] 명【不得已之计】bùdéyǐzhījì 【没有办法的办法】méiyǒu bànfǎ·de bànfǎ

ᴮ**궁전**[宮殿] 명【宫殿】gōngdiàn ¶~같은 집 | 宫殿般的房子。

궁정[宮廷] 명【宫廷】gōngtíng ¶~화가 | 宫廷画家。

ᴮ**궁지**[窮地] 명【穷境】qióngjìng 【困境】kùnjìng 【窘境】jiǒngjìng ¶~에 빠지다 | 陷入困境。¶~에 몰리다 | 被逼进困境。

궁핍[窮乏] 명하형 【穷乏】qióngfá 【貧

궁핍[窮]형❶ (경제적으로) 【穷】qióng 【贫穷】pínqióng 【窘迫】jiǒngpò ¶그는 집안이 아주 ~ 한데 살림이 아주 빈궁하다 | 他家里很穷。¶살림이 ~ | 生活shēnghuó贫窘。¶그는 수입이 너무 적어서 생활이 매우 ~ | 他收入太少，生活很窘。¶궁한 생활을 하다 | 过窘迫的日子。❷ (궁지에 몰리다)【穷尽】qióngjìn 【窘】jiǒng ¶네가 한 마디, 내가 한 마디 하는 통에 그는 대답이 궁해서 얼굴이 화끈 달아 올랐다 | 你一言，我一语，窘得他满脸通红。

궁합[宮合] 명【姻缘】yīnyuán ¶~이 맞지 않다 | 姻缘不合。¶~이 잘 맞다 | 姻缘相合。

ᴮ**궂다** 형❶ (날씨가) 【坏】huài 【阴】【不好】bùhǎo ¶날이 ~ | 天气不好。❷ (언짢다·불길하다) 【坏】huài 【不吉利】bùjílì 【不如意】bùrúyì ¶좋은 일과 궂은 일 | 好事和坏事。

궂은일 명 (언짢은 일) 【粗活】cūhuó 【脏活】zānghuó 【册】cè【不吉利的事】bùjílì·de shì ¶힘들고 ~도 마다 않고 모두 맡아서 하다 | 不管粗活儿脏活儿，都承担起来。❷ (흉사) 【丧事】sāngshì ¶그의 집에 ~이 있다고 하니 내일 내가 도와주러 가야겠다 | 听说他家里有丧事，明天我得帮忙去。

ᴬ**권**[卷] 의명❶ (책을 세는 단위) 【本】běn 【部】bù 【册】cè ¶책 한 ~ | 一本书。❷ (여러 권으로 된 책의 차례)【卷】juàn 【册】cè ¶제1~ | 第一卷。¶상~ | 上卷。¶이 책 한 질은 모두 5~이다 | 这套книгу书一共五册。

권고[勸告] 명하타【劝告】quàngào 【劝】quàn 【劝勉】quànmiǎn ¶친구의 ~를 듣다 | 听朋友的劝告。¶의사는 그에게 휴식을 취하도록 ~했다 | 医生劝告他休息。¶나는 그에게 집에 가서 쉬도록 ~했다 | 我劝他回家休息。참고〉 [建议] [箴zhēn言] [谏jiàn] [劝诱yòu] [劝导] [规勉] [说劝]

권능[權能] 명【权能】quánnéng 【职能】zhínéng ¶~을 부여하다 | 赋与职权。

ᴳ**권력**[權力] 명【权力】quánlì 【权柄】quánbǐng 【权势】quánshì 【印把子】yìnbǎ·zi ¶그의 ~은 아주 크다 | 他的权力很大。¶【国家 ~ 机关】国家权力机关。¶~을 장악하다 | 掌握zhǎngwò权柄。¶~이 아주 세다 | 权势极盛jíshèng。

ᴮ**권리**[權利] 〈法〉【权利】quánlì【权限】quánxiàn ¶교육을 받을 ~ | 受教育的权利。¶~를 행사하다 | 行使权利。¶점포의 ~를 양도하다 | 出让店铺的权利。

권모술수[權謀術數] 【诡计】guǐjì【权谋】quánmóu【权术】quánshù ¶~가 많다 | 诡计多端。¶~ | 耍权术。〔참고〕〔权略quánlüè〕〔谋略móulüè〕〔手腕shǒuwàn〕

ᶜ**권선징악**[勸善懲惡] 【劝善惩恶】quànshàn chéng è【扬善抑恶】yáng shàn yì è

ᶜ**권세**[權勢] 【权势】quánshì【势力】shìlì【势头】shìtóu ¶~가 아주 높다 | 权势极盛jíshèng。¶그는 이 일대에서 ~가 대단하다 | 他在这一带很有势力。¶~를 부리다 | 耍权弄势。

권속[眷屬] 【眷属】juànshǔ【眷口】juǎnkǒu【亲眷】qīnjuàn【家眷】jiā·juàn ¶~을 거느리다 | 率家眷。

ᶜ**권위**[權威] 【权威】quánwēi【威信】wēixìn ¶이 학자는 아주 ~가 있다 | 这位学者很有权威。¶이런 표현법은 아주 ~적이다 | 这种说法很权威。¶~ 있는 저작 | 权威著作zhùzuò。

권위주의[權威主義] 【权威主义】quánwēi zhǔyì

ᴮ**권유**[勸誘] 【하타】 【劝诱】quànyòu【劝导】quàndǎo【引诱】yǐnyòu ¶입을 ~하다 | 劝导加入。¶호의로 ~하다 | 好意规劝。¶~를 받다 | 受权导。

권익[權益] 【权益】quányì ¶노동자의 ~ | 劳lǎo工权益。¶~옹호 | 拥护权益。

ᶜ**권장**[勸獎] 【하타】 【鼓励】gǔlì【奖励】jiǎnglì【奖劝】jiǎngquàn ¶독서를 ~하다 | 鼓励读书。

ᶜ**권좌**[權座] 【有权的职位】yǒuquán·de zhíwèi ¶~에 오르다 | 上到了有权的职位。

ᶜ**권총**[拳銃] 【手枪】shǒuqiāng【短枪】duǎnqiāng【小枪】xiǎoqiāng ¶

무성 ~ | 无声手枪。¶~집 | 手枪套。

ᴮ**권투**[拳鬪] 【体】【拳击】quánjī ¶~경기 | 拳击比赛。¶~ 선수 | 拳击家/拳击运动员。

ᶜ**권하다**[勸一] 【劝】quàn【劝告】quàngào【权说】quánshuō【让】ràng【请】qǐng ¶그에게 술을 좀 덜 마시라고 ~ | 劝他少喝酒hējiǔ。¶제가 당신께 한 잔 권하겠습니다 | 我敬jìng您一杯。¶손님에게 자리를 ~ | 让座。¶그에게 앉기를 ~ | 请他坐。

ᶜ**권한**[權限] 【权限】quánxiàn【权】quán ¶~ 위양 | 授权。¶~ 위임 | 权限转让。¶~밖의 일 | 权限以外的事。¶~을 부여하다 | 授权。

궤[櫃] 【柜】guì ¶돈~ | 钱柜。

궤도[軌道] 【轨道】guǐdào【路轨】lùguǐ【轨迹】guǐjì ¶~운동 | 轨道运动yùndòng。¶~ 수정 | 轨道变换biànhuàn。

궤변[詭辯] 〈論〉【诡辩】guǐbiàn【诡词】guǐcí【诡辞】guǐcí【胡诌】húzhōu ¶~술 | 诡辩术shù。¶그는 ~에 능하다 | 他善shàn于诡辩。

궤양[潰瘍] 〈醫〉【溃疡】kuìyáng ¶그는 위~에 걸렸다 | 他得了胃溃疡。¶십이지장 ~ | 十二指肠溃疡。

궤짝[櫃一] 【柜】guì【箱子】xiāng·zi【木箱】mùxiāng

ᴬ**귀¹** 【청각기관】【耳】ěr【耳朵】ěr·duo ❶~로 듣는 것은 눈으로 보는 것만 못하다 | 耳闻不如一见。¶말이 ~에 쟁쟁거린다 | 言犹在耳。¶~가 밝다 | 耳朵尖jiān。¶~가 멀다 | 耳朵背/耳朵沉。¶옛말을 ~에 담다 | 咬耳朵。❷(귓바퀴)【耳轮】ěrlún【耳廓】ěrkuò ¶~가 작다 | 耳廓小。❸(바늘)【针眼儿】zhēnyǎnr【针孔】zhēnkǒng【针鼻儿】zhēnbír【针门】zhēnmén ¶바늘 ~에 실을 꿰다 | 往针鼻儿里穿线。❹(그릇)【把儿】bǎr【耳】ěr ¶솥~ | 锅耳。❺(모서리·한 쪽 끝)【口】kǒu【口子】kǒu·zi【嘴儿】zuǐr

귀²[貴] 〔관〕【贵】guì ¶~학회 | 贵学会。¶~교 | 贵校。

귀一³[貴一] 〔두〕【贵】guì ¶~금속 | 贵金属。¶~부인 | 贵夫人。

귀가[歸家] 명하자 【回家】huí jiā 【还家】huán jiā ¶그는 이미 ~했다 | 他已经回家了.

귀가 가렵다 관용 【耳朵发痒】ěr duǒ fā yǎng ¶귀가 가려운 걸 보니 누가 내 욕을 하나 보다 | 耳朵发痒, 准是有人骂我.

귀가 솔깃하다 관용 【耳朵竖起来】ěr duǒ shù qǐ lái ¶공짜라는 말에 ~ | 一说是白给, 耳朵就竖起来了.

귀감[龜鑑] 명 【模范】mó fàn 【榜样】bǎng yàng 【典范】diǎn fàn 【样板】yàng bǎn ¶그를 ~으로 삼다 | 拿他做榜样.

ᴮ**귀걸이** ☞ 귀고리

귀결[歸結] 명하자 【归结】guī jié 【归宿】guī sù ¶원인은 매우 복잡하나, ~해 보면 세 부분에 지나지 않는다 | 原因很复杂, 归结起来不外三个方面.

귀고리 명 【耳坠子】ěr zhuì·zi 【耳环】ěr huán 【耳圈】ěr quān 【耳坠儿】ěr zhuìr 【环坠】huán zhuì

귀공자[貴公子] 명 【贵公子】guì gōng zǐ 【公子哥儿】gōng zǐ gēr 참고 〔花花公子〕

귀국[貴國] 명 【贵国】guì guó ¶~과 우리 나라는 이미 수교한 지 삼년이 되었다 | 贵国跟我国已经建交 jiàn jiāo 三年了.

ᴮ**귀국**[歸國] 명하자 【归国】guī guó 【回国】huí guó 【返国】fǎn guó 【返祖国】fǎn huí zǔ guó ¶~한 동포 | 归国同胞.

ᴸ**귀금속**[貴金屬] 명 【贵金属】guì jīn shǔ ¶~제품 전문 상점 | 贵金属制品zhì pǐn 专营 zhuān yíng 商行.

귀납[歸納] 명하자 〈論〉 【归纳】guī nà ¶여러 사람들의 의견을 ~하다 | 把群众 qún zhòng 的意见 yì jiàn 归纳一下.

귀담아듣다 동 【倾听】qīng tīng 【洗耳】qīng ěr 【注意听】zhù yì tīng 【仔细听】zǐ xì tīng 【侧耳倾听】cè ěr qīng tīng 【洗耳恭听】xǐ ěr gōng tīng ¶말해 보세요, 제가 꼭 귀담아 들어두겠습니다 | 你说吧, 我一定洗耳恭听.

귀동냥 명 【耳濡目染】ěr rú mù rǎn 【目濡耳染】mù rú ěr rǎn 【习耳目染】ěr xí mù rǎn 【耳熏目染】ěr xūn mù rǎn ¶~으로 배우다 | 用耳濡目染来学习. 참고 〔道听途说 dào tīng tú shuō〕

귀둥이[貴-] ☞ 귀동자

ᴮ**귀뚜라미** 명 〈蟲〉 【蟋蟀】xī shuài 참고 〔促织 cù zhī〕〔莎鸡 jī〕〔懒妇 lǎn fù〕〔蛩 qióng〕〔蛐蛐儿 qū qū er〕〔王孙 sūn〕〔吟蛩 yín qióng〕

ᴮ**귀뜰귀뜰** 문 【唧唧】jī jī

귀띰[告-] 명하타 【告知】gào zhī 【提示】tí shì 【暗示】àn shì 【示意】shì yì 【悄悄地告诉】qiāo qiāo·de gào sù ¶그가 나에게 이 일을 ~해 주었다 | 他悄悄地告诉我这件事的. ¶당신이 그에게 좀 ~해 주세요 | 请你给他提示一下. ¶조금만 ~해 주어도 그는 바로 알아차린다 | 只要稍微 shāo wēi 暗示一下, 他就领会 lǐng huì 了.

귀리 명 〈燕麦〉 yàn mài 참고 〔铃铛 líng dāng 麦〕〔皮 pí 燕麦〕〔香 xiāng 麦〕〔莜 yóu 麦〕〔油麦 yóu mài〕

귀머거리 명 【聋子】lóng·zi 【聋人】lóng rén ¶~의 지레짐작 | 聋子爱打岔 dǎ chà. ¶~가 폭죽을 터뜨리다 | 聋子放炮 fàng pào. ¶~의 귀 장식품에 불과하다 | 不过是聋子的耳饰而已.

귀부인[貴夫人] 명 【贵妇(人)】guì fù(rén) 【少奶奶】shào nǎi·nai 【阔太太】kuò tài·tai

귀빈[貴賓] 명 【贵宾】guì bīn ¶~ 휴게실 | 贵宾休息室 xiū·xīshì. ¶~ 접대실 | 贵宾接待 jiēdài室.

귀빠지다[出生] 동 【出生】chū shēng 【长尾巴】zhǎng/wěi·ba ¶귀빠진 날 | 长尾巴的日子/生日.

귀속[歸屬] 명하자 【归属】guī shǔ 【归于】guī yú ¶~할 곳이 없다 | 无所归属. ¶영광은 조국과 민족에게 ~된다 | 光荣归于祖国和民族.

귀순[歸順] 명하자 【归顺】guī shùn ¶이 유격대는 최후에 국군에 ~하였다 | 这支游击队最后归顺了国军. 〔归服〕〔归化〕〔归附〕〔归命〕〔投诚〕〔变节〕

ᴮ**귀신**[鬼神] 명 ❶ (혼령) 【鬼】guǐ 【鬼神】guǐ shén ¶~ 이야기는 전부 다 미신이다 | 鬼神之说, 全是迷信 mí xìn. ❷ (뛰어난 사람) 【精通】jīng tōng ¶경제 방면에 ~이다 | 精通经济. ¶왕씨는 ~같으니 반드시 돈을 구해 올 것

이다 | 老王神通广大, 一定能弄回钱来的。

^A**귀양**[歸養] 명 **配流**]liúpèi 【流放]liúfàng 【发配]fāpèi

귀에 걸면 귀걸이 코에 걸면 코걸이 관용 【嘴是两张皮,咋说咋有理]zuǐ shì liǎngzhāng pí, zǎ shuō zǎ yǒulǐ

귀엣말 명 **耳语**]ěryǔ 【咬耳朵]yǎo'ěrduǒ ¶그는 종종 아내에게 ~을 뭇 마디 속삭인다 | 他不时地跟他太太耳语几句。

^B**귀여워하다** 동 **疼爱**]téng'ài 【溺爱]nì'ài 【宠爱]chǒng'ài ¶그는 어린 아들을 아주 귀여워한다 | 他很疼爱小儿子。¶애를 너무 귀여워하면 좋지 않다 | 溺爱孩子不好。¶노부부는 만년에 아이를 얻어 매우 귀여워한다 | 老两口晚年得子, 非常宠爱。참고 〔↔애爱〕【爱惜】【腻爱】

^A**귀엽다** 형 **可爱**]kě'ài 【可人]kěrén 【讨人喜欢]tǎo rén xǐhuān ¶눈이 귀엽게 생겼다 | 眼睛长得可爱。¶그의 딸은 매우 ~ | 他的女儿很可爱。

귀의[歸依] 명 **하자** 【归依]guīyī 【信从]xìncóng 【皈依]guīyī ¶종교에 ~하다 | 信从宗教。

^C**귀이개** 명 **耳挖子**]ěrwā·zi 【耳挖勺(儿)]ěrwāshāo(r) 【挖耳(朵)]wā'ěr(duǒ) ¶~를 가지고 이를 쑤시다 | 拿着耳挖子剔牙。

귀재[鬼才] 명 **奇才**]qícái 【奇材]qícái ¶바둑의 ~ | 围棋奇才。

^C**귀족**[貴族] 명 **贵族**]guìzú ¶봉건 ~ | 封建贵族。¶~ 계급 | 贵族阶级。

^C**귀중**[貴中] 명 **公启**]gōngqǐ 【公鉴]gōngqǐ

^B**귀중**[貴重] 명**하** 형 **贵重**]guìzhòng 【宝贵]bǎoguì ¶~한 자원 | 宝贵的资源。

귀중품[貴重品] 명 **贵重物件**]guìzhòngwùjiàn ¶~ 보관소 | 保险仓库/信托仓库。

귀착[歸着] 명**하자타** ❶ (돌아옴) 【到]dào 【回到]huídào ¶무사히 ~하다 | 安全到达。❷ (귀결) 【归总]guīzōng 【归]guī ¶논의의 ~점 | 议论的归总点。

^B**귀찮다** 형 **讨厌**]tǎoyàn 【讨烦]tǎofán 【麻烦]má·fan 【不耐烦]búnàifán 【费事]fèishì 【费手脚]fèi shǒujiǎo ¶조금도 귀찮지 않다 | 一点也不麻烦。¶스스로 귀찮게 하다 | 自找麻烦。¶수속이 매우 ~ | 手续办起来很麻烦。¶그는 귀찮다는 듯이 뭇 마디 했다 | 他不耐烦地说了几句。

귀천[貴賤] 명 **贵贱**]guìjiàn ¶신분의 ~ | 身分的贵贱。

귀청 명 **鼓膜**]gǔmó 【耳膜]ěrmó 【耳鼓]ěrgǔ ¶~을 울리다 | 震耳鼓。

귀퉁이 명 ❶ (귀의) 【耳边]ěrbiān 【耳刮子]ěrguā·zi ❷ (모서리) 【角]jiǎo 【棱(儿, 子)]léng(r, ·zi) 【拐角儿]guǎijiǎor ¶탁자 ~ | 桌子角儿/桌子棱儿。¶네 ~ | 四棱儿。❸ (구석) 【角落]jiǎoluò ¶뜰 한 ~에 복숭아 나무한 그루가 자라고 있다 | 院子的一个角落长着一棵桃树。

^A**귀하**[貴下] 명 **您**]nín 【足下]zúxià ¶~의 많은 양해를 바랍니다 | 请足下多包涵。

^A**귀하다**[貴-] 형 ❶ (소중하다) 【宝贵]bǎoguì ¶이것은 대단히 귀한 문물이다 | 这是一些十分宝贵的文物。❷ (구하기 어렵다) 【稀罕]xī·han 【希罕]xī·han 【名贵]míngguì ¶녹용·사향·물소뿔 등은 모두 귀한 약재이다 | 鹿茸lùróng, 麝香shèxiāng, 犀角xījiǎo等都是名贵的药材。¶이렇게 만든 찻잎은 매우 ~ | 这样做的茶叶非常名贵。¶나라를 위해 희생한 정신은 대단히 귀한 것이다 | 为国牺牲的精神是很可贵的。

귀항[歸航] 명**하자** 【归航]guīháng 【返航]fǎnháng 【回程]huíchéng 【回航]huíháng ¶~ 운임 | 回运运费。¶~ 화물 | 回运货物。¶~ 비행 | 归航飞行。¶~ 도중에 있다 | 在返航途中。

귀향[歸鄕] 명**하자** 【归乡]guīxiāng 【还乡]huánxiāng 【返乡]fǎnxiāng ¶퇴임 후에 ~하여 정양하다 | 退休tuìxiū后还乡静养jìngyǎng。

^C**귀화**[歸化] 명**하자** 【入籍]rùjí 【归化]guīhuà ¶한국에 ~한 사람 | 入韩国籍的人。

^C**귀환**[歸還] 명**하자** 【归来]guīlái 【回来]huí·lái ¶타지에서 ~하다 | 他乡归来。¶당일로 ~할 수 없다 | 当天

回不来。

귓가 圐 【耳边】ěrbiān 【耳际】ěrjì ¶~
에 맴돌다 | 在耳边回响。

^B**귓구멍** 圐 【耳朵眼儿】ěr·duoyǎnr 【耳
孔】ěrkǒng 【外听道】wàitīngdào ¶~
에 귀지가 있다 | 耳朵眼儿有耳屎shǐ。

귓등 圐 【耳背】ěrbèi ¶~으로 듣다 |
当耳边风。

귓속 圐 【耳朵里】ěrduǒlǐ

귓속말 圐 【耳语】ěryǔ 【耳喳】ěrchā 【咬
耳朵】yǎo·ěrduǒ ¶그는 종종 아내에
게 ~을 몇 마디 속삭인다 | 他不时地
跟他太太耳语几句。

귓전 圐 【耳轮】ěrlún 【耳边】ěrbiān ¶~
으로 듣다 | 耳旁风/耳旁风。¶~을
울리다 | 在耳边回响。

규격[規格] 圐 【格式】géshì 【程式】ché-
ngshì ¶~ 번호 | 规格号码。¶~에
맞지 않다 | 不合规格。¶~화하다 |
规格化。

규격화 圐하타 【校准】jiàozhǔn 【规格
化】guīgéhuà 【程式化】chéngshìhuà
【定型化】dìngxínghuà 【标定】biāodì-
ng 【标准化】biāozhǔnhuà ¶중국어
폰트의 제정에는 ~를 실행하여야 한
다 | 中文字库kù的制制要实shí行标
准化。¶전자 제품은 ~하여야 한다
| 电子产品要标准化。

규명[糾明] 圐하타 【查明】chámíng
【察明】chámíng 【究明】jiūmíng 【澄
清】chéngqīng 【弄清】nòngqīng ¶원
인을 ~하다 | 查明原因。¶진상을
~하다 | 查明真相。¶왜곡된 사실을
똑똑히 ~하다 | 澄清被歪曲的事实。

규모[規模] 圐 【规模】guīmó 【范围】fàn-
wéi ¶전에 없던 ~ | 规模空前。¶
~가 매우 크다 | 规模宏大hóngdà。
¶활동 ~ | 活动范围。

규범[規範] 圐 【规范】guīfàn 【规矩】gu-
ī·ju 【规】【规】zhǔnzé 【准】zhǔnzé
【条例】tiáolì 【规定】guīdìng 【绳墨】sh-
éngmò ¶~에 맞다 | 合乎规范。¶
이 단어 용법은 ~에 맞지 않다 | 这个
词的用法yòngfǎ不规范。¶~에 어긋
나다 | 不中绳墨。

규수[閨秀] 圐 【闺秀】guīxiù ¶그녀는
정말 대가집 ~이다 | 她可是大家闺
秀。

규약[規約] 圐 【章程】zhāngchéng 【规

约】guīyuē 【规章】guīzhāng ¶협회의
~ | 协会的章程。¶~에 따라 이 일
을 처리하다 | 按照规约办理此事。

규율[規律] 圐 【规律】guīlǜ ¶언어 발
전의 ~ | 语言发展fāzhǎn规律。

규정[規定] 圐하타 【规定】guīdìng
【条款】tiáokuǎn 【规章】guīzhāng 【章
程】zhāngchéng 【规程】guīchéng 【规
则】guīzé 【法度】fǎdù 【条例】tiáo-
【条令】tiáolìng ¶~된 시간 안에 | 在
规定的时间内。¶헌법으로 ~하다 |
以宪法xiànfǎ规定。¶~대로 물품을
공급하다 | 按规定供货。¶~을 만들
다 | 制订zhìdìng条例。

규정[規程] 圐 【评定】píngdìng 【划
定】huàdìng 【划分】huàfēn 【决定】jué-
dìng 【规定】guīdìng ¶식품의 등급을
~하다 | 评定食品shípǐn的等级děng-
jí。¶~ 속도 | 额定速度。¶~ 한계
| 规定范围。

규제[規制] 圐하타 【控制】kòngzhì 【限
定】xiàndìng 【限制】xiànzhì ¶경제 건
설 규모를 ~하다 | 控制经济建设的
规模。¶~ 금리 | 管制利率。¶조건
을 아주 엄격하게 ~하다 | 条件tiáojiàn
限制得很严yán。

규칙[規則] 圐 【规则】guīzé 【规矩】gu-
ī·ju 【规律】guīlǜ 【规章】guīzhāng 【规
范】guīfàn 【章程】zhāngchéng 【定例】
dìnglì 【条例】tiáolì 【绳墨】shéngmò
¶교통 ~ | 交通jiāotōng规则。¶~
을 지키지 않다 | 不守规矩。¶~대
로 하다 | 按规矩办。¶~적인 순환
| 有规律的循环运动。¶언어 발전
~ | 语言发展fāzhǎn规律。¶발음 ~
| 语音yǔyīn规范。

규탄[糾彈] 圐하타 【谴责】qiǎnzé 【指
责】zhǐzé 【诘责】jiézé 【弹劾】tánhé
¶격분하며 파시즘을 ~하다 | 愤怒地
fènnùdì谴责了法西斯主义fǎxīsīzhǔyì-
。¶~적인 폭행을 ~하다 | 谴责敌人
的暴行bàoxíng。

규합[糾合] 圐하타 【纠合】jiūhé 【鸠合】
jiūhé 【纠集】jiūjí 【鸠集】jiūjí 【拼凑】pī-
ncòu 【团结】tuánjié ¶도당을 ~하다
| 纠合党羽。¶한 무리 또 한 무리의
군대를 ~했다 | 纠合了一支又一支的
军队。¶보수적 집단을 ~하다 | 纠
集死党。

균[菌]몡【菌】jūn【细菌】xìjūn【病菌】bìngjūn

균등[均等]몡혱【均等】jūnděng【平均】píngjūn【均匀】jūnyún ¶기회·机会均等。¶~하게 분배하다｜平均分配。¶~하게 발전하다｜均匀发展fāzhǎn。¶품질이 ~하다｜品质均匀。

균열[龜裂]몡하자 ❶(물체의)【龜裂】jūnliè【龟甲裂开】jūnjiǎ lièkāi ❷(관계의)【裂痕】lièhén ¶우정에 ~이 생겼다｜友情出现了裂痕。

균일[均一]몡혱【均一】jūnyī【平均】píngjūn【一致】yízhì ¶~가격｜统一价格。¶권리와 의무가 ~하다｜权利义务均一。

균형[均衡]몡【平衡】pínghéng【均衡】jūnhéng【均势】jūnshì ¶~을 유지하다｜保持平衡。¶몸의 ~을 유지하다｜保持身体的均衡。¶국민 경제가 ~적으로 발전하다｜国民经济均衡地发展。¶세력 ~을 유지하다｜维持均势/保持均势。

ᴮ귤[橘]몡〈植〉【橘子】jú·zi ¶~나무｜橘子树。¶~피｜橘皮。

ᴬ그데【他】tā【其】qí ¶짙은 안개 속이라 ~가 남자인지 여자인지 잘 보이지 않는다｜浓雾中看不清他是男的还是女的。¶~의 이 몇 마디 말은 정말 진심으로 하는 말이다｜他这几句话可是真心话。¶~를 제멋대로 하게 내버려둘 수 없다｜不能任其自流。

그²관【那】nà【那个】nà·ge ¶~ 아이｜那孩子。¶~ 먼 곳에서 온 친구｜那远方来的朋友。¶~ 교정에는 학생이 많다｜那个校园里学生很多。

ᶜ그간[─間]몡【那段时期】nàduàn shíqī【其间】qíjiān

ᴬ그것데【那个】nà·ge【那】nà ¶~은 책이다｜那是书。¶~은 천안문 광장이다｜那是天安门广场。

ᶜ그글피몡【大大后天】dàdàhòu·tian

ᴮ그까짓관【那一类】nàyílèi【那样的】nàyàng·de【那些】nàyìxiē ¶~ 돈 없어도 그만이야｜就那一些钱，没有也行。

ᶜ그끄저께몡【大前天】dàqiántian

그나마믿【连那个】liánnà·ge ¶이 강에는 다리가 하나 밖에 없는데, ~도 홍수에 부서졌다｜这条江只有一座桥，但是连那个也被洪水冲chōng坏了。

그나저나믿【反正】fǎnzhèng【不管怎样】bùguǎn zěnyàng ¶~ 이 일을 어쩌면 좋지?｜不管怎样，这件事到底怎么办才好呢?

그날그날믿❶【天天】tiāntiān【日日】rìrì【每天】měitiān ¶~의 일｜每天的事儿。❷【日复一日】rì fù yī rì【一天又一天】yìtiān yòu yìtiān ¶~ 그렇게 살아가다｜一天又一天那样过日子。

ᴬ그냥믿❶(줄곧)【照样】zhàoyàng【仍然】réngrán【仍旧】réngjiù【老是】ǎo·shi ¶하루 종일 비가 ~ 퍼붓는다｜雨下了一整天。❷(그대로)【就那样】jiùnàyàng【就那么】jiùnà·me【白白地】báibái·de ¶이번 만은 ~ 넘어갈 수 없다｜这一次就不能那样过去。

ᴬ그네몡【秋千】qiūqiān ¶~를 뛰다｜打秋千/荡dàng秋千。

그녀【她】tā ¶~의 남편｜她爱人。¶~의 동료｜她的同事。¶~의 집은 새로 이사온 집이다｜她家是新搬来的。¶이 책은 ~가 있는 곳에 두었다｜书放在她那里。

ᴬ그늘몡❶(응달)【背阴(儿)】bèiyīn(r)【背阴地】bèiyīndì【阴影】yīnyǐng ¶우리 저 ~로 가서 잠시 앉았다가 가자｜我们到那背阴地坐一会儿再走吧。¶~ 말림｜阴干/在背阴处晾干。❷(걱정)【忧愁】yōu·chóu【愁容】chóuróng ¶~이 진 얼굴｜愁容满面。¶그 사람 마음 속의 ~을 지워 버릴 수가 없다｜无法去他心头上的阴影。❸(남의 보호)【抚养】fǔyǎng【保护】bǎohù【阴翳下】iīnyìxià ¶그녀는 아직도 아버지의 ~ 아래서 성장하고 있다｜她还在她父亲的保护下成长着。

ᴬ그다지믿❶(별로)【不大】búdà【并不怎么】bìngbùzěn·me【并不】bìngbù ¶~ 좋지는 않다｜不大好。¶마음이 ~ 통쾌하지는 않다｜心里不大痛快。❷(그러한 정도까지)【那样】nàyàng【那么】nà·me ¶병이 ~도 심각할 줄은 몰랐다｜真不知道病会有那么严重。

^B**그대** 대【你】nǐ【您】nín【汝】rǔ

^A**그대로** 부 **①** (그 전과 같이・변함없이)【原原本本地】yuán yuán běn běn·de【如实地】rúshí·de【原封不动地】yuán fēng bù dòng·de【照样】zhàoyàng【依然】yīrán【照旧】zhàojiù ¶그는 편지를 다 보고나서, ~ 봉투에 집어넣었다 | 他把信看完，　照样装在信封里。¶고국의 강산과 경치는 예전 ~다 | 故国江山，　景物依然。¶금년에 인사이동 없이 모두 예전 ~다 | 今年人士没有变动，一切照旧。**②** (그냥)【听之任之】tīng zhī rèn zhī ¶국가와 인민의 이익을 해치는 일에 대해서는 결코 ~ 내버려 두어서는 안된다 | 对危害国家和人民利益的事，　决不能听之任之。

^C**그득** 부【满】mǎn【满满地】mǎnmǎn·de【丰盛地】fēngshèng·de【丰富地】fēngfù·de ¶이 잔을 ~ 채워라! | 满上这一杯吧! ¶~ 부어라 | 倒满。

그득하다 형 가득하다.

그들 대【他们】tā·men

^A**그때** 명【那时候】nàshí·hou【那个时候】nà·geshí·hou【那会儿】nàhuìr ¶~는 아직 철없는 아이였던 것이 기억난다 | 记得那时候他还是个不懂事的孩子。

^C**그때그때** 부【每次】měicì【及时】jíshí【每个时期】měi·ge shíqī ¶일은 ~ 처리해야지 | 有事及时处理。

그라운드 [ground] 명【运动场】yùndòngchǎng【操场】cāochǎng

^A**그래**¹ 감 **①** (대답의)【对】duì【是啊】shì·a【好】hǎo ¶~, 그러면 그렇게 하자 | 好，就这么办吧。**②** (감탄・놀람)【是吗】shì·ma【难道】nándào【岂】qǐ【怎么】zěn·me ¶~, 어쩐지 네가 아무 것도 모르더라니 | 是吗, 怪不得你什么也不知道。¶~? 너 또 생각이 바뀌었구나 | 怎么, 你又改变主意了?

그래² 부 ☞그래서

—**그래**³ 조【嘞】·lei ¶그것 참 좋군~ | 那个真好嘞。

그래도 부 **①** (与"아무리"连用)【不管怎么样】bùguǎn zěn·me yàng【即使那样也】jíshí nàyàng yě ¶아무리 ~ 소용없다 | 不管你怎么弄也没用。**②**

【虽说如此】suī shuō rú cǐ ¶그는 겉은 ~ 마음은 따뜻하다 | 他外表虽说如此，但心是热的。

^A**그래서** 부 **①** (그러면)【那样(做)】nàyàng(zuò)【(做)那样】(zuò)nàyàng ¶학생이 ~ 가지고 되겠느냐? | 做学生的那样能行吗? ¶네 옷이 ~ 되겠니? | 你的衣服, 那样行吗? **②** (그렇기 때문에)【所以】suǒyǐ【因此】yīncǐ ¶어제 비가 왔다. ~ 나는 학교에 가지 않았다 | 昨天下雨, 所以我没去学校。[참고] [那么做] [做得那样] [是故]

^C**그래프** [graph] 명【曲线图】qūxiàntú【座标图】zuòbiāotú【图】tú【图表】túbiāo

그래픽 [graphic] 명 **①**【图表】túbiǎo【曲线】qūxiàn【绘画】huìhuà【图解】túji【画报】huàbào ¶~ 디자이너 | 图表设计师。¶~ 디자인 | 图表设计。**②** 〈电算〉【图形】túxíng

그래픽 가속기 [graphics 加速器; graphics accelerator] 명 〈电算〉【图形加速卡】túxíng jiāsùkǎ

그래픽 사용자 인터페이스 [graphic 使用者 interface; GUI; graphical user interface] 명 〈电算〉【图形用户界面】túxíng yònghùjièmiàn

그래픽 카드 [graphic card] 명 〈电算〉【图卡】túkǎ

^B**그램** [gram] 의명【克】kè【公分】gōngfēn ¶~ 당량 | 克当量。¶~ 분자 | 克分子。¶~ 원자 | 克原子。¶~ 칼로리 | 克卡路里。

그러고 부【还有】háiyóu【然后】ránhòu ¶이 글자는 잘못 썼고 ~ 표점 부호도 틀렸다 | 这个字写错了, 还有, 标点biāodiǎn 用得不对。

^A**그러나** 부【可是】kěshì【但是】dànshì【然而】rán'ér【不过】búguò ¶입으로는 말하지 않지만, ~ 마음속으로 생각하고 있을 거야 | 嘴里不说, 可是他心里想着呢。¶그는 비록 여러 차례 실패 했지만, ~ 결코 실망하지 않는다 | 他虽然失败了好几次, 然而并不灰心。

그러나저러나 부【不管怎样】bùguǎn zěnyàng ¶~ 준비는 해 놓겠다 | 不管怎样我都会准备好的。

^A**그러니까** 부 **①** (그래서)【所以】suǒyǐ

【因此】yīncǐ ¶토양은 수분과 양분을 함유하고 있다, ~ 작물이 생장할 수 있다 | 土壤 tǔrǎng 含有水分和养料, 所以作物能够生长。¶그의 말에 사람들이 폭소를 터트렸다, ~ 실내 분위기가 훨씬 부드러워졌다 | 他的话引起大家哄堂大笑, 室内的空气因此轻松 qīngsōng 了很多。❷ (그렇기 때문에) 【正因为那样】zhèng yīn nàyàng ¶내가 하지 말라고 했잖아 | 正因为那样, 我才说别做。❸ (그렇게 하기 때문에) 【正因为那个样子】zhèng yīnwèi nà·ge yàng·zi ¶네가 동생도 따라 그러잖아 | 正因为你那个样子, 弟弟也跟着那个样儿。

ᴬ그러면 🄫 ❶ (그렇다면) 【那么】nà·me 【那】nà ¶이렇게 해서 안된다면, ~ 너는 어떻게 하려느냐? | 这样做既然不行, 那么你打算怎么办呢? ❷ (그렇게 한다면) 【那样做】nàyàngzuò ¶사진을 다시 보자 ~ 생각이 날지도 모른다 | 再看一次照片吧, 那样做也许会想起来。❸ (그리하다면) 【那样的话】nàyàng·de huà ¶네 뜻이 정 ~ 그렇게 해라 | 你的想法真要是那样的话, 就那么做吧。

　그러면 그렇지 【관용】 【不出所料】bù chū suǒ liào 【当然是那样】dāngránshì nàyàng 【不会错】búhuìcuò 【可是吗】kěbùshì·ma ¶과연, 예상한 대로 이 책은 큰 풍파를 일으켰다. 못했던 것은 아니지만 | 我的左手残废 cánfèi了, 但是我的意志并没有残废, 因此我一点也不灰心。

　그러므로 🄫 【因此】yīncǐ 【所以】suǒyǐ ¶나의 왼손은 불구가 되었지만, 나의 의지는 불구가 아니다. ~ 나는 조금도 낙심하지 않는다 | 我的左手残废cánfèi了, 但是我的意志并没有残废, 因此我一点也不灰心。

　그러자 🄫 【一那样】yí nàyàng 【一那样做】yí nàyàng zuò 【随之】suízhī ¶~ 속이 후련했다 | 一那样做心里就轻松多了。

　그러잖아도 🄫 【即使不是如此】jíshǐ bùshì rúcǐ 【即使不那样】jíshǐ búnàyàng 【本来】běnlái ¶~ 마음이 어지러운데 너까지 왜 그러니? | 本来心里就挺烦的, 你怎么也跟着添乱呢?

　그러하다 【형】 【那样】nàyàng ¶내 생각도 ~ | 我的想法也那样。

　그럭저럭 🄫 【就这么】jiù zhè·me 【凑凑合合地】còucòuhéhé·de ¶여름도 ~ 거의 지나갔다 | 夏天也就这么过去了。

　그런 【관】 【那样的】nàyàng·de ¶~ 사람 본 적 있어? | 你见过那样的人吗?

　그런고로 [一故一] 【因此】yīncǐ 【是故…】shìgù… 【所以】suǒyǐ

　그런대로 【还算(可以)】háisuàn (kěyǐ) 【将就】jiāngjiù ¶~ 지낼 만하다 | 还算过得去。

ᴬ그런데 🄫 ❶ 【可就是】kějiùshì ¶그 여자애가 예쁘기는 하다 ~ 키가 좀 작다 | 那个女孩子长得不错, 可就是个子有点儿矮。❷ 【可】kě 【那】nà ¶~ 몸은 좀 어떠세요? | 那, 你的身体怎么样?

　그럴듯하다 【형】 ❶ 【像那么回事】xiàngnà·me huíshì 【好像是】hǎoxiàng shì 【近似】jìnsì ¶꽤 ~ | 颇为近似。❷ 【挺不错】tǐngbúcuò 【有理】yǒulǐ 【不离谱】bùlípǔ ¶말하는 게 ~ | 说得有理。❸ 【像样】xiàngyàng 【像样子】xiàng yàng·zi (참고) 〔相当不错〕 〔像个样儿〕 〔有道理〕

　그럴싸하다 【형】 ☞ 그럴듯하다

ᴬ그럼 【감】 ❶ "그러면"의 준말 ❷ (그러다는 생각을 나타내는 말) 【可不是】kěbùshì 【当然】dāngrán 【是啊】shì·a ¶~ 그렇고 말고 | 是啊, 那当然喽。

　그럼에도 🄫 【尽管如此】jǐnguǎnrúcǐ ¶~ 불구하고 나는 널 믿지 못하겠어 | 尽管如此我还是信不过你。

　그렁그렁 🄫【형용】❶ (소리가) 【呼噜】hū lū 【呼噜噜】hūlūlū ¶그의 목구멍에서 ~ 소리가 난다 | 他喉咙 hóulóng 里呼噜地响 xiǎng。❷ (액체 따위가) 【满满】mǎnmǎn 【汪汪】wāngwāng ¶눈물이 ~하다 | 眼泪汪汪。

ᴬ그렇게 🄫 ❶ (그러하게) 【那样】nàyàng ¶나는 ~ 말하기가 거북하다 | 我不好意思那样说。❷ (그러한 정도가지) 【那么】nà·me 【怎么】zěn·me ¶~ 큰 돈은 아니다 | 金额不那么大。

　그렇고말고 【감】 【可不是】kěbùshì 【可不是嘛】kě·bushì·ma 【可是吗】kěbushì·ma 【可不】kě·bu

　그렇듯이 🄫 【那样地】nàyàng·de

ᴬ그렇지만 🄫 ☞ 그러나

111

그렇지 않다【형】【不是那样】búshì nàyàng【不那样】búnàyàng

그레나다[Grenada] 【명】〈地〉【格林纳达】Gélínnàdá

^B그루¹ 【명】 (나무·곡식 등 줄기의 밑동)【庄子杆】zhuāng·zigān【茬儿】chár

그루² 【명】❶ (나무를 세는 단위)【株】zhū【棵】kē ¶소나무와 잣나무 천 ~ | 松柏千株。 ¶나무 한 ~ | 一棵树。❷ (한 해 같은 땅에 짓는 농사의 횟수)【茬】chá【次】cì【回】huí ¶이곳은 날씨가 따뜻하여 일년에 서너 ~를 심을 수 있다 | 这个地方天气暖和nuǎn·huo一年能种zhòng三四茬。

^C그루갈이 【명】하자 ❶【二茬】èrchá【种第二茬】zhòngdì'èrchá❷【换茬】huànchá

그룹[group] 【명】【集团】jítuán【群】qún【团体】tuántǐ【组】zǔ ¶스터디 ~ | 学习小组。

^B그르다 【형】❶ (옳지 않다)【不对】búduì【错】cuò【不正】búzhèng【歪】wāi【坏】huài ¶그는 그른 점이 없다 | 他没有什么不对的地方。 ¶네가 ~ | 你错了。❷ (잘될 가망이 없다)【没有希望】méiyǒu xīwàng【没指望】méizhǐwàng ¶그 일은 이미 그른 것이 사정已经是没有希望了。❸ (상태·조건 등이 좋지 않다)【差劲】chājìn【破】pò ¶맛이 글렀다 | 味道差劲。

^C그르치다 【동】【搞错】gǎocuò【弄错】nòngcuò【搞坏】gǎohuài【弄坏】nònghuài ¶너는 또 일을 그르쳤다 | 你又搞错了。 ¶미안하다 내가 일을 그르쳤구나 | 对不起, 我给弄错了。

^A그릇¹ 【명】❶ (사물을 담는 기구)【器皿】qìmǐn【食器】shíqì【碗】wǎn【器具】qìjù【器物】qìwù ¶약을 묶어 두는 ~ | 陈放药水chénfàngyàoshuǐ的器皿。 ¶밥 한 ~ | 一碗饭。❷ (능력·도량)【才气】cáiqì【神通】shéntōng【本事】běnshì【能耐】néngnài ¶~이 큰 사람 | 神通广大的人。 ¶그 사람은 그런 일을 해낼 만한 ~가 못돼 | 那个人可没能耐néng耐了那种事儿。

^C그릇되다 【동】【错误】cuòwù【歪】wāi【邪】xié ¶그릇된 생각 | 错误的思想。 ¶그릇된 길을 걷다 | 走邪道儿。 ¶그릇된 것을 고치고 바른 것으

^A그리 【부】❶ (그다지)【怎样】zěnyàng【不怎么】bùzěn·me【没什么】méishén·me【不太】bútài ¶~ 분명하지 않다 | 不太清楚。 ¶바쁘지는 않다 | 不太忙。❷ (그렇게)【那样】nàyàng【那么】nà·me ¶뭐가 ~ 좋아? | 什么事那么高兴? ❸ (그곳으로)【那边】nàbiān【那儿】nàr【那头】nàtóu ¶지금 ~간다 | 现在就往那边去。

^A그리고 【접】【及】jí【和】hé【并】bìng【亦】yì【还有】háiyǒu【然后】ránhòu ¶노동자·농민 ~ 사병 | 工人, 农民及士兵。 ¶북경·천진·상해 ~ 광주 | 北京, 天津, 上海和广州。

^A그리다¹ 【동】❶ (그림을)【画】huà【绘】huì【描】miáo ¶그림을 ~ | 画画儿。 ¶채색화를 ~ | 绘彩色图画。❷ (말이나 글로 나타냄)【描写】miáoxiě【描画】miáohuà【刻画】kèhuà ¶인물을 ~ | 描写人物。 ¶이 작품은 농촌 청춘 남녀들의 하늘을 찌를듯한 열정을 생동적으로 그려냈다 | 这些作品生动地描画了农村男女青年的冲天干劲。 ¶노동자의 생활을 그리고 있다 | 描写着工人生活。❸ (회상하다)【回首】huíshǒu【回忆】huíyì【追忆】zhuīyì ¶옛 일을 그려보다 | 回首往事。[참고]〔描绘〕

^B그리다² 【동】【怀念】huáiniàn【思念】sīniàn【想念】xiǎngniàn ¶조국을 ~ | 怀念祖国。 ¶고향을 ~ | 思念故乡。 ¶조국을 그리고 있다 | 想念着祖国zǔguó。

그리스[Greece] 【명】〈地〉【希腊】Xīlà [수도는 "雅典Yǎdiǎn" (아테네; Athine)]

그리스도[Christ] 【명】〈宗〉【基督】jīdū ¶예수 ~ | 耶稣基督。

^C그리스어[greece語] 【명】【希腊语】xīlàyǔ

그리움 【명】【想】xiǎng【怀念】huáiniàn【眷恋】juànliàn ¶~에 못 이기다 | 十分想念。

^B그리워하다 【동】【思念】sīniàn【怀念】huáiniàn【想念】xiǎngniàn【往往】xiàngwǎng【怀恋】huáiliàn【眷恋】juànliàn【思恋】sīliàn【恋慕】liànmù ¶고향을 ~ | 思念故乡。 ¶조국을 ~ | 怀念祖国。 ¶지나간 학창시절을 ~ |

怀念过去的学校生活。¶마침내 여러 해 동안 그리워하였던 북경에 왔다 | 终于来到了多年向往的北京。

^ᄃ**그린**[green] 명〈色〉【绿色】lǜsè【草地】cǎodì

^ᄃ**그린벨트**[Greenbelt] 명【绿地】lǜdì

^ᄀ**그림** 명【画儿】huàr【图画】túhuà【绘画】huìhuà【图】tú ¶~ 물감 | 绘画染料。¶~을 그리다 | 画画儿。¶~처럼 아름다운 곳 | 像画儿一样地美丽的地方。

^ᄃ**그림 엽서**[－葉書] 명【画片(儿)】huàpiàn(r)【美术明信片】měishù míngxìnpiàn【明信片】míngxìnpiàn

^ᄇ**그림 일기**[－日記] 명【绘图日记】huìtú rìjì

^ᄀ**그림자** 명 ❶ (영상)【倒影】dàoyǐng ¶강물에 비친 나무 | 河水里树的倒影。¶(수면에) 거꾸로 비친 ~ | 倒影。❷ (자취)【影】yǐng【影子】yǐng·zi ¶한참 동안 그를 찾았지만, ~조차 보이지 않는다 | 找了他半天, 连个影子也没见。❸ (음영)【阴影】yīnyǐng【影】yǐng【影子】yǐng·zi ¶나무 ~ | 树影。¶~ 밟기 | 踩影子。¶온 얼굴에 어두운 ~가 졌다 | 满脸阴影。

^ᄇ**그림책**[－冊] 명【画报】huàbào【画册】huàcè【小人书】xiǎorénshū ¶어린애는 ~ 보기를 좋아한다 | 小孩儿爱看小人书。

^ᄀ**그립다** 형 ❶ (그리워하다)【怀念】huáiniàn【思念】sīniàn【想念】xiǎngniàn ¶그리운 고향 산천 | 让人思念的故乡山川。❷ (갈구하다)【希望得到】xīwàng dédào【需要】xūyào【渴求】kěqiú【向往】xiàngwǎng ¶찬 바람 속에 서 몇 시간 동안 떨었더니 따뜻한 물 한 잔이 ~ | 在寒风下冻了几个小时, 想要有一杯开水。

^ᄀ**그만** 부 ❶ (그 정도로)【到此为止】dàocǐ wéizhǐ【就此】jiùcǐ【到此】dàocǐ ¶~ 먹어라 | 就吃到这儿吧。¶~하자 | 就干到这儿吧。❷ (그대로·곧)【马上】mǎ·shang【顿时】dùnshí【就】jiù ¶수업 종이 울리자 교실 안은 ~ 조용해졌다 | 上课铃声一响, 教室里顿时安静下来。¶말이 끝나자마자 ~ 떠나고 말았다 | 说完就走。❸ (본의 아니게·어쩔 수 없이)【没办法】mé-

ibànfǎ【只得】zhǐděi【就】jiù ¶길이 막혀서 ~ 늦었습니다 | 路被堵上了, 就迟到了。

^ᄀ**그만두다** 동 ❶ (중지)【作罢】zuòbà【罢休】bàxiū【放下】fàngxià【拉倒】lādǎo【算了】suàn·le【废】fèi ¶여기서 ~ | 就此作罢。¶쌍방이 모두 동의하지 않는 바에야 이 일은 그만둘 수밖에 없다 | 既然双方都不同意, 这件事就只好作罢了。¶일이 이렇게 된 이상 그만두는 수밖에 없다 | 事到如此, 只好罢休。¶그만둬, 더 이상 거론하지 마 | 算了算了, 你别再提了。¶그가 오지 않으면 그만 두자 | 他要是不来就算了呢。¶나는 중도에서 그만둘 수 없다 | 我不能半途而废。❷ (취소)【取消】qǔxiāo ¶몸이 아파 예정된 등산을 그만두었다 | 因不舒服, 预定的登山计划取消了。❸ (사임)【辞职】cízhí ¶총지배인직을 ~ | 辞去总经理职务。

그만큼 부【就那么】jiù nà·me【那种程度】nà zhǒng chéngdù ¶~ 얘기해도 못 알아듣겠니? | 说到那种程度还听不懂?

그만하다 형 ❶ (웬만하다)【差不多】chā·buduō【差不离】chā·bulí【行】xíng ¶인물도 그만하고 학벌도 그만하니 되었다 | 长相行, 学问也行, 这也就可以了。❷ (정도가 그것만 하다)【那些】nàxiē【那点】nàdiǎn【那么多】nà·me duō ¶그만한 일로 그렇게 화를 내니? | 就因为那点事, 就那样发脾气?

^ᄀ**그물** 명 ❶ (망)【网】wǎng【网子】wǎng·zi【网罗】wǎngluó【罗网】luówǎng ¶~을 당기다 | 拉la网。¶~로 고기 헌 미끼를 잡다 | 网着了一条鱼。¶사냥꾼은 ~을 설치해 놓고 들짐승을 잡는다 | 猎liè人布好了罗网, 捕捉bǔzhuō野兽yěshòu。¶~코 | 网结。❷ (함정)【圈套】quāntào ¶그는 너희들의 ~에 빠졌다 | 他落在你们的圈套中。

그믐 ☞ 그믐날

그믐께 명【月底】yuèdǐ【将近月末的时候】jiāngjìn yuèmò·de shí·hou

그믐날 명【每月的末一天】měi yuè·de mò yītiān

그사이 〖명〗【这期间】zhèqījiān【近来】jìnlái【这些日子里】zhèxiērì·zilǐ

그야 〖부〗【那】nà【那当然】nàdāngrán ¶~ 더 말할 필요가 있을까? | 那还有必要再说吗?

B**그야말로** 〖부〗【的确】díquè【实在】shízài【简直】jiǎnzhí【正是】zhèng·shì ¶~ 보기좋다 | 实在好看。¶이는 ~ 말이 안된다 | 这简直不像话。¶~ 때가 왔다 | 正是好候儿。

그외 〖명〗【此外】cǐwài ¶~ 다른 질문이 없습니까? | 此外有没有别的问题?

B**그윽하다** 〖형〗❶ (깊숙하고 으슥하다)【幽深】yōushēn【幽静】yōujìng【窈窕】yǎotiǎo【深邃】shēnsuì ¶나무 그림자가 흔들거리고 밤 경치가 대단히 그윽하고 고요하다 | 树影婆娑pósuō, 夜色分外幽静。❷ (은근하다)【浓郁】nóngyù【馥郁】fùyù ¶그윽한 꽃향기 | 浓郁的花香。

C**그을다** 〖동〗【熏黑】xūnhēi【晒黑】shàihēi ¶햇볕에 그을린 얼굴 | 晒黑了的脸。¶그을리지 않는 피부 | 晒不黑的皮肤pífū。

C**그을음** 〖명〗〖负〗tāi【烟子】yān·zi ¶(석탄의) ~ | 煤炭。¶(솥 밑의) ~ | 锅guō烟子。

C**그이** 〖대〗【他】tā【那个人】nà·gerén【那位】nàwèi ¶~가 누구냐? | 那个人是谁?

그자 [-者] 〖대〗【他】tā【那个人】nà·gerén

A**그저** 〖부〗❶ (그대로 사뭇)【照旧】zhàojiù【仍然】réngrán ❷ (특별한 까닭이나 목적 없이)【仅仅是】jǐnjǐnshì【就是】jiùshì【随便】suíbiàn【无意地】wúyì·de ¶난 맡은 일을 했을 뿐이어서 칭찬받을 만하지 않다 | 我只是做了分内的事, 不值得表扬。¶나는 ~ 너와 한담하러 왔을 뿐이다 | 我只是来跟你聊聊天而已。¶내가 ~ 해 본 말이다 | 这是我随便说的。❸ (무조건적으로)【光】guāng【只顾】zhǐgù【还是】hái·shi ¶~ 놀 생각만 하지 마라 | 别光想玩。¶그는 대답도 하지 않고, 옆도 돌아보지 않고 머리만 숙인 채 제 일만 한다 | 他话也不答, 头也不回, 只顾低着头干他的事。¶그래도 그는 ~ 웃는 얼

굴을 하고 있었다 | 但他还是强装zhuāng笑脸。

A**그저께** 〖명〗【前天】qiántiān ¶~ 밤에 나는 장선생님을 방문했다 | 前天晚上我拜访bàifǎng了张老师。

A**그전** [-前] 〖명〗【以前】yǐqián【从前】cóngqián ¶우리는 ~부터 아는 사이이다 | 我们以前就认识。¶나는 ~에는 몰랐는데 이제서야 알았다 | 我以前不知道, 现在才知道。¶~에 한번 왔던 일이 있다 | 从来过一趟tàng。

C**그제야** 〖부〗【那(时)才】nà(shí) cái【这么一来】zhè·me yì lái【这时才】zhèshí cái【这才】zhè cái ¶~ 마음을 놓을 수 있게 되었다 | 这才放得下心了。¶그는 ~ 알았다 | 他那才明白了。

그중 [-中] 〖부〗【最】zuì【其中】qízhōng ¶네가 고른 것이 ~ 좋다 | 你挑的最好。¶그의 성적은 ~ 좋다, 특히 문학이 좋다 | 他的功课gōngkè都很好, 尤其yóuqí是文学最好。〔참고〕〔尤其〕

C**그지없다** 〖형〗【无限】wúxiàn【无限量】wúxiànliàng【无垠】wúyín【无穷】wúqióng【无地境】wúdìjìng【非常】fēicháng【极】jí ¶전도가 그지없이 밝다 | 前途无限光明。¶그지없는 영광이다 | 非常光荣。¶기쁘기 ~ | 高兴极了。

A**그치다** 〖동〗【停】tíng【停止】tíngzhǐ (비)바람이 ~ | 风(雨)停了。¶폭풍우가 그쳤다 | 暴风雨停了。

B**그토록** 〖부〗【那样】nàyàng【那么】nà·me ¶~ 관심 가져주셔서 감사합니다 | 那样关心我, 非常感谢。¶~ 잘해 주시니 고맙습니다 | 那么, 照料, 非常感谢。

B**극¹** [極] 〖명〗❶ (지구의)【极】jí ¶남~ | 南极。¶음 ~ | 阴极。❷ (절정)【极点】jídiǎn【极度】jídù【极端】jíduān【极处】jíchù【极顶】jídǐng ¶감동이 ~에 달했다 | 感动到了极点。¶흥분이 ~에 달하다 | 极度兴奋。

B**극²** [劇] 〖명〗【剧】jù【戏】xì【戏剧】xìjù ¶단막~ | 独幕剧。

극광 [極光] 〖명〗〖氣〗【极光】jíguāng ¶북~ | 北极光。¶남~ | 南极光。

극구 [極口] 〖명〗【极力】jílì ¶너는 일찍 가자고 ~주장하지 않니? | 你不是

극력 主張 早 走吗? ¶~ 반대하다 | 극력으로 반대.

극기[克己] 명하자 【克己】kèjǐ【克制自我】kèzhì zìwǒ ¶~력 | 克制自我的力量。

ᴬ극단[劇團] 명 【劇團】jùtuán【戏班(儿)】xìbān(r)【话剧团】huàjùtuán

극도[極度] 명 【極度】jídù【极端】jíduān【无以复加】wú yǐ fù jiā【顶点】díngdiǎn ¶~의 불안을 느끼다 | 感到极度不安。¶~로 흥분하다 | 极度兴奋。¶~로 미워하다 | 极端憎恨。¶즐거운 분위기가 ~에 달했다 | 欢乐的气氛达到了顶点。

극동[極東] 명 【远东】Yuǎndōng ¶~지역 | 远东地区。

극락[極樂] 명 【极乐】jílè ¶~세계 | 极乐世界。

극렬[極烈] 명하형 【激烈】jīliè【厉害】lìhai【剧烈】jùliè ¶~한 비평을 하다 | 做激烈的批评。¶~한 공격 | 剧烈攻击。¶~ 분자 | 激烈分子。¶그는 수단이 너무 ~하다 | 他的手段太厉害。

극명[克明] 명하자하형 ❶【证实】zhèngshí ¶그의 추론은 사실에 의해 ~되었다 | 他的推断被事实完全证实了。❷【确然】quèrán

ᴮ극복[克服] 명하자하형 【克服】kèfú【排除】páichú【摒弃】bìngqì ¶가난을 ~하다 | 摒弃穷困。¶우리는 여러 가지 어려움을 ~해야만 한다 | 我们得克服各种困难。

ᴮ극본[劇本] 명 【剧本】jùběn【脚本】jiǎoběn

극비[極秘] 명 【绝密】juémì ¶~ 문서 | 绝密文件。¶~이니 절대로 바깥에 알려지게 해서는 안된다 | 这件事是绝密, 切勿外传。

극성[極盛] 명 【积极】jījí【热情】rèqíng【倔强】juéjiàng【顽强】wánqiáng【逞威】chěngwēi【逞凶】chěngxiōng

극성부리다[極一] 통 【屈强】qūjiàng【逞能】chěngnéng【逞凶】chěngxiōng ¶절대 극성부리지 마라 | 千万不要逞能。

극성스럽다[極盛一] 형 【积极】jījí【热情】rèqíng【顽强】wánqiáng【厉害】lìhai【逞凶】chěngxiōng 【逞威】chě-

ngwēi【不要命的】búyàomìng·de【拼命的】pīnmìng·de

극소[極小] 명하형 【微小】wēixiǎo【极小】jíxiǎo ¶~의 변화 | 微小的变化biànhuà。¶~량 | 极小量。

극소값[極小一] 명 【(数)【极小值】jíxiǎozhí【最小价值】zuìxiǎo jiàzhí【最小值】zuìxiǎozhí

극소수[極少數] 명 【极少数】jíshǎoshù

극심[極甚] 명하형 【太甚】tàishèn【极甚】jíshèn【极其】jíqí ¶~한 가뭄 | 极其干旱。¶너도 남 깔보는 것이 ~하다 | 你也欺qī人太甚了。

극악[極惡] 명하형 【极其狠毒】jíqí hěndú【万恶】wàn'è【穷凶极恶】qióngxiōng jí è ¶~무도하다 | 残暴无道。¶~하기 그지 없어 용서할 수 없다 | 万恶不赦shè。

극약[劇藥] 명 【烈性药】lièxìngyào【剧药】jùyào

극언[極言] 명하자타 【极力进谏】jílì jìnjiàn【极力劝说】jílì quànshuō ¶그는 남의 기분은 생각지도 않고 ~하였다 | 他不考虑别人的心情而极力劝说。

극우[極右] 명 【极右】jíyòu【极端右倾】jíduān yòuqīng ¶~ 분자 | 极右分子。

ᴬ극장[劇場] 명 ❶【剧场】jùchǎng【戏院】xìyuàn 【剧院】jùyuàn【戏圆子】xìyuàn·zi【戏馆】xìguǎn ¶~ 안내원 | 剧场工作员/引座员。¶~ 수리로 인해, 잠시 휴관한다 | 剧场整修, 暂停开放。❷【电影院】diànyǐngyuàn【影院】yǐngyuàn

ᴄ극적[劇的] 관형 【戏剧性的】xìjùxìng·de【动人】dòngrén ¶~인 장면 | 非常动人的情景。¶그 팀은 게임 종료 5초 선에 ~인 억진골을 넣었다 | 那个队는 比赛结束前五秒钟戏剧性地进了一个反败为胜的球。

극진[極盡] 명하형 【真挚】zhēnjí【真诚】zhēnchéng【真心诚意】zhēnxīn chéngyì【至诚】zhì·cheng【诚恳】chéngkěn【无微不至】wú wēi bù zhì ¶~한 대접 | 诚心诚意的招待。¶나는 ~ 간호를 받았다 | 我受到了真心诚意的护理。

극치[極致] 명하형 【顶峰】dǐngfēng【极点】jídiǎn ¶예술의 ~를 이루다 | 达到艺

술의 정점.

극하다[極-] 통 【极】jí【至极】zhìjí【极大】jídà ¶슬픔이 ~ | 悲伤至极。

극한[極限] 명〈數〉【极限值】jíxiànzhí【极限】jíxiàn ¶~ 강도 | 极限强度。

극형[極刑] 명 【极刑】jíxíng ¶~에 처하다 | 处以极刑。

극히[極-] 부 【极】jí【极度】jídù【极端】jíduān ¶~ 어려운 일 | 极难的事儿。

B**근**¹[斤] 의명 【斤】jīn

근²[近] 관 【几乎】jīhū【近】jìn【将近】jiāngjìn【差·不多】chà·buduō ¶~ 백년사 | 近百年史。¶그 마을은 인구가 ~ 500명 정도 된다 | 该村人口将近五百人。

근간¹[近刊] 명 【最近版】zuìjìnbǎn【最近刊物】zuìjìn kānwù【近期出版】jìnqī chūbǎn ¶~ 서적의 목록 | 近期出版书籍的目录。

근간²[近間] 명 【近来】jìnlái【最近】zuìjìn ¶그는 ~ 일이 매우 바쁘다 | 他近来工作很忙。¶~ 소식 | 最近的消息。¶~에 나는 북경에 다녀왔다 | 最近我到北京去了一趟。參고〔这几天〕〔这两天〕

B**근거**[根據] 명하자 【根据】gēn·jù【凭据】píngjù ¶그의 이 말은 ~가 없다 | 他这话儿缺少根据。¶~가 부족하다 | 缺少凭据。

B**근거지**[根據地] 명 【根据地】gēnjùdì ¶혁명 ~ | 革命根据地。

근거리[近距離] 명〈體〉【近距离】jìnjùlí ¶~ 슛 | 近距离投篮tóulán。

근거리 통신망 [近距離通信網; LAN; Local Area Network] 명〈電算〉【局域网】júyùwǎng

근검[勤儉] 명하형 【勤俭】qínjiǎn【勤俭节约】qínjiǎn jiéyuē ¶한국사람들은 ~절약의 좋은 전통을 갖고 있다 | 韩国人民有着勤俭节约jiéyuē的优良传统yōuliángchuántǒng。¶~집안 살림을 꾸리다 | 勤俭持家chíjiā。

근교[近郊] 명 【近郊】jìnjiāo ¶상해 ~ | 上海近郊。¶~녹지 | 近郊绿地。¶~농업 | 郊区农业。

근근이[僅僅-] 부 【勉强】miǎnqiǎng【凑合】còuhé ¶~ 입에 풀칠하다 | 勉强糊口。

근기[根氣] 명 ❶(참을성 있게 버텨 내는 힘)【持久力】chíjiǔlì【坚持不懈】jiānchí bú xiè【毅力】yìlì【恒心】héngxīn ¶~있게 일하다 | 持久工作。❷(음식의 찰기나 먹은 후의 든든한 기운)【耐饥】nàijī ¶이런 종류의 쌀은 ~가 없다 | 这种米不耐饥。

근년[近年] 명 【近几年】jìnjǐnián 參고〔这几年〕〔这两年〕

B**근대**[近代] 명 【近代】jìndài ¶~사 | 近代史。¶~ 오종 경기 | 近代五项。

근래[近來] 명 【近来】jìnlái【最近】zuìjìn ¶그는 ~ 일이 매우 바쁘다 | 他近来工作很忙。¶이 극은 ~ 상연될 예정이다 | 这个戏最近就要上演了。參고〔这几天〕〔这两天〕

근력[筋力] 명 ❶(근육의 힘)【力气】lì·qi ¶~이 세다 | 很有力气。❷(기력)【气力】qìlì【元气】yuánqì ¶~이 아주 좋다 | 力气很足。¶~이 좋다 | 元气旺盛wàngshèng。

근로[勤勞] 명하자 【勤劳】qínláo ¶~봉사 | 勤劳服务。¶~ 소득 | 勤劳所得/劳动收入。¶~ 계약 | 雇佣合同

근로자[勤勞者] 명 【劳动者】láodòngzhě【工人】gōngrén【劳动群众】láodòng qúnzhòng【劳动人民】láodòng rénmín

근면[勤勉] 명하형 【勤勉】qínmiǎn ¶매사에 ~하다 | 事事都勤勉。

근멸[根滅] 명하자타 【根绝】gēnjué【根除】gēnchú ¶해충 ~하다 | 根除害虫。

근무[勤務] 명하자 ❶【工作】gōngzuò【上班】shàngbān ¶~ 조건 | 工作条件tiáojiàn ¶네 아버님은 어디에서 ~하시냐? | 你父亲在哪儿工作。¶일요일에는 ~하지 않는다 | 星期天不上班。❷【值班】zhíbān ¶모두들 돌아가면서 ~ 한다 | 大家daòjiā轮流值班。

B**근방**[近方] 명 ☞ 근처

B**근본**[根本] 명 ❶(사물의 바탕)【根本】gēnběn ❶당연히 ~인 것에서부터 문제 해결방도를 찾도록 해야 한다 | 当然要从根本问题出发寻找解决问题的方法。¶~적인 원칙 | 根本原

116

則。¶~적으로 없애 버리다 | 从根本上消灭xiāomiè。❷ (자라온 환경이나 경력) 【根底】gēndǐ ¶~이 좋은 사람 | 根底好的人。

ᴬ**근사**[近似] 圐 ❶ (어떤 기준에 가깝거나 비슷함) 【近似】jìnsì 【相似】xiāngsì ¶꽤 ~하다 | 颇为近似。¶~화폐 | 近似货币/准货币。¶두 사람은 생김새가 아주 ~하다 | 两个人长得极其相似的。❷ (꽤 좋음) 【好】hǎo 【不错】búcuò 【还可以】háikěyǐ 【较好】jiàohǎo ¶~한 생각 | 好主意。¶~한 주제 | 好主题zhǔtí。

근사치[近似値] 圐 【近似数】jìnsìshù 【近似值】jìnsìzhí ¶~ 물가 지수 이론 | 近似值物价指数理论。

근성[根性] 圐 【根性】gēnxìng 【本性】běnxìng ¶게으름은 사람의 나쁜 ~ 중의 하나다 | 懒惰, 是一个人的坏根性。¶~은 고치기 어렵다 | 本性难改。¶졸렬한 ~ | 劣liè本性。

근세[近世] 圐 【近代】jìndài 【近世】jìnshì ¶~사 | 近世史。¶~는 중국어를 연구한다 | 他研究近世中国语。

근소[僅少] 圐형 【很少】hěn shǎo 【极小】jíxiǎo 【极少】jíshǎo ¶~한 차이 | 极少的差异。

근속[勤續] 圐하자 【持续工作】chíxù gōngzuò ¶~ 수당 | 工龄津贴/年资津贴。¶~ 연한 | 工龄/工作年资。¶장기~ | 长期持续工作。

ᴮ**근시**[近視] 圐 ☞ 근시안

근시안[近視眼] 圐 【近视】jìn·shi 【近视眼】jìnshìyǎn 【短视】duǎnshì 【短视眼】duǎnshìyǎn ¶그는 눈이 좀 ~이다 | 他眼睛有一点儿近视。¶그는 ~이다 | 他是近视眼。

ᴬ**근심** 圐하자타 【担心】dānxīn 【忧虑】yōu·lǜ 【操心】cāo/xīn 【挂念】guàniàn 【牵挂】qiānguà 【惦念】diànniàn 【耽心】dānxīn ¶그의 성격 때문에 ~하지 마라 | 你不要为他的性格chénggé担心。¶아이의 병이 위중하여 부모가 아주 ~하고 있다 | 孩子的病很重, 父母亲都十分忧虑。¶그들 때문에 너무 ~을 많이 했다 | 为他们操了许多心。¶부모님 모두 아이의 일을 ~하신다 | 父母都操心

孩子的事。

근심거리 圐 【愁事】chóushì 【心事】xīn·shi 【心上疙瘩】xīnshàng gē·da ¶무슨 ~가 있느냐? | 有什么心事? ¶~가 쌓여 있다 | 心事重重。

근심스럽다 형 【担心】dānxīn 【忧虑】yōu·lǜ 【发愁】fāchóu ¶나는 그의 건강이 아주 ~ | 我十分担心他的健康。¶근심스러운 마음 | 忧虑的心。

근엄[謹嚴] 圐형 【严肃】yánsù 【严厉】yánlì ¶그는 아주 ~한 사람이다 | 他是个很严厉的人。¶그의 표정은 아주 ~하다 | 他的表情十分严肃。¶태도가 아주 ~하다 | 态度十分严肃。

ᴬ**근원**[根源] 圐 ❶ (어떤 일이 생겨나는 본바탕) 【根源】gēnyuán 【根基】gēnjī ¶실천은 모든 과학 지식의 ~이다 | 实践是一切科学知识的根源。❷ (물줄기가 시작되는 곳) 【发源(地)】fāyuán(dì) ¶낙동강의 ~ | 洛东江的发源地。

ᴬ**근육**[筋肉] 圐 〈生理〉 【筋肉】jīnròu 【肌肉】jīròu ¶농민 특유의 건강한 ~ | 农民特有的强硬qiángyìng的肌肉。¶~ 주사 | 肌肉注射。

근자[近者] 圐 ☞ 근간

근절[根絶] 圐하타 【根绝】gēnjué 【根除】gēnchú 【消除】xiāochú 【根本消灭】gēnběn xiāozāi ¶사고를 ~하다 | 根绝事故shìgù。¶철저하게 ~하다 | 彻底chèdǐ根除。

근접[近接] 圐하자 【靠近】kàojìn 【挨近】āijìn 【邻近】línjìn ¶병원은 이 거리와 ~한 곳에 있다 | 医院就在靠近这条街的地方。¶위험한 곳에 ~하지 마라 | 别靠近危险的地方!

근지럽다 ❶ 【痒】yǎng 【发痒】fāyǎng ¶모기에 물려 몸이 계속 ~ | 蚊子咬得身上直痒痒。¶피부가 몹시 ~ | 皮肤pífū痒得要命。❷ 【手痒】shǒuyǎng ¶다른 사람이 탁구치는 것을 보니 그는 또 손이 근지러워 견딜 수가 없다 | 看到别人打乒乓球, 他又手痒难耐了。

근질거리다 圐 【发痒】fāyǎng ¶온 몸이 ~ | 全身痒痒。

ᴬ**근처**[近處] 圐 【近旁】jìnchù 【附近】fùjìn 【跟前】gēnqián 【一带】yídài 【旁

páng【邻近】línjìn ¶~에는 학교가 없다 | 近处没有学校。¶~의 술집 | 附近的酒馆。¶이 ~는 북경에서도 가장 번화한 지역인 셈이다 | 这一带也算是北京最热闹rè·nao的地区。¶집 ~에 북경 대학이 있다 | 我家附近有北京大学。

근하 신년[謹賀新年]【恭贺新年】gōng hè xīn nián【恭贺新禧】gōng hè xīn xǐ

근해[近海] 몡【近海】jìnhǎi ¶~를 이용하여 미역을 양식하다 | 利用近海养殖海带hǎidài。¶~ 어업 | 近海渔业。

근황[近况] 몡【近况】jìnkuàng ¶~이 어떠하느냐? | 近况如何?

^**글** 몡❶ (문자·문장)【文字】wénzì【文章】wénzhāng ¶~이 남아 있어 고증할 수 있는 역사 | 有文字可考的历史。¶~이 매끄럽다 | 文字清通。¶~을 한 편 썼다 | 写了一篇文章。❷ (학문·학식)【学问】xué·wen【学识】xuéshí ¶너는 그녀가 말도 많다고 업신여기면 안된다 ~은 대단하단다! | 你别看她不言不语的，学问可深了!

글감 몡【题材】tícái ¶학교 생활을 ~으로 삼다 | 把学校生活作为题材。

글공부[-工夫] 몡하재【学文化】xué wénhuà【求学】qiúxué【读书】dúshū【念书】niànshū【学习】xuéxí

글귀[-句] 몡【字句】zìjù【语句】yǔjù【文句】wénjù【字眼】zìyǎn ¶아름다운 ~ | 美丽的字眼。

글동무 몡【同学】tóngxué【学友】xuéyǒu

글라스[glass] 몡【玻璃杯】bō·líbēi

글러브[glove] 몡【手套】shǒutào

글방[-房] 몡【学堂】xuétáng【私塾】sīshú

글썽글썽 튀하형【汪汪】wāngwāng ¶눈물이 ~거리다 | 眼泪汪汪。

글쎄 쟘❶ (주저)【是呀】shìya ¶~ 잘 모르겠어 | 是呀，我怎么也不知道呢。❷ (강조·고집)【我呀】wǒya ¶~ 내가 뭐랬니? | 是啊，我说什么来着? ¶~ 그렇다니까 | 是啊，是这样的嘛。

^**글씨** 몡❶【字】zì【书法】shūfǎ ¶그는

~를 아주 잘 쓴다 | 他字写得很好。¶~가 잘 안 보인다 | 字看不清楚。❷【字体】zìtǐ ¶이건 누구 ~지? | 这是谁的字体?

글씨체[-體] 몡❶【字体】zìtǐ ¶~가 아름답다 | 字体很漂亮。❷【字帖儿】zìtiě(r) ¶~를 따라 글씨를 배우다 | 按字帖儿学字。

글월 몡❶ (문장)【文章】wénzhāng ❷ (편지)【信】xìn【信函】xìnhán【书札】shūzhá

^**글자**[-字;character] 몡 ❶【字】zì【文字】wénzì ¶상용 ~ | 常用字。¶~를 한 자 쓰다 | 写一个字。❷〈電算〉【字符】zìfú

글재주[-才-] 몡【才学】cáixué【写作能力】xiězuò nénglì ¶~가 출중하다 | 才学出众。

글짓기 몡【做文章】zuò wénzhāng【作文】zuòwén

글피 몡【大后天】dàhòutiān ¶~가 내 생일이다 | 我大后天过生日。

^**긁다** 몡❶ (문지르다)【搔】sāo【搔痒】sāoyǎng【抓】zhuā【挠】náo ¶신 신고 발바닥을 ~ | 隔靴gé xuē搔痒。¶가려운 데를 ~ | 抓痒痒yǎng。¶마음의 가려움은 긁기 어렵다 | 心痒难挠。❷ (그러모으다)【扒拉】bā·la ¶갈퀴로 낙엽을 ~ | 用耙子扒拉落叶。❸ (붙은 것을 떼어내다)【刮】guā ¶냄비 밑의 검댕이를 긁어내다 | 刮锅烟子。❹ (재물)【搜刮】sōuguā【剥削】bōxuē【刮】guā ¶재물을 ~ | 搜刮钱财。¶백성의 재물을 긁어내다 | 搜刮民财/搜刮老百姓。¶지주가 농민들을 재물을 긁어내다 | 地主剥削农民。❺ (공연히 건드리다)【挑逗】tiǎodòu【惹】rě ¶그들을 긁어 싸우도록 시켜서는 정말 안된다 | 挑逗他们打架，很不应该。¶그의 감정을 긁지 마라 | 别惹他。¶남의 비위를 ~ | 惹人生气。❻ (헐뜯다)【诋毁】dǐhuǐ ¶제멋대로 지도자를 긁어대다 | 肆意诋毁领导。(参考)〔挑ㅂ〕〔调 tiáo어ㅂ〕〔逗引〕〔招惹〕〔诋訾zǐ〕〔诽谤bàng〕

긁어먹다 몡❶【啃】kěn【擓】kuǎi ¶수박을 ~ | 擓西瓜吃。❷ (재물을)【榨取】zhàqǔ ¶백성들의 피와 땀을 ~ |

榨取百姓的血汗.

^금¹[金] 图 〖化〗【金】jīn【金子】jīn·zi【黄金】huángjīn [원소 번호가 79] ¶~ 가락지 | 金戒指。¶~ 함유량 | 含金量。

금²[裂] 图 ❶ (선) 【线】xiàn【裂纹】lièwén【裂口】lièkǒu ¶~을 하나 긋다 | 画出一条线。❷ (갈라지지 않고 터지기만 한 자국) 【裂痕】lièhén ¶유리 중간에 갈라진 ~이 한 줄 있다 | 玻璃中间有一道裂痕。❸ (관계) 【裂痕】lièhén ¶그들 둘 사이에 ~이 생겼다 | 他俩之间有了裂痕。

금³[市格] 图 【市格】shìgé【实价】shíjià【价】jià ¶~를 매기다 | 定价。

금-¹[今-] 匠 【本】běn【今】jīn ¶~ 세기 | 本世纪。

-금¹[-金] 回 【金】jīn【费】fèi ¶격려 ~ | 鼓励金。

금강석[金刚石] 图 【金刚石】jīngāngshí【金刚钻】jīngāngzuàn【钻石】zuānshí【刚玉】gāngyù【钢玉】gāngyù

금고¹[金库] 图 【金库】jīnkù【保险相】bǎoxiǎnxiāng【保险箱】bǎoxiǎnxiāng

금과옥조[金科玉條] 图 【金科玉律】jīn kē yù lǜ【金科玉条】jīn kē yù tiáo ¶규칙과 제도는 ~이기에, 조금도 변통할 수 없는 것이다 | 规章制度也是金科玉律, 不能有一点变通。

금관 악기[金管樂器] 图 〖音〗【铜管乐器】tóngguǎn yuèqì【管乐器】guǎnyuèqì

금권[金權] 图 【金权】jīnquán【金钱权力】jīnqián quánlì ¶~ 만능 | 金权万能。¶~ 정치 | 金权政治。

금지[禁止] 图 禁止하다 【禁止】jīnzhǐ【禁】jīn【禁忌】jìnjì ¶~사항 | 禁止事项。¶냅고 기름진 짓을 ··하디 | 禁忌辛辣油腻 yóunì。

^금년[今年] 图 【今年】jīnnián ¶그는 대만에 가려고 한다 | 今年他要去台湾。¶~에 나이가 몇 입니까? | 今年多大数岁?

금니[金-] 图 【金牙】jīnyá ¶~를 하다 | 镶金牙。

^금덩이[金-] 图 【金块】jīnkuài

^금리[金利] 图 【利息】lìxī【金利】jīnlì ¶~가 낮다 | 利息低。¶~ 인상 | 提高利率。¶~ 조정 | 调整利率。

금메달[金medal] 图 ❶【金质奖章】jīnzhìjiǎngzhāng ❷〖體〗【金牌】jīnpái ¶~을 따다 | 获取金牌。

금물[禁物] 图 ❶【违禁品】wéijīnpǐn【严禁物】yánjìnwù ❷【忌讳】jìhuì【要不得的】yàobùdé·de【不允许的】bùyǔnxǔ·de ¶과욕과 안일은 ~이다 | 贪图安逸是要不得的。

금박[金箔] 图 【金箔】jīnbó ¶~ 기술자 | 金箔匠。¶~지 | 金箔纸。

^금반지[金斑指] 图 【金戒指】jīnjièzhǐ

금발[金髮] 图 【金发】jīnfà【金色头发】jīnsè tóu·fa ¶~의 아가씨 | 金发女娘。

^금방[今方] 튀 ❶ (방금·지금 막) 【刚】gāng【刚才】gāng·cai【刚刚】gānggāng【才】cái ¶그는 ~ 떠났다 | 他刚走。❷ (바로) 【马上】mǎshang【立即】lìkè【就】jiù ¶~ 돌아올께 | 我马上就回来。¶나는 ~ 간다 | 我就去。¶날이 ~ 밝아질 것이다 | 天很快就亮了。

^금붕어[金-] 图 【鱼贝】【金鱼】jīnyú

금빛[金-] 图 【金光】jīnguāng【金黄】jīnhuáng ¶~으로 빛나다 | 闪金光。

^금색[金色] 图 〈色〉【金色】jīnsè【金光】jīnguāng

금서[禁書] 图 【禁书】jīnshū ¶~가 되다 | 为禁书。

금성[金星] 图 〈天〉【金星】jīnxīng

금세 튀 ❶ (조금 전) 【刚刚】gānggāng【才】cái ¶~ 갔어요 | 刚刚走。❷ (빠른 시간 내에) 【马上】mǎ·shang【立刻】lìkè ¶~ 먹어 치우다 | 立刻吃光。

금속[金屬] 图 【金属】jīnshǔ ¶~ 기계 | 金属机械。¶~ 화폐 | 金属货币/硬货。¶~ 공예 | 金属工艺。

금수[禽獸] 图 【禽兽】qínshòu【飞禽走兽】fēiqín zǒushòu ¶~만도 못하다 | 禽兽不如/不如禽兽。

금슬[琴瑟] 图 【琴瑟】qínsè ¶~이 좋다 | 琴瑟和吗héming/琴瑟调和tiáohé/琴瑟其笃/琴瑟相和。

금식[禁食] 图 禁食하자 【禁食】jīnshí ¶~ 기도 | 禁食祈祷。

금실 ☞ 금슬

금액[金額] 图 【金额】jīn'é【款额】kuǎn'é【款数】kuǎnshù ¶부족한 ~은 학

교에서 보충하다 | 不足的金额由学校
补充。

ᴮ**금연**[禁煙] 몡하재 ❶〈흡연을 금하다〉
【禁烟】jìnyān【禁止吸烟】jìnzhǐ xīyān
객실내 ~ | 车厢内禁止吸烟。❷
〈담배를 끊다〉【戒烟】jièyān 하기로 결심하다 | 决心戒烟。

ᴬ**금요일**[金曜日] 몡【星期五】xīngqīwǔ
【礼拜五】lǐbàiwǔ

금욕[禁慾] 몡하재【禁欲】jìnyù ~생
활 | 禁欲生活。

ᴮ**금융**[金融] 몡〈經〉【金融】jīnróng【银
根】yíngēn ~ 기관 | 金融机关。~
~ 시장 | 金融市场。~ 정책 | 金
融政策/财务政策 | ~ 체제를 개혁하
다 | 改革金融体制。

금은방[金銀房] 몡【金银店】jīnyíndiàn

금일[今日] 몡【今日】jīnrì【今天】jīntiā
n ~안으로 | 今天以内。

금일봉[金一封] 몡【红包】hóngbāo

금자탑[金字塔] 몡【丰碑】fēngbēi 그
는 그 작품으로 현대 미술계에 ~을
세웠다 | 他以这个作品在现代美术界
树起了一座丰碑。

ᵇ**금전**[金錢] 몡【金钱】jīnqián ~ 등록
기 | 现金记录机。~ 신탁 | 金钱信
托。~ 차용 증서 | 欠单。~ ~ 출
납부 | 日记帐。

ᴮ**금주**[今週] 몡【这(一)周】zhè(yì)zhō
u【这个星期】zhè·ge xīngqī【这个礼
拜】zhè·ge lǐbài

ᴮ**금지**[禁止] 몡하재【禁止】jìnzhǐ【查
禁】chájìn ¶흡연 ~ | 禁止吸烟。¶
주차 ~ | 禁止停车。¶촬영 ~ | 禁
止摄影shèyíng。¶도박을 ~하다 |
查禁赌博dǔbó。

금지령[禁止令] 몡【禁令】jìnlìng

금지옥엽[金枝玉葉] 몡【金枝玉叶】jīn
zhī yù yè ¶그녀는 정말 부귀한 집안
의 ~이다 | 她可是富贵人家的金枝玉
叶。

금테[金-] 몡【金柜儿】jīnguìr【金边
儿】jīnbiānr ~ 안경 | 金框眼镜。

금품[金品] 몡【钱财】qiáncái ~을
회사하다 | 捐献juānxiàn钱财。~
을 요구하다 | 要钱财。

ᶜ**금하다**[禁-] 동 ❶【禁止】jìnzhǐ ¶담
배 피우는 것을 ~ | 禁止抽烟。❷

【禁不住】jìn·bu zhù ¶웃음을 금할 길
이 없다 | 禁不住笑。

금혼식[金婚式] 몡【金婚式】jīnhūnshì

금화[金貨] 몡【金币】jīnbì

ᴮ**금후**[今後] 몡【今后】jīnhòu【从今以
后】cóngjīn yǐhòu ~로 더욱 노력을
배가해야 한다 | 今后更要加倍努力。

급[級] 몡 ❶〈등급〉【等级】děngjí
이건 그것과 이 다르다 | 这个和那
个的等级不一样。❷〈단계·정도〉
【级】jí ¶중량~ | 重量级 ¶국보~ |
国宝级。

급강하[急降下] 몡하재【俯冲】fǔchō
ng【俯冲下降】fǔchōng xiàjiàng【滑
坡】huápō【急下降】jíxiàjiàng ¶ ~ 폭
격 | 俯冲轰炸hōngzhà。¶기온이 ~
하다 | 气温qìwēn急下降。¶비행기
가 ~하다 | 飞机急下降。

ᶜ**급격**[急激] 몡하형【急剧】jíjù ¶병세
가 ~히 악화되다 | 病情急剧恶化。
[참고][直线上升]

급구[急求] 몡하타【急需】jíxū

급급하다[汲汲-] 몡하형【汲汲】jíjí【忙于】
mángyú【急于】jíyú ¶개인의 부귀에
~ | 汲汲于个人富贵。¶귀국 준비에
~ | 忙于准备zhǔnbèi回国。¶그는
집에 돌아가는 것에 ~ | 他急于回
家。

급기야[及其也] 몡【终于】zhōngyú
【终究】zhōngjiū ¶ ~ 그들 둘은 헤어
지고 말았다 | 他俩终究分手了。

급등[急騰] 몡하재【剧增】jùzēng【价
格突然高涨】jiàgé tūrán gāozhǎng
【猛增】měngzēng【猛涨】měngzhǎng
【飞升】fēishēng【飞涨】fēizhǎng【暴
涨】bàozhǎng【激涨】jīzhǎng ¶ ~세
| 剧增势。¶ ~ 가격 | 飞涨价格。¶
~ 시세 | 飞涨的行情。

ᶜ**급료**[給料] 몡【工资】gōngzī【工薪】gō
ngxīn【工钱】gōngqián【薪资】xīnzī
【薪水】xīn·shui【薪金】xīnjīn【饷】
xiǎng ~를 주다 | 发工资。~를 지
급하다 | 发饷。¶ ~ 명세서 | 工资簿
/工资条。~ ~ 지불일 | 发薪日。¶
~를 받다 | 关cuān饷/领功饷。

급류[急流] 몡【急流】jíliú【激流】jíliú ¶ ~
가 세차게 흐르다 | 急流滚滚。

급박[急迫] 몡하형【急迫】jípò【急切】jí
qiè【紧迫】jǐnpò ¶이것이 당면한 가

장 ~한 임무이다 | 这是当前最急迫的任务。¶시간이 ~하다 | 时间紧迫。

급변[急變] 명하자타 【急变】jíbiàn【剧变】jùbiàn¶【骤变】zhòubiàn¶【飞变】fēibiàn¶상황이 ~하다 | 情况急变。

급사[急死] 명하자 〈醫〉【暴死】bàosǐ【暴毙】bàobì【暴亡】bàowáng【突然死亡】tūrán sǐwáng¶50세에 ~하여 자식 둘을 남겼다 | 五十岁急亡，留下二子。

급선무[急先務]【当务之急】dāng wù zhī jǐ【当前急务】dāng qián jǐ wù¶【燃眉之急】rán méi zhī jǐ¶지금 ~는 실용 중한사전을 만드는 일이다 | 眼下的当务之急是编一部实用性的中韩词典。

급성[急性] 명 〈醫〉【急性】jíxìng¶~병 | 急性病。¶~ 맹장염 | 急性盲肠炎。¶~ 전염병 | 急性传染病。¶~ 폐렴 | 急性肺炎。

급소[急所] 명 ❶ (신체부위의) 【要害】yàohài【致命处】zhìmìngchù ¶~에 명중하다 | 射中要害。❷(중요한 곳)【要点】yàodiǎn【要害】yàohài¶문제의 ~를 지적하다 | 指出问题的要害。

급속도[急速度] 명 【高速】gāosù【急速】jísù

급수[給水] 명하자 【给水】jǐshuǐ【供水】gōngshuǐ【加水】jiāshuǐ¶~ 설비 | 给水设备shèbèi。¶~ 펌프 | 给水泵bèng。¶~ 공사 | 给水工程gōngchéng。¶~ 시간 | 供水时间shíjiān。

급수탑[給水塔] 명 【供水塔】gōngshuǐtǎ【水塔】shuǐtǎ¶~을 세워 물을 저장하다 | 修建水塔蓄xù水。

급습[急襲] 명하자 【奇袭】qíxí【突然袭击】tūrán xíjī¶경찰의 ~을 받다 | 受到了警察的突然袭击。

급식[給食] 명하자 【供应食物】gōngyìng shíwù【供饭】gōngfàn【供食】gōngshí¶~ 제도 | 供给饮食制。

급여[給與] 명하타 【支给】zhījǐ【给与】jǐyǔ【工资】gōngzī【薪水】xīn·shui¶상여금을 ~하다 | 发奖金。●~ 소득 | 工资所得/工资收入。¶~ 수준 | 工资水平。

급우[級友] 명【同班同学】tóngbān tóngxué【学友】xuéyǒu【同学】tóngxué

급작스럽다 형【突然】tūrán【突如其来】tū rú qí lái¶이 일은 아주 ~ | 这事儿很突然。¶그의 질문은 좀 급작스러웠다 | 他问得有点突然。¶이 급작스런 변화에 어쩔 줄 모르다 | 这突如其来的变化，叫人不知所措cuò。

급전[急轉] 명하자타 【突变】tūbiàn【急转直下】jí zhuǎn zhí xià¶형세가 ~했다 | 形势急转直下。

급정거[急停車] 명【刹车】jíshāchē

급제[及第] 명하자【及第】jídì【考中】kǎozhōng【合格】hégé¶장원 ~하다 | 考中状元。

급증[急增] 명하자 【急剧增加】jíjù zēngjiā【急增】jízēng¶인구가 ~하다 | 人口急增。¶구매력이 ~하다 | 购买力急增。

급진[急進] 명하자【激进】jíjìn 명【急进】jíjìn¶~파 | 激进派。¶~주의 | 激进主义。

⌐급하다[急-] 형 ❶ (다급하다)【急切】jíqiè【急巴巴】jíbābā【急促】jícù【着急】zháojí【急着】jí·zhe¶그는 몇 마디 말을 하지도 않고 급하게 군다 | 没说三句话他就急了。¶발걸음이 매우 ~ | 脚步jiǎobù很急。¶급하게 굴지 말고 문제가 있으면 상의해서 해결하라 | 别着急，有问题商量解决。¶뭘 그리 급하게 구느냐? | 着什么急呢?❷(가파르다)【陡】dǒu【急斜】jíxié¶비탈이 ~ | 坡pō急。❸(성급하다)【急】jí【急噪】jízào¶그는 성질이 너무 급해서 탈이다 | 他性格太急噪，就这点不太好。❹(위중하다)【病危】bìngwēi¶병세가 ~ | 病情急。

급하다고 바늘 허리에 실 매어 쓸까 관용【再急也不能把线绑在针腰上使】zài jí yě bùnéng bǎ xiàn bǎngzài zhēnyāo·shàng shǐ

급행[急行] 명하자 ❶ (급히 감)【急行】jíxíng【快走】kuàizǒu【快速赶到】kuàisù gǎndào¶현장으로 ~하다 | 快速赶到现场。❷ ("급행 열차"의 준말)【快车】kuàichē¶~권 | 快车票。¶특별 ~ 열차 | 特别快车。¶~ 요금 | 快车票价。

급히 먹는 밥이 목이 멘다 판용 【大走多跌, 大嚼多噎】dà zǒu duō diē, dà jué duō yē 【欲速则不达】yùsù zé bùdá

^**긋다** 통 ❶ (선 등을 그리다) 【划】huà 【划道儿】huàdàor ¶금을 그어 상처가 났다 | 手上划了一个口子。¶금을 하나 ~ | 画了一条线。❷ (성냥을 문지르다) 【擦】cā 【划】huà ¶성냥을 ~ | 擦根火柴huǒchái。❸ (외상값을 적다) 【赊账】shēzhàng 【欠账】qiànzhàng ¶긋고 밥을 먹었다 | 赊账吃饭了。

긍정[肯定] 명하타 【肯定】kěndìng 【赞成】zānchéng ¶다른 사람의 의견을 ~하다 | 肯定别人的意见。¶명제 | 肯定命题。¶나는 너의 의견에 대해서 ~한다 | 我赞成你的意见。

긍지[矜持] 명 【自豪】zìháo 【骄傲】jiāo'ào ¶우리는 조국이 유구한 문화유산을 보유하고 있다는 데 ~를 느낀다 | 我们以祖国有悠久的文化遗产而自豪。¶(스스로) ~를 가지고 말하다 | 自豪地说。¶~을 느끼다 | 感到骄傲。

^B**기**[氣] 명 ❶ (숨) 【气】qì ¶답답해서 ~가 막힌다 | 憋bie得透不过气来/呼吸不畅。❷ (기력·원기) 【力气】lìqì 【劲儿】jìnr 【元气】yuánqì ¶~가 넘치다 | 元气旺盛wàngshèng。❸ (사기·정신력·용기) 【士气】shìqì 【斗志】dòuzhì ¶~가 꺾이다 | 士气受挫。

기²[期] 명 【期】qī 【届】jiè ¶빙하~ | 冰河期。¶상반~ | 上半年。

기³[旗] 명 【旗】qí 【旗子】qí·zi ¶~를 달다 | 挂旗子。

기가[giga] 명 【千兆】qiānzhào

기각[棄却] 명하타 【驳回】bóhuí 【批驳】pībó 【驳批】bópī 【批斥】pīchì 【取消】qǔxiāo 【不采纳】bùcǎinà ¶상소를 ~하다 | 驳回上诉。¶신청을 ~하였다 | 驳回了申请。

기간[期間] 명 【期间】qījiān 【期】qī ¶농번~ | 农忙nóngmáng期间。¶~이 지나다 | 过guò期。

기강[紀綱] 명 【纲纪】gāngjì 【法度】fǎdù ¶~확립 | 确立纲纪。

기개[氣槪] 명 【气概】qìgài 【气魄】qìpò 【气度】qìdù 【气宇】qìyǔ 【气派】qìpài ¶~가 호탕하다 | 气宇轩昂。¶영

웅적 ~ | 英雄yīngxióng气概。

기거[起居] 명하자 【起居】qǐjū ¶~ 공간 | 起居空间。

기겁 명하자 【惊恐】jīngkǒng 【惊怖】jīngbù 【惊悸】jīngchì 【惊愕】jīng'è ¶~하여 안색이 변하다 | 惊恐失色。

^A**기계**[機械] 명 【机器】jīqì 【机械】jīxiè ¶~번역 | 机器翻译。¶~톱 | 机器锯jù。¶~사 | 机器丝/厂chǎng丝。¶~ 펄프 | 机械木浆。

기계적[機械的] 관용 ❶ 【用机器的】yòngjīqì·de ❷ (비유) 【机械】jīxiè 【刻板】kèbǎn 【死板】sǐbǎn 【机械化】jīxièhuà ¶이런 관점은 너무 ~이다 | 这种看法太机械了。¶일을 하는 것이 너무 ~이어서는 안된다 | 做事情不可太死板。

기계화[器械化] 명 【机械化】jī xiè huà ¶농업의 ~ | 农业的机械化。

기고[寄稿] 명하자타 【投稿】tóu/gǎo 【寄稿】jì/gǎo ¶~란 | 投稿栏。¶그는 연달아 세 편을 ~했다 | 他一连投了三篇稿。¶신문사에 ~하다 | 向报社投稿。

기고만장[氣高萬丈] 명 【气焰万丈】qì yàn wàn zhàng 【气势汹汹】qì shì xiōng xiōng 【气冲斗斗】qì chōng dòu dòu 【趾高气扬】zhǐ gāo qì yáng 【扬扬得意】yáng yáng dé yì ¶~한 놈들 | 气焰万丈的鬼子们。

기공[氣孔] 명 【气孔】qìkǒng 【气门】qìmén 【气眼】qìyǎn 【气泡】qìpào

^A**기관**[機關] 명 【机关】jīguān ¶~ 요원 | 机关人员。¶~지 | 机关报。¶~포 | 机关炮。

기관[器官] 명 〈생리〉 【器官】qìguān ¶생식~ | 生殖shēngzhí器官。

^A**기관사**[機關士] 명 【司机】sījī 【机车司机】jīchē sījī 【轮机长】lúnjīzhǎng 【轮机员】lúnjīyuán

기관지[氣管支] 명 〈생리〉 【支气管】zhīqìguǎn ¶~천식 | 气喘。¶~ 확장 | 支气管扩张。¶~염 | 支气管炎。

기관차[機關車] 명 【火车头】huǒchētóu 【机车】jīchē 【机关车】jīguānchē ¶~사무소 | 机务段。

^B**기관총**[機關銃] 명 【机关枪】jīguānqiāng 【机枪】jīqiāng

기괴[奇怪] 명하형 【奇怪】qíguài 【怪

异】guàiyì【怪诞】guàidàn【奇异】qíyì
¶~한 일 | 奇怪的事.

기교【技巧】guòqiòo ¶회화 ~
| 绘画huìhuà技巧. ¶예술 ~ | 艺术
yìshù技巧. ¶~를 부리다 | 运用技
巧.

기구¹【崎岖】圏헝험崎岖qíqū ¶앞
날이 ~하다 | 前途qiántú崎岖.

B**기구²【器具】**圏【器具】qì·
ngjù【仪器】yíqì【用器】yòngqì【器
械】qìxiè ¶운동 ~ | 运动器械. ¶전
기 ~ | 电器.

기**구³【機構】**圏【机构】jīgòu【组织】zǔ
zhī ¶정부 ~ | 政府组织. ¶국가~ |
国家机构.

기권【棄權】圏햐쟈【弃权】qìquán【放
弃权利】fàngqì quánlì ¶그는 ~했다
| 他弃权了.

기근【饑饉】圏【饥荒】jīhuāng【饥饿】jī'
è【饥馑】jǐjìn【饥歉】jīqiàn

기금【基金】圏【基金】jījīn ¶복지 ~ |
福利fúlì基金. ¶공채　~ | 公债zhài
基金. ¶~ 모집 | 募集基金. ¶~회
| 基金会.

기**기【器機】**圏【器械】qìxiè【机械】jīxiè
【机】jī ¶난방~ | 暖气机.

기**까이【欣然】**xīnrán【高兴地】gāox
ìng·de 【情愿地】qíngyuàn·de ¶~
가다 | 欣然前往. ¶~ 승낙하다 | 欣
然允诺yūnnuò. ¶~　받아들이다 |
欣然接受jiēshòu. ¶그는 ~ 동의했
다 | 他欣然同意了.

기껏　위【尽力】jìnlì【尽情】jìnqíng【拼
命】pīnmìng【尽量】jìnliàng

기**껏해야【頂多】**dǐngduō【最多】zuì
duō【至多】zhìduō【充其量】chōngqílì
àng ¶그는 ~ 40살을 넘지 않는다 |
他至多不过四十岁. ¶너는 · 십년
더 할 수 있다 | 你至多还能干十年.
¶~ 열흘이면 이 임무를 완성할 수 있
다 | 充其量十天就可以完成这个任
务.

B**기념【紀念】**圏햐타【纪念】jì·niàn ¶~
비 | 纪念碑. ¶~관 | 纪念馆. ¶~
회 | 纪念会. ¶~일 | 纪念日. ¶~
탑 | 纪念塔. ¶이 사진을 네게 ~으
로 줄게 | 这张照片给你做个纪念吧.

기**념식【紀念式】**圏【纪念典礼】jìniàn d
iǎnlǐ【纪念仪式】jìniàn yíshì

기념품【紀念品】圏【纪念品】jìniànpǐn
【念心儿】niànxīnr ¶이것은 ~으로 너
에게 주는 것이다 | 这个给你作个念
心儿. ¶나의 이 병은 아무래도 나을
수 없을것 같으니, 너는 이것을 ~으
로 가져라 | 我这病怕不能好了, 你拿
着这个作个念心儿吧. 참고〔念相儿〕
〔念想儿〕〔念信儿〕

기는 놈 위에 나는 놈 있다 관용【山外
有山,天外有天】shān wài yǒu shān, ti
ān wài yǒu tiān【人外有人, 山外有
山】rén wài yǒu rén, shān wài yǒu sh
ān【人上有人,天外有天】rén hàng yǒ
u rén, tiān wài yǒu tiān【强中更有强
中手,巧人背后有能人】qiángzhōng gè
ng yǒu qiángzhōngshǒu, qiǎorén bè
ihòu yǒu néngrén

기**능【技能】**圏【技能】jìnéng【功能】gō
ngnéng 【机能】jīnéng【作用】zuòyòng
【性能】xìngnéng【效能】xiàonéng【职
能】zhínéng【官能】guānnéng ¶~ 훈
련 | 功能锻炼duànliàn. ¶심장 활动
~의 장애 | 心脏huó功能的障碍. ¶
이 기구의 ~은 무엇입니까? | 这个机
构的性能是什么?

기능 키[機能 key; function key] 圏〈电
算〉【功能键】gōngnéngjiàn

A**기다【爬】**圏❶(배를 붙이고)【爬】pá ¶뱀
이 구멍 속으로 기어 들어가고 있다 |
蛇shé正往洞里dòngli爬. ¶이 아이
는 길 줄 안다 | 这孩子会爬了. ❷(위
를 향해 기어오르다) | 向上爬. ❸(몸
을 엎드려)【匍匐】púfú ¶기어서 나
아가다 | 匍匐前进. ❸(남에게 꼼짝
못하다)【唯唯诺诺】wéi wěi nuò nuò
¶그는 언제나 무조건 기고 본다 | 他
总zǒng是唯唯诺诺的.

기다리다　圏【等】děng【等候】děnghòu
【等待】děngdài【守候】shǒuhòu【盼】
pàn ¶그는 마침 너를 기다리고 있다
| 他正等着你呢. ¶소식을 ~ | 等候
消息. ¶고향 소식을 ~ | 守候着家
乡xiāng的信息. ¶집에서 편지가 오
기를 지금까지 줄곧 기다리고 있다 |
盼家里来信, 一直盼到现在.

기대【期待】圏햐타【期待】qīdài【期望】
qīwàng【指望】zhǐ·wàng【企望】qīwà
ng ¶부모님의 ~를 저버리지 않다 |
不辜gū负父母的期待. ¶이것이　바로

우리들이 ~하던 그 편지이다 | 这正
是我们期待的那封信。¶学生们对他
한 ~가 아주 크다 | 对学生的期望很
高。¶이것은 우리들이 여러 해 동안
~하던 바이다 | 这是我们多年所企望
的。[참고]〔企踵zhǒng〕〔企盼〕

ㄴ**기대다** 통 【倚】yǐ 【倚靠】yǐkào ¶문에
기대어 바라보다 | 倚门而望。¶늙었
지만 기댈 사람이 하나도 없다 | 年老
了也没有什么依靠。[참고]〔倚恃〕〔倚势〕
〔倚仗〕〔凭靠〕

기도¹[企圖] 몡하타 【企图】qìtú 【尝试】
chángshì ¶그는 결국 이 ~를 포기했
다 | 他终于放弃了这个企图。¶적군은 도망하려고 ~했지만 성공
하지 못했다 | 敌军dí jūn 企图逃跑táo-
pǎo, 没有成功。

ᴬ**기도**²[祈禱] 몡하자 【祈祷】qídǎo 【祈
念】qíniàn 【祈告】qígào ¶~는 일종
의 종교의식이다 | 祈祷是一种宗教仪
式zōngjiāoyíshì。¶당신이 행복하게
만년을 보낼 수 있도록 하느님께 ~하
겠습니다 | 为你向上帝祈祷，愿你幸
福地度过晚年。

ᴮ**기독교**[基督敎] 몡〈宗〉 【基督教】jīdūjì-
ào ¶~도 | 基督教徒tú。¶~ 여자
청년회(YWCA) | 基督教女青年会。
¶~ 청년회(YMCA) | 基督教青年qī-
ngnián会。

ᴮ**기동**¹[起動] 몡❶ (기계) 【起动】qǐdò-
ng 【开动】kāidòng ❷ (노인·환자)
【活动】huó·dòng 【起居动作】qǐjū dò-
ngzuò ¶허리를 다쳐 ~을 못한다 |
伤了腰，活动不了。

기동²[機動] 몡 【机动】jīdòng ¶~력 |
机动力量。¶~ 부대 | 机动部队。¶
~ 연습 | 机动演习。¶~대 | 机动小
组。

ᴮ**기둥** 몡 ❶ (건축물의) 【柱子】zhù·zi
【支椎】zhīzhuī 【楹】yíng ¶~ 하나를
세우다 | 竖一根柱子。¶나무 ~ | 木
头柱子。❷ (의지가 될만한 사람)
【栋梁】dòngliáng 【主力军】zhǔlìjūn
【顶梁柱】dǐngliángzhù 【靠山】kào·sh-
ān 【台柱】táizhù 【主心骨】zhǔxīngú
¶나라의 ~ | 国家的栋梁。¶너는
우리 집안의 ~이다 | 你是我家的顶
梁柱。

기득권[既得權] 몡 【已取得的权利】yǐq-

ǔdé·de quánlì 【既得权】jìdéquán 【既
得权利】jìdé quánlì 【既得利益】jìdé lìy-
ì 【占有权益】zhànyǒu quányì ¶그는 ~을 힘을 다해 유지하려고 하다 | 他
极力想保住既得利益。

기량[技倆] 몡 ☞ 기능

ᴮ**기러기** 〈鳥〉 【雁】yàn 【大雁】dàyàn

기력[氣力] 몡 【元气】yuánqì 【气力】qìl-
ì 【精力】jīnglì ¶~을 회복하다 | 恢复
元气。¶~이 아주 세다 | 气力很
大。¶~이 왕성하다 | 精力旺盛wà-
ngshèng。

기로[岐路] 몡 【岐路】qílù 【歧途】qítú
【十字路口】shízìlùkǒu ¶생사의 ~에
서다 | 站在生死的十字路口。

ᴬ**기록**[記錄] 몡하타 ❶ (적음·기록한
것) 【记录】jìlù ¶회의 ~ | 会议记
录。¶~을 깨뜨리다 | 打破记录。¶~
사진 | 纪录相片儿。❷ (경기 등의 성
적) 【纪录】jìlù ¶신~을 내다 | 创造
chuàngzào新纪录。

기류[氣流] 몡〈氣〉 【气流】qìliú

ᴬ**기르다** 통 ❶ (동물·사람 등을) 【养】yǎ-
ng 【饲养】sìyǎng 【豢养】huànyǎng
【留】liú 【抚养】fǔyǎng ¶자녀를 ~ |
抚养子女。¶소를 ~ | 养牛。¶꽃을
~ | 养花。❷ (정신을) 【培养】péiyǎ-
ng 【培育】péiyù 【栽培】zāipéi【栽培】zā-
iqiū 【抚养】fǔyǎng ¶간부를 ~ | 培
养干部gànbù。¶인재를 ~ | 培养人
才。❸ (습관을) 【养成】yǎngchéng
【蓄养】xùyǎng ¶좋은 습관을 ~ | 养
成良好习惯xíguàn。¶그녀는 어릴
때부터 좋은 습관을 길렀다 | 她从小
养成良好的习惯xíguàn。❹ (수염·
머리카락을) 【留】liú 【蓄】xù ¶머리
를 ~ | 蓄发fà。¶수염을 ~ | 蓄
胡子。❺ (종자·식물을) 【栽培】zāi-
péi 【培育】péiyù ¶묘목을 ~ | 培育树
苗shùmiáo ¶과수를 ~ | 栽培果树。
❻ (힘·실력 등을) 【积蓄】jīxù【增强】
zēngqiáng ¶강인한 체력을 ~ | 增
强耐久的体力。

ᴬ**기름** 몡 ❶[油] yóu ¶~을 넣다 | 加
油。¶~을 치다 | 上油。¶~을 바
르다 | 抹mǒ油。¶돼지 ~ | 猪油。
¶~ 유출 | 漏油。❷ (지방) 【油脂】y-
óuzhī 【脂肪】zhīfáng ¶식물성 ~ |
植物油脂。¶동물성 ~ | 动物油脂/

동물 지방.

기름기[명]❶ (어떤 물건에 묻거나 섞여 있는 기름)【油水】yóushuǐ【油性】yóuxìng【油气】yóuqì【油味】yóuwèi【油腻】yóunì ¶~ 있는 음식을 좋아한다 | 他喜欢油腻的东西. ❷ (윤기)【油光】yóuguāng【油亮】yóuliàng ¶얼굴에 ~가 번지르르 흐르다 | 脸上油光光的.

ᶜ**기름때**[명]【油垢】yóugòu【油泥】yóuní【油污】yóuwū

ᶜ**기름지다**[형]【肥】féi【肥腻】féinì【肥美】féiměi【丰腻】fēngnì【肥壮】féizhuàng【肥沃】féiwò ¶기름진 고기와 좋은술 | 肥肉大酒. ¶이 땅은 매우 ~ | 这块地很肥沃. ¶기름진 토지 | 肥沃的土地.

ᶜ**기리다**[동]【称赞】chēngzàn【褒奖】bāojiǎng ¶그의 유덕을 기리어 비석을 세우다 | 为褒其美德, 立碑以志纪念.

ᴮ**기린**[麒麟][명]❶ (전설상의)【麒麟】qílín ❷ (動)【长颈鹿】chángjǐnglù【长脖鹿】chángbólù

기립[起立][명][하형]【起立】qǐlì ¶~! 경례! | 起立, 敬礼jìnglǐ! ¶전체가 ~하다 | 全体quántǐ起立. ¶~하여 경의를 표하다 | 起立致敬zhìjìng.

ᶜ**기막히다**[气－][형]❶ (놀랍다·어이없다)【气死】qìsǐ【气人】qìrén【气坏】qìhuài【噎人】yē/rén ¶기가 막혀서 말이 안 나온다 | 气得说不出话来. ¶기가 막혀서 말을 못하겠네 | 气得人没法说. ❷ (정도가 높다)【不得了】bù·déliǎo ¶맛이 ~ | 味道不得了.

기만[欺瞒][명][하동]【欺骗】qīpiàn【欺蒙】qīméng【欺瞒】qīmán【骗】piàn【佯】yáng【蒙蔽】méngbì【诓】kuāng【诓哄】kuānghǒng【诓骗】kuāngpiàn ¶자기 뿐 아니라 남도 ~한다 | 欺骗自己而且欺骗别人. ¶그에게 ~당했다 | 受了他的蒙蔽. ¶그는 늘 남을 ~한다 | 他老jiào骗人.

기말[期末][명]【期末】qīmò ¶~ 고사 | 期末考试. ¶~ 결산 | 期末结算. ¶~ 회계 검사 | 期末审计.

기명[記名][명]【记名】jìmíng ¶~ 주식(株式) | 记名股票gǔpiào. ¶~ 투표 | 记名投票.

기묘[奇妙][명][하형]【奇妙】qímiào【神

妙】shénmiào【奇巧】qíqiǎo ¶이 맛은 ~하기 이를 데 없다 | 此话奇妙无比. ¶필법이 ~하다 | 笔法神妙. ¶매우 ~하게 만들었다 | 做得很奇巧.

ᶜ**기물**[器物][명]【器物】qìwù【用器】yòngqì ¶~을 파괴하다 | 破坏器物.

기미¹[명]【雀斑】quèbān ¶얼굴에 ~가 끼다 | 脸上生雀斑.

기미²[機微][명]【征兆】zhēngzhào【头】zhào·tou【迹象】jìxiàng【征候】zhēnghòu【苗头(儿)】miáo·tou(r)【兆候】zhàohòu ¶~가 심상치 않다 | 不祥征兆. ¶폭풍우가 몰아칠 ~ | 暴风雨的兆头. ¶환자는 이미 호전될 ~가 보인다 | 病人已有好转的迹象.

기민하다[機敏－][형]【机敏】jīmǐn【灵敏】língmǐn【机灵】jīlíng ¶동작이 ~ | 动作灵敏.

기밀[機密][명][하형]【机密】jīmì ¶~ 문서 | 机密文件. ¶~ 누설죄 | 机密泄露罪. ¶~을 지키다 | 保守机密.

기반[基盤][명]【基地】jīdì【基础】jīchǔ【基础结构】jīchǔ jiégòu【立足点】lìzúdiǎn ¶~을 닦다 | 打基础. ¶~ 시설 | 基础设施.

ᶜ**기발**[奇拔][명][하형]【妙】miào【新奇】xīnqí【奇特】qítè ¶이 방법은 정말 ~하다 | 这个办法真妙. ¶말로 표현할 수 없을 정도로 ~하다 | 妙不可言/妙不可揶油. ¶그의 생각이 아주 ~하다 | 他的想法很奇特. 참고〔新颖shǎng〕〔出众chūzhòng〕〔超群chāoqún〕

ᴮ**기백**[氣魄][명]【气魄】qìpò【气概】qìgài【骨气】gǔqì【魄力】pò·lì【朝气】zhāoqì【气势】qìshì【气节】qìjié ¶청년의 열정과 ~이 있다 | 有青年的激情jīqíng和气魄. ¶~이 대단하다 | 气概豪迈háomài. ¶~이 있는 사람 | 有骨气的人. ¶~이 대단한 젊은이이다 | 他是个富有朝气的小伙子.

기법[技法][명]【技法】jìfǎ【技巧和方法】jìqiǎo hé fāngfǎ【手段】shǒuduàn ¶창작 | 创作技法. ¶경영 ~ | 经营手段. ¶~을 익히다 | 熟练技法.

ᶜ**기별**[寄別][명][하동]【通知】tōngzhī【信儿】xìnr【消息】xiāo·xi【音信】yīnxìn ¶~을 보내다 | 送个信儿. ¶그가 떠난 지 3년이 지났는데도 아무런 ~

이 없다 | 他一去三年, 消息不明。¶
아무런 ~이 없다 | 杳yǎo无音信。

기병[騎兵] 명 【骑兵】qíbīng 【轻骑兵】
qīngqíbīng 【轻骑】qīngqí 「소련 ~
이 일본 관동군을 대패시켰다 | 苏联sū-
lián骑兵大败日本关东军。

기복[起伏] 명 【起伏】qǐfú ¶~이 심한
산들 | 起伏的群山qúnshān。

기본[基本] 명 【基本】【基础】jīch-
ǔ 【根本】gēnběn 【主要】zhǔyào ¶~
동작 | 基本动作。¶~자세 | 基本姿
势。¶~ 가격 | 基价/底价。¶~급
| 基本工资/本薪。

기본법[基本法] 명 〈法〉【根本法】gēnb-
ěnfǎ

기본 입출력 시스템[基本人出力 sys-
tem;BIOS;basic input output syste-
m]【电算】【基本输入输出系统】jīb-
ěn shūrù shūchū xìtǒng

기부[寄附] 명 하타 【赠送】zèngsòng
【捐】juān 【捐款】juānkuǎn 【捐献】juā-
nxiàn 【捐助】juānzhù ¶큰 돈을 아동
복지 기금회에 ~했다 | 捐了一笔钱
给儿童福利基金会。¶교육 사업을
일으키기 위해 그는 국가에 거액을 ~
한 적이 있다 | 为了兴办教育, 他向国
家捐献过一笔巨款。참고〔寄赠〕〔施
舍〕[认捐]

기부금[寄附金] 명 【捐款】juānkuǎn
【认缴款】rènjiǎokuǎn 【资助交款】zī-
zhù jiāokuǎn 【赠款】zèngkuǎn ¶~
을 은행에 입금하다 | 把捐款存入银
行。

기분[氣分] 명 ❶ (정서) 【情绪】qíng·
xù 【心情】xīnqíng 【心境】xīnjìng 【心
绪】xīnxù ¶~이 좋지 못하다 | 心情
不好。¶유쾌한 ~ | 愉快yúkuài的心
情。¶그녀는 우리에게 밥을 해줄 ~
이 아니다 | 她没有心绪给我们做饭。
¶일할 ~이 나지 않는다 | 没有心绪
作事。❷ (분위기) 【气氛】qì·fēn ¶
명절 ~이 좀 나는걸 | 有点儿过节的
气氛啊。

기뻐하다 동 【高兴】gāoxìng 【欣喜】xī-
nxǐ 【心花怒放】xīn huā nù fàng ¶그
들이 기뻐하기에는 너무나 이르다 |
他们高兴得太早了。¶그는 이 얘기
를 듣고 매우 기뻐했다 | 他听这话很
高兴。¶그는 대단히 기뻐했다 | 他

高兴得心花怒放。

기쁘다 형 【高兴】gāoxìng 【欢喜】huā-
nxǐ 【愉快】yúkuài 【庆幸】qìngxìng
【喜悦】xǐyuè ¶이 소식을 듣고 대단히
기뻤다 | 听到这消息xiāoxi心里很高
兴。¶실험이 성공하여 그는 더없
이 기뻤다 | 实验成功了, 他无比欢
喜。¶매우 기쁘게 생활하다 | 生活
得很愉快。

기쁨[高兴] 명 【高兴】gāoxìng 【欣喜】xīnxǐ
【喜悦】xǐyuè 【欣悦】xīnyuè ¶그녀의
마음속의 ~이란 말로써는 형용할 수
없는 것이었다 | 她内心的喜悦是难n-
án以用言语形容 | 充满chōngmǎn了喜
悦。¶지식을 얻는 ~ | 获得huòdé知
识zhīshi的喜悦。

기사[記事] 명 【消息】xiāo·xi 【记载】jì-
zǎi 【记录】jìlù ¶신문 ~ | 报纸上的消
息。

기사[騎士] 명 【骑士】qíshì ¶~ 교육
| 骑士教育。¶~제도 | 骑士制度。

기사[技士] 명 【司机】sījī

기상[起床] 명 하자 【起床】qǐchuáng
¶정시에 ~하다 | 准时zhǔnshí起
床。¶~ 나팔 | 起床号hào。

기상[氣象] 명 【气象】qìxiàng ¶~ 정
보 | 气象警报jǐngbào。¶~ 예보 |
气象预报yùbào。¶~ 위성 | 气象卫
星wèixīng。¶~관측 | 气象观测cè。

기색[氣色] 명 【气色】qìsè 【神色】shé-
nsè 【脸色】liǎnsè 【神情】shénqíng
【神志】shénzhì 【神思】shénsī 【面色】
miànsè 【神气】shén·qì 【样子】yàng-
zi ¶~이 좋지 않다 | 气色不好。¶놀
라서 아주 당황한 ~이다 | 吓得神色
慌张。¶나는 주인의 ~을 살피면서
일을 하고 싶지는 않다 | 我不愿意看
老板的脸色做事。

기생[妓生] 명 【艺妓】yìjì 【妓女】jìnǚ
【娼妓】chāngjì 【小娘】xiǎoniáng ¶
~방 | 妓院。¶~집 | 妓院/妓馆。
¶그녀는 16세부터 ~이 되었다 | 她
十六岁开始当艺妓。

기생[寄生] 명 하자 【寄生】jìshēng ¶
~충 | 寄生虫。¶~ 식물 | 寄生植
物。¶~ 화산 | 寄生火山。

기선[汽船] 명 【汽船】qìchuán 【轮船】

únchuán ¶~의 화물증서 | 轮船货单。¶~ 회사 | 轮船公司。

기성복[既成服] 圏 【现成的衣服】xiànchéng·de yī·fu 【成衣】chéngyī ¶~ 가게 | 成衣铺。

기세[氣勢] 圏 【气势】qìshì 【热潮】rèchāo 【声势】shēngshì 【干劲】gànjìn 【气焰】qìyàn 【劲头(儿)】jìntóu(r) 【锐气】ruìqì 【势头】shìtóu 【势头】shìyàn ¶~를 조장하다 | 助长zhùzhǎng气势。¶~가 드높다 | 声势浩大。¶대단한 ~를 부리다 | 势焰万丈。

기소[起訴] 圏 하 【法】 【起诉】qǐsù 【公诉】gōngsù ¶~하다 | 检察官jiǎncháguān起诉。¶~권 | 起诉权quán。¶~장 | 起诉书shū。¶~ 사건 | 诉讼案件。¶~인 | 起诉人。

기수[旗手] 圏 【旗手】qíshǒu ¶그는 개혁의　~이 | 他是改革gǎigé的旗手。

기숙[寄宿] 圏 하자 【寄宿】jìsù ¶친척 집에서 ~하다 | 在亲戚家寄宿。

B**기숙사**[寄宿舍] 圏 【宿舍】sùshè ¶학생 ~ | 学生宿舍。¶대학원생 ~ | 研究yánjiū生宿舍。¶~ 건물 | 宿舍楼lóu。

A**기술**[技術] 圏 【技术】jìshù 【技能】jìnéng ¶~이 매우 뛰어나다 | 技术很高明。¶~ 혁신 | 技术革新。¶~ 이전 | 技术转让。¶첨단 ~ | 尖端技术。¶~ 제공 | 提供技术帮助。¶~ 제휴 | 技术联合。

기술[記述] 圏 하 【记述】jìshù ¶100 자이내로 ~하시오 | 用一百字左右写出来。¶자료가 부족하여 상세하게 ~하기 어렵다 | 资料不足, 难以详尽地记述。

B**기술자**[技術者] 圏 【技术人员】jìshù rényuán 【技术工作者】jìshù gōngzuòzhě 【技工】jìgōng 【手工艺工人】shǒugōngyì gōngrén

C**기술적**[技術的] 관 圏 ❶ 【技术的】jìshù·de 【技术上的】jìshùshàng·de ¶기술적인 문제 | 技术上的问题。❷ 【有本事的】yǒuběnshì·de 【有能耐的】yǒunéngnài·de

C**기슭** 圏 ❶ 【山麓】shānlù 【山脚】shānjiǎo ¶산~의 구릉 | 山麓丘陵qiūlíng。

¶산~에서 쉬다 | 在山脚下休息。❷ 【河沿】héyánr 【江岸】jiāng·àn 【畔】pàn ¶건너편 강 ~ | 对面的河岸。

기습[奇襲] 圏 하 【奇袭】qíxí 【偷袭】tōuxí ¶남경을 ~하다 | 奇袭南京Nánjīng。

기승[氣勝] 圏 【烈】liè 【猛】měng 【发威】(fā) wēi 【逞强】chěngqiáng 【好强】hàoqiáng 【好胜】hàoshèng ¶~을 떨다 | 发威。¶~을 부리다 | 发威。

기실[其實] 閉 【其实】qíshí 【事实上】shìshí shàng ¶나쁜 것은 ~ 그가 아니 | 其实他并不坏。

기아[飢餓] 圏 【饥饿】jī·è 【饥馑】jīnjǐn ¶~로 고통 받다 | 由于饥饿而受着痛苦。

기악곡[器樂曲] 圏〈音〉 【器乐曲】qìyuèqū

기안[起案] 圏 하 【草拟】cǎonǐ 【起草】qǐcǎo 【起稿】qǐgǎo 【打稿子】dǎgǎo·zi 【打草稿】dǎcǎogǎo ¶그를 대신해 전보 한 통을 ~해 주었다 | 我替他草拟了一封电报。¶선언문을 ~하다 | 起草宣言文。

기암[奇岩] 圏 【奇岩】qíyán 【怪石】guàishí ¶~과 괴석 | 奇岩怪石。

기압[氣壓] 圏〈氣〉 【气压】qìyā 【压】yā ¶고~ | 高gāo压。¶저~ | 低dī压。¶~계 | 压表biǎo/气压计qìyājì。

기약[期約] 圏 하 【约好】yuēhǎo 【约定】yuēdìng 【说一声】shuō yìshēng ¶훗날 다시 만날 것을 ~하다 | 约好日后再相逢。

기어들다 图 【钻进来】zuānjìnlái ¶이불 속으로 ~ | 钻进被子里。

기어오르다 图 ❶ (높은 곳으로) 【爬上】páshàng ¶암벽을 ~ | 爬上岩壁。❷ (버릇없이 굴다) 【爬到(头顶上)】pádào(tóudǐngshàng) 【骑在脖子上】qí zài bó·zi shàng ¶오냐오냐 했더니 머리 꼭대기까지 기어오른다 | 说你好, 你就爬到了别人头上。

B**기어이**[期於一] 閉 ❶ (반드시) 【一定】yídìng 【非要】fēiyào ¶그는 ~ 가겠다고 한다 | 他一定要走。❷ (마침내) 【最终】zuìzhōng 【终于】zhōngyú ¶그는 ~ 귀국했다 | 他终于回国了。

기어코튀 ☞기어이

^A**기억**[記憶] 몡하타 【记】jì【记忆】jìyì ¶잘 ~해 두고 잊어버리지 마라 | 你好好记住, 别忘了。¶~하기 쉽다 | 好记。¶~ 속에 남아 있다 | 留在记忆里。

^C**기억력**[記憶力] 몡 【记忆力】jìyìlì 【记性】jìxìng

^B**기업**[企業] 몡 【企业】qǐyè ¶~ 자금 | 企业资金zījīn。¶~ 관리 | 企业管理guǎnlǐ。¶~가 | 企业家jiā。¶~ 합병 | 企业兼并/企业联合。

^C**기업가**[企業家] 몡 【企业家】qǐyèjiā 【实业家】shíyèjiā

^C**기여**[寄與] 몡하타 【贡献】gòngxiàn 【捐献】juānxiàn ¶국가와 민족을 위하여 ~하라 | 为国家和民族做贡献。

기염[氣焰] 몡 【气焰】qìyàn 【威风】wēifēng 【气概】qìgài 【慷慨】kāngkǎi ¶~을 토하다 | 慷慨激昂。

기예[技藝] 몡 【技艺】jìyì ¶~가 출중하다 | 技艺超群。¶그의 ~는 사실상 높지 않다 | 他的技艺其实并不高。

^B**기온**[氣溫] 몡 【气温】qìwēn ¶~을 재다 | 量气温。¶~이 다시 올라가고 있다 | 气温正在回升huíshēng。

^B**기와**[瓦] 몡 청~ | 琉璃liú·li瓦。¶~ 고랑 | 瓦沟。¶~ 등 | 瓦背。¶~장 | 瓦片。¶~집 | 瓦房。

^C**기왕**[既往] 몡 (지나간 때) 【既往】jìwǎng 【以前】yǐqián 【曾经】céngjīng ¶~의 일은 따지지 않는다 | 既往不咎。¶~ 지사 | 既往之事。❷ (이미·벌써) 【既然】jìrán ¶~ 이렇게 된 이상 달리 방법이 없다 | 既然如此, 别无办法。¶~ 잘못된 것을 안 이상, 마땅히 빨리 바로 잡아야 한다 | 既然知道做错了, 就应当赶快纠正。

기용[起用] 몡하타 【起用】qǐyòng 【任用】rènyòng ¶신예를 ~하다 | 起用新秀xīnxiù。

기우[杞憂] 몡 【杞人忧天】qǐ rén yōu tiān 【杞国无事, 忧夫倾】qǐ guó wú shì, yōu fū qīng 【杞忧】qǐyōu ¶그건 ~에 불과하다 | 那只不过是杞人忧天而已。

^B**기운**[氣] 몡 ❶ (힘·원기) 【力气】lì·qi 【精力】jīnglì 【劲头】jìntóu ¶~이 세다 | 很有力气。¶몸이 나른하고 사지에 ~이 하나도 없는 것 같다 | 觉得身子软绵绵ruǎnmiánmián的, 四肢sìzhī没有力气。¶~이 왕성하다 | 精力旺盛wàngshèng。❷ (분위기·기미) 【气】qì 【意】yì 【味】wèi 【候】·hòu ¶봄~ | 春意。¶불~ | 火候。¶찬~ | 寒气。❸ (증후·증세) 【预兆】yùzhào 【苗头】miáo·tou 【征候】zhēnghòu 【迹象】jìxiàng ¶감기~ | 感冒的迹象。

기운[氣運] 몡 【趋势】qūshì 【空气】kōngqì 【气分】qì·fen 【形势】xíngshì 【气势】qìshì ¶평화적 ~ | 和平的趋势。¶화해의 ~이 고조되고 있다 | 和解的空气正达到高潮。

^B**기울다** 동 ❶ (한쪽으로 쏠리다) 【倾】qīng 【倾斜】qīngxié 【歪斜】wāixié 【倒向…】dǎoxiàng ¶왼쪽으로 ~ | 向左倾。¶앞으로 ~ | 向前倾。¶15도 기울었다 | 倾斜了十五度。❷ (어떤 경향을 따다) 【倾向】qīngxiàng ¶두 가지 의견 중에서 나는 후자 쪽으로 마음이 기운다 | 两种意见, 我倾向后一种。¶관중의 동정이 한국팀 쪽으로 기울었다 | 观众的心情倾倒向韩国队这一边。❸ (해 저물다) 【落】luò 【薄】bó ¶해가 서산으로 ~ | 太阳落向西山了。❹ (쇠퇴하다) 【大势已去】dàshì yǐ qù 【不可收】bùkěshōu ¶사업이 ~ | 工作已不可收拾。❺ (어울리지 않다) 【不配】búpèi ¶짝이 ~ | 不相配。

기울어지다 동 ❶ (한쪽으로 쏠리다) 【倾】qīng 【倾斜】qīngxié 【倾向】qīngxiàng ¶차체가 기울어졌다 | 车体倾斜了。¶기울어진 집 | 倾斜的房屋fángwū。❷ (어떤 경향을 따다) 【倾向】qīngxiàng ¶그는 지금 우리 의견 쪽으로 기울어지고 있다 | 他现在倾向我们的意见。❸ (쇠퇴하다) 【大势已去】dàshì yǐ qù 【不可收】bùkěshōu

^B**기울이다** 동 ❶ (한쪽으로 쏠리게 하다) 【使倾】shǐqīng 【使歪】shǐwāi ¶고개를 ~ | 歪着头。❷ (집중하다) 【贯注】guànzhù 【倾注】qīngzhù 【集中】jízhōng ¶심혈을 ~ | 倾注心血xīnxuè。

128

기웃 〔부〕❶〔하자료〕(무엇을 보려고 고개를 조금 기울이는 모양)〔东张西望〕dōng zhāng xī wàng 〖偷看〗tōukàn 〖探头探脑〗tàn tóu tàn nǎo ¶극장 입구에서 ~거리는 것이 마치 누군가 찾는 듯 하였다 │在剧场门口儿东张西望地好像找什么人。¶이웃의 정황을 ~거리다 │偷看邻家的情况。❷〔하형〕(조금 기울다)〖歪〗wāi 〖斜〗xié 〖倾斜〗qīngxié 〖歪斜〗wāixié ¶이 그림은 ~하게 걸려 있다 │这张画挂歪了。 〔참고〕〖东眺西望〕〖东撤西看〗〖东看西望〗

기원[祈願] 〔명하타〕〖祈求〗qíqiú 〖祈愿〗qíyuàn ¶보살님께서 보우해 주시기를 ~하다 │祈求菩萨保佑púsàbǎoyòu。

기원[紀元] 〔명〕〖纪元〗jìyuán 〖公元〗gōngyuán 〖公历〗gōnglì 〖西元〗xīyuán 〖西历〗xīlì ¶인류 역사의 신~│人类历史的新纪元。¶~전 5세기 초 │公元前五世纪初。

기원[起源] 〔명〕〖起源〗qǐyuán 〖起原〗qǐyuán ¶생명의 ~│生命的起源。

기이[奇異] 〔명하형〕〖奇异〗qíyì 〖奇怪〗qíguài ¶~한 일 │奇怪的事。

기인[奇人] 〔명〕〖奇人〗qírén

기인[起因] 〔명하자〕〖起因〗qǐyīn 〖原因〗yuányīn 〖缘由〗yuányóu 〖基因〗jīyīn

기일[期日] 〔명〕〖期限〗qīxiàn 〖日期〗rìqī 〖限定的日子〗xiàndìng·de rì·zi 〖限期〗xiànqī ¶~이 곧 다가온다 │期限快到了。¶~을 지키다 │遵守期限。¶~을 어기다 │延误期限。

기입[記入] 〔명〕☞ 기재

기자[記者] 〔명〕〖记者〗jìzhě ¶종군 ~│随军记者。¶~회견 │记者招待会。¶~단 │记者团。

기장[機長] 〔명〕〖机长〗jīzhǎng ¶비행기의 ~│飞机的机长。

기장[衣長] 〔명〕〖衣长〗yīcháng ¶~이 길다 │衣长很长。

기재[記載] 〔명하타〕〖记载〗jìzǎi 〖刊载〗kānzǎi 〖刊登〗kāndēng ¶이런 방침을 헌법에 ~하다 │把这个方针记载在宪法中。¶충실히 ~하다 │如实记载。¶~사항 │记载事项。

기저[基底] 〔명〕〖基底〗jīdǐ ¶~ 상태 │

基态。¶이것이 민주주의의 ~이다 │这就是民主主义的基底。

기저귀 〔명〕〖尿布〗niàobù ¶~를 채우다 │垫diàn尿布。¶~ 한 장 │一块尿布。¶~ 커버 │胶jiāo皮尿布/胶jiāo尿皮布。

기적[汽笛] 〔명〕〖汽笛〗qìdí ¶~이 길게 울리다 │汽笛长鸣chángmíng一声。

기적[奇蹟] 〔명〕〖奇迹〗qíjì ¶~이 일어나다 │发生奇迹。

기절[氣絶] 〔명하자〕〖晕倒〗yūndǎo 〖昏倒〗hūndǎo 〖昏过去〗hūn·guò·qù 〖晕厥〗yūnjué 〖昏厥〗hūnjué ¶그가 갑자기 ~하여 쓰러졌다 │他突然晕倒了。¶울다가 ~했다 │哭得昏过去了。

기점[起點] 〔명〕〖起点〗qǐdiǎn 〖出发点〗chūfādiǎn ¶이 건물을 ~으로 하여 거리를 재다 │以这个建筑为起点测量距离。

기정[旣定] 〔명〕〖既定〗jìdìng 〖已定〗yǐdìng ¶~의 목표 │既定目标。¶~된 방침 │既定方针。¶~사실 │即成事实。

기제사[忌祭祀] 〔명〕〖(给死者)做周年〗(gěi sǐzhě)zuò zhōuniān

기조[基調] 〔명〕〖基调〗jīdiào 〖主调〗zhǔdiào ¶사실주의를 ~로 하는 문학 │以写实主义为基调的文学。¶~ 음악 │主调音乐。

기존[旣存] 〔명하자〕〖现有〗xiànyǒu 〖现成〗xiànchéng 〖既有〗jìyǒu ¶~의 세력 │现有势力shìlì。

기준[基準] 〔명〕〖基准〗jīzhǔn 〖标准〗biāozhǔn 〖准绳〗zhǔnshéng 〖现格〗xiàngé 〖规范〗xiànfàn 〖准则〗zhǔnzé ¶~ 치수 │基准尺寸。¶~에 미달하다 │不够标准。¶실천은 진리를 검증하는 유일한 ~이다 │实践jiàn是检验jiǎnyàn真理的唯一标准。¶법률을 ~으로 삼다 │以法律为准绳。¶~ 가격 │基准价格。

기준점[基準點] 〔명〕☞ 기점

기중기[起重機] 〔명〕〖起重机〗qǐzhòngjī 〖举重器〗jǔzhòngqì 〖吊车〗diàochē 〖吊机〗diàojī 〖老吊〗lǎodiào

기증[寄贈] 〔명하타〕〖捐赠〗juānzèng 〖捐助〗juānzhù ¶문예 잡지를 ~하다 │捐赠文艺杂志。¶잉여금을 ~하다 │

129

| 捐助余款。

ᴮ**기지**[基地] 圀【基地】jīdì【地基】dìjī ¶
군사 ～ | 军事基地。

ᴬ**기지개**[하젤]【懒腰】lǎnyāo ¶～를 켜
다 | 伸懒腰。

기진[氣盡] 圀[하자]【力尽】lìjìn【没有力
气】méiyǒu lìqì

기진맥진[氣盡脈盡] 圀[하자]【精疲力
尽】jīng pí lì jìn【精疲力竭】jīng pí lì jié
【筋疲力尽】jīn pí lì jìn

기질[氣質] 圀【气质】qìzhì【品质】pǐn-
zhì【品德】pǐndé【性格】xìnggé【性
情】xìng·qíng【品性】pǐnxìng【生性】
shēngxìng【天性】tiānxìng【性质】xì-
ngzhì ¶멕시코인들이 지니고 있는 각
종의 ～은 이곳에서도 볼 수 있다 | 墨
西哥人Mòxīgérén具有的各种气质, 在
这里都可以看得到。

ᴬ**기차**[汽車] 圀【火车】huǒchē ¶～표
| 火车票。¶～의 기관사 | 火车司
机。¶～역 | 火车站。

ᴮ**기찻길**[汽車－] 圀【铁道】tiědào【铁
路】tiělù【铁轨】tiěguǐ

기적[動靜] 圀【声息】shēngx-
ī ¶이게 무슨 ～이냐? | 这是什么动
静。¶아무런 ～도 없다 | 没有一点
声息。

ᴮ**기체**[氣體] 圀【气体】qìtǐ ¶～ 연료 |
气体燃料ránliào。

ᴮ**기초**[基礎] 圀【基础】jīchǔ【底子】dǐ·zi
【根基】gēnjī【根脚】gēnjiǎo ¶～를 닦
다 | 打基础。¶～가 든든하다 | 底子
厚。¶～를 확고하게 다지다 | 根基
打得牢。¶～공사를 잘 해야 한다 |
要把根基打好。¶이 집의 ～는 매우
견고하다 | 这座房子的根脚很牢固láo-
gù。

기초 공사[基礎工事]【基础工程】jī-
chǔ gōngchéng【奠基工程】diànjī gō-
ngchéng

기초 산업[基礎産業]【基础工业】jī-
chǔ gōngyè【基础产业】jīchǔ chǎnyè

기치[旗幟] 圀【旗(子)】qí(·zi)【旗
帜】qízhì【旗号】qíhào ¶자유의 ～ 아
래서 싸우다 | 在自由旗号下战斗。¶
～가 선명하다 | 旗帜鲜明。

ᴬ**기침** 圀[하자]【咳嗽】ké·sou ¶～이 심
하다 | 咳嗽很厉害lìhài。¶콜록 하고
～을 한 번 하다 | 咳嗽了一声。¶어

린애가 계속 ～을 하니 약을 좀 먹여야
된다 | 孩子老咳嗽, 得吃点儿药。

ᶜ**기타**[其他] 圀【其他】qítā【其它】qítā
【另外】lìngwài【此外】cǐwài ¶그는 공
부만 할 줄 알았지 ～의 것은 모른다 |
他只知读书, 不知其他。¶오늘은 우
선 이것들을 얘기하고 ～의 일은 다음
에 다시 논의하자 | 今天先讲这些, 另
外的事情以后再说。

기타[guitar] 圀〈音〉【吉他】jítā【吉泰
琵琶】jítàipípá【结他】jiétā【六弦琴】
liùxiánqín

기탁[寄託] 圀[하타]【寄托】jìtuō【寄存】
jìcún【依托】yītuō【委托】wěituō ¶중
요한 일을 너희들에게 ～한다 | 把重
任寄托在你们的身上。

기탄[忌憚] 圀【毫无顾忌】háowú gùjì
【毫无顾虑】háowú gùlǜ【不客气地】
búkèqì·de【毫无忌惮】háowú jìdàn ¶
～없이 말하다 | 毫无顾忌地说。

기특하다[奇特－] 톕【真行】zhēn xíng
【真能个儿】zhēnnénggèr ¶그녀는 기
특하게도 동생들의 뒤를 보살피고 있
다 | 她真能个儿, 会在后面照顾弟弟
们。

기틀 圀【关键环节】guānjiàn huánjié
【关节】guānjié ¶국가의 ～ | 国家的
关键环节。

기폭[起爆] 圀【起爆】qǐbào【重磅炸
弹】zhòngbàngzhàdàn ¶～약 | 起爆
药。¶～장치 | 起爆装置。¶그의 연
설이 ～이 되어 의사당 회의장은 소란
이 일어났다 | 他的讲演像个重磅炸
弹, 在议事堂会场引起了一阵骚动。

기표[記票] 圀[하자]【投票】tóupiào ¶
～소 | 投票站。

기품[氣品] 圀【气质】qìzhì【亶性】dà-
nxìng【性格】xìnggé

기풍[氣風] 圀【风气】fēngqì【风尚】fē-
ngshàng【风度】fēngdù【风格】fēng-
gé【作风】zuòfēng ¶～을 형성했다 |
形成了风气。¶새로운 ～이 나타났
다 | 出现了新风尚。¶그는 젊었을
때부터 훌륭한 ～을 갖고 있었다 | 他
年少shào时就有了良好的作风。

기피[忌避] 圀[하타]【逃避】táobì【躲
避】duǒbì【回避】huíbì【忌避】jìbì ¶
병역을 ～하다 | 逃避兵役。

기필코[期必－] 톕【必定】bìdìng【必

然biǎn **[必当]**bìdāng **[一定]**yídìng ¶그는 ~ 돌아 올 것이다 | 他必定会回来的。¶이번 학기에는 ~ 장학금을 받고야 말겠다 | 在这个学期里一定要拿奖学金。

기하[幾何] 图 ❶ 圀 **〈数〉几何**jǐhé ¶~적 구조 | 几何构形。¶~ 급수 | 几何级数/等比级数。¶~도형 | 几何图形/图形。¶~학 | 几何学。

기하다[期-] 图 ❶ (날짜·기한 등을 정하다) **[为期]**wéiqī ¶1月 1日을 기하여 일을 시작하다 | 以一月一日为期开展工作。❷ (목표로 삼다·기대하다) **[以求]**yǐqiú **[求得]**qiúdé ¶완벽을 ~ | 以求完美。

기한[期限] 图 **[期限]**qīxiàn **[时限]**shíxiàn **[日期]**rìqī **[期间]**qījiān **[限期]**xiànqī ¶~이 매우 짧다 | 期限很短hěnduǎn。¶빌딩의 공사가 ~이 다 되어 가니 공사에 박차를 가해야 한다 | 大楼的建筑时限就要到了，得加紧施工。¶그에게 3일 간의 ~을 주다 | 给他三天限期。

기합[氣合] 图 ❶ (정신 집중) **[运气]**yùnqì ¶~을 넣다 | 运了一口气。❷ (벌) **[体罚]**tǐfá ¶단체~ | 团体体罚。¶~을 받다 | 受体罚。

기행문[紀行文] 图 **〈文〉[旅行记]**lǚxíngjì **[游记]**yóujì ¶걸리버 | 格列佛gélièfó游记。

기형[畸形] 图 **[畸形]**jīxíng ¶선천적 ~ | 先天性畸形。¶~적 교육 | 畸形教育。¶경제의 ~적 발전을 자극하다 | 刺激cìjī经济畸形发展。

기형아[畸形兒] 图 **[畸形儿]**jīxíng'ér **(怪胎)**guàitāi

기호[記號] 图 **[记号]**jì·hao **[符号]**fúhao **[标记]**biāojì **[唛头]**mà·tou **[标志]**biāozhì ¶연락 | 联络记号。¶빨간 연필로 ~를 붙이다 | 用红铅笔加标记。

기호²[嗜好] 图 哈타 **[嗜好]**shìhào **[癖好]**pǐhào **[喜好]**xǐhào **[喜爱]**xǐ'ài **[爱好]**àihào ¶~품 | 嗜好品/嗜好。¶각자 ~에 따라 고르세요 | 按照自己的嗜好挑吧。

기혼[既婚] 图 **[已婚]**yǐhūn

기화[氣化] 图 哈자 **〈物〉[汽化]**qìhuà **[气化]**qìhuà ¶~ 작용 | 汽化作用。¶~ 연료 | 气化燃料ránliào。¶~열 | 气化热rè。

기회[機會] 图 **[机会]**jī·huì **[时机]**shíjī ¶~는 얻기 어렵다 | 机会难得。¶~를 놓치다 | 错过机会。¶~주의 | 机会主义。¶유리한 ~ | 有利时机。¶~를 잡다 | 掌握时机。

기획[企劃] 图 哈타 **[规划]**guīhuà **[筹办]**chóubàn **[筹划]**chóuhuà **[筹备]**chóubèi ¶장기적인 ~ | 长远changyuǎn规划。¶생산 ~ | 生产shēngchǎn规划。¶모든 것을 ~하느라 바쁘다 | 他忙着筹备一切。¶학생 자치 위원회의 설립을 ~하다 | 筹备成chéng立学生自治zhì委员会。

기후[氣候] 图 **〈气〉[气候]**qìhòu **[天气]**tiān·qi ¶~ 변화 | 气候变化biànhuà。¶대륙성 ~ | 大陆性dàlùxìng气候。

-긴 어미 (转换词尾) ¶먹~ 뭘 먹니? | 吃什么？¶춥~ 춥다 | 倒是很冷。¶좋~ 좋다 | 好倒是好。

긴밀[緊密] 图 哈자 **[紧密]**jǐnmì **[紧切]**mìqiè ¶~한 관계 | 紧切的关系。¶관계를 ~히 하다 | 密切了关系。

긴박[緊迫] 图 哈자 **[紧迫]**jǐnpò **[紧张]**jǐnzhāng **[吃紧]**chījǐn ¶시간이 ~하다 | 时间紧迫。¶작업이 ~하다 | 工作紧张。¶전선이 ~하다 | 战线紧张。¶형세가 ~하다 | 形势吃紧。

긴요[緊要] 图 哈자 **[重要]**zhòngyào **[要紧]**yàojǐn **[紧要]**jǐnyào ¶~한 문제 | 重要问题。¶~한 일 | 要紧事/要紧的事情。¶~하지 않다 | 无关紧要。

긴장[緊張] 图 哈자 **[紧张]**jǐnzhāng ¶처음 무대에 올라가면 다소 ~하지 않을 수 없다 | 第一次登台，免不了有些紧张。¶~된 정서 | 紧张情绪。

긴축[緊縮] 图 哈타 **[节约]**jiéyuē **[节省]**jiéshěng **[收紧]**shōujǐn **[压缩]**yāsuō ¶~ 금융 | 金融紧缩。¶~ 예산 | 紧缩预算。¶재정 ~ | 紧缩财政。

긴히[緊-] 图 **[要紧]**yàojǐn **[紧要]**jǐnyào ¶~ 할 말이 있다 | 有要紧的话对你说。

긷다 图 **[汲]**jí **[打]**dǎ **[担]**dān **[抬]**tái

¶물을 ~ | 抬水/汲水/打水/担水.

^길¹ 몡 ❶ (도로) 【路】lù 【道】dào 【道路】dàolù 【路途】lùtú ¶한 갈래의 ~ | 一条路. ¶~을 걷다 | 走路. ¶아스팔트 ~ | 柏油(马)路. ❷ (방법·경로) 【方法】fāngfǎ 【办法】bànfǎ 【门路】mén·lu 【途径】tújìng 【路程】lùchéng 【途程】túchéng ¶입에 풀칠할 수 있는 ~을 찾다 | 找个能糊口hùkǒu的门路. ❸ (도중) 【捎带】shāodài 【就便】jiùbiàn ¶시내에 나가는 ~에 책 한 권 사다줄래? | 去城里捎带着能给买一本书吗? ❹ (역정·역사) 【历程】lìchéng 【道路】dàolù ¶인류 문명으로 전해 온 ~ | 人类文明发展的历程. ❺ (도리) 【道】dào ¶스승의 ~ | 为师之道.

^길² 몡 ❶ (동물의 부리기 좋게 된 버릇) 【驯养】xúnyǎng 【训顺】xúnshùn ¶강아지를 ~ 들이다 | 驯养小狗. ❷ (손질을 잘하여 생기는 윤) 【好使】hǎoshǐ 【好用】hǎoyòng ¶이 금속 만년필은 ~이 잘 들었다 | 这支金笔很好使. ❸ (익숙해진 솜씨) 【熟练】rèliàn 【习惯】xíguàn 【用惯】yòngguàn ¶농사일에 ~이 들었다 | 农活干惯了.

길³ 몡 ❶ (사람 키의 길이) 【人高】rénɡāo ❷ (길이의 단위) 【一丈】yīzhàng

−길⁴ 어미 (전환접미사) ¶네 마음에 들~ 바래 | 希望你喜欢它. ¶오늘 오~ 잘했다 | 今天来对了.

ᴮ길가 몡 ❶ 【路边】lùbiān 【路旁】lùpáng

ᴸ길거리 몡 【街道】jiēdào 【大街】dàjiē 【街头】jiētóu 【街上】jiē·shang ¶~로 쏟아져 나오다 | 涌上街头. ¶~를 떠돌다 | 流落街头. ¶늘 ~에서 보다 | 常在街上看到.

길길이 튀 ❶ (높이) 【老高老高】lǎogāo·lǎogāo ¶불이 ~ 치솟다 | 火焰窜得老高老高. ❷ (몹시) 【如雷】rúléi ¶화가 나서 ~ 뛰다 | 因生气, 就暴跳如雷.

길눈 몡 【识路能力】shílù nénglì 【识路的记性】shílù·de jìxìng 【认路能力】rènlù nénglì ¶~이 밝다 | 能认道儿. ¶~이 어둡다 | 不认道儿.

^길다 혱 【长】cháng ¶이 길은 꽤 ~ |

这条路很长. ¶겨울은 낮이 짧고 밤이 ~ | 冬天日短夜yè长.

ᴸ길다랗다 혱 【长长的】chángcháng·de 【非常长】fēicháng cháng

길들이다 톰 【顺从】shùncóng 【驯服】xùnfú ¶부하를 ~ | 使部下顺从. ¶겨우 그것을 길들였다 | 好容易才把它驯服下来.

−길래 어미 (연결어미, 표시원인이나리유) ¶날씨가 좋~ 놀러갔지 | 因为天气好, 所以我们去玩儿了. ¶몇 시에 갔~ 이제야 일어나는 거야? | 几点睡的, 才起来?

길모퉁이 몡 【拐角】guǎijiǎo 【拐弯处】guǎiwānchù ¶~에서 그를 만났다 | 在拐弯处碰见了他.

ᴮ길목 몡 【路口】lùkǒu 【要道】yàodào 【道口】dàokǒu ¶네거리 ~ | 十字路口.

ᴸ길섶 몡 【路旁】lùpáng 【路侧】lùcè 【路边】lùbiān

길손 몡 【旅客】lǚkè 【过路的】guòlù·de 【过客】guòkè

길이 몡 【长短】chángduǎn 【长度】chángdù ¶이 두 끈의 ~는 거의 같다 | 这两根绳子的长短差不多.

길일 [吉日] 몡 【吉日】jírì ¶~을 택하여 결혼식을 올리다 | 择吉日举行婚礼.

ᴸ길잡이 몡 ❶ (길을 안내하는 사람) 【带路人】dàilùrén 【引路人】yǐnlùrén 【向导】xiàngdǎo ❷ (지침) 【指路灯】zhǐlùdēng 【航标灯】hángbiāodēng ¶성공의 ~ | 成功的航标灯. ❸ (앞잡이) 【前驱】qiánqū 【马前卒】mǎqiánzú

길조 [吉兆] 몡 【吉兆】jízhào 【吉征】jízhēng 【祥兆】xiángzhào ¶이는 정말 ~이다 | 这可是一个吉兆啊.

길하다 [吉−] 혱 【吉】jí ¶길한 징조 | 吉兆.

길흉 [吉凶] 몡 【吉凶】jíxiōng ¶~을 예측하기 힘들다 | 吉凶难测.

^김¹ 몡 〈植〉【紫菜】zǐcài 【绿紫菜】lǜzǐcài 【海苔】hǎitái ¶국에 ~을 좀 넣어라 | 汤里放点海苔吧.

^김² 몡 ❶ 【蒸气】zhēngqì 【热气】rèqì 【气(儿)】qì(r) 【气息】qìxī ¶~ 나다 | 冒蒸气. ¶주전자에 ~이 나기 시작했다 | 壶hú里开始冒热气了. ¶~이 무

러무럭 나는 요리 | 热气腾腾的菜。

ᄀ**김³** **명** 【杂草】zácǎo ¶~을 매다 | 打杂草。

김⁴ **의명** 【既然】jìrán 【随手】suíshǒu 【顺手】shùnshǒu 【顺便】shùnbiàn ¶~에 얼굴 한번 보고 가자 | 既然来了, 就见了面再走吧。 ¶가는 ~에 문 좀 닫아라 | 走的时候, 随手关上门。

ᄀ**김매기** **명** 【除草】chú cǎo 【锄草】chú cǎo 【铲地】chǎndì 【耕锄】gēngchú 【拔草】bá cǎo

ᄉ**김밥** **명** 【紫菜饭团】zǐcài fàntuán 【紫菜包饭】zǐcài bāofàn 【紫菜饭卷】zǐcài fànjuǎn

ᄀ**김장** **하자** 【腌冬菜】yānpàocài 【过冬泡菜】guòdōng pàocài ¶~철 | 做过冬泡菜的季节。

ᄉ**김치** **명** 【泡菜】pàocài ¶배추~ | 白菜泡菜。 ¶그녀는 ~를 즐겨 먹는다 | 她爱吃泡菜。 **참고** 〔腌菜〕〔辣白菜〕

ᄉ**깁다** **동** 【缝补】féngbǔ 【织补】zhībǔ 【打补钉】dǎ bǔ·ding 【补】bǔ ¶옷을 ~ | 补衣服。 ¶양말을 ~ | 补袜子。

ᄇ**깃** **명** 【领子】lǐng·zi 【衣领】yīlǐng ¶~을 달다 | 上领子。 ¶~을 세우다 | 把领子竖起来。

깃대 〔旗-〕 **명** 【旗杆儿】qígānr

ᄉ**깃들이다** **동** 【做巢】zuòcháo 【做窝】zuòwō 【栖息】qīxī 【生息】shēngxī

ᄇ**깃발** **명** 【旗帜】qízhì 【旗子】qí·zi 【旗章】qízhāng 【旗志】qízhì ¶~이 나부끼다 | 旗帜飘扬。

ᄇ**깃털** **명** 【翼毛】yìmáo 【翎毛】língmáo 【羽毛】yǔmáo ¶~ 장식 브러치 | 羽毛胸花儿。

깊다 **형** ❶(바닥·속까지의 거리가 멀다) 【深】shēn 【深邃】yōushēn 【深邃】shēnsuì ¶그 강은 매우 ~ | 那条河很深。 ¶깊은 산골짜기 | 深邃的山谷。 ❷(심원하다) 【深奥】shēn ào 【深沉】shēnchén 【深奥】shēn ào 【深沉】shēnchén ¶내용이 ~ | 内容深刻。 ¶깊은 사색 속에 빠지다 | 陷入xiànrù深沉的思索中。 ❸(친밀하다) 【深】shēn 【深厚】shēnhòu ¶정분이 매우 ~ | 交情很深。 ¶깊은 우정 | 深厚的友谊 yǒuyì。 ❹(시간이 늦다) 【深】shēn 【熟】shú ¶깊은 밤 | 深夜。 ❺(짙다)

【浓】nóng 【浓重】nóngzhòng ¶깊은 안개 | 浓雾。

깊숙하다 **형** 【幽深】yōushēn 【渊深】yuānshēn ¶깊숙한 골짜기 | 幽深的山谷。

ᄀ**깊이¹** **명** ❶(겉에서 속까지의 길이) 【深度】shēndù 【深浅】shēnqiǎn ¶강물의 ~를 측량하다 | 测量cèliáng河水的深度。 ❷(사람이나 사물이 가지고 있는 무게) 【稳重】wěnzhòng 【深沉】shēnchén 【深刻】shēnkè 【深度】shēndù ¶내용에 ~가 있다 | 内容深刻。 ¶~를 더하다 | 加深深度。

깊이² **부** 【深】shēn 【深入】shēnrù ¶~ 사귀다 | 深交。 ¶~ 파고들다 | 深究。

ᄁ**까까머리** **명** 【光头】guāngtóu 【和尚头】hé·shangtóu 【和尚袋】hé·shangnǎodài ¶~로 깎다 | 剃光光头。

까놓다 **동** 【推心置腹】tuī xīn zhì fù 【摊开】tānkāi ¶까놓고 말하다 | 说白了 | 和盘托出。

까다 **동** ❶(껍질을) 【嗑】kè 【剥】bāo ¶(씨를 앞 이로)까서 먹다 | 嗑瓜子儿。 ¶땅콩을 ~ | 剥花生huā·生。 ❷(부화하다) 【孵】fū ¶병아리를 ~ | 孵小鸡。 ❸(나쁘게 말하다) 【耍嘴】shuǎzuǐ 【耍嘴皮】shuǎzuǐpí ¶나는 입만 까는 사람은 좋아하지 않는다 | 我不喜欢耍嘴皮的人。 ❹(크게 뜨다) 【瞪】dèng ¶눈을 까고 자세히 보다 | 瞪着眼睛仔细看看。 ❺(마시다) 【灌】guàn 【咕嘟】gūdū ¶친구랑 소주 세 병을 깠다 | 和朋友灌了三瓶烧shāo·o酒。

까다롭다 **형** ❶(성격·취향 등이) 【难弄】nánnòng 【烦难】fánnán 【挑剔】tiāo·ti 【乖僻】guāipì ¶그는 친구를 사귀는 데 ~ | 他交朋友很挑剔。 ¶그는 성질이 ~ | 他性情乖僻。 ❷(복잡하다·어렵다) 【麻烦】má·fan 【伤脑筋】shāng nǎojīn 【不好办】bùhǎobàn ¶까다로운 법률 | 不好办的法律。 ¶수속이 대단히 ~ | 手续shǒuxù很麻烦。

ᄁ**까닭** **명** 【原因】yuányīn 【理由】lǐyóu 【缘由】yuányóu 【缘故】yuángù 【所以】suǒyǐ ¶단지 그런 줄만 알고 그렇게 된 ~은 모른다 | 只知其然不知其

所以然。

까딱하면 囝【差点儿】chàdiǎnr ¶～기
회를 놓칠 뻔 했다 | 差点儿失去机
会。参考〔差一点儿〕

까르띠에[Cartier] 圐〈商標〉【卡地亚】
Kǎdìyà

까르르 囝【哈哈】hā·hā【略略】gēgē
【哄然】hōngrán ¶～하고 한꺼번에 크
게 웃다 | 哄然大笑。

까르푸[Carrefour] 圐〈社名〉【家乐
福】Jiālèfú

ᴮ**까마귀** 圐〈鳥〉【乌鸦】wūyā【老鸹】lǎo
guā

까마귀 날자 배 떨어진다 관용【乌飞梨
落】wū fēi lí luò

ᵖ**까마득하다** 阌【遥远】yáoyuǎn【久远】ji
ǔyuǎn【渺茫】miǎománg ¶길이 까마
득하게 멀다 | 路途遥远。¶까마득한
옛날 | 好久好久以前。¶앞길이 ～
前途渺茫。

까마득히 囝☞가마득히

까막눈이 圐【睁眼瞎(子)】zhēngyǎn xi
ā(·zi)【文盲】wénmáng ¶정치적으
로 압박받고, 경제적으로 착취당하고,
문화적으로는 ～이다 | 政治上受压迫
yāpò, 经济上剥削bōxuē, 文化上是
睁眼瞎。

ᴬ**까맣다** 阌❶(빛깔이)【深黑】shēnhēi
【漆黑漆黑】qīhēi qīhēi【黪黑】yǒuhē
i【乌黑】wūhēi ¶그녀의 머리카락은
아주 ～ | 她的头发乌黑乌黑。❶팔이
햇볕에 까맣게 탔다 | 胳膊晒shài得
黝黑。❷(아득하다)【老(高)(远)】
(深)lǎo(gāo)/(yuǎn)/(shēn) ¶까
맣게 멀다 | 老远。¶까맣게 높다 |
老高。❸(모르고 있다)【一干二净】y
ì gān èr jìng【一窍不通】yí qiào bù tō
ng ¶까맣게 잊었다 | 忘得一干二
净。

ᴮ**까먹다** 囝❶(까서 먹다)【嗑】kè【剥
吃】bāochī ¶밤을 ～ | 剥着吃栗子
❷(없애다)【花光】huāguāng【荡尽】d
àngjìn ¶본전을 ～ | 荡尽本钱。❸
(잊다)【忘得一干二净】wàng·de yī g
ān èr jìng【忘得光光的】wàng·de gu
āngguāng·de ¶약속을 ～ | 把约会忘
得一干二净。

까무러치다 囝☞가무러치다

ᶜ**까무스름하다** 阌【微黑】wēihēi

까발리다 囝❶(속에 든 것들을)【剥
去】bāoqù【剥掉】bāodiào ❷(비밀
등을)【揭露】jiēlù【揭穿】jiēchuān【揭
底】jiēdǐ ¶비밀을 ～ | 告密。

ᶜ**까불다** 囝❶【得意忘形】dé yì wàng xí
ng【轻浮】qīngfú【轻佻】qīngtiāo【调
皮】tiáopí【淘气】táoqì ¶절대로 자만
하여 까불어서는 안된다 | 绝不能得
意忘形。¶이 사람은 너무 까분다 |
这个人轻浮得很。❷까부르다

ᶜ**까옥** 囝【嘎嘎】gā·gā

－까지 조❶(동작이나 상태가 끝날 때
까지)【到…(为止)…】dào…(wéizh
ǐ)…【到】dào ¶서울－간다 | 就到汉城。¶두
시부터 네 시～ | 从两点到四点。¶
그가 올 때～ 기다린다 | 一直等到他
来。❷(끝까지)【一直到】yìzhídào
¶가는 데－가보자 | 走到哪儿, 算到
哪儿。❸(게다가)【就连】jiùlián【连
…也…】lián…yě… ¶너～ 내 마음을
몰라 주다니 | 就连你也不理解我的
心。

까지다 囝【噌破】cēngpò【脱掉】tuōdi
ào ¶넘어져서 팔꿈치가 ～ | 摔得胳
膊肘噌破了皮。

까짓 괸【那一种】nàyìzhǒng【那样的】n
àyàng·de ¶～것은 무시해버
려 | 那样的孩子不用理他。

ᴬ**까치** 圐〈鳥〉【喜鹊】xǐ·que【喜雀】xǐ·q
uè【干鹊】gānquè【鹊】què 参考〔野
鹊子〕

까칠까칠 囝阌彨☞가칠가칠

까탈부리다 囝☞가탈부리다

ᴬ**까투리** 圐〈鳥〉【母野鸡】mǔyějī【母山
鸡】mǔshānjī

깎다 囤❶(머리·수염·잔디 등을)
【剃】tì【刮】guā【剪】jiǎn ¶머리를 빡
빡 ～ | 推光头。¶수염을 ～ | 刮胡
子。❷(연필·과일 등을)【削】xiāo
【推】tuī【切】qiē ¶연필을 ～ | 削铅笔
qiānbǐ。¶사과를 ～ | 削苹果皮pí
ngguǒpí。❸(값을)【抽价】chōujià
【减价】jiǎn/jià【杀价】shājià ¶물건을
살 땐 값을 꼭 깎아야만 하는 것은 아
니다 | 买东西的时候, 不一定要杀
价。买东西的时候, 不一定要杀价。❹(체면 등을 손상시키다)【有
损】yǒusǔn【贬低】biǎndī ¶국가의 위
신을 ～ | 有损国家的威信。❺〈體〉
【削】xiāo ¶공을 깎아치다 | 削球。

ᴮ**깍두기** 몝【泡萝卜块儿】pào luó·bokuàir

깍듯하다 휑【诚恳】chéngkěn【恭敬】gōngjìng ¶태도가 매우 ~ | 态度tàidù非常fēicháng诚恳。¶깍듯한 말씨 | 恭敬的话。

깎아지르다 동 ❶【削平】xuēpíng ❷【陡峭】dǒuqiào ¶이 깎아지른 듯한 산봉우리는 산양조차도 올라갈 수 없다 | 这个险峻dǒuqiào的山峰连山羊也上不去。

깍쟁이 몝 ❶ (약삭빠른 사람)【精灵鬼】jīnglíngguǐ【小精鬼】xiǎojīngguǐ ¶서울 ~들을 조심해라 | 要小心那些汉城小精鬼。❷ (인색한 사람)【小气鬼】xiǎoqìguǐ【吝啬鬼】lìnsèguǐ

깐깐하다 휑 ❶ (완고하게)【仔细】zǐxì【挑剔】tiāo·tī ¶깐깐히 검사하다 | 仔细地检查。¶그는 친구들에게 너무 ~ | 他对朋友太挑剔。❷ (끈기가 있음)【黏赘】niánzhuì ¶그는 무슨 일을 하든지 아주 깐깐하게 한다 | 他无论做什么事都做得很黏赘。참고〔过细〕〔细~〕细致 / 缜密〔慎密〕黏糊糊糊

ᶜ**깔깔** 뷔【哈哈】hā·hā【咯咯】gēgē【嘎嘎】gāgā ¶그의 말을 듣더니 갑자기 ~거리며 크게 웃기 시작했다 | 听到他的话，忽然咯咯地大笑起来。¶~거리며 웃다 | 嘎嘎嘎嘎地笑。

ᶜ**깔깔거리다** 동【哈哈大笑】hāhā dàxiào【哈哈笑】hāhāxiào

깔깔하다 휑 ❶ (감촉이 까칠까칠하다)【粗糙】cūcāo【硬撅撅】yìngjuējuē ¶표면이 ~ | 表面很粗糙。¶옷을 깔깔하게 풀을 먹여서 입어도 편치 않다 | 衣服浆得硬撅撅的，穿着不舒服。❷ (까슬까슬하다)【干巴巴(的)】gānbābā(·de) ¶오늘 담배를 많이 피웠더니 입속이 ·· | 今天抽了太多烟，嘴里干巴巴的。

ᶜ**깔끄럽다** 휑 ❶ (따끔거리다)【扎】zhā【刺痒】cì·yang ¶깔그러기가 살에 붙어서 아주 ~ | 芒刺沾在皮肤上扎得很。❷ ☞ 깔깔하다

ᴮ**깔끔하다** 휑【干练】gānliàn【干净利落】gānjìng lìluò【精明能干】jīngmíng nénggàn ¶그는 깔끔한 사람이다 | 他是干净利落的人。

ᴬ**깔다** 동 ❶ (밑에 펴다)【铺】pū【墁】màn ¶돗자리를 ~ | 铺席子。¶벽돌

을 ~ | 墁砖zhuān。❷ (밑에 받치다)【垫】diàn ¶사람 속에 종이를 한 장 ~ | 抽屉chōu·ti里垫一张纸。¶마당에 평평하게 흙을 ~ | 把院子垫平了。❸ (누르다)【压】yā【搁置】gēzhì ¶유리판 밑에 사진 한 장을 끼워 ~ | 玻璃板bōlibǎn下压着一张照片zhào·piàn。❹ (시선을 아래로 하다)【搭拉】dā·la ¶그는 눈을 내리 깔고서 한마디 소리도 내지 않는다 | 他搭拉着眼皮，一声不吭kēng。

깔리다 동 ❶ (널리 흩어져 있다)【铺满】pūmǎn【落满】luòmǎn ¶길거리에 낙엽이 깔려 있다 | 路上铺满了落叶。❷ (밑에 눌리다)【被埋】bèimái ¶아이가 흙더미에 깔렸다 | 孩子被埋在土堆里。❸ (넓게 퍼지다)【湮没】yānmò【延湮】yānyān ¶침묵이 ~ | 沉默延湮着。

ᶜ**깔보다** 동【轻视】qīngshì【轻看】qīngkàn【蔑视】mièshì【藐视】miǎoshì【小看】xiǎokàn【看不起】kàn·buqǐ【瞧不起】qiáo·buqǐ【轻蔑】qīngmiè ¶그를 깔보지 말라 | 你别轻视了他/你别看不起他。¶사람을 ~ | 小看人家。

ᶜ**깜깜** 뷔휑 ❶ (모르다)【全然不知】quánrán bùzhī【一抹黑】yīmāhēi ¶나는 정치에 대해서는 ~하다 | 我对政治是一抹黑。❷ (어둡다)【漆黑】qīhēi ¶동굴안은 ~하여 아무것도 보이지 않았다 | 洞里dòngli漆黑漆黑的，什么也看不见。

깜둥이 몝【黑汉】hēihàn【黑小子】hēixiǎo·zi

ᴮ**깜박** 뷔 ❶ (등불·별빛 등이)【一闪】yìshǎn【明灭】míngmiè ❷ (눈을)【眨眼】zhǎyǎn ¶눈 ~할 사이 | 眨眼之间。❸ (정신이 순간적으로 흐려지는 모양)【一下子】yíxià·zi ¶~ 잊고 그냥 왔다 | 一下子忘了，就那样来了。

ᴮ**깜박거리다** 동 ❶【一闪一闪】yìshǎn yìshǎn【闪烁】shǎnshuò【忽明忽暗】hū míng hū àn ❷【眨眼】zhǎyǎn

깜박이다 동 ❶ (빛이)【忽闪忽闪】hūshǎn hūshǎn【一闪一闪】yìshǎn yìshǎn ❷ (눈을)【眨眼】zhǎyǎn【眨巴】zhǎ·ba ¶그는 사람을 죽이고도 눈하나 깜박이지 않는 사람이다 | 他是杀人不眨眼的人。¶자꾸 눈을 깜박

거지 마라 | 别老眨巴眼睛。¶그 아이는 듣고 이해할 수 없어 눈만 계속 깜박거린다 | 那孩子听不明白，眼睛 直眨巴。

깜빡 [부] ❶ (별빛·불빛) 【一闪】yìshǎn ¶~~ 빛나네 | 一闪一闪亮晶晶。❷ (눈) 【眨】zhǎ ¶눈을 ~거리다 | 眨眼。¶눈도 ~거리지 않다 | 眼睛也 不眨一眨。❸ (정신·기억 등) 【一时糊涂】yìshíhútú ¶내가 ~하여 문 잠그는 그는 것을 잊었다 | 我一时糊涂忘了 锁门。[참고] 〔一闪一闪〕〔忽闪忽闪〕 〔忽明忽暗〕〔眨眨〕〔眨了一眨〕〔一眨 一眨〕〔一时不小心〕〔暂时态〕

ᴮ**깜짝** [부][하다] ❶ (눈을) 【眨】zhǎ ❷ (놀라는 모양) 【吓一跳】xià yí- tiào 【吃惊】chījīng ¶~ 놀라다 | 愕然 吃惊。

깜찍하다 [형] ❶ (영악하다) 【精明】jī- ngmíng 【伶俐】líng·li ¶이 아가씨는 정말 ~ | 这姑娘真伶俐。❷ (작고 귀 엽다) 【小巧玲珑】xiǎo qiǎo líng lóng ¶그녀는 작고 깜찍스럽게 생겼다 | 她长得小巧玲珑。[참고] 〔伶透〕〔令利〕

깡그리 [부] ❶ 【整个】zhěng·ge 【统统】tǒ- ngtǒng 【全部】quánbù 【光】guāng ¶~ 다 써버리다 | 用光。¶~ 먹어치 웠다 | 吃光了。[참고] 〔统通〕〔统同〕 〔通通〕

깡통 [명] ❶ (罐头)【罐·tou】guàn·tou 【听子】tīng·zi 【铁罐】tiěguàn ¶빈 ~ | 空罐 头。¶~ 따개 | 罐起子。❷ (비유하 여)【空脑袋】kōngnǎodài 【饭桶】fàn- tǒng 【饭袋】fàndài 【饭囊】fànnáng

깡패 [명]【强盗集团】qiángdào jítuán 【匪帮】fěibāng 【地痞】dìpǐ 【痞子】pǐ- zi 【流氓】liúmáng ¶이 보잘것 없는 ~는 신경 쓰지 마라 | 别理这个小痞 子。[참고] 〔喇ㄉ子〕〔喇ㄉ伙〕〔刺子〕 〔痞棍gùn〕〔恶棍ègùn〕〔地棍gùn〕〔地 头棍〕〔把棍〕〔土棍〕〔土混混儿〕〔土 包〕

ᴮ**깨** [명]〈植〉【芝麻】zhī·ma

깨가 쏟아지다 [관용]【蛮有意思】mán y- ǒuyìsī 【和和美美】héhéměiměi ¶깨 가 쏟아지는 신혼 생활 | 和和美美的 新婚生活。

ᴬ**깨끗하다** [형] ❶ (청결하다·단정하다) 【干净】gānjìng 【清洁】qīngjié 【清秀】qīngxiù ¶이 옷은 ~ | 这件衣服很干 净。¶그녀의 집은 아주 ~ | 她的家 里清洁得很。¶그녀는 이미 반백이 지났지만 여전히 용모가 ~ | 她虽 年近半百，看上去还相当清秀。❷ (결 백·순결하다)【纯洁】chúnjié 【清白】q- īngbái ¶마음이 ~ | 心地纯洁。❸ (맑다)【清朗】qīnglǎng 【清醒】qī- ngxǐng ¶깨끗한 하늘 | 清朗的天 空。¶아침에 일어나면 머리가 한층 맑고 ~ | 早晨起来，头脑特别清醒。❹ (남김없이)【干干净净】gāngānjì- ngjìng 【一干二净】yì gān èr jìng 【光】 guāng ¶깨끗하게 잊다 | 忘得一干二 净。❺ (전부)【全部】quánbù 【完全】 wánquán ¶문제는 이미 깨끗하게 해 결됐다 | 问题已经全部解决jiějué。

ᴬ**깨다¹** [동] ❶ (잠·술 등이)【醒】xǐng ¶1 시에 한 번 깨었다가, 다시 잠들었zháo 다 | 三点钟过一次，后来又睡着zháo 了。¶술이 ~ | 酒jiǔ醒了。¶시끄 러워 ~ | 闹nào醒。❷ (미혹·환상 등에서)【觉醒】juéxǐng 【觉悟】juéwù ❸ (개화하다)【文明】wénmíng 【开 化】kāihuà ¶이곳 산촌은 아직 크게 깨지 못하였다 | 这山村还很不开化。

ᴬ**깨다²** [동] ❶ (부수다)【打破】dǎpò 【碰 坏】pènghuài 【砸坏】zákāi ¶조심하 지 않아 그릇을 깼다 | 不小心打破了 碗wǎn。¶이미 세계 기록을 두 번이 나 깼다 | 已打破了两次世界记录。❷ (취소하다)【破坏】pòhuài 【毁】huǐ ¶ 협정을 ~ | 破坏协定xiédìng。❸ (감퇴시키다)【破坏】pòhuài ¶흥을 ~ | 破坏兴趣。

ᴬ**깨닫다** [동] ❶ (인식하다)【认识】rèn·shi 【理解】lǐjiě 【觉察】juéchá 【觉悟】juéwù 【领悟】lǐ- ngwù 【领会】lǐnghuì ¶진리를 ~ | 认 真理。¶나는 여태 깨닫지 못했다 | 我一直没有觉察到。¶그는 여러 사람들의 도움으로 깨닫게 되었다 | 通过大家的帮助，他觉悟过来了。

ᴮ**깨뜨리다** [동] ☞ 깨다

ᴮ**깨물다** [동]【咬】yǎo 【咋】zhǎ 【叮】dīng ¶나는 사과를 한 입 깨물었다 | 我咬 了一口苹果。¶그는 입술을 깨물고 애써 참았다 | 他咬住嘴唇zuǐchún极 力忍着。

ᴰ**깨소금** [명]【芝麻盐】zhī·ma·yán

ᴮ**깨어나다** 동【醒】xǐng【清醒】qīngxǐng
【苏醒】sūxǐng ¶환자는 이미 깨어났
다 | 病人已经清醒过来。¶인공 호흡
으로 그가 깨어났다 | 通过人工呼吸
他苏醒过来了。

깨우치다 동【启发】qǐfā【开导】kāidǎo
【劝醒】quànxǐng【题醒】tíxǐng【使领
悟】shǐlǐngwù【使认识】shǐrèn·shi【启
视】qǐshì ¶많은 깨우침을 받았다 |
受了很大的启发。

깨우다 동【叫醒】jiàoxǐng ¶곤하게 자
는 아이를 ~ | 把睡得正香的孩子叫
醒。

깨치다 동【领悟】lǐngwù【觉醒】juéxǐng
【学会】xuéhuì【醒悟】xǐngwù【明白】
míng·bai ¶겨우 한글을 깨쳤다 | 对
韩字刚刚明白过来。

ᶜ**깻묵** 명【油渣】yóuzhā【油饼】yóubǐng
¶콩~ | 豆饼。

ᶜ**깻잎** 명【芝麻叶】zhī·mayè【苏子叶】s-
ūziyè

ᴬ**꺼내다** 동【掏】tāo【拿出】náchū ¶주
머니 안의 돈을 전부 다 꺼냈다 | 口袋
里的钱全掏出来了。¶그는 그 사진
을 꺼내어 나에게 보여 주었다 | 他把
那张照片拿出来给我看。

ᶜ**꺼뜨리다** 동【灭掉】mièdiào

ᶜ**꺼리다** 동【忌讳】jì·huì【顾忌】gùjì ¶
그는 이 일을 가장 꺼린다 | 他最忌讳
这件事。¶다른 사람들이 그의 지난
이 일을 꺼내는 것을 꺼린다 | 忌讳别
人提他的这段往事。

ᶜ**꺼림칙하다** 형【很不放心】hěn bùfàngx-
īn【担心】dānxīn【歉疚】jiùqiàn【歉
疚】qiànjiù【欠疚】qiànjiù ¶마음이
| 内心感到十分歉疚。¶(실수로 인
한) 꺼림칙한 마음 | 歉疚的心情xīngí-
ng。 참고〔歉然〕[不安]

ᶜ**꺼멓다** 형【黑】hēi

ᴮ**꺼지다** 동 ❶(불 등이 사라지다)【熄
灭】xīmiè【灭】miè ¶전등이 ~ |
(电)灯火了。❷(죽다)【断(气)】duà-
n(qì)【死】sǐ【完蛋】wándàn ¶목숨
이 ~ | 断气了 ❸(사라지다)【消失】
xiāoshī【滚开】gǔnkāi ¶꺼져버려! |
快滚开。

ᶜ**꺼지다²** 동【注下去】wāxiàqù【陷下去】
xiànxiàqù【塌下去】tāxiàqù【瘪下
去】biěxiàqù【塌陷】tāxiàn ¶눈이저

리가 ~ | 眼窝儿yǎnwōr塌下去。¶
지진으로 집이 꺼졌다 | 由于地震dì-
zhèn, 房子塌陷了。

꺼칠꺼칠하다 형【粗糙】cūcāo【粗涩】
cūsè【毛糙】máo·cao ¶피부가 ~ |
皮肤pífū粗糙。¶표면이 ~ | 表面粗
糙。¶낮고 꺼칠한 목소리 | 粗涩
的嗓音。

꺼풀 ❶【外皮】wàipí【表皮】biǎopí
❷【层】céng ¶밖에 얇은 수지막 한
~ 입혔다 | 外面罩zhào着一层塑料s-
ùliào薄膜báomó。

꺾꽂이 명【插枝】chāzhī【插条】chātiáo
ᴬ**꺾다** 동 ❶(부러뜨리다)【切断】qiēduàn
【掰】pī【掐】qiā ¶옥수수를 ~ | 掰
棒子bàngzi。¶꽃을 ~ | 掐花。❷
(방향을 돌리다)【打】dǎ【拐弯】guǎi-
wān【折向】zhéxiàng ¶자동차가 핸
들을 왼쪽으로 ~ | 把汽车方向盘wǎng
左打。❸(기세)【挫】cuò【打断】dǎ-
duàn【损伤】sǔnshāng ¶적의 기세를
꺾고 자기의 위풍을 돋구다 | 挫敌人
的志气, 长jǐkhǎng自己的威fēng风。
❹(목소리 등을)【压低】yādī【降低】ji-
àngdī ¶목소리를 ~ | 压低嗓音。
❺(접다)【摺】zhé【拐弯】guǎiwān
【哈】hā ¶허리를 ~ | 折腰/哈腰。¶
책장의 귀를 ~ | 把书角摺起来。

꺾어지다 동 ❶(부러지다)【打断】dǎ-
duàn【断】duàn ¶태풍에 소나무가
~ | 松树被台风折断了。❷(접히다)
【摺】zhé【折叠】zhédié ¶둘로 ~ | 摺
成两个

ᴮ**껄껄** 부【哈哈】hā·hā【嘿嘿】hēihēi【呵
呵】hēhē【格格】gēgē【咯咯】gēgē ¶
이씨는 그의 말을 듣더니 갑자기 ~하
고 크게 웃기 시작했다 | 老李听到他
的话, 忽然咯咯地大笑起来。

껄끄럽다 형 ❶(따끔따끔하다)【刺
痒】cìyǎng【刺闹】cìnào ❷(미끄럽지
못하다)【粗糙拉拉】cūcūlālā ¶옷감
이 ~ | 衣料粗糙拉拉。❸(대하기가
어렵다)【刺儿头】cìrtóu【难说话】ná-
nshuōhuà ¶사람이 껄끄러워서 곁에
가기가 어렵다 | 那人是刺儿头, 不好
接近。

껄렁껄렁하다 형【吊儿郎当】diào·erlá-
ngdāng【不上档次】bùshàng dàngcì
【没谱】méipǔ ¶껄렁껄렁한 사람 | 吊

儿郎当的人.

^B껌[gum] 圀 【口香糖】kǒuxiāngtáng 〔참고〕〔泡泡糖〕〔胶皮糖〕〔香口胶〕〔香口珠〕〔橡皮糖〕

껌껌하다 톙 〔어둡다〕【黑古隆冬】hēigǔlōngdōng 【黑漆漆】hēiqīqī ❷ 〔마음씨가〕【黑】hēi【黑心】hēixīn ¶뱃속이 껌껌한 사람 | 肚子里是个黑心人.

^B껍데기 圀 ❶〔껍질〕【套儿】tàor【皮】pí ¶나무 ~ | 树shù皮. ❷〔달걀·조개 등의〕【壳子】ké·zi【外壳】wàiké ¶계란~ | 鸡蛋壳.

^A껍질 圀 〔外皮〕wàipí 〔表皮〕biǎopí 〔壳儿〕ké(r) 〔조개·貝bèi壳.

━껏 죄 〔있는대로 모두〕【尽】jìn ¶마음 ~ | 尽心. ¶힘 ~ | 尽力. ❷〔까지〕【到】dào ¶여태 ~ | 到现在.

껑충 틘 〔腾〕téng【腾腾】téngléng ¶성적이 ～ 뛰다 | 成绩腾楞一下就上去了.

━께 죄 〔给〕gěi〔向〕xiàng〔对〕duì ¶하느님 ~ 맹세하다 | 对天盟誓.

━께서 죄 〔表示主语的助词, 用在长辈主语后〕¶아버지~ 어제 약속하셨어요 | 昨天父亲约好了.

껴들다 톙 〔夹进来〕jiājìnlái【夹心儿】jiāxīnr 〔参加〕cānjiā【参与】cānyù ¶줄 서세요, 껴들지말고 | 请站排, 不要夹心儿.

^B껴안다 톙 ❶〔두 팔로 안다〕【搂抱】lǒubào【拥抱】yōngbào ¶공공장소에서 껴안아서는 안된다 | 不准在公共场所搂搂抱抱. ❷〔떠맡다〕【包揽】bāolǎn ¶책임을 ~ | 包揽责任.

꼬깃꼬깃 톙 〔一折又一折〕yìzhé yòu yìzhé ¶돈을 ~ 접어서 주머니에 넣었다 | 把钱一折一折地叠起来装进去了.

^C꼬꼬댁 틘 【咯咯】gēgē ¶암탉이 ~하고 울다 | 母鸡咯咯咯咯地叫.

^C꼬끼오 틘 【嘎嘎】gā·gā 【喔喔】wōwō【喔咿】wōyī〔欧欧〕ōu·ōu ¶수탉이 ~하고 울다 | 公鸡喔喔喔喔地叫.

^B꼬다 톙 ❶〔끈 등을〕【搓】cuō【捻】niǎn ¶새끼를 ~ | 搓绳shéng子. ¶종이노끈을 ~ | 搓纸绳. ❷〔몸을〕【扭动】niǔdòng【背转】bèizhuǎn ¶부끄러워 몸을 ~ | 由于害羞背转了身

子.

꼬드기다 톙 〔唆使〕suōshǐ【劝诱】quànyòu【撺掇】cuān·duo【鼓动】gǔdòng【扇动】shāndòng ¶틀림없이 그가 꼬드긴 것이다 | 一定是他唆使的. ¶난본래 살 생각이 없었는데 모두 네가 꼬드겨서 산 것이다 | 我本来不想买, 都是你撺掇买的. 〔참고〕〔撺弄〕〔撺怂〕

꼬라지 圀 【模样】móyàng ¶~가 형편없다 | 样子不像丝.

꼬락서니 圀 【态相】tàixiàng【样儿】yàngr ¶네 ~가 그게 뭐냐? | 你的那个样儿算什么呀?

꼬르륵 틘 ❶【咕】gū〔咕噜咕噜〕gū·lugū·lu ¶나는 배가 고파 계속 ~소리가 난다 | 我肚子dǔzi饿得咕咕直叫. ❷〔咕嘟〕gūdū ¶샘물이 ~~ 솟아 나오다 | 泉水咕嘟咕嘟地往外冒m~.

^A꼬리 圀 ❶〔동물의 신체 혹은 물건의 밑동〕【尾巴】wěi·ba ¶~를 사리고 도망가다 | 夹jiā着尾巴逃跑táopǎo. ¶비행기의 ～ | 飞机尾巴. ❷〔뒤〕【屁股后面】pì·gu hòumiàn ¶남의 ~만 따라다닌다 | 在别人屁股后面转.

꼬리가 길면 밟힌다 꽌용 【多行不义, 必自毙】duōxíng búyì, bì zìbì 【爱走夜路, 总要撞鬼】àizǒu yèlù, zǒngyào zhuàngguǐ【爱走黑路, 总要遇见鬼】àizǒu hēilù, zǒngyào yùjiànguǐ【行得路多多, 总会遇到鬼】xíng·de yèlù duō, zǒnghuì yùdàoguǐ

꼬리말 圀 〔印〕【页脚】yèjiǎo

꼬리치다 톙 ❶〔晃尾巴〕huǎngwěibā【摇尾巴】yáo wěibā ❷【献媚】xiànmèi【献殷勤】xiàn yīnqín ¶윗사람에게는 꼬리치고 아랫사람에게는 허세를 부리다 | 对上献殷勤, 对下摆架子bǎijià·zi.

^B꼬마 圀 ❶〔어린 아이〕【小鬼】xiǎoguǐ【小朋友】xiǎopéngyou【小不点儿】xiǎobùdiǎnr ¶저 ~는 정말 귀엽다 | 那小鬼真可爱. ❷〔소형〕【小】xiǎo ¶~자동차 | 小汽车.

^B꼬박 틘 〔一直〕yìzhí ¶이틀~ 비가 내렸다 | 雨一直下了整整两天. ¶지난학기부터 지금까지 ~ | 从上个学期起一直到现在.

꼬박꼬박 昲【不折不扣】bùzhé bùkòu ¶어른의 말을 ~ 잘 듣다 | 不折不扣地好好听大人的话.

꼬불꼬불 昲자引히형【弯曲曲(的)】wānqūqū·de | 【弯弯曲曲】wānwān qūqū 【弯弯折折】wānwān zhézhé 【曲曲弯弯】qūqū wānwān ¶한 작은 길 | 弯弯曲曲的小路. ¶이 길은 ~해서 운전하기 어렵다 | 这条路弯弯曲曲的, 不好开车.

꼬이다 髙【不顺利】bùshùnlì 일이 자꾸 꼬인다 | 事情老是不顺利.

B**꼬집다** 髙❶(살을)【掐】qiā【拧】níng ¶그의 살을 ~ | 掐他的皮肉. ¶그를 한번 꼬집었다 | 拧了他一把. ❷(비꼬다)【揭短】jiē duǎn【揭老底】jiē lǎodǐ ¶남의 잘못을 ~ | 揭别人的短处.

꼬치 髙【串儿】chuànr ¶양고기 ~ | 羊肉串儿. 昲고〔用签子穿的食物〕

꼬치꼬치 昲❶(몸이 마른 모양)【干瘦貌】gānshòumào ❷(따지고 캐묻는 모양)【寻根究底地】xún gēn jiū dǐ·de ¶~ 캐묻다 | 寻根究底地盘问.

B**꼬투리** 髙❶(깍지)【豆荚】dòujiá ¶속이 꽉 찬 콩~ | 饱满的豆荚. ❷(담배의)【烟头】yāntóu 【烟蒂】yāndì ❸(일의 실마리·원인)【起因】qǐyīn【头绪】tóuxù ¶싸움의 ~가 뭐냐? | 打架的原因是什么?

A**꼭** 昲❶(틀림없이·반드시)【一定】yídìng【必定】bìdìng【务必】wùbì【要】dìngyào【必得】bìděi【必须】bìxū ¶그는 ~ 온다 | 他一定来. ¶~ 이와 같아야 한다 | 一定得这个样子. ¶~ 한 번 가보세요 | 请您务必去一趟. ❷(단단히)【使劲】shǐjìn【紧】jǐn【紧紧】jǐnjǐn ¶눈을 ~ 감다 | 使劲闭上眼睛. ¶문을 ~ 닫아라 | 把门关紧. ❸(참는 모양)【强(忍)】qiáng(rěn) ¶웃음을 ~ 참다 | 强忍着笑. ❹(빈틈이 없거나 딱 맞는 모양)【正】zhèng【刚好】gānghǎo ¶내 예상이 ~ 맞았다 | 和我预想的正对路. ❺(완전히)【完全】wánquán ¶두 사람이 ~ 같다 | 两个人都完全一样.

B**꼭대기** 髙【顶巅】dǐngdiān【顶】dǐng ¶머리 ~ | 斗顶. ¶산 ~ | 山顶.

꼭두각시 髙❶【木偶】mù'ǒu【泥人儿】

nírénr ¶~ 인형 | 提线木偶. ❷(비유하여)【傀儡】kuǐlěi ¶이 대통령은 ~에 지나지 않는다 | 他这个总统不过是一个傀儡而已.

꼭지 髙❶〈植〉【蒂】dì【柄】bǐng【把】bǎ ¶참외가 익어 ~가 떨어지다 | 瓜熟蒂落. ¶과일 ~ | 果柄. ❷(뚜껑의 손잡이)【盖顶】gàidǐng

A**꼴** 髙【样子】yàng·zi【态相】tàixiàng【面目】miànmù ¶이 일은 ~사납게 되었다 | 这活做得不像样子. ¶~이 험상궂다 | 面目狰狞zhēngníng.

꼴깍 昲하자타❶【咕】gū ¶침을 ~ 삼키다 | 咕地咽了一口唾沫. ❷【膈儿】gér ¶숨이 ~ 넘어가다 | 膈儿咽了气.

꼴딱 昲하자타【呼噜】hūlū ¶약을 ~ 삼키다 | 呼噜一下就把药吞下去.

꼴뚜기 髙〈魚貝〉【火枪乌贼】huǒqiāngwūzéi【墨斗鱼】mòdǒuyú ¶~젓 | 墨斗鱼酱.

꼴리다 髙❶(성욕이 나다)【勃起】bóqǐ ❷(속이 틀어지다)【跳脚】tiào jiǎo·detiàojiǎo ¶배알이 ~ | 气不打一处来.

꼴불견[-不見] 髙【丑样儿】chǒuyàngr【见不得人的】jiàn·bu·de rén·de

꼴사납다 형【见不得人的】jiàn·bu·de rén·de【丑样儿】chǒuyàngr【熊样儿】xióngyàngr ¶그런 짓을 하다니 ~ | 竟敢做那种见不得人的事!

꼴찌 髙【末位】mòwèi【末座】mòzuò【最后一个】zuìhòu yí·ge【倒数第一】dàoshǔdìyī ¶그는 ~로 졸업했다 | 他最后一个毕业.

꼼꼼하다 형【仔细】zǐxì【过细】guòxì【细心】xìxīn【精细】jīngxì ¶꼼꼼히 보다 | 仔细一看. ¶꼼꼼히 연구하다 | 仔细研究.

꼼지락 昲하자타【缓缓动】huǎnhuǎndòng【蠕动貌】rúdòngmào

꼼짝 昲하자타【动弹】dòng·tán【动】dòng ¶여기서 ~말고 기다려라 | 在这儿别动弹, 等着. ¶~마라! | 别动. ¶~못하다 | 动弹不得.

꼼짝없이 昲【无法动弹】wúfǎ dòngtán【不动弹】búdòngtán ¶~ 죽게 되다 | 等死.

B**꼽다** 髙❶(손꼽아 세다)【屈指】计

算】(qūzhǐ)jìsuàn【攀指】pānzhǐ ¶손꼽아 세다 | 屈指算来。❷ (지정하다)【指定】zhǐdìng ¶그를 후계자로 ~ | 指定他为接班人。❸ (여기서)【数】shǔ【算】suàn ¶우리 반의 우등생으로 그를 ~ | 我们班的优等生要数他了。

꼽추 몡〈佝偻〉gōuwǒ【驼背的人】tuóbèi·de rén

꼿꼿하다 혱❶ (휘거나 굽지 않다)【笔直】bǐzhí【直挺挺】zhítǐngtǐng ¶꼿꼿이 서다 | 立得笔直。¶그는 마치 세워놓은 기둥처럼 꼿꼿이 앉아 있었다 | 他坐得直挺挺的像一根柱子。❷ (단단하다)【发硬】fāyìng【变硬】biànyìng ❸ (마음이 곧고 굳세다)【耿直】gěngzhí ¶김씨 이 사람은 너무 꼿꼿하여, 무언가 있으면 곧바로 이야기를 한다 | 老金这个人很耿直, 有什么就说什么。[참고][梗 gěng 直]〔鲠 gěng 直〕[直爽 shuǎng]

꽁꽁 图❶ (언 모양)【(冻得)硬邦邦】(dòng de)yìngbāngbāng ¶얼었다 | 冻得硬邦邦的 ❷ (묶는 모양)【紧紧】jǐnjǐn ¶짐을 ~ 묶다 | 把行李捆得紧紧的。

ᴮ**꽁무니** 몡❶ (뒤)【屁股】pì·gu【臀部】túnbù ¶여자 ~만 쫓아다니다 | 跟着女的屁股后边转。❷ (끝)【末尾】mòwěi ¶대열의 ~에 서다 | 站在队列的尾巴

ᴮ**꽁지** 몡〈尾〉wěi【尾巴】wěi·ba ¶~를 쓰다듬어 주다 | 抚摸尾巴。

ᶜ**꽁초**[一草] 몡〈烟头儿〉yāntóur【烟蒂】yāndì ¶~를 줍다 | 捡烟头儿。

꽁하다 혱〈心胸狭窄〉xīn xiōng xiá zhǎi

ᴬ**꽂다** 동❶ (박아 세우거나 찔러 넣다)【插】chā【立】lì ¶꽃을 화병에 ~ | 把花插在瓶 píng 子里。¶대문에 빗장을 ~ | 插上大门。¶두 손을 호주머니에 ~ | 把双 shuāng 手插在口袋 dài 里。❷ (꼭 끼워져 있게 하다)【栽】zāi【簪】zān【连】lián ¶머리에 비녀를 ~ | 把簪子簪在头上。¶솔에 털을 ~ | 栽刷子。

ᴬ**꽃** 몡❶ (식물)【花】huā【花朵】huāduǒ ¶~ 한 송이 | 一朵 duǒ 花儿。¶~ 시장 | 花市。❷ (미인)【花】huā【一

朵花】yìduǒhuā ¶그녀는 사교계의 ~이다 | 她是社交界的一朵花。

꽃가루 몡〈植〉【花粉】huāfěn ¶~관 | 花粉管。

ᴮ**꽃게** 몡〈動〉【蝤蛑】yóumóu【海螃蟹】hǎipángxiè【棱子蟹】léng·zǐxiè

꽃꽂이 몡❶【花瓶】huāpíng【花盆】huāpén ❷【插花】chāhuā【插花装饰技术】chāhuā zhuāngshì jìshù

꽃나무 몡〈植〉❶ (꽃이 피는 나무)【花木】huāmù ¶학교 정원의 ~를 보호하다 | 爱护校园的花木。❷ (화초를 두루 일컫는 말)【花草】huācǎo ¶공원의 ~를 보호합시다 | 请爱护àihù公园里的花草。

ᴬ**꽃놀이** 몡하자〈赏花〉shǎnghuā【观花】guānhuā ¶~를 하며 술을 마시다 | 赏花饮酒。

ᴮ**꽃눈** 몡〈植〉【花芽】huāyá

ᴮ**꽃다발** 몡【花束】huāshù

꽃동산 몡❶【花园】huāyuán【花果山】huāguǒshān ❷【乐园】lèyuán

꽃망울 몡〈植〉【蓓蕾】bèilěi【花骨朵(儿)】huāgū·duo(r) ¶백합화는 한 나무에 수천 송이 ~이 열린다 | 白兰花, 一棵树有千百朵蓓蕾。¶~이 모두 활짝 피었다 | 花骨朵都爆出来了。[참고]〔花咕朵(儿)〕〔花蕾lěi〕

ᶜ**꽃무늬** 몡【花纹】huāwén【花样】huāyàng

꽃밭 몡【花园】huāyuán【花圃】huāpǔ【花池子】huāchí·zi ¶~에 벌떼가 날아든다 | 蜜蜂在花园里飞来飞去。

ᴮ**꽃병**[一瓶] 몡【花瓶】huāpíng

꽃봉오리 몡〈植〉【花苞】huābāo【蓓蕾】bèilěi【花骨朵】huāgūduǒ

꽃송이 몡〈植〉【花朵】huāduǒ【花骨朵(儿)】huāgū·duo(r)

꽃술 몡〈植〉【花蕊】huāruǐ【花须】huāxū

ᴮ**꽃잎** 몡〈植〉【花瓣】huābàn

꽃자루 몡〈植〉【花梗】huāgěng

꽈르릉 图【隆隆】lónglóng ¶포성이 ~ 울리다 | 炮声隆隆。

꽉 图❶ (힘을 주는 모양)【尽力】yǒngjìn【使劲】shǐjìn【紧紧地】jǐnjǐn·de ¶손을 ~ 쥐다 | 紧紧握着手。❷ (가득 찬 모양)【满满地】mǎnmǎn·de ¶불

140

이 나서 방안에 연기가 ~ 찼다 |着火
了, 房间里满是烟。❸ (참고 견디는
모양)【强忍】qiángrěn【竭力忍着】jié·
lìrěn·zhe ¶아픔을 ~ 누르다 | 强忍
着痛。

꽉꽉 图 ❶ (여러 번 힘을 주는 모양)
【紧紧地】jǐnjǐn·de ❷ (가득 찬 모양)
【满满当当】mǎnmǎndāngdāng ¶방
마다 사람들로 ~ 찼다 | 每个房间里人
都满满当当的。

꽝¹ 图 【轰】hōng 【轰隆】hōnglōng 【哗】
huā 【哐】kuāng 【乒】pāng 【劈】pī
【咣】guāng ¶문이 ~하는 소리를 내
며 　　　닫혔다 | 门乓地一声关guān上
了。¶~하고 대문을 닫았다 | 咣的
一声,关上了大门。

꽝² 图 【未抽中】wèichōuzhòng【落空】l-
uòkōng ¶~없는 제비뽑기 | 都有
奖。

꽝꽝 图 【空隆】kōnglong 【轰隆】hōnglō-
ng 【嘡嘡】tāngtāng

ᴮ**꽤** 图 【很】hěn 【相当】xiāngdāng ¶날
씨가 ~ 좋다 | 天气很好。¶이 강은
~ 깊다 | 这河相当深。¶길이 ~ 길
다 | 这条路相当长。

ᴮ**꽹과리** 图〈音〉【小锣】xiǎoluó 【锣】luó

ᴮ**꾀** 图 【诡计】guǐjì 【计策】jìcè 【机灵】jī·
líng 【数】zhāoshù 【窍
门】qiàomén 【妙策】miàocè ¶~가 많
다 | 诡计多端 | ¶~를 쓰다 | 用计。

ᴮ**꾀꼬리** 图〈鸟〉【黄莺】huángyīng 【黄
鹂】huánglí 【鸧鹒】cānggēng (참고
〔黄鸟〕gù kēng〔苍庚〕〔鸧鹒〕〔春莺〕
〔告春鸟〕〔黑枕黄鹂〕〔离黄〕

ᵃ**꾀꼴** 图 【唧哩哩哩】jī·lijī·li 【恰恰】qiàqi·
à

꾀다¹ 图 【聚集】jùjí 【汇集】huìjí 【爬满】
páijùn ¶음식물에 파리가 ~ 吃的
东西上爬满了苍蝇。

꾀다² 图 【诱骗】yòupiàn 【引骗】yǐnpiàn
【诈骗】zhàpiàn 【骗哄】piànhǒng 【诱
拐】yòuguǎi ¶친구들이 담배를 피우
도록 그를 꾀었다 | 朋友们引诱他抽
烟。¶남을 꾀어 구렁텅이로 빠뜨리
려 계획하다 | 设计诱骗人人毁灭。

꾀병 图 【装病】zhuāngbìng ¶너는 ~
을 부리지 마라 | 你别装病。

꾀보 图 【多谋的人】duōmóu·de rén
【机灵鬼儿】jīlíngguǐr 【小诸葛亮】xiǎo-

智囊】zhìnáng ¶그는 ~
여서 모르는 것이 없다 | 他是个智囊,
没有他不知道的。

꾀죄하다 图 ❶ (차림이)【不利落】búlì·
luò 【不整齐】bùzhěngqí 【邋遢】lā·
ta 【肮里肮脏】āng lǐ āng·zang 【邋遢遢
遢】lā·la tàtà ¶이렇게나 꾀죄할까!
| 怎么这么邋遢! ❷ (성격이)【小气】
xiǎo·qi ¶너도 너무 꾀죄한 놈 | 小气鬼guǐ/各啬-
lìnsè鬼。

꾀하다 图 【策划】cèhuà 【筹谋】chóumó-
u 【图谋】túmóu 【企图】qǐtú ¶모반을
~ | 策划造zào反。¶적군은 도망을
꾀했지만 성공하지 못했다 | 敌军dí jūn-
企图逃跑táopǎo, 没有成功。

ᴬ**꾸다**¹ 图 【做梦】zuò mèng ¶용꿈을 ~
| 做了龙的梦。

ᶜ**꾸다**² 图 【借】jiè ¶나는 그에게서 10만
원을 꾸었다 | 我跟他借了十万块钱。
¶왕씨로부터 돈을 꾸었다 | 跟老王
借钱。

꾸러미 图 【捆儿】kǔnr 【套(儿)】tào(r)
【串儿】chuànr ¶열쇠~ | 钥匙yào·
shi串儿。

꾸르륵 图 【咕嘟】gūdū 【咕噜】gūlu 【咕
噜噜】gūlūlū ¶배에서 ~ 소리가 나다
| 肚子里有咕噜噜的响声。

꾸리다 图 ❶ (짐을)【包】bāo 【捆】kǔn
【打】dǎ ¶짐을 ~ | 打包裹guǒ。❷ (보따
리를 ~ | 打包裹guǒ。❷ (일을)【操
持】cāochí 【操办】cāobàn 【创造】chu-
àngzào 【办】bàn 【开办】kāibàn ¶살
림을 꾸려 나가다 | 操持家务。¶공
장을 ~ | 办工厂。❸ (정돈하다)【收
拾】shōushí 【装点】zhuāngdiǎn ¶방
장을 ~ | 收拾房间。

ᶜ**꾸물거리다** 图 【一个劲蹭】yī·ge·jìn
mócèng ¶꾸물거리지 말고 빨리 가
거라 | 别一个劲蹭mócèng, 快走。

ᴬ**꾸미다** 图 ❶ (장식하다)【装饰】zhuā-
ngshì 【布置】bùzhì 【点缀】diǎnzhuì
¶그 여자는 꾸미는 것을 좋아하지 않
는다 | 她不爱装饰。¶방을 ~ | 布置
房间。❷ (가장하다)【臆造】
【编造】biānzào 【假造】jiǎzào 【假装】
jiǎzhuāng ¶꾸며낸 이야기 | 编造出
的故事。¶거짓을 ~ | 造假/作假。
❸ (조작하다)【搞】gǎo 【阴谋】yīnmó-

u ¶흉계를 ~ | 搞阴谋诡计。❹ (조 작하다)【建设】jiànshè【营造】yíngzào ¶가정을 ~ | 建设家庭。❺ (작성 하다)【打】dǎ【编写】biānxiě ¶서류를 ~ | 打报告。

꾸벅 男 ❶【打瞌睡】dǎkēshuì ❷【点头】diǎntóu

ᴮ**꾸준하다** 형【坚持】jiānchí【不懈】búxiè【孜孜不倦】zīzī bújuàn【孜孜矻矻】zīzīkūkū ¶꾸준히 공부하다 | 不懈读书。¶그는 꾸준하게 공부했기 때문에 성적이 매우 좋다 | 他孜孜不倦地努力学习, 所以他的成绩很好。

ᴮ**꾸중** 男【责备】zébèi【责难】zénàn【诘责】jiézé【申斥】shēnchì【训】xùn【喝斥】hē chì【骂】mà【谴责】qiǎnzé ¶아버지께서 자식의 옳지 못한 행위를 ~하신다 | 父亲责备儿子的不正行为。¶장난꾸러기 아이를 ~하다 | 训淘气的孩子。

ᴮ**꾸지람** 男〔하타〕 ☞꾸중

ᴮ**꾸짖다** 동 ☞꾸중

ᴮ**꾹** 男 ❶ (단단히 힘을 주는 모양)【使劲】shǐjìn ❷ (힘껏 누르거나 죄는 모양)【噗塌】pūtā ¶입을 ~ 다물다 | 噗塌闭上了嘴。❸ (참는 모양)【极力】jílì ¶아픔을 ~ 참다 | 极力忍住痛。

ᴬ**꿀** 男【蜂蜜】fēngmì ¶~같이 달콤한 과일 | 蜜汁般的甜果。

꿀꺽 男〔하자타〕【咕】gū【咕咚】gūdōng ¶물을 ~ ~ 마시다 | 咕咚咕咚喝水。

ᴮ**꿀꿀** 男〔하자〕【咕咕】gūgū

꿀단지 男【蜜坛子】mìtán·zi

꿀리다 동 ❶ (형편이 옹색하다)【拮据】jiéjū【衰落】shuāiluò【衰退】shuāituì ¶살림이 ~ | 生活拮据。❷ (기세가 눌리다)【略差一等】lüèchà yīděng ¶실력이 ~ | 实力略差一等。❸ (켕기다)【理亏】lǐkuī【理短】lǐduǎn【对不住】duì·buzhù ¶양심이 ~ | 良心上对不住。

꿀먹은 벙어리 관용【哑巴吃蜜, 喜在心里】yǎbā chīmì, xǐzài xīn·li【哑巴黄连, 有苦说不出】yǎbā chīhuángliá·n, yǒukǔ shuō·buchū【黄蜂叮屁股, 有痛讲不出口】huángfēng dīngpì·gu, yǒutòng jiǎng·buchūkǒu【口含糯米,

难开腔】kǒuhán cíbā, nán kāiqiāng

꿀밤 男【捶打头】chuídǎtóu ¶~을 먹이다 | 吃捶打头的拳头。

ᴮ**꿀벌** 男【蜜蜂】mìfēng

꿇다 동〔跪〕guì ¶무릎을 ~ | 下跪。

ᴬ**꿈** 男 ❶【梦】mèng【梦幻】mènghuàn ¶~꾸다 | 做梦。¶~과 같은 세상 | 梦幻般的境界。¶~나라 | 梦幻世界。❷ (환상)【梦想】mèngxiǎng【妄想】wàngxiǎng ¶그녀는 연기자가 되는 ~을 꾼다 | 她梦想当演员。¶어리석은 ~을 꾸다 | 痴chī心妄想。❸ (희망·이상)【宿愿】sùyuàn【愿望】yuànwàng【理想】lǐxiǎng ¶~이 큰 청년 | 理想远大的青年。

꿈결 男【梦中】mèngzhōng ¶~에 들은 이야기 | 在梦中听到的故事。¶~ 같다 | 像做梦一样。

ᴮ**꿈꾸다** 동 ❶ (바라다)【做梦】zuòmèng【幻想】huànxiǎng【梦想】mèngxiǎng ¶우승을 ~ | 梦想取胜。❷ (헛된 생각을 하다)【痴心妄想】chī xīn wàng xiǎng【白日做梦】bái rì zuò mèng ¶그도 미국으로 유학을 가려하니 이것은 (헛된) 꿈꾸는 것이 아니냐? | 他也要去美国留学, 这不是痴心妄想吗? ¶너도 사장될 생각이냐, 정말 꿈꾸는구나 | 你也想当总经理, 真是白日做梦。

꿈나라 男【梦乡】mèngxiāng【梦境】mèngjìng【仙境】xiānjìng【仙界】xiānjiè ¶~로 들다 | 进入梦乡。¶정말 너무나 피곤했기에, 눕자마자 곧 ~로 갔다 | 他实在太疲倦pí juàn了, 一躺tǎng下便进入了梦乡。

꿈보다 해몽이 좋다 관용【梦得不好, 圆得好】mèng·debùhǎo, yuán·dedéohǎo

꿈자리 男【梦兆】mèngzhào【梦征】mèngzhēng ¶~가 사납다 | 梦兆不好。

꿈지럭거리다 동【一个劲蠕动】yí·ge·jìn rúdòng

꿈쩍없다 형【一动不动】yídòng búdòng ¶무슨 말을 해도 ~ | 说什么都一动不动。

꿈틀 男〔하자타〕【咕搡】gūrǎng【动换】dòng·huan ¶지렁이도 밟으면 ~한다 | 蚯蚓踩一脚也会咕搡。

꼼꼼하다 형【潮湿】cháoshī【湿潮】shī-

chāo【发潮】fācháo ¶오늘은 꽤 ~ㅣ
今天很潮湿. ¶옷이 좀 꿉꿉해졌다
ㅣ衣服有点儿发潮了.

^c꿋꿋하다 톙 ❶【坚硬】jiānyìng【挺拔】t-
ǐngbá【直挺挺】zhítǐngtǐng ¶필세
(筆勢)가 얼마나 꿋꿋한가ㅣ笔力多
么挺拔. ❷【坚强】jiānqiáng【屈强】q-
ūqiáng ¶의지가 꿋꿋하여 뜻을 굽힐
줄 모르다ㅣ坚强不屈. ¶꿋꿋한 사
나이ㅣ坚强的男子汉. ❸ (성격·태
도)【生硬】shēngyìng

^c꿍꽝 뷔【轰隆】hōnglōng【咚咚】dōngd-
ōng

^B꿩 몡【野鸡】yějī【山鸡】shānjī【雉】zhì
【项圈野鸡】xiàngquān yějī

^B꿰다 동 ❶ (관통하다)【穿】chuān【纫】
rèn ¶소 코에 쇠 코뚜레를 꿰었다ㅣ
在牛鼻子上穿了一个铁圈铁圈儿
儿. ¶눈이 침침해서 바늘귀에 실을
꿸 수 없다ㅣ眼花了, 纫不上针. ❷
(통찰하다)【熟悉】shú·xī【精通】jī-
ngtōng ¶이 학생의 상황은 내가 충분
히 꿰고 있다ㅣ这个学生的情况我很熟
悉. ¶이 곳은 내가 꿰고 있는 곳이다
ㅣ这儿是我熟悉的地方. ❸ (찔러
꽂다)【穿抽】chuānchōu【穿通】chuā-
ntōng

꿰뚫다 동 ❶ (관통하다)【穿透】chuā-
ntòu【穿过】chuānguò【打穿】dǎchuā-
n ❷ (통찰하다)【看透】kàntòu【洞
察】dòngchá【看穿】kànchuān ¶미래
를 ~ㅣ洞察未来. ❸ (정통하다)【了
如指掌】liǎo rú zhǐzhǎng

^B꿰매다 동 ❶【补】bǔ【缝】féng ¶양말을
~ㅣ补袜子. ¶옷의 터진 데를 꿰
매라ㅣ把衣服上的口子缝上.

뀌다 동 (방귀)【放】fàng ¶방귀를 ~
ㅣ放屁.

끄나풀 몡 ❶ (끈)【小绳儿】xiǎoshéngr
❷ (앞잡이)【奸细】jiān·xì【爪牙】zhǎ-
oyá【走狗】zǒugǒu ¶이 지역 깡패 두
목 밑에는 ~들이 많아서 온갖 나쁜 짓
은 다 한다ㅣ这个地头蛇手下有许多
爪牙, 干了许多伤天害理的事. ¶~이
되다ㅣ当走狗.

^A끄다 동 ❶ (불)【熄灭】xīmiè【灭】miè
【扑灭】pūmiè ❷ (전등)【关】guān
【关上】guān·shang【闭】bì【闭上】bì·
shang ¶전등을 ~ㅣ闭上电灯.

^B끄덕 뷔해자타 동【点头】diǎntóu ¶그가
고개를 ~였으니 승낙한 셈이다ㅣ他
点了头就算答应了.

^B끄떡없다 톙【稳如泰山】wěn rú tàishān
【毫不动摇】háo bùdòngyáo ¶우리
회사는 어떤 불황에도 ~ㅣ我们公司
不管什么样的不景气毫不动摇.

^B끄르다 동【解】jiě【解开】jiě·kāi【打开】
dǎkāi ¶단추를 ~ㅣ解扣儿. ¶옷을
~ㅣ解衣服.

^c끄집다 동【拉】lā【拽】zhuài

끄집어내다 동 ❶ (물건을)【掏出】tā-
ochū【拽出来】zhuàichūlái ¶권총을
~ㅣ掏出手枪来. ❷ (말을)【揭发】ji-
ēfā【揭露】jiēlù【提起】tíqǐ ¶그는 어
제도 네 얘기를 끄집어냈다ㅣ昨天他
也提起你来着.

^A끈 몡 ❶【绳子】shéng·zi ¶가죽~ㅣ皮
绳. ❷ (옷 등의)【带子】dài·zi ¶가
방의 ~ㅣ背包带儿.

^c끈기 [-氣] 몡 ❶ (질기고 차진 기운)
【粘】nián ¶이 풀은 ~가 없다ㅣ这浆
糊不粘. ¶고무풀은 아주 ~가 있다
ㅣ胶水jiāoshuǐ很粘. ❷ (참고 견디
는 기운)【韧性】rènxìng【耐性】nàixì-
ng ¶그는 ~가 대단하다ㅣ他很有韧
性.

^B끈끈하다 톙 ❶ 粘糊糊】niánhūhú【发
粘】fānián ¶끈끈한 액체ㅣ粘糊糊的
液体. ❷ (성격)【粘里咕啊】niánlī·
gūjī·de

^c끈덕지다 톙【有韧劲儿】yǒurènjìnr【没
完了】méi wánméiliǎo【死钉钉】sǐdī-
ngdīng ¶끈덕지게 요구하다ㅣ死钉
钉地要求.

끈적이다 동【粘糊糊的】niánhūhú·de

^c끈질기다 톙【坚韧不拔】jiān rèn bù bá
¶끈질긴 노력ㅣ坚韧不拔的努力.

^c끊다 동 ❶ (절단하다)【断】duàn【切】
qiē【掐】qiā ¶전선을 한 올 끊었다ㅣ
弄断了一根电线. ¶적군의 퇴로를
끊었다ㅣ切断duàn敌军退路díjūntuìlù. ❷ (사다)【买】【购买】gòumǎi
¶차료를 ~ㅣ买车票. ❸ (단절하
다)【断绝】duànjué【中断】zhōngduà-
n ¶관계를 끊었다ㅣ断绝了关系. ¶
왕래를 ~ㅣ断绝来往. ¶연락을 ~
ㅣ断绝联系. ❹ (그만두다)【戒】jiè
【忌】jì ¶담배를 ~ㅣ戒烟. ¶술을 ~

｜忌酒. ❺(목숨을)【自尽】zìjǐn【自杀】zìshā ¶그는 스스로 목숨을 끊었다｜他自杀了.

ᶜ**끊임없다** ⓗ【不断的】búduàn·de【无止境】wúzhǐjìng【连续不断】liánxùbúduàn

ᴮ**끌** 몡【凿子】záo·zi ¶~이 무디어졌다｜凿子钝了.

ᴬ**끌다** ⓗ❶(물체)【拖】tuō【牵拉】qiānlā【驾驶】jiàshǐ【挽】wǎn【拉】lā【带】dài【带动】dàidòng【引】yǐn ¶상자를 벽의 구석으로 끌고 가다｜把箱子拖到墙角去. ¶잡아~｜牵qiān去. ¶큰 짐수레를~｜拉板bǎn车. ¶물건을 끌어 올리다｜把东西拉上来. ❷(시간을 늦추거나 미루다)【拖】tuō【拉长】lācháng【拖长】tuōcháng【拖延】tuōyán ¶이 일은 더 이상 끌수 없다｜这件事不能再拖了. ¶회의를 오래 끌었다｜把会议huìyì拖长了. ❸(주목)【吸引】xīyǐn【引起】yǐnqǐ【引致】yǐnzhì【惹起】rěqǐ ¶특히 사람들의 주의를~｜特别引起人们的注意zhùyì. ❹(시설하다)【引】yǐn ¶강물을~｜引河水. ❺(운전하다)【开】kāi【驾】jià【赶】gǎn ¶차를~｜驾车. ❻(인도하다)【引导】yǐndǎo【领】lǐng ¶방 안으로 끌고 들어가다｜领进房间去.

ᶜ**끌려가다** ⓗ【被拉走】bèilāzǒu【被带走】bèidàizǒu【被拖走】bèituōzǒu

ᶜ**끌어내리다** ⓗ【拉下来】lāxiàlái【带下来】dàixiàlái【拖下来】tuōxiàlái

끌어놓기 [drag and drop] 몡〈電算〉【拖放】tuōfàng

ᶜ**끌어당기다** ⓗ【拉过来】lāguòlái【拉拢】lā·long【牵引】qiānyǐn【招引】zhāoyǐn ¶미끼로~｜用饵来招引.

ᶜ**끌어들이다** ⓗ【拉进】lājìn【拉入】lārù【扯进来】chějìnlái【引导】yǐndǎo【吸收】xīshōu【争取】zhēngqǔ【兜揽】dōulǎn ¶학회는 그를 새 회원을 끌어들이기로 결정했다｜学会决定juédìng吸收他为新会员. ¶그를 끌어들이지 마시오｜不要兜揽他.

ᶜ**끌어안다** ⓗ【搂抱】lǒubào【拥抱】yōngbào ¶품에~｜搂抱在怀里. ¶그들 둘은 감정이 북받쳐 얼싸 끌어안았다｜他俩恋情地拥抱在一起. ¶양국

선수는 뜨겁게 끌어안고, 서로 인사를 나누었다｜两国选手热烈拥抱, 互致问候.

ᶜ**끌어올리다** ⓗ❶(물체)【抽】chōu【扬】yáng ❷(수준)【提高】tígāo ¶교원의 자질을~｜提高教师的素质.

ᴮ**끓다** ⓗ❶(비등하다)【开】kāi【沸腾】fèiténg【滚】gǔn ¶물이 끓었다｜水开了. ¶솥의 물이 끓었다｜锅guō里水滚了. ❷(뜨겁다)【过热】guòrè【太热】tàirè ¶방이 설설~｜屋里太热了. ❸(치밀어 오르다)【沸腾】fèiténg ¶피가~｜热血沸腾. ❹(가래가)【扯痰】chětán ¶가래가~｜扯痰.

ᴬ**끓이다** ⓗ【煮熬】zhǔáo【炖】dùn【做】zuò ¶물을~｜做开水.

끔찍하다 ⓗ❶(참혹하다)【怕人】pàrén【惨不忍睹】cǎnbùrěndǔ ¶도처에 피해자의 시체가 있어, 정말~｜到处是受害者的尸shī体, 使人惨不忍睹. ❷(극진하다)【一心】yìxīn【极】jí ¶그는 부모를 끔찍하게 위하려는 한다｜他一心为父母.

ᴬ**끝** 몡❶(최종·결말)【末】mò【末尾】mòwěi【最后】zuìhòu【结束】jiéshù ¶~으로 한 말씀 드리겠는데｜最后说一句. ¶정치가로서의 그의 생애는 이젠 ~이다｜作为政治家, 他的政治生命到此为止了. ❷(첨단·맨 마지막)【端】duān【梢】shāo【际】jì ¶나뭇가지의~｜树梢. ¶붓~｜笔端. ❸(한도)【止境】zhǐjìng ¶학문에는 ~이 없다｜学无止境. ¶욕망은 ~이 없다｜欲望没有止境. ❹(결과)【结果】jiéguǒ【经过】jīngguò ¶신중히 생각한 ~에 내린 결정이오｜经过慎重考虑下的结论. ¶다년간의 노력 ~에｜多年来的研究结果.

ᴬ**끝끝내** 톤【到底】dàodǐ【终于】zhōngyú【始终】shǐzhōng ¶그는 ~ 숨지고 말았다｜他终于断气了.

ᴬ**끝나다** ⓗ❶(마치다·마지막이 되다)【完】wán【结束】jiéshù【收尾】shōuwěi ¶그의 공장은 완전히 끝났다｜他的工厂全完了! ¶이번 학기는 벌써 끝났다｜这个学期已经结束了. ❷(근무·영업이)【下班】xiàbān【关门】guānmén ❸(기간이)【满】mǎn【到

期】dàoqī 【到头】dào·tou ¶방학이
~｜假期满了。

끝내 뮈 【终于】zhōngyú 【始终】shǐzhō-
ng 【终究】zhōngjiū 【归根到底】guī gē-
n dào dǐ 【迄】qì 【高低】gāodī ¶그는 ~
오지 않았다｜他始终没来。¶~
실현되지 않았다｜迄未实现。

끝내다 통 【结束】jiéshù 【终结】zhōngjié
【完成】wánchéng ¶식사를 ~｜用
餐结束。

끝마치다 통 【结束】jiéshù 【完成】wánchéng ¶오늘 안으로 ~｜今天内结束。

끝없다 톙 【无限】wúxiàn 【无垠】wúyín
【无边无际】wú biān wú jì 【一望无际】
yí wàng wú jì ¶끝없이 넓은 바다｜
无边无际的大海。¶그는 끝없이 넓
은 나무 숲을 바라본다｜他看到那种
一望无际的树林shùlín。

끝자리 몡 【末位】mòwèi 【末座】mòzuò
【末席】mòxí ¶지위가 ~이다｜身处
末座。

끝장 몡 【最后】zuìhòu 【结束】jiéshù 【结
尾】jiéwěi 【收煞】shōushā 【到头】dà-
otóu 【完结】wánjié 【尾声】wěishēng
【结果】jiéguǒ ¶이 일도 이제 ~이야
｜这个工作也进入尾声了！¶꼭 ~을
봐야 속이 시원하겠니？｜一定要见到
结果心里才痛快吗？

끼 의명 【顿】dùn 【餐】cān ¶한 ~를 먹
다｜吃一顿饭。¶한 ~ 배불리 먹다
｜饱bǎo餐一顿。¶하루 세 ~｜一日
三餐。

끼니 몡 【饭】fàn 【顿】dùn ¶매일 세 ~
를 먹다｜每天吃三顿饭。¶하루에
세 ~｜一天三顿饭。¶~마다 쌀밥
을 먹다｜顿顿吃大米饭。

끼다 통 ❶ (끌어안다) 【夹】jiā 【挟】jiā
【插】chā 【掖】yē ¶책가방을 겨드랑
이에 끼고 등교하다｜夹着书包上
学。¶팔짱을 ~｜插着手。❷ (착용
하다) 【戴】dài ¶안경을 ~｜戴眼镜y-
ǎnjīng。¶장갑을 ~｜戴手套tào。
❸ (…을 따르다) 【沿】yán 【傍】bàng
¶강변을 끼고 걷다｜沿河边走。¶
산을 등지고 강을 ~｜依yī山傍水。
❹ (배경이 있다) 【倚重】yǐzhòng 【依
持】yíchí 【依仗】yǐzhàng ¶권력을 끼
고 행세하다｜依仗权力作威作福。

끼다 통 ❶ (안개·연기 등이) 【笼罩】lǒ-

ngzhào 【弥漫】mímàn ¶몽롱한 새벽
안개가 바다 수면에 가득 끼었다｜朦
胧的晨雾chénwù笼罩着海面。¶새
벽 안개가 ~｜晨雾弥漫。❷ (녹·이
끼 등이) 【长】zhǎng 【生】shēng 【生锈】shēngxiù
【上锈】shàngxiù ¶녹이 ~｜长锈xi-
ù。❸ (때가) 【沾染】zhānrǎn 【绩】jì
¶때가 ~｜绩垢。

끼리끼리 뮈 【一帮一伙地】yìbāng yìhuǒ·de 【结伙搭帮地】jiéhuǒ dābāng·de

끼얹다 통 【泼】pō 【撩】liāo 【洒】sǎ ¶물
을 ~｜泼水。¶바닥을 쓸 때는 먼저
물을 좀 끼얹어라｜扫地要先撩点儿
水。

끼우다 통 ❶ (사이에 넣다) 【夹】jiā
【掖】yē ¶종이를 책갈피에 ~｜把纸
夹在书里。¶把东西掖在书堆里。❷ (합
류시키다) 【加进去】jiājìnqù

끼치다 통 ❶ (소름이) 【起】qǐ ¶소름
~｜起鸡皮疙瘩。❷ (냄새가) 【扑】pū
¶향기가 확 끼친다｜香气扑鼻bí。

끼치다 통 【给】gěi 【施】shī 【累】lèi 【打
扰】dǎrǎo 【打搅】dǎjiǎo 【干扰】gānrǎ-
o ¶수고를 ~｜叫人受累。¶그는 지
금 열심히 책을 읽고 있으니 가서 폐를
끼치지 마라｜他在专心读书，别去打
扰。

끽연〔喫煙〕몡하자 【吸烟】xīyān ¶抽
烟〕chōuyān ¶~가｜烟鬼。

낄낄 뮈하자 【咪】chī 【嗤嗤】chīchī
〔咭〕jī ¶~거리고 웃다｜咪咪地笑。
¶두 사람이 머리를 맞대고 귓속말을
하며 ~거리고 웃었다｜两人交头接
耳嗤嗤笑着。

낌새 몡 【苗头】miáo·tou 【情况】qíngku-
àng 【情形】qíngxíng ¶경제 형편이
호전되려는 ~가 보인다｜经济形势
有了好转的苗头。

낌새를 보다 관용 【看情况】kàn qíngku-
àng 【察言观色】chá yán guān sè

끵낑 뮈 【哼哼】hēng·heng 【吭哧】kē-
ng·chi ¶~거리다｜一个劲哼哼。

ㄴ

-ㄴ가 [어미] (用在形容词后, 表示疑问) ¶그게 뭐~? | 那是什么? ¶요즘 바쁘~? | 最近忙吗?

-ㄴ걸 [어미] ❶ (现在时终结词尾, 用以表示感叹) ¶정말 맛있느~ | 真的好吃! ❷ (连接词尾, 表示理由或根据) ¶하나뿐이~ 어떻게 주니? | 只有一个怎么给呀?

-ㄴ다손 치더라도 [어미] (连接词尾, 表示假说的让步) ¶실패한~ 해 볼 가치가 있다 | 虽然有失败的可能, 也值得做一做。

-ㄴ데 [어미] ❶ (连接词尾, 表示转折或提示) ¶오늘이 휴일인~ 어디 놀러 가지 않을래? | 今天是休息日, 要不要到哪儿去玩儿? ❷ (充当终结词尾, 表示感受) ¶날씨가 매우 차~! | 天气太冷了!

-ㄴ들 [어미] (连接词尾, 表示假说的让步) ¶네가 간다 하~ 무슨 소용이 있겠니? | 即使你去了, 又有什么用?

-ㄴ지 [어미] (用在形容词后, 表示推测或根据) ¶뭐가 이렇게 바쁘~ 모르겠네 | 不知道怎么这么忙。¶어떻게 된 것이~ 모르겠다 | 不知道怎么会事儿。

^나 [대] 【我】wǒ 【自己】zìjǐ ¶~는 나의 취미가 있다 | 我有我的爱好hào。¶~를 개조하다 | 改造自己。¶내가 올바르면 두려울 것이 없다 | 自己站得正, 不怕影子斜xié。◉고 【俺ǎn】〔咱zán〕

-나² [조] ❶ (表示强调) ¶열 개~ 사서 뭐하려구요? | 买十个干什么? ❷ (表示最低条件) ¶만나~ 보렴 | 见一下吧。❸ (表示不管 "无论") 【不管】bùguǎn 【无论】wúlùn ¶너~ 나~ 마찬가지이다 | (不管)是你, (不管)是我都一样。

-나³ [어미] ❶ (表示前后相反) 【虽然】suīrán 【固然】gùrán ¶책은 좋은 책이~ 좀 어렵다 | 书固然是好, 但比较难懂。❷ (表示不管 "无论") 【不管】bùguǎn 【无论】wúlùn ¶이렇게 하~ 저렇게 하~ 마찬가지이다 | 这样干那

样干都一样。❸ (用于形容词后, 表示强调) 【…而又…】…éryòu… ¶기긴 밤 | 长而又长的夜晚。❹ (表示疑问) 【吗】·ma ¶자네 점심 먹었~? | 你吃午饭了吗? ¶알아듣겠~? | 听懂了吗?

나가기 키[escape key] [명] 〈電算〉【退出键】tuìchūjiàn 【换码键】huànmǎjiàn

^나가다 [동] ❶ (밖으로) 【出去】chū/qù 【到…去】dào…qù ¶막 한 학생이 나갔다 | 刚出去了一个学生。¶그는 기숙사에서 뛰어 나갔다 | 他从宿舍跑出去。❷ (출근·출석하다) 【上】shàng 【去】qù ¶일요일에는 나가지 않는다 | 星期天不上班。❸ (전진) 【(前)进】(qián)jìn ¶앞으로 ~ | 向前进。❹ (태도를 취하다) 【采取】cǎiqǔ ¶강경한 태도로 ~ | 采取强硬的态度。❺ (퇴거하다·떠나다) 【退出】tuìchū 【走出】zǒuchū ¶시합 중에 ~ | 退出比赛。¶환자를 나가게 하여라 | 让病人出院。❻ (참가·출전하다) 【走上】zǒushàng 【参加】cānjiā 【赴】fù ¶선거에 ~ | 参加选举。¶전쟁에 ~ | 参战。❼ (정신이 없어지다) 【失去】shīqù 【掉】diào ¶넋이 ~ | 失魂落魄。❽ (팔리다) 【卖出去】màichūqù ¶잘 안 ~ | 卖不出去。¶물건이 얼마나 나갔소? | 卖了多少东西? ❾ (망가지거나 해어지다) 【破】pò 【坏】huài 【断】duàn 【스타킹이】 ¶스타킹이 ~ | 丝袜破了。❿ (모터가 ~ | 发动机坏了。⓫ (비용이) 【花】huā 【使】shǐ 【用】yòng ¶경비로 100만원이 ~ | 经费出去了一百万元。⓫ (진출하다) 【走向】zǒuxiàng 【学校를 나가서 社会에 ~ | 从学校毕业后走向社会。¶정계에 ~ | 走向政界。⓬ (가치가) 【值钱】zhíqián ¶그건 아주 값나가는 물건이야 | 那是很值钱的东西。¶이 골동품은 꽤 값이 나간다 | 这古董gǔdǒng很值钱。⓭ (말이) 【传开】chuánkāi ¶말이 사전에 나갔다 | 话, 事先传开了。¶그의 명성은 오래잖아 퍼져나갈 것이다 | 他的名声不

146

久要传出去的. ❶ (잃다·부러지다)
【折】shé【失去】shīqù【掉】diào ¶앞
니 하나가 ~ | 掉了颗门牙. ❺ (어느
정도에 이르다) 【出】chū【上】shàng
¶진도가 ~ | 出进度. ¶체중이 80
킬로그램이나 나간다 | 体重达到八十
公斤. ❻ (전기가) 【跑】pǎo ¶전기
가 ~ | 跑电diàn/走电/停电/没电.
❼ (계속하다) 【下去】xiàqù ¶이렇게
계속해 나가면 지쳐서 녹초가 될 것이
다 | 你这样下去要累垮leikuǎ的.

나가다² [조동] 【下去】(xià)qù【上
去】(shàng)qù ¶계속 진행해 ~ | 继
续进行下去.

나가떨어지다 [동] ❶ (넘어지다) 【摔下
去】shuāi·xià·qù【掉下去】diào·xià·
qù ¶한 방에 ~ | 一下子掉下去. ❷
(실패하다·지다) 【栽】zāi·le ¶이
번 장사는 나가떨어졌다 | 这次买卖
栽了. ❸ (녹초가 되다) 【栽倒】zāidǎ·
o【累垮】lèikuǎ ¶술에 취해 ~ | 酒醉
后栽倒.

ᴮ**나귀** [명] 〈動〉 (驴) lǘ ¶숫~ | 叫驴/公
驴. ¶암~ | 草驴/骒kè驴. (참고)
[毛驴lǘ]

ᴮ**나그네** [명] 【旅人】lǚrén【游子】yóuzǐ【旅
客】lǚkè ¶고향을 그리워하다 |
游子思故乡. (참고) 〔客〕【客人】

나긋나긋하다 [형] ❶ (촉감이) 【细嫩】xì·
nèn ¶살결이 ~ | 皮肤细嫩. ❷ (태
도가) 【和蔼可亲】hé'ǎikěqīn【软
温和】wēnhé【亲切】qīnqiè ¶말하
는 것이 ~ | 话说亲切. ¶나긋나긋
한 말씨 | 温和的话语.

나꿔채다 [동] 【拉】lā【拽】zhuài ¶그가
내 가방을 나꿔채어 갔다 | 他搜出了
我的皮包.

나날이 [부] 〔口子日〕rì·zi【一天一天】yìtiā·
n yìtiān【一天天】yìtiāntiān【日期】rì·
qī【日头】rì·tou

나노 [nano] 〔纳米〕nàmǐ ¶~테크
놀리지 | 纳米技术.

나누기 [명] 〈數〉【除算】chúsuàn【除法】

ᴬ**나누다** [동] ❶ (분할·분배하다) 【分】fēn
【劈开】pī·kāi【劈】pī【掰】bāi ¶이 약
은 두 번에 나누어서 복용하시오 | 这
药分两次吃. ¶대나무 조각을 반으
로 ~ | 把竹片对半劈开. ❷ (숫자
를 나누다) 【除】chú ¶6을 3으로 나누

면 2이다 | 六除以三等于二/六被三除
等于二. ¶2로 4를 나누면 2이다 | 用
二除四得二. ❸ (주고 받다) 【交谈】ji·
āotán【互相】hùxiāng ¶그와 이야기
를 나누다 | 跟他交谈. ¶인사를 ~
| 互相问候. ❹ (함께 하다) 【同享】t·
óngxiǎng【共享】gòngxiǎng【共同分
担】gòngtóng fēndān ¶고락을 ~ |
同生共苦. ¶기쁨을 함께 ~ | 共享
喜悦. ❺ (같이 먹다) 【一起吃喝】yìq·
ǐ chī hē ¶다과를 ~ | 一起吃点心.

나눗셈 [명] 〈數〉【除算】chúsuàn【除法】
chúfǎ

나뉘다 [동] 【被分为】bèifēnwéi ¶두 파
로 ~ | 被分为两个派. ¶의견이 둘
로 나뉜다 | 意见被分为两类.

ᴬ**나다** [동] ❶ (태어나다) 【生】shēng【出
生】chūshēng ¶그는 서울에서 났다
| 他生在汉城. ¶그는 지주 가정에
서 (태어)났다 | 他是出生在地主家
庭. ❷ (자라다) 【生长】shēngzhǎng
【长】zhǎng ¶턱에 수염이 ~ | 下巴
上长了胡子. ¶이 식물은 고산지대
에 난다 | 这个植物生在高山地代. ❸
(발생하다·생기다) 【出】chū【发生】f·
āshēng【起】qǐ ¶고장이 ~ | 出故障
/发生故障. ¶먼지가 ~ | 起灰尘. ¶
땀이 ~ | 出了汗. ❹ (감정·생각 혹
은 병이 들다) 【产生】chǎnshēng【涌
出】yǒng·chū【有了】yǒu·b【起来】qǐ·lái
【发】fā ¶힘이 ~ | 产生力量. ¶病이
싫증이 ~ | 产生了反感. ¶병이
~ | 有了病. ¶기억이 ~ | 记起来了.
¶겁이 ~ | 害怕起来. ¶몸에서 열
이 ~ | 身上发热@ ❺ (생산되다)
【出】chū【生产】shēngchǎn【出产】ch·
ūchǎn【产】chǎn ¶우리 고향에는 구
리가 난다 | 我们家乡出铜. ¶여기에
서 쌀이 난다 | 这里产米. ¶석탄이
~ | 产煤méi. ❻ (출현하다·나타나
다) 【出现】chūxiàn【有】yǒu ¶복도
에서 발소리가 ~ | 走廊有脚步声.
¶몸에서 열이 ~ | 身上发热. ❼ (틈
이 생기다) 【有】yǒu ¶시간이 ~ | 有
时间. ¶방이 ~ | 有房间. ❽ (물건
이 생기다) 【发】fā【弄来】nònglái【得
来】délái ¶돈이 어디서 났어? | 这些
钱是从哪儿得来的? ❾ (실리다) 【发
表】fābiǎo【登载】dēngzài ¶신문에

~ | 发表在报纸上。¶《두보연구》논문 한 편을 내었다 | 发表了一篇叫《杜甫研究》的论文。❿ (나이가)【年在】niánzài ¶다섯 살 난 아이 | 年在五岁的孩子。⓫ (외모·분위기가 어떠하다)【带有】dàiyǒu 【显得】xiǎn·de【长得】zhǎng·de【出落】chūluò ¶촌티가 ~ | 带有土包子气。⓬ (계절을 보내다)【过】guò ¶겨울을 ~ | 过冬。¶봄을 ~ | 过春。

나다² 丞통 ❶ (用于部分动词的"-아""-어"形之后，表示完成)【后】hòu【之后】zhīhòu 【过后】guòhòu ¶잠을 자고 나니 머리가 맑아 졌다 | 睡了一觉后，脑子清醒多了。¶밥 먹고 나서 산보 해라 | 吃饭后去散步吧。❷ (用于动词的"-고"形之后，表示动作进行)【过来】guòlái【开来】kāilái【起来】qǐlái

나다니다 통【转悠去】zhuànyouqù【乱跑】luànpǎo ¶어딜 그렇게 나다니냐? | 又要到哪里转悠去?

나돌다 통 ❶ (돌아다니다) ☞ 나다니다 ❷ (말·소문이)【传来传去】chuán·ái chuánqù【到处都有】dàochù dōu yǒu ¶소문이 ~ | 消息传来传去。

나동그라지다 통【跌跟头】diēgēn·tou ¶얼음판에서 나동그라졌다 | 在冰场上跌了大跟头。

나뒹굴다 통 ☞ 뒹굴다

나들이 명하자 【串门】chuànmén【出去走走】chū qù zǒuzǒu ¶~가다 | 串门去。¶~옷 | 外出服。

나라 ❶ (국가)【国家】guójiā【国】guó【境】jìng ¶~를 지키다 | 保卫国家。¶~밖으로 추방하다 | 驱逐出境。❷ (…세계)【世界】shìjiè ¶달~ | 月球。¶꿈~ | 梦境/梦乡。

나라 없는 백성은 상가집 개 만도 못하다 관용【亡国的百姓不如丧家之犬】wáng guó ·de bǎixìng bùrú sāngjiā zhī quǎn

나라꽃 명【国花】guóhuā

나라말 명【国语】guóyǔ 참고〔普通话〕

나락 〔奈落〕 명 ❶ (지옥)【地狱】dìyù ¶~으로 떨어지다 | 下地狱。❷〈佛〉(고통)【苦海】kǔhǎi【火坑】huǒkēng ¶~에서 벗어나다 | 脱离苦海。¶네가 이렇게 하는 것은 사람을

~으로 밀어넣는 것이다 | 你这样做是把人往火坑里推。참고〔如临深渊〕〔苦河〕〔深渊〕

나란히 튄【肩挨肩】jiān āi jiān【并排】bìngpái【并辔】bìngpèi ¶세 사람이 ~ 걸어 온다 | 三个人并排走过来。¶그들 둘은 ~ 서 있다 | 他们俩并排地站着。¶~ 달리다 | 并辔而驰 chí。¶~ 나가다 | 并辔而行。참고〔看齐 kànqí〕

나레이션 〔narration〕 명【叙述】xùshù【讲述】jiǎngshù【说明】shuōmíng 참고〔井尧 yáo〕

나루터 명【渡口】dùkǒu【摆渡】bǎi·dù【渡津】dùjīn ¶~에 노점을 차리다 | 在渡口摆摊bǎitān。¶~지기 | 守渡口的人。¶나루터 | 摆渡口(儿)。참고〔白渡桥〕〔渡头〕

나룻배 명【渡船】dùchuán

나르다 통【搬运】bānyùn【搬】bān【输送】shūsòng【运送】yùnsòng ¶책상을~ | 搬桌子。¶북한 수재 지역으로 쌀을 ~ | 把大米输送到北韩水灾地区。¶비료를 ~ | 运送肥料féiliào。참고〔输送〕

나른하다 형【没有劲】méi·yǒujìn【无力】fāngwèilì【发软】fāngruǎn【发酸】fāngsuān【酥软】sūruǎn【乏力】fálì ¶사지가 나른하다 | 四肢无力。¶온 몸이 나른해지다 | 浑hún身发酸。¶온 몸이 나른해서 느껴지다 | 感到四肢乏力。참고〔疲乏〕〔发泩〕〔苏软〕〔精神不振〕〔无精打彩〕〔病恹恹〕〔病病殃殃〕〔病病歪歪〕〔精病力尽〕〔懒洋洋〕

나마 의명 ❶ (用于名词或动词后)【要看…】yàokàn…【…得看…】…dé·ikàn… ¶꽃도 꽃 ~이지 | 花也要看什么花。¶그 문제들은 생각하기 ~이다 | 那些问题就看怎么想了。❷ (用于"제""네""내"等之后)【怎么(做)】…zěn·me(zuò)…【…怎么(想)…】…zěn·me(xiǎng)… 【自个儿】zìgèr【各有各的】gè yǒu gè·de ¶이것은 그 ~대로 좋은 점이 있다 | 各有各的好处。¶무슨 일이든 나는 내 ~대로 한다 | 不论什么事，我会按自个儿的想法去做

나리 명 ❶【老】lǎo ¶이 ~ | 李老。❷【官长】guānzhǎng 참고〔佬〕〔官宪 xiǎn]

ᴮ**나리**²명〈植〉【百合】bǎihé【蒜脑薯】su-
ànnǎoshǔ ¶~꽃｜百合花。

－**나마**조〔哪怕是〕¶그렇게
~ 해 주세요｜哪怕是那样也给做一
做。¶작은 것이~ 제 마음입니다｜
哪怕是小东西也是我的心意。

－**나마**²어미〔尽管…但…〕jǐnguǎn…d-
àn…〔即或〕jíhuò ¶집은 크지 못하
나×늑하다｜尽管房子不大，但很温馨x-
īn。

－**나마나**어미 (表示不容置疑或无论
如何其结果一样〕¶가~ 마찬가지나
｜去不去都一样。¶보~ 거짓말이야
｜肯定是谎话了。

ᴮ**나막신**명【木屐】mùjī【木鞋】mùxié

ᴮ**나머지**명❶（잔여）【剩余】shèngyú
【剩下的】shèngxià·de〔其余〕qíyú
【余】yú ¶~는 내일 하자｜剩下的明
天再做吧。❷（…한 끝에）【之余】zhī-
yú ¶흥분한 ~ 큰 소리로 한 곡 불렀
다｜兴奋兴奋之余，高唱一曲。¶
바쁜~ 전해드리지 못했습니다｜忙
之余，没有转告。❸〈數〉【余数】yúsh-
ù ¶8에서 5를 빼면 ~가 3이다｜八减
五，余数为三。

나 먹자니 싫고 개 주자니 아깝다관용
【自己吃了怕牙痛，送给别人又心痛】z-
ìjǐ chī·ēpà yátòng, sònggěi biérén y-
òu xīntòng

ᴬ**나무**¹명❶（수목）【树】shù【树木】shù-
mù ¶~ 한 그루｜一棵kē树木。¶~를
심다｜种zhòng树。❷~를 보호하다
｜保护树木。❷（목재）【木头】mù-
tou【木材】mùcái ¶~로 만들다｜用
木头做。¶~ 상자｜木头箱子。¶~
칼｜木刀。❸（땔감）【柴火】chái·huo
¶ 히다｜升柴火。¶산에서 ~를
주워 왔다｜从山上拣jiǎn了一些柴火
回来。

ᴮ**나무꾼**명【打柴人】dǎcháirén【樵夫】qi-
áofū【樵子】qiáo·zi ¶~에게 길을 묻
다｜向樵夫问路。참고〔樵户hù〕〔樵
客kè〕

ᴮ**나무라다**동【责备】zébèi【责怪】zéguài
【责难】zénàn【非难】fēinàn ¶그의 옳
지 못한 행위를 ~｜责备他的不正行
为。¶너는 나를 나무라지 마라｜你
别责怪我。참고〔谴责qiǎnzé〕〔数说shǔshu-

ō〕〔数落〕〔挑剔〕〔挑〕〔怪〕〔怨yuàn〕

나무랄데 없다관용【无可挑剔】wúkěti-
āotī

나무아미타불관용❶〈佛〉（염불）【南
无阿弥陀佛】nāmóˈēmítuófó ❷（헛수
고）【白费工夫】báifèi gōng·fu【一事
无成】yí shì wú chéng【前功尽弃】qiá-
n gōng jìn qì ¶네가 이렇게 하면 지금
까지의 일이 ~이다｜你这样做只是
前功尽弃。참고〔付之东流〕〔付诸zh-
ū东流〕〔弃井qìjǐng〕

나무토막명【木块】mùkuài【木片】mù-
piàn ¶아래에 ~을 매워 넣다｜下面
填着木块。

ᴮ**나물**명【野菜】yěcài【山菜】shāncài ¶
산~을 캐어 먹다｜挖wā野菜吃。¶
~국｜菜汤。¶~밥｜菜饭。참고
〔青菜qīngcài〕〔蔬菜shūcài〕〔豆芽菜
dòuyácài〕〔豆芽(儿)〕〔素菜sùcài〕
〔素餐〕〔菜〕

ᴮ**나뭇가지**명【树枝】shùzhī【枝子】zhī·
zi【枝儿】zhīr【枝条】zhītiáo ¶마른 ~
｜干树枝儿。¶~를 가위질하여 다
듬다｜修剪枝条。참고〔枝桠yā〕〔枝
权〕

나뭇결명【树纹】shùwén【木理】mùlǐ
【木肌】mùjī【木纹】mùwén

ᴬ**나뭇잎**명【树叶】shùyè【叶子】yè·zi

ᴮ**나뭇짐**명【柴火驮】cháihuǒtuó

나미비아（Namibia）명〈地〉【纳米比
亚】Nàmǐbǐyà（수도는 "温得和克"（빈
트후크；Windhoek〕

ᴮ**나박김치**명【萝卜片泡菜】luó·bopiàn
pàocài

나발명❶（악기）【喇叭】lǎbā ❷（입）
【烂嘴】lànzuǐ ❸（主要为"…(이)고 나
발이고"形式出现）【…什么的…】…sh-
én·me·de… ¶공부고 ~이고 다 때
려치워!｜学习啊什么都是胡扯。

나방명〈蟲〉【蛾(儿,子)】é(r·zi) ¶불
~｜灯蛾。¶박~｜天蛾。

나부끼다동【漂扬】piāoyáng【飞扬】fē-
iyáng ¶붉은 깃발이 하늘에서 ~｜红
旗在天空飞扬。¶먼지가 ~｜尘土
飞扬。참고〔飞飙〕〔飞越〕

나부랭이 명 ❶ (조각) 【碎片】suìpiàn 【碎块】suìkuài 【碎屑】suìxiè ¶헝겊 ~ | 碎片布片。 ❷ (시시한 것·사람) 【小】xiǎo 【破】pò ¶책 ~ | 破书。

나불거리다 통 ❶ (나풀거리다) piāodòng ❷ (입을) 【嘴贫】zuǐpín

나붙다 통 【贴出】tiēchū ¶모집 광고를 내붙이다 | 贴出征募广告。

^A**나비**¹ 〔蟲〕 【蝴蝶】húdié 【胡蝶】húdié

나비² (폭) 【幅宽】fúkuān

나비넥타이 명 【蝴蝶领结】húdié lǐngjié

^A**나빠지다** 통 【变凶】biànxiōng 【变坏】biànhuài ¶안색이 ~ | 脸色变坏。

^A**나쁘다** 형 ❶ (좋지 않다) 【不好】bùhǎo 【坏】huài ¶기분이 ~ | 情绪不好。 ¶최근 그의 몸이 매우 ~ | 最近他身体很不好。 ¶날씨가 정말 ~ | 天气真坏。 ❷ (옳지 않다) 【坏】huài ¶나쁜 버릇 | 坏习惯。 ¶악인과 나쁜 일 | 坏人坏事。 ❸ (해롭다) 【不利】bùlì 【对…不好】duì…bùhǎo ¶건강에 ~ | 不利于健康。 ❹ (머리·기억력이) 【不好使】bùhǎoshǐ 【不好用】bùhǎoyòng ¶머리가 ~ | 头脑不好使。

^A**나사**〔螺絲〕명 〔機〕 【螺丝钉】luósīdīng 【螺丝】luósī 【螺钉】luódīng 【螺纹】luówén 【螺旋】luóxuán ¶~와 같은 역할을 하다 | 起一个螺丝钉的作用。
> 螺旋钉/螺纹。 참고 〔螺丝扣〕 〔外螺纹〕 〔内螺纹〕 〔母螺丝〕

나사가 풀어지다 관용 【头脑】松弦】(tóunǎo)sōngxián

^A**나서다** 통 ❶ (나와 서다) 【站出来】zhàn·chū·lái ¶앞으로 나서 주시오 | 给我站出来。 ❷ (가로 맡다) 【出头】chūtóu 【出面】chūmiàn 【挺身而出】tǐngshēn ér chū ¶표면에 나서서 반대하다 | 出面反对。 ¶직접 나서 조직하다 | 出面组织zǔzhī。 ❸ (시작하다) 【走上】zǒushàng 【当上】dāngshàng 【做起】zuòqǐ ¶의사로 ~ | 当上了医生。 ¶장사군으로 ~ | 走上行商的道路。 ❹ (간섭하다) 【搀和】chān·huo ¶남의 일에 나서지 마라 | 不要搀和别人的事。 ❺ (떠나다·출발하다) 【出发】chūfā 【走出】zǒuchū ¶집을 ~ | 出了家门。 참고 〔出来〕 〔出头〕 〔出现〕 〔展现〕 〔抛头露面〕 〔露面抛头〕 〔准备去〕 〔跨出〕

나선〔螺旋〕명 【螺旋】luóxuán ¶~형 계단 | 螺旋式阶梯。

나소〔Nassau〕명 〈地〉 【拿骚】Násāo ["巴哈马"(바하마;Bahamas)의 수도]

^B**나아가다** 통 ❶ (전진하다) 【前进】qiánjìn 【向前】xiàngqián 【往前走】wǎngqiánzǒu ¶전함이 파도 속에서 ~ | 战船战舰在波涛bōtāo中。 ❷ (호전되다) 【好转】hǎozhuǎn ¶병세가 ~ | 病势bìngshì好转。 ❸ (진척·진보하다) 【上进】shàngjìn 【长进】zhǎngjìn ¶끊임없이 ~ | 不断前进。 ¶너는 열심히 나아가야 한다 | 你要努力上进。 참고 〔起色〕 〔走〕 〔走上〕

나아지다 통 【好起来】hǎo·qǐ·lái 【好多了】hǎoduō·le 【好转】hǎozhuǎn ¶형편이 ~ | 情况好起来。 참고 〔起色〕 〔好转〕

나약〔懦弱〕명 하형 【懦弱】nuòruò ¶그 사람은 너무 ~하다 | 这个人太懦弱了。 ¶그는 타고난 성품이 ~하다 | 他生性懦弱。

^C**나열**〔羅列〕명 하자타 【陈列】chénliè 【摆】bǎi 【摆设】bǎishè ¶새로 들어온 상품을 ~하였다 | 陈列了新到的货huò物。

^C**나오다** 통 ❶ (밖·앞으로) 【出】chū 【出来】chū·lái ¶사무실을 나가다 | 走出办公室。 ¶나오너라, 너에게 할 말이 있다 | 你出来, 我跟你说几句话。 ¶밖에 누가 찾으니 그에게 나오라고 하여라 | 叫他出来, 外面有人找他。 ❷ (…에 모습이 나타나다) 【出现】chūxiàn 【出场】chūchǎng 【登场】dēngchǎng ¶영화에 나오는 사람 | 电影出场的人。 ¶햇과일이 ~ | 新果品上市。 ❸ (생산·출간되다) 【生产】shēngchǎn 【问世】wènshì ¶그 회사에서 나오는 상품 | 那个公司生产的商品。 【出来】chū·lái 【出现】chūxiàn 【产生】chǎnshēng ¶많은 활동가가 ~ | 涌来很多的积极分子。 ¶많은 민족 영웅과 혁명 지도자가 ~ | 产生了很多的民族英雄xióng和革命领袖xiù。 ❺ (참석·출근하다) 【来】lái 【到】dào 【到…上班】dào…shàngbān ¶회의에 ~ | 到会。 ¶직장에 ~ | 来到工作

単位. ❻ (졸업하다) 【毕业】bì/yè ¶
그는 북경대학을 나왔다 | 他毕业于
北京大学. ¶어느 대학을 나왔느냐?
| 是哪个大学毕业的? ❼ (출생하다)
【出生】chūshēng ¶내가 세상에 나온
지도 30년이 되었다 | 我出生已有三
十年了. ❽ (소속에서 물러나다) 【离
开】líkāi ¶직장에서 ～ | 离开工作单
位. ¶조직에서 ～ | 退出组织. ❾
(소리가 나다) 【出声】chūshēng 【说
出】shuōchū ¶웃음이 ～ | 笑出声.
¶기가 막혀서 말이 나오지 않는다 |
气得说不出话来. ❿ (내밀다) 【凸出
来】tūchūlái ¶배가 나왔다 | 肚子凸
出来了. ⓫ (유래하다) 【产生】chǎn-
shēng 【来自】láizì 【源自】yuánzì ¶
그런 행동은 질투심에서 나오는 거야
| 那些行为是源于嫉妒心的. ¶그 태
도를 취하라 【对】【对待】duìdài
¶네가 나한테 그렇게 나올 수 있는 거
야? | 你有资格那样对我吗? ⓭ (흘러
나오다) 【流】liú 【流出】liúchū 【放出】f-
àngchū 【涌出】yǒng·chū ¶침이 ～ |
流口水. ¶방귀가 ～ | 放屁. ⓮ (발
송되다) 【送来】sònglái ¶전화비가
～ | 电话费单子送来了. ¶훈련 고지
서가 ～ | 集训通知书送来了. ⓯ (퇴
장하다) 【退出】tuìchū ¶회의장에서
～ | 退出会场. ¶무대에서 ～ | 退出
舞台. ⓰ (어떤 처리 결과가 나오다)
【出来】chū·/·lái 【出现】chūxiàn 【产
生】chǎnshēng ¶토론을 거쳐, 두 가
지의 상반되는 의견이 나왔다 | 经过
讨论, 出来了两种相反的意见.

나우루 [Nauru] 圀〈地〉【瑙鲁】Nǎolǔ
[오스트레일리아 동북방의 섬나라.
수도는 "瑙鲁" (나우루;Nauru)]

나위 의명 ❶ (여지) 【余地】yúdì 〔二
话〕èrhuà ¶더 말 할 ～가 없다 | 没有
再说下去的余地. ❷ (필요) 【必要】b-
ìyào ¶그 증거는 의심할 ～가 없다 |
那个证据根本没有必要怀疑.

ᴬ**나이** 圀 【年龄】niánlíng 【年纪】niánjì
【年齿】niánchǐ 【年岁】niánsuì 【春秋】
chūnqiū 〔岁数〕suìshù ¶그는 ～가 많
다 | 他年龄大. ¶～ ～가 들다 | 上岁
数. ¶～가 한창이다 | 春秋正富.

나이가 아깝다 관용 【白活了那么大岁
数】bái huó·le nà·me dà suì·shu

나이로비 [Nairobi] 圀〈地〉【内罗毕】N-
èiluóbǐ ["肯尼亚" (케냐;Kenya)의 수
도]

나이지리아 [Nigeria] 圀〈地〉【尼日利
亚】Nírìlìyà [아프리카 서북부의 공화
국. 수도는 "拉各斯" (라고스;Lago-
s)]

나이테 圀 【年轮】niánlún ¶～가 선명
하다 | 年轮很清晰.

나이키 [Nike] 圀〈商標〉【耐克】Nàikè

나이트 클럽 [night club] 圀【夜总会】yè-
zǒnghuì ¶～에서 춤을 추다 | 在夜总
会跳舞.

나이프 [knife] 圀 【小刀】xiǎodāo 【餐
刀】cāndāo 〔참고〕〔叉chā子〕

ᴮ**나일론** [nylon] 〔尼龙〕nílóng 【尼隆】
nílóng 【乃龙】nǎilóng 【耐纶】nàilún
【耐尼】nàiní ¶～어망 | 尼龙鱼网.
〔참고〕〔玻璃bōli丝〕〔锦jǐn纶丝〕

나자빠지다 통 ☞ 나가자빠지다

-나절 의 ❶ (반종일) 【半天】bàntiān
¶한～ | 大半天. ❷ (…때) 【时分】
shífēn ¶아침～ | 早上时分.

ᴬ**나중** 튄 ❶ (이후) 【回头】huítóu 〔以
后〕yǐhòu ¶～에 보자 | 回头见/回
见. ❷ (결국) 【最终】zuìzhōng 〔终
于〕zhōngyú ¶～에는 성공하였다 |
终于成功了. 〔참고〕〔后来〕过后guò-
òu(儿)〕〔往后wǎnghòu〕〔到头〕

ᴬ**나지막하다** 혱 【低】dī 【矮】ǎi 【矮趴趴】
ǎipāpā ¶나지막한 소리로 말하다 |
低声说话. ¶목소리를 나지막히하여
이야기하다 | 低着声音讲话. ¶그는
몸을 나지막히 하여 책상 밑으로 숨었
다 | 他矮身躲duǒ到桌子底下. 〔참고〕
〔挨häi低〕〔矬cuò〕

나체 [裸體] 圀 【裸体】luǒtǐ 【裸身】luǒ-
shēn ¶모델이 ～로 화실 안에 앉아
있다 | 模特儿裸身坐在画室里. 〔참고〕
〔裸形〕〔赤身〕

나치스 [Nazis] 圀 【纳粹】nàcuì 【那其
斯】nàqísī ¶나치스트 | 纳粹分子.
¶나치즘 (Nazism) | 纳粹主义. 〔참고〕
〔拉lā兹〕

나침반 [羅針盤] 圀 【指南针】zhǐnánzh-
ēn 〔참고〕〔定南针〕〔罗luó盘〕〔向xiàng
盘〕

ᴬ**나타나다** 통 ❶ (모습을 보이다) 【见】ji-
àn 【出现】chūxiàn ¶영웅 하나가 나

타났다 | 出现了一个英雄。 ¶최근에
새로운 변화들이 나타났다 | 最近出
现了一些新的变化。❷ (드러나다)
【露出】lòu·chu【显露】xiǎnlù【显现】xiǎnxiàn ¶본색을 나타냈다 | 露出真
相来了。¶그의 얼굴에는 기쁜 표정
이 나타났다 | 他脸上显露出高兴gāoxìng的神色shénsè。¶실험에서 나
타난 결과는 아주 좋지 못하
다 | 实验shíyàn中显现出的结果jiéguǒ很不理
想。❸ (없던 것이 생기다·출현하
다)【产生】chǎnshēng【发生】fāsheng ¶어려움이 ~ | 产生困难。¶효
과를 ~ | 产生了效xiào果。

나타내다 图 ❶ (모습을)【见 jiàn 出
现】chūxiàn ¶그가 불쑥 나타났다 |
他突然出现了❷ (표시하다)【表现】biǎoxiàn ¶즐거운 기색을 ~ | 表现出
高兴的样子。❸ (표현하다)【表达】biǎodá ¶생각을 글로 ~ | 用文章表达
想法。❹ (의미하다)【意味着】yìwèi·zhe ¶이 경우 빨간색은 위험을 ~
| 在这种情况下，红色意味着危
险。

나트륨[natrium] 图〈化〉【钠】nà ¶염
화 ~ | 氯lǜ化钠。¶탄산 ~ | 碳酸tànsuān钠/苏打。

°**나팔**[喇叭] 图【号】hào【喇叭】lǎ·ba
【喇吧】lǎ·ba ¶~을 불다 | 吹chuī
号。¶기상 ~ | 起床qǐchuáng号。
參考〔号角 jiǎo〕

나팔꽃[喇叭－] 图〈植〉【喇叭花】lǎbāhuā

나팔수[喇叭手] 图〈军〉【司号员】sīhàoyuán ¶~가 돌격나팔을 불다 | 司
号员吹冲锋chōngfēng号。參考〔号
手hàoshǒu〕〔号兵〕

°**나풀거리다** 图【飘扬】piāoyáng【飘飏】
piāoyáng【飘动】piāodòng【飘摇】piāoyáo ¶오성 붉은 기가 바람에 ~ | 五
星红旗迎yíng风飘扬。¶오색테이프
가 ~ | 彩cǎi带飘动。

나프탈렌[naphthalene] 图〈化〉【卫
生球】wèishēngqiú【萘球】nàiqiú
(r) 參考〔樟脑丸〕

°**나흘**[四天] 图【四天】sìtiān【四日】sìrì【四号】sìhào

°**낙**[乐] 图【乐】lè【乐趣】lèqù ¶투쟁을
~으로 삼다 | 以斗争dòuzhēng为

乐。¶책 안에서 많은 ~을 얻다 | 从
书中获得huòdé不少乐趣。

낙관[落款] 图【落款】lǎokuǎn

낙관²[乐观] 图하타【乐观】lèguān ¶
이씨는 매우 ~적이다 | 老李非常乐
观。¶너무 ~하지 말라 그렇다고 너
무 비관도 말라! | 不要太乐观，也不
要太悲观bēiguān!

낙낙하다 图【稍大】shāodà【稍多】shāoduō

낙농업[酪農業] 图【制酪业】zhìlàoyè

낙농 제품[酪農製品] 图【奶产品】nǎichǎnpǐn

낙농품[酪農品] 图【乳制品】rǔzhìpǐn

낙담[落膽] 图자타【灰心】huī/xīn【灰
念】huīniàn【失望】shīwàng ¶~하고
돌아가다 | 失望而归。¶너 너무 ~
하지 마라, 역경은 극복될 수 있다 |
你别太失望，困难是可以克服的。參
考〔沮丧 jǔsàng〕〔沮索 suǒ〕

낙락장송[落落長松] 图【郁郁苍松】yùyù cāngsōng

낙망[落望] 图자타【失望】shīwàng ¶
그는 여러 차례 실패했지만 한번도 ~
한 적이 없다 | 失败了多次，但他从没
有失望过。

낙방[落榜] 图하자【落第】luò/dì【落
榜】luò/bǎng【下第】xiàdì【不及格】bùjígé ¶해마다 ~하여 그는 머리도 못
들고 의기소침하게 되었다 | 连年落
榜，弄得他垂头丧气

낙법[落法] 图【落法】luòfǎ

낙상[落傷] 图자타【跌伤】diēshāng

°**낙서**[落書] 图자타【乱写】luànxiě ¶~
금지 | 不准乱写。參考〔乱涂〕〔乱画
(脱漏 tuōlòu)〕

°**낙선**[落選] 图자타【落选】luò/xuǎn ¶
그는 이번에도 ~ 했다 | 他这次又落
选了。參考〔出选〕

낙심[落心] 图자타【灰心】huī/xīn【灰
念】huīniàn ¶실패를 두려워하지 않
으나, 단지 ~할까 걱정된다 | 不怕失
败, 只怕灰心。

°**낙엽**[落葉] 图【落叶】luòyè【枫叶】fēngyè ¶~수 | 落叶树。¶~관목 |
落叶灌木guànmù。

°**낙오**[落伍] 图자타【落伍】luò/wǔ ¶그
는 ~하지 않으려고 다리를 절룩거리
며 바짝 뒤따라 걸었다 | 他不愿落伍

一颠diān一跛bǒ地紧jǐn跟着走。¶
그는 비록 사람은 작지만 행군에서 ~
되지 않았다 | 他虽然人小, 但行军没
有落伍。(참고) 〔落后〕

ᴮ낙원[樂園] 圀 【乐园】lèyuán ¶행복의
~ | 幸福乐园 | ¶어린이의 ~ | 儿童
乐园。

낙인[烙印] 圀 【烙印】làoyìn 【烙痕】lào-
hén 【火印】huǒyìn ¶그의 사상 중에
는 시대의 ~이 남아 있다 | 在他的思
想中留了时代的烙印。¶~을 찍다
| 打火印/烫tàng火印。

낙점[落點] 圀 【落点】luòdiǎn ¶포탄의
~ | 炮弹pàodàn的落点。

낙제[落第] 圀 ☞낙방

낙조[落照] 圀 【夕阳】xīyáng

ᴮ낙지[魚貝] 圀 【鱿鱼】yóuyú

낙차[落差] 圀 【落差】luòchā (참고) 〔水
头〕

낙찰[落札] 圀圀하타 【得标】dé/biāo
【中标】zhòng/biāo 【标落】biāoluò ¶
그는 모 병원의 건축 청부를 ~했다 |
他在承包某医院的招标会上中标了。
¶~가 | 中标价。(참고) 〔决标〕[买方
竞相出高价买到手]〔承包中选]

낙천¹[落薦] 圀圀 【没被推荐】méibèituījiàn 【落荐】luò/jiàn ¶그는 이번에도
~됐다 | 他这次又没被推荐。

낙천²[樂天] 圀 【乐观】lèguān ¶그는
늘 ~적이다 | 他一向乐观。¶~주의
| 乐观主义。(참고) 〔安分守己〕

ᴮ낙타[駱駝] 圀 〈動〉 【骆驼】luò·tuo ¶
~ 몇 마리를 사다 | 买几匹骆驼 | ¶
걸음 빠른 ~의 일종 | 小蹄tí骆驼/明
驼。

낙태[落胎] 圀 〈醫〉 【流产】liú/chǎn
【打胎】dǎ/tāi 【人工流产】réngōng liú-
chǎn 【人流】rénliú 【堕胎】duòtāi ¶장
씨 부인은 ~했다 | 小张的爱人流产
了。¶그녀는 몇 번 ~한 적이 있다 |
她流过几次产。(참고) 〔早产〕〔小产〕
〔小月〕

ᴮ낙하산[落下傘] 圀 【降落伞】jiàngluòsǎn ¶~부대 | 降落伞部队。

낙향[落鄉] 圀圀 【归田】guītián 【归
耕】guīgēng 【回乡】huíxiāng 【还乡】
huánxiāng ¶제대하여 ~하다 | 解甲
归田。

낙화유수[落花流水] 圀 【落花流水】luò-

huā liú shuǐ

낚다 圀 ❶ 〔물고기를〕 【钓】diào ¶고
기를 ~ | 钓鱼。❷ 〔솔깃한 말이나
행동으로 꾀다〕 【勾引】gōuyǐn 【讨】tǎo ¶여자를 ~ | 勾引小姑娘gūniáng。

ᴮ낚시[釣絲] 圀하자 【钓鱼】diào yú 【钓钩】diào-
gōu 【钓鱼钩】diàoyúgōu ¶~바늘 |
钓鱼钩儿。¶~줄 | 钓鱼丝/钓鱼
线。¶~ 도구 | 钓鱼用具。(참고)
〔钓〕[鱼钩]

ᶜ낚시꾼 圀 【钓鱼人】diàoyúrén

ᶜ낚시터 圀 【钓台】diàotái 【钓鱼台】diào-
yútái 【钓鱼场】diàoyúchǎng

ᶜ낚싯대 圀 【钓鱼竿】diàoyúgān 【钓竿
（儿）】diàogān(r) 【鱼竿】yúgān

낚아채다 圀 【用力拉】yòng lì lā 【一把
揪住】yìbǎjiūzhù

난¹[蘭] 圀 〈植〉 【兰】lán 【兰花】lánhuā
【兰芝】lánzhī 【兰草】láncǎo

난²[欄] 圀 【栏】lán ¶(신문·잡지의)
특별~ | 专栏。¶광고~ | 广告栏。

난간[欄干] 圀 【栏杆（儿）】lán gān(r)
【阑干】lángān 【栏】lán ¶콘크리트
~ | 水泥栏杆。¶돌 ~ | 石栏。¶다리
~ | 桥栏杆。(참고) 〔阑〕〔阑槛〕〔栏楯〕

난감[難堪] 圀圀하타 【难堪】nánkān 【为
难】wéinán 【尴尬】gāngà ¶그는 다소
~해져서 얼굴이 약간 붉어졌다 | 他
感到有点儿难堪, 微微涨zhàng红了
脸。

난관[難關] 圀 【难关】nánguān 【艰难
险阻】jiān nán xiǎn zǔ 【症结】zhēngjié
【大难】dànàn ¶~을 넘다 | 渡dù过
难关。¶~이 어디 있는 지 알아내면
일은 처리하기 쉬워진다 | 找出症结
所在, 事情就好办了。(참고) 〔瓶颈píng-
jǐng〕〔障碍〕

난국[難局] 圀 【难局】nánjú 【困难的局
面】kùn·nan·de júmiàn 【僵局】jiāngjú ¶
~을 타개하려고 결심하다 | 决心
打破pò僵局。

난데없이 凰 【突然】tūrán ¶~ 일어난
사건 | 突然发生的事件。¶　어떤
사람이 뛰어 들어 왔다 | 突然闯chuǎ-
ng进一个人来。(참고) 〔突地〕〔突然
间〕〔突如其来地〕〔意外地〕〔毫无根据
地〕〔没头没脑地〕〔忽然〕

난동[亂動] 圀 【乱动】luàndòng 【胡来】

153

hūlái

ᴮ**난로**[煖爐] 圓【炉子】lú·zi【火炉】huǒlú【煤炉】méilú ¶~를 피우다 | 生炉子。

ᴮ**난류**[暖流] 圓【暖流】nuǎnliú

ᴮ**난리**[亂離] 圓【战乱】zhànluàn【动乱】dòngluàn【兵荒马乱】bīng huāng mǎ luàn ¶~가 일어났다 | 出现了动乱。参考〔狼烟四起〕【风云风雨】

난립[亂立] 圓하자 ❶ (무질서하게 세워지다)【乱立】luànlì【乱设】luànshè【到处都是】dàochù dōu shì ¶무허가 건물이 ~하다 | 违章建筑到处都是。❷ (후보들이 무턱대고 나서서)【纷纷提出】fēnfēn tíchū

난만[爛漫] 圓하형 ❶ (꽃이 활짝 핌)【盛开】shèngkāi【怒放】nùfàng ❷ (환하게 나타남)【烂漫】lànmàn ¶천진 ~하다 | 天真烂漫。

난망[難忘] 圓【难忘】nánwàng ¶각골 ~ | 没齿mò齿难忘。

난무[亂舞] 圓 ❶ (한데 어울려 춤을 춤)【飞舞】fēiwǔ ¶눈꽃이 공중에서 ~하다 | 雪花飞舞。¶나비가 꽃밭에서 ~하다 | 蝴蝶húdié在花丛中飞舞。❷ (함부로 나서서 날뜀)【横行】héngxíng ¶아무 거리낌없이 횡포한 짓을 하다 | 横行无忌jì。¶천하를 ~하다 | 横行天下。参考〔乱舞〕【狂舞】

ᴮ**난민**[難民] 圓【难民】nànmín ¶~ 대피소 | 难民营。

난발[亂發] 圓하타 ❶ (난사)【乱射】luànshè ¶총을 ~하다 | 乱打枪。❶ (남발)【滥发】lànfā ¶증명서를 ~하다 | 滥发证件。

난발²[亂髮] 圓【披头散发】pītóusànfà【蓬乱的头发】péngluàn·de·tóu·fa

ᴮ**난방**[暖房] 圓【建】【供暖】gōngnuǎn【暖房】nuǎn/fáng ¶~ 장치 | 供暖设置/暖房设备。¶온수 ~ | 热rè水供暖。

난봉 圓【放荡】fàngdàng【浪荡】làngdàng【吃喝嫖赌】chī hē piáo dǔ ¶~꾼 | 放荡者人/浪荡公子。¶~을 부리다 | 行为放荡。参考〔狂kuáng荡〕【浪放】

난사[亂射] 圓하타【乱射】luànshè【乱打】luàndǎ【乱放】luànfàng ¶기관총

을 ~하다 | 乱放机关枪。

난산[難產] 圓하자타【醫】【难产】nánchǎn ¶첫 아이는 정말 ~이었다 | 第一胎是难产。

난생 처음[－生－] 圓【平生第一次】píngshēng dìyīcì【生来头一次】shēngláitóuyícì【有生以来头一次】yǒushēngyǐláitóuyícì ¶이것은 내가 ~ 보는 것이다 | 这是我有生以来头一次看见的。

난세[亂世] 圓【乱世】luànshì ¶이순신은 ~의 영웅이다 | 李舜臣LǐShùnchén乃乱世英雄。

난소[卵巢] 圓〈生理〉【卵巢】luǎncháo

난시[亂視] 圓【散光】sǎnguāng【乱视】luànshì ¶~용 안경 | 散光眼镜yǎnjìng。¶오른쪽 눈이 ~다 | 右眼散光。

난이[難易] 圓【难易】nányì ¶일의 ~도에 따라 보수가 다르다 | 按工作的难易程度报酬bàochóu不同。

난입[亂入] 圓하자【涌入】yǒngrù ¶시위대가 회의장에 ~했다 | 游行队伍涌入了会议场。

난자¹[卵子] 圓〈生理〉【卵子】luǎnzǐ 参考〔精子〕

난자²[亂刺] 圓하타【乱刺】luàncì ¶칼로 ~하다 | 用刀乱刺。

난잡[亂雜] 圓하형【乱杂】luànzá ¶사무실 안이 너무 ~하다 | 办公室里太乱杂不堪kān。

난장판[亂場－] 圓【乱场】luànchǎng【乱套】luàn/tào【乱七八糟】luàn qī bā zāo【乱七杂八】luàn qī zá bā【七乱八糟】qī luàn bā zāo ¶이렇게 되면 회의는 곧 ~이 된다 | 这样, 会议就得乱套。¶무대 뒤가 ~이 되었다 | 后台乱套了。

ᴮ**난쟁이** 圓【矮子】ǎi·zi【侏儒】cuórén【侏儒】zhūrú ¶전국시대의 안자는 ~였다 | 战zhàn国时代的晏yàn子是个矮子。¶김씨는 ~이다 | 老金是一个侏儒。参考〔朱儒〕【矬子cuó·zi】【矮丑人】【小个子】

난점[難點] 圓【困难之处】kùn·nan zhī chù【难点】nándiǎn ¶~을 극복하다 | 克服难点。参考〔缺点quēdiǎn〕〔毛病máo·bìng〕

난제[難題] 圓【难题】nántí ¶이 두 가

지 ～ | 这两道难题。

ᴮ**난처**[難處] 몡[하형] 【为难】wéi/nán [刁难]diāonàn 【难为】nán·wei [尴尬]gāngà 【难为情】nánwéiqíng 【难堪】nánkān [受窘]shòu/jiǒng ¶고의로 ～하게 만들다 | 故意刁难。¶처지가 ～하다 | 处境尴尬。¶그는 다소 ～해져 얼굴이 약간 붉어졌다 | 他感到有点儿难堪, 微微涨zhàng红了脸。[참고][犯难][不好说话][很难开口][难乎为情][难以为情][下不来台][下不了台][左右为难][左右两难][进退两难][进退维谷]

난청[難聽] 몡 【耳背】ěrbèi [참고][耳沉]

ᴮ**난초**[蘭草] 몡 【兰草】láncǎo ¶옛 사람은 ～로써 군자를 비유했다 | 古人用兰草比喻bǐyù君子。

난타[亂打] 몡[하타] 【乱打】luàndǎ

난투[亂鬪] 몡 【乱斗】luàndòu 【乱打】luàndǎ ¶～극 | 乱斗的场面。

난파[難破] 몡[하자] 【失事】shī/shì ¶～선 | 失事的船。¶～물 절단 | 砍去残体。[참고][遇fù难/nàn]

ᴮ**난폭**[亂暴] 몡[하형] 【粗暴】cūbào [粗鲁]cūlǔ ¶～한 성격 | 粗暴的脾气。¶～한 방법 | 粗暴办法。

난항[難航] 몡[하자] ❶ 【艰难的航行】jiānnán·de hángxíng ❷ 【障碍】zhàng'ài

난형난제[難兄難弟] 관용 【难兄难弟】nán xiōng nán dì

ᴮ**날가리** 몡 【谷堆】gǔduī 【谷垛】gǔduò

ᴮ**날알** 몡 【谷粒】gǔlì 【米粒】mǐlì 【米粮】mǐliáng [粮食]liáng·shi [籽粒]zǐlì

ᴬ**날**¹ 몡 ❶ (하루) 【天】tiān ¶이튿～ | 第二天。¶～이어 ～마다 | 天天。 ❷ (날씨) 【天气】tiānqì ¶～이 춥다 | 天气很冷。 ❸ (날짜) 【日期】rìqī [日子]rì·zi ¶～을 받다 | 定婚期。¶～을 잡다 | 择日期。¶내일은 그녀가 결혼하는 ～ | 明天是她结婚的日子。 ❹ (시절·때) 【时候】shí·hou ¶그가 학교를 떠나던 ～ | 他离开学校的时候。

ᴬ**날**² 몡 【刃 (儿·子)】rèn(r·zi) ¶칼～ | 刀刃。¶～을 세우다 | 开刃。¶이 칼은 ～이 서지 않았다 | 这把刀没有刃。[참고][刀刃(儿)][刀口刀背(儿)][刀锋fēng][刀尖jiān(儿)][锋

刃]

날³ 目 【生】shēng 【未熟】wèishú ¶～고기 | 生肉。

ᴬ**날개** 몡 【翅膀 (儿)】chìbǎng(r) 【翼翅】yìchì 【翼】yì ¶매미 ～처럼 얇다 | 薄báo如蝉chán翼。¶쌍～ 비행기 | 双翼飞机。

ᵁ**날갯죽지** 몡 【翅膀腿】chìbǎngtuǐ 【翅膀根儿】chìbǎng gēn

ᴬ**날다** 저 ❶ (공중으로) 【飞】fēi 【飞翔】fēixiáng 【飞行】fēixíng ¶비행기가 ～ | 飞机飞行。¶가을이 되어, 기러기가 남쪽으로 날아간다 | 秋天到了, 大雁yàn向南飞去。 ❷ (달아나다) 【跑】pǎo ¶그 범인은 이미 국외로 날아 버렸다 | 那个犯人已经跑到国外了。 ❸ (냄새가 없어지다) 【飞】fēi 【蒸发】zhēngfā (跑味儿]pǎowèir ¶향기가 날아가지 않도록 병을 막아라 | 盖gài上瓶píng子, 别让香味飞了。 ❹ (색이 바래다) 【褪色】tuìsè ¶색이 ～ | 褪色了。 ❺ (알코올 성분이) 【挥发】huīfā 【跑】pǎo ¶휘발유가 다 날아갔다 | 汽油气yóu都跑了。[참고][飞扬yáng][飞飚yáng][飞越][挥发 huīfā][升华shēnghuà]

ᴬ**날뛰다** 저 ❶ (함부로 행동하다) 【狂妄】kuángwàng 【猖狂】chāngkuáng 【疯狂】fēngkuáng 【轻举妄动】qīng jǔ wàng dòng ¶분별없이 날뛰며 잘난체 하다 | 狂妄自大。¶만약 네가 현장에 있었다면 그가 감히 이렇게 날뛰지는 못했을 것이다 | 要是你在场, 他不敢这么猖狂。 ❷ (어쩔 줄 몰라하여 마구 행동하다) 【蹦蹦跳跳】bèngbèngtiàotiào 【欢腾乱跳】huān bèng luàn tiào 【雀跃】quèyuè ¶이 아이는 왠종일 기뻐 깡충깡충 날뛴다 | 这孩子一天到晚欢蹦乱跳的。¶기뻐 ～ | 欢快雀跃。 【大闹】[狂傲][横行霸道][疯狂肆虐][张牙舞爪][暴跳如雷][发怒顿足][急怒叫跳][欢奔bēn乱跳][欢逆bèng乱跳][活蹦乱跳][欣xīn跃]

날래다 형 【敏捷】mǐnjié 【迅速】xùnsù 【灵活】línghuó ¶동작이 ～ | 动作敏捷。¶그의 동작이 재빠르다 | 他的动作迅速。[참고][剽piāo][快][敏快][飘疾][慓piāo][迅急][迅捷jié]

155

〔手快〕〔麻利〕〔飞快〕

날렵하다 혱【敏捷灵巧】mǐnjié língqiǎo【手快】shǒukuài【麻利】má·li ¶눈치가 빠르고 동작이 ~ | 眼疾手快. ¶그는 일하는 것이 매우 ~ | 他干活儿很麻利. 참고〔灵活〕〔剽慓piāo〕〔快〕〔敏快〕〔飘疾〕〔慓慓piāo〕〔迅急迅捷jié〕

날로 팀【一天天地】yìtiāntiān·de【日益】rìyì【一天比一天】yìtiān bǐyìtiān ¶생활이 ~ 개선되다 | 生活日益改善.

날로² 팀【生着】shēng·zhe ¶생선을 ~ 먹다 | 生吃鱼.

날름 팀해자탄 ❶ (혀를 내미는 동작)【吐舌头】tǔ shé·tou ¶혀를 ~하다 | 吐舌头. ❷ (빠르게)【一下子】yíxià·zi【迅速】xùnsù ¶ 입에 넣다 | 一下子塞进入의 嘴里.

날리다 동 ❶ (공중으로)【飘】piāo【飘舞】piāowǔ【飘扬】piāoyáng【飞飏】fēiyáng【飞越】fēiyuè【飞散】fēisàn【飘落】piāoluò【飘降】piāojiàng ¶늘에서 ~ | 飘在天空. ¶눈송이가 ~ | 雪花xuěhuā飘. ¶태극기가 바람에 ~ | 太极旗迎风yíngfēng飘扬. ❷ (이름을)【出名】chūmíng【扬名】yáng/míng【驰名】chímíng【驰誉】chíyù ¶후세에 이름을 ~ | 扬名后世. ¶국내외에 명성을 ~ | 驰名中外. ¶영화계에서 이름을 ~ | 驰名影艺圈. ❸ (놓아주다)【放飞】fàngfēi【使飞】shǐfēi【赶飞】gǎnfēi【刮跑】guāpǎo ¶그는 잡혀온 새 한 마리를 날려 보냈다 | 他把逮dǎi到的一只鸟放飞了. ❹ (돈을 없애다)【花光】huāguāng ¶재물을 ~ | 把钱财花光用光. ❺ (일을 대충 하다)【草率地做】cǎoshuài·de zuò【马马虎虎地做】mǎ·mahūhū·de zuò【草草了事】cǎocǎo liǎoshì【粗枝大叶】cū zhī dà yè ¶일은 절대로 엉성하게 날려서 하지말고 꼼꼼하게 해야 한다 | 工作要细致zhì, 千万不可粗枝大叶. ¶ 〔任凭吹嘘xū〕〔失模sān〕〔飘飗piāoyáng〕〔飘飞〕〔虚浅〕

날림 명 ❶【草率】cǎoshuài【马马虎虎】mǎ·ma hūhū【粗糙】cūcāo ¶~으로 마무리짓다 | 草率了事. ¶

〔敏快〕

날마다 팀【每天】měitiān【天天】tiān·tian【每日】měirì ¶ ~ 신체를 단련하다 | 天天锻炼身体.

날밤 새우다 관용【熬夜】áo/yè【通宵】tōngxiāo【通宵不眠】tōngxiāobùmián【通宵达旦】tōngxiāo dá dàn ¶그는 날밤을 새워서야 글을 써낼 수 있었다 | 他熬了一个通宵, 才把文章写出来. 참고〔通宵xiū(儿)〕〔整zhěng夜〕〔日夜〕

날벼락 명【晴天霹雳】qíngtiān pīlì【突如其来的灾难】tū rú qí lái·de zāinàn

날샐녘 명【拂晓】fúxiǎo【拂晨】fúchén【拂曙】fúshǔ【侵早】qīnzǎo【黎明时分】límíng shífēn【侵晨】qīnchén【侵晓】qīnxiǎo ¶그는 ~에 시내로 들어갔다 | 他侵晨就进城了. 참고〔清qīng早(儿)〕〔凌晨〕

날수[-數] 명【日数】rìshù

날숨 명【呼气】hūqì ¶~과 들숨 | 呼气和吸气.

날쌔다 혱【机敏】jīmǐn【敏捷】mǐnjié【剽疾】piāojí ¶이 아이는 매우 ~ | 这个孩子很机敏. ¶동작이 ~ | 动作敏捷. 참고〔灵活línghuó〕〔剽慓piāo〕〔快快kuài〕〔飘疾〕〔慓慓piāo〕〔迅急jí〕〔迅捷jié〕〔手快〕〔麻利〕

날씨 명【天气】tiānqì【气候】qìhòu【天】tiān ¶~가 춥다 | 天气很冷. ¶~변화 | 气候变化biànhuà. ¶~가 더워지기 시작했다 | 天热起来了. 참고〔风色fēngsè〕

날씬하다 혱【苗条】miáo·tiao【条苗】tiáomiáo ¶몸매가 ~ | 身材苗条. 참고〔袅娜niǎonuó〕〔袅婷〕〔颀长qícháng〕〔婀娜ēnuó〕〔阿那〕

날아가다 동 ❶ (날음을)〔飞〕fēi【飞行】fēixíng【飞去】fēiqù【飞散】fēisàn【飞过去】fēi·guò·qù ¶오늘 중국으로 날아가는 비행기가 있다 | 今天有飞往中国的飞机. ❷ (없어지다)【没了】méi·le【烟消云散】yān xiāo yún sàn【飞散】fēisàn【无影无踪】wú yǐng wú zōng【消失】xiāoshī 참고〔化为乌有〕〔化为泡pào影〕〔化掉〕〔挥发掉〕

날아다니다 동【飞来飞去】fēilái fēiqù

【来回飞】láihuífēi【乱飞】luànfēi

ᴮ**날아오다** 통 ❶ (새 등이) 【飞来】fēilái【传进来】chuán·jìn·lái ❷ (소식 등이) 【突然出现】tūrán chūxiàn【传来】chuánlái ¶전보가 ~ | 突然来了电报.

날아오르다 통 【飞上】fēishàng【飞向】fēixiàng ¶비둘기들이 ~ | 鸽子飞向空中.

날인[捺印] 명 하자 【盖章】gài/zhāng 참고 [盖图章][盖印章]

날조[捏造] 명 하타 【捏造】niēzào【造谣】zào/yáo【造言】zào/yán【胡说】húshuō ¶사실을 ~하다 | 捏造事实. ¶이것은 그가 ~한 거짓말이다 | 这是他捏造出来的谎huǎng话. 참고 [扯chě淡][胡扯][练liàn贫][制造][炮制]

ᴬ**날짜** 【日子】rì·zi【时日】shírì【日期】rìqī ¶~ 변경선 | 国际日期变更线. ¶~를 끌다 | 拖延tuōyán时日. ¶공사가 대단히 커서 째 ~가 많이 소요된다 | 工程巨大, 颇费时日. 참고 [脚][天]

날치기 명 하타 ❶ (낚아채다) 【拐骗】guǎipiàn【行骗】xíng/piàn【抢】qiǎng ¶가방을 ~하다 | 抢包. ❷ (대충대충) 【马马虎虎】mǎ·mahūhū ¶그는 일을 처리하는게 언제나 ~로 한다 | 他办事老是马马虎虎. 참고 [粗糙cūcāo][妈妈虎虎][麻麻呼呼][麻哩麻胡][稀哩糊涂]

ᴮ**날카롭다** 형 ❶ (끝이 뾰족하다) 【锋利】fēnglì【锐利】ruìlì【犀利】xīlì【尖锐】jiānruì ¶날카로운 비수 | 锋利的匕首. ¶칼끝이 ~ | 刀锋dāofēng犀利. ❷ (두뇌·감각이 뛰어나거나 예민하다) 【敏锐】mǐnruì【尖锐】jiānruì ¶눈빛이 ~ | 目光敏锐. ¶날카로운 정치적인 안목 | 敏锐的政治眼光. ¶그의 발언은 매우 날카로웠다 | 他的发言太尖锐了. ❸ (형세가 매섭다) 【尖锐】jiānruì【犀利】xīlì【针锋相对】zhēnfēng xiāng duì ¶날카로운 비평 | 尖锐的批评. ¶날카로운 필치 | 犀利的笔锋bǐfēng. ❹ (자극적이다) 【尖厉】jiānlì ¶날카로운 호각 소리 | 尖厉的哨声. ❺ (신경질적이다) 【神经质】shénjīngzhì【敏感】mǐngǎn ¶신

경이 ~ | 神经敏感. ¶그녀는 매우 날카로워졌다 | 她太敏感了. 참고 [尖jiān利][锋fēng利][凌厉línglì][强烈qiángliè][严厉yánlì][快]

날품[日工] rìgōng【短工】duǎngōng【零工】línggōng ¶~을 팔다 | 打短工.

날품팔이 명【短工】duǎngōng【日工】rìgōng【散工】sǎngōng【短土(儿)】duǎntǔ(r)【临时工(人)】línshígōng(rén)【零工】línggōng

ᴬ**낡다** 형 【旧】jiù【陈旧】chénjiù【破旧】pòjiù【陈腐】chénfǔ ¶옷이 낡았다 | 衣服旧了了. ¶낡고 떨어진 신발 | 又旧又破的鞋. ¶시대에 떨어진 낡은 관념을 버리다 | 抛弃pāoqì陈旧的观念. 참고 [落后][落伍][老朽lǎoxiǔ]

낡아빠지다 형【陈腐不堪】chén fǔ bù kān【破旧不堪】pòjiù bùkān【落后透顶】luòhòu tòudǐng【老朽】lǎoxiǔ【朽迈】xiǔmài

ᴬ**남¹** 명 【别人】biérén【他人】tārén【人家】rén·jia【旁人】pángrén【外人】wàirén ¶네가 할 수 있는 일은 ~도 할 수 있다 | 你能做的事, 别人也能做. ¶편한 것은 ~에게 양보하고 어려운 것은 스스로 한다 | 把方便让给别人, 把困难留给自己. ¶일이 생기면 자기 자신만 생각해서는 안되고 ~도 고려해야 한다 | 遇事不能只想自己, 也应考虑他人. ¶~은 알 수 없다 | 旁人不得而知. ¶~으로 여기다 | 当外人. 참고 [外头人][别人家]

남²[南] 명 【南】nán【南边】nánbiān

ᴮ**남극**[南极] 명 〈地〉【南极】nánjí 참고 [北极]

남극 대륙[南极大陆] 명 〈地〉【南极大陆】nánjí dàlù

ᴬ**남기다** 형 ❶ (남아 있게 하다) 【剩】shèng【剩下】shèng·xia【省下】shèng·xia【撇下】piē·xia【留】liú【保留】bǎoliú【留下】liú·xià【遗留】yíliú ¶나는 밥을 남긴 적이 없다 | 我从没剩过饭. ¶적잖은 비용을 절약해 남겼다 | 省下不少费用. ¶그는 마누라와 아이를 남겨두고 홀로 서울로 갔다 | 他撇下妻子和孩子, 一个人跑到汉城去了. ¶선조(先祖)께서 남기신 집 | 老辈子留下的房子. ¶잊을 수 없는

157

인상을 ~ | 留下难忘的印象。❷ (이익을 보다) 【获得赢利】huòdé yínglì 【获得盈余】huòdé yíngyú 【赚钱】zhuàn/qián 【盈余】yíngyú ¶이번에 그는 많은 이윤을 얻었다 | 他这次赚钱不少。¶200원의 흑자를 ~ | 盈余二百元。(참고) [撇捺piēdào] [撇弃q(] [赔钱péi qián] [挣钱zhèng qián] [赢余]

남김없이 [副]【毫无保留地】háowú bǎoliú·de 【充分地】chōngfèn·de 【全部地】quánbù·de

남남 [名]【外人】wàirén【非亲非故】fēiqīnfēigù ¶그 부부도 지금은 ~이 되었다 | 现在那个夫妻也成了外人。

남남북녀 [南男北女] [名]【南男北女】nánnán běinǚ

남녀 [男女] [名]【男女】nánnǚ ¶ ~ 혼합복식 | 男女混合双打。¶ ~를 구분하지 않다 | 不分男女。¶ ~ 평등권 | 男女平等权。(참고) [乾qián坤]

남녀노소 [男女老少] [名]【男女老少】nánnǚ lǎoshào

남녀별 [男女別] [名]【男女別】nánnǚ bié

남녀평등 [男女平等] [名]【男女平等】nánnǚ píngděng

남녘 [南−] [名]【南方】nánfāng 【南边(儿)】nán·bian(r) ¶ ~의 정취 | 南方风味。¶ ~에서 한 줄기 바람이 불어온다 | 从南边刮来一阵风。(참고) [南面miàn] [南半部] [南头儿]

ᄉ남다 [動] ❶ (여분이 있다) 【剩】shèngyú【剩下】shèng·xia ¶모두 다 돌아가고, 그 사람 혼자 남았다 | 大家都回去了, 只剩下他一个人。¶독안에 쌀이 아직 조금 남았다 | 缸里还剩下一些米。¶돈이 한 뭉치 남았다 | 剩下了一笔款。❷ (이익이 생기다) 【盈余】yíngyú 【赚钱】zhuàn qián ¶오백원의 이익이 ~ | 盈余五百元。¶크게 남는 장사 | 赚大钱的卖买。❸ (잔존하다) 【留】liú【留下】liúxià ¶기억에 ~ | 留在记忆中。(참고) [遗留yíliú] [剩] [赢余]

남다르다 [形] 【特別】tèbié 【独特】dútè ¶스타일이 아주 ~ | 式样很特别。¶이 사람은 성격이 아주 남달라서 지금까지 남들과 왕래를 하지 않는다 | 这个人的性格很独特, 从不与人来往。(참고) [与众不同] [比众不同]

남달리 [副] 【特別】tèbié 【格外】géwài 【分外】fènwài ¶이 프로그램은 ~ 관중을 끈다 | 这个节目特别吸引观众。¶오랫만에 다시 만나니 그들 둘은 ~ 다정하다 | 久别重逢, 他们俩格外亲热qīnrè。¶ ~ 아름답다 | 分外地好看。(참고) [与众不同] [比众不同]

남대문 [南大門] [名]【南大门】nándàmén

남도 [南道] [名]【南方各道】nánfāng gèdào 【南方各省】nánfāng gèshěng

남동 [南東] [名]【东南】dōngnán ¶ ~ 풍 | 东南风。¶ ~지역은 경제 발전이 매우 빠르다 | 东南地区经济发展得很迅速。

ᄂ남동생 [男同生] [名]【弟弟】dì·di 【胞弟】bāodì 【亲弟(弟)】qīndì(·di) ¶사촌 ~ | 叔伯弟弟。(참고) [兄弟]

남루 [襤褸] [名][形]【褴褛】lánlǚ ¶의복이 ~하다 | 衣衫shān褴褛。(참고) [蓝lán褛]

남매 [男妹] [名]【兄弟姐妹】xiōngdì jiěmèi 【兄妹】xiōngmèi

남미 [南美] [名]【南美】nánměi

남반구 [南半球] [名]〈地〉【南半球】nánbànqiú

남발 [濫發] [名][動他]【滥发】lànfā ¶졸업증을 ~하다 | 滥发毕业证书。

남방 [南方] [名]【南方】nánfāng ¶ ~ 사람 | 南方人。¶그는 ~에서 태어나서 북방에서 자랐다 | 他生在南方, 长在北方。(참고) [南面miàn] [南半部] [南边]

남방셔츠 [南方 shirts] [名]【短袖衬衫】duǎnxiù chènshān

남벌 [濫伐] [名][動他]【滥伐】lànfá ¶나무를 ~하다 | 滥伐树木。

남복 [男服] [名][하재]【男服】nánfú【男装】nánzhuāng 【女扮男装】nǚ bàn nánzhuāng ¶목란은 ~하고 아버지를 대신해 종군했다 | 木兰lán女扮bàn男装, 替父从军。(참고) [男扮女装] [女装]

남부 [南部] [名]【南部】nánbù ¶중국의 ~는 북부보다 발달됐다 | 中国的南部比北部发达。¶광주는 광동성의 ~에 위치하고 있다 | 广州位于广东省南部。(참고) [南方] [南边] [南面miàn] [南半部]

남부끄럽다 [形] 【丢脸】diū/liǎn 【丢人】diū/rén【丢面子】diū miàn·zi【丢体面】diū tǐmiàn【丢丑】diū/chǒu【丢身分】diū shēn·fen ¶이런 일을 저지르다니 정말 | 做出这种事，真丢人。（참고）〔惭愧〕〔害臊hài/sào〕〔害羞xiū〕〔羞ɑ̄朦〕〔怕羞〕〔羞愧kuì〕〔羞惭〕〔掉价〕

남부럽잖다〔휑〕【不羡慕任何人】bùxiā-nmù rènhérén

남북[南北] 〔명〕【南和北】nán hé běi【南北】nánběi ¶이 댐은 ~으로 족히 10리는 된다 | 这个水库南北足有十里。

남산[南山] 〔명〕【南山】nánshān

남색[藍色] 〔명〕【色】【蓝色】lánsè【深蓝】shēnlán【普蓝】pǔlán

남서[南西] 〔명〕【西南】xīnán ¶~변방을 지키다 | 驻守zhùshǒu西南边陲bi-ānchuí。

남성[男性] 〔명〕【男子】nánzǐ【男人】nánrén【男性】nánxìng ¶~미 | 男性美。¶~적 | 男性的。¶~ 호르몬 | 男性荷尔蒙hé'ěrméng/男性激素jīsù。

남아[男兒] 〔명〕 ❶ (사내아이) 【男孩儿】nánháir【男孩(子)】nánhái(·zi)【男的】nán·de ¶어떻게 네 집에는 ~가 하나도 보이지 않니? | 你们家怎么连一个男的也见不着啊？ ❷ (남자) 【男儿】nán'ér【男子汉】nánzǐhàn ¶~는 뜻을 넓은 세상에 둔다 | 男儿志在四方。¶그는 ~같지 않다 | 他不像个男子汉。

남아돌다 〔동〕【有余】yǒuyú【富余】fùyú ¶양식은 자급하고도 남아돈다 | 粮食自给zìjǐ有余。¶남아도는 여유돈 | 富余的钱。（참고）〔数fù余〕

남아메리카[南 America 共和國] 〔명〕〈地〉【南美洲】Nán Měizhōu

남아프리카공화국[南 Africa 共和國] 〔명〕〈地〉【南非】Nánfēi〔个도는 "比勒陀利"(프리토리아；Pretoria)〕

남양[南洋] 〔명〕〈地〉【南洋】Nányáng【南洋群岛】Nányáng qúndǎo（참고）〔南海〕

남용[濫用] 〔명하타〕【滥用】lànyòng【滥服】lànfú ¶직권을 ~하다 | 滥用职权zhíquán。¶권력를 ~하다 | 滥用权利。

남유럽[南 Europe] 〔명〕〈地〉【南欧】Nán ōu ¶~의 여러 나라를 순방하다 | 出访南欧诸国。

남의야 전봇대로 이를 쑤시던 말든〔관용〕【鸭行老板管蛋闲事】yāháng lǎobǎn guǎndàn xiánshì

남의 눈에 눈물 내면 제 눈에는 피눈물 난다〔관용〕【使人掉眼泪，自己眼里会流出血】shǐrén diào yǎnlèi, zìjǐ yǎn·lǐ huì liúchū xiě

남자[男子] 〔명〕【男子】nánzǐ【男人】nánrén【男儿】nán'ér【男子汉】nánzǐhàn【男的】nán·de ¶~ 단식 | 男子单打。¶~는 뜻을 넓은 세상에 둔다 | 男儿志在四方。¶~들은 모두 싸우러 가고 마을에는 여자와 아이들만 남았다 | 男的都去打仗了，村里只剩下女的和孩子们。

남작[男爵] 〔명〕【男爵】nánjué ¶~ 부인 | 男爵夫人。

남장[男裝] 〔명하자〕【男装】nánzhuāng ¶여자가 ~하다 | 女扮bàn男装。

남정네 〔명〕【男人们】nánrén·men【老爷们儿】lǎoyé·menr【老爷(儿)们】lǎoyé·men【大爷们】dàyé·men

남존여비[男尊女卑] 〔명〕【男尊女卑】nánzūn nǚbēi【重男轻女】zhòng nán qīng nǚ ¶예전의 중국 사람들은 ~ 사상을 가지고 있었다 | 以前的中国人民具有重男轻女的思想。

남짓〔의명〕【多】duō ¶한 달 ~ | 一个月多时间。

남짓하다〔휑〕【多】duō【余】yú ¶나이가 오십 ~ | 五十多岁。

남쪽[南一] 〔명〕【南方】nánfāng【南边(儿)】nán·bian(r)【南部】nánbù ¶~에서 한 줄기 바람이 불어온다 | 从南边刮来一阵风。¶광주는 광동성 ~에 위치하고 있다 | 广州位于广东省南部。（참고）〔南面〕〔南半部〕

남침[南侵] 〔명하자〕【南侵】nánqīn

남편[男便] 〔명〕【丈夫】zhàng·tu【男人】nán·ren ¶그녀는 ~을 여의었다 | 她死了丈夫。¶그녀의 ~ 말이지! 싹이 노랗다 | 她那个男人哪！ 没出息。（참고）〔夫妇〕

남풍[南風] 〔명〕【南风】nánfēng

남하[南下] 〔명하자〕【南下】nánxià ¶~정책 | 南下政策。

남해[南海] 〔명〕【南海】Nánhǎi

남해안[南海岸] 〔명〕【南海岸】nánhǎi·àn【南海滨】nánhǎibīn

남향[南向] 몡[하타] 【南向】nánxiàng 【朝南】cháonán 【向阳】xiàngyáng ¶이 방은 ~이어서 따뜻하다 | 这间屋子向阳, 所以暖和nuǎn·huo.

남회귀선[南回歸線] 몡〈地〉【南回归线】nánhuíguīxiàn

남획[濫獲] 몡[하타] 【肆意捕获】sìyì bǔhuò

ᴺ**납**¹[鉛]〈化〉【铅】qiān [원소 번호는 82]

납²[蠟] 몡 【蜂蜡】fēnglà ¶~세공 | 蜡雕.

납골[納骨] 몡 【纳骨】nàgǔ ¶~당 | 骨灰堂.

납기[納期] 몡 【缴纳期限】jiǎonà qīxiàn 【交付期】jiāofùqī 【交割期】jiāogēqī 【交货期限】jiāohuò qīxiàn ¶~를 어기다 | 滞纳.

납득[納得] 몡[하타] 【了解】liǎojiě 【领会】lǐnghuì ¶너의 뜻을 내가 완전히 ~했다 | 你的意思我完全理解了. ¶서로가 ~하다 | 彼此bǐcǐ理解. 참고 〔领悟〕〔谅解〕〔晓解〕〔懂悟〕〔知道〕〔搞通gǎotōng〕〔打通〕〔服〕〔信服〕

납땜[鑞—] 몡[하타] 【锡焊】xīhàn 참고 〔小xiǎo焊〕〔大dà焊〕〔焊剂jì〕

납부[納付] 몡[하타] 【交付】jiāofù 【交纳】jiāonà 【缴付】jiǎofù 【缴纳】jiǎonà ¶세금을 ~하다 | 交纳捐税. ¶학비를 ~하다 | 交纳学费. ¶~ 기일 | 缴纳 日期. 참고 〔付款〕〔过guò钱〕〔出纳〕〔交给〕〔付出〕

납세[納稅] 몡[하자] 【纳税】nà/shuì 【纳捐】nà/juān 【缴税】jiǎo/shuì 【完税】wán/shuì ¶~자 | 纳税人. ¶~가격 | 完税价格. ¶~ 영수증 | 完税证.

납입[納入] 몡[하타] 【交付】jiāofù 【交给】jiāogěi 【缴纳】jiǎonà 【缴付】jiǎofù 【纳入】nàrù 참고 〔实缴〕〔已缴〕〔认缴〕〔支付zhīfù〕

납작하다[扁平—] 【扁平地】biānpíng·de 【扁圆地】biānyuán·de

납작코[塌鼻梁] tābíliáng 【扁鼻子】biǎnbí·zi

납작하다[扁扁—] 【扁扁·的】biǎnbiǎn·de 【扁平的】biānpíng·de 【扁圆的】biǎnyuán·de ¶그의 코가 ~ | 他的鼻子扁平. ¶납작한 얼굴 | 扁圆·的脸liǎn.

납치[拉致] 몡[하타] 【绑架】bǎng/jià

겁持[劫持] ¶한 어린이가 ~되었다 | 有一个孩子被绑架了. ¶비적들이 많은 사람들을 ~했다 | 土匪tǔfěi绑架了好多人. ¶비행기를 ~하다 | 空中劫持/劫持客机/劫机/. 참고 〔要挟〕〔挟持〕

납품[納品] 몡[하자타] 【提供产品】tígōng chǎnpǐn 【纳缴物品】jiǎonà wùpǐn 【交上的货品】jiāoshàng·de huòpǐn 【供货】gōnghuò ¶~ 계약 | 供货合同hétong. ¶~일자 | 交货日期.

ᴺ**낫**[鐮刀] 【镰刀】liándāo

낫 놓고 기억자도 모른다[관용] 【不识一丁】bù shí yī dīng 【目不识丁】mù bù shí dīng 【不识之无】bù shí zhī wú

ᴬ**낫다**¹ 통 ❶(병이)【好】hǎo 【痊愈】quányù 【见好】jiànhǎo 【有起色】yǒu qǐsè ¶그의 병은 다 나았다 | 他的病痊愈了. ¶이렇게 많은 약을 먹었는데도, 병이 여전히 낫지 않으니, 어떻게 하지요? | 吃了这么多药, 病仍不见好, 怎么办呢? ¶그의 병이 이전보다 좋아졌다 | 他的病有起色了. ❷ (비교해서 더 좋다)【好些】hǎoxiē 【胜过】shèng·guo 【强】qiáng 【赛】sài ¶그의 성적은 너보다 ~ | 他的成绩chéngjì胜过你. ¶그는 모든 면에서 조건이 나보다 ~ | 他各方面的条件都比我强. ¶그는 나보다 수영이 더 ~ | 他游得比我好. 참고 〔痊可〕〔全愈〕〔轻〕〔舒服〕〔强于〕〔超于〕〔胜于〕〔胜似〕

ᴬ**낭독**[朗讀] 몡[하타] 【朗读】lǎngdú ¶큰 소리로 본문을 ~하다 | 大声朗读课文.

ᴺ**낭떠러지**[懸崖] 【悬崖】xuányá 【削壁】xuēbì 【峭壁】qiàobì 【山崖】shānyá 【绝壁】juébì 【崖岸】yá'àn ¶깎아지른 듯한 ~ | 悬崖绝壁juébì. ¶앞에 갑자기 ~가 나타났다 | 前面突然出现了一道绝壁.

낭랑[朗朗] 몡[하형] 【朗朗】lǎnglǎng ¶~하게 글 읽는 소리 | 朗朗读书声.

낭만[浪漫] 몡 【浪漫】làngmàn ¶너는 너무 ~적이야 | 你太浪漫了. 참고 〔罗曼蒂克luómàndìkè〕

ᴺ**낭비**[浪費] 몡[하타] 【浪费】làngfèi ¶시간을 ~하다 | 浪费时间. ¶이렇게 큰 교실을 너희 몇 명이서 수업을 받는

다면 너무 ~다 | 这么大的教室就你们几个人在这儿上课, 那太浪费了! 참고 【耗散hàosàn】

낭설[浪說] 몡 【道听涂说】dàotīngtúshuō 【小道消息】xiǎodàoxiāo·xi

ᴮ**낭송**[朗誦] 몡하타 【朗诵】lǎngsòng ¶시를 ~하다 | 朗诵诗。¶산문 한 편을 ~했다 | 朗诵了一篇散文。

낭패[狼狽] 몡하자타 【狼狈】lángbèi ¶~한 모습이 드러나다 | 显出很狼狈的样子。

ᴬ**낮** 【白天】bái·tian 【昼】zhòu 【白日】báirì 【日里】rìlǐ 【日间】rìjiān 【大天白日】dà tiān bái rì 【白昼zhòu 中】 ¶한때 개었다가 흐림 | 白天晴转多云。¶불빛이 대~같이 환하다 | 灯光如昼。¶~은 길고 밤은 짧다 | 昼长夜短。¶그는 ~에 일하고 밤에 학교에 다니는 정말 대단한 사람이다 | 他白天工作, 夜晚yèwǎn上学, 真了不起。

ᴬ**낮다** 혱 ❶ (높이·정도가) 【低】dī 【矮】ǎi ¶비행기가 낮게 날다 | 飞机低飞。¶의자보다 낮을 수 없다 | 桌子不能比椅子矮。 ❷ (모자라거나 부족하다) 【差】chà 【低微】dīwēi 【低】dī ¶질이 너무 ~ | 质zhì量太差。¶지위가 ~ | 地位低下。¶경제 수준이 ~ | 经济水平低。 ❸ (목소리 등이) 【低】dī 【低微】dīwēi ¶낮은 소리로 말하다 | 低声说话。¶낮은 신음 소리 | 低微的呻吟shēnyín。

낮말은 새가 듣고 밤말은 쥐가 듣는다 관용 【白天说话鸟听见, 夜里说话鼠听见】báitiān shuōhuà niǎo tīngjiàn, yè·lǐ shuōhuà shǔ tīngjiàn 【隔墙有耳, 窗外岂无人】géqiáng yǒu ěr, chuāngwài qǐ wú rén 【山里讲话鸟听见, 屋里讲话鼠听见】shān·lǐ jiǎnghuà niǎo tīngjiàn, wū·lǐ jiǎnghuà shǔ tīngjiàn 【山前讲话, 山后有人】shānqián jiǎnghuà, shānhòu yǒurén 【山中说话鸟儿听见, 家中说话老鼠听见】shānzhōng shuōhuà niǎor tīngjiàn, jiāzhōng shuōhuà lǎoshǔ tīngjiàn 【路上说话草里有人】lùshàng shuōhuà cǎo·lǐ yǒurén 【没有不透风的墙】méi yǒu bú tòufēng·de qiáng 【隔墙有耳, 草地里有人】géqiáng yǒu ěr, cǎo·lǐ yǒurén 【墙里说话, 墙外听】qiáng·lǐ shuōhuà, qiāng-

wài tīng

ᴮ**낮잠** 몡 【午睡】wǔshuì 【午觉】wǔjiào 【昼寝】zhòuqǐn ¶매일 한 시간씩을 자다 | 每天午睡一小时。¶~을 자다 | 睡午觉。참고 【睡晌觉】(晌觉)

ᴮ**낮추다** 타 【降低】jiàngdī 【削减】xuējiǎn 【减低】jiǎndī 【压低】yādī ¶물가를 ~ | 减低物价wùjià。¶속도를 ~ | 减速。¶가격을 ~ | 压低价格。참고 〔贬低〕(贬损)

낮춤말 몡 〈言〉 【卑称】bēichēng 【卑语】bēiyǔ 【谦称】qiānchēng 【谦语】qiānyǔ

ᴮ**낯** 몡 ❶ (얼굴) 【脸 (儿·子)】liǎn(r,·zi) 【脸面】liǎnmiàn ¶~을 씻다 | 洗脸。¶~이 환하다 | 脸很白净。 ❷ (체면) 【脸】liǎn 【头】tóu 【体面】tǐ·mian 【脸面】liǎnmiàn 【面子】miàn·zi 【面孔】miànkǒng ¶~을 잃다 | 丢diū脸。¶~을 못 들다 | 抬不起头。¶~을 세우다 | 看面子/给面子/讲面子。¶그의 ~을 봐서 좀 양보하시오 | 给他一个面子, 让他一点。참고 〔精面〕(脸上)(脸嘴)(脸庞)

낯가리다 동 【认生】rènshēng 【怕生】pàshēng ¶이 아이는 낯가리지 않는다 | 这孩子不认生。¶이 아이는 의외로 낯가리지 않는다 | 这孩子倒不怕生。참고 〔奔bèn人儿〕(怵chù见)(认人(儿))

낯간지럽다 동 【惭愧】cánkuì 【无地自容】wúdìzìróng 【难为情】nánwéiqíng ¶작은 일을 하고 칭찬 받으니 정말 ~ | 干了点小事就受表扬, 真难为情。

낯부끄럽다 혱 【羞愧】xiūkuì 【不好意思】bùhǎoyì·si ¶그들은 조금도 낯부끄러워하지 않는다 | 他们都毫háo不羞愧。¶그는 자신의 잘못을 알고는 마음 속으로 아주 낯부끄러워했다 | 他认识到自己的错误cuòwù, 心里十分羞愧。참고 〔羞赧〕

낯붉히다 동 【红脸】hóng/liǎn 【脸红脖子粗】liǎnhóng bó·zi cū ¶낯붉히며 다투다 | 红着脸儿吵架。참고 〔脸红绯红〕(面红耳赤)

낯빛 몡 【脸色】liǎnsè 【气色】qìsè 【神色】shénsè ¶~이 변했다 | 变了脸色。¶나는 주인의 ~을 살피면서 일

161

을 하고 싶지는 않다 | 我不愿看老板的脸色做事。¶~이 좋지 않은 걸로 보아 틀림없이 걱정거리가 있을 거야 | 神色不好，一定有心事。¶~이 나쁘다 | 神色不对。¶~이 좋은 색 [神情]〔神色〕

ᵇ낯설다 〔형〕【面生】miànshēng 【陌生】mòshēng【眼生】yǎnshēng ¶이 학생은 매우 ~ | 这个学生面生得很。¶우리는 비록 처음 만났지만, 결코 낯설지 않다 | 我们虽然是第一次见面，并不感到陌生。¶방문객이 매우 낯이 설다 | 来客很眼生。[참고]〔脸生〕〔生疏 shēngshū〕〔素不相识〕〔莫 mò生〕

ᶜ낯익다 〔형〕【面熟】miànshú 【眼熟】yǎnshú【看惯】kànguàn ¶이 분은 낯이 익은데 어디선가 본 적 같다 | 这位看着面熟，像在哪儿见过。¶이 사람은 낯이 익었는데 누구인지는 생각이 나지 않는다 | 这个人看着面熟，就是想不起来是谁。¶나는 이런 장면에 낯익어있다 | 我看惯了这种场面。[참고]〔面善 miànshàn〕

낯짝 〔명〕【嘴脸】zuǐliǎn【脸皮】liǎnpí

날개 〔명〕【单个】dān·gè 【零】líng ¶~ 매매 | 零卖。[참고]〔一个个〕〔零个儿〕

날날이 〔부〕【一一】yīyī 【一个个地】yí·ge·ge·de 아¶그녀에게 ~ 설명하다 | 一一给她说明。[참고]〔乙yǐ乙〕〔一五一十地〕〔完全地〕〔彻底地〕〔无遗地〕〔具体地〕〔赤裸裸地〕

ᵇ낱말 〔명〕〈言〉【词(儿)】cí(r) ¶단음절 ~ | 单音 dānyīn 词。[참고]〔单词〕〔句〕〔字〕

ᶜ낱장 〔명〕【一张一张】yìzhāng yìzhāng【单页】dānyè

ᴬ낳다 〔동〕❶ (출산하다)【生】shēng 【生产】shēngchǎn 【养】yǎng 【下】xià【产】chǎn 【分娩】fēnmiǎn ¶아이를 ~ | 生孩子。¶그의 처는 곧 아이를 낳는다 | 他妻子qī·zi生产了。¶알을 ~ | 下蛋 dàn。¶돼지 새끼를 낳았다 | 下小猪 zhū 仔儿了。❷ (생기게 하다·배출하다)【造成】zàochéng ¶그 소식은 여러가지 소문을 낳았다 | 那个消息造成了许多传闻。[참고]〔生成〕〔产生〕〔生下〕〔生育〕〔生养〕〔落地〕〔出现〕

낳은 정보다 기른 정 〔관용〕【生娘没有养

娘亲】shēngniáng méiyǒu yǎngniáng qīn

ᴬ내¹ 〔명〕【溪流】xīliú 【小河】xiǎohé 【小溪】xiǎoxī

내² 〔명〕【气味】qìwèi 【味(儿)】wèir ¶땀~ | 汗味。¶밥 타는 ~ | 饭糊了的味儿。

내³ 〔대〕❶【我】wǒ ¶~가 했다 | 是我做的。❷ (소유)【我的】wǒ·de ¶~ 집 | 我的家。

내—⁴ 〔동〕❶ (표시向外送出的动作)¶~가다 | 拿出去。¶~보내다 | 送出去。❷ (표시강세)¶~빼다 | 拼命逃。

—내⁵ 〔미〕(用于时间后表示整个)【整】zhěng 【整个】zhěnggè ¶여름~ 비가 온다 | 整个夏天都在下雨。

내각¹〔内角〕〔명〕〈数〉【内角】nèijiǎo [참고]〔外角〕

내각²〔内阁〕〔명〕〈政〉【内阁】nèigé ¶불신임안 | 对内阁不信任。¶~ 책임제 | 责任内阁制。¶~을 구성하다 | 组织内阁。

ᴬ내걸다 〔동〕❶ (게양하다)【挂到外边】guàdào wàibiān 【挂在前边】guàzài qiánbiān ¶깃발을 ~ | 把旗挂到外边。❷ (내세우다)【提出】tíchū 【订出】dìngchū ¶구호를 ~ | 提出口号。¶법칙을 ~ | 订出规律。❸ (목숨 등을 내놓다)【豁出】huōchū 【豁出去】huō·chū·qù【不惜献出】bùxī xiànchū ¶목숨을 ~ | 豁出命。[참고]〔吊挂 diàoguà〕〔吊钱儿〕

내공〔内功〕〔명〕【内功】nèigōng

ᴬ내과〔内科〕〔명〕〈医〉【内科】nèikē ¶~병실 | 内科病房 bìngfáng。¶~ 의사 | 内科医生。

ᴬ내구〔耐久〕〔명·형자〕【耐久】nàijiǔ【耐用】nàiyòng 【持久】chíjiǔ ¶~력 | 耐久力。¶~성 | 耐久性。¶이런 공구는 튼튼해서 ~적이다 | 这种工具gōngjù很结实jiēshí耐用。

ᴬ내국〔内国〕〔명〕【国内】guónèi ¶~법 | 国内法。¶~ 무역 | 国内贸易。¶~ 정치 정세 | 国内政治形势。¶~환 | 国内汇兑huìduì。

ᶜ내국세〔内国税〕〔명〕【国内税】guónèishuì 【内地税】nèidìshuì ¶~ 법규 | 内地税法规。

내규[內規] 圀【内部规定】nèibù guīdìng

내근[內勤] 圀하재【内勤】nèiqín ¶~ 기자 | 内勤记者. ¶~ 경찰관 | 内勤警察. 鬙교 〔外勤〕

내기 圀하재【打赌】dǎdǔ

ᴮ**내내** 児【一向】yíxiàng 【一直】yìzhí【始终】shǐzhōng ¶그는 ~ 이런 식이었다 | 他一向如此. ¶나는 ~ 북경에 살고 있다 | 我一直住在北京. ¶나는 오늘 오후 ~ 도서관에서 공부했다 | 我今天下午一直在图书馆学习.

ᴬ**내년**[來年] 圀【明年】míngnián 【来年】láinián ¶~이 되면 이 작은 나무가 반드시 나보다 크게 자랄 것이다 | 等到来年, 这一棵kē小树一定会长得比我高. 鬙교 〔来岁suì〕

ᴬ**내놓다** 圀❶ (밖으로)【拿出来】ná·chū·lái【搬出来】bān·chū·lái【放出来】fàng·chū·lái ¶지갑에서 돈을 ~ | 把钱从钱包里拿出来. ❷ (가둔 것을)【放】fàng【释放】shìfàng ¶범인을 ~ | 释放罪犯. ❸ (발표하다)【公布】gōngbù【宣布】xuānbù【发表】fābiǎo ¶새 헌법을 ~ | 公布新宪法. ¶논문 한 편을 내놓았다 | 发表了一篇论文. ❹ (제외하다)【撇开】piē·kāi ¶이 점은 잠시 내놓고 논하지 않기로 합시다 | 先撇开这一点不论. ❺ (음식 등을)【拿出来】ná·chū·lái【交出来】jiāochūlái ¶과일을 ~ | 把水果shuǐguǒ 拿出来. 鬙교 〔公开〕〔颁布〕〔交代〕〔抛pāo出〕〔除开〕〔扣kòu除〕

ᴬ**내다** 圀❶ (밖으로)【拿出】náchū ❷ (지불하다)【出】chū【拨付】bōfù ¶돈을 ~ | 出钱. ¶우선 금액의 일부를 ~ | 先拨付一部分款子. ❸ (제출·제시하다)【提出】tíchū【提交】tíjiāo ¶너희들이 이렇게 한다면 그들이 아마 의견을 낼 것이다 | 你们这样做, 他们可能会提出意见的. ¶지원서를 ~ | 提交志愿书. ❹ (발행·발표하다)【寄送】jìsòng【发】fā【发表】fābiǎo【出】chū【发】fā ¶책을 ~ | 出书. ¶편지를 한 통을 ~ | 发一封信. ❺ (빚을)【借】jiè【贷】dài【收】shōu ¶은행에서 빚을 ~ | 向银行贷款kuǎn. ❻ (시간을)【抽】chōu【腾】téng ¶시간을 ~ | 抽

时间. ¶짬을 낼 수 없다 | 腾不出空来. ❼ (길을)【开】kāi ¶길을 ~ | 开路. ❽ (구멍을 만들다)【凿】záo ¶구멍 하나를 ~ | 凿一个窟窿kū·lōng. ❾ (개시하다)【开】kāi【开张】kāizhāng ¶병원을 ~ | 开医院. ¶로터리 입구에 가게를 ~ | 在十字路口开商店. ❿ (감정을)【使】shǐ【发】fā ¶성을 ~ | 发怒. 鬙교 〔拿出〕〔上〕〔租借zūjiè〕〔制定〕

내다보다 圀❶【向外看】xiàngwài kàn【向前看】xiàngqián kàn ❷【展望】zhǎnwàng ¶미래를 내다보고 우리는 자신감에 가득찼다 | 展望未来, 我们充满信心. ¶세계 정세를 ~ | 展望世界局势.

내닫다 圀【飞奔】fēibēn【奔驰】bēnchí【跑得快】pǎo·dekuài【疾驰】jíchí

내달[來~] 圀【下个月】xià·geyuè

내던지다 圀❶【投】tóu【掷】zhì ¶돌을 ~ | 投石头. ¶수류탄을 ~ | 掷手榴弹. ❷【抛掉】pāodiào【扔掉】rēngdiào ¶이 보자기를 내던져버리다 | 扔掉这个包袱bāo·fu. ¶~ (脱口而出tuōkǒuérchū【突然说】tūrán shuō 鬙교 〔扔rēng〕〔抛弃〕〔丢掉〕〔乱扔(掉)〕〔乱发〕

내동댕이치다 圀【扔掉】rēngdiào ¶이 보자기를 ~ | 扔掉这个包袱bāo·fu. 鬙교 〔猛挥〕〔挥掉〕〔抛弃〕〔丢掉〕〔乱扔(掉)〕〔乱发〕〔挥甩shuǎi〕

내두르다 圀❶ (휘두르다)【挥舞】huīwǔ【挥动】huīdòng ¶주먹을 ~ | 挥动拳头. ❷ (마음대로 하다)【任意摆布】rènyì bǎibù【随心所欲】suí xīn suǒ yù ¶네가 하고 싶은대로 내두를 수는 없다 | 你不能随心所欲. 鬙교 〔随心所愿〕

내디디다 圀❶ (걸음을)【开步】kāibù【迈步】màibù ¶그는 발걸음을 내디뎌 마자 비틀거렸다 | 他刚迈步就打了个趔趄liàngqiàng. ❷ (발족하다)【开始】kāishǐ【起始】qǐshǐ【着手】zhuó/shǒu 鬙교 〔走〕〔踩〕

내란[內亂] 圀【内乱】nèiluàn【内讧】nèihòng ¶~이 일어나다 | 发生内乱. ¶~이 평정되었다 | 平息píngxī了内乱. ¶~을 하다 | 打内战. 鬙교 〔内哄nèihōng〕

163

ᴬ**내려가다** 图❶ (아래로)【下去】xià·/·q-ù【下降】xiàjiàng ¶그 마을에 그는 세 번 내려갔었다 | 那个村子, 他下过去三次。¶지반이 ~ | 地壳dìké下降。❷ (시골·고향으로)【下···去】xià···qù ¶북경에서 고향으로 ~ | 从北京回到故乡去。❸ (수치가 하락하다)【下跌】xiàdiē【下降】xiàjiàng ¶기온이 ~ | 气温qìwēn下降。❹ (소화되다)【消化】xiāohuà ¶먹은 게 내려가지 않는다 | 吃的还没消化了liǎo。

ᴮ**내려놓다** 图【放下】fàngxià【搁下】gē·xia【拿下】náxià ¶짐을 ~ | 放行李。¶짐을 내려놓으시오! | 把行李搁下吧! ¶선반 위의 물건을 내려놓지 말아라 | 别把架子上的东西拿下来。(참고) 〔卸下xièxià〕

ᴮ**내려다보다** 图❶ (아래로)【向下看】xiàngxià kàn【向下瞧】wǎngxiàqiáo【俯视】fǔshì【俯瞰】fǔkàn【鸟瞰】niǎokàn ¶산 위에 올라 내려다보니 장강이 마치 흰색의 띠같다 | 在山上鸟瞰, 长江就像白色的带子。(얕보다)【轻视】qīngshì【蔑视】mièshì【小看】xiǎokàn ¶상대방을 내려다본 것이 실패의 요인이다 | 轻视对方duìfāng是失败的原因yuányīn。¶그는 언제나 가난한 집 자제를 내려다본다 | 他一向蔑视贫穷pínqióng子弟。(참고) 〔小觑qù〕〔小视shì〕

내려서다 图【往下来】wǎngxiàzhěn ¶단 아래로 ~ | 站到台阶下面去。

ᴮ**내려앉다** 图❶ (아랫자리로)【往下来坐】wǎngxiàlái zuò ❷ (무너지다)【坍】tān【塌】tā ¶흙담이 비에 젖어 내려앉았다 | 土墙被雨淋坍了。¶하늘이 내려앉아도 무섭지 않다 | 天塌了也不怕。(참고) 〔落下〕〔下沉〕【降临jiànglín】弥漫

ᴬ**내려오다** 图❶ (높은 데서)【下来】xià·lái ¶어머니가 방금 윗층에서 내려오셨다 | 妈妈刚从楼lóu上下来。❷ (전해져)【传下来】chuán·xià·lái【下来】xià·lái ¶고대로부터 전해 내려오는 우언 | 古代流传liúchuán下来的寓言yùyán。❸ (명령이)【下来】xià·lái ¶임무가 내려왔다 | 任务rènwù下来了。¶이 서류는 이틀 전에 내려왔다 | 这文件下来两天了。

ᴺ**내려지다** 图【掉下来】diào·xià··lái【挥下来】huī·xià·lái

내려치다 图【捶打】chuí·da【猛打】měngdǎ

내력[來歷] 圀【来历】láilì【经历】jīnglì【由来】yóulái ¶~이 분명하다 | 来历不明。

ᴺ**내륙[內陸]** 圀〔地〕【内陆】nèilù ¶~분지 | 内陆盆地péndì。

내리 图❶ (위에서 아래로)【往下】wǒngxià ¶공을 ~ 던지다 | 把球往下扔。❷ (줄곧)【始终】shǐzhōng【一直】yìzhí ¶올 겨울은 ~ 춥다 | 今冬一直冷。

내리긋다 图【向下划】xiàngxià huà【向下直划】xiàngxià zhíhuà【往下划】wǎngxià huà

내리깔다 图❶ (자리를 아래로 깔다)【往下铺】wǎngxià pū ¶돗자리를 ~ | 铺席子。❷ (시선을 아래로 보내다)【垂下眼皮】chuíxià yǎnpí kàn【抹搭】mā·da ¶눈을 내리깔고 ~ | 抹搭着眼皮。(참고) 〔下垂chuí〕

ᴬ**내리다** 图❶ (높은 데서)【下】xià ¶비가 ~ | 下雨。¶몇 번의 큰 눈이 내렸다 | 下过几场大雪。¶버스에서 ~ | 从公共汽车上下来。❷ (하락하다)【降】jiàng【下降】xiàjiàng ¶온도가 빙점까지 내려갔다 | 温度降到冰点了。❸ (살이)【瘦】shòu ¶살이 ~ | 瘦了。❹ (명령을)【下达】xiàdá【下】xià ¶명령을 ~ | 下命令mìnglìng。❺ (물건을)【放下】fàng·xià ¶짐을 내려 놓다 | 放下行李。❻ (돛을)【落】luò ¶돛을 ~ | 落帆fān了。❼ (결정하다)【下】xià ¶결론을 ~ | 下结论jiélùn。¶정의를 ~ | 下定义dìngyì。❽ (부기가)【消】xiāo ¶부기가 이미 내렸다 | 红肿hóngzhǒng已消。❾ (소화되다)【消化】xiāohuà ¶먹은 것이 이미 내려 갔다 | 吃下的已经消化了。❿ (하사하다)【赐】cì【化】huà ¶신하에게 벼슬을 ~ | 给臣子赐官。(참고) 〔流去〕〔流下去〕退tuì

내리막길 圀【下坡路】xiàpōlù ¶구식 공장은 ~을 걷고 있다 | 老式工厂gōngchǎng正在走下坡路。

ᴺ**내리쬐다** 图【直射】zhíshè【暴晒】pùsh-

hǐ ¶뙤약볕이 ~ | 炎热的阳光直射
下来。

내리치다 图【向下捶打】xiàngxià chuí-
dǎ【向下猛打】xiàngxià měngdǎ
【擂】léi ¶주먹으로 한 대 내리쳤다 |
擂了一拳quán。

내리퍼붓다 图【往下倒】wǎngxià dào
【猛下】měngxià【倾】qīng ¶내리퍼
붓는 비 | 倾盆大雨。

내림 【下降】xiàjiàng【下跌】xiàdiē参
考〔下落〕〔淡淡跌〕〔跌落〕〔涨zhǎng
价〕〔续xù涨xù〕

내림차순 〔一次順序; descending〕 图〈電
算〉【降序】jiàngxù

내막 【内幕】nèimù【内情】nè-
iqíng【底细】dǐ·xi【底蕴】dǐyùn ¶~
을 깊이 알다 | 深知内情。¶그들은
이 일의 ~을 잘 모른다 | 他们不了解
这件事的底细。¶~을 알아냈다 | 摸
到了底细。¶그 상세한 ~을 모르다
| 不知其中底蕴。参考〔底里〕〔底理〕
〔底里深情〕〔底理深情〕〔根底〕〔实情〕

내맡기다 图❶(맡게 하다)【托给】tuō-
gěi【托咐】tuōfù【委托】wěituō ¶이
일은 그에게 내맡겼다 | 这件事就委
托他了。❷(제멋대로 버려두다)【放
任】fàngrèn【任其自流】rèn qí zì liú参
考〔交给〕〔交付〕

내면 【内面】nèimiàn图❶(사물의 안)【里面】lǐ-
miàn【里(儿.子)】lǐ(r,·zi) ¶이것은
외면이고 저것이 ~이다 | 这是面儿、
那是里儿。❷(마음·내심)【内心】nè-
ixīn ¶~묘사 | 内心世界的描写。¶
~에서 나오는 미소 | 发自内心的微
笑。

내몰다 图❶(쫓아내다)【驱逐】qūzhú
¶국외로 ~ | 驱逐出境jìng。¶침략
자를 ~ | 驱逐侵略者。❷(일
을 다그치다)【使换】shǐhuàn ¶노예
를 말이나 소처럼 마음대로 내몰았다
| 奴隶nú隶主把奴隶当作牛马niú mǎ
任意换shǐ。❸(앞으로 급히 달려 가
도록 하다)【疾驶】jíshǐ ¶전속력으로
차를 빨리 ~ | 全速疾驶。参考〔赶
走〕〔赶〕〔驱进qiàn〕

내무 【内务】nèiwù【内务事
务】nèibù shìwù ¶~ 생활 | 内务生活
huó。

내밀다 图❶(튀어나오다)【突出】tūch-

ū ¶광대뼈가 북 내밀어나오다 | 颧骨
quángǔ突出。❷(앞으로·밖으로 나
가게 하다)【伸出】shēnchū ¶손을 ~
| 伸出手。❸(남에게 미루다)【推
卸】tuīxiè ¶자기가 져야할 책임을 내
밀지 마시오 | 不要推卸自己应负的责
任。参考〔冒出〕〔露出〕〔递出去〕〔探
出〕〔亮出〕

내방 【来访】图하타【来访】láifǎng ¶우
리나라에 ~하심을 환영합니다 | 欢
迎来访我国。¶이번 ~은 당신들에
게서 경험을 배우기 위한 것입니다 |
这次来访是为了向你们取经的。

내 배 부르면 종이 배고픈 줄 모른다冠
【自饱不知饿汉饥】zìbǎo bùzhī è-
rén jī〔饱汉不知饿汉饥, 骑马不知步
行迟〕bǎohàn bùzhī èhàn jī, qí mǎ b-
ùzhī bù xíng chí〔饱汉不晓饥人事〕b-
ǎohàn bùxiǎo jīrén shì

내뱉다 图❶(밖으로)【吐出】tǔchū
【啐】cuì【脱口说出】tuōkǒu shuōchū
【愤愤地说】fènfèn·de shuō ¶침을 한
번 막 ~ | 啐了一口唾tuò沫mò出。❷
(드러내다)【吐露】tǔlù ¶진심을 ~ |
吐露真情。¶마음 속에 있는 말을 모
두 내뱉았다 | 心里话全吐露出来了。
参考〔吐〕〔喷唾〕〔吐心口〕

내버려 두다 图❶(하는 대로 하게 하다)【听其
自然】tīng qí zì rán【放任】fàngrèn ¶
도대체 결과가 어떠할 지 되어가는 대
로 내버려 둘 수 밖에 없다 | 到底结果
会怎样, 也只能听其自然。❷(관리하
지 않다)【弃置不顾】qì zhì bú gù ¶
~는 대로 내버려두다 | 任意换shǐ。参
考〔弃之不顾〕〔搁着不管〕〔丢手不管〕
〔放任不管〕

내버리다 图❶【扔】rēng【扔掉】rēngdiào
【乱扔】luànrēng【抛弃】pāoqì【抛舍】
pāoshě【丢掉】diūdiào ¶오물을 함부
로 내버리지 마시오 | 请勿随便suíbi·an
乱扔污物wūwù。¶환상을 버리다
| 丢幻想huànxiǎng。参考〔丢开〕
〔舍弃〕

내보내다 图❶(안에서 밖으로)【放出
去】fàng·chū·qù【送出去】sòng·chū·
qù【送到】sòngdào ❷(파견하다)
【派出去】pài·chū·qù ❸(직장에서)
【调出去】diào·chū·qù

내복 【内服】图하타【衬衣】chènyī【内
衣】nèiyī ¶~ 상하의 | 衬衣裤。¶그

는 ~ 입기를 좋아한다 | 我爱穿衬
衣。¶나는 면으로 된 ~을 고르겠다
| 我要选xuǎn纯棉mián内衣。〔참고〕
〔里衣〕〔汗衫hànshān〕〔卫生衣wèish-
ēngyī〕〔卫生衫〕〔绒róng衣〕〔棉mián
毛衫〕

¹**내부**[内部] 몡【里面】lǐmiàn【内部】nè-
ibù ¶~수리 | 内部修理。¶~ 자료
| 内部资料。¶이 문제는 ~에서 해
결한다 | 这个问题内部解决。

내비치다 동 ❶ (빛·빛깔이 밖으로)
【往外照射】wǎngwài zhàoshè【透光】
tòuguāng【透亮】tòu·liàng ❷ (짐짓
말을 꺼내어)【流露】liúlù【表露】biǎo-
olù ¶그는 정식 대면이 있기 전에 어
떠한 것도 내비치길 거절했다 | 他拒
绝jùjué在没有正式会晤huìwù之前作
任何rènhé透露。¶그 사람 앞에
서나 감히 자기의 감정을 내비치지 못
한다 | 他不敢gǎn在别人面前把他的
感情表露出来。〔참고〕〔说出〕〔泄xiè
漏〕〔渗shèn出〕

내빈[来宾] 몡【来宾】láibīn【来客】láik-
è ¶~을 접대하다 | 招待来宾。

내빼다 동 (逃跑) táopǎo ¶그가 내빼
다 | 他逃跑了。〔참고〕〔跑掉〕〔逃走〕

내뻗다 동 ❶ (뻗쳐 나가다)【伸展】shē-
nzhǎn ¶초원이 먼 하늘까지 내뻗어
있다 | 草原一直伸展到远远的天边。
¶도로가 먼 곳까지 쭉 내뻗어 있다 |
公路向远处伸展。❷ (고집부리다)
【坚持】jiānchí ¶그녀가 끝까지 내뻗
어 나가면, 나도 방법이 없다 | 她坚持
要去, 我也没有办法。〔참고〕〔固持〕〔延
展〕〔伸延〕〔延伸〕〔固执〕

내뿜다 동【喷】pēn【喷射】pēnshè ¶화
산이 불을 ~ | 火山喷发。¶불꽃을
~ | 喷出火焰huǒyàn。〔참고〕〔喷放fà-
ng〕〔冒出〕〔呼出〕〔涌出〕〔喷出〕

내사[内查] 몡【暗查】ànchá【暗
探】àntàn

내색[-色] 몡하자【表露】biǎolù【流
露】liúlù【表情】biǎoqíng【脸色】liǎnsè
【声色】shēngsè ¶그는 불쾌했으나
조금도 ~하지 않았다 | 尽管他很不愉
快, 但他丝毫也没有表露出来。¶~
을 하지 않다 | 不露fù声色。

ng·de

내세[来世] 몡〈佛〉【来世】láishì【来
生】láishēng ¶현세에서 덕을 쌓아두
면 ~에 복을 누리게 된다 | 今生积德jí-
dé, 来世可以享福xiǎngfú。

¹**내세우다** 동 ❶ (주장하다)【提出】tích-
ū【提倡】tíchàng【坚持】jiānchí【固
执】gù·zhí ¶근검 절약을 ~ | 提倡勤
俭节约。¶원칙을 ~ | 坚持原则。¶
옳은 것을 골라서 ~ | 见地正道。❷
(자랑하거나 높이 평가하다)【夸耀】
kuāyào【宣扬】xuānyáng ¶성과를
~ | 宣扬成就。¶훌륭한 덕을 널리
~ | 宣扬盛德。❸ (나와 서게 하다)
【让站出来】ràng zhàn chūlái ¶그를
대열 앞에 ~ | 让他站在队列前面。
❹ (나서게 하다)【派出】pàichū ¶일
꾼을 내세워 그를 찾았다 | 派朋友去
找到了他。〔참고〕〔让he〕〔提〕〔固
持〕〔推崇抬高颂扬〕〔派〕〔派遣〕

내수[内需] 몡【内需】nèixū【国内需
要】guónèi xūyào【国内需求】guónèi
xūqiú【国内消费】guónèi xiāofèi

내숭 몡하형스형【外柔内凶】wàiróunèi-
xiōng【内心凶狠】nèixīnxiōnghěn
【别有用心】bié yǒu yòng xīn ¶~을
떨다 | 驴rú屎shǐ蛋外边光。〔참고〕〔阴
险〕〔假斯文〕〔装文静〕

내쉬다 동【吐出】tǔchū【呼气】hūqì

내습[来袭] 몡하자【来袭】láixí ¶적의
~에 대비하다 | 对付fù敌dí人的来
袭。

내시[内侍] 몡【内官】nèiguān【内侍
官】nèishìguān【宦官】huànguān【太
监】tàijiān

내심[内心] 몡【内心】nèixīn【心里】xī-
n·li ¶~ 미소를 짓다 | 发自内心的
笑。¶~ 편하지 못하다 | 心里不舒
服。¶~ 괴로워하다 | 心里难过。〔참
고〕〔心下〕〔心头〕

내쏘다 동 ❶ (화살이나 총알 등을 밖으
로 쏘다)【射】shè【发射】fāshè ¶밖
으로 ~ | 往外发射。❷ (날카롭게 말
하다)【开炮】kāi/pào 〔참고〕〔放〕〔开〕
〔打〕

내야[内野] 몡〈體〉【内场】nèichǎng ¶
~수 | 内场手。

내역[内譯] 몡【细目】xìmù ¶그는 이
명세서의 ~을 훑어봤다 | 他看了这

张清单上的细目。

내연[内緣] 명【婚外恋】hūnwàiliàn ¶~의 처 | 事实婚姻之妻。**참고**〔挼光 āiguāng〕〔撴光〕

내열[耐熱] 명【耐热】nàirè ¶그 유리는 ~적이냐? | 那种玻璃耐热吗? ¶~성 | 耐热性。

내오다 동【拿出来】ná·chū·lái【搬出来】bān·chū·lái【端出来】duān·chū·lái ¶차 좀 내오너라 | 拿点茶来吧。

^c**내왕**[來往] 명하자【来往】láiwǎng【往来】wǎnglái ¶서로 ~하다 | 互相来往。¶도로 보수 공사 중으로 차량의 ~을 금지한다 | 翻修路面, 禁止车辆来往。

^B**내외**[内外] 명 ❶ (안팎) 【内外】nèiwài【里外】lǐwài ¶~협공 | 内外夹攻jiāgōng。¶~가 꼭 맞다 | 里外合适héshì。❷ (국내외) 【国内外】guónèiwài【内外】nèiwài【里外】lǐwài ¶국~의 반동파 | 内外反动派。❸ (약간 넘거나 덜함)【内外】nèiwài【左右】zuǒyòu ¶일개월 ~ | 一个月内外。¶그의 나이는 마흔 살 ~라고 짐작된다 | 他大概四十来岁。¶7월 10일 ~ | 七月十日左右。¶그는 키가 1미터 70센티 ~이다 | 他身高一米七左右。❹ (부부)【夫妇】fūfù【夫妻】fūqī ¶아들 ~ | 儿子夫妻。

^A**내용**[内容] 명【内容】nèiróng ¶이 간행물은 저 간행물보다 이 더 풍부하다 | 这个刊物比那个内容更丰富。¶그들은 이 일의 ~을 잘 모른다 | 他们不了解这件事的内容。**참고**〔底dǐ细〕〔底蕴 yùn〕〔底里〕〔底理〕〔底里深情〕〔底理深情〕

내용물[内容物] 명【里面的物品】lǐmiàn·dewùpǐn【内有品】nèiyǒupǐn【内含物】nèihánwù【内货】nèihuò【包装物】bāozhuāngwù

내유외강[内柔外剛] 명【内柔外刚】nèiróu wài gāng

^B**내의**[内衣] 명【内衣】nèiyī ¶나는 면으로 된 ~를 고르겠다 | 我要选棉mián的内衣。**참고**〔里衣〕〔衬chèn衣(儿)〕〔汗衫hànshān〕〔卫生衣〕〔卫生衫〕

^A**내일**[來日] 명【明天】míngtiān ¶~ 얘기는 ~ 하자 | 明天的事明天再说。

내일[明日]

내장¹[内裝;internal] 명하타 ❶【内部装修】nèibù zhuāngxiū ❷【電算】【内置】nèizhì ¶~ 프로그램 컴퓨터 | 存储程序计算机。

내장²[内障]〈醫〉【内障】nèizhàng ¶백~ | 白内障。¶~안 | 内障眼。

내장³[内臟] 명하타【内脏】nèizàng【杂碎】zá·sui【下水】xià·shui ¶삶아서 잘게 썬 소의 ~ | 牛杂碎。¶돼지의 ~ | 猪zhū下水。

내재[内在] 명하자【内在】nèizài ¶~적 연관 | 内在联系。¶~적 모순 | 内在矛盾mǎodùn。**참고**〔外在〕

내적[内的] 관형 ❶ (내부의)【内部的】nèibù·de【内在的】nèizài·de ¶~ 요인 | 内在的因素。❷ (마음의)【内心的】nèixīn·de【精神的】jīngshén·de ¶~ 자유 | 内心的自由。

내젓다 동【挥动】huīdòng【摆】bǎi ¶손을 ~ | 摆手。

내정¹[内定] 명하타【内部决定】nèibù juédìng【非正式的决定】fēizhèngshì·de juédìng【暗中决定】ànzhōng juédìng【内定】nèidìng ¶중앙에서 그를 선전부 부장으로 ~하다 | 中央内定他当宣传部长。

내정²[内政] 명【内政】nèizhèng ¶상호 ~을 간섭하지 않다 | 互不干涉gānshè内政。¶~ 간섭 | 干涉内政。

내조[内助] 명하타【从内部帮助】cóng nèibù bāngzhù ¶아내의 ~가 필요하다 | 需要妻子的内助。

^c**내주**[來週] 명【下周】xiàzhōu【下星期】xiàxīngqī【下礼拜】xiàlǐbài

^B**내주다** 동 ❶【给予】jǐyǔ【发给】fāgěi【支付】zhīfù【付出】fùchū ¶면허증을 ~ | 发给执照zhízhào。¶정기적으로 임금을 ~ | 让给支付工资gōng资ī。❷ (자리를)【让给】rànggěi ¶제위를 우에게 내주었다 | 把帝位让给了禹。**참고**〔空给〕〔腾出 téngchū〕

내지¹[内地] 명【内地】nèidì ¶중국의 ~ | 中国的内地。¶~는 최근 몇 년 동안 큰 발전이 있었다 | 内地近几年有很大发展。**참고**〔腹地fùdì〕

내지²[乃至] 부【乃至】nǎizhì【到】dào

【至】zhì ¶3년 ~ 4년 | 三年乃至四年.

내지르다 통 ❶(往前或往外涌)wǎngqián huò wǎngwài yǒng ❷(叫喊)jiàohǎn ¶큰 소리로 ~ | 高声叫喊. 참고〔踢吇〕[刺]shuǎi

ᴮ**내쫓다** 통 ❶(밖으로 몰아내다)(驱逐]qūzhú [赶走]gǎnzǒu [轰出去]hōng·chū qù [斥退]chìtuì ¶국외로 ~ | 驱逐出境chūjìng. ¶그를 웃어내라! | 把他轰出去! ¶악인을 ~ | 斥退恶人. ❷(해고하다)[撵]niǎn ¶사원을 ~ | 把职员撵出去. 참고〔轰hōng出去〕[赶跑][撵撵]

내출혈 [内出血] 명 (醫)[内出血]nèichūxuè ¶~ 부위가 넓다 | 大面续内出血.

내치다 통 ❶(쫓다)[赶走]gǎnzǒu ❷(뿌리치다)[甩]shuǎi

내 컴퓨터 [my computer] 명 (電算) 【我的电脑]wǒ·de diànnǎo

내키다 통 [动心]dòng/xīn [来劲(儿)]láijìn(r) ¶그는 본래 살 생각이 없었으나 가격이 싸다는 말을 듣고 보자 마음이 내켰다 | 他本不想买, 一听价钱便宜又动心了. ¶하면 할수록 더욱 마음이 ~ | 越干越走劲儿. 참고〔起欲〕[心甘情愿]

내 코가 석자(다) 관용 [自顾不暇]zìgù bù xiá

내통 [内通] 명 하자타 ❶(몰래 손을 잡다)[私通]sītōng [串通]chuàn·tōng ¶외국과 ~하다 | 私通外国. ¶그는 나쁜 놈들과 ~하여 도처에서 나쁜 짓을 한다 | 他串通坏人到处作恶. ❷(남녀가 몰래 정을 통하다)[私通]sītōng ¶그녀는 외간 남자와 ~했다 | 她跟人私通. 참고〔勾通gōutōng〕[勾结jié][勾串chuàn][串同]

내팽개치다 통 [扔掉]rēngdiào [抛弃]pāoqì ¶이 책들을 ~ | 扔掉这些书. 참고〔악습을 ~ | 抛弃恶习èxí.〕[撵shuǎi][甩shuǎi]

내포 [内包] 명 하타 ❶[包含]bāohán [含]hán ¶그의 건의에는 합리적인 요소를 적지 않게 ~하고 있다 | 他的建议jiànyì包含不少合理的因素. ¶두부에 ~된 영양가치는 아주 높다 | 豆腐所含的营养价值很高. ❷[内包]

내함 [内涵] 명 nèihán ¶~와 외연(外延) | 内涵和外延. 참고〔外延〕[蕴蓄yùnxù][积蓄]

내학기 [來學期] 명 [下一学期]xià yìxuéqī

내학년 [來學年] 명 [下一学年]xià yìxuénián

내해 [内海] 명 〈地〉[内海]nèihǎi ¶~에서 고기를 잡다 | 在内海捕鱼bǔyú. 참고〔内陆海〕[封闭海][地中海]

내향 [内向] 명 [内向]nèixiàng ¶~성 | 内向性.

내환 [内患] 명 ❶[内患]nèihuàn ¶외우~ | 外忧内患. ❷[妻子的病]qī·z·i·de bìng

ᴮ**내후년** [來後年] 명 [后年]hòunián ¶내~ | 大后年.

냄비 [平锅] 명 [平锅]píngguō

ᴬ**냄새** [味儿]wèir [气味(儿)]qìwèi(r) ¶비린 ~ | 腥xīng味儿. ¶~가 좋다 | 气味好闻wén. 참고〔味道〕

냄새를 맡다 관용 [闻到/嗅到…气味]wéndào/xiùdào…qìwèi ¶경찰이 냄새를 맡았으니 조심하시오 | 警察已经嗅到气味儿, 小心点儿.

냅다 부 [猛地]měng·de ¶그가 두 눈을 크게 뜨고, ~ 일어나 앉았다 | 他静zhēng开两眼, 猛地坐起身. 참고〔猛孤丁地〕[忽然][使劲地][狠命地]

냅킨 [napkin] 명 [餐巾]cānjīn [餐巾纸]cānjīnzhǐ [餐厅纸]cāntīngzhǐ ¶종이 ~ | 餐巾纸. 참고〔餐布bù〕[揩kāi嘴zuǐ布]

ᴮ**냇가** 명 [溪边]xībiān [小河边]xiǎohébiān

ᴮ**냇물** [溪水]xīshuǐ ¶~이 콸콸 흐르다 | 溪水汩汩gǔ.

냉 투 [冰镇]bīngzhèn [凉]liáng [冷]lěng ¶~국 | 凉汤.

냉기 [冷氣] 명 [凉气]liángqì [寒气]hánqì

냉난방 [冷暖房] 명 [空调]kōngtiáo ¶~병 | 空调症. 참고〔空调机〕

ᴬ**냉담** [冷淡] 명 하형 [冷淡]lěngdàn ¶~하게 거절하다 | 冷淡地拒绝jùjué. ¶그는 사람 대하는 태도가 아주 ~하다 | 他待人态度很冷淡.

ᴮ**냉대** [冷待] 명 하타 [冷淡]lěngdàn [冷淡对待]lěngdàn duìdài ¶찾아 온 사

람을 따뜻하게 접대해야지, ~하지 말
아라 | 要热情招待来访者，别冷淡了
人家。

ᶜ**냉동**[冷凍] 몡하타 【冷冻】lěngdòng ¶
~ 식품 | 冷冻食品。¶~ 건조 | 冷
冻干燥gānzào。

냉랭[冷冷] 혱 【冷淡】lěngdàn [冷
冰冰]lěngbīngbīng ¶분위기가 ~하
다 | 气氛很lěng冷淡。¶~한 표정 |
冷冰冰的表情。 참고 〔冷寂〕[精冷]
[冷冷冰冰]〔冷寂〕

ᴬ**냉면**[冷麵] 몡 【冷面】lěngmiàn [凉面]
liángmiàn

ᴮ**냉방**[冷房] 몡하 【冷炕】lěngkàng [凉炕]
liángkàng 【冷气】lěngqì ¶~장치 |
空调施设/冷气设备。¶극장에 ~을
가동하다 | 电影院开放冷气。

냉소[冷笑] 몡하타 【冷笑】lěngxiào ¶
그는 몇 차례 ~를 지었다 | 他冷笑了
几声。

ᴮ**냉수**[冷水] 몡 【冷水】lěngshuǐ [凉水]l-
iángshuǐ ¶~욕 | 冷水浴。¶~ 마
찰 | 冷水擦身cāshēn。

냉수 먹고 속 차려라 관용 【喝点冷水，冰
冰心】hēdiǎn lěngshuǐ, bīngbīng xīn

냉수 먹고 이 쑤시기 관용 【喝凉水剔牙，
装象】hē liángshuǐ tīyá, zhuāng xiàng

냉엄[冷嚴] 몡하혱 【严厉】yánlì ¶태도
가 아주 ~하다 | 态度十分严厉。¶
여론에 ~한 규탄 | 舆论yúlùn的严厉
谴责qiǎnzé。¶그를 ~하게 한바탕
비평했다 | 严厉地批评pīpíng了他一
顿dùn。 참고 〔冷淡〕

냉온[冷溫] 몡 【冷暖】lěngnuǎn 【低温】
¶~ 화물 | 冷温货物。

ᴮ**냉이**[荠菜] 몡 【荠菜】jìcài 참고 〔护hù生草〕

ᶜ**냉장**[冷藏] 몡하타 【冷藏】lěngcáng ¶
음식물을 ~보관하려면 설비가 갖추
어져 있어야 한다 | 冷藏食物需要设
备。

ᴬ**냉장고**[冷藏庫] 몡 【冰箱】bīngxiāng
【冷藏箱】lěngcángxiāng 【冷库】lěngk-
ù 전기 | 电diàn冰箱。¶그 고기
를 ~에 넣어 차게 보관해라 | 把肉放
到冰箱里冷藏起来。 참고 〔冰柜〕[冰
橱chú]〔冰库〕

냉전[冷戰] 몡 【冷战】lěngzhàn ¶동서
방간의 ~이 끝났다 | 东西方的冷战

결속였다.

냉정[冷情] 몡하혱 【冷淡】lěngdàn ¶
~하게 거절하다 | 冷淡地拒绝jùju-
é。¶그녀는 사람 대하는 태도가 아
~ 冷淡 | 她待人态度很冷淡。

냉차[冷茶] 몡 【冷茶】liángchá

냉철[冷徹] 몡하혱 【冷静而透彻】lěngjì-
ng ér tòuchè

ᶜ**냉큼** 톈 【很快地】hěnkuài·de [立刻]lìk-
è ¶~ 대답하다 | 立刻回答。 참고
〔一下子〕[一下儿][马上][立时][立
地][立即][立时刻][立时巴刻][立
马]〔立就〕

냉하다[冷-] 톈 【冷】lěng 【寒冷】hánlě-
ng ¶날씨가 아주 ~ | 天气很冷。¶
냉한 계절 | 寒冷的季节jié。 참고
〔凄冷〕[清肃]

냉혹[冷酷] 몡하혱 【冷酷】lěngkù ¶~
하게 거절당했다 | 被冷酷地拒绝jù的
了。¶그는 사람을 ~하게 대한다 |
他待人冷酷。 참고 〔冷毒〕

-나 어미 (表示疑问) ¶지금 몇 시~?
| 现在几点？¶그게 뭐~？| 那是什
么？

-나고 어미 (用作引用疑问句) ¶그가
나에게 지금 어디에 있는~ 묻는다 |
他问我现在在哪儿。

ᴬ**너** 데 【你】nǐ ¶~ 어디에서 근무하느
냐? | 你在哪儿工作。¶나는 ~를 만
난 적이 있는 것 같다 | 我好像见过
你。

너구리 몡 〈動〉【狸】lí

너그럽다 혱 【宽容】kuānróng 【宽大】ku-
āndà ¶그는 서로 다른 견해에 대해
서도 모두 ~ | 他对待不同见解都很
宽容。¶그를 ~하게 처리하다 | 宽大处
理。 참고 〔宽厚hòu〕[宽和hé]

너나없이 톈 【不分你我】bùfēn nǐwǒ
【无论你我】wúlùn nǐwǒ [不分彼此]bù-
fēn bǐcǐ ¶이 문제에 대하여 ~ 모두
책임이 있다 | 关于这个问题，无论你
我都有责任。

너덜거리다 동 【飘动】piāodòng 【滴里
耷拉地挂着】dīlǐdālā·de guà·zhe

너덜너덜 톈하혱 【飘飘晃晃】piāopiāo
huǎnghuáng 【飘晃】piāohuǎng

ᴮ**너르다** 혱 【宽敞】kuān·chang 【肥】féi
【宽】kuān 【开阔】kāikuò 【宽大】kuānd-
à ¶너르고 편안하다 | 宽敞舒适。¶

바지통이 너무 ~ | 裤管儿太肥。❷
길이 아주 ~ | 马路很宽。참고〔宽
厂〕〔宽畅〕〔宽广〕〔开扩〕〔肥大〕〔大
方〕

너머 冟 【那边】nàbiān ¶산~ | 山那
边。

^**너무** 曱〔해釙〕【太】tài 【过于】guòyú 【过
分】guò/fēn ¶차를 ~ 빨리 운전한다
| 车子开得太快了。¶너는 ~ 그를
믿는다 | 你太相信他了。¶ ~ 얇은
종이는 안 된다 | 太薄báo的纸不行。
¶~ 소심하다 | 过于小心。¶~ 과
로하다 | 过于劳累。¶~ 조급해하다
| 过于着急。¶~ 걱정하다 | 过于焦
虑jiāolù。¶~ 겸손한 것은 도리어 허
위로 보인다 | 过分谦虚, 就显得虚伪
了。¶말이 ~하다 | 言之过分。참고
〔过份fèn〕

너비 冟 【宽度】kuāndù 【幅面】fúmiàn
¶~를 측량하다 | 测量宽度。참고
〔幅度〕〔幅儿〕

너스레떨다 동 【贫嘴】pínzuǐ 【说得天
花乱坠】shuō·de tiānhuā luànzhuì

너울거리다 동 【波涛汹涌】bōtāo xiō-
ngyǒng 【翻滚】fāngǔn ¶바다 물결이
~ | 海浪翻滚。

너저분하다 톙 【零乱】língluàn 【零七八
碎】líng qī bā suì 【零零散散】líng-
língsǎnsàn 【乱糟糟】luànzāozāo 【乱
七八糟】luàn qī bā zāo ¶방안이 너무
너저분하여 견딜 수가 없다 | 房间里
零乱不堪kān。¶방안이 너저분한데
도 정리할 시간이 없다 | 屋子里乱糟
糟的, 也没有时间收拾。참고〔凌líng
乱〕〔乱七杂八〕〔七乱八糟〕〔零碎儿〕
〔七散乱〕〔横三竖四〕又脏又乱〕

너절하다 톙 【无用】wúyòng 【无聊】wúli-
áo 【下流】xiàliú 【卑劣】bēiliè 【俗不可
耐】sú bù kě nài ¶너절한 물건을 치우
다 | 把无聊的东西搬走。¶너절한 농
담 | 下流的玩笑wánxiào。¶이 여자
는 정말 ~ | 这个女人, 简直是俗不可
耐。참고〔下贱jiàn〕〔窝囊wō·nang〕〔卑
贱jiàn〕〔散漫sànmàn〕〔马虎〕

너털웃음 冟 【哈哈大笑】hā·hā dàxiào
【放肆地笑】fàngsì·de xiào

^**너트** [nut] 冟 【螺钉帽】luódīngmào 【母
螺钉】mǔluódīng 참고〔阴螺旋yīnluó-
xuán〕〔螺丝母(儿)〕

^**너희(들)** 대 【你们】nǐ·men ¶~ 두 사
람 | 你们两个人。

넉 괜 (数冠形词 "四"的特别用法) ¶~
달 | 四个月。¶~자 | 四尺。

^**넉넉하다** 톙 ❶ (충분하다) 【充够】zúgò-
u 【充足】chōngzú ¶혼자 먹기에는
~ | 足够一个人吃的。¶경비가 ~ |
经费充足。❷ (풍족하다) 【宽裕】kuān-
yù 【富裕】fùyù 【充裕】chōngyù ¶생
활이 넉넉하지 못 하다 | 生活不够宽
裕。¶경제적으로 ~ | 经济上充
裕。참고〔充分〕〔绰绰有余〕〔绰乎有
余〕〔绰有余裕〕〔丰裕〕〔丰足〕

넉살 冟 【厚脸皮】hòuliǎnpí ¶~이 좋
다 | 脸皮厚。

^**넋** 冟 ❶ (영혼) 【灵魂】línghún 【魂魄】h-
únpò ¶~을 달래다 | 安慰灵魂。❷
(정신) 【精神】jīngshén 【神志】shé-
nzhì 【神魂】shénhún ¶~이 나가다 |
神魂失散。

넋두리 冟 ❶ (무당의) 【咒语】zhòuyǔ
❷ (불평·푸념) 【咒骂】zhòumà ¶~
를 늘어놓다 | 咒骂。

넌더리 冟 【厌烦】yànfán ¶그는 이런
생활이 오래 전부터 ~났다 | 他对这
种生活早已厌烦了。참고〔厌闷mēn〕
〔厌恶〕〔讨厌〕

넌센스 퀴즈 [nonsense quiz] 冟 【脑筋
急转弯】nǎojīnjízhuǎnwān

넌지시 曱 【悄悄地】qiāoqiāo·de 【偷偷
地】tōutōu·de 【委婉地】wěiwǎn·de
¶당신이 그에게 ~귀띔해 주시오 |
你悄悄地提醒他吧。

널다 동 ❶ (빨래를) 【晾】liàng ¶빨래
를 ~ | 晾衣服。❷ (곡식 등을) 【晒】
shài ¶곡식을 ~ | 晒谷子。

^**널따랗다** 톙 【宽】kuān 【宽敞】kuān·ch-
ang 【宽厂】kuānchǎng 【宽畅】kuān-
chàng ¶길이 아주 ~ | 马路很宽。
¶널따랗고 편안하다 | 宽敞舒适shū-
shì。

^**널뛰기** 冟〔하타〕【跳跳板】tiào tiàobǎn

^**널리** 曱 【广泛】guǎngfàn 【遍及】biànjí
¶~ 선전하다 | 广泛宣传xuānchuá-
n。¶피해는 군중이 ~ 각지에
있다 | 受害的群众遍及各地。¶세계
구석에 ~ 퍼져 있다 | 遍及世界各个
角jiǎo落。

^**널리다** 동 【撤布】chèbù 【遍布】biànbù

【散落】sǎnluò【布满】bùmǎn ¶전화
망이 온 나라에 널려있다 | 电话网遍
布全国。¶초원에 셀 수 없이 많은 소
와 양이 널려 있다 | 草原上遍地都是
牛羊。¶별들이 하늘에 널려있다 |
星星布满了天空。(参고)〔分散〕〔散放〕

넬브러지다 동【散布】sǎnbù【散落】sǎn-
luò ¶많은 책들이 여기저기에 널브
러져 있다 | 一堆书散落了一地。

ᴮ**넬빠지다** 형【木板】mùbǎn

ᴮ**널찍하다** 형【宽】kuān【宽敞】kuān·ch-
ang ¶길이 아주 ~ | 马路很宽。¶
널찍하고 편안하다 | 宽敞舒适。(参고)
〔宽广〕〔宽畅〕〔宽松〕

ᴬ**넓다** 형① (면적이)【宽广】kuānguǎng
【广阔】guǎngkuò【辽阔】liáokuò【空
旷】kōngkuàng ¶지역이 ~ | 地方dìf-
āng广阔。¶끝없이 넓게 펼쳐져 있
는 초원 | 辽阔的草原。② (폭이)
【宽】kuān【宽绰】kuān·chuo ¶길이
아주 ~ | 马路很宽。③ (마음이)【宽
大】kuāndà【大度】dàdù【宽宏】kuān-
hóng ¶넓은 마음을 갖다 | 宽大为
怀。¶그는 도량이 아주 ~ | 他这个
人很大度。¶도량이 넓고 포용력이
있다 | 大度包容bāoróng。④ (범위
가)【渊博】yuānbó【博大】bódà【广
阔】guǎngkuò【宽广】kuānguǎng ¶교
제 (범위)가 ~ | 交友广泛。¶사상
과 학식이 넓고 깊다 | 博大精深jī-
ngshēn。¶지식이 ~ | 知识渊博。
¶학식이 넓고 깊은 학자 | 渊博的学
者。¶그의 시야가 더욱 넓어졌다 |
他的眼界更宽阔kuānkuò起来。(参고)
〔宽洪〕〔大方〕〔淹yān博〕〔窄〕〔辽旷〕
〔辽阔〕〔虚旷〕〔宽畅〕

ᴺ**넓어지다** 동【变宽】biànkuān【变广】bi-
ànguǎng

ᴮ**넓이** 명【面积】miànjī【宽度】kuāndù ¶
거주~(면적) | 居住面积。

ᶜ**넓적하다** 형【扁平】biǎnpíng【宽绰】ku-
ān·chuo ¶넓적한 얼굴 | 扁平的脸lǐ-
n。(参고)〔宽宽〕

ᴮ**넓히다** 동【加宽】jiākuān【扩大】kuòdà
【扩充】kuòchōng   【放宽】fàngkuān
【扩展】kuòzhǎn【展宽】zhǎnkuān ¶
도로를 ~ | 加宽道路。¶도로를 두
배로 넓혔다 | 路面加宽了一倍。¶범

위를 ~ | 扩大范围fànwéi。¶시야를
~ | 扩大眼界。¶판로를 ~ | 扩大销
xiāo路。¶역량을 ~ | 扩充力量。

넘겨다보다 동①(뚫어보다)【看透】k-
àntòu ¶그가 내 마음을 ~ | 他看透
我的心。②(탐내다)【盯着】dīng·zh-
e ¶고양이가 생선을 ~ | 猫盯着鱼。
③(넘어다 보다)【张望】zhāngwàng
¶담장 위로 집안을 ~ | 从墙头向屋
里张望。

넘겨짚다 동【揣测】chuǎicè【猜度】cā-
iduó【猜测】cāicè【猜想】cāixiǎng ¶
그는 늘 남의 마음을 넘겨짚는데 아주
잘 맞는다 | 他常揣测别人的心思,并
且很准。¶함부로 넘겨짚지 마라 |
别瞎xiā猜了。¶이 사건은 실마리가
조금도 없어 대단히 넘겨짚기 어렵게
한다 | 这件事一点儿线索也没有,叫
人很难猜测。¶그는 둘째가 그 물건
들을 모두 가져 갔다고 넘겨짚었다 |
他猜想那些东西是老二都拿走的。(参
고)〔揣度〕〔揣摩〕〔猜想〕〔猜思〕

넘기다 동①(쓰러뜨리다)【推倒】tuī/
dǎo【弄倒】nòngdǎo ¶그를 땅에 넘
겨뜨리다 | 把他推倒在地。¶잉크병
을 넘겨뜨리다 | 把墨水瓶弄倒。②
(젖히다)【翻】fān ¶책장을 ~ | 翻书
页。③(인도하다)【引渡】yǐndù【送
交】sòngjiāo【移交】yíjiāo【递给】dìgěi
【递交】dìjiāo【交】jiāo【转交】zhuǎnjiā-
o【让渡】ràngdù【交付】jiāofù ¶범인
을 경찰서에 넘겨주다 | 把犯人送交
警察局。¶아직 그에게 넘겨주어야
할 물건이 좀 있다 | 还有一些东西要
交给他。¶본인에게 직접 ~ | 递交
本人。④(극복하다·시기를 지나가
게 하다)【渡过】dùguò【闯过】chuǎ-
ngguò ¶난관을 ~ | 渡过难关。¶곤
란한 시기를 ~ | 渡过困难时期。⑤
(음식을 삼키다)【咽】yàn ¶밥을 넘
기지 못하겠어 | 咽不下去。⑥(넘어
가게 하다)【弄过去】nòngguòqù ¶공
을 위로 ~ | 把球从上面弄过去。⑦
(넘치게 하다)【使溢出】shǐyìchū ¶
물을 넘기지 않도록 해라 | 不要让水
溢出来。(参고)〔转递dì〕〔错过〕〔过〕

넘나들다 동①(출입하다)【进进出
出】jìnjìnchūchū【出入】chūrù ¶많은
사람들이 이곳에 넘나든다 | 很多人

在这儿进出出。¶국경을 넘나들며
장사 하 다 | 进出国境 guójìng 做生
意。❷ (교제하다) 【来往】láiwǎng
【交往】jiāowǎng ¶서로 넘나들다 |
互相来往。 참고 〔跋涉 báshè〕〔出没
mò〕〔转来转去〕〔往返 fǎn〕

^넘다 통 ❶ (때·시한이 지나가다) 【过】
guò 【超过】chāoguò ¶칠십을 넘었다
| 过了七十。¶두 시간이 넘었다 |
过了两个钟头。❷ (범람하다) 【溢
出】yìchū 【泛滥】fànlàn ¶술이 잔에
서 많이 넘어 흘렀다 | 酒从杯子中溢
出了不少。¶홍수가 ~ | 洪水泛滥。
❸ (초과하다) 【过】guò 【超过】chāo-
guò ¶생산량이 원래의 계획을 넘어
섰다 | 产量都超过了原来计划 jìhuà。
¶규정 중량을 ~ | 超过规定的重 zhòng
量。❹ (뛰어넘다) 【越过】yuèguò
【越】yuè ¶초원 지대를 ~ | 越过一片
草地。¶장애를 ~ | 越过障碍。❺
(넘어가다) 【翻越】fānyuè 【度 dù过】dù-
guò 【越过】yuèguò ¶국경선을 ~ | 越
过国境线。¶산을 넘고 재를 ~ | 翻 fān
山越岭 lǐng。

넘버 [number] 명 【号码】hàomǎ

^넘보다 통 ❶ (깔보다) 【轻视】qīngshì
【小瞧】xiǎoqiáo 【小看】xiǎokàn ¶나
를 넘보지 마라 | 你别小瞧我。¶사
람을 ~ | 小看人。❷ (탐내다) 【瞟 p-
iǎo ¶남의 물건을 ~ | 瞟别人的东
西。 참고 〔轻看〕〔卑视 bǐshì〕〔小觑 qù
xiǎoqù〕〔轻青视 qīngshì〕〔蔑视 mièshì〕〔欺 q-
ī负〕〔凌藉〕

^넘실거리다 통 ❶ (滚滚) gǔngǔn 【溶溶】r-
óngróng ¶장강(长江)이 넘실거리며
동쪽으로 흐른다 | 大江滚滚东去。 참
고〔摇曳 yáoyè〕〔摇摆 bǎi〕〔摇动 dò-
ng〕〔波动〕〔翻滚〕〔荡漾〕

^넘어가다 통 ❶ (쓰러지다) 【倒】dǎo
【跌倒】diēdǎo ¶나무가 넘어갔다 |
树倒了 ¶땅에 넘어갔다 | 跌倒在
地。❷ (시간이 지나가다) 【过】guò
¶두 시간이 넘어갔다 | 过了两个钟
头了。❸ (해·달이 지다) 【落下】luò-
xià 【落】luò ¶해가 넘어갔다 | 太阳落
了。❹ (옮아가다) 【转入】zhuǎnrù
【过渡】guòdù ¶다음 페이지로 ~ |
转入下页。¶봉건주의에서 민주주의
로 ~ | 由封建主义过渡到民主主义。

❺ (속다) 上当 shàng/dàng 受骗
shòu/piàn 【迷惑】mí·huo 【中计】zhò-
ng/jì ¶이번에는 조심해서 다시는 그
에게 넘어가지 않도록 해라! | 这次得
小心，别再上他的当! ¶너희들은 모
두 속아 넘어갔다 | 你们都受骗了。
❻ (삼키다) 【咽】yàn ¶이 알약은 너
무 커서 나는 넘길 수가 없다 | 这个丸
药太大， 我咽不下去。❼ (걸음을)
【迈过】màiguò ¶큰 걸음으로 개울을
~ | 一大步迈过沟儿去。❽ (넘다)
【越过】yuèguò ¶국경선을 ~ | 越过
国境线。 참고 〔跌 扑〕〔揮倒〕〔被骗〕
〔越过〕〔转到〕〔转手〕〔转向〕〔吃〕〔翻
过〕〔爬过〕

넘어다보다 통 ❶ (물건 위로 저편을 보
다) 【张望】zhāngwàng ¶머리를 내
밀고 ~ | 探头张望。 (탐내다) 【探
谗】yǎnchán 【贪图】tāntú 참고 〔眺望
tiào〕〔探望〕〔看望〕〔贪头 (儿)〕

^넘어뜨리다 통 【推倒】tuī/dǎo ¶그를
땅에 ~ | 把他推倒在地。 참고 〔掀
倒〕〔推翻〕〔撂倒〕

^넘어서다 통 【摆脱】bǎituō ¶난관을
~ | 摆脱难关。¶우리 나라 과학 기술
수준은 아직도 낙후상태를 넘어서지
못하고 있다 | 我国的科学技术水平还
没有摆脱落后状态。

^넘어오다 통 ❶ (넘어서 이쪽으로) 【过
来】guò·lái ¶저쪽에 조각배가 한 척
넘어오고 있다 | 那边有只小船划 来
了。❷ (옮겨오다) 【倒向…】dǎoxià-
ng 【转来】zhuǎnlái 【转移过来】zhuǎ-
nyí guòlái ¶관중의 동정이 한국팀 쪽
으로 넘어왔다 | 观众的同情心倒向了
韩国队这一边。❸ (먹은 것이) 【吐
出来】tùchūlái ¶아침에 먹은 것이 넘어
올 것 같다 | 早晨吃的东西，像要吐出
来了。 참고 〔转向〕

^넘어지다 통 ❶ (서 있는 것이) 【倒】dǎ-
o 【倾倒】qīngdǎo ¶나무가 넘어졌다
| 树倒了 ¶성벽이 ~ | 城垣 ché-
ngyuán倾倒。 (사람이나 동물이)
쓰러지다) 【跌倒】diēdǎo 【摔倒】shuā-
idǎo 【栽倒】zāidǎo ¶땅에 ~ | 跌倒
在地。¶눈 온 뒤에는 길이 미끄러워
조심하지 않으면 넘어진다 | 雪后路
滑，不小心就会栽倒。❸ (패배하다)
【失败】shībài 【栽了】zāi·le ¶그는 경

쟁에서 ~ 넘어졌다 | 他在竞争中失败了。❹ (망하다)【倒闭】dǎobì ¶회사가 ~ | 公司倒闭。【참고】[倒塌][倒坍] [歪栽][跌扑][掀倒][揿跟头][跌交] [颠沛 diānpèi][颠踬 diānzhì][颠顿 dùn]

ᴮ**넘치다** 통 ❶ (흘러나오다)【溢】yì【漾出】yàngchū【洋溢】yángyì ¶바닷물이 제방을 넘쳐흐르다 | 潮水溢出堤岸。¶맥주가 컵에서 넘쳐 흘렀다 | 啤酒漾出杯子来。¶두 나라 국민의 친선의 정이 넘친다 | 洋溢着两国人民的友好情谊。❷ (지나치다)【超过】chāoguò ¶분수에 ~ | 超过自己的分寸。【참고】[充满][充盈]

ᴮ**넘치** 몡〈魚〉【牙鲆】yápíng【偏口鱼】piānkǒuyú【比目鱼】bǐmùyú

넝마 몡【破衣】pòyī【破烂布】pòlànbù

넝쿨 몡【藤蔓】téngwàn

ᴬ**넣다** 통 ❶ (속에)【装进】zhuāngjìn【放进】fàngjìn【容纳】róngnà【加入】jiārù ¶다 넣지 못하다 | 装不下。¶소금을 약간 집어~ | 加入少许食盐。¶돈을 주머니에 챙겨 ~ | 把钱装进口袋。❷ (저금·투자하다)【投入】tóurù【存】cún【投进】tóujìn ¶자금을 ~ | 投入资金。¶현금을 은행에 ~ | 把现款存在银行里。❸ (수용하다)【送进】sòngjìn ¶막내녀석을 학교에 ~ | 把小儿子送进学校。❹ (포함하다)【容纳】bāoróng【包括】bāokuò ¶이것 값도 넣어서 같이 계산해라 | 把这个账也包括在一起算了吧。【참고】[灌输][倾注][装入][放入] [滴进][夹入][加进][添进][纳入] [镶][上]

ᴬ**네¹** 감 【是】shì【是的】shì·de【在】zài【好】hǎo【啊】a【嗯】n̂g ¶~, 바로 저예요 | 是的, 就是我。

네² 데 【你】nǐ ¶~가 누구냐? | 你是谁?

네³ 관주【四】sì ¶~ 사람 | 四个人。

－**네⁴** 미 ❶【们】·men ¶우리 ~ | 我们。❷【家】jiā ¶순희 ~ | 顺姬家。

－**네⁵** 어미 (口语, 叙述式终结어미) ¶비가 오 ~ | 下雨了。¶자네만 믿~ | 只相信你。

ᴮ**네거리** 몡 【十字路】shízìlù【十字街(头)】shízì jiē(tóu)

네까짓 관【你这…】nǐzhè… ¶~놈 |

你这家伙。

네덜란드[Netherlands] 몡〈地〉【荷兰】Hélán [유럽에 위치한 나라. 수도는 "阿姆斯特丹Āmǔsītèdān" (암스테르담; Amsterdam)]

네덜란드령 앤틸리즈제도[Netherlands Antilles] 몡〈地〉【安的列斯群岛】Āndìlièsīqúndǎo

ᴮ**네모** 몡【四角】sìjiǎo ¶~반듯한 책상 | 四棱léng四角的桌子。

네바다[Nevada;Nev] 몡〈地〉【内华达】Nèihuádá [미국의 주명(州名). 주도(州都)는 "卡森城Kǎsēnchéng" (카슨 시티; Carson City)]

네발【四脚】sìjiǎo【四蹄】sìtí【四肢】sìzhī ¶~로 맘껏 달리다 | 放开四蹄奔驰。【참고】[指支]【四腿】

네브래스카[Nebraska;Nebr] 몡〈地〉【内布拉斯加】Nèibùlāsījiā [미국의 주명(州名). 주도(州都)는 "林肯Línkěn" (링컨;Lincoln)]

네비게이터[Navigator] 몡〈電算〉〈商標〉【导航器】Dǎohángqì【航海家】Hǎnghǎijiā【航海者】Hánghǎizhě

네스카페[Nescafe] 몡〈商標〉【雀巢咖啡】Quècháokāfēi

네스케이프[Nescape] 몡〈電算〉〈商標〉【网景】Wǎngjǐng

네스케이프 내비게이터[Nescape Navigator] 몡〈電算〉〈商標〉【网景导航器】Wǎngjǐng Dǎohángqì【网景领航员】Wǎngjǐng lǐnghángyuán

네스케이프 커뮤니케이션[Netscape Communication] 몡〈社名〉【网景通信】Wǎngjǐng tōngxìn

네슬레[Nestle] 몡〈社名〉〈雀巢〉Quècháo

네시빌[Nashville] 몡〈地〉【纳雪维尔】Nàshěnwéi'ěr [미국 "田纳西Tiánnàxī" (테네시;Tennessee) 주의 주도(州都)]

네오－[neo-] 두【新的】xīn·de【现代的】xiàndài·de ¶~ 리버럴리즘(liberalism) | 新自由主义。¶~ 머컨틸리즘(mercantilism) | 新重商zhòngshāng主义。

네온 사인[neon sign] 몡【氖灯广告】nǎidēng guǎnggào【氖灯光信号】nǎidēngguāng xìnhào【霓虹灯】níhóngdēng

ᴬ네트[net] 몡〈體〉【球网】qiúwǎng【排球网】páiqiúwǎng ¶~ 막대 | 标志网. ¶~ 볼(ball) | 触网. ¶~ 터치 | 触网.

네트워크[network] 몡〈電算〉【网络】wǎngluò ¶능동~ | 有源网络.

네트워크 컴퓨터[network computer] 몡〈電算〉【网上邻居】wǎngshàng línjū

네티즌[netizen] 몡〈電算〉【网民】wǎngmín【网友】wǎngyǒu【网络漫游者】wǎngluò mànyóuzhě【网络冲浪者】wǎngluò chōnglàngzhě

네티켓[netiquette] 몡〈電算〉【网上礼节】wǎngshàng lǐjié

네팔[Nepal] 몡〈地〉【尼泊尔】Níbó'ěr [인도북부와 티벳사이의 히말라야산맥 중의 왕국. 수도는 "加德满都(카트만두Kathmandu)] 참고〔泥婆(罗)〕〔廓Kuò尔喀〕

ᴮ넥타이[neck tie] 몡【领带】lǐngdài ¶~핀 | 领带扣针kòuzhēn. ¶~를 매다 | 系jì领带. 참고〔领巾〕〔领花(儿)〕〔领结(儿)〕

넷째 ㉛ ❶【第四】dìsì ❷【老四】lǎosì

넷친구[net friend] 몡〈電算〉【网友】wǎngyǒu【网民】wǎngmín

ᴬ녀석 몡 ❶〔놈〕【家伙】jiā·huo【小子】xiǎo·zi〔厮〕sī ¶이 ~은 정말 꼴보기 싫다 | 这家伙真可恶wù. ¶이 ~ | 这小子. ❷〔사내아이〕【小崽子】xiǎozǎi·zi 참고〔小鬼〕〔小鬼头〕

ᴬ녀¹【婆娘】póniáng【丫头】yā·tou ¶저 ~은 너무 흉악하다 | 那个婆娘太凶了. ¶더러운 ~ | 臭chòu婆娘. 참고〔婆姨〕〔老婆儿们〕〔老娘们儿〕〔臭娘儿们〕〔丫鬟〕〔鸦丫头〕〔小丫头〕〔小丫头片子〕〔小丫鬟〕〔小闺女〕〔小姐儿〕〔小妮儿〕

녀²【年】nián 의명 ¶일~은 열두달이다 | 一年有十二个月. ¶일한 지 삼~이 다 되었다 | 工作已快三年了.

녘 의명 ❶〔무렵〕【时分】shífēn ¶해질 ~ | 太阳落山时分. ❷〔방향〕【边】biān【方】fāng ¶남~ | 南边. ¶북~ | 北方.

ᴬ노〔櫓〕몡【橹】lǔ〔桨〕jiǎng ¶~를 젓다 | 摇yáo橹.

노-²[老-] ㊅【老】lǎo ¶~총각 | 老单身汉. ¶~처녀 | 老姑娘.

노고[勞苦] 몡【劳苦】láokǔ【劳累】láolèi【辛苦】xīn·kǔ ¶대단히 ~가 많으셨습니다 | 太辛苦了. ¶~가 많으셨습니다, 좀 쉬세요! | 辛苦了, 休息xiū·xi一下吧!

노곤[勞困] 몡·하형【困乏无力】kùnfá wúlì【累乏】lèifá【发懒】fālǎn【酸懒】suānlǎn ¶날이 더워지자 몸이 좀 ~해진다 | 天热了, 人有点发懒. ¶몸이 ~해서 그는 일어나고 싶지 않았다 | 他浑身酸懒, 不想起来. 참고〔发软〕〔发倦〕〔倦怠〕

노골적[露骨的] 관형【露骨的】lùgǔ·de【赤裸裸的】chìluǒluǒ·de【直接】zhíjiē ¶~인 표현 | 露骨的表现. ¶~적으로 다른 나라 내정을 간섭하다 | 露骨地干涉gānshè别国内政. ¶~으로 돈을 요구하다 | 直接地要钱.

노긋노긋하다 형 ❶〔부드럽다〕【软乎乎】ruǎnhūhū ❷〔유순하다〕【温和】wēnhé

노기[怒氣] 몡【怒气】nùqì【怒容】nùróng ¶~ 충천하다 | 怒气冲天/怒气冲天. ¶그의 ~가 가라앉았다 | 他的怒气消xiāo了. ¶그의 얼굴에는 ~가 가득하다 | 他一脸怒容. 참고〔怒色〕〔愠怒〕

ᴮ노끈 몡【细绳子】xìshéng·zi【麻绳】máshéng

노년[老年] 몡【老年】lǎonián【晚年】wǎnnián ¶~ 복지 | 老年福利. ¶그의 ~이 매우 행복하다 | 他晚年很幸福. 참고〔老年程〕〔老年间〕〔晚岁〕〔晚涂tú〕〔老年人〕

노닐다 동〔游逛〕yóuguàng【闲游】xiányóu【闲逛】xiánguàng ¶그는 할 일없이 노니는 걸 좋아한다 | 他爱闲逛. 참고〔闲荡dàng〕〔游荡〕

노다지 몡 ❶〔富矿〕fùkuàng ¶~를 캐다 | 开采富矿. ❷〔意外的财物〕yìwài·de cáiwù〔飞来的供福〕fēilái·de gōngfú 참고〔狗头金〕

노닥거리다 동〔喋喋不休〕diédié bùxiū〔说个不停〕shuō·gebùtíng〔罗唆〕luōsuō

노도[怒濤] 몡【怒涛】nùtāo【怒潮】nùcháo ¶파업의 기세가 ~같이 일어나

다 | 掀xiān起罢bà工怒潮。 **참고**〔狂
澜〕〔大浪〕

^B**노동**〔勞動〕 **명하자** 【劳动】láodòng ¶
～ 계급 | 工人阶级。¶〔团体〕工人
团体。¶ ～운동 | 劳动运动。¶문학
창작은 힘든 정신 ～의 하나이다 | 文
学创作是一项繁重fánzhòng的脑力劳
动。 **참고**〔工作〕

^c**노동당**〔勞動黨〕 **명** 【劳动党】láodòngdǎng

^c**노동력**〔勞動力〕 **명** 【劳动力】láodònglì
【劳力】láolì【人手(儿)】rénshǒu(r) ¶
～이 부족하다 | 缺乏quēfá劳动力。
¶ ～을 증가하다 | 增加人手。

^c**노동부**〔勞動部〕 **명** 【劳动部】láodòngbù

노동 생산성〔勞動生産性〕 **명** 【劳动生
产率】láodòng shēngchǎnlǜ ¶ ～을 높
이다 | 提高劳动生产率。 **참고**〔生产
率〕

노동에 따른 분배 **관용** 〈經〉【按劳分
配】ànláo fēnpèi ¶중국에는 ～ 제도
를 실행하고 있으므로 일하지 않는 사
람은 먹을 수 없다 | 中国实行按劳分
配制度, 不劳动者不得食。 **참고**〔按劳
取酬〕〔按需xū分配〕〔按劳分红〕

^c**노동자**〔勞動者〕 **명** 【工人】gōngrén ¶
전 세계의 ～들은 연합하라 | 全世界
工人联合起来。¶ ～의 권익 | 工人权
益quányì。 **참고**〔勤杂人员〕〔工友yǒu〕〔劳工〕〔劳动者〕〔无产者〕

노동절〔勞動節〕 **명** 【国际劳动节】Guójì Láodòng Jié

노동 조합〔勞動組合〕 **명** 【劳动组合】láodòng zǔhé【工会】gōnghuì ¶ ～ 총
연합회 | 总zǒng工会。¶직업별 | 分
业工会/各gè业工会。¶ ～ 규약 | 工
会章程zhāngchéng。 **참고**〔工联lián〕
〔工团tuán〕〔同业商会〕〔职zhí工会〕
〔工人会〕

－**노라면** **어미** (表示假定条件) ¶열심
히 노력하면~ 언젠가는 좋은 날이 있을
거야 | 好好干, 会有好日子过的。

^B**노랑** **명**〈色〉【黄色】huángsè

^A**노랗다** **형** ❶ (색깔이) 【黄】huáng ¶보
리가 온통 노랗게 되었다 | 麦mài子
都黄了。 ❷ (시들해지다) 【黄】huáng
¶장사가 노랗게 되었다 | 买卖黄
了。

---

^A**노래**【歌 (儿)】gē(r) 【歌子】gē·zi
【歌曲】gēqǔ【歌谣】gēyáo ¶ ～ 자랑
| 歌咏比赛。¶ ～ 한 곡을 부르다 |
唱一首歌儿。

노래방 **명** 【练歌房】liàngēfáng 【练歌
厅】liàngētīng ¶급우들이 ～에서 중
국노래를 부른다 | 同学们在练歌房唱
中国歌儿。 **참고**〔歌厅〕

^B**노래하다** **동** ❶ (노래를 부르다) 【唱
歌】chàng gē ❷ (찬양하다) 【颂扬】s-
òngyáng 〔咏叹〕yǒngtàn ¶애국주의
를 ～ | 颂扬爱国主义。¶반복해서
～ | 反复咏叹。 **참고**〔歌唱〕〔歌颂〕
〔歌诵sòng〕〔歌赞zàn〕〔歌咏yǒng〕
〔呕歌〕

노랫가락 **명** 【曲调】qǔdiào 【乐音】yuèyīn ¶구성진 ～ | 悦耳的曲调。

^B**노랫 소리** **명** 【歌声】gēshēng ¶즐거운
～ | 欢乐huānlè的歌声。

노략질〔擄掠－〕 **명** 【抢劫】qiǎngjié 【掳
掠】lǔlüè ¶행인을 ～하다 | 抢劫路人-
lùrén。¶백성의 재물을 ～ | 掳
掠百姓财物。 **참고**〔掳架〕〔掳劫〕

^c**노려보다** **동** ❶ (주시하다) 【注视】zhùshì 【盯】dīng 【逼视】bīshì ¶그는 뚫
어지게 창 밖을 노려보고 있다 | 他目
不转睛地注视着窗外。¶줄곧 사람을
～ | 直拿眼睛盯人。¶그의 뒷모습을
노려보고 있다 | 盯着他的背影。 ❷
(쏘아보다) 【怒视】nùshì ¶적을～|
怒视敌人。¶그는 눈을 동그랗게 뜨
고 상대방을 노려보았다 | 他眼睛瞪d-
èng得圆圆地逼视对方。 **참고**〔瞩zhǔ
望〕〔虎视〕〔窥伺〕〔窥视〕〔窥探〕〔窥
视〕〔眈眈〕

^c**노력**〔努力〕 **명하자** 【努力】nǔ/lì【下工
夫】xià gōng·fu【用工夫】yòng gōng·
fu ¶그는 열심히 ～하여 공부한다 |
他学习很努力。¶직지 않은 ～을 기
울였다 | 下了不少工夫。¶한 가지
외국어를 완전히 배우려면 ～해야 한
다 | 你要学好一门外语, 就得下工
夫。 **참고**〔勤奋〕〔下功夫〕〔读工夫〕

노련〔老練〕 **명하형** 【老练】lǎoliàn 【熟
练】shúliàn ¶그는 과거에 비해서 이
미 아주 ～해졌다 | 他比起过去来已
经老练得多了。¶그는 ～해서 조금
도 허둥대지 않는다 | 他很老练, 一点
也不慌huāng。

노령[老齡] 몡【老年】lǎonián【高齡】gāolíng ¶팔십세 ～의 노인 | 一个八十高龄的老人.

ᴮ노루 몡【獐子】zhāng·zi【狍子】páo·zi ¶～꼬리 | 獐子尾巴. ¶우리들은 내일 산으로 ～ 잡으러 갈 작정이다 | 我们打算dǎsuàn明天上山打狍子.

ᶜ노르스름하다 톙【浅黄】qiǎnhuáng【淡黄】dànhuáng

노르웨이[Norway] 몡〈地〉【挪威】Nuówēi 〔수도는 "奧А斯陆"(오슬로;Oslo)〕

ᴮ노른자위 몡❶ (난황)【蛋黄】dànhuáng❷ (알짜)【精英】jīngyīng【核心】héxīn

노름 하짜【赌博】dǔbó【赌钱】dǔqián ¶～돈 | 赌注. ¶～의 판돈 | 黑钱. ¶～으로 재산을 탕진하다 | 因赌博荡尽家产. 참고〔钱〕〔博局〕

노름빚 몡【赌债】dǔzhài ¶이 산더미 같다 | 赌债如山.

노름판 몡【赌场】dǔchǎng【赌博场面】dǔbó chǎngmiàn【赌局】dǔjú ¶～을 만들다 | 设赌局.

노릇 의몡❶ (역할·기능)【工作】gōngzuò 【事】shì【做事】zuòshì ¶선생 ～ | (当)小教员. ¶아비 ～ 제대로 하지 못했다 | 没当好爸爸. ❷ (일·상황)【事儿】shìr ¶기가 찰 ～이다 | 这算什么事儿.

노릇노릇하다 톙【黄黄的】huánghuáng·de【黄澄澄】huángdèngdèng ¶빵을 노릇노릇하게 굽다 | 把面包烤得黄澄澄的.

ᶜ노리개 몡【玩具】wánjù【玩物】wánwù ¶깜찍한 ～ | 小巧别致的玩具. 참고〔玩意儿儿〕

ᴮ노리다 동❶ (노려보다)【注视】zhùshì【盯】dīng❷ (목적하다)【伺】sì【窥伺】kuīsì ¶적정 (敌情)을 ～ | 伺敌. ¶동정을 ～ | 窥伺动静.

노망[老妄] 몡하짜【老糊涂】lǎohú·tu ¶～이 나다 | 들다 | 老糊涂了. 참고〔老悖(晦)〕

노면[路面] 몡【路面】lùmiàn ¶아스팔트 ～ | 柏油bǎiyóu路面. ¶조심해라, ～이 아주 미끄럽다 | 小心点儿, 路面很滑huá.

노모[老母] 몡【老母】lǎomǔ

노목[老木] 몡【老树】lǎoshù【古木】gǔmù

노무[劳务] 몡【劳务】láowù 참고〔勤杂〕

노발대발[怒發大發] 몡하짜【大发雷霆】dà fā léi tíng ¶작은 일에 이렇게～할 필요가 있겠느냐? | 芝麻大的事, 哪里值得这样大发雷霆. ¶怒眼如雷〔七窍生烟〕〔怒发冲冠〕〔直眉瞪眼〕〔吹胡子瞪眼睛〕

노벨상[Nobel賞] 몡【诺贝尔奖】nuòbèi'ěrjiǎng

노변[路邊] 몡【路旁】lùpáng【路边】lùbiān ¶～ 판매 | 路边商贩. 참고〔路侧〕

노병[老兵] 몡【老兵】lǎobīng

노부모[老父母] 몡【老父母】lǎofùmǔ

노부부[老夫婦] 몡【老夫妇】lǎofūfù

ᶜ노비[奴婢] 몡【奴婢】núbì ¶국가 소유의 ～ | 官奴.

노사[勞使] 몡【雇佣和被雇佣】gùyōng hé bèi gùyōng【工人和用工者】gōngrén hé yònggōngzhě【劳资】láozī ¶～ 협의회 | 劳资协商会议. ¶～ 관계 | 劳资关系.

노상¹[路上] 몡【路上】lù·shang ¶～에 차 한 대가 서 있다 | 路上停着一辆车. ¶～ 강도 | 路上强盗.

노상² 閏【老是】lǎo·shì【常常(儿)】chángcháng(r) ¶그는 ～ 이렇다 | 他老是这样. ¶그는 ～ 그런 잘못을 범한다 | 他常常犯fàn那个毛病. 참고〔终是〕〔一味地〕

ᴮ노새 몡(动)【骡子】luó·zi ¶～로 수레를 끌다 | 用骡子拉车. 참고〔骡〕〔土驹子〕〔小川马〕

노색¹[老色] 몡【老色儿】lǎosèr

노색²[怒色] 몡【怒色】nùsè 참고〔愠容〕

노선[路線] 몡【路线】lùxiàn ¶철도를 건설할 ～은 이미 확정되었다 | 筑zhù铁路tiělù的路线已经确定quèdìng. ¶정치 ～ | 政治路线.

ᶜ노소[老少] 몡【老少】lǎoshào 참고〔老幼〕〔童tóng叟〕

ᶜ노쇠[老衰] 몡하톙【老衰】lǎoshuāi【衰老】shuāilǎo ¶～한 산업 | 衰老的工业.

노숙[老熟] 阌[老熟]lǎoshú【成熟】chéngshú ¶그의 기술은 해가 갈수록 ~해졌다 | 他的技术jìshù一年比一年成熟了.

노숙²[露宿] 阌[露宿]lùsù ¶길가리에서 ~하다 | 露宿街jiē头. ¶해변에서 ~하다 | 在海边hǎibiān露宿. 참고[露次]

노스다코타[North Dakota;ND] 阌〈地〉[北达科他]Běidákētā [미국의 주명(州名). 주도(州都)는 "俾斯麦Bīsīmài"(비스마르크;Bismarck)]

노스캐롤라이나[North Carolina;NC] 阌〈地〉[北卡罗来纳]Běikǎluóláinà [미국의 주명(州名). 주도(州都)는 "罗利Luólì"(롤리;Raleigh)]

노승[老僧] 阌[老僧]lǎosēng【老和尚】lǎohéshàng

노심[勞心] 阌[劳心]láo/xīn【苦心】kǔxīn ¶~함이 몸을 쓰는 보다 못하다 | 劳心不如劳力láolì. ¶너는 엄마가 한 차례 ~했다는 것을 알아야 할거야 | 你要晓得, 妈是费了一番苦心. 참고[用心][费尽心血]

노심초사[勞心焦思] 阌孜[费尽心血]fèijìnxīnxuè【煞费苦心】shàfèikǔxīn ¶~하여 이 글을 완성하였다 | 他煞费苦心地完成了这篇文章.

노약[老弱] 阌[老弱]lǎoruò

노여움 阌[怒气]nùqì ¶그의 ~이 가라앉았다 | 他的怒气消xiāo了. 참고[恼怒]

노여워하다 匧[生气]shēng/qì【气恼】qìnǎo【恼怒】nǎonù ¶노여워하지 마라 | 别生气. ¶그는 아직도 너 때문에 노여워하고 있다 | 他还在生你的气. ¶그의 반대가 부친을 노여워하게 했다 | 他的反对使父亲有些恼怒了. 참고[气忿qìfèn][气愤qìfèn]

노역[勞役] 阌[劳役]láoyì ¶그는 6개월 강제 ~에 처해졌다 | 他被判处chǔ六个月的劳役.

노엽다 阍[生气]shēng/qì【愤怒】fènnù ¶노여운 빛이 떠오르다 | 显出生气的样子.

ᴮ**노예**[奴隸] 阌[奴隶]núlì ¶~ 해방 | 奴隶解放jiěfàng. ¶~ 제도 | 奴隶制度.

노이로제[도 Neurose] 阌[神经病]sh-

énjīngbìng

노익장[老益壯] 阌[老当益壮]lǎodāngyìzhuàng

ᴬ**노인**[老人] 阌[老人]lǎorén ¶~ 복지 시설 | 老人福利设备. ¶~성 치매 | 老年性痴呆.

노인정[老人亭] 阌[老人亭]lǎoréntíng

노임[勞賃] 阌[工钱]gōng·qian【薪金】xīnjīn【薪水】xīn·shui【工资】gōngzī ¶~이 낮다 | 薪金不高. ¶~을 받다 | 领lǐng薪水. ¶최저 ~ | 最低zuìdī工资. 참고[工薪][薪资][薪给][辛金][辛金]

노자[路資] 阌[车船费]chēchuánfèi 참고[车舟费][旅기费][路费][盘pán费]

노점[露店] 阌[地摊]dìtān【露天摊子】lùtiān tān·zi 참고[贫摊][摊밤]

노점 상인[露店商人] 阌[摊贩]tānfàn【小贩】xiǎofàn ¶그 광장에 예전대로 ~들이 왔다 | 那广场guǎngchǎng上, 照例zhàolì来了摊贩. ¶~이 길에서 소리지르며 물건을 판다 | 小贩在街上叫卖jiàomài. 참고[贩子][路边商贩][零售商][街道小商贩][叫卖][彝bài贩][肩jiān贩][摊户][摆摊儿的][摆摊子的][摊销]

노정[路程] 阌[路程]lùchéng【里程】lǐchéng ¶우리는 일찍이 멀고도 험난한 ~을 겪었다 | 我们曾经历jīnglì了长远而艰苦jiānkǔ的路程. ¶3일간의 ~ | 三天的路程.

노조[勞組] 阌[劳动组合]láodòng zǔhé【工会】gōnghuì

노처녀[老處女] 阌[老处女]lǎochǔnǚ

노천[露天] 阌[露天]lùtiān【露天地儿】lùtiāndìr ¶~ 탄광 | 露天煤矿méikuàng.

노총각[老總角] 阌[大龄青年]dàlíngqīngnián 참고[老光棍]홀아비

ᶜ**노출**[露出] 阌孜타[现出]xiànchū【露出】lòu·chu【暴露】bàolù ¶비밀이 ~되었다 | 秘密被暴露了. ¶두 발을 ~하다 | 露出双足shuāngzú. ¶~症.

노크[knock] 阌孜타[敲门]qiāomén 참고[打门dǎmén][拍门pāimén]

노키아[Nokia] 阌〈商標〉[诺基亚]Nu-

177

ǒjǐyà

노트북[notebook] 몡 ❶【本子】běn·zi 【笔记本】bǐjìběn ❷〈電算〉【笔记本电脑】bǐjìběndiànnǎo〔掌电脑〕xiēdiànnǎo【手提电脑】shǒutídiànnǎo

노트북 컴퓨터[Notebook Computer] 몡〈電算〉【笔记本计算机】bǐjìběn jìsuànjī【笔记本电脑】bǐjìběndiànnǎo

노트패드[Notepad] 몡〈電算〉【记事本】jìshìběn

노파[老婆] 몡【老太婆】lǎotàipó

노파심[老婆心] 몡【婆心】póxīn ¶그가 말하는 것은 ~에서 이다 | 他说的是一片婆心.

노폐[老廢] 몡허혱【老废】lǎofèi〔排泄物〕páixièwù

노하다[怒─] 통【发怒】fā/nù〔生气〕shēng/qì ¶그는 걸핏하면 노한다 | 他动不动就发怒.

노하우[knowhow] 몡【技术诀窍】jìshù juéqiào〔技术秘密〕jìshù mìmì〔技术情报〕jìshù qíngbào〔专门技能〕zhuānmén jìnéng〔专门技术知识〕zhuānmén jìshù zhīshí

노화[老化] 몡하쟈【老化】lǎohuà ¶지식의 ~가 심각하다 | 知识老化很严重yánzhòng.

노후[老後] 몡【老后】lǎohòu.

녹¹[祿] 몡【俸禄】lǚfèng【禄】lù ¶공이 없으면 ~을 받지 않는다 | 无功wúgōng不受禄.

녹²[綠] 몡【锈】xiù ¶~자국 | 锈迹. ¶~물 | 锈水. ¶쇠~ | 铁tiě锈. ¶~슬지 않는 쇠 | 不锈钢gāng.

녹이 슬다 관용【生锈】shēng xiù ¶녹이 슬지 않다 | 不生锈. ¶늘 기름칠을 하여 녹이 스는 것을 막다 | 经常擦油, 以免生锈. ❷괴ュ〔上锈〕〔长zhǎng锈〕〔变biàn钝〕〔腐蚀〕〔变质〕

녹나무 몡【樟】zhāng【樟木】zhāngmù【香樟】xiāngzhāng ❷괴ュ〔樟树〕〔猴樟〕

녹내장[綠內障] 몡〈醫〉【绿内障】lǜnèizhàng ❷괴ュ〔青光眼〕〔青盲〕

녹는점[─點] 몡〈化〉【融化点】rónghuàdiǎn【融解点】róngjiědiǎn ❷괴ュ〔熔róng点〕

ᴬ녹다 통 ❶ (열에 물러지다)【融化】rónghuà【溶化】rónghuà【熔化】rónghu

à (烊) yáng (化) huà ¶눈이 벌써 녹기 시작한다 | 雪xuě开始融化. ¶얼음이 녹았다 | 冰bīng化了. ❷ (용해되다)【溶化】rónghuà ¶소금은 물에서 빨리 녹는다 | 盐yán在水里很快就溶化. ❸ (실패하다)【垮】kuǎ 녹다 | 搞垮. ¶그 회사는 녹아버렸다 | 那公司垮了. ❹ (반하다)【迷住】mízhù ¶말에 ~ | 被话迷住. ❺ (몸이 풀어지다)【活动开了】huódòng kāi·le❷괴ュ〔熔解〕〔熔解〕〔融解〕〔暖过来〕〔暖和起来〕〔精疲力尽〕〔筋jīn疲力尽〕〔精疲力竭jié〕〔完蛋〕〔玩(儿)完〕

녹두[綠豆] 몡【植】【绿豆】lǜdòu ¶~묵 | 绿豆凉粉. ¶~ 빈대떡을 부치다 | 煎jiān绿豆饼bǐng.

녹말[綠末] 몡【淀粉】diànfěn【芡粉】qiànfěn ¶일등 ~ | 头等淀粉. ¶~ 걸죽하게 하다 | 用淀粉勾芡gōuqiàn.❷괴ュ〔小xiǎo粉〕〔根gēn粉白粉〕

녹봉[祿俸] 몡【俸禄】fēnglù ¶관리가 된 것은 ~을 받기 위해서이다 | 当官就是为了取得俸禄.

녹색[綠色] 몡【绿色】lǜsè ¶~ 사업 | 绿色事业. ¶~ 조류 | 绿色藻类. ¶~ 혁명 | 绿色革命.

녹십자[綠十字] 몡【绿十字】lǜshízì

녹용[鹿茸] 몡【鹿茸】lǔróng

녹음[綠陰] 몡【绿阴】lǜyīn ¶~이 해를 가리다 | 绿阴遮阳. ¶~이 깊다 | 绿阴森森.❷괴ュ〔绿荫〕

녹음[錄音] 몡【录音】lùyīn ❶동시 | 实况shíkuàng录音. ¶~ 테이프 | 录音(磁)带. ¶~ 하다 | 灌guàn片〕〔胶jiāo带〕〔收shōu音〕

녹음기[錄音器] 몡〈電〉【录音机】lùyīnjī

녹즙기[綠汁器] 몡〈機〉【榨汁机】zhàzhījī

녹지[綠地] 몡【绿地】lǜdì ¶도심의 ~ 공간 | 市内绿地. ¶~ 보호 | 保护绿地.❷괴ュ〔草地〕

녹차[綠茶] 몡【绿茶】lǜchá ¶~를 음미하다 | 品pǐn绿茶.❷괴ュ〔绿茗míng〕〔青茶〕

녹초 몡【瘫软】tānruǎn ¶그는 ~가 되어 저기에 있다 | 他瘫软在那儿. ¶피곤하여 온몸이 ~가 되다 | 累得浑身瘫软.❷괴ュ〔完蛋〕

^녹화¹[綠化]**명**하타【绿化】lǜhuà ¶산간 지대를 ~하다 | 绿化山区。¶~산업 | 绿化产业(事业)。¶~지대 | 绿化地带。

ᴮ녹화²[錄畵]**명**하타【录影】lùyǐng **참고**〔录像〕

^논**명**【稻田】dàotián〔水田〕shuǐtián **참고**〔旱田〕〔陆田〕

논객[論客]**명**【善辩者】shànbiànzhě【论客】lùnkè

논거[論據]**명**【论据】lùnjù ¶유력한 ~ | 有力的论据。

^논길[田间小路]tiánjiān xiǎolù

^논농사[－農事]**명**【种稻】zhòngdào【种水田】zhòngshuǐtián【种稻田】zhòngdàotián

^논두렁[田界]tiánjiè【田埂】tiángěng〔田塍〕

논란[論難]**명**하타【责难】zénán【论难】lùnnàn ¶두 학파가 자기 학설을 고집하며, 서로 ~하고 있다 | 两个学派各执zhí一说, 互相论难。¶~의 여지가 많다 | 可指责的地方很多。**참고**〔责难〕

논리[論理]**명**【论理】lùnlǐ【逻辑】luó·jí ¶~에 맞다 | 合乎论理。¶글을 쓸 때는 ~를 잘 따져야 한다 | 写文章要讲逻辑。¶이 몇 마디 말은 ~에 맞지 않는다 | 这几句话不合逻辑。**참고**〔罗辑〕

논리학[論理學]**명**【论理学】lùnlǐxué【逻辑学】luójíxué **참고**〔逻辑luójí〕〔名学〕〔辨学〕

논문[論文]**명**【论文】lùnwén ¶학술 ~ | 学术论文。¶졸업 ~을 쓰다 | 写毕业论文。¶~집 | 论文集。

논박[論駁]**명**하타【论驳】lùnbó【反驳】fǎnbó ¶틀린 이론을 ~하여 누르다 | 驳斥谬miù论。**참고**〔驳论〕

ᴮ논밭[水田和旱地]shuǐtián hé hàndì【田地】tiándì **참고**〔田畈tiánfàn〕〔耕地〕〔农田〕

논법[論法]**명**【论法】lùn·fa【说法】shuō·fa ¶완곡한 ~ | 委婉wěiwǎn的说法。**참고**〔提法〕〔推理〕〔逻辑〕

^논설[論說]**명**【论说】lùnshuō【评论】pínglùn ¶~체 | 论说体。¶~문 | 论说文。¶~위원 | 评论员yuán。

논어[論語]**명**【论语】Lúnyǔ

논의[論議]**명**하타【议论】yìlùn【讨论】tǎolùn ¶~가 분분하다 | 议论纷fēn纷。¶문제를 ~하다 | 讨论tǎolùn问题。¶한 차례 ~했다 | 讨论了一番。

논일[－]**명**하자【农事】nóngshì ¶농사일이 바빴다 | 农事繁忙fánmáng。**참고**〔农活〕

논쟁[論爭]**명**하자【争论】zhēnglùn【议论】yìlùn ¶어떤 한 가지 일에 대해 ~하다 | 争论一件事。¶~을 펼치다 | 展开争论。¶~이 그치지 않다 | 争论不休。

논점[論點]**명**〈論〉【论点】lùndiǎn ¶이 글은 ~이 두드러진다 | 这篇文章论点突tū出。

논제[論題]**명**〈論〉【论题】lùntí ¶~가 명확하다 | 论题明确què。

논조[論調]**명**【论调】lùndiào ¶정부를 비난하는 ~의 글 | 非难政府论调的文章。

논증[論證]**명**하타〈論〉【论证】lùnzhèng ¶반박할 여지가 없는 ~ | 无可辩驳biànbó的论证。¶귀납 ~ | 归纳论证。

논지[論旨]**명**【论点】lùndiǎn ¶이 글은 ~가 두드러진다 | 这篇文章论点突tū出。

논평[論評]**명**하타【评论】pínglùn ¶~를 거부하다 | 拒绝论评。

논하다[論－]**동**〈論〉【论述】lùnshù ¶사실에 근거하여 ~ | 就事论事。¶한 가지로 논할 수는 없다 | 不能一概而论。¶이 문제를 정확하게 논하였다 | 正确地论述了这个问题。

^놀다**동** ❶ (유희하다)【玩(儿)】wán(r) ¶아이들은 집에 돌아가는 것도 잊고 논다 | 孩子们玩儿得忘了回家了。¶농구를 하며 놀다 | 玩儿篮球。❷ (쉬다)【休息】xiū·xi ¶노는 날 | 休息日。¶노는 시간이 되었다 | 休息的时间到了。❸ (실직하다)【没有工作】méi·yǒu gōngzuò【闲着】xián·zhe ¶내가 매일 그냥 놀기만 한다고요? | 你以为我在家闲着呢? ❹ (아기가 움직이다)【胎动】tāidòng ¶아기가 노는 것이 벌써 느껴진다 | 已感到胎动。❺ (고정된 것이 움직이다)

【松】sōng【松动】sōngdòng ¶책상다리가 ～｜桌子腿松了。❻ (방탕하다)【(从下流社会)过来(的人)】(cóng xiàliú shèhuì)guòlái(de·rén) ¶놀던 계집｜(从下流社会)过来的女子。 참고〔頑 wán〕〔游玩〕〔玩乐〕〔休歇 xiē〕〔歇〕

ᴬ놀라다 통❶ (뜻밖의 일을 당하여 가슴이 두근거리다)【吃惊】chī/jīng【受惊】shòu/jīng【震惊】zhènjīng ¶크게 한바탕 ～｜大吃一惊。¶사람을 놀라게 하다｜令人吃惊。¶이 불행한 소식을 듣고, 크게 놀라지 않는 친구가 없었다｜听到这样的消息, 朋友们无不为之震惊。❷ (갑자기 놀라움을 느끼다)【惊讶】jīngyà【惊诧】jīngchà【惊奇】jīngqí【奇怪】qíguài ¶그는 매우 놀라워하고 있다｜他觉得很惊讶。¶그의 갑작스런 출현은 모두를 놀라게 했다｜他的突然出现使大家感到惊诧。¶놀랍고도 이상한 눈초리로 보다｜用惊奇的眼光看。¶만일 네가 조금만 일찍 알려 주었더라면 나 역시 놀라지 않았을 것이다｜如果你早一点儿告诉我的话, 我也就不奇怪了。❸ (경탄하다)【惊讶】jīngyà ¶이 정도의 발전을 놀라워하지 않을 수 없다｜看到这样的发展, 不能不感到惊讶。 참고〔惊愕〕〔吃惊〕〔担惊〕〔受shòu惊〕〔惊惶〕〔惊慌〕〔吓着〕〔警jīng动〕〔骇hài得〕

ᴮ놀라움 圀【惊人的】jīngrén·de【惊异】jīngyì【惊慌】jīnghuāng【惊惶】jīnghuáng

ᴮ놀랍다 휑【出乎意外】chū hū yì wài【惊人】jīngrén ¶놀라운 소식｜惊人的消息。 참고〔吓人〕〔骇人〕

ᴮ놀리다 통❶ (조롱하다)【玩弄】wánnòng【捉弄】zhuōnòng【逗】dòu【逗弄】dòu·nong ¶여성을 ～｜玩弄女性。¶사람을 놀리지 마라 난 너에게 넘어가지 않는다｜你别捉弄人, 我才上不了你的当呢! ¶어린애를 ～｜逗孩子。❷ (쉬게 하다)【使…休息】shǐ…xiū·xi【让…休息】ràng…xiū·xi ¶일꾼을 ～｜让工作人员休息。❸ (조종하다)【操作】cāozuò【玩】wán ¶공을 자유자재로 ～｜随心所欲地玩球。❹ (움직이다)【动】dòng【动一动】dòng·yid-

ǒng 참고〔作弄〕〔取笑〕〔戏弄〕

놀림감 圀【玩物】wánwù 참고〔玩意儿〕

놀부 圀【孬夫】nāofū ¶～전｜孬夫传zhuàn。

놀아나다 통【嬉戏】xīxì【放荡】fàngdàng ¶유부남과 ～｜和有妇之夫嬉戏。

ᴬ놀이 하짜【游戏】yóuxì【游玩】yóuwán【玩意儿】wányìr ¶거기서 무슨 ～를 하고 있느냐｜在那儿演的是什么玩意儿。 참고〔玩〕〔玩艺儿〕〔玩物〕

ᴮ놀이터 圀【游乐场】yóulèchǎng【游戏的地方】yóuxì·de dì·fang【游玩的地方】yóuwán·de dì·fang

ᴬ놈 圀❶ (남자)【家伙】jiāhuǒ【货色】huòsè ¶나쁜｜坏家伙。❷ (남자아이)【小家伙】xiǎojiāhuǒ ¶고 ～ 참 잘 생겼다｜这个小家伙长得很俊。❸ (동물·물건)【东西】dōng·xi ¶암｜母的。

놈팡이 圀【鬼家伙】guǐjiā·huo【坏蛋】huàidàn

ᴬ놋그릇 圀【黄铜器】huángtóngqì【铜碗】tóngwǎn

ᴮ놋쇠 圀【黄铜】huángtóng ¶～ 그릇｜黄铜器。 참고〔铜〕

ᴮ농[籠]圀【笼】lóng【衣柜】yīguì

ᴮ농가[農家]圀【农家】nóngjiā【庄户】zhuānghù【农户】nónghù ¶강씨는 ～의 자제이다｜老康是农家子弟。¶～ 소득｜农家所得/农家收入。 참고〔稼户〕

농간[弄奸]圀하짜타【捣鬼】dǎo/guǐ【耍弄】shuǎnòng ¶너희들 여기서 무슨 ～을 꾸미고 있느냐? ｜你们在这儿捣什么鬼? ¶상대방이 ～을 부리지 못하도록 하다｜防止对手要弄。 참고〔调diào鬼〕〔捣鬼diàoguǐ〕〔弄鬼nòngguǐ〕〔欺骗〕〔欺瞒〕

농경지[農耕地]圀【耕地】gēngdì ¶～ 면적｜耕地面积。

농과대학[農科大學] 圀【农学院】nóngxuéyuàn

ᴬ농구[籃球]圀〔體〕【篮球】lánqiú ¶～를 하다｜打篮球。¶～ 골대｜篮球架jià。¶～ 시합｜篮球赛sài。

농군[農軍]圀【农民】nóngmín【农夫】nóngfū【农人】nóngrén【庄稼又】zhuāng·jahàn ¶~이 농사일을 하다 | 农夫耕gēng田. ¶나는 단지 일개 ~이다 | 我只是一个庄稼汉. 참고〔种地的〕

농기[農期] 몡 【农时】nóngshí ¶~를 어기지 않다 | 不误wù农时/不违农时. 참고〔农事季节〕

농기구[農器具] 몡 【农具】nóngjù 【农器具】nóngqìjù ¶~를 수리하다 | 修理农具.

농담[弄談] 몡하자 【玩笑】wánxiào ¶~하다 | 开玩笑. 참고〔顽wán笑〕

ᴮ**농담**[濃淡] 몡하자 【农淡】nóngdàn ¶이 그림은 색채 ~이 고르지 못하다 | 这幅画儿的色彩浓淡不匀. ¶차맛의 ~을 조절하다 | 调tiáo好茶的浓淡.

농도[濃度] 몡 〈化〉【浓度】nóngdù ¶~가 짙다 | 浓度大. ¶당량 ~ | 当量浓度. 참고〔密度〕〔稠度〕

농땡이 몡 【偷懒】tōu/lǎn ¶그는 일을 아주 열심히 해서 한번도 ~친 적이 없다 | 他勤勤恳恳的, 从不偷懒. ¶이 가기만 하면 그는 ~친다 | 工头一走他就偷懒. 참고〔偷闲〕〔偷闲躲静〕〔偷懒家伙〕

농락[籠絡] 몡하타 【笼络】lǒngluò ¶사람 마음을 ~하다 | 笼络人心.

농림[農林] 몡 【农林】nónglín ¶~ 수산부 | 农林水产部. ¶~ 행정 | 农林行政.

ᴮ**농민**[農民] 몡 【农民】nóngmín ¶~ 문학 | 反映农民生活的文学/农民文学. ¶~ 운동 | 农民运动.

ᴮ**농번기**[農繁期] 몡 【农忙期】nóngmángqī 【农忙(季节)】nóngmáng(jìjié) ¶~에 그들은 모두 시골로 내려가 일손을 돕는다 | 农忙期间, 他们都下乡帮工.

ᴬ**농부**[農夫] 몡 【农夫】nóngfū 【农民】nóngmín 【农人】nóngrén 【庄稼汉】zhuāng·jiahàn ¶그가 농사일을 하다 | 农夫耕gēng田. ¶나는 단지 일개 ~이다 | 我只是一个庄稼汉. 참고〔种地的〕

농사[農事] 몡하자 【农事】nóngshì 【种田】zhòngtián 【种地】zhòngdì

ᵇ**농사일**[農事─] 몡하자 【庄稼活儿】zhuāng·jiahuór 【农事】nóngshì 【种地】zhòng/dì 【农活(儿)】nónghuó(r)

¶온 가족이 밭에서 ~을 하다 | 全家都在田里做庄稼活儿. ¶~이 바쁘다 | 农事繁忙. 참고〔农家活儿〕〔活茬〕〔种田〕〔农业生产〕〔种庄稼〕

농사철[農事─] 몡 【农时】nóngshí 【农业季节】nóngyè jìjié

농산물[農産物] 몡 【农产品】nóngchǎnpǐn 【农产物】nóngchǎnwù ¶~ 수매 가격 | 农产品收购价格. ¶~ 가공 | 农产品加工.

ᵇ**농삿집**[農事─] 몡 【农家】nóngjiā 【农户】nónghù

농성[籠城] 몡하자 【围城】wéichéng 【守城】shǒuchéng 【闭门不出】bìmén bùchū ¶~파업 | 静坐罢工.

ᵇ**농아**[聾啞] 몡 【聋哑】lóngyǎ ¶~ 교육 | 聋哑教育. ¶~ 학교 | 聋哑学校.

농악[農樂] 몡 【农乐】nóngyuè ¶~대 | 农乐队.

ᵇ**농약**[農藥] 몡 〈化〉【农药】nóngyào ¶~ 오염 | 农药污染.

농어[魚─] 몡 【鲈鱼】lúyú 참고〔真鲈〕〔鲈花鱼〕〔鲈板〕〔驴子〕〔驴子鱼〕〔花huā鲈〕

농어촌[農漁村] 몡 【农村和渔村】nóngcūn hé yúcūn

ᵇ**농업**[農業] 몡 【农业】nóngyè ¶~경제 | 农业经济. ¶~ 정책 | 农业政策. ¶~ 인구 | 农业人口. ¶~ 생물학 | 农业生物学. ¶~ 기계화 | 农业机械化.

농작물[農作物] 몡 【农作物】nóngzuòwù 【庄稼】zhuāng·jia ¶~을 재배하다 | 种植农作物. ¶~을 심다 | 种zhuāng稼. ¶~을 거두어 들이다 | 收庄稼. 참고〔作物〕

ᵇ**농장**[農場] 몡 【农庄】nóngzhuāng 【农场】nóngchǎng ¶국영 ~ | 国营农场. ¶협동 ~ | 合作农场. 참고〔种植园〕〔园艺农场〕

ᵇ**농지**[農地] 몡 【农田】nóngtián 【耕地】gēngdì ¶~ 개혁 | 农地改革. ¶~ 수리 시설 건설 | 农田水利建设. ¶~ 면적 | 耕地面积. 참고〔田地〕〔田畈〕〔农地〕

ᴬ**농촌**[農村] 몡 【农村】nóngcūn 【乡村】xiāngcūn ¶~의 정기 시장 | 农村集市. ¶~ 인민 공사 | 农村人民公社. ¶~의 야경 | 乡村的夜景. 참고

〔乡下〕〔乡间〕

농축[濃縮] 명하타 〈化〉【浓缩】nóngsuō ¶~물 | 浓缩物。¶~ 우라늄 | 浓缩铀yóu。

ᴮ**농토**[農土] 명【农田】nóngtián【耕地】gēngdì ¶~ 수리 관개 | 农田水利灌溉。

농한기[農閑期] 명【农闲期】nóngxiánqī【农闲(季节)】nóngxián(jìjié) ¶~를 이용하여 중국 표준말을 배우다 | 利用农闲学习普通话。

ᴮ**농협**[農協] 명【农会】nónghuì【农业合作社】nóngyèhézuòshè

농후[濃厚] 명하형【浓厚】nónghòu ¶학습 분위기가 아주 ~하다 | 学习气氛qìfēn很浓厚。¶~한 민간 색채 | 浓厚的民间色彩。

ᶜ**높낮이**[高低]【高低】gāodī ¶~가 고르지 않다 | 高低不平。

ᴬ**높다** 형【高】gāo【高昂】gāoʼáng ¶가격이 너무나 ~ | 价钱jiàqián太高。¶목소리가 ~ | 嗓门儿shǎng太高。¶사기가 ~ | 士气高昂。¶광장의 노래소리가 점점 더 높아진다 | 广场的歌声愈来愈高昂。

ᴮ**높다랗다**[휗]【很高】hěn gāo【高高的】gāogāo·de ¶높다란 산 | 高高的山。

ᴬ**높이**[高度]gāodù【高低】gāodī【高程】gāochéng ¶비행 ~ | 飞行的高度。(참고)〔高〕

ᴬ**높이**[高度地]gāogāo·de【高度】gāodù ¶그의 업적을 ~ 평가하다 | 高度评价他的业绩yèjì。(참고)〔极度〕

ᴮ**높이다**[동]【提高】tí/gāo【增强】zēngqiáng【加强】jiāqiáng ¶교원의 자질을 ~ | 提高教师的素质sùzhì。¶위가 높아지다 | 地位提高。¶체육 운동을 발전시켜 국민의 체력을 ~ | 发展体育运动, 增强国民体质。(참고)〔激发〕〔抬高〕

ᶜ**높이뛰기**[體]〈體〉【跳高】tiàogāo ¶장대 ~ | 撑杆跳高。

ᴬ**놓다** 동 ❶ (두다)【放】fàng【搁】gē【搁下】gē·xia ¶여기에 책상을 놓고, 저기에 의자를 두어요 | 这儿放桌子, 那儿放椅子。¶트렁크를 방 안에 ~ | 把箱子xiāngzi搁在屋里。❷ (잡은 것을 풀어주다)【放】fàng【放开】fàngkāi ¶그녀는 언니의 손을 꼭 잡고

놓지 않는다 | 她紧拉着姐姐的手不放。❸ (불을)【放】fàng【点】diǎn ¶모기향에 불을 ~ | 点蚊wén香。❹ (가설하다)【布置】bùzhì【安装】ānzhuāng【铺设】pūshè【架设】jiàshè【搭】dā ¶수도관을 ~ | 安装自来水管。¶철로를 ~ | 铺设铁路tiělù。¶고압 전선을 ~ | 架设高压gāoyā电线diànxiàn。¶다리를 ~ | 搭一座桥qiáo。❺ (주사를)【扎】zhā ¶주사를 ~ | 扎针。❻ (마음을)【安】ān【放(心)】fàng(xīn) ¶마음을 놓지 못하다 | 心神不安。❼ (수를)【刺】cì ¶수를 ~ | 刺绣。❽ (셈하다)【打】dǎ ¶수판을 ~ | 打算盘。❾ (말을)【转】zhuǎn ¶말씀 놓으세요 | 转两句。❿ (정신을)【松劲】sōngjìn【放松】fàngsōng ¶맥을 ~ | 松了筋。

ᶜ**놓아두다** 동 ❶ (놓다)【放置】fàngzhì ❷ (방임하다)【不管】bùguǎn【放任】fàngrèn【搁置】gēzhì ¶너는 그를 그대로 놓아두지 마라 | 你不要不管他。¶놓아 두고 상관하지 않다 | 搁置不理。(참고)〔放着不动〕

놓아주다 동【放跑】fàngpǎo【放走】fàngzǒu【释放】shìfàng ¶죄인을 ~ | 释放犯人。(참고)〔放〕

ᶜ**놓치다** 동【失】shī【失去】shīqù【失掉】shīdiào【错过】cuòguò ¶앉아서 좋은 기회를 ~ | 坐失良机liángjī。¶기회를 ~ | 失去机会。¶두 번이나 시험 볼 기회를 놓쳤다 | 错过两次考试的机会。(참고)〔失却〕〔没抓住〕〔漏掉〕〔放过〕

ᴮ**뇌**[腦] 명〈生理〉【脑】nǎo【脑袋】nǎodai【头脑】tóunǎo【脑汁】nǎozhī【脑力】nǎolì【脑筋】nǎojīn【소~ | 小脑。¶두~가 명석하다 | 头脑清楚。(참고)〔脑浆〕〔脑袋瓜(子)〕〔脑瓜(儿)〕〔脑瓜子〕

뇌까리다 동【唠叨】láo·dao【胡诌】húzhōu ¶함부로 이러쿵 저러쿵 뇌까리지 마라! | 别瞎扯了! ¶그는 이렇게 계속 쉬지 않고 뇌까려 정말 견딜 수 없다 | 他这样唠叨不停, 真叫人受不了。¶이 이야기는 그가 나오는 대로 뇌까린 것이다 | 这故事是他胡诌的。(참고)〔胡说〕〔唠唠叨叨〕〔胡说霸道〕〔胡扯〕〔练liàn贫〕

뇌다 图【念叨】niàndāo ¶그의 이름을 몇 번이고 뇌어 보았다 | 念叨了几次他的名字。

뇌리[腦裡] 图【脑里】nǎo·li【脑子里】nǎo·zi·li【脑海里】nǎohǎi·li ¶~를 스치는 생각 | 掠过脑里的想法。

ᴬ**뇌물**[賂物] 图【贿物】huìwù ¶~반환 | 退赃。¶~을 받다 | 受贿。

ᴬ**뇌빈혈**[腦貧血] 图〈醫〉【脑贫血】nǎopínxuè

뇌사[腦死] 图〈醫〉【脑死】nǎosǐ

ᴬ**뇌염**[腦炎] 图〈醫〉【脑炎】nǎoyán ¶유행성 B형 ~ | 流行性乙型脑炎。

ᴬ**뇌일혈**[腦溢血] 图〈醫〉【脑溢血】nǎoyìxuè ¶그는 불행히도 ~이다 | 他不幸得了脑溢血。**참고**〔脑出血〕〔脑充血〕

뇌졸중[腦卒中] 图〈醫〉【中风】zhòng/fēng ¶그 사람은 수년 동안 ~에 걸렸었다 | 那个人中风多年了。¶그는 ~에 걸렸다 | 他中了风。**참고**〔卒zú中〕

뇌종양[腦腫瘍] 图〈醫〉【脑瘤】nǎoliú

뇌진탕[腦震蕩] 图〈醫〉【脑震荡】nǎozhèndàng

ᴬ**뇌출혈**[腦出血] 图〈醫〉【脑出血】nǎochūxuè ¶그가 ~로 쓰러졌다 | 他因脑出血栽倒了。**참고**〔脑溢yì血〕〔脑充血〕

뇌파[腦波] 图【脑电波】nǎodiànbō

누[累] 图【累】lèi【连累】liánlèi ¶~를 끼쳤습니다 | 叫您受累了。

ᴬ**누각**[樓閣] 图【楼阁】lóugé ¶공중 ~ | 空中楼阁。

ᴬ**누구** 囮 ❶ (谁)shéi【哪个】nǎ·ge【哪位】nǎwèi【孰】shú【什么人】shén·me rén ¶어디에서 오신 ~십니까? | 是从哪来的什么人? ¶~를 찾느냐? | 你找谁? ❷ (불특정한 누구) 【任谁】rènshéi ¶이것은 역사적인 사실로 ~도 부인할 수가 없다 | 这是历史事实, 任谁也不能否认tǒurèn。**참고**〔啥人〕〔任何人〕〔无论谁〕〔事實〕

ᴮ**누구누구** 囮【谁谁】shéishéi ¶고향 사람들은 ~는 큰 공을 세웠으며 ~는 영웅이 되었다며 말하고 있다 | 乡亲们传说着谁谁立了大功, 谁谁当了英雄。**참고**〔谁和谁〕

누그러뜨리다 图【按捺】ànnà【抑制】yì-

zhì ¶흥분된 마음을 ~ | 按捺住激动的心情。

누그러지다 图 ❶ (성격 등이)【软下来】ruǎnxiàlái【变得温和】biàn·de wēnhé ❷ (상황이)【减退】jiǎntuì【降低】jiàngdī【减轻】jiǎnqīng ¶병세가 ~ | 病情减轻了。

ᴬ**누나** 图【姐】jiě【姐姐】jiě·jie ¶큰 ~ | 大姐。¶큰 ~ | 大姐姐。**참고**〔姊zǐ〕

누누이[屢屢] 图【屡屡】lǚlǚ【屡次】lǚcì ¶~를 만나러 갔다 | 屡次去找他。¶그는 ~ 나에게 돈을 빌린다 | 他屡次和我借钱。**참고**〔累次〕〔反复〕〔多次〕〔好多次〕

누님 图【姐姐】jiě·jie

ᴬ**누다** 图【屙】ē【拉】lā【尿】niào【撒】sā ¶대변을 ~ | 拉屎shǐ。¶이불에 오줌을 ~ | 尿褥子rù·zi, 尿被。**참고**〔溺niào〕〔便〕〔拉bǎ把扎〕

누대[屢代] 图【世代】shìdài ¶~에 걸쳐 내려오는 학자 집안 | 世代书香。¶그의 집안은 ~에 걸쳐 농업에 종사하고 있다 | 他家世世代代务农。**참고**〔世世代代〕

누더기 图【破烂的衣服】pòlàn·de yī·fu【破衣服】pòyī·fu ¶~를 걸치다 | 披上破衣服。

누드[nude] 图【裸体】luǒtǐ ¶모델이 ~로 화실 안에 앉아 있다 | 模特儿裸体坐在画室里。¶~화 | 裸体画huà。**참고**〔裸身〕〔裸形〕

누락[漏落] 图하자타【遗落】yíluò【脱漏】tuōlòu ¶글 중에 몇 자가 ~되었다 | 文章中脱漏了几个字。¶여기에 한 줄이 ~되었다 | 这里脱漏了一行。

ᴮ**누렇다** 圈【黄】huáng【金黄】jīnhuáng ¶보리가 온통 누렇게 되었다 | 麦子都黄了。¶누런 빛깔 머리 | 金黄色的头发。

ᴮ**누룩** 图【曲子】qū·zi【酒母】jiǔmǔ【酒曲】jiǔqū〔曲菌〕〔曲霉〕〔酒饼bǐng〕〔酒媒méi〕

ᴮ**누룽지**【锅巴】guōbā【嘎巴】gā·ba

ᴬ**누르다** 图 ❶ (힘을 가하다)【摁】èn【按捺】ànnà【压】yā【压制】yāzhì ¶꽉 누르고 놓지 않다 | 摁住不放。¶너무 딱딱해 누를 수 없다 | 太硬yìng了, 摁不下。¶누르는 힘이 너무 크다 | 压的力量太大。❷ (심리 작용을 억

제하다】**按**àn【**按捺**】ànnà【**抑制**】yìzhì【**控制**】kòngzhì【**压抑**】yāyì【**压压**】yā【**压制**】yāzhì ¶치솟는 울분을 누를 수 없다 | 压不住心头怒火。¶충동을 누르지 못하다 | 抑制不住冲动chōngdòng。¶자신의 감정을 ~ | 控制自己的感情gǎnqíng。❸ (억압·진압하다) 【抑制】yìzhì【压迫】yāpò【镇】zhèn【压】yā ¶자기와 맞지 않는 세력을 ~ | 压制异己力量lìliàng。¶민주주의를 ~ | 压制民主。❹ (단추 등을) 【按】àn【摁】èn ¶벨을 한 번 ~ | 按一下电铃。¶벨을 누르지 마라 | 不要摁电铃。참고〔抑止yìzhì〕〔打〕〔抵dǐ住〕〔压下去〕〔扼è制〕

ᵃ**누르스름하다** 혱【浅黄】qiǎnhuáng【微黄】wēihuáng【嫩黄】nènhuáng ¶누르스름한 갓나온 버들 잎 | 嫩黄的柳芽liǔyá。

ᴮ**누리** 뗑【宇宙】yǔzhòu【世界】shìjiè【世上】shìshàng【全球】quánqiú ¶이름을 온 ~에 떨치다 | 名震míngzhèn全球。【天下】【大地】

ᴮ**누리다** 툉【享受】xiǎngshòu【享有】xiǎngyǒu【纳福】nàfú ¶권리를 ~ | 享受权利quánlì。¶행복한 생활을 ~ | 享受幸福xìngfú的生活。¶명성을 ~ | 享有盛名shèngmíng。참고〔受用〕〔享xiǎng福〕

누메아 〔프 Nouméa〕 뗑〈地〉【努美阿】Nǔměiā "新喀里尼亚" (프랑스령 뉴칼레도니아섬 ; New Caledonia)의 수도】

ᴬ**누명** 〔陋名〕 뗑【冤枉】yuān·wang

누명을 벗다 〔陋名-〕 관용【洗清罪名】xǐqīng zuìmíng

누명을 쓰다 〔陋名-〕 관용【背黑锅】bèihēiguō

누명을 씌우다 〔陋名-〕 관용【扣屎盆子】kòushǐ pén·zi

ᴮ**누비다** 툉❶ (요리 조리 뚫고 다니다) 【穿过】chuānguò【穿行】chuānxíng【穿行旁梭】chuānxíngrúsuō ¶골목을 누비고 지나가면 바로 큰 길이다 | 穿过巷子就是大街。❷ (옷을) 【衲】【纳】【絎】háng ¶양말 바닥을 ~ | 绗袜底。

누설 〔漏泄〕 뗑하자타【泄】xiè【泄漏】xièlòu ¶외부사람에게 ~하면 안된다 | 不可泄于外人。¶기밀을 ~하다 |

泄漏机密jīmì。¶천기를 ~해서는 안된다 | 天机tiānjī不可泄漏。참고〔泄露lù〕〔透tòu露〕

누수 〔漏水〕 뗑【漏水】lòu/shuǐ ¶~율 | 漏水率lǜ。¶~공사 | 漏水工程。

누악쇼트 〔Nouakchott〕 뗑〈地〉【努瓦克肖特】Nǔwǎkèxiāotè ["毛里塔尼亚" (모리타니 ; Mauritnie)의 수도]

ᴮ**누에** 뗑【蚕】cán ¶~잠 | 蚕眠。¶~가 실을 토해 고치를 치다 | 蚕吐丝做茧jiǎn。

누에고치 〈蟲〉【蚕茧】cánjiǎn【茧(儿,子)】jiǎn(r, zi)

누울 자리 보고 발 뻗는다 관용【量体裁衣】liàng tǐ cái yī【看菜吃饭, 量体裁衣】kàncài chīfàn, liàngtǐ cáiyī【按人口做饭, 量体裁衣】àn rénkǒu zuòfàn, liàngtǐ cáiyī【看水放船, 看风下篙】kàn·zheshuǐ fàngchuán, kànfēng xiàzhāo

누워서 떡먹기 관용【以汤沃雪】yǐ tāng wò xuě【不费吹灰之力】bùfèi chuīhuī zhīlì【瓮中捉鳖, 手到拿来】wèngzhòng zhuōbiē, shǒudào ná·lai【瓮中捉鳖, 手到擒来】wèngzhōng zhuōbiē, shǒudào qín·lai

누워먹다 툉【不劳而食】bù láo ér shí

ᶜ**누이** 뗑【姐(姐)】jiě·jie【妹(妹)】mèi·mei ¶큰 ~ | 大姐(姐)。

누이다 툉【把尿】bǎniào

누이동생 뗑【妹妹】mèi·mei ¶그녀는 나의 친~이다 | 她是我的亲妹妹。

누이 좋고 매부 좋다 관용【皆大欢喜】jiē dà huān xǐ【两全其美】liǎng quán qí měi【锦上添花】jǐn shàng tiān huā

누적 〔累積〕 뗑하자타【累积】lěijī ¶~액 | 积累jī·lei ¶점수를 시작서 총점을 계산한다 | 把分数累积起来算总分。¶~된 경험은 문제 해결의 기본 조건이다 | 积累经验是解决问题的基本条件。참고〔积欠债务〕

ᶜ**누전** 〔漏電〕 뗑하자타【漏电】lòu/diàn ¶전열 찻잔이 ~된다 | 电热杯漏电。참고〔跑电〕〔走电〕

누진 〔累進〕 뗑하자타【累进】lěijìn ¶~법 | 累进法。¶~율 | 累进率。¶~과세 | 累进课税。

누진세 〔累進稅〕 뗑【累进税】lěijìnshuì

ᶜ**누차** 〔屢次〕 뗑튀【屡次】lǚcì ¶~ 그를

만나러 갔다 | 屡次去见他。¶그는 ~ 높이뛰기 기록을 갱신했다 | 他屡次刷新shuāxīn了跳高记录。¶그는 ~ 나에게 돈을 빌린다 | 他屡次和我借钱。參고〔屡屡〕〔累次〕

누추하다[陋醜-] 혱 【简陋】jiǎnlòu 【不成样子】bùchéngyàng·zi ¶집이 누추하지만 좀 앉으세요 | 房子不成样子，请坐吧。

누출[漏出] 몡하자 【漏出】lòuchū 【漏】lòu ¶물이 ~되다 | 漏水。¶기름통이 ~되었다 | 油桶漏了。參고〔泄漏〕〔泄露lù〕〔透tòu漏〕〔溢出〕

누쿠알로파[Nukualofa] 몡〈地〉【努库阿洛法】Nǔkù'āluòfǎ "汤加"（통가; Tonga）의 수도

눅눅하다 혱 【湿润】shīrùn 【潮湿】cháoshī ¶이 땅이는 비교적 눅눅한 편이다 | 这块地比较潮润。눅눅한 공기 | 湿润的空kōng气。¶이 땅은 너무 눅눅해졌다 | 这地儿太潮湿了。參고〔湿软〕〔湿潮〕

눈[1] 몡 【芽】yá 【胚芽】pēiyá ¶보리가 ~이 텄다 | 麦子mài·zi发芽儿了。¶버들 ~ | 柳liǔ芽。¶식물의 ~을 상하게 하면 안된다 | 损坏sǔnhuài了胚芽，就不行。

눈[2] 몡 【星星】chéngxīng 【尺星】chǐxīng ¶저울의 ~을 속이다 | 用秤星骗人。

^A**눈**[3] 몡 【雪】xuě ¶~이 내리다 | 下雪。

^A**눈**[4] 몡❶〈生理〉【眼睛】yǎn·jing 【目】mù ¶한쪽 ~ | 一只zhī眼睛。¶~이 침침하다/~이 어둡다 | 眼睛花了。¶~에 거슬리다 | 碍ài眼。¶~앞에 선하다 | 历历在目。❷（시력）【视力】shìlì 【眼力】yǎnlì ¶~검사 | 视力测验。¶~이 좋다 | 视力好。¶~이 나빠졌다 | 视力减退jiǎntuì。❸（안목）【眼】yǎn 【眼光】yǎnguāng 【目光】mùguāng ¶~이 높다 | 眼光高。¶~이 좁다 | 目光短浅。❹（주목·주시）【目光】mùguāng 【视线】shìxiàn ¶호의적인 ~으로 보다 | 用好意的目光看。¶두 사람의 ~이 마주쳤다 | 两人的目光碰到一起。¶~을 피하다 | 避开视线。¶~길을 끌다 | 吸引视线。❺（관점·사물을 보는 태도）【眼光】yǎnguāng 【观点】g-

uāndiǎn ¶의사의 ~으로 보면 | 从医生的观点看。

^B**눈가** 몡 【眼边】yǎnbiān 【眼眶(子)】yǎnkuàng(zi) 【眼圈(儿，子)】yǎnquān(r, zi)

눈가죽 몡〈生理〉【眼皮】yǎnpí 【眼睑】yǎnjiǎn 【眼帘】yǎnlián

눈감다 통❶（못 본 체 하다）【装没看见】zhuāngméikànjiàn ¶눈 한 번만 감아 주세요 | 睁一只眼闭一只眼。❷（죽다）【死】sǐ ¶그의 어머니께서 눈감으셨다 | 他母亲死了。參고〔断气〕〔暝目〕〔归西〕〔归天〕

^B**눈곱** 몡 【眼眵】yǎnchī 【目目糊】chī·muhū 【眼屎】yǎnshǐ ¶~이 끼다 | 有眼眵。¶~을 닦다 | 揩净kāijìng眼眵。參고〔眼渣zhā〕〔眵〕

눈금 몡 【星】xīng 【刻度】kèdù 【标度】biāodù ¶저울~ | 秤chèng星。參고〔角度〕

^B**눈길**[1] 몡 【目光】mùguāng 【视线】shìxiàn 【眼神】yǎnshén ¶두 사람의 ~이 마주쳤다 | 两人的目光碰到一起。¶~을 피하다 | 避开视线。¶~을 끌다 | 吸引视线。¶~을 보내다 | 递dì眼神。¶~이 온화하다 | 眼神温和wēnhé。參고〔眼光光〕〔眼波〕〔眼色〕

^B**눈길**[2] 몡 【雪路】xuělù

눈까풀 몡 【眼皮】yǎnpí 【眼皮子】yǎnpí·zi 【眼脸】yǎnliǎn 參고〔眼睑〕〔双眼皮〕

눈깔사탕 몡[-砂糖] 몡 【龙眼糖】lóngyǎntáng

눈 깜짝할 사이 관용 【一眨眼工夫】yìzhǎyǎn gōng·fu ¶~ 먹어 치우다 | 一眨眼工夫就吃完了。

눈꼴사납다 혱 【讨厌】tǎoyàn 【不顺眼】bùshùnyǎn ¶그들은 좀 눈꼴사나운 데가 있다 | 他们有些地方讨厌。參고〔不堪入目〕〔刺眼〕〔刺目〕〔看不上(眼)〕〔瞧不上(眼儿)〕〔看不惯〕〔瞧不惯〕

^B**눈꽃** 몡 【雪花】xuěhuā

눈높다 혱❶（안목이 높다）【有眼力】yǒuyǎnlì ¶그는 눈이 높은 사람이다 | 他是一位有眼力的人。❷（정도 이상의 것만 찾다）【眼头高】yǎntóu gāo ¶그는 눈이 높아 이런 물건은 눈에 차

185

지도 않을 걸 | 他眼头高, 这种东西不会看上眼的.

눈대중 명하타 【用眼睛估量】yòng yǎn·jing gū·liang 【目测】mùcè ¶무게를 ~해 보다 | 用眼睛估量东西有多重.

눈도 깜짝 안 한다 관용 【连眼睛都不眨一下】lián yǎn·jing dōu bù zhǎ yíxià

눈독 명 【凶狠的目光】xiōnghěn·de mùguāng ¶~을 들이다 | 眼馋.

눈동자 [-瞳子] 명 【瞳仁】tóngrén 【瞳孔】tóngkǒng 【眸子】móuzi ¶~가 커지다 | 瞳孔放大. 참고〔眼珠〕〔瞳人（儿）〕

눈두덩 명 【上眼皮】shàngyǎnpí 【眼泡（儿）】yǎnpāo(r) ¶~이 붓다 | 眼泡儿浮肿 fúzhǒng了. 참고〔眼睑 jiǎn〕〔眼皮 pí〕

눈 딱 감다 관용 【一闭眼, 一咬牙】yíbìyǎn, yìyǎoyá

눈뜨다 동 ❶ (감은 눈을 열다) 【睁眼】zhēng/yǎn ❷ (인식하기 시작하다) 【开眼界】kāi/yǎn jiè ¶이번 여행은 나에게도 크게 눈뜨게 해 주었다 | 这次旅行让我也开了眼界. ¶이렇게 좋은 경관은 한 번만 와도 눈뜰 수 있다 | 这样好的风景, 来一趟也可以开开眼. ❸ (잠에서 깨어나다) 【睡醒】shuìxǐng

눈뜬 장님 관용 ❶ (눈은 뜰 수 있지만 보이지 않는 사람) 【睁眼瞎子】zhēngyǎn xiā·zi 【睁眼瞎】zhēngyǎn xiā ❷ (문맹자) 【文盲】wénmáng ¶~을 줄이다 | 减少文盲. 참고〔青盲〕〔脱离文盲〕〔不识一丁〕〔不识丁〕〔目不识丁〕〔不识之无〕

눈망울 명 【眼球】yǎnqiú 참고〔眼珠 zhū 儿〕〔眼珠子〕〔瞳仁〕

눈매 명 【眼睛的样子】yǎn·jing·de yàng·zi 【目光】mùguāng ¶~가 매섭다 | 目光炯炯.

ᐢ**눈멀다** 동 【瞎眼】xiā/yǎn ¶너 눈이 멀었느냐? | 你瞎了眼了?

ᐞ**눈물** 명 【眼泪】yǎnlèi 【泪水】lèishuǐ ¶~을 흘리다 | 流着眼泪. ¶눈에~이 핑 돌다 | 眼眶围 wéi着眼圈儿转. ¶~을 머금고 말하다 | 含hán着泪水说. ¶~을 삼키다 | 强忍着泪水. 참고〔泪液〕

눈물겹다 형 【可歌可泣】kě gē kě qì ¶그의 희생정신은 감동적이고 ~ | 他的献身精神, 真是可歌可泣. 참고〔含满泪水〕〔可泣可歌〕〔辛酸〕

눈물이 앞을 가리다 관용 【泪流满面】lèi·liú mǎnmiàn

눈물짓다 동 【流泪】liú/lèi ¶계속 눈물 지으며 흐느낀다 | 不停地流泪哭泣kū·qì.

ᐞ**눈발** 명 【雪丝】xuěsī 【雨加雪】yǔjiāxuě 【雪花】xuěhuā ¶~이 날리다 | 雪花飘飘.

눈보라 명 【风雪】fēngxuě 【暴风雪】bàofēngxuě ¶치는 날 | 风雪天. ¶~가 휘몰아 치다 | 风雪交加. ¶12월에 갑자기 ~가 몰아쳤다 | 十二月里, 暴风雪突 tū然袭xí来.

눈부시다 형 ❶ (빛이 세어 바로 보기 어렵다) 【耀眼】yàoyǎn 【目眩】mùxuàn 【光耀】guāngyào 【闪耀】shǎnyào 【眼花缭乱】yǎn huā liáo luàn ¶차의 전조등이 ~ | 车灯耀眼. ¶불빛이 강렬해서 ~ | 灯光强烈, 令人目眩. ¶별빛이 ~ | 星光闪耀. ❷ (활동이나 업적이 훌륭하다) 【辉煌】huīhuáng 【灿烂】cànlàn ¶눈부신 성취를 얻었다 | 取得了辉煌的成就. ¶눈부신 문화 | 辉煌的文化. 참고〔耀目〕〔光辉〕〔闪烁〕〔闪光〕〔明媚〕〔眼花撩 liáo乱〕〔艳射〕〔光彩夺目〕〔粲烂〕〔璨烂〕

눈빛 명 【眼色】yǎnsè 참고〔雪白〕

눈빛² 명 【眼神】yǎnshén ¶~을 보내다 | 递视眼神. ¶~이 온화하다 | 眼神温和wēnhé.

눈사람 명 【雪人】xuěrén ¶~을 만들다 | 堆duī雪人.

눈살 명 【眉间皱纹】méi jiān zhòuwén ¶~을 찌푸리다 | 紧锁双眉. 참고〔怒目〕〔怒目横眉〕

눈속이다 동 【欺骗】qīpiàn 【打马虎眼】dǎ mǎ ·hu yǎn ¶남의 눈을 속이다 | 骗人. ¶이것은 네가 한 짓이야 네가 아무리 눈 속이려고 해도 속일 수는 없어 | 这是你干的, 你怎么打马虎眼, 也骗得了吗. 참고〔欺瞒〕〔欺蒙 méng〕〔欺罔 wǎng〕〔耍 shuǎ花招〕

ᐢ**눈송이** 명 【雪花】xuěhuā 【雪片】xuěpiàn

n ¶축하 전보가 ~처럼 날아들다 | 贺电hèdiàn如雪片飞来。

ᵇ눈시울 囵【眼眶】yǎnkuàng【眼圈】yǎnquān ¶~을 적시다 | 眼眶湿了。

ᵇ눈싸움 囹ᵃ짜ᵃ【雪仗】xuězhàng ¶~을 하다 | 打雪仗。

ᵇ눈썹 囵【眉】méi【眉毛】méimáo【眼眉】yǎnméi ¶~용 가위 | 小剪子。 ¶질은 ~에 큰 눈 | 浓眉大眼。¶~이 아주 짙다 | 眼眉很浓nóng。(참고)〔睫jié毛〕

ᶜ눈알 囵【眼珠】yǎnzhū【眼珠子】yǎnzhū·zi【眼珠儿】yǎnzhūr (참고)〔眼球qiú〕

ᵇ눈앞 囵【眼前】yǎnqián ¶물건이 바로 네 ~에 있다 | 东西dōng·xi就在你眼前。¶그의 ~은 온통 황금빛 보리밭이다 | 他的眼前是一片金黄色jīnhuángsè的麦田màitián。¶승리는 바로 ~에 있다 | 胜利shènglì就在眼前。 (참고)〔眼皮底下〕〔即将〕〔就要〕〔快kuài要〕〔人家面前〕〔目前〕〔眼看〕〔眼底下〕

눈앞이 아찔거리다 관용【目昏】mùhūn

눈앞이 캄캄하다 관용【眼前发黑】yǎnqián fā hēi

눈어림 囹ᵃ짜ᵃ【用眼估计】yòngyǎn gūjì【凭眼看】píngyǎn kàn

눈언저리 囵〈生理〉【眼眶(子)】yǎnkuàng(zi)【眼圈(儿,子)】yǎnquān(r,zi)【眼窝】yǎnwō

눈에 거슬리다 관용【看不顺眼】kànbúgùan【看着不顺眼】kàn·zhe bú shùnyǎn

눈에 들다 관용【看中】kànzhòng【相中】xiāngzhòng

눈에 띄다 관용 ❶ (모습이 드러나다)【看不见】kàn bù jiàn ❷ (선명하게)【明显】míngxiǎn

눈에 선하다 관용【历历在目】lìlìzàimù

눈엣가시 囵【眼中钉】yǎnzhōngdīng【肉中刺】ròuzhōngcì ¶너는 나를 ~로 보지 마라 | 你别把我当作眼中钉。¶너는 이미 그들의 ~가 된 것이다 | 你已经成了他们的眼中钉了。¶그는 나를 ~로 보게 되었다 | 他把我看成肉中刺了。

ᶜ눈여겨보다 동【留心看】liúxīn kàn【注视】zhùshì【凝视】níngshì ¶그녀는

나를 한참동안 눈여겨보더니 이윽고 웃기 시작했다 | 她对我凝视了一会, 便笑了起来。 (참고)〔瞩zhǔ望〕〔细看〕〔盯视〕〔目不转睛地看〕〔定睛细看〕〔端详〕〔凝目了望〕〔专注地看〕

눈웃음 囵【笑眼】xiàoyǎn

눈을 붙이다 관용【合一下眼】hé yíxià yǎn ¶잠시 ~ | 暂时合了一下眼。

눈을 흘기다 관용【瞥一眼】piē yìyǎn

눈이 뒤집히다 관용【翻白眼】fānbáiyǎn

ᶜ눈익다 톙【眼熟】yǎnshú ¶이 물건은 눈익은 편이다 | 这东西我有点儿眼熟。¶그 사람은 눈익지만 성은 정말 생각나지 않는다 | 那个人我眼熟, 就是想不起来他姓什么.

눈자위 囵【眼眶】yǎnkuàng【眼圈(儿)】yǎnquān(r) (참고)〔眼珠〕

눈짐작 囹ᵃ짜톙ᵃ【用眼估计】yòngyǎn gūjì【目测】mùcè

눈짓 囹ᵃ짜ᵃ【眉语】méiyǔ【眼色】yǎnsè ¶~을 했다 | 递dì了个眼色。¶~으로 신호하다 | 使眼色做暗号ànhào。 (참고)〔眼神〕

ᶜ눈초리 囵【目光】mùguāng【眼神】yǎnshén【眼】yǎn (참고)〔眦眦yàzì〕

눈총 받다 톙【讨人嫌】tǎo rén xián ¶그는 남의 눈총 받을 만한 말만 골라 한다 | 他竟爱说讨人嫌的话。¶이 아이는 정말 남에게 눈총을 받는다 | 这孩子真讨人嫌。 (참고)〔遭白眼〕〔受歧视〕〔惹人讨厌〕

ᴬ눈치 囵【眼色】yǎnsè【神色】shénsè ¶~가 빠르다 | 有眼色。¶나는 남의 ~를 살피고 싶지 않다 | 我不愿看别人的眼色。 (참고)〔眼神〕〔眼力见儿〕〔眼里劲儿〕〔脸色〕〔气色〕〔神气〕

눈치가 빠르면 절에 가도 새우젓 얻어 먹는다 관용【机灵人到了庙里也有虾酱吃】jīlíngrén dào·le miào·lǐ yě yǒuxiājiàng chī

눈칫밥 囵【眼下饭】yǎnxiàfàn ¶~을 먹자면 수모를 겪지 않을 수 없다 | 吃人家的眼下饭, 受人家的脚板jiǎobǎn气。

눋다 동【烧焦】shāojiāo【煳】hú ¶밥이 타서 눌었다 | 饭烧焦了。¶빵이 눌었다 | 馒头烤煳了。 (참고)〔糊hú〕〔焦〕〔烤焦〕

눌리다 图【受压】shòuyā【受压迫】shòu yāpò ¶형에게 눌려 기도 펴지 못하다 | 受哥哥的压制yāzhì, 直不起腰来.

^**눕다** 图 ❶【躺】tǎng【卧】wò ¶누워서 꼼짝도 않다 | 躺着不动. ¶눕자 마자 잠들었다 | 一躺就睡着zháo了. ¶반듯이 ~ | 仰卧. ❷ (병을 앓다) 【卧病】wòbìng【病倒】bìngdǎo ¶그는 이미 수년간 앓아 누워있다 | 他已卧病多年了. ¶그는 결국 몸져 누웠다 | 他终于病倒了. 참고〔躺下〕

눕히다 图【打倒】dǎ/dǎo ¶그는 주먹 한 방으로 상대를 땅에 눕혔다 | 他一拳把对方打倒在地. 참고〔使躺下〕〔消灭〕〔消泯〕

뉘 대【谁的】shéi·de【谁】shéi ¶~집? | 谁的家?

뉘우치다 图【懊悔】àohuǐ【后悔】hòuhuǐ【悔悟】huǐwù ¶이 지경에 이르렀으니 뉘우쳐도 늦었다 | 到了这个地步, 就是后悔也迟了. ¶그는 이렇게 무리하게 하지 말았어야 했다고 뉘우첬다 | 他懊悔不该这么蛮mán干gàn. 참고〔悔悟回头〕〔追zhuī悔〕〔后悔不及〕〔后悔何及〕〔后悔莫及〕

뉴델리[NewDelhi] 图〈地〉【新德里】Xīndélǐ ["印度Yìndù"(인디아;India)의 수도]

뉴 멕시코 [New Mexico;NM] 图〈地〉【新墨西哥】Xīnmòxīgē [미국의 주명(州名). 주도(州都)는 "圣菲Shèngfēi"(싼타페;Santa Fe)]

^**뉴스**[news] 图【新闻】xīnwén【消息】xiāo·xi ¶~를 취재하다 | 采访cǎifǎng新闻. ¶~의 출처 | 新闻的来源yuán. ¶~ 방송 | 新闻广播guǎngbō. ¶간추린 ~ | 简明jiǎnmíng新闻. 참고〔报道〕〔报导〕

뉴스그룹[news group] 图〈電算〉【新闻组】xīnwénzǔ【新闻讨论组】xīnwéntǎolùnzǔ

뉴욕[New York;NY] 图〈地〉【纽约】Niǔyuē [미국의 주명(州名). 주도(州都)는 "奥尔巴尼Àoěrbāní"(알바니;Albany)]

뉴저지[New Jersey;NJ] 图〈地〉【新泽西】Xīnzéxī [미국의 주명(州名). 주도(州都)는 "特伦顿Tèlúndùn"(트

렌톤;Trenton)]

뉴질랜드[New Zealand] 图〈地〉【新西兰】Xīnxīlán [남태평양상의 영국자치령. 수도는 "惠灵顿Huìlíngdùn"(웰링턴;Wellington)]

뉴햄프셔[New Hampshire;NH] 图〈地〉【新罕布什尔】Xīnhǎnbùshèněr [미국의 주명(州名). 주도(州都)는 "康科德"(콩고드;Concord)]

느글거리다 图【恶心】ěxīn ¶속이 느글거려 토하려 하다 | 恶心想吐. 참고〔油腻〕

느긋이 图【深切地】shēnqiè·de【宽松地】kuānsōng·de ¶~ 기다려라 | 多等一会吧.

느끼다 图【感觉】gǎnjué【感到】gǎndào ¶가을비가 한바탕 지나가면 다소 추위짐을 느낀다 | 一场秋雨过后就感觉有点冷了. ¶그는 마음속으로 대단히 괴로움을 느꼈다 | 他心里感到十分难过nánguò. 참고〔感受〕〔体会到〕〔意识到〕〔察觉到〕〔觉得〕

^**느끼다** 图【泣不成声】qì bù chéng shēng【呜咽】wūyè【哽咽】gěngyè ¶흉보를 듣자마자 그녀는 바로 느껴 울었다 | 一听噩耗èhào, 她马上泣不成声了. ¶여인이 침상에서 울며 그치질 않는다 | 女人在床上呜咽不止. 참고〔梗gěng咽〕〔呜噎〕

느끼하다 혱【恶心】ěxīn【油腻】yóunì ¶속이 느끼하여 토하고 싶다 | 恶心想吐. 참고〔腻得慌〕

^**느낌** 图【感觉】gǎnjué 참고〔感受〕〔感到〕〔体会〕

느낌표[-標] 图〈言〉【感叹号】gǎntànhào ¶~를 찍다 | 点感叹号. 참고〔感发fā号〕〔感情qíng号〕〔惊jīng号〕〔叹号〕

-느냐 어미 (用于动词词干或形容词和体词的过去及未来时称后缀之后的基本阶疑问式终结词尾)¶어디로 가~? | 往哪里去? ¶어른은 안 계시~? | 大人不在吗?

-느니 어미 (用在动词后, 表示取舍)【与其…不如】yǔqí…bùrú ¶내가 가~ 네가 오는게 낫겠다 | 与其我去, 倒不如你来的好.

느닷없이 图【意外地】yìwài·de【忽然】hūrán ¶~ 비가 내리기 시작했다 |

188

天忽然下起雨来了。¶김씨가 ~ 병이 났다 | 老金忽然病了。참고〔忽地〕〔急的〕〔突然〕

－느라고 어미 (表示原因或理由) ¶점심 먹~ 늦었다 | 吃了午饭, 所以来晚了。

ᶜ**느릅나무** 명 〈植〉【榆树】yúshù

ᴬ**느리다** 형 ❶【慢】màn【缓】huǎn【迟缓】chíhuǎn【缓慢】huǎnmàn ¶느린 걸음으로 가다 | 缓步而行。¶행동이 ~ | 行动缓慢。참고〔迟缓 yūhuǎn〕〔稀〕〔松〕

ᶜ**느림보** 명【慢性子】mànxìng·zi ¶그는 타고난 ~이다 | 他是天生的慢性子。참고〔慢性〕

느릿느릿 부 ❶ (动作이)【慢慢地】mànmàn·de【慢腾腾地】mànténgténg·de ¶~ 걸어가다 | 慢腾腾地走去。❷ (성기게)【稀疏地】xīshū·de【松松地】sōngsōng·de

느릿하다 형【缓慢】huǎnmàn ¶행동이 ~ | 行动缓慢。참고〔慢〕

ᴮ**느슨하다** 형 ❶ (헐겁다)【松】sōng【不紧】bùjǐn ¶허리띠가 ~ | 腰带松。❷ (마음이)【没劲儿】méijìn【松弛】sōngchí

ᴮ**느티나무** 명 〈植〉【榉树】jǔshù【光叶榉树】guāngyè jǔshù

늑골 [肋骨] 〈生理〉【肋骨】lèigǔ

ᴮ**늑대** 〈動〉【狼】láng ¶~ 한 마리 | 一只狼。

ᶜ**늑목** [肋木]【肋木】lèimù

늑장부리다 동【拖拉】tuōlā【磨洋工】móyánggōng【磨磨蹭蹭】mó·moceng·ceng ¶작업 중에 늑장부리지 마시오! | 工作中, 不准磨洋工! ¶그녀는 늑장부리며 아직 출발하지 못하고 있다 | 她磨磨蹭蹭的, 到现在还不动身。참고〔磨蹭〕

－는 [1] 조 ❶ (相当于"是") ¶그~ 의사다 | 他是医生。¶국수~ 먹는다 | 是吃面条。❷ (表示强调相当于"呢""嘛"等) ¶때로~ 그가 보고 싶다 | 有时候呢, 也想他。¶심지어~ 주먹까지 휘두른다 | 甚至于呢, 还动了拳头。

－는[2] 어미 (用于动词词干的限定形词尾, 表示"现在时", 相当于"的") ¶흐르~ 물 | 流着的水。¶달리~ 기차 | 飞奔的汽车。

－는가 어미 (表示疑问) ¶어디에 살고 있~? | 你住在哪儿? ¶누가 먹~? | 谁吃了?

－는걸 어미 (表示对某种行为动作或现象的感叹) ¶나는 보지 못했~ | 我没看见啊。

－는데 어미 (表示转折或提示) ¶저 책을 사야하~ 지금은 돈이 없네 | 我得买这本书, 可是现在没有钱。¶비가 이렇게 많이 오~ 어딜 가니? | 下这么大的雨, 去哪儿?

－는지 어미 (表示疑问或感受) ¶그가 올~ 안 올~ 모르겠다 | 我不知道他到底来不来。

－는커녕 어미 (表示贬低或否定) ¶오기~ 전화도 없다 | 别说来, 连电话也不打。

ᴬ**늘** 부【老是】lǎo·shi【常常(儿)】chángcháng(r)【时刻】shíkè【每每】měiměi【时常】shícháng【总是】zǒngshì【泛常】fàncháng【经常】jīngcháng【往往】wǎngwǎng ¶그는 ~ 이렇다 | 他老是这样。¶우리 두 사람은 ~ 만난다 | 我们两个人常常见面。¶~ 주의하다 | 时刻注意。참고〔时不常(地)〕〔时时〕〔每度〕〔每次〕

ᴬ**늘다** 동 ❶ (수·양이)【增加】zēngjiā【增长】zēngzhǎng【增多】zēngduō【扩大】kuòdà ¶생산량이 해마다 늘고 있다 | 产量chǎnliàng在逐年增加。¶재학생수가 800명에서 1000명으로 늘어났다 | 在校学生由八百增加到一千。¶지식을 늘리다 | 增长知识zhīshí。¶인구가 늘었다 | 人口增多了。¶나날이 늘어나다 | 日益增多。¶재산을 늘리다 | 扩大财产。❷ (향상되다)【提高】tí/gāo【长进】zhǎngjìn ¶업무 능력이 아주 빠르게 늘었다 | 业务能力提高很快。¶교원의 자질을 늘리다 | 提高教师jiàoshī的素质sùzhì。¶그는 최근 얼마간 늘었다 | 他最近有一些长进。참고〔进步jìnbù〕〔发展〕

ᴬ**늘비하다** 형【一排一排】yīpái yīpái【成排】chéngpái ¶가게에 상품들이 ~ | 店铺里商品一排一排的。

ᴮ**늘씬하다** 형【细长】xìcháng【苗条】miáo·tiao【瘦长】shòucháng【修长】xiūcháng ¶늘씬한 몸매 | 细长的身材/瘦长的身材。¶몸매가 ~ | 身材很苗条。 (참고)〔颀长〕〔条苗〕〔瘦高〕

늘어나다 图 ❶ (길이가)【变长】biàn-cháng【拉长】lācháng ¶고무줄이 ~ | 橡皮筋儿拉长了。 ❷ (숫자따위가)【增加】zēngjiā【增多】zēngduō【提高】tígāo ¶재산이 ~ | 财产增加了。¶생산량이 ~ | 生产量增多了。

ᴮ**늘어놓다** 图 ❶ (흩어놓다)【摆放】bǎifàng【摆】bǎi【铺开】pū·kāi【罗列】luóliè ¶물건을 가지런히 늘어 놓아라 | 把东西摆整齐。¶이 곳은 너무 좁아서 물건들을 다늘어 놓을 수가 없다 | 因为这个地方太窄，所以把东西都摆不开。¶노점을 늘어 놓고 장사를 하다 | 铺开摊子tān·zi做生意。 ❷ (말을)【唠叨】láo·dao ¶1년 한참 동안 잔소리를 늘어 놓았지만 도대체 무슨 문제를 해결할 수 있는냐? | 你唠叨了半天, 到底能解决什么问题呢? ❸ (벌여놓다)【(同时)铺开】(tóngshí) pūkāi【展开】zhǎnkāi ¶일을 여러 군데에 ~ | 工作从几个地方同时铺开。 (참고)〔罗哎〕

ᶜ**늘어뜨리다** 图【垂下】chuíxià【搭拉】d-ā·la【垂挂】chuíguà ¶꼬리를 ~ | 搭拉尾wěi巴了。¶침실에는 짙은 녹색의 커튼이 드리워져 있다 | 卧室垂挂着深绿色的窗帘。 (참고)〔垂悬〕

ᶜ**늘어서다** 图【排列成行】páiliè chéng-háng【鳞次栉比】línⅽⅰzhìbǐ ¶새벽 안개 속에서 빽빽이 늘어선 굴뚝이 모습을 드러냈다 | 晨雾中隐现出来了林立的烟囱yāncōng。¶공장이 늘어서 있다 | 工厂林立。 (참고)〔栉比鳞次〕

ᶜ**늘어지다** 图 ❶ (길어지다)【变长】biàn-cháng ❷ (아래로 처지다)【嘟噜】d-ū·lu ¶그 사람 바지 주머니가 축 늘어져 있는 것이 아마도 무언가 무거운 물건을 넣어둔 것이 틀림없다 | 那个人裤kù兜嘟噜着, 很可能揣chuāi着什么重的东西。 ❸ (몸과 마음이 편하다)【走运】zǒu/yùn ¶나는 정말 팔자가 늘어졌어, 공부를 시작하자마자 이렇게 좋은 스승을 만나게 되었다니 | 我真走运, 一开始学习就遇上了这样的好老师。 (참고)〔下垂〕〔躺下〕〔遂心〕

〔走八字(儿)〕〔走时〕〔走子午〕〔得空时〕〔走字(儿)〕

늘이다 图 ❶ (길게 하다)【延长】yáncháng【拉长】lācháng ¶전선을 ~ | 拉长电线。 ❷ (증가하다)【增加】zēngji-ā【增多】zēngduō ¶상품의 수를 ~ | 增加商品的品种。

ᴮ**늙다** 图【老】lǎo【苍老】cānglǎo【年迈】niánmài ¶나는 이미 늙었다 | 我已经老了。¶얼굴이 늙어 보인다 | 面容róng苍老。¶그는 작년보다 훨씬 늙어 보인다 | 他比去年苍老多了。 (참고)〔上年纪〕

늙수그레하다 图【相当老】xiāngdānglǎo

늙어빠지다 图【老极了】lǎojí·le【苍老】cānglǎo ¶얼굴이 늙어빠졌다 | 面容苍老。¶그는 작년보다 훨씬 늙어빠졌다 | 他比去年苍老多了。 (참고)〔老掉牙〕

늙은이 图【老人】lǎorén【老年人】lǎoniánrén【耆老】qílǎo (참고)〔耆艾〕〔耆旧〕

늠름하다 图【凛凛】lǐnlǐn【凛凛】lǐnlǐn ¶풍채가 ~ | 仪表yíbiǎo堂堂。

능가 图하타【凌驾】língjià ¶그는 다른 간부를 훨씬 ~한다 | 他凌驾于其他干部之上。 (참고)〔凌架〕〔陵驾〕〔超过〕

능구렁이 图 ❶ (动)【赤链蛇】chìliànshé【长虫】chángchóng ❷ (비유하여)【阴险的人】yīnxiǎn·de rén (참고)〔阴练蛇〕〔蛇〕

능글맞다 图【阴险狡猾】yīnxiǎn jiǎohuá【油】yóu ¶그는 ~ | 他很油。

능금 图 (植)【林檎】línqín【花红】huánghóng ¶~ 나무 | 林檎树。 (참고)〔林禽〕〔沙果(儿)〕〔文林(郎)果〕〔苹píng果〕〔林檎〕

능동 图【能动】néngdòng ❶图【主动】zhǔdòng ¶반드시 일을 ~적으로 전개해야 한다 | 必须能动地展开工作。¶~성 | 主动性。¶~적으로 남을 돕다 | 主动帮助别人。 ❷ 〈言〉【能动态】néngdòngtài ¶~사 | 能动态词。

능란하다 图【老练】lǎoliàn【熟练】shúliàn【娴熟】xiánshú ¶능란하게 기계를 조종하다 | 熟练地操纵c-

190

āozòng机器。¶능란한 기교 | 娴熟
的技巧jìqiǎo。(参考)〔熟劲〕〔老成〕
〔灵活〕〔干练〕

^능력[能力]뎽【能力】nénglì【才干】cái
gàn 【能耐】néng·nai【力量】lì·liang
¶나는 이 임무를 맡을 ~이 있다 | 我
有能力担当这项任务。¶그는 ~이
뛰어나다 | 他很有才干。¶~을 향상
시키다 | 增zēng强qiáng才干。

능률[能率]뎽【能率】nénglǜ【有效性】
yǒuxiàoxìng【效率】xiàolǜ【效能】xiào
onéng ¶작업~을 제고하다 | 提高tí
gāo工作效率。¶학습~을 따지다 |
讲究学习效率。¶작전의 ~을 충분
히 발휘하다 | 充分发挥fāhuī作战的
效能。

능률적[能率的]뎽【发挥效率】fāhuī
xiàolǜ【提高效率】tígāo xiàolǜ

능멸[凌蔑]뎽하타【蔑视】mièshì【凌
虐】língnüè ¶그는 언제나 가난한 집
자제를 ~한다 | 他一向蔑视贫穷子
弟。¶~당하다 | 遭受凌虐。

능묘[陵墓]뎽【陵墓】língmù

능사[能事]뎽【可能的事】kěnéng·de
shì【能事】néngshì【本事】běnshì ¶
돈을 버는 것만이 ~가 아니다 | 光赚
钱不是本事。

능수[能手]뎽【能手】néngshǒu【好
手】hǎoshǒu【高手】gāoshǒu【老手】l
ǎoshǒu【内行】nèiháng【在行】zàiháng
ng ¶그는 물건 사는데 대단한 ~이다
| 他买东西很在行。¶이런 일을 하
는데는 그가 오히려 ~이다 | 干这种
事他倒在行。(参考)〔强手〕〔硬手〕

능숙하다[能熟-]뎽【熟练】shúliàn【娴
熟】xiánshú ¶능숙하게 기계를 조종하다 |
熟练地操纵cāozòng机器。¶능숙한
기교 | 娴熟的技巧jìqiǎo。(参考)〔熟
劲〕〔老成〕〔灵活〕〔干练〕

능욕[凌辱]뎽하타【凌辱】língrǔ ¶~
을 받다 | 受到凌辱。¶그녀는 남편
의 ~을 참지 못해서 집을 나갔다 | 她
不堪忍受丈夫的凌辱,离家出走。

능청 뎽【装蒜】zhuāng/suàn【装假】
zhuāng/jiǎ【假惺惺】jiǎxīngxīng ¶이
사람은 ~을 잘 떤다 | 这个人爱装
假。¶~스럽다 | 假惺惺。

능통[能通]뎽하뎽【灵通】língtōng ¶
소식에 ~한 사람 | 消息灵通的人。

¶신문기자는 소식에 매우 ~하다 |
新闻记者对于消息特别灵通。

능하다[能-]뎽【能干】nénggān【精
通】jīngtōng【擅长】shàncháng【熟
练】shúliàn ¶경제에 ~ | 精通经济。
¶붓글씨에 ~ | 擅长于写毛笔字。¶
외국어에 ~ | 擅长于外国语。(参考)
〔熟劲〕〔善长〕〔巧〕〔高明〕

늦가을 뎽【晚秋】wǎnqiū【暮秋】mùqiū
【季秋】jìqiū (参考)〔秋末〕

늦게 배운 도둑질에 날 새는 줄 모른다
(관용)【老了才学吹笛, 吹到眼翻白】lǎ
o·le cái xué chuīdí, chuīdào yǎn fān
bái

늦다 뎽 ❶ (일정한 시간에 맞추다)
【迟】chí【晚】wǎn ¶늦지 않고 조퇴하
지 않는다 | 不迟到,不早退。¶시간
이 늦었다 | 时间晚了。¶늦게 왔다
| 来晚了。❷ (행동이 느리다)【缓
慢】huǎnmàn【慢】màn ¶행동이 ~ |
行动缓慢。¶내 시계는 5분이 ~ | 我
的表慢五分钟。❸ (시간이 많이 되었
다)【深夜】shēnyè ¶집에 돌아왔을
때는 이미 한 시가 다 된 늦은 밤이었
다 | 回到家里的时候, 已经是深夜一
点钟了。(参考)〔半夜〕

늦더위 뎽【秋老虎】qiūlǎohǔ (参考)〔秋
热qiūrè〕

늦봄 뎽【暮春】mùchūn【晚春】wǎnchū
n【季春】jìchūn ¶~이 되면, 꾀꼬리
가 날고 풀이 성장한다 | 暮春时光,莺
yīng飞草长。(参考)〔春末〕

늦여름 뎽【季夏】jìxià【晚夏】wǎnxià
(参考)〔夏末〕

늦잠 뎽【懒觉】lǎnjiào ¶~을 자다 | 睡
懒觉。

늦추다 동 ❶ (띠·고삐를)【放松】fàngs
ōng ¶고삐를 ~ | 放松缰绳。❷ (날
짜·속도를)【放慢】fàngmàn【延缓】y
ánhuǎn【推迟】tuīchí【延迟】yánchí
【缓】huǎn ¶발걸음을 ~ | 放慢脚
步。¶회답을 ~ | 推迟回答。¶잠시
도 늦출 수 없다 | 刻不容缓。(参考)
〔松懈〕〔松弛〕

늦추위 뎽【晚来的冷】wǎnlái·de lěng
¶~가 기승을 부린다 | 晚来的冷(正
在)肆虐。

^늪 뎽【池沼】chízhǎo【沼泽】zhǎozé ¶
소택지 ~과 못 지역 | 沼泽地。(参考)

〔水潭〕〔泊〕〔池塘〕〔海子〕

－니 [어미] ❶ (表示原因或根据) ¶너는 학생이～ 공부만 열심히 해라 | 你是学生, 只有努力学习。 ❷ (表示发现或领悟) ¶역에 도착하～ 7시였다 | 到站已经七点了。 ❸ (以 "…니, …니" 的形式, 表示引用) ¶나쁘～ 비싸～ 하면서 트집을 잡다 | 说不好啦, 贵啦, 硬挑毛病。 ❹ (表示疑问) ¶어디 가～? | 到哪儿去呀?

－니까 [어미] (表示强调) ¶오늘은 토요일이～ 일찍 들어오세요 | 今天是星期六, 早点儿回来吧。 ¶자세히 보～ 아니야 | 仔细看, 不是啦。

니아메이[Niamey] 圐〈地〉【尼亚美】Níyàměi ["尼日尔" (니제르; Niger) 의 수도]

니우에 섬[Niue－] 圐〈地〉【纽埃岛】Niǔ'āidǎo [수도는 "阿洛菲Āluo'fēi" (알로피; Alofi)]

니제르[Niger] 圐〈地〉【尼日尔】Nírì'ěr [아프리카 서북부의 공화국. 수도는 "尼亚美" (니아메이; Niamey)]

니카라과[Nicaragua] 圐〈地〉【尼加拉瓜】Níjiālāguā [중앙아메리카의 공화국. 수도는 "马那瓜" (마나과; Managua)]

니켈[nickel] 圐〈化〉【镍】niè [원소 번호는 28]

니코시아[Nicosia] 圐〈地〉【尼科西亚】Níkēxīyà ["塞Sài浦路斯" (키프로스; Kypros) 의 수도]

니코틴[nicotine] 圐【尼古丁】nígǔdīng 참고 〔烟碱yānjiǎn〕

니크롬[nichrome] 圐【镍铬合金】niègè héjīn 참고 〔镍克罗〕

니크롬선[nichrome線] 圐【镍铬丝】niègèsī【镍铬合金线】niègè héjīnxiàn

－님 回 (用于人称后表示尊称, 有时后相当于 "座") ¶선생～ | 老师。 ¶부모～ | 父母。 ¶아드～ | 公子。

닉네임[nickname] 圐【绰号】chuòhào【浑名】húnmíng【小名】xiǎomíng【别名】biémíng【别号】biéhào

님도 보고 뽕도 따고 관용【烧香望和尚, 一事两便当】shāoxiāng wànghé·shang, yíshì liǎngbiàn dāng【借板搭桥, 两相方便】jièbǎn dāqiáo, liǎngxiāng fāng·biàn【挑水带洗菜, 两得其便】ti-

āoshuǐ dài xǐcài, liǎngdé qíbiàn

닛산[Nissan] 圐〈商標〉【日产】Rìchǎn

ㄷ

^A^**다**¹ 囝 ❶ (모두)【都】dōu【全】quán【全部】quánbù ¶지혜와 용맹을 ~ 갖추다 ¦智勇 zhìyǒng双全。¶~ 가져가라 ¦全拿去吧。¶~ 같이 가자 ¦都一起去吧。❷ (완전히)【完】wán【完全】wánquán【彻底】chèdǐ ¶말이 아직 ~ 끝나지 않았다 ¦话huà还没说shuō完。❸ (강조·조소·의외)【也】yě【太】tài ¶별 말씀을 ~ 하십니다 ¦你太客气了。

—**다**² 어미 (동사, 형용사의 기본어미) ¶오~¦来。¶나는 밥을 먹겠~¦我要吃饭。

—**다가** 어미 (표시전절의미) ¶울~ 잠이 들었다 ¦哭着·zhe哭着睡着zháo了。

다가가다 동【走近】zǒujìn【接近】jiējìn【靠近】kàojìn ¶천천히 그에게 다가갔다 ¦慢慢地走近了他。

—**다가는** 어미 ("다가"의 강조형) ¶그렇게 놀기만 하~ 시험에서 떨어진다 ¦这样玩下去的话, 就会考不上的。

^B^**다가서다** 동【靠近】kàojìn ¶위험한 곳에 가까이 ~ ¦靠近危险wēixiǎn的地方。 참고【挨ái近】【企企qǐhù】【站近】

^C^**다가앉다** 동【坐近】zuòjìn ¶좀 다가앉아라 ¦请坐近些。

^D^**다가오다** 동❶ (접근하다)【走近】zǒujìn【走过来】zǒuguòlái ❷ (임박하다)【迫近】pòjìn ¶연말이 ~ ¦迫近年底niándǐ。 참고【接jiē近】【靠kào近】【挨āi近】【企企qǐhù】【逼bī近】【即将到来】【在即】【来临lín】

다가닥 튀하자 ¶달밤길 소리가 ~~ 하고 난다 ¦马蹄tí子哒哒地响。

다각[多角] 똉【多方面】duōfāngmiàn【多角】duōjiǎo【多方】duōfāng

다감[多感] 똉하혭【感情丰富】gǎnqíng fēngfù【多愁善感】duōchóu shàngǎn ¶~한 사람 ¦感情丰富的人。

—**다고** 어미 (표시전달의미) ¶언제 온 ~ 하더냐? ¦说什么时间来来着?

다과[茶菓] 똉【茶点】chádiǎn ¶~를 먹을 시간이 되었다 ¦到了用茶点的

시간jiān。 참고【茶食】

^C^**다과회**[茶菓會] 똉【茶会】cháhuì【茶话会】cháhuàhuì

다구[茶具] 똉【茶具】chájù ¶~ 한 셋트를 샀다 ¦买了一套tào茶具。 참고【茶器】

다국적[多國籍] 똉【多国籍】duōguójí【跨国】kuàguó ¶~기업 ¦多国公司/跨国公司。¶~ 무역 ¦跨国贸易。¶~ 은행 ¦跨国银行/多国银行。¶~ 회사 ¦跨国公司。

다그치다 동【加速】jiāsù【赶】gǎn【追】zhuī ¶일을 ~ ¦赶工作。¶다그쳐 묻다 ¦追问。

^C^**다급하다**[多急─] 혭❶ (행동 등이)【急促】jícù ¶다급한 발자국 소리 ¦急促的脚步声。❷ (마음이)【发慌】fā/huāng ¶마음이 ~ ¦心里发慌。 참고【急忙 jímáng】【急 骤 zhòu】【慌huāng·zhāng】

—**다기보다** 어미 (표시설법의 취사) ¶그 사람은 착하~ 차라리 바보 같다 ¦与其说那个人很善良, 不如说很傻。

다녀가다【来过】lái·guo【到过】dào·guo ¶누군가 여기 ~ ¦不知谁来过这儿。

다녀오다【出去走一趟】chūqù zǒuyítàng【去一趟】qù yítàng ¶너 빨리 가게에 다녀 오너라 ¦你快去一趟小铺。

다년간[多年間] 똉【多年】duōnián ¶~의 연구 ¦多年的研究。

—**다는** 어미 (표시전술) ¶좋~ 약은 전부 다 써보았지만 소용이 없다 ¦只要说是好药yào都用过, 可是没用。

다능하다[多能─] 혭【多才多能】duō cái duō néng

—**다니** 어미 (표시의외나 경탄) ¶걔가 그런 짓을 하~ ¦那个孩子做那样的事儿。¶니가 그런 편지를 쓰~ ¦你写了那样的信?

^A^**다니다** 동❶ (왕래하다)【通行】tōngxíng【来往】láiwǎng【来来往往】láiláiwǎngwǎng ¶차가 다니는 큰 길 ¦车来车往的大道。❷ (통근·통학 하다)

193

【上】shàng 【读】dú 【去】qù ¶학교에
~ | 上学校。¶회사에 ~ | 去公司。
❸ (일이나 취미를 목적으로) 【去】qù
¶구경을 ~ | 去看热闹。¶등산을
~ | 去登山。

"다다르다 통【临到】líndào 【到】dào
【至】zhì 【到达】dàodá 【达到】dádào
【抵达】dǐdá ¶목적지에 ~ | 到达目
的地。

다닥다닥 튀하형【累累】léiléi 【密密层
层】mìmìcéngcéng 【密密丛丛】mìmìc-
ōngcōng 【密密麻麻】mì·mìmá·má

다달이 튀【每月】měiyuè 【每个月】měi·
i·ge·yuè ¶나는 다달이 돈을 보내왔
다 | 他每个月都给我寄钱来。

다독【多读】명하타【多读】duōdú

다독거리다 통【不断地轻压】búduàn·
de qīngyā 【不断地轻拍】búduàn·de
qīngpāi ¶아이를 다독거려 재우다 |
轻轻拍着孩子睡觉。

-다든지 어미 (表示选择) 【还是】hái-
shì 【或(是)】huò(shì) ¶좋~ 나쁘~
자기의 생각을 분명히 밝혀야지 | 好
还是不好, 表明自己的想法。

"다듬다 통❶ (맵시 있게 매만지다) 【打
扮】dǎ·ban ¶한참 동안 ~ | 打扮了
好半天。❷ (손질하다) 【修整】xiūzhě-
ng ¶농기구를 완전하게 ~ | 修整农
具。❸ (바닥을 고르게 하다) 【铺平】
pūpíng ¶비가 그친 후 주민들이 모두
나와 길을 ~ | 雨停后, 居民都出来铺
平路面了。❹ (못쓸 부분을 가려서
떼어 내다) 【择菜】zhái/cài ¶채소를
좀 ~ | 把菜择一择。❺ (반드럽게 하
다) 【捶平】chuípíng 【捶衣服】chuíyī·
fu ¶다림질을 ~ | 把被料捶一捶。❻
(글 따위를 손질하여 고치다) 【推敲】
tuīqiāo ¶시구를 ~ | 推敲诗句。¶
글을 쓸 때는 반복해서 자구를 다듬어
야 된다 | 写文章要反复推敲。참고
〔抿mǐn〕〔研磨yánmó〕〔打磨〕〔断duà-
n磨〕〔润色rùnsè〕〔润饰rùnshì〕〔琢磨
zhuó·mo〕〔作摩〕〔切磋〕〔磋切〕〔滚
平〕

다듬이 명【捣衣】dǎoyī ¶~ 소리가 들
려오다 | 传来一阵捣衣声。¶~질 |
捣衣服 / 捣平捶衣服。참고〔捶平衣
物〕

다락 명【阁楼】gélóu 【门楼】ménlóu 참

고〕〔阁子〕

다락방 명【门楼】ménlóu 【阁】gé 참고
〔阁楼gélóu〕〔榱,阁〕〔阁子〕

"다람쥐 명〈动〉【松鼠】sōngshǔ 【栗鼠】
lìshǔ

"다랑어〔-魚〕명〈魚貝〉【金枪鱼】jīnqi-
āngyú

다래 명〈植〉【棉桃】miántáo 참고〔蕾l-
éi铃〕

다량【多量】명【大量】dàliàng ¶~생
산 | 大量生产。¶~으로 매출하다 |
大量出售。

"다루다 통❶ (사람을 대하다) 【对待】d-
uìdài 【使用】shǐyòng ¶그는 아이들
을 엄하게 다룬다 | 他对孩子很严
格。❷ (짐승을) 【驯】xùn 【操纵】cā-
ozòng 【操作】cāozuò ¶호랑이를 잘
다룬다 | 善于shànyú驯虎唬。❸ (취
급하다) 【带】dài ¶저 책방에서는 문
방구도 다룬다 | 他们书店里带卖文
具。❹ (처리하다) 【经管】jīngguǎn
【管理】guǎnlǐ ¶재정 방면의 사무를
~ | 经管财政方面的事务。

^다르다 형❶ (일치하지 않다) 【不同】b-
ùtóng 【不一样】bùyíyàng ¶이것은 그
가 원하는 것과 매우 ~ | 这个跟他要
求的很不同。¶이것과 저것은 ~ |
这个跟那个不不一样。❷ (유별나다)
【不一样】bùyíyàng ¶천재는 역시 다
르구나 | 天才就是不一样。❸ (별개
의·그 외의) 【其他】qítā 【别的】bié·
de 【다른 사람】别外的人。참고〔异y-
ì〕〔殊shū〕〔岐qí〕〔枝qí〕

다르에스살람【Dar es Salaam】명
〈地〉【达累斯萨拉姆】Dálèisīsālāmǔ
〔"坦桑尼亚Tǎnsāngníyà"(탄자니아;
Tanzania)의 수도〕

"다름없다 형【无异】wúyì 【等于】děngyú
【如同】rútóng ¶일종의 종신 형벌이
나 ~ | 无异是一种终zhōng身的刑罚。
¶글자를 모르면 눈뜬 장님이나 ~ |
不识字就等于睁眼瞎子。참고〔一样y-
íyàng〕〔没有两样〕〔没有区别〕〔同样〕

다름이 아니라 관용【正是】zhèngshì
【不是别的】bùshìbié·de ¶내가 여기
까지 온 것은 ~ 바로 너를 보기 위해
서야 | 我到这里正是为了看你。

^다리¹ 명【腿】tuǐ 【下肢】xiàzhī ¶넓적
~ | 大腿。¶안짱~ | 罗圈luóquān

腿。¶책상～｜桌子腿。¶～가 마비 되다｜下肢麻痹mábì。

^A**다리**² 명【桥】qiáo【桥梁】qiáoliáng ¶돌～｜石桥。¶～를 보호하다｜保护 bǎohù桥梁。¶～ 역할을 하다｜起桥 梁作用zuòyòng。

^A**다리다** 동【熨平】yùnpíng【烫】tàng ¶옷을 ～｜烫平衣裳。 (참고) 〔烫金〕〔烫 蜡〕〔烫平〕

^A**다리미** 명【熨斗】yùn·dǒu

^B**다리미질** 명【熨】yùn【烫】tàng

^C**다림질** 명하자타 【熨】yùn【熨衣服】yùn-yī·fu【烫衣服】tàng yī·fu ¶～용 깔개 | 垫布。

다마스쿠스[Damascus] 명 〈地〉【大 马士革】Dàmǎshìgé [“叙利亚Xùlìyà” (시리아;Syria) 의 수도]

^A**다만** 부 ❶ (오직 그 뿐)【只】zhǐ【仅 (仅)】jǐnjǐn ¶～ 하나뿐이다｜只有一 个。¶～ 한 번 가보았을 뿐이다｜只 去过一次! ❷ (그러나)【只是】zhǐshì 【但是】dànshì ¶같이 가도 좋은데～ 시간이 없다 | 一起去也好, 只是没时 间。

다망[多忙] 명하형【繁忙】fánmáng ¶업무가 매우 ～하다 | 工作十分繁忙。 〔烦fán忙〕

다면¹[多面] 명 ❶【各个面】gègèmiàn 【很多方面】hěn duōfāngmiàn ❷ 〈数〉 【多面角】duōmiànjiǎo

-다면² 어미 (表示假说条件) ¶네가 간～ 나도 간다 | 如果你去, 我也去。 ¶필요하～ 내일 다시 전화하세요 | 如果需要的话, 明天再给我打电话。

-다면서 어미 (表示所引用的话前提, 提出与之相背的争执) ¶바쁘～ 왜 왔 니?｜你不是很忙吗, 还来干什么? ¶맛도 없～ 왜 아직도 먹고 있냐?｜ 你不是说不好吃吗, 为什么还在吃呢?

다목적댐[多目的 dam] 명【多功能水 坝】duōgōngnéng shuǐbà

^B**다물다** 동 ❶【闭】bì ¶입을 ～｜闭上 嘴。 ❷【闭口】bìkǒu 〔沉默〕chénmò ¶입을 다물고 말을 하지 않는다 | 闭 口不语。〔关 guān口〕缄jiān口 〔沉默〕〔不言〕〔不谈〕缄口无言jiān k-ǒu wú yán〕〔绝口jué kǒu〕〔不提〕

다반사[茶飯事] 명【家常事】jiāchá-ngshì【寻常事】xúnchángshì【家常便

饭】jiācháng biànfàn

다발[捆]kǔn【束】shù ¶땔나무 한 ～｜一捆柴火。¶국화 한 ～｜一束 菊花。

^A**다방**[茶房]【茶馆】cháguǎn【咖啡 馆】kāfēiguǎn

다방면[多方面] 명【多方面】duōfā-ngmiàn (참고) 〔多方〕

다변화[多边化] 명하자타【多样化】du-ōyànghuà

다복[多福] 명하형【多福】duōfú ¶～ 한 사람 | 多福的人。

다부지다 형 ❶ (과단성 있다)【精明强 干】jīng míng qiáng gàn ❷ (생김새가 옹골차다)【健壮】jiànzhuàng【结实】ji-ē·shí ¶그는 몸이 ～｜他的身体健 壮。

다분하다[多分-] 형【充分】chōngfēn 【足够】zúgòu【相当】xiāngdāng ¶그 가 오지 않을 가능성이 ～｜他不来的 可能性相当大。

다비도프[Davidof] 명 〈商标〉【大卫杜 夫】Dàwèidùfū

다사다난[多事多難] 명【多灾多难】du-ō zāi duō nàn ¶～했던 한 해 | 多灾 多难的一年。

다산[多産] 명하형【多产】duōchǎn

^A**다섯** 수【五】wǔ【五个】wǔ·ge【伍】wǔ

^C**다소**[多少] 명【多少】duō·shǎo 〔稍 微〕shāowēi〔若干〕ruògān〔少许〕shǎ-oxǔ ¶기분이 ～ 좋아졌다 | 心情多少 好些了。¶입원한 이후로 병이 ～ 좋 아졌다 | 住院以后, 病多少好了一 些。 (참고) 〔稍为〕〔稍稍〕〔少微〕〔略微〕 〔些微〕

다소간[多少間] 명부【多少】duō·shǎo 〔若干〕ruògān ¶이것은 작업을 개선 하는데 ～의 잇점이 있다 | 这对改进 工作多少有点好处。

다소곳이 부【低着头】dī·zhetóu【低头 不语】dītóu bùyǔ【俯首无言】fǔshǒu wúyán

다소곳하다 형【低着头】dī·zhetóu【低 头不语】dītóu bùyǔ ¶다소곳하게 앉 아 있다 | 以低头不语地坐着。

-다손 어미【就算是】jiùsuànshì ¶그 렇게 말했～치더라도 … | 就算是那 样说了也。

^C**다수**[多數] 명【多数】duōshù ¶소수가

~에게 복종하다 | 少数服从多数。¶
절대 ~ | 绝大多数。¶~파 | 多数
派。

다수결[多數決] 몡【多数通过】duōshù
tōngguò【多数表决】duōshù biǎojué

ᴮ**다스**[dozen] 몡【打】dá ¶연필 한 ~
| 一打铅笔。[참고]〔숍dá〕

ᴮ**다스리다** 동❶ (통치하다)【治理】zhìlǐ
【掌管】zhǎngguǎn【管理】guǎnlǐ【统
治】tǒngzhì ¶국가를 ~ | 治理国家。
❷ (통제하다)【管教】guǎnjiào【管
保】guǎnbǎo【管束】guǎnshù ¶규칙
을 마련하여 ~ | 制定规则管教。❸
(다듬어 정리하다)【治】zhì【修整】xi-
ūzhěng ❹ (병 등을 고치다)【治疗】
zhìliáo ¶병을 ~ | 治病。❺ (평정하
다)【平息】píngxī【平定】píngdìng ¶
난세를 ~ | 平定乱世。¶어지러움을
~ | 平定暴乱bàoluàn。❻ (죄에 대
해 벌을 주다)【治】zhì【惩治】ché-
ngzhì ¶죄를 ~ | 治罪。

다습[多濕] 몡[하형]【潮湿】cháoshī ¶
오늘은 매우 ~하다 | 今天很潮湿。
[참고]〔湿潮shīcháo〕

ᴬ**다시** 뮈❶ (되풀이하여 또)【再】zài
【再次】zàicì ¶나 ~ 또 너를 만날 수
있겠니? | 我还能再见到你吗? ¶청춘
은 ~ 오지 않는다 | 青春不再来。❷
(새롭게)【重新】chóngxīn ¶~ 새 계
획을 세우다 | 重新做个新的计划。
[참고]〔又 yòu〕〔再度 zàidù〕〔复次 fùcì〕
〔重 chóng〕

다시다 동【咂嘴】zāzuǐ【舔舔嘴唇】tiǎ-
ntiǎnzuǐchún【吧嗒嘴】bātāzuǐ

다시다² 몡〈商標〉【大喜大】Dàxǐdà

ᴮ**다시마** 몡【海带】hǎidài【海藻】hǎicǎo
icǎi【昆布】kūnbù ¶채 썬 ~ | 海带
丝sī。¶길쭉하게 썬 ~ | 海带条。

다시없다 톙【无比】wúbǐ【无上】wúshà-
ng【无限】wúxiàn ¶~없는 기쁨을
느끼다 | 感到无比高兴。¶다시없는
영광 | 无上光荣。[참고]〔无俦chóu〕
〔无匹pǐ〕〔最高〕〔无量liàng〕〔无垠yín〕

ᴮ**다신교**[多神教] 몡【多神教】duōshénji-
ào

ᴮ**다양**[多樣] 몡[하형]【多样】duōyàng ¶
~성 | 多样性。¶~화 | 多角化多样
化。¶형식이 ~하다 | 形式多样。¶
~한 색상 | 多样的色彩。

다오 조통 ("달라"의 命令形)【给】gě-
i·ba ¶날 좀 도와~ | 帮我一把。¶
물을 좀~ | 给我点儿水。

다용도[多用途] 몡【多种用途】duōzhǒ-
ng yòngtú

다운[down] 몡❶ (하향하다)【向下】
xiàngxià【下降】xiàjiàng【蹲下】dūn-
xia ❷ (지쳐서 떨어지다)【晕倒】yūn-
ndǎo ❸〈電算〉【死机】sǐjī

다운로드[download] 몡〈電算〉【卸
载】xièzài【下载】xiàzài

다원[多元] 몡【多元】duōyuán ¶~론
| 多元论。¶~ 방송 | 多媒体广播。

ᴬ**다음** 몡❶ (바로 뒤의)【其次】qícì【下
次】xiàcì【下回】xiàhuí【下面】xiàmiàn
n ¶~은 내 차례다 | 下面该我了。❷
(…한후에)【以后】yǐhòu【之后】zhīh-
òu【然后】ránhòu ¶밥을 먹은 ~ 차를
마셨다 | 吃了午饭以后喝了茶。❸
(나중에)【往后】wǎnghòu【回头】huí-
tóu【将来】jiānglái

다음날 몡【第二天】dì'èrtiān【次日】
cìrì【明天】míngtiān【明儿】míngr

다음다음 뮈【第三】dìsān

다음해 몡❶【第二年】dì'èrnián ❷【明
年】míngnián

다이나믹[dynamic] 몡[하형]【活动的】h-
uódòng·de【动力的】dònglì·de【精悍
的】jīnghàn·de【生动的】shēngdòng·
de

다이내믹 에이치티엠엘[dynamic HT-
ML；DHTML] 몡〈電算〉【动态超文
本标记语言】dòngtài chāowénběnbiāo-
jì yǔyán

ᴳ**다이너마이트**[dynamite] 몡【达纳炸
药】dánàzhàyào【甘油炸药】gānyóu
zhàyào [참고]〔达纳马特〕〔炸油爆药〕

ᴳ**다이아몬드**[diamond] 몡【钻石】zuàn-
shí【金刚石】jīngāngshí ¶~는 유리
를 자를 수 있다 | 钻石可以划开huá-
kāi玻璃。[참고]〔金刚钻〕

다이어트[diet] 몡[하자]【节食】jiéshí
【减肥】jiǎnféi ¶나는 요즘 살 빼려고
~한다 | 我为了减肥最近正在节食。

ᴳ**다이얼**[dial] 몡❶ (전화기의)【拨号
盘】bōhàopán ❷ (라디오 등의)【标
度盘】biāodùpán【旋钮】xuánniǔ ¶~
을 조정하다 | 调正旋钮。

다이얼로그[dialogue] 몡【对话】duìhu-

다ò【会话】huìhuà

다이얼로그 박스[dialogue box] 명〈電算〉【对话框】duìhuàkuàng

다이얼 업[Dial up] 명〈電算〉【拨号连接】bōhào liánjiē

다이얼 업 네트워크[Dial up network] 명〈電算〉【拨号网络】bōhào wǎngluò

다이오드[diode] 명【二极管】èrjíguǎn【两极管】liǎngjíguǎn

다이제스트[digest] 명【消化】xiāohuà【了解】liǎojiě 참고〔谅凉解〕【懂】〔理解〕〔知道〕〔体会〕〔体认〕

다이제스티브[digestive] 명〈商标〉【消化饼】Xiāohuàbǐng

다작【多作】명하타【多创作】duōchuàngzuò【多写作】duōxiězuò

다잡다 동❶ (사람을)【管束】guǎnshù【监督】jiāndū ¶학생들을 ~ | 管学生。❷ (마음을)【专心】zhuānxīn ¶마음을 다잡고 공부하다 | 专心地学习。

ᵇ다정【多情】명하형ʰ형【多情】duōqíng ¶~한 남편 | 多情郎。¶~ 다한 | 又爱又恨。¶~ 불심 | 多情善良。

다정다감【多情多感】명하형【有情有爱】yǒu qíng yǒu ài

ᵇ다지다 동❶ (단단하게 하다)【打实】dǎshí【轧】yà ¶노면을 ~ | 打紧路面。❷ (강화하다)【下定】xiàdìng【巩固】gǒnggù【坚定】jiāndìng ¶결의를 ~ | 下定决心。❸ (고기·양념 등을 잘게 만들다)【切碎】qiēsuì【剁】duò ¶고기를 ~ | 剁肉。

ᵇ다짐 명하저**❶** (주먹질)【绷紧】běngjǐn【打亏】dǎhāng (결심)【决心】juéxīn ¶그는 다음부터 더 이상 도박을 하지 않겠노라 ~하였다 | 他决心从今以后不再赌博。**❸** (획약)【叮嘱】dīngzhǔ【嘱咐】zhǔ·fù【保证】bǎozhèng ¶~을 받다 | 得到保证

다짜고짜(로) 부【不管三七二十一】bùguǎn sān qī èrshíyī【不由分说】bùyóu fēn shuō ¶그는 오자마자 ~ 일을 서둘러 모두 어안이 병병해졌다 ¶ 他一来、便不管三七二十一地干起来、弄得大家都愣fēng住了。¶그는 ~나를 채어 갔다 | 他不由分说拉了我就走。참고〔不问三七二十一〕〔不分青红皂白〕〔不容分说〕〔没头没脑〕

ᵇ다채롭다【多彩一】형【丰富多采】fēngfù duōcǎi【精采】jīngcǎi ¶매우~ | 精采夺目。참고〔出色〕

ᵇ다치다 동❶ (부상을 입다)【伤】shāng【碰伤】pèngshāng ¶다리를 ~ | 伤了脚。❷ (감정이 상하다)【触】chù【惹】rě【触动】chùdòng【刺激】cìjī ¶그의 감정을 다치지 마라 | 别惹他。¶이 말이 그의 심사를 다치게 하였다 | 这句话触动了他的心思。❸ (손상시키다)【损坏】sǔnhuài【损伤】sǔnshāng【触犯】chùfàn

다카[Dacca] 명〈地〉【达卡】Dákǎ【孟加拉国Mèngjiālāguó】(방글라데시; Bangladesh) 의 수도

다카르[Dakar] 명〈地〉【达喀尔】Dákǎ'ěr【塞内加尔Sāinèijiā'ěr】(세네갈; Senegal) 의 수도

다큐멘터리[documentary] 명【实录】shílù【记录影片】jìlùyǐngpiàn

다큐멘트[document] 명**❶**【公文】gōngwén【公函】gōnghán【文书】wénshū **❷**〈電算〉【文档】wéndàng

다크 호스[dark horse] 명【黑马】hēimǎ ¶오늘 경기장에 또 ~가 등장했다 | 今天赛场上又爆bào出了黑马。참고〔出人意料的有力对手〕

ᵇ다투다 동❶ (겨루다)【争】zhēng【竞争】jìngzhēng ¶우승을 ~ | 争冠军。❷ (말다툼하다)【争吵】zhēngchǎo【争辩】zhēngbiàn【吵架】chǎojià ¶이러니 저러니 하며 ~ | 争吵学舌。참고〔争奋〕〔争闹〕〔争执〕〔闹气〕〔闹别扭〕〔打吵子〕

ᵇ다툼 명하저타**【争斗】**zhēngdòu【角逐】jiǎodòu【吵嘴】chǎozuǐ【争吵】zhēngchǎo ¶~이 그치지 않다 | 争吵不休。

ᵇ다하다 동 ❶ (끝나다)【结束】jiéchù ¶숙제는 다 끝냈느냐? | 作业做完了没有? ¶목숨이 ~ | 结束生命。❷ (있는대로 다 들이다)【尽】jìn【用尽】yòngjìn ¶힘을 ~ | 用尽力气。¶모든 수단과 방법을 ~ | 用尽各种方法。참고〔竭尽〕

ᵇ다행【多幸】명하형**【侥幸】**jiǎoxìng【欣幸】xīnxìng【庆幸】qìngxìng【万幸】wànxìng ¶나는 ~하게도 대학에 합격

하였다 | 我很侥幸, 考上了大学。 ¶
나는 ~히 시험에 붙었다 | 我侥幸考
上了。 ¶매우 기쁘고 ~스럽습니다
| 甚shèn为欣幸。 (참고) 〔徼幸〕〔幸运
xìngyùn〕〔大幸dàxìng〕〔幸亏xìngkuī〕〔幸好hǎo〕〔幸遇〕〔得〕〔多亏〕

다혈질[多血質] 명 【多血质】duōxuèzhì

다홍색[−紅色] 명 〈色〉【枣红色】zǎohóngsè

닥나무 명 〈植〉【楮】chǔ【构】gǒu

A**닥쳐오다** 동 【临近】línjìn 【迫近】pòjìn
【快来到】kuàiláidào ¶시험이 ~ | 考
试kǎoshì临近了 ¶겨울이 ~ | 冬天
快来到了。 (참고) 〔在即〕〔降临〕〔临头〕
〔遇到〕〔碰到〕

B**닥치다** 동 【临近】línjìn 【迫近】pòjìn ¶
연말이 ~ | 迫近年底niándǐ。 (참고)

닥터[doctor] 명 ❶ (의사) 【医生】yīshēng 【大夫】dài·fu ❷ (박사) 【博士】bóshì ¶문학 ~ | 文学博士。 (참고) 〔医士〕〔郎láng中〕〔学者〕

A**닦다** 동 ❶ (윤내다·물기를 훔치다)
【擦】cā 【拭】shì 【刷】shuā 【抹】mǒ ¶
바닥을 ~ | 擦地板。 ¶책상과 의자
를 ~ | 拭桌椅 ¶이를 ~ | 刷牙。 ¶
눈물을 ~ | 抹眼泪。 ❷ (길·터를 다
지다) 【修】xiū ¶고속도로를 ~ | 修
高速公路。 ❸ (기반·토대를 마련하
다) 【奠定】diàndìng ¶국가의 기초를
~ | 奠定了国家的基础。 ❹ (단련하
다·힘쓰다) 【钻研】zuānyán 【切磋】qiēcuō ¶학문을 ~ | 钻研学问。 (참고)
〔打〕〔磋切〕〔揩kāi〕〔擦拭 cāshì〕〔搽chá〕〔摄zhǎn〕〔筑zhù〕〔铺平 pūpíng〕〔尊立〕〔修练〕〔锻炼〕〔磨练〕

닦달질 명하자타 【责骂】zémà 【官教】guānjiào 【训斥】xùnchì ¶주인은 지금
일하는 사람을 ~하고 있다 | 老板lǎobǎn正在责骂着一个工人。

닦아 세우다 동 【责备】zébèi 【谴责】qiǎnzé 【训训】xùn ¶지각한 것을 ~ | 训他
迟到了。

단 명 (捆儿】kǔnr 【把儿】bǎr 【束】shù ¶채소
한~ | 一捆儿菜。 (참고) 〔捆
子〕〔捆〕

C**단**[段] 명 ❶ (문장 등의) 【段】duàn ¶
~을 나누다 | 分段。 ❷ (운동이나 장
기·바둑 등의) 【段】duàn ¶~을 따다

↓ 升段。 ❸ (계단) 【阶】jiē ¶돌계~ |
石阶。 ¶10여층으로 된 계~ | 十
多层台阶。

단[壇] 명 ❶ (높게 가설한 자리) 【台】tái 【坛】tān ¶지~ | 地台。 ¶화~ |
花台。 ¶강~ | 讲台。 ¶문~ | 文
台。 ❷ (제단) 【祭坛】jìtán 【祭台】jìtái

단[斷] 명 【决断】juéduàn

단[緞] 명 【绸缎】chóuduàn

A**단**[單] 관 【尽尽】jǐnjǐn 【只有】zhǐyǒu ¶~ 한 번 | 只一次。

A**단**[但] 부 【但】dàn 【只有】zhǐyǒu ¶가
도록 해라, ~ 늦게 와야 한다 |
去吧, 但一定得早点回来。

A−**단**[−團] 미 【团】tuán ¶청년~ |
青年团。

단가[單價] 명 【单价】dānjià ¶상품의
~가 두 배로 올랐다 | 商品的单价涨
了一倍。 (참고) 〔价格〕〔计件单价〕〔单
位价值〕〔单位成本〕

단감 명 【甘柿子】gānshì·zi

단거리[短距離] 명 【短距离】duǎnjùlí ¶
~경주 | 短跑赛。 ¶~ 사격은 살
상력이 아주 크다 | 短距离射击杀伤
力很大。

B**단결**[團結] 명하자 【团结】tuánjié 【凝
集】níngjí ¶모두 ~하다 | 大家团结
起来 ¶이 학년의 학우들은 아주 ~이
잘 된다 | 这个班级的同学很团结。

단계[段階] 명 ❶ (등급) 【阶段】jiēduàn 【等级】děngjí ¶제일~ | 第一阶
段。 ¶초보~ | 初步chūbù阶段。 ❷
(순차적 과정) 【阶段】jiēduàn 【程序】
chéngxù 【阶梯】jiētī

단골 명 【老主顾】lǎozhǔ·gù 【主顾】zhǔ
·gù ¶~집 | 热铺子。 ¶~회사 |
老客户。 (참고) 〔老照顾主儿〕〔照zhào
顾主(儿)〕〔顾客〕〔主顾〕

단골 손님 명 【老主顾】lǎozhǔ·gù 【常
客】chángkè ¶그는 우리 가게의 ~이
되었다 | 他成了我店的常客。

단과대학[單科大學] 명 【学院】xuéyuàn ¶문과 ~ | 文科学院。

단군[檀君] 명 【檀君】tánjūn

단기[短期] 명 【短期】duǎnqī ¶~거래
| 短期交往/短期交易。 ¶~ 대출 |
短期贷款。

단꿈 명 【美梦】měimèng ¶그녀의 ~을
부숴버렸다 | 把她的美梦打了个粉碎

ᴮ**단념**[斷念] 圐하타 【斷念】duànniàn ¶ 어쨌든 간에 희망이 없다면 지금 바로 ~하는 것이 좋다 | 要是无论如何也 没希望就不如现在断念了。 登고 〔断心〕〔死心〕〔绝念〕〔打消念头〕

ᴮ**단단하다** 圐 ❶ (굳다) 【硬】yìng 【结实】jiē·shi ¶이 나무는 너무 ~ | 这个 木头太硬。¶이 돌은 매우 ~ | 这石 头很结实。❷ (의지가) 【坚强】jiān qiáng 【坚决】jiānjué 【坚定】jiāndìng ¶ 단단한 결심 | 坚定的决心。❸ (속이) 야무지다 【饱满】bǎomǎn ¶배추가 속이 차서 ~ | 白菜心儿紧,很饱满。

단단히 團 ❶【结实】jiēshi ¶땅을 ~다 지다 | 把地踩结实。❷【牢固】láogù ¶문을 ~ 잠그다 | 把门锁牢。❸【下定】xiàdìng ¶~ 결심하다 | 下定决心。❹【狠狠】hěnhěn ¶~ 꾸지람을 듣다 | 受到狠狠的批评。

단도직입[單刀直入] 圐【直截了当】zhí jié liǎo dāng 【开门见山】kāi mén jiàn shān 【单刀直入】dāndāo zhí rù ¶그 는 그가 주임을 맡는 것을 내가 왜 반 대하는 지를 ~적으로 물었다 | 他开 门见山地问我为什么反对他当主任。

단독[單獨] 圐【单独】dāndú 【独自】dú zì ¶나는 그녀와 ~으로 이야기하겠 다 | 我要和她单独谈一谈 ¶~으로는 이 일을 할 수 없다 | 单独干不了这件 活儿。¶~ 회견 | 单独会见。 登고 〔独自个儿〕〔单身〕

단독범[單獨犯] 圐【单犯】dānfàn

ᶜ**단돈** 팬【一点钱】yìdiǎnqián ¶~ 1원 도 없다 | 连一块钱也没有。

단두대[斷頭臺] 圐【断头台】duàn tóutái ¶반란자를 ~로 올려보내다 | 把叛乱者送上断头台 ❷【刑场】xíng chǎng 登고 〔断台台zhǎnshǒutái〕

단락[段落] 圐【段落】duànluò ¶이 문 장은 ~이 명확하다 | 这篇文章段落 清楚

단란하다[團欒-] 圐【和睦】hémù 【圆满】yuánmǎn 【愉快】yúkuài ¶단란하 게 지내다 | 和睦相处。

ᶜ**단련**[鍛鍊] 圐하타 【锻炼】duànliàn 【磨练】móliàn ¶몸을 ~하다 | 锻炼身 体。¶가난과의 투쟁 속에서 스스로 를 ~하다 | 在艰苦斗争中磨练自己。 登고 〔磨炼liàn〕〔磨砺mólì〕〔砥砺dǐlì〕

단말기[端末機;terminator] 圐〈電算〉【终端机】zhōngduānjī

단말마[斷末魔] 圐【垂死】chuísǐ ¶~ 에 이른 운명은 구제할 방법이 없다 | 无法挽wǎn救其垂死的命运 登고 〔临死línsǐ〕

ᶜ**단맛** 圐【甜味(儿)】tiánwèi(r) 【香味(儿)】xiāngwèi(r) ¶~이 나다 | 有甜 味儿。 登고 〔甜头〕〔甜劲儿〕〔合口的 味儿〕

단면[斷面] 圐 ❶ (잘라낸 면) 【断面】duànmiàn 【剖面】pōumiàn ❷ (부분 적인 측면) 【片断】piànduàn 【片段】piànduàn ¶~적인 경험 | 片断经验piàn ngyàn。 登고 〔切面qiēmiàn〕〔截面jié miàn〕〔截口〕

단면도[斷面圖] 圐【剖面图】pōumiàntú

단명[短命] 圐하형 【短命】duǎnmìng 【夭折】yāozhé ¶군중의 기초가 부족 한 정권은 항상 ~하는 법이다 | 缺少 群众qúnzhòng基础的政权总是短命的 登고 〔夭殇〕〔夭逝〕〔夭死〕〔夭亡〕 〔短折〕

단무지[日本萝卜泡菜]rìběn luó·bo pāocài

단문[短文] 圐【短文】duǎnwén 【短句】duǎnjù

ᶜ**단물** 圐 ❶ (민물) 【淡水】dànshuǐ ❷ (맛이 단물) 【糖水】tángshuǐ ¶~에 절인 여지 | 糖水荔zhì。¶~에 절인 파인애플 | 糖水菠萝bōluó。❸ (실속있는 부분) 【精华】jīnghuá ¶~ 만 빨아먹다 | 只吸着喝其中的精华部 分。

단박에 團【一下子】yīxià·zi 【当场】dā ngchǎng ¶~ 해치우다 | 一下子干完 了。

단발[斷髮] 圐하자타 ❶【短发】duǎn·fa ¶~버리 소녀 | 短发少女。❷【剪发】jiǎnduàn·fa

단발 머리[斷髮-] 圐 ❶ (짧은 머리) 【剪发】jiǎn·fa 【短发】duǎn·fa ❷ (단 발머리의 소녀) 【剪发的少女】jiǎn·f a·de shàonǚ

단방향[單方向;one way] 圐【单向】dā nxiàng

단방향 통신 방식[單方向通信方式; simplex] 圐〈電算〉【单工】dāngōng

ᴮ**단백질**[蛋白質] 圐【蛋白质】dànbáizhì

【朊】ruǎn

°**단번**[單番] 圖 ❶ (단 한 번으로) 【一次】yícì 【一回】yìhuí ¶~에 | 头tóu一次。 ❷ (한 번에 금방) 【一下子】yíxià·zi

단벌 圖 【唯一的一套】wéiyī·de yítào ¶~옷 | 唯一的一套衣服。

단비[甘霖] gānlín ¶~가 고루 내리 다 | 普降甘霖。 ¶가는 정말로 큰 가 뭄에 ~를 만난 것이다 | 这真是大旱 逢甘霖啊。 [참고][甘霖mù][甘雨yǔ] [甘露][膏gāo霖][膏雨][喜雨][喜雪]

°**단상**[壇上] 圖 【台上】táishàng 【讲台上】jiǎngtáishàng 【讲坛上】jiǎngtǎn·shàng ¶~에 오르다 | 上讲台。 ¶~용 파라솔 | 岗伞。

단상[斷想] 圖 【点滴感想】diǎndī gǎnxiǎng

단색[單色] 圖 【单色】dānsè ¶~오프셋 인쇄기 | 单色胶印机jiāoyìnjī。 ¶~복사 | 单色辐射fúshè。 [참고][单一颜色]

단색 디스프레이[單色display；monochrome display] 圖〈電算〉【单色显示器】xiǎnshìqì

단서[但書] 圖 【附文】fùwén

단서[端緒] 圖 【端绪】duānxù 【头绪】tóuxù 【眉目】méimù ¶~를 한가닥 풀어내다 | 理出一丝头绪。 ¶일에 ~가 잡혔다 | 事情有眉目了。 [참고][线索][头项][倪ní][蛛zhū丝马迹][线索]

°**단선**[單線] 圖 ❶ 【单线】dānxiàn ❷ 【单轨】dānguǐ ¶~철로 | 单线铁路tiělù。 ¶~ | 轨道 | 单轨。

단세포[單細胞] 圖〈生〉【单细胞】dānxìbāo ¶~동물 | 单细胞动物。 ¶~생물 | 单细胞生物。 ¶~식물 | 单细胞植物。

°**단속**[團束] 圖 하타 ❶ (규제·통제) 【取缔】qǔdì 【管制】guǎnzhì 【限制】xiànzhì ¶~의 원칙 | 取缔的原则。 ¶~범위 | 取缔范围fànwéi。 ¶불법 간행물을 ~하다 | 取缔非法刊物。 ¶불법 행위를 ~하다 | 取缔非法行为。 ❷ (보살핌) 【管教】guǎnjiào 【管束】guǎnshù ¶자녀들을 ~하다 | 管束儿女。 [참고][节制][抑制][拘管jūguǎn][管束][检查jiǎnchá]

단속적[斷續的] 彫圖 【断续的】duānxù·de 【间断的】jiānduàn·de 【间歇】jiānxiē

단수[斷水] 圖하자타 【停止供水】tíngzhǐ gōngshuǐ

°**단순**[單純] 圖하형 【单纯】dānchún 【简单】jiǎndān ¶그녀는 마음이 선량하고 ~하다 | 她心地善良shànliáng而单纯。 ¶머리가 ~하다 | 思想单纯。 ¶(지렛대·도르래·나사 등의)~기계 | 简单机械

단숨에[單-] 團 【一口气】yìkǒuqì 【一下子】yíxià·zi ¶우리는 ~산 꼭대기에 올라갔다 | 我们一口气爬上了山顶。 [참고][一鼓作气][一鼓劲儿][一连气儿]

단시간[短時間] 圖 【短时间】duǎnshíjiān ¶~내 | 短时间内。

단시일[短時日] 圖 【短期间】duǎnqījiān

°**단식**[斷食] 圖하자 【绝食】juéshí ¶~요법 | 绝食疗法liáofǎ。 ¶~투쟁 | 绝食抗议kàngyì。 [참고][绝粒lì]

단식[單式] 圖 【单式】dānshì ¶~부기 | 单式簿记。 ¶〈體〉【单打】dāndǎ ¶남자~ | 男子单打。

°**단신**[單身] 圖 ❶ (혼자) 【单独】dāndú ¶~으로는 이 일을 할 수 없다 | 单独干不了这件活儿。 ❷ (미혼) 【单身】dānshēn 【独身】dúshēn ¶십여 년 동안 ~으로 객지에 있었다 | 十多年独身在外。 [참고][单刀匹马][匹马单枪qiāng][一旗一枪][单枪匹马]

°**단심**[丹心] 圖 【丹心】dānxīn 【赤诚】chìchéng ¶일편~ | 一片丹心。 [참고][丹忱chén][丹诚][丹款kuǎn][丹悃kǔn][丹魄pò][赤心][赤胆][赤胆忠心]

단아[端雅] 圖하형 【端庄文雅】duānzhuāngwényǎ ¶~한 자태 | 端庄文雅的姿态。

단안[斷案] 圖하타 ❶ 【判断】pànduàn 【断定】duàndìng ¶~을 내리다 | 作判断。 ❷ 【断案】duàn·àn 【结论】jiélùn

°**단어**[單語] 圖〈言〉【词】cí 【单词】dāncí 【单纯词】dānchúncí

단언[斷言] 圖하타 【断言】duànyán 【断定】duàndìng ¶우리는 결국 국민이 승리할 것임을 ~할 수 있다 | 我们

200

可以断言. 胜利shènglì终将属于人民. ¶나는 그들이 평안할 수 없다고 ~한다 | 我断定他们不得安宁的. 참고〔宣称xuānchēng〕〔声称〕

단역[端役] 명【配角】pèijué

단연히[斷然-] 분【断然】duànrán ❶ (단호히)【断然】duànrán ¶~ 받아들일 수 없다 | 断然不能接受. ❷ (절대적으로)【绝对】juéduì ¶~ 우세하다 | 绝对优势. ❸ (확실히)【一定】yídìng ¶그는 ~ 온다 | 他一定来. 참고〔决然ju-érán〕〔毅然yìrán〕〔断乎〕

단열[端熱] 명하자【绝热】juérè【隔热】gérè ¶~냉각 | 绝热冷却 ¶~압축 | 绝热压缩

단오[端午] 명【端午】duānwǔ【端阳】d-uānyáng【端午节】duānwǔjié【端阳节】duānyángjié

단오날[端午-] 명【端午节】duānwǔjié

단원[單元] 명【单元】dānyuán

단원[團員] 명【团员】tuányuán ¶대표단 ~ | 代表团团员. ¶소년~ | 少年团员

단위[單位] 명【单位】dānwèi ¶~생산량 | 单位产量. ¶길이의 ~ | 长度单位. ¶화폐 ~ | 货币单位. ¶부속~

단음계[短音階] 명【音】【小音阶】xiǎoyīnjiē【短音阶】duǎnyīnjiē

단일[單一] 명하형【单一】dānyī【统一】tǒngyī ¶~경작 | 单一种植zhòngzhí.

단자[短資] 명【短期贷款资金】duǎnqī dàikuǎn zījīn【短期放款】duǎnqī fàngkuǎn【短期资金】duǎnqī zījīn

단잠[酣睡] 명【酣睡】hānshuì【熟睡】shúshuì【熟眠】shúmián

단장[丹粧] 명하자타 ❶ (화장하다)【化妆】huàzhuāng【打扮】dǎ·ban ¶아주 예쁘게 ~을 했다 | 打扮得很漂亮. ❷ (장식하다)【装饰】zhuāngshì ¶집을 새로 ~하다 | 新装修的房子. 참고〔装扮〕

단장[短杖] 명【短手杖】duǎnshǒuzhàng【拐棍儿】guǎigùnr【文明棍儿】wénmínggùnr 참고〔文明杖〕〔洋杖〕〔手杖〕

단장[團長] 명【团长】tuánzhǎng ¶대표단 ~ | 代表团团长.

단적[端的] 관명【直率】zhíshuài【明显】míngxiǎn【清清楚楚】qīngqīngchǔchù ¶그는 나의 결점을 ~으로 지적했다 | 他直率地指出了我的缺点. ¶그의 의도가 ~으로 드러났다 | 他的意图太明显了.

단전[丹田] 명【丹田】dāntián ¶~호흡 | 丹田呼吸.

단전[斷電] 명하자【断电】duàndiàn【停电】tíngdiàn ¶이 도시는 자주 ~된다 | 这个城市经常停电.

단절[斷絶] 명하타【断绝】duànjué【中断】zhōngduàn ¶외교 관계를 ~하다 | 断绝外交关系. ¶소식이 ~되다 | 消息中断. 참고〔绝源〕隔离gélí〕

단점[短點] 명【短处】duǎn·chu【缺点】quēdiǎn ¶장점과 ~ | 长处和短处. 참고〔不足之处〕

단정[端正] 명하형【端正】duānzhèng ¶그의 글씨는 아주 ~하다 | 他的字写得端端正正. ¶품행이 ~하다 | 品行端正. ¶태도를 ~하게 하다 | 端正态度.

단정[斷定] 명하타【断定】duàndìng【判定】pàndìng【确定】quèdìng【肯定】kěndìng ¶나는 그들이 평안할 수 없다고 ~한다 | 我断定他们不得安宁的. ¶그가 오늘 올지 안 올지 ~할 수 없다 | 他今天来不来不能确定.

단조[單調] 명하형【单调】dāndiào

단조[短調] 명【短调】duǎndiào

단죄[斷罪] 명【断罪】duànzuì【问罪】wènzuì【谴责】qiǎnzé ¶침략자를 ~하다 | 何侵略者断罪. 참고〔诘qiáo让〕〔责备zébèi〕〔痛斥chì〕

단지[壜] 명【坛儿】tán·zi【罐子】guàn·zi【缸子】gāng·zi ¶빈 ~ | 空kōng坛子 참고〔罐儿〕

단지[團地] 명【地基】dìjī【工团】gōngtuán【园区】yuánqū ¶공업~ | 工业园区. 참고〔地盘〕〔地脚〕

단지[但只] 분【只】zhǐ【只是】zhǐshì【尽尽】jǐnjǐn【惟独】wéidú ¶~ 한 번 가보았다 | 我去过一次. ¶나는 ~영어만 배웠다 | 我只学过英语. ¶~이렇게 말했을 뿐이지 다른 말은 없었다 | 只这么说, 没别的话. 참고〔独〕〔惟特〕〔唯独〕〔微独〕〔微特〕〔单单〕〔只有〕

단짝〖명〗【挚友】zhìyǒu【好朋友】hǎopéngyǒu【莫逆之交】mò nì zhī jiāo【知己】zhíjǐ ¶이형은 나의 ~이다 | 老李是我的挚友.

단청[丹青]〖명〗〖하자타〗〈建〉【丹青】dānqīng ¶~집 | 漆丹青的建筑. ¶이 선생은 ~에 뛰어난 사람이다 | 李先生是丹青能手.

ᴮ**단체**[團體]〖명〗❶ (조직체)【团体】tuántǐ【组织】zǔzhī ¶~활동 | 团体活动. ❷ (일단)【集体】jítǐ ¶~여행 | 集体旅行. ¶~ 할인율 | 团体贴现率.

ᶜ**단체전**[團體戰]〖명〗〈體〉【团体赛】tuántǐsài

ᴬ**단추**[紐]〖명〗【扣子】kòu·zi【扣儿】kòur【纽扣儿】niǔkòur【衣扣】yīkòu【纽子】niǔ·zi ¶옷의 ~ | 衣纽. ¶목~ | 脖子纽. ¶~를 채우다 | 扣上扣子.

단축[短縮]〖명〗〖하자타〗【缩短】suōduǎn【缩减】suōjiǎn【缩小】suōxiǎo ¶하지 이후에 낮이 점점 ~된다 | 夏至以后, 白天渐jiàn渐缩短了. ¶기한을 ~하다 | 缩短期限 ¶거리를 ~하다 | 缩短距离jùlí. ¶체류 기간을 하루로 ~하다 | 把停留tíngliú时间缩短一天.

단축 키[短縮 key;hot key]〖명〗〈電算〉【热键】rèjiàn

ᶜ**단춧구멍**〖명〗❶【扣眼(儿)】kòuyǎn(r)【扣洞】kòudòng【扣口】kòukǒu【扣窟窿】kòukūlóng ❷【扣子卜的小孔】kòu·zibǔ·de xiǎokǒng

ᶜ**단층**[單層]〖명〗【单层】dāncéng

단층집[單層-]〖명〗【平房】píngfáng〖참고〗〔平台〕

단칼에[單-]〖부〗【一刀】yìdāo ¶~ 그를 죽였다 | 把他一刀杀掉了.〖참고〗〔一令〕

단판[單-]〖명〗【一局】yìjú ¶~을 짓다 | 一局决胜负.

단판에[單-]〖부〗【当场】dāngchǎng ¶~ 알아채다 | 当场猜中.〖참고〗〔立即〕

단편¹[短篇]〖명〗❶【短篇】duǎnpiān ¶~ 소설 선집 | 短篇小说选. ¶~집 | 短篇集. ❷【短篇小说】duǎnpiān xiǎoshuō

단편²[斷片]〖명〗【断片】duǎnpiān【部

分】bù·fen【片断】piànduàn【片段】piànduàn ¶과거 생활의 ~들이 내 머리 속에 다시 떠올랐다 | 过去生活的断片又在我脑海里浮现fúxiàn. ¶~적인 경험 | 片断经验jīngyàn. ¶역사의 한 ~ | 历史长河中的一个片段.

ᴬ**단풍**[丹楓]〖명〗【枫叶】fēngyè【红叶】hóngyè ¶~놀이 | 赏红叶.〖참고〗〔霜shuāng叶〕

ᶜ**단풍나무**[丹楓-]〖명〗〈植〉【美丽槭】měilìqì【枫树】fēngshù【枫叶树】fēngyèqì

ᶜ**단풍잎**[丹楓-]〖명〗【红叶】hóngyè【枫叶】fēngyè〖참고〗〔霜shuāng叶〕

단합[團合]〖명〗〖하자〗【团结】tuánjié【联合】liánhé ¶모두 ~하다 | 大家团结起来. ¶이 학년의 학우들은 아주 ~이 잘 된다 | 这个班级的同学很团结.

단행[斷行]〖명〗〖하자〗【坚决实行】jiānjuéshíxíng【断然进行】duànrán jìnxíng ¶인사 이동을 ~하다 | 坚决实行人事变动.

ᶜ**단행본**[單行本]〖명〗【单行本】dānxíngběn

단호[斷乎]〖명〗〖하형〗【断然】duànrán【坚决】jiānjué【严正】yánzhèng ¶~한 입장 | 断然的立场. ¶~히 거절하다 | 断然拒绝jùjué. ¶~한 조치를 취하다 | 采取坚决措施cuòshī.〖참고〗〔斩zhǎn钉截铁〕

닫기[close]〖명〗〈電算〉【关闭】guānbì

닫기 버튼[close button]〖명〗〈電算〉【关闭按钮】guānbì ànniǔ

닫다¹〖동〗【跑】pǎo【奔驰】bēnchí【奔跑】bēnpǎo【疾驰】jíchí ¶기차가 앞을 향해 내닫는다 | 火车向前奔驰.〖참고〗〔奔突〕〔劳碌〕

ᴬ**닫다**²〖동〗❶ (문을)【关】guān ¶문을 ~ | 把门关上. ❷ (입을)【闭】bì ¶입을 ~ | 闭上嘴. ❸ (뚜껑을)【盖】gài ¶뚜껑을 ~ | 盖上盖儿.

ᴬ**달**〖명〗【月】yuè【月轮】yuèlún【月球】yuèqiú【月亮】yuè·liang ¶~은 고향달이 더 밝다 | 月是故乡的明月. ¶동근 ~이 서쪽으로 지다 | 月轮西坠zhuì.〖참고〗〔玉兔 tù〕〔月光〕〔玉钩〕〔玉兔〕

ᴬ**달**² ❶【月】yuè ¶이번 ~ | 这个月. ¶1년은 12~로 나눈다 | 一年分为十二个月. ¶매~ 생산량 | 月产量. ❷【个月】ge·yuè【月数】yuèshù ¶석 ~동안 쉬었다 | 休息了三个月.

ᴮ**달가닥** 閏하자타【呱哒】guā·da【咯嗒】kǎ·da【咯哒】kǎ·da【光当】guāngdāng

ᶜ**달가당** 閏하자타【当啷】dānglāng【当郎】dānglāng

달갑다⑱【甘心】gānxīn【甘心情愿】gānxīn qíngyuàn【甘愿】gānyuàn【心甘情愿】xīngānqíngyuàn ¶달갑지 않다 | 不甘心.

달갑지 않은 손님판용【不那么受欢迎的客人】bú nà·me shòu huānyíng·de kèrén

ᴬ**달걀**몡【鸡蛋】jīdàn ¶~노른자 | 蛋黄. ¶~흰자 | 蛋青. ¶~형 지수 | 蛋形指数. 참고〔계子儿〕〔白果(儿)〕

달게받다동❶【甘愿接受】gānyuàn jiēshòu【甘心情愿】gānxīn qíngyuàn ❷ (음식이)【消化力强】xiāohuàlìqiāng

달관[達觀]몡❶ (세속을 벗어난 높은 견식)【超凡脱俗】chāofántuōsú【心如明镜】xīnrúmíngjìng ¶그는 세상에 ~하였다 | 他这个人与众不同超凡脱俗. ¶~의 경지 | 心如明镜的境地. ❷ (사물을 널리 통달하는 관찰)【洞察】dòngchá【看破】kànpò ¶인생을 ~하다 | 看破红尘.

ᶜ**달구다**동❶ (쇠를)【烧热】shāorè【弄热】nòngrè❷ (방을)【烧暖】shāonuǎn❸ (몸을)【暖和身体】nuǎn·huo shēntǐ

달구지몡【牛车】niúchē ¶소 ~ | 牛车.

달그락 閏하자타【叭嗒】bātā【稀哩哗啦】xī·lihuālā【唏哩哗啦】xī·lihuālā

달그랑 閏하자타【当郎】dānglāng【叮当】dīngdāng 참고〔当啷〕〔丁当〕

ᶜ**달나라**몡【月宫】yuègōng【月亮国】yuèliàngguó

ᴮ**달님**몡【月亮】yuè·liang【明月】míngyuè

ᴬ**달다**¹동❶ (걸다)【挂】guà【悬】xuán ¶간판을 ~ | 挂招牌. ❷ (부착시키다)【钉】dīng【扣】kòu【缀】zhuì【缝】féng【连结】liánjiē ¶단추를 ~ | 钉钮扣. ¶레이스를 다 달았다 | 花边儿扣好了. ❸ (지니게 하다)【佩】pèi【珮】pèi【佩带】pèidài【装潢】zhuāng【安】ān ¶카네이션 한 송이를 ~ | 佩一朵康乃馨 kāngnǎixīn. ❹ (더 해서 이어달다)【注上】zhùshàng【加上】jiā·shàng【加着】jiāzhuó ¶문미에 주석을 ~ | 在文末加上了一个注释. ❺ (기재하다)【记上】jì·shang【写上】xiěshàng ❻ (이름 등을 정하여붙이다)【命名】mìngmíng【起名】qǐmíng

ᴮ**달다**²동❶ (몸·얼굴이)【发烧】fāshāo ¶얼굴이 달아올랐다 | 脸发起烧来. ❷ (약이)【烧干】shāogān【煎干】jiāngān ¶약이 다 달았다 | 药都煎干了. ❸ (마음이)【焦急】jiāojí【着急】zhāojí【焦热】jiāorè【猴急】hóují ¶애 ~ | 心里焦急.

ᴬ**달다**³⑱❶ (달콤하다)【甜】tián【甘】gān【甘美】gānměi ¶이 수박은 그다지 달지 | 这西瓜不很甜. ¶아이가 정말 달게 잔다 | 小孩儿睡得真甜. ❷ (맛있게 먹다)【香】xiāng ¶달게 자다 | 睡得很香. ❸ (흡족해하다)【满意】mǎnyì【合意】héyì【适意】shìyì ¶달게 여기다 | 感到满意.

달달 閏【轧轧】yàyà【哆啰嗦嗦】duō·duosuōsuō【毕毕剥剥】bì·bibāobāo ¶재봉틀이 ~ 소리를 낸다 | 缝纫机fénrènjī轧轧地响着.

달동네몡【贫民区】pínmínqū

ᴮ**달라다**동❶【要】yào【要求】yāoqiú ¶어제 나는 장군에게 표 두 장을 달라고 했다 | 昨天我跟老张要了两张票. ¶그는 나에게 자기 대신 편지를 써 달라고 무탁했나 | 他要我替他写信.

ᶜ**달라붙다**동❶ (물건이)【粘】zhān【紧贴】jǐntiē ¶이 사탕은 이에 달라붙는다 | 这糖粘牙. ¶한데 ~ | 粘在一块儿. ❷ (사람한테)【附着】fùzhuó【跟随】gēnsuí【紧贴】jǐntiē ¶그의 곁에 바싹 달라붙어 있다 | 紧贴着他的身旁.

ᴮ**달라지다**동❶【变】biàn【改观】gǎiguān【变化】biànhuà【变迁】biànqiān【演变】yǎnbiàn ¶이 말을 듣자마자 그의

203

얼굴이 달라졌다 | —듣는 이 말에, 그의 脸liǎn变了. ¶그는 또 생각이 달라졌다 | 他又变了主意了.

달랑 閉 ❶ (방울소리) 【当啷】dānglāng ❷ (혼자 남아 있는 모양) 【孤零零】gūlínglíng ¶혼자만 ~ 남다 | 只孤零零留下了自己. ❸ (지닌 것이 적어 홀가분한 모양) 【滴里当啷】dīlǐdānglāng ¶他滴里当啷背着个书包离开了家.

달랑달랑하다 閉 【快用完】kuàiyòngwán ❶ 【剩不多少】shèngbùduōshǎo 【寥寥无几】liáo·liáowújǐ

^A**달래** 團〈植〉【山蒜】shānsuàn 潜고〔单花葱〕〔小根菜〕

^B**달래다** 閉 ❶ (권하다) 【劝】quàn 【说服】shuōfú ¶그에게 술을 마시지 말라고 달랬다 | 劝他不要喝酒. ¶모두의 말을 듣게끔 그를 ~ | 说服他听大家的话. ❷ (위로하다) 【哄】hōng 【安慰】ānwèi ¶어린애를 ~ | 哄孩子 ¶그는 아들을 잃어 슬퍼하고 있으니, 네가 가서 달래 주어라 | 他死了儿子很悲伤bēishāng, 你去安慰他吧.

^C**달러**[dollar] 團 【美元】měiyuán 【美金】měijīn 潜고〔美圆yuán〕

^B**달려가다** 閉 【跑】pǎo 【奔跑】bēnpǎo 【奔赴】bēnfù ¶재난지구로 급히 ~ | 向灾区急忙奔去. 潜고〔跑过去〕

^B**달려들다** 閉 ❶ (扑) 【扑上去】pū·shàng·qù 【冲(上来)去】chōng·shàng(·lái)·qù ¶개가 ~ | 狗扑上去. ❷ (투입하다) 【投入】tóurù ¶어머니의 품안으로 ~ | 投入母亲的怀抱huáibào.

^A**달려오다** 閉 【跑过来】pǎoguòlái 【跑来】pǎolái

^A**달력**[—曆] 團 【月历】yuèlì 【月份牌】yuèfènpái

^B**달리** 閉 【不同】bùtóng 【另外】lìngwài ¶~ 무슨 문제가 있나요? | 另外还有什么问题? 潜고〔相反xiāngfǎn〕

^A**달리기** 團 【跑】pǎo 【跑步】pǎobù

^A**달리다**[1] 閉 ❶ (빨리 가다) 【跑】pǎo ¶말을 타고 ~ | 骑着马奔驰. ❷ (빠르게 덤비다) 【疾驶】jíshǐ 【奔驰】bēnchí 【驰骋】chíchěng 【驰骤】chízhòu 【奔突】bēntū ¶전속력으로 ~ | 全速疾

驶. ¶격전지에서 말을 타고 ~ | 在枪qiāng林弹雨中驰骋. ❸ (과하다) 【过得快】guò·de kuài

^C**달리다**[2] 閉 ❶ (물건이) 【挂】guà 【悬挂】xuánguà 【垂挂】chuíguà 【垂悬】chuíxuán ¶침실에는 짙은 녹색의 커튼이 달려 있다 | 卧室挂着深绿色的窗帘. ❷ (마음이) 【牵念】qiānniàn 【挂念】guàniàn 【牵肠挂肚】qiānchángguàdù ❸ (열매가) 【结】jiē 【结实】jiēshí ¶꽃이 피고 열매가 ~ | 开花结果. ❹ (…에 의존하다) 【取决于】qǔjuéyú 【依赖于】yīlàiyú 【基于】jīyú ¶미래는 너의 노력에 달린 거야 | 未来取决于你的努力.

^B**달리다**[3] 閉 (不足) 【不足】bùzú 【供不应求】gōng bù yìng qiú ¶생산량이 달린다 | 产量chǎnliàng不足. 潜고〔供应不上〕〔供不敷fū求〕〔供不应需〕〔接应不上〕

달리하다 閉 【不同】bùtóng 【异】yì ¶命을 ~ | 命运不同.

달맞이 團 【赏月】shǎngyuè 【观月】guānyuè

달맞이꽃 團〈植〉【月见草】yuèjiàncǎo 【红杆月见草】hónggānyuèjiàncǎo 【香待草】xiāngdàicǎo

달면 삼키고 쓰면 뱉는다 〔관용〕【好往身上揽, 坏向门外推】hǎo wǎngshēn·shàng lǎn, huài xiàngménwài tuī 【好时便归花大姐, 坏事总是毛丫头】hǎoshí biànguī huādàjiě, huàishì zǒngshì máoyā·tou

^C**달밤** 團 【月夜】yuèyè ¶~에 산보하다 | 月夜散步sànbù.

달밤에 삿갓 쓰고 나온다 〔관용〕【丑人多作怪, 秃子找花戴】chǒurén duō zuòguài, tū·zi zhǎohuā dài 【丑人多作怪, 癞痢姑娘爱戴花】chǒurén duō zuòguài, làilì gūniáng ài dàihuā 【丑人爱打扮】chǒurén ài dǎbàn 【人丑望衣穿, 鬓丑望花傍】rén chǒu wàngyī chuān, bìn chǒu wànghuā bàng

달변[達辯] 團 【强辩】qiángbiàn 【善辩】shànbiàn ¶말을 善辯 | 能说善道shàndào 潜고〔能设善辩〕〔能说会道〕〔能言惯道〕〔能言善辩〕〔能言善语〕

^D**달빛** 團 【月光】yuèguāng 【月色】yuèsè

¶교교하던 ~ | 皎洁jiǎojié的月光。

ᴰ**달성**[達成] 图하타 【达到】dádào 【达成】dáchéng 【取得】qǔdé 【完成】wánchéng ¶~할 수 있다 | 能达到。 ¶자급자족을 ~하다 | 达到自给自足。 ¶기준량을 ~했다 | 完成了定额。 (참고)[到达]

달싹이다 图【耸动】sǒngdòng【挑动】xiāndòng【掀动】xiāndòng ¶그는 어깨를 한 번 달싹거렸다 | 他耸动了一下肩膀。 ¶그녀의 옷자락이 봄바람에 달싹인다 | 春风chūnfēng掀动了她的衣襟yījīn。 (참고)[쑤~쑤][一动一动]

ᴰ**달아나다** 图 ❶ (도망치다) 【逃跑】táopǎo【逃逸】táoyì【逃奔】táobēn【跑开】pǎokāi【溜走】liūzǒu【溜去】liūqù【走遁】zǒudùn ¶그는 달아났다 | 他逃跑了。 ¶그는 상황이 좋지 않자 급히 달아났다 | 他一看情况qíngkuàng不妙miào, 就赶紧gǎnjǐn跑开了。 ¶온데 간데 없이 감쪽같이 달아났다 | 逃得无踪wúzōng。 ❷ (짐승 등이 빨리 뛰어 도망치다) 【奔驰】bēnchí【飞奔】fēibēn ¶달아난 사슴 | 飞奔的鹿。 ❸ (해어지다) 【磨破】mópò【破损】pòsùn【咬破】yǎopò【缺损】quēsǔn ¶소매끝이 이미 다 달았다 | 袖口已全磨破。 ❹ (시간이 빨리 지나다) 【消逝】xiāoshì ¶세월은 아주 빨리 달아난다 | 岁月很快地消逝了。

달아보다 图 ❶ (무게를) 【秤一秤】chèng-yìcheng 【约】yāo ¶얼마나 무거운지 ~ | 约一约有多重zhòng。 ❷ (능력·인품을) 【了解】liǎojiě【衡量】héngliáng ¶인품을 ~ | 了解人品。

달아오르다 图 ❶ (쇠붙이가) 【热起来】rèqǐlái ❷ (몸 혹은 얼굴이) 【发热】[fārè]

ᴰ**달음박질** 图하자 【跑】pǎo

ᴰ**달음박질치다** 图【跑掉】pǎodiào

ᶜ**달음질** 图 【跑】pǎo【跑步】pǎobù

ᴰ**달이다** 图 ❶【煎】jiān ¶약을 ~ | 煎药。 ❷【熬】áo ¶소금을 ~ | 熬盐。

달카닥 閏자타 【叭嗒】bātā【光当】guāngdāng【哗啦】huālā (참고)[哗拉la][哗啦lā][哗啦啦la]

달콤새큼하다 图 【酸甜】suāntián

ᴰ**달콤하다** 图 【甜蜜】tiánmì【香甜】xiāngtián【甜滋滋】tiánzīzī ¶그녀는 달

콤했던 추억 속에 빠져있다 | 她沉浸chénjìn在甜蜜的回忆里。 ¶이 수박은 아주 ~ | 这西瓜甜滋滋。

ᴰ**달팽이** 图〈動〉【蜗牛】wōniú (참고)[水牛]

달포 图【个把月】gèbǎyuè 【一个多月】yí·ge duō yuè

ᴰ**달하다**[達] 图 【达到】dádào 【到达】dàodá ¶국제 수준에 ~ | 达到国际水平。 ¶목적지에 ~ | 到达目的地mùdìdì。

ᴬ**닭** 图【鸡】jī ¶~ 한 마리 | 一只zhī鸡。 ¶암~ | 母鸡。 ¶재래종의 ~ | 柴chái鸡。

ᴰ**닭장**[─欌] 图【鸡笼】jīlóng【鸡窝】jīwō【鸡棚】jīpéng

닭 잡아 먹고 오리발 내민다 (관용)【杀了鸡吃, 却拿出鸭爪子】shā·le jī chī, què ná chū yāzhǎo·zi

닭 쫓던 개 지붕 쳐다 보듯 (관용)【追鸡之犬, 徒望远山】zhuī jī zhī quǎn, tú wàng yuǎnshān

닮다 图【像】xiàng【似】sì【随】suí【摹仿】mófǎng ¶얼굴이 닮았다 | 面貌相像。 ¶그녀는 어머니를 닮았다 | 她长得随她母亲。 ¶행동거지가 그의 할아버지를 닮았다 | 举止动作随他爷爷。 (참고)[像似][模mó仿][仿效fǎngxiào][效仿][仿照zhào]

닳다 图 【磨损】mósǔn【磨破】mópò ¶기계가 닳았다 | 机械磨损。 ¶(말을 많이 해서) 입이 다 닳아질 지경이다 | 磨破了嘴。 (참고)[磨耗hào][咬yǎo破]

ᴬ**담**¹ 图【墙】qiáng【堵】dǔ【围墙】wéiqiáng ¶벽돌~ | 砖zhuān墙。 (참고)[围垣yuán]

담² 图【其次】qícì【下次】xiàcì【下回】xiàhuí

담³[痰] 图【痰】tán

담⁴[膽] 图【胆】dǎn【胆量】dǎnliàng ¶~力 | 胆力 ¶~이 크다 | 胆大。

─담⁵[─談] 回【故事】gùshì【谈话】tánhuà

ᴰ**담그다** 图 ❶ (물에) 【浸】jìn 【沤】òu【泡】pào【溲】sōu ¶씨앗을 끓는 물에 ~ | 把种zhǒng子放在开水里浸一浸。 ¶삼을 물에 ~ | 沤麻má。 ❷ (김치를) 【腌】yān【做】zuò【泡】pào

205

¶김치를 ～ | 腌泡菜。❸(술을)【酿】niàng ¶포도주를 ～ | 酿葡萄酒。

담기다 동【盛】chéng【装】zhuāng【内含】nèihán ¶정성이 담긴 선물 | 满含着心意的礼物。

담낭[膽囊] 명〈生理〉【胆囊】dǎnnáng ¶～염 | 胆囊炎。

^담다 동❶(물건을)【盛】chéng【装】zhuāng【搁】gē ¶밥을 ～ | 盛饭。¶상자에 ～ | 装在箱子里。❷(생각 등을 나타내다)【包含】bāohán【带】dài【融비】róngjìn ¶조국애를 작품 속에 ～ | 把对祖国的爱融进作品里。¶그의 건의에는 합리적인 요소를 적지 않게 담고 있다 | 他的建议jiànyì包含了不少合理的因素sù。❸(입에 올리다)【骂】mà ¶입에 담지 못할 욕설을 하다 | 骂了不谙人耳的话。

담담하다[淡淡－] 형❶(빛깔이 엷고 맑다)【清彻】qīngchè【明亮】míngliàng ¶달빛이 ～ | 月色明亮。❷(맛이 산뜻하다)【清淡】qīngdàn ¶맛이 ～ | 味道wèidào清淡。❸(마음에 욕심이 없고 조촐하다)【平静】píngjìng【从容不迫】cōng róng bù pò【平心静气】píng xīn jìng qì【虚心平心】xū qì píng xīn【侃侃】kǎnkǎn ¶마음이 아주 ～ | 心里很平静。

^담당[擔當] 명하타【担当】dāndāng【担负】dānfù【担任】dānrèn【承担】chéngdān【负责】fùzé ¶그는 아주 중요한 기밀공작을 ～하고 있다 | 他担当着一项十分重要的机密工作。¶일체의 차비와 비용은 내가 ～한다 | 一切路费, 用费, 都归我担负。¶이 일은 내가 ～한다 | 这项工作由我来担任。참고〔担戴dài〕〔承当〕

^담당자[擔當者]【负责人】fùzérén【承担人】chéngdānrén

담대[膽大] 명하형【胆大】dǎndà【大胆】dàdǎn ¶～히 | 胆大地。¶매우 ～하다 | 胆大包天。참고〔有胆量〕

담력[膽力] 명【胆力】dǎnlì【胆气】dǎnqì ¶～을 키우다 | 状胆。참고〔胆略dǎnlüè〕

^담배 명❶〈植〉【烟草】yāncǎo【淡巴菰】dànbāgū【烟】yān ¶～잎을 건조시키다 | 烤kǎo烟草。❷【香烟】xiā-

ngyān ¶～갑 | 香烟盒hé/烟盒。¶～풍초 | 烟头tóu。¶～는 국가가 전매한다 | 烟由国家来专卖zhuānmài。참고〔卷juǎn烟〕〔烟卷儿〕〔旱烟hàn-nyān〕〔卷烟〕

담뱃값 명❶(담배의 가격)【烟价】yānjià ¶～이 오르다 | 烟价上涨。❷(수고비·용돈)【辛苦费】xīnkǔfèi【零用的小钱】língyòng·de xiǎoqián ¶～이라도 쥐어 줘야지 | 烟钱总该给点吧。

담뱃불 명❶【点烟火】diǎnyānhuǒ ❷【烟头火】yāntóuhuǒ

담뱃재 명【烟灰】yānhuī

"담벽 명【围墙】wéiqiáng

담보[擔保] 명하타❶(보증하다)【担保】dānbǎo【保障】bǎozhàng【保证】bǎozhèng【承保】chéngbǎo【做保】zuòbǎo【保函】bǎohán ¶～증서 | 担保书。¶수요를 ～한다 | 保证需xū要。¶공급을 ～한다 | 保证供应。¶～기간 | 承保期。❷(저당물)【低押】dǐyā ¶～를 잡다 | 做低押。

담보금[擔保金] 명【押金】yājīn【开设信用证保证金】kāishè xìnyòng zhèngbǎozhèngjīn【担保证金】dānbǎozuòjīn【保证金】bǎozhèngjīn ¶먼저 ～ 내세요 | 先交押金。참고〔保款〕〔押款yākuǎn〕〔按金〕〔定dìng钱〕

담보물[擔保物] 명【抵押品】dǐyāpǐn【担保物】dānbǎowù【低押品】dǐyāpǐn【抵押物】dǐyāwù ¶～의 양도 | 抵押品的转让。

담뿍 부【满满地】mǎnmǎn·de【满】mǎn ¶웃음을 ～ 짓다 | 满脸笑容。

담소[談笑] 명하자【谈笑】tánxiào ¶손님과 ～를 나누다 | 和客人谈笑。

담쌓다 동❶【垒墙】lěiqiáng ❷(관계를 끊다)【断绝关系】duànjué guān·xi ¶술과는 담을 쌓았지 | 和酒绝了缘分。

^담요 명【毯】tǎn【毡】zhān【毡毯】zhān-tǎn ¶털～ | 毛毯。¶전기～ | 电毯。참고〔绒被róngbèi〕

"담임[擔任] 명하타【担任】dānrèn【担当】dāndāng ¶～선생님 | 班主任。참고〔担戴dài〕

담쟁이(덩굴) 명〈植〉【地锦】dìjǐn【爬

°담판[談判] 圓하타 【談判】tánpàn ¶양국의 대표가 지금 ~을 하고 있다 | 两国代表正在谈判。¶~을 진행하다 | 进行谈判。

담합[談合] 圓하타 【谈合】tánhé【讲合】jiǎnghé【投标协商】tóubiāoxiéshāng【协商会议】xiéshāng huìyì

담화[談話] 圓하타 【谈话】¶선생님은 지금 학생 몇 명과 ~를 나누고 계시다 | 老师正和几个学生谈话。¶대변인은 중요 ~를 발표했다 | 发言人发表了重要谈话。

°답[答] 圓[어미] 【答信】huídá【答复】dáfù【答】dá【解答】jiědá【答案】dá'àn ¶~하지 못하다 | 回答不出来。¶속히 나에게 ~하시오 | 赶gǎn紧给我答复吧。¶~ | 正确的。

-답다[어미] 【像样】xiàngyàng【像】xiàng【如…似…】rú…sì… ¶여자~ | 像个女的。¶꽃다운 나이 | 如花似锦的年华。

°답답하다[沓沓-] 圈 ❶ (가슴이)【烦闷】fánmèn【烦郁】fányù【纳闷】nàmèn【烦懑】fánmèn ¶가슴이 ~ | 心里烦闷。❷ (갑갑하다)【闷】mēn【急促】jícù【急躁】jízhào ¶굴 안이 매우 ~ | 洞里很闷。❸ (사람됨이)【死脑筋】sǐnǎojīn ¶이런 답답한 친구 좀 보게나 | 哪儿见过这样的死脑筋。

°답례[答禮] 圓하타 【答礼】dálǐ【还礼】huánlǐ【谢礼】xièlǐ【回礼】huílǐ ¶~를 하다 | 致答礼。¶그가 경례를 하니, 참모장도 손들어 ~하였다 | 他敬了一个礼,参谋长也举手还礼。

°답변[答辯] 圓하타 【答】dá【答辩】dábiàn【回答】huídá【答腔】dāqiāng ¶~서 | 答辩状。¶공개 ~의 권리 | 公开答的权quán利。¶만족스런 ~ | 满意的答复。[참고]〔搭dā腔〕

°답보[踏步] 圓하타 【踏步】tàbù【停滞不前】tíngzhì bùqián ¶왜 십 수년 동안 줄곧 ~하고만 있는가? | 为什么十几年来一直原地踏步?[참고]〔踏脚〕

°답사¹[答辭] 圓하타 【答辞】dácí ¶졸업생 대표의 ~ | 毕业生代表的答辞。[참고]〔答词〕

°답사²[踏査] 圓하타 【踏勘】tàkān【踏看】tàkàn【勘察】kānchá【考察】kǎochá ¶먼저 지형을 현지 ~하고난 후에 선로 설계를 하자 | 先踏勘地形,再作线路设计。¶고적을 ~했다 | 踏看了古迹。[참고]〔实地调查〕〔参观考察〕

답습[踏襲] 圓하타 【承袭】chéngxí【继承】jìchéng【沿袭】yánxí【因循】yīnxún【步人后尘】bù rén hòu chén ¶공자 맹자의 유학전통을 ~하였다 | 孔孟的儒学传统。¶그는 오로지 구습만 ~하고 새로운 개혁을 생각하지 않는다 | 他一味地沿袭旧习,不思改革创新。[참고]〔步人后尘〕〔踏袭〕

답신¹[答信] 圓하타 【回信】huíxìn【复信】fùxìn

답신²[答申] 圓하타 【汇报】huìbào【向上级报告】xiàngshàngjíbàogào ¶~서 | 汇报书。

답안[答案] 圓 【答案】dá'àn ¶선생님은 학생에게 ~을 제출하라고 요구하였다 | 老师要求学生交出答案来。[참고]〔试试卷〕

°답장[答狀] 圓하타 【回信】huíxìn【复函】fùhán【复信】fùxìn ¶그에게 ~한 통을 썼다 | 回了他一封信。¶그에게 한 통의 ~을 보냈다 | 给他写了一封回信。[참고]〔复回函〕〔复简jiǎn〕〔复复文wén〕〔复函〕

답지하다[遝至-] 圖 【纷至沓来】fēnzhìtàlái ¶위문품이 전국 각지에서 답지하였다 | 慰问品从全国各地纷至沓来。

답하다[答-] 圖【回答】huídá ¶답할 수 없는 질문 | 不能回答的提问。

닷 㿟【五】wǔ

°닷새[-] 圓 ❶【五天】wǔtiān ❷【初五】chūwǔ【五日】wǔrì

닷지[Dodge] 圓〈商標〉【道奇】Dàoqí

°당¹[當] 圓 ❶【本】běn ¶ ~ 회사 | 本公司。❷【当时】dāngshí ¶~은 20여년 당시 이십 여년.

°당²[糖] 圓 【糖】táng ¶포도~ | 葡萄糖。¶맥아~ | 麦芽màiyá糖。¶이~ | 双糖。¶다~류 | 多糖。[참고]〔醣〕〔饴táng〕

°당³[黨] 圓 【党】dǎng ¶정~ | 政党。¶~·정부·인민대중 | 党政民。

-당⁴[-堂] 圓 【堂】táng ¶강~ | 礼堂。¶식~ | 食堂。

207

－**당**⁵[－當] 回【每】měi ¶시간～ 생산량 | 每小时的生产量.

ᵍ**당구**[撞球] 图【台球】táiqiú ¶～대 | 台球台. ¶～를 치는 것을 좋아하다 | 喜欢打台球.

당구장[撞球場] 图【台球场】táiqiúchǎng

ᵍ**당국**[當局] 图[하자] 【当局】dāngjú ¶정부～ | 政府当局. ¶学校～ | 学校当局.

ᵍ**당근**[－] 图【植】【胡萝卜】húluó·bo【红萝卜】hóngluó·bo

ᵍ**당근**[－] 图(주로 인터넷에서 젊은이들이 쓰는 속어) 【当然】dāngrán ¶～이지! | 那是当然的!

ᵇ**당기다** 图❶ (끌어서 가까이 오게 하거나 줄 등을 팽팽하게 하다) 【拉】lā【揪】jiū【曳】yè【揄】yú【挪揄】yéyú【毛驴】máolǘ ¶활시위를 ～ | 拉弓. ¶물건을 끌어당겨 올리다 | 把东西拉上来. ¶귀를 ～ | 揪耳朵. ❷ (기일을) 【扣】kòu【提前】tíqián【提早】tízǎo ¶30분 당겨 떠나다 | 提前半个小时走. ¶제4교시 수업을 제2교시로 앞～ | 第四节课提前在第二节上. ¶처음의 계획이 앞당겨졌다 | 原来的计划提前了. ❸ (불을) 【引火】yǐnhuǒ【惹火】rěhuǒ ¶ (입맛·구미가) 【调胃口】diào wèikǒu【有食欲】yǒu shíyù

ᵇ**당나귀**[唐－] 图〈動〉【驴】lǘ【驴子】lǘ·zi【毛驴】máolǘ 참고〔公驴〕〔踩k è驴〕

당내[黨內] 图【党内】dǎngnèi ¶～民主주의 | 党内民主.

ᵍ**당년**[當年] 图【当年】dāngnián ¶～수익율 | 当年收益率. ¶～치 | 当年产品.

당뇨[糖尿] 图〈醫〉【糖尿】tángniào

ᵍ**당뇨병**[糖尿病] 图〈醫〉【糖尿病】tángniàobìng ¶그의 아버지는 ～에 걸렸다 | 他多die得了糖尿病. 참고〔消渴〕

ᵇ**당당하다**[堂堂－] 图❶ (모습이 의젓한) 【堂堂】tángtáng【凛凛】lǐnlǐn【理直气壮】lǐ zhí qì zhuàng【毫无愧色】háowúkuìsè ¶풍채가 ～ | 仪表yíbiǎo堂堂. ¶위풍이 당당한 군대 | 堂堂之阵. ❷ (정정 당당) 【堂堂正正】tángtángzhèngzhèng ¶당당한 승부 | 堂堂正正的胜负

당대[當代] 图❶ (한평생) 【一生】yìshēng 【一辈子】yíbèi·zi ❷ (지금 세상) 【当代】dāngdài ¶～ 미국문학 | 当代美国文学. 참고〔现代〕

당도[當到] 图[하자] 【到】dào【到达】dàodá【抵达】dǐdá ¶북경에 ～하다 | 到北京.

당돌하다[唐突－] 图【唐突】tángtū【冒失】mào·shi【冒昧】màomèi ¶말하는 것이 ～ | 出言唐突. ¶당돌한 행동 | 唐突的行动. ¶당돌하게 말하다 | 冒失陈辞. 참고〔搪充〕〔混充〕〔冒昧失态〕

당락[當落] 图【当落】dāngluò 【当选与落选】dāngxuǎnyǔ luòxuǎn

당면[唐麵] 图【粉条(儿)】fěntiáo(r) 참고〔粉丝〕〔粉仔〕〔索suǒ粉〕〔线xiàn粉〕

당면²[當面] 图[하자타] 【当前】dāngqián【目前】mùqián【眼前】yǎnqián【面临】miànlín【面对面】miàn duì miàn ¶～ 급무 | 当前急事/当务之急. ¶～이익 | 目前利益. ¶～한 정세 | 目前形势. ¶심각한 위기에 ～하다 | 面临一场严重的危机.

당번[當番] 图[하자] 【值班】zhíbān【值勤】zhíqín【值日】zhírì ¶오늘은 누가 교실 청소 ～이냐? | 今天谁值班打扫dǎsǎo教室? ¶～学生 | 值日生. 참고〔直日〕

당부[當付] 图[하타] 【嘱咐】zhǔ·fù【叮嘱】dīngzhǔ ¶신신～하다 | 再三嘱咐. ¶어머니께서는 그에게 추위와 더위에 조심하고 음식에 주의할 것을 신신～하셨다 | 母亲叮嘱他冷暖要当心, 饮食要注意. 참고〔嘱咐〕〔吩咐〕〔分付〕〔叮咛〕

ᵇ**당분**[糖分] 图【糖分】tángfèn

당분간[當分間] 图[부] 【临时】línshí【暂时】zànshí【暂】zàn【暂且】zànqiě ¶차량 통행을 ～ 금지하다 | 车辆暂时禁止通行. ¶직무는 다른 사람이 ～ 대리한다 | 职务由别人暂代. ¶이 이야기는 ～ 보류해 두자 | 这件事暂且不提. 참고〔姑gū搁〕〔权quán搁〕

ᵇ**당선**[當選] 图[하자] 【当选】dāngxuǎn【中选】zhōngxuǎn【被选】bèixuǎn ¶～권 | 当选圈. ¶～ 무효 | 当选无效. ¶그가 대표로 ～되다 | 他当选

为代表。

당수[黨首] 圀 【党魁】dǎngkuí【党首】
dǎngshǒu

당숙[堂叔] 圀 【堂叔】tángshū

ᴬ**당시**[當時] 圀 【当时】dāngshí【那时】n-
àshí ¶그의 이 글은 1939년도에 쓴 것
인데 ~에는 발표되지 않았다 | 他这
篇文章是1939年写成的，当时并没有
发表。¶내 기억에 그때 우리가 만났
을 ~에 너는 아직 꼬마였었는데! |
记得那时相见，你还是一个小孩哩!

ᴮ**당신**[當身] 데 【您】nín【你】nǐ

당연지사[當然之事] 圀 【当然之事】dā-
ngránzhī shì【应该的事】yīnggāi·ne
shì

ᴮ**당연하다**[當然-] 圀 【当然】dāngrán
【应当】yīngdāng【应该】yīnggāi ¶이
치상 ~ 理所当然。¶당연한 일이
다 | 事之当然。¶전체의 일을 위해
서 내가 좀 더 수고를 하는 것은 당연
한 것입니다 | 为了大伙的事，我多受
点累也是应该的。(참고)〔必须〕〔应须〕
〔应宜〕〔该应〕〔公该〕

ᶜ**당원**[黨員] 圀 【党员】dǎngyuán

당위[當爲] 圀 〈論〉【当为】dāngwéi
【义务】yìwù【责任】zérèn

당위성[當爲性] 圀 【当为性】dā-
ngwéixìng【义务性】yìwùxìng

당일[當日] 圀 【当天】dāngtiān【当日】
dāngrì【即日】jírì【现期】xiànqī ¶~
에 돌아올 수 있다 | 当天可以打来
回。

당일치기[當日-] 圀하자 【当天结束】dāngtiān
jiéshù【当天做完的】dāngtiān zuò-
wán·de shì ¶~여행 | 当天结束的旅
行。

당자[當者] 圀 【本人】běnrén【当事人】
dāngshìrén【当事者】dāngshìzhě (참
고)〔当手(人)〕

ᴮ**당장**[當場] 圀 【当场】dāngchǎng【就
地】jiùdì【立即】lìjí【立刻】lìkè【马上】
mǎ·shang【眼前】yǎnqián【当头】dā-
ngtóu ¶~ 돈이 필요하다 | 马上需要
钱。

당쟁[黨爭] 圀하자 【党派斗争】dǎngp-
ài dòuzhēng

당직[當直] 圀하자 【值班】zhíbān【值
日】zhírì【值勤】zhíqín ¶오늘의 ~은
김씨이다 | 今天的值班是老金。¶~

표 | 值日表biǎo。¶~사관 | 当直士
官/值日官。¶~자 | 值勤人员。(참
고)〔直zhí日〕

당질[堂姪] 圀 【堂侄】tángzhí

당집[堂-] 圀 【祭堂】jìtáng

당차다 圀 【刚强】gāng·qiang【人小鬼
大】rénxiǎoguǐdà ¶당찬 어린 아이 |
人小鬼大的孩子。(참고)〔刚性xìng〕
〔刚硬yìng〕〔胆量dǎnliàng大〕〔有魄
力pòlì〕〔精干〕

당착[撞着] 圀하자 【撞着】zhuàngzhá-
o【相互碰撞】xiānghù pèngzhuàng
【矛盾】máodùn ¶자가~ | 自相xiā-
ng着。

당첨[當籤] 圀하자 【中签】zhòngqiān
【中奖】zhòngjiǎng ¶일등상에 ~되다
| 中头奖。¶~ 상환 채권 | 中签债
券。(참고)〔抽chōu中〕

당초[當初] 圀 【当初】dāngchū【起初】
qǐchū【开初】kāichū【先起头】xiānqǐt-
óu ¶~에 나는 어떻게 해야 좋을 지
몰랐다 | 当初我不知道怎么办才好。
¶~ 예산 | 原来预算。¶~ 예측 |
原来推测。

당최 图 【根本】gēnběn【从来】cónglái
¶~ 되는 일이 없다 | 根本就没有顺
心的事儿。(참고)〔从不〕〔历来〕〔向来〕
〔压根儿〕

당치 않다[當-] 圀 【不当】bùdāng【荒
谬】huāngmiù【没道理】méidàolǐ ¶당
치않은 소리 | 没道理的话。

ᶜ**당파**[黨派] 圀 【党派】dǎngpài ¶~싸움 | 党派
斗争dòuzhēng。

ᴬ**당하다**[當-] 圀통 ❶ (겪음·만남)
【碰到】pèngdào【遇到】yùdào ¶창피
를 ~ | 丢人。¶박해를 ~ | 受迫
害。¶남에게 업신여김을 ~ | 受人
欺负。❷ (감당·대항)【比得过】bǐ·
de guò【比得上】bǐ·de shàng ¶그를
당할 사람이 없다 | 没有人比得上
他。❸ (속다)【被涮】bèishuàn ¶그
녀석한테 또 당했다 | 我又叫那个孩
子涮了。

당해[當該] 관 【该】gāi ¶~문서 | 该
书。

당황[唐惶] 圀하자 【荒张】huāngzhā-
ng【迷惑】mí·huo【辣手】làshǒu (참고)
〔辣腕làwàn〕

ᴮ**당황하다**[唐慌-] 통 【惊慌】jīnghuāng

【张皇】zhānghuáng 【心慌】xīn huāng 【慌乱】huāngluàn 【着慌】zháohuāng 【惶恐】huángkǒng 【吓毛】xiàmáo 【发毛】fāmáo ¶당황해서 어찌할 바를 모르다 | 张皇失措。¶소식을 듣고 조금 당황했다 | 听了消息有些心慌。¶다소 당황스럽다 | 有点慌。¶그는 음모가 탄로 나자, 다소 놀라 당황하였다 | 他见阴谋败露, 有些发毛。(참고)〔慌张〕〔心悸儿〕〔着忙〕〔章皇〕〔吓慌〕〔毛姑〕

^B닻 몡【锚】máo 【碇】dìng ¶~ 가지 | 锚爪。¶~돌 | 木制的锚上固定的石头。¶~를 걷어올리다 | 启锚。(참고)〔石碇〕〔碇石〕

^A닿다 동 ❶(접하다)【接触】jiēchù 【触及】chùjí 【碰】pèng ¶손 닿는 곳 | 手触及的地方。¶피부가 물체와 닿을 때 생기는 감각이 촉각이다 | 皮肤和物体接触时,   所生的感觉就是触觉。❷(도착하다)【到达】dàodá 【抵达】dǐdá 【至】zhì 【到】dào 【来】lái 【至于】zhìyú 【至若】zhìruò 【至如】zhìrú ¶이 기차는 세 시에 북경에 닿는다 | 这趟火车三点到达北京。❸(관련이 맺어지다)【取得】qǔdé 【连贯】liánguàn ¶상호 취득한 연락이 닿았는가? | 相互取得连系了吗? ❹(어느 곳이나 정도에까지 이르다)【够着】gòuzháo 【伸向】shēnxiàng ¶온정의 손길이 ~ | 温情的手伸了过来。

대^1 몡【竹】zhú·zi ¶청록색의 ~나무 | 翠绿的竹子。

대^2[隊] 몡【队】duì 【队伍】duì·wu ¶중~ | 中队。

^A대^3[臺] 몡❶【台】tái ¶기계 한 ~ | 一台机器qì。❷【架】jià 【辆】liàng 【台子】tái·zi 【托子】tuō·zi 【枚】méi ¶자동차 다섯 ~ | 五辆汽车。¶총~ | 枪台子。(참고)〔托儿〕〔托台〕

대^4[臺] 몡【台】tái ¶전망~ | 看台。¶무~ | 戏台。¶천문~ | 天文台。

대^5[의명【五】wǔ 【比】bǐ ¶갑 팀이 2 ~ 1로 을 팀을 이겼다 | 甲队以二比一胜shèng了乙队。¶지금 몇 ~ 몇이냐? | 现在几比几啦?

^B대^6[代] 의명 【代】dài 【世】shì ¶9~손 | 第九代孙。

^B대^7[大-] 접무【大】dà 【巨大】jùdà 【极大】jídà 【庞大】pángdà ¶~가족 | 大家族。¶~도시 | 大都市。

-대^1[-代] 回 【代】dài ¶현~ | 现代。¶조~ | 朝代。¶다음 세~ | 下一代。¶고생~ | 古生代。

-대^2[-带] 回 ❶【茎】jīng 【杆】gān ¶깃~ | 旗qí杆。¶전봇~ | 电线diànxiàn杆。❷【支】zhī 【烟袋】yāndài ¶烟管】yānguǎn 【烟枪】yānqiāng 【烟头】yāntóu 【烟袋杆儿】yāndàigǎnr ❹【主见】zhǔjiàn ¶줏~가 없다 | 没主见。❺【心地】xīndì 【品质】pǐnzhì ❻【拳】quán ¶(주먹으로) 한 ~ 치다 | 打了一拳。

대가[大家] 몡【大师】dàshī 【名家】míngjiā 【权威】quánwēi 【巨匠】jùjiàng ¶문학의 ~ | 文学巨匠。

대가[代價] 몡【价钱】【价格】jià·qián 【代价】dàijià ¶~를 치르다 | 付出代价。¶가장 작은 ~로 가장 많은 일을 하다 | 用最小的代价办最多的事情。

대가리 몡 ❶("머리"의 속된 말)【脑袋】nǎodài ¶돌~ | 榆木脑袋。❷(짐승의 머리)【头】tóu ¶소~ | 牛头。❸(길쭉하게 생긴 물건의 앞부분)【顶部】dǐngbù ¶콩나물 ~ | 豆芽顶部。

대가족[大家族] 몡【大家族】dàjiā zú 【大家庭】dàjiātíng ¶~주의 | 大家族主义。

대각선[對角線] 몡〈數〉【对角线】duìjiǎoxiàn

대갈못 몡【大头钉】dàtóudīng ¶~장군 | 大头将军。

대감[大監] 몡❶〈史〉【大监】dàjiān ❷(자신)【地神】dìshén 【树神】shùshén

대갓집[大家-] 몡【府第】fǔdì 【府邸】fǔdǐ 【权势之家】quánshìzhījiā

대강[大綱] 뭐❶(중요한 부분만 간단하게)【大致】dàzhì 【大略】dàlüè ¶~ 한 차례 설명하다 | 大致地说明一下。¶~ 알고 있다 | 大略懂一些。❷(건성으로)【草草】cǎocǎo 【马马虎虎】mǎ·mǎhū·hu ¶~ 수습하세요 | 草草收拾一下。¶~ 일을 끝마치다 | 草草了事。¶~ 이렇게 줄입니다 | 草草不恭gōng。(참고)〔妈妈虎虎〕〔麻麻虎〕

呼〕〔麻麻胡胡〕

대강²[大綱] 몡【大纲】dàgāng ¶논문의 ~을 다 썼다 | 论文的大纲写好了。¶국사~ | 国史大纲。

대강당[大講堂] 몡【大礼堂】dàlǐtáng

대개[大概] 몡튀혱❶(대부분)【大部分】dàbù·fen ¶~의 학생들이 다 도착했다 | 大部分学生都到了。❷(줄거리·대략)【大体】dàtǐ【大略】dàlüè【大致】dàzhì【约摸】yuē·mo 참고〔约莫〕〔大体上〕

대거[大擧] 튀【大举】dàjǔ ¶한국 기업들이 해외에 ~ 진출하고 있다 | 韩国企业大举向海外扩展。

대검[大劍] 몡【大剑】dàjiàn

대견하다 혱❶(만족하다)【满意】mǎnyì ¶그녀는 아주 대견해하며 미소를 지었다 | 她满意地微笑了。❷(아주 대단하고 소중하다)【珍视】zhēnshì【珍爱】zhēn'ài【疼爱】téng'ài 참고〔心满意足〕〔意满心足〕

대결[對決] 몡하자타【较量】jiào·liàng【回合】huíhé【对决】duìkòu ¶나는 너와 ~하겠다나 | 我来和你较量了。¶이번에는 그와 ~했다 | 这回跟他较量了一番。¶몇 차례 ~했다 | 打了几个回合。참고〔较量较量〕

대경 실색[大驚失色] 몡하자【大惊失色】dà jīng shī sè

대계[大計] 몡【大计】dàjì ¶국가 ~ | 国家大计。¶~가 이미 완성되었다 | 大计已成。

대공[對空] 몡【对空】duìkōng ¶~ 미사일 | 对空导弹。¶~ 방어 | 对空防御。¶~ 사격 | 对空射击。

대관절[大關節] 튀【到底】dàodǐ【究竟】jiūjìng ¶그들은 ~ 무슨 관계냐? | 他们到底有什么关系? ¶너는 ~ 승낙한다는 것이니? | 你究竟答应不答应? 참고〔毕竟〕〔必竟〕〔完应〕〔究竟〕

대구¹[大口][魚] 몡【大头鱼】dàtóuyú【大口鱼】dàkǒuyú【鳕鱼】xuěyú 참고〔大头鳕〕〔大西洋鳕〕

대국¹[大局] 몡【大局】dàjú【大势】dàshì ¶~에 영향을 주다 | 影响yǐngxiǎng大局。¶사소한 문제로 인해 ~에 영향을 끼치지 말라 | 别因为一点儿小问题影响整体。¶~적 이익 | 整体利益。

대국²[大國] 몡【大国】dàguó

대군[大軍] 몡【大军】dàjūn ¶백만~ | 百万大军

대굴대굴[骨碌碌] 튀【咕噜噜】gū·lu·lu 【咕噜咕噜】gū-lu·gū-lu ¶~ 구르다 | 咕噜咕噜滚动。

대권[大權] 몡【大权】dàquán ¶~을 장악하다 | 大权在握zàiwò。¶~이 다른 사람에게 넘어가다 | 大权旁落pángluò。

대궐[大闕] 몡【宫阙】gōngquè 참고〔宫闱wéi〕〔丹凤阙〕

대규모[大規模] 몡【大规模】dàguī·mo ¶~로 발전하다 | 大规模地发展。¶~의 경제 건설 | 大规模的经济建设。¶~ 경영 | 大规模经营。¶~ 농업 | 大规模农业。

대금¹[大金] 몡〈音〉【大金】dàjīn【长笛】chángdí

대금²[代金] 몡【价款】jiàkuǎn ¶식량 ~ | 粮食价款。

대기¹[大氣] 몡【大气】dàqì ¶~ 오염 | 空气污染。¶~ 오염 물질 | 空气污染物¶~굴절 | 大气折射。

대기²[待機] 몡하자【待候】děnghòu【待機】dàijī【待命】dàimìng【等待】děngdài ¶~실 | 等候室/候客室。¶~ 기간 | 等待期间。¶~ 명령 | 待机命令。¶~ 시간 | 等待时间。참고〔等机〕〔待缓进行〕〔停顿不前〕

대기권[大氣圈] 몡〈天〉【大气圈】dàqìquān

대기 만성[大器晚成] 몡【大器晚成】dàqì wǎn chéng

대길[大吉] 몡혱【大吉大利】dà jí dà lì ¶오늘은 ~일이라 많은 사람들이 결혼식을 올린다 | 今天是大吉大利的日子, 好多人都举行婚礼。

대구[對句] 몡하자❶(대답)【回答】huídá【答话】dáhuà【应答】yīngdá ¶~지 못하다 | 回答不出来。¶남이 묻는데 어째서 ~도 않느냐? | 人家问你, 你怎么不答话? ❷(말대답)【顶嘴】dǐngzuǐ【辩白】biànbái ¶너 왜 자꾸 ~하냐? | 你老顶什么嘴?

대나무 몡〈植〉【竹子】zhú·zi ¶청록색의 ~ | 翠绿的竹子。

대남[對南] 몡❶[对南] duìnán[对南

部】duìnánbù【对南方】duìnánfāng ❷
【对南朝鲜】duìnáncháoxiān

대납【代納】몧하돈【代缴】dàijiǎo【对
交】duìjiāo【代交】dàijiāo【代付】dàifù
【代垫】dàidiàn

대낮 몧【白天】báitiān【白昼】báizhòu
【光天化日】guāng tiān huà rì【大天白
日】dà tiān bái rì ¶~에 살인하다 |
大白天杀人。¶네가 환한 ~에 어린
자를 희롱하는 것을 용납할 수 없다 |
不许你在光天化日之下调戏tiáoxì妇
女。¶~에 무엇이 무서운가! | 大天
白日的，怕什么! ⟨참고⟩〔白日〕

대뇌【大腦】몧〔生理〕【大脑】dànǎo ¶
~수질 | 大脑髓质。¶~피질 | 大脑
皮质。

대님 몧【裤脚带】kùjiǎodài

대다¹ 동 ❶(서로 맞닿게 하다)【触动】
chùdòng【接触】jiēchù【动手】dò-
ngshǒu ¶작품에 손을 대지 마시오 |
你别碰作品。❷(시작하다)【用】yò-
ng【着手】zhuóshǒu【开始】kāishǐ【起
始】qǐshǐ ¶어디서부터 손을 대야 할
지? | 从何着手? ❸(물을 들어가게
하거나 이끌다)【引水】yǐnshuǐ【灌
溉】guàngài【灌溉】guàngài ¶물을 끌어 밭
에 대다 | 引水灌田guàntián。¶밭에
물을 대다 | 引水灌田。❹(보내거나 갖
다)【供应】gōngyìng【供给】gōngjǐ
【提供】tígōng【出】chū ¶식량을 ~ |
供给粮食liángshí。¶새로운 증거를 ~
| 提供新的证据。❺(이르러 멈추
게 하다)【停泊】tíngbó【靠岸】kào'àn
【停到】tíngdào ¶차를 현관에 ~ | 车
停到门洞口。❻(향하다)【对准】duì-
zhǔn【对】duì【向】xiàng ¶누구를 대고
에게 대고 하는 소리냐? | 那是对谁说
话呢? ❼(정한 시간에 닿다)【到达】d-
àodá【抵达】dǐdá【赶到】gǎndào ¶
비행기 시간에 대느라 땀을 뺐다 | 为
赶飞机时间，出了一身汗。❽(서로
견주다)【比较】bǐjiào【对比】duìbǐ ¶
길이를 대어 보다 | 对比长度。❾(사
용하다)【使】shǐ ¶가위를 대지 않고
칼로 종이를 자르다 | 不使剪刀，用刀
子裁纸。❿(노름 등에서 물건에 돈
을 걸다)【押賭】yādǔ ¶천원을 ~ |
押了一千元~。⓫(이유나 핑계를 붙
이다)【找理由】zhǎo lǐyóu【找借口】

zhǎo jièkǒu ¶이러쿵 저러쿵 이유를
~ | 这样那样地尽找理由。⓬(알려
주거나 털어 놓다)【说出】shuōchū
【告诉】gào·su ¶사실을 대라 | 如实
说。⓭(받치다)【垫】diàn ¶헝겊을
대서 꿰매다 | 垫块布缝上了。

대다² 조동 (表示动作一个劲儿地反复)
【没完没了】méiwánméiliǎo ¶먹어~
| 吃个没完。¶웃어~ | 笑个不停。
¶磨磨蹭蹭。

―대다³ 回 (用于拟声词后, 表示动作的
反复)【고시랑~ | 叨唠dāo·lao/嘟
囔dū·nang。¶꾸물~ | 磨磨蹭蹭。

대다수【大多數】몧【多数】dàduōshù
¶~의 사람 | 大多数人。¶~가 화
교이다 | 大多数是华侨。⟨참고⟩〔大半〕

대단원【大團圓】몧【结尾】jiéwěi【结
局】jiéjú【尾声】wěishēng

대단하다 혱 ❶(아주 뛰어나다)【了不
起】liǎo·buqǐ ¶중국어를 일년 배워서
그렇게 유창하게 말하다니, 정말 ~ |
汉语学了一年就说得那么流利，可真
了不起。¶이것은 뭐 그리 대단하지
않다 | 这没有什么了不起! ❷(아주
심하다)【很严重】hěn yánzhòng【很
厉害】hěn lìhài ¶병이 ~ | 病很重。
⟨참고⟩〔很好〕〔很快〕〔很大〕〔很高〕〔很
重大〕〔很高明〕〔不可一世〕

대단히 뮝【非常】fēicháng【相当】xiā-
ngdāng ¶~ 미안합니다 | 非常抱
歉。

대담¹【大膽】몧하돈【大胆】dàdǎn【勇
敢】yǒnggǎn ¶그는 아주 ~하다 | 他
大胆得很。¶그는 아주 ~하게 새로
운 가설을 제시했다 | 他非常大胆地
提出新的假设。¶~하게 폭로하다 |
大胆暴露。⟨참고⟩〔斗胆〕

대담²【對談】몧하돈【面谈】miàntán ¶
그와 ~하다 | 跟他面谈。

대답【對答】몧하돈【答】dá【答腔】dā-
qiāng【回答】huídá【答话】duìdá ¶~
하지 못하다 | 回答不出来。¶만족스
런 ~ | 满意的回答。¶몇 가지 문제
는 ~하지 못했다 | 有几个问题答不

대대¹【代代】몧【世世代代】shìshìdài-
dài【祖祖輩輩】zǔzǔbèibèi ¶우리집은
조상 ~로 농민이었다 | 我家祖祖辈
辈是农民。¶우리 민족은 조상 ~로

이 땅에서 살아왔다 | 我们民族祖辈辈就生活在这块土地上.

대대²[大隊] 명〈軍〉【大队】dàduì【营】yíng ¶~장 | 大队长.

대대손손[代代孙孙] 명【子子孙孙】zǐzǐ sūnsūn【世代代】shìshìdàidài ¶~ 물려가다 | 子子孙孙传下去.

^A**대대적**[大大的] 괸형【大规模的】dàguī-mó·de【盛大的】shèngdà·de【大大的】dàdà·de【大力】dàlì ¶~인 환영 | 盛大欢迎.

^B**대도시**[大都市] 명【大都市】dàdūshì【大都会】dàdūhuì ¶~권 | 大都市圈quān.

대동맥[大動脈] 명【大动脉】dàdòngmài ¶경부선은 우리 나라 남북교통의 ~이다 | 京釜铁路是我国南北交通的大动脉. 참고〔主动脉〕

대동소이[大同小異] 명하형【大同小异】dà tóng xiǎo yì ¶이 두 판본은 ~하다 | 这两种版本大同小异.

^B**대동여지도**[大東輿地圖] 명【大东舆地图】dàdōngyúdìtú

대두[擡頭] 명하자【兴起】xīngqǐ【抬头】táitóu【出现】chūxiàn ¶외국어 학습의 열기가 지금 ~하고 있다 | 学外语的热潮rècháo正在兴起.¶그 세력이 다시 ~하리라고는 미처 생각하지 못했다 | 没想到那股势力才抬头了.

^B**대들다**통【对抗】duìkàng【反抗】fǎnkàng【抵抗】dǐkàng ¶감히 대들지 못하다 | 不敢对抗.

대들보명〈建〉【大梁】dàliáng【脊檩】jǐlǐn【横梁】héngliáng ¶나라의 ~ | 国家的大梁. 참고〔横刀架jià〕

대등[對等] 명하형【对等】duìděng【平等】píngděng ¶~조약 | 平等条约.¶~한 석수 | 对等的敌手.

대뜸 튀【马上】mǎ·saang ¶~ 승낙하다 | 马上应允. 참고〔马当时〕【马溜儿】[马溜儿]〔立刻〕

대란[大亂] 명【大乱】dàluàn

^B**대략**[大略] 명 튀【梗概】gěnggài【大略】dàlüè ¶~ 알고 있다 | 梗概懂得一些.¶~적으로 말하겠습니다 | 梗概地说一下.

대량[大量] 명【大量】dàliàng【大批】dàpī【批量】pīliàng【大批量】dàpīliàng ¶~으로 판매하다 | 大量推销tuīxiāo.

¶~으로 구매하다 | 大量购买.¶~생산하다 | 大批生产.¶~수입하다 | 大批进口.

대령¹[大領] 명〈軍〉【上校】shàngxiào

대령²[待令] 명하자타【待令】dàilìng【待命】dàimìng ¶소인 여기 ~하였습니다 | 小人在此待命.

^A**대로**¹[大怒] 명하자【大怒】dànù【愤怒】fènnù ¶그는 듣자마자 ~했다 | 一听就大怒.

^A**대로**²[大路] 명【大道】dàdào【大路】dàlù【康庄大道】kāng zhuāng dà dào

—대로³ 의존명 ❶ (그 모양과 같이)【和…一样】hé…yíyàng【照】zhào ¶본 대로 말하라 | 看到什么说什么.¶내가 하는 ~ 따라 해라 | 请照我做的去做. ❷ (하자마자)【就】jiù【立即】lìjí ¶도착하는 ~ 전화해라 | 到了就打电话. ❸ (가능한)【尽可能】jìnkěnéng ¶될 수 있는 ~ 빨리 끝내주세요 | 尽可能快一点儿结束.

대류[對流] 명〈物〉【对流】duìliú ¶~층 | 对流层.¶공기가 ~하다 | 空气对流.

대륙[大陸] 명【大陆】dàlù ¶~이동설 | 大陆漂移说piāoyíshuō. 참고〔大洲〕

대륙붕[大陸棚] 명【大陆架】dàlùjià【大陆棚】dàlùpéng ¶~자원 | 大陆架资源.¶~조약 | 大陆架公约.

대리[代理] 명하타【代理】dàilǐ【替】tì【代办】dàibàn【取代】qǔdài ¶~시험 | 代理考试.¶교장직을 ~하다 | 代理校长.¶위원장 ~로서 출석하다 | 作为委员长代理出席.¶업무를 ~하다 | 代办业务. 참고〔代行〕〔取而代之〕

대리석[大理石] 명【大理石】dàlǐshí 참고〔大理岩yán〕〔云yún石〕

대리인[代理人] 명【代理人】dàilǐrén【经理人】jīnglǐrén【代办人】dàibànrén 참고〔代理商〕

대리점[代理店] 명【代理店】dàilǐdiàn【代销店】dàixiāodiàn【经销店】jīngxiāodiàn【代理商】dàilǐshāng【代办所】dàibànsuǒ【代理处】dàilǐchù【代办处】dàibànchù【代行】dàixíng ¶~ 계약 | 代理关系协定.¶~ 비용 | 代理经费.

213

ᴮ**대립**[對立] 몡하자 【对立】duìlì ¶～상 태 | 对立状态。¶～ 가설 | 对立假设/ 替换性假设。¶～되는 두 노선 | 两 条对立的路线。¶그는 줄곧 중앙과 ～을 일으켰다 | 他一向跟中央闹对 立。

대마[大麻] 몡〈植〉【大麻】dàmá ¶～ 유 | 大麻油。參고〔火麻〕〔秋qiū麻〕 〔线麻〕

대마초[大麻草] 몡〈植〉【大麻】dàmá ¶～를 심어 마약을 정제하다 | 种大 麻, 提炼tíliàn毒粉。參고〔火麻〕〔秋qi-ū麻〕〔线麻〕

대만[臺灣] 몡〈地〉【台湾】Táiwān

대망[大望] 【大希望】dàxīwàng 【大志】dàzhì 【成龙】chénglóng ¶～ 을 품다 | 胸怀大志。

대망[待望]² 몡하타 【盼望】pànwàng ¶～의 조국광복 | 盼望的祖国光复。 ¶한 번 만나기를 ～하다 | 盼望见一 面。

ᴮ**대머리** 몡【秃头】tūtóu【秃子】tū·zi 【秃 顶】tūdǐng

ᴬ**대명사**[代名詞] 몡〈言〉【代词】dàicí ¶인칭～ | 人称代词。¶지시～ | 指 示代词。¶의문～ | 疑问代词。參고 〔代名词〕

대목[大木]¹ 몡【木匠】mù·jiang【木工】 mùgōng 參고〔木作〕〔都dū料匠〕〔土 工〕

대목² 몡❶ (긴요한 고비 또는 시기) 【要紧关头】jǐnyàoguāntóu【紧要关 口】jǐnyàoguānkǒu ❷(설날 등과 같 은 명절) 【前夕】qiánxī【年根儿】nián-gēnr ¶설달～ | 年关。¶～장 | 节 日前的集市。❸(글의) 【地方】dì·fa-ng 【一幕】yīmù ¶난해한 ～ | 难解的 地方。

ᴮ**대문**[大門] 몡【大门】dàmén ¶～간 | 大门口。¶～짝 | 大门扇。

대물리다 통【留传】liúchuán【代代相 传】dàidàixiāngchuán【传家】chuánji-ā ¶대대로 물려주다 | 代dài代留 传。¶대물림 보배 | 传家宝。

대미[大尾] 몡【结尾】jiéwěi【结局】jiéjú

대바구니 몡【竹篮】zhúlán【竹筐】zhú-kuāng【大篓】dàlǒu【竹笼】zhúlóng

대받다 [反駁]fǎnbó【驳斥】bóchì

¶적의 모함하는 말을 단호하게 ～ | 坚决反驳敌方的诬词。¶틀린 이론을 대받아 척결하다 | 驳斥谬miù论。參 고〔顶驳〕驳诘

대번에 閉 【立即】lìjí 【立刻】lìkè 【马上】 mǎ·shang ¶대답하다 | 立刻回 答。參고〔立时〕〔立地〕〔立时刻〕〔立 时巴刻〕〔立马〕〔立就〕〔马当时〕〔马溜 儿〕

대범하다[大凡－] 혱 ❶ (관대하다) 【大方】dàfāng【宽宏大度】kuān hóng dà dù【宽宏大量】kuān hóng dà liàng ¶이 사람은 아주 ～ | 这个人很大 方。❷(용감하다) 【从容】cōngróng 【神情自如】shénqíngzìrú【飘然自若】 piāorǎnzìruò【不动声色】bú dòng sh-ēng sè【不露声色】bú lù shēng sè ¶ 이 일에 대범하게 대처하다 | 从容 应付yìngfù这些事情。

대법관[大法官] 몡〈法〉【最高法官】zu-ìgāofǎguān

대법원[大法院] 몡〈法〉【最高法院】zuì-gāofǎ

대변[大便]¹ 몡【大便】dàbiàn【粪】fèn 【屎】shǐ ¶～을 보다 | 解大便。¶～ 을 봤다 | 办大事儿。¶～을 누다 | 拉lā屎。參고〔大粪fèn〕〔大恭gōng〕 〔大解〕〔解手(儿)〕

대변²[代辯] 몡하타 【代辩】dàibiàn 【辩护】biànhù

대변인[代辯人] 몡【发言人】fāyánrén 【代言人】dàiyánrén ¶그는 침략자의 ～이 되었다 | 他充当了侵略者的代言 人。

대별[大別] 몡하타 【大別】dàbié【大致 分类】dàzhì fēnlèi 參고〔大的区别〕

대보다 통【互相比较】hùxiāng bǐjiào 【对比】duìbǐ ¶길고 짧은 것은 대봐야 안다 | 是长是短要比看才能知道。

ᴮ**대보름날** 몡【正月十五日】zhēngyuèsh-íwǔrì

대본[大本] 몡【大本】dàběn

대부[代父] 몡〈宗〉【代父】dàifù

대부²[貸付] 몡하타 〈經〉【贷款】dàikuǎn ¶그는 집을 사기 위해서 은행에서 돈을 ～했다 | 为了买房子, 他向银行 贷了款。¶～이자 | 贷款利息。¶신 용～ | 信用贷款。

ᴮ**대부분**[大部分] 몡閉【大部分】dàbùfen【大多】dàduō【大都】dàdōu ¶~의 학생들이 다 도착했다 | 大部分学生都到了。¶공정이 ~ 완성되었다 | 工程大部分完成了。

ᴮ**대비**¹[對比] 몡하타【对比】duìbǐ【比较】bǐjiào ¶새 것과 옛 것을 ~하다 | 新旧对比。¶색채 ~ | 色彩对照。

ᶜ**대비**²[對備] 몡하자【准备】zhǔnbèi【对付】duì·fu【预备】yùbèi【应付】yīngfù ¶위험에 ~하다 | 应付危险。¶시험에 ~ 하다 | 准备考试。(참고)〔对待〕

ᴮ**대사**¹[大使] 몡【大使】dàshǐ ¶~를 서로 파견하다 | 互派大使。¶주한 중국~ | 驻韩国中国大使。¶순회 ~ | 巡回xúnhuí大使。

ᶜ**대사**²[臺詞] 몡【台词】táicí【道白】dàobái ¶~를 외우다 | 背bèi台词。(참고)〔科kē白〕〔说白〕

대사³[大師] 몡〈佛〉【大师】dàshī【师傅】dàshī·fu ¶사명~ | 四溟大师。

대사⁴[大事] 몡【大事】dàshì【婚事】hūnshì【喜事】xǐshì ¶국가~ | 国家大事。¶종신 ~ | 终身zhōngshēn大事。¶~를 치르다 | 办婚事。(참고)〔红hóng事〕

대사⁵[代謝] 몡〈生理〉【代谢】dàixiè ¶~ 기능 | 代谢功能。¶~작용 | 代谢作用。

대사관[大使館] 몡【大使馆】dàshǐguǎn

ᴬ**대상**¹[大賞] 몡【大奖】dàjiǎng

대상²[對象] 몡【对象】duìxiàng【项目】xiàngmù ¶연구~ | 研究对象。¶결혼의~를 찾다 | 找对象。

대서[代書] 몡하타【代书】dàishū【代笔】dàibǐ ¶~소 | 代书房。¶다른 사람에게 ~해 달라고 부탁하다 | 请人代书。(참고)〔代字〕〔代写〕

대서양[大西洋] 몡【大西洋】Dàxīyáng ¶북~조약/NATO | 大西洋公约gōngyuē。

대서특필[大書特筆] 몡하타【特写】tèxiě ¶~하다 | 大写特写。

대설[大雪] 몡【大雪】dàxuě ¶~이 내리다 | 下xià大雪。

대성[大聲] 몡【大声】dàshēng ¶~통곡 | 放声大哭。

대세[大勢] 몡【大势】dàshì【大局】dàjú【局势】júshì ¶~를 따라가다 | 跟着大势走。¶~가 이미 정해졌다 | 大势已定。(참고)〔全quán局〕

대소¹[大小] 몡【大小】dàxiǎo ¶~를 막론하고 가져와라 | 不论大小都拿来。

대소²[大笑] 몡하자【大笑】dàxiào ¶박장~ | 拍掌大笑。

대소변[大小便] 몡【大小便】dàxiǎobiàn ¶~을 가리다 | 会大小便。

대소사[大小事] 몡【大小事】dàxiǎoshì【大事小事】dàshìxiǎoshì ¶모든 ~를 혼자 처리하다 | 所有的大小事都由他一个人处理。

대손[貸損] 몡〈經〉【坏帐】huàizhàng ¶~ 보험 | 坏帐保险。¶~ 손실 | 坏帐损失。¶~ 준비금 | 坏帐准备金。¶~충당금 | 坏帐准备。

대수[了不起]liǎo·buqǐ【了不得】liǎo·budé ¶그게 뭐 ~냐? | 那有什么了不得的?

대수롭다[了不起]liǎo·buqǐ【认为重要】rènwéi zhòngyào ¶대수롭지 않다 | 没什么了不起的。¶대수롭지 않게 여기다 | 认为没有什么大不了的。

대수술[大手術] 몡【大手术】dàshǒushù

대숲[竹林] 몡【竹林】zhúlín

ᶜ**대승**[大勝] 몡하자【大胜利】dàshènglì【大捷】dàjié ¶~을 알리다 | 告大捷。

대식가[大食家] 몡【大肚皮】dàdùpí

ᴮ**대신**¹[大臣] 몡【大臣】dàchén

ᴬ**대신**²[代身] 몡하자타 ❶ (대행하다)【替】tì ¶당신이 주 주석을 좀 ~해 주세요! | 你替他当主席吧! ¶그가 갈 수 없으니 당신이 ~하여 가 주세요! | 他不能去,你替他去一趟吧! ❷ (다른 것으로 때움)【补偿】bǔcháng ¶밥을 ~해서 국수로 빵을 먹다 | 拿面包当饭吃。❸ (한편)【但是】dànshì【可是】kěshì ¶값이 비싼 ~ 질이 좋다 | 价钱虽贵, 可质量好。(참고)〔替代〕

대아[大我] 몡〈哲〉〈佛〉【大我】dàwǒ ¶소아를 희생하고 ~를 따르다 | 牺牲xīshēng小我的利益, 服从fúcóng大我的利益。

대안[代案] 圆【对策】duìcè【代行方案】dàixíng fāng·àn ¶～을 취하다 | 采取对策。¶너 좋은 ～이 있느냐? | 你有没有好的对策? 참고〔对付的办法〕

ᴮ**대야** 圆【盆子】pén·zi【脸盆】liǎnpén 참고〔面盆 miànpén〕【洗脸盆 xǐliǎnpén〕

ᵃ**대양**[大洋] 圆〈地〉【大洋】dàyáng【海洋】hǎiyáng ¶～ 문화 | 大洋文化。

대어[大魚] 圆【大鱼】dàyú ¶～를 낚다 | 钩大鱼。

대업[大業] 圆【大业】dàyè ¶조국통일의 ～을 촉진하다 | 促进祖国统一的大业。¶건국의 ～ | 建国大业。참고〔大事业〕

대여[貸與] 圆하타【出租】chūzū【贷款】dàikuǎn【贷给】dàigěi【贷放】dàifàng【借给】jiègěi【借贷】jiè dài【出借】chūjiè ¶방을 ～하다 | 出租房屋。¶～ 생활 | ～金 | 生活贷款。¶～곡 | 贷粮。¶～법 | 租借法。¶～ 자금 | 代放资金。

대여섯 쥐【五六】wǔliù

대역¹[代役] 圆하자타【代演(者)】dàiyǎn(zhě)【替身】tìshēn

대역²[對譯] 圆하타【对译】duìyì【对照】duìzhào

대역³[大逆] 圆【大逆】dànì ¶～무도 | 大逆不道。¶～죄 | 大逆罪。

대역⁴[大役] 圆【重任】zhòngrèn【大任】dàrèn ¶～을 완수하다 | 完成重任。

대역⁵[帶役;eodurbandwidth] 圆〈電算〉【带宽】dàikuǎn

대역폭[帶役幅;bandwidth] 圆〈電算〉【带宽】dàikuǎn

ᵃ**대열**[隊列] 圆【行列】hángliè【队伍】duì·wu ¶～이 가지런하다 | 队伍排·pái得很齐qí。

대엿새 圆【五六天】wǔliùtiān

대오¹[大悟] 圆【大悟】dàwù ¶～각성 | 醒悟。

대오²[隊伍] 圆【队伍】duì·wu ¶～를 짓다 | 结队。

ᴮ**대왕**[大王] 圆 ❶【大王】dàwáng ❷【先王】xiānwáng

대외[對外] 圆【对外】duìwài ¶～관계 | 对外关系。¶～무역 | 对外贸易。¶～원조 | 对外援助。¶～정책 | 对外政策。

대용[代用] 圆하타【代用】dàiyòng【取代】qǔdài ¶～재료 | 代用材料。¶～식 | 代食品。¶～ 상품 | 可代替商品/可互换商品。¶～ 작물 | 代用作物。

ᵃ**대우**[待遇] 圆하타 ❶ (보수의 수준이나 직위) 【待遇】dàiyù ¶～가 매우 낮다 | 待遇很低。¶정치적 ～ | 政治待遇。¶더 이상 그를 일반사원으로 ～하지 않으려 한다 | 不再拿一般社员待遇他了。❷ (예로써 남을 대함)【特别待遇】tèbié dàiyù ¶정중한 ～를 받다 | 受到隆重的特别待遇。참고〔接待〕〔招待〕

대우²[對偶] 圆하자타【对偶】duìǒu【配偶】pèiǒu

대우주[大宇宙] 圆〈哲〉【大宇宙】dàyǔzhòu【天体】tiāntǐ

대운[大運] 圆【大运】dàyùn【好运】hǎoyùn【红运】hóngyùn 참고〔鸿hóng运〕

대웅전[大雄殿] 圆〈佛〉【大雄殿】dàxióngdiàn【大雄宝殿】dàxióngbǎodiàn

ᴮ**대원**[隊員] 圆【队员】duìyuán ¶소방～ | 消防队员。

대위[大尉] 圆〈軍〉【大尉】dàwèi

대은[大恩] 圆【大恩】dà'ēn

ᵃ**대응**[對應] 圆하타 ❶ (상대)【相对】xiāngduì【对立】duìlì ¶아름다움과 추함은 서로 ～된다 | 美与丑chǒu是相对的。❷ (맞서서 서로 응함)【对应】duìyìng【对付】duìfù ¶～책 | 对策。¶～각 | 对应角/对角。

대응책[對應策] 圆【对应策】duìyìngcè【对应措施】duìyìng cuòshī

대의¹[大意] 圆【大意】dàyì ¶～는 이렇다 | 大意是这样儿。¶단락의 ～ | 段落duànluò大意。참고〔大义〕

대의²[大義] 圆【大义】dàyì【正道】zhèngdào ¶～명분 | 应尽的道义和本分。¶～를 깊이 알다 | 深明大义。

대인¹[大人] 圆【大人】dàrén

대인²[對人] 圆【对人】duìrén【待人】dàirén ¶～소송 | 对人诉讼。¶～ 담보 | 以人担保。

대인관계[對人關係] 圆【对人关系】duìrén guān·xi【人际关系】rénjì guān·xi

216

ᴬ**대입**[代入] 명하타 〈數〉【代入】dàirù ¶~법｜代入法.

대자 명【竹尺】zhúchǐ

대자연[大自然] 명【大自然】dàzìrán ¶~에 도전하다｜向大自然挑战.

대작[大作] 명【大作】dàzuò 참고〔大著dàzhù〕

대작[對酌] 명하자타【对酌】duìzhuó 【对饮】duìyǐn ¶그 둘은 한참 동안 서로 ～하고서는 이 술집을 떠났다｜他俩liǎ对酌了半天, 才离开这个酒店.

ᴮ**대장**[大將] 명 ❶〈軍〉【大将】dàjiàng ¶그는 정말로 ～의 기품이 있다｜他可真有点儿大将风度fēngdù. ❷〈우두머리〉【大王】dàwáng ¶싸움～｜打架大王. 참고〔头领〕〔头目〕〔头脑〕〔头头儿〕〔头子〕

대장[大腸] 명〈生理〉【大肠】dàcháng ¶～암｜大肠癌ái. ¶～염｜大肠炎.

대장[隊長] 명【队长】duìzhǎng ¶탐험～｜探险队队长. 참고〔主将〕

대장간[鐵匠-] 명【铁匠铺】tiějiàngpù 【溶铁炉】róngtiělú

대장군[大將軍] 명【大将军】dà jiāngjūn

대장균[大腸菌] 명〈生〉【大肠菌】dàchángjūn

대장부[大丈夫] 명【大丈夫】dàzhàngfu【男子汉】nánzǐhàn ¶～는 한 입으로 두 말 하지 않는다｜大丈夫一言既出, 四马难追. ¶그는 사내～같지 않다｜他不像个男子汉. 참고〔男儿〕〔大汉〕

ᴮ**대장장이**[-匠-] 명【铁匠】tiě·jiang ¶그는 ～노릇을 한 적이 있다｜他当过铁匠. 참고〔打铁的〕〔打铁匠〕

대저[大低] 부【大低】dàdǐ【大凡】dàfán ¶～ 효를 인륜의 근본으로 삼다｜大凡把孝作为人伦之本.

대적[對敵] 명하자타【对敌】duìdí【对抗】duìkàng ¶이라크가 감히 미국과 ～하다｜伊拉克敢于跟美国对敌.

대전[大殿] 명【陛】bì【陛下】bìxià

ᴮ**대전**[大戰] 명【大战】dàzhàn ¶세계～｜世界大战.

대절[貸切] 명하타【包】bāo【承包】chéngbāo【出租】chūzū ¶～ 비행기｜包机. ¶～ 운임｜包车运价. ¶～차

｜包车. ¶배 한 척을 ～했다｜包了一只zhī船chuán.

대접[大碗] 명【大碗】dàwǎn【钵子】bō·zi 참고〔宫gōng碗〕〔海hǎi碗〕〔钵头〕

ᴮ**대접**[待接] 명하타【待】dài【接待】jiēdài【招待】zhāodài ¶소홀히 하다｜慢待. ¶내일의 손님은 내가 ～한다｜明天的客人由我来接待. ¶그에게 식사 한 끼를 ～하다｜招待他一顿饭.

대조[對照] 명하타【对】duì【对照】duìzhào【查核】cháhé【核对】héduì ¶～ 검사｜核查. ¶～확인｜查核. ¶번역문을 원문과 ～하여 수정하다｜把译文对照原文加以修改. ¶장부를 ～검토하다｜核对帐zhàngmù. 참고〔对比duìbǐ〕〔察chá核〕

대조적[對照的] 관【相反】xiāngfǎn ¶두 사람의 성격이 ～이다｜两个人的性格正相反.

대졸[大卒] 명【大学毕业】dàxuébìyè

대종[大宗] 명【大宗】dàzōng ¶～ 상품｜大宗商品. ¶～ 제품｜大宗产品. ¶이곳 생산물은 면화가 ～을 이룬다｜本地出产以棉mián花为大宗.

대좌[對坐] 명하자【对坐】duìzuò ¶협상 테이블에 ～하다｜对坐在协商的桌子两旁.

대죄[大罪] 명【大罪】dàzuì ¶～를 범하다｜犯大罪.

대주[貸主] 명【贷主】dàizhǔ

대주교[大主教] 명〈宗〉【大主教】dàzhǔjiào

대주다 동【供】gōng【供给】gōngjǐ【供应】gōngyìng【提供】tígōng【发放】fāfàng ¶식량을 ～｜供给粮食. ¶학습 자료는 도서관에서～｜学习资料由图书馆供应.

ᴬ**대중** 명하타 ❶〈기준〉【标准】bāozhǔn【准头】zhǔntóu ¶그까짓 ～없이 하는 말｜那样毫无准头的话. ¶～없다｜没准. ❷〈어림짐작〉【估计】gūjì【估量】gū·liang【估摸】gūmō ¶눈～｜用眼睛揣摸. ¶손～｜用手揣摸. ¶대략 맞다｜大略猜对.

ᴮ**대중**[大衆] 명【大众】dàzhòng【群众】qúnzhòng ¶～ 심리｜群众心理. ¶～ 잡지｜大众杂志zázhì/通俗tōngsú杂志. ¶～ 영화｜群众电影diànyíng. ¶～가요 | 大众歌曲.

대중성[大衆性] 图【群众性】qúnzhòngxìng【大众性】dàzhòngxìng ¶～있는 문예 창작 | 群众性文艺创作.

대중집다 图 ❶【大略估计】dàlüègūjì ❷【作标准】zuòbiāozhǔn【做准绳】zuòzhǔnshéng

대중화[大衆化] 图하자타【大众化】dàzhònghuà【群众化】qúnzhònghuà ¶말은 ～해야지 고문투로 써서는 안된다 | 语言要大众化, 别之乎者也的.

대지[大地] 图【大地】dàdì ¶～의 아들 | 大地的儿子.

대지[大志] 图【大志】dàzhì ¶～를 세우다 | 立大志. ¶～를 품다 | 胸怀xiōnghuái大志.

대지[垈地] 图【地基】dìjī【地皮】dìpí ¶건축～ | 建筑地基.

대지[臺地] 图【台地】táidì ¶화중～ | 华中台地.

대지[襯紙] 图【衬纸】chènzhǐ

대지주[大地主] 图【大地主】dàdìzhǔ

대질[對質] 图하자타【对质】duìzhì ¶법정으로 출두시켜 ～시키다 | 传chuán到公堂去对质. ¶이 문제는 내가 그와 만나 ～할 수 있다 | 这个问题, 我可以同他对质. 图고〔反对质〕

대쪽 图❶【竹片】zhúpiàn ❷ (성미가) 【直性子】zhíxìng·zi ¶～같은 절개 | 刚直的气概. 图고〔서쪽〕

대차[貸借] 图【経】【贷借】dàijiè【贷方和借方】dàifāng hé jièfāng【存款和借贷】cúngài【借贷】jiè dài ¶～상쇄 | 贷借两抵. ¶～관계 | 借贷关系. ¶～가격 | 在股票的借贷方式交易中每股每日结算的价格.

대책[對策] 图【对策】duìcè【办法】bànfǎ【措施】cuòshì ¶～을 취하다 | 采取对策. ¶～이 없다 | 没办法. ¶적당한 ～을 마련하다 | 采取cǎiqǔ适当的措施. 图고〔解决方针〕〔解决措施〕〔对抗手段〕〔没法子〕

대처[對處] 图하자타【对付】duì·fu【应付】yìng·fu【针对】zhēnduì ¶엄중한 국면에 ～하다 | 对付严重的局面. ¶～하기 어렵다 | 难于应付. ¶복잡한 국면에 ～하다 | 应付复杂局面. 图고〔将就jiāngjiù〕

대청[大廳] 图【堂屋】tángwū【过厅】

guòtīng【厅房】tīngfáng ¶～에서 잠을 자다 | 在堂屋睡觉. 图고〔正zhèng房〕

대청소[大淸掃] 图【大清扫】dàqīngsǎo【大扫除】dàsǎochú

대체[大體] 图【梗概】gěnggài【概况】gàikuàng【概要】gàiyào ¶사건의 ～ | 事件的梗概.

대체[代替] 图하자타【代替】dàitì【替代】tìdài【取代】qǔdài【替换】tì·huan【更新】gēngxīn【更换】gēnghuàn【换替】huàntì ¶국산품으로 수입품을 ～하다 | 用国产代替进口货. ¶～방안을 준비하다 | 准备zhǔnbèi代替的方案fāngàn. ¶～할 수 없는 자원 | 不能替代的资源.

대체로[大體-] 图 ❶ (그런대로) 【大概】dàgài【大体】dàtǐ【一般】yìbān ¶그만하면 ～ 잘 될 것 같아 | 能那样的话, 一般是会成功的. ❷ (도대체) 【到底】dàodǐ【究竟】jiūjìng ¶～ 무슨 일인가? | 这究竟算什么事? 图고〔大概大】【大齐盖】【大较】【大体上】〔一般说来〕

대체 에너지[代替energy] 图【代用能源】dàiyòngnéngyuán【替代能源】tìdài néngyuán

대추[枣儿] zǎor【枣子】zǎo·zi【大枣】dàzǎo【红枣】hóngzǎo

대출 담보[貸出擔保] 图【贷款担保】dàikuǎn dānbǎo

대출 신청[貸出申請] 图【申请借款】shēnqǐng jièkuǎn【借款申请】jièkuǎn shēnqǐng ¶～서 | 借款申请书.

대충 图 ❶ (대략) 【大致】dàzhì【大略】dàlüè ¶～ 한 차례 설명하다 | 大致地说明一下. ¶～ 알고 있다 | 大略懂得一些. ¶～ 얘기해라 | 你大略说说吧. ❷ (건성) 【粗略】cūlüè ¶～ 번 계산해 보다 | 粗略地计算jìsuàn一下. ¶～ 이해하다 | 得到粗略的理解.

대치[對峙] 图하자타【对峙】duìzhì ¶양군이 ～하다 | 两军对峙. 图고〔对垒lěi〕〔相对치〕

대치[代置] 图하타【代替】dàitì【替代】tìdài【替换】tì·huan【取代】qǔdài ¶～가치 | 替换值 ¶인력을 기계로 ～하다 | 机械jīxiè代替人力. ¶～남

입 | 頂交。참고 〔取而代之〕

ᵃ**대칭**[對稱] 명【对称】duìchèn ¶이 도 안 둘은 아주 ~이다 | 这两个图案t̄üan很对称。¶~ 곡선 | 对称曲线。¶~도형 | 对称图形。¶~분포 | 对称分布。¶~제도 | 对称制度。¶~축 | 对称轴

대타[代打] 명하자 【代打】dàidǎ

대통[大通] 명하자 【大通】dàtōng 【亨通】hēngtōng ¶만사가 ~하다 | 万事wànshì亨通。참고 〔顺利shùnlì〕

ᴬ**대통령**[大統領] 명【总统】zǒngtǒng ¶~정책 | 总统政策。¶~령 | 总统令。¶~ 선거법 | 总统选举法。¶~ 경제 자문 위원회 | 总统经济顾问委员会。

대통령제[大統領制]【总统制】zǒngtǒngzhì

대퇴[大腿] 명〈生理〉【股】gǔ【大腿】dàtuǐ ¶~골 | 大腿骨。

대파[大破] 명하자타 【大破】dàpò【大败】dàbài ¶적군을 ~하다 | 大败敌军。

대판[大版] 명【大规模】dàguī·mo【大场面】dàchǎng·mian ¶~ 싸웠다 | 打了个大仗。

ᶜ**대패**[刨子]bào·zi ~날 | 刨刀。¶이 단단한 널빤지는 이 ~로 깎아야한다 | 这块硬木板,　该用这刨子刨刨。참고 〔推刨〕

대패질[하타]【推刨】tuībào

대팻밥[刨花]bàohuā

ᴮ**대포**[大砲] 명【炮】pào【大炮】dàpào ¶~를 쏘다 | 开炮。

대폭[大幅] 명부【大幅度】dàfúdù ¶요금이 ~ 오르다 | 费用大幅度上涨。¶생산이 ~적으로 증가했다 | 生产人幅度地增Zēngzhǎng了。¶~ 삭감 | 大幅度削减。¶~ 완화 | 大大放宽。참고 〔广范〕间距大〕

ᴰ**대표**[代表] 명하자타 【代表】dàibiǎo ¶~들은 기차를 타고 출발했다 | 代表们乘火车出发了。¶학부모를 ~해서 감사를 드립니다 | 代表学生家长感谢您。¶시대정신을 ~하다 | 代表时代精神。참고 〔办公处〕

대표부[代表部] 명〈政〉【代表处】dàibiǎochù【办事处】bànshìchù

대표자[代表者] 명【代表】dàibiǎo ¶~

의 정원 | 代表名额。¶쌍방의 ~ | 双方代表。.참고 〔代表者〕

대표작[代表作] 명【代表作】dàibiǎozuò

대피[待避] 명하타 ❶【躲避】duǒbì【潜隐】qiányǐn【隐藏】yǐncáng ¶깊은 산 속으로 ~하다 | 躲避在深山里。¶더 이상 ~할 수 없다 | 再也隐藏不住。❷【调轨】diàoguǐ【调车】diàochē ¶~소 | 调车场。

대피소[待避所] 명【掩蔽所】yǎnbìsuǒ【掩护所】yǎnhùsuǒ

대필[代筆] 명하자 【代笔】dàibǐ【代书】dàishū【代字】dàizì ¶이 편지는 내가 ~한다 | 这封信由我代笔。¶다른 사람에게 ~해 달라고 부탁하다 | 请人代书。

ᴬ**대하**동 ❶ (서로 마주하다)【相对】xiāngduì【面对面】miànduìmiàn ¶서로 마주 대하고 앉다 | 相对而坐。❷ (상대하다·대접하다) 【对待】duìdài【对付】duì·fu ¶네가 그녀에게 이렇게 대해서는 안된다 | 你不应当这样对待她。❸ (대상으로 하다)【对于】duìyú【对】duì ¶물음에 대한 대답 | 对提问的回答。

ᴬ**대학**[大學] 명【大学】dàxué ¶~ 교수 | 大学教授。¶~ 병원 | 大学医院。¶전문~ | 专科大学。

ᴬ**대학교**[大學校] 명【大学】dàxué ¶~총장 | 大学校长。

대학원[大學院] 명【研究院】yánjiūyuàn【研究生班】yánjiūshēngbān【研究生院】yánjiūshēngyuàn

대학자[大學者] 명【大学者】dàxuézhě

대한[大旱] 명【大旱】dàhàn

대한민국[大韓民國] 명【大韩民国】Dàhánmínguó {수도는 서울(Seoul), 중국에서는 "双城Hànchéng"이라고 함}

대합실[待合室] 명【等候室】děnghòushì【候机室】hòujīshì【候车室】hòuchēshì

대항[對抗] 명하자타 【对抗】duìkàng【抗衡】kànghéng ¶~력 | 对抗力。¶~책 | 对抗措施。¶체력으로는 그에게 ~할 수가 없다 | 在体力上低不过他。

대해[大海] 명【大海】dàhǎi ¶망망~ | 茫茫大海。

대행[代行] 명하타 【代行】dàixíng【代理】dàilǐ【代办】dàibàn【署办】shǔbàn ¶직무를 ~하다 | 代行职zhí务。| 그가 십일간 ~하다 | 由他代行十天。| 기관 | 代理机构。| 업무를 ~하다 | 代办业务。참고〔代替dàitì〕〔替代〕〔署理〕

대행 회사[代行會社] 명 【代理公司】dàilǐ gōngsī

대혁명[大革命] 명 【大革命】dàgémìng

대형[大型] 명 【大型】dàxíng【巨型】jùxíng【大号的】dàhào·de【形状大的】xíngzhuàngdà·de ¶유조선 | 巨型油轮 | ~기술 | 大型技术。| ~백화점 | 大型百货商店。| ~ 사고 | 重大事故。| ~ 프로젝트 | 大型项目。| ~ 할인점 | 大型廉价商店。

대형화[大型化] 명하타 【大型化】dàxínghuà ¶~의 이점 | 大型化的优越性。

대화[對話] 명하자 【对话】duìhuà【对白】duìbái ¶이 소설 중에는 ~가 많이 있다 | 这篇小说中的对话很多。| 선생님은 마땅히 학생들과 직접 ~해야 한다 | 老师应直接跟学生对话。| 정부가 탄원한 학생과 ~하다 | 政府和请愿的学生进行对话。

대화극[對話劇] 명 【话剧】huàjù 참고〔白话剧〕〔新剧〕〔爱美剧〕〔真新剧〕〔文明戏〕〔旧剧〕

대화상자[對話箱子; dialogue box] 명〔電算〕【对话框】duìhuàkuàng

대회[大會] 명 【大会】dàhuì ¶~를 거행하다 | 举行大会。| ~의 일정 | 大会日程。| 경축~ | 庆祝大会。

댁[宅] 명 ❶ (가정) 【家】jiā【府上】fǔ·shang ¶~의 가족들은 다들 안녕하십니까? | 府上都好啊? ❷ (당신) 【大人】dàren ¶~은 뉘시오? | 大人是谁? 참고〔贵gùi府〕〔贵寓〕〔舍shè下〕

댁내[宅內] 명 【家里】jiā·li【府上】fǔ·shang 참고〔家里的〕〔屋里的〕

댄서[dancer] 명 【舞女】wǔnǚ【舞蹈家】wǔdǎojiā【舞蹈演员】wǔdǎoyǎnyuán

댄스[dance] 명 【舞蹈】wǔdǎo【跳舞】tiàowǔ ¶그녀는 ~를 너무 좋아한다

| 她太喜欢跳舞了。| ~광 | 跳舞狂。| ~파티 | 舞会。 참고〔跳舞迷〕

댐[dam] 명 【水坝】shuǐbà【水库】shuǐkù【拦河坝】lánhébà【拦水坝】lánshuǐbà【大坝】dàbà ¶~을 건설하다 | 修筑xiūzhù水坝。

댓관 【五个左右】wǔgè zuǒyòu ¶사과 ~개 | 苹果五个左右。

댓가명 【报酬】bào·chou ¶~ 부족 | 相应的报酬不足。| ~를 따지지 않다 | 不计jì报酬。 참고〔报施〕

댓돌명 【阶石】jiēshí

댓바람에 부 【立刻】lìkè【立即】lìjí【即刻】jíkè ¶~ 출발하다 | 立刻出发。 참고〔即时〕

댕그랑 부하자타 【丁】dīngdāng【丁东】dīngdōng【丁当当郎】dīng·lingdāng【叮当】dīngdāng【打玱】dīngdōng【丁玱】dīngdōng【丁丁冬冬】dīng·dingdōng【东丁】dōngdīng【丁丁当当】dīng·dingdāngdān ¶접시와 대접이 ~ 부딪치다 | 碟子碗碰得丁丁当当的。| ~ 소리가 나다 | 丁东作响。| ~하며 몇개의 동전이 떨어져 나왔다 | 丁零当郎地掉出几枚硬币。

댕기 명 【蝴蝶结】húdiéjié【绸带】chóudài 참고〔蝴蝶扣kòur〕〔发带fàdài〕〔头绳tóushéng〕

댕기다 동 ❶ (불이 옮아 붙다) 【着火】zháohuǒ ¶마른 나무가 불을 잘 댕긴다 | 干透了的木头容易着火。❷ (불을 옮아 붙게 하다) 【点燃】diǎnrán ¶등잔에 불을 ~ | 点燃油灯。

댕기풀이 명하자 【男孩举行成人仪式之前向朋友请客】nánhái jǔxíng chéngrén yíshì zhīqián xiàngpéngyǒu qǐngkè 참고〔男子解辫子后结发髻〕

댕댕 명 【当当】dāngdāng【锵锵】qiāngqiāng ¶징 소리가 ~거리다 | 锣声当当。

더부 【多】duō【再】zài【更】gèng【还】hái ¶돈을 ~ 많이 내어 주었다 | 钱找多了。| 한 번 ~ 하시오 | 再来一个。| 그는 너보다 ~ 일찍 왔다 | 他比你来得更早。| 오늘은 어제보다 ~ 춥다 | 今天比昨天还冷。

더구나 부 【尤其】yóuqí【而且】érqiě【更】gèng【再加上】zàijiā·shang ¶큰

비가 내리는 데다가 ～ 길도 익숙치 않
아서 그는 늦게 도착했다 ｜ 下着大雨,
而且道儿又不熟, 所以他迟到了。<u>참</u>
<u>고</u>〔再加〕〔又加上〕〔尤以〕
－**더구나**² [어미] (表示追述, 带有感叹的
色彩) ¶그 아이 혼자서 공부하－ ｜
(我看见)那个孩子一个人在学习呢。
－**더니** [어미] ❶ (表示原因或根据) ¶
운동을 하였－ 땀이 난다 ｜ 运动了一
下就出汗了。 ❷ (表示对立) ¶전에
는 그런 옷을 좋아하～ 지금은 싫어하
네 ｜ 以前喜欢那样的衣服, 现在不喜
欢。
더욱 [부] 【更】gèng 【更加】gèngjiā 【越
发】yuèfā 【甚】shèn ¶추석이 지나니,
날씨가 ～ 서늘해졌다 ｜ 过了中秋, 天
气更凉快了。 ¶진보가 ～ 빠르다 ｜
进步很快。 ¶이것보다 ～ 나은 것은
없다 ｜ 无甚于此。<u>참고</u>〔益yì益〕
더덕 [명] 〈植〉【党参】dǎngshēn 【沙参】
shāshēn
**더도 말고 덜도 말고 늘 한가윗만 같아
라** [관용] 〔不要多不要少, 只愿每天如
中秋〕búyào duō búyào shǎo, zhǐ yuà
n měitiān rú zhōngqiū
°**더듬거리다** [동] ❶ (손으로) 【摸】mō
【摸索】mō·suo 【探索】tànsuǒ ¶그는
주머니에서 한참 동안 손으로 더듬거
리더니 종이조각 한 장을 끄집어냈다
｜他在口袋里摸了半天, 摸出一张纸
条来。 ¶그들은 폭풍우 치는 밤에 어
둠을 더듬거리며 전진했다 ｜他们在
暴风雨的黑夜里摸索着前进。 ❷ (말
을) 【结巴】jié·ba 【口吃】kǒuchī 【吃
口】chīkǒu ¶그는 말을 하면 할수록
흥분하여 나중에는 조금 더듬거렸다
｜他愈说愈激动, 后来有点儿吃了。
^B**더듬다** [동] ❶ (손으로) 【摸】mō 【摸索】
mō·suo ¶나는 잔돈이 있는가 하고
호주머니를 더듬었다 ｜我摸了摸兜
儿, 看看有没有零钱。 ❷ (기억을)
【回想】huíxiǎng 【回忆】huíyì 【回顾】h-
uígù ¶기억을 ～ ｜回忆。 ¶젊은 날
의 기억을 ～ ｜回忆年轻的日子。 ❸
(말을) 【结巴】jié·ba 【口吃】chīkǒu
【嗑巴】jiēbā ¶그는 심하게 말을 더듬
는다 ｜他结巴得很厉害·hai。
더듬더듬 [부] 〔하자타〕❶【摸】mō 【摸索】
mō·suo ❷【结结巴巴】jié·jiēbābā

더듬이 [명] 〈蟲〉【触角】chùjiǎo 【触手】
chùshǒu 【触须】chùxū
°**더디다** [형] 【慢】màn 【缓慢】huǎnmàn
【迟钝】chídùn ¶내 시계는 5분이 ～
｜我的表慢5分钟。 ¶행동이 ～ ｜行
动缓慢。 ¶동작이 ～ ｜动作迟钝。<u>참</u>
<u>고</u>〔迟顿〕
－**더라** [어미] ❶ (表示回忆或感想) ¶
너 노래 잘 부르～ ｜你唱歌唱得不错
呀。 ¶그 친구 내일 시험 친다～ ｜那
个朋友说明天考试。 ❷ 〔…来着〕…lá
i·zhe ¶그게 언제～? ｜那是什么时
候来着?
－**더라도** [어미] (表示即使, 纵然的意
思) ¶농담이～ ｜即使是开玩笑。
더리¹ [부] ❶ (얼마쯤) 【多少】duōshǎo
【一些】yìxiē 【一部分】yíbù·fen ¶이
것이 작업을 개선하는데 ～ 잇점이 좀
있다 ｜ 这对改进工作多有点好处。
¶입원한 이후에 병이 ～ 좋아졌다 ｜
住院zhùyuàn以后, 病多少好了一些。
❷ (때로는) 【间或】jiànhuò 【有时候】
yǒushíhòu ¶이런 물건도 ～는 유용하
다 ｜ 这样的东西, 间或有用。
－**더러**² [조] (表示指使, 相当于"让""叫"
的用法) ¶누구～ 하라고 하지? ｜让
谁做呢?
더러움 [명] 【脏】zāng 【脏污】zāngwū
【肮脏】āngzāng <u>참고</u>〔脏活儿〕
더러워지다 [동] ❶ (물건이) 【脏】zāng
¶옷이 ～ ｜衣服脏了。 ❷ (마음이)
【龌龊】wòchuò ¶마음이 ～ ｜心底龌
龊。 ❸ (이름이) 【名誉被玷污】(mí-
ngyù)bèi diànwū ¶이름이 ～ ｜名誉
被玷污。 ❹ (정조를 잃다)【失身】shī-
shēn ¶몸이 ～ ｜失身。
더럭 [부] 【突然】tūrán 【猛然】měngrán
¶～ 겁이 나다 ｜ 突然害怕起来。
^**더럽다** [형] ❶ (불결하다) 【脏】zāng 【埋
汰】mái·tai 【不干净】bùgānjìng ¶손
이 ～ ｜手脏。 ¶옷이 아주～, 빨리가
져가 빨아라 ｜衣服脏极了, 快拿去洗
洗。 ❷ (불쾌하다) 【不愉快】bùyúkuà
i 【不满意】bùmǎnyì ¶기분이 ～ ｜心
情不愉快。 ❸ (비열하다)【卑鄙】bēib
ǐ·zàng 【卑劣】bēiliè 【恶毒】èdú 【恶辣】èlà 【吝啬】lìnsè ¶
행실이 ～ ｜行为卑鄙。 ❹ (인색하
다) 【毒】dú 【黑】hēi ¶사람은 돈이 많

으면 많을수록 더러워진다 | 人越钱多越黑.

더럽히다 통【弄脏】nòngzāng

더 모인스 [Des Moines] 명〈地〉【得梅因】Déméiyīn [미국 "农阿华Yīàhuá" (아이오와; Iowa) 주의 주도(州都)]

더미 명【堆】duī ¶석탄~ | 煤堆. ¶흙~ | 土堆. ¶풀~ | 草堆.

더벅머리 명 ❶【蓬头】péngtóu ❷【头发蓬乱的人】tóu·fa péngluàn·de rén 참고〔苏头〕〔虚头〕〔骨头〕

더부룩하다 형 ❶ (우거지다)【浓密】nóngmì【乱蓬蓬】luànpéngpéng ¶더부룩한 티끌 | 浓密的茅草máocǎo. ❷ (수북하다)【茂盛】màoshèng【茂密】màomì ¶농작물이 더부룩하게 자라다 | 庄稼长得很茂盛. ❸ (소화가 안되다)【消化不良】xiāohuàbùliáng【发胀】fāzhàng ¶배가 ~ | 肚子发胀.

더불다 통【一起】yìqǐ【一块儿】yíkuàir【一同】yìtóng

더불어 통【一起】yìqǐ【一块儿】yíkuàir【一同】yìtóng ¶그와 ~ 가다 | 跟他一起走. ¶~ 가다 | 一块儿走. ¶우리 ~ 서울에 갑시다 | 我们一同去汉城Hànchéng吧.

더블 [double]【双】shuāng【双重】shuāngchóng ¶~ 베드(bed) | 双人床. ❷ (두 배)【两倍】liǎngbèi ❸ (복식 기입)【复式簿记】fùshì bùjì【复式帐目】fùshì zhàngmù ¶~ 어카운트(account) | 复式记帐.

더블린 [Dublin] 명〈地〉【都柏林】Dōubólín ["爱尔兰" (아일랜드; Ireland) 의 수도]

더블유더블유더블유 [www; world wide web] 명〈電算〉【万维网】wànwéiwǎng【环球网】huánqiúwǎng

더블유에이아이에스 [WAIS; widearea information servers or service] 명〈電算〉【广域信息服务器】guǎngyù xìnxī fúwùqì

더블유에이엔 [WAN; wide area network] 명〈電算〉【广域网】guǎngyùwǎng

더블유에이치오 [WHO; World Health Organization] 명【世界卫生组织】shìjiè wèishēng zǔzhī [국제연합 기구의

하나]

더블유엠오 [WMO; World Meteorological Organization] 명【世界气象组织】shìjiè qìxiàn gzǔzhī [국제연합 기구의 하나]

더블유티오 [WTO; World Trade Organization] 명【世界贸易组织】shìjiè màoyì zǔzhī

더블클릭 [double click] 명〈電算〉【双击】shuāngjī

더없이 분【无上】wúshàng【无比】wúbǐ ¶더 없는 영광 | 无上的光荣. ¶더 없는 행복 | 无比的幸福.

더욱 분【更】gèng【更加】gèngjiā【进一步】jìnyíbù【越】yuè ¶~ 노력하다 | 更加努力. ¶나는 이 곳을 ~ 좋아하게 되었다 | 我更喜欢这个地方了. 참고〔更其qí〕〔更为wéi〕

더욱더 분【更】gèng【更加】gèngjiā ¶문제가 ~ 복잡해 지다 | 问题更加复杂. ¶여러 사람이 토론하면 할수록 문제는 ~ 명확해지다 | 大家进一步讨论, 问题就进一步明确. 참고〔更其qí〕〔更为wéi〕

더욱이 분【尤其】yóuqí ¶그의 성적은 다 좋다, ~ 어문학이 가장 좋다 | 他的功课gōngkè都很好, 尤其是语文最好. 참고〔尤 yóu 以 yǐ〕〔更 gēng〕〔更加〕〔更其〕

더운물 명【热水】rèshuǐ【开水】kāishuǐ ¶~을 무료로 제공하다 | 免费供应热水. 참고〔滚 gǔn 水〕〔滚 汤 tāng〕〔沸fèi水〕〔沸汤〕〔汤〕

더위 명【热】rè【暑气】shǔqì【暑】shǔ ¶~가 사람을 못살게 군다 | 暑气逼bī·rén. ¶~ 먹다 | 中zhòng暑.

더위 먹다 통【中暑】zhòngshǔ【日射病】rìshèbìng ¶날씨가 너무 더워 더위먹기 쉽다 | 天气太热, 容易中暑. 참고〔热射病〕〔发痧〕

더위 타다 통【不耐热】búnàirè【不禁热】bùjìnrè

더치 페이 [dutch pay]【各付的钱】gèfùge·de qián ¶우리는 식사를 마치고 각자 ~하였다 | 我们吃完饭, 就各付各的钱了.

더하기 명〈數〉【加】jiā【加法】jiāfǎ ¶2~5는 7이다 | 二加五等于七.

더하다 통【加】jiā ¶기호를 ~ | 加符

222

号fúhào。¶주해를 ~ | 加注解zhùjiě。

더하다² 〔형〕【更重】gēngzhòng【更深】gēngshēn【更严重】gèng yánzhòng

ᴬ**덕**[德] 〔명〕【德】dé【品德】pǐndé ¶미~美德。 참고〔恩润〕

덕담[德談] 〔명〕 하자 ❶【吉利话】jílìhuà ❷【祝愿】zhùyuàn【祝福】zhùfú【祝词】zhùcí【祝文】zhùwén ❸【口才】kǒucái【口辩】kǒubiàn

덕망 〔명〕【德望】déwàng ¶~이 높이 | 德高望重。

덕보다 〔동〕【占便宜】zhàn pián·yi【托福】tuōfú【关怀】guānhuái【捞稻草】lāodàocǎo ¶약간의 덕을 보다 | 占小便宜/借了光。¶남의 덕을 보다 | 托人家的福。

덕분 〔명〕【福分】fúfen【多亏】duōkuī【亏得】kuī·de ¶~에 잘 지냅니다 | 托您的福, 过得很好。

덕성[德性] 〔명〕【德】dé【品德】pǐndé

덕성스럽다[德性-] 〔형〕【仁慈】réncí【仁厚】rénhòu【厚道】hòudào

덕지덕지 〔부〕하형【厚厚地】hòuhòu·de【又厚又脏】yòu hòu yòu zàng ¶때가 ~ 앉다 | 尘垢积得又厚又脏。

ᴮ**덕택**[德澤] 〔명〕【恩惠】ēn·huì【恩情】ēnqíng【托福】tuōfú【关怀】guānhuái ¶당신 ~에 모든 것이 순조롭습니다 | 托您的福, 一切都很顺利。 참고〔关心〕[关切qiè]

덕행[德行] 〔명〕【德行】déxíng

－**던** 〔어미〕(表示曾有过的行为或情况) ¶예전에 마시~ 술 | 以前喝的酒。¶길에서 만났~ 사람 | 曾在路上见过的人。

－**던가** 〔어미〕(表示追问) ¶내가 그렇게 말했~? | 我那样说的吗？¶그는 뭘 하고 있~? | 他在做什么呢？

－**던데** 〔어미〕(表示对立或提示) ¶바로 그 친구가 그렇게 말하~ | 就是那个朋友那样了。

던져두다 〔동〕❶(방치)【扔在那儿】rēng zàinàr【放在那儿】fàng zàinàr ❷(하던 일을)【(工作)搁在那儿】(gōngzuò) gēzàinàr

ᴬ**던지다** 〔동〕❶(물건을)【投】tóu【掷】zhì【扔】rēng ¶돌을 ~ | 扔石头。¶수류탄을 ~ | 掷手榴弹。❷(몸을)【投

进】tóujìn ¶바다에 죽으려고 몸을 ~ | 投进了大海。❸(어떠한 행동을 하다·보내다)【送向】sòngxiàng【投】tóu ¶눈길을 그에게 ~ | 把眼光投到他身上。❹(어떤 목적을 위해 몸을 바치다)【舍身】shěshēn【奋不顾身】fènbùgùshēn ¶조국을 위해 목숨을 ~ | 为了祖国而奋不顾身。❺(투표를 하다)【投票】tóupiào ¶찬성의 한 표를 ~ | 堂堂正正地投了一票。❻(문제를 일으키다)【激起】jīqǐ【引起】yǐnqǐ ¶파문을 ~ | 激起了波纹。

던힐[Dunhill] 〔명〕〈商標〉【登喜路】Dēngxǐlù

ᴬ**덜** 〔부〕【少】shǎo【不够】búgòu ¶밥 한 그릇을 ~먹었다 | 少吃了一碗饭。¶이 약은 ~먹으면 효과가 나타나지 않는다 | 这种药吃少了不见效。 참고〔不太〕

덜거덕거리다 〔동〕【光当光当响】guāngdāngguāngdāngxiǎng

덜다 〔동〕❶(수량이나 정도에서 줄이다)【减】jiǎn【减少】jiǎnshǎo【削减】xuējiǎn ¶손실을 ~ | 减少损失。❷(상태나 행동의 정도를 덜게 하다)【减轻】jiǎnqīng【省】shěng【轻减】qīngjiǎn【缓和】huǎnhé【和缓】huǎn ¶농민의 부담을 덜어줄 방법이 없다 | 没法减轻农民的负担。

ᴮ**덜덜** 〔부〕❶(무서워 떠는 모양)【发抖】fādǒu【哆嗦】duōsuo ❷(바퀴따위가 굴러가는 소리)【哆哆嗦嗦地】duōsuōduōsuō·de ❷(바퀴따위가 굴러가는 소리)【吱吱嘎嘎地响】zhīzhīgā·de xiǎng【吱吱喽喽】zhīlōulóu

덜덜거리다 〔동〕❶(무서워 떠는 모양)【哆哆嗦嗦】duōduōsuōsuō ❷(바퀴따위가 굴러가는 소리)【吱吱嘎嘎】zhīzhīgāgā

덜되다 〔형〕【不成器】bùchéngqì【没出息】méi chū·xi【자식들이 덜 되면 부모는 정말 마음 아프다 | 儿女不成器, 父母真是痛心。¶이 아이는 정말 덜 됐다 | 这孩子太没出息了。 참고〔不长进〕[缺德quēdé]

덜렁거리다 〔동〕❶【当啷】dānglāng【叮当】dīngdāng ❷(침착하지 못하다)【轻佻】qīngtiāo【冒失】màoshī

ᴮ**덜렁덜렁** 〔부〕하자타 ❶【当啷】dānglāng【叮当】dīngdāng ❷【轻佻】qīngtiāo

【冒失】mǎoshi

덜미〖명〗【后脖颈儿】hòubójǐngr【后脑】h-òunǎo

덜미 잡히다〖관용〗【被揪住狐狸尾巴】bèijiūzhù húlíwěiba

덜미 짚다〖관용〗【抓住后脖颈儿】zhuāzhù hòubójǐngr【催赶】cuīgǎn

^덜**커덕**〖부〗〖하자타〗【哐啷】kuānglāng

^덜**커덩**〖부〗〖하자타〗【哐】kuāng ¶~하며 세수대야가 땅에 떨어졌다 | 光当的一声脸盆pén掉在地上了.

덜컥〖부〗〖하자타〗❶ (무섭거나 해서 가슴이 놀라는 모양)【格登】gēdēng ¶~겁이 나다 | 格登吓了一跳. ❷ (갑자기)【忽地】hū·de【一下子】yíxià·zi ¶~일을 저질렀다 | 一下子把事情就弄坏了.

^덜**컹덜컹**〖부〗〖하자타〗【哗啦哗啦】huālāhuā·lā【咕咚】gūdōng【辘辘】lùlù ¶차가 몹시 ~ 흔들거린다 | 车子哗啦哗啦得慌huāng. ¶소달구지가 ~ 둔중한 소리를 내다 | 牛车发出笨重bènzhòng的辘辘声.

^덜**하다**〖동〗【减轻】jiǎnqīng【轻减】qīngjiǎn【减少】jiǎnshǎo ¶병세가 ~ | 病势减轻.

^**덤**〖명〗【饶头】ráo·tou ¶이 성냥은 방금 가게에서 담배를 살 때 받은 ~이다 | 这盒火柴huǒchái是刚才在商店买烟的饶头. 〖참고〗〔买一送一〕〔附记〕〔折扣〕〔让头〕

덤덤하다〖형〗❶ (냉담하다)【冷淡】lěngdàn【心不在焉】xīn bú zài yān【冷寂】lěngjì【心神不属】xīnshénbùshǔ ¶그 친구와의 관계가 덤덤해졌다 | 跟那个朋友的关系变冷冷淡了. ❷ (말이 없다)【沉默】chénmò【默默】mòmò ¶덤덤히 말이 없다 | 默默无言. ❸ (맛이 싱겁다)【淡】dàn ¶덤덤하고 맛이 없다 | 淡而无味.

^**덤벙**〖부〗【噗通】pūtōng ¶~ 물에 떨어지다 | 噗通一声掉进水里. 〖참고〗〔扑pū通〕

^**덤벙거리다**〖동〗❶ (물을)【噗通噗通】pūtōngpūtōng ❷ (까불다)【轻率】qīngshuài【冒失】mǎo·shi

덤벙대다〖동〗❶ (물을)【噗通噗通】pūtōngpūtōng ❷ (까불다)【轻率】qī-

ngshuài【冒失】mǎo·shi ¶그녀는 일을 처리하는데 있어 너무 ~ | 她处事chǔshì轻率得很. ¶일을 할 때는 조심하여야지, 덤벙대어서는 안된다 | 做事要小心, 不能冒失. 〖참고〗〔轻忽〕〔冒冒失失〕

덤벙덤벙〖부〗〖하자〗❶ (물을)【噗通噗通】pūtōngpūtōng ❷ (까불다)【轻率地】qīngshuài·de【冒冒失失】mǎomāoshīshī

^**덤벼들다**〖동〗【扑】pū【扑过来】pū guò lái【侵犯】qīnfàn

^**덤비다**〖동〗❶ (서들다)【扑】pū【猛扑】měngpū【进犯】jìnfàn ❷ (달려들다)【慌张】huāng·zhāng【着慌】zháohuāng【惊慌】jīnghuāng 〖참고〗〔着忙〕〔惊惶huáng〕〔忙乱mángluàn〕

덤터기〖명〗 (걱정거리 따위를 떠맡기는 것)【连累】liánlèi【挂累】guàlèi【连及】liánjí【带累】dàilèi【牵累】qiānlèi【牵连】qiānlián【牵涉】qiānshè【株连】zhūlián ❷ (억울한 누명을 씌우는 것)【冤枉】yuān·wang【委曲】wěiqū【屈枉】qūwǎng ¶남에게 ~를 씌우다 | 冤枉别人. ¶착한 사람에게 ~를 씌우다 | 冤枉好人.

덤프 차〖dump car〗【倾斜车】qīngxiéchē【自动倾卸车】zìdòng qīngxièchē

덤핑〖dumping〗〖명〗〖經〗【倾销】qīngxiāo【大甩卖】dàshuǎimài ¶~으로 수출하다 | 倾销出口. ¶우리 점포에서는 점포정리를 위해 ~판매를 합니다 | 本店清仓qīngcāng大甩卖. 〖참고〗〔屯并túnbìng〕〔探并tānpīn〕〔单评dānpíng〕〔抛售 pāoshòu〕〔贱卖〕〔廉价拍卖〕〔认赔抛售〕

^**덥다**〖형〗【热】rè ¶날씨가 ~ | 天热.

덥석〖부〗【猛然】měngrán ¶~ 그의 손을 잡다 | 猛地握住他的手. ❷【大口】dàkǒu·de ¶빵을 ~ 먹다 | 大口地吃面包.

덧나다〖동〗❶ (병이)【加重】jiāzhòng【更厉害】gènglì·hai ¶상처가 덧났다 | 伤口加重了. ❷ (성나다)【发怒】fānù ¶한 번 덧나기 시작한 그의 마음은 좀처럼 가라 앉지 않았다 | 他一发怒, 很难平静下来. ❸ (이가)【长重】zhǎngchóng ¶이가 덧났다 | 长了虎牙.

덧니 〔명〕【虎牙】hǔyá ¶～박이│长虎牙的人。¶～가　　나다│长zhǎng了虎牙。

덧대다 〔동〕【再加一层】zàijiā　yìcéng【附加】fùjiā

덧문 〔一门〕【外层门】wàicéngmén【风门子】fēngmén·zi【风门儿】fēngménr❷（창문）【外层窗儿】wàicéngchuāng

덧버선 〔명〕【袜套】wàtào【袜罩】wàzhào

덧붙다 〔동〕❶（보태다）【添加】tiānjiā【重叠】chóngdié【附上】fùshàng【附同】fùtóng ¶두 개의 그림이 한데 덧붙어 있다│两个图像添加在一起了。¶상품 목록 한 부를 덧붙여 보냅니다│随信附上商品目录一份。❷（기대다）【靠】kào ¶남에게 덧붙어 생활하다│靠人吃饭。

덧붙이기〔명〕【添加的事】tiānjiā·de shì【添加的东西】tiānjiā·de dōng·xi

ᵒ**덧붙이다**〔동〕【加添】jiātiān【添枝加叶】tiānzhījiāyè【补充】bǔchōng ¶덧붙여 말하다│补充说明。

ᵒ**덧셈** 〔명〕〔하타〕〈数〉【加】jiā【加法】jiāfǎ ¶2에 5를 ～하면 7이다│二加五等于七。

덧신〔명〕【套鞋】tàoxié

덧없이〔명〕【无常地】wúcháng·de【短暂】duǎnzàn

ᴮ**덩굴** 〔명〕〈植〉【藤蔓】téngwàn【蔓藤】wànténg ¶칡～│葛藤。

ᵒ**덩굴치기** 〔명〕【拉秧】lāyāng

ᵒ**덩그렇다** 〔형〕❶（높다）【高大】gāodà ¶덩그렇게 솟은 집│高大的房子。❷（텅 비다）【空荡荡】kōngdàngdàng ¶덩그런 집│空荡荡的房子。

덩달다 〔동〕（따르다）【随着】suí·zhe【盲从】mángcóng【随大流】suí dàliú ¶사회의 발전에 덩달아 발전하다│随着社会的发展而发展。¶다른 사람을 덩달아 따라서는 안된다│不要盲目地随大流。（참고）〔随大溜（儿）〕

덩실덩실〔부〕〔하자〕【手舞足蹈】shǒu wǔ zú dǎo

ᵒ**덩어리** 〔명〕❶（크게 뭉쳐진 덩이）【块（儿）】kuài【团】tuán【疙瘩】gē·da ¶고기를　～로　자르다│把肉切成块儿。¶돌　한　～│一块石头。❷（한 뜻으로 뭉쳐진 집단）【一体】yìtǐ【集

体】jítǐ ¶한　～로 융합되다│融成róngchéng一体。

덩어리지다〔동〕【成块】chéngkuài【成团】chéngtuán ¶덩어리진 설탕│块糖。

ᵒ**덩이**〔명〕【小块】xiǎokuài【小疙瘩】xiǎogē·da

덩치〔명〕【体格】tǐgé【块头】kuàitóu ¶～가 큰 사람│块头大的人。（참고）〔身材〕

덫〔명〕【圈套】quāntào【陷阱】xiànjǐng ¶～을 놓다│布设圈套。（참고）〔陷坑〕〔坎kǎn阱〕

ᵒ**덮개**〔명〕❶（칭구）【被子】bèi·zi【被儿】bèir【被头】bèi·tou（뚜껑）【盖子】gài·zi【盖儿】gàir【罩子】zhào·zi【壳子】ké·zi【套子】tào·zi【罩儿】zhàor ¶～를　열다│揭jiē开盖子。¶～를 덮다│盖被儿。

ᴬ**덮다** 〔동〕❶（씌우다）【盖】gài【覆】fù【蒙】mēng【遮】zhē ¶솥을 ～│盖上锅。¶이불을 ～│盖被bèi子。¶헝겊으로 얼굴을 덮어 씌우다│以巾覆面。❷（닫다）【合上】héshàng ¶책을 ～│把书合上。❸（가득하다）【笼罩】lǒngzhào【席卷】xíjuàn【掩蔽】yǎnbì ¶몽롱한 새벽 안개가 바다 수면을 가득 덮고 있다│朦胧的晨雾chénwù笼罩着海面。¶밤기운이 이미 온 시가지를 뒤덮였다│夜色早已笼罩了全市镇shìzhèn。

ᵒ**덮어놓다**〔동〕【搁置】gēzhì【放下】fàngxià【不分青红皂白地】bùfēn qīnghóngzào·de【盲目地】mángmù·de【无条件地】wútiáojiàn·de【不问情由地】búwènqíngyóu·de ¶덮어놓고 상관하지 않다│搁置不理。¶일을　덮어놓고 관계하지 않다│把工作放下不管。

덮어두다〔동〕❶（가림）【掩盖】yǎngài【掩饰】yǎnshì【隐蔽】yǐnbì（죄를）【蒙住】méngzhù【罩住】zhàozhù【遮住】zhēzhù ¶사실을 ～│掩盖真相。

덮어쓰기〔overwrite〕〔명〕〔電算〕【覆盖】fùgài【重写】chóngxiě

덮어쓰다〔동〕【蒙】mēng【蒙受】méngshòu【遭受】zāoshòu

덮어씌우다〔동〕❶（가리다）【覆盖】fùgài【覆戴】fùdài【遮住】zhēzhù ❷（전가하다）【转嫁】zhuǎnjià ¶책임을 남

에게 ~ | 转嫁责任。

^A**덮치다** 통❶ (겹쳐 누르다) 【扑】pū 【捕捉】bǔzhuō 【袭击】xíjī ❷ (여러가지 일이) 【纠缠在一起】jiūchán zàiyìqǐ

^A**데** 의명❶ (곳) 【地方】dì·fang 【处所】chùsuǒ 【地处】dìchù 【地界】dìjiè 【地场】dìchǎng | 이 말은 옳은 ~도 있고 틀린 ~도 있다 | 这话有对的地方, 也有不对的地方。 | 몸을 숨길 ~이 없다 | 没有可以藏身的处所。❷ (경우) 【情况】qíngkuàng 【处境】chǔjìng 【事情】shì·qing 【问题】wèntí 【关键】guānjiàn

—데² 어미 (표시追问或转述) | 그 사람 어제 왔~? | 那个人昨天来了吗? | 엄마는 벌써 진지 드셨~ | 妈妈已经吃过饭了。

데구루루 튄하자 【咕噜】gūlū 【咕噜噜】gūlūlū 【骨溜溜】gǔliūliū 【叽哩咕噜】jīligūlū | 그는 돌덩이가 ~ 굴러가는 소리를 들었다 | 他听到大石头咕噜滚下去了。 | 동전이 바닥에 떨어져 ~ 굴러 어디로 갔는지 모르겠다 | 一个铜钱掉在地下咕噜噜地不知道哪里去了。

데굴데굴 튄 【轱辘辘】gūlùlù 【骨碌碌】gūlùlù

^A**데다** 통 【烫伤】tàngshāng | 불에 ~ | 受了烫伤。 | 목을 불에 데었다 | 烫伤了脖子bó·zi。 참고 〔火伤〕【烧灼】

데드라인 【dead line】 명 【死线】sǐxiàn 【界限】jièxiàn 【最后限期】zuìhòu xiànqī

^A**데려가다** 통【带走】dàizǒu 【领走】lǐngzǒu

^A**데려오다** 통【带来】dàilái 【领来】lǐnglái 【招来】zhāolái

^A**데리다** 통 【带】dài 【领】lǐng 【带领】dàilǐng | 아이를 데리고 외할머니 댁에 가다 | 带小孩儿上外婆家去。 | 그는 어린애를 데리고 공원에 갔다 | 他领着小孩子上公园去。 | 재학생이 신입생을 데리고 선생님을 뵈러 가다 | 老同学带领新同学去见老师。

데릴사위 명 【赘婿】zhuìxù | 그는 ~이다 | 他是赘婿。 | 【~감 | 入赘之才。 참고 〔赘夫〕〔入赘女婿〕〔上门女婿〕

데면데면하다 형 ❶ (덤덤하다) 【不热情】bùrèqíng ❷ (조심성없다) 【粗心】cūxīn 【大意】dà·yi | 일을 데면데면 처리하지 마라 | 作事儿不要粗心。 | 절대로 데면데면해서는 안된다 | 千万不可粗心大意。

데모 【demonstration】 명 【示威游行】shìwēi yóuxíng | 시내에서 비를 맞으며 ~를 하였다 | 在城里冒雨举行了示威游行。

데밀다 통 【推进去】tuījìnqu

데뷔 【프 debut】 명 【初次登台】chū cì dēng tái 【初出茅庐】chū chū máo lú

데생 【프 dessin】 명 【美】【素描】sùmiáo

데스크 【desk】 명 ❶ 【书桌】shūzhuō ❷ 【编辑部】biānjíbù

데스크탑 【desktop】 명〈電算〉【桌面】zhuōmiàn

데스크탑 컴퓨터 【desktop computer】 명〈電算〉【台式机】táishìjī

데스크탑형 케이스 【desktop 型 case】 명〈電算〉【卧式机箱】wòshì jīxiāng

데시리터 【deciliter】 의명 【公合】gōnggě 참고 〔分升〕

데시벨 【decibel】 의명 【分贝】fēnbèi

데우다 통 【热】rè | 음식을 좀 ~ | 把菜热一热。

데이 【day】 명 【日子】rì·zi 참고 〔日期〕〔日脚〕

데이터 【data】 명 【数据】shùjù 【信息】xìnxī 【资料】zīliào 【材料】cáiliào 【材料力学】cáiliào lìxué | 통계~ | 统计资料。 | ~를 수집하며 | 搜集资料。 | ~를 조사하다 | 调查diàochá材料。

데이터 기억 및 검색 【data 記憶－檢索】 명〈電算〉【数据保存和检索】shùjù chǔcún hé jiǎnsuǒ

데이터 뱅크 【data bank】 명〈電算〉【数据库】shùjùkù 【资料库】zīliàokù

데이터 베이스 【data base】 명 ❶ 【基本资料】jīběn zīliào ❷〈電算〉【数据库】shùjùkù

데이터 분포 【data 分布】 명〈電算〉【数据分配】shùjù fēnpèi

데이터 센터 【data center】 명〈電算〉【联合计算中心】liánhé jìsuàn zhōngxīn 【数据中心】shùjù zhōngxīn

데이터 처리 【data 處理】 명〈電算〉【数据处理】shùjù chǔlǐ

데이터 트랜스미션 서비스 【data transmission】 명〈電算〉【数据传输服务】shùjù chuánshū fúwù shùjù chuánshū fúwù

데이터 프로세서[data processor] 몡
〈電算〉【数据处理机】shùjù chǔlǐjī【数据处理装置】shùjù chǔlǐ zhuāngzhì

데이터 프로세싱[data processing] 몡
〈電算〉【资料处理】zīliào chǔlǐ

데이터 프로세싱 센터[data processing center] 몡 〈電算〉【数据处理中心】shùjù chǔlǐ zhōngxīn

데이트[date] 몡하자【约会】yuē·huì ¶~를 하기로 하다 | 说好了一会儿约会。

^A**데치다** 툉【焯菜】zhuōcài【烫〜烫】tàng·yītàng ¶시금치를 ~ | 焯菠菜。

데파트[department store] 몡【百货公司】bǎihuò gōngsī【百货大楼】bǎihuò dàlóu【百货商店】bǎihuò shāngdiàn【百货店】bǎihuòdiàn

덱¹[DEC; Digital Equipment Corporation] 몡〈社名〉【数字设备】Shùzì shèbèi

덱²[deck] 몡【船面】chuánmiàn【船板】chuánbǎn【舱面】cāngmiàn ¶~스토어 | 尾舱。¶~ 카고(cargo) | 甲板货。(참고)〔⇨cāng面〕

덴마크[Denmark] 몡〈地〉【丹麦】Dānmài〔유럽 서북부의 왕국. 수도는 "哥本哈根Gēběnhāgēn"(코펜하겐;Copenhagen)〕

덴버[Denver] 몡〈地〉【丹佛】Dānfó〔미국 "科罗拉多Kēluólāduō"(콜로라도;Colorado) 주의 주도(州都)〕

델라웨어[Delaware;Del.] 몡〈地〉【特拉华】Tèlāhuá〔미국의 주명(州名). 주도(州都)는 "多佛Duōfó"(도버;Dover)〕

델리버리[delivery] 몡〈經〉【交货】jiāohuò【送达】sòngdá【送到】sòngdào【送货】sònghuò

델 컴퓨터[Dell Computer] 몡〈商標〉【德尔计算机】Dé'ěr Jìsuànjī

델타[delta] 몡〈地〉【三角洲】sānjiǎozhōu【三角物】sānjiǎowù

뎅 몡(→댕)

뎅그렁 凰【当啷】dānglāng【丁当】dīngdāng ¶~~ 수업 시작 종이 울렸다 | 当啷, 当啷, 上课铃líng响xiǎng了。(참고)〔当郎lāng〕〔叮当dīngdāng〕〔玎玱〕〔丁珰〕

뎅뎅 凰【当当】dāngdāng

^A**도**¹[度] 몡 ❶ (정도)【程度】chéngdù【限度】xiàndù ¶~를 넘다 | 超过限度。❷ (온도·각도·경도 등의 단위)【度】dù ¶고~ | 高度。¶온~ | 温度。¶각~ | 角度。¶경사~ | 倾斜度。¶직각은 90~이다 | 直角是九十度。¶최대한~ | 最大限度。

도²[道] 몡 (한국의 행정구역 중 하나)【道】dào ¶~지사 | 道知事。

^B**도**³[道] 몡 ❶ (지켜야 할 도리)【道】dào【道义】dàoyì【道德】dàodé ¶모든 것이 ~에 맞다 | 头头是道。¶~를 닦다 | 修道。❷ (기예를 행하는 방법)【技艺】jìyì【方法】fāngfǎ

도⁴[이 do] 몡〈音〉【多】duō〔一〕i【长音阶的第一音】chángyīnjiē·de dìyīyīn

一**도**⁵图 ❶ (表示强调或感叹)【真】zhēn ¶달빛이 밝기~ 하다 | 月光真明亮。❷ (表示并列)【也】yě【还】hái ¶영어~ 알고 불어~ 안다 | 他英语也懂英语, 法语也懂。❸【也】yě ¶나는 단 한 번~ 거짓말을 한 적이 없다 | 我一次也没有说过假话。

一**도**⁶[一度] 圆 ❶ (연도)【度】dù ¶작년~ | 去年这个年度。❷ (程度)【程度】chéngdù ¶위험~ | 危险程度。

도가니 몡 ❶ (고온처리에 쓰는 그릇)【坩埚】gānguō【熔金锅】róngjīnguō ❷ (흥분 상태)【沸腾】fèiténg ¶관중석은 흥분의 ~가 되다 | 观众席上沸腾起来了。

도감[圖鑑] 몡【图鉴】tújiàn ¶동식물~ | 动植物图鉴。

도강[渡江] 몡하자【渡江】dùjiāng【渡河】dùhé ¶~비 | 渡江费。

도검[刀劍] 몡【刀剑】dāojiàn

도관[導管] 몡 ❶【管】guǎn·zi【管道】guǎndào ¶~수도 | 水管子。¶가스~ | 煤气管道。¶송유~ | 输油shūyóu管子。❷【导管】dǎoguǎn

^B**도교**[道教] 몡〈宗〉【道教】Dàojiào

도구[道具] 몡【工具】gōngjù【用具】yòngjù【器具】qìjù【器物】qìwù【道具】dàojù ¶~상자 | 工具箱xiāng。¶취사~ | 炊事用具。¶사냥~ | 打猎用具。

^C**도굴**[盜掘] 몡하타【盗掘】dàojué ¶고

분 ~을 엄금하다 | 严禁 yánjìn 盗掘古墓。

도금[鍍金] 图 하자타 【镀金】dùjīn ¶은 바탕에 금을 ~한 것 | 银坯 yínpī 镀金的。 참고 〔漱 shuàn 金〕〔洗 xǐ 金〕

도급[都給] 图 하타 【包干(儿)】bāogān(r) 〔包工〕bāogōng 〔承揽〕chénglǎn 【包办】bāobàn 〔承包〕chéngbāo ¶공사~인 것 같아, 자재는 책임지지 않다 | 包工不包料。 ¶현대 그룹이 이번 공사를 ~했다 | 现代集团承包了这项工程。 참고 〔承办〕〔包办所〕〔把持〕

도기[陶器] 图 【陶器】táoqì ¶~요 | 陶器窑 yáo。

ᴬ도깨비 图 【妖怪】yāo·guài 〔鬼怪〕guǐguài 【魔鬼】móguǐ ¶~ 방망이 | 鬼东西/鬼棒。¶~불 | 鬼火/磷火。 ¶~에게 홀리다 | 被鬼怪缠住了。

ᴮ도쿄[Tokyo] 图 〈地〉【东京】Dōngjīng

ᴬ도끼 图 【斧子】fǔ·zi 【斧头】fǔ·tou ¶~자루 | 斧柄。¶~질 | 用斧劈。 참고 〔开山子〕

도끼눈 图 【怒目】nùmù ¶~을 뜨고 보다 | 怒目而视。 참고 〔怒目横眉〕

도끼로 제 발등을 찍는다 관용 【搬起石头打自己的脚】bānqǐ shí·tou dǎ zìjǐ·de jiǎo

도끼자루 썩는줄 모른다 관용 【不知斧柄朽】bùzhī fǔbǐng xiǔ

도나 캐나 图 【不三不四】bù sān bú sì 【半三不四】bàn sān bú sì 〔良不良, 莠不莠〕liángbùliáng, yǒubùyǒu 【不伦不类】bùlún búlèi

도난[盗難] 图 【失盗】shīdào 〔失窃〕shīqiè 〔盗窃〕dàoqiè ¶~ 보험 | 盗窃保险。¶~ 화물 | 被盗货物。¶~당하다 | 被盗。 참고 〔被盗〕

도난 사고[盗難事故] 图 【盗窃事件】dàoqiè shìjiàn 〔窃案〕qiè'àn ¶어제 저녁에 ~가 한 건 발생했다 | 昨晚发生了一起窃案。

도넛[doughnut] 图 【炸面饼圈】zhámiànbǐngquān

ᶜ도달[到達] 图 하자타 【到达】dàodá 〔达到〕dádào ¶곧바로 북경에 ~하다 | 马上到达北京。¶~할 수 있다 | 能达到。¶국제 수준에 ~하다 | 达到国际水平。

ᴬ도대체[都大體] 图 ● (대관절) 〔到底〕dàodǐ 【究竟】jiūjìng ¶그들은 ~ 무슨 관계이냐? | 他们到底有什么关系? ¶너는 ~응낙할 거니 안할 거니? | 你究竟答应不答应? ❷ (도무지) 【怎么也】zěn·me yě 〔根本〕gēnběn ¶뭐가 뭔지 ~ 모르겠다 | 根本无法知道是什么是什么。 참고 〔毕竟〕〔必竟〕〔究应〕〔究之〕

ᴬ도덕[道德] 图 【道德】dàodé ¶~관념 | 道德观念。¶~성 | 道德性。¶~교육 | 道德教育。¶~의식 | 道德意识。¶~적 수양 | 道德修养。¶부~ | 不道德。

도덕관[道德觀] 图 〈論〉【道德观】dàodéguān

도덕적[道德的] 관图 【道德的】dàodé·de 〔道义上〕dàoyìshàng ¶~행위 | 道德的行为。

도도하다[滔滔—] 图 【傲慢】àomàn 【高傲】gāo'ào 【盛气凌人】shèng qì líng rén ¶이 학자는 정말 ~ | 这个人太高傲。¶그는 줄곧 도도한 자세로 사람을 능멸하며 자기가 옳다고 한다 | 他一向盛气凌人, 自以为是。 참고 〔高亢 kàng〕〔骄傲 jiāo'ào〕

도도히[滔滔—] 图 【傲慢】àomàn 【高傲】gāo'ào 【盛气凌人】shèng qì líng rén

도도히[滔滔—] 图 【滔滔】tāotāo 〔滔滔不绝〕tāo tāo bù jué 【堂堂】tángtáng ¶장강의 물이 쉬지 않고 ~ 흐른다 | 长江水滔滔不绝。

ᴮ도둑 图 【盗贼】dàozéi 〔小偷〕xiǎotōu 〔贼〕zéi ¶~이 들다 | 闹贼。¶~ 제 발 저리다 | 做贼心虚。 참고 〔盗匪 fěi〕〔盗寇 kòu〕

ᴮ도둑 고양이 图 【野猫】yěmāo

ᴮ도둑놈 图 【盗贼】dàozéi 〔小偷〕xiǎotōu 〔盗匪〕〔盗寇〕

도둑 맞고 외양간 고친다 관용 【亡羊补牢】wáng yáng bǔ láo 〔蛇走了才拿棍, 贼走了才闩门〕shé zǒu·le cái nágùn, zéi zǒu·le shuānmén 〔贼去关门〕zéi qù guānmén

도둑이 제발 저리다 관용 【做贼心惊, 偷食人嘴腥】zuòzéi xīnjīng, tōushírén zuǐxīng 〔做贼心惊, 吃鱼嘴腥〕zuòzéi xīnjīng, chīyú zuǐxīng 〔作贼心虚〕zuò zéi xīn xū

ᴮ**도둑질**【하타】【偷】tōu【盗窃】dàoqiè
도드라지다 휑【鼓起】gǔqǐ【隆起】lóngqǐ【突出】tūchū【显然】xiǎnrán ¶도드라진 곳 | 鼓起的地方。¶광대뼈가 ～ | 估骨guǎngǔ突出。(참고)〔凸起〕[凸出]

ᴮ**도라지** 몡〈植〉【桔梗】jiégěng
도락【道樂】몡❶(취미)【爱好】àihào【嗜好】shìhào ¶좋지 않은 ～는 사람을 그르친다 | 不good的嗜好会误人前程。❷(주색에 빠짐)【放荡】fàngdàng【狂荡】kuángdàng【不务正业】bú wù zhèng yè ¶나이가 들어도 ～에서 발을 못 빼고 있다 | 上了年纪还放荡不已。
도락도락 뷔하자【吱吱喳喳】zhīzhīchā-chā

ᴮ**도랑** 몡【沟】gōu【水渠】shuǐqú ¶～창 | 污水沟。¶열린 ～ | 明沟。¶복개～ | 暗沟。¶～을 파다 | 开凿záo水渠。
도랑 치고 가재 잡는다 관용【清除沟底捉刺蛄】qīngchú gōu·dǐ zhuō刺蛄
도래[到來] 몡하자【到来】dàolái【来到】láidào ¶새로운 시대가 ～했다 | 新时代到来了。
도량[度量] 몡【度量】dùliàng【气度】qìdù ¶그는 ～이 커서 능히 사람을 포용할 수 있다 | 他度量大, 能容人。(참고)〔肚量〕[器量][气概gài]
도량형[度量衡] 몡【度量衡】dùliànghéng ¶～ 단위 제한 | 衡量单位限制。¶～표 | 度量衡表。¶세계에서 통용되는 ～을 채택하다 | 采用世界通行的度量衡。
도려내다 동【剜】wān【挖】wā ¶썩은 곳을 ～ | 把烂的地方剜出来。
ᶜ**도련님**【公子】gōngzǐ【少爷】shào·ye
도령 몡【公子】gōngzǐ【少爷】shào·ye【相公】xiàng·gong ¶이～ | 李相公。
ᴬ**도로**[副 ❶(되짚어서)【返回】fǎnhuí ¶가던 길을 ～ 돌아오다 | 返回原路。❷(먼저대로)【还给】huángěi ¶～ 제자리에 놓다 | 放回原处。
ᴮ**도로**[道路] 몡【公路】gōnglù【道路】dàolù【马路】mǎlù ¶～운송 | 公路运输。¶고속～ | 高速gāosù公路。¶

~교통 | 公路交通 jiāotōng。(참고)〔大马路〕
ᶜ**도로망**[道路網] 몡【道路网】dàolùwǎng【公路网】gōnglùwǎng
도로 아미타불 관용【前功尽弃, 付诸东流】qiángōng jìnqì, fùzhū dōngliú【徒劳无益】tú láo wú yì【依然如故】yī rán rú gù (참고)〔恢复原来的不好的状态〕
도로 표지[道路標識] 몡【路标】lùbiāo ¶～가 분명하지 않고 도로가 모호하다 | 路标模糊mó·hu不清。(참고)〔路牌〕
−**도록** 어미 (용언 어간 뒤에 붙어) (용언 어간 뒤에 붙어서, 表示"达到…程度") ¶밤이 깊～ 애기를 나누다 | 谈话谈到深夜。¶실수가 없～ 주의해라 | 注意不要有失误。
도료[塗料] 몡【涂料】túliào【油漆】yóuqī ¶방화～를 제조하다 | 制造防火涂料。
도루묵 몡〈魚貝〉【木鱼】mùyú【银鱼】yínyú
도륙[屠戮] 몡하타【屠杀】túshā【杀戮】shālù ¶많은 백성들이 무참하게 도～을 당했다 | 许多老百姓惨遭cǎnzāo屠杀。¶처참하게 ～을 당하다 | 惨遭cǎnzāo杀戮。(참고)〔屠戮〕
ᶜ**도르래** 몡❶〈物〉【滑车】huáchē【滑轮】huálún【皮带盘】pídàipán ¶쌍～ | 双轮滑车。❷【风车】fēngchē
ᶜ**도리**[名〈建〉【横梁】héngliáng【横木】héngmù (참고)〔门mén楣〕
ᶜ**도리**[道理] 몡❶(이치)【道理】dào·li【道义】dàoyì【情理】qínglǐ【理数】lǐshù ¶사실을 들어가며 ～를 설명하다 | 摆bǎi事实, 讲道理。¶～를 바탕으로 한 사귐 | 道义(之)交。❷(방도)【方法】fāngfǎ【办法】bànfǎ ¶어쩔 ～가 없다 | 没办法。
ᶜ**도리다** 동❶(剜)wān【挖】wā【刳】kū ¶썩은 곳을 도려내다 | 把烂的地方剜出来。¶나무 속을 도려내어 통나무배를 만들다 | 刳木为舟。❷【删】shān
ᴮ**도리도리** 깜【摇头】yáotóu
ᴮ**도리어** 뷔【相反】xiāngfǎn【反而】fǎn·ér【却】què ¶바람이 그치기는 커녕 갈수록 더 거세졌다 | 风不但没停, 反而越来越大了。¶이 도리는 모두가 다 아는데 그는 ～ 모른다 | 这个道理

dàolǐ 大家都明白, 他却不知道。(참고)
〔反〕〔竞jìng〕〔倒dào〕

ᴮ**도마** 똉 【菜板】càibǎn 【案板】ànbǎn (참고)〔按板〕〔砧zhēn板〕〔切qiē菜板〕〔墩dūn子〕

ᴮ**도마뱀** 똉 〈動〉【蜥蜴】xīyì 【蜥虎】xīhǔ 【壁虎】bìhǔ 【四脚蛇】sìjiǎoshé ¶수풀에는 많은 ~이 있다 | 草丛cǎocóng中有不少蜥蜴。(참고)〔石龙子〕

도막 똉 【段】duàn 【块】kuài 【片】piàn ¶두 ~의 철사를 연결하면, 길이가 충분하겠다 | 两段铁丝接起来就够长了。¶노끈을 두 ~으로 잘랐다 | 把绳子shéng·zi剪成两段儿。

도막도막 띕 【一块块】yíkuàikuài 【一片片】yípiànpiàn

ᴮ**도망** [逃亡] 똉하짜 【逃跑】táopǎo 【逃亡】táowáng 【溜走】liūzǒu ¶~자 | 逃跑者。¶국외로 ~하다 | 逃往国外。(참고)〔溜去〕

ᴮ**도망가다** [逃亡-] 동 【逃跑】táopǎo 【溜走】liūzǒu (참고)〔溜去〕

ᴮ**도망치다** [逃亡-] 동 【逃跑】táopǎo 【溜走】liūzǒu ¶그는 도망쳤다 | 他溜走了。(참고)〔溜去〕

ᶜ**도맡다** [都-] 동 【一手承担】yìshǒu chéngdān 【包办】bāobàn 【主管】zhǔguǎn ¶그 일은 너 혼자 도맡아라 | 那件事你一个人包办了吧。¶총무 일은 그가 도맡아 한다 | 总务工作由他主管。¶이 작업은 내가 2년 동안 도맡아 했다 | 这项工作我主管过两年。

ᴮ**도매** [都賣] 똉하짜 【批发】pīfā 【趸卖】dǔnmài ¶~ 가격 | 批发价格。¶~점 | 批发处。¶~로 파는곳 | 批发站zhàn。¶~로 팔다 | 趸批 ⌜dǔnpī⌝出卖〔估堆买卖〕〔趸售〕

ᶜ**도매상** [都賣商] 똉 【批发商(人)】pīfāshāng(rén) 【批发商店】pīfā shāngdiàn

도메인 [domain] 똉 〈電算〉【域名】yùmíng

도면 [圖面] 똉 【图纸】túzhǐ 【图样】túyàng ¶건축물 ~ | 建筑物的图纸。(참고)〔图案图(儿)〕〔图式〕

도모 [圖謀] 똉하타 【谋】móu 【谋求】móuqiú 【图谋】túmóu ¶인류를 위해 복지를 ~하다 | 为人类谋福利。¶평화적인 해결을 ~하다 | 谋求和平解

결하다 | 通일을 ~하다 | 谋统一。

ᴮ**도무지** 띕 【完全】wánquán 【全然】quánrán 【根本】gēnběn ¶그 일에 대해서는 ~ 모르겠습니다 | 那情况我完全不知道。¶~ 모르다 | 全然不晓xiǎo。¶그는 이런 문제들을 ~ 생각지도 못했다 | 他根本就没想到这些问题。

ᴮ**도미** 똉 〈魚貝〉【真鲷】zhēndiāo 【加级鱼】jiājíyú 【鲷鱼】diāoyú (참고)〔加吉鱼〕〔嘉吉鱼〕

도미노 [domino] 똉 【骨牌】gǔpái 【骨牌戏】gǔpáixì 【多米诺骨牌】duōmǐnuòɡǔpái

도미니카공화국 [The Dominican Republic] 똉 〈地〉【多米加共和国】Duōmǐníjiā Gònghéguó [서인도제도에 위치한 나라。수도는 "圣多明各"(산토도밍고; Santo Domingo)]

도미니카연방 [Commonwealth of Dominica] 똉 〈地〉【多米尼加联邦】Duōmǐníjiā liánbāng [서인도제도에 위치한 나라。수도는 "罗索"(로조; Roseau)]

ᶜ**도민** [島民] 똉 【岛民】dǎomín

도박 [賭博] 똉하짜 【赌博】dǔbó 【赌钱】dǔqián ¶~꾼 | 赌鬼/赌棍。¶~장 | 赌场。¶~금지 | 禁止赌博。(참고)〔博局〕

도발 [挑發] 똉하타 【挑拨】tiǎobō 【发动】fādòng 【挑衅】tiǎoxìn ¶~행위 | 挑衅行为。¶쌍방을 부추겨 ~을 일으키다 | 挑拨是非。¶~을 개시하다 | 发动进攻。

도배 [塗褙] 똉하타 【裱糊】biǎohú 【糊墙】húqiáng ¶집에 ~를 하다 | 糊上墙壁纸。

도버 [Dover] 똉 〈地〉【多佛】Duōfó [미국 "特拉华Tèlāhuá"(델라웨어; Delaware) 주의 주도(州都)]

도벽 [盜癖] 똉 【盗癖】dàopǐ 【偷盗的习惯】tōudào·de xíguàn ¶~이 있다 | 有盗癖。

도보 [徒步] 똉하짜 【徒步】túbù ¶~여행 | 徒步旅行。¶~행군 | 徒步行军。

도사 [道士] 똉 ❶ (도를 닦은 사람) 【道士】dàoshì 【道人】dàorén ❷ (숙련자) 【好手】hǎoshǒu 【高手】gāoshǒu

¶그는 컴퓨터 ~이다 | 他是电脑高手。 (참고) 〔丹 dān 侣〕〔道长 zhǎng〕〔方 fāng 士〕

ᵒ**도사리다** 동 ❶ (웅크리다)【盘腿坐】pántuǐzuò ¶도사리고 앉다 | 盘腿坐。 ❷ (뱀 등이)【盘】pán【盘踞】pánjù ¶뱀이 몸을 도사리고 있다 | 蛇盘着身子。 ❸ (마음을)【下决心】xià juéxīn ¶마음을 도사려 먹다 | 下决心。 ❹ (생각 등이)【怀有】huáiyǒu ¶마음에 증오가 도사리고 있다 | 怀恨。 (참고)〔盘据 jù〕蟠据 pánjù〕〔蟠踞 pánjù〕

도산[倒産] 명 하자 【破産】pòchǎn【倒闭】dǎobì ¶은행 ~ | 银行 yínháng 倒闭。 ¶~율 | 倒闭率。 ¶그의 회사가 ~ 했다 | 他的公司破产了。

도살[屠殺] 명 【屠杀】túshā【宰杀】zǎishā ¶가축을 ~하다 | 屠杀牲畜。 ¶소와 양을 ~하다 | 宰杀牛羊。 (참고)〔屠 wéi〕

도색[桃色] 명 【色情】sèqíng ¶~ 영화 | 黄色电影/黄色片。 ¶~ 잡지 | 黄色杂志。

ᵒ**도서**[圖書] 명 【图书】túshū ¶~분류번호 | 图书分类号。 ¶~목록 | 图书目录。 (참고)〔图 wéi〕

ᴬ**도서관**[圖書館] 명 【图书馆】túshūguǎn ¶그는 ~에 갔다 | 他上图书馆去了。

도성[都城] 명 ❶【首都】shǒudū【京城】jīngchéng ❷【城郭】chéngguō【城墙】chéngqiáng

도수[度數] 명 ❶ (온도·각도 등의)【度数】dù·shu ¶가 높은 안경 | 度数大的眼镜。 ❷ (횟수)【频数】pínshù【回数】huíshù【次数(儿)】cìshù(r) ¶늦게 귀가하는 ~가 잦다 | 很晚才回家的次数多。 ¶~ 분포 유형 | 频数分布类型。 ¶~ 함수 | 频数函数。 ❸ (정도)【程度】chéngdù

도술[道術] 명 【妖术】yāoshù【魔术】móshù ¶~을 부리다 | 变妖术。 (참고)〔幻术〕变戏法(儿)〕戏法(儿)〕

도스[DOS; disk operating system] 명 〈電算〉【磁盘操作系统】cípán cāozuò xìtǒng

도스 윈도우[DOS window] 명 〈電算〉【窗口】chuāngkǒu

ᴬ**도시**[都市] 명 【都市】dūshì【城市】chéngshì【城镇】chéngzhèn ¶그녀는 대~에서 사는 것을 좋아한다 | 她喜欢住在大都市里。 ¶~오염 | 城市污染wūrǎn。 ¶~ 건설 계획 | 城镇建设规划guīhuà。 ¶~ 개발 | 城区发展/城市开发。 ¶~계획 | 城市规划。

도시 가스[都市 gas] 명 【都市瓦斯】dūshì wǎsī

도시 구조[都市構造] 명 【城市结构】chéngshì jiégòu

도시 국가[都市國家] 명 〈史〉【都市国家】dūshì guójiā

ᴮ**도시락** 명 【饭盒】fànhé【便当】biàndāng ¶~을 싸다 | 打包儿。

도시 재개발[都市再開發] 명 【城区整顿改建】chéngqū zhěngdùn gǎijiàn【城市改造】chéngshì gǎizào【城市重建】chéngshì chóngjiàn【城市环境更新】chéngshì huánjìng gēngxīn

도시 집중[都市集中] 명 【城市密集】chéngshì mìjí【城市集中】chéngshì jízhōng ¶~화 | 城市高度集中/城市密集化。

도시화[都市化] 명 하타 【都市化】dūshìhuà【城市化】chéngshìhuà【市区化】shìqūhuà【市区化地区】shìqūhuà dìqū

도식[徒食] 명 하자 【游手好闲】yóushǒu hàoxián【光吃(不做)】guāngchī (búzuò) ¶무위~ | 光吃不做, 无所用心。

도식²[圖式] 명 ❶ (그림)【图样】túyàng【图式】túshì【图案画(儿)】tú'ànhuà(r)【图型】túxíng ❷ (공식)【公式化】gōngshìhuà ¶~화 | 公式化。

도심[都心] 명 【中心】zhōngxīn【市中心】shì zhōngxīn【闹市区】nàoshìqū ¶~에서 벗어나다 | 离开市中心。

도안[圖案] 명 하타 【图案】tú'àn【图式】túshì【图样】túyàng ¶상표 ~ | 商标图案。 (참고)〔图案画(儿)〕图型 túxíng〕

도야[陶冶] 명 하자 타 【陶冶】táoyě ¶대자연의 경치를 즐기면 품성을 ~할 수 있다 | 观赏大自然的风光可以陶冶性情。 ¶자기의 정조를 ~하다 | 陶冶自己的情操qíngcāo。 (참고)〔薰陶〕

도약[跳躍] 명 하자 【跳跃】tiàoyuè ¶경제 발전의 ~단계 | 经济发展跳跃阶段。 ¶~ 경기 | 跳跃项目比塞。 ¶~

운동] 跳跃运动。

도어[door] 몡【门】mén ¶~ 투(to)
~ │门到门。¶~ 포켓 │门架。

도어맨[door man] 몡【迎宾员】yíngbīn-
yuán

도열[堵列] 몡하자 【排队】páiduì 【排
长队】pái chángduì ¶길가에 ~ 한 사
람들 │路边排着长队的人们。

도예[陶藝] 몡【陶艺】táoyì

°도와 주다 동【帮助】bāngzhù 【援助】yu-
ánzhù 【帮忙】bāngmáng ¶그는 나의
외국어 학습을 도와준다 │他帮助我
学外文。¶재난을 당한 사람을 ~ │
援助受难者。

도외시[度外視] 몡하타 【无视】wúshì
【忽视】hūshì 【置之度外】zhì zhī dù w-
ài 【视之度外】shì zhī dù wài ¶그들
은 여론의 반대를 ~ 한다 │他们无视
舆论的反对。¶규칙을 ~ 하다 │忽视
规则。

도용[盜用] 몡하타 【盗用】dàoyòng ¶
명의를 ~ 하다 │盗用名义。

도우미 몡【帮手】bāngshǒu 【讲解员】ji-
ǎngjiěyuán 【导游】dǎoyóu 【导购】dǎ-
ogòu

°도움 몡【帮助】yuánzh-
ù ¶이것은 문화사를 연구하는 데 많
은 ~ 이 된다 │这对于研究文化史很
有帮助。¶~ 을 주다 │给予帮助。

도움말[help] 몡【电算】【帮助】bāngzhù

도읍[都邑] 몡【京都】jīngdū 【首都】sh-
ǒudū 〔京城 chéng〕【京国】【京华 hu-
á〕【京阙】【京师 shī〕

도의[道義] 몡【道义】dàoyì ¶~ 를 바
탕으로 한 사귐 │道义(之)交。¶~
적으로 보다 │从道义上看。

도인[道人] 몡【道人】dàorén

°도입[導入] 몡하타 【采用】cǎiyòng 【引
进】yǐnjìn 【引导】yǐndǎo ¶새로운 방
법을 ~ 하다 │采用新的方法。¶신품
종의 밀을 ~ 하다 │引进新的小麦 xiǎ-
omài品种 pīnzhǒng。¶정확하게 ~
하다 │正确引导。참고〔导入〕〔诱 yò-
u导〕〔导引〕〔引入〕

ᴮ도자기[陶瓷器] 몡【陶瓷】táoqí 【瓷
器】cíqì ¶~ 를 굽는 가마 │陶器 yáo。
¶삼국 시대의 ~ │三国时代的陶
器。참고〔陶瓷器〕〔磁 cí器〕

ᴮ도장¹[圖章] 몡【印】yìn 【章】zhāng 【印

章】yìnzhāng 【图章】túzhāng ¶~ 을
찍다 │盖 gài 章/盖图章。¶이름을 새
긴 ~ │名章。¶모두 세 개의 ~ 을 찍
었다 │一共盖 gài 了三个章。¶~ 을
하나 파다 │刻了一个图章。

ᴮ도장²[塗裝] 몡하자타 【漆】qī ¶~ 공 │
油漆工。¶대문을 붉은색으로 ~ 했
다 │把大门漆成红色的。

도장밥[圖章一] 몡【印泥】yìnní

°도저히[到底一] 분❶ (전혀) 【根本】g-
ēnběn 【完全】wánquán ¶그는 이런
문제들은 ~ 생각지도 못했다 │他根
本就没想到这些问题。❷ (아무래도)
【无论如何】wúlùn zěnyàng ¶그것은 ~
불가능하다 │那无论如何是不可能
的。참고〔怎么也…绝不〕

ᴮ도적[盜賊] 몡【盗贼】dàozéi 【盗匪】dà-
ofěi 【贼】zéi ¶~ 떼 │盗贼群。참고
〔小偷〕〔盗寇 kòu〕

°도전[挑戰] 몡하자 【挑战】tiǎozhàn ¶
적이 ~ 해 온 이상 우리는 끝까지 맞서
주는 수 밖에 없다 │既然敌人已挑了
战，我们只好奉陪 péi 到底了。¶
세계 기록에 ~ 하다 │向世界记录挑
战。참고〔叫 jiào战〕〔叫阵 zhèn〕〔索
suǒ战〕

도정[道程] 몡【路程】lùchéng ¶40킬
로미터의 ~ 을 하루에 걷다 │把四十
公里的路程一天内走完。

도제[徒弟] 몡【徒弟】tú·dì 【学徒】xuét-
ú ¶~ 기간 │学徒年限。¶~ 제도 │
学徒制。¶나는 삼년간 목공~를 지
냈다 │我当过三年木工徒弟。

도주[逃走] 몡하자 【逃走】táozǒu 【逃
跑】táopǎo 【逃亡】táowáng ¶그는 놀
라서 ~ 했다 │他吓得逃走了。¶그는
~ 했다 │他逃跑了。¶국외로 ~ 한
민주운동가 │逃亡在国外的民主运动
人士。

ᴮ도중[途中] 몡【途中】túzhōng 【中途】
zhōngtú 【半道(儿)】bàndào(r)【半路
上】bànlù·shang 【在途】zàitú 【路上】l-
ù·shang ¶~ 에서 서로 만나다 │途
中相遇。¶그가 울산으로 가는 ~ 에
왕복을 한 번 만났다 │他在去蔚山
的途中遇上了老王。¶~ 에 소매치기
에 주의해야 한다 │路上要小心扒 p-
áshǒu。

도중하차[途中下車] 몡하자 【途中下

车**tú**zhōng xià**chē【**半途而废**】**bàn-tú**ér**fèi ¶시작한 바에야 ~하지 말아야 한다 | 既然开始做了就不要半途中下车。

ᴮ**도지다** 동【复发】fùfā【犯】fàn ¶옛 병이 ~|旧病复发。¶병이 ~|犯病。

ᶜ**도지사**【道知事】명【道知事】dàozhīshì

ᶜ**도착¹**【倒错】명하자【变态】biàntài【错位】cuòwèi ¶성~|性变态。¶시간이 ~하다|时间倒错。

ᴬ**도착²**【到着】명【到着】dào【到达】dàodá【达到】dádào【抵达】dǐdá ¶~시간|到达时间。¶~ 예정 시간|预计到达时间。¶~항|到达港gǎng。¶상해에 ~하다|抵达上海。

도착역【到着驛】명【抵达站】dǐdázhàn ¶~ 기호|到站标志。¶~ 표지|到站标志。

도착지【到着地】명【到达地点】dàodádìdiǎn

ᶜ**도처**【到處】부【到处】dàochù【处处】chù·chu【所到之处】suǒdàozhīchù ¶비슷한 예는 ~에서 찾을 수 있다|相似的事例到处可见。

ᶜ**도청**【盗聽】명하타【偷听】tōutīng【窃听】qiètīng ¶~ 장치|窃听装置/窃听器 ¶다른 사람의 말을 ~하다|偷听他人的谈话。

도체【導體】명〈物〉【导体】dǎotǐ ¶~재료|导体材料。참고【良 liáng 导体】

도출【導出】명하타【得出】déchū ¶결론을 ~해냈다|得出了结论jiélùn。참고【找出】

ᶜ**도취**【陶醉】명하자【陶醉】táozuì ¶나는 그 감동적인 정경에 ~되었다|我被这动人的情景陶醉了。¶그는 승리의 기쁨에 ~해 있다|他陶醉于胜利的快乐之中。참고【沉醉】

도치【倒置】명자타【倒置】dàozhì【倒装】dàozhuāng ¶일을 하는데, 본말(本末)을 ~하지 말아라|做事不要本末倒置。¶경중을 ~하다|轻重倒置

도탄【塗炭】명【涂炭】tútàn【水深火热】shuǐ shēn huǒ rè ¶백성들의 생활은 ~에 빠져 있다|人民生活在水深火热之中。참고【荼炭】【水火】

ᴮ**도토리** 명【橡子】xiàng·zi【橡实】xià-

ngshí ¶~묵|橡子凉粉。¶~로 만든 가루 혹은 면|橡子面miàn。참고【橡碗子】【栎lì实】【橡果】【皂zào斗】

도토리 키재기관용【半斤八两】bàn jīn bā liǎng【一个半斤, 一个八两】yí·ge bàn jīn, yí·ge bā liǎng

도톨도톨 부형【麻】má ¶이런 종이는 한쪽은 매끈하고, 한쪽은 ~하다|这种纸一面光, 一面麻。참고【不光滑】

도톰하다 형【厚】hòu ¶도톰한 솜옷|厚棉袄mián'ǎo。

도통¹【都統】명하타❶ (도합)【合算】hésuàn【合起来】héqǐlái❷ (도무지)【一点儿也】yìdiǎnr yě ¶그는 요즘 ~외출하지 않는다|他最近一点儿也没有外出。

도통²【道通】명하자【深明事理】shēnmíng shìlǐ【能手(儿)】néngshǒu ¶업무에 ~하다|精通业务。

도판【圖版】명【插图】chātú【插画】chāhuà

ᶜ**도포**【道袍】명【道袍】dàopáo

ᶜ**도표**【圖表】명【图表】túbiǎo【图解】tújiě ¶논문 중에 ~가 조금 들어 있다|论文中有一些图表。

도피【逃避】명하타【逃避】táobì【逃遁】táodùn【外逃】wàitáo【外流】wàiliú ¶현실을 ~하다|逃避现实。¶~생활|逃避生活。¶~ 자금|逃亡资金/逃资。¶~행|逃避。참고【逃躲】【外溢yì】

도하¹【都下】명【京内】jīngnèi【首都内】shǒudūnèi

도하²【渡河】명하자【渡河】dùhé

도하³【Doha】명〈地〉【多哈】Duōhā ["卡塔尔"(카타르; Qatar)의 수도]

도합【都合】명하타【共总】zǒnggòng【共计】gòngjì【一共】yígòng ¶~ 얼마입니까? 값이 얼마요?|~ 3천원이다|共计三千万元。¶~ 몇 명 있습니까?|一共有几个人? 참고【通起】【共总】【供合】【供计】【总计】

도해【圖解】명하타【图解】túrjiě ¶~로써 설명하다|用图解说明。¶이 방정식 문제는 ~하기 쉽지 않다|这道方程式不易解。

ᴮ**도토리** 명【橡子】xiàng·zi【橡实】xià-

ᶜ**도형**【圖形】명【图形】túxíng ¶~을 그

리다 | 画图。¶평면~ | 平面图。

도화¹[桃花] 명【桃花】táohuā ¶~가 활짝 피었다 | 桃花盛开。

도화²[圖畵] 명【图画】túhuà

도화선[導火線] 명【导火线】dǎohuǒxiàn ¶제 2차 세계대전의 ~ | 第二次世界大战的导火线。（참고〔导火索〕

ᴮ**도화지[圖畵紙]** 명【图画纸】túhuàzhǐ

도회지[都會地] 명【城市】chéngshì 【都会】dūhuì【都市】dūshì ¶그녀는 ~에서 사는 것을 좋아한다 | 她喜欢住在大城市里。

ᴮ**독¹** 【缸(儿·子)】gāng(r, ·zi)【瓮(子)】wèng(·zi) ¶물~ | 水缸。¶술~ | 酒瓮。¶~안에 든 쥐 | 瓮中之鳖。

ᴮ**독²[毒]** 명 ❶ (유독 물질) 【毒】dú ¶중~되다 | 中zhòng毒。¶소~하다 | 消毒。¶이런 버섯은 ~이 있다 | 这种蘑菇mógu有毒。❷ (독약) 【毒药】dúyào ¶~을 마시다 | 服毒。❸ (해독) 【毒害】dúhài【毒瘤】dúliú ¶사회의 ~ | 社会的毒瘤。

독가스[毒 gas] 〈化〉【毒气】dúqì【毒瓦斯】dúwǎsī ¶~실 | 毒气室。¶~탄 | 毒气弹。（참고〔毒气面具〕

ᴮ**독감[毒感]** 명〈醫〉【重感冒】zhònggǎnmào【流行性感冒】liúxíngxìng gǎnmào【流感】liúgǎn

독경[讀經] 명하자〈佛〉【念经】niànjīng ¶매일 ~하고, 채식하다 | 天天念经, 朝朝吃素。

독과점[獨寡占] 명〈經〉【垄断】lǒngduàn

독극물[毒劇物] 명【毒品】dúpǐn【毒】dú ¶~을 밀수하다 | 走私毒品。¶~을 판매하다 | 贩毒品。¶~을 흡입하다 | 吸毒品。

독기[毒氣] ❶ (독) 【毒气】dúqì ❷ (노기) 【怒气】nùqì【杀气】shāqì ¶~이 충천하다 | 怒气冲天/怒气冲天。¶~등등하다 | 杀气腾téng腾。

독단[獨斷] 명하타 ❶ (주관적 판단) 【擅自】shànzì ¶~으로 결론을 내리다 | 擅自作出结论。❷ (전단) 【独断】dúduàn【专断】zhuānduàn【任意】rènyì ¶~적으로 처리하고 행동하다 | 专断独行/独断专行。¶~적으로 행동하다 | 任意行动。

독대[獨對] 명하자【单独对坐】dāndú duìzuò

독려[督勵] 명하타【鼓励】gǔlì【勉励】miǎnlì【勉策】miǎncè ¶사람들의 마음을 ~하다 | 鼓励人心。¶의기 소침한 친구를 ~하다 | 勉励灰心丧气的朋友。

독립[獨立] 명하자【独立】dúlì ¶~ 정신 | 独立精神。¶~ 선언 | 宣布独立。¶~을 선포하다 | 宣xuānbù独立。¶제2차 세계대전 이후 많은 식민지 국가들이 ~했다 | 第二次世界大战后, 有很多殖民地国家独立了。

독립 국가[獨立國家] 명【独立国家】dúlì guójiā

독립군[獨立軍] 명【独立军】dúlìjūn

독물[毒物] 명【毒性物质】dúxìng wùzhì【毒物】dúwù ¶~ 검사 | 有毒物质检查。

독방[獨房] 명 ❶ (혼자 쓰는 방)【单人房】dānrénfáng【单间儿】dānjiānr ❷ (교도소의) 【单身牢房】dānshēnláofáng ¶~에 가두다 | 关进单身牢房。

ᴮ**독백[獨白]** 명하타【独白】dúbái

독버섯 명〈植〉【毒蕈】dúxùn【毒蘑菇】dúmógu

독보[獨步] 명하자【独一无二】dú yī wú èr【无与伦比】wú yǔ lún bǐ【无双】wúshuāng ¶그는 미국에서 ~적인 컴퓨터 전문가이다 | 他是美国独一无二的电脑专家。¶세상에서 ~적이다 | 盖世无双。

독불 장군[獨不將軍] 명【独不将军】dúbù jiāngjūn【独木不成林】dú mù bù chénglín【独木不林】dú mù bù lín【光杆司令】guāng gān sī lìng

독사¹[毒死] 명하자【毒死】dúsǐ【毒毙】dúbì【毒杀】dúshā

ᴮ**독사²[毒蛇]** 명【毒蛇】dúshé ¶~에 물리다 | 被毒蛇咬伤。¶인간 세상의 해를 끼치는 ~같은 놈들을 결단코 없애야 한다 | 坚决消灭人世间的毒蛇猛兽měngshòu。

독살[毒殺] 명하타【毒死】dúsǐ【毒毙】dúbì【毒杀】dúshā ¶그는 ~당한 것 같다 | 他好像是被毒死的。

ᴮ**독서[讀書]** 명하자【读书】dúshū ¶가을은 ~의 계절 | 秋天是读书的季

节。¶그는 ~도 하지 않고 신문도 보지 않는다 | 他既不读书，又不看报。

독선[獨善] 圀【独善其身】dú shàn qí shēn【自命清高】zìmìngqīnggāo ¶~에 빠지다 | 陷入自命清高。¶그는 바깥 세상의 정황을 거들떠보지도 않고 오로지 ~적이다 | 他不理会外界的情势，坚持独善其身。

독설[毒舌] 圀【挖苦话】wākǔhuà【刻薄话】kè·bóhuà ¶~을 늘어놓다 | 肆意攻击。

독성[毒性] 圀【毒性】dúxìng【毒质】dúzhì ¶유독 물질 | 有毒货物。¶~이 강한 물질 | 毒性很强的物质。

독소[毒素] 圀〈化〉【毒素】dúsù 참고 〔类[독]毒素〕

ᴮ**독수리**圀〈鸟〉【秃鹫】tūjiù【老雕】lǎodiāo【狗头雕】gǒutóudiāo【坐山雕】zuòshāndiāo【鹫】jiù ¶~ 한 마리가 토끼 새끼 한 마리를 낚아챘다 | 一只zhǐ 老雕逮dǎi了一只小兔子。

독신[獨身] 圀【独身】dúshēn ¶십여 년 동안 ~으로 객지에 있었다 | 十几年独身在外。¶~주의 | 独身主义。

독신자[獨身者] 圀【独身】dúshēn【单身】dānshēn ¶~ 숙사 | 单身宿舍。¶~로 한평생을 살다 | 一辈子过独身生活。

독실[篤實] 圀하형【笃实】dǔshí【诚实】chéng·shí ¶그는 사람이 아주 ~하고 정이 도탑다 | 他为人笃实敦厚。¶~하여 믿을 만하다 | 诚实可靠。

독안에 든 쥐관용【瓮中之鳖】wèng zhōng zhī biē

ᴄ**독약**[毒藥] 圀【毒药】dúyào【毒剂】dújì

독일[Germany] 圀【德国】Déguó ¶~ 마르크 | 西德马克。참고〔德意志Déyìzhì〕

독자[獨子] 圀【独子】dúzǐ【独生子】dúshēngzǐ

ᴰ**독자**[獨自] 圀【独自】dúzì【自个(儿)】zìgè(r)【单身】dānshēn【一个人】yí·ge rén ¶~적으로 결정하다 | 独自决定。¶~적으로 개발하다 | 单独开发。

독자[讀者] 圀【读者】dúzhě ¶고정 ~ | 固定读者。¶~층 | 读者层。

ᴮ**독재**[獨裁] 圀【独裁】dúcái【专政】zhu-

ānzhèng【~ 정치 | 独裁政治。¶~ 정권 | 独裁政权zhèngquán。¶나쁜 사람에게 ~를 실시하다 | 对坏人实行专政。

독점[獨占] 圀하태 ❶(독차지) 【独占】dúzhàn ¶방을 ~하다 | 独占房间。❷〈經〉【垄断】lǒngduàn【独揽】dúlǎn【独霸】dúbà【专利】zhuānlì【专卖】zhuānmài【包揽】bāolǎn ¶~ 기업 | 垄断企业。¶경제 대권을 ~하다 | 独占经济大权。¶거래를 ~하다 | 包揽生意。

독종[毒種] 圀 ❶【恶种】èzhǒng ❷【恶汉】èhàn

ᴰ**독주**[獨走] 圀하자 ❶(혼자 뜀) 【一个人跑】yí·ge rén pǎo ❷(제멋대로 행동함) 【单独行动】dāndú xíngdòng ❸(남보다 훨씬 앞섬) 【领先】lǐngxiān

ᴮ**독주**[獨奏] 圀하태 【独奏】dúzòu ¶피아노 ~ | 钢琴gāngqín独奏。¶~회 | 独奏会。

ᴰ**독차지**圀하태 【独占】dúzhàn【垄断】lǒngduàn【独揽】dúlǎn【独霸】dúbà【独自占有】dúzì zhànyǒu ¶경제 대권을 ~하다 | 独揽经济大权。¶부모의 사랑을 ~하다 | 独占了父母的爱。

ᴰ**독창**[獨唱] 圀하자〈音〉【独唱】dúchàng ¶소프라노 ~ | 女高音独唱。

ᴰ**독창**[獨創] 圀하태 【独创】dúchuāng ¶~력 | 独创能力。¶예술에 있어서는 ~인 정신이 있어야 된다 | 艺术上要有独创精神。¶이 신상품은 이 공장의 ~인 제품이다 | 这种新产品是本厂的独创。

독창성[獨創性] 圀 【独创性】dúchuāngxìng【独创精神】dúchuāng jīngshén

ᴰ**독촉**[督促] 圀하태 【催】cuī【催促】cuīcù ¶그를 빨리 오도록 ~하여라 | 催他快来。¶신용장 개설을 ~하다 | 催开信用证zhèng。¶계획을 실행하도록 ~하다 | 催促实行计划。¶앞당겨 임무를 완성하도록 노동자들을 ~하다 | 督促工人提早完成任务。참고〔促使cùshǐ〕

ᴰ**독침**[毒針] 圀 ❶【钩子】gōu·zi【毒刺】dúcì ❷【毒针】dúzhēn

ᴰ**독특**[獨特] 圀하형 【独特】dútè【特出】tèchū【特殊】tèshū【特别】tèbié ¶그

의 말씨는 참 ~하다 | 他的口音有点独特。¶이 사람은 성격이 아주 ~하여 종래로 남들과 왕래를 하지 않는다 | 这个人的性格很独特，从不与人来往。

독파[讀破] **명**[하자] 【读破】dúpò【读完】dúwán ¶단숨에 ~하다 | 一口气读完。¶수 많은 책을 ~하다 | 读了很多书。

B**독하다**[毒━] **형 ❶** (독기가 있다) 【有毒】yǒudú **❷** (진하다) 【烈】liè【严】yán【辣】là【厉害】lì·hai ¶독한 술 | 烈酒。¶독한 냄새 | 浓烈的气味。**❸** (악독하다) 【狠】hěn【强】jiāngjiang ¶독한 짓을 하다 | 下狠手。¶마음이 모질고 수단이 ~ | 心狠手辣。**참고**〔利害〕

독학[獨學] **명**[하자타] 【自学】zìxué【自修】zìxiū ¶그는 음악학을 ~했다 | 他自学了音韵学。¶매일 늦은 밤까지 ~하다 | 每天自学到深夜。

독해력[讀解力] **명**【理解能力】lǐjiě nénglì

B**독후감**[讀後感] **명**【读后感】dúhòugǎn ¶~을 한 편 썼다 | 写了一篇piān读后感。

A**돈 명 ❶** (금전) 【钱】qián ¶~궤 | 钱柜。¶~꿰미 | 钱串chuàn(儿)。¶~주머니 | 钱包。**❷** (물건의 값) 【价格】jiàgé【价钱】jià·qian ¶~이 적정하다 | 价钱公道。**❸** (비용) 【费用】fèi·yòng **❹** (재물) 【钱财】qiáncái ¶~을 탐내다 | 贪图tāntú钱财。(자본의 속칭) 【资本】zīběn ¶외국~ | 外国资本。

돈놀이[━놀━] **명**[하자] 【高利贷】gāolìdài ¶~하다 | 放高利贷。

돈독[敎篤] **명**[하형] 【敦厚】dūnhòu ¶순박하고 ~하다 | 质朴zhìpǔ敦厚

돈맛 명【爱钱】àiqián ¶~을 알면 사람이 인색해진다 | 人一爱钱就变抠儿。

돈벌다[━벌━] **동**【挣钱】zhèngqián【赚钱】zhuànqián ¶그가 돈을 벌어 일가족을 부양한다 | 他挣钱养活一家老小。

돈벌이[━벌━] **명**[하자] 【挣钱】zhèngqián【赚钱】zhuànqián ¶그는 ~를 위해 여기에 왔다 | 他为了挣钱来到这里。

돈을 물쓰듯 하다[관용]【花钱如流水】huāqiánrúliúshuǐ

돈줄 명【弄钱的门路】nòngqián·de ménlù【摇钱树】yáoqiánshù【财路】cáilù ¶~을 잡다 | 抓住财路。

돈지갑[━指━] **명** (돈을 넣는 주머니) 【钱包】qiánbāo【钱袋】qiándài【钱荷包】qiánhébāo【钱夹】qiánjiā **❷** (물주) 【弄钱的来路】nòngqián·de láilù

돈푼[━一点钱] **명**【几个钱】jǐ·ge qián ¶~깨나 있다고 으스댄다 | 有几个臭钱就耍威风。

돌구다 동【引起】yǐnqǐ ¶한바탕 화를 불러 돌구었다 | 引起一场祸huò乱。**참고**〔引致〕〔惹ré起〕

돌다 동 ❶ (싹 등이) 【发】fā【生】shēng【长出】zhǎngchū ¶씨앗에 싹이 돋았다 | 种子发芽了。¶보리에서 싹이 ~ | 麦子生芽儿。**❷** (해·달 등이) 【出】chū【升】shēng【升起】shēngqǐ ¶태양이 ~ | 太阳升起。**❸** (피부에) 【生】shēng【起】qǐ ¶온몸에 소름이 ~ | 全身起鸡皮疙瘩。¶(입맛이) 【开】kāi ¶입맛이 ~ | 开胃。

돋보기[━保━] **명**【花镜】huājìng【花眼镜】huāyǎnjìng【凸镜】tūjìng【凸面镜】tūmiànjìng

돋아나다 동 ❶ (싹 등이) 【发】fā【冒】mào【生】shēng【长出】zhǎngchū ¶싹이 ~ | 冒芽儿。¶보리에서 싹이 ~ | 麦子生芽儿。**❷** (어떠한 현상이) 【开始发生】kāishǐ fāshēng【开始出现】kāishǐ chūxiàn

돋우다 동 ❶ (끌어 올리다) 【捻高】niǎngāo ¶등잔심지를 ~ | 把灯芯捻高。**❷** (높이다) 【提起】tíqǐ【提高】tígāo ¶외투의 깃을 ~ | 提起大衣领。¶목청을 ~ | 提高嗓门儿。**❸** (배토하다) 【培】péi ¶땅을 ~ | 培土。**❹** (용기·힘을) 【鼓舞】gǔwǔ【增强】zēngqiáng【增加】zēngjiā ¶용기를 ~ | 增强勇气。**❺** (감정·신경을) 【刺激】cìjī【刺戟】cìjǐ【激刺】jīcì ¶신경을 ~ | 刺激神经。**❻** (유발하다) 【引起】yǐnqǐ【引致】yǐnzhì【惹起】rěqǐ ¶한바탕 화를 ~ | 引起一场祸huò事。¶입맛을 ~ | 引起食欲。

A**돌¹ 명**[周岁] zhōusuì ¶~도 되지 않은 아이 | 不满周岁的孩子。

^△^**돌**²图❶ (천연의) 【石】shí 【石头】shí·tou 【石子】shí·zi ¶바위∼│岩石。¶∼을 던지다│扔rēng石头。❷ (쌀 등에 섞여 있는) 【砂子】shā·zi ¶밥에 ∼이 있다│饭里有砂子。❸ (몸속의) 【结石】jiéshí ¶담∼(胆石)│胆结石。❹ (바둑돌) 【棋子(儿)】qízǐ(r) ¶바둑∼을 놓다│摆bǎi棋子。

돌격[突擊]图동 ❶ (앞으로 냅다 침) 【冲】chōng 【冲锋】chōngfēng ¶∼대│冲锋队。¶∼나팔│冲锋号。❷ (적진으로 나아감) 【突击】tūjī 【冲击】chōngjī ¶적진으로 ∼하다│向敌阵突击。

^B^**돌기**[突起]图동한자 【突起】tūqǐ 【凸起】tūqǐ ¶산봉우리가 ∼하다│峰峦突起。

돌기둥图【石柱】shízhù ¶유백색의 ∼│乳白色石柱。

^△^**돌다**동 ❶ (순환하다) 【转】zhuàn 【循环】xúnhuán 【轮环】lúnhuán ¶뱅글뱅글 ∼│团团转。¶바퀴가 매우 빠르게 ∼│轮子转得很快。¶지구가 태양의 둘레를 ∼│地球绕着太阳转。❷ (방향을 바꾸다) 【转向】zhuǎnxiàng ¶뒤로 돌앗!│向后转。¶왼쪽으로 돌아 곧장 가세요│左转直走。❸ (순회하다) 【转悠】zhuànyōu 【巡】xún ¶순찰을 ∼│巡逻。❹ (순환·유통하다) 【流通】liútōng 【周转】zhōuzhuǎn ¶자금이 돌지 않다│资金周转不过来。¶백만원을 빌려서 좀 돌려봐라│借一百万元周转周转。¶상품이 ∼│商品流通。❺ (기능이 잘 작용하다) 【运转】yùnzhuǎn ¶쟤는 머리가 잘 돌아간다│那个孩子脑袋瓜儿转得快。❻ (약·술기운 등이 나타나다) 【扩散】kuòsàn 【上来】shànglái ¶술기운이 ∼│酒劲儿上来了。❼ (현기증이 나다) 【发晕】fāyùn ¶머리가 핑 ∼│头直发晕。❽ (돌림병이 퍼지다) 【流行】liúxíng ¶감기가 ∼│感冒流行。❾ (미치다) 【失常】shīcháng ¶머리가 ∼│精神失常。❿ (눈물·침 등이 생기다) 【盈】yíng ¶눈물이 ∼│眼泪盈眶。⓫ (어떤 기운·빛이 나타나다) 【泛起】fànqǐ 【浮现】fúxiàn 【闪现】shǎnxiàn 【显得】xiǎn·de ¶윤기가 ∼│显得光润。¶얼굴에 생기

가 ∼│脸上显得有活力。⓬ (소문이 퍼지다) 【传】chuán 【流传】liúchuán ¶소문이 ∼│传闻。¶세상에 또 다른 설이 돌고 있다│流传着另一种说法。⓭ (가동되다) 【开工】kāigōng 【开动】kāidòng 【运转】yùnzhuǎn ¶2개월간의 준비끝에 공장을 돌렸다│筹备了两个月，工厂开工了。¶기계가 ∼│机械开动。

^B^**돌다리**图【石桥】shíqiáo

돌다리도 두드려 보고 건너라[속담] 【前脚踏稳, 再移后脚】qiánjiǎo tàwěn, zài yí hòujiǎo

돌담图【石墙】shíqiáng 【石垣】shíyuán

^C^**돌덩이**图【石块】shíkuài

^C^**돌도끼**图【石斧】shífǔ

돌돌甲❶ (둥글게 말리는 모양) 【嚓啦嚓啦】cālācālā ¶종이를 ∼ 말다│嚓啦嚓啦把纸卷起来。❷ (구르는 모양) 【咕噜咕噜】gūlūgūlū ¶유리 구슬이 ∼ 굴러간다│玻璃球咕噜咕噜滚过去。

돌려놓다동❶ (방향) 【挪动方向】nuódòng fāngxiàng 【转向】zhuǎnxiàng ¶그는 방향을 돌려놓는 것을 잊었다│他忘了转向了。¶이 길은 통하지 않으니 빨리 방향을 돌려야겠다│这条路走不通，要赶快转向。❷ (사상·행동·방법) 【纠正】jiūzhèng 【改变】gǎibiàn 【纠绳】jiūshéng ¶낡은 사고방식을 돌려놓다│纠正他的思考方式。

돌려보내다동❶ (돌려주다) 【还】huán 【归还】guīhuán ¶당신에게 돌려보냅니다│还给你。¶도서관에서 빌린 책은 제때에 돌려보내야 한다│向图书馆借的书，要按时归还。❷ (도로 보내다) 【退回】tuìhuí ¶이 편지는 배달할 방법이 없어 돌려보낼 수밖에 없다│这封信无法投递,只得退回。¶이 원고를 작자에게 ∼│把这篇稿子退给作者。❸ (돌아가게 하다) 【遣返】qiǎnfǎn 【遣送】qiǎnsòng 【遣归】qiǎnguī 【遣回】qiǎnhuí ¶전쟁포로를 ∼│遣返战俘。¶그를 원적지로 ∼│把他遣送到原籍。

돌려보다동【传阅】chuányuè ¶신문, 잡지를 ∼│传阅报刊。

돌려쓰다동❶ (借用) 【借用】jièyòng 【通融】tōng·róng ¶당신의 연필 좀 돌려 씁시

다 | 借用一下你的铅笔。❷【挪用】nuóyòng【流用】liúyòng【转用】zhuǎnyòng ¶특정 비목(費目)은 지정된 곳에 써야지, 돌려 써서는 안된다 | 专款专用, 不得挪用。

^돌려주다 图 ❶ (돌려주다)【还】huán【归】guī【送回】sònghuí【还给】huángěi ¶책을 ~ | 还书。¶물건을 원래 주인에게 ~ | 物归原主。¶이 책을 그에게 돌려 주어라 | 把这本书还给他吧! ❷ (융통하다)【暂借】zànjiè【通融】tōng·róng ¶규칙에 따라서만 일을 처리하고, 조금도 돌려주려 하지 않다 | 只按规矩办事, 丝毫不肯融通。❸ (양보하다)【让】ràng【转让】zhuǎnràng ¶나에게 방 한 칸 돌려줄 수 없겠니? | 你能不能让屋子给我。

^돌리다¹ 图 ❶ (방향을 바꾸다)【转】zhuǎn【转变】zhuǎnbiàn【扭】niǔ ¶오른쪽으로 돌리시오 | 向右转。¶얼굴을 ~ | 扭过脸来。¶머리를 돌려 뒤를 돌아 보다 | 扭过头来向后看。❷ (가동하다)【开】kāi【开动】kāidòng ¶공장을 ~ | 开工厂。¶기계를 ~ | 开动机器zhuǎn。❸ (빌리다)【借】jiè【暂借】zànjiè【转用】zhuǎnyòng ¶20만원이면 충분하니? 모자란다면, 다시 10만원을 더 돌려주마 | 二十万块钱够不够? 要不够, 我再借给十万块钱。❹ (미루다)【推】tuī【放】fàng ¶이 문제를 뒤로 돌리고 먼저 기계화문제부터 토론하자 | 把这个问题推到后边, 先讨论机械化问题吧。¶이 일은 중요하지 않으니, 우선 돌려 둬! | 这件事情不要紧, 先放一放! ❺ (간주하다)【看成】kànchéng【看做】kànzuò【认为】rènwéi ¶노동자들은 사고를 단순한 실수로 돌리지 않았다 | 工人们不把事故认为是单纯dānchún的失误。❻ (나눠주다)【分给】fēngěi【分发】fēnfā ¶위문품을 하나씩 하나씩 ~ | 分发慰问品。❼ (따돌리다)【撇开】piē·kāi【甩掉】shuǎidiào ¶그 사람은 돌려놓고 우리만 가자 | 我们甩掉他走吧。❽ (바꾸다)【转换】zhuǎnhuàn【转变】zhuǎnbiàn ¶마음을 ~ | 转变想法。❾ (상영하다)【放映】fàngyíng ¶영화를 ~ | 放电影。❿

(원인·책임 등을 전가하다)【归于⋯】guīyú⋯ ¶영광을 그에게 ~ | 光荣归于他。

^돌리다² 图【松】sōng【缓】huǎn ¶후하고 한숨 ~ | 松了一口气。¶숨을 ~ | 缓过气来。

돌림 图 ❶ (차례대로)【轮流】lúnliú【轮拨儿】lúnbōr ¶~으로 당직을 서다 | 轮流值班。¶~으로 노래하다 | 轮流唱歌。❷ (전염병)【流行病】liúxíngbìng【传染病】chuánrǎnbìng ¶~병학 | 流行病学。❸ (따돌림)【撇开】piē·kāi【排挤】páijǐ ¶대학 내 반동세력의 ~을 받고는 분연히 하문을 떠나 광주로 갔다 | 鲁迅lǔxùn受到学校内反动势力的排挤, 便愤然离开líkāi厦门Xiàmén到了广州。

^돌맞이 图[하자]【过周岁】guòzhōusuì

^돌멩이 图【小石头】xiǎoshí·tou【小石块】xiǎoshíkuài【小石子儿】xiǎoshízǐr

돌발 图[하자]【突然发生】tūrán fāshēng【突发】tūfā ¶~사고 | 突发事故。¶~사건을 처리하다 | 处理突发事件。

^돌배나무 图〈植〉【山梨树】shānlíshù

돌변 图[하다]【突变】tūbiàn【突然变化】tūrán biànhuà ¶형세가 ~하다 | 形势突变。¶하루가 지나자 그의 태도가 싹 ~하였다 | 过了一天, 他的态度就突然变了。

^돌보다 图【照顾】zhào·gù【关照】guānzhào【关心】guānxīn【关注】guānzhù ¶환자를 ~ | 照顾病人。¶공장은 작은 일에까지 세심하게 우리들을 돌보아 준다 | 工厂对我们照顾得无微不至。¶많이 돌봐 주시기 바랍니다 | 请多多关照。[참고]〔张罗zhāng·luo〕〔照应〕

^돌부리 图【石头尖】shí·toujiān ¶~에 걸려 넘어지다 | 被石头尖绊倒。

^돌부처 图 ❶【石佛】shífó ❷【沉默寡言的人】chénmò guǎyán·de rén

^돌산[―山] 图【石山】shíshān

^돌아가다 图 ❶ (집·고향으로 다시 돌아가다)【回】huí【回去】huíqù【归返】guīfǎn【返回】fǎnhuí ¶원래의 곳으로 ~ | 回到原处。¶해외에서 본국으로 ~ | 由海外返回本国。❷ (원상태로 되다)【恢复】huīfù ¶이전대로

~ | 恢复原状。❸ (회전하다) 【转】zhuǎn【转动】zhuàndòng【循环】xúnhuán【轮环】lúnhuán ¶뱅글뱅글 ~ | 团团转。¶바퀴가 매우 빠르게 ~ | 轮子转得很快。¶피가 ~ | 血液эуеЯ循环。❹ (우회하다)【绕行】ràoxíng ¶차량은 돌아가시오! | 车辆绕行! ¶호숫가를 한바퀴 돌아서 가다 | 绕行湖边一周。❺ (방향을 바꾸다)【拐弯】guǎiwān【转弯】zhuǎnwān ¶왼쪽으로 ~ | 向左拐。❻ (죽다)【逝世】shìshì【去世】qùshì【死】sǐ ¶아버지가 돌아가셨다 | 父亲去世了。❼ (되어 가다)【进行】jìnxíng【发展】fāzhǎn ¶일이 돌아가는 것을 주시하다 | 注视事情发展的情况。¶매일매일 세상형편이 어떻게 돌아가는가를 알아야 한다 | 要了解每天世界形势在怎么发展。❽ (전가되다)【归于】guīyú ❾ (차례로 하다)【轮个儿】lúngèr ¶돌아가며 점심을 내다 | 轮流请午饭。❿ (제대로 움직이다)【运转】yùnzhuàn ¶ (분배되다)【分得】fēndé ¶세대당 평균 천원씩 ~ | 每户平均分得一千元。

ᄃ돌아눕다 图 ❶【翻转身子】fānzhuǎn shēn·zi【侧身躺】cèshēntǎng

ᄅ돌아다니다 图 (游)yóu【转来转去】zhuànlái zhuànqù【跑来跑去】pǎolái pǎoqù ¶천하를 두루 ~ | 周游天下。¶한가롭게 ~ | 闲游。

ᄉ돌아보다 图 ❶ (뒤를)【回头看】huítóu kàn【转身看】zhuǎnshēn kàn ❷ (살피며 돌다)【参观】cānguān【环顾】huángù【环视】huánshì【巡视】xúnshì ¶전시품을 ~ | 参观展品zhǎnpǐn。¶공장을 ~ | 参观工厂。¶주위를 ~ | 环顾四周。¶양쯔강 남북지방을 ~ | 巡视大江南北。❸ (과거를 다시 생각해보다)【回顾】huígù【回溯】huísù【回忆】huíyì ¶과거를 ~ | 回顾过去。¶삼십년동안 걸어온 길을 ~ | 回顾三十年来所走过的道路。❹ (돌보다. 고려하다)【关照】guānzhào【照顾】zhào·gù【照应】zhàoyìng ¶각 부문의 작업을 다 돌아보아야 한다 | 各方面的工作都要照顾到。

ᄇ돌아서다 图 ❶ (방향을 바꾸어 서다)【转】zhuǎn【回头】huítóu【转身】zhuǎ-

nshēn ¶뒤로 ~ | 向后转。¶이 길은 통하지 않으니 빨리 돌아서야겠다 | 这条路走不通, 要赶快回头。❷ (병세나 기세가 회복됨)【恢复】huīfù【好转】hǎozhuǎn ¶병세가 돌아서다 | 病势bìngshì好转。❸ (의식 회복)【清醒】qīngxǐng ¶환자는 이미 정신이 돌아섰다 | 病人已经清醒过来。❹ (등지다)【对立】duìlì【向背】xiàngbèi ¶싹 돌아서서 말도 하지 않는다 | 严重对立, 连话都不说。

돌아앉다 图 ❶【转过身来坐】zhuǎnguò shēnlái zuò ❷【背着面坐】bèi·zhe miànzuò

ᄉ돌아오다 图 ❶ (우회하여 오다)【绕道】ràodào ¶큰 길로 ~ | 绕大路走。❷ (제자리로 돌아오다)【回】huí【来】huí·lái【归】guī【返回】fǎnhuí ¶원래의 곳으로 ~ | 回到原处。¶집에 ~ | 归家。¶아침 일찍 나가서 저녁 늦게 ~ | 早出晚归。❸ (차례가 되다)【轮】lún【轮到】lúndào ¶당직근무가 매달 한 번 ~ | 值班zhíbān每月轮一次。¶이번 달에 나는 야근이 두 번 ~ | 这个月我轮了两次夜班。❹ (회복되다)【恢复】huīfù ¶질서가 ~ | 秩序zhìxù恢复。❺ (때가 닥치다)【到来】dàolái【来到】láidào ¶겨울이 돌아왔다 | 冬天来到了。❻ (의식을 찾다)【清醒】qīngxǐng ¶환자는 이미 ~ | 病人已经清醒过来。

돌연[突然] 图하형【突然】tūrán【猛不防】měng·bufáng【冷不防】lěng·bufáng ¶~ 아무 소리도 들리지 않았다 | 突然没有一点响声了。¶그는 ~ 고함을 치기 시작했다 | 他猛不防大喊了起来。¶나는 그에게 ~ 따귀를 한 대 때렸다 | 我猛不防给他一个耳光。 (참고)〔突地〕〔突然间〕〔猛不防〕〔猛丁〕

돌연변이[突然變異] 图〈生〉【突然变异】tūránbiànyì

ᄇ돌이키다 图 ❶ (돌리다)【转】zhuǎn ¶몸을 ~ | 转身。❷ (회상하다)【回想】huíxiǎng【回顾】huígù【回溯】huísù【回忆】huíyì ¶과거를 돌이켜보면 | 回想起来。¶당시의 상황을 돌이켜 보다 | 回想当年的情景。¶과거를 돌이켜 보다 | 回顾过去。¶삼십년 동안 걸어온 길을 돌이켜 보다 | 回顾三十年

来所走过的道路。❸ (원상으로 돌아가다) 【恢复】huīfù 【挽回】wǎnhuí ¶명예를 ~ | 恢复名誉。¶돌이킬 수 없다 | 无可挽回。

돌입[突入] 명하자 【攻入】gōngrù 【攻进】gōngjìn 【突入】tūrù 【冲进】chōngjìn ¶적군의 정면 진지에 ~하다 | 攻入敌人的正面阵地。 (참고) [闯 chuǎng入]

돌잔치 명 【过周岁生日时摆的宴席】guò zhōusuì shēngrì shí bǎi·de yànxí

ᄀ**돌진**[突進] 명하자 【冲】chōng 【冲进】chōngjìn 【猛冲】měngchōng ¶좌우로 ~하다 | 横冲直撞。¶적을 향해서 ~하다 | 冲向敌人。

ᄀ**돌집**❶【石头房】shí·toufáng ❷【石瓦房】shíwǎfáng

돌출[突出] 명 【突出】tūchū 【显眼】xiǎnyǎn ¶광대뼈가 ~하다 | 颧骨quánggǔ突出。¶~한 암석 | 突出的岩石。

ᄀ**돌탑**[石塔] 명 【石塔】shítǎ

ᄀ**돌파**[突破] 명하타 【冲破】chōngpò 【突破】tūpò 【打破】dǎpò ¶기준량을 ~하다 | 突破定额。¶이미 세계 기록을 두 번이나 ~했다 | 已打破了两次世界纪录。

돌파구[突破口] 명 【突破口】tūpòkǒu 【缺口】quēkǒu ¶~를 열다 | 打开一个缺口。 (참고) [窟 huō口(儿)]

ᄀ**돌팔매** 명 【扔石头】rēngshí·tou 【打水漂】dǎ shuǐpiāo

ᄂ**돌팔이** 명 【流动】liúdòng 【闯荡的人】chuǎngdàng·de rén 【闯江湖的人】chuǎng jiāng·hu·de rén

ᄉ**돕다** 동 ❶ (조력하다) 【助】zhù 【帮助】bāngzhù 【帮忙】bāngmáng 【援助】yuánzhù ¶서로 ~ | 互助。¶그가 나의 외국어 학습을 도와준다 | 他帮助我学外文。¶날 좀 도와줘 | 帮帮我。¶너의 일을 도와줄 수가 없다 | 我不能帮你的忙。❷ (촉진하다) 【增强】zēngqiáng 【增进】zēngjìn 【促进】cùjìn ¶체육 운동을 발전시켜 국민의 체력을 ~ | 发展体育运动，增强国民体质。¶건강을 ~ | 增进健康jiànkāng。❸ (구제·지원하다) 【支援】zhīyuán ¶아프리카 주민을 ~ | 支援非洲人民。

ᄂ**돗자리** 명 【凉席】liángxí 【草席】cǎoxí

ᄉ**동**[東] 명 【东】dōng ¶~(쪽)으로 가다 | 往东去。¶학교의 정문은 ~향이다 | 学校的大门向东。

ᄂ**동**[棟] 명 【幢】zhuàng 【座】zuò ¶집 한 ~ | 一栋房子。¶빌딩 한 ~ | 一座大楼。

ᄉ**동**[銅] 명 〈鑛〉【铜】tóng

동가식 서가숙[관용] 【东边吃羊头，西边吃狗头】dōngbiān chī yángtou, xībiān chī gǒutou 【流离转徙】liú lí zhuǎn xǐ 【流离失所】liú lí shī suǒ

동감[同感] 명하자 【同感】tónggǎn ¶나도 당신과 ~이다 | 我也和你有同感。

ᄀ**동갑**[同甲] 명 【同年】tóngnián 【同岁】tóngsuì 【同庚】tónggēng ¶우리 둘은 ~이다 | 我们俩同岁。

동강 명 【截(儿子)】jié(r·zi) 【头儿】tóur ¶나무 한 ~ | 一截儿木头。¶나무를 세 ~으로 절단하다 | 把木头切成三截。

동거[同居] 명하자 ❶ (함께 살다) 【同住】tóngzhù ¶부모님이 돌아가신 후에, 그는 숙부와 ~한다 | 父母死后，他和叔父同住。❷ (남녀가) 【同居】tóngjū ¶그들 둘은 불법으로 같이 ~한다 | 他们俩在一起非法同居。

동결[凍結] 명하자 【冻结】dòngjié 【冻】dòng 【封冻】fēngdòng ¶강물이 ~하였다 | 河水冻结。¶땅이 ~여 굳어졌다 | 地面冻硬了。¶물가를 ~했다 | 冻结了物价。¶자금 ~ | 资金冻结。

동경[東京] 명 〈地〉【东京】Dōngjīng

동경[東經] 명 〈地〉【东经】Dōngjīng ¶~ 30도 15분 | 东经三十度十五分。 (참고) [经度] [经线]

동경[銅鏡] 명 【铜镜】tóngjìng

ᄀ**동경**[憧憬] 명하타 【憧憬】chōngjǐng 【向往】xiàngwǎng 【怀念】huáiniàn ¶행복한 내일을 ~하다 | 憧憬着幸福的明天。¶마음속에 미래에 대한 ~으로 가득차다 | 心里充满着对未来的憧憬。¶줄곧 큰 바다를 ~하고 있다 | 一直向往着大海。

ᄀ**동계**[冬季] 명 【冬季】dōngjì ¶~스포츠 | 冬季体育运动。¶~올림픽 경기 | 冬季奥运会。¶~품목 | 冬季品

種.〔참고〕〔冬季天儿〕〔冬景天儿〕〔冬令〕

동계²[同系] 똉〈同系〉tóngxì〈同系统〉tóngxìtǒng ¶그들 두 사람은 ~이다 | 他们俩是同系。

동고동락[同苦同樂] 똉하자〈同甘共苦〉tóng gān gòng kǔ ¶모두 함께 ~하여 작업을 완수해야 된다 | 大家要同甘共苦，一起搞好工作。〔참고〕〔同苦同乐〕〔分甘共苦〕〔体成之苦〕

동공[瞳孔] 똉〈生理〉〈瞳孔〉tóngkǒng〈瞳人(儿)〉tóngrén(r) ¶~막 | 瞳孔膜。¶~ 반사 | 瞳孔反射。¶~이 커지다 | 瞳孔放大。

동구¹[洞口] 똉〈村口〉cūnkǒu

동구²[東歐] 똉〈地〉〈东欧〉dōng/ōu ¶~권 | 东欧圈。

동굴[洞窟] 똉〈峒〉dòng〈岩洞〉yándòng〈岩窟〉yánkū〈洞窟〉dòngkū〈洞穴〉dòngxué ¶~탐사 | 洞探。

동그라미 똉〈圆〉yuán〈圆圈〉yuánquān〈圆形〉yuánxíng ¶~ 하나를 그리다 | 画一个圈儿。¶~를 치다 | 画圈。

동그랗다 휑〈圆〉yuán〈滚圆〉gǔnyuán〈滴溜圆〉dīliùyuán ¶공은 ~ | 球是圆的。¶동그랗게 뜬 눈 | 睁得圆圆的眼睛。

동그래지다 똥❶(물건이)〈变圆〉biànyuán ¶공기를 넣자 공이 ~ | 球打了气就变圆了。❷(눈이)〈睁大〉zhēngdà ¶눈이 ~ | 睁大眼睛。

동글납작하다 휑〈扁圆〉biǎnyuán ¶동글 납작한 얼굴 | 扁圆的脸liǎn。

동급[同級] 똉〈同级〉tóngjí ¶~생 | 同级生。

동기¹[冬期] 똉〈冬季〉dōngjì ¶~휴가 | 冬休。

등기[同氣] 똉〈亲兄弟姊妹〉qīnxiōngdì jiěmèi〈兄妹〉xiōngmèi ¶~간의 우애 | 兄妹之间的友爱。

동기[同期] 똉❶(같은 시기)〈同期〉tóngqī〈同时期〉tóngshíqī ¶작년과 비교하면, 공업 생산량이 20% 증가했다 | 与去年同期相比，工业增产百分之二十。¶생산량이 ~의 최고 수준을 초과했다 | 产量超过历史同期最高水平。❷(同年級)tóngniánjí〈同班〉tóngbān ¶~동창 | 同年级同学。

동기[動機] 똉〈动机〉dòngjī〈起因〉qǐyīn ¶~도 좋아야 하고 또 방법도 좋아야만 좋은 결과를 얻을 수 있다 | 既要有好的动机，又要有好的方法，才能取得好的结果。¶그가 이렇게 한 ~가 무엇인지를 모르겠다 | 不知他这样做的动机是什么。

동기⁵[童妓] 똉〈童妓〉tóngjì

동기⁶[銅器] 똉〈铜器〉tóngqì ¶~ 시대 | 铜器时代。¶상·주시대의 ~ | 商周铜器。

동기⁷[同機;synchronous] 똉〈電算〉〈同步〉tóngbù

동기간 싸움은 칼로 물베기 관용〈兄弟之争，如刀断水〉xiōngdì zhīzhēng, rúdāo duànshuǐ

동나다 똥❶(상품이 다 팔리다)〈脱销〉tuōxiāo ¶상품은 동나고 물가는 앙등하다 | 商品脱销，物价高涨。¶최근 칼라 텔레비전이 동났다 | 最近彩色电视机脱销了。❷(다 쓰다)〈接续不上〉jiēxù·bùshàng〈跟不上〉gēn·bùshàng ¶연탄이 ~ | 煤票不上。

동남아[東南亞] 똉〈地〉〈东南亚〉Dōngnányà

동냥 똉하자타❶(승려의 탁발)〈托钵〉tuōbō ¶(화缘)huàyuán ¶이 집집을 돌며 ~하다 | 行脚僧沿门托钵。¶~중 | 求布施的僧尼。❷(거지)〈讨饭〉tǎofàn〈要饭〉yàofàn〈讨乞〉tǎoqǐ〈讨口〉tǎokǒu〈讨米〉tǎomǐ ¶~자루 | 讨饭口袋。¶~하며 살아가다 | 靠kào讨饭过活。¶길을 따라 ~다니다 | 沿街要饭。❸(다른 나라에게 정치 경제적인 구걸을 함)〈乞求〉qǐqiú〈乞讨〉qǐtǎo ¶평화를 ~하다 | 乞求和平。

동냥은 무줄 맞적 쪽박은 깨지 마라 관용〈不肯布施，莫打碎钵子〉bùkěn bùshī, mò dǎsuì bō·zi

동네 똉〈村(儿,·子)〉cūn(r,·zi)〈乡村〉xiāngcūn〈村庄〉cūnzhuāng〈屯〉tún〈堡子〉pǔzi〈寨〉zhài ¶시골~의 야경 | 村的夜景。

동네방네 똉〈全村〉quáncūn〈这村那村〉zhècūn nàcūn〈村村寨寨〉cūncūnzhàizhài

동년[同年] 똉❶〈同年〉tóngnián ¶~ 9월에 대교가 준공되었다 | 同年九月

241

大桥竣jùn工。❷【同岁】tóngsuì 【同庚】tónggēng【同甲】tóngjiǎ【同年】tóngnián ¶우리 둘은 ~이다｜我们俩同岁。

동년배[同年輩] 명【平輩】píngbèi【同輩】tóngbèi

동녘[東−] 명【东方】dōng·fang ¶하늘이 붉게 물들더니, 태양이 솟아오르다｜东方红, 太阳升。

동댕이치다 동 (내던지다)【猛摔】měngshuāi【使劲儿扔去】shǐjìnr rēngqù【甩】shuǎi【撇】piě ❷ (그만두다)【丢开不管】diūkāi bùguǎn

B**동동거리다** 동【跺脚】duòjiǎo ¶(분하고 억울하여) 발을 동동거리며 가슴을 치다｜跺脚捶胸chuíxiōng。¶그는 화가 나서 마냥 발을 동동 굴렀다｜他气得直跺脚。

동등[同等] 명하형【同等】tóngděng ¶~한 지위｜同等地位。¶~한 대우｜同等对待。

C**동떨어지다** 동 ❶ (멀리 떨어져 있다)【有距离】yǒu jùlí【远离】yuǎnlí ❷ (괴리되다)【隔绝】géjué【脱离】tuōlí【隔开】gékāi ¶현실과 ~｜脱离实际。¶그는 항상 군중에서 동떨어져 있다｜他一向脱离群众。

동란[動亂] 명【乱】luàn【动乱】dòngluàn【动荡】dòngdàng【兵慌马乱】bīng huāng mǎ luàn ¶~이 일어났다｜出现了动乱。¶~상태에 있다｜处在动乱中。

C**동량**[棟梁] 명 ❶ (기둥)【栋梁】dòngliáng【梁柱】liángzhù ❷ (비유)【栋梁】dòngliáng【栋梁之材】dòng liáng zhī cái ¶청년은 나라의 ~이다｜青年是国家的栋梁。

C**동력**[動力] 명 ❶ (물리적인 힘)【动力】dònglì ¶~ 자원｜动力资源。¶~부족｜动力不足。¶~설비｜动力设备。¶~선｜动力线。❷ (원동력)【原动力】yuándònglì【主动力】zhǔdònglì ¶~원｜动力源。¶社会发展的原动力。｜社会发展的原动力。

동료[同僚] 명【同僚】tóngliáo【同事】tóngshì ¶그는 나의 ~이다｜他是我的同僚。¶오랜 ~｜老同事。¶몇 명을 초대해 식사를 하다｜请几个同事吃饭。 참고〔同仁〕【同人】

동류[同類] 명 ❶ (비슷한 종류)【同类】tónglèi【同种】tóngzhǒng ¶~끼리 친구가 되다｜同类为朋/同道为友。¶~상품｜同类商品 ❷ (한 패)【同一类】tóngyīlèi【同伙】tónghuǒ ¶그의 ~가 도망쳤다｜他的同伙跑了。

B**동맥**[動脈]〈生理〉명【动脉】dòngmài ¶~ 경화증｜动脉硬化。¶~ 주사｜动脉注射。¶남북 교통의 대~｜南北交通的大动脉。

동맹[同盟] 명하자 ❶ (연합)【同盟】tóngméng【联盟】liánméng ¶~을 맺다｜结成同盟。¶군사~｜军事同盟。¶~ 휴업｜同盟歇业。❷ (국제간의 일시적인 결합)【联合】liánhé【联】lián【同盟】tóngméng ¶~으로 서명하다｜联合签名qiānmíng。¶~국｜联盟邦。¶~성명｜联宣言/共同宣言。

C**동면**[冬眠] 명하자【冬眠】dōngmián【入蛰】rùzhé ¶개구리가 ~하다｜青蛙冬眠了。 참고〔冬蛰〕zhé

동명[同名] 명【同名】tóngmíng ¶~소설｜同名小说。¶~인｜名同人异。

B**동무** 명 ❶ (친구)【朋友】péng·you ¶그는 나와 제일 친한 ~이다｜他是我要好的朋友。¶~하다｜做朋友。¶~를 사귀다｜交朋友。¶오랜 ~｜老朋友。❷ (동료)【同志】tóngzhì ¶왕~｜王同志。

동문[同門] 명【同门】tóngmén【同师的门徒】tóngshī·de méntú ¶~ 수학｜同门修学。¶그들 둘은 ~이다｜他俩是同门。

동문서답[東問西答] 명하자타【答非所问】dá fēi suǒ wèn ¶그는 한참만에 ~식으로 대답하였다｜他半天才答非所问地说。

B**동물**[動物] 명〈動〉【动物】dòngwù ¶~생태학｜动物生态学。¶~ 시험｜动物试验。¶~성 섬유｜动物纤维。

B**동물원**[動物園] 명【动物园】dòngwùyuán

동민[洞民] 명【村民】cūnmín ¶~의 회의｜村民大会。

동반[同伴] 명하자타 ❶【伴随】bànsuí【包含】bāohán ❷【同伴】tóngbàn【结伴】jiébàn ¶~해서 고향으로 돌

아가다 | 结伴还乡。

동반²[同班] 명【同班】tóngbān ¶~동창 | 同班同学。¶~에서 수업을 받다 | 同班上课。

ᵇ**동반자**[同伴者] 명【同伴】tóngbàn【同行者】tóngxíngzhě【同行的人】tóngxíng·de rén

ᶜ**동방**[東方] 명 ❶ (동쪽) 【东方】dōng·fang ¶~교회 | 东方教会。¶~박사 | 东方博士。¶~예의지국 | 东方礼义之国。❷ (아시아) 【东方】Dōngfāng ¶~인 | 东方人。

ᴮ**동백**[冬柏] 명〈植〉❶【山茶树】shāncháshù ¶~기름 | 山茶油。❷【山茶果】shāncháguǒ

ᶜ**동백나무** 명〈植〉【山茶树】shāncháshù【山茶果】shāncháguǒ

동병상련[同病相憐] 명【同病相怜】tóng bìng xiāng lián ¶그들은 ~끝에 부부로 맺어졌다 | 他们同病相怜, 最后结为夫妻。

동보[同步; synchronous] 명〈電算〉【同步】tóngbù

동봉[同封] 명하자【附在信内】fùzài xìnnèi【同寄】tóngjì ¶사진을 편지에 ~하다 | 照片附在信中。

ᴮ**동부**[東部] 명【东部】dōngbù

ᶜ**동북**[東北] 명【东北】dōngběi ¶~지역으로 출장갔다 | 去东北出差chūchāi le。

동분서주[東奔西走] 명하자【东奔西走】dōng bēn xī zǒu【跑跑颠颠】pǎopǎo diāndiān【到处奔走】dàochù bēnzǒu (참고)〔东奔西奔〕〔东奔西跑〕〔东跑西颠〕〔东跑西顾〕〔东跑西踮〕〔东走西颠〕〔南奔北走〕

ᴮ**동사**¹[凍死] 명하자【冻死】dòngsǐ ¶눈 속에서 ~하다 | 再雪中被冻死。

동사²[動詞] 명〈言〉【动词】dòngcí

ᴮ**동산**¹ 명 ❶ (언덕) 【小山】xiǎoshān【苑】yuàn ¶푸른 ~ | 葱绿cōnglǜ的小山。¶궁궐의 ~ | 御yù苑。❷ (화원) 【花园】huāyuán

동산²[動産] 명【动产】dòngchǎn ¶~과 부~ | 动产和不动产。

ᴮ**동상**¹[凍傷] 명【冻伤】dòngshāng【冻疮】dòngchuāng ¶~에 걸리다 | 受了冻伤了。¶~을 입다 | 被冻伤。(참고)〔灶疮zàozhuō〕〔冻瘩〕

동상²[銅像] 명【铜像】tóngxiàng ¶~을 세우다 | 立铜像。

동상이몽[同床異夢] 관용【同床异梦】tóng chuáng yì mèng (참고)〔同床各〕

ᴬ**동생** 명 ❶ (남자) 【弟弟】dì·di ¶사촌~ | 叔伯弟弟。❷ (여자) 【妹妹】mèi·mei ¶그녀는 나의 친누이~이다 | 她是我的亲妹妹。

ᶜ**동서**¹[東西] 명 (동쪽과 서쪽) 【东西】dōngxī ¶교실 ~쪽에 모두 칠판이 있다 | 教室东西两头都有黑板。❷ (동서양) 【东西洋】dōngxīyáng

동서²[同壻] 명 ❶ (여자) 【妯娌】zhóu·li ¶그들 셋은 ~이다 | 她们三个是妯娌。❷ (남자) 【连襟】liánjīn

동서고금[東西古今] 명【古今内外】gǔjīn nèi wài

동서양[東西洋] 명【东西方】dōngxīfāng【东西洋】dōngxīyáng

동석[同席] 명하자【同席】tóngxí【同坐】tóngzuò【同桌】tóngzhuō ¶나는 그와 몇 번 ~한 적이 있다 | 我和同事过几次席。

ᶜ**동선**[銅線] 명【铜线】tóngxiàn

동성¹[同性] 명【同性】tóngxìng ¶~의 전극은 서로 밀어낸다 | 同性的电互相排斥páichì相斥。

동성²[同姓] 명【同姓】tóngxìng ¶~동본 | 同姓同宗。¶그는 나와 ~이다 | 他与我同姓。

ᴮ**동수**[同數] 명【同数】tóngshù

동숙[同宿] 명하자【同住】tóngzhù【同屋】tóngwū ¶여관에서 ~하다 | 同住一个旅馆。¶나는 그와 ~한다 | 我跟他同屋。

ᴬ**동시**¹[同時] 명【同时】tóngshí【同期】tóngqī【并】bìng ¶~진행 | 同时进行。¶~ 녹음 | 同时录音/现场录音。¶여러가지 병이 ~에 생기다 | 各种病并发。

ᴬ**동시**²[童詩] 명【儿童诗】értóngshī【儿童诗歌】értóng shīgē

ᶜ**동식물**[動植物] 명【动植物】dòngzhíwù ¶~화절 | 花草 活饮

동심¹[同心] 명 ❶ (마음) 【同心】tóngxīn【齐心】qíxīn ¶~으로 힘을 모으다 | 同心协力。❷〈數〉【同心】tóngxīn ¶~원 | 同心圆。

동심²[動心] 【하자】 【动心】dòngxīn 【心动】xīndòng ¶그는 본래 살 생각이 없었으나 가격이 싸다는 말을 듣고 또 ~했다 | 他本不想买, 一听价钱便宜又动心了 | ¶재물을 보고 ~하다 | 见财心动.

동심[童心] 圀【童心】tóngxīn ¶~에는 삿됨이 없다 | 童心无邪wúxié. ¶~으로 돌아가다 | 返老还童.

동아리¹ 圀 ❶(같은 무리) 【同党】tóngdǎng 【同派】tóngpài 【同伙】tónghuǒ ❷(학교의 서클) 【社团】shètuán 참고〔校内活动组织〕

동아리²[截] 【截(儿·子)】jié(r, ·zi) 【段】duàn 【部分】bù·fen ¶가운데 ~ | 中间的一截.

동아시아[東 Asia] 圀〈地〉【东亚细亚】Dōng Yàxìyà 【东亚】Dōng Yà

동앗줄[纜] 圀【粗绳】cūshéng 【缆绳】lǎnshéng

동아프리카[東 Africa] 圀〈地〉【东非】Dōng Fēi

동안[期間] 圀【期间】qījiān 【时间】shíjiān ¶농번기 ~ | 农忙nóngmáng期间. ¶과거 3년 ~ | 过去三年期间.

동안[童顏] 圀【童颜】tóngyán ¶그는 여전히 ~이다 | 他仍然是童颜不减.

동양[東洋] 圀〈地〉【东洋】Dōngyáng 【东方】Dōngfāng ¶~학 | 东洋学. ¶~의 도덕 | 东洋道dào德. ¶~인 | 东方人

동양화[東洋畵] 圀〈美〉【东洋画】dōngyánghuà 【水墨画】shuǐmòhuà

동업[同業] 圀【하자】 【同业】tóngyè 【同行(儿)】tóngháng(r) ¶~조합 | 同业公会. ¶~조합 규칙 | 同业条规tiáoguī.

동여매다 튐 【捆】kǔn 【捆扎】kǔnzhā 【束】shù 【缚】fù ¶짐을 ~ | 捆行李. ¶띠로 허리를 ~ | 以带束腰. ¶손에는 닭을 동여맬 힘도 없다 | 手无缚鸡jī之力.

동영상[動映像] 圀〈電算〉【动画】dònghuà

동영상 전문가 그룹[動映像專門家group; MPEG; moving picture experts group]〈電算〉【运动图形专家组】yùndòng túxíng zhuānjiāzǔ

동요¹[動搖] 圀【하자】 【动摇】dòngyáo

동요²[童謠] 圀【童谣】tóngyáo

동원[動員] 圀【하자타】 ❶(사람을) 【动员】dòngyuán ¶전 학생을 ~하여 전교 대청소를 하다 | 动员全体学生举行全校大扫除. ¶농민들을 ~하여 농작물을 증산하다 | 动员农民群众增产农作物. ❷(물건을 조달하다) 【调动】diàodòng 【筹措】chóucuò ¶모든 잠재력과 가능성을 ~하다 | 调动一切潜力和可能性. ¶자금을 ~하여 미취학 소년을 지원하다 | 努力筹募资金, 支援失学少年.

동유럽[東 Europe] 圀〈地〉【东欧】Dōng Ōu ¶~의 정세가 줄곧 동요하고 있다 | 东欧局势一直很动荡dòngdàng.

동음[同音] 圀【同音】tóngyīn ¶~의 | 同音异义. ¶~이자 | 同音异字.

동의¹[同義] 圀【同义】tóngyì

동의²[同意] 圀【하자】 【同意】tóngyì 【赞同】zàntóng 【赞成】zànchéng 【承认】chéngrèn ¶나의 견해에 ~하니냐? | 我的看法你同意吗? ¶모두들 그가 반장이 되는 것에 ~한다 | 大家都赞同他当班长. ¶토지 사유제에 ~한다 | 承认土地私有制. 참고〔赞和〕

동의³[動議] 圀【动议】dòngyì ¶긴급 ~를 내다 | 提出紧急jǐnjí动议.

동이¹ 圀【木罐子】mùguàn·zi

동이³[東夷] 圀【东夷】dōngyí -동이³ 回 (표시对对小孩的爱称) ¶막~ | 小儿子.

동이다 튐 【捆】kǔn ¶단단하게 ~ | 捆结实.

동인¹[同人] 圀 ❶(뜻이나 취미를 같이하는 사람) 【同人】tóngrén 【同仁】tóngrén 【同事】tóngshì ¶~에게 의견을 내도록 청하다 | 请同人提意见. ¶~(잡)지 | 同人杂志. ❷(같은 사람) 【同一个人】tóngyī·ge rén

동인[動因] 【动机】dòngjī 【原因】yuányīn 【起因】qǐyīn ¶~도 좋아야 하

고 또 방법도 좋아야만 좋은 결과를 얻을 수 있다 | 既要有好的动机, 又要有好的方法, 才能取得好的结果。¶일의 ~은 오해로 말미암은 것이다 | 事情的起因是由于误会wùhuì引起的。

동일[同一] 图하자 【同一】tóngyī 【一致】yízhì ¶~한 형식 | 同一形式。¶~개념 | 同一概念。¶양자를 ~하다고 보다 | 认为两者是一致的。¶~한 목표를 향해 나아가다 | 向同一目标前进。

동일시[同一視] 图하자 【等视】děngshì 【一视同仁】yí shì tóng rén 【同样看待】tóngyàng kàndài ¶나라가 크든 작든 ~하여 평등하게 대하여야 한다 | 国家无论大小, 应等视, 平等相待xiāngdài。

동자[瞳子] 图 【瞳孔】tóngkǒng 【瞳人(儿)】tóngrén(r) 【瞳仁】tóngrén 【眼珠】yǎnzhū ¶~가 커지다 | 瞳孔放大。

동자[童子] 图 【童子】tóngzǐ

B**동작**[動作] 图하자 ❶ (손, 발) 【动作】dòngzuò ¶우아한 춤 ~ | 优美的舞蹈wǔdǎo动作。❷ (기계의 작동) 【操作】cāozuò 【工作】gōngzuò 【动作】dòngzuò 【开动】kāidòng ¶ (컴퓨터의) ~ 시스템 | 操作系统。¶~시간 | 操作时间。

동장군[冬將軍] 图 【严寒】yánhán 【严冬】yándōng 【寒冬腊月】hándōnglàyuè ¶~을 겁내지 않다 | 不怕pà严寒。¶~이 곧 지나간다 | 严冬即将过去。

동적[動的] 관图 ❶ 【动的】dòng·de 【动态的】dòngtài·de ❷ 【活的】huó·de ¶~인 표현 | 活的表现。

A**동전**[銅錢] 图 ❶ (주화) 【铜钱】tóngqián 【硬币】yìngbì ❷ (동전 한 푼) 【小钱】xiǎoqián 【一分钱】yìfēnqián 【一文钱】yìwénqián

C**동점**[同點] 图 【分数相同】fēnshù xiāngtóng 【同分】tóngfēn

동정[領邊] 图 【领边】lǐngbiān 【领子】lǐng·zi ¶~을 달다 | 打领边。¶빳빳한 ~ | 硬领子。

C**동정**[同情] 图하자 【同情】tóngqíng ¶~을 베풀다 | 给予同情。¶~표 | 同情票。¶모두들 너의 처지에 매우 ~

하고 있다 | 大家都很同情你的遭遇。

동정[動靜] 图 【动静】dòngjing ¶적의 ~을 살피다 | 侦察敌人的动静。

동정심[同情心] 图 【同情心】tóngqíngxīn

동조[同調] 图하자 【赞同】zàntóng 【步调一致】bùdiào yízhì ¶우리들은 이 결의에 ~한다 | 我们赞同这项决议。(참고)〔赞和〕

동족[同族] 图 ¶~ 상잔 | 同族相残。¶~애 | 同族爱。¶~ 회사 | 家庭合伙/家族公司。¶그들은 ~이다 | 他们是同族。

동지[冬至] 图 【冬至】dōngzhì (참고)〔冬节〕〔短至〕〔南至〕

동지[同志] 图 【同志】tóngzhì ¶~애 | 同志友爱。¶혁명 ~ | 革命同志。¶~가 되다 | 成了同志。

동질[同質] 图 【同质】tóngzhì ¶~ 산물 | 同质产品。

C**동짓달** 图 【冬月】dōngyuè 【阴历十一月】yīnlì shíyíyuè (참고)〔冬子月〕〔冬至月〕

동참하다[同參─] 图 【参加】cānjiā 【加入】jiārù 【参与】cānyù ¶녹색운동에 동참하기로 했다 | 我决定了参加绿色运动。

동창[同窓] 图 【同学】tóngxué 【同窗】tóngchuāng ¶같은 반 ~ | 同班同学。¶그는 나와 친한 ~이다 | 他是我的同窗好友。(참고)〔学友〕

동체[胴體] 图 【胴】dòng 【躯干】qūgàn 【机身】jīshēn ¶~가 둘인 비행기 | 双胴飞机。¶ (항공기의) ~착륙 | 躯干着陆zhuólù。(참고)〔躯体tǐ〕

동치미 图 【萝卜泡菜】luó·bo pàocài

동침[同寢] 图하자 【同眠】tóngmián 【同睡】tóngshuì 【同房】tóngfáng 【行房(事)】xíngfáng(shì)

동태[凍太] 图 〈魚貝〉 【冻明太鱼】dōngmíngtàiyú

동태[動態] 图 【动态】dòngtài ¶교사는 늘 학생들의 ~를 잘 이해하고 있어야 한다 | 教师应经常了解学生的动态。¶과학기술의 ~ | 科技动态。

동트다[東─] 图 【破晓】pòxiǎo 【黎明】límíng 【发白】fābái 【朦明亮儿】ménglmíngliàngr ¶곧 동틀 것이다 | 天将破晓。¶이 무렵 하늘은 아직 동이

틀려고만 하고 있고, 뿌연 하현달이 아직도 머리위에 걸려 있었다 | 这时天还只黎明, 淡白dànbái的下弦xiàxián月还悬xuán在头顶上。

^B**동포**[同胞] 몡【同胞】tóngbāo ¶해외 ～|海外同胞。

동하다 통 ❶ (마음이)【动】dòng ¶마음이 ～|动心。¶구미가 ～|来口味。❷ (입맛이)【开】kāi ¶식욕이 ～|胃口开动。

^C**동학**[同學] 몡【同学】tóngxué【同窗】tóngchuāng ¶～혁명|东学革命。¶같은 반 ～|同班同学。(참고)〔学友〕

^C**동해**¹[東海]〈地〉【东海】Dōnghǎi ¶～안|东海岸。

동해²[凍害]【冻害】dònghài ¶～지|防止霜冻。

동행[同行] 몡하자 ❶【同行】tóngxíng【陪同】péitóng【跟随】gēnsuí ¶끝까지 ～하다|同行到此。¶그는 어릴적부터 아버지와 ～하여 산에서 사냥을 했다|他从小就陪爸爸在山里打猎dǎliè。❷【同路人】tónglùrén【旅伴】lǚbàn ¶그는 혁명의 ～이다|他是革命的同路人。

동향[同鄕] 몡【同乡】tóngxiāng ¶그들 둘은 ～이다|他俩是同乡。

동향[動向]【动向】dòngxiàng【动态】dòngtài【表现】biǎoxiàn【倾向】qīngxiàng【趋势】qūshì ¶적의 ～을 예의 주시하다|密切注视敌人的动向。¶시국의 ～|时局动向。¶정치적인 ～|政治表现。¶시대 발전의 ～|时代发展的趋势。(참고)〔趋向qūxiàng〕【动径】

동호[同好] 몡【同好】tónghào

동호인[同好人] 몡【同好】tónghào ¶～ 몇 명을 초대하여 함께 음악을 감상하다|请几个同好一起欣赏xīnshǎng音乐。

동호회[同好會] 몡【同好会】tónghàohuì ¶음악 ～|爱乐(协)会。

동화[同化] 몡하자타【同化】tónghuà ¶한민족에 ～되다|被汉民族mínzú所同化。

^A**동화**[童話] 몡【童话】tónghuà ¶～작가|童话作家。¶전래 ～|传统童话。

^B**돛** 몡【帆】fān【篷】péng【篷帆】péngfā-

---

n【桅】wéi ¶～이 숲을 이루고서 있다|帆樯qiáng林立。¶～을 올리다|扯chě起篷来。¶～대|船桅。

^B**돛대**[檣] 몡【樯】qiáng ¶～가 수풀처럼 일어서다|帆杆樯林立。

^A**돼지** 몡〈动〉❶【猪】zhū【豕】shǐ【猪】x-ī ¶～멧|野猪。¶～우리|猪圈/猪舍。¶암～|母猪/猪母。❷ (비유)【笨猪】bènzhū【笨蛋】bèndàn ¶～같은 놈, 이런 사소한 일조차 해내지 못하다니|你这个笨猪, 连这点小事也办不了。

^B**돼지고기** 몡【猪肉】zhūròu (참고)〔咸猪肉〕【大肉】〔熏猪肉〕〔腊lú猪肉〕

^B**되**¹ 의몡【升(子)】shēng (·zi) ¶～로 쌀을 되다|用升子称大米。

되⁻² 통【反】fǎn【又】yòu ¶～묻다|反问。¶～새기다|回想。

-되³ 어미 ❶ (表示转折) ¶그는 가난하～ 거짓을 모른다|他虽穷, 但不懂说谎。❷ (表示条件) ¶오기는 오～동생을 데리고 와라|要想来, 把弟弟带来。❸ (表示提示后再做说明) ¶그는 그것을 하～ 훌륭하게 해냈다|他做出来了, 并bìng且做得很好。

되니고다[重温]【重温】chóngwēn (참고)〔反复说〕fǎnfùshuō ¶배운 것을 ～|重温功课。

되는대로 閈【马马虎虎】mǎ·mǎhūhū【随便】suíbiàn ¶～로 대답하다|随便回答。¶～지껄이다|乱吣吣。

^A**되다**¹ 통 ❶ (어떤 성분·재료로 이루어지다)【用···做】yòng···zuò ¶이것은 종이로 되어 있다|这个是用纸做的。❷ (어떤 신분·위치·상태에 이르다)【成为】chéngwéi【当上】dāngshàng ¶그는 이미 당대의 일류 작가가 되었다|他已经成为当代第一流作家。¶그는 이번 회의의 의장이 되었다|他当了这次会议的主席。¶(벼슬)하다】【变成】biànchéng ¶노랗게 ～변황|황천이 낙원으로 ～|荒滩huāngtān变成乐园lèyuán。¶근심이 병이 ～|忧yōu思成病。❸ (인품·행동·글이 좋다)【不错】búcuò ¶사람됨이 ～|为人不错。❺ (결과가 생기다)【成】chéng【好】hǎo ¶요리

가 ~ | 饭菜好了。 **❻** (자라다·흥하다)【成长】chéngzhǎng ¶벼가 잘 ~ | 稻子长得很好。 **❼** (가능하다)【可能】kěnéng【能】néng ¶될 수 있으면 | 如果可能。 **❽** (…해도 좋다)【行】xíng【可以】kěyǐ ¶그와 얘기를 해도 될까요? | 我可以跟他谈谈吗? **❾** (충분하다)【行】xíng【可以】kěyǐ ¶문제를 분명하게 말했으면 됐다 | 把问题 wèntí说清楚就行了。¶백원만 되면 된다 | 有一百元就行了。 **❿** (계절·때가 닥쳐오다)【到】dào ¶봄이 되었다 | 春天到了。¶8시가 되면 회의를 연다 | 到八点再开会。 **⓫** (경과하다)【为】wéi ¶몇 백년 된 고목 | 有了几百年的古树。¶떠난 지 5년이 | 走了五年了。 **⓬** (…관계에 있다)【是】shì ¶이 사람은 저와 먼 친척이 됩니다 | 这个人和我是远亲关系。 **⓭** (…에 이르다)【为】wéi ¶합계가 만원이 ~ | 合计为一万元。 **⓮** (분량을 헤아리다)【量】liáng ¶말로 쌀을 ~ | 用斗量dǒu量米。

되다² 〔형〕 **❶** (빡빡하다)【稠】chóu【硬】yìng【糨】jiàng ¶이 죽은 너무 ~ | 这粥zhōu太稠了。¶밥이 ~ | 饭硬。 **❷** (힘들다)【吃力】chīlì【费劲】fèijìn ¶등산은 ~ | 爬pá山很吃力。¶그와 말하는 것은 매우 ~ | 跟他讲话很吃力。¶이 산은 올라가면 올라갈수록 더 ~ | 这山越往上爬越费劲。 **❸** (팽팽하다)【紧】jǐn【紧绷绷】jǐnbēngbēng ¶되게 동이다 | 捆得很紧。 **❹** (심하다)【粗】cū ¶된 일 | 粗活儿。

되다³ 〔조동〕 (用作补助词, 表示行动或状态已经完成)【了】·le ¶사랑하게 되었다 | 爱上了。¶두 시가 되었다 | 两点。

°**되도록** 〔부〕【尽量】jǐnliàng【尽可能】jǐnkěnéng ¶~ 늦지 않도록 해라 | 尽量不要晚。

°**되돌다** 〔동〕【重返】chóngfǎn【返回】fǎnhuí【重新转动】chóngxīn zhuǎndòng ¶그는 되돌아서 달려갔다 | 他返回来跑了。

°**되돌아가다** 〔동〕【返回去】fǎn·huí·qù【重返】chóngfǎn ¶고향으로 ~ | 重返家园。

°**되돌아보다** 〔동〕【回顾】huígù【回头看】huítóukàn ¶과거를 ~ | 回顾过去。¶삼십년 동안 걸어온 길을 돌이켜 보다 | 回顾三十年来所走过的道路。 參〔回顾〕〔回忆〕

되돌아서다 〔동〕【返回】fǎnhuí【折回】zhéhuí【折返】zhéfǎn ¶그는 일 리 남짓 갔다가 곧 되돌아섰다 | 他走了一里多路便返回来了。

되돌아오다 〔동〕【返回来】fǎn·huí·lái【折回来】zhé·huí·lái

되레 〔부〕【相反】xiāngfǎn【反而】fǎn'ér【却】què ¶그의 상황은 사실과 ~상반되어 있다 | 他说的情况qíngkuàng与事实正相反。¶바람이 그치기는커녕 갈수록 더 거세졌다 | 风不但没停, 反而越来越大了。 參〔反是〕

되로 주고 말로 받는다 〔관용〕【借人一升, 收人一斗】jièrén yìshēng, shōurén yìdǒu

°**되묻다** 〔동〕 **❶** (再次问)zàicì wèn【重问】chóngwèn ¶잘 몰라서 두 번이나 되물었다 | 因为不明白重新问了两次。 **❷** (反问)fǎnwèn ¶그는 한 마디 되물었다 | 他反问了一句。

되바라지다 〔형〕 **❶** (그릇 등이 얕다)【浅】qiǎn ¶되바라진 접시 | 碟碟子。 **❷** (지나치게 똑똑하다)【精明过人】jīngmíng guòrén ¶저 아이는 되바라진 말을 한다 | 那个孩子说的话精明过人。

°**되받다** 〔동〕 **❶** (도로 공격하다)【反攻】fǎngōng【反击】fǎnjī ¶적의 도전에 대하여 강력히 되받아쳤다 | 对敌人的挑衅xìn给予有力的反攻。 **❷** (반항하다)【反驳】fǎnbó【抗议】kàngyì【顶驳】dǐngbó ¶적의 모함하는 말을 단호하게 되받아쳤다 | 坚决反驳敌方的诬词。 **❸** (도로 받다)【要回】yàohuí【返回来】fǎnhuílái ¶빌려준 돈을 빨리 되돌려 받아라! | 快要回借出的钞票chāopiào! ¶너는 그에게서 그 책을 되받아 오너라! | 你把那本书跟他要回来吧!

°**되살다** 〔동〕【苏生】sūshēng【复活】fùhuó【复苏】fùsū【起死回生】qǐsǐhuíshēng【又活过来】yòu huóguòlái ¶인공호흡으로 되살아났다 | 多亏做人工呼吸又活了过来。

되새기다[통] ❶ (음식을) 【反复咀嚼】fǎnfù jǔjué ❷ (마음속으로) 【回味】huíwèi 【重新思索】chóngxīn sīsuǒ ¶나는 지금 오늘 하루 동안의 일을 되새기고 있는 중이다 | 我正在回味着今天一天的事.

되씹다[통] ❶ (음식을) 【反复咀嚼】fǎnfù jǔjué ❷ (말을) 【重复】chóngfù ¶그는 어제 한 말을 또 한차례 되씹었다 | 他把昨天的话又重复了一遍. (회상) 【回想】huíxiǎng 【回味】huíwèi 【回忆】huíyì 【回顾】huígù ¶당시의 상황을 ～ | 回想当年的情景.

되어가다[통] ❶ (곧 완성되다) 【快要】kuàiyào 【就要】jiùyào ¶밥이 다 되어 간다 | 饭快要做好了. ❷ (곧 도착하다) 【要到】yàodào 【快到】kuàidào ¶점심 때가 ～ | 快到中午了.

되잖다[형] 【不怎么样】bùzěn·meyàng ¶되잖은 물건 | 不怎么样的东西.

^B**되찾다**[통] ❶ (회복하다) 【重新找】chóngxīn zhǎo 【再现】zàixiàn ¶웃음을 ～ | 再现笑容. ❷ (되돌려 받다·다시 쟁취하다) 【找回】zhǎohuí 【收复】shōufù ¶잃었던 체면을 ～ | 把面子重新找回来. ¶잃어버린 땅을 ～ | 收复失地.

^B**되풀이하다**[통] 【重复】chóngfù 【反复】fǎnfù ¶그는 어제 한 말을 또 한 차례 ～하였다 | 他把昨天的话又重复了一遍. ¶～하여 생각하다 | 反复思考.

된서리[명] ❶ (기상) 【寒霜】hánshuāng ¶～가 내리다 | 下寒霜. ❷ (호된 충격·공격) 【沉重的打击】chénzhòng·de dǎjī 【严重的挫折】yánzhòng·de cuòzhé ¶～를 맞다 | 遭受严重的挫折.

^B**된소리**[명] 〈言〉【挤喉音】jǐhóuyīn

^B**된장**[명] 【黄酱】huángjiàng 【大酱】dàjiàng ¶～을 담그다 | 做黄酱. ¶～맛이 구수하다 | 酱香. (참고) 〔豆瓣bàn儿酱〕

^B**된장국**[명] 【黄酱汤】huángjiàngtāng 【大酱汤】dàjiàngtāng

^B**된장 찌개**[명] 【煎黄酱】jiānhuángjiàng (참고) 〔酱黄汤〕【大酱汤】

될성부른 나무 떡잎부터 알아본다[관용] 【人看从小, 马看蹄爪】rén kàn cóngxiǎo, mǎ kàn tízhǎo

됨됨이[명] ❶ (인간성) 【为人】wéirén 【做人】zuòrén ¶사람의 ～가 매우 훌륭하다 | 为人很好. ❷ (사람의 생긴 꼴) 【长相】zhǎngxiàng ❸ (사물의 모양) 【样子】yàng·zi ¶이 옷은 ～가 매우 곱다 | 这件衣服样子很好看.

됨직하다[형] 【有出息】yǒu chū·xi 【有所希望】yǒusuǒ xīwàng

됫박[명] ❶ 【升(子)】shēng(·zi) ¶～으로 쌀을 되다 | 用升子称大米. ❷ 【代替升的瓢和器皿】dàitì shēng·de piáo hé qìmǐn

^A**두**[관] 【两】liǎng 【二】èr ¶～사람 | 两个人. ¶～번째 | 第二次.

두각[頭角]명 【头角】tóujiǎo ¶～을 나타내다 | 露头角.

두개골[頭蓋骨]명 〈生理〉【头盖骨】tóugàigǔ

두건[頭巾]명 【孝巾】xiàojīn

^C**두견새**〈鳥〉【杜鹃鸟】dùjuānniǎo

^C**두견이**〈鳥〉【杜鹃鸟】dùjuānniǎo

두고두고[부] 【永远】yǒngyuǎn 【老】lǎo ¶이 교훈을 ～잊지 말아야 한다 | 永远不要忘记这些教训. ¶～섭섭하게 생각하다 | 老感到遗憾. ¶～생각하다 | 老是在想.

두근거리다[통] 【怦怦跳】pēngpēng tiào 【忐忑不安】tǎntè bù'ān ¶가슴이 ～ | 心里七上八下. (참고) 〔七上八落〕

^C**두근두근**[부의자] 【嘣】bēng 【扑通扑通】pūtōngpūtōng ¶가슴이 ～계속 뛴다 | 胸口嘣嘣直跳tiào. ¶나는 그를 보자 가슴이 ～ 뛰었다 | 我一看到他, 心就扑通扑通地跳tiào.

두꺼비[명] 【癞蛤蟆】làiháma 【疥蛤蟆】jièhá·ma 【蟾蜍】chánchú

^C**두꺼비집**[명] 〈電〉【保险盒】bǎoxiǎnhé

^A**두껍다**[형] 【厚】hòu 【厚实】hòu·shi ¶얼음이 매우 두껍게 얼다 | 冰冻得很厚. ¶두꺼운 솜옷 | 厚棉袄mián'ǎo. ¶두꺼운 종이 | 厚实的纸.

두께[명] 【厚薄】hòubó 【厚度】hòudù ¶이 판자의 ～는 꼭 알맞다 | 这块板子的厚薄正合适.

두뇌[頭腦]명 ❶ (머릿골) 【脑子】nǎo·zi ❷ (슬기·지혜 따위) 【头脑】tóunǎo ¶～근로자 | 脑力劳动者. ¶～가 명석하다 | 头脑清楚. ¶～가 좋

다 | 头脑好使。

^A**두다**¹ 图 ❶ (놓다) 【放】fàng 【置】zhì
【搁】gē ¶여기에 책상을 두고, 저기에
의자를 두어라 | 这儿放桌子, 那儿放
椅子。❷ (보존하다) 【保存】bǎocún
【保藏】bǎocáng ¶이것은 구하기 어
려운 물건이니, 잘 두어야 한다 | 这是
很难得nándé的东西, 得好好儿地保存
起来。❸ (남기다) 【保留】bǎoliú
【留】liú 【落】là ¶두고 온 물건 | 保留
下来的东西。¶다른 의견은 잠시 두
었다가 다음에 다시 토론하자 | 不同
的意见暂zàn时保留, 下次再讨论。❹
(설치하다) 【设】shè 【设立】shèlì 【创
办】chuàngbàn ¶좌석을 하나 ~ | 设
个座位。¶위원회를 ~ | 设立委员
会。❺ (자녀를 가지고 있다) 【有】
yǒu ¶훌륭한 아들을 ~ | 有个好儿子。
❻ (사이를 남겨두다) 【隔】gé ¶강을
사이에 두고 서로 마주 보다 | 隔河相
望。❼ (지정하다) 【指】zhǐ ¶그는
그를 두고 한 말이다 | 这是指他说
的。❽ (바둑 등을) 【下】xià ¶그는
지금 바둑을 두고 있다 | 他正在下着
棋qí呢。❾ (시간을 들이다) 【花费】
huāfèi ¶십년의 세월을 두고 연구하
다 | 花费十年的时间研究。❿ (넣다)
【加】jiā 【搀】chān ¶쌀에 팥을 ~ | 往
米里搀红豆。⓫ (마음속에 어떤 생각
을 지니다) 【记】jì 【存】cún 【搁】gē ¶
염두에 두고 잊어버리지 마라 | 你好
好记住, 别忘了。¶마음에 ~ | 记
存在心里。⓬ (고용하다) 【讨】tǎo
【要】yào 【找】zhǎo ¶가정교사를 ~
| 找了个家庭教师。¶사람을 둘 형
편이 못된다 | 还不到顾人的份上。⓭
(예l어놓다) 【撇下】piě·xia 【撇掉】piě
diào 【撇弃】piěqì ¶그는 마누라와 아
이를 두고 홀로 서울로 갔다 | 他撇下
老婆和孩子, 一个人跑到汉城。⓮ (일
정한 상태로 있게 하다) 【着】·zhe ¶
문을 열린 채로 ~ | 门开着。

두다² 조동 (用于他动词的 "아" "어" "여"
形后, 表示动作结果的保持) ¶라디오
를 그냥 켜 ~ | 收音机就那样开着。

^B**두더지** 명 【田鼠】tiánshǔ

두렁 명 【田塍】tiánchéng 【田埂】tiáng
ěng 참고 〔田岸〕〔田唇〕〔田基〕

두둑하다 형 ❶ (매우 두껍다) 【厚厚
的】hòuhòu·de ❷ (넉넉하고 풍부하
다) 【丰厚】fēnghòu·de 【雄厚】xió
nghòu ¶배짱이 ~ | 实力雄厚。¶두
둑한 사례 | 丰厚的谢礼。

두둔 명하자타 【偏袒】piāntǎn 【袒护】t
ǎnhù 【庇护】bìhù 【护庇】hùbì 【为护】
wéihù ¶친구를 ~하다 | 偏袒朋友。
¶어린이의 과실을 ~해서는 안된다
| 不能庇护小孩的过失。 참고 〔左zu
ǒ袒〕〔庇荫〕

^C**두둥실** 부 ❶ 【漂浮】piāofú ¶하늘에는
흰구름이 ~흘러간다 | 朵朵白云漂浮
在天空。❷ 【轻飘飘地】qīngpiāo·
de 【翩翩】piānpiān ¶~춤추다 |
轻飘飘地跳舞。 참고 〔翩翻fān〕

^C**두드러기** 명 〈医〉 【疹】zhěn 【风疹块】fē
ngzhěnkuài 【荨麻疹】xúnmázhěn

^C**두드러지다** 图 ❶ (불룩하다) 【突出】tū
chū 【凸起】tūqǐ 【隆起】lóngqǐ ¶두드
러진 암석 | 突出的岩石。¶두드러진
코 | 凸起的鼻梁。❷ (뚜렷하다·눈에
띄다) 【显然】xiǎnrán 【显眼】xiǎnyǎn
¶그의 옷차림은 매우 두드러진다 |
他的穿着很显眼。

^A**두드리다** 图 ❶ (치다·두드리다) 【敲】
qiāo 【打】dǎ 【扣】kòu 【拍打】pāi·da
¶문을 ~ | 敲门。¶북을 ~ | 打鼓
gǔ。¶파도가 뱃전을 두드린다 | 波浪
拍打着船舷chuánxián。❷ (마음을
움직이다) 【使人心情激动】shǐrénxī
nqíng jīdòng

^B**두들기다** 图 【敲打】qiāo·da 【乱打】luà
ndǎ ¶징과 북을 두드리다 | 敲打锣
鼓luógǔ。 참고 〔敲击qiāojī〕

두런거리다 图 【唧唧咕咕】jījīgūgū 【喃
喃不休】nánnánbùxiū

^B**두레** 명 【互助组】hùzhùzǔ 【互助班】hù
zhùbān 【互助小组】hùzhùxiǎozǔ

두레박 명 【吊桶】diàotǒng 【吊水桶】di
àoshuǐtǒng ¶~줄 | 吊桶绳。

^B**두려움** 명 【害怕】hàipà 【恐惧】kǒngjù
【畏惧】wèijù ¶~을 모르다 | 不害
怕。¶~이 없다 | 无所恐惧。

두려워하다 图 【怕】pà 【害怕】hàipà
【畏惧】wèijù ¶무엇을 두려워하느냐?
| 怕什么? ¶두려워 할 것 없어, 내가
있잖아! | 不用害怕, 有我呢! ¶어려
움을 두려워하지 마라 | 不必畏惧困

난.

^B**두렵다** 囫【怕】pà【恐惧】kǒngjù【畏惧】wèijù ¶어떠한 어려움도 두렵지 않다 | 不怕任何rènhé困难kùnnan. ¶두려워 불안하다 | 惊慌不安.

두령[頭領] 囮【头领】tóulǐng【头目】tóumù【头子】tóu·zi【首领】shǒulǐng ¶그는 이 패거리의 ~이다 | 他是这帮人的头领. ¶비적의 ～ | 土匪大头目.

^B**두루** 囝❶ (널리·빠짐없이)【——地】yīyī·de【全部】quánbù【四处】sìchù【大致】dàzhì【大体上】dàtǐ·shang ¶~ 찾아 다녔다 | 四处都找遍了. ¶차례 설명하다 | 大致地说明一下. ❷ (여러 방면으로)【各个方面】cōnggèfāngmiàn ¶~ 생각하다 | 从各个方面考虑.

^B**두루마기** 囮【朝鲜长袍】cháoxiān chángpáo【袍子】páo·zi【长袍】chángpáo

^B**두루미** 〈鸟〉【鹤】hè【白鹤】báihè【仙鹤】xiānhè【丹顶鹤】dāndǐnghè

^B**두르다** (휘날리다)囲❶【挥动】huīdòng【摇动】yáodòng ¶그들은 작은 깃발을 두르고 있다 | 他们摇动着小旗xiǎoqí. ¶국기를 ～ | 挥动国旗. ❷ (입다·차다)【围】wéi ¶목도리를 ~ | 围围巾.❸ (둘러싸다)【滚】gǔn ¶선을 ~ | 滚一道边儿. ❹ (우회하다)【绕】rào ¶운동장을 둘러 가다 | 绕着操场走. ❺ (변통하다)【借用】jièyòng【暂借】zànjiè ¶당신의 연필 좀 둘러 씁시다 | 借用一下你的铅笔. ¶둘러 쓰다 | 暂借用. ❻ (기름 등을 치다)【匀擦】yúncā【抹】mǒ ¶기름을 ~ | 抹一层油.

두름 囮❶【把儿】bǎr ¶고사리 한 ~ | 一把儿蕨jué菜. ❷【串儿】chuànr ¶조기 한 ~ | 黄花鱼一串儿. ❸【二十条】èrshítiáo ¶청어 한 ~ | 鲱fēi鱼二十条.

^C**두리번거리다** 囲【环视四周】huánshì sìzhōu【东张西望】dōng zhāng xī wàng【看这看那】kànzhè kànnà ¶두리번거리며 걸어가다 | 边走边张西望sìzhōu.［참고］〔东眺西看〕〔东撒西看〕〔东瞧瞧西望望〕

^C**두리번두리번** 囝[하지타]【环视四周】huánshì sìzhōu【东张西望】dōng zhāng

xī wàng【看这看那】kànzhè kànnà ¶극장 입구에서 ~ 사람을 찾다 | 在剧场门口儿东张西望地找人.

두말 囮[하지]【二话】èrhuà ¶~않고 没说二话. ¶~할 것 없이 | 没有二话/不用说. ¶~ 말고 | 别说/别提. ¶~할 나위 없다 | 没说的/铁的.

두매 囮【偏僻的山区】piānpì·de shānqū【穷乡僻壤】qióng xiāng pì rǎng ¶~산골 | 偏僻的山区/山沟. ¶~구석 | 偏僻的乡间/僻壤. ¶옛날의 ~산골이 지금은 굴뚝이 즐비하게 늘어선 공업도시로 변했다 | 过去的偏僻的山区现在成了烟囱林立yāncōnglínlì的工业城市.

두목[頭目] 囮【头目】tóu·mù【头领】tóulǐng【头儿】tóu·tour【头子】tóu·zi ¶그는 이 패거리의 ~이다 | 他是这帮人的头领. ¶거지의 ~ | 叫化子头子.

^A**두부**[豆腐] 囮【豆腐】dòu·fu ¶~찌개를 끓이다 | 炖dùn豆腐.

두서[頭緒] 囮【头绪】tóuxù【眉目】méi·mu【线索】xiànsuǒ ¶일이 ~가 잡혔다 | 事情有了头绪. ¶일의 ～를 좀 잡고 나서 가자 | 把事情弄出点眉目再走.

두서없다 囫【没有头绪】méi·yǒu tóuxù

^C**두세** 囷【二三】èrsān【两三】liǎngsān ¶이 일은 두세 사람이 해낼 수 있다 | 这件事两三个人能做.

^C**두셋** 囷【二三】èrsān【两三】liǎngsān ¶~의 도사가 그 사이에 자리잡고 있다 | 二三道士席其间.

두어 囷【两】liǎng ¶~ 사람 | 两个人. ¶~ 개 | 两把椅子.

^C**두엄** 囮【堆肥】duīféi【农家肥料】nóngjiāféiliào ¶~더미 | 肥堆.［참고］〔化肥〕

두유[豆乳] 囮【豆奶】dòunǎi【豆乳】dòu·rǔ【豆浆】dòujiāng

두절[杜絶] 囮[하지]【杜绝】dùjué【中断】zhōngduàn【断绝】duànjué ¶통신이 ～되다 | 通讯中断. ¶소식이 ~되다 | 消息中断. ¶연락을 ~하다 | 断绝联系.［참고]〔绝却〕

^B**두텁다** 囫【厚】hòu【肥厚】féihòu【深厚】shēnhòu【深切】shēnqiè ¶두터운 솜옷 | 厚棉袄mián·ǎo. ¶두터운 손

250

바닥 | 肥厚的手掌zhǎng。¶정이 대
단히 ~ | 感情非常深切。

^B**두통**[頭痛] 阌【头痛】tóu·tòng ¶~거
리 | 头痛的事/麻烦的事。¶이 심
하다 | 头痛得厉害。

^B**두툼하다** 혱【厚的】hòuhòu·de【厚
墩墩的】hòudūndūn·de ¶두툼한 솜
옷 | 厚厚的棉衣。

두풍[Dupont] 閔〈商標〉【都彭】Dūpé-
ng

^B**둑** 阌【堤】dī【堤防】dīfáng ¶~을 수축
하다 | 修建堤防。참고〔堤岸〕〔堤坝〕
〔堤坝〕〔堤塘〕

둑길[堤上的路]dīshàng·de lù

^C**둔갑**[遁甲] 閔하자【变身】biànshēn
【摇身一变】yáo shēn yí biàn ¶여우
가 여자로 ~했다 | 狐狸变身为美
女。¶그는 갑자기 컴퓨터 전문가로
~하였다 | 他摇身一变, 成了电脑专
家。

둔덕 閔【丘】qiū【丘陵】qiūlíng【岗】gǎ-
ng 〖흙〗 | 土丘。¶~지대 | 丘陵
地带dìdài。

둔재[鈍才] 閔【迟钝】chídùn【愚笨】yú-
bèn【愚蠢】yúchǔn【愚鲁】yúlǔ ¶머리
가 ~다 | 大脑nǎo迟钝。¶그보다 더
~인 사람은 없다 | 再没有比他愚笨
的人。

둔중[鈍重] 閔하혱❶【笨重】bènzhò-
ng ¶매우 ~한 가구 | 非常笨重的家
具。❷〖沉重〗chénzhòng

둔탁하다[鈍濁－] 혱 ❶（성격이）【笨
拙】bènzhuō【愚笨】yúbèn【愚蠢】yú-
chǔn【愚鲁】yúlǔ ¶그보다 더 둔탁한
사람은 없다 | 再没有比他愚笨的人。
❷（소리가）【钝重】dùnzhòng【浑厚】
húnhòu ¶둔탁한 소리 | 钝重的声
音。¶노래 소리가 둔탁하여 힘이 있
다 | 歌声浑厚有力。

^B**둔하다**[鈍－]혱❶（동작）【笨】bèn【笨拙】bè-
nzhuō ¶이 아이는 너무 ~ | 这孩子
太笨。❷（도구·기계）【粗糙】cūcāo
¶둔하게 만들었다 | 做得粗糙。❸
（머리·감각）【笨】bèn【迟钝】chídùn
【迟顿】chídùn ¶머리가 ~ | 脑袋náo子
笨。¶후각이 둔해지기 시작하였다
| 嗅xiù觉迟钝来了。❹（소리）
【钝重】dùnzhòng【低沉】dīchén ¶둔
한 소리 | 钝重的声音。

^A**둘** 쥔❶【二】èr【两】liǎng ¶~더하기
은는 4 | 二加二等于四。❷【俩】liǎ
그들 ~ | 他们俩。

둘둘 틧❶（둥글게 말리는 모양）【咕噜
咕噜】gū·lùgū·lu ¶종이를 ~ 말다 |
把纸咕噜咕噜卷起来。❷（구르는 모
양）【轱辘轱辘】gū·lùgū·lu ¶바퀴가
~ 굴다 | 车轮轱辘轱辘转。

둘러대다 图 ❶（필요한 돈·물건을 변
통하다）【通融】tōng·róng【暂借】zànjiè
¶규칙에 따라서만 일을 처리하고, 조
금도 둘러대지 않다 | 只按规矩办事,
丝毫不肯通融。❷（말을 꾸밈）【瞎
编】xiābiān【胡乱编造】húluàn biānzào-
o ¶입에서 나오는대로 ~ | 随口瞎
编。

둘러막다 图（围住）【围起来】w-
éi·qǐ·lái ¶병풍으로 ~ | 用屏风围起
来。

둘러메다 图（背）bēi【扛】káng ¶책가
방을 ~ | 背着书包。¶총을 ~ | 扛
枪。

둘러보다 图（环视）huánshì【环顾】huá-
ngù ¶주위를 ~ | 环视四周。

^B**둘러서다** 图（围拢）wéilǒng【围】wéi ¶
사람들이 곧 둘러섰다 | 人群立刻围
了过来。

^B**둘러싸다** 图 ❶（주위를 에워싸다）
【包】bāo【围】wéi【簇拥】cùyōng【簇
捧】cùpěng ¶불꽃이 솥대를 둘러쌌
다 | 火苗miáo包住了锅guō台。¶겹
겹이 ~ | 团团围住。¶근로자들은
그들의 대표를 무리지어 둘러 싸고 열
렬하게 환호하고 있다 | 工人们簇拥
着自己的代表, 热烈地欢呼着。❷（어
떤 것을 중심대상으로 하다）【围绕】w-
éirào【围环】wéihuán ¶유산을 둘러
싸고 다투다 | 围绕遗产争执。¶모두
들 이 문제를 둘러싸고서 매우 많은 의
견을 제기했다 | 大家围绕着这一问题
提出了很多意见。

둘러앉다 图（围坐）wéizuò ¶난롯가에
~ | 围坐在火炉旁。

둘러치다 图❶（둘러 놓다）【围起来】w-
éi·qǐ·lái【围住】wéizhù ❷（내던지
다）【用力扔】yònglì rēng

^A**둘레** 閔❶（주변）【周围】zhōuwéi ¶~
에 많은 나무를 심었다 | 周围种了许
多树木。❷（가장자리 한 바퀴의 길

251

이) 【周长】zhōuchǎng ¶~4백 리 |
周长四百里. ¶가슴~| 胸围.

둘이 먹다가 하나가 죽어도 모르겠다
관용 【两个人吃，死了一个都不知道】liǎng·gètōngchī,sǐ·leyí·gedōubùzhī·dao

ᵇ**둘째** ㈜ 【二】èr 【老二】lǎo·èr ¶그는 ~
아들이다 | 他是二儿子. ¶~형 | 二
哥.

ᵇ**둥**¹ 【咚】dōng ¶북소리가 ~~나다
| 鼓声咚咚.

둥² 【好像…好像不…】hǎoxiàng·h-
ǎoxiàng bù… 【似…非…】shì…fēi…
¶보는 ~ 마는 ~ | 像看非看. ¶먹
는 ~ 마는 ~ | 像吃了又好像没
吃.

둥³ 의명 【…了/啦…了/啦…】…le/·la
…·le/·la … ¶국이 짜다는 ~ 싱겁다
는 ~ 말이 많다 | 汤咸了，淡了，没完
没了.

ᶜ**둥그렇다** 혱 【圆】yuán 【圆圆的】yuány-
uán·de ¶공이 ~ | 皮球是圆的.

둥그스름하다 혱 【稍圆】shāoyuán 【略
圆】lüèyuán ¶둥그스름한 얼굴 | 瓜子
脸.

ᴬ**둥글다** 혱 ❶ (원형이다) 【圆】yuán ¶
매우 ~ | 滚gǔn圆/滴溜圆. ¶둥글
게 앉다 | 坐了个圆圈. ❷ (원만하
다) 【无可挑剔】wúkětiāotī ¶성격이
~ | 性格无可挑剔.

둥글둥글 부의명 ❶ (원형이다) 【圆圆
的】yuányuán·de ❶ 【溜圆儿】liūyuánr
❷ (원만하다) 【无可挑剔】wúkětiāotī
¶~한 태도 | 无可挑剔的态度.

둥둥¹ 부 ❶ (북 따위를 칠 때 나는 소
리) 【咚咚】dōngdōng 【彭铿】pēngkē-
ng 【腾腾】téngténg 【阗阗】tiántián
【琤琤】chēngchēng ¶북소리가 ~ 울
려온다 | 传来咚咚的鼓声. ¶큰 북이
~울 리다 | 大鼓咚咚响. ❷ (물건이
떠 있는 모양) 【漂】piāo 【漂浮】piāofú
【悠悠】yōuyōu 【悠悠忽忽】yōuyōuhūh-
ū ¶단풍잎이 물 위에 ~ 떠다니고 있
다 | 红叶hóngyè在水上漂着.

둥둥² (아기를 어를 때 하는 소리)
【乖】guāi 【咚咚】dōngdōng 【咚格咚
格】dōnggé dōnggé ¶우리 아기，
| 乖乖，我的孩子.

ᶜ**둥실** 부 【漂浮】piāofú 【飘浮】piāofú

바다위에 조각배 몇 척이 ~ 떠 있다 |
海上漂浮着几只zhī小船. 참고〔漂泛
fàn〕

ᶜ**둥우리** 명 【筐(儿,子)】kuāng(r,·zi) |
【篮子】lán·zi

ᶜ**둥치** 명 【根(儿,子)】gēn(r,·zi) 【树干的
下部】shùgān·de xiàbù ¶나무~ |
树shù根.

뒈지다 동 【嗝儿·le【完蛋】wǎnd-
àn

뒤가 구리다 관용 【屁股不干净】pìgǔb-
ù gānjìng

뒤가 켕기다 관용 【怵头】chùtóu

뒤꿈치 명 【脚后跟】jiǎohòu·gen 【脚
跟】jiǎogēn 【后跟】hòugēn ¶신 ~ |
鞋后跟.

ᵇ**뒤끝** 명 ❶ (일의 맨 나중) 【末尾】mòw-
ěi 【末了】mòliǎo ¶~이 개운하지 않
다 | 结尾不痛快. ¶모든 결론은 상
황을 조사한~에 나오는 것이지，그
전에 나오는 것이 아니다 | 一切结论
产生于调查情况的末尾，而不是在它
的先头. ❷ (…한 후) 【之后】zhīhòu
【其后】qíhòu ¶비온~| 雨后.

뒤늦다 혱 【晚】wǎn 【迟】chí ¶뒤늦게
왔다 | 来晚了. ¶매우 뒤늦게 일어
나다 | 起得很迟.

ᴮ**뒤덮다** 동 【覆盖】fùgài 【笼罩】lǒngzhào
【布满】bùmǎn ¶쌓인 눈이 땅을 뒤덮
고 있다 | 积雪覆盖着地面. ¶별들이
하늘을 뒤덮고 있다 | 星星布满了天
空.

ᶜ**뒤돌아보다** 동 ❶ (뒤쪽을 보다) 【回头
看】huítóu kàn ¶내가 부르자 그는 뒤
돌아보았다 | 我一叫他，他就回头看
了看. ❷ (회고하다) 【回顾】huígù
【回想】huíxiǎng ¶어린 시절을 ~ |
回想少年时代. ¶과거를 ~ | 回顾过
去. 참고〔回溯〕【回忆】

ᶜ**뒤따르다** 동 ❶ (뒤를 쫓다) 【跟着】gē-
n·zhe 【跟随】gēnsuí 【追从】zhuīcóng
¶날씨가 따뜻해지자，내 병도 뒤따라
나아지기 시작했다 | 天气tiānqì暖和
起来，我的病跟着也好起来了. ¶그
는 어릴 적부터 아버지를 뒤따라 산에
서 사냥을 했다 | 他从小就跟着爸
爸在山里打猎dǎliè. ❷ (뜻을 잇다)
【跟随】gēnsuí ¶아버지를 뒤따르는
젊은 학자들이 많다 | 跟随父亲的年

경쟁에서 뒤떨어지다, 轻学者很多。

ᵃ**뒤떨어지다** 图【落后】luòhòu【落在后边】luòzài hòu·bian ¶그는 달리기에서 늘 뒤떨어진다 | 他赛跑sàipǎo,总是落后。

ᵇ**뒤뚱거리다** 图【左右摇晃】zuǒyòu yáo·huang

ᶜ**뒤뜰** 图【后园】hòuyuán

ᵈ**뒤미처** 图【随后】suíhòu【紧接(着)】jǐnjiē(·zhe) ¶먼저 가라, 나는 一分 가겠다 | 你先去, 我随后就到。¶~ 그는 또 노래를 한 곡조 뽑았다 | 紧接着他又唱了一首歌。

뒤바꾸다 图【颠倒】diāndǎo【倒换】dǎohuàn【掉换】diàohuàn ¶순서를 ~ | 顺序颠倒。¶이 두 글자를 서로 뒤바꾸면 뜻이 달라진다 | 把这两个字颠倒过来意思就不同了。(참고)〔丁dīng倒〕

뒤바뀌다 图【颠倒】diāndǎo ¶순서가 ~ | 顺序被颠倒。

ᶜ**뒤범벅** 图【混乱】hùnluàn【混杂】hùnzá【七颠八倒】qī diān bā dǎo ¶사상이 ~이다 | 思想混乱。¶그의 말은 언제나 저렇게 ~이다 | 他说的话总是那么七颠八倒的。

ᶜ**뒤섞다** 图【混杂】hùnzá【混淆】hùnxiáo【混合】hùnhé ¶선생님의 말에 방언이 뒤섞여 있다 | 老师说的话里混杂着方言。¶고의로 흑백을 ~ | 混淆黑白。

뒤섞이다 图【混杂】hùnzá【混合】hùnhé ¶좋은 것과 나쁜 것이 뒤섞여 있다 | 好坏混杂在一起。

뒤숭숭하다 图 ❶ (혼란하다)【乱糟糟】luànzāozāo ¶뒤숭숭한 세상 | 混乱的世界。❷ (정신이 어수선하다)【心乱】xīnluàn【心烦】xīnfán【心忙】xīnmáng ¶그는 오늘 마음이 뒤숭숭하여 어찌할 바를 모른다 | 他今儿心烦, 不知所cuǒcōng从。

ᶜ**뒤엉키다** 图【搅在一起】jiǎozài yìqǐ【纠合在一起】jiūhé zài yìqǐ

뒤엎다 图 ❶ (전복시키다)【打翻】dǎfān ¶밥그릇을 ~ | 饭碗打翻了。❷ (타도하다)【推翻】tuīfān【颠覆】diānfù【打倒】dǎdǎo【推倒】tuīdǎo ¶과학의 결론은 쉽게 뒤엎을 수 있는 것이 아니다 | 科学的结论不是轻易推翻

的。¶열강을 ~ | 打倒列强lièqiáng。

ᵇ**뒤적거리다** 图【翻腾】fān·teng【翻找】fānzhǎo ¶책상 위의 책을 온통 뒤적거려 엉망이 되었다 | 把桌上的书都翻乱了。(참고)〔反腾〕

뒤적뒤적 图하타】【翻腾】fān·teng【翻找】fānzhǎo ¶무엇을 찾는지 서랍 속을 ~하고 있다 | 不知道找什么, 把抽屉翻了个遍。

뒤적이다 图【翻腾】fān·teng【翻找】fānzhǎo ¶주머니를 뒤적이더니 선물을 꺼냈다 | 他翻了翻口袋拿出了礼物。(참고)〔反腾〕

뒤죽박죽 图【杂乱】záluàn【紊乱】wěnluàn【乱七八糟】luàn qī bā zāo ¶서랍 속에 있는 물건들이 ~이다 | 抽屉chōutì里的东西很杂乱。¶질서가 ~이다 | 秩序紊乱。(참고)〔乱七八糟〕〔七乱八糟〕

ᵃ**뒤지다¹** 图 ❶ (뒤떨어지다)【落后】luòhòu ¶우리 팀은 다른 팀보다 일이 한참 뒤졌다 | 我们组比其他组落后很多。❷ (못 미치다)【不及】bùjí【够不上】gòu·bushàng【赶不上】gǎn·bushàng【不如】bùrú ¶이것은 저것보다 뒤진다 | 这个不及那个。

뒤지다² 图 ❶ (휘젓다)【翻】fān【翻找】fānzhǎo【搜】sōu ¶서랍을 ~ | 翻抽屉。¶한참 동안 방안을 뒤졌지만 아무것도 찾아내질 못했다 | 在屋里搜了半天, 什么也没搜着。¶뒤져보세요! 정말 동전 하나 없어요 | 您搜我吧! 真的一个铜子儿也没有。❷ (파다)【刨】páo ¶땅을 ~ | 刨地。❸ (돌아다니다)【走遍】zǒubiàn【跑遍】pǎobiàn ¶전국 각지를 두루 ~ | 走遍全国各地。

ᵇ**뒤집다** 图 ❶ (안팎을 뒤바꾸다)【翻】fān【翻过来】fān·guò·lái【倒过来】dào·guò·lái ¶이불잇을 ~ | 翻过被面。¶옷을 뒤집어 만들다 | 把衣裳翻过来做。❷ (위와 아래를 바꾸다)【颠倒】diāndǎo ¶이 면이 위쪽이니, 뒤집어 놓지 말라 | 这一面朝上, 别放颠倒了。❸ (체제·제도·학설 등을 뒤엎다)【推翻】tuīfān【打倒】dǎdǎo ¶

원 계획을 ~ | 推翻了原有的计划。¶정권을 ~ | 打倒政权。❹ (혼란시키다) 【弄乱】nòngluàn ¶그 소식은 장내를 발칵 뒤집어 놓았다 | 这个消息使场内一片混乱。❺ (눈이) 【翻睛】fān yǎn·jing 【翻白眼】fān báiyǎn ¶눈을 뒤집고 대들다 | 翻着眼睛干架。

ˁ**뒤집어쓰다** 동 ❶ (몸 등에 두르다) 【蒙】méng 【蒙头】méngtóu ¶가죽을 한 장 더 뒤집어 씌우다 | 再蒙上一块皮子。¶모두들 앉아서 잡담을 하지 않으면, 이불을 뒤집어 쓰고 잠을 잔다 | 大家不是坐着闲谈，便是蒙头大睡。❷ (남의 죄·책임 등을) 【受冤枉】shòuyuān·wang 【受连累】shòuliánlèi

뒤집어씌우다 동 ❶ (떠넘겨 억울하게 하다) 【使…受冤枉】shǐ…shòuyuān·wang ¶누명을 ~ | 使…背黑锅。❷ (온 몸에 뒤집어쓰게 하다) 【使…整个儿打翻】shǐ…zhěnggèr dǎfān ¶온 몸에 밀가루를 ~ | 弄了一身面粉。

뒤집히다 동 ❶ (엎어지다) 【被倾覆】bèiqīngfù ¶배가 ~ | 船被倾覆。❷ (야단나다) 【被弄乱】bèinòngluàn ¶회사가 발칵 ~ | 公司被弄得一片乱。

ˁ**뒤쪽** 【后边】hòubiān 【后面】hòumiàn 【后头】hòu·tou

ˁ**뒤쫓다** 동 ❶ (緊跟) 【紧跟】jǐngēn 【紧迫】jǐnpò 【追赶】zhuīgǎn ¶세태를 ~ | 追随潮流。¶바로 뒤쫓아 뛰어왔다 | 紧跟着就跑来了。¶도둑을 ~ | 追赶小偷。¶너는 이미 뒤떨어졌으니 더 바짝 뒤쫓아가야 한다 | 你已经落后了，要加紧追赶。

뒤차 [-車] 명 ❶ 【下一个车】xià yí·ge chē 【下一趟车】xià yí·tàng chē ❷ 【后面的车】hòumiàn·de chē

뒤척거리다 [翻] 【倒翻】dǎofān 【折腾】zhē·teng ¶그는 여러 시간을 뒤척거려서야 비로소 잠이 들었다 | 他折腾了好机个钟头才睡着。❷ 【翻找】fānzhǎo ¶신문을 ~ | 翻报纸。

뒤축 명 ❶ (발꿈치) 【踵】zhǒng 【脚后跟】jiǎohòu·gen 【脚跟】jiǎogēn ¶~을 들고 보다 | 举踵而观。❷ (신의)

【鞋(后)跟】xié(hòu)gēn 【鞋跟(儿)】xiégēn(r) ¶(신을 신기 위해) 구두~을 잡아올리다 | 提拉上鞋(后)跟。❸ (양말의) 【袜拄跟(儿)】wà·zhugen (r) ¶양말~이 해어졌다 | 袜拄跟磨破了。

뒤탈 [-頉] 명 【后患】hòuhuàn 【遗祸】yíhuò ¶~이 없다 | 后患无穷。¶~이 없도록 조심해라 | 要当心，别留后患。

ˁ**뒤통수** 명 ❶ 【后脑勺儿】hòunǎosháor 【脑勺子】nǎosháo·zi 【脑瓢儿】nǎopiáor ¶~를 긁다 | 搔头。❷ 【背后】bèihòu ¶적들은 ~를 연속 얻어맞았다 | 敌人dírén背后连续liánxù遭到打击。

뒤틀다 동 ❶ (비틀다) 【紧拧】jǐnnǐng ¶팔을 ~ | 紧拧胳臂gēbei。❷ (일을) 【妨害】fánghài 【捣乱】dǎoluàn ¶남의 일을 뒤틀지 말라 | 不要妨害人家的事。

ˁ**뒤틀리다** 동 ❶ (마음이) 【别扭】biè·niu 【不舒服】bùshū·fu ¶심사가 ~ | 心里别扭。❷ (일이) 【妨碍】fáng'ài 【阻碍】zǔ'ài ¶계획이 ~ | 计划受阻。

뒤편 [-便] 명 ❶ (뒷쪽) 【后边】hòubiān 【后面】hòumiàn ❷ (나중에 오는 사람) 【后走的人】hòuzǒu·de rén ¶편지를 ~에 보내다 | 信托给后走的人带走。

ˁ**뒤흔들다** 동 ❶ (마구 흔들다) 【挥动】huīdòng 【摇动】yáodòng ¶그들은 작은 기를 뒤흔들었다 | 他们摇动着小旗xiǎoqí。❷ (충격을 주다) 【震撼】zhènhàn ¶사람의 마음을 ~ | 震撼人心。

뒷간 명 【厕所】cèsuǒ 【便所】biànsuǒ 참고〔东厕〕〔毛房〕〔茅房〕〔茅司〕〔茅厕máocè〕〔中zhōng厕〕

뒷거래 [-去來] 명 하다 【暗盘出卖】ànpán chūmài 【地下交易】dìxià jiāoyì ¶~ 수수료 | 暗贿。

뒷걸음 명 【后退】hòutuì 【退步】tuìbù 【却步】quèbù ¶어려움을 만날지라도 결코 ~치지 않겠다 | 遇到困难决不后退。¶그는 요즘 학업 성적이 ~쳤다 | 他近来学习成绩退步了。참고〔却走〕

˚뒷골목 阌【窄胡同】zhǎihútòng【窄巷子】zhǎixiàng·zi【背胡同】bēihútòng

뒷공론[－公論]阌하자【事后议论】yìhòu yìlùn ❷(험담)【背后说】bèihòu luànshuō【背后议论】bèihòu yìlùn

뒷구멍 阌❶【后面的小洞】hòumiàn·de xiǎodòng ❷【后门】hòumén ¶으로 입학한 학생 | 后门学生。

뒷구멍으로 호박씨 깐다 관용【夹腋窝生疮, 阴毒得很】jiāyèwō shēngchuāng, yīndú·de hěn

˚뒷날 阌【后日】hòurì【日后】rìhòu【前程】qiánchéng【将来】jiānglái ¶을 기약하다 | 约好在日后。¶어려서 책 읽지 않으면, ~무엇을 할꺼니? | 小时候不读dú书, 将来干什么呢?

ᴮ**˚뒷다리** 阌❶(동물의)【后腿】hòutuǐ ❷(책상 등의)【背面的腿】bèimiàn·de tuǐ

뒷덜미 阌【后颈】hòujǐng ¶~를 붙잡다 | 抓住后脖颈。

˚뒷동산 阌【后山】hòushān【后园】hòuyuán

뒷말 阌하자 ❶(계속되는 이야기)【接着说的话】jiē·zhe shuō·de huà ❷(뒷공론의 말)【背后议论】bèihòu yìlùn【背后乱说】bèihòu luànshuō ¶이번에는 ~이 많다 | 这次背后议论很多。

뒷맛 阌❶【余味】yúwèi【回味】huíwèi ¶감柿을 먹었는데, ~이 아직도 남아 있다 | 我吃过橄榄, 到现在还余味犹存。❷【事后的心情】shìhòu·de xīnqíng

˚뒷머리 阌❶【后脑】hòunǎo【后头部】hòu tóu·bù ❷【后脑勺上的头发】hòunǎoshàng·de tóu·fa ❸【后头】hòu·tou【后面】hòumiàn ¶이 건물 ~에 인공산이 하나 있다 | 这楼后头有一座假山。

˚뒷모습[－模襲] 阌【背影】bèiyǐng

ᴮ**˚뒷문**[－門] 阌❶(후문)【后门】hòumén ¶~으로 걸어가다 | 走后门。¶~을 열다 | 开后门。❷(부정한 수단)【后门】hòumén ¶그는 ~으로 대학에 들어간 것이다 | 他是走后门进大学的。

˚뒷바라지 阌하자타【照料】zhàoliào【照顾】zhào·gù ¶그의 정성스러운 ~로 건강을 완전히 회복하였다 | 经过他的精心照料, 完全恢复了健康jiānkāng。¶환자를 ~하다 | 照顾病人。

ᴮ**˚뒷바퀴** 阌【后轮】hòulún【后轱辘】hòugū·lu

ᴮ**˚뒷받침** 阌하자타【后盾】hòudùn【后援】hòuyuán【垫身】zhàngshēn ¶~을 하다 | 作后盾。

ᴮ**˚뒷발** 阌【后脚】hòujiǎo ¶앞발이 미끄러지니 ~도 바로 설 수가 없다 | 前脚一滑, 后脚也站不稳wěn。

˚뒷방 阌【后屋】hòuwū

ᴮ**˚뒷벽** 阌❶【后墙】hòuqiáng ❷【墙后】qiánghòu

뒷북치다 동【事后诸葛亮】shìhòu zhūgéliàng【马后炮】mǎhòupào ¶뒷북치지 마시요. 你别事后诸葛亮。

뒷산 阌【后山】hòushān ¶앞산과 ~ | 前山后山。

뒷소문 阌【风声】fēngshēng【传说】chuánshuō【(底下)传闻】(dǐxià)chuánwén ¶그것은 단지 ~에 불과하다 | 那仅仅是个传说。¶그 ~은 근거가 있다 | 那些传闻有根。

뒷손 阌❶【向后伸出的手】xiàng hòu shēnchū·de shǒu ❷【善后工作】shànhòu gōngzuò

뒷수습[－收拾] 阌하자【清理】qīnglǐ【收尾】shōuwěi ¶빨리 물건을 ~하세요 | 赶快把东西清理清理。¶~을 잘하다 | 做好收尾工作。

뒷일 阌【以后的事情】yǐhòu·de shì·qing ¶~을 부탁합니다 | 以后的事情就拜托了。

˚뒷전 阌❶(뒤쪽)【后面】hòumiàn ❷(배후)【暗地】àndì【暗地里】àndì·li【背后】bèihòu【背地里】bèidì·li ¶~에서 못된 짓을 하다 | 暗地里捣鬼dǎoguǐ。¶할 말이 있으면 면전에서 말하고 ~에서 함부로 말하지 말라 | 有话huà当面说, 不要背后乱luàn说。❸(차례)【末位】mòwèi【末座】mòzuò

뒷좌석 阌【后座】hòuzuò ¶~ 창문 | 后车窗。

뒷짐 阌【背着手】bèi·zhe shǒu【背剪】bèijiǎn ¶~을 지다 | 背着手。

˚뒷집 阌❶【后面的房子】hòumiàn·de fáng·zi ❷ 〖后一家〗hòuyìjiā

뒹굴다 〖동〗❶ (누워서 구르다) 〖打滚〗dǎgǔn 〖滚〗gǔn ¶너무 아파서 ~ㅣ痛得直打滚. ¶땅에서 ~ㅣ在地上滚. ❷ (빈둥빈둥 놀다) 〖游手好闲〗yóushǒu hào xián ¶평생을 뒹굴며 지내다ㅣ一辈子游手好闲. ❸ (여기저기 널려 있다) 〖乱放〗luànfàng 〖滚落〗gǔnluò ¶길가에 뒹구는 돌멩이ㅣ滚落在路旁的小石子.

드나들다 〖동〗❶ (출입하다) 〖出入〗chūrù 〖来来往往〗lái·lai wǎngwǎng 〖来来去去〗lái·lai qùqù ¶드나들 때마다 문을 닫으시오ㅣ出入随手关门. ❷ (들쭉날쭉하다) 〖凸凹〗tū'āo 〖不平〗bùpíng

드날리다 〖동〗 〖远扬〗yuǎnyáng ¶악명이 ~ㅣ臭chòu名远扬.

드넓다 〖형〗 〖很宽〗hěnkuān 〖宽广〗kuānguǎng ¶그의 시야가 더욱 드넓어졌다ㅣ他的眼界更宽广起来.

드높다 〖형〗 〖很高〗hěngāo 〖高昂〗gāo'áng ¶사기가 ~ㅣ士气很高. ¶드높은 산ㅣ高高的山.

드디어 〖부〗 〖终于〗zhōngyú 〖到底〗dàodǐ ¶새 방법으로 ~ 성공했다ㅣ新方法终于成功了. ¶문제가 ~ 해결되었다ㅣ问题到底解决了.

드라마 [drama] 〖명〗 〖戏〗xì 〖戏剧〗xìjù ¶텔레비전 ~ㅣ电视剧.

드라마티스트 [dramatist] 〖명〗 〖剧作家〗jùzuòjiā

드라마틱 [dramatic] 〖명·형〗 〖戏剧性〗xìjùxìng

드라이 [dry] 〖명·형〗 〖干〗gān 〖干燥〗gānzào ¶옷이 빨리 ~되다ㅣ衣服干得很快. ¶공기가 매우 ~하다ㅣ空气kōngqì很干燥.

드라이기 [dry機] 〖电吹风机〗diànchuīfēngjī

드라이버 [driver] 〖명〗❶ 〖電算〗 〖驱动程序〗qūdòngchéngxù ❷ 〖改锥〗gǎizhuī 〖螺丝刀〗luósīdāo 〖赶锥〗gǎnzhuī 〔螺丝批pī〕〔螺丝起子〕〔杆gǎn锥〕〔赶螺丝〕

드라이브[drive] 〖명〗〖電算〗 〖驱动器〗qūdòngqì

드라이브[drive] 〖명·하자타〗 〖兜风〗dōufēng ¶우리 차 몰고 신작로로 ~하자!ㅣ我们开车到马路上兜风去! ¶두 시간 동안 ~했다ㅣ兜了两个小时风.

드라이브 라벨 [drive label] 〖명〗 〖電算〗 〖盘符〗pánfú

드라이아이스[dryice] 〖명〗〈化〉 〖干冰〗gānbīng

드라이어[drier] 〖명〗❶ 〖干燥机〗gānzàojī ❷ 〖吹风机〗chuīfēngjī

드라이 클리닝 [dry cleaning] 〖명〗 〖干洗〗gānxǐ ¶외투를 ~보내다ㅣ将大衣送去干洗.

드래그[drag] 〖명〗〈電算〉 〖拖动〗tuōdòng 〖拖拉〗tuōlā 〖拖曳〗tuōyè

드래그 앤 드롭 [drag and drop] 〖명〗〈電算〉 〖拖放〗tuōfàng

드러나다 〖동〗❶ (표면에 나타나다) 〖露〗lòu 〖露出〗lòu·chu 〖显出〗xiǎnchū ¶본색이 ~ㅣ露出本色来了. ❷ (비밀 등이) 〖暴露〗bàolù 〖示〗shì ¶많은 약점이 드러났다ㅣ许多弱ruò点暴露出来. ❸ (유명해지다) 〖扬名〗yángmíng 〖闻名〗wénmíng ¶천하에 이름이 ~ㅣ扬名四海.

드러내다 〖동〗 〖露出〗lòu·chu 〖显出〗xiǎnchū 〖暴露〗bàolù ¶늙은 여우가 마침내 꼬리를 드러냈다ㅣ这老狐狸hú·li终于露出了尾巴wěibā了. ¶진면목을 드러냈다ㅣ露出了真相. ¶그들의 추악한 몰골을 철저하게 드러냈다ㅣ彻底chèdǐ暴露了他们的丑chǒu恶嘴脸.

드러눕다 〖동〗❶ (길게 눕다) 〖躺〗tǎng 〖躺身〗tǎngshēn ¶침대에 ~ㅣ躺在床上. ¶반듯하게 ~ㅣ正身躺. 모로 ~ㅣ侧身躺. ❷ (앓아 눕다) 〖病倒〗bìngdǎo 〖卧病〗wòbìng ¶그는 결국 몸져 드러누웠다ㅣ他终于病倒了. ¶그는 이미 수년간 앓아 드러누워 있다ㅣ他已卧病多年了.

드럼[drum] 〖명〗〈音〉 〖鼓〗gǔ ¶~을 치다ㅣ打鼓.

드럼 통[drum桶] 〖명〗❶ (북의 통) 〖鼓桶〗gǔtǒng ❷ (드럼으로 된 용기) 〖铁制油桶〗tiězhì yóutǒng

드렁드렁 〖부·하자타〗❶ (코고는 소리) 〖呼噜呼噜〗hū·lu hū·lu ❷ (몹시 큰 소리) 〖轰隆轰隆〗hōnglōng hōnglōng

256

ᶜ**드레스**[dress] 몡【衣服】yī·fu【礼服裙】lǐfúqún

드롭[drop] 몡【硬糖】yìngtáng

드롭스[drops] 몡【硬糖】yìngtáng

드르렁 閉❶(몹시 큰 소리)【轰隆轰隆】hōnglōng hōnglōng ❷(코고는 소리)【呼噜呼噜】hū·lu hū·lu【呼呼】hū·hū【呼噜】hū·lu ¶～거리다 | 打呼呼.

드르렁거리다 图❶【轰隆轰隆】hōnglōng hōnglōng ❷【打呼噜】dǎhū·lu【打鼾】dǎhān ¶코를 드르렁거리며 자다 | 打着呼噜睡.

드르륵 閉❶【嚓】cā【嘎】gā ❷【嗒嗒嗒嗒】dādādādā ¶기관총소리가 ～ 나다 | 机枪jīqiāng声嗒嗒嗒嗒地响起来.

ᴬ**드리다** 图❶("주다"의 높임말)【赠】zèng【献】xiàn【奉送】fèngsòng ¶우편으로 청구하면 즉시 드립니다 | 函寄即赠. ¶여러 해 동안 보관해온 열사의 유물을 ～ | 把保存了多年的烈士 lièshì的遗物yíwù献了出来. ❷(축하·결의·감사)【致】zhì【呈】chéng【道】dào ¶이와 같이 이 동지께 드립니다 | 此致李同志. ¶축하를 ～ | 道喜xǐ. ¶감사를 ～ | 道谢xiè. ❸(말씀·문안·인사)【进】jìn【问】wèn ¶말씀을 ～ | 进言. ¶인사를 ～ | 问安. ❹(남을 위하여 움직임)【给】gěi【予】yǔ ¶그분께 보내～ | 送给他. ¶보살펴～ | 予以照顾zhàogù.

ᴬ**드리다²** 图❶(끈·줄)【搓】cuō【拧】níng【捻】niǎn ¶종이 노끈을 ～ | 搓纸绳shéng. ¶드려서 새끼를 만들다 | 拧成绳子. ❷(댕기)【结】jié【系】jì ¶댕기를 ～ | 系辫带.

ᴬ**드리다³** 图【修建】xiūjiàn ¶난간을 ～ | 修建栏杆.

드리우다 图【垂下】chuíxià【垂悬】chuíxuán【垂挂】chuíguà ¶깃발을 ～ | 垂悬旗子. ¶침실에는 짙은 녹색의 커튼이 드리워져 있다 | 卧室垂挂着深绿色的窗帘.

ᶜ**드릴**[drill] 몡【钻孔机】zuānkǒngjī

드문드문 閉[부사말]❶(공간)【稀疏】xīshū【零零星星】línglíngxīngxīng【疏疏落落】shūshūluòluò【疏稀】shūxī ¶모가 ～ 나다 | 禾苗hémiáo出得稀疏.

¶～한 새벽별 | 疏疏落落的晨星. ❷(시간)【有时(儿)】yǒushí(r)【断断续续】duànduànxùxù ¶이런 물건도 ～ 유용하다 | 这样东西, 有时也有用. ¶～ 그는 나에게 오곤 한다 | 有时他上我这儿来.

ᴮ**드물다** 혱❶(수효가 적다)【稀疏】xīshū【零星】língxīng【零散】líng·san ¶별들이 ～ | 星星xīngxīng稀疏. ¶나는 드물게 나는 총소리까지 들었다 | 我还听见零星的枪声. ❷(간혹)【有时】yǒushí ¶이런 물건도 드물게 유용하다 | 这样东西, 有时也有用的. ¶드물게 장애를 초래하는 수가 있다 | 有时发生障碍. ❸(특이하다·진귀하다)【稀少】xīshǎo【罕见】hǎnjiàn【少有】shǎoyǒu ¶인가가 ～ | 人烟yān稀少. ¶보기 드문 현상 | 罕见现象xiànxiàng. ¶울산에선 아주 드문 날씨다 | 这种天气在蔚山是很少有的. 참고〔稀少〕〔希有〕〔稀罕〕〔希少〕〔罕觏gòu〕

드세다 혱❶(힘 등이)【强有力】qiángyǒulì ¶(의지가) 드센 사람 | 强有力的人. ❷(일이)【重】zhòng【繁重】fánzhòng ¶일이 ～ | 工作很重. ¶이것은 대단히 드센 임무이다 | 这是一个极其繁重的任务.

득[得] 몡【利益】lìyì【有利】yǒulì ¶적극적으로 저축을 하면 국가 건설에 ～이 될 뿐만 아니라, 개인에게도 ～이 된다 | 积极储蓄既有利于国家建设, 又有利于个人.

득남[得男] 몡하자【得男】dénán【得儿子】dé ér·zi

득녀[得女] 몡하자【得女】dénǚ【得女儿】dé nǚ'ér

득달같다 혱【毫不迟延】háobù chíyán ¶득달같이 달려왔다 | 毫不迟延地跑过来了.

득세[得势] 몡하자【得势】déshì【得意】déyì【占上风】zhànshàngfēng ¶그의 의견이 점점 ～하다 | 他的意见逐渐占了上风.

득실[得失] 몡❶【得失】déshī ¶개인의 의해 ～을 따지지 않다 | 不计较个人的得失. ❷【成败】chéngbài ¶～의 관건 | 成败之关键.

득의[得意] 몡하자【得意】déyì【得志】

déyáng ¶~양양 | 得意洋洋。¶~만면 | 喜形于色。

°득점[得點] 몡한자 **【得分】**défēn ¶방문팀의 7번 선수가 ~을 제일 많이 하다 | 客队的七号得分最多。

득표[得票] 몡한자 **【得票】**dépiào ¶최고 ~를 얻다 | 赢得最高票。

—든¹ 조 **【无论…无论…】**wúlùn…wúlùn… **【不管…不管…】**bùguǎn…bùguǎn… ¶가~ 오~ | 나 맘대로 해라 | 是走随你的便。

—든² 어미 **【无论…】**wúlùn… **【不管…】**bùguǎn… ¶니가 무엇을 하~ 나는 상관없다 | 你做什么都与我无关。

°든든하다 혱 ❶ (신체가) **【结实】**jiē·shi **【健康】**jiànkāng ¶그는 몸이 그다지 든든하지 않다 | 他身子不太结实。❷ (기초가) **【牢固】**láogù **【坚固】**jiāngù **【牢基】**láo·ki **【牢棒】**láobàng ¶지반을 아주 든든하게 닦다 | 地基打得挺牢固。¶진지가 ~ | 阵地牢固。❸ (사상·일이) **【牢靠】**láo·kao **【坚实可靠】**jiānshí kěkào ¶일처리가 ~ | 办事牢靠。¶든든한 사람으로 키우다 | 培养成为坚实可靠的人。❹ (마음이) **【踏实】**tāshi **【壮实】**zhuàng·shi ¶일이 다 끝나서 마음이 ~ | 事情办完心里就踏实了。❺ (배가) **【饱】**bǎo ¶나는 든든하게 먹었다 | 我吃饱了。❻ (옷이) **【厚实】**hòu·shi **【厚厚的】**hòuhòu·de ¶옷을 든든하게 입다 | 穿得厚实。

—든지 어미 **【无论…】**wúlùn… **【不管…】**bùguǎn… ¶하~ 말~ 맘대로 해 | 做不做由你。¶니가 어딜 가~ 做狗也罢 | 你去哪儿我也不管。

들기 좋은 노래도 늘 들으면 싫다 관용 **【好曲不唱三遍】**hǎoqǔbùchàngsānbiàn **【好话三遍, 连狗也嫌】**hǎohuà sānbiàn, lián gǒu yě xián

°듣다¹ 동 ❶ (소리를) **【听】**tīng·jiàn **【闻】**wén ¶이런 음악은 나는 잘 듣지 않는다 | 这种音乐我不喜欢听。¶나는 잠간 듣고 있었지만, 아무 소리도 듣지 못했다 | 我听了一会儿, 可是什么声音都没听见。¶귀로 듣고 눈으로 보다 | 耳闻目睹。❷ (답하다) **【答应】**dā·ying **【接受】**jiēshòu **【听随】**tīngsuí ¶그녀는 처음에는 응하지

않았으나, 나중에는 들어주었다 | 她起初不肯kěn, 后来才答应了。¶조건을 들어주다 | 接受条件。❸ (칭찬·꾸지람을) **【挨】**āi **【受】**shòu ¶욕을 ~ | 挨骂。¶칭찬을 ~ | 受表扬。❹ (이르는 말 등을) **【听从】**tīngcóng **【听顺】**tīngshùn **【接受】**jiēshòu **【听取】**tīngqǔ ¶남의 충고를 ~ | 听从别人的劝告。¶아버지의 말을 안 ~ | 不听父亲的话。

°듣다² 동 ❶ (효험이 있다) **【有效】**yǒuxiào **【见效】**jiànxiào ¶이 약은 매우 잘 듣는다 | 这种药很有效。¶아무리 약을 많이 먹어도 듣지 않는다 | 吃多少药也不见效。❷ (정상적으로 움직이다) **【听使唤】**tīngshǐ·huàn **【好使】**hǎoshǐ ¶손이 잘 듣지 않는다 | 手不听使唤。¶이 금속 만년필은 매우 잘 듣는다 | 这支金笔很好使。

듣다못해 뭐 **【忍受不了】**rěnshòu·buliǎo ¶~ 한 마디 했다 | 忍受不了, 便说一句。

^들¹ 몡 **【平原】**píngyuán **【平野】**píngyě **【野外】**yěwài **【田野】**tiányě ¶넓은 ~ | 广阔的平原。¶~이 끝없이 아득하다 | 平野漠漠mò。¶기름진 ~ | 肥沃的田野。

들² 의명 **【等】**děng ¶동물원에 가서 코끼리, 사자, 범, 곰~을 보았다 | 去动物园看了大象, 狮子, 老虎, 熊猫等等。

들—³ 옵 **【野】**yě **【野生】**yěshēng ¶~깨 | 野芝麻。¶~개 | 野狗。

—들⁴ 조 **【代替主语复数们】**¶어서 밥~ 먹어라 | 你们快吃饭吧。

—들⁵ 미 (복수접미) **【们】**·men ¶사람~ | 人们。¶우리~ | 我们。

들것 몡 **【担架】**dānjià ¶~에 싣다 | 放在担架上。

^들국화[—菊花] 몡〈植〉 **【野菊花】**yějúhuā

^들기름[荏油] 몡 **【荏油】**rěnyóu **【苏子油】**sūzǐyóu

들끓다 동 ❶ (흥분하다·술렁거리다) **【沸腾】**fèiténg ¶피가 ~ | 热血沸腾。❷ (많이 모이다) **【挤挤挨挨】**jǐ·aiāi ¶거지가 ~ | 乞丐挤成了堆。

들녘 몡 **【田野】**tiányě **【平原地带】**píngyuándìdài ¶가을 ~ | 秋天的田

野。

ᵃ**들놀이** 몡【野游】yěyóu【郊游】jiāoyóu ¶혼자 ~가다 | 一个人独自dúzì野游。

ᴬ**들다¹** 됭❶ (입주·투숙하다)【搬进】bānjìn【住】zhù【住进】zhùjìn ¶이 방에 들었다 | 搬进了这间房。¶여관에 ~ | 住旅馆。❷ (들어가다)【入】rù【进】jìn ¶(안으로) 드십시오 | 请进。¶(포함·수용하다)【装】zhuāng【容】róng【装进】zhuāngjìn【含有】hányǒu ¶이 방은 30명이 들 수 있다 | 这屋子能容三十人。¶약재에 다섯 가지 성분이 들어 있다 | 药剂中容五种成分。¶두부에 들어 있는 자양분은 아주 많다 | 豆腐fu含的养分很多。❹ (가입·가담하다)【进入】jìnrù【入】rù【加入】jiārù ¶당에 ~ | 入党。¶같은 해에 그는 동맹회에 들었다 | 同年, 他加入了同盟会。❺ (염색되다)【染】rǎn【染上】rǎnshàng ¶검은 물이 ~ | 染上黑颜色。❻ (소요되다)【花】huā【花费】huāfèi【需要】xūyào ¶백 원이 들었다 | 花费了一百元。¶비용이 ~ | 需要费用。❼ (만족스럽다)【中意】zhòngyì【适意】shìyì【看中】kànzhòng【看得上】kàndé·shàng ¶그는 이 옷감이 마음에 들었다 | 他看中了这件衣料。¶마음에 들지 않다 | 看不上眼。❽ (병이 생기다)【患】huàn【得】dé【闹】nào【染上】rǎnshàng ¶병이 ~ | 患病/得病/闹病。❾ (뿌리나 열매가 굵어지다)【结】jiē【成熟】chéngshú【饱满】bǎomǎn ¶벼의 알이 ~ | 稻谷饱满。¶꽃피고 열매가 들다 | 开花结果。❿ (맛이 알맞게 되다)【腌出】yānchū ¶김치가 맛이 ~ | 腌出味道来了。¶사과가 맛이 ~ | 苹果有味了。⓫ (햇볕 등이)【照射进来】zhàoshèjìn·lái ¶햇볕이 잘 ~ | 阳光容易照进来。⓬ (어떤 상황에 처하게 되다)【陷入】xiànrù ¶곤경에 ~ | 陷入困境。¶적군은 우리 군의 포위 속에 들어왔다 | 敌军díjūn陷入了我军的包围圈bāowéiquān。⓭ (철이 나다)【懂事】dǒngshì ¶그는 아직 철이 덜 들었다 | 他还不懂事。⓮ (잠이)【进入】jìnrù【入】rù ¶잠이 ~ | 入睡/入寐。¶뒤

척이며 잠들지 못하다 | 辗转难以入睡。⓯ (기르다)【养成】yǎngchéng ¶어려서 든 버릇 | 小时候养成的习惯。⓰ (범위에 포함되다)【入】rù【进】jìn ¶등수 안에 ~ | 入等级。⓱ (생각·감정 등이 생기다)【有】yǒu ¶잠념이 ~ | 有杂念。¶허기가 ~ | 有了饥饿感。⓲ (정이)【上(感情)】shàng(gǎnqíng) ¶오랫동안 이웃과 정이 ~ | 时间长了和邻居上了感情。⓳ (시중을)【侍候】shìhòu ¶환자 시중을 ~ | 侍候病人。⓴ (기상 현상을 만나다)【遇】yù【是】shì【到来】dàolái ¶흉년이 ~ | 是个凶年。¶장마가 ~ | 来了淫雨。㉑ (바람이)【糠】kāng ¶무우에 바람이 들었다 | 萝卜糠了。

ᴬ**들다²** 됭❶ (손에 쥐다)【拿】ná【提】tí ¶손에는 책 몇 권을 들고 있다 | 手里拿着几本书。¶손에 보따리를 하나 들고 있다 | 手里提着一个包儿。❷ (위로 올리다)【抬】tái【举】jǔ ¶머리를 ~ | 抬头。¶너는 기를 들어 올려라 | 你把旗子举起来吧。¶손을 ~ | 举手。❸ (예증하다)【举】jǔ【引用】yǐnyòng ¶세 개의 예를 ~ | 举三个例。¶격언을 ~ | 引用格言。❹ (제시하다)【提出】tíchū ¶그는 기계화 문제를 들고 나와서 토론하였다 | 他把机械化问题提出来进行讨论。❺ (먹다·마시다)【吃】chī【进餐】jìncān【用餐】yòngcān ¶조반을 ~ | 吃早饭。¶여기서 진지를 드세요 | 在这儿用餐吧。¶함께 식사를 ~ | 一同进餐。❻ (선택하다)【选择】xuǎnzé ¶길을 잘못 들어 한참을 헤맸다 | 走错了路转悠了好一阵子。

ᴬ**들다³** 됭❶ (칼날 등이)【快】kuài【锋利】fēnglì【锐利】ruìlì ¶칼이 잘 든다 | 刀子很快。❷ (나이가)【上】shàng ¶나이가 들었다 | 上了年纪。¶나이가 ~ | 上岁数。

들들 뭐❶ (볶는 모양)【哔哔剥剥】bìbibōbō ¶콩을 ~ 볶다 | 哔哔剥剥炒豆子。❷ (가는 모양)【磨】mó ¶옥수수를 ~ 갈다 | 磨玉米。❸ (사람을 채근하는 모양)【纠缠】jiūchán ¶남을 ~ 볶다 | 执拗地纠缠人。

ᴬ**들뜨다** 됭❶ (장판·벽지가)【翘起来】

qiáo·qǐ·lái】¶장판이 ~｜炕纸翘起
来了。❷(마음이)【浮】fú【浮动】fú·
dòng【不安】bù'ān ¶마음이｜心
浮。¶마음이 들떠서, 일이 손에 잡히
지 않는다｜情绪浮躁，不能安心工
作。¶마음이 ~｜不安心。❸(살갗
이)【浮肿】fúzhǒng ¶얼굴이 ~｜脸
浮肿了。

들락거리다 동【进进出出】jìnjìnchūchū
¶손님들이 끊임없이 ~｜顾客不断
地进进出出。

들러붙다 동❶(부착되다)【附着】fù·
zhuó【粘着】niánzhuó ¶내 발이 땅에
들러붙은 것 같다｜❷(사람이)【依
附】yīfù ¶그 소녀는 밤새 엄마에게 들
러붙어 떨어지지 않는다｜那个孩子
整晚依附在妈妈身旁，不肯离开。

ᴮ**들려주다** 동❶【让听】ràngtīng【给…
听】gěi…tīng ¶그에게 음악을 ~게
他听音乐yīnyuè。❷【讲述】jiǎngshù
【告诉】gào·su ¶사건의 경위를 들려
주었다｜讲述了事情的原委yuánwěi。¶좋은 소식을 ~｜告诉好消息。

ᴬ**들르다** 통【顺便去】shùnbiànqù ¶서점
에 들렀다 오너라｜顺便去书店一趟t·
àng。

ᴬ**들리다¹** 동【听得见】tīng·de jiàn【能听
见】néngtīngjiàn【听到】tīngdào ¶소
식이 하나 ~｜听到了一个消息。

ᴮ**들리다²**【翘起来】qiáo·qǐ·lái ¶장판
지가 ~｜炕纸翘起来了。

들리다³ 동【顺便去】shùnbiànqù ¶오
는 길에 가게에 들려 과자를 샀다｜回
来的路上顺便去铺子里买了饼干。

들먹거리다 동❶(물체를)【晃动】huà·
ngdòng【一动一动】yídòng yídòng ❷
(몸을)【耸动】sǒngdòng【抽动】chō·
udòng【抖动】dǒudòng ¶어깨를 막
~｜肩膀在一上一下地抖动。❸(마
음을)【跳动】tiàodòng【激荡】jīdàng
【起伏】qǐfú ¶가슴이 ~｜心情激荡起
伏。❹(언급하다)【挑剔】tiāo·ti ¶
그가 들먹거릴 만한 이유는 없다｜他
是没有理由挑剔的。

들먹이다 동❶(물체가)【摇动】yáodò·
ng【晃动】huàngdòng ¶산이 들먹이
고 바다가 끓다｜山岳摇动，大海翻
滚。❷(몸이)【耸动】sǒngdòng【抽
动】chōudòng【抖动】dǒudòng ¶그는

어깨를 한 번 들먹였다｜他耸动了一
下肩膀。❸(마음이)【激荡】jīdàng
【起伏】qǐfú ¶가슴이 ~｜心在激荡。
¶들먹이는 가슴에 두 손을 얹었다｜
两手放在起伏不停的胸前。❹(언급
하다)【挑剔】tiāo·ti ¶남의 흠을 ~｜
挑别人的毛病。

ᶜ**들볶다** 동❶(힘들게 하다)【折磨】zh·
é·mo【折腾】zhē·teng【折夺】zhéduó
【锯磨】jùmó ¶너는 나를 들볶지 마라
｜你别折磨我了。¶만성병은 사람을
들볶는다｜慢性病折腾人。❷(시끄
럽게 하다)【吵闹闹闹】chǎo·chao nà·
onào ¶너무 들볶아 잠을 잘 수가 없
다｜吵闹地无法入睡。

ᶜ**들새** 명【野鸟】yěniǎo 참고〔野禽〕

ᶜ**들소** 명【野牛】yěniú ¶인도~가우르
(gaur)｜印度野牛。

들썩거리다 동❶(움직이다)【呼扇】h·
ū·shān【一动一动】yídòng yídòng
【跳动】tiàodòng【耸动】sǒngdòng ¶
발판이 너무 길어서 위를 걸으면 자꾸
들썩거린다｜跳板太长，走到上面直
呼扇。❷(마음이 움직이다)【浮】fú
【浮动】fúdòng【不定】búdìng【动心】
dòngxīn ¶마음이 들썩거리며 성급하
다｜心浮气躁。¶마음이 ~｜动了心
儿了。❸(시끌시끌하다)【闹嚷嚷】n·
àorǎngrǎng【吵吵嚷嚷】chǎo·chǎo r·
ǎngrang ¶거리가 ~｜街上闹嚷嚷
的。¶창밖이 들썩거리는데 무슨 일
이 생겼소?｜窗外闹嚷嚷的, 发生了什
么事情?

들썩이다 동 ☞ 들썩거리다

들쑤시다 동❶【乱捅】luàntǒng ¶쥐구
멍을 ~｜乱捅老鼠洞。❷【剧痛】jùtò·
ng ¶골머리가 ~｜头剧痛。

ᴬ**들어가다** 동❶(안으로 가다)【入】
【进】jìn【进入】jìnrù【走进】zǒujìn ¶
흘러 ~｜流入。¶집으로 ~｜进
屋。¶새로운 단계에 ~｜进入新阶
段。❷(전력·통신망이)【建立】jiànlì
【通】tōng ¶전기가 ~｜通了电。❸
(모임·단체 등의 구성원이 되다)【加
入】jiārù【参加】cānjiā【入】rù ¶같은
해에 그는 동맹회에 들어갔다｜同年,
他加入了同盟会。¶토론에 ~｜参加
讨论。¶대학에 ~｜入大学。❹(입
주·투숙하다)【住】zhù【搬进】bānjìn

【住进】zhùjìn ¶여관에 ~ㅣ住旅馆lǚ·guǎn. ¶새 집에 ~ㅣ搬进新盖的房子. ❺ (돈·물자·노력이) 【用上】yòngshàng【花费】huāfèi【投】tóu ¶여비가 5000원이 ~ㅣ花了五千元旅费. ❻ (정책·법령·사상·문화가) 【深入】shēnrù ¶당 정책이 대중 속에 깊이 ~ㅣ党的政策深入到群众之中. ❼ (이해하다) 【易懂】yìdǒng【理解】lǐjiě【学进去】xué·jìn·qù ¶(머리에 잘) 들어가는 말을 쓰다ㅣ用易懂的话. ❽ (움푹 패다) 【塌陷】tāxiàn【凹进去】āo·jìn·qù ¶눈언저리가 쑥 ~ㅣ眼窝儿wōr塌陷下去. ❾ (시작되다) 【转入】zhuǎnrù【开始】kāishǐ ¶이 작업은 내일부터 최종 단계에 ~ㅣ这项工作从明天起转入最后阶段. ¶토론에 ~ㅣ开始讨论. ❿ (포함되다) 【列入】lièrù【包含】bāohán ¶계획에 ~ㅣ列入计划. ¶그의 건의에는 합리적인 요소가 적지 않게 들어있다ㅣ他的建议jiànyì包含不少合理的因素. ⓫ (삽입되어 있다) 【插入】chārù ¶사진이 많이 들어간 책ㅣ插入很多照片的书.

°들어내다 图 ❶ (밖으로 내다) 【拿出来】ná·chū·lái【搬出来】bān·chū·lái ¶짐을 밖으로 ~ㅣ把行李搬出来. ❷ (쫓아내다) 【赶走】gǎnzǒu【驱逐】qūzhú ¶군중을 ~ㅣ把群众qúnzhóng赶走. ¶침략자를 ~ㅣ驱逐侵略者qīnlüèzhě. ❸ (축출하다) 【揪出来】jiū·chū·lái ¶숨어 있는 기회주의자를 ~ㅣ揪出来暗藏的机会主义者.

들어맞다 图 ❶ (적합하다) 【合适】héshì【适合】shìhé【符合】fúhé ¶크기가 딱 ~ㅣ大小正合适. ¶조건이 들어맞는 곳ㅣ条件活合的地方. ❷ (적중하다) 【说中】shuōzhòng【猜中】cāizhòng【应验】yìngyàn ¶그가 한 말은 들어 맞았다ㅣ他说的话应验了.

^들어서다 图 ❶ (안으로) 【走进】zǒujìn【进到】jìndào ¶방안으로 ~ㅣ走进屋里. ❷ (자리잡다) 【站立】zhànlì【充满】chōngmǎn ¶회관에는 사람이 들어서다 ~ㅣ会馆人员爆满. ❸ (접어들다) 【入】rù【进入】jìnrù【开始】kāishǐ ¶여름철에 들어서면서부터 장마가 지기 시작했다ㅣ入夏就淅起来

了. ¶새해에 ~ㅣ进入新年. ¶묵은 해가 끝나고 새로운 한 해가 들어섰다ㅣ旧的一年结束了, 新的一年开始

°들어앉다 图 ❶ (안쪽으로) 【进去坐】jìnqù zuò【靠里边坐】kào lǐbiān zuò ❷ (위치하다) 【坐落】zuòluò ¶우리 학교는 환경이 조용하고 한적한 교외에 들어앉아 있다ㅣ我们的学校坐落在环境幽静的市郊. ❸ (지위를 차지하다) 【坐上了交椅】zuòshàng·le jiāoyǐ ¶成为】chéngwéi ¶지배인으로 ~ㅣ坐上了经理的交椅. ❹ (나오지 않다) 【光呆在家里】guāng dāizài jiā·li【闲在家里】xiánzài jiā·li

^들어오다 图 ❶ (안으로) 【进】jìn【入】rù ¶들어오십시오ㅣ请进. ¶배는 입으로 들어온다ㅣ船从口入. ¶배가 항구에 ~ㅣ船入港. ❷ (침입하다) 【侵入】qīnrù【浸透】jìntòu【侵蚀】qīnshí ¶병균이 인체에 ~ㅣ病菌bìngjūn侵入人体. ❸ (이용가능하게 되다) 【收】shōu ¶유선 텔레비전이 ~ㅣ能收到有线电视. ❹ (입회·참가하다) 【参加】cānjiā【加入】jiārù ¶토론에 ~ㅣ参加讨论. ¶같은 해에 그는 동맹회에 ~ㅣ同年, 他加入了同盟会. ❺ (이해되다) 【学进去】xué·jìn·qù ¶내용이 머리에 잘 들어온다ㅣ内容容易地学进去.

들어올리다 图 【举起来】jǔ·qǐ·lái

들어주다 图 【听取】tīngqǔ【答应】dáyìng ¶부탁을 ~ㅣ答应委托.

°들어차다 图 【装满】zhuāngmǎn【挤满】jǐmǎn【充满】chōngmǎn ¶배에 화물이 가득 ~ㅣ船上装满货物. ¶군중이 좁은 거리에 ~ㅣ群众挤满在狭窄的街头. ¶방 안에 햇볕이 들어차다 ~ㅣ屋子里充满着阳光. 参고〔充塞〕〔挤塞sāi〕

°들여놓다 图 ❶ (물건을) 【放进去】fàng·jìn·qù【搬进去】bān·jìn·qu ¶책상을 방에 ~ㅣ把书桌搬进房内. ❷ (받아들이다) 【吸收】xīshōu【接收】jiēshōu ¶학회는 그를 새 회원으로 들여놓기로 결정했다ㅣ学会决定juédìng吸收他为新会员. ¶새로운 회원을 ~ㅣ接收新会员. ❸ (발을) 【涉入】shèrù ¶정계에 발을 ~ㅣ涉入政

界。

¹**들여다보다** 匽 ❶ (안을) 【窥视】kuīshì 【往里看】wǎng lǐ kàn 【窥探】kuītàn ¶문틈으로 ~ | 从门缝窥视房间。❷ (자세하게) 【仔细看】zǐxì kàn ¶꼼꼼히 ~ | 仔细瞧。❸ (빤히) 【识透】shí tòu 【看穿】kànchuān 【看破】kànpò ¶마음을 ~ | 识透心里。¶나는 이미 그의 흉계를 들여다보았다 | 我早看穿了他的诡计。

들여다보이다 匽 【看透】kàntòu 【看穿】kànchuān 【显而易见】xiǎn ér yì jiàn ¶흉계가 ~ | 看透阴谋诡计。¶이점은 뻔히 들여다보이는 것이다 | 这一点是显而易见的。

¹**들여오다** 匽 ❶ (밖에서 안으로) 【拿进来】ná·jìn·lái 【带进来】dài·jìn·lái ❷ (외국의 것을) 【引进】yǐnjìn 【输入】shūrù 【进口】jìnkǒu ¶신품종의 밀을 ~ | 引进新的小麦xiǎomài品种pǐnzhǒng。¶국외에서 자금을 ~ | 从国外输入资金。¶상품을 외국에서 ~ | 从国外进口商品。❸ (사들이다) 【买进】mǎijìn ¶음식을 ~ | 买进食品。

들이다 匽 ❶ (안으로 들어오게 하다) 【使…进】shǐ…jìn ¶사람을 집에 ~ | 让人进家门。❷ (사람을) 【接受】jiēshòu ¶그 아이를 양자로 ~ | 把那个孩子收为养子。❸ (자본・시간・비용 등을 쓰다) 【花费】huāfèi ¶큰 돈을 ~ | 花大钱。❹ (들여놓다) 【搬进】bān·jìn ¶장작을 ~ | 搬进劈柴。❺ (맛을 붙이다) 【体味】tǐwèi ❻ (염색하다) 【染】rǎn ¶머리에 노란 물을 ~ | 把头发染黄。❼ (길들이다) 【制服】zhìfú ¶말괄량이를 길~ | 制服泼妇。

¹**들이닥치다** 匽 ❶ 【突然来到】tūrán lái·dào ❷ (면임하다) 【面临】miànlín 【遇到】yùdào 【碰到】pèngdào ¶심각한 위기가 ~ | 面临一场严重的危机。¶의외의 문제가 ~ | 遇到意外问题。

¹**들이대다** 匽 ❶ (바싹 가져와 대다) 【靠近】kàojìn 【紧贴】jìntiē ¶통나무밑에 어깨를 ~ | 把肩膀紧贴在圆木底下。❷ (강력하게 요구하다) 【强硬地提出】qiángyìng·de tíchū 【强索;主张】qiángliè zhǔzhāng ¶요구를 ~ | 强烈要求。❸ (대들다) 【反驳】fǎnbó ¶

적의 모함하는 말에 단호하게 ~ | 坚决反驳敌方的诬词。❹ (공급하다) 【有力地进行】yǒulì·de jìnxíng 【灌溉】guànjiǎo ¶물을 길어다가 작물에 ~ | 挑水灌溉作物。

¹**들이마시다** 匽 ❶ (액체를) 【猛喝】měnghē 【豪饮】háoyǐn 【吸着喝】xī·zhe hē ¶물을 ~ | 吸着喝水。❷ (기체를) 【往里吸】wǎngjìnxī ¶공기를 ~ | 呼吸空气。

¹**들이밀다** 匽 ❶ (안으로 밀다) 【向里推】xiàng lǐ tuī ¶옷장을 아쪽으로 ~ | 把衣柜向里推。❷ (마구 밀다) 【乱推】luàntuī 【乱挤】luànjǐ ¶사람들이 ~ | 人们乱推。❸ (안으로 보내다) 【送进】sòngjìn 【往里送】wǎng lǐ sòng ¶ (문화재 따위를) 역사 박물관으로 ~ | 送进历史博物馆。❹ (제시하다) 【投与】tóuxià 【提供】tígōng ¶새로운 증거를 ~ | 提供新的证据。

¹**들이받다** 匽 ❶ (머리를 받다) 【顶撞】dǐngzhuàng ¶황소 두 마리가 서로 들이받고 있다 | 两头公牛在顶撞。❷ (심하게 부딪히다) 【乱撞】luànzhuàng ¶머리를 벽에 ~ | 把头撞在墙上。❸ (반항하다) 【反驳】fǎnbó 【顶撞】dǐngzhuàng ¶절대 지도자를 들이받을 수는 없다 | 千万不可顶撞领导。

들이붓다 匽 ❶ (쏟아 넣다) 【倾倒】qīngdǎo 【注入】zhùrù 【倾注】qīngzhù ¶구정물을 ~ | 倾倒秽huì水。❷ (마구 쏟아지다) 【倾泻】qīngxiè ¶소낙비가 ~ | 暴雨bàoyǔ倾泻。

¹**들이쉬다** 匽 ❶ (吸气)xī qì 【呼吸】hūxī ¶공기를 ~ | 呼吸空气。

들이치다 匽 ❶ (막 불어 들어오다) 【向里猛吹】xiàng lǐ měngchuī 【猛下】měngxià ¶비가 ~ | 雨在猛下。❷ (맹공격을 하다) 【猛攻】měnggōng 【攻打】gōngdǎ ¶적을 ~ | 猛攻敌人。

¹**들이켜다** 匽 ❶ (세게 들이마시다) 【痛饮】tòngyǐn ¶쭉 ~ | 一饮而尽。❷ (톱 등으로 들입다 켜다) 【一个劲儿地猛】yí·gejìnr·de měng ¶아름드리 통나무를 ~ | 一个劲儿地锯抱原木。

들이키다 匽 【往里】wǎnglǐ ¶꽃병이 떨어지겠다 좀 들이켜 놓아라 | 花瓶要掉下来了,往里放放吧。

ᵃ**들일** 몡【农活(儿)】nónghuó(r) 【庄稼活儿】zhuāng·jiāhuór ¶온 가족이 밭에서 ~을 하다 | 全家都在做庄稼儿. 참고〔农家活儿〕〔庄荏儿〕

ᵇ**들쥐** 몡【野鼠】yěshǔ 【田鼠】tiánshǔ 참고〔爬山鼠〕

들창코 몡【翘鼻】qiàobí 【朝天鼻】cháotiānbí 【仰鼻】yǎngbí

들추다 동❶ (뒤지다)【翻】fān 【翻找】fānzhǎo 【翻弄】fānnòng ¶바닥을 ~ | 翻底. ¶주머니를 ~ | 翻口袋. ❷ (들어올리다)【掀起】xiānqǐ 【掀开】xiān·kāi 【撩开】liāokāi ¶큰 형수님의 커튼을 들추고 멀리 밖을 바라보았다 | 大嫂sǎo掀起窗帘chuānglián, 往外望了望. ¶내가 펄럭이는 창호지를 들추니, 온통 회색의 하늘이 보였다 | 我把一张活动的窗户纸掀开就看见一片灰色huīsè的天. ❸ (폭로하다)【兜底】dōudǐ 【兜翻】dōu·fan 【抖楼】dǒulóu ¶배후의 종교 본질에 대해 낱낱이 들추었다 | 抖出了背后宗教的本质. ¶숨겨진 모든 일들을 다 들추었다 | 把所有的隐情yīnqíng都兜翻出来了.

ᵃ**들추어내다** 동【揭穿】jiēchuān 【兜翻】dōu·fan 【揭露】jiēlù ¶음모를 ~ | 揭穿阴谋. ¶사건의 본질을 ~ | 揭露事件的本质. ¶지나간 그런 일들은 들추어 내지 말라 | 过去的那些事别兜翻了.

ᵇ**들키다** 동【被发觉】bèifājué 【被发现】bèifāxiàn ¶나쁜짓을 하다가 들킨 사람 | 做了坏事被发现的人.

들통나다 동【大白】dàbái 【揭穿】jiēchuān 【暴露无遗】bàolù wúyí 【水落石出】shuǐ luò shí chū ¶진상이 이미 세상에 들통났다 | 真相已大白于天下. ¶이 사건은 결국 진상이 들통났다 | 这个案子终于真相大白.

ᵇ**들판** 몡【田野】tiányě 【原野】yuányě 【平野】píngyě ¶광활한 ~ | 一片广阔guǎngkuò田野. ¶열차가 ~을 가로질러 먼 곳으로 달리다 | 列车穿过田野, 奔向远方. ¶~이 끝없이 아득하다 | 平野漠漠mò.

듬뿍 閉❶【满满地】mǎnmǎn·de 【满满当当】mǎn·mandāngdāng 【满满堂堂】mǎnmǎntángtāng ¶사과를 한 광

주리 ~ 땄다 | 摘了满满地一筐苹果. ❷【满腔】mǎnqiāng ¶그는 가슴 ~ 희망을 품고 말한다 | 他满腔希望地说.

듬성듬성 閉|혱|렁【稀疏】xīshū 【疏疏落落】shūshūluòluò 【疏稀】shūxī ¶모가 ~ 나다 | 禾苗hémiáo出得稀疏. ¶~한 머리카락 | 稀疏的头发tóufà.

듬직하다 혱【稳重】wěnzhòng 【沉着】chénzhuó ¶예전보다 훨씬 듬직해졌다 | 比过去稳重多了.

듯 몡|혱| (表示既像又不像)¶비가 올~말~ 날씨가 흐리다 | 这雨要下不下的, 天很阴.

ᵃ**–듯싶다** 몡【好像是】hǎoxiàng·shi 【像是】xiàng·shi ¶겨울인~ | 像是冬天.

ᵃ**–듯이** 어미【就像】jiùxiàng ¶미친~날뛰다 | 就像发疯似的shì·de肆虐sìnüè.

ᵃ**듯하다** 혱【像是】xiàng·shi 【好像】hǎoxiàng 【好似】hǎosì 【模样】múyàng ¶그는 가고 싶지 않은 ~ | 他好像是不愿意去. ¶조용한 것이 마치 방안에 사람이 없는 ~ | 静jìng悄悄qiāoāo的, 好像屋子里没有人似的shì·de. ¶마치 몇 년 전의 일인 ~ | 好似多少年前的事了.

ᵃ**등** 몡❶ (신체의)【背】bèi 【脊背】jǐbèi 【脊梁】jǐliang ¶~이 굽었다 | 背驼tuó了. ¶모두들 몰래 손가락으로 말했다 | 大家偷愉的用手指着老李的脊背说. ¶~에을 맞대고 앉아 있다 | 背靠背地坐着. ❷ (뒷면)【背面】bèimiàn ¶칼~ | 刀背. ❸ (기댈 만한 세력)【后盾】hòudùn 【靠山】kào·shān 【依靠】yīkào ¶~을 대다 | 作后盾.

ᵇ**등** 몡【等】děng ¶일~품 | 一等品. ¶특~품 | 特等品.

ᵃ**등** 몡|의명|【等】děng ¶당대의 유명한 시인으로는 이백·두보·백거이 ~ 이 있다 | 唐代著名诗人有李白, 杜甫, 白居易等.

등가 몡【等价】|等價|děngjià 【等值】děngzhí ¶~교환 | 等价交换. ¶~개념 | 等价概念.

등가구 몡【藤家具】|藤家具| 【藤具】téngjù

등가죽 몡【脊背皮】jǐbèipí

`°`**등겨** 몡【稻糠】dàokāng 참고〔稻壳ké〕〔稻若糠lóngkāng〕〔稻皮(子)〕〔砻lóng糠〕

등고선[等高線] 몡〈地〉【等高线】dě-nggāoxiàn 참고〔平准线〕

`°`**등골**¹ 몡 ❶ (척추뼈)【脊骨】jǐgǔ【脊梁骨】jǐliánggǔ ¶~뼈 | 脊梁骨。 ❷ (척수)【脊髓】jǐsuǐ

`°`**등골**² 몡【脊梁沟】jǐliánggōu ¶~에 땀이 흐르다 | 脊梁沟上流汗。

등골이 빠지다 관용【累断筋骨】lèiduàn jīngǔ

`°`**등교**[登校] 몡하자【上学】shàngxué ¶몇 시에 ~하니? | 你几点上学?

등급[等級] 몡【级】jí【等级】děngjí【等次】děngcì【档次】dàngcì【标号】biāohào ¶상품 ~에 따라 가격을 정하다 | 按商品等级规定价格。 ¶생산품은 품질에 따라 ~을 나눈다 | 产品按质量划分等次。

`°`**등기**[登記] 몡하타【登记】dēngjì【注册】zhùcè【备案】bèi'àn【挂号】guàhào ¶관계 기관에 통지하여 ~하다 | 有关部门通知登记。 ¶보통~ | 单挂号。 ¶배달증명~우편 | 双挂号。 참고〔登dēng簿〕〔挂册〕〔登录〕

등기 우편[登記郵便] 몡【挂号信】guàhàoxìn【挂号邮件】guàhào yóujiàn ¶~보험 | 挂号邮件保险。

등기필증[登記畢證] 몡【挂号执据】guàhào zhíjù

`ᴮ`**등나무** 몡〈植〉【藤树】téngshù【藤子】téng·zi

등단[登壇] 몡하자【登台】dēngtái【上台】shàngtái ¶~하여 연설하다 | 登台演讲说。 ¶~하여 보고하다 | 上台报告。

`ᴮ`**등대**[燈臺] 몡【灯塔】dēngtǎ ¶~료 | 灯塔费。 ¶~세 | 灯塔税。

`°`**등대지기**[燈臺－] 몡【看守灯塔的人】kānshǒu dēngtǎ·de rén【看灯人】kāndēngrén

등뒤 몡 ❶ (등의 뒤쪽)【背后】bèihòu ¶조심해라, ~에 사람이 있다 | 当心, 背后有人。 ❷ (배후)【背地里】bèidì·li【背后】bèihòu ¶할 말이 있으면 면전에서 말하고 ~에서 함부로 말하지

말라 | 有话当面说, 不要背后乱luàn说。

등등[等等] 위용【等等】děngděng【什么的】shén·me·de ¶탁자 위에 종이·붓·먹·벼루 一의 문구가 있다 | 桌子上有纸, 笔, 墨, 砚yàn等等文具。

등등하다[騰騰－] 몡【腾腾】téngténg【汹汹】xiōngxiōng【冲冲】chōngchōng ¶살기~ | 杀气腾腾。 ¶기세~ | 气势汹汹。 ¶노기~ | 怒气冲冲。

등록[登錄] 몡하타【登记】dēngjì【注册】zhùcè【挂号】guàhào【备案】bèi'àn ¶신입생 ~은 3월 1일부터 시작한다 | 新生报到登记从三月一日开始。 ¶관계 기관에 통지하여 ~하다 | 有关部门通知挂号。 참고〔登dēng簿〕〔登册〕〔登录〕

등록금[登錄金] 몡【登记金】dēngjìjīn【注册费】zhùcèfèi

등록정보[登錄情報；property] 몡〈電算〉【属性】shǔxìng

등반[登攀] 몡하자타【攀登】pāndēng【攀爬】pānpá ¶세계 최고봉에 ~하다 | 攀登世界最高峰。

등받이 몡 ❶【背心】bèixīn ❷【椅子靠背】yǐ·zi kàobèi

등본[謄本] 몡【副本】fùběn【抄本】chāoběn【誊本】téngběn【繕本】shànběn【抄件】chāojiàn ¶~보유권 | 誊本保有权。 참고〔副张〕

`ᴮ`**등뼈** 몡【脊骨】jǐgǔ【脊梁骨】jǐliánggǔ

`°`**등사판**[謄寫版] 몡【誊写机】téngxiějī【誊写版】téngxièbǎn

등산[登山] 몡하자【登山】dēngshān【爬山】pá shān【上山】shàng shān ¶~복 | 登山服。 ¶~가 | 登山家。 ¶~화 | 登山鞋。 ¶~객 | 登山者。 ¶예전에는 저도 ~을 좋아했습니다 | 以前我也爱爬山。 참고〔越岭〕

등성이 몡【脊背】jǐbèi【山脊】shānjí【山梁】shānliáng

등속[等速] 몡【匀速】yúnsù ¶~ 호출 기억 장치 | 随机存取记忆设备/随机存取存储器。

등식[等式] 몡〈數〉【等式】děngshì ¶~이 성립하다 | 等式成立。

등신[等神] 몡【傻瓜】shǎguā【笨蛋】bèndàn ¶사람 ~ 취급하지 마! | 别当

人是傻瓜! ¶이 ~ 같은 놈, 이런 사소한 일조차 해내지 못하다니 | 你这个笨蛋bèndàn, 连这点小事也办不了. 참고 〔[大瓜]〕[笨瓜]

등쌀 명 【折磨】zhé·mo 【折腾】zhē·teng 【锯磨】jù·mo ¶모기 ~ 때문에 잠을 잘 수가 없다 | 蚊wén子折腾得无法入睡. ¶지주의 ~에 못견디어 고향을 떠났다 | 被地主折磨, 背bèi井离乡.

⌐**등온선**[等溫線] 명 〈氣〉【等温线】děngwēnxiàn

등용[登用] 명하타 【登用】dēngyòng 【任用】rènyòng 【选拔】xuǎnbá ¶인재를 ~하다 | 登用人才. ¶현명한 사람을 ~하다 | 任用贤人. ¶~문 | 登龙门. 참고 〔拔擢〕[登庸]

등위[等位] 명 【等级】děngjí ¶~가 어떻게 되느냐? | 等级如何? ❷【同等位置】tóngděng wèizhì

⌐**등잔**[燈盞] 명 【油灯】yóudēng 【灯盏】dēngzhǎn ¶~걸이 | 灯架.

등잔 밑이 어둡다 관용 【灯下不明】dēngxià bùmíng 【灯下黑】dēngxià hēi 【灯台照人不照己】dēngtái zhàorén bùzhàojǐ 【灯台不自照】dēngtái bùzìzhào

B**등장**[登場] 명하자 ❶ (무대에 나타남) 【登場】dēngchǎng 【登台】dēngtái 【上场】shàngchǎng ¶분장을 하고 ~하다 | 粉墨登场. ❷ (출현함) 【出现】chūxiàn ¶신무기의 ~ | 新武器的出现.

등정[登頂] 명하자 【登上顶峰】dēngshàng dǐngfēng ¶~에 성공하다 | 成功地登上顶峰.

⌐**등줄기**[脊背] 명 【脊背】jǐbèi 【脊梁】jǐliáng ¶~에 식은 땀이 흐르다 | 脊梁骨直冒冷汗.

B**등지**[等地] 의명 【等地】děngdì ¶서울, 부산 ~ | 汉城, 釜山等地.

⌐**등지다** 통 ❶ (기대다) 【背靠】bèikào ¶담을 등지고 서다 | 背靠着墙壁站着. ❷ (등 뒤에 두다) 【背向】bèixiàng ❸ (틀어지다) 【对立】duìlì 【得罪】dé·zui ¶그는 줄곧 중앙과 등져왔다 | 他一向跟中央闹对立. ¶그들과 등질까봐 두렵다 | 怕得罪他们.

⌐**등짐** 명 【背的东西】bēi·de dōng·xi

등차[等差] 명 ❶〈数〉【等差】děngchā

¶~급수 | 等差级数. ¶~수열 | 等差数列. ❷【等级】děngjí

등치다 통 【敲诈勒索】qiāozhàlèsuǒ ¶약한 자를 ~ | 敲诈弱者.

등한시[等閑視] 명하타 【忽视】hūshì 【忽略】hūlüè 【等闲视之】děngxián shìzhī ¶규칙을 ~하다 | 忽视规则. ¶이 점을 ~할 수 없다 | 不能忽略这一点.

등한하다[等閑-] 명하자 【忽视】hūshì 【忽略】hūlüè 【等闲】děngxián 【等闲视之】děngxián shìzhī 【不重视】bùzhòngshì ¶자녀교육에 ~ | 忽视对子女的教育. ¶이 점을 등한시할 수 없다 | 不能忽略这一点.

⌐**등호**[等號] 명 〈数〉【等号】děnghào

—디 어미 (表示强调) ¶차~ 찬 바람 | 冰凉的风. ¶높~ 높은 산 | 高高山.

B**디디다** 통 【踏】tà 【踹】chuài 【踩】cǎi ¶풀밭 위에 하도 디뎌서 길이 하나 났다 | 草地上踏出了一条路. ¶다른 사람의 어깨를 디디고 위로 올라가다 | 踩别人的肩膀往上爬pá.

⌐**디딤돌** 명 【阶石】jiēshí 【台阶石】táijiēshí ¶실패를 성공의 ~로 삼다 | 把失败当作走向成功的阶石.

디램[DRAM；dynamic random access memory] 명 〈電算〉【动态存储器】dòngtài cúnchǔqì 【动力内存】dònglìnèicún

디렉토리[directory] 명 〈電算〉【目录】mùlù 【文件夹】wénjiànjiā

디밀다 통 ❶ (들이밀다) 【向里推】xiàng lǐ tuī ¶옷장을 안쪽으로 ~ | 把衣柜向里推. ❷ (어지럽게 북적거리다) 【乱推】luàntuī 【乱挤】luànjǐ ¶사람들이 ~ | 人们乱挤. ❸ (제시하다) 【投下】tóuxià 【提供】tígōng ¶새로운 증거를 ~ | 提供新的证据.

디바이스[device] 명 〈電算〉【设备】shèbèi

디버그 시스템[debuge system] 명 〈電算〉【发现并排除系统中的故障】fāxiàn bìng páichú xìtǒngzhōng·de gùzhàng

디버깅[debugging] 명 〈電算〉【调试】tiáoshì 참고 〔排除错误〕[调整]

디브이디[DVD；digital versatile disk；

digital video disk] 명〈電算〉【数字视盘】shùzì shìpán

디스카운트[discount] 명[하자타]【折扣】zhé·kòu【打折扣】dǎ zhékòu【打折】dǎzhé【减价】jiǎnjià【廉价】liánjià ¶가격을 ～하다 | 打折扣。 ¶해주실 수 없겠습니까? | 能不能打折扣? ¶10%～하다 | 打一折。（참고）〔贴(现)息〕

디스켓[diskette] 명〈電算〉【软盘】ruǎnpán

º디스코테크[프 discotheque] 명【迪吧】díbā

º디스크[disk] 명 ❶ (음반)【圆盘】yuánpán (唱片)chàngpiàn ❷〈電算〉【盘】pán【磁盘】cípán ¶하드～ | 软盘。 ¶프로피～ | 软盘。 ¶레이저～ | 光盘。 ¶～드라이브(drive) | 磁盘驱动器。

디스크 조각모음[disk defragment] 명〈電算〉【磁盘碎片整理】cípán suìpiàn zhěnglǐ

디스플레이[display] 명〈電算〉【显示器】xiǎnshìqì

디 에이 치 티 엠 엘 [DHTML; dynamic HTML] 명〈電算〉【动态超文本标记语言】dòngtàichāowénběnbiāojì yǔyán

디 엔 에이 [DNA; deoxyribonucleic acid] 명〈化〉【去氧糖核酸】qùyǎnghětánghěsuān

디엔에스[DNS; domain name system] 명〈電算〉【域名系统】yùmíngxìtǒng

디엠지[DMZ; demilitarized zone] 명【非军事区】fēijūnshìqū

디이시[DEC; Digital Equipment Corporation] 명〈社交〉【数字设备】Shùzìshèbèi

디자이너[designer] 명【设计家】shèjìjiā【图案家】tú'ànjiā【设计师】shèjìshī ¶의상～ | 服装设计师。

ᴮ디자인[disign] 명[하타]【设计】shèjì【图案】tú'àn【图样】túyàng ¶공장 건물을 ～하다 | 设计一座厂房。 ¶표지～ | 封面设计。

º디저트[dessert] 명【餐后点心】cānhòu diǎnxīn【甜食】tiánshí

디즈니[Disney] 명〈商標〉【迪斯尼】Dí-

sīní

º디지털[digital] 명〈電算〉【数码】shùmǎ【数字】shùzì ¶～ 계산기 | 数字计算机。 ¶～시계 | 数字式表。 ¶～오디오 | 数字声频。 ¶～통신 | 数字通讯。（참고）〔计数〕

디지털 비디오 카메라[digital video camera] 명〈電〉【数码摄像机】shùmǎ shèxiàngjī

디지털 카메라[digital camera] 명〈電〉【数码相机】shùmǎxiàngjī【数字相机】shùzì xiàngjī

디지털 컴퓨터[digital computer] 명〈電算〉【数字电脑】shùzì diànnǎo【数字计算机】shùzì jìsuànjī

디지털 텔레비전[digital television] 명〈電〉【数字化电视】shùzìhuàdiànshì

디폴트[default] 명〈電算〉【默认】mòrèn

디프테리아[diphteria] 명〈醫〉【白喉】báihóu ¶～균 | 白喉菌。（참고）〔喉疼〕〔马脾风〕[实technのbarbaria]

디플레[deflation] 명【通货紧缩】tōnghuò jǐnsuō【物价低落】wùjià dīluò【物价下跌】wùjià xiàdiē ¶～ 갭(gap) | 通货紧缩缺口。 ¶～효과 | 通货紧缩效果。（참고）〔通货收缩〕

디플레이션[deflation] 명【通货紧缩】tōnghuò jǐnsuō【物价低落】wùjià dīluò【物价下跌】wùjià xiàdiē ¶～ 정책 | 紧缩政策。（참고）〔通货收缩〕

딛다 통【踏】tà【踹】chuài【踩】cǎi ¶다른 사람의 어깨를 딛고 위로 올라가다 | 踩着别人的肩膀jiānbǎng往上爬pá。

딜러[dealer] 명【商人】shāngrén【贩卖商】fànmàishāng

딜레마[dilemma] 명 ❶【双刀论法】shuāngdāo lùnfǎ【双关论法】shuāngguān lùnfǎ ❷【进退维谷】jìn tuì wēi gǔ【进退两难】jìn tuì liǎng nán ¶～에 빠지다 | 陷xiàn入进退两难的境地。

ᴮ따갑다 형 ❶ (뜨겁다)【烫】tàng ¶이 물은 몹시 ～ | 这水太烫。 ❷ (햇살이)【炎热】yánrè ¶따가운 햇빛 | 炎热的天气。 ❸ (찌르듯이 아프다)【火辣辣】huǒlàlà ¶손에 화상을 입어, 따갑고 얼얼하다 | 手烫tàng伤了, 火辣辣的。 ❹ (충고나 비판이 마음을 찌르다)【严厉】yánlì【尖锐】jiānruì ¶여

론의 따가운 규탄 | 輿論yúlùn的严厉
谴责qiǎnzé。¶따가운 비평 | 尖锐的
批评。

^비**따귀** 몡 【耳刮子】ěrguā·zi 【耳光】ěrgu-
āng ¶～를 때리다 | 打耳刮子。¶～
를 맞다 | 吃耳刮子。

^비**따끈따끈** 円하형 ❶【热乎乎】rèhūhū
【热腾腾】rètēngtēng ❷【热情】rèqíng

^비**따끈하다** 형 ❶【따듯하다】【热乎乎】rè-
hūhū 【热腾腾】rètēngtēng ¶따끈한
밥 | 热乎乎的饭。❷ (다정하다)【热
情】rèqíng ¶그는 나에 대해 매우 ～
| 他对我很热情。

따끔하다 형 ❶ (상처가)【痛】tòng ❷
(충고나 비판이)【严厉】yánlì 【狠狠】
hěnhěn ¶여론의 따끔한 규탄 | 輿論
yúlùn的严厉谴责qiǎnzé。

^비**따님** 몡 【令爱】lìng'ài 【令嫒】lìng'ài

^A**따다**¹ 통 ❶ (달렸거나 붙은 것을 잡아
떼다)【掰】pī【摘】zhāi【采】cǎi ¶옥
수수를 ～ | 掰棒子bàng·zi。¶목화
송이를 ～ | 摘棉花。¶바다 밑에서
진주를 ～ | 到海底采珍珠子。❷ (인
용·발췌하다)【摘录】zhāilù【摘抄】zh-
āichāo 【采用】cǎiyòng 【采取】cǎiqǔ
【仿效】fǎngxiào ¶이 글이 퍽 좋아서
나는 특별히 몇 단락을 따서 적었다 |
这篇文章很好，我特地摘录了几段。
¶그는 마을 이름을 따서 "송산"이라
고 이름을 지었다 | 他采用村子的名
字，取名为"松山"。❸ (얻다·받다)
【得】dé【赢】yíng【取得】qǔdé ¶점수
를 ～ | 得分。¶박사 학위를 ～ | 取
得博士学位。❺ (잘라내다)【剪摘】ji-
ǎnzhāi ¶가위로 자형을 ～ | 拿剪子
剪摘字形。❻ (노름·내기 등에서 돈
다)【赢钱】yíngqián ¶노름판에서 돈
을 많이 ～ | 赌博赢了很多钱。

따다² 통 ❶ (터뜨리다·가르다)【剖开】
pōukāi【割开】gēkāi【破】pò ¶고름을
～ | 把脓包儿弄破。¶수박을 따서
먹다 | 破了西瓜吃。❷ (뜯거나 　 트
다)【打开】dǎkāi【去掉】qùdiào ¶병
마개를 ～ | 打开瓶盖。¶구멍을 내
다)【挖】wā ¶고무를 ～ | 挖个槽儿。

^c**따돌리다** 통 【撇开】piē·kāi 【排挤】páijǐ
【排斥】páichì ¶그애를 따돌리지 말
고 데리고 놀아라 | 別撇开那个孩子，
带他去玩儿吧。¶자기와 사상이　 다

르거나 자기 집단에 속하지 않은 사람
을 ～ | 排斥异己yǐjǐ。

^A**따뜻하다** 형 ❶ (온도가 알맞다)【温
暖】wēnnuǎn 【温和】wēnhé 【暖和】nu-
ǎn·huo ¶기후가 ～ | 气候温和。¶
봄이 오자 날씨가 따뜻해지기 시작하
였다 | 春天来了，气候暖和起来了。
¶죽이 아직 따듯하니 빨리 드세요 |
粥还温着，快喝吧。❷ (정답다)【热
情】rèqíng 【温暖】wēnnuǎn ¶따뜻한
환영 | 热情的欢迎。¶그는　 가정의
따뜻함을 모른다 | 他不知道家庭的温
暖。

따라 区 (用于"그날""오늘"等一些时
间性名词之后，表示偏在那个时候特
别)¶오늘～ 유난히 바쁘다 | 偏偏今
天格外忙了。

^A**따라가다** 통 ❶ (뒤에)【跟随】gēnsuí
¶그는 어릴 적부터 아버지를 따라가
산에서 사냥을 했다 | 他从小就跟随
着爸爸在山里打猎dǎliè。❷ (쫓아가
다)【赶】gǎn ¶너는 이미 뒤떨
어졌으니 더 바짝 따라가야 한다 | 你
已经落后了，要加紧追赶。❸ (겨루
다)【赶】gǎn ¶수학에 있어 그를 따라
갈 사람이 없다 | 在数学没人能赶上
他。

^A**따라서** 円 ❶ (그래서)【因此】yīncǐ 【于
是】yúshì ¶그의 말은 모든 사람들의
웃음을 자아냈기 때문에 실내의 분위
기가 　 한결 부드러워졌다 | 他的话
引得大家都笑了，室内的空气因此轻
松qīngsōng了很多。❷ (근거해서)
【根据】gēnjù 【按照】ànzhào ¶국법에
～ | 按照国法。❸ (덧붙여)【随之】
suízhī ¶적지 않은 노예주는 　 자신
의 지배적 지위를 잃어버리게 되었다
| 不少奴隶主随之丧失了自己的统治
地位。〔참고〕〔因之〕〔以此〕〔以故〕〔于
是乎〕〔于是〕〔因而〕〔因凡〕〕

따라오다 통 ❶ (쫓아오다)【追赶】zhuī-
gǎn【赶上】gǎn·shàng ¶선진수준을
～ | 赶上先进水平。¶너는 이미 뒤
떨어졌으니 더 바짝 따라와야 하니 |
你已经落后了，要加紧追赶。❷ (남이
하는대로)【学着做】xué·zhe zuò 【跟
着干】gēn·zhe gàn ¶윗사람이 잘하
면 아랫사람은 저절로 따라오게 마련
이다 | 上面人干得好，下面人自然会

学着做。❸(겨루다)【赶】gǎn ¶따라올 사람이 없다｜没人能赶上。

따라잡다 통【赶上】gǎn·shàng ¶대열을 ~｜赶上队伍。¶그를 따라잡을 수 없다｜赶不上他。

ᴮ따로 튀❶(별개로)【另外】lìngwài【不一块儿】bùyìkuàir ¶~ 무슨 문제가 있느냐?｜另外有什么问题? ❷(단독으로)【另行】lìngxíng【单独】dāndú ¶~ 결정하다｜另行定夺。¶나는 그녀와 ~ 이야기하겠다｜我要和她单独谈一谈。

ᴮ따로따로 튀【各自】gèzì【个个】gègè【分别】fēnbié【分头】fēntóu ¶~ 자기일을 하다｜各自干各的。¶~ 통지하다｜个个通知。¶~ 가서 찾다｜分头去找。

ᴬ따르다 통❶(倒)dào(斟)zhēn ¶차를 ~｜倒茶。¶물 한 잔 따라 주십시오｜给我碗水。

ᴬ따르다² 통❶(뒤를)【跟随】gēnsuí【随从】suícóng ¶비서가 ~｜秘书跟着他。¶사단장을 따라 이곳저곳 다니며 전쟁을 치루다｜随从师长南征北战。❷(길을)【沿着】yán·zhe【顺着】shùn·zhe ¶이 길을 따라 끝까지 가면 바로 그녀의 집입니다｜你沿着这条小路走到头就是她的家。(앞선 것을 좇다)【追赶】zhuīgǎn【追从】zhuīcóng ¶그는 벌써 멀리 갔으므로, 너는 따라잡을 수 없다｜他已走远,你追赶不上了。❹(복종·준수하다)【按照】ànzhào【遵从】zūncóng【由】yóu ¶이 일은 너의 말을 따를 수 없다｜这事由不得你。¶그는 선생님의 뜻에 따라 그 임무를 완성했다｜他按照老师的意思完成了那项任务。¶결의에 ~｜遵从决议。❺(입각하다)【论】lùn ¶날수에 따라 임금을 계산하다｜论天计算工资zī。❻(좋아하여 좇다)【恋慕】liànmù【怀念】huáiniàn【钦慕】qīnmù ¶그녀는 마음속으로 그를 따랐다｜她从心里恋慕他。❼(…함에 따라)【随着】suí·zhe【跟着】gēn·zhe ¶시대에 따라 풍속도 달라진다｜随着时代的不同,风俗也不同了。¶날씨가 따뜻해지자, 내 병도 따라서 나아지기 시작했다｜天气暖和起来,我的病跟着也好起来了。

❽(본뜨다)【因】yīn ¶옛날 것을 바꾸지 않고 그대로 ~｜陈陈相因。❾(수반되다)【伴随】bànsuí ¶일을 하다보면 어려움이 따르기 마련이다｜工作中必然会伴随着困难。

ᴮ뜨르르 튀자 ❶(구르는 모습)【骨碌碌】gūlūlū ¶유리알이 ~ 굴러간다｜玻璃球骨碌碌滚。❷(소리)【扑噜噜】pūlūlū ¶문풍지가 ~ 소리를 낸다｜窗户纸扑噜噜地响。

ᴮ따르릉 튀자 【叮铃铃】dīnglínglíng【当啷】dānglāng【当郎】dānglāng【丁铃铃】dīnglínglíng【丁令令】dīnglínglíng【丁零零】dīnglínglíng【丁零】dīnglíng ¶전화가 ~ 왔다｜电话叮铃铃地响了。¶~하고 수업시작 벨이 울렸다｜丁铃铃上课的铃声响了。¶~~ 자전거 벨 소리｜丁零丁零的自行车铃声chēlíngshēng。

ᴮ따름 의명【不过】búguò【只不过】zhǐ·buguò【而已】éryǐ ¶나는 그와 일면식이 있을 ~이다｜我和他不过是一面之交罢了。¶단지 말 한 마디 했을 ~이다｜只不过说一声罢了。

따먹다 통❶(열매 등을)【摘吃】zhāichī ¶열매를 ~｜摘果子吃。❷(장기·바둑 등에서)【吃子儿】chīzǐr ¶상으로 졸을 ~｜用象吃卒。

따발총 의명【转盘枪】zhuànpánqiāng

따분하다 형❶(지루하다)【枯燥无味】kū zào wú wèi【无聊】wúliáo【没(有)意思】méi·(yǒu) yì·si ¶그녀는 좀 한가하기만 하면, 따분함을 느낀다｜她一闲下来,便感到无聊。¶매일 하는 일이 없으니, 정말 ~｜每天无所事事,好没意思。❷(어렵고 딱딱하다)【为难】wéinán【难办】nánbàn ¶따분하게 굴다｜让人为难。

따스하다 형【暖和】nuǎn·huo【温暖】wēnnuǎn ¶봄에는 날씨가 ~｜春天气很暖和。

따오다 통❶(인용하다)【摘来】zhāilái ❷(본따다)【照搬】zhàobān【硬搬】yìngbān ¶다른 사람의 경험을 전부 그대로 ~｜全盘照搬人家的经验。¶외국어를 억지로 따오거나 남용하다｜硬搬或滥用外国语言。(참고)〔照抄chāo〕

따위 의명❶(얕잡아 일컫는 말)【种】

268

zhǒng【类】［zhǒng］¶너 ~가 알기는 뭘 알아? | 像你这种人懂什么？ ❷（등등）【之类】zhīlèi【等等】děngděng ¶그들은 내 이름, 나이 ~를 물었다 | 他们问了我名字，岁数suìshù等等。

^Ⅱ**따지다** 툉 ❶（추궁하다）【究】jiū【追究】zhuījiū【追问】zhuīwèn【追询】zhuīxún【钉问】dīngwèn【叮问】dīngwèn ¶깊이 ~ | 深究。¶사건의 책임을 ~ | 追究事件的责任。¶우리는 그에게 어선이 실종된 원인을 따졌다 | 我们追问他渔船失踪shīzōng的原因。❷（계산하다）【算】suàn【计算】jìsuàn【计较】jìjiào ¶얼마인지 따져보자 | 算算多少钱。¶수요의 비용을 ~ | 计算出需要的费用。¶이것 저것 세세하게 ~ | 斤斤计较。❸（분석하다）【分析】fēnxī ¶가능성을 ~ | 分析可能性。❹（조사하다）【检查】jiǎnchá ¶사업내용을 ~ | 检查工作内容。❺（시비를 가리다）【分别】fēnbié【辨别】biànbié ¶시비를 ~ | 分别是非。

^Ⅰ**딱** 뷔 ❶（정확히）【正确】zhèngquè【正好】zhènghǎo ¶이 신발은 나한테 ~ 맞는다 | 这双鞋我穿正好。❷（객관적인 형세를 ~ 평가하다 | 正确评价客观形势。❸（완전히）【完全】wánquán【全部】quánbù【真】zhēn ¶구멍이 ~ 막혔다 | 洞全部被塞住了。¶나는 그 녀석이 ~ 싫어요 | 我真讨厌那家伙。❸（마침）【恰好】qiàhǎo ¶~ 이 때 이씨가 들어왔다 | 恰好这时候，李先生进来了。❹（활짝 벌어진 모양）【大开】dàkāi【大张】dàzhāng ¶입을 ~ 벌리다 | 大张嘴。❺（굳세게 버티는 모양）【毅然】yìrán【决然】juérán ¶~ 버티다 | 毅然坚持。❻（찰싹）【紧贴】jǐntiē【紧贴】jǐntiē ¶그의 곁에 ~ 붙어 있다 | 紧贴着他的身旁。

^Ⅱ**딱** 뷔 ❶（펑）pēng ¶~ 소리를 내고 판자가 넘어졌다 | 砰的一声，木板mùbǎn倒down下来了。❷（嗄嗄）cāacā ¶~하더니 나뭇가지가 부러졌다 | 嗄嗄一声树枝折了。❸（啪〈儿〉）pā(r) ¶~ 발소리를 내며 지나갔다 | 啪地走过去了。

딱딱 뷔 ❶【梆】bāng【嘎唧】gājī【梆

**榔】lánglǎng【齐停】qítíng ¶무슨 물건이 ~ 소리가 난다 | 什么东西梆梆地响。❷（啪啪）pāpā ¶~ 소리를 내며 | 啪啪地发出声音。

딱딱하다 혱 ❶（단단하다）【硬】yìng【坚硬】jiānyìng ¶이 나무는 너무 ~ | 这个木头太硬。¶딱딱한 토지 | 坚硬的土地。❷（문어적·형식적이다）【生硬】shēngyìng【文诌】sībàn ¶글이 읽기에 너무 ~ | 文章念起来太硬。❸（엄하다）【生硬】shēngyìng【死板】sībǎn【冷漠】lěngmò ¶분위기가 ~ | 气氛冷漠。¶이 사람은 너무 딱딱하여, 젊은이의 패기가 조금도 없다 | 这个人太死板，没有一点青年人的朝气zhāoqì。

딱지¹ 몡 ❶（게·거북 등의 껍데기）【壳盖】qiàogài【甲】jiǎ ¶거북~ | 龟山甲。¶（종이의 티）【纸上的垢】zhǐshàng·de gòu ❸（신체의 분비물이 굳은 것）【屎】shǐ ¶눈~ | 眼屎。¶코~ | 鼻屎。❹（상처에 생긴 딱딱한 껍질）【痂】jiā ¶~가 떨어지다 | 脱痂。¶~가 생기다 | 结痂。

딱지² 몡 ❶（우표）【邮票】yóupiào ❷（상표）【商标】shāngbiāo ¶상표~를 대조 조사하다 | 查对商标。❸（벌금）【罚款单】fákuǎndān ¶~를 떼다 | 撕罚款单。❹（악평）【外号】wàihào【帽子】mào·zi ¶보수사상이란 ~를 붙이다 | 扣上保守思想的帽子。❺（장난감）【画片儿】huàpiānr ¶~치다 | 玩画片儿。

딱하다 혱 ❶（난처하다）【为难】wéinán【难堪】nánkān ¶딱한 일 | 为难的事。¶인정상 좀 ~ | 情面上，有点儿难堪。❷（가엾다）【惨】cǎn ¶딱한 사정을 호소하다 | 诉说惨境。

딴¹ 의몡 （自以为）zìyǐwéi【自认为】zìrènwéi ¶내 ~에는 그만하면 충분할 줄로 알았다 | 我自以为那些就足够了。

딴² 콴 （别的）bié·de【另外的】lìngwài·de ¶나는 ~곳에 찾아보고 싶다 | 我还想去别的地方找。

딴마음 몡 ❶（다른 생각）【别的想法】bié·de xiǎng·fa ❷（배반하는 마음）【异心】yìxīn【二心】èrxīn ¶남몰래 ~을 품고 있다 | 阴蓄yīnxù异心。¶나

는 결코 ~이 없다 | 我决无二心。

딴말 圏❶ (관계없는 말) 【二话】èrhuà ¶~하지 마라 | 二话莫说。❷ (번복하는 말) 【非主题】fēizhǔtí 【变卦】biànguà ¶이제 와서 ~이냐? | 到现在再变卦?

딴사람 圏❶ (다른 사람) 【他人】tārén 【别人】biérén ❷ (전과는 다른 사람) 【与以前不一样的人】yǔ yǐqián bùyíyàng·de rén ¶수염을 깎으니 ~같이 보인다 | 刮了胡子, 像换个人。

딴살림 圏하자 【分家】fēnjiā 【分居生活】fēnjū shēnghuó ¶그는 부모로부터 ~났다 | 他跟他父母分家了。

딴전 圏 【转移话题】zhuǎnyí huàtí 【转移视线】zhuǎnyí shìxiàn 【答非所问】dá fēi suǒ wèn ¶그는 한참만에 ~피우며 말했다 | 他半天才答非所问地说。

딴판 圏 【完全不同】wánquán bùtóng 【截然不同】jiérán bùtóng ¶생각과는 아주 ~이다 | 与想像的完全不同。

^**딸** 圏 【女儿】nǚ'ér 【闺女】guīnǚ

^**딸가닥** 튀하자튀 【哐当】guāngdāng

^**딸가닥거리다** 동 【哐当哐当】guāngdāng guāngdāng ¶부엌에서는 아침부터 ~ | 厨房里一清早就哐当哐当地响。

^**딸기** 圏〈植〉【草莓】cǎoméi 【莓】méi ¶~잼 | 草莓酱jiàng。¶~원액 | 草莓汁。[참고][草莓]〔杨梅〕

딸기코 圏〔酒糟鼻〕jiǔzāobí

^**딸깍** 튀하자 【喀哒】kādā 【咔哒】kǎdā ¶매우 기분나쁘다는 듯이 ~하고 수화기를 놓았다 | 很不高兴似地喀哒一声, 放下了电话筒。

^**딸꾹** 〔呃呃〕è'è 【嗝】gé ¶~하고 딸꾹질하다 | 呃呃打嗝儿。¶~하다 | 打嗝儿。

^**딸꾹질** 圏하자 【打嗝儿】dǎgér 【打呃逆】dǎ ènì 【呃逆】ènì ¶~할 때는 물 몇 모금을 계속해서 마시면 ~을 하지 않는다 | 打嗝儿的时候, 连lián着喝几口水就不打嗝儿了。[참고]〔肝蹬蹬gēdēng儿yē〕

딸랑딸랑 튀하자튀 【当啷】dāngláng 【叮玲】dīnglíng 【叮当】dīngdāng 【叮当】dīngdāng 【叮珰】dīngdāng 【丁珰】dīngdāng 【丁零】dīnglíng ¶풍경

이 ~ 거리다 | 铁马丁当。¶탑 위의 구리 방울이 ~~거리며 울리다 | 塔上的铜铃当叮当地响。

^**딸리다** 동❶ (미치지 못하다) 【供不应求】gōng bú yìng qiú 【接应不上】jiēyìng bùshàng 【供不敷求】gōng bù fū qiú 【供不敷需】gōng bù fū xū ¶생산량이 수요에 딸린다 | 产量chǎnliàng供不应求。❷ (부족하다) 【不够】búgòu 【不足】bùzú ¶재료가 ~ | 材料不够丰富fēngfù。❸ (부속되다) 【附属】fùshǔ 【附带】fùdài ¶나에게 딸린 식구 | 靠我养活的家口。¶가구 딸린 셋집 | 带家具的出租房。

딸자식 圏 【女儿】nǚ'ér

딸은 출가외인이다 관용 【女生外向】nǚ shēng wài xiàng 【女大外向, 死了别葬】nǚ dà wàixiàng, sǐ·le biézàng 【小姐养到一百岁, 究竟别人家中人】xiǎojiě yǎngdào yìbǎi suì, jiūjìng biérén jiā zhōngrén

^**땀** 圏 【汗】hàn ¶손에 ~을 쥐다 | 手里捏nié了一把汗。¶식은 ~이 나오다 | 出冷lěng汗。

땀구멍 圏 【汗孔】hànkǒng 【毛孔】máokǒng 【汗毛孔】hànmáokǒng

땀나다 동 【发汗】fāhàn 【出汗】chūhàn 【冒汗】màohàn

땀띠 圏〈醫〉【痱子】fèi·zi ¶~가 나다 | 长痱子。

땀받이 圏 【汗衫】hànshān 【衬衣(儿)】chènyī(r) 【里衣】lǐyī 【内衣】nèiyī 【贴tiē身体】

땀방울 圏 【汗珠】hànzhū 【汗粒子】hànlì·zi 【汗滴】hàndī ¶이마에 ~이 돋다 | 额颊冒出汗珠。

땀샘 圏 【汗腺】hànxiàn

땀을 빼다 관용 【吃苦头】chī kǔtóu ¶당일치기 하느라 ~ | 由于当天完成, 吃了不少苦头。

땀이 비 오듯 하다 관용 【汗如雨下】hànrúyǔxià

^**땅** 圏❶ (대지) 【地】dì ¶하늘과 ~ | 天地。❷ (영토) 【国土】guótǔ 【领土】lǐngtǔ 【邦土】bāngtǔ ¶한국~을 밟다 | 踏上韩国国土。❸ (고장) 【地方】dìfāng ¶그는 농촌에 있을 때, 그 ~농민들에게 농업기술 과목을 강의해 주었다 | 他在农村

的时候，常给地方上的农民讲农业技术课。❹（토지）【田地】tiándì【土地】tǔdì ¶~을 늘리다 | 扩展土地。¶~이 비옥하다 | 田地肥沃。

땅거미 몡【薄暮】bómù【暮色】mùsè ¶~가 지다 | 日暮。¶이때는 이미 ~가 질 무렵이었다 | 此时已是薄暮之际。

땅굴 몡【地洞】dìdòng ¶~을 파다 | 挖地洞。

땅딸이 몡【土地】tǔdì【土块】tǔkuài ¶우리 집은 식구가 적어서 도급 맡은 ~가 많지 않다 | 我家人口少，承包的土地不多。

땅바닥 몡【地面】dìmiàn ¶~보다 다섯 자 높다 | 高出地面五尺。

땅속 몡【地·di】【地下】dìxià

땅 짚고 헤엄치기 관용【轻而易举】qīng ér yì jǔ【易如反掌】yì rú fǎn zhǎng【探囊取物】tàn náng qǔ wù【不费吹灰之力】bùfèi chuīhuī zhīlì【十拿九稳】shí ná jiǔ wěn

땅콩 몡〈植〉【落花生】luò·huāshēng【花生】huāshēng ¶~껍질 | 花生壳·é(儿)。¶~엿 | 花生糖 / 花生占 / 花生蘸花生。¶~ 기름 | 花生油。¶~ 버터 | 花生酱。参考〔长cháng生果〕[仁果]

땋다 통【编】biān【扎】zā ¶머리를 ~ | 编辫biàn子。

때¹ 몡❶（…할 때）【时候】shí·hou ¶젊었을 ~ | 年轻的时候。❷（좋은 기회·시간）【好时候】hǎoshí·hou【好机会】hǎojī·hui【好时机】hǎoshíjī ¶~를 만나다 | 遇到了好时候。¶~를 놓치다 | 错过机会。❸（시대·시기）【时期】shíqī【时代】shídài ¶항일전쟁 ~ | 抗日战争时期。¶5·4(운동) ~ | 五四时代。❹（계절）【季节】jìjié ¶춥지도 덥지도 않은 좋은 ~ | 不寒不热的好季节。❺（끼니）【餐】cān【顿】dùn ¶~마다 쌀밥을 먹다 | 顿顿吃大米饭。❻（시각）【时】shí【时间】shíjiān ¶~를 알리는 종소리 | 报时钟声。

때² 몡❶（더러움）【垢】gòu【污垢】wūgòu ¶기름~ | 油yóu垢。¶때·泥ní垢。¶온 몸이 ~투성이다 | 一身污垢。❷（잔여）【残余】cányú ¶착취

계급의 사상 ~ | 剥削bōxuē阶级思想残余。❸（누명）【冤枉】yuān·wang【丑名】chǒumíng ¶남에게 억울한 ~를 쓰우다 | 冤枉别人。

때다 통【烧】shāo【燃】rán【生火】shēnghuǒ ¶석탄을 ~ | 烧煤。¶아궁이에 불을 ~ | 烧炕kàng。¶땔나무를 ~ | 把柴燃着zháo了。

때때로 튀【间或】jiànhuò【有时】yǒushí ¶이런 물건도 ~ 유용하다 | 这样东西有时也有用。¶~ 장애를 초래하는 수가 있다 | 有时发生障碍zhàngài。

때때옷 몡【花衣裳】huāyī·shang

때려눕히다 통【打翻在地】dǎfānzàidì【打倒】dǎdǎo ¶여럿이 그 한 사람을 ~ | 几个人把他一个人打翻在地。

때려치우다 통【放弃】fàngqì【终止】zhōngzhǐ ¶장사를 ~ | 放弃做买卖。

때려부수다 통❶【打碎】dǎsuì【击碎】jīsuì【粉碎】fěnsuì【打破】dǎpò ¶기술에 대한 신비주의를 ~ | 打碎技术神秘观点。❷【打倒】dǎdǎo【击溃】jīkuì【打败】dǎbài【推翻】tuīfān ¶낡은 착취제도를 ~ | 打倒旧的剥削bōxiāo制度zhìdù。

때로(는) 튀【间或】jiànhuò【有时】yǒushí ¶그곳의 날씨는 ~ 춥고 ~ 덥다 | 那里的天气，有时冷，有时热。

때리는 남편보다 말리는 시어머가 더 밉다 관용【丈夫打我虽可气，劝阻的婆婆更可恨】zhàngfū dǎ wǒ suī kěqì, quàn zǔ·de pó·po gèng kěhèn

때리다 통❶（치다）【打】dǎ【揍】zòu【殴打】ōudǎ ¶북을 ~ | 打鼓gǔ。¶사람을 ~ | 打人。❷（감동시키다）【打动】dǎdòng【刺激】cìjī ¶그의 말 한 마디가 어머니의 가슴을 때렸다 | 他的一句话打动了妈妈的心。❸（불어대다）【吹打】chuīdǎ ¶폭풍우가 창문을 ~ | 暴风雨吹打窗户。❹（비난하다）【批评】pīpíng【批判】pīpàn【打击】dǎjī ¶결점과 잘못을 ~ | 批评缺点quēdiǎn和错误cuòwù。

때마침 튀【正好】zhènghǎo【正巧】zhèngqiǎo【恰好】qiàhǎo【刚好】gānghǎo ¶너 ~ 잘 왔다 | 你来得正好。¶~ 길에서 그를 우연히 만났다 | 正巧在路上碰到了他。¶~ 저에게 사전이 한 권 있습니다 | 恰巧我这儿有一

本词典.

^A**때문**【의명】【因为】yīnwèi【原因】yuányīn【缘故】yuángù ¶그 ~에│因此. ¶우리들은 그에게 배워야 한다. 왜냐하면 그는 경험이 있기│我们要向他学习，因为他有经验.

때문에【昷】【因此】yīncǐ【所以】suǒyǐ ¶토양은 수분과 양분을 함유하고 있기 ~ 작물이 생장할 수 있다│土壤含有水分和养分, 所以作物能够生长. ¶바빴기~ 나는 줄곧 그에게 답장할 시간이 없었다│由于忙, 所以我一直没时间给他回音. 参考〔因之〕〔以此〕〔以故〕

때묻다【동】❶（더럽다）【脏】zāng【弄脏】nòngzāng ¶옷이 때묻었다│衣服脏了. ❷（손에 익다）【用惯的】yòngguàn·de ¶때묻은 호미│用惯的锄头.

때밀어 주는 사람【명】【搓澡工人】cuōzǎogōngrén

때밀이【搓澡】cuōzǎo ¶~용 침대│搓澡床.

때밀이 수건[一手巾]【명】【搓澡巾】cuōzǎojīn

때아닌【관】【不是时候】búshì shí·hòu【不合时宜】bùhéshíyí【有时】yǒushí ¶~ 큰 장마비│不合时宜的淫雨. ¶~장애를 초래하는 수가 있다│有时发生障碍zhàngài.

때우다【동】❶（대신 넘기다）【用】yòng【充当】chōngdāng【对付】duì·fu ¶죽으로 저녁을 │拿粥当晚饭吃. ¶한 끼 ~│对付一顿. ❷（땜질하다）【修补】xiūbǔ ¶솥을 ~│补锅.

땔감【명】【燃料】ránliào【烧柴】shāochái ¶~저장고│燃料库. ¶~을 조금 패서 돌아오다│砍kǎn一些烧柴回来.

땜【하타】❶【修补】xiūbǔ ¶울타리를 ~하다│修补篱笆lí·ba. ¶~장이│修补的人. ❷【焊】hàn ¶~일│焊接/火焊接. ¶주전자의 밑바닥을 ~하다│把壶底húdǐ焊上.

땜질【명】【하타】【修补】xiūbǔ【焊接】hànjiē

^A**땡**【昷】【当】dāng ¶종을 ~~ 치다│把钟敲得当当响.

^B**땡그랑**【부】【하자타】❶【当啷当啷】dānglāngdānglāng【锒珰】lángdāng ❷【嘀

嗒嘀嗒】dīdādīdā

땡잡다【동】【走运】zǒuyùn【好运气】hǎoyùnqì

^A**떠나다**【동】❶（출발하다）【动身】dòngshēn【起身】qǐshēn【出发】chūfā ¶그는 이미 북경을 ~│他已经离开北京了. ¶너는 언제 떠나느냐? │你什么时候动身? ¶민병은 모두 떠나고 한 사람도 없다│民兵都走了, 一个人也没有. ❷（있던 곳을 뜨다）【离开】líkāi ¶물고기는 물을 떠나면 살 수 없다│鱼离开了水就不能活. ❸（죽다）【去世】qùshì【永别】yǒngbié【过去】guòqù·le【过世】guòshì【故去】gùqù【故世】gùshì【作古】zuògǔ【就世】jiùshì【逝世】shìshì【辞世】císhì【归天】guītiān ¶그의 할아버지께서 세상을 떠나셨다│他爷爷yéye去世了. ¶그는 우리를 영원히 떠나버렸다│他和我们永别了. ❹（벗어나다）【脱离】tuōlí ¶현실을 ~│脱离实际. ¶그는 항상 대중을 떠나 있다│他一向脱离群众. ❺（사라지다）【摆脱】bǎituō【消停】xiāotíng ¶떠나지 않는 생각│摆脱不掉的想法.

떠내다【동】【舀下】yǎoxià【盛出】chéngchū ¶국을 ~│盛出造.

떠내려가다【동】【冲走】chōngzǒu【漂流】piāoliú【流下去】liú·xià·qù ¶큰 바다로 ~│漂向大海.

떠넘기다【동】【转嫁】zhuǎnjià【推卸】tuīxiè ¶모든 책임을 그에게 ~│把所有的责任推卸给他.

떠다니다【동】❶（물 위를）【漂浮】piāofú【漂泛】piāofàn ¶바다위에 조각배 몇 척이 둥둥 떠다닌다│海上漂着几只zhī小船. ❷（유랑하다）【流浪】liúláng【浮浪】fúlàng【转来转去】zhuǎnlái zhuǎnqù ¶객지를 떠다니는 신세│流浪的命运.

^C**떠돌다**【동】❶（물 위를）【漂浮】piāofú【浮浪】fúlàng【浮动】fúdòng ¶물 흐르는 대로 ~│逐水漂流. ❷（공중에서）【盘旋】pánxuán ¶매가 하늘에서 빙빙 떠돌고 있다│雄鹰yīng盘旋在空中盘旋. ❸（방랑하다）【流浪】liúláng【漂泊】piāobó ¶타국을 떠도는 생활│在异国他乡漂泊的生活. ❹（소문 등이 퍼지다）【传开】chuánkāi【流

传liúchuán【流传】chuánliú ¶풍문이 널리 ~ | 传开谣言.

°**떠돌아다니다** 통【漂泊】piāobó【漂游】piāoyóu【飘泊】piāobó【飘薄】piāobó【流浪】liúlàng ¶타국을 떠돌아다니는 생활 | 漂泊异国的生活.

떠돌이 명【流浪汉】liúlànghàn ¶~생활 | 流浪汉生活.¶그에게는 다소 ~기질이 있다 | 他多多少少带点流浪汉的性质.

^**떠들다** 통 ❶ (시끄럽게 하다)【喧哗】xuānhuá ¶아이들이 떠들며 뛰놀고 있다 | 孩子们在吵闹玩耍.❷ (술렁거리다)【议论纷纷】yìlùn fēnfēn ¶온 학교가 그 일로 떠들고 있다 | 整个学校在对那件事议论纷纷. 参고〔吵闹〕

°**떠들썩하다** 형 ❶ (시끄럽다)【热闹】rè·nao【闹热】nàorè【喧哗】xuānhuá ¶명절이 되면 다들 떠들썩하게 놉시다! | 到过节的时候大家热热闹闹吧, 怎么样? ¶웃음소리 말소리가 ~ | 笑语喧哗.❷ (어수선하다)【议论纷纷】yìlùn fēnfēn ¶세상이 ~ | 满城风雨.

떠듬떠듬 부하자타【结结巴巴】jié·jiēbāba【嗒嗒吧吧】jiē·jiēbāba

떠름하다 형 ❶ (약간 떫다)【稍涩】shāosè ¶떠름한 포도주 | 发涩的葡萄酒.❷ (얼떨떨하다)【有点闹不清】yǒudiǎn nàobùqīng ❸ (내키지 않다)【不乐意】búlèyì【心里不痛快】xīn·li·bútòng·kuai ¶시험 결과가 ~ | 对考试结果心里不痛快.

떠맡기다 통【委办】wěibàn【推】tuī【推委】tuīwěi ¶책임을 친구에게 ~ | 把责任推给朋友.

떠맡다 통【包下来】bāo·xià·lái【包干(儿)】bāogān(r)【承担】chéndān【承当】chéngdāng【担任】dānrèn ¶남의 사업을 ~ | 把别人的工作包揽下来.¶남은 뒤처리는 내가 떠맡아 하겠나 | 剩shèng下的扫尾活sǎowěihuó儿由我包下来.

^**떠밀다** 통 ❶【推】tuī【顶】dǐng ¶문을 떠밀어서 열다 | 推开门.¶기관차가 뒤에서 열차를 떠밀고 간다 | 机车在后头顶着列车走.❷【推委】tuīwěi【推卸】tuīxiè ¶구실을 대고 ~ | 借辞推委.¶책임을 떠맡다 | 推卸责任.

떠받들다 통 ❶ (받치어 들다)【顶住】dǐng·zhù【撑住】chēngzhù ¶그는 한 손으로 그 돌을 떠받들었다 | 他一只手顶住了那块石头.❷ (공경하다)【尊奉】zūnfèng【爱戴】àidài【拥戴】yōngdài ¶스승으로 ~ | 尊奉为导师.¶일반인은 모두 자기의 부모와 같이 그를 떠받들어 모신다 | 一般人都爱戴他, 真好像自己的父母一样.

떠벌리다 통【扬言】yángyán【夸耀】kuāyào ¶무용·담을 ~ | 夸耀自己如何英雄事迹.

떠보다 통 ❶ (무게를 달아보다)【(用秤)约】(yòngchéng)yāo ¶짐의 무게를 ~ | 约一约行李的重量.❷ (속뜻을)【试探】shì·tan【摸底】mōdǐ ¶상대방의 의향을 ~ | 试探对方的意向.❸ (사람됨을)【掂】diān·duo ¶그의 능력을 ~ | 掂掇他的能力.

떠오다 통【打来】dǎlái【盛来】chénglái ¶국을 ~ | 盛汤来.

^**떠오르다** 통 ❶ (솟아 오르다)【升起】shēngqǐ【浮上】fúshàng ¶동쪽에 붉은 해가 ~ | 东方升起红太阳.❷ (생각·기억 따위가 나다)【浮现】fúxiàn ¶지나간 일들이 또 눈앞에 떠오른다 | 往事又浮现在眼前.

^**떡**¹ 명【糕饼】gāobǐng【糕点】gāodiǎn【粘糕】niángāo ¶~가게 | 糕铺.¶~가래 | 条糕.¶~고물 | 蘸料.¶~메 | 糕杵.¶~을 만드는 데 쓰는 판판한 돌 | 打糕用的平板石.¶~소 | 糕馅儿.

떡² ❶ (움직이지 않는 모양)【一动不动】yídòng búdòng ¶~ 버티고 서다 | 一动不动地硬撑着站.❷ (벌어진 모양)【大张】dàzhāng【圆睁】yuánzhēng ¶입을 ~ 벌리다 | 大张着嘴.❸ (정확히)【圆睁】yuánzhēng ¶짐작이 ~ 들어맞다 | 恰如所料.❹ (의젓한 모양)【正正经经】zhèngzhèngjīngjīng ¶~하고 앉아 있다 | 正正经经地坐着.❺ (찰싹 들러붙어 있다)【紧贴】jǐntiē

떡가루 명【米面儿】mǐmiànr【米粉】mǐfěn

떡갈나무 명〈植〉【柞栎】zuòlì【栎树】lìshù【橡树】xiàngshù【橡碗树】xiàngwǎnshù

떡국 명【年糕汤】niángāotāng

273

떡벌어지다 동 ❶〖宽阔〗kuānkuò ¶어깨가 ~ │肩膀宽阔。❷〖裂开〗lièkāi ¶밤송이가 ~ │栗子熟裂。

B떡볶이 명 〖炒年糕〗chǎoniángāo

떡 본김에 제사 지낸다 관용 〖因利乘便〗yīn lì chéng biàn 【趁火烧鸭子】chènhuǒ shāoyā·zi 【趁火箍漏锅】chènhuǒ gūlòuguō 【趁棍打鸡】chèngùn dǎjī

C떡잎 명〈植〉❶〖子叶〗zǐyè ❷〖菜帮子〗càibāng·zi

떡 줄 놈은 생각지도 않는데 김치국부터 마신다 관용 〖鱼未捉到, 忙着煎鱼〗yú wèizhuōdào, mángzhe jiānyú 【未捉到熊, 倒先卖皮】wèi zhuōdàoxióng, dàoxiān màipí 【老虎还在山上, 就把皮子卖了】lǎo·hǔ háizài shānshàng, jiù bǎpí·zi mài·le

C떡집 〖糕铺〗gāopù

떨구다 동〖低下〗dīxià ¶머리를 ~│低下头。

떨기 명〖丛〗cóng ¶한 ~ 국화│一丛菊花。

A떨다¹ 동 ❶（진동하다）〖颤动〗chàndòng 【打颤】dǎzhàn ¶판자가 얇으면 떨리게 된다│木板薄了就会颤动。¶너무 화가 나서 온 몸이 부들부들 떨렸다│气得我浑身打颤。¶그녀는 이를 덜덜 떨며 말했다│她牙齿打着颤说。❷（몸을）〖害怕〗hàipà ¶떨 것 없어, 내가 있잖아│没有害怕, 有我呢! ❸（인색하다）〖斤斤计较〗jīn jīn jìjiào 【斤斤】jīnjīn 【斤斤较量】jīn jīn jiàoliáng

A떨다² 동 ❶（먼지 등을）〖掸〗dǎn 【抖】dǒu ¶먼지를 ~│掸灰尘。❷（공제하다）〖扣出〗kòuchū ¶월급에서 ~│从月薪中扣出。❸（남은 것을 몽땅 팔다）〖卖光〗màiguāng ¶재고품을 ~│卖光库存。❹（애교·엄살을）〖撒〗sā ¶애교를 ~│撒娇。

떨떠름하다 형 ❶（맛이）〖很涩〗hěn sè ❷（꺼림칙하다）〖不乐意〗búlèyì 【不痛快】bútòngkuài ¶일은 해결되었으나 뒷맛이 ~│问题解决了, 但仍有点不痛快。

C떨렁떨렁 부 하자타 〖当啷〗dānglāng

B떨리다 동 〖发抖〗fādǒu 【作抖】zuòdǒu 【颤动】chàndòng 【哆嗦】duō·suō 【震动】zhèndòng ¶화가 나서 계속 부들부들 떨렸다│气得直哆嗦。¶추위서 덜덜 떨린다│冷得打哆嗦。¶기기가 발동된 후로 땅이 계속해서 떨리고 있다│机器开动后, 地面震动不停。〖打哆〗〖哆里哆嗦〗〖哆罗哆嗦〗

떨어뜨리다 동 ❶（아래로 내려지게 하다）〖使掉落〗shǐdiàoluò ¶컵을 마루 위에 ~│把杯子扔在地上。❷（지위·가치 등을）〖失去〗shīqù ¶신용을 ~│失去信用。❸（속도·값 등을）〖降低〗jiàngdī ¶값을 ~│降价。❹（시험에서）〖落选〗luòxuǎn 【落榜】luòbǎng ¶지원자의 반수를 ~│报考的人半数落榜。❺（고개를）〖把头低下〗bǎ tóu dīxià

A떨어지다 동 ❶（위나 공중의 것에 있던 물건이 아래로 내려지다）〖落下〗luòxià 【掉落】diàoluò 【落】luò 【掉】diào ¶바늘 하나가 땅에 떨어졌다│一根针zhēn 落在地上。¶빗방울이 ~│掉雨点儿。¶와이셔츠 단추가 떨어졌다│衬衫chènshān的扣子掉了。❷（실패하다）〖落选〗luòxuǎn 【落榜】luòbǎng ¶입학시험에 ~│入学考试落榜。❸（성적이）〖降为〗jiàngwéi 【下降】xiàjiàng ¶일등에서 이등으로 ~│从第一降到第二。¶성적이 ~│成绩下降。❹（함락되다）〖陷落〗xiànluò 【堕入】duòrù 〖沦为…〗lúnwéi ¶도시는 일본군의 맹렬한 공격에 하나씩 떨어졌다│城市在日军的猛力进攻中一个一个地陷落了。❺（명령이）〖下达〗xiàdá ¶명령이 ~│下达命令mìnglìng。❻（다 팔리다）〖脱销〗tuōxiāo ¶상품은 모두 팔려 가는 양등하다│商品脱销, 物价高涨。¶최근 칼라 텔레비전이 떨어졌다│最近彩色电视机脱销了。❼（거리를 두다）〖离别〗〖隔别〗¶나는 너와 떨어질 수 없다│我不能离开你。¶서로 멀리 떨어져 있다│相隔很远。❽（해어지다）〖破〗pò 【破烂】pòlàn ¶슬리퍼가 떨어졌다│拖鞋tuō·xié破了。¶옷이 입어서 다 떨어졌다│衣服yī·fú穿破了。❾（남다）〖剩下〗shèngxià ¶본전을 빼고 만원이 ~│除去本钱只剩下了一万元。❿（가격이）〖降价〗jiàngjià 【跌】diē ¶물가가

~ | 降价. ¶가격이 떨어졌다 | 落价了. ¶시세가 ~ | 行市hángshì往下跌. ⓫ (바닥나다) 【断】duàn【断缺】duànquē ¶식량이 ~ | 断粮. ⓬ (열등하다) 【差一截】chàyìjié ¶남보다 ~ | 长相比别人差一截. ⓭ (들어맞다) 【吻合】wěnhé ¶숫자가 맞아 ~ | 数字吻合. ⓮ (숨이) 【断气】duànqì ¶숨이 ~ | 断气. ⓯ (유산하다) 【打胎】dǎtāi【堕胎】duòtāi ⓰ (신용·가치 등이) 【下降】xiàjiàng ¶위신이 ~ | 威信下降. ⓱ (뒤처지다) 【落】luò【掉】diào ¶그는 대오 뒤로 떨어졌다 | 他落在队伍后边. ¶그는 느리게 걸어서 매우 멀리 뒤떨어졌다 | 他走得慢，落下很远. ¶50미터를 달리자 그는 곧 뒤떨어졌다 | 跑了五十米他就掉在后头了.

떨치다 〔통〕 【显耀】xiǎnyào 【扬】yáng ¶한 시절 명성을 ~ | 显耀一时. ¶국외에 이름을 ~ | 扬名国外.

ᴮ**떫다** 〔형〕 【涩】sè ¶떫은맛 | 涩味. ¶이 감은 아주 ~ | 这柿子很涩.

떳떳하다 〔형〕 【光明正大】guāng míng zhèng dà【正大光明】zhèng dà guāng míng【堂堂正正】tángtáng zhèng zhèng【理直气壮】lǐ zhí qì zhuàng ¶그는 줄곧 떳떳하게 일하였다 | 他做事一向光明正大. ¶떳떳하게 처세하다 | 正正当当地做人.

떵떵거리다 〔통〕 【豪华奢侈】háohuá shē chǐ ¶떵떵거리며 살다 | 豪华奢侈地生活.

ᴮ**떼**¹ 〔명〕 【群】qún ¶큰 ~를 지은 사람들 | 一大群人. ¶한 ~의 양 | 一群羊.

떼² 〔명〕 【赖】lài ¶ ~를 쓰다 | 耍赖.

떼거지 〔명〕 ❶【成群的乞丐】chéngqún·de qǐgài ❷【灾民】zāimín

ᴬ**떼다** 〔통〕 ❶ (붙은 것을) 【取下】qǔxià 【撕下】sīxià 【揭下】jiēxià ¶벽보를 ~ | 取下墙报. ❷ (문서 등을) 【打】dǎ ¶증명서를 ~ | 打证明. ❸ (끝내다) 【学完】xuéwán 【念完】niànwán 【干完】gànwán ¶기초 영어를 ~ | 学完了基础英语. ❹ (분리하다) 【拉开】lā·kāi 【分开】fēnkāi 【隔开】gékāi ¶아이들이 싸우니 빨리 떼어 놓으시오 | 孩子们打起来了，快拉开. ❺ (봉한 것을 뜯다) 【打开】dǎkāi ¶서류 봉투를 ~ | 打开文件袋. ❻ (말문을 열다) 【开口】kāikǒu ¶오랜 침묵 끝에 입을 ~ | 长时间沉默以后终于开口说话了. ❼ (그만두다) 【放弃】fàngqì 【洗手不干】xǐshǒubùgàn ¶장사에서 손을 ~ | 买卖这一块从此洗手不干了. ❽ (걸음을) 【开】kāi ¶발을 ~ | 开步. ¶아이가 첫 걸음을 ~ | 孩子开始走第一步. ❾ (유산시키다) 【打胎】dǎtāi 〔참고〕〔取出〕〔分出〕〔改〕〔戒〕〔断〕

떼밀다 〔통〕 【推】tuī ¶차를 앞으로 더 떼밀어야겠다 | 车子还得往前推. ¶문을 떼밀어서 열다 | 推开门.

떼놓다 〔통〕 ❶ (남겨두다) 【留下】liú·xià ¶다른 사람 몫을 ~ | 给别人留一份. ❷ (분리시키다) 【分开】fēnkāi ¶권리와 의무는 떼어놓을 수가 없다 | 权利与义务不能分开.

떼어먹다 〔통〕 【贪污】tānwū 【窃取】qièqǔ ¶그는 공금을 떼어먹어 법률의 제재를 받았다 | 他贪污公款gōngkuǎn, 受到法律制裁zhìcái. ¶그는 건축 재료를 적지 않이 떼어먹었다 | 他贪污了不少建筑材料. 〔참고〕〔分出〕〔扣出〕〔取〕

뗏목 【筏子】fá·zi 【木排】mùpái 【木筏(子)】mùfá(·zi) 〔참고〕〔木牌pái〕〔竹筏fá〕¶筏子/筏子排〕

ᴬ**또** 〔부〕 ❶ (다시·반복해서) 【又】yòu 【再】zài ¶너 ~ 나를 화나게 했다 | 你让我生气了. ¶씻고 ~ 씻었다 | 洗了又洗. ¶우리들은 한 차례 ~ 한 차례 시험하였다 | 我们一次又一次地试验. ¶오늘 오고 내일 ~ 온다 | 今天来，明天再来. ¶나 ~ 너를 만날 수 있겠니? | 我还能再见到你吗? ❷ (다시 더) 【还】hái【还是】háishì ¶그 밖에 ~ 뭐가 필요하지? | 那个以外还需要什么?

ᴬ**또는** 〔부〕 【或者】huòzhě 【或】huò ¶내가 가든지, ~ 네가 가든지 다 괜찮아 | 或者我去, 或者你去, 都行. ¶그에게 묻든지 ~ 나에게 묻든지 다 괜찮다 | 或问他或问我都可以.

ᴬ**또다시** 〔부〕 【再一次】zài yícì 【再次】zàicì 【又一次】yòu yícì 【重新】chóngxīn ¶

~ 마음으로부터 사의를 표합니다 | 再一次表示由衷的谢意。 ¶ 당신들의 도움에 ~ 감사 드립니다 | 再次感谢你们的帮助bāngzhù。 ¶ ~ 심도있는 토론을 전개하다 | 又一次进行深刻的讨论。

ᶜ**또랑또랑하다** 형 【清脆】qīngcuì ¶ 또랑또랑한 목소리 | 清脆的声音。

ᴮ**또래** 명 【同辈】tóngbèi 【年龄资历差不多的人】niánlíng zīlì chà·buduō·derén

ᶜ**또렷하다** 형 【清楚】qīng·chu 【清晰】qīngxī 【明显】míngxiǎn 【明露(儿)】mínglù(r) ¶ 발음이 ~ | 口齿清楚。 ¶ 그는 아직도 어린 시절의 생활정경을 또렷이 기억하고 있다 | 他还清楚地记得童年tóngnián时代的生活情景qíngjǐng。 ¶ 과거의 일이 다시 또렷이 떠오르다 | 过去的事又清晰地浮现fúxiàn出来。

또박또박 부 ❶ (분명하게) 【一句一句地】yíjù yíjù·de 【一字一板地】yízì yìbǎn·de 【清清楚楚地】qīngqīng chǔchǔ·de ❷ (정확하게) 【一笔一笔地】yìbǐ yìbǐ·de 【一笔一划地】yìbǐ yīhuà·de 【端端正正地】duānduān zhèngzhèng·de 【工整地】gōngzhěng·de ❸ (거르지 않고) 【一一】yīyī ¶ 세금을 ~ 잘 내다 | 一一纳税。

ᴬ**또한** 부 【也】yě 【又】yòu 【并且】bìngqiě 【还要】háiyào ¶ 네가 북경에 가면, 나도 ~ 북경에 간다 | 你去北京, 我也去北京。 ¶ 우리는 중국 노래도 부르고, ~ 외국 노래도 부른다 | 我们又唱中国歌, 又唱外国歌。 ¶ 그 책은 흥미도 있거니와 ~ 교훈적이다 | 那本书很有意思, 并且有教育意义。

똑 부 ❶ (작은 것이 떨어지는 소리) 【吧】bā ¶ 배가 하나 ~ 떨어지다 | 一个梨, 吧一声掉在地上。 ❷ (가볍게 두드릴 때 나는 소리) 【笃】dǔ 【咚】dōng ¶ 바깥에서 ~~ 문 두드리는 소리가 난다 | 从外面传来咚咚敲门声。 ❸ (조금도 틀림없이) 【完全】wánquán ¶ ~ 같다 | 完全相同。

ᴬ**똑같다** 형 【完全一样】wánquán yíyàng 【一模一样】yì mú yí yàng 【丝毫不差】sīháo búchà ¶ 내 금목걸이와 당신 금목걸이는 ~ | 我的金项链jīnxiàngliàn和你的金项链是一模一样。

ᶜ**똑딱단추** 명 【子母扣】zǐmǔkòu 【按扣】ànkòu

ᶜ**똑딱** 부하자 【滴嗒】dī·ta 【嘀嗒】dí·ta 【的得】dì·de ¶ 방안이 몹시 조용해서 ~~ 시계추 소리만 나고 있다 | 屋里异常寂静, 只有钟摆滴嗒地响着。

ᴮ**똑똑** 부 【啪哒】pādā 【呵嚓】hēcā 【冬冬】dōngdōng 【沥沥拉拉】lì·lilālā 【哩哩啦啦】lī·lilālā 【啄啄】zhuózhuó 【嘭嘭】pēngpēng 【滴嗒滴嗒】dīdā dīdā

ᴬ**똑똑하다** 형 ❶ (분명하다) 【清楚】qīng·chu 【明确】míngquè ¶ 그는 개혁을 하지 않으면 안된다는 것을 똑똑히 인식했다 | 他清楚地意识yìshí到, 不改革gǎigé是不行的。 ❷ (영리하다) 【清楚】qīng·chu 【聪明】cōng·ming ¶ 머리가 ~ | 头脑tóunǎo清楚。 ¶ 똑똑하고 유능하다 | 聪明能干gàn。 ㊜〔聪睿ruì〕〔聪悟wù〕〔聪颖yǐng〕

ᴮ**똑바르다** 형 【端正】duānzhèng 【直】zhí 【正】zhèng ¶ 그의 글씨가 아주 ~ | 他的字写得端端正正。 ¶ 철사를 똑바르게 펴다 | 把铁丝拉直。 ¶ 이 나무는 똑바르게 자랐다 | 这棵树长得直。 ¶ 이 그림은 똑바르지않게 걸렸다 | 这幅画挂得不正。 ¶ 모자를 똑바로 쓰다 | 正一正帽子。

똘똘하다 형 【清醒】qīngxǐng ¶ 머리가 아주 ~ | 脑子清醒得很。

ᴬ**똥** 명 【粪】fèn 【屎】shǐ 【大便】dàbiàn

똥누러 갈적 마음 다르고 올적 마음 다르다 관용 【用得着菩萨求菩萨, 用不着菩萨骂菩萨】yòng·dezháo púsà qiú púsà, yòng·buzháo púsà mà púsà 【尿沟里的棒槌, 要就拾到, 不要就丢】niàogōu·lǐ·de bàngchuí, yào jiùshídào, búyào jiùdiū 【念罢了经打和尚, 用人靠前, 不用人靠后】niànbà·le jīng dǎhéshàng, yòngrén kàoqián, búyòngrén kàohòu

똥 묻은 개가 겨 묻은 개 흉본다 관용 【老鸦笑猪黑, 旋转满身乌】lǎoyā xiào zhū hēi, xuánzhuǎn mǎnshēn wū 【老鸦笑猪黑, 自丑不觉得】lǎoyā xiào zhū hēi, zìchǒu bùjué·de 【屎壳螂嫌蝼扣黑, 蝼扣还有花白扣】shǐkélàng xián lóukòuhēi, lóukòu háiyǒu huābáikòu 【自己满身黑, 倒咬人家一嘴毛】zìjǐ mǎnshēn hēi, dǎoyào rénjiā yìzuǐ máo 《自己坐了一屁股屎, 反说人家口气臭》zìjǐzuò·ėyípì·gǔshǐ, fǎnshuōrénjiā kǒuqì chòu

똥싼 놈이 성낸다 판용 【倒打一耙】dǎo dǎ yìbà

ᴮ**똥오줌** 명 【粪便】fènbiàn 【大小便】dàxiǎobiàn

똥이 무서워 피하나 더러워 피하지 판용 【见屎躲开, 不是因为怕, 而是因为臭】jiànshǐ duǒkāi, búshì yīnwèi pà, érshì yīnwèi chòu

ᶜ**똥약볕** 명 【烈日】lièrì 【炎阳】yányáng ¶~이 내리쬐는 날씨에는 더위 먹지 않게 조심하시오 | 烈日小心中zhòng 暑.

ᴮ**똥껑** 명 【盖子】gài·zi 【盖儿】gàir ¶주전자 ~ | 水壶hú盖子. ¶~을 열다 | 揭jiē开盖子. ¶~을 덮다 | 盖盖儿.

ᴮ**뚜드리다** 동 【敲】qiāo 【敲打】qiāo·da

ᶜ**뚜뚜** 부 【鸣鸣】míngmíng 【鸣】wū 【嘟嘟】dūdū ¶기선의 고동소리가 ~하고 울리다 | 轮船上的汽笛鸣鸣地叫.

ᶜ**뚜렷하다** 형 【清楚】qīng·chu 【明显】míngxiǎn 【明露(儿)】mínglù(r) 【清晰】qīngxī ¶뚜렷한 인상 | 清晰的印象 ¶필적이 뚜렷하고 수려하다 | 字迹zì jì清晰娟秀juānxiù. ¶공적이 ~ | 功绩昭著.

ᶜ**뚜벅뚜벅** 부 하자 【咕吱咕吱】gū·zhigū·zhi 【咯噔】gēdēng 【踢跶】tīdá 踢踏 tītà 【橐橐】tuótuó ¶복도 안에서 ~하는 구두소리가 났다 | 走廊里响起了咕吱吱吱的皮靴声. ¶~ 걸음을 옮기다 | 踢跶踢跶地跺duò起步来. ¶~ 구두소리를 내면서 들어갔다 | 踢踏地走了进去.

ᴮ**뚝** 부 하자타 【叭】bā 【吧】bā 【巴】bā 【嘎噔】gādēng 【戛然】jiárán 【喀吧】kābā 【咔吧】kǎbā 【喀嚓】kāchā 【楂】kāzhā 【咔嚓】kǎcā 【哗啦】huālā ¶~하고 현이 끊어졌다 | 叭的一声, 弦断了. ¶소리가 ~그치다 | 吧而止. ¶~ 소리를 내면서 몽둥이가 두 동강이 났다 | 喀吧一声, 棍子撅juē成两截.

뚝딱뚝딱 부 하자타 【敲敲打打】qiāoqiāodǎdǎ

뚝뚝 부 하자 【滴嗒】dītā 【嘀嗒】dītā 【的的】dìdē 【哗】huā 【沥沥拉拉】lì·lìlā-lā 【哩哩啦啦】lī·lilālā 【扑簌簌】pūsùsù 【噗噜噜】pū·lu·lu 【噗碌碌】pūlùlù 【簌簌】sùsù 【簌地】sùdì ¶두 눈에서 눈물이 ~ 떨어졌다 | 两眼滴嗒地掉下眼泪yǎnlèi来. ¶뜨거운 눈물이 ~ 떨어져 내리다 | 热泪rèlèi簌簌地往下落.

뚝배기 명 【沙锅】shāguō

뚝배기보다 장맛이 좋다 관용 【沙锅丑, 酱味甜】shāguō chòu, jiàngwèi tián

ᴬ**뚫다** 동 ❶ (구멍을 내다) 【穿】chuān 【钻】zuān ¶천장에 큰 구멍 하나가 뚫렸다 | 顶棚上穿了一个大窟窿kū-long. ¶나무에 구멍을 ~ | 在木头上钻了一个眼儿. ¶숲을 뚫고 지나가다 | 钻树林子. ❷ (법망·감시 등을) 【冲破】chōngpò 【闯过】chuǎngguò 【突破】tūpò ¶관문 하나를 ~ | 冲破一关.

뚫어지다 동 【破】pò 【穿】chuān ¶양말에 구멍 하나가 뚫어졌다 | 袜wà子破了一个洞. ¶천장에 큰 구멍 하나가 뚫어졌다 | 顶棚péng上穿了一个大窟窿kūlong.

똥딴지 명 ❶ 【笨蛋】bèndàn ¶이 ~같은 놈, 이런 사소한 일조차 해내지 못하다니 | 你这个笨蛋, 连这点小事也办不了. ❷ 【绝缘子】juéyuán·zi 【瓷瓶】cípíng 【瓷碗】cíwǎn 【瓷珠儿】cízhūr

ᴮ**똥뚱하다** 형 【胖乎乎】pànghūhū

ᴮ**똥보** 명 【胖子】pàng·zi

ᴮ**뛰놀다** 동 ❶ 【蹦蹦跳】bèngbèngtiào 【跳着玩】tiào·zhe wán 【跳动】tiào-dòng

ᴬ**뛰다** 동 ❶ (도약하다) 【跳】tiào 【蹦】bèng ¶그는 아주 멀리 뛴다 | 他跳得很远. ¶이 아이는 너무 기뻐서 깡충깡충 뛰었다 | 这孩子高兴得直跳. ¶좋아서 함부로 뛰다 | 高兴得乱蹦乱跳. ❷ (뛰다) 【冲】chōng 【飞进】fēibèng ¶불똥이 사방에 ~ | 火花飞溅. ❸ (빨리 걷다) 【跑】pǎo ¶백 미터를 ~ | 跑百米. ❹ (거르다) 【跳过去】tiàoguòqù ¶반쯤 읽다가 뛰어 끝부분을 읽다 | 读了一半, 跳了过去读结尾部分. ❺ (그네를)

【荡】dàng ¶그네를 ~ | 荡秋千。

뛰어가다 〔동〕【奔跑】bēnpǎo【跑去】pǎo·qù ¶단숨에 ~ | 一口气跑去。

뛰어나가다 〔동〕【跑出】pǎochū

ᴮ**뛰어나다** 〔형〕【出众】chūzhòng【超人】chāorén【与众不同】yǔ zhòng bù tóng ¶그 사람은 특별히 ~ | 他特别出众。¶재능이 ~ | 才华出众。¶그는 뛰어난 기억력을 가지고 있다 | 他有超人的记忆力。

ᴮ**뛰어넘다** 〔동〕❶（건너 뛰다）【跳过】tiào·guò【跃过】yuèguò【跨过】kuàguò ¶그는 일미터 구십오를 뛰어넘었다 | 他跳过了一米九五。¶다섯 페이지를 뛰어넘었다 | 跳过了五页。¶2m24를 ~ | 跃过二米二十四。❷（월반하다）【跳级】tiàojí【跳班】tiàobān ❸（극복하다）【超越】chāoyuè ¶모든 것을 ~ | 超越一切。¶시간과 공간의 제약을 ~ | 超越了时间和空间的限制。¶모든 장애를 뛰어넘고 어떠한 곤란도 싸워 이기다 | 超越任何障碍，战胜任何困难。【超过】chāoguò ¶생산량이 원래의 계획을 뛰어넘었다 | 产量超过了原来计划。

ᴮ**뛰어들다** 〔동〕❶（몸을 던지다）【跳入】tiàorù【跳进】tiàojìn ¶한강에 ~ | 跳进汉江。❷（갑자기 들어가다）【闯进】chuǎngjìn【冲进】chōngjìn ¶자동차가 인도에 ~ | 汽车冲进人行道。❸（참견하다）【插手】chāshǒu ❹（발을 이루다）【进入】jìnrù【涉入】shèrù ¶정계에 ~ | 进入政界。

ᴮ**뛰어오르다** 〔동〕❶（위로）【跳上】tiàoshàng ❷（가격·지위 등이 갑자기 오르다）【上涨】shàngzhǎng【暴涨】bàozhǎng【上升】shàngshēng ¶학비가 ~ | 学费上涨。¶물가가 ~ | 物价暴涨。¶생산율이 큰 폭으로 뛰어올랐다 | 生产率大幅度上升。

ᶜ**뜀뛰기** 〔명〕【蹦跳】bèngtiào 〔참고〕〔跳〕

ᶜ**뜀뛰다** 〔동〕【蹦跳】bèngtiào【进跳】bèngtiào【跳】tiào

ᶜ**뜀틀** 〔명〕〈體〉【跳马】tiàomǎ ¶~운동 | 跳马运动。

ᴮᶜ**뜨개질** 〔명〕〔하것〕【编织活儿】biānzhīhuór

ᴬ**뜨겁다** 〔형〕❶（열이 높다）【热】rè【热乎乎】rèhūhū【热呼呼】rèhū ¶쇠는 뜨거울 때 때려야 한다 | 趁热打铁。❷（열렬하다）【热情】rèqíng【热烈】rèliè ¶뜨거운 사랑 | 热烈的爱情。

뜨끈하다 〔형〕【热呼呼】rèhūhū【热忽忽】rèhūhū【热】rè ¶뜨끈뜨끈한 고구마 | 热呼呼的白薯。

뜨끔하다 〔형〕❶（针扎似地痛）zhēnzhā sì·de tòng ❷（大吃一惊）dà chī yì jīng（吓一大跳）xià yí dà tiào

뜨내기 〔명〕【流浪者】liúlàngzhě【漂泊者】piāobōzhě【临时性的】línshíxìng·de

ᴬ**뜨다¹** 〔동〕❶（공중에）【飞】fēi ¶비행기가 ~ | 飞机起飞。❷（해·달이）【升】shēng ¶태양이 ~ | 太阳升。❸（물 위에）【浮】fú ¶기름이 물 위에 떠 있다 | 油浮在水面上。❹（빌려 준 것을 받지 못하다）【打了水漂】dǎ·le shuǐpiāo ¶그에게 빌려 준 돈이 공중에 떴다 | 借给他的钱打了水漂了。

뜨다² 〔동〕❶（발효하다·썩다）【霉烂】méilàn【发酵】fājiào ¶지하실의 물건은 쉽게 뜬다 | 地下室的东西容易霉烂。¶메주가 ~ | 酱引子发酵。❷（얼굴이 누렇게 붓다）【浮肿】fúzhǒng ¶얼굴이 누렇게 ~ | 脸又黄又肿。

뜨다³ 〔동〕❶（떠나다）【离开】líkāi【动身】dòngshēn ¶그는 이미 북경을 떴다 | 他已经离开北京了。❷（자리를）【空出】kōngchū ¶자리를 ~ | 空出位子。❸（죽다）【离开人世】líkāi rénshì ¶세상을 ~ | 离开人世。

ᴮ**뜨다⁴** 〔동〕❶（눈을）【睁】zhēng ¶눈을 뜰 수 없다 | 眼睁睁不开。¶눈을 뜨고 보다 | 睁眼看。❷（귀를）【婴儿开始有了听觉】yīng'ér kāishǐ yǒu·le tīngjué

ᴮ**뜨다⁵** 〔동〕❶（일부를 떼어내다）【起】qǐ ¶잔디를 ~ | 起草皮。❷（물·국 등을）【盛】chéng ¶밥을 ~ | 盛饭。❸（맛 보다）【尝】cháng ¶한 술이라도 뜨시지요 | 尝一口也好嘛。❹（옷감을）【扯】chě ¶옷감을 ~ | 扯布料。❺（건지다）【捞】lāo ¶바다에서 수초를 ~ | 在河里捞水草。

뜨다⁶ 〔동〕❶（뜨개질 하다）【编】biān【织】zhī ❷（바느질 하다）【缝】féng

뜨다⁷ 〔동〕❶（느리다）【迟缓】chíhuǎn

【缓慢】huǎnmàn ❶동작이 ~ㅣ动作
迟缓。❷(둔하다)【迟钝】chídùn ❶
눈치가 ~ㅣ没眼力见儿。❸(말수가
적다)【少言寡言】shǎoyánguǎyán ❹
(시간·길이)【有距离】yǒujùlí ❶그
의 집은 나의 집과 거리가 ~ㅣ他家离
我家有一段距离。

ᴮ**뜨뜻하다** 혱【温暖】wēnnuǎn【暖和】nu-
ǎn·huo ❶이 집은 남향이라서 아주 ~
ㅣ这屋子向阳, 很暖和。

뜨이다 통❶(눈이)【睁眼】zhēngkāi-
yǎn ❷(눈에)【引人注目】yǐnrénzhù-
mù ❶눈에 띄는 미인ㅣ引人注目的美
人。

ᶜ**뜬눈** 몡【睁眼】zhēngyǎn

뜬소문[－所聞] 몡 【风闻】fēngwén
【风声】fēngshēng 【风传】fēngchuán
【风言风语】fēng yán fēng yǔ ❶~을
퍼뜨리다ㅣ走漏风声。❶~을 듣다ㅣ
听到风声。❶그에 관한 많은 ~을 들
었다ㅣ听到不少关于他的风言风语。
참고〔风言〕〔风语〕

뜯기다 통❶(물리다)【被咬】bèiyǎo
【被叮】bèidīng ❶밤새 모기에게 ~ㅣ
整夜被蚊子叮咬。❷(빼앗기다)【被
敲诈】bèiqiāozhà ❶돈을 ~ㅣ钱被敲
诈了。

ᴬ**뜯다** 통❶(떼다·찢다)【撕】sī【扯】ch-
ě【剥】bāo【拆】chāi【拔】bá【摘】zhāi
❶책장을 잡아~ㅣ把书撕破了。❶일
력은 매일 한 장씩 뜯어야 한다ㅣ日历
得每天一张一张地扯下来。❷(악기
를)【弹】tán ❶비파를 ~ㅣ弹琵琶。
❸(빼앗다)【剥削】bāoxuē ❶지주가
농민의 재산을 ~ㅣ地主剥削农民的
财产。❹(풀·털 등을)【啃】kěn【撕
着吃】sī·zhe chī ❶갈비를 ~ㅣ啃排
骨。

뜯어고치다 통【拆修】chāixiū【改组】g-
ǎizǔ【修改】xiūgǎi ❶자동차를 ~ㅣ拆
修汽车。❶관리 기구를 ~ㅣ改组管
理机构。❶헌법을 ~ㅣ修改宪法xiàn-
fǎ。

뜯어내다 통❶(붙은 것을)【撕下来】s-
ī·xià·lái【拆下来】chāi·xià·lái【扯下
来】chě·xià·lai ❷(빼앗다)【勒索
走】lèsuǒzǒu

뜯어말리다 통【拉架】lājià ❶빨리 가서
싸움을 뜯어말리자, 두 사람이 거리에

서 싸우기 시작했어!ㅣ快kuài去~吧,
俩人在街上打起来了!　참고〔拉仗〕
〔劝架〕

뜯어먹다 통❶【啃着吃】kěn·zhe chī
❷【剥削】bāoxuē ❶지주가 농민을 ~
ㅣ地主剥削农民。

ᴮ**뜯어보다** 통❶(자세히 살피다)【左看
右看】zuǒ kàn yòu kàn【仔细打量】zǐ-
xì dǎ·liang【仔细观察】zǐxì guānchá
【端详】duān·xiáng ❶자세히 ~ㅣ仔
细zǐxì端详。❷(간신히 알아서 읽
다)【勉强能看懂】miǎnqiǎngnéngkàn-
dǒng ❶신문을 ~ㅣ勉强能看懂报
纸。

ᴬ**뜰** 몡【院子】yuàn·zi【庭】tíng ❶~에
과일을 좀 심다ㅣ院子里种着不少瓜
果。참고〔院坝bà〕〔院落〕〔院套〕〔当
dāng院(儿)〕〔庭院〕

ᴮ**뜸** 몡【苫】shān【草席】cǎoxí【草帘子】
cǎolián·zi

뜸 몡【焖】mèn【闷】mèn

뜸 몡【医】〈醫〉【灸】jiǔ ❶쑥으로 ~뜨다ㅣ
拿艾ài子灸一灸。

뜸질 하자 【灸】jiǔ【施灸】shījiǔ ❶쑥
으로 ~하다ㅣ拿艾ài子灸一灸。

뜸하다 혱【过了一阵】guò·le yízhèn
【歇了一阵】xiē·le yízhèn

ᴬ**뜻** 몡❶(의지)【意志】yìzhì ❶~이 굳
다ㅣ意志坚强。❶~이 박약하다ㅣ意
志薄bó弱。❷(의미·의의)【意思】y-
ì·si【意味】yìwèi【意义】yìyì ❶너 그게
무슨 ~이냐?ㅣ你这句话是什么意思?
❶이 글자의 ~은 무엇이냐?ㅣ这个字
的意思怎么讲?❶문장의 ~ㅣ文章的
意义。

뜻글자 몡【表意文字】biǎoyì wénzì

ᴮ**뜻밖** 몡【意外】yìwài【不料】bùliào【出
乎意料之外】chū hū yì liào zhī wài ❶
~이다ㅣ出人意外/出乎意外。❶~
의 재해ㅣ意外的灾害。❶아침에는
날씨가 멀쩡했는데, ~에 오후에 우박
이 내렸다ㅣ早上天气还好好的, 不料
下午竟下起雹子来了。

뜻하다 통❶(결심하다)【立志】lìzhì
【决心】juéxīn ❷(의미하다)【表示】b-
iǎoshì【意味】yìwèi ❸(예상하다)
【意料】yìliào ❶그러나 어떤 때는 뜻하
지않게 일이 생길 수도 있다ㅣ不过有
时候也会发生意料不到的事情。

279

띄다 통 【引人注目】yǐnrénzhùmù ¶눈에 띄는 행동 | 引人注目的行动。

ᴮ**띄어쓰기** 명 【隔写】géxiě【隔写法】géxiěfǎ

띄엄띄엄 부하형 ❶ 【零零星星】líng·língxīngxīng【稀疏】xīshū【疏稀】shūxī ¶모가 ∼ 나다 | 禾苗hémiáo出得稀疏。❷ 【断断续续】duànduànxùxù

띄우다¹ 통 ❶ (보내다) 【发】fā 【寄】jì ¶그녀에게 편지 한 통을 ∼ | 给她寄一封信。❷ (거리를 두다) 【保持距离】bǎochí jùlí ¶석 자간격으로 띄워라 | 保持三尺距离。

띄우다² 통 ❶ (공중에) 【放飞】fàngfēi ❷ (물 위에) 【放】fàng ¶뗏목을 ∼ | 放木排。❸ (발효시키다) 【使发酵】shǐfājiào ¶메주를 ∼ | 使酱引子发酵。

ᴮ**띠** 명 【带子】dài·zi【带儿】dàir ¶∼를 매다 | 系jì带子。참고 〔腰带〕

ᴮ**띠다** 통 ❶ (기색 등을 지니다) 【带】dài 【挂】guà 【含】hán 【浮】fú ¶얼굴에 근심하는 빛을 ∼ | 面带愁容。¶약간 붉은 빛을 ∼ | 微带红色。¶미소를 ∼ | 挂着微笑wēixiào。❷ (사명을 가지다) 【担负】dānfù 【负】fù ¶조국 건설의 책임을 ∼ | 担负建国的责任zérèn。¶중대한 임무를 ∼ | 身负重任。❸ (지니다) 【具有】jùyǒu ¶이런 경향을 띠고 있다 | 具有这种倾向。¶확신을 ∼ | 具有信心 ¶역사적 의의를 ∼ | 具有历史意义。

ᶜ**띵띵** 부하형 【鼓鼓】gǔgǔ【硬邦邦】yìngbāngbāng 참고 〔紧绷绷〕〔硬崩崩〕〔硬绷绷〕〔硬梆梆〕〔硬棒棒〕

ㄹ

-ㄹ 어미 ❶ (用于谓词词干之后, 表示推测, 意志等)【要】yào【将要】jiāngyào【可能】kěnéng ¶가一 곳 | 要去的地方。¶내일 가一 예정이다 | 明天打算(要)去。❷ (用于时间有时候的名词"때""적""시간""무렵"等之前, 表示限定, 有"的"的意思) ¶내가 밥 먹을 一 때 그가 들어왔다 | 我吃饭的时候他进来了。❸ (用于不完全名词"수""줄""리""뿐"等之前, 起连接作用) ¶먹을 一 수 있다 | 能吃。¶나만 가一 뿐이다 | 只我一个人去。

-ㄹ걸 어미 ❶ (表示后悔, 有"好了""…对了"的意思) ¶의사의 말을 들을 一 | 听大夫的话就好了。❷ (表示推想, 有"会""可能会"的意思) ¶내일은 아마 비가 오一 | 明天可能会下雨。

-ㄹ까 (用于疑问句的终结词尾) ❶ (表示疑问或怀疑) ¶그럴一? | 会那样吗? ¶도대체 그가 무슨 계획을 하고 있는 거~? | 到底他有什么打算? ❷ (表示个人意志或提义) ¶이렇게 하면 어때~ | 这么做, 怎么样? ❸ (表示请求) ¶나 담배 좀 피워도 될~? | 我可以抽烟吗?

-ㄹ는지 어미 (表示推测)【会不会】huìbuhuì【会】huì【是不是】shìbushì ¶그 말이 사실일~ | 那个话会不会是事实?

-ㄹ락 말락 어미 (似…未…)sì…wèi…(似…又没有…)sì…yòu méiyǒu… ¶비가 오一 한다 | 要爱下又不下的。¶꽃이 피一 하고 있다 | 花骨朵似开未开。

-ㄹ망정 어미 ❶【宁肯】níngkěn【宁愿】níngyuàn ¶굶어 죽을~ 도둑질은 안 한다 | 宁肯饿死也不去偷东西。❷【虽然…但是】suīrán…dànshì ¶몸은 떠나~ 마음은 두고 갑니다 | 虽然人离开了, 但心未走。

-ㄹ밖에 어미【只有】zhǐyǒu【只能】zhǐnéng【只好】zhǐhǎo ¶돈이 없으니 빚을 내~ | 钱用光guāng了, 只好借jiè钱。

-ㄹ뿐더러 어미【不仅…而且】bùjǐn…érqiě… ¶그 친구는 공부도 잘하~ 친구관계도 원만하다 | 那个朋友不仅学习好而且和朋友的关系也好。¶그는 지식도 있으~ 경험도 있다 | 他不仅有知识而且也有经验。

-ㄹ수록 어미 (越…越…)yuè…yuè…【愈…愈…】yù…yù… ¶빠르~ 더 좋다 | 越快越好。¶가지면 가지~ 더 갖고 싶다 | 越有越想要。

-ㄹ지라도 어미【即使…也要…】jíshǐ…【不管…也要…】bùguǎn…yěyào…【无论…也要…】wúlùn…yěyào… ¶무슨 일이 있으~ | 不管发生了什么事也要一。¶아무리 천재이~ 노력 없이는 성공할 수 없다 | 无论是个天才, 不努力也是不会成功的。

라[이 라] 명〈音〉【啦】lā【六】liù【长音阶的第六音】chángyīnjiē·dediliùyīn

-라² 어미 ❶ (表示原因或根据) ¶뜻밖의 일이~ 어리둥절했다 | 意外的事使人手忙脚乱。❷ (表示对立或并列)【…而…】…ér… ¶그건 짐승이 아니~ 사람이다 | 不是野兽而是人。¶그건 내 것이 아니~ 내 친구의 것이야 | 那个不是我的而是我朋友的。

-라³ 어미 (表示命令的终结词尾) ¶조심해서 가거~ | 路上小心。¶이 문은 열지 마~ | 不要开这扇门。

-라고¹ 조 ❶ (表示命令)【叫】jiào【让】ràng ¶기다리~ 해라 | 让他等一下。¶이리 오~ 해라 | 让他到这里来。❷ (表示命令或引用)【叫】jiào【称作】chēngzuò ¶나는 …~ 합니다 | 我叫…。¶먹고 싶은 것이 무엇이~ 하더냐 | 想吃的东叫什么来着? ❸ (表示理由或原因) ¶여자~ 왜 남자보다 빨리 못 뛰겠어요? | 谁说女的她就比男的跑得慢? ❹ (表示直接的引用) ¶엄마는 "그건 절대 안돼"~ 말했다 | 妈妈说"那绝对不行"。

-라고² 어미 ❶ (表示反问) ¶이 많은 물건들을 나 혼자 치우~? | 这么多的东西, 让我一个人收拾? ¶이게 다 나 때문이~? | 这都是因为我? ❷【当

281

…dāng┃【以为】yǐwéi ¶난 또 누구
~ㅣ我当又是谁呢?

라고스[Lagos] 圐〈地〉【拉各斯】Lāgè-
sī [“尼日利亚”(나이지리아;Niger-
ia)의 수도]

-라느니 어미 (表示命令的出尔反尔)
¶하~ 말~ 도대체 종잡을 수가 없다
ㅣ那个活儿让干又不让干，到底不知
道该怎么办。

-라는 조【叫】jiào【称作】chēngzuò ¶
하~ 공부는 안하고 무슨 장난질이
야? ㅣ叫你学习不捣什么乱? ¶내가
하~ 대로 해라ㅣ按我说的办。¶형
님이~ 분이 찾아오셨어요ㅣ一个称
作是你哥哥的人找你来了。

-라니 조 (表示反问或反驳) ¶책이
~? 무슨 책을 말하는 거야? ㅣ书? 你
说的是什么书籍?

-라니까 조 (表示强调命令或决心)
¶빨리 먹으~ㅣ快点儿吃! ¶그게 아
니~ㅣ不是那个。

라데팡스[Ladefence] 圐〈商標〉【黎
得芳】Lídéfāng

-라도 조【即使…】jíshǐ…【就是…】jiù-
shì…【连…】lián… ¶거기가 지옥이
~ 나는 갈 것이다ㅣ即使那儿是地狱
我也要去。¶비싸면 옷이 아니~ 괜
찮아ㅣ衣服就算不漂亮也行。

라듐 [도 radium;Ra] 圐〈化〉【镭锭】léi-
dìng【镭】léi

-라든지 어미 (表示列举) 【是…还是
…】shì…háishì…【也行…也行…】yě-
xíng…yěxíng… ¶오~ 가~ 분명히
말하시오ㅣ是来还是走说明白。

^라디오[radio] 圐【收音机】shōuyīnjī
【无线电】wúxiàndiàn【无线电收音机】
wúxiàndiàn shōuyīnjī ¶트랜지스터
~ㅣ半导体收音机。¶휴대용~ㅣ便
携式收音机。¶탁상용~ㅣ落地式收
音机。

라디오 방송[radio 放送] 圐【广播】guǎ-
ngbō ¶~을 듣다ㅣ听广播。¶~통
신교육ㅣ广播函授。

라디오 버튼[radio butten] 圐〈電算〉
【单选框】dānxuǎnkuàng

라르고 [이 largo] 圐〈音〉【缓慢的】huǎ-
nmàn·de【庄严的】zhuāngyán·de

라마[Lama] 圐〈宗〉【剌麻】lǎmà 【喇
嘛】lǎ·ma ¶~승ㅣ喇嘛僧。¶~의

고승(高僧)ㅣ大刺麻。[참고〔달래喇
嘛〕

^**라면**[拉麵] 圐【方便面条】fāngbiàn
miàntiáo【速食面】sùshímiàn【泡面】
pàomiàn【方便面】fāngbiànmiàn

-라면[2] 조 (谓格助词,表示假设)【如
果】rúguǒ【只要】zhǐyào ¶나~ 그렇
게 하지 않아ㅣ如果是我，就不那样
做。¶저 사람이~ 두 번 다시 만나고
싶지 않아ㅣ如果是他，就不想见第二
遍。

-라면[3] 어미 (连接词尾,表示假说)
【就】jiù ¶하~ 해라ㅣ让rāng你做你
就做。¶그가 달~ 주지ㅣ他要你就给
给。

-라면서 조 (表示确认反问或边说边
做其他) ¶자기 잘못이~ 용서를 빌
더라ㅣ他承认自己的过错，要我原谅
他。¶이게 네 것이~? ㅣ这个东西是
你的,是吗?

라바트[Rabat] 圐〈地〉【拉巴特】Lābā-
tè [“摩洛哥móluògē”(모로코;Moro-
cco)의 수도]

라벨[1][label] 圐【商标纸标签】shāngbi-
āozhǐbiāoqiān【系挂标牌】xìguàbiā-
opái【签条】qiāntiáo【商标】shāngbiā-
o ¶~규정ㅣ标签条例。¶~약관ㅣ
标签条款。¶~차지(charge)ㅣ标纸
费。

라벨[2][label] 圐〈電算〉【盘符】pánfú

-라서 어미 (表示原因或根据) ¶이건
내 책이 아니~ 너에게 빌려줄 수가 없
어ㅣ因为这本书不是我的，所以不能
借给你。

라섹[LASEK;Laser Epithelial Kera-
tomileusis] 圐〈醫〉激光角膜上皮磨
镶术】jīguāng jiǎomóshàng pímóxiā-
ngshù

라스트 신[last scene] 圐【最后情节】z-
uìhòu qíngjié

라스팔마스[Las Palmas] 圐〈地〉【拉
斯帕耳马斯】Lāsīpà'ěrmǎsī [“加那利
群岛”(카나리아제도;Canary Is-
lands)의 수도]

라식[LASIK;Laser Associated Stro-
mal Insitu Keratomileusis] 圐〈醫〉
【准分子激光手术】zhǔnfēnzǐ jīguāng
shǒushù【准分子雷射屈光矫正】zhǔ-
nfēnzǐ léishèqūguāng jiǎozhèng

－라야 [어미] 【要说】yàoshuō 【称得上】chēng·de shàng 【只有】zhǐyǒu ¶짐이 ~ 손에 든 것밖에 없어요 | 要说行李, 就手里提的这些。¶과일은 제철이 ~　맛있다 | 只有应时水果才会好吃。

라오스 [Laos] [명] 〈地〉 【老挝】Lǎowō [인도차이나반도 동북부의 나라. 수도는 "万象"(브양트얀; Vientiane)] 참고【寮Liáo国】 【老挝wō人民民主共和国】

라우터 [router] [명] 〈電算〉 【路由器】lùyóuqì

라운드 [round] [명] 【回合】huíhé 【轮】lún 【场】chǎng ¶~ 테이블(table) | 会合桌。¶제1~에서 이겼다 | 打胜了第一个回合。

라이벌 [rival] [명] 【对手】duìshǒu 【敌手】díshǒu 【情敌】qíngdí ¶우리의 ~은 평소에 명성이 높은 팀이다 | 我们的对手是个素负盛名的球队。¶~끼리 만나다 | 棋逢对手。¶권모술수를 부리는 데는 내가 어찌 그의 ~이 되겠는가? | 玩权术, 我哪是他的对手? ¶그는 ~과 싸우기로 결심했다 | 他决意juéyì跟情敌争斗zhēng·dòu。

라이베리아 [Liberia] [명] 〈地〉 【利比里亚】Lìbǐlǐyà [아프리카 서부에 위치한 나라. 수도는 "蒙罗维亚ménluówéiyà"(몬로비아; Monrovia)] 참고【里昇lǐbēi利亚】

라이브러리 [library] [명] 〈電算〉 【库】kù 【程序库】chéngxùkù

라이센스 [license] [명] 【许可证】xǔkězhèng ¶~ 거래 | 特许证交易。¶~ 계약 | 许可证协议。¶~ 무역 | 专利特许贸易。¶~ 생산 | 特许生产。¶출국 ~ | 出境许可证。

라이카 [Leica] [명] 〈商標〉 【来卡】láikǎ 【徕卡】láikǎ

라이코스 [Lycos] [명] 〈社名〉 【来科思】Láikēsī

ᴮ**라이터** [lighter] [명] 【打火机】dǎhuǒjī 【点烟机】diǎnyānjī 【自来火】zìláihuǒ ¶가스 ~ | 燃油气打火机。¶~를 켜다 | 打打火机。

라이트 [light] [명] 【灯】dēng 【头灯】tóudēng 【大灯】dàdēng 【前照灯】qiánzhàodēng 【照明灯】zhàomíngdēng ¶~를 켜다 | 开灯。¶~를 끄다 | 关guān灯。

라이트급 [light級] [명] 〈體〉 【轻量级】qīngliàngjí ¶~ 선수 | 轻量级选手xuǎnshǒu

라이프 스타일 [Life style] [명] 【生活方式】shēnghuó fāngshì

라인 [line] [명] ❶ 〈선〉 【线】xiàn ¶방위 ~ | 防fáng线。¶골 ~ | 门线。¶~ 아웃 | 出线。❷〈부서〉 【部】bù ¶판매 ~ | 销售部。

라일락 [lilac] [명] 〈植〉 【紫丁香】zǐdīngxiāng 【白丁香】báidīngxiāng 【丁香花】dīngxiānghuā 【丁香】dīngxiāng ¶~ 꽃이 피었다 | 紫丁香花开了。

라켓 [racket] [명] 【球拍】qiúpāi ¶테니스 ~ | 网wǎng球拍。¶탁구 ~ | 乒乓pīngpāng球拍。

라코스떼 [Lacoste] [명] 〈商標〉 【鳄鱼】Èyú 【来格仕】Láigéshì

라트비아 [Latvia] [명] 〈地〉 【拉脱维亚】Lātuōwéiyà ["波罗的海"(발트 해; Balt海岸) 삼국(三國) 중의 한 나라. "独立国家国协"(독립국가연합; CIS) 중의 한 나라. 수도는 "里加"(리가; Riga)]

라틴 [Latin] [명] 【拉丁】Lādīng ¶~어 | 拉丁语。¶~ 민족 | 拉丁民族。

라틴 아메리카 [Latin America] [명] 【拉丁美洲】lādīng měizhōu

라파스 [La Paz] [명] 〈地〉 【拉巴斯】Lābāsī ["玻bō利维亚"(볼리비아; Bolivia)의 수도]

－란다 [어미] (表示转述或启发) ¶엄마가 빨리 밥먹으~ | 妈妈叫你快点儿吃饭。¶인생이란 게 원래 다 그런거 ~ | 人生原来就是这样。

란제리 [프 lingerie] [명] 【女内衣】nǚnèiyī

－람 [어미] ❶ (表示不满意) 【呀】yā ¶그가 무슨 상관이~ | 与他有何相关? ❷(表示非难或为难) 【啊】ā ¶하필이면 오늘 할 게 뭐~! | 怎么非得今天干啊!

－람니다 [어미] (表示转达或婉转相告) ¶먼저 드시~ | 让您吃。

－랑 [조] (表示动作的对象或列举, 相当于 "和" "跟") ¶친구~ 같이 갔어요 | 和朋友一起去的。¶고기　쌀을 ~

다 │ 사왔어요! │ 肉ròu和米等都买来了。

랑데부[프 rendez-vous] 명하자 ❶ (밀회) 【幽会】yōuhuì 【密会】mìhuì ❷ (한 지점에서 만남) 【会合】huìhé 【对接】duìjiē ¶～ 지점 │ 会合地点。

랑방[프 Lanvin] 명〈商標〉【兰文】Lánwén

랑콤[프 Lancome] 명〈商標〉【兰蔻】Lánkòu

-래서 죄【因为叫做…】yīnwèi jiàozuò …【因为叫…】yīnwèi jiào 【因为让…】yīnwèi ràng ¶나오～ 나갔다 │ 因为让我去, 我出去了。

-래서야 죄 (表示强调, 有"当做"等 为"的意思) ¶이～ 되겠습니까? │ 这样成行吗?

-래야 죄 (含有"当做""认为""要说"等 的意思) ¶그～ 당연하지 │ 那样做才是应该的。 ¶가진 돈이～ 고작 이것뿐이다 │ 要说钱qián, 就这么点儿。

-래요 어미 (表示转告) ¶그게 아니～ │ 说不是那个。 ¶식사하시~ │ 请您吃饭。

랜[LAN;Local Area Network] 명〈電算〉【局域网】júyùwǎng

랜 카드[LAN card] 명〈電算〉【网卡】wǎngkǎ

랜덤[random] 명〈電算〉【随机】suíjī ¶～샘플링 │ 随机抽样。 ¶～ 파일 (file) │ 随机档件dàngjiàn。

램[RAM;random access memory] 명〈電算〉【数据存储器】shùjùcúnchǔqì 【随机存储器】suíjī cúnchǔqì

ㆍ램프[lamp] 명【煤油灯】méiyóudēng

램프[ramp] 명【斜面路】xiémiànlù 【坡道】pōdào

ㆍ랩[lap] 명 ❶ (트랙의 한 바퀴) 【圈】quān ¶여섯 ～ 도는 달리기 시합 │ 六圈的赛跑。 ❷ (수영 코스의 한 왕복) 【趟】tàng ¶～ 카드 │ 记趟卡片。

랩[wrap] 명【塑料薄膜】sùliàobáomó 【保险纸】bǎoxiǎnzhǐ

랩소디[rhapsody] 명〈文〉【叙事诗】xùshìshī 【狂诗】kuángshī

랩송[rap song] 명〈音〉【快板】kuàibǎn 【说唱】shuōchàng

랭킹[ranking] 명【排列次序】páiliè cìxù 【名次】míngcì 【等级】děngjí ¶～ 1 위 │ 排第一。 ¶～을 정하다 │ 定名次。 ¶商品 ～에 따라 가격을 정하다 │ 按商品等级规定guīdìng价格jiàgé。

-라 어미 ❶ (表示反问或感叹) 【哪儿】nǎr 【难道…】nándào 【难道…吗】nándào…ma ¶이렇게 행복한 생활이 또 어디 있으~ │ 这样的幸福生活, 哪儿还会有啊~ ❷ (表示询问) ¶무얼 해주~? │ 给你做什么?

-러 어미 (连结词尾, 表示目的) ¶뭐하~ 왔니? │ 来什么? ¶친구 만나~ 가다 │ 去见朋友。

러너[runner] 명【赛跑的人】sàipǎo·de rén

러닝메이트[running mate] 명 ❶【竞选伙伴】jìngxuǎn huǒbàn ❷【同伴】tóngbàn

러닝셔츠[running shirt] 명【背心】bèixīn 【运动背心】yùndòng bèixīn

러브[love] 명 ❶ (사랑) 【爱情】àiqíng ¶～ 레터 │ 情书。 ¶～ 신 (scene) │ 爱情情景/爱情镜头。 ¶～ (體) (테니스에서 무득점) 【零分】língfēn

러브 스토리[love story] 명【爱情故事】àiqíng gùshì 【恋爱小说】liàn·ài xiǎoshuō 【言情小说】yánqíng xiǎoshuō

러시[rush] 명하자【猛进】měngjìn 【冲进】chōngjìn

러시아[Russia] 명〈地〉【俄罗斯】Éluósī 〔"独立国家协"(독립국가 연합; CIS)중의 한 나라。 수도는 "莫斯科"(모스크바;Moscow)〕

러시아워[rush hour] 명【尖峰时刻】jiānfēng shíkè 【上下班交通高峰时间】shàngxiàbān jiāotōng gāofēng shíjiān 【上下班时间】shàngxiàbān shíjiān

럭비[Rugby] 명〈體〉【橄榄球】gǎnlǎnqiú ¶～ 풋볼 │ 十五人制橄榄球/英式橄榄球。

런던[London] 명〈地〉【伦敦】Lúndūn 〔"英国"(영국;Britain)의 수도〕

런치[lunch] 명【午餐】wǔcān 【午饭】wǔfàn ¶～ 타임 │ 午餐时间。

럼주[rum 酒] 명【糖酒】tángjiǔ 【兰姆酒】lánmǔjiǔ 【糖蜜酒】tángmìjiǔ 【朗姆酒】lǎngmǔjiǔ 【老姆酒】lǎomǔjiǔ 【劳姆】láomǔ

284

레[이ㅣre] 명〈音〉【瑞】ruì【二】èr【长音阶的第二音】chángyīnjiē·dedì'èryīn

레디[ready] 통【准备】zhǔnbèi【预备】yùbèi

레모네이드[lemonade] 명【柠檬汽水】níngméng qìshuǐ

ᴮ**레몬**[lemon] 명〈植〉【柠檬】níngméng ¶~ 쥬스 | 柠檬汁zhī。¶~ 차 | 柠檬茶。

레미콘[remicon] 명【混凝土搅拌车】hùnníngtǔ jiǎobànchē

레바논[Lebanon] 명〈地〉【黎巴嫩】Líbānèn [지중해의 동해안, 이스라엘 북쪽의 나라. 수도는 "贝鲁特bèilǔtè"(베이루트;Beirut)]

레벨[level] 명〈水平〉shuǐpíng【标准】biāozhǔn ¶그는 좋은 학생으로 꽤 ~이 높다 | 他是个好学生, 很有水平。¶~이 낮다 | 不够标准。

레소토[Lesotho] 명〈地〉【莱索托】láisuǒtuō [남아프리카 영연방 내의 자치국. 수도는 "马塞卢"(마세루;Maseru)]

레스비언[lesbian] 명【女同性恋】nǚtóngxìngliàn

ᶜ**레스토랑**[프 restaurant] 명【西餐馆】xīcānguǎn【西餐厅】xīcāntīng

레슨[lesson] 명【辅导】fǔdǎo

ᴮ**레슬링**[wrestling] 명【国际摔交】guójì shuāijiāo【自由式摔交】zìyòushì shuāijiāo

레이더[radar] 명【雷达】léidá ¶~ 조종사 | 雷达手。¶~ 망 | 雷达网。¶~ 관측 | 雷达观测guāncè。

레이디[lady] 명【女士】nǚshì

ᶜ**레이스**[race] 명【花边】huābiān ¶내 옷 목둘레과 소매에 예쁜 ~가 많다 | 我的衣服在领口和袖口上有许多好看的花边。

레이저[laser] 명〈物〉【激光】jīguāng【莱塞】láisài【镭射】léishè【激光器】jīguāngqì【激光放大器】jīguāng fàngdàqì【莱塞射线】láisàishèxiàn ¶~ 분광학 | 激光光谱学。¶~ 빔 | 激光束shù。¶~ 메스 | 激光手术刀。¶~ 레이더 | 激光雷达。

레이저 디스크[laser disk] 명〈電算〉【光碟片】guāngdiépiàn【光盘】guāngpán

레이저 디스크 드라이브[laser disk drive] 명〈電算〉【光驱机】guāngqūjī【光盘驱动机】guāngpán qūdòngjī

레이저 프린터[laser printer] 명〈電算〉【激光打印机】jīguāng dǎyìnjī

레이캬비크[Reykjavik] 명〈地〉【雷克雅未克】Léikèyǎwèikè ["冰岛"(아이슬란드;Iceland)의 수도]

레인코트[raincoat] 명【雨衣】yǔyī

레일[rail] 명【轨条】guǐtiáo【轨道】guǐdào【钢轨】gānggǔ【铁轨】tiěguǐ ¶~ 인도 | 货车交(货)/货车内交付。

레저[leisure] 명【余暇娱乐】yúxiá yúlè【休闲】xiūxián ¶~ 시설 | 休闲设施。¶~ 산업 | 余暇产业/娱乐服务业。¶~용품 | 业余娱乐用品/文体用品。

레지던트[resident] 명【高级专科实习医师】gāojí zhuānkē zhùyuàn shíxí yīshī

레지스탕스[프 resistance] 명【抵抗运动】dǐkàng yùndòng【抵抗斗争】dǐkàng dòuzhēng

레코드[record] 명❶【唱片】chàngpiàn❷〈電算〉【记录】jìlù

레크리에이션[recreation] 명【娱乐】yúlè ¶~ 활동 | 娱乐活动。

렉서스[Lexus] 명〈商標〉【凌志】Língzhì

ᴮ**렌즈**[lens] 명〈物〉【透镜】tòujìng【镜头】jìngtóu【透光镜】tòuguāngjìng ¶오목~ | 凹āo透镜。¶볼록~ | 凸tū透镜。¶줌(zoom) ~ | 变焦镜头。

렌터 카[rent a car] 명【租赁车】zūlìnchē

-러거든[어미] (连接词尾, 表示假定条件)【가~ 지금 가라 | 要去的话, 现在就去吧。

-러나[어미]【要】yào【准备】zhǔnbèi ¶눈이 오~? | 要下雪吗? ¶누가 오~? | 谁要来?

-러네[어미]【要】yào【准备】zhǔnbèi ¶내일 가~ | 明天要去。¶나는 교사가 되~ | 我要当老师。

-러느냐[어미]【要】yào【准备】zhǔnbèi ¶그것으로 무얼 하~? | 用那个要干什么? ¶그 일을 언제 하~? | 准备什么时间干那个事。

-러는[어미]【要…的】yào… de【准备

…的】zhǔnbèi…de ¶지금 가~ 곳이 어디냐? | 现在要去的地方是哪儿? ¶책을 보~ 학생이 참 많다 | 要看书的学生真的很多.

―**려는가** 어미 (表示疑问)【要】yào【准备】zhǔnbèi ¶왜 그 사람을 만나~ | 为什么要见那个人?

―**려는데** 어미 (表示对立)【要】yào【准备】zhǔnbèi ¶막 나가~ 그가 왔다 | 刚要出去, 他就来了.

―**려니** 어미 (后面与"생각하다""믿다""하다"等结合表示引用) ¶세상이 그런 것이~ 생각해라 | 你就想, 世界就是那个样子. ¶오늘쯤은 그가 오~ 했는데 | 我想他今天前后会来.

―**려니와** 어미 (表示并列)【当然…但也…】dāngrán…dànyě… ¶돈도 돈이~ 시간도 문제다 | 说钱嘛, 当然有钱的问题, 但也有时间的问题.

―**려다** 조【想…但…】xiǎng…dàn… ¶한 마디 하~ 참았다 | 想说却又忍住了. ¶내일 출발하~ 생각을 바꾸었다 | 本想明天出发来着, 后来改变主意了.

―**려다가** 조 ☞ ―려다

―**려면야** 조【要想…】yàoxiǎng… ¶이기~ 이길 수 있지 | 要想赢嘛, 当然有能赢. ¶가~ 갈 수도 있다 | 要想去就能去.

―**러무나** 어미【嘛】·ma ¶마음대로 하~ | 随便做嘛. ¶갈 테면 가~ | 走就走嘛.

―**러오** 어미【要】yào ¶나도 함께 가~ | 我也要一起去.

―**런다** 어미 (表示意志) ¶나는 가~ | 我要去.

―**련만** 어미 ❶ (表示转折) ¶바보도 아니~ 왜 말귀를 못 알아듣니? | 你也不傻, 怎么就听不懂话呢? ❷ (表示假说) ¶편지라도 하면 한 시름 놓으~ | 能来封信就放心了.

―**럽니까** 어미【要】yào ¶벌써 가시~? | 怎么这么早就要走啊?

―**럿다** 어미 (表示推测·命令) ¶오늘도 비가 오~ | 今天也会有雨的. ¶당장 시작하~ | 立即开始吧.

―**로** 조 (副词格助词) ❶ (表示工具或手段)【用】yòng ¶듣기 좋은 말~ 그를 설득했다 | 用好话说服了他. ¶영

어~ 이야기했다 | 用英语说的. ❷ (表示方向)【向】xiàng ¶학교~ 가다 | 去学校. ❸ (表示材料)【用】yòng ¶나무~ 만들었다 | 用木头做的. ❹ (表示原因)【因为】yīnwèi ¶장마~ 연기되었다 | 因为淫雨延期了. ❺ (表示身分或资格)【为】wéi ¶난 장남으~ 부모님을 모셔야한다 | 身为长子要好好侍奉父母. ❻ (表示转成结果)【成】chéng ¶우리말을 영어~ 번역하다 | 把韩国语翻译成英语. ❼ (表示限定的时间)【到】dào ¶내일~ 원서 접수가 마감된다 | 到明天报名就结束了.

―**로구나** 어미 (表示感叹) ¶훌륭한 학생이~ | 是个好学生啊. ¶벌써 12시~ 이미 | 已经是十二点了.

로그아웃[logout] 명〈電算〉【退出】tuìchū

로그오프[log off] 명〈電算〉【退出】tuìchū【注销】zhùxiāo

로그온[logon] 명〈電算〉【注册】zhùcè【进入】jìnrù【登录】dēnglù

로그인[login] 명〈電算〉【进入】jìnrù【登录】dēnglù

―**로는**【作为】zuòwéi【用】yòng ¶그와는 말~ 통하지 않는다 | 跟他用语言无法沟通.

로드 아일랜드[Rhode Island;RI] 명〈地〉【罗得岛】Luódédǎo [미국의 주명(州名). 주도(州都)는 "普罗维登斯Pǔluówéidēngsī"(프로비던스;Providence)]

로드타운[Road Town] 명〈地〉【罗德城】Luódéchéng [英属维尔京群岛"(영령 버진제도;British Virgin Islands)의 수도"]

로디지아[Rhodesia] 명〈地〉【罗得西亚】Luódéxīyà [남아프리카에 위치한 나라. 수도는 "索尔兹伯里"(솔즈버리;Salisbury)]【참고】〈洛神两类〉

로레알[L'oreal] 명〈商標〉【欧莱雅】Ōuláiyǎ

로렉스[Rolex] 명〈商標〉【劳力士】Láolìshì

로마[Roma] 명〈地〉【罗马】Luómǎ ¶~ 제국 | 罗马帝国. ¶~ 교황청 | 罗马教皇厅. ¶~ 법 | 罗马法.

로마자[Roma 字] 명【罗马字(母)】luómǎzì(mǔ)【拉丁字母】Lādīng zìmǔ

¶한어병음자모로 사용하는 것이 ~
이다 | 汉语拼音用的是拉丁字母。

로맨스[romance] 몡【爱情故事】àiqíng gù·shi【罗曼司】luōmànsī 【浪漫史】làngmànshǐ【恋情】liànqíng

로맨티시스트[romanticist] 몡【浪漫主义作家】làngmàn zhǔyì zuòjiā

로맨티시즘[romanticism] 몡【浪漫主义】làngmàn zhǔyì

로맨틱[romantic] 몡하형【浪漫的】làngmàn·de【罗曼蒂克】luōmàndìkè

로메[Lomé] 몡〈地〉【洛美】Luòměi ["多哥"(토고; Togo)의 수도]

로봇[robot] 몡 ❶【机器人】jīqìrén ¶~이 외계인과 전쟁하다 | 机器人大战外星人。 ❷【自动机】zìdòngjī ❸【傀儡】kuǐlěi ¶이 대통령은 ~에 지나지 않는다 | 他这个总统不过是一个傀儡而已。

－로부터 조【从】cóng 【自】zì ¶위~ 아래로 | 从上到下。 ¶이것은 예~ 전해오는 이야기다 | 这是从以前传下来的故事。

로비[lobby] 몡 ❶【门廊】ménláng【门厅】méntīng ❷【院外活动集团】yuànwài huódòng jítuán【疏通活动】shūtōng huódòng

로비스트[lobbyist] 몡【院外活动集团的成员】yuànwài huódòng jítuán·de chéngyuán　【进行疏通的人】jìnxíng shūtōng·de rén【说客】shuìkè

－로서 조 ❶(表示地位, 身分, 自格, 含有"作为"之意)【作为】zuòwéi ¶친구~ 권고하다 | 作为一个朋友劝你。 ¶교사~ 있을 수 없는 행동 | 作为教师, 这是一个不应有的行仪。 ❷(表示出发点)【从…】cóng 【由…】yóu~ ¶모든 싸움은 너 … 시작되었다 | 所有争吵都是由你引起的。

로션[lotion] 몡【护肤液】hùfūyè【洗剂】xǐjì【洗净剂】xǐjìngjì

로열박스[royal box] 몡【贵宾席】guìbīnxí【专席】zhuānxí

로열젤리[royal jelly] 몡【蜂王浆】fēngwángjiāng

로열티[royalty] 몡【开采权】kāicǎiquán【租费】zūfèi【租金】zūjīn【版税】bǎnshuì

로이터[Reuter; Reuter's News Agen-

cy] 몡〈新放〉【路透社】Lùtòushè ["英国"(영국)의 통신사명]

로조[Roseau] 몡〈地〉【罗索】Luōsuǒ ["多米尼加联邦"(도미니카연방; Commonwealth of Dominica)의 수도]

로처스[Rochus] 몡〈商標〉【罗莎】Luōshā

로컬[local] 몡【本埠】běnbù【地区】dìqū【地方】dìfāng

로케이션[location] 몡【外景拍摄】wàijǐng pāishè【选定位置】xuǎndìng wèizhì【野外摄影】yěwàishèyǐng

로켓[rocket] 몡【火箭】huǒjiàn ¶~포 | 火箭炮。 ¶~탄 | 火箭弹dàn。 ¶~ 발사대 | 火箭箱。

로큰롤[rock'n'roll] 몡〈音〉【摇摆乐】yáobǎiyuè【摇滚乐】yáogǔnyuè【摇摆曲】yáobǎiqǔ

로터리[rotary] 몡【环行交叉】huánxíng jiāochā【转盘】zhuǎnpán ¶~ 클럽 | 扶轮社。

로터스[Lotus] 몡〈社名〉【莲花】Liánhuā

로프[rope] 몡【绳】shéng【索(子)】suǒ(zi)【绳索】shéngsuǒ ¶와이어 ~(wire rope) | 钢丝绳。

－록[－錄] 몡【录】lù【记录】jìlù ¶비망~ | 备忘bèiwàng录。 ¶방명~ | 芳fāng名录。

론[loan] 몡〈經〉【资金供应】zījīn gōngyìng【资金融通】zījīn róngtōng【贷款】dàikuǎn【借贷】jiè dài

롤러[roller] 몡【滚柱】gǔnzhù

롤러스케이트[roller skate] 몡【四轮滑冰】sìlún huábīng

롤리[Raleigh] 몡〈地〉【罗利】Luólì [미국 "北卡罗来纳Běikǎluóláinà"(노스캐롤라이나; North Carolina) 주의 주도(州都)]

롤리타[Lolita] 몡〈商標〉【洛莉塔】Luòlìtǎ

롤스로이스[Rolls Royce] 몡〈社名〉【劳斯莱斯】Láosīláisī

롬[ROM; readonly memory] 몡〈電算〉【只读存储器】zhǐdúcúnchǔqì

－롭다 뎁(表示某种性质)¶향기~ | 香的。 ¶번거~ | 麻烦。

루마니아[Rumania] 몡〈地〉【罗马尼

亞]Luómǎníyà [유럽 동남부의 사회주의 국가. 수도는 "布加勒斯特"(부쿠레슈티;Bacuresti)]

루머[rumor] 图【谣言】yáoyán 【谣传】yáochuán ¶∼를 퍼뜨리다 | 造谣. ¶이것은 모두 근거없는 ∼이다 | 这都是谣传, 没有根据.

루비[ruby] 图【玫瑰玉】méiguīyù 【红宝石】hóngbǎoshí

루사카[Lusaka] 图〈地〉【卢萨卡】Lúsàkǎ ["赞比亚"(잠비아;Zambia)의 수도]

루안다[Luanda] 图〈地〉【罗安达】Luó'āndá ["安哥拉"(앙골라;Angola)의 수도]

루이비통[Louis Vuitton] 图〈商标〉【路易威登】Lùyìwēidēng

루이지애나[Louisiana;La] 图〈地〉【路易斯安那】Lùyìsī'ānnà [미국의 주명(州名). 주도(州都)는 "巴吞鲁日Bātūnlǔrì"(바톤루즈;Baton Rou-ge)]

루즈[프 louge] 图【口红】kǒuhóng 【唇膏】chúngāo ¶∼를 바르다 | 抹口红. 참고【口脂】(胭脂)zhī

루트[route] 图【途径】tújìng ¶같은 ∼를 밟다 | 走一样的途径. ¶외교 ∼ | 外交途径.

루트 디렉토리[root directory] 图〈電算〉【根目录】gēnmùlù

루프[loop] 图【圈】quān 【环孔】huánkǒng

루프[roof] 图❶ (지붕)【屋顶】wūdǐng 【屋面】wūmiàn ❷ (자동차의 천정)【车顶】chēdǐng

룩셈부르크[Luxemburg] 图〈地〉【卢森堡】Lúsēnbǎo [독일, 프랑스, 벨기에에 둘러싸인 나라. 수도는 "卢森堡"(룩셈부르크;Luxemburg)]

룰[rule] 图【规则】guīzé 【规程】guīchéng 【规条】guītiáo 【规章】guīzhāng ¶∼을 위반하다 | 犯规.

룸[room] 图【房间】fángjiān ¶∼을 잡다 | 开kāi房间.

룸펜[도 Lumpen] 图【衣着褴褛的人】yīzhuó lánlǚ·de rén 【失业者】shīyèzhě 【流浪者】liúlàngzhě 【流氓】liúmáng

−류[−流] 图【派】pài 【流派】liúpài 【流】liú ¶한∼ | 韩流. ¶일∼ | 一流.

류머티즘[rheumatism] 图〈醫〉【风湿症】fēngshīzhèng 【风湿性关节炎】fēngshīxìng guānjiéyán

류블랴나[Ljubljana] 图〈地〉【卢布拉那】Lúbùlānà ["斯洛凡尼亚"(슬로베니아;Slovenia)의 수도]

르네상스[프 Renaissance] 图【文艺复兴】wényì fùxīng 【李奈桑斯】lǐnàisāngsī

르노[Renault] 图【社名】【雷诺】Léinuò

르완다[Rwanda] 图〈地〉【卢旺达】Lúwàngdá [중앙아프리카에 위치한 나라. 수도는 "基加利"(키갈리;Kigali)] 참고〔卢安达〕

−를 图 (宾语助词, 表示行为所涉及的客体) ¶자전거∼ 타다 | 骑自行车. ¶누구∼ 기다리니? | 等谁呢? ¶학교∼ 가다 | 去学校.

리[里] 의명【里】lǐ ¶300∼ | 三百里.

−리[−裏] 回【里】lǐ ¶【情况下】qíngkuàngxià ¶암암∼에 | 暗地里/暗暗地. ¶성황∼에 | 盛况空前的情况下.

리가[Riga] 图〈地〉【里加】Lǐjiā ["拉脱维亚lātuōwéiyà"(라트비아;Latvia)의 수도]

리그[league] 图【联盟】liánméng 【竞赛联合会】jìngsài liánhéhuì 【联赛】liánsài ¶∼전 | 循环赛.

−리다 어미❶ (对对方说话时, 有时含有"就去"的意思) 有约½·하∼ | 我说定了. ❷ (含有推测或警告意) ¶내일이면 꽃이 활짝 피∼ | 明天大概花儿就会开了.

리더[leader] 图【领导者】lǐngdǎozhě 【指挥者】zhǐhuīzhě 【领袖】lǐngxiù ¶∼십(ship) | 指挥力.

리드[lead] 图하자타❶ (지휘)【领导】lǐngdǎo ¶이것은 반장이 늘 잘해서 된 것이다 | 这是班长领导得好. ❷ (앞섬)【领先】lǐngxiān ¶그는 계속 ∼하며 결승선까지 달렸다 | 他一路领先, 跑到终点. ¶축구 전반전 경기는 1대 1로 한국팀이 ∼하고 있다 | 前半场足球赛以二比一, 韩国队领先. ❸ (야구)【离垒】lílěi

리드미컬[rhythmical] 图하형【有韵律的】yǒu yùnlǜ·de 【有节奏的】yǒu jiézǒu·de ¶~한 동작 | 有节奏的动作.

리듬[rhythm] 圆 〈音〉【节奏】jiézòu 【律动】lǜdòng ¶~에 맞춰 춤을 추다 | 合着节拍跳舞.

-리라 어미 ❶ (表示推测, 含有 "可能" "大概" 等的意思) ¶그녀는 아마 성공하~ | 她很可能成功. ❷ (表示决心, 意志) ¶꼭 이기고 돌아오~ | 一定要胜利了再回来.

리마[Lima] 圆 〈地〉【利马】Lìmǎ ["秘鲁Bǐlǔ" (페루; Peru) 의 수도]

리모트 컨트롤[remote control] 圆 【遥控机】yáokòngjī 【摇控开关】yáokòngkāiguānguān

리바운드[rebound] 圆 【弹回】tánhuí 【挑回】tiǎohuí

리바이벌[revival] 圆 【重新上演】chóngxīn shàngyǎn ¶~된 노래가 유행이다 | 翻唱的歌曲流行起来了.

리복[Reebok] 圆 〈商標〉【锐步】Ruìbù

리본[ribbon] 圆 【绸结】chóujié 【蝴蝶结】húdiéjié 【蝴蝶扣儿】húdiékòur 【发结】fàjié 【丝带】sīdài 【缎带】duàndài ¶옷에 ~을 달다 | 在衣服上缀缀带.

리비아[Libya] 圆 〈地〉【利比亚】Lìbǐyà [아프리카 북부에 위치한 나라. 정식명을 리비아 아랍공화국(Libyan Arab Republic). 수도는 "的黎波里dìlíbōlǐ" (트리폴리; Tripoli)]

리사이틀[recital] 圆 【独唱会】dúchànghuì 【独奏会】dúzòuhuì ¶피아노 ~ | 钢琴独奏音乐会.

리서치[research] 圆 【调查】diàochá 【研究】yánjiū

리셉션[reception] 圆 【欢迎会】huānyínghuì 【招待会】zhāodàihuì 【宴会】yànhuì ¶성대한 ~을 베풀다 | 举行盛大shèngdà宴会. ¶~에 참가하다 | 赴huó宴会.

리셋 버튼[reset button] 圆 〈電算〉【复位按钮】fùwèiànniǔ

리셋 키[reset key] 圆 〈電算〉【复位键】fùwèijiàn

리소스[resource] 圆 〈電算〉【资源】zīyuán

리스[lease] 圆 【租约】zūyuē 【租赁】zūlìn 【租借】zūjiè

리스본[Lisbon] 圆 〈地〉【里斯本】Lǐsīběn ["葡萄牙Pútáoyá" (포르투갈; Portugal) 의 수도] 참고 〔利斯本〕

리스트[list] 圆 ❶【名簿】míngbù 【名册】míngcè 【名单】míngdān ¶후보자~ | 候选人名单. ¶~를 작성하다 | 写名单. ❷【表】biǎo 【目录】mùlù 【一览表】yìlǎnbiǎo ¶~ 프라이스(price) | 目录价.

리시버[receiver] 圆 ❶【接收机】jiēshōujī 【收报机】shōubàojī ❷【耳机】ěrjī 【听筒】tīngtǒng

리야드[Riyadh] 圆 〈地〉【利雅得】Lìyǎdé ["沙特shātè阿拉伯ālābó" (사우디아라비아; Saudi Arabia) 의 수도] 참고 〔利亚得〕利雅德

리어카[rear car] 圆 【两轮拖车】liǎnglún tuōchē 【推车】tuīchē 【黄包车】huángbāochē ¶~장사 | 黄包车生意. ¶~를 끌다 | 拉黄包车.

리얼리즘[realism] 圆 【现实主义】xiànshí zhǔyì

리얼 타임[real time] 圆 〈電算〉【实时】shíshí

리얼 타임 처리[real time處理] 圆 〈電算〉【实时处理】shíshí chǔlǐ

리치몬드[Richmond] 圆 〈地〉【里士满】Lǐshìmǎn [미국 "弗吉尼亚Fújīníyà" (버지니아; Virginia) 주의 주도(州都)]

리코더[recorder] 圆 【录音器】lùyīnqì

리터[liter] 의명 【升】shēng 【公升】gōngshēng

리턴 키[return key] 圆 〈電算〉【回车键】huíchējiàn

리투아니아[Lithuania] 圆 〈地〉【立陶宛】Lìtáowǎn ["波罗的海"(발트해; Balt海) 삼국(三国) 중의 한 나라. "独立国家联合"(독립국가 연합; CIS) 중의 한 나라. 수도는 "维尔纽斯"(빌뉴스; Vilnyus)]

리트머스 시험지[litmus 試驗紙] 圆 〈化〉【石蕊试纸】shíruǐ shìzhǐ ¶~로 산성과알칼리성을 측정하다 | 用石蕊试纸测试酸碱suānjiǎn性.

리틀 락[Little Rock] 圆 〈地〉【小石城】Xiǎoshíchéng [미국 "阿肯色Ākěnsè" (알캔사스; Arkansas) 주의 주도(州都)]

리포터[reporter] 圆 【报告人】bàogàorēn

리포트[report] 명 ❶【报告】bàogào
¶~를 내다 | 提出报告。 ❷【小论
文】xiǎo lùnwén

리허설[rehearsal] 명【彩排】cǎipái【排
练】páiliàn【排演】páiyǎn ¶여러 차례
~을 가졌다 | 进行了多次彩排。

린나이[Rinai] 명〈商標〉【林内牌】Lí-
nnèipái

린스[rinse] 명【润丝】rùnsī【护发素】h-
ùfàsù ¶헤어~ | 护发素。

릴레이[relay] 명【接力赛跑】jiēlì sàipǎ-
o【替换赛跑】tìhuàn sàipǎo ¶~경주
| 接力赛跑。

립라이너[lip liner] 명【口红笔】kǒuhō-
ngbǐ

립스틱[lipstick] 명 【口红】kǒuhóng
【唇膏】chúngāo ¶~을 바르다 | 抹口
红。(참고)〔口脂〕〔胭脂脂〕

링[ring] 명 ❶【拳击场】quánjīchǎng
❷【圈儿】quānr【环(儿,子)】huán(r,·
zi)

링거[Ringer] 명【生理盐水】shēnglǐyā-
nshuǐ ¶~액 | 林格式溶液/任求式溶
液。

링컨¹[Lincoln] 명〈地〉【林肯】Línkěn
[미국 "内布拉斯加Nèibùlāsījiā"(네
브래스카;Nebraska) 주의 주도(州
都)]

링컨²[Lincoln] 명〈商標〉【林肯】Línkě-
n

링크¹[link] 명 히타【连锁】liánsuǒ ¶~
무역 | 进出口连锁制。¶~주의 | 连
锁主义。¶~제도 | 连锁制度。

링크²[link] 명〈電算〉【链路】liànlù【链
接】liànjiē

링크³[link] 명【滑冰场】huábīngchǎng
¶실내~ | 室内滑冰场。

ㅁ

^A**마¹**[馬] 명 【马】mǎ ¶~ 한 필 | 一匹马. ❶ 【기~】 骑qí马. ❷ (장기) 【马】mǎ ¶졸을 버리고 ~를 지키다 | 丢卒保车.

마²〈植〉【薯芦】shǔ lú 【山药】shānyào 【山药】shānyù

마³[麻] 명 〈植〉【麻】má ¶아~ | 亚麻.

마⁴[魔] 명 ❶ (악마) 【魔】mó ¶~가 씌었는지 손대는 일마다 실패로 끝난다 | 着魔似的shì·de, 事事 以失败告终 gàozhōng. ❷ (불길함·죽음) 【死亡】sǐwáng 【黑色】hēisè ¶~의 금요일 | 黑色星期五.
— 마 〈어미〉 (종결어미, 表示 承诺) ¶내일 꼭 가~ | 明天一定去. ¶이번에는 내가 하~ | 这次我来做.

^B**마가린**[margarine] 명 【人造黄油】rénzào huángyóu 参考 〔人造白脱〕【人造奶油】【代黄油】【假奶油】【麦琪淋】

마각[馬脚] 명 【马脚】mǎjiǎo ¶~을 드러내다 | 露lòu出马脚.

^C**마감** 명하탁 【终结】zhōngjié 【完结】wánjié 【收尾】shōuwěi 【截止】jiézhǐ 【结束】jiéshù 【结尾】jiéwěi ¶작업이 아직 ~ 되지 않았다 | 工作还没结束. ¶예약은 어제 이미 ~했다 | 预约yùyuē 昨天已经截止. ¶~ 시간 | 截止时间. ¶신청서 접수를 ~하다 | 结束受理申请书 shēnqǐngshū. 参考 〔完讫〕〔讫qì了〕

^D**마개** 명 【塞子】sāi·zi 【栓】shuān 【盖儿】gài·r ¶병~ | 瓶píng塞子. ¶술병 ~ | 酒瓶盖儿. 参考 〔塞儿〕〔盖子儿〕

마개따개 명 【开瓶器】kāipíngqì 【瓶起子】píngqǐ·zi

^E**마구** 부 ❶ (함부로) 【乱】luàn 【胡乱】húluàn 【任意】rènyì 【蛮横】mánhèng 【敢】gǎn 【随便】suíbiàn ¶~ 뛰어다니다 | 乱跑pǎo. ¶~ 행동하다 | 任意行动. ¶아무에게나 ~ 대들다 | 跟谁都敢冲撞 dīngzhuàng. ❷ (몹시) 【大】dà ¶땀이 ~ 흘러내리다 | 大汗淋漓. 参考 〔盲目〕〔使劲〕〔风狂〕

〔马马虎虎〕〔随随便便〕

^F**마구간**[馬廏間] 명 【马厩】mǎjiù 【马圈】mǎjuàn 【马棚】mǎpéng 【牲口棚】shēngkǒupéng 参考 〔马房〕〔马号〕

마구잡이 명 【蛮干】mángàn 【乱】luàn 【乱来】luànlái 【潦草】liáocǎo 【盲干】mángàn ¶~로 하면 안돼, 머리를 써서 비결을 찾아야지 | 蛮干不行, 得动脑筋找窍qiào门. ¶작은 그릇에 ~로 담아 | 小碗wǎn里乱装zhuāng. ¶글씨를 너무 ~로 쓴다 | 字写得太潦草. 参考 〔粗率〕〔草率〕

^G**마귀**[魔鬼] 명 【魔鬼】móguǐ 【妖怪】yāo·guài 【妖魔】yāomó 【鬼怪】guǐguài ¶~할멈 | 鬼婆. ¶~의 세계 | 妖魔世界.

마그마[magma] 명 〈地〉【岩浆】yánjiāng ¶~ 활동 | 岩浆活动.

마나과[Managua] 명 〈地〉【马那瓜】Mǎnàguā "尼加拉瓜ní jiālāguā"(니카라과; Nicaragua)의 수도)

마나님 명 【太太】tài·tai 【妇人】fūrén

마나마[Manama] 명 〈地〉【麦纳麦】Màinàmài "巴林"(바레인; Bahrain)의 수도)

마냥 부 ❶ (실컷) 【够】gòu 【满足】mǎnzú 【满意】mǎnyì 【十分】shífēn 【可劲(儿)】kějìn(r) 【乱】luàn 【总】zǒng ¶~ 떠들다 | 乱吵. ¶ 그립다 | 总是想念. ¶언제보아도 ~ 즐거운 기색이다 | 任何时候都是愉快yúkuài 的气色qìsè之. ❷ (여전히) 【还】hái ¶철들 나이가 지났는데 ~ 어린애다 | 已经过了懂事的年龄, 但怎么还像个孩子. 参考 〔尽情地〕〔足zú够〕〔充分〕〔过分〕

마네킹[mannequin] 명 【人体模型】réntǐ móxíng

마녀[魔女] 명 【魔女】mónǚ

마누라 명 ❶ 【老婆子】lǎopó·zi 【老伴】lǎobàn ❷ 【老太婆】lǎotàipó 【婆娘】póniáng 【妇人】fūrén ¶저 ~의 억척은 세상이 다 알지 | 世人都知道那位妇人的厉害.
— 마는 〈접〉(用于终结词尾后面, 表示"虽

291

然…但是")¶나는 가고는 싶지~ 바빠서 못 가겠다 | 我虽然想去, 但因为忙而不能去。¶사고는 싶다~ 돈이 없다 | 虽然想买, 但没有钱。

ᴬ**마늘** 〔植〕〖蒜〗【大蒜】dàsuàn ¶~ 한 접 | 一瓣儿蒜。¶~ 장아찌 | 酱jiàng蒜。 참고〔大蒜头〕〔独(头)蒜〕〔卵luǎn蒜〕〔小蒜〕

마닐라[Manila] 〔地〕〖马尼拉〗Mǎnílā〔"菲律宾"fēilǜbīn (필리핀;Philippines)의 수도〕 참고〔马尼剌〕〔小吕宋xiǎolǚsòng〕

마님 〔史〕〖太太〗tài·tai

마다 〔都〕〖每〗měi 〖集집〗¶집집~ | 每户。¶사람~ 밝은표정 | 人人都是明亮的表情。¶날~ 새로운 기분 | 天天都是新的心情。

마다가스카르[Madagascar] 〔地〕〖马达斯加〗Mǎdájiāsījiā〔아프리카 동남부 인도양에 있는 섬나라. 수도는 "타나나리베" (타나나리보;Tananarivo)〕 참고〔马尔达加什〕

마다하다 〖拒绝〗jùjué〖嫌〖嫌弃】xiánqì ¶자네같은 술고래가 술을 마다하다니 | 像你这样的酒鬼jiǔguǐ, 还拒绝酒。

마담 〔프 madame〕 〖妇人〗fùrén 〖老板娘〗lǎobǎnniáng 〖老板奶奶〗lǎobǎnnǎi·nai

ᴬ**마당¹** 〖院子〗yuàn·zi 〖院〗yuàn 〖庭园〗tíngyuán 〖庭院〗tíngyuàn ¶~에 과일을 좀 심다 | 院子里种着不少苹果。¶몸채앞 넓은 ~ | 正屋前宽敞kuānchǎng的庭园。 참고〔院坝〕〔院落〕〔院套〕〔当院(儿)〕〔场〕

마당² ❶ (경우) 〖情况〗qíngkuàng 〖光景〗guāngjǐng ¶사람이 다 죽게 된 ~에 돈이 무슨 소용이야? | 人都快死了, 这种情况下钱还有什么用? ❷ (판소리 등의) 〖场〗chǎng ¶판소리 열두~ | 韩国鼓词演了十二场。

마드리드[Madrid] 〔地〕〖马德里〗Mǎdélǐ〔"西班牙"(스페인;Spain)의 수도〕

ᴮ**마디** 〔명〕❶ (관절) 〖节〗jié 〖关节〗guānjié ¶뼈~ | 骨gǔ关节。❷ (말·노래) 〖句〗jù 〖段〗duàn 〖句节〗jùjié ¶한~ 말도 하지 않다 | 一句话也没说。¶노래 한~ | 一段歌。❸ (매듭) 〖结〗jié ¶~를 풀다 | 解结。

마디마디 〔명〕❶ (말의) 〖每一句〗měiyíjù 〖句句〗jùjù ¶ 〖每一段〗měiyíduàn ¶~ 애정이 넘치는 사연 | 句句都有爱情的故事。❷ (식물의) 〖每节〗měijié 〖节节〗jiéjié ¶~에 새싹이 움트다 | 节节出新芽。❸ (뼈의) 〖每个关节〗měigè guānjié ¶~가 쑤신다 | 每个关节都刺痛。

ᴮ**마땅하다** 〔형〕❶ (당연하다) 〖应该〗yīnggāi 〖应当〗yīngdāng 〖理所当然〗lǐsuǒdāngrán 〖应〗yīng 〖适意〗shìyì ¶벌을 받아야 ~ | 应该受罚shòufá。❷ (적합하다) 〖合适〗héshì 〖适合〗shìhé 〖该得〗gāidé ¶마땅한 신랑감 | 适意的新郎郎郎。¶나에게 마땅한 일자리가 없을까? | 没有适合我的工作? ¶마땅한 보수를 받다 | 得到该得的报酬bàochóu。

마땅히 〔부〕〖应该〗yīnggāi 〖应当〗yīngdāng ¶~ 지켜야 할 일 | 应该遵守的事情。¶국민으로서 ~ 할 일을 하다 | 作国民应尽的事情。

ᴮ**마라톤**[marathon] 〔명〕〔體〕〖长跑〗chángpǎo 〖马拉松〗mǎlāsōng ¶~ 경기에 참가하다 | 参加cānjiā马拉松赛跑sàipǎo。

마력¹〖魔力〗〔명〕〖魔力〗mólì ¶이 이야기에는 내 마음을 사로잡는 ~이 있다 | 这个故事gù·shi有一种魔力抓住我的心。¶~을 지닌 웅변에 만인이 감동하다 | 被具有魔力的雄变xióngbiàn使万人感动。 참고〔功abhi〕

마력²〖馬力〗〔의명〕〔物〕〖马力〗mǎlì ¶유효 ~ | 有效马力。¶제동 ~ | 制动zhìdòng马力。¶지시 ~ | 指示zhǐshì马力。¶~을 내다 | 开足zú马力。

ᴮ**마련** ❶ (준비) 〖准备〗zhǔnbèi ¶돈을 ~하다 | 准备好钱。¶여비를 ~해야 여행을 하지 | 准备好旅fǐ费才能去旅行。❷ (계획) 〖打算〗dǎsuàn ¶금년 봄에 집을 세울 ~이다 | 今年春天打算盖gài房子。¶제 딴으로는 무슨 ~이 있겠지 | 他自己有打算备吧。❸ (당연) 〖会〗huì ¶비밀이란 새어나가게 ~이다 | 秘密也终会泄漏xièlòu出去的。

마렵다 〔형〕〖想〗xiǎng ¶똥~ | 想大

便。

^마루 冏❶ (집의)【地板】dìbǎn【板炕】bǎnkàng ❷ (산등의)【脊】jǐ【梁】liáng ¶용~|屋脊/房fáng脊。¶산~|山脊。¶고갯~|山梁。

^마르다¹ 동❶ (건조하다)【干】gān【干透】gāntòu【干枯】gānkū【干燥】gānzào【渴】kě ¶옷이 빨리 말랐다|衣服干得很快。¶우물이~|井水干了。¶마른 빨래|干透的衣服。¶마른 기침|干咳嗽。❷ (야위다)【瘦】shòu【消瘦】xiāoshòu ¶그녀는 하루가 다르게 말라졌다|她一天天地消瘦下去。¶그는 최근에 많이 말랐다|他最近zuìjìn消瘦了许多。❸ (고갈되다)【花光】huāguāng【见底】jiàndǐ ¶돈이 ~|钱花光了。¶종자가 ~|种子zhǒng·zi见底了。❹ (목·입술 등의 물기가 적어지다)【渴】kě ¶목이 ~|口渴。

마르크스 [Marx] 冏【马克】mǎkè【马克思】mǎkèsī ¶~주의|马克思主义。¶~주의 가치론|马克思主义价值论。

^마른 걸레【干抹布】gān mābù ¶~질 하다|用干抹布擦。

^마른 행주【干桌布】gānzhuōbù ¶~로 대접을 닦다|用干桌布擦碟子cādié·zi。

^마름모꼴 冏【菱形】língxíng

^마리 의명【只】zhī【匹】pǐ【头】tóu【条】tiáo【口】kǒu【호랑이 한 ~|一只老虎lǎohǔ。¶네~의 말|四匹马。¶소 한 ~|一头牛。¶고기 네 ~|四条鱼。¶돼지 한 ~|一口猪。

마리아 [Maria] 冏〈宗〉【玛丽亚】Mǎlìyà

마리아나 諸島 [Mariana 諸島] 冏〈地〉【马里亚纳群岛】Mǎlǐyànà Qúndǎo [필리핀 제도의 동쪽에 있음]

^마마¹【媽媽】冏하자〈醫〉【天花】tiānhuā【痘疹】dòuzhěn【痘疮】dòuchuāng ¶~에 걸리다|出天花。참고〔痘〕〔花〕

마마²【媽媽】冏【陛下】bìxià ¶상감~|皇帝陛下。¶중전~|皇后陛下。

마멸【磨滅】冏하자【磨灭】mómiè【磨损】mósǔn ¶세월이 오래되어 비문이 이미 ~되었다|年深日久,碑文已经磨损。¶기계의 ~이 심하다|机器

磨损严重。참고〔损蚀〕〔磨耗〕〔耗损〕〔损耗〕

^마모【摩耗】冏하자【磨损】mósǔn【磨耗】móhào ¶기계가 ~되다|机械磨耗。¶기계의 ~를 줄이다|减少jiǎnshǎo机器jīqì的磨损。

마무리 冏하타【完成】wánchéng【收尾】shōuwěi【处理】chǔlǐ【结束】jiéshù【结尾】jiéwěi ¶끝~|末尾。¶앞당겨 ~하다|提前完成。¶~단계에 들어서다|接近收尾。¶사건을 깨끗이 ~하다|案件ànjiàn处理得利索lìsuo。

마법사 [魔法師; wizard] 冏〈電算〉【向导】xiàngdǎo

마부【馬夫】冏【马夫】mǎfū

^마분지【馬糞紙】冏【黄板纸】huángbǎnzhǐ【黄版纸】huángbǎnzhǐ【黄纸】huángzhǐ【黄纸板】huángzhǐbǎn ¶~로 된 상자|用黄版纸做的盒hé子。참고〔纸板〕

^마비【麻痺】冏하자【麻痹】mábì【麻木】mámù【瘫痪】tānhuàn ¶교통사고로 도심의 교통이 ~되다|因交通事故市中心的交通被麻痹。¶발이 ~되어 말을 듣지 않았다|脚麻木不听使唤shǐhuàn了。¶팔다리가 ~되다|四肢麻木。¶공장에 화재가 발생하여 모든 작업이 ~되었다|厂chǎng里发生了火灾huǒzāi,一切工作都瘫痪了。참고〔瘫疯fēng〕〔风瘫〕〔瘫痪〕

마사지 [Massage] 冏【按摩】ànmó【马杀鸡】mǎshājī ¶어깨를 ~하다|按摩肩膀。¶온몸이 나른하니 ~해 주십시오|浑身觉得很累,请给按摩一下。참고〔鸡杀鸡〕

마셜제도 [Marshall 諸島] 冏〈地〉【马绍尔群岛】Mǎshào'ěr Qúndǎo

^마소 冏【牛马】niúmǎ ¶~를 부리다|使马牛。

마손【磨損】冏하자【磨损】mósǔn【磨耗】móhào ¶동전이 ~되다|硬币磨损。¶~율|磨损率。

마수【魔手】冏【魔手】móshǒu【魔掌】mózhǎng【魔爪】mózhǎo ¶유괴범의 ~에 걸리다|落到诱拐犯yòuguǎifàn的魔掌里。¶침략의 ~를 뻗치다|伸展侵略qīnlüè的魔掌。참고〔毒手〕〔阴yīn手〕

마수² 몡 ❶ (하루의 첫 거래) 【开张】kāizhāng 【开张手气】kāizhāngshǒuqì ¶~도 못하다 | 还没开张. ❷ (그 날 장사의 운수) 【开张运】kāizhāngyùn ¶~가 좋다 | 开门红. ¶~부터 재수가 없다 | 从一开门就运气不好.

ᴬ**마술**[魔術] 몡 【魔术】móshù 【幻术】huànshù 【变戏法(儿)】biànxìfǎ(r) 【戏法(儿)】xìfǎ(r) ¶~사 | 魔术演员. ¶~부리다 | 变魔术.

마스카라[mascara] 몡 【染睫毛油】rǎnjiémáoyóu 【睫毛油】jiémáoyóu 【睫毛膏】jiémáogāo ¶~솔 | 睫毛刷.

ᴮ**마스크**[mask] 몡 ❶ (얼굴을 가리는 것) 【口罩】kǒuzhào 【面罩】miànzhào ¶~ 팩(pack) | 面膜. ❷ (용모) 【脸盘】liǎnpán ¶저 사람~가 동그랗다 | 那个人的脸盘很圆.

마스터[master] 몡 하타 【掌握】zhǎngwò 【精通】jīngtōng ¶외국어 하나를 ~하다 | 掌握一门外国语. ¶경제학을 ~하다 | 精通经济学. (참고) 〔行家〕

ᴬ**마시다** 통 ❶ (액체를) 【喝】hē 【饮】yǐn ¶술을 ~ | 喝酒jiǔ. ¶단숨에 다 ~ | 一饮而尽jìn. ¶차를 마셔 목을 좀 축이다 | 喝杯茶润嗓sǎng子. ❷ (기체를) 【呼吸】hūxī 【吸】xī ¶공기를 ~ | 呼吸空气. ¶맑은 공기를 ~ | 吸一口新鲜空气.

ᴮ**마약**[痲藥] 몡 【毒品】dúpǐn ¶~중독 | 毒品中毒. ¶~밀매 | 毒品黑市交易.

ᴮ**마요네즈**[프 mayonnaise] 몡 【蛋黄酱】dànhuángjiàng 【生菜酱】shēngcàijiàng

ᴬ**마우스**[mouse] 몡〈電算〉【鼠标】shǔbiāo 【鼠标器】shǔbiāoqì 【滑鼠】huáshǔ

마우스 패드[mouse pad] 몡〈電算〉【鼠标垫】shǔbiāodiàn

마우스 포인트[mouse point] 몡〈電算〉【鼠标指针】shǔbiāo zhǐzhēn 【指针】zhǐzhēn

마우스피스[mouthpiece] 몡〈體〉【口状物】kǒuzhuàngwù

ᴬ**마을** 몡 【村】cūn 【庄子】zhuāng·zi 【乡村】xiāngcūn 【村庄】cūnzhuāng 【村落】cūnluò ¶그들은 우리 ~사람들이다 | 他们是我们庄子里的人.

ᴬ**마음** 몡 ❶ (정신·생각) 【心】xīn 【心里】xīn·li ¶~을 털어놓다 | 谈tán心. ¶불안한 ~이 생기다 | 心怀不安. ¶~속에 새기다 | 记在心里. ¶~이 편하지 못하다 | 心里不舒服shū·fu. ❷ (심성) 【心肠】xīncháng 【心底】xīndǐ 【心地】xīndì 【心灵】xīnlíng ¶~씨가 좋다 | 心肠好. ¶착한 ~ | 心地善良. ❸ (심경) 【心情】xīnqíng 【心怀】xīnhuái 【心意】xīnyì ¶~이 후련하다 | 心情舒畅shūchàng. ❹ (의지·의향) 【心意】xīnyì 【心思】xīn·si 【心气】xīnqì 【主意】zhǔyì 【意】yì ¶갈 ~이 없다 | 没有心思去. ¶그에게 ~을 두다 | 对他有意. ¶~을 고쳐 먹다 | 改变主意. ❺ (진심) 【心灵】xīnlíng 【心底】xīndǐ 【诚意】chéngyì ¶나의 ~속에는 너 밖에 없다 | 在我的心里有你. ¶~을 다하다 | 尽诚意. ❻ (사려) 【心机】xīnjī ¶헛되이 ~을 쓰다 | 白费心机. (참고) 〔心腹〕〔心下〕〔心内〕〔心头〕〔胸xiōng怀〕〔心事〕〔心绪〕

ᴮ**마음가짐** 몡 【思想准备】sīxiǎng zhǔnbèi 【心眼儿】xīnyǎnr 【决心】juéxīn ¶바른 ~ | 正直的心眼儿. ¶시험에 임하는 ~ | 临考前思想准备.

ᴮ**마음껏** 뮈 【尽情地】jìnqíng·de 【尽量地】jìnliàng·de 【尽兴】jìnxìng 【热情】rèqíng 【充分】chōngfèn ¶~ 즐기다 | 尽情玩. ¶나는 오늘 ~ 논 것 같다 | 我觉得今天玩得很尽兴. (참고) 〔充量〕〔十分〕〔诚心〕〔尽心〕

마음놓다 통 【放心】fàngxīn ¶믿져야 본전이니 마음놓고 해보자 | 赔péi本就赔本, 放心地干吧.

마음대로 뮈 【随便地】suíbiàn·de 【随心所欲地】suí xīn suǒ yù·de 【随意地】suíyì·de ¶제 ~ 행동하다 | 随便地行动. ¶~ 쓰세요 | 随便用吧. ¶~되지 않다 | 不随心.

ᴮ**마음먹다** 통 【决心】juéxīn ¶그리하기로 ~ | 决心那样做. ¶마음먹고 시작한 일 | 下决心开始的事.

마음쓰다 통 【费心】fèixīn 【费心思】fèixīn·si 【同情】tóngqíng ¶이렇게까지 마음을 써주시니 정말 고맙습니다 | 您这样费心真太感谢了. ¶이웃을 위하여 마음 쓰는 정신 | 同情邻居línjū

의 정신.

B**마음씨** 圀 【心地】xīndì 【心意】xīnyì
【心眼儿】xīnyǎnr 【底心】xīndǐ ¶~가
바르지 못하다 | 心眼不正. ¶~가
곧다 | 心眼儿直.

마음에 걸리다 관용 【挂念】guàniàn
【放不下心】fàng·buxià xīn ¶어린 것
을 혼자 집에 두고온 것이 ~ | 把小孩
留在家里放不下心.

마음에 들다 관용 【中意】zhòngyì 【看
中】kànzhòng

마음에 새기다 관용 【铭刻在心】míngk
èzàixīn

마음은 굴뚝 같다 관용 【愿望很迫切】y
uànwànghěnpòqiē 心有余而力力不
足】xīnyǒuyú ér lìbùzú 【心长力短】xī
ncháng lìduǎn ¶함께 가고 싶은 마음
은 굴뚝 같다 | 迫切希望同行.

마이너스[minus] 圀하타 ❶〈數〉【负】f
ù【负量】fùliàng【负数】fùshù【减号】ji
ǎnhào ¶~ 곱하기 ~는 플러스 | 负
乘chéng负得正. ❷〈數〉【减】jiǎn ¶
7 ~ 5는 2 | 七减五是二. ❸〈物〉
【阴】yīn【阴极】yīnjí【负极】fùjí ¶~
전기 | 阴电. ❹〈經〉【亏损】kuīsǔn
【亏欠】kuīqiàn 참고 〔亏空〕 正 〔负
号〕

B**마이크**[microphon] 圀【麦克风】màikè
fēng 【话筒】huàtǒng 【微音器】wēiyī
nqì ¶여자 아나운서가 ~ 앞에서 말
을 하다 | 播bō音小姐在麦克风前说
话. ¶~ 고장났다 | 这个麦克
风坏huài了. 참고 〔扩kuò音器〕

마이크로[micro]【微量】wēiliàng
【微观】wēiguān【微视】wēishì【微】w
ēi ¶~ 경제학 | 微观经济学. ¶~
분석 | 微视分析. ¶~ 필름(film) |
缩微胶卷.

마이크로 소프트[Microsoft] 圀〈社名〉
【微软】Wēiruǎn

마이크로 전자[micro 电子] 圀〈電〉
【微电子】wēidiànzi

마이크로 컴퓨터[microcomputer] 圀
〈電算〉【微机】wēijī【微型电子计算
机】wēixíng diànzi jìsuànjī【微型电
脑】wēixíng diànnǎo【微电脑】wēidi
ànnǎo

마이크로 프로세서[microprocessor]
圀〈電算〉【微处理器】wēichǔlǐqì

마이크로폰[microphon] 圀【传声器】
chuánshēngqì【微音器】wēiyīnqì【扩
音器】kuòyīnqì【传话筒】chuánhuàtǒ
ng【传声筒】chuánshēngtǒng

마일[mile] 囷 圀【英里】yīnglǐ【哩】lǐ

마작 圀【麻将】májiàng【麻将牌】májià
ngpái ¶~을 하다 | 打麻将. 참고
〔麻雀què〕〔八圈消食〕〔雀战〕〔十三
张〕〔竹zhú城之战〕〔竹林之战〕

마저[1] 圀【全部】quánbù【都】dōu【完】
wán ¶저것도 ~ 가져 가지 | 那个也
都拿走. ¶일을 ~ 해야지 | 要干完
活儿.

—**마저**[2] 图【都】dōu【连】lián ¶너~ 그
러냐? | 连你也那样? ¶식량~ 떨
어지다 | 连粮食liángshí也断了

마주 图【相对】xiāngduì【相向】xiāngxi
àng【对面】duìmiàn ¶~ 서로 ~ 대하고
앉다 | 相对而坐. ¶두 사람은 ~ 보
며 말이 없다 | 二人相向无语. 참고
〔面对〕〔面向〕〔正对〕

마주보다 图【相视】xiāngshì【相望】xi
āngwàng【对视】duìshì【对看】duìkàn
【面对】miànduì【对】duì ¶그의 집
과 우리 집은 골목을 사이에 두고 마주
보고 있다 | 他家跟我家隔巷相望. ¶
~ 보고 앉다 | 对着坐.

마주앉다 图【相对而坐】xiāngduì'érzu
ò ¶두 사람이 서로 ~ | 两个人相对
而坐.

마주잡다 图【握手】wò
shǒu 【协력하다】【提携】tíxié【携手】xiésh
ǒu【协力】xiélì【合作】hézuò【合力】hé
lì【同心协力】tóngxīn xiélì ¶그들은
손을 마주 잡게 되었다 | 他们互相携
起手来了. ¶두 사람은 손을 마주 잡
고, 열심히 일해 나갔다 | 俩人合作
认真地干下去.

B**마주치다** 图 ❶ (충돌하다) 【碰】pèng
【碰撞】pèngzhuàng【相撞】xiāngzhu
àng【相碰】xiāngpèng ¶자동차끼리
~ | 汽车相撞. ¶원수와 외나무 다
리에서 ~ | 冤家路窄. ❷ (우연히 만
나다) 【打照面】dǎ zhàomiàn【相逢】
xiāngpéng【邂逅】xièhòu xiègòu ¶눈
길이 ~ | 视线相碰. ¶어제 길에서
우연히 옛 친구와 마주쳤다 | 昨天在
路上跟老朋友邂逅. 참고 〔邂遘gòu〕

〔邂逅〕〔解逅〕〔偶然 相遇〕〔碰到〕〔碰
上〕

마주하다 〔동〕〔相對〕xiāngduì ¶나이 차
이가 많아 마주하기가 거북하다 | 岁
数相差太大, 不好意思相对。

마중 〔명〕〔하타〕〔迎接〕yíngjiē 〔出迎〕chūyí-
ng 〔迎候〕yínghòu ¶역에 가서 귀빈
을 ~하다 | 到车站去迎接贵宾guìbī-
n。¶ ～나가지 못했으니 용서 바랍니
다 | 未能出迎, 请想恕shù罪bàn
ì。

마즈다 [Mazda] 〔명〕〈商標〉【马自达】M-
ǎzìdá

마지막 〔명〕〔最後〕zuìhòu 【结尾】jiéwěi
【最終】zuìzhōng 〔终局〕zhōngjú ¶이
것이 ～ 기회이다 | 这是最后的一次
机会。¶그는 기다렸다 맨 ～에 갔다
| 他等到最后才走。¶～ 공정 | 结尾
工程chéng。

마지못해 〔명〕〔没办法〕méibànfǎ ¶
하도 조르기에 마지못하여 하기는 하
였소 | 催cuī得很急, 没办法, 做是做
了。

마지못해 〔부〕〔不得已〕bùdéyǐ ¶그녀는
～ 그와 결혼한 것 같다 | 她像是不得
已才和他结婚的。

마진 [margin] 〔명〕【利】lì 【差額】chā'é
【手续费】shǒu·xùfèi 【买卖差价】mǎi-
mài chājià 【售货盈利】shòuhuò yíngl-
ì 【进销价差】jìnxiāo jiàchā ¶이익이 있
으면 폐단도 있는 법이다 | 有一利便
有一弊bì。〔참고〕〔成本与售价的差额〕
〔原价与卖价之差〕〔赚头〕

마차 [馬車] 〔명〕【马车】mǎchē ¶말 두
마리가 끄는 ～ | 两匹马拉的车。

마찬가지 〔명〕〔同樣〕tóngyàng 〔一樣〕yí-
yàng 【如同】rútóng ¶그것은 새 것이
나 ～ | 那个跟新的一样。¶그는 고되기
는 너나 ～지 | 我你都一样吃
力。〔참고〕〔相 同〕〔像〕〔如像〕〔等同〕
〔同等〕

마찰 〔摩擦〕 〔명〕〔하타〕【摩擦】mócā 〔冲
突〕chōngtū ¶～이 크다 | 摩擦大。
¶～ 전기 | 摩擦电气。¶～시켜 열
을 내다 | 摩擦生热。¶미끄럼 ～ |
滑huá动摩擦。〔참고〕〔磨擦mócā〕

마취 [痲醉] 〔명〕〔하타〕〔醫〕mázuì ¶～
주사를 놓다 | 打麻醉针zhēn。¶전
신~를 하다 | 施全身麻醉。¶국부
~ | 局部麻醉。

마치 〔부〕〔好像〕hǎoxiàng 〔似乎〕sìhu
〔好比〕hǎobǐ 〔宛如〕wǎnrú ¶～ 외국
에 온 것 같다 | 好像到了外国一样。
¶그는 ～ 아주 희망을 잃은 것 같다 |
他似乎已经绝望了。¶인생은 ～ 항
해하는 것과 같다 | 人生好比航海一
般。¶기쁨으로 들뜬 군중들이 ～ 큰
바다의 파도 같다 | 欢腾huānténg的
人群宛如大海的波涛bōtāo。〔참고〕
〔如〕〔正zhèng好像〕〔正像〕〔宛若〕〔宛
似〕

마치다 〔동〕〔完成〕wánchéng 〔完了〕wá-
n·le 〔结束〕jiéshù 〔装束〕zhuāngshù
〔干完〕gānwán ¶앞당겨 ～ | 提前完
成。¶이미 마쳤다 | 已经完了。¶회
의를 ～ | 结束会议。

마침 〔부〕〔正好〕zhènghǎo 〔恰好〕qiàhǎ-
o 〔刚好〕gānghǎo 〔恰巧〕qiàoqiǎo 〔正
〕zhèngqiǎo 〔适倿〕shìhé ¶너 ～ 잘 왔다 | 你来得正好。¶너
～ 이 때 이씨가 들어왔다 | 恰好这时
候, 李先生进来了。¶때~ 저에게 사
전이 한 권 있습니다 | 恰好我这儿有
一本词典。¶～ 선생님이 여기 계시
니 이야기해 보세요 | 刚好老师在这
儿, 你就跟他谈谈吧。¶막 대문을 나
서는데 ～ 그가 찾아왔다 | 正走出大
门的时候, 他来了。〔참고〕〔刚巧〕〔恰
恰〕〔正巧〕

마침내 〔부〕〔終于〕zhōngyú 〔到了兒〕dà-
oliǎor ¶～ 작품이 완성되었다 | 作品
终于被完成。¶그 사람 혼자 남았
다 | 到了儿剩shèng了他一个。
〔最后〕〔乃至〕〔到头〕

마케팅 [marketing] 〔명〕〈經〉【销售】xiā-
oshòu 【销卖】xiāomài 【消售】xiāosh-
òu 【市场交易】shìchǎng jiāoyì 【市场
销售】shìchǎng xiāoshòu 【市场营运】
shìchǎng yíngyùn ¶～ 관리 | 销售管
理。¶～ 룰 | 销售手段。¶～ 폴리
시 | 销售方针。〔참고〕〔运销〕〔市场学〕
〔销售学〕

마켓 [market] 〔명〕【市场】shìchǎng 【商
场】shāngchǎng 【集市】jíshì ¶～ 센
터 | 市场中心。

마크 [mark] 〔명〕〔하자타〕【记号】jìhào 〔标
记〕biāojì 〔符号〕fúhào 〔唛头〕màtóu
¶붉은 연필로 ～를 하다 | 用红铅笔q-
iānbǐ作记号。〔참고〕〔商标〕

마타우투[Mata Utu] 圏〈地〉【马塔乌图】Mǎtǎwūtú ["瓦利斯群岛和富岛纳群岛"(프랑스령 월리스푸투나섬; Wallis and Futuna)의 수도]

마파람에 게눈 감추듯 관용【狼吞虎咽】láng tūn hǔ yàn

마푸토[Maputo] 圏〈地〉【马普托】Mǎpǔtuō ["莫桑比克"(모잠비크; Mozambique)의 수도]

마흔 囹【四十】sìshí ¶~ 세 살 | 四十三岁.

막[幕] 圀 ❶(장막·연극의 단락)【幕】mù【帐幕】zhàngmù ¶밤의 장~ | 夜幕. ¶제一하다 | 开幕. ¶올리다 | 开幕. ❷(임시로 지은 집)【帐棚】zhàngpéng ¶~을 짓고 살다 | 搭dā帐棚过日子. 참고〔棚子〕〔帐篷〕〔帐房(儿)〕

막²[膜]圀(膜)(儿)mó(r) ¶고~ | 耳膜. ¶늑~ | 肋膜. ¶물에 기름의 ~이 생기다 | 水里出油膜.

막³ 뮈 ❶(마음대로)【随便】suíbiàn ¶말을 너무 ~해서는 안된다 | 说话不能太随便. ¶손님 앞에서 너무 ~굴면 안된다 | 你别在客人面前太随便. ❷(함부로)【乱】luàn【胡乱】húluàn ¶~ 뛰어다니다 | 乱跑. ¶일을 ~해서는 안된다 | 不许胡乱行事. ❸(금방)【刚刚】gāng·gang【刚要】gāngyào ¶해가 ~ 돋으려 하는 광경 | 刚出太阳的光景. ¶기차가 ~ 떠나다 | 火车刚刚出发. ❹(와락)【猛】měng【汪汪】wāng·wang ¶~ 덤벼들다 | 猛扑. ¶눈물이 ~ 쏟아지다 | 眼泪汪汪.

막⁴[末]圀【最后】zuìhòu ¶~차 | 末班车.

막강[莫强]圀圀【无比强(大)】wúbǐ qiáng(dà)【莫强】mòqiáng

막걸리 圀【马格利酒】mǎgélì jiǔ【稠酒】chóujiǔ【米酒】mǐjiǔ

막내[老]圀【老】lǎo【小】xiǎo【幺】yāo【老幺】lǎoyāo ¶~ 아들 | 老儿子/幺儿/小儿子. ¶~ 딸 | 老儿女. ¶~ 여동생 | 小妹.

막노동[−劳动] 圀【苦力】kǔlì【零工】línggōng【杂活(儿)】záhuó(r)【粗活(儿)】cūhuó(r) ¶그는 성내로 ~을 하러 갔다 | 他到城里做苦力去了. 참

막다[−劳동] 동 ❶(닫다·채우다)【封】fēng【堵】dǔ【堵塞】dǔsè【闭塞】bìsè ¶모든 사람의 입을 틀어막을 수는 없다 | 堵不住大家的嘴zuǐ. ¶구멍을 틀어 | 把窟窿kū·long堵住. ❷(가로막다)【挡】dǎng【堵】dǔ【阻挡】zǔdǎng【拦】lán ¶길을 ~ | 拦路. ¶앞에 있는 차가 길을 막았다 | 前面有车挡住了路. ¶역사 발전의 흐름을 ~ | 阻挡历史发展的潮流. ❸(방어하다)【防御】fángyù【预防】yùfáng【抵挡】dǐdǎng ¶상대방을 막아내지 못하고 끝내 패전했다 | 抵挡不住对方, 终于败下阵来. ¶추위를 ~ | 防寒. ¶홍수의 피해를 미리 ~ | 预防洪水泛滥. ❹(방지하다)【防止】fángzhǐ【制止】zhìzhǐ ¶범죄를 ~ | 阻止犯罪. ¶화재를 ~ | 防止火灾. ❺(제지하다)【劝阻】quànzǔ【阻止】zǔzhǐ【制止】zhìzhǐ【打断】dǎduàn ¶발언을 ~ | 阻止发言. ¶학생들이 수업시간에 함부로 말하는 것을 ~ | 阻止学生上课时随便讲话. ¶학생 흡연은 반드시 결단코 막아야 한다 | 学生抽烟yān必须坚jiān决制止. ¶남의 말을 ~ | 打断别人的话. ❻(칸을)【隔】gé【开】kāi ¶방의 칸을 ~ | 把房间隔开. 참고〔抵住〕〔坚闭〕〔抵御〕〔阻挠〕〔阻zǔ〕〔阻厄è〕〔阻扼è〕〔阻遏è〕〔阻止zhǐ〕〔打岔儿〕

막다른 골목 관용【死胡同】sǐ hútòng【绝路】juélù ¶~으로 들어가다 | 走上了绝路. 참고〔穷途末路〕〔进退维谷〕〔进退两难〕〔山穷水尽〕〔走投无路〕〔末路〕〔死路〕〔绝境〕

막다른 골목에 든 쥐가 고양이에게 달려든다 관용【狗急跳墙】gǒu jí tiào qiáng【狗急跳墙兔急咬人】【狗急跳墙, 兔jì咬人】gǒu jí tiào qiáng, tù jì yǎo rén【狗急跳墙, 贼急杀人】gǒu jí tiào qiáng, zéi jí shā rén【兔子急了也咬人tù·zi jí·le yě yǎorén】

막대기圀【棍(儿·子)】gùn(r,·zi)【棒】bàng【棒子】bàng·zi ¶나무 ~ | 木棍. ¶너 나의 ~를 가져라 | 你把我的棒子拿去. 참고〔棍棒〕〔竿子〕

막대하다[莫大−]圀【莫大】mòdà【巨大】jùdà ¶막대한 노력을 기울이다 | 做出巨大的努力. ¶막대한 손실 | 巨

大的损失sǔnshī。

막되다[형][胡来]húlái【无礼】wúlǐ ¶막된 놈 | 无礼之人。

막론[莫論][하타]【不管】bùguǎn【不论】bùlùn【不问】bùwèn ¶하고 법에 따라 다스리다 | 不管什么理由, 依法chéng办bàn。¶누구를 ~하고 다 가야 한다 | 不管什么人都得děi去。(참고)〔无论〕[百bǎi不]〔不管怎样〕

막막[寞寞][하형]【渺茫】miǎománg【寂寞】jìmò【孤独】gūdú【暗淡】àndàn ¶마음 속으로 매우 ~함을 느끼다 | 内心感到十分寂寞。¶낯선 객지에서의 　~한 처지 | 在外地的孤独处境。¶앞길이 ~하다 | 前途渺淡。(참고)〔茫然〕[沉闷]〔孤寂〕[寂寥jìliáo]〔惆怅〕[惆怅]

막막[漠漠][하형]【茫茫】mángmáng【无边】wúbiān ¶~하게 펼쳐진 자욱한 안개 | 茫茫一片白雾wù。¶~하게 펼쳐진 사막 | 无边的沙漠shāmò。(참고)〔荒漠〕

막말[명][하자]【乱讲】luànjiǎng【胡说】húshuō ¶~로 대들다 | 乱顶乱撞。¶화가 좀 났기로서니 ~을 하다니 | 生气shēngqì也不至于乱讲。

막바지[명]❶(끝)【头】tóu ¶계곡의 ~ | 溪谷的尽头。❷(절정)【关头】guāntóu【头】tóu ¶일이 ~에 접어들다 | 事情到了最后的关头。

막상[(一…就…)]yī…jiù…[真]zhēn ¶~ 해 보니 어렵다 | 真一做才知道很难。¶~ 얼굴을 대하고 보니 할 말이 없다 | 一见面就无话可说了。

막상막하[莫上莫下][형]【不相上下】bùxiāng shàngxià【好坏难分】hǎohuài nánfēn【彼此彼此】bǐcǐ bǐcǐ ¶너는 그와 ~여서 바둑의 맞수를 만난 것과 같다고 할 수 있다 | 你跟他不相上下, 可以说是棋逢qíféng对敌。

막심[莫甚][명][하형]【莫甚】mòshèn【极大】jídà【甚大】shèndà【极甚】jíshèn【沉重】chénzhòng【莫大】mòdà【巨大】jùdà ¶후회막급 | 后悔莫及。¶불효가 ~하다 | 极为不孝。¶태풍의 피해가 ~하다 | 台风带来的损失甚甚。

막역하다[莫逆-][형]【莫逆】mònì【亲密无间】qīnmì wújiàn ¶막역한 친구 | 莫逆之交。¶선생과 학생 사이가 매우 막역하여 거리감이 없다 | 师生之间亲密无间。

막연[漠然][명][하형]❶(아득함)【渺茫】miǎománg【茫然】mángrán ¶대단히 　~하다 | 渺茫得很。¶성공의 희망이 매우 ~하다 | 成功的希望是很渺茫的。¶근거를 찾을 길이 ~하다 | 找根据jù很茫然。❷(똑똑하지 못하고 어렴풋한)【笼统】lǒngtǒng【模糊】mó·hu【说不清】shuō·bùqīng【不清晰】bùqīngxī【不清楚】bùqīngchu ¶~하게 수확량을 짐작하다 | 笼统估gū产。¶~한 생각 | 模糊的想法。¶~한 불안감 | 说不清的不安感。(참고)〔森miǎo茫〕[虚无缥缈]〔模糊hú〕[笼统]

막이 오르다[관용]【开幕】kāimù ¶전국 체육대회의 ~ | 全国体育tǐyù大会开幕。

막일[명][하자]【苦力】kǔlì【零工】línggōng【杂活(儿)】záhuó(r)【粗活(儿)】cūhuó(r) ¶그는 성내로 ~을 하러갔다 | 他到城里做苦力去了。(참고)〔卖力气活儿〕[粗工]

막중[莫重][하형]【极为贵重】jíwéi guìzhòng【极重大】jízhòngdà【极为重要】jíwéi zhòngyào ¶~한 임무 | 极为贵重的任务。

막차[-车][명]【末(班)车】mò(bān)chē【末次车】mòcìchē【末趟车】mòtàngchē ¶~를 타다 | 坐末车。(참고)〔赖hài□卡〕[首(班)车]〔头班车〕

막판[명]【最后一局】zuìhòu yìjú【最后关头】zuìhòu guāntóu ¶~에 와서 해살을 놓다 | 到了最后关头捣dǎo乱。(참고)〔最后〕[终局]

막히다[동]【堵塞】dǔsè【堵】dǔ【挡】dǎng ¶말문이 ~ | 封your口风。¶숨이 ~ | 闭气。

^만[(灣)][명]〈地〉【湾】wān ¶항~ | 港gǎng湾。¶발해~ | 渤bó海湾。

만²【时间】shíjiān ¶이틀에 ~ | 两天时间。¶이게 얼마~인가? | 多长时间没见了。¶집 떠난 지 3년~에 돌아왔다 | 离开家三年后才回来。

^만³[萬][주]【万】wàn【一万】yíwàn ¶4 ~ 3천 | 四万三/四万三千。¶3~의

사람 | 三万人。

만⁴[滿] 팬 【满】mǎn【整】zhěng ¶~3
년 | 满三年。 ¶~으로 치면 올해 나
이가 몇 살이냐? | 今年满几岁?

−만⁵ 죄(表示限定或条件) 【只】zhǐ
【只有】zhǐyǒu【只要】zhǐyào【就】jiù
¶너~ 믿는다 | 我只相信你。 ¶딱
하나~ 주세요 | 就给一个吧。 ❷(表
示最低限度)【至少】zhìshǎo【起码】qǐ-
mǎ ¶난 이 아이를 고등학교~은 진
학시킬 것이다 | 我至少要送这孩子上
高中。 ❸(表示比较的程度)【是】shì
¶형이 아우~ 못하다 | 哥哥是不如
弟弟。 ❹(表示有价值)【值得】zhí-
de ¶이 책도 읽을~ 하더라 | 这本书
也值得一看。 ❺(表示强调)【一…就
…】yī…jiù… ¶상상~ 해도 아찔한 일
이다 | 想就就令人头都大的事。

만감[萬感] 몡【百感】bǎigǎn【思绪万
千】sīxù wànqiān ¶~이 오고 가는
착잡한 심정 | 百感的复杂fùzá心情。

만고[萬古] 몡【万古】wàngǔ【万世】w-
ànshì【千古】qiāngǔ【绝代】juédài ¶
명성이 ~에 전해지다 | 万古流芳。
¶~에 빛날 업적 | 永垂千古的业
绩。 참고〔千年万年〕〔永久〕

ᴬ**만국**[萬國] 몡【全世界】quánshìjiè【世
界各国】shìjiè gèguó【万国】wànguó
¶~ 우편조약 | 万国邮政yóuzhèng
公约。 ¶~ 저작권 조약 | 万国版权
公约。

만기[晚期] 몡【满期】mǎnqī【期满】qī-
mǎn【到期】dàoqī ¶도서 대출기간이
~가 되다 | 借书jièshū期满。 ¶비자
는 다음달이 ~일이다 | 签证qiānzhè-
ng下月到期。 ¶~ 채무 | 到期负
债。 참고〔届满〕

만끽[滿喫] 몡하다【享受】xiǎngshòu
【满怀】mǎnhuái ¶행복한 생활을 ~
하다 | 享受幸福xìngfú的生活。 ¶승
리의 기쁨을 ~하다 | 满怀胜利的喜
悦。

ᴬ**만나다** 통❶(얼굴을 대하게 되다)【碰
见】pèng·jiàn【见】jiàn【遇见】yù·jiàn
【遇到】yùdào【相逢】xiāngféng【相
遇】xiāngyù【见面】jiànmiàn ¶정말
뜻밖에도 여기에서 너를 만났구나 |
真想不到在这儿遇见你。 ¶우리 두
사람은 또 다시 계림에서 만났다 | 我

俩 又 一次相逢在桂林guìlín。 ¶우연
히 도중에서 ~ | 偶然ǒurán相遇于途
中túzhōng。 ❷(일·때를 당하다)【遇
到】yùdào【接触】jiēchù【遭】zāo【碰
上】pèng·shàng ¶수해를 만났다 |
遭过水灾zāi。 ¶뜻밖의 교통 사고를
~ | 遭到意外的交通事故。 ❸(알게
되다)【找】zhǎo ¶그는 덕성스러운
아내를 만나 생활이 늘 화목하다 | 他
找了一个贤惠的妻子， 家庭一直很和
睦hémù。 참고〔碰到〕

ᴬ**만년¹**[萬年] 몡【万年】wànnián ¶~토
록 악명(恶名)을 남기다 | 遗臭yíchò-
u万年。 ¶살고지고 | 千年万
年自生自灭miè。 참고〔万古不变〕

만년²[晚年] 몡【晚境】wǎnjìng【晚年】
wǎnnián【迟暮】chímù ¶그의 ~이 처
량하다 | 他的晚境很凄凉qīliáng。
¶~을 혼자서 외롭게 보내다 | 一个人
孤独gūdú地过晚年。 참고〔晚岁〕〔晚
涂ᵗú〕

ᴬ**만년필**[萬年筆] 몡【自来水笔】zìláishu-
ǐbǐ【钢笔】gāngbǐ【金笔】jīnbǐ ¶~에
잉크를 넣다 | 往钢笔灌guàn墨水。

만능[萬能] 몡하다【万能】wànnéng
【全才】quáncái【全能】quánnéng ¶
금전은 ~이 아니다 | 金钱不是万能
的。 ¶~ 열쇠 | 万能钥匙/万能锁
匙。 ¶과학~의 시대 | 科学万能的时
代。 참고〔无所不能〕

만대[萬代] 몡【万代】wàndài【万世】w-
ànshì ¶천추 ~ | 千秋万代。 ¶~의
사표 | 万世师表。

만두[饅頭] 몡【饺子】jiǎo·zi ¶~를 빚
다 | 包饺子。 ¶~국 | 带汤饺子。 참
고〔包子〕〔馒头〕〔饺饼ěr〕〔饺儿〕〔扁
食biǎn食〕〔角儿〕〔角子〕

ᴬ**만들다** 통❶(창조하다)【创造】chuà-
ngzào ❷(제작·제조하다)【造】zào
【制】zhì【做】zuò【制造】zhìzào ¶옷
을 ~ | 做衣服。 ¶술은 바로 이렇게
만들어진 것이다 | 酒便是这样制造
的。 ¶각종 무기를 ~ | 制造各种各
样的武器。 ¶자동차를 ~ | 制造
汽车。 ❸(조직하다)【组织】zǔzhī ¶
작업반을 ~ | 组织作业班。 ¶친목
만찬은 당신이 좀 만들어 주세요 | 联
欢晚会请你去组织。 ❹(제정·조성하
다)【制定】zhìdìng【造成】zàochéng

¶새로운 법률을 ~ │制定新法律. ¶장기 계획이 아주 잘 만들어졌다 │ 远景计划制定得很好. ❺ (…으로 바꾸다) 【变】biàn │나라를 더 부강하게 ~ │使国家变得更加富强. ¶비가 공중에서 저온을 만나면 우박을 만든다 │雨点在空中遇yù冷辨成冰bīng雹báo. ❻ (마련하다) 【找】zhǎo │【筹】chóu │【准备】zhǔnbèi │자금을 ~ │ 筹钱. ❼ (구성·작성하다) 【搞】gǎo │【编】biān │【订】dīng ¶목록을 ~ │编目录. ¶잡지를 ~ │编杂志. ¶한 권의 노트를 ~ │订这个本子. ❽ (양성·형성하다) 【造就】zàojiù │【培养】péiyǎng 【形成】xíngchéng ¶훌륭한 인재로 ~ │培养成优秀yōuxiù的人才. ¶이런 경관은 청말에 만들어졌다 │这种景观形成在清朝末年. ❾ (건설하다) 【修】xiū │【树】shù │【建设】jiànshè │【建立】jiànlì │고속도로를 ~ │修高速公路. ¶철로를 ~ │建设铁路. ¶화목한 가정을 ~ │建立和睦hémù的家庭. 參考〔造就〕〔打〕

만들다² 조통 (与 "게" "도록" 连用) 【让】ràng │【使】shǐ ¶우쭐하게 ~ │让他神气. ¶믿게 ~ │让他相信.

만료[滿了] 명하자 【满了】qīmǎn 【满】mǎn │도서 대출기간이 ~되다 │借书jièshū期满. ¶~일 │期满日期. ¶임기가 ~되다 │任期已满. 參考〔完了〕〔终止〕〔届满〕

만류[挽留] 명하타 【挽留】wǎnliú 【慰留】wèiliú 【劝解】quànjiě ¶사퇴를 ~하다 │挽留辞职. ¶아무리 ~하려해도 말릴 수 없었다 │怎么慰留也挽留不住. 參考〔挽 劝 quàn〕〔劝止〕〔劝阻〕〔制止〕

만만하다¹ 형 ❶ (부드럽다) 【软】ruǎn │【松软】sōngruǎn ❷ (대수롭지 않다) 【容易】róngyì │【不费劲儿】búfèijìnr ¶보기에 ~ │看起来不费劲儿. ¶들고 다니기에 ~ │很容易提着走. ❸ (깔보기 쉽다) 【小看】xiǎokàn │사람을 만만하게 보다 │小看人. ¶내가 만만한가 보지? │你太小看了我了吧.

만만하다²[滿滿─] 형 【十足】shízú 【勃勃】bóbó │자신이 ~ │信心十

足. ¶야심이 ~ │野心勃勃.

만면[滿面] 명하형 【满面】mǎnmiàn 【满脸】mǎnliǎn ¶~에 웃음을 띠다 │满面笑容. ¶희색이 ~하다 │满脸喜悦.

만무[萬無] 명하형 【不会】búhuì 【决不会】juébúhuì 【不可能】bùkěnéng ¶오늘은 비가 올 리 ~하다 │今天决不会下雨. ¶그럴 리 ~하다 │决不会那样.

만물[萬物] 명 【万物】wànwù 【一切东西】yíqiè dōng·xi ¶~의 영장 │万物之灵.

만발[滿發] 명하자 【盛开】shèngkāi 【齐放】qífàng ¶복숭아 꽃이 ~할 때 │桃花táohuā盛开的时候. 參考〔百bǎi花齐放, 百家争鸣〕

만방[萬邦] 명 【万国】wànguó 【万方】wànfāng 【世界各国】shì jiè gè guó ¶~에 천명하다 │向世界各国阐明.

만사[萬事] 명 【万事】wànshì 【诸事】zhūshì ¶~가 허사이다 │事事落空. ¶~가 잘되다 │万事如意. ¶~는 처음이 어렵다 │万事开头难.

만사형통[萬事亨通] 명 【万事亨通】wàn shì hēng tōng ¶지금 그는 ~이다 │他现在是万事亨通. 參考〔万事如意〕

만삭[滿朔] 명하자 【足月】zúyuè 【满月】mǎnyuè ¶~의 몸으로 직장에 나가다 │身子满月还上班. 參考〔临盆〕〔临产〕

만선[滿船] 명 【满船】mǎnchuán 【满舱】mǎncāng 【满载】mǎnzài ¶~하여 돌아오는 고깃배 │满载而归guī的渔船.

만성¹[慢性] 명 【慢性】mànxìng 【习惯】xíguàn ¶~ 위염 │慢性胃炎. ¶~ 인플레 │慢性通帐tōngzhàng. ¶소음에는 ~이 되었다 │对噪音已习惯了. 參考〔作惯〕〔常年〕

만성²[晩成] 명 【晩成】wǎnchéng ¶대기 ~ │大器晩成.

만세[萬歲] 명 【万岁】wànsuì ¶좌우에서 모두 다 ~를 외치다 │左右皆呼万岁. 參考〔万万岁〕

만수[萬壽] 명 【万寿】wànshòu 【长寿】chángshòu ¶~를 누리소서 │祝万

수.

만신창이 명【满身疮】mǎnshēnchuāng【千疮百孔】qiān chuāng bǎi kǒng【百孔千疮】bǎi kǒng qiān chuāng ¶우리나라의 경제는 ~의 상태로 빠져나았다 | 我国经济jīngjì陷入xiànrù千疮百孔的境地jìngdì. 참고〔满身伤痕〕〔浑身受伤〕

^A**만약** [萬若] 명부☞만일

만연 【蔓延】 명[하자]【蔓延】mànyán ¶사회에 부조리가 ~한다 | 社会上蔓延着一股不正之风. 참고〔蔓衍yǎn〕

만용 【蠻勇】 명【蛮勇】mányǒng ¶~을 부리다 | 撒sā蛮. 참고〔蛮干〕〔蛮干〕

^B**만원** 【滿員】 명【客满】kèmǎn【满员】mǎnyuán【满座】mǎnzuò【座满】zuòmǎn【满量】mǎnliàng【满额】mǎn/é【坐无虚席】zuò wú xū xí ¶2호차는 이미 ~이 되었다 | 二号车厢已经客满 | 신청한 사람 수가 이미 ~이 되었다 | 申请的人数已达到满额了. ¶관람석은 관객으로 ~을 이루다 | 看台上坐无虚席. 참고〔额满〕

^C**만인** [萬人] 명【万人】wànrén【亿万人】yìwànrén【所有的人】suǒyǒu·de rén ¶~이 받드는 지도자 | 万人拥戴yōngdài的领导者lǐngdǎozhě. ¶~이 인정하다 | 所有的人都认可.

^A**만일** [萬一] 명 (뜻밖의 일)【万一】wànyī【偶发】ǒufā ¶~의 경우에 대비하다 | 以防万一. ¶~의 사태 | 偶发事件.

^A**만일**[2] [萬一] 부 (만약)【万一】wànyī【如果】rúguǒ【假如】jiǎrú【假若】jiǎruò【假使】jiǎshǐ【要是】yàoshì ¶~ 시간이 있다면, 먼저 청도에 한번 가겠다 | 如果来得及的话, 我想先去一趟青岛. ¶~ 용돈이 부족하면 미음놓고 이 돈을 쓰시오 | 假使缺quē零用钱, 就放心地花这些钱吧. ¶~ 공기가 없다면 우리는 살아갈 수 없다 | 如果没有空气, 我们就不能活下去. ¶~ 내일 비가 오지 않는다면 나는 반드시 갈 것이다 | 假如明天不下雨, 我一定走. 참고〔若果〕〔倘若〕〔假比bǐ〕〔假饶ráo〕〔假若〕〔如其〕

만장 [萬丈] 명【万丈】wànzhàng【万阻】wànzǔ ¶기고~하다 | 气焰qì万丈. ¶파란~ | 千难万阻.

만장 일치 [滿場一致] 명【全场一致】quánchǎng yízhì ¶추진계획을 ~로 승인하다 | 全场一致通过促进cùjìn计划.

만전 [萬全] 명【万全】wànquán【万无一失的措施】wànwú yì shī·de cuòshī ¶안전 사고 예방에 ~을 기하다 | 对安全预防yùfáng事故, 采取cǎiqǔ万无一失的措施.

만점 [滿點] 명❶【满分】mǎnfēn ¶시험에서 ~을 맞다 | 考试kǎoshì得了满分. ¶백점 ~ | 一百分为满分. ❷【很好】hěn hǎo【顶好】dǐng hǎo【完美】wánměi

만족 [滿足] 명[하자]【满足】mǎnzú【满意】mǎnyì【足够】zúgòu ¶생산을 제고하여, 국민의 수요를 ~시키다 | 提高生产, 满足人民的需要. ¶~스러운 웃음을 띠다 | 现出满意的笑容. ¶이 조건에 너는 ~하니? | 这个条件你就满意吗?

만주 [滿洲] 명〈地〉【满洲】Mǎnzhōu ¶~인 | 满洲人. ¶~족 | 满族.

^A**만지다** 동【摸】mō【抚摸】fǔmō【揉】róu【理】lǐ ¶손가락으로 ~ | 用手指摸. ¶내가 그의 얼굴을 만져보니 다소 열이 있는 듯하다 | 我摸了摸他的脸, 觉得有点儿发烧shāo. ¶아픈 다리를 ~ | 揉疼腿téngtuǐ. ¶머리 좀 만져야지 | 理理头发. 참고〔摸抚〕〔抚摩mó〕〔掇duō弄〕〔捉zhuō弄〕〔鼓弄nòng〕

만지작거리다 동【抚弄】fǔnòng

만찬 [晚餐] 명【晚餐】wǎncān【晚宴】wǎnyàn【晚饭】wǎnfàn ¶~을 베풀다 | 设晚宴. ¶~에 초대되다 | 受邀请yāoqǐng参加shòuyāocānjiā晚宴.

만천하 [滿天下] 명【普天下】pǔtiānxià【全世界】quánshìjiè【天下】tiānxià ¶위법 사실이 ~에 알려지다 | 违法wéifǎ事实大白于天下.

만추 [晚秋] 명【晚秋】wǎnqiū

만취 [滿醉] 명[하자]【大醉】dàzuì【烂醉】lànzuì【酩酊大醉】mǐng dǐng dà zuì ¶술에 ~하다 | 喝得烂醉. ¶~하도록 마셨다 | 喝了个酩酊大醉. 참고〔烂醉〕

만큼[1] 의명❶ (표시정도) ¶노력한 보람을 얻다 | 一份耕耘一份收获. ¶

301

그는 버는 ～ 저축한다 | 他挣多少存
多少。❷(表示原因或根据) ¶길이
험한 ～ 각별히 조심해라 | (因为)路
不好走，要格外小心。¶기대하지 않
았던 ～ 우리는 더욱 기뻤다 | 我并
没有太大的期望，因此我们很高兴。

─만큼² 젭 (表示程度) 【差不多一样】
chà·buduō yíyàng 【有】yǒu 【比】bǐ
¶이 꽃도 그 꽃～ 예쁘다 | 这朵花有
那朵漂亮。¶이～ 재미있는 책은 없
다 | 没有比这本书更有意思的了。

만평【漫評】 명 【漫评】mànpíng ¶시사
～ | 时事漫评。

ᴮ─만하다 回 ❶(그와 같은 정도에 미치
다)【和……一样的程度】hé……yíyàng·d
e chéngdù 【般】bān ¶주먹만한 감자
| 拳头大的土豆。¶병세가 그저 그
～ | 病情没有什么好转。¶달걀～ |
鸡蛋大小。❷(가치가 있다)【值得】
zhí·de 【可】kě ¶볼 ～ | 值得一看。
¶읽을 만한 책 | 可读的书。

만행【蠻行】 명 하타 【野蛮暴行】yěmǎn
bàoxíng ¶～을 저지르다 | 制止zhì·
zhǐ野蛮暴行。¶～을 규탄하는 모임
| 谴责野蛮暴行的集会。

ᴮ만화【漫畵】 명 【漫画】mànhuà 【卡通】k-
ǎtōng ¶가 | 漫画家。¶시사～ |
时事漫画。¶～ 영화 | 卡通片。

ᴮ만화책[漫畵冊] 명 【漫画册】mànhuàc-
è【漫画书】mànhuàshū

만회【挽回】 명 하타 【挽回】wǎnhuí 【补
回】bǔhuí 【挽救】wǎnjiù ¶손실을 ～
하다 | 挽回损失。¶～할 수 없다 |
无可挽回。¶실점을 ～하다 | 挽回失
分shīfēn。참고〔转还〕

ᴬ많다 형 【多】duō 【大】dà ¶3개가 더 많
아졌다 | 多了三个。¶봄에는 바람이
많고, 여름에는 비가 ～ | 春天风多，
夏天雨多。¶돈을 더 많이 내어 주었
다 | 钱拔多了。¶유난히 정이 ～ |
格外多情。¶큰 힘을 내고, 많은 땀을
흘린다 | 出大力，　流大汗。참고〔丰
富〕[多多(地)][大批地][大量地]

많이 부 【多】duō 【不少】bùshǎo ¶그는
돈을 ～ 쓴다 | 他花钱多。¶～ 먹었
습니다 | 吃了不少。

ᵒ맏딸【大女兒】dànǚér 【长女】zhǎngn-
ǚ

ᵒ맏손자【长孙】zhǎngsūn ¶조부는

종종 ～를 총애한다 | 祖zǔ父往往疼t-
éng爱长孙。

ᵒ맏아들 명 【长子】zhǎngzǐ 【大儿子】dà·
ér·zi ¶그는 ～이라 부모에 대한 책임
이 매우 크다 | 他是个长子，对父母责
任zérèn很大。

ᵒ맏이 명 【老大】lǎodà 【大】dà ¶그는 나
보다 5년 ～이다 | 他比我大五岁。참
고〔阿大〕[大的][老二][年长]

ᵒ맏형 명 【长兄】zhǎngxiōng 【大哥】dàge

ᴬ말¹ 명 〈動〉【马】mǎ ¶한 필의 ～ | 一
匹pǐ马。¶～을 타고 가다 | 骑qí·马
去。

ᴬ말² 명 하타 ❶(언어)【话】huà 【语
言】yǔyán 【语】yǔ 【口头】kǒu·tou ¶
몇마디 ～을 하다 | 说几句话。¶다
른 ～로 표현하다 | 用别的语言表
达。¶～로는 못할 일이 없다 | 口头
上没有作不了的事情。❷(화제)【话
题】huàtí 【提】tí ¶그는 낚시～만 나오
면 신이 난다 | 一提钓鱼，他就来劲
儿。¶～도 마, 우리 우스워 죽을뻔
했어 | 别提啦，　笑死我们了。❸(소
문)【小话】xiǎohuà ¶～이 퍼지다 |
小话传开了。❹(속담)【常言】chá-
ngyán 【古语】gǔyǔ ¶옛 ～에 이르기
를 | 古语云。❺(뜻)【意】yìsī
【说】shuō ¶무슨 ～인지 모르겠다 |
不知道什么意思。¶하겠다는 ～인지
않겠다는 ～인지 분명히 해라 | 是说
干呢，还是说不干呢，请说清楚。❻
(주장)【主张】zhǔzhāng 【意见】yìjiàn
¶그 사람 ～에 따르면 | 按照他的意
见。

말³【斗】dǒu ¶～로 되다 | 用斗量。

말⁴[末] 명 【末】mò ¶이 달～ | 本月
末。

─말⁵[─末] 回 【末】mò 【末尾】mòwěi
【终了】zhōngliǎo ¶학기～ | 学期
末。¶회기～ | 会议末尾。

─말고 젭 (不是)búshì ¶너 ～ 네 친구
에게 한 말이다 | 不是说你而是说你
的朋友。¶그것～ 저것을 가져오너
라 | 不是这个, 拿那个。

말고삐 명 【马缰绳】mǎjiāngshéng

ᵒ말구유 명 【马槽】mǎcáo

ᵒ말굽 명 【马蹄】mǎtí

말귀¹ 명 【听力】tīnglì 【会听】huìtīng ¶
～가 어둡다 | 听力差。

302

말귀²[－句] 명【语义】yǔyì ¶~를 못 알아듣고 엉뚱한 대답을 한다 | 没听 清语义, 随便回答.

말기[末期] 명【末年】mònián ¶제1차 세계 대전 ~ | 第一次世界大战末期. ¶조선조 ~ | 朝鲜朝末期. (참고)〔末〕

말꼬리 명【话尾】huàwěi【话碴儿】huàchár【语尾】yǔwěi ¶~를 흐리다 | 语尾含糊hánhú不清. ¶~를 잡다 | 抓住话碴儿.

말끔하다 형【全部】quánbù【干干净净】gān·ganjìng·jing【整个】zhěnggè ¶문제를 이미 말끔히 해결했다 | 问题已经全部解决jiějué. ¶괴로웠던 일들을 말끔히 잊어버리다 | 把痛苦的事情全部忘掉. ¶방안을 말끔하게 치우다 | 把屋子整理得干干净净. ¶거울을 말끔히 닦다 | 把镜子jìng·zi 擦cā得干干净净. (참고)〔全体tǐ〕〔部分bùfēn〕〔都〕

말끔히 閉 ❶ (모두)【全部】quánbù【彻底】chèdǐ【全】quán ¶지난일을 ~ 잊다 | 彻底忘掉过去的事情. ¶~ 거짓말이다 | 全是假话. ❷ (깨끗하게)【干净利落】gānjìnglìluò ¶그 일을 ~ 처리해라 | 你把那件事处理得干净利落点儿.

말끝 명【话尾】huàwěi【结束语】jiéshùyǔ【结语】jiéyǔ ¶많은 여운을 남기면서 ~를 맺다 | 留着许许多多的余音结束了话尾.

말년[末年] 명 ❶ (말기)【末年】mònián【末期】mòqī ¶원나라 ~ | 元朝末年. ¶고려조 ~의 사회상 | 高丽朝末年的社会面貌miànmào. ❷ (노년)【晚年】wǎnnián【暮年】mùnián【老年】lǎonián ¶ㄱ의 ~의 작품 | 他晚年的作品. ¶~이 처량하다 | 暮年凄凉. (참고)〔晚岁〕〔晚涂tú〕〔暮景jǐng〕〔暮龄líng〕〔暮岁〕

^**말다**¹ 동【卷】juǎn ¶돗자리를 ~ | 卷席子. ¶김밥을 ~ | 卷紫菜zǐcài饭.

말다² 동【泡】pào ¶국에 밥을 ~ | 汤里泡饭.

^**말다**³ 동【中断】zhōngduàn【不能】bùnéng【抛弃】pāoqì【不】bù【算了】suàn·le【停止】tíngzhǐ ¶이야기를 하다 ~ | 中断了故事. ¶이제부터는 원망을 말기로 했다 | 从现在开始决定不埋怨mái yuàn. ¶그것은 말고 저것으로 하지 | 这个算了, 用这个. ¶마음을 놓지 마라 | 别放心.

말다⁴ 조동 ❶ (与「－지」连用, 表示禁止)【别】bié ¶잊지 말게 | 别忘了. ¶마음을 놓지 마라 | 别放心. ❷ (与「고」「고야」连用, 表示必然)【一定】yídìng【必然】bìrán ¶이루고야 말겠다 | 一定要实现. ¶부서지고 말았다 | 彻底破了. ❸ (以「고말고」形式出现, 表示)【哪儿能】nǎrnéng【哪儿会】nǎrhuì ¶좋고 말고 | 哪儿会不好.

말다툼 명[하자]【吵架】chǎojià【争吵】zhēngchǎo ¶그는 왕씨와 한바탕 ~했다 | 他跟老王吵了一架. ¶~이 그치지 않다 | 争吵不休. ¶같은 이일 때문에 ~한 적이 한두번이 아니다 | 他们为了这件事情不只吵了一次.

말단[末端] 명 ❶ (끝)【末端】mòduān【末梢】mòwěi【末梢】mòshāo【梢头】shāotou【梢子】shāo·zi ¶~에 배열하다 | 排在末尾. ¶신경의 ~ | 神经的末梢. ❷ (기층)【基层】jīcéng【下级】xiàjí ¶~ 조직에 깊이 들어가 조사를 하다 | 深入基层进行调查. ¶~ 기구 | 基层单位. ¶~ 기관 | 下级机关jīguān.

말대꾸 명[하자]【顶嘴】dǐngzuǐ【还嘴】huánzuǐ【回嘴】huízuǐ【顶撞】dǐngzhuàng ¶말끝마다 ~를 하다 | 句句顶嘴. ¶자식이 아버지에게 몇 마디 ~를 하였다 | 儿子顶撞了父亲几句. (참고)〔辩驳〕【反唇chún】【反口】【批驳pībó】〔回答〕〔答理〕

말대답[－对答] 명[하자]【回嘴】huízuǐ【顶嘴(儿)】dǐngzuǐ(r)【还嘴】huánzuǐ【回答】huídá【顶撞】dǐngzhuàng ¶아들의 ~에 몹시 못마땅한 기색이다 | 儿子的回答使他露出很不愉快yúkuài的表情.

말더듬이 명【口吃】kǒuchī【结巴】jiē·ba【吃口】【嗑巴kè·ba】【口吃的】

말동무 명【说话的对象】shuōhuà·de duìxiàng【说话的伴儿】shuōhuà·de bànr ¶~가 되어 주다 | 成了他的话友.

말똥말똥 閉[하형] ❶ (동그랗게)【圆睁

303

睁】yuánzhēngzhēng【滴溜溜地】dīliū·liū·de【睁睁地】zhēngzhēng·de ¶어린것들의 ~한 눈이 눈에 선하다 | 孩子们圆睁睁的眼睛历历可见。❷〔분명하게〕清楚】qīng·chu【精神】jīng·shen【盯盯地】dīngdīng·de ¶밤을 새우고도 정신이 ~하다 | 虽然熬了夜, 但很精神。¶선생님의 얼굴을 ~ 바라보다 | 直盯盯地望wàng着老师的脸。

말뚝 몡【橛子】jué·zi【桩】zhuāng ¶작은 나무 ~을 하나 박다 | 钉上一个小木橛子。¶나무 ~ | 木桩。

말뜻 몡【语意】yǔyì【语中之意】yǔ zhōng zhī yì ¶~을 이해하다 | 理解语意。

말라깽이 【干巴瘦】gānbāshòu【瘦长条子】shòuzhǎngtiáo·zi【瘦子】shòu·zi【瘦条子】shòutiáo·zi

말라리아[malaria] 몡〈醫〉【虐疾】nüèjí

말라보[Malabo] 몡〈地〉【马拉博】Mǎlābó「"赤道几内亚"(적도기니; Equatorial Guinea)의 수도」

말라붙다 图【干】gān【干涸】gānhé ¶가뭄으로 강이 말라붙었다 | 因干旱河水干涸了。

말라빠지다 图【枯萎】kūwěi【枯干】kūgān【瘦括括的】shòuguāguā·de ¶초목은 겨울이 되면 시들어 ~ | 草木到冬天就枯萎。¶말라빠진 얼굴 | 瘦括括的一张脸。 참고〔干巴巴〕【枯瘦】〔瘦筋引骨〕【瘠瘦】〔瘦刮刮(的)〕

말라위[Malawi] 몡〈地〉【马拉维】Mǎlāwéi「아프리카 동남부의 공화국으로 영연방의 하나。수도는 "利隆圭"(릴롱케;Lilongwe)」

말랑말랑 冃〔하형〕【暄腾】xuān·teng【软】ruǎn【柔软】róuruǎn【松软】sōngruǎn【嫩软】nènruǎn ¶이 쩐빵은 아주 잘 쪄졌다 | 这馒头蒸蒸得暄腾。¶~하게 익은 홍시 | 熟得松软松软的柿子shì·zi。

말레[Malé] 몡〈地〉【马累】Mǎlèi「"马尔代夫"(몰디브;Maldives)의 수도」

말레이시아[Malaysia] 몡〈地〉【马来西亚】Mǎláixīyà「동남아시아의 국가。수도는 "吉隆坡"(콸라룸푸르;Kuala Lumpur)」

말려들다 图【被卷入】bèijuǎnrù【陷进】xiànjìn【被拖进】bèituōjìn【被卷进】bèijuǎnjìn【卷入】juǎnrù ¶돌아가는 기계에 옷자락이 ~ | 衣襟yījīn被卷入进转动的机器里。¶사건에 깊숙이 ~ | 陷进此次事件。

말로〔末路〕몡【末路】mòlù【下场】xiàchang【下场头】xiàchangtóu【结局】jiéjú ¶이런 사람은 결코 좋은 ~가 없다 | 这种人决没有好下场。¶부실 기업의 ~ | 亏损kuīsǔn企业qǐyè的结局。

말리[Mali] 몡〈地〉【马里】Mǎlǐ「아프리카 서부의 공화국。수도는 "巴马科"(바마코;Bamako)」

'말리다' 图【干】gān【晒】sài【晾】liàng ¶옷이 빨리 말랐다 | 衣服干得快。¶비에 젖은 옷을 ~ | 晾被雨淋湿jiāoshī的衣服。

'말리다' 图【劝】quàn【排解】páijiě【劝阻】quànzǔ【劝解】quànjiě【劝止】quànzhǐ ¶그에게 술을 마시지 마라고 ~ | 劝他不要喝酒hējiǔ。¶싸움을 ~ | 劝架jià。 참고〔排介〕

말머리 몡【话头】huàtóu【话题】huàtí ¶기색을 살피더니 슬쩍 ~를 돌린다 | 察言观色以后转zhuǎn了话题。

말미 몡【假】jià【时间】shíjiān ¶~를 신청하다 | 请假。¶~를 받다 | 准假。

말미'〔末尾〕몡【末尾】mòwěi【末端】mòduān ¶편지의 ~ | 信的末尾。¶서류의 ~에 서명 날인하다 | 在文件的末尾署名shǔmíng并盖gài了章zhāng。 참고〔末尾〕

말미암다 图【由于】yóuyú【因为】yīnwèi ¶그는 과로로 말미암아 몸살이 나고 말았다 | 他由于过度疲劳总是出了毛病máobìng。¶김군은 이 일로 말미암아 칭찬을 받았다 | 小金因为这件事还受到了表扬。

말버릇 몡 ❶【口头禅】kǒutóuchán ¶~이 나쁘다 | 口头禅不好。¶그의 독특한 ~ | 他那独特的口头禅。❷【口气】kǒuqì【语言习惯】yǔyánxíguàn【语态】yǔtài ¶손윗사람에게 무슨 ~이냐! | 对年长者什么口气。¶~이 없다 | 说话没个样儿。

말벗 【说话的对象】shuōhuà·de duìxiāng 【说话的伴】shuōhuà·de bàn ¶~이 되다 | 成了说话的伴了。¶~으로 삼다 | 当作说话的伴儿。

말보르[Marlboro] 图〈商标〉【万宝路】Wànbǎolù

말복【末伏】mòfú 【大暑】dàshǔ

말비나스제도[Malvinas 諸島] 图〈地〉【马尔维纳斯群岛】Mǎ'ěrwéinàsī Qúndǎo

말살【抹杀】【扼杀】èshā 【抹杀】mǒshā 【抹掉】mǒdiào 【否定】fǒudìng ¶단번에 ~해 버리다 | 一笔抹杀。¶기록에서 ~하다 | 从记录中抹掉。 참고 〔抹煞shà〕

말세【末世】【末日】mòrì 【末代】mòdài 【末代】mòdài

말소【抹消】【抹掉】mǒdiào 【勾销】gōuxiāo 【勾帐】gōu zhàng 【抹去】mǒqù ¶명부에서 ~하다 | 从名册上抹掉。¶한꺼번에 ~하다 | 抹完勾销。¶등기를 ~하다 | 抹去登记。 참고 〔勾消xiāo〕〔勾去〕〔勾掉diào〕〔钩gōu销钩〕〔取gǔ销钩〕〔吊diào钩销〕

말소리【说话声】shuōhuàshēng 【话音】huàyīn 【嗓音】sǎngyīn 【语音】yǔyīn ¶귀에 익은 ~ | 耳熟的话音。¶~가 우렁차다 | 嗓音宏亮hóngliàng。

말솜씨 图【口才】kǒucái 【说话艺术】shuōhuà yìshù 【taxa고난 ~ | 天生的口才。¶~에 넘어가다 | 被他的口才骗piàn了过去。¶~가 좋다 | 会说话。 참고 〔口辩biàn〕

말수【言】【话】huà ¶~가 많다 | 话多。¶~가 적고 얌전한 아가씨 | 寡guǎ言文静的小姐。

말실수[−失手] 图【失言】shīyán 【走嘴】zǒuzuǐ 【失口】shīkǒu ¶깜짝 놀라 얼떨결에 ~를 하다 | 大吃一惊时, 稀里糊涂地xīlīhútúde失言了。¶~를 했다 | 说走了嘴。 참고 〔失辞〕〔说错〕

말썽 图【祸端】huòduān 【口舌】kǒushé 【是非】shì fēi 【纠纷】jiūfēn 【麻烦】má·fan ¶~을 일으키다 | 惹是非。¶~이 생기다 | 出祸端。 참고 〔厉害jiē阶〕〔惹是生非〕

말쑥하다 图【干净】gānjìng 【整齐】zhěngqí 【利落】lì·luo ¶말쑥한 옷차림 | 整齐的打扮。¶복장이 ~ | 服装整齐。¶물건이 말쑥하게 정리되었다 | 东西收拾利落了。 참고 〔清利〕〔清秀〕

^A**말씀** 图 하타 【一句】yíjù 【话】huà 【话语】huàyǔ ¶별 ~를 다하십니까 | 说到哪里去了。¶옳은 ~입니다 | 说得对。¶외람되오나 제가 한 ~ 드리겠습니다 | 我冒昧màomèi地说一句。

^B**말씨** 图 ❶ (말하는 태도·버릇) 【口气】kǒuqì ¶정중한 ~ | 郑重的口气。¶~가 공손하다 | 口气很恭顺。¶~가 거칠어서 귀에 거슬린다 | 由于口气粗, 所以很难听。 ❷ (어조) 【口吻】kǒuwěn 【口音】kǒuyīn ¶그의 ~를 들어 보니 상해 사람인 것 같다 | 听他的口音, 好像是上海人。¶그는 북방 ~로 말한다 | 他操一方北方口音。 참고 〔腔调〕〔发音〕〔水音(儿)〕

^C**말없이** 뮈【不声不响】bù shēng bù xiǎng 【不言不语】bù yán bù yǔ 【一声不响】yì shēng bù xiǎng 【默默无言】mò mò wú yán ¶그는 머리를 싸매고 ~ 많은 일을 했다 | 他埋mái头苦干, 不声不响地做了不少工作。¶살금살금 문으로 들어오다 | 一声不响地蹑足nièzú进门。 참고 〔默不作声〕〔不言不语〕〔不哼一声〕〔一声不〕〔不声〕

말엽【末葉】 图 【末叶】mòyè 【末期】mòqī ¶17세기 ~ | 十七世纪末叶。¶명조 ~ | 明朝末年。¶제1차 세계 대전 ~ | 第一次世界大战末期。¶고려 ~ | 高丽末年。

말은 해야 맛이고 고기는 씹어야 맛이다 관용 【话不说不明, 肉不嚼不香】huà bù shuō bù míng, ròu bù jiáo bù xiāng 【话不说不知, 沙锅不打不漏】huà bù shuō bù zhī, shāguō bù dǎ bù lòu 【理不辩不清, 话不讲不明】lǐ bú biàn bù qīng, huà bù jiǎng bù míng 【鼓不敲不响, 理不讲不明】gǔ bù qiāo bù xiǎng, lǐ bù jiǎng bù míng

말을 건네다 관용 【讲给人听】jiǎng gěi rén tīng

말을 듣다 관용 【听话】tīnghuà 【好使】hǎoshǐ 【管用】guǎnyòng ¶말을 듣지 않는 아이 | 不听话的孩子。¶핸들이

말을 잘 듣는다 | 方向盘pán好使。¶
이 무좀약이 정말 말을 잘 듣는다 | 这
种脚气膏真管用。

말이 아니다 〖관용〗【挽回】wǎnhuí ¶체
면이 ~ | 无法挽回面子。

말이 통하다 〖관용〗【相投】xiāngtóu ¶서
로 말이 통하는 사이 | 彼比此相投意
合的关系。

말재간[－才幹] 〖명〗【口才】kǒucái【辩
才】biàncái【口辩】kǒubiàn【话】huà
¶그의 ~은 좋지 못하다 | 他的口才
不佳。

°**말조심**[－操心] 〖명〗〖하자〗【说话谨慎】sh-
uōhuà jǐnshèn【慎言】shènyán ¶애
들 앞에선 ~해야가 | 在孩子面前说
话应该小心一些。

말주변 〖명〗【辩才】biàncái【口辩】kǒubi-
àn ¶이 변호사는 매우 ~이 좋다 | 这
个律师很有辩才。¶나이가 어린데
도 ~이 여간 아니다 | 虽然年纪小, 但
是很会说话。

말짱하다 〖형〗❶ (흠이 없다) 【无可挑
剔】wúkětiāotī ¶말짱한 옷 | 无可挑
剔的衣服。❷ (정신이 또렷하다) 【清
醒】qīngxǐng ¶정신이 ~ | 神志清
醒。

°**말참견**[－參見] 〖명〗〖하자〗【插嘴】chāzuǐ
【抢嘴】qiǎngzuǐ【插话】chāhuà【插
口】chākǒu【插舌】chāshé【插言】chā-
yán ¶이것은 내 일이 아니어서 ~할
수 없다 | 这不是我的事, 插不上
嘴。〖참고〗〔挽chān话接舌〕〔抢qiǎng
嘴〕〔多嘴〕

말초[末梢] 〖명〗〈生理〉【末梢】mòshāo
¶~ 신경 | 三叉末梢神经。〖참고〗〔树
梢〕

°**말투** 〖명〗【口气(儿)】kǒuqì(r)【语气】yǔ-
qì【说法】shuō·fa ¶자신만만한 ~로
자랑을 늘어놓다 | 用自信的口气夸耀
了一番。¶농담조의 ~ | 玩笑的口
吻。¶완곡한 ~로 말하다 | 用婉转w-
ǎnzhuǎn的语气说。〖참고〗〔腔调〕〔措
词〕

^A**말하다** 〖동〗❶ (언급하다) 【说】shuō
【谈】tán ¶사실을 말씀드리며 | 不瞒
mán您说/说心里话。¶나랑 말할 시
간이 없다 | 没有时间和你说。¶소감
을 ~ | 谈感想。❷ (전하다·알려주
다) 【告诉】gào·su【转告】zhuǎngào

¶그에게 계획이 바뀐 사실을 ~ | 告
诉他计划变更的情况。¶그곳 사정을
알려달라고 ~ | 托付他转告那里的情
况。❸ (명 명하다) 【称】chēng ¶사
람들은 그를 살아 있는 자전이라고 말
한다 | 人们称他为活写字典。¶영
체시는 고시 혹은 고풍이라고도 말한
다 | 古体诗又称古诗或古风。❹ (설
명하다) 【说明】shuōmíng ¶이것이
어떻게 된 일인지 말해보시오 | 请你
说明这是怎么回事。¶예를 들어 ~
| 举例jǔlì说明。¶옛 영화를 말해 주
는 찬란한 유물들 | 说明古代富贵荣
华的绚烂的文物。❺ (나타내다) 【诉
说】sùshuō【述说】shùshuō ¶폐허의
현장은 전쟁의 참상을 말해주고 있다
| 废墟诉说着战争的惨状。

말하자면 〖무〗【说起来】shuō·qǐ·lái【换
句话说】huàn jùhuà shuō【所谓】suǒ-
wèi ¶다시 ~ 다음과 같다 | 换句话
说, 如下。¶문화란 ~ 인간의 능동적
작위의 소산이다 | 所谓文化就是人类
能动性创造出来的。〖참고〗〔说来〕〔换
言之〕

말 한 마디로 천냥 빛을 갚는다 〖관용〗
【话说得好, 也可以当钱还债, 当物报
恩】huà shuō·de hǎo, yě kěyǐ dāngqi-
án huánzhài, dāngwù bào'ēn【会说
话当作银子钱使唤】huì shuōhuà dā-
ngzuò yín·ziqián shǐhuàn

^A**맑다** 〖형〗❶ (물이) 【清】qīng【清澈】qī-
ngxīn【明澈】míngchè【清澈】qīngch-
è ¶호수가 거울처럼 ~ | 湖水明澈如
镜jìng。¶물이 맑아서 바닥이 보인다
| 水清见底。¶산 아래의 개울물이
맑아서 밑바닥이 보인다 | 山下溪水
清澈见底jiàndǐ。❷ (공기가) 【新鲜】
xīn·xiān【清新】qīngxīn ¶맑은 공기
를 호흡하다 | 呼吸hūxī新鲜空气。¶
막 비가 온 뒤라서, 공기가 맑고 신선
하다 | 刚下过雨, 空气清新。❸ (음성
이) 【清脆】qīngcuì【清亮】qīng·liang
¶맑고 시원한 대답 | 清脆, 响亮xiǎ-
ngliàng的回答huídá。¶맑은 목소리
| 清脆的声音。¶그녀의 목소리는
맑고 낭랑하여 사람을 감동시킨다 |
她的歌声gēshēng清脆动人。❹ (마
음·기분 등이) 【明亮】míngliàng【天
真】tiānzhēn【清澈】qīngchè【美丽】m-

ếilǐ ¶그의 마음이 맑고 투명하다 | 他的心澄澈透明tòumíng。¶맑고 아름다운 그 마음 | 美丽而善良的心。❺(정신이) 【清醒】qīngxǐng【明快】míngkuài【清明】qīngmíng ¶아침에 일어나면 머리가 한층 맑고 깨끗하다 | 早晨zǎochén起来， 头脑tóunǎo特别清醒。¶맑은 정신으로 책을 정독하다 | 用明快的精神头读书。¶정신이 ~ | 神shén志清醒。❻(하늘이) 【晴朗】qínglǎng ¶맑은 하늘 | 晴朗的天。❼(눈이) 【明澈】míngchè【清亮】qīng·liang【清澈】qīngchè ¶어린 아가씨는 맑은 눈을 지니고 있다 | 小姑娘有明亮的眼睛。¶맑고 빛나는 눈동자 | 明澈的目光。¶맑은 눈동자 | 清亮的眼睛。❽(처세·생활 등이) 【收好尾】shōuhǎowěi ¶잘못했으면 끝을 맑아야지 | 卖买要收好尾。(참고)〔清洁〕qīngjié〔晴朗〕〔明朗〕〔澄明〕〔清爽〕〔气爽〕

맑은 물에는 고기가 없다 (관용) 【水清无鱼】shuǐ qīng wú yú【水清无大鱼】shuǐqīng wú dàyú【水至清则无鱼, 人至察则无徒】shuǐ zhìqīng zé wúyú, rén zhìchá zé wútú

A**맛** (명) ❶(음식의) 【味】wèi【味道】wèi·dao ¶새로이 출하된 사과는 ~이 특별히 좋다 | 新出产的一种苹果, 味道特佳。¶이 요리는 매우 ~있다 | 这道菜味道很好。❷(묘미) 【乐趣】lèqù【意思】yì·si【劲儿】jìnr ¶이 시는 민가적인 ~이 아주 많이 난다 | 这首诗很有民歌风味。¶요즘엔 정말 가을 ~이 난다 | 这儿天真有点儿秋天的意思。❹(만족스러운 느낌) 【够味儿】gòuwèir ¶꼭 일류대학을 가야 ~인가? | 一定要上一流大学才够味儿吗? (참고)〔风味〕〔气味〕〔趣味〕

맛깔스럽다 (형) ❶【好吃】hǎochī ¶맛깔스러운 것 | 好吃的东西。❷【合意】héyì【如意】rúyì ¶맛깔스러운 집 | 正合心意的房子。

맛나다 (형) 【可口】kěkǒu【好吃】hǎochī【味道好】wèidàohǎo【有味道】yǒuwèidào【有滋味】yǒu zīwèi【香】xiāng

맛들이다 (동) 【喜欢】xǐ·huan【感兴趣】g-

ǎnxìngqù ¶낚시에 ~ | 喜欢上钓鱼了。¶돈에 ~ | 对钱有兴趣。

A**맛보다** (동) ❶(시식하다) 【尝】cháng【品味】pǐnwèi ¶술을 ~ | 尝酒。¶이것은 제가 직접 만든 것이니, 모두들 맛보시기 바랍니다 | 这是我亲手调制tiáozhì的, 请大家品味。❷(경험하다) 【尝】cháng【体验】tǐyàn ¶온갖 고초를 다 ~ | 备尝艰辛苦难。¶여행의 즐거움을 ~ | 体验了旅行的愉快。❸(혼나다) 【知道…厉害】zhīdào…lìhài ¶너 나한테 맛 좀 볼래? | 你想知道知道我的厉害?

맛소금 (명) 【加味盐】jiāwèiyán

A**맛있다** (형) 【可口】kěkǒu【好吃】hǎochī【味道好】wèidàohǎo【有味道】yǒuwèidào【有滋味】yǒu zīwèi【香】xiāng【好喝】hǎohē ¶그는 나에게 아주 맛있는 밥을 사주었다 | 他请我吃了一顿很香的饭。¶참 맛있게 먹었다 | 吃得真香。¶맛있는 음식이라도 늘 먹으면 물리게 마련이다 | 再好的美味, 常常吃也会吃腻的。

A**망** (望) (명) ❶(守望) 【守望】shǒuwàng【望台】wàngtái ¶~에 오르다 | 上瞭望台。❷(望风) 【望风】wàngfēng ¶~을 보다 | 望风。(참고)〔放哨〕

A**망²** (網) (명) ❶(그물) 【网】wǎng ¶~을 떠서 만든 가리개 | 用网做的遮物zhēwù。❷(조직) 【网】wǎng【网络】wǎngluò ¶교통 / 交通网。¶포위~을 좁히다 | 网口收紧。¶법~을 벗어나기 어렵다 | 难逃法网。

망가뜨리다 (동) 【坏】huài ¶고장난 손목시계를 고친다는 것이 그만 망가뜨리고 말았다 | 想把出了毛病的手表修好, 结果整坏了。¶만년필을 망가뜨렸다 | 钢笔弄坏了。

A**망가지다** (동) 【坏】huài【碎】suì【易碎】yì·suì【出故障】chūgùzhàng ¶망가지기 쉽다 | 易坏。¶그의 몸이 망가졌다 | 他身体坏了。¶망가진 녹음기 | 出故障的录音机。

망각 (忘却) (명하타) 【忘记】wàng·jì【忘却】wàngquè ¶~을 하다 | 忘记事实。¶자신의 책임을 ~할 수 없다 | 不能忘记自己的责任。(참고)〔忘怀huái〕

망고 (mango) (명)〈植〉【芒果】mángguð〔檬果〕méngguǒ

망국[亡國] 몡 【亡国】wángguó 【国家沦亡】guójiā lúnwáng ¶이렇게 해나가면 ～할 수 밖에 없다 | 这样下去非亡国不可.

망나니 몡 【二流子】èrliú·zi 【混小子】hùnxiǎo·zi ¶개~ | 混球儿. ¶그는 진짜 ～여서 하루종일 밖에서 건들거리고 돌아다닌다 | 他是一个地道的二流子, 成天在外边儿瞎逛逛荡的guàngdàng. (참고)〔二混子〕〔二大流〕混混儿〕〔二赖lài子〕〔屯tún溜子〕〔流氓〕〔无赖〕〔胡作非为的〕〔胡来的〕〔败家子〕

망년회[忘年會] 몡 【辞年会】cíniánhuì 【岁末宴会】suìmò yànhuì 【迎新晚会】yíngxīn wǎnhuì 【除夕晚会】chúxī wǎnhuì

망동[妄動] 몡하자 【妄动】wàngdòng 【妄举】wàngjǔ 【轻举妄动】qīng jǔ wàng dòng 【盲目行动】mángmù xíngdòng ¶경거~ | 轻举妄动. ¶절대로 경거～하지 마세요 | 千万别轻举妄动.

망둥이[魚貝] 〈魚貝〉【望瞳鱼】wàngtóngyú 【刺虾虎鱼】cìxiāhǔyú 【蛇鱼】shéyú

망라[網羅] 몡하자 【网罗】wǎngluó 【收罗】shōuluó 【包括】bāokuò ¶재료를 ～하다 | 材料收罗得很齐qí全n。¶국내외의 명작들을 ～한 문학전집 | 包括国内外名著的文学全集. (참고)〔罗网〕〔参加〕〔吸收〕

망령[妄靈] 몡 【糊涂】hú·tu 【老糊涂】lǎohú·tu ¶～난 짓을 하다 | 做糊涂事儿.

망막[網膜] 몡 〈生理〉【网膜】wǎngmó 【视网膜】shìwǎngmó ¶～염 | 网膜炎yán.

망망[茫茫] 몡하형 【茫茫】mángmáng 【暗淡】àndàn ¶～한 바다 | 茫茫大海. ¶생각할수록 앞길이 ～하다 | 越想前途越暗淡.

망명[亡命] 몡하자 【亡命】wángmìng 【流亡】liúwáng 【逃命】táomìng ¶～정부 | 流亡政府. ¶해외로 ～하다 | 流亡海外. ¶시국 사건으로 ～한 재야 인사 | 由于时局事件流亡的在野人士. (참고)〔逃táo亡〕〔流逋bū〕〔流移yí〕〔畏罪逃亡〕

망상[妄想] 몡 【妄想】wàngxiǎng 【妄图】wàngtú 【痴心妄想】chī xīn wàng xiǎng ¶～을 하다 | 痴chī心妄想. ¶그도 미국으로 유학을 가려하니 이것은 아니냐? | 他也要去美国留学, 这不是痴心妄想吗?

망설이다 통 【犹豫】yóuyù 【踌躇】chóuchú 【迟疑】chíyí 【举棋不定】jǔqí bú dìng ¶갈까 말까 | 去还是不去, 犹豫不决. ¶망설이며 결정하지 못하다 | 迟疑不决. ¶조금도 망설이지 않다 | 毫不迟疑. (참고)〔犹豫〕〔犹与〕〔由豫〕

망신[亡身] 몡하자 【丢脸】diūliǎn 【丢人】diūrén 【丢丑】diūchǒu ¶이런 일을 저지르다니 정말 ～스럽다 | 做出这种事, 真丢人. ¶그의 행위는 집안 식구 모두를 ～시켰다 | 他的行为给全家丢了脸. ¶사람들 앞에서 ～을 당하다 | 在人们面前丢丑了. (참고)〔丢面子〕〔丢体面〕〔丢身分〕〔掉价〕

망언[妄言] 몡하자 【妄言】wàngyán 【妄语】wàngyǔ 【胡说】húshuō ¶너는 그의 ～을 믿지 마라 | 你别信他的胡说. (참고)〔胡言乱语〕〔胡说八道〕〔胡说霸道〕

망연[茫然] 몡하형 【茫茫】mángmáng 【茫然】mángrán ¶어쩔 줄 몰라 ～해하다 | 茫然不知所措. ¶충격적인 소식에 그저 ～할 따름이다 | 震惊zhènjīng的消息使他茫然无措.

망연자실[茫然自失] 【茫然若失】mǎng rǎn ruò shī ¶너무나 큰 충격이라 한동안 ～할 수밖에 없었다 | 由于太大的冲击chōngjī一时只是茫然若失.

망울 몡 ❶ (덩어리) 【小疙瘩】xiǎogē·da ❷ (임파선종) 【筋疙瘩】jīngē·da 【淋巴球瘤】línbāqiúliú ❸ (꽃망울) 【花骨朵】huāgǔ·duo 【蓓蕾】bèilěi

망원경[望遠鏡] 몡 【望远镜】wàngyuǎnjìng ¶굴절 ～ | 折zhé射望远镜. ¶～ 렌즈 | 望远镜透镜tòujìng. (참고)〔千里镜〕〔千里眼〕

망정 몡 【幸好】xìnghǎo 【幸亏】xìngkuī ¶미리 알았기에 ～이지 큰일날 뻔했다 | 幸好知道得早, 不然差点出大事了.

망조[亡兆] 몡 【亡征败兆】wángzhēngbàizhào 【灭亡的征兆】mièwáng·d-

308

e zhēngzhào ¶～가 들다 | 有了灭亡的征兆。

망측하다[罔測-] 휑【怪】guài【古怪】gǔguài【难看】nánkàn ¶모양이 ~ | 形状古怪。¶망측한 몰골 | 古怪的样子。¶이 개는 털이 거의 다 빠져서 정말로 ~ | 这条狗毛彻快掉光了, 实在难看。참고〔丑chǒu〕

망치다⁴동【弄坏】nònghuài【糟糕】zāogāo【搞坏】gǎohuài【毁灭】huǐmiè ¶좋은 일을 망쳐 놓았다 | 把好事弄坏了。¶다된 일을 ~ | 搞坏已成的事情。¶집안을 ~ | 毁灭家庭。참고〔葬送〕[断送]

망태기[網-] 명【大网兜】dàwǎngdōu【络子】lào·zi 참고〔草编的网兜〕

망하다[亡-] 동❶【灭亡】mièwáng【破产】pòchǎn【没落】mòluò【家破人亡】jiā pò rén wáng【垮台】kuǎtái【完蛋】wándàn ¶제국주의는 반드시 ~ | 帝国主义必然灭亡。¶왕조가 ~ | 王朝灭亡。¶집안이 ~ | 家破人亡。❷(사람에 대한 욕설)【该死】gāisǐ ¶망할 자식 | 该死的东西。참고〔同归于尽〕

맞-동❶(表示"直接""相对""对面"等的意思)【对】duì ¶～닿다 | 相连。¶～대면 | 面对面。❷(表示"近似""相似""相等"的意思)【对】duì ¶～수 | 对手。¶～먹다 | 相当。

맞고소[-告诉] 명하자타〈法〉【反诉】fǎnsù ¶고소인을 ~하다 | 反诉起诉者。

맞다¹동❶(비·바람을)【淋】lín ¶비를 ~ | 被雨淋。❷(매·총 등을)【挨打】áidǎ ¶그는 어릴 때를 언어 맞았다 | 他小时候老挨打。¶볼기를 ~ | 被打了屁股。❸(맞이하다)【接】jiē【迎】yíng【迎接】yíngjiē ¶손님을 ~ | 接客人。¶새봄을 ~ | 迎接新春。❹(점수를)【得】dé【打】dǎ ¶10점을 ~ | 得了十分。¶만점을 ~ | 打了满分。❺(어떤 일을 당하다)【遭】zāo ¶퇴자를 ~ | 遭到拒绝。❻(허락을 받다)【得到】dédào ¶결재를 ~ | 得到批准pīzhǔn。¶허락을 ~ | 得到允许yǔnxǔ。❼(주사 등을)【打】dǎ ¶침을 ~ | 打针。¶엉덩이에 주사를 ~ | 在屁股上打针。❽(사람을 받아

들이다)【娶】qǔ【招】zhāo ¶아내를 ~ | 娶妻qī。¶사위를 ~ | 招女婿。❾(도장을)【让人给】(rànorèn·gěi)盖章(ràngréngěi)gàizhāng ¶도장을 ~ | 盖章。❿(적합하다)【一样】yīyàng【中意】zhòngyì【合适】héshì ¶식성에 맞는 음식 | 合口味的饮食。¶마음에 맞는 여자 | 中意的女子。⓫(부합하다·일치하다)【符合】fúhé【切合】qièhé【适应】shìyìng ¶그 계획은 실정에 ~ | 那个计划符合实情。¶시대적 요구에 ~ | 切合时宜shíyí/适应时代的要求。⓬(크기 등이 적당하다)【合适】héshì【合】hé【正好】zhènghǎo ¶크기가 딱 ~ | 大小正合适。¶신이 발에 꼭 ~ | 鞋正合脚。¶몸에 맞는 옷 | 合身的衣服。¶두 식구가 살기에 꼭 맞는 집 | 两口人住正合适的房子。⓭(조화를 이루다·어울리다)【合得来】hé·de lái【情投意合】qíng tóu yì hé【说得来】shuō·de lái【一致】yīzhì【相称】xiāngchèn ¶그들 둘은 서로가 맞아 아주 사이좋게 지낸다 | 他们俩合得来, 相处很好。¶인품과 옷차림이 매우 잘 ~ | 人品服饰fúshì很相称。⓮(적절하다)【正好】zhènghǎo ¶그는 때에 맞게 잘 왔다 | 他来得正。⓯(매·총·과녁 등에)【中】zhòng【打中】dǎzhòng ¶날아온 돌에 ~ | 被飞来的石头打中。¶화살이 과녁에 ~ | 箭jiàn中靶bǎ。

─맞다² 휑【正确】zhèngquè【对】duì【准】zhǔn ¶네가 말한 것은 모두 ~ | 你说的都对。¶맞아, 그러면 그렇게 하자 | 对, 就这么办吧。¶예언이 그대로 맞았다 | 预言对了。

─맞다³ 미【相】xiāng【样】yàng【劲儿】jìnr ¶궁상 ~ | 穷酸相。¶능글 ~ | 猾劲儿。¶청승 ~ | 酸楚劲儿。

맞닥뜨리다 동【相遇】xiāngyù ¶우연히 도중에서 ~ | 偶然ǒurán相遇于途中túzhōng

맞닿다 동【相连】xiānglián【相接】xiāngjiē【衔接】xiánjiē ¶산과 물이 서로 맞닿아 있다 | 山水相连。¶하늘과 수면이 맞닿은 수평선 | 天与海相连的水平线。

맞대다 동❶(마주 대다)【相接】xiāngjiē

ᄒ【相触】xiāngchù【紧挨着】jǐn’āi·zhe ¶책상을 맞대어 놓다 | 把桌子拼在一起。❷ (대면하다)【面对面】miàn duì miàn ¶얼굴을 맞대고 앉아 있다 | 面对面地坐着 ¶面比(促膝相会)[当面]

맞먹다 동【相当】xiāngdāng ¶두 선수의 실력이 ~ | 两个选手旗鼓相当。

맞바꾸다 동【对换】duìhuàn【以物换物】yǐ wù huàn wù ¶쌀과 생선을 ~ | 米和鱼对换。

맞받다 동❶ (정면으로)【迎着】yíng·zhe【面对】miànduì【顶着】dǐng·zhe ¶햇빛을 ~ | 顶着日头。❷ (들이받다)【对着】duì·zhe【相撞】xiāngzhuàng ¶버스와 트럭이 정면으로 맞받았다 | 客车和卡车正面相撞了。❸ (응수하다)【顶(撞)】dǐng(zhuàng) ¶상대방의 악담에 지지 않고 맞받아 주었다 | 对对方的恶言恶语我并没有软下来，而是顶了起来。

맞벌이 명하자【夫妇都工作】fūfù dōu gōngzuò【双职工】shuāngzhígōng ¶너희 집은 ~를 하니 생활이 괜찮겠지? | 你们家是双职工，生活不错吧？

맞부딪치다 동【相遇】xiāngyù【相撞】xiāngzhuàng【遭遇】zāoyù ¶우연히 途中에서 ~ | 偶然ǒurán相遇于途中tú zhōng。¶작업하는 과정에서 적잖은 난관에 맞부딪쳤다 | 工作中遭遇了不少困难。

맞불 명❶【互相开火】hùxiāng kāihuǒ【对射】duìshè【接火】jiēhuǒ【对火】duìhuǒ 참고〔点diǎn火〕

맞불(을) 놓다 관용【放对火】fàngduìhuǒ ¶산불을 잡으려고 ~ | 为制山火，放对火。

맞붙다 동❶ (한데)【相连】xiānglián【相接】xiāngjiē【接邻】jiēlín【相切】xiāngqiè ¶산과 물이 서로 맞붙어 있다 | 山水相连。¶두 쪽이 맞붙은 밤톨 | 两面相接的栗子。❷ (격투하다)【较量】jiǎo·liàng【交手】jiāoshǒu【扭打】niǔdǎ【打起来】dǎ·qǐ·lái【交锋】jiāofēng【开始比赛】kāishǐ bǐsài ¶나는 너와 맞붙어 보겠다 | 我来和你较量。¶맞붙어 싸우다 | 扭打在一起。 참고〔殴打〕

맞서다 동❶ (마주 서다)【面对面站着】miànduì miànzhàn·zhe ❷ (대항하다)【相对】xiāngduì【作对】zuòduì【对峙】duìzhì【对抗】duìkàng【较量】jiǎo·liàng【面临】miànlín ¶네가 감히 나와 무얼 맞서느냐? | 你跟我作什么对? ¶이라크가 감히 미국과 ~ | 伊拉克yīlākè敢gǎn于跟我国对抗。¶심각한 위기와 맞서다 | 面临一场严重yánzhòng的危机wēijī。 참고〔对垒lěi〕〔遭遇〕〔相遇〕〔碰到〕

맞선 명【相亲】xiāngqīn ¶공개적으로 ~을 보다 | 公开相亲。 참고〔相见〕〔对相对看〕

맞아들이다 동【迎】yíng【迎接】yíngjiē【娶】qǔ【接】jiē ¶나가서 ~ | 出迎。¶아내를 ~ | 娶妻qī。¶며느리를 ~ | 接儿媳érxí。 참고〔招〕〔取〕

맞아떨어지다 동【对上】duìshàng【正好】zhènghǎo ¶이 돈은 펌프를 사는 데 딱 맞아 떨어진다 | 那笔钱正好买台抽水机táichōushuǐjī。

맞은 놈은 다리를 펴고 자고 때린 놈은 오그리고 잔다 관용【挨打的伸腿睡，打了人的缩腿睡】āidǎ·de shēntuǐ shuì，dǎ·le·rén·de suōtuǐ shuì

맞은편 명❶ (반대쪽)【对过儿】duìguòr【对面(儿)】duìmiàn(r) ¶바로 ~ | 正对过儿。¶그는 내 ~에 앉아 있다 | 他坐在我的对面。¶~이 바로 우체국이다 | 对面就是邮局。❷ (상대방)【对方】duìfāng ¶~의 의견을 존중하다 | 尊重对方的意见。¶특정 종목에선 ~의 약점을 정확히 간파하여 공격해야 한다 | 打球要看准对方的弱点ruòdiǎn进攻。 참고〔对门〕

맞이하다 동❶【迎】yíng【迎接】yíngjiē【娶】qǔ【接】jiē ¶역에 가서 귀빈을 ~ | 到车站去迎接贵宾。¶새해를 ~ | 迎新年。¶아내를 ~ | 娶妻qī。¶기차역에서 친구를 맞이하러 가다 | 到火车站接朋友去。 참고〔迎过yà〕〔招〕〔取〕

맞잡다 동❶ (마주 잡다)【握手】wòshǒu【互相握着】hùxiāng wò·zhe ❷ (협력하다)【提携】tíxié【携手】xiéshǒu【协力】xiélì【合作】hézuò【合力】hélì【同心协力】tóngxīn xiélì ¶그들은 손을 마주잡게 되었다 | 他们互相携起手来了。

맞장구 뗑【迎合】yínghé【附和】fùhè ¶
~를 치다 | 敲边鼓。

ᴮ**맞추다** 통❶〈대조하다〉【对照】duìzhào【对】duì【查】chá ¶시계를 ~ | 对表。¶장부를 맞추어보다 | 核对帐目 zhàngmù。❷〈조립하다〉【装配】zhuāngpèi【安装】ānzhuāng ¶기계의 부속품을 ~ | 装配机器零件。¶부품을 ~ | 配零件língjiàn。❸〈맞게 하다〉【合】hé【配合】pèihé【配】pèi ¶박자를 ~ | 合着节拍。¶발을 맞추어 걷다 | 合着脚步走路。¶안경 도수를 ~ | 配眼镜yǎnjìng的度数dùshù。❹〈주문하다〉【订做】dìngzuò【定做】dìngzuò ¶양복을 ~ | 定做西装xīzhuāng。¶떡집에 떡을 ~ | 定做糕糕。❺〈마주 대다〉【对接】duìjiē【对接】duìjiē ¶입을 ~ | 接吻/亲嘴。❻〈적응시키다·조화시키다〉【协调】xiétiáo【调】tiáo【合】hé ¶비위를 ~ | 合心意。¶보조를 ~ | 协调步调。¶간을 ~ | 调味。❼〈적중시키다〉【猜中】cāizhòng【中】zhòng ¶맞춘 사람은 상을 받을 수 있다 | 猜中了的, 可以得奖 jiǎng。¶이 수수께끼를 그가 알아 맞췄다 | 这个迷语他猜cāi中了。❖참고〔安 ā n〕〔拼凑〕〔随和〕〔查对〕〔说对〕〔击中〕〔调和〕〔调拌〕〔接〕〔定作〕〔订制〕

ᴬ**맞춤법** 뗑【缀字法】zhuìzìfǎ【正字法】zhèngzìfǎ ¶한글 ~ | 韩国语缀字法（拼写法）。❖참고〔拼写法〕

ᴮ**맞히다** 통❶〈옳은 답을〉【说中】shuōzhòng【猜中】cāizhòng【猜着】cāizháo【回答】huídá ¶맞힌 사람은 상을 받을 수 있다 | 猜中了的, 可以得奖。¶추측하여 맞힐 수 있다 | 猜得着。¶알아 맞힐 수 없다 | 猜不着。❷〈주사·총 등을〉【打中】dǎzhòng【中】zhòng ¶적중해 맞히었다 | 打中一艘 sōu敌舰díjiàn。¶화살을 과녁에 ~ | 箭jiàn中靶bǎ。❖참고〔让风吹雨打〕

ᴮ**맡기다** 통❶〈보관시키다〉【存】cún【寄存】jìcún ¶이 물건은 잠시 내게 맡겨라 | 这东西暂且zànqiě存在我这儿吧。¶책가방을 사무실에 맡겨두다 | 把书包寄存在办公室中。¶짐을 ~ | 寄存行李。❷〈위임하다〉【委托】wěituō【托付】tuō·fù【托】tuō【担任】dā-

nrèn【处理】chǔlǐ ¶이 일은 그에게 맡겼으니 | 这件事就委托他了。¶사진 현상은 그에게 맡기면 된다 | 洗照片托付他就行了。¶재량에 ~ | 让他自己处理。❸〈사람을〉【托付】tuō·fù【托】tuō【任凭】rènpíng ¶아이는 당신에게 맡기겠습니다 | 把孩子托付给您。❹〈방임하다〉【任凭】rènpíng ¶가든지 말든지 너 자신에게 맡긴다 | 去还是不去,　任凭你自己。❖참고〔交〕〔交付〕〔寄放〕〔任从〕〔任随〕〔听任〕〔听凭〕

ᴮ**맡다** 통❶〈책임지다·담당하다〉【担负】dānfù【担任】dānrèn【受委】shòuwěi【承包】chéngbāo【承包】chéngdān【接受】jiēshòu【受托】shòutuō ¶이 일은 내가 맡는다 | 这项工作由我来担任。¶공사를 ~ | 承包工程。¶집안 살림을 혼자서 맡게 되다 | 一人承担家务jiāwù。❷〈허락 등을 받다〉【取得】qǔdé【得到】dédào ¶면허를 ~ | 取得许可证xǔkězhèng。¶허락을 ~ | 得到许可。❸〈보관하다〉【代管】dàiguǎn【代为保管】dàiwéi bǎoguǎn ¶짐을 ~ | 代管行李。❹〈냄새를 느끼다〉【闻】wén【有所察觉】yǒusuǒ chájué ¶장미꽃 향기를 ~ | 闻玫瑰méiguī花的香味儿。¶벌써 냄새를 맡아 버린 모양이지? | 难道已有所察觉? ❖참고〔招揽〕〔包下来〕

매¹【鞭】biān【棍】gùn【棒】bàng ¶~를 맞다 | 挨棍子。¶~로 때리다 | 用棍子打。

매² 뗑〈鸟〉【鹰】yīng【苍鹰】cāngyīng【黄鹰】huángyīng【鸡鹰】jīyīng【雄鹰】xióngyīng ¶참~ | 苍鹰。

매³ 뭔【猛】měng ¶~ 닦다 | 猛擦。

매¹【枚】의뗑❶【张】zhāng ¶종이 두 ~ | 两张纸zhǐ。❷【枚】méi【双】shuāng ¶젓가락 두 ~ | 两双筷kuài·i。❖참고〔件〕

매⁻⁵ 뭔【都】dōu【全】quán ¶~가 한가지 | 都一样。¶~일반 | 全一个样。

매⁻⁶〔每一〕【每】měi ¶~년 | 每年。

-매⁷ 回〈样子〉【样子】yàng·zi【姿态】zītài ¶눈~가 곱다 | 眼睛样子长得好看。¶몸~ | 身姿。

매각〔卖却〕 뗑〔하타〕【卖掉】màidiào【变

311

卖biànmài【出售】chūshòu【销售】xiāoshòu【发售】fāshòu ¶그는 빚을 갚기 위해 가산을 ~하는 수밖에 없었다 |为了还债huánzhài, 他只得dé变卖家产。 ¶~ 가치 | 出售价值。 ¶시세에 따라 ~하다 | 随行háng情出售。 ¶~ 통지 | 销售通知。 참고〔折zhé变〕【发客】【销卖xiāomài】

매개【媒介】méijiè【传播】chuánbō ¶~ 작용 | 媒介作用zuòyòng。 ¶전염병 균을 ~하는 파리 | 传播传染rǎn病菌bìngjūn的苍蝇cāngying。

매개 변수【媒介變數;parameter】图【参数】cānshù【参量】cānliàng【参变量】cānbiànliàng

매거진[magazine] 图【杂志】zázhì

매기【買氣】图〈經〉【求购】qiúgòu【热】rè ¶~ 왕성 | 求购股切yīnqiè。 ¶부동산의 ~가 떨어지다 | 房地产热降低jiàngdī。

ᶜ**매기다**【标】biāo【打】dǎ【记】jì【定】dìng ¶상품에 가격을 매겼다 | 商品上标好价码jiāmǎ。 ¶점수를 ~ | 打分数。 ¶성적을 ~ | 记成绩。

ᶜ**매끄럽다**【滑】huá【光滑】guānghuá【平滑】pínghuá【圆滑】yuánhuá【溜滑】liūhuá ¶책상 위가 매우 ~ | 桌面很滑。 ¶매끌매끌한 대리석 탁자의 윗면 | 光滑的大理石桌面。 참고〔滑溜〕

ᶜ**매끈하다**【漂亮】piào·liang【清秀】qīngxiù【优美】yōuměi【干净】gānjìng【利落】lì·luo ¶내 후배는 정말 매끈하게 생겼다 | 我的学妹长得很漂亮。 ¶용모가 ~ | 面貌miànmào清秀。 ¶몸매가 ~ | 体型优美。

매너[manner] 图【礼节】lǐjié【态度】tàidù【举止】jǔzhǐ ¶테이블 ~ | 用餐yòngcān礼节。 ¶저 사람은 ~가 형편없어 | 那个人的态度不像话。 ¶그는 ~가 안 좋은 사람이다 | 他是一个讲礼节的人。

ᴮ**매년**【每年】图副【每年】měinián【年年】niánnián ¶나는 ~ 한번씩 상해에 간다 | 我每年去上海一次。 ¶~ 풍년이 들다 | 年年丰fēng收。

ᶜ**매니큐어**[manicure] 图【指甲油】zhǐ·jiǎyóu【蔻丹】kòudān ¶~을 | 指甲

刷。 ¶~를 바르다 | 涂tú指甲油。

ᴬ**매다**¹ 動❶ (매듭을 짓다)【系】jì【结】jié【打】dǎ ¶신발끈을 ~ | 系鞋带儿。 ¶넥타이를 ~ | 打领带。 ❷ (묶어 두다)【拴】shuān【绑】bǎng ¶말을 나무에 매어두다 | 把马拴在树上。 ¶단단하게 ~ | 结结实。 ¶그를 한 가지 일에 매어 두다 | 把他拴在一个事情上。 ❸ (묶어 만들다)【扎】zā【架】jià【띠를 ~ | 扎带。 ¶마당에 빨래줄을 ~ | 院子里架晾衣绳jiàliàngyīshéng。 참고〔装订〕【编bīan】

ᶜ**매다**²【拔】bá【锄】chú ¶김을 ~ | 拔草cǎo。 ¶밭에 김을 ~ | 锄田里的草。

ᶜ**매달**【每一】图副【每月】měiyuè【月月】yuèyuè ¶~의 생활비 | 每月的生活费。 ¶회비를 ~ 꼬박꼬박 내고 있다 | 月月交会费。

매달다 動【吊】diào【悬】xuán【挂】guà ¶목매달아 죽다 | 上吊自杀。 ¶마늘을 엮어 ~ | 把蒜suàn扎zhā上以后吊起来。 ¶달이 나뭇가지 끝에 매달려 있다 | 月亮悬在树梢上。 참고〔绞〕

ᴮ**매달리다** 動❶ (달리다)【吊】diào【挂】guà ¶밧줄에 ~ | 吊在绳索上。 ¶가지 끝에 매달린 연 | 被吊在树梢上的风筝fēngzheng。 ❷ (몰두하다)【埋头】máitóu【热中】rèzhōng ¶공부에 ~ | 埋头读书/热中于念书。 ¶저 일에 ~ | 埋头写作。 ❸ (의지하다)【靠】kào【依赖】yīlài ¶다른 사람에 매달리지 마라 | 别依赖别人! ¶어머니에게 매달린 어린 자녀들 | 靠母亲的幼yòu小的子女们。 ❹ (달라 붙다)【拴】shuān ¶농사일에 매달려서 쉴 겨를이 없다 | 被拴在农活上没时间休息。 ❺ (붙잡다)【死抱】sǐbào ¶꽉 매달려 놓지 않다 | 死抱住不放。 참고〔忙于〕【固执】【来缠】〔乞qǐ求灵于〕【投靠】〔指靠〕〔依靠〕〔醉心于〕

매도【賣渡】图하团【出售】chūshòu【出让】chūràng【供售】gōngshòu【变卖】biànmài【折卖】zhémài【销卖】xiāomài【销售】xiāoshòu ¶~할 물건 | 出售品。 ¶이 집은 이미 ~하였다 | 这房子已经出让。 ¶~ 증서 | 卖契/卖据。 ¶~ 가격 | 销售价格jiàgé。

매도 먼저 맞는 것이 낫다 관용【挨āi打

是先挨的好】āi dǎ yěshì xiān'āi·de hǎo

매듭 몡 ❶ 〔끈의〕【结】jié 【扣儿】kòur ¶~을 짓다 | 打结. ¶풀~ | 活结. ¶~을 지었다가 풀다 | 打结又解结. ❷ 〔일의 해결·마무리〕【结束】jiéshù 【装束】zhuāngshù 【终结】zhōngjié 【了结】liǎojié 【告终】gàozhōng 【难题】nántí ¶잡고 있는 일을 빨리 ~지어라 | 赶快gǎnkuài 结束手头的工作. ¶매듭을 분명히 짓고 넘어가다 | 每个事情了结线索, 然后再过去. ¶일의 ~이 풀리자 그 다음은 순조롭게 되어 나갔다 | 难题解开后, 事情便进展得很顺利. 참고 〔症结〕〔难题目〕

ᴮ**매력**[魅力] 몡【魅力】mèilì 【吸引力】xīyǐnlì ¶~이 풍부하다 | 富有魅力. ¶~이 증가하다 | 增加zēngjiā魅力. ¶~있는 목소리 | 有魅力的声音.

매료[魅了] 몡하자타【夺人魂魄】duórén húnpò 【倾倒】qīngdǎo ¶그의 웅변에 ~되다 | 被他的雄辩所倾倒.

매만지다 통【整整】zhěngzhěng 【修饰修饰】xiūshì xiūshì ¶옷차림을 ~ | 整整穿戴chuāndài. ¶머리를 ~ | 修饰修饰头发.

매맞다 통【挨打】āi dǎ ¶매맞고 욕먹다 | 挨打受骂.

ᴮ**매매**[買賣] 몡하타【买卖】mǎimài 【交易】jiāoyì 【出售】chūshòu ¶~가 이루어지다 | 买卖成局. ¶~ 계약서 | 买卖合同证书/买卖证. ¶~가 성립되지 않아도 인의는 저버리지 않는다 | 买卖不成仁义在.

매몰[埋没] 몡하자타【埋没】máimò 【掩没】yānmò ¶진흙과 돌이 흘러온 마을을 ~시켰다 | 泥ní石流埋没了整个村庄cūnzhuāng.

매몰차다 혱【无情】wúqíng 【冷淡】lěngdàn 【绝情】juéqíng ¶매몰차게 그와의 교제를 끊다 | 无情地和他断交. ¶매몰차게 거절하다 | 冷淡地拒绝jùjué.

ᴬ**매미** 몡〔蟲〕【蝉】chán 【知了】zhīliǎo ¶~가 큰 소리로 운다 | 蝉大声鸣叫míngjiào. 참고 〔知鸟(儿)〕〔蜘了儿〕〔唧jī了儿〕〔吉了儿〕〔蟪zhì了儿〕〔唧j-

[鸟儿〕〔季jī鸟儿〕〔蜩tiáo〕

매번[每番] 몯【每次】měicì 【每回】měihuí 【每每】měiměi ¶~ 모두 이 모양이다 | 每次都是这样. ¶네가 ~ 이런 잘못을 저지르면 어떡해? | 你每次犯这种毛病, 怎么办? ¶시합에서 ~ 우승하다 | 在比赛中每次都得冠军. 참고 〔每度〕〔往往〕

매복[埋伏] 몡하타【埋伏】mái·fu 【设伏】shèfú ¶~하다 | 设下埋伏. ¶병마를 ~시키다 | 埋伏兵马. ¶~하여 기다리다 | 埋伏以待. ¶~하고 있던 경찰에 붙잡히다 | 被埋伏的警察jǐngchá抓zhuā住了.

매부[妹夫] 몡【姐夫】jiě·fu 【姐丈】jiězhàng 【妹夫】mèi·fu 【妹丈】mèizhàng

매부리코[鷹鈎鼻子] 【鹰钩鼻子】yīnggōu bí·zi

매사[每事] 몯【每件事】měijiànshì 【事事】shìshì 【件件事】jiànjiànshì 【每个事】měi·geshì ¶~에 조심해야 한다 | 要事事留心. ¶~를 신중히 생각하다 | 每个事都慎重考虑shènzhòngkǎolǜ.

매상[賣上] 몡하자【销售】xiāoshòu 【销卖】xiāomài ¶~ 부진 | 销售不畅chàng. ¶~ 비용 | 销售成本. ¶~ 순익 | 销售净jìng利.

매설[埋設] 몡하타【埋】mái 【埋设】máishè ¶지뢰를 ~하다 | 埋地雷dìléi. ¶수도관을 지하에 ~하다 | 在地下埋设自来水管道.

매섭다[휑] 혱【可怕】kěpà 【凶狠】xiōnghěn 【厉害】lì·hai 【怒】nù ¶매서운 눈초리 | 可怕的眼光. ¶바람이 정말 ~ | 风可是厉害. ¶그에게 우리의 매서움을 보여주다 | 给他看看我们的厉害. 참고 〔利害〕

매수[買受] 몡하타【购买】gòumǎi 【买进】mǎijìn 【购货】gòuhuò 【收购】shōugòu ¶골동품을 고가로 ~하다 | 以高价买进古董. ¶도로 용지를 ~하다 | 重新购买用地.

매수[買收] 몡하타【收买】shōumǎi 【买通】mǎitōng ¶반대파를 돈으로 ~하다 | 用钱收买反对派. ¶~하여 암암리에 부탁하다 | 买(通)关节. ¶세무소 직원을 ~했다 | 买通了税务shuìwù所的人.

313

매스껍다 혱【作呕】zuò·ǒu【恶心】ě·xin ¶메스껍게 하다 | 令人作呕。¶메스꺼워 죽겠다 | 恶心死了。

매스컴[mass communication] 몡【新闻工具】xīnwén gōngjù

ᵃ**매실**【梅實】몡〈植〉【梅实】méishí ¶～주 | 梅实酒。

ᵃ**매양**【每-】囝【老是】lǎo·shi【总是】zǒngshì【一向】yíxiàng ¶그는 ～ 이렇다 | 他老是这样。

ᵇ**매연**【煤煙】몡【烟雾】yānwù【烟尘】yānchén【煤烟】méiyān ¶～으로 말미암은 공해 | 由煤烟引起的公害。

ᴬ**매우** 囝【很】hěn【十分】shífēn【非常】fēicháng【颇】pō【极】jí ¶～ 상세히게 한 번 보았다 | 很详细地看了一遍。¶～ 열심히 하다 | 很用功·gōng。¶날씨가 ～ 덥다 | 天气十分热。¶그는 ～ 불쾌했다 | 他心里十分不乐意。¶～ 맛이 있다 | 颇有味道。참고〔大大〕

ᵇ**매월**【每月】몡❶(그달 그달)【每月】měiyuè❷(부사으로 쓰여)【每月】měiyuè ¶～ 꼬박꼬박 내는 회비 | 每月一直交的会费。

ᵃ**매이다** 통【隶属】lìshǔ【依附】yīfù【属于】shǔyú【被拴】bèishuān ¶말뚝에 매인 소 | 被拴在桩子的牛。¶직장에 매인 일 | 在工作岗位的人。¶집안일에 매이어 나들이할 겨를이 없다 | 被家务所拴, 没时间串门儿。

ᴬ**매일**【每日】囝❶(날마다)【每天】měitiān【每日】měirì【天天】tiāntiān(r)【日日】rìrì ¶～ 쓰는 일기 | 每天写的日记。¶～ 이와 같다 | 日日如此。❷(명사적으로 쓰여)【每天】měitiān【每日】měirì ¶～의 일과 | 每天的工作。

매일같이[每日-]관용【天天】tiāntiān ¶～ 만나는 친구 | 天天见面的朋友。¶～ 편지를 보낸다 | 天天寄信。

매일반[--一般] 몡【同样】tóngyàng【一样】yíyàng ¶어느 일이나 힘들기는 ～이지 | 任何事情都同样费劲(儿)。

매입[買入] 몡하타【购买】gòumǎi【收购】shōugòu【采购】cǎigòu ¶상품을 ～하다 | 采购土产品 | 。¶곡물을 ～

하다 | 收购粮食。¶～ 가격 | 收购价格。¶대량의 목재를 ～했다 | 采购了大量的木材。참고〔采办bàn〕〔采买mǎi〕

ᶜ**매장**[埋葬] 몡하타【埋葬】máizàng【掩埋】yǎnmái【埋没】máimò【埋·chi】¶죽은 친구를 ～하다 | 掩埋死去的朋友。¶많은 인재를 ～시켰다 | 埋没了多少人材。¶학계에서 ～되다 | 被学界所排斥。참고〔葬〕

ᵈ**매장**[埋藏] 몡하타【蕴藏】yùncáng【埋藏】máicáng ¶중국 각지에 ～된 철광은 매우 풍부하다 | 中国各地蕴藏的铁矿tiěkuàng很丰富fēngfù。¶이 일대의 지하에는 풍부한 석탄과 철이 ～되어 있다 | 这一带地下埋藏着丰富的煤méi和铁tiě。참고〔积压〕

매장[賣場] 몡【售货柜台】shòuhuò guìtái【售货处】shòuhuòchù【出售处】chūshòuchù【商场】shāngchǎng ¶～면적 | 售货处面积。

ᵇ**매점**[賣店] 몡【小铺】xiǎopù【小卖店】xiǎomàidiàn【小卖部】xiǎomàibù ¶교내 | 校内小卖店。

ᶜ**매점**[買占] 몡하타【囤积居奇】tún jī jū qí【囤积】túnjī【屯积】túnjī【垄断】lǒngduàn ¶불법 상인들이 ～해 물가를 앞다투어 올리다 | 非法商人囤积居奇, 哄抬hōngtái物价。¶주부들은 설탕을 ～하기 시작했다 | 主妇们开始囤积白糖。참고〔奇qí货可居〕〔霸bà-〕

매정하다 혱【无情】wúqíng【冷淡】lěngdàn ¶얼음같이 차고 매정한 성미 | 冰冷无情的性情。¶매정하게 거절하다 | 无情地拒绝jùjué。¶그는 ～ 사람 대하는 태도가 아주 ～ | 他待人态度很冷淡。

매제[妹弟] 몡【弟妹】dìmèi【妹夫】dìfu【弟媳妇(儿)】dìxífu(r)

ᴬ**매주**[每週] 몡❶(그 주일 그 주일)【每周】měizhōu【每个星期】měi·ge xīngqī ¶～의 행사 | 每个星期的活动。❷(부사적으로 쓰여)【每周】měizhōu ¶～ 하루는 산에 오른다 | 每周都要登一次山。

ᵇ**매진**[賣盡] 몡하자【卖光】màiguāng【卖完】màiwán【卖清】màiqīng【销售

314

完]xiāoshòuwán【售缺】shòuquē【售
完】shòuwán ¶몽땅 ~되다｜都卖完
了。¶입장권이 ~되었다｜人场券quàn被卖完了。

매진²[邁進] 명하자【迈进】màijìn【迈
往】màiwǎng ¶목표를 향해 ~하다｜
向目标迈进。¶사업에 ~하다｜向着
事业迈进。

매질 명하자 ❶ (채찍질)【抽打】chōu-
dǎ【鞭打】biāndǎ ¶채찍으로 ~하여
온몸에 상처투성이다｜用鞭子抽打得
全身有伤口。¶~이라는 학대를
받았다｜受了鞭打的虐nüè待。❷
(비평)【批评】pīpíng【鞭策】biāncè
【指教】zhǐjiào ¶늘 스스로에게 ~하
다｜时时鞭策自己。¶많은 ~을 바
랍니다｜希望多多指教。 참고〔殴打〕
〔打〕〔揍〕

매체[媒體] 명【媒体】méitǐ【介质】jiè-
zhì【媒介】méijiè【媒质】méizhì【介
体】jiètǐ【媒介物】méijièwù ¶공기는
소리를 전달하는 ~이다｜空气是传
播声音的媒介。¶신문은 보도의 ~
이다｜报纸是报导的媒介。¶선전 ~
｜宣传xuānchuán媒介。

매춘[賣春] 명하자【卖淫】màiyín ¶~
부｜卖淫妇。¶~에 종사하다｜从事
卖淫。

매출[賣出] 명【卖出】màichū【销售】xi-
āoshòu【销卖】xiāomài【消售】xiāo-
shòu【推售】tuīshòu ¶~ 원가｜销售
成本。¶~량｜销售量。 참고〔推销〕

매치[match] 명 ❶ (조화)【相配】xi-
āngpèi ¶그 두 사람은 매우 ~가 잘된
다｜他们俩相配。❷ (시합)【竞赛】jì-
ngsài【比赛】bǐsài ¶자동차 ~｜汽车
竞赛。¶~를 진행하다｜进行比赛。

매콤하나 형【梢辣】shāola【辣丝丝】làs-
īsī ¶매콤한 김치찌개｜辣丝丝的泡
菜汤。

매크로[macro] 관【巨大】jùdà【极厚】jí-
íhòu【宏观】hóngguān ¶~ 경제 정책
｜宏观经济政策。¶~ 분석｜宏观分
析。¶~ 경제학｜宏观经济学。

매크로 기능[macro 機能;macro func-
tion] 명〈電算〉【宏功能】hōng gōng-
éng

매큼하다 동【有辣味】yǒulàwèi
매킨토시[Macintosh] 명〈商標〉【麦金

塔】Màijīntǎ

매트[mat] 명【地席】dìxí【席子】xí·zi
【垫子】shū·zi ¶~에 구멍이 하나 났
다｜席子上破了一个洞dòng。

매트리스[mattress] 명【褥垫】rùdiàn
【床垫】chuángdiàn

매파[媒婆] 명【媒婆】méipó ¶~를 놓
아서 혼사를 성사시키다｜托媒婆使
婚事办成。

매표[賣票] 명하자【卖票】màipiào【售
票】shòupiào ¶~원｜售票员。¶~
구｜售票口。

매표소[賣票所] 명【售票处】shòupiào-
chù ¶극장 ~ 앞에는 많은 사람들이
장사진을 치고 있다｜剧场的售票处
前, 很多人排成长长的列队。

매한가지 부【一样】yíyàng【同样】tó-
ngyàng【相同】xiāngtóng ¶잘못한 것
는 너나 나나 ~이다｜谁做错了事, 我我
都一样。¶~ 사건이지만 각각의 견
해가 있다｜同样一件事, 各有各的看
法。¶이 문장 두 편은 구조가 ~다｜
这两篇文章结构相同。

매형[妹兄] 명【姐夫】jiě·fu【姐婿】jiěx-
ù【姐丈】jiězhàng

매혹[魅惑] 명하자【着迷】zhāomí【迷
住】mízhù【醉心】zuìxīn【陶醉】táozuì
¶그는 물리학 연구에 ~되어 있다｜
他醉心于物理学研究。¶그는 줄곧
서예에 ~되어 있다｜他一向醉心于
书法。¶아름다운 선율에 ~되다｜
被优美yōuměi的旋律xuánlǜ所陶醉。

매혹적[魅惑的] 관【迷人】mírén ¶
~인 눈매｜迷人的眼神。

매화[梅花] 명〈植〉❶【梅花】méihuā
¶물~｜梅花草。❷【梅花树】méihu-
āshù

맥[脈] 명 ❶ (맥박)【脉】mài【脉搏】m-
àibó ¶진~하다｜诊脉。¶~을 짚
다｜号脉。❷ (광맥)【脉】mài ¶산~
｜山脉。¶광~｜矿脉。❸ (혈맥)
【脉】mài【每回】měihuí ¶동~｜动
脉。¶정~｜静每回。❹ (기운·힘)
【劲儿】jìnr【力气】lìqì ¶~이 빠지다
｜没有了力气。❺ (풍격)【风格】fē-
nggé ¶서도 민요의 ~을 잇다｜继承
jìchéng 西道 민요mínyáo的风格。 참
고〔脉道〕〔脉息〕

315

맥도날드[Mcdonalds] 圕〈商標〉【麦当劳】Màidāngláo

맥락[脈絡] 圕 ❶【医】【脉络】màiluò ¶인체의 전신에는 모두 ~이 분포되어 있다 | 人体全身都有脉络分布。❷(연결)【脉络】màiluò 【连系】liánxì ¶이 논문은 구성이 치밀해서, ~이 분명하다 | 这篇论文结构严谨yánjǐn, 脉络分明。¶글의 ~을 통하지 않는 다 | 文章的脉络不贯通guàntōng。

맥박[脈搏] 圕 ❶【医】【脉搏】màibó 【脉息】màixī ¶~이 일정하지 않다 | 脉搏不定。¶그녀의 ~은 매분 1백 회이다 | 她的脉搏每分钟zhōng跳一百次。❷[脉]【脉道】màidào

맥빠지다 圄【泄气】xièqì 【灰心丧气】huī xīn sàng qì ¶여러분 맥빠지게 하지 말고 다시 한 번 힘을 내봅시다! | 大家再加把劲jìn儿, 别泄气! ¶낙방의 소식을 듣고, 맥빠진 걸음으로 돌아왔다 | 听到落榜luòbǎng的消息以后, 灰心丧气地回来了。(참고)〔冯xiè气〕〔没有劲儿〕〔软了〕

맥없다圕【无精打采】wú jīng dǎ cǎi 【无力】wúlì 【没劲】méijìn 【萎靡】wěimǐ ¶그가 맥없이 땅바닥에 앉아 있다 | 他无精打采地坐在地上。¶사지에 맥이 없다 | 四肢无力。(참고)〔没精打采〕〔委靡〕〔冯xiè气〕

맥없이 圖【无精打采地】wú jīng dǎ cǎi·de 【没劲地】méijìn·de 【无力地】wúlì·de 【萎靡地】wěimǐ·de ¶허탈감에 빠져 ~주저앉다 | 陷xiàn入虚脱感x-ūtuōgǎn, 而无力地瘫坐了下来。

맥을 못 추다[관용]【使不上劲儿】shǐbúshàngjìnr 【眼开】yǎnkāi ¶맥 못추고 무너지다 | 使不上劲儿就那么垮kuǎ了。¶돈이라면 맥을 못춘다 | 见钱眼开。

^A**맥주**[麥酒] 圕【啤酒】píjiǔ ¶생~ | 生啤酒。¶흑~ | 黑啤酒。¶~병 | 啤酒瓶。(참고)〔皮pí酒〕〔麦màijiǔ〕

맨¹[man] 圕【男的】nán·de 【男人】nánrén (참고)〔女人〕

맨²【最】zuì【第一】dìyī ¶~아래 | 最下边。¶~앞 | 最前边。¶~처음 | 最先。

맨³관【都】dōu【都是】dōushì【全是】quánshì ¶전해 오는 것은 ~ 희소식뿐

이다 | 传来的都是喜迅xùn。¶온 산이 ~철쭉으로 물들였다 | 满山都开满了山踯躅zhízhú。

맨⁴[净]jìng [光]guāng ¶~바닥 | 光地。¶~살 | 净肉。

맨 나중 圕【最后】zuìhòu ¶그는 기다렸다 ~에 갔다 | 他等到最后才走。¶~에 퇴근하다 | 最后下班。

^C**맨눈** 圕【肉眼】ròuyǎn ¶~으로는 세균이 보이지 않는다 | 肉眼看不见细菌xì-jūn。

맨땅 圕【生地】shēngdì【地】dì【生荒】shēnghuāng【生荒地】shēnghuāngdì ¶~에 주저앉다 | 坐到地上。(참고)〔地面〕〔光地〕

^C**맨몸** 圕 ❶(알몸)【光着身子】guāngzhe shēn·zi ¶~으로 헤엄치는 아이들 | 光着身子游泳yóuyǒng的孩子们。❷(빈 몸)【空身】kōngshēn (r)【光屁股】guāngpì·gu【空身儿】kōngshēnr ¶짐은 남에게 맡기고 ~으로 걸어가다 | 把行李托tuō给别人, 空身走路。(참고)〔空人儿〕〔空身儿〕

맨발 圕【赤脚】chìjiǎo【赤足】chìzú【光脚】guāngjiǎo ¶~로 걷다 | 赤着脚走路。¶~을 드러내다 | 打赤足。¶~로 달려 나와 반기다 | 光着脚跑出来迎接yíngjiē。

^B**맨손** 圕 ❶(손에 아무것도 갖지 않음)【徒手】túshǒu【赤手】chìshǒu【白手】báishǒu ¶전선을 ~으로 만지다 | 用徒tú手摸mō电线。¶~으로 격투하다 | 赤手搏bó斗。¶그는 ~으로 강도를 처치하였다 | 他赤手对付了强盗qiángdào。❷(빈손)【空手】kōngshǒu【赤手】chìshǒu ¶오랜만에 들르면서 어떻게 ~으로 들어가나? | 好久才去怎么能空手进去呢? ¶~으로 왔다 | 空着手来。

맨입 圕 ❶(아무 것도 먹지 않은 상태)【空口】kōngkǒu ¶~으로 먹다 | 空口吃。❷(공짜)【白嘴儿】báizuǐr ¶~으로 먹다 | 白嘴儿吃。

^C**맨주먹** 圕【赤手空拳】chì shǒu kōng quán【手无寸铁】shǒu wú cùn tiě【空拳】kōngquán【白手】báishǒu ¶무동은 ~으로 호랑이 한 마리를 때려 잡았다 | 武松Wǔsōng赤手空拳打死了一只zhī老虎。¶~으로 맹수와 맞서다 |

赤手空拳跟猛兽搏斗。¶~으로 일으킨 사업 | 白手起家的事业。〔참고〕〔素手〕

맨처음 뗑 【最初】zuìchū 【最先】zuìxiān 【破天荒】pòtiānhuāng 【第一次】dìyīcì 【头一次】tóuyīcì ¶~의 상황 | 最初的情况。¶그는 ~에는 이발사였으나 나중에 교사가 되었다 | 他最初是理发师fàshī, 后来当了教师。

ᶜ**맴돌다** 동 【打转(儿)】dǎzhuàn(r) 【盘旋】pánxuán 【回旋】huíxuán 【旋绕】xuánrào ¶그가 한 말이 여전히 나의 머릿속에 맴돌고 있다 | 他讲的话老是在我脑子里打转。¶이 일은 내 머리 속에서 한참을 맴돌았다 | 这件事在我脑子里盘旋了好久。¶노랫 소리가 ~ | 歌声旋绕。〔참고〕〔打转(儿)〕〔打旋儿〕

ᴮ**맴맴** 뗑 【知了知了】zhīliǎo zhīliǎo

ᴬ**맵다** 혱 ❶ (맛이) 【辣】là 시고 달고 쓰고 맵고 짠 맛 | 酸甜苦suāntiánkǔ辣咸xián。 ¶그는 매울 때는 땀을 곧 흘린다 | 辣得他直出汗hàn。❷ (혹독하다) 【厉害】lì·hai 【刺骨】cìgǔ 【狠毒】hěndú 【凶狠】xiōnghěn 【毒辣】dúlà 【嘴尖】zuǐjiān 【尖刻】jiānkè ¶바람이 정말 ~ | 风可是厉害。 ¶살을 에는 듯한 매운 날씨 | 刺骨的寒冷冬天气。〔참고〕〔利害〕

맵시 뗑 【美姿】měizī 【样式】yàngshì 【样儿】yàngr 【美观】měiguān 【好看】hǎokàn 【打扮】dǎ·ban ¶옷~ | 衣服样式。 ¶한복 차림의 ~가 한결 돋보인다 | 韩服装的打扮格外显xiǎn眼。¶아무렇게나 써도 ~ 있는 글씨 | 随便怎么写也是好看的字。

ᴮ**맷돌** 뗑 【石磨】shímò

ᶜ**맹꽁이** 뗑 ❶(動) 【狭口蛙】xiákǒuwā ❷ (사람에 비유) 【笨蛋】bèndàn 【肉头】ròutóu

맹랑하다 〔孟浪−〕 혱 ❶ (허망하다) 【荒唐】huāng·táng 【虚妄】xūwàng 【荒谬】huāngmiù 【不着边际】bùzhuóbiānjì ¶맹랑한 이야기 | 虚妄的故事。¶이런 관점은 너무나 ~ | 这种观点太荒谬了。❷ (허술하게 볼 수 없다) 【为难】wéinán 【难办】nánbàn 【伶俐】línglì 【难堪】nánkān ¶맹랑한 일 | 为难的事。¶맹랑한 아이 | 伶俐

의 孩子。

ᶜ**맹렬** 【猛烈】 뗑하혱 【猛烈】měngliè ¶~한 투쟁을 벌이다 | 进行猛烈的斗争zhēng。¶~한 포화 | 猛烈的炮火pàohuǒ。¶~한 반격 | 猛烈的反击fǎnjī。

맹목 〔盲目〕 뗑 【盲目】mángmù ¶~적 숭배 | 盲目崇拜chóngbài。¶~적 구매 | 盲目购买gòumǎi。¶~적인 사랑 | 盲目的爱。

맹물 뗑 【白水】báishuǐ 【清水】qīngshuǐ ¶나는 여름을 ~ 마시기를 좋아한다 | 夏天我喜欢喝白水。

ᶜ**맹세** 〔盟誓〕 뗑하자타 【誓言】shìyán 【起誓】qǐshì 【发誓】fāshì 【盟誓】méngshì 【誓约】shìyuē ¶지금 당장 네 앞에서 ~ 할께 | 现在站在你面前起誓。 ¶~ 컨데 이 물건은 내가 훔친 것이 아닙니다 | 这东西不是我偷tōu的, 我敢起誓。 ¶의형제 맺을 것을 ~하다 | 盟誓结为义兄弟。¶~를 지키다 | 信守誓约。〔참고〕〔誓词〕〔赌誓〕【明誓】〔誓师〕

맹세코 뿐 【发誓】fāshì ¶~ 다시는 너를 찾지 않겠다 | (我)发誓不会再找zhǎo。

ᶜ**맹수** 〔猛獸〕 뗑 【猛兽】měngshòu ¶지혜로 ~를 잡다 | 智获zhìhuò猛兽。

맹신 〔盲信〕 뗑하타 【盲目相信】mángmù xiāngxìn 【迷信】míxìn ¶종말론을 ~하다 | 盲目相信末世论。¶그는 언제나 한의를 ~한다 | 他一向迷信韩医。

맹아 〔萌芽〕 뗑 【萌芽】méngyá ¶~ 상태에 있다 | 处于萌芽状态。¶문명의 ~ | 文明的萌芽。〔참고〕〔萌芽〕

맹아 〔盲啞〕 뗑 【盲哑】mángyǎ ¶~학교 | 盲哑学校。

ᶜ**맹인** 〔盲人〕 뗑 【盲人】mángrén 【瞎子】xiā·zi

ᶜ**맹장** 〔盲腸〕 뗑〔生理〕 【盲肠】mángcháng ¶~염 | 盲肠炎。

맹점 〔盲點〕 뗑 【盲点】mángdiǎn 【盲斑】mángbān 【漏洞】lòudòng 【盲点】xūdiǎn ¶~투성이 | 漏洞百bǎi出。 ¶법의 ~을 이용하다 | 钻法律漏洞。

맹종 〔盲從〕 뗑하자타 【盲从】mángcóng ¶다른 사람을 ~해서는 안된다 |

不要盲从别人。 ¶~은 굴복보다도 ^머리¹ 몡 ❶〈生理〉(신체의) 【头】tóu
못하다 | 盲从还不如屈服qūfú. 　　　　【脑袋】nǎo·dai ¶~ 꼭대기 | 头顶
맹훈련〔猛訓練〕몡하터 【紧张的训练】j- 　　| ~를 가로 젓다 | 摇头. ¶~를 들
ǐnzhāng·de xùnliàn 【猛训练】měngx- 　　다 | 抬头. ¶~가 아프다 | 头痛. ❷
ùnliàn ¶결승을 앞두고 ~하다 | 面临 　　(머리털) 【头发】tóu·fa 【辫子】biàn·
决赛猛训练. 　　zi ¶~가 성기다 | 头发稀少xīshǎo.

^**맺다** 통 ❶(열매·꽃을) 【结】jié ¶나무 　　¶~가 희다 | 头发白了. ¶~를 길
가 열매를 ~ | 树结利了果实. ¶꽃망 　　게 땋다 | 扎zā长辫子. ¶~를 빡빡
울을 ~ | 结花蕾huālěi. ❷ (관계를) 　　깎다 | 削(光)头. ❸ (두뇌) 【脑筋】n-
【建立】jiànlì 【订】dìng 【缔结】dìjié 【签 　　ǎojīn 【头脑】tóunǎo 【脑子】nǎo·zi ¶
订】qiāndìng 【结】jié ¶외교 관계를 ~ 　　너 ~를 좀 써라 | 你动脑筋. ¶이
| 建立外交关系. ¶국교를 ~ | 缔结 　　사람은 아주 ~가 좋다 | 这个人很有
邦交bāngjiāo. ¶동맹 관계를 ~ | 缔 　　头脑. ¶~가 나쁘다 | 头脑简单. ¶
结同盟关系. ¶의형제를 ~ | 结义兄 　　~가 총명하다 | 头脑聪明. ❹(끝·
弟yìxiōngdì. ❸ (끝을) 【结束】jiéshù 　　꼭대기·두목) 【头】tóu 【上端】shà-
¶일의 끝을 ~ | 结束工作. 참고 　　ngduān 【头儿】tóur ¶뱃~ | 船头.
〔织〕【缔订】dìng〔签定】dìng〔签约yu- 　　¶구성원의 ~가 되다 | 成为组织zǔ-
ē〕【结尾】 　　zhī成员的头儿. ❺ (시작) 【头儿】tó-

^**맺히다** 통 ❶ (원한이) 【郁结】yùjié ¶ 　　ur 【开端】kāiduān ¶말~ | 话头儿.
한이 ~ | 结了恨hèn. ❷ (열매가) 　　¶책의 첫~에 글을 쓰다 | 在书的开
【结】jié ¶사과나무에 열매가 ~ | 苹 　　题problems写字. ¶~도 꼬리 끝도 없이 늘
果树上结了果实. ❸ (눈물·이슬 등 　　어놓는 넋두리 | 没头没尾地唠叨lǎod-
이) 【结】jié 【凝结】níngjié 【凝聚】ní- 　　āo个不停. 참고〔脑袋息(子)〕〔脑瓜
ngjù ¶얼굴에 땀방울이 ~ | 脸上结 　　(儿)〕〔脑瓜子〕〔首〕〔脑际〕〔前部〕〔开
了汗珠. ¶거미줄에 이슬이 ~ | 蜘 　　头〕〔起端〕〔起始〕〔起首〕
蛛网zhīzhūwǎng上聚着露珠lùzhū. 　　**머리띠** 몡 【发箍】fāgū 【发带】fàdài
❹ (매듭이) 【结】jié ¶맺인 매듭을 끊 　　**머리를 굴리다** 〔관용〕 【开动脑筋】kāidò-
어서 풀다 | 把死结弄断了再解. 　　ng nǎojīn

머 데 【什么】shén·me ¶~ 어쨌다고? 　　**머리말** 몡 ❶ (책 페이지의 머리) 【页
| 什么, 怎么了? 　　眉】yèméi ❷【绪言】xùyán 【导言】dǎ-

^B**머금다** 통 ❶ (입 안에) 【含】hán ¶술 　　oyán 【序言】xùyán 【叙言】xùyán 【前
한 모금 입에 ~ | 含着一口水. ¶입 　　言】qiányán 【卷头言】juàntóuyán 【绪
가에 웃음을 머금고 바라보다 | 含笑 　　序】xù ¶~에서 몇 가지 설명을 하다
望着. ❷ (눈에) 【噙】qín ¶눈에 눈 　　| 绪言中作了几点说明. ¶~을 쓰다
물을 머금고 있다 | 眼眶yǎnkuàng里 　　| 作一篇piān序. 참고〔叙xù〕〔跋b-
噙着眼泪yǎnlèi. ❸ (함유하다) 【含】 　　á〕〔绪论〕〔引语〕〔引文〕
hán 【挂】guà ¶수줍음을 머금은 앳된 　　^C**머리맡** 몡 【枕头边】zhěn·tou biān 【枕
모습 | 含羞xiū的天真模样. ¶이슬 　　边】zhěnbiān ¶시계를 ~에 두다 | 把
을 머금은 꽃잎 | 含露珠的花 　　表放在枕头边.
瓣. ❹ (마음에) 【饮】yǐn 【怀】huái 　　**머리채** 몡 【辫子】biàn·zi ¶윤기 있는
【含】hán ¶원한을 머금고 죽다 | 含冤 　　치렁치렁한 ~ | 光润的摇сhgyáoyè的
而死. 참고〔怀着〕 　　辫子.

^C**머나멀다** 형 【遥远】yáoyuǎn 【漫长】mà- 　　^B**머리카락** 몡 【头发】tóu·fa 【毛发】máof-
ncháng ¶~ 하늘 가 | 遥远的天边. 　　à ¶~ 한 올을 뽑다 | 拔掉白头发. ¶~
¶~ 곳 | 遥远的地方. ¶~ 이국땅 　　이 성기다 | 头发稀少xīshǎo.
| 遥远的异国他乡. ¶~ 세월 | 漫长 　　^B**머리털** ☞ 머리카락
的岁月. 　　^B**머리통** 몡 【脑袋瓜儿】nǎodàiguār 【脑

머루 〈植〉 【紫葛】zǐgé 【山葡萄】shā- 　　壳】nǎoké 【脑瓜瓢儿】nǎoguāpiáor
npú·tao 【野葡萄】yěpú·tao 　　【脑瓜儿】nǎoguār ¶~이 크다 | 脑瓜

儿大。

ᴮ머리핀 명 【发夹】fàjiā 【发卡】fàqiǎ

ᶜ머릿수건 명 【头巾】tóujīn 【包头布】bāotóubù 【包巾】bāojīn 【缠头】chántóu

ᴮ머무르다 통 ❶ (그대로 있다·유숙하다) 【停】tíng 【停留】tíngliú 【留】liú 【逗留】dòuliú 【滞留】zhìliú 【住】zhù ¶여기서 머무를 수 없으니 빨리 떠나야 한다 | 在这里停不得, 要赶gǎn快走。¶나는 북경에서 5일을 머물렀다 | 我在北京住了五天。¶그들은 미국에서 삼일간 머물렀다 | 他们在美国停留了三天。¶북경에 머물고 있다 | 逗留在北京。¶그는 외국에 장기간 머무른다 | 他长期滞留国外。❷ (어떤 범위에 한정되다) 【停留】tíngliú ¶생산이 지금의 수준에 머물러서는 안된다 | 生产不能停留在目前的水平上。¶계획에만 머무르지 않고 실천으로 옮기다 | 不仅jǐn仅停留在计划上, 而付诸fùzhū于实践shíjiàn。

ᴮ머뭇거리다 통 【踌躇】chóuchú 【犹豫不决】yóuyù bùjué ¶한참 동안이나 머뭇거리다가 결국 직언하려다 | 踌躇了半天, 终于直说了。¶머뭇거리며 앞으로 나가지 못하다 | 踌躇不前。 (참고)〔蒋仁〕〔畏畏缩缩〕

머슴 명 【长工】chánggōng 【雇农】gùnóng 【雇工】gùgōng ¶~살이를 하다 | 打长工。¶오래된 ~ | 老长工。 (참고)〔长活〕〔长年〕〔短工〕〔揽lǎn工〕〔月工〕〔零líng工〕

머쓱하다 형 ❶ (키가 크다) 【傻大个儿】shǎdàgèr ¶키만 머쓱한 사람 | 傻大个儿。❷ (열없고 기가 죽다) 【难为情】nánwéiqíng ¶머쓱하여 머리를 긁적이다 | 难为情地搔head。

머플러 명 (muffler) 【围巾】wéijīn ¶~를 두르다 | 围围巾/打围巾。 (참고)〔围脖儿〕〔领ng巾〕

ᴮ먹 명 【墨】mò ¶~ 한 자루 | 一块墨/一锭dìng墨。 (참고)〔墨水(儿)〕〔松sōng滋候〕〔墨汁〕

먹구름 명 【黑云】hēiyún 【乌云】wūyún ¶하늘 가득한 ~ | 满天乌云。¶~이 몰려오다 | 乌云翻滚gǔn。¶하늘에 ~이 뒤덮이다 | 乌云密布mìbù。

먹는 데는 개도 안 때린다 관용 【举手不打吃食狗】jǔshǒu bùdǎ chīshígǒu

ᴬ먹다¹ 통 ❶ (음식을) 【吃】chī 【喝】hē 【食】shí 【用】yòng 【服】fú ¶밥을 ~ | 吃饭。¶큰 공기로 ~ | 吃大碗wǎn。¶죽을 ~ | 喝粥zhōu。¶먹으세요 | 请用! 请用! ¶독약을 먹고 자살하다 | 服毒自杀。❷ (남의 것을) 【吞并】tūnbìng 【并吞】bìngtūn 【吸吞】xītūn 【贪污】tānwū ¶남의 집·토지·재산을 ~ | 吞并人家的房地产。¶공금을 ~ | 吃公款kuǎn。❸ (담배·연기 등을 빨아들이다) 【吸】xī 【吸进】xījìn ¶담배를 ~ | 吸烟。¶탈지면은 물을 먹는다 | 药棉yàomián吸水。❹ (경기 등에서 상대방을) 【吃】chī ¶바둑에서) 알 하나를 따~ | 吃一个子儿。¶장군을 부르고 나서 포를 ~ | 将了一军, 吃了炮pào。❺ (점수를 얻다) 【取得】qǔdé ¶달리기에서 일등을 ~ | 赛跑sàipǎo得了第一名。❻ (마음을) 【怀】huái ¶앙심을 ~ | 怀恨hèn在心。¶겁을 ~ | 胆怯。❼ (나이를) 【长】zhǎng ¶두 살 ~ | (长了)两岁。¶새해가 되면 한 살 더 먹는다 | 到了新年又长得一岁。❽ (점수를 잃다) 【输】shū ¶시합에서 한 점 ~ | 比赛输了一分。❾ (욕·꾸지람을) 【挨】āi 【受】shòu ¶욕을 ~ | 挨骂。❿ (상금·이익을) 【得】dé ¶남은 이익의 4는 네가 먹고 6은 내가 먹기로 하자 | 剩下的利头你得四成, 我得六成。

ᴬ먹다² 통 ❶ (도구가 제 기능을 발휘하다) 【使】shǐ ¶칼이 잘 ~ | 刀很快hěn kuài。¶대패가 잘 ~ | 刨bào·zi很快。¶톱이 잘 ~ | 锯jù很快。❷ (벌레 등이) 【蛀】zhù ¶벌레 먹은 사과 | 被虫蛀了的苹果。❸ (물자·돈 등이 쓰이다) 【需要】xūyào 【费】fèi ¶기가 치는 기름을 많이 먹는다 | 这个车费油。❹ (물감·화장 등이 잘 되다) 【吃】chī 【上】shàng ¶물감이 잘 ~ | 染料rǎnliào吃得好。¶화장이 잘 ~ | 上妆。

먹다³ 통 【聋】lóng ¶귀가 ~ | 耳朵ěrduǒ聋。

먹다⁴ 조동 ❶ (用于部分动词和形容词 "一아/一어" "一여" 形后表示) 【掉】diào 【编】biān ¶약속을 잊어 ~ | 忘掉了约会。¶놀려 ~ | 玩儿个编。❷ 【好】hǎo 【成】chéng 【住】zhù ¶정말

이 짓도 못해 먹겠다 | 这个事实没法
做成.

^c**먹물** 閏【墨汁】mòzhī

^B**먹보** 閏【贪吃的人】tānchī·de rén【大
肚皮】dàdùpí【能吃的人】néngchī·de
rén

먹성 閏【胃口】wèi·kǒu ¶~이 한창 때
인 아이들 | 正是能吃(时候)的孩子.
(참고)〖择嘴〗〖饭量〗

먹어대다 图【猛吃】měngchī ¶아귀처
럼 ~ | 像饿鬼guǐ似的shì·de猛吃.

먹음직스럽다 휑【看着好吃】kàn·zhe
hǎochī ¶식탁의 음식들이 먹음직스
러워 보인다 | 饭桌上的料理看着好
吃.

^B**먹이** 閏【饲料】sìliào【食物】shíwù【吃
食】chīshí ¶돼지 ~ | 猪饲料. ¶~
가 떨어지다 | 吃食断了. (참고)〖喂wè-
i料〗

^B**먹이다** 图❶ (사육하다)【喂养】wèiyǎ-
ng【养】yǎng【饲养】sìyǎng ¶소를 ~
| 养牛. ¶이 소는 잘 먹여야 한다 |
这头牛要好好饲养. ❷ (음식을)
【喂】wèi【喂活】yǎnghuó ¶밥을 ~ |
喂饭. ¶젖을 ~ | 喂奶nǎi. ❸ (뇌
물을)【行】xíng ¶돈(뇌물)을 ~ | 行
贿xínghuì. ❹ (접·욕을)【受】shòu
【挨】āi ¶욕을 ~ | 使人受辱rénshù-
ðurǔ/使(其)挨骂. ❺ (풀·기름 등
을)【上】shàng【抹】mǒ【给】gěi ¶장
판에 들기름을 ~ | 往炕面上上苏子
油sū·zǐyóu. ¶풀을 ~ | 抹糨糊jiàn-
ghú. ❻ (비용이 들다)【花】huā ¶집
수리에 많은 돈을 ~ | 装修zhuā-
ngxiū房子花了不少钱. ❼ (때리다)
【打】dǎ【给】gěi【揍】zòu ¶주먹으로
한 대 ~ | 一拳quán.

먹이 사슬 閏【食物链】shíwùliàn【营养
链】yíngyǎngliàn

먹칠 閏[하자]❶ (먹으로 칠을 하다)【涂
墨】túmò ❷ (명예를 더럽히다)【辱
墨】rǔmò ¶가문에 ~하다 | 辱没
门风.

^B**먹히다** 图❶ (먹음을 당하다)【被吃】b-
èichī ¶이것은 먹느냐 먹히느냐의 싸
움이다 | 这是被吃或被吃的. ¶새우가 고래에게 ~ | 虾被鲸鱼xiābèi-
jīngyú吃掉. ❷ (먹게 되다)【吃】chī
【想吃】xiǎngchī【想喝】xiǎnghē ¶시

장한 참이라 밥이 많이 먹히는구나 |
正好肚子饿bà了, 饭就吃得多了. ❸
(재료·노력·돈 등이 들다)【花】huā
¶이것을 장만하는 데 돈이 꽤나 많이
먹혔다 | 准备这个花了不少钱. ❹
(받아들여지다)【接受】jiēshòu ¶말
이 먹혀 들다 | 所说的话被接受. ❺
(화장품이 얼굴에)【吸收】xīshōu ¶
얼굴에 화장이 잘 먹히지 않는다 | 皮
肤不大吸收化妆品.

먼길 閏【远路】yuǎnlù【征途】zhēngtú
【远门】yuǎnmén【长途】chángtú ¶~
오시느라고 고생하셨소 | 路上辛苦
了. ¶~을 떠나다 | 出一趟tàng远
门. (참고)〖出远儿门〗

먼데 閏【远方】yuǎnfāng【远处】yuǎ-
nchù ¶~서 온 손님 | 远方的来客.
¶그는 ~를 가보고 싶어한다 | 他想
去远处走走.

^c**먼동** 閏【黎明的东方】líming·de dōng-
fang【破晓时分的东方天边】pòxiǎo
shífèn·de dōng·fang tiān·biān ¶~
이 트다 | 东方发亮.

먼발치 閏【稍远的地方】shāoyuǎn·de
dì·fang ¶~에서 바라보다 | 在稍远
的地方观望.

^A**먼저** 閏❶ (순서상에서)【先】xiān【首
先】shǒuxiān【率先】shuàixiān【领先】
lǐngxiān【优先】yōuxiān ¶네가 ~ 읽
어라 | 你先读dú. ¶그는 제일 ~ 들
어와 골인 지점에 도달했다 | 他率先
跑到了终点. ¶시합이 시작된 후에
중국팀이 ~ 선취골을 올렸다 | 开赛
之后, 中国队领先得分. ¶노인·임산
부·어린이를 ~해야 한다 | 对老年人,
孕妇yùnfù, 小孩要优先. ❷ (원래의)
【原来】yuánlái ¶~의 자리로 되돌아
가다 | 回原来的座位去了.

^A**먼지** 閏【尘埃】chén'āi【灰尘】huīchén
【尘土】chéntǔ【灰】huī ¶~가 일다 |
尘土飞扬fēiyáng. ¶묻은 문은 ~를
털어내다 | 拍pāi了拍身上的尘土.

멀거니 뷔【呆呆地】dāidāi·de ¶넋나
간 사람처럼 ~ 창 밖을 바라보다 | 他
丢了魂似的shì·de, 呆呆地望着窗chu-
āng外.

^A**멀다**[1] 图【失明】shīmíng【失目】shīmù
【眼瞎】yǎnxiā ¶두 눈이 ~ | 双目失
明. ¶이 분은 눈은 멀었지만 마음은

멀지 않아서, 아주 눈치가 빠르군요! | 这位先生眼睛心不瞎, 他那个心呀, 可灵líng得很呢!

ᴬ**멀다**² 혱 ❶ (거리가) 【远】yuǎn【遥远】yáoyuǎn ¶길이 ~ | 路远. ¶걸어가기엔 너무 ~ | 走着去, 那就太远了. ¶아득히 먼 곳 | 遥远的地方. ¶먼 나라 | 遥远的国家. ❷ (시간이) 【遥远】yáoyuǎn【久远】jiǔyuǎn【早】zǎo ¶먼 옛날 | 很久以前. ¶멀지않은 장래의 일 | 不远的将来的事. ¶장가 가려면 아직 멀었다 | 娶媳妇儿还早着呢. ❸ (관계가) 【疏远】shūyuǎn【远房】yuǎnfáng ¶먼 친척 | 远亲. ¶촌수가 ~ | 辈分远. ¶그녀는 의도적으로 나와 멀게 되었나 | 她有意疏远我. ¶오랫동안 왕래가 없어 사이가 아주 멀어졌다 | 好久没来往, 有些疏远了. ❹ (정도가) 【差得远】chā·de yuǎn ¶네 솜씨에 비하면 난 아직 멀었어 | 比起你的手艺, 我还差得远呢. ❺ (다르다)【不一样】bùyíyàng ¶환희와는 멀지만 또 다른 감동·跟欢喜不一样, 但又是另外一种感动. 참고〔久〕〔生疏〕〔远支(儿)〕〔还不到〕〔还早〕

멀뚱거리다 동 【直愣愣地站着】zhīlèngléng·de zhàn·zhe ¶문앞에서 멀뚱거리고만 있다 | 在门前直愣愣地站着.

ᴬ**멀리** 튄 【远远地】yuǎnyuǎn·de【遥遥】yáoyáo【远路】yuǎnlù【远】yuǎn【远道】yuǎndào ¶~ 떨어져서 마주 대하고 있다 | 遥遥相对xiāngduì. ¶~돌아가다 | 走远路. ¶앞날을 ~ 내高瞻gāozhān远瞩zhǔ. ¶~서 오신 손님 | 远道来的客人. 참고〔远处〕〔远方〕

ᶜ**멀리하다** 동 【疏远】shūyuǎn【忌】jì ¶사람들을 멀리하고 연구에만 몰두한다 | 疏远人际, 只专心于研究. ¶나쁜 친구를 ~ | 远离坏朋友. ¶술·담배를 ~ | 忌烟.

ᴮ**멀미** 명 【晕】yùn ¶그는 배만 타면 ~를 한다 | 他一坐船就晕. ¶나는 ~를 잘 한다 | 我爱晕. ¶~ 때문에 여행도 마음대로 못한다 | 因为晕车, 所以不能随意去旅行.

ᶜ**멀미나다** 동 【发晕】fāyùn ¶멀미나는 데 먹는 약 | 发晕的时候吃的药.

멀쑥하다 혱 【秀气】xiùqì【清秀】qīngxiù【清俊】qīngjùn【清妍】qīngyán ¶모습이 ~ | 样子秀气. ¶용모가 ~ | 面庞miànmáng清秀. ¶멀쑥하게 생긴 신사 | 长得清秀的绅士shēnshì. 참고〔干净〕

멀어지다 동 ❶ (거리가) 【远】yuǎn【小】xiǎo ¶기적을 울리며 멀어져가는 배 | 鸣míng着汽笛qìdí远去的船. ¶전화 속의 목소리가 점점 멀어지더니 뚝 끊어져 버렸다 | 电话里的声音越来越小, 最后完全断了. ❷ (관계가) 【疏远】shūyuǎn ¶사이가 멀어진 친구 | 疏远的朋友.

멀쩡하다 혱 ❶ (온전하다) 【完整无缺】wánzhěng wúquē【好好儿(的)】hǎohāor(·de)【清晰】qīngxī ¶멀쩡한 옷 | 好好儿的衣服. ¶멀쩡한 정신 | 清晰的精神. ¶멀쩡한 몸으로 꾀병을 앓다니 | 身体好好儿的, 还装zhuāng病. ❷ (뻔뻔스럽다)【煞有介事】shàyǒujièshì ¶멀쩡하게 딴소리를 하다 | 煞有介事地转话题.

ᶜ**멀찍하다** 혱 【远一点】yuǎnyìdiǎn【远远儿】yuǎnyuānr ¶멀찍이 서서 구경하다 | 远远儿地站着观看.

멀티미디어 명 【multi media】多媒体】duōméitǐ

멀티 윈도우 【multi window】 명 〈電算〉【多窗口】duōchuāngkǒu

멀티 태스크 【multi task】 명 〈電算〉【多任务】duōrènwù

ᴬ**멈추다** 동 【停】tíng【停留】tíngliú【停止】tíngzhǐ【停住】tíngzhù【止】zhǐ ¶생산을 ~ | 停产. ¶토론을 ~ | 停止讨论. ¶폭풍우가 멈추었다 | 暴风bàofēng雨停止了. ¶일손을 ~ | 停止工作. ¶걸음을 ~ | 停住脚步. 참고〔住住〕〔煞〕〔阻走〕

멈칫 튄 【顿】dùn【突然停】tūrán tíng ¶그는 잠시 ~하다가 다시 계속해서 말해 나갔다 | 他顿了一下, 又继续说下去. ¶앞서서 가다 ~하더니 走在前头的, 突然停了下来, 不知看见了什么又飞快地跑去.

멈칫거리다 동 【踌躇不前】chóuchú bùqián ¶들어갈까 말까 멈칫거린다 | 是进去还是不进去, 踌躇不前.

321

ᴬ**멋**圄❶ (고상한 운치) 【風度】fēngdù 【高風高节】gāofēnggāojié ¶어딘지 모르게 ~이 풍기는 사람 | 隐然中显 出风度的人。❷ (맵시) 【英姿】yīngzī 【美姿】měizī ¶~이 나다 | 英姿飒爽sà·shuǎng。

ᴮ**멋대로**圄 【随心所欲】suí xīn suǒ yù 【随心所愿】suí xīn suǒ yuàn 【随便】suíbiàn 【任意】rènyì 【任性】rènxìng ¶네 ~ 다 할 수는 없다 | 你不能随心所欲, 想干什么就干什么。¶~ 行动하다 | 随便行动。¶듣고 싶으면 듣고 너 ~ 해라 | 听不听随你的便。¶제 ~ 行动하다 | 任意行动。 참고 〔横héng行〕〔质然〕

멋들어지다圄 【美】měi 【漂亮】piào·liang 【带劲】dàijìn ¶공을 멋들어지게 잘 찬다 | 球打得漂亮。¶고전무를 멋들어지게 추다 | 古典舞跳得真带劲。 참고 〔动人〕〔率〕

멋모르다圄 【不知内情】bùzhī nèiqíng 【不知所以然】bùzhī suǒyǐrán 【不知分寸】bùzhī fēncùn 【什么都不知道】shén·me dōu bùzhī·dao ¶아무 일에나 멋모르고 덤빈다 | 不管什么事情, 不知分寸地乱来。

ᶜ**멋없다**圄 【乏味】fáwèi 【不好看】bùhǎokàn 【没样儿】méiyàngr 【无聊】wúliáo ¶말이 멋이 없다 | 语言乏味。¶멋없는 생활 | 乏味的生活。¶멋없는 행동 | 无聊的行为。

ᴬ**멋있다**圄 【很漂亮】hěn piào·liang 【很帅】hěn shuài 【潇洒】xiāosǎ 【好看】hǎokàn ¶옷차림이 ~ | 服装打扮很漂亮。¶그는 멋있는 人生을 살다 갔다 | 他过了一个潇洒的人生, 后来就离开了人世。¶멋이 있는 表现 | 好看的表现。

ᴮ**멋쟁이**圄 【爱打扮的】àidǎbàn·de 【爱漂亮的】àipiào·liang·de 【有风采的】yǒufēngcǎi·de 【赶时髦的】gǎnshímáo·de ¶그동안에 아주 ~가 됐구나 | 近来你变得很时髦啊。

ᴮ**멋지다**圄 【帅】shuài 【美】měi 【漂亮】piào·liang 【动人】dòngrén 【精彩】jīngcǎi 【有看头】yǒukàn·tou ¶그는 정말 ~ | 他长得很帅。¶멋진 容貌 | 美貌。¶일을 멋지게 잘 처리하다 | 事

情办得漂亮。¶멋진 장면 | 动人的场面。¶멋진 경기 | 精彩的比赛。 참고 〔带劲〕

멋쩍다圄 【无聊】wúliáo 【尴尬】gāngà ¶하는 짓이 ~ | 所作的事情很无聊。¶멋쩍은 표정 | 尴尬的表情。

멍圄❶ (피부에 맺힌 피) 【淤血】yūxuè 【青肿】qīngzhǒng ¶넘어져 무릎을 부딪혀 ~이 들었다 | 摔shuāi得青肿了。❷ (마음속의 상처) 【伤】shāng ¶실연으로 가슴에 ~이 들었다 | 失恋了, 心灵深处受到了创伤。 참고 〔淤血〕

멍게圄 〈动〉【海囊】hǎináng

멍들다圄❶ (멍이 생기다) 【淤血】yūxuè ❷ (일에 문제가 생기다) 【出问题】chūwèntí ¶집안 싸움으로 멍들었다 | 由于家庭纠纷jiūfēn, 出问题了。¶뜻하지 않은 손해로 회사가 크게 멍들었다 | 由于意外的损失sǔnshī, 公司出问题了。

ᴮ**멍멍**圄 【汪汪】wāngwāng 【猁猁】yínyín ¶강아지가 ~ 짖다 | 小狗汪汪地叫。¶개가 미친 듯이 ~ 짖어대다 | 猁猁狂吠kuángfèi。

ᴮ**멍멍하다**圄❶ 【呆呆】dāidāi 【木然】mùrán ❷ 【茫然】mángrán 【发愣】fālèng ¶한동안 멍멍하게 서 있다 | 一时呆地站着。¶멍멍하게 우뚝 서 있다 | 木然呆dāi立。❷ 【耳鸣】ěrmíng 【嗡嗡响】wēngwēng xiǎng ¶귀가 ~ | 耳朵嗡嗡响。

멍석圄 【晒席】shàixí 【草席】cǎoxí ¶~을 깔다 | 铺晒席。

멍에圄❶ (소등의) 【轭】è ¶멍에 | 轭子/轭架jià。❷ (굴레) 【枷锁】jiāsuǒ 【羁绊】jībàn ¶~에서 벗어나다 | 摆脱bǎituō枷锁。¶그들은 가정의 ~에서 벗어났다 | 他们脱出了家庭的羁绊。 참고 〔桎梏zhìgù〕

멍청이圄 【糊涂虫】hú·tuchōng 【笨蛋】bèndàn 【傻瓜】shǎguā 【呆子】dāi·zi 【二百五】èrbǎiwǔ ¶이 멍청한 놈, 이런 사소한 일조차 해내지 못하다니 | 你这个笨蛋, 连这点小事也办bàn不了。¶그는 정말 ~이다 | 他真是个傻瓜。 참고 〔傻大瓜〕〔笨瓜〕〔呆汉〕〔呆人〕

ᶜ**멍청하다**圄 【糊涂】hú·tú 【笨】bèn 【傻】shǎ 【呆】dāi 【愚笨】yúbèn ¶멍

청한 체 하다 | 装糊涂。¶이 아이는
너무 ～ | 这孩子太笨。¶너 정말 멍
청하구나 | 你真呆。¶그보다 더 멍
청한 사람은 없다 | 再没有比他愚笨
的人了。（참고）〔愚蠢 chǔn〕〔愚鲁 lǔ〕

멍청히 ⮰ 【傻呆呆地】shǎdāidāi·de ¶
왜 그렇게 ～ 서있니? | 为什么那么傻
呆呆地站着?

멍하다 ⓕ 【止】zhǐ 【停】tíng 【息】xī 【停
止】tíngzhǐ ¶출혈이 멎지 않다 | 血流
不止。¶비바람이 ～ | 风雨停了。¶
바람이 멎었다 | 风fēng息了。¶심장
의 박동이 ～ | 心脏xīnzàng停止了跳
动。

메가 [mega] ⓟ 【兆】zhào ¶～ 와트 |
兆瓦wǎ。¶～톤(ton) | 兆吨dūn。

메가바이트 [megabyte] ⓝ 〈電算〉【兆
字节】zhàozìjié

메가폰 [megaphone] ⓝ 【话筒】huàtǒ
ng 【传声筒】chuánshēngtǒng 【传话
筒】chuánhuàtǒng 　　　【话筒】huàtǒ
ng 【扩音器】kuòyīnqì 【喇叭筒】lǎ·batǒ
ng

메가헤르츠 [megahertz] 　의량 〈物〉
【兆赫】zhàohè 【兆赫兹】zhàohèzī

메기 [물고기] 【鲇鱼】niányú 【鲇巴郎】
niánbālang 【胡子鱼】hú·ziyú

메꽃 〈植〉【鼓子花】gǔzǐhuā 【旋花】
xuánhuā 【打碗花】dǎwǎnhuā

메뉴 [menu] ⓝ 【菜单】càidān 【食谱】
shípǔ 【菜谱】càipǔ ¶주간의 ～ | 一周
食谱。¶일주일의 ～판 | 菜单儿。

메뉴바 [menu bar] ⓝ 〈電算〉【菜单栏】
càidānlán

메다 ⓕ❶ [막히다] 【噎住】yēzhù ¶그
는 몇 입 먹고 목이 메었다 | 他刚吃了
几口就噎住了。❷ [어깨에] 【挑】tiāo
【担】dān 【背】bēi 【扛】káng ¶쌀 두
포대를 어깨에 ～ | 把两袋dài米扛着

肩jiān上。¶책가방을 (둘러) ～ | 背
着书包。（참고）〔哽 gěng住〕【哽咽】
gěngyàn 〔噎塞sāi〕〔偰〕〔负 fù〕

메달 [medal] ⓝ 【纪念章】jìniànzhāng
【奖章】jiǎngzhāng 【牌】pái 【章】zhā
ng ¶금～ | 金牌。¶기념～ | 纪念
章。

메디슨 [Madison] ⓝ〈地〉【麦迪逊】Mà
idíxùn [미국 "威斯康星Wēisīkāngxīng"
(위스콘신 ; Wisconsin) 주의 주도
(州都)]

메뚜기 ⓝ〈蟲〉【蚱蜢】zhàměng 【飞
蝗】fēihuáng 【蚂蚱】mà·zha ¶철 지
난 ～ | 秋后的蚂蚱。（참고）〔蝗虫〕〔刮
打扁儿〕

메릴랜드 [Maryland ; Md] ⓝ〈地〉【马
里兰】Mǎlǐlán [미국의 주명(州名)。주
도(州都)는 "安纳波利斯Ānnàbōlìsī"
(아나폴리스 ; Annapolis)]

메마르다 ⓗ❶ [땅이] 【贫瘠】pínjí 【瘠
薄】jíbó ¶메마른 토양 | 贫瘠的土壤tǔ·
rǎng。¶메마른 땅을 옥토로 만들다
| 把贫瘠的土地变成沃土。❷ [피부
가] 【干涩】gānsè 【干瘦】gānshòu ¶
메마른 입술 | 干涩的嘴唇。¶늙은이
의 손같이 ～ | 像老人一样干瘦。
❸ [생활이] 【干巴】gānbā 【枯燥】kūzà
o ¶생활이 ～ | 生活枯燥无味。❹
[마음이] 【无情】wúqíng ¶메마른 인
정 | 没有人情。¶메마른 사회 | 冷酷
无情的社会。（참고）〔枯索〕

메모 [memo] ⓝ 【记录】jìlù 【便笺】piá
njiān 【摘要】zhāiyào 【备忘录】bèiwà
nglù ¶상담내용을 ～하다 | 记录谈话

메모리 [memory] ⓝ〈電算〉【内存】nè
icún 【存储器】cúnchǔqì 【存储】cúnchǔ
¶～ 용량 | 存储容量。

메모장 [notepad] ⓝ〈電算〉【记事本】jì
·ishìběn

메밀 〈植〉【荞麦】qiáomài 【乔麦】qiá
omài 【花麦】huāmài 【甜荞麦】tiánqi
áomài ¶～ 가루 | 荞麦面。¶～ 묵 |
荞麦凉粉。

메사추세츠 [Massachusetts ; Mass] ⓝ
〈地〉【马萨诸塞】Mǎsàzhūsài 【麻省】
Máshěng [미국의 주명(州名)。주도
(州都)는 "波士顿Bōshìdùn"(메사추
세츠 ; Massachusetts)]

메스[mess] 몡【手术刀】shǒushùdāo
【解剖刀】jiěpōudāo

메스껍다 囫【恶心】ě·xin ¶作呕】zuò·ǒu ¶속이 좀 ~｜有点恶心. ¶메스껍게 하다｜令 lìng人作呕. 참고 要술

ᶜ메시지[message] 몡【通讯】tōngxùn 【消息】xiāo·xi【音信】yīnxìn【口信】kǒuxìn【情报】qíngbào ¶그녀에게 ~를 전해 주시오｜请给她传个信.

ᴮ메아리 몡【回音】huíyīn【回响】huíxiǎng【回声】huíshēng【回波】huíbō【林响】línxiǎng　【山音(儿)】shānyīn(r) ¶노래 소리가 산골짜기에 ~치다｜歌声在山谷中回响. ¶~가 몇 차례 울리다｜传来几声回声.

ᴮ메우다 동 ❶ (틈·구멍 등을)【填】tián 【填充】tiánchōng【填平】tiánpíng ¶도랑을 평평하게 메웠다｜把沟填平了. ¶구덩이를 ~｜填坑. ¶갈라진 틈을 ~｜填缝儿féngr. ❷ (벌충하다)【弥】mí ¶손실을 ~｜弥补损失. 참고 搭补 补数

메이커[maker] 몡【厂商】chǎngshāng ¶이 ~는 신용과 명성이 믿을만 하고 상품도 빨리 인도한다｜这家厂商信誉yù可靠kào, 交货huò又快. ¶~ 제품｜厂商定牌货dìngpáihuò/厂牌货.

메이크업[make up] 몡【化妆】huàzhuāng【化妆用具】huàzhuāng yòngjù

메인[main] 몡【主要】zhǔyào【主力】zhǔlì ¶~ 뱅크｜主力银行/主要融资róngzī银行. ¶~ 이벤트｜主要比赛项目. 참고 要点

메인 메모리[main memory] 몡〈電算〉【主存储器】zhǔcúnchǔqì

메인 보드[main board] 몡〈電算〉【主板】zhǔbǎn

메일[mail] 몡〈電算〉【邮件】yóujiàn【电子邮件】diànzǐ yóujiàn

메일링 리스트[mailing list] 몡〈電算〉【邮递清单】yóudìqīngdān　【邮件清单】yóujiànqīngdān

메일 소프트[mail software] 몡〈電算〉【邮件程序】yóujiànchéngxù

메일 주소[mail 住所; mail address] 몡〈電算〉【邮件地址】yóujiàndìzhǐ

ᶜ메주 몡【酱引子】jiàngyǐn·zi【豆酱饼】dòujiàngbǐng

ᶜ메추라기 몡〈鳥〉【鹑】chún【鹌鹑】ānchún ¶~ 알｜鹌鹑蛋.

메커니즘[mechanism] 몡【机械】jīxiè ¶~적이다｜机械化. ¶이런 관점은 너무 ~적이다｜这种看法太机械了. 참고 机制 作用 装置 教条

멕시코[Mexico] 몡〈地〉【墨西哥】Mòxīgē [북미남부의 공화국. 수도는 "墨西哥城"(멕시코시티; Mexico City)] ¶~만｜墨西哥湾. ¶~ 만류｜墨西哥湾流. 참고 墨国

멕시코시티[Mexico City] 몡〈地〉【墨西哥城】Mòxīgēchéng ["墨西哥(멕시코; Mexico)의 수도"]

메스[menstruation] 몡〈生理〉【月经】yuèjīng【月事】yuèshì【月水】yuèshuǐ【经血】jīngxuè【血经】xuèjīng【月信】yuèxìn ¶~불순｜月经失调. ¶그녀는 ~중이다｜她大姨妈来了.

멜대 몡【扁担】biǎn·dan ¶~를 메다｜挑tiāo扁担. ¶~를 내려 놓다｜放下扁担. 참고 扁担

멜로드라마[melodrama] 몡【爱情电视剧】àiqíng diànshìjù【情感电视剧】qínggǎn diànshìjù

멜로디[melody] 몡〈音〉【旋律】xuánlǜ ¶아름다운 ~｜优美yōuměi的旋律.

ᶜ멤버[member] 몡【会员】huìyuán【队员】duìyuán ¶정규 ~｜正式会员. ¶~ 교체｜换队员.

ᴮ멧돼지 몡〈動〉【野猪】yězhū【山猪】shānzhū ¶~가 항상 밭을 망쳐 놓는다｜野猪经常糟蹋zāotà粮田liángtián.

—며 어미 ❶ (表示并列) ¶노래도 부르~ 춤도 춘다｜边唱歌, 边跳舞. ❷ (表示动作的连续或兼有) ¶뛰어 나오~ 소리쳤다｜跑出来喊叫.

ᴮ며느리 몡【儿媳妇】érxífù【媳妇】xífù ¶~가 미우면 발뒤축이 달걀 같다고 나무란다｜讨厌tǎoyàn儿媳妇, 怪她的脚后跟像个鸡蛋. ¶조카 ~｜侄zhí媳妇.

며느리 사랑은 시아버지, 사위 사랑은 장모 관용【公公疼儿媳, 岳母疼女婿】gōnggōng téng érxí, yuèmǔ téng nǚxù

ᶜ며칠날【几日】jǐrì【几号】jǐhào ¶너 ~ 가니?｜你几号去?

ᴬ며칠 몡 ❶ (일수)【几天】jǐtiān【有些日

324

子}yǒuxiē rì·zi ¶자네는 북경에서 ~ 머무르는가? | 你在北京住几天? ¶며칠 말미를 얻다 | 请了几天假. ❷ (날짜) 【几日】jǐrì 【几号】jǐhào ¶오늘이 ~이지? | 今天是几号?(참고) 〔多少日子〕

ᶜ면¹[面] 명 ❶ (표면) 【表面】biǎomiàn ¶지구의 표~ | 地球的表面. ¶사물의 외~만 보아서는 안된다 | 不可只看事物的表面. ❷ (국면) 【一面】yīmiàn 【方面】fāngmiàn ¶좋은 ~을 발견하다 | 发现好的一面. ¶사회의 어두운 ~ | 社会的黑暗面. ❸ (지면) 【版】bǎn 【版面】bǎnmiàn ¶제1~ 뉴스 | 头版新闻. ¶제3기의 일~ 상단에 실려 있다 | 编在第三期的第一版上面. ❹ (체면) 【面子】miànzǐ ¶~이 깎이다 | 丢diū面子. ¶내 ~을 봐서라도 참아 주게 | 看在我的面子上请忍一忍. ❺ (겉으로 드러난 평평한 쪽) 【面】miàn ¶해~ | 海面. ¶수~ | 水面. ¶평~ | 平面. ¶여섯~으로 이루어진 입체 | 六面体.

면²[綿] 명 【棉】mián 【棉布】miánbù 【棉花布】miánhuābù 【棉纱】miánshā ¶목~ | 木棉. ¶~直물로 셔츠를 하나 만들었다 | 用棉纱做了一件衬衫chènshān.

면³[麵] 명 【面】miàn ¶냉~ | 冷面.

—면⁴[어미] 【如果】rúguǒ 【假如】jiǎrú 《…的话》…de huà ¶필요하~ 나도 가서 돕겠습니다 | 必要的话, 我也去帮忙. ¶이제 가~ 언제 오려나 | 这回走了什么时候再来.

면구[面灸] 명|하형 【不好意思】bùhǎoyì·si 【难为情】nánwéiqíng 【羞涩】xiūsè ¶이렇게 염려를 끼쳐, 정밀 ···스럽 습니다 | 这样费心feixīn, 真叫人不好意思. (참고) 〔尴尬〕

면담[面談] 명|하자타 【面谈】miàntán 【会谈】huìtán ¶그와 ~하다 | 跟他面谈. ¶~이 매우 성공적이다 | 会谈十分成功.

ᶜ면도[面刀] 명|하자타 【刮脸】guāliǎn 【刮胡子】guā hú·zi ¶그는 매일 ~를 해야 한다 | 他每天都要刮胡子. (참고) 〔修xiū面〕

ᶜ면도기[面刀機] 명 【电动刮胡刀】dià-

ndòng guāhúdāo 【电动胡须刀】diàn-dòng húxūdāo

ᴮ면도날[面刀—] 명 【刮脸刀片】guāliǎn dāopiàn 【保险刀片】bǎoxiǎn dāopiàn

ᴮ면도칼[面刀—] 명 【剃刀】tìdāo ¶~벨트 | 磨刀皮带.

면면하다[綿綿—] 형 【悠久】yōujiǔ 【源源】yuányuán 【绵延】miányán 【绵绵】miánmián 【远远】yuǎnyuǎn ¶면면히 이어 내려온 오천년 역사 | 远远流长的五千年历史. ¶천리에 면면히 이어진 산맥 | 绵延千里的山脉.

면모[面貌] 명 【面目】miànmù 【面貌】miànmào ¶옛 중국의 ~ | 旧中国的面貌. ¶~가 완전히 새로와지다 | 面貌全新. ¶도시의 ~가 일신되다 | 城市的面貌焕然一新. (참고) 〔样子〕

면목[面目] 명 【体面】tǐ·mian 【面目】miànmù 【面子】miàn·zi 【脸】liǎn 【面貌】miànmào ¶~이 없다 | 没有面子/不是面子. ¶무슨 ~으로 그를 만나지? | 有何脸见他呢? ¶만약 임무를 완성하지 못하면 나는 돌아가서 동지들을 볼 ~이 없게 된다 | 要是任务完不成, 我没有脸回去见同志们.

면밀[綿密] 명|하형 【周密】zhōumì 【细致】xìzhì 【绵密】miánmì ¶계획이 주도 ~하다 | 计划周密. ¶~한 계획 | 周密的计划. ¶~히 조사하다 | 进行周密的调查.

면박[面駁] 명|하타 【面驳】miànbó 【当面驳斥】dāngmiàn bóchì 【当面斥责】dāngmiàn chìzé ¶많은 사람들 앞에서 ~을 주다 | 在很多人面前当面驳斥.

면사포[面紗布] 명 【面纱】miànshā 【头纱】tóushā ¶~를 쓰다 | 蒙měng面纱. ¶~를 벗다 | 摘zhāi面纱.

—면서[어미] ❶ (표시动作的同时进行) 【一边…一边】yìbiān…yìbiān 【既又】jì…yòu 【而又】éryòu ¶울~ 이야기하다 | 边哭边说. ¶질감이 부드러우~ 따뜻한 옷감 | 质感柔软而又暖和的衣料. ❷ (表示"对立") ¶건강에 해로운 줄 알~ 담배를 끊을 수 없다 | 明知抽烟有害健康还是戒不了. ¶알~ 모르는 체 한다 | 明知道,却硬装不懂.

ᶜ면세[免税] 명|하타 【免税】miǎnshuì ¶~ 상점 | 免税商场. ¶~ 품목표 |

免税货单。¶~品 수입 신고서 | 免税货物进口报单。

―면야[어미] (连接词尾, 表示假设条件) ¶네가 간다 ― 나는 좋지 | 如果你能去, 我当然好了〈好〉。

ᴮ**면역**[免疫] 명하타 ❶〈醫〉【免疫】miǎnyì ¶후천성 ~ | 后天性免疫。¶~성 | 免疫性 / 免疫力。❷ (습관화되다) 【耳旁风】ěrpángfēng【耳边风】ěrbiānfēng ¶그의 혹평에는 ~이 되어 있다 | 对他的严厉批评已经当成了耳边风。

ᵛ**면적**[面積] 명【面积】miànjī ¶거주 ~ | 居住面积。¶전람회 ~이 3천 평방미터이다 | 展览zhǎnlǎn会面积为三千平方米。

면전[面前] 명【面前】miànqián【眼前】yǎnqián【当着面】dāng·zhe miàn ¶~에서는 좋게 말하다가 돌아서면 이러쿵 저러쿵 남의 흉을 본다 | 在面前说好话, 一回头就说长说短。¶~에서 크게 나무라다 | 在当着面大声斥责。

ᵛ**면접**[面接] 명하자타 ❶【面谈】miàntán ❷【面式】miànshì

면제[免除] 명하타【免除】miǎnchú ¶의무를 ~하다 | 免除义务yìwù。¶병역을 ~하다 | 免除兵役。(참고)〔免〕

면책[免責] 명하자타〈法〉【免责】miǎnzé【免掉责难】miǎndiào zénàn【除外责任】chúwài zérèn ¶~ 위험 | 免责险xiǎn。

ᴮ**면하다**¹[免―] 통 ❶ (모면하다) 【摆脱】bǎituō【避免】bìmiǎn【结束】jiéshù ¶화를 ~ | 避免灾祸zāihuò。¶셋방살이를 ~ | 结束租房的生活。❷ (면제되다)【免除】miǎnchú ¶병역을 ~ | 被免除兵役。❸ (회피하다)【逃避】táobì ¶처벌을 ~ | 逃脱处罚。

면하다²[面―] 통【面向】miànxiàng ¶바다에 면하여 있는 마을 | 面向大海的村庄。¶도로를 면한 쪽 | 朝路的面儿。

ᵛ**면허**[免許] 명하타【执照】zhízhào【许可】xǔkě ¶자동차 운전 ~ | 驾驶执照。¶~를 얻다 | 得到许可。¶~증 | 许可证zhèng。

면허장[免許狀] 명【执照】zhízhào【许可证】xǔkě·zhào

ᵛ**면화**[棉花] 명〈植〉【棉花】mián·hua ¶~ 중매인 | 棉花经纪人。¶~ 지대 | 棉花地带。¶~씨 | 棉花子儿。

면회[面會] 명하자타【会面】huìmiàn【见面】jiànmiàn【会客】huìkè ¶~사절 | 谢绝会客。¶~를 신청하다 | 申请会客。

멸망[滅亡] 명하자【灭亡】mièwáng【消亡】xiāowáng ¶제국주의는 반드시 ~한다 | 帝国主义必然灭亡。¶~한 왕조 | 灭亡的王朝。¶국가의 ~ 문제 | 国家的消亡问题wèntí。(참고)〔消失〕

멸시[蔑視] 명하자【蔑视】mièshì【轻视】qīngshì【轻蔑】qīngmiè【小看】xiǎokàn【侮蔑】wūmiè ¶그는 능력이 없어서 늘 ~당한다 | 他由于没有本事, 常常受轻视。¶~하는 말투 | 轻蔑的口气。¶사람을 ~하다 | 小看人。¶~를 받다 | 受侮蔑。(참고)〔轻看〕〔轻藐qīngmiǎo〕〔小瞧 qiáo〕〔小觑qù〕〔小视shì〕〔瞧qiáo不起〕〔看kàn不起〕

멸종[滅種] 명하자타【绝种】juézhǒng【灭种】mièzhǒng ¶공룡은 이미 오래 전에 ~되었다 | 恐龙kǒnglóng已经绝种。

ᴮ**멸치**명〈魚貝〉【鳀鱼】tíyú【离水烂】lí-shuǐlàn【海蜒】hǎiyán【黑背鳀】hēibèi-iwēn ¶~젓 | 腌yān鳀鱼。¶~ 졸임 | 酱jiàng鳀鱼。

멸하다[滅―] 통【灭】miè【消灭】xiāomiè ¶삼족을 멸하던 악습 | 灭三族的恶习。¶착취계급을 ~ | 消灭剥削bōxiāo阶级jiējí。(참고)〔灭亡〕

ᴬ**명**¹[命] 명【命】mìng ❶ (목숨)【命】míng ¶~이 짧다 | 命短。¶명 ~대로 못 살겠다 | 命使我活不下去了。❷ (명령)【命令】mìnglìng ¶~을 내리다 | 下命令。¶~을 거역하다 | 抗命。

ᴮ**명**²[銘] 명【铭】míng ¶좌우 ~ | 座右铭。

ᴬ**명**³[名] 의명【名】míng ¶15~ | 十五名。¶마흔 한 ~ | 四十一名。

명⁴[名―] 명【名】míng ¶~탐정 | 名侦探。¶~배우 | 名演员。

명가[名家] 명 ❶ (명성이 있는 사람)【名人】míngrén【名家】míngjiā ¶~

의 솜씨 | 名人的手艺。❷ (이름난 가문) 【名门】míngmén

명가수[名歌手] 몡 【名歌手】mínggēshŏu 【歌星】gēxīng 【红歌星】hónggēxīng 【名歌星】mínggēxīng ¶그녀는 ~이다 | 她是一个名歌星。

명곡[名曲] 몡 【名曲】míngqǔ

명구[名句] 몡 【名句】míngjù 【名言】míngyán

^B**명단**[名單] 몡 【名单(儿)】míngdān(r) ¶수상자 ~ | 获奖者名单。¶후보자 ~ | 候选人名单。¶새 각료 ~ | 新阁名单。

명당[明堂-] 몡 【明堂】míngtáng 【吉地】jídì 【宝地】bǎodì ¶여름철의 야영지로는 이 계곡이 ~이지 | 作为夏令营, 这个溪谷是块宝地。

^B**명랑**[明朗] 몡 하형 【明朗】mínglǎng 【爽朗】shuǎnglǎng 【开朗】kāilǎng 【晴朗】qínglǎng ¶성격이 ~하다 | 性格开朗。¶~한 웃음 소리 | 爽朗的笑声。¶화창한 날씨는 사람을 ~하게 해 준다 | 晴朗的天气使人开朗。(참고)[明净]

^B**명령**[命令] 몡 하타 【命令】mìnglìng 【指令】zhǐlìng ¶~을 내리다 | 下命令。¶~하는 투의 어조 | 命令式的口气。¶사장님은 그에게 이 일을 완수하라고 ~하셨다 | 经理指令他去完成这项任务。¶코드 ~ | 指令(代)码。

명령문[命令文] 몡 〈言〉【命令句】mìnglìngjù 【祈使句】qíshǐjù

명령법[命令法] 몡 〈言〉【祈使式】qíshǐshì

명령어[命令語; command] 몡 〈電算〉【命令】mìnglìng

명령형[命令形] 몡 〈言〉【命令形】mìnglìngxíng

명료[明瞭] 몡 하형 【明了】míngliǎo 【明确】míngquè 【明白】míng·bai 【清楚】qīng·chu ¶간단·명료 | 简单明了。¶더 할 수 없이 ~하다 | 最明白不过了。¶상황이 벌써 ~해졌다 | 情况已经很清楚了。

명리[名利] 몡 【名利】mínglì ¶~를 쫓다 | 追求名利。¶~를 추구하지 않다 | 不求名利。¶~를 탐내는 사람 | 名利之客。

명망[名望] 몡 【名声】míngshēng 【声望】shēngwàng 【名望】míngwàng 【名声】míngshēng ¶저 사람은 이 일대에서 아주 ~이 있다 | 他在这一带很有名望。¶일찍이 ~이 높다 | 名望夙孚sùfú。¶널리 ~을 떨치다 | 名扬yáng四海。

명맥[命脈] 몡 【命脉】mìngmài 【生命】shēngmìng ¶전통문화의 ~이 이어지다 | 传统文化的命脉继承下来。¶경제의 ~ | 经济命脉。

명멸[明滅] 몡 하자 【闪】shǎn 【闪烁】shǎnshuò ¶먼 수평선 너머로 ~하는 어선들 | 远远的水平线那边一闪一闪的鱼船。¶밤하늘에 ~하는 별빛 | 夜空中闪烁的星光。

명명[命名] 몡 하자 【命名】mìngmíng ¶~식 | 命名典礼diǎnlǐ。¶~법 | 命名法。¶이 운하는 홍기 운하라 ~되었다 | 这条水渠shuǐqú被命名为红旗渠。

명목[名目] 몡 【名义】míngyì 【名目】míngmù 【名下】míngxià 【名号】mínghào ¶~뿐인 사장 | 名义上的经理。¶~상으로는 군비 감축이나, 실제상으로는 군비 확장이다 | 名义上裁军cáijūn, 实际上扩军kuòjūn。¶~이 서지 않다 | 不成名目。

명문[名門] 몡 【名门】míngmén 【豪门】háomén 【豪家】háojiā ¶그는 ~의 후손이다 | 他是名门之后。

^B**명물**[名物] 몡 ❶ (유명한 물건) 【名产】míngchǎn 【特产】tèchǎn 【珍物】zhēnwù ¶인삼은 한국의 ~이다 | 人参是韩国的名产。¶당신네 나라의 ~은 무엇입니까? | 贵国的特产是什么? ❷ (유명한 사람) 【出名的人】chūmíng de rén 【特殊人物】tèshū rénwù 【名人】míngrén ¶우리 대학의 ~ | 我们大学的名人。

^B**명백**[明白] 몡 하형 【明白】míng·bai 【清楚】qīng·chu 【明显】míngxiǎn 【明白地】míngbái·de ¶~한 사실 | 明白的事实。¶상황이 벌써 ~해졌다 | 情况已经很清楚了。¶그의 의도가 대단히 ~하게 드러났다 | 他的意图yìtú大明显了。¶이 점은 ~히 알 수 있는 것이다 | 这一点是显而易见的。

명백[明白] 몡 하형 【显而易见】xiǎn ér yì jiàn

ᶜ**명복**[冥福] 圆【冥福】míngfú ¶고인의 ~을 빌다 | 祈祷故人的冥福.

명부[名簿] 圆【名簿】míngbù 【名册】míngcè 【名籍】míngjí ¶학생 ~ | 学生名册. ¶병원(兵員) ~ | 部队bùduì名册. ¶직원 ~ | 工作人员名册.

명분[名分] 圆【名分】míngfèn 【名目】míngmù ¶대의 ~ | 名分大义. ¶~을 세우다 | 立名目. 참고〔名义〕

ᴮ**명사**[名士] 圆【名士】míngshì 【知名人士】zhīmíng rénshì ¶일대의 ~ | 一代名士.

명산[名山] 圆【名山】míngshān ¶~을 유람하다 | 游览yóulǎn名山. ¶대천 | 名山大川dàchuān.

명산[名産] 圆【名产】míngchǎn 【特产】tèchǎn ¶인삼은 한국의 ~이다 | 人参rénshēn是韩国的名产. ¶~지 | 特产地.

명상[冥想] 圆하타【冥想】míngxiǎng ¶~에 잠기다 | 沉浸chénjìn在冥想之中. ¶노랫 소리는 우리를 아름다운 ~에 잠기게 했다 | 歌声把我们带到美丽的冥想中去了. ¶~곡 | 冥想曲.

명색[名色] 圆【名分】míngfèn 【名义】míngyì 【名头】míngtóu ¶~이 사내라고 오기는 있어서 | 自以为是男子汉, 还有点儿傲气. ¶~이 좋아 사장이지 | 名分倒好, 是个经理.

ᴮ**명석**[明晳] 圆하형【清晰】qīngxī 【明晳】míngxī ¶~한 두뇌 | 清晰的头脑.

ᶜ**명성**[名聲] 圆【名声】míngshēng 【名望】míngwàng 【名气】míng·qi 【声望】shēngwàng 【声名】shēngmíng ¶~이 자자하다 | 名声显赫. ¶저 사람은 이 일대에서 ~이 자자하다 | 他在这一带很有名望. ¶그는 대단히 ~이 있는 의사이다 | 他是一位很有名气的医生.

명세[明細] 圆하형【细目】xìmù 【清单】qīngdān 【明细】míngxì ¶그는 이 명세서의 ~를 훑어봤다 | 他看了这张清单上的细目. ¶~ 장부 | 明细帐户/明细帐簿. ¶지출 ~서 | 支出明细.

ᶜ**명소**[名所] 圆【名胜】míngshèng 【名胜古迹】míng shèng gǔ jì ¶관광~ | 观光名胜地.

ᴮ**명수**[名手] 圆【名手】míngshǒu 【能手】néngshǒu 【强手】qiángshǒu ¶사격의 ~ | 射击能手.

ᶜ**명승**[名勝] 圆【名胜】míngshèng 【胜地】shèngdì ¶~ 고적 | 名胜古迹地. ¶피서의 ~지 | 避暑bìshǔ胜地. 참고〔胜所〕

ᴮ**명시**[明示] 圆하타【明示】míngshì 【明确指出】míngquè zhīchū 【表明】biǎomíng ¶~ 조건 | 明示条件. ¶결의(决意)를 ~하다 | 表明决心. ¶상대방에 반대의 의견을 ~하다 | 向对方表明反对意见.

명실상부[名實相符] 圆하자【名实相符】míng shí xiāng fú 【名副其实】míng fù qí shí 【名符其实】míng fú qí shí 【名实相副】míng shí xiāng fù ¶~하게 경제계의 일인자가 되다 | 成为名符其实的经济界的巨头jùtóu.

ᴮ**명심**[銘心] 圆하자【铭刻在心】míngkè zàixīn 【铭记】míngjì 【铭记不忘】míngjì bùwàng 【铭刻】míngkè ¶마음속에 ~하다 | 铭记在心.

명암[明暗] 圆 ❶【明暗】míng·àn ¶~법 | 明暗对照法. ❷【悲喜】bēixǐ ¶~이 교차하는 인생 | 悲喜交集的人生.

명언[名言] 圆【名言】míngyán 【名句】míngjù

ᶜ**명예**[名譽] 圆【名誉】míngyù 【光荣】guāngróng 【声誉】shēngyù 【荣誉】róngyù ¶~아 끼다 | 爱惜名誉. ¶~ 회원 | 名誉会员. ¶~ 회장 | 名誉会长. ¶~ 회복 | 恢复名誉. ¶~ 훼손 | 毁灭名誉. 참고〔光宠〕

명왕성[冥王星] 圆〈天〉《冥王星》míngwángxīng

명의[名義] 圆【名义】míngyì 【名下】míngxià ¶내 ~로 계약하다 | 以我的名义契约. ¶~를 바꾸다 | 改换gǎihuàn名义. ¶~를 빌려서 | 假借jiǎjiè名义. 참고〔名号〕

명의[名醫] 圆【名医】míngyī 【神医】shényī

명인[名人] 圆【名人】míngrén 【名家】míngjiā 【大师】dàshī ¶~의 필적 | 名人墨迹mòjī. ¶대금의 ~ | 竹笛大师. ¶양궁의 ~ | 洋弓大师.

C**명작**[名作] 명 【名作】míngzuò 【名著】míngzhù ¶세계 ~ | 世界名著。¶문학 ~ | 文学名著。
명저[名著] 명 【名著】míngzhù 【名作】míngzuò ¶문학 ~ | 文学名著。
B**명절**[名節] 명 【节日】jiérì 【节】jié ¶~ 기분 | 节日气氛qìfēn。¶추석 ~ | 中秋节。¶~을 쇠다 | 过节。
B**명주**1[明紬] 명 【丝绸】sīchóu ¶~실 | 绸丝。¶소주에는 ~가 많이 난다 | 苏州盛产shèngchǎn丝绸。
명주2[銘酒] 명 【名贵酒】míngguìjiǔ 【名酒】míngjiǔ ¶중국에는 팔대 ~가 있다 | 中国有八大名酒。
명중[命中] 명하자타 【命中】mìngzhòng 【打中】dǎzhòng 【的中】dìzhòng 【击中】jīzhòng ¶~률 | 命中率。¶적군의 화살이 장군의 가슴을 ~했다 | 敌军dījūn的箭头儿jiàntóuér打中将军的胸部。¶적함 한 척을 ~시키다 | 打中一艘sōu敌舰dījiàn。
명창[名唱] 명 【名歌手】mínggēshǒu 【唱歌的能手】chànggē·de néngshǒu
명치 명〈生理〉【心口】xīnkǒu 【贲门】bēnmén ¶~가 답답하다 | 心口发闷fāmèn。참고〔心坎kǎn(儿)〕〔心口窝wō〕〔肋lèi尖窝子〕〔胸口〕
C**명칭**[名稱] 명 【名称】míngchēng 【名字】míng·zi ¶~을 바꾸다 | 换名称。참고〔名子〕〔名儿〕
명쾌[明快] 명하형 【明快】míngkuài 【爽快】shuǎng·kuai 【明确】míngquè ¶~한 대답 | 明快的回答。¶~한 리듬 | 明快的节奏jiézòu。¶일하는 것이 ~하다 | 办事爽快。
B**명태**[明太] 명〈魚貝〉【明太鱼】míngtàiyú
명품[名品] 명 【名品】míngpǐn
B**명필**[名筆] 명 【名笔】míngbǐ 【好字】hǎozì 【工书】gōngshū 【名书法家】míngshūfǎjiā
C**명하다**[命－] 동 ❶ (명령하다) 【命】mìng 【命令】mìnglìng ¶빨리 가라고 ~ | 命其速去。¶중대장은 일소대에게 경계를 담당할 것을 명했다 | 连长命令一排担任警戒jǐngjiè。❷ (임명하다) 【任命】rènmìng ¶그를 총무과장으로 명함 | 兹任命他为总务科长。
C**명함**[名銜] 명 【名片】míngpiàn ¶~철 | 名片册。¶~판 | 名片大小。
명확[明確] 명하형 【明确】míngquè 【正确】zhèngquè ¶~한 사실 | 明确的事实。¶~한 답변 | 明确回答。¶반드시 ~한 경계선이 있어야 한다 | 必须有明确的界线。
A**몇** 관수 【几】jǐ 【多】duō 【多少】duōshǎo 【若干】ruògān ¶~~이 모여 의논하다 | 几个人聚在一起商谈。¶너 ~ 그루의 나무를 심었느냐? | 你种了几棵树kēshù? ¶~ 십 명이 왔느냐? | 来了几十个人? ¶나이가 ~ 이냐? | 多大了?
몇몇 관 【不几个】bùjǐ·ge ¶~ 친구 | 不几个朋友。
A**모**1 명 ❶ (각) 【角】jiǎo ¶~가 난 돌 | 有角的石头。❷ (성깔이나 가탈) 【个性】gèxìng ¶~가 없는 성격 | 没有个性的性格。❸ (사물의 측면) 【角度】jiǎodù 【方面】fāngmiàn ¶어느 ~로 보나 나무랄 데 없다 | 无论从哪个角度看都无可挑剔。¶여러 ~로 생각하다 | 从多方面想。❹ (두부·묵 등의 덩어리) 【块】kuài ¶두부 한 ~ | 一块豆腐。
A**모**2[某] 명 【某】mǒu ¶박~ | 朴某。¶이~ | 李某。¶~ 회사 | 某公司。
A**모**3[母] 명 【母亲】mǔqīn ¶순희 ~를 데려오게나 | 去找顺姬的母亲来。
모4 명 【稻秧】dàoyāng 【秧(儿)】yāng(r) 【苗】miáo 【秧子】yāng·zi ¶~를 심다 | 插chā秧。
B**모가지** 명 ❶ (목) 【脖颈子】bógěng·zi 【脖颈儿】bógěngr ❷ (면직·파직) 【杀头】shātóu ¶말 안 들었다간 당장 ~야 | 如果不听话, 就立即杀头。
모계[母系] 명 【母系】mǔxì ¶~ 사회 | 母系社会。¶~ 친족 | 母系亲属qīnshǔ。
C**모과** 명〈植〉【木瓜】mùguā
모교[母校] 명 【母校】mǔxiào ¶~로 돌아가 참관하다 | 回母校参观。¶~의 은사 | 母校的恩师。
B**모국**[母國] 명 【母国】mǔguó 【祖国】zǔguó ¶~의 품 | 祖国的怀抱。¶재일교포의 ~ 방문 | 在日侨胞qiáobāo的祖国访问。
B**모금**1[募金] 명하자 【基金筹措】jījīn chóucuò 【捐款】juān/kuǎn ¶~운동 |

捐款活动。

모금² 〖의명〗 〔口〕kǒu ¶물 한 ～ | 一口水。¶담배를 한 ～ 빨다 | 抽了一口烟。

^A^**모기** 〈蟲〉【蚊子】wén·zi【蚊虫】wénchóng ¶～가 무리를 이루다 | 蚊子成群。

^B^**모기장** 〖명〗【蚊帐】wénzhàng ¶～을 쳤다 | 挂guà起了蚊帐。〔참고〕〔蚊厨〕〔帐子〕〔纱帐子〕

^C^**모기향** 〖명〗【蚊香】wénxiāng【蚊烟香】wényānxiāng【蚊子香】wén·zixiāng

^C^**모내기** 〖하자〗【插秧】chāyāng ¶동북지역에는 유월에 ～를 시작한다 | 在东北六月就开始插秧。¶오늘은 영식이네 ～ 하는 날이다 | 今天是英植他们插秧的日子。〔참고〕〔拔bá秧〕〔分fēn秧〕

모녀〔母女〕〖명〗【母女】mǔnǚ

모노크롬 디스플레이[monochrome display]〖명〗【電算】【单色显示器】dānsè xiǎnshìqì

모노타이프[monotype]〖명〗【单式自动排字机】dānshì zìdòng páizìjī

모놀로그[monologue]〖명〗【独白】dúbái【独脚戏】dújiǎoxì

모눈종이〔方格子〕fānggé·zi

^C^**모니터**[monitor] 〖명〗 ❶〈電算〉【显示器】xiǎnshìqì【图像显示器】túxiàngxiǎnshìqì ¶그린 ～ | 低辐fú射shè显示器。 ❷【监听员】jiāntīngyuán

^C^**모닥불** 〖명〗【篝火】gōuhuǒ ¶～을 피우다 | 点燃篝火。¶활활 타오르는 ～ | 熊熊燃烧的篝火。

모더니즘[modernism]〖명〗【现代思潮】xiàndài sīcháo【现代思想】xiàndài sīxiǎng

모델[model]〖명〗❶(모형)【模式】móshì【标准格式】biāozhǔn géshì【型号】xínghào ¶～ 분석 | 模式分析。 ❷(패션모델의 준말)【模特儿】mótèr ¶남여 ～을 모집하다 | 招聘zhāopìn男女模特儿。 ❸(그림·소설 등의)【原型】yuánxíng ¶사형수를 ～로 한 소설 | 以死刑犯为原型的小说。〔참고〕〔型〕〔模型〕

^C^**모독**〔冒瀆〕〖하타〗【冒渎】màodú【侮辱】wǔrǔ【诬蔑】wūmiè【亵渎】xièdú ¶남의 ～을 받다 | 受到人家的诬蔑이란 언사 | 诬蔑的言辞。¶신을 ～하다 | 亵渎神。

^A^**모두¹** 〖명〗【大家】dàjiā【每个人】měi·gèrén ¶～들 빨리 와서 보아라 | 大家快来看。¶여러 사람의 일에 ～들 관심을 가져야 한다 | 大家的事大家关心。¶그들이 들어오자, ～들 박수를 쳐서 환영을 표시했다 | 他们一进来, 大家都鼓掌gǔzhǎng表示欢迎。¶우리 ～의 책임이오 | 是我们每个人的责任。〔참고〕〔全体tǐ〕【大家伙(儿)】

^A^**모두²** 〖부〗【全部】quánbù【都】dōu【全都】quándōu【总共】zǒnggòng【一共】yígòng【整个】zhěnggè【每】měi ¶문제를 이미 ～ 해결했다 | 问题已经全部解决jiějué了。¶이것은 ～ 너의 것이냐? | 这都是你的吗? ¶～ 얼마요? | 一共多少钱?

모듈[module]〖명〗〈電算〉【模块】mókuài

^A^**모든** 〖관〗【所有】suǒyǒu【一切】yíqiè【全】quán【万般】wànbān ¶～ 사람 | 所有的人。¶～ 역량을 다 쏟다 | 尽jìn一切力量。¶～ 힘을 집중하다 | 集中全力。¶～ 것이 다 운명으로 되고 조금도 차금의 마음대로 되지 않는다 | 万般皆jiē有命,半点不由人。

^B^**모둠발** 〖명〗【并脚】bìngjiǎo ¶껑충 뛰어 오르며 ～로 상대의 앞가슴을 공격하다 | 飞身一跃并脚攻击对方的前胸xiōng。

모락모락 〖부〗❶(김이나 연기가 피어오르는 모양)【袅袅】niǎoniǎo【袅袅腾腾】niǎoniǎoténgténg【冉冉】rǎnrǎn ¶연기가 ～ 난다 | 烟沙袅袅喜升起。¶지붕에서 ～ 피어오르는 연기 | 从屋顶上升起的袅袅炊烟chuīyān。 ❷(순조롭게 자라는 모양)【茁壮】zhuózhuàng ¶모종이 ～ 자라다 | 秧苗苗壮壮成长。

^B^**모란**〔牡丹〕〈植〉【牡丹】mǔdān

^A^**모래** 〖명〗【沙子】shā·zi ¶～ 장난 | 玩儿沙子。¶～가 날고 돌이 구르다 | 飞沙子走石。〔참고〕〔沙〕

^B^**모래밭** 〖명〗【沙场】shāchǎng【沙地】shādì【沙滩】shātān ¶～에서 햇볕을 쬐다 | 在沙滩上晒shài太阳。

^B^**모래 주머니** 〖명〗【沙包】shābāo【沙袋】shādài【沙囊】shānáng ¶갈라진 틈

330

을 ∼로 메우다 | 用沙包堵住缺口quē-kǒu。 ¶∼로 참호를 쌓다 | 用沙袋垒dǒi工事。

º모래흙 몡【沙土】shātǔ【沙质泥】shāzhìní ¶∼에 땅콩을 심다 | 在沙土中种植花生。

모략 【謀略】몡하타【诡计】guǐjì【阴谋】yīnmóu【圈套】quāntào【策划】cèhuà【谋略】móulüè ¶남을 중상하는 ∼하다 | 中伤别人，搞阴谋诡计。 ¶막후에서 ∼하다 | 幕mù后策划。

^모래 몡【后天】hòutiān ¶내일 ∼ | 大后天。 몡〔后日〕明后天

모로 가도 서울만 가면 된다 관용【殊途同归】shū tú tóng guī【同归殊途】tóng guī shū tú【骑马也到，骑驴也到】qí mǎ yě dào，qí lǘ yě dào

모로니 몡〈地〉【莫罗尼】Mòluóní ［"科摩罗"(코모로；Comoros)의 수도］

모로코 몡〈地〉【摩洛哥】Móluògē ［아프리카 서북부의 회교왕국. 수도는 "拉巴特"(라바트；Rabat)］

모르간 【Morgan】몡〈商標〉【摩根】Mógēn

^모르다 통❶(알지 못하다)【不知】bùzhī【不知道】bùzhī·dào【不懂】bùdǒng【不明白】bùmíng·bai【不认识】bùrèn·shi ¶소식을 모르고 지내다 | 一直不知音讯就这么过日子。 ¶이 글은 아무리 읽어 보아도 그 뜻을 잘 모르겠다 | 这个文章怎么读也读不明白。 ¶저 사람은 모르는 사람이다 | 不认识那个人。❷(할줄 모르다)【不会】bùhuì ¶그는 중국어를 말할 줄 모른다 | 他不会说中国话。❸(이해하지 못하다)【不懂】bùdǒng ¶나는 음악은 전혀 모른다 | 我一点也不懂音乐。❹(안면이 없다)【不认识】bú rèn·shi ¶나도 모르는 사람 | 我也不认识的人。

모르몬교 【Mormon 教】몡〈宗〉【摩门教】Móménjiào

모르핀 【morphin】몡〈藥〉【吗啡】mǎfēi ¶∼ 주사 | 吗啡针。 ¶∼ 중독 | 吗啡中毒zhòngdú。

모른체 몡하타【假装不知道】jiǎzhuāng bùzhī·dao【装不知道】zhuāng bùzhī·dao ¶네가 저질러 놓고도 끝까지

∼하냐? | 是你做的事，还想装不知道吗? ¶그 사실을 알면서도 ∼한다 | 明明知道那件事实，还装不知道。

모름지기 凰【应该】yīnggāi【应当】yīngdāng ¶학생은 ∼ 학업에 힘써야 한다 | 学生应该努力学习。

모리배 몡【奸商】jiānshāng

모리셔스 【Mauritius】몡〈地〉【毛里求斯】Máolǐqiúsī ［인도양의 마다가스카르 섬 동쪽에 있는 섬나라. 수도는 "路易港"(포트루이스；Port Louis)］

모리타니 【Mauritnie】몡〈地〉【毛里塔尼亚】Máolǐtǎníyà ［서아프리카의 회교 공화국. 수도는 "努瓦克肖特"(누악쇼트；Nouakchott)］

모멘트 【moment】몡【关头】guāntóu【时机】shíjī【机会】jī·huì【关口】guānkǒu

모면 【謀免】몡하타【逃脱】táotuō【摆脱】bǎituō【规避】guībì ¶책임을 ∼하다 | 逃脱责任。 ¶위기를 ∼하다 | 摆脱危机。 참고 〔逃避〕〔脱去〕〔避免〕避开

모멸 【侮蔑】몡하타【侮蔑】wǔmiè【蔑视】mièshì【侮辱】wǔrǔ【凌辱】língrǔ ¶∼을 받다 | 受侮蔑。 ¶그는 언제나 가난한 집 자제를 ∼한다 | 他一向蔑视贫穷子弟。

모발 【毛髮】몡【毛发】máofà ¶이 아이의 ∼은 여전히 노란색이다 | 这孩子毛发还是黄的。

모방 【模倣】몡하타【模仿】mófǎng【仿效】fǎngxiào【效仿】xiàofǎng【效法】xiàofǎ ¶남의 작품을 ∼하다 | 模仿别人的作品。 ¶그의 것을 ∼해서 만들다 | 照他做/模仿他做。 ¶그들은 다른 사람을 ∼하는 용기勇气조차 없다 | 他们连效法别人的勇气yǒngqì也有。

모범 【模範】몡【模范】mófàn【榜样】bǎngyàng【典范】diǎnfàn【典型】diǎnxíng ¶타의 ∼이 되다 | 做别人的模范。 ¶윗사람이 먼저 ∼을 보이다 | 长辈zhǎngbèi先做榜样。 ¶그를 ∼으로 삼다 | 拿ná他做榜样。

º모범생 【模範生】몡【模范生】mófànshēng

^C**모빌**[mobile] 몡 ❶【可动】kědòng【运动的】yùndòng·de【可移动的】kěyídòng·de【活动的】huódòng·de ❷【运动物体的】yùndòngwùtǐ·de【活动装置的】huódòngzhuāngzhì·de

모사【模寫】몡하타【摹写】móxiě【模写】móxiě【摹画】móhuà【临摹】línmó ¶~품 | 临摹作品. ¶실물 ~ | 实物临摹.

모색【摸索】몡하타【摸索】mō·suo【探索】tànsuǒ ¶새로운 방법을 ~하다 | 探索新的方法fāngfǎ.

^C**모서리** 몡【边(儿)】biān(r)【角】jiǎo ¶탁자의 ~ | 桌子的边儿. ¶책상의 ~ | 桌子的角.

모성【母性】몡【母性】mǔxìng

모성애【母性愛】몡【母性爱】mǔxìng'ài【母爱】mǔ'ài

^C**모순**【矛盾】몡【矛盾】máodùn ¶~되는 말 | 矛盾的话. ¶이런 의견은 결코 ~되지 않는다 | 这种意见并不矛盾. ¶~을 해결하다 | 解决jiějué矛盾. 참고〔不符〕〔不符值〕

모스크바[Moscow] 몡【地】【莫斯科】Mòsīkē【"俄罗斯"】(러시아; Russia)의 수도

모스키노[Moschino] 몡〈商標〉【莫斯奇诺】Mòsīqínuò

모슬렘[Moslem] 몡〈宗〉【穆斯林】mùsīlín【穆民】mùmín【穆士林】mùshìlín【穆斯林】mùsīlín【回教徒】huíjiàotú【伊斯兰教徒】yīsīlánjiàotú

^A**모습**【模襲】몡 ❶ (외관)【面貌】miànmào【容貌】róngmào【姿态】zītài【模样】múyàng ¶그들 두 사람의 ~이 매우 닮았다 | 他俩的容貌十分相似. ¶얼굴 ~ | 面影. ❷ (상태·양상)【面貌】miànmào【样子】yàng·zi ¶옛 중국의 ~ | 旧中国的面貌. ¶근심이 가득 어린 ~ | 愁眉苦脸chóuméikǔliǎn的样子. ❸ (자취)【身影】shēnyǐng【照面】zhàomiàn ¶그의 ~은 아무데도 보이지 않았다 | 怎么也没见到他的影子.

^B**모시** 몡【夏布】xiàbù 참고〔麻má布〕〔苎麻布〕

^A**모시다** 됭 ❶ (추대하다)【拥戴】yōngdài ¶형님으로 ~ | 拥戴为大哥. ¶여러 사람들이 다 그를 학과장으로 모셨다 | 大家一致拥戴他当系主任. ❷ (섬기다)【恭奉】gōngfèng【侍奉】shìfèng ¶부모님을 ~ | 侍奉父母. ¶잘 ~ | 侍奉周到. ¶그 곁에서 ~ | 一直侍奉在老人左右. ❸ (인도하다)【送】sòng【请】qǐng ¶선생님을 댁까지 ~ | 送老师到家. ¶손님을 응접실에 ~ | 把客人请到会客室. ❹ (초청하다)【奉陪】fèngpéi【陪同】péitóng ¶선생님을 모시고 식사하다 | 陪老师吃饭. ¶귀한 손님을 ~ | 奉陪贵客. ¶모시지 못함을 양해해 주십시오 | 恕不奉陪. ❺ (신령으로 받들다)【祭祀】jìsì【祭奠】jìdiàn ¶제사를 ~ | 祭奠. 참고〔奉养〕〔供gōng养〕〔侍候〕〔事奉〕

^C**모심기** 몡하자【插秧】chāyāng ¶~를 잘하는 사람 | 插秧能手. 참고〔拔bǎ秧〕〔分fēn秧〕

^A**모양**[模樣·貌樣] 몡 ❶ (형상·외관)【模样】múyàng【样子】yàng·zi ¶~이 영 안 좋다 | 样子难看得很. ¶며칠되게 앓고 나더니 영 ~이 아니다 | 病了几天, 真不像样子. ❷ (차림새·맵시)【打扮】dǎ·ban【样态】yàngtài ¶~을 내다 | 打扮. ¶~을 잔뜩 부렸다 | 打扮得花枝绿绿. ¶열일곱이라니 ~을 낼 나이도 되었네 | 十七岁, 该到了打扮的年龄了. ❸ (상태)【情况】qíngkuàng【样子】yàng·zi ¶그 ~으로 했다가는 성공하기 어렵겠네 | 要是照那个样子做, 就很难成功. ¶일의 ~이 어렵게만 되어간다네 | 事态越来越困难了. ❹ (체면)【脸面】liǎnmiàn【不好意思】bùhǎoyì·si ¶말만 꺼내놓고 실행을 못했으니 ~이 우습게 되었다 | 光说不做, 面子上不好看. ¶나 때문에 일을 그르치고 보니 이거 원 ~이 말이 아닐세 | 因为我搞坏了事情, 真是不好意思见人. ❺ (양식)【形状】xíngzhuàng【型】xíng【样式】yàngshì ¶머리 ~을 바꾸다 | 换头型. ¶~을 갖추다 | 有了型.

모양²[模樣] 의몡【像】xiàng【好像】hǎoxiàng ¶사는 ~이 말이 아니다 | 生活很不像样. ¶비가 올 ~이다 | 像要下雨了. ¶저 신사가 교장 선생님이신 ~이오 | 那位绅士好像就是校长先生.

모양새[模樣－] 圓 ❶ (외관) 【樣子】yàng·zi 【形象】xíngxiàng ❷ (체면) 【體貌】tǐmào 【體統】tǐtǒng ¶～이 루지 못하다 | 不成體統.

ᶜ**모어**[母語] 圓 【母語】mǔyǔ

ᴮ**모여들다** 图 【挤拢来】jǐlǒnglái 【围拢来】wéilǒnglái 【云集】yúnjí 【云聚】yúnjù 【辐辏】fúcòu 【聚集】jùjí ¶각지의 대표가 수도에 모여들었다 | 各地代表云集首都. ¶장꾼이 모여들기 시작하며 | 赶集gǎnjí的人开始聚集起来.

ᶜ**모욕**[侮辱] 圓하타 【侮辱】wǔrǔ 【辱骂】rǔmà 【凌辱】língrǔ 【侮蔑】wǔmiè 【蔑视】mièshì 【污辱】wūrǔ ¶～감 | 侮辱之感. ¶누가 감히 너를 ～하였니? | 谁这么敢骂了你. ¶～적인 말 | 污辱的话.

ᴰ**모유**[母乳] 圓 【母乳】mǔrǔ 【母奶】mǔnǎi

ᴬ**모으다** 图 ❶ (사물을) 【收集】shōují 【攒】zǎn 【积】jī 【收藏】shōucáng 【搜集】sōují 【搜罗】sōuluó ¶골동품을 ～ | 收藏古董. ¶우표를 ～ | 搜集邮票. ¶그는 이 몇 년간 적지 않은 돈을 모았다 | 他这几年攒下了不少的钱. ¶자료를 광범위하게 모아야 한다 | 资料要广泛guǎngfàn收集. ❷ (사람을) 【收集】shōují 【集合】jíhé 【召集】zhàojí 【集中】jízhōng 【招揽】zhāolǎn ¶널리 의견을 ～ | 收集意见. ¶인재를 ～ | 网罗人材. ¶회원을 ～ | 召集会员. ¶관객을 ～ | 招揽游客. ❸ (집중시키다) 【集中】jízhōng ¶전력을 ～ | 集中全力. ¶정신을 ～ | 集中精神. ❹ (끌다) 【贯注】guànzhù ¶시선(관심)을 ～ | 贯注视线.

모의[謀議] 圓히타 【谋划】móuhuà 【策划】cèhuà ¶막후에서 ～하다 | 幕后策划.

모의[模擬] 圓하타 【模拟】mónǐ 【摹拟】mónǐ ¶～ 고사 | 模拟考试. ¶～ 국회 | 模拟国会. ¶～ 재판 | 模拟裁判. ¶～ 선거 | 模拟选举.

모이[飼料] 圓 【饲料】sìliào 【食儿】shír ¶～통 | 食皿.

ᴬ**모이다** 图 ❶ (몰려들다) 【聚集】jùjí 【聚合】jùhé 【集聚】jíjù 【齐集】qíjí 【云集】yúnjí ¶한데 ～ | 聚集在一起. ¶

아시아의 친구들이 모두 북경에 ～ | 亚洲Yàzhōu的朋友齐集在北京. ¶각지의 대표가 수도에 모였다 | 各地代表云集首都. ❷ (쌓이다) 【被攒】bèizǎn 【积攒】jīzǎn ¶푼돈이 모여 목돈이 되다 | 零钱被攒起来变成大钱. ❸ (집중되다) 【集中】jízhōng ¶시선이 그에게 ～ | 目光集中到他的身上.

모임 圓 【集会】jíhuì 【聚合】jùhé 【集体活动】jítǐ huódòng 【集合】jíhé 【聚会】jùhuì ¶비상 ～ | 紧急集合. ¶동업자의 ～ | 同业者的聚会.

모자[帽子] 圓 【帽子】mào·zi ¶하나 ～ | 一顶帽子. ¶～를 쓰다 | 戴dài帽子. ¶～를 벗다 | 脱帽子.

ᴬ**모자**[母子] 圓 【母子】mǔzǐ 【母与子】mǔ yǔ zǐ ¶～연금 | 母子津贴jīntiē.

ᴬ**모자라다** 图형 【不够】bùgòu 【不足】bùzú 【缺】quē 【缺乏】quēfá ¶～갯수가 ～ | 不够数. ¶쓰기에 ～ | 不够用. ¶힘이 ～ | 力量不足/缺力气. ¶경험이 ～ | 缺乏经验jīngyàn. ❷ (지능이 낮다) 【傻】shǎ ¶너 정말 모자라는구나, 그의 이 정도 뜻도 알아 듣지 못하다니 | 你真傻, 他这点意思都听不出来.

모자이크[mosaic] 圓 【马赛克】mǎsàikè 【魔赛克】mósàikè 【玛赛克】mǎsàikè 【镶嵌细工】xiāngqiàn xìgōng 【镶嵌花样】xiāngqiàn huāyàng ¶～ 타일 | 马赛克砖zhuān. ¶～로 포장한 바닥 | 马赛克铺pū面.

모잠비크[Mozambique] 圓 〈地〉【莫桑比克】Mòsāngbǐkè [아프리카 동남부의 구 포르투갈령 식민지. 1975년 독립. 수도는 "马普托"(마푸토;Maputo)]

ᶜ**모조**[模造] 圓하타 【仿造】fǎngzào 【仿制】fǎngzhì ¶～품 | 仿制品. ¶～ 진품 | 仿造的珍珠.

모조리 图 【全部】quánbù 【全都】quándōu ¶있는 대로 ～ 잡다 | 全部抓起来. ¶문제를 이미 ～ 해결했다 | 问题已经全部解决jiějué.

모조지[模造紙] 圓 【道林纸】dàolínzhǐ (참고)〔毛道林纸〕〔洋宣yángxuān〕〔毛道林纸〕〔宣xuān纸〕

ᴮ**모종**[某種] 圓 【某种】mǒuzhǒng 【某

类]mǒulèi ¶~의 사건 | 某种事件. ¶~의 의미에서 | 在某种意义上.

모지다[혱❶ (네모나다)【有角】yǒujiǎo【成角】chéngjiǎo【有棱子】yǒu léng·zi ¶모지게 깎은 방망이 | 削成角的棒子. ❷ (모질다)【狠】hěn【残忍】cánrěn【残酷】cánkù ¶모진 행위 | 残忍的行为. ¶모진 박해 | 残酷的迫害. ¶모진 짓을 하다 | 下狠手. ❸ (매섭다)【烈】liè【严寒】yánkù ¶모진 추위 | 严寒. ¶모진 세상 | 严酷的世道.

ᵃ**모직**[毛織] 몡【毛织品】máozhīpǐn【毛织物】máozhīwù【毛料】máoliào〔참고〕〔毛坯pī〕〔胚pēi(料)〕

모진놈 옆에 있다가 벼락 맞는다〔관용〕【近恶人者遭雷劈】jìn èrénzhě zāo léipī

ᴮ**모질다**[혱❶ (잔인하다)【狠忍】cánrěn【残酷】cánkù【残苛】cánkē【厉害】lìhai【利害】lìhai【狠】hěn ¶이것은 너무 모질다고 느꼈다 | 我觉得这太残忍了. ¶모질고 무자비하다 | 残酷无情. ¶그는 수단이 너무 ~ | 他的手段太很厉害. ❷ (억세다)【坚强】jiānqiáng【硬心肠】yìngxīncháng【刚强】gāngqiáng ¶의지가 모질어 뜻을 굽힐 줄 모르다 | 坚强不屈. ❸ (매섭고 사납다)【烈】liè【严酷】yánkù【重重】chóngchóng【巨大】jùdà ¶모진 세파 | 重重苦难. ¶모진 파도 | 巨大的风浪.

ᵃ**모집**[募集] 몡하타【募】mù【募集】mùjí【招募】zhāomù【招】zhāo【召募】zhàomù【招集】zhāojí【招聚】zhāojù【征集】zhēngjí ¶회원을 ~하다 | 募集会员. ¶학생을 ~하다 | 招募学生/招收学生. ¶사원 ~ | 招员.

모쪼록 뷔【千万】qiānwàn ¶~ 건강에 유의하시기 바랍니다 | 千万要注意健康. ¶~ 말하지 말아주십시오 | 请您千万不要说.

ᴮ**모처럼** 뷔【难得】nándé【好不容易】hǎobùróngyì ¶~ 오셨는데 며칠 묵고 가셔야지요 | 难得来一次, 多住几天吧. ¶이것은 ~의 좋은 기회이다 | 这是一个难得的机会. ¶이렇게 큰 비는 ~ 온 것이다 | 这样大的雨是难得遇到的.〔참고〕〔好容易〕〔费很大的

모체[母體] 몡【母体】mǔtǐ【前身】qiánshēn ¶태아는 ~로부터 영양을 받는다 | 胎儿从母体中吸收营养. ¶중국사회과학원의 ~는 중국과학원 철학사회과학부이다 | 中国社会科学院的前身是中国科学院哲学社会科学学部.

모친[母親] 몡【母亲】mǔ·qīn【妈妈】mā·ma ¶~상 | 母丧.

모태[母胎] 몡❶【母胎】mǔtāi ❷【母体】mǔtǐ ¶이 대기업의 ~는 구멍가게였다 | 这个大企业的母体是个小铺子.

모터[motor] 몡〈電〉【发动机】fādòngjī【动力机】dònglìjī【引擎】yǐnqíng【马达】mǎdá【摩托】mótuō ¶~ 오일 | 马达油.

모토롤라[Motorola] 몡〈社名〉【摩托罗拉】Mótuōluólā

ᴮ**모퉁이**【角儿】jiǎor【隅】yú【拐角】guǎijiǎo【角落】jiǎoluò【哪里】nǎ·li ¶~ 길 | 路的拐角. ¶운동장 ~ | 操场的角落. ¶그 넓은 서울의 어느 ~에 사는지 알겠니? | 这么大的汉城, 哪能知道他住在哪里?〔참고〕〔旮旯〕

모티프[motif] 몡【动机】dòngjī【主题】zhǔtí ¶~도 좋아야 또 방법도 좋아야만 좋은 결과를 얻을 수 있다 | 既要有好的动机, 又要有好的方法, 才能取得好的结果.

ᵃ**모판**[−板] 몡【秧田】yāngtián【苗床】miáochuáng【苗圃】miáopǔ【圃地】pǔdì ¶~에 비료를 주다 | 往秧田施肥shīféi.

모포[毛布] 몡【毛毯】máotǎn【毯子】tǎn·zi【绒被】róngbèi ¶털이 닳아 떨어진 ~ | 光板bǎn毛毯. ¶양털 ~ | 羊毛毯子.

모함[謀陷] 몡하타【陷害】xiànhài【诬害】wūhài【诬陷】wūxiàn【谋害】móuhài ¶다른 사람을 ~하다 | 陷害他人. ¶그가 동료를 ~하려고 망상하다 | 他妄图诬害同事.〔참고〕〔图赖tú·lài〕〔诬陷陷害〕

모험[冒險] 몡하자타【冒险】màoxiǎn【担险】dānxiǎn ¶~을 감행하다 | 进行冒险. ¶투기는 ~이다 | 投机是冒险. ¶~ 정신 | 冒险精神.

ᵃ모형[模型] 똉【模型】móxíng【模形】m-óxíng【模式】móshì ¶~도 | 模型图t-ú/模式图。¶~ 비행기 | 模型飞机。¶~지도 | 模型地图。

모호[模糊] 톙형훼【模糊】mō·hu 【含糊】hán·hu ¶필적이 ~하다 | 字迹模糊。¶그의 말이 너무나 ~해서 무슨 뜻인지 알 수가 없다 | 他的话很含糊不清, 不明白是什么意思。¶~한 대답 | 含糊的回答huídá。

ᴬ목 뗑 ❶ (모가지)【颈】jǐng【脖子】bó-zi ¶~이 긴 사슴 | 长颈鹿。¶~이 긴 병 | 长颈瓶/烧shāo瓶。¶비뚤어진 ~ | 歪wāi脖子。❷ (목구멍)【咽喉】yānhóu【喉咙】hóu·lóng【嗓子】s-ǎng·zi ¶그의 ~에 무엇이 걸렸니? | 他的咽喉被什么东西卡住了? ¶~이 쉬다 | 嗓子哑了。¶~이 아프다 | 嗓子疼téng。❸ (길목)【要道】yàodào【关口】guānkǒu【路口】lùkǒu ¶풍대는 북경으로 출입하는 (길) ─이다 | 丰台是出入北京的要道。¶노루가 지나 다니는 ~ | 狍子经过的路口。❹ (물건의)【脖儿】bór【腕儿】wànr ¶손~ | 手腕儿。¶발~ | 脚腕儿。¶(목소리)【声】shēng ¶~놓아 울다 | 放声大哭。❻ (직책·목숨)【命】mìng【生命】shēngmìng

ᴮ목걸이 뗑【项链】xiàngliàn【项圈】xià-ngquān ¶목에 ~를 걸다 | 脖bó子上戴dài着项圈。

목격[目擊] 똉햬티【目睹】mùdǔ【目击】mùjī【亲眼看到】qīnyǎn kàndào ¶사고 현장을 ~하다 | 目击事故现场。¶그 일을 ~하다 | 目击其事。¶~담 | 目击之谈。

목격자[目擊者] 뗑【目击者】mùjīzhě【目睹者】mùdǔzhě【见证人】jiànzhè-ngrén

ᴬ목공[木工] 뗑 ❶【木匠】mù·jiang【木工】mùgōng【木工活儿】mùgōnghuór【木匠活儿】mùjiànghuór ¶~ 기계 | 木工机械。¶~ 선반 | 木工旋盘。¶~일을 하다 | 做木工。

ᴮ목공소[木工所] 뗑【木工所】mùgōngsuǒ

ᴮ목구멍 뗑【嗓子】sǎng·zi【咽喉】yānhóu ¶~이 아프다 | 嗓子疼téng。¶그 말이 ~까지 나왔었다 | 话到了嘴

변。

목기[木器] 뗑【木盘】mùpán 참고〔木器〕

목덜미【后颈】hòujǐng【脖颈子】bóg-ěng·zi【脖颈儿】bógěngr【脖颈子】bóg-ǐng·zi ¶~를 잡히다 | 被抓住后颈。¶~가 춥다 | 脖子冷。

목도[目睹] 똉햬토타【目睹】mùdǔ【目击】mùjī ¶사건 현장을 ~했다 | 目睹了事件现场。

목도리 뗑【围巾】wéijīn【领巾】lǐngjīn【围脖儿】wéibór ¶나일론 ~ | 尼龙ní-lóng围巾。¶~를 두르다 | 围wéi围巾/打围巾。

목돈【大笔款子】dàbǐ kuǎn·zi 【成数钱】chéngshùqián 【大钱】dàqián ¶~ 마련 저축 | 为攒大钱的储蓄。

목동[牧童] 뗑【牧童】mùtóng 【牧童】mùtóng

목련[木蓮] 뗑〈植〉【木莲】mùlián 참고〔黄心树〕〔옥兰〕

목례[木禮] 뗑햬【目礼】mùlǐ ¶~로 답하다 | 致以目礼。

ᴮ목록[目錄] 뗑【目录】mùlù【项目表】xi-àngmùbiǎo ¶재산 ~ | 财产目录。¶도서 ~ | 图书目录。¶재산 ~ | 财产cáichǎn目录。 참고〔目录〕

ᴮ목마르다 톙 ❶ (갈증나다)【口渴】kǒ-ukě【口干】kǒugān ¶땀을 많이 흘렸더니 몹시 ~ | 出汗出多了, 非常口渴。❷ (갈망하다)【渴望】kěwàng【焦急】jiāojí ¶신지식에 목마른 사람들 | 渴望得到新知识的人们。¶목마르게 기다리다 | 焦急地等待。

목마른 사람이 우물 판다 관용【谁渴谁掘井】shéi kě, shéi juéjǐng

ᴮ목말【骑马马肩儿】qímǎmǎjiānr【搭马马肩儿】dāmǎmǎjiānr

ᴮ목메다 통 ❶ (음식물 등으로 목구멍이 막히나)【噎住】yēzhù ¶그는 몇 입 먹고 목이 메였다 | 他刚吃了几口就噎住了。❷ (설움에 북받쳐 목이 막히다)【失声】shīshēng ¶부모를 잃고 목메어 우는 아들 | 失去父母, 失声痛哭的儿子。¶하도 슬퍼서 목이 메었다 | 痛哭失声。 참고〔噎塞sāi〕

목발[木─]【拐杖】xiězhàng【丁字杖】dīngzìzhàng 【丁字杖】T zìzhàng 참고〔拐杖〕

ᴮ목사[牧師] 뗑【牧师】mùshī

335

목석[木石] 몡 【木石】mùshí 【呆若木鸡】dāi ruò mù jī ¶~ 같은 사내 | 木石一般的男人。 | 사람은 ~이 아닌데 누가 무감정할 수 없겠는가? | 人非木石谁能无情? 참고〔木然〕

ᴮ**목성**[木星] 몡〈天〉【木星】mùxīng 【福星】fúxīng 【太岁】tàisuì 【岁星】suìxīng

ᴬ**목소리**[木소리] 몡 ❶ (사람의 말소리) 【声音】shēngyīn 【话音】huàyīn 【嗓声】sǎngyīn 【嗓子】sǎng·zi ¶귀에 익은 ~ | 耳熟的声音。 ¶반가운 ~ | 喜悦xǐyuè的话音。 ¶그는 ~가 좋다 | 他嗓子好。 ❷ (의견·주장) 【呼声】hūshēng 【意见】yìjiàn ¶소비자의 ~ | 消费者的呼声。 ¶군중의 ~에 귀를 기울이다 | 倾qīng听群众的呼声。

ᴮ**목수**[木手] 몡 【木匠】mù·jiang 【木工】mùgōng ¶~가 많으면 집을 비뚤게 짓는다 | 木匠多了盖gài歪wāi了房。 참고〔木作〕

ᴮ**목숨** 몡 【命】mìng 【寿命】shòumìng 【生命】shēngmìng 【性命】xìngmìng ¶~을 구하다 | 救命。 ¶~을 걸다 | 拼pīn命。 ¶이 길다 | 寿命长。 ¶~을 버리다 | 丢掉性命。 ¶~을 보전하기 어렵다 | 性命难保nánbǎo。 ¶~을 끊다 | 寻短剑。

목쉬다[목쉬다] 통 【嘶哑】sīyǎ 【沙哑】shāyǎ ¶목이 쉬다 | 嗓子sǎngzi嘶哑。 ¶감기에 걸려 목쉰 소리로 말하다 | 得了感冒,用沙哑的声音说话。 참고〔沙音〕

ᴬ**목요일**[木曜日] 몡 【星期四】xīngqīsì 【礼拜四】lǐbàisì

ᴬ**목욕**[沐浴] 몡하자 【沐浴】mùyù 【洗澡】xǐzǎo 【沐洗】mùxǐ 【沐浴】xǐyù ¶~물 | 洗澡水。 ¶~재계 | 沐浴斋戒zhāijiè。

ᴬ**목욕탕**[沐浴湯] 몡 【洗澡堂】xǐzǎotáng 【洗澡堂】xǐzǎotáng 【澡塘】zǎotáng 【浴池】yùchí 【澡堂子】zǎotáng(·zi) ¶대중 ~ | 大众浴池/公用浴池。

ᴮ**목욕통**[沐浴桶] 몡 【澡盆】zǎopén 【浴池】yùchí 【浴槽】yùcáo 【洗澡桶】xǐzǎotǒng

목장[牧場] 몡 【牧场】mùchǎng 【牧地】mùdì ¶~주 | 牧场主。

ᴳ**목재**[木材] 몡 【木材】mùcái 【木料】mù-

liào ¶~ 펄프 | 木纸浆。 ¶~상 | 木材商。 ¶~용 나무 | 木材树。

ᴳ**목적**[目的] 몡 【目的】mùdì 【目标】mùbiāo ¶~을 달성하다 | 达dá到目的/达到目标。 ¶~한 바를 성취하기 위하여 힘쓰다 | 为达到目的而努力。 ¶차가 ~지에 닿았다 | 车到了目的地。

목전[目前] 몡 【目前】mùqián 【眼前】yǎnqián 【当前】dāngqián 【眉睫】méijié ¶~의 이익만을 생각하지 마라 | 不要只想目前的利益。 ¶~(의 이익)만을 돌아보고, 장래를 생각하지 않는다 | 只顾zhǐgù眼前,不思目后。 ¶위험이 ~에 닥치다 | 危险wēixiǎn迫在眉睫。

목젖 몡〈生理〉【小舌】xiǎoshé 【悬雍垂】xuányōngchuí

ᴳ**목제품**[木製品] 몡 【木制品】mùzhìpǐn ¶~ 공업 | 木制品工业。

목조[木造] 몡 【木造】mùzào ¶~ 건축 | 木造建筑物。 ¶~ 이층 건물 | 木造的两层建筑物。

ᴳ**목청** 몡 【嗓子】sǎng·zi 【嗓音】sǎngyīn 【嗓门(儿)】sǎngmén(r) 【放声】fàngshēng ¶~이 좋다 | 嗓子好。 ¶~껏 노래하다 | 放开嗓子唱。 ¶~이 우렁차다 | 嗓音洪亮hóngliàng。 참고〔喉喉咙〕

ᴳ**목축**[牧畜] 몡하자 【畜牧】xùmù 【牧畜】mùxù ¶~농업 | 畜牧农业。 ¶~장 | 畜牧场。 ¶~에 종사하다 | 从事畜牧。

ᴳ**목축업**[牧畜業] 몡 【畜牧业】xùmùyè

목침[木枕] 몡 【木枕】mùzhěn

ᴳ**목탁**[木鐸] 몡 【木榅】mùyù

ᴳ**목탄**[木炭] 몡 【木炭】mùtàn ¶~ 가스 | 木炭瓦斯。 ¶~지 | 木炭纸。

목판[木版] 몡〈印〉【木版】mùbǎn ¶~ 인쇄 | 木版印刷yìnshuā。 ¶~본 | 木版书。

ᴮ**목표**[目標] 몡하자 【目标】mùbiāo 【目的】mùdì ¶~를 향해 나아가다 | 向目标前进。 ¶~ 설정 | 订目标。 ¶하반기의 사업 ~를 세우다 | 制定下半期的工作目标。 ¶인생의 ~ | 人生的目标。

목하[目下] 몡 부 【目前】mùqián 【现在】xiànzài 【眼下】yǎnxià ¶~의 국제

정세 | 目前的国际形势。¶~ 열애
중 | 正在热恋中。智立〔眼 yǎn前〕
〔目下〕〔如 rú今〕

[B]**목화**[木花] 閔〈植〉【棉花】mián·hua
¶~송이 | 棉花朵duǒ。¶~씨 | 棉
花种子。

[B]**몫** 閔【份儿】fènr【份额】fèn'é【应取份
额】yīnggǔ fèn'é ¶~을 나누다 | 分
成份儿。¶돈을 세어 두 ~으로 나눈
다 | 把钱数shǔ了数分作两份儿。¶
두 사람 ~을 일하다 | 干两个人的工
作。智立〔股〕

몬타나[Montana;Mon] 閔〈地〉【蒙大
拿】Méngdàná [미국의 주명(州名).
주도(州都)는 "赫勒纳Hèlènà"(헬레
나;Helena)]

몬테비데오[Montevideo] 閔〈地〉【蒙
得维的亚】Méngdéwéidéyà ["乌拉圭"
(우루과이;Uruguay)의 수도]

몰골[样子]yàng·zi【长相】zhǎngxi-
àng ¶~이 초라하다 | 一脸凄凉。¶
~이 말이 아니다 | 不像样子。

[A]**몰다** 圄 ①(쫓다)【赶】gǎn ¶양떼를
~ | 赶羊群。¶사냥감을 ~ | 赶猎物
liéwù。②(마소·차 등을 운전하다)
【开】kāi【驾驶】jiàshǐ ¶자동차를 ~ |
开汽车。¶비행기를 ~ | 驾驶飞机。
③(궁지에 몰아넣다)【致怪】
【看成】kànchéng【致之】zhìzhī【非
难】fēinàn【败负】qī·fu ¶잘못을 가리
지 않고 마구 몰아대다 | 不分是非瞎
责怪。¶궁지에 ~ | 致之困境。④
(한 곳으로 모으다)【合起来】héqǐlái
¶한데 몰아서 팔다 | 合起来卖。⑤
(죄인 등으로 다루다)【当作】dāngzu-
ò【当成】dāngchéng【看成】kànché-
ng ¶도둑으로 ~ | 当成贼。¶역적
으로 ~ | 看成逆贼nìzéi。

몰도바[Moldavia] 閔〈地〉【摩尔达维
亚】Mó'ěrdáwéiyà ["独立国家国协"
(독립국가연합;CIS) 중의 하나. 수
도는 "基什尼奥夫"(키시네프;Kishi-
nev)]智立〔摩达维亚〕

몰두[沒頭] 閔 [하자]【埋头】máitóu【热
中】rèzhōng【一味追求】yíwèi zhuī-
qiú ¶신제품 개발에 ~하다 | 埋头于新
产品的开发。¶공부에 ~하다 | 埋头
读书/热中于念书。¶업무에 정신을
~하다 | 忙业务。智立〔热衷 zhōng〕

〔注重〕

몰디브[Maldives] 閔〈地〉【马尔代夫】
Mǎ'ěrdàifū [스리랑카의 서남방, 인도
양에 있는 약 2천개의 산호초로 이루
어진 몰디브 군도로 된 공화국. 수도
는 "马累"(말레;Male)] ¶~인 | 马
尔代夫人。

몰라보다 圄 ①(알아보지 못하다)【认
不出】rèn·bu chū【难以辨认】nányǐbi-
ànrèn【焕然一新】huànrányìxīn ¶10
년 동안에 몰라보게 변했다 | 十年焕
然一新。②(무시하다)【不尊重】bùz-
ūnzhòng【不尊敬】bùzūnjìng【没有礼
貌】méiyǒu lǐmào ¶고향 어른을 ~ |
不尊敬故乡的尊长。

몰락[沒落] 閔 [하자]【没落】mòluò【灭
亡】mièwáng ¶~한 양반 | 没落的贵
族。¶~한 지주 | 没落地主 ¶~한
왕조 | 没落王朝。

[B]**몰래** 圄【偷偷地】tōutōu·de【悄悄地】qi-
āoqiāo·de【秘密地】mìmì·de【暗地
里】 àndì·li【暗中】ànzhōng【暗暗地】à-
n'àn·de【暗暗地】àn'àn·li【暗底下】à-
ndì·li【暗底下】àndìxià ¶~ 숨다 |
偷偷地躲duǒ起来。¶~ 알아보다 |
暗中打听。智立〔暗骨子里〕〔暗然〕
〔暗里〕

[B]**몰려가다** 圄 ①【一拥而去】yī yōng ér q-
ù【蜂拥而去】fēng yōng ér qù【簇拥】c-
ùyōng ②【拥】yōng【被赶出去】bèi gǎ-
n·chū·qù ¶끝없이 몰려가는 피난민
들의 행렬 | 缕缕被赶出去的难民的行
列。¶비명 소리를 듣고 그쪽으로 ~
| 听到悲鸣声, 人们都拥到那边去
了。智立〔簇捧〕

[B]**몰려나오다** 圄 ①【被赶出去】bèi gǎn·
chū·qù ¶협회에서 몰려나다 | 被赶
会赶出来。②【一拥而出来】yī yōng·
r chū·lái

[B]**몰려다니다** 圄 ①【被赶得来回走】bèig-
ǎn·de lái huízǒu【被赶来赶去】bèi gǎn-
nláigǎnqù ¶침략자들에게 이리저리
몰려 다니는 신세 | 被侵略者赶来赶
去的命运。②【成群结队地来来往往】
chéng qún jié duì·de láiláiwǎngwǎng

[B]**몰려들다** 圄 ①【被赶来】bèi gǎnlái【拥
过来】yōng·guo·lai ¶적군이 까맣게
몰려오다 | 敌军黑压压地拥过来。②

【拥进】yōngjìn〔蜂拥而去〕fēngyōng ér qù〔成群结队地进来〕chéng qún jié duì·de jìnlái ❸【袭来】xílái ¶잠이 몰려오다｜睡意袭来。

몰리다[동] ❶ (쫓기다)【堆在一起】duī·ai yìqǐ〔被赶〕bèigǎn ¶일에 몰리어 눈코 뜰 새가 없다｜被堆在一起的工作，弄得不可开交。¶점심 시간에 손님이 한꺼번에 몰린다｜中午客人们一下子拥来。❷ (죄인 등으로 다루어지다)【被诬为】bèiwūwéi ¶역적으로 몰린 충신｜被诬为逆贼的忠臣。¶범인으로 ～｜被诬为犯人。

몰살[沒殺][명][하타]【覆没】fùmò【覆灭】fùmiè〔全部消灭〕quánbù xiāomiè〔全部死亡〕quánbù sǐwáng ¶일본 군이 ～하다｜日本军覆没。¶비행기 추락으로 탑승객이 ～하다｜由于飞机坠落, 乘客全部死亡。

몰상식[沒常識][명][하형]【没有常识】méiyǒuchángshí【毫无常识】háowúchángshí【不通情理】bùtōng qínglǐ【无知】wúzhī ¶～한 사람｜毫无常识的人。

몰수[沒收][명][하타]【没收】mòshōu ¶재산을 ～하다｜没收产家。¶～品｜没收货品。[참고]〔扣押〕kòuyā〕

몰아가다[동]【赶】gǎn ¶양 떼를 우리 쪽으로 ～｜把羊群往羊圈里赶。

몰아내다[동]【赶出去】gǎn·chū·qù〔驱逐出去〕qūzhú·chū·qù〔赶走〕gǎnzǒu ¶침략자를 ～｜赶走侵略者。

몰아넣다[동]【赶进】gǎn·jìn〔驱入〕qūrù ¶몽땅 자루에 ～｜全部赶进口袋里。¶양떼를 우리에 ～｜把羊群赶进圈里。

몰아붙이다[동] ❶ (한쪽으로 몰다)【贴在一起】tiēzài yìqǐ〔追逼〕zhuībī ¶적군은 싸우지도 않고 도망치고, 아군은 승세를 타고 끝까지 몰아붙인다｜敌军不战而逃táo, 我军乘胜chéngshèng追逼。❷ (꼼짝 못하게 하다)【训】xùn ¶어찌나 심하게 몰아붙이는지 꼼짝 못하고 당했다｜训得我都不敢吱一声。

몰아세우다[동]【训】xùn【整】zhěng【非难】fēinán ¶모두가 그 사람만 몰아세운다｜大家只非难他。

몰아치다[동] ❶ (몰아닥치다)〔刮〕guā〔交加〕jiāojiā ¶비바람이 ～｜风雨交加。❷ (급히 서두르다)【赶】gǎn【赶着干】gǎn·zhe gàn【催促】cuīcù【促使】cùshǐ ¶적을 골짜기로 몰아쳐서 무찌르다｜把敌人赶进山谷里消灭。¶며칠 일을 몰아쳐서 하루에 끝냈다｜把几天的工作赶一天完成。

몰인정[沒人情][명][하형]【无情】wúqíng【冷淡】lěngdàn【冷酷】lěngkù【冷漠】lěngmò ¶～하게 거절하다｜无情地拒绝。¶그는 사람을 ～하게 대한다｜他待人冷酷。

몰입[沒入][명][하타]【陷入】xiànrù【投入】tóurù ¶무아지경에 ～｜陷入无我之境。¶～하다｜专心投入。

몰지각[沒知覺][명][하형]【不懂事】bùdǒngshì【不知趣】bùzhīqù【无知觉】wúzhījué ¶～한 행동｜无知觉的行动xíngdòng。

몰타[Malta][명]〈地〉【马耳他】Mǎ'ěrtā[지중해의 섬나라로 영연방의 일원. 수도는 "瓦莱塔"〈발레타；Valletta〉]

몸[명] ❶ (신체)【身子】shēn·zi【肢体】zhītǐ【身体】shēntǐ【身躯】shēnqū ¶～이 좀 불편하다｜身子不大舒服shūfu。¶～에 좋은 약｜对身体有益的药。¶～을 단련하다｜锻炼身体。¶건강한 ～｜健壮jiànzhuàng的身躯。❷ (신분)【体】tǐ【身份】shēn·fen ¶귀하신 ～｜贵体/尊贵之身。¶여자의 ～으로 태어나다｜生于女子之身。[참고]〔身〕〔身躯〕〔身材〕

몸가짐[명]【举止】jǔzhǐ【容止】róngzhǐ【仪态】yítài【衣冠】yīguān ¶～이 얌전하다｜举止斯文。¶～이 경솔하다｜举止轻率qīngshuài。¶～을 단정히 하다｜端正衣冠。[참고]〔仪表〕〔仪容〕

몸놀림[명]【动作】dòngzuò ¶～이 가볍다｜动作轻快。

몸단장[—丹粧][명][하자]【打扮】dǎ·ban【装束】zhuāngshù ¶한참 동안 ～했다｜打扮了好半天。¶아주 예쁘게 ～을 했다｜打扮得很漂亮piàoliàng。

몸담다[동]【供职】gōngzhí【任职】rènzhí【从事】cóngshì ¶회사에 몸담고 있다｜在公司供职。¶교육사업에 몸을

338

담। 从事教育工作。

몸두다 통 ❶ 【安身处】ānshēn 【栖身】qī-shēn 1이곳에 몸을 둘 곳이 되지 못하니 다른 곳으로 가는 것이 좋겠다 | 这里非安身之处, 还是到别处去好。 1잠시 몸 둘 곳이 없다 | 无处栖身。❷ 【度过】dùguò 1소년 시절은 외삼촌 댁에 몸두고 이었다 | 少年时期是在舅舅家度过的。 參考〔藏身〕

몸 둘 바를 모르다 관용 【无所适从】wú-suǒshìcóng

몸매 명 【身姿】shēnzī 【身段】shēnduàn 【身材】shēncái 【体态】tǐtài 1그 여자는 ~가 좋다 | 她身段长zhǎng得好。 1~가 곱다 | 身材漂亮。 參考〔姿容〕〔身裁〕〔身框(儿)〕

´**몸무게** 명 【体重】tǐzhòng 1~가 적지 않게 늘었다 | 体重增加了不少。

´´**몸부림** 명 ❶ (바둥거리다) 【摇晃着身子】yáo·huang·zhe shēn·zi 【翻腾】fān·teng 【痛不欲生】tòngbùyùshēng 【翻滚】fāngǔn 【折腾】zhē·teng 1아이가 ~을 치며 운다 | 小孩儿摇晃着身子哭闹kūnào。 1아이는 잔등에서 ~을 치며 그냥 울어댄다 | 孩子仍在背上翻腾着哭闹。❷ (힘쓰다) 【挣扎】zhēngzhá 1~치는 조국, 수난을 당하고 있었던 조국의 표상이 부각되는 것이었다 | 眼前浮现fúxiàn出曾在苦难中挣扎的祖国的景象。

´´**몸살** 명 【病痛】bìngtòng 【四肢酸痛】sìzhīsuāntòng 1~이 나다 | 浑身hún-shēn难受。

´**몸서리** 명 【寒噤】hánjìn 【冷颤】lěngchàn 【冷战(儿)】lěngzhàn(r) 【寒栗】hánlì 【毛骨悚然】máogǔsǒngrán 1~쳤다 | 打了一个寒噤。 1그는 전쟁 이야기라니 ~를 친다 | 一说战争的故事, 他就不寒而栗。 1~나는 피난 생활 | 毛骨悚然的逃难生活。 參考〔寒悸儿〕〔寒战zhàn〕〔发抖〕

몸소 부 【亲自】qīnzì 1~ 착수하다 | 亲自动手·dòngshǒu。 1~ 실천하다 | 亲自实践。 1할아버지께서 ~ 가꾸시는 화초 | 爷爷亲自养的花草。 參考〔自己〕

몸져눕다 통 【病倒】bìngdǎo 【病卧】bìngwò 【卧病】wòbìng 1그는 결국 몸져 누웠다 | 他终于病倒了。 1아들

걱정으로 그만 ~ | 因挂念儿子, 终于病倒了。 1몸살로 ~ | 由于过度疲劳, 就病倒了。 參考〔患病〕

´**몸조리** [-調理] 명 하자 【调养】tiáoyǎng 【休养】xiūyǎng 【养病】yǎngbìng 【保养】bǎoyǎng 【调理】tiáolǐ 1~ 잘 하시길 바랍니다 | 希望你好好休养。 1그는 병원에서 ~하고 있다 | 他在医院里养病。 1산후 ~를 잘 하다 | 做好产chǎn后调理。

´**몸조심** [-操心] 명 하자 (몸조리) 【保重】bǎozhòng 【注意健康】zhùyì jiànkāng 1~하십시오 | 请您多保重。❷ (언행을 삼가함) 【谨言慎行】jǐnyánshènxíng 1시국이 이럴 때는 ~이 제일이야 | 时局如此, 最好是谨慎行才是。 參考〔珍zhēn重〕

몸집 【身材】shēncái 【身躯】shēnqū 【体躯】tǐqū 【躯体】qūtǐ 【身子骨儿】shēn·zigǔr 1~이 크다 | 身材高大。 1건강한 ~ | 健壮jiànzhuàng的身躯。 參考〔身本〕〔身板〕〔躯干qūgān〕

´**몸짓** 명 하자 【身势】shēnshì 【动作】dòngzuò 1~으로 말하다 | 用动作来说话。

몸짱 【体格漂亮的人】tǐgépiào·liang·de rén 【身体美男】shēntǐ měinán 【身体美女】shēntǐ měinǚ

´**몸차림** 명 하자 【打扮】dǎ·ban 【装束】zhuāngshù 【穿戴】chuāndài 【衣冠】yīguān 【服饰】fúshì 1수수한 ~ | 朴素的打扮。

몸치장 [-治粧] 명 하자 【打扮】dǎ·ban 【装扮】zhuāngbàn 1한참 동안 ~했다 | 打扮了好半天。 1그녀는 ~을 매우 잘 한다 | 她很会装扮。 參考〔妆zhuāng扮〕

´**몸통** 명 【躯体】qūtǐ 【身躯】chōngqū 【体躯】tǐqū 1~이 크다 | 身躯高大。 參考〔躯干gān〕〔身本〕〔身材〕

^**몹시** 부 【十分】shífēn 【非常】fēicháng 【很】hěn 【甚】shèn 【厉害】lì·hai 【最】zuì 【特别】tèbié 1이 말을 듣고는 그녀는 ~ 불쾌했다 | 听了此话, 她十分不悦yuè。 1~ 기분이 좋다 | 非常高兴。 1진보가 ~ 빠르다 | 进步非常快。 1요며칠 ~ 덥다 | 这几天热得厉害。 參考〔颇〕〔极力〕

몹쓸 관 【精透】zāotòu 【坏】huài 1~

병 | 坏病。¶～ 사람 | 坏人。¶～
짓 | 坏事。

ᴮ**못**² 圐【钉子】dīng·zi ¶～을 박다 | 钉d-
īng钉子。

ᴬ**못**² 圐【不能】bùnéng【不】bù【没法】m-
éifǎ ¶통제 구역에는 ～ 들어간다 |
不能进管制区。¶더는 ～ 참겠다 |
再也受不了啦。¶그 여자를 ～잊다
| 忘不了那个女的。

ᴄ**못나다** 圐❶【어리석다】【没出息】méi
chū·xi【不争气】bùzhēngqì【贱骨头】
jiàngǔ·tou ¶사람이 왜 그리 못났어?
속기만 하고… | 你怎么那么没出息
呢? 竟被人骗。¶그 사람은 정말 못
났다 | 他这个人真不争气。❷(못생기
다)【丑】chǒu【难看】nánkàn ¶매
우 못났다 | 长得很丑。¶난 얼굴 |
丑相。

ᴮ**못난이** 圐❶【没出息的】【没出息】méi chū·xī·d-
e【不争气的】bùzhēngqì·de【蠢货】
chǔnhuò【蠢材】chǔncái ❷【丑的】ch-
ǒu·de【难看的】nánkàn·de

못내 閈❶(몹시)【非常】fēicháng【实
在】shízài【无限】wúxiàn ¶합격 소식
에 ～ 기뻐하다 | 听到被录取的消息xi-
āoxī, 他非常高兴。¶선생님께서는
학교에 가지 못하는 아이들을 생각하
시여, ～ 가슴아파하셨다 | 先生总想
到不能上学念书的孩子们, 心里就非
常难过。❷(늘)【不禁】bùjīn【始终】
shǐzhōng【一直】yìzhí ¶～ 감격을 금
치 못하다 | 不禁感概。¶10년이 지
나도록 ～ 그리워하다 | 十年来一直
想念。

못다 閈【未完】wèiwán ¶～한 이야기 |
未完的故事。

ᴮ**못되다** 圐❶【恶劣】èliè【丑】chǒu【不像
话】búxiànghuà ¶아주 못된 수단 |
恶劣手段。¶함부로 손찌검을 하다
니 정말 못됐구나 | 哪能随便打人, 真
不像话。〔참고〕〔坏〕

못된 송아지 엉덩이에 뿔난다 〔관용〕【歪
种牛犊屁股上长角】wāizhǒng niúdú
pì·gu·shàng zhǎngjiǎo

ᴮ**못마땅하다** 圎【不顺心】búshùnxīn【不
惬意】búqièyì【不满意】bùmǎnyì【欠
妥】qiàntuǒ ¶못마땅한 듯이 이맛살
을 찌푸리다 | 好像不满意似地皱了眉
头。¶못마땅한 데가 있다 | 欠妥之

처。

못박다 圐❶(상심시키다)【伤】shāng
【结下】jiéxià ¶가슴에 못박힌 한 | 心
里结下的恨。❷(지정하다)【肯定】k-
ěndìng ¶꼭 이것이라고 못 박아서 하
는 소리는 아니지만… | 并非说是肯
定是这样。

ᶜ**못뽑이** 圐【羊角起钉钳】yángjiǎo qǐdī-
ngqián【开箱钩】kāixiānggōu

ᶜ**못살다** 圐❶(가난하게 살다)【穷】qió-
ng ¶못사는 사람들 | 穷人。❷(기를
못 펴다)【欺负】qī·fu ¶약자를 못살
게 굴다 | 欺负弱者。

ᴮ**못생기다** 圐❶(외모가)【丑】chǒu【不
好看】bùhǎokàn【难看】nánkàn【长得
丑】zhǎng·de chǒu ¶못생긴 여자 |
丑女人。¶얼굴은 못생겨도 마음은
곱다 | 脸长得难看, 但心灵美。❷(행
동이)【蠢】chǔn ¶그는 또 못생긴 짓
을 했다 | 他又闹nào了蠢事。

ᴮ**못쓰다** 圐❶(쓸모가 없다)【不能用】
bùnéngyòng【没有用】méi·yǒuyòng
【坏了】huài·le【破了】pò·le【废了】fèi-
·le【不中用】bùzhòngyòng【作践】zu-
ò·jian【糟踏】zāo·ta ¶기계가 녹이
슬어 못쓰게 되었다 | 机器生锈, 不能
用了。¶물건을 못쓰게 해서는 안된
다 | 不能作践东西。¶(나쁘다)【不
好】bùhǎo ¶장난질하면 못써 | 淘气
不好。¶자네 어디 아픈가? 얼굴이
못쓰게 되었네 그려 | 哪不舒服? 脸色
不好啊。

ᴮ**못자리** 圐〈农林〉【苗床】miáochuáng
【苗圃】miáopǔ【圃地】pǔdì ¶그는 ～
에서 일한다 | 他在苗圃劳动。

ᴬ**못지 않다** 圐【不亚于】búyàyú【不次
于】búcìyú【不差】bùchà【不低于】bù-
dīyú ¶일류 가수 못지 않은 노래 솜씨
| 不亚于一流歌手的歌唱能力。¶남
못지않게 살던 살림 | 不次于别人的
生活。

ᴬ**못하다¹** 圐(할 수 없다)【不会】búhuì
【不能】bùnéng【不了】bùliǎo ¶그는
중국어를 못한다 | 他不会说中国话。
¶이곳에는 가지 못한다 | 那儿不能
去。¶그것도 읽지 못하느냐? | 连那
个也读不了吗?〔참고〕〔不至zhì于〕

ᴬ**못하다²** 圎❶(뒤떨어지다)【不及】bù-
jí【不如】bùrú【不若】búruò ¶이것은

340

저것만 ~ | 这个不及那个好。¶아우
만 ~ | 不如弟弟。¶백 번 듣는 것이
한 번 보는 것만 ~ | 百闻不如一见。
¶형편이 해가 갈수록 ~ | 光景一年
不如一年。❷ (일정한 수준에 미치지
못하다) 【不】bù 【不怎么】bùzěn·me
¶강하지 ~ | 不强。¶좋지 ~ | 不
怎么好。¶밝지 ~ | 不怎么亮。(참고)
〔与yǔ其〕[没]

못하다³ 조동 (表示不能或不许)【…不
了】…bùliǎo 【没法】méifǎ ¶먹지 ~
| 吃不了。¶걷지 ~ | 走不了。¶참
다 못해서 소리를 질렀다 | 忍受不住
才喊出了声。

몽고[蒙古] 명 〈地〉【蒙古】Měnggǔ
[몽골 공화국(Mongolian People's
Republic)과 중국의 내몽골 자치구
(Inner Mongolia)를 포함한 지역명. 수
도는 "乌兰巴托"wūlánbātuō(울란바
토르;Ulan Bator)] ¶~족 | 蒙古
族。¶~어 | 蒙古话

몽고메리[Montgomery] 명 〈地〉【蒙哥
马利】Měnggēmǎlì [미국 "亚拉巴马Y-
àlābāmǎ"(알라바마;Alabama) 주의
주도(州都)]

몽둥이[棒子] 명【棒】bàng·zi 【棍棒】gùnbà-
ng【棒】bàng 【棍】gùn ¶~질 | 用棍
子打。¶~ 세례를 퍼붓다 | 用棍猛
打。

몽땅 부 ❶ (모두)【全部】quánbù 【全
都】quándōu ¶돈을 ~ 잃다 | 把钱全
部丢了。¶돈을 ~ 써 버렸다 | 钱全
用光了。❷ (대번에 잘라 작아지는
모양)【一下子】yíxià·zi ¶한 번에 ~
잘라 낸 밧줄 | 一下子剪掉的绳子。

몽롱[朦朧] 명형【朦朧】ménglóng
【恍惚】huǎng·hū ¶의식이 ~한 상태
| 意识朦胧的状态。¶정신이 ~하다 |
神志朦胧恍惚。

몽매[夢寐] 명【梦寐】mèngmèi 【做
梦】zuòmèng ¶~에도 잊지 못하다 |
寤寐难忘。

몽매²[蒙昧] 명하형【蒙昧】méngmèi
【不开通】bùkāi·tong 【愚昧】yúmèi
【未开化】wèikāihuà ¶아무리 ~한
사람이기로서니 이런 짓이야 하겠소
| 怎样不开通，也不能做出这种
事。¶무지 ~ | 愚昧无知。

몽블랑[Mont Blanc] 명 〈商標〉【万宝

龙】Wànbǎolóng

몽상[夢想] 명하타【梦想】mèngxiǎng
¶그녀는 연기자가 되는 ~을 한다 |
她梦想当演员。¶~에 젖다 | 被梦想
所迷。

몽치다 통【结】jié 【团】tuán ¶이불 솜
이 ~ | 被子里的棉花凝成了团儿。¶
실을 돌돌 ~ | 把线绕成团。

몽클하다 형【沉痛】chéntòng ¶어미
없는 어린것의 우는 소리를 듣고 가슴
이 몽클했다 | 听到没妈的孩子的哭
声,心情很沉痛。

묘[墓] 명【墓】mù 【坟】fén 【坟墓】fé-
nmù ¶~를 살피다 | 扫墓。¶~를
쓰다 | 修墓。(참고)〔冢zhǒng〕

묘기[妙技] 명【妙技】miàojì 【绝技】jué-
jì ¶~를 보이다 | 表演绝技。

묘령[妙齡] 명【妙齡】miàolíng 【妙年】
miàonián ¶한 ~의 여자애가 있다 |
有一个妙龄的女子。¶~의 처녀 | 妙
龄女郎。

묘목[苗木] 명【树苗】shùmiáo 【苗木】
miáomù ¶식목일에는 사람마다 ~
한 그루씩 심는다 | 植树节每人种一
株树苗。

묘미[妙味] 명【妙味】miàowèi 【妙趣】
miàoqù ¶낚시의 ~ | 钓鱼的妙趣。
¶그녀의 연기에는 형용하기 어려운
~가 있다 | 她的表演有难以形容的妙
味。

묘비[墓碑] 명【墓碑】mùbēi 【墓表】mù-
biǎo ¶~명 | 墓碑铭。¶~를 수립
하다 | 树墓碑。(참고)〔阡qiān表〕〔墓
碣jié〕

묘사[描寫] 명하타【描写】miáoxiě 【描
绘】miáohuì 【描摹】miáomó ¶성격을
잘 ~한 작품 | 性格描写非常好的作
品。¶인물을 ~하다 | 描写人物。¶
희로애락을 사실적으로 ~해내다 |
喜怒哀乐描摹得逼真。(참고)〔摹mú〕

묘소[墓所] 명【墓所】mùsuǒ 【墓地】m-
ùdì

묘수[妙手] 명【巧计】qiǎojì 【妙计】miào-
jì 【妙略】miàolüè 【妙诀】miàojué
【妙手】miàoshǒu ¶~를 쓰다 | 施shī
巧计。¶한 가지 ~를 생각해냈다 |
想出了一条妙计。¶~가 나오다 | 出
绝招儿。(참고)〔好办法〕

묘안[妙案] 명【好主意】hǎozhǔyì 【妙

計】miàojì 【妙略】miàolüè 【妙策】miào·cè 【妙案】miào'àn ¶하나의 ~을 생각해냈다 | 想出了一条妙计。¶~이 떠오르다 | 想起了妙策。

묘연[杳然] 명하형 【渺然】miǎorán 【杳渺】yǎomiǎo 【杳眇】yǎomiǎo 【杳无】yǎowú ¶~히 사라지다 | 渺然地离去。¶소식이 ~하다 | 音讯yīnxùn杳渺。¶행방이 ~하다 | 去向杳眇。

（참고）〔茫茫〕

ᴮ**묘지**[墓地] 명 【墓地】mùdì 【坟地】féndì 【坟场】fénchǎng 【坟墓】fénmù 【墓】mù ¶공원 ~ | 公园墓地。¶公墓。

묘책[妙策] 명 【妙策】miàocè 【妙算】miàosuàn 【妙诀】miàojué ¶~이 떠오르다 | 想起了妙策。¶아주 훌륭한 ~ | 神机妙算。

묘하다[妙-] 형 ❶ (기묘하다) 【妙】miào 【奇妙】qímiào ¶묘하게 말하다 | 说得真妙。¶묘하게 생긴 석불 | 长相奇妙的石佛。¶이 말은 묘하기 이를 데 없다 | 此话奇妙无比。❷ (절묘하다) 【巧妙】qiǎomiào 【奇巧】qíqiǎo 【绝妙】juémiào ¶바둑 수가 ~ | 围棋招儿绝妙。¶이 문제를 묘하게 처리했다 | 巧妙地处理这一问题。❸ (공교롭거나 신기하다) 【巧】qiǎo 【碰巧】pèngqiǎo 【凑巧】còuqiǎo 【神奇】shénqí ¶오늘 묘하게 그를 만났다 | 今天碰巧见到他。¶이 일이 묘하게 되다 | 事有凑巧。¶묘한 인연으로 만난 사람 | 由于神奇的缘分见到的人。

무[無] 명 【无】wú 【没有】méi·yǒu ¶~에서 유(有)를 창조하다 | 做到从无到有。¶~질서 | 无秩序。

무가치[無價値] 명하형 【毫无价值】háowú jiàzhí 【无价值】wú jiàzhí ¶~ 자산 | 无价值资产。

무감각[無感覺] 명하형 ❶ (감각이 없음) 【毫无感觉】háowú gǎnjué 【没有感】méiyǒugǎnjué 【无感觉】wúgǎnjué 【麻木】mámù ¶~한 사람 | 毫无感觉的人。¶추위로 발가락이 ~해지다 | 由于寒冷, 脚指没有感觉了。❷ (감수성이 둔하거나 무신경함) 【毫无反应】háowúfǎnyìng 【毫无关心】háowúguānxīn ¶그는 남의 괴로움에 대해

~하다 | 他对别人的痛苦漠不关心。

ᴬ**무겁다** 형 ❶ (무게가 많다) 【重】zhòng 【沉】chén 【重甸甸】zhòngdiāndiān 【沉甸甸】chéndiāndiān 【钝】dùn ¶쇠는 나무보다 ~ | 铁比木头重。¶짐이 ~ | 东西沉。¶무거운 물건 | 重重的东西。❷ (병세가 심하다) 【严重】yánzhòng ¶병세가 ~ | 病情bìngqíng严重。❸ (입이나 행동이 진중하다) 【稳重】wěnzhòng 【稳庄】wěnzhuāng 【谨慎】jǐnshèn ¶그는 사람됨이 무겁고 일처리가 노련하다 | 他为人稳重, 办事老练。¶무겁게 입을 열다 | 谨慎地开了口。❹ (행동 등이 느리다) 【缓慢】huǎnmàn 【迟钝】chídùn ¶행동이 ~ | 行动缓慢。¶움직임이 ~ | 动作迟钝。❺ (중요하다) 【重大】zhòngdà 【大】dà ¶책임이 ~ | 责任重大。¶무거운 비중을 차지하다 | 占大的比重。❻ (머리·기분·분위기가 가라앉다) 【沉重】chénzhòng 【沉闷】chénmèn ¶마음이 ~ | 心情沉重。¶발걸음이 ~ | 步伐沉重。

ᴮ**무게** 명 ❶ (중량) 〈物〉 【重量】zhòngliàng 【重】zhòng 【斤】jīn : 重量单。¶몸 ~ | 体重。❷ (중요성) 【分量】fèn·liang 【份量】fèn·liang 【轻重】qīngzhòng ¶일의 ~를 가려 그 차례를 정하다 | 分事情的轻重定程序。❸ (사람의 위신이나 신중성) 【稳重】wěnzhòng 【谨慎】jǐnshèn ¶사람이 ~가 있어 보인다 | 他好像稳重。¶말이 꽤 ~가 있다 | 说话很有分量。¶~ 있는 발언 | 谨慎的发言。

무결[無缺] 명하형 【完整】wán·zhěng 【无瑕疵】wúxiácī 【没有缺陷】méi·yǒu quēxiàn 【无缺】wúquē ¶완전~한 문장 | 完整的文章。¶완전~한 계획 | 完美无缺的计划。

무고[無故] 명하형 ❶ 【无故】wúgù ❷ 【平安无事】píng'ān wúshì 【平安无恙】píng'ān wúyàng 【无恙】wúyàng ¶집안 식구들이 모두 ~하다 | 家人都无恙。

무고[誣告] 명하타 【诬告】wūgào 【诬控】wūkòng 【诬诉】wūsù 【妄告】wànggào 【妄控】wàngkòng ¶~죄 | 诬告罪。¶다른 사람을 ~해서는 안된

다 | 不得诬告他人. 참고〔诬蔑miè〕
무고³[無辜] 명형 **【无辜】**wúgū ¶~한 생명 | 无辜的生命. ¶~한 사람을 연루시키다 | 株zhū连无辜.
무공[武功] 명 **【武功】**wǔgōng **【军功】**jūngōng **【战功】**zhàngōng ¶~을 세우다 | 立下军功. ¶혁혁한 ~ | 赫赫hèhè战功.
¹**무관**[武官] 명 **【武官】**wǔguān ¶그는 ~을 역임했다 | 他任过武官.
²**무관**²[無關] 명형 **【无关】**wúguān 나는 그 일과는 ~하다 | 那个事情跟我无关. ¶괜히 ~한 일에 나서다 | 无谓地参与无关的事情.
¹**무관심**[無關心] 명형 **【不关心】**bùguānxīn **【无关心】**wúguānxīn **【没有关心】**méi·yǒu guānxīn **【无动于衷】**wúdòng yú zhōng **【袖手旁观】**xiùshǒupángguān ¶나는 표정 | 毫无关心的表情. ¶그는 동료에 대해 ~하다 | 他对同事漠不关心. ¶결코 ~할 일이 아니다 | 决不是袖手旁观的事情.
무궁[無窮] 명형 **【无穷】**wúqióng **【无限】**wúxiàn ¶군중의 지혜는 ~한 것이다 | 群众的智慧zhìhuì是无穷的. ¶조국의 ~한 번영을 위하여 | 为祖国的无限繁荣fánróng. 참고〔无疆jiāng〕〔无极〕
무궁무진[無窮無盡] 명형 **【无穷无尽】**wú qióng wú jìn **【取之不尽】**qǔ zhī bú jìn ¶~한 자원 | 无穷无尽的资源. ¶이곳의 샘물은 ~ | 这儿的泉水是取之不尽的. 참고〔取之不禁wújìn〕
^**무궁화**[無窮花] 명〈植〉**【木槿花】**mùjǐnhuā **【槿花】**jǐnhuā **【无穷花】**wúqiónghuā
무근[無根] 명형 **【无钢筋的】**wúgāngjīn·de **【无根据】**wúgēnjù ¶사실上 ~한 이야기 | 事实上是无根据的话.
^**무기**[武器] 명 **【武器】**wǔqì ¶사상적 ~ | 思想武器. ¶공격 ~ | 攻击武器. ¶펜을 ~로 하여 싸우다 | 以笔为武器进行斗争.
무기력[無氣力] 명형 **【无力气】**wúlìqi **【软弱无力】**ruǎnruòwúlì **【无力】**wúlì **【没有活力】**méiyǒuhuólì ¶~한 대답 | 无力的回答. ¶~한 경기 | 没有活力的比赛bǐsài.

무기한[無期限] 명 **【无期限】**wúqīxiàn **【无日期】**wúrìqī ¶~파업 | 无期限罢工.
무난[無難] 명형 ❶(쉽다) **【顺利】**shùnlì **【容易】**róngyì **【不难】**bùnán 그 정도면 ~하게 대학에 들어갈 수 있다 | 以他那种实力进大学不难. ¶~히 통과하다 | 顺利地通过. ¶일이 매우 ~하게 진행되고 있다 | 事情进行得很顺利. ❷(무던하다) **【没有问题】**méiyǒu wèntí **【没有毛病】**méiyǒu máobìng **【无可挑剔】**wúkětiāotì ¶그만하면 ~하다 | 那就没有问题了. ¶그 정도면 그저 ~하다 | 那个程度就无可挑剔了.
무너뜨리다 동 **【使倒塌】**shǐdǎotā **【使垮台】**shǐkuǎtái **【推翻】**tuīfān **【打垮】**dǎkuǎ **【踢毁】**tīhuǐ **【拆毁】**chāihuǐ ¶사회 체제를 ~ | 打垮社会体制. ¶벽을 ~ | 把墙bǎqiáng拆毁. 참고〔打坏huài〕
^**무너지다** 동 ❶(붕괴되다) **【垮】**kuǎ **【塌】**tā **【倒塌】**dǎotā **【崩塌】**bēngtā **【崩塌】**bēngtā **【堕毁】**duòhuǐ ¶그 회사는 무너졌다 | 那公司垮了. ¶담이 ~ | 墙塌了. ¶강력한 지진이 발생하여 많은 건축물이 무너졌다 | 发生了强烈qiángliè地震zhèn, 许多建筑zhù物wù崩塌了. ❷(질서·기대 등이 파괴되다) **【垮台】**kuǎtái **【崩溃】**bēngkuì **【溃】**kuì **【土崩瓦解】**tǔ bēng wǎ jiě **【破坏】**pòhuài ¶구성된지 3개월도 안되어 내각은 무너지고 말았다 | 成立不到三个月的内阁gé就垮台kuǎtái了. ¶기대가 ~ | 期待被破碎. ¶사회질서가 ~ | 社会秩序zhìxù被破坏. 참고〔倒坍〕〔倒dǎo台〕〔塌台〕〔垮杆〕
무녀[巫女] 명 **【巫女】**wūnǚ **【巫婆】**wūpó 참고〔师娘niáng〕〔师婆(子)〕
무념[無念] 명형 **【心不在焉】**xīnbúzàiyān **【心神不属】**xīnshénbùshǔ **【无动于衷】**wúdòng yú zhōng **【忘我】**wàngwǒ ¶~무상의 경지 | 忘我的境界.
무능[無能] 명형 **【无能】**wúnéng **【无能力】**wúnénglì **【没有能力】**méi·yǒunénglì **【没本事】**méiběnshì **【无才】**wúcái **【不才】**bùcái ¶~한 지휘관 | 无能

的指挥官。¶~한 사람 | 没有能力的人。**참고**〔没用〕

"무늬 명【纹】wén【纹路】wénlù【花纹】huāwén ¶~가 지다 | 出花纹儿。¶꽃~ | 花纹。¶물결~ | 波纹bōwén。

무단 명【无断】wúgù【无故】wúgù【擅自】shànzì ¶~결근 | 无故缺勤。¶~으로 출입하다 | 擅自出入。¶~가출 | 擅自离家。

"무당 명【巫─】명【巫婆】wūpó【巫女】wūnū **참고**〔师娘niáng〕〔师婆(子)〕

^무대【舞台】명❶(연극의)【舞台】wǔtái【场地】chǎngdì ¶~위에 서다 | 站在舞台上。¶~ 배경 | 舞台布景。¶~효과 | 舞台效果xiàoguǒ。❷(활동의)【舞台】wǔtái ¶세계를 ~로 활약하다 | 活跃在世界舞台上。¶외교~ | 外交舞台。

무더기 명【堆(儿)】duī(r)【群】qún ¶돌~ | 石头堆。¶~로 쌓이다 | 堆成堆。¶~로 팔다 | 论堆卖。

^무더위 명【炎热】yánrè【酷热】kùrè【大热】dàrè ¶정말이지 이런 ~는 못겪디깄다 | 实在受shòu不了这酷热。¶삼복~ | 三伏大热天。¶~가 기승을 부리다 | 烈日炎炎。

무던하다 형❶(성질이)【善良】shànliáng【老实】lǎo‧shi【浑厚】húnhòu ¶마음씨가 ~ | 心地善良。¶그는 무던한 사람이다 | 他是个老实人。¶천성이 ~ | 天性浑厚。❷(정도가)【够】gòu【可以】kěyǐ ¶이 만년필은 네가 일년 동안 쓰기에 ~ | 这枝钢笔gāngbǐ够你用一年。¶하루 품삯 2만원이면 ~ | 一日工资两万, 可以了。**참고**〔良善〕

"무덤 명【坟墓】fénmù ¶스스로 ~을 파다 | 自掘坟墓。¶재산 역시 ~속으로 가져갈 수 없는 것이다 | 财产cáichǎn也不会带进坟墓里。

"무덥다 형【炎热】yánrè【闷热】mēnrè【酷热】kùrè【暑热】shǔrè ¶무더운 여름철 | 炎热的夏季。¶올 해 여름은 특히 ~ | 今年夏天特别炎热。¶날씨가 무더우니 아마도 비가 올 것 같다 | 天气闷热,可能要下雨。

무도¹[舞蹈] 명하자【舞蹈】wǔdǎo【跳舞】tiàowǔ【舞】wǔ ¶~장 | 舞场/跳舞厅。¶~회 | 舞会。

무도²[武道] 명❶【武术】wǔshù ¶그~를 배웠다 | 他学过武术。❷【武夫之道】wǔ fū zhī dào【武人之道】wǔ rén zhī dào

무드[mood] 명❶【心情】xīnqíng【情绪】qíngxù❷【气氛】qìfēn

무디다 형❶(날이 예리하지 못하다)【钝】dùn ¶이 식칼은 너무 무디니 갈아야겠다 | 这把菜刀太钝了, 该磨mó了。¶칼날이 ~ | 刀刃儿钝了。❷(둔하다)【迟钝】chídùn【迟顿】chídùn【麻痹】mábì ¶신경이 ~ | 神经迟钝。¶후각이 무디어지기 시작하였다 | 嗅xiù觉迟钝起来了。¶감각이 ~ | 感觉迟钝。

뚜뚝뚝하다 형【生硬】shēngyìng【冷漠】lěngmò ¶너의 태도는 너무 ~ | 你的态度太生硬了。¶생김새부터 무뚝뚝하게 생기다 | 长相zhǎngxiàng长得冷。

"무럭무럭 부❶(자라는 모양)【茁壮(地)】zhuózhuàng(‧de)【噌噌】chēngchēng ¶우리 나라 어린이가 ~자라고 있다 | 我国儿童茁壮成长。¶곡식이 ~ 자라다 | 庄稼噌噌地往上长。¶~ 자라는 어린이 | 茁壮成长的孩子。❷(연기 등이 피어 오르는 모양)【呼呼地】hūhū‧de【团团地】tuántuán‧de ¶연기가 ~ 솟아올랐다 | 呼呼地升起黑烟。

"무려[无虑] 부【足有】zúyǒu ¶~ 백은 넘는다 | 足有一百多。¶~ 십만 명이나 되었다 | 足有十万人。

무력¹[武力] 명【武力】wǔlì【武装】wǔzhuāng【武装力量】wǔzhuāng lìliàng【军事力量】jūnshì lìliàng ¶~을 사용하다 | 使用武力。¶~ 투쟁 | 武装斗争。**참고**〔兵力〕

무력²[无力] 명형❶【无力】wúlì【没劲(儿)】méijìn(r)【没有力量】méi‧yǒu lìliàng【无能为力】wú néng wéi lì ¶이렇게 한다면, 나도 ~해진다 | 这样的话, 我也无能为力了。❷【无能】wúnéng【没有…能力】méiyǒu…nénglì ¶생활에 ~한 사람 | 没有生活能力

^무렵 의명【际】jì【时分】shífēn【时】shí ¶그 ~에 | 那时。¶해질 ~ | 日落之际。¶떠날 ~ | 出发之际。

ᵃ무례¹[無禮] 阅하형 【无礼】wúlǐ【不礼
貌】bùlǐmào ¶~한 언동 | 无礼的言
行。¶~한 말을 하다 | 说了没有礼
貌的话。

ᴮ무료¹[無料] 阅【免费】miǎnfèi【免收各
项费用】miǎnshōu gèxiàng fèiyòng
【无偿】wúcháng ¶전람회를 ~로 참
관하다 | 免费参观展览zhǎnlǎn会。
¶~ 서비스 | 免费服务。¶~봉사 |
无偿服务/无报酬的服务。 ¶~ 사용
기간 | 免费使用期。

무료²[無聊] 阅하형 【无聊】wúliáo ¶그
녀는 좀 한가하기만 하면, ~함을 느
낀다 | 她一闲下来，便感到无聊。¶
하는 일 없는 ~한 나날 | 无所事事的
无聊的日子。

ᵃ무르다¹ 통❶ (산 것을) 【退】tuì【退还】
tuìhuán【退回】tuìhuí ¶시계를 ~ |
退还手表。¶이 표 한 장을 물렀다 |
退了这张票。❷ (장기·바둑에서)
【悔】huǐ ¶바둑을 한 수 ~ | 悔一步围
棋。

ᵃ무르다² 형 ❶ (약하다) 【软】ruǎn ¶마
음이 ~ | 心软。¶마음이 물러서 모
진 소리를 못한다 | 心软说不了厉害
的话。❷ (익어서 연하다) 【烂】làn
【熟】shútòu ¶쇠고기를 푹 삶아 물
러졌다 | 牛肉煮得很烂。¶감이 ~ |
柿子熟透了。

ᵃ무르익다 통❶ (과일 등이) 【熟】shú
【熟透】shútòu【烂熟】lànshú【浓艳】n-
óngyàn【成熟】chéngshú ¶무르익은
과실 | 熟透了的水果。¶단풍이 무르
익는 가을의 설악산 | 红叶浓艳的香
山xiāngshān的秋天。¶오곡백과가
무르익는 가을 | 五谷丰登的秋季。❷
(시기나 일이) 【成熟】chéngshú【浓
厚】nónghòu【正是时候】zhèngshì shí·hou
¶기회가 ~ | 时机成熟。¶봄이 ~ |
春意正浓。

ᵃ무릅쓰다 통 【冒着】mào·zhe【顶着】dǐ-
ng·zhe【不顾】bùgù【不避】búbì【不
拘】bùjū ¶비를 무릅쓰고 가다 | 顶着
雨来。¶죽음을 ~ | 不顾死活。¶위
험을 ~ | 不避艰险。

무릇 뷔 【凡】fán【凡是】fánshì ¶~ 생
명이 있는 것은 모두 다 죽음을 피할
수 없다 | 凡是有生命的，总免miǎn不
了死。¶~ 사람이란 성실해야 하느

니라 | 凡是人应该成实的。참고〔一般
说来〕

ᵃ무릎 阅【膝】xī【膝盖】xīgài【膝头】xītó-
u ¶~을 꿇다 | 屈qū膝。¶~을 맞대
고 허물없이 말하다 | 促cù膝谈心tán-
xīn。

무리¹ 阅【群】qún ¶~를 짓다 | 成群
¶삼삼오오 ~를 이루다 | 三五成
群。¶한 ~의 아이들 | 一群孩子。

무리²[無理] 阅하형 【无理】wúlǐ【勉强】
mǎnqiǎng【过度】guòdù【过分】guò/f-
èn ¶~한 요구 | 无理的要求。¶병
약한 몸으로 ~해서는 안 된다 | 以病
弱的身体不要勉强。¶~인 줄 알면
서 부탁하니 | 明知道过分，可还是托
了人。참고〔硬〕强

무마[撫摩] 阅하타 【平息】píngxī【安
慰】ānwèi ¶폭동이 ~되었다 | 暴动-
àodòng平息了。¶성난 피해자들을
가까스로 ~하다 | 好容易安慰愤怒的
被害者。

무면허[無免許] 阅【无照销售】wúzhǎo-
o xiāoshòu【没有执照】méi·yǒu zhí-
zhào【无许可】wúxǔkě ¶~ 영업 | 没
有执照而私自营业yíngyè。¶~ 운전
| 无许可驾驶jiàshǐ。

ᵃ무명[無名] 阅【无名】wúmíng ¶~의
영웅 | 无名英雄。¶~시인 | 无名诗
人。¶~인사 | 无名人士。

무명실 阅【棉线】miánxiàn【棉丝】miá-
nsī【棉纱头】

무명지[無名指] 阅〈生理〉【无名指】w-
úmíngzhǐ【四拇指】sìmǔzhǐ

무모[無謀] 阅하형 【莽撞】mǎngzhuà-
ng【盲目】mángmù【硬】yìng【鲁莽】l-
ǔmǎng ¶~한 젊은이 | 莽撞的小伙
子。¶이 같은 방법은 대단히 ~하다
| 这样做法太莽撞了。¶~한 행동 |
鲁莽的行动。참고〔轻率〕冒险〕冒
撞〕

무미건조[無味乾燥] 阅하형 【干燥无
味】gānzào wúwèi【干巴巴】gānbābā
【乏味】fáwèi【味同嚼蜡】wèi tóng jiáo
là【味如嚼蜡】wèi rú jiáo là【兴味索
然】xìng wèi suǒ rán【枯燥乏味】kū zà-
o fá wèi ¶~한 문체 | 乏味的文
体。¶송조의 시를 읽으면 ~하다 |
读宋朝的诗味同嚼蜡。¶~한 생활 |
枯燥乏味的生活。

무방[無妨] 몡[하]혱 【无妨】wúfāng 【不妨】bùfáng 【无碍】wúài 혱 【没关系】méi guān·xi 【可以】kěyǐ ¶한 번 시험해 보는 것도 ~ | 不妨试一试。¶우리 는 이 문제에 대해 몇 개의 예를 들어 설명해도 무방할 것이다 | 我们 就这几个例子来说明这个问题。¶ 다 쓴 사람은 먼저 나가도 무방합니다 | 写完的人可以先出去。

무방비[無防備] 몡 【无防备】wúfángbèi 【不设防】bùshèfáng ¶~ 상태 | 无 防备状态。

무분별[無分別] 몡[하]혱 【乱】luàn 【不顾前后】bùgù qiánhòu 【莽撞】mǎngzhuàng 【不分皂白】bùfēn zàobái 【鲁莽】lǔmǎng ¶~한 행동 | 鲁莽的 行动。¶그런 짓을 하다니 ~하다 | 做那种事情, 真莽撞。

무사¹[武士] 몡 【武士】wǔshì

⁸무사²[無事] 몡[하]혱 【无事】wúshì 【平 安】píng'ān ¶평안 ~하다 | 平安无 事。¶~히 돌아오기를 빌다 | 祝平 安归来。 참고 平平安安

무산¹[霧散] 몡[하]재 【泡汤】pào tāng ¶물거품의 계획이 ~되다 | 难得的 计划泡汤了。

무산²[無産] 몡 【无产】wúchǎn ¶~ 계 급 | 无产阶级。¶~대중 | 无产大众 zhòng。

무상¹[無上] 몡 【无上】wúshàng 【至高 无上】zhì gāo wú shàng 【无比】wúbǐ 【最大】zuìdà 【最高】zuìgāo ¶~의 영 광 | 无上光荣guāngróng/至高无上的 光荣。

무상²[無常] 몡[하]혱 ❶ 【无常】wúchāng ¶변화~ | 变化无常。¶인생 | 人生无常。❷ 【随时】suíshí ¶~으 로 드나들다 | 随时出入。

무색하다[無色-] 혱 【羞色】xiūsè ¶ 화가 무색할 정도로 뛰어난 그림 솜 씨 | 画家都为之着色的出色的画工。

ᵛ무생물[無生物] 몡 【无生物】wúshēngwù ¶~학 | 无生物学。

무서워지다 통 【怕】pà ¶밤길이 ~ | 怕走夜路。

ᵛ무선[無線] 몡 【无线】wúxiàn ¶~ 전 화 | 无线电话。¶~통신 | 无线电通 信。¶~전보 | 无线电报。

ᴬ무섭다 혱 ❶ (끔찍하다) 【恐惧】kǒngjù

害怕hàipà 【畏怯】wèiqiè 【怕】pà 【可怕】kěpà ¶밤길이 ~ | 走夜路害 怕。¶그녀는 아버지를 제일 무서워 한다 | 她最怕爹diē。¶쥐는 고양이 를 무서워한다 | 老鼠lǎoshǔ怕猫māo。❷ (대단하다) 【惊人】jīngrén 【极 度的】jídù·de ¶무서운 속도 | 惊人的 速度。¶무서운 기세 | 气势洶洶。❸ (지독하다) 【厉害】lì·hai 【可怕】kěpà 【拼命】pīnmìng ¶무서운 추위 | 可怕 的寒冷。¶무서운 인물 | 危险分子/ 危险人物。¶밤낮없이 무섭게 일하 다 | 夜以继日地拼命工作。❹ (걱정 되다) 【惟恐】wéikǒng 【怕】pà ¶가슴 에 응어리가 질까 ~ | 惟恐心里结疙 瘩。¶지각할까 무서워 아침 일찍 집 을 나섰다 | 怕迟到一早就离家去 了。❺ (…하자 마자) 【刚一】gāngyī 【一…就】yī…jiù ¶만나기가 무섭게 셈부터 따지다 | 刚一见面就算是账来 了。 참고 〔恐恐〕〔悚惕ㄔ〕〔悚惧〕〔骇 人〕〔凌厉〕

무성의[無誠意] 몡[하]혱 【无诚意】wúchéngyì 【没有诚意】méiyǒu chéngyì ¶~한 답변 | 没有诚意的答复。

무성하다[茂盛-] 혱 【茂盛】màoshèng 【繁茂】fánmào 【茂密】màomì ¶ 잡초가 ~ | 杂草茂盛。¶곳곳에 무 성한 벚꽃이 활짝 피어있다 | 到处都 盛开着繁茂的樱花yīnghuā。¶삼림 이 빽빽히 ~ | 森林sēnlín茂密。

무소속[無所屬] 몡 【无党派】wúdǎngpài 【无所属】wúsuǒshǔ ¶~ 의원 | 无 所属议员。

무소식[無消息] 몡 【无消息】wúxiāo·xi 【没有音信】méiyǒu yīnxìn

무쇠[鑛] 몡 【铁】tiě 【生铁】shēngtiě 【铸铁】zhùtiě ¶~같은 규율 | 铁一样 的纪律。¶~주먹 | 铁拳头。

무수하다[無數-] 혱 【无数】wúshù 【许多】xǔduō 【不胜枚举】búshèngméijǔ ¶앞산에는 소나무가 무수히 자라 고 있다 | 村前的山上有无数的松 树。¶무수한 사람들 | 许许多多的 人。¶무수히 많은 사연 | 不胜枚举 的故事。

ᵛ무술[武術] 몡 【武术】wǔshù 【武艺】wǔyì ¶그는 ~을 배웠다 | 他学过武 术。¶뛰어난 ~ | 高强的武艺。

^A**무슨** 관【什么】shén·me【因何】yīnhé ¶~ 색이냐? | 什么颜色yánsè? | ¶~ 사람이 그 모양이지? | 什么人, 真不像话? | ¶대낮에 술은 ~ 술이야? | 大白天喝什么酒? | ¶~ 바람이 불어서 여기까지 왔나? | 什么风把你刮到这儿来啦? | ¶~ 일로 왔나? | 因何而来?

^C**무승부**[無勝負] 명【平局】píngjú【和局】héjú【平手】píngshǒu ¶경기는 결국 ~로 끝났다 | 比赛bǐsài最后打成平局.

^B**무시**[無視] 명하타【无视】wúshì【轻视】qīngshì【忽视】hūshì【轻看】qīngkàn【小看】xiǎokàn ¶~는 여론의 반대를 ~ 한다 | 他们无视舆论yúlùn的反对. ¶상대방을 ~ 한 것이 실패의 요인이다 | 轻视对方是失败shībài的原因. ¶~를 당하다 | 受轻视. ¶규칙을 ~ 하다 | 无视规则.

무시무시하다 형【毛骨悚然】máo gǔ sǒng rán【森严】sēnyán【可怕】kěpà ¶소름이 끼치는 정말 무시무시한 장면 | 毛骨悚然的可怕场面. ¶무시무시한 광경 | 可怕的情景. 참고〔令人生畏〕[害怕]〔毛发悚然〕〔毛骨竦然〕

^C**무식**[無識] 명해형【无知】wúzhī【无知识】wúzhīshí【一字不识】yízì bùshí【没文化】méiwénhuà ¶~한 소리 | 无知的话. ¶~의 소치로 | 因为无知所致. ¶일자~ | 目不识丁.

^C**무신**[無臣] 명【武臣】wǔchén

무신경[無神經] 명해형【迟钝】chídùn【无反应】wúfǎnyìng ¶~한 사람 | 无反应的人.

무심[無心] 명해형 ❶【无情】wúqíng ¶~한 갈매기만 오락가락 한다 | 只有无情的海鸥飞来飞去. ❷【不开眼】bùkāiyǎn ¶하늘도 ~ 하다 | 老天爷不开眼啊.

무심중[無心一] 명【无心之中】wú xīn zhī zhōng【无意之中】wú yì zhī zhōng【无心地】wúxīn·de ¶~에 입밖에 내다 | 无意之中说出了口.

^B**무심코**[無心一] 부【无心地】wúxīn·de【无意地】wúyì·de【不经意地】bùjīngyì·de【无意中】wúyìzhōng ¶~한 말 | 无意中说的话. ¶난 ~ 있다가 정류장을 그냥 지나쳐 갔다 | 我没有

留意一下子就坐过了站地.

무쌍[無雙] 명【无双】wúshuāng【独一无二】dúyī wú'èr【无比】wúbǐ ¶용감~하다 | 英勇无双.

무아[無我] 명【忘我】wàngwǒ【无我】wúwǒ ¶흥분과 ~상태 | 兴奋和忘我状态. ¶~의 경지 | 忘我之境.

무안[無顔] 명해형【不好意思】bùhǎoyì·si【寒碜】hán·chen ¶얼마나 ~하던지 고개를 들지 못했다 | 寒碜得连头也抬不起来了. ¶괜히 한 마디 했다가 ~을 당하게 되었다 | 多余地说了一句, 反而叫人寒碜了一顿.

무어 대【什么】shén·me【说一千道一万】shuō yìqiān dào yíwàn ¶그건~냐? | 那是什么? ¶~니~니 해도 건강이 제일이지 | 说一千道一万, 还是健康.

무언[無言] 명【无言】wúyán【沉默无言】chénmò wúyán【无声】wúshēng ¶~의 반항 | 无声的反抗.

무얼 대【什么】shén·me ¶~ 주랴? | 给什么呢?

^B**무엇** 대【什么】shén·me ¶너는 ~을 보고 있느냐? | 你在看什么. ¶~이 너의 이상이냐? | 什么是你的理想? ¶~이든 원하는 것을 말해라 | 想什么说什么.

^C**무엇하다** 형【不好意思】bùhǎoyì·si 내가 직접 찾아가기는 좀 ~하다 | 我有点儿不好意思直接去找.

^B**무역**[貿易] 명하자타【贸易】màoyì ¶대외 ~ | 对外贸易. ¶협정 | 贸易协定. ¶~ 자유화 | 贸易自由化. ¶~ 차액 | 贸易差额chā·é. ¶한중 ~ 활동이 매우 좋다 | 韩中贸易开展得很好.

^C**무역항**[貿易港] 명【商港】shānggǎng【贸易港】màoyìgǎng

^C**무연탄**[無煙炭] 명〈鑛〉【无烟炭】wúyāntàn【白煤】báiméi【无烟煤】wúyānméi ¶~으로 밥을 짓는 것이 전기로 밥을 짓는 것보다 훨씬 향기롭다 | 用白煤烧饭shāofàn比用电烧饭香多了.

^C**무예**[武藝] 명【武艺】wǔyì【武术】wǔshù ¶뛰어난 ~ | 高强的武艺. ¶그는 ~를 배웠다 | 他学过武术.

^B**무용**[舞踊] 명하자【舞蹈】wǔdǎo【跳

舞】tiàowǔ ¶~수 | 舞蹈家。¶민속
~ | 民俗舞。

ʾ무용가[舞蹈家] 몡【舞蹈家】wǔdǎojiā
　무위도식[無爲徒食] 몡【游手好闲】yó
u shǒu hào xián 【无所事事】wú suǒ
shì shì ¶우리 마을에서는 ~하는 사
람은 이제 찾아볼 수 없다 | 我们村里.
一天到晚无所事事的人已经看不到
了。
　무의식[無意識] 몡【无意】wúyì 【无意
识】wúyìshì ¶~ 중에 한 말이 문제가
되다 | 无意中说的话成了问题。¶~
적인 행동 | 无意识的举动júdòng。¶
그녀는 ~적으로 나를 한 번 바라보았
다 | 她无意识地望wàng了我一眼。
　무이자[無利子] 몡【免收利息】miǎnsh
ōu lìxī 【无利息】wúlìxī 【无息】wúxī ¶
~거래 | 无息交易。¶~ 공채 | 无
息公债。
　무인[無人] 몡【无人】wúrén 【自动】zì
dòng ¶~ 로케트 | 无人火箭huǒjià
n。¶~ 서적 판매대 | 无人售书处。
¶~ 슈퍼마켓 | 无人管理超级市场。
¶~ 우주선 | 无人驾驶的宇宙飞船。
¶~ 판매대 | 自动柜台。
　ʾ무인도[無人島] 몡【无人岛】wúréndǎo
　무일푼[無一] 몡【身无分文】shēnwúfēn
wén 【一分都没有】yìfēndōuméi・yǒ
u ¶~으로 고향에 돌아가다 | 身无分
文回到了故乡。¶~의 신세 | 身无分
文的身世。
　무자격[無資格] 몡【无资格】wúzīgé 【没
有资格】méi・yǒu zīgé ¶~자 | 无资格
者。¶~ 운전자 | 无资格司机sījī。
　ʾ무자비[無慈悲] 몡혭몡【无情】wúqíng
【毫不留情】háobù liúqíng 【毫不妥协】
háobù tuǒxié 【毫不顾忌】háobù gùjì
¶~하게 공격하다 | 无情的打击jī。
¶~한 복수 | 无情的复仇。
　무자식이 상팔자 관용【无子女为好八
字】wú zǐnǚ wéi hǎo bāzì
　무작위[無作爲] 몡【随机】suíjī 【随意】
suí/yì ¶~ 추출 | 随意抽chōu出。¶
그는 명단에서 ~로 세 사람을 골랐다
| 他从名单里无作为选择了三个人。
　무작정[無酌定] 몡혭몡 ❶ (좋고 나쁨
의 헤아림 없이)【不管三七二十一】bù
guǎn sānqī èrshíyī 【无计划】wújìhuà
【无打算】wúdǎsuàn 【盲目】mángmù

~ 상경하다 | 盲目地上京。❷ (맹
사적으로 쓰여)【不管三七二十一】bù
guǎn sānqī èrshíyī 【不分青红皂白】b
ù fēn qīnghóng zàobái ¶~으로 시
작해 놓고 본다 | 不管三七二十一，先
开始再说。¶~으로 나무라기만 한
다 | 不分青红皂白地只是埋怨。참고
〔不分〕〔不问三七二十一〕
　ʾ무장[武裝] 몡혭몡【武装】wǔzhuā
ng ¶~ 폭동 | 武装暴动bàodòng。
¶~해제 | 解除jiěchú武装。¶정신
~ | 精神jīngshén武装。¶완전~하
다 | 武装完备。
　ʾ무전[無電] 몡【无线电信】wúxiàn dià
nxìn
　무전기[無電機] 몡【无线电收发机】
wúxiàndiàn shōufābàojī
　무절제[無節制] 몡혭몡【无节制】wújié
zhì 【不规矩】bùguǐjǔ ¶~한 생활 |
无节制的生活。¶돈을 ~하게 쓴다
| 无节制地花钱。
　ʾ무정[無情] 몡혭몡【无情】wúqíng 【冷
酷】lěngkù 【冷毒】lěngdú 【狠心】hěnxī
n ¶그는 ~한 사람이다 | 他是无情的
人。¶~한 세월은 유수와 같이 흐른
다 | 无情的岁月似流水。¶이렇듯
~할 수가 있다 | 不该这样狠心。
　무제한[無制限] 몡【无限制】wúxiànzh
ì 【无限】wúxiàn 【无止境】wúzhǐjìng
【无穷】wúqióng 【无疆】wújiāng ¶~
공급 | 无限制供应。¶정부미를 　~
방출하다 | 无限制地发放政府米。¶
~의 능력 | 无限的能力。
　ʾ무조건[無條件] 몡혭몡【无条件】wútiá
ojiàn ¶~ 복종 | 无条件服从fúcó
ng。¶~ 항복 | 无条件投降tóuxiá
ng。¶무엇이든 ~ 줄 수는 없다 | 什
么也不能无条件地给。참고〔绝对〕
　ʾ무좀[無] 〈醫〉【脚气】jiǎoqì 【脚癣】jiǎo
xuǎn 【香港脚】xiānggǎngjiǎo 【脚蛙】ji
ǎozhū 【新加坡脚】xīnjiāpōjiǎo ¶~
에 걸리다 | 得脚气病。
　ʾ무죄[無罪] 몡혭몡【无罪】wúzuì ¶~
석방 | 无罪释放。¶~판결 | 无罪判
决。
　ʾ무지[無知] 몡혭몡【无知】wúzhī 【粗
暴】cūbào ¶그들의 소행은 ~의 탓이
다 | 他们的所作所为，就是因为无知
引起的。¶~하게 굴다 | 粗暴地对

待。¶~를 드러내다 | 暴露出无知。
참고 〔愚蠢yúchǔn〕〔愚笨bèn〕〔愚鲁-
lǔ〕〔蠢笨〕

ᴬ**무지개**[名]【彩虹】cǎihóng【虹】hóng ¶
하늘 끝에 뜬 ~ | 天际边的彩虹。¶
하늘에 한 줄기 ~가 섰다 | 天上出了
一道彩虹了。

ᶜ**무지무지하다**[形]【无比】wúbǐ ¶무지무
지하게 힘이 센 사람 | 力大无比的
人。

무진[無盡][名形副]【尽力】jǐnlì【竭力】jié-
lì【竭尽力量】jiéjìn lìliàng【竭尽】jiéjì-
n【非常】fēicháng【不尽】bùjìn ¶~
애쓰다 | 竭尽全力。¶~ 노력하다 |
非常努力。참고 〔很〕

ᴮ**무진장**[無盡藏][名形副]【无穷尽】wú qi-
óngjìn【无穷无尽】wú qióng wú jìn【取
之不竭】qǔzhī bùjié【取之不尽】qǔ-
zhī bùjìn ¶이곳의 물은 ~ 풍부하
다 | 这儿的泉水quánshuǐ是取之不尽
的。¶~ 나오는 지하수 | 取之不竭
的地下水。

ᶜ**무질서**[無秩序][名形形]【无秩序】wúzh-
ìxù【杂乱】záluàn【凌乱】língluàn【无
纪律】wújìlǜ【骚乱】sāoluàn【混乱】hùn-
luàn ¶~한 행동 | 无纪律的行为。
¶사회적 ~ | 社会的混乱。

ᴮ**무찌르다**[动]【打垮】dǎkuǎ【打退】dǎtuì
【粉碎】fěnsuì【击毁】jīhuǐ【消灭】xiāo-
miè ¶왜구를 ~ | 把日寇rìkòu打垮
了。¶침략군을 ~ | 消灭侵略军。참
고 〔打坏huài〕

ᶜ**무차별**[無差別][名形形]【无差别】wúch-
ābié【平等】píngděng【狂轰】kuángh-
ōng ¶~ 대우 | 平等待遇dàiyù。¶
~ 폭격 | 狂轰乱炸。

ᶜ**무참**[無慘][名形]【悲惨】bēicǎn ¶~
헌 최후 | 悲惨的最后。

무책임[無責任][名]【不负责任】bùfù zé-
rèn【没有责任感】méi·yǒu zérèngǎn
¶그렇게 ~하게 말하지 마세요 | 别
那么不负责任地说话。

ᴬ**무척**[副]【非常】fēicháng【特别】tèbié
【极为】jíwéi【十分】shífēn【很】hěn ¶
~ 기분이 좋다 | 非常高兴。¶할아
버지께서는 너를 ~이나 사랑하셨다 |
爷爷非常爱你。¶날씨가 ~ 덥다 |
天气十分热。

ᴮ**무치다**[动]【凉拌】liángbàn【拌】bàn ¶

산나물을 진간장에 무쳐서 먹다 | 山
菜拌酱油吃。

무침[名]【凉拌】liángbàn ¶미역~ | 凉
拌裙带菜。

무탈[無頉][名形形]❶【平安】píng'ān
【无恙】wúyàng ¶여행 중 ~하시기를
바랍니다 | 祝您一路平安。¶그동안
~하大? | 別来无恙? ❷【亲密】qīnmì
¶~한 관계 | 亲密关系。¶~한 사
이 | 亲密无间。참고 〔平平安安〕〔健
康〕〔没毛病〕〔没问题〕〔没事(儿)〕〔没
差错〕〔没错〕

무턱대고[副]【随便地】suíbiàn·de【盲
目地】mángmù·de【胡乱】húluàn ¶
그저 서양 것이라면 ~ 다 좋다는 사람
들 | 凡是洋货, 盲目地叫好的人。¶
~ 나무라지 말아라 | 不要胡乱责备人
ébèi人。¶~ 행동하다 | 盲目行动。

무표정[無表情][名形]【没有表情】méi·yǒ-
ubiǎoqíng【毫无表示】háowúbiǎoshì【无表情】wúbiǎoqíng ¶~한 얼굴 |
无表情的脸。참고 〔呆若木鸡〕

무한[無限][名形形]【无限】wúxiàn【无
穷】wúqióng【无限量】wúxiànliàng ¶
전도가 ~히 밝다 | 前途qiántú无限光
明。¶군중의 지혜는 ~한 것이다 |
群众的智慧是无穷的。¶수요는 ~
증대할 것이다 | 需要是会无限增大
的。

무한정[無限定][名]【无限】wúxiàn【无
限制】wúxiànzhì【无限量】wúxiànliàn-
g【无垠】wúyín【无穷】wúqióng【无
疆】wújiāng【无限期】wúxiànqī【没完
没了】méi wán méi liǎo ¶~ 연기하다
| 无限期地延期。¶~ 잡아 두다 |
无限期地留住。¶~ 기다리고 있을
수는 없다 | 不可能无限期地等待。

무허가[無許可][名]【无许可】wúxǔkě
【无证】wúzhèng ¶~판매 | 无证销
售。¶~ 건물 | 无许可建筑物。

무협[武俠][名]【武俠】wǔxiá ¶~ 소설
| 武侠小说。

무형[無形][名形形]【无形】wúxíng ¶~
의 속박 | 无形的枷锁jiāsuǒ。¶~의
유산 | 无形的遗产。¶~ 자본 | 无形
资本。

ᶜ**무효**[無效][名形]【无效】wúxiào【失效】
shīxiào ¶기간이 지나면 ~이다 | 过
期无效。¶당선을 ~로 하다 | 当选

349

无效。¶~투표 | 投票无效。

묵 몡【墨】mò

묵과[默過] 몡하타【放过】fàngguò
【放任不顾】fàngrèn bùgù【不闻不问】
bùwén búwèn【置之不理】zhìzhī bùlǐ
【熟视无睹】shúshì wúdǔ ¶과오를~
할 수 없다 | 对错误cuòwù决不能熟
视无睹。¶부정 행위를 보고 ~할 수
는 없다 | 看到不正行为，不能熟视无
睹。

ᴬ**묵념**[默念] 몡하자【默哀】mò'āi【默
念】mòniàn【沉思】chénsī【默想】mòxi-
ǎng ¶모두 일어나 5분간 ~하다 |
全体起立默哀五分钟。¶순국 선열에
대한 ~ | 对殉国烈士的默念。

ᴮ**묵다** 툉❶ (오래 되다)【陈】chén【陈
旧】chénjiù【闲置】xiánzhì【积压】jīyā
¶묵은 쌀 | 陈米。❷ (케케)묵은 관
념을 버리다 | 抛弃pāoqì陈旧的观念。
¶묵은 생각 | 老想法。❷ (숙박
하다)【住】zhù ¶여관에서 며칠 ~ |
在旅馆住几天。¶1년을 ~ | 住了一
年。

묵묵[默默] 몡해혱【沉默】chénmò【不
声不响】bùshēng bùxiǎng【默默无言】
mòmò wúyán ¶그는 머리를 싸매고
~하며 많은 일을 했다 | 他埋mái头
苦干，不声不响地做了许多工作。참
고〔默不作声〕〔不声不语〕〔不哼hēng
一声〕

묵묵부답[默默不答] 몡【默默不答】mò-
mò bùdá

ᴬ**묵묵히**[默默~] 뵘【默默】mòmò ¶~
바라보다 | 默默地观望。¶~ 공부에
만 열중하다 | 默默地只热中于学习xu-
éxí。

묵사발[-沙鉢] 몡【涂地】túdì【头破
血流】tóu pò xuě liú ¶~이 나다 | 一
败bài涂地。¶한 마디 했다가 ~이
되도록 흠씬 얻어맞다 | 说了一句，被
打得头破血流。

묵살[默殺] 몡하자타【不理】bùlǐ【置之
不顾】zhìzhī búgù ¶의안을 ~하다 |
不理议案。¶행패를 보고도 ~하다 |
看到行凶也置之不顾。

묵인[默認] 몡하타【默认】mòrèn【默
许】mòxǔ【默允】mòyǔn【不加过问】b-
ùjiā guòwèn ¶잘못을 알면서도 ~하
다 | 明知道不对，却默认。¶그들의

왕래를 ~하다 | 默许他们来往。

묵중[默重] 몡하혱【稳重】wěnzhòng
¶~한 태도 | 稳重的态度。

ᴮ**묵직하다** 혱❶ (무게가)【重】zhòng
【沉甸甸】chéndiàndiàn【沉重】chén-
zhòng ¶등짐이 꽤 ~ | 背包沉甸甸
的。❷ (언행이)【稳重】wěnzhòng
【稳庄】wěnzhuāng ¶그는 사람됨이
묵직하고 일처리가 노련하다 | 他为
人稳重，办事老练。¶묵직한 걸음걸
이 | 稳重的脚步。

ᴮ**묵화**[墨畵] 몡〈美〉【水墨画】shuǐmò-
huà

묵히다 툉❶ (제자리에 묵게 하다)
【过】guò ¶학비 때문에 한 해 묵히고
입학시키다 | 因学费，让他过一年再
入学。❷ (놀려 두다)【荒废】huāngfè-
i ¶일손이 없어 밭을 여러 해 묵히고
말았다 | 没有人手，只能把地荒废了
几年。

묶다 툉❶ (메다)【捆】kǔn【捆绑】kǔnb-
ǎng【绑】bǎng【缯】zèng【捆缚】kǔnfù
【捆扎】kǔnzā【绑缚】bǎngfù ¶볏단을
~ | 捆稻捆儿。¶짐을 ~ | 捆行李。
¶새끼로 장작을 ~ | 用绳子把柴火
拢住。❷ (한군데로 합치다)【汇】huì
【汇总】huìzǒng【拢】lǒng ¶단편들의
집을 전집으로 ~ | 把几本诗集汇成
全集。¶괄호로 ~ | 用括号汇总。참
고〔拢束〕〔团结〕〔编〕

묶음[束] 몡【束】shù【捆(儿,子)】kǔn【子】
【叠(子)】dié(·zi)【扎】zhá ¶국화 한
~ | 一束菊花júhuā。¶지폐 한 ~ |
一叠钞chāo景。참고〔卷〕

묶이다 툉【被绑】bèibǎng ¶손발이 꽁
꽁 ~ | 手脚被绑得很紧绑。

ᴬ**문**[門] 몡❶ (출입구)【门(儿)】mén
(r) ¶방~ | 屋门。¶입학의 ~ | 入
学之门。❷ (기회)【机会】jīhuì ¶취
직의 ~이 좁다 | 就职的机会少。

ᴮ**문간**[門間] 몡【门间】ménjiān【门口
(儿)】ménkǒu(r)【门洞(儿)】méndò-
ng(r)

ᴮ**문간방**[門間房] 몡【大门旁的房子】dà-
ménpáng de fáng zi ¶~에 세들다
| 租了大门旁的房子。

ᴮ**문갑**[文匣] 몡【文件柜】wénjiànguì
【文具盒】wénjùhé

ᴮ**문고**[文庫] 몡❶【文库】wénkù【小丛

書}xiǎocóngshū❷【文献库】wénxià-nkù

문고리[門-]閔【门环】ménhuán【门扣儿】ménkòur【门钩】méngōu【门钩环】méngōuhuán

ᴮ**문과**[文科]閔【文科】wénkē【文官科举】wénguān kējǔ ¶～급제 | 文官科举及第.

ᴮ**문관**[文官]閔【文官】wénguān ¶그는 ～을 맡았다 | 他当了文官.

ᴮ**문구**[文句]閔【文句】wénjù【句子】jù·zi ¶～가 간결하다 | 文句简dem.

문구[文具]閔【文具】wénjù ¶～점 | 文具店.

ᴮ**문구멍**[門-]閔【门洞】méndòng

ᴮ**문단**[文段]閔【段落】duànluò ¶이 문장은 ～이 명확하다 | 这篇文章段落清楚.

ᴮ**문단**[文壇]閔【文坛】wéntán【文苑】wényuàn ¶～활동 | 文坛活动.

ᴮ**문단속**[門團束]閔하자【关好门】guānhǎo mén【守门】shǒumén【守卫门户】shǒuwèi ménhù ¶자기 전에 ～을 철저히 하다 | 睡觉前把门关好.

ᴮ**문답**[問答]閔【问答】wèndá【一问一答】yíwèn yìdá ¶～식 | 问答式. ¶정치에 관한 ～ | 关于政治的问答. ¶양측이 모두 진지하게 ～하였다 | 双方都认真地进行了问答.

ᴮ**문둥병**[-病]閔〈醫〉【癞病】làibìng【麻疯病】máfēngbìng

문둥이[-病]【癞病患者】làibìnghuànzhě【癞子】lài·zi

ᴬ**문득**閔【突然】tūrán【忽然】hūrán【顿时】dùnshí【俄然】érán【猛然】měngrán【不由得】bùyóu·de ¶～ 생각이 나다 | 忽然想起来. ¶어머니의 말이 ～ 생각났다 | 猛然想起了母亲的话. ¶나는 고향의 그 아가씨가 ～ 생각났다 | 我不由得想起了家乡的那个小姐.

문득문득閔【一闪一闪】yìshǎn yìshǎn【不时地】bùshí·de ¶너를 보고 싶은 생각이 ～ 떠오르다 | 不时地会想念你.

문란[紊亂]閔하형【混乱】hùnluàn【紊乱】wěnluàn ¶질서가 ～하다 | 秩序混乱/秩序紊乱. ¶풍기 ～ | 风气紊乱. ¶사회가 ～해 지다 | 社会紊乱.

문맥[文脈]閔【文脉】wénmài【文理】wénlǐ ¶～이 통하지 않다 | 文理不通. ¶～이 통하다 | 文理通顺.

문맹[文盲]閔【文盲】wénmáng ¶～을 없애다 | 扫除sǎochú文盲. ¶～ 타파 | 打破文盲. 참고〔青盲〕〔脱离文盲〕

문명[文明]閔【文明】wénmíng ¶정신 ～ | 精神文明. ¶고대 ～ | 古代文明. ¶～이 고도로 발달하다 | 文明高度发达.

문무[文武]閔【文武】wénwǔ ¶～관 | 文官和武官. ¶～를 겸비하다 | 文武兼jiān备.

문물[文物]閔【文物】wénwù【文化】wénhuà ¶～ 제도 | 文物制度. ¶～이 출토되다 | 出土文物. ¶서양의 ～을 받아들이다 | 引进西方文化.

문밖[門-]閔【门外】ménwài【城门外】chéngménwài ¶～에서 살다 | 住在城门外.

문방구[文房具]閔【文具】wénjù ¶～점 | 文具店. 참고〔文房四宝〕

문벌[門閥]閔【门阀】ménfá【门弟】méndì ¶～ 관념 | 门弟观念. ¶～이 좋다 | 门弟好. 참고〔门地〕

ᴬ**문법**[文法]閔〈言〉【文法】wénfǎ【语法】yǔfǎ ¶기술 ～ | 描写语法/记述文法. ¶역사 ～ | 历史语法. ¶비교 ～ | 比较语法. ¶변형생성 ～ | 转换zhuǎnhuàn生成语法.

ᴮ**문병**[問病]閔하자타【探病】tànbìng【问病】wèn bìng ¶친구에게 ～을 가다 | 到朋友那儿问病去. ¶～객 | 探病者.

ᴮ**문살**[門-]閔【门窗格子】ménchuāng gé·zi

ᴮ**문상**[問喪]閔하타【吊丧】diàosāng【吊唁】diàoyàn ¶～객 | 吊丧者. ¶～하러 가다 | 去吊丧. ¶～을 받다 | 接吊唁.

ᴮ**문서**[文書]閔【文件】wénjiàn【公文】gōngwén【文簿】wénbù ¶기밀 ～ | 机要jīyào文件. ¶～ 양식 | 公文程式chéngshì. ¶～ 함 | 文件匣. 참고〔文卷juàn〕〔公牍dú〕〔公函hán〕

문소리[門-]閔【门声】ménshēng

문수[文數]閔【尺寸】chǐ·cun【尺码】

chǐmǎ ¶~가 견본과 일치하지 않다 | 尺寸与样品不符fú。

문신[文身] 명하자【文身】wénshēn 【镂身】lòushēn ¶문신을 새기다 | 背上刻hè青。참고〔刺cì青〕

ᴮ**문안**[問安] 명하자【问安】wèn'ān【问候】wènhòu【请安】qǐng'ān ¶그는 올라가서 어머님께 ~드리다 | 他上去向母亲问安。¶~편지 | 问候信。¶할머니께 ~드리다 | 向老奶奶nǎi请安。참고〔问讯〕【望wàng候〕〔道dào候〕

문양[文樣] 명【纹】wén【花纹】huāwén

ᴮ**문어**¹[文魚] 명〈魚貝〉【章鱼】zhāngyú【望湖】wànghú【酢蛸】zuòxiāo【八带鱼】bādàiyú【八角鱼】bājiǎoyú【八脚鱼】bājiǎoyú 참고〔射shè踏子〕〔石shí拒〕

문어²[文語] 명〈書面語〉shūmiànyǔ ¶~로 쓴 책 | 用书面语写的书。참고〔文言〕

ᵉ**문예**[文藝] 명【文艺】wényì【文学艺术】wénxué yìshù ¶~활동 | 文艺工作/文艺活动。¶~비평 | 文艺批评。¶~사조 | 文艺思潮。

문외한[門外漢] 명【门外汉】ménwàihàn【外行】wàiháng ¶~의 말 | 外行话。¶농사일에 대하여 김씨는 결코 ~이 아니다 | 种庄zhuāng稼jià老金可不外行。

ᶜ**문의**[問議] 명하타【问】wèn【请示】qǐngshì【询问】xúnwèn ¶한 가지 ~해보자 | 我问你一件事。¶옆사람에게 ~해보다 | 向旁人pángrén询问。¶전화로 ~ | 电话询问。참고〔提问〕〔问讯〕

ᶜ**문인**[文人] 명❶【文人】wénrén ❷〈写作家〉xiězuòjiā

ᴮ**문자**[文字;character] 명❶(글자)【文字】wénzì ¶설형/쐐기 ~ | 楔形xiēxíng文字。¶~개혁 | 文字改革。¶~처리기 | 文字处理机。❷(글귀)【墨水】mòshuǐ ¶~깨나 들었다고 으스댄다 | 有点墨水就逞能。❸〈電算〉【字符】zìfú#

문자 그대로[관용]【确实】quèshí ¶~송아지만한 개다 | 确实是有牛犊dú大的狗。

문자열[文字列;character string] 명〈電算〉【字符串】zìfúchuàn

ᴮ**문장**[文章] 명❶〈言〉(문장)【句子】jùzi ¶주어와 술어는 ~의 주요 성분이다 | 主语和谓语是句子的主要成分。❷(글월)【文章】wénzhāng【文字】wénzì ¶~가 | 文章好的人。¶당대의 제일의 | 当代第一文章。¶~이 매끄럽다 | 文章通顺。

문장²[紋章] 명【纹章】wénzhāng

문장론[文章論] 명〈言〉【句法】jùfǎ 참고〔造zào句法〕

문장부호[文章符號] 명【标点符号】biāodiǎn fúhào ["句号(./。)" "逗号(,)" "顿号(、)" "分号(;)" "冒号(:)" "问号(?)" "感叹号(!)" "引号("") " " ' '" "括号( )/( )" "破折号(–)" "省略号(…)" "书名号(《》/〈〉)" 등이 있음]

ᶜ**문전**[門前] 명【门前】ménqián ¶~옥답 | 门前肥du。

ᴬ**문제**[問題] 명❶(답을 구하는 질문)【题目】tí·mù【题】tí【问题】wèntí ¶시험 ~ | 考试题目/试题。¶시험을 내다 | 出考试题。¶~가 까다롭다 | 题难。❷(해결해야 할 일 혹은 관련된 일)【问题】wèntí ¶~없다 | 没问题。¶당면 ~ | 眼下的问题。¶사회 ~ | 社会问题。❸(말썽)【事端】shìduān【成话题】chéng huàtí【问题】wèntí ¶~를 일으키다 | 挑起事端。¶~의 소설 | 成话题的小说xiǎoshuō。

ᶜ**문제아**[問題兒] 명【问题儿童】wèntí értóng

문제없다[問題–] 형【没问题】méi wèntí【不成问题】bùchéng wèntí【不在话下】bùzài huàxià ¶우승은 ~ | 冠军guànjūn没问题。¶그런 것은 ~ | 那种东西不在话下。

ᶜ**문제점**[問題點] 명【问题的焦点】wèntí·de jiāodiǎn

문중[門中] 명【家门】jiāmén ¶이는 한 ~의 불행이다 | 这是家门的不幸xìng。

문지기[門–] 명❶【门卫】ménwèi【门子】mén·zi【门丁】méndīng【门差】ménchāi ¶학교의 ~가 나를 들어가지 못하게 하다 | 学校的门卫不让我进去。❷〈體〉【守门员】shǒuményuán

【球门手】qiúménshǒu 참고〔把门的〕〔看门的〕｜门将〕【大门儿】｜球门〕

ᵇ**문지르다** 图【擦】cā【揉】róu【搓】cuō ¶바닥을 ~ ｜擦地板。¶등을 ~ ｜揉背。¶이 옷은 문질러야 때가 빠진다 ｜这个衣服搓一搓才能洗干净。

문지방［門地枋］명【门坎(儿)】ménkǎn(r)【门槛】ménkǎn ¶~이 높다 ｜门坎高。

ᵇ**문집**［文集］명【文集】wénjí

ᵇ**문짝**［門－］명【门扇】ménshàn【门板】ménbǎn【门扉】ménfēi ¶그녀는 ~에 기대어 크게 울었다 ｜她靠在门板上大哭。

ᵃ**문체**［文體］명【文体】wéntǐ【语体】yǔtǐ ¶~적 간결성 ｜文体的简洁性jiǎnjiéxìng。¶과학적인 ~ ｜科学语体。참고〔体裁〕｜文风格〕

문턱［門－］명 하자 ❶ (문지방의 윗머리)【门坎(儿)】ménkǎn(r)【门槛】ménkǎn ¶~이 높다 ｜门坎高。❷ (어떤 일이 아주 가까이 있음을 비유)【就要…了】jiùyào…le ¶봄이 ~에 왔다 ｜春天就要到了。

ᶜ**문틈**［門－］명【门缝儿】ménfèngr ¶~으로 보다 ｜从门缝儿看。

ᵇ**문패**［門牌］명【门牌】ménpái ¶~가 달려 있다 ｜挂guà着门牌。¶~번지 ｜门牌号码hàomǎ。

ᶜ**문학**［文學］명【文学】wénxué ¶~ 예술 ｜文学艺术yìshù。¶~ 작품 ｜文学作品。¶~ 잡지 ｜文学杂志。¶~ 이론 ｜文学理论。참고〔文艺学〕

문헌［文獻］명【文献】wénxiàn ¶역사적인 ~ ｜历史文献。¶참고 ~ ｜参考文献。¶~ 기록 필름 ｜文献记录片。참고〔文件〕〔文卷juàn〕

ᶜ**문호**［門戶］명【门户】ménhù ¶~를 개방하다 ｜开放门户。¶신문화 유입의 ~ ｜新文化流入的门户。

ᴬ**문화**［文化］명【文化】wénhuà ¶~ 교류 ｜文化交流。¶~ 정책을 펴다 ｜实行文化政策。¶~ 수준 ｜文化水平。

ᴬ**묻다**¹ 图 ❶ (질문하다)【问】wèn【询问】xúnwèn【打听】dǎ·tīng ¶길을 ~ ｜问路。¶안부를 ~ ｜问好。¶옆사람에게 물어보다 ｜向旁人pángrén询问。¶당신에게 한가지 물어 보겠습

니다 ｜跟您打听一件事。❷ (따지거나 밝히다)【问】wèn【探问】tànwèn【追究】zhuījiū ¶사건의 책임을 ~ ｜追究事件的责任。¶책임을 ~ ｜追究责任。¶공무원들의 책임을 반드시 물어야 한다 ｜必须追究公务员的责任。참고〔问讯〕〔扣问dǎwèn〕

묻다² 图【粘】zhān【粘染】zhānrǎn【粘连】zhānlián【挂】guà【附】fù【附着】fù·zhuó【沾】zhān ¶물 묻은 수건 ｜沾水的手巾。¶구두에 흙이 ~ ｜皮鞋沾泥。

ᶜ**묻다**³ 图 ❶ (파묻다)【埋】mái【埋葬】m-áizàng ¶지뢰를 ~ ｜埋地雷dìléi。¶쓰레기를 땅에 ~ ｜埋垃圾。❷ (드러나지 않게 하다)【埋没】máimò【埋藏】máicáng【包庇】bāobì ¶봐, 여기 중요한 자료가 있군, 하마터면 묻혀버릴뻔 했어 ｜瞧qiáo, 这儿有重要的资料, 差点给埋没了。¶남의 잘못을 묻어 주다 ｜包庇别人的错误。

ᶜ**묻히다**¹ 图【被埋】bèimái ¶선산에 ~ ｜被埋在祖墓之山。¶지하에 묻힌 자원 ｜被埋在地下的资源。

ᶜ**묻히다**² 图【沾】zhān ¶떡에 팥 고물을 ~ ｜年糕沾上豆沙。

ᴬ**물**¹ 명 ❶ (일반적인)【水】shuǐ ¶끓는 ~ ｜开水。¶끓여서 식힌 ~ ｜白开水。¶~을 긷다 ｜打水。¶화초에 ~을 주다 ｜给花草浇水。¶~이 자꾸 켜이다 ｜总是渴。❷ (액체·즙)【水分】shuǐ【液】yè【汁】zhī ¶~이 많은 과일 ｜水分多的果品。¶나무에 ~이 오르다 ｜树上出水分。❸ (강·호수 등)【河】hé【江】jiāng【海】hǎi【水】shuǐ ¶~산 넘고 ~ 건너 ｜跋山涉水。❹ (조수)【潮】cháo【水】shuǐ ¶~이 나가다 ｜退潮。¶~이 들어오다 ｜长潮。❺ (홍수)【水】shuǐ ¶~에 잠긴 동네 ｜被水淹没的村庄。❻ (분위기)【风气】fēngqì【气质】xíqì ¶대도시 ~이 다르군, 한결 세련되어 보이는데 ｜大城市的风气毕竟bìjìng不一样, 显得更加成熟。¶도시 ~을 먹다 ｜染上城市的习气。

ᴮ**물**² 명【染】rǎn ¶옷에 붉은 ~이 들다 ｜衣服染上红色。¶퇴폐사상에 ~이 들다 ｜染上腐败堕落的思想。

물³ 명【新鲜】xīn·xiān ¶~이 좋은 고

등어 | 新鲜的青花鱼。

ᴮ**물가** 圐 [河边]hébiān [河岸]hé'àn [海边]hǎibiān [海岸]hǎi'àn

물가[物價] 圐 [物价]wùjià ¶~ 정책 | 物价政策zhèngcè。 ¶~ 조절 | 调节tiáojié物价。 ¶~가 폭등하다 | 物价飞涨。 ¶~ 안정 | 物价稳定。 ¶~ 지수 | 物价指数。

ᴮ**물감** 圐 [染料]rǎnliào ¶옥색 ~ | 玉色染料。

ᴮ**물개** (動) [海狗]hǎigǒu [海熊]hǎixióng [腽肭兽]wànàshòu

ᴸ**물거품** 圐 ❶ (물에 생기는 거품) [水泡]shuǐpào [泡沫]pàomò [泡儿]pàor ❷ (노력이 헛되게 된 상태·결과) [泡影]pàoyíng ¶아름다운 꿈이 ~이 되었다 | 美好的希望xīwàng成为泡影了。 ¶모든 것이 ~이 되고 말았다 | 一切都成了泡影。

ᴸ**물건**[物件] 圐 [物品]wùpǐn [东西]dōng·xi [货]huò [货品]huòpǐn [玩意儿]wányìr ¶시내에 가서 ~을 사다 | 上街买东西。 ¶~을 주문하다 | 订货。 ¶백화점의 ~이 종류가 다양하다 | 百货公司的货品样式繁fán多。 (参考) [物][产品]

물건값[物件─] 圐 [货价]huòjià [物价]wùjià [物品的价值]wùpǐn·de jiàzhí

ᴸ**물걸레** 圐 [湿抹布]shīmābù ¶~질 | 用湿抹布擦。

ᴮ**물결** 圐 ❶ (수면에 생기는 결) [波]bō [波浪]bōlàng [水波]shuǐbō [波澜]bōlán [波涛]bōtāo ¶잔 ~ | 微wēi波。 ¶~이라고는 없는 잔잔한 바다 | 平静jìng无波的海面。 ¶~이 일지 않다 | 水波不兴。 ¶~이 세차게 일어나다 | 波涛汹涌。 ❷ (물결처럼 움직이거나 밀어닥치는 모양 혹은 그러한 것) [海]hǎi [浪]làng [浪潮]làngcháo ¶바람에 ~이 이는 보리밭 | 随风起浪的大麦田。 ¶시대의 ~ | 时代的浪潮。 (参考) [澜]

ᴮ**물고기** 圐 [鱼]yú ¶~는 물을 떠날 수 없다 | 鱼离不开水。 ¶그물로 ~를 잡다 | 捞鱼吃。

ᴮ**물구나무서다** 屠 [倒立]dàolì (参考) [拿大顶][竖蜻蜓]

물기[─氣] 圐 [水气]shuǐqì [水分]shuǐfèn [湿气]shīqì ¶식물은 뿌리로

토양에서 ~를 흡수한다 | 植物靠它的根从土壤tǔrǎng中吸收xīshōu水分。 ¶~가 많은 흙 | 水分多的土。 (参考) [水份]

ᴸ**물기둥** 圐 [水柱]shuǐzhù [水柱子]shuǐzhù·zi

ᴸ**물길** 圐 ❶ [水路]shuǐlù [水程]shuǐchéng [水道]shuǐdào ¶~로 시내에 갈려면 두 시간이 걸린다 | 从水路进城要两个小时。 ¶내 추산으로는 상해에서 천진까지는 ~로 이틀 걸린다 | 我估计gūjì上海到天津的水道走要两天。 ¶[打水经过的路] dǎshuǐ jīnggu·de lù [取水的路]qǔshuǐ·de lù

ᴸ**물끄러미** 圕 [呆呆地]dāidāi·de ¶뭘 그렇게 ~ 바라보고 있느냐? | 呆呆地瞅chǒu什么啊? ¶~ 먼 산을 바라보다 | 呆呆地望着远山。

ᴸ**물난리**[─亂離] 圐 ❶ (홍수) [水灾]shuǐzāi [涝灾]làozāi ¶~를 겪다 | 经受水灾。 ❷ (식수난) [水荒]shuǐhuāng

ᴸ**물놀이** 圐하자 [到水边去玩]dào shuǐbiān qù wán [玩水]wánshuǐ

물다¹ 屠 ❶ (짐승 등이 입으로 물다) [咬]yǎo [叮]dīng ¶그는 입술을 (꽉) 물고서 참았다 | 他咬住嘴唇zuǐchún极力忍耐rěnnài着。 ¶모기가 ~ | 蚊子叮。 ¶전빵을 한 입 (베)물었다 | 咬了一口馒mán·tou。 ❷ (입으로 집다) [衔]xián [叼]diāo ¶담뱃대를 ~ | 衔着烟斗yāndǒu。 ¶입에 호각을 ~ | 口衔哨子shàozi。 ¶담배를 ~ | 叼烟。 ❸ (입에 머금다) [噙]qín [含]hán ¶알사탕을 문 채 말하다 | 含着糖块儿说话。 ¶물 한 모금을 입에 ~ | 嘴里噙着一口水。 ❹ (사람·이권 등을 차지하다) [弄到手]nòngdàoshǒu [占]zhàn ¶돈 많은 과부를 ~ | 把个钱多的寡妇弄到了手。 ¶봉을 ~ | 占了便宜。

ᴸ**물다**² 屠 ❶ (배상·보상을 하다) [赔偿]péicháng ¶손해를 물어 주다 | 赔偿损失。 ❷ (돈을 치르다) [交]jiāo [付]fù ¶가격대로 ~ | 照价zhàojià ~。 ¶벌금을 ~ | 付罚金。 ¶이자를 ~ | 付息。

ᴸ**물독** 圐 [水缸]shuǐgāng

ᴸ**물동이** 圐 [水罐]shuǐguàn

ᴮ**물들다** 통 【染】rǎn 【染上】rǎnshàng 【沾染】zhānrǎn ¶천에 물들이다 | 染布匹。 ¶아편에 ~ | 染上烟瘾yǐn。 ¶아이가 나쁜 풍조에 물들었다 | 孩子沾染了坏习气。

ᴮ**물들이다** 통 【染】rǎn ¶머리를 검게 ~ | 把头发染黑。

ᴮ**물러가다** 통 **❶** (뒷걸음치다) 【退】tuì 【后退】hòutuì ¶한 걸음 뒤로 ~ | 后退一步。 **❷** (차지하였던 곳에서 떠나가다) 【撤出】chèchū 【滚开】gǔnkāi 【滚出去】gǔn·chū·qù 【后退】hòutuì ¶적은 물러갔다 | 敌人往后退了。 ¶침략자들은 그가 강점한 모든 곳에서 물러가라 | 侵略者要从所有霸占区滚出去。 **❸** (닥쳐왔던 것이 다시 가다) 【过去】guò·qù 【消逝】xiāoshì 【消失】xiāoshì ¶추위가 이미 물러갔다 | 严寒已经过去了。 ¶어둠이 차차 물러가고, 새날이 밝아왔다 | 黑暗慢慢消逝, 东方愉亮破晓。 **❹** (어떤 장소를 떠나다) 【退出】tuìchū ¶회의장에서 ~ | 退出会场。 ¶무대에서 ~ | 退出舞台。 **❺** (지위 등을 내놓다) 【退职】tuìzhí 【辞退】cítuì 【引退】yǐntuì 【辞职】cízhí

ᴮ**물러나다** 통 **❶** (뒤로 가다) 【后退】hòutuì 【退出】tuìchū 【让开】ràngkāi 【躲开】duǒ·kāi 【闪开】shǎnkāi ¶한 발자국씩 뒤로 물러나시오 | 请向后退一步。 ¶지나갈 수 있도록 조금 물러나 주세요 | 请让开点儿让我过去。 **❷** (지위나 하던 일을 내놓다) 【退职】tuìzhí 【辞退】cítuì 【引退】yǐntuì 【辞职】cízhí ¶장관직에서 ~ | 辞退长官职。 **❸** (물건의 틈이 벌어지다) 【变形】biànxíng ¶문설주가 물러나 문이 잘 여닫히지 않는다 | 因门框变形, 门不好关。

ᴮ**물러서다** 통 **❶** (뒤로 가다) 【后退】hòutuì 【躲开】duǒ·kāi ¶뒤로 ~ | 往后退。 ¶10미터 뒤로 물러서라 | 向后退十米。 **❷** (양보하다) 【退】tuì 【让开】ràngkāi 【退出】tuìchū 【退缩】tuìsuō ¶노조가 조금 물러서는 기미를 보인다 | 工会有让步的迹象。 ¶어려움을 만날지라도 결코 물러서지 않겠다 | 即使遇到困难也决不后退。 ¶더 잘 나아가기 위해서는 때로 잠시 물러

설 필요가 있다 | 为了更好地前进, 有时需要暂时退一步。 **❸** (지위나 하던 일을 내놓다) 【退职】tuìzhí 【辞职】cízhí 【引退】yǐntuì 【不要参与】búyào cānyù ¶그는 물러났다 | 他退职了。

물러앉다 통 **❶** (뒤에 앉다) 【往后坐】wǎng hòu zuò 【往后挪】wǎng hòu nuó ¶조금씩 뒤로 ~ | 稍微往后坐。 ¶뒤로 ~ | 把坐位往后挪。 **❷** (지위나 하던 일을 그만두다) 【辞职】cízhí 【退职】tuìzhí 【辞退】cítuì 【引退】yǐntuì ¶회장직에서 물러 앉아 한가로이 지내다 | 辞退会长职以后, 悠闲地过日子。

ᴮ**물렁하다** 혱 【烂糊】làn·hu 【软软】ruǎnnruǎn ¶노인이나 물렁한 것을 좋아하다 | 老年人才喜欢吃烂糊的。 ¶물렁한 찹쌀떡 | 软软的糯米糕。 (참고) 〔烂乎〕〔烂乎乎〕〔烂化〕〔软〕〔软乎乎〕

물레 명 【纺车】fǎngchē

ᴮ**물레방아** 【水碓】shuǐduì ¶~를 찧다 | 用水碓舂米。 ¶~가 돌다 | 水碓在转。

ᴮ**물려받다** 통 【承继】chéngjì 【继承】jìchéng 【接受下来】jiēshòu·xià·lái 【遗留下来】yíliú·xià·lái ¶그의 가업을 ~ | 承继他的家业。 ¶재산을 ~ | 继承财产。

ᴮ**물려주다** 통 【留给】liúgěi 【传给】chuángěi 【传授】chuánshòu 【让给】rànggěi ¶기술을 ~ | 传授技术。 ¶제위를 우에게 물려주었다 | 把帝位让给了禹。

ᴬ**물론**[勿論] 명 **❶** (말할 필요가 없음) 【当然】dāngrán 【不用说】búyòngshuō 【固然】gùrán 【自不待言】zìbúdàiyán 【自不必说】zì búbìshuō 【诚然】chéngrán ¶~ 가야 한다 | 当然要去。 ¶이렇게 하는 것이 ~ 가장 타당하지만, 너무 힘이 든다 | 这样办固然最稳当也稳当, 但是太费事。 ¶문장의 수식이 화려한 것도 ~ 좋지만, 중요한 것은 역시 내용에 있다 | 文章的辞藻cízǎo华丽华丽诚然好, 但主要的还在于内容。 **❷** (부사적으로 쓰여) 【当然】dāngrán 【不用说】búyòngshuō ¶일본어는 ~이고 영어도 잘한다 | 不用说日语, 就连英语也说得很好。 (참고)〔不

消说]〔敢情]

물리[物理] 몡 ❶【物理】wùlǐ ¶물리학자 | 物理学者者 ❷【物之理】wù zhī lǐ 【事物之理】shì wù zhī lǐ 【道理】dào·li

ᵇ물리다¹ 동 【腻】nì 【厌烦】yànfán ¶너무 놀아서 | 玩腻了。¶너무 자주 먹어서 이제 국수에는 물렸다 | 由于经常吃，面条已经吃腻了。¶그는 이런 생활이 오래전부터 물렸다 | 他对这种生活早已厌烦了。 참고 〔厌闷mèn〕〔不厌烦〕

ᵇ물리다² 동 ❶【被咬】bèiyǎo ¶개 한테 ~ | 被狗咬了。 ❷【夹住】jiāzhù 【钉住】dìng·zhù 【安牢】ānláo ¶자루가 단단히 물린 도끼 | 手把安得牢牢的斧子。

ᵇ물리다³ 동 ❶ (연기하다) 【推迟】tuīchí 【推后】tuīhòu ¶약속 날짜를 뒤로 | 把约会日期往后推迟。 ❷ (물려주다) 【传给】chuángěi ¶가보를 큰아들에게 ~ | 把家宝传给大儿子。 ❸ (옮겨 놓다) 【挪】nuó 【搬】bān ¶책상을 벽쪽으로 ~ | 把桌子挪到墙边儿。 ❹ (들어서 밖으로 내다) 【撤】chè ¶밥상을 ~ | 撤了饭桌。

물리다⁴ 동 【扩建】kuòjiàn ¶대청이 좁아서 뒤곁으로 물려내다 | 因大厅小，所以往后院扩建了大厅。

물리다⁵ 동 (먹이다) 【喂】wèi 【衔】xián ¶아기에게 젖을 ~ | 给婴儿喂奶。¶아기에게 젖꼭지를 ~ | 给婴儿衔乳头。

물리다⁶ 동 【赔偿】péicháng ¶손해본 것을 손해보인 사람한테 다 ~ | 受损的部分都得到赔偿。

ᵇ물리치다 동 ❶ (격퇴하다) 【打退】dǎtuì 【击退】jītuì ¶적의 침공을 ~ | 打退敌人的进攻。¶십만 대군을 ~ | 打退十万大军。 ❷ (거절하다) 【拒绝】jùjué 【拒收】jùshōu ¶유혹을 ~ | 拒绝诱惑yòuhuò。¶뇌물을 ~ | 拒绝贿赂huìlù/拒收贿赂。

물만두[一饅頭] 몡 【水饺】shuǐjiǎo 【煮饺】zhǔjiǎo

ᵇ물맛 몡 【水味】shuǐwèi

물매 몡 【围打】wéidǎ ¶피고들에게 ~를 맞다 | 被一些蒙面汉围了打了一顿。

물먹다 동 【吸水】xīshuǐ ¶물먹은 종이 | 吸水的纸。 참고 〔吃水〕

물밀듯이 분 【潮水般】cháoshuǐbān 【翻滚】fāngǔn 【浪潮般】làngcháo bān ¶~ 밀려오는 서구 문화 | 浪潮般涌来的西欧文化。

ᵇ물방개 몡 〈蟲〉【鱼苗龙虱】yúmiáolóngshī

ᵇ물방울 몡 【水滴】shuǐdī 【水珠】shuǐzhū 【水点】shuǐdiǎn 【飞沫】fēimò 【水花】shuǐhuā ¶잎에 ~이 맺히다 | 叶子上挂着水珠。

ᵇ물벼락 몡 【突然用水浇】tūrán yòngshuǐ jiāo 【突然用水泼】tūrán yòngshuǐ pō

물불 몡 【水和火】shuǐ hé huǒ 【水火】shuǐhuǒ ¶~을 가리지 않고 | 赴汤蹈水。

물빛 몡 ❶【水的颜色】shuǐ·de yánsè 【浅蓝色】qiǎnlánsè 【水色】shuǐsè ¶~이 흐리다 | 水色浑浊hùnzhuó。 참고 〔月白(色)〕【品月】【茄qié灰色】【绿缥色】

ᵇ물살 몡 【水势】shuǐshì 【流势】liúshì ¶~이 세다 | 水势湍tuān急/水势猛。¶~이 급하다 | 流势急。

ᵇ물새 몡 ❶【水禽】shuǐqín 【水鸟】shuǐniǎo ¶~를 몇 마리 잡아서 내다 팔다 | 打了几只水鸟去卖。 ❷【鱼狗】yúgǒu 【翠鸟】cuìniǎo 참고 〔水鸡〕【翠雀儿】【钓鱼郎】【翡翡翠】

물소리 몡 【水声】shuǐshēng

물속 몡 【水中】shuǐzhōng 【水底】shuǐdǐ

물수건[一手巾] 몡 【湿毛巾】shīmáojīn 【湿手巾】shīshǒujīn

ᵇ물시계[一時計] 몡 【水漏】shuǐlòu 【漏壶】lòuhú ¶고대에는 ~로 시간을 쟀다 | 古代用漏壶计时。 참고 〔漏〕〔漏刻〕

물씬 분 【扑鼻】pūbí ¶꽃향기가 ~ 풍기다 | 花香扑鼻。¶향수 냄새가 ~ 하다 | 香水味扑鼻而来。

물어내다 동 【补偿】bǔcháng 【赔偿】péicháng ¶계산상 모자라는 액수를 사

356

무 담당자가 ~ | 事务负责人补偿了不足的金额。 ¶잃어버린 책을 물어내시오 | 赔偿丢失的书。

물어뜯다 图【啃】kěn【咬】yǎo ¶개가 뼈를 ~ | 狗啃骨头。 ¶서로 물어 뜯으며 싸우는 개 | 狗咬狗。 참고〔啄〕

물어주다 图【赔偿】péicháng【补偿】bǔcháng ¶가격대로 ~ | 照价zhàojià赔偿。 ¶손실을 ~ | 赔偿损sǔn失。

물에 빠진 사람 건져 놓으니 보따리 내놓으라 한다 惯用【我救了你的命, 你向我要包袱两伞】wǒ jiù·le nǐ·de mìng, nǐ xiàngwǒ yào bāofú yǔsǎn

물에 빠진 사람 지푸라기라도 잡는다 惯用【落水者捞稻草】luòshuǐzhě lāodàocǎo

물에 빠진 생쥐 惯用【落汤鸡】luòtāngjī ¶그는 ~처럼 흠뻑 젖어 있었다 | 他就像个落汤鸡全身都湿透了。

물욕[物慾] 图【物欲】wùyù ¶~을 채우다 | 满足物欲。 ¶~에 눈 먼 사람 | 沉溺于物欲的人。

[B]**물음**[問-] 图【提问】tíwèn ¶선생님의 ~에 대답하다 | 回答老师提的问题。 참고〔问〕〔询问〕〔问讯〕〔打听〕

물의[物議] 图【议论】yìlùn ¶하찮은 일로 ~를 빚다 | 因小事引起议论。

[B]**물자**[物資] 图【物资】wùzī【货物】huòwù ¶~를 낭비하다 | 浪费物资。 ¶~교류 | 物资交流。 ¶구호~ | 救援物资。 ¶절약~ | 节约物资。

[B]**물장구** 图【玩水】wánshuǐ

[C]**물장난** 图하动【玩水】wánshuǐ【撩水】liāoshuǐ【戏水】xìshuǐ ¶아이들이 ~을 하다 | 孩子们在玩水。

물적[物的] 图【物资】wùzī【物质的】wùzhì·de ¶~ 증명 | 物的证明。 ¶~ 자원 | 物资资源。 ¶~손해 | 物质方面的损失。

물정[物情] 图【人情世故】rén qíng shì gù ¶~에 어둡다 | 不明人情世故。 ¶세상~을 모른다 | 不懂人情世故。 참고〔人心〕〔人情〕

물주[物主] 图❶【东家】dōng·jia【投资者】tóuzīzhě ❷【庄家】zhuāngjiā 참고〔东人〕〔东主〕

[B]**물줄기** 图❶【水流】shuǐliú ¶~가 세다 | 水流湍急tuānjí。 ❷【水柱】shuǐzhù【水柱子】shuǐzhù·zi

[B]**물질**[物質] 图【物质】wùzhì ¶~ 문화 | 物质文化。 ¶~ 생활 | 物质生活。 ¶~ 문명 | 物质文明。 ¶~은 자연界를 구성하고 있는 요소 중 하나 | 物质是构成自然界的要素之一。

[B]**물체**[物體]〈物〉【物体】wùtǐ ¶운동~ | 运动物体。 ¶~의 구조 | 物体结构。 ¶미확인 비행~ | 不明飞行物。

[B]**물총**[-銃] 图【水枪】shuǐqiāng 참고〔水铳〕

물컥 目하动【扑鼻】pūbí【刺鼻】cìbí ¶문을 열자 곰팡내가 ~ 풍긴다 | 一开门霉味儿扑鼻。 ¶고약한 냄새가 ~ 풍기다 | 散发出刺鼻的气味。

물컹하다 厥【烂】làn【烂乎乎】lànhūhū【软】ruǎn ¶쇠고기를 푹 삶아 물컹해졌다 | 牛肉煮zhǔ得很烂。 ¶복숭아가 곪아서 ~ | 桃熟得都烂乎了。 참고〔烂糊〕

물통 图【水桶】shuǐtǒng ¶비상용~ | 太平水桶。

물품[物品] 图【物品】wùpǐn ¶귀중~ | 贵重物品。 ¶~대장 | 物品账。

묽다 厥❶(죽이)【稀】xī ¶이 죽은 너무 ~ | 这粥zhōu太稀了。 ¶묽게 쑨 나물죽 | 熬稀了的野菜zhōu。 ❷(사람이)【软弱】ruǎnruò【软骨头】ruǎngǔ·tou ❸(농도가)【淡】dàn ¶묽은 차 | 淡茶。

뭇 國【众】zhòng【诸】zhū ¶~사내 | 众男。 ¶~사람 | 众人。 ¶~ 사건이 연달아 일어나다 | 诸事件接连发生。

뭇사람 图【众人】zhòngrén【很多人】hěn duō rén ¶~들이 등을 돌리고, 측근들도 떠나버리다 | 众叛亲离。 ¶~의 눈길을 끌다 | 吸引很多人的注意力。

뭉개다 图❶(짓이기다)【压碎】yāsuì【踩扁】cǎibiǎn ¶삶은 콩을 ~ | 把煮熟的豆子压碎。 ¶송충이를 밟아 ~ | 把松毛虫踩扁。 ❷(꾸물거리다)【磨蹭】mó·ceng ¶그까짓 일을 가지고 며칠씩이나 뭉개다니! | 那么点小事还磨蹭几天呀! 참고〔碾niǎn〕〔涂〕

뭉게구름 图【云团】yúntuán

뭉긋하다 厥【微斜】wēixié【微弯】wēiwān ¶뭉긋한 지붕 | 微斜的屋顶wūdǐng。 ¶산등성이가 뭉긋한 능선을 이루며 길게 뻗어 있다 | 山脊jǐ微弯地延

伸**yánshēn**着.

뭉뚱그리다 图 ❶ (대강 싸다) 【包起来】bāo·qǐ·lái 【团起来】tuán·qǐ·lái ¶봇짐을 ~ㅣ把铺盖随便包起来. ❷ (총괄하다) 【总揽】zǒnglǎn 【加】jiā ¶전부 뭉뚱거려서 얼마예요? ㅣ全部加在一起是多少钱?

뭉치 图 【团】(儿·子) tuán(r, ·zi) 【束】shù 【沓】dá ¶실~ㅣ线团. ~ㅣ棉花团. ¶돈 한 ~ㅣ一沓钱.

ᴮ**뭉치다** 图 ❶ (단결하다) 【团结】tuánjié 【结成】jiéchéng ¶친구들 간에는 뭉쳐야 한다ㅣ同学之间必须团结. ¶모두 ~ㅣ大家团结起来. ¶온 국민이 한 마음으로 ~ㅣ全体国民团结一致. ❷ (덩어리로 만들다) 【团】tuán 【成团儿】chéngtuánr ¶솜이 ~ㅣ棉花成团儿. ¶눈을 뭉치어 눈사람을 만들다ㅣ把雪捏成团作雪人.

뭉클하다 图 ❶ (먹은 것이) 【发胀】fāzhàng 【堵得慌】dǔ·de huāng ¶많이 먹었더니, 배가 다소 ~ㅣ吃多了, 肚子有点儿发胀. ❷ (가슴이) 【心里一阵酸】xīn·li yízhèn suān ¶그 가련한 처지에 가슴이 뭉클해졌다ㅣ看到他艰难的处境, 觉得心里一阵酸.(참고) 【热乎乎】【热乎乎】

뭉툭 图해정 ❶ 【又粗又秃】yòucū yòutū 【段】duàn ¶~ 잘리다ㅣ截成段. ❷【又粗又短】yòucū yòuduǎn ¶손톱이 ~하다ㅣ指甲又粗又短.

ᴮ**뭍** 图 (육지) 【陆地】lùdì ¶멀리 ~이 보인다ㅣ远远地看见了陆地. ¶~에서 온 사람ㅣ从大陆来的人.

ᴬ**뭐**¹ 데 【什么】shén·me ¶그것이 ~냐?ㅣ那是什么?

뭐² 캄 【什么】shén·me 【干什么】gàn shén·me ¶~야! 벌써 9시가 되었는데 차가 아직 출발하지 않았다고!ㅣ干什么! 已经九点了, 车还没有开! ¶~, 내일 서울에 간다고?ㅣ什么, 明天去汉城?

뭐하다 图【不好意思】bùhǎoyì·si ¶그냥 달라기가 좀 ~ㅣ老是白要人家东西, 不太好意思. ¶늘 귀찮게만 해서 뭐하지만, 이 부탁은 꼭 들어주게ㅣ经常麻烦你很不好意思, 不过这次你一定要帮忙.

뭘 데 【什么】shén·me ¶~ 그렇게 골

똘히 궁리하느냐?ㅣ全神贯注地想什么呢?

뭣하다 图【不好意思】bùhǎoyì·si ¶나 혼자 가기엔 좀 ~ㅣ我自己去有点儿不好意思.

뮤지컬[musical] 图 ❶ (악극) 【音乐剧】yīnyuèjù 【歌剧】gējù ❷ (영화) 【音乐片】yīnyuèpiàn

뮤직[music] 图【音乐】yīnyuè ¶~홀ㅣ音乐厅.

ᴬ**미**¹【美】图【美】měi ¶자연~ㅣ自然美. ¶육체~ㅣ肉体美. ¶~를 창조하다ㅣ创造美.

미²【未】图【未】wèi(참고)〔干支〕【未刻】【未时】

미³[이 mi] 图〈音〉【咪】mī 【三】sān 【长音阶的第三音】chángyīnjiē·dedìsānyīn

미각【味觉】图〈生理〉【味觉】wèijué 【胃口】wèikǒu ¶~이 발달하다ㅣ味觉发达. ¶~을 돋우는 음식ㅣ开胃的食品.

미간【眉間】图【眉间】méijiān 【眉宇之间】méiyǔ zhī jiān 【眉头】méi·tou 【眉心】méixīn ¶~을 찌푸리다ㅣ皱眉.

미개【未開】图해정【不开化】bùkāihuà 【未开化】wèikāihuà ¶~ 사회ㅣ不开化的社会. ¶~지역ㅣ不开化地区.

미개간지【未開墾地】wèikāikěn tǔdì【处女地】chǔnǚdì 【荒地】huāngdì ¶~를 개간하다ㅣ开垦kěn这一片处女地.

미개인【未開人】图【未开化的人】wèikāihuà·de rén 【野蛮人】yěmánrén

미결【未決】图하정【未决】wèijué 【没解决】méijiějué ¶~ 서류ㅣ未决的文件. ¶~ 문제를 처리하다ㅣ处理没解决的问题. ¶~ 사건ㅣ未决事件. ¶~ 구금ㅣ未决囚房.

미관【美觀】图【美观】měiguān ¶상품은 품질이 좋아야 할 뿐만 아니라, ~도 좋아야한다ㅣ商品不仅质量要好, 而且还要美观. ¶도시의 ~을 해치다ㅣ破坏pòhuài城市的美观.

미국【美國】图【美国】Měiguó〔수도는 "华盛顿"(워싱턴 ; Washington)〕¶~ 개발은행ㅣ美国开发kāifā银行yínhāng. ¶~ 경제학회ㅣ美国经济jīngjì学会.

미국령 괌[Guam] 명〈地〉【关岛】Guāndǎo [수도는 "阿加尼亚"(아가나; Agana)]

미국령 동사모아[Eastern Samoa] 명〈地〉【东萨摩亚】Dōng sāmóyà [수도는 "帕果帕果"(파고파고;Pago Pago)]

미국령 버진제도[Virgin Islands] 명〈地〉【美属维尔京群岛】Měishǔ Wéi'ěrjīng qúndǎo [푸에르토리코(Puerto Rico) 동쪽의 서인도제도 중의 미국령인 섬. 수도는 "夏洛特阿马利亚" (샤를로트아밀러 ; Charlotte Amalie)]

미국령 푸에르토리코[Puerto Rico] 명〈地〉【波多黎各(岛)】Bōduōlígè(dǎo) [서인도 제도의 미국 자치령인 섬. 수도는 "圣胡安"(산후안;San Juan)]

^△**미군**[美軍] 명〈軍〉【美军】měijūn

미궁[迷宮] 명【迷宫】mígōng 【迷魂车】míhúnchē ¶이 안건은 ~으로 빠져들었다 | 这个案件陷入了迷宫。¶수사가 ~에 빠지다 | 搜查陷入迷宫。

^△**미꾸라지**[魚貝] 명【泥鳅】ní·qiū 【鳗尾泥鳅】mánwěiníqiū ¶장군은 말이지 뺀질거리는 것이 마치 ~같다 | 小张吧, 滑头滑得像泥鳅。

미꾸라지국 먹고 용트림 한다 관용【吃江水, 说海话】chī jiāngshuǐ, shuō hǎihuà

미꾸라지 한 마리가 온 물을 다 흐려놓는다 관용【一条鱼满锅腥】yìtiáo yú mǎnguō xīng【一泡鸡屎坏一缸酱】yípào jīshǐ huài yìgāng jiàng【一只坏蛋, 臭了一屋】yìzhī huàidàn, chòu·le yìwū

^B**미끄러지다** 통❶ (활주하다)【滑】huá【溜】liū ¶쭉 미끄러져 구르다 | 滑了一跤jiāo。¶얼음판에서 ~ | 冰场上滑倒。❷(낙방하다)【没考上】méikǎoshàng【没选中】méixuǎnzhòng【落榜】luò/bǎng ¶시험에 ~ | 考试落榜。

^B**미끄럼** 명【溜】liū【滑】huá ¶미끄럼틀에서 ~을 타고 내려오다 | 从滑梯huá·tī上滑下来。¶얼음 위에서 ~을 타다 | 溜冰。

^B**미끄럽다** 휑【溜】liū【滑】huá ¶한나절비가 내리더니 땅이 아주 ~ | 下了半

천雨, 地滑得很。¶언 길이 ~ | 结冰的路滑。

미끈거리다 통【滑】huá【光滑】guānghuá【平滑】pínghuá ¶눈이 와서 길이 미끈거려 걷기가 힘들다 | 下雪路滑, 不好走。

미끈하다 휑❶ (곧고 길쭉하다)【笔直】bǐzhí【修长】xiūcháng 【直挺挺】zhítǐngtǐng ¶미끈하게 뻗은 길 | 笔直的马路。¶미끈한 몸매 | 修长的身材shēncái。❷ (외모가 뛰어나다)【帅】shuài【清秀】qīngxiù【漂亮】piào·liang ¶차림새가 정말 ~! | 打扮得真帅지! ¶미끈하게 생긴 청년 | 长得清秀的青年人。参고〔帅〕〔清俊jùn〕〔清妍yán〕

미끼 명❶(낚시용 먹이)【鱼饵】yú'ěr【鱼食】yúshí ¶~를 뿌리다 | 撒下鱼食sā·xià鱼饵。❷(유혹물)【诱饵】yòu'ěr ¶돈을 ~로 삼다 | 把钱作为诱饵。

미나리 명〈植〉【水芹(菜)】shuǐqín(càic)【水菜】shuǐcài

미남[美男] 명【美男子】měinánzǐ【美丈夫】měizhàngfū ¶~ 배우 | 美男子演员。

미납[未納] 명하타【未纳】wèinà【未缴】wèijiǎo【未支付】wèizhīfù【未交】wèijiāo ¶~ 자본금 | 未缴资本。¶재산세를 ~하다 | 未交财产税cáichǎnshuì。

미네랄[mineral] 명【矿物】kuàngwù【无机物】wújīwù

미네소타[Minnesota;Minn] 명〈地〉【明尼苏达】Míngnísūdá [미국의 주명(州名). 주도(州都)는 "圣保罗Shèngbǎoluó"(세인트 폴;St Paul)]

미녀[美女] 명【美女】měinǚ ¶김씨는 본디 ~를 좋아한다 | 老金素sù爱美女。

미니[mini] 명❶【迷你】mínǐ【小型】xiǎoxíng ¶~ 스커트 | 迷你裙。¶~슈퍼마켓 | 小型超级市场。❷【超短裙】chāoduǎnqún

미닫이 명【拉门】lāmén【横推门】héngtuīmén

미달[未達] 명하자【未达到】wèidádào【未完成】wèiwánchéng【不够】búgòu ¶아직 목표에 ~하다 | 还未达到目标。¶~량 | 未完成的数量。¶정

원 ~ | 不够定员。

미담【美談】**명**【美谈】měitán【佳话】jiā·huà【美好事例】měihǎo shìlì **¶**동人的故事 | 그는 그 미담의 주인공이었다 | 他是那个美谈的主人公。**¶**이 이야기는 도처에서 ~으로 전해진다 | 这故事到处传为佳话。

미덕【美德】**명**【美德】měidé **¶**겸손의 ~을 기르다 | 培养谦逊qiānxùn的美德。**¶**양보의 ~ | 谦让qiānràng的美德。

미덥다【형】【可靠】kěkào【靠得住】kào·de zhù【信赖】xìnlài【相信】xiāngxìn【可信】kěxìn **¶**이러한 견해는 상당히 ~ | 这种说法相当可靠。**¶**그 말은 ~ | 那话靠得住。**¶**그는 미더운 사람이다 | 他是一个值得信赖的人。

미동【微動】**명**【微动】wēidòng【一动】yídòng **¶**~도 하지 않고 태연히 앉아 있다 | 一动也不动,从容地坐在那里。

미들[middle]**명**【中间】zhōngjiān【中等】zhōngděng

미들급[middle級]**명**【體】【中量级】zhōngliàngjí **참고**〔체중별 등급〕

미들웨어[middleware]**명**〈電算〉【中间件】zhōngjiānjiàn

미등[尾燈]**명**【后灯】hòudēng【尾灯】wěidēng

미디어[media]**명**【媒体】méitǐ【环境媒介】huánjìng méijiè

미라[mirra]**명**【木乃伊】mùnǎiyī【尸蜡】shīlà **¶**한 구의 ~가 되다 | 成为一具木乃伊。**참고**〔木默mò〕〔干gān尸〕〔僵jiāng尸〕

B**미래**【未來】**명**【未来】wèilái【将来】jiānglái **¶**어려서 책 읽지 않으면, ~에 무엇을 할거니? | 小时候不读书, 将来干什么呢? **¶**장밋빛 ~를 설계하다 | 设计梦境般的未来。**¶**~를 예견하다 | 预见未来。

미래지향[未來志向]**명**【未来志向】wèilái zhìxiàng【展望未来】zhǎnwàng wèilái **¶**~적인 사업계획 | 展望未来的事业计划。

미량【微量】**명**【微量】wēiliàng【少量】shǎoliàng **¶**~ 화학 | 微量化学。**¶**~ 천칭 | 微量天平。**¶**~의 약물을 복용하다 | 服用少量的药物。

미러[mirror]**명❶**(거울)【镜子】jìng·zi【镜儿】jìngr **❷**〈電算〉【镜像】jìngxiàng

미러 사이트[mirror site]**명**〈電算〉【镜像网站】jìngxiàngwǎngzhàn

미련[未練]**명**해外**【迷恋】míliàn【眷恋】juànliàn【留恋】liúliàn **¶**~을 버리지 못하다 | 迷恋不舍不舍shě。**¶**쓸데없는 ~은 버려라 | 要抛弃不现实的眷恋。**¶**조금도 과거에 ~을 두지 않다 | 一点也不眷恋过去。**참고**〔舍不得〕

미련둥이【명**【蠢家伙】chǔnjiāhuo

미련하다【형**【愚蠢】yúchǔn【愚笨】yúbèn **¶**그는 너무나 미련하여 그 점을 생각하지 못했다 | 他太愚蠢了, 没有想到这一点。**¶**그보다 더 미련한 사람은 없다 | 再没有比他愚笨的人。**참고**〔愚鲁lǔ〕

미로【迷路】**명**【迷路】mílù【迷途】mítú【内耳】nèi'ěr **¶**~에서 빠져 나가다 | 从迷宫走出去。**참고**〔半规管〕〔耳蜗〕〔前庭〕

B**미루나무**【명**〈植〉【白杨】báiyáng【白杨树】báiyángshù **참고**〔毛白杨〕

B**미루다**【동❶**(연기하다)【推延】tuīyán【推迟】tuīchí【展延】zhǎnyán【拖延】tuōyán【推】tuī **¶**회답을 ~ | 推迟回答。**¶**회의는 다음 달로 미루어졌다 | 会议推迟到下一个月。**¶**오늘 할 일을 내일로 미루지 말라 | 今天该做的事情不要推到明天。**❷**(전가하다)【推诿】tuīwěi【推委】tuīwěi【推卸】tuīxiè【推】tuī **¶**자기가 져야 할 책임을 미루지 마시오 | 不要推卸自己的责任。**¶**자기의 책임을 남에게 미루지 말라 | 不要把自己的责任推给别人。**❸**(추측하다)【举】jǔ【推断】tuīduàn **¶**하나를 미루어 둘을 안다 | 举一知二。**¶**이 일로 미루어 보아 저 일도 짐작할 수 있다 | 从这件事的推断看可以想像出那件事来。

미륵【彌勒】**명**〈佛〉**❶**【弥勒菩萨】mílè púsà **¶**~ 보살 | 弥勒菩萨。**❷**불【石佛】shífó **¶**~ 弥勒佛。

A**미리**【부**【预先】yùxiān【事先】shìxiān【事前】shìqián【预】yù **¶**~ 한 번 알려 주어야 된다 | 事先要通知一声儿。**¶**가뭄에 ~ 대비하다 | 预防干旱。

미리보기[preview] 圀〈電算〉【预览】yùlǎn ¶이 빛을 지금까지도 ~하고 있다 | 这笔债zhài至今仍拖欠着。

미만[未滿] 圀【未满】wèimǎn【不满】bùmǎn【不到】bùdào ¶세 살 ~이다 | 不满三岁。¶1천 ~이다 | 不满一千。

미망[迷妄] 圀하자해형【迷妄】míwàng【迷途】mítú【妄想】wàngxiǎng ¶~ 속에서 자신을 잃고 헤매는 현대인 | 在妄想中失去自己而彷徨的现代人。¶~ 상태에 빠져 있다 | 陷入迷途。

미망인[未亡人] 圀【未亡人】wèiwángrén

미명[美明] 圀【美名】měimíng【名目】míngmù【名义】míngyì ¶영웅이란 ~을 영원히 후세에 남긴다 | 英雄美名, 流芳fāng百世。¶자선 사업이란 ~으로 사욕을 채우는 | 以慈善事业为美名满足私欲。

미명[未明] 圀【黎明】límíng【拂晓】fúxiǎo ¶~에 길을 나서다 | 黎明的时候出了门。참고〔拂晨〕〔侵早〕

미모[美貌] 圀【美貌】měimào ¶~의 여인 | 美貌女子。¶~를 갖추다 | 有着美丽的面容。

미묘[微妙] 圀하자해형【微妙】wēimiào ¶~한 관계 | 微妙的关系。¶~한 심리상태 | 微妙的心理状态zhuàngtài。¶감정의 ~한 변화 | 感情的微妙变化。

미물[微物] 圀❶ (아주 작은 사물)【微物】wēiwù ❷ (어리석고 보잘 것 없는 사람)【笨蛋】bèndàn【傻子】shǎ·zi【呆子】dāizi【二百五】èrbǎiwǔ【三八】sānbā【废物】fèiwù ¶제 앞가림도 못하는 ~에 지나지 않습니다 | 他只不过是连自己的事情也处理不好的废物。

미미하다[微微-] 형【微不足道】wēibùzúdào【微小】wēixiǎo ¶미미한 일 | 微不足道的小事。¶미미한 존재 | 微小的存在。참고〔小事〕〔事由 由儿〕

미분[微分] 圀〈數〉❶【微分】wēifēn ¶~ 방정식 | 微分方程。¶~ 계수 | 微分系数。❷【~ 법】微分法。【微分学】wēifēnxué

미불[未拂] 圀하타【未付】wèifù【拖欠】tuōqiàn ¶~ 순이익 | 未付红利。

미비[未備] 圀하형【未具备】wèijùbèi【未成熟】wèichéngshú【不齐全】bùqíquán【不完善】bùwánshàn ¶서류 ~ | 文件未齐全。¶자료가 ~ | 资料不齐全。¶~한 점을 시정하다 | 请指出不完善的地方。

미사일[missile] 圀〈軍〉【导弹】dǎodàn【飞弹】fēidàn ¶발사대 | 导弹发射台fāshètái。¶~ 기지 | 导弹基地。¶~ 적재 핵잠수함 | 导弹核套艇hétàotǐng。¶~ 탐지 위성 | 导弹预警谭星。

미상[未詳] 圀하형【未详】wèixiáng【不详】bùxiáng【不明】bùmíng ¶작자 ~ | 作者未详。¶이 책들은 전부 작자 ~이다 | 这些书都作者未详。¶성명이 ~이다 | 姓名不详。¶신원 ~의 시체 | 不明身分的尸shī体。

미색[米色] 圀〈色〉【蜜色】mìsè【米色】mǐsè【米黄(色)】mǐhuáng(sè)【淡黄】dànhuáng ¶~의 스프링 코트 | 米色的风衣。

미생물[微生物] 圀【微生物】wēishēngwù ¶~ 검사 | 微生物检查。¶~ 유전학 | 微生物遗yí传学。¶~ 탐사 | 微生物勘探kāntàn。

미성년[未成年] 圀【未成年】wèichéngnián ¶~ 남자 | 未成年的男子。참고〔未成丁〕〔未冠guān〕〔未及岁〕

미성년자[未成年者] 圀【未成年者】wèichéngniánzhě

미세[微細] 圀하형【细微】xìwēi【细小】xìxiǎo【微细】wēixì ¶이 두 낱말의 의미상의 차이는 아주 ~하다 | 这两个词意义yìyì上的差别太细微了。¶~한 변화 | 细微的变化biànhuà。¶~한 가루 | 微细的粉。

미소[微笑] 圀하자【微笑】wēixiào ¶그녀는 언제나 얼굴에 ~를 머금고 있다 | 她脸上总是挂guà着微笑。¶입가에 ~를 띠다 | 嘴边儿泛起微笑。¶~를 짓다 | 带微笑。

미수[未收] 圀하타【未收】wèishōu ¶시청료의 ~가 많다 | 未收的视听费还有很多。

미수[未遂] 圀하타【未遂】wèisuì ¶강도 ~ | 强盗未遂。¶방화 ~ | 纵火未

遂。

미숙하다[未熟－] 동 【未熟】wèishú 【不熟练】búshúliàn 生 shēng 【非熟练】fēishúliàn ¶미숙한 노동 | 不熟练劳动。 | 운전이 미숙한 자가 운전자 | 开车不熟练的司机。 참고〔未长好〕〔未成熟〕

B**미술**[美術] 명 【美术】měishù ¶~ 작품 | 美术作品。 | ~ 전람회 | 美术展览会。 | 응용~ | 应用美术。

미**미술관**[美術館] 명 【美术馆】měishùguǎn

미**미술품**[美術品] 명 【美术品】měishùpǐn

미스'[miss] 명 【误】wù 【错(儿)】cuò(r) ¶~를 하다 | 失误。 | ~를 인정하다 | 认errèn错。

미스²[Miss] 명 【小姐】xiǎo·jie

미스터[Mister;Mr] 명 【先生】xiān·sheng

미**미시건**[Michigan;Mich] 〈地〉【密执安】Mìzhí'ān [미국의 주명(州名). 주도(州都)는 "란싱Lánxīn"(랜싱; Lansing)]

미**미시시피**[Mississippi;Miss] 명 〈地〉【密西西比】Mìxīxībǐ [미국의 주명(州名). 주도(州都)는 "잭슨Jiékèxùn"(잭슨; Jackson)]

미**미시적**[微視的] 관형 【微视】wēishì 【微观】wēiguān ¶~ 분석 | 微观分析fēnxī。

미시즈[missis;Mrs] 명 【女主人】nǚzhǔ·ren 【主妇】zhǔfù

B**미신**[迷信] 명 【迷信】míxìn ¶~을 타파하여, 사상을 해방시키다 | 破除pòchú迷信, 解放思想。 | ~을 믿습니까? | 信迷信吗?

미심쩍다[未審－] 형 【怀疑】huáiyí 【不放心】búfàngxīn 【有疑点】yǒu yídiǎn ¶틀림없다고는 하지만 어딘지 미심쩍은 데가 있다 | 说是错不了, 但还是有疑点。

미싱[sewing machine] 명 【缝纫机】féngrènjī 【缝衣机】féngyījī

미쏘니[Missoni] 명 〈商標〉【米索尼】Mǐsuǒní

미쓰비시[Mitsubishi] 명 〈商標〉【三菱】Sānlíng

미아[迷兒] 명 【迷路儿童】mílu'értóng ¶~찾기 운동 | 寻找迷路儿童运动。

¶~ 보호 시설 | 迷路儿童保护设施。

미**미안**[未安] 명해형 【抱歉】bàoqiàn 【过意不去】guòyì búqù 【对不起】duì·bu·qǐ 【不好意思】bùhǎoyì·si ¶일 때문에 늦었습니다, ~합니다 | 因为有事, 来晚wǎn了, 很抱歉。 | ¶선생님께 누차 걱정을 끼쳐 드려서 정말 ~하게 생각합니다 | 屡次lǚcì让您费心fèixīn, 实在过意不去。 | ¶기다리게 해서 ~하다 | 对不起, 让你久等了。 참고〔抹不开〕〔磨mó不开〕

미**미약**[微弱] 명해형 【微弱】wēiruò ¶역량이 대단히 ~하다 | 力量十分微弱。 | ¶활동이 ~하다 | 活动微弱。

미얀마[Myanmar] 명 〈地〉【缅甸】Miǎndiàn [수도는 "仰光"(양곤;Yangon)]

미어지다 동 【挤破】jǐpò 【撕裂】sīliè ¶그의 부음을 듣고 나는 슬픔으로 가슴이 머어져다 | 接到他死亡的消息心里就像被撕裂了一样难受。

미**미역**[裙帶菜] 명 【裙带菜】qúndàicài 【海带】hǎidài 참고〔裙带〕〔嫩nèn海带〕

미**미역국** 명 【裙带菜汤】qúndàicài tāng

미**미연**[未然] 명 【未然】wèirán 【预先】yùxiān 【事先】shìxiān 【事前】shìqián ¶사고를 ~에 방지하다 | 把事故防止于未然。 | ¶~에 한 번 알려 주어야 된다 | 事先要通知一声儿。

미**미완**[未完] 명하타 【未完】wèiwán 【待完】dàiwán ¶~의 소설 | 没有完成的小说。

미**미완성**[未完成] 명하타 【未完成】wèiwánchéng

미**미용사**[美容師] 명 【美容师】měiróngshī

미**미용체조**[美容體操] 명 【美容体操】měiróng tǐcāo 【健美操】jiànměicāo

미운 놈 떡 하나 더 준다 관용 【可恶的人, 多给他一个饽饽】kěwù·de rén, duō gěi tā yí·ge bōbo

미**미움** 명 【憎恶】zēngwù 【厌恶】yànwù 【招怨】zhāoyuàn 【白眼】báiyǎn 【讨厌】tǎoyàn ¶~받는 사람 | 令chī人厌恶的人。 | ¶~을 사다 | 遭人厌恶。 | ¶~ 받는 아이 | 谁都讨厌的孩子。

B**미워하다** 동 【憎恶】zēngwù 【讨厌】tǎoyàn 【恨】hèn 【憎恨】zēnghèn 【仇恨】

chōuhèn【厌恶】yànwù【仇怨】chōuyuàn ¶나쁜 사람을 ~ | 憎恶坏人。¶그는 모르면서도 아는 체해서 남의 미움을 산다 | 他不懂装懂, 让人讨厌。¶사람들은 다 그를 ~ | 人都恨他.

미음[米飮] 圐【米汤】mǐtāng【糊糊】hú·hu ¶~을 쑤다 | 做糊糊.

미인[美人] 圐【美人】měirén ¶~선발 대회 | 选美比赛. ¶절세의 ~ | 绝代佳人.

미인계[美人計] 圐【美人计】měirénjì ¶~에 걸리다 | 中zhòng美人计. (참고)〔美人局〕〔翻戏〕〔放白鸽〕〔仙人跳〕〔捉黄脚鸡〕

B**미장원**[美粧院] 圐【美容院】měiróngyuàn

미적[美的] 관圐【美】měi【审美】shěnměi ¶~ 감각 | 美感. ¶~ 관념 | 审美观念.

미적지근하다 혱【温】wēn【温吐吐】wēntūtū【不冷不热】bùlěng bùrè【马马虎虎】mǎ·mahūhū【不彻底】búchèdǐ【不热心】búrèxīn ¶미적지근한 태도 | 不冷不热的态度tàidù. ¶미적지근한 성격 | 不冷不热的性格. ¶그는 일을 처리하는게 언제나 ~ | 他办事老是马马虎虎.

미정[未定] 圐【未定】wèidìng ¶아직 ~입니다 | 尚未定. ¶그들의 결혼식 날짜는 아직 ~이다 | 他们的结婚日期还没定.

미제[未濟] 圐【谜题】mítí【未了】wèiliǎo ¶~ 사건 | 未了的事件.

미주[美洲] 圐〈地〉【美洲】Měizhōu ¶북~ | 北美洲.

미주리[Missouri; Mo] 圐〈地〉【密苏里】Mìsūlǐ [미국의 주명(州名). 주도(州都)는 "杰斐逊城, Jiéfěixùnchéng" (제퍼슨 시티; Jefferson City)]

미주알고주알 圐【追根究底地】zhuī gēn jiū dǐ·de【仔细仔细地】zǐxì zǐxì·de【刨根儿问底儿】páogēnr wèndǐr ¶~캐묻다 | 刨根儿问底儿地问.

미즈[Ms] 圐 (기·미혼 구별 없이 여성의 성 앞에 붙여 쓰는 영어식 호칭)【女士】nǚshì

미지[未知] 圐【未知】wèizhī【尚未知道】shàngwèi zhī·dao ¶~의 땅 | 未知的土地. ¶~의 세계를 동경하다

| 憧憬未知的世界. (참고)〔未谙shěn〕〔未识〕〔未悉xī〕

미지근하다 혱【温热】wēnrè【不冷不热】bùlěng búrè【模棱两可】mó léng liǎng kě【消极】xiāojí ¶미지근한 태도 | 不冷不热的态度. ¶반응이 ~ | 反应消极.

미지수[未知數] 圐❶〈数〉【未知数】wèizhīshù ¶많은 인소가 아직 ~이다 | 许多因素还是未知数. ❷〈未知数〉wèizhīshù ¶보상을 얼마나 받게 될지는 ~이다 | 能得到多少补偿, 还是个未知数.

미진[未盡] 圐혱圐【未尽】wèi jìn【未完】wèiwán【尚未完成】shàngwèi wánchéng【欠缺】qiànquē【不满足】bùmǎnzú ¶~인 이야기 | 未尽的故事.

B**미처** 凰【事前】shìqián【来及】láijí【来不及】láibùjí ¶~ 몰랐다 | 事前没想到. ¶거기까지는 ~ 생각하지 못하였다 | 还没有想到那一步.

미천[微賤] 圐혱圐【低贱】dījiàn【卑贱】bēijiàn ¶그의 출신은 ~하다 | 他出身卑贱.

미치광이 圐【疯子】fēng·zi【疯人】fēngrén【狂人】kuángrén ¶저런 ~하고 어쩌 상종할 수가 있나 | 跟那样的疯子不能相处.

미치다[1] 图❶ (정신이상이 되다)【疯】fēng【发疯】fāfēng【发狂】fākuáng【疯狂】fēngkuáng ¶이 사람은 미쳤다 | 这个人疯了. ¶미쳐서 집을 나가다 | 疯地离家出走了. ❷ (열중하다)【迷】mí【着迷】zháomí【迷住】mízhù【着魔】zháo·mó【沉溺】chénní ¶최근 그는 사진에 미쳐버렸다 | 近来他迷上照相了. ¶그림에 ~ | 迷恋于画画. ¶노름에 ~ | 沉溺于赌博. (참고)〔发神经〕〔疯狂〕

미치다[2] 图❶ (필적하다)【及】jí【到】dào ¶나는 그에게 미치지 못한다 | 我不及他. ¶북경은 상해의 크기에 미치지 못한다 | 北京不及上海大. ❷ (이르다)【涉】shè【波及】bōjí【说到】shuōdào【遍及】biànjí【给】gěi ¶그들의 영향이 몇 가지 중요한 문제에 미쳤다 | 他们的影响yǐngxiǎng涉及到几个重要的问题. ¶크나큰 영향을 ~ | 给了很大的影响. ❸ (닿다)

【及】jí【到】dào❶손이 선반에까지 ~ | 手伸到搁板❶힘이 미치지 못하다 | 力所不及。❶생각이 거기까지 미치지 못하다 | 还没想到那一步。❹(연루하다)【连累】liánlèi❶부모의 잘못이 자식에게까지 ~ | 父母的错误连累到孩子的身上。

미친 놈 널 뛰듯관용【疯子跳板, 任性胡来】fēng·zi tiàobǎn, rènxìng húlái

미크론[micron; μ]의명【微米】wēimǐ【公忽】gōnghū [100만분의 1m]

ᴮ**미터**[meter]의명【公尺】gōngchǐ【米】mǐ❶킬로~(km)│千米/公里。❶센티~(cm)│厘米/公分。❶밀리~(mm)│毫米/公厘。참고〔公尺〕〔米达〕〔米突〕

*미팅[meeting]　명하자【会议】huìyì【会】huì【聚会】jùhuì【约会】yuē·huì❶~이 끝났다 | 会议结束jiéshù了。❶작업 | 工作会议。❶오늘 ~이 하나 있다 | 今天有一个聚会。

미풍[微風]명【微风】wēifēng【轻风】qīngfēng

미학[美學]명【美学】měixué❶~을 전공하다 | 专攻美学。

미해결[未解決]명【未解决】wèijiějué【悬而未决】xuán ér wèi jué❶~의 사건 | 未解决的事件。❶많은 제안이 아직 ~ 상태로 남아 있다 | 许多提案悬而未决。

미행[尾行]명하자【盯梢】dīngshāo【跟踪】gēnzōng❶그는 나를 ~하면서 감시하고 있다 | 他跟踪并监视jiānshì我。참고〔钉dīng车尾儿〕〔挂guà彩棒〕

미혹[迷惑]명하자【迷惑】mí·huo【迷人】mírén❶달콤한 말로 우리를 ~시킬 수 없다 | 花言巧qiǎo语迷惑不了我们。

미혼[未婚]명【未婚】wèihūn❶그는 아직 ~이다 | 他还未婚。❶혼기가 지난 ~ 여성 | 过结婚年龄niánlíng的未婚女性。

미화[美化]명하타【美化】měihuà【粉饰】fěnshì❶~ 작업 | 美化的劳动。❶환경을 ~하다 | 美化环境huánjìng。❶자기의 행위를 ~하다 | 美化自己的行为。참고〔美饰〕

미흡[未洽]명하형【不满意】bùmǎnyì

【不足】bùzú【不周到】bùzhōudào❶칭찬하기에는 ~하다 | 不足夸kuā讲。❶모범으로 삼기에 ~하다 | 不足为榜样。

민가[民家]명【老百姓家】lǎobǎixìngjiā【民家】mínjiā

ᴮ**민간**[民間]명【民间】mínjiān【草野】cǎoyě❶이 이야기는 오랫동안 ~에서 전해 온다 | 这个故事长久在民间流传。❶~ 처방 | 民间验yàn方。❶~ 교류 | 民间往来。❶~ 단체 | 民间团体。❶~ 방송 | 民间广播。

민감[敏感]명하형【敏感】mǐngǎn【感觉敏锐】gǎnjué mǐnruì❶그녀는 매우 ~해졌다 | 她太敏感了。❶어떤 동물들은 날씨 변화에 대해 대단히 ~하다 | 有些动物对天气的变化非常敏感。❶국제 정세에 ~하게 대처하다 | 敏感地对待国际形势。

ᴮ**민국**[民國]명【民国】mínguó❶대한 ~ | 大韩民国。

ᴮ**민들레**명〈植〉【蒲公英】púgōngyīng참고〔兔fù公英〕〔李李丁bōbǒdīng〕〔狗乳草gǒurǔcǎo〕〔黄花地丁〕〔耳瘢草ěrbāncǎo〕〔金盏子jīnzhǎnzǐ〕

민란[民亂]명【民乱】mínluàn

민망[憫惘]명【令人不安】lìngrén bù'ān【令人过意不去】lìngrén guòyì bùqù【难为情】nánwéiqíng【不好意思】bùhǎoyì·si❶~스럽기 짝이 없다 | 令人非常难为情。❶듣기가 ~하다 | 听着不好意思。

민물명【淡水】dànshuǐ❶~고기 | 淡水鱼。

민법[民法]명〈法〉【民法】mínfǎ❶그는 ~을 잘 알고 있다 | 他熟shú知民法。참고〔民律ǜ〕

민병[民兵]명【民兵】mínbīng❶~대 | 民兵队。❶~ 조직 | 民兵组织。❶~ 사단 | 民兵师。

민사[民事]명〈法〉【民事】mínshì❶~ 사건 | 民事案件。❶~ 소송 | 民事诉讼sùsòng。❶~ 재판 | 民事裁判。❶~상의 권리 | 民事权利。❶~ 책임 보험 | 民事责任保险。

민생[民生]명【民生】mínshēng❶~이 도탄에 빠지다 | 民生涂敝diāo ì。❶~ 치안 | 民生治安。참고〔生灵líng〕

민생고[民生苦]〖명〗【民生苦难】mínshēngkŭnàn｜【人民的疾苦】rénmín·de jíkŭ

ᴮ민속[民俗]〖명〗【民俗】mínsú ¶～ 공예｜民俗工艺。¶～ 무용｜民间舞蹈。¶～학｜民俗学。

민스크[Minsk]〖명〗〈地〉【名斯克】Míngsīkè｜[独立国家联合"(독립국가연합;CIS)의 수도 "白俄罗斯"(벨로루시;Belorussia)의 수도。

민심[民心]〖명〗【民心】mínxīn【民意】mínyì ¶～을 많이 얻다｜深深得民心。¶～은 천심｜民心是天心。¶～을 수습하다｜收住民心。

민영[民营]〖명〗【民营】mínyíng【私营】sīyíng【民办】mínbàn ¶～ 기업｜私营企业。¶～ 탁아소｜民办托tuō儿所。¶～ 사업｜民间企业。¶～ 학교｜民办学校。

민영화[民营化]〖명〗〖하타〗【私营化】sīyínghuà ¶국영 기업체의 ～를 추진하다｜促进国营企业的私营化。

ᴮ민요[民谣]〖명〗〈音〉【民谣】mínyáo【民歌】míngē ¶～곡｜民谣曲。¶～를 수집하다｜收集民谣。

민원[民怨]〖명〗【民怨】mínyuàn ¶～이 들끓어오르다｜民怨沸腾fèitēng。¶～을 사다｜激起民怨。

민정[民政]〖명〗【民政】mínzhèng ¶～ 기관｜民政机关。

ᴬ민족[民族]〖명〗【民族】mínzú ¶소수 ～｜少数民族。¶～ 혼｜民族魂。¶～ 문화｜民族文化。

ᶜ민족성[民族性]〖명〗【民族的特点】mínzú·de tèdiǎn【民族性】mínzúxìng。

ᴮ민주[民主]〖명〗【民主】mínzhŭ ¶～ 인사｜民主人士。¶～ 세력｜民主力量/民主势力。¶～ 개혁｜民主改革gǎigé。¶우리 학교는 매우 ～적이다｜我们校很民主。¶～적인 작풍｜民主作风。

ᴮ민주주의[民主主义]〖명〗【民主主义】mínzhŭ zhŭyì【德谟克拉西】démókèlāxī【民主】mínzhŭ

ᶜ민중[民众]〖명〗【民众】mínzhòng【平民】píngmín ¶～ 운동｜民众运动。¶～을 불러 일으키다｜唤起huànqĭ民众。¶많은 ～을 죽이다｜炸死zhàsĭ了许多平民。

민첩[敏捷]〖명〗〖하형〗【敏捷】mĭnjié【敏快】mĭnkuài ¶～한 행동｜敏捷的行动。¶동작이 ～하다｜动作敏捷。¶그의 사상이 ～하다｜他思维敏捷。

민폐[民弊]〖명〗【给民间带来的危害】gěi mínjiān dàilái·de wēihài ¶～를 근절하다｜根除给民间带来的危害。

믿는 도끼에 발등 찍힌다〖관용〗【所信之人反露其丑】suŏxìn zhīrén fǎnlù qíchŏu【狗咬吕洞宾, 不识好歹】gŏu yǎo lǚdòngbīn, bùshì hǎodǎi【忘恩负义】wàng ēn fù yì

ᴬ믿다〖동〗❶ (의심치 않다)【信】xìn【相信】xiāngxìn【置信】zhìxìn ¶미신을 ～｜信迷信。¶나는 나의 관찰력을 완전히 믿는다｜我十分相信自己的观察力。¶그의 말을 믿지 않는다｜不相信他的话。¶믿기 어렵다｜难以置信。❷ (신뢰하다)【信任】xìnrèn【信赖】xìnlài ¶선생님은 그녀를 아주 믿고 있다｜老师很信任她。¶상대를 ～｜信任对方duìfāng。¶그를 믿지 못하겠다｜对他失去了信任。¶그는 믿을 만한 사람이다｜他是一个值得信赖的人。❸ (의지하다·기대하다)【靠】kào【指靠】zhǐkào【指望】zhǐ·wàng ¶그는 정말 믿을 만하다｜他很靠得住。¶친구를 믿고 상경하다｜靠朋友上京。¶이 일에 대해 우리는 너만 믿고 있다｜这件事我们就指望你了。❹ (신앙하다)【信仰】xìnyǎng【信奉】xìnfèng ¶그들은 이슬람교를 믿는다｜他们信仰伊斯兰教yīsīlánjiào。¶그리스도교를 ～｜信奉基督教jīdūjiào。〖참고〗(依靠)

믿음〖명〗❶ (신임)【信任】xìnrèn【信赖】xìnlài【信】xìn ¶군중의 ～을 얻다｜取得群众的信任。¶그는 부임한 지 얼마 되지 않아 사람들의 ～을 얻었나｜他上任不久, 便赢yíng得了大家的信任。¶그는 자신의 행동으로 사람들의 ～을 얻었다｜他用自己的行动赢yíng得了大家的信赖。❷ (신념)【信念】xìnniàn【信仰】xìnyǎng ¶그의 마음속에는 ～이 있다｜他心中有信念。¶종교적 ～｜宗教zōngjiào信仰。

믿음직스럽다〖형〗【可信】kěxìn ¶그의 말은 언제나 ～｜他的话总是可信

365

的。

믿음직하다 휑【可信】kěxìn【可靠】kěk·
ào【可信赖的】kěxìnlài·de ¶그의 말
은~ | 他说的话不可信。¶씩씩하고
믿음직한 젊은이 | 活泼可信的年轻
人。¶그는 사람됨이 ~ | 他为人很
可靠。

^B**밀** 명〈植〉【小麦】xiǎomài【麦子】mài·
zi ¶~밭 | 小麦地/麦子地(里)/麦子
地(儿)。

^A**밀가루** 명【面】miàn【面粉】miànfěn
【白面】báimiàn ¶~ 반죽 | 和面/面
团。¶~를 빻다 | 磨mó面粉。¶~
포대 | 面粉袋dài。

밀감【蜜柑】명〈植〉【橘子】jú·zi 蜜
柑】mìgān ¶여름 ~나무 몇 그루를
샀다 | 买了几棵蜜柑树。

밀고【密告】명하타【告密】gàomì ¶~
함 | 检举箱xiāng。¶지도자에게 ~
하다 | 向领导lǐngdǎo告密。¶거사
계획을 ~하다 | 把起义的计划告出去
。참고〔告发〕

^A**밀다** 동❶(힘을 주어 앞으로 나아가게
하다)【推】tuī ¶차를 앞으로 더 밀어
야겠다 | 车子还得往前推。¶문을 밀
어서 열다 | 推开门。¶유모차를
~ | 推童车。❷(추천하다)【推】tuī
【推荐】tuījiàn ¶그를 후보로 ~ | 推
他当候选xuǎn人。¶모두들 너를 ~
| 大家都推你。¶회장으로 ~ | 推荐
委员长。❸(깎다)【推】tuī【刨】bào
【刮】guā ¶대패로 깨끗이 ~ | 用刨
子bàozi推光。¶머리를 빡빡 ~ | 剃
光头。¶수염을 ~ | 刮胡子。❹(문
지르다)【搓】cuō ¶때를 ~ | 搓澡。
❺(찍다)【印】yìn ¶등사기로 ~ | 用
油印机印。

밀담【密谈】명【密谈】mìtán ¶~을 나
누다 | 进行密谈。

밀도【密度】명❶(조밀의 정도)【密
度】mìdù ¶인구 ~ | 人口密度。¶~
계 | 密度计。❷(내용의 충실도)【精
确度】jīngquèdù ¶~ 높은 수업 | 精
确度高的作业。참고〔稠度〕

밀레니엄 버그[millenium bug] 명〈電
算〕【千年虫】qiānniánchóng

^A**밀려가다** 동【拥过去】yōng·guò·qù
【随…去】suí…qù ¶유세장으로 ~ |
往游说场拥过去。¶바람에 밀려가는

돛단배 | 随风而去的帆船。

밀려나다 동【被推】bèituī ¶밖으로 ~
| 被推到门外。

밀려들다【拥来】yōnglái【拥进】yōng
jìn【侵袭】qīnxí ¶아침의 차가운
공기가 그의 몸으로 밀려들었다 | 早
晨zǎochén的寒流hánliú侵袭着他的
身体。

^A**밀려오다** 동❶(바람따위에 떼밀려서
오다)【推来】tuīlái【涌过来】yǒng·gu
ò·lái ¶바람에 밀려오는 돛배 | 被风
推来的帆船fānchuán。¶큰 파도가
~ | 涌过来大浪。❷(여럿이 한꺼번
에 떼지어 오다)【拥来】yōnglái ¶시
위군중이 광장으로 밀려왔다 | 示威
群众向广场拥来。¶환영 인파가 ~
| 拥来欢迎的人群。

밀렵【密猎】명하타【私猎】sīliè【私
自打猎】sīzì dǎliè

^A**밀리다** 동❶(일이 쌓이다)【堆积】duīj·
ī【积压】jīyā【被耽误】bèidānwù ¶하
지 않은 일이 밀려 있다 | 堆了一大堆
的事儿。¶숙제가 ~ | 堆了一大堆的
作业。❷(떠밀리다)【拥挤】yōngjǐ
【不抵】bùdǐ ¶한데 밀리지 말고 차례
대로 승차하십시오 | 按次序上车,不
要拥挤。¶상대의 힘에 ~ | 不抵对
方。

밀리리터[milliliter] 의명【毫升】háoshē
ng【西西】xīxī【公撮】gōngcuō 참고
〔立방센티미터〕

밀리미터[millimeter] 의명【毫米】há
omǐ

밀림【密林】명【密林】mìlín ¶~지대 |
密林地带。¶~의 왕자 | 密林王子。

밀매【密賣】명하타【私卖】sīmài【秘密
出售】sìmì chūshòu【非法出售】fēifǎ
chūshòu【黑市销售】hēishì xiāoshòu
【走私】zǒu/sī ¶마약을 ~하다 | 走
私毒品。¶악덕 상인을 ~를 엄밀히
막다 | 严防奸jiān商走私。

밀매품 명【私卖品】sīmàipǐn【违禁品】
wéijìnpǐn【黑货】hēihuò ¶~ 매매자
: 违禁品买卖者。

^B**밀물** 명【涨潮】zhǎngcháo【潮水】chá
oshuǐ ¶~이 들어온다 | 潮水上来
了。

밀봉【密封】명하타【密封】mìfēng【封
死】fēngsǐ【堵死】dǔsǐ ¶양초로 병을

366

~하여 약물이 습기차거나 증발하는
것을 막다 | 用白蜡[o]密封瓶口以防药
物受潮或挥发。 ¶비밀 서류가 든 봉
투를 ~하다 | 密封秘密文件袋。

밀사[密使] 圀【密使】mìshǐ ¶~를 파
견하다 | 派密使。

ˆ밀수[密輸] 圀하타【走私】zǒusī【走私
漏税】zǒusī lòushuì【盗运】dàoyùn ¶
대규모~단 | 大规模走私团伙。

밀실[密室] 圀【密室】mìshì

밀어내다 동❶ (밖으로 나가게 하다)
【推出去】tuī·chū·qù【挤出去】jǐchū·
qù ¶우리들은 찾아온 장사를 밀어낼
수는 없어! | 咱们不能把上门的买卖
推出去呀! ❷ (젖히다)【排除】páichú
¶두 재벌은 서로 경쟁자를 밀어내고
시장을 독차지하기 위하여 물고뜯고
한다 | 两个财团为了霸占占商场 市
场排除竞争对象, 相互勾gōu心斗角。

밀어붙이다 동❶ (고삐를 늦추지 않고
계속 밀다)【推到一边(儿)】tuīdào yī·
biān(r) ¶상대편을 계속 밀어붙여 승
리를 거두다 | 把对方一直推到一边,
取得了胜利。 ❷ (한쪽으로 밀다)【用
力推一边】yònglì tuī yìbiān 【推】tuī
【放】fàng ¶불도저가 흙을 ~ | 推土
机在推土。 ¶망가진 책상들을 모두
구석 쪽으로 ~ | 把破损的桌子都放
到角落里。

밀어젖히다 동【推开】tuīkāi【搬开】bō·
kāi【推开窗户】 ¶그는 문을 ~ | 他是
친구를 밀어젖히다 지위를 차지했다
| 他把朋友推开, 自己占zhàn了位
置。

밀월[蜜月] 圀【蜜月】mìyuè ¶~여행
| 蜜月旅行。 ¶이선생과 미스 강은
~여행을 갔다 | 李先生和康小姐渡蜜
月去了。

밀접[密接] 圀하형【密切】mìqiè【紧
连】jǐnlián【紧密】jǐnmì ¶관계가 매우
~하다 | 关系很密切。 ¶관계를 ~하
게 하다 | 密切了关系。 ¶~하게 결
합하다 | 紧密地接合。

밀조[密造] 圀하타【私造】sīzào【私
制】sīzhì【秘密制造】mìmì zhìzào ¶
마약을 ~하다 | 私造毒品。 ¶가짜
위스키를 ~하다 | 私造假威士忌。

밀집[密集] 圀하타【密集】mìjí ¶~ 방
어 | 密集防。 ¶인구가 ~하다 | 人口

密集。 ¶~해 있는 인가 | 密集的人
烟。

밀짚 圀【麦结】màijié

ˆ밀짚 모자 圀【草帽】cǎomào

밀착[密着] 圀하타【贴紧】tiējǐn【紧密
结合】jǐnmì jiéhé ¶붕대가 상처에 ~
되어 떨어지지 않는다 | 绷带紧贴在
伤口上弄不下来。

밀치다 동【推】tuī【搡】sǎng ¶문을 밀
쳐서 열다 | 推开门。 ¶그를 밀쳐 넘
어뜨렸다 | 把他搡了个跟头。

밀크[milk] 圀【牛奶】niúnǎi ¶~ 캐러
멜 | 牛奶糖。 참고〔牛奶〕

밀폐[密閉] 圀하타【密闭】mìbì【密封】
mìfēng【防透气】fángtòuqì【不透气】
bùtòuqì ¶~용기 | 密闭容器。 ¶용
기를 ~하다 | 将容器密闭起来。 ¶~
된 공간 | 密闭空间。

밀항[密航] 圀하타【偷渡】tōudù ¶~
자 | 偷乘者。 ¶~을 허락하지 않는
다 | 不允许偷渡。

밀회[密會] 圀하타【秘密相会】mìmì xi·
ānghuì【幽会】yōuhuì ¶연인과 약속
하여 공원에서 ~하여 사랑을 속삭이
다 | 约了情人到公园去幽会谈情。 ¶
연인들의 ~를 방해하지 마라! | 别打
搅dǎjiǎo情侣的幽会!

ˆ밉다 형❶ (못생기다)【难看】nánkàn
【陋】lòu【丑陋】chǒulòu ¶용모가 ~
| 丑陋。 ¶밉게 생긴 얼굴 | 丑陋的
脸。 ❷ (싫다)【厌恶】yànwù【可恶】
kěwù【讨厌】tǎoyàn【可憎】kězēng ¶
너 정말 ~ | 你真讨厌! ¶그 젊은이
를 그녀가 유난히 미워한다 | 那个小
伙子她特别讨厌。 ¶그는 모르면서도
아는 체해서 남의 미움을 산다 | 他不
懂装懂, 让人讨厌。

밉살스럽다 형【讨厌】tǎoyàn【可恶】kě·
wù【可憎】kězēng【厌恶】yànwù【可
恶】kěwù ¶그는 좀 밉살스런 데가 있
다 | 他有些地方讨厌。 ¶그의 저 꼬
락서니는 가증스럽기 짝이 없다! | 他
那脸可恶极了!

ˆ밋밋하다 형【笔直的】bǐzhí·de【直直
的】zhízhí·de【平平的】píngpíng·de
¶밋밋한 가슴 | 平平的胸膛。

ˆ및 톰【及】jí【以及】yǐjí ¶노동자·농민
~사병 | 工人, 农民及士兵。 ¶사회·
경제 ~문화의 발달과정 | 社会·经济

及文化的发展过程。¶전 중국, 전 아
시아 ~ 전 세계의 사람들은 모두 새로
운 전쟁을 반대한다 | 全中国、全亚
洲、 以及全世界人民都反对新的战
争。[참고] 〔和〕〔跟〕〔与〕

^**밑** 똉 ❶ (아래쪽) 【下面】xiàmiàn【底
(儿·子)】dǐ(r,·zi)【底下】dǐ·xia ¶~
에서 올려다 보다 | 从下面往上看。
¶바다~ | 海底。 ❷ (기초) 【基础】jī-
chǔ ¶~이 든든해야 한다 | 基础要稳
固。 ❸ (기초 계층) 【基层】jīcéng ¶
~에서의 건의 사항 | 基层的建议事
项。 ❹ (적다) 【小】xiǎo 【低】dī ¶~
의 동생 | 小弟弟。¶성적이 너보다
~이다 | 成绩比你低。 ❺ (지배) 【支
配】zhīpèi ¶일제 지배 ~에서 시달리
던 우리 겨레 | 在日本帝国主义支配
下受苦受难的我们的民族。 ❻ (환경)
【膝下】xīxià 【…之下】…zhīxià ¶어
진 어머니 ~에서 자란 한석봉 | 在善
良的母亲的膝下成长的韩石峰。

^**밑거름** 똉 ❶ 〈農林〉【基肥】jīféi【底肥】
dǐféi ¶~을 주다 | 上底肥。 ❷ 【基
础】jīchǔ ¶남다른 노력이 출세의 ~
이 되었다 | 与众不同的努力成为成功
的基础。

^**밑동** 똉 ❶ 【下部】xiàbù 【下半截】xià·b-
ànjié ❷ 【块根】kuàigēn 【主根】zhǔg-
ēn

^**밑면** [-面] 똉 【底面】dǐmiàn

^**밑바닥** 똉 ❶ 【底面】dǐmiàn 【底儿】dǐr
【底子】dǐ·zi ❷ 【底层】dǐcéng 【最底
层】zuìdǐcéng ¶~ 생활을 하다 | 过
底层生活。 ❸ 【心】xīn ¶~이 빤한 말
| 心如明镜的话。

밑바탕 똉 【底子】dǐ·zi 【基础】jīchǔ 【根
基】gēnjī ¶~이 든든하다 | 底子厚hò-
u。¶~이 좋다 | 底子好。¶~을 닦
다 | 打基础。

밑반찬 [-飯饌] 똉 【家常菜】jiāchángc-
ài 【家里常备的菜】jiā·li chángbèi·de
cài 【小菜】xiǎo cài

밑받침 똉 ❶ 【垫子】diàn·zi ¶화분 ~
| 花盆垫子。 ❷ 【底子】dǐ·zi 【基础】jī-
chǔ 【支撑】zhī·cheng ¶향토 발전의
~이 되다 | 成为乡土发展的基础。

밑빠진 독에 물 붓기 [관용] 【挑雪填井】ti-
āo xuě tián jǐng

^**밑줄** 똉 【字下线】zìxiàxiàn 【底线】dǐxi-

àn ¶~을 치다 | 划底线。 ¶~ 친 말
| 划底线的话。

^**밑창** 똉 【鞋底】xiédǐ

^**밑천** 똉 【本钱】běnqián ¶~없는 장사
| 没本钱的买卖。¶~이 든든한 장
사 | 厚本钱的买卖。¶~이라곤 두
주먹뿐이다 | 本钱就剩两个拳头了。

[참고] 〔基础〕〔底子〕

ㅂ

－ㅂ니까 [어미] (用于谓语词干后, 表示疑问的终结语尾, 意为"吗") 【吗】·ma ¶보이~? | 看得见吗? ¶지금 가~? | 现在走吗?

－ㅂ니다 [어미] (用于谓语词干后表示尊敬的陈述式终结语尾, 句子中起汉语的句号作用) ¶아버님은 지금 안 계시~ | 父亲现在不在。¶어제 귀국했스~ | 昨天回国的。

－ㅂ시다 [어미] (尊敬阶共动式终结形词尾, 用于动词或部分形容词词干后, 相当于吧") 【吧】·ba ¶같이 가~ | 一起走吧。¶그렇게 하~ | 就那样干吧。¶천안문 광장으로 가~ | 去天安门广场吧。

바[1][bar] [명] ❶ (술집) 【酒吧】jiǔbā 【酒巴间】jiǔbājiān ❷ (기압 단위) 【巴】bā ¶밀리(milli) ~ | 毫(háo)巴。¶마이크로(micro) ~ | 微(wēi)巴。❸ (體) 【横杆】hénggān

바[2] [명] (绳) 【绳】shéng 【绳子】shéng·zi ¶가는 ~ | 细绳。¶굵은 ~ | 粗绳。¶~를 꼬다 | 搓cuō绳子。

바[3] [명] 〈音〉(发) 【发】fā ¶~장조 | 发长调。

바[4] [의명] ❶ (表示"这些东西""这些事""那些东西""那些事") ¶이 일에 대해 어찌 할 ~를 모르다 | 不知该怎么办这些事。¶네가 알 ~가 아니다 | 这些事不是你应该知道的。¶그것이 바로 내가 바라던 ~ | 那就是我想要的。❷ (表示"在…情况下") ¶말도 못하고 살 ~에는 차라리 죽는 게 낫지 | 在连想要说的话都说不了的情况下, 还不如死了好。

^A^바가지 [명] ❶ (瓢儿) 【瓢】piáo 【葫芦】hú·lu 【匏】páo ¶물~ | 水瓢儿。❷ (양사) 【瓢】piáo ¶그는 한 마디도 하지 않고 물을 한 ~ 마시고서는 나갔다 | 他一声没出, 喝咋了一瓢水, 走了出去。

바가지 긁다 [관용] (唠叨) lāo·dao ¶아내는 늘 집에서 바가지를 긁는다 | 我太太在家常唠叨。

바가지 쓰다 [관용] 【让人割了】ràng rén gē·le ¶한 잔 하러 갔다가 바가지만

잔뜩 썼다 | 去喝了一杯酒却让人割了。

바겐 세일 [bargain sale] 【大减价】dàjiǎnjià 【大廉价】dàliánjià 【廉价买入】liánjià mǎimài 【廉价销售】liánjià xiāoshòu 【廉价出售】liánjià chūshòu 【甩卖】shuǎimài ¶창고 대정리 ~ | 清仓cāng大甩卖。

바구니 [명] 【篮子】lán·zi 【篮儿】lánr ¶대~ | 竹条篮子。¶장~ | 买菜的篮子。

바그다드 [Baghdad] 〈地〉【巴格达】Bāgédá "이라크"(이라크;Iraq)의 수도)

바글바글 [부] ❶ (물 등이 끓는 모양) 【咕嘟咕嘟】gū·dugū·du 【噗鲁噗鲁】pū·lupū·lu ¶국이 ~ 끓는다 | 汤tāng 咕嘟咕嘟开了。¶된장 찌개가 ~ 끓는다 | 酱汤jiàngtāng噗鲁噗鲁地开着。❷ (많이 모여서) 【熙熙攘攘】xīxīrǎngrǎng ¶시장에 사람이 ~하다 | 集市上人熙熙攘攘。

^B^바깥 [명] ❶ (바깥쪽) 【外边】wài·bian 【外面】wàimiàn 【室外】shìwài 【露天】lùtiān ¶~에서 노래소리가 들려온다 | 从外面传来了歌声。¶~의 공기가 매우 차다 | 外面的空气非常凉liáng。❷ (남편) 【丈夫】zhàng·fu ¶~에서 하는 일이라 저는 모릅니다 | 因为是丈夫做的事情, 所以我不知道。

바깥나들이 [명] 【出外】chūwài 【出门走动】chūmén zǒudòng ¶노인은 아직 ~를 할 수 있다 | 老人尚shàng能出门走动。

바깥 사돈 [명] 【亲家公】qìnjiāgōng 【亲家】qìnjiā 【亲家老儿】qìnjiā lǎoér 【亲家老爷】qìnjiā lǎoyé 【亲翁】qìnwēng ¶그의 ~은 고위 공직자이다 | 他的亲家公是大官儿。

^C^바깥 어른 [명] 【男主人】nánzhǔrén 【当家的】dāngjiā·de 【当家人】dāngjiārén 【当头人】dāngtóurén ¶~에게 물어 보십시오 | 问一问当家的。

바깥일 [명] 【在外干活】zàiwài gànhuó 【外面的事儿】wàimiàn·de shìr 【外边

369

的事情】wàibiān·de shì·qing ¶늦도
록 ~을 하다 | 在外干活干到很晚。
¶종일 ~만 보다 | 一整天只做外面
的事儿。

바깥면 몡【外面】wàimiàn【外面一侧】
wàimiànyícè ¶~에서 문을 열다 |
从外面开门。

ᴬ**바꾸다** 통 ❶ (물건을) 【换】huàn【掉
换】diòohuàn【兑换】duìhuàn ¶양복
으로 바꿔 입다 | 换上西服。¶잔돈
으로 ~ | 换零用钱。¶미국 달러를
중국 돈으로 ~ | 用美金兑换人民币。
¶원화를 달러로 ~ | 韩币兑换成美
元。❷ (사람·직업) 【换】huàn【改】gǎi
【交换】jiāohuàn【替换】tìhuàn【调
换】diòohuàn ¶자리를 ~ | 换地方。
¶위치를 ~ | 改位置。¶3번 선수를
5번 선수로 ~ | 用三号队员替换五号
队员。❸ (계획·일정) 【变更】biàngēng
【改】gǎi【改换】gǎihuàn【变换】biàn-
nhuàn ¶계획을 ~ | 变更计划。¶수
정관의 내용이 다소 바뀌었다 | 修订
版xiūdìngbǎn的内容有些变更。¶새
로운 방법으로 ~ | 改换一套新的做
法。¶명칭을 ~ | 改换名称。¶수법
을 ~ | 变换手法。❹ (모습) 【改】gǎi
【更换】gēnghuàn【更改】gēnggǎi ¶
몇 년 동안 와보지 않았더니, 북경이
완전히 모습이 바뀌었다 | 几年没来,
北京完全改了样儿了。¶머리 모양을
~ | 改发型fàxíng。

ᴮ**바뀌다** 【换】huàn ¶해가 ~ | 换了
一年。¶실무 책임자가 바뀌었다 |
业务yèwù负责人fùzérén换了。¶열
차 시간이 바뀌었다 | 列车lièchē时间
换了。

ᴮ**바나나** 몡【香蕉】xiāngjiāo【香牙蕉】xi-
āngyáji焦【甘蕉】gānjiāo

바누아투 [Vanuatu] 몡 〈地〉瓦努阿
图】Wǎnǔ'ātú [수도는 "维拉港"(빌
라; Vila)]

ᴬ**바느질** 몡하자타【针线活】zhēnxiànhu-
ó ¶~을 꼼꼼히 잘한다 | 针线活儿做
得很细。¶~ 솜씨가 좋다 | 针线活
儿手艺好。

ᴬ**바늘** 몡【针】zhēn ¶~ 구멍 | 针眼/针
孔。¶뜨개질 ~ | 毛线针。¶시계 ~
| 时针。

바늘 가는데 실 간다 관용【针穿鼻子眼】

穿线】zhēn chuānbí·zi yǎn chuānxiàn【针不离线,线不离针】zhēn bùlí xiàn, xiàn bùlí zhēn【线穿针来针连线】xiàn chuānzhēn lái zhēn liánxiàn

ᴮ**바늘귀** 몡【针鼻儿】zhēnbír

바늘 도둑이 소 도둑 된다 관용【小针偷
针, 大时偷金】xiǎoshí tōuzhēn, dàshí tōujīn【小时偷油, 大了偷牛】xiǎoshí t-
ōuyóu, dà·le tōuniú【小时偷了针, 长
大偷健牛】xiǎoshí tōu·le tōuzhēn, zhǎ-
ngdà tōujiànniú【偷一根针的人, 也能
偷一头牛】tōu yìgēn zhēn·de rén, yě
néngtōu yì·tou niú

ᴬ**바다** 몡【海】hǎi【大海】dàhǎi【海洋】h-
ǎiyáng ¶동해 | 东海。¶눈물 ~
를 이루었다 | 眼泪流成大海。

바다표범 몡 〈動〉【海豹】hǎibào

ᴬ**바닥** 몡 ❶ (평면을 이루는 부분) 【底
面】dǐmiàn【面儿】miànr ¶~이 고르
다 | 底面平。¶연못의 ~이 드러났
다 | 莲池liánchí的底面露lòu出来了。
❷ (물체의 밑 부분) 【底儿】dǐr【底
子】dǐ·zi【양말~ | 袜底儿。¶피
륙의 짜임새】【面】miàn【底色】dǐsè
¶~이 고운 모시 | 布面很细的布
匹。❹ (일·물건이 다 없어진 끝) 【见
底】jiàndǐ【光】guāng【用光】yòngguā-
ng ¶양식이 ~이 났다 | 粮食吃了。
¶돈이 모두 ~났다 | 钱用光了。❺
(지역) 【一带】yídài【地面】dìmiàn ¶
그 ~에서 이름난 장사 | 在那一带出
了名的壮士zhuàngshì。¶서울~ |
汉城地面。

바닥이 드러나다 관용【原形毕露】yuá-
nxíng bìlù ¶하루도 못 가서 흉계의
~ | 没过一天凶计xiōngjì就原形毕
露。

ᴮ**바닷가** 몡【海边】hǎibiān【海滨】hǎibīn
【海岸】hǎi'àn ¶~의 마을 | 海滨村
庄。

ᴮ**바닷고기** 몡【海鱼】hǎiyú ¶~와 민물
고기 | 海鱼和淡水鱼。

ᴮ**바닷물** 몡【海水】hǎishuǐ ¶~이 넘실
거리다 | 海水荡漾。

바닷바람 몡【海风】hǎifēng

ᴬ**바둑** 몡【围棋】wéiqí【大棋】dàqí ¶~
을 두다 | 下围棋/下棋。¶~돌 | 围
棋子儿。

바둥거리다 통【手脚乱动】shǒujiǎoluà-

ndöng【脚乱动】jiǎoluàndòng ¶젖먹
이가 손발을 바동거리며 운다｜奶娃ǎ-
iwá手脚乱动着哭。¶다리를 바동거리
며 떼를 쓰다｜脚乱动着撒sāi赖。

바득바득[튀]❶【咯吱吱】gēzhīzhī ¶이
를 ~ 간다｜咯吱吱地咬牙。❷【一个
劲儿】yí·ge jìnr ¶~ 우기다｜一个劲
儿地犟jiàng。

바들바들[튀]【哆哆嗦嗦】duōduō suōsu-
ō ¶추워서 ~ 떨다｜
冷得直打哆嗦。¶두려워서 몸을 ~
떨다｜怕的身体直打哆嗦。

ᴬ**바라다**[동]【希望】xīwàng【盼望】pànw-
àng【愿望】yuànwàng【期望】qīwàng
【期许】qīxǔ【期冀】qījì【期待】qīdài
【指望】zhǐ·wàng【祈求】qíqiú【企求】
qǐqiú ¶너의 성공을 바란다｜希望你
马到成功。¶이 일은 우리집 모두가
몇 년 동안 바라던 것이다｜这件事我
们全家盼望了好几年了。¶답장을 ~
｜盼望回音。¶올해는 좋은 수확을
거두기를 바란다｜指望今年有个好收
成。¶양해해 주시기를 바랍니다｜
祈求您原谅yuánliàng。

ᴬ**바라보다**[동]❶(건너다보다)【看着】k-
àn·zhe【望着】wàng·zhe【眺望】tiào-
wàng【展望】zhǎnwàng【瞻望】zhān-
wàng【仰望】yǎngwàng ¶말없이 상
대편의 얼굴만 바라보고 있다｜无声
地望着对方的面孔。¶먼 곳을 ~｜
眺望远处。¶머리를 들어 멀리 ~｜
抬起头瞻望。¶저 하늘을 ~｜仰
望 苍天 cāngtiān。❷(기대하다)
【看】kàn【盼望】pànwàng ¶약간의
이자를 바라볼 수 있다｜可以看几分
利息lìxī。¶노모는 줄곧 아들이 재성
하기를 바라보고 있다｜老母一直盼
望着儿子有出息。❸(예측하다)【瞻
望】zhānwàng【观望】guānwàng ¶앞
날을 ~｜瞻望前途tú。¶형세를 바라
보고만 있다｜只是观望着形势xíngs-
hì。❹(그 나이에 근접하다)【快要】ku-
àiyào ¶나이 70을 ~｜快要七十岁
了。

바라보이다[동]【望】wàng【远望】yuǎ-
nwàng ¶멀리 설산의 봉우리가 바라
보인다｜可以望到远处雪山xuěshān
的山峰shānfēng。

바라지[명]【照顾】zhàogù【照管】zhà-

oguǎn【照料】zhàoliào【照应】zhàoyī-
ng ¶나를 도와 어린 아이 ~를 좀 해
주시오｜帮我照管一下小孩。¶해산
~를 하다｜照料坐月子。¶보수를
받고 ह숙 ~를 하다｜得到报酬bāo-
chóu照别人吃住。

바라지다[형]❶(몸이)【宽】kuān ¶그
는 어깨가 딱 바라졌다｜他肩膀很
宽。¶딱 바라진 어깨｜宽宽的肩
膀。❷(도량이 좁고 편협하다)【滑】
huá【流滑】liúhuá ¶이 사람은 아주
바라졌다｜这个人很滑。❸(그릇이)
【浅】qiǎn ¶바라진 사발｜浅碗。❹
(아무지다)【老成】lǎochéng ¶그는
나이 어리지만 말은 바라지게 한다｜
他虽然年纪小,但说话很老成。

바라지다[동]❶(갈라지다)【裂开】liè-
kāi ¶바라진 벽｜裂开缝的墙。¶크
게 열리다｜绽开zhànkāi【张开】zh-
āngkāi ¶꽃송이가 ~｜花儿绽开
了。

ᴬ**바람**[명]❶(공기의 움직임)【风】fēng
¶산들~｜和风。¶~이 불다｜刮gu-
ā风。¶~에 말리다｜风干。¶~이
일다｜起风。❷(일시적 유행)【风
浪】fēnglàng【风势】fēngshì【风气】f-
ēngqì ¶자유화 ~이 일다｜兴起了自
由化的风势。¶한때는 그런 옷을 입
는 ~이 불었다｜有段时间穿那种衣
服成了风气。❸(중풍)【受风】shòuf-
ēng【中风】zhòngfēng ¶그 사람은 여
러 해 동안 ~을 맞았다｜那个人中风
多年了。❹(공·타이어 등의 공기)
【气】qì ¶고무공이 ~이 샜다｜皮球
漏气了。¶공에 구멍이 뚫려 ~이 샜
다｜球qiú漏lòu气了。❺(외도)【风
情】fēngqíng ¶저 남자는 ~을 잘 피
운다｜那个男子好卖弄风情。❻(허
풍)【吹】chuī【吹牛】chuīniú ¶그는
~이 세어 믿을 수 없다｜那个人太能
吹,他的话不可信。

바람[명]【希望】xīwàng【愿望】yuànwà-
ng ¶외국으로 유학가려던 그의 ~이
마침내 실현되었다｜他出国留学的愿
望终于实现了。¶너의 ~은 실현 가
능성이 크지 못하구나｜你那个希望可
行性不大。

바람[의명]❶(어떤 일에 따른 기세)
【因为】yīnwèi ¶급히 달려오는 ~에

그것을 잊었다 | 因为来的非常急, 所以把那个忘了。¶아이들이 뛰어 들어오는 ~에 그만 잠을 깼다 | 因为孩子们跑进来, 所以惊醒jīngxǐng了。❷ (차림새) 【光穿着】guāngchuān·zhe ¶버선 ~으로 달려 나와 반기다 | 光穿着布袜跑出来迎客。¶속옷 ~ | 光穿着内衣。

ᴮ**바람개비** 몡 【风车儿】fēngchēr 【风葫芦】fēnghú·lu ¶아이가 ~를 가지고 논다 | 孩子玩风车儿。

ᴬ**바람결** 몡❶ (바람의 움직임) 【风情】fēngqíng 【风】fēng ¶그윽한 꽃향기가 ~에 실려온다 | 馥郁fùyù的花香随风飘fēngpiāo来。¶훈훈한 | 暖烘烘nuǎnhōnghōng的风。❷ (풍문) 【风传】fēngchuán 【道听途说】dàotīng túshuō ¶~에 들은 소식 | 道听途说的消息。

바람기❶ (이성에게 쉽게 끌리는 성질) 【花心】huāxīn 【风情】fēngqíng 【水性杨花】shuǐxìng yánghuā ¶~가 있다 | 卖弄风情。¶~가 있는 남자 | 花心的男子。❷ (바람의 기운) 【风势】fēngshì 【风】fēng ¶~가 자자 수면은 마치 거울과 같다 | 风势一小, 水面就像一面镜jìng子一样。

바람나다 동 【心不定】xīnbúdìng ¶바람난 소녀 | 心不定的少女。

바람(을) 넣다 관용 【鼓足勇气】gǔzú yǒngqì ¶바람 넣어 앞장서게 하다 | 鼓足勇气让他走在前面。

바람맞다 동 【受骗】shòupiàn 【失约】shīyuē

바람소리 몡 【风声】fēngshēng ¶겨울 ~는 듣기만 해도 몸을 부들부들 떨게 한다 | 冬天的风声光听也能让人发抖fādǒu。

바람쐬다 동❶ 【乘凉】chéngliáng ¶바람쐬러 잠시 나왔다 | 为了乘凉暂时zànshí出来了。❷ (散心) 【散心】sànxīn ¶외국에 나가 바람쐬고 온 사람 | 到国外散心回来的人。

바람피우다 관용 【做外遇】zuòwàiyù 【乱搞】luànɡǎo 【花】huā ¶아내 몰래 ~ | 背着妻子做外遇。

ᴮ**바람직하다** 혱 【可望】kěwàng 【有望】yǒuwàng ¶학생으로서 바람직한 행동이 아니다 | 不是学生可望的行动。

바랑 몡❶ 【背包】bèibāo ❷ 【褡裢】dā·lian

바래다 동❶ (빛이 변하다) 【退色】tuìsè 【掉色】diàosè 【落色】làosè 【褪色】tuìsè 【脱色】tuōsè 【消色】xiāosè 【变色】biànsè ¶빛 바랜 옷 | 退色的衣服。¶아이고, 이 그림은 색깔이 좀 바랬다 | 哎呀! 这幅fú画儿有点变色了。¶이런 잉크는 영원히 색이 바래지 않는다 | 这种墨水mòshuǐ永不褪色。❷ (희게 하다) 【漂白】piǎobái ¶광목을 삶아 ~ | 把生白布煮熟zhǔshú了漂白。❸ (배웅하다) 【送】sòng ¶손님을 버스 정류장까지 바래다주다 | 把客人送到公共汽车站。

바레인 [Bahrain] 몡 〈地〉 【巴林】Bālín [페르시아만에 있는 군도로 1971년에 독립한 나라. 수도는 "麦纳麦"(마나마; Manama)]

ᴬ**바로** 변❶ (굽지 않고 바르게·정확하게) 【正】zhèng 【端正】duānzhèng ¶모자를 ~ 써라 | 把帽子戴dài正一些。¶이 그림은 걸렸다 | 这幅画挂guà得正。¶마음을 ~ 가지다 | 心正直。❷ (지체 않고 곧) 【就】jiù 【径直】jìngzhí 【当场】dāngchǎng ¶말이 끝나자마자 ~ 갔다 | 说完就走。¶지금 ~ 떠나라 | 现在就离开吧。¶이사 갈 날도 ~ 눈앞인걸 | 搬家bānjiā的日子就在眼前。❸ (곧장) 【一直】yìzhí 【直接】zhíjiē 【直】zhí ¶이 길을 따라 ~ 끝까지 대학로입니다 | 沿着这条路一直走到底dàodǐ就是大学路。¶무슨 일이 있으면 ~ 그를 찾아봐라 | 有什么事你可直接找他。¶학교에서 ~ 집으로 돌아오다 | 从学校直接回家。❹ (다른 것이 아니라 곧) 【就是】jiùshì 【正是】zhèngshì ¶그 정신력이 ~ 승리의 원동력이었다 | 那精神力就是胜利shènglì的原动力。¶그의 장점은 ~ 이 점에 있다 | 他的好处, 就在这一点。¶그 점이 ~ 좋은 것이다 | 就好好在那儿。❺ (사실대로) 【照实】zhàoshí ¶~ 말하다 | 照实说。

바로 가기 몡 〈電算〉 【快捷】kuàijié

바로 가기 메뉴 [- menu] 몡 〈電算〉 【快捷菜单】kuàijiécàidān

바로 가기 방식 [- 方式] 몡 〈電算〉 【快

捷方式】kuàijiéfāngshì

바로 가기 아이콘［－ icon］ 몡〈電算〉【快捷图标】kuàijiétúbiāo

바로 가기 키［－ key］ 몡〈電算〉【快捷键】kuàijiéjiàn

[B]**바로잡다** 동❶ (곧게 하다)【弄正】nòngzhèng ¶굽은 가지를 ～ | 把弯wān曲的树枝弄正。❷ (잘못된 것을 고치다)【矫正】jiǎozhèng【纠正】jiūzhèng ¶사회 질서를 ～ | 纠正社会秩序zhìxù。

바로하다 동❶ (곧게 하다)【弄正】nòngzhèng ¶앉은 자세를 ～ | 把坐地姿势zīshì弄正。❷동작을 ～ | 把动作弄正。❷ (고치다·정리하다)【整理】zhěnglǐ ¶늘어진 줄을 ～ | 把下垂了的线整理。

바로미터［barometer］ 몡【气压计】qìyājì【晴雨计】qíngyǔjì

바로크［baroque］ 몡〈建〉【巴罗克】bāluókè

[A]**바르다**[1] 동❶ (칠하다)【上】shàng【涂】tú【涂抹】túmǒ【擦】chā【抹】mǒ ¶얼굴에 분을 ～ | 往脸上涂粉。¶김에 참기름을 발라서 굽다 | 紫菜zǐcài上涂香油烤kǎo。¶얼굴에 기름을 ～ | 往脸liǎn上搽油。❷ (붙이다)【糊】hú ¶종이로 창문을 ～ | 拿纸糊窗户。¶흰 종이로 벽을 ～ | 用白纸糊墙。

바르다[2] 동【挑】tiāo ¶생선의 살을 ～ | 挑鱼肉。

바르다[3] 동❶ (행동거지나 성품 등이)【端正】duānzhèng【讲】jiǎng【正当】zhèngdāng【正直】zhèngzhí ¶행동이 ～ | 行为端正。¶품행이 ～ | 品行端正。¶사람됨이 아주 ～ | 为人非常正直。¶천성이 바른 사람 | 天性正直的人。❷ (방향)【右】yòu ¶바른 손 | 右手。❸ (양지바르다)【充足】chōngzú ¶볕이 바른 남향집 | 阳光充足的朝南房。

바르샤바［Warsaw］ 몡〈地〉【华沙】Huáshā［“波兰”(폴란드；Poland）의 수도］

바르셀로나［Barcelona］ 몡〈地〉【巴塞罗那】bāsāiluónà

[A]**바리**【铜碗】tóngwǎn

바리케이드［barricade］ 몡【路障】lùzhàng【街垒】jiēlěi【防寨】fángzhài ¶～를 치다 | 设置路障。¶～를 제거하다 | 清除qīngchú路障。

바마코［Bamako］ 몡〈地〉【巴马科】Bāmǎkē［“马里”(말리；Mali）의 수도］

바바리 코트［Burberry coat］ 몡【柏锦丽大衣】bǎijǐnlì dàyī【风衣】fēngyī

바베이도즈［Barbados］ 몡〈地〉【巴巴多斯】Bābāduōsī［서인도제도 카리브해 동쪽의 섬으로, 영연방내의 독립국. 수도는 “브리즈타운”(브리지타운；Bridgetown）］

[B]**바보**【傻瓜】shǎguā【傻大瓜】shǎdàguā【苯瓜】bènguā【傻子】shǎ·zi【呆汉】dāihàn【呆子】dāi·zi【愚人】yúrén【笨蛋】bèndàn【糊涂虫】hú·tuchóng ¶사람 ～ 취급하지 마! | 别让人是傻子! ¶그는 다른 사람은 다 ～라고 여긴다 | 他以为别人全是傻子。¶그는 겉으로는 ～ 같지만 일을 했다 하면 빨리 잘 한다 | 他表面上看上去是个呆子,可是干起活来又快又好。

[A]**바쁘다** 형【忙】máng【急】jí【忙碌】mánglù ¶요 며칠 아주 ～ | 这几天很忙。¶밤낮으로 일이 ～ | 日夜忙碌。¶바쁜 일이 있다 | 有很急的事情。

바쁘다고 바늘허리에 실 매어 쓸까〈관용〉【再急也不能把线绑在针腰上使】zàijí yě bùnéng bǎxiàn bǎngzài zhēnyāo·shàng shǐ

[C]**바삐** 몜【快】kuài【急】jí【急速】jísù【赶紧】gǎnjǐn ¶～ 가다 | 快走。¶～ 가려하다 | 急着要去。¶～ 서둘러 하다 | 赶紧做。

바스락 몜동자타【簌簌】sùsù【窸窣窣窣】xīsūsū【簌地】sùdì【窸窣】xīsū【窸窣窣窣】xīxīsūsū【沙沙】shāshā【暗地里搞鬼】ànndìlǐ gǎoguǐ ¶갈대가 ～거리더니, 그 속에서 한 사람이 걸어 나왔다 | 芦苇lúwěi窸窣窣窣地响,从里面走出一个人来。¶수풀에서 ～ 소리가 나다 | 草丛cǎocōng里有窸窣的声音。¶바람이 부니 나뭇잎이 ～거리며 소리를 낸다 | 风吹得树叶沙沙响。

바스러지다 동❶ (부서지다)【碎】suì【破碎】pòsuì【粉碎】fěnsuì ¶빵이 ～ | 面包碎了。❷ (얼굴이 쪼그라지다)【瘦】shòu ¶그 예쁘던 얼굴이 몰

373

라보게 바스러졌다 | 那票亮的脸蛋d-ānr儿魔得让人认不出来了。 ❷교 〔粉身碎骨〕

바스테르[Basse Terre] 몡〈地〉【巴斯特尔】Bāsītè'ěr ['瓜德罗普眩"(프랑스령 과델루프섬;Guadeloupe)의 수도]

^바싹 튀☞바싹

바야흐로 튀【正】zhèng【正在】zhèngzài ¶인생의 황금기에 접어들고 있다 | 正进入了人生的黄金期。¶~ 해가 솟으려 한다 | 太阳正要升起。

^**바위** 몡〈岩〉yán【岩石】yánshí ¶~틈 | 岩缝。¶강가의 ~ 위에 앉다 | 在河边的岩石上坐下。

바이너리[binary] 몡〈電算〉【二进制】èrjìnzhì

바이너리 파일[binary file] 몡〈電算〉【二进制文件】èrjìnzhì wénjiàn

^**바이러스**[virus] 몡 ❶【病毒】bìngdú【滤性病原体】lǜxìngbìng yuántǐ ¶~학 | 病毒学。¶~성 간염 | 病毒性肝炎gānrǎn。❷〈電算〉【病毒】bìngdú【计算机病毒】jìsuànjī bìngdú

바이바이[bye bye] 갑【再见】zàijiàn【拜拜】bài·bai

바이어[buyer] 몡【客商】kèshāng【买方】mǎifāng【买者】mǎizhě【进货员】jìnhuòyuán【买主】mǎizhǔ

바이엘[Bayer] 몡〈社名〉【贝尔】Bèi'ěr

바이오스[BIOS;basic input-output system] 몡〈電算〉【基本输入输出系统】jīběn shūrù shūchū xìtǒng

^**바이올린**[violin] 몡〈音〉【小提琴】xiǎotíqín ¶~을 켜다 | 拉小提琴。

바이트[bite] 몡〈機〉【切削刀】qiēxiāodāo【车刀】chēdāo【刨刀】bàodāo

바이트[byte] 몡〈電算〉【字节】zìjié ¶~ 머신 | 字节机。

^**바인더**[binder] 몡【割捆机】gēkǔnjī

^**바지** 몡【裤子】kù·zi【裤】kù ¶홑~ | 单裤。¶겹~ | 夹jiā裤。¶반~ | 短裤。¶나팔~ | 喇叭裤。¶~를 입다 | 穿裤子。

바지런하다 톙【勤快】qín·kuai【勤勉】qínmiǎn【勤奋】qínfèn ¶이씨는 대단히 바지런해서 언제나 꼭두새벽에 일어나 마당을 쓴다 | 老李非常勤快, 总

是一大早就起来打扫dǎsǎo院子yuàn-zi。¶바지런한 우리 큰딸 | 勤快的我家大女儿。¶바지런히 도처를 돌아다니다 | 勤快地到处转动zhuàndòng。

바지춤 몡【裤腰】kùyāo ¶~을 움켜쥐고 다닌다 | 抓zhuā着裤腰走。

바짓가랑이 몡【裤筒】kùtǒng【裤腿】kùtuǐ【裤管】kùguǎn【裤脚管】kùjiǎoguǎn ¶~를 잡고 계속 졸라대다 | 拉着裤腿继续缠个没完。

^**바짝** 튀 ❶ (물기가 없게)【干巴】gānbā【焦】jiāo ¶~ 말랐다 | 干巴了。¶오랜 가뭄으로 논바닥이 ~ 말랐다 | 长期干焊gānhàn田地都焦干了。❷ (밀착하여)【紧靠】jǐnkào【靠近】kàojìn ¶그 밭은 저수지 옆에 ~ 붙어있으니 물 걱정은 없다 | 那块田紧靠着水库, 不愁没有水。¶~ 靠近下吧。❸ (완강히)【抖】dǒu【振作】zhènzuò ¶~ 정신을 차리다 | 抖起精神。❹ (단단히)【紧】jǐn【勒紧】lēijǐn ¶허리띠를 ~ 죄다 | 勒紧裤腰带kùyāodài。❺ (여위어)【干】gān ¶오랜 병으로 몸이 ~ 야위었다 | 因长期有病身体变得干瘦shòu了。

^**바치다** 퇌 ❶ (바치다)【供上】gōngshàng【缴纳】jiǎonà【缴付】jiǎofù【交给】jiāogěi【献】xiàn ¶신께 제물을 ~ | 向神供上祭物jìwù。¶화환을 열사의 묘 앞에 ~ | 把花圈huāquān摆放在烈士墓前mùqián。❷ (납입하다)【纳】nà【内】nà【交】jiāo ¶세금을 ~ | 纳税shuì。¶회비를 ~ | 交会费。❸ (진력하다·희생하다)【献】xiàn【献出】xiànchū【献给】xiàngěi ¶모든 능력을 바쳤다 | 献出了全部能力。¶맹아 교육에 일생을 ~ | 为孩子们的启蒙教育献出一生。¶조국을 위해 목숨을 ~ | 为国献出生命。

바쿠[Baku] 몡〈地〉【巴库】Bākù ['阿塞拜疆"(아제르바이잔;Azerbaizha-n)의 수도]

^**바퀴** 몡 ❶ (수레 바퀴)【车轮】chēlún【轮(儿,子)】lún(r,·zi)【轱辘】gū·lu ¶자동차의 ~ | 车轮。¶자전거 ~ | 自行车轮儿。¶톱니 ~ | 齿chǐ轮儿。❷ (도는 회수)【圈】quān【匝】zā

¶호숫가를 따라 한 ～ 뛰었다 | 沿着湖边húbiān跑了一圈。¶운동장을 한 ～ 돌다 | 环huán着运动场转一圈。¶나무 위를 세 ～ 돌면서 어느 가지에 앉을까를 살핀다 | 绕rào树三匝, 何枝可依为。

바퀴벌레 몡〈蟲〉【蟑螂】zhānglǎng【樟螂】zhānglǎng【茶婆】chápó【蜚蠊】fēilián【三害】sānhài【蚜虫】yáchóng【蜚蠊】fēilián

ᴮ**바탕** 몡❶ (바닥・밑창)【底子】dǐ·zi【底�['底']】gēndǐ【地儿】dǐr【底】dǐ ¶～이 두텁다 | 根底厚hòu。¶붉은 색 글자에 흰색 ～ | 红字白地儿。¶흰에 빨간 무늬의 윗도리 | 白地儿红底的上衣。❷ (품성・출신)【成分】chéng·fen【出身】chūshēn【本质】běnzhì ¶계급적 ～이 좋은 사람을 배치하여 분급할 가정에 성공한다 | 分配家庭成分好的人。¶～은 선량한 사람이다 | 本质是善良的人。❸ (재료・품질)【材料】cáiliào ¶～의 결이 곱다 | 材料的纹理wénlǐ好看。❹ (횟수)【一阵】yízhèn【一场】yìchǎng【一顿】yídùn ¶한 ～의 대결전 | 一场大决斗juédòu。¶한 ～ 혼을 냈다 | 骂了一顿。

바탕화면 몡〈電算〉【桌面】zhuōmiàn

바톤 루즈 [Baton Rouge] 몡〈地〉【巴吞鲁日】Bātūnlǔrì [미국 '路易斯安那Lùyìsiānnà'(루이지애나;Louisiana)주의 주도(州都)]

바티칸시 [Vatican City] 몡〈地〉【梵蒂冈城】Fàndìgāng chéng ['梵蒂冈城国'(바티칸 시국;Vatican City 市国)수도]

바티칸 시국 [Vatican 市國] 몡〈地〉【梵蒂冈城国】Fàndìgāng chéngguó [수도는 '梵蒂冈城'(바티간시,Vatican City)]

바하마 [Bahamas] 몡〈地〉【巴哈马】Bāhāmǎ [미국 플로리다반도 동남방의 제도 독립국. 수도는 '拿骚'(나소; Nassau)]

ᴮ**박** 몡〈植〉【匏瓜】páoguā【葫芦】hú·lu【瓢葫芦】piáohú·lu【匏瓜】páoguā【瓢】piáo ¶아무리 큰 바다라도 표주～으로 계속 퍼내면 언젠가는 마른다 | 大海架不住瓢舀yǎo。

ᴮ**박꽃** 몡〈植〉【匏瓜花】páoguāhuā

ᴬ**박다** 툉❶ (말뚝・못을)【钉】dīng【打】dǎ【砸】zá【捶】chuí【上】shàng ¶말뚝을 ～ | 钉柱子。¶못을 ～ | 钉dīng钉dīng子。¶쐐기를 ～ | 上楔子xiēzǐ。❷ (소를 넣다・상감하다)【嵌】qiàn【放】fàng【加】jiā ¶상아로 조각한 꽃이 박혀 있다 | 嵌着象牙雕diāo의 花。¶자개를 박은 소반 | 嵌了贝壳bèiké的饭桌。❸ (촬영하다)【照】zhào【印】yìn【印刷】yìnshuā ¶사진을 한 장 ～ | 照一张相。¶책을 ～ | 印书。❹ (고정되다)【定】dìng ¶두 발이 박은 것처럼 움직일 수 없다 | 两脚好像定住了, 挪不动。❺ (시선을)【盯】dīng【钉】dīng【顶】dǐng【注视】dīngshì❻ (재봉하다)【缉】jī【扎】zhā ¶(옷의) 가장자리를 ～ | 缉边儿。¶재봉틀로 치마를 ～ | 用缝纫机féngrènjī 扎 裙子qún·zi。❼ (뿌리)【扎】zhā ¶벼로가 뿌리를 박고 튼튼하게 자란다 | 稻秧扎下了根, 长得很苗壮。❽ (사람을)【安插】ānchā【设置】shèzhì ¶심복을 박아놓다 | 安插亲信。¶끄나풀을 몰래 박아 두고 정보를 수집하다 | 设置个密探mìtàn来收集情报。

박대 [薄待] 몡하타【冷待】lěngdài【亏待】kuīdài【慢待】màndài【苛待】kēdài ¶그는 결코 너를 ～하지 않았다 | 他绝对没有亏待你。¶나는 너를 ～하지는 않을 것이다 | 我不会亏待你的。

박력 [迫力] 몡【魄力】pò·lì【力】lì【力量】lìliáng【开拓精神】kāituò jīngshén ¶이 문장은 간결하면서도 ～있게 썼다 | 这篇文章写得简练有力。¶일을 ～있게 처리하다 | 处理事情非常有力量。¶…이 있다 | 有开拓精神。

박리 [剝離] 몡하자타【剥离】bōlí ¶눈의 각막이 ～되었다 | 眼角膜yǎnjiǎomó剥离了。¶가죽을 ～하여 가공한다 | 把皮剥离了来加工。

박멸 [撲滅] 몡하타【扑灭】pūmiè【消灭】xiāomiè【消灭】xiāomín ¶모기와 파리를 ～하다 | 扑灭蚊蝇wényíng。¶해충을 ～하다 | 扑灭害虫hàichóng。

박명 [薄命] 몡형하【薄命】bómìng【薄福】bófú ¶～한 미인이라고 알려졌다

| 被认rèn为薄命的佳人。¶예로부터 예쁜 여자는 대부분 ~하다 하였다 | 自古红颜yán多薄命。

ᴮ**박물관**[博物館] 똉【博物馆】bówùguǎn ¶민속 ~ | 民俗mínsú博物馆。

박박 흰 ❶ (긁는 소리) 【搔抓】sāozhuā 【搔】sāo 【刮】guā 【擦掉】cādiào ¶냄비를 ~ 긁다 | 刮锅guō。 ❷ (짧게 깎는 모양) 【剃光】tiguāng 【推光】tuīguāng ¶여름에는 아예 머리를 ~ 깎아버리는 것이 오히려 시원하다 | 夏天索性suòxìng把头剃光了倒实快。 ❸ (애가) 【急】jí ¶애가 ~ 타다 | 干着急。 ❹ (완강히) 【固执】gùzhí ¶자기 의견을 ~ 우기다 | 固执己见。

박봉[薄俸] 똉【薄俸】bófèng 【薄银】bóyín 【薄薪】bóxīn 【薄俸】bóchóu ¶~에 시달리는 월급쟁이 | 让薄薪折磨zhé·mo的工薪族gōngxīnzú。 ¶~에 만족하다 | 满足于低工资。

ᴮ**박사**[博士] 똉 ❶ (학위) 【博士】bóshì ¶문학~ | 文学博士。~학위를 취득하였다 | 在外国取得了博士学位。 ❷ (전문가) 【博学之士】bóxué zhīshì 【博学多闻的人】bóxué duōwén·de rén 【专家】zhuānjiā ¶그는 골동품 감별에는 ~다 | 他在鉴别jiànbié古董品上是个专家。

박살내다 동 【打死】dǎsǐ 【击毙】jíbì 【粉碎】fěnsuì 【毁灭】huǐmiè 【捣毁】dǎohuǐ 【摧毁】cuīhuǐ 【砸碎】zásuì ¶적의 소굴을 ~ | 捣毁敌巢dícháo。 ¶장독을 박살냈다 | 砸碎了酱缸jiànggāng。

박수[拍手] 똉【鼓掌】gǔzhǎng 【击掌】jízhǎng 【拍手】pāishǒu 【拍掌】pāizhǎng 【拍巴掌(儿)】pāi bā·zhang(r) ¶~ 갈채 | 鼓掌喝彩hècǎi。 ¶우뢰와 같은 ~ 소리 | 雷鸣般的掌声。 ¶~치며 환호하다 | 拍手欢呼。

박스[box] 똉【箱】xiāng ¶맥주 열 ~ | 十箱啤酒。

박식[博識] 똉하형【博识】bóshí 【博学】bóxué 【博学多闻】bóxué duōwén 【多闻博识】duōwén bóshí ¶그는 정말 ~한 사람이다 | 他真是个博学多才的人。 ¶견문이 넓고 ~하다 | 多闻博识。 ¶금석문에 ~한 사람 | 对金石文博识的人。

박애[博愛] 똉【博爱】bó'ài ¶~주의 | 博爱主义。 ¶~ 정신 | 博爱精神。

박약[薄弱] 똉하형 ❶ (의지 등이) 【薄弱】bóruò ¶의지가 ~하다 | 意志薄弱。 ❷ (근거 등이) 【不足】bùzú ¶과학적 근거가 ~하다 | 科学根据不足。 ❸ (정신 등이) 【低】dī 【差】chā ¶정신이 ~하다 | 低能/智商低。

ᴮ**박음질**[缉] 똉【用缝纫机扎】yòng féngrènjī zhā ¶옷 가장자리를 ~하다 | 缉边儿。

ᴮ**박자**[拍子] 똉〈音〉【拍子】pāi·zi ¶~에 맞추어 노래를 부르다 | 按an拍子唱歌chànggē。 ¶~를 맞추다 | 打拍子。 ¶~가 맞지 않다 | 不合拍子。

박절하다[迫切-] 형 【绝情】juéqíng 【冷淡】lěngdàn 【冷冷】lěnglěng ¶그에게 박절하게 굴다 | 对他很绝情。 ¶그는 사람 대하는 태도가 아주 ~ | 他待人态度很冷淡。 ¶박절하게 거절하다 | 冷冷地拒绝jùjué。

박정[薄情] 똉형【薄情】bóqíng 【薄幸】bóxìng 【冷淡】lěngdàn 【冷酷无情】lěng kù wú qíng ¶그 사내도 ~한 인간이다 | 那汉子也是个薄情的。 ¶~한 사람 | 薄情的人。

ᴮ**박쥐** 똉〈動〉【蝙蝠】biānfú 【飞鼠】fēishǔ 【仙鼠】xiānshǔ 【檐蝙蝠儿】yánbiānfúr 【燕蝙蝠儿】yànbiānfúr 【夜猫虎】yèmāohǔ 【夜明砂】yèmíngshāshā 【蝙蝠伞】biānfúsǎn

박진감[迫眞感] 똉【逼真感】bīzhēngǎn ¶~ 넘치는 명연기 | 他的演技yǎnjì很逼真。

박차[拍車] 똉【马刺】mǎcì

박차를 가하다 관용【快马加鞭】kuài mǎ jiā biān

박차다 동 ❶ (발길로 차다) 【猛踹】měngchuài 【踢开】tīkāi ¶그는 문을 박차고 나가 버렸다 | 他踢开门出去了。 ¶어리석게도 들어온 복을 박차 버렸다 | 愚蠢yúchǔn地把送上门儿的福给踢开了。 ❷ (난관을 극복하다) 【克服】kèfú 【冲破】chōngpò 【排除】páichú 【闯过】chuǎngguò ¶어려움을 박차고 나아가다 | 冲破困难前进。 ¶장애물을 ~ | 排除障碍zhàngài。

박카스[Bacchus] 똉〈商标〉【宝佳适】

băojiāshì

박탈¹[剝脫] 图[하자타] 【剝开】bāokāi ¶벽화의 일부분이 ～되다 | 壁画的一部分被剥开.

박탈²[剝奪] 图[하타] 【剝夺】bōduó ¶신체의 자유를 ～했다 | 剥夺了人身自由. ¶기본인권을 ～하다 | 剥夺基本人权quán. ¶자격을 ～당하다 | 被剥夺资格zīgé.

박테리아[bacteria] 图〈生〉【细菌】xìjūn ¶～보다 더 작은 것은 무엇이냐? | 比细菌还小的是什么? [参考]〔细菌弹〕〔细菌战〕〔细菌学〕〔霉菌〕〔真菌〕

박정하다[薄情] 图 ❶(인색하다) 【薄情】bóqíng 【寡情寡义】guǎ qíng guǎ yì 【薄】bó 【吝啬】lìnsè ¶평점이 ～ | 平分很吝啬. ¶인심이 ～ | 人心淡薄. ❷(소득이나 이윤 등이 적다) 【少】shǎo 【不多】bùduō 【不高】bùgāo ¶이윤이 ～ | 利润少. ¶월급이 ～ | 工资不高.

박해[迫害] 图[하타] 【迫害】pòhài ¶충신을 ～하다 | 迫害忠臣zhōngchén. ¶이교도를 ～하다 | 迫害异教徒yìjiàotú.

ᴮ**박히다** 图 ❶(마음에 담다) 【铭记】míngjì 【铭刻】míngkè ¶마음속에 ～ | 铭记在心. ❷(들어가 꽂히다) 【扎】zhā ¶가시에 ～ | 被刺cì扎了. ❸(찍히다) 【照】zhào 【印】yìn ¶사진이 잘 ～ | 照片照得好. ❹(한 곳에 들어 앉아 있다) 【呆】dāi ¶그 친구는 하루 종일 방안에만 박혀 있다 | 她一整天都呆在房间里.

ᴬ**밖** 图 ❶(바깥쪽) 【外】wài 【外面】wàimiàn ¶～을 한 번 보다 | 往外看一眼. ¶저녁 식사를 ～에서 한다 | 晚饭在外吃. ¶～에서 기다리고 있다 | 在外面等着. ❷(너머) 【外】wài ¶공이 라인 ～으로 나가다 | 球出了界外. ❸(이외) 【外】wài 【以外】yǐwài 【其他】qítā ¶상상 ～의 일 | 想像外的事情. ¶그 ～의 사람들 | 他以外的人. ❹(표면상) 【表面】biǎomiàn ¶～으로 보기에는 착한 것 같다 | 表面上看起来很善良.

－**밖에** 图 【唯一】wéiyī 【唯有】wéiyǒu 【惟有】wéiyǒu 【只有】zhǐyǒu 【…之外】…zhǐwài 【只能】zhǐnéng 【只好】

zhǐhǎo 【只得】zhǐdé 【外】wài ¶하나～ 없는 아들 | 唯一的儿子. ¶우리에게는 오직 이 방법이～ 없다 | 我们只有这个方法. ¶너～ 없다 | 只有你. ¶편폭이 제한되어 글을 좀 간단하게 쓸 수～ 없다 | 篇幅piānfú有限, 文章只好简单些.

－**밖에는** 图【除了…没有】chú·le…méiyǒu 【其他】qítā 【其它】qítā ¶그～ 아무도 모른다 | 除了他没有人知道. ¶그는 독서만 할 줄 알았지 그～ 아무것도 모른다 | 他只知读书, 不知其他.

ᴬ**반**¹[班] 图【班】bān 【班级】bānjí ¶～을 나누다 | 分班. ¶우리 ～의 학생은 모두 30명이다 | 我们班一共有三十个学生. ¶연구 내용에 따라 ～을 나누다 | 根据研究内容分班. ¶작업 ～ | 作业班.

ᴬ**반**²[半] 图【半】bàn ¶～ 개 | 半个. ¶한 말 ～ | 一斗半. ¶두 시간 ～ | 两个半小时. ¶창이 ～쯤 열려 있다 | 窗户半开着. ¶이제야 겨우 ～이 왔다 | 现在才来了一半. ¶일은 아직 ～도 완성되지 않은 상태다 | 事情连一半都没有完成的状态zhuàngtài.

반³[半-] 国【半】bàn ¶～ 고체 | 半固体.

반⁴[反－] 国【反】fǎn ¶～ 파쇼투쟁 | 反法西斯fǎxīsī斗争dòuzhēng. ¶～ 제국주의 | 反帝dì国主义.

반가워하다 图【高兴】gāoxìng 【欣喜】xīnxǐ ¶그들이 반가워하기에는 너무나 이르다 | 他们高兴得太早了. ¶이 선물을 받고 누구든지 반가워할 것이다 | 不管谁收到这个礼物都会高兴的.

반감[反感] 图 【反感】fǎngǎn ¶나는 그의 말에 매우 ～을 가지고 있다 | 我对他的话有反感. ¶～을 사다 | 引起反感.

ᴬ**반갑다** 图【高兴】gāoxìng 【喜悦】xǐyuè 【欢喜】huānxǐ ¶이 소식을 듣고 대단히 ～ 반가웠다 | 听到这消息心里很高兴. ¶오랜 가뭄 끝에 드디어 사람들이 반가워하는 비가 왔다 | 长期干旱后, 终于下了令lìng人欣喜的雨.

반격[反擊] 图[하타] 【反击】fǎnjī 【回击】huíjī ¶～전 | 反击战. ¶적의 도전

에 힘있는 ～을 가하다 | 对敌人的挑
衅xìn给予有力的反击。

반경[半徑] 圐 【半径】bànjìng ¶～ 5cm
의 원을 그리다 | 画半径五公分的
圆。¶행동 을 넓히다 | 扩大kuòda
行动半径。

반공[反共] 圐 【反共】fǎngòng ¶～ 세
력 | 反共势力。

반기를 들다 관용 【造反】zàofǎn 【表示
反对】biǎoshì fǎnduì ¶그는 옥중에
서도 간수를 동원하여 반기를 들었다
| 他在狱中yùzhōng还动员牢头láo·tou
造反。

반기다[동] 【迎接】yíngjiē 【欢迎】huānyíng ¶모두를 ～ | 热情地迎接大家。
¶멀리서 찾아온 옛 친구를 기쁘게 ～
| 热情地欢迎了远道来的老朋友。

^반나절[半－] 圐 【半天】bàntiān 【半日】
bànrì 【半晌】bànshǎng 【好大半天儿】
hǎo dà bàntiānr ¶～이면 끝낼 수 있
는 일 | 半天就能结束的事情。¶벌
써 ～이 지났다 | 已经过了好半天。

반납[返納] 圐하타 【还】huán 【交还】jiāohuán 【退回】tuìhuí 【贡献】gòngxiàn ¶책을 ～하다 | 还书。¶대출한 책
을 ～하다 | 还借来的书。¶그들은
여름 휴가를 ～하고 그 일을 마쳤다 |
他们把暑假贡献出来干完了那项工
作。

반년[半年] 圐 【半年】bànnián

반다르세리베가완[Bandar Seri Begawan] 圐〈地〉【斯里巴加湾市】Sīlǐbājiāwānshì ［“文莱”（브루나이；Brunei）
의 수도]

^**반달**[半－] 圐 (한 달의 절반) 【半
月】bànyuè 【半个月】bàn·ge yuè ¶～
이 지나도록 소식이 없다 | 半个月
没有消息。❷ (반쯤 이지러진 달)
【月牙】yuèyá 【弯月】wānyuè ¶밤 하
늘에는 ～이 걸려 있다 | 夜空挂着弯
月。

^**반대**[反對] 圐하타 ❶ (의견이나 행동
에 찬성하지 않음) 【反】fǎn 【反对】fǎnduì ¶그 안에 ～하다 | 反对该案yàn·n。¶침공을 ～하다 | 反对侵攻qīngōng。¶제국주의에 　～하다 | 反帝国
主义。❷ (위치·순서 등이 거꾸로임)
【相反】xiāngfǎn ¶도장에 새기는 글
자는 ～로 된 것이다 | 图章túzhāng上

刻kè的字是反的。¶～의 방향 | 反方
向。¶～로 | 相反地。

^**반도**[半島] 圐 【半岛】bàndǎo 【地股】d·
igǔ ¶중국의 최북단 ～는 요동 | 在
中国最北边的半岛是辽东liáodōng
半岛。

반도체[半導體] 圐〈物〉【半导体】bàndǎotǐ ¶～ 집적회로 | 半导体集成jíchéng电路。¶～ 장치 | 半导体器件
qìjiàn。

^**반동**[反動] 圐하자 ❶ (진보적 경향에
대한 보수적 경향) 【反动】fǎndòng ¶～
분자 | 反动分子。¶～ 사상 | 反
动思想。¶～파를 타도하자 | 打倒反
dǎodào反动派! ❷ (힘에 의해 반대 방
향으로 작용하는 힘) 【反方向】fǎnfāngxiàng ¶차가 급정거하는 바람에
그 ～으로 쓰러졌다 | 因为急杀车吗 shāchē反方向倒下来了。❸ (어떤 움직
임에 반대하여 일어나는 움직임) 【反
抗】fǎnkàng 【反冲】fǎnchōng ¶억압
에 대한 ～ | 对压迫yāpò的反抗。

^**반드시** 뿐 (꼭·틀림없이) 【一定】yídìng 【务必】wùbì 【务须】wùxū ¶그는
～ 온다 | 他一定来。¶～ 그렇지만
도 않다 | 不一定。¶그가 오늘 오지
않는 것은 ～ 원인이 있는 것이다 | 他
今天不来，一定是有原因的。❷ (항
상·필연적으로) 【必然】bìrán 【必当】
bìdāng 【必得】bìděi 【一定要】yídìngyào ¶열심히 공부하지 않으면 ～
낙오한다 | 不努力学习，必然会落
后。¶이 소식을 들으면 ～ 놀랄 것이
다 | 听到这个消息，他一定会感到惊
讶jīngyà。¶눈이 내리면 ～ 추워진
다 | 下雪必然会冷。

반들거리다[동] ❶ (윤이 나다) 【平滑】pínghuá 【光滑】guānghuá 【油亮】yóuliàng ¶비가 막 내린 뒤라서 화초와 나
무의 잎이 모두 반들거린다 | 刚下过
雨，花草树木的叶子都是油亮油亮
的。❷ (약게 굴다) 【圆滑】yuánhuá
【油头滑脑】yóutóu huánǎo

^**반들반들** 뿐하뿐 ❶ (윤이 나는 모양)
【光滑】guānghuá 【油光光】yóuguāngguāng ¶～하게 닦았다 | 磨mó得
光滑。¶～ 윤기 나는 마루 | 油光光
的地板。❷ (하는 일 없이 게으름만
부리는 모양) 【圆滑】yuánhuá 【闲】xi-

án ¶~한 녀석 | 圆滑的加伙。¶날마다 ~ 놀기만 한다 | 成天闲逛。

반듯반듯 甲혱혱 ❶ (사람이) 【端正】duān duān zhèng zhèng ❷ (물건 따위가) 【整整齐齐】zhěngzhěngqíqí ¶책들이 ~ 꽂혀 있다 | 书本整整齐齐地摆放bǎifàng着。

반듯이 뭄 【平平正正】píngpíngzhèngzhèng ¶~ 드러눕다 | 平平正正躺下去。

◦**반듯하다** 혱 ❶ (흠없다) 【端正】duānzhèng ¶행동이 ~ | 行为端正。¶품행이 ~ | 品行端正。❷ (곧다) 【端正】duānzhèng 【直】zhí 【整齐】zhěngqí 【平正】píng·zheng ¶그는 글씨를 아주 반듯하게 쓴다 | 他的字写得很工整。¶선이 ~ | 线xiàn直。¶네모 ~ | 四角端正。

반딧불 몡 【萤光】yíngguāng 【荧光】yíngguāng 【萤火】yínghuǒ 【流萤】liúyíng

◦**반란**[叛亂] 몡하자 【叛乱】pànluàn 【造反】zàofǎn ¶무장 ~을 일으키다 | 发动武装wǔzhuāng叛乱。¶반혁명적인 ~을 진압하다 | 镇压zhènyā反革命叛乱。¶~을 선동하다 | 煽动shāndòng叛乱。

반려자[伴侶者] 몡 【伴侣】bànlǚ 【伴儿】bàr 【伴侣者】bànlǚzhě ¶너의 평생 ~가 되겠다 | 做你终身的伴侣。¶평생의 ~ 아내 | 一辈子的伴侣者妻子。

반론[反論] 몡하자 【反论】fǎnlùn 【反驳】fǎnbó 【驳回】bóhuí ¶~의 여지가 없다 | 没有反驳的余地。¶~을 제기하는 사람이 없다 | 没有人提出反论。

◦**반말**[半−] 몡 【非敬语】fēijìngyǔ 【卑称】bēichēng

◦**반면**[反面] 몡 【反面(儿)】fǎnmiàn(r) 【而】ér 【相反的一面】xiāngfǎn·de yímiàn ¶이 천은 열에 강한 ~, 습기에는 약하다 | 这布耐高温而不防潮。¶그는 재능도 있지만 ~에 결점도 적지 않다 | 他很有才能，另一方面缺点也不少。

반면[半面] 몡 ❶ (전면의 절반) 【半面】bànmiàn ¶지면의 ~을 화보로 꾸미다 | 把纸面的半面弄成画报。❷

(사물의 어느 한 쪽 면) 【一个侧面】yí·ge cèmiàn ¶생활의 ~ | 生活的一个侧面。

반목[反目] 몡하자 【反目】fǎnmù 【敌视】díshì 【翻脸】fānliǎn 【敌对】díduì ¶부부가 서로 ~하다 | 夫妻反目。¶좋은 친구도 ~하여 원수가 될 수 있다 | 好朋友也会反目成仇人的。¶~적인 태도 | 敌视的态度tàidù。

◦**반문**[反問] 몡하타 【反问】fǎnwèn ¶그는 한 마디 ~을 했다 | 他反问了一句。¶그가 한 의문의 진의에 대해 ~을 하다 | 对他提出疑问yíwèn的真意进行反问。

반박[反駁] 몡하타 【反驳】fǎnbó 【顶驳】dǐngbó 【抗辩】kàngbiàn 【抗论】kànglùn ¶정면에서 ~하다 | 从正面反驳。¶국한문 혼용 주장에 대해 즉각적으로 ~ 성명을 내다 | 对国文汉文混用hùnyòng的主张立即lìjí发表反驳声名shēngmíng。

반반[半半…一半…] 몡 【一半…一半】yí… bàn… 【两半儿】liǎngbànr 【对半】duìbàn ¶보리와 쌀이 ~ 섞이다 | 麦子mài·zi与米으掺chān一半。¶승패의 확률은 ~이다 | 胜败比率对半儿。

◦**반반하다** 혱 ❶ (고르다) 【平】píng 【平坦】píngtǎn ¶다림질하여 반반하게 하다 | 熨yùn平。¶땅을 반반하게 고르다 | 把地弄平。❷ (예쁘다) 【好看】hǎokàn 【好】hǎo 【像样】xiàngyàng ¶얼굴이 반반하게 생겼다 | 脸长得好看。¶반반한 옷가지 | 好看的衣服/像样的衣服。❸ (지체가 있다) 【相当当】xiāngdāngdāng 【很不错】hěn bùcuò ¶반반한 집 자손 | 响当当的家庭的子孙。¶어느 모로 봐도 반반한 집안이다 | 从哪面看都是个很不错的家庭

반발[反撥] 몡하자 ❶ (되받아 퉁겨짐) 【弹回】tánhuí 【回跳】huítiào 【排斥】páichì ¶자극은 서로 ~한다 | 磁性互相排斥。❷ (반항하는 태도를 나타냄) 【反抗】fǎnkàng 【抗拒】kàngjù 【反驳】fǎnbó ¶~할 수 없는 역사 조류 | 不可抗拒的历史潮流cháoliú。¶부당한 처사에 ~하다 | 抗拒不妥当的处事原则。

반백[半白] 명【半白】bànbái【斑白】b-ānbái【斑发】bānfà【班白】bānbái【颁白】bānbái【花白】huābái ¶머리가 ~인 노인 | 头发半白的老人。¶양쪽 귀밑머리가 ~이다 | 两鬓bìn斑白。¶머리가 ~이다 | 头发花白。

○**반복**¹[反復] 명하타【反复】fǎnfù【重复】chóngfù【翻覆】fānfù ¶~하여 생각하다 | 反复思考。¶같은 동작을 여러 번 ~하다 | 同样的动作反复好几次。¶그는 어제 한 말을 또 한 차례 ~하였다 | 他把昨天的话又重复了一遍。

반복²[反覆] 명하타【反覆】fǎnfù ¶변덕과 ~으로 신뢰를 잃었다 | 因为变卦biànguà与反覆失去了信赖xìnlài。

반봉건[半封建] 명【半封建】bànfēngjiàn ¶~적 사회 | 半封建社会shè。

반비례[反比例] 명하자【反比例】fǎnbǐlì【反比】fǎnbǐ ¶도시 인구가 증가하면 이와 ~하여 농촌 인구는 줄어들게 된다 | 都市人口增长的话与此成反比例农村的人口会减少的。

○**반사**¹[反射] 명하자타【反射】fǎnshè ¶빛의 ~ | 光的反射。¶~ 운동 | 反射运动。¶~광선 | 反射光线。¶~열 | 反射热。

반사²[半死] 명하자【半死】bànsǐ ¶모진 추위로 ~지경에 이르렀다 | 由于酷寒kùhán达到了半死的地步。

반사적[反射的] 관【反射的】fǎnshè·de【条件反射似地】tiáojiàn fǎnshè shì·de【无意识的】wúyìshí·de ¶~으로 몸을 벌떡 일으켰다 | 无意识的把身体立起来了。

반색 동하자【高兴】gāoxìng【喜出望外】xǐchūwàngwài【欣喜】xīnxǐ【欢喜】huānxǐ ¶~하며 친구를 맞다 | 喜出望外地迎接了朋友。¶휴가 온 아들을 보고 매우 ~을 하다 | 看到回来度假的儿子非常高兴。

반생[半生] 명【半生】bànshēng【半世】bànshì【半辈子】bànbèi·zi ¶~을 헛되이 보냈다 | 虚xū度dù了半生。¶~을 예술에 바치다 | 把半生献身xiànshēn到艺术中。

반석[盤石] 명【磐石】pánshí【盘石】pánshí ¶~처럼 안정되어 있다 | 安如磐石。¶~ 같은 국방 태세 | 像盘石

一样的国防态势tàishì。

ᴺ**반성**[反省] 명하타【反省】fǎnxǐng【检查】jiǎnchá【检讨】jiǎntǎo ¶일기를 쓰면서 그날의 일과를 ~하다 | 边写日记边反省当天的过错。¶~하고 做检讨。¶일에 대한 ~ | 工作检讨。

반세기[半世紀] 명【半个世纪】bàn·ge shìjǐ

반소매[半-] 명【短袖】duǎnxiù【短袖上衣】duǎnxiù shàngyī ¶~ 내의 | 短袖内衣。¶요즘 여자 의상은 모두 ~이다 | 现在女子的衣服都是短袖。

반송[搬送] 명하타【搬送】bānsòng【送】sòng【运送】yùnsòng【输品】shūyùn ¶화물을 ~하다 | 送货物。

반송[返送] 명하타【返还】sònghuán【交还】jiāohuán【交回】jiāohuí【送回】sòng/huí【寄回】jìhuí【退回】tuìhuí【回运】huíyùn【返送】fǎnsòng ¶편지를 ~하다 | 把信退回。¶잘못 전해진 편지를 ~하다 | 返送递错的信。

반수[半數] 명【半数】bànshù ¶~ 교체 | 半数轮换lúnhuàn。¶~에도 이르지 못한다 | 不到半数。¶~ 이상이 찬성하다 | 半数以上赞成zànchéng。

반신 반의[半信半疑] 명【半信半疑】bànxìn bànyí ¶그는 자기가 북경대학에 합격했다는 소식을 듣고 내심 매우 기쁘면서도 ~했다 | 他听说自己考上了北京大学, 心理非常高兴, 但还是有点半信半疑。¶놀라운 소식을 듣고 ~하다 | 听到惊人的消息半信半疑。

반신불수[半身不隨] 명【半身不遂】bànshēn bùsuí ¶중풍으로 ~가 되다 | 由于中风成了半身不遂。

반액[半額] 명【半价】bànjià【一半钱】yíbànqián ¶학생 ~ 할인 | 学生半价。¶~으로 팔다 | 半价出售shòu。¶청소년의 입장료는 ~이다 | 青少年的入场费是半价。

반역[叛逆] 명하자【叛逆】pànnì【背叛】bèipàn【反叛】fǎnpàn【叛国】pànguó ¶~의 기치를 높이 들고 ~ | 举起叛逆的旗帜qízhì。¶~ 행위 | 叛逆行为。¶~을 꾀하다 | 策划cèhuà叛逆。

반역자[叛逆者] 명【叛逆分子】pànnì f-

ēn·zi【叛逆者】pànnìzhě ¶민족 ～를
처단하다 | 处断chǔduàn民族的叛逆
者。

°반영【反映】 명자타 【反映】fǎnyìng
¶관념은 현실 생활의 ～이다 | 观念
是现实生活的反映。¶당신의 제안이
～되도록 노력하겠습니다 | 我将努力
反映你的提案。

반영구【半永久】명 【近似于永久的】jìn-
shì yú yǒngjiǔ·de 【世纪性】shìjìxìng ¶～적인 건물 | 世纪性的建筑
物。

°반올림【半－】명〈數〉【四舍五入】sìsh-
ě wǔrù ¶～해서 우수리 소수를 계산
하다 | 按四舍五入计算jìsuàn零头líng-
tóu。

°반원【半圆】명 【半圆】bànyuán ¶～형
| 半圆形。

°반음【半音】명〈音〉【半音】bànyīn ¶
～(음)계 | 半音阶jiē。

ᵇ반응【反应】명하자 【反应】fǎnyìng ¶
연쇄 ～ | 连锁反应。¶그의 연설은
좋은 ～을 얻었다 | 他的演讲反应很
好。¶～이 민감하다 | 反应敏感mǐn-
gǎn。

반이중통신방식【半二重通信方式】half
duplex】명〈電算〉【半双工】bànshuā-
nggōng

반입【搬入】명하타 【运进】yùnjìn 【搬
进】bānjìn 【调进】diàojìn 【迁入】qiānr-
ù 【搬入】bānrù ¶전람회를 위해 그림
을 ～했다 | 为办展览会把画运了进
来。¶전시품을 ～하다 | 搬入展示
品。

반작용【反作用】명〈物〉【反作用】fǎ-
nzuòyòng ¶무리한 추진으로 ～이 일
어났다 | 无理的推进tuījìn引起了反作
用。

ᵇ반장【班长】명 【班长】bānzhǎng 【领
班】lǐngbān 【考工】kǎogōng ¶취사
～ | 炊事班长。¶조사 ～ | 调查班
diàochá班长。¶학급의 ～으로 뽑혔
다 | 被选为班级的班长。

반전¹【反战】명 【反战】fǎnzhàn ¶～ 정
서 | 反战情绪qíngxù。¶～ 사상 | 反
战思想。

반전²【反转】명자타 【反转】fǎnzhuǎn
【逆时针方向】nìshízhēnfāngxiàng
【扭转】niǔzhuǎn 【逆转】nìzhuǎn ¶전

세가 ～됐다 | 战势zhànshì反转了。
¶종종 선거의 형세를 ～시킬 수가 있
다 | 往往能够扭转选举xuǎnjǔ的形势
xíngshì。

반점【斑点】명 【斑点】bāndiǎn ¶～병
| 斑点病。

반정부【反政府】명 【反政府】fǎnzhè-
ngfǔ

ᵇ반주【伴奏】명하자〈音〉【伴奏】bànzò-
u ¶악기로 ～하다 | 用乐器yuèqì伴
奏。¶피아노로 ～하다 | 用钢琴伴
奏。

반주²【饭酒】명 【佐饭酒】zuǒfànjiǔ 【下
饭酒】xiàfànjiǔ ¶저녁의 ～ 한 잔은
나쁘지 않다 | 晚饭时喝杯饭佐饭酒并不
坏。

ᵇ반죽 명하타 【和】huó 【揉】róu 【擂】huò
【和好的面】huóhǎo·demiàn 　 【面团
(儿)】miàntuán(r) ¶밀가루를 ～하
다 | 和面miàn。¶밀가루에 ～이 질어
졌다 | 面和软ruǎn了。

반죽음【半－】명 【半死】bànsǐ 【半死不
活】bànsǐbùhuó 【半死半活】bànsǐbàn-
huó 【不死不活】bùsǐ bùhuó ¶그들
은 그를 때려서 ～의 지경에 이르게 했
다 | 他们把他打了个半死。

반줄【Banjul】명〈地〉【班珠尔】Bānzhū-
ěr ["冈比亚"(감비아;Gambia)의 수
도]

반증【反证】명하타 【反证】fǎnzhèng
【反证法】fǎnzhèngfǎ 【归谬法】guīmi-
ùfǎ ¶～을 들다 | 举出fǎn反证。¶이
증언에 대한 ～을 제시해주기 바랍니
다 | 希望对这一证言提出反证。

ᵇ반지【斑指】명 【戒指】jièzhǐ 【指环】zhǐ-
huán ¶약혼 ～ | 订婚戒指。¶～를
끼다 | 戴戒指。

반지르르 부형할 ❶ (미끄럽고 윤이 나
는 모양) 【油光光】yóuguāngguāng
【油亮】yóuliàng 【光滑滑】guānghuāh-
uá ¶～ 윤이 나는 마루 | 油光光的地
板dìbǎn。❷ (겉만 그럴듯한 모양)
【阔气】kuò·qi 【漂亮】piào·liang 【圆
滑】yuánhuá 【好听】hǎotīng 【光堂】gu-
āngtáng ¶내 후배는 ～하게 생겼다
| 我的学妹xuémèi长得挺漂亮。¶
～한 얼굴 | 圆滑的脸。¶말만은 ～
하다 | 光说很好。

반지름【半－】명 【半径】bànjìng ¶～

이 5cm인 원을 그리다 | 画半径为五公分的圆。¶~ 10의 원 | 半径为十的圆。

반질거리다 圄 ❶(매끈거리다)【光滑】guāng·huá【油光】yóuguāngguāng ¶이마가 반질거린다 | 额头è·tou油光光的。¶얼굴이 ~ | 脸上油光光的。❷(게으름을 피우다)【滑头滑脑】huátóu huánǎo【滑不叽溜】huá·bujīliū【偷懒】tōulǎn【偷闲】tōuxián【偷闲躲静】tōuxián duǒjìng【油活】yóuhuó【游手好闲】yóu shǒu hào xián ¶일은 않고 반질거리기만 한다 | 不干活光游手好闲的。¶눈에 띄지 않는 곳에서는 반질거리며 놀기만 한다 | 在人们看不到的地方游手好闲。

반질반질 閈㈑【油光光】yóuguāngguāng【油光油光】yóuguāng yóuguāng【油亮亮油亮】yóuliàng yóuliàng ¶마룻바닥이 ~ 하다 | 地板油光油光。

^ㄴ**반짝** 閈 ❶(빛나는 모양)【闪】shǎn【闪耀】shǎnyào ¶눈이 ~ 이고 있다 | 眼睛闪耀着…❷(들어올리는 모양)【一仰】yìyǎng【一抬】yìtái【猛】měng ¶머리를 ~ 쳐들다 | 一抬头。¶아이를 ~ 들어올리다 | 把孩子猛地举zǔ起来。¶눈을 뜨다 | 猛地争开zhēngkāi眼睛。❸(정신이 드는 모양)【突然】tūrán ¶~ 정신이 들다 | 突然来精神。

^ㄴ**반짝이다** 圄【闪】shǎn【闪耀】shǎnyào【闪烁】shǎnshuò ¶눈동자가 반짝이고 있다 | 眼睛闪耀着。¶등불이 ~ | 灯光dēngguāng闪烁。¶별빛이 ~ | 星光闪烁。

^ㄴ**반쪽**[半-] 圀 ❶(수량)【半拉】bàn·lǎ【半截(儿)】bànjié(r)【半个】bàn·ge ¶수박을 ~ 샀다 | 买了半拉西瓜。¶사과 ~ | 半个苹píng果。❷(야위다)【消瘦】xiāoshòu【瘦了一半】shòu·u le yíbàn ¶앓고 나더니 얼굴이 ~ 이 되다 | 病后脸蛋dàn儿瘦了一半。

^ㅅ**반찬**[飯饌] 圀【菜肴】càiyáo【菜】cài ¶~을 정성껏 만들다 | 精心做菜。¶짠~ | 咸xián菜。

^ㅂ**반찬 거리**【做菜的材料】zuòcài·de cáiliào【做菜的原料】zuòcài·de yuánliào【菜】cài ¶시장에 ~를 사러가다 | 到市场去买菜。

반창고[絆瘡膏] 圀【橡皮膏】xiàngpígāo【创磕贴】chuāngkētiē

반제제[反體制] 圀【反体制】fǎn jiǔtǐzhì ¶~ 인사 | 反体制人士。

반주[反芻] 圀㈎㉰ ❶(되새김질)【反刍】fǎnchú【倒嚼】dǎojiào【倒草】dǎocǎo【倒嘴】dǎojiào ¶~동물 | 反刍动物/反刍类。❷(생각)【回想】huíxiǎng ¶그가 남긴 말을 곰곰이 ~해 보다 | 把他留下来的话仔细zǐxì地回想一下。

반출[搬出] 圀㈎㉰【贩运】fànyùn【运出】yùnchū【调出】diàochū ¶불법으로 문화재를 해외로 ~하여 해外非法贩运非法向海外贩运古董。¶중요한 서류를 ~하다 | 将重要文件运出。

^ㅈ**반칙**[反則] 圀㈎㉰【犯规】fànguī【违规】wéiguī ¶일본팀은 ~을 하여 심판으로부터 페날티킥을 당하였다 | 日本队犯规被判pàn罚fá点球。¶~을 하여 퇴장당하다 | 犯规罚下场。

반투명[半透明] 圀㉰【半透明】bàntòumíng ¶~ 유리 | 半透明玻璃。¶~체 | 半透明体。

^ㅈ**반포**[頒布] 圀㈎㉰【颁布】bānbù【公布】gōngbù【发表】fābiǎo ¶중앙 및 각 관계 기관에서는 새 법규 및 가지를 ~하였다 | 中央及各有关部门又颁布了若干ruògān新法规。¶훈민정음 ~ 하다 | 发表训民正音。

반품수 집안 망친다【惯用】【蹩脚的风水先生败坏家】biéjiǎo·de fēngshuǐxiānshēng bàihuài jiā

반품[返品] 圀㈎㉰㉰【退货】tuìhuò【退换】tuìhuàn【退回货物】tuìhuí huòwù【回货】huíhuò ¶나쁘면 ~하시오 | 要是不好就退货。¶불량품을 ~하다 | 将不良品退货。¶재고를 ~하다 | 将库存kùcún退货。

^ㅂ**반하다**[1] 圄【迷恋】míliàn【入迷】rùmí【爱恋】àiliàn【着迷】zháomí【迷住】mízhù ¶그 여자의 미모에 반했다 | 被那女人的美貌měimào迷住了。¶매력적인 음색에 반했다 | 被赋有魅力m·èilì的音色迷住了。¶덕성스러운 인품에 반했다 | 被仁慈réncí的人品迷住了。

반하다[2][反-] 圄【相反】xiāngfǎn【反

之】fǎnzhī ¶예상과는 반하게 성과가 대단했 다 | 与预计 yùjì 相反成果很大。¶기대에 반하는 결과를 가져왔다 | 带来了与期待相反的结果。

^반항【反抗】 명동【反抗】fǎnkàng ¶~ 정신 | 反抗精神。¶어른에게 ~ 하다 | 向大人反抗。¶~적 태도 | 反抗的态度。

반향【反响】 명【反应】fǎnyìng【反映】f-ǎnxiǎng【回声】huíshēng ¶광범위한 ~을 일으키다 | 引起广泛guǎngfàn的反响。¶우리측의 정상 회담 제의의 가큰 ~을 불러 일으키다 | 我方的首脑shǒunǎo会谈提议 tíyì 引起很大的反响。

반환【返还】 명하타【归还】guīhuán【退还】tuìhuán【退回】tuìhuí【还回】huán-huí【返还】fǎnhuán ¶도서관에서 빌린 책은 제때에 ~해야 한다 | 向图书馆借的书, 要按时归还。¶이 원고를 작가에게 ~하라 | 把这篇piān稿子g-ǎo·zi退回给作者。¶영토를 ~하다 | 返还领土lǐngtǔ。

^받다¹ 동【喝得下】hē·de xià【胃口好】wèikǒu hǎo ¶오늘은 술이 잘 받는다 | 今天能喝得下酒。¶요즘 음식이 잘 받는다 | 最近胃口好。

^받다² 동 ❶ (다른 사람이 주는 것을 가지다) 【得】dé【收】shōu【接】jiē ¶상금을 ~ | 得奖金。¶선물을 ~ | 收礼物。❷ (거두어들이다) 【收】shōu【接】jiē【接收】jiēshōu ¶세금을 ~ | 收税。¶입학 원서를 받았다 | 接到入学申请书。❸ (자기에게 오는 것을 손으로 잡다) 【接】jiē【接住】jiēzhù ¶공을 ~ | 接球。¶모자로 그 공을 받았다 | 用帽子把那个球接住了。❹ (흐르거나 쏟아지는 것을 그릇에 담다) 【接】ji-ē【装】zhuāng【放】fàng ¶수도물을 받아 밥을 짓다 | 接自来水做饭。¶욕조에 물 좀 받아 놓아라 | 往浴缸里放点水。❺ (자기에게 베풀어지는 과정 등을 치르다) 【接受】jiēshòu【受】shòu ¶교육 훈련을 ~ | 接受教育训练。¶우리는 왕씨의 지휘를 받는다 | 我们受老王指挥zhǐhuī。❻ (작용이나 영향 등을 입다) 【得到】dédào【受】shòu ¶감명을 ~ | 得到感受。

¶햇빛을 받아 빛깔이 선명해지다 | 得到阳光的照射色彩鲜明。❼ (의견이나 평가 등을 듣게 되다) 【得到】dédào【受】shòu【接】jiē ¶칭찬을 ~ | 得到表扬/受表扬biǎoyáng。¶호평을 ~ | 得到好评。¶도움을 ~ | 得到帮助。❽ (일을 떠맡다) 【接收】jiēshōu ¶주문을 ~ | 接收订货。¶신청곡을 ~ | 接收要求唱的歌曲。¶(우산 따위를 펴서 들다) 【打】dǎ【撑】chēng【举】jǔ ¶우산을 ~ | 打伞/撑伞/打开雨伞举着。❿ (밑에서 괴다) 【支撑】zhī·cheng【支柱】zhīzhù ¶기울어진 담을 기둥으로 ~ | 将倾斜qīngxié的墙用柱子zhù·zi支撑。⓫ (산모를 도와 아기를 거두다) 【接】jiē【接产】jiē-chǎn ¶아기를 ~ | 接生孩子。⓬ (편지나 전화 등을) 【收】shōu【接】jiē【接受】jiēshòu ¶네 편지는 받았다 | 你的信收到了。¶전화를 ~ | 接电话。¶질문을 ~ | 受到质问。⓭ (당하다) 【挨】āi【受】shòu ¶압박을 ~ | 受到压迫yāpò。¶의심을 ~ | 受到怀疑。⓮ (고용하다) 【录用】lùyòng【录取】lùqǔ【雇用】gù-yòng ¶공장에서 다섯 명의 졸업생을 ~ | 工厂雇用五个毕业biyè生。⓯ (손님을 맞다) 【接待】jiēdài【会(见)】huì(jiàn) ¶손님을 ~ | 接待客人。⓰ (일정을 정하다) 【决定】juédìng【择】zé【选择】xuǎnzé ¶날을 ~ | 择日子。⓱ (칭하는) 【荣获】rónghuò ¶모범학생이라는 칭호를 ~ | 荣获模范mófàn学生称号chēnghào。⓲ (수령하다) 【领】lǐng【收取】shōuqǔ ¶보관실에서 사무용품을 ~ | 到保管室领办公用品。¶이번 달 임금을 나는 아직 받지 못했다 | 本月的工资gōngzī我还没有领。⓳ (도매로 사들이다) 【批货】pīhuò ¶그녀는 수산시장에서 생선을 받아다 판다 | 她在水产市场批货, 再到小市场去卖。

^받다³ 【顶】dǐng ¶그는 키가 커서, 똑바로 서면 문틀을 받는다 | 他的个gè子高, 站直了就要顶着门框kuàng了。

^받들다 동 ❶ (추대하다) 【拥戴】yōngd-ài【爱戴】àidài【拥护】yōnghù ¶여러 사람들이 다 그를 학과장으로 받들었다 | 大家一致拥戴他当系主任。❷

(공경하다)【侍候】shìhòu【侍奉】shìfèng【恭敬】gōngjìng ¶노부모를 잘 ~ | 侍候老父母。¶사람들이 모두 그를 자기의 부모와 같이 받들어 모신다 | 一般人都侍奉他，好像跟自己的父母一样。❸(지지하다·신봉하다)【支持】zhīchí【响应】xiǎngyìng ¶그의 의견은 받드는 사람이 없다 | 他的意见没有人支持。¶조국의 부름을 ~ | 响应祖国zǔguó的号召hàozhào。❹(받아 올려 들다)【捧】pěng【端】duān ¶그녀는 차를 타서 받들고 들어왔다 | 她沏qī茶端进来。

받아 내다【討還】tǎohuán ¶빚을 ~ | 讨还债款。

받아 넘기다【顶倒】dǐngdǎo【对答】duìdá【解答】jiědá【接着唱】jiē·zhe chàng ¶몇 가지 문제를 넘기지 못했다 | 有几个问题对答不上来。¶기자들의 질문을 잘 ~ | 对记者们的提问解答得很顺利。

받아 들이다【收】❶(물건을)【接受】jiēshòu【接收】jiēshōu【收下】shōuxià ¶보내 온 물건을 ~ | 接收送来的东西。❷(사람을)　【招收】zhāoshōu【吸收】xīshōu ¶신입생을 ~ | 招收新生。¶학회는 그를 새 회원으로 받아 들이기로 결정했다 | 学会决定juédìng吸收他为新会员。❸(양분을)【吸收】xīshōu ¶식물의 뿌리는 토양에서 수분을 받아 ~ | 植物zhíwù的根从土壤tǔrǎng里吸收水分。❹(사상·문물을)【吸收】xīshōu【采用】cǎiyòng ¶반핵사상을 ~ | 吸收反核fǎnhé思想。¶외국의 문화를 ~ | 吸收外国文化。❺(의견·요구를)【承诺】chéngnuò【答应】dā·ying【采纳】cǎinà【推广】tuīguǎng【听从】tīngcóng【听顺】tīngshùn【听随】tīngsuí【接收】jiēshōu【接受】jiēshòu【容纳】róngnà ¶요구 조건을 받아 들이기로 하다 | 所提出的要求条件承诺。¶마지 못해 ~ | 勉强miǎnqiǎng答应。¶의견을 ~ | 采纳意见。¶남의 충고를 ~ | 听从别人的劝告quàngào。¶조건을 ~ | 接受条件tiáojiàn。❻(떠맡아 맞이하다)【接收】jiēshōu ¶난민을 ~ | 接收难民。

받아먹다【接食】jiēshí ¶새끼 제비

들이 어미 제비한테서 먹이를 받아먹고 살아간다 | 小燕子yàn·zi从大燕子那里接食吃。

받아보다【接到】jiēdào【收到】shōudào【订阅】dìngyuè ¶나는 매달 잡지를 받아본다 | 我每月订阅杂志。

받아 쓰기【听写】tīngxiě【默写】mòxiě ¶교사가 학생들에게 ~를 시키다 | 教师让学生听写。¶오늘 ~ 시험이 있다 | 今天有听写考试。

받아주다【应和】yìnghè【应对】yìngduì【附和】fùhè ¶농담을 ~ | 附和玩笑。

받은 편지함〈電算〉【收件箱】shōujiànxiāng

받쳐들다【捧】pěng【托】tuō ¶쟁반으로 찻잔과 찻주전자를 받쳐들고 있다 | 用茶盘chápán托着茶杯和茶壶cháhú。¶그릇을 손 위에다 ~ | 把碗托在手上。

¹받치다【托】❶(괴다)【托】tuō【垫】diàn ¶유리판 밑에 한 장을 받쳤다 | 玻璃板下托了一张画。¶받침대를 텔레비전 아래에 받쳐두다 | 把托子托在电视机下面。❷(들고 있다)【托】tuō【捧】pěng ¶어머니의 손이 그의 머리를 받치고 있다 | 妈妈的手托着他的头。❸(우산을 펴서 들다)【举】jǔ ¶우산을 ~ | 打开雨伞yǔsǎn举着。❹(다른 것을 껴서 대다)【衬】chèn ¶안에 와이셔츠를 받쳐입다 | 里面衬上衬衣chènyī。¶(다른 물건으로 괴서 지탱하다)【支】zhī【撑】chēng【添】tiān【支撑】zhīchēng ¶걸상으로 나무 판자를 ~ | 用凳子dèng·zi把木板mùbǎn支起来。¶기둥으로 넘어지지 않게 받치고 있다 | 用柱子zhù·zi支撑着不让ràng倒dǎo下来。❻(먹은 것이 잘 내리지 않다)【反胃】fǎnwèi【翻胃】fānwèi ¶속이 ~ | 反胃。❼(딱딱하게 배기다)【硌】gè ¶이 의자는 받쳐서 오래 앉을 수 없다 | 这把椅子yǐ·zi硌人，不久坐。¶등이 ~ | 硌背。❽(어떤 심리작용이 강하게 일어나다)【冒火】màohuǒ【生气】shēngqì【上火】shànghuǒ【上焦热】shàngjiāorè【感】gǎn ¶잔뜩 화가 받쳤다 | 直冒火。¶열이 ~ | 直上火。

ᴮ**받침** 圐 ❶ (지주) 【托子】tuō·zi【托台】tuōtái【托儿】tuōr【垫儿】diànr ¶찻잔 ~ | 茶托儿。¶화분 ~ | 花盆儿托子。¶돌을 괴어 ~으로 삼았다 | 拿石头当托子垫diàn着。❷〈言〉【收音】shōuyīn

ᶜ**받침대** 圐 ❶【支架】zhījià【托架】tuōjià【托座】tuōzuò【夹gōu】jiāchā【夹尺】jiāchǐ【丁字架】dīngzìjià【支柱】zhīzhù ¶고정 ~ | 固定gùdìng支柱。❷〈美〉【台座】táizuò

ᴬ**발**¹ 圐 ❶ (사람의) 【脚】jiǎo【足】zú【押】yā【脚丫子】jiǎoyā·zi ¶손~ | 手脚。¶~에 꼭 맞는 신 | 正合脚的鞋。¶맨~ | 赤足。❷ (짐승의) 【爪】zhǎo【爪子】zhuǎ·zi ¶개 ~ | 狗爪儿。¶닭 ~ | 鸡jī爪子。❷ (물건의) 【足】zú【腿】tuǐ【爪】zhǎo ¶장롱의 ~ | 柜子guì·zi的腿。¶이 솥은 ~이 셋 달렸다 | 这个锅guō有三个脚儿。❸ (걸음) 【步子】bù·zi【脚步】jiǎobù【步调】bùdiào【步伐】bùfá【步法】bùfǎ【步】bù ¶~을 맞추어 걷다 | 齐qí着步子走。¶~이 빠른 선수 | 步子快的选手。

발² 圐【帘子】lián·zi【帘儿】liánr【门帘(儿,子)】ménlián(r,zi)【窗帘(儿)】chuānglián(r) ¶문에 ~을 치다 | 在门上挂帘子。

발³ 圐【习惯】xíguàn ¶잔소리가 아주 ~이 되겠다 | 说闲话会成习惯。

발⁴ 圐【庹】tuǒ【若干间tuǒ [두 팔을 벌린 길이. 약 5척에 해당함] ¶실 두 ~ | 两庹干度线xiàn。¶나무 두 ~ 둘레의 나무 | 两庹干度粗cū的树shù。

ᴬ**발**⁵[發] 圐圐【发】fā ¶탄알 30 ~ | 三十发子弹dàn。¶딘칭에는 딘일이 딘한 ~만 남아 있다 | 枪膛táng里只剩shèng下一发子弹。¶한 ~의 총성 | 一发枪声qiāngshēng。

― 발⁶[―發] 圙【发】fā【开航】kāiháng【出发】chūfā ¶천진~인천선이 이미 개통되었다 | 天津·仁川线早已开航。¶10시~의 비행기 | 十点出发的客机/十点起飞的客机。

ᴮ**발가락** 圐〈生理〉【脚趾】jiǎozhǐ【脚指头】jiǎozhǐ·tou ¶새끼~을 꼼지락대다 | 让小脚趾一动一动。

ᴬ**발가벗다** 图 ❶ (옷이) 【脱光】tuōguāng ¶어린애를 발가벗기고 몸을 씻기다 | 给小孩脱光衣服后洗澡。¶발가벗고 일광욕을 하다 | 脱光了做日光浴。❷ (산이) 【光秃秃】guāngtūtū

발각[發覺] 圐圐【发觉】fājué【察觉】chájué ¶부정이 ~되다 | 不正的行为被察觉。

발간[發刊] 圐圐티【发刊】fākān【创刊】chuàngkān【发行】fāxíng ¶~사 | 发刊词。¶인민일보는 1948년 6월 15일에 ~되었다 | 人民日报于一九四八年六月十五日创刊。¶잡지를 ~하다 | 发行杂志。

ᴮ**발갛다** 圐 ❶ (색이 붉은) 【鲜红】xiānhóng ❷ (터무니없다) 【荒谬】huāngmiù ¶발간 거짓말 | 荒谬的谎言。

ᴮ**발걸음** 圐【步伐】bùfá【步法】bùfǎ【脚步】jiǎobù ¶~이 무겁다 | 步伐沉重chénzhòng。¶~을 옮기다 | 移动yídòng脚步。¶그는 ~을 멈추었다 | 他停住了脚步。

ᴮ**발견**[發見] 圐圐티【发现】fāxiàn ¶약간의 단서를 ~하다 | 发现一些线索xiànsuǒ。¶중대한 ~ | 重大的发现。¶새로운 별이 ~되다 | 新的星星被发现。

발광¹[發狂] 圐圐자【疯狂】fēngkuáng【风狂】fēngkuáng【发狂】fākuáng【发疯】fāfēng【猖獗】chāngjué ¶그는 절망하여 ~하였다 | 他绝望得发疯了。

발광²[發光] 圐圐자【发光】fāguāng【光】guāng ¶~물질 | 发光物质。

ᴮ**발굴**[發掘] 圐圐티【发掘】fājué ❶ (유물 등을 파냄) 【发掘】fājué【고적을 ~하다 | 发掘古坟gǔfén。❷ (뛰어난 인재나 희귀한 물건을 찾아냄) 【挖掘】wājué【挖】wā【开采】kāicǎi ¶인재를 ~하다 | 发掘人才。¶지하자원을 ~하다 | 挖掘地下的资源。

ᴮ**발굽** 圐 ❶【蹄(儿,子)】tí(r,zi) ¶말~ | 马蹄。¶말이 ~을 멈추지 않는다 | 马不停蹄。❷【铁蹄】tiětí

발그스레하다 圐【浅红】qiǎnhóng【淡红】dànhóng【微红】wēihóng【泛红】fànhóng ¶발그스름한 얼굴 | 淡红的脸。¶그는 술을 마셔서 얼굴이 ~ |

他喝了酒脸泛红。

발그스름하다 [형] ☞ 발그스레하다

발급[發給] [명][하자] 【发给】[发]fā 【发给】fāgěi ¶증명서를 ～하다 | 发证明书zhèngmíngshū。¶여권을 ～하다 | 发护照hùzhào。

발긋발긋 [부][하형] 【斑红】bānhóng 【红通通】hóngtōngtōng 【红红点点】hónghóngdiǎndiǎn ¶모기한테 물린 곳이 ～하게 부어 올랐다 | 被蚊子wénzi咬yǎo的地方红通通地肿zhǒng了起来。

발기[發起] [명][타] 【发起】fāqǐ 【倡议】chàngyì 【倡导】chàngdǎo ¶그가 교수 친목회를 ～설립하였다 | 由他发起成立了教授联谊会liányìhuì。¶학교의 설립을 ～하다 | 发起设立学校。

발기불능[發起不能] [명] 【醫】【阳痿】yángwěi 【阳谢】yángxiè 【不起】bùqǐ

발기인[發起人] [명] 【发起人】fāqǐrén 【倡议者】chàngyìzhě 【倡导者】chàngdǎozhě 【创办人】chuàngbànrén ¶후원회 ～ | 后援会hòuyuánhuì的发起人。

º발길[명] ❶ (걷거나 찰 때의 발) 【脚】jiǎo 【脚步】jiǎobù 【脚力】jiǎolì ¶～로 차다 | 用脚踢。¶가고 오고 하는 발걸음) 【脚步】jiǎobù 【来往】láiwǎng ¶～을 돌리다 | 扭转niǔzhuǎn脚步。¶～이 뜸해지다 | 来往少了。¶～을 끊다 | 断绝来往。

발길질[~질] [명] 【踢】tī ¶한차례 ～을 하다 | 踢一脚。¶무작정스럽게 ～을 하다 | 盲目地踢。

º발꿈치[명] 【脚后跟】jiǎohòu·gen 【脚跟】jiǎogēn

º발끈 [부][하형] 【勃然】bórán 【全部】quánbù 【突然】tūrán 【猛然】měngrán 【闹翻】nàofān ¶대수롭지 않은 일에 ～성을 내다 | 为不是什么了不起的事情，竟勃然大怒。¶그 소식이 전해지자，온 사무실이 ～뒤집히듯 소란해졌다 | 那个消息传来后整个办公室像闹翻似的骚乱sāoluàn。

º발끝[명] 【脚尖】jiǎojiān

발단[發端] [명][하자] 【发端】fāduān 【起头(儿)】qǐtóu(r) 【开端】kāiduān 【起端】qǐduān 【起始】qǐshǐ 【起首】qǐshǒ

u 【肇端】zhàoduān 【序幕】xùmù ¶사건의 ～ | 事件的发端/事件的开端。¶이야기의 ～ | 故事的开端。¶그 사건이 제1차 세계대전의 ～이었다 | 那次事件是第一次世界大战的序幕。

발달[發達] [명][하자] 【发育】fāyù 【发达】fādá 【发展】fāzhǎn ¶지능의 ～ | 智能发育。¶과학이 ～하다 | 科学发达。¶도로의 ～이 교통을 촉진한다 | 道路的发达促进cùjìn交通的发达。

발돋움 [명][하자] 【踮】diǎn 【跷脚】qiāojiǎo 【企踵】qǐzhǒng 【企望】qǐwàng 【踏脚】tàjiǎo ¶～하고 보다 | 踮着脚看。¶～하고서 탁자 위의 물건을 집다 | 踮着脚拿桌子上的东西。¶～하고 멀리 보다 | 踮着脚向远方望去。

발동[發動] [명][하자][타] 【发动】fādòng 【开动】kāidòng 【发挥】fāhuī 【启动】qǐdòng ¶자동차에 ～을 걸다 | 发动汽车。¶강권을 ～하다 | 发动强权qiángquán。¶사법권을 ～하다 | 发动司法权。

발뒤꿈치 [명] 【脚后跟】jiǎohòu·gen 【脚跟】jiǎogēn

º발등[명] 【脚背】jiǎobèi

발딱 [부] 【猛然】měngrán 【突然】tūrán 【突然后仰】tūrán hòuyǎng ¶～일어서다 | 猛然站起来。¶～눕다 | 突然仰卧yǎngwò。

발랄[潑剌] [명][하형] 【朝气蓬勃】zhāoqì péngbó 【朝气勃勃】zhāoqì bóbó 【生气勃勃】shēngqì bóbó ¶～한 젊은이 | 朝气蓬勃的年轻人。

발랑 [부] 【忽地】hūdì 【忽然】hūrán 【一下子】yíxià·zi ¶～ 자빠졌다 | 忽地倒下去了。¶～ 뒤로 자빠졌다 | 一下子摔shuāi了个仰八叉yǎngbāchā。

º발레[프 ballet] [명] 【芭蕾舞】bāléiwǔ ¶수중～ | 水中芭蕾。

발레리나[프 ballerina] [명] 【芭蕾舞女演员】bāléiwǔ nǚyǎnyuán

발레타[Valletta] [명] 【地】【瓦莱塔】Wǎláitǎ 【"马耳他"】(몰타；Malta) 의 수도】

발렌시아가[Balenciaga] [명] 【商標】【巴黎世家】Bālíshìjiā

발렌타인 데이[St Valentine's Day] [명] 【情人节】qíngrénjié 【圣瓦伦廷节】Shèngwǎlúntíngjiē

발령[發令] 명자타 【发布命令】fābù
mìnglìng 【任免】rènmiǎn 【下令】xiàlìn
g ¶승진~을 받다 | 收到了晋升令jìn
shēnglìng。

발로[發露] 명하자 【表露】biǎolù 【流
露】liúlù 【产生】chǎnshēng 【暴露】bào
lù ¶애국심의 ~ | 爱国心的流露。

발매[發賣] 명하타 【发售】fāshòu 【发
客】fākè 【出售】chūshòu ¶차표를 ~
하다 | 发售车票。¶신상품을 ~하다
| 出售新商品。

발명[發明] 명하타 ❶ (새로운 고안)
【发明】fāmíng ¶와트는 증기기관을
~했다 | 瓦特发明了蒸气机zhēngqì-
jī。¶~ 특허권 | 发明专利权。¶전
화기를 ~하다 | 发明电话机。❷ (변
명) 【辩解】biànjiě ¶협의가 없음을
~ | 辩解没有协议。

˹**발명품**[發明品] 명 【发明的东西】fāmí
ng·de dōng·xi

˹**발목**[脚腕子] 명 【脚腕儿】jiǎowàn·zi 【脚腕儿】ji-
ǎowànr 【拐棒骨】guǎibànggǔ 【脚脖
子】tuǐwàn·zi 【脚脖子】jiǎobó·zi ¶그
는 ~을 삐었다 | 他的脚腕子扭伤niǔ-
shāng了。

˹**발바닥**[脚掌] 명 【脚板】jiǎozhǎng 【脚板】jiǎo-
bǎn 【脚心】jiǎoxīn 【脚窝】jiǎowō 【脚
掌心】jiǎozhǎngxīn

발발[발발] 부 【哆哆嗦嗦】duōduō suōsuō
【颤抖】chàndǒu 【轻巧地】qīngqiǎo·
de ¶추위에 ~ 떨다 | 冷得哆哆嗦嗦
嗦。¶작은 돈을 쓰는 데도 ~ 떨다 |
花一点儿钱也哆哆嗦嗦的。¶~ 기어
가다 | 轻巧地爬去。

발발[勃發] 명자타 【突然发生】tūrán f-
āshēng 【爆发】bàofā 【勃发】bófā ¶
선생이 ~하나 | 战争zhànzhēng爆发
/战争勃发。

발버둥치다 동 【乱蹬脚】luàndēngjiǎo
【垂死挣扎】chuí sǐ zhēng zhá 【强挣
扎】qiángzhēngzhā 【挣扎】zhēngzhá
¶적은 마지막 발버둥을 치고 있다 |
敌人正在作垂死挣扎。¶도산하는 기
업을 살리기 위하여 발버둥치고 있다
| 为了救活要破产的企qǐ业在挣扎。

발벗고 나서다 관용 【竭尽全力】jiéjìn q-
uánlì 【全力以赴】quán lì yǐ fù 【两肋插
刀】liǎnglèichādāo ¶모두들 발벗고

나서서 노동에 달려 들었다 | 大家全力
以赴, 投入劳动láodòng。¶친구의 일
이라면 발벗고 나서는 사람 | 只要是
朋友的事情就两肋插刀的人。

발부[發付] 명하타 【发】fā 【发给】fāgěi
【发布】fābù ¶증명서를 ~하다 | 发
给证明书。¶소집 영장을 ~하다 |
发布召集命令。

발붙이다 동 【插足】chāzú 【立住脚跟】lì-
zhùjiǎogēn 【盘踞】pánjù 【立足】lìzú ¶
흉악범이 이 사회에 발붙이지 못하
게 하자 | 不能让凶恶犯在这社会上立
足。

발빼다 동 【拔脚】bájiǎo 【拔腿】bátuǐ
【退脚】tuìjiǎo 【抽身】chōushēn 【脱
身】tuōshēn ¶동업하던 일에서 발빼
기가 좀 어렵다 | 在共事的事情当中
脱身比较难。

발뺌 【脱身的方法】tuōshēn·de
fāngfǎ 【拔脚的行为】bájiǎo·de xí-
ngwéi 【拔脚】bájiǎo 【拔腿】bátuǐ 【退
脚】tuìjiǎo 【抽身】chōushēn 【脱身】tu-
ōshēn ¶조금 불리해지니까 슬쩍 ~
을 하다 | 稍微有些不利就抽身而去。

˹**발사**[發射] 명하타 【射击】shèjī 【发射】
fāshè ¶적을 향해 ~하다 | 向敌人射
击。¶한번에 일곱 발을 ~할 수 있다
| 一次能发射七颗kē子弹。

발산[發散] 명자타 【发散】fāsàn 【放
出】fàngchū 【消散】xiāosàn 【散发】s-
ànfā ¶향기가 ~되다 | 香气xiāngqì
发散。¶젊음을 ~하다 | 放出年轻
的热量。¶꽃이 맑은 향기를 ~하고
있다 | 花儿散发着清香。

발상[發想] 명 【想法】xiǎngfǎ 【设想】
shèxiǎng ¶기발한 ~ | 奇妙的想
法。¶시적 ~ | 诗歌般的想法。

˹**발생**[發生] 명하자 【发生】fāshēng 【产
生】chǎnshēng ¶사고의 ~을 막다 |
防止事故的发生。¶해충이 ~하다 |
发生虫害。¶남쪽 해상에 태풍이 ~
하였다 | 南边的海上产生了台风。

발설[發說] 명하타 【说出去】shuōchū·q-
ù 【泄漏】xièlòu 【泄露】xièlù 【透露】tòu-
lù ¶누가 ~했는가? | 谁说出去的?
¶기밀을 ~하다 | 泄漏机密jīmì。¶
회의 내용을 ~하다 | 泄露会议内
容。

발성[發聲] 명하자 【发音】fāyīn 【发

声】fāshēng ¶~법 | 发音法。¶~
연습 | 发音练习。

ᴮ**발소리** 몡 【脚步声】jiǎobùshēng ¶~
가 나다 | 听见脚步声。

발송【發送】몡하타 【发送 | 发
出】fāsòng【送出】sòngchū【发运】fāyù-
n【发货】fāhuò ¶상품을 ~하다 | 发
送货物。¶화물의 ~ | 货物的发送。

발신【發信】몡하타 【发信 | 发
报】fāxìn【发送】fāsòng ¶~인 | 发
信人/寄件人。¶조난 신호를 ~하다
| 发送遇难信号。¶합격 소식을 전
보로 ~하다 | 将合格的消息用电报来
发送。

발아【發芽】몡하자 【发芽】fāyá【萌芽】
méngyá【出芽(儿)】chūyá(r) ¶~율
| 发芽率。¶~ 시험 | 发芽试验shìyà-
n。

발악【發惡】몡하자 【挣扎】zhēngzhá
【扎挣】zházhēng【发狂】fākuáng【发
疯】fāfēng ¶최후의 ~ | 最后的挣
扎。¶적의 최후 ~ | 敌人的垂chuí
死挣扎。

발안【發案】몡하자타 【提出方案】tíchū
fāng'àn ¶그것은 그의 ~이었다 | 那
是他提出的方案。

발암【發癌】몡하자 【致癌】zhì'ái ¶~
물질 | 致癌物(质)。

발양【發揚】몡하자 【发扬】fāyáng ¶사
기를 ~하다 | 发扬势气shìqì。

ᴮ**발언**【發言】몡하자 【发言】fāyán ¶적
극적으로 ~하다 | 积极发言。¶중대
~ | 重大发言。

발 없는 말이 천리 간다관용 【说话没脚
走千里】shuōhuà méi jiǎo zǒu qiānlǐ

발열【發熱】몡하자 【发热】fārè【发烧】f-
āshāo ¶~량 | 发热量。¶~체 | 发
热体。

ᶜ**발육**【發育】몡하자 【发育】fāyù ¶~ 이
상 | 发育异常。¶~부전 | 发育不全
/发育障碍。¶성장·이 빠르다 | 成
长发育快。

발을 빼다관용 【洗手不干】xǐshǒu bùg-
ān

ᴬ**발음**【發音】몡하자타 【发音】fāyīn ¶
저 글자는 어떻게 ~하나? | 那个字怎
么发音？¶~ 부위 | 发音部位。¶~
이 또렷하다 | 发音清楚。

발의【發議】몡하타 【发表意见】fābiǎo

yìjiàn 【发起】fāqǐ【提议】tíyì ¶그의
~는 아주 가치가 있다 | 他的提议很
有价值。¶~권 | 提议权。

발이 손이 되도록관용 【手脚求情】shǒ-
u jiǎo qiú qíng ¶~ 빌며 사정하니까
사장이 부탁을 들어주더라 | 手脚求
情老板答应dāyìng了。

발인【發靷】몡하자 【发引】fāyǐn【出
殡】chū/bìn【出丧】chūsāng ¶날짜를
택하여 ~하다 | 择zé日出殡。

ᴮ**발자국** 몡 ❶ (발의 자국) 【足迹】zújì
【脚印(儿)】jiǎoyìn(r) ¶~을 남기다
| 留下足迹。¶~소리가 들린다 | 传
来了脚步声。❷ (걸음) 【步】bù 【脚
步】jiǎobù ¶한 ~ | 一步。¶서너 ~
물러서다 | 退三四脚步。

ᴮ**발자취** 몡 ❶ (발로 밟은 흔적) 【足迹】z-
újì【脚印(儿)】jiǎoyìn(r) ¶선배의 ~
를 밟으며 전진하다 | 踏着前辈bèi的
足迹前进。¶~를 더듬다 | 摸索mōs-
uǒ脚印。❷ (지난 날의 업적이나 경
력) 【轨迹】guǐjì【足迹】zújì ¶역사의
~ | 历史的轨迹。¶나라의 근대화에
큰 ~를 남겼다 | 为国家的近代化留
下了深深的足迹。

발작【發作】몡하자 【发作】fāzuò 【忽然
悲伤或喜悦】hūrán bēishāng huò xǐyu-
è ¶위장병이 ~하다 | 胃病发作。

발작적【發作的】관몡 【发作的】fāzuò·
de ¶~인 범행 | 发作的犯罪行为。

ᶜ**발전**【發展】몡하자 【发展】fāzhǎn 【进
步】jìnbù ¶수출액이 국내 굴지의 규
모로 ~하였다 | 输出额发展成为国内
首屈qū一指的规模guīmó。¶하찮은
일이 큰 사건으로 ~하였다 | 无关紧
要的事情发展成大事件。

ᵁ**발전**【發電】몡하자 【发电】fādiàn ¶수
력 ~ | 水力发电。¶원자력 ~ | 原
子能发电。

ᵁ**발전기**【發電機】몡 【发电机】fādiànjī
¶직류 ~ | 直流发电机。¶교류 ~
| 交流发电机。¶가솔린 ~ | 汽油发
电机。

ᵁ**발전 도상국**【發展途上國】몡 【发展中
国家】fāzhǎn zhōng guójiā

ᵁ**발전량**【發電量】몡 【发电量】fādiànlià-
ng

ᵁ**발전소**【發電所】몡하자 【发电厂】fādiànchǎ-
ng【电厂】diànchǎng【发电站】fādià-

nzhàn 【磨电厂】módiànchǎng 【电站】diànzhàn 【电力站】diànlìzhàn ¶수력 ~ |水shuǐ力电站.

발족[發足] 명하자 【成立】chénglì 【诞生】dànshēng 【创立】chuànglì ¶위원회를 ~하다 | 成立委wěi员会. ¶과학지식보급협회의 ~을 축하하다 | 祝zhù贺科学知识普及协会的诞生.

°**발짓**[―] 명 【动脚】dòngjiǎo 【动手脚】dòngshǒujiǎo ¶손짓 ~으로 의사를 나타내다 | 用手脚比划要表达biǎodá意思.

발짝 의명 【步】bù 【脚步】jiǎobù ¶한 ~ 걷다 | 走一步. ¶아이가 혼자서 안간힘을 두어 ~ 걸음을 옮겼다 | 小孩自己挣扎zhēngzhá着移动了两三脚步.

발차[發車] 명하자 【开车】kāichē 【时刻】shíkè 【发车】fāchē ¶~ 시간 | 开车时间. ¶~ 시간표 | 时刻表. ¶30분마다 ~한다 | 每隔三十分钟发一次车.

발췌[拔萃] 명하타 【摘录】zhāilù 【拔萃】báocuì 【摘记】zhāijì 【摘抄】zhāichāo 【选录】xuǎnlù 【节录】jiélù 【抽选】chōuxuǎn 【抽取】chōuqǔ ¶이 글이 아주 좋아서 나는 특별히 몇 단락을 ~했다 | 这篇文章很好, 我特地摘录了几段. ¶논문에서 ~하다 | 在论文中摘录. ¶책에서 몇 단락을 ~하여 교재에 수록하다 | 从书中节录了几段收入教材.

발치[―] 명 【脚底下】jiǎodǐ·xia 【脚下】jiǎoxià 【下部】xiàbù 【尾部】wěibù ¶남의 ~에 드러눕다 | 躺tǎng在别人的脚底下. ¶외국에 나갔다가 선산 ~에 묻힐려고 돌아왔다 | 出国后为了自己被葬zàng在祖先的山脚下而回来.

발칙하다[―] 형 【不礼貌】bùlǐmào 【可恶】kěwù ¶끝까지 발칙한 짓만 한다 | 竟jìng做不礼貌的事情. ¶그의 저 꼴락서니는 발칙하기 짝이 없다! | 他那脸可恶反了!

°**발칵** 튀 ❶ (갑자기 딴판으로 바뀌다) 【翻了个个儿】fān·le gègèr 【翻遍】fānbiàn ¶집안을 ~ 뒤집다 | 把房子翻了个个儿. ¶회사 안이 온통 ~ 뒤집혔다 | 公司内部全部都翻遍了. ❷ (갑자기) 【勃然】bórán ¶~ 성내다 | 勃然大怒nù. ¶문을 ~ 열다 | 猛然把门打开.

발탁[拔擢] 명하타 【提拔】tí·ba 【提挽】tíyè 【拉拔】lābá 【提升】tíshēng ¶젊은 사람이 정부의 대변인으로 ~되다 | 年轻人被提拔为政府zhèngfǔ的发言人. ¶그는 연대장으로 ~되었다 | 他提升为团长tuánzhǎng了.

°**발톱** 명 【脚指甲】jiǎozhǐ·jia ¶~을 깎다 | 剪脚指甲.

°**발판**[―板] 명 ❶ (발돋음 받침) 【脚凳】jiǎodèng 【踏板】tàbǎn ¶~을 딛고 올라서다 | 上到脚凳上. ¶~에 올라서도 손이 닿지 않는다 | 站在踏板上也够不到手. ❷ (建) 【脚手架板】jiǎoshǒujiàbǎn ❸ (열차 등의 승강용의) 【跳板】tiàobǎn ❹ (출세 등의 수단·기반) 【踏板】tàbǎn 【踩板】cǎibǎn 【立脚点】lìjiǎodiǎn 【立足点】lìzúdiǎn ¶정계 진출의 ~으로 삼다 | 作为进入政界的跳板. ¶대학이 민주화 운동의 ~이 되었다 | 大学成了民主运动的踏板.

발포[發布] 명하타 【发布】fābù 【颁布】bānbù 【班布】bānbù 【公布】gōngbù ¶연이어 명령을 ~하다 | 接二连三发布命令. ¶계엄령을 ~하다 | 发布戒严令jièyánlìng.

^B**발표**[發表] 명하타 【发表】fābiǎo 【公布】gōngbù 【发布】fābù 【宣布】xuānbù 【声明】shēngmíng 【揭晓】jiēxiǎo ¶~회 | 发表会. ¶논문 한 편을 ~하였다 | 发表了一篇论文. ¶학습 내용을 ~하다 | 发表学习内容. ¶합격자 명단을 ~하다 | 公布合格者名单. ¶합격자 명단은 아직 ~되지 않았다 | 录取lùqǔ名单还没有公布.

발표회[發表會] 명 【发表会】fābiǎohuì 【报告会】bàogàohuì ¶민속 학회 연구 ~ | 民俗学会研究发表会. ¶창작 무용 ~ | 创作chuàngzuò舞蹈wǔdǎo发表会.

발하다[發―] 통 ❶ (빛이나 소리 등을 내다) 【发】fā 【生】shēng 【散发】sànfā 【发出】fāchū ¶빛을 ~ | 发光. ¶향기를 ~ | 散发香气. ❷ (드러내어 알리다) 【发出】fāchū ¶경고를 ~ |

发出警告jǐnggào。

『**발해**[渤海] 圈〖地〗【渤海】Bóhǎi

『**발행**[發行] 圈하타 ❶ (도서·잡지의) 【发行】fāxíng ¶~가격 | 发行价格。 ¶~권 | 发行权。 ¶~금지 | 禁止发行。❷ (채권·지폐·증명서 등의) 【下发】xiàfā ¶증명서를 ~하다 | 下发证明。

발행인[發行人] 圈【发行人】fāxíngrén ¶시사 주간지 ~ | 时事周刊zhōukān 的发行人。

발현[發現·發顯] 圈하자타 【表現】biǎoxiàn 【发现】fāxiàn 【体现】tǐxiàn ¶그는 교육 개혁에 정신을 ~하였다 | 他在教育教学中体现了改革gǎigé精神。¶작가의 인격도 그의 작품 속에서 ~해 낼 수 있다 | 作家的人格也能从他的作品中体现出来。

발화[發火] 圈하자 【着火】zháohuǒ 【走火】zǒuhuǒ 【起火】qǐhuǒ 【发火】fāhuǒ ¶~ 원인 | 起火原因。

발효[醱酵] 圈하자 【发酵】fājiào ¶~식품 | 发酵食品。¶~제 | 发酵剂。

발효²[發效] 圈하자 【生效】shēngxiào ¶새 법령이 ~되다 | 新的法令生效。

『**발휘**[發揮] 圈하타 【发扬】fāyáng 【发挥】fāhuī ¶장점을 ~하다 | 发扬优点yōudiǎn。¶잠재력을 ~하다 | 发挥潜qián力。¶지도력을 ~하다 | 发挥指导力zhǐdǎolì。

『**밝기**[光度] 【光度】guāngdù 【亮度】liàngdù 【明度】míngdù ¶~가 적절하다 | 亮度适宜shìyí。¶조명의 ~ | 照明的亮度。

^**밝다** 劃 ❶ (조명이 충분하다) 【亮】liàng 【亮起来】liàngqǐlái 【明亮】míngliàng 【明朗】mínglǎng 【光明】guāngmíng 【光亮】guāngliàng ¶집안이 ~ | 房间里亮。¶가로등이 ~ | 路灯lùdēng亮。¶그날 밤의 달빛은 유난히 밝았다 | 那天晚上的月色格外明亮。❷ (날이 새다) 【亮】liàng 【发亮】fāliàng ¶날이 밝았다 | 天亮了。¶동녘이 밝아 온다 | 东方发亮。❸ (유망하다) 【光明】guāngmíng ¶밝은 미래 | 前途光明。¶밝은 앞날 | 光明的未来。❹ (빛깔이 산뜻하다) 【鲜艳】xiānyàn 【明朗】mínglǎ-

ng ¶그는 밝은 색 옷을 입고 있다 | 他穿着颜色yánsè鲜艳的衣服。¶밝은 청색 | 鲜亮的青色。¶이 그림은 색조가 ~ | 这幅画fúhuà色调sèdiào明朗。❺ (눈·귀가 좋다) 【好】hǎo 【尖】jiān ¶귀가 ~ | 耳朵ěrduo尖。❻ (성격·분위기가 유쾌하다) 【快活】kuài·huo 【开朗】kāilǎng 【懂】dǒng ¶성격이 ~ | 性格开朗。¶예절이 ~ | 懂礼貌lǐmào。❼ (정통하다) 【很懂得】hěn dǒng·de 【内行】nèiháng 【通晓】tōngxiǎo 【高】gāo 【强】qiáng ¶그는 양봉·양잠일에 ~ | 他对养蜂fēng养蚕cán都很内行。¶경제에 ~ | 很懂得搞经济。❽ (새해가 오다) 【到】dào ¶새해가 밝았다 | 到了新的一年。❾ (공정하다) 【公正】gōngzhèng 【正直】zhèngzhí 【光明正大】guāngmíngzhèngdà ¶밝은 사회 | 正直的社会。

^**밝히다** 图 ❶ (분명히 하다) 【指明】zhǐmíng 【阐明】chǎnmíng 【搞清楚】gǎoqīng·chu 【查明】chámíng 【察明】chámíng 【判明】pànmíng 【表明】biǎomíng 【揭发】jiēfā 【点穿】diǎnchuān 【点破】diǎnpò 【揭露】jiēlù ¶양자간의 차이를 ~ | 指明两者之间的差异。¶태도를 ~ | 阐明态度。¶이유를 ~ | 查明理由。¶진상을 ~ | 判明真相zhēnxiàng/揭发真相。¶책임을 밝혀내다 | 判明责任zérèn。¶신분을 ~ | 表明身份。¶음모를 ~ | 揭露阴谋yīnmóu。❷ (밝게 하다) 【照亮】zhàoliàng 【拔亮】báliàng ¶등불을 ~ | 把灯火拔亮。❸ (밤을 새우다) 【熬夜】áoyè 【过晚上】guòwǎnshàng ¶밤을 밝혔다 | 熬了一夜。¶이야기로 밤을 ~ | 说话说了一晚上。❹ (어떤 것을 특별히 좋아하다) 【敏锐】mǐnruì 【锐利】ruìlì 【敏感】mǐngǎn 【讲究】jiǎngjiū ¶돈을 지나치게 ~ | 对钱过分地敏感。

^**밟다** 图 ❶ (뒤를 추적하다) 【追踪】zhuīzōng 【蹑踪】nièzōng 【跟踪】gēnzōng 【跟着走】gēn·zhezǒu ¶범인의 뒤를 ~ | 追踪犯人。❷ (수속 등을 거치다) 【办】bàn 【走】zǒu ¶출국 절차를 ~ | 办出国手续shǒuxù。¶절차를 ~ | 走程序。❸ (디디다) 【踏】tà

【踩】cǎi ¶잔디를 ~ | 踩草坪。¶고향 땅을 ~ | 踏入故乡gùxiāng的土地。¶남의 발을 ~ | 踩了别人的脚。

❹ (되풀이하다) 【顺着】shùn·zhe

밟히다 통 【被踩】bèicǎi ¶발등이 구둣발에 ~ | 被皮鞋píxié踩了一脚。

밤¹ 명 【夜】yè 【夜晩】yèwǎn 【夜间】yèjiān 【晩上】wǎn·shàng 【宵】xiāo ¶~을 새다 | 熬夜/通宵。¶아침 일찍 일어나고 ~ 늦게 자다 | 夙sù兴夜寐。¶편지를 쓰느라 긴 ~을 하얗게 밝혔다 | 整整熬了一夜写信。¶그는 신문사에서 근무하는데 항상 ~에 일하고 낮에 쉰다 | 他在报社bàoshè工作, 经常夜晩工作, 白天休息。

밤² 명 〈植〉【栗子】lì·zi 모래와 함께 섞으면서 구운 ~ | 糖炒tángchǎo栗子。¶군~ | 炒chǎo栗子。

밤 거리 명 【夜街】yèjiē ¶~를 쏘다니다 | 徘徊在夜幕的大街上。

밤거리 여인 [―女人] 명 【站街女郎】zhànjiēnǚláng

밤 길 명 【夜路】yèlù 【夜道儿】yèdàor ¶~은 위험하다 | 夜道儿危险。

밤나무 명 〈植〉【栗树】lìshù

밤낮 명 【昼夜】zhòuyè 【日夜】rìyè 【日日夜夜】rì rì yè yè 【白天黑夜】bái tiān hēi yè 【没日没夜】méi yē méi yè 【老是】lǎo·shi 【经常】jīngcháng ¶~으로 쉬지 않다 | 昼夜不停/昼夜不息xī。¶~을 가리지 않고 일을 하다 | 不分昼夜地干。¶~ 실험에 몰두하다 | 日夜专心实验。

밤낮없이 뷔 【不分昼夜】bùfēn zhòuyè ¶자식을 위하여 ~ 애쓰시는 부모님 | 为了子女不分昼夜操劳cāoláo的父母。

밤낮을 가리지 않다 [관용] 【不分昼夜】bùfēn zhòuyè ¶밤낮을 가리지 않고 연구에만 힘쓰다 | 不分昼夜专心研究。

밤눈 ❶ (야간 시력) 【夜间视力】yèjiānshìlì 【夜眼】yèyǎn 【夜眼儿】yèyǎnr ¶~이 어둡다 | 夜间视力不好。 ❷ (기상) 【夜雪】yèxuě

밤늦다 형 【深夜】shēnyè 【夜深】yèshēn ¶밤늦게 집으로 돌아갔다 | 深夜回家。

밤마다 뷔 【每晩】měiwǎn 【每夜】měiyè ¶~ 돌아다니다 | 每晩都转。¶~

악몽을 꾸다 | 每晩都做恶梦。

밤바람 명 【晩风】wǎnfēng 【夜风】yèfēng

밤새 뷔 명 【夜间】yèjiān 【通宵】tōngxiāo 【一夜之间】yí yè zhī jiān 【通宵(儿)】tōngxiāo(r) ¶~ 일어난 일들 | 一夜间发生的事。¶~ 안녕하셨습니까? | 整宿睡得怎么样了? ¶~ 마음이 변한 모양이다 | 看来一夜之间心变了。

밤새껏 뷔 【通宵】tōngxiāo 【通宿(儿)】tōngxiū(r) 【整夜】zhěngyè 【彻夜】chèyè 【彻宵】chèxiāo ¶~ 뜬 눈으로 지새우다 | 一个通宵没有睡觉。

밤새우다 통 【熬夜】áoyè 【通宵】tōngxiāo 【通宿(儿)】tōngxiū(r) 【整夜】zhěngyè 【彻夜】chèyè 【彻宵】chèxiāo 【彻夜不眠】chèyè bùmián 【开夜车】kāi yèchē 【做夜工】zuò yègōng 【打通宵】dǎ tōngxiāo ¶밤새워 공부하다 | 通宵学习。¶독서로 ~ | 熬夜读书。

밤샘 하자 【熬夜】áoyè 【通宵】tōngxiāo ¶~ 공부 | 通宵学习。

밤손님 명 【夜间来访的客人】yèjiān láifǎng·de kèrén 【夜客】yèkè 【夜盗】yèdào 【梁上君子】liángshàng jūn·zi ¶~이 들다 | 梁上君子了。

밤송이 명 【毛栗】máolì·zi 【栗苞】lìbao 【栗房】lìfáng 【栗蓬】lìpéng 【栗球】lìqiú 【栗子毛儿】lì·zimáor 【栗暴】lìbào

밤잠 명 【夜里睡】yèlǐshuì 【夜眠】yèmián 【晩上睡】wǎnshàngshuì ¶악몽으로 ~을 설치다 | 因恶梦èmèng晩上睡得不好。

밤중 [―中] 명 【半夜】bànyè 【深夜】shēnyè 【蒙在鼓里】méng zài gǔ lǐ 【瞒在鼓里】mán zài gǔ lǐ ¶어제 ~에 개 짖는 소리를 들었는데 무슨 일이 없었는지 모르겠다 | 昨天半夜听到狗叫声, 不知有没有什么事。¶~까지 일하다 | 工作到深夜/深更半夜。

밤차 [―車] 명 【晩车】wǎnchē 【夜车】yèchē ¶~를 타고 야간 근무에 가다 | 乘晩车去上夜班。

밤참 명 【夜餐】yècān 【夜宵】yèxiāo ¶~은 절대로 적게 먹어야 한다 | 夜餐可少吃一点儿。

밤하늘 명 【夜空】yèkōng ¶적막한 ~

| 沉寂 chénjì의 夜空 ¶~에 빛나는 별 | 夜空里闪亮的星星.

^^밥^^ 圐 ❶(쌀밥)【饭】fàn ¶~을 차리다 | 开饭. ¶네가 오늘 아침에 먹은 것이 ~이니 찐빵이니? | 你今天早晨吃的是饭, 还是馒头 mántou? ❷(식사)【餐】cān【饭】fàn【吃饭】chī fàn ¶잡곡으로 지은 ~ | 用杂粮做成的饭. ¶아침~ | 早饭. ¶~때가 되다 | 吃饭时间到了. ❸(사료)【饲料】sìliào【喂料】wèiliào【食】shí ¶개 ~ | 狗饲料. ¶물고기 ~ | 鱼食. ❹(부스러기)【末儿】mòr【屑】xiè ¶톱~ | 木末儿. ❺(몫)【那一份】nàyìfèn【饭碗】fànwǎn ¶제 ~도 못 찾아 먹다 | 连自己那一份也拿不到.

^^밥값^^ 圐【饭钱】fànqián【膳费】shànfèi【伙食费】huǒshífèi【主食钱】zhǔshíqián ¶지금 ~도 못하는 녀석이 저 값돈 ~도 못하는 녀석이 连吃饭的钱也挣不了的家伙.

^^밥그릇^^ 圐【饭碗】fànwǎn【餐具】cānjù【食具】shíjù

^^밥맛^^ 圐【饭味】fànwèi【食欲】shíyù【胃口】wèi·kǒu ¶~이 좋은 쌀 | 饭味好的米. ¶~이 없다 | 没有胃口.

밥 먹듯하다 쭔【像吃饭似的】xiàng chīfàn·de ¶거짓말을 ~ | 说慌 huǎng就像吃饭似的.

^^밥물^^ 圐【下米的水】xiàmǐ·de shuǐ【泡饭的水】pàofàn·de shuǐ【煮饭时取出来的米汤】zhǔfànshí qǔchū lái·de mǐtāng

밥벌이 圐하자【挣饭(吃)】zhèng fàn(chī)【糊口】húkǒu【混饭吃】hùnfànchī ¶그것으로는 ~도 안된다 | 就那个连口饭也混不上. ¶겨우 ~나 하고 사는 정도지 | 刚刚够混口饭吃.

^^밥상^^ [-床] 圐【饭桌】fànzhuō ¶어머니는 ~을 차렸다 | 母亲摆 bǎi上了饭桌.

^^밥솥^^ 圐【饭锅】fànguō ¶전기~ | 电饭锅.

밥술 圐【饭勺儿】fànsháor【勺】sháo ¶~이나 뜨고 일하자 | 吃几勺再干吧.

^^밥알^^ 圐【饭粒】fànlì ¶턱에 ~이 붙었다 | 下巴沾上了饭粒.

^^밥장사^^ 圐하자【开饭店】kāi fàndiàn

^^밥줄^^ 圐【饭碗】fànwǎn ¶이 일을 못하면 나는 ~이 끊어진다 | 要是做不成这事会被砸了饭碗的.

^^밥통^^ [-桶] 圐 ❶(무능한 사람)【饭桶】fàntǒng【饭袋】fàndài【饭囊】fànnáng【白吃饭】báichīfàn【废物】fèiwù【废料】fèiliào ¶그 녀석은 정말 ~이야 | 那个家伙真是饭桶. ¶이 같은 놈아 | 你这个废物. ¶이 얼마나 저능하며 얼마나 ~인가!! | 他多么低能, 多么是废料! ❷(위)【胃】wèi【肚子】dù·zi ❸(직업)【职业】zhíyè【职事】zhíshì【饭碗】fànwǎn ¶이 떨어졌다 | 饭碗掉了.

^^밥풀^^ 圐【饭粒】fànlì ¶~로 붙였다 | 用饭粒贴上. ¶~질 | 用饭粒粘.

^^밧줄^^ 圐【绳】shéng【绳子】shéngzǐ【粗绳】cūshéng【绳索】shéngsuǒ ¶~로 묶다 | 用绳索捆起来.

^^방^^[房] 圐【房间】fángjiān【屋子】wū·zi【房子】fáng·zi ¶여관~을 잡다 | 开这房间. ¶~ 한 칸 | 一间屋子. ¶일이 있으면 ~으로 들어와 얘기하라 | 有事请进屋子里谈.

방[放] 쭲圐【发】fā ¶총알 한 ~을 쏘다 | 打一发子弹 dàn.

^^방공호^^[防空壕] 圐【防空洞】fángkōngdòng【防空壕】fángkōngháo

^^방과^^[放课] 圐【下课】xià/kè【下课堂】xiàkètáng【下堂】xiàtáng【放学】fàng/xué【下学】xiàxué

방관[傍观] 圐하자【旁观】pángguān ¶그는 계속 ~적인 태도를 취한다 | 他一直采取 cǎiqǔ旁观的态度 tàidù. ¶사태를 ~하다 | 旁观事态.

^^방광^^[膀胱] 圐〈生理〉【膀胱】pángguāng ¶~ 결석 | 膀胱结石. ¶~암 | 膀胱癌. ¶~염 | 膀胱炎. ¶~경 | 膀胱镜jìng.

^^방구석^^[房-] 圐 ❶(방의 한쪽 구석)【旮旯】gālá ¶~에 짐을 내려놓다 | 把行李放在旮旯里. ¶~에 세워 놓다 | 立在旮旯里. ❷(방안)【屋子】wū·zi【屋里】wūr【房间】fángjiān ¶~에 박혀서 못나오다 | 闷 mēn在屋子里不出来.

^^방귀^^ 圐【屁】pì ¶~를 뀌다 | 放 fàng屁/出 chū虚恭 xūgōng/放空气 gǔqì. ¶소리내지 않고 ~를 뀌다 | 放闷 mēn

屁

방귀가 잦으면 똥 싼다 〖관용〗【风是雨头, 屁是屎头】fēng shì yǔ‧tou, pì shì shǐ‧tou

방글라데시[Bangladesh] 〖몡〗〈地〉【孟加拉国】Mèngjiālāguó [수도는 '达卡' (다카; Dacca)]

B**방금**[方今] 〖튀〗【刚才】gāngcái 【将才】jiāngcái 【方才】fāngcái 【适才】shìcái 【才刚】cáigāng 【才将】cáijiāng 【才脚】cáijiǎo 【刚刚】gānggāng ¶~ 도착했다 | 刚到. ¶~ 소개받은 홍길동입니다 | 是刚刚被介绍的洪吉童hóngjítóng.

B**방긋** 〖튀하자〗【嫣然】yānrán ¶~ 웃으며 인사하다 | 嫣然一笑打了招呼.

방기[Bangui] 〖몡〗〈地〉【班吉】Bānjí ["中非共和国"(중앙아프리카 공화국; Central African Republic)의 수도]

방년[芳年] 〖몡〗【芳龄】fānglíng 【桃李年】táolǐnián ¶~ 19세 | 芳龄十九岁.

방뇨[放尿] 〖몡하자〗【小便】xiǎobiàn 【撒尿】sāniào ¶~금지 | 禁止小便.

방대[厖大] 〖몡하형〗【庞大】pángdà 【浩繁】hàofán ¶~한 계획 | 庞大的计划‧jìhuà. ¶~한 예산 | 庞大的预算yùsuàn.

방도[方途] 〖몡〗【方法】fāngfǎ 【办法】bànfǎ 【途径】tújìng ¶해결 ~를 모색하다 | 谋求móuqiú解决方法. ¶좋은 ~가 없다 | 没有好的方法. ¶살아갈 ~를 찾다 | 寻找活下去的路子.

방랑[放浪] 〖몡하자〗【流浪】liúlàng ¶~생활 | 流浪生活. ¶타향에서 ~하다 | 在他乡流浪.

방류[放流] 〖몡하타〗❶ (물 등을) 【放水】fàngshuǐ ¶댐의 물을 ~하다 | 放水库kù里的水. ❷ (물고기 등을) 【放鱼】fàngyú 【放养】fàngyǎng ¶치어를 ~하다 | 放养鱼苗miáo. ¶한강에 잉어 새끼를 ~하다 | 往汉江放养鲤鱼苗líyúmiáo.

B**방망이** 〖몡〗【棒子】bàng‧zi 【棍子】gùn‧zi 【棍棒】gùnbàng ¶내 ~를 가져 가거라 | 你把我的棍子拿去.

C**방면**[方面] 〖몡〗❶ (방향) 【方向】fāngxiàng 【方面】fāngmiàn ¶강원도 ~ | 江原道方面. ¶서울 ~으로 향하다

| 向汉城方向去. ❷ (분야) 【方面】fāngmiàn ¶문학 ~ | 文学方面. ¶그는 여러 ~에 모두 정통하다 | 他在各个方面都很精通. ❸ (네모난 얼굴) 【方脸】fāngliǎn

방면[放免] 〖몡하타〗【放免】fàngmiǎn 【释放】shìfàng ¶무죄 ~ | 无罪wúzuì释放.

방명록[芳名録; message board] 〖몡〗❶【芳名录】fāngmínglù ¶~에 기록하다 | 记载在芳名录上. ❷〈電算〉【留言板】liúyánbǎn

방목[放牧] 〖몡하타〗【放牧】fàngmù ¶산에서 ~하다 | 在山上放牧

B**방문**[訪問] 〖몡하타〗【访问】fǎngwèn ¶가정~ | 家庭访问. ¶오래만에 모교를 ~하다 | 久别后来访问母校.

방문[房門] 〖몡〗【房门】fángmén 【屋门(儿)】wūmén(r) 【房间的门】fángjiān‧de mén ¶~이 열려져 있다 | 房门开着.

방문객[訪問客] 〖몡〗【来访的客人】láifǎng‧de kèrén

B**방바닥**[房一] 〖몡〗【炕面】kàngmiàn 【炕】kàng ¶그대로 ~에 쓰러진 채 잠들어 버렸다 | 就那样倒在炕上睡着

C**방방곡곡**[坊坊曲曲] 〖몡〗【全国各个角落】quánguó gègè jiǎoluò 【天南海北】tiān nán hǎi běi 【各处】gèchù 【到处】dàochù 【处处】chùchù ¶~에 알려져 있다 | 处处皆知jiēzhī.

방범[防犯] 〖몡하자〗【防犯】fángfàn ¶~ 순찰을 실시하다 | 实施防犯巡察xúnchá.

A**방법**[方法] 〖몡〗【方法】fāngfǎ 【手段】shǒuduàn ¶해결 ~을 도모하다 | 谋求móuqiú解决方法. ¶좋은 ~을 생각해 내다 | 想出好的方法. ¶~수단‧을 가리지 않다 | 不择zé手段.

방법론[方法論] 〖몡〗【方法论】fāngfǎlùn ¶~연구 | 研究方法论. ¶~을 모색하다 | 谋求方法论.

방벽[防壁] 〖몡〗【防御用墙壁】fángyùyòng qiángbì 【防壁】fángbì ¶조국의 ~이 되다 | 成为祖国的防壁.

C**방부제**[防腐劑] 〖몡〗【防腐剂】fángfǔjì ¶~를 첨가한 식품 | 添加tiānjiā防腐剂的食品.

방불케 하다[慣用]【仿佛】fǎngfú ¶실전을 방불케 하는 훈련 | 仿佛像实战shízhàn的训练xùnliàn。

방비[防備]　[명]하[타]【防备】fángbèi【提防】dīfáng【警备】jǐngbèi ¶상황의 급작스런 변화에 ~하다 | 情况突变tūbiàn之。¶허술한 ~ | 松懈sōngxiè的防备。

방사[放射]　[명]하자타]【放射】fàngshè ¶빛을 ~하다 | 放射光。

방사능[放射能]　[명]〈物〉【放射性】fàngshèxìng

[북]**방사선**[放射線]　[명]【射线】shèxiàn【放射线】fàngshèxiàn ¶~ 요법 | 放射疗法。

방생[放生]　[명]하[타]〈佛〉【放生】fàngshēng ¶~지 | 放生池。¶바다거북을 사 ~하면서, 거북의 등에 ~ 일자를 새기다 | 购海龟gòuhǎiguī放生, 在龟背bèi上刻kè上放生时的年月。

[북]**방석**[方席]　[명]【坐垫】zuòdiàn【坐褥】zuòrù【椅垫】yǐdiàn ¶~을 깔다 | 垫坐垫。

방세[房貰]　[명]【房租】fángzū【房钱】fángqián ¶~가 밀리다 | 推迟交房租。

^방송[放送]　[명]하[타]【广播】guǎngbō【播送】bōsòng【播音】bōyīn ¶뉴스를 ~하다 | 播放新闻xīnwén。¶이 소식을 전 세계에 ~하다 | 把这个消息向全世界广播。¶음악을 ~하다 | 播送音乐。¶텔레비전 프로그램을 ~하다 | 播送电视节目。¶중계 ~ | 实况转播。

^방송국[放送局]　[명]【广播电台】guǎngbō diàntái【广播台】guǎngbōtái【电视台】diànshìtái

[북]**방송실**[放送室]　[명]【广播室】guǎngbōshì

[북]**방식**[方式]　[명]【方式】fāngshì【方法】fāngfǎ ¶경기 ~ | 竞技jìngjì方式。¶~이 다르다 | 方式不同。

방실거리다　[동]【笑盈盈】xiàoyíngyíng【笑吟吟】xiàoyínyín

방심[放心]　[명]하자]【放心】fàngxīn【放松警惕】fàngsōng jǐngtì ¶완전히 ~하다 | 一百个放心。¶이 일은 ~할 수 없다 | 这事儿我不放心。

[북]**방아**　[명]【碾子】niǎn·zi【磨(子)】mò(·

zi)【臼(子)】jiù(·zi) ¶~ 하나 | 一盘磨。

[북]**방아쇠**　[명]【枪拴】qiāngshuān ¶~를 당기다 | 拉枪拴。

방안[方案]　[명]【方案】fāng'àn ¶한자 간화 ~ | 汉字简化方案。¶새로운 ~을 제정하다 | 制订新的方案。¶구체적 ~을 모색하다 | 摸索mōsuǒ具体的方案。

방어[防御]　[명]하[타]【防御】fángyù【防守】fángshǒu ¶~력 | 防御力。¶지역 ~ | 地域防御。¶~ 조치를 취하다 | 采取cǎiqǔ防御措施cuòshī。

방어²[魴魚]　[명]〈魚貝〉【鲕鱼】shīyú

방언[方言]　[명]【方言】fāngyán ¶~학 | 方言学。¶~지 | 方言志。

방역[防疫]　[명]하[타]【防疫】fángyì ¶~조치 | 防疫措施。¶~ 대책을 강구하다 | 讲究防疫对策。

방영[放映]　[명]하자타]【播放】bōfàng【放映】fàngyìng ¶텔레비전 방송국에서 이 경기의 실황을 녹화 ~한다 | 电视台播放这场比赛的实况shíkuàng录像。¶외화를 ~하다 | 放映外国电影。

[북]**방울**　[명]❶ (쇠방울)【铃】líng【铃铛】língdāng ¶~ 소리 | 铃声。❷ (둥근 액체덩이)【珠(子)】zhū(·zi)【滴】dī【泡】pāo ¶눈물 ~ | 泪珠儿。¶이슬 ~ | 露lù珠。¶빗~ | 雨滴。¶눈물을 한 두 ~ 흘리다 | 流下两滴眼泪。

[북]**방울새**　[명]〈鳥〉【金翅雀】jīnchìquè

[북]**방위**¹[方位]　[명]【方位】fāngwèi【定位】dìngwèi

[북]**방위**²[防衛]　[명]하[타]【防卫】fángwèi【防御】fángyù ¶군대의 ~ 능력이 뚜렷이 향상되었다 | 军队的防御能力明显míngxiǎn提高了。¶철통 같은 ~ | 坚固的防卫。

방위 산업[防衛産業]　[명]【国防工业】guófánggōngyè

방음[防音]　[명]하자]【隔音】géyīn ¶먼저 ~ 작업을 한 후, 다시 녹음을 진행합시다 | 先做好隔音工作, 再进行录音lùyīn。¶~실 | 隔音室。

방임[放任]　[명]하[타]【放任】fàngrèn【任其自流】rèn qí zì liú【搁置】gēzhì ¶~정책 | 放任政策zhèngcè。¶~행위

| 放任行为。

방자[放恣] 명형통【放肆】fàngsì ¶우리는 결코 그의 이런 ~함을 용납할 수 없다 | 我们决不能允许他这样放肆。 ¶어른 앞에서 매우 ~하구나 | 在大人面前太放肆了。

방재[防災] 명하자【防灾】fángzāi ¶~ 시설 | 防灾设施。 ¶~설비 | 防灾设备。

방적[紡績] 명【纺纱】fǎngshā【纺线】fǎngxiàn ¶~용 물레 | 纺纱锭管dǐngguǎn。 ¶~공업 | 纺纱工业。 ¶~기계 | 纺纱机器。

방전[放電] 명【放电】fàngdiàn ¶첨단 ~ | 尖端jiānduān放电。 ¶~ 전류 | 放电电流。

방정 명【轻浮】qīngfú【轻佻】qīngtiāo【轻脱】qīngtuō【轻俏】qīngqiào【晦气】huìqì ¶이 사람은 아주 ~맞다 | 这个人轻浮得很。 ¶~을 떨다 | 说晦气话。 ¶~맞은 소리 | 晦气的话。

°**방정식**[方程式] 명〈數〉【方程式】fāngchéngshì ¶일차~ | 二次方程式。 ¶연립~ | 组合zǔhé方程式。

방정하다 형【端正】duānzhèng【正直】zhèngzhí ¶품행이 ~ | 品行端正。

방제[防除] 명하자【去除】qùchú【预防】yùfáng ¶공해의 ~ | 公害的去除。 ¶논에서 병충해 ~ 작업을 하다 | 在田地里做防病虫害chónghài的作业。

방조[幇助] 명하자【帮助】bāngzhù【助力】zhùlì ¶범행을 ~하다 | 帮助犯罪fànzuì。 ¶자살을 ~하다 | 帮助自杀。

°**방조제**[防潮堤] 명【防潮堤】fángcháodī

방종[放縱] 명하자【放纵】fàngzòng【放肆】fàngsì【放恣】fàngzì ¶~한 생활 | 放纵的生活。

°**방지**[防止] 명하자【防止】fángzhǐ【防备】fángbèi【提防】dīfáng【制止】zhìzhǐ ¶화재~ | 防止火灾。 ¶사고를 미연에 ~하다 | 防患于未然。

ᵇ**방직**[紡織] 명하자【纺织】fángzhī ¶~용 비누 | 纺织用皂zào。 ¶~물 | 纺织品。 ¶~공업 | 纺织工业。 ¶~기계 | 纺织机。

방책[方策] 명【计策】jìcè【策略】cèlüè

¶연산 속도를 높일 수 있는 ~을 생각해 냈다 | 想出来提高tígāo运算yùnsuàn速度的策略。 ¶~을 　강구하다 | 研究策略。

방청[傍聽] 명하자【旁听】pángtīng ¶~객 | 旁听者 / 旁听人。 ¶~석 | 旁听席。 ¶나는 하선생님의 수업을 ~할 생각이다 | 我想旁听河老师的课。

방출[放出] 명하자 ❶ (배출)【放出】fàngchū【排出】páichū【喷出】pēnchū【释放】shìfàng ¶빛을 ~하다 | 放出光来。 ¶에너지의 ~ | 能量的放出。 ❷ (저장 물자 등의)【发放】fāfàng【发落】fāluò ¶식량을 ~하다 | 发放粮食liángshí。 ¶자금을 ~하다 | 发放资金。

방충[防蟲] 명하자【防虫】fángchóng ¶~제 | 防虫剂。

방치[放置] 명하자【放】fàng【不理】bùlǐ【不管】bùguǎn【不关】bùguān【搁置】gēzhì ¶잠시 ~해 두다 | 暂且zànqiě不理。 ¶너는 그를 ~해 두지 마라 | 你不要不管他。 ¶길가에 　~해 두다 | 放在路边上不管。

방침[方針] 명【方针】fāngzhēn ¶생활 ~ | 生活方针。 ¶기본 　~ | 基本方针。 ¶경영 ~ | 经营方针。

방콕[Bangkok] 명〈地〉【曼谷】Màngǔ【盘谷】Pángǔ ¶ "태국"(泰国; Thailand)의 수도 | "泰国"(태국; Thailand) 의 수도。

방탄[防彈] 명하자【防弹】fángdàn【避弹】bìdàn ¶~유리 | 防弹玻璃。 ¶~조끼 | 避弹衣。

방탕[放蕩] 명형통【放荡】fàngdàng【狂荡】kuángdàng ¶이 사람은 매우 ~하다 | 这家伙太放荡了。 ¶~한 생활 | 放荡的生活。

°**방파제**[防波堤] 명【防波堤】fángbōdī【海堤】hǎidī | 挡波堤dǎngbōdī

°**방패**[防牌] 명【盾牌】dùnpái【挡箭牌】dǎngjiànpái【防牌】fángpái ¶~로 삼다 | 当作挡箭牌。

°**방패연**[防牌鳶] 명【中间有孔的风筝】zhōngjiān yǒukǒng·de fēngzheng

방편[方便] 명【方便】fāngbiàn【捷径】jiéjìng【权宜之计】quányízhījì ¶사업상의 ~ | 工作上的捷径。 ¶일시적인 ~ | 一时的方便。

방풍[防風] 명하자【防风】fángfēng ¶

~ 장치 | 防风装置zhuāngzhì。¶~
림 | 防风林。

ᴬ**방학**[放學] 몡하자 **【放假】**fàng/jià
学]fàngxué **【假期】**jiàqī ¶여름 ~을
하다 | 放暑shǔ假。¶겨울 ~ | 寒
假。

방한[防寒] 몡하자 **【防寒】**fánghán
【御寒】yùhán ¶~용구 | 防寒用具。

ᴮ**방해**[妨害] 몡하타 **【妨碍】**fáng'ài ¶안
면 ~ | 妨碍睡眠。¶영업을 ~하다
| 妨碍营业。¶공무 집행 ~ | 妨碍
执行公务。

방해물[妨害物] 몡 **【妨碍物】**fáng'àiwù
【障碍物】zhàng'àiwù **【绊脚石】**bànji-
ǎoshí **【拦路石】**lánlùshí ¶~을 치우
다 | 搬bān开绊脚石。

ᴬ**방향**[方向] 몡 **【方向】**fāngxiàng ¶시
계 바늘 ~ | 顺shùn时针shízhēn方
向。¶~을 바꾸다 | 改变方向。¶앞
으로의 ~ | 以后的方向。

방향 전환[方向轉換] 몡하자 **【转向】**
zhuǎnxiàng ¶그는 ~하는 것을 잊어
버렸다 | 他忘wàng了转向了。¶이
길은 통하지 않으니 빨리 ~을 해야지
다 | 这条路走不通, 要赶gǎn快转向。

방화[防火] 몡하자 **【防火】**fánghuǒ ¶
~ 시설 | 防火措施cuòshī。¶~ 훈
련 | 防火训练xùnliàn。¶~ 건축 |
防火建筑。

방화²[放火] 몡하자 **【放火】**fànghuǒ
【纵火】zònghuǒ ¶틀림없이 그가 ~
한 것이다 | 准是他放火烧shāo的。
¶~하여 창고를 불태우다 | 纵火烧
shāo仓库cāngkù。

방화³[邦畵] 몡 **【国片】**guópiàn **【国产
电影】**guóchǎndiànyǐng

방화범[放火犯] 몡 **【放火犯】**fànghuǒf-
àn

방화벽[防火壁 ; firewall] 몡〈電算〉**【防
火墙】**fánghuǒqiáng

방황[彷徨] 몡하자 **【彷徨】**pánghuáng
¶거리를 ~하다 | 彷徨街头。¶~하
는 마음 | 彷徨的心。

ᴬ**밭** 몡 **❶【旱田】**hàntián **【旱地】**hàndì
¶~작물 | 旱田作物zuòwù。¶~을
갈다 | 耕geng田。**❷【林地】**líndì **【坪】**píng
ng ¶대~ | 竹林。¶풀~ | 草坪。

밭갈이 몡하자 **【耕地】**gēngdì **【耕田】**gē-
ngtián ¶~ 면적 | 耕地面积。

밭고랑 몡 **【垄沟】**lǒnggōu ¶~이 종횡
으로 나 있다 | 垄沟纵横zònghéng交
错。

밭곡식[−穀−] 몡 **【旱田谷物】**hàntián
gǔwù **【旱地谷物】**hàndì gǔwù **【大田
作物】**dàtián zuòwù

밭농사[−農事] 몡 **【种旱田】**zhònghà-
ntián

밭다 휑 **❶**(시간·공간이 매우 가깝다)
【急迫】jípò **【急切】**jíqiè **【急促】**jícù
【短】duǎn **【近】**jìn ¶떠날 날짜가 ~
| 将近离开的日子。¶밭은 호흡 | 急促
的呼吸hūxī。¶시간이 너무 ~ | 时
间太短。**❷**(조이다) **【紧】**jǐn ¶끈을
아주 밭게 잡아 당기다 | 绳子shéng·z-
i拉lā得很紧。¶이 신은 너무 밭아서
신을 수 없다 | 这双鞋太紧, 不能穿。
❸(짧다) **【短】**duǎn **【矮】**ǎi **【短浅】**du-
ǎnqiǎn **【浅短】**qiǎnduǎn ¶목이 ~ |
脖子bó·zi短。¶밭은 키 | 矮个~。**❹**
(식성이 까다롭다) **【短】**duǎn **【挑嘴】**
tiāozuǐ **【挑食】**tiāoshí ¶입이 ~ | 嘴
短。**❺**(탐하다) **【贪婪】**tānlán **【好
吃】**hàochī ¶그는 밭은
눈길로 국그릇을 주시하고 있다 | 他
用贪婪的目光注视着汤碗tāngwǎn。
❻(인색하다) **【吝啬】**lìnsè ¶재물에
~ | 对财物吝啬。

ᴬ**밭두둑** 몡 ☞두둑

밭일 몡 **【旱田里的农活儿】**hàndì·de n-
ónghuór **【旱田农活儿】**hàntián nónghu-
uór

ᴬ**배¹** 몡 **❶**(위장) **【肚子】**dù·zi **【腹部】**fù-
bù ¶~가 아프다 | 肚子痛。¶~가
고프다 | 肚子饿è。**❷**(물건의 가운
데 불룩한 부분) **【中间】**zhōngjiān ¶밭
~가 불룩한 큰 독 | 中间鼓起的大缸g-
āng。**❸**(새끼 낳는 횟수) **【窝】**wō ¶
한 ~에 5마리의 돼지를 낳았다 | 一
窝了五口猪zhū。¶한 ~에 아홉 마
리를 낳았다 | 一窝生了九只zhī。

ᴬ**배²** 몡 **【船】**chuán **【船舶】**chuánbó **【船
只】**chuánzhī **【船艘】**chuánsōu ¶강
에 ~ 한 척이 있다 | 河里有一条船。
¶~를 타다 | 坐船。¶부두에 많은
~들이 정박해 있다 | 码头mǎ·tou上
停靠tíngkào着许多船舶。

ᴬ**배³** 몡〈植〉**【梨】**lí **【梨子】**lí·zi ¶돌~ |
山梨。

C**배**4[胚] 명〈生〉【胚芽】pēiyá【胚子】pēi·zi

B**배**5[倍] 명【倍】bèi ¶9는 3의 3~이다｜九是三的三倍。¶~로 늘어나다｜倍增。¶작년에는 200명의 학생 뿐이었는데, 금년에는 600명이 되어 금년의 학생수는 작년의 세 ~로서, 작년에 비해 두 ~ 더 증가하였다｜去年只有二百名学生, 今年是六百了, 今年的学生数是去年的三倍, 比去年增加了两倍。

배가[倍加] 명하자타【加倍】jiābèi【倍加】bèijiā ¶기술 혁신 후에 생산량이 ~될 수 있다｜技术jìshù革新géxīn后产量可以加倍。¶우주 과학에 대한 흥미가 ~하다｜对宇宙yǔzhòu科学的兴趣xìngqù加倍提高。

배겨내다 동【经受住】jīngshòuzhù【顶住】dǐng/·zhù【支持】zhīchí【挺下去】tǐngxiàqù ¶힘겨운 훈련을 잘 ~｜经受住艰难jiānnán的训练。¶배겨낼 수 없다｜顶不住。

배격[排擊] 명하타【排斥】páichì【抨击】pēngjī【反对】fǎnduì ¶자기와 다른 사람을 ~하다｜排斥异己yìjǐ。¶기회주의를 ~하다｜抨击机会主义。

B**배경**[背景] 명 ❶ (배후)【背景】bèijǐng ¶역사적 ~｜历史背景。¶개화기를 ~으로 한 대하 소설｜开化期为背景的长篇小说。❷ (배후 세력)【靠山】kào·shān【后盾】hòudùn【硬戗】yìngqiàng ¶정치적 ~이 든든하다｜政治背景劳固。¶그에게는 경제적 ~이 있다｜他有经济后盾。❸ (무대의)【布景】bùjǐng ¶~그림｜布景画。

A**배 고프다** 형【饿】è ¶몹시 배가 고프다｜肚子太饿了。¶배가 고프던 참이라 밥 두 그릇을 게 눈 감추듯 먹어 치웠다｜正饿着肚子两碗wǎn饭转zhuǎn眼间就吃没了。

배관[配管] 명【铺管】pūguǎn【埋设管】máishèguǎn【配管】pèiguǎn ¶~공사｜配管工程。

B**배구**[排球] 명〈體〉【排球】páiqiú ¶~를 하다｜打排球。¶~팀｜排球队。¶~경기｜排球赛。

C**배급**[配給] 명하타【配给】pèijǐ【供应】gōngyīng【给予】jǐyǔ【给与】gěiyǔ ¶~품｜配给品。¶~식량｜供应的粮食。¶~을 타다｜领供应物资。¶앞으로 그렇게 ~될 것이다｜将来会那样供应的。

배기[排氣] 명하자【排气】páiqì ¶~밸브｜排气阀fá。¶~ 펌프｜排气泵。¶~량｜排气量。

C**배기 가스**[配給 gas] 명【排出的瓦斯】páichū·de wǎsī【乏汽】fáqì【乏气】fáqì【废气】fèiqì【回气】huíqì

배기다 동 ❶ (몸 밑에 단단한 것이 받치는 힘을 느끼게 되다)【硌】gè ¶신에 모래가 있어 발이 배긴다｜鞋xié里有沙子硌了脚。¶엉덩이가 배긴다｜硌屁股。❷ (견디다·참다)【忍受】rěnshòu【经得住】jīng·de zhù【顶得住】dǐng·de zhù【克服】kèfú【忍得住】rěn·de·zhù ¶이런 생활은 더 이상 배겨낼 수 없다｜再也忍受不了这种生活。

B**배꼽** 명【肚脐】dùqí【蒂】dì【蒂把儿】dìbàr

B**배나무** 명〈植〉【梨树】líshù

C**배낭**[背囊] 명【背囊】bēináng【背包】bèibāo ¶~식 분무기｜背包式喷pēn雾器wùqì。¶~을 지다｜挎kuà背包。

배뇨[排尿] 명하자〈醫〉【排尿】páiniào【撒尿】sāniào ¶~가 시원찮다｜排尿不容易。¶~곤란｜排尿困难。

B**배다** 동 ❶ (물기 등이)【浸透】jìntòu【湿透】shītòu ¶땀이 셔츠에 배어 들었다｜汗水浸透了衬衫chènshān。¶옷에 기름이 ~｜油湿透了衣服。❷ (일·버릇 등이)【熟悉】shúxi【印】yìn【习惯】xíguàn【习以为常】xí yǐ wéi cháng ¶일이 손에 ~｜对工作熟悉。¶이것에 대해서는 그는 이미 몸에 배었다｜对此他已习以为常。❸ (냄새가)【吃进】chījìn ¶향수 냄새가 옷에 ~｜衣服吃进了香水味。❹ (임신하다)【怀孕】huáiyùn【怀妊】huáirèn【身孕】shēnyùn【有孕】yǒuyùn【怀胎】huáitāi【孕穗】yùnsuì ¶애기를 ~｜怀孕了。❺ (이삭이 생기다)【秀穗】xiùsuì ¶이삭이 ~｜秀穗。

B**배달**[配達] 명하타【送】sòng【送递】sòngdì【送达】sòngdá【送到】sòngdào【送货】sònghuò【投递】tóudì【派送】pàisòng ¶신문을 ~하다｜送报。¶

반드시 삼일 이내에 ~해야 한다 | 务必wùbì在三天内送到 | ¶편지를 ~ 하다 | 投递信件.

배달부[配達夫] 圐【邮递员】yóudìyuán 【邮差】yóuchāi 【信差】xìnchāi 【投递员】tóudìyuán ¶우편 ~가 신문을 배달해 왔다 | 邮递员送来了报纸.

배달원[配達員] 圐【投递员】tóudìyuán ¶신문 ~ | 报纸投递员.

배당[配當] 圐하타【分配】fēnpèi【分】fēn【分摊】fēntān【调度】diàodù ¶기숙사를 ~하다 | 分配宿舍sùshè. ¶노동량에 따라 ~하다 | 按劳láo分配. ¶조별로 ~하다 | 按组分摊.

B배드민턴[badminton] 圐〈體〉【羽毛球】yǔmáoqiú【羽球】yǔqiú【鸡毛球】jīmáoqiú ¶~을 치다 | 打羽毛球.

배란[排卵] 圐하자〈生理〉【排卵】páiluǎn ¶~기 | 排卵期.

배럴[barrel] 圐【桶】tǒng ¶석유 1~ | 一桶石油.

배려[配慮] 圐하타【照顾】zhào·gù【关照】guānzhào【张罗】zhāng·luo【周旋】zhōuxuán【关怀】guānhuái【关心】guānxīn【关切】guānqiè ¶불편함이 없도록 각별히 ~해야 한다 | 为了不使感到不便, 应格外照顾. ¶세심한 ~ | 无微不至的关怀. ¶여러 모로 ~하다 | 关怀备至.

배반[背叛] 圐하타【背叛】bèipàn【反叛】fǎnpàn【叛】pàn【叛逆】pànnì【违背】wéibèi ¶친구를 ~하다 | 背叛朋友. ¶투항자나 ~자를 받아 들이다 | 招降纳叛zhāoxiángnàpàn.

배변[排便] 圐하자【排便】páibiàn【拉屎】lāshǐ ¶나는 이틀동안 ~하지 못했다 | 我三天没有排出便了.

배보다 배꼽이 더 크다 판용【本末倒置】běn mò dǎo zhì【三寸鸟, 七尺嘴】sāncùn niǎo, qīchǐ zuǐ

△배부르다 圀 ❶(양이 차다)【饱】bǎo【吃饱】chībǎo ¶술과 밥을 배불리 먹다 | 酒足zú饭饱. ¶나는 배불리 먹었다 | 我吃饱了. ❷(임신으로 배가 불룩하다)【大肚子】dàdùzi ¶배부른 여자 | 大肚子的妇女. ❸(넉넉하여 아쉬운 것이 없다)【趁】chèn【气儿粗】qìrcū ¶배부른 소리한다 | 说话气儿粗.

배분[配分] 圐하타【分配】fēnpèi【分给】fēngěi【拨款】bō/kuǎn【拨钱】bōqián【拨项】bōxiàng【摊配】tānpèi ¶노동량에 따라 ~하다 | 按劳分配. ¶~율 | 分配率.

배뚝이[-]【大肚子】dàdù·zi【鼓肚的东西】gǔdù·de dōng·xi

배불리[飽-]【饱he的】bǎobǎo·de ¶~ 먹고 잘 살다 | 吃得饱, 过得也很好.

배상[賠償] 圐하타【赔偿】péicháng【抵偿】dǐcháng【退赔】tuìpéi ¶그에게 유리 한 장을 ~하다 | 赔他一块玻璃bōli. ¶가격대로 ~하다 | 照价zhàojià赔偿. ¶재해를 ~ 하다 | 赔偿灾害zāihài.

배색[配色] 圐하자타【配色】pèi/sè【配颜色】pèi yánsè ¶~이 잘 돼 있다 | 配色配得好.

배석[陪席] 圐하자【陪坐】péizuò【陪席】péixí【在座】zàizuò ¶정상 회담에 통역관을 ~하다 | 首脑shǒunǎo会谈让翻译官陪席. ¶~ 판사 | 陪审官/陪席推事.

배선[配線] 圐하자타【架线】jiàxiàn【配电线】pèidiànxiàn【配线】pèixiàn ¶옥내 ~ 공사 | 房内配线作业.

배설[排泄] 圐하타【排泄】páixiè ¶~ 기관 | 排泄器官. ¶오줌을 ~하다 | 排尿niào.

배설물[排泄物] 圐【排泄物】páixièwù

배속[配屬] 圐하타【分配】fēnpèi【从属】cóngshǔ ¶부대에 ~되다 | 分配到营里去. ¶~ 부대 | 分配部队bùduì.

─배속²[─倍速;compact disk access time] 回〈電算〉【…速】…sù [CD의 액세스 속도]

배수[排水] 圐하자【排水】páishuǐ ¶~ 호스 | 排水管. ¶~ 상태가 나쁘다 | 排水不畅chàng. ¶~하다 | 搞gǎo排水. ¶~ 작업 | 排水作业.

배수구[配水口] 圐 ❶【排水口】páishuǐkǒu ❷ ☞ 배수로

배수로[配水路] 圐【水渠】shuǐqú【水沟】shuǐgōu ⇒ 배수로

배수관[配水管路] 圐【排水管道】páishuǐ guǎndào【排水渠】páishuǐqú【排水沟渠】páishuǐ gōuqú ¶~를 건설하다 | 修筑水渠.

배수진[背水陣] 圐【背水阵】bèishuǐzhèn【背城借一】bèichéng jièyī ¶~을

치다 | 背水一战.

배시시 图 【唏唏】xīxī ¶대답은 하지 않고 ~ 웃기만 한다 | 不回答光唏唏地笑.

ᴮ**배신**[背信] 图하자타 【背信】bèixìn 【背叛】bèipàn 【背信弃义】bèixìnqìyì ¶당신은 나를 ~한 거야 | 是你背叛了我. ¶용서 못할 ~행위 | 无法饶恕的背叛行为.

배심[陪審] 图하자 【陪审】péishěn ¶~제도 | 陪审制度. ¶~재판 | 陪审制审判.

배양[培養] 图하타 ❶(세균을) 【培养】péiyǎng ¶~액 | 培养液. ¶세균을 ~하다 | 培养细菌xìjūn. ¶~된 바이러스 | 被培养的病毒bìngdú. ❷(인재를) 【培养】péiyǎng 【培壅】péiyōng ¶간부를 ~하다 | 培养干部gànbù. ¶인재를 ~하다 | 培养人才/育人才.

ᴮ**배역**[配役] 图하타 【分配角色】fēnpèijuésè 【扮演】bànyǎn 【角色】juésè ¶주말 연속극의 ~을 정하다 | 分配周末连续剧liánxùjù的角色. ¶그녀는 이 영화에서 무슨 ~을 맡니? | 她在这部电影里演哪个角色?

배열[排列] 图하타 【排列】páiliè ¶자모의 순서에 따라 ~하다 | 按字母次序排列. ¶열을 지어 ~하다 | 排列成行háng. ¶연대순으로 ~시키다 | 根据年代顺序cìxù进行排列.

ᶜ**배영**[背泳] 图〈體〉【仰泳】yǎngyǒng 【仰式】yǎngshì ¶그는 ~을 잘 한다 | 他擅长shàncháng仰泳. ¶100미터 ~ | 一百公尺仰泳.

ᴬ**배우**[俳優] 图 【演员】yǎnyuán ¶영화 ~ | 电影diànyǐng演员. ¶그는 금세기 최고의 ~다 | 他是本世纪最伟大wěidà的演员. ¶주연 ~ | 主演演员.

ᴬ**배우다** 图 ❶(남의 가르침을 받다) 【学】xué 【学习】xuéxí ¶열심히 일하면서 ~ | 勤qín工俭jiǎn学. ¶인생을 ~ | 学人生. ¶선배로부터 일을 ~ | 从先辈那里学习事情. ¶3년간 외국어를 배웠다 | 学习三年外语. ¶영어를 ~ | 学习英文yīngwén. ❷(남이 하던 것을 본받아 그대로 하다) 【学会】xuéhuì 【学得】xuédé ¶그는 고등학교 때 술과 담배를 배웠다 | 他

在上高中的时候学会了喝酒和抽烟. ❸(경험 따위를 통해 알다) 【体味】tǐwèi 【体会】tǐhuì ¶그는 가난과 배고픔 속에서 인생의 참뜻을 배웠다 | 他在艰难和饥饿的困苦中体味到了人生的真正含意.

배우자[配偶者] 图 【伴侣】bànlǚ 【伴儿】bàr 【配偶】pèi'ǒu 【配匹】pèipǐ 【配俪】pèilì 【媲偶】pì'ǒu 【配偶者】pèi'ǒuzhě ¶너를 평생의 ~로 삼겠다 | 把你当做终身的伴侣. ¶~를 고르다 | 挑选tiāoxuǎn配偶者.

ᴮ**배웅** 图하타 【送行】sòngxíng 【送路】sònglù 【送别】sòngbié 【送】sòng ¶역까지 ~하러 가다 | 到车站送行去. ¶~하러 온 사람이 적지 않다 | 送别的人来了不少. ¶떠나는 친구를 정류장까지 ~하다 | 把要走的朋友送到车站.

ᶜ**배율**[倍率] 图 ❶〈物〉【放大率】fàngdàlǜ ¶~이 높은 현미경 | 放大率高的显微镜. ❷【倍率】bèilǜ 【比率】bǐlǜ ¶~을 높이다 | 提高比率.

배은망덕[背恩忘德] 【忘恩负义】wàng ēn fù yì 【背恩弃义】wàng ēn bèi yì 【背恩忘义】bèi ēn wàng yì 【恩将仇报】ēn jiāng chóu bào

배점[配點] 图하자 【打分数】dǎfēnshù 【分配分数】fēnpèi fēnshù ¶~이 높은 문제 | 分配分数高的问题.

배정[配定] 图하타 【配】pèi 【分配】fēnpèi 【调拨】diàobō 【分派】fēnpài 【摊配】tānpèi 【安排】ānpái ¶좌석을 ~하다 | 排座位zuòwèi. ¶수업 시간을 ~하다 | 安排上课时间.

배제[排除] 图하타 【排】pái 【排除】páichú 【消除】xiāochú 【排挤】páijǐ ¶회담에서는 정치문제가 ~되었다 | 会谈排除了政治问题.

배짱[~] 图 【胆量】dǎnliàng 【胆子】dǎn·zi 【骨气】gǔqì 【骨力】gǔlì 【决心】juéxīn 【志气】zhì·qi ¶~이 있다 | 有胆量. ¶~이 두둑하다 | 胆子不小. ¶~이 세다 | 有志气.

ᴮ**배짱(을) 부리다** 惯用 【嘴硬】zuǐyìng 【撅强】juéjiàng ¶일을 저질러놓고 배짱을 부려 봐야 별수 있겠니? | 事情搞糟gǎozāo了, 嘴硬有什么用? ¶배짱을 부리며 말을 듣지 않는다 | 嘴硬不

听话。

배척[排斥] 멷하타 【排斥】páichì 【排挤】páijǐ 【抵制】dǐzhì ¶자기와 다른 사람을 ~하다 | 排斥异己yǐjǐ。¶외래 문화를 ~하다 | 排斥外来文化。¶외국 상품을 ~하다 | 抵制外货。

^**배추** 몜 〔植〕【白菜】báicài 【大白菜】dàbáicài 【黄芽菜】huángyácài 【结球白菜】jiéqiú báicài 【菘】sōng 【菘菜】sōngcài ¶가을 ~ | 大白菜。¶~ 겉잎 줄거리 | 白菜帮子。

^**배추김치**[白菜─] 몜 【白菜泡菜】báicài pàocài 【辣白菜】làbáicài

^**배추벌레** 몜 〔虫〕【青虫】qīngchóng 【螟蛉】mínglíng

^**배출**¹[排出] 몜하타 【排出】páichū 【排泄】páixiè ¶오물을 ~하다 | 排泄污物wūwù。¶유독가스를 ~하다 | 排放有毒气体。

^**배출**²[輩出] 몜하자 【涌现】yǒngxiàn 【辈出】bèichū 【出现】chūxiàn ¶새로운 사람들이 끊임없이 ~되다 | 新人不断涌现。¶당대는 위대한 시인을 ~하였다 | 唐代辈出伟大诗人。¶뛰어난 인재가 ~되다 | 辈出优秀人才。

^**배치**¹[配置] 몜하타 【布置】bùzhì 【布局】bùjú 【安排】ānpái 【配备】pèibèi 【配置】pèizhì 【分配】fēnpèi ¶책상의 ~ | 桌子的布置。¶합리적으로 ~하다 | 合理布局。¶지형에 따라 병력을 ~하다 | 按地形配备兵力。¶병력을 ~하다 | 配置兵力。¶부대에 ~되다 | 分配到营里去。

^**배치**²[背馳] 몜하자 【相反】xiāngfǎn 【背离】bèilí 【背道而驰】bèi dào ér chí ¶그가 말한 상황과 사실은 완전히 ~된다 | 他说的情况qíngkuàng与事实正相反。

^**배치도**[配置圖] 몜 【布置图】bùzhìtú

배치 처리[batch 處理] 몜 〔電算〕【批处理】pīchǔlǐ

배치 파일[batch file] 몜 〔電算〕【批文件】pīwénjiàn

배타[排他] 몜하자 【排他】páitā ¶~사상 | 排他思想。¶~주의 | 排他主义。

배타심[排他心] 몜 【排他心】páitāxīn ¶~을 버리다 | 丢掉排他心。

배타적[排他的] 관 몜 【排他的】páitā·de ¶~ 국수주의 | 排他的国粹主义。¶~ 태도 | 排他的态度tàidù。

^B**배탈** 몜 〔腹痛〕fùtòng 〔腹泻〕fùxiè 〔水泻〕shuǐxiè 〔闹肚子〕nào dù·zi ¶~설사 | 腹泻/泄痢。

배태[胚胎] 몜하자타 【胚胎】pēitāi 【孕育】yùnyù 【孕毓】yùnyù 【滋生】zīshēng ¶위험성을 ~하고 있다 | 滋生着危险wēixiǎn性。¶불행의 씨앗을 ~하고 있다 | 滋生着不幸的种子。

^**배턴**[baton] 몜 〔體〕【接力棒】jiēlìbàng 【接棒】jiēbàng ¶평화와 우호의 ~ | 和平与友谊yǒuyì的接力棒。

배편[─便] 몜 【趁有船之便】chènyǒu chuán zhī biàn ¶~으로 소식을 보내다 | 趁有船之便, 捎shāo个信儿。¶~을 이용하여 소식을 보내다 | 趁有船之便, 送个消息。

배포¹[配布] 몜하타 【分发】fēnfā 【发给】fāgěi 【发行】fāháng ¶위문품을 ~하다 | 分发慰问品wèiwènpǐn。¶유인물을 ~하다 | 发给油印物。

배포²[排布] 몜 ❶ (머리를 써서 계획함) 【想法】xiǎngfǎ 【用意】yòngyì 【主意】zhǔ·yi ❷ (마음가짐) 【度量】dùliàng 【胆量】dǎnliàng ¶~가 크다 | 度量大。

배필[配匹] 몜 【配偶】pèi'ǒu 【一对】yíduì ¶천생 ~ | 天生的一对。¶적당한 ~를 고르다 | 选择适当的配偶。

배합[配合] 몜하타 【配】pèi 【调配】diàopèi 【配合】pèihé 【搭】dā 【配搭】pèidā 【搭配】dāpèi ¶사료를 잘 ~하다 | 好好饲料sìliào。¶두 가지 재료를 ~하여 쓰다 | 两种材料cáiliào配着用。

배회[徘徊] 몜하자 【徘徊】páihuái 【徘回】páihuí ¶그는 이곳에서 한참을 ~했다 | 他在这里徘徊了很久。¶밤거리를 ~하다 | 在夜晚的大街徘徊。

배후[背後] 몜 ❶ (등뒤·저쪽) 【背后】bèihòu 【后面】hòumiàn ¶산 ~에 인가가 몇 채 있다 | 山后有几户人家。❷ (사건 따위의 표면에 드러나지 는 부분) 【背后】bèihòu 【背地里】bèidìlì 【阴地里】yīndìlì 【台后】táihòu 【幕后】mùhòu 【暗地里】àndìlì ¶~에서 남에 대한 나쁜 말만 한다 | 背后说人坏话。¶~ 인물 | 幕后人物/幕后主

持者。¶~에서 조종하다 | 在幕后操纵。

백¹[百]⑲〈數〉【百】bǎi【一百】yìbǎi ¶~분의 1 | 百分之一。¶~ 명 가량 되는 사람 | 一百来个人。

백²[back]⑲ ❶ (후원) 【后台】hòutái 【后台老板】hòutái lǎobǎn 【靠山】kàoshān ¶뒤에 ~이 있다 | 后面有后台老板。❷〈體〉【卫】wèi ❸ (후면) 【后面】hòumiàn 【后部】hòubù ❹ (후퇴) 【后退】hòutuì ¶倒】dào【倒转】dàozhuǎn ¶자동차를 ~ 하다 | 把汽车倒倒。

백³[白]⑲【白】bái ¶~색 | 白色。¶~설탕 | 白糖。

백골난망[白骨難忘]⑲【死也忘不了】sǐ yě wàng·buliǎo【成白骨也难忘】chéng bái gǔ yě nánwàng【没齿难忘】mò chǐ nánwàng ¶베풀어 주신 은혜는 ~입니다 | 对所给予的恩惠没齿难忘。

백과[百科]⑲【百科】bǎikē ¶~ 지식 | 百科知识。¶~총서 | 百科丛书。¶~전서 | 百科全书。

백과 사전[百科辭典]⑲【百科辞典】bǎikē cídiǎn

백군[白軍]⑲【白军】báijūn

백금[白金; platinum; Pt]⑲【白金】báijīn【铂】bó ¶~ 반지 | 白金戒指jièzhi。¶~ 도금 | 镀dù铂。

백기[白旗]⑲【白旗】báiqí ¶적군은 ~를 높이 들고 진지 속에서 걸어 나왔다 | 敌人高举白旗，从阵地zhèndì里走出来。

백날[百─]⑲ ❶ (백일) 【满百天】mǎnbǎitiān【满一百天】mǎn yìbǎitiān ❷ (아무리 오래 걸려도) 【再久】zàijiǔ【再努力】zàinǔlì【一辈子】yíbèi·zi【不管多长日子】bùguǎn duōcháng rì·zi ¶~ 해봐도 그게 그거야 | 你再努力也不顶事。¶너 혼자 힘으로는 ~해도 다 못한다 | 光靠你一个人的力气，一辈子也干不完。

백년[百年]⑲ (오랜 세월) 【百年】bǎinián【多年】duōnián【很长岁月】hěncháng suìyuè ¶~ 전쟁 | 百年战争。❷ (일생) 【一辈子】yíbèi·zi【一生】yìshēng

백년가약[百年佳約]⑲【佳约】jiāyuē

백년대계[百年大計]⑲【百年大计】bǎinián dà jì ¶계획 생육은 우리나라의 ~이다 | 计划生育是我国的百年大计。¶국가의 ~ | 国家的百年大计。

백년해로[百年偕老]⑲【白头偕老】bái tóu xié lǎo【白头到老】bái tóu dào lǎo【偕老同穴】xié lǎo tóng xué【白发千古】bái fà qiān gǔ ¶너희들이 서로 사랑하고 존경하며 ~ 하길 바란다 | 祝你们恩爱相敬jìng，白头偕老。

백등유[白燈油]⑲【白灯油】báidēngyóu

백로[白鷺]⑲〈鳥〉【白鹭】báilù【白鹭鸶】báilùsī

백마[白馬]⑲【白马】báimǎ

백만장자[百萬長者]⑲【百万富翁】bǎiwàn fùwēng

백묵[白墨]⑲【粉笔】fěnbǐ【白墨】báimò ¶~ 한 자루 | 一枝粉笔。¶~통 | 粉笔盒儿。

백미[白眉]⑲【最优秀】zuìyōuxiù【优秀作】yōuxiùzuò【佼佼者】jiǎojiǎozhě ¶현대시의 ~ | 现代诗的优秀作。

백반[白飯]⑲【白饭】báifàn ¶불고기와 ~ | 烤肉白饭。

백발[白髮]⑲【白发】báifà ¶~이 성성 하다 | 白发苍苍cāngcāng。¶~ 노인 | 白发老翁。¶~ 노인 | 白发老人。

백방[百方]⑲【千方百计】qiān fāng bǎi jì【多方百计】duō fāng bǎi jì【百般】bǎibān ¶우리는 ~으로 손을 써서 그의 행방을 찾았다 | 我们千方百计地找到了他的行踪。¶~으로 돌보다 | 百般照顾zhàogù。¶~으로 힘쓰다 | 百般的努力。

백배[百倍]⑲【百倍】bǎibèi【无比比拟地】wúkěbǐnǐ·de【非常地】fēicháng·de ¶~ 노력하다 | 百倍努力。¶용기 ~ | 百倍勇气yǒngqì。

백본[backbone]⑲ ❶【脊骨】jǐgǔ【脊柱】jǐzhù ❷【电器】【主干网】zhǔgànwǎng【主干线】zhǔgànxiàn

백부[伯父]⑲【伯父】bófù【伯伯】bóbo【阿伯】ābó【大爷】dà·ye

백분율[百分率]⑲〈數〉【百分比】bǎifēnbǐ【百分率】bǎifēnlǜ【百分数】bǎifēnnshù【成数】chéngshù【分厘率】fēnlílǜ

ᴮ백사장[白沙場]圈【白沙滩】báishātān【沙滩】shātān ¶~에서 햇볕을 쬐다 | 在沙滩上晒shài太阳。¶해운대~에 젊은이들이 많다 | 海云台hǎiyúntái的沙滩上有许多年轻人。

ᴮ백색[白色]圈【白色】báisè ¶~분 | 白色粉fěn末。¶~시멘트 | 白色水泥。

ᴮ백설[白雪]圈【白雪】báixuě

ᴮ백성[百姓]圈【百姓】bǎixìng【老百姓】lǎobǎixìng ¶~을 위한 정치 | 为老百姓的政治。

백수건달[白手乾達]圈【穷光蛋】qióngguāngdàn【穷孙】qióngsūn【穷秧子】qióngyāng·zi【二流子】èrliú·zi【二混子】èrhùn·zi【二大流儿】èrdàliú【混混儿】hùnhùnr【二赖子】èrlài·zi【屯溜子】túnliú·zi ¶하루사이에 ~이 되버렸다 | 一夜之间变成了一个穷光蛋。¶그는 진짜 ~로서, 종일토록 밖에서 무턱대고 빈둥빈둥 돌아다닌다 | 他是一个地道的二流子，成天在外边儿瞎xiā逛荡guàngdàng。

백숙[白熟]圈【白煮】báizhǔ【清炖】qīngdùn ¶닭~ | 清炖鸡。

백 스페이스[backspace]圈〈電算〉【退格键】tuìgéjiàn

백신[vaccine; antivirus]圈〈電算〉【防毒疫苗】fángdú yìmiáo

백신 프로그램[vaccine program; antivirus software]圈〈電算〉【杀毒软件】shādúruǎnjiàn

백안시[白眼視]圈하태【白眼】báiyǎn【白着眼】bái·zheyǎn【冷眼】lěngyǎn【轻视】qīngshì【轻看】qīngkàn【蔑视】mièshì ¶사람을 ~하다 | 白眼看人。¶상대방을 ~한 것이 실패의 요인이다 | 轻视对方duìfāng是失败shībài的原因yuányīn。¶그를 ~하지 말라 | 你别小看了他。

백약[百藥]圈【百药】bǎiyào ¶~이 무효다 | 百药无效wúxiào。

백업[backup]圈〈電算〉【备份】bèifèn【后备】hòubèi ¶~파일(file) | 后备档案。¶~카피(copy) | 后备复本fùběn。

ᴮ백열[白熱]圈❶〈物〉【白热】báirè【白炽】báichì【灼热】zhuórè ¶~등

|白热灯。❷(열정이 최고조에 달함)【白热】báirè ¶토론이 ~화 되다 | 讨论达到白热化。

ᴮ백인[白人]圈【白种人】báizhǒngrén【白色人种】báisè rénzhǒng ¶~종 | 白色人种。

ᴮ백일[百日]圈【百日】bǎirì【一百天】yìbǎitiān ¶~기도 | 百日祈祷。¶~천 | 百日天下。

ᴮ백일해[百日咳]圈〈醫〉【百日咳】bǎirìké

ᴮ백일홍[百日紅]圈〈植〉【百日红】bǎirìhóng【紫薇】zǐwēi【满堂红】mǎntánghóng【怕痒花】pàyǎnghuā

ᴮ백자[白瓷]圈【白瓷】báicí【白磁】báicí

백전백승[百戰百勝]圈【百战百胜】bǎizhàn bǎi shèng【战无不胜】zhàn wú bù shèng ¶~의 무적 군대 | 百战百胜的无敌wúdí军队。¶이 부대는 ~의 강군이다 | 这是一支战无不胜的铁军tiějūn。

ᴮ백정[白丁]圈【屠夫】túfū【刽子手】guì·zishǒu

ᴮ백조[白鳥]圈〈鳥〉【天鹅】tiān'é【鹄】hú【夜鹭】yèlù ¶~의 호수 | 天鹅湖。

백주[白晝]圈【白天】bái·tiān【白昼】báizhòu【光天化日】guāng tiān huà rì【大天白日】dà tiān bái rì【大白天】dàbáitiān ¶~에 살인하다 | 大白天杀人。¶네가 ~대낮에 여자를 희롱하는 것을 허용할 수 없다 | 不许你在光天化日下调戏妇女。

ᴮ백지[白紙]圈❶(흰 종이)【白纸】báizhǐ ¶~에 까만 글씨를 쓰다 | 白纸上写xiě黑hēi字。❷(지식이 없다)【白纸】báizhǐ【外行】wàiháng【外教】wàijiāo【一无所知】yì wú suǒ zhī ¶~와 다름없다 | 与白纸别无两样。¶농사일에 대하여 김씨는 정말 ~다 | 对于种庄稼zhòngzhuāngjià老金可外行。¶~상태 | 白纸状态。❸(준비가 되어 있지 않다)【毫无准备】háowú zhǔnbèi【毫无成见】háowú chéngjiàn ¶한 푼의 밑천도 없이 ~로 무슨 장사를 하는가? | 一点儿本钱也没有，怎么能一点儿准备都没有就做买卖呢？❹(아무 것도 쓰지 않은 종이)【白纸】báizhǐ【白卷】báijuàn ¶~답안을 내다 | 在白纸上写答案。

백지 수표[白紙手票] 몡【空白支票】kōngbái zhīpiào

ᶜ**백지장**[白紙張] 몡【白纸】báizhǐ【白纸张】báizhǐzhāng ¶갑자기 얼굴빛이 ~같이 창백해졌다 | 突然脸色变得像白纸似地苍白cāngbái.

백지장도 맞들면 가볍다 관용【众擎易举】zhòng qíng yì jǔ【一起吃才甜, 一起抬才轻】yìqǐ chī cái tián, yìqǐ tái cái qīng【人多活儿轻, 树多好遮荫】rénduō huóqīng, shùduō hǎozhēyīn

백지화[白紙化] 몡하자타【变成白纸】biànchéngbáizhǐ【化为乌有】huàwéi wū yǒu【白纸化】báizhǐhuà ¶여행계획을 ~하다 | 使旅行计划化为乌有.

백척간두[百尺竿頭] 관용【百尺竿头】bǎi chǐ gān tóu ¶~에 서다 | 站在百尺竿头前.

백치[白痴] 몡【白痴】báichī

백 퍼센트[百 percent] 몡【百分之百】bǎi fēn zhī bǎi【完全】wánquán ¶이 일은 내가 ~ 자신이 있어서 확실히 성공할 수 있다 | 这件事我有百分之百的把握bǎwò, 准能成功. ¶그들은 우리의 의견에 ~ 동의했다 | 他们完全同意我们的意见.

ᶜ**백합**¹[白蛤] 몡〈魚貝〉【丽文蛤】lìwéngé

ᴮ**백합**²[百合] 몡〈植〉【百合】bǎihé

백해무익[百害無益] 몡하형【百害无益】yǒu bǎihài ér wú yìlì ¶담배가 ~하는데 왜들 피우는지를 모르겠다 | 香烟yān对人百害无益, 人们为什么还吸, 真是搞不清楚.

백혈병[白血病] 몡〈醫〉【白血病】báixuèbìng【白血症】báixuèzhèng【白血球增多症】báixuèqiú zēngduōzhèng

백화[白話] 몡【白话】báihuà ¶~문학 | 白话文学. ¶~소설 | 白话小说. ¶~가 주류를 이룬 것은 5・4운동 이후에 시작된 것이다 | 白话成为主流是从五四运动以后开始的.

ᴬ**백화점**[百貨店] 몡【百货商店】bǎihuò shāngdiàn【百货店】bǎihuòdiàn【百货公司】bǎihuò gōngsī【百货大楼】bǎihuò dàlóu【百货商场】bǎihuò shāngchǎng

밴드[band] 몡 ❶〈電〉【波段】bōduàn【频带】píndài ¶~ 스위치 | 波段开关 kāiguān. ¶이 라디오에는 두 개의 ~가 있다 | 这个收音机有两个波段. ❷ (악단) 【乐队】yuèduì ❸ (끈・띠) 【带(儿)】dài(r)

밸브[valve] 몡【阀】fá【活门】huómén【活瓣】huóbàn【活塞】huóyǎn【舌门】shémén【瓣阀】bànfá ¶흡기 ~ | 吸气xīqì阀. ¶배기 ~ | 排气pǎiqì阀.

ᴬ**뱀** 몡〈動〉【蛇】shé【长虫】chángchóng ¶~ 한 마리 | 一条蛇. ¶~이 똬리를 틀다 | 蛇盘起来.

ᴮ**뱀장어**[－長魚] 몡〈魚貝〉【鳗鱼】mányú【鳝鱼】shànyú

뱀새가 황새를 따라 가려면 가랭이가 찢어진다 관용【麻雀学公鸡泻屎, 肝都要泻出来)【麻雀要泻出来】máquè xué gōngjī xièshǐ, shèngān dōu yào xiè・chūlái【麻雀不要跟鹁鸪飞】máquè búyào gēnguàn・zi fēi【麻雀不能跟着燕子飞】máquè bùnéng gēn・zhe yàn・zi fēi【蛤蟆和毛牛比大小, 胀破了肚皮】háma hé máoniú bǐdàxiǎo, zhàngpò・le dùpí

뱃고동 몡【汽笛】qìdí【船鸣声】chuánmíngshēng ¶~이 길게 울다 | 汽笛qìdí长鸣一声. ¶~ 소리 들리는 갯마을 | 能听到船鸣声的小村庄.

뱃길[船路] 몡【船路】chuánlù【水路】shuǐlù ¶~로 시내에 들어가면 두 시간이 걸린다 | 用水路进城要两个小时. ¶사흘 걸리는 ~ | 需要走三天的旅程.

뱃노래 몡 ❶【船歌】chuángē ❷【鱼歌】yúgē

뱃놀이 몡하자【划船】huá chuán【乘船游玩】chéng chuán yóu wán

뱃머리 몡【船头】chuántóu【船首】chuánshǒu ¶~를 돌리다 | 调转diàozhuǎn船头.

뱃멀미 몡하자【晕船】yùnchuán ¶나는 ~를 잘한다 | 我爱晕船.

뱃사공[－沙工] 몡【艄公】shāogōng ¶노련한 ~ | 老练的艄公.

ᴮ**뱃사람** 몡【船夫】chuánfū【船员】chuányuán【船家】chuánjiā【船公】chuángōng【船户】chuánhù【水夫】shuǐfū【舟子】zhōu・zi【水手】shuǐshǒu ¶그녀의 남편은 ~이라 일년 내내 물 위에

서 생활한다 | 她丈夫是船夫, 常年生活在水上。¶그의 부친은 ~이다 | 他父亲是水手。

뱃삯 몜【船费】chuánfèi【船钱】chuán·qian【船价】chuánjià【船脚】chuánjiǎo【舟资】zhōuzī ¶~이 모자라다 | 舟资不足。¶일등칸~은 얼마입니까? | 头等舱船费是多少钱?

B**뱃속** 몜❶ (마음속)【肚里】dùlǐ【心里】xīn·li【心思】xīn·si ¶~을 알 수가 없다 | 不知到心里。¶~이 훤히 들여다 보인다 | 心思一清二楚。❷ (배의 안)【肚子】dù·zi ¶~이 쓰리다 | 肚子痛肠痛。¶~에 있는 아이 | 肚子里的孩子。

뱃심 몜【胆量】dǎnliàng【度量】dùliàng【肚量】dùliàng【器量】qìliàng【决心】juéxīn ¶그는 ~이 세어 능히 사람을 포용할 수 있다 | 他度量大, 能容人。¶~이 두둑하다 | 度量很大。

ᶜ**뱃전**【船帮】chuánbāng【船舷】chuánxián【船边】chuánbiān【舷】xián ¶~에 걸터앉다 | 坐在船帮上。

ᶜ**뱅** 튄❶ (한 바퀴 도는 모양)【圆圆儿地】yuányuánr·de ¶한 바퀴 ~ 돌다 | 圆圆儿地转了一圈。❷ (둘러싼 모양)【团团】tuántuán ¶사면이 바다로 ~ 둘러싸인 나라 | 四面被海围团团住的国家。❸ (아찔한 모양)【天旋地转】tiānxuándìzhuàn ¶머리가 ~돌다 | 脑袋天旋地转。

ᶜ**뱅뱅** 튄❶【滴溜溜地】dī liūliū·de ¶팽이가 ~ 돌다 | 陀螺tuóluó滴溜溜地转。❷【打转转】dǎzhuàn·zhuan ¶집 안에서만 ~ 돈다 | 只在家里打转转。

ᶜ**뱅어포** [-魚脯] 몜【冰鱼脯】bīngyúfǔ

B**뱉다** 됨❶ (입 밖으로)【吐】tǔ【唾】cuì ¶그에게 침을 한 번 ~ | 吐他一口唾沫tuòmò。¶길바닥에 가래를 ~ | 在路上吐痰tán。¶침을 한 번 탁 뱉었다 | 啐了一口唾沫tǔmò。❷ (차지했던 것을 도로 내놓다)【吐出来】tǔchū·lai ¶삼킨 공금을 도로 ~ | 侵吞的公款

버겁다 혭【吃力】chīlì【费劲(儿)】fèijìn(r) ¶그와 말하는 것이 아주 ~ | 跟他讲话很费力。¶버거운 상대 | 吃力的对方。

버그[bug] 몜〈電算〉【错误】cuòwù【臭虫】chòuchóng

버금가다 됨【仅次于】jǐncìyú ¶서울에 버금가는 도시 | 仅次于汉城的都市。¶임금에 버금가는 지위 | 仅次于皇帝huángdì的地位。

버너[burner] 몜【炉儿】lúr【卡通炉儿】biàntōnglúr ¶가스~ | 煤气炉儿。¶석유~ | 石油炉儿。

B**버둥거리다** 됨❶ (신체를)【乱动】luàndòng【挣扎】zhēngzhá ¶팔다리를 ~ | 手脚乱动。¶살려고 ~ | 为了活下去而挣扎。❷ (무척 애쓰다)【挣扎】zhēngzhá【挣揣】zhēngchuài ¶그는 어떻게든 출세해보려고 바둥거렸다 | 他总想出人头地, 为此而挣扎。

B**버드나무** 몜【植】〈柳树〉liǔshù【柳木】liǔmù【杨柳】yángliǔ ¶~가 바람에 춤추다 | 杨柳迎风yíngfēng飞舞fēiwǔ。

버드와이저[Budwaiser] 몜〈商标〉【百威】Bǎiwēi

ᶜ**버들** ☞ 버드나무

ᶜ**버들잎** 몜【柳叶(儿)】liǔyè(r)

ᶜ**버럭** 튄【猛然】měngrán【勃然】bórán【腾地】téng·de ¶~ 소리를 지르다 | 猛然大叫。¶~ 화를 내다 | 勃然大怒。

버르장머리 몜【规矩】guī·ju【规正】guīzhèng【礼貌】lǐmào【教养】jiàoyāng ¶~가 없는 학생 | 不规矩的学生。¶~가 없다 | 没礼貌。¶~없이 굴다 | 没有规矩不成体统。

ᴬ**버릇** 몜❶ (습관)【习惯】xíguàn【习气】xíqì【习性】xíxìng【脾性】píxìng【毛病】máo·bìng【惰性】duòxìng ¶좋은 ~을 기르다 | 养成yǎngchéng好习惯。¶그도 좋지 못한 ~이 들었다 | 他也染上rǎnshàng了不良习气。¶~은 고치기 힘들다 | 习性难改nǎngǎi。¶그는 물건을 훔치는 ~이 있다 | 他有偷东西的毛病。❷ (예의)【礼貌】lǐmào【规矩】guī·ju ¶~이 없다 | 没规矩/没礼貌。¶~ 좀 가르치세요 | 请一定教这个点规矩。

ᴬ**버리다** 됨❶ (쓰지 못할 것을 없애거나 처치하다)【扔掉】rēngdiào【丢掉】diūdiào【乱扔】luànrēng ¶못쓰게 된 종이를 ~ | 把不能用的纸扔掉。¶0

물을 함부로 버리지 마시오 | 请勿随便suíbiàn乱扔污物wūwù。❷ (생각이나 소망을 떨치다) 【放弃】fàngqì 【丢掉】diūdiào 【丢开】diū·kai 【离弃】líqì ¶예술가가 되겠다는 꿈을 버렸다 | 放弃成为艺术家的梦想。¶일에 전념하여 모든 잡념을 떨쳐 ~ | 专心做事,把一切杂念zániàn丢开。❸ (버릇을 떼어 없애다) 【丢掉】diūdiào 【抛弃】pāoqì ¶좋지 못한 버릇을 ~ | 丢掉不好的习惯。¶악습을 ~ | 抛弃恶习èxí。❹ (가정이나 고향을 돌보지 않거나 떠나다) 【抛弃】pāoqì 【抛舍】pāoshě 【抛~弃】pāo·kài ¶친구에게 버림을 당하다 | 被朋友抛弃。¶처자를 ~ | 抛弃妻子。❺ (직업이나 직장 따위를 그만두다) 【抛弃】pāoqì ¶가업을 버리지 않고 이어오다 | 没有抛弃家业一直接了下来。❻ (살아있던 것을 단념하다) 【抛弃】pāoqì ¶목숨을 버릴지언정 이름을 더럽힐 수는 없다 | 即使可以抛弃生命,也不能把名子给玷污了。【弄坏】nònghuài 【毁掉】huǐdiào 【毁坏】huǐhuài 【损坏】sǔnhuài 【破坏】pòhuài ¶네가 그녀의 앞길을 버려놓았다 | 你毁坏了她的前途。¶과로로 몸을 ~ | 因过度的疲劳píláo毁坏身体。

버리다²[조동] 【掉】diào 【完】wán 【光】guāng ¶삼켜 ~ | 吞掉了。¶돈을 다 써 ~ | 把钱都花光了。

버림받다 [동] 【被抛弃】bèipāoqì ¶사랑하던 사람에게서 ~ | 被心爱的人所抛弃。

ᶜ**버몬트**[Vermont; Vt] [명] 〈地〉 【佛蒙特】Fómèngtè [미국의 주명(州名)。주도(州都)는 "蒙彼利埃Méngbǐlì'āi"(몬트페리어;Montpelier)]

버버리[Burberrys] [명] 〈商標〉 【巴宝莉】Bābǎolì

ᴬ**버선** [명] 【布袜子】bùwà·zi ¶어머니가 ~발로 뛰어 나왔다 | 母亲只穿着布袜子跑出来了。

ᴬ**버섯** [명] 〈植〉 【蘑菇】mó·gu

ᴬ**버스¹**[bus] [명] 【公共汽车】gōnggòng qìchē 【巴士】bāshì ¶~ 요금 | 公共汽车费。¶~표 | 汽车票。¶~ 정류장 | 公共汽车站zhàn。

버스²[bus] [명] 〈電算〉 【总线】zǒngxiàn

버스럭 [부] 【沙沙】shāshā 【沙拉】shā·la ¶뜰에 ~ 소리가 나다 | 院子里有沙沙的声音。

버전[version] [명] 〈電算〉 【版本】bǎnběn

버전 업 [version up] [명] 〈電算〉 【升级】shēngjí

버젓하다 [형] 【堂堂】tángtáng 【堂堂正正】táng táng zhèng zhèng 【理直气壮】lǐ zhí qì zhuàng 【光明正大】guāng míng zhèng dà 【像样(儿)】xiàngyàng(r) ¶하는 일이 ~ | 做的事堂堂正正。¶버젓한 이층 양옥에 살다 | 住在一个像样的二层小洋楼里。

버지니아[Virginia; Va] [명] 〈地〉 【弗吉尼亚】Fújíníyà [미국의 주명(州名)。주도(州都)는 "里士满Lǐshìmǎn"(리치몬드;Richmond)]

버쩍 [부] ❶ (물기가 아주 마르는 모양) 【干】gān 【烧干】shāogān ¶논물이 ~ 줄어들다 | 田里的水干了。¶불이 너무 세서 국이 ~ 졸아붙었다 | 火太大,汤烧干了。❷ (갑작스런 모양) 【一下子】yíxià·zi ¶정신이 ~ 들다 | 一下子有精神jīngshén了。¶강물이 ~ 늘었다 | 河水一下子涨起来了。

버찌 【樱桃】yīng·táo 【荆桃】jīngtáo 【麦樱】màiyīng 【麦英】màiyīng

ᴮ**버터**[butter] [명] 【黄油】huángyóu 【奶油】nǎiyóu 【乳酪】rǔlào 【牛酪】niúlào 【白塔油】báitǎyóu 【白脱油】báituōyóu 【白脱(油)】báituō(yóu) 【奶酪】nǎilào ¶~ 바른 빵 | 抹着黄油的面包。

버튼[button] [명] ❶ 【钮扣】niǔkòu 【扣子】kòu·zi 【扣】niǔ ¶~을 채우다 | 扣上扣子。❷ 〈電算〉 【按钮】ànniǔ

ᶜ**버무리다** [동] 【拌】bàn 【和】huó ¶가는 파에 두부 버무린 것처럼 청백이 분명하다 | 小葱cōng拌豆腐fu, ——青二白。¶나물을 ~ | 拌野菜。

ᴮ**버티다** [동] ❶ (맞서다) 【对抗】duìkàng 【反抗】fǎnkàng ¶진압에 굴복하지 않고 ~ | 不屈服于镇压进行对抗。❷ (견디다) 【坚持】jiānchí ¶그녀가 끝까지 버티는데, 나도 방법이 없다 | 她坚持要去, 我也没有办法。¶못 하겠다고 ~ | 坚持说不能干了。❸ (꼿꼿하게 서 있다) 【挺立】tǐnglì 【挺住】tǐngzhù【一动不动】yídòng búdòng ¶ 큰 소나무가 폭풍우 속에서 버티고 있다 | 老松树挺立在暴风雨中。❹ (괴다)【支撑】zhī·cheng【撑住】chēngzhù ¶기둥으로 벽을 ~ | 用柱子支撑墙壁。

벅벅 튀 ❶ (긁는 소리)【喀哧喀哧】kāchīkāchī ¶머리를 ~ 긁다 | 喀哧喀哧搔sāo头。❷ (찢는 소리)【嚓嚓】cāchā ¶종이를 ~ 찢다 | 嚓嚓地撕纸。❸ (우기는 모양)【犟】jiàng ¶자기가 옳다고 끝까지 ~ 우기다 | 认为自己对,一直犟到底。

벅적거리다 동【闹哄哄】nàohōnghōng【喧腾】xuānténg ¶거리가 몹시 벅적거리다 | 街上闹哄哄的。

ᴬ벅차다 형 ❶ (힘에 겹다)【吃力】chīlì【费劲】fèijìn【沸腾】fèiténg ¶하루에 끝내기는 좀 ~ | 要一天作完有些吃力。❷ (넘칠 듯이 가득하다)【充满】chōngmǎn【充塞】chōngsè【洋溢】yángyì【堵得慌】dǔ·dehuāng ¶희망으로 벅찬 가슴 | 心里充满希望。¶나는 가슴이 벅차서 말도 나오지 않았다 | 我心里憋得连话都说不出来。

ᴬ번【番】명【次】cì ¶이 말은 내가 여러 ~ 말한 적 있다 | 这话我说过好几次了。¶한 ~ 물었다 | 问了一次。

번갈아【番一】튀【轮换】lúnhuàn【轮】lún【轮番地】lúnfān·de【轮流地】lúnliú·de【轮拨儿】lúnbōr ¶나는 두 손을 ~ 가며 배를 저어갔다 | 我轮换着双手把船划huá过去。¶~ 근무하다 | 轮着工作。¶~ 쉬다 | 轮流地休息。

ᴮ번개 명【闪】shǎn【闪电】shǎndiàn【飞快】fēikuài ¶~처럼 | 像闪电。¶손놀림이 ~같다 | 手法就像闪电。

ᴬ번갯불 명【闪电】shǎndiàn

번개불에 콩 볶아먹기 관용【吃蛋等不得鸭子落屁股】chīdàn děngbù·de yā·zi luòpì·gu【冰糖调黄瓜办事干脆】bīngtáng tiáo huángguā, bànshì gāncuì

ᴮ번거롭다 형【麻烦】má·fan【繁杂】fánzá【烦杂】fánzá【复杂】fùzá【繁琐】fánsuǒ【纷杂】fēnzá【纷纭】fēnyún【热闹】rè·nao ¶조금도 번거롭지 않다 | 一点也不麻烦。¶수속이 대단히 ~ | 手续shǒuxù很麻烦。¶번거롭게

지만 네가 한 번 갔다 와 | 麻烦你去一趟吧。

ᴮ번데기 명【蛹】yǒng【金刚】jīngāng ¶누에의 ~ | 蚕cán蛹。

번드르르 형【光亮】guāngliàng【油光锃亮】yóuguāngzèngliàng ¶~하게 닦아 신은 구두 | 擦得光亮的鞋子。¶~한 얼굴 | 油光锃亮的脸。

번득 튀하자타【一闪】yìshǎn【一晃(儿)】yíhuàng(r)【闪光】shǎnshǎn ¶~ 빛나다 | 亮闪闪。¶햇빛에 금테 안경이 ~거리다 | 在阳光下金边眼镜闪闪发亮。

번득이다 동【闪闪】shǎnshǎn【闪耀】shǎnyào【闪烁】shǎnshuò【晃动】huàngdòng【挥舞】huīwǔ【闪闪发光】shǎnshǎn fāguāng ¶비행기의 은빛 날개가 햇빛에 번득인다 | 飞机的银翼yì在阳光里闪耀。¶두 눈이 흥분으로 ~ | 两眼兴奋xīngfèn得闪闪发光。

번들거리다 동【光滑】guāng·hua【光亮亮】guāngliàngliàng ¶이마가 땀으로 매우 ~ | 额头上因汗水非常光滑。

번들번들 튀 ❶ (바닥)【光滑】guānghu·á【光闪闪】guāngshǎnshǎn ¶~하게 닦다 | 擦cā得很光滑。❷ (인물)【圆滑】yuánhuá【滑】huá ¶너무 ~한 인물이라 상대하기도 싫다 | 这种人太滑,不想和这种人打交到。

번들 소프트웨어[bundled software] 명〈電算〉【捆绑】kǔnbǎng

번듯하다 형 ❶ (행동이 바르다)【端正】duānzhèng ¶행동이 ~ | 行为端正。¶품행이 ~ | 品行端正。❷ (글씨·길 등이 바르다)【端正】duānzhèng【平正】píngzhèng【工工整整】gōnggōngzhěngzhěng ¶그의 글씨는 아주 ~ | 他的字写得工工整整。¶길이 평탄하고 ~ | 道路平正。¶네모 ~ | 四角平坦而直。❸ (잘 생기다)【漂亮】piào·liang ¶번듯하게 생긴 여자 | 长得漂亮的女子。

번듯이다 동 ☞ 번득이다

번민[煩悶] 명하자【烦闷】fánmèn【烦懑】fánmèn【烦郁】fányù【气闷】qìmèn【烦恼】fánnǎo ¶너는 왜 이렇게 ~하느냐? | 你干吗这样烦恼? ¶이게 전부 운이니까, ~하지 말아라 | 这都是运气, 你不要烦恼.

ᵒ**번번이**[番番─]〖부〗【每次】měicì【每回】měihuí【次次】cìcì【屡次】lǚcì【屡屡】lǚlǚ【累次】lěicì【节节】jiéjié【回回】huíhuí ¶~ 모두 이 모양이다 | 每次都是这样. ¶~ 실패하다 | 每次都失败shībài. ¶그는 언제나 시간을 지키지 않고 ~ 지각한다 | 他老不守时间回回迟到.

번복【翻覆】〖명〗【하타】【翻覆】fānfù【颠倒】diāndǎo【倒转】dàozhuǎn

ᵒ**번성**¹【繁盛】〖명〗【하자】【繁盛】fánshèng【繁荣】fánróng【茂盛】màoshèng【旺盛】wàngshèng【红火】hónghuǒ ¶한때 ~했던 신발 수출 산업 | 繁盛过一时的鞋类lèi出口产业. ¶장사가 ~하다 | 生意兴火.

번성²[番盛]〖명〗【하자】【繁衍】fányǎn ¶자손이 ~하기를 빌다 | 祈愿子孙繁衍.

ᵒ**번식**【繁殖】〖명〗【하자타】【繁殖】fánzhí ¶~기 | 繁殖期. ¶~력 | 繁殖力/生育能力. ¶~률 | 繁殖率.

번안【翻案】〖명〗【하타】【改写】gǎixiě【改编】gǎibiān【改作】gǎizuò ¶~가요 | 改写的歌谣. ¶그는 역사를 ~하여 한국이 민주화의 길을 걷게 하였다 | 他改写了历史, 使韩国走向了民主化的道路.

ᵒ**번역**【翻譯】〖명〗【하타】【翻译】fān‧yì料 | 翻译费用fèiyòng. ¶~자 | 翻译者/译者.

ᵒ**번영**【繁榮】〖명〗【하자】【繁荣】fánróng【昌盛】chāngshèng【兴盛】xīngshèng【兴旺】xīngwàng【翻旺】fānwàng【兴隆】xīnglóng ¶조국이 나날이 ~하다 | 祖国日趋qū繁荣. ¶농촌 경제의 ~ | 农村nóngcūn经济jīngjì的繁荣. ¶민족이 ~하다 | 民族mínzú兴隆.

번잡【煩雜】〖명〗【하형】【杂乱】záluàn【烦杂】fánzá【繁杂】fánzá【乱哄哄】luànhōnghōng ¶업무가 ~하니, 더욱 주의를 기하십시오 | 事务烦杂请多加小心. ¶일이 더욱 ~해졌다 | 事情更加烦杂了.

번지[番地]〖명〗【号】hào【门牌号】ménp-

āihào ¶댁은 몇 ~입니까? | 府上是几号? ¶~가 틀렸다 | 门牌号错了.

ᴮ**번지다**〖동〗❶(잉크 등이)【发理】fāyīn【洇】yīn【渾】yīn【浸】jìn ¶먹물이 ~ | 墨水发渾. ❷(불이나 질병 등이)【扩大】kuòdà【蔓延】mànyán【蔓衍】mànyǎn ¶불길이 사방으로 ~ | 火势向四面蔓延. ¶전염병이 ~ | 传染病蔓延. ❸(소문 등이)【传开】chuánk-āi【闹大】nàodà ¶소문이 ~ | 消息传开.

번지르르〖부〗❶(미끄럽고 윤이 나는 모양)【油光光】yóuguāngguāng【滑溜溜】huáliūliū ¶얼굴에 기름기가 ~ 흐르다 | 脸上油光光的. ❷(겉만 그럴 듯한 모양)【漂亮】piào·liang【摆阔】bǎikuò ¶쥐뿔도 없으면서 ~ 말만 늘어놓다 | 什么也没有, 但说话说得很漂亮.

ᴮ**번쩍**¹〖부〗【하자타】【闪闪】shǎnshǎn【闪闪】shǎn ¶번개불이 ~이다 | 电光闪闪.

번쩍²〖부〗(갑작스러운 모양)【一下子】y-íxià·zi【一下】yíxià ¶쌀가마를 ~ 들다 | 把米袋一下子抬lái起来. ¶눈에 ~ 띄다 | 眼前一亮. ¶귀에 ~ 뜨이는 말 | 一下就能听到的话.

번창【繁昌】〖명〗【하자】【繁荣】fánróng【繁华】fánhuá ¶사업이 해마다 ~하다 | 事业每年都繁荣.

번트[bunt]〖명〗〈體〉【触击】chùjī【短打】duǎndǎ【轻打】qīngdǎ

ᴬ**번호**[番號]〖명〗【番号】fānhào【号数】h-àoshù【号】hào【号头(儿)】hàotóu(r)【号码(儿)】hàomǎ(r)【报数】bàoshù ¶~기 | 号码机.

번화【繁華】〖명〗【하형】【繁华】fánhuá【热闹】rè·nɑo【闹热】nàorè ¶이 일대가 시내에서 가장 ~한 지역이다 | 这一带是城里最繁华的地方.

ᴬ**번화**【大街】〖명〗【大街】dàjiē

ᴬ**벌**〖명〗❶(들판)【平原】píngyuán【田野】tiányě ¶황량한 ~ | 荒凉的平原. ❷〈蟲〉【蜂】fēng ¶꿀~ | 蜜蜂. ¶어리 ~ | 熊蜂. ❸(옷)【套(儿,子)】tào(r,zi)【件】jiàn ¶옷 한 ~ | 一套衣服. ¶그 양복은 조끼가 지 있으니 ~을 갖춘 셈이지요 | 那西服连马甲(坎肩)都有, 可说是成了

套。❹ (항렬)【辈】bèi【辈分】bèi·fen
【辈数儿】bèishùr　¶조카~ | 侄子
辈。

^A^벌²[罰] 圀【罚】fá　¶~을 받다 | 挨
罚。¶~서다 | 罚站。¶상~을 분명
히 하다 | 赏shǎng罚分明。

^B^벌거벗다 圐【脱光】tuōguāng【脱得精
光】tuō ·de jīngguāng【光秃秃】guā
ng tū tū【没衣可穿】méi yī kě chuān
【褴褛不堪】lánlǚ bùkān　¶벌거벗고
자는 아이 | 脱光了睡觉的孩子 | 벌
거벗은 산 | 光秃秃的山。

^C^벌거숭이 圀 ❶ (나체)【裸体】luǒtǐ【赤
身】chìshēn【光秃秃(的)】guāng tūtū
(·de)【光着身子】guāng ·zhe shēn·zi
¶개구쟁이들이 ~로 물놀이를 즐기
다 | 顽皮wánpí的孩子们光着屁股, 在
快乐地玩着水。❷ (빈털터리)【赤
贫】chìpín【穷光蛋】qióng guāngdàn
【穷孙】qióngsūn【穷秧子】qióngyā
ng·zi【一贫如洗】yī pín rú xǐ　¶하루
밤 사이에 ~가 되다 | 一夜之间变成
穷光蛋。

^C^벌거숭이산 圀【秃山】tūshān【崩山】bē
ngshān

^C^벌겋다 閺 ❶ (연하게 붉다)【通红】tō
nghóng　¶벌건 눈 | 通红的眼睛。❷
(터무니 없다)【赤裸裸】chìluǒluǒ　¶
벌건 거짓말 | 赤裸裸的谎言。

^B^벌금[罰金] 圀【罚款】fákuǎn【罚银】fá
yín【罚钱】fáqián【罚金】fájīn【惩款】
chéngkuǎn　¶~조항 | 罚款条款tiáo
kuǎn。¶~형 | 罚款刑。¶~으로
때우다 | 处以罚款。

벌기다 圐【剥开】bāokāi　¶밤송이를
벌기어 밤톨을 꺼내다 | 将毛栗子剥
开把栗子lì·zi拿出来。

벌꺽 閈 ❶ (심하게 발끈 성을 내는 모
양)【突然】tūrán　¶~ 화를 내다 | 突
然发火。¶~ 신경질을 부리다 | 突
然发神经。❷ (갑자기 판판으로 뒤집
는 모양)【闹翻】nàofān　¶온 집안이
~ 뒤집혔다 | 整个家都闹翻了。¶난
데없는 맹수의 출현으로 온 거리가 ~
뒤집혔다 | 猛兽的出现, 整个街道闹
翻了。

^A^벌다 圐 ❶ (틈이 나다)【裂开】lièkāi
【裂缝】lièfèng【拨缝】bōfèng　¶마루
청의 틈이 ~ | 地板裂缝了。❷ (관계

가 소원하다)【疏远】shūyuǎn　¶오해
로 벌었던 사이가 좋아졌다 | 因误会
而疏远了的关系又好起来了。❸ (옆
으로 벌어나다)【伸展】shēnzhǎn【延
展】yánzhǎn【伸长】shēncháng　¶모
포기가 잘 벌어야 풍년이 들겠다 | 苗
伸长得好, 看来能够丰收fēngshōu。
❹ (돈벌이를 하다)【挣】zhèng【赚】
zhuàn【赚取】zhuànqǔ　¶버는 대로
쓰다 | 挣多少花多少。¶돈을 ~ | 赚
钱。¶노동으로 생활비를 ~ | 用劳
动赚取生活费。❺ (득을 보다)【赚
取】zhuànqǔ　¶질질 끌어서 시간을 ~
| 用拖延tuōyán来赚取时间。❻ (벌
받거나 욕먹을 일을 스스로 만들다)
【自找】zìzhǎo【自讨】zìtǎo　¶욕을 ~
| 自找挨骂。

^B^벌떡 閈【一骨碌】yìgǔ·lu【一骨鲁】yìgǔ
·lǔ【突然】tūrán　¶~ 자리에서 일어나
다 | 一骨碌爬pá起来。

벌떡벌떡 ❶ (심장 등이 뛰는 모양)【噗
通噗通】pūtōng pūtōng　¶맥이 ~ 뛰
다 | 脉mài噗通噗通地跳tiào。¶가
슴이 ~ 한다 | 心噗噗通通地跳的。❷
(들이마시는 모양)【大口大口地】dà
kǒu dàkǒu·de　¶~ 물을 들이켜다 |
大口大口地喝水。

벌떼 圀【蜂群】fēngqún

벌렁 閈 (仰面)【仰面】yǎngmiàn【仰八叉】yǎ
ngbāchā　¶바닥에 ~ 드러눕다 | 仰
面躺在地下。

^A^벌레 圀 ❶ (곤충)【虫】chōng【昆虫】k
ūnchóng　¶옷이 ~에게 좀 먹혔다 |
衣服被虫子蛀zhù了。❷ (사람에 비
유하여)【虫】chōng　¶일 ~ | 干活
虫。¶공부~ | 学习虫。

^C^벌름거리다 圐【一张一合】yìzhāng yìh
é【一扇一扇】yíshàn yíshàn　¶코를
벌름거리며 급히 숨을 쉰다 | 鼻子一
扇一扇地急促jícù地呼吸hūxī。

^B^벌리다 圐 ❶ (사이를 넓히다)【摊开】t
ānkāi【展开】zhǎnkāi【打开】dǎkāi
【摆开】bǎi·kai【使裂开】shǐlièkāi【裂
开】lièkāi　¶손바닥을 ~ | 摊开巴掌。
¶팔을 ~ | 张开胳膊gēbo。¶날개를
~ | 展开翅膀chìbǎng。❷ (우무
러진 것을 펴서 열다)【张】zhāng【张
开】zhāngkāi　¶입을 ~ | 张嘴。❸
(열어서 속의 것을 드러내다)【张】zh-

āng 【张开】zhāngkāi ¶조개 껍데기를 ~ | 把贝壳bèikér儿张开。❹ (돈벌이가 되다) 【赚】zhuàn ¶돈이 잘 벌리는 장사 | 能赚钱的买卖。❺ (늘어놓다) 【摆放】bǎifàng 【摆开·i 排列】páiliè ¶책들을 책상 위에 벌려 놓다 | 书桌上摆放了一些书。

ᶜ벌벌 ¶❶ (떠는 모양) 【哆哆嗦嗦】duōduō suōsuō 【战战兢兢】zhànjīngjīng 【爬行】páxíng ¶무서워서 ~ 떨다 | 怕得哆哆嗦嗦。¶그녀는 ~ 떨며 대답했다 | 她战战兢兢地回答了。❷ (몹시 아까워하는 모양) 【哆哆嗦嗦】duōduō suōsuō 【打哆嗦】dǎduōsuō ¶푼돈을 내면서도 ~ 떤다 | 出零花钱还哆哆嗦嗦。❸ (큰 동작으로 기는 모양) 【慢慢地】mànmàn·de 【一步一步】yíbù yíbù ¶~ 기다 | 慢慢地爬。

ᴬ벌써 ¶❶ (오래 전에) 【早就】zǎojiù 【早经】zǎojīng 【已经】yǐ·jīng ¶~부터 알고 있었다 | 早就知道。¶그들은 ~ 헤어졌다 | 他们已经分手了。¶~ 떠났다 | 已经离开了。❷ (어느새) 【不知不觉】bùzhī bùjué 【已经】yǐ·jīng ¶~ 퇴근 시간이 되었다? | 不知不觉下班时间已经到了？¶내 나이 ~ 육십이다 | 我的年纪已经六十了。

ᴮ벌어지다 통 ❶ (틈이 생기다) 【裂缝】liè·fèng 【裂开】lièkāi ¶벽의 틈이 ~ | 墙壁rkāi裂缝了。¶지진이 지나간 뒤 벽이 벌어졌다 | 地震dìzhèn后, 墙壁qiángbì裂开了。❷ (어떤 일이 일어나다) 【展现】zhǎnxiàn 【出现】chūxiàn 【展开】zhǎnkāi 【开展】kāizhǎn ¶새로운 국면이 ~ | 展现新局面。¶큰 간사업이 ~ | 展开开垦kěn工作。❸ (관계가 소원해지다) 【疏远】shūyuǎn ¶그와 사이가 벌어졌다 | 疏远两人 | 两人的关系疏远了。❹ (가로 벌거나 퍼지다) 【伸展】shēnzhǎn 【蔓延】mànyán 【蔓衍】mànyán ¶나뭇가지가 옆으로 ~ | 树枝向旁边伸展开来。❺ (어깨가) 【宽】kuān 【底浅上宽】dǐqiǎnshàngkuān 【宽宽】kuānkuān 【宽广】kuānguǎng ¶쩍 벌어진 어깨 | 宽宽的肩膀jiānbǎng。

벌이 명하자 【挣钱】zhèngqián 【赚钱】

zhuānqián ¶요즘엔 ~가 통 시원찮다 | 最近赚钱一点都不容易。

ᶜ벌집 명 【蜂房】fēngfáng 【蜂窝】fēngwō 【巢房】cháofáng 【蜂箱】fēngxiāng 【巢房】cháoxiāng ¶~을 쑤시다 | 捅马蜂窝。

벌채 【伐採】명하타 【砍伐】kǎnfá 【采伐】cǎifá ¶수목 - 금지 | 禁止jìnzhǐ砍伐树木。

벌책 【罰責】명하타 【责罚】zéfá ¶~을 받다 | 受责罚。

벌충 명하타 【弥补】míbǔ 【补充】bǔchōng ¶~할 수 없는 손실 | 不可弥补的损失sǔnshī。¶결손을 ~하다 | 将缺额弥补하다.

ᶜ벌칙 【罰則】명 【犯规】fànguī 【处罚规定】chǔfáguīdìng ¶운동 경기의 ~ | 比赛的处罚规定。

벌컥 튄 ❶ (어떤 상태나 일이 갑자기 판판으로 변하는 모양) 【闹翻】nàofān 【遍】biàn ¶온 집안이 ~ 뒤집히다 | 整个家里闹翻了。❷ (갑자기 기운을 내는 모양) 【猛】měng·de 【猛的】měng·de ¶대문을 ~ 열고 들어 닥치네 | 猛的把大门打开闯chuǎng进来。❸ (갑자기 성을 세게 내는 모양) 【突然】tūrán 【陡然】dǒurán ¶~ 화를 내다 | 突然发火。¶~ 신경질을 부리다 | 突然发神经。

벌컥벌컥 튄하자 【咕噔】gūdēng 【咕嘟】gūdū 【鼓嘟】gǔdū 【咕嗒】gūdā ¶그는 작은 물통을 안은 채 ~하고 마셨다 | 他抱起小水桶, 咕噔咕噔喝了一顿。¶그는 물 한 대접을 들어 ~ 마셨다 | 他端起一碗水, 咕嘟咕嘟地喝了下去。

ᴮ벌판 명 【田野】tiányě 【原野】yuányě ¶허허한 ~ | 旷野。¶광활한 ~ | 一片广阔guǎngkuò田野。¶열차가 ~을 가로질러 먼 곳으로 달리다 | 列车穿过田野, 奔向远方。

벌하다 통 【罚】fá 【惩罚】chéngfá ¶하늘이 벌하실 겁니다 | 老天要惩罚的。

ᴮ범¹ 명 〈動〉【老虎】lǎohǔ 【虎】hǔ

범-² 【汎-】접 【凡】fán 【全体】quántǐ 【全】quán ¶~여성 운동 | 全体妇女fùnǚ运动。¶~국민적 항쟁 | 全民性抗争kàngzhēng。

－범³【-犯】回 【犯】fàn ¶전-|战

犯。¶절도~｜盗窃dàoqiè犯。

범람[氾濫] 圐[하자] ❶ (물이 넘쳐 흐르다) 【泛滥】fànlàn ¶홍수가 ~하다｜洪hóng水泛滥。¶우기에 강물이 ~하다｜雨季jì江水泛滥。❷ (바람직하지 못한 것들이 나돌다) 【充斥】chōngchì ¶백화점에 일본 상품이 ~하고 있다｜百货公司里充斥着日本货。

범례[凡例] 圐【凡例】fánlì【例言】lìyán ¶이 사전을 사용하기 전에 반드시 ~를 착실히 읽어 어떻게 사용하는 지를 알아야 한다｜使用这本词典前，一定要认真阅读yuèdú凡例，以便了解如何使用。¶책을 볼 때는 반드시 ~를 먼저 봐야 한다｜看书一定要先看例言。

범벅 圐 ❶ (음식) 【糊糊】hūhu ¶호박~｜南瓜糊糊。❷ (한데 뒤섞여 갈피를 잡을 수 없는 것) 【杂乱】záluàn【混杂】hùnzá【乱七八糟】luàn qī bā zāo【粘满】zhānmǎn ¶일이 ~이 되어 처리하기 어렵다｜事情乱七八糟的，很难处理。¶신발바닥이 진흙으로 ~이 되었다｜鞋底粘满了泥巴。

범법[犯法] 圐【犯法】fànfǎ【犯科】fànkē ¶~ 행위｜犯法行为。

범상[凡常] 圐[하형] 【寻常】xúncháng【行常】xíngcháng【平常】píngcháng【平凡】píngfán【平平凡凡】píng píng fán fán ¶이 임무는 ~하지 않다｜这个任务rènwu非同寻常。¶이번 사태는 ~히 여길 일이 아니다｜这次事件不能认为是平常的。¶~한 생활｜平凡的生活shēnghuó。

범실[凡失] 圐【平凡的失误】píngfán·de shīwù ¶~이 잦다｜平凡的失误多。

범위[範圍] 圐【范围】fànwéi【界限】jièxiàn ¶~가 대단히 광범하다｜范围极其广泛guǎngfàn。¶활동~｜活动范围。¶조사할 대상의 ~를 정하다｜定调查diàochá对象的范围。

범인[犯人] 圐【犯人】fànrén【罪犯】zuìfàn【囚犯】qiúfàn【囚徒】qiútú【阶下囚】jiēxiàqiú ¶~을 압송하다｜押送yāsòng囚犯。

범절[凡節] 圐【礼节】lǐjié【规矩】guī·ju ¶예의~｜礼节。¶인사～｜行礼的礼节。

범죄[犯罪] 圐【犯罪】fànzuì【犯事】fànshì ¶~ 심리학｜犯罪心理学。¶~ 행위｜犯罪行为。¶~ 현장｜犯罪现场。

범죄자[犯罪者] 圐【犯罪者】fànzuìzhě【罪犯】zuìfàn

범주[範疇] 圐【范畴】fànchóu ¶~에 넣다｜纳入范畴。

범하다[犯-] 圐[他] ❶ (어기다) 【犯】fàn【违犯】wéifàn ¶계율을 ~｜犯戒律jièlǜ。❷ (잘못 등을 저지르다) 【出】chū【犯】fàn ¶실수를 ~｜出漏子。¶오류를 ~｜犯错误。❸ (무시하거나 빼앗다) 【侵犯】qīnfàn【冒犯】màofàn【轻视】qīngshì ¶감히 범할 수 없는 위엄｜不可侵犯的威严wēiyán。¶그는 어딘지 범하기 어려운 데가 있다｜他无论从哪一个角度看都有不可轻视之处。❹ (넘어선 안될 경계를 넘다) 【侵犯】qīnfàn ¶국경을 ~｜侵犯国境jìng。❺ (정조를 빼앗다) 【玩儿】wánr ¶여자를 ~｜玩儿女人。

범행[犯行] 圐【犯罪行为】fànzuì xíngwéi【罪行】zuìxíng【犯行】fànxíng ¶~동기｜犯罪动机。¶~을 저질렀다｜犯下了罪行。¶~을 자백하다｜坦白罪行。

^A법[法] 圐 ❶ (법률) 【法】fǎ【法律】fǎlǜ【大法】dàfǎ ¶국제~｜国际法。¶~대로 처리하다｜依法处理。¶~에 저촉되지 않도록 하다｜做到与法律不相抵触。❷ (방법) 【法儿】fǎr【方法】fāngfǎ【办法】bànfǎ ¶교수~｜教法儿。¶그림 그리는 ~｜划画的方法。¶요리하는 ~｜做料理的方法。❸ (이치·예법) 【道理】dàolǐ【规律】guīlǜ ¶그런 ~이 어디 있소｜哪儿有那样的道理。¶아무리 궁해도 죽으라는 ~은 없다｜再穷也没有让死的道理。❹ (으레 그렇게 되는 것) 【必然的】bìrán·de【规律】guīlǜ【合乎规律的】héhū guīlǜ·de ¶노력하는 사람에게는 못 당하는 ~이다｜比不过努力的人，这是规律。¶겨울은 춥고 여름은 더운 ~이다｜冬天必然冷，夏天必然热。❺ (가능성) 【可能】kěnéng【大概】dàgài【会】huì ¶이런 개천에는 물고기가 있을 ~하다｜在这样的河里面大概会有鱼的。❻ (때·습

관】【时候】shíhòu 【习惯】xíguàn ¶그
는 언제나 지각하는 ~이 없다 | 他什
么时候也不迟chí到。❼〈言〉【式】shì
¶명령어 | 命令式。❽〈宗〉【法】fǎ
【法儿】fǎr ¶설~(하다) | 说法儿。

ᄂ법과대학[法科大學] 몡【法学院】fǎxu-
éyuàn

ᄂ법규[法規] 몡【法规】fǎguī ¶~를 완
비하다 | 健全jiànquán法规。¶상거
래에 관한 ~ | 商业交易法规。¶현
행 ~를 지키다 | 遵守现行法规。

법도[法度] 몡【法度】fǎdù 【规矩】guī-
ju ¶~가 있는 집안 | 有法度的家庭。¶
~를 지키지 않다 | 不守规矩。

ᄇ법률[法律] 몡〈法〉【法律】fǎlǜ ¶~안
| 法律案/法案。¶~고문 | 法律顾
问。¶그것은 ~에 규정되어 있다 |
那个在法律上有规定。

법망[法網] 몡【法网】fǎwǎng ¶~을
빠져 나가기는 어렵다 | 法网难逃tá-
o。¶교묘하게 ~을 빠져나가다 | 巧
妙地逃脱了法网。

ᄂ법무부[法務部] 몡【法务部】fǎwùbù
【司法部】sīfǎbù

법석 몡하자【喧闹】xuānnào【吵闹】chǎ
ǎonào 【喧嚣】xuānxiāo ¶~을 떨어
잠을 잘 수 없다 | 吵闹得使shǐ人不能
人睡。¶왜 이렇게 야단~이야? | 怎
么,这么吵闹?

법석거리다 통【喧闹】xuānnào ¶법석
거리는 공사장 | 喧闹的工地。¶사람
들이 법석거리는 시장은 삶의 교과서
다 | 人们喧闹的市场是生活的教材。

법안[法案] 몡【法案】fǎ'àn ¶~을 제
출하다 | 提出法案。¶그 ~은 국회
를 통과했다 | 那个法案在国会通过
了。

법원[法院] 몡【法院】fǎyuàn ¶~에
출두하다 | 到法院出庭。

법인[法人] 몡【法人】fǎrén ¶~ 단체
| 法人团体。¶~세 | 法人税。

법적[法的] 관【法律的】fǎlǜ·de【法
律】fǎlǜ【法律上】fǎlǜ shàng ¶~ 조
치를 취하다 | 采取cǎiqǔ法律措施cu-
òshī。¶우리에게는 ~으로 알 권리
가 있다 | 从法律上讲, 我们有了解的
权利。

ᄂ법전[法典] 몡〈法〉【法典】fǎdiǎn

ᄂ법정[法廷] 몡【法庭】fǎtíng【公堂】gō-

ngtáng ¶~ 변론 | 法庭辩论biànlùn。

법정²[法定] 몡【法定】fǎdìng ¶~ 기
일 | 法定期日。¶~ 상속인 | 法定继
承人。¶~ 소유권 | 法定所有权。¶
~ 환율 | 法定汇率。¶~ 휴일 | 法
定假日。¶~가격 | 法定价格。¶~
기간 | 法定期间。¶~이자 | 法定利
率。

법조계[法曹界] 몡【法曹界】fǎcáojiè
【法律界】fǎlǜjiè

법질서[法秩序] 몡【法律秩序】fǎlǜ zhì-
xù【法定秩序】fǎdìng zhìxù

법치[法治] 몡【法治】fǎzhì ¶~국가
| 法治国家。¶~주의 | 法治主义。

법칙[法則] 몡【法律】fǎlǜ【法则】fǎzé
【定律】dìnglǜ【规律】guīlǜ ¶만유 인
력의 ~ | 万有引力的定律。¶사회발
전의 ~ | 社会发展的规律。¶수요
공급의 ~ | 供求法则。

법통[法統] 몡【传统】chuántǒng ¶삼
백년 이어 온 남도창의 ~ | 延续yánx-
ù了三百年南道唱的传统。

법하다 휑【好像】hǎoxiàng【像是】xià-
ngshì ¶자초지종을 듣고 보니 그럴
~ | 听了事情的自始至终觉得好像是
那么回事。¶그가 화날 ~ | 他像是
要发火。

법학[法學] 몡【法学】fǎxué【法律学】f-
ǎlǜxué ¶~가 | 法学家。¶~자 | 法
学者。¶~ 개론 | 法学概论。¶~사
| 法学史。

ᄀ벗 몡【朋友】péng·you【友人】yǒurén ¶
그는 나와 제일 친한 ~이다 | 他是
我要好的朋友。¶~을 사귀다 | 交朋
友。¶오랜 ~ | 老朋友。

ᄃ벗겨지다 통❶ (옷·신 등이)【被脱】bè-
ituō【脱】tuō ¶구두가 꽉 끼여 잘 벗
겨지지 않는다 | 鞋太紧脱不下来。❷
(칠·비늘 등이)【褪】tuì ¶옷 색깔이
~ | 衣服的颜色褪了。❸ (누명이)
【洗雪】xǐxuě ¶누명이 ~ | 洗雪罪
名。❹ (덮개 등이)【变秃】biàntū
【光秃秃】guāng tūtū

ᄅ벗기다 통❶ (옷·모자 따위를 벗게 하
다)【脱】tuō【摘】zhāi ¶어린애의 옷
을 ~ | 给小孩脱衣服。❷ (껍질이나
가죽을 떼어내다)【脱】tuō【剥】bāo
¶껍질을 한 겹 벗겼다 | 脱了一层cé-

411

ng皮。¶종이 봉투를 열고 종이 한 겹을 벗겨내다 | 打开纸zhǐ包，剥去一层cēng纸。 ❸ (비밀을 파헤치다)【揭开】jiēkāi ¶비밀을 ~ | 揭开秘密mìmì。 ❹ (덮개 등을 걷거나 떼어내다)【揭开】jiēkāi【掀开】xiān·kāi【摘掉】zhāidiào【取下来】qǔxiàlái ¶솥뚜껑을 ~ | 揭开锅guō盖。¶벽에 걸린 옷가지들을 벗겨 내리다 | 把挂在墙上的衣服取下来。❺ (빼거나 끌러내다)【拉开】lā·kai【解扣】jiěkòu ¶대문 문고리를 ~ | 把大门的门扣拉开。❻ (안개 등이 걷히다)【散】sàn ¶안개가 ~ | 雾散了。❼ (긁어내다)【搓】cuō ¶때를 ~ | 搓泥。

^벗다【동】❶ (옷, 모자를)【脱】tuō【摘】zhāi ¶옷을 ~ | 脱衣服。¶양말을 벗어라 | 把袜子wà·zi脱下来。¶안경을 ~ | 摘眼镜yǎnjìng(儿)。❷ (허물)【蜕】tuì ¶뱀이 허물을 ~ | 蛇shé蜕皮。❸ (짐을)【卸下】xiè·xià【放下】fàngxià ¶지게를 ~ | 把背物bèijià。❹ (책임·부담을)【推卸】tuīxiè【还清】huánqīng【清偿】qīngcháng【清还】qīnghuán【免除】miǎnchú【丢掉】diūdiào【抛弃】pāoqì【摆脱】bǎituō【脱】tuō·luò【去掉】qùdiào【除去】chúqù ¶책임을 ~ | 推卸责任zérèn。¶정신적 부담을 ~ | 丢掉包袱bāofu。❺ (티·때 등을)【去掉】qùdiào ¶촌티를 ~ | 去掉土气。

^벗어나다【동】❶ (…에서 헤어나다)【脱离】tuōlí【摆脱】bǎituō【解脱】jiětuō【解放】jiěfàng ¶환자가 위험에서 벗어났다 | 病人脱离了危险wēixiǎn。¶우리 나라 과학 기술 수준은 아직도 낙후상태를 벗어나지 못하고 있다 | 我国的科学技术水平还没有摆脱落后状态zhuàngtài。❷ (가난을 ~ | 摆脱贫穷píngqíng。¶(범위·한계 밖으로 나가다)【脱离】tuōlí【离开】líkāi ¶현실을 ~ | 脱离实际shíjì。¶그는 항상 군중에서 벗어나 있다 | 他一向脱离群众qúnzhòng。¶그는 이미 북경을 벗어났다 | 他已经离开北京了。❸ (어긋나다)【违背】wéibèi【辜负】gū·fù【不合】bùhé ¶원칙을 ~ | 违背原则。¶도리에 ~ | 不合道理。❹ (눈에 들지 못하다)【看上】kànshàng

【受不到】shòu·budào ¶그녀는 하는 일마다 남의 눈에서 벗어난다 | 她每干一件事别人都看不上。¶선생님의 눈에서 ~ | 受不到老师的重视。

벗어지다【동】❶ (신·안경 등이)【掉】diào【掉落】diàoluò【开】kāi ¶신발이 벗어졌다 | 鞋掉了。¶안경이 ~ | 眼镜掉了。❷ (어떤 기미나 티가 없어지다)【消失】xiāoshī【蹭掉】cèngdiào【剥破】guāpò ¶촌티가 ~ | 土气消失了。❸ (칠 등이)【剥】bāo【剥落】bōluò ¶페인트 칠이 벗어졌다 | 油漆yóuqī已经剥落了。¶칠이 ~ | 漆剥落。❹ (머리가)【秃】tū【脱落】tuō·luò【宽】kuān【去掉】qùdiào【洗干净】xǐgānjìng【除掉】chúdiào ¶그는 머리가 아주 벗어졌다 | 他的头顶很秃。❺ (거죽이)【破】pò ¶살갗이 ~ | 破皮。

벗하다【동】【结友】jiéyǒu【当做朋友】dàngzuòpéngyǒu【亲密无间】qīnmì wújiān ¶자연을 ~ | 把大自然当做朋友。

벙글거리다【동】【裂着嘴微笑】liè·zhe zuǐ wēixiào【一个劲乐】yí·ge jìn lè ¶기뻐서 ~ | 高兴得一个劲儿乐。

^벙긋【부/하자】【张嘴微笑】zhāngzuǐ wēixiào【微笑】wēixiào

벙벙하다【형】【目瞪口呆】mù dèng kǒu dāi【目瞪口哑】mùdèng kǒuyǎ【发愣】fālèng【发怔】fāzhèng ¶어안이 ~ | 张口结舌。¶영문을 몰라 벙벙하게 서 있다 | 不知原由目瞪口呆地站着。

^벙어리【명】【哑巴】yǎ·ba【哑吧】yǎbā【哑叭】yǎbā【哑子】yǎ·zi【喑哑】yīnyǎ ¶~시늉을 하다 | 打哑巴手势。

^벚꽃【명】〈植〉【樱花】yīnghuā ¶일본은 ~으로 세계에 널리 알려져 있다 | 日本以樱花闻名世界。¶~이 만발하다 | 樱花盛shèng开。

배【명】【麻布】mábù【布】bù ¶~를 짜다 | 织布。

^베개【명】【枕头】zhěn·tou ¶그에게 ~를 베어 주다 | 给他枕zhěn上枕头。¶팔~를 베고 자다 | 枕着胳膊gēbo睡。

베끼다【동】【抄】chāo【抄写】chāoxiě【抄缮】chāoshàn【钞录】chāolù【缮】shàn【缮写】shànxiě ¶저 글은 남의 것을 베낀 것이다 | 那篇文章是抄人

家的. ¶남이 한 숙제를 그대로 ~ |
将别人写的作业原抄过来. ¶베껴
서 기록하다 | 缮录qù. ¶문서를 ~ |
缮写文书.

베냉[Benin] 몡〈地〉【贝宁】Bèiníng
[아프리카 중서부에 위치한 나라.
1975년 다호메이를 개칭. 수도는 "波
多诺伏"(포르토노보; Porto Novo)]

베네룩스[Benelux] 몡〈地〉【比荷卢】
bǐhélú ¶~ 경제 동맹 | 比荷卢经济同
盟. ¶~ 관세 동맹 | 比荷卢关税同
盟.

베네수엘라[Venezuela] 몡〈地〉【委内
瑞拉】Wěinèiruìlā [남미 북부의 공화
국. 수도는 "加拉加斯"(카라카스;
Caracas)]

베네통[Benetton] 몡〈商標〉【贝纳通】
Bèinàtōng

^C**베니어**[veneer] 몡【镶板】xiāngbǎn
【胶合板】jiāohébǎn【饰面薄板】shìmi-
àn báobǎn【薄木板】bǎomùbǎn

^A**베다** 통❶ (머리를 받치다)【枕】zhěn
¶팔을 베고 자다 | 枕着胳膊睡觉shuì-
jiào. ❷ (상처를 내다)【割】gē【切】
qiē ¶나는 손을 베었다 | 我割破了
手. ❸ (자르거나 끊다)【割】gē ¶벼
를 ~ | 割稻子dào·zi.

베드[bed] 몡【床】chuáng【榻】tà ¶~
에 눕다 | 卧wò床. ¶스프링 ~ | 弹
簧dànhuáng床.

베드신[bed scene] 몡【床上戏】chuá-
ngshàngxì

베드 신음[bed 呻吟] 몡【叫床】jiàoch-
uáng

^C**베란다**[veranda] 몡【晒台】shàitái【阳
台】yángtái【露台】lùtái【凉台】liángtá-
i【平台】píngtái ¶~를 고쳐 만들다
| 修建xiūjiàn阳台.

베르사체[Versace] 몡〈商標〉【范思
哲】Fànsīzhé

베른[Bern] 몡〈地〉【伯尔尼】Bó'ěrní
["瑞士"(스위스; Switzerland)의　수
도]

베를린[Berlin] 몡〈地〉【柏林】Bólín
["德意志民主共和国"(옛 독일민주공
화국; The German Democratic Re-
public)의 수도였음]

베스트[best] 몡【最好】zuìhǎo【最高】
zuìgāo【最优秀】zuìyōuxiù

베스트 셀러[best seller] 몡【畅销书】
chàngxiāoshū【畅销货】chàngxiāoh-
uò【畅销品】chàngxiāopǐn

베어링[bearing] 몡〈機〉【轴承】zhó-
uchéng【轴架】zhóujià【培令】péilíng
【培珠】péilín【滚珠】gǔnzhū【钢珠】g-
āngzhū【钢球】gāngqiú【롤러(roll-
er) ~ | 滚滚柱gǔngǔnzhù轴承. ¶
~ 강 | 滚珠钢.

베어먹다 통【切】qiē【咬着吃】yǎo·zhe
chī ¶떡을 ~ | 切一块儿打糕gāo
吃. ¶사과를 한 입 ~ | 把苹果咬一
口吃.

베오그라드[Beograd] 몡〈地〉【贝尔
格莱德】Bèi'ěrgéláidé ["南斯拉夫"
(유고슬라비아; Yugoslvia)의 수도]

베이다 통【拉】lā【被割】bèigē【被切】b-
èiqiē ¶칼에 손가락이 ~ | 手指被刀
拉了.

베이비[baby] 몡【婴儿】yīng'ér【婴
孩】yīnghái【情人】qíngrén【女友】nǔy-
ǒu【宝贝】bǎobèi

베이루트[Beriut] 몡〈地〉【贝鲁特】bèil-
ǔtè ["黎巴嫩Líbānèn"(레바논; Leb-
anon)의 수도]

베이스¹[base] 몡【基底】jīdǐ【底座】dǐ-
zuò【基本】jīběn【基础】jīchǔ

베이스²[bass] 몡〈音〉【男低音】nándī-
yīn

베이징[Beijing] 몡〈地〉【北京】Běijīng
["中国(중국; China)"의 수도 영어로
는 "Peking"이라 함]

베이컨[bacon] 몡【熏咸肉】xūnxiánrò-
u【腊肉】làròu【腊猪肉】làzhūròu【咸
猪肉】xiánzhūròu【熏猪肉】xūnzhūròu

베일[veil] 몡【面纱】miànshā【面罗】m-
iànluó【面帕】miànpà【面衣】miànyī
【面罩】miànzhào【兜纱】dōushā【脸
帕】liǎnpà ¶~을 쓰다 | 蒙měng面
纱. ¶~을 벗다 | 揭开面纱的面纱.
¶~에 가려진 사건 | 蒙着面纱的事件.

^B**베짱이** 몡〈蟲〉【棱鸡】léngjī【纺织娘】f-
ǎngzhīniáng【纺织娘】fǎngshāniáng

베타 버전[betta version] 몡〈電算〉
【测试版】cèshìbǎn

베테랑[프 vétéran] 몡【老手】lǎoshǒu
【熟练】shúliàn【熟劲】shújìn

베트남[Vietnam] 몡〈地〉【越南】Yuèn-
án [수도는 "河内"(하노이; Hanoi)]

413

ᴮ베틀 囝【织布机】zhībùjī

ᴮ배풀다 동❶ (잔치 등을)【摆设】bǎishè【举行】jǔxíng ¶연회를 ~ㅣ举行宴会yànhuì。 ¶환영 잔치를 ~ㅣ举行欢迎宴会。❷ (은혜·동정·사랑 등을)【给予】jǐyǔ【给与】jǐyǔ【施惠】shīhuì【施恩】shī'ēn ¶여러분이 베풀어 주신 성의에 감사드립니다ㅣ感谢大家给予的诚意chéngyì。 ¶남에게 호의를 ~ㅣ向别人表示好意。

벤츠[(Mercedes) Benz]囝〈商标〉【奔驰】Bēnchí

벤치[bench]　囝【长凳】chángdèng【长椅】chángyǐ【坐板】zuòbǎn

벤틀리[Bentley]囝〈商标〉【宾利】Bīnlì

ᶜ벨¹[bell]【钟】zhōng【铃】líng【门铃】ménlíng ¶전화ㅡ이 울린다ㅣ电话铃响了。

벨²[Bell]囝〈社名〉【贝尔】Bèiěr

벨기에[Belgie]〈地〉【比利时】Bǐlìshí [수도는 "布鲁塞尔"(브뤼셀;Brussel)]

벨로루시[Belorussia]囝〈地〉【白俄罗斯】Bái'éluósī ["独立国家国协"(독립국가연합;CIS)중의 한 나라。 수도는 "名斯克"(민스크)]【白俄】bái'é

벨리즈[Belize]囝〈地〉【伯利兹】Bólìcí [중앙 아메리카 유카탄반도 동남의 카브리해에 면한 나라。 수도는 "贝尔莫潘"(벨모판;Belmopan)]

벨모판[Belmopan]囝〈地〉【贝尔莫潘】Bèi'ěr mòpān [伯利兹(벨리세;Belize)의 수도]

벨벳[velvet]囝〈工〉【丝绒】sīróng【剪绒】jiǎnróng【平绒】píngróng【天鹅绒】tiān'éróng【鹅绒】éróng ¶줄무늬 ~ㅣ柳条lǐutiáo丝绒。¶~으로 만든 커튼ㅣ丝绒窗帘chuānglián。

벨트[belt]囝〈胶带〉jiāodài【带】dài

ᴮ벼 囝【稻子】dào·zi ¶~농사ㅣ种稻/种水田。¶~를 베다ㅣ割稻子。¶~를 심다ㅣ收稻子。

ᴮ벼락 囝❶ (구름 사이의 방전현상)【雷】léi【霹雳】pīlì【霹雷】pīléi【劈雷】pīléi【急雷】jíléi ¶맑은 하늘에 날~ㅣ晴qíng天霹雳。❷ (크게 입는 타격)【猛击】měngjī ¶ (호된 꾸짖음)【痛骂】tòngmà【炸雷】zhàléi ¶할아버지로부터 ~이 떨어지다ㅣ被爷爷痛骂了一顿dùn。❹ (갑자기 이루어지는 것)【闪电】shǎndiàn【击】tūjī ¶~출세ㅣ闪电般出人头地。

벼락 공부 囝【突击式的学习】tūjīshì·de xuéxí ¶시험때문에 그는 ~를 한다ㅣ由于考试他在突击式学习。

벼락 부자[-富者]囝【暴发户】bàofāhù

벼락치기 囝【闪电】shǎndiàn ¶집을 ~로 짓다ㅣ闪电般盖房子。

ᴮ벼랑 囝【悬崖】xuányá ¶~에서 떨어지다ㅣ从悬崖上摔下来。

ᴮ벼루 囝【砚】yàn【砚台】yàn·tai ¶붓과 ~ㅣ笔bǐ砚。¶좋은 ~ㅣ上好的砚台。

벼룩 囝〈虫〉【跳蚤】tiào·zǎo【跳虱】tiàoshī【跳子】tiào·zi【蛇蚤】gèzao【狗蹦子】gǒubèng·zi

벼룩의 간을 내어 먹引 관용【蚊子屁股里掏蛆吃】wén·zi pìgǔ·lǐ tāoqū chī

벼르다 동❶ (미리 마음먹다)【打算】dǎ·suan【准备】zhǔnbèi【一心想】yìxīnxiǎng【盼】pàn【处心积虑】chǔ xīn jī lǜ ¶그는 천진에 한 번 가보려고 벼르고 있다ㅣ他打算到天津Tiānjīn去一趟tàng。¶잔뜩 벼르기만 하다가 때를 놓쳤다ㅣ一直光打算,放弃fàngqì了时机。¶설에 나는 집에 가려고 벼르고 있다ㅣ春节我准备回家。❷ (희망하다)【盼望】pànwàng【期盼】qīpàn ¶복수의 순간이 오기를 벼르고 ~ㅣ左盼右盼报仇瞬间的来临。❸ (고루 나누다)【平均分】píngjūnfēn【分】fēn ¶이 약은 두 번에 벼뤄서 복용하시오ㅣ这药分两次吃。

ᶜ벼슬 囝한자【官(儿)】guān(r)【官职】guānzhí ¶~자리ㅣ官位。¶~을 하다ㅣ当官。

ᶜ벼슬길 囝【官场】guānchǎng【仕进之路】shìjìnzhīlù【仕途】shìtú【仕路】shìlù【官路】guānlù ¶~이 어렵고 부침이 심하다ㅣ仕途坎坷kǎnkě,沉浮chénfú不定。¶~에 오르다ㅣ上官路。

벼슬아치 囝【官(儿)】guān(r)

벼이삭은 익을수록 고개를 숙인다 관용【谷穗越盈, 垂得越低】gǔsuì yuèyíng, chuí·de yuèdī

ᶜ벽[壁]囝❶ (간막이)【壁】bì【墙】qiáng【墙壁】qiángbì ¶사방의 ~ㅣ四壁。¶흙~ㅣ土墙。¶~을 허물다ㅣ

拆墙。 ¶세포~ | 细胞bāo壁。 ❷ | 위~ | 胃wèi壁。 ❷ (장애) 【障碍】zhàng'ài ¶마음의 ~ | 心理的障碍。 ¶계획이 ~에 부딪히다 | 计划遇yù到阻障碍。

벽²【癖】 명 【癖】pǐ ¶방랑癖 | 放荡癖。 ¶수집~ | 收藏癖。

ᶜ**벽걸이**【壁-】 명 【壁挂】bìguà ¶~ 선풍기 | 壁挂扇。

ᴮ**벽돌**【甓-】 명 【砖】zhuān 【砖头】zhuān·tou ¶~ 한 장 | 一块砖。 ¶~을 쌓다 | 砌qì砖。 ¶~색 | 砖头颜色。

벽두【劈頭】 명 【开头】kāitóu 【开始】kāishǐ 【起头】qǐtóu ¶신년 ~ | 新年开头。 ¶회의 ~부터 장내가 소란하다 | 从会议一开始场内就骚乱sāoluàn。

벽력【霹靂】 명 【霹雳】pīlì 【霹雳】pīléi 【劈雳】pīléi ¶청천 ~ | 晴qíng天霹雳。

ᶜ**벽면**【壁面】 명 【壁面】bìmiàn ¶울퉁불퉁한 ~ | 凹凸āotū的壁面。

ᴮ**벽보**【壁報】 명 【板报】bǎnbào 【大字报】dàzìbào ¶~가 나붙었다 | 板报贴tiē了出来。 ¶~를 붙이다 | 贴墙报。

ᴮ**벽시계**【壁時計】 명 【挂钟】guàzhōng 【壁钟】bìzhōng

ᴮ**벽장**【壁欌】 명 【壁橱】bìchú ¶~문 | 壁橱门。

ᶜ**벽지¹**【僻地】 명 【僻地】pìdì 【穷乡僻壤】qióng xiāng pì rǎng ¶산간~ | 山间僻地。 ¶~근무 | 穷乡僻壤工作。

벽지²【壁紙】 명 【糊墙纸】húqiángzhǐ

벽지³【壁紙; wallpaper】 명 〈電算〉【墙纸】

ᴮ**벽화**【壁畵】 명 【壁画】bìhuà ¶고분~ | 古墓壁画。 ¶동굴~ | 石窟壁画。

ᶜ**변¹**【便】 명 【大小便】dàxiǎobiàn ¶~을 보다 | 大便。 ¶~검사 | 检查大便。

변²【變】 명 【事变】shìbiàn 【变故】biàngù 【灾殃】zāiyāng 【灾戾】zāilì 【事情】shì·qing ¶~이 일어나다 | 发生事变。 ¶산길을 오다가 무슨 ~이라도 당했나? | 走山路的时候是不是遭到了什么事情?

변경¹【邊境】 명 【边境】biānjìng 【边疆】biānjiāng 【边域】biānyù 【边界】biānjiè ¶~ 지대 | 边境地区。 ¶~ 개발 | 边境开发。 ¶~ 무역 | 边境贸易。

변경²【變更】 명 하타 【变更】biàngēng 【改变】gǎibiàn 【更改】gēnggǎi 【更张】gēngzhāng 【变动】biàndòng 【更换】gēnghuàn 【变换】biànhuàn 【修改】xiūgǎi ¶일정을 ~하다 | 变更日程安ng。 ¶항해 일정을 ~하다 | 变更航行程。 ¶위치를 ~하다 | 变换位置。 ¶~ 수수료 | 修改手续费。

변기【便器】 명 【便器】biànqì 【便桶】biàntǒng 【马桶】mǎtǒng 【马子】mǎ·zi 【恭桶】gōngtǒng 【净桶】jìngtǒng 【粪桶】fèntǒng 【尿盆(儿)】niàopén(r) 【夜壶】yèhú ¶~ 소제용 솔 | 马桶刷子

변덕【變德】 명 【变心】biàn/xīn 【变化】biànhuà 【变卦】biànguà 【见异】jiànyì ¶~이 많다 | 变化多。 ¶~이 심한 사람 | 爱变卦的人。

ᶜ**변덕스럽다**【變德-】 형 【变化无常】biànhuà wúcháng ¶변덕스러운 겨울 날씨 | 变化无常的冬天气候。 ¶변덕스럽게 행동하다 | 变化无常地行动。

ᴮ**변동**【變動】 명 하자 【变动】biàndòng 【变化】biànhuà 【改变】gǎibiàn ¶~ 환율 | 变动汇率lǜ。 ¶큰 ~이 있었다 | 发生了很大的变动。 ¶물가 ~ | 物价变动。 ¶~이 심하다 | 股价gǔjià的变动大。

ᴮ**변두리** 명 【周围】zhōuwéi 【外围】wàiwéi 【边儿】biānr ¶도시의 ~ | 都市的周围。

변론【辯論】 명 하자타 【辩论】biànlùn ¶~의 초점 | 辩论的焦点jiāodiǎn。 ¶최후 ~ | 最后辩论。

ᶜ**변명**【辨明】 명 하타 【辩解】biànjiě 【分辩】fēnbiàn 【分说】fēnshuō 【分争】fēnzhēng 【辨白】biànbái 【解释】jiěshì 【申辩】shēnbiàn 【遁辞】dùncí 【支吾】zhī·wu 【搪塞】tángsè 【唐塞】tángsè ¶~의 여지가 없다 | 没有辩解的余地yúdì。 ¶구구한 ~을 잔뜩 늘어놓다 | 摆了一大堆duī解释jiěshì不一致的辩解。 ¶~을 허용하지 않다 | 不容分辩。 ¶~을 허락하다 | 允许yǔnxǔ辩解。

변모【變貌】 명 하자 【变样】biànyàng 【改变面貌】gǎibiàn miànmào ¶농촌 생활의 ~ | 农村生活的改变。

변변찮다 형 【不像样】búxiàngyàng

【不太好】bútàihǎo【不大好】búdàhǎo【不怎么样】bùzěn·meyàng ¶대접이 ~ | 招待 zhāodài 得不太好。¶솜씨가 ~ | 手法不太好。

변변하다［變—］톙 【好】hǎo【像样】xiàngyàng【够好】gòuhǎo【足够】zúgòu【够用】gòuyòng【看看】hǎokàn【拿出手】nácnūshǒu ¶변변한 친구 하나 없다 | 没有一个好朋友。¶변변치 못한 물건 | 不太好的东西。¶변변하지 못한 거지만 받아주세요 | 拿不出手的东西, 请你笑纳。

변별［辨別］톙하타 【辨别】biànbié【区别】qūbié【区分】qūfēn ¶시비를 ~하다 | 辨别是非。

변복조기［變複調器］modem; modulator demodulator］톙〈電算〉【调制解调器】tiáozhì jiětiáoqì

변비［便秘］톙【便秘】biànmì【便闭】biànbì【便结】biànjié【腹结】fùjié【粪结】fènjié ¶~증 | 便秘症。

변사［變死］톙하타【横死】hèngsǐ ¶~者。¶~체 | 变死尸体。

변상［辨償］톙하타【赔偿】péicháng ¶가격대로 ~하다 | 照价zhàojià赔偿。¶돈으로 ~하다 | 用钱来赔偿。

변색［變色］톙하타【变色】biànsè【变颜色】biàn yánsè ¶아이고, 이 그림이 ~되었구나 | 哎呀!这幅huà画儿有点变色了。¶이런 잉크는 영원히 ~하지 않는다 | 这种墨水永不变色。

ᴰ**변소**［便所］톙【便所】biànsuǒ【厕所】cèsuǒ【茅房】máofáng【一号】yīhào ¶수세식 ~ | 水洗厕所。¶공중~ | 公共厕所。

변신［變身］톙하타【变】biàn【改装】gǎizhuāng【伪装】wěizhuāng【乔装】qiáozhuāng ¶그는 최근 10년 동안 아주 화려하게 ~했다 | 他最近十年里变得很华丽。¶동화에서는 동물이 사람으로 잘 ~하다 | 童话中经常有动物变成了人。

변심［變心］톙하타【变心】biànxīn ¶친구가 ~하여 원망하다 | 朋友变心。¶~한 애인 | 变心的爱人。

ᴰ**변압기**［變壓器］톙【变压器】biànyāqì【方棚】fāngpéng

ᴰ**변장**［變裝］톙하타【化装】huàzhuāng【打扮】dǎ·ban【假装】jiǎzhuāng【扮

作】bànzuò【扮】bàn【变装】biànzhuāng ¶남자가 여자로 ~하다 | 男扮女装。¶농부로 ~한 모습 | 变装为村夫cūnfū的样子。

ᴰ**변전소**［變電所］톙【变电站】biàndiànzhàn【变电所】biàndiànsuǒ

변절［變節］톙하타【变节】biànjié【叛变】pànbiàn ¶그는 적들의 위협과 유혹을 견디지 못해 끝내 ~하게 되었다 | 他经不住敌人的威逼wēibī利诱yòu, 最后叛变了。¶~한 놈을 처단하다 | 处决chǔjué叛变分子。

변조［變造］톙하타 ❶【伪造】wěizào ¶신분증을 ~하다 | 伪造证件zhèngjiàn。 ❷【仿造】fǎngzào【假造】jiǎzào ¶수표를 ~하다 | 假造支票。

변증［辨證］톙하타【辩证】biànzhèng【辩析】biànzhèng ¶~법 | 辩证法。

변질［變質］톙하타【变质】biànzhì【蜕化变质】tuìhuà biànzhì ¶이 약은 이미 ~되어 다시 먹을 수 없다 | 这些药已经变质, 不能再吃了。¶~된 우유 | 变质的牛奶。

변천［變遷］톙하타 【变迁】biànqiān【演变】yǎnbiàn ¶만물은 ~한다 | 万物变迁。¶언어의 ~을 연구하다 | 研究语言演变过程。

변칙［變則］톙【不规则】bùguīzé ¶~운영 | 不规则运营yùnyíng。

변태［變態］톙【变态】biàntài【换变】huànbiàn ¶~성욕 | 变态性欲。¶~심리 | 变态心理。

변통［變通］톙하타 ❶（일을 융통성있게 처리함）【设法】shèfǎ【想办法】xiǎng bànfǎ【变通】biàn·tōng【通融】tōng·róng ¶자유자재로 ~하다 | 变通自在。¶이 일은 ~할 수 있다 | 这件事可以通融。¶규칙에 따라서만 일을 처리하고, 조금도 ~하려 들지 않다 | 只按规规矩矩办事, 丝毫不肯通融。 ❷（돈이나 물건을 돌려 씀）【筹措】chóucuò【筹募】chóumù【筹集】chóují ¶여비를 ~하다 | 筹措旅费lǚfèi。¶열심히 자금을 미취학 소년을 ~ 지원하다 | 努力筹措资zī金, 支援zhīyuán失shī学少年。

ᴬ**변하다**［變—］통【变】biàn【变化】biànhuà【改变】gǎibiàn ¶이 말을 듣자마자 그의 얼굴이 변했다 | 一听这话, 他

的脸liǎn变了。¶마음이 ～ | 变心。
¶강산이 ～ | 江山变了。

변함없다 [동] 【依然如故】yīránrúgù 【没有变化】méiyǒubiànhuà ¶우리의 우정은 조금도 ～ | 我们的友谊一点儿变化也没有。

변혁[變革] [명]자타 【变革】biàngé 【变化】biànhuà ¶사회를 ～하다 | 变革社会。¶현실을 ～하다 | 变革现实。

ᴰ**변형**[變形] [명]하자타 【变形】biànxíng 【改变】gǎibiàn ¶이 부품은 이미 ～되었다 | 这个零件件已经变形了。¶차체의 모양이 ～되었다 | 车身变形了。

변호[辯護] [명]하타〈法〉【辩护】biànhù 【庇护】bìhù 【庇佑】bìyòu 【包庇】bāobì ¶그의 어린이를 위해 ～하다 | 为他的儿子庇护。¶변호사가 피고를 위해 ～하다 | 律师为被告做了辩护。¶친구를 ～하다 | 为朋友辩护。

ᴮ**변호사**[辯護士] [명] 【律师】lǜshī 【大律师】dàlǜshī ¶～ 사무실 | 律师事务所shìwùsuǒ。

변호인[辯護人] [명] 【辩护人】biànhùrén

ᴬ**변화**[變化] [명]하자 【变化】biànhuà ¶심리 ～ | 心理变化。¶～를 예측하기 어렵다 | 变化莫测mòcè。¶시대적 ～에 대응하다 | 呼应hūyìng时代的变化。

변화무쌍[變化無雙] [명]하형 【变化无穷】biànhuà wú qióng 【千变万化】qiānbiàn wàn huà 【变化无常】biànhuàwúcháng ¶～한 현대복장 | 千变万化的现代服装fúzhuāng。¶지금의 시장은 ～하다 | 现在的市场shìchǎng变化无常。

변환[變換] [명]하자타 【变换】biànhuàn 【改变】gǎibiàn 【转换】zhuǎnhuàn ¶～ 조작 | 变换操cāo作。

ᴬ**별**[星] [명]〈天〉【星】xīng 【星星】xīngxing ¶달이 밝아 ～이 드물다 | 月明星稀xī。¶～표 | 星号。¶～을 달다 | 挂星。¶온 하늘에 ～이다 | 满天mǎntiān都是星星。

ᴮ**별**-² [別-] [뒤] 【另外】lìngwài 【特别】tèbié 【奇怪的】qíguài·de 【奇异的】qíyì·de ¶～ 다른 것이 없다 | 没有什

特别。¶～ 흥미가 없다 | 没有什么特别的兴趣xìngqù。¶～ 사람 | 奇异的人。

—**별**[-別] [미]【按】àn ¶남녀 성~로 방을 나누다 | 按男女性别分房间。

ᶜ**별개**[別個] [명]【其他】qítā 【另外】lìngwài 【别的】bié·de ¶～의 문제 | 其他问题。

별거[別居] [명]하자 【分居】fēnjū ¶그는 이미 아내와 이 년 연간 ～하였다 | 他已经跟他太太分居两年多了。¶오랫동안 아내와 ～하다 | 和妻子分居了很长时间。

ᶜ**별것**[別-] [명] ❶ (드물고 이상스러운 물건) 【特别的】tèbié·de 【新鲜的】xīnxiān·de 【异乎寻常的】yìhū xúnchángde 【别的】bié·de 【另外的】lìngwài·de ¶소문만 요란했지 실제로는 ～ 아니더라 | 传闻chuánwén虽哄哄lhōnghōng的，实际没什么特别的。❷ (다른 것) 【不同的】bùtóng·de ¶이 문제는 그것과는 ～이다 | 这个问题与那个是不同。

별고[別故] [명] 【特别的事故】tèbié·de shìgù 【特别的事情】tèbié·de shìqing 【特别的事】tèbié·de shì 【特别的原因】tèbié·de yuányīn 【别故】biégù ¶그 사이 ～한가? | 这一段没有什么特别的事情吗? ¶～가 있어서 온 것이 아니고, 그저 궁금하여 왔다네 | 没有什么特别的事儿，只是挺想你们的, 以来서看看。

ᶜ**별꼴**[別-] [명] 【怪样子】guàiyàng·zi 【讨厌人的样子】tǎoyàn rén·de yàng·zi 【各式各样的样子】gèshì gèyàng·de yàng·zi 【怪】guài ¶그 사람은 정말 ～이네, 이 더운날에 외투를 입다니! | 那人真怪, 这样热的天还穿着大衣。¶～을 다 본다 | 什么怪事都有。

ᶜ**별나다**[別-] [형] 【特别】tèbié 【稀奇】xīqí 【离奇】líqí 【奇怪】qíguài 【古怪】gǔguài 【奇异】qíyì 【隔路】gélù 【隔色】gèsè ¶그의 성미는 ～ | 他的脾气píqi很特别。¶별난 짓을 하다 | 作奇怪的事情。¶성질이 ～ | 性格古怪。¶저 사람은 정말 ～ | 那个人真隔色。

ᴮ**별나라**[星国] 【星国】xīngguó 【外星】wàixīng

417

ᴮ**별다르다**[別−] 혤 【特別】tèbié 【特殊】
tèshū 【有区别】yǒu qūbié 【不一样】b-
ùyíyàng 【别的】bié·de ¶집안에 별다
른 일은 없느냐? | 家里没有什么特别
的事情吧? ¶별다른 뜻이 있어서 한
말은 아니에요 | 说这话没有别的意
思.

ᶜ**별도**[別途] 몡 ❶ (딴 방면) 【另】lìng
【另外】lìngwài 【另行】lìngxíng 【额外】
éwài 【项外】xiàngwài 【别的用途】b-
ié·de yòngtú ¶∼의 수입 | 另外的收
入. ¶∼로 결정하다 | 另行定夺du-
ó. ❷ (딴 용도) 【其他用途】qítāyòn-
gtú 【另外】lìngwài 【其他】qítā ¶∼
로 쓸데가 있다 | 有另外的用途.

별도리[別道理] 몡 【另外妙计】lìngwài
miàojì 【特别的办法】tèbié·de bànfǎ
【别的方法】bié·de fāngfǎ 【别的办
法】bié·de bànfǎ ¶∼가 없이 물러나
서 … 只好退却
了. ¶이제는 떠날 수 밖에 ∼가 없다
| 没办法, 只能走了.

별동대[別動隊] 몡 【别动队】biéd-
ngduì 【别动队】biédòn-
gduì

ᴬ**별로**[別−] 児 【不怎么】bùzěn·me 【不
是什么】búshì shén·me 【没有什么】m-
éiyǒu shén·me 【不太】bútài ¶∼ 좋
지 않다 | 不怎么好. ¶∼ 볼 것이 없
다 | 没有什么可看的. ¶∼ 바쁘지
않다 | 不太忙.

ᶜ**별말**[別−] 몡 【各式各样的话】gèshì
gèyàng·de huà 【风言风语】fēng yán f-
ēng yǔ 【别的话】bié·de huà 【意料
之外的话】yìliàozhīwài·de huà 【其他的
话】qítā·de huà 【哪里的话】nǎli·de h-
uà ¶그래, 고맙다는 말 외에 ∼은 없
더냐? | 除了感谢的话外还说什么
其他的话吗? ¶이 사람, ∼을 다 하네
| 你这人, 讲哪里的话.

ᴮ**별명**[別名] 몡 【别名】biémíng 【绰号】
wàihào 【绰号】chuòhào ¶∼을 붙이
다 | 起外号.

별문제[別問題] 몡 ❶ (갈래가 다른 문
제) 【别的问题】bié·de wèntí 【另外的
问题】lìngwài·de wèntí ¶∼없이 무
사히 끝났다 | 没有别的问题, 平平安
安地结束了. ❷ (특이한 문제) 【特别
的问题】tèbié·de wèntí 【奇怪的问
题】qíguài·de wèntí ¶이거 참 −인걸

| 这可真是个奇怪的问题. ❸ (다양
한 문제) 【各种问题】gè zhǒng wèntí
【这样那样的问题】zhèyàng nàyàng·
de wèntí ¶∼를 다 출제했다 | 出了
许多这样那样的问题.

별미[別味] 몡 【特别的味道】tèbié·de
wèidào 【别有风味】bié yǒu fēngwèi
【风味】fēngwèi 【别的味道】bié·de w-
èidào ¶이 고장은 비빔밥이 ∼이다
| 拌饭是这个地方的风味.

별별[別別] 몡 【星光】xīngguāng ¶∼이 찬란
하다 | 星光灿烂cànlàn.

별세[別世] 몡하자 【去世】qùshì 【过
世】guòshì 【故去】gùqù 【故世】gùsh-
ì 【作古】zuògǔ 【即世】jíshì 【逝世】sh-
ì 【弃养】qìyǎng 【下世】xiàshì 【归天】
guītiān 【逝世】shìshì ¶∼했다는 슬픈
소식 | 逝世的噩耗èhào. ¶그의 할
아버지께서 … ∼하셨다 | 他爷爷去世
了.

ᶜ**별세계**[別世界] 몡 【特殊环境】tèshū h-
uánjìng 【另一个世界】lìng yí·ge shìji-
è 【另外的世界】lìngwài·de shìjiè 【别
有天地】bié yǒu tiān dì ¶그는 꼭 ∼에
서 온 사람 같다 | 他好像是来自另一
个世界的人.

별소리[別−] 몡 【奇怪的话】qíguài·de
huà 【离奇的话】líqí·de huà 【意外的
话】yìwài·de huà 【废话】fèihuà 【风言
风语】fēng yán fēng yǔ ¶이 문제에
대해서 ∼가 다 많다 | 关于这个问题,
风言风语真多.

별수[別−] 몡 ❶ (달리 어떻게 할 방
법) 【妙计】miàojì 【妙略】miàolüè 【特
别的方法】tèbié·de fāngfǎ 【别的方
法】bié·de fāngfǎ 【另外的手段】lì-
ngwài·de shǒuduàn 【各式各样的方
法】gèshì gèyàng·de fāngfǎ 【妙招】
miàozhāo 【好办法】hǎobànfǎ ¶친구
와 의논했으나 ∼가 없다 | 虽然与朋
友议论过, 但没有什么. ❷ (여러 방
법) 【各式各样的手段】gèshì gèyàng·
de shǒuduàn ¶∼를 다 쓰다 | 用尽
各式各样的手段.

별스럽다[別−] 혤 【特别】tèbié 【特殊】

tèshū【反常】fǎncháng【格色】gé·sè【格路】gélù【格涩】gésè【隔路】gélù【隔色】gésè ¶스타일이 아주 ~ㅣ式样很特别。¶상황이 좀 ~ㅣ情况有点儿反常。¶저 사람은 정말 ~ㅣ那个人真格色。

ᴮ**별식**[別食]똉【新奇的食品】xīnqí·de shípǐn【特别的食品】tèbié·de shípǐn【另有风味的饮食】lìng yǒu fēngwèi·de yǐnshí ¶~을 준비하다ㅣ准备好特别的食品。

ᴮ**별안간**[瞥眼間]뮈【转眼间】zhuǎnyǎnjiān【瞥眼(间)】piēyǎn(jiān)【一眨眼工夫】yìzhǎyǎn gōng·fu【眨眼间】zhǎyǎnjiān ¶~ 일어난 일이라 영문을 모르겠다ㅣ因为是眨眼间发生的事情, 所以搞不清原因。¶사람들이 모두 일어났다ㅣ突然, 人们都站了起来。¶김씨가 ~ 병이 났다ㅣ老金忽然病了。

별의별[別─別]꽌【各式各样】gèshì gèyàng【各色各样】gèsè gèyàng【形形色色】xíngxíng sèsè ¶서가에는 ~책들이 꽂혀 있다ㅣ书架上插chā着各式各样的书。

ᴮ**별일**[別─]똉 ❶(특별한 일)【别的事】bié·de shì【特别的事】tèbié·de shì ¶~ 없소? ㅣ没有别的事吧? ❷(이상한 일)【奇怪的事】qíguài·de shì【怪事】guàishì【奇事】qíshì ¶~을 다 겪다ㅣ经历奇怪的事。

별장[別莊]똉【别墅】biéshù【别野】biéyě ¶이것은 개인 소유의 ~이다ㅣ这是私sī人的别墅。

별종[別─]똉 ❶(다른 종류)【另一种】lìng yìzhǒng【特别的种类】tèbié·de zhǒnglèi ❷(다른 종자)【特种】tèzhǒng【不同种子】bùtóng zhǒng·zi ❸(이상한 사람이나 물건)【怪人】guàirén ¶그 사람 참 ~이네ㅣ那个人真是个怪人。

ᶜ**별채**[別─]똉【另外一幢】lìngwài yìzhuāng【另外一栋住宅】lìngwài yídòng zhùzhái【单独的建筑物】dāndú·de jiànzhùwù ¶할아버지는 ~에 거처하신다ㅣ爷爷住在另外一栋住宅。

별첨[別添]똉하타【附】fù【另加】lìngji-

ā【附件】fùjiàn ¶~서류ㅣ附件。

별칭[別稱]똉【别称】biéchēng ¶봉래산은 금강산의 ~이다ㅣ蓬莱pénglái山是金刚山的别称。

ᴮ**볍씨**똉【稻种】dàozhǒng ¶새 품종의 ~를 구하다ㅣ找新品种的稻种。

ᴮ**볏**똉【冠子】guān·zi【鸡冠】jīguān

ᴮ**볏단**[─단]【稻捆儿】dàokǔr【稻束】dàoshù ¶~을 쌓다ㅣ堆稻捆。

ᴮ**볏짚**똉【稻草】dàocǎo ¶~을 엮다ㅣ编稻草。

ᴬ**병**[甁]똉【瓶(儿,子)】píng(r,zi) ¶꽃~ㅣ花瓶。¶~ 맥주ㅣ瓶装啤酒。¶~을 따다ㅣ开瓶。

ᴬ**병**[病]똉 ❶(건강의 이상)【病】bìng【疾病】jíbìng ¶~에 걸리다ㅣ得dé病。¶~으로 휴가를 내다ㅣ称chēng病请假。¶~을 예방하다ㅣ预防yùfáng疾病。 ❷(고장·탈)【毛病】máo·bing【故障】gùzhàng ¶시계가 또 ~이 났군! ㅣ钟表又出毛病了。 ❸(좋지 못한 버릇이나 흠)【老毛病】lǎomáobìng【坏习惯】huàixíguàn ¶남을 못 믿는 것도 ~이다ㅣ不能相信别人也是个坏毛病。

ᴮ**병**[丙]똉【丙】bǐng

병가상사[兵家常事]꽌용【兵家常事】bīng jiā cháng shì

병간호[病看護]똉하자타【看护病人】kānhù bìngrén【护理病人】hùlǐ bìngrén

병구완[病─]똉하자타【护理】hùlǐ【看护】kānhù【伺候】shìhòu【服侍】fúshì ¶환자를 ~하다ㅣ看护病人。

병균[病菌]똉〈醫〉【病菌】bìngjūn【病原菌】bìngyuánjūn【致病菌】zhìbìngjūn ¶~보유자ㅣ病携带者。

병나다[病─]똉【生病】shēngbìng【受病】shòu·ìhbìng【患病】huànbìng【得病】débìng【染病】rǎnbìng【闹病】nàobìng【出了毛病】chū·le máobìng ¶그는 병이 났다ㅣ他生病了。¶그는 병이 나서 회의에 올 수 없다ㅣ他因患病不能来开会。¶애가 병이 나면 어른이 고생한다ㅣ孩子闹病, 大人受罪。

병동[病棟]똉【病房】bìngfáng ¶격리~ㅣ隔离病房。¶내과 ~ㅣ内科病房。

ᶜ**병력**[兵力]똉【兵力】bīnglì ¶~이 모자라다ㅣ兵力不足。

ᶜ**병렬**[竝列] 몡하자타 【并列】bìngliè 【并排】bìngpái ¶이것은 ~된 두 개의 절이다 | 这是并列的两个分句。¶~구조 | 并列结构。¶그들은 ~해 서 있다 | 他们并排地站着。

병렬포트[並列 port;parallel port] 몡〈電算〉【并行口】bìngxíngkǒu

ᶜ**병마**[病魔] 몡【病魔】bìngmó ¶~에 시달리다 | 病魔缠chán身。¶기아와 ~에 시달리는 난민 | 受饥饿jiè与病魔折磨zhémó的难民。

ᴮ**병마개**[瓶-] 몡【瓶盖子】pínggài·zi 【瓶塞子】píngsāi·zi ¶맥주를 따다 | 开啤酒瓶盖。

ᶜ**병명**[病名] 몡【病名】bìngmíng ¶~도 모르는 질병 | 连病名都不知的疾病。

병목[瓶-;bottleneck] 몡【瓶颈】píngjǐng ¶~현상 | 瓶颈现象。¶이 길은 항상 차가 막히는데 이곳이 ~지역이 있기 때문이다 | 这条路常常塞sāi车，因为前面有瓶颈地带。

병문안[病問安] 몡【探视】tànshì 【探病】tànbìng

ᶜ**병사**[兵士] 몡〈軍〉【兵士】bīngshì 【士兵】shìbīng ¶장군이 되려고 하지 않는 ~는 좋은 ~가 아니다 | 不想当将军的士兵不是好士兵。

병사[病死] 몡하자【病卒】bìngzú 【病故】bìnggù 【病亡】bìngwáng 【病死】bìngsǐ ¶그는 14년 전에 상해에서 ~하였다 | 他十四年前在上海病故。

ᶜ**병상**[病床] 몡【病床】bìngchuáng 【病榻】bìngtà ¶그는 과로로 병이 나 ~에 누웠다 | 他积jī劳成疾jí，倒dǎo在病床。¶~에 눕다 | 躺tǎng在病床上。

병색[病色] 몡【病容】bìngróng 【病态】bìngtài ¶얼굴에 ~이 돌다 | 面带病容。¶비록 분은 발랐지만 ~을 감출 수는 없었다 | 虽然擦cā了脂粉zhǐfěn，也掩盖不住病容。¶~이 돌다 | 脸带病容。

병석[病席] 몡【病床】bìngchuáng ¶~에서 일어나다 | 从病床上起来。¶~에 누운 지가 벌써 두 해나 지났다 | 躺在病床上已经有两年了。

병세[病勢] 몡【病势】bìngshì 【病情】bìngqíng ¶악화되었던 ~가 호전되다 | 恶化的病势好转。¶~가 악화되다

| 病情恶化。

병신[病身] 몡 ❶ (불구)【残废】cánfèi 【病身】bìngshēn ¶두 손이 모두 ~이 되었다 | 双shuāng手都残废了。¶다리 ~ | 腿残废。❷ (온전치 못한 물건)【没用】méiyòng 【残缺不全的东西】cánquē bùquán·de dōngxi 【废物】fèiwù ¶짝을 잃어 ~이 된 신발 | 丢了一只变成没用的鞋xié。❸ (바보)【傻子】shǎ·zi 【白痴】báichī 【低能的人】dīnéng·de rén 【不中用的人】bùzhōngyòng·de rén ¶여러 사람이 한 사람 ~ 만들기는 쉽다 | 几个人把一个人弄成傻子是容易的。❹ (병든 몸)【病包儿】bìngbāor 【长期病号】chángqī bìnghào 【老病号】lǎobìnghào

병신 달밤에 체조한다 관용【丑人多作怪，瘌痢姑娘爱戴花】chǒurén duō zuòguài，làlì gūniáng ài dàihuā

병실[病室] 몡【病房】bìngfáng 【病室】bìngshì ¶~을 한바퀴 돌다 | 到病房转一圈。

ᴬ**병아리** 몡【鸡雏】jīchú 【小鸡(子·儿)】xiǎojī(zi·r)

병약[病弱] 몡하형【病弱】bìngruò 【多病】duōbìng 【病殃殃】bìngyāngyāng 【病恹恹】bìngyānyān ¶~해져야 비로소 건강의 고마움을 안다 | 多病方知健是仙。

ᶜ**병역**[兵役] 몡〈法〉【兵役】bīngyì ¶~기피 | 回避兵役。¶~의무 | 兵役义务。

병영[兵營] 몡〈軍〉【兵营】bīngyíng 【兵舍】bīngshè 【营房】yíngfáng 【营舍】yíngshè 【兵马节度使营帐】bīngmǎ jiédùshǐ yíngzhàng ¶녹색의 ~ | 绿色的营房。

ᴬ**병원**[病院] 몡【医院】yīyuàn ¶~이 사회 | 医院懂事会dǒngshìhuì。¶종합 ~ | 综合zōnghé医院。

병원[病原] 몡【病因】bìngyīn 【病根】bìnggēn ¶~균 | 病原菌。¶~체 | 病原体。

ᶜ**병자**[病者] 몡【病人】bìngrén 【患者】huànzhě 【病号】bìnghào ¶~는 침대에 눕지만, 죽은 사람은 길가에 버려진다 | 病人在床上，死sǐ人在路上。

병장[兵長] 몡〈軍〉【兵长】bīngzhǎng

병적[病的] 관몡【病态的】bìngtài·de

¶~인 흥분 상태 | 病态的兴奋xìngfèn状态zhuàngtài.

ᵇ병정[兵丁] 圀 【兵丁】bīngdīng 【兵士】bīngshì 【军人】jūnrén ¶~놀이를 하다 | 玩儿当兵游戏.

병존[竝存] 圀하지 【并存】bìngcún 남북에 두 정권이 ~하게 되었다 | 南北并存两个政权quán. ¶신구과가 ~하다 | 新旧派并存.

병충해[病蟲害] 圀 【病虫害】bìngchónghài 【虫灾】chóngzāi 【虫害】chónghài ¶~를 방제하다 | 防治病虫害. ¶~의 발생을 예방하여야 한다 | 要预防yùfáng发生虫灾.

병치레[病−] 圀하지 【得病】débìng 늘상 ~하느라고 얼굴이 야위었다 | 经常得病脸变瘦shòu了.

ᶜ병풍[屏風] 圀 【屏风】píngfēng 【烟幕】yānmù ¶~을 치다 | 围wéi屏风.

병폐[病弊] 圀 【病根和弊端】bìnggēnhé bìduān ¶사회적 ~를 단절시키다 | 根绝社会的病根和弊端.

병행[竝行] 圀하지타 【并行】bìngxíng 【平行】píngxíng 【并举】bìngjǔ 【齐头并进】qítóu bìngjìn 【同时进行】tóngshí jìnxíng 【双管齐下】shuāng guǎnqí xià 【双笔并下】shuāngbǐ bìngxià ¶~ 처리 | 并行处理. ¶공부와 운동을 ~하다 | 学习与运动并行.

ᵇ병환[病患] 圀 【疾病】jíbìng 【病】bìng 【病患】bìnghuàn ¶할아버지는 ~을 앓고 계시다 | 爷yé爷在病患当中.

ᵇ볕 圀 【日光】rìguāng 【阳光】yángguāng 【太阳】tàiyáng ¶~을 쬐이다 | 晒shài太阳. ¶~에 앉아 졸고 있는 고양이 | 坐在阳光下瞌睡kēshuì的猫māo.

보¹[褓] 圀 ❶ 〈덮개〉 【包袱】bāofu 【台布】táibù ¶책상을 ~를 깔다 | 铺台布. ❷ 〈"가위·바위·보"에서〉 【布】bù ¶너는 바위고 나는 ~이니까 내가 이겼다 | 你是石头, 我是布, 我赢了.

보²[步] 圀 【步(子)】bù(·zi) ¶한 ~ 먼저 나가다 | 先走一步. ¶오십 ~ 거리 | 五十步路. ¶五十步距离.

보강[補强] 圀하타 【增强】zēngqiáng 【加强】jiāqiáng 【充实】chōngshí 【扩充】kuòchōng ¶군사력을 ~하다 | 加强军事力量. ¶교육의 내용을 ~하

다 | 充实教育内容.

ᶜ보건[保健] 圀 【保健】bǎojiàn 【卫生保健】wèishēng bǎojiàn ¶~소 | 保健所. ¶~체조 | 保健体操. ¶~ 활동 | 保健工作. ¶~ 사업 | 保健事业.

ᶜ보고¹[寶庫] 圀 【宝库】bǎokù ¶백과전서는 지식의 ~이다 | 百科全quán书是知识的宝库. ¶경주는 불교 문화의 ~이다 | 庆州qìngzhōu是佛教文化的宝库. ¶중동 지방은 석유의 ~이다 | 中东地区是石油的宝库.

ᵇ보고²[報告] 圀하타 【报告】bàogào 【汇报】huìbào ¶상황을 ~하다 | 报告情况. ¶~를 하다 | 做报告. ¶차례 ~를 들었다 | 听了一次报告. ¶경과 ~ | 经过报告. ¶선생님께 방문 소감을 ~하다 | 向老师汇报访问的感受.

−보고³ 图 【让】ràng 【叫】jiào ¶너그런 참견하라더냐? | 让你多嘴了吗?

ᶜ보고서[報告書] 圀 【报告】bàogào 【报告单】bàogàodān 【报告书】bàogàoshū 【报表】bàobiǎo ¶~를 내다 | 提出报告. ¶검사 ~ | 检查报告. ¶손실 ~ | 损sǔn失报告.

보고타[Bogota] 图 〈地〉 【波哥大】Bōgēdà [보고타叫"哥伦比亚"(콜롬비아) 의 수도 Colombia) 의 수도]

ᶜ보관[保管] 圀하타 【保管】bǎoguǎn ¶~창고 | 保管库. ¶도서 ~ 업무 | 图书保管工作. ¶귀중품을 맡겨 ~하게 하다 | 把贵重品交给保管.

보관료[保管料] 圀 【保管费】bǎoguǎnfèi 【存仓费】cúncāngfèi

보관소[保管所] 圀 【存放处】cúnfàngchù

보관증[保管證] 圀 【储存单】chǔcúndān 【存据】cúnjù 【存数据】cúnshùjù 【存款单】cúnkuǎndān 【保管证】bǎoguǎnzhèng 【存条】cúntiáo ¶현금 ~ | 现金存条.

보균[保菌] 圀하지 【带菌】dàijūn ¶~자 | 带菌者.

보글거리다 圐 【咕嘟咕嘟】gūdū gūdū ¶주전자가 물이 끓어 ~거린다 | 壶里水咕嘟咕嘟开着.

보금자리 圀 ❶ 〈새의 우리〉 【窝(儿, 子)】wō(r, ·zi) 【巢】cháo 【巢穴】cháoxué 【巢窟】cháokū ¶해가 지니 새들

이 ~로 찾아들다 | 太阳落山鸟儿归guī巢。❷(살기에 편하고 아늑한 곳) 【乐园】lèyuán ¶여기가 바로 우리의 ~다 | 这就是我们的乐园。¶행복의 ~ | 幸福的乐园。

보급¹[普及] 몡하타 【普及】pǔjí 【推广】tuīguǎng 【供给】gōngjǐ 【分发】fēnfā 【供应】gōngyìng ¶민중에게까지 ~하다 | 普及到民众民zhòng中去。¶문화과학지식을 널리 ~ | 普及文化科学知识。¶전국으로 ~하다 | 普及全国quánguó。¶텔레비전이 널리 ~되다 | 电视广范guǎngfàn地普及。¶표준말을 ~하다 | 推广普通话。

ᵛ**보급**²[補給] 몡하타 〈軍〉 【补给】bǔjǐ 【补充供给】bǔchōng gōngyìng 【补充】bǔchōng ¶~기지 | 补充基地。¶무기를 ~하다 | 补给武器wǔqì。¶양식을 ~하다 | 补给粮食。

ᵛ**보급로**[補給路] 몡【供应线】gōngyìngxiàn ¶~가 막히다 | 供应线被堵dǔ。

ᴾ**보기**[榜样] 몡【榜样】bǎngyàng ¶~를 들다 | 竖立shùlì榜样。

보기 좋은 떡이 먹기도 좋다판용 【秀外惠中】xiù wài huì zhōng

보나마나뷔하형 【看不着也是】kàn-bukàn yěshì ¶~ 가짜겠지 | 看不看也是假的。

ᴬ**보내다** 통 ❶(파견하다) 【送】sòng 【派】pài 【派遣】pàiqiǎn ¶이미 두 사람을 보냈다 | 已经派了两个人。¶대표단을 보내어 대회에 출석시키다 | 派代表团出席大会。❷(물건을 다른 곳으로 가게 하다) 【送】sòng 【寄】jì 【递】dì 【给】gěi ¶그는 내게 책 한 권을 보냈다 | 他送了我一本书。¶편지를 ~ | 寄信。¶우편으로 ~ | 邮yóu递。❸(이별하다) 【送】sòng 【送别】sòngbié 【送走】sòngzǒu ¶정든 임을 눈물로 ~ | 泪别情郎。❹(표정을 짓거나 신호를 보내다) 【送】sòng 【打】dǎ 【投】tóu 【注视】zhùshì ¶신호를 ~ | 发信号。¶그는 창 밖에 눈길을 보내고 있었다 | 他注视着窗外。❺(학습·취직 등을) 【送】sòng ¶딸을 대학에 ~ | 把女儿送上大学。¶유학을 ~ | 送去留学。❻(시집·장가를) 【嫁】jià 【娶】qǔ ¶시집을 ~ | 嫁出

去。¶장가를 ~ | 娶妻qī。❼(시간이나 세월을 지나가게 하다) 【过】guò 【度】dù 【渡】dù 【度过】dùguò 【花费】huāfèi 【费】fèi ¶무료한 나날을 보내고 있다 | 过着无聊的日子。¶한 해 겨울을 ~ | 度过了一冬。¶한여름 내내 놀면서 보냈다 | 玩了一夏天。¶하루 종일 누워 ~ | 一整天躺着。❽(건네다) 【递】dì ¶차례차례로 한 사람씩 건네어 앞으로 ~ | 一个递一个地传到前边儿去。❾(축하 등을) 【致】zhì ¶대회에 대하여 열렬한 축하를 ~ | 向大会热致地致以祝贺zhùhè。❿(물자 등을 공급하다) 【供】gōng 【供应】gōngyìng ¶물을 ~ | 供水。¶산간 벽지까지 전기를 ~ | 供电到山间僻pì地。⓫(죽다) 【死于】sǐyú ¶남편을 교통사고로 비명에 ~ | 因交通事故丈夫死于非命。⓬(놓아주다) 【放】fàng ¶죄인을 놓아 ~ | 把犯人放跑。¶잠은 잠자리를 살려 ~ | 把抓zhuā到的蜻蜓qīngtíng放跑。

ᴺ**보너스**[bonus] 몡【奖金】jiǎngjīn 【津贴】jīntiē 【贴补金】tiēbǔjīn 【红利】hónglì ¶~ 제일주의 | 奖金挂帅。¶~ 제도 | 奖金制度。¶특별 ~ | 额é外津贴/特定津贴。

ᴬ**보다** 통 ❶(시각으로) 【看】kàn 【观看】guānkàn 【看望】kànwàng 【观看】guānkàn ¶영화를 ~ | 看电影。¶다음에 다시 와서 보자 | 下次再来看你。¶만히 ~ | 看得容易。¶우물 속에서 하늘을 ~ | 坐井观天。❷(돌보다) 【看】kān ¶집을 ~ | 看家。¶아이를 ~ | 看孩子。❸(구경하다) 【观】guān ¶성적이 매우 볼 만하다 | 成绩chéngjì很可观。❹(어떤 일을 맡아보다) 【处理】chǔlǐ 【担任】dānrèn 【担当】dāndāng 【办】bàn 【做】zuò ¶사무를 ~ | 办公。¶일을 ~ | 做事。¶사회를 ~ | 做司仪。❺(선을) 【相】xiāng 【相亲】xiāngqīn 【相看】xiāngkàn ¶선을 ~ | 相对象。¶왕군은 선을 보러 갔다 | 小王相亲去了。❻(이익이나 손해 등을) 【得】dé 【受】shòu ¶이익을 ~ | 得利。¶손해를 ~ | 受损害sǔnhài。❽(자손이 생기거나 새 식구를 맞이하다) 【得】dé 【得到】dédéào 【抱】bào 【娶】qǔ ¶늘그막에 아들을 ~ | 老来得子. ¶며느리를 ~ | 娶儿媳妇xífu. ❾ (어떤 행사가 격식을 치르다) 【参加】cānjiā 【考】kǎo ¶시험을 ~ | 参加考试. ¶ (마무리를 짓다) 【进行】jìnxíng 【达成】dáchéng 【取得】qǔdé 【有】yǒu ¶합의를 보았다 | 达成了协议xiéyì. ¶끝장을 ~ | 看到下场. ⓫ (맛을 알아보다) 【尝】cháng ¶간을 ~ | 尝咸淡cháhán. ¶음식 맛을 ~ | 尝食物的味道. ⓬ (평가하다) 【挨骂】āimà 【评价】píngjià ¶좋지 않게 ~ | 评价不好. ⓭ (고려하다) 【考虑】kǎolǜ 【认为】rènwéi 【顾】gù 【看】kàn ¶남의 사정도 좀 봐줘야지 | 人家的处境也应该考虑. ¶사정을 ~ | 看情况. ⓮ (배설하다) 【解】jiě ¶소변을 ~ | 解小便. ⓯ (물건을 사다) 【买】mǎi ¶시장을 ~ | 买菜cài. ⓰ (차리다) 【摆】bǎi ¶상을 ~ | 摆桌子. ⓱ (만나다) 【见】jiàn 【会面】huìmiàn ¶시간날 때 한번 보자 | 有空的时候, 见一见.

보다² 휑 【大概】dàgài 【看上去】kànshàngqù 【干脆】gāncuì ¶비가 오나 | 大概下雨呢. ¶매우 재미있나 | 大概挺有意思. ¶아예 여기서 살까~ | 我想干脆在这儿过了算了.

보다³ 児 【更加】gèngjiā 【再】zài 【更】gèng ¶~ 좋은 방법 | 更加好的办法. ¶~ 빠르게 | 更快. ¶~ 명확한 증거를 찾다 | 找到更加明确的证据zhèngjù.

^**보다⁴** 区动 ❶ (시험삼아 하다) 【看看】kàn·kan 【看】kàn 【试】shì ¶가~ | 去看看. ¶해~ | 做看看. ¶건너가~ | 过去看看. ¶생각해 ~ | 想想看. ¶옷을 입어 ~ | 试穿衣服. ❷ (경험하다) 【过】guò ¶외국에 가 본 적 있어요? | 你去过国外吗?

-보다⁵ 区 【比】bǐ 【较】jiào ¶언니동생의 키가 크다 | 弟弟的个子姐姐还高. ¶어제 ~ 오늘이 덥다 | 今天比乍天热.

^**보답** 【报答】 몡하자타 【报答】bàodá 【酬报】chóubào 【报】bào ¶큰 은혜에 ~하다 | 报答大恩ēn. ¶다음에 다시 와 ~하겠습니다 | 改日gǎirì再来酬报. ¶은혜에 ~하다 | 报恩.

보도¹ [步道] 몡 【人行道】rénxíngdào 【人道】réndào 【便道】biàndào 【便路】biànlù ¶행인은 ~를 이용해 주십시오 | 行人请走人行道.

보도² [報道] 몡하타 【报道】bàodào 【报导】bàodǎo ¶긴급뉴스를 ~하다 | 报道重要新闻. ¶~ 하다 | 做报道. ¶뉴스를 ~하다 | 报道新闻.

^**보드득** 児 ❶ 【吱吱】zī·zi ¶잠에 곯아떨어져 이를 ~하고 갈다 | 睡得很沉, 还吱吱地磨mó牙. ❷ 【扑哧】pūchī ¶눈을 밟을 때마다 ~ 소리가 난다 | 一踩上雪总有扑哧的响声.

보드랍다 휑 ❶ (무르고 매끈매끈하다) 【细嫩】xìnèn 【细发】xìfa 【细腻】xìnì 【细腻匀称】xìnìyúnchen 【细软】xìruǎn ¶피부가 매우 ~ | 皮肤pífu很细嫩. ¶보드라운 살결 | 细嫩的皮肤. ❷ (가루가 곱고 잘다) 【细】xì ¶보드라운 모래 | 细沙. ❸ (마음이 순하다) 【温柔】wēnróu 【和气】hé·qi 【柔软】róuruǎn ¶성미가 보드라운 여자 | 性情温柔的女子. ¶마음씨가 ~ | 性情温柔. ¶보드랍게 사람을 대하다 | 对人和气.

보들보들하다 휑 【细嫩】xìnèn 【软软和和】ruǎnhé ruǎnhé ¶아기의 손이 ~ | 小孩的手细嫩.

보따리 [褓-] 몡 【包(儿)】bāo(r) 【包袱】bāo·fu 【包袱皮儿】bāofúpír 【包单】bāodān 【包囊】bāonáng ¶짐·行李xínglǐ包. ¶책 한 ~ | 一包书. ¶~에 싸다 | 打包袱. ¶~를 풀다 | 解kāi开包袱.

보따리장수 몡 【跑单帮】pǎodānbāng 【带工】dàigōng 【当货郎】dānghuòláng

^ᴮ**보라¹** 몡〈色〉【紫】zǐ 【紫色】zǐsè 【青紫色】qīngzǐsè

^ᴬ**보라²** [Bora] 몡〈商标〉【宝来】Bǎolái

^ᴬ**보람** 몡 ❶ (좋은 결과·효과) 【意义】yìyì 【价值】jiàzhí 【自豪】zìháo 【成效】chéngxiào 【光荣】guāngróng ¶삶의 ~ | 人生的意义. ¶매우 ~ 있는 일 | 很有意义的事. ¶일을 한 ~이 있다 | 工作有成效. ❷ (조금 드러나 보이는 표적) 【痕迹】hénjì ¶~이 남아 있다 | 留下痕迹. ❸ (표시) 【标记】biāojì ¶잊히지 않게 하기 위해, ~을

423

남기다 | 为了不让忘记, 留个标记。

⁰**보람차다** 劚 【有意义】yǒuyìyì 【光荣】 guāngróng 【自豪】zìháo ¶보람찬 내 일을 위하여 꿋꿋이 살아가다 | 为了 有意义的明天, 坚强jiānqiáng地活下 去。 ¶보람찬 사업 | 光荣的事业shìy-è。

보루[堡壘] 몡 bǎolěi 【碉堡】diā-obǎo ¶~를 쌓다 | 筑碉堡。 ¶민주 주의의 ~ | 民主主义的碉堡。

보류[保留] 몡하타 【保留】bǎoliú 【遺 留】yíliú 【有所保留】yǒusuǒbǎoliú ¶ 임금 인상을 ~하다 | 保留工资。 ¶ 발표를 ~하다 | 保留发表。 ¶다음달 까지 ~하다 | 保留到下个月。

보르게세[Borghese] 몡〈商標〉贝佳 斯Bèijiāsī

^B**보름** 몡 ❶ (날짜) 【十五日】shíwǔrì 【十 五号】shíwǔhào ❷ (기간) 【十五天】 shíwǔtiān 【半个月】bàn·geyuè 【十 五】shíwǔ ¶한달 계획을 ~만에 다 해 치웠다 | 一个月的计划用十五天全部 完成了。 ¶그곳을 떠난 지 벌써 ~이 지났다 | 离开那儿已经过了半个月 了。 ¶정월 ~ | 正月十五。

^B**보름날** 몡 【十五日】shíwǔrì 【望日】wàng-rì ¶8월 ~ 오다 | 八月十五日那天 来。

^B**보름달** 몡 【十五的月亮】shíwǔ·de yuèli-àng 【满月】mǎnyuè 【圆月】yuányuè ¶~이 밝은 줄 몰랐더냐 | 难道不知 道十五的月亮圆吗

^**보리**¹ 몡〈植〉【大麦】dàmài 【三月黄】s-ānyuèhuáng ¶~쌀 | 大麦米。 ¶~ 타작 | 打大麦。 ¶~차 | 大麦茶。 ¶ ~를 심다 | 种zhòng大麦。

^C**보리**²[菩提] 몡〈佛〉【菩提】pútí 【菩提 树】pútíshù

^B**보리밥** 몡 【大麦饭】dàmàifàn ¶~에 는 고추장이 제격이다 | 大麦饭拌辣 酱làjiàng, 正合适héshì。

^C**보릿고개** 몡 【麦口期】màikǒuqī 【青黄 不接】qīnghuáng bùjiē 【青黄不交】qī-nghuáng bùjiāo 【麦岭】màilǐng ¶~ 가 태산보다 높다 | 麦岭比泰山还 高。

보모[保姆] 몡 bǎomǔ 【保姆】b-ǎomǔ

^B**보물**[寶物] 몡 【宝物】bǎowù 【宝贝】bǎ-obèi 【珍物】zhēnwù 【珍宝】zhēnbǎo ¶~을 감상하다 | 欣赏xīnshǎng宝 物。 ¶~을 얻은 듯하다 | 如获huò珍 宝。

보배[寶貝] 몡 【宝贝】bǎobèi 【珍宝】zh-ēnbǎo 【宝物】bǎowù ¶집안의 ~ | 家里的宝贝。 ¶청소년은 나라의 ~ 다 | 青少年是国家的珍宝。

보배롭다 劚 【宝贵】bǎoguì 【贵重】guì-zhòng 【珍贵】zhēnguì 【金贵】jīnguì

보병[步兵] 몡〈軍〉【步兵】bùbīng 【步 军】bùjūn ¶~부대 | 步兵部队。 ¶~ 사단 | 步兵师。

보복[報復] 몡하자 【报复】bàofù 【复 仇】fùchóu ¶~하다 | 报复。 ¶그에 게 ~을 하다 | 对他进行报复。 ¶~ 조치 | 报复措施cuòshī。 ¶~ 관세 | 报复关税/对抗关税。

보살[菩薩] 몡〈佛〉❶ (보리살타) 【菩 萨】pú·sà ❷ (여신도) 【信佛的老妇】 xìnfó·de lǎofù 【老太婆】lǎotàipó

^B**보살피다** 屠 【照顾】zhào·gù 【关照】gu-ānzhào 【张罗】zhāng·luo 【周旋】zhō-uxuán 【照应】zhào·ying 【关怀】guā-nhuái 【关心】guānxīn 【关切】guānqiè ¶환자를 ~ | 照顾病人。 ¶기차에서 승무원이 여행객들을 잘 살펴 주다 | 火车上乘务员chéngwùyuán对旅客 照应得很好。 ¶세심한 보살핌 | 无微 不至的关怀 ¶여러모로 ~ | 关怀备 至。

보상[補償] 몡하타 【补偿】bǔcháng 【赔偿】péicháng 【偿还】chánghuán 【弥补】míbǔ 【补救】bǔjiù ¶손실을 ~ 하다 | 补偿损sǔn失。 ¶차액을 ~하 다 | 补偿差额chāé。 ¶피해 ~ | 被 害补偿。 ¶~ 심리 | 补偿心理。

보상금[補償金] 몡 【赔款】péikuǎn 【补 偿费】bǔchángfèi 【赔金】péichángj-īn

보석¹[保釋] 몡〈法〉【保释】bǎoshì 【保 放】bǎofàng ¶~금 | 保释费。 ¶~ 허가 | 准许交保。 ¶~을 승인하다 | 准予zhǔnyǔ保释。

^B**보석**²[寶石] 몡 【宝石】bǎoshí 【石头 儿】shítour ¶~반지 | 宝石戒指。 ¶ ~상자 | 宝石匣xiá。

보세[保稅] 몡 【保稅】bǎoshuì ¶~물 품 | 保稅货品huòpǐn。 ¶~ 가공 | 保

보육

税加工。¶~창고 | 保税库。

보송보송 튀하형 ❶〔잘 마르다〕【松软】sōngruǎn〔干松〕gān·song〔细腻〕xìnì ¶~한 새 솜옷 | 松软的新棉衣mián yī。❷〔곱고 보드랍다〕【细嫩】xì nèn ¶피부가 아주 ~하다 | 皮肤pí fū很细嫩。¶~한 살결 | 细嫩的皮肤。

ᵃ**보수**¹〔保守〕명〔保守〕bǎoshǒu ¶~와 진보 | 保守和进步。¶정책 | 保守政策。¶~주의 | 保守主义。¶~반동 사상 | 保守反动思想。

ᴮ**보수**²〔報酬〕명〔报酬〕bào·chou〔酬金〕chóujīn〔酬劳〕chóuláo〔报施〕bàoshī ¶~가 매우 높다 | 报酬很高。¶~를 따지지 않다 | 不计jì报酬。¶그 회사는 ~조차도 지급하지 못하게 됐다 | 那公司连酬金都发不出了。

보수³〔保守〕명하타〔补修〕bǔxiū〔修补〕xiūbǔ〔整修〕zhěngxiū〔维修〕wéixiū ¶~비용 | 维修费/养护费。¶울타리를 ~하다 | 修补篱笆lí·ba。¶집을 ~하다 | 维修房屋。¶교실을 ~하다 | 维修教室。

보수성〔保守性〕명〔保守性〕bǎoshǒuxìng ¶~이 강한 가정 | 保守性强的家庭。

보수적〔保守的〕관명〔保守的〕bǎoshǒu·de ¶그의 사상은 매우 ~이다 | 他的思想很保守的。¶~인 생각 | 保守的想法。

보쉬〔Bosh〕명〈商标〉〔博世〕Bóshì

보스¹〔boss〕명〔领袖〕lǐngxiù〔首领〕shǒulǐng〔巨头〕jùtóu

보스²〔Boss〕명〈商標〉〔波士〕Bōshì

보스톤〔Boston〕명〈地〉〔波士顿〕Bōshìdùn「미국"马萨诸塞Mǎsàzhūsài"(메사추세츠;Massachusetts)의 주도(州都)〕

ᵃ**보슬보슬** 튀〔淅淅沥沥〕xīxīlìlì〔纷纷扬扬〕fēnfēnyángyáng ¶봄비가 ~ 내린다 | 春雨淅淅沥沥地下着。¶눈이 ~ 내리다 | 雪纷纷扬扬地下着。

ᵇ**보슬비** 명〔毛毛雨〕máomáoyǔ〔牛毛(细)雨〕niúmáo(xì)yǔ

보신¹〔補身〕명〔保养身体〕bǎoyǎng shēntǐ〔补身子〕bǔshēn·zi ¶약을 써서 ~하다 | 用药保养身体。

보신²〔保身〕명〔保身〕bǎoshēn【防辟

명哲保身〕míngzhébǎoshēn ¶반드시 원칙을 견지해야 하며, ~하는 태도를 취하지 말아야 한다 | 应该坚持jiānchí原则, 不能采取明哲保身的态度。

보신탕〔補身湯〕명〔养生汤〕yǎngshēngtāng〔狗肉汤〕gǒuròutāng

보쌈김치〔包泡菜〕bāopàocài

보아주다 통 ☞ 봐주다

보아하니〔보아〕튀〔看来〕kànlái〔看样子〕kànyàng·zi〔看上去〕kànshàng·qu〔据我看〕jùwǒkàn〔据我想〕jùwǒxiǎng ¶~ 학생인 것 같은데 그러면 되겠니? | 看样子是个学生, 你怎么可以这么做呢?¶~ 점잖은 분이 왜 이러시오? | 看上去是个斯斯文文的人, 怎么这样?

보안¹〔保安〕명〔保安〕bǎoān〔公安〕gōngān ¶~ 조치 | 保安措施。¶~부대 | 保安部队duì。¶~대 | 保安队。

보안²〔保安;security〕명〈電算〉〔安全性〕ānquánxìng

보약〔補藥〕명〔补药〕bǔyào〔补剂〕bǔjì ¶~을 먹다 | 吃补剂。

보온〔保溫〕명하자〔保温〕bǎowēn ¶~ 작용 | 保温作用。¶~ 밥솥 | 保温饭锅guō。¶~장치 | 保温装置。¶~재 | 保温材料。

보온병〔保溫瓶〕명〔暖水瓶〕nuǎnshuǐpíng〔暖水壶〕nuǎnshuǐhú〔保温瓶〕bǎowēnpíng〔暖壶〕nuǎnhú〔暖瓶〕nuǎnpíng

보완〔補完〕명하타〔弥补〕míbǔ〔补救〕bǔjiù〔补充〕bǔchōng ¶결함을 ~하다 | 弥补缺陷quēxiàn。¶이러한 결점을 ~하다 | 补救这些缺陷点。

보위〔保衛〕명하타〔保卫〕bǎowèi〔守卫〕shǒuwèi ¶조국을 ~하는 것은 군인의 의무이다 | 保卫祖guó国是军人的义务yìwù。¶나라를 ~하다 | 保卫国家。

ᵃ**보유**〔保有〕명하타〔保有〕bǎoyǒu〔存有〕cúnyǒu〔拥有〕yōngyǒu〔保留〕bǎoliú ¶~량 | 保存量。¶토지를 ~하다 | 保有土地。¶우수한 선수를 많이 ~하다 | 保留有很多优yōu秀的选手xuǎnshǒu。

보육〔保育〕명하타〔保育〕bǎoyù ¶~

학교 | 保育学校。¶~원 | 保育院。

보이[boy] 명【小伙子】xiǎohuǒ·zi【男服务员】nán fúwùyuán

^A**보이다**¹ 통【见到】jiàndào【看见】kànjiàn【看到】kàndào【看出】kànchū【看上去】kànshàng·qu【看起来】kànqǐlái ¶안경을 벗고도 잔 글자가 보인다 | 脱下眼镜yǎnjìng也能看到小字。¶별로 좋아하지 않는 듯한 눈치가 보인다 | 从眼神里看出不太高兴。¶생선이 싱싱해 ~ | 看上去鱼很鲜活。

^A**보이다**² 통【让看】ràngkàn【给看】gěikàn ¶남에게 추태를 ~ | 让人看出丑态chǒutài。¶내 속을 ~ | 让人看出我的心思。

^A**보이다**³ 조통【看上去】kànshàng·qu ¶아주 건강해 보인다 | 看上去很健康jiànkāng。¶표정이 밝아 보인다 | 看上去心情很好。

보이스[Boise] 명〈地〉【博伊西】Bóyīxī [미국 "爱达荷Àidáhé"(아이다호;Idaho) 주의 주도(州都)]

보일러[boiler] 명【锅炉】guōlú【蒸气锅炉】zhēngqì guōlú【锅炉房】guōlúfáng ¶외연식 ~ | 外燃wàirán锅炉。¶~실 | 锅炉房。¶~ 급수 | 锅炉给水。

^A**보자기**[褓-] 명【包袱】bāo·fu【包袱皮儿】bāo·furpír【包单】bāodān【小包】xiǎobāo【包裹】bāoguǒ ¶~에 싸다 | 打包袱。¶~를 풀다 | 解jiě开包袱。

보잘것없다 형【渺小】miǎoxiǎo【微不足道】wēibùzúdào【没有什么可看】méiyǒu shén·me kěkàn【不值一提】bùzhí yìtí【不怎么样】bùzěn·meyàng ¶개인의 역량은 보잘것 없는 것이다 | 个人的力量是渺小的。¶보잘 것 없는 인물 | 渺小的人物。

보장[保障] 명【하타】【保障】bǎozhàng【保证】bǎozhèng【满足】mǎnzú【供应】gòngyìng ¶생활을 ~하다 | 保障生活。¶그의 ~을 받았다 | 得到了他的保障。¶신분 ~ | 身份保障。

보전[保全] 명【하타】【保全】bǎoquán【补进】bǔjìn【弥补】míbǔ ¶명예를 ~하다 | 保全名誉míngyù。¶생명을 ~하다 | 保全生命。¶영토를 ~하다 | 保全领土lǐngtǔ。

^A**보조**¹[步调] 명【步调】bùdiào【步伐】bùfá【步法】bùfǎ ¶~가 맞다 | 步调一致。¶~를 맞추다 | 统一步调。¶공동 ~를 취하다 | 采取公司的步调。

^B**보조**²[辅助] 명【하타】【辅助】bǔzhù【辅充】bǔchōng【辅助】fǔzhù【补佐】bǔzuǒ【贴补】tiē·bǔ ¶그가 속한 기관에서 100만원을 ~해주었다 | 单位给他补助了一百万块钱。¶경비의 일부를 ~하다 | 补充经费的一部分。

^B**보조개** 명【酒涡】jiǔwō【笑涡】xiàowō ¶그녀는 웃을 때 마다 ~가 패인다 | 每当她笑的时候脸上起个酒涡。

보조금[補助金] 명【抚恤金】fǔxùjīn【抚恤金】fǔxùjīn【补助金】bǔzhùjīn【补贴】bǔtiē【贴补】tiēbǔ【补助费】bǔtiēfèi【恤金】xùjīn ¶유가족 ~ | 遗族yízú恤金。¶출산 ~ | 产母chǎnmǔ恤金。

보조프로그램[補助program;accessories] 명【電算】【附件】fùjiàn

^B**보존**[保存] 명【하타】【保存】bǎocún【保藏】bǎocáng【保留】bǎoliú【保全】bǎoquán ¶이것은 구하기 어려운 물건이니, 잘 ~해야 한다 | 这是很难得nándé的东西, 得好好儿地保存起来。¶유물을 ~하다 | 保存遗物yíwù。

보좌[補佐] 명【하타】【辅佐】fǔzuǒ【辅助】fǔzhù ¶~관 | 辅佐官/副贰。¶황제를 ~하다 | 辅佐皇huáng上。¶장관을 ~하다 | 辅佐长官。

^B**보증**[保證] 명【保】bǎo【担保】dānbǎo【保证】bǎozhèng【保全】bǎoquán【保许】bǎoxǔ【承保】chéngbǎo【抵补】dǐbǔ【做保】zuòbǎo【证明】zhèngmíng ¶나는 그가 반드시 잘 해내리라는 것을 감히 ~ | 我敢说保他一定做得好。¶성공을 ~한다 | 保证成功。¶그의 신분을 내가 ~ 할 수 있다 | 他的身份我能证明。

^B**보증금**[保證金] 명【担保款】dānbǎokuǎn【保证金】bǎozhèngjīn【保款】bǎokuǎn【押金】yājīn【押款】yākuǎn【按金】ànjīn【定金】dìngjīn【定钱】dìngqian【定洋】dìngyáng【定银】dìngyín【订银】dìngyín【订洋】dìngyáng【订钱】dìngqián【底金】dǐjīn ¶계약 ~ | 契约qìyuē保证金。¶먼저 ~을 내세요 | 先交押金。¶~을 걸다 | 下定钱

/放fàng定钱/付fù定钱/给gěi定钱。

보증서[保證書] 冏 【保证书】bǎozhèngshū 【保函】bǎohán 【证明文件】zhèngmíng wénjiàn 【担保书】dānbǎoshū 【保据】bǎojù 【保单】bǎodān 【保票】bǎopiào 【包票】bāopiào ¶~를 쓰다 | 写xiě保证书 | ¶~를 발행하다 | 发行保单。

보증인[保證人] 冏 【担保人】dānbǎorén 【保证人】bǎozhèngrén 【保人】bǎorén 【证人】zhèngrén 【承保人】chéngbǎorén ¶~석 | 证人席xí。¶~이 되다 | 作证人。

보지[生殖] 〈生理〉【外阴】wàiyīn【阴沟】yīngōu【阴户】yīnhù【女性生殖器】nǚxìng shēngzhíqì〔屄〕bī

보직[補職] 冏 하타 【任职】rènzhí 【任命】rènmìng ¶국장으로 ~되다 | 被任命为局长。

보채다 동 【磨人】mórén 【闹】nào 【紧催】jǐncuī 【纠缠】jiūchán ¶어린아이가 ~ | 小孩子磨人。¶아이가 젖을 달라고 ~ | 孩子闹着要奶奶。

보청기[補聽器] 冏 【补听器】bǔtīngqì 【助听器】zhùtīngqì

보초[步哨] 冏 【岗】gǎng 【哨兵】shàobīng 【步哨】bùshào ¶~병 | 哨兵。¶~서다 | 站岗。¶~를 세우다 | 放步哨。

보충[補充] 冏 하타 【补】bǔ 【补充】bǔchōng 【添补】tiān·bu 【添加】tiānjiā 【填补】tiánbǔ 【弥补】míbǔ 【补给】bǔgěi 【追加】zhuījiā ¶모자라면 당신이 ~하시오 | 要是不够，你补上。¶설명을 ~하다 | 补充说明。¶집안에 쓸 도구도 좀 ~해야겠다 | 家里的用具也该添补添补了。

보츠와나[Botswana] 冏 〈地〉【博茨瓦纳】Bócíwǎnà 〔남아메리카에 위치한 나라. 수도는 "哈哈博罗内"(가보로네;Gaborone)〕

ᴺ**보태다** 동 ❶ (보충하다)【补充】bǔchōng 【添补】tiān·bu 【资助】zīzhù 【帮助】bāngzhù 【贴补】tiēbǔ ¶한 마디를 ~ | 补充一句。¶생활에 보태쓰시오 | 贴补家用吧。¶학비를 ~ | 添补学费。❷ (더하다)【加】jiā 【添加】tiānjiā 【增加】zēngjiā ¶둘에 셋을 ~ | 二加三。

ᴬ**보통**[普通] 冏 ❶ (예사로움)【普通】pǔtōng 【一般】yìbān 【平常】píngcháng 【平日】píngrì 【平素】píngsù ¶~전보 | 普通电报diànbào。¶~수준의 작품 | 普通水平的作品。❷ (일반적으로)【通常】tōngcháng ¶~있는 일 | 常有的事。¶~일곱시에는 일어난다 | 通常七点起床。

보통 우편[普通郵便] 冏 【平信】píngxìn 【平邮】píngyóu 【平常信(件)】píngchángxìn(jiàn) ¶~으로 부치다 | 寄jì平信。

ᴺ**보퉁이**[褓─] 冏 【包袱】bāo·fu 【包裹】bāoguǒ ¶머리에 ~를 인 아낙네들 | 头上顶dǐng着包袱的妇女们。

보트[boat] 冏 【船】chuán ¶강에 한 척이 있다 | 河里有一条船。

보틀 넥[bottle neck] 冏 【薄弱环节】bóruò huánjié 【难关】nánguān 【隧道】àidào 【瓶颈】píngjǐng

ᴬ**보편**[普遍] 冏 【普遍】pǔbiàn ¶이 문제는 아주 ~적인 것이다 | 这个问题wèntí很普遍。¶~적 법칙 | 普遍规律guīlǜ。¶~적 현상 | 普遍现象xiànxiàng。

보편성[普遍性] 冏 【普遍性】pǔbiànxìng ¶~을 띤 것이다 | 带dài有普遍性的问题。¶~과 특수성 | 普遍性和特殊性tèshūxìng。¶~이 있는 주장 | 普遍性的主张。

보편화[普遍化] 冏 【普及】pǔjí 【典型化】diǎnxínghuà 【概括】gàikuò 【普遍化】pǔbiànhuà ¶중등교육을 ~시키다 | 普及中等教育。

보폭[步幅] 冏 【步幅】bùfú ¶~이 좁다 | 步幅窄zhǎi。

보행[步行] 冏 하타 【步行】bùxíng 【徒步走】túbùzǒu 【出门跑腿儿】chu yǔǎnmén pǎotuǐr ¶직립 | 直立步行。¶~이 불편하다 | 不便于步行。

ᴺ**보행자**[步行者] 冏 【步行者】bùxíngzhě ¶~는 이쪽 길로 다니시오 | 步行者请走这边biān的路。

보험[保險] 冏 【保险】bǎoxiǎn ¶생명~ | 人寿shòu保险/寿险。¶화재~ | 火灾保险/火险。¶해상 ~ | 水上保险/海上保险。¶~계약을 하다 | 订dìng立保险合同/订险。¶~계약

427

자 | 保险立约人。¶～ 조건 | 保险条件。

ᵇ**복덕방**[福德房] 몡【房地产交易所】fángdìchǎn jiāoyìsuǒ

ᶜ**보험금**[保險金] 몡【保险金额】bǎoxiǎn jīn'é【保险金】bǎoxiǎnjīn【保险额】bǎoxiǎn'é

ᵃ**복도**[複道] 몡【走廊】zǒuláng【甬道】yǒngdào【过道(儿)】guòdào(r)【甬路】yǒnglù【游廊】yóuláng【廊·zi【回廊】huíláng ¶～의 의자 | 走廊里椅子yǐ·zi.

ᶜ**보험료**[保險料] 몡【保险费】bǎoxiǎnfèi【保费】bǎofèi【保险额】bǎoxiǎn'é

ᶜ**복되다**[福－] 혱【幸福】xìngfú ¶복된 사람들 | 幸福的人们。¶복된 만년의 나날을 지내다 | 过着幸福的晚年。

ᵇ**보호**[保護] 몡하타【保护】bǎohù【保存】bǎocún ¶노인과 어린이를 ～하다 | 保护老幼yòu。¶눈을 ～하다 | 保护眼睛。¶법률적 ～를 받다 | 得到法律的保护。¶아동 ～ 구역 | 儿童保护区域。

복리[福利] 몡【福利】fúlì ¶～사업 | 福利事业。¶工业을 크게 발전시켜 국민의 ～를 증진시키다 | 大力发展工业, 福利人民。¶～ 향상 | 增加福利。

ᶜ**보호자**[保護者] 몡【保护者】bǎohùzhě【保护人】bǎohùrén【监护人】jiānhùrén【家长】jiāzhǎng【家主翁】jiāzhǔwēng

복리²[複利] 몡【利上加利】lìshàngjiālì【复利】fùlì【复利息】fùlìxī【利(上)滚利】lì(shàng)gǔnlì

ᵃ**복**[福] 몡【福】fú【福气】fúqì【福份】fúfèn ¶～을 누리다 | 享xiǎng福。¶먹을 ～을 타고나다 | 天生有口福。¶나는 이런 ～이 없다 | 我没这个福气。¶이는 당신 아버님의 ～이다 | 这可是您老人家的福分。

복면[覆面] 몡【蒙面】méngmiàn【面罩】miànzhào【面纱】miànshā ¶～을 쓰다 | 戴面纱。¶～을 벗기다 | 揭开面纱。

복고[復古] 몡【复古】fùgǔ【反古】fǎngǔ ¶～주의 | 复古主义。¶그들은 공자 존중으로 ～할 것을 주장하다 | 他们主张尊zūn孔kǒng复古。

복무[服務] 몡하타【服务】fúwù【工作】gōngzuò【做事】zuòshì ¶조국을 위해 ～하다 | 为祖国服务。¶～ 연한 | 服务年限niánxiàn.

ᶜ**복구**[復舊] 몡하타【恢复】huīfù【复辟】fùbì【复原】fùyuán ¶수해 지역의 ～작업 | 水灾区域的恢复作业。¶파괴된 옛 왕궁을 원상대로 ～했다 | 把被破坏的旧王宫按原样复原。

복받치다[－涌出] 몡하자【涌出】yǒngchū ¶가슴에서 복받쳐오르는 격정 | 心理涌出的激情。¶복받치는 슬픔을 억누를 길이 없다 | 无法压抑yāyì心理涌出的悲伤bēishāng。

복권[福券] 몡【白鸽票】báigēpiào【奖券】jiǎngquàn【彩票】cǎipiào【奖票】jiǎngpiào【彩券】cǎiquàn【花票】huāpiào

복병[伏兵] 몡❶ (병사)【伏兵】fúbīng ¶～이 사방에서 일어나, 소리가 하늘을 진동시켰다 | 伏兵四起, 余yú声震zhèn天。¶～을 치다 | 布置伏兵。❷ (장애물)【障碍】zhàng'ài ¶예기치 않은 ～을 만나 당황하다 | 遇si到了意外的障碍, 感到惊惶jīnghuáng。

복귀[復歸] 몡하자【恢复】huīfù【复职】fùzhí【复原】fùyuán【复辟】fùbì【反转】fǎnzhuǎn【归还】guīhuán ¶그전 직위로 ～했다 | 恢复到了以前的职位。

복부[腹部] 몡【腹部】fùbù ¶～ 수술 | 腹部手术。¶선체의 ～가 파손되다 | 船chuán体的腹部破损pòsǔn。

복닥거리다 통【拥挤】yōngjǐ【闹哄】nào·hong【闹哄哄】nàohōnghōng【熙熙攘攘】xī xī rǎng rǎng【熙来攘往xī láii rǎng wǎng【熙攘】xīrǎng【攘往熙来】ràng wǎng xī lái 대합실로 귀성객들로 ～ | 候车室因为归乡guīxiāng客非常拥挤。¶복닥거려서 　잠시도 차분히 있을 수 없다 | 闹得一时也待

ᵇ**복사**[複寫] 몡하타【抄写】chāoxiě【抄缮】chāoshàn【复写】fùxiě【复印】fùyìn【写照】xiězhào ¶서류를 ～하다 | 复印资料。¶사진을 ～하다 | 复印照片。

복사²[複寫;copy] 몡하타〈電算〉【拷贝】kǎobèi【复制】fùzhì

복사³[輻射] 阅하자 【辐射】fúshè ¶~계 | 辐射计。¶~열 | 辐射热。

복사⁴[伏射] 阅 【卧射】wòshè

복사기[複寫機] 阅 【复写器】fùxiěqì [印刷机] yìnshuājī 【复印机】fùyìnjī

복사판[複寫版] 阅 【翻版】fānbǎn ¶노르웨이의 제안은 사실상 아이젠하위연설의 ~이다 | 挪威nuówēi的提案实际上是艾森豪威尔áisēnháowēiěr演说的翻版。

ᶜ**복선**[伏線] 阅 【伏线】fúxiàn 【伏笔】fúbǐ ¶~을 깔다 | 埋mái下了伏线/留伏笔。¶나중에 거절하기 위해 미리 ~을 깔아 두다 | 为了到时候拒绝jùjué, 先埋下伏线。

복수[復讐] 阅하자타 【复仇】fùchóu 【报仇】bàochóu ¶~를 시작하다 | 开始复仇。¶그는 언젠가 ~하는 날이 있을 것이라고 생각하였다 | 他想, 总有一天要报仇的。¶지난번의 패배를 ~하다 | 报上次败北之仇。

ᴬ**복숭아** 阅 〔植〕【桃儿】táor 【桃子】táo‧zi ¶~나무 | 桃树。¶~가 익었다 | 桃子成熟了。

ᶜ**복스럽다**[福‒] 阅 【有福相】yǒu fúxiàng 【福态】fútài ¶복스럽게 생겼다 | 长了一脸福相。

ᴮ**복슬복슬** 回 【可爱】kě'ài ¶~한 강아지 | 可爱的小狗gǒu。

ᴬ**복습**[復習] 阅하타 【复习】fùxí 【温习】wēnxí ¶~하다 | 温习功课。

복식¹[服飾] 阅 【服饰】fúshì 【穿戴】chuāndài 【服装】fúzhuāng ¶~에 신경을 쓰지 않는 사람 | 不讲究穿戴的人。¶~디자이너 | 服装设计师。¶~디자인 | 服装设计。

ᶜ**복식**²[複式] 阅 【复式】fùshì 【双打】shuāngdǎ ¶·부기 | 复式记帐。¶남녀혼합 ~ | 男女混合hùnhé双打。¶~경기 | 双打比赛/复式竞技。

ᶜ**복싱**[boxing] 阅 〔體〕【拳击】quánjī

ᶜ**복어**[‒魚] 阅 〔魚貝〕【河豚】hétún

복용[服用] 阅하타 【服用】fúyòng ¶약을 하루에 한 알씩 ~하다 | 一天服用一粒药丸yàowán。

복원[復原] 阅하자타 【复原】fùyuán ¶원시유물의 ~ | 原始遗物yíwù的复原。¶옛 성곽의 ~ 공정 | 古城轮廓lúnkuò的复原工程。

복음[福音] 阅 【福音】fúyīn ¶~서 | 福音书。

복작거리다 图 【闹哄哄】nàohōnghōng 【闹嚷嚷】nàorǎngrǎng ¶아이들이 마당에서 복작거리며 떠든다 | 孩子们在院子里闹哄哄的。¶백화점에 고객들이 ~ | 百货店里顾客gùkè闹哄哄的。

ᴬ**복잡**[複雜] 阅하형 【复杂】fùzá 【纷纭】fēnyún 【纷乱】fēnluàn ¶~한 문제 | 复杂的问题。¶상황이 ~하다 | 情况复杂。¶생각이 ~하다 | 思绪sīxù纷纭。

ᶜ**복장**[服装] 阅 【服装】fúzhuāng 【装束】zhuāngshù 【衣着】yīzhuó 【穿着】chuānzhuó ¶~을 연구하다 | 究究kǎojiū服装。¶그 수수하면서도 우아하다 | 她的装束朴少素大方。

복제[複製] 阅하타 【复制】fùzhì 【翻印】fānyìn 【仿制】fǎngzhì 【仿印】fǎngyìn ¶표본 ~ | 复制标本biāoběn。¶상표를 ~하다 | 仿印商标shāngbiāo。

ᶜ**복종**[服從] 阅하자 【服从】fúcóng ¶명령에 ~하다 | 服从命令mìnglìng。

ᴮ**복지**[福祉] 阅 【福利】fúlì ¶~사회 | 福利社会。¶~사업 | 福利事业。¶~정책 | 福利政策。¶국민을 위해 ~사업을 도모하다 | 为人民谋móu福利。¶사회 ~ 시설 | 社会福利设施shèshī。

복직[復職] 阅하자 【复职】fùzhí 【恢复职位】huīfùzhíwèi ¶건강이 회복되어 ~하다 | 因为健康jiànkāng复员, 所以恢复了职位。¶학생들은 김선생님의 ~을 요구하였다 | 学生们要求金老师复职。

복창[復唱] 阅하타 【复述】fùshù 【重说】chóngshuō 【复诵】fùsòng ¶본문의 대의를 한 차례 ~하다 | 把课文大意复述一遍。¶지시 내용을 그 자리에서 ~하다 | 将指示zhǐshì的内容在原地上复述一遍。¶명령을 ~하다 | 复诵命令mìnglìng。

복통[腹痛] 阅 ❶〔병〕【腹痛】fùtòng 【肚子痛】dù‧zitòng ¶~으로 고생하다 | 腹痛难忍儿。❷〔마음〕【眼红】yǎnhóng 【满腹怨仇】mǎnfù yuānchóu 【怨恨之心】yuànhèn zhī xīn ¶언짢은

꼴을 보고 있자니 ~이 터질 노릇이다 | 看到那死相, 肺都要气炸了。

복판[靶心]bǎxīn【正中】zhèngzhōng【中心】zhōngxīn【中间】zhōngjiān ¶도심구 한~에 자리 잡은 건물 | 位于都市中心的建筑。¶마당 ~ | 庭院中间。

복합[複合] 명하자타 【复合】fùhé【合成】héchéng【混合】hùnhé【多种】duōzhǒng ¶이 테이블은 두 가지 재료를 ~하여 만든 것이기에, 비교적 튼튼하다 | 这种桌zhuō面是由两种材料复合而成的, 比较结实jiēshí。¶여러 요인이 ~되어 빚어진 사고 | 各种原因复合所造成的事故。

복합어[複合語] 명〈言〉【复合词】fùhécí【合成词】héchéngcí

복호화[復號化;decryption] 명〈電算〉【解密】jiěmì

볶다 통 ❶ (음식물을) 【炒】chǎo ¶어제 남긴 밥을 볶아서 먹었다 | 把昨天的剩饭炒了吃了。¶노르스름하게 ~ | 炒黃huáng。¶쇠고기를 ~ | 炒牛肉niúròu。❷ (성가시게 굴다) 【折腾】zhē·teng【折磨】zhé·mo【磨人】mórén ¶지난날 일제와 그 앞잡이들은 백성을 못살게 들들 볶아댔다 | 过去, 日本帝国主义及其走狗把人民折磨得几乎没法生活。¶아이가 아파서인지 오늘은 이렇게 사람을 볶는다 | 孩子也许不舒服, 今天这么磨人。

볶음 명【炒】chǎo【溜】liū ¶게살 ~밥 | 蛋炒饭。¶쇠고기 ~ | 炒牛肉。

본¹[本] 명 ☞ 본관[本貫]

본²[本] 명❶ (본보기) 【榜样】bǎngyàng【标准】biāozhǔn【型】xíng【样儿】yàngr ¶그를 ~으로 삼다 | 拿ná他做榜样。¶모두에게 좋은 ~을 보였다 | 给大家做个好榜样。¶아우도 형의 ~을 받아 효성이 지극하다 | 兄弟xiōngdì也以哥哥为榜样, 孝心xiàoxīn极大。❷ (본전) 【本钱】běnqián【本儿】běnr ¶~까지 날렸다 | 连本都亏光了。❸ (옷의) 【纸样】zhǐyàng ¶종이에 바지의 ~을 뜨다 | 作裤子的纸样。

본⁻³[本-] 료 【本】běn【原】yuán ¶~인 | 本人。¶~교 | 本校。¶~사건의 해결은 시간 문제이다 | 这次事件的解决只是个时间问题。

본가[本家] 명【娘家】niáng·jia【老家】lǎojiā

본거지[本據地] 명【根据地】gēnjùdì ¶반군의 ~를 수색하다 | 搜索sōusuǒ叛军pànjūn的根据地。

본격적[本格的] 관형 【正规】zhèngguī【正式】zhèngshì【真正】zhēnzhèng【大力推进】dàlì tuījìn ¶일을 ~으로 시작하다 | 正式开始工作。¶~으로 추위지기 시작했다 | 真正冷起来了。

본격화[本格化] 명하자타 【正式】zhèngshì ¶출전에 앞서 강화 훈련을 ~하였다 | 为了出战, 正式开始强化训练xùnliàn。

본고장[本-] 명【故乡】gùxiāng【老家】lǎojiā【产地】chǎndì【本地】běndì ¶제주도는 귤의 ~이다 | 济州岛jìzhōudǎo是桔子jú·zi的产地。¶저는 ~출신입니다 | 我是本地人。¶~ 산물 | 本地货。

본과[本科] 명【本科】běnkē ¶의과대학 ~ 일학년 | 医学院本科一年级。

본관¹[本館] 명【本馆】běnguǎn【主楼】zhǔlóu ¶우리 학교의 ~은 동쪽에 있어요 | 我们学校的本馆在东边。

본관²[本貫] 명【籍贯】jíguàn【本籍】běnjí ¶~이 어디니? | 你的籍贯是哪儿? ¶성은 같으나 ~이 다르다 | 姓氏相同, 籍贯不同。

본교[本校] 명【本校】běnxiào

본국[本國] 명【本国】běnguó ¶그들은 모두 ~으로 돌아갔다 | 他们都回本国去了。¶~ 송환 | 送回本国。

본능[本能] 명【本能】běnnéng ¶생명을 지키는 ~이 있다 | 有保卫bǎowèi生命的本能。¶동물의 ~ | 动物的本能。¶~적 요구 | 本能的要求。

본당[本堂] 명【本堂】běntáng ¶~ 신부 | 本堂的神父shénfù。

본디¹[本-] 명【本】běn【原本】yuánběn【天生】tiānshēng ¶~는 매우 건강한 체격이었다 | 原本是非常健壮jiànzhuàng的体格tǐgé。¶~부터 타고난 성품 | 天生的品性。

본디²[本-] 튀【原来】yuánlái【刚开始】gāngkāishǐ【本来】běnlái ¶~ 남달리 명석했다 | 刚开始就特别地清晰qīngxī。¶~ 착한 사람이다 | 本来是

430

很善良shànliáng的人。¶이 길은 ~
매우 좁았으나 후에야 넓은 것이다 |
本来这条路很窄zhǎi,是后来才加宽kuān的的。

본때 図【本领】běnlǐng【本事】běn·shi
【能耐】néngnài【厉害】lì·hai【利害】lì
·hai ¶그에게 우리의 ~를 보여주자
| 给他看看我们的厉害。

ᴸ**본뜨다**[本－] 图【摹】mó【摹
写】móxiě【摹本】móběn【模仿】mófǎ
ng ¶이 글자를 본뜨시오 | 把这个字
摹下来。¶착한 행실을 ~ | 模仿善
行shànxíng。

ᴸ**본래**[本来] 図【本来】【原来】yuánlái【原旧】yu
ánjiù【原本】yuánběn【本来】běnlái ¶
그는 ~ 술을 못 마셨는데, 지금은 마
실 수 있다 | 他原来不喝酒, 现在会喝
了。¶~의 모습 | 原来的样子。

본령[本領] 図【根本】gēnběn【本领】bě
nlǐng【本质】běnzhì ¶민주 정치의
~은 주권재민에 있다 | 民主政治的
根本在于主权在民。¶~을 발휘하다
| 发挥fāhuī本领。

본론[本論] 図【正题】zhèngtí【本论】b
ěnlǜn【正文】zhèngwén【本文】běnwé
n ¶~으로 들어가다 | 谈正题。¶~
의 핵심은 바로 여기에 있다 | 本论的
核心héxīn就在这儿。

ᴸ**본류**[本流] 図【主流】zhǔliú【干流】gàn
liú ¶자본주의 문학의 ~ | 资本主义
文学的主流。

본마음[本－] 図【本心】běnxīn【真情】
zhēnqíng ¶~을 속시원히 털어놓다
| 把本心全部痛快tòngkuài地说出
来。¶~이 드러났다 | 流露liúlù了真
情。

본명[本名] 図【原名】yuánmíng【本
名】běnmíng ¶~이 무엇이냐? | 原
名叫什么? ¶~을 밝히다 | 弄清原
名。

ᴸ**본문**[本文] 図【本文】běnwén【正文】
zhèngwén ¶조약의 ~ | 条约tiáoyuē
的本文。¶~을 참조하다 | 参照正
文。

ᴸ**본받다**[本－] 图【模仿】mófǎng【仿
效】fǎngxiào【模拟】mónǐ【则】zé【效
法】xiàofǎ【遵照】zūnzhào【师法】shīf
ǎ ¶선열의 유풍을 ~ | 则先烈之遗
风。¶옛 사람을 ~ | 师法古人。¶

본받을 만한 데가 상당히 많다 | 值得
zhíde师法的地方颇pō多。

ᴸ**본보기** 図【榜样】bǎngyàng【样儿】yà
ngr【模范】mófàn【龟鉴】guījiàn【典
范】diǎnfàn【规范】guīfàn【样品】yàng
pǐn【样货】yànghuò【样本】yàngbě
n【样板】yàngbǎn ¶모두에게 좋은
~를 보였다 | 给大家做个好榜样。¶
새로운 도덕생활의 ~를 하나하나 만
들어 일반화하다 | 一个一个地创造和
推广新的道德生活的典范。¶그런 집
을 ~로 한 채 짓다 | 照那样的房子盖
上zhuāng。

본부[本部] 図【本部】běnbù【本营】bě
nyíng【总部】zǒngbù【指挥部】zhǐhuī
bù ¶참모 | 参谋cānmóu本部。¶
수사 | 搜查sōuchá本部。¶이 조
직의 ~는 상해에 있다 | 这个组织zǔz
hī的总部在上海。

본분[本分] 図【本分】běnfèn【应尽的
责任】yīngjìn·de zérèn ¶~을 지키는
사람 | 守本分的人。¶이 사람은 ~
을 지킨다 | 这个人很本分。¶학생의
~ | 学生应尽的责任。(参考〔安分〕

ᴸ**본사**[本社] 図【本社】běnshè【总社】zǒngshè【总公
司】zǒnggōngsī【总店】zǒngdiàn【总
行】zǒngháng【这个社】zhè·ge shè
【本社】běnshè ¶~ 사장 | 总公司的
经理。

본색[本色] 図❶ (색) 【本色】běnsè ¶
~보다 더 산뜻한 색채 | 比本色更鲜
艳xiānyàn的色彩sècǎi。❷ (본 모
습)【原形】yuánxíng【真面目】zhēnm
iànmù ¶~이 완전히 드러나다 | 原
形毕露。¶~을 숨기다 | 隐藏着真面
目。

본서[本署] 図【本署】běnshǔ【总署】z
ǒngshǔ ¶~까지 피의자를 연행하다
| 把嫌疑人带到了这个(警察)署。

본선[本選] 図【决赛】juésài ¶~에 진
출하다 | 进入决赛。

본성[本性] 図【本性】běnxìng【原形】y
uánxíng【素性】sùxìng【秉性】bǐngxì
ng ¶추악한 ~을 드러내다 | 揭露jiēl
ù丑恶的本性。¶~이 악하다 | 本性
不好。

본시[本是] 図 目【本来】běnlái【原来】
yuánlái【原本】yuánběn ¶그는 ~ 몸
이 약하다 | 他本来就体弱tǐruò。¶이

집은 ~ 그의 집이다 | 这家本来就是他的家.

본심[本心] 圄 【本心】běnxīn 【真心】zhēnxīn 【素心】sùxīn 【肺腑】fèifǔ ¶그도 ~은 착한 사람이다 | 他也是一个本心善良的人. ¶그것은 아마도 그의 ~이 아닐거야 | 那恐怕不是他的真心. ¶~을 털어놓은 이야기 | 肺腑里掏出来的话.

본업[本業] 圄 【正业】zhèngyè 【本行】běnháng 【主业】zhǔyè ¶~에 종사하지 않다 | 不务wù正业. ¶그 작가는 의사가 ~이다 | 那个作家的本行是医生. ¶농사짓는 것이 나의 ~이다 | 种地是我的本行.

본연[本然] 圄 【本来】běnlái 【自然】zìrán ¶인간 ~의 모습 | 人本来的面目. ¶대자연을 ~의 모습대로 보존하다 | 保存大自然本来的面目. ¶~의 자세 | 自然姿势.

본위[本位] 圄 ❶ (화폐제도의 기준) 【本位】běnwèi ¶금 ~ | 金本位. ¶~제도 | 本位制. ¶~화폐 /本币. ❷ (생각이나 행동의 중심 기준) 【本位】běnwèi 【中心】zhōngxīn 【专靠】zhuānkào 【根本】gēnběn ¶자기 ~의 사고 방식 | 自己本位的思考方式. ¶개인의 이익을 ~로 한 생각 | 以个人利益yì为中心的想法.

본의[本意] 圄 【本意】běnyì 【真正含义】zhēnzhèng hányì ¶그 사람의 ~를 이해하다 | 了解他的本意. ¶그것은 내 ~가 아니다 | 那不是我的本意. ¶문장의 ~를 파악하다 | 理解文章的真正含义.

본인[本人] 圄 【本人】běnrén 【自己】zìjǐ 【本身】běnshēn 【正身】zhèngshēn ¶~의 의사를 묻다 | 问本人的意见. ¶~이 시인한 사실 | 本人承认chéngrèn的事实. ¶~ 스스로 하다 | 自己动手.

본적[本籍] 圄 【原来的户籍】yuánlái·de hùjí 【原籍】yuánjí ¶~은 절강이고, 거주지는 상해이다 | 原籍浙江zhèjiāng, 现住址是上海. 참고〔本籍〕〔籍贯〕

본전[本錢] 圄 ❶ (밑천으로 들인 돈) 【本钱】běnqián 【资本】zīběn 【母钱】mǔqián 【母财】mǔcái 【母金】mǔjīn

~을 많이 들였다 | 费了很多的本钱. ¶~조차도 떼었다 | 连本钱也赔pēi进去了. ¶~을 건지다 | 捞本儿. ¶밑져야 ~ | 亏也是就亏点本. ❷ (원금) 【本金】běnjīn.

본점[本店] 圄 【总行】zǒngháng 【总号】zǒnghào 【本店】běndiàn 【本号】běnhào 【本行】běnháng ¶은행 ~을 북경에 설치하다 | 在北京设立总行. ¶상업 은행 ~ | 商业银行总行.

본직[本職] 圄 【本职】běnzhí 【正业】zhèngyè ¶그의 ~은 선반공이다 | 他的本职是车工. ¶~과 겸직 | 本职和兼职jiānzhí.

본질[本質] 圄 【本质】běnzhì 【实质】shízhì ¶가장 ~적인 물건 | 最本质的东西. ¶소설의 ~ | 小说的本质. ¶문제의 ~ | 问题的本质.

본질적[本質的] 웹 圄 【本质的】běnzhì·de ¶~ 차이 | 本质的差异chāyì. ¶~ 결함 | 本质的缺点. ¶~인 것을 정확하게 찾아내다 | 正确地找出本质的东西. ¶~으로 다르다 | 本质上不同.

본채[本─] 圄 【正房】zhèngfáng ¶~에 딸려 있는 마당 | 与正房相连的院子.

본체[本體] 圄 ❶ (참모습) 【本体】běntǐ 【实体】shítǐ 【本质】běnzhì 【真相】zhēnxiàng 【本来面目】běnlái miànmù ¶~의 ~를 드러내다 | 揭露了它的本来面目. ❷ (기계 등의 중심부분) 【主要部分】zhǔyào bùfēn 【主机】zhǔjī ¶컴퓨터의 ~ | 电脑diànnǎo的主机.

본체 케이스[本體 case] 圄〈電算〉【机箱】jīxiāng

본토[本土] 圄 ❶ 【本地】běndì ¶서울 ~사람 | 汉城本地人. ❷ 【本土】běntǔ 【乡土】xiāngtǔ ¶영국 ~ | 英国本土. ¶~ 발음 | 乡土音.

본토박이[本土─] 圄 【本地人】běndìrén 【当地人】dāngdìrén 【土生土长的】tǔshēng tǔzhǎng·de 【土著】tǔzhù 【地道的人】dìdào·de rén ¶울릉도 ~ | 郁陵岛yùlíngdǎo本土人.

본회의[本會議] 圄 【正式会议】zhèngshì huìyì 【全体会议】quántǐ huìyì ¶~에 참석하다 | 出席正式会议.

^**볼**¹ 圀 ❶ (뺨의 한복판)【面颊】miànjiá【脸颊】liǎnjiá【脸蛋(儿)】liǎndàn(r)【腮】sāi【腮颊】sāijiá【腮帮子】sāibāng·zi ¶~을 볼록하게 하다 | 鼓gǔ起腮帮子。❷ (물건의 너비)【肥厚儿】féihòur【肥瘦】féishòu【宽】kuān ¶~이 넓은 발 | 脚面。

볼²[ball] 圀【球】qiú【铁球儿】tiěqiúr

불가리[Bvlgari]圀【商标】【宝嘉丽】Bǎojiālì

볼기 圀【臀部】túnbù【屁股】pì·gu ¶~에 주사 한 대를 놓다 | 在臀部打一针zhēn。¶~를 치다 | 打屁股。

ᴮ**볼기짝** 圀【屁股蛋儿】pì·gudàn【屁股蛋子】pì·gudàn·zi ¶~을 때리다 | 打屁股蛋儿。

볼륨[Volume] 圀❶ (양감)【曲线】qūxiàn ¶그녀는 ~이 대단하다 | 她的身体曲线分明。❷ (음량)【音量】yīnliàng【音域】yīnyù ¶~이 풍부한 음성 | 音量很丰富的声音。¶~ 있는 목소리 | 有音量的嗓音。

볼리비아[Bolivia] 圀〈地〉【玻利维亚】Bōlìwéiyà【玻璃维亚】bōlíwéiyà【玻利非亚】bōlìfēiyà【波利非亚】bōlìfēiyà [남아메리카 중서부에 위치한 내륙국. 수도는 '라파스'(라파스;LaPaz)와 '수크레'(수크레;sucre)]

볼링[bowling] 圀〈體〉【保龄球】bǎolíngqiú

볼만하다 휑❶ (볼 가치가 있다)【值得一看】zhí·de yīkàn【好看】hǎokàn【受看】shòukàn【中看】zhòngkàn【可观】kěguān【洋洋大观】yáng yáng dà guān【精彩】jīngcǎi ¶이 연극은 아주 ~ | 这出戏xì大有可观。¶이번 시합은 성말 ~ | 这次比赛真值得一看。❷ (보잘것 없다)【够瞧的】gòuqiáo·de【不堪目睹】bùkān mùdǔ ¶그 놈의 낯짝은 정말 ~ | 那个家伙的嘴脸真敬瞧的。

^**볼멘소리** 圀【赌气的话】dǔqì·de huà【气话】qìhuà ¶이런 ~는 안 해야 되는데 | 我不该说这种气话。

볼보[Volvo] 圀〈商标〉【富豪】Fùháo

ᴮ**볼일** 圀【要做的事】yàozuò·de shì【要办的事】yàobàn·de shì ¶나에게 무슨 ~이냐? | 有什么事我办吗? ¶

그에게 급한 ~이 있다 | 他有急事要办。

볼장 다 보다 판용【该干的都干了】gāigàn·de dōu gàn·le【想干的都干了】xiǎnggàn·de dōu gàn·le【想办的都办了】xiǎngbàn·de dōu bàn·le【该办的都办了】gāibàn·de dōu bàn·le

^**볼트**[volt] 圀【電】【伏(特)】fú(tè)【伏打】fúdǎ【伏(尔)脱】fú(ěr)tuō ¶~ 미터 | 伏计。¶50~ | 五十伏(特)。

볼트²[bolt] 圀【螺栓】luóshuān【螺钉】luódìng【螺丝钉】luósīdìng ¶~를 죄다 | 紧螺丝钉。¶~로 조이다 | 用螺栓栓shuān住。

볼티모어[Baltimore] 圀〈地〉【巴尔的摩】Bā'ěrdímó [미국의 항구 도시]

^**볼펜**[ball point pen] 圀【圆珠笔】yuánzhūbǐ ¶~심 | 圆珠笔油管/圆珠笔芯。

ᴮ**볼품** 圀【外观】wàiguān【外貌】wàimào【风采】fēngcǎi【丰彩】fēngcǎi【样子】yàng·zi ¶~이 없다 | 没有风采。¶이 일은 ~ 사납게 되었다 | 这活做得不像样子。

^**봄** 圀❶ (계절)【春】chūn【春天】chūntiān ¶~기운이 한참 짙다 | 春意正浓nóng。¶일년의 계획은 ~에 세운다 | 一年之计在于春。❷ (한창 때)【青春】qīngchūn【青春期】qīngchūnqī ¶~의 인생의 청춘期。

ᴮ**봄날** 圀【春天】chūntiān ¶화창한 ~ | 明媚míngmèi的春天。

^**봄맞이** 圀하자【迎春】yíngchūn ¶~ 시회 | 迎春诗会。

봄바람 圀【春风】chūnfēng ¶엄동 설한이 따뜻한 ~이 되었다 | 严寒yánhán将化为春风。¶~이 훈훈하게 불다 | 春风送暖。

ᴮ**봄볕** 圀【春天的阳光】chūntiān·de yángguāng【春晖】chūnhuī【春光】chūnguāng ¶~이 따사로이 내려쪼이고 있다 | 春天的阳光温暖地照耀yào着。¶~에 까맣게 타다 | 被春光晒黑。

ᴮ**봄비** 圀【春雨】chūnyǔ ¶~는 기름같이 귀하고, 봄바람은 황소도 넘어뜨린다 | 春雨贵如油,春风吹倒人。

봄빛 圀【春光】chūnguāng【春色】chūnsè【春意】chūnyì【春天的气息】chūntiān·de qìxī ¶~이 정원에 가득하여 경치가 한없이 좋다 | 春色满园, 风光无限好。 ¶~이 짙어 가다 | 色色变浓。

봄철 명 【春季】chūnjì 【春天】chūntiān 【春令】chūnlìng 【春日】chūnrì ¶초목이 소생하는 ~ | 草木苏sū生的春季。 ¶추운 겨울이 지나갔으니 ~이 곧 온다 | 严yán冬已过, 春令就到。

봇짐〔褓-〕명 【包袱】bāo·fu 【包袱皮儿】bāo·fu pír 【包单】bāodān 【小行李】xiǎoxíng·li ¶~을 짊어지다 | 扛包袱。

봉〔鳳〕명 ❶ (봉황) 【凤】fèng 【凤凰】fènghuáng 【凤皇】fènghuáng 【仁鸟】rénniǎo ¶용~ | 龙lóng凤。 ❷ (어수룩하여 빼앗아 먹기 좋은 사람) 【冤大头】yuāndàtóu 【炮灰】pàohuī ¶그는 사기꾼의 좋은 ~이 되었다 | 他成了骗子的好炮灰。

봉건〔封建〕명 【封建】fēngjiàn ¶~사상 | 封建思想。 ¶반~ | 反封建。 ¶생각이 ~적이다 | 头脑封建。

봉급〔俸給〕명 【薪金】xīnjīn 【薪给】xīnjī 【辛俸】xīnfèng 【金俸】xīnjīn 【薪水】xīn·shui 【工资】gōngzī 【工薪】gōngxīn 【工钱】gōngqián 【薪资】xīnzī ¶~이 낮다 | 薪资不高。 ¶~쟁이 | 薪资生活者。 ¶~을 받다 | 领lǐng薪资。

봉기〔蜂起〕명 하자 【起义】qǐyì 【举义】jǔyì ¶농민들이 ~하다 | 农民nóngmín起义。

봉돌 명 【铅堕】qiānduò

봉변〔逢變〕명 【遭殃】zāoyāng 【遭祸】zāohuò 【灾祸】zāihuò ¶그는 또 ~을 당했다 | 他又遭殃了。 ¶그는 또 ~을 당했다 | 他又遭殃。

봉분〔封墳〕명 【坟头】fén·tou ¶~제 | 封坟祭。

봉사〔奉仕〕명 하자 【服务】fúwù 【奉献】fèngxiàn 【效力】xiàolì ¶사회에 ~하다 | 为社会服务。 ¶~ 활동 | 服务活动。 ¶무료 ~ | 无偿服务。

봉사 기름값 대기 관용 【瞎子掏灯油钱】xiā·zi tāo dēngyóuqián

봉사 단청 구경 관용 【瞎子看戏, 听别人笑】xiā·zi kànxì, tīng biérén xiào

봉선화〔鳳仙花〕명〈植〉【凤仙(花)】fèngxiān(huā) 【指甲草】zhǐjiǎhuā 【小桃红】xiǎotáohóng 【染指草】rǎnzhǐcǎo

o

봉쇄〔封鎖〕명 하타 【封锁】fēngsuǒ ¶경제 ~ | 经济封锁。 ¶~정책 | 封锁政策。 ¶변경을 ~하다 | 封锁边境jìng。 ¶공항을 ~하다 | 封锁机场。

봉숭아 명 ☞ 봉선화

봉양〔奉養〕명 하타 【侍奉】shìfèng 【事奉】shìfèng 【奉养】fèngyǎng 【供养】gōngyǎng ¶부모님을 ~하다 | 侍奉父母。 ¶노인을 ~하다 | 奉养老人。

봉오리 명 【花苞】huābāo 【苞】bāo 【蓓蕾】bèilěi 【花骨朵(儿)】huāgǔduǒ(r) ¶꽃이 맺혔다 | 结jiē了花苞。

봉우리〔山峰〕명 【山峰】shānfēng 【高峰】gāofēng 【山顶】shāndǐng ¶산~에 눈이 덮여 있다 | 山顶上盖着白雪。

봉인〔封印〕명 하타 【封印】fēngyìn 【查条】chátiáo 【加封】jiāfēng ¶~한 편지 | 加封的信。 ¶~을 뜯다 | 拆封。

봉지〔封紙〕명 【纸袋儿】zhǐdàr 【纸套儿】zhǐtàor 【袋儿】dàir 【包儿】bāor ¶과자를 ~에 담다 | 把饼干装到纸袋儿里。 ¶약 한 ~ | 一包儿药。

봉착〔逢着〕명 하자 【遭到】zāodào 【遇到】yùdào 【碰到】pèngdào 【遭遇】zāoyù ¶강력한 반대에 ~하다 | 遭到强烈qiángliè反对。 ¶의외의 문제에 ~하다 | 遇到意外问题。 ¶새로운 국면에 ~하다 | 遭遇新局面。

봉창〔封窓〕명 【封死的窗子】fēngsǐ·de chuāng·zi 【小纸窗】xiǎo zhǐchuāng

봉축〔奉祝〕명 하타 【庆祝】qìngzhù 【庆贺】qìnghè 【庆赏】qìngshǎng 【拜祝】bàizhù ¶개교 80주년을 ~하다 | 庆祝建校jiànxiào八十周年。 ¶~ 행사 | 庆祝典礼。

봉투〔封套〕명 【信封】xìnfēng 【封套】fēngtào ¶편지를 ~에 넣다 | 把信装在信封里。 ¶서류를 ~에 넣어 보관하다 | 把文件装在封套里保管。

봉하다〔封-〕동 ❶ (봉투·문을) 【封】fēng 【封闭】fēngbì 【钉死】dìngsǐ 【封掉】fēngdiào 【封死】fēngsǐ ¶봉한 편지 | 封好了的信。 ¶문을 ~ | 封门。 ¶창문을 봉해버리다 | 把窗户chuānghù钉死。 ❷ (입을) 【缄口】jiānkǒu 【封】fēng ¶입을 봉하고 아무 말도 없는다 | 封口不说任何话。 ❸ (작위를)

【賜封】cìfēng ¶부부인에 ~│賜封府夫人.

봉합[縫合] 명하타【缝合】fénghé【缝拢】fénglǒng ¶상처를 ~하다│缝合伤口。¶~수술│缝合手术.

ᴬ**봉화**[烽火] 명【烽火】fēnghuǒ【火炬】huǒjù ¶~불│烽火. ¶~를 올리다│点烽火. ¶~와 북소리│烽火声pí鼓. ¶~를 들다│举起火炬.

ᴮ**봉황**[鳳凰] 명【凤凰】fènghuáng【凤皇】fènghuáng【仁鸟】rénniǎo【瑞鹯】ruìyàn【凤】fèng

봐주다 동 ❶ (돌보다)【照顾】zhào·gù【照料】zhàoliào【关怀】guānhuái【帮助】bāngzhù ¶고아를 보아주다│照顾孤儿们. ¶그는 어린아이들을 자주 봐주곤 한다│他经常照料孩子们. ❷ (눈감아 주다)【徇】xùn【顾】gù【饶】ráo【放】fàng ¶그를 이번에는 봐줍시다│饶他这一回吧. ¶제발 한번만 보아주시오│求求你就放过我一次吧.

ᴬ**빕다** 동【拜访】bàifǎng【拜会】bàihuì【拜见】bàijiàn【谒见】yèjiàn【见】jiàn ¶꼭 가 뵙겠습니다│一定去拜访. ¶정식으로 뵙다│正式拜访. ¶아버님을 ~│见父亲.

부¹[部] 명【部】bù【部位】bùwèi ¶동~│东部. ¶내~│内部. ¶외무~│外交部. ¶외무 ~ 장관│外交部长/외장. ¶국방~│国防部. ¶사령~│司令部.

부²[父] 명【父】fù ¶숙~│叔父. ¶이모~│姨yí父.

부³[否] 명【否】fǒu【否定】fǒudìng ¶가~를 묻다│问其可否.

부⁴[富] 명【财富】cáifù ¶~를 창출하다│创造chuàng财富. ¶~의 축적│财富积累jīlěi.

부⁵[賦] 명〈文〉【赋】fù ¶한~│汉赋.

부⁶[部] 의명【部】bù【册】cè【本】běn【份】fèn ¶사전 두 ~│两部词典. ¶잡지 한 ~│一本杂志.

부−[不−] 튀【不】bù ¶~도덕│不道德.

부−⁸[副−] 접튀【副】fù ¶~사장│副社长. ¶~반장│副班长. ¶~산물│副产物.

−**부**⁹[−附] 回 ❶ (작성·발송한 시일)【发】fā【发出】fāchū【发行】fāxíng ¶9월15일 ~로 발령 받다│按到九月十五日发出的命令. ❷ (소속·부속)【附】fù【随】suí【属】shǔ ¶대매출│随礼品大出售. ¶대사관~ 무관│大使馆属下武官.

부가[附加] 명하타【附加】fùjiā【补充】bǔchōng【增加】zēngjiā【增补】zēngbǔ【追加】zhuījiā ¶~세│附加税shuì. ¶~ 설명│补充说明. ¶~보험료│附加保险金.

부각[浮刻] 명자타형 ❶〈美〉【浮雕】fúdiāo【雕塑】diāosù ❷ [出现]【浮雕】chūxiàn【刻画】kèhuà【勾画】gōuhuà ¶개성이 뚜렷이 ~되다│明显地刻画了个性. ¶성격이 뚜렷이 ~되다│性格勾画清楚.

부강[富強] 명하형【富强】fùqiáng ¶번영하고 ~하다│繁荣fánróng富强.

부검[剖檢] 명하타【验尸】yànshī ¶~완료│验尸完毕. ¶~증│验尸证zhèng.

부결[否決] 명하타【否决】fǒujué ¶~당하다│被否决. ¶법률안이 ~되다│法律案被否决.

부고[訃告] 명하자【讣告】fùgào【赴告】fùgào【讣文】fùwén【讣闻】fùwén【赴闻】fùwén ¶그에게 ~를 보내다│给他发一份讣告. ¶~를 내다│发讣告. ¶~를 받다│接到讣闻.

부과[賦課] 명하타【赋课】fùkè【赋敛】fùliǎn【课税】kèshuì ¶벌과금을 ~하다│赋课罚款. ¶무거운 세금을 ~하다│课以重税.

부관[副官] 명【副官】fùguān ¶이 분이 김~이다│这位是金副官.

ᶜ**부교수**[副教授] 명【副教授】fùjiàoshòu

부귀[富貴] 명【富贵】fùguì ¶~영화│富贵荣华. ¶~를 누리다│享受富贵.

ᴮ**부근**[附近] 명【附近】fùjìn【近前】jìnqián【近处】jìnchù【邻近处】línjìnchù ¶~의 술집│附近的酒馆. ¶~에 학교가 없다│近处没有学校.

부글거리다 동 ❶ (물이)【咕噜咕噜响】gū·lu gū·lu xiǎng ¶주전자의 물이 ~│壶里的水咕噜着. ❷ (마음이)【一

个劲翻腾】yī·ge jìn fān·teng【老不平静】ǎo bùpíngjìng【老想不开】ǎo xiǎng·bukāi ¶그는 하찮은 일에도 속이 부글거린다 | 他对芝麻大点小事心里也老想不开.

부글부글 뮈회짜 ❶ (끓는 모양)【咕噜咕噜】gū·lu gū·lu【噗噜噜噜】pū·lu pū·lu·lu【哗啦】huālā【哗啦啦】huālālā ¶밥솥이 ~ 끓었다 | 饭锅guō咕噜咕噜地开了. ¶물이 ~ 끓다 | 水咕噜啦地开. ❷ (마음이 언짢은 모양)【沸腾】fèiténg【翻腾】fān·teng【翻滚】fānɡǔn【激荡】jīdàng【滚滚】gǔnɡǔn ¶뜨거운 피가 ~ 끓는다 | 热血沸腾. ¶부아가 ~ 치밀어오르다 | 气得直冒火. ❸ (많이 모여 복잡하게 움직이는 모양)【喧哗】xuānhuā【拥挤】yōngjǐ ¶일요일의 시장은 특히 ~ 한다 | 星期天市场里特别拥挤.

부끄러움 몡【害羞】hàixiū【害臊】hàisào【怕臊】pàsào【怕羞】pàxiū【惭愧】cánkuì【羞耻】xiūchǐ ¶~을 타다 | 好害羞. ¶~을 모른다 | 不知害臊. ¶그 소녀는 ~을 타서 말도 제대로 못한다 | 那个少女羞得连话都说不清楚.

ᴾ부끄러워하다 图 ❶ (수줍어하다)【害羞】hàixiū【害臊】hàisào【怕臊】pàsào【怕羞】pàxiū ¶그 여자는 처음으로 여러 사람 앞에서 말하는 것이어서 다소 부끄러워한다 | 她是第一次当众讲话jiǎnghuà, 有些害羞. ¶뭘 부끄러워하니? | 你害羞什么啊? ❷ (창피해하다)【惭愧】cánkuì

ᴬ부끄럽다 혱 ❶ (수줍어하다)【害羞】hàixiū【害臊】hàisào【怕臊】pàsào【怕羞】pàxiū ¶남 앞에 나서기가 ~ | 害羞站在别人面前. ¶처음 보는 사람과 마주 앉으니 ~ | 跟第一次见面的人对着坐, 真有点害羞. ❷ (창피해하다)【惭愧】cánkuì【羞耻】xiūchǐ ¶부끄러운 일 | 惭愧的事. ¶일을 잘못했기 때문에 부끄러웠다 | 我做错了事, 很惭愧.

부녀[父女] 몡【父女】fùnǚ

ᴸ부녀자[婦女子] 몡【妇女】fùnǚ

부농[富農] 몡【富农】fùnóng【富家】fùjiā ¶마을 제일의 ~ | 村子里最大的富户.

부다페스트[Budapest] 몡〈地〉【布达佩斯】Bùdápèisī "匈牙利"(헝가리)

Hungary)의 수도]

부닥치다 图 ❶ (만나다)【遇到】yùdào【面临】miànlín【遇到】yùdào【碰到】pèngdào ¶뜻하지 않은 난관에 ~ | 遇到意想不到的难关. ¶심각한 위기에 ~ | 面临一场严重yánzhòng的危机wēijī. ¶막 대문을 나서자마자 손님과 부닥쳤다 | 一出大门就遇到客人. ❷ (충돌하다)【撞击】zhuàngjī【撞上】zhuàngshàng【碰】pèng ¶머리가 벽에 ~ | 头碰墙.

부단[不斷] 몡혱【不断】búduàn ¶~한 노력 | 不断的努力. ¶~한 전진과 혁신 | 不断的前进qiánjìn和革新géxīn.

부단히[不斷-] 뮈【不断地】búduàn·de【不间断】bùjiānduàn【连续不断】liánxù bù duàn ¶인구가 ~ 증가한다 | 人口不断地增加zēngjiā. ¶열심히 공부하여 ~ 전진하자 | 努力学习, 不断地前进.

부담[負擔] 몡하타【负担】fùdān【负】fù ¶~을 덜어 주다 | 减轻负担. ¶정신적인 ~이 크다 | 精神负担重. ¶보내는 쪽에서 우송비를 ~하다 | 由发送方负运费.

부당[不當] 몡혱【不正当】búzhèngdāng【不妥当】bùtuǒ·dang【不妥】bùtuǒ【不当】búdāng【不合理】bùhélǐ【不在理】búzàilǐ ¶~한 이유 | 不正当的理由. ¶이러한 처리는 매우 ~하다 | 这种处理很不当. ¶~한 요구 | 不合理的要求.

ᴸ부대¹[附帶] 몡하타【附带】fùdài【配套】pèi/tào【附属】fùshǔ【辅助】fùzhù ¶~ 조건 | 附带条件. ¶~ 시설 | 附属设施shèshī.

ᴹ부대²[負袋] 몡【袋子】dài·zi【袋(儿)】dài(r)【布袋】bùdài ¶밀가루 ~ | 面粉袋子. ¶쌀 ~ | 米袋.

ᴸ부대³[部隊] 몡【部队】bùduì ¶~를 재편성하다 | 整编zhěngbiān部队. ¶북경 주둔 ~ | 驻zhù京部队. ¶~를 편성하다 | 建设部队.

부대끼다 图 (受苦)【受苦】shòukǔ【受折磨】shòu zhé·mo【被折磨】bèizhé·mo【折腾】zhē·teng【撞】zhuàng【碰】pèng ¶아이들한테 하루 종일 부대꼈다 | 被孩子们折磨了一整天.

436

부덕[不德] 圆【不才】bùcái【无德无能】wúdéwúnéng ¶내가 ~한 탓이다 | 怪guài我不才. ¶모두 저의 ~한 소치입니다 | 都是我无德无能所致.

ᵇ부도[不渡] 圆【拒绝付款】jùjué fùkuǎn【拒绝承兑】jùjué chéngduì

부도나다[不渡-] 图【被拒绝付款】bèi jùjué fùkuǎn【被拒绝承兑】bèi jùjué chéngduì

부도덕[不道德] 圆하동【不道德】bùdàodé ¶그가 하는 짓은 너무 ~하다 | 他的搞gǎo法太不道德了. ¶~한 행위 | 不道德的行为.

부도 수표[不渡手票] 圆【拒付支票】jùfù zhīpiào【空头支票】kōngtóu zhīpiào ¶그의 약속은 모두가 ~라서 한결같이 현금으로 바꿀 수가 없다 | 他的许诺都是空头支票, 一样ого兑现duìxiàn不了.

부동[不動] 圆【不动】bùdòng【停止】tíngzhǐ ¶~자세 | 不动姿势. ¶~의 신념 | 不动信念.

ᵇ부동산[不動産] 圆【不动产】bùdòngchǎn【固定财产】gùdìng cáichǎn【恒产】héngchǎn【房地产】fángdìchǎn ¶동산과 ~ | 动产和不动产. ¶그는 ~업을 한다 | 他做房地产生意.

ᵇ부두[埠頭] 圆【码头】mǎ·tou【船埠】chuánbù【水码头】shuǐmǎ·tou【埠头】bù·tou【船埠】chuánbù ¶~설비가 완전한 항구 | 码头设备shèbèi齐全qíquán的港口. ¶~ 사용료 | 码头费. ¶~ 노동자 | 码头工人.

ᶜ부둥켜안다 图【紧抱】jǐnbào【紧紧搂住】jǐnjǐn lōuzhù【紧紧抱住】jǐnjǐn bàozhù ¶어린애를 ~ | 紧紧搂住小孩子. ¶서로 꼭 부둥켜 안았다 | 互相紧紧抱住.

ᴬ부드럽다 휑 ❶ (촉감이) 【柔和】róu·hé【柔软】róuruǎn【细腻】xì·nì【细嫩】xìnèn【细腻匀称】xìnì yún·chen ¶맥주가 아주 ~ | 啤酒顶柔和. ¶부드러운 모피 | 柔软的毛皮. ¶피부가 매우 ~ | 皮肤pífu很细嫩. ❷ (성질·태도가) 【和顺】héshùn【温和】wēnhé【温顺】wēnshùn【温暖】wēnnuǎn【和蔼】hé'ǎi ¶부드러운 마음씨 | 温和的心底. ¶부드러운 목소리 | 温和的声音. ¶성격이 ~ | 性格温

和. ¶어머니의 부드러운 손길 | 母亲的温暖的手.

부득부득 閉【固执】gù·zhí【死气白赖】sǐ·qi báilài【执意】zhíyì【坚意】jiānyì ¶자기의 판단이 옳다고 ~ 우기다 | 固执己见. ¶~ 떼를 쓰다 | 死气白赖.

부득불[不得不] 閉【不得不】bù·debù【必然】bìrán【必须】bìxū【少不得】shǎobùdé【只好】zhǐhǎo【只得】zhǐdé【迫于不得已】pòyú bùdéyǐ【无奈】wúnài【无可奈何】wú kě nài hé【无奈何】wúnàihé ¶나는 ~ 동의했다 | 我不得不同意了. ¶~ 일을 함께 하게 되다 | 不得不一起干活. ¶~ 묻게 된다 | 少不得问一问. ¶~ 거짓말을 했다 | 迫不得已说谎shuōhuǎng了.

부득이[不得已] 閉하동【不得已】bùdéyǐ ¶~한 사정으로 부탁을 거절한다 | 因不得已的缘故拒绝委托.

부들부들 閉【哆嗦】duō·suo【打哆】dǎduō【哆里哆嗦】duō li duō suo【哆罗哆嗦】duō luo duō suō【缩手缩脚】suōshǒu suōjiǎo ¶화가 나서 계속 ~ 떨다 | 气得直哆嗦. ¶~ 떨 정도로 춥다 | 冷得打哆嗦. ¶무서워서 온 몸 ~ 떨다 | 吓xià得浑hún身打哆嗦.

부디 閉【千万】qiānwàn【切】qiè【一定】yídìng ¶~ 잊어 버리지 마십시오 | 千万不要忘记. ¶~ 건강에 주의하십시오 | 千万要注意健康. ¶~ 성공하기를 바란다 | 一定要成功.

부딪치다 图 ❶ (부딪힘을 당하다) 【冲撞】chōngzhuàng【撞】zhuàng【顶牛(儿)】dǐng/niú(r) ¶차에 부딪쳐서 산산이 부서졌다 | 相互冲撞, 破裂pòliè了. ¶정신없이 달려가다가 자전거에 부딪쳤다 | 拼命跑着看跑着撞了自行车. ¶그들 둘은 의견이 맞지 않아 말하자마자 부딪쳤다 | 他俩意见分歧, 一谈就顶牛儿来了. ❷ (마주치다) 【碰见】pèngjiàn【撞见】zhuàngjiàn【打照面】dǎ zhàomiàn【见面】jiànmiàn ¶그는과 버스 정류소에서 자주 부딪친다 | 我和他老在公共汽车站见面. ❸ (직면하다) 【遇到】yùdào【碰到】pèngdào ¶그는 뜻밖의 일에 부딪

쳤다 | 他碰到了意外的事.

¹부뚜막 閔【灶头】zào·tou【锅台】guōtái

부뚜막의 소금도 집어 넣어야 짜다 관용【天上有落也要起得早, 起得迟也拾不到】tiān·shàng yǒu luò yě yào qǐ·dezǎo, qǐ·dechí yě shí·budào【天上落金子也要靠起得早】tiān·shàng luòjīn·zi yě yàokào qǐ·dezǎo

부라리다 图【瞪眼】dèngyǎn ¶눈을 부라리고 보다 | 瞪眼睨nì视. ¶그가 눈을 부라리면 상대방은 벌벌 떤다 | 他一瞪眼对方就发抖fādǒu. ¶눈을 부라리며 성을 내다 | 吹胡子chuīhú·zi瞪眼.

¹부락[部落] 閔【部落】bùluò【村庄】cūnzhuāng【村】cūn【村子】cūn·zi【屯落】túnluò【屯子】tún·zi ¶흩어져 있는 ~의 농민 | 散落的村庄. ¶~의 농민 | 村里的农民.

부랑자[浮浪者] 閔【无赖汉】wúlàihàn

부랴부랴 閏【急急忙忙】jí jí máng máng【匆匆】cōng cōng【急急忙忙】máng máng ¶~ 달려왔다 | 急急忙忙跑来了. ¶~ 짐을 꾸리다 | 急急忙忙打包. ¶차 시간에 대어 가려고 ~ 달려가다 | 为了赶车, 急急忙忙跑去.

부러뜨리다 图【折断】zhéduàn【弄断】nòngduàn【攀折】pānzhé ¶나무가지를 ~ | 把树枝折断. ¶젓가락을 ~ | 弄断筷子.

부러워하다 图【羡慕】xiànmù【企羡】qǐxiàn【眼热】yǎnrè【眼红】yǎnhóng【眼馋】yǎnchán【眼气】yǎnqì【心热】xīnrè ¶남의 부(富)를 부러워하지 말라 | 不要羡慕他人的财富cáifù. ¶다재다능한 그의 재능이 못내 부러워하다 | 非常羡慕他多才多能. ¶나는 복사록 몹시 부러웠다 | 我瞧qiáo着怪guài眼热的.

부러지다 图【折】shé【断】duàn ¶이빨이 부러졌다 | 牙断了. ¶의자 다리가 부러졌다 | 椅子腿儿折了.

^부럽다 囵【羡慕】xiànmù【眼热】yǎnrè【眼红】yǎnhóng【眼馋】yǎnchán【眼气】yǎnqì【心热】xīnrè ¶그의 건강한 몸이 매우 ~ | 非常羡慕他那健康jiànkāng的身体. ¶난 그의 행운도 부럽지 않았다 | 我对他的幸运也不怎么眼馋.

^부레 閔【鳔】biào【鱼鳔】yúbiào【鱼泡】yúpào【鱼胶】yújiāo【鳔胶】biàojiāo

부려먹다 图【驱使】qūshǐ【驱遣】qūqiǎn【役使】yìshǐ【支差】zhīchāi【支嘴儿】zhīzuǐr【使唤】shǐ·huan ¶지주가 머슴을 소나 말처럼 ~ | 地主把长工当牛马一样役使.

부록[附錄] 閔【附录】fùlù【附载】fùzǎi【副刊】fùkān【专刊】zhuānkān ¶~한 편을 더 쓰다 | 加写一个附录. ¶별책 ~ | 另册附录.

부룬디[Burundi] 〈地〉【布隆迪】Bùlóngdí [1962년 벨기에로부터 독립한 중앙아프리카에 있는 나라. 수도는 "부줌부라"(부줌부라;Bujumbura)]

부류[部類] 閔【类】lèi【种类】zhǒnglèi【部类】bùlèi【别类】lèibié ¶두 ~로 나누다 | 分成两类. ¶중산층의 ~ | 中产阶层类. ¶~가 다르다 | 类别不同.

^부르다 图 ❶ (소리를 내어 오라고 하다)【叫】jiào【唤】huàn【喊】hǎn【呼】hū ¶장씨가 너를 부른다 | 老张叫你. ¶밖에서 누군가 너를 부른다 | 外面儿有人叫你. ¶그를 불러오다 | 喊他来. ¶그의 이름을 직접 ~ | 直呼其名. ❷ (외치다)【叫】jiào【称】chēng【叫做】jiàozuò ¶그는 나를 큰 누나라고 부른다 | 他叫我大姐. ¶사람들은 그를 살아 있는 자전이라고 부른다 | 人们称他为活huó字典. ¶이것을 자동차라고 부른다 | 这东西叫做汽车. ❹ (청하다)【叫】jiào【邀请】yāoqǐng【聘请】pìnqǐng【延聘】yánpìn【招请】zhāoqǐng【召】zhào ¶손님을 ~ | 叫客人. ¶그는 결혼식에 친구를 불렀다 | 他邀请朋友参加他的婚礼hūnlǐ. ❺ (소집하다)【召集】zhàojí ¶사람들을 운동장에 ~ | 把大家召集在操场上. ❻ (출석을)【点】diǎn ¶출석을 ~ | 点名. ❼ (노래하다)【唱】chàng【白】bái【咏】yǒng【念】niàn ¶노래를 한 곡 ~ | 唱一首歌. ❽ (흥정하다)【讨价】tǎojià【要价】yàojià【喊】hǎn【开价】kāijià【喊价】hǎn/jià ¶부르는 값이 너무 비싸다 | 要价太贵. ¶비싸게 ~ | 喊高价. ❾ (읽다)

【念】niàn ¶네가 부르면 내가 받아 쓸께 | 你念我就写.

ᴬ**부르다²**【형】❶ (포만하다) 【饱】bǎo ¶배가 ~ | 肚子饱. ❷ (불룩하다) 【鼓起】gǔqǐ 【大】dà ¶임신하여 배가 ~ | 怀孕了, 肚子大.

ᶜ**부르르** 【부】❶ (떠는 모양) 【哆哆嗦嗦】duōduō suōsuō 【哆嗦】duōsuōsuō 【呼呼】hūhū 【咕噜咕噜】gū·lu gū·lu 【气冲冲】qì chōngchōng ¶온몸이 ~ 떨리다 | 全身哆嗦嗦地发抖. ❷ (화내는 모양) 【(气)冲冲】(qì) chōngchōng ¶성을 ~내다 | 气冲冲的.

부르짖다 【동】❶ (소리지르다) 【呼叫】hūjiào 【喊叫】hǎnjiào 【叫喊】jiàohǎn 【作主】zuòzhǔ ¶아이가 저쪽에서 죽을 힘을 다해 부르짖었다 | 小孩在那儿拼命地喊叫. ¶울며 ~ | 哭着喊叫. ❷ (주장하다) 【呼叫】hūjiào 【喊叫】hǎnjiào 【宣扬】xuānyáng 【主张】zhǔzhāng ¶여권 신장을 ~ | 呼叫执政党的壮大. ¶그들은 호혜 평등을 부르짖었다 | 他们主张平等互利.

ᶜ**부르키나파소**[Burkina Faso] 【명】〈地〉【布吉那索】Bùjínàsuǒ [수도는 "瓦加杜古"(와 가 두 구;Ouagadougou). 옛 국명은 "上沃尔特shàngwòěrtè"(오트볼타 공화국;The Haute Volta)]

ᶜ**부르트다** 【동】❶ (물집이 생기다) 【起泡】qǐpào ¶손바닥에 ~ | 手掌起泡. ¶먼길을 걸어 발이 부르텄다 | 走远路, 脚起泡了. ¶발바닥이 ~ | 脚掌起泡. ❷ (물려서 살이 부어오르다) 【肿】zhǒng 【水肿】shuǐzhǒng

부릅뜨다 【동】【瞪】dèng 【瞪大】dèngdà ¶눈을 크게 ~ | 眼睛瞪得大大的. ¶눈을 무릅뜨고 호령하다 | 瞪眼号令.

ᴮ**부릉부릉** 【부】【하자】 【咕隆】gūlōng 【咕隆隆】lōng

ᴮ**부리** 【명】❶ (새의 주둥이) 【喙】huì 【嘴】zuǐ 【嘴儿】zuǐr ¶매의 ~ | 鹰的嘴. ❷ (물건의 뾰족한 부분) 【嘴】zuǐ 【尖端】jiānduān 【口儿】kǒur 【口】kǒu ¶소매~ | 袖儿口儿. ¶총 ~ | 枪口. ❸ (물건의 입구) 【嘴】zuǐ 【嘴子】zuǐ·zi ¶호리병의 ~ | 葫芦瓶嘴儿.

ᶜ**부리나케** 【부】【急急忙忙】jí jí máng mā-

ng 【急忙】jímáng 【火速】huǒsù 【快速地】kuàisù·de ¶~ 나갔다 | 急忙地出去. ¶식사를 마치자마자 ~ 달려갔다 | 吃完饭急忙跑去. ¶~ 출발하다 | 火速动身.

ᴮ**부리다** 【동】❶ (짐승·사람을) 【使唤】shǐ·huan 【驱使】qūshǐ 【驱遣】qūqiǎn 【使役】shǐyì ¶사람을 ~ | 使唤人. ¶소를 ~ | 使唤牛. ¶일꾼을 ~ | 使唤劳力. ❷ (기계를) 【操纵】cāozòng 【驾驶】jiàshǐ ¶세 기계를 부릴 줄 아는 노동자 | 会操纵新机器的工人. ¶차를 ~ | 驾驶汽车. ❸ (행사하다) 【闹】nào 【撒野】rěqì ¶행패를 ~ | 撒野. ¶술주정을 ~ | 撒酒疯. ❹ (짐을 내리다) 【放下】fàngxià 【御下】yùxià 【卸】xiè ¶짐을 ~ | 放下行李. ¶부두에 화물을 ~ | 在港口卸货. ❺ (꾀·재주등을) 【撒】sā 【显】xiǎn 【表现】biǎoxiàn 【表演】biǎoyǎn 【施展】shīzhǎn 【耍】shuǎ ¶애교를 ~ | 撒娇. ¶고집을 ~ | 固执. ¶억지를 ~ | 耍赖.

부리부리하다 【형】【又大又精神】yòu dà yòu jīngshén 【炯炯发光】jiǒngjiǒngfā- guāng ¶부리부리한 눈이 시원스럽다 | 大大的眼睛炯炯发光.

ᴬ**부모**[父母] 【명】【父母】fùmǔ 【高堂】gāotáng 【双亲】shuāngqīn 【二老】èrlǎo ¶~가 다 게시다 | 父母双shuāng全. ¶~를 잃다 | 失去双亲. ¶~상 | 父母丧.

ᴮ**부문**[部門] 【명】【部门】bùmén 【方面】fāngmiàn ¶자연과학 ~ | 自然科学部门. ¶행정 ~ | 行政部门. ¶문화교육 ~ | 文教战线. ¶문학 ~에서 ~ 수상하다 | 在文学部门授奖. ¶교육사업은 인재 양성 사업의 중요한 ~이다 | 教育工作是培养人才事业的一个主要方面.

ᴮ**부부**[夫婦] 【명】【夫妇】fūfù 【夫妻】fūqī ¶~ 관계 | 夫妻关系. ¶~유별 | 夫妇有别. ¶~ 재산제 | 夫妻联合财产制.

ᴮ**부부싸움은 칼로 물베기**【관용】【夫妻相骂不过夜, 扯扯脚板又来话】fūqī xiāngmàbúguòyè,chěchějiǎobǎnyòuáihuà 【夫妻俩船头上打骂, 船梢上说话】fūqīliǎ chuán·tou·shàng dǎmà, chuánshāo·shàng shuōhuà【夫妻没有隔夜仇】fūqī méi yǒu gé yè chóu

ᴬ**부분**[部分] 몡 【部分】bù·fen ¶~ 자동화 | 部分自动化. ¶설비를 이미 ~적으로 교체하기 시작하였다 | 设备已经开始部分更换gēnghuàn. ¶그 소설의 앞~ | 那篇小说的前一部分.

ᶜ**부분적**[部分的] 관 몡 【部分的】bùfēn·de 【部分】bùfēn 【局部的】júbù·de ¶~인 현상 | 部分现象. ¶~ 문제 | 局部的问题.

ᴮ**부사**[副詞] 몡〈言〉【副词】fùcí 〔状语〕zhuàngyǔ

ᶜ**부사장**[副社長] 몡 【副经理】fùjīnglǐ 【副管事】fùguǎnshì 【副执事】fùzhíshì 참고〔经理〕

부산물[副産物] 몡 【副产品】fùchǎnpǐn 【副产物】fùchǎnwù 【付产品】fùchǎnpǐn 【二次产业产品】èrcì chǎnyè chǎnpǐn 【残余产物】cányú chǎnwù

부산하다[─] 톙 ❶ (바쁘다) 【乱】luàn 【忙乱】mángluàn 【手忙脚乱】shǒu máng jiǎo luàn 【手忙脚慌】shǒu máng jiǎo huāng ¶최고 간부가 검사하러 온다고 하는 소리를 듣자 모두들 부산스레 일을 했다 | 一听首长要来检查jiǎnchá, 大家手忙脚乱地干开了. ❷ (떠들썩하다)【吵闹】chǎonào【闹哄哄】nàohōnghōng ¶부산해서 잠을 잘 수 없다 | 吵闹得使shǐ人不能入睡.

ᴮ**부삽**[─鍤] 몡 【火铲】huǒchǎn 【火产】huǒchǎn

ᶜ**부상**[浮上] 몡하자 ❶ (물 위로 떠오름)【浮上】fúshàng ¶잠수함이 ~하다 | 潜水艇浮上来. ❷ (정도가 드러나거나 오르는 일)【上升】shàngshēng ¶우승 후보로 ~하다 | 上升为优胜者后补.

ᴮ**부상**[負傷] 몡하자타 【负伤】fù/shāng 【受伤】shòushāng 【带伤】dàishāng 【带彩】dàicǎi ¶다리에 ~을 입다 | 腿部受伤. ¶~을 당하다 | 受伤.

부상자[負傷者] 몡 【负伤者】fùshāngzhě 【伤员】shāngyuán

부서[部署] 몡 【岗位】gǎngwèi 【部门】bùmén 【科室】kēshì 【机构】jīgòu ¶새로운 ~에 가다 | 到新的工作岗位去. ¶자기의 ~로 돌아가다 | 回自己的岗位. ¶행정 ~ | 行政机构.

ᴮ**부서지다** 통 ❶ (깨어져 조각나다)【碎】suì 【破碎】pòsuì 【粉碎】fěnsuì ¶부서진 조각 | 碎片. ¶찻잔이 부서졌다 | 茶杯打碎了. ¶과자가 ~ | 饼干碎成末儿了. ❷ (망가지다)【毁坏】huǐhuài 【破产】pòchǎn ¶책상이 부서졌다 | 桌子被毁坏. ❸ (희망이나 기대 등이 어그러지다)【破碎】pòsuì 【破灭】pòmiè ¶내 마음이 산산이 부서졌다 | 我的心都破碎了. ¶우승의 꿈이 산산이 ~ | 冠军梦被破灭.

부석부석 휘하톙 【喧浮】xuānhúfú 【浮肿】fúzhǒng ¶얼굴이 좀 ~ 하다 | 脸有点浮肿. ¶잠을 많이 자서 눈이 ~하다 | 睡得太多, 眼睛有点儿浮肿了.

부설[附設] 몡하타 【附设】fùshè ¶사범대학에서 중학교를 ~하였다 | 师范shīfàn大学附设了中学. ¶공장에 기숙사를 ~하다 | 工厂里附设宿舍.

부설[敷設] 몡하타 【铺设】pūshè 【修筑】xiūzhù 【敷设】fùshè ¶철로를 ~하다 | 铺设铁路tiělù. ¶도로를 ~하다 | 修筑公路.

ᶜ**부속**[附屬] 몡하자 【附属】fùshǔ 【零件】língjiàn 【另件】língjiàn 【附件】fùjiàn ¶~학교 | 附属学校. ¶~건축 | 附属建筑. ¶~ 기관 | 附属机关. ¶자명종 ~이 하나 망가졌다 | 闹钟nàozhōng坏了一个零件.

ᶜ**부속품**[附屬品] 몡 【附属品】fùshǔpǐn 【零件】língjiàn 【另件】língjiàn 【附件】fùjiàn 【零配件】língpèijiàn ¶자동차 ~ | 汽车零件.

부수[附隨] 몡하자 【附随】fùsuí 【附带】fùdài 【伴随】bànsuí ¶~비용 | 附带费用. ¶~ 업무 | 附随业务. ¶~ 서류 | 附带文件. ¶권리에는 의무가 ~되는 법이다 | 道理上权利和伴随义务.

부수[部數] 몡 【份数】fènshù 【印数】yìnshù ¶신문 발행 ~ | 报纸bàozhǐ发行份数. ¶잡지 ~를 늘이다 | 增加杂志份数. ¶발행 ~ | 发行册数. ¶인쇄가 ~가 많지 않다 | 印数不多.

ᴮ**부수다** 톙【弄坏】nònghuài 【打碎】dǎsuì 【砸碎】zásuì 【粉碎】fěnsuì 【拆】chāi ¶낡은 담장을 ~ | 拆旧墙. ¶건물

을 ~｜弄坏建筑。

부수입[副收入] 圐【副业收入】fùyè shōurù｜【额外收入】é wài shōurù

부수적[附随的] 圐【附带】fùdài ¶~인 효과｜附带效果。

ᵛ**부스러기** 圐【渣儿】zhār【碎】suì ¶과자 ~｜点心渣儿。¶떡 ~｜碎打糕gāo。

ᵛ**부스러뜨리다** 图【打碎】dǎsuì【弄碎】nòngsuì ¶산산이 ~｜打得粉碎。

ᵛ**부스러지다** 图【碎】suì【破碎】pòsuì ¶돌이 ~｜石头碎了。

ᵛ**부스럭거리다** 图【沙沙】shāshā【刷刷】shuāshuā【沙沙作响】shāshāzuòxiǎng ¶부스럭거리지 말고 좀 조용히 해!｜不要沙沙作响, 要静jīng一点。

부스럼 圐【疮】chuāng ¶머리에 ~이 나다｜头上长大疮疮。¶다리에 ~이 났는데 이미 많이 나았다｜腿上生疮, 已经好些了。

부스스 囝❶(느리게 슬그머니)【慢腾腾】màntēngtēng【懒洋洋】ǎnyángyáng【轻轻】qīngqīng ❷(머리털 등이 헝클어진 모양)【乱蓬蓬】luànpēngpēng【蓬乱】péngluàn ¶~한 머리털｜乱蓬蓬的头发。❸(가루가 날리는 모양)【簌簌】sùsù【松散】sōngsǎn ¶흙이 ~ 떨어지다｜土块簌簌地掉下来。¶밀가루 반죽이 말라서 ~ 떨어진다｜和面干得簌簌地碎。

부슬부슬 囝 하튀 圐【纷纷细】fēnfēn·de【浙沥沥沥地】xīxī lìlì·de【稀稀落落地】xīxī luòluò·de【松散地】sōngsǎndi【浙沥】xīlì ¶봄비가 ~ 내리다｜春雨纷纷地下。¶비가 ~ 내리다｜雨点稀稀落落地落下来。

ᵛ**부시다¹** 图【洗】xǐ【涮】shuàn【刷洗】shuāxǐ ¶밥그릇을 ~｜洗饭碗wǎn。¶먹고 난 그릇을 ~｜洗用完的餐具。

ᵛ**부시다²** 囼【闪耀】shǎnyào【耀眼】yàoyǎn【曜眼】yàoyǎn【耀目】yàomù ¶차의 전조등에 눈이 ~｜车灯dēng耀眼。¶햇빛에 눈이 ~｜日光耀眼。¶가을 하늘이 눈이 부시도록 파랗다｜秋天的天空蓝得耀眼。

ᵛ**부식**[腐蚀] 圐 하자타【腐蚀】fǔshí【锈蚀】xiùshí【侵蚀】qīnshí ¶~토｜腐植土。¶동판을 ~하다｜腐蚀铜板。

¶~ 작용｜腐蚀作用。

부실[不实] 圐 하窄❶(허약하다)【不结实】bùjiē·shi【不健全】bùjiānquán ¶몸이 ~하다｜身体不结实。❷(미덥지 못하다)【不诚实】bùchéngshí【不踏实】bùtā·shi【不牢靠】bùláokào【不放心】bùfàngxīn【不健全】bùjiānquán ¶예전에는 좀 ~한 데가 있었지만 지금은 잘 하고 있다｜过去做事有些不踏实, 可是现在干得挺好。❸(경영 ~) ¶불건전한 경영｜不健全的经营。❸(부족하다)【不成】bùchéng【不充实】bùchōngshí【不富裕】bùfùyù ¶벼이삭이 ~하다｜稻穗不成。¶살림살이가 ~하다｜日子不富裕。

부아 圐❶(화)【怒气】nùqì【怒火】nùhuǒ【生气】shēngqì ¶~가 가라앉았다｜怒气消xiāo了。¶~가 끓어오르다｜一股怒火燃烧ránshāo起来。¶그래도 ~가 나지 않느냐?｜那也不感到生气shēngqì吗? ❷(폐장)【肺】fèi

부양[扶养] 圐 하타【扶养】fúyǎng【赡养】shànyǎng【抚养】fúyǎng【养活】yǎng·huo ¶~가족｜抚养家属。¶~비｜扶养费/赡养费。¶~의무｜赡养责任/扶养义务。¶자녀를 ~하다｜抚养子女。

부업[副业] 圐【副业】fùyè【副业经济】fùyè jīngjì ¶~을 하다｜搞副业。¶그는 번역을 ~으로 하고 있다｜他把翻译作为副业。

ᴮ**부엉이** 圐〈鸟〉【猫头鹰】māotóuyīng【夜猫子】yèmāo·zi【猫王鸟】māowángniǎo【鸱鸺】chīxiū ¶~가 저녁마다 운다｜猫头鹰每天晚上都要啼叫tíjiào。

ᴬ**부엌** 圐【厨房】chúfáng

부엌일 圐【炊事】chuīshì【厨房劳动】chúfáng láodòng【厨房活】chúfánghuó【锅边活】guōbiānhuó

부에노스 아이레스[Buenos Aires] 圐〈地〉【布宜诺斯艾斯】Bùyínuòsī'āisī「阿根廷」(아르헨티나; Argentina) 의 수도)

부여¹[附与] 圐 하타【附与】fùyǔ【给与】jǐyǔ【授予】shòuyǔ ¶권리를 ~하다｜赋与权利quánlì。¶대학은 그에게 명예 박사를 ~하였다｜大学授予他为名誉博士。

ᴮ**부여**²[賦與] 圐[하타]【赋与】fùyǔ【赋予】
fùyǔ ¶하늘이 ~한 재능 ┃ 上帝赋予
的才能. ¶더 큰 의의를 ~하다 ┃ 赋
与更大的意义.

부여잡다 圐【抓住】zhuāzhù【揪住】jiū-
zhù ¶부여잡고 놓지 않다 ┃ 抓住不
放. ¶두손을 부여잡고 이별을 아쉬
워하다 ┃ 抓住两手惜别.

부연[敷衍] 圐[하타]【详述】xiángshù
【展开】zhǎnkāi【传开】chuánkāi ¶경
문의 요지를 ~하다 ┃ 详述经文要旨
zhǐ. ¶~설명 ┃ 详述.

ᴸ**부엽토**[腐葉土] 圐【腐叶土】fǔyètǔ

부옇다[灰蒙蒙] huīméngméng【灰
白】huībái ¶먼지가 ~ ┃ 尘chén土灰
蒙蒙的.

부왕[父王] 圐【父王】fùwáng

부원[部員] 圐【部员】bùyuán【成员】
chéngyuán ¶야구 ~ 全垒成员. ¶
총무부 ~ ┃ 总务部员.

ᴸ**부위**[部位] 圐【部位】bùwèi【位置】wèi-
i·zhi ¶발음 ~ ┃ 发音部位. ¶상처
~ ┃ 受伤shāng部位. ¶몸의 여러 ~
┃ 身体的许多部位.

ᴸ**부유**[富裕] 圐[하형]【富裕】fùyù【富足】f-
ùzú【富贍】fùshàn【富庶】fùshù【富
饶】fùráo【富羨】fùxiàn【富润】fùrùn
¶대단히 ~하게 지내다 ┃ 日子过得
挺tǐng富裕. ¶~한 가정에서 태어나
다 ┃ 出生于富裕之家. ¶~한 나라 ┃
富饶之国.

부유층[富裕層] 圐【富裕层】fùyùcéng
¶이 구역에는 ~이 많다 ┃ 这个区域
富裕层多.

ᴸ**부응**[副應] 圐[하타]【副应】fùyìng【响
应】xiǎngyìng【不辜负】bùgūfù【不
负】bùfù ¶어머니의 기대에 ~하다 ┃
不辜负母亲的期望. ¶시대의 요구에
~하도록 새 정책이 채택되었다 ┃ 为
响应时代的要求而制订了新政策.

부인[夫人] 圐【夫人】fū·ren ¶~께서
도 안녕하시죠? ┃ 夫人也安好吗?

ᴬ**부인**[婦人] 圐【妇人】fùrén【妇女】fùn-
ǚ ¶중년 ~ ┃ 中年妇女.

ᴸ**부인**[否認] 圐[하타]【否认】fǒurèn【否
定】fǒudìng ¶그런 일은 없었다고 ~
하다 ┃ 否认说没有那么回事. ¶한사
코 ~하다 ┃ 矢口否认. ¶범죄를 ~
하다 ┃ 否认罪行.

부임[赴任] 圐[하자]【赴任】fùrèn【到
任】dàorèn【到职】dàozhí【上任】shà-
ngrèn ¶새 직장으로 ~하다 ┃ 赴任新
单位. ¶새로 ~한 선생님 ┃ 新到任
的老师. ¶신임 장관이 ~하다 ┃ 新
任部长上任.

ᴸ**부자**[父子] 圐【父子】fùzǐ ¶~지간 ┃
父子关系/父子之间. ¶~유친 ┃ 父
子有亲.

ᴸ**부자**²[富者] 圐【财主】cái·zhǔ【阔佬】
kuòlǎo【富者】fùzhě【富人】fùrén【富
翁】fùwēng【富家翁】fùjiāwēng【富
豪】fùháo【有钱人】yǒuqiánrén【富
人】fùrén ¶너는 시골의 ~이다 ┃ 你
是乡下的财主. ¶지금 그는 큰 ~이
다 ┃ 他现在是大富翁.

부자집[富者—] 圐【富豪】fùháo【富人
家】fùrénjiā【富户(儿)】fùhù(r)【富家
翁】fùjiāwēng【财主家】cáizhǔjiā【有
钱人家】yǒuqián rénjiā

ᴸ**부자연**[不自然] 圐[하형]【不自然】bùzìr-
án【做作】zuò·zuo【造作】zàozuò ¶
이렇게 말하는 것은 ~스럽다 ┃ 这么
说很不自然. ¶~한 태도 ┃ 不自然的
态度.

ᴸ**부자유**[不自由] 圐[하형]【不自由】bùzìy-
óu【不方便】bùfāngbiàn ¶다친 다
리로 걸으려니 아직도 ~스럽다 ┃ 受
伤的腿, 走起来还不方便.

ᴸ**부작용**[副作用] 圐【副作用】fùzuòyòn-
g【不良影响】bùliáng yǐngxiǎng【反
效果】fǎnxiàoguǒ ¶~이 있다 ┃ 有副
作用. ¶농촌의 도시화에 따르는 ~
┃ 由农村城市化导致的副作用.

ᴸ**부장**[部長] 圐【部长】bùzhǎng【首席】
shǒuxí ¶영업 ~ ┃ 营业部长. ¶~판
사 ┃ 首席法官.

ᴸ**부재**[不在] 圐【不在】bùzài【没有】méi-
yǒu ¶~ 지주 ┃ 不在地主. ¶정책
~ 没有政策. ¶~증명 ┃ 不在证明.

부재중[不在中] 圐【不在时】bùzàishí ¶그는 지금 ~이다 ┃ 他
现在不在/遥领地主. ¶~에 손님이
찾아오다 ┃ 不在时客人来找.

ᴸ**부적당**[不適當] 圐【不适当】búshì-
dāng【不恰当】bùqiàdāng【不合适】b-
ùhéshì【不妥当】bùtuǒdāng【不适】b-
úshì ¶~한 의견 ┃ 不合适的意见. ¶
교육자로는 ~한 사람 ┃ 不适于当教

육자(育者)인 사람.

부적절하다[不適切─] 휑【不适当】bù-shìdàng【不当】bùdàng ¶지금 그 문제를 거론한다는 것은 시기적으로 부적절한 것 같아 ┃ 现在提出来讨论那个问题在时间上似乎不适当.

부적합[不適合] 명하형【不合适】bùhé-shì ¶그런 옷차림은 회의석상에 ~하다 ┃ 那种穿着chuānzhuó不太适合于会议场合.

¹**부정**[不正] 명하형【不正】bùzhèng 【违法】wéifǎ【非法】fēifǎ【消极面】xi-āojímiàn【反面(儿)】fǎnmiàn(r) ¶~을 일삼다 ┃ 专干不正之事. ¶~ 선거 ┃ 非法选举. ¶~ 행위 ┃ 违法行为. ¶~축재 ┃ 违法谋财/非法谋财/横财.

부정[不定] 명하형【不定】bùdìng ¶주거 ~ ┃ 住处不定. ¶~한 수입이라서 계획적인 생활을 할 수가 없다 ┃ 由于收入不定, 因此生活也无法稳定.

ᴮ**부정**[否定] 명하타【否定】fǒudìng ¶다른 사람의 의견을 ~하다 ┃ 否定别人的意见. ¶낡은 것에 대한 ~ ┃ 对旧jiù东西的否定. ¶사실을 ~하다 ┃ 否定事实. ¶~적인 견해 ┃ 否定的观点.

부정⁴[不貞] 명하형【不贞】bùzhēn【不守本分】bùshǒuběnfēn ¶~한 행실 ┃ 不守本分的行为.

부정⁵[不淨] 명하형【不干净】bùgānjìng【污秽】wūhuì【肮脏】āngzāng【不正派】bùzhèngpài ¶~한 돈 ┃ 不干净的钱.

부정적[否定的] 관명【否定的】fǒudìng·de【消极】xiāojí·de【反面】fǎn·miàn de ¶~ 입장을 보이다 ┃ 表明否定的立场lìchǎng. ¶~ 측면 ┃ 消极的一面.

부정확[不正確] 명하형【不正确】bùzhèngquè ¶발음이 ~하다 ┃ 发音不正确. ¶~한 견해 ┃ 不正确的观点.

부제[副題] 명【副题】fùtí【副标题】fùbiāotí【小标题】xiǎobiāotí ¶~를 달다 ┃ 加上小标题.

ᶜ**부조**[扶助] 명하타【资助】zīzhù【捐助】juānzhù【赙仪】fùyí【赙钱】fùqián【赙金】fùjīn【奠仪】diànyí【奠敬】dià-

níng【帮助】bāngzhù【扶助】fúzhù【抚恤】fǔxù ¶상호 ~ ┃ 互相帮助.

부조리[不條理] 명하형 ❶〈哲〉【不合道理】bùhédàolǐ ❷【不良】bùliáng【不正之风】bùzhèngzhīfēng ¶사회의 ~현상 ┃ 社会的不良现象. ¶사회의 ~를 제거하다 ┃ 消除xiāochú社会的不正之风.

부조화[不調和] 명【不调和】bùtiáohé【不协调】bùxiétiáo【不和谐】bùhéxié ¶주위환경과 ~를 이루는 구조물 ┃ 与周围环境不和谐的构造物.

ᴬ**부족**[不足] 명하형【不足】bùzú【不够】bùgòu【缺乏】quēfá【缺】quē【欠】qiàn【短】duǎn【贫】pín【贫乏】pínfá【够缺】gòuquē【不满意】bùmǎnyì【不满足】bùmǎnzú ¶영양이 ~하다 ┃ 营养yíngyǎng不足. ¶수면 ~ ┃ 睡眠不足. ¶재료가 ~ ┃ 材料不够丰富fēngfù. ¶경험이 ~하다 ┃ 缺乏经验jīngyàn. ¶노력이 ~하다 ┃ 欠努力nǔlì. ¶이리저리 계산해봐도 여전히 백 원이 ~하다 ┃ 算来算去还是少一百元.

ᴮ**부족**[部族] 명【部族】bùzú ¶~국가 ┃ 部族国家. ¶~사회 ┃ 部族社会.

부주의[不注意] 명하자【不注意】bùzh-ùyì【疏忽】shū·hu【不慎】bùshèn【不小心】bùxiǎoxīn【不经心】bùjīngxīn【大意】dà·yi ¶~로 얼굴에 찰과상을 입었다 ┃ 不慎脸liǎn上被擦cā伤. ¶~로 책을 잃어버렸다 ┃ 由于不小心把书弄了了了. ¶절대로 ~해서는 안 된다 ┃ 千万不可粗心cūxīn大意.

부줌부라[Bujumbura] 명〈地〉【布琼布拉】Bùqióngbùlā ["布隆迪"(부룬디;Burundi)의 수도]

부지¹[扶持] 명하타【维持】wéichí【支撑】zhīchēng ¶생명을 ~하나 ┃ 维持生命. ¶목숨을 ~하기 어렵다 ┃ 很难维持生命.

부지²[敷地] 명【园地】yuándì【场地】chǎngdì【地基】dìjī【用地】yòngdì ¶공원~ ┃ 公园园地. ¶공장~ ┃ 工厂场地.

부지기수[不知其數] 명【不知其数】bù-zhī qí shù【不计其数】bù jì qí shù【不胜枚举】bù shèng méi jǔ【不可胜数】b-ù kě shèng shù ¶폭설로 지각한 사람

이 ~였다 | 因暴雪迟到的人不知其数。

^**부지런하다** 휑 【勤】qín 【勤快】qín·kuai 【勤勉】qínmiǎn 【勤奋】qínfèn ¶부지런히 걷다 | 勤走。¶이씨는 대단히 부지런해서 언제나 꼭두새벽이면 일어나 마당을 쓴다 | 老李非常勤快, 总是一大早就起来打扫dǎsǎo院子yuànzi。¶부지런히 연구하다 | 勤奋研究。

부지중[不知中] 몡 【不知不觉】bù zhī bù jué ¶~의 일 | 不知不觉的事儿。¶기한을 넘기고 말았다 | 不知不觉地过了期限。

부진¹[不振] 몡휑휑 【不兴旺】bùxīngwàng 【萧条】xiāotiáo 【委靡】wěimí 【不振】bùzhèn 【不太好】bútàihǎo ¶장사가 ~하다 | 生意萧条。¶판매가 ~이다 | 销路不振。¶식욕 ~ | 食欲shíyù不振。

부진²[不進] 몡휑쟈 【不进】bùjìn ¶지지 ~ | 迟迟chíchí不进。

부질없이 팀 【豪无意义】háowú yìyì 【没有用】méiyǒuyòng 【徒劳】túláo 【虚劳】xūláo 【无稽】wújī 【无益】wúyì 【无用】wúyòng 【多余】duōyú ¶지금 다시 간다 해도 부질없는 일이다 | 现在再去也是徒劳的。¶이렇게 하는 것은 자신에게나 남에게나 모두 부질없는 일이다 | 这样做对人都无益。¶네가 거기에 가는 것은 역시 부질없는 일이다 | 你去那儿也是多余的。

부질없이 팀 【干】gān 【空】kōng 【白】bái 【徒劳】túláo ¶미리 전화를 해주었더라면 ~ 걱정은 안 했을거잖니 | 如果事先挂个电话就不会操心了。

^**부쩍** 팀 ❶ (물기가 마르는 모양) 【熬干】áogān 【烧干】shāogān ¶국이 ~ 졸아들었다 | 汤熬干áogān了不少。❷ (갑자기 늘어나는 모양) 【一下子】yíxià·zi 【猛然】měngrán ¶강물이 ~ 불었다 | 江水猛涨了。¶몸이 ~ 마르다 | 身体一下子消瘦了。

부차적[副次的] 멷 【次要的】cìyào·de 【次要】cìyào ¶~ 문제 | 次要的问题。¶~ 원인 | 次要的原因。

부착[附着] 몡쟈 【附着】fùzhuó ¶~력 | 附着力。

^**부채**¹ 몡 【扇(子)】shàn(·zi) ¶둥근 ~

| 团tuán扇。¶~살 | 扇(子)骨。¶~로 부채질 하다 | 扇shān扇。

부채²[負債] 몡 【负债】fùzhài 【欠债】qiànzhài 【欠帐】qiànzhàng 【债务】zhàiwù ¶~ 총액 | 负债总额zǒng'é。¶그는 옛날에 진 ~조차 상환할 방법이 없다 | 他连过去的欠债也无法偿还chánghuán。¶~가 쌓여 있다 | 欠债累累。

^**부채질** 쟈 ❶ (부채로 부치다) 【扇扇子】shān shàn·zi 【摇扇】yáoshàn 【打扇】dǎshàn 【扇风】shānfēng ¶그녀에게 살살 ~해 주다 | 给她轻轻打扇。❷ (선동하다) 【扇动】shāndòng 【煽动】shāndòng 【加油】jiāyóu 【摇扇】yáoshàn ¶군중의 감정을 ~하다 | 扇动群众的情绪qíngxù。¶남의 일에 공연히 불난데 ~하지 마라 | 不要给人家的事儿多余地火上加油。¶불난 집에 ~하고 있다 | 给着火的房子摇扇。

^**부처** 몡 〈佛〉 【佛】fó 【佛像】fóxiàng ¶~와 같은 사람 | 似佛的人。

^**부처님** 몡 〈佛〉 【佛爷】fó·ye

부촌[富村] 몡 【富裕村】fùyùcūn

^**부추** 몡 〈植〉 【韭菜】jiǔ·cài ¶~전 | 韭菜煎饼。

부추기다 동 【扇动】shāndòng 【挑唆】tiǎo·suō 【唆使】suōshǐ 【调唆】tiáosuō 【鼓舞】gǔwǔ 【鼓捣】gǔ·dao 【鼓秋】gǔqiu 【鼓逗】gǔdòu 【鼓攒】gǔduō 【鼓捣】gǔdǎo ¶학생들에게 거리에 나가 소란을 피우라고 부추겼다 | 挑唆学生上街闹náo事。¶싸움을 걸도록 자꾸 ~ | 唆使挑战。¶다른 사람에게 나쁜 짓 하도록 부추긴다 | 鼓捣别人去干坏huài事。

^**부축** 몡쟈타 【搀扶】chānfú 【扶住】fúzhù 【搀着】yèzhuó 【帮忙】bāngmáng 【帮腔】bāngqiāng ¶~을 받다 | 被人搀扶。¶어머니를 ~하였다 | 扶住了母亲。¶노인을 ~하고 가다 | 搀扶老人走。

부츠[boots] 몡 【长靴】chángxuē 【雨靴】yǔxiē 【靴子】xuē·zi 【长筒靴】chángtǒngxuē

^**부치다**¹ 동 ❶ (물품 등을 보내다) 【寄】jì 【送】sòng 【邮】yóu ¶소포를 ~ | 寄包裹bāoguǒ。¶인편에 짐을 ~ | 托

人寄货。¶우편으로 사진 한 장을 부쳐왔다 | 邮一张相片来。❷ (회부하다)【提交】tíjiāo【交】jiāo【交付】jiāofù ¶토의에 ~ | 提交讨论。¶사건을 재판에 ~ | 把案件交付审判。의탁하다)【靠】kào ¶늙은 몸을 친척집에 부치어 지내다 | 年迈的身躯靠亲属家过活。

부팅[booting] 圏〈電算〉【启动】qǐdòng

ᵃ**부치다**² 圄【煎】jiān【摊】tān ¶생선을 ~ | 煎鱼。¶달걀을 ~ | 摊鸡蛋jīdàn。¶전병을 ~ | 摊煎饼。

부치다³ 圄【吃力】chīlì【费劲】fèijìn【力所不及】lì suǒ bù jí ¶등산은 힘에 부친다 | 爬pái山很吃力。¶그와 말하는 것은 아주 힘에 부친다 | 跟他讲话很吃力。¶힘에 부치는 일 | 力所不及的事。

부치다⁴ 圄【扇】shàn【扇风】shānfēng ¶부채를 부쳐 땀을 말리다 | 用扇子扇干汗。

부치다⁵ 圄【耕种】gēngzhòng【种(地)】zhòng(dì) ¶금년에는 더 많은 논을 부쳤다 | 今年种了更多的水田。¶논 열 마지기를 ~ | 耕种水田十斗落地。

부친[父親] 圏【父亲】fùqīn【老爷子】lǎoyé·zi【爸爸】bà·ba【爹】diē

부쿠레슈티[Bacuresti] 圏〈地〉【布加勒斯特】Bùjiālèsītè ["罗尼亚(루마니아；Rumania)의 수도]

ᴬ**부탁**[付託] 圏하쟈【托付】tuō·fù【托人】tuōrén【付托】fùtuō【委托】wěituō【拜托】bàituō【拜愿】bàikěn【请求】qǐngqiú【叮咛】dīngníng【嘱托】zhǔtuō【嘱付】zhǔfù【巴望】bāwàng ¶이 일은 그가 처리하도록 하는 것이 좋겠다 | 这件事可托付他办理。¶취직을 ~하다 | 托人就职。¶이 일은 즉시 그에게 ~했다 | 这件事立即委托他了。¶저는 당신에게 한 가지 ~드릴 일이 있어서 왔습니다 | 我是来求您一件事儿。

부탄[butane] 圏【丁烷】dīngwán ¶~가스 | 丁烷瓦斯。

부탄²[Bhutan] 圏〈地〉【不丹】Bùdān [히말라야 산맥에 있는 왕국. 수도는 "廷布"(팀부；Thimbu)]

ᅳ**부터** 图【从】cóng【打】dǎ【起】qǐ【自】zì【自从】zìcóng【先】xiān【先从xiāncóng【由】yóu ¶아침~저녁까지 | 从早到晚。¶이것~시작하다 | 从这个开始。¶오늘은 동물원~구경합시다 | 今天先看动物园dòngwùyuàn吧。¶이 일~시작하는 게 어때요? | 先从这件事开始, 怎样?

부패[腐敗] 圏하쟈【腐烂】fǔlàn【腐败】fǔbài【腐朽】fǔxiǔ【霉烂】méilàn ¶~한 음식물을 먹지 말라 | 不要吃腐败的食物。¶사회의 ~ | 社会的腐败。¶생활 양식이 극도로 ~했다 | 生活方式腐朽透顶tòudǐng。

부패상 圏【腐败相】fǔbàixiàng【腐败状况】fǔbài zhuàngkuàng【腐败现象】fǔbài xiànxiàng ¶통치계급의 ~을 폭로하다 | 揭露jiēlù统治阶级jiējí的腐败相。¶그 도시의 ~이 잘 반영된 작품 | 充分反映那城市腐败现象的作品。

부표[浮標] 圏【浮标】fúbiāo【浮子】fúzi【浮筒】fútǒng【霉烂】fúzi【标签】biāoqiān ¶~를 지나 깊은 데로 나가지 마시오 | 不要越过浮标到深处的大海去。¶화물에 ~를 달다 | 货物上挂标签。

ᴮ**부풀다**圄❶ (피부가)【肿】zhǒng【肿胀】zhǒngzhàng ¶얼굴이 온통 부풀었다 | 满脸肿zhǒng胀。❷ (희망 등으로)【满足】mǎnzú【充满】chōngmǎn【洋溢】yángyì【充塞】chōngsāi【充实】chōngshí【生气】shēngqì ¶그의 마음은 기쁨으로 부풀어 있다 | 他的心里充满着快乐。¶가슴이 부풀었다 | 心里洋溢。❸ (물건이)【发泡】fāpào【喧】xuān ¶빵이 제대로 부풀다 | 面包暄乎乎的。❹ (보풀이 일다)【起毛儿】qǐmáor

부풀리다圄【吹大】chuīdà ¶풍선을 불어 크게 ~ | 把气球qìqiú吹得很大。

ᴮ**부품**[部品] 圏【零件】língjiàn【另件】língjiàn【零部件】língbùjiàn【配件】pèijiàn ¶자명종의 ~이 하나 망가졌다 | 闹钟nàozhōng坏huài了一个零件。¶~을 조립하다 | 装zhuāng配件。

ᴮ**부피** 圏【体积】tǐjī【块头儿】kuàitour ¶

445

~가 크다 | 体积大。¶~팽창 | 体积膨胀。

ᵇ부하[部下] 몡【部下】bùxià【属下】shǔxià【手下】shǒuxià ¶충실하고 능력 있는 ~ | 忠实zhōngshí而能干的部下。¶~를 데리고 가다 | 带着部下去。

부하다[富-] 통 ❶ (부유하다) 【富裕】fùyù ¶부한 생활을 누리다 | 享受富裕的生活。 ❷ (뚱뚱하다) 【胖】pàng【肥胖】féipàng ¶키가 크고 몸이 ~ | 身高体胖。¶몸이 너무 ~ | 身子太胖。

부합[附合] 몡하자【符合】fúhé【切合】qièhé【吻合】wěnhé【契合】qìhé ¶요구에 ~하다 | 符合要求。¶말하는 바가 사실에 ~한다 | 所言符合实际shíjì。

ᵇ부호[符號] 몡【符号】fúhào【记号】jìhào【标记】biāojì ¶문장 | 标点符号。¶붉은 연필로 ~를 표시하다 | 用红铅笔qiānbǐ作记号。¶~를 메기다 | 作记号。

부호[富豪] 몡【富豪】fùháo【豪门】háomén【豪家】háojiā

ᵃ부화[孵化] 몡하자타【孵化】fūhuà【孵育】fūyù ¶~기 | 孵化期。¶인공 ~ | 人工孵化。

부활[復活] 몡하자【复活】fùhuó【重振】chóngzhèn ¶~절 | 复活节。¶전제왕조의 ~을 방지하다 | 防止fángzhǐ专制王朝复活。¶군국주의의 ~ | 军国主义的复活。

부흥[復興] 몡하자타【复兴】fùxīng【中兴】zhōngxīng ¶문예 ~ | 文艺复兴/李奈桑斯lǐnàisāngsī。¶조국을 ~시키다 | 复兴祖国。

ᴬ북 몡 ❶ (악기) 【鼓】gǔ ¶~을 치다 | 打鼓。 ❷ (땅) 【土】tǔ ¶~을 돋우다 | 培péi土。¶고추밭에 ~을 주다 | 辣椒地làjiāodì里培土。 ❸ (재봉틀) 【梭】suō【梭子】suō·zi

ᴬ북[北] 몡【北】běi ¶나는 내일 ~으로 간다 | 我明天往北去。

북경[北京] 몡〈地〉【北京】Běijīng "中华人民共和国"(중화인민공화국; People's Republic of China) 의 수도]

ᶜ북극[北極] 몡【北极】běijí ¶~ 탐험 | 北极探险。¶~곰 | 北极熊。¶~성 | 北极星。¶~점 | 北极点。¶~지방 | 北极地区。

북녘[北-] 몡【北方】běifāng【北边】běibiān ¶~땅 | 北方的土地。

북단[北端] 몡【北端】běiduān ¶아프리카 대륙의 최~ | 非洲大陆的最北端。

ᶜ북도[北道] 몡【韩国北方的道】hánguó běifāng·de dào【北道】běidào ¶함경~ | 咸镜xiánjīng北道。

북돋우다 통【鼓起】gǔqǐ【鼓励】gǔlì【激发】jīfā ¶용기를 ~ | 鼓起勇气。¶힘을 ~ | 鼓起力量。¶사람들의 마음을 ~ | 鼓励人心。¶사기를 북돋우다 | 激发士气。

북동[北東] 몡【东北方】dōng běi fāng【北东】běidōng ¶~풍 | 东北风。

북두칠성[北斗七星] 몡〈天〉【北斗(星)】běidǒu(xīng)【北斗星】běidǒuqīxīng【斗极】dǒují【维斗】wéidǒu

북마크[bookmark] 몡〈電算〉【个人收藏夹】gèrén shōucángjiā【书签】shūqiān

ᶜ북미[北美] 몡【北美】běiměi

ᶜ북반구[北半球] 몡【北半球】běibànqiú

북받치다 통【涌上】yǒngshàng【涌出】yǒngchū【冒出】màochū ¶설움이 ~ | 悲痛涌上心头。¶눈물이 북받쳐 솟아 나오다 | 眼泪yǎnlèi涌出来。¶북받치는 슬픔 | 涌出来的悲伤bēishāng。

ᶜ북방[北方] 몡【北方】běifāng【北边】běibiān ¶~ 외교 | 北方外交。¶~ 정책 | 北方政策。

북부[北部] 몡【北部】běibù ¶사천 ~에 오늘 저녁에 비가 내리겠습니다 | 四川北部今晚有雨。¶~ 지방 | 北部地区。

북상[北上] 몡하자【北上】běishàng ¶~하여 항일하다 | 北上抗日kàngrì。¶강력한 태풍이 ~하다 | 强台风táifēng北上。

북새통[乱哄哄] 몡【乱哄哄】luàn hōng hōng ¶~에 정신을 못차리겠다 | 乱哄哄的,弄得我晕头yūntóu转向zhuǎnxiàng。¶아이들~에 정신차릴 수가 없다 | 孩子们乱哄哄得没法clean清醒qīngxǐng。

ᶜ북서풍[北西風] 몡【西北风】xīběifēng

북슬북슬 몡【毛绒绒肥溜溜】máoróngr

446

ŏng **féiliūliū** ¶털이 ~한 강아지 | 毛
绒绒肥溜溜的小狗gǒu。

북어[北鱼] 명【干明太鱼】gān míngtài-
yú ¶~구이 | 烤明太鱼。

ᵛ**북위**[北緯] 명【北纬】běiwěi 참고〔纬
度〕[纬线]

북적거리다 동【拥挤着喧哗】yōngjǐ·zh-
e xuānhuá【拥挤着吵嚷】yōngjǐ·zhe
chǎorāng【熙来攘往】xīláirǎngwǎng
¶인파로 북적거리는 거리 | 人流熙
来攘往的街道。

북적북적 부하자【乱攘攘】luànrǎnggrǎng
¶피서객으로 ~하는 해수욕장 |
避暑客人乱攘攘的海水浴场。

ᴬ**북쪽**[北-] 명【北】běi【北方】běifāng
【北边】běibiān ¶~ 방면 | 北面。¶
~을 바라보다 | 仰望yǎngwàng北
方。

북풍[北風] 명【北风】běifēng【朔风】
shuòfēng ¶~이 부는 겨울 | 刮guā
北风的冬天。

ᴮ**북한**[北韓] 명【北韩】běihán

북회귀선[北回歸線] 명〈地〉【北回归
线】běihuí guīxiàn 참고〔回归线〕

ᴬ**분**[粉] 명【粉】fěn【香粉】xiāngfěn
【白色粉】báisèfěn ¶연지 찍고 ~을
바르다 | 涂tú脂抹粉。

ᵛ**분**[糞] 명【粪】fèn【粪便】fènbiàn ¶인
~ | 人的粪便。

분³[分] 명【分】fēn【分寸】fēncùn【尺
度】chǐdù【中】zhōng ¶~에 넘치다
| 过分。¶~에 넘치는 대접 | 过分
的接待。¶~에 맞는 생활 | 适中的
生活。

분⁴[忿] 명【愤怒】fènnù【气】qì【气愤】
qìfèn【气恼】qìnǎo ¶~을 이기지 못
하다 | 压不住愤怒。¶~을 삭이다 |
消气。¶~을 못 견뎌 울다 | 气不过
就哭。

ᴬ**분**⁵[分] 의명【分】fēn ¶한시 삼십 ~
일점 삼십분。¶45~ 수업 | 四十五分
钟的课。¶북위 38도 2~ | 北纬三十
八度二分。

ᴬ**분**⁶ 의명【位】wèi ¶여러 ~ | 诸zhū
位。¶손님 다섯 ~ | 五位客人。¶
저기 계신 ~ | 那位。

분가[分家] 명하자【分家】fēnjiā ¶그
는 부모로부터 ~했다 | 他跟他父母
分家了。

분간[分揀] 명하타【分别】fēnbié【分
辨】fēnbiàn【区别】qūbié【识别】shíbié
【弄清】nòngqīng【弄清楚】nòng qī-
ng·chu ¶선악을 ~하다 | 分别善恶
shàn'è。¶옳고 그름을 ~하다 | 区别
正误。¶진위를 ~하다 | 识别真伪zh-
ēnwěi。¶가짜 제품인지 잘 ~해봐라
| 是不是冒牌货màopáihuò, 你要好
好识别。

분개[憤慨] 명하타【愤慨】fènkǎi【愤
恨】fènhèn【气愤】qìfèn【气恼】qìnǎo
【怒火中烧】nù huǒ zhōng shāo ¶그
는 친구의 배신에 ~하고 있다 | 他对
朋友的背信很愤慨。

분격[憤激] 명하자【激愤】jīfèn【义愤】
yìfèn ¶~하여 재도전하다 | 由于激
愤, 再次进行挑战。¶~을 자아내다
| 引起义愤。

분과[分科] 명하타【分科】fēnkē【小
组】xiǎozǔ【班】bān ¶업무를 확장하
기 위해 ~하다 | 为扩大业务分科。
¶~ 토론 | 小组讨论tǎolùn。¶운영
~위원 | 分科执行委员。

ᴮ**분교**[分校] 명【分校】fēnxiào ¶~장
| 分校校长。¶벽지 ~의 이린이들 |
僻地pìdì分校的孩子们。

분규[紛糾] 명【纠纷】jiūfēn【纠纷】jiū-
fēn ¶~를 일으키다 | 闹nào纠纷。¶
노사 ~ | 劳动者与企业间的纠纷。

분기[分期] 명【季度】jìdù ¶~ 예산
| 季度预算yùsuàn。¶일 사~ | 第一
季度。

분기²[憤氣] 명【气愤】qìfèn【气恼】qìn-
ǎo【愤怒】fènnù【怒气】nùqì【气】qì
【怒】nù ¶~를 참지 못하다 | 无法忍
耐。¶~가 가라앉히다 | 息怒。

분기점[分岐點] 명【分岔点】fēnchàdi-
ǎn【分岐点】fēnqídiǎn

ᵛ**분꽃**[粉-] 명〈植〉【紫茉莉】zǐmòlì
【白粉花】báifěnhuā【草茉莉】cǎomò-
lì【胭脂花】yānzhīhuā【夜茉花】yè-
ánhuā【状元红】zhuàngyuán hóng

분납[分納] 명하타【分期付款】fēnqī fù-
kuǎn【分期缴纳】fēnqī jiǎonà ¶수업
료를 ~하다 | 分期缴纳学费。

ᵛ**분노**[憤怒] 명하자【愤怒】fènnù【愤
慨】fènkǎi【怒火】nùhuǒ ¶~를 일으
키다 | 引起愤怒/激起愤慨。¶마음
속의 ~를 억누르다 | 压住yāzhù心里

447

의 怒火。

ᵒ**분단**[分斷] 몡 【分断】fēnduàn

분담[分擔] 몡하타 【分担】fēndān 【分摊】fēntān 【均摊】jūntān 【摊分】tānfēn ¶업무 ~ | 分担业务工作。¶비용을 ~ 하다 | 分担费用。¶매달 ~하다 | 按 ǎn月分摊。¶조별로 ~하다 | 按组z-ǔ均摊。

분대[分隊] 몡 【分队】fēnduì 【班】bān 【军】jūn 【连】lián 【旅】lǚ 【排】pái 【棚】péng 【团】tuán 【营】yíng ¶제1소대 1~ | 一排一班。

분란[紛亂] 몡 【纷乱】fēnluàn 【矛盾】máodùn ¶집안에 ~을 일으키다 | 家里引起矛盾。

ᵒ**분량**[分量] 몡 【分量】fèn·liang 【份量】fèn·liang ¶숙제의 ~이 적지 않다 | 作业的分量不少。

ᵇ**분류**[分類] 몡하타 【分类】fēnlèi 【分门别类】fēn mén bié lèi 【分门别类】fēnbié ménlèi 【群分类聚】qún fēn lèi jù ¶우편물을 지역별로 ~하다 | 把邮递物按区域分类。¶동물을 ~하다 | 分类动物。¶현상에 대해 유형별로 ~하여 연구를 진행하다 | 对现象分门别类地进行研究。

ᵒ**분리**[分離] 몡하자타 【分离】fēnlí 【脱离】tuōlí 【隔开】gékāi ¶질소를 ~해내다 | 分离出氮dàn气来。¶현실에서 ~되다 | 脱离实际shíjì。

분만[分娩] 몡하자타 【分娩】fēnmiǎn ¶그의 부인은 어제 저녁 ~하였다 | 他太太昨晚分娩了。¶~실 | 分娩室。

ᶜ**분말**[粉末] 몡 【粉末】fēnmò ¶~로 만들다 | 弄成粉末。

ᴬ**분명**[分明] 몡하형 【分明】fēnmíng 【清楚】qīng·chu 【清利】qīnglì ¶~히 강도인데도 성현인 체 하려 들다 | 分明是强盗qiángdào，却要装圣贤shèngxián。¶사람됨이 ~하다 | 做人分明。¶상황이 벌써 ~해졌다 | 情况已经很清楚了。¶발음이 ~하다 | 口音清楚。¶그는 개혁을 하지 않으면 안 된다는 것을 ~히 인식했다 | 他清楚地意识yìshí到，不改革gǎigé是不行的。

분모[分母] 몡 〈數〉 【分母】fēnmǔ

분무기[噴霧器] 몡 【喷雾器】pēnwùqì

【喷雾机】pēnwùjī 【射水器】shèshuǐqì

분발[奮發] 몡하자 【奋发】fēnfā 【奋起】fènqǐ 【奋发图强】fèn fā tú qiáng 【振作】zhènzuò 【振奋】zhènfèn ¶~하여 앞을 따라 잡다 | 奋起直追zhuī。¶즉시 ~하다 | 马上振作起来。

분배[分配] 몡하타 【分配】fēnpèi 【分给】fēngěi 【派】pài 【配给】pèijǐ 【配售】pèishòu 【分发】fēnfā 【分摊】fēntān 【均摊】jūntān 【分派】fēnpài 【调配】diàopèi 【摊分】tānfēn ¶기숙사를 ~하다 | 分配宿舍sùshè。¶노동량에 따라 ~하다 | 按劳分配。¶고르게 ~하다 | 按分摊派。

ᵇ**분별**[分別] 몡하타 ❶ (구분) 【分别】fēnbié 【区别】qūbié 【分辨】fēnbiàn 【辨别】biànbié ¶~하여 처리하다 | 分别处理。¶까마귀는 암수를 ~하기 어렵다 | 很难辨别乌鸦的雌雄。❷ (세상사에 대한 바른 판단) 【分辨】fēnbiàn 【辨】biàn 【辨别】biànbié ¶그는 ~이 있는 사람이다 | 他是有识辨力的人。

분부[吩附] 몡하타 【吩咐】fēn·fu 【嘱咐】zhǔ·fù ¶우리 둘이 뭘 해야 하는지, ~하여 주십시오! | 我们俩做什么，由你吩咐吧! ¶할아버지께서 ~하신 일 | 爷爷吩咐的事儿。

분분하다¹[芬芬－] 형 【芬芳】fēnfāng ¶산과 들에 핀 꽃은 향기가 ~ | 山野上开的花儿芬芳迷人。

분분하다²[紛紛－] 형 ❶ (복잡하다) 【混乱】hùnluàn ¶세상이 ~ | 世间混乱。❷ (소란하다) 【纷纷】fēnfēn 【纷纭】fēnyún 【纷杂】fēnzá ¶의견이 ~ | 众说纷纭。

분비[分泌] 몡하타 【分泌】fēnmì ¶~물 | 分泌物。¶위액을 ~하다 | 分泌胃液yè。

분산[分散] 몡하자타 ❶ 【分散】fēnsàn 【散开】sànkāi 【疏散】shūsàn ¶주의력을 ~시키다 | 分散注意力。¶사방으로 ~하다 | 四处分散。¶인구를 ~시키다 | 疏散人口。❷ 〈物〉 【耗散】hàosàn 【色散】sèsàn

분석[分析] 몡하타 【分析】fēn·xi 【解析】jiěxī ¶~ 방법 | 分析法。¶~화학 | 分析化学。¶과학적 ~ | 科学的分析。¶눈앞의 국제 정세를 ~하다

| 分析目前国际形势 xíngshì。 ¶원인 ~ | 原因分析。 ¶심리 ~ | 心理分析。

분쇄[粉碎] 〔动하타〕 **【粉碎】**fěnsuì ¶그들의 음모를 ~하다 | 粉碎他们的阴谋 yīnmóu。 ¶바위을 ~하다 | 粉碎岩石。 ¶적을 ~하다 | 粉碎敌人。

분수[分数] 〔名〕 ❶ (분한)【分】fēn【分寸】fēncùn【限头】xiàn·tou ¶~에 넘치는 대접 | 过分的接待。 ¶분수에 맞는 생활 | 适合分寸的生活。 ¶사람을 천대해도 ~가 있지 | 欺负 qīfu 人也得有个限头。 ❷ (수학)【分数】fēnshù ¶~방정식 | 分数方程式。 ¶~표기법 | 分数法。 ¶대~ | 带分数。

분수[喷水] 〔名〕 **【喷水】**pēnshuǐ ¶~기 | 喷水器。 ¶~대 | 喷水池。 ¶~탑 | 喷水塔。

분식[粉食] 〔名하자〕 **【粉食】**fěnshí 【面食】miànshí ¶점심은 ~이다 | 午餐是面食。

분실[纷失] 〔动하타〕 **【遗失】**yíshī 【丢失】diūshī【失单】shīdān ¶서류를 ~하다 | 遗失文件。 ¶돈지갑을 ~했다 | 钱包丢失了。 ¶그는 책 한 권을 ~했다 | 他丢失了一本书。

분야[分野] 〔名〕 **【分野】**fēnyě 【领域】lǐngyù【方面】fāngmiàn【部门】bùmén ¶경제 ~ | 经济分野。 ¶문학예술 ~ | 文学艺术 yìshù 领域。 ¶모든 ~의 지식 | 所有方面的知识 zhīshi。 ¶전문 ~ | 专业 zhuānyè 分野。

분양[分讓] 〔名하타〕 **【分给】**fēngěi 【分让】fēnràng【出售一部分】chūshòu yī-bùfēn【分】fēn ¶~가 | 分让价。 ¶~특허권 | 分让专利权。 ¶아파트를 ~하다 | 分公寓。

분업[分業] 〔名하자〕 **【分工】**fēn/gōng 【分功】fēngōng【分业】fēnyè ¶~하여 함작하다 | 分工合作。 ¶~에 의한 대량 생산 | 因分业的大量生产。

분열[分裂] 〔名하자〕 **【分裂】**fēnliè 【裂变】lièbiàn ¶세포 ~ | 细胞 xìbāo 分裂。 ¶핵 ~ | 核分裂。 ¶핵 ~ 물질 | 裂变物质。

분위기[雰圍氣] 〔名〕 **【气氛】**qìfēn 【空气】kōngqì ¶화기애애한 ~ | 心平气和的气氛。 ¶새 직장의 ~를 익히다 | 熟悉新单位的气氛。 ¶회담은 성의 있고 우호적인 ~ 속에서 진행되었다 | 会谈是在真诚和友好的气氛中进行的。

분유[粉乳] 〔名〕 **【粉乳】**fěnrǔ【奶粉】nǎifěn ¶~를 타다 | 沏奶粉。

분자[分子] 〔名〕 ❶ 〈化〉〈物〉**【分子】**fēnzǐ ¶~ 결합 | 分子键 jiàn。 ¶~ 구조 | 分子结构。 ❷ (구성원)**【分子】**fèn·zi ¶열성 ~ | 积极分子。 ¶반동 ~ | 反动分子。

분장[扮裝] 〔名하자〕 **【装扮】**zhuāngbàn 【假装】jiǎzhuāng【化装】huàzhuāng【打扮】dǎ·ban ¶~을 하고 등장하다 | 装扮后上场 chǎng。 ¶노인으로 ~하다 | 装扮成老人。 ¶~을 잘하다 | 化装化得好。

분재[盆栽] 〔名〕 **【盆栽】**pénzāi ¶~소나무 | 盆栽松。

분쟁[紛爭] 〔名하자〕 **【纠纷】**jiūfēn 【争议】zhēngyì ¶~을 중재하다 | 调解 tiáojiě 纠纷。 ¶국제 ~이 잦은 중동 | 国际纠纷频繁的中东。

분전[奮戰] 〔名하자〕 **【奋战】**fènzhàn【力战】lìzhàn ¶최후까지 ~하다 | 力战到最后。

분점[分店] 〔名〕 **【分店】**fēndiàn【分行】fēnháng【分点】fēndiǎn【分号】fēnhào【分铺】fēnpù【分庄】fēnzhuāng ¶지방에 ~을 내다 | 在地方设分店。 **참고**〔总行〕

분주[奔走] 〔名하형〕 **【奔忙】**bēnmáng 【忙碌】mánglù【喧闹】xuānnào【吵闹】chǎonào ¶~한 나날 | 奔忙的日子。 ¶그는 하루 종일 ~했지만, 조금도 피로를 느끼지 않았다 | 他忙碌了一天, 但一点儿也不觉得累。

분지[盆地] 〔名〕〈地〉**【盆地】**péndì ¶사천 ~ | 四川 sìchuān 盆地。

분초[分秒] 〔名〕 **【分秒】**fēnmiǎo ¶~를 다투는 일 | 分争夺秒的事。

분출[噴出] 〔名하자타〕 **【喷出】**pēnchū ¶~구 | 喷口。 ¶화산이 ~하다 | 火山喷出。 ¶용암이 ~하다 | 熔岩喷出。

분통[憤痛] 〔名〕 **【气愤】**qìfēn【气恼】qìnǎo【愤恨】fènhèn【痛恨】tònghèn ¶~이 치밀다 | 感到痛恨。 ¶~을 터뜨리다 | 切齿 qièchǐ 痛恨。 ¶~이 터지다 | 气不打一处来。

분투[奮鬪] 〔名하자〕 **【奋斗】**fèndòu 【奋

战]fēnzhàn【力战】lìzhàn ¶제일선에서 ~하다 | 在第一线奋斗。¶합격을 위하여 ~하다 | 为合格奋斗。

ᵃ분포[分布] 명]하자] 【分布】fēnbù ¶~곡선 | 分布曲线。¶~ 상황 | 分布情况。¶우리 나라 남부에 ~하다 | 分布在我国南部。

ᵃ분포도[分布圖] 명] 【分布图】fēnbùtú ¶식물 ~ | 植物分布图。¶방언 ~ | 方言分布图。

ᵃ분풀이[憤 ―] 명]하자] 【解气】jiěqì 【出气】chūqì ¶그에게 ~를 하다 | 拿他出气。¶엉뚱한 사람에게 ~하다 | 对好不相干的人出气。

ᵃ분필[粉筆] 명] 【粉笔】fěnbǐ 【白墨】báimò【粉条(儿)】fěntiáo(r) ¶~ 한 자루 | 一枝zhī粉笔。¶~ 통 | 粉笔盒儿。

ᵇ분하[憤 ―] 명] 【气愤】qìfèn【气恼】qìnǎo【发恨】fāhèn【悔恨】huǐhèn【腐心】fǔxīn【冤枉】yuān·wang【窝心】wōxīn ¶분한 마음 | 气愤的心情 ¶다 이긴 시합에 졌어 ~ | 差一点就赢了，可惜önw了，真窝心啊。¶그는 진짜 너무 분해서 눈물을 참을 수가 없었다 | 他实在太冤枉，不禁流了眼泪。

분할[分割] 명]하자] 【分割】fēngē【瓜分】guāfēn【隔期】gékāi【分期】fēnqī ¶~ 상속 | 分割继承。¶~ 상환 | 分期偿付/分期偿还。¶~하여 지불하다 | 分期支付。

ᵃ분해[分解] 명]하자타] 【分解】fēnjiě【解体】jiětǐ【拆开】chāikāi【拆卸】chāixiè ¶공중 ~ | 空中分解。¶~한 기계를 조립하다 | 把拆开的机器qì装zhuāng起来。¶그는 총을 ~하였다 | 他把枪qiāng拆卸了。

ᵇ분홍[粉紅] 명] ☞ 분홍색

ᵃ분홍색[粉紅色] 명] 〈色〉【粉红色】fěnhóngsè 【粉红】fěnhóng 【粉色】fěnsè 【桃红】táohóng ¶상의를 한 벌 샀다 | 买了一件粉红色的上衣。

분화[分化] 명]하자] 【分化】fēnhuà ¶계급 ~ | 阶级jiējí分化。¶직업의 종류가 ~됐다 | 职业种类被分化。

ᵇ붇다[동] ❶ (물에 젖어 커지다) 【发胀】fāzhàng【膨胀】péngzhàng【泡大】pàodà ¶떡쌀이 ~ | 糕米发胀。¶콩이 물에 불었다 | 豆dòu子泡大了。❷ (늘다) 【增加】zēngjiā【增长】zēngzh-

ǎng【涨】zhǎng【发】fā ¶재학생수가 800명에서 1000명으로 불었다 | 在校学生由八百增加到一千。¶재산이 ~ | 财产增加/发了财。¶강물이 불었다 | 河里涨水了。

ᴬ불¹ ❶ (화염) 【火】huǒ ¶가랑잎에 ~이 붙다 | 干叶子着火。¶~을 피우다 | 烧shāo火。¶~을 쬐다 | 烤kǎo火。¶~에 데다 | 被火烫tàng伤。¶~을 끄다 | 灭miè火。¶~을 켜다 | 点diǎn火。❷ (어둠을 밝히는 것) 【火】huǒ【灯】dēng【灯火】dēnghuǒ【灯光】dēngguāng ¶등잔에 ~을 켜다 | 油灯上点火。¶등잔 ~ | 油灯。¶어둠을 몰아내는 ~ | 驱暗的灯火。❸ (화재) 【火】huǒ【火灾】huǒzāi ¶~을 놓다 | 放火。¶산에 ~이 나다 | 山里着火。❹ (마찰로 인한 빛과 열) 【火】huǒ【火热】huǒrè ¶부싯돌의 ~ | 火石的火。❺ (욕망·정열 따위) 【火】huǒ ¶마음에 ~이 일어나다 | 心里烧火。¶~같이 뜨거운 마음 | 火热的心。❻ (희망·이상 따위) 【光】guāng ¶절망의 끝에 나타난 한 가닥 밝은 ~ | 绝望之际出现的一线之光。

불²[佛] 명] 【佛】fó ¶~하다 | 成佛。¶석~ | 石佛。

ᴬ불³[弗] 명] 【美元】měiyuán【美金】měijīn【美元】měiyuán ¶100~ | 一百块美元。

불―¹[不―] 튜] 【不】bù ¶~만족 | 不满。

불가[不可] 명] 【不可】bùkě【不许】bùxǔ【不行】bùxíng ¶그것은 ~하다고 생각한다 | 我想那不行了。¶남을 비방함은 ~하다 | 不可诽谤别人。¶주차 ~ | 不许停放车。

불가¹[佛家] 명] 〈佛〉【佛家】fójiā

불가결[不可缺] 명] 【不可缺少】bùkě quēshǎo【必不可少】bì bùkě shǎo ¶~한 요소 | 不可缺少的因素。¶물은 인간생활에 ~하다 | 水对人类生活necessary不可少。

ᶜ불가능[不可能] 명]하형] 【不可能】bùkěnéng ¶이것은 ~한 일이다 | 这是不可能的事。¶내 사전에 ~이란 말은 없다 | 我的辞典里没有不可能的词。

불가리아[Bulgaria] 명] 〈地〉【保加利

亚】Bǎojiālìyà [유럽 동남부에 위치한 나라. 수도는 "索非亚"(소피아;Sofia)]

불가분[不可分] 명【不可分】bùkěfēn【难以分开】nányǐfēnkāi ¶~의 관계 | 不可分的关系. ¶명예와 자기애는 ~의 관계가 있다 | 名誉和自爱是难以分开的关系.

불가사리[一]〈魚貝〉【海星】hǎixīng【海盘车】hǎipánchē【四不像动物】sìbùxiàng dòngwù

불가사의[不可思議] 명하형【不可思议】bùkě sīyì【奇迹】qíjì ¶~한 자연의 신비 | 不可思议的大自然的神密. ¶~한 사건 | 不可思议的事件.

불가피[不可避] 명하형【不可避免】bùkě bìmiǎn【难免】nánmiǎn ¶~한 사정으로 결근을 하다 | 因不可避免的事而缺勤. ¶어느 정도 ~하다 | 在所难免. ¶새 일이 막 시작되었으니 약간의 어려움은 ~하다 | 新的工作刚开始, 难免要遇到一些困难.

불거지다[一] 동【突出】túchūlái【突发】tūfā ¶개구리눈처럼 ~ | 像青蛙qīngwā眼一样突出来. ¶종기가 ~ | 脓疮突出来.

불건전[不健全] 명하형【不健康】bújiànkāng【不良】bùliáng【不健全】bújiànquán ¶~한 사상 | 不健全的思想. ¶~한 생활 | 不健全的生活. ¶~한 취미 | 不健康的兴趣.

°**불결**[不潔] 명하형【不干净】bùgānjìng【不清洁】bùqīngjié【不卫生】bùwèishēng【肮脏】āngzāng ¶~한 곳을 청소하다 | 打扫dǎsǎo不干净的地方. ¶몹시 ~한 환경 | 很不干净的环境.

°**불경**[佛經] 명〈佛〉【佛经】fójīng【释典】shìdiǎn【释藏】shìzàng

불경기[不景氣] 명【不景气】bùjǐngqì【萧条】xiāotiáo【不振】bùzhèn【衰退】shuāituì ¶요즘은 ~이다 | 最近不景气. ¶~로 파산하다 | 由于不景气而破产.

불고기[烤肉]【烤肉】kǎoròu ¶그는 한국식 ~를 가장 즐겨 먹는다 | 他最爱吃韩式烤肉.

°**불공정**[不公正] 명하형【不公正】bùgōngzhèng ¶~한 처리 | 不公正的处

理. ¶~ 교역 | 不公正交易.

불공평[不公平] 명하형【不公平】bùgōngpíng ¶~한 판정 | 不公平的裁定cáidìng. ¶~하게 분배하다 | 分配不公平.

°**불과**[不過] 부형【不过】búguò【只】zhǐ ¶그것은 변명에 ~하다 | 那不过是借口. ¶그것은 일시적 현상에 ~하다 | 那不过是一时的现象. ¶시험이 ~ 열흘밖에 남지 않았다 | 考试只剩shèng十天了.

°**불교**[佛敎] 명〈佛〉【佛教】Fójiào ¶~문학 | 佛教文学. ¶~미술 | 佛教美术. ¶~를 신봉하다 | 信奉xìnfèng佛教.

불구[不具] 명【残废】cánfèi【残疾】cánjí ¶두 손이 모두 ~가 되었다 | 双手都残废了. ¶~의 몸으로 이룩한 일 | 以残废之身完成的事.

불구[不拘] 명【不管】bùguǎn【不关】bùguān【不论】búlùn【不问】búwèn【无论】wúlùn【仅管】jǐnguǎn【不顾】búgù【不拘】bùjū ¶비가 오는데 ~하고 제시간에 도착했다 | 仅管下雨, 还是按时到了. ¶공사 다망하신데도 ~하고 왕림해 주셔서 대단히 감사합니다 | 非常感谢不拘公事繁忙而光临.

불굴[不屈] 명【不屈】bùqū【不服输】bùfúshū ¶~의 투쟁정신 | 不屈的斗争dòuzhēng精神. ¶백절~의 정신 | 百折不屈的精神.

불규칙[不規則] 명하형【不规则】bùguīzé【无规律】wú guīlǜ ¶~동사 | 不规则动词. ¶그의 생활은 매우 ~하다 | 他的生活很不规则.

불규칙적[不規則的] 관 명【不规则的】bù guīzé·de ¶~ 현상 | 不规则的现象. ¶~인 운동 | 不规则的运动.

불균형[不均衡] 명【不均衡】bùjūnhéng【比例失调】bǐlì shītiáo【不平衡】bùpínghéng【不稳定】bùwěndìng ¶계층간의 ~ | 阶层间的不均衡. ¶~한 현상 | 不稳定的现象.

불그레하다 형【浅红】dànhóng【浅红】qiǎnhóng【微红】wēihóng ¶술을 조금 마셔 그의 얼굴이 ~ | 喝了点酒, 他的脸蛋有点儿微红.

불그스름하다 형 ☞ 불그레 하다

ᵛ**불긋불긋** 뷔하형 【斑红】bānhóng

ᵛ**불기둥** 명 【火柱】huǒzhù ¶~이 하늘로 치솟다 | 火柱冲chōng上天。

ᵛ**불길**¹ 명 ❶ (활활 타오르는 불꽃) 【火焰】huǒyàn 　【火苗(儿,子)】huǒmiáo (r,·zi) 　【火势】huǒshì ¶~이 치솟다 | 火焰往上冲。 ¶~을 잡다 | 控制火势。 ¶~에 휩싸이다 | 被火势包围。 ❷ (세찬 감정이나 정열) 【烈火】lièhuǒ 【火】huǒ ¶투쟁의 ~ | 斗争dòuzhēng的烈火。 ¶혁명의 ~ | 革命gémìng的烈火。 ¶분노의 ~ | 怒火。

불길²[不吉] 명하형 【不吉】bùjí 　【不吉利】bùjílì 【不祥】bùxiáng ¶~한 예감이 들다 | 有不吉之念。 ¶~한 소식 | 不吉利的消息xiāoxi。 ¶이는 ~한 징조 같다 | 这可是一个不祥之兆zhào。

ᴮ**불꽃** 명 【火花】huǒhuā 　【火星(儿,子)】huǒxīng(r,·zi) 【烟火】yānhuǒ 【星火】xīnghuǒ 【火光】huǒguāng ¶생명의 ~ | 生命的火花。 ¶~이 튀다 | 火星迸发bèngfā。 ¶~을 터뜨리다 | 放烟火。 ¶~이 이글거리다 | 火团呼啸地燃烧。

ᵛ**불끈** 뷔 ❶ (갑자기 성내는 모양) 【突然】tūrán 【猛然】měngrán 【暴出】bàochū 【一下子】yíxià·zi ¶~ 화를 내다 | 突然生气。 ¶~ 솟았나 | 一下子来了劲jìn。 ❷ (단단히) 【握紧】wòjǐn ¶주먹을 ~ 쥐다 | 握紧拳头quán·tou。

ᵛ**불나다** 동 【起火】qǐ/huǒ 【着火】zháohuǒ 【失火】shīhuǒ 【引起火灾】yǐnqǐ huǒzāi ¶큰 건물에 불이 났다 | 大楼lóu起火了。 ¶불낸 사람 | 失火人。

불난데 부채질 하기 관용 【火上加油】huǒ shàng jiā yóu

불능[不能] 명하형 【不能】bùnéng 【不可能】bùkěnéng 【无法】wúfǎ ¶재기 ~ | 不可能再起。 ¶지불~이 되다 | 无法支付。

ᴬ**불다**¹ 동 【刮】guā 【吹】chuī ¶바람이 불어 온 하늘에 먼지가 날아다니다 | 刮得满天飞土。 ¶네가 무슨 바람이 불어서 왔느냐? | 什么风把你刮来了? ¶태풍이 ~ | 刮台风。 ¶바람이 ~ | 吹风。

불다² 동 ❶ (입으로) 【哈】hāhā 【吹】chuī ¶손을 호호 ~ | 哈哈手。 ¶휘

파람을 ~ | 吹口哨。 ❷ (악기를) 【吹】chuī ¶나팔을 ~ | 吹喇叭lǎbā。 ¶호루라기를 ~ | 吹哨子shào·zi。 ❸ (사실을 털어놓다) 【招认】zhāorèn 【暴露】bàolù ¶공모한 사실을 ~ | 招认共谋的事实。

불덩이 명 【火团】huǒtuán 【火球儿】huǒqiúr

ᵛ**불도**[佛道] 명 〈佛〉【佛道】fódào 【佛教】fójiào ¶~에 귀의하다 | 归依佛教。

불도저[bulldozer] 명 【铲运机】chǎnyùnjī 【推土机】tuītǔjī 【叉车】chāchē ¶~로 밀다 | 用推土机推。

불똥 명 【打花儿】dǎhuār 【烛泪】zhúlèi 【火花】huǒhuā 【火星】huǒxīng ¶~이 날리다 | 迸火星。 ¶옷에 ~이 떨어졌다 | 衣服上掉了个火星。

ᵛ**불량**[不良] 명하형 ❶ (질의 열등) 【次】cì 【不佳】bùjiā 【不良】bùliáng ¶~ 제품 | 次品。 ¶소화 ~ | 消化xiāohuà不良。 ❷ (품성이 나쁨) 【不良】bùliáng 【坏】huài ¶~ 청소년 | 不良青少年。

불량배[不良輩] 명 【不良分子集团】bùliáng fēn·zi jítuán 【流氓集团】liúmáng jítuán

불러내다 동 【叫出来】jiào chū lái 【传唤】chuánhuàn 【传呼】chuánhū ¶밖으로 불러내어 만나다 | 叫出来见面。 ¶증인을 ~ | 传唤证人zhèngrén。 ¶옆집 사람을 ~ | 叫出邻居。

ᵛ**불러들이다** 동 【叫进来】jiào jìn lái 【唤进来】huàn jìn lái 【让进来】ràng jìn lái 【叫进】jiàojìn ¶바깥에서 노는 아이를 ~ | 把在外面玩的小孩叫进来。 ¶손님들을 ~ | 把客人们让进来。

불러 모으다 동 【招集】zhāojí ¶동민을 회관에 ~ | 把洞dòng民招集到会馆里。

불러오기 하타 〈電算〉【打开】dǎkāi

ᵛ**불러 일으키다** 동 【激发】jīfā 【激起】jīqǐ 【唤起】huànqǐ 【号召】hàozhào 【鼓舞】gǔwǔ 【引起】yǐnqǐ 【引致】yǐnzhì 【惹起】rěqǐ 【博得】bódé ¶많은 소비자들의 강한 불만을 불러 일으켰다 | 激起了广大消费者的强烈不满。 ¶우

의를 ~ | 唤起注意. ¶사기를 ~ | 鼓舞士气. ¶한바탕 화를 ~ | 引起一场祸huò事.

불려가다 동 【叫去】jiàoqù ¶선생님에게 불려가서 혼나다 | 被老师叫去挨顿批评.

불룩 부【하형】【鼓起】gǔqǐ 【凸起】tūqǐ 【隆起】lóngqǐ 【鼓鼓囊囊】gǔ gǔ nāng nāng ¶~한 곳 | 鼓起的地方. ¶겉으로 ~ 내밀다 | 向外鼓起. ¶호주머니가 ~하다 | 兜儿里鼓鼓囊囊.

불륜[不倫] 명 【越轨】yuèguǐ 【搞破鞋】gǎopòxié ¶~ 관계 | 不正当关系.

불리[不利] 명【하형】【不利】búlì ¶형세가 우리에게 약간 ~하다 | 形势xíngshì对我们有些不利. ¶그는 남에게 ~한 일은 절대 하지 않는다 | 他决不做对人家不利的事.

불리다[1] 동 【吹】chuī 【被吹】bèichuī ¶바람에 불려 멀리 날아가다 | 被风吹得飘到远处.

불리다[2] 동 【叫】jiào 【被叫】bèijiào ¶형에게 불려 가다 | 被哥哥叫去.

불리다[3] 동 【添饱】tiānbǎo 【喂饱】wèibǎo ¶소의 배를 ~ | 给牛喂饱.

불리다[4] 동 【泡】pào 【增加】zēngjiā ¶볍씨를 ~ | 泡稻种. ¶재산을 ~ | 增加财产.

불만[不滿] 명【하형】【不满(意)】bùmǎn(yì) 【不满足】bùmǎnzú ¶~의 소리 | 不满之言. ¶~스러운 표정 | 不满意的表情. ¶~을 토로하다 | 表露了不满意的态度.

불만족[不滿足] 명【하형】【不满意】bùmǎnyì ¶애써 한 일이 ~한 결과로 끝나 | 费了好劲, 可是结果还是不满意.

불면[不眠] 명 【失眠】shīmián ¶~에 시달리다 | 害失眠症.

불면증[不眠症] 명 〈醫〉【失眠症】shīmiánzhèng ¶~을 앓다 | 患huàn失眠症.

불멸[不滅] 명【하자】【不灭】búmiè 【不朽】bùxiǔ 【永世不灭】yǒngshì búmiè 【不可磨灭】bùkě mómiè ¶영원 ~하다 | 永垂yǒngchuí不朽. ¶~의 업적 | 不朽的业绩.

불명[不明] 명【하형】【不明】bùmíng 【不详】bùxiáng 【不清楚】bùqīng·chu ¶원인 ~ | 原因不明. ¶행방 ~ | 去向不明/下落不明.

불명예[不名譽] 명【하형】【不光荣】bùguāngróng 【不光彩】bùguāngcǎi ¶우리에게 이런 일은 매우 ~스럽다 | 这件事对我们太不光彩. ¶~스러운 일 | 不光彩的事.

불모[不毛] 명 【不毛】bùmáo ¶~지 | 不毛之地. ¶~의 땅 | 不毛之地.

불문[不問] 명【하타】【不问】búwèn ¶과거를 ~하다 | 对过去的事一概不问. ❷ (가리지 않음) 【不管】bùguǎn 【不关】bùguān 【无论】wúlùn 【不顾】búgù 【不论】búlùn ¶남녀를 ~하다 | 不管男女. ¶성패를 ~하다 | 不论成败. ¶비가 오든지 안 오든지를 ~하고 우리는 모두 가야 한다 | 不论下不下雨, 我们都要去.

불문율[不文律] 명〈法〉【习惯法】xíguànfǎ 【不成文法】bùchéng wénfǎ ¶상급생이 회장직을 맡는 것이 ~처럼 되었다 | 高年级学生任会长成为不成文法.

불미스럽다[不美－] 형 【不美】bùměi 【丑恶】chǒu'è 【不怎么样】bùzěn·me yàng ¶불미스러운 행위 | 不美的行为. ¶불미스러운 일을 저지르다 | 造成丑恶的事. ¶그 사람은 불미스러운 소문이 나 있다 | 干了些不太光彩的事儿.

불발[不發] 명❶ (폭약의) 【不爆炸】búbàozhà 【瞎火】xiāhuǒ 【臭火】chòuhuǒ ¶포수가 방아쇠를 당겼지만 ~이었다 | 猎人lièrén扣了扳机bānjī可是瞎火了. ❷ (계획했던 일을 못하게 되는 것) 【未发结束】wèifājiéshù ¶일이 ~로 끝나다 | 事情未发结束.

불법[不法] 명 【不法】bùfǎ 【非法】fēifǎ ¶~ 침입 | 不法侵qīn入/非法侵入. ¶~ 행위 | 不法行为/不法行为. ¶~ 주차 | 非法停车.

불변[不變] 명【하자타】【不变】búbiàn ¶일체의 사물이 고정 ~하는 것이 아니다 | 一切事物都不是固定不变的. ¶영구 ~ | 永久不变.

불볕 명 【烈日】lièrì ¶~이 내리쬐다 | 烈日曝晒pùshài. ¶~이 쨍쨍한 중복 날씨 | 烈日炎炎yányán的中伏天

zhōngfútiān。¶～더위 | 烈日。

불복[不服] 명하자타 【不服从】bùfúcóng 【不服】bùfú 【不服气(儿)】bùfúqì(r) ¶상관의 명령에 ～하다 | 不服从上级的命令。¶판결에 ～하다 | 不服判决。

불분명[不分明] 명하형 【不明白】bùmíng·bai 【不明确】bùmíngquè 【不清楚】bùqīng·chu 【不分明】bùfēnmíng ¶작가의 의도가 ～하다 | 作家的意图不明确。¶～한 태도 | 不分明的态度。

[C]**불붙다** 동 ❶(점화)【着火】zháohuǒ 【失火】shīhuǒ【烈火朝天】lièhuǒ cháotiān ❷(치열하게 되다)【点燃】diǎnrán ¶쌍방의 공방이 불붙기 시작하다 | 双方的攻击开始点燃。

[B]**불빛** 명 【火光】huǒguāng 【灯光】dēngguāng【灯亮儿】dēngliàngr【光】guāng ¶～이 점점 어두워지다 | 灯光渐暗jiànàn。¶～이 새어 나오다 | 漏光。

불사[不辭] 명하타 【不辞】bùcí 【不惜】bùxī ¶고생을 ～하다 | 不辞辛劳xīnláo。¶경우에 따라서는 죽음도 ～하겠다 | 根据情况，我会不惜牺牲性命。

[C]**불사르다** 동 【烧掉】shāodiào 【烧毁】shāohuǐ 【火化】huǒhuà 【清除】qīngchú 【消除】xiāochú 【打掉】dǎdiào 【丢掉】diūdiào ¶기록을 ～ | 烧掉记录。¶서류를 불살라 버리다 | 烧毁文件。¶시체를 ～ | 火化尸体。

[C]**불사신**[不死身] 명 【不死神】bùsǐshén 【不屈不挠的人】bùqū bùnáo·de rén 【不屈不挠】bùqū bùnáo ¶～의 용기 | 不屈不挠的勇气。

[B]**불상**[佛像] 명〈佛〉【佛像】fóxiàng ¶～을 모시다 | 供佛像。

불상사[不祥事] 명 【不吉利的事】bùjílì·de shì 【不幸事件】búxìng shìjiàn 【凶事】xiōngshì 【不祥之事】bùxiáng zhī shì ¶～가 일어나다 | 发生不祥之事。

불손[不遜] 명하형 【放肆】fàngsì 【傲慢】àomàn【渎犯】dúfàn【不逊】búxùn ¶우리는 결단코 그의 이런 ～함을 용납할 수 없다 | 我们决不能允许他这样放肆。¶～한 언동 | 傲慢的言行。¶～하게 말을 하다 | 出言不逊。

[C]**불순**[1][不純] 명하형 【不纯】bùchún 【不纯洁】bùchúnjié 【不良】bùliáng 【不健康】bújiànkāng ¶～한 생각 | 不纯的念头。

불순[2][不順] 명하형 ❶(온순하다)【不恭敬】bùgōngjìng ¶성질이 ～하다 | 品性不恭敬。❷(순조롭지 못하다)【不顺利】búshùnlì 【不健全】bújiànquán 【不良】bùliáng ¶날씨가 ～하다 | 气候变化异常。¶그녀는 생리～으로 고민하고 있다 | 她由于生理周期不规则而苦恼。

불순물[不純物] 명 【不纯物】bùchúnwù 【夹杂物】jiāzáwù 【杂质】zázhì 【杂】zá ¶～이 섞인 기름 | 参了杂质的油。

불시[不時] 명 【突然】tūrán 【随时】suíshí ¶～로 찾아오는 친구 | 随时来找的朋友。¶～에 습격하다 | 突然袭击。

불신[不信] 명하타 【不信】búxìn 【不相信】bùxiāngxìn ¶～ 행위 | 不信行为。¶남을 ～하면 남도 너를 ～한다 | 你不相信别人，别人也不相信你。

불신감[不信感] 명 【不信任感】búxìnrègǎn ¶이웃에 대한 ～을 해소하다 | 解除对邻居的不信感。¶～을 조장하다 | 助长不信任感。

불신임[不信任] 명하타 【不信任】búxìnrèn ¶～안 | 不信任案。¶내각을 ～하다 | 不信任内阁。¶～ 투표 | 不信任投票tóupiào。

불심 검문[不審檢問] 명 【不审检问】bùshěn jiǎnwèn 【盘问】pánwèn ¶～에 걸리다 | 被盘问。¶～을 받다 | 受到盘问。

불쌍하다 형 【可怜】kělián 【令人怜悯】lìngrén liánmǐn ¶그가 갓 세 살이 되자마자 부모가 죽었으니 정말 ～! | 他刚三岁就死了父母，真可怜呢！¶그의 처지가 ～ | 他的处境可怜。

불쑥 부하형 ❶(갑자기 쑥 내미는 모양)【突出】tūchū 【突然】tūrán ¶～ 손을 내밀다 | 突然伸shēn出手。¶이렇게 ～ 찾아와서 미안합니다 | 突然来找，真不好意思。❷(앞뒤 생각없이)【突然】tūrán 【冷不丁】lěngbùdīng

¶~ 말을 꺼내다 | 突然把话说出来. ¶그는 나에게 ~ 질문을 던졌다 | 他冷不丁对我发问.

˘불씨 명 ❶ (불을 이어가는 불덩이) 【火种】huǒzhǒng ¶화로 속의 ~를 살리다 | 把火盆huǒpén里的火种弄着zháo。 ¶~가 꺼지려고 한다 | 火种要灭了. ❷ (사건의 소지) 【火种】huǒzhǒng 【火线】huǒxiàn ¶말썽의 ~가 되다 | 成为祸端的火种. ¶세계 대전의 ~가 되다 | 成为世界大战的导火线.

˘불안 [不安] 명형 ❶ (걱정) 【不安】bù'ān 【惶惶不安】huánghuáng bù'ān 【心神不安】xīnshén bù'ān ¶~하여 안절부절 못하다 | 忐忑tǎntè不安. ¶~을 느끼다 | 感到不安. ❷ (불안정) 【不安定】bù'āndìng 【不稳定】bùwěndìng ¶정치적 ~ | 政治上的不稳定.

불안감 [不安感] 명 【担忧】dānyōu 【不安的感觉】bù'ān·de gǎnjué ¶~을 가지다 | 有不安的感觉.

불안전 [不安全] 명 【不安全】bù'ānquán ¶~한 시설 | 不安全的施设.

불안정 [不安定] 명형 【不安定】bù'āndìng 【不稳定】bùwěndìng ¶~한 생활 | 不安定的生活. ¶물가가 ~하다 | 物价不稳定.

불알 명 【精巢】jīngcháo 【睾丸】gāowán

˘불어 [佛語] 명 〈言〉【法语】fǎyǔ

˘불어나다 동 【增加】zēngjiā 【增长】zēngzhǎng 【涨】zhǎng 【发涨】fāzhǎng ¶강물이 불어났다 | 河里涨水了. ¶장마로 강물이 ~ | 因霪雨江水发涨.

˘불어넣다 동 ❶ (공기를) 【吹气】chuīqì 【打气】dǎqì 【撑腰】chēngyāo 【加油】jiāyóu ❷ (사상·의식을) 【灌输】guànshū 【灌注】guànzhù 【鼓吹】gǔchuī ¶청소년에게 애향심을 ~ | 给青少年灌输爱家乡的心. ¶혁명 사상을 ~ | 灌注革命gémìng思想.

불어오다 동 【刮来】guālái 【吹来】chuīlái ¶태풍이 ~ | 台风刮来.

불온 [不穩] 명 【不稳】bùwěn 【不稳定】bùwěndìng ¶태도가 ~하다 | 态度不稳定. ¶~한 사상 | 不稳定的思想.

불완전 [不完全] 명하형 【不完全】bùwán

quán 【不完备】bùwánbèi ¶설비가 ~하다 | 设备shèbèi不完全.

불요불굴 [不撓不屈] 명 【不屈不挠】bùqū bùnáo ¶그는 ~의 정신으로 끝까지 분투했다 | 他凭píng不屈不挠的精神, 奋斗fèndòu到底. ¶~의 투쟁을 감행하다 | 进行不屈不挠的斗争dòuzhēng.

˘불운 [不運] 명형 【不走运】bùzǒuyùn 【不幸】bùxìng 【倒霉】dǎoméi 【背兴】bèixìng 【倒灶】dǎozào ¶~하게도 남편이 죽었다 | 不幸丈夫亡wáng故了. ¶~이 겹치다 | 兼jiān有不幸. ¶~하다고 여기다 | 认胁倒霉.

˘불우 [不遇] 명 【不遇】bùyù 【遭遇不佳】zāoyù bùjiā 【遭遇不幸】zāoyù 【不幸】bùxìng ¶~한 일생 | 不幸的一生.

불응 [不應] 명하자 【不答应】bùdá·yìng ¶임의 동행에 ~하다 | 不答应郎君的同行.

˘불의 [不意] 명 【不意】bùyì 【不料】bùliào 【出其不意】chū qí bù yì 【意料之外】yìliào zhī wài 【想不到】xiǎng·bud ào 【却不道】quèbúdào 【不出所料】bùchū suǒliào 【不想】bùxiǎng 【突然】tūrán 【冷不防】lěng·bùfáng ¶~의 사고 | 不意事故. ¶~의 사건 | 出其不意的事变事/突然事件. ¶적들을 ~에 습격하다 | 突袭敌人.

불의 [不義] 명형 【不义】bùyì ¶~에 항거하다 | 抗拒不义. ¶~의 관계를 맺다 | 结不义关系.

불이익 [不利益] 명 【非利益】fēilìyì 【没有效益】méiyǒu xiàoyì ¶~을 감수하다 | 甘受非利益.

불일치 [不一致] 명하형 【不一致】bùyīzhì 【不一样】bùyíyàng ¶의견의 ~를 극복하다 | 克服kèfú不一致的见解. ¶언행의 ~ | 言行不一致.

˘불임 [不姙] 명 【不妊】bùrèn 【不孕】bùyùn ¶~증 | 不妊症. ¶~ 수술 | 不妊手术.

˘불자동차 [-自動車] 명 【消防车】xiāofángchē 【救火车】jiùhuǒchē

불장난 명 ❶ (불을 가지고 노는 일) 【玩火】wánhuǒ 【放火】fànghuǒ ¶어린아이에게 ~를 하지 못하게 해라 | 不要叫小孩玩火. ❷ (위험한 일의

비유) 【玩弄】wánnòng 【乱搞】luàngǎ
o ¶사랑의 ~ | 玩弄爱情.

불조심 [－操心] 명하자 【小心失火】xiǎ-oxīn shīhuǒ 【严禁烟火】yánjìn yānhuǒ 【小心火】xiǎoxīn huǒ ¶자나 깨나 ~ | 时时刻刻小心火.

불찰 [不察] 명 【过错】guòcuò 【错误】c-uòwù 【过失】guòshī 【过误】guòwù 【失策】shīcè ¶이번 사고는 나의 ~로 말미암아 생긴 것이다 | 这次事故是由于我的过错而发生的 | 모두가 내 ~인데 누구를 탓하겠소 | 都是我的过错, 怪谁啊.

불참 [不参] 명하자 【不参加】bùcānjiā 【不出席】bùchūxí ¶회의에 ~하다 | 不参加会议. ¶경기에 ~하다 | 不参加比赛.

불철주야 [不撤昼夜] 명 【昼夜不停】zhòu yè bù tíng 【日以继夜】rì yǐ jì yè 【夜以继日】yè yǐ jì rì 【不撤昼夜】bú chè zhòu yè ¶~로 공부하며 연구를 하다 | 日以继夜读书做研究. ¶~로 연구에만 몰두하다 | 不撤昼夜地钻研. ¶~ 통일을 위해 힘쓰다 | 不撤昼夜地为统一尽力.

불청객 [不請客] 명 【不速之客】bùsùzhī-kè ¶모두가 한담을 하고 있는데, 불쑥~ 한 사람이 찾아왔다 | 大家正在聊liáo天, 忽然来了一位不速之客.

불출 [不出] 명하자 ❶ (출입하지 않는다) 【不出】bùchū ¶두문~ | 闭门bì-mén不出. ❷ (어리석다) 【没出息】m-éichū·xi ¶사람이 좀 ~이야 | 那人有点儿没出息.

불충분 [不充分] 명하형 【不充分】bùch-ōngfēn 【不充足】bùchōngzú 【不够彻底】bùgòu chèdǐ ¶증거가 ~으로 석방되다 | 由于证据不充分而释放. ¶설명이 ~하다 | 说明不充分.

불친절 [不親切] 명하형 【不亲切】bùqīn-·qie 【冷冰冰】lěngbīngbīng ¶~한 태도 | 不亲切的态度 tàidù. ¶~하게 대하다 | 冷冰冰地对待.

불쾌 [不快] 명하형 ❶ (마음이 상쾌하지 않음) 【不愉快】bùyúkuài 【不高兴】bùgāoxìng 【不痛快】bùtòng·kuai 【没好气】méihǎoqì 【讨厌】tǎoyàn 【不快】bùkuài ¶~한 마음 | 不愉快的心情. ¶~하게 여기다 | 感到不愉

快. ¶~한 얼굴색 | 不高兴的脸色. ¶~한 낯빛 | 不痛快的神色 shén-sè. ❷ (몸이 편하지 않음) 【不舒服】b-ùshū·fu ¶감기 몸살 때문에 몹시 ~하다 | 因感冒身体非常不舒服.

불타다 동 ❶ (불이 붙어서 타다) 【着(火)】zháo(huǒ) 【起(火)】qǐ(huǒ) 【火热】huǒrè 【燃烧】ránshāo ¶불타기 쉽다 | 容易起火. ¶집이 불타버렸다 | 房子被烧掉了. ❷ (정열이나 감정이 복받치다) 【火热】huǒrè 【燃烧】ránshāo 【烈火】lièhuǒ 【激昂】jī'á-ng 【强烈】qiángliè 【紧强】jǐnqiáng ¶의욕에 ~ | 욕망燥烧. ¶애국심 | 激昂的爱国热情. ¶그는 복수심에 불타고 있다 | 他有着强烈的复仇心.

불통 [不通] 명하자 【不通】bùtōng 【中断】zhōngduàn ¶전화가 ~이다 | 电话不通. ¶고집 ~이다 | 固执gùzhí不通. ¶소식 ~ | 消息不通.

불투명 [不透明] 명하형 ❶ (투명하지 않음) 【不透明】bùtòumíng ¶~한 유리 | 不透明的玻璃. ❷ (분명하지 않음) 【不透明】bùtòumíng 【不鲜明】bù-xiānmíng 【不明确】bùmíngquè ¶~한 태도 | 不明确的态度 ¶주식 경기가 ~하다 | 股票景气不透明.

불편 [不便] 명하형 【不便】búbiàn 【不方便】bùfāngbiàn 【不舒服】bùshū·fu ¶생활에서 아무런 ~도 느끼지 않는다 | 在生活中不觉得有任何不便之处. ¶걸어다니기 ~하다 | 走动不方便. ¶교통이 몹시 ~하다 | 交通很不方便. ¶앉을 자리가 ~하다 | 座位不舒服.

불평 [不平] 명하타하형 【不平】bùpíng 【不满】bùmǎn 【抱怨】bào·yuàn 【抱恨】bàohèn 【发牢骚】fāláosao ¶마음 속으로 ~하다 | 心中不平/心里不满. ¶마음 속의 ~을 없애다 | 消除x-iāochú心中的不平. ¶상사에게 ~을 하다 | 向上司发牢骚.

불평등 [不平等] 명하형 【不平等】bùpí-ngděng ¶사회적 ~ | 社会的不平等. ¶~을 없애다 | 消灭xiāomiè不平等. ¶~ 조약 | 不平等条约.

불필요 [不必要] 명하형 【不必要】bùbì-yào 【不需要】bùxūyào ¶~한 물건 |

不必要的东西。¶~한 말참견은 삼
가다 | 注意不必要的插话。¶~한 지
출은 줄인다 | 减少不必要的开支。

불한당[不汗黨] 图 【歹徒】dǎitú 【暴
徒】bàotú 【匪徒】fěitú ¶갑자기 ~이
몇 명 들이 닥쳤다 | 突然tūrán来了几
个歹徒。¶~ 오십 명을 처리하다 |
清除qīngchú匪徒五十人。

불합격[不合格] 图 하자 【不合格】bùhé-
gé 【不及格】bùjígé ¶~품 | 不合格
品。¶신체 검사에 ~한 사람은 아무
도 없다 | 没有一个检查jiǎnchá身体
不及格的。

불합리[不合理] 图 하자 【不合理】bùhélǐ
【不在理】bùzàilǐ ¶~한 현상을 극복
하다 | 克服kèfú不合理的现象。¶~
한 제도를 개혁하다 | 改革gǎigé不合
理的制度。¶~한 복지 정책 | 不合
理的福利政策。

불행[不幸] 图 하형 【不幸】bùxìng 【倒
霉】dǎoméi 【遭遇】zāoyù 【厄运】èyùn
¶뜻밖의 ~ | 意料yìliào之外的不幸。
¶~중 다행 | 不幸中的万幸。¶~하
게도 교통 사고를 당했네 | 不幸遭交通
事故。¶~하다고 생각하다 | 认rèn倒
霉。¶~한 운명 | 悲惨bēicǎn的遭
遇。¶~이 닥치다 | 厄运当头。

불허[不許] 图 하타 【不许】bùxǔ 【不许
可】bùxǔkě ¶복제 ~ | 不许复制。¶
입국을 ~하다 | 不许入境。

불현듯이 图 【突然】tūrán 【忽然】hūrán
【突然间】tūrán jiān ¶~어릴 적 일이
생각났다 | 突然想起来幼年时代的事
情。¶~ 어떤 생각이 떠올랐다 | 忽
然一个念头涌yǒng上心头。

불협화음[不協和音] 图 【不协和音】bù-
xiéhéyīn 【非谐音】fēixiéyīn ¶동업
관계에 ~이 생기다 | 合作关系中出
现不协和音。

불호령[不號令] 图 【大声呵叱】dàshē-
ng hēchì 【恶骂声】è mà shēng ¶할아
버지의 ~이 떨어지다 | 爷爷大声呵
叱。

불화[不和] 图 하형 【不和】bùhé 【不睦】
bùmù 【不和睦】bùhémù ¶우리 집은 아
직도 가정 ~가 있겠소 | 哪里还会有
家庭不和的事。¶고부간의 ~를 해
소하다 | 解除婆媳间的不和。

불확실[不確實] 图 하형 【不确实】bùquè-

shí 【不确切】búquèqiè 【没一定】méi-
yídìng ¶~한 소식 | 不确切的消息xi-
āoxī。¶~한 기상 예보 | 不确切的
天气预报。

불황[不況] 图 【不景气】bùjǐngqì 【不
活跃】bùhuóyuè 【萧条】xiāotiáo 【衰
退】shuāituì ¶시장에는 ~의 양상이
나타났다 | 市场呈现chéngxiàn出不
景气的势头。¶~의 늪에 빠지다 |
陷入不景气。

불효[不孝] 图 하자 하형 【不孝】bùxiào
【不孝敬】bù xiàojìng ¶불충 ~ |不
忠不孝。¶~ 자식 | 不孝之子。

붉다 [紅] 【红】hóng 【丹】dān 【赤】chì
【赤诚的】chìchéng·de 【红色的】hó-
ngsè·de ¶나뭇잎이 붉어지다 | 树叶
yè子红了。¶색이 ~ | 颜色yánsè很
红。¶단풍이 붉게 물든 가을 산 | 被
枫叶染得红红的山。

붉어지다 图 【红】hóng 농담 한마디에
얼굴이 ~ | 开一句玩笑脸liǎn就红。

붉히다 图 【红起来】hóng qǐ lái 【红】hó-
ng 【红脸】hóngliǎn ¶얼굴을 ~ | 红
着脸。¶서로 얼굴 붉히는 일이 없도
록 합시다 | 互相做到不红脸。

붐[boom] 图 【热潮】rècháo 【流行风】li-
úxíngfēng ¶부동산 투자의 ~을 일
으키다 | 引起房地产的热潮。

붐비다 图 【混乱】hùnluàn 【拥挤】yōngjǐ
【繁忙】fánmáng 【烦忙】fánmáng ¶
사장이 몹시 ~ | 市场非常混乱。¶
전차 안은 붐벼서 말이 아니었다 | 电
车上拥挤不堪kān。

붓 图 【毛笔】máobǐ 【笔】bǐ ¶~글씨를
쓰다 | 写毛笔字。¶~ 한 자루 | 一
枝zhī毛笔。

붓다¹ 图 ❶ (살가죽이 부어 오르다)
【肿】zhǒng 【发肿】fāzhǒng ¶온몸이
부었다 | 浑hún身浮fú肿。¶눈 윗쳐
풀이 부었다 | 眼泡pāo浮fú肿。¶손
등이 ~ | 手背发肿。❷ (성이 나다)
【撅嘴】juēzuǐ 【生气】shēngqì 【噘嘴】j-
uēzuǐ ¶화가 나서 볼이 잔뜩 부었다
| 气得直撅嘴。¶잔뜩 부어 있다 |
非常生气。

붓다² 图 ❶ (물건을 쏟아내다) 【倒】dǎ-
o 【倾倒】qīngdǎo 【浇入】jiāorù 【浇
注】jiāozhù ¶솥에 물을 ~ | 往锅guō
里倒水。¶자루에 쌀을 ~ | 往袋dài

457

里倒米。❷ (씨앗 등을 뿌리다)【播】bō【撒】sǎ ¶무씨를 ~ | 播萝卜籽儿。❸ (정력 등을 쏟다)【倾注】qīngzhù ¶그는 일에 모든 정력을 쏟아부었다 | 他把所有的精力jīnglì倾注在工作上。 ¶불입금 등을 치르다)【存】cún ¶적금을 ~ | 存零整取。

붕 톈 ❶ (벌 등의)【嗡嗡】wēngwēng ❷ (방귀소리)【噗】pū ¶방귀를 ~ 뀌다 | 噗地放屁fàngpì。❸ (공중에 뜨거나 흥분하는 모양)【舒服得像飘】shū·fu·de xiàngpiāo ¶어찌나 좋았던지 공중에 ~ 뜨는 기분이다 | 舒服得像飘在空中的感觉。

붕괴【崩壞】톈하짜【崩溃】bēngkuì【倒塌】dǎotā【垮台】kuǎtái【倒台】dǎotái【塌台】tātái【垮杆】kuǎgān ¶노예제도에 의한 통치 질서는 ~되었다 | 奴隶nǘlì制度统治秩序zhìxù崩溃了。 ¶건축물이 ~하다 | 建筑物jiànzhùwù倒塌。

ᴮ**붕대**【繃帶】명【绷带】bēngdài ¶~를 감다 | 缠绕chán绷带。

붕어【魚】【鲫鱼】jìyú ¶~ 낚시 | 钓鲫鱼。

붙다 통 ❶ (서로 떨어지지 않게 되다)【贴】tiē【粘】nián【搭】dā ¶광고판에 광고지가 붙어 있다 | 广告广告guǎnggào板上贴着广告纸。¶이 사탕은 이빨에 붙지 않는다 | 这糖táng不粘牙。¶두 전선이 붙었다 | 两根电线搭上了。 ¶바싹 가까이 하다)【靠】kào【靠近】kàojìn【依靠】yīkào ¶조금씩 더 붙어 앉으시오 | 靠一点坐吧。¶날씨가 더우니 내 곁에 너무 붙지 마 | 天气热,你别靠在我身上。 ❸ (추종하다·편들다)【附着】fùzhuó【靠近】kàojìn【靠拢】kàolǒng【寄生】jìshēng【依附】yīfù ¶다수파에 ~ | 依靠多数派。¶의식적으로 그에게 붙었다 | 自觉地向他靠拢。 ¶매판집단에 붙다 | 依附买办集团mǎibànjítuán。¶권세자에 ~ | 依附权贵quánguì。 ❹ (습관·구실 등이 생기다)【养成】yǎngchéng【有】yǒu【找】zhǎo【生】shēng ¶아침체조하는 습관이 붙었다 | 养成了做早操cāo的习惯。¶별명이 ~ | 有绰号chuòhào。 ❺ (불이 옮아 당기다)【着】zháo【燃】rán【烧】shāo【失

火】shīhuǒ ¶불이 ~ | 着火。¶모닥불을 붙이다 | 燃起一堆篝火gōu火。¶땔나무에 불을 붙였다 | 把柴chái燃着zháo了。❻ (시험에 합격하다)【合格】hégé【考上】kǎoshàng【考中】kǎozhòng【取中】qǔzhòng【及格】jígé ¶취직 시험에 ~ | 就业考试合格。¶그는 대학에 붙었다 | 他考上大学了。❼ (보태어지다·더늘다)【生】shēng【提高】tígāo【增加】zēngjiā ¶이자가 좀 붙었다 | 生点儿利了。¶실력이 ~ | 实力提高。¶가족 수당이 ~ | 家庭津帖jīntiē增加。❽ (딸리다)【附设】fùshè【配有】pèi·yǒu【另设】lìngshè ¶새로 지은 집에 창고까지 붙어 있다 | 新盖gài的房子还附设了仓库cāngkù。¶창고가 붙어 있는 집 | 配有车库的房子。❾ (아주 가까이 사귀다)【离不开】líbukāi【不离】bùlí【跟】gēn ¶그 두 사람은 늘 붙어 다닌다 | 他俩总是形影不离。¶늘 붙어 다니다 | 总跟着走。❿ (수발들다·동반하다)【备有】bèiyǒu【带】dài ¶교량 공사에 인부 열 명이 ~ | 桥梁工程配备十名人手。¶경호원이 ~ | 带着警卫员。⓫ (일 등이)【着手】zhuóshǒu【动手】dòngshǒu【干起来】gàn qǐ lái ¶일에 달라~ | 着手工作。⓬ (정이 들다)【投合】tóuhé ¶정이 ~ | 情意投合⓭ (싸움 등이 시작되다)【交手】jiāoshǒu ¶싸움이 ~ | 打起来。¶논쟁이 ~ | 争论起来。⓮ (교미하다)【交配】jiāopèi【交尾】jiāowěi ⓯ (오래 머무르다)【呆】dāi ¶그 집에는 가정부가 오래 붙어 있지 않는다 | 在他们家佣人总是呆不长。

ᴮ**붙들다** 통 ❶ (꽉 쥐다)【抓住】zhuā·zhu ¶붙잡고 놓지 않다 | 抓住不放。❷ (붙잡다)【抓】zhuā【逮住】dǎi·zhu【搀·住】chān·zhu ¶도망치는 도적을 ~ | 抓逃跑的小偷。¶⓭ (가지 못하게 말리다)【挽留】wǎnliú【留】liú ¶가겠다는 사람을 자꾸 ~ | 多次挽留要走的人。¶손님을 ~ | 挽留客人。❹ (도와주다)【扶助】fúzhù ¶실의에 빠진 이를 붙들어 주다 | 扶助失意的人。

ᴮ**붙들리다** 통 【被抓住】bèizhuāzhù【被

抓}běizhuā【被逮捕】bèidǎi·zhu ¶도둑이 방범 대원에게 ~ |小偷tōu被防犯fànfàn队员抓住. ¶술자리에서 ~ |在喝酒的地方被逮捕.

붙들어매다 동【抓住】zhuā·zhu ¶성이 나서 날뛰는 황소를 말뚝에 ~ |抓住发怒fānnù的黄牛拴shuān在了木桩zhuāng上.

붙박이 명 (정해져 있어 변하지 않는 것)【固定不变】gùdìng búbiàn【一动不动】yídòng búdòng ¶그 가게에만 ~로 다닌다 |固定不变地只去那个商店. ¶그는 거기에서 ~로 앉아 있다 |他坐在那儿一动不动. ❷ (고정되어 움직일 수 없는 것)【固定】gùdìng ¶~로 된 옷장 |固定的衣柜.

一붙이 미 ❶ (같은 종류)【同族】tóngzú【类】lèi ¶금붙이 |金属jīnshǔ类. ❷ (일가)【家族】jiāzú【血统】xuètǒng ¶일가~ |一个家族.

붙이기 명하타〈電算〉【剪贴】jiǎntiē【粘贴】zhāntiē

ᴬ**붙이다** 동 ❶ (떨어지지 않게 하다)【贴】tiē【粘】zhān ¶오려 ~ |剪jiǎn贴. ¶벽에 벽지를 ~ |墙上贴壁纸. ¶포스터를 벽에 ~ |把海报粘在墙上. ¶우표를 ~ |贴邮票. ❷ (설명 등을 첨가하다)【加】jiā ¶부호를 ~ |加符号fúhào. ¶주해를 덧~ |加注解zhùjiě. ❸ (말을 걸다)【攀谈】pāntán【攀话(儿)】pānhuà(r)【搭话】dā huà【寄予】jìyǔ ¶모두들 다투어 그에게 말을 붙였다 |大家抢qiǎng着跟他搭话. ❹ (때리다)【打】dǎ ¶따귀를 때려 ~ |打耳光. ❺ (토론·심사에 넣다)【刮】guā【提交】tíjiāo ¶토의에 ~ |提交会议讨论. ¶심사에 ~ |提交会议审议shěnyì. ❻ (비밀로 하다)【保】bǎo【作为】zuòwéi ¶이 일은 아직 비밀에 붙여야 한다 |这件事，暂时应该保密mì. ❼ (습관을 키우다)【作为】zuòwéi【养成】yǎngchéng ¶좋은 습관을 ~ |养成良好习惯xíguàn. ❽ (딸리게 하다)【配】pèi ¶가사에 곡을 ~ |给歌词配上曲子. ❾ (뿌리 내리다)【站住脚】zhàn·zhu jiǎo【扎根】zhāgēn ❿ (가까이 닿게 하다)【靠】kào【紧靠】jǐnkào ¶책상을 벽 쪽으로 붙여 놓아라 |

把桌子靠墙放吧. ⓫ (사이에 들어 화해시키다)【谈】tán【作中介】zuòzhōngjiè ¶화해를 ~ |谈和解. ¶흥정을 ~ |谈价钱. ⓬ (불이 붙게 하다)【点】diǎn【引火】yǐnhuǒ ¶담뱃불을 ~ |点烟. ¶불을 ~ |引火. ⓭ (교미시키다)【交配】jiāopèi ¶발정한 돼지를 수컷과 ~ |把发情的母猪跟公猪交配. ⓮ (마음에 들게 하다)【感】gǎn ¶취미를 ~ |感兴趣xìngqù. ⓯ (이름이나 제목 등을 달다)【挂】guà【命名】mìngmíng ¶바둑이라는 이름을 ~ |挂了所谓围棋的名字. ¶한글 이름을 ~ |起韩文名字.

붙임성[-性] 명【接触】jiēchù【结交】jiéjiāo【交结】jiāojié【缔交】dìjiāo【托交】tuōjiāo【交际】jiāojì【平易近人】píngyìjìnrén ¶그 사람은 ~이 좋아 보인다 |那个人好像挺好接触的. ¶~이 없는 성미 |不善于交际的性格. ¶~이 좋다 |善于交际/平易近人.

ᴮ**붙잡다** 동 ❶ (꼭 쥐다)【抓住】zhuā·zhu【握】wò·zhu【握住】wòzhùshǒu ¶손잡이를 ~ |抓住把手. ¶붙잡고 놓지 않다 |抓住不放. ❷ (체포하다)【抓住】zhuā·zhu【抓】zhuā【逮捕】dàibǔ【逮住】dǎizhu ¶도둑을 ~ |抓小偷tōu. ¶잡아서 의법 처리하다 |逮捕依法处理. ❸ (못 가게 말리다)【挽留】wǎnliú ¶손님을 ~ |挽留客人. ❹ (손에 넣다)【找到】zhǎodào【弄到】nòngdào ¶직장을 ~ |找到工作单位. ¶겨우 택시를 붙잡았다 |终于打着了一辆出租车.

붙잡히다 동【被抓】bèizhuā ¶범인이 잡히다 |犯人被抓.

뷔페[프 buffet] 명【自助餐】zìzhùcān【快餐】kuàicān

뷰익[Buick] 명〈商標〉【别克】Biékè

브라우저[browser] 명【浏览器】liúlǎnqì【浏览软件】liúlǎnruǎnjiàn

브라운[Braun] 명〈商標〉【百灵】Bǎilíng

브라자빌[Brazzaville] 명〈地〉【布拉柴维尔】Bùlācháiwéi'ěr ["刚果"(콩고；Congo)의 수도]

브라질[Brazil] 명〈地〉【巴西】Bāxī [수도는 "巴西利亚"(브라질리아；

Brasilia)]

브라질리아[Brasilia] 圐〈地〉【巴西利亚】Bāxīlìyà ["巴西"(브라질;Brazil)의 수도]

브래지어[brassiere] 圐【定型乳罩】dìngxíng rǔzhào【胸罩】xiōngzhào【纹胸】wénxiōng

브랜드[brand] 圐【商标】shāngbiāo【牌名】páimíng【牌子】páizi【品名】pǐnmíng【货牌】huòpái【登록＝｜注册zhùcè商标】 ¶～를 대조 조사하다｜查对cháduì商标。

브레이크[brake] 圐 ❶(바퀴의 회전을 멈추게 하는 장치)【车闸】chēzhá【闸】zhá【制动器】zhìdòngqì【刹车】shāchē【白来】báilái【煞车】shāchē【韧】rèn ¶앞에 사람이 있다! 빨리 ～를 밟아라｜前面有人! 快刹车。 ¶～거리｜刹车距离。 ¶수동식＝｜手刹车。 ¶～ 오일｜刹车油。 ❷(일의 진행을 억제하거나 방해하는 것)【被挂住】bèiguà·zhu【黄牌】huángpái ¶그것이 물가 상승을 억제하는 ～가 되었다｜那个东西成了抑制物价上升的黄牌。

브레인[brain] 圐【智囊】zhìnáng

브로치[brooch] 圐【胸针】xiōngzhēn【胸花】xiōnghuā【饰针】shìzhēn ¶옷에 ～를 달다｜在衣服上别饰针。

브로커[broker] 圐【经纪人】jīngjìrén【经纪】jīngjì【经纪佬】jīngjìlǎo【掮客】qiánkè【代理人】dàilǐrén【代办人】dàibànrén【经理人】jīnglǐrén【代理商】dàilǐshāng ¶증권＝｜股票经纪人。

브루나이[Brunei] 圐〈地〉【文莱】Wénlái [보르네오섬 서북 해안의 회교국。영국으로부터 독립한 영연방의 하나。수도는 "斯里巴加湾市"(반다르세리베가완;Bandar Seri Begawan)]

브뤼셀[Brussel] 圐〈地〉【布鲁塞尔】Bùlǔsài'ěr【比利时】[벨기에;Belgié)의 수도]

브리지타운[Bridgetown] 圐〈地〉【布里奇顿】Bùlǐqídùn ["巴巴多斯"(바베이도즈;Barbados)의 수도]

비엔티안[Vientiane] 圐〈地〉【万象】Wànxiàng【珍象】Zhēnyóng ["老挝lǎowō"(라오스)의 수도]

브이시디[VCD; video compact disk]

圐〈電算〉【小视盘】xiǎoshìpán

브이아이피[VIP; very important person] 圐【重要人物】zhòngyàorénwù

브이알엠엘[VRML; virtual reality modeling language] 圐〈電算〉【虚拟现实建模语言】xūnǐ xiànshí jiànmó yǔyán

브이오에이[VOA; Voice of America] 圐〈新放〉【美国之音】Měiguózhīyīn

브이피엔[VPN; vertual private network] 圐〈電算〉【虚拟专用网络】xūnǐ zhuānyòng wǎngluò

블라우스[blouse] 圐【短袖衫】duǎnxiùshān【布拉吉】bùlājí

블랙 리스트[black list] 圐【黑名单】hēimíngdān【黑单】hēidān ¶그는 암살 ～에 올라 있다｜他都上了暗杀ànshā的黑名单。

블랙 박스[black box] 圐【黑匣子】hēixiá·zi

비[雨]yǔ ¶봄～｜春雨。 ¶～가 내리다｜下雨。 ¶～가 억수같이 퍼붓다｜暴雨如注。

비[扫帚]sào·zhou ¶～를 들고 마당을 쓸다｜用扫帚扫院子。

비[比] 圐【比】bǐ【比例】bǐlì ¶남녀의 ～는 3대2였다｜男女比例是三比二。

비[非] 圐【非】fēi【不对】búduì ¶그 사건의 시와 ～를 가르다｜辨别那事件的是非。

비[碑] 圐【碑】bēi ¶기념～｜纪念碑。

비[妃] 圐【妃】fēi【王妃】wángfēi ¶왕～｜王妃。

비-[非-] 𝄐【非】fēi ¶～합법적｜非法的。 ¶～과학적｜非科学。 ¶～도덕적｜非道德。

-비[-費] 圐【费】fèi ¶경～｜经费。 ¶생활～를 타다｜领生活费。

비각[碑閣] 圐【碑亭】bēitíng

비겁[卑怯] 圐하圐【卑怯】bēiqiè【卑鄙】bēibǐ ¶～한 행위｜卑鄙行为。 ¶그는 ～한 성격이라 대범한 지혜와 용기가 부족하다｜他生性卑怯, 缺quē少大智zhì大勇yǒng。 ¶그의 사람들～하다｜他人生卑。

비견[比肩] 圐하圐【比美】bǐměi【不分高低】bùfēn gāodī ¶그와 ～할 만한 사람이 없다｜没有人和他相比美。 ¶그는 스승에 ～하는 실력을 갖추고 있

다 | 他的实力跟他的师傅不分高低。

비결[秘訣] 閔 【秘訣】mìjué 【根本方法】gēnběnfāngfǎ 【有效方法】yǒuxiào fāngfǎ ¶성공의 ~ | 成功的秘诀。¶장수의 ~ | 长寿的秘诀。

비경[秘境] 閔 【秘境】mìjìng 【神秘莫测的境地】shénmìmòcè·de jìngdì ¶아마존의 ~ | 亚马逊Yàmǎxùn的秘境。¶~에 빠져 있다 | 陷人神秘莫测的境地。

비계 閔 【肥肉】féiròu

비고[備考] 閔 【备考】bèikǎo 【备注】bèizhù ¶~로 첨가하다 | 加上作为备考。¶~란 | 备考栏lán。

비공개[非公開] 【非公开】fēigōngkāi 【不公开】bùgōngkāi ¶~ 회담 | 非公开会谈。¶~로 진행된 재판 | 非公开审判。

비공식[非公式] 閔 【非正式】fēizhèngshì ¶~ 방문 | 非正式访问。¶~ 회의 | 非正式会议。

비관[悲觀] 閔 【悲观】bēiguān ¶~적인 기분 | 悲观情绪qíngxù。¶세상을 ~하다 | 对整个世界感到悲观。

ᴮ**비교**[比較] 閔 하타 【比较】bǐjiào 【相比】xiāngbǐ 【比拟】bǐnǐ 【比并】bǐbìng ¶품질을 ~하다 | 比较质量。¶그를 ~해 보면 여전히 내가 그만 못하다 | 相比之下，还是我不如他。¶~하기가 어렵다 | 难nán以比拟。

비교적[比較的] 괜 閔 【比较的】bǐjiào·de 【相比】xiāngbǐ 【较比】jiàobǐ ¶오늘은 ~ 춥다 | 今天比较冷。¶그는 ~ 일을 잘 처리한다 | 他比较会办事。¶~ 상세히 나타나 있다 | 比较详细地出现。

비구니[比丘尼] 閔 【比丘尼】bǐqiūní

비구승[比丘僧] 閔 【比丘僧】bǐqiūsēng

비굴[卑屈] 閔 하형 【卑鄙】bēibǐ 【卑屈】bēiqū ¶~하기 짝이 없다 | 卑鄙不堪kān。¶~한 생각 | 卑屈的想法。

ᴮ**비극**[悲劇] 閔 【悲剧】bēijù ¶~적 결말 | 悲剧的结局jiéjú。¶남북 분단의 ~ | 南北分争的悲剧。

비극적[悲劇的] 괜 閔 【悲剧性的】bēijùxìng·de 【悲剧的】bēijù·de ¶~ 결말 | 悲剧的结局。

비근[卑近] 閔 하형 【浅近】qiǎnjìn 【浅显】qiǎnxiǎn 【浅陋】qiǎnlòu 【浅明】qiǎnmíng 【浅易】qiǎnyì ¶~한 예를 들다 | 举jǔ出浅近的例子zi。¶~한 예 | 浅近的例子。

ᴮ**비금속**[非金屬] 閔 【非金属】fēijīnshǔ ¶~ 광물 | 非金属矿kuàng物。¶~ 광택 | 非金属光泽。

ᴮ**비기다**[動] ❶ (승부를 가리지 못하다) 【打成平局】dǎ chéng píngjú 【不分胜负】bùfēn shèngfù ¶장기를 비겼다 | 象棋下成平局。❷ (상쇄하다) 【抵消】dǐxiāo 【抵销】dǐxiāo 【相抵】xiāngdǐ 【平衡】pínghéng ¶서로 ~ | 两相抵消。

ᴮ**비기다²** 動 ❶ (견주다) 【比较】bǐjiào 【比】bǐ 【相比】xiāngbǐ ¶비길 데 없이 선량한 사람 | 无比善良的人。¶부모님의 사랑을 무엇에 비기랴 | 什么才能和父母的爱相比呢？❷ (비유하다) 【比拟】bǐnǐ 【比喻】bǐyù 【比】bǐ ¶군자의 마음을 흔히 맑은 물에 비긴다 | 把君子之心常常比喻为清水。¶인생을 연극에 ~ | 把人生比喻成一场戏。

비기다³ 動 (서로 겨루다)【较量】jiào·liang ¶결승에서 ~ | 在决赛较量。¶바둑으로 ~ | 较量围棋。

ᴮ**비꼬다** 動 ❶ (실 등을) 【拧】nǐng 【捻】niǎn 【拈】niǎn ¶실을 비꼬아 노끈을 만들다 | 把线拧起来做绳子。❷ (몸을) 【扭】niǔ 【扭转】niǔzhuǎn ¶몸을 ~ | 扭着身体。❸ (말을) 【讥刺】jīcì 【讥讽】jīfēng 【挖苦】wā·ku 【损】sǔn ¶그를 몇 마디 말로 비꼬아주다 | 损他几句。¶이 말은 나를 비꼬는 것이 아니고 뭐야? | 你这话不是挖苦我吗？

비끼다 動 【映】yìng 【映照】yìngzhào 【照射】zhàoshè 【伸展】shēnzhǎn 【露出】lùchū 【照 上】zhào shàng 【斜】xié ¶저녁놀이 비껴있다 | 映照着晚霞wǎnxiá。

ᶜ**비난**[非難] 閔 하타 【非难】fēinàn 【指责】zhǐzé ¶동료의 ~을 받다 | 遭zāo到同事的非难。¶~을 퍼붓다 | 大大地非难。¶여론의 ~을 받다 | 受到舆论yúlùn的非难。

ᴮ**비녀** 閔 【簪子】zān·zi 【发簪】fàzān ¶~를 꽂다 | 插chā簪子。¶옥~ | 玉

簪子。

ᴬ**비누** 똉【肥皂】féizào【洋碱】yángjiǎn【胰子】yí·zi【皂】zào【胰皂】yízào ¶~ 거품 | 肥皂泡。¶화장 ~ | 香皂。¶~곽 | 肥皂盒儿。¶~물 | 肥皂水。

ᶜ**비누통**[-桶] 똉☞비눗갑

ᴮ**비늘** 똉【鳞】lín【鱼鳞】yúlín ¶~무늬 | 鳞纹wén。

ᴮ**비닐**[vinyl] 똉【聚氯乙烯】jùlǜyǐxī【乙烯】yǐxī【聚乙烯】jùyǐxī【乙烯基化合物】yǐxījī huàhéwù【塑料薄膜】sùliòobó- áomó

ᴬ**비다** 똥 ❶ (아무 것도 없는 상태가 되다)【空】kōng【干】gān ¶빈 그릇 | 空碗wǎn。¶자리가 비었다 | 位子空了。¶주머니가 비었다 | 袋子空了。¶빈손으로 오다 | 空手来。¶집을 비우다 | 空出房子。❷ (모자라다)【缺】quē【差】chà ¶두 사람이 ~ | 缺两个人。¶한 사람이 비었다 | 缺一人。¶거스름돈에서 백원이 ~ | 零钱差一百元。

ᶜ**비단**[非但] 뮈【非但】fēidàn【不但】bùdàn ¶~ 건강에만 좋을 뿐 아니라… | 非但要健康…。

ᴮ**비단**[緋緞] 똉【绸缎】chóuduàn【绸子】chóu·zi【缎子】duàn·zi【锦缎】jǐnduàn ¶~ 가게 | 绸缎店。¶~옷 | 绸缎衣服。¶수 놓은 ~ 한 필을 샀다 | 买了一匹锦缎。

ᶜ**비단결**[緋緞-] 똉【绸缎的纹理】chóuduàn·de wénlǐ

비대[肥大] 똉하똉【肥大】féidà【膨胀】péngzhàng ¶심장 ~ | 心脏xīnzàng肥大。¶몸이 너무 ~하여 운신이 힘들다 | 因身体肥大, 很难动身。

비데[프 bidet] 똉【净身盆】jìngshēnpén【妇洗盆】fùxǐpén

비도덕적[非道德的] 뀐【不道德的】búdàodé·de【违背人伦】wéibèi rénlún ¶그가 하는 짓은 너무 ~이다 | 他的搞gǎo法太不道德了。¶~인 행위 | 不道德的行为。

ᴬ**비둘기** 똉〈鳥〉【鸽子】gē·zi ¶~장 | 鸽子笼。

비듬 똉【肤皮】fūpí【浮皮(儿)】fúpí(r)【风屑】fēngxiè【头屑】tóuxiè【头皮】tóupí【头皮子】tóupí·zi ¶그는 ~이

잘 생긴다 | 他爱长头屑。

ᴮ**비디오**[video] 똉【录像】lùxiàng

비디오 디스크[videodisk] 똉〈電算〉【录像盘】lùxiàngpán【影碟】yǐngdié

비디오 카드[video card] 똉〈電算〉【显示卡】xiǎnshìkǎ【显卡】xiǎnkǎ

비디오 캡처 보드[video capture board] 똉〈電算〉【视频捕捉卡】shìpínbǔzhuōkǎ【视卡】shìkǎ

비디오 폰[video phone] 똉〈電算〉【视迅电话】shìxùndiànhuà

ᴮ**비디오 카메라**[videocamera] 똉【摄像机】shèxiàngjī

비딱하다 톙【歪】wāi【斜】xié ¶이 그림은 비딱하게 걸려 있다 | 这张画挂歪了。¶비딱하게 모자를 쓰고 나가다 | 歪戴着帽子出去。

비뚜름하다 톙【微斜】wēixié ¶모자를 비뚜름하게 쓰다 | 歪戴dài帽子。

비뚤다 톙【歪】wāi【斜】xié【不正】bùzhèng【心歪】xīnwāi ¶성격이 ~ | 性格歪。¶기둥이 좀 비스듬히 비뚤어지다 | 柱子有些倾斜。

비뚤어지다 톥 ❶ (한쪽으로 기울어지거나 쏠리다)【歪】wāi【斜】xié ¶입이 비뚤어졌다 | 嘴歪。¶줄이 한쪽으로 | 线向一边斜。❷ (마음·성격 등이 비비 꼬이다)【歪】wāi【斜】xié【不正】bùzhèng【心路不正】xīnlù bùzhèng ¶그는 조그마한 일에도 잘 비뚤어진다 | 他对小事儿也容易想歪。❸ (사이가 틀어지다)【闹别扭】nào bié·niu【搞拧】gǎoníng ¶요즘 그들의 사이가 비뚤어졌다 | 最近他们闹别扭。

비련[悲戀] 똉【悲恋】bēiliàn ¶~의 주인공 | 悲恋的主人公。

ᶜ**비례**[比例] 똉하똉【比例】bǐlì ¶~비 | 比。¶수입과 지출의 ~ | 收支比例。¶수입에 ~하는 지출 | 跟收入成比例的支出。¶인체의 ~를 무시한 작품 | 不顾人体比例的作品。

ᴬ**비로소** 뮈【才】cái【始】shǐ【焉】yān【方】fāng ¶현재 才领悟到父亲有多么慈详。¶이야기를 듣고 ~ 오해가 풀렸다 | 听tīng了才解除jiěchú误解wùjiě。¶비가 저녁이 되자 ~ 그쳤다 |

雨到晚方停。

ᴮ**비록** 團【即使】jíshǐ【即便】jíbiàn【即令】jílìng【即是】jíshì【虽然】suīrán【虽是】suīshì【尽管】jǐnguǎn ¶그는 ~ 키는 작지만 농구를 매우 잘한다 | 他虽然个子矮ǎi, 但是很会打篮球lánqiú。¶~ 사안은 작지만, 영향은 크다 | 事情虽小, 影响yǐngxiǎng却极大。

ᴮ**비롯하다** 團【以⋯为首】yǐ⋯wéi shǒu【等】děng【和】hé【以及其他】yǐjí qítā【开始】kāishǐ ¶할아버지를 비롯하여 온 가족이 모이다 | 以爷爷为首的全家人聚在一起。¶우리나라를 비롯하여 자본주의 국가 | 我国以及其他资本主义国家。¶그것은 어제 오늘에 비롯된 문제가 아니다 | 那并非是昨天与今天开始的问题。

ᴮ**비료**[肥料] 團【肥料】féiliào【肥】féi【肥田粉】féitiánfěn ¶유기 ~ | 有机肥。¶농가 ~ | 农家肥。¶~작물 | 肥料作物。

비루[鄙陋] 團하형【卑鄙】bēibǐ【卑劣】bēiliè ¶~한 행동 | 卑鄙的行为。¶~한 이야기 | 卑鄙的故事。¶~한 행동에 눈살을 찌푸리다 | 看到卑鄙的行为直皱眉zhòuméi。

비리[非理] 團【非理】fēilǐ【不正之风】bùzhèngzhīfēng ¶사회의 ~를 파헤치다 | 挖wā解社会的不正之风。¶~를 척결하다 | 处理不正之风。

ᴮ**비리다** 圈【腥】xīng【腥臭】xīngchòu【腥气】xīngqì【令人作呕】lìng rén zuò ǒu'ǒu【肮脏】āng·zang【龌龊】wòchuò ¶음식이 ~ | 荤hūn腥。¶생선의 비린 냄새 | 海鲜的腥味。¶고양이는 비린 것을 즐겨 먹는다 | 猫māo喜欢吃腥臭的。

비린내[腥味] 團【腥味】xīngwèi【腥气】xīngqì【腥味儿】xīngwèir【腥臭】xīngchòu【腥臊】xīngsāo

비릿하다 圈【有一点腥味】yǒu yìdiǎn xīngwèi【腥味】xīngwèi ¶비릿한 냄새가 코를 찌르다 | 腥味刺zì鼻子。¶비릿비릿한 냄새가 풍기다 | 有腥味。

비만[肥满] 團하형【肥胖】féipàng ¶~증 | 肥胖症。¶몸이 ~하여 잘 뛰지를 못한다 | 因身体肥胖跳tiào不好。

ᴮ**비명**[悲鸣] 團【悲鸣】bēimíng【惊叫】jī-

ngjiào ¶자다가 별안간 ~을 지르다 | 睡着睡着突然惊叫起来。¶외마디 ~ 소리 | 惊叫一声。

비몽사몽[非梦似梦] 團【似梦非梦】sì mèng fēi mèng【似睡不睡】sìshuì bù-shuì【似醒不醒】sìxǐng bùxǐng ¶~ 간에 발자국 소리를 들었다 | 似梦非梦中听到了脚步jiǎobù声。¶~간에 흘려 들은 말이라 기억이 나질 않는다 | 因为是似梦非梦间听的话, 没有记住。

ᴮ**비무장**[非武装] 團【非武装】fēi wǔzhuāng【非军事】fēi jūnshì ¶~ 상태 | 非武装状态zhuàngtài。¶~도시 | 非武装城市。

비문[碑文] 團【碑文】bēiwén ¶~을 짓다 | 作碑文。

ᴮ**비밀**[秘密] 團【秘密】mìmì ¶~을 지키다 | 保守bǎoshǒu秘密。¶~을 누설하다 | 泄露xièlòu秘密。¶전략이 ~에 싸여 있다 | 把战略定为秘密。

ᴮ**비밀리**[秘密裡] 團【秘密里】mìmì·lǐ【秘密地】mìmì·de ¶~에 회의가 속개되다 | 秘密地继续开会。¶~에 이루어진 계약 | 秘密地形成的合同。

비밀번호[秘密番號; password] 團〈電算〉【口令】kǒulìng【密码】mìmǎ

ᴮ**비바람**[風雨] 團【风雨】fēngyǔ

비방[誹謗] 團하타【诽谤】fěibàng ¶동료를 ~하는 것은 비도덕적이다 | 诽谤同事是不道德的。¶터무니없는 ~을 받다 | 遭zāo受无缘yuán无故的诽谤。

ᴮ**비범**[非凡] 團하형【非凡】fēifán【出众】chūzhòng【卓越】zhuóyuè【出类拔萃】chū lèi bá cuì ¶~한 능력가진 사람 | 具有非凡能力的人。¶그 사람은 매우 ~하다 | 他特别出众。

비법[秘法] 團【秘诀】mìjué【秘方】mìfāng ¶~을 전수하다 | 传授秘方。

비비꼬다 圉❶ (여러 번 비틀다)【搓】cuō【拐弯抹角】guǎiwān mǒjiǎo ¶줄을 ~ | 搓绳shéng子。¶종이오리를 비비꼬아서 지노를 만들다 | 搓纸条做纸绳。❷ (비꼬다)【挖苦】wākǔ ¶말을 비비꼬아서 약을 올리다 | 一再挖苦, 让人非常生气。

ᴮ**비비다** 圉❶ (문지르다)【搓】cuō【揉】róu ¶옷을 비벼서 빨다 | 搓洗衣服。

¶두 손을 싹싹 ~ | 搓两手。¶눈을 비비지 마라 | 不要揉眼睛。❷ (버무리다) 【拌】bàn ¶국수를 ~ | 拌面条 miàntiáo。¶고추장에 밥을 ~ | 辣椒酱là jiāojiàng里拌饭。❸ (꼬다) 【捻】niǎn 【拈】niǎn ¶수염을 ~ | 捻胡须hú zǐ。❹ (파고들다) 【挤】jǐ ¶사람들 속으로 비비고 들어가다 | 往人群里挤进去。

비비에스¹[BBS;be back soon] 명〈電算〉〈很快回来〉hěn kuài huílái

비비에스²[BBS;bulletin board system] 명〈電算〉【电子公告牌】diànzǐ gōnggàopái【电子布告兰】diànzǐ bùgàolán【布告兰系统】bùgàolán xìtǒng

비비엘[BBL;be back later] 명〈電算〉〈一会回来〉yíhuì huílái

ᴮ**비빔밥**【拌饭】bànfàn

비사우[Bissau] 명〈地〉【比绍】Bǐshào ["几内亚比绍"(기니 비사우;Guinea-Bissau)의 수도]

비상¹【非常】 명 ❶ (긴급상황) 【紧急】jǐnjí【非常】fēicháng ¶~ 사태 | 紧急事态/紧急情况。¶~ 명령 | 紧急命令。¶~이 걸리다 | 处于紧急状态。¶~ 사태를 선포하다 | 宣布紧急状态。❷ (보통이 아님)【非凡】fēifán【不同寻常】bùtóngxúncháng ¶재주가 ~하다 | 才能非凡。¶~한 관심을 모으다 | 招非凡的关心。

비상²[飛翔] 명하자〈飞向〉【飞向】fēixiàng【飞翔】fēixiáng ¶하늘을 향하여 ~하는 종달새 | 飞向天空的云雀què。

비상³[砒霜] 명〈藥〉【砒霜】pīshuāng【白砒】báipī【红砒】hóngpī ¶~을 먹고 자살하다 | 服砒霜自杀。

ᶜ**비상구**[非常口] 명【太平门】tàipíngmén【安全出口】ānquán chūkǒu

비상금[非常金] 명【常备金】chángbèijīn【备用金】bèiyòngjīn

비서[秘書] 명【书记】shū·jì【秘书】mì·shū ¶책임~ | 第一秘书。¶~관 | 秘书官。¶~장 | 秘书长。

비서실[秘書室] 명【秘书室】mìshūshì ¶대통령~ | 总统秘书室。

ᶜ**비석**[碑石] 명【碑石】bēishí【碑】bēi ¶~을 세우다 | 立碑。

비속[卑俗] 명하자【庸俗】yōngsú【鄙俗】bǐsú【庸劣】yōngliè【下流】xiàliú

¶용렬하고 ~하다 | 庸庸俗俗。¶작품이 졸렬하고 ~하다 | 作风庸俗。¶모습은 고상하나 실제로는 ~하다 | 貌mào似si清高而实鄙俗。¶필체나 싯귀가 모두 ~하다 | 字迹和诗句都很鄙俗。¶~하고 파렴치하다 | 下流无耻chǐ。

비수[匕首] 명【匕首】bǐshǒu【短剑】duǎnjiàn【短刀】duǎndāo ¶~ 같은 예리한 질문 | 匕首似的shì·de, 锐利ruìlì的质问。¶가슴에 ~를 품다 | 胸怀xiōnghuái匕首。

ᴮ**비스듬하다** 형 ☞ 비뚤다

비스마르크[Bismarck] 명〈地〉【俾斯麦】bǐsīmài [미국 "北达科他Běidákētā"(노스다코타;North Dakota) 주의 주도(州都)]

비슬거리다 무하자【摇晃晃地】yáoyàohuànghuàng·de ¶~ 걸어가다 | 摇摇晃晃地走去。

비슷비슷무하자【相仿】xiāngfǎng【相去无几】xiāngqùwújǐ【大同小异】dàtóngxiǎoyì ¶생김새가 ~하다 | 长相相去无几。

ᶜ**비슷하다** 형【相似】xiāngsì【相类】xiānglèi【近似】jìnsì【差不多】chà·buduō【真不错】bùcuò【像】xiàng ¶두 사람은 생김새가 아주 ~ | 两个人长得极其相似。¶형제처럼 얼굴이 ~ | 长得亲兄弟似的, 很像。¶꽤 ~ | 颇为近似。¶이 두 색은 ~ | 这两种颜色差不多。¶그는 그의 형과 ~ | 他像他哥哥。

비실비실무【摇摇晃晃】yáoyáo huànghuàng ¶~ 걸어 오다 | 摇摇晃晃地走过来。¶~ 걸어가다가 넘어졌다 | 摇摇晃晃地着走着就倒下了。

ᴬ**비싸다** 형 ❶ (상품의 값이 높다)【贵】guì【价高】jiàgāo【重】zhòng ¶이런 물건은 매우 ~ | 这种货很贵。¶가격이 너무 ~ | 价钱jiàqián太贵。¶비싼 값으로 수매하다 | 重价收买。❷ (도도하다)【架子大】jià·zǐ dà【卖关子】màiguān·zi ¶비싸게 굴지 말고 얘기 좀 해봐 | 别卖关子, 快点说吧。

비아그라[Viagra] 명〈商標〉【伟哥】Wěigē

비아냥거리다 형【讥讽】jīfěng【挖苦】

wā·ku【挖剜】wākū **【挖窟】**wākū **【挖酷】**wākū **【嘲笑】**cháoxiào **【冷嘲热讽】**lěng cháo rè fěng **【讥笑】**jīxiào ¶이 말은 나를 비아냥거리는 것이 아니고 뭐야? | 你这话不是挖苦我吗? ¶남의 일을 공연히 ~ | 无缘无故地讥笑别人的事儿。

비애[悲哀] 图 **【悲哀】**bēiāi ¶마음속에 ~로 가득 차다 | 心中充满了悲哀。¶~에 잠겨있다 | 沉浸在悲哀之中。

비약[飛躍] 图하자 ❶ (뛰어오름)**【飞跃】**fēiyuè 图 (활약)**【腾飞】**téngfēi ❸ (빠른 진보)**【一跃】**yíyuè **【飞跃】**fēiyuè **【飞速】**fēisù ¶새로운 보다 높은 단계로의 ~ | 向新的更高的阶段飞跃。¶선진국으로 ~하다 | 向发达国家飞跃。❹ (논리 등의)**【飞跃】**fēiyuè ¶논리의 ~ | 逻辑的飞跃。¶이론의 ~ | 理论的飞跃。

비양심적[非良心的] 관명 **【非良心】**fēiliángxīn ¶~인 행위 | 不道德的行为。¶~인 사람이 많은 사회는 퇴보하기 마련이다 | 如一个社会有很多非道德的人, 那社会必会退步。

비어지다 图 **【突出】**tūchū **【露出】**lùchū ¶갈라진 틈으로 튜브가 비어져 나오다 | 从列开的轮子缝中突出内带。¶화만 나면 야비한 본성이 비어져 나온다 | 只要生气就露出卑鄙的本性。

비엠더블유[BMW] 图 〈商标〉**【宝马】**Bǎomǎ

비열[卑劣] 图하형 **【卑劣】**bēiliè ¶그는 ~한 소인배이다 | 他是一个卑劣的小人。¶~한 수단 | 卑劣手段。¶~한 행위 | 卑劣的行为。

ᶜ**비염[鼻炎]** 图〈醫〉**【鼻炎】**bíyán **【鼻加答儿】**bíjiādár

비오템[Biotherm] 图〈商標〉**【碧欧泉】**Bì'ōuquán

비옥[肥沃] 图하형 **【肥沃】**féiwò **【肥饶】**féiráo ¶~한 토지 | 肥沃的土地。¶논밭이 ~하다 | 水田肥沃。

비 온 뒤에 땅이 굳어진다 관용 **【雨后地实】**

ᴮ**비옷** 图 **【雨衣】**yǔyī

ᴮ**비용[費用]** 图 **【费用】**fèiyòng **【开支】**kāizhī ¶생산 ~ | 生产费用。¶여행 ~을 부담하다 | 负担fùdān旅行费

用。¶~을 줄이다 | 减开支。

ᴮ**비우다** 图 (空出)kōngchū (腾出)téngchū **(空着)**kòng·zhe ¶방을 ~ | 空出房间/腾出房子。¶상자를 ~ | 空出箱子。¶일자리를 비우지 말게 | 不要空着工作岗位。

비운[悲運] 图 **【悲惨的命运】**bēicǎn·de mìngyùn **【悲运】**bēiyùn **【苦命】**kǔmìng **【悲惨】**bēicǎn ¶민족의 ~ | 民族的悲运。¶그녀는 자신의 ~을 원망한다 | 她恨自己的苦命。¶~의 왕자 | 悲惨命运的王子。

비웃다 图 **【讥笑】**jīxiào **【讥诮】**jīqiào **【嘲笑】**cháoxiào **【汕笑】**shànxiào **【姗笑】**shānxiào **【嗤笑】**chīxiào **【冷笑】**lěngxiào **【耻笑】**chǐxiào ¶그는 다른 사람을 무능하다고 ~ | 他讥笑别人无能。¶비웃음을 당하다 | 遭zāo到嘲笑。¶그는 몇 번 비웃고는 가버렸다 | 他汕笑了几声, 便走zǒu开了。¶그는 쌀쌀한 태도로 몇 번 비웃었다 | 他冷笑了几声。¶다른 사람을 비웃지 마라 | 别耻笑人家。

비웃음 图 **【讥笑】**jīxiào **【嘲笑】**cháoxiào **【冷笑】**lěngxiào **【耻笑】**chǐxiào ¶자신이 한 일이 옳다면 다른 사람의 ~을 두려워할 것이 없다 | 自己做得对, 就不怕别人嘲笑。¶남에게 ~을 사다 | 招zhāo别人嘲笑。¶남에게 ~을 당하다 | 被人嗤笑。

ᴮ**비위[脾胃]** 图 ❶ (口味)kǒuwèi (脾胃)píwèi ¶이 음식이 ~에 맞을지 모르겠으니 들어 보십시오 | 不知这个菜做合口味不, 请尝尝。¶생선이 ~에 맞지 않다 | 海鲜不适于脾胃。❷ (기분) (心意)xīnyì (脾气)píqi (脸皮)liǎnpí (违纪)wéijì ¶~에 맞다 | 合心意。¶~가 좋다 | 脸皮厚。¶그는 ~가 보통이 아니다 | 他是个厚脸皮。

ᴮ**비유[比喩]** 图하타 **【比喻】**bǐyù **【比】**bǐ ¶~하다 | 做比喻。¶~를 들다 | 打了个比喻。¶너의 이 ~는 옳지 않다 | 你这个比喻不对。

ᶜ**비율[比率]** 图 **【比率】**bǐlǜ **【比值】**bǐzhí **【比例】**bǐlì ¶학생 대 선생의 ~이 이미 규정에 도달했다 | 教师和学生的比例已经达dá到要求。¶점유한 ~이 이미 크게 향상되었다 | 所占zhàn

的比例已经大大提高。

비인간적[非人間的] 冠【非人的】fēirén·de ¶~인 행동 | 非人的行动。

비일비재[非一非再] 【不仅一两次】bùjǐn yīliǎngcì 【比比皆是】bǐbǐ jiēshì 【不胜枚举】bùshèng méijǔ 【不可胜数】bùshèng shù 【数不胜数】shǔbúshèngshù ¶약속을 어기는 일이 ~다 | 违约的事儿不仅一两次。¶놀라운 일이 ~하다 | 惊人的事情比比皆是。¶여기에서 구경할 만한 곳은 ~하다 | 这儿可观的风景数不胜数。

비자[visa] 冏【签证】qiānzhèng ¶~ 발급 | 发签证。

비자금[秘資金] 冏【秘密资金】mìmì zījīn

비장[悲壯] 冏[하형]【悲壮】bēizhuàng【壮烈】zhuàngliè ¶~한 곡조 | 悲壮的曲调。¶~한 결심 | 悲壮的决心。¶~한 결말 | 悲壮结局。¶~한 결의가 엿보이다 | 大体看出悲壮的决议。

비장[脾臟] 冏〈生理〉【脾脏】pízàng ¶그는 ~에 이상이 있다 | 他的脾脏有问题。

비장[秘藏] 冏[하타]【秘藏】mìcáng【隐藏】yǐncáng ¶가보로 삼아 ~하다 | 当dāng 家宝jiābǎo秘藏。¶~의 무기 | 隐藏武器。

비전[vision] 冏【图像】túxiàng【希望】xīwàng

비전문적[非專門的] 冠冏【外行】wàiháng【业余】yèyú ¶~인 말 | 外行话huà。

비정[非情] 冏[하형]【非情】fēiqíng【无情】wúqíng ¶젖먹이를 버린 ~한 여인 | 抛弃吃奶婴儿的绝情女人。

비정상적[非正常的] 冏【不正常的】bùzhèngcháng·de ¶지능 발달이 ~다 | 智能发达不正常。

비좁다 冏【拥挤】yōngjǐ【挤】jǐ【窄】zhǎi【狭窄】xiázhǎi ¶교실이 ~ | 教室拥挤。¶자리가 ~ | 位子挤。¶이 방은 너무 ~ | 这屋子太窄。¶비좁은 골목길 | 狭窄的胡同。

비죽 囝[하자타] ❶ (물체의 한 부분이 내밀려 있거나 잠깐 나타나는 모양)【突出】tūchū【露出】lòuchū ¶책상의 모

서리가 ~ 나와 있다 | 书桌的棱角léngjiǎo突出来了。¶이따금 사무실에 얼굴만 ~ 내민다 | 有时在办公室光露个脸儿。❷ (못마땅하여 입을 내미는 모양)【撅嘴】juē zuǐ【噘嘴】juēzuǐ ¶화가 나서 어린 여자 아이가 입을 ~거리며 한 마디도 말을 하지 않는다 | 气得小女孩儿撅着嘴一语不发。¶질투가 나서 입을 ~거리다 | 嫉妒jídù了就撅嘴。¶못마땅한지 입을 ~하였다 | 可能觉得不对劲了，便撅了撅嘴。

비준[批准] 冏【批准】pīzhǔn ¶한일조약을 ~하다 | 批准韩日条约。

비중[比重] 冏❶〈物〉【比重】bǐzhòng ¶이 나무는 ~이 물보다 무겁다 | 这个木头的比重比水重。❷ (중요성의 정도)【比重】bǐzhòng【所占比重】suǒzhànbǐzhòng ¶국제 사회에서 ~이 높아지고 있다 | 在国际社会上的比重在提高。

비즈니스[business] 冏【事业】shìyè【工作】gōngzuò ¶모든 ~를 부지런히 하다 | 勤于每一项工作。

비지 冏【豆腐渣】dòu·fuzhā【豆渣】dòuzhā【凉粉渣】liángfěnzhā

비지땀[大汗] 冏【大汗】dàhàn【一身汗】yìshēnhàn ¶~을 흘리다 | 流大汗。

비질 冏[하자타]【扫】sǎo【扫地】sǎo/dì ¶바닥을 ~하다 | 扫地dì。¶매일 아침 마당을 ~하다 | 每天早晨扫院子。

비참[悲慘-] 冏[하형]【悲惨】bēicǎn ¶~한 광경 | 悲惨的光景。¶~한 일생을 마치다 | 结束jiéshù悲惨的一生。¶더욱 ~한 결과를 초래하였다 | 招致zhāozhì更悲惨的结果。

비천[卑賤] 冏[하형]【卑贱】bēijiàn【轻贱】qīngjiàn【低贱】dījiàn ¶출신이 ~하다 | 出身卑贱。

비추다 동❶ (빛을 보내거나 통하게 하다)【照耀】zhàoyào【照射】zhàoshè【照映】zhàoyìng【照】zhào ¶달빛이 들판을 ~ | 月光照耀原野。¶햇빛이 방안을 밝게 ~ | 太阳照射屋子。¶손전등으로 비추어 보다 | 用手电筒照一照。❷ (반사체에 다른 물체의 모양이 나타나게 하다)【照】zhào【映照】yìngzhào ¶거울에 비추어 보다 | 照镜子。¶거울에 얼굴을 비추다 |

466

对着镜子照脸。❸ (比较하다)【按照】ànzhào【按】àn【根据】gēnjù【鉴于】jiànyú【针对】zhēnduì【露出】ùchū【照】zhào ¶출마 의사를 ~ l露出出马意思。 l예산에 비추어 보다 l照预算yùsuàn检查。❹ (잠시 참석하다)【透照】tòuñ【泄漏】xièlòu【露面】lùmiàn ❺ (암시하다)【暗示】ànshì l입후보할 의향을 ~ l暗示要当后选人的意向。

비축 [備蓄] 명 하타 【囤储】túnchǔ【囤贮】túnzhù【备用】bèiyòng【贮存】zhùcún【储存】chúcún【蓄备】xùbèi l식량을 ~하다 l蓄备粮食liángshí。

ᵇ비취 [翡翠] 명 〈鑛〉【翡翠】fěicuì l~색 l翡翠色。

비치 [備置] 명 하타 【备置】bèizhì【置备】zhìbèi【备办】bèibàn l구급 약품을 ~해 두었다 l备置了急救药品。 l회사에 30개의 책상과 의자를 ~하다 l公司里备置三十个桌椅。 l모두 ~하였다 l一切都备办好了。

ᵇ비치다 통 ❶ (빛이 나서 환해지다)【照】zhào l햇빛이 창가에 ~ l阳光照在窗上。 l달빛이 대낮처럼 환하게 ~ l月亮照得犹如白昼zhòu一样。 ❷ (그림자가 나타나 보이다)【照】zhào【照亮】zhàoliàng【照射】zhàoshè l미닫이에 비친 사람의 그림자 l拉门儿上照的人影yǐng。 l등불이 ~ l油灯yóudēng照亮。 ❸ (투영하다)【照映】zhàoyìng【映照】yìngzhào【反映】fǎnyìng l연못에 비친 수양버들의 늘어진 모습 l映照在莲池liánchí上的垂柳的影子。 ❹ (투시되다)【透出】tòuchū l露出来】lù chū lái l모시 적삼 속으로 속살이 ~ l从土布衫tǔbùshān里露出来皮肤pífū。 ❺ (인상을 주다)【照】zhào【眼里】yǎnlǐ l외국인의 눈에 비친 한국 l外国人眼里的韩国。 ❻ (암시하다)【露出】ùchū l대통령 선거에 출마할 의사를 ~ l露出参加总统竞选jìngxuǎn的意思。

비켜나다 통 【躲开】duǒ·kāi【避开】bì·kāi【闪开】shǎn·kāi【闪避】shǎnbì【闪身】shǎnshēn【借光】jièguāng l자동차가 오니 잠깐 비켜나시오 l汽车来了,请躲开一下。

비켜서다 통 【躲开】duǒkāi【借光】jièguāng【躲到一边】duǒdàoyìbiān l자동차 경적소리에 놀라 얼른 한옆으로 ~ l被汽车喇叭声惊得马上靠边儿躲开。

비키다 통 ❶ (자리를 조금 옮기다)【让开】ràngkāi【躲开】duǒ·kāi【闪开】shǎn·kāi【闪避】shǎnbì【闪身】shǎnshēn l도로를 비켜주다 l让开道路。 l지나갈 수 있도록 조금만 비켜주세요 l你躲开点儿让我过去。 l달려오는 자전거를 보고 한옆으로 비켜 서다 l看到飞来的自行车就靠边儿躲开。 l차가 온다 빨리 비켜라! l车来了, 快闪开! ❷ (방해가 되지 않게 조금 옮겨 놓다)【移动】yídòng【挪动】nuó·dòng【挪一挪】nuó·yinuó l화분을 비켜 놓다 l把花盆huāpénr挪一挪。 ❸ (피하여 방향을 조금 바꾸다)【绕开】ràokāi l집을 비켜 가다 l绕开房子走。

ᵇ비타민 [vitamin] 명 【维生素】wéishēngsù【维他命】wéitāmìng【生活素】shēnghuósù l~결핍증 l维生素乏症。 l~제 l维生素剂。

비탄 [悲嘆] 명 하타 【悲叹】bēitàn l~스럽게 호소하다 l悲叹地诉说。

ᵇ비탈 명 【山坡】shānpō【陡坡】dǒupō【坡】pō【坡度】pōdù【坡降】pōjiàng l이 ~은 경사도가 높지 않다 l这坡斜度不高。 l이 길은 일정하게 ~져 있다 l这一段路有一定的坡度。

비탈지다 통 【倾斜】qīngxié【倾侧】qīngcè l비탈진 밭 l倾斜的农田。

비통 [悲痛] 명 하형 【悲痛】bēitòng l~하게 외치는 소리 l悲痛的叫声。 l~한 부르짖음 l悲痛的呼声。

비트 [bit] 의명 〈電算〉【比特】bǐtè【位】wèi【位元】wèiyuán l16~ l十六位元/十六进位。

비트맵 [bitmap] 명 〈電算〉【位图】wèitú

비틀거리다 통 【一个劲踉跄着】yí·ge·jìn liàngqiàng·zhe l술에 취해 ~ l喝得一个劲打趔趄。

ᵇ비틀다 통 【扭】niǔ【拧】nǐng【搞坏】gǎohuài【搞糟】gǎozāo l그의 팔을 ~ l扭他的胳膊。 l나무가지를 비틀어 꺾다 l把树枝子扭断。 l나사못을 비틀어 조이다 l拧螺丝钉luósīdīng。

비틀어지다 동 ❶ (물체가 꼬이다) 【歪】wāi【倾斜】qīngxié【翘起来】qiáo·qǐ·lái【翘棱着】qiáoléng·zhe ¶목이 비틀어졌다 | 脖子歪了。¶말라서 비틀어진 명태 | 干的明太鱼。❷ (일 등이 잘못되다) 【出岔子】chū chà·zi【搞糟了】gǎo zāo·le【告吹】gào chuī ¶계획했던 그 일이 비틀어졌다 | 计划好的那件事出岔子了。¶잘 진행되던 일이 자금 관계로 졸지에一 | 一向很顺利的事因资金问题突然出岔儿。❸ (사이가 나빠지다) 【闹翻】nàofān ¶두 사람 사이가 비틀어지고 말았다 | 两人的关系终于闹翻了。

ᶜ**비파**[琵琶] 명〈音〉【琵琶】pí·pá

ᴴ**비판**[批判] 명하타【批评】pīpíng【批判】pīpàn ¶수정주의를 ~하다 | 批判修正主义 xiūzhèngzhǔyì。¶제국주의를 ~하다 | 批判帝国主义。¶신랄하게 ~하다 | 辛辣地批判。

비프[beep] 명〈電算〉【蜂鸣】fēngmíng

비평[批評] 명하타【批评】pīpíng【批判】pīpàn【评论】pínglùn ¶다른 사람을 ~하지 마세요 | 不要批评人家。¶문예 ~ | 文艺批评。¶좋고 나쁨을 ~하다 | 评论好坏hǎohuài。

비피에스[bps; bits per second] 명〈電算〉【位/秒】wèi/miǎo【波特率】bōtèlǜ【速率】sùlǜ

비하[卑下] 명하타하형【卑下】bēixià【贬低】biǎndī ¶자기 ~ | 贬低自己。

ᴴ**비하다**[比一] 동【比】bǐ【比较】bǐjiào【比拟】bǐnǐ【相比】xiāngbǐ ¶오늘은 어제에 비해 덥다 | 今天比昨天热。¶노력에 비하여 성과가 미미하다 | 比起努力成果甚微。¶비할 데 없이 아름다운, 고향의 앞바다 | 无比美丽的故乡的大海。

비합리[非合理] 명【不合理】bùhélǐ【不在理】búzàilǐ ¶~적인 제도를 개혁하다 | 改革不合理的制度。

비합법[非合法] 명【非法】fēifǎ【不合法】bùhéfǎ ¶~ 활동 | 非法活动。¶~ 운동 | 非法运动。¶~적 | 非法的/不合法的。

ᶜ**비행**[飛行] 명하자【飞行】fēixíng ¶~ 훈련 | 飞行训练。¶~ 시간 | 飞行时间。¶논스톱 ~ | 不着陆飞行。¶수평 ~ | 水平飞行。¶곡예 ~ | 曲艺飞行。

비행²[非行] 명【恶行】èxíng【胡作非为】hú zuò fēi wéi ¶이들 부잣집 자제들이 왠종일 ~을 저지르고 다닌다 | 这些公子哥儿整天胡作非为。¶~ 청소년 | 胡作非为的青少年。

ᴬ**비행기**[飛行機] 명【飞机】fēijī 참고【直升飞机】[喷气式飞机]【喷射式飞机】[旋桨式飞机][歼击机][战斗机][轰炸机][强击机][侦察机][教练机]

ᶜ**비행사**[飛行士] 명【飞机驾驶员】fēijī jiàshǐ yuán【飞行员】fēixíngyuán【飞行士】fēixíngshì【飞机师】fēijīshī

ᴴ**비행장**[飛行場] 명【机场】jīchǎng【飞行场】fēixíngchǎng【飞机场】fēijīchǎng ¶군용 ~ | 军用机场。

비현실적[非現實的] 관【不现实的】búxiànshí·de【非现实性】fēixiànshíxìng ¶~인 이야기 | 非现实性故事。¶~인 생각 | 非现实的想法。

비호[庇護] 명하타【庇护】bìhù【庇荫】bìyìn【包庇】bāobì【袒护】tǎnhù【护庇】hùbì【维护】wéihù ¶작은 나라를 ~ | 庇护小国。¶~를 받다 | 受到庇护。¶밀수·도박을 ~하는 것은 범법 행위이다 | 包庇走私sī、赌博dǔbó是犯fàn法fǎ的。

비화[飛火] 명하자【影响无辜】yǐngxiǎng wúgū ¶사건이 의외의 방향으로 ~하다 | 事件意外地影响无辜。

비화[秘話] 명【秘话】mìhuà【没有公开于世的事件】méiyǒu gōngkāiyúshì·de shìjiàn ¶2차 세계 대전의 ~ | 二次世界大战的秘话。

빅 블루[Big Blue] 명〈社名〉【蓝色巨人】Lánsè Jùrén [IBM사의 통칭]

빅 파이브[Big5] 명〈電算〉【五大】wǔdà [대만(台湾)의 컴퓨터 문자 코드] ¶~코드 | 五大码。

빅토리아[Victoria] 명〈地〉【维多利亚】Wéiduōlìyà ¶"塞舌尔"(세이셸; Seychelles)의 수도。

빈[Wien] 명〈地〉【维也纳】Wéiyěnà ¶"奥地利"(오스트리아; Austria)의 수도。

ᶜ**빈곤**[貧困] 명하형【贫困】pínkùn【贫

穷】pínqióng 【贫乏】pínfá【贫薄】pí-nbó 【缺乏】quēfá ¶생활이 ~하다 | 生活shēnghuó贫困. ¶그는 ~한 가정에서 태어났다 | 他出生于贫困的家庭. ¶지식의 ~ | 知识的贫乏.

빈궁[貧窮] 圈【贫穷】pínqióng【贫苦】pínkǔ【贫困】pínkùn ¶생활이 ~하다 | 生活shēnghuó贫穷. ¶~함에서 벗어났다 | 摆脱bǎituō了贫穷.

빈농[貧農] 圈【贫农】pínnóng ¶그는 ~ 출신이다 | 他出身于贫农. ¶~의 아들로 태어나다 | 以贫农的儿子出生.

빈대[蟲]〈蟲〉【臭虫】chòuchóng【壁虱】bìshī【壁驼】bìtuó【床虱】chuángshī【木虱】mùshī

빈대도 낯짝이 있다 판용【人有脸, 树有皮, 没脸没皮没出息】rén yǒuliǎn, n shù yǒupí, méiliǎn méipí méichūxī【人有脸, 树树有皮】rénrén yǒuliǎn, shùshù yǒupí【人有脸, 树上有皮】rén yǒuliǎn, shù yǒupí

빈도[頻度] 圈【频率】pínlǜ【周率】zhōulǜ ¶사고 발생의 ~가 높다 | 事故发生的频率高.

ᶜ**빈둥거리다** 圄【游手好闲】yóu shǒu hào xián【无所事事】wú suǒ shì shì ¶과거에 빈둥거리던 그가 지금은 완전히 달라졌다 | 他过去是个游手好闲的, 但是现在完全变了. ¶늘 빈둥거리며 놀고 지낸다 | 总是游手好闲地过日子.

ᵇ**빈둥빈둥** 圉【游手好闲】yóu shǒu hào xián ¶멀쩡한 젊은이가 ~ 놀고만 지내다 | 活生生的年青人游手好闲地过日子.

ᶜ**빈들거리다** 圄【游手好闲】yóu shǒu hào xián【鬼混】guǐhùn【不务正业】bùwù zhèngyè ¶하루 종일 ~ | 成天不务正业.

ᶜ**빈민**[貧民] 圈【贫民】pínmín ¶~굴 | 贫民窟. ¶도시 ~ | 城市chéngshì贫民.

빈발[頻發] 圈하자【频繁发生】pínfán fāshēng【频发】pínfā ¶사고가 ~하다 | 事故频发.

빈번[頻繁; 頻煩] 圈【频繁】pínfán【频烦】pínfán ¶~히 접촉하다 | 频繁地接触jiēchù. ¶차량의 왕래가 ~하다 |

车辆来往频繁.

빈부[貧富] 圈【贫富】pínfù ¶~의 차를 없애다 | 消除贫富之差.

빈사[瀕死] 圈【濒死】bīnsǐ【临危】línwēi【临命】línmìng【临终】línzhōng【临死】línsǐ ¶~ 상태 | 濒死状态. ¶중상을 입고 ~ 상태에 놓이다 | 受重伤处于临危状态.

빈소[殯所] 圈【灵堂】língtáng ¶고인의 ~를 지키다 | 守故人的灵堂.

ᵇ**빈 손** 圈【空手】kōngshǒu【赤手空拳】chìshǒukōngjū ¶~으로 왔습니다 | 空手来的. ¶~으로 왔다가 ~으로 가다 | 空手来空手去.

ᵇ**빈약**[貧弱] 圈하형 ❶ (가난하고 약함) 【软弱】ruǎnruò【薄弱】bóruò ¶~한 체질 | 虚弱的体质tǐzhì. ¶경제적 기초가 아주 ~하다 | 经济基础很薄弱. ¶~한 자식 | 软弱的孩子. ❷ (보잘것 없음) 【贫乏】pínfá【贫弱】pínruò【简陋】jiǎnlòu ¶생활 경험이 ~하다 | 生活经验jīngyàn贫乏. ¶내용이 ~하다 | 内容贫乏.

빈자리 圈 ❶ (좌석) 【空位子】kōngwèi·zi【虚席】xūxí ¶~를 채우다 | 补充空席. ¶~ 없이 손님이 꽉 들어차다 | 座无虚席. ❷ (공간) 【空白】kōngbái ¶지면에 ~를 남겨두다 | 纸上留下空白.

빈정거리다 圄【讥讽】jīfěng【讥刺】jīcì【讥讪】jīshàn【嘲笑】cháoxiào【讥笑】jīxiào【挖苦】wā·kǔ【冷嘲热讽】lěngcháo rěfěng ¶이 말은 나를 빈정거리는 것이 아니고 뭐야? | 你这话不是挖苦我吗? ¶빈정거리며 말하다 | 冷嘲热讽地说.

빈 주먹 圈【赤手空拳】chìshǒu kōngquán【两手空空】liǎngshǒu kōngkōng ¶그는 ~으로 장사를 시작하였다 | 他是赤手空拳开始的买卖.

빈 집 圈【空房(·zi)】kōngfáng(·zi)【家里人不在的房子】jiālirén búzài ·de fāng·zi ¶~에 도둑이 들다 | 空房子招贼.

빈터 圈【空地】kōngdì【废墟】fèixū ¶이곳은 아직도 ~로 남아있다 | 这个地方到现在留下的还是块空地.

ᶜ**빈털터리** 圈【穷光蛋】qióngguāngdàn【穷孙】qióngsūn【穷秧子】qióngyā-

469

ngzǐ【一文不名的】yìwén bùmíng·de【空空如也者】kōngkōng rúyězhě【挥霍干净的】huīhuò gānjìng·de【倾家荡产的】qīngjiā dàngchǎn·de ¶일이 잘못되어 ～가 되다 | 事儿没搞好，竟成了个穷光蛋。

빈트후크[Windhoek]【地】**温得和克**】Wēndé hé kè【"纳米比亚"（나미비아；Namibia）의 수도》

ᵃ**빈틈**〈명〉❶ (비어 있는 사이)【隙】xì【空子】kòng·zi ❷ (허술하거나 부족한 점)【漏洞】lòudòng【漏子】lòu·zi【漏缝】lòufèng ¶～을 막다 | 堵塞dǔsè漏洞。¶～이 생기다 | 出现漏洞。¶수비에 조금도 ～이 없다 | 守卫没有一点儿漏洞。¶～없이 경계하다 | 没有漏洞地警戒。

ᵃ**빈혈**【贫血】pínxuè ¶뇌～ | 脑nǎo贫血。¶재생 불능성 ～ | 再生障碍性zhàngàixìng贫血。

ᵃ**빈혈증**【贫血症】〈의〉【贫血症】pínxuèzhèng

빌게이츠[William H. Gates]〈명〉【比尔盖茨】Bǐ'ěr Gàicí

빌뉴스[Vilnyus]〈명〉〈地〉【维尔纽斯】Wéi'ěrniùsī ["立陶宛"（리투아니아；Lithuania）의 수도》

ᴬ**빌다**〈동〉❶ (구걸하다)【乞讨】qǐtǎo【求】qiú【乞求】qǐqiú ¶용서를 ～ | 求原谅。❷ (기원하다)【祝】zhù【愿】yuàn【希望】xīwàng【求神】qiú/shén【求仙】qiúxiān【祈求】qíqiú ¶당신의 건강을 빕니다 | 祝您身体健康。¶너의 성공을 빈다 | 希望你马到成功。¶신에게 소원을 이루어 달라고 ～ | 求神许愿xǔyuàn。❸ (사과하다)【求饶】qiú/ráo【告饶】gàoráo【请罪】qǐngzuì【悔罪】huǐ/zuì ¶그가 나에게 무릎을 꿇고 용서를 ～ | 他向我跪guì地求饶。

ᴬ**빌딩**[building]〈명〉【大楼】dàlóu【大厦】dàshà ¶～을 많이 지었다 | 建了许多高楼大厦。

ᴬ**빌리다**〈동〉❶ (돌려주기로 하고 얻어 쓰다)【借】jiè【借给】jiègěi ¶나는 그에게서 10원을 빌렸다 | 我跟他借了十块钱。¶연장을 ～ | 借工具。¶빌려 간 책을 도로 받다 | 收回借去的书。❷ (돈을 주고 얻어 쓰다)【出租】

chūzū ¶나는 자전거를 시간제로 빌려 주었다 | 我把自行车计时租了出去。❸ (남의 도움을 얻다)【借助】jièzhù【助】zhù ¶친구의 힘을 ～ | 借助朋友之手。

빌미〈명〉【祸因】huòyīn【祸根】huògēn

빌붙다〈동〉【奉承】fèng·cheng【谄媚】chǎnmèi【逢迎】féngyíng【讨好】tǎohǎo【溜须】liūxū【恭维】gōng·wei【巴结】bā·jie【阿谀】āyú【阿谄】āchǎn【阿比】ābǐ【低头哈腰】dī tóu hā yāo ¶주인에게 빌붙어 근근이 자리를 유지하다 | 以恭维主人勉强地维持位子。¶그에게 빌붙어 봐야 아무 소용 없다 | 巴结他也可没什么用。¶부자에게 빌붙어서는 안된다 | 对财主不该gāi低头哈腰。

빌어먹다〈동〉【乞食】qǐshí【讨饭】tǎo/fàn【讨口】tǎokǒu【讨米】tǎomǐ【摇尾乞讨】yáowěi qǐtǎo ¶낮에는 길에서 빌어먹고 밤에는 낡은 절에서 살다 | 日间街坊jiē·fang乞食, 夜间古庙miào栖qī身。¶거리에서 빌어먹고 살다 | 在街里讨饭过日子。¶빌어먹는 한이 있어도 남을 속이지는 않는다 | 就算是讨饭吃也不欺骗人。

빌어먹을〈관〉【该死的】gāi sǐ·de ¶～놈, 썩 물러가라 | 该死的, 快给我滚开。¶～녀석 | 该死的家伙。

ᴬ**빗**〈명〉【梳子】shū·zi【木梳】mùshū【拢子】lǒng·zi【篦子】bì·zi ¶～으로 머리를 빗다 | 用梳子梳头。

빗－²【歪】wāi【错】cuò【不对头】bùduìtóu ¶～나간 길을 걷다 | 走歪道儿。¶화살이 ～나가다 | 箭射歪了。

ᵇ**빗기다**〈동〉【梳头】shū/tóu ¶매일 아이에게 머리를 빗겨주다 | 每天给孩子梳头。

ᴮ**빗나가다**〈동〉【歪】wāi【差】chà【偏】piān ¶총알이 빗나갔다 | 子弹打歪了。¶말이 빗나갔다 | 说差了。¶짐작이 ～ | 估计gūjì差了。

ᴮ**빗다**〈동〉【梳】shū【栉】zhì ¶머리를 빗고 세수하다 | 梳洗脸脸xǐliǎn。¶머리를 좀 빗어라 | 梳一下头发。¶머리를 ～ | 栉fà发法。

빗맞다〈동〉❶ (목표와 다른 곳에 맞다)【打歪】dǎwāi【没打中】méi dǎzhòng【歪】wāi ¶탄알이 ～ | 子弹打歪。¶

화살이 ~ | 箭射jiànshè歪了。❷(뜻한 일이 잘못되다)【不如意】bùrúyì【偏】piān【落空】luòkōng ¶예상이 빗맞았다 | 预想落空.

ᴮ**빗물** 图【雨水(儿)】yǔshuǐ(r) ¶~이 고이다 | 积雨水.

ᶜ**빗발** 图【雨脚】yǔjiǎo【雨柱】yǔzhù【雨丝】yǔsī ¶~이 굵어지다 | 雨脚变大/雨脚变粗biàncū.

ᶜ**빗발치다** 图❶(빗줄기가)【下大雨】xià dàyǔ ❷(총알이)【枪林弹雨】qiānglíndànyǔ ❸(여론이)【言论翻滚】yánlùnfāngǔn

ᴮ**빗방울** 图【雨点儿】yǔdiǎr【雨滴】yǔdī【雨珠儿】yǔzhūr ¶~이 떨어졌다 | 掉雨点儿了.

ᶜ**빗살** 图【梳齿】shūchǐ ¶~이 부러졌다 | 梳齿断了.

ᶜ**빗소리** 图【雨声】yǔshēng【下雨声】xiàyǔshēng

빗장 图【门闩】mén shuān【门插关儿】ménchāguānr【门栓】ménshuān ¶~을 걸다 | 插chā上门闩. ¶~을 지르다 | 上门闩.

ᶜ**빗줄기** 图【雨脚】yǔjiǎo【雨柱】yǔzhù【雨丝】yǔsī ¶굵은 ~ | 粗大的雨脚. ¶가가늘어는 세細 | 雨脚变细biànxì.

빙 图❶(둘러싼 모양)【圆圆地】yuányuán·de ¶한 자리에 ~ 둘러 앉다 | 圆圆地围坐了一起. ❷(한 바퀴 도는 모양)【旋转】xuánzhuǎn【旋轮】xuánlún【围绕】wéirào【转一圈】zhuǎnyìquān ¶~ 돌아가는 무대 | 旋转的舞台wǔtái. ¶운동장을 한 바퀴 ~ 돌다 | 转一圈运动场. ❸(아찔해지는 모양)【晕】yùn ¶갑자기 머리가 ~ 돈다 | 突然晕头. ❹(글썽해지는 모양)【汪汪】wāngwāng ¶눈물이 ~ 돌다 | 泪眼汪汪.

ᴮ**빙그레** 图【喜滋滋】xǐzīzī ¶~ 웃는 얼굴 | 喜滋滋地微笑的脸liǎn.

ᶜ**빙글빙글** 图【旋转】xuánzhuǎn【旋轮】xuánlún【转动】zhuàndòng ¶괄랑개비가 바람에 ~ 돈다 | 风葫芦fēnghúlu被风嗖sī嗖地旋转. ¶石磨在转动. ¶바퀴가 매우 빨리 ~ 돈다 | 轮子转动得很快.

ᶜ**빙긋** 图【微微一笑】wēiwēi yíxiào【微笑】wēixiào ¶대답 대신 ~하고 웃어 보이다 | 没回答, 只是微微笑了一下. ¶~이 웃으면서 눈을 살짝 흘겨 봤다 | 微笑着眼睛yǎn·jing轻轻地瞟piǎo了一下.

ᴮ**빙빙** 图❶(물건 등이 도는 모양)【忽悠悠】hūyōuhūyōu ¶매가 하늘에서 ~ 돌다 | 雄鹰xióngyīng在空中盘旋. ¶비행기이 ~ 돌며 정찰하다 | 飞机忽悠忽悠悠盘旋侦察zhēnchá. ¶빈혈 탓인지 눈앞이 ~ 돈다 | 不知是不是因贫血, 眼前忽悠悠悠旋转. ❷(사람이 할일 없이 돌아다니는 모양)【打转转】dǎzhuàn·zhuàn ¶来回打转转. ❸(완곡하게)【绕弯子】ràowān·zi ¶~ 돌려서 말하다 | 说话绕弯子.

빙산[冰山] 图【冰山】bīngshān ¶~처럼 영원하지 못하고 녹아 없어질 권세 | 冰山难靠kào.

ᴮ**빙수**[冰水] 图【刨冰】bàobīng【冰水】bīngshuǐ ¶~를 조금 먹다 | 买了一些刨冰. ¶딸~ | 红豆冰花.

ᴮ**빙자**[凭藉] 图하타[借口]jiè/kǒu【借口】jiè【依口】yīkǒu ¶병을 ~하여 면담에 응하지 않다 | 借口有病, 没去面谈. ¶권력을 ~하여 큰소리치다 | 借权力说大话.

ᴮ**빙판**[冰板] 图【冰面】bīngmiàn ¶~에 미끄러지다 | 在路的冰面上滑倒.

ᴮ**빙하**[冰河] 图〈地〉【冰川】bīngchuān【冰河】bīnghé ¶~기 | 冰川期. ¶~토 | 冰碛土. ¶~시대 | 冰川时代/冰河时代.

ᴮ**빚** 图❶(남에게 갚아야 할 돈)【债】zhài ¶~을 갚다 | 还huán债. ¶~을 얻다 | 借债. ¶~을 독촉하다 | 讨债. ❷(남에게 입은 은혜)【欠他的】qiàntā·de ¶마음의 ~ | 心里总觉得欠他的.

ᶜ**빚다** 图❶(만두 등을)【打】dǎ【做】zuō【捏】niē【揉】róu【包】bāo ¶송편을 ~ | 做蒸糕. ¶만두를 ~ | 包饺子. ❷(술을)【酿】niàng ¶술을 ~ | 酿酒. ❸(부정적 사태를)【制造】zhìzào【造成】zàochéng【导致】dǎozhì ¶마찰을 ~ | 制造摩擦mócā. ¶사

건이 빚어진 원인 | 造成事件的原因。¶부정한 일이 물의를 ~ | 腐敗的事导致议论。

ᶜ**빚쟁이** 圐 【讨债的人】tǎozhài·de rén 【放债的】fàngzhài·de【债主】zhàizhǔ ¶~에게 시달리다 | 被债主折磨。

빚지다 통 【负债】fù/zhài 【欠债】qiànzhài 【借钱】jiè/qián ¶그는 지금까지 빚을 져 본 적이 없다 | 他从来没有负过债。¶빚진 것이 쌓여 있다 | 欠债累累。¶친구에게 빚진 돈을 갚다 | 还huán朋友钱。

ᴬ**빛** 圐 ❶(物)(광선·광명)【光】guāng 【光亮】guāngliàng【光芒】guāngmáng ¶한 줄기의 ~ | 一道光。¶고생 끝에 희망의 ~을 봤다 | 辛苦之余看到希望之光。¶~이 나도록 닦다 | 擦cā得光亮。❷(물질이나 물체가 나타내는 색)【色】sè【颜色】yánsè ¶~이 바래다 | 落色儿/掉diào色儿/走颜色。❸(안색·태도)【神色】shénsè 【气色】qìsè【表情】biǎoqíng ¶불안해하는 ~이 얼굴에 드러나다 | 脸上露出不安的表情。❹(희망)【希望】xīwàng【光明】guāngmíng ¶어둠과 같은 절망 속에서 ~을 발견하다 | 从像黑暗一样的绝望中看到了希望。❺(공인·실현)【红】hóng ¶요즘 이 가수가 아주 ~을 보고 있다 | 最近这个歌手很红。

ᴮ**빛깔** 圐 【色彩】sècǎi【色】sè【颜色】yánsè ¶~이 선명하다 | 色彩鲜明xiānmíng。¶~이 산뜻하지 못하다 | 色彩不鲜艳。¶파란 ~ | 蓝lán色。

ᴮ**빛나다** 통 ❶(비치다·번쩍이다)【闪耀】shǎnyào【闪烁】shǎnshuò【发光】fā/guāng ¶빛나는 아침 해를 바라보다 | 望着闪耀的早晨的太阳。¶대리석 바닥이 번쩍번쩍 ~ | 大理石地板闪闪发光。❷(돋보이다)【炯炯有神】jiǒngjiǒng yǒu【灿烂】cànlàn【辉煌】huīhuáng ¶우리나라는 찬란하게 빛나는 민족문화를 갖고 있다 | 我国拥有灿烂的民族文化。¶빛나는 전통 문화 | 灿烂的传统文化。

ᶜ**빛내다** 통 【争光】zhēngguāng 【使发光】shǐfāguāng ¶나라의 명예를 빛낸 사람들 | 为国家争光的人。

빛살 圐 【光线】guāngxiàn 【光芒】guāngmáng

빛좋은 개살구 쾡용 【华而不实】huá ér bù shí 【秀而不实】xiù ér bù shí 【木花瓜，空好看】mùhuāguā，kōng hǎokàn 【绣花枕头—肚草】xiùhuā zhěn·tou yídù cǎo【猪血李好看不好吃】zhūxiěliī hǎokàn bù hǎochī

빠끔거리다 통 【叭嗒叭嗒】bā·tabāta ¶빠끔거리며 담배를 피우다 | 叭嗒叭嗒地抽烟。

빠끔빠끔¹ 圐 【叭嗒叭嗒】bātà bātà ¶~ 담배를 피우다 | 叭嗒叭嗒地抽烟。

빠끔빠끔² 圐 【很多小缝儿】hěnduō xiǎ·ofèngr ¶좀벌레가 파먹었는지 작은 구멍이 ~ 뚫려 있다 | 像蛀虫zhùchóng蛀了似的shì·de，有很多小洞儿。

빠드득 팀 하자타 【咯吱咯吱】kǎ·zhī zhī ¶이를 갈다 | 咯吱咯吱地啮niè牙。¶분해서 ~ 이를 갈다 | 气得咯吱咯吱地咬牙。

빠득빠득 팀 【死气白赖地】sǐqì báilài·de【固执】gù·zhí【死乞白赖】sǐqìbáilài【执意】zhíyì【坚意】jiānyì【咯吱咯吱】kǎzhīkǎzhī【费经儿】fèijīngr【吃力地】chīlì·de【尽力地】jìnlì·de ¶~ 우기다 | 硬犟jiàng。¶~ 고집을 부려 승낙하지 않다 | 执意不肯。

빠듯하다 휑 【较紧】jiào jǐn 【紧】jǐn 【挤满】jǐmǎn【塞满】sāimǎn【勉强】miǎnqiǎng【刚够】gānggòu【强好】qiánghǎo【弱】ruò ¶주머니 사정이 ~ | 手头儿紧。

ᴬ**빠뜨리다** 통 ❶(빠지게 하다)【掉进】diàojìn【丢进】diūjìn ¶우물에 빠뜨린 두레박을 건져내다 | 捞出掉进井里的yǒu斗hūdòu。❷(빼놓다)【遗漏】yílòu【漏掉】lòudiào【落掉】luòdiào ¶3페이지의 둘째 줄에 두 자를 빠뜨렸다 | 第三页第二行中间遗漏了两个字。¶명부에서 그의 이름을 빠뜨렸다 | 册上把他的名字给遗漏了。❸(어려운 상황에 처하게 하다)【陷入】xiànrù【推进】tuījìn【陷落】xiànluò【陷于】xiànyú ¶곤경에 ~ | 使之陷入困境kùnjìng。¶함정에 ~ | 推进陷井。❹(지녔던 것을 잃어버리다)【忘】wàng【遗失】yíshī ¶수첩을 ~ | 遗失

ngmáng

册。¶전차 안에 우산을 ~ | 把雨伞
落在了电车里。

ᴬ**빠르다** 혱 ❶ (어떤 움직임을 하는데 걸
리는 시간이 짧다) 【快】kuài 【迅速】xù-
nsù 【迅急】xùnjí 【迅捷】xùnjié 【神速】
shénsù 【急速】jísù 【快速】kuàisù ¶빠
르게 걷다 | 走得快。¶몸놀림이 ~
| 动作得快。¶약의 효험이 ~ | 药
效快。¶일의 진척이 ~ | 事情进展
得快。¶동작이 ~ | 动作动作迅
速。❷ (순서 등이 앞서다) 【在先】zài-
xiān 【在前】zàiqián 【早】zǎo ¶입학
은 내가 그보다 10년이 ~ | 入学我比他
早十年。❸ (시간적으로 이르다)
【早】zǎo 【尚早】shàngzǎo ¶학교 가
기에는 아직 ~ | 去学校还早一点。
❹ (영리하다) 【快】kuài 【灵敏】língmǐ-
n 【敏感】mǐngǎn ¶그는 머리 회전이
빨라 이해력이 매우 우수하다 | 他脑
子快。理解能力很强。¶이해가 ~ |
理解快。¶눈치가 ~ | 眼神儿快。❺
(시간 등이 앞서다) 【快】kuài 【提早】
tíqiǎo 【提早】tízǎo ¶시계가 5분 ~ |
表快五分钟。

ᴮ**빠이빠이**[bye bye] 갑 【拜拜】bāibāi
【再见】zàijiàn

ᴬ**빠지다** 됭 ❶ (박힌 것이 그 자리에서
나오다) 【掉】diào 【脱落】tuō·luò 【脱】
tuō 【漏】lòu ¶이가 빠졌다 | 掉牙э.
¶아래턱이 ~ | 掉下巴。¶머리털이
~ | 头发脱落。¶밑 빠진 항아리 |
漏底儿缸gāng。❷ (누락되다) 【掉】
diào 【落】là 【漏】lòu 【遗漏】yílòu 【漏
掉】lòudiào 【脱】tuō ¶이 책은 세 페이
지가 빠졌다 | 这本书掉了三页。¶이
문장에서는 한 글자가 빠졌다 | 这篇文
章里漏了一个字。¶명단에 빠진 사
람이 있다 | 名单上有遗漏的。¶이
글 한 줄이 빠졌다 | 有一行字漏掉
了。¶글자 한 자가 빠졌다 | 落了一
个字。❸ (제거되다) 【洗掉】xǐ/diào
【褪】tuì ¶작업복의 때가 다 빠져 깨끗
해졌다 | 泥垢nígòu都洗掉了，工作服
很干净了。¶얼룩이 빠졌다 | 斑点洗
掉了。¶때가 빠졌다 | 污垢洗掉了。
❹ (김·냄새가 없어지다) 【漏】lòu
【走】zǒu 【溜掉】liūdiào 【缺课】quē/kè
¶자전거바퀴에서 공기가 빠지는 것
같다 | 自行车带好像在漏气。¶기름

기가 ~ | 漏油。¶연기가 굴뚝으로
~ | 烟从烟筒流走。❺ (결석하다)
【跑】pǎo 【溜走】liūzǒu 【溜去】liūqù
【缺席】quē/xí ¶단체 활동에서 ~ |
从团体活动中溜去。¶병 때문에 사
흘간 수업에 ~ | 因病缺课三天。¶
강의 시간에 ~ | 上课缺席。❻ (흘러
나가다) 【流出去】liú chū qù 【排】pái
【减去】jiǎnqù ¶마당의 물이 ~ | 院子
里的积水流出去了。¶물이 잘 ~ |
排水情况很好。¶몸에서 염분이 ~
| 从身上减去盐分。❼ (헤어나오다)
【摆脱】bǎituō 【摆开】bǎikāi 【逃脱】tá-
otuō 【穿过】chuānguò 【直奔】zhíbēn
¶그는 한 동안 행정 잡무에서 빠져 나
올 수 없었다 | 他一时摆脱不了那些
行政杂事的纠缠jiūchán。❽ (기운이
없어지다) 【没】méi 【松劲】sōngjìn
【没精神】méi jīngshén ¶몸에 맥이 빠
져 죽겠다 | 没劲儿。¶어젯밤 잠을 못 자서 오늘은
기운이 빠져버렸다 | 昨夜失眠shīmiá-
n, 今天没力气。❾ (여위다) 【疲乏】p-
ífá 【瘦】shòu 【瘦削】shòuxuē ¶살에
살이 빠졌다 | 身体瘦了。¶살이 빠
져 뼈만 남은 얼굴 | 瘦削的面孔。❿
(뒤떨어지다) 【次于】cìyú 【亚于】yà-
ú 【有点儿傻】yǒudiǎnr shǎ 【缺心眼
儿】quē xīnyǎnr 【磨破】mópò 【坏】hu-
ài ¶체력은 남에게 빠지지 않는다 |
体力不次于别人。¶그의 중국어 수
준은 이미 너에게 빠지지 않는다 | 他
的中文水平已不亚于你了。⓫ (깊은
곳에 빠지다) 【破】pò 【漏】lòu 【陷】xiǎ-
n 【掉进】diàojìn 【淹】yān 【堕入】duòrù
·ù 【沉缅】chénmiǎn 【踏着】tàn·zhe
【上】shàng 【中】zhōng 【陷入】xiànrù
【欣长】xīnchǎng ¶그녀의 두 다리가
진흙 속에 빠졌다 | 她两脚陷在泥里
了。¶구덩이에 ~ | 掉进坑。¶물에
빠져 죽다 | 淹死。¶무릎까지 눈 속
에 ~ | 雪很深, 陷到膝盖xīgài上。¶
(마음 등을 빼앗기다) 【迷惑】mí·huo
【丢】diū 【陶醉】táozuì 【沉溺】chénnì
【陷入】xiànrù ¶공상에 ~ | 陶醉在空
想中。¶주색에 ~ | 沉溺于酒色。¶
도박에 빠져 가산을 탕진하다 | 陷入
赌博dǔbó 把家产荡尽dàngjìn。⓭
(통과하다·피하다) 【穿过】chuānguò
¶터널을 ~ | 穿过隧道suìdào。¶옆

길로 ~ │从小路xiǎolù穿过。❶❹ (어려운 처지에 놓이다)【处于】chùyú【陷入】xiànrù【受】shòu ¶중태에 ~ │处于病危之中。¶함정에 ~ │堕入陷阱xiànjǐng。¶꾐에 ~ │受骗piàn。

빠지다² [조동] 【异常】yìcháng【极】【透】tòu ¶낡아~ │异常陈旧。¶썩어~ │腐烂透顶。

°**빠짐없이** [부] 【无遗漏地】wú yílòu·de【不漏】búlòu【都】dōu【无例外】wú lìwài【全部】quánbù ¶준비물을 ~ 챙겨라 │把备品全部收拾好。¶문제를 이미 ~ 해결했다 │问题已经全部解决jiějué。

빡빡 [부] ❶ (긁는 모양)【嘎吱嘎吱】gāzhī gāzhī【光光】guāngguāng ¶누룽지를 ~ 긁다 │嘎吱嘎吱地刮锅巴。¶방바닥을 ~ 닦다 │把炕面擦得光光的。❷ (머리를 짧게 깎은 모양)【光溜溜】guāngliūliū ¶~ 깍은 머리 │剃得光溜溜的头。❸ (담배를 세게 빠는 모양)【吧嗒】bādā ¶담배를 ~ 빨다 │吧嗒吧嗒地抽烟。❹ (힘 쓰는 모양)【煞费】shàfèi【竭力】jié/lì【嚓嚓】cācā ¶~ 애를 쓰다 │煞费苦心。¶~ 찢다 │嚓嚓地撕掉。

빡빡하다 [형] ❶ (물기가 적다)【干巴】gānbā【稠】chóu【硬】yìng ¶팥죽이 ~ │红豆粥稠。¶반죽이 너무 ~ │面和得太硬。❷ (꽉 차다)【紧】jǐn【夹】jiá ¶이 신은 너무 빡빡해서 신을 수 없다 │这双鞋太紧,不好穿吧。¶날짜가 ~ │日子紧。❸ (작동이 매끄럽지 않다)【紧】jǐn【涩】sè ¶서랍이 빡빡해서 열리지 않는다 │抽屉chōuti紧,拉不开。¶책상의 서랍이 ~ │书桌shūzhuō的抽屉chōuti紧。❹ (고지식하다)【死板】sǐbǎn【生硬】shēngyìng ¶상대가 빡빡해서 교섭이 어렵다 │对方很死板,不好交涉jiāoshè。

빤빤하다 [형] 【很平】hěn píng【平坦平滑】píngtǎn pínghuá【又平又光】yòupíng yòuguāng【溜光】liūguāng【平坦】píngtǎn【厚颜无耻】hòu yán wú chǐ【长得好看】zhǎng·de hǎokàn ¶(不要)báyàolǎn ¶빤빤한 얼굴로 대하다 │厚颜无耻地对待。

°**빤짝** [부] 【闪烁】shǎnshuò【闪】shǎn【一闪】yìshǎn ¶밤하늘의 별이 ~ 빛나고

있다 │夜空的星星闪烁着。¶~ 불이 켜졌다 │一闪,灯亮了。

빤하다 [형] 【亮】liàng【亮堂堂】liàngtángtáng【清清楚楚】qīngqīng chǔchǔ【明明白白】míngmíng báibái【显而易见】xiǎn ér yì jiàn ¶빤한 일 │清清楚楚的事情。¶이것은 빤한 것 아니냐? │这不是明白的吗?

^A**빨강** [명] 〈色〉【赤】chì【红】hóng【红色】hóngsè ¶~ 신호등 │红灯。

^A**빨갛다** [형] 【红】hóng【深红】shēnhóng【通红】tōnghóng【殷红】yīnhóng ¶빨간 고추 │红辣椒làjiāo。¶얼굴이 온통 ~ │满脸通红。¶작은 손이 얼어서 아주 빨갛게 되었다 │小手冻得通红。

^B**빨개지다** [동] 【变红】biànhóng【红】hóng ¶얼굴이 ~ │脸加变红。¶술 한 잔에 얼굴이 ~ │一杯酒就脸红。

^A**빨다** [동] ❶ (입으로)【咂】zā【吸】xī【吮】shǔn【唆】suō【嘬】zuō【含】hán ¶아이가 손가락을 ~ │婴儿咂手指头。¶아이가 젓을 ~ │婴儿yīng'ér吮奶。¶사탕을 입에 넣고 ~ │嘴里含糖。❷ (흡수하다)【抽】chōu【吸收】xīshōu【吸取】xīqǔ【剥削】bōxuē ¶식물의 뿌리는 토양에서 수분을 빨아들인다 │植物zhíwù的根从土壤tǔ-ǎng里吸收水分。❸ (담배를)【吸】xī【抽】chōu ❹ (세탁하다)【洗】xǐ【洗濯】xǐzhuó【洗涤】xǐdí ¶옷을 ~ │洗衣服yīfu。¶견직물을 ~ │洗涤丝织品sīzhīpǐn。

빨대 [명] 【吸管】xīguǎn ¶~로 우유를 마시다 │用吸管喝牛奶hēniúnǎi。

빨랑빨랑 [부] 【敏捷】mǐnjié【麻利】málì【快】kuài【快当】kuàidāng ¶일을 ~ 해치우다 │干活麻利。

^A**빨래** [명] [하자] ❶ (세탁하다)【洗】xǐ ❷ (세탁물)【要洗的衣物】yàoxǐ·de yīwù【洗了的衣物】xǐ·le·de yīwù

^A**빨랫줄** [명] 【晒衣绳儿】shàiyī shéngr【晾衣绳】liàngyīshéng

^A**빨리** [부] 【快】kuài【迅速】xùnsù【快速地】kuàisù·de【赶快】gǎnkuài【赶紧】gǎnjǐn【尽快】jìnkuài【迅即】xùnjí ¶~ 와서 도와줘 │快来帮忙。¶~ 가, 비가 오려고 해 │赶快回去,天要下雨了。¶~ 수업

준비해 | 你赶紧准备zhǔnbèi功课gōngkè.

ᵇ**빵집** 閱【面包店】miànbāodiàn 【面包房】miànbāofáng

빨아내다 图【吸出来】xīchūlái 【抽出来】chōuchūlái 【剥削】bōxuē 【榨取】zhàqǔ ¶독을 ～ | 抽出来毒.

ᵇ**빻다** 图〈舂〉chōng 【捣】dǎo ¶고추를 ～ | 捣辣椒làjiāo. ¶떡쌀을 ～ | 捣糕米chāomǐ.

ᵉ**빨아들이다** 图【吮吸】shǔnxī 【吸入】xīrù 【剥削】bōxuē 【榨取】zhàqǔ 【抽进】chōujìn ¶물을 ～ | 抽进水. ¶연기를 빨아당기다 | 吸进烟.

ᵇ**뺀기** 图〈數〉【减】jiǎn ¶7～5는 2다 | 七减五是二.

ᵇ**빨아먹다** 图 ❶ (입으로 빨아들여 먹다) 【吮吸】shǔnxī 【吮咂】shǔnzā 【吸】xī 【啜饮】chuòyǐn 【含】hán ¶피를 ～ | 吮吸血液. ¶젖을 ～ | 吮吸奶汁. ¶사탕을 빨아 먹고 있다 | 含着糖吃. ❷ (남의 것을 착취하다) 【剥削】bōxuē 【榨取】zhàqǔ ¶가난한 사람의 피를 ～ | 榨取穷人的血汗.

ᵉ**빼내다** 图 ❶ (박힌 것을 뽑다) 【拔出】báchū 【抽出】chōuchū ¶가시를 빼냈다 | 把刺拔出来. ❷ (골라내다) 【挑选】tiāoxuǎn 【挑出】tiāochū 【调出来】diàochūlái ¶알짜만 ～ | 把最好的调出来. ❸ (훔쳐내다) 【骗出】piànchū 【骗取】piànqǔ 【巧取】qiǎoqǔ ¶서류를 ～ | 巧取文件. ❹ (꾀어 내다) 【诱拐】yòuguǎi 【调出】diàochū ¶경쟁사에서 기술자를 ～ | 从竞争的公司调出技术人员. ❺ (얽매인 몸을) 【弄出来】nòngchūlái ¶유치장에서 ～ | 从拘留所liúliúsuǒ里弄出来.

빨지산 [러 partizan] 图【游击队】yóujīduì 【游击队员】yóujī duìyuán 【游击】yóujī

ᵇ**뻣뻣하다** 혱 ❶ (단단하고 곧다) 【硬】yìng 【僵硬】jiāngyìng 【硬邦邦】yìngbāngbāng ¶종이가 너무 ～ | 纸太硬. ¶뻣뻣하게 풀을 먹인 옷 | 浆jiāng得很硬的衣服. ❷ (완강하다) 【硬】yìng 【生硬】shēngyìng 【强硬】qiángyìng 【紧紧张】jǐnjǐnzhāng ¶태도가 아주 ～ | 态度十分僵硬. ¶뻣뻣한 태도 | 生硬的态度. ¶뻣뻣하게 나오다 | 态度很硬.

ᵉ**빼놓다** 图【漏掉】lòudiào 【落下】luò·xià 【除去】chúqù 【拔除】báchú 【去掉】qù·diào 【抽去】chōuqù 【取消】qǔxiāo 【丢下】diū·xià 【选拔】xuǎnbá 【挑选】tiāoxuǎn 【留下】liú·xià ¶중요한 부분을 빼놓았다 | 漏掉了要紧的部分. ¶나만 빼놓고 가기냐? | 难道就丢下我一个人走吗? ¶쓸만한 것은 따로 ～ | 能用的另留下来.

ᴬ**빵¹** [포 pao;프 pan] 图【面包】miànbāo ¶麦麦kēmài面包. ¶롤～ | 面包卷juǎn.

빵² 图 ❶ (터지는 소리) 【砰】pēng 【嘟嘟】dūdū ¶～～하고 두 발의 총성이 울리다 | 砰砰两声枪响qiāngxiǎng. ¶공을 ～ 차다 | 砰地踢球tīqiú. ¶자동차 경적이 ～~ 울리다 | 汽车喇叭lǎbā嘟嘟响. ❷ (구멍난 모양) 【穿孔】chuān/kǒng ¶구멍이 ~ 뚫린 천막 | 穿孔了的帐篷zhàngpéng.

ᵇ**빼다** 图 ❶ (속의 것·박힌 것을) 【逃跑】táopǎo 【抽】chōu 【拔】bá ¶허리춤에서 작은 칼 하나를 빼냈다 | 从腰yāo里抽出一把小刀. ¶주머니에서 손을 ～ | 从兜里抽出手. ¶뿌리채 ~ | 连根拔. ❷ (살 등을) 【减】jiǎn ¶지방을 ~ | 减脂肪. ❸ (없애다) 【删掉】shāndiào 【去掉】qù·diào 【除去】chúqù 【扣除】kòuchú 【扣减】kòujiǎn 【克扣】kèkòu ¶불필요한 구절을 ~ | 去掉不必要的句子. ¶두 사람 몫을 ~ | 扣除两人分. ❹ (길게 늘이다) 【伸】shēn 【伸长】shēncháng 【拉长】lā/cháng 【拖长】tuōcháng ¶목을 빼고 기다리다 | 伸长脖子等待. ¶목청을 길게 빼며 노래하다 | 拖长 嗓音唱歌. ❺ (꾸미다) 【打扮】dǎ·ban 【假装】jiǎzhuāng 【做作】zuò·zuo ¶새 옷으로 위 아래를 쪽~ | 用新衣服上下打扮. ¶점잖을 ~ | 装斯sī文. ❻

빵꾸 [일 펑크;puncture] 图【放炮】fàng/pào 【被暴露】bèi bàolù 【露马脚】lòu mǎ·jiǎo 【露出马脚】lùchūmǎjiǎo 【露马蹄子】lùmǎtí·zi 【漏楦儿】lòuxuànr 【中途失败】zhōngtú shībài ¶타이어가 ~났다 | 轮胎放了炮了.

ᵉ**빵끗** 图【粲然】cànrán ¶~ 웃다 | 粲然一笑.

(제외하다)【留下】liú·xià ¶몇 개만 빼고 나머지는 버려라 | 把几个留下, 剩shèng下的都扔掉rēngdiào. ❼(회피하다)【溜】liū【逃避】táobì ¶꽁무니를 ~ | 溜走. ❽(기운 등을)【使出】shǐchū ¶기운 ~ | 使出力气. ❾(감하다)【减去】jiǎnqù【除去】chúqù ¶10에서 2를 ~ | 从十里减去二.

ᶜ**빼돌리다** 통【转移】zhuǎnyí ¶식량을 이리저리 ~ | 把粮食转移到各处.

ᶜ**빼먹다** 통 ❶(빠뜨리다)【漏掉】làdiào【漏】lòu ¶한 자도 빼먹지 않고 외우다 | 一字不漏地背诵bèisòng. ¶곶감 빼먹듯 한다 | 就像吃柿饼一样漏. ❷(수업을)【落下】làxià【旷课】kuàngkè ¶강의를 ~ | 落下课. ¶수업을 두 시간 ~ | 旷了两节的课.

ᶜ**빼빼하다** 형【干瘦】gānshòu【干瘪】gānbiě【瘦小】shòuxiǎo ¶몸이 ~ 마르다 | 身材干瘦. ¶~한 몸집 | 瘦小的个儿.

ᴮ**빼앗기다** 통 ❶(탈취당하다)【被抢】bèiqiǎng【被抢走】bèiqiǎngzǒu ¶돈을 ~ | 钱被抢. ❷(사로잡히다)【被勾引】bèigōuyǐn【夺去】duóqù ¶마음을 빼앗겼다 | 被夺去了心.

ᴬ**빼앗다** 통 ❶(억지로 제 것으로 만들다)【抢】qiǎng【夺】duó【抢劫】qiǎngjié【抢掠】qiǎnglüè【剽夺】piāoduó【掠取】lüèqǔ【掳掠】lǔlüè【搶掠】lǔjià【房掠】lǔlüè【攘夺】rǎngduó【夺取】duóqǔ ¶물건을 ~ | 抢东西. ¶힘으로 빼앗아 가다 | 靠力气夺去. ¶폭도의 손에서 칼을 ~ | 从暴徒bàotú手中夺下刀子. ¶재물을 ~ | 掠夺财物cáiwù. ❷(권리를 ~ | 攘夺权利. ❸(일·시간을 점유하다)【抢】qiǎng【占据】zhànjù【占】zhàn ¶일거리를 ~ | 抢activ. ¶남의 시간을 ~ | 占别人的时间. ❸(생각·마음을 사로잡다)【夺】duó【剥夺】bōduó ¶그의 마음을 ~ | 夺他的心. ❹(짓밟다)【糟踏】zāotà ¶여인의 몸을 빼앗다 | 糟踏了女人.

빼어나다 통【突出】tūchū【优秀】yōuxiù【出众】chūzhòng【凸出】tūchū【特出】tèchū ¶표현이 아주 ~ | 表现很突出. ¶빼어난 인재 | 突出的人才.

¶빼어난 작품 | 优秀作品. ¶인물이 ~ | 长相出众.

ᴬ**빽빽하다** 통 ❶(촘촘하다)【密密麻麻】mìmì mámá【密密麻麻】mìmámā【密密层层】mìmìcéngcéng【密匝匝】mìzāzā【密密匝匝】mìmì zāzā【密实】mì·shi【密密丛丛】mìmì cóngcóng【狭隘】xiá'ài【满】mǎn【紧】jǐn ¶신문에 작은 글자가 빽빽이 쓰여져 있다 | 报纸上写着密密麻麻的小字. ¶빽 빽한 밀집한 사람들 | 密密层层的人群. ¶길을 빽빽하게 메운 인파 | 满街的人流. ❷(속이 좁다)【死板】sǐbǎn ¶너무 빽빽하게 굴다 | 太死板.

뺏다 통【抢】qiǎng【夺】duó【抢劫】qiǎngjié ¶표 한 장을 빼앗았다 | 抢了一张票.

ᵃ**뺑소니** 명【肇事后逃跑】zhàoshìhòu táopǎo【逃亡】táowáng【溜掉】liūdiào【逃跑】táopǎo【溜走】liūzǒu ¶~차 | 肇事后逃跑的汽车/溜跑的车.

ᴬ**뺨** 명 ☞ 볼

뻐근하다 형 ❶(피곤하다)【疲惫】píbèi【累极了】lèi jí·le【酸软】suānruǎn【不舒服】bùshū·fu ¶하루 종일 걸었더니 ~ 走了一整天, 累极了. ¶어깨가 ~ | 肩膀jiānbǎng酸软. ¶온몸이 ~ | 浑身húnshēn不舒服. ❷(벅차다)【澎湃】péngpài ¶감격으로 마음이 ~ | 感激gǎnjī得感情澎湃.

ᶜ**뻐기다** 통【趾高气扬】zhǐ gāo qì yáng【骄傲】jiāo'ào【拿架子】ná jià·zi【摆架子】bǎi jià·zi【炫耀】xuànyào【神气】shén·qì ¶뻐기지 마라 | 你别臭摆架子了. ¶그녀는 지나치게 뻐긴다 | 她太骄傲.

ᴮ**뻐꾸기** 명〈鳥〉【布谷鸟】bùgǔniǎo【郭公】guōgōng【桑鸠】sāngjiū

ᶜ**뻐꾹** 튀【布谷】bùgǔ【咕咕】gūgū ¶뻐꾹이가 ~하고 운다 | 布谷鸟咕咕叫.

뻐끔뻐끔 튀·하·형 ❶(구멍이 난 모양)【出了大窟窿】chū·le dà kū·long【出了嗒】bātā【吧达】bǎdá ¶창문에 큰 구멍이 ~ 뚫려 있다 | 窗户上多处出了大窟窿. ❷(담배를 빠는 모양)【叭嗒叭嗒】bā·dabādā ¶~ 담배를 피

우다 | 叭嗒叭嗒地抽烟。

뻐끔하다 혱【裂缝深大】liè fèng shēnd-
à【洞孔深大】dòngkǒng shēn dà【明
显地出现】míng xiǎn·dì chūxiàn ¶포
탄 자국이 뻐끔하게 나 있다 | 明显地
出现炮弹痕迹。

뻑뻑하다 혱 ❶(꽉 차다)【紧】jǐn ¶서
랍이 뻑뻑해서 열리지 않는다 | 抽屉
chōu tì紧, 拉不开了。¶기한이 너무 ~
| 期限太紧。❷(물기가 적다)【稠】
chōu【干】gān【浓】nóng ¶이 죽은 너
무 뻑뻑해졌다 | 这粥zhōu太稠了。
¶찌개를 약간 뻑뻑하게 끓여라 | 把
炖dùn菜炖得浓一些。❸【死心眼儿】
sǐxīnyǎnr【硬】yìng ¶사람이 그렇게
뻑뻑해서야 | 人不能那样死心眼儿。

뻔쩍이다 통【闪闪】shǎnshǎn【闪耀】
shǎnyào【闪烁】shǎnshuò【晃动】huàng
dòng【挥舞】huīwǔ ¶햇빛에 금테
안경이 ~ | 在阳光下金边镜框闪闪发
亮。¶비행기의 은빛 날개가 햇빛에
뻔득인다 | 飞机的银翼yì在阳光里闪
耀。

ᴮ**뻔뻔하다** 혱【厚颜无耻】hòu yán wú chǐ
【不要脸】búyàoliǎn【没羞没臊】méi
xiū méi sào【不知脸耻】bùzhī liǎn chǐ
【没皮没脸的】méi pí méi liǎn de【厚
脸皮】hòu/liǎnpí【厚脸】hòuliǎn【厚
颜】hòuyán【无耻】wúchǐ ¶이 뻔뻔한
녀석 | 你这不要脸的。¶뻔뻔스럽기
그지없다 | 死不要脸。¶뻔뻔스럽게
말하다 | 厚着脸皮说。

뻔질나다 혱【匆匆忙忙】cōng cōng máng
máng【三天两头】sān tiān liǎng tou
·u ¶뻔질나게 돌아다니다 | 匆匆忙忙
地东奔西走。¶뻔질나게 드나들다 |
匆匆忙忙地进进出出。¶뻔질나게 영
화를 보러 다니다 | 三天两头去看电
影。

ᶜ**뻔쩍** 昬【一闪】yìshǎn ¶~하고 번갯불
이 하늘을 가른다 | 一闪, 闪电劈开天
空。

뻔하다¹ 혱【明摆】míngbǎi【明显】mí-
ngxiǎn ¶그가 시험에서 떨어질 것이
~ | 明摆着他这次又要落榜

뻔하다² 조통【差一点】chāyìdiǎn ¶하
마터면 넘어질 뻔했다 | 差一点摔
倒。

뻔히 昬【清楚地】qīng·chu·de【明显

地】míngxiǎn·de【明知】míngzhī ¶
~ 알면서 일부러 저질렀다 | 明知故
犯。¶~ 알면서 고의적으로 묻다 |
明知故问。

ᴮ**뻗다** 통 ❶(가지 등이)【蔓延】mànyán
【蔓衍】wànyǎn ¶포도넝쿨이 뻗어있
다 | 葡萄藤pútáoténg蔓衍。❷(기운
등이 뻗치다)【产生】chǎnshēng【长
出】zhǎngchū ¶기운이 ~ | 产生力量
lìliang。❸(늘어지다)【蹬腿儿】dē-
ngtuǐr ¶한 대 맞고 뻗었다 | 挨了
一阿棍蹬腿儿了。❹(길게 내어밀다)
【伸开】shēnkāi【伸进】shēnjìn【伸出】
shēnchū【登】dēng【손을 ~ | 把手
伸开。¶두다리를 ~ | 伸开两条腿。
¶다리를 ~ | 登腿tuǐ。

뻗대다 통【坚持】jiānchí【固持】gùchí
【僵】jiāng【挺立】tǐnglì ¶그녀가 가겠
다고 뻗대면, 나도 방법이 없다 | 她坚
持要去, 我也没有办法。

ᴮ**뻗치다** 통【伸展】shēnzhǎn【扩展】kuò-
zhǎn【产生】chǎnshēng【伸开】shēnk-
āi【伸出】shēnchū【僵硬】jiāngchí
【伸】shēn【劲】jìn ¶다리를 ~ | 伸
腿。¶온몸에 힘이 ~ | 浑身húnshēn
是劲。

ᴮ**뻘겋다** 혱【通红】tōnghóng ¶뻘겋게
충혈된 눈 | 通红地充血chōngxuè的
眼睛yǎnjīng。

ᴮ**뻘뻘** 昬【汗淋淋】hànlínlín【汗流】hànliú-
ú ¶온몸에 땀이 ~ 흐르다 | 浑身汗
淋淋的。¶땀을 ~ 흘리다 | 汗流雨
下。

뻣뻣하다 혱 ❶(단단하다)【硬】yìng
【硬邦邦】yìngbāngbāng【坚硬】jiānyì-
ng【僵硬】jiāngyìng【硬性】yìngxìng
【生硬】shēngyìng ¶뻣뻣한 표지를 대
다 | 套上硬邦邦的书皮。¶뻣뻣한 가
죽 | 坚硬的皮。❷(성질 등이 억세
다)【硬】yìng【生硬】shēngyìng【犟】jià-
ng ¶뻣뻣하게 말하다 | 话说得硬硬。
¶뻣뻣한 태도 | 生硬的态度。¶너의
태도는 너무 ~ | 你的作风太生硬

뻥 명 ❶(허풍)【吹牛】chuīniú【讲大
话】jiǎngdàhuà ¶자신도 없으면서 ~
만 친다 | 没有信心倒讲大话。❷(거
짓말)【假话】jiǎhuà ¶~치지 마라 |
不要说假话。

뼁² [부]【砰】pēng ¶공을 ~ 찼다 | 砰地踢tī了球。¶~하고 구멍이 뚫렸다 | 砰地穿出chuānchū了窟窿kūlong。

^**뼈** [명]❶ (골절)【骨】gǔ【骨头】gǔ·tou ¶척추~ | 脊jǐ骨。¶~를 고향에 묻다 | 把骨灰埋在故乡。❷ (핵심)【骨头】gǔ·tou【意味】yìwèi【中心内容】zhōngxīn nèiróng ¶말 속에 ~가 있다 | 话里有骨头。¶~있는 말 | 有意味的话。¶~만 추려 이야기하다 | 只选xuǎn中心内容讲。❸ (골격)【骨格】gǔgé【骨骼】gǔgé【骨骼】gǔgé【骨子】gǔ·zi【骨架子】gǔjià·zi【骨气】gǔqì ¶~있는 사나이 | 有骨气的汉hàn子。❹ (속뜻)【话里有话】huàlǐyǒuhuà【带刺儿】dàicìr ¶~가 들어 있는 말 | 带刺儿的话。

뼈다귀 [명]【骨头】gǔtou

^**뼈대** [명]❶ (골격)【骨格】gǔgé【骨骼】gǔgé【骨骼】gǔgé ¶~가 굵다 | 骨格粗cū。¶그는 날 때부터 ~가 크다 | 他生来骨架大。❷ (핵심)【骨架】gǔjià【骨庞儿】gǔpángr【骨气】gǔqì【骨力】gǔlì ¶문장의 ~ | 文章的骨架。¶~가 튼튼한 건물 | 骨架坚硬jiānyìng的建筑物jiànzhùwù。¶~ 있는 사람 |

뼈마디 [명]【骨节】gǔjié【骨关节】gǔguānjié【关节】guānjié【骱】jiè【骨头节儿】gǔ·toujiér ¶~가 굵다 | 骨节粗cū。¶~가 아프다 | 关节痛。¶~가 쑤시다 | 关节酸痛suāntòng。

뼈빠지다 [동]【拚命】pīnmìng ¶한 번 잘 살아 보려고 뼈빠지게 일하였다 | 为了过一个好日子拚命地干了活儿。

뼈아프다 [형]【痛切】tòngqiè【彻骨】chègǔ【痛】tòng【深则】shēnzé ¶뼈아프게 느끼다 | 痛切地认识到。¶뼈아프게 후회하다 | 痛悔。¶부모님께 효도 못한 것이 이제야 뼈아프게 뉘우쳐진다 | 如今才痛悔没能孝敬父母。

^**뼈저리다** [형]☞ 뼈아프다

ᴮ**뼘** [명]【掌量】zhǎngliàng【揸】zhā ¶한 ~ | 一揸。

뽀드득 [부하자타]【嘎巴】gābā【嘎叭儿】gābār

뽀로통하다 [형]【肿】zhǒng【撅着嘴】juē-zhe zuǐ【鼓鼓】gǔgǔ ¶그 애는 별일도 아닌데 입이 ~ 해서 돌아서 가버렸다 | 那个小孩因为一点小事，就撅着嘴转zhuàn过身去。¶심사가 뒤틀렸으 ~해서 말도 안 한다 | 好像而已别扭biè·niu,气鼓鼓地连话也不说。

뽀뽀 [명]【接吻】jiēwěn

뽀얗다 [형]【灰蒙蒙】huīmēngmēng【混浊】hùnzhuó【白净】báijìng【乳白】rǔ-bái ¶안개가 뽀얗게 끼다 | 雾水灰蒙蒙的。¶뽀얀 피부 | 白净的皮肤pífū。

뽐내다 [동]【卖弄】mài·nong【卖派】màipài【自吹】zìchuī【神气】shén·qì【出风头】chū fēng·tou【出锋头】chūfēngtou ¶재주를 ~ | 卖弄乖巧/卖乖。¶다시는 여러 사람을 앞에서 뽐내지 마시오 | 别再在大伙儿跟前卖弄。¶힘을 ~ | 卖弄力气。

^**뽑다** [동]❶ (잡아빼다)【拔】bá【薅】hāo【起】qǐ ¶풀을 ~ | 拔草。¶털을 ~ | 薅毛。¶머리카락을 한가닥 잡아 ~ | 薅下一缕头发来。¶돌을 뽑아내다 | 把钉子dīngzǐ起下来。❷ (길게 내밀다)【伸】shēn【伸长】shēncháng ¶자라가 목을 길게 ~ | 鳖biē伸长脖bó子。❸ (당겨내다)【抽】chōu【批】pī【放】fàng【提取】tíqǔ ¶주사기로 피를 ~ | 用注射器抽血。¶제비를 ~ | 抽签儿。¶속에서 유효 성분을 뽑아내다 | 从中提取有效成分。❹ (가려내다)【摘录】zhāilù【摘记】zhāijì【制取】zhìqǔ ¶이 글이 퍽 좋아서 나는 특히 몇 단락을 뽑아 적었다 | 这篇文章很好，我特地摘录了几段。❺ (없애다)【根除】gēnchú【清除】qīngchú ¶철저히 뿌리~ | 彻底没除根除。¶악습을 뿌리~ | 根除恶习。❻ (선발하다)【选】xuǎn【选拔】xuǎnbá【抽】chōu【拔选】báxuǎn【调】tiáo【抽调】chōudiào ¶요점을 뽑아 ~ | 选出要点。¶오후에 전체 회의를 열어 반 간부를 뽑는다 | 下午开全体会选班里的干部。¶장학생을 ~ | 选拔获奖学金的学生。¶인재를 ~ | 选拔人才。¶일부 근로자를 뽑아 우리를 지원한다 | 抽一批pī工人支援zhī-yuán我们。❼ (본전 등을 도로 찾다)【抓】zhuā【捞回】lāohuí ¶밑천을 ~ | 捞回本钱。❽ (소리를 길게 내다)

478

【拉长】lācháng 【唱出】chàngchū ¶목소리를 길게 ~ | 拉长嗓sǎng子。¶민요가락을 간드러지게 ~ | 动听地唱出民谣曲调。

ᴮ**뽕** 몡 〈植〉【桑叶】sāngyè 【桑树】sāngshù

ᴮ**뽕나무** 몡 〈植〉【桑树】sāngshù

뽕도 따고 님도 보고 관용 【烧香望和尚】shāoxiāng wàng héshàng 【一举两便当】yìshí liǎngbiàn dāng 【一打醋, 二拌盐, 两得其便】yìdǎcù, èrbànyán, liǎngdé qíbiàn

뽀로통하다 휑【气鼓鼓】qìgǔgǔ 【气囊囊】qìnángnáng 【紧绷】jǐnbēng ¶그녀는 눈을 부릅뜨고 뽀로통하게 나를 노려 보았다 | 她气鼓鼓地瞪了我一眼。

뾰루지 몡【疖子】jē·zi【痤疮】cuóchuāng【粉刺】fěncì【面疱】miànpào【洒刺】sǎcì ¶그 아가씨는 얼굴에 ~가 많다 | 那位小姐脸liǎn蛋dàn上有很多粉刺。

ᴮ**뾰족하다** 휑 ❶ 〈물체의 끝이 날카롭다〉 [尖] jiān【尖头】jiāntóu【耸立】sǒnglì ¶연필을 아주 뾰족하게 깎았다 | 铅笔qiānbǐ削xiāo得成尖。¶마루 틈을 뚫고 못이 뾰족하게 나왔다 | 钻zuān出地板的钉子尖尖地突tū出来了。❷ 〈신통하다〉【好】hǎo【妙(法)】miào(fǎ) ¶별로 뾰족한 수가 없다 | 没有什么妙法。

ᶜ**뿌듯하다** 휑【满】mǎn【满满】mǎnmǎn【充实】chōngshí ¶마음이 아주 ~ | 心满意足。¶가슴이 ~ | 心里充实。

ᴬ**뿌리** 몡 ❶ 〈식물의〉 〈植〉【根(儿/子)】gēn(r/·zi)【根·子】gēn·zi【根源】gēnyuán【根本】gēnběn【根底】gēndǐ【根基】gēnjī ¶나무 ~ | 树shù根。¶~가 내리다 | 生根。¶~째 없애 버리다 | 根本消灭xiāomiè。❷ 〈근원〉【根基】gēnjī【根源】gēnyuán ¶가문의 ~ | 家世的根基。

ᴬ**뿌리다** 됭 ❶ 〈비·눈 등이 날리며 떨어지다〉【下】xià 【飘】piāo ¶때때로 가랑비가 ~ | 有时下蒙蒙细雨。〈가루·씨·물 등을〉 【下】xià【潲】shào【洒】sǎ【淋】lín【浇】jiāo【撒】sā【播】bō 【传播】chuánbō 【散布】sànbù【挥】huī ¶씨를 ~ | 下种zhǒng/播种

bōzhǒng。¶큰 길에 물을 좀 뿌려라 | 往马路上潲些水。¶마당에 물을 ~ | 园子里洒水。¶살충제를 ~ | 散布杀虫粉shāchóngfěn。❸ 〈눈물을〉【掉】diào【流】liú ¶눈물을 ~ | 掉眼泪。❹ 〈흩다〉【撒】sā【散布】sànbù ¶비행기에서 약간의 전단을 뿌렸다 | 飞机上撒下来一些传单。¶전단을 ~ | 散布传单chuándān。

뿌리박다 됭【扎下根】zhāxiàgēn ¶타향이지만 뿌리박고 살다 보니 고향이나 다름없다 | 虽然是他乡, 但是扎下根生活, 也就跟故乡没有什么两样。

ᴮ**뿌리치다** 됭 ❶ 〈붙잡은 것을 놓치게 하거나 못 붙잡게 하다〉 [甩]shuǎi 【甩开】shuǎikāi【甩掉】shuǎidiào ¶그의 손을 ~ | 甩开他的手。¶경쟁자를 ~ | 甩掉竞争jìngzhēng者。❷ 〈꽈쫓다〉【拒绝】jùjué【拂】fú【推开】tuī·/kāi【拨开】bō·kai ¶유혹을 ~ | 拒绝诱惑yòuhuò。¶그 뜻을 차마 뿌리칠 수 없다 | 不忍拂其意。

뿌옇다 휑【灰蒙蒙】huīmēngmēng 【乳白】rǔbái

뿐 의뫼 【只】zhǐ 【只是】zhǐshì 【只有】zhǐyǒu 【光】guāng 【单】dān 【仅】jǐn ¶나무만 볼 ~ 숲을 못 보다 | 只见树木, 不见森林。¶가진 것은 이것 ~이다 | 只有这些。¶꼬마는 다만 웃을 ~ 말하지 않았다 | 小孩子光笑不说话。¶그는 겨우 6개월간 학교에 넣었을 ~이다 | 他仅仅上了六个月学。¶이와 같을 ~ | 不仅如此。

-뿐만 아니라 조 【而且】érqiě ¶그 여자는 얼굴이 예쁠~, 마음까지도 곱다 | 那个女人不仅长得漂亮, 而且心底也很善良shànliáng。

ᴮ**뿔** 몡 【角】jiǎo 【犄角】jī·jiǎo ¶쇠~ | 牛角/牛犄角。¶사슴~ | 鹿角。

ᶜ**뿔뿔이** 闬 【四散】sìsàn 【分散】fēnsàn 【七零八落】qī líng bā luò 【七零八散】qī líng bā sàn 【四零五散】sì líng wǔ sàn ¶~ 도망치다 | 四散奔逃bēntáo。¶전쟁 때 ~ 흩어졌던 가족이 다시 만났다 | 战争zhànzhēng时期四零五散的一家人团聚tuánjù了。

ᶜ**뿜다** 됭 【喷】pēn 【冒】mào 【显出】xiǎnchū 【吐】tǔ ¶화산이 불을 내~ | 火山喷火。¶물을 ~ | 喷水。¶연기를

~ | 冒烟。

뿜어내다 图 【喷出】pēnchū 【溅】jiàn 【冒】mào 【散发】sànfā ¶분화구에서 화산재를 ~ | 火山口喷出火山灰huī。¶꽃이 맑은 향기를 뿜어내고 있다 | 花儿散发着清香。

삐걱 昌 【叽叽嘎嘎】jī·jigāgā 【叽叽咯咯】jī·jikǎkǎ 【叽叽呱呱】jī·jiguāguā 【吱】zhī 【吱扭】zhīniǔ 【咯吱】kǎzhī ¶문이 ~ 열렸다 | 门吱扭一声开了。

삐다 图 ❶ (손목·발목 등을) 【扭】niǔ 【鳖】bié ¶허리를 삐었다 | 扭了腰。¶조심하지 않고 길을 걸어, 발목을 삐었다 | 走路不小心，鳖痛了脚。¶발목을 삐었다 | 脚脖jiǎobó子鳖了。❷ (괸 물이 빠져서 줄다) 【流出去】liúchūqù ¶마당에 괴었던 물이 삐었다 | 院子里的积jī水流出去了。

삐딱하다 瀀 【歪】wāi 【斜】xié ¶이 그림은 삐딱하게 걸려 있다 | 这张画挂歪了。

삐뚤삐뚤 昌하자 【歪歪斜斜】wāiwāi xiéxié 【歪歪扭扭】wāiwāiniǔniǔ ¶글씨를 ~ 쓰다 | 字写得歪歪斜斜。

ᴮ삐뚤어지다 图 ❶ (줄 등이) 【歪】wāi 【斜】xié ¶입이 삐뚤어졌다 | 嘴歪。¶선이 ~ | 线歪了。❷ (성격 등이) 【闹别扭】nào bié·niu 【心路不正】xīnlù búzhèng 【搞拧】gǎoníng 【邪】xié ¶삐뚤어진 생각 | 邪念。

ᶜ삐삐 몡 【BP机】BPjī 【寻呼机】xúnhūjī

ᵃ삐쭉 昌하자타 【突出】tūchū 【露出】lùchū 【撅嘴】juē/zuǐ 【噘嘴】juēzuǐ ¶~거리지마, 나는 네것에 만족할거야 | 别撅嘴了，我会满足你的。

ᶜ삐치다 图 【闹性子】nàoxìng·zi 【犯小脾气】fàn xiǎopíqì ¶그녀는 조그마한 일에도 잘 삐친다 | 她连一点小事都闹性子。

ᶜ뻑 昌하자타 【哔】bì 【鸣】míng 【吱】zī 【吱呦】zīyōu 【哇哇】wāwā ¶기차가 ~ ~ 기적을 울린다 | 火车哔哔地拉籥儿。

사¹[死] 图【死】sǐ **死亡**sǐwáng ¶생과 ~의 갈림길 | 生shēng与死的十字路口。

사²[私] 图【私】sī **自私**zìsī ¶매사에 공과 사를 잘 구분해라 | 凡fán事要公私分明。

사³[四] 㽬【四】sì ¶~배 | 四倍。

-사⁴[-士] 回【人】rén【士】shì【师】shī ¶변호~ | 律lǜ师。¶요리~ | 厨chú师。

사각¹[死角] 图【死角】sǐjiǎo ¶행정의 ~지대 | 行政zhèng的死角地带。

사각²[四角] 图【四角】sìjiǎo ¶~모자 | 四角帽。

ᶜ**사각거리다** 图【嘎吱嘎吱】gāzhīgāzhī【喀嚓喀嚓】kēchākēchā【沙啦沙啦】shālāshālā

사각형[四角形] 图【四边形】sìbiānxíng ¶정~ | 正方形。¶직~ | 直角四边形。

사감[舍監] 图【宿舍管理员】sùshè guǎnlǐyuán ¶~선생님께 혼나다 | 叫宿舍管理员给训xùn了一顿。

ᶜ**사거리**[四-] 图【十字路(口)】shízìlù(kǒu)【十字街(头)】shízìjiē(·tou) ¶~신호등 | 十字路口的红绿hónglǜ灯。¶그녀는 지금 인생의 ~에서 배회하고 있다 | 她正徘徊páihuái在人生的十字路上。

ᴬ**사건**[事件] 图❶(관심을 끌 만한 일)【事件】shìjiàn【事端】shìduān ¶유괴~ | 诱拐yòuguǎi事件。¶민사~ | 民事案件。¶고의로 ~을 일으키다 | 故意挑起事端。❷(소송안건의 준말)【案件】ànjiàn【案子】àn·zi ¶형사~을 변호하다 | 辩护biànhù一个刑事案件。¶이 ~은 해결하기 힘들다 | 这个案件难破nánpò。

ᶜ**사격**[射擊] 图하타【射击】shèjī ¶적을 향해 ~하다 | 向敌人射击。¶~거리 | 射击距离。¶~경기 | 射击比赛bǐsài。¶집중 ~ | 集中射击。

사경[死境] 图【绝境】juéjìng【死路】sǐlù【鬼门关】guǐménguān ¶~에 빠지다 | 濒bīn于绝境。¶~을 벗어나다 | 摆脱bǎituō绝境。참고〔绝地〕〔死亡之险境〕

사계[四季] 图【四季】sìjì ¶우리나라는 ~가 뚜렷하다 | 我们国家四季分明。

ᴬ**사고**[事故] 图【事故】shìgù ¶교통~ | 交通jiāotōng事故。¶~발생을 방지하다 | 防止fángzhǐ发生fāshēng事故。¶~로 죽다 | 因事故而死。

ᶜ**사고**[思考] 图하타【思考】sīkǎo【思维】sīwéi ¶~방식 | 思考方法/思维方式。¶어떻게 하면 이 작문을 잘 쓸 수 있는지 ~해야 된다 | 怎样写好xiěhǎo这篇piàn作文，你要好好思考一下。

사공[沙工] 图【船夫】chuánfū【艄公】shāogōng ¶~의 노래 | 船夫曲qǔ。¶그의 남편은 ~이어서, 항상 물 위에서 생활한다 | 她丈夫zhàng·fu是船夫，常年生活在水上。참고〔船家〕

사공이 많으면 배가 산으로 간다 관용【艄公多，船上山】shāogōng duō, chuán shàngshān【艄公多，撑翻船】shāogōng duō, chēng fānchuán【船工多了，打烂船】chuángōng duō·le, dǎlàn chuán【老大多了，船驶翻了】lǎodà duō·le, chuán shǐfān【木匠多盖歪房】mùjiàng duō gài wāifáng

ᴬ**사과**[沙果] 图〈植〉【苹果】píngguǒ ¶~나무 | 苹果树shù。¶~즙 | 苹果汁zhī。

ᴮ**사과**[謝過] 图하타【道歉】dào/qiàn【赔礼】péilǐ【歉意】qiànyì ¶자네에게 ~하러 왔네 | 我是来向你道歉的。¶깊은 ~의 뜻을 표시하다 | 深表shēnbiǎo歉意。

ᶜ**사관후보생**[士官候補生] 图【军官候选人】jūnguān hòuxuǎnrén

사교[社交] 图【社交】shèjiāo ¶~댄스 | 交际舞/交谊舞。¶~성 | 社交性。¶~적인 사람 | 社交性的人。

사군자[四君子] 图【四君子】sìjūnzǐ 참고〔四君子:墨水画〕

ᴮ**사귀다** 图【交际】jiāojì【交往】jiāowǎng【结交】jié/jiāo【结识】jiéshí ¶여러 해

481

사귀어 온 친구 | 交往多年的老朋友。 ¶그는 몇 명의 사회 명사들과 사귀고 있다 | 他结交了一些社会名流míngliú。 ¶그는 많은 중국 친구들을 사귀었다 | 他结识了许多中国朋友。 참고〔交结〕〔缔交〕〔扣交〕

사그라지다 图〔融化〕rónghuà〔消〕xiāo〔化〕huà〔化解〕huàjiě ¶그 말을 듣자, 분한 마음이 사그라 졌다 | 听тīng了那句话，他的气一下就消了。 ¶무쇠가 | 铁熔化了。

사근사근하다 톙❶ (입에)〔脆〕cuì ¶이 사과는 맛이 사근사근하고 향기롭다 | 这苹果píngguǒ又脆又香xiāng。 ❷ (성품이)〔和蔼〕hé'ǎi〔温和〕wēnhé〔和气〕hé·qi ¶그는 언제나 태도가 ~ | 他一向态度tàidù温和。 ¶사람을 사근사근하게 대하다 | 对人和气。 참고〔温暖〕

ᶜ**사금**〔砂金〕멩〔沙金〕shājīn ¶~을 채취하다 | 采沙金。

ᶜ**사기**¹〔士气〕멩〔士气〕shìqì〔干劲〕gānjìn ¶~를 돋우 시키다 | 鼓舞gǔwǔ士气。 ¶사원들의 ~저하 | 社员shèyuán的干劲低dī。 ¶~충천한 병사들 | 士气冲chōng天的士兵shìbīng们。

ᶜ**사기**²〔诈欺〕멩〔欺骗〕qīpiàn〔欺骗〕qīpiàn ¶~죄 | 诈骗罪。 ¶~를 쳐서 승리하다 | 欺诈取胜qǔshèng。 ¶자기에게 뿐만 아니라 남에게도 ~ 치다 | 欺骗自己不算，还骗别人biéren。 참고〔欺诈〕〔欺瞒〕〔欺蒙〕

ᶜ**사기꾼**〔诈欺-〕멩〔骗子〕piàn·zi 참고〔骗子手piàn·zishǒu〕

ᴮ**사나이** 멩〔男子〕nánzǐ〔男子汉〕nán·zihàn〔汉子〕hàn·zi ¶대장부가 그만한 일쯤이야 | 男子汉大丈夫那点儿不算什么。 ¶몸집이 큰 ~ | 大汉子。 참고〔好汉〕

ᴬ**사납다** 톙❶ (하는 짓이 억세고 거칠다)〔凶〕xiōng〔凶暴〕xiōngbào〔粗暴〕cūbào ¶그녀의 성질은 매우 ~ | 她的脾气píqì很凶。 ¶태도가 거칠고 ~ | 态度tàidù很粗暴。 ❷ (생김새가 험상궂다)〔凶〕xiōng〔凶暴〕xiōngbào ¶사나운 얼굴로 노려보다 | 以凶暴的面孔，miànkǒng盯dīng着。 ¶얼굴 생김새가 ~ | 面相凶恶。 ❸ (비바람 등이 몹시 세차다)〔凶〕xiōng

〔恶劣〕èliè ¶비바람이 사납게 몰아치다 | 风雨刮guā得凶。 ¶날씨가 ~ | 天气恶劣。 ❹ (운수가 좋지 못하다)〔凶险〕xiōngxiǎn ¶팔자가 ~ | 运气yùnqì凶险。 참고〔丑恶〕〔不顺利〕

사내¹ 멩 ☞ 사나이

ᴬ**사내**²〔社内〕멩〔公司内(部)〕gōngsīnèi(bù) ¶~ 보유 | 公司内留存收益。 ¶~부채 | 公司内债务zhàiwù。 ¶~예금 | 公司内存款。

ᴮ**사내아이** 멩〔男孩(儿)〕nánhái(r)

ᴮ**사냥** 멩하자타〔打猎〕dǎ·liè〔打围〕dǎ·wéi ¶~터 | 猎场。 ¶~을 하려면 길을 잘 알아야 한다 | 打猎要认识路rènlù。 ¶농한기만 되면 그는 늘 산에 가서 ~을 한다 | 一到农闲nóngxián，他总上山去打猎。 참고〔狩猎〕〔打猎〕

사냥개 멩〔猎犬〕lièquǎn〔走狗〕zǒugǒu ¶그는 군벌의 ~ 노릇을 한다 | 他给军阀jūnfá当走狗。 참고〔猎狗〕

사냥꾼 멩〔猎人〕lièrén〔猎手〕lièshǒu ¶왕씨는 훌륭한 ~이다 | 老王是个好猎手。 참고〔猎户〕〔猎团〕

사념〔邪念〕멩〔邪念〕xiéniàn ¶~을 품다 | 怀huái有邪念。 ¶~을 떨쳐 버리다 | 去掉邪念。

사늘하다 톙❶ (물체의 온도나 기온이 산산하다)〔凉〕liáng〔凉快〕liángkuài ¶밥이 사늘하게 식었다 | 饭凉了。 ¶비가 한 바탕 내리더니 날씨가 한결 사늘해졌다 | 下了一阵雨，天气凉快多了。 ¶새벽 공기가 ~ | 黎明límíng的空气凉。 ❷ (가슴에 찬 기운이 돌다)〔凉〕liáng ¶가슴이 ~ | 心凉了。 ¶기분이 ~ | 气分qì·fēn凉。 ❸ (태도 등이 차갑다)〔冷淡〕lěngdàn ¶그는 사람 대하는 태도가 아주 ~ | 他待人的态度tàidù很冷淡。 ¶안경 너머 사늘한 눈매 | 眼镜yǎnjìng后面的冷淡的眼神。

ᴬ**사다** 图❶ (구입하다)〔买〕mǎi〔购置〕gòuzhì ¶나는 책을 한 권 샀다 | 我买了一本书。 ¶가구를 사들이다 | 购置家具jiājù。 ❷ (물건을 주고 돈이 그에 상응하는 물건을 마련하다)〔换回〕huànhuí ¶원료로 완제품을 샀다 | 用原料yuánliào换回成品chéngpǐn。 ¶마늘을 팔아서 옷을 ~ | 卖蒜su-

àn换回衣服。❸ (고용하다)【雇】gù
【顾】gù ¶사람을 사서 일을 하다 | 雇
人做活。¶짐꾼을　~ | 顾挑夫tiāof-
ū。❹ (상대방의 어떤 마음을 일으키
다)【讨】tǎo 【讨好】¶남의 환
심을　~ | 讨人欢心huānxīn。¶듣기
좋은 말로 환심을　~ | 拍马屁, 讨人欢
心。❺ (공연히 하다)【讨】tǎo 【惹】rě
【找】zhǎo 【得罪】dé/zuì ¶고생을 사
서 하다 | 自讨苦吃。¶다른 사람
의 주의를　~ | 惹人注意zhùyì。¶빈
축을　~ | 惹起频蹙píncù。¶선생님
의 노여움을　~ | 得罪老师。❻ (인정
하다)【欣赏】xīnshǎng【肯定】kěndì-
ng【评赞】píngzàn ¶공로를　~ | 肯
定功劳gōngláo。¶사람들은 모두 그
녀의 갖가지 미덕을 높이 사고 있다 |
人们都在平赞她的种zhǒng种美德měi-
dé。(참고)〔购 买〕〔购办〕〔评价〕〔评
估〕〔认〕〔讨人喜欢〕

[B]**사다리** 圆【梯子】tī·zi ¶~꼴 | 梯型
¶~차 | 云梯救火车。

[C]**사다리꼴** 圆【梯子】tī·zi ¶~ | 세로길이
梯子档儿dàngr。¶~ | 가로길이 | 梯子
镫儿dèngr。

사단[事端] 圆【事端】shìduān【事故】
shìgù ¶~이 나다 | 生出shēngchū事
端。¶고의로　~을 일으키다 | 故意
挑起tiǎoqǐ事端。(참고)〔事儿〕

사단[師團] 圆【(军队) 师】(jūnduì) sh-
ī ¶육군 1개 ~ | 陆军一个师。

[A]**사당**[祠堂] 圆【祠堂】cítáng【祠庙】cí-
miào【祠庙】 ¶~에 제사드리다 | 祠堂祭祀jì-
sì。

사대부[士大夫] 圆【士大夫】shìdàfū
¶그는 ~의 집안 출신이다 | 他出身chū-
shēn于士大夫家族jiāzú。

[B]**사돈**[查顿] 圆【亲家】qīn·jin【姻亲】yī-
nqīn ¶~어른 | 亲家大人。¶~댁 |
姻亲之家。¶~을 맺다 | 建立亲家关
系。

[C]**사들이다** 图【收买】shōumǎi【买进】mǎi-
jìn【买入】mǎirù【购入】gòurù ¶곡물
을　~ | 收购粮食。¶투기로　~ |
机头tóu买进。(참고)〔收购〕

[A]**사라지다** 图【消失】xiāoshī ❶ (어떤 모양이나 자취가
없어지다)【消失】xiāoshī ¶아버지의
뒷모습이 군중들 속으로　~ | 父亲fù-
īn的背影bèiyǐng消失在人群众qúnzhō-

ng。¶총총했던 별들이 하나 둘　~ |
亮晶晶liàngjīngjīngl的星一个个消
失。❷ (생각이나 감정 따위가 없어
지다)【消除】xiāochú 【消去】xiāoqù
【消】xiāo ¶슬픔이　~ | 悲伤bēishā-
ng消去。¶노여움이 차츰 차츰　~ |
怒气渐渐消了。(참고)〔走开〕〔滚gǔn
开〕〔死去〕

사람[人] 圆【人】rén ¶~은 누구나 죽게 마
련이다 | 人终有一天会死的。¶반대
하는 ~도 있는 것 같다 | 好像也有人
反对。¶그는 요즘 ~이 달라졌다 |
他最近整个人都变了。¶이것은 우리
두 ~만의 이야기 입니다 | 这件事, 就
我们两个人知道。

사람됨 圆【为人】wéirén【人品】rénpǐn
¶그녀는 ~이 매우 훌륭하다 | 她人
品很好。

사람은 죽으면 이름을 남기고 호랑이는
죽으면 가죽을 남긴다[관용]【豹死留
皮, 人死留名】bào sǐ liúpí, rén sǐ liúmí-
ng【雁过留声, 人过留名】yàn guò liú-
shēng, rén guò liúmíng【人死留名, 雁
过留声】rén sǐ liúmíng, yàn sǐ liúshē-
ng

[A]**사랑** 圆하다 ❶ (한없이 베푸는 일 또는
마음)【爱】ài【爱心】àixīn【热爱】rè'ài
【友爱】yǒu'ài ¶조국을　~하다 | 热爱
祖zǔ国。¶어머니의　~ | 母mǔ爱。
❷ (연애)【爱】ài【爱情】àiqíng【恋
爱】liàn'ài【相思】xiāngsī ¶~에 빠지
다 | 陷入了爱情。¶~하는 사이 | 相
爱关系。¶~을 속삭이다 | 谈情tán-
qíng说爱。❸ (어떤 사물이나 일을 소
중히 여김)【爱好】àihào ¶문학에 대
한　~과 열정 | 对文学的爱好及其热
情。(참고)〔爱护〕〔爱戴〕

사랑방[舍廊房] 圆【厢房】xiāngfáng
【厢屋】xiāngwū【配房】pèifáng

사랑스럽다 圈【可爱】kě'ài ¶앳되고 사
랑스러운 모습이 아직도 눈에 선하다
¶青而可爱的模样儿仍然清清楚楚地
浮fú现在眼前。¶사랑스러운 아이 |
可爱的小孩。

사랑채[舍廊-] 圆【厢房】xiāngfáng
【厢屋】xiāngwū【配房】pèifáng

사려[思慮] 圆하다【思虑】sīlǜ【考虑】k-
ǎolǜ ¶나이가 들수록　~가 더 깊어진
다 | 年岁niánsuì越yuè大思虑越深sh-

ēn。 ¶~가 부족하다 ‖ 缺乏quēfá考虑。〔참고〕〔考量〕〔挂念〕〔挂心〕〔挂神〕〔蒙坏〕

사력²【死力】⑲【拼命】pīn/mìng【破命】pōmìng【全力】quánlì ¶~을 다해 일하다 ‖ 拼命工作gōngzuò。 ¶~을 다해도 그를 당해낼 수 없다 ‖ 拼命也拼pīn不过他。 ¶~을 다하다 ‖ 尽全力。〔참고〕〔并骨〕〔拼命〕〔对命〕〔豁hu命〕

사령관【司令官】⑲【司令官】sīlìngguān ¶위수~ ‖ 卫戍wèishù司令官。 ¶경비~ ‖ 警备jǐngbèi司令官。

사례¹【事例】⑲【事例】shìlì ¶성공~ ‖ 成功chénggōng事例。 ¶~연구 ‖ 事例研究/案例研究。 ¶~조사 ‖ 案例调查。〔참고〕〔实例〕〔案例〕

사례²【謝禮】⑲【酬谢】chóuxiè【谢】xiè【谢礼】xièlǐ ¶~의 말을 전하다 ‖ 道谢。 ¶~의 뜻을 전함 ‖ 转zhuǎn达谢意。 ¶유실물을 돌려 주시면 반드시 직접 ~하겠습니다 ‖ 如将失物shīwù送sòng还huán, 我一定当面dāngmiàn酬谢。〔참고〕〔谢谢〕〔酬报〕〔酬答〕

ᴮ**사로잡다** ⑧❶ (생포하다)【活捉】huózhuō【擒】qín【生俘】shēngfú【生俘】shēngbǔ ¶적을 ~ ‖ 生擒敌人dírén。 ¶일본군 병사 몇 명을 사로잡았다 ‖ 生俘了几个日军士兵rìjūnshìbīng。 ❷ (생각이나 마음을 한쪽으로 쏠리게 하다)【抓住】zhuā·zhu【吸引住】xīyǐnzhù ¶그의 말은 학생들을 사로잡았다 ‖ 他的话吸引住了学生xuéshēng们。 ¶마음을 ~ ‖ 抓住心。〔참고〕〔截获〕〔截获〕〔捕获〕

사로잡히다 ⑧❶ (붙잡히다)【被活捉】bèi huózhuō ¶적에게 ~ ‖ 被敌活捉。 ❷ (감정 등에 쏠리다)【被吸引住】bèi xīyǐnzhù ¶공포에 ~ ‖ 被恐怖kǒngbù吸引住。

사료¹【史料】⑲【史料】shǐliào ¶~학 ‖ 史料学xué。 ¶~를 연구하다 ‖ 研究yánjiū史料。

ᶜ**사료**²【飼料】⑲【饲料】sìliào【喂饲料】wèiliào ¶~작물 ‖ 饲料作物zuòwù。 ¶돼지~ ‖ 猪zhū饲料。 ¶~ 분쇄기 ‖ 饲料粉碎机fěnsuìjī。

사르다 ⑧❶ (태워 없애다)【烧掉】shā-

odiāo【焚烧】fénshāo ¶낙엽을 ~ ‖ 烧掉落叶luòyè。 ❷ (불붙이다)【点火】diǎnhuǒ【烧火】shāohuǒ ¶화덕에 불을 ~ ‖ 在火炉huǒlú上点火。〔참고〕〔烧〕〔点燃〕

ᶜ**사르르** ⑨❶ (묶이거나 얽힌 것이 저절로 풀리는 모양)【哧溜溜】chīliūliū【自然】zìrán ¶끈이 ~ 풀리다 ‖ 绳子shéng·zi哧溜溜解开jiěkāi。 ❷ (얼음이나 눈 따위가 저절로 녹는 모양)【慢慢地】mànmàn·de ¶사탕이 입 안에서 ~ 녹다 ‖ 糖táng在嘴zuǐ里慢慢地化了。 ❸ (눈을 살며시 감거나 뜨는 모양)【轻轻地】qīngqīng·de【不知不觉地】bùzhī bùjué·de ¶눈을 ~ 감다 ‖ 不知不觉地闭上了眼睛。 ❹ (살며시 움직이는 모양)【轻轻地】qīngqīng·de【静静地】jìngjìng·de ¶나룻배가 미끄러지듯~ 움직였다 ‖ 渡船dùchuán静静地滑开了。 ❺ (기운이나 감정이 저절로 풀리는 모양)【渐渐地】jiànjiàn·de ¶노여움이 ~ 풀리다 ‖ 怒气渐渐地消失xiāoshī了。〔참고〕〔渐渐〕〔轻巧〕〔轻快〕〔轻便〕〔轻飘飘〕〔微微〕

사리¹【私利】⑲【私利】sīlì ¶~를 따지고 講jiǎng私利。 ¶~사욕만 채우다 ‖ 只顾gù个人利益。

사리²【事理】⑲【事理】shìlǐ【道理】dàolǐ ¶~를 분별하다 ‖ 明白míngbái事理。 ¶~에 닿는 말 ‖ 有道理的话。〔참고〕〔理〕

사리다 ⑧❶ (국수·새끼 등을)【绕】rào【弄成把儿】nòngchéngbǎr ¶실을 ~ ‖ 绕线xiàn。 ❷ (몸을)【吝惜】lìnxī【顾惜】gùxī ¶자신의 몸을 사리지 말고 경거망동하지 마라 ‖ 要顾自身安全, 别轻举qīngjǔ妄动wàngdòng。 ¶몸을 ~ ‖ 顾惜身体shēntǐ。 ❸ (정신이나)【聚精会神】jùjīnghuìshén【集中】jízhōng ¶마음을 사려 먹고 굴속으로 들어가다 ‖ 聚精会神地走进洞dòng里。 ❹ (뱀 등이)【盘着】pán·zhe【蜷曲】quánqū ¶몸뚱이를 사린 구렁이 ‖ 蜷曲着身子的蟒。

ᴮ**사립**【私立】⑲【私立】sīlì【私人】sīrén ¶~대학 ‖ 私立大学。 ¶~탐정 ‖ 私人侦探。

ᶜ**사립문**【一門】[柴門]【柴门】cháimén【柴

扉cháifēi ¶섶울타리를 밀고 들어가 ~을 가볍게 두드렸다 | 推tuī开篱障lí-zhàng, 轻叩kòu柴门。 (참고) 〔篱芭lí〕 〔排子门〕

사마귀 명 **①**〈蟲〉【螳螂】tángláng **②**〈醫〉【瘊子】hóu·zi 【肉贅】ròuzhuì (참고) 〔刀螂〕〔天马〕〔猴hóu子〕〔疣yóu〕 〔疣目〕〔疣子〕〔疣贅zhuì〕

^B**사막**〔沙漠;砂漠〕명 【沙漠】shāmò ¶~기후 | 沙漠气候qìhòu。 ¶~지대 | 沙漠地区dìqū。

^B**사망**〔死亡〕명하자 【死亡】sǐwáng ¶~ 직전 | 死亡边缘。 ¶~ 신고서 | 死亡申报。 ¶~ 위로금 | 死亡抚恤金。 ¶~ 진단서 | 死亡证明。 (참고) 〔死故〕〔去世〕〔过世〕〔故去〕〔故世〕〔作古〕〔即世〕〔就世〕〔逝世〕〔弃养〕〔下世〕〔过仙〕〔过身〕〔过去了〕

^C**사면**¹〔赦免〕명하타 【赦免】shèmiǎn ¶~장 | 赦免书。 ¶특별~ | 特赦。

사면²〔四面〕명 【四方】sìfāng 【四周】sìzhōu ¶~이 바다이다 | 四周是海。

^B**사명**〔使命〕명 【使命】shǐmìng 【职责】zhízé ¶역사적 ~ | 历史lìshǐ使命。 ¶~을 완수하다 | 完成wánchéng使命。 ¶중대한 ~ | 重大zhòngdà的使命。

^B**사모**〔思慕〕명하타 【思慕】sīmù 【爱慕】àimù ¶~하는 사람 | 思慕的人。 ¶그들 둘은 서로 ~하더니 끝내 연리지(連理枝) 되었다 | 他俩相互爱慕, 终于结成连理。 (참고) 〔依yī恋〕

사모님〔師母-〕명 【师母】shīmǔ (참고) 〔师娘niáng〕

^B**사무**〔事務〕명 【事务】shìwù 【事业】bànshì 【业务】yèwù 【办公】bàn·gōng 【工作】gōngzuò ¶~가 매우 바쁘다 | 事务繁忙。 ¶행정에 관한 ~ | 有关行政事务。 ¶~ 자동화 | 办公室自动化。

^C**사무소**〔事務所〕명 【事务所】shìwùsuǒ 【办公所】bàngōngsuǒ 【办事处】bàn·shìchù

^C**사무실**〔事務室〕명 【办公室】bàngōngshì 【办事室】bànshìshì ¶~ 배치 | 办公室布局bùjú。 ¶~ 설비 | 办公室设备shèbèi。 (참고) 〔写字间〕

^B**사무원**〔事務員〕명 【工作员】gōngzuò-

yuán 【办事员】bànshìyuán

사무적〔事務的〕관용 【事务性】shìwùxìng ¶~ 처리 | 事务性处理。 ¶~으로 대하다 | 以事务性对待i。

사무치다 동〈渗透〉【渗透】shèntòu 【铭刻】míngkè ¶가슴에 ~ | 刻骨铭心。 ¶마음에 사무치는 애절한 사연 | 渗透心菲的哀怨的故事。

^B**사물**〔事物〕명 【事物】shìwù 【东西】dōng·xi ¶~을 보는 눈이 날카롭다 | 瞧qiáo事物的眼睛锐利。 ¶~의 이치를 알다 | 明白事理。

사뭇 부 **①**(줄곧) 【一直】yìzhí 【始终】shǐzhōng ¶그는 ~ 떠들기만 하였다 | 他一直不停地吵闹。 **②**(매우) 【非常】fēicháng 【很强】hěnqiáng ¶~ 기분이 좋다 | 非常高兴gāoxìng。 ¶~ 놀라다 | 非常惊讶jīngyà。 **③**(아주 판판으로) 【迥然】jiǒngrán 【完全】wánquán ¶생각했던 것과는 ~ 다르다 | 和想的迥然不同。 ¶듣기와는 ~ 다르다 | 与听到的完全不一样。

^B**사발**〔砂鉢〕명 【碗】wǎn ¶밥~ | 饭fàn碗。

^B**사방**〔四方〕명 **①**(동서남북의 여러 방향) 【四方】sìfāng 【四周】sìzhōu ¶~으로 알아보다 | 四处打听。 ¶~에서 호응하다 | 四方响应。 ¶~이 모두 사람으로 빽빽하다 | 四周全是人。 **②**(여기저기) 【四处】sìchù ¶~을 두루 찾았다 | 四处都找遍了。 ¶~이 온통 노랫 소리다 | 四处都是歌声gē-shēng。 (참고) 〔到处〕〔四边〕〔四周围〕〔四周遭儿〕

^B**사범**¹〔師範〕명 **①**(스승) 【师范】shīfàn ¶~대학교 | 师范大学。 **②**(기술 등을 가르치는 사람) 【教练】jiàoliàn ¶꽃꽂이 ~ | 插chā花教练。 ¶태권도 ~ | 跆拳道táiquándào教练。

사범²〔事犯〕명〈法〉【犯罪行为】fànzuì xíngwéi 【违法行为】wéifǎ xíngwéi ¶경제~ | 经济犯罪行为。 ¶정치~ | 政治犯罪行为。

^A**사법**〔司法〕명 【司法】sīfǎ ¶~처리 | 司法处理/司法处分。 ¶~재판 | 司法裁判cáipàn。

^B**사변**〔事變〕명 **①**(전쟁과 같은 난리) 【事变】shìbiàn ¶서안~ | 西安xīān事变。 ¶만주~ | 满洲mǎnzhōu事

변。❷〔큰 변고〕【(大)事】(dà)shì ¶~이 나다 | 出事儿了。

사별[死別] 명하자타 [死]【訣別】juébié ¶젊은 나이에 아내와 ~하다 | 年纪轻轻就死了妻子qī·zi。

사복[私服] 명【便服】biànfú【便衣】biànyī ¶~형사 | 便衣刑警xíngjǐng。¶~외출 | 便服出出。

사본[寫本] 명하타 【抄本】chāoběn【复本】fùběn【复印本】【复印本】fùyìnběn ¶영수증 ~이 필요합니다 | 需要发票复印本。참고 [副张][缮本][手抄本][考贝本]

사분사분하다[私分私分−] 형【和气】héqì【和善】héshàn ¶사분사분한 성격인 순이는 곧 그들과 친해졌다 | 待人比较和气的顺姬shùnjī马上跟他们亲近qīnjìn了。¶사분사분한 말씨 | 和善的语气。

사브[Saab] 명〈商標〉Shēnbǎo

사비[私費] 명【自費】zìfèi ¶경비가 모자라 ~로 보충했다 | 因经费不足，以自费补充。

ᶜ**사뿐하다** 형【轻快】qīngkuài【爽快】shuǎng·kuai ¶발걸음이 ~ | 脚步jiǎobù轻快。¶그 작은 제비는 정말 사뿐하게 날았다 | 那小燕yàn子飞得真轻快。¶마음이 매우 ~ | 心里很爽快。

사사[師事] 명하자타 【拜师】bàishī【师从】shīcóng ¶추강 선생에게 ~하다 | 向秋江qiūjiāng先生拜师。

사사건건[事事件件] 명【件件事情】jiànjiàn shì·qing【样样事情】yàngyàng shì·qing【每件事】měijiànshì ¶~다 간섭하다 | 每件事都干涉。¶~ 들볶는다 | 每件事都吵吵嚷嚷。

사사롭다[私私−] 형【私】sī【个人的】gèrén·de ¶사사로운 정에 끌리다 | 被私情所纠缠。

사살[射殺] 명하타 【射死】shèsǐ【击毙】jībì ¶경찰이 도주범을 ~하였다 | 公安人员击毙了逃犯。

ᴬ**사상**[思想] 명【思想】sīxiǎng ¶헤겔의 철학~ | 黑格尔hēigé'ěr的哲学zhéxué思想。¶진보적 ~ | 进步思想。¶~과 감정 | 思想和感情。참고 [法][想头][念头][意识]

사상[死傷] 명【死伤】sǐshāng

사상병[死傷兵] 명【死伤兵】sǐshāngbīng ¶많은 ~을 내다 | 死伤惨重。

ᶜ**사상자**[死傷者] 명【死伤者】sǐshāngzhě ¶열차 사고로 많은 ~가 생겼다 | 因火车事故出现了许多死伤者。

사색[死色] 명【发青】fāqīng【死象】sǐxiàng【面如土色】miàn rú tǔ sè ¶얼굴이 ~으로 변하다 | 面如土色。¶이 말을 듣자, 그녀는 그때 곧바로 놀라~이 되어 버렸다 | 一听这话, 她当时就脸色发青。

사색[思索] 명하자타 【思索】sīsuǒ【思考】sīkǎo【沉思】chénsī ¶골똘히 ~하다 | 用心思索。¶~을 방해하다 | 扰乱思索。¶~에 잠기다 | 沉浸在思索中。

사생결단[死生決斷] 명【决以死战】jué yǐ sǐ zhàn【你死我活】nǐ sǐ wǒ huó【拼命】pīnmìng【冒死】màosǐ ¶~하고 적진에 뛰어들다 | 冒死冲进敌阵地。¶~하다 | 决以死战。

사생아[私生兒] 명【私生儿】sīshēng·ér【私生子】sīshēngzǐ

사생활[私生活] 명【私生活】sīshēnghuó【个人生活】gèrén shēnghuó ¶남의 ~에 간섭하다 | 干涉别人的私生活。¶~이 문란하다 | 私生活紊乱。

ᶜ**사서**[司書] 명【司书】sīshū 참고 [管理员]

사석[私席] 명【私下】sīxià【私人会(过)面的地方】sīrénhuì(guò)miàn·de dì·fang ¶~에서 만난 적이 있지요 | 在私下见过面。

사선[死線] 명【生死关头】shēngsǐ guāntóu ¶~을 넘다 | 渡过生死关头。

ᴮ**사설**[私設] 명하자 【私营】sīyíng【私人】sīrén【个人】gèrén【私设】sīshè【民间】mínjiān ¶~창고 | 私人仓库cāngkù。¶~단체 | 私设团体tuántǐ。¶~기관 | 私立机构。

사설[社說] 명【社论】shèlùn ¶~란 | 社论栏lán。¶~을 발표하다 | 发表fābiǎo社论。참고 [社评][社说]

사설[辭說] 명 ❶【辞说】císhuō ¶끝없이 늘어놓는~ | 辞说连篇。❷【罗唆】luósuōhuà ¶이 길다 | 罗里罗唆。

ᶜ**사소하다**[些少−] 형【细小】xìxiǎo【区

区]qūqū【小】xiǎo【琐碎】suǒsuì ¶사소한 문제 | 细小的问题wèntí ¶사소한 금액 | 小金额jīn'é ¶사소한 문제로 다투다 | 因琐碎的问题wèntí 吵架chǎojià。**참고**〔小小〕〔微wēi小〕

사수[死守] 圀히타【死守】sǐshǒu【坚守】jiānshǒu ¶진지를 ~하다 | 死守阵地。¶자신의 견해를 ~하다 | 死守己见。

사스[SARS; Severe Acute Respiratory Syndrom; 重症急性呼吸器综合症] 圀〈醫〉【非典型性肺炎】fēidiǎnxíngxìngfèiyán【非典】fēidiǎn

ᶜ**사슬** 圀【铁链】tiěliàn【锁链】suǒliàn ¶~고리 | 链环。¶~에 묶여 가다 | 被铁链锁走。

ᴮ**사슴** 圀〈動〉【鹿】lù ¶~ 한 마리 | 一只rhí鹿。

사시[斜视] 圀히 ❶〈醫〉【斜视】xiéshì ¶아주 심한 ~다 | 很严重的斜视。❷(곁눈질로 흘겨봄)【眼视】yǎnshì ¶왜 남을 ~하니? | 为什么眼视别人?

ᴮ**사신**[私信] 圀【私人信件】sīrén xìnjiàn ¶함부로 남의 ~을 보아서는 안된다 | 不能随便suíbiàn看人家rénjiā的私人信件。**참고**〔수书〕

ᴬ**사실**[事實] 圀【事实】shìshí ¶~과 맞지 않다 | 与事实不符fú。¶그런 일이 있었던 것은 ~이다 | 有过那种事是事实。¶~을 밝히다 | 澄清chéngqīng事实。¶~이 그렇다 | 事实就那样。

사실[事實] 圀【事实上】shìshíshàng【实际上】shíjìshàng ¶~, 나는 아무것도 모른다 | 事实上, 我什么都不知道。¶~, 그 점에 대해서는 마음속으로 무척 놀라고 있었다 | 实际上, 对这一点心里暑很惊讶的。

사실무근[事實無根] 圀【无事实根据】wú shìshí gēnjù ¶그것은 ~의 헛소문이었다 | 那是无事实根据的谣言yáo yán。¶~한 모략 | 无事实根据的谋略móulüè。

사실주의[寫實主義] 圀【现实主义】xiànshí zhǔyì ¶~ 문학 | 现实主义文学wénxué。

사심[私心] 圀【私心】sīxīn ¶~을 버리다 | 抛弃pāoqì私心。¶~이 없는 충고 | 没有私心的忠告。

사악[邪惡] 圀히형【邪恶】xié'è ¶~한 세력 | 邪恶势力。¶~한 생각 | 邪恶的念头。

사안[私案] 圀 ❶【私人案情】sīrén'ànqíng ¶이는 ~에 불과하다 | 这只zhī不过是私人案情。❷【案件】ànjiàn ¶미결 ~ | 未结的案件。

사양[辭讓] 圀히타【客气】kè·qi【客套】kètào【谦让】qiānràng【推辞】tuīcí【辞让】círàng ¶~하지 마십시오 | 别客气! ¶겸손하게 ~하며 말하다 | 谦让地说。¶손님들은 서로 겸손하게 ~했다 | 客人互相谦让。¶그의 선물에 대해서는 내가 이미 몇 번이나 ~했으며 절대 받을 수가 없다 | 对他的礼物我已推辞了多次。 绝对不能收。¶~하기 미안하다 | 不好意思辞。**참고**〔客套话〕〔客套语〕〔推却〕〔推辞〕

ᶜ**사업**[事業] 圀【事业】shìyè【生意】shēngyì【买卖】mǎimài ¶혁명 ~ | 革命gémìng事业。¶문화 교육 ~ | 文化教育事业。¶~자본 | 资本。¶공공 ~ | 公共事业。¶자선 ~ | 慈善事业。**참고**〔工作〕〔事务〕〔业务〕〔实〕〔营业〕〔经营〕

사업가[事業家] 圀【事业家】shìyèjiā【企业家】qǐyèjiā【实业家】shíyèjiā **참고**〔作生意的〕〔作买卖的〕

ᶜ**사연**[事緣] 圀【情由】qíngyóu【经过】jīngguò【内容】nèiróng ¶~하지 않다 | 不问经过。¶어찌 된 일인지 ~을 말해 보아라 | 怎么回事, 你把经过说一下。¶~이 많다 | 情由多。**참고**〔原委〕〔源委〕〔让情〕〔缘故〕〔原故〕〔讲话内容〕

사열[查閱] 圀히타【检阅】jiǎnyuè【检查】jiǎnchá ¶의장대를 ~하다 | 检阅仪仗队。¶부대를 ~하다 | 检阅部队。**참고**〔简阅〕

사옥[社屋] 圀【会社建筑物】huìshè jiànzhùwù ¶~을 신축하다 | 新盖xīngài会社建筑物。

사욕[私慾] 圀【私欲】sīyù ¶~에 빠지다 | 陷入xiànrù私欲之中。¶~을 채우다 | 满足私欲。

ᴬ**사용**[使用] 圀히타【使用】shǐyòng ¶자금이 부당하게 ~되었다 | 资金zījīn使得不当. ¶~ 가치 | 使用价值jiàzhí. ¶~전화 ~료 | 电话使用费fèi. ¶~ 기한 | 使用期限/耐用年限. 참고 [使唤] [雇佣] [雇用] [利用]

사용료[使用料] 명 【使用费】shǐyòngfèi 【租金】zūjīn 참고 [租费] [租价] [租钱]

사용자[使用者; user] 명 【用户】yònghù 【雇主】gùzhǔ ¶우체국시설의 ~ | 邮政设施的使用者. ¶~전화 ~ | 电话用户. ¶~의 의견을 구하다 | 征求用户意见. 참고 [消费者xiāofèizhě]

사용자 인터페이스[使用者interface; user interface] 명 【电算】【用户界面】yònghùjièmiàn

사용자 정의[使用者定义; user define] 명 〈电算〉【自定义】zìdìngyì

사용자 이름[使用者-; user name] 명 〈电算〉【用户注册名】yònghùzhùcèmíng 【用户名】yònghùmíng

사용자 정보 모듈 카드[使用者情报 module card] 명 〈电〉【sim-卡】simkǎ

사우나[sauna] 명 【桑拿浴】sāngnáyù 【三温暖】sānwēnnuǎn 【蒸气浴】zhēngqìyù ¶~탕 | 桑拿浴室. ¶~를 하다 | 洗桑拿浴.

사우디아라비아[Saudi Arabia] 명 〈地〉【沙特阿拉伯】Shātè Ālābó

사우스캐롤라이나[South Carolina; SC] 명 〈地〉【南卡罗来纳】Nánkǎluóláinà [미국의 주명(州名). 주도(州都)는 "哥伦比亚Gēlúnbǐyà"(콜럼비아; Columbia].

사운드 카드[sound card] 명 〈电算〉【声卡】shēngkǎ【声霸卡】shēngbàkǎ

사운드 트랙[sound track] 명 【声迹】shēngjì【声带】shēngdài

[B]**사원**[社员] 명 【社员】shèyuán 【职员】zhíyuán 【工作人员】gōngzuò rényuán ¶신입~ | 新职员. ¶경력~ 초빙 | 招聘zhāopìn有经验的.

[B]**사위**[女婿] 명 【女婿】nǚxù ¶~감 | 准女婿 참고 [姑爷]

사위다 통 【烧尽】shāojìn ¶바람이 심해 숯불이 쉬~ | 因为风大, 炭火tànhuǒ马上烧尽了.

사유[私有] 명하타 【私有】sīyǒu ¶~재산 | 私有财产. ¶~지 | 私有地. ¶~권을 인정하다 | 承认私有权.

사유[思惟] 명하타 【思维】sīwéi ¶~방식 | 思维方式. ¶거듭 ~하다 | 再三考虑.

사유[事由] 명 【事由】shìyóu 【原因】yuányīn ¶~를 밝히다 | 弄清nòngqīng原因.

[C]**사육**[饲育] 명하타 【饲养】sìyǎng ¶사슴을 ~하다 | 饲养鹿huàlù. ¶~사 | 饲养员yuán. ¶동물을 ~하다 | 饲养动物. 참고 [喂养]

사은[谢恩] 명하자 【谢恩】xiè'ēn 【感恩】gǎn'ēn ¶~회 | 感恩会. ¶~의 꽃다발을 드리다 | 献谢恩的花束.

사의[谢意] 명 【谢意】xièyì ¶심심한 ~를 표하다 | 致衷心zhōngxīn的谢意. ¶미리 ~를 표합니다 | 预yù致谢意.

사의[辞意] 명 【辞意】cíyì 【辞职】cízhízhíyì ¶~를 비치다 | 露出辞职之意. ¶~를 표명하다 | 表明辞职之意.

[A]**사이** 명 ❶ (공간적 거리) 【间隔】jiàngé【距离】jùlí 【之间】zhījiān 【中间】zhōngjiān ¶일정한 ~를 유지하다 | 保持bǎochí一定的距离. ¶마을과 학교 ~를 왕래하다 | 往来于村庄cūnzhuāng与学校之间. ¶꽃잎을 책장 ~에 끼우다 | 把花瓣夹jiā在书页中间. ❷ (시간적 거리) 【中间】zhōngjiān【间】jiān 【时间】shíjiān ¶경기의 ~휴식을 취하다 | 比赛中间休息. ¶잠깐 ~ | 一瞬间. ¶하루 ~에 많이 달라지다 | 一日间大不一样. ❸ (사람과 사람의 관계) 【关系】guān·xi 当中】dāngzhōng ¶사랑하는 ~ | 相爱关系. ¶~가 좋지 않다 | 关系不好. ¶친구들 ~에 인기가 있다 | 在朋友当中比较有人气.❹ (시간적 겨를이나 짬) 【空闲】kōngxián 【闲暇】xiánxiá 【空儿】kòngr ¶잠시 쉴 ~가 없다 | 没有空儿休息.

사이다[cider] 명 【汽水】qìshuǐ

사이렌[siren] 명 【警笛】jǐngdí 【汽笛】qìdí ¶~이 울리다 | 警笛响了.

사이릭스[Cyrix] 명 〈社名〉【塞瑞克斯】Sàiruìkèsī

사이버[cyber] 명 〈电算〉【虚拟】xūnǐ

사이버 공간[cyber 空间; cyber space] 명 〈电算〉【虚拟世界】xūnǐshìjiè

488

사이버 머니[cyber money] 몡〈電算〉
【电子货币】diànzǐhuòbì

사이보그[cyborg] 몡〈電算〉【电子人】
diàn·zirén 【半机械人】bànjīxièrén

사이비[似而非] 몡【似是而非】sì shì ér fēi ¶그는 인상에만 근거해서 ~ 결론을 얻어 냈다 | 他凭印象得出了一个似是而非的结论。

사이사이[1] 몡【…与…之间】…yǔ…zhījiān 【…与…中间】…yǔ…zhōngjiān ¶꽃잎을 책갈피 ~에 끼우다 | 把花瓣夹在书页中间。

사이사이[2] 뮈【空闲时间】kòngxián shíjiān ¶일하는 ~ 책을 읽다 | 利用工作中的空闲时间来读书。

사이좋게 뮈【和睦地】hémù·de 【友好地】yǒuhǎo·de ¶~ 지내다 | 和睦相处。

사이즈[size] 몡【尺寸】chǐ·cun 【大小】dàxiǎo 【号】hào ¶~가 맞다 | 合尺寸。¶~를 재다 | 量尺寸。¶특대형 ~ | 特大号。(참고)〔尺码 chǐmǎ〕〔规格 guīgé〕

사이클[cycle] 몡 ❶〈物〉【频率】pínlǜ ❷〈物〉【循环过程】xúnhuán guòchéng ❸〈주기〉【周期】zhōuqī 【缸】gāng ❹〈자전거〉【自行车】zìxíngchē

사이키 조명[―照明] 몡【雪花球】xuěhuāqiú

사이트[site] 몡〈電算〉【网站】wǎngzhàn 【节点】jiédiǎn 【站点】zhàndiǎn 【站台】zhàntái

사이트 주소[site住所; site address] 몡〈電算〉【网址】wǎngzhǐ

사이판[Saipan] 몡〈地〉【塞班】Sāibān [북태평양 마리아나제도의 섬]

사인[sign] 몡【签名】qiānmíng 【签字】qiānzì ¶당신은 여기에 도장을 찍고 ~하시면 됩니다 | 你在这儿盖一章签名就可以了。¶~ 회 | 签名会。(참고)〔签署 qiānshǔ〕〔金署〕〔记名〕

사임[辞任] 몡하타【辞去】cíqù 【辞职】cízhí ¶~ 신청서를 내다 | 提出辞职申请。¶위원직을 ~하다 | 辞去委员职务。(참고)〔去职〕〔离职〕

사자[死者] 몡【死者】sǐzhě ¶~가 되다 | 成了死者。

사자[A][獅子] 몡〈動〉【狮子】shī·zi ¶~춤을 추다 | 耍狮子。¶~탈 | 狮子假面具。¶~자리 | 狮子座。

사자[3][使者] 몡【使者】shǐzhě ¶그가 ~가 되어 화해 협상을 했다 | 他作为使者去讲和。

사장[A][社长] 몡【总经理】zǒngjīnglǐ 【社长】shèzhǎng 【总】zǒng ¶황~ | 黄总经理/黄总。¶회사 ~ | 公司的总经理。¶출판사 ~ | 出版社社长。(참고)〔经理〕

사장[2][死藏] 몡하타【积压】jīyā 【囤积】túnjī ¶자금을 ~시키다 | 积压资金。¶~품 | 积压品。¶물자를 ~하다 | 囤积物资。(참고)〔屯积〕

사재[私財] 몡【个人财产】gèrén cáichǎn 【私人财货】sīrén cáihuò ¶~를 들여 세운 기념관 | 用私人资产建起来的纪念馆 jìniànguǎn。

사적[1][事跡] 몡【事迹】shìjì 【史迹】shǐjì ¶역사상의 ~ | 历史上的史迹。¶~유물론 | 历史唯物主义。(참고)〔史迹〕〔事踪〕

사적[2][私的] 몡【私人的】sīrén·de 【个人的】gèrén·de ¶~관계 | 私人关系。¶~인 문제 | 个人问题。¶~감정 | 私人感情。

사전[A][辭典; dictionary] 몡 ❶【词典】cídiǎn ¶소설을 읽을 때, 자주 ~을 찾지 마세요 | 看小说的时候，别老查词典。 ❷【词库】cíkù (참고)〔辭典〕〔词书〕〔字典〕〔事典〕

사전[2][事前] 몡【事前】shìqián 【事先】shìxiān 【预知】yùxiān ¶~에 알려 조취를 취하다 | 事前通知,采取措施 cuòshī。¶~협의 | 事前协定定xiédìng。¶~원가계산 | 事前成本计算 jìsuàn。¶~에 한 번 알려 주어야 된다 | 事先要通知一声儿。¶~정보 | 事先信息。¶~분석 | 事先分析。¶~할당 | 事先分配fēnpèi。¶~이가 | 事先批准pīzhǔn。¶~연계 | 预先联系 liánxì。¶~안배 | 预先安排ānpái。¶~승인조건 | 以预先确认为准què rwèizhǔn。

사전[3][事典] 몡【事典】shìdiǎn ¶백과~ | 百科事典。¶인명~ | 人名事典。(참고)〔辭典〕〔词书〕〔辞书〕〔字典〕〔事典〕

사절[1][使節] 몡【使节】shǐjié 【使者】shǐzhě ¶외교~ | 外交使节。¶문화~단 | 文化使节团。¶우호~ | 友好使

489

者。

사절²[謝絶] 몡하타 【谢绝】xièjué ¶선물을 ~하다 | 谢绝礼品。¶완곡히 ~하다 | 婉言谢绝。¶면회를 ~하다 | 谢绝会见。

ᶜ**사정**¹[事情] 몡하자 ❶ (일의 형편)【情况】qíngkuàng 【事情】shì·qing ¶~이 아주 위급하다 | 情况万分wànfēn危急wēijí。¶~을 알아보다 | 了解情况。¶~이 딱하다 | 事情为难。 ❷ (일이 그렇게 된 까닭)【原因】yuányīn ¶그는 그럴만한 ~이 있다 | 他可有原因。 ❸ (간청)【恳求】kěnqiú 【求情】qiú/qíng ¶~해서 승낙을 받았다 | 恳求后得到许可。¶양해해 달라고 ~하다 | 恳求谅解。¶~하며 용서를 바라다 | 求情告饶gāoráo。 참고 〔情形〕〔起因〕〔求人情〕〔恳情〕

사정²[査定] 몡하타 【审定】shěndìng 【评定】píngdìng ¶시공 계획을 ~하다 | 审定施工方案。¶가격을 ~하다 | 审定价格jiǎgé。¶식품의 등급을 ~하다 | 评定食品的等级。

사정³[射程] 몡 【射程】shèchéng ¶~거리에 들다 | 进入射程距离。¶~을 벗어나다 | 逃táo出射程。

사정⁴[射精] 몡하타 〈生理〉【射精】shèjīng

사정⁵[邪正] 몡 【邪与程】xiéyǔchéng ¶~을 가려내다 | 分辨邪与正。

사정없다[事情-] 혱 【不讲情面】bùjiǎng qíngmiàn 【不留情】bùliúqíng 【无情】wúqíng 【毫不留情】háobùliúqíng ¶사정없이 문 밖으로 내몰다 | 无情地起出gǎnchū门外。

사제¹[私製] 몡하타 【私制】sīzhì 【自制】zìzhì ¶~ㅡ폭탄 | 私制炸弹zhàdàn。¶~품 | 自制品。

사제²[師弟] 몡 【师生】shīshēng ¶~관계 | 师生关系。

사조[思潮] 몡 【思潮】sīcháo ¶문예~ | 文艺思潮。¶새로운 ~가 물밀듯이 들어온다 | 新思潮滚滚gǔngǔn而来。

사족¹[蛇足] 몡 【蛇足】shézú 【多余的】duōyú·de ¶~을 붙이다 | 画сhé添足。

사족²[四足] 몡 【四肢】sìzhī

사족(을) 못쓰다 관용 【动弹不得】dò-

ngtánbùdé 【走不动路】zǒubùdònglù ¶술이라면 ~ | 见酒就动弹不得。¶여자라면 ~ | 一见到女的就走不动路。

ᶜ**사죄**[謝罪] 몡하자타 【谢罪】xiè/zuì 【赔罪】péi/zuì 【伏罪】fú/zuì ¶당신께 동생의 무례함에 대해 ~드립니다 | 关于小弟的无礼, 我向您赔罪。¶머리 숙여 ~하다 | 低头dītóu伏罪。 참고 〔陪罪〕〔服罪〕〔道歉qiàn〕〔谢zhiǎn〕

ᴬ**사주**¹[四柱] 몡 【生辰八字】shēngchénbāzì 【四柱】sìzhù ¶~팔자 | 生辰八字/四柱。¶~가 세다 | 生辰八字不好。¶~를 보다 | 看生辰八字。

사주²[使嗾] 몡하타 【使唆】shǐsǒu ¶배후에서 ~하다 | 背后使唆。

사지¹[四肢] 몡 【四肢】sìzhī ¶~가 멀쩡하다 | 四肢健全。¶~가 떨리다 | 四肢颤抖chàndǒu。 참고 〔指支〕〔四维〕〔胳臂腿儿〕

사지²[死地] 몡 【绝境】juéjìng ¶~로 몰아넣다 | 置于死地。

사직[辭職] 몡하자타 【辞职】cí/zhí 【离职】lí/zhí 【退职】tuì/zhí ¶~서 | 辞职书。¶그는 중앙 은행을 ~한 사람이다 | 他是辞退中央银行yínháng工作的人。 참고 〔去职〕〔辞任〕

ᴬ**사진**[寫眞] 몡 【相片】xiàngpiàn(r)【照片】zhàopiàn 【照相】zhào/xiàng ¶~을 찍다 | 照相。¶우리 함께 ~을 찍어 기념하자 | 我们一起照相留作纪念jìniàn吧。

ᴬ**사진기**[寫眞機] 몡 〈電〉【照相机】zhàoxiàngjī

ᶜ**사진첩**[寫眞帖] 몡 【影集】yǐngjí 【相片簿】xiàngpiànbù 【照相簿】zhàoxiàngbù 【相册】xiàngcè ¶그녀의 ~을 보다 | 看她的影集。 참고 〔相本儿〕〔相片儿本子〕〔贴相册〕

사찰¹[寺刹] 몡 【寺刹】sìchà 【庙宇】miàoyǔ 【寺院】sìyuàn ¶~ 안에 은행나무가 심어져 있다 | 寺院里种着银杏yínxìng树。 참고 〔寺庙〕〔庙院〕

ᴬ**사찰**²[査察] 몡 【检查】jiǎnchá 【核查】héchá ¶현지~ | 实地核查。 참고 〔稽查〕

사채[私債] 몡 【高利贷】gāolìdài ¶~시장 | 高利贷市场。¶~를 얻다 | 借高利贷。

사채[社債] 명【法】【公司债券】gōngsī zhàiquàn ¶—를 발행하다 | 发行公司债券。

ᶜ**사철**[四一] 명【四季】sìjì ¶~ 일만 한다 | 一年四季只干活。¶사시~ | 一年四季。

사체[死體] 명【尸体】shītǐ【尸身】shīshēn ¶—유기죄 | 尸体遗弃罪yíqìzuì。¶—부검 | 尸体解剖jiěpōu。(참고)〔尸首〕

ᴮ**사촌**[四寸] 명❶ (사촌형제)【堂兄弟】tángxiōngdì【堂姐妹】tángjiěmèi〔叔伯兄弟】shūbó xiōngdì ¶~형 | 堂兄。¶그와 나는 —간이다 | 他和我是堂亲关系。❷ (같은 부류)【同类】tónglèi ¶모기와 파리는 ~간이다 | 蚊子wénzi和苍蝇cāngyíng同类穿一条裤子。

사춘기[思春期] 명【青春期】qīngchūnqī【青春发育期】qīngchūn fāyùqī

ᴮ**사치**[奢侈] 명하자【奢侈】shēchǐ【奢华】shēhuá【阔绰】kuòchuò ¶—풍조 | 奢侈风潮。¶옷이 너무 —스럽다 | 衣服太奢侈。¶—하고 부패한 생활을 보내고 있다 | 过着奢侈糜烂mílàn的生活。

사칭[詐稱] 명하타【诈称】zhàchēng【冒充】màochōng【伪称】wěichēng ¶이름을 —하다 | 冒名顶替。

사타구니[─] 명〈生理〉【胯】kuà【胯股】dàtuǐchà

사탄[Satan] 명【撒旦】sādàn【魔鬼】móguǐ【魔王】mówáng ¶~을 물리치다 | 驱魔。(참고)〔撒但dàn〕

ᴮ**사탕**[砂糖] 명【糖】táng ¶봉지 ~ | 糖包(儿)。¶~ 한 알~ | 块kuài糖。

ᶜ**사탕수수**[砂糖─] 명〈植〉【甘蔗】gānzhè【甜秆(儿)】tiángǎn(r) (참고)〔干蔗gānzhè〕〔薯shǔ蔗〕

ᴮ**사태**[事態] 명【事态】shìtài【局势】júshì【局面】júmiàn【状态】zhuàngtài ¶~가 심각하다 | 事态严重。¶~가 다소 완화되다 | 事态有所缓和。¶~를 수습하다 | 扭转局面。

ᶜ**사택**[舍宅] 명【住宅】zhùzhái【公司住宅】gōngsī zhùzhái ¶교장~ | 校长住宅。

사퇴[辭退] 명하자타❶ (직위에서 물러남)【辞退】cítuì【退】tuì ¶회장으로 추대되었으나 ~했다 | 被推举为会长, 但辞退了。¶의원직을 ~하다 | 辞退议员职务。❷ (어떤 것을 사양함)【谢绝】xièjué ¶그는 그 상을 ~했다 | 他谢绝了那个奖项。

ᴬ**사투리** 명【土语】tǔyǔ【方言】fāngyán (참고)〔土话〕

사파이어[sapphire] 명【蓝宝石】lánbǎoshí (참고)〔兰lán宝石〕〔蓝石英yīng〕〔蓝水晶shuǐjīng〕〔青宝石〕〔青玉qīngyù〕〔翡翠fěicuì石〕〔西冷石〕

사팔뜨기 명【斜眼】xiéyǎn【对眼(儿)】duìyǎn(r)【斜视】xiéshì【斗眼儿】tóuyǎnr ¶그녀는 한쪽 눈이 —이다 | 她长zhǎng着一只斜眼。¶그는 —이다 | 他是个斜眼(儿)。(참고)〔内斜视〕〔斗眼(儿)〕

사포[砂布] 명【砂纸】shāzhǐ ¶—로 문지르다 | 用砂纸打一打。

사표[辭表] 명【辞呈】cíchéng【辞职申请书】cízhí shēnqǐngshū ¶~를 내다 | 上辞呈。

사하다[赦─] 동【赦(罪)】shè(zuì)【赦免】shèmiǎn ¶죄를 ~ | 赦罪。

사학[私學] 명【私立学校】sīlì xuéxiào ¶~의 명문 | 私立学校中的名门。

사학[史學] 명【史学】shǐxué【历史学】lìshǐxué ¶~자 | 历史学者。

ᴮ**사항**[事項] 명【事项】shìxiàng ¶공지~ | 公告事项。¶특기 ~ 없음 | 无特别事项。

사행[射倖] 명하자【投机】tóujī【侥幸】jiǎoxìng ¶~심을 조장하다 | 造成zàochéng投机心理。

ᶜ**사형**[死刑] 명하타【死刑】sǐxíng ¶~선고 | 宣告xuāngào死刑。¶~ 판결을 내리다 | 判处pànchǔ死刑。

사형수[死刑囚] 명【死囚】sǐqiú ¶~를 감방에 처넣어 감금했다 | 押yā到死囚牢láo里监禁jiānjìn起来了。

사형장[死刑場] 명【刑场】xíngchǎng ¶~에서 처형하다 | 在刑场处刑chǔxíng。(참고)〔法场〕

사환[使喚] 명【打杂的】dǎzá·de【跑腿的】pǎotuǐ·de ¶~아이 | 打杂的孩子。

ᴮ**사회**[司會] 명【主持】zhǔchí【司仪】sīyí ¶프로그램 ~자 | 节目jiémù主持人。¶결혼식의 ~를 보다 | 主持结

婚姻礼.

^A**사회**^2[社會] 명【社会】shèhuì ¶~간접자본 | 社会间接资本。¶상류~ | 上流社会。¶~진출 | 迈进社会的大门。¶~를 놀라게 하다 | 惊动社会。

사회생활[社會生活] 명【社会生活】shèhuì shēnghuó ¶군에서 제대하여 차에 적응해 가다 | 退役tuìyì后逐渐zhújiàn适应社会生活。

사회성[社會性] 명【社会性】shèhuìxìng ¶~이 짙은 작품 | 社会性浓厚的作品。

^C**사회인**[社會人] 명【社会人】shèhuìrén ¶너도 이제 어엿한 ~이니 네 일은 네가 알아서 해라 | 你也已经是堂堂的社会人了,你的事你自己做吧。

사회적[社會的]【社会的】shèhuì·de【社会性的】¶인간은 ~ 동물이다 | 人是社会性的动物。

사회주의[社會主義] 명【社会主义】shèhuì zhǔyì ¶~ 경제학 | 社会主义经济学jīngjìxué。¶~ 국제분업 | 社会主义国际分工。

사회체제[社會體制] 명【社会体制】shèhuì tǐzhì ¶봉건적 ~ | 封建social社会体制。¶전시 ~ | 战时社会体制。

사회화[社會化] 명【社会化】shèhuìhuà ¶~ 과정 | 社会化课程。¶그는 이제 완전히 ~되었다 | 他现在已经完全社会化了。

사후[死後] 명【死后】sǐhòu【死亡后】sǐwáng hòu【去世后】qùshìhòu ¶~강화 | 死后僵化。¶그의 명성은 ~에 더욱 높아졌다 | 去世后 他的名声更大了。

사흘 명 ❶ (기간)【三天】sāntiān ❷ (날짜)【三日】sānrì【三号】sānhào

사흘 들이로 부【每三天】měisāntiān ¶벌써 장마철일까, ~ 비가 오네 | 已经是雨季yǔjì吗, 每三天下雨。

삭감[削減] 명 하타【扣除】kòuchú【削减】xuējiǎn【裁减】cáijiǎn【节减】jiéjiǎn ¶예산을 ~하다 | 削减预算。¶군사비를 ~하다 | 裁减军费。¶경비를 ~하다 | 节减经费。참고〔扣〕扣减〕〔克扣〕〔减去〕减掉〕

삭다 통 ❶ (먹은 음식이)【消化】xiā-

ohuà【下去】xiàqù ¶위는 음식물을 삭힐 수 있다 | 胃肠wèicháng能消化食物。❷ (옷 등이)【糟】zāo【酥】sū ¶밧줄이 빗물에 삭아버렸다 | 绳子shéng·zi被雨水淋lín槽了。¶옷이 땀에 삭았다 | 衣服被汗hàn沤òu酥了。❸ (분 등이)【消】xiāo ¶먼저 노기를 삭힌 다음 다시 이야기 합시다 | 先消一消怒气nùqì再谈吧。¶마음의 고통을 남몰래 삭이다 | 悄悄地消心里的痛苦。❹ (김치 등이)【泄】xiè【酿】niàng【发酵】fājiào【熟】shú ¶김치가 삭았다 | 泡菜熟了。¶술이 잘 삭았다 | 米酒酿好了。

삭막[索漠] 명 하형【荒凉】huāngliáng【凄凉】qīliáng ¶초겨울의 ~한 풍경 | 初冬chūdōng荒凉的风景fēngjǐng。참고〔枯燥无味kūzàowúwèi〕〔荒芜wú〕

삭신 명【全身】quánshēn【肌肉和关节】jīròu hé guānjié【浑身】húnshēn ¶몸살로 온 ~이 다 쑤신다 | 因病痛bìngtòng全身都很酸suān。¶~이 나른하다 | 浑身发软。

삭이다 통 ❶ (소화시키다)【消化】xiāohuà ¶점심 먹은 것을 삭이지 못했다 | 中午吃的没消化好。❷ (가라앉히다)【使消除】shǐxiāochú

삭제[削除] 명 하타【削除】xiāochú【删除】shānchú【删节】shānjié【删去】shānqù【删掉】shāndiào ¶쓸데없는 문장을 ~하다 | 删除冗rǒng句的句场。¶문장이 너무 길어 적당히 ~해야 겠다 | 文章太长, 要适当删节。참고〔销除〕〔勾消〕勾销〕〔对销〕〔取销〕取消〕

삭풍[朔風] 명【朔风】shuòfēng【北风】běifēng 참고〔朔吹shuò吹〕

삯 명 ❶ (품삯)【工钱】gōng·qian【工资】gōngzī ¶~으로 쌀을 받다 | 用大米来代替工钱。¶~이 너무 적다 | 工资太低了。❷ (물건을 사용한 대가)【租金】zūjīn ¶뱃~ | 船租金。

산^1[山] 명【山】shān ¶~에 오르다 | 上山。¶~이 높다 | 山高。

산^2[酸] 명〈化〉【酸】suān ¶~ 결핍증 | 酸缺乏(症)。

—**산**^1[−産] 回【产】chǎn【生产】shēngchǎn【产生】chǎnshēng ¶중국~ | 中国产。¶외국~ 화장품 | 国外生

492

산의 화장품。

산간[山間] 명 【山间】shānjiān 【山里边】shānlǐbiān ¶~마을 | 山村。¶~벽지 | 穷山僻壤/偏僻山区。¶~ | 山区/山间地带。

B**산골**[山-] 명 【穷乡僻壤】qióngxiāng pìrǎng 【山旮旯儿】shāngālár 【山窝】shānwō ¶옛날의 ~이 지금은 굴뚝이 즐비하게 늘어선 공업도시로 변했다 | 过去的穷乡僻壤现在成了烟囱林立的工业城市。 참고 [山村] [山乡] [山谷] [山沟] [山沟沟] [山窝窝]

B**산골짜기**[山-] 명 【山谷】shāngǔ 【山沟】shāngōu ¶~로 나 있는 길 | 通山谷的路。

B**산기슭**[山-] 명 【山麓】shānlù 【山脚】shānjiǎo 【山根(儿)】shāngēn(r) ¶~의 구릉 | 山麓丘陵qiūlíng。¶~에서 쉬다 | 在山脚下休息。

B**산길**[山-] 명 【山路】shānlù 【山道】shāndào ¶~을 걷는 것은 힘들다 | 走山路很累lèi。 참고 [山区小路]

C**산꼭대기**[山-] 명 【山顶】shāndǐng 【顶峰】dǐngfēng ¶그 ~에는 사철 눈이 있다 | 那个山头终年有积雪。 참고 [峰顶] [山峰]

B**산나물**[山-] 명 【山菜】shāncài 【野菜】yěcài ¶~을 캐어 먹다 | 挖野菜吃chī。 참고 [柴胡cháihú] [青菜qīngcài]

C**산더미**[山-] 명 【山积】shānjī 堆成山】duīchéngshān ¶쓰레기가 ~처럼 쌓이다 | 垃圾lājī堆成山。¶할 일이 ~ 같다 | 要做的事堆成山。

산동네[山-] 명 【山村】shāncūn ¶~에 살다 | 住在山村里。

C**산돼지**[山-] 명 【野猪】yězhū 【山猪】shānzhū ¶~가 항상 밭을 망쳐 놓는다 | 野猪经常糟蹋zāotà粮田liángtián。

B**산들바람** 명 【微风】wēifēng 【软风】ruǎnfēng 【轻风】qīngfēng ¶~이 얼굴에 와서 닿다 | 轻风扑面pūmiàn。

C**산등성이**[山-] 명 【山梁】shānliáng ¶~를 따라 가다 | 顺着山梁走。

B**산뜻하다** 형 ❶ (가볍다) 【轻快】qīngkuài 【轻便】qīngbiàn ¶발걸음이 ~ | 脚步jiǎobù轻快。¶모시옷 차림이 ~ | 夏布衣的装束轻便。 ❷ (상쾌하다)

【清爽】qīngshuǎng ¶밤바람이 불어와 매우 ~ | 晚风吹来, 十分清爽。¶산뜻한 아침공기 | 清爽的早晨空气。❸ (선명하고 보기 좋다) 【鲜艳】xiānyàn ¶이 포장은 매우 ~ | 这种包装包zhuāng非常鲜艳。¶색이 ~ | 颜色yánsè鲜艳。 참고 [清亲] [鲜艳]

산란[産卵] 명 하자 【产卵】chǎnluǎn ¶~장 | 产卵场。¶~기 | 产卵期。

B**산림**[山林] 명 【山林】shānlín 【森林】sēnlín ¶~지대 | 山林地带。¶~보호 | 保护山林。¶~녹화 | 森林绿化。

산마리노[San Marino] 명 〈地〉【圣马力诺】Shèngmǎlìnuò ¶이탈리아 중동부에 있는 공화국。수도는 "圣马力诺" 참고 [圣马利诺]

산만[散漫] 명 하형 【散漫】sǎnmàn 【杂乱】záluàn 【涣散】huànsàn ¶그는 아주 총명하지만 좀 ~한 게 흠이다 | 他很聪明, 就是散漫了一点儿。¶주의가 ~하다 | 周围杂乱。¶정신이 ~해지다 | 精神涣散。

C**산맥**[山脈] 명 【山脉】shānmài ¶태백~ | 太白山脉。 참고 [地脊]

B**산머리**[山-] 명 【山顶】shāndǐng ¶그린 듯이 ~에 걸려 있는 초승달 | 挂guà在山顶的月牙yuèyá, 就像一幅水墨画。

C**산모퉁이**[山-] 명 【山弯处】shānwānchù 【山嘴】shānzuǐ 【山角】shānjiǎo 【山脚】shānjiǎo ¶~를 돌다 | 拐guǎi过山嘴。¶~를 돌아서 가다 | 绕rào过山角走。

산문[散文] 명 【散文】sǎnwén ¶~형식으로 쓰인 서사시 | 以散文形式写的叙事诗。¶~작가 | 散文作家。

C**산물**[産物] 명 ❶ (산출물) 【物产】wùchǎn 【产品】chǎnpǐn ¶이 고장의 이름난 ~ | 这个地方有名的产品。❷ (어떤 결과로 얻어진 것) 【产物】chǎnwù ¶이 지역은 ~이 매우 풍부하다 | 这个地方物产很丰富fēngfù。¶노력의 ~ | 努力的产物。

C**산바람**[山-] 명 【山风】shānfēng 【山谷的风】shāngǔ·de fēng ¶뼈속을 파고드는 ~ | 刺骨cìgǔ的山风。

산발[散髮] 명 하자 【散发】sànfà 【披发】pīfà ¶머리를 ~하다 | 披头pītóu散发。¶~을 한 여인 | 披头散发的

女人。

^C**산발적**[散髮的] 명【到处乱起的】dào·chǔ luànqǐ·de【散发的】sànfā·de【散发性】sànfāxìng ¶~으로 지진이 일어나다｜散发性地发生地震。

^C**산보**[散步] 명하자【散步】sàn/bù ¶공원에 ~하러 가다｜到公园去散步。참고〔進〕〔溜达〕

^B**산봉우리**[山-] 【山峰】shānfēng【山顶】shāndǐng【顶峰】dǐngfēng ¶한라산 ~｜汉拏山峰。

^B**산부인과**[産婦人科] 명【妇产科】fùchǎnkē

^C**산불**[山-] 【山火】shānhuǒ ¶~이 일어났다｜发生了山火。¶~ 조심｜小心山火。

^C**산비둘기**[山-] 【〈鸟〉【斑鸠（鸣鸠）】bānjiū（míngjiū）【野鸽】yěgē

^C**산비탈**[山-] 【山坡】shānpō ¶~을 개간하다｜开垦kāikěn山坡。

^C**산사**[山寺] 【山寺】shānsì【山门】shānmén〔寺庙〕〔寺院〕

^C**산사람**[山-] 【山里人】shānlǐrén

^C**산사태**[山沙汰] 【山崩】shānbēng ¶~가 나다｜来山崩了。¶갑작스런 집중 폭우로 ~가 나다｜因突然的暴雨发生山崩。

산산이[散散-] 부【纷纷】fēnfēn【支离】zhīlí【粉碎】fěnsuì ¶~ 흩어지다｜纷纷散去。¶~ 부서지다｜支离破碎pòsuì／打好碎粉碎。¶~ 깨어진 꿈｜被粉碎的梦mèng。

산산조각[散散-] 명【碎片】suìpiàn【碎裂】suìliè【支离破碎】zhī lí pò suì ¶~ 나다｜打成碎片。¶그는 온 세상이 ~ 나는 것 같이 느껴졌다｜他觉得好像天地tiāndì碎裂了。¶남몰래 꿈꾸어 오던 달콤한 꿈도 이젠 ~이 났다｜埋在心底里的美，这时也已支离破碎了。

산살바도르[San Salvador] 명〈地〉【圣萨尔瓦多】shèngsà'ěrwǎduō 〔중앙 아메리카 "살바도르"（엘살바도르；El Salvador）의 수도〕

^C**산삼**[山蔘] 명【山参】shānshēn【野参】yěshēn【老人参】lǎorénshēn ¶~을 캐다｜挖山参。

^C**산성**[山城] 명【山上的城墙】shānshàng·de chéngqiáng ¶남한☞ 南漢山

城。

^C**산성**[酸性] 명【酸性】suānxìng ¶~ 반응｜酸性反应fǎnyìng。¶~식품｜酸性食品。¶~토｜酸性土。

^B**산성비**[酸性-] 【酸性雨】suānxìngyǔ【酸雨】suānyǔ

^A**산소**[酸素] 명〈化〉〔원소 번호는 8〕【氧】yǎng【氧气】yǎngqì ¶~마스크｜氧气罩zhào。¶~통｜氧气瓶píng。¶~호흡｜呼吸氧气／吸氧。참고〔养气〕

^B**산소**[山所] 명【坟】fén【墓】mù【坟墓】fénmù【墓地】mùdì ¶~에 가다｜上坟。¶~를 찾아 돌보다｜扫sǎo墓。

산속[山-] 명【山中】shānzhōng【山里】shānlǐ

산수[山水] 명【山水】shānshuǐ ¶계림의 ~는 천하 제일이다｜桂林guìlín山水甲天下。¶~가 아름답다｜山水秀丽xiùlì。

산수[算數] 명【算术】suànshù ¶~ 제｜算术问题。

산술[算術] 명하자【算术】suànshù ¶~ 문제｜算术题。¶~평균｜算术平均。

^C**산신**[山神] 명【山神】shānshén【山君】shānjūn ¶~령｜山神。¶~제｜山神祭。

산악[山嶽；山岳] 명【山岳】shānyuè【山区】shānqū ¶~지구｜山岳地区dìqū。¶~지대｜山岳地带。¶~훈련｜山岳训练xùnliàn。

산야[山野] 명【山野】shānyě ¶조국의 ~｜祖国的山野。

^B**산양**[山羊] 명〈動〉【羚羊】língyáng【斑羚】bānlíng ¶~ 자리｜山羊座。참고〔羚〕〔灵羊〕

^A**산업**[産業] 명【产业】chǎnyè【工业】gōngyè ¶~부문｜产业部门bùmén。¶~공해｜产业公害gōnghài。¶~사회｜工业社会。¶~자본｜工业资本。

산요[Sanyo] 명〈商標〉【三洋】Sānyáng

^C**산유국**[産油國] 명【产油国】chǎnyóuguó

산자락[山-] 【山脚】shānjiǎo【山麓】shānlù

산장[山莊] 【山庄】shānzhuāng ¶

여름 ~ | 避暑bìshǔ山庄。

산재[散在] 명하자【散在】sǎnzài 【分散】fēnsàn ¶재산이 여러 곳에 ~해 있다 | 财产被分散在几个地方。

산적[山賊] 명【山贼】shānzéi 【山匪】shānfěi【草寇】cǎokòu

산적[山積] 명하형【山积】shānjī 【堆积如山】duī jī rú shān ¶쓰레기가 ~해 있다 | 垃圾堆积如山。

산적[散積] 명하자【散装】sǎnzhuāng 【一大堆】yídàduī ¶포장하지 않고 선박에 ~하다 | 不加包装, 散装于船舶 chuánbó上。¶까다로운 일들이 ~해 있다 | 麻烦的事一大堆。

산정[山頂] 명【山顶】shāndǐng ¶~에 오르다 | 登上山顶。

산정[算定] 명하타【估定】gūdìng 【评估】pínggū【核计】héjì【计算确定】jìsuàn quèdìng ¶~ 가격 | 估定价格。¶이 그림의 가치를 ~하다 | 评估这幅f-ú画儿的价值。¶원가를 ~하다 | 核计成本chéngběn。

ᶜ**산출기**[山－] 명【山脉】shānmài 【山峦】shānluán ¶~를 타고 걷다 | 沿着山脉走。

산중[山中] 명【山中】shānzhōng 【山里】shānlǐ ¶첩첩~ | 崇山/深山老林。¶~호걸 | 山中豪杰。

ᶜ**산지**[山地] 명【山地】shāndì 【山区】shānqū ¶~에서는 기온이 낮다 | 山区气温低。

ᶜ**산지**[產地] 명【产地】chǎndì 【出产地】chūchǎndì ¶~ 증명서 | 产地证明书。¶사과의 ~ | 苹果产地。

ᶜ**산짐승**[山－] 명【野兽】yěshòu ¶~의 울부짖음 | 野兽的嗥叫háojiào。

산채[山菜] 명【山菜】shāncài 【柴胡】cháihú ¶~ 비빔밥 | 山菜拌饭。

ᴬ**산책**[散策] 명하사【散步】sànbù 【溜弯儿】liūwānr ¶강가를 ~하다 | 散步在河边。

ᶜ**산천**[山川] 명【山川】shānchuān 【河山】héshān【山河】shānhé ¶고향 ~ | 故乡山川。¶아름다운 ~ | 大好河山。

ᶜ**산촌**[山村] 명【山村】shāncūn ¶~에 은거하다 | 隐居yǐnjū山村。

산출[產出] 명하자【生产】shēngchǎn 【出产】chūchǎn ¶석탄을 ~하다 | 生

产煤炭méitǎn。¶이 고장에서 ~된 쌀 | 这个地方生产的大米。¶목재를 대량으로 ~하였다 | 出产了大量木材。

산출[算出] 명하타【算出】suànchū 【计算】jìsuàn ¶~가치 | 价值。¶~량 | (出)产量。¶일수에 따라 ~하다 | 按àn日计算。¶생산고를 ~하다 | 计算产值chǎnzhí。

산타나[Santana] 명〈商標〉【桑塔纳】Sāngtǎnà

산타마리아[Santa Maria] 명【圣马利亚】shèng mǎlìyà

ᴮ**산타클로스**[Santa Claus] 명【圣诞老人】shèngdàn lǎorén

ᴮ**산토끼**[山－] 명【野兔】yětù【山兔】shāntù【山跳子】shāntiào·zi 참고 〔穴兔〕[雪兔]

산티아고[Santiago] 명〈地〉【圣地亚哥】shèng dìyàgē ［智利]（칠레; Chile）의 수도]

산하[山河] 명【山河】shānhé【河山】héshān ¶조국의 ~ | 祖国山河。¶아름다운 ~ | 大好河山。

산하[傘下] 명【手下】shǒuxià 【管辖下】guǎnxiáxià【所属的】suǒshǔ·de【门下的】ménxià·de ¶그는 내 ~에 있다 | 他是我的手下。¶~ 연구소 | 管辖下的研究所。¶경제부 ~의 각 관리국 | 经济部所属的各管理局。

산해진미[山海珍味] 명【山珍海味】shān zhēn hǎi wèi【山珍海错】shān zhēn hǎi cuò ¶그는 매일 ~를 먹는다 | 他天天吃山珍海味。

ᶜ**산허리**[山－] 명【山腰】shānyāo 【山腹】shānfù【垭口】yàkǒu ¶~에 걸려 있는 구름 | 挂在山腰的云彩yúncǎi。 참고 〔鞍状山脊〕[鞍状垭口]

ᶜ**산호**[珊瑚] 명【珊瑚】shānhú ¶~섬 | 珊瑚岛。¶~초 | 珊瑚礁。¶~충 | 珊瑚虫。

산호세[San José] 명〈地〉【圣约瑟】Shèng yuēsè ［"哥斯达黎加"（코스타리카; Costa Rica）의 수도]

산화[酸化] 명하자【氧化】yǎnghuà ¶~방지제 | 防氧化剂。¶~염료 | 氧化染料。¶철의 표면은 공기중에서 ~된다 | 铁皮tiěpí在空气中氧化了。 참고 〔养化]

495

산후[産後] 〔명〕【产后】chǎnhòu ¶~ 출혈 | 产后出血。¶산모의 ~ 조리 | 产母chǎnmǔ的产后护理hùlǐ。

^살[1] 〔명〕❶(뼈를 둘러싼) 【肉】ròu【肌肉】jīròu【瘦肉】shòuròu ¶몸이 뚱뚱한데 ~이 또 쪘다 | 本来就很胖pàng, 又长肉了。¶~을 에는 추위 | 刺骨的寒冷。❷(살갗) 【皮肤】pífū ¶그녀는 ~이 매우 희다 | 她皮肤很白。

^살[2] 〔명〕❶(뼈대가 되는 부분) 【扇骨】shāngǔ【车辐】chēfú【梗(子)】líng(·zi) ¶~은 대나무로 만든 부채 | 扇骨是用竹子做的扇子shàn·zi。¶창문의 ~이 부러졌다 | 窗棂被折断zhéduàn了。❷(빗의) 【齿儿】chǐr ¶빗~이 매우 조밀하다 | 梳子shū·zi齿儿很密。❸(주름) 【皱褶】zhòuzhě ¶(옷)~을 잡다 | 熨出皱线/熨出皱褶。❹(무늬) 【花纹】huāwén ¶떡 위에 ~을 박다 | 大米糕dàmǐgāo上打花纹。❺(물의) 【势】shì【势头】shì·tou ¶물~이 세다 | 水势大。

^살갑다 〔형〕(温和) 【温和】wēn·hé【和气】hé·qi ¶그녀의 마음씨는 언제나 ~ 한 | 她的心一向很温和。¶사람을 살갑게 대하다 | 对人和气。 참고 〔温暖〕〔温润〕〔和和气气〕

^살갗 〔명〕【皮肤】pífū ¶어린애의 ~은 아주 부드럽다 | 孩子的皮肤很细嫩xìnèn。¶~이 하얗다 | 皮肤白。

^살결 〔명〕【皮肤】pífū【肉皮】ròupí【肌肤】jīfū ¶~이 거칠다 | 皮肤很粗糙cūcāo。¶~이 고운 | 美丽měilì的皮肤。¶~에 닿다 | 触及chùjí肌肤。

^살구 〔명〕〈植〉【杏(儿)】xìng(r) ¶~나무 | 杏树。 참고 〔杏子〕〔杏实〕

^살구꽃 〔명〕〈植〉【杏花】xìnghuā【白杏花】báixìnghuā

^살균[殺菌] 〔명〕〔하자〕【杀菌】shā/jūn【灭菌】miè/jūn ¶~제 | 杀菌剂/消毒剂。¶이 약으로 ~할 수 있다 | 这药可以杀菌。

^살그머니 〔부〕【悄悄地】qiāoqiāo·de【蔫不唧儿的】niān·bù·jīr·de【鬼鬼祟祟地】guǐguǐsuìsuì·de【轻轻地】qīngqīng·de【轻手轻脚地】qīngshǒuqīngjiǎo·de ¶그는 ~ 교실에서 나와 버렸다 | 他蔫不唧儿的走出教室jiàoshì。¶그는 ~ 내곁에 다가왔다 | 鬼鬼祟

崇地靠近kàojìn我的身边。¶~ 잡아당기다 | 轻轻地拉住。

살금살금 〔부〕【悄悄地】qiāoqiāo·de【轻手轻脚地】qīngshǒuqīngjiǎo·de【蹑手蹑脚地】nièshǒunièjiǎo·de【鬼头鬼脑地】guǐtóu guǐnǎo·de ¶~ 기어가다 | 悄悄地爬去。¶그는 ~ 걸어왔다 | 他蹑手蹑脚地走过来。 참고 〔悄声没迹〕〔捏手捏脚〕〔蹑手蹑脚〕〔鬼鬼祟祟地〕〔鬼鬼祟祟地〕

살기[殺氣] 〔명〕【杀气】shāqì ¶두 눈에 ~가 가득하다 | 两眼杀气很重。¶~를 띠다 | 带着杀气。

살길 〔명〕【活路】huólù【生路】shēnglù【生机】shēngjī【生存道路】shēngcúndàolù ¶~를 꾀하다 | 谋móu生路。¶생각하면 생각할수록 ~이 막막하다 | 越想越无生路。¶제각기 ~을 찾아가다 | 各自去谋生。

^살다 〔동〕❶(생존하다) 【活】huó【生活】shēnghuó【过】guò ¶여러 년 더 살고 싶다 | 我还想多活几年呢。¶그가 아직 살아 있니? | 他还活着吗? ¶산 지식 | 活的知识。¶그곳에서 사는 것이 어떠하냐? | 你那儿的生活如何? ¶살기 좋다 | 日子好过。❷(거주하다) 【住】zhù【居住】jūzhù ¶저는 북경에 삽니다 | 我住在北京。¶고향에서 ~ | 居住在故乡gùxiāng。❸(영위하다) 【过】guò ¶~ 무엇으로 살아가느냐? | 他靠什么过日子? ¶하루 하루 잘 살아가고 있다 | 天天过得很好。❹(생동하다) 【活生生】huóshēngshēng【生动】shēngdòng ¶몸소 살아있는 사실을 체험하다 | 亲自体验tǐyàn活生生的事实。¶마지막 한 줄로 이 시가 살았다 | 这首诗的最后一行使整首诗得生动。❺(벼슬을) 【当】dāng【过】guò ¶벼슬을 ~ | 当长工。¶벼슬을 ~ | 过仕宦生活。❻(징역을) 【服】fú【坐牢】zuòláo ¶그는 살인죄를 범하여 징역 10년을 살았다 | 他犯了罪, 服了十年的徒刑túxíng。❼(돋보이게 하다) 【突出】tūchū ¶중점을 살리다 | 突出重点。¶개성이 ~ | 个性gèxìng突出。❽(불이) 【燃】rán ¶새벽까지 화로의 불이 살아 있었다 | 直到清晨

火盆里的火还燃着呢.

ᶜ**살랑살랑** 閉하짓 【布噜布噜】bùlū bùlū ¶【习习】xíxí 【淅淅】xīxī ¶꼬리가 ~ 흔들리고 있다|尾巴在布噜布噜地搖晃着|春바람이 ~ 분다|春风chūn-fēng习习地吹chuī着.

ᶜ**살래살래** 閉 【轻轻地摇摆】qīngqīng·de yáoyáo ¶고개를 ~ 젓다|轻轻地摇摆头.

살렘[Salem] 閱〈地〉【塞勒姆】Sàilèmǔ [미국 "俄勒冈E勒gāng"(오리건;Oregon) 주의 주도(州都)]

살롱[프 salon] 閱 ❶ (상류 사회의 사교모임)【沙龙】shālóng【会客室】huì-kèshì 【交谊室】jiāoyìshì ¶~ 모임|聚会沙龙. ❷ (전람회·전람실)【角】jiǎo【展览会】zhǎnlǎnhuì【展览室】zhǎnlǎnshì ¶문학 ~|文学角. ¶~ 문학|沙龙文学. ❸ (다방·미장원 등의 업소 이름에 쓰이는)【总汇】zǒnghuì【城】chéng【馆】guǎn【院】yuàn【美容院】měiróngyuàn【高级酒巴】gāojí jiǔbā【서울 커피 ~|汉城咖啡馆.¶양주 ~|洋酒总汇. 참고〔沙笼〕〔纱龙〕〔纱笼〕〔萨摩〕.

살륙[殺戮] 閱하타 【杀戮】shālù【屠杀】túshā ¶많은 백성이 무참하게 죽게 되다|许多老百姓遭惨cǎnzāo之杀戮. 참고〔屠戮túlù〕

ᴬ**살리다** 閏 ❶ (소생시키다)【救】jiù【回生】huíshēng【救活】jiùhuó ¶사람을 ~|救人.¶죽은 목숨을 ~|起死回生. ❷ (부양하다)【养活】yǎnghuó【胡口】húkǒu ¶식구를 먹여 ~|胡口.¶가족을 먹여 ~|养家户口. ❸ (발전시키다)【发展】fāzhǎn【发挥】fāhuī【保持】bǎochí【振兴】zhènxīng ¶민족음악을 ~|发展民族mínzú音乐yīnyuè.¶장점을 ~|发挥特长.¶독자성을 ~|保持独立性. ❹ (활용하다)【活用】huóyòng【运用】yùnyòng【发挥】fāhuī【发扬】fāyáng【吸取】xīqǔ【留】liú ¶배운 지식을 ~|活用所学的知识zhī·shi.¶경험을 ~|运用经验.¶모서리를 ~|留角jiǎo.

ᴮ**살림** 閱하짓 ❶ (생계)【生活】shēnghuó【生计】shēngjì ¶새 ~을 시작하다|开始kāishǐ新生活.¶가정 ~|家庭生计. ❷ (살림살이)【家务】jiāwù ¶~을 하다|做家务.¶~을 꾸려 가다|操持cāochí家务.

살림꾼 閱 ❶ (살림을 맡은 사람)【管家的】guǎnjiā·de 【当家的】dāngjiā·de【家主】jiāzhǔ ¶가장 유능한 ~은 이 씨이다|最能管家的, 是老李. ❷ (알뜰한 사람)【会当家的人】huìdāngjiā·de rén【好管家】hǎoguǎnjiā【好当家】hǎodāngjiā 참고〔当家人〕〔家主翁jiāzhǔwēng〕〔当头tóu人〕

ᶜ**살림살이** 閱 ❶ (생계)【生活】shēnghuó【生计】shēngjì【经济生活】jīngjì shēnghuó ¶단출한 ~|简单jiǎndān的家庭生活.¶~가 괜찮다|生活不错. ❷ (세간)【家什】jiāshí【用具】yòngjù【用品】yòngpǐn ¶~를 새로 장만하다|新置家什.¶주방 ~|厨房chúfáng用具.¶결혼 3년 만에 ~가 꽤 늘었다|结婚三年, 家什添了不少. 참고〔家具jiājù〕〔家庭用品〕

살림집 閱 【住宅】zhùzhái【住房】zhùfáng

살맛 【活头儿】huó·tour ¶내게 또 무슨 ~이 있겠니!|我还有什么活头儿!¶~이 나다|活得有意思. 참고〔活的意义〕〔生活乐趣〕〔生活的价值〕

ᴬ**살며시** 閉 【悄悄地】qiāoqiāo·de【轻轻地】qīngqīng·de ¶~ 훔쳐보다|悄悄地偷tōu看.¶~ 자리를 뜨다|悄悄地离开座位.¶~ 눈을 감다|轻轻地闭bì上眼睛.

살모사[殺母蛇] 閱〈動〉【短尾蝮蛇】duǎnwěifùshé【蝮蛇】fùshé

살바도르달리[Salvadordali] 閱〈商標〉【沙娃蒂妮】Shāwádìnī

살벌[殺伐] 閱하짓 【杀气腾腾】shāqì téngténg【阴森可怕】yīnsēn kěpà ¶~한 분위기|杀气腾腾的气氛.¶~한 광경|阴森可怕的场面.

ᴮ**살살** 閉 ❶ (가만히)【悄悄地】qiāoqiāo·de ¶눈치를 ~ 보다|悄悄地看眼色yánsè.¶~ 뒤를 밟다|悄悄地跟踪. ❷ (그럴듯하게 꾀는 모양)【巧妙地】qiǎomiào·de ¶아이에게 ~ 달래다|巧妙地哄hōng孩子.¶~ 꾀어 데려오다|巧妙地领lǐng来. ❸ (바람이 부드럽게 부는 모양)【轻轻(地)】qīngqīng(·de) ¶봄바람이 ~

불어온다 | 春风轻轻吹chuī来。❹
(녹는 모양) 【微微】wēiwēi ¶아이스
크림이 입안에서 ~ 녹는다 | 冰其淋b-
īngqílín在嘴zuǐ里微微地化了。❺
(배가 조금씩 아픈 모양) 【隐隐】yǐnyǐ-
n ¶배가 ~ 아프다 | 肚子隐隐作痛。
❻ (따뜻해지거나 끓는 모양) 【咕噜
咕噜】gū·lugū·lu 【渐渐】jiànjiàn ¶방
바닥이 ~ 끓는구나 | 炕头渐渐热起
来。

ᵃ**살생**[殺生] 몡하자타 【杀生】shāshēng
【屠杀生灵】túshā shēnglíng ¶~을
금하다 | 禁止屠杀生灵。

ᴮ**살아가다** 동 【生活】shēnghuó 【过日
子】guò rì·zi 【过活(儿)】guò/huó(r)
【谋生】móushēng 【活下去】huóxiàqù
¶하루 하루 ~ | 一天一天地过活。
¶살아가기 위한 수단 | 谋生的手段
shǒuduàn | ¶대대로 살아갈 이 땅 |
祖祖辈辈生活下去的这片土地tǔdì。
(참고)〔度日〕〔度命〕

ᶜ**살아나다** 동❶ (소생하다) 【复活】fùhu-
ó 【复生】fùshēng ¶죽은 사람이 운다
고 살아나겠느냐 ? | 人死了, 哭能让死
人复活吗? ❷ (불 등이) 【复燃】fùrán
¶모닥불이 꺼졌다가 다시 살아났다
| 篝火gōuhuǒ烧尽了, 又复燃了。❸
(구조되다) 【摆脱】bǎituō ¶곤경에서
~ | 摆脱困境kùnjìng。❹ (회상되
다) 【想起】xiǎngqǐ 【浮现】fúxiàn 【重
现】chóngxiàn ¶머리속에 즐거웠던
지난 일들이 ~ | 头脑里想起快乐kuài-
lè的往事。¶지나간 일들이 또 눈앞
에 ~ | 往事又浮现在眼前。❺ (회복
되다) 【恢复】huīfù ¶질서가 점차 ~
| 秩序zhìxù渐渐恢复复了。(참고)〔苏醒
过来〕〔活转过来〕〔活下来了〕〔开
动〕〔重新转动〕〔显示〕〔现露出〕〔表现
出〕

살아남다 동 【存活】cúnhuó 【生存】shē-
ngcún ¶이번 지진에서 몇 사람 살아
남지 못했다 | 这次地震没生存几个
人。

살아생전[−生前] 몡 【生前】shēngqiá-
n 【生平】shēngpíng 【一辈子】yíbèi·zi
¶아버지가 ~에 쓰시던 만년필이다
| 这是父亲生前用的钢笔gāngbǐ。¶
~ 처음 보는 기적 | 生平第一次看到
的奇迹。

살얼음 몡 【薄冰】bóbīng ¶아침저녁으
로 ~이 얼다 | 早晚zǎowǎn结薄冰。
¶~ 위를 걷는 듯이 조심하다 | 如履l-
ǔ薄冰。

살육[殺戮] 몡하타 【杀戮】shālù 【屠
杀】túshā ¶~을 자행하다 | 肆无忌
惮地杀戮。

살을 에다 관용 【刺骨】cìgǔ 【针扎】zhē-
nzhā ¶살을 에는 듯한 추위 | 刺骨的
严寒。

살의[殺意] 몡 【杀意】shāyì 【杀机】shā-
jī ¶~를 품다 | 怀huái杀意。

ᵃ**살인**[殺人] 몡하자 【杀人】shā/rén 【致
死】zhìsǐ ¶~미수 | 杀人未遂。¶~
죄를 저지르다 | 犯了杀人罪。¶~
사건이 발생하다 | 发生了杀人案件。

살인범[殺人犯] 몡 【杀人犯】shārénfà-
n ¶~의 억울한 누명을 뒤집어 쓰다
| 被扣kòu上杀人犯的冤枉罪名。

살인적[殺人的] 관 몡 【残酷的】cánk-
ù·de ¶~인 교통난 | 残酷的交通难ji-
āotōngnán。

살점[−點] 몡 【肉块】ròukuài 【肉片】rò-
upiàn

ᵃ**살짝** 부❶ (힘들이지 않고 가볍게) 【嗖
嗖】sōulōu 【轻悄地】qīngqiāo·de ¶
문을 열다 | 轻悄地打开门kāimén。
¶~ 집어 먹다 | 嗖嗖地拿着吃chī。
¶~ 들어올리다 | 轻悄地抬tái起来。
❷ (약간) 【稍稍地】shāoshāo·de 【微
微地】wēiwēi·de ¶시금치를 ~ 데치
다 | 把菠菜bōcài稍稍地焯chāo一
下。¶~ 얼굴을 붉혔다 | 脸变得微
红/脸微微红了。❸ (남이 모르게)
【暗中】ànzhōng 【暗地里】àndìli 【偷
偷】tōutōu·de ¶~ 알아보다 | 暗中
打听dǎtīng。¶~ 엿보다 | 暗地里偷
看。¶~ 바꾸어 놓다 | 偷偷地换起
来。(참고)〔稍微〕〔略微〕〔暗暗里〕

ᵇ**살찌다** 동 【发胖】fāpàng 【长膘】zhǎng
/biāo 【长肥】zhǎngféi ¶너무 살이 쪘
다 | 长得太胖了。¶이 두 마리 토끼
모두 매우 살찌다 | 这两只兔子tù·zi
都很肥。(참고)〔肥满〕〔养肥〕〔脑满
肠肥脑满〕

ᶜ**살찌우다** 동 【育肥】yùféi 【养肥】yǎng
féi 【喂肥】wèiféi 【上膘】shàng/biāo ¶돼
지를 ~ | 使猪zhū上膘。

살판나다 동 【扬眉吐气】yángméitǔqì

【走红运了】zǒuhóngyùn·le【碰上了好运气】pèngshàng·le hǎoyùnqì【一跤跌在青云里】yìjiāodiē zàiqīngyún·li【交了好运】jiāo·le hǎoyùn ¶많은 유산이 굴러 들어와 살판났다 | 天上掉下这么多遗产yíchǎn, 真是走上运了。¶이제 어른들의 간섭이 없어졌으니 살판났구나 | 以后没有了大人的干涉gānshè, 可扬眉吐气了。

^B**살펴보다** 동【察看】【观察】guānchá【打量】dǎ·liang【审视】shěnshì ¶안색을 ~ | 察看脸liǎn色。¶동정을 ~ | 察看动静jìng。¶그의 모습을 살펴보았다 | 打量了一下他的样子yàng·zi。¶회의에 참석한 사람들의 얼굴을 하나 하나 살펴보았다 | ——观察了参加会议的面孔。[參考]〔细看〕〔打探〕〔注目〕〔注视〕

살포 (撒布) 명 하타【散布】【散发】sànfā【散洒】sànsǎ【喷洒】pēnsǎ ¶전단을 ~하다 | 散布传单chuándān。¶살충제를 ~하다 | 散洒杀虫粉shāchóngfěn。¶농약을 ~하다 | 喷洒农药nóngyào。[參考]〔撒〕

살포시 튀【悄悄地】qiāoqiāo·de【轻轻地】qīngqīng·de【安静地】ānjìng·de ¶그녀는 ~ 내게로 다가섰다 | 她悄悄地靠近了我。¶~ 다가 서다 | 悄悄地靠近。¶~ 눈을 감다 | 轻轻地闭上眼睛。

^A**살피다** 동【察看】chákàn【刺探】cìtàn【观察】【注视】zhùshì ¶눈치를 ~ | 察看眼色yánsè/察看眼神儿shén儿。¶집안의 동정을 ~ | 刺探屋里的动静dòngjìng/观察屋里的动静jìng。¶정세를 ~ | 观察局势júshì/观察政治zhèngzhì局势。[參考]〔细视xì看〕〔观看〕〔注目〕〔瞩望〕

살해 (殺害) 명 하타【杀害】shāhài【杀死】shāsǐ ¶~범 | 杀人犯。¶무고한 백성을 ~하다 | 杀害无辜wúgū百姓。¶유괴한 어린애를 ~하다 | 杀死诱拐yòuguǎi的孩子。

^A**삶** 명 ❶ (살아 있는 일)【生】shēng【活】huó【生活】shēnghuó【生存】shēngcún ¶~과 죽음 | 生与死。¶~이란 얼마나 아름다운가 | 人生, 多么美丽lì啊。¶~의 보람 | 生存的意义。¶~에 대하여 회의를 느낀다 | 对生活

有怀疑huáiyí。❷ (날마다의 생활)【日子】rì·zi ¶풍족한 ~ | 丰衣足食的日子。❸ (목숨)【生命】shēngmìng ¶정치적 ~ | 政治生命。¶~을 건지다 | 拯救zhěngjiù生命。

^A**삶다** 동 ❶ (끓이다)【煮】zhǔ【炜】hū ¶국수를 ~ | 煮面条。❷달걀을 ~ | 煮鸡蛋jīdàn。¶삶은 빨래 | 煮洗衣物yīwù。❷ (구슬리다) 说通【买通】mǎitōng ¶세무소 직원을 (구워) 삶았다 | 买通了税务所的人。¶고집이 센 사람이니 잘 삶아 두어라 | 是固执gùzhí的人, 要好好买通。❸ (흙을 부드럽게 하다)【耕软】gēngruǎn

삼¹ [三] 수【三】sān ¶~회 | 三次。¶~년 | 三年。

삼² (植) 【大麻】dàmá ¶~을 심어 마약을 제련하다 | 种大麻, 提炼炼tíliàn粉。[參考]〔火麻〕〔秋麻〕〔线麻〕〔苘qǐng麻〕

삼³ (蔘) 명 ☞ 인삼

삼가 튀【敬】jìng【谨】jǐn ¶~ 사의를 표합니다 | 谨表谢意xièyì。¶~ 고인의 명복을 빌다 | 谨祝zhù故人之冥福míngfú。

삼가다 동 ❶ (절제하다)【节】jié【节制】jiézhì【禁】jìn ¶담배를 ~ | 节制吸烟xīyān。¶술을 ~ | 节酒。❷ (조심·신중하다)【谨慎】jǐnshèn【慎重】shènzhòng【慎】shèn【小心】xiǎoxīn【注意】zhùyì ¶조심하고 ~ | 小心谨慎。¶언행을 ~ | 慎重言行yánxíng。

^C**삼각** [三角] 명【三角】sānjiǎo ¶~팬티 | 三角裤。¶~형 | 三角形。

삼각 관계 [三角關係]【三角关系】sānjiǎo guān·xì ¶그들 사이는 복잡한 일종의 ~이다 | 他们之间是一种复杂fùzá的三角关系。¶한국, 일본, 중국 간의 ~ | 韩国, 日本, 中国间的三角关系。

^B**삼거리** [三−]【三岔路口】sānchàlùkǒu【三岔口】sānchàkǒu

^C**삼겹살** [三−]【五花肉】wǔhuāròu [參考]〔五花(儿)〕〔五花三层(儿)〕

삼관왕 [三冠王]【三冠王】sānguānwáng【三连冠】sānliánguān ¶육상에서 ~을 차지하다 | 田竞tiánjìng获h-

499

uǒ三连冠。

^C**삼국**[三國] 명 ❶ (삼개국)【三国】Sān Guó ¶~이 정립하다 | 三国鼎立dǐnglì。 ¶~ 협정 | 三国协定。❷ (제삼국)【第三国家】dìsānguójiā ¶ (제)~의 간섭을 배척하다 | 排斥páichì第三国家的干涉gānshè。

^A**삼다** 통 ❶ (어떤 관계를 맺다)【娶】qǔ【招】zhāo【收】shōu ¶아내로 ~ | 娶妻qī。¶사위를 ~ | 招女婿nǚxù。¶그를 제자로 ~ | 收他为弟子。❷ (…으로 여기다)【当做】dàngzuò【看做】kànzuò【作为】zuòwéi ¶경쟁의 대상으로 ~ | 当做竞争的对象duìxiàng。¶다시없는 영광으로 ~ | 看做是独一无二的光荣guāngróng。¶칭찬을 일종의 원동력으로 삼아야 한다 | 要把表扬biǎoyáng当做一种动力dònglì。¶벗으로 ~ | 作为朋友。[참고] 〔取〕〔接〕〔当成〕〔当作〕〔以为〕

삼대[三代] 명【三代】sāndài ¶~ 독자 | 三代独子 | 三代单传。¶~가 한집에 살다 | 三代同堂tóngtáng。¶한 집에서 ~가 살다 | 一家三代住在一起生活shēnghuó。[참고] 〔三辈子〕〔三后〕

삼라만상[森羅萬象] 명【森罗万象】sēnluó wàn xiàng【包罗万象】bāo luó wàn xiàng【世间万物】shì jiān wànwù

삼류[三流] 명【三流】sānliú ¶~소설 | 三流小说。

^B**삼림**[森林] 명【森林】sēnlín ¶~지대 | 森林地区。

삼면[三面] 명 ❶ (세 방면)【三面】sānmiàn【三个方向】sānge fāngxiàng【三个方面】sānge fāngxiàng ¶~이 바다로 둘러 싸이다 | 三面环海huánhǎi。❷ (신문의 사회면)【第三版】dì sānbǎn【社会面】shèhuìmiàn ¶~에 실린 소식 | 登dēng在第三版上的新闻xīnwén。

^C**삼발이** 명 ❶【火支子】huǒzhī·zi【火架儿】huǒjiàr ❷【三脚架】sānjiǎojià【三脚台】sānjiǎotái

^B**삼베** 명【麻布】mábù【麻纱】máshā

삼복[三伏] 명【三伏】sānfú【暑伏】shǔfú ¶~더위 | 伏热/伏暑。

삼분[三分] 명하타【三分】sānfēn ¶천하를 ~하다 | 三分天下。

삼분 오열[三分五裂] 명【三分五裂】sā-

nfēn wǔliè ¶당이 ~의 상태에 빠지다 | 党dǎng陷入xiànrù三分五裂的状态zhuàngtài。

삼삼 오오[三三五五] 뭉【三五成群】sān wǔ chéng qún ¶학생들이 ~ 교정에서 술을 마시고 노래를 부른다 | 学生们三五成群地在校园里喝酒, 唱歌。¶~ 재잘거리며 교문을 나서는 학생들 | 三五成群地吱吱喳喳zhīzhīchāchā着出校门的学生们。

삼삼하다 형 ❶ (싱겁다)【淡】dàn ¶김치가 좀 ~ | 泡菜pàocài稍淡一点。❷ (기억이 생생하다)【历历】lìlì ¶지나간 어린 시절의 일들이 눈앞에 ~ | 童年tóngnián往事, 历历在目。¶아직도 그 때 일이 눈에 ~ | 当时的事还历历lìlì在目。[참고] 〔记忆犹新〕

삼세번[三─番]【整整三次】zhěngzhěng sāncì【就三次】jiùsāncì ¶~으로 승부를 가리자 | 三战决胜负。[참고] 〔不加不减就是三次〕

삼십[三十] ㈜【三十】sānshí ¶~명 | 三十名。

삼십육계[三十六計] 명【三十六策(计)】sānshíliùcè(jì) ¶~ 줄행랑이 상책이다 | 三十六计, 走为上策shàngcè(计)。

^C**삼엄**[森嚴] 명하형【森严】sēnyán ¶~한 분위기가 가득하다 | 充满chōngmǎn着森严的气氛qìfēn。¶경비가 ~하다 | 戒备jièbèi森严。¶~한 경계 | 森严的警戒jǐngjiè。

삼위[三位] 명 ❶【第三名】dì sānmíng【季军】jìjūn ¶경기에 참가하여 ~를 차지하다 | 参加cānjiā了比赛bǐsài获得第三环。❷【第三位】dì sānwèi ❸【三位一体】sānwèi yìtǐ

^C**삼일 운동**[三一運動]【三一运动】sānyī yùndòng

삼일장[三日葬] 명【三日葬】sānrìzàng【三日葬礼】sānrìzànglǐ ¶~을 치르다 | 举行三日葬礼。

^C**삼일절**[三一節] 명【三一节】sānyī jié

^C**삼자**[三者] 명 ❶ (세 사람)【三者】sānzhě【三方】sānfāng ¶~가 협의하다 | 三方进行jìnxíng协商xiéshāng。¶~ 회담 | 三方会谈huìtán。❷ (당사자 이외의)【第三者】dìsānzhě【旁观者】pángguānzhě【局外人】júwàirén—

n ¶~가 끼어들다 | 第三者介入。¶
~가 보면 더 분명하다 | 旁观者清。
¶~는 간여할 수 없다 | 局外人不许
干涉。

삼차원[三次元;3D;three dimensions]
명〈電算〉【三维】sānwéi【三度】sānd·
ù【立体】lìtǐ ¶~ 세계 | 三维世界。

ᶜ**삼천리 강산**[三千里江山] 명【三千里
江山】sānqiānlǐ jiāngshān

ᴬ**삼촌**[三寸]【叔父】shūfù【叔叔】sh·
ū·shu

ᴮ**삼키다** 통 ❶ (목구멍으로 넘기다)
【咽】yān【吞】tūn【吞噬】tūnshì ¶꼭
꼭 씹어~ | 细嚼慢咽。¶침을~ |
直咽唾沫tuòmò。¶한 입에~ | 一口
吞掉。❷ (억지로 참다)【忍住】rěnzh·
ù ¶억지로 눈물을 ~ | 强咽泪水lèish·
uǐ。¶고통스러운 신음소리를 입속으
로 ~ | 忍住痛苦tòng的呻吟shēnyín。❸
(휩싸서 흔적도 없애다)【淹没】yān·
ò【吞没】tūnmò【吞灭】tūnmiè ¶홍수
가 농작물을 삼켜버렸다 | 洪水淹没了
庄稼。¶사나운 파도가 고깃배를
~ | 巨浪吞掉渔船。❹ (횡령하다)
【吞】tūn【吞并】tūnbìng【侵吞】qīntūn
【吞噬】tūnshì【吞灭】tūnmiè ¶그는
사사로이 공금을 삼켰다 | 他私吞了
一笔公款。¶히틀러는 온 세계를 삼
키려는 망상을 키웠다 | 希特勒xītèlè
妄图wàngtú把整个世界都吞下去。¶
다른 나라의 영토를 ~ | 侵吞别国领
土。 참고〔埋没〕〔盖过〕

삼투[渗透] 명【渗透】shèntòu ¶~압
| 渗透压yā。¶~ 작용 | 渗透作用。

ᶜ**삼팔선**[三八線] 명【三十八度线】sā·
nshíbādù xiàn【三八线】sānbāxiàn

ᴬ**삽**[鍤]【锹】xiān【锹】qiāo ¶나무~
| 木锨。¶~ 하나 깊이로 파다 | 挖
wā一锨深。 참고〔铲chǎn〕

삽살개 〈動〉【狮子狗】shī·zigǒu【巴
儿狗】bārgǒu【哈巴狗】hǎ·bagǒu 참고
〔巴狗儿〕〔哈吧狗〕

삽시간[霎時間] 명【一刹那】yīchànà
【霎时】shàshí【霎时间】shàshíjiān
【一瞬间】yíshùnjiān ¶삽시간에 온통
불바다가 되었다 | 一刹那满城都成了
火海。¶~에 먹어 치우다 | 一瞬间
吃掉chīdiào。 참고〔一霎(儿)〕〔一霎
时〕〔一瞬〕

삽입[插入;insert] 명하타【插入】chā·
rù【嵌入】qiànrù ¶플러그를 ~하면 전
기가 통하게 된다 | 把插头chātou插
上电就通了。¶계약서에 한 구절 ~
하다 | 在合同hétong中嵌入一句。

ᶜ**삽질**[鍤一] 명하자【铲土】chǎntǔ【动
锹】dòngqiāo

삽화[插畫] 명하자【插图】chātú ¶~를 그
리다 | 画插图。¶책의 본문 앞의 ~
| 扉页fēiye插图。

ᴬ**상¹**[相] 명【相】xiàng【像】xiàng【相
貌】xiāngmào ¶귀인의 ~을 가졌다
| 有贵人guìrén之相。¶화가 난 ~ |
生气shēngqì相。

ᴬ**상²**[床] 명❶ (탁자)【桌子】zhuō·zi ¶
책을 ~ 위에 올려 놓으세요 | 请把书放在
桌子上。¶~을 푸짐하게 차리다 |
摆了一桌丰盛fēngshèng的饭菜。❷
(식탁)【饭桌】fànzhuō ¶~을 차려놓
다 | 摆好饭桌。

ᴬ**상³**[賞]【赏】shǎng【奖】jiǎng ¶~
을 걸다 | 悬xuán赏。¶공로를 따져
~을 주다 | 论功lùngōng行赏。¶~
을 받다 | 得奖。¶~을 주다 | 颁bān
奖。 참고〔奖品〕〔奖赏品〕

상⁴[上]【上】shàng【上等】shàngdě·
ng ¶그 아이의 학교 성적은 ~에 속
한다 | 那个孩子在学校的成绩属shǔ
上等。

상⁵[喪] 명【居丧】jūsāng【丧】sāng ¶~
중 | 居丧中。¶~을 입다 | 有丧
事。

—**상⁶**[一上] 回【上】shàng ¶습관~ |
习惯上。¶형편~ | 情况上。

—**상**[一商] 回【商】shāng【商人】chā·
ngrén ¶고물~ | 旧货商。

ᶜ**상가**[商街] 명【商街】shāngjiē【商业
街】shāngyèjiē【商区】shāngqū ¶~
| 商店街。

상가²[喪家] 명【丧家】sāngjiā【居丧人
家】jūsāng rénjiā ¶~ 사람을 만나면
몇 마디 위로의 말을 해야 한다 | 见着
丧家得说两句吊唁diàoyàn的话。

상감[象嵌] 명【镶嵌】xiāngqiàn ¶~
한 진주가 반짝반짝 빛을 발하다 | 镶
嵌的珍珠闪闪发亮。¶벽에 벽화를
~해 넣다 | 墙壁qiángbì上镶嵌着一

幅壁画。¶보석을 ~한 반지 | 镶嵌宝石的戒指jièzhǐ。(참고)〔嵌镶〕

°상감마마[上監媽媽] 몡 **【陛下】**bìxià 【殿下】diànxià

°상거래[商去來] 몡 ☞ 거래

상견례[相見禮] 몡 **【相见礼】**xiāngjiànlǐ 【相见】xiāngjiàn ¶양국 원수의 ~ | 两国元首yuánshǒu的相见礼。

상경[上京] 몡[하자] **【上京】**shàng/jīng 【进京】jìn/jīng ¶~하여 과거 시험을 보다 | 上京赶考gǎnkǎo。(참고)〔晉jìn京〕〔入京〕

상고[上告] 몡[하자] 〈法〉**【上诉】**shàngsù ¶~심 | 上诉审。¶~ 기각 | 驳回bóhuí上诉。¶판결에 불복하면 ~를 제기할 수 있다 | 不服判决, 可以提出上诉。

°상공[上空] 몡 **【上空】**shàngkōng 【领空】lǐngkōng ¶비둘기떼가 천안문을 맴돈다 | 鸽群gēqún在天安门广场上空盘旋pánxuán。¶적기가 ~에 침입하였다 | 敌机díjī侵入领空。

°상공[商工] 몡 **【工商】**gōngshāng ¶~업 | 工商业yè。¶~조합 | 工商联合体/工商合营。¶~회의소 | 工商联合会/商工会议所/商会。

°상관[上官] 몡 **【上官】**shàngjīī【上司】shàng·si【长官】zhǎngguān ¶직속 ~ | 直属zhíshǔ上级/顶头dīngtóu上司。¶~에게 보고하다 | 报告bàogào给长官。

ᴮ상관[相關] 몡[하자타] **❶**(관련하다) **【相关】**xiāngguān 【关系】guān·xi 【相干】xiānggān ¶~없다 | 没有关系。¶이 일은 큰 일과 ~이 있다 | 这事关系到大事。¶이 일은 너와 ~이 없다 | 这事儿跟你不相干。**❷**(간섭하다) 【干预】gānyù 【管】guǎn ¶남의 일에 절대로 ~하지 마시오 | 千万qiānwàn别干预人家的事儿。¶~하지 않을 수 없다 | 不能不管。¶쓸 데 없는 ~ 말아라 | 别管闲事xiánshì。(참고)〔相关关系〕〔干与〕〔在乎〕〔介意〕

상권[商權] 몡 **【商权】**shāngquán ¶~을 장악하다 | 掌握zhǎngwò商权。¶~ 다툼 | 商权之争。

상극[相剋] 몡 **❶**(서로 어울리지 않음) **【相克】**xiāngkè 【互不相容】hù bù xiāng róng ¶물과 불은 ~이다 | 水火

不相容。¶저 두 사람은 서로 ~이다 | 那两人是互不相容。**❷**(충돌함) 【闹对立】nào duìlì 【死对头】sǐduì·tou ¶그 두 사람은 늘 ~이다 | 那两个人始终shǐzhōng闹对立。¶그는 나와 ~이다 | 他是我的死对头。

°상금[賞金] 몡 **【奖金】**jiǎngjīn ¶~ 제일 주인 | 奖金非帅 guàshuài。¶~ 100만원 | 奖金一百万。

°상급[上級] 몡 **【上级】**shàngjí 【上司】shàng·si ¶~ 법원 | 上级法院。¶~기관 | 上级机关。¶~ 조직 | 上级组织zǔzhī。(참고)〔高一级〕

상기[想起] 몡[하자] **【想起】**xiǎngqǐ ¶옛일을 ~하다 | 想起往事。¶불행했던 시절을 ~하다 | 想起不幸年代。(참고)〔想起来〕

°상기[上氣] 몡[하자] **【涨红】**zhànghóng 【脸红】liǎn/hóng ¶~한 얼굴 | 涨红了的脸。¶그는 그녀의 소식을 듣자마자 얼굴이 ~되었다 | 他一听到她的消息, 就脸红了。

ᴮ상냥하다 혱 **【和蔼】**hé'ǎi 【和气】hé·qi 【亲切】qīnqiè 【慈祥】cíxiáng 【温文尔雅】wēn wén ěr yǎ ¶상냥스럽게 대해주다 | 亲切地对待duìdài。¶상냥하게 말하다 | 和气地说。

상념[想念] 몡 **【浮想】**fúxiǎng 【思念】sīniàn 【杂念】zániàn ¶갖가지 ~이 오락가락하다 | 各种各样的杂念弄得他很烦。

°상놈[常-] 몡 **❶**(신분이 낮은 남자) **【平民】**píngmín ¶많은 ~을 죽이다 | 杀死了许多xǔduō平民。**❷**(본데 없이 막된 남자) 【混蛋】hùndàn 【坏蛋】huàidàn (참고)〔下人〕〔下贱jiàn的人〕〔浑蛋húndàn〕

상단[上段] 몡 **【上段】**shàngduàn 【第一段】dì yīduàn

ᴮ상담[相談] 몡[하자] **【洽谈】**qiàtán 【商谈】shāngtán 【商量】shāng·liang ¶사업에 대해 ~하다 | 洽谈生意。¶무역 협정을 ~하다 | 商谈贸易màoyì协定xiédìng。¶그와 한 가지 일을 ~하다 | 跟他商量一件事情。

상담소[相談所] 몡 **【接洽处】**jiēqiàchù 【咨询处】zīxúnchù 【介绍所】jièshào·uǒ ¶법률 ~ | 法律fǎlǜ咨询处。¶혼인 ~ | 婚姻hūnyīn介绍所。¶직업

~ | 직업zhíyè介绍所。

^B**상당**[相當] 명 해형 ❶ (맞먹다)【相当】
xiāngdāng ¶죽음에 ~하는 죄 | 相当
于死刑xíng的罪。¶직업량에 ~하
는 보수 | 相当于工作量的报酬bàochóu。❷ (적당하다)【相当】xiāngdāng
【适合】shìhé【适当】shìdàng ¶중학
졸업수준에 ~하다 | 相当于中学毕业
bìyè水平。¶이 일에 ~하는 사람을
아직 찾지 못했다 | 还没有找到合适
这个工作的人。¶자기 능력에 ~한
직업 | 适合自己能力的职业zhíyè。
❸ (보통 수준을 넘는 상태다)【相当】
xiāngdāng ¶~한 실력가 | 相当的实
力家shílìjā。¶그 사람의 실력도 ~
하다 | 那人的实力也相当。

상당수[相當數] 명【相当数】xiāngdā-
ngshù ¶~의 학생들이 아르바이트를
하다 | 相当数的学生xuéshēng在打工
dǎgōng。

^C**상당히**[相當—] 부【相当】xiāngdāng
【颇】pō ¶~하다 좋다 | 相当好。¶~ 중
요한 결정 | 相当重要的决定juédìng。¶~ 많다 | 颇多。

^B**상대**[相對] 명해자 ❶ (대면)【相对】xi-
āngduì【当面】dāngmiàn【面对面】mi-
àn duì miàn ¶~하고 앉다 | 相对而
坐。¶얼굴을 ~하고 앉아 이야기하
다 | 面对面地坐着谈。❷ (대상)【对
方】duìfāng【对象】duìxiàng ¶~의
의견을 존중하다 | 尊重zūnzhòng对
方的意见。¶그는 이미 교제 ~가 생
겼다 | 他已经有了对象。¶결혼의 ~
를 물색하다 | 物色wùsè结婚对象。
❸ (적수)【对手】duìshǒu【是个儿】shì-
gèr ¶너는 그의 ~가 아니다 | 你可
不是他的对手。¶경쟁 ~자가 나타
나다 | 出现竞争jìngzhēng对手。❹
(대치)【对立】duìlì【相对】xiāngduì
【相反】xiāngfǎn ¶그는 줄곧 중앙과
~하였다 | 他一向跟中央相对立。
立。¶아름다움과 추함은 ~적이다
| 美与丑chǒu是相对的。❺ (교제)
【答理】dā·lǐ【理会】lǐhuì【来往】lái·
wǎng ¶남들은 우리를 ~하지 않는다 |
人家不答理咱们了。¶그런 사람과는
~하기 싫다 | 不愿跟那种人。¶그는
~하기 힘들다 | 跟他很难打交道。❻
(응답)【应对】yìngduì【对付】duì·fu

~ | 职业zhíyè介绍所。

〔对家〕〔理睬儿lǐcǎir〕
〔对待〕〔应付〕〔交往〕〔打交待〕〔打交
代〕

^B**상대방**[相對方] 명【对方】duìfāng【对
象】duìxiàng【对手】duìshǒu

상대자[相對者] ☞ 상대방

상대적[相對的] 관용【相对】xiāngduì
¶~ 우위 | 相对优越yōuyuè/相对有
利条件。¶~으로 생각하다 | 相对地
想。¶~ 빈궁화 | 相对贫困化。

^B**상대편**[相對便] 명【对方】duìfāng ¶
~과 의논하여 결정하다 | 与对方商
议shāngyì决定。

상등[上等] 명【上等】shàngděng【上
色】shàngsè【高级】gāojí【高档】gāo-
dàng ¶~품질 | 上等品质。¶~병 |
上等兵。

상등석[上等席] 명【上等座位】shàngd-
ěng zuòwèi【雅座】yǎzuò ¶~에 앉아
서 관람을 하다 | 坐在上等座位观看guānkàn。

상등품[上等品] 명【上等品】shàngdě-
ngpǐn【上品】shàngpǐn【上等货】shà-
ngděnghuò【头等货】tóuděnghuò ¶~
녹차 | 上品绿茶lǜchá。¶~ 술 |
上等好酒。

상례[常例] 명【常例】chánglì【常规】
chánggūi【常规】chánggūi ¶~에 따르다 | 沿用yányò-
ng常规。¶~대로 처리하다 | 按照à-
nzhào常规办事bànshì。¶~를 깨다
| 打破dǎpò常规。참고〔惯例〕〔平
常〕

상록수[常綠樹] 명〈植〉【常青树】chá-
ngqīngshù【常绿树】chánglǜshù

상류[上流] 명 ❶ (강의 위쪽)【上游】
shàngyóu ¶황하의 ~ | 黄河的上
游。¶한강 ~ | 汉江上游。❷ (지
위·생활 정도 등이 높음)【上流】shà-
ngliú【上层】shàngcéng ¶~사회 | 上
流社会。¶~계급 | 上层阶级。

^B**상륙**[上陸] 명해자【登陆】dēng/lù【上
岸】shàng/àn ¶태풍이 ~하다 | 台风
táifēng登陆。¶부녀자와 아이가 먼
저 ~하다 | 妇女fùnǚ和孩子先上岸。
참고〔登岸〕

상면¹[上面] 명【上面】shàngmiàn【上
边】shàngbiān

상면²[相面] 명[하다] ❶ (서로 대면함) 【会面】huìmiàn 【相会】xiānghuì 【对面】duìmiàn【相遇】xiāngyù【相见】xiāngjiàn ¶~하여 다시 이야기하다 | 见面再谈。❷ (처음으로 만나 인사함)【见面】jiàn/miàn【初次见面】chūcìjiànmiàn【相见】xiāngjiàn【见】jiàn ¶두분은 ~한 적이 있으신지요? | 两位上辈见过面了吧? ¶그를 처음으로 ~하다 | 第一次见他。

상무[常务] 명 ❶【日常业务】rìcháng yèwù ❷【常务】chángwù ¶~ 이사 | 常务理事lǐshì。¶~ 위원 | 常务委员wěiyuán。

상민[常民] 명【平民】píngmín【庶民】shùmín 참고〔平人〕〔庶黎门〕〔庶众zhòng〕〔老百姓〕

상반[相反] 명[하다] 【相反】xiāngfǎn ¶~ 관계 | 互反关系。¶그가 말한 상황과 사실은 완전히 ~되어 있다 | 他说的情况与事实正相反。

상반기[上半期] 명【上半期】shàngbànqī【上半年】shàngbànnián ¶금년도 ~ 목표를 달성하다 | 完成今年上半期的目标mùbiāo/实现今年上半年目标。

상반신[上半身] 명〈生理〉【上半身】shàngbànshēn【上身】shàngshēn【半身】bànshēn【上体】shàngtǐ ¶~ 사진을 찍다 | 照半身相。¶~을 찍은 사진 | 半身照。

상벌[賞罰] 명【奖罚】jiǎngfá ¶공정한 ~을 주다 | 给以公平的赏罚。

상병[上兵] 명【上兵】shàngbīng【上等兵】shàngděngbīng

상복[喪服] 명【丧服】sāngfú【吊装】diàozhuāng【孝服】xiàofú ¶~ 차림으로 挂孝 / 带孝。 참고〔孝褂子〕〔孝袍(儿)〕〔孝衣(儿)〕

상봉[相逢] 명[하다] 【相逢】xiāngféng【重逢】chóngféng【会面】huì/miàn ¶여기서 너와 ~하다니, 정말 뜻밖이다 | 在这里和你相逢，实在出乎意料yìliào。¶오래 헤어졌다가 다시 ~하다 | 久别重逢。¶한 번 ~한 적이 있다 | 会过一次面。참고〔见面〕〔相见〕〔邂逅 xièhòu〕

상부[上部] 명 ❶ (윗부분) 【上部】shàngbù【上面】shàngmiàn ❷ (상급기관)【上级】shàngjí ¶~ 기관 | 上级机关jīguān。¶~의 지시 | 上级的指示zhǐshì。¶~에 호소하다 | 向上级申诉shēnsù。

상사[上司] 명【上司】shàng·si ¶직속 ~ | 顶头dǐngtóu上司。¶~의 명령 | 上司的命令。

상사병[相思病] 명【相思病】xiāngsībìng

상상[想像] 명[하다][자타]【想像】xiǎngxiàng【设想】shèxiǎng ¶~이 풍부하다 | 想像丰富fēngfù。¶~하기 어렵다 | 难以想像。¶~임신 | 假像怀孕。¶~력 | 想像力。¶~조차 할 수 없다 | 不堪bùkān设想。

상석[上席] 명【上席】shàngxí【上座】shàngzuò【上首】shàngshǒu ¶손에게 ~을 양보하다 | 把上席让给客人。¶할아버지께서는 ~에 앉아 계신다 | 爷爷坐在上座。

상선[商船] 명【商船】shāngchuán【商轮】shānglún ¶~단 | 商船队。참고〔货hào船〕〔货船〕

상설[常設] 명[하다] 【常设】chángshè ¶~ 기구 | 常设机构。¶~ 기관 | 常设机关。¶~시장 | 常设市场。

상세[詳細] 명[하다] 【详细】xiángxì【仔细】zǐxì ¶그의 설명은 아주 ~하다 | 他的说明shuōmíng十分详细。¶~히 필기를 했다 | 作了详细的笔记bǐjì。¶약도를 ~히 그리다 | 仔细地画略图。¶~히 연구하다 | 仔细研究njiū。参考〔详实 xiángshí〕〔翔实 xiángshí〕〔过细〕〔细心〕〔具体〕

상소[上訴] 명[하다]〈法〉【上诉】shàngsù ¶~ 기각 | 驳回bóhuí上诉。¶판결에 불복하면 ~를 제기할 수 있다 | 不服判决pànjué，可以提出上诉。¶~인 | 上诉人。¶~권 | 上诉权quán。¶~ 법원 | 上诉法院fǎyuàn。¶~ 기한 | 上诉期限qīxiàn。

상속[相續] 명[하다] 【继承】jìchéng ¶재산을 ~하다 | 继承财产cáichǎn。¶~유산 | 继承遗产。¶~세 | 继承税/遗产税。¶~재산 | 继承财产。

상수도[上水道] 명【自来水】zìláishuǐ【上水道】shàngshuǐdào ¶~를 공급하다 | 供应gōngyìng自来水。¶~가 막혔다 | 上水道堵dǔ了。

504

^B**상수리** 명 ❶〈植〉【橡实】xiàngshí【栎实】lìshí ¶~로 만든 가루 혹은 면 | 橡实面儿miàn. ❷〈植〉【橡树】xiàng-shù【麻栎】máli【柞树】zuòshù 참고〔橡碗子xiàngwǎn·zi〕〔橡子(儿)〕〔情乞qíngshí〕〔橡果xiàngltì〕〔皂斗 zǎodòu〕〔杼chǔ〕

^B**상수리나무** 명〈植〉【橡树】xiàngshù【麻栎】máli【柞树】zuòshù

^B**상순**[上旬] 명【上旬】shàngxún ¶8월 ~에 회의를 소집하기로 결정하였다 | 决定juédìng于八月上旬召集zhàojí会议huìyì。참고〔初chū〕〔上浣huàn〕

상술[商術] 명【商道】shāngdào【商战技巧】shāngzhàn jìqiǎo ¶~이 좋다 | 商战技巧好。

상술[詳述] 명하타【详述】xiángshù【详细叙述】xiángxì xùshù ¶이 일의 경과를 ~하다 | 详述此事的经过。¶사건의 내용을 ~하다 | 详述案件内容。

상스럽다[常一] 명【卑贱】bēijiàn【卑弊】bēibì【下流】xiàliú ¶상스러운 말 버릇 | 说脏话的习惯。¶상스러운 농담 | 下流的玩笑wánxiào。¶상스러운 말 | 下流话。참고〔轻贱qīngjiàn〕〔下作xiàzuò〕

상습[常習] 명【练习】jìxí【固习】gùxí【习以为常】xí yǐ wéi cháng【惯】guàn ¶이것에 대해서는 그는 이미 ~이 되었다 | 对此他习以为常了。¶~절도 | 惯偷。참고〔习惯〕

상습적[常習的] 관명【惯习】guànxí【固习】gùxí【惯常】guàncháng ¶~인 수법 | 惯常的作法。참고〔习惯〕〔惯用〕

상승[上昇] 명하자 ❶ (위로 올라감)【上升】shàngshēng【提高】tí/gāo ¶~기류 | 上升气流qìliú。¶인기가 날로 ~하다 | 名气日益rìyì上升。¶생활 수준이 날로 ~하다 | 生活水平日益提高。❷ (물가 등이 오름)【上涨】shàngzhǎng【涨高】zhǎng/gāo ¶물가가 ~하다 | 物价wùjià上涨。¶주가가 큰 폭으로 ~하였다 | 股价gǔjià大幅度dàfúdù上涨了。참고〔向上〕〔上进〕

^B**상식**[常識] 명【常识】chángshí ¶생활 ~ | 生活常识。¶조금의 ~도 없다 |

| 一点常识也没有。

상식적[常識的] 관명【常识性】chángshí-xìng ¶~인 생각 | 常识性想法xiǎngfǎ。¶~으로 판단하다 | 常识性地判断pànduàn。

상실[喪失] 명하타【丧失】sàngshī ¶자신감을 ~하다 | 丧失信心xìnxīn。¶기회를 ~하다 | 丧失机会jīhuì。¶회원 자격을 ~하다 | 丧失会员资格zī-gé。

상심[傷心] 명하자【伤心】shāng/xīn【难过】nánguò ¶그는 이 일 때문에 아주 ~해 한다 | 他为这件事伤心透了。¶~하여 눈물을 흘리다 | 伤心落泪。¶너무 ~하지 마라 | 别太难过。참고〔伤怀s〕〔伤情〕〔伤神shén〕

상아[象牙] 명【象牙】xiàngyá ¶~탑 | 象牙塔。¶~ 조각 | 象牙雕刻diāo-kè。

^B**상어**〈魚貝〉【鲨鱼】shāyú【鲛鱼】jiāo-yú 참고〔沙鱼shā鱼〕〔海沙鱼hǎishā鱼〕〔海中恶霸èbà〕〔海里老虎lǎohǔ〕

^B**상업**[商業] 명【商业】shāngyè ¶~의 중심지 | 商业中心。¶~부문 | 商业部门。¶~기구 | 商业机构jīgòu。¶~지역 | 商业区qū。¶~은행 | 商业银行yínháng。¶~고등학교 | 商业高中。

상여[喪輿] 명【丧舆】sàngyú【丧车】s-āngchē ¶~를 메다 | 抬tái丧舆。

상여금[賞與金] 명【奖金】jiǎngjīn【酬劳金】chóuláojīn【酬劳费】chóuláofèi ¶연말 ~ | 年终niánzhōng奖金。¶~제도 | 奖金制度zhìdù。

상연[上演] 명하타【上演】shàngyǎn【演出】yǎnchū【表演】biǎoyǎn ¶중국 영화를 ~하다 | 上演中国电影。¶경극을 ~하다 | 表演京剧。¶~레퍼토리 | 表演项目。

상영[上映] 명하타【上映】shàngyìng【放映】fàngyìng ¶요즘은 자주 새 영화가 ~된다 | 近来常有新片上映。¶그 영화는 지금 ~중에 있다 | 那部电影目前正在上映。¶영화를 ~하다 | 放映电影。참고〔播送〕〔播放〕

^C**상오**[上午] 명【上午】shàngwǔ ¶그는 ~에도 약속이 있다 | 他上午也有约会yuēhuì。

^C**상온**[常溫] 명 ❶ (보통온도)【常温】

chángwēn 【恒温】héngwēn ¶~동물 | 常温动物dòngwù。¶기름은 ~에서 액체 상태이다 | 常温下油是液体yètǐ 状态 zhuàngtài。❷（평균 온도）【一年的平均温度】yīnián·de píngjūn wēndù

상용[常用] 图하타 【常用】chángyòng ¶~ 어휘 | 常用词汇cíhuì。¶이 약품들은 매우 ~하는 것들이다 | 这些药品yàopǐn都是常用药品。¶소화제를 ~하다 | 常用消xiāo化药。

상용어[常用语] 图 【常用语】chángyòngyǔ ¶영어를 ~로 하는 민족 | 把英语作为常用语的民族。

상원[上院] 图 【上院】shàngyuàn [上议院yuàn]

ᴬ**상위**[上位] 图 【上位】shàngwèi [地位高]dìwèigāo ¶~를 차지하다 | 占zhàn上位。¶지금은 여성 ~의 시대이다 | 现在是妇女地位高的时代。

상응[相應] 图하타 【互应】hùyìng [相应]xiāngyìng 【适应】shìyìng [接应]jiēyìng ¶안팎으로 ~하다 | 内外互应/内外接应。¶이 문장은 앞뒤가 ~하지 않다 | 这篇文章前后qiánhòu不相应。¶지위에 ~하는 대우 | 跟地位相应的待遇。

ᶜ**상의**¹[上衣] 图 【上衣】shàngyī ¶~의 색깔이 너무 짙다 | 上衣的颜色yánsè太深。

ᶜ**상의**²[相議] 图하타 【商议】shāngyì 【商量】shāng·liang 【商谈】shāngtán 【商讨】shāngtǎo 【商榷】shāngquè 【商计】shāngjì ¶회의에 앞서 그들은 대회의 의사 일정을 ~하고 통과시켰다 | 会前他们商议并通过了大会议程。¶대책을 ~하다 | 商议对策duìcè。¶~할 만한 가치가 있다 | 值得商榷。¶이 문제는 좀 더 ~할 필요가 있으므로 경솔하게 결론을 내려서는 안 된다 | 此问题有待于进一步商榷，不能贸然下结论。¶국가의 기본 방침을 ~하다 | 商讨国家的基本方针。参考〔讨论〕[洽谈qiàtán]〔协商〕

상이[相異] 图하형 【相异】xiāngyì [互不相同]hùbù xiāngtóng [不同]bùtóng ¶그 두 사람의 성격이 ~하다 | 他们两个人的性格互不相同。

ᴬ**상인**[商人] 图 【商人】shāngrén 【销售

人]xiāoshòurén ¶~단체 | 商会/商业公会。

상임[常任] 图하자 【常任】chángrèn ¶~지휘자 | 常任指挥者。¶~고문 | 常任顾问。¶~위원 | 常务委员。

ᴮ**상자**[箱子] 图 【箱子】xiāng·zi ¶나무~ | 木头mù·tou箱子。参考〔箱〕[盒hé]〔柜guì〕

ᶜ**상장**[賞狀] 图 【奖状】jiǎngzhuàng ¶~을 수여하다 | 授予shòuyǔ奖状。参考〔奖品jiǎngpǐn〕

ᶜ**상전**[上典] 图 【主子】zhǔ·zi [主人]zhǔrén [头人]tóurén ¶그들은 ~의 눈치를 보고 일한다 | 他们看主子的眼色。

ᴮ**상점**[商店] 图 【商店】shāngdiàn 【店铺】diànpù [铺子]pù·zi ¶~ 간판 | 商店字号。¶24시간 영업하는 편의~ | 日夜商店/通宵商店。¶~을 열다 | 开了一个杂货záhuò铺子。

상정¹[上程] 图하타 【提到议程上】tídào yìchéngshàng 【提交】tíjiāo 【提出来】tíchūlái ¶예산안을 국회에 ~하다 | 将预算案提交给国会。

상정²[想定] 图하타 【估计】gūjì 【假定】jiǎdìng ¶그런 일은 없을 것으로 ~된다 | 估计不会出现那种事情。

ᴮ**상제**[上帝] 图 【天帝】tiāndì 参考[上皇shànghuáng]

상존[常存] 图하자 【常在】chángzài ¶핵무기의 위협이 ~하는 시대 | 核武器héwǔqì威胁wēixié常在的时代。

상종[相從] 图하자 【接触】jiēchù [交往]jiāowǎng 【往来】wǎnglái ¶누구도 그와 ~하기를 꺼려한다 | 谁都不肯跟他接触。¶그와 ~하다 | 跟他交往。参考〔交际jì〕[来往]〔往复〕

상좌¹[上座] 图 ☞ 상석(上席)

상좌²[上佐] 图 〈佛〉【行者】xíngzhě 【法师的后继人】fǎshī·de hòujìrén

상주¹[常住] 图하자 【常住】chángzhù 【常驻】chángzhù ¶~인구 | 常住户口。¶군대가 ~하다 | 军队常驻。

상주²[喪主] 图 【丧主】sāngzhǔ [祭主]jìzhǔ ¶~노릇하다 | 当主丧人。

ᴮ**상징**[象徵] 图하타 【象征】xiàngzhēng ¶천안문에 펄럭이고 있는 오성기는 우리들의 승리의 ~이다 | 天安门上飘扬piāoyáng的五星红旗wǔxīnghó-

ngqí, 是我们胜利shènglì的象征。¶
평화의　～│和平的象征。¶흰색은
순결을 ～한다│白色象征着纯洁chún
jié。

상징화[象徵化] 图【象征化】xiàngzhē-
nghuà│우리의 국력을 ～한 작품│
象征我们国力的作品。

상책[上策] 图【上策】shàngcè【上计】
shàngjì│삼십육계 줄행랑이 ～이다
│三十六计，走为上策。**참고**〔上着zh-
āo〕〔高招(儿)〕

^A**상처**[傷處] 图【伤口(儿)】shāngkǒu
(r)【创伤】chuāngshāng【疮痍】chuā-
ngyí│～를│伤口/伤疤/伤痕。¶～를
싸매다│包扎bāozā伤口。¶～를 치
료하다│治疗zhìliáo伤口。¶온몸이 ～
투성이이다│疮痍满目mǎnmù。**参
考**〔伤〕〔受伤〕〔伤处〕〔创伤〕

^C**상체**[上體] 图【上半身】shàngbànshē-
n│～를 구부리다│弯曲wānqū上半
身。

^B**상추** 图〈植〉【莴苣】wō·jù【生菜】shē-
ngcài│불고기에는 ～가 없어서는 안
된다│烤肉kǎoròu少不了生菜。**参考**
〔莴菜〕〔金莴菜〕〔叶莴苣〕〔千金菜〕

상층[上層] 图【上层】shàngcéng│～
사회│上层社会。

^B**상쾌하다**[爽快─] 图하图【爽快】shuǎng·kuà-
i【清爽】qīngshuǎng【舒畅】shūchàng
│마음이 매우 ～하다│心里很舒
畅。¶기분이 ～하다│精神爽快。¶
밤바람이 불어와 매우 ～하다│晚风
吹来，十分清爽。¶요며칠 그는 기분
이 줄곧 ～하지 않았다│这几天，他精
神一直不舒畅。**参考**〔痛快〕〔轻松愉
快〕〔明朗〕

상큼하다 图【凉爽】liángshuǎng【凉
快】liángkuài│상큼한 모시 적삼│凉
爽的土布tǔbù上衣。¶날씨가 좀 ～
│天气有点凉快。

^A**상태**[狀態] 图【状态】zhuàngtài【状
况】zhuàngkuàng【情况】qíngkuàng
│고체 ～│固体状态。¶중간 ～│
中间状态。¶당신의 건강 ～는 어떠
한지요?│你的健康状况如何?¶～가
호전되다│情况好转。**参考**〔样子〕
〔情形〕〔形势〕

상태[常態] 图【常态】chángtài│～
를 회복하다│恢复huīfù常态。¶～

가 아니다│失去常态。

상태 바[狀態 bar；status bar] 图〈電
算〉【状态区】zhuàngtàiqū

상통[相通] 图하图 ❶ (길이 트임) 【互
通】hùtōng│이것은 두 갈래 ～하는
길이다│这是两条互通的道路dào·
lù。 ❷ (마음과 뜻이 서로 통하는 것)
【相通】xiāngtōng　【相同】xiāngtóng
【投合】tóuhé【契合】qìhé│감정이 ～
하다│感情gǎnqíng相通。¶두 사람
의 성격은 ～하는 점이 아주 많다│两
人的性格xìnggé有很多契合的地方。
参考〔投机〕〔志同道合〕

상투[常套] 图【老套】lǎotào【客套】kè-
tào│～적 수법│老套的手法/惯用的
手法。¶～에서 벗어나다│脱离tuōlí
老一套。**参考**〔老套子〕〔固习〕〔惯用〕

상판때기[相─] 图【嘴脸】zuǐliǎn

^C**상패**[賞牌] 图【奖牌】jiǎngpái│～를
걸어두다│挂guà奖牌。

^C**상표**[商標] 图【商标】shāngbiāo【牌
子】pái·zi【货牌】huòpái【牌名】páimí-
ng【标签】biāoqiān【唛头】màtóu│
등록 ～│注册zhùcè商标。¶～를 대
조 조사하다│查对cháduì商标。¶～
를 도용하다│冒用màoyòng商标。
¶～를 찍다│印yìn商标。¶～를 붙
이다│贴tiē商标。¶유명 ～│老牌子
/名牌。**参考**〔牌号儿〕

^C**상품**[商品] 图【商品】shāngpǐn【货】hu-
ò【货物】huòwù【货品】huòpǐn│～
교환│商品交换。¶～ 유통│商品流
转/商品流通。¶도서 ～ 권│图书商
品券。¶～을 주문하다│订货。¶～
을 발송하다│发送货物。¶백화점의
～의 종류가 다양하다│百货公司的
商品，样式繁多。

^C**상품권**[商品券] 图【商品券】shāngpǐn-
quàn【礼券】lǐquàn│바로 백화점에
가 ～을 한 장 사서 그에게 보내리│马
上就到百货店买一张礼券送给他。**参
考**〔礼票〕〔赠卷〕

^C**상하**[上下] 图 ❶ (위와 아래) 【上下】
shàngxià【上面和下面】shàngmiàn hé
xiàmiàn ❷ (신분·지위 등의) 【上
下】shàngxià【大小】dàxiào│～가 모
두 한 마음이다│上下一条心。¶～
가 마음을 합하다│上下齐心qíxīn。
❸ (좋고 나쁨) 【优劣】yōuliè│～를

507

가리다 | 区分优劣。❹ (높고 낮음)
【高低】gāodī ¶두 사람의 수준이 비슷
하여 ~를 가리기가 매우 어렵다 | 两
个人的水平差不多, 很难分出高低。

^B**상하다**[傷－] **동**❶ (몸이) 【受伤】shò
u/shāng 【伤】shāng ¶몸이 상하였다
| 受了伤了 ¶다리를 상하였다 | 伤
了腿。❷ (옷 등이) 【伤】shāng ¶너
무 비벼서 옷이 상하였다 | 把衣服搓
c·uō坏了。❸ (야위다) 【瘦】shòu 【坏】
huài ¶입시 공부하느라고 얼굴이 많
이 상했구나 | 为了准备考试, 脸都瘦
了一圈。¶몸이 몹시 상하였다 |
瘦得厉害。❹ (물건 등이) 【坏】
【腐烂】fǔlàn 【馊】sōu ¶고기가 상하
였다 | 肉坏了。¶과일이 상하였다 |
水果腐烂了。¶밥이 상하였다 | 饭馊
了。❺ (마음·기분 등을) 【伤】shāng
【伤害】shānghài 【扫】sǎo ¶감정이
| 伤感情。¶할머니의 기분을 상하
게 하였다 | 扫了老太太的兴。참고
〔负伤〕〔带伤〕〔腐化〕〔腐败〕〔害伤〕

상해[傷害] **명** 【伤害】shānghài ¶
~죄 | 伤害罪zuì。¶~사건 | 伤害
案件。참고〔害伤〕〔损sǔn伤〕

상향[上向] **명하자** 【上向】shàngxiàng
【向上】xiàngshàng ¶추곡 수매가를
~ 조정하다 | 上向调整tiáozhěng秋
粮收购价。

^B**상호**[相互] **명** 【相互】xiānghù 【互相】
hùxiāng ¶~ 작용 | 相互作用。¶~
관심을 가지다 | 相互关心。¶~ 협
력하다 | 互相道合。¶~ 견제하다 |
互相牵制qiānzhì。

상호[商號] **명** 【商号】shānghào 【牌
号】páihào 참고〔字号〕〔行háng号〕

상환[償還] **명하타** 【偿还】chánghuán
【还清】huánqīng 【付清】fùqīng 【偿
付】chángfù 【清偿】qīngcháng 【抵
还】dǐhuán ¶기일에 맞춰 ~하다 | 按
期偿还。¶빚진 채무를 완전히 청산
하다 | 还清所欠债务。¶조속히 상환
하여 주시면 고맙겠습니다 | 请尽快办
理偿付为荷。¶~ 능력 | 偿付能力。
참고〔抵销〕〔抵付〕〔清还〕〔清偿〕〔退
回〕

^A**상황**[状況] **명** 【情况】qíngkuàng 【状
况】zhuàngkuàng 【情形】qíng·xing ¶
~판단 | 状况判断。¶현재의 경제

~이 아주 위급하다 | 目前的经济情
况万分危急wēijí。¶당시의 ~을 나
는 아직도 아주 또렷하게 기억하고 있
다 | 当时的情形, 我还记得很清楚。
¶두 곳의 ~이 크게 다르다 | 两地情
形大不相同。참고〔状态〕〔形势〕

^C**상회**[商會] **명** 【商会】shānghuì 【商行】
shānghāng 【商号】shānghào ¶평택
~ | 平泽商会。참고〔商会组织〕〔商
业公会〕〔商店〕

상흔[傷痕] **명** 【伤痕】shānghén 【伤疤】
shāngbā ¶그의 몸에는 ~이 많다 |
他的身上伤痕累累léiléi。¶전쟁의 ~
| 战争的伤痕。참고〔伤口〕〔受伤处〕

^C**샅샅이** **부** 【一一】yīyī 【全部】quánbù ¶
사실을 ~ 이야기 하세요 | 请把事情
一一讲出来。¶~ 뒤지다 | 仔细搜
sōu。참고〔一个不漏bù lòu地〕

^A**새**¹[鳥(儿)] **명** 【鸟(r)】niǎo(r) ¶~도 가지를
려서 앉는다 | 鸟也择枝zézhī而栖qī。

^A**새**² **관** 【新】xīn ¶~집 | 新房。¶~책
| 新书。

새³ **명** 【工夫】gōng·fu 【时间】shíjiān
¶쉴 ~가 없다 | 没有时间休息。

새-⁴ **두** 【鲜】xiān 【深】shēn 【深明】shē
nmíng ¶~빨갛다 | 鲜红。¶~파랗
다 | 深绿。

새겨듣다 **동** 【细听】xìtīng 【体味】tǐwèi
¶선생님의 말씀을 ~ | 细听老师的
话。¶이 말의 뜻을 새겨 들어라 | 体
味这句话的意思。참고〔好好地听〕
〔注意听〕〔玩味〕

새근거리다 **동** ❶ (시큰하다) 【酸疼】
suānténg 【发酸】fāsuān ¶무릎이 새
근새근하다 | 膝盖酸疼。¶감기에 걸
려 콧등이 새근거린다 | 感冒了, 鼻子
bí·zi发酸。❷ (조용히 숨쉬는 모양)
【呼吸】hūxī ¶어린애가 조용히 새근
거리며 자고 있다 | 小孩子安静ānjìng
地睡觉。참고〔酸痛〕

^A**새기다** **동** ❶ (조각하다) 【刻】kè 【雕
刻】diāokè 【錾】zàn 【镂刻】lòukè ¶도
장을 ~ | 刻图章túzhāng。¶목인형
을 ~ | 雕刻木偶mù·ǒu。¶몇 글자
~ | 錾上几个字。¶이름을 ~ | 【铭
记】míngjì ¶중국 국민들은 대대로 손
중산의 은정을 마음 깊이 새길 것이다
| 中国人民将世世代代铭记孙中山的
恩情。¶마음속에 ~ | 铭记在心。참

ㄱ〔镂镂 lòu〕〔凿 záo〕〔绣 xiù〕〔铭刻〕〔雕镌 juān〕〔雕镂〕〔镂骨 lòugǔ〕〔镂骨铭心〕〔刻骨铭心〕

ᶜ**새김질** [하자타] 【反刍】fǎnchú 【倒嚼】dǎojiào ¶소가 ~를 하고 있다 | 牛在反刍。¶~ 动物 | 反刍动物/反刍类。참고〔倒草〕〔倒嚼jiào〕

ᴮ**새까맣다** [형] ❶ (빛깔이 아주 까맣다) 【漆黑】qīhēi 【乌黑】wūhēi 【黑油油 yóuyóu】【黑黢黢 hēiqūqū】【黑乌乌 hēiwūwū】【黑呼呼 hēihūhū】【黑脸 liǎn】¶새까만 밤 | 漆黑的夜晚。¶새까만 눈동자 | 乌黑的眼睛。¶새까만 머리카락 | 黑油油的头发。¶이 배는 새까만 어둠 속을 저어 왔다 | 这船从黑幼的夜幕中荡dàng来。❷ (전혀 아는 것이 없다) 【全然不知】quánrán bùzhī ¶국제 경제상황에 관해 나는 ~ | 关于国际的经济情况qíngkuàng, 我全然不知。❸ (아주 아득하다) 【黑压压】hēiyāyā ¶광장에는 군중들이 새까맣게 많이 聚集된 | 广场上黑压压地聚集了一大片群众。참고〔黑糊糊 hūhū〕〔黑亮亮〕〔黑漆漆 hēiqīqī〕〔黑鸦鸦hēiyāyā〕〔乌溜溜wūliūliū〕

ᴬ**새끼** [명] ❶ (동물의 어린 것) 【崽子】zǎizi 【苗】miáo ¶돼지~ | 猪崽子。¶~를 낳다 | 下崽子。¶물고기~ | 鱼苗。❷ (자식) 【小子】xiǎozi 【孩子】háizi ¶이 놈의 ~ | 这小子。¶제 ~ 예쁘지 않다는 사람은 없다 | 没有人觉得自己的孩子不可爱。

ᴮ**새끼²** [명] 【草绳】cǎoshéng ¶~를 꼬다 | 搓cuō草绳。참고〔草索cǎosuǒ〕

ᴮ**새끼손가락** [명] 〈生理〉【小指】xiǎozhǐ 【小拇指】xiǎomǔzhǐ 【小拇哥儿】xiǎomǔgēr 【手指】xiǎoshǒuzhǐ

새끼줄 [명] 【草绳】cǎoshéng ¶~을 꼬다 | 搓草绳。

ᴬ**새다¹** [자] (액체·기체 혹은 빛 따위가) 【漏】lòu 【跑】pǎo ¶물이 ~ | 水漏了。¶기름통이 샌다 | 油桶yóutǒng漏了。¶불빛이 새나가다 | 灯光dēngguāng漏出去了。¶문에서 바람이 ~ | 轮胎lúntāi跑气了。❷ (슬몃 빠져나가다) 【溜】liū ¶눈에 보이지 않자 그는 곧 새어 버렸다 | 不注意他就溜走了。¶쉬는 시간에 새어 나간 모양이다 | 可能是休息时间溜出去的。

❸ (비밀이) 【泄漏】xièlòu 【漏】lòu ¶기밀이 ~ | 泄漏机密jīmì。¶그녀는 입이 가벼워 결국 비밀이 새어 나갔다 | 她的嘴快zuǐkuài, 终于泄漏了秘密mìmì。참고〔露 lòu〕〔泄露 xièlù〕〔透露〕〔透亮liàng〕〔张扬zhāngyáng〕

ᴬ**새다²** [자] 【亮】liàng 【破晓】pòxiǎo ¶날이 새자마자 그는 떠났다 | 天刚亮了, 他走了。¶머지 않아 곧 날이 샐 것이다 | 不久天将破晓了。

새댁 [-宅] [명] 【新娘】xīnniáng

ᴬ**새로** [부] 【新】xīn 【重新】chóngxīn ¶~ 나온 책 | 新出来的书。¶내가 ~ 온 사람이다 | 我是新来的。¶~ 시작하다 | 重新开始。¶~ 결의를 다지다 | 重新下定决心。참고〔崭新 zhǎnxīn〕〔再新〕

새로 고침 [명] 〈電算〉【刷新】shuāxīn ¶바탕 화면 ~ | 刷新背景画面。

새로 만들기 [명] 〈電算〉【新建】xīnjiàn 【创建】chuàngjiàn ¶새 폴더 만들기 ~ | 新建文件夹。

새록새록 [부] 【层出不穷】céng chū bù qióng 【层出无穷】céng chū wú qióng ¶새해가 되니 새로운 사람과 일들이 ~ 나타난다 | 一到新年xīnnián, 新人新事层出不穷。¶봄이 되니 고향생각이 간절하다 | 春天一到, 思乡恳切kěnqiè。

ᴬ**새롭다** [형] ❶ (여전히 새 것의 상태이다) 【新】xīn ¶너의 신발은 여전히 새롭구나 | 你的鞋子xié·zi还是很新。❷ (새삼스럽다) 【犹新】yóuxīn ¶학창시절의 기억 ~ | 学生时代的生活知今也是记忆jìyì犹新。¶전에 없던 것이다 | 【新】xīn 【新鲜】xīn·xiān 【崭新】zhǎnxīn 【重新】chóngxīn ¶새로운 방법 | 新办法bànfǎ。¶신문에 무슨 새로운 기사가 있는가? | 报上有什么新鲜的消息xiāoxi吗? ¶(전혀) 새로운 기술 | 崭新的技术。¶이 모든 것이 새롭게 밝혀진 사실이다 | 这些都是重新查明chámíng的事实。❹ (아주 중요하다) 【宝贵】bǎoguì ¶하루 하루가 모두 ~ | 一天一天都是宝贵的。¶단돈 1원이 ~ | 零钱língqián一块本宝贵bǎoguì。

ᴬ**새벽** [명] 【凌晨】língchén 【黎明】límíng

【拂晓】fúxiǎo【大清早】dàqīngzǎo ¶우리는 내일 ~ 세 시에 출발한다 | 我们明天凌晨三点动身dòngshēn。¶~에 일어나다 | 黎明即起。¶~녘에 잠이 들었다 | 拂晓入睡。 참고〔拂晓shǔ〕〔拂晨〕〔侵早〕〔一大早〕〔一早〕

새벽녘 몡【凌晨】língchén【黎明】límíng【拂晓】fúxiǎo【大清早】dàqīngzǎo

새벽잠 몡【早觉】zǎojiào ¶~이 없다 | 没有睡早觉的习惯xíguàn。

^C**새봄** 몡【早春】zǎochūn【春天】chūntiān

^B**새빨갛다** 톙【通红】tōnghóng【红艳艳】hóngyànyàn【绯红】fēihóng【深红】shēnhóng【鲜红】xiānhóng ¶얼굴이 온통 ~ | 满脸通红。¶새빨간 장미꽃 | 红艳艳的玫瑰花méiguīhuā。¶양쪽 뺨이 ~ | 两颊jiá绯红。¶새빨간 옷 | 深红的衣服。

^C**새빨개지다** 톙【变红】biànhóng ¶그녀는 부끄러워 얼굴까지 새빨개졌다 | 她羞xiū得脸都变红了。¶무안으로 당하자 얼굴이 새빨개졌다 | 让人弄得没面子, 羞得脸红了。

새사람 몡 ❶ (새출발하는 사람)【新人】xīnrén ¶새시대의 ~을 배양하다 | 培养péiyǎng新时代的新人。¶~이 되어 돌아오다 | 变成新人回来。 ❷ (새로 시집 온 사람)【新娘】xīnniáng ¶~이 들어오다 | 新娘进门。 ❸ (새로 가입하거나 새로 진출하는 사람)【新调来的人】xīn diàolái·de rén ¶~이 많이 모이다 | 聚集jùjí了许多新调来的人。

새살림 몡【新生活】xīnshēnghuó ¶~을 하다 | 过新生活。¶결혼하고서 바로 분가하여 ~을 차리다 | 结婚后立即分家, 准备zhǔnbèi新生活。

^B**새삼스럽다** 톙 ❶ (지난 일을 공연히 들출어내다)【犹新】yóuxīn【格外】géwài【特意】tèyì ¶새삼스럽게 그 일을 문제삼는 이유를 모르겠다 | 不知道那事格外地当问题的理由。¶그는 새삼스럽게 다시 이 이야기를 하였다 | 他特意又讲了那个故事。 ❷ (새로운 것처럼 생생하다)【新奇】xīnqí【特意】tèyì ¶새삼스러울 것이 하나도 없다 | 一点也不觉得新奇。 참고〔特别〕

새색시 몡【新娘】xīnniáng【新媳妇】xīnxífù ¶그는 ~를 얻었다 | 他娶了个

새娘。

^B**새소리** 몡【禽声】qínshēng【鸟叫声】niǎojiàoshēng

^C**새순** [一荀] 몡【新荀】shì·zishùde新荀。¶~이 돋아나다 | 长出新荀。 참고〔新长来的苗头〕

^B**새싹** ❶ (새로 나는 어린 잎)【新芽】xīnyá ¶~이 움트다 | 长出新芽。¶장미의 ~ | 玫瑰méiguī的新芽。¶~이 돋아나다 | 发新芽。 ❷ (어린이를 비유하여)【新的一代】xīn·de yídài ¶어린이는 나라의 ~이다 | 儿童是国家的新一代。

^B**새우** 〈魚貝〉【虾(子)】xiā·zi ¶왕~ | 对虾/明虾。¶수염~ | 管鞭guǎnbiān虾。

새우다 톙【熬】áo【通】tōng【开夜车】kāi/yèchē ¶숙제를 하느라고 밤을 ~ | 为做作业熬夜。¶그는 기말 시험에서 높은 점수를 받기 위해 밤을 새워 공부한다 | 他为了期末考试qīmòkǎoshì得到高分, 通宵xiāo看书。

새우잠 몡【蜷睡】quánshuì ¶~을 자다 | 蜷着睡/蜷缩着身体睡。

새우젓 몡【虾酱】xiājiàng【卤虾】lǔxiā

새장 [一欌] 몡【鸟笼】niǎolóng【樊笼】fánlóng ¶~에 갇힌 새 | 关在鸟笼的鸟。

^C**새집** 몡【新屋】xīnwū【新居】xīnjū【新房】xīnfáng ¶~을 사다 | 买新屋。¶친구의 이사한 ~에 집들이 가다 | 到朋友的新居, 祝贺乔迁之喜。¶~을 짓다 | 盖gài新房。

새참 [一站] 몡【打尖】dǎjiān ¶잠시 일손을 멈추고 ~을 먹다 | 暂时停下手里的活儿打尖儿。 참고〔打火〕〔打顶〕〔打平尖〕〔打茶尖〕

새치 몡【白发】báifà【少白发】shǎobáifà ¶당신은 이렇게 젊은데 머리에 ~가 있다니 | 你这么年轻, 就有少白发了呀。

새치기 몡 하재 ❶【抽功夫】chōugōngfū【偷空】tōukòng ❷【加塞儿】jiā/sāir ¶~하지 말고 줄을 서서 너의 차례를 기다려야지 | 不加塞儿, 还是排队等着吧! ¶입장권을 사는데 ~를 하다 | 买入场券时加塞儿。 참고〔加楔儿〕

새침하다 톙 ❶ (모르는 척 하다)【装蒜】zhuāng/suàn ¶너는 누구보다도

잘 알고 있으면서, 새침하지 마! |你
比谁都明白, 别装蒜啦! ❷（못마땅해
하다）【不高兴】bùgāoxìng【冷冰冰】l-
ěngbīngbīng ¶그녀는 새침해서 한
마디 대답도 안한다 | 她因为不高兴,
连吭kēng都不吭一声。¶새침한 표
정 | 冷冰冰的脸色。¶너 그의 저 새
침한 꼴 좀 봐라 | 你看他那冷冰冰的
样子。〔쌀쌀하다〕〔냉랭하다〕

새카맣다〔형〕【漆黑】qīhēi【乌黑】wūhēi
【黑黢黢】hēiqūqū【黑乌乌】hēiwūwū
【黑呼呼】hēihūhū ¶새카맣게 타다 |
烧得漆黑。¶불에 그을려 | 被火
燎huǒliáo得黑呼呼的。(참고)〔黑糊
糊〕〔黑亮亮〕〔黑漆漆〕〔黑鸦鸦〕〔乌溜
溜〕

ᶜ**새콤하다**〔형〕【酸】suān【酸不溜儿】suān
bùliūr ¶김치가 새콤하게 익다 | 泡菜
pàocài变酸了。¶이 오렌지는 정말
~ | 这个橘子jú·zi真酸。¶새콤새콤
한 사과의 맛 | 酸溜溜的苹果味儿。

새크라멘토[Sacramento] 〔명〕〈地〉〔萨
克拉门托〕Sàkèlāméntuō [미국 "加州
福尼亚Jiālìfúníyà"（캘리포니아・Cali-
fornia) 주의 주도(州都)]

ᴮ**새파랗다**〔형〕❶ （짙푸르다）【蔚蓝】wèil-
án ¶새파란 가을 하늘 | 蔚蓝的秋天
的天空。❷（썩 젊다）【年轻】niánq-
īng ¶새파란 젊은이 | 年轻的火伙
子。¶그는 이미 50이 넘은 사람이지
만 보기에는 ~ | 尽管jǐnguǎn他
已是五十出头的人了, 可看上去还很
年轻。❸（몹시 질리다）【发青】fāqī-
ng ¶얼마나 질렸는지, 두려워 얼굴이
새파랗게 질리다 | 不知受多大的惊吓
jīngxià, 吓得脸都发青了。¶무엇에
놀랐는지 새파래진 얼굴로 뛰어왔다
| 不知被什么吓到了, 　 发青着脸跑来
了。(참고)〔娇蓝jiāolán〕〔青碧qīngbì〕
〔年轻〕

ᴮ**새하얗다**〔형〕【雪白】xuěbái【洁白】jiébái
【煞白】shàbái　　【白花花】báihuāhuā
【白皑皑】bái'ái'ái ¶벽을 새하얗게 칠
했다 | 把墙刷shuā得像雪一样白。¶
새하얀　눈빛 | 洁白的雪花xuěhuā。
¶갑자기 얼굴이 새하얗게 질리다 |
脸色忽然变得煞白。¶새하얀 설원 |
白皑皑的雪原xuěyuán。(참고)〔纯白〕
〔银白〕

ᴮ**새해**〔명〕【新年】xīnnián ¶~가 얼마 남
지 않았다 | 新年快到了。¶~ 복 많
이 받으십시오! | 新年快乐! ¶~를
맞이하다 | 迎新年。(참고)〔过年〕〔新
禧xī〕

ᴬ**색**[色] 〔명〕❶ （색채・색조）【颜色】yán-
sè【色儿】sèr【色彩】sècǎi ¶빨간 ~ |
红色。❷（색욕）【女色】nǚsè【色情】s-
èqíng ¶~을 탐하다 | 好hào色。

ᴬ**색깔**[色—] 〔명〕❶ （색채）【颜色】yánsè
【色儿】sèr ¶어떤 ~을 좋아하는 지
당신이 골라보세요! | 喜欢哪种颜色,
你自己挑tiāo吧! ¶~이 바래다 | 走
颜色。❷（특징）【色彩】sècǎi
¶지방 ~ | 地方色彩。¶그의 말은
정치 ~이 너무 농후하다 | 他的话里
政治色彩太浓厚了。

ᴬ**색다르다**[色—] 〔형〕【与众不同】yǔzhò-
ng bùtóng【有特色的】yǒutèsè·de
【奇异】qíyì【特别】tèbié ¶색다른 옷
차림 | 与众不同的打扮dǎbàn。¶색
다른 우표를 수집하다 | 搜集sōují有
特色的邮票yóupiào。¶색다른 물건
들을 모으다 | 收集奇异的东西。¶색
다른 취미 | 特别的兴趣xìngqù。(참고)
〔比众不同〕〔异色〕〔异己〕

ᶜ**색동**[色—] 〔명〕하자 ¶做彩色衣袖的缎
子】zuò cǎisè yīxiù·de duàn·zi |
마고자 | 有彩色袖子的无领本衣。¶
~ 저고리 | 有彩色袖子的上衣/七色
缎巾袄。

ᶜ**색맹**[色盲] 〔명〕【色盲】sèmáng ¶적녹
~ | 红绿hónglǜ色盲。¶그는 ~이라
운전을 해서는 안된다 | 他是色盲, 不
可以开车。(참고)〔色瞎xiā〕

ᶜ**색상**[色相] 〔명〕【色相】sèxiàng【色调】s-
èdiào【色样】sèyàng ¶넥타이의 ~
| 领带lǐngdài的色样。¶~이 다양하
| 色样多彩。

ᶜ**색색가지**[色色—] 〔명〕【各种各样】gèzhǒng gèyàng【各种颜色】gèzhǒng yá-
nsè【多种多样】duōzhǒng duōyàng
¶있을 것은 ~ 다 있다 | 该有的东西
各样都有了。¶~ 모두 갖추어져 있
다 | 各种颜色都齐全yà。¶~로
꾸미다 | 布置bùzhì得多种多样。(참
고)〔色色〕

ᶜ**색소**[色素] 〔명〕【色素】sèsù ¶~세포 |

色素细胞。¶~체 | 色素体。¶~가 침전되다 | 色素沉淀chéndiàn。

ᶜ색소폰[saxophone] 몡〈音〉【萨克斯管】sàkèsīguǎn【萨克斯风】sàkèsīfēng【萨克管】sàkèguǎn ¶~ 연주자 | 萨克管手/萨克管吹奏者。

ᴮ색시 몡 ❶ (처녀) 【姑娘】gū·niang【小姐】xiǎojiě【闺秀】guīxiù ¶귀여운 ~ | 可爱的姑娘。¶참한 ~ | 纯真chúnzhēn的姑娘。❷ (신부) 【新娘】xīnniáng【少妇】shàofù ❸ (접대부) 【酒家狐】jiǔjiāhú【酒楼姑娘】jiǔlóu gū·niang

ᶜ색실[色―] 몡 【色丝】sèsī【花线】huāxiàn

색안경[色眼鏡] 몡【有色眼镜】yǒusè yǎnjìng【墨镜】mòjìng ¶~을 쓰고 사람을 보다 | 戴dài有色眼镜看人/另眼看人。¶~을 쓰고 보다 | 带墨镜看人。¶여름에 밖에 나갈 때는 반드시 ~ 써야 한다 | 夏天出门应戴墨镜。(참고) 〔太阳tàiyáng(眼)镜〕【彩色cǎisè眼镜】

ᴮ색연필[色鉛筆] 몡【彩色铅笔】cǎisè qiānbǐ【红蓝铅笔】hónglán qiānbǐ

ᶜ색인[索引] 몡 【索引】suǒyǐn【引得】yǐnde ¶~ 카드 | 索引卡片/索引纸片。

ᶜ색조[色調] 몡 【色调】sèdiào【色彩】sècǎi ¶~가 어둡다 | 色调暗淡àndàn。¶~가 선명하다 | 色彩鲜明xiānmíng。¶~가 온화하다 | 色彩温和wēnhé。

ᴮ색종이[色―] 몡 【彩纸】cǎizhǐ【花纸】huāzhǐ【彩色纸】cǎisèzhǐ【五色纸】wǔsèzhǐ ¶~접기 | 叠彩纸。

ᶜ색지[色紙] 몡【彩纸】cǎizhǐ【花纸】huāzhǐ【彩色纸】cǎisèzhǐ【五色纸】wǔsèzhǐ

색채[色彩] 몡 ❶ (빛깔) 【色彩】sècǎi ¶~감각 | 色感/色觉。¶~가 선명하다 | 色彩艳丽yànlì。❷ (기미) 【色彩】sècǎi ¶사상의 ~ | 思想色彩。¶보수적인 ~가 농후하다 | 保守bǎoshǒu色彩浓厚。

색출[索出] 몡하타 【找出】zhǎochū【搜查】sōuchá ¶범인을 ~하다 | 找出犯人fànrén。¶용의자를 ~하다 | 搜查可疑人物。(참고) 〔搜捕sōubǔ〕

〔搜索suǒ〕

ᴮ색칠[色漆] 몡하자 【彩色】cǎisè【上漆】shàng/qī【上颜色】shàng yánsè【施彩色】shīcǎisè ¶도자기의 ~이 아름답다 | 陶器táoqì的彩色很美。¶~을 한 벽 | 上了漆的墙壁qiángbì。(참고) 〔染色rǎnsè〕〔着色zhuósè〕

샌님 몡 ❶ (생원님) 【生员】shēngyuán ❷ (얌전한 사람) 【书呆子】shūdāi·zi【死板的人】sǐbǎn·derén ¶~이다 | 他是一个书呆子。¶당신 같은 ~은 여태 만나 보지 못했다 | 像你这么死板的人, 我从来没见过。(참고) 〔书虎fúhǔ·zi〕〔学xué呆子〕〔书癌chī〕〔书囊náng〕

ᴮ샌드위치[sandwich] 몡 【三明治】sānmíngzhì ¶햄 ~ | 火腿huǒtuǐ三明治。¶아이들은 ~를 잘 먹는다 | 小孩爱吃三明治。(참고) 〔三文治〕〔三味治〕

샌들[sandal] 몡【凉鞋】liángxié (참고) 〔拖鞋tuōxié〕

ᶜ샐러드[salad] 몡 【沙拉(子)】shālā(·zi)【色拉】sèlā【凉拌菜】liángbàncài ¶~ 드레싱 | 沙拉调味料。¶~유 | 沙拉油。

샐비어[salvia] 몡 【撒尔维亚】sā·ěrwéiyà

ᴮ샘¹ 몡 ❶【泉】quán ¶온수가 솟아 나오는 ~ | 温泉。¶물이 솟아 나오는 ~ | 活泉。¶물이 마른 ~ | 死泉。❷【腺】xiàn ¶땀~ | 汗腺。

ᶜ샘² 몡하타 【嫉妒】jídù【忌妒】jídù ¶남에게 ~을 받다 | 被别人忌妒。¶대수롭지 않은 일에도 ~을 낸다 | 没什么了不起的事也嫉妒。¶~이 많은 사람 | 爱妒忌的人。

ᴮ샘물 몡 【泉水】quánshuǐ ¶맑고 찬 ~ | 清洌qīngliè的泉水。

샘소나이트[Samsonite] 몡〈商標〉【新秀丽】Xīnxiùlì

ᴮ샘솟다 동 【涌现】yǒngxiàn【涌出】yǒngchū ¶그가 굴곡 격려해 주니 힘이 끊임없이 샘솟는다 | 他一直鼓励gǔlì我, 力气就不断涌现出来了。¶힘이 ~ | 涌动劲yǒngjìnr。¶감동하여 눈물이 ~ | 感动得涌出泪水。

ᴮ샘터 몡 【泉水边】quánshuǐbiān

샘플[sample] 몡 【样品】yàngpǐn【样

本】yàngběn【式样】shìyàng ¶~을
청구하다 | 索suǒ样品。¶~을 선택
하다 | 选择xuǎnzé样本。¶실험
∼测验cèyàn의 样本。(참고)〔样货〕

샛길 [명] 【小路】xiǎolù 【间道】jiàndào
【捷径】jiéjìng ¶~로 가다 | 从小路
走。¶큰길에서 ~로 들어섰다 | 从
大路走上捷径。

ᶜ**샛노랗다** [형] 【黄橙橙】huángchéngché
ng ¶봄이 되니 개나리가 도처에 샛노
랗게 활짝 피였다 | 春天到了，黄橙橙
迎春花到处盛shèng开。¶샛노란 은
행잎 | 黄橙橙的银杏叶yè。

ᶜ**샛별** [명] ❶【启明(星)】qǐmíng(xīng)
【金星】jīnxīng ❷【晨星】chénxīng ¶
~처럼 드문드문하다 | 寥liáo若晨
星。(참고)〔太白星〕〔长庚chánggēng〕

생¹[生]【生】shēng【生存】shēngcún
【活命】huómìng ¶~과 사 | 生与
死。

생²[生−]🔤 ❶ (날 것)【生】shēng
【鲜】xiān【生】huó ¶~쌀 | 生米。❷
(녹화가 아님)【现场】xiànchǎng【活
灵活现】huólínghuóxiàn ¶~방송 |
现场直播。❸ (엉뚱한·공연한)【死】
sǐ【老】lǎo【活】huó【硬】yìng【无理】
wúlǐ ¶~고집 | 老顽固。¶~고생 |
死受罪。¶~트집을 걸다 | 无理取
闹。

생가[生家] [명] ❶【出生的家】chūshē
ng·de jiā ❷【亲生父母所住的家】qī
nshēng fùmǔ suǒzhù·de jiā

ᴬ**생각** [하자타] ❶ (사고)【想】xiǎng ¶
너는 무얼 ~하고 있니? | 你在想什
么？¶갑자기 ~이 나지 않는다 | 突
然想不起来。¶자식을 ~하느라 잘 자
지도 못하다 | 因想子女不能好好睡
。¶방법을 ~해 내다 | 想出办法bànfǎ
来。¶그 반물 ~이다 | 想作祟zuòsù
/不想就了。❷ (사유·관념)【思维】s-
īwéi【思索】sīsuǒ【思量】sīliàng【思
忖】sīcǔn【考虑】kǎolǜ【琢磨】zhuó·
mo【思想】sīxiǎng【思绪】sīxù ¶거듭
~하다 | 再三考虑。¶문제를 깊이
~하다 | 深思问题。¶주도면밀하게
~하다 | 周密zhōumì地思索。¶자세
히 ~하고 또 ~하다 | 细细思量。¶이
마음속으로 ~하다 | 心中思忖。¶이
문제에 대하여 잘 ~해 보아라 | 你对

이 문제를 좀 더 잘 琢磨一下。¶그의
∼은 옳다 | 他的想法是对的。¶~이
갈피를 잡지 못하고 혼란스럽다 | 思
绪纷乱fēnluàn。❸ (사려·분별)【头
脑】tōunǎo ¶그는 정말 ~없는 사람
이다 | 他真是没有头脑的人。¶~이
단순하다 | 头脑简单。❹ (의견)【想
法】xiǎng·fa【意见】yì·jian ¶네 ~을
모두에게 말해 주어라 | 把你的想法
说给大家。¶케케묵은 ~ | 陈旧的想
法。¶너의 ~을 말해 보아라 | 谈谈
你的意见。❺ (추억·회상)【回想】hu
íxiǎng【回忆】huíyì ¶당시의 상황을
돌이켜 ~하다 | 回想当年的情景。¶
지나간 일에 대한 ~ | 对往事wǎngshì
·de回忆。❻ (간주하다)【以为】yǐwéi
【认为】rènwéi【看做】kànzuò【顾】gù
¶너는 이 의견이 옳다고 ~하느냐?
| 你以为这意见对吗？¶나는 문제를
마땅히 이렇게 보아야 한다고 ~합니
다 | 我认为应该这样看问题才对。¶
오지 않는다면 포기한 것으로 ~하겠다
| 不来看做是抛弃pāoqì了。❼ (기
대·소망)【想望】xiǎngwàng【希望】xī
wàng ¶그는 의사가 되리라 ~하였다
| 他希望做一个医生yī·sheng。¶그
렇게 되었으면 좋겠다고 ~했다 | 希
望能那样就好了。❽ (한쪽으로만 쏠
리는 마음)【念】niàn【念头】niàntóu
¶나쁜 ~이 일어나다 | 起坏huài念
头。¶마음속에 오로지 한 ~뿐이다
| 心中只有一个念头。❾ (술 ~이 간
절하다 | 想喝酒的念头强烈。❾ (의
도·계획)【打算】dǎsuàn ¶너는 어떻
게 할 ~이냐? | 你有什么打算。¶나
는 그와 궁리해 볼 ~이다 | 我打算去
找 他研究yánjiū研究。(참고)〔想念〕
〔思路lù〕〔思考kǎo〕〔想头〕〔动念dò
ngniàn〕〔动脑筋nǎojīn〕〔回顾huígù〕
〔打量dǎliáng〕

생각건대 [관용]【看来】kànlái【认为】rè
nwéi ¶~ 네가 이길 것 같다 | 看来你
赢定了。

생각나다 [동] 【想起来】xiǎngqǐlái ¶그
때 일이 ~ | 想起来那时候的事

ᴮ**생강**[生薑] [명]〈植〉【生姜】shēngjiāng
¶~차 | 生姜茶。

ᴮ**생겨나다** [동] 【出现】chūxiàn ¶오봉산

정기를 받아 이 동네에 천하장사가 ~
受五峰山精气jīngqì, 这个村出现了
天下壮士zhuàngshì.

생경[生硬] 톙[하型] **生硬**shēngyìng
¶글이 읽기에 너무 ~하다 | 文章读
起来太生硬. ¶어떤 외국인이 ~한
중국어로 나에게 말을 한다 | 一个外
国人用生硬的汉语跟我说话.

ᴄ**생계**[生計] [生計] 톙 **生活**shēnghuó 【生
计】shēngjì ¶~비 | 生活费. ¶~를
유지하다 | 维持wéichí生活. ¶~를
도모하다 | 谋生计.

ᴄ**생고무**[生-] 톙 **生胶**shēngjiāo (참고)
〔生橡胶〕

생고생[生苦生] 톙[하자] **白吃苦头**bái
chīkǔtóu **自找苦头吃**zìzhǎokǔtóu
chī 【白受罪】báishòuzuì

생고집[生固執] 톙 **固执不通**gùzhíbù
tōng 【强词夺理】qiǎng cí duó lǐ ¶그
는 늘 다른 사람이 좋다고 하는 일에
~을 부린다 | 对别人认为很好的事
情, 他总固执己见. ¶그는 늘 사리에
맞지 않는 말로 ~을 부리며 자기가 옳
다고 여긴다 | 他一向强词夺理, 自以
为是. (참고)〔固执〕〔抢词夺理〕〔发展〕

ᴄ**생굴**[生-] 톙 **生牡蛎**shēngmǔlì

ᴮ**생글**[生글] 톙[하자] **微笑**wēixiào 【笑眯
眯】xiàomīmī ¶아이가 ~웃고 있다
| 孩子在甜甜地微笑. ¶피곤한 기색
도 없이 ~웃어 보이다 | 没有一点疲
惫的神色, 笑眯眯的.

ᴄ**생기**[生氣] 톙 **生气**shēngqì 【朝气】
zhāoqì 【生机】shēngjī 【活力】huólì ¶
~ 발랄하다 | 生气活泼huópō. ¶~
가 막 돌다 | 生气方盛fāngshèng. ¶
그는 ~에 가득찬 젊은이다 | 他是
个富有朝气的小伙子xiǎohuǒ·zi.

ᴬ**생기다** 동 ❶ (없던 것이 새로 있게 되
다)【生】shēng【出】chū【有】yǒu【发
生】fāshēng【产生】chǎnshēng ¶병
이 ~ | 生病. ¶걱정거리가 ~ | 有
了担心dānxīn事儿. ¶기쁜 일이 ~
| 有了令人高兴的事. ¶여자친구가
생겼다 | 有女朋友了. ¶아기가 ~ |
有了小孩儿. ¶큰일이 생겼다 | 出了
大事. ¶걱정거리가 ~ | 有担心事.
¶문제가 ~ | 出问题了. ¶나는 갑
자기 한 가지 우려가 생겨났다 | 我忽
hū然产生一种担心. ❷ (손에 들어 오

다)【得到】dédào【入手】rùshǒu【到
手】dào/shǒu ¶뜻하지 않게 큰 돈이
생겼다 | 意外地得到了一大笔数目.
¶돈이 아직 생기지 않았다 | 钱没到
手. ❸ (얼굴·모양이)【长】zhǎng ¶
그녀는 예쁘게 생겼다 | 她长得可
爱. ¶얼굴이 아주 잘 생겼다 | 脸长
得很好. ¶예쁘게 ~ | 长得漂亮.

ᴬ**생김새**[生-] 톙 【长相】zhǎngxiàng 【容貌】róng
mào 【얼굴~ | 脸相. ¶그는 ~
가 아버지를 아주 닮았다 | 他长得
像父亲. ¶~가 참하다 | 长得乖巧gu
āiqiǎo. □〔样子〕〔面貌〕〔容象〕〔容
颜〕〔相貌〕

ᴄ**생년월일**[生年月日] 톙 【出生年月日】
chūshēng nián yuè rì

생도[生徒] 톙 **学生**xuéshēng ¶사
관~ | 军官jūnguān学校的学生.

생동[生動] 톙[하자] **生动**shēngdòng
【活生生的】huóshēngshēng·de ¶그
가 묘사한 인물형상은 진실하면서도
~적이다 | 他所描写miáoxiě的人物
形象又逼真又生动. ¶그의 작품은
볼수록 ~감이 있다 | 他的作品, 越看
越生动. (참고)〔萌动〕〔跳动〕

생동감[生動感] 톙 **生动感**shēngdò
ng·gǎn ¶~이 넘치다 | 充满chōngm
ǎn生动感.

생때같다[生-] 톙 **强壮**qiángzhuà
ng ¶생때같은 자식을 잃다 | 失去了
强壮的儿子. ¶너처럼 생때같은 사
람이 어찌 병이 났느냐? | 你这么强壮
的人, 怎么病了? (참고)〔身强力壮〕
〔健壮〕〔健强〕〔健康〕〔好好的〕

생떼[生-] 톙 **抵赖**dǐlài 【耍赖】shuǎ
/lài 【纠缠】jiūchán ¶분명히 네가 저
지른 나쁜 짓인데, 아직도 감히 ~를
쓰느냐? | 明明是你干的坏事huàishì,
你还敢gǎn抵赖吗? ¶1하고도 안했다
고 ~를 쓰다 | 干了还抵赖没干了.
¶꼬마는 다시 ~를 쓰기 시작했다 |
小孩子又耍起赖来了. (참고)〔耍赖
皮〕〔纠扯〕〔绞缠〕〔绞结〕

ᴬ**생략**[省略] 톙[하타] **省略**shēnglüè ¶
이 한 단락은 ~할 수 있다 | 这一段文
字可以省略. ¶수속을 ~하다 | 省略
手续shǒuxù. ¶이하 ~ | 以下省
略.

생리[生理] 톙 ❶ (생물적 원리)【生

理】shēnglǐ ¶~ 변화 | 生理变化。¶
~ 기능 | 生理机能jīnéng。¶~(적)
특성 | 生理特性。¶~ 특징 | 生理特
点。❷(방식)【生活方式】shēnghuó
fāngshì【行动方式】xíngdòng fāng-
shì ¶그의 ~로 보아 그것은 조금도 이
상한 일이 아니다 | 看他的行为方式,
那绝也不是奇怪的事。❸(월경)【月
经】yuèjīng【红潮】hóngcháo ¶~ 휴
가 | 生理休假。

생매장[生埋葬] 몡하타 【活埋】huómái
¶그의 아버지는 일본놈에 의해 ~되
었다 | 他的父亲被日本鬼子bēnguǐ子
活埋了。¶네가 만일 이 기밀을 폭로
한다면 맹세코 너를 ~ 시키겠다 | 如
果你暴露bàolù了这个机密, 我一定活
埋了你。

ᶜ생맥주[生麥酒] 몡 【生啤酒】shēngpíjiǔ
【鲜啤酒】xiānpíjiǔ【扎啤】zhāpí

ᴮ생명[生命] 몡❶(목숨)【命】mìng【生
命】shēngmìng❶【性命】xìngmìng ¶~
을 구하다 | 救jiù命。¶~을 잃다 |
丧命。¶~의 위험을 무릅쓰다 | 冒mào着生命危险wēixiǎn。¶책의 ~은
내용이다 | 书的生命是内容。¶정치
~ | 政治生命。¶이 일을 잘 해내지
못하면 ~을 잃게 된다 | 这件事弄不
好要丢diū生命的。¶구차하게 ~을
보전하다 | 苟且gǒuqiě保全性命。¶~
을 보전하기 어렵다 | 性命难保nánbǎo。❷(수명)【寿命】shòumìng ¶이
기계의 ~은 충분히 길다 | 这个机器jī qì的寿命够长。❸(가장 중요한 것)
【命根(子)】mìnggēn(·zi)【命脉】mì ngmài ¶그는 우리의 ~이다 | 他是
我们的命根。¶돈은 경제의 ~이다
| 钱是经济的命脉。

생명력[生命力] 몡 【生命力】shēngmì nglì ¶~이 아주 왕성하다 | 生命力很
旺盛wàngshèng。¶혹독한 추위를
견디어 온 강인한 ~ | 忍受酷寒kùhá n的坚强jiānqiáng的生命力。

생명 보험[生命保險] 몡 【人寿保险】rén shòu bǎoxiǎn 【生命保险】shēngmì ng bǎoxiǎn 참고〔人险〕〔寿shòu险〕
〔人身保险〕

생모[生母] 몡 【生母】shēngmǔ【亲生
母亲】qīnshēng mǔqīn

ᴮ생물[生物] 몡 【生物】shēngwù ¶달에

는 ~이 있는가? | 月球yuèqiú上有没
有生物?¶~ 에너지 | 生物能。¶~
음향학 | 生物声学。

ᴮ생방송[生放送] 몡하타 【现场直播】xià nchǎng zhíbō ¶개회식의 실황을 ~
으로 보내드리겠습니다 | 将现场直播
开幕式的实况。

ᶜ생사[生死] 몡 【生死】shēngsǐ【死活】s- ǐhuó ¶~를 함께한 전우 | 生死与共
的战友zhànyǒu。¶~를 같이 하다 |
共生死。¶~를 모르다 | 不知死活。
¶나는 네놈들과 ~를 결단내고야 말
겠다 | 我要和你们拼个死活。

생사람[生一] 몡 ❶(아무 잘못 없는 사
람)【好人】hǎorén ¶~ 잡다 | 诬陷w- ūxiàn好人。❷(관계없는 사람)【毫
无相关的人】háowú xiāngguān·de rén ¶그녀는 ~를 붙
잡고 한참 동안 하소연 하였다 | 她向
毫无相关的人诉说了半天。❸(생매
같은 사람)【无病的人】wúbìng·de rén【强壮的人】qiángzhuàng·de rén

생산[生産] 몡하자타 ❶(아이를)
【生】shēng【生产】shēngchǎn ¶그의
처는 곧 (아이를) ~하려 한다 | 他妻
子快生产了。❷(상품을)【生产】shēng- chǎn【出产】chūchǎn【부품~ |
配件生产。¶식량을 ~하다 | 生产粮
食liángshí。¶상품~에 종사하다 |
从事商品生产。¶목재를 대량으로
~하다 | 出产了大量木材。¶~과
판매의 직접적 연결 | 产销直接挂
钩。

생산량[生産量] 몡 【生产量】shēngchǎ nliàng【产量】chǎnliàng ¶~에 따른
노동비 계산 | 按件计工/按件付酬。
¶~을 향상시키다 | 提高tígāo产
量。참고〔产额〕〔产值〕

ᶜ생산력[生産力] 몡 【生产力】shēngchǎ nlì ¶~을 향상시키다 | 发展fāzhǎn
生产力。¶~ 배치 | 生产力配置pè izhì。¶~ 효과 | 生产效率。

ᶜ생산물[生産物] 몡 【产物】chǎnwù【产
品】chǎnpǐn ¶석유 ~ | 石油shíyóu
产品。¶부산물 | 副fù产品。¶~ 원
가 | 产品成本。¶~ 규격 | 产品规格
guīgé。

ᶜ생산비[生産費] 몡 【生产费用】shē ngchǎnfèiyòng【生产成本】shēngchǎ-

515

n chéngběn ¶~구조 평가 | 成本构成评价. ¶~의 법칙 | 生产费用法则. ¶~ 절감 | 降低成本.

생산성[生產性]【生产性】shēngchǎnxìng【生产率】shēngchǎnlǜ【生产效率】shēngchǎn xiàolǜ【生产力】shēngchǎnlì

생산액[生產額] 명【产额】chǎn'é【产值】chǎnzhí【产量】chǎnliàng【生产额】shēngchǎn'é

생산 원가[生產原價] 명【工本】gōngběn【生产成本】shēngchǎn chéngběn【制造成本】zhìzào chéngběn【连续成本】liánxù chéngběn【营运费】yíngyùnfèi【制造费】zhìzàofèi【造价】zàojià

생산율[生產率]【生产率】shēngchǎnlǜ

ᶜ**생산자**[生產者]【生产者】shēngchǎnzhě ¶~ 직송 | 直达货运. ¶~ 화물 | 生产者货物.

생산재[生產財] 명【生产资料】shēngchǎn zīliào【生产物资】shēngchǎn wùzī【生产物质】shēngchǎn wùzhì【生产手段】shēngchǎn shǒuduàn ¶~산업 | 机器设备制造业/生产生产资料的工业/生产资料的工业. ¶~ 판매 | 生产资料销售.

ᶜ**생산지**[生產地]【产地】chǎndì ¶~ 가격 | 产地价格. ¶~ 인도 | 产地交货. ¶~ 증명서 | 产地证明书.

생살[生-] 명 ❶【皮肉】píròu ¶~을 도려내는 듯한 아픔 | 剖pōu(割)出皮肉般的痛苦. ❷【新肉】xīnròu ¶상처에 ~이 돋아나다 | 伤口shāngkǒu长出新肉了.

생색[生色] 명【增光】zēngguāng【面子】miàn·zi【体面】tǐmiàn【德行】déxíng ¶그것은 뭐 그렇게 ~나는 일은 아니다 | 那不是什么给自己增光的事儿. ¶~날 일만 골라서 한다 | 专挑zhuāntiāo体面的活干. ¶저 ~내는 꼴이라니! | 瞧qiáo他那德行. ❨参考❩〔增辉zēnghuī〕

ᴮ**생생하다**[生-] 혱 ❶ (신선하다)【新鲜】xīn·xiān ¶생생한 꽃송이 | 新鲜的花朵 huāduǒ. ❷ (또렷하다)【活生生的】huóshēngshēng·de ¶생생한 사실을 몸소 체험하다 | 亲自体

험活生生的事实. ¶지난일이 눈앞에 있는 듯 아직도 기억이 ~ | 往事如在眼前, 记忆jì yì 还活生生的. ¶아직도 그 때의 기억이 ~ | 当时的记忆还活生生的. ❨参考❩〔鲜活〕活的〔犹新yóuxīn〕

ᴬ**생선**[生鮮] 명【鲜鱼】xiānyú【活鱼】huóyú ¶~ 가게 | 鲜鱼行/鱼床子. ¶~ 장수 | 鱼商/鱼贩(子).

생성[生成] 명자타【生成】shēngchéng【产生】chǎnshēng ¶화석은 오랜 세월을 거쳐 ~된 것이다 | 化石是经过长久的岁月而生成的. ¶산과 알칼리가 중화되어 소금과 물이 ~된다 | 酸碱suānjiǎn中和生成盐和水. ¶화산이 ~되다 | 产生火山.

생소[生疎] 명형하 【陌生】mòshēng【隔膜】gé·mó【生疏】shēngshū【陌生】mòshēng【陌生】yǎnshēng ¶나는 이 과목에 대해 아주 ~하다 | 我对这门学科很生疏. ¶이 이름이 좀 ~하여 잠시 누구인지 생각이 나질 않는다 | 这个名字有些陌生, 一时想不起是谁. ¶~한 사람 | 陌生人. ¶나는 이런 기술에 대해서는 정말 ~하다 | 我对这种技术, 实在有隔膜. ¶무엇을 보나 다 ~하다 | 看什么都觉得陌生.

생수[生水] 명【矿泉水】kuàngquánshuǐ

생시[生時] 명 ❶ (태어난 시간)【出生的时刻】chūshēng·de shíkè ❷ (생전 시 · 깨어 있을 때)【醒着】xǐng·zhe【生前】shēngqián ¶꿈인지 ~인지 모르겠다 | 不知是在做梦还是醒着. ¶이것은 아버지가 ~에 입으셨던 옷이다 | 这是父亲生前穿过的衣服.

생식[生殖] 명하타 【生殖】shēngzhí【繁殖】fánzhí ¶~ 세포 | 生殖细胞xìbāo. ¶~기능 | 生育机能. ¶~력 | 生育能力. ¶~본능 | 生育本能. ¶~불능 | 不能生育.

생식기[生殖器] 명〈生理〉【生殖器】shēngzhíqì

ᴮ**생신**[生辰] 명【寿辰】shòuchén【生辰】shēngchén ¶당신의 65회 ~을 진심으로 축하드립니다 | 衷心祝贺zhùhè您六十五寿辰. ❨参考❩〔生日〕

ᶜ**생애**[生涯] 명【生平】shēngpíng【生涯】shēngyá【一生】yìshēng ¶~에서 잊을 수 없는 일 | 生平无法忘记的

516

事。¶교육가로서의 ~|作为教育家jiàoyùjiā的生涯。¶아버님의 ~는 영광스럽고 위대했습니다|父亲的一生是光荣guāngróng而伟大wěidà的。 참고〔一辈子〕

ᶜ**생업**[生業] 명 **【生业】**shēngyè **【职业】**zhíyè **【生活之路】**shēnghuó zhīlù ¶각자 ~에 안주하다|各安生业。¶문필을 ~으로 삼다|以文笔wénbǐ谋móu生。¶내 ~은 초등학교 교사이다|我的职业是小学教师。

생이별[生離別] 명하자타 **【硬分手】**yìngfēnshǒu **【生离死别】**shēng lí sǐ bié ¶일생중 이러러 저러한 ~를 많이 겪으면 무감각해지기도 한다|人生中生离死别经历得多了, 人就麻木mámù了。

ᴬ**생일**[生日] 명 **【生日】**shēng·rì ¶~을 맞다|过生日。¶~ 카드|生日卡kǎ。¶~ 선물|生日礼物。¶~을 축하합니다!|祝你生日快乐!¶~잔치에 초대받았다|被邀请yāoqǐng参加生日宴rìyàn。 참고〔寿辰shòuchén〕〔诞dàn辰〕

생장[生長] 명하타 **【生长】**shēngzhǎng ¶생물의 ~ 기간|生物的生长期间。¶~ 조건|生长条件tiáojiàn。¶여기는 내한 작물이 ~하고 있다|这里生长着耐寒nàihán作物。¶이 나무는 ~한 지 이미 20여년이 되었다|这棵树已生长了二十多年。

ᶜ**생전**[生前] 명 **【生前】**shēngqián **【生平】**shēngpíng ¶어머니 ~에 하신 말씀|母亲生前说过的话。¶그가 ~에 거처하던 방|他生前居住的房间。¶~에 처음 보다|生平第一次见。

ᶜ**생전**[生前] 부 **【生平】**píngshēng **【这辈子】**zhèbèi·zi ¶~ 처음 보다|平生第一次看到。

ᶜ**생존**[生存] 명하자 **【生存】**shēngcún ¶물이 없으면 사람과 동식물들 모두 ~할 수 없다|没有水, 人和动物都无法生存。¶~ 수단|生存手段shǒuduàn。¶~을 위하여 싸우다|为生存战斗zhàndòu。

ᴮ**생쥐**[生-] 명 〈動〉 **【鼷鼠】**xīshǔ

생지옥[生地獄] 명 **【活地狱】**huódìyù **【人间地狱】**rénjiān dìyù ¶이 회사는 그야말로 ~이다|这公司简直jiǎnzhí

是一座活地狱。¶고통스러운 ~살이를 하다|过着痛苦的活地狱般的生活。

생채기[傷痕] 명 **【伤疤】**shāngbā **【伤癒】**shāngbān ¶그의 몸에는 ~가 많다|他身上伤痕累累lèilèi。¶얼굴에 ~가 남았다|脸上留下块kuài伤疤。

생체[生體] 명 **【生物体】**shēngwùtǐ **【生物】**shēngwù ¶~를 해부하다|解剖pōu生物体。¶~ 반응|生物反应yìng。¶~ 염색|生物染色rǎnsè。 참고〔活体huótǐ〕

생태[生態] 명 〈生〉 **【生态】**shēngtài ¶~ 변화|生态变化biànhuà。¶~계 파괴|生态破坏pòhuài。¶개미의 ~를 관찰하다|观察guānchá蚂蚁mǎyǐ生态。

생태계[生態系] 명 〈生〉 **【生态系统】**shēngtài xìtǒng

생트집[生-] 명하자 **【无理取闹】**wú lǐ qǔ nào **【刺儿】**cìr **【无赖】**wúlài **【吹毛求疵】**chuī máo qiú cī **【没事找事】**méishì zhǎoshì ¶~을 잡다|挑tiāo刺儿。

생판[生-] 부 ❶ 〈생소하다〉 **【不熟悉】**bùshúxī **【头一次】**tóuyīcì ¶나는 이 일에 아주 ~이다|这件事我很不熟悉。 ❷ 〈전혀 모르다〉 **【全然】**quánrán **【根本】**gēnběn **【完全】**wánquán ¶~ 모르는 사람|根本不认识rèn·shí的人。¶그 일에 대해서 완전히 ~이야|对那件事完全不知道。 참고〔陌生〕

생포[生捕] 명하타 **【生俘】**shēngfú **【生捕】**shēngbǔ **【活捉】**huózhuō **【活拿】**huóná ¶일본군 병사를 몇 명 ~하였다|生俘了几个日军士兵。

생피에르[St Pierre] 명 〈地〉 **【圣皮埃尔】**Shèng píʾāiʾěr〔"圣皮埃尔岛和密克隆岛"(프랑스령 생피에르미클롱제도; St, Pierre and Miquelon Islands)의 수도〕

생필품[生必品] 명 **【生活必需品】**shēnghuó bìxūpǐn **【日常必须品】**rìcháng bìxūpǐn ¶~을 구매하다|采购cǎigòu日常必须品。

ᴬ**생활**[生活] 명하자 **【生活】**shēnghuó ¶일상 ~|日常生活。¶학교 ~|学校生活。¶~ 수준을 높이다|提

高生活水平。¶~을 개선하다 | 改善生活。¶~의 방편 | 生活之便。

[C]**생활권**[生活圈] 명【生活区】shēnghuóqū ¶전국이 일일 ~으로 변모하다 | 全国日益变化成生活区。¶서울의 서부 ~ | 汉城西部生活区。

생활난[生活難] 명【生活困难】shēnghuókùn·nan ¶물가 아등으로 ~에 시달리다 | 在物价暴涨bàozhǎng的生活困难中煎熬jiānāo。

생활력[生活力] 명【安排生活的能力】ānpái shēnghuó·de nénglì【生活力】shēnghuólì【生命力】shēngmìnglì【生活能力】shēnghuónénglì ¶~이 무척 강하다 | 生活能力很强。

[C]**생활비**[生活費] 명【生活费】shēnghuófèi ¶벌써 ~가 다 떨어졌다 | 生活费都用完了。참고〔生活费用〕〔工资〕

생활 수준[生活水準] 명【生活水准】shēnghuó shuǐzhǔn【生活水平】shēnghuóshuǐpíng ¶경제 성장으로 ~이 향상되었다 | 随着经济jīngjì增长zēngzhǎng, 生活水平有了提高tígāo

[C]**생활화**[生活化] 명하자타【日常化】rìchánghuà【生活化】shēnghuóhuà ¶잡곡 혼식을 ~하다 | 使杂粮záliáng日常化。

생후[生後] 명【出生以来】chūshēng yǐlái【出生】chūshēng【有生以来】yǒushēng yǐlái ¶~ 2개월 된 아기 | 出生两个月的婴儿yīng'ér。¶이것은 내가 ~ 처음 보는 것이다 | 这是我有生以来头一次看见的。

샤넬[Chanel] 명〈商標〉【香奈儿】Xiāngnàir

샤를의 법칙[Charles-法則] 명【查理定理】Chálǐ dìnglǐ【查理定律】Chálǐdìnglǜ

샤를로트아말리[Charlotte Amalie] 명〈地〉【夏洛特阿马利亚】Xiàluòtè'āmǎlìyà [“美属维尔京群岛Měishǔwéiěrjīngqúndǎo”(미국령 버진제도; Virgin Islands)의 수도]

[C]**샤머니즘**[shamanism] 명〈宗〉【萨满教】Sàmǎnjiào

[C]**샤워**[shower] 명하자【淋浴】línyù【淋洗】línxǐ【冲洗】chōngxǐ【淋溶】línróng ¶~ 꼭지 | 淋浴头。¶~장 | 淋浴室。

샤이엔[Cheyenne] 명〈地〉【夏延】Xiàyán [미국 “怀俄明Huái'émíng”(와이오밍; Wyoming) 주의 주도(州都)]

[C]**샤프심**[sharp心] 명【自动铅笔芯儿】zìdòngqiānbǐxīnr

[C]**샤프 펜슬**[sharp pencil] 명【自动铅笔】zìdòng qiānbǐ【活动铅笔】huódòng qiānbǐ【活心铅笔】huóxīn qiānbǐ

[C]**샴페인**[프 champagne] 명【香槟酒】xiāngbīnjiǔ

샴푸[shampoo] 명하자 ❶ (머리 감는 세제)【洗发精】xǐfàjīng【洗发乳】xǐfàrǔ【洗发剂】xǐfàjì【香波】xiāngbō【理发剂】lǐfàjì ❷ (머리를 감다)【洗发】xǐfà【洗头】xǐtóu

샹들리에[프 chandelier] 명【枝形吊灯】zhīxíngdiàodēng【装饰灯】zhuāngshìdēng【枝形吊灯】zhīxíng diàodēng【集灯】jídēng

샹송[프 chanson] 명〈音〉【香颂】xiāngsòng【法国流行音乐】fǎguó liúxíng yīnyuè【法国流行歌曲】fǎguó liúxíng gēqǔ

서[1][序] 명 ❶【序】xù ❷【跋文】báwén

서[2][署] 명【官署】guānshǔ【署】shǔ ¶경찰~ | 警察署。

-서[3] 조 ❶ (接在表示人数的名词或带后缀“이”的数词后面, 使其具有主语的自格) ¶혼자~ 일하다 | 一个人工作。¶셋이~ 일하다 | 三个人工作。❷ (“에서”的缩略形) ¶여기~ 저기까지 | 从这儿到那边儿。

서가[書架] 명【书架】shūjià ¶~에 책이 꽂히다 | 书放在书架上。

서간[書簡] 명【信】xìn【书信】shūxìn ¶~체 | 书信体。¶~문학 | 书信体文学。¶~집 | 书信集。참고〔书函〕〔书翰〕〔书柬〕〔书简〕〔书启〕〔书札〕〔函件〕〔书牍〕

[C]**서거**[逝去] 명하자【逝去】shì qù【逝世】shìshì【去世】qùshì ¶~했다는 슬픈 소식 | 逝世的噩耗èhào。참고〔过去了〕〔过世〕〔故去〕〔故世〕〔作古〕〔即世〕〔就世〕〔弃qì养〕〔下世〕〔辞世〕〔过仙〕〔归天〕

[C]**서곡**[序曲] 명【序曲】xùqǔ【前奏曲】qiánzòuqǔ ¶사회 개혁의 ~을 이룬 큰 사건 | 实现社会改革gǎigé序曲的大事件。

서광(曙光) 몡【曙光】shǔguāng ¶승리의 ~ | 胜利的曙光. ¶앞길에~이 비치다 | 前途一片光明.

서구(西歐) 몡【西欧】Xī'ōu【西方】xīfāng ¶~문학 | 西欧文学. ¶~경제학 | 西欧经济学. ¶~동맹 | 西欧联盟liánméng.

서글서글하다 혱【爽快】shuǎng·kuai【爽朗】shuǎnglǎng【灼灼】zhuózhuó ¶그 사람은 매우 ~ | 那个人很爽快. ¶서글서글한 웃음 소리 | 爽朗的笑声xiàoshēng. ¶눈빛이 ~ | 目光灼灼.

ᴮ**서글프다** 혱【凄凉】qīliáng【悲伤】bēishāng【难过】nánguò【惆怅】chóuchàng【黯然】ànrán ¶서글픈 표정 | 凄凉的神情shénqíng. ¶가난한 사람들의 나날은 정말 ~ | 穷人qióngrén的日子真难过. ¶서글픈 표정 | 惆怅的表情biǎoqíng. ¶서글픈 표정으로 바라보다 | 黯然地望着. (참고)〔凄迷〕〔悲怆〕

ᴮ**서기**(西紀) 몡【公元】gōngyuán【西元】xīyuán(참고)〔公历〕〔西历〕

ᶜ**서기**(書記) 몡❶(기록하는 사람)【记录员】jìlùyuán❷(공무원 직급)【秘书】mìshū【文书】wénshū ¶~관 | 秘书. ¶~국 | 秘书局. ❸(사회주의 국가에서 정당의 구성원)【书记】shūjì ¶총~ | 总书记. ¶그는 정치부의~이다 | 他是政治部的书记.

서까래【椽木】chuánmù【椽子】chuán·zi【椽条】chuántiáo

ᶜ**서낭당**[-堂] 몡【城隍庙】chénghuángmiào

서너덧㊀【三或四】sān huò sì【三四】sān sì ¶~살 | 三四岁suì. ¶~집 | 三四家.

서넛㊀【三四】sān sì ¶좁은 방에~이 둘러앉아 이야기 꽃을 피우다 | 三四人围坐在狭小的房间里谈天说地.

ᴮ**서늘하다** 혱❶(선선하다)【凉】liáng【凉快】liángkuài【风凉】fēngliáng ¶아침 저녁으로 날씨가 매우~ | 一早一晚, 天气很凉. ¶서늘한 아침 | 凉快的清晨qīngchén. ¶다들 서늘한 곳에서 쉬다 | 大家在风凉的地方休息. ❷(오싹하다)【寒】hán【寒酸】hánsuān ¶간담이~ | 胆dǎn寒. ❸(분위

기가 썰렁하다)【冷淡】lěngdàn ¶태도가~ | 态度很冷淡.

ᴬ**서다** 동❶(직립하다)【立】lì【站】zhàn【伫立】zhùlì ¶문앞에 서 있다 | 立在门口. ¶머리털이 쭈뼛~ | 头发tóu·fà立起来了. ¶일어~ | 站起来. ¶여기 서서 뭘 하느냐 | 站在这儿干什么. ¶서서 골똘히 생각하다 | 伫立凝níng思. ❷(건립되다·설립되다)【建成】jiànchéng【盖】gài【成立】chénglì【建立】jiànlì【建】jiàn【设立】shèlì ¶새로 대학 하나가 섰다 | 新成立了一所大学. ¶공장이~ | 工厂gōngchǎng建起来了. ¶기관이~ | 设立机关. ¶빌딩이~ | 盖大厦. ❸(결정되다·제정되다)【制订】zhìdìng【拟定】nǐdìng【定】dìng ¶계획이~ | 拟定计划jìhuà. ¶결심이~ | 下定决心juéxīn. ❹(멈추다)【停】tíng ¶차가 서서히 섰다 | 车慢慢儿停住了. ¶시계가~ | 表停了. ¶완행열차가 역마다~ | 慢车mànchē每站都停. ❺(명령·규칙·기강 등이 시행되거나 유지되다)【有】yǒu ¶교통질서가~ | 交通秩序井然有序. ¶논리가 선 문장 | 有条理tiáolǐ的文章. ¶체면이~ | 顾面miàn·zi. ¶결심이 섰다 | 有了决心juéxīn. ❻(장이 열리다)【开】kāi【逢】féng ¶마을에 장이~ | 村子里开了个集市. ¶5일마다 장이~ | 五日集. ❼(경기 등이 열리다)【进行】jìnxíng ¶씨름판이~ | 进行摔交shuāijiāo. ❽(드러나다)【显出】xiǎnchū【出】chū【带】dài ¶핏발이~ | 显出血丝xuèsī. ❾(날카롭다)【锋利】fēnglì【锐利】ruìlì ¶칼날이~ | 刀刃dāorèn锋利. ¶날이 선 비수 | 锐利的匕首bǐshǒu. ❿(어떤 일을 맡거나 책임을 지다)【当】dāng【作】zuò ¶중매를~ | 作媒méi. ¶보증을~ | 作担保. ⓫(앞에 두어 자리를 점하다)【居】jū ¶우위에~ | 居上. ¶대표자 자리에~ | 居代表地位. ⓬(임신하다)【怀孕】huáiyùn ¶아기가 서나 보다 | 可能怀孕了.

ᴮ**서당**(書堂) 몡【书院】shūyuàn【私塾】sīshú

서당 개 삼 년이면 풍월을 읊는다 관용【狗住书房三年, 也会吟风弄月】gǒu

zhùshūfángsānnǒn, yěhuìyǐnfēngn-ǒngyuè 【跟着瓦匠睡三天，不会盖房也会搬砖】gēn·zhe wǎjiàng shuì sān tiān, búhuì gàifáng yě huì bānzhuān.

서도 [書道] 【書法】shūfǎ ¶~를 배우다 | 学习书法.

서독 [西獨] 【地】【西德】Xīdé 참고 〔德国 Déguó〕〔东德 Dōngdé〕.

서두 [序頭] 【開頭】kāi·tou 【头儿】tóur ¶이야기의 ~를 떼다 | 讲起了故事的开头.

^A**서두르다** 【赶忙】gǎnmáng 【赶紧】gǎnjǐn 【急着】jí·zhe 【忙着】máng·zhe ¶지금 서둘러 해 봐도 늦지 않는다 | 现在 xiànzài 急着做也来不及了 | 오늘 떠나려고 서두르지 말고 내일 가세요 | 今天别忙着动身 dòngshēn, 明天走吧. 참고 〔快〕〔急急忙忙地做〕〔急急地准备 zhǔnbèi〕.

^A**서랍** 【抽屉】chōutì ¶~을 열다 | 打开抽屉.

^C**서러움** 【冤枉而悲伤】yuānwǎng ér bēishāng

서러워하다 【悲伤】bēishāng 【伤心】shāng/xīn ¶이미 일은 벌어졌는데 서러워한들 무슨 소용이 있겠느냐? | 既然这事已经发生了，伤心又有什么用呢? | 정말 사람 마음을 서럽게 한다 | 叫人伤透了心. 참고 〔悲怆〕〔伤怀〕〔伤情〕〔伤神〕.

^B**서럽다** 【冤枉】yuān·wang 【屈枉】qū wǎng 【委屈】wěi·qu 【感到难受】gǎndào nánshòu ¶그가 나를 욕하는데 정말~! | 他骂我真冤枉! ¶푸대접을 받아 ~ | 受冷待 lěngdài 感到难受.

^A**서로** 【互相】hùxiāng 【相】xiāng 【相互】xiānghù 【彼此】bǐcǐ ¶~ 돕다 | 互相帮助 bāngzhù | ~ 미워한다 | 互相怀恨 hèn. | ~ 관심을 가지다 | 相互关心. ¶그들은 처음 만났기 때문에 아직은 잘 알지 못한다 | 他们初次 chūcì 见面, 彼此还不熟悉 shúxī. | ~의 우정 | 彼此的友谊 yǒuyì.

서론 [序論] 【序论】xùlùn 【绪论】xùlùn 【导言】dǎoyán

^B**서류** [書類] 【文件】wénjiàn 【文卷】wénjuàn 【档案】dàngʾàn ¶~철 | 文件夹 jiā. ¶기밀 ~ | 机要 jīyào 文件. ¶건축 허가 ~ | 建筑 许可文件. ¶

~ 가방 | 公文包. ¶~ 봉투 | 文件袋. ¶~함 | 文件箱/档案箱.

서류 가방 [書類 —；briefcase] 【电算〕公文包】gōngwénbāo

^A**서른** 〔三十〕sānshí ¶나이 ~이 넘었다 | 年过三十了.

^B**서리** 〔氣〕【霜】shuāng ¶~가 내리다 | 下霜. ¶~를 맞다 | 遭 zāo 霜.

서리다 【弥漫】mímàn 【充满】chōngmǎn ¶새벽 안개가 ~ | 晨雾 chénwù 弥漫. ¶방안에 김이 ~ | 房间里弥漫着蒸气 zhēngqì. ❷ (향기 등이) 【散发】sànfā ¶꽃의 맑은 향기가 ~ | 散发出花儿的清香 qīngxiāng ❸ (줄기 등이) 【缠绕】chánrǎo ¶얼기설기 서린 철조망 | 纵横缠绕的铁丝网. ❹ (어려 있다) 【含】hán 【带】dài ¶웃음이 ~ | 含笑. ¶눈물이 ~ | 含泪. ¶얼굴에 근심이 ~ | 面带愁容 chóuróng. ❺ (생각이) 【萦绕】yíngrào 【充满】chōngmǎn 【深怀】shēnhuái ¶일종의 불안감이 그의 마음속에 서려있다 | 一种不安的感觉萦绕在他的心里. ¶가슴에 ~ 서리다 | 萦绕在心里的恨. 참고 〔萦回〕.

서릿발 ❶ (서리의) 【霜】shuāng ¶나뭇가지에 ~이 있다 | 树枝上凝 níng 着霜. ❷ (엄함) 【寒光】hánguāng 【冷若冰霜】lěng ruò bīngshuāng ¶~같은 명령 | 寒光闪闪的命令. ¶~같은 눈길 | 冷若冰霜目光.

서막 [序幕] 【序幕】xùmù ¶그는 ~만을 보았다 | 他只看了序幕. ¶그때의 사건의 제1차세계대전의 ~이다 | 那次事件是第一次世界大战 dàzhàn 的序幕.

^C**서먹하다** 【生疏】shēngshū 【陌生】mòshēng 【认生】rènshēng ¶두 집안의 왕래가 아주 적어 관계가 ~ | 两家来往很少, 关系很生疏. ¶우리는 비록 처음 만났지만, 결코 서먹하지 않다 | 我们虽然是第一次见面, 并不感到陌生. ¶이 아이는 서먹해 하지 않는다 | 这小孩儿不认生. 참고 〔莫 mò 生〕〔认人 rèn〕〔怕 pà 生〕〔奔 bēn 人儿〕〔怵 chù 见〕.

서면 [書面] 【书面】shūmiàn ¶~으로 보고 하다 | 做书面报告. ¶~으

로 통지하다 | 书面通知。

서명[署名] 圖하진 【签名】qiān/míng 【签字】qiān/zì 【署名】shǔ/míng 【签署】qiānshǔ 【写名字】xiěmíngzì 【印签】yìnqiān ¶ 보험 계약서에 ~하다 | 签保险bǎoxiǎn合同书。¶ 여기에 ~하십시오 | 请在这儿署名吧。¶ ~란에 이름을 써넣다 | 在留名栏里写名字。¶ ~날인 | 签名盖章/签名画押。

서문[序文] 圖【序文】xùwén 【叙文】xùwén 【序言】xùyán 【前言】qiányán

^C**서민**[庶民] 圖【庶民】shùmín 【平民】píngmín 【平民阶层】píngmín jiēcéng ¶ ~ 층 | 庶民阶层/平民阶层。¶ ~의 친근감 | 庶民的亲切感qīnqiègǎn。

서반구[西半球] 圖〈地〉【西半球】xībànqiú ¶ ~는 동반구보다 춥다 | 西半球比东半球冷些xiē。

서반아[西班牙] 圖〈地〉【西班牙】Xībānyá ¶ ~어 | 西班牙语。참고〔大吕宋〕【日斯巴尼亚Rìsībānníyà〕

서방[西方] 圖〈地〉【西方】xīfāng ¶ 그는 ~인이다 | 他是西方人。¶ ~국가 | 西方国家guójiā。¶ ~ 세계 | 西方世界。참고〔西洋yáng〕

^B**서방**[書房] 圖【丈夫】zhàng·fu 【男人】nán·ren ¶ 그녀는 ~을 여의었다 | 她死了丈夫。

서버[server] 圖〈電算〉【服务器】fúwùqì

^C**서부**[西部] 圖【西部】xībù 【西面】xīmiàn ¶ ~극 | 牛仔戏/西部剧。

서북[西北] 圖【西北】xīběi ¶ ~풍 | 西北风。¶ ~향 | 西北向。

^C**서브**[serve] 圖하진〈體〉【发球】fā/qiú ¶ ~ 에러 | 发球失误shīwù。¶ ~ 반칙 | 发球犯规fànguī。

서브디렉토리[subdirectory] 圖〈電算〉【子目录】zǐmùlù

^B**서비스**[service] 圖하자타【劳务】láowù 【服务】fú/wù ¶ ~ 산(업) | 服务行业hángyè。¶ 애프터 ~ | 售后shòu·hòu服务。¶ ~ 요금 | 服务费。¶ ~ 부문 | 服务部门。¶ ~ 센터 | 服务站/服务中心。

서비스 제공사업자[service 提供事业者; service provider] 圖【服务商】fúwùshāng 【服务提供商】fúwù tígōngshāng 【提供商】tígōngshāng

서사[叙事] 圖하자타【叙事】xùshì ¶

~곡 | 叙事曲。¶ ~문 | 叙事文/记叙文。¶ ~시 | 叙事诗。

서사모아[西 Samoa; Western Samoa] 圖〈地〉【西萨摩亚】Xī Sàmóyà 〔남태평양 사모아 제도의 서부에 있는 독립국. 수도는 "阿皮亚Āpíyà"(아피아; Apia)〕

서사하라[西 Sahara; Western Sahara] 圖〈地〉【西撒哈拉】Xī Sāhālā〔수도는 "阿尤恩Āyōuēn"(엘 아이운; El Aiún)〕

서산[西山] 圖【西山】xīshān

^B**서서히**[徐徐] 圖【徐徐】xúxú 【慢慢】mànmàn ¶ 막이 ~ 내리다 | 幕徐徐落下。¶ 지난 일들을 ~ 털어놓기 시작하다 | 慢慢地开始叙述xùshù过去的事。참고〔徐缓huǎn〕【缓缓hmàn/màn〕【缓缓〕

^B**서성거리다** 圖【踱来踱去】duóláiduóqù 【渡来渡去】dùláidùqù 【转来转去】zhuǎnláizhuǎnqù 【走来走去】zǒuláizǒuqù 【徘徊】páihuái 【彷徨】fánghuáng ¶ 선뜻 나서지 못하고 밖에서 ~ | 在外边渡来渡去，没敢马上进去。¶ 뒷짐을 진 채로 사무실에서 ~ | 背着手在办公室里踱来踱去。¶ 그는 이곳에서 한참을 서성거렸다 | 他在这里徘徊了很久。¶ 기로에서 ~ | 在岐途qítú上彷徨。참고〔徘徊〕【低dī徊〕【低dī回〕【旁皇pánghuáng〕

서술[叙述] 圖하진【叙述】xùshù ¶ ~어 | 谓语/述语。¶ ~형 | 叙述形。¶ 간단히 ~하다 | 简单地叙述。

서슬 ❶ (칼날) 【刃】rèn ¶ ~이 시퍼런 칼 | 刀刃锋利fēnglì的刀。❷ (기세) 【气势】qìshì 【杀气】shāqì ¶ 그는 더욱 ~이 시퍼렇게 되어 안하무인이 있었다 | 他更是气势汹汹xiōngxiōng, 目中无人。¶ ~이 시퍼렇다 | 杀气腾腾téngténg/盛气shèngqì〕

서슴다 圖【犹豫】yóuyù 【踌躇】chóuchú 【迟疑】chíyí ¶ 조금도 서슴지 않고 안으로 들어오다 | 一点也不犹豫地进来。¶ 서슴거리며 앞으로 나가지 못하다 | 踌躇不前。¶ 조금도 서슴거리지 않다 | 毫háo不迟疑。참고〔犹疑〕【犹与yù〕【由豫〕

서슴없이 圖【毫不犹豫地】háo bù yóuyù·de 【毫无掩饰地】háo wú yǎnshì·de 【毫无顾及地】háo wú gùjí·de 【不

書法家。

要犹豫]búyào yóuyù【没有犹豫地】méiyǒu yóuyù·de ¶～ 대답하다 | 毫不犹豫地回答huídá。 ¶～ 폭로하다 | 毫无顾及地揭露暴he니 | 舍不得离开。 ¶아무라도 좋으니 — 말해 보시오 | 任何人都可以说, 请不要犹豫。 ¶～ 따라 나서다 | 没有犹豫地跟随。

서식¹[書式] 圐【公文程式】gōngwén chéngshì【格式】géshì【表格】biǎogé ¶～에 기입하다 | 填写tiánxiě表格。

서식²[棲息] 圐하자타【栖息】qīxī ¶많은 물새들이 섬에서 ～한다 | 许多水鸟shuǐniǎo在岛上栖息。 ¶잉어가 노는 곳 | 鲤鱼lǐyú栖息的地方。 참고〔栖宿qīsù〕

서신[書信] 圐【书信】shūxìn【信件】xìnjiàn ¶ 왕래 | 书信往来。 ¶～을 받고 마음을 놓았다 | 接到书信就放心了。 ¶일주일에 한 번 ～을 처리하다 | 每周处理chǔlǐ一次信件。 참고〔书函hán〕〔书翰hàn〕〔书束jiǎn〕〔书简jiǎn〕〔书札zhá〕〔函件〕

서약[誓約] 圐하자타【誓约】shìyuē【起誓】qǐ/shì【发誓】fā/shì ¶～을 지키다 | 信守xìnshǒu誓约。 ¶지금 당장네 앞에서 ～할게 | 现在就在你面前miànqián起誓。 ¶하늘을 두고 ～하다 | 对天发誓。

ᴮ**서양**[西洋] 圐【西洋】Xīyáng【西方】Xīfāng ¶～ 음악 | 西洋音乐yīnyuè。 ¶～ 철학 | 西方哲学zhéxué。 ¶그는 ～사람이다 | 他是西方人。

ᶜ**서양식**[西洋式] 圐【西洋方式】xīyáng fāngshì【西式】xīshì ¶～ 복장 | 西式服装fúzhuāng。 ¶～ 건물 | 西式楼房lóufáng。

ᶜ**서양인**[西洋人] 圐【西洋人】xīyángrén【洋人】yángrén

ᴮ**서양화**[西洋化] 圐【西方化】xīfānghuà ¶근래에 생활 양식이 많이 ～하는 경향이다 | 近来生活方式大量趋向于西方化。

서역[西域] 圐❶【西部地域】xībù dìyù ❷【西域】Xīyù

서열[序列] 圐【次序】cìxù【序列】xùliè ¶～대로 입장하다 | 按次序入场rùchǎng。 ¶～을 정하다 | 定序列。 참고〔序次〕

ᴮ**서예**[書藝] 圐【书法】shūfǎ ¶～가 |

ᴮ**서운하다** 톙❶ (섭섭하다)【舍不得】shě·budé【依依不舍】yīyī bù shě ¶헤어지기 ～ | 舍不得离开。 ❷ (안타깝다)【可惜】kěxī【惋惜】wǎnxī ¶이것은 대단히 서운한 일이다 | 这是一件十分可惜的事情。 ¶동생을 만나지 못하는 것이 매우 ～ | 因为没有见到弟弟, 心里很惋惜。 ❸ (유감스럽다)【遗憾】yíhàn【惆怅】chóuchàng ¶서운한 느낌이 들다 | 感到遗憾。 ¶너무 서운하게 생각지 말게 | 不要想得太遗憾。 ¶그녀는 옛 일이 생각나자매우 서운한 하였다 | 想起往事, 她心中十分惆怅。

서울[Seoul] 圐❶〈地〉【汉城】Hànchéng【首尔】shǒuěr【~】내기 | 汉城人。 ❷ (수도)【国都】guódū【都】shǒudū 참고〔京师jīngshī〕〔京城〕〔京都〕

ᴮ**서원**[書院] 圐【书院】shūyuàn ¶～을 세우고 생도를 모아 가르치다 | 开办书院, 聚徒讲学jùtújiǎngxué。

서자[庶子] 圐【庶子】shùzǐ【支子】zhīzǐ 참고〔草子〕〔别子〕〔嫡子〕

서장[署長] 圐【署长】shǔzhǎng ¶경찰서 ～ | 警察署长。

서재[書齋] 圐【书斋】shūzhāi【书房】shūfáng ¶이것은 나의 ～이다 | 这是我的书斋。 참고〔文房〕

ᶜ**서적**[書籍] 圐【书籍】shūjí ¶기술 ～ | 技术jìshù书籍。 ¶～은 인류를 진보시키는 수단이다 | 书籍是人类rénlèi进步jìnbù的阶梯jiētī。 참고〔书册cè〕〔书卷juàn〕

ᶜ**서점**[書店] 圐【书店】shūdiàn【书局】shūjú 참고〔书铺〕〔书馆〕

서정[抒情;敍情] 圐【抒情】shūqíng ¶～시 | 抒情诗。 ¶～가곡 | 抒情歌曲。 ¶～소곡 | 抒情小曲。

ᴬ**서쪽**[西一] 圐【西面】xīmiàn【西边(儿)】xībiān(r) ¶생전 웃지 않던 자네가 너털웃음이라니, ～에서 해가 뜨겠구만 | 你可是从来都不笑的, 今天太阳要从西边出来了。

서찰[書札] 圐【书札】shūzhá【书信】shūxìn 참고〔信〕〔信件〕〔函件〕〔书函〕〔书翰〕〔书束〕〔书简〕〔书启〕

ᶜ**서체**[書體] 圐❶【字体】zìtǐ ❷【体体】

shūtǐ ¶해—｜楷体.

ᶜ서커스[circus] 몡【马戏】mǎxì【杂技】zájì ¶~단｜马戏团.

서클[circle] 몡【社团】shètuán ¶~활동｜社团活动｜¶서예 ~에 들다｜参加书法社团.

ᴮ서투르다 톙 ❶ (일에 익숙치 못하다)【不熟练】bùshúliàn【拙笨】zhuōbèn【荒疏】huāngshū【手生】shǒushēng【生硬】shēngyìng ¶일이 ~｜做事不熟练. ¶글씨가 ~｜字写得拙笨. ¶말이 ~｜口齿kǒuchǐ拙笨. ¶그는 이 일을 처음 하는 판이라 좀 ~｜他刚干这个活儿还有点手生. ❷ (낯설다)【不成熟】bùchéngshú【不自然】bùzìrán【陌生】mòshēng ¶서투른 분위기｜陌生的气氛.

서편[西便] 몡【西边】xībiān

서풍[西风] 몡【西风】xīfēng

서한[書翰] 몡【书翰】shūhàn【书函】shūhán【书信】shūxìn ¶~문｜书信体文学. ¶~지｜信纸.(참고)〔公函〕〔书柬〕〔书简〕〔书启 qǐ〕〔书札〕〔书牍 dú〕〔函件〕〔信件〕〔信〕

서해[西해·의 海] 몡【西边的海】xībiān·de hǎi【西海】xīhǎi ¶~안｜西海岸.

서행[徐行] 몡하자【徐行】xúxíng【慢行】mànxíng【缓行】huǎnxíng ¶교차로~!｜交叉路chālù慢行! ¶~운전｜慢行驾驶jiàshǐ. ¶공사 지역إ자동차 ~!｜施工地段shīgōngdìduàn, 汽车慢行!

서향[西向] 몡【向西】xiàngxī【朝西】cháowxī ¶~집｜朝西的房子.

서화[書畵] 몡【书画】shūhuà ¶~전시회｜书画展览会zhǎnlǎnhuì. ¶~가｜书画家. ¶~상｜书画商.

ᴬ식[石] 의몡【石】dàn ¶쌀공미 삼백 ~｜施舍米shìshèmǐ三百石.

석가모니[釋迦牟尼] 몡【佛】〈释迦牟尼〉Shìjiāmóuní【释迦】Shìjiā ¶~불｜释迦牟尼佛. ¶~여래｜释迦牟尼如来.

석간 신문[夕刊新聞] 몡【晚报】wǎnbào ¶~에 게재하다｜刊登在晚报上. ¶나는 ~을 한 부 구독하려 한다｜我想订一份晚报.(참고)〔夜报〕〔晨 chén 报〕〔下午版〕〔日报〕

석고[石膏] 몡【石膏】shígāo ¶~붕대｜石膏绷带bēngdài. ¶~상｜石膏像.(참고)〔石羔gāo〕〔生石膏〕

석공[石工] 몡【石工】shígōng【石匠】shí·jiang

석굴[石窟] 몡【岩洞】yándòng【石窟】shíkū【石洞】shídòng ¶~속에 석기가 있다｜岩洞中有一些石器shíqì. ¶돈황 ~｜敦煌dūnhuáng石窟.(참고)〔岩穴〕

석권[席卷] 몡하자【包揽】bāolǎn【席卷】xíjuǎn ¶천하를 ~하다｜包揽天下. ¶신제품으로 국내시장을 ~하다｜以新产品席卷国内市场.

ᴬ석기[石器] 몡【石器】shíqì ¶~시대｜石器时代. ¶대량의 ~가 출토되었다｜出土了大量的石器.

ᶜ석등[石燈] 몡【石灯】shídēng ¶~롱｜石灯笼.

ᶜ석류[石榴] 몡〈植〉【石榴】shí·liu ¶~나무｜石榴树. ¶~처럼 붉은 색｜石榴红.(참고)〔丹若〕〔安石榴〕

ᶜ석면[石綿] 몡【石棉】shímián ¶~도기｜石绵陶器. ¶~ 슬레이트｜石棉水泥瓦/石棉水泥波形瓦.(참고)〔石绒〕〔矿棉〕〔不灰木〕〔鸡毛砼〕〔龙骨泥〕

ᶜ석방[釋放] 몡하자【法】【释放】shìfàng ¶감옥에서 ~되어 나오다｜从监狱jiānyù里释放出来. ¶피의자를 ~하다｜释放嫌疑犯xiányífàn.

석별[惜別] 몡【惜别】xībié ¶졸업식이 끝난 후 급우들은 아쉬워하며 ~을 하다｜毕业典礼bìyèdiǎnlǐ结束以后, 同学们依依yīyī惜别了. ¶~의 정을 나누다｜互述惜别之情. ¶~의 눈물｜惜别之泪.

ᶜ석불[石佛] 몡〈佛〉【石佛】shífó

ᶜ석사[碩士] 몡【硕士】shuòshì ¶~학위를 취득하다｜狄huo得硕士学位. ¶~논문｜硕士论文lùnwén. ¶~과정｜硕士课程kèchéng.

석상[席上] 몡【席上】xíshàng ¶회의 ~에서 질문을 하다｜会议席上提问.

석양[夕陽] 몡 ❶ (일몰) 【夕阳】xīyáng【斜阳】xiéyáng ¶그녀는 산꼭대기에 서서 ~을 감상하고 있다｜她站zhàn在山顶, 欣赏xīnshǎng着夕阳. ¶~이 서쪽으로 지다｜夕阳西下. ¶황금빛 ~｜金色斜阳. ❷ (일몰의 시

각)【落日时分】luòrì shífēn 참고〔残
阳cányáng〕[残照]

석연하다[釋然-] 혱【释然】shìrán〔来
历不明〕láilì bùmíng ¶그의 말에는 아
무래도 석연하지 못한 데가 있다 | 他
的话里一定有不释然之处. ¶석연히
풀리지 않는 마음 | 不能释然地放开k-
āi的心.

^B**석유**[石油] 몡【石油】shíyóu〔煤油·méi-
yóu〕¶~를 수출하다 | 出口石油.
¶~ 제품 | 石油产品. ¶~ 난로 |
煤油炉lú.

석재[石材] 몡【石料】shíliào ¶정자를
지을 ~를 다 준비했다 | 盖亭子的石
料都准备zhǔnbèi好了.

^C**석조**[石彫] 몡【石雕】shídiāo

석차[席次] 몡【席次】xícì【顺序】shù-
nxù ¶지정된 ~에 따라 자리에 앉다
| 按照指定zhǐdìng席次入座rùzuò.
¶~를 매기다 | 排pái列顺序.

^B**석탄**[石炭] 몡【煤】méi【煤炭】méitàn
¶~ 공업 | 煤炭工业. ¶~을 운송
하다 | 运输yùnshū煤炭. 참고〔黑丹
hēidān〕[黑金hēijīn]〔石墨shímò〕[石
炭]〔石涅niè〕

^B**석탑**[石塔] 몡【石塔】shítǎ ¶5층 |
五层石塔.

석판[石版] 몡❶【石版】shíbǎn ¶~
으로 인쇄한 서적 | 石版书籍shūjí.
¶~화 | 石版画. ❷【石版印刷】shíb-
ǎn yìnshuā【石印】shíyìn ¶~본 | 石
印本. ¶~인쇄 | 石版印刷. ¶~술 |
石印术.

석패[惜敗] 몡하자【输得可惜】shū·de
kěxī【可惜地输】kěxī·de shū ¶한 점
차로 ~하고 말았다 | 以一分之差chà
可惜地输了.

^C**석회**[石灰] 몡【石灰】shíhuī ¶~ 비료
| 石灰肥料féiliào. ¶~석 | 石灰岩/
石灰石. ¶~질 | 石灰质. 참고〔生
石灰shēng〕[煅石灰duàn][活石灰huó][白灰][氧化
钙gài][大白][氢qīng氧化钙][熟shú石
灰][消xiāo石灰]〔石灰岩〕

^A**섞다** 됭【混合】hùnhé【掺杂】chānzá
【掺合】chān·he【搅拌】jiǎobàn【搅拌】
jiǎobàn ¶섞어 팔다 | 混合销售.
¶잡곡과　~ | 掺杂杂粮záliáng. ¶밥
과 반찬을 섞어서 먹다 | 把饭和菜拌
着吃.

^B**섞이다** 됭【溶合】rónghé【被混合】bèih-
ùnhé ¶물과 기름은 섞이지 않는다 |
水和油不能相溶.

선¹[線] 몡❶（길고 가는 줄 혹은 한도）
【线】xiàn ¶~을 긋다 | 划huà线. ¶
~을 넘다 | 过线. ¶그 ~에서 타결
되다 | 在那线上妥协tuǒxié. ❷（전
선）【电线】diànxiàn【铁丝】tiěsī ❸
（맺고 있는 관계）【关系】guān·xi【联
系】liánxì ¶~을 대다 | 拉关系/搞gǎ-
o关系. ¶그 사람과 ~이 닿다 | 与那
人联系. ❹（실루엣）【线条】xiàntiáo
¶이 그림은 ~이 매우 힘차다 | 这幅
画, 线条很有力量. ¶~이 아름답다
| 线条美丽měilì.

선²[相亲] 몡【相亲】xiàngqīn ¶왕군은 ~보
러　갔다 | 小王相亲去了. ¶맞~을
보다 | 相亲. 참고〔相xiāng看〕

선³[先] 몡【庄】zhuāng【庄家】zhuāngji-
ā【头家】tóujiā ¶이 판에서는 내가
~이다 | 这一盘我是庄.

선⁴[善] 몡【善】shàn【善良】shànliáng
¶~과 악을 구별하다 | 区别善恶.

선⁵[腺] 몡〈醫〉【腺】xiàn ¶내분비~
| 内分泌腺.

선⁶[禪] 몡❶【禅宗】chánzōng ❷【坐
禅】zuòchán

선⁷[選] 몡【选】xuǎn【选集】xuǎnjí ¶
걸작~ | 杰作选.

선⁻⁸ 큰【不熟练】bùshúliàn【不地道】b-
ùdìdào【二把刀】èrbǎdāo ¶~무당
| 二把刀巫婆.

－선⁹[－船] 回【船】chuán ¶유람~ |
游船.

선각[先覺] 몡하자타【先觉】xiānjué ¶
~자 | 先知xiānzhī先觉. 참고〔先醒
xǐng〕

^B**선거**[選舉] 몡하타【选举】xuǎnjǔ ¶~
결과는 내일 발표한다 | 明天公布选
举的结果jiéguǒ. ¶국회 의원 ~ | 国
会议员选举. ¶~ 제도 | 选举制度zh-
ìdù. ¶직접 ~ | 直接zhíjiē选举.

^C**선거권**[選舉權] 몡【选举权】xuǎnjǔqu-
án ¶~을 가지다 | 拥有yōngyǒu选举
权. ¶~과 피~ | 选举权和被bèi选
举权.

선걸음 몡【马上】mǎ·shang【即刻】jík-
è【立刻】lìkè ¶~에 거기도 다녀오지
| 马上去一趟那地方. 참고〔即时〕

선견지명[先見之明] 명【先见之明】xiān jiàn zhī míng ¶그는 ~이 있다 | 他有先见之明.

선결[先決] 명하타【先决】xiānjué ¶문제는 ~되어야 다른 일도 해결된다 | 先决那事, 其他事才能得到解决jiějué.

ᶜ**선고**[宣告] 명하타 ❶【宣告】xuāngào ¶파산을 ~하다 | 宣告破产pòchǎn. ¶사형을 ~를 내리다 | 宣告死刑sǐxíng. ❷〈法〉【宣判】xuānpàn ¶법정의 ~시간을 기다리다 | 等法庭宣判的时间.

선교[宣敎] 명하자【传教】chuán/jiào ¶그는 ~하듯 계속 위로의 말을 하였다 | 他传教似地继续jìxù说着安慰wèi的话. ¶~사 | 传教士.

ᶜ**선구자**[先驅者] 명【先驱者】xiānqūzhě ¶그는 한국민주운동의 ~이다 | 他是韩国民主运动yùndòng的先驱. ¶자동차 공업의 ~ | 汽车工业的先驱者.

선글라스[sunglass] 명【太阳眼镜】tàiyáng yǎnjìng【太阳镜】tàiyángjìng 참고〔蛤蟆镜〕〔墨镜〕

ᶜ**선금**[先金] 명【定钱】dìngqián【定金】dìngjīn ¶~을 걸다 | 下定钱/放定钱/付定钱/给定钱. ¶~을 받다 | 收定金. 참고〔定洋〕〔定银〕〔订银〕〔订洋〕〔订钱〕〔底金〕

선납[先納] 명하타【提前缴纳】tíqián jiǎonà ¶회비를 ~하다 | 提前付会费.

선녀[仙女] 명【仙女】xiānnǚ ¶~의 춤 | 仙女舞.

ᶜ**선단**[船團] 명【船队】chuánduì【船帮】chuánbāng

ᶜ**선도**¹[先導] 명하타【前导】qiándǎo【先导】xiāndǎo【领先】lǐngxiān ¶계몽은 사회개혁의 ~자다 | 启蒙méng是社会改革的先导. ¶~부문 | 先导部门. ¶~산업 | 领先产业. 참고〔先引yǐn〕〔领前〕

선도²[先導] 명하타【训导】xùndǎo【诱导】yòudǎo ¶청소년 ~에 앞장서다 | 站在劝诱引导青少年的前列.

선동[煽動] 명하타【煽动】shāndòng【鼓动】gǔdòng ¶군중을 ~하여 일을 벌리다 | 煽动群众qúnzhòng闹事nào-

shì. ¶그가 노동쟁의를 ~했다 | 他煽动了工潮gōngcháo. ¶민심을 ~하다 | 鼓动人心. 참고〔扇shān动〕

선동적[煽動的] 관형【煽动性】shāndòngxìng ¶~인 언동을 삼가다 | 禁止jìn-zhǐ煽动性言行.

ᶜ**선두**[先頭] 명【前头】qián·tou【头前儿】tóuqiánr【前沿】qiányán ¶그는 학생운동의 ~에 서있었다 | 他站在学潮的前沿. ¶그는 사람들의 ~에서 걷기 시작했다 | 他开始走在人群的前头. 참고〔前面(儿)miàn(r)〕

선뜻 부【欣然】xīnrán【痛快地】tòng·kuài·de ¶~ 승낙하다 | 欣然允诺yǔnnuò. ¶그는 ~ 동의했다 | 他欣然同意了. ¶달라는 대로 돈을 ~ 내주었다 | 他很痛快地要多少就给了多少.

선량[善良] 명【善良】shànliáng ¶마음씨가 따뜻하고 ~한 사람 | 是个又温和wēnhé又善良的人. ¶마음씨가 ~하다 | 心地善良. 참고〔良善〕

선례[先例] 명【先例】xiānlì【前例】qiánlì【成例】chénglì【陈规】chénguī ¶~를 남기다 | 开先例. ¶기존의 ~를 모방하다 | 模仿mófǎng已有的成例. ¶~를 깨다 | 打破陈规.

ᶜ**선로**[線路] 명【线路】xiànlù ¶전화 ~ | 电话diànhuà线路. ¶~공 | 线路工人gōngrén.

선망[羨望] 명하타【羡慕】xiànmù【期望】qīwàng ¶남의 부를 ~하지 말라 | 不要羡慕他人的财富cáifù. ¶그의 얼굴에는 ~하는 기색이 역력했다 | 他的脸上现出期望的神色shénsè. 참고〔企qǐ美〕【期许qīxǔ】【期冀qījì】【期待qídài】

선머슴 명【冒失鬼】mào·shiguǐ【愣小子】lèngxiǎo·zi ¶그는 언제나 말하는 것이 조심스럽지 못하여 정말 ~이다 | 他一向说话很冒失, 真是冒失鬼. ¶나는 이런 ~은 좋아하지 않는다 | 我不喜欢这种愣小子.

ᴮ**선명**[鮮明] 명하형【鲜明】xiānmíng【清楚】qīng·chu ¶~한 색채 | 鲜明的色彩sècǎi. ¶상황이 벌써 ~해졌다 | 情况qíngkuàng已经yǐjīng很清楚了. ¶발음이 ~하다 | 口齿清楚.

ᴬ**선물**[膳物] 명【礼物】lǐwù【礼品】lǐpǐn【赠品】zèngpǐn ¶생일 ~ | 生日物.

¶어떤 ~을 하면 좋겠습니까? | 送什么礼物好? ¶~을 포장하다 | 包装礼物。¶많은 ~을 받다 | 收到不少赠品。

ᶜ**선박**[船舶] 몡【船舶】chuánbó【船只】chuánzhī ¶부두에 많은 ~들이 정박해 있다 | 码头mǎtóu上停靠tíngkào着许多船舶。¶~ 조난 | 船只失事shīshì。¶~ 정박지 | 船只停靠处。참고〔船艘sōu〕〔船〕〔船艇〕

ᴮ**선반**¹[-盤] 몡【搁板】gēbǎn ¶~을 달 | 钉dīng搁板。

선반²[旋盤] 몡【车床】chēchuáng【机床】jīchuáng【镟床】xuànchuáng ¶~을 돌리다 | 开动车床。¶~공 | 车床工人/机床工。참고〔车架(子)〕〔镟xuàn盘〕〔镟床〕

선발[選拔] 몡하타【选拔】xuǎnbá【甄拔】zhēnbá【甄别】zhēnbié ¶후계자를 ~하다 | 选拔接班人jiēbānrén。¶인재를 ~하다 | 选拔人才。¶~위원회 | 选拔委员会。¶~ 고사 | 甄别考试kǎoshì。¶~ 파견 | 抽调。참고〔拔选〕〔甄选〕

ᶜ**선발대**[先發隊] 몡【先遣队】xiānqiǎnduì ¶~원 | 先遣队队员。

선방[善防] 몡【好防】hǎofáng

ᴮ**선배**[先輩] 몡 ❶【先辈】xiānbèi【前辈】qiánbèi ¶후배들은 ~를 존경해야 한다 | 后生要尊敬zūnjìng先辈。¶~들이 좋은 기틀을 세워 후배들이 복을 누리고 | 前辈种树, 后学乘凉。¶대~ | 老前辈。❷【学兄】xuéxiōng【学长】xuézhǎng 참고〔上辈(儿)〕〔长辈〕〔后辈〕〔老辈〕〔晚辈〕〔学弟〕〔学姐〕

선별[選別] 몡하타【甄别】zhēnbié【选别】xuǎnbié【挑选】tiāoxuǎn【筛选】shāixuǎn ¶인재를 ~하다 | 甄别人才。¶종자 ~이 다수확의 첫째 조건이다 | 种子zhǒng·zi的选别是高产的第一条件。참고〔拣别〕〔分选〕

선보이다 동【披露】pīlù【公开】gōngkāi【亮相】liàngxiàng ¶자동차 새 모델을 ~ | 汽车新模型亮相。

선봉[先鋒] 몡【先锋】xiānfēng【前锋】qiánfēng ¶~에 서다 | 打dǎ先锋。¶~ 대장 | 先锋大将dàjiàng。

선분[線分] 몡【线段】xiànduàn

선불[先拂] 몡하타【预付】yùfù【预支】yùzhī【先付】xiānfù【前头付款】qiántou fùkuǎn ¶~ 가격 | 预付价格jiàg·é。¶~ 보증금 | 预缴押金。¶~ 운임 조건 | 运费付讫条件。¶운임을 ~하다 | 先付运费。

ᴮ**선비** 몡 ❶ (유생)【儒生】rúshēng【儒士】rúshì【书生】shūshēng【知识分子】zhīshífèn·zi ¶~ 근성 | 书生本色。¶그는 ~ 같은 사람이다 | 他是个知识分子。❷ (어질고 순한 사람)【书呆子】shūdāi·zi ¶그는 세상 일에 어두운 ~다 | 他是一个书呆子。참고〔书虎子hǔ·zi〕〔学xué呆子〕〔书痴chī〕

선사¹[先史] 몡【史前】xiānshǐ【史前】shǐqián ¶~ 고고학 | 史前考kǎo古学。¶~시대 | 史前时代。

선사²[善事] 몡【送给】sònggěi【赠送】zèngsòng【赐给】sìgěi ¶어떤 것을 ~하면 좋을까? | 送什么东西好? ¶선물을 ~하다 | 赠送礼品。

선산[先山] 몡 ❶【祖茔】zǔyíng【祖坟】zǔfén ¶~을 이장하다 | 重修祖坟。❷【有祖茔的山】yǒu zǔyíng·de shān

선상[線上] 몡【线上】xiàn·shang ¶기아~에 놓여 있다 | 处chǔ于饥饿jiè线上。

ᴬ**선생**[先生] 몡 ❶ (그를 높이어 부르는 말)【先生】xiān·sheng ¶의사~ | 大夫dài·fu。¶~은 어떻게 생각하십니까? | 先生如何想? ❷ (가르치는 사람)【老师】lǎoshī ¶~질 | 做老师/当老师。

ᶜ**선서**[宣誓] 몡하타【宣誓】xuān/shì【誓】shì ¶대통령 취임 ~ | 总统zǒngtǒng就职jiùzhí宣誓。¶손을 들고 ~하다 | 举手jǔshǒu宣誓。¶~ 진술서 | 宣誓申明书shēnmíngshū。¶~서 | 宣誓书。

ᶜ**선선하다** 혱 ❶ (시원하다)【凉快】liángkuai【凉爽】liángshuǎng ¶날씨가 ~ | 天气很凉快。¶선선한 가을 바람이 불어온다 | 凉爽的秋风qiūfēng吹来。❷ (성격이나 동작이)【爽快】shuǎng·kuai【开朗】kāilǎng【痛快】tòng·kuai【大方】dà·fang ¶그 사람은 매우 ~ | 那个人很爽快。¶그는 선선히 우리 요구를 승락했다 | 他痛

快地答应dāying了我们的要求yāoqiú。¶성미가 ~ | 素性sùxìng大方。

선수[先手] 몡 ❶ (기선을 제압하기) 【先动手】xiān dòngshǒu 【先下手】xiān xiàshǒu ¶~치다 | 先发制人/先动手。❷ (바둑·장기 등에서 먼저 두는 일) 【先下】xiānxià 【先走】xiānzǒu

ᴬ**선수**[選手] 몡 ❶ (기술이나 운동따위에서 뛰어나 뽑힌 사람) 【选手】xuǎnshǒu ¶운동 ~ | 运动yùndòng选手。¶~ 탈의실 | 选手更衣室gēngyīshì。❷ (운동하는 사람) 【运动员】yùndòngyuán ¶축구 ~ | 足球zúqiú运动员。¶아마추어 ~ | 业余运动员。❸ (솜씨가 뛰어난 사람) 【能手】néngshǒu ¶그는 노래 ~다 | 他是个唱歌的能手。

ᶜ**선수권**[選手權] 몡 ❶【选手资格】xuǎnshǒuzīgé ❷【优胜者】yōushèngzhě 【冠军】guànjūn ¶~ 보유자 | 冠军保持者bǎochízhě。

선실[船室] 몡 【船舱】chuáncāng 【客舱】kècāng ¶~내에는 난방이 되어 있지 않다 | 船舱内没有暖气。

선심[善心] 몡 【善心】shànxīn ¶~을 쓰다 | 发善心。

선악[善惡] 몡 【善与恶】shàn yǔ è 【善恶】shànè

선약[先約] 몡하타 【以前的诺言】yǐqián·de nuòyán 【先约】xiān yuē ¶저는 ~이 있습니다 | 我有先约。참고〔约会yuēhuì〕

ᶜ**선언**[宣言] 몡하타 【宣言】xuānyán 【宣布】xuānbù 【声明】shēngmíng ¶독립 ~ | 独立宣言。¶공동 ~ | 联合宣言。¶중립을 ~하다 | 宣言中立。¶개최를 ~하다 | 宣言开幕。

ᶜ**선열**[先烈] 몡 【先烈】xiānliè ¶혁명 ~ | 革命gémìng先烈。¶순국 ~ | 殉国xùnguó先烈。

ᴮ**선영**[先塋] 몡 【祖茔】zǔyíng 【祖坟】zǔfén ¶~을 고치다 | 重修chóngxiū祖坟。

선용[善用] 몡하타 【善用】shànyòng 【善于按排】shànyú ànpái ¶여가 ~ | 善用余暇yúxiá。¶쉬는 시간을 ~하다 | 善于按排空闲时间。

ᴮ**선원**[船員] 몡 【船员】chuányuán 【水手】shuǐshǒu 【海员】hǎiyuán ¶그의

부친은 ~이다 | 他父亲是水手。참고〔船家chuánjiā〕〔水夫shuǐ·fu〕

ᶜ**선율**[旋律] 몡 【旋律】xuánlǜ ¶아름다운 ~ | 优美yōuměi的旋律。

ᴮ**선의**[善意] 몡 【善意】shànyì 【好意】hǎoyì 【好心好意】hǎoxīnhǎoyì ¶~로 도와주다 | 善意帮助bāngzhù。¶~냐 악의냐? | 是善意还是恶意yì？¶~의 경쟁 | 善意的竞争jìngzhēng。¶친구의 비판의 말을 ~로 받아들이다 | 以好意接受jiēshòu朋友的批评pīpíng之言。

ᶜ**선인**[先人] 몡 【先人】xiānrén 【祖先】zǔxiān ¶~들의 생활 양식 | 祖先们的生活方式。참고〔先祖〕〔先世shì〕〔先父fù〕〔先贤xián〕〔故人〕

ᶜ**선인**[善人] 몡 【善良的人】shànliáng·de rén 【善人】shànrén ¶그는 ~이 아니다 | 他不是一个善人。

선인장[仙人掌] 몡 〈植〉【仙人掌】xiānrénzhǎng ¶사막지역에는 온통 ~이 자라고 있다 | 沙漠地带里长zhǎng满mǎn了仙人掌。

선임[先任] 몡 【前任】qiánrèn ¶~자 | 前任者。¶~ 하사관 | 先任下士官。참고〔曾任〕〔现任〕〔原任〕

선입견[先入見] 몡 【成见】chéngjiàn 【先入为主】xiānrùwéizhǔ ¶~을 없애다 | 消除xiāochú成见。¶~을 갖다 | 抱bào有成见。¶~에 사로잡히다 | 被成见所迷惑。

선잠[-] 몡 【没有睡熟的觉】méiyǒu shuìshú·de jiào 【没有睡熟】méiyǒu shuìshú 【不熟的睡眠】bù shú ·de shuìmián ¶~을 깨다 | 还没有睡熟，就醒xǐng了。¶~을 깬 듯한 얼굴 | 睡眠朦胧。

ᶜ**선장**[船長] 몡 【船长】chuánzhǎng ¶~ 수입신고 | 船长进口申报shēnbào。¶~ 해난 승병서 | 船长海难hǎinàn证明书zhèngmíngshū。¶~ 해손 증명서 | 船长海损hǎisǔn证明书。

선적[船積] 몡하타 【装船】zhuāng/chuán 【装载】zhuāngzài 【装舱】zhuāng/cāng 【装货】zhuānghuò ¶언제 ~할 수 있는가? | 什么时候能装船？¶~ 비용 | 装船费。¶~ 서류 | 装船单据dānjù。¶배가 ~을 마치고 출항하다 | 船结束装货出港chūgǎng。참고〔搭货〕〔载货〕

ᴮ**선전**¹[宣傳] 몡하타 【宣传】xuānchuán 【推广】tuīguǎng ¶～활동 | 宣传活动。¶신제품을 ～하다 | 宣传新产品。¶～효과 | 宣传效果。¶교묘한 ～에 속아넘어가다 | 被巧妙qiǎomiào的宣传手段骗了。¶이런 경험은 제대로 널리 ～해야 한다 | 这种经验要好好推广。

선전²[善戰] 몡하자 【善战】shànzhàn ¶～분투 | 善战的奋斗fèndòu。

선전 포고[宣戰布告] 몡 【宣战】xuānzhàn ¶미국은 하는 수 없이 일본에 ～를 했다 | 美国被迫bèipò向日本宣战。¶～ 없이 허를 찌르다 | 没有宣战，就闹腾cìyào/不宜而战。

ᴮ**선정**[選定] 몡하타 【选定】xuǎndìng ¶10명의 대원을 ～하다 | 选定了十名队员duìyuán。¶주인공은 이미 ～되어졌다 | 主角zhǔjiǎo已经选定了。➡참고 〔选就xuǎnjiù〕

선정적[煽情的] 꽌몡 【刺激的】cìjī·de 【使人兴奋的】shǐ rén xīngfèn·de 【使人骄奢淫逸的】shǐ rén jiāoshē yínyì·de 【耽溺酒色的】dānnì jiǔsè·de 【纵欲的】zòngyù·de 【调情性】tiáoqíngxìng ¶～인 화면 | 刺激的的画面huàmiàn。

ᴮ**선조**[先祖] 몡 【祖先】zǔxiān 【先祖】xiānzǔ 【祖宗】zǔ·zong ¶～의 제사를 지내다 | 祭祀jìsì先祖。¶～ 3대 | 祖宗三代。¶～의 위패를 넣는 함 | 祖宗的牌位匣xiá子。

선주[船主] 몡 【船主】chuánzhǔ 【船东】chuándōng 【船户】chuánhù ¶～ 책임 보험 | 船主责任保险bǎoxiǎn。¶～ 신고서 | 船主申报单shēnbàodān。¶～ 책임 | 船东责任。

ᴮ**선진**[先進] 몡 【先进】xiānjìn ¶～기술 | 先进技术jìshù。¶～적 경험 | 先进经验jīngyàn。¶～ 기술의 생산자 | 先进生产者shēngchǎnzhě。¶～ 문명 | 先进文明。

선집[選集] 몡 【选集】xuǎnjí ¶주자청 ～ | 朱自清Zhūzìqīng选集。¶현대 소설 ～ | 现代小说选集。

선착[先着] 몡하자 ❶ (먼저 도착함) 【先到】xiān dào 【先到达】xiān dàodá ¶～화물 | 先到货物。❷ (먼저 시작함) 【先着手】xiān zhuóshǒu 【先下手】

xiān xiàshǒu

선착순[先着順] 몡 【先到先处理】xiān dàodá xiān chǔlǐ 【先后顺序】xiānhòu shùnxù ¶～으로 등록을 받다 | 以先后顺序登记dēngjì。¶～ 매출 신청 | 按订货顺序售货。¶～ 판매 | 按订货顺序销售。

ᶜ**선창**[先唱] 몡하타 【领唱】lǐngchàng 【带头唱】dàitóuchàng ¶이군이 ～하다 | 由小李领唱。

선천[先天] 몡 【先天】xiāntiān ¶～면역 | 先天免疫miǎnyì。¶～병 | 先天性疾病。

선천성[先天性] 몡 【先天性】xiāntiānxìng ¶～ 심장병 | 先天性心脏病xīnzàngbìng。¶～ 언어 장애 | 先天性语言障碍zhàngài。

선천적[先天的] 꽌몡 【先天(的)】xiāntiān(·de) 【生来】shēnglái 【生就】shēngjiù 【天赋的】tiānfù·de 【天生】tiānshēng ¶～인 기형 | 先天(的)畸形jīxíng。¶그는 ～으로 말을 아주 잘하는 입을 가졌다 | 他生来就有一张能说会道的嘴zuǐ。¶～으로 소질이 있다 | 天生有素质sùzhì。

선체[船體] 몡 【船体】chuántǐ 【船壳】chuánké ¶～용 선 | 光船租船/光船租船合同。¶가라앉은 ～를 끌어올리다 | 打捞dǎlāo沉低chéndī船壳。

ᶜ**선출**[選出] 몡하타 【选出】xuǎnchū 【选拔】xuǎnbá 【甄拔】zhēnbá ¶대표를 ～하다 | 选出代表。¶인재를 ～하다 | 选拔人才。

ᴮ**선택**[選擇] 몡하타 【选】xuǎn 【选择】xuǎnzé ¶한참 동안 골랐으나, 하나도 ～하지 못했다 | 选了半天, 一件也没选出来。¶그는 자신이 좋아하는 일을 ～했다 | 他选择了自己喜爱xǐài的工作。¶달리 ～할 여지가 없다 | 没有别的选择的余地yúdì。¶～ 대상을 ～하다 | 选择对象。

ᶜ**선편**[船便] 몡 【通船】tōngchuán

선포[宣布] 몡하타 【宣布】xuānbù 【宣告】xuāngào ¶계엄령을 ～하다 | 宣布戒严令。¶독립을 ～하다 | 宣告独立dúlì。

선풍[旋風] 몡 ❶ 【旋风】xuànfēng ¶～적 인기 | 旋风似的shì·de声誉shēngyù。¶사건 관련자들에 대한 대대

적인 검거 ~이 불다 | 刮起了对案件有关者yǒuguānzhě进行大规模逮捕dàibǔ的旋风。❷【骚动】sāodòng

^A**선풍기**[扇風機] 圀〔電〕【电扇】diànshàn【电风扇】diànfēngshàn【风扇】fēngshàn ¶~날개 | 扇叶。[참고]〔通风机tōngfēngjī〕〔扇风机〕〔送sòng风机〕〔通风扇〕

^C**선하다**[鮮-] 혱【清楚】qīng·chu【鮮明】xiānmíng【历历在目】lìlì zàimù ¶그곳의 장엄한 일출이 지금도 눈에 ~ | 那里的壮观的日出至今依然清楚地显现xiǎnxiàn在眼前。¶십년 전의 일이 어제일처럼 눈앞에 ~ | 十年前的事, 犹如yóurú昨天的事一样历历在目。¶그녀의 모습이 눈에 ~ | 她的模样móyàng历历在目。

선하다[善-] 혱【善良】shànliáng ¶마음씨가 따뜻하고 선한 사람 | 又温和wēnhé又善良的人。¶마음씨가 ~ | 心地善良。[참고]〔良善〕

선행[先行] 圀하자 【先行】xiānxíng【领先/先】lǐng/xiān【领前】lǐngqián ¶~조건 | 先行条件tiáojiàn ¶시대에 ~하다 | 先行时代。¶무엇보다도 질서 확립이 ~되어야 한다 | 无论如何, 必须先行确立秩序。

선험[先驗] 圀 【先验】xiānyàn ¶~선험적인 | 先验的。¶~지식 | 先验知识。¶~철학 | 先验哲学。

선현[先賢] 圀 【先贤】xiānxián【先哲】xiānzhé ¶~의 가르침을 받다 | 受到先哲的教海。[참고]〔先民〕〔先人〕

선혈[鮮血] 圀 【鲜血】xiānxuè【血迹】xuèjì ¶~이 바로 흐르다 | 鲜血直流zhíliú。¶~이 낭자한 사고 현장 | 血迹斑斑bānbān的事故现场。

선형[線形] 圀 【线型】xiànxíng【直线】zhíxiàn【线性】xiànxìng ¶~계획 | 线性规划guīhuà。¶~구조 방정식 | 线性结构方程式。¶~추세 | 线性趋向。¶~함수 | 线性函数hánshù。¶~합류 | 线性合流。

선호[選好] 圀하타 【嗜好】shìhào【爱好】àihào【偏爱】piān'ài【偏好】piānào【喜欢】xǐhuān ¶그는 향토문학을 ~하는 독자이다 | 他是一个偏爱乡土文学xiāngtǔwénxué的读者dúzhě。¶~분야 | 喜欢的领域lǐngyù。¶^A아

들을 ~하는 경향 | 喜欢儿子的倾向qīngxiàng。

^B**선회**[旋回] 圀하자 【盘旋】pánxuán【旋转】xuánzhuàn【回旋】huíxuán ¶매가 하늘에서 ~하고 있다 | 雄鹰xióngyīng在空中盘旋。¶비행기가 ~하며 정찰하다 | 飞机盘旋侦察zhēnchá。[참고]〔般pán旋〕

선후[先後] 圀 【先后】xiānhòu【前后】qiánhòu ¶~가 뒤바뀌다 | 先后颠倒。¶일이 많으면 많을수록 일의 ~를 잘 구분해야 한다 | 事情越多越要分清先后。

선후배[先後輩] 圀 【先后辈】xiānhòubèi【学兄和学弟】xuéxiōng hé xuédì【前后辈】qiánhòubèi ¶국민 학교의 ~ | 小学的前后辈。¶~사이 | 前后辈关系guānxì。

섣달[十二月] 圀 【十二月】shí'èryuè【腊月】làyuè ¶오늘은 음력 ~ 초이렛날이다 | 今天是阴历yīnlì腊月初二日。

섣부르다 혱【轻率】qīngshuài【不自然】búzìrán ¶말하는 것이 ~ | 说话轻率。¶매사에 섣부른 사람 | 每事轻率的人。¶섣부르게 결론을 내리다 | 轻率地下结论jiélùn。

^A**설**[元旦] 圀 【元旦】yuándàn【春节】chūnjié【新年】xīnnián ¶~을 쇠다 | 过春节。[참고]〔端日 duānrì〕〔四始 sìshǐ〕〔正月初一〕〔大年初一〕〔年初一〕

^B**설거지** 圀하자 ❶ (그릇을 썼다) 【刷锅洗碗】shuāguō xǐwǎn ¶저녁 ~를 하다 | 晚饭后洗碗。❷ (정리하다) 【收拾】shōu·shi【清扫】qīngsǎo ¶밥상을 물리고 나면 ~를 해야지 | 撤chè走碗筷wǎnkuài应该收拾一下。

설계[設計] 圀하타 ❶ (건물 등의) 【设计】shèjì ¶건축 ~ | 建筑jiànzhù设计。¶미래를 ~하다 | 设计未来。¶표지 ~ | 封面fēngmiàn设计。¶~능력 | 设计能力。❷ (계획) 【计划】jìhuà【计划安排】jìhuà ānpái ¶새로운 생활을 ~하다 | 计划安排新生活。

^C**설계도**[設計圖] 圀 【设计图】shèjìtú【蓝图】lántú【蓝晒图】lánshàitú【图纸】túzhǐ【工程画】gōngchénghuà ¶미래의 ~ | 未来的蓝图。¶건축물 ~ | 建筑jiànzhù的图纸。

^C**설교**[說教] 圀하자 ❶ (교리를 가르침)

【宣传教义】xuānchuán jiàoyì 【说教】shuōjiào ❷ (훈계) 【训】xùn 【说】shuō ¶난 아버지한테서 단단히 ~를 들었다 | 我被父亲狠狠地训了一顿.

^A**설날** 몡 【元旦】yuándàn 【春节】chūnjié 【新年】xīnnián

^C**설다** 통 【没熟】méishú 【未熟】wèishú 【夹生】jiā·sheng 【不熟】bùshú ¶밥이 ~ | 饭老夹生了. ¶잠이 ~ | 觉睡jiàochóu得不熟.

^B**설득** 【说得】몡하타 【说服】shuō/fú 【劝导】quàndǎo ¶반대파를 ~하다 | 说服反对派fǎnduìpài. ¶누구도 그 누구를 ~할 수 없다 | 谁也说服不了谁. ¶인내로써 ~하다 | 耐心nàixīn劝导. 참고 〔劝诱quànyòu〕

^B**설렁탕** 〔–湯〕 몡 【牛杂碎汤】niúzásuìtāng

설렁하다 혱❶ (좀 추운 듯하다) 【冷】lěng ¶날씨가 아주 ~ | 天气很冷. ¶불을 때지 않았더니 방이 좀 ~ | 没生火, 房子有点冷. ❷ (마음이 차갑다) 【凉】liáng ¶마음이 ~ | 心都凉了. ❸ (분위기 등이 횡뎅그레하다) 【空落落】kōngluò·luò 【冷清清】lěngqīng·qīng 【冷湫湫】lěngqiū·qiū ¶방에 들어서니 설렁한 느낌을 준다 | 一进屋里给人一种空落落的感觉. ¶사무실이 ~ | 办公室冷清清的.

^B**설레다** 통❶ (마음이 들뜨다) 【不安】bù'ān 【激动】jīdòng 【激荡】jīdàng 【澎湃】péngpài ¶마음이 ~ | 心神不安. ¶설레는 마음을 진정할 수 없다 | 抑制yìzhì不住激动的心情. ¶기분이 설렌다 | 心潮xīncháo澎湃. ❷ (이리저리 움직이다) 【摆动】bǎidòng 【摇动】yáodòng 【拂动】fúdòng ¶나뭇가지가 바람에 설렌다 | 树枝迎风摆动着. ¶보슬비와 함께 불어오는 온화한 바람에 커텐들이 설렌다 | 和风细雨拂动了窗帘chuānglián.

^C**설레설레** 뷔 【轻轻地】qīngqīng·de ¶~ 머리를 젓다 | 轻轻地摇摇头. ¶그는 고개를 ~ 흔들었다 | 他把头轻轻地一摇.

설령 〔设令〕 뷔 【即使】jíshǐ 【即或】jíhuò 【即若】jíruò 【纵然】zòngrán 【纵使】zòngshǐ 【就算】jiùsuàn ¶~ 하늘이 무너져 내린다 할지라도 우리는 두렵지

않다 | 即使天塌tā下来, 我们也不怕. ¶~ 네가 안간다 하더라도, 나는 무서운 것이 없다 | 你纵然不去, 我也不怕. ¶~ 곤란이 있다 해도 그다지 심하지는 않을 것이다 | 就算有困难, 也不会太大. 참고 〔即便〕〔即令〕〔即是〕

설립 〔设立〕 몡하타 【设立】shèlì 【成立】chénglì 【创办】chuàngbàn ¶학교를 ~하다 | 创办学校. ¶도서관을 세우다 | 成立图书馆túshūguǎn. ¶농구수리 공장을 ~하다 | 创办农具nóngjù修配厂xiūpèichǎng. ¶야학 한 군데를 ~하다 | 创办一所夜校yèxiào.

^B**설마** 뷔 【难道】nándào 【未必】wèibì 【怎么会】zěn·me huì ¶~ 그가 그랬을까 | 未必是他干的. ¶~ 달아나기야 하겠나 | 难道会跑pǎo了吗? 참고 〔不必〕〔不一定〕

^A**설명** 〔说明〕 몡하타 【说明】shuōmíng 【解释】jiěshì 【述说】shùshuō ¶이것은 어떻게 된 일인지 ~하시오 | 请你说明这是怎么回事. ¶예를 들어 ~하다 | 举例jǔlì说明. ¶상세히 ~해 주십시오 | 请详细xiángxì述说.

설문 〔设问〕 몡하타 【问卷】wènjuàn ¶~지 | 问卷纸. ¶~조사 | 问卷调查 / 通б询讯.

설법 〔说法〕 몡하자 【说法】shuō/fǎ ¶대사께서 ~을 하고 계신다 | 大师正在说法. ¶주지의 ~을 듣다 | 听持的说法.

설비 〔设备〕 몡하타 【设备】shèbèi ¶~가 완전하다 | 设备完善wánshàn. ¶~ 능력 | 设备能力. ¶~가 매우 좋다 | 设备不错. ¶이용률 | 设备利用率yònglǜ. ¶전기 ~ | 电气设备. 참고 〔装备〕〔设置〕〔安排〕

설빔 몡하자 【新年穿的服装或鞋帽】xīnnián chuān·de fúzhuāng huò xiémào ¶~옷 | 新年穿的衣服.

^B**설사** 〔泄泻〕 몡하자 【拉稀】lā/xī 【拉肚子】lā dù·zi 【腹泻】fùxiè 【泻肚】xièdù ¶~약 | 泻药/止泻药. ¶먹으면 곧 ~하다 | 吃了就会拉稀. 참고 〔水泻〕〔拉青丹〕

^B**설사**² 〔设使〕 뷔 【即使】jíshǐ ¶~ 네가 그자리에 있었던들 아마 어쩔수가 없었을 것이다 | 即使你在场, 恐怕也没

有什么办法bànfǎ。¶~ 그가 간다 해
도 나는 가지 않을 것이다 | 即使他去，
我也不去。〔참고〕〔即便〕〔即或〕〔即令〕
〔即若〕〔即是〕

설상가상[雪上加霜]〔관용〕【雪上加霜】
xuě shàng jiā shuāng ¶그는 직업을
잃자마자 ~으로 중병에 걸렸다 | 他
刚失业shīyè，又得了重病zhòngbìng，
真是雪上加霜啊。〔참고〕〔祸huò不单
行dānxíng〕

설설 児 ❶ (끓는 모양) 【滚】gǔn ¶주
전자의 물이 ~ 끓기 시작한다 | 水壶
shuǐhú的水开始滚开了。 ❷ (흔드는
모양) 【摇摇】yáoyáo ¶진절머리가
난다는 듯이 머리를 ~ 흔들었다 | 他
好像很烦得无可奈何似的shì·de摇了
摇头。 ❸ (천천히 기는 모양) 【慢慢
地】mànmàn·de ¶송충이들이 ~ 기
어 다닌다 | 松毛虫蠕动着身躯满地
爬。

설왕설래[說往說來] 명 학자 【说来说
去】shuō lái shuō qù 【争论】zhēnglùn
¶어떤 한 가지 일에 대해 ~하다 | 对
一件事争论不休。¶그들은 언제나
하찮은 일로 ~한다 | 他们常为无谓w-
úwèi的事情shìqíng争论。

^c**설움** 명 【委屈】wěi·qu 【悲伤】bēishāng
【悲哀】bēi'āi 【悲伤·wang】¶~
을 호소하다 | 诉sù委屈。¶~을 당
하다 | 受委屈。¶마음 속 가득 ~이
차다 | 心中充满chōngmǎn了悲哀。
〔참고〕〔悲怆〕〔屈枉〕

설익다 동 【半生不熟】bànshēng bùshú
【夹生】jiāshēng 【未熟】wèishú ¶이
솥의 밥은 설 익었다 | 这锅guō饭半生
不熟。¶설 익은 밥 | 夹生。

설인사[─人事]〔학자〕【拜年】bàinián【祝贺新
年】zhùhè xīnnián

설전[舌戰] 명 학자 【争论】zhēnglùn
【争执】zhēngzhí 【争吵】zhēngchǎo
¶~을 펼치다 | 展开争执争吵。
¶~이 그치지 않다 | 争论不休xiū。
¶두 사람은 또 작은 일 때문에 서로
맞서서 ~을 벌이고 있다 | 两人又为
一点小事争执起来。

설정[設定] 명 하자 ❶ (새로 마련하여
정함) 【定】dìng 【规定】guīdìng 【划
定】huàdìng 【列入】lièrù ¶임무를 ~
하다 | 规定任务rènwù。¶목표를 ~

하다 | 划定目标mùbiāo。¶회담의
의제로 ~하다 | 列入会谈的议程yìch-
éng。❷ (권리나 의무가 새로 생기게
함)【设立】shèlì ¶저당권을 ~하다 |
设立抵当权。

설중매[雪中梅] 명 【雪里开的梅花】xu-
ě·lǐ kāi·de méihuā【雪中梅】xuězhōn-
gméi

설치[設置] 명 하자 【设置】shèzhì 【安
装】ānzhuāng 【铺设】pūshè 【装配】
zhuāngpèi 【装设】zhuāngshè 【布置】
bùzhì ¶전문 기구를 ~하다 | 设置专
门机构。¶교실에 라디오와 스피커
를 ~했다 | 教室里设置了收音机和扩
音器。¶비용 | 安装费。¶수도
관을 ~하다 | 铺设自来水管。〔참고〕
〔设立〕〔安排〕〔安设〕〔装置〕

설치다[0] 동 ❶ (바쁘다) 【匆忙从事】cō-
ngmáng cóngshì 【忙极】mángjí
【急急忙忙地做】jíjí mángmáng·de zu-
ò ❷ (몹시 날뛰다) 【乱】luàn 【乱穿】u-
ànchuān 【跋扈】báhù ¶설치지 마라
| 别乱来。¶불량배들이 설치고 다
닌다 | 不良分子猖狂chāngkuáng地
乱穿。

설치다[0] 동 【不足】bùzú 【不彻底】bùchè-
èdǐ 【没有…足】méiyǒu…zú ¶잠을 ~
| 睡眠不足。¶일을 ~ | 干活儿不彻
底。〔참고〕〔不够〕〔不熟〕

^A**설탕**[雪糖] 명 【糖】táng 【白糖】báitá-
ng ¶~을 넣다 | 放糖。¶각~ | 白
糖块kuài。〔참고〕〔红糖hóngtáng〕〔沙
糖shātáng〕

설한[雪寒] 명 【严寒】yánhán 【寒天】h-
ántiān ¶~을 겁내지 않다 | 不怕pà
严寒。¶엄동~ | 数九寒天。

^c**설화**[說話] 명 【传奇】chuánqí 【传说】
chuánshuō 【故事】gù·shi 【口传】kǒu-
chuán ¶민간~ | 民间故事。¶~문
학 | 说话文学。

^B**섧다** 형 【冤枉】yuān·wang 【悲伤】bē-
ishāng 【委屈】wěi·qu ¶그가 나를 욕
하는데 정말 ~ | 他骂mà了我，真委
屈。〔참고〕〔屈枉〕〔悲怆〕

^c**섬**[島] 명 【岛】dǎo 【岛屿】dǎoyǔ ¶바다의
~ | 海岛。¶대만은 중국의 가장 큰
~이다 | 台湾Táiwān是中国最大zuì-
dà的岛屿。

섬² 의에 【石】dàn ❶한 ~은 열 되 말이다 | 一石是十斗dǒu。 ❷벼 열 ~ | 十石稻子dào·zi。

섬광[閃光] 명 【閃光】shǎnguāng ❶~ 전구 | 闪光灯泡dēngpào。 ❷유성이 한 줄기의 ~으로 변하여, 캄캄한 밤하늘을 갈랐다 | 流星liúxīng变成一道闪光, 划破huàpò了黑夜的长空chángkōng。

섬기다 동 ❶(받들다) 【拜】bài ❶그를 스승으로 ~ | 拜他为师。 ❷(모시다) 【奉養】fèngyǎng ❶부모를 ~ | 奉养父母。 참고 〔侍事〕【事事】 〔供俸〕【供奉 gōngfèng养〕〔扶侍〕【侍候 shìhòu】〔服侍〕〔伏侍fú候〕〔扶侍〕

섬나라 명 【島國】dǎoguó

섬돌 명 【台阶】táijiē〔阶石〕jiēshí

섬뜩하다 혱 【打寒噤】dǎ hánjìn〔打冷战〕【打冷战】lěngzhàn(r)〔吃惊〕【吃惊 chī/jīng】〔受惊〕【受惊】shòu/jīng ❶갑작스런 여자의 비명에 가슴이 섬뜩했다 | 被突然传来的一个女人的悲鸣bēimíng吓得胆战心惊。 ❶사람을 섬뜩하게 하다 | 令人胆颤心惊。

섬세[纖細] 명하형 ❶(곱고 가늘다) 【纤细】xiānxì〔细〕xì❶짜임새가 ~하다 | 织zhī得细细。 ❶~한 신경 | 纤细的神经shénjīng。 ❶필획이 매우 ~하다 | 笔画bǐhuà纤细。 ❶이 천은 ~하게 짰다 | 这布织bùzhī得细细。 ❷(여리면서도 날카롭다) 【细致】xìzhì〔细腻〕xì·nì ❶심리 묘사가 ~하다 | 心理描写miáoxiě很细腻。 ❶~한 표현 | 细腻的表述。 ❶인물 묘사가 ~하고 생동적이다 | 人物描写miáoxiě细腻而生动shēngdòng。 ❸(찬찬하고 세밀하다) 【周到】zhōudào ❶준비가 매우 ~하다 | 准备zhǔnbèi得很周到。 참고 〔纤小〕〔细小〕

ᴮ**섬유**[纖維] 명 【纤维】xiānwéi ❶~공업 | 纤维工业。 ❶이차 제품 | 二次纺织品。 ❶~ 산업 | 纺织工业 ❶화학 ~ | 化学纤维。 ❶조직 | 纤维 组织zǔzhī。 참고 〔纤维质〕〔纸纤zhǐfù〕

ᶜ**섬유질**[纖維質] 명 【纤维质】xiānwéizhì

섭렵[涉猎] 명하타 【涉猎】shèliè 〔浏览〕liúlǎn ❶고대사에 관한 문헌을 ~하다 | 浏览有关古代史gǔdàishǐ的文献wénxiàn。 ❶이 소설을 나는 단지 한 번 ~했을 뿐이다 | 这本小说我只浏览了一遍。 참고 〔浏览〕〔刘liú览〕

섭섭하다 혱 ❶(헤어지기가 어렵다) 【舍不得】shě·bùdé〔依依不舍〕yīyī bùshě〔留恋〕liúliàn〔惋惜〕wǎnxī ❶너와 헤어지자니 정말 ~ | 真舍不得离开你。 ❶왜 그렇게 섭섭해 하느냐 | 你何必那样惋惜呢。 ❷(유감스럽다) 【遗憾】yíhàn 〔难过〕nán·guo ❶네가 그런 말을 하다니 정말 섭섭하구나 | 真遗憾你说那种话。 ❶섭섭히 생각지 마라 | 别想得太难过。

ᶜ**섭씨**[攝氏] 명 【摄氏】shèshì ❶오늘은 ~ 영하 13도이다 | 今天摄氏零下十三度。 ❶~온도계 | 温度计。 참고 〔华huá氏〕

섭외[涉外] 명 【涉外】shèwài〔交涉〕jiāoshè〔公关〕gōngguān〔公共关系〕gōnggòng guān·xì ❶~ 활동 | 涉外活动。 ❶~ 관계 | 涉外关系。 ❶노동자 대표가 회사 책임자와 ~중이다 | 工人代表正在跟公司负责人交涉。

섭취[攝取] 명하타 【吸取】xīqǔ〔汲取〕jíqǔ〔吸收〕xīshōu ❶수분을 ~하다 | 吸收水分。 ❶음식물을 ~하다 | 摄取食物。 ❶양분을 ~하다 | 摄取养分yǎngfen。 ❶식물의 뿌리는 토양에서 수분을 ~한다 | 植物zhíwù的根从土壤tǔrǎng里吸收水分。

성¹ 명 【火(儿)】huǒ(r)【气】qì【脾气】pí·qi ❶성이 나다 | 火大。 ❶그는 ~이 났다 | 他火儿了。 ❶~을 내다 | 生气/闹nào脾气/发脾气fāpíqì。 참고 〔脾性〕〔气性〕〔气质〕

ᴬ**성²**[姓] 명 【姓】xìng ❶~이 어떻게 되시는지요? | 您贵nínguì姓。 ❶저의 ~은 박입니다 | 我姓朴piáo。 ❶그의 ~은 무엇입니까? | 他姓什么?

성³[城] 명 【城】chéng〔城墙〕chéngqiáng ❶~을 쌓다 | 筑zhù城。 ❶작은 ~ | 小城墙。

성⁴[性] 명 【性】xìng ❶~행위 | 性行为。 ❶~교육 | 性教育。 ❶~에 관한 올바른 지식 | 有关性的正确zhèngquè知识。

ᴬ**성가**[聖歌] 명 【圣歌】shènggē ❶~대 | 圣歌队。

성가시다 [형] **【不耐烦】**bùnàifán | **【麻烦】**má·fan | **【令人讨厌】**lìng rén tǎoyàn ¶수속이 대단히 ~ | 手续shǒuxù很麻烦。¶성가시겠지만 네가 한번 갔다 와 | 麻烦你去一趟tàng吧。¶작은 일로 그를 성가시게 하지 말아라 | 这点小事不要去麻烦他了。

성감 [性感] [명] **【性感】**xìnggǎn | **【性敏感】**xìngmǐngǎn ¶~을 자극하다 | 刺激性感。¶이 영화 배우는 ~이 풍부하다 | 这个电影明星富fù于性感。

성감대 [性感带] [명] **【性敏感区】**xìngmǐngǎnqū ¶~를 자극하다 | 刺激性敏感区。

ᴮ**성게** [魚貝] [명] **【海胆】**hǎidǎn

ᴬ**성격** [性格] [명] ❶ (각 개인의 특유한 성질) **【性格】**xìnggé | **【性子】**xìng·zi | **【性情】**xìng·qíng ¶급한 ~ | 急jí性子。¶~이 온화하다 | 性情温和wēnhé。¶~묘사 | 性格描写。❷ (사물의 특징) **【性质】**xìngzhì ¶문제의 ~을 분명히 하다 | 弄清问题的性质。¶이 사건의 ~은 뭔가 애매하다 | 这个事件的性质有些含糊hánhú。❸ (개성) **【个性】**gèxìng ¶~이 뚜렷하다 | 个性鲜明xiānmíng。¶~배우 | 有个性的演员。

ᴮ**성경** [聖經] [명] 〈宗〉**【圣经】**shèngjīng ¶그는 매일 ~을 읽는다 | 他每天读dú圣经。

ᴮ**성공** [成功] [명][하자] **【成功】**chénggōng ¶~을 빈다! | 祝你成功! ¶~을 거두다 | 获得huòdé成功。¶실험이 ~되었다 | 试验shìyàn成功了。¶대회가 ~적으로 열렸다 | 大会开得圆满。

ᴮ**성과** [成果] [명] **【成果】**chéngguǒ | **【成绩】**chéngjì | **【成就】**chéngjiù ¶연구의 ~를 거두다 | 取得研究yánjiū成果。¶얼마간의 ~가 있다 | 有了些成绩。¶새로운 ~를 획득하다 | 获得huòdé了新的成就。¶학술상의 ~는 매우 크다 | 学术shù上的成就很大。

ᶜ**성곽** [城郭] [명] **【城郭】**chéngguō ¶~도시 | 围了城墙的城市。

성교 [性交] [명][하자] **【性交】**xìngjiāo | **【交媾】**jiāogòu | **【房事】**fángshì

성구 [成句] [명] **【成语】**chéngyǔ ¶~사전 | 成语词典cídiǎn。¶고사 ~ | 故事成语。

ᶜ**성금** [誠金] [명] **【捐款】**juānkuǎn ¶~을 은행에 입금하다 | 把捐款汇入银行。

성급하다 [性急-] [형] **【性急】**xìngjí | **【急躁】**jízào | **【急切】**jíqiè | **【操之过急】**cāo zhī guò jí ¶그는 좀 ~ | 他就是性急这么一点儿。¶마음속으로 너무 성급해 하지 마 | 不要心急。

성기 [性器] [명] 〈生理〉**【生殖器】**shēngzhíqì

성기다 [형] ❶ (거리·간격이 뜨다) **【稀疏】**xīshū | **【稀少】**xīshǎo ¶성기게 난 머리카락 | 稀疏的头发tóu·fa。¶별들이 ~ | 星汉星稀疏。¶성긴 머리카락을 빗어 넘기다 | 把稀疏的头发梳过去。❷ (관계가 긴밀하지 못하다) **【不频繁】**bùpínfán | **【不经常】**bùjīngcháng

성깔 [性-] [명] **【脾气】**pí·qi | **【性子】**xìng·zi | **【态度】**tài·dù ¶~내다 | 闹nào脾气/发脾气。¶이선생은 ~이 있다 | 李先生是~ | 耍shuǎ脾气。¶~을 부리다 | 耍态度/要态度。**참고** [脾性] [气性] [气质]

ᴮ**성나다** [동] **【生气】**shēng/qì | **【动气】**dòng/qì | **【发怒】**fā/nù

성내다 [동] **【生气】**shēng/qì | **【发怒】**fā/nù | **【动气】**dòng/qì | **【发脾气】**fā pí·qi | **【发火】**fāhuǒ ¶성내지 마라 | 别生气。¶나는 이제껏 그가 성을 내는 것을 보지 못했다 | 我从来没有看见他动过气。¶그는 걸핏하면 성을 낸다 | 他动不动就发火。**참고** [发皮气píqi] [发毛] [闹nào脾气] [使shǐ脾气] [动怒nù]

성냥 [명] **【火柴】**huǒchái ¶~갑 | 火柴盒。¶~개비 | 火柴棍/火柴梗。¶~ 한 개피 | 一根火柴。**참고** [洋火] [自来火] [取灯火] [洋灯火]

ᴮ**성년** [成年] [명] **【成年】**chéngnián ¶~식 | 成年仪式yíshì。¶미성년 | 未成年。

ᴮ**성능** [性能] [명] **【性能】**xìngnéng ¶~을 믿을 만하다 | 性能可靠kào。¶~보증 | 性能保证bǎozhèng。**참고** [功能] [机能] [作用]

ᴮ**성당** [聖堂] [명] **【教会】**jiàohuì | **【教堂】**jiàotáng | **【圣所】**shèngsuǒ

ᴮ**성대**[1] [盛大] [명][하형] **【盛大】**shèngdà | **【隆重】**lóngzhòng ¶~한 환영회를 거행했다 | 举行jǔxíng了盛大的欢迎会huānyínghuì。 ¶～한 의식 | 隆重的仪式。

성대[聲帶] 몡〈生理〉【声带】shēngdài ¶～ 모사 | 模仿别人声音。

ᶜ**성덕**[聖德] 몡【圣德】shèngdé【崇高的恩德】chónggāo·de ēndé

성도[聖徒] 몡【圣徒】shèngtú【教徒】jiàotú〔참고〕〔教民〕〔教中人〕

성량[聲量] 몡【声量】shēngliàng【音量】yīnliàng ¶～이 풍부하다 | 音量丰富fēngfù。

ᶜ**성령**[聖靈] 몡【圣灵】shènglíng ¶～ 세례 | 圣灵洗礼。

성리학[性理學] 몡【性理学】xìnglǐxué【理学】lǐxué〔참고〕〔心学〕〔朱子学〕

ᴮ**성립**[成立] 몡하자【成】chéng【成立】chénglì ¶～ 조건 | 成立条件tiáojiàn。¶범죄의 구성 요건이 ～되다 | 成为构成犯罪的条件。

성망[聲望] 몡【声望】shēngwàng【声誉】shēngyù【名声】míngshēng ¶이 ను～ 이 드높으니 | 王 변호사는 ～이 드높으니, 완전히 그를 믿어도 될 것이다 | 王律师lǜshī声誉卓著zhuózhù, 你可以完全信赖xìnlài他。

ᴮ**성명**[姓名] 몡【姓名】xìngmíng ¶주소～ | 姓名地址dìzhǐ。¶～ 석 자도 못 쓰는 주제에 말은 잘한다 | 连姓名三个字也写不了, 话倒dǎo说得好。〔참고〕〔姓字〕〔名字〕

ᶜ**성명**²[聲明] 몡하자타【声明】shēngmíng ¶～을 발표하다 | 发表fābiǎo声明。¶공동 ～ | 联合liánhé声明。¶핵무기를 영원히 사용하지 않겠다고 ～하다 | 声明永远不使用核武器héwǔqì。

성명서[聲明書] 몡【声明(书)】shēngmíng(shū) ¶～를 발표하다 | 发表fābiǎo声明。¶공동 ～ | 联合liánhé声明。

ᴮ**성묘**[省墓] 몡하자【省墓】xǐngmù【扫墓】sǎo/mù【扫坟】sǎofén【上坟】shàng/fén ¶고향에 돌아가 ～하다 | 回故乡省墓。¶청명절에 ～하다 | 清明qīngmíng扫墓。〔참고〕〔上墓〕〔上冢zhǒng〕

ᶜ**성문**[城門] 몡【城门】chéngmén ¶～ 위에 세운 누각 | 城门楼子lóu·zi/城门阁楼。

성미[性味] 몡【脾气】pí·qi【性情】xì-

ng·qíng 【性格】xìnggé 【脾味】pí·wei 【脾胃】píwèi 【生性】shēngxìng 【禀性】bǐngxìng【秉性】bǐngxìng ¶비뚤어진 ～ | 歪脾气。¶～가 급하며 | 性情急躁。¶～가 온화하다 | 性情温和。¶～가 괴팍하다 | 生性古怪。¶～가 고집불통이다 | 生性固执。〔참고〕〔性分〕〔情性〕〔脾性〕〔气性〕〔气质〕

ᶜ**성벽**[城壁] 몡【城墙】chéngqiáng【城垣】chéngyuán

ᶜ**성별**[性別] 몡 ❶【性别】xìngbié ¶등록카드에 ～을 기입해주세요 | 把性别写在登记卡上。❷【雌雄之别】cíxióngzhī bié

ᶜ**성병**[性病] 몡〈醫〉【性病】xìngbìng ¶그는 결국 ～에 걸렸다 | 他最终得了性病。

ᶜ**성분**[成分] 몡【成分】chéng·fen ¶비료 ～ | 肥料的成分。¶화학 ～ | 化学成分。¶문장의 ～ | 句子成分。

성불감증[性不感症] 몡〈醫〉【性冷淡】xìnglěngdàn

성사[成事] 몡하자【成全】chéngquán【完成】wán/chéng【成就】chéngjiù ¶그들 둘을 도와 좋은 일이 ～되도록 하다 | 成全他们俩的好事。¶이 일은 우리가 ～를 하겠다 | 这件事由我们去完成。

성산[成算] 몡【把握】bǎwò【胜算】shèngsuàn【成功可能性】chénggōng kěnéngxìng ¶그는 ～이 있으니가 승낙했겠지 | 他既然应了, 那总zǒng有把握吧。¶이 일은 ～이 있다 | 此事有把握。¶전혀 ～이 없는 일이다 | 没有丝毫成功可能性的事。

성상[聖像] 몡【圣像】shèngxiàng

성생활[性生活] 몡【性生活】xìngshēnghuó ¶부부간의 ～ | 夫妇fū·fu之间的性生活。

ᶜ**성서**[聖書] 몡【圣经】shèngjīng ¶～ 공회 | 圣书公会。¶그는 매일 ～를 읽는다 | 他每天读dú圣经。

성성하다[星星－] 혱【苍苍】cāngcāng ¶양쪽 살쩍이 ～ | 两鬓bìn苍苍。¶백발이 성성한 어머니 | 白发苍苍的母亲。

성수[聖水] 몡【圣水】shèngshuǐ【神圣的江】shénshèng·de jiāng ¶～를 뿌리다 | 洒sǎ圣水。

성수기[盛需期] 몡【旺季】wàngjì【旺产期】wàngchǎnqī【盛销期】shèngxūqī【盛销期】shèngxiāoqī ¶야채～｜蔬菜shūcài旺季。¶～에 접어들다｜进入jìnrù盛销季。〔깅dàn季〕

성숙[成熟] 몡[하자]【成熟】chéngshú ¶～한 여인｜成熟的女人。¶정치적인 ～｜政治上的成熟。¶분위기가 ～하기를 기다린다｜等到气氛成熟。¶네 사상이 ～되거든 다시 해라｜等你的思想成熟了再干gàn。

성스럽다[聖－] 톙【神圣】shénshèng ¶성스러운 사명｜神圣的使命shǐmìng。¶성스럽게 들려오는 교회 종소리｜传来教堂神圣的钟声。

ᶜ**성실**[诚实] 몡[하형]【诚实】chéng·shí【忠实】zhōngshí【认真】rènzhēn【忠厚】zhōnghòu ¶～하게 일하다｜实地干活。¶사람됨이 아주 ～하다｜为人很忠实。¶그는 무슨 일을 하든 아주 ～하다｜他做什么事都很认真。¶～보장금제｜诚信佣金制度。〔참고〕〔근근간간懇懇〕

ᶜ**성실히**[诚实] 뷔【诚实地】chéngshí·de【认真(地)】rènzhēn(·de)【忠实地】zhōngshí·de ¶～ 공부하다｜认真读书dúshū。

성심껏[诚心－] 뷔【诚心地】chéngxīn·de【诚心诚意】chéngxīn chéngyì ¶～ 간호하다｜诚心地护理hùlǐ。¶～ 돕다｜诚心地帮helpbāngzhù。¶그의 말은 모두 ～한 것이다｜他的话都很诚心。

－**성싶다**[－] 동동【似】sì【也许】yěxǔ【好像】hǎoxiàng ¶비가 올 ～｜好像要下雨。¶그의 짓이 아닌 ～｜好像不是他干的。¶그가 허락할 성싶지 않다｜也许他不会答应。

ᴮ**성씨**[姓氏] 몡【姓氏】xìngshì

ᶜ**성악**[声乐] 몡【声乐】shēngyuè ¶～가｜声乐家。〔참고〕〔긔器乐〕

성애[性爱] 몡【性爱】xìngài ¶～ 영화｜性爱电影。

성업[盛业] 몡【生意兴隆】shēngyì xīnglóng ¶～ 중인 가게｜生意兴隆的店铺。

성에 몡 ❶【冰花】bīnghuā ¶유리창에 이미 ～가 끼었다｜玻璃bōli窗上已经结jié上了冰花。¶창문에 ～가 끼다

｜窗chuāng上에 结冰花。❷【浮冰】fúbīng

성역[圣域] 몡【神圣的地区】shénshèng·de dì·qū【圣地】shèngdì ¶～을 범하다｜犯fàn圣地。¶～이 없는 수사｜没有圣地的搜查sōuchá。

성욕[性欲] 몡【性欲】xìngyù ¶～이 감퇴되다｜性欲减退jiǎntuì。¶그는 ～이 왕성하다｜他性欲旺盛wàngshèng。〔참고〕〔肉欲ròuyù〕

ᴮ**성우**[声优] 몡【配音演员】pèiyīn yǎnyuán【配音员】pèiyīnyuán

성운[星云] 몡〈天〉【星云】xīngyún ¶～단｜星云团tuán。

성원¹[成员] 몡【成员】chéngyuán ¶전체 ～｜全体quántǐ成员。¶가족의 ～｜家庭的成员。¶사회 ～｜社会shèhuì成员。

성원²[声援] 몡[하타]❶(격려하다)【声援】shēngyuán ¶～을 아끼지 않다｜不吝lìn声援。¶～을 보내다｜给以声援。❷(도와줌)【呐喊助威】nà hǎn zhù wēi ¶～에 힘입어 이겼다｜借助呐喊助威取胜了。

ᴮ**성의**[诚意] 몡【诚意】chéngyì【诚心】chéngxīn【精诚】jīngchéng ¶～가 부족하다｜缺乏quēfá诚意。¶성심 ～｜诚心诚意。¶～를 보내다｜致zhì以诚意。¶조그만 ～｜一片诚意。

ᶜ**성의껏**[诚意－] 뷔【真诚地】zhēnchéng·de【竭诚】jiéchéng【诚意地】chéngyì·de【尽心】jìnxīn ¶～ 남을 도와주다｜真诚地帮助人家。¶～ 돌보아주다｜尽心照顾。

ᶜ**성인¹**[成人] 몡【成人】chéngrén【成年人】chéngniánrén ¶～이 되다｜长大成人。¶～ 영화｜成人电影diànyǐng。¶～병｜成人病。

성인²[成因] 몡【成因】chéngyīn ¶문제의 ～｜问题的成因。¶빙하의 ～을 조사하다｜调查冰川的成因。

성인³[圣人] 몡【圣人】shèngrén ¶～도 약간의 잘못은 있다｜圣人也有三分sān·fen错。¶너같은 소인배가 ～의 도리를 알까!｜你这样的小人怎能懂得圣人之道。

성인가게[成人－] 몡【性保健商店】xìngbǎojiànshāngdiàn

성인용품[成人用品] 몡【性保健品】xìngbǎojiànpǐn

^C**성자**[聖者] 몡【圣者】shèngzhě

^B**성장**[成長] 몡하자 ❶ (자라남)【成
长】chéngzhǎng ¶어린애들은 ~이
빠르다 | 孩子们成长得快。¶아이들
의 ~을 지켜 보다 | 看着孩子们的成
长。❷ (사물의 규모가 커짐)【成长】
chéngzhǎng 【增长】zēngzhǎng ¶고
도의 경제 ~ | 高速的经济增长。¶
- 단계 | 增长阶段jiēduàn。¶ - 요
인 | 增长因素yīnsù。¶ - 추세 | 增
长趋势qūshì。

성장[盛裝] 몡하자【盛装】shèngzhuā
ng ¶ ~을 하고 나서다 | 穿盛装出
门。¶한 미인 | 盛装美人。

^C**성장기**[成長期] 몡【成长期】chéngzhǎ
ngqī ¶ ~에 접어들다 | 进入成长
期。

성장률[增長率] 몡【增长率】zēngzhǎ
nglǜ ¶당기 순이익의 ~이 높다 | 该
期间纯利益chúnlìyì的增长率高。

^B**성적**[成績] 몡【成绩】chéngjì ¶ ~을
매기다 | 评定píngdìng成绩。¶우수
한 ~으로 졸업하다 | 以优秀yōuxiù的
成绩毕业bìyè。¶근무 ~이 좋지 않
다 | 工作成绩不好。

^C**성전**[聖殿] 몡【圣殿】shèngdiàn

성정[性情] 몡【性情】xìng·qíng ¶인
간이 타고난 착한 ~ | 人天生善良的
性情。¶ ~이 온화하다 | 性情温和。
¶ ~이 머리 고약하다 | 性情非常坏huài。
참고[性分][情性]

^C**성조기**[星條旗] 몡【星条旗】Xīngtiáoq
í【蓝条旗】lántiáoqí【花旗】huāqí

성좌[星座] 몡【星座】xīngzuò ¶ ~에
얽힌 이야기 | 有关星座的故事。

^C**성지**[聖地] 몡【圣地】shèngdì ¶ ~ 순
례 | 圣地巡礼xúnlǐ。¶ ~ 예루살렘
| 圣地耶路撒隆yēlùsālóng。

^B**성직**[聖職] 몡【圣职】shèngzhí ¶ ~자
| 圣职者。

^B**성질**[性質] 몡 ❶ (마음의 바탕)【脾
气】pí·qi【性格】xìnggé ¶ ~을 내다
| 闹nào脾气/发脾气fāpíqì。¶그는
~이 매우 급하다 | 他性格很急。¶
타고난 ~ | 天生性格。❷ (사물의 고
유한 특성)【性质】xìngzhì【性能】xì
ngnéng ¶문제의 ~을 분명히 하다 |
弄清问题的性质。¶물에 잘 녹는 ~

| 易溶于水yìróngyúshuǐ的性质。¶기
械의 ~ | 机器的性能。참고[脾性]
[气性][气质]

성찰[省察] 몡하자【反省】fǎnxǐng【省
察】xǐngchá ¶그는 자신의 과실을 한
번 ~하려 한다 | 他想好好儿地反省一
下自己的过错儿guòcuòr。¶자기의
잘못을 ~하다 | 省察自己的过错。

성채[城砦] 몡【城堡】chéngbǎo

성추문[性醜聞] 몡【绯闻】fēiwén ¶영
화계의 ~ | 影坛tán绯闻。

^C**성취**[成就] 몡하타【成就】chéngjiù【成
功】chénggōng 　【完成】wán·chéng
【实现】shíxiàn ¶계획했던 일을 ~하
다 | 完成了计划jìhuà的事。¶그의
희망이 결국 ~되었다 | 他的愿望yuàn
wàng终于实现了。¶소원이 ~되다
| 实现素愿sùyuàn。

^C**성큼** 囝 ❶ (큰 걸음으로)【阔步】kuòbù
【大步】dàbù ¶ ~ 뛰어 넘어가다 | 阔
步跳过去。¶ ~ 걸어오다 | 大步走
来。❷ (동작이 빠르게)【霍地】huòdì
【马上】mǎ·shang【一步】yíbù【干脆
地】gāncuì·de ¶ ~ 비켜서다 | 霍地
闪shǎn开。¶ ~ 일어나다 | 马上站
起来。¶마루로 ~ 올라서다 | 一步
跨上地板。

^C**성큼성큼** 囝【阔步】kuòbù【大步】dàbù
¶ ~ 걸어가다 | 阔步走过去。¶누군
가 ~ 다가왔다 | 有人迎面大步走过
来。¶비탈길을 ~ 걸어 내려간다 |
迈开màikāi大步，顺着山坡路走下去。

^C**성탄**[聖誕] 몡【圣诞】shèngdàn ¶ ~
선물 | 圣诞礼物lǐwù。¶ ~을 축하하
다 | 祝贺zhùhè圣诞。

^C**성탄절**[聖誕節] 몡【圣诞节】Shèngdà
njié 참고[克利史马史][耶稣yēsū圣
诞节][洋冬至yángdōngzhì]

^C**성터**[城-] 몡【城址】chéngzhǐ

성토[聲討] 몡하타【声讨】shēngtǎo ¶
죄상을 ~하다 | 声讨罪行。¶부정
사실을 들어 강력히 ~하다 | 用不正
事实强烈声讨。

성패[成敗] 몡【成败】chéngbài ¶ ~는
이번의 행동에 달려 있다 | 成败在此
一举jǔ。¶ ~의 관건 | 成败之关键gu
ānjiàn。¶ ~를 끝까지 지켜보고 결과
를 말해라 | 尽jìn看成败高低dī。

^B**성품**[性品] 몡【品性】pǐnxìng【性情】x-

ǐng·qíng 【秉性】bǐngxìng 〖稟性〗bǐ-ngxìng ¶차분한 ~ | 文静的品性. ¶~이　어질다 | 品性仁慈réncí. ¶ ~이　온화하다 | 性情温和/裏性温和. 〔참고〕〔性分〕[情性]

ᶜ**성하다**¹[盛－] 혱 ❶ (온전하다) 【完整】wán-zhěng ¶이 책 한 질은 ~ | 这套书是完整的. ¶성한 데가 한 군데도 없구나 | 没有一处完整. ❷ (병이나 탈이 없다) 【健全】jiànquán 【结实】jié·shi ¶몸과 마음이 ~ | 身心shēnxīn健全. ¶성한 사람 | 健全的人.

ᶜ**성하다**²[盛－] 혱 ❶ (초목이) 【茂盛】màoshèng ¶초목이 ~ | 草木茂盛. ❷ (기운이나 세력이) 【强盛】qiángshèng 【旺】wàng 【兴旺】xīngwàng ¶불길이 매우 ~ | 火势很旺. ¶자손이 ~ | 子孙兴旺.

ᴮ**성함**[姓銜] 뗭 〖尊姓大名〗zūnxìng dà-míng 【贵姓】guìxìng ¶당신의 ~은 … | 您的尊姓大名是…. ¶아직 당신의 ~이 무엇인지 아직 모릅니다 | 还不知道您贵姓. 〔참고〕〔高姓〕[大姓]〔鄙bǐ姓〕[贱jiàn姓]

성행[盛行] 뗭하자 〖盛行〗shèngxíng ¶밀수가 ~하다 | 走私盛行.

성향[性向] 뗭 〖趣向〗qùxiàng 〖趋向〗qūxiàng 〖倾向〗qīngxiàng ¶새로운 ~ | 新趋势. ¶시대 발전의 ~ | 时代发展的趋势.

성현[聖賢] 뗭 〖圣贤〗shèngxián ¶그는 한마음 한뜻으로 ~의 책을 읽는다 | 他一心只读圣贤书. ¶~의 가르침 | 圣贤的指点zhǐdiǎn.

성형[成形] 뗭하타 ❶〈工〉〖造型〗zà-oxíng 〖成形〗chéngxíng ¶~ 장치 | 成形装置. ¶폭발 ~ | 爆炸bàozhà成形/爆发成形. ¶주물을 부어 ~하다 | 浇铸jiāozhù成形. ❷〈醫〉 〖整形〗zhěngxíng 〖整容〗zhěngróng ¶~ 외과 | 整形外科. ¶뼈 　　~술 | 骨gǔ整形术shù. ¶~수술 | 整形手术.

ᴮ**성호**[聖號] 뗭 〖圣号〗shènghào ¶~를 긋다 | 划圣号号.

ᶜ**성화**¹[成火] 뗭하자 ❶ (급함) 【焦急】jiāojí 【焦热】jiāorè ¶마음에 ~가 나다 | 心里焦急. ❷ (귀찮게 함) 【麻烦】má·fan 【纠缠】jiūchán 【缠磨】chán·mo ¶~를 부리다 | 惹rě起麻烦.

그에게 ~를 부리지 마시오 | 别和他纠缠了. ¶~를 받다 | 受缠扰.

ᶜ**성화**²[聖火] 뗭 〖圣火〗shènghuǒ ¶~대 | 圣火台tái. ¶~ 주자 | 圣火走者/圣火传令.

성화같다[星火－] 〖急如星火〗jí rú xīng huǒ ¶재촉이 ~ | 催得急如星火. ¶옆에서 성화같이 재촉하는 통에 한눈 팔 틈도 없다 | 在旁边催得急得很, 没有一点闲时.

성황[盛況] 뗭 〖盛况〗shèngkuàng 【繁荣景象】fánróng jǐngxiàng ¶이전에 없었던 ~ | 盛况空前.

성황당[城隍堂] 뗭 〖城隍庙〗chénghuáng-miào

성황리[盛況－] 〖盛况空前〗shèngk-uàng kōngqián ¶연주회는 ~에 끝나 | 演奏会yǎnzòuhuì盛况空前地结束jiéshù了.

세¹ 주괜 〖三〗sān ¶~ 번 | 三次.

세²[稅] 뗭 〖税〗shuì 【租税】zūshuì ¶소득~ | 所得税.

세³[貰] 뗭 〖出租〗chūzū ¶~ 놓는 사람 | 出租人.

ᶜ**세간** 뗭 〖家什〗jiā·shi 〖用具〗yòngjù ¶~을 갖추다 | 置备zhìbèi家什. ¶부엌 ~ | 厨房chúfáng用具. ¶~살이 | 家什/用具. 〔참고〕〔家式〕[家伙]

ᴬ**세계**[世界] 뗭 〖世界〗shìjiè ¶~를 향하다 | 面向世界. ¶~ 기록 | 世界记录jìlù. ¶동물 ~ | 动物dòngwù世界. ¶아동 ~ | 儿童世界. ¶~ 평화 | 世界和平hépíng.

세계 대전[世界大戰] 뗭 〖世界大战〗shì-jiè dàzhàn ¶제2차 ~이 발발하다 | 发生fāshēng第二次世界大战.

세계적[世界的] 뗭 〖世界的〗shìjiè·de 【世界性】shìjièxìng ¶~인 호황 | 世界性好景. ¶선수들의 기량은 이미 ~인 수준이다 | 运动员的技能jìnéng已达到世界水平. ¶~ 경기 침체 | 全球经济衰退.

ᶜ**세관**[稅關] 뗭 〈經〉〖海关〗hǎiguān 【税关】shuìguān ¶~ 검사 | 海关检查jiǎnchá. ¶~의 세칙 | 海关税则shuìzé. ¶~을 끝내다 | 办妥tuǒ报关手续.

ᴮ**세균**[細菌] 뗭 〖细菌〗xìjūn ¶~보다 더 작은 것은 무엇입니까? | 比细菌还

小的是什么? ¶~ 폭탄 | 细菌弹dàn。¶~전 | 细菌战zhàn。(참고)〔霉méi菌〕〔真zhēn菌〕

ᴮ세금 [税金] 몡【税】shuì【税金】shuìjīn【税款】shuìkuǎn ¶~을 내다 | 纳nà税。¶~을 받다 | 收取税金。

ᴮ세기 [世纪] 몡【世纪】shìjì ¶20~ | 二十世纪。¶~적 대인물 | 世纪的大人物。¶~영웅 | 世纪英雄。

세기말 [世纪末] 몡【世纪末】shìjìmò ¶~ 현상 | 世纪末的现象。¶~ 풍조 | 世纪末的潮流cháoliú。

세기적 [世纪的] 관형【百年不遇】bǎiniān bú yù【百年来】bǎinián lái【世纪性】shìjìxìng ¶~위업 | 百年伟业, 世纪伟业。¶~ 사건 | 世纪性事件。

세내다 [貰一] 통【借租】jièzū【租】zū ¶자동차를 ~ | 租汽车。

세네갈 [Senegal] 몡〈地〉【塞内加尔】Sàinèijiā'ěr 〔수도는 "达Dá喀尔"(다카르;Darkar)〕

세놓다 [貰一] 통【出租】chūzū ¶가옥을 ~ | 出租房屋fángwū。¶창고를 ~ | 出租仓库cāngkù。

세뇌 [洗脑] 몡하다【洗脑】xǐnǎo ¶~ 교육 | 洗脑式教育。¶~공작 | 洗脑工作。

ᴬ세다 통【数】shǔshù【数】shǔ【算】suàn【计算】jìsuàn ¶사람을 ~ | 数一数人。¶돈을 잘못 세었다 | 数错钱了。¶얼마인지 세어 보다 | 算算多少钱。

ᴬ세다 혭【강】❶ (힘 등이 강하다)【强】qiáng【强烈】qiángliè【暴】bào【猛】měng【猛烈】měngliè【大】dà ¶신체가 강하고 힘이 ~ | 身力壮zhuàng。¶그녀는 성질이 아주 ~ | 她脾气píqì太暴。¶주관적인 색채가 아주 ~ | 主观色彩sècǎi十分强烈。¶불길이 ~ | 火势猛。¶힘이 ~ | 力气大。¶풀기가 ~ | 粘度niándù强。【粗硬】cūyìng【粗】cū【硬】yìng ¶거칠고 센 머리카락 | 粗硬的头发tóu·fa。¶센 밀가루 | 粗面miàn。¶피부가 ~ | 皮肤pífū很粗。¶털이 매우 ~ | 毛很硬。❸ (일 등이 힘들다)【重】zhòng【吃力】chīlì ¶일이 매우 ~ | 工作强度大。❹ (능력이 수준이 상이다)【高超】gāochāo ¶장기의 수

가 ~ | 棋艺qíyì高超。❺ (높다)【高】gāo【高】gāo ¶콧대가 ~ | 鼻尖高。¶가격이 너무 ~ | 价钱jiāqián太高。❻ (운이 없다)【运气不佳】yùnqì bùjiā【不运气】búyùnqì【不好】bùhǎo【凶】xiōng ¶팔자가 ~ | 八字不好。❼ (고집이)【死】sǐ【硬】yìng ¶고집이 ~ | 死固执。(참고)〔低jué强〕〔倔jué强〕

ᶜ세대 [世代] 몡❶ (어떤 연령층)【一代】yídài ¶새로운 ~ | 一代新人。¶아버지의 ~ | 父亲那一代。❷ (약 30년을 기준으로 하는 연령층)【代】dài【世代】shìdài ¶다음 ~ | 下一代。¶~에 따라 사고 방식의 차이가 크다 | 世代不同, 思考方式sīkǎofāngshì的差异很大。

세대 교체 [世代交替] 몡【世代交替】shìdài jiāotì【更新换代】gēngxīn huàndài ¶지도자의 ~ | 领导者lǐngdǎozhě的世代交替。¶컴퓨터의 ~가 매우 빠르다 | 电脑diànnǎo更新换代得很快。(참고)〔世代交番〕

ᶜ세도 [势道] 몡하다【专横】zhuānhèng【霸道】bàdào【派头】pàitou ¶~를 부리며 횡포하게 날뛰다 | 专横跋扈báhù。¶관리라고 ~를 부리다 | 摆bǎi官吏的派头/摆官架。¶~정치 | 强权政治。

세도가 [势道家] 몡【势门】shìmén【专横的人】zhuānhèng·de rén【霸道的人】bàdào·de rén ¶장안의 ~ | 长安势门。

ᶜ세력 [势力] 몡【势力】shì·lì【力量】lìliang ¶~ 범위 | 势力范围。¶그는 이 일대에서 ~을 갖고 있다 | 他在这一带很有势力。¶정치적 ~ | 政治势力。¶수구 ~ | 守旧势力。¶민주 ~ | 民主力量。¶~이 약하다 | 力量薄弱bóruò。(참고)〔权力〕〔势势〕

ᶜ세련 [洗鍊] 몡하다 ❶ (갈고 다듬어 우아하게 함)【洗练】xǐliàn【精练】jīngliàn ¶그의 말은 아주 ~되다 | 他说话很精练。¶~된 문장 | 洗练的文章。❷ (능란하게 함)【老练】lǎoliàn【久经考验】jiǔ jīng kǎoyàn ¶그는 매우 ~된 사람이다 | 他很老练。¶그는 과거에 비해서 이미 대단히 ~되었다 | 比起过去他已经老练得多了。¶~된

간부 | 久经考验的干部。**참고**〔磨砺〕
〔磨练〕〔洗炼liàn〕〔精练〕

^B**세례**[洗禮] 명【洗礼】xǐlǐ ¶~를 받다
| 接受jiēshòu洗礼。¶달걀 ~를 퍼
붓다 | 给予鸡蛋jīdàn洗礼。¶폭탄
~ | 炸弹zhàdàn洗礼。**참고**〔点水di-
ǎnshuǐ礼〕〔圣shèng洗〕〔浸jìn礼〕〔受
shòu洗〕〔施shī洗〕

^C**세로** 명【竖】shù【直】zhí【纵】zòng ¶
~로 쓰다 | 竖着写。¶~로 내리긋
다 | 向下直划。¶나무를 ~ 쪼개다
| 直劈树pīshù。¶~ 줄 | 纵线。¶
~ 다섯 자, 가로 석 자 | 纵宽五尺，横
长三尺。

세리[稅吏] 명【税务官】shuìwùguān

^C**세면**[洗面] 명하자【洗脸】xǐliǎn【盥
洗】guànxǐ ¶~실 | 洗脸室/盥洗
室。¶~물 | 洗脸水。¶~대야 | 洗
脸盆pén。¶~ 도구 | 洗脸具/盥洗
用具yòngjù。

^B**세모** 명【三角】sānjiǎo【三角形】sānjiǎ-
oxíng ¶난 머리수건 | 三角头巾tó-
ujīn。¶종이를 ~로 접다 | 把纸叠成
三角。**참고**〔三边形〕

세모[歲暮] 명【年底】niándǐ【岁末】su-
ìmò【岁暮】suìmù ¶~가 되어야 보너
스가 나온다 | 到年底才能发奖jiǎng
金。**참고**〔根儿底下〕〔年尾〕〔岁杪suì-
miǎo〕〔岁底〕

세목[細目] 명【细目】xìmù【详细条
目】xiángxì tiáomù ¶그는 이 명세서
의 ~를 훑어봤다 | 他看了这张清单qī-
ngdān上的条目。

세무[稅務] 명【税务】shuìwù ¶~ 감
사 | 税务监查。¶~ 회계 | 税务会计
kuàijì。¶~조사 | 查税。

세미나[seminar] 명【报告会】bàogàoh-
uì【讨论会】tǎolùnhuì

^C**세밀**[細密] 명하점【细密】xìmì【周密】
zhōumì【细致】xìzhì【仔细】zǐxì【细
心】xìxīn ¶~한 분석 | 细致的分析fē-
nxī。¶계획이 ~하다 | 计划周密。
¶~히 연구하다 | 仔细研究。**참고**
〔详明〕〔过细〕〔粗cū略〕〔马虎〕

세밑[歲－] 명【年底】niándǐ【岁末】su-
ìmò【岁暮】suìmù ¶~이 되어 온 마을
이 떠들썩하다 | 到了年底，整个村子
都热热闹闹的。¶날은 추위지고 ~
은 다가온다 | 天寒岁暮。**참고**〔根儿

^B**세발 자전거**[－自轉車] 명【三轮自行
车】sānlún zìxíngchē

^B**세배**[歲拜] 명하자【拜年】bài/nián ¶
할아버지께 ~를 올리다 | 向爷爷拜
年。¶~하러 왔습니다 | 我给您拜年
来了。

^B**세부**[細部] 명【细节】xìjié【细部】xìbù
【详细】xiángxì ¶계획의 ~(사항)에
대해 토론하다 | 讨论tǎolùn计划的
细节。¶~ 설계 | 细部设计。¶~
계획 | 细部计划。

세분[細分] 명하타【细分】xìfēn【加
细】jiāxì ¶네 종류로 ~하다 | 细分为
四种。

^A**세상**[世上] 명 ❶ (세계)【世上】shìsh-
àng【世界】shìjiè【世道】shìdào【世
面】shìmiàn【年头(儿)】niántóu(r)
【天下】tiānxià【人世】rénshì ¶~에
널리 알려지다 | 世上广guǎng为告
知。¶~를 향하다 | 面向世界。¶~
이 바뀌었다 | 世道变了。¶~을 모
르다 | 不懂世面。¶~에는 지
식이 없어서는 진짜 통하지 않는다 |
这年头呀，没知识可不行。¶이미 ~
을 뜨다 | 不在人世。❷ (일생)【一
生】yīshēng【一辈子】yíbèi·zi【世间】
shìjiān ¶한 ~을 뜻있게 보냈다 | 有
意义地过了一生。¶한 많은 ~을
살아가다 | 在这多难的世间生活。❸
(사회)【社会】shèhuì ¶~를 멀리하
고 산속에 숨어 살다 | 远离世间居山
过活。¶~를 떠들썩하게 하다 | 让
社会议论yìlùn纷纷。❹ (시대)【时
代】shídài ¶요순 임금이 다스리던 ~
| 尧舜yáoshùn王治天下的时代。¶
일제하의 어둠던 ~ | 日本帝国主义
统治tǒngzhì下的黑暗hēi'àn时代。❺
(마음대로 할 수 있는 판)【天下】tiā-
nxià ¶제 ~을 만난 듯이 날뛴다 | 遇
到自己天下似他猖狂chāngkuáng。

세상 물정[世上物情] 명【世故】shìgù
【时务】shíwù【世情】shìqíng【世面】
shìmiàn ¶~에 밝다 | 老于世故。¶
너는 정말 ~을 모르는구나 | 你这个
人真不识时务。¶~을 모르다 | 不晓
xiǎo世情。¶~에 대단히 어둡다 | 对
世情十分暗昧。

세상사[世上事] 명【世事】shìshì ¶~

539

를 상관하지 않다 | 不问世事。¶
를 얘기하다 | 谈论世事。

세상살이[世上-] 圆 ❶【在社会过生活】zài shèhuì guò shēnghuó ❷【维持生活】wéichí shēnghuó【营生】yíngshēng

세상에[世上] 闽【世上】shìshàng【天哪】tiān·na |온 ~, 사람으로서 그럴 수가 있나 | 作为人怎能那样呢? | ~ 못 할 일로세 | 世上最不该做的事。 |이게 무슨 일이야 | 天哪, 这是什么事。

세세하다[細細一] 阌 ❶ (자세하다)【详细】xióngxì【仔细】zǐxì【细心】xīxīn |그의 설명은 아주 ~ | 他的说明十分详细。 |세세히 살펴보다 | 仔细地察看。 ❷ (사소하다)【琐碎】suǒsuì【细小】xìxiǎo |세세한 일 | 琐碎的事。 |세세한 일에 신경을 쓰다 | 对琐碎的事费脑筋。 참고 [过细][粗略]〔马虎〕

세속[世俗] 圆 ❶ (세상)【世俗】shìsú |~적인 견해 | 世俗之见。 |~순박하다 | 世俗纯厚 chúnhòu。 ❷ (속되다)【庸俗】yōngsú |이 사람은 너무 졸렬하고 ~되다 | 这人太庸俗了。 |작품이 졸렬하고 ~되다 | 作品庸俗。

^**세수**[洗手] 圆하자【洗脸】xǐliǎn【盥洗】guànxǐ |~를 하고 바로 가다 | 洗脸后马上去。 |~물 | 洗脸水。

세숫비누[洗手一] 圆【香皂】xiāngzào 참고 〔香肥皂 féizào〕〔香视 jiǎn〕〔香胰 yí子〕

세습[世襲] 圆하타【世袭】shìxí【嗣袭】sìxí【承继】chéngjì |~ 제도 | 世袭制度。 |~ 왕조 | 世袭王朝。 |~ 재산 | 世袭财产/祖传财产。

세시[歲時] 圆【年中】niánzhōng【新年】xīnnián【岁时】suìshí |~ 풍속 | 岁时风俗。 |~기 | 岁时记。

세심[細心] 圆하형【细心】xìxīn【仔细】zǐxì |~하게 준비하다 | 细心准备。 |~한 지도를 받다 | 受到细心的指导。 |그녀는 아주 ~하다 | 她很细心。 |~하게 조사하다 | 仔细调查。 |~하게 연구하다 | 仔细研究。 참고 〔过细〕〔细致〕

세액[稅額] 圆【税额】shuì'é |~이 너무 많다 | 税额太大了。 |~공제 | 抵

减税额。

—**세요** 끝 (尊敬阶命令式终结词尾, 表示祈使) |열심히 공부하세~ | 请努力学习吧。 |안녕히~ | 您好?

^**세우다** 图 ❶ (서게하다)【立】lì |기둥을 ~ | 立柱子 zhù·zi。 |앉아 있는 아이를 ~ | 把坐着的孩子立起来。 ❷ (날카롭게 하다)【立】lì |칼을 숫돌에 갈아 날을 ~ | 在水磨石 shuǐmóshí 上磨刀立刃。 ❸ (멈추게 하다)【停】tíng |버스를 ~ | 停巴士车。 |돌아가는 기계를 ~ | 停转动的机械 jīxiè。 ❹ (뜻·제도·예법 등을)【建】lì |전통을 ~ | 发扬传统 chuántǒng。 |새로운 교육 방침을 ~ | 立新的教育方针 fāngzhēn。 |체면을 ~ | 立面子。 |제 주장만 ~ | 只坚持自己的主张。 ❺ (설립하다)【建】lì |학교를 ~ | 建立学校。 |나라를 ~ | 建立国家。 ❻ (유지하다)【维持】wéichí【强力坚持】qiánglì jiānchí |글을 써서 생계를 ~ | 以写字维持生活。 |자신의 의견을 꿋꿋이 ~ | 强力坚持自己的意见。 ❼ (짓다)【盖】gài |건축물을 ~ | 盖建筑物jiànzhù·wù。

^**세월**[歲月] 圆 ❶ (시간)【岁月】suìyuè【光阴】guāngyīn【时光】shíguāng【年岁】niánsuì【日子】rì·zi【年月】nián·yue |~은 사람을 기다리지 않는다 | 岁月不待人。 |오랜 ~이 지났기 때문에, 사람들은 모두 이 일을 잊어버렸다 | 因为年岁久远, 人们都忘记了这件事情。 |~이 정말 빨리 지나가다 | 日子过得真快。 ❷ (시세·경기)【景况】jǐngqì【景况】jǐngkuàng【世道】shìdào |요즈음은 ~이 아주좋지 않다 | 近来太不景气了。 |우리의 ~은 갈수록 좋아진다 | 我们的景况越来越好。

세율[稅率] 圆【税率】shuìlǜ |~을 정하다 | 定税率。

세이셸[Seychelles] 圆〈地〉【塞舌尔】Sāishé'ěr [아프리카 마다가스카르섬 북방의 약90여 개의 섬으로 구성된 섬나라. 수도는 "维多利亚"(빅토리아; Victoria)]

세이코[Seiko] 圆〈商標〉【精工】Jīnggōng

540

세인[世人] 몡 【世人】shìrén ¶～ 여론 | 人人舆论yúlùn. ¶이러한 일을 저지르면 ～들의 멸시와 비웃음을 살 것이다 | 干出这等事儿，会让世人耻笑chǐxiào的.

ᶜ**세일**[sale] 몡하타 ❶ (판매) 【出售】chūshòu 【发售】fāshòu 【销售】xiāoshòu ¶～능력 | 销售能力. ¶지금 칼라 텔레비전을 ～한다 | 正在出售彩色电视cǎisèdiànshì. ❷ (할인) ☞ 바겐세일

세일러[saler] 몡 【卖方】màifāng 【卖主】màizhǔ ¶～ 샘플 | 卖方样品. ¶～ 옵션 | 卖方选择xuǎnzé日交易. 참고〔买方〕

세일러²[sailor] 몡 【水手】shuǐshǒu 【海员】hǎiyuán 【水兵】shuǐbīng ¶～복 | 水手服/海员服.

세일즈[sales] 몡 【推销】tuīxiāo 【推售】tuīshòu 【销售】xiāoshòu ¶이러한 상품은 그들이 나가서 ～를 하게 하자 | 这些商品请他们出去推销吧. ¶이런 의류는 외지에까지 ～를 확장할 수 있다 | 这些服装fúzhuāng可以推销到外地去. ¶～맨 | 售货员/营业员.

ᶜ**세입**[稅入] 몡 【岁入】suìrù 【岁收】suìshōu 【年收益】niánshōuyì 【年收入】niánshōurù ¶～이 고갈되다 | 岁入枯竭. ¶～ 결손 | 财政亏损. ¶～ 예산액 | 预计岁入收入.

세자[世子] 몡 【王太子】wángtài·zi 몡～궁 | 太子宫.

ᴮ**세제¹**[洗劑] 몡 【洗涤剂】xǐdíjì 【去污剂】qùwūjì 【除垢剂】chúgòujì 【洗净剂】xǐjìngjì ¶중성 ～ | 中性洗涤剂. ¶합성 ～ | 合成洗涤剂.

세제²[稅制] 몡 【稅制】shuìzhì 【稅收制度】shuìshōu zhìdù ¶누진 ～ | 累进lěijìn税制. ¶～ 개혁 | 税制改革gǎigé.

세주다[貰－] 통 【出租】chūzū ¶빈 방을 ～ | 出租空房子.

세차[洗車] 몡하자타 【洗车】xǐchē ¶～장 | 洗车场.

ᶜ**세차다**[剀] 옝 【强有力】qiángyǒulì 【厉害】lì·hai 【勇猛】yǒngměng 【猛烈】měngliè 【激烈】jīliè 【熊熊】xióngxióng ¶바람이 정말 ～ | 刮风刮得很厉害. ¶

불길이 ～ | 火势huǒshì猛烈. ¶심장이 세차게 고동친다 | 心脏xīnzàng激烈地跳动tiàodòng.

세척[洗滌] 몡하타 【洗涤】xǐdí ¶주방의 물건을 아주 깨끗이 ～하였다 | 把厨房chúfáng里的东西洗涤得干干净净. ¶～기 | 洗涤器qì. ¶～제 | 洗涤剂. 참고〔洗濯 xǐzhuó〕〔荡涤dàngdí〕

세출[歲出] 몡 【岁出】suìchū 【年度财政预算】niándù cáizhèng yùsuàn 【年度财政支出】niándù cáizhèng zhīchū 【年度支出】niándù zhīchū 【全年支出额】quánnián zhīchū'é ¶～ 예산 | 年度支出预算/岁出预算.

세칭[世稱] 몡 【世称】shìchēng ¶그가 다니는 대학이 ～ 일류 대학이지 | 他念的大学世称一流大学.

ᴮ**세탁**[洗濯] 몡하자타 【洗】xǐ/yī ¶～을 직업으로 하는 사람 | 洗衣裳·shang的/洗衣服的/洗衣匠.¶～기 | 洗衣机. ¶～실 | 洗衣间. 참고〔洗衣服〕〔洗衣裳〕

ᴮ**세탁소**[洗濯所] 몡 【洗衣店】xǐyīdiàn 【洗染店】xǐrǎndiàn

세태[世態] 몡 【世态】shìtài ¶～ 소설 | 世态人情小说.

세트[set] 몡 ❶ (무대) 【舞台装置】wǔtái zhuāngzhì ❷ (촬영배경) 【电影布景】diànyǐng bùjǐng 【大道具】dàdàojù ¶～장 | 布景. ❸ (한 묶음) 【一组】yìzǔ 【一套】yítào 【一副】yífù 【成套】chéng/tào ¶귀걸이 한 ～ | 一副耳环. ¶의상 한 ～ | 一套衣裳. ¶이 기기는 한 ～니, 분리하지 마라 | 这些仪器是成套的，不要拆chāi开. ¶～ 판매 | 成套出售. ❹ (머리털의 손질) 【梳整型型】shūzhěng fàxíng ❺〈體〉(경기의) 【局】jú 【盘】pán ¶～ 스코어 | 局数. ¶～ 포인트 | 盘点.

세파[世波] 몡 【世上风波】shìshàng fēngbō 【世间折磨】shìjiān zhé·mo ¶～를 이겨내다 | 熬过áoguò世上风波. ¶모진 ～를 헤치고 살다 | 克服kèfú残酷cánkù的世上风波活着.

ᴮ**세포**[細胞] 몡 ❶〈生〉【细胞】xìbāo ¶～ 분열 | 细胞分裂fēnliè. ¶～핵 | 细胞核hé. ¶～막 | 细胞膜mó. ¶

~ 조직 | 細胞組織zǔzhī。❷ (활동
의 소단위) 【支部】zhībù

섹스[sex] 명❶【性】xìng【性交】xìng-
jiāo 【做爱】zuò·ài ¶~ 행위 | 性行
为 | ~어릴 | 性的魅力。❷【性別】
xìngbié

섹스숍[sex shop] 명【性保健商店】xì-
ngbǎojiànshāngdiàn

섹스 스캔들[sex scandal] 명【绯闻】fēi-
iwén ¶~ | 影坛yǐngtán绯
闻。

섹시[sexy] 명형【性感的】xìnggǎn·
de【引起性欲的】yǐnqǐ xìngyù·de【色
情的】sèqíng·de

섹터[sector] 명〈電算〉【区区】shànqū

센세이션[sensation] 명【轰动一时的
传闻】hōngdòng yìshí·de chuánwén
¶그의 최근 소설은 ~을 불러 일으켰
다 | 他最近写的小说在读者中引起了
轰动。

센스[sense] 명【感觉】gǎnjué【感官】g-
ǎnguǎn ¶그는 아주 ~가 있다 | 他很
有感觉。

B**센터**[center] 명❶【中心】zhōngxīn ¶
문화 ~ | 文化中心。¶서비스 ~ |
服务中心。❷【中锋】zhōngfēng【中
场】zhōngcháng

센트[cent] 의명【分】fēn ¶3~ | 三分
钱。

C**센티**[centi] 의명❶【厘】lí ❷【厘米】lí-
mǐ【公分】gōngfēn

센티멘털[sentimental] 명형【情深
的】qíngshēn·de 【多情的】duōqíng·
de【情感上】qínggǎnshàng

셀[cell] 명〈電算〉【单元格】dānyuángé

셀러리[celery] 명〈植〉【西芹】xīqín
【洋芹菜】yángqíncài

C**셀로판지**[cellophane紙] 명【玻璃纸】bō-
·lizhǐ【赛璐玢纸】sàilùfēnzhǐ 참고
〔透tòu明胶带〕〔透明纸〕〔威化纸〕〔纤
络纸〕

셀룰로이드[celluloid] 명【赛璐珞】sàilù-
luò 【假象牙】jiǎxiàngyá 참고〔教象
牙〕〔充象牙〕〔人造象牙〕

셀린느[Celine] 명〈商標〉【赛琳】Sàilín

셀프 서비스[self service] 명【自我服
务】zìwǒ fúwù【自助】zìzhù ¶~ 식사
| 自助餐。

A**셈** 명하터❶ (계산) 【数数】shǔshù【计

算】jìsuàn ¶아이들이 ~하는 법을 배
우고 있다 | 孩子们在学数数。¶얼마
나 남았는지 ~을 해봅시다 | 计算一
下还剩下多少。¶~이 분명하다 | 计
算分明。❷ (분별) 【懂事】dǒng/shì
¶그는 아직 ~이 없다 | 他还不懂
事。¶~을 차릴 줄 알다 | 懂事了。
❸ (작정·속셈) 【打算】dǎ·suan 【想
法】xiǎngfǎ ¶너는 안 갈 ~이냐? | 你
不打算走吗? ¶그는 천진에 한 번
갈 ~이다 | 他打算到天津Tiānjīn去
一趟tàng。❹ (형편) 【情况】qíngkuà-
ng 【回事】huíshì ¶어찌된 ~인지 그
가 결석했다 | 不知怎么回事, 他缺席
了。

셈치다 동【算】suàn ¶얼마나 되는지
셈쳐 보자 | 算一算看看有多少。¶너가
지 셈쳐서 모두 열 사람이다 | 算上你,
一共有十个人。¶나를 셈치지 말라
| 不要把我算进去。

셋돈[貰一] 명【租金】zūjīn ¶이 집의
~은 매월 10만원이다 | 这房子的租
金是每月十万元。 참고〔租费〕〔租价〕
〔租钱〕

셋방[貰房] 명【出租房间】chūzū fángj-
iān ¶~살이 | 租房子住。

셋업[setup] 명〈電算〉【设置】shèzhì

B**셋째** 쥐【第三】dì sān【三】sān ¶~ 아
들 | 老三。

셋톱박스[settop box] 명〈電〉【机顶
盒】jīdǐnghé【置顶盒】zhìdǐnghé

셔츠[shirts] 명【衬衫】chènshān【衬
衣】chènyī【T恤】T xù ¶그는 ~ 한 벌
만 입고 있다 | 他只穿着一件衬衫。

셔터[shutter] 명❶ (문의) 【铁门】tiě-
nmén【铠甲拉窗】kǎijiǎ lāchuāng ¶그 상점의
문에는 ~가 설치되어 있다 | 那商店
的店面装有卷门。❷ (카메라의) 【快
门】kuàimén【光闸】guāngzhá ¶~을
누르다 | 按快门。 참고〔窗板〕〔窗
扇〕

셔틀버스[shuttle bus] 명【短程穿梭运
行客车】duǎnchéng chuānsuō yùnxí-
ng kèchē【往返客车】wǎngfǎn kèchē
【区间车】qūjiānchē

셰어웨어[shareware] 명〈電算〉【共享
软件】gòngxiǎng ruǎnjiàn

셰퍼드[shepherd] 명【牧羊狗】mùyá-
nggǒu

소[1]【動】【牛】niú ¶黄~|黄牛。¶乳~|奶牛。¶雌~|母牛。

소[2]【餡】xiàn ❶ 팥~를 넣은 빵|放红豆馅的面包miànbāo。❷【作泡菜时菜心里用的作料】zuò pàocàishí càixīn·li jiā·de zuòliào。

소각[燒却]【焚毁】fénhuǐ【烧毁】shāohuǐ【烧掉】shāodiào ¶~소독|焚化消毒。¶~장|焚化场。¶서류를 ~하다|焚化文件。

소감[所感]【感想】gǎnxiǎng【观感】guāngǎn ¶신춘 문예 당선 ~|当选dāngxuǎn为新春文艺的感想。¶~을 발표하다|发表fābiǎo观感。

소개[紹介]【介绍】jièshào ¶~비|介绍费fèi。¶직업 ~소|职业zhíyè介绍所。¶결혼 상대를 ~하다|介绍对象。¶제가 이 책의 내용을 ~해 드리겠습니다|我来介绍一下这本书的内容。¶친구의 ~로 그녀를 만나게 되었다|由朋友介绍认rèn·shi她。

소개장[紹介狀]【介绍信】jièshàoxìn ¶학교에서 그에게 ~을 한 통 주었다|学校给他开kāi了一封介绍信。¶이 ~를 가지고 그분을 찾아뵙게나|拿这介绍信去见他。(참고)〔推荐jiàn信书〕

소견[所見] ❶ (의견)【意见】yì·jian【看法】kàn·fǎ【见解】jiànjiě ¶~을 청취하다|听取tīngqǔ意见。¶~을 발표하다|发表fābiǎo意见。¶저의 ~은 이렇습니다|我的看法是这样的。¶~을 말하다|谈谈见解。❷ (분별)【见识】jiàn·shi ¶~이 넓다|见识广。¶~ 없는 짓|没有见识的行为。

소경[盲人]❶ (맹인)【盲人】mángrén【瞎子】xiā·zi ¶눈뜬 ~|睁zhēng眼瞎子。❷ (문맹자)【文盲】wénmáng

소경 단청 구경[관용]【瞎子看戏, 听别人笑】xiā·zi kàn xì, tīng biérén xiào

소고기[牛肉]【牛肉】niúròu ¶~ 포|牛肉脯fǔ。¶~ 볶음|炒chǎo牛肉。¶~ 장조림|酱jiàng牛肉。

소곤거리다[動]【交头接耳】jiāo tóu jiē ěr【咬耳朵】yǎo ěr·duo【叽叽咕咕】jījīgūgū【喁喁而语】yúyǔ'éryǔ ¶회의를 할때, 여러분은 귀속말로 소곤거리지 마시오|开会的时候，大家不要交头

接耳，唧唧咕咕喳喳chā。¶여기저기에서 ~|处处都在叽叽咕咕。(참고)〔窃窃私语〕

소곤소곤[부]【喳喳】chāchā【唧唧】jījī【喊喊喳喳】qīqīchāchā【切切】qièqiè【窃窃】qièqiè ¶叽叽咕咕jījīgūgū ¶그들은 ~ 이야기하고 있다|他们在窃窃私语。¶~ 계속 말하다|叽叽咕咕地说。¶~ 계속 말하다|叽叽咕咕地没完地说。(참고)〔交头接耳〕〔窃窃私语〕

소관[所管]【管辖】guǎnxiá【管】guǎn ¶교육부 ~|教育部管辖。¶배달하는 일은 우리 ~이 아니다|送货的事不归我们管。(참고)〔所主管〕〔所管〕

소굴[巢窟]【巢穴】cháoxué【巢窟】cháokū【老巢】lǎocháo【窝子】wō·zi ¶경찰에서 그 일대에 범인들의 ~을 들어냈다|警察一举端掉jūnduān了犯人的老巢。¶도적 ~|贼窝子。(참고)〔匪窟fěikū〕〔匪巢〕

소귀에 경 읽기[관용]【对牛弹琴】duì niú tán qín【对牛弹琴，对牛吹箫】duìniú tánqín, duìgǒu chuīxiāo【弹琴不入牛耳】tánqín bùrù niú ěr

소규모[小規模]【小规模】xiǎoguīmó ¶~ 산업|小规模产业。¶~의 기업|小规模企业qǐyè。¶~ 거래|零星交易。

소극적[消極的]【消极】xiāojí ¶태도가 ~이다|态度tài·dù消极。¶근무 태도가 ~이다|工作态度消极。¶~인 태도|消极的态度tài·dù。¶~인 기분|消极的情绪qíngxù。¶~ 방어|消极防御fángyù。(참고)〔积jí极〕

소금[鹽]【盐】yán ¶국을 조금 넣다|放些盐。¶~ 왕~|大盐/粗盐。(참고)〔盐基jī〕〔氯化钠lǜhuànà〕

소금구이[햐자]❶【熬盐】áoyán【煮盐】zhǔyán❷【加盐烤鱼】jiāyānkǎoyú【加盐烤鱼】jiāyánkǎoyú

소금 먹은 놈이 물을 켠다[관용]【吃咸菜的发渴，做贼的心虚】chī xiáncài·de fā kě, zuòzéi·de xīnxū【天不严寒冰不冻，人不伤心泪不流】tiān bù yánhán shuǐ bùdòng, rén bùshāngxīn lèi bùliú【无风不会起尘，无故不会起祸】wúfēng bùhuì qǐchén, wúgù bùhuì qǐhuò

소급[遡及]【溯及】sùjí【追

溯[zhuīsù]【抵前】dǐqián ¶이 규정은 작년 5월까지 ~해서 적용한다 | 这个规定溯及到去年五月为止有效。¶통계 | 追溯统计。¶~ 평가 | 追溯估价gūjià。❷【追加】zhuījiā【补发】bǔfā ¶작년에 지급하지 못한 임금을 ~ 지급한다 | 补发了去年欠qiàn的工资。참고〔追溯既往〕

소기[所期]【预期】yùqī【所期待】suǒqídài ¶~의 목적에 도달하다 | 达到所期的目的。¶~의 효과 | 预期效果。

소꿉놀이명하자【儿戏】érxì【儿童戏】értóngxì ¶~처럼 여기다 | 视同shìtóng儿戏。¶혼인은 일생의 중대사로 ~가 아니다 | 婚姻是一生的大事xuéxí,非同儿戏。참고〔儿嬉〕〔过家家〕〔扮家家〕〔扮儿戏〕

소꿉동무명【青梅竹马】qīng méi zhú mǎ ¶그들 둘은 ~이다 | 他俩从小青梅竹马。참고〔过(扮)家家之友〕〔竹马之友〕

소나기명【骤雨】zhòuyǔ【阵雨】zhènyǔ【急雨】jíyǔ ¶~가 지나가고 무지개가 섰다 | 阵雨过后出了彩虹cǎihóng。¶~가 잘 온다 | 常常有阵雨。¶~가 내린다 | 下阵雨。

소나무명〈植〉【松树】sōngshù ¶사계절 늘 푸른 ~ | 四季常青的松树。

소나타[이 sonata]명〈音〉【奏鸣曲】zòumíngqǔ ¶~ 형식 | 奏鸣曲形式。¶전원 ~ | 田园tiányuán奏鸣曲。

소나타[Sonata]명〈商标〉【索纳塔】Suǒnàtǎ

소녀[少女]명【少女】shàonǚ ¶어떤 ~가 이성을 그리지 않겠는가 | 哪个少女不怀春huáichūn。¶~ 시절 | 少女时代。

소년[少年]명【少年】shàonián ¶~시절 | 少年时代。¶~은 늙기 쉽고 배움은 이루기 어렵다 | 少年易老学难成。

소니[Sony]명〈商标〉【索尼】Suǒní

소다[soda]명【苏打】sūdǎ ¶~수 | 苏打水。¶세탁 ~ | 苏打洗衣粉。¶~ 공업 | 苏打工业。¶~ 비누 | 苏打皂zào。〔苏达sūdǎ〕〔梳打shūdǎ〕〔曹达cáodá〕

소담스럽다형【讨人喜欢】tǎo rén xǐ·huan【令人喜爱】lìng rén xǐ'ài ¶주렁

주렁 매달린 포도 송이가 ~ | 一串一串儿的葡萄令人喜欢。¶소담스럽게 핀 장미꽃 | 开得令人喜爱的蔷薇花qiángwēihuā。

소대[小队]명❶【小队】xiǎoduì ❷【排】pái ¶~장 | 排长。참고〔军〕〔连〕〔旅lǚ〕〔棚péng〕〔团〕〔营yíng〕

소독[消毒]명하타【消毒】xiāo/dú ¶이 바늘들은 이미 ~을 했다 | 这些针头已经消毒。¶~약품 다 썼다 | 消毒药品yàopǐn用完了。¶~약 | 消毒药yào。¶일광 ~ | 日光消毒。

소동[騒動]명하자【骚动】sāodòng【骚乱】sāoluàn【闹事】nào/shì【滋事】zī/shì【动荡】dòngdàng【波动】bōdòng【波澜】bōlán ¶~을 일으키다 | 引起骚动。¶교통이 마비되는 ~이 일어나다 | 发生交通瘫痪jiāotōngtānhuàn的骚动。¶~을 일으킨 장본인 | 滋事主谋者。

소득[所得]명하타【所得】suǒdé【收获】shōuhuò【收入】shōurù【收益】shōuyì【得手】dé/shǒu【收益】shōuyì【进款】jìnkuǎn ¶~이 적지 않다 | 所得不少。¶불로 ~ | 不劳所得。¶~이 없다 | 没有收获。¶이번 여행에서는 ~이 많았다 | 这次旅行收获大。¶~ 균형 | 收入平衡pínghéng。¶~이 꽤 있다 | 颇有收益。

소득세[所得稅]명【所得稅】suǒdéshuì【收入稅】shōurùshuì ¶~를 징수하다 | 征收zhēngshōu所得稅。¶~ 부채 | 所得稅负债fùzhài。

소띠명【属牛】shǔniú ¶그는 ~이다 | 他是属牛的。

소라명❶〈魚貝〉【螺】luó【海螺】hǎiluó ❷【角螺】jiǎoluó

소란[騷亂]명하형【骚乱】sāoluàn【嘈杂】cáozá【喧哗】xuānhuá【喧闹】xuānnào【喧嚣】xuānxiāo【闹嚷嚷】nàorǎng·rǎng【闹轰轰】nàohōnghōng ¶밖이 ~하다 | 外边闹轰轰的。¶집안에서 ~을 피우다 | 在房间里喧哗。¶~이 일어나다 | 发生骚乱。¶길거리가 너무 ~스럽다 | 上太嘈杂。¶웃음소리 말소리로 ~하다 | 笑语喧哗。

소량[少量]명【少量】shǎoliàng【小批】xiǎopī【零星】língxīng ¶~의 약

물을 복용하다 | 服用fúyòng少量的药水。 | ¶~의 상품 | 小批货huò。 | ¶~주문 | 小批订货。 | ¶~ 판매 | 零散出售。

소령[少領] 图 【少校】shàoxiào 찹고 〔军衔〕

소록소록 튀 【轻轻】qīngqīng 【微微】w-ēiwēi 【悄悄】qiāoqiāo 【甜甜地】tiántián·de ¶엄마 품에서 ~ 잠이 든 아기의 모습 | 在妈妈的怀里甜甜地睡着了的孩子的模样móyàng。

소론[所論] 图 【所论】suǒlùn 【短评】du-ǎnpíng ¶그의 ~에 의하면 | 据jù他所论。

소름 图 【鸡皮疙瘩】jīpí gē·da 【寒心】h-ánxīn 【毛骨悚然】máo gǔ sǒng rán 【毛发悚然】máo fà sǒng rán 【毛骨耸然】máo gǔ sǒng rán ¶놀라서 온몸에 ~이 돋다 | 吓得一身鸡皮疙瘩。 | ¶~ 끼치다 | 令人寒心。

소리 图 ❶ (음향·목소리) 【声音】shē-ngyīn 【音响】yīnxiǎng 【声】shēng ¶너의 ~는 너무 크다 | 你的声音太大。 | ¶천둥 ~ | 雷dǎléi声。 | ¶바람 부는 ~ | 风声。 | ¶물결이 치는 ~가 들린다 | 听到打声浪làng。 ❷ (말) 【话】huà ¶쓸데없는 ~ 그만두시오 | 少说废fèi话。 | ¶그런 ~ 하지마시오 | 不要说那种话。 ❸ (소식) 【消息】xiāo·xi ¶어머님이 임종했다는 ~를 듣고 나는 몹시 슬펐다 | 听到母亲去世的消息, 我很悲痛bēitòng。 | ¶그가 서울에 있다는 ~를 들었다 | 听说过他在汉城的消息。 ❹ (움직임) 【动静】dòngjìng 【声响】shēngxiǎng ¶무슨 ~가 나면 즉시 나를 불러라 | 一有动静, 赶紧喊我。 ¶발동기가 거대한 ~를 내다 | 发动机fādòngjī发出巨大jùdà的声响。 ❺ (노래) 【歌】gē 【说唱】shuōchàng ¶~도 잘 하고 춤도 잘 춘다 | 能歌善舞。

소리 소리 튀 【连续叫喊】liánxù jiàohǎn ¶악에 받쳐 ~ 지르다 | 气得连连叫喊。

소리 지르다 图 【叫喊】jiàohǎn ¶일하지 않는다고 ~ | 叫喊着催活。

소말리아[Somalia] 图 〈地〉【索马里】Suǒmǎlǐ 〔아프리카 동부의 공화국. 수도는 "摩加迪沙" (모가디슈; Mogadi-

shu)〕

소망[所望] 图하타 【愿望】yuànwàng 【希望】xīwàng ¶우리의 ~대로 일이 잘 되었다 | 事情如我们所愿进展得很顺利。 | ¶그의 절절한 ~ | 他热切rèqi-è的愿望。 | ¶좋은 결과가 있기를 ~한다 | 希望你能取得好的结果。 | ¶너의 성공을 ~한다 | 希望你马到成功。

소매¹ 【袖】xiù 【衣袖】yīxiù 【袖子】xi-ù·zi 【袂】mèi ¶~ 부리 | 袖口。 | ¶~통 | 袖筒tǒng。 | ¶~자락에 매달리다 | 拉着袖口。

소매²[小賣] 图하타 【小卖】xiǎomài 【零卖】língmài 【零售】língshòu 【零批】língpī ¶~ 물가 | 零售物价。 | ¶본 상점에서는 ~만 하고 도매는 하지 않는다 | 本店只零售, 不批发pīfā。

소매치기 图 【扒手】pàshǒu ~ 보험 | 扒窃保险。 찹고 〔小绺〕〔小偷〕

소멸¹[消滅] 图하자 【消失】xiāoshī 【消失】xiāoshī ¶자연 ~ | 自然消灭。 | ¶모기와 파리를 ~하다 | 消灭蚊蝇wé-nyíng。 | ¶효력이 ~되다 | 失效。

소멸²[掃滅] 图하자타 【扫灭】sǎomiè 【歼灭】jiānmiè ¶잔적을 일거에 ~하다 | 一举扫灭残敌cándí。 | ¶적을 ~하다 | 歼灭敌人dírén。

소모[消耗] 图하자타 【消耗】xiāohào 【途耗】túhào 【耗减】hàojiǎn 【耗费】h-àofèi ¶체력의 ~ | 体力消耗。 | ¶연료를 ~해 버리다 | 消耗掉燃料ránliào。 | ¶시간을 ~하다 | 耗费时间shíjiān。 | ¶적지 않은 목재가 헛되이 ~되었다 | 不少木材白白地损耗掉了。 | ¶전기 에너지의 ~ | 电能diànnéng的损耗。

소문[所聞] 图 【传闻】chuánwén 【风闻】fēngwén 【风说】fēngshuō 【风言】f-ēngyán 【消息】xiāo·xi 【声张】shē-ngzhāng 【谣言】yáoyán ¶그에 대한 ~이 자자하다 | 有关他的传闻广为流传liúchuán。 | ¶~을 퍼뜨리다 | 散布谣言。 | ¶~이 온 마을로 퍼져 나갔다 | 消息传遍chuánbiàn了全城quánchéng。 | ¶~난 잔치 먹을 것 없다 | 声张的喜筵没有吃头。

소박[素朴] 图하형 【朴素】pǔsù 【俭朴】jiǎnpǔ 【纯朴】chúnpǔ 【朴实】pǔsh-í 【质朴】zhìpǔ ¶사무실을 ~하게 꾸

몄다 | 办公室布置得很朴素。¶~한
인정 | 朴素的人情。¶마을사람들의
~하고 따뜻한 정 | 乡亲们纯朴而温
馨的情谊。

소반[小盤] 图【小饭桌】xiǎofànzhuō

소방[消防] 图하타【消防】xiāofáng
【救火】jiù/huǒ ¶~ 펌프 | 消防泵bèn
g。¶~ 기구 | 消防器材。¶~서
| 消防站。¶~차 | 消防车/灭miè火
车/救火车。¶~선 | 消防船chuán/
救火船。¶~호스 | 消防水龙头。

소변[小便] 图【小便】xiǎobiàn【尿】nià
o【溺】niào【撒尿】sā/niào【撒溺】sā/
niào ¶~을 보다 | 撒小便/撒溺。
¶~검사 접수 창구 | 大小便化验窗
口。¶아무데나 ~을 보지 마시오 |
不要随地小便。参고〔小解〕〔小水〕
〔大便〕

소복[素服] 图【素服】sùfú ¶~ 단장 |
素服打扮dǎbàn。

소복 소복 图 ☞ 소복하다

소복하다 图 ❶ (제법 높게 도도록하
다)【满满】mǎnmǎn【厚厚】hòuhòu
¶밥 한그릇을 소복하게 담았다 | 满
满地盛了一碗饭。¶눈이 소복하게
쌓이다 | 雪积得厚厚的。❷ (붓거나
해서 불룩하다)【鼓起】gǔqǐ【凸起】tū-
qǐ【鼓鼓囊囊】gǔgǔnáng·náng ¶소
복하게 부어 오른 상처 | 鼓起的伤
口。❸ (한자리에 많다)【丛生】có-
ngshēng ¶산 기슭에 두견화가 소복
하게 자라고 있다 | 山脚下丛生着杜
鹃juān花。

소비[消费] 图하타【消费】xiāofèi【花
费】huāfèi【消耗】xiāohào【浪费】là-
ngfèi【耗费】hàofèi ¶~물자 | 消费
品。¶~조합 | 供销合作社。¶같은
시간내에 노인은 적게 ~하고, 젊은
이는 많이 ~한다 | 在同等时间内老
人消费得少，年青人消费得多。¶석
탄의 ~를 줄이다 | 减少煤méi的消
耗。

소비자[消费者] 图【消费者】xiāofèizh-
ě【用户】yònghù ¶~ 가격 | 消费者
价格。¶~ 단체 | 消费者团体。¶~
의 의견을 구하다 | 征求用户意见。

소비재[消费财] 图【消费资料】xiāofèi
zīliào【消费品】xiāofèipǐn【消费货
物】xiāofèi huòwù ¶~ 생산 | 消费资

料的生产shēngchǎn。¶~ 수입 | 消
费品进口。¶~ 판매 | 消费品销售。

소산[所产] 图【产物】chǎnwù ¶~물
| 出产品。¶근대 과학 기술의 ~ |
近代科学技术kējìshù的产物。

소상[昭详] 图형【详细】xiángxì
【细】xì ¶~하게 아뢰다 | 详细汇报h-
uìbào。¶사건 경위를 ~히 설명하다
| 详细地说明事件的原委yuánwěi。

소생[苏生] 图하자【复生】fùshēng【复
苏】fùsū ¶만물이 ~하다 | 万物复
苏。

소설[小说] 图하자【小说】xiǎoshuō ¶사건
을 ~화하다 | 把事件小说化。¶~을
보다 | 看小说。¶단편 ~ | 短篇小
说。참고〔稗bài史小说〕〔说话〕〔稗
官〕〔评话〕

소소하다[小小-] 형【细小】xìxiǎo
【小小】xiǎoxiǎo【琐碎】suǒsuì【鸡毛
蒜皮】jī máo suàn pí ¶소소한 문제 |
琐碎的问题。¶소소한 일에도 짜증
을 내다 | 小小的事也发脾气。¶그것
을 별로 보잘것 없는 소소한 일이라고
여기지 말라 | 不要把它当dàng做是
鸡毛蒜皮的小事情。

소속[所属] 图하자【所属】suǒshǔ【隶
属】lìshǔ ¶인사과에 ~되다 | 所属人
事科。¶자기의 ~을 밝히다 | 明确
自己的所属。¶국무원 ~의 각 부위
원회 | 国务院所属各部委。

소송[诉讼] 图하타〈法〉【诉讼】sùsò-
ng【打官司】dǎ guān·si【告状】gào/
zhuàng【投诉】tóusù ¶~을 제기하
다/~ 제기 | 提起诉讼。¶변호사가
대신해서 ~하다 | 律师代诉讼。¶
그는 너와 ~하려고 한다 | 他要跟你
打官司。

소수[小数] 图【小数】xiǎoshù ¶~점
| 小数点。¶~자리 | 小数位。

소수[少数] 图【少数】shǎoshù ¶~의
의견을 존중하다 | 尊重zūnzhòng少
数人的意见。¶~의 학생이 열심히
하지 않는다 | 少数学生不认真。¶~
집단 | 少数集团。

소수 민족[少数民族] 图【少数民族】sh-
ǎoshù mínzú ¶중국에는 55개 ~이
있다 | 中国有五十五个少数民族。¶
~ 문제 | 少数民族问题。¶~ 보호
정책 | 少数民族保护bǎohù政策。

소스¹[sauce] 명【司】shāsī【士】shāshì【少司】shǎosī【调味汁】tiáowèizhī【酱汁】jiàngzhī【佐料】zuǒliào ¶토마토 ~ | 番茄fānqié沙司. ¶크림 ~ | 奶油nǎiyóu沙司.

소스²[source] 명【源】yuán【来源】láiyuán【根源】gēnyuán ¶뉴스 ~ | 新闻的来源.

소스 디스켓[source diskette] 명〈電算〉【源盘】yuánpán

소스 코드[source code] 명〈電算〉【源代码】yuándàimǎ

소스라치다 동【吃惊】chī/jīng【受惊】shòujīng【惊醒】jīngxǐng【打寒噤】dǎhánjìn【打冷战】dǎlěngzhàn(r)【打激灵】dǎ jīlīng ¶사람을 소스라치게 하다 | 令人吃惊. ¶갑자기 꿈에서 소스라쳐 깨다 | 突然从梦中惊醒. ¶소스라치게 놀라다 | 吓得打了个寒噤.

소승[小僧] 명【小僧】xiǎosēng

소시민[小市民] 명【小市民】xiǎoshìmín ¶그녀의 어머니에게는 ~의 습성이 있다 | 她母亲身上有小市民习气xíqì.

소시지[sausage] 명【香肠】xiāngcháng【腊肠】làcháng

소식¹[小食] 명【小食】xiǎoshí【少吃】shǎochī【饭量小】fànliàng xiǎo ¶~가 | 饭量小的人/小食主义者. **참고**〔零líng食(儿)〕

소식²[消息] 명【消息】xiāo·xi【声息】shēngxī【音信】yīnxìn【音息】yīnxī【音讯】yīnxùn【风声】fēngshēng【信息】xìnxī ¶~을 전하다 | 传达消息. ¶그가 떠난지 3년이 지났는데도 ~이 없다 | 他一去三年, 没有音信. ¶감감 무~이다 | 杳yǎo无消息/杳yǎo无音信. ¶~을 서로 주고 받다 | 互通音信. ¶그에 대한 ~은 아무도 모른다 | 谁也不知道他的信息.

소식통[消息通] 명❶(정보를 많이 아는 사람)【消息灵通人士】xiāo·xilíngtōng rénshì ¶정확한 ~에 의하면… | 据消息灵通人士的正确zhèngquè消息…. ¶정치계 ~ | 政界消息灵通人士. ❷(근원)【消息来源】xiāo·xiláiyuán

소신[所信] 명【信念】xìnniàn【坚信】jiānxìn【所相信的】suǒxiāngxìn·de

~을 굽히지 않다 | 坚定信念. ¶자신의 ~을 피력하다 | 表明自己的信念.

소실¹[消失] 명하자 【消失】xiāoshī【散失】sǎnshī ¶권리의 ~ | 权利quánlì的消失.

소실²[烧失] 명하자타 【烧掉】shāodiào ¶귀중한 문화재를 ~하다 | 宝贵bǎoguì的文化遗产被烧掉了.

소심[小心] 명형【畏首畏尾】wèishǒu wèiwěi【小心】xiǎoxīn【小心翼翼】xiǎoxīn yìyì ¶~한 사람 | 小心的人. ¶~한 성격 | 小心的性格xìnggé. **참고**〔缩手缩脚〕〔谨小慎微〕

소아[小兒] 명【小儿】xiǎo'ér ¶~과 | 小儿科. ¶~ 마비 | 小儿麻痹mábì. ¶~병 | 小儿病.

소액[少額] 명【小批】xiǎopī【小额】xiǎo'é【零星】língxīng【小款】xiǎokuǎn【少的款额】shǎo·de kuǎn'é ¶~의 상품 | 小批货huò. ¶~ 국채 | 小额政府债券. ¶~ 구매 | 零星购买.

소양[素養] 명【素养】sùyǎng【修养】xiūyǎng ¶문학에 ~이 깊다 | 文学养养深. ¶서예에 ~이 있다 | 有书法的修养. ¶예술적인 ~이 있다 | 有艺术修养.

소외[疏外] 명하타 【异化】yìhuà ¶인성이 ~되다 | 人性异化.

소외감[疏外感] 명【疏远感】shūyuǎngǎn ¶~을 느끼다 | 觉得有点儿被疏远远了.

소요[騷擾] 명하타 ❶【吵闹】chǎonào【喧闹】xuānnào【喧哗】xuānhuá ❷〈法〉【骚扰】sāorǎo【骚乱】sāoluàn【闹事】nàoshì ¶대규모의 ~ 사건 | 大规模的骚扰事件. ¶~가 발생하다 | 发生骚乱. ¶~죄 | 扰乱罪/社会秩序扰乱罪.

소요되다[所要−] 동【所需】suǒxū ¶그 일에 소요되는 인력과 장비 | 那件事儿所需的人力和装备.

소용[所用] 명【用处】yòng·chu【所用】suǒyòng ¶이렇게 울어도 ~ 없다 | 再怎么哭也没有用. ¶~이 있다 | 有用处. ¶이 두 가지 물건은 제각기 ~이 있다 | 这两件东西, 各有各的用处.

소용돌이 명【漩涡(儿)】xuánwō(r)【漩儿】xuánr ¶~ 속으로 말려들어 갔다 | 叫漩涡给卷juǎn了去. ¶정치

547

적 ~ 속에 말려들어 가다 | 卷人juǎn·rù政治zhèngzhì漩涡里. ¶전쟁의 ~ | 战争的漩涡儿.

소용돌이 치다 图 ❶(물이 빙빙 돌며 세차게 흐르는 모양)【打漩】dǎxuán【起漩涡】qǐ xuánwō ¶소용돌이 치며 흐르는 흙탕물 | 打漩的流淌dì泥水. ¶바닷물이 소용돌이치는 소리 | 海水打漩的声音. ❷(힘이나 감정 따위가 세차고 어지럽게 움직이는 모양)【萦绕】yíngrào【萦回】yínghuí【激动】jīdòng ¶그는 마음속에서 소용돌이 치는 감정을 다른 사람에게 말할 수 없었다 | 他无法把心中激动着的感情告诉别人.

소원[所願] 图한자【愿望】yuànwàng【意愿】yìyuàn【宿愿】sùyuàn ¶그의 ~을 들어주다 | 满足他的愿望. ¶오랜 ~을 이루다 | 实现了盼望已久的愿望.

소원²[疏遠] 图한형【疏远】shūyuǎn ¶그와 ~하다 | 疏远他. ¶친구와의 사이가 ~해지다 | 与朋友的距离变得疏远. ¶그 사이가 너무 ~했습니다 | 这期间太疏远了.

소위[少尉] 图【少尉】shàowèi ¶육군 ~ | 陆军lùjūn少尉.

소위²[所謂] 图【所谓】suǒwèi ¶~ 학자라는 사람 | 一个所谓学者的人. ¶그도 ~ 감투라는 것을 쓴 적이 있었다 | 他也曾带过所谓的乌纱帽wūshāmào.

소유[所有] 图한하【所有】suǒyǒu【掌握】zhǎng·wò【拥有】yōngyǒu ¶그 재전은 지금은 내 ~가 되었다 | 那本字典现在归guī我所有. ¶지식을 ~하다 | 掌握知识. ¶백만금의 재산을 ~한 것도 몸에 지닌 한 가지 기술만 못하다 | 拥有百万财富,不如一技在身.

소유권[所有權] 图〈法〉【所有权】suǒyǒuquán ¶~ 이전 | 所有权转让. ¶국가가 토지에 대해 ~을 가지다 | 国家对土地有所有权. ¶~과 경영권의 분리 | 所有权和经营权jīngyíngquán的分离.

소유욕[所有慾] 图【占有欲】zhànyǒuyù【所有欲】suǒyǒuyù ¶~이 강하다 | 所有欲强.

소유자[所有者] 图【所有者】suǒyǒuzhě【东主】dōngzhǔ【占有者】zhànyǒu-

zhě【持有人】chíyǒurén【持有者】chí-yǒuzhě ¶천부적인 재능의 ~ | 天才的所有者.

소음[騷音] 图【噪音】zàoyīn【噪声】zàoshēng ¶거리의 ~ | 街上的噪音. ¶~ 공해 | 噪音公害. ¶~을 줄이다 | 降低jiàngdī噪音.

소인[小人] 图 ❶(체격이 작은 사람)【矮子】ǎi·zi【体格矮小的人】tǐgéǎixiǎo·de rén【侏儒】zhūrú ¶전국시대의 안자는 ~이였다 | 战国zhànguó时代的晏yàn子是~矮子. ❷(도량이 작은 사람)【小人】xiǎo·rén ¶~의 농간에 말려들다 | 卷进juìnjìn小人的骗局. ¶군자를 멀리하고 ~을 가까이 하다 | 疏远君子近小人. ❸(난장이)【小人】xiǎo·rén ¶~국 | 小人国guó. ❹(아이)【小孩儿】xiǎoháir ¶~은 반액임 | 小孩儿半价.

소인²[消印] 图【注销的印】zhùxiāo·de yìn【销印】xiāoyìn【邮戳】yóuchuō【注销图章】zhùxiāo túzhāng ¶3月 2일자의 ~이 찍힌 엽서 | 盖有三月二日注销图章的明信片.

소일[消日] 图한자【消遣】xiāoqiǎn【消磨】xiāomó ¶바둑으로 ~하다 | 用围棋wéiqí消遣. ¶집 안에서 ~하다 | 在房里消磨时间.

소 잃고 외양간 고친다 관용【亡羊补牢】wáng yáng bǔ láo【贼走了关门】zéi zǒu·le guānmén【蛇走了才棍棍,贼走了才闩门】shé zǒu·le cái nǎgùn, zéi zǒu·le cái shuānmén.

소자[小子] 때【小子】xiǎozǐ【儿子】érzi【孩儿】hái·ér ¶~도 무사히 지내고 있습니다 | 孩儿也无恙yàng.

소작[小作] 图한하【租田】zūtián【租耕】zūgēng【佃耕】diàngēng【租佃】zūdiàn ¶~으로 어렵게 살아가다 | 以佃佃艰难jiānnán地过日子. ¶~농 | 佃农/佃户. ¶~제도 | 租田制度.

소작료[小作料] 图【佃租】diànzū【地租】dìzū【租粮】zūliáng

소작인[小作人] 图【佃农】diànnóng【佃户】diànhù【佃客】diànkè ¶~이 지주에게 기한에 맞춰 세를 가져오다 | 佃户向地主定期来交租.

소작지[小作地] 图 ❶【租给人家的地】zūgěi rénjiā·de dì ❷【租种的地】zūzhōng·de dǐ

소장[所長] 图【所长】suǒzhǎng ¶그는 연구소 ~이 되었다 | 他当了研究所所长了。¶보건소 ~ | 保健所bǎojiànsuǒ所长。

소장[所藏] 图하타【所藏】suǒcáng ¶많은 골동품을 ~하다 | 所藏许多古董gǔdǒng。¶그가 ~하고 있는 그림 | 他所藏的画。

소장[少壯] 图하엉【少壮】shàozhuàng ¶~ 실업가 | 年轻的实业家。¶~ 의원 | 年轻的议员。¶~파 | 少壮派。

소재[所在] 图❶ (사람의)【住处】zhù·chù【地址】dìzhǐ ¶그의 ~가 분명하지 않다 | 他的住处不明。¶그의 ~를 아는 사람이 한 사람도 없다 | 没有一个人晓得他的地址。❷ (물건의)【所在】suǒzài ¶책임 | 责任所在。

소재[素材] 图❶ (원료)【毛坯】máopī【原材料】yuáncáiliào【坯料】pīliào【部件】bùjiàn ❷ (소설 등의 제재)【素材】sùcái【题材】tícái ¶이것은 소설의 좋은 ~이다 | 这是写小说的好题材。

소재지[所在地] 图【所在地】suǒzàidì【住所】zhùsuǒ【所在地点】suǒzài dìdiǎn ¶도청 ~ | 道厅dàotīng所在地。¶그의 ~를 알아보다 | 打听他的住所。참고〔地址〕〔住址〕

소정[所定] 图【所定】suǒdìng【规定】guīdìng ¶~의 절차를 밟다 | 办规定的手续shǒuxù。¶~의 격식 | 规定的格式。¶~ 수수료 | 规定的手续费。

소제[掃除] 图하타【打扫】dǎsǎo【清扫】qīngsǎo ¶방을 깨끗이 ~했다 | 把屋子打扫干净。¶교실을 말끔히 ~하다 | 清扫教室jiàoshì。

소주[燒酒] 图【烧酒】shāojiǔ 참고〔白酒〕〔烧刀子〕〔烧刀〕〔白干儿〕

소중하다[所重一] 图【宝贵】bǎoguì【贵重】guìzhòng【珍贵】zhēnguì ¶소중한 유산 | 宝贵遗产yíchǎn。¶소중한 참고 자료 | 珍贵的参考资料。

소지[所持] 图하타【所持】suǒchí【携带】xiédài【持有】chíyǒu ¶불법 ~ | 非法所持。¶면허증을 ~하다 | 持有许可证。

소지[素地] 图【素地】sùdì【余地】yúdì

소침

【余步】yúbù【根底】gēndǐ ¶선택의 ~가 없다 | 没有选择的余地。¶충분히 고려할 만한 ~가 있다 | 有充分考虑的余地。¶분쟁의 ~ | 纠纷的余地。참고〔原因〕〔元因〕〔起因〕

소지품[所持品] 图【随身携带品】suíshēn yǒngpǐn【携带品】xiédàipǐn ¶~(을) 검사(하다) | 检查携带品。

소질[素質] 图【素质】sùzhì【天质】tiānzhì【天资】tiānzī【专长】zhuāncháng【擅长】shàncháng【特长】tècháng【素养】sùyǎng ¶음악가로서의 ~ | 作为音乐家的素质。¶~은 있으나 노력이 모자란다 | 虽有素质, 但努力nǔlì不够。¶학문으로 ~를 계발하다 | 启发学问特长。¶미술에 ~이 있다 | 有美术天赋。

소집[召集] 图하타❶ (불러 모음)【召集】zhàojí【集合】jíhé ¶주주 총회 공고 | 股主总会gǔzhǔzǒnghuì召集公告。¶~ 영장 | 召集命令文。¶비상 ~ | 非常召集。¶~ 해제 | 解除jiěchú召集。¶모두를 운동장에 ~하다 | 把大家召集在操场上。❷ (회의를 하기 위해 의원이나 회원을 모음)【召开】zhàokāi ¶회의를 ~하다 | 召开会议。¶대표 대회를 ~하다 | 召开代表大会。

소쩍새 图〈鸟〉【红角鸮】hóngjiǎoxiāo【夜猫子】yè·mao·zi【猫头鹰】māotóuyīng

소총[小銃] 图【步枪】bùqiāng【大枪】dàqiāng ¶~을 쏘다 | 放大枪。참고〔来福枪láifúqiāng〕【手枪】

소출[所出] 图【出产】chūchǎn【产量】chǎnliàng【收成】shōu·cheng ¶~이 많다 | 产量高。¶~을 높이다 | 提高产量。¶올해 ~은 어떠한가? | 今年的收成怎么样?

소치[所致] 图【缘故】yuángù【所致】suǒzhì ¶제 무지의 ~이올시다 | 这是我无知的缘故。¶이번 사고는 소홀한 ~로 말미암은 것이다 | 这次事故是由于疏忽shūhū所致。

소침[消沈] 图하자【消沉】xiāochén【低沉】dīchén【沮丧】jǔsàng【颓靡】tuímí【无精打采】wújīng dǎcǎi ¶기분이 ~하다 | 情绪消沉。¶의기가 ~하다 | 意气低沉。¶너 왜 그렇게 ~

하니? | 你为什么那样颓丧? ¶의기
한 표정으로 바라보다 | 无精打采地
望着.

소켓[socket] 명〈電〉【插口】chā·kǒu
【插座】chāzuò ¶~을 달다 | 安上插
座. (참고)【插头】

소쿠리 명【笸箩】pǒ·luo【笸筐】luókuā
ng ¶반짇~ | 针线zhēnxiàn笸箩.
(참고)【筐kuāng子】【茶zhào篓】

소탈[疏脫] 명【潇洒】xiāosǎ【萧
洒】xiāosǎ【洒脱】sǎ·tuō【爽快】shuǎ
ng·kuai ¶성품이 ~하다 | 素sù性潇
洒. ¶그는 본래 아주 ~하다 | 他一
向很洒脱. ¶~한　성격 | 爽快的性
格.

소탕[掃蕩] 명하타【扫荡】sǎodàng ¶
~전 | 扫荡战. ¶공비를 | 扫荡共匪
gòngfěi. ¶폭력배를 ~하다 | 扫荡
暴力团伙bàolì tuánhuǒ.

소태 명【苦木】kǔmù【黄楝树】huángli
ànshù【黄连】huánglián ¶그는 ~라
도 씹은 것처럼 얼굴을 찡그렸다 | 他
像吃了黄连似地皱zhòu着眉头. (참고)
【黄芩huángqín那】

소통[疏通] 명하자【疏通】shūtōng【沟
通】gōutōng ¶교통이 ~이 원활하다 |
交通疏通得顺利shùnlì. ¶의사　~이
잘 되다 | 意思沟通得顺利.

소트[sort] 명【電算】【排序】páixù

소파[sofa] 명【沙发】shāfā【长沙发】
chángshāfā【婆发】suōfā ¶~에 누
워서 TV를 본다 | 躺tǎng在沙发上看
电视. (참고)【安乐椅ānlèyǐ】

소포[小包] 명【包裹】bāoguǒ【邮包】y-
óubāo ¶~를 부치다 | 寄jì包裹. ¶
~ 보험 | 包裹保险. ¶~ 수취증 |
包裹收据. ¶~용 포장지 | 牛皮纸.

소폭[小幅] 명【小幅】xiǎofú【小幅度】
xiǎofúdù ¶~　등락 | 小幅度涨落.
¶~ 파동 | 小幅度波动. ¶~ 후퇴
| 小幅度衰退. (참고)【小范围】

소품[小品] 명【小品】xiǎopǐn ¶그는 ~
를 연구한다 | 他研究小品. ¶방
송 ~ | 广播guǎngbō小品.

소풍[逍風] 명하자【交游】jiāoyóu ¶
교외로 ~가다 | 去郊外交游.

소프라노[이 soprano] 명〈音〉【女高
音】nǚgāoyīn【女高音歌唱家】nǚgāoy-
īn gēchàngjiā

소프트웨어[software] 명【電算】【软
件】ruǎnjiàn【软体】ruǎntǐ ¶한자 ~를
개발하다 | 开发汉字软件. ¶~ 공학
| 软件工程. ¶~ 산업 | 软件产业.
(참고)【软设备】【计算程序】【程序系统】
【程序设备】【硬件】【硬体】

소프트웨어　패키지[software pack-
age] 명【電算】【软件包】ruǎnjiànbāo

소피아[Sofia] 명〈地〉【索非亚】Suǒfē-
iyà "保加利亚"(불가리아; Bulgaria)
의 수도

소학교[小學校] 명【小学】xiǎoxué ¶
~ 때의 친구 | 小学朋友.

소행[所行] 명【所作所为】suǒ zuò suǒ
wéi【所行所为】suǒxíngsuǒwéi【所
为】suǒwéi ¶공범의 ~으로 단정하다
| 判定为同犯的所为. ¶동일범의 ~
으로 추정하다 | 推断tuīduàn为同一
犯所为.

소형[小型] 명【小形】xiǎoxíng【小型】
xiǎoxíng【微型】wēixíng ¶~ 자동차
| 小型汽车qìchē/小客车. ¶~ 계산
기 | 小型计算机/小电子计
算机/袖珍计算器. ¶~ 포장물 | 小
包件.

소형　애플리케이션[小型application;
small application] 명【電算】【小应用
程序】xiǎoyìngyòngchéngxù

소호[SOHO; small office home office]
명【在家办公】zàijiābàngōng

소홀[疏忽] 명하형【疏忽】shū·hu【忽
略】hūlüè【不注意】búzhùyì【马虎】mǎ-
·hu【马马虎虎】mǎ·ma hūhū【模
糊】móhu ¶경비가 ~하다 | 警备jǐ-
ngbèi疏忽. ¶그 점을 ~하게 생각했
다 | 忽略了这一点. ¶이 일은 결코
~할 수 없다 | 这事绝不可马虎.

소홀히[疏忽-] 부【疏忽】shū·hu【忽
略】hūlüè【失慎】shīshèn【马虎】mǎ-
hu ¶사소한 일이라도 ~ 하지 않는다
| 事情虽小也不疏忽. ¶그는 무슨 일이든
조금도 ~ 하지 않는다 | 他对什么事
一点都不失慎. ¶일을　처리함에 ~
할 수 없다 | 干事gànshì不能太马虎.
¶일을 ~처리하다 | 马虎了liǎo事.

소화[消火] 명하자【灭火】miè/huǒ
【熄火】xīhuǒ【消火】xiāohuǒ ¶~ 펌
프 | 消火唧筒jītǒng. ¶~ 설비 | 消
火设备shèbèi. ¶~기 | 灭火器/消

火器。¶~전 │ 消防栓/灭火栓。

소화²〖消化〗 **명**하타 **①** (음식의) 【消化】xiāohuà ¶~에 좋은 음식 │ 易消化的食品shípǐn。¶~불량 │ 消化不良bùliáng。¶~되지 않다 │ 没有消化。¶노인은 이런 음식물을 ~해 내지 못한다 │ 老人消化不了这种zhèzhǒng食物。 **②** (지식·기술의) 【消化】xiāohuà 【处理】chǔlǐ【解决】jiějué ¶너무 어려워서 ~할 수가 없다 │ 因太难不能消化。¶한 번에 너무 많이 강의하면 학생들이 ~하지 못한다 │ 一次讲jiǎng得太多，学生消化不了。 **③** (소비) 【销】xiāo ¶이 작은 시장에서 그 많은 전기 기구를 ~할 수 있을까? │ 这么小的市场能销出那么多的电气吗?

소환〖召還〗 **명**하타 【召回】zhàohuí【调回】diàohuí【召唤】zhàohuàn ¶대사를 본국으로 ~하다 │ 把大使召回本国。¶모스크바 주재 대사를 ~하다 │ 召回驻zhù莫斯科mòsīkē大使。¶~장 │ 召回国书。

속¹ **명** **①** (안) 【内】nèi【中】zhōng【里】lǐ【里面】lǐ·mian ¶말 ~에 뼈가 있다 │ 话里有话。¶상자 ~에 무슨 물건이 있지? │ 箱子里面有什么东西? **②** (마음·이면) 【心】xīn【心底】xīndǐ【心胸】xīnxiōng【内心】nèixīn ¶~이 좁다 │ 心胸挟窄。¶~으로 딴 생각이 있는 것 같다 │ 心里另有想法。 **③** (내용물) 【馅】xiàn ¶만두 ~ │ 饺子馅。 **④** (배 속) 【肚子】dù·zi ¶~이 좋지 않다 │ 肚子不好受。¶~이 아프다 │ 肚子痛。 **⑤** (중심·핵) 【芯儿】xīnr【心】xīn ¶배추의 ~ │ 白菜心。¶연필 ~ │ 铅笔芯。

속²〖續─〗 **뒤** 【续】xù【添】tiān ¶~근대 문명론 │ 续近代文明论。

속개〖續開〗 **명**하타 【继续(开会)】jìxù (kāihuì) ¶회의가 ~되었다 │ 会议继续进行。

속결〖速決〗 **명**하타 【速决】sùjué ¶속전 ~ │ 速战sùzhàn速决。

속공〖速攻〗 **명**하타 【速攻】sùgōng【快攻】kuàigōng ¶(농구의) ~ │ 夌(Quick attack shoot) │ 快攻投篮。

속기〖速記〗 **명**하타 【速记】sùjì【快速记录】kuàisù jìlù ¶나는 ~를 할 수 있다

│ 我会速记。¶그는 대회의 발언내용을 전부 ~해 두었다 │ 他把大会发言记录了下来。¶본회의의 ~록 │ 本会议的~录。

속내 **명** **①** (속마음) 【内心】nèixīn【心里】xīn·li【心事】xīn·shi ¶너의 ~를 알 수가 없구나 │ 不说话就无法知道你心想什么。¶그의 ~를 알 수 없다 │ 摸不清楚他的心思。 **②** (내막) 【底细】dǐ·xi【底里】dǐlǐ【底理】dǐlǐ【底里深情】dǐlǐshēnqíng【内幕】nèimù ¶그들은 이 일의 ~를 잘 모른다 │ 他们不了解这件事的底细。¶그의 갑작스런 사직은 분명히 어떤 ~가 있다 │ 他突然辞职cízhí一定是有什么内幕。

속눈썹 **명** 〈生理〉【睫毛】jiémáo【眼睫毛】yǎnjiémáo 参考 〔睫毛膏gāo〕

속다 **동** (남의 거짓이나 꾀에 넘어가다) 【被骗】bèipiàn【受骗】shòu/piàn【上当】shàng/dàng【上档】shàngdàng ¶선전에 ~ │ 被宣传所骗。¶너희들은 모두 속았다 │ 你们都受骗了。¶남에게 ~ │ 上别人的当。 **②** (거짓을 참으로 알다) 【弄错】nòngcuò ¶늑대를 여우인 줄로 속았다 │ 错把狼当成了狐狸。

속단〖速斷〗 **명**하타 【轻率断定】qīngshuài duàndìng【轻率判断】qīngshuài pànduàn【从速决定】cóngsù juédìng ¶이 병은 고칠수 없다고 ~하지 마십시오 │ 不要轻率断定这个病不能治。¶아직 승부를 ~할 수 없다 │ 不能轻率判断胜负。¶~은 금물 │ 禁止轻率决定。参考 〔轻易下结论〕〔贸然下结论〕

속달〖速達〗 **명**하자타 **①** (속히 배달함) 【快递】kuàidì ¶~우편 │ 快递信件/邮件。¶~업무 │ 快递业务yèwù。¶~요금 │ 快递费。 **②** (속달한 편물) 【快件】kuàijiàn 参考 〔慢件〕

속담〖俗談〗 **명** 【俚谚】lǐyàn【俚言】lǐyán【野谚】yěyàn【谚语】yànyǔ【俗话】súhuà ¶~속에도 이치가 많이 담겨 있다 │ 俚谚中很有一些哲理zhélǐ。¶그는 ~을 많이 안다 │ 他懂许多谚语。

속도〖速度〗 **명** 【速度】sùdù【速力】sùlì【速率】sùlǜ ¶~계 │ 速度表/速度计。¶~를 더 빨리하다 │ 加快速

度。¶경제 발전의 ～｜经济发展的速度。¶우리의 건설 사업은 더욱 빠른 ～로 전진 발전할 수 있다｜我们的建设事业会以更高的速度向前发展。

속독[速讀] 몡 하타 【速读】sùdú 【快读】kuàidú

속되다[俗－] 혱 【俗气】sú·qi 【庸俗】yōngsú 【低级】dījí ¶속된 표현｜庸俗的表现biǎoxiàn。¶용렬하고 ～｜庸庸俗俗的。¶그는 속된 취미를 갖고 있다｜他有低级趣味。

속뜻 몡 ❶ (본심) 【内心】nèixīn 【心思】xīn·si ¶나는 그의 ～을 알 수 없다｜我猜cāi不透tòu他的心思。❷ (참뜻) 【含意】hányì 【含义】hányì ¶이 글의 ～이 무엇인지 모르겠다｜不知道这篇文章的含意是什么。

속력[速力] 몡 【速度】sùdù ¶～을 내다｜加快速度。¶～을 더 빨리 하다｜加快速度。

속마음 몡 【内心】nèixīn 【心扉】xīnfēi ¶이 말이 그의 ～을 움직이게 했다｜此话叩动kòudòng了他的心扉。참고〔畅叙胸怀chàngxùxiōnghuái〕〔推心置腹tuīxīnzhìfù〕

속물[俗物] 몡 【庸俗的人】yōngsú·derén 【凡夫俗子】fánfū sú·zi ¶그는 ～근성이 있다｜他这个人俗不可耐。

속박[束縛] 몡 하타 【束缚】shùfù ¶손발을 ～하다｜束缚手脚。¶젊은이들의 생각을 ～하다｜束缚年轻人的思想。

속보[速報] 몡 하타 【快报】kuàibào 【初报】chūbào ¶～판｜快报板。

속보이다 통 ❶ (倾心) 【交心】jiāo/xīn ¶속을 다 보여주다｜倾心吐胆tǔdǎn。❷ 【坦率地谈心】tǎnshuài·de tánxīn 【开诚布公】kāi chéng bù gōng 【露底儿】lùdǐr ¶그런 속 보이는 소리 하지 말게｜不要说那种露底儿的话。

속사정 몡 【心事】xīnshì ¶～을 말하다｜谈心事。¶내 ～을 누가 알리｜谁能知道我的心事。

속삭이다 통 【嘁嘁而语】yú yǔ ér yǔ 【窃窃私语】qiè qiè sī yǔ 【耳语】ěryǔ 【咬耳朵】yǎo ěr·duo ¶그는 종종 아내에게 귀엣말을 몇마디 속삭인다｜他不时地跟太太耳语几句。참고〔谈情说爱〕〔情不声儿地说〕〔悄悄谈谈〕

속삭임 【悄悄话】qiāoqiāohuà ¶그의 다정한 ～이 지금도 귀에 들리는 듯하다｜他那多情的悄悄话仿佛还在耳边。¶희망의 ～｜希望的悄悄话。참고〔嘁嘁而语〕〔耳语〕交头接耳〕

속상하다 통 【伤脑筋】shāng nǎojīn 【伤心】shāng/xīn 【伤怀】shānghuái 【伤情】shāngqíng 【伤神】shāngshén ¶너는 이 일 때문에 속상할 필요없다｜你不必为这件事伤脑筋。¶정말 사람 속상하게 한다｜真叫人伤心。

속설[俗說] 몡 【俗说】súshuō 【俗话】súhuà

속성[速成] 몡 하자타 【速成】sùchéng ¶기능인의 ～ 배출｜技能人jìnéngrén的快速涌现。¶～으로 글자를 익히는 방법｜速成识字法。

속성[屬性] 몡 【属性】shǔxìng ¶운동은 물질의 ～ 이다｜运动是物质的属性。¶이 두 사물의 ～은 같지 않다｜这两种事物的属性不同。

속세[俗世] 몡 【俗世】súshì 【尘世】chénshì 【俗尘】súchén 【尘凡】chénfán 【尘寰】chénhuán 【尘垢】chéngòu ¶～를 멀리 떠나 머리를 깎고 중이 되었다｜远离尘世, 削xiāo发fà为僧sēng。

속셈 하자타 ❶ (마음속으로 하는 궁리) 【心里打算】xīn·li dǎsuàn 【用意】yòngyì ¶그들은 ～이 있어 나를 초대한 것이다｜他们招待我是有用意的。¶～이 빤하다｜看透了他的用意。❷ (암산) 【心算】xīnsuàn 【眼算】yǎnsuàn 【心里打算】xīn·li dǎsuàn ¶～은 연필로 계산하는 것 보다 빠르다｜心算比笔算快。¶～으로 대답하다｜用心算回答。

속속[續續] 면 【陆续】lùxù 【陆陆续续】lùlùxùxù ¶내빈들이 ～ 도착했다｜来宾陆续到达。¶관람객이 ～ 밀려오다｜游客陆续涌yǒng来。

속속들이 면 【全部】quánbù 【彻底】chèdǐ 【澈底】chèdǐ 【一一】yīyī ¶사건의 내막을 ～ 파헤치다｜彻底挖wā清事件的内幕。¶～ 추궁하다｜彻底根究。¶오류를 ～ 바로 잡다｜彻底改正错误。참고〔全体ǐ〕部分〕

속수무책[束手無策] 【束手无策】shù shǒu wú cè 【束手无措】shùshǒuwúcuò 【一筹莫展】yì chóu mò zhǎn ¶그

의 병은 의사도 ~이다 | 他的病大夫d-ài·fu也束手无策。¶그들은 이러한 곤란에 직면해서 ~이다 | 他们面临这种困难，束手无策。¶여행 도중에 돈을 몽땅 잃어버려서 ~인 지경으로 되었다 | 在旅途中把钱弄丢了，弄得束手无策。

속썩다 툉 【苦恼】kǔnǎo 【苦闷】kǔmèn 【烦恼】fánnǎo 【烦虑】fánlǜ 【操心】cāoxīn ¶약간 좌절 당해다하여 속썩을 필요는 없다 | 受到一点挫折用不着苦恼。¶무슨 속썩는 일이 있는 것 같다 | 似乎有什么烦恼。¶속썩이는 자식이 하나 있어 마음 편할 날이 없다 | 因有一个让人操心的孩子，没有一天能安心。

속옷 몡 【内衣】nèiyī 【贴身衣】tiēshēnyī 【衬衣】chènyī 【汗衫】hànshān 【里衣】lǐyī 【贴身体】tiēshēntǐ ¶나는 면으로 된 ~을 고르겠다 | 我要选纯棉mián内衣。

속이다 툉 【骗】piàn 【瞒】mán 【欺骗】qīpiàn 【欺瞒】qīmán 【欺骗】qīméng 【诓骗】kuāngpiàn 【诳骗】kuángpiàn 【蒙骗】méngpiàn 【诱骗】yòupiàn 【撞骗】zhuàngpiàn 【隐瞒】yǐnmán ¶나를 속이지 마 | 你别瞒我。¶자기도 속이고 다른 사람도 ~ | 欺骗自己，也欺骗了别人。¶나이를 ~ | 隐瞒岁数。

속임수 [-數] 몡 【骗术】piànshù 【骗局】piànjú ¶~를 쓰다 | 施行shīxíng骗术/设下shèxià骗局。¶마지막 판에 ~를 쓰다 | 最后一局使用骗术。

속절없다 톕 【无法】wúfǎ 【无可奈何】wúkěnàihé 【无计奈何】wújìnàihé 【无可如何】wúkěrúhé ¶이는 정말 속절없는 일이다 | 这可是无可奈何的事。¶속절없이 애만 태우다 | 只是无奈地操心cāoxīn。

속절없이 팀 【无法】wúfǎ 【无可奈何】wúkěnàihé 【不由得】bùyóudé ¶밤은 실로 ~ 깊어만 가고 있다 | 夜，就这样晚无可奈何地深了。¶눈물이 ~ 흘러 내리다 | 眼泪不由得流下来。

속죄 [贖罪] 몡하타 【赎罪】shú/zuì ¶그는 일종의 ~하는 마음으로 앞으로의 날들을 맞아 들였다 | 他用一种赎罪的心情，迎接着未来的时日。¶공

을 세워 ~하다 | 立功赎罪。

속짐작 몡하자타 【估摸】gū·mo 【约摸】yuēmō 【约莫】yuēmò 【揣测】chuǎicè 【揣度】chuǎidù 【揣摩】chuāimó 【揣想】chuǎixiǎng 【估计】gūjì ¶내가 ~하건대 그는 월말이면 돌아올 수 있을 것이다 | 我估摸着他月底就能回来。¶내 ~으로 그는 이미 북경을 떠났다 | 据我揣测，他已经离开北京了。

속출 [續出] 몡하자 【层出不穷】céngchū bù qióng ¶신인이 ~하고 새로운 일도 쉴새없이 나타나다 | 新人xīnrén新事xīnshì层出不穷。

속치마 [-] 몡 【衬裙】chènqún

속타다 툉 【焦心】jiāoxīn 【焦急】jiāojí 【焦热】jiāorè 【操心】cāoxīn ¶이 일을 생각하면, 그는 속이 탄다 | 一想到这事，他就焦心。¶속이 타다 | 心里焦急。¶남은 속타는 줄도 모르고 | 不知别人在操心。

속태우다 툉 【伤脑筋】shāng nǎojīn 【忧虑不安】yōulǜ bù'ān 【忧虑烦恼】yōulǜ fánnǎo ¶너는 왜 그렇게 이 일로 속을 태우느냐? | 你为何为这件事这么伤脑筋？

속하다¹ [屬-] 툉 【属于】shǔyú 【所属】suǒshǔ ¶박쥐는 포유류에 속한다 | 蝙蝠属于哺乳类bǔrǔlèi。

속하다² [速-] 톕 【速】sù 【快】kuài ¶속한 시일 내에 이 일을 끝내세요 | 尽快完成这项任务。

솎다 툉 【间】jiān 【间苗】jiānmiáo ¶고추 모종을 ~ | 间辣椒làjiāo秧苗。¶솎아 온 배추로 국을 끓이다 | 拿间下来的白菜苗煮zhǔ汤tāng。

손¹ 몡 ❶ (신체의 일부) 【手】shǒu ¶물건을 ~에 쥐다 | 手里拿东西。¶~에 땀을 쥐게 하는 아슬아슬한 접전 | 激烈的交战使人手里攥niē了一把汗。❷ (영향력·권한의 범위) 【手里】shǒulǐ 【手】shǒu ¶죽고 사는 것은 의사의 ~에 달렸다 | 生死在大夫dàifu的手里。¶우리의 ~으로 해내고 말겠다 | 一定用我们的手完成。¶골동품이 그의 ~에 들어가다 | 古董进入他的手里。❸ (일손) 【人手】rénshǒu ¶많은 ~이 필요한 토목 공사 | 需要许多人手的土木工程。¶~이 　크게

모자라다 | 大缺人手。❹〈수완·꾀〉【手】shǒu ¶그의 ~에 놀아나다 | 任他摆布bǎibù。❺〈씀씀이〉【手】shǒu ¶~이 크다 | 出手很大。❻〈손버릇〉【手】shǒu ¶~이 거칠다 | 手脚不干净。❼〈조처〉【下手】xiàshǒu ¶전염병이 더 번지기 전에 ~을 써야지 | 要在传染病chuánrǎnbìng蔓延mànyán之前下手。(참고)〔下手〕〔把动手〕

손³【孫】(손자)【孙子】sūn·zi ¶~을 보다 | 得dé了孙子。〈자손〉【后孙】hòusūn【子孙】zǐsūn ¶~이 귀한 집안 | 稀少后孙的人家。

손³ (날씨에 따라 동서남북을 돌아다니며 방해하는 귀신)【太岁】tàisuì ¶음력 15일에는 ~없으니 그날 이사를 하자 | 农历十五日没有太岁, 那天搬家吧。

손⁴ 명 (손님의 낮은말)【客人】kèrén【客】kè【顾客】gùkè ¶~이 오셨다 | 来了客人。¶오늘은 ~이 많다 | 今天有很多顾客。

손⁵ (사람의 좀 낮은 말)【小子】xiǎo·zi【后生】hòushēng ¶젊은 ~이 왜 이리 정신이 없을까 | 年轻的小子为什么这么没有精神。

손⁶[損] 명【损害】sǔnhài【损】sǔn【亏】kuī ¶장사에서 ~을 보았다 | 做生意亏了。

손가락 〈생리〉【手指】shǒuzhǐ【指头】zhǐ·tóu【手指头】shǒuzhǐtóu ¶~을 펴다 | 伸出手指。

손가락질 명하타 ❶ (가리키다)【指点】zhǐdiǎn【指划】zhǐhuà【敲点】qiāodiǎn【指手划脚】zhǐshǒu huàjiǎo【舞爪】wǔwǔzhǎozhǎo ¶모두들 그가 ~하는 방향으로 바라본다 | 大家朝他指点的方向看。¶불만이 있으면 앞에 나와서 말해야지, 뒤에서 ~ 하지 마라 | 有意见当面提, 别在背后指指点点。❷ (흉보다)【说坏话】shuō huàihuà【责难】zénàn ¶뒤에서 ~ 한다 | 背后说坏话。¶남의 ~을 당하다 | 遭到别人的责难。

손가방 ❶【小提包】xiǎotíbāo ❷【手提包】shǒutíbāo【手袋】shǒudài【手提儿】shǒutír【提包】tíbāo

손거울【小镜子】xiǎojìng·zi ¶~에

비춰보다 | 照小镜子。

손결 명【手上的皮肤】shǒushàng·de pífū ¶비단같이 고운 ~ | 手很柔嫩。

손금 명〈생리〉【手相】shǒuxiàng【掌纹】zhǎngwén【手纹】shǒuwén ¶~을 보다 | 看手相。

손길 명 ❶ (내밀어 뻗는 손)【伸出的手】shēnchū·de shǒu ❷ (보살펴 매만지는 손)【援助或支援的手】bāngzhù huò zhīyuán·de shǒu ¶청년의 체력 발전에 ~을 돌리다 | 关怀青年的成长。¶따뜻한 ~ | 温暖的关怀。¶침략의 ~ | 侵略的魔爪。 **손**【魔爪】mózhuǎ

손꼽다 동 ❶ (손가락을 꼽아 수를 세다)【扳着指头算】bān·zhe zhǐ·tou suàn【屈指】qūzhǐ【屈指而算】qū zhǐ ér suàn【屈指算计】qū zhǐ suàn jì【屈指算来】qū zhǐ suàn lái【屈指头算】qū zhǐ tóu suàn【屈指一算】qū zhǐ yī suàn ¶손꼽아 기다리다 | 屈指以待/屈指盼望。¶손꼽아 기다리던 날이 마침내 왔다 | 屈指盼望的日子终于到了。¶손꼽아 보니 벌써 8년이 되었다 | 屈指一数已经八年啦。❷ (두드러지게 뛰어나다)【屈指可数】qū zhǐ kě shǔ【扳着指头数】bān·zhe zhǐ·tou shǔ【数一数二】shǔ yī shǔ èr ¶설날의 오기를 손꼽아 기다리다 | 扳着指头, 盼着春节的到来。¶그는 한국에서 손꼽히는 중문 컴퓨터 전문가이다 | 他是韩国数一数二的中文电脑专家。

손떼다 동【断绝关系】duànjué guān·xi【断绝来往】duànjué láiwǎng【撒手】chèshǒu【停手】tíngshǒu【洗手】xǐshǒu【断手】duànshǒu【绝交】juéjiāo【断交】duànjiāo【一刀两断】yìdāoliǎngduàn 【一刀两段】yìdāoliǎngduàn【脱身】tuōshēn ¶도박에서 손을 끊은 지 오래다 | 早就与赌博断绝关系了/从赌博dǔbó撒手不久了。¶투기사업에서 손을 끊다 | 早就从投机tóujī买卖撒手不干了。¶정세가 불리해지니까 슬그머니 손을 끊다 | 看局势不妙, 偷偷地脱身。

손끝 명 ❶ (손가락 끝)【手指尖】shǒuzhǐjiān ❷ (일솜씨)【手】shǒu ¶~이 맵다 | 手重。❷ ~이 여물다 | 手巧。

손녀[孫女] 명【孙女】sūnnǚ

손놀림 뗑【手的动作】shǒu·de dòngzuò

손님 뗑【客人】kè·rén【宾客】bīnkè【顾客】gùkè【旅客】lǚkè ¶~을 대접하다 | 接待客人。¶~을 맞이하다 | 迎接yíngjiē客人。

손대다 동 ❶ (건드리다)【触手】chùshǒu【动手】dòngshǒu【触动】chùdòng ¶작품에 손대지 마시오 | 不要动作品。❷ (착수하다)【着手】zhuó/shǒu【起手】qǐshǒu【从事】cóngshì 【동】어디서부터 손댈까? | 从何着手? ¶먼저 손(을) 대는 자가 유리하다 | 先下手为wéi强。¶직장을 떠나 축산업에 손을 대다 | 离开单位, 从事产业。❸ (때리다)【动手打人】dòngshǒu dǎrén【打】dǎ ¶여자에게 손대는 무뢰한 | 动手打женщ女人的无赖汉wúlàihàn。❹ (착복하다)【下手】xià/shǒu【动】dòng【侵吞】qīntūn ¶공금에 손을 댄 혐의로 조사를 받다 | 以侵吞公款gōngkuǎn的嫌疑xiányí被调查diàochá。¶공금에 손(을) 대다 | 侵吞公款gōngkuǎn。❺ (처리하다)【插/shā手/shǒu ¶해보고 싶어도 손댈 수가 없다 | 想干gàn又插不上手。¶정부가 손을 댔으니 곧 해결되겠지요 | 既然政府插了手, 就会很快得到解决jiějué的。❻ (수정하다)【修改】xiūgǎi ¶남의 원고에 함부로 손 대는 것은 실례다 | 随意修改别人的原稿是失礼的。¶이 작업계획을 그는 세 번이나 손(을) 댔다 | 这份工作计划他修改了三次。

손대중 뗑타 【掂】diān【掂量】diānliang ¶이 배추의 무게가 얼마나 되는지 ~해 보시오 | 你掂一掂这棵白菜有多重。¶~만으로도 두근이 넘겠다 | 掂量也能超chāo过两斤。

손동작 【–动作】뗑하자 ❶【出手】chūshǒu ¶~이 빠르다 | 出手快。❷【手势】shǒushì

손들다 동 ❶ (손을 들다)【举手】jǔ/shǒu ¶아는 사람은 손을 드세요! | 知道的人请举手! ❷ (지다)【投降】tóuxiáng【降服】xiángfú ¶그들은 차라리 희생이 될지언정 백색白色에 손을 들지는 않는다 | 他们宁可牺牲, 也不会向敌人投降。❸ (찬성하다)【赞成】zànchéng ¶나는 그의 의견에 손을 들었다 | 我赞成了他的意见。

손등 뗑【手背】shǒubèi ¶~과 손바닥 | 手背和手心。

손때 뗑❶【手垢】shǒugòu【手迹】shǒujī ¶아버지의 ~가 묻은 족보 | 留有爸爸手迹的族谱zúpǔ。❷【顺手】shùn/shǒu ¶~ 묻은 만년필 | 顺了手的钢笔。[참고] 〔常用好使〕[用惯了]

손떼다 동 ❶ (중도에서 그만두다)【住手】zhù/shǒu【罢手】bàshǒu【停手】tíngshǒu【撒手】sā/shǒu ¶그는 일을 끝내지 않으면 손을 떼려 하지 않는다 | 他不做完不肯住手。¶정계에서 손을 떼고 학계로 돌아가다 | 从政界里撤手回到学界。¶다년간 지하 시장에서 장사를 해왔는데, 바로 손을 떼는 것은 매우 어렵다 | 干了多年的黑市hēishì买卖, 要他马上罢手是很难的。❷ (하던 일을 다 마치다)【完工】wán/gōng【了手】liǎo/shǒu【办完】bànwán ¶교량공사는 어제로서 손떼고, 오늘부터는 도로포장공사에 들어가다 | 桥梁qiáoliáng工程昨天完工, 今天开始进入铺路pūlù工程gōngchéng。

손목 뗑〈생리〉【手腕子】shǒuwàn·zi【手腕】shǒuwàn ¶그는 ~을 삐었다 | 他扭niǔ了手腕子。

손바닥 뗑【手掌】shǒuzhǎng【巴掌】bā·zhang【掌心】zhǎngxīn【手板儿】shǒubǎnr【手心】shǒuxīn【掌心】zhǎngxīn ¶~만 하다 | 有巴掌大。¶~으로 그의 빰을 한 대 때렸다 | 赏他一个漏风的巴掌。¶그는 선생님에게 ~을 맞았다 | 他被老师打了手心。

손바닥에 장을 지지겠다 관용【宁愿在手掌上炸酱】níngyuàn zàishǒuzhǎng·shàng zhájiàng

손발 뗑【手和脚】shǒu hé jiǎo【手脚】shǒujiǎo ¶~을 둘 곳이 없다 | 手脚都没处搁chuōge/ 不知所措。¶~이 민첩하다 | 手脚利落。

손버릇 뗑❶ (손에 익은 습관)【抓挠的习惯】zhuānáo·de xíguàn ❷ (도벽)【偷盗或打人的习惯】tōudào huò dǎrén·de xíguàn【手脚】shǒujiǎo ¶~이 나쁘다 | 手脚不干净。

손보다 동 ❶ (돌보다)【修理】xiūlǐ【修缮】xiūshàn【修补】xiūbǔ【整修】zhěngxiū【修改】xiūgǎi ¶고장난 데를 ~

| 修理故障gùzhàng。¶울타리를 ~
| 修补篱笆líba。¶가로로 ~ | 整修
街道。¶이 문장을 손 봐 주세요 | 请
你帮bāng我修改这篇文章。❷ (혼내
주다)【修理】xiūlǐ【整】zhěng【손
(좀) 보아야겠다 | 修理修理你。

손뼉 몡【鼓掌】gǔ/zhǎng【拍掌】pāizhǎng　【拍巴掌(儿)】pāibāzhǎng(r)
【击掌】jīzhǎng【拍手】pāi/shǒu ¶~
을 치며 좋아하다 | 鼓掌称快。¶~
을 치며 쾌재를 부르다 | 拍手称快chēngkuài。

손뼉도 마주쳐야 소리가 난다 관용【孤
掌难鸣】gū zhǎng nán míng【一个巴
掌拍不响】yí·ge bāzhǎng pāibùxiǎng
【一个巴掌拍不响,独木难撑大瓦
房】yí·ge bāzhǎng pāibùxiǎng, dúmù nánchēng dàwǎfáng

손상[損傷] 몡한다타 ❶ (상하게 하
다)【損傷】sǔnshāng【破損】pòsǔn
【損害】sǔnhài ¶조금도 ~이 없다 |
毫无损伤。¶건물이 ~되다 | 建筑物
受损损。¶막대한 ~을 입(히)다 |
造成严重的损害。❷ (더럽히다)【敗
坏】bàihuài【玷污】diànwū【耗蚀】hào
shí ¶명예를 ~시키다 | 败坏名誉。
¶딸아이가 집안 명예를 ~시켰다 |
女儿nǚér败坏了门风。

손색[遜色] 몡【遜色】xùnsè ¶결코 ~
이 없다 | 并不逊色。¶조금도 ~이
없다 | 毫不逊色。

손수 튀【亲自】qīnzì【亲手】qīnshǒu
【一手】yìshǒu【自己】zìjǐ ¶~ 운전하
다 | 亲自驾驶jiàshǐ。¶~ 방문하
다 | 亲自访问fǎngwèn。¶어머님이 ~
지은 밥 | 母亲亲手做的饭。

손수건[-手巾] 몡【手巾】shǒupà【手
巾】shǒujīn【手绢(儿)】shǒujuàn(r)

손수레 몡【手推车】shǒutuīchē【手车】
shǒuchē

손쉽다 톙【容易】róngyì【轻而易举】qīng ér yì jǔ【轻不容易】qīng bùróngyì
【轻容易】qīng róngyì【轻松】qīngsōng ¶아주 손쉬운 일 | 非常容易的
事。¶일이 이렇게 손쉽게 그리고
손쉽게 해결되었다 | 没想到这件事办
得这么轻松,顺利shùnlì。¶그는 이번
경기에서 아주 손쉽게 우승을 차지했
다 | 他轻而易举地夺取duóqǔ了本次

比赛bǐsài의 冠军guànjūn。

손실[損失] 몡하다타【損失】sǔnshī
【亏損】kuīsǔn【불을 아주 빨리 꺼서
가구 몇 개만 ~되었다 | 火很快就扑
灭了,只损失了一些家具。¶막대한
~을 입다 | 蒙受重大的损失。¶~을
만회하다 | 挽回损失。

손쓰다 톰【动手】dòngshǒu ¶재빨리
손을 써서 위기를 벗어나다 | 赶紧动
手摆脱危机wēijī。¶전염병이 이 번
지기 전에 빨리 손써야지 | 传染病chuánrǎnbìng传开以前, 应赶快动手。

손아귀 몡 ❶ (엄지손가락 외의 나머지
네 손가락의 사이)【手·虎口】(shǒu)
hǔkǒu (손의 힘)【手勁(儿)】shǒujìn(r)【握力】wòlì ¶~가 세다 | 手劲
很大。❸ (수중)【魔掌】mózhǎng
【手心】shǒuxīn ¶~을 벗어나다 | 逃
出魔掌。¶~에 들어가다 | 落入魔
掌。¶그의 ~를 벗어날 수 없다 | 逃
不出他的手心。

손아래 몡 ❶ (항렬이나 지위가 낮은 사
람)【晚輩】wǎnbèi【少輩】shǎobèi
【小輩】xiǎobèi【下輩】xiàbèi ¶나는
그의 ~이다 | 我是他的晚辈。❷ (수
하)【手下】shǒuxià ¶강한 장군에~
약한 병사는 없다 | 强将手下无弱兵ruòbīng。

손위 몡 ❶【前輩】qiánbèi ❷【長輩】zhǎngbèi 참고 〖兄长〗

손익[損益] 몡【損益】sǔnyì【盈亏】yíngkuī ¶~ 계산서 | 损益表。¶~을
고려하다 | 斟酌zhēnzhuó损益。¶~
이 서로 같다 | 损益相抵dī。

손익다 톰【熟练】shúliàn【熟劲】shújìn
【順手】shùnshǒu【拿手】náshǒu ¶손
익은 기술 | 熟练的技术。¶이 일은
그에게 손익은 일이다 | 做这种工作,
他最拿手。¶손에 익은 일이라 어렵
지 않게 해내다 | 因为是拿手的活儿,
没怎么费劲就干完了。

손자[孫子] 몡【孙子】sūn·zi ¶~를 보
다 | 有了孙子。

손잡다 톰 ❶ (손을 붙잡다)【握手】wò/shǒu ¶그는 내 손을 꼭 잡았다 | 他
握紧了我的手。❷ (화해하다·동맹하
다)【携手】xiéshǒu【通力合作】tōng lì
hé zuò【齐心合力】qí xīn hé lì【联手】liánshǒu ¶우리가 손잡고 한다면 못

556

해낼 일이 없다 | 我们携手合作, 就没有做不成的事情。 ¶친구와 손을 잡고 시작한 사업 | 与朋友联手开始的事业。

손잡이 圐 【把儿】bǎr 【柄】bǐng 【把手】bǎ·shou ¶자전거 ~ | 自行车的车把儿。 ¶칼의 ~ | 刀柄。

손장난 圐하자 ❶ (손으로 하는 장난) 【手乱摸乱动】shǒu luàn mō luàn dòng ¶~이 심해져서 성한 물건이 없다 | 用手乱摸乱动没有完整wánzhěng的东西。 ❷ ("노름"의 다른 말) 【要钱】yào·qián 【赌钱】dǔbó

손재주 [-才-] 圐 【手艺】shǒu·yì ¶~가 훌륭하다 | 手艺高明。

손전등 [-電燈] 圐 【手电筒】shǒudiàntǒng 【电棒】diànbàng 【手电灯】shǒudiàndēng 【手电棒】shǒudiànbàng 【电筒】diàntǒng 【手电】shǒudiàn ¶~을 켜다 | 开手电筒。

손질 圐하타 ❶ (수리·수선) 【动手修整】dòngshǒu xiūzhěng 【修理】xiūlǐ 【修缮】xiūshàn 【收拾】shōu·shi 【拾掇】shí·duo 【拾弄】shínòng ¶시계를 ~하다 | 修理钟表zhōngbiǎo。 ¶구두를 ~하다 | 收拾鞋。 ¶에어컨은 다 ~하였다 | 空调kōngtiáo拾掇好了。 ❷ (혼내주다) 【拾掇】shí·duo 【动手打人】dòngshǒu dǎrén ¶저놈을 ~하지 않으면 안되겠다 | 非拾掇他不可。

손짓 圐하타 【手势】shǒushì 【手式】shǒushì 【比划】bǐhuá 【招手】zhāoshǒu ¶나는 그더러 여기를 떠나라고 ~을 했다 | 我打了个手势叫他离开这儿。 ¶~을 해가며 설명하다 | 用手比划着解释。 ¶~하여 부르다 | 招手叫唤jiàohuàn。

손찌검 圐하타 【动手打人】dòngshǒu dǎrén ¶걸핏하면 ~이다 | 动不动就打人。

손크다 휑 【大方】dà·fang 【手巴子大】shǒubā·zi dà 【大手大脚】dà shǒu dà jiǎo ¶주부의 손이 커서 잔치 음식이 푸짐하다 | 因主妇大方宴会食品很丰盛。 ¶돈을 쓰는 데 손이 크다 | 花钱大方。

손톱 圐 【手指甲】shǒuzhǐ·jia 【指甲】zhǐ·jiǎ ¶~깎이 | 指甲刀/指甲钳

(子)。 ¶~을 깎다 | 剪jiǎn手指甲。 ¶~만큼도 | 指甲盖大点。

손톱 밑의 가시 관용 【骨鲠在喉】gǔ gěng zài hóu

손해 [損害] 圐 【损害】sǔnhài 【损失】sǔnshī 【亏损】kuīsǔn 【损坏】sǔnhuài 【坏处】huài·chu ¶남에게 ~를 끼쳐서는 안된다 | 不得损害他人。 ¶배워서 ~될 것 없다 | 学会了没有坏处。

솔¹ 圐 〈植〉【松树】sōngshù ¶사계절 늘 푸른 ~ | 四季常青的松树。

솔² 圐 【刷子】shuā·zi ¶구두약을 칠하고 ~로 닦는다 | 擦cā上鞋油xiéyóu用刷子刷。

솔³ [이 sol] 圐 〈音〉【索】suǒ 【五】wǔ 【长音阶的第五音】chángyīnjiē·dedìwǔyīn

솔가지 圐 【松枝】sōngzhī

솔개 圐 〈鸟〉【鸢】yuān 【老鹰】lǎoyīng 【白候鸢】báihòuyuān 【老鸢】lǎoyuān 【鹞鹰】yàoyīng

솔깃하다 휑 【感兴趣】gǎn xìngqù 【倾听】qīngtīng 【悦耳】yuè'ěr 【竖耳】shùěr ¶귀가 솔깃해진 듣다 | 竖耳倾听。 ¶솔깃한 말 | 悦耳的话。

솔다 휑 【狭窄】xiázhǎi 【窄】zhǎi ¶소매통이 너무 ~ | 袖子筒xiù·zitǒng太窄。 ¶버선볼이 솔아 발이 아프다 | 因布袜底儿bùwàdǐr窄脚疼。 ¶통이 ~ | 筒儿窄。

솔로 [이 solo] 圐 〈音〉【独奏】dúzòu 【独唱】dúchàng 【独奏曲】dúzòuqǔ 【独唱曲】dúchàngqǔ ¶피아노 ~ 연주회 | 钢琴gāngqín独奏。 ¶바이올린 ~ | 小提琴xiǎotíqín独奏。 ¶~ 독주회 | 独奏会。 [참고] 〔合奏〕〔合唱〕

솔로몬 [Solomon] 圐 〈地〉【所罗门】Suǒluómén [남태평양 뉴기니(New Guinea) 동쪽의 제도 1978년 독립. 수도는 "霍尼亚拉" (호니아라; Honiara)]

솔바람 圐 【吹拂松林的微风】chuīfú sōnglín·de wēifēng

솔방울 圐 【松球】sōngqiú 【松塔儿】sōngtǎr

솔밭 圐 【松林】sōnglín 【松涛园】sōngtāoyuán ¶~사이를 걷다 | 慢步在松涛园里

솔선 [率先] 圐하자 【率先】shuàixiān

【带头】dàitóu 【领头】lǐngtóu ¶～수범 | 率先垂范chuífàn。¶그는 ～해서 과외활동에 참가하였다 | 他率先参加了课外活动。

솔솔 🔠 ❶ (물이나 가루 등이 조금씩 새는 모양) 【簌簌地】sùsù·de 【簌簌】sùsù ¶자루가 찢어져 쌀이 ～ 새어나왔다 | 口袋kǒudài破了，米簌簌地漏lòu了出来。❷ (얽혔던 것을 순조롭게 풀리는 모양) 【顺利地】shùnlì·de ¶실이 ～ 잘 풀린다 | 线顺利地解开了。❸ (바람이 보드랍게 부는 모양) 【微微地】wēiwēi·de 【习习】xíxí 【瑟瑟】sèsè 【淅淅】xīxī 【淅沥】xīlì ¶시원한 바람이 ～ 불어온다 | 凉风liángfēng微微地吹来。¶봄바람이 ～ 분다 | 春风chūnfēng习习地吹着。¶가을바람이 ～ 불다 | 秋风瑟瑟。❹ (천천히) 【慢慢地】mànmàn·de ¶고기 냄새가 ～ 풍긴다 | 慢慢地散发着肉香。❺ (이야기를 쉽게 풀어나가는 모양) 【絮叨叨】xùxùdāodāo ¶그는 이야기를 ～ 끝없이 해 나갔다 | 他絮絮叨叨地把整个故事说出来。

솔잎 🅜 【松针】sōngzhēn 【松叶】sōngyè 【松毛】sōngmáo

솔직하다 [率直─] 🅗 【率直】shuàizhí 【坦率】tǎnshuài 【直爽】zhíshuǎng 【爽直】shuǎngzhí 【坦白】tǎnbái 【直率】zhíshuài 【老实】lǎo·shi ¶그는 아주 ～ | 他很率直。¶자신의 의견을 솔직하게 말했다 | 坦率地说出了自己的意见。¶그는 열정적이고 솔직한 청년이다 | 他是一个热情而直率的青年 | 他는 솔직하게 말하다 | 说老实话。

솔질 🅜하자타 【刷】shuā ¶구두를 ～하다 | 刷鞋xié。¶모자를 ～하다 | 刷帽子mào·zi。

솔즈버리 [Salisbury] 🅜〈地〉【索尔兹伯里】Suǒ'ěrcíbólǐ 【罗得西亚】Luódéxīyà (로디지아; Rhodesia) 수도의 옛 이름)

솜 🅜 【棉花】mián·hua 【棉絮】miánxù 【棉花胎】miánhuātāi 【棉花套(子)】miánhuātào(·zi) 【棉胎】miántāi ¶～뭉치 | 棉花团。¶～방망이 | 用棉花扎의 火把。¶～사탕 | 棉花糖。¶～옷 | 棉衣。

솜씨 🅜 ❶ (재주) 【本事】běnshi 【手艺】shǒu·yì 【才干】cáigàn 【身手】shē-

nshǒu 【本领】běnlǐng 【两手(儿)】liǎngshǒu(r) 【两下子】liǎngxià·zi 【二下子】èrxià·zi 【一手】yìshǒu 【一手儿】yìshǒur ¶～를 발휘하다 | 发挥本领。¶～가 현저히 나아졌다 | 身手明显有长进。¶～가 훌륭하다 | 手艺高明。¶～를 배우다 | 学手艺。¶요리하고 밥 짓는 ～를 배워서 익히다 | 学会炒菜chǎocài做饭的手艺。¶그는 ～가 뛰어나다 | 他很有才干。¶업무~가 뛰어나다 | 业务上有一手。❷ (수단·수완) 【手法】shǒufǎ 【手段】shǒuduàn 【技巧】jìqiǎo ¶～가 능숙하다 | 好手段。¶～가 비범하다 | 手段不凡。¶～를 부리다 | 运用yùnyòng技巧。

솜털 🅜 ❶ 【绒毛】qiànmáo 【绒毛】róngmáo 【茸毛】róngmáo 【寒毛】hánmáo 【汗毛】hànmáo 【胎毛】tāimáo 【妍毛】yánmáo ¶～ 하나도 뽑지 않다 | 一根寒毛也不拔bá。❷ (细毛】xìmáo

솟구치다 🅞 ❶ (연기·물줄기 등이 위로) 【涌上】yǒng·shàng 【冒出】màochū 【升腾】shēngténg ¶굴뚝에서 검은 연기가 ～ | 烟囱里冒出黑烟。¶불길이 ～ | 火焰yàn升腾。❷ (감정 등이 복받치다) 【产生】chǎnshēng 【充满】chōngmǎn ¶자랑스런 감정이 솟구치다 | 产生了自豪情绪xù。¶힘이 ～ | 充满力量。

솟다 🅞 ❶ (아래서 위로 오르다) 【涌出】yǒng·chū 【喷出】pēnchū ¶물이 ～ | 喷出水。¶샘물이 솟아나다 | 泉水喷出。❷ (속에서 겉으로 나오다) 【冒出】màochū 【冒】mào 【升起】shēngqǐ 【升出】shēngchū ¶땀이 ～ | 冒汗。¶해가 동쪽에서 ～ | 太阳tàiyáng从东方升起。❸ (높이 우뚝 서다) 【耸立】sǒnglì ¶큰 산 하나가 바로 눈앞에 높이 솟아 있다 | 一座高山耸立在眼前。¶절벽이 솟아 있다 | 绝壁juébì耸立。❹ (감정따위가 생겨나다) 【显出】xiǎnchū ¶～ | 显出活力。

솟아나다 🅞 【冒出】màochū 【渗出】shènchū 【增】zēng 【沁】qìn ¶모든 것이 저절로 땅에서 솟아날 수는 없다 | 所有的一切都不会自动地从地下冒出来。¶용기가 ～ | 增了勇气。

솟아오르다 图 ❶(위로 오르다)【升起】shēngqǐ【上升】shàngshēng【升腾】shēngténg ¶태양이 ~ㅣ太阳升起来. ¶저녁 연기가 몽개몽개 ~ㅣ炊烟chuīyān袅袅niǎoniǎo上升. ¶세찬 불길이 ~ㅣ烈焰lièyàn升腾. ❷(감정 등이 복받치다)【涌上】yǒng·shàng ¶가슴속에 솟아오르는 분노ㅣ涌上心头的愤怒fènnù. ❸(높이 우뚝 서다)【兀立】wùlì【矗立】chùlì【喷出】pēnchū ¶우뚝 솟아오른 산봉우리ㅣ兀立的山峰. ¶인민 영웅 기념비가 천안문 광장에 우뚝 솟아 있다ㅣ人民英雄纪念碑jìniànbēi矗立在天安门tiānmén广场上.

솟곳 图【锥子】zhuī·zi ¶~으로 한 차례 찌르다ㅣ用锥子扎zhā一下.

송구스럽다〔悚懼─〕 图【惶恐不安】huángkǒngbù'ān【惶悚不安】huángsǒngbù'ān【拘束】jūshù【歉疚】qiànjiù【负疚】fùjiù【内疚】nèijiù【难为情】nánwéiqíng【难以为情】nányǐwéiqíng【惭愧】cánkuì ¶이렇게 염려를 끼쳐, 정말 송구스럽습니다ㅣ让您这样费心fèixīn, 真叫人不好意思. ¶송구스러운 표정으로 그를 바라보았다ㅣ难为情地望着. ¶이 일은 실제로 처리하기 어려운데 그의 청을 들어주지 않으려니 좀 ~ㅣ这件事实在shízài难办nánbàn, 不答应dáyīng他吧, 又有点不好意思. ¶몹시 ~ㅣ惭愧万分wànfēn.

송금〔送金〕图 [하자타] 【汇款】huì/kuǎn【寄钱】jì qián【送钱】sòngqián【汇付】huìfù ¶~액ㅣ汇款额. ¶~은행ㅣ汇款行háng. ¶~인ㅣ汇款人. ¶해 온 돈을 받다ㅣ收到一笔汇款.

송년〔送年〕图【送年】sòngnián ¶~사ㅣ送年辞cí. ¶~호ㅣ送年号.

송달〔送達〕图 [하타]【传递】chuándì【送到】sòngdào【发送】fāsòng【送达】sòngdá【递送】dìsòng【投递】tóudì ¶우편물을 ~하다ㅣ传递信件. ¶상품을 ~하다ㅣ发送货物. ¶삼일 이내에 ~해야 한다ㅣ务必wùbì在三天内送达. ¶공문을 ~하다ㅣ递送公文.

송두리째 图【整个】zhěng·ge【全部】quánbù【连根】liángēn【全体】quántǐ

¶~소멸시켰다ㅣ连根消掉.

송별〔送別〕图 [하타]【送行】sòng/xíng【饯行】jiànxíng【饯别】jiànbié ¶역까지 ~하러 가다ㅣ送行到车站. ¶~사ㅣ送别辞/欢送辞. ¶~회ㅣ欢送会/送别会.

송사〔訟事〕图 [하자타]【官司】guān·si【诉讼】sùsòng【告状】gào/zhuàng ¶그는 몇 년 동안 억울한 ~를 당했다ㅣ他吃了几年冤枉yuān·wang官司. ¶변호사가 대신해서 ~를 하다ㅣ律师代表提出诉讼. ¶집안끼리 ~가 일어나다ㅣ家族内部提起诉讼. ¶~비용ㅣ诉讼费用.

송사리 图 ❶〈魚貝〉【鳉鱼】jiāngyú【青鳉】qīngjiāng【阔尾鳉鱼】kuòwěijiāngyú ❷(가치없고 하찮은 사람)【平头老百姓】píngtóulǎobǎixìng【小老百姓】xiǎolǎobǎixìng ¶이번 단속에 송사리만 걸려 들었다ㅣ此次管制进去的都是那些平头老百姓.

송송 图 ❶(구멍이 많이 뚫린 모양)【密密麻麻】mì·mimámá【密麻麻】mì·má·ma ¶구멍이 ~ 뚫어지다ㅣ密密麻麻地穿了许多洞. ❷(땀방울이 많이 난 모양)【颗颗】kēkē【粒粒】lìlì【滴滴】dīdī ¶콧등에 땀방울이 ~ 맺히다ㅣ鼻梁上沁qìn出了颗颗汗珠. ❸(물건을 잘게 빨리 써는 모양)【嚓嚓地】cāā·de ¶배추를 ~ 썰다ㅣ嚓嚓地切白菜.

송아지 图〈動〉【小牛】xiǎoniú【牛犊】niúdú【牛犊子】niúdú·zi【童牛】tóngniú ¶갓난 ~ 범 무서운 줄 모른다ㅣ初出生牛犊不怕虎hǔ.

송이[1] 图 ❶(꽃의)【朵】duǒ ¶꽃 한 ~ㅣ一朵花. (과일의)【嘟噜】dū·lu【串】chuàn ¶포도 한 ~ㅣ一串葡萄pútao. ❸(송자 방울)【苞】bāo ¶밤이 ~에서 나왔다ㅣ栗子lì·zi从苞荢lǐ出来서.

송이[2]〔松栮〕图〈植〉【松口蘑】sōngkǒumó【松菌】sōngjùn【松茸】sōngróng【松蕈】sōngxùn【松蕈】sōngjù ¶~버섯ㅣ松口蘑/松茸. ¶~밥ㅣ松茸饭.

송이송이 图 ❶(꽃 한 송이마다)【朵朵】duǒ·duǒ ¶~ 탐스럽게 핀 붉은 모란ㅣ朵朵盛开的红牡丹mǔdān. ❷(송이들이 잇달아 있는 모양)【嘟噜】

dū·lu【포도가 ~ 열렸다 葡萄pútȧo—嘟嘟噜一嘟噜地结着。

송장 圐【尸体】shītǐ【尸首】shīshǒu

송전 圐【输电】〈電〉shūdiàn‖고압 ~선｜高压输电线。¶~ 손실｜输电损失。

송진【松津】圐【松脂】sōngzhī【松黏子】sōngnián·zi【松香】sōngxiāng ¶~을 채취하다｜采集cǎijí松脂。¶변색되어 굳어진 ~｜毛松脂。

송충이【松蟲—】圐〈蟲〉【松毛虫】sōngmáochóng【毛火虫】máohuǒchóng【松蟥】sōnghuáng

송편【松—】圐【豆馅蒸糕】dòuxiàn zhēnggāo【松糕】sōnggāo

송환【送還】圐【하타】【遣返】qiǎnfǎn【遣回】qiǎnhuí‖전쟁포로를 ~하다｜遣返战俘。

솥 圐【锅】guō ¶~ 한 개｜一口锅。¶~ 귀｜锅耳/锅把(儿)。¶~뚜껑｜锅盖。

쇄국【鎖國】圐【하자】【锁国】suǒguó【闭官锁国】bìguānsuǒguó ¶~정책｜锁国政策/闭关自守政策。

쇄도【殺到】圐【하자】【纷至】fēnzhì【蜂拥而至】fēng yōng ér zhì【纷至沓来】fēn zhì tà lái ¶주문이 갑자기 ~하다｜订货突然纷至沓来。

쇄신【刷新】圐【하타】【刷新】shuā/xīn【更新】gēngxīn【改】gǎi【一改】yìgǎi ¶서정 ~｜刷新庶政shùzhèng。

쇠[1]【철】圐❶〔철〕【铁】tiě ¶~꼬챙이｜铁棍/铁条。¶~망치｜铁锤。¶~못｜铁钉。¶~몽둥이｜铁棒。¶~사슬｜铁链。❷〔쇠붙이〕【铁片】tiěpiàn【铁板】tiěbǎn【铁块】tiěkuài ¶~ 붙이｜铁片。¶~톱｜钢锯。❸〔자물쇠〕【锁】suǒ【锁头】suǒ·tou〔자물〕~ 하나｜一把锁。¶〔자물〕~를 달다｜安锁头。¶〔열쇠〕【钥匙】yào·shi【金鱼】jīnyú【锁匙】suǒ·shi

쇠[2] 토【牛】niú ¶~다리｜牛腿。¶~똥｜牛粪。¶~고기｜牛肉。¶~머리｜牛头。¶~가죽｜牛皮。¶~간｜牛肝。¶~꼬리｜牛尾。¶~불알｜牛的睾丸。¶~죽｜牛饲料。¶~죽 가마｜牛饭锅。¶~코뚜레｜牛鼻环。

쇠고기 圐【牛肉】niúròu ¶양념으로 조

리하여 말린 ~｜牛肉干儿。¶~를 넣고 끓인 국수｜牛肉面。¶~ 포｜牛肉脯fǔ。 참고〔牛肉扒hiú〕

쇠고랑 圐【手铐】shǒukào【脚镣】jiǎoliào ¶범인에게 ~을 채우다｜给犯人带上手铐。¶~·수갑 등 형구｜脚镣、手铐kào等刑具xíngjù。

쇠다[1] 圐❶〔채소가 억세지다〕【老】lǎo ¶시금치는 쇠면 맛이 없다｜菠bō菜老了不好吃。❷〔병이 심해지다〕【加重】jiāzhòng【加剧】jiājù【恶化】èhuà ¶감기가 ~｜感冒gǎnmào重了。

쇠다[2]【過】圐【过】guò ¶명절을 ~｜过节日。¶설을 ~｜过年。

쇠뿔 圐【牛角】niújiǎo ¶~도 단김에 빼라｜一气儿拔牛角/趁热打铁。

쇠약【衰弱】圐【하타】【衰弱】shuāiruò【羸弱】léiruò【羸劣】léiliè【羸瘦】léishòu ¶신경 ~｜神经shénjing衰弱。¶그의 몸은 대단히 ~하다｜他的身体十分衰弱。¶그는 어려서부터 ~하다｜他自幼zìyòu衰弱。

쇠잔【衰殘】圐【하자】【衰落】shuāiluò【衰残】shuāicán ¶몸이 쇠잔해졌다｜身体开始衰微。

쇠창살【—窓—】圐【铁窗棂】tiěchuānglíng

쇠퇴【衰退、衰頹】圐【하자】【衰退】shuāituì【衰颓】shuāituí【衰废】shuāifèi【衰败】shuāibài【衰落】shuāiluò【萎缩】wěisuō【委缩】wěisuō ¶늙으니기억력도 ~했다｜年老了，记忆力也衰退了。¶경제가 날로 ~하다｜经济日趋rìqū萎缩。

쇠하다【衰—】圐【衰弱】shuāiruò【衰败】shuāibài ¶근력이 ~｜体力衰弱。¶기력이 ~｜精力jīnglì衰弱。

쇤네 데【小人们】xiǎorén·men【小人】xiǎorén

쇳물 圐【铁水】tiěshuǐ【铁水子】tiěshuǐ·zi【钢水】gāngshuǐ【铁锈】tiěxiù ¶옷에 묻은 ~은 쉽게 빨아지지 않는다｜衣服上的铁锈不可容易洗掉xǐdiào。

쇳소리 圐❶【金属声】jīnshǔshēng❷【干净利落】gānjìng lìluò❸【尖叫声】jiānjiàoshēng ¶~를 지르다｜尖叫起来。

쇼[show]圐❶〔전시회〕【展览】zhǎnlǎn【展示】zhǎnshì ¶패션 ~｜时装展

示会。❷ (오락 프로그램)【演出】yǎnchū【表演】biǎoyǎn ¶~ 프로그램 | 演出节目 jiémù。❸ (구경거리)【热闹】rè‧nao 사람들이 거리에서 ~를 본다 | 人们在大街上看热闹。

쇼 윈도 [show window]【陈列窗】chénlièchuāng【橱窗】chúchuāng【窗橱】chuāngchú【饰柜】shìguì ¶~에 새로 들어온 옷들이 진열되어 있다 | 陈列窗里陈列着很多新到的衣裳 yī‧shang。¶~에 수상자의 큰 사진이 걸려 있다 | 橱窗里挂着获奖 huòjiǎng 者的大幅 dàfú 照片。

쇼크 [shock] 명 ❶〈醫〉【休克】xiūkè ¶~ 받다 | 昏厥。¶~사 | 休克致死。¶그는 갑자기 ~를 일으켰다 | 他突然休克了。❷ (타격)【冲击】chōngjī【撞击】zhuàngjī ¶국제 금융 시장에 ~를 주고 있다 | 冲击着国际金融市场。¶이 운동이 그에게 큰 ~를 주었다 | 这场运动遭到很大冲击。¶강한 ~를 받다 | 遭受强烈冲击。

쇼핑 [shopping] 명하자타【购物】gòuwù【买东西】mǎi dōng‧xi【逛街】guàngjiē ¶~센터 | 购物中心/商业中心。¶~백 | 购物袋。

숄 [shawl] 명【方形披巾】fāngxíng pījīn【披巾】pījīn【披肩】pījiān【围巾】wéijīn ¶~을 두르다 | 披上披巾。

수¹ [雄] 명 ❶ (운수)【运气】yùn‧qi【运道】yùndào【命运】mìngyùn【幸运】xìngyùn ❷ (수효)【数】shù【数目】shùmù ¶학생 ~ | 学生数。¶햇 ~ | 年数。¶자연 ~ | 自然数。¶복 ~ | 复数。

수² [繡] 명 타【绣】xiù【刺绣】cìxiù

수³ [手] 의명 ❶ (도리·수단)【手段】shǒuduàn【方法】fāngfǎ【办法】bànfǎ【门儿】ménr【法儿】fǎr【法子】fǎ‧zi ¶몰래 ~를 쓰다 | 暗中使用手段。¶좋은 ~가 없을까? | 有没有什么好办法?¶좋은 ~가 생겼다 | 有门儿了。❷ (가능성)【可能】kěnéng【会】huì ¶한 여름도 우박이 떨어지는 ~가 있다 | 盛夏也有可能下冰雹。¶내일 그가 올 ~도 있다 | 明天他也许会来。❸ (능력)【能】néng ¶그는 중국어로 말할 ~있다 | 他能用汉语说话。

수⁴ [壽] 명【寿】shòu【人寿】rénshòu【年】nián ¶~를 누리다 | 享年。

수⁻⁵ 몽【公】gōng【雄】xióng ¶~닭 | 公鸡。¶~고양이 | 公猫。¶~곰 | 公熊。

수감 [收監] 명하타【监禁】jiānjìn【收监】shōujiān ¶죄인을 ~하다 | 收监犯人。

수갑 [手匣] 명【手铐】shǒukào ¶~을 채우다 | 带上手铐。

수거 [收去] 명하타【拿去】náqù【搬去】bānqù【收集】shōují【采集】cǎijí【收去】shōuqù【手帕】shǒupà【手绢(儿)】shǒujuàn(r) ¶오물을 ~하다 | 收垃圾 lājī。

수건 [手巾] 명 ❶【毛巾】máojīn【面巾】miànjīn【手巾】shǒu‧jīn ¶~ 걸이 | 毛巾架 jià。¶~ 한 장 | 一条手巾。❷ (두건)【头巾】tóujīn ¶~을 쓰다 | 戴头巾。

수검 [搜檢] 명하타【搜查】sōuchá ¶그들이 ~하러 왔다 빨리 도망쳐 | 他们来搜查了, 快跑 pǎo。

수경재배 [水耕栽培] 명【水培】shuǐpéi【水中培育】shuǐzhōng péiyù

수고 [辛苦]【辛苦】xīn‧kǔ【麻烦】má‧fan【受苦】shòu/kǔ【受累】shòu/lèi【劳驾】láo/jià ¶대단히 ~하셨습니다 | 太辛苦了。¶~스럽겠지만 네가 한 번 갔다 와 | 麻烦你去一趟别急吧。¶~스럽지만 오늘 중으로 끝내 주셨으면 합니다 | 麻烦一下, 希望能在今天之内完成。¶너무 ~를 끼치겠습니다 | 让您受了不少累。¶~스럽지만 그 잡지를 내게 건네주세요 | 劳驾, 请把那本杂志递 dì 给我。¶~스럽지만 우리 집에 전화를 한 통 해주시겠어요 | 劳驾您给我家里打个电话, 好吗?

수공 [手工] 명 ❶ (손으로 하는 공예)【手工艺】shǒugōngyì ❷ (손으로 하는 일)【手工】shǒugōng【人工】réngōng ¶~ 작업 | 手工作业。¶~ 제작 | 手工制作。¶~로 하다 | 用手工做。¶~비 | 手工费。¶셔츠 한 벌 만드는 데 ~이 얼마인가? | 做件衬衫 chènshān 要多少手工费?¶~ 가공 | 人工修整。¶~ 분류법 | 手工分类法。❸ (손으로 하는 일의 품삯)【工

錢】gōng·qian 【工资】gōngzī ¶～이 옷감의 값보다 비싸다 | 手工费比衣料yīliào贵guì.

수공업【手工業】 图 【手工业】shǒugōngyè ¶～의 발전 | 手工业的发展. ¶～ 경제 | 手工业经济. ¶～ 협동조합 | 工艺合作社.

수공예【手工藝】 图 【手工艺】shǒugōngyì ¶～품 | 手工艺品. ¶～인 | 手工艺人.

수교【修交】 图하자 【建交】jiàn/jiāo 【邦交】bāngjiāo 【国交】guójiāo ¶～포장 | 建交褒章. ¶～훈장 | 建交勋章. ¶인접국과 ～하다 | 与邻国línguó建交. ¶한국과 중국은 1992년에 정식으로 ～했다 | 韩中一九九二年正式建交.

수구【守舊】 图하자 【守旧】shǒujiù 【保守】bǎoshǒu ¶～사상 | 守旧思想. ¶～파 | 保守派. ¶～당 | 保守党.

수군【水軍】 图 【水军】shuǐjūn 【水师】shuǐshī (청대의) ~ 제독 | 水师提督tídū. ¶～절도사 | 水军节度使.

수군거리다 图 【唧唧哝哝】jī·jīnōngnong 【唧哝】jīnōng 【叽叽咕咕】jī·jigūgū 【嘀咕】dí·gu 【窃窃私语】qièqiè sīyù ¶옆방에서 수군수군하는 소리가 들려 오다 | 邻屋línwū传来叽叽咕咕的声音shēngyīn. ¶너희 둘은 무엇을 수군거리고 있냐? | 你们俩嘀咕什么呢?

수그러지다 图 ❶ (머리가 숙여지다) 【低垂】dī/tóu 【耷拉】dā·la 【搭拉】dā·la ❷ (태도·기세가 누그러지다) 【低落】dīluò 【减弱】jiǎnruò ¶그들의 사기가 ~ | 他们士气低落. ¶불길이 얼마간 ~ | 火势huǒshì有点儿减弱了. ¶물가가~ | 物价减弱.

수그리다 图 ❶ (머리를 숙이다) 【低头】dī/tóu 【低首】dīshǒu ¶머리를 수그리고 죄과를 인정하다 | 低头认罪. ¶그는 어떤 어려움 앞에서도 고개를 수그리지 않는다 | 他在任何困难面前都不低头. ❷ (좌절하다) 【挫伤】cuòshāng ¶기세를 ~ | 挫伤锐气.

수금【收金】 图하자 【收回】shōu/huí 【收金】shōujīn 【收款】shōu/kuǎn 【收帐】shōu/zhàng ¶주인이 점원을 보

내 외상값을 ～하다 | 东家派伙计去收帐. ¶～ 기간 | 收帐期间. ¶～비용 | 收帐费用. ¶～ 수수료 | 收帐备金.

수급【需給】 图 【供求】gōngqiú 【供需】gōngxū 【需求供给】xūqiú gōngjǐ 【需求与供给】xūqiú yǔ gōngjǐ ¶～이 서로 엇갈리다 | 供求相忤wǔ. ¶～의 평형 | 供求平衡pínghéng. ¶～계획 | 供求计划jìhuà.

수긍【首肯】 图하자타 【首肯】shǒukěn 【同意】tóngyì 【肯定】kěndìng ¶나는 너의 견해에 ~ 하지만 너와 同意你的的意见이见. ¶회장의 생각이 옳다고 모두 다 ～했다 | 大家都同意会长的想法. ¶다른 사람의 의견에 ～하다 | 肯定别人的意见.

수기【手記】 图 【手记】shǒujì 【报告】bàogào ¶～를 쓰다 | 写手记.

수난【受難】 图하자 【受难】shòu/nàn 【苦难】kǔnàn 【灾难】zāinàn ¶민족의 ~ | 民族mínzú的受难. ¶～의 역사 | 受难的历史lìshǐ. ¶～을 겪다 | 遭受灾难.

수납¹【受納】 图하타 【受纳】shòunà ¶연금을 ～하다 | 受纳捐款juānkuǎn.

수납²【收納】 图 【收纳】shōunà 【收款】shōu/kuǎn ¶～계 | 银行收款员. ¶～역 | 司库. ¶～용구 | 收纳用具. ¶～ 전표 | 收款凭单簿. ¶액수대로 ～하다 | 如数收纳. ¶～ 창구 | 收款窗口.

수녀【修女】 图 〈宗〉 【修女】xiūnǚ ¶～원 | 修女院.

수년【數年】 图 【数年】shùnián 【几年】jǐnián ¶～ 이래로 | 几年以来.

수놈 图 【公的】gōng·de 【雄的】xióng·de ¶～과 암놈 | 公的和母的.

수놓다【繡—】 图 【刺绣】cìxiù 【扎花】zhāhuā 【挑花】tiāohuā

수뇌【首腦】 图 【首脑】shǒunǎo 【首要】shǒuyào ¶～부 | 最高领导/首脑部门. ¶각국 정부 ~ 회담을 개최하다 | 召开各国政府zhèngfǔ首脑会议huìyì.

수다 图 【罗唆】luósuo 【唠叨】lāo·dao ¶～쟁이 | 罗唆的人/油嘴. ¶늘 ~를 떨다 | 老罗唆. ¶～를 늘어 놓다 | 罗唆起来.

수다스럽다 图 【罗唆】luósuō 【唠叨】lāo·dao【贫嘴】pínzuǐ【婆婆妈妈】pó·p ó mā·ma【唠唠不休】náonáo bùxiū【呱哒不完】guā·da bùwán ¶할머니가 ~ | 奶奶就爱唠叨.¶너도 너무 ~ | 你也太爱唠叨了.¶수다스러운 사람 | 婆婆妈妈的人.

수단[手段]囤 ❶ (도구)【材料】cáilià o【工具】gōngjù【资料】zīliào【途径】t újìng ¶생산 ~ | 生产shēngchǎn工具/生产资料.¶언어는 인간 교제의 가장 중요한 ~이다 | 语言是人们最重要的交际工具.¶합법적인 ~으로 고서화를 대량으로 구매했다 | 通过合法途径,购买gòumǎi了这幅古画gǔhuà. ❷ (방법·기교)【手段】shǒuduàn【方法】fāngfǎ【办法】bànfǎ ¶부정한 ~으로 돈을 벌다 | 用不正当的手段挣钱zhèngqián.¶~·방법을 가리지 않다 | 不择zé手段.¶~이 매우 교묘하다 | 手段巧妙. ❸ (꾀)【手腕】shǒuwàn【本领】běnlǐng【本事】běn·shi ¶~이 뛰어난 사람 | 手腕高明的人.¶~가 있다 | 有手段.

수단[Sudan]囤〈地〉【苏丹】Sūdān [수도는 "喀土穆kātǔmù"(하르툼; Khartoum)]

수당[手当]囤【津贴】jīntiē【报酬】bào·o·chou【报施】bàoshī【补助金】bǔzhùjīn【补贴】bǔtiē【贴补】tiēbǔ【酬金】chóujīn【酬劳】chóuláo ¶생활 ~ | 生活津贴.¶특별 ~ | 额é外津贴/特定津贴/优厚yōuhòu的报酬.¶초과근무 ~ | 加点津贴.¶퇴직 ~ | 卸xiè工津贴.¶~을 받다 | 领津贴.¶너의 일은 모두 끝났는데, ~은 어떻게 되었나? | 事情是给你办bàn成了,报酬怎么样了?

수더분하다휑【温顺】wēnshùn【温和】wēnhé【温暖】wēnnuǎn ¶말이 적고 성격이 ~ | 话少而性格温顺.¶그는 성격이 수더분해서 호감이 간다 | 他性格很温顺,因此对他产生了好感.

수도[水道]囤 ❶ (수돗물)【自来水】z ìláishuǐ ¶~ 사업장 | 自来水厂. ❷ (수도관)【自来水管】zìláishuǐguǎn【上水道】shàngshuǐdào ¶~가 막혔다 | 上水道堵dǔ了.¶~ 공사 | 供水工程/给水工程.

수도[首都]囤【首都】shǒudū ¶~권

| 首都圈 ¶중국의 ~는 북경이다 | 中国的首都是北京.

수도[修道]囤|하타〈宗〉【修道】xiū/d ào ¶~사 | 修士.¶그녀는 ~원에 들어갔다 | 她进了修道院了.

수도꼭지[水道-]【水龙头】shuǐlóngtou【水嘴】shuǐzuǐ ¶~를 틀다 | 开水龙头/拧水笼头shuǐlóngtou.¶~를 잠그다 | 关水龙头.

수돗물[水道-]囤☞【自来水】zìláishuǐ

수동[手动]囤【手动】shǒudòng【手摇】shǒuyáo【手工】shǒugōng ¶~ 모터 | 手摇马达mǎdá.¶~ 계량 장치 | 手动计量设备.¶~ 기계 | 手动机械.¶~-식 | 手动式.

수동[受動]囤【被动】bèidòng ¶~ 무역 | 被动贸易.¶~-성 | 被动性.¶~-태 | 被动态.

수동적[受動的]冠囤【被动】bèidòng ¶태도가 ~이다 | 态度tàidù很被动.¶~인 행동 | 被动的行动.

수두룩하다휑【多得很】duō·de hěn【很多】hěn duō ¶지금은 이 마을에도 대학졸업생이 ~ | 现在这村里也有很多大学毕业生.¶그런 것쯤은 어디에고 ~ | 那样的到处都很多.

수라장[修羅場]囤【杂乱不堪的情景】záluànbùkān de qíngjǐng【混乱的场面】hùnluàn·de chǎngmiàn【仰马人翻】yǎng mǎ rén fān【乱作一团】luàn zuò yì tuán【一塌糊涂】yìtā hútú【大乱】dàluàn ¶~으로 변하다 | 变得一塌糊涂.

수락[受諾]囤|하타【承诺】chéngnuò【答应】dā·ying【许诺】xǔnuò【允诺】yǔnnuò ¶그가 ~할 별 문제가 없게 되었다 | 既然他承诺了,就没有什么问题了.¶마지못해 ~하다 | 勉强miǎnqiáng答应.¶그들의 제의를 ~하다 | 允诺他们的提议tíyì.¶~자 | 承诺人/取者.

수량[数量]囤【数量】shùliàng ¶~이 많다 | 数量多.¶~에 의한 분배 | 按数量分配.

수렁[受렁]囤 ❶ (진흙탕)【泥沼】nízhǎo【烂塘】lànnítáng【烂泥地】lànní·de【泥潭】nítán【泥坑】níkēng ¶~논 | 烂泥田.¶~에 빠지다 | 陷于烂泥地. ❷ ("진흙탕"에 비유하여)【无法

摆脱的困境】wǔfǎ bǎituō·de kùnjìng

수레 명【车】chē ¶~를 몰다 | 赶车.
¶~바퀴 | 车轮.

수려[秀麗] 명하형【秀麗】xiùlì【五官
端正】wǔguān duānzhèng【俊秀】jùnx-
iù ¶~한 산하 | 秀丽的山河. ¶용모
가 ~하게 생겼다 | 长得zhǎng·de俊
秀. ¶이목구비가 ~한 젊은이 | 五
官端正的年青人.

수력[水力] 명【水力】shuǐlì ¶~ 모터
| 水力发动机fādòngjī. ¶~ 발전 |
水力发电. ¶~ 전기 | 水电.

수련[修鍊] 명하타【进修】jìnxiū【修
练】xiūliàn ¶~을 쌓다 | 修练.

수렴[收斂] 명하자타❶ (의견 등을 한
데 모으는 것)【收集】shōují ¶그들의
의견을 ~하다 | 收集他们的意见.
❷ (거두어 들임)【会聚】huìjù【汇聚】
huìjù ❸ (오그라들게 함)【收缩】sho-
usuō ¶혈관이 ~하다 | 血管xuèguǎ-
n收缩. ¶분산된 역량을 한데 ~하다 |
把分散的力量汇聚起来.

수렵[狩獵] 명하자【狩猎】shòuliè【打
猎】dǎ/liè ¶~ 민족 | 打猎民族. ¶
~ 면허 | 打猎执照. ¶~ 시대 | 打
猎时代.

수령[受領] 명하타【领】lǐng【受】shòu
【接】jiē【承兑】chéngduì ¶보관실에
가서 사무용품을 ~하다 | 到保管室b-
ǎoguǎnshì领办公用品. ¶~ 독촉장
| 催领单. ¶~인 | 领受人/承兑人.

수령[首領] 명【领袖】lǐngxiù ¶~이
되다 | 当上了领袖.

수로[水路] 명【水渠】shuǐqú【渠道】qú-
dào【水路】shuǐlù ¶~를 건설하다 |
修筑xiūzhù水渠. ¶~ 측량 | 水路测
量. ¶당지인을 불러 ~안내를 시키
다 | 请当地人引航. (참고)〔陆路〕〔旱
道〕

수록[收錄] 명하타【收录】shōulù【登
录】dēng ¶15만의 어휘가 ~된 사전 | 收
录了十五万个词汇cíhuì的辞典cídiǎn.
¶잡지에 ~된 특종기사 | 登在杂
志zázhì上的特种记事.

수뢰[受賂] 명하자타【受贿】shòu/huì
【纳贿】nàhuì【贪污受贿】pínwū shòu-
huì【收贿】shōuhuì ¶~혐의로 조사
를 받다 | 以收贿嫌疑xiányí受审查sh-
ěnchá. (참고)〔行贿xínghuì〕

수료[了了] 명하타【读完】dúwán【肄
业】yìyè ¶대학원 과정을 ~하다 | 读
完硕士课程.

수류탄[手榴彈] 명〈軍〉【手榴弹】shǒ-
uliúdàn【手炮】shǒupào ¶~을 던지
다 | 投掷手榴弹.

수리[修理] 명하타【修理】xiūlǐ【维修】
wéixiū【维护】wéihù【修缮】xiūshàn ¶
집을 ~하다 | 修理房屋/维修房屋.
¶~비 | 修理费. ¶~ 보증 | 包修.
¶~용 예비 부품 | 维修备备件.

수리남[Surinam] 명〈地〉【苏里南】Sū-
lǐnán [남미 동북해안에 있는 공화국.
수도는 "松拉马里博"(파라마리브;
Paramaribo)]

수립[樹立] 명하타【树立】shùlì【建立】jiànlì ❶ (이룩하여 세우
다)【树立】shùlì【建立】jiànlì ¶훌륭한
본보기를 ~하였다 | 树立了好榜样b-
ǎngyàng. ¶~ 뜻을 ~하다 | 树立志
向. ¶무역 관계를 ~하다 | 建立贸
易关系. ❷ (제정하다)【制订】zhìdì-
ng【拟订】nǐdìng【拟定】nǐdìng ¶국
민 경제 계획을 ~하다 | 制订国民
经济计划jìngjìjìhuà. ¶한어 병음 방안
을 ~하다 | 制订汉语拼音hànyǔpīnyī-
n方案. ¶방안을 ~했다 | 拟订了一
个方案.

수마[水魔] 명【水魔】shuǐmó【水害】
shuǐhài ¶~가 할퀸 자국 | 水害席卷
xíjuàn过的痕迹hénjì.

수만[數萬] 명【数万】shùwàn【几万】jǐ-
wàn ¶~의 군사 | 数万军队. ¶~가
지의 성씨 | 数万种的姓氏.

수많다[數－] 형【数多】shùduō【很
多】hěn duō【众多】zhòngduō【无数】
wúshù【长长】chángcháng ¶수많은
사람이 찬성하다 | 很多人同意. ¶수
많은 벗 | 众多的朋友. ¶수많은 세
월 | 长长的岁月.

수매[收買] 명하타【收购】shōugòu ¶
곡물을 ~하다 | 收购粮食liángshí.
¶정부가 추곡을 ~하다 | 政府收购秋
粮qiūliáng. ¶~ 가격 | 收购价格.

수면[睡眠] 명하자【睡眠】shuǐmián ¶
~ 부족 | 睡眠不足. ¶~을 취하다
| 增加睡眠. ¶아이들은 비교적 긴
~시간을 필요로 한다 | 孩子需要较
长时间的睡眠.

수명[壽命] 명【寿命】shòumìng ¶~

을 연장시키다 | 延长寿命。¶기계의
~ | 机器jīqì的寿命。

수모[受侮] 몡하타 【受侮】shòuwǔ 【侮
辱】wǔrǔ 【欺侮】qīwǔ ¶~를 당하다
| 受侮辱。¶나는 ~를 당한 그 세월
을 영원히 잊을 수가 없다 | 我永远也
忘不了那些受欺侮的岁月。

수목[樹木] 몡 【树木】shùmù ¶~을 보
호하다 | 保护树木。

수몰[水沒] 몡하자타 【浸没】jìnmò 【淹
没】yānmò 【埋没】máimò ¶홍수로
인하여 농작물이 ~되었다 | 洪水淹
没了庄稼zhuāngjià。¶~ 지구 | 被
洪水浸没的地区。

수묵[水墨] 몡 【淡墨汁】dànmòzhī 【水
墨】shuǐmò ¶~색 | 水墨色。¶~화
| 水墨画。

수문[水門] 몡 【闸门】zhámén 【堰闸】y-
ànzhá 【水闸门】shuǐzhámén ¶~을
열다 | 打开闸门。

수미[首尾] 몡 【首尾】shǒuwěi 【头尾】t-
óuwěi ¶작품의 ~가 통하다 | 作品的
首尾相思呼应。

수바[Suva] 몡 〈地〉【苏瓦】Sūwǎ ["斐
济"(피지;Fiji)의 수도]

수박몡〈植〉【西瓜】xīguā【香瓜】háng-
guā ¶최근에 ~값이 또 올랐다 | 最近
西瓜又涨价zhǎngjià了。¶씨없는 ~
| 无籽zǐ西瓜。

수박 겉 핥기[관용] 【隔皮猜瓜, 难知好
坏】gépí cāiguā, nánzhī hǎohuài

수반[隨伴] 몡하자 【跟随】gēnsuí 【陪
伴】péibàn 【陪同】péitóng 【附有】fùyǒ-
u 【随】suí ¶산업화에 ~하여 나타나
는 공해 | 随着产业化chǎnyèhuà出现
的公害gōnghài。

수배[手配] 몡하타 ❶ 【部署】bùshǔ
【布置】bùzhì 【通缉】tōngjī 【通令】tō-
nglìng 【捉拿】zhuōná 【捉捕】zhuōbǔ
【捉获】zhuōhuò 【查缉】chájī 【安排】ā-
npái ¶범인을 ~하다 | 通缉犯人。¶
오랫동안 ~ 중인 죄인을 체포하였다
| 逮捕dàibǔ了长期通缉的犯人。❷
【分工】fēn∕gōng 【分功】fēngōng 【分
业】fēnyè

수백[數百] 쥔 【数百】shùbǎi 【几百】jǐ-
bǎi

수법[手法] 몡 ❶ (수단·방법) 【手法】
shǒufǎ 【手段】shǒuduàn 【伎俩】jìliǎng

¶교묘한 ~ | 巧妙的手法。¶다른 사
람을 속이는 ~ | 欺骗qīpiàn人的伎
俩。¶그의 ~을 간파했다 | 识破shíp-
ò了他的伎俩。❷ (작품의 표현 방법)
【技巧】jìqiǎo 【技法】jìfǎ ¶초현실주
의적 ~ | 超现实主义的技巧。¶창작
~ | 创作chuàngzuò技法。

수복[收復] 몡하타 【收复】shōufù 【光
复】guāngfù 【回复古土】huífù gǔtǔ ¶
도시를 ~하다 | 收复城市。¶서울이
~되다 | 首都被收复。

수북수북무첩형 【满满】mǎnmǎn 【厚
厚】hòuhòu ¶일꾼들마다 밥을 ~ 담
아 주다 | 给每个工作者都盛了满满的
饭。¶밤새 ~ 내린 눈 | 夜里下的厚
厚的雪。

수북하다혱 ❶ (쌓여 있다) 【满满】mǎ-
nmǎn 【丛生】cóngshēng 【茂盛】mào-
shèng ¶초목이 수북하게 자라다 | 草
木丛生。¶버려진 땅에 잡초만 수
북하게 나 있다 | 荒废的土地上只有杂
草茂盛。❷ (부어 있다) 【鼓鼓】gǔgǔ
¶곤히 자고 나더니 눈두덩이 수북하
구나 | 甘睡了一下，眼泡肿得鼓鼓的。

수분[水分] 몡 【水分】shuǐfēn 【水份】sh-
uǐfèn 【湿气】shīqì ¶식물은 뿌리로 토
양에서 ~을 흡수한다 | 植物靠它的根
从土壤tǔrǎng中吸收xīshōu水分。

수비[守備] 몡하타 【防备】shǒubèi 【防
守】fángshǒu ¶~ 부대 | 守备部队bù-
duì。¶(야구 경기의)~와 타격 | 防
守和打击dǎjī。

수사[搜査] 몡하타 〈法〉【侦查】zhē-
nchá 【查找】cházhǎo ¶빈틈없는 ~
망을 펼치다 | 布下严密yánmì的搜查
网。¶사건의 경위를 ~하다 | 侦查
案情ànqíng。¶~진 | 搜查队。

수산[水産] 몡 【水产】shuǐchǎn ¶~
가공업 | 水产加工业。¶~물 | 水产
品。¶~업 협동조합 | 水产业工会。

수상[水上] 몡 【水上】shuǐshàng ¶~
경기 | 水上竞赛。¶~ 경찰 | 水上警
察。¶~ 비행기 | 水上飞机。¶~
스키 | 滑水运动。

수상[受賞] 몡하자 【得奖】dé∕jiǎng
【领奖】lǐngjiǎng 【授与】shòuyǔ ¶~식
| 领奖。¶최우수상을 ~하다 | 授与
最优秀奖。

수상[首相] 몡 【首相】shǒuxiàng 【首

揆}shǒukuí【内阁总理】nèi gé zǒnglǐ〈참고〉[总理]

수상⁴[殊常]〔명〕[형]【奇怪】qíguài【可疑】kěyí¶거동이 ~하다|举动jǔdòng可疑。¶~하게 여기다|感到可疑。¶~한 사람|行迹xíngjì可疑的人。

수상쩍다[殊常－]〔형〕[可疑]kěyí¶그의 언행은 대단히 수상쩍은 데가 있다|他的言行很有可疑的地方。

수색[搜索]〔명〕[하][타]❶(더듬어서 찾음)[搜索]sōusuǒ¶~대|搜索队。¶남은 적을 ~하다|搜索残敌cándí。¶실종자를 ~하다|搜索失踪zōng者。❷(法)(사람의 신체나 가택을 뒤지는 강제처분)[搜查]sōuchá¶샅샅이 다 ~해라|仔细搜查。¶~영장|搜查令。

수석[首席]〔명〕❶(우두머리)[首席]shǒuxí¶~대표|首席代表。¶~중재인|首席仲裁员。¶그는 대통령의 ~ 고문에 임명되었다|被他任命为总统顾问。¶[제1위][第一名]dìyìmíng[名列前茅]míng liè qián máo

수선¹〔명〕[하][형]【吵闹】chǎonào【喧嚷】xuānrǎng【喧哗】xuānhuá【喧闹】xuānnào¶~을 떨어 잠을 잘 수 없다|吵闹得使人不能入睡。¶너희들이 너무 ~을 피워 아이를 놀라게 했다|你们太吵了, 吓xià着孩子了。

수선²[修繕]〔명〕[하][형]【修理】xiūlǐ【修缮】xiūshàn【修剪】xiūjiǎn¶~비|修理费fèi。¶구두를 ~하다|修缮皮靴píxuē。

수세[守勢]〔명〕[하][자]【守势】shǒushì¶~에 몰리다|处于守势。¶~를 취하다|采取cǎiqǔ守势。¶~에 빠지다|陷入xiànrù守势。

수세식[水洗式]〔명〕[冲洗式]chōngxǐshì【水洗式】shuǐxǐshì【水冲式】shuǐchōngshì¶~ 화장실|水洗式卫生间wèishēngjiān。¶~ 변기통|抽水马桶。

수소[水素]〔명〕〈化〉[氢]qīng【轻气】qīngqì¶~ 에너지|氢能。¶~ 이온|氢离子。¶~ 지수|氢指数。

수소문[搜所聞]〔명〕[하][타]【搜寻】sōu·xún【打听】dǎ·tīng【打问】dǎwèn【探听】tàntīng【打探】dǎtàn【刺探】cìtàn

¶~하여 겨우 찾았다|百般搜寻后好不容易róngyì找到了。¶삼촌의 소식을 사방으로 ~하다|到处打听叔叔的消息xiāoxi。¶행방을 사방으로 ~하다|四处探询去向。

수속[手續]〔명〕[하][타]【手续】shǒu·xù¶~을 밟다|办手续。¶입학 ~은 이미 마쳤다|入学的手续已经办完了。¶[학교 따위의]등록 ~|注册手续。¶입국 ~|入境手续。

수송[輸送]〔명〕[하][타]【输送】shūsòng【输运】shūyùn【运送】yùnsòng【运输】yùnshū【搬运】bānyùn¶~ 기관|运输机构。¶~ 능력|运输能力。¶~량|运输量。¶비료를 ~하다|运送肥料féiliào。¶화물 ~|运输货物。¶육상 ~|陆上lùshàng运输。

수취[收取]〔명〕[하][타]【收取】shōuqǔ【收受】shōushòu¶금품을 ~하다|收受金钱和物品。

수수께끼〔명〕❶(사물의 뜻이나 이름을 알아맞히는 놀이)[谜语]míyǔ【哑谜】yǎmí¶~를 풀다|猜cāi谜语/破谜/解谜。❷(속내를 알 수 없는 일이나 사람을 이르는 말)[谜]mí¶이 문제는 지금까지도 여전히 하나의 ~로 아무도 알 수 없다|这个问题到现在还是一个谜, 谁也解不开。¶~의 사나이|谜一样的男人。

수수료[手數料]〔명〕[费]fèi【规费】guīfèi【头水】tóushuǐ【酬劳费】chóuláofèi【佣金】yōngjīn【佣钱】yōngqián【贴水】tiēshuǐ¶~ 포함 가격|包括佣金在内价格。

수수하다〔형〕❶(평범하다)[普通]pǔtōng【平凡】píngfán【平平凡凡】píngpíng fán·fán❷(성질이 순박하다)【朴实】pǔshí【纯朴】chúnpǔ【质朴】zhìpǔ¶그는 그녀의 수수함에 반했다|他被她的朴实迷住了。❸(맵시가 수수하다)[朴素]pǔsù¶차림새 수수한 젊은이|打扮朴素的年轻人。

수술[手術]〔명〕[하][타]〈醫〉[手术]shǒushù【开刀】kāidāo【割手】gēshù¶그는 병이 심해 큰 ~을 해야 한다|他病情严重yánzhòng, 须要做大手术。¶~하다|动手术/施手术。

수습[收拾]〔명〕[하][타]【收拾】shōu·shi【拾掇】shí·duo【处理】chǔlǐ【处置】ch-

566

ǔzhǐ ¶사태 ~에 나서다 | 出面收拾
事态shǐtài。¶혼란한 사태를 ~하다
| 收拾混乱hùnluàn의 형세。¶많은
문제를 ~하였다 | 处理了很多问题。

수습²[修習] 图하타【见习】jiànxí【训练】xùnliàn【实习】shíxí ¶~사원 | 实习社员。¶~ 기간 | 实习期间。¶~변호사 | 见习律师。

수습책[收拾策] 图【解决的办法】jiějué·de bànfǎ【解决的方法】jiějué·de fāngfǎ ¶~을 강구하다 | 研究解决的方法。

수시[随時] 图【随时】suíshí ¶~ 접수하다 | 随时接收jiēshōu。¶문제가 있으면 ~로 나를 찾아와라 | 有问题可以随时来我。¶이상을 발견하면 ~로 보고해야 한다 | 你发现异常要随时报告。

수식[修飾] 图하타 ❶【修饰】xiūshì【装饰】zhuāngshì ¶조금도 ~하지 않다 | 一点也不加修饰。❷〈言〉【修饰】xiūshì ¶과장되게 ~어만 늘어 놓은 글 | 夸大其词,铺满修饰的文章。

수신[受信] 图하자타【收信】shōuxìn【收报】shōu/bào【接收信号】jiēshōu xìnhào ¶~기 | 收报机/无线电接收机。¶~인 | 收件人/受件人/收信人/收信人。参考[发信]

수심¹[水深] 图【水深】shuǐshēn ¶~이 열길을 넘는 호수 | 水深达十人多高的湖hú。

수심²[愁心] 图하자【忧心】yōuxīn【忧愁】yōu·chóu【忧郁】yōuyù ¶~이 가득한 사람 | 满是忧愁的人。¶~에 잠긴 눈 | 充满忧愁的眼睛。

수십[數十] 囹【数十】shùshí ¶~ 차례 | 数十次。¶~ 층의 고층 건물 | 数十层高楼。

수십만[數十萬] 囹【数十万】shùshíwàn ¶~이 운집한 광장 | 云集yúnjí数十万人的广场guǎngchǎng。¶~ 평의 땅 | 数十万平的地。¶~ 대군 | 数十万大军dàjūn。

수압[水壓] 图【水压】shuǐyā ¶~이 너무 세다 | 水压太大。¶~이 높다 | 水压高。

수양[修養] 图하자【修养】xiūyǎng ¶이선생은 ~이 잘 되어 있는 사람이다 | 李先生是一个有修养的人。

수업¹[受業] 图하타【上课】shàng/kè【上堂】shàngtáng【讲课】jiǎng/kè ¶중국어 ~을 하다 | 上中文课。¶~을 시작하다 | 开始上课。参考[下课]

수업²[修業] 图하타【修习】xiū【学习】xué-xí【修业】xiūyè ¶~증서 | 结业证。

수없이 튄【无数】wúshù ¶~ 몰려온 기러기 떼 | 蜂拥fēngyōng而至的雁子群yàn·ziqún。

수여[授與] 图하타【授予】shòuyǔ【授与】shòuyǔ【颁发】bānfā ¶학위를 ~하다 | 授予学位。¶상장을 ~하다 | 颁发奖状。

수염[鬚髯] 图【胡子】hú·zi【胡须】húxū【胡茬】húchá ¶~이 길다 | 胡子长。¶~을 깎다 | 刮guā胡子。¶~이 석자라도 먹어야 양반이다 | 胡须五尺长,不吃非君子。

수영[水泳] 图하자〈體〉【游泳】yóu/yǒng【浮水】fúshuǐ【赴水】fúshuǐ【游水】yóushuǐ【凫水】fúshuǐ ¶해변에서 ~하다 | 在海边hǎibiān游泳。¶~복 | 游泳衣。¶~장 | 游泳场。¶~팬티 | 游泳裤。

수예[手藝] 图【刺绣】cìxiù ¶~품 | 刺绣品/手工艺品。

수완[手腕] 图【手腕】shǒuwàn【才能】cáinéng【材能】cáinéng【本领】běnlǐng ¶~이 좋다 | 手腕高明。

수요[需要] 图【需要】xūyào【必要】bìyào【须要】xūyào【需求】xūqiú ¶~에 의한 분배 | 按需分配。¶~가 증가하다 | 需求增加zēngjiā。¶~와 공급 | 需求供给/需求供给。

수요일[水曜日] 图【星期三】xīngqīsān【礼拜三】lǐbàisān

수용¹[受容;受容] 图하타【收容】shōu·róng【受容】shòuróng【承受】chéngshòu【包容】bāoróng【容纳】róngnà ¶~ 능력 | 收容能力。¶젊은이들의 건전하고 진취적인 견해들을 ~하다 | 受容年青人的健全jiànquán而上进shàngjìn的意见。¶~ 한도 | 承受能力。

수용²[受用] 图하타【采用】cǎiyòng ¶새로운 방법을 ~하다 | 采用新的方法。¶~ 과정 | 采用过程。

수원[水源] 图【水源】shuǐyuán ¶~이 오염되었다 | 水源被污染wūrǎn了。

¶～지 | 贮水池/水源池.

수월하다 휑 ❶ (하기 쉽다) 【容易】róngyì【轻松】qīngsōng【简单】jiǎndān【轻而易举】qīng ér yì jǔ ¶수월한 문제 | 容易的问题. ¶모든 일을 너무 수월히 생각한다 | 把一切事情想得太简单了. ¶그는 이번 경기에서 아주 수월하게 우승을 차지했다 | 他轻而易举地夺取duóqǔ了本次比赛bǐsài的冠军guànjūn. ❷ (태도 등이 시원시원하다) 【爽快】shuǎngkuài ¶수월하게 허락해 주다 | 爽快地答应dáyìng.

수위[水位] 몡【水位】shuǐwèi ¶위험 수～ | 危险水位. ¶비가 와서 ～가 높아지다 | 因下雨水位涨高.

수위²[守卫] 몡【守卫】shǒuwèi【警卫员】jǐngwèiyuán【看守】kānshǒu

수유[授乳] 몡하자【喂奶】wèi/nǎi ¶시간에 맞춰 아이에게 ～하다 | 定时给孩子喂奶. ¶～시간을 꼭 지키다 | 遵守zūnshǒu喂奶时间.

수육[熟肉] 몡【煮熟的肉】zhǔshú·deròu【熟肉】shúròu

수은[水银] 몡〈化〉【汞】gǒng【水银】shuǐyín ¶～은 독이 있다 | 水银有毒dú. ¶～오염 | 水银污染wūrǎn. ¶～건전지 | 汞干电池. ¶～중독 | 水银中毒.

수은주[水银柱] 몡【水银柱】shuǐyínzhù【汞柱】gǒngzhù ¶～가 올라가다 | 水银柱升高shēnggāo.

수의[壽衣] 몡【寿衣】shòuyī ¶～를 짓다 | 做寿衣.

수익[收益;受益] 몡【收益】shōuyì【收入】shōurù ¶～이 패다 있다 | 颇有pōyǒu收益. ¶～을 올리다 | 增加zēngjiā收益. ¶～율 | 生利率/收益率/获利率.

수익성[收益性] 몡【赢利性】yínglìxìng ¶～ 구매 | 赢利性购gòumǎi.

수입[收入] 몡【收入】shōurù【财政～】cáizhèng收入. ¶～이 줄다 | 减少jiǎnshǎo收入. ¶～과 지출 | 收入和支出zhīchū. ¶적지 않은 ～ | 一笔bǐ不小的收入.

수입²[收入] 몡하타【输入】shūrù【进口】jìn/kǒu【入口】rùkǒu ¶새로운 사상을 ～하다 | 输入新思想xīnsīxiǎng. ¶～을 규제하다 | 控制kòngzhì

输入. ¶문화를 ～하다 | 输入文化. ¶～계약 | 进口合同.

수입품[輸入品] 몡【舶来品】bóláipǐn【进货】jìnkǒuhuò【外国货】wàiguóhuò【进口品】jìnkǒupǐn ¶석유는 처음에 ～으로 일본에서 전해진 것이다 | 石油作为舶来品，最早是由日本传过来的.

수작[酬酢] 몡하자【花招】huāzhāo【手法】shǒufǎ【阴谋】yīnmóu【搞鬼】gǎo/guǐ ¶무슨 ～을 피우는지 좀 보자 | 倒要看看，要些什么花招. ¶그 따위 ～에 넘어가지 않는다 | 不会上那种花招的当.

수장[收藏] 몡하타【收藏】shōucáng ¶많은 골동품을 ～하다 | 收藏很多古董gǔdǒng.

수재[水災] 몡【水灾】shuǐzāi【洪灾】hóngzāi【涝灾】làozāi ¶～ 의연금을 모금하다 | 为水灾募捐mùjuān.

수재²[秀才] 몡【有才能的人】yǒu cái·néng·de rén【秀才】xiù·cai【秀士】xiùshì【科举】kējǔ【生员】shēngyuán【高才】gāocái

수저 몡【匙和筷】chí hé kuài

수적[數的] 관몡【数量上】shù·liàng shàng ¶～으로 우세하다 | 数量上占优势yōushì.

수전노[守錢奴] 몡【守财奴】shǒucáinú【财迷】cáimí【守财虏】shǒucáilǔ【守钱虏】shǒuqiánlǔ【看财奴】kàncáinú【钱串子】qiánchuàn·zi【钱串子脑袋】qiánchuàn·zi nǎodài【钱狠子】qiánhěn·zi【钱虏】qiánlǔ ¶그는 목숨을 버릴지언정 재물을 버리지 않을 ～이다 | 他是个舍shě命不舍财的守财奴.

수절[守節] 몡하자 ❶ (절의를 지킴) 【守节】shǒu/jié ¶～원사 춘향지묘라 여덟자만 새겨주오 | 请在碑文上刻上"守节冤死春香之墓"八个字. ❷ (정절을 지킴) 【保持贞节】bǎochí zhēnjié【守节】shǒu/jié ¶스무 살에 청상이 되어 ～하다 | 二十岁就成青孀qīngshuāng开始守节. 참고〔守一至终〕〔守寡〕

수정¹[水晶] 몡〈鑛〉【水晶】shuǐjīng ¶자～ | 紫水晶. ¶～궁 | 水晶宫. ¶～체 | 水晶体.

수정²[受精] 명하자〈生〉【受精】shòu/jīng ¶체내 ~ | 体内受精.¶체외 ~ | 体外受精.¶인공 ~ | 人工受精.¶~란 | 受精卵.

수정³[修正] 명하타 ❶ [纠正] jiūzhèng【纠绳】jiūshéng | 잘못을 ~하다 | 纠正错误cuòwù.❷ [修改] xiūgǎi【修订】xiūdìng【更订】gēngdìng【更定】gēngdìng【修正】xiūzhèng【订正】dìngzhèng【厘正】lízhèng | 그 작업계획을 그는 세 번이나 ~했다 | 这份工作计划jihuà他修改了三次.¶교수계획을 ~하다 | 修订教学计划.¶~안 | 修正案àn.¶그것을 ~해서 인쇄하시오 | 把它修正好了再印出来.¶제1판의 잘못을 ~했다 | 订正了第一版中的错误.

수제비[疙瘩汤] gēdátāng【片儿汤】piàntāng | ~ 한 그릇을 내오다 | 上了一碗wǎn片儿汤.¶~를 끓이다 | 做片儿汤.

수조[水槽] 명【水槽】shuǐcáo【水桶】shuǐtǒng | ~에 물을 한 가득 담아 놓다 | 水桶里灌满水.

수족[手足] 명 ❶ (손발) 【手脚】shǒujǎo ¶~을 놀리다 | 动手脚.❷ (수하) 【手下】shǒuxià ¶~이 되어 일하다 | 成为手下干活儿.

수족관[水族馆] 명【水族馆】shuǐzúguǎn

수주[受注] 명하타【接单】jiēdān【接受订货】jiēshòu dìnghuò ¶~량 | 接单量/定货量.¶~ 잔고 | 未交付订货量/手头订单.

수준[水準] 명【水平】shuǐpíng【程度】chéngdù | 그의 학술 수준이 높지 않다 | 他学术水平不高.¶중국어 ~ | 汉语水平.¶~이 높다 | 程度高.¶문화 ~ | 文化程度.¶~이 같지 않다 | 程度不齐.

수줍다[难为情] 혱【不好意思】bùhǎoyìsi【害羞】hài/xiū【羞涩】xiūsè【腼腆】miǎn·tian【羞羞答答】xiū·xiu dādā【羞答答】xiūdādā【害臊】hài/sào ¶수줍게 고개를 들지 못하다 | 因害羞抬tái不起头.¶어린 아이들은 낯선 사람을 보면 다소 수줍어한다 | 小孩儿见了生人有点腼腆.¶그녀는 선천적으로 수줍음을 잘 탄다 | 她生来就腼腆.

수중¹[水中] 명【水中】shuǐzhōng | ~ 탐사 | 水中探查tànchá.¶~ 작업선 | 水下作业船.

수중²[手中] 명【手中】shǒuzhōng【手里】shǒu·li【手头】shǒu·tou【手边】shǒubiān【手底(下)】shǒudǐ(·xia) | 적의 ~에 들어가다 | 落入敌人的手中.¶~에 돈이 없다 | 手底没有钱.¶~ 자금 | 手头资金.

수증기[水蒸氣] 명【水蒸气】shuǐzhēngqì【水汽】shuǐqì【蒸气】zhēngqì

수지[收支] 명【收支】shōuzhī

수지맞다[收支一] 동 【合算】hésuàn【上算】shàngsuàn【合帐】hézhàng | 수지맞는 장사 | 合算的买卖.¶수지 맞지 않아서 일을 못하겠다 | 这活儿不合算, 不能干. 참고 〔赚不到钱〕

수직[垂直] 명【垂直】chuízhí ¶~ 작업 | 垂直作业.¶~ 이륙 | 垂直起飞.¶~ 조명 | 垂直照明.

수질[水質] 명【水质】shuǐzhì ¶상수도 ~ 검사 | 自来水zìláishuǐ水质检查jiǎnchá.¶~ 관리 | 水质控制.¶~ 오염 | 水污染/水质污染.

수집[蒐集] 명하타【收集】shōují【采集】cǎijí【收藏】shōucáng【搜集】sōují【搜辑】sōují | 폐품 ~ | 收集废品.¶여러 사람들의 의견을 ~해야 한다 | 要好好收集收集大家的意见.¶그는 많은 고서를 ~하였다 | 他收藏了许多古书.¶이런 재료들은 ~하기 쉽지 않다 | 这些材料不容易搜集.¶자료 ~을 완비했다 | 资料搜集得很齐.¶널리 의견을 ~하다 | 搜集意见.¶우표를 ~하다 | 搜集邮票.¶민가를 ~하다 | 搜集民歌.

수차[数次] 명【数次】shùcì【几次】jǐcì ¶~에 걸쳐 의견을 제시하다 | 技连几次提出了意见.¶~ 들렸지만 한 번도 만나지 못하였다 | 去过几次, 但一次都没见过面.

수채화[水彩畵] 명【水彩画】shuǐcǎihuà

수척[瘦瘠] 명하혱 【消瘦】xiāoshòu【瘦】shòu ¶그녀는 하루가 다르게 ~해졌다 | 她一天天地消瘦下去.¶그는 최근에 많이 ~해졌다 | 他最近zuìjìn消瘦了许多.¶앓고 나더니 몹시 ~해졌다 | 病后瘦了很多. 참고 〔瘦巴巴〕

수첩[手帖] 图【手册】shǒucè 【小笔记本】xiǎobǐjìběn ¶교무~ | 教师手册。

수축[收缩] 图하자 【收缩】shōusuō 【抽缩】chōusuō 【搐缩】chōusuō ¶근육이 ~하다 | 肌肉jīròu收缩。¶물체는 차가워지면 ~된다 | 物体wùtǐ遇冷会收缩。¶이런 천은 빨면 ~된다 | 这种布一洗就抽缩。

수출[输出] 图하타 【出口】chū/kǒu 【输出】shūchū 【外销】wàixiāo ¶공업기술을 ~하다 | 出口工业技术。¶농산물을 ~하다 | 输出农产品。¶~생산품 | 外销产品。 참고〔进口〕〔入口〕〔内销〕〔输入〕

수출입[输出入] 图【进出口】jìnchūkǒu ¶~ 업무 | 进出口业务yèwù。¶~ 회사 | 进出口公司。¶~ 무역 | 进出口贸易màoyì。

수출품[输出品] 图【输出品】shūchūpǐn 【出口物】chūkǒuwù 【出口产品】chūkǒu chǎnpǐn 【出口商品】chūkǒu shāngpǐn 【出口汇票保险】chūkǒu huìpiào bǎoxiǎn 【出口货物】chūkǒu huòwù ¶~ 생산업자 | 出口产品生产者。¶~ 외화 획득률 | 出口商品换汇率。¶~ 전시 판매회 | 出口商品展销会。¶~ 종합기지 | 出口商品综合基地。

수취[收取] 图하타 【领取】lǐngqǔ 【关支】guānzhī

수치[羞耻] 图 【耻】chǐ 【耻辱】chǐrǔ 【丢脸】diū/liǎn 【丢人】diūrén 【羞耻】xiūchǐ 【不光彩】bùguāngcǎi ¶우리그룹을 전부 ~스럽게 하지 말라 | 不要给我们集团丢脸。¶~스러운 행위 | 不光彩的行为。

수치²[数値] 图【数值】shùzhí 【数字】shùzì 【数目字】shùmùzì 【数码(儿)】shùmǎ(r) ¶대기의 오염도를 ~로 나타내다 | 把大气的污染程度用数值显示出来。¶~로 나타낸 계획 | 以数值表示的计划。¶~ 제어기 | 数控机床。

수칙[守则] 图【守则】shǒuzé ¶안전 ~ | 安全守则。¶학생 ~ | 学生守则。¶~을 준수 이행하다 | 遵行zūnxíng守则。

수컷 图【公的】gōng·de 【雄的】xióng·de 【牡的】mǔ·de

수크레[Sucre] 图〈地〉【苏克雷】Sūkèléi ["玻利维亚"(볼리비아;Bolivia) 의 법적 수도]

수탈[收夺] 图하타 【掠夺】lüèduó 【暴掠】bàoluè 【搜刮】sōuguā 【没收】mòshōu 【剥夺】bōduó ¶백성들의 재물을 ~하다 | 掠夺百姓财物/搜刮民财。¶재산을 ~하다 | 没收家产jiāchǎn。 참고〔抢〕〔搜括〕

수탉 图〈鸟〉【公鸡】gōngjī 【雄鸡】xióngjī 【戴冠郎】dàiguānláng 【牡鸡】mǔjī 【鸡公】jīgōng 참고〔司晨〕

수태[受胎] 图하자 【怀胎】huái/tāi 【怀孕】huái/yùn 【受胎】shòutāi ¶~조절 | 怀胎调节。

수통[水筒] 图【水筒】shuǐtǒng 【水管】shuǐguǎn

수퍼우먼[super woman] 图【女强人】Nǚqiángrén

수평[水平] 图【水平】shuǐpíng 【水准】shuǐzhǔn ¶~을 유지하다 | 保持bǎochí水平。¶~ 거리 | 水平距离。¶~ 무역 | 水平贸易。¶~ 운동 | 水平运动。¶~각 | 水平角。¶~면 | 水平面/水准面。

수평선[水平線] 图【水平线】shuǐpíngxiàn ¶~너머로 해가 지다 | 太阳tàiyáng落下水平线。

수포[水泡] 图❶ [물거품] 【水泡】shuǐpào ¶~가 생기다 | 起了水泡。❷ ("물거품"에 비유하여 허사의 의미) 【泡影】pàoyǐng ¶아름다운 꿈이 ~로 돌아갔다 | 美好的希望xīwàng成为泡影了。¶모든 계획이 ~로 돌아가다 | 所有计划jìhuà都成了泡影。

수표[手票] 图 【支票】zhīpiào 【支单】zhīdān ¶당좌 ~를 발행하다 | 发行支票。¶~를 끊다 | 开支票。¶지급보증 ~ | 保付支票/保证兑现支票。¶여행자 ~ | 旅行lǚxíng支票。

수풀 图❶ (나무가 무성한 곳) 【树丛】shùcóng ¶~이 우거지다 | 草木丛生。¶어린 아이가 ~ 속에 숨어 있다 | 小孩躲duǒ在树丛中。❷ (풀이 무성한 곳) 【草丛】cǎocóng ¶~가 | 草丛边。

수프[soup] 图【汤】tāng 【羹】gēng ¶옥수수 ~ | 玉米羹。

수필[随筆] 图〈文〉【随笔】suíbǐ 【漫

笔【漫记】mànbǐ 【散记】sǎnjì ¶~ 문학 | 随笔文学。¶그는 ~ 한 편을 썼다 | 他写了一则随笔。

수하[手下]圓❶ (부하)【手下】shǒuxià ¶강한 장군 ~의 병사는 없다 | 强将手下无弱兵。❷ (손아래)【晚辈】wǎnbèi 【少辈】shàobèi 【小辈】xiǎobèi 【下辈】xiàbèi

수학[数学]圓【数学】shùxué ¶~ 문제 | 数学问题。¶~ 공식 | 数学公式。

수해[水害]圓【水灾】shuǐzāi 【水害】shuǐhài 【洪灾】hóngzāi ¶~ 지구 | 受水灾地区。¶~ 대책 | 水灾对策/防洪措施。¶~ 이재민 | 遭受洪水灾害的灾民。

수행¹[遂行]圓하타【完成】wánchéng 【执行】zhíxíng 【实行】shíxíng 【履行】lǚxíng ¶맡겨진 과업을 ~하다 | 完成担负的任务rènwù。¶직무를 ~하다 | 执行职务。¶공무 ~ 중 | 执行公务中。¶정책을 ~하다 | 执行政策。

수행²[修行]圓하자【苦行修炼】kǔxíng xiūliàn ¶~자 | 苦行者。

수행³[随行]圓하타【随行】suíxíng 【随从】suícóng 【跟随】gēnsuí ¶~하는 사람들 | 随行的人们。¶대통령을 ~하다 | 跟随总统zǒngtǒng。¶~원 | 随行人员

수험[受验]圓【投考】tóu/kǎo 【应考】yìng/kǎo 【考试】kǎoshì ¶~표 | 投考费/应考费。¶~생 | 应考生/投考生。¶~ 준비 | 考试准备zhǔnbèi。¶~표 | 准考证。

수혈[输血]圓하자【输血】shū/xuè ¶부상자에게 ~하다 | 给伤员输血。

수혜[受惠]圓【受惠】shòuhuì ¶~국 | 受惠国。¶~자 | 受惠者。¶~ 대상 | 受惠对象duìxiàng。

수호[守护]圓하타【维护】wéihù 【守卫】shǒuwèi 【保卫】bǎowèi ¶평화를 ~하다 | 维护和平。¶조국을 ~하다 | 守卫祖国zǔguó。

수화[手话]圓【手势语】shǒushìyǔ 【手语】shǒuyǔ ¶~법 | 手势语法。

수화기[受话器]圓【听筒】tīngtǒng 【耳机】ěrjī

수확[收获]圓하타❶ (곡식을 거두어 들임)【收获】shōuhuò 【收割】shōugē

수확[收成]圓【收·cheng 【年成】nián·cheng 【年头(儿)】nián·tou(r) ¶~이 늘다 | 收成有所增加。¶~이 풍성한 창작 | 收获丰硕fēngshuò的创作。¶올해 ~은 어떠한가? | 今年的收成怎么样? ❷ (성과)【收获】shōuhuò 【收得】huòdé 【得到】dédào ¶현장실습을 통해서 얻은 ~ | 通过现场实习得来的收获。

수효[数爻]圓【数目】shùmù ¶~를 알려달라 | 把数目告诉我。

숙고[熟考]圓하타【深思】shēnsī ¶심사 ~하다 | 深思熟虑shúlǜ。¶~끝에 결단을 내리다 | 经过深思熟虑后断定duàndìng。

숙녀[淑女]圓【淑女】shūnǚ 【淑媛】shūyuán ¶예비 ~ | 预备yùbèi淑女。¶~티가 나다 | 像个淑女。¶요조~ | 窈窕yǎotiǎo淑女。

숙다圓❶ (앞으로 기울어지다)【向前低下】xiàng qián dīxià 【往前低下】wǎng qián dīxià 【耷拉】dā·la 【搭拉】dā·lā ¶그는 머리를 푹 숙이고 종일 말을 하지 않았다 | 他耷拉着脑袋nǎodài, 半天不说话。❷ (기운이 줄다)【没精打采】méi jīng dǎ cǎi 【无精打采】wú jīng dǎ cǎi 【垂头丧气】chuí tóu sàng qì 【低头丧气】dī tóu sàng qì 【蔫不唧儿】niān·bujīr 【衰弱】shuāi ruò ¶점차 기세가 숙어 들다 | 气势qìshì逐渐zhújiàn衰弱。

숙달[熟达]圓하자【熟练】shúliàn 【熟悉】shú·xī 【熟谙】shú'ān 【熟习】shúxí 【精通】jīngtōng ¶~된 솜씨로 시범을 보이다 | 用熟练的手艺shǒuyì给示范shìfàn。

숙덕거리다圓【嘁嘁私语】qī·qie sīyǔ 【窃窃私语】qiè·qie sīyǔ 【叽叽咕咕】jī·ji gūgū 【叨叨咕咕】dāo·dao gūgū ¶숙덕거리지만 말고 떳떳이 나서서 말하여라 | 不要嘁嘁私语, 要理直气壮qìzhuàng地出来说。¶그 사람들이 옆방에서 무엇인가 숙덕거리고 있다 | 那些人在隔壁屋里叨叨咕咕地在说些什么。

숙련[熟练]圓하타【熟练】shúliàn 【熟劲】shújìn ¶~된 기술자 | 熟练的技术jìshù人员。¶~되게 기계를 조종하다 | 熟练地操纵cāozòng机器。¶

~ 노동력 | 熟练劳动力。

숙련공[熟練工] 몡 【技工】jìgōng 【技术工人】jìshù gōngrén 【师傅】shī·fu 【熟练工】shúliàngōng 【熟练工人】shúliàn gōngrén 【老工(人)】lǎogōng(rén) 【老手】lǎoshǒu 【手工艺工人】shǒugōngyì gōngrén 【手艺人】shǒuyìrén ¶~을 양성하다 | 培养péiyǎng熟练工。

숙면[熟眠] 몡하짜 【睡得好】shuì·de hǎo 【熟睡】shúshuì 【熟眠】shúmián ¶~을 취하다 | 熟睡。

숙명[宿命] 몡 【宿命】sùmìng 【命中注定】mìngzhōng zhùdìng 【命定】mìngdìng ¶~의 대결 | 命中注定的大决战dàjuézhàn。¶~론 | 宿命论。¶~적 만남 | 命中注定的相逢xiāngféng。

숙모[叔母] 몡 【叔母】shūmǔ 【婶母】shěnmǔ 【婶娘】shěnniáng 【婶儿妈】shěnrmā

숙박[宿泊] 몡하짜 【住宿】zhùsù 【投宿】tóusù 【住在】zhùzài 【歇宿】xiēsù 【止宿】zhǐsù ¶그의 집에서 이틀간~ 했다 | 在他家住了两天。¶학생들은 대부분 학교에서 ~한다 | 学生大部分在校住宿。¶~ 신고 | 旅馆登记。

숙부[叔父] 몡 【叔叔】shū·shu 【叔父】shūfù 【阿叔】āshū ¶친~ | 亲叔叔。 참고〔仔大〕

숙사[宿舍] 몡 【宿舍】sùshè ¶배정된 ~에 들다 | 入住安排ānpái好的宿舍。¶학생 | 学生宿舍。¶~ 건물 | 宿舍楼lóu。

숙성[夙成] 몡하엄 【成熟】chéngshú 【早熟】zǎoshú 【老成】lǎochéng ¶말하는 걸 보니 여간 ~한 게 아니다 | 看他说话的样子比以往更成熟多了。

숙소[宿所] 몡 【住所】zhùsuǒ 【住处】zhù·chù 【寓所】yùsuǒ 【寓处】yùchù 【寓次】yùcì 【寓斋】yùzhāi ¶그의 ~에는 난방 설비가 되어있지 않다 | 他的住所中没有供暖设备shèbèi。¶~를 정하다 | 定好住处。¶그의 ~에는 전화가 있다 | 他寓所中有电话。

숙식[宿食] 몡하짜 【食宿】shísù 【膳宿】shànsù 【吃住】chīzhù ¶~을 스스로 해결하다 | 膳宿自理。¶~을 제공하다 | 提供吃住。

숙연[肅然] 몡하엄 【肃然】sùrán 【肃穆】sùmù ¶~히 머리 숙여 명복을 빌

다 | 肃然低头祈祷qídǎo冥福míngfú。¶~한 분위기 | 肃穆的气氛。

숙원[宿願] 몡 【宿愿】sùyuàn 【夙愿】sùyuàn 【素愿】sùyuàn 【前志】qiánzhì ¶~이었던 사업 | 宿愿的事业。¶~이 실현되다 | 实现宿愿。

숙이다 동 【低垂】dīchuí 【耷拉】dā·la 【搭拉】dālā 【俯首】fǔshǒu ¶고개를 ~ | 低垂着头。

숙제[宿題] 몡 ❶ (학생들에게 나누어 주는 과제) 【作业】zuòyè 【习题】xítí ¶~를 내다 | 布置bùzhì作业。❷ (앞으로 두고 해결해야 할 문제) 【课题】kètí ¶공해문제가 ~로 남아 있다 | 公害问题成为要解决jiějué的课题。

숙주나물 몡 ❶ (익히지 않은 나물) 【豆芽】dòuyá ❷ (숙주를 데쳐 요리한 반찬) 【豆芽菜】dòuyácài

숙지[熟知] 몡하타 【熟知】shúzhī 【明知】míngzhī 【情知】qíngzhī 【认识】rèn·shi ¶주의사항을 ~하다 | 熟知注意事项。

숙직[宿直] 몡하짜 【直宿】zhísù 【值班】zhíbān ¶~원 | 值班员。

숙청[肅淸] 몡하타 【肃清】sùqīng 【扫除】sǎochú 【清算】qīngsuàn 【清洗】qīngxǐ 【清除】qīngchú ¶반혁명 분자를 ~하다 | 肃清反革命分子。

숙취[宿醉] 몡 【深醉】shēnzuì 【宿醉】sùzuì 【宿酲】sùchéng ¶~로 머리가 아프다 | 喝过量了, 头很痛。

순¹[旬] 몡 【旬】xún ¶팔~ 노모 | 八旬老母。

순²[筍] 몡 【尖儿】jiānr 【杈儿】chàr 【芽】yá 【笋】sǔn ¶나무의 새~ | 树的新芽。¶~이 돋다 | 幼芽冒尖。

순³[純一] 몡 【纯】chún 【净】jìng ¶알맹이 | 纯粒。¶~ 거짓 말 | 纯假话jiǎhuà。

순간[瞬間] 몡 【瞬间】shùnjiān 【瞬间】shùnshí 【刹那】chànà 【刹子(间)】chà·zi(jiān) 【登时】dēngshí 【立刻】lìkè ¶~에 일어난 사고 | 一瞬间发生的事故shìgù。¶마지막 ~ | 最后的一刹那。¶그는 ~ 아찔하였다 | 他登时觉得眼前发黑fāhēi。

순결[純潔] 몡하엄 ❶ (순수하고 깨끗함) 【纯洁】chúnjié ¶~한 사람 | 纯洁的人。¶심성이 ~하다 | 心地纯洁。

572

¶～무구│纯洁无垢。❷(이성과의 성관계가 없음)【节】jié ¶～을 지키다│守节。¶～교육│纯洁教育。

순경[巡警] 몡【巡警】xúnjǐng【警察】jǐngchá

순교[殉教] 몡하자【殉教】xùn/jiào

순국[殉國] 몡하자【殉国】xùn/guó ¶젊은 장사가 몸을 바쳐 ～하다│年轻niánqīng的将士jiāngshì以身殉国。¶～선열│殉国先烈。

순금[純金] 몡【纯金】chúnjīn ¶～반지│纯金戒指。

순대[香肠] 몡【香肠】xiāngcháng【猪血灌肠】zhūxuè guàncháng

순도[純度] 몡【纯度】chúndù【成色】chéngsè ¶～가 높다│成色高。¶이 술은 ～가 좋다│这酒成色好。¶～증명서│纯度证明书。

순두부[－豆腐] 몡【豆腐脑(儿)】dòu·funǎo(r)【豆腐花】dòu·fuhuā【豆花(儿)】dòuhuā(r)

순례[巡禮] 몡하타〈宗〉【巡礼】xúnlǐ【朝拜圣地】cháobài·de ¶성지를 ～하다│巡礼圣地shèngdì。

순리[順理] 몡【顺理】shùnlǐ ¶～대로 살다│按照ànzhào顺理生活。¶～에 따라 일을 행하다│顺理而行。

순면[純綿] 몡【纯绵】chúnmián ¶～제품│纯绵制品。

순모[純毛] 몡【纯毛】chúnmáo ¶～스웨터│纯毛毛衣。

순박[淳朴;醇朴] 몡하형【淳朴】chúnpǔ ¶～한 사람│淳朴的人。¶～인심│淳朴的人心。

순번[順番] 몡【顺次】shùncì【次序】cìxù【序次】xùcì【轮番】lúnfān【轮班】lún/bān ¶～대로 줄을 서다│按顺次排列páiliè。¶～을 기디리다│等着顺序。¶～대로 입장하다│按照次序入场rùchǎng。

순사[死死] 몡【殉国】xùnguó ¶～한 애국지사│殉国的爱国志士。

순산[順産] 몡하타【顺产】shùnchǎn【安産】ānchǎn

순서[順序] 몡【顺序】shùnxù【次序】cìxù【序次】xùcì【位次】wèicì【程序】chéngxù ¶～를 지키다│遵守zūnshǒu顺序。¶～대로 입장하다│接照顺序入场。¶작업 ～│工作程序。

순수[純粹] 몡하형【纯正】chúnzhèng【纯真】chúnzhēn【纯粹】chúncuì【淳粹】chúncuì ¶～한 사랑을 고백하다│表白纯真的爱情。¶그는 ～한 북경 말을 한다│他说纯粹的北京话。¶～ 경험적인 단계│纯经验jīngyàn性的阶段jiēduàn。

순순하다[順順－] 형❶(태도가 고분고분하다)【温顺】wēnshùn【顺从】shùncóng【老老实实】lǎo·laoshíshí【乖乖】guāiguāi ¶묻는 대로 순순히 대답해라│问什么乖乖地回答什么。¶잔소리 말고 순순히 해주시오│少说废话，老老实实地给我办吧。❷(음식맛이 부드럽다)【不苦不辣不劣】bùkǔ bùlà búliè【醇和】chúnhé【平和】pínghé

순시[巡視] 몡하타【巡视】xúnshì【视察】shìchá ¶각 부서를 ～하다│巡视各部门。¶양자강 남북지방을 ～하다│巡视大江南北。

순식간[瞬息間] 몡【瞬间】shùnjiān【刹那】chànà【刹子(间)】chà·zi(jiān)【霎时】shàshí【顷刻之间】qǐngkèzhī jiān【瞬息】shùnxī【眨眼的工夫】zhǎyǎn·de gōng·fu ¶～에 생긴 일│瞬间发生的事情。¶～에 사라졌다│瞬息间便消失xiāoshī了。¶～에 변하는 정세│情势qíngshì瞬息即万变wànbiàn。

순위[順位] 몡【顺序】shùnxù【次序】cìxù【顺次】shùncì【等级】děngjí【顺位】shùnwèi【位次】wèicì ¶득표 ～│得票顺位。¶～를 다투다│争位次。

순응[順應] 몡하자❶(순순히 응함)【顺从】shùncóng❷(환경에 맞추어 적응함)【适应】shìyìng【答应】dā·ying【顺应】shùnyìng ¶시대적 요구에 ～하다│适应时代的要求。¶새로운 환경에 ～하다│适应新环境。¶역사 발전의 조류에 ～하다│顺应历史发展潮流。

순익[純益] 몡【纯益】chúnyì ¶～ 수수료│纯益手续费。¶～ 처분│盈余分配/净益分配。¶～ 한도│红利限度。

순전[純全] 몡하형【纯】chún【纯粹】chúncuì【完全】wánquán ¶이번 말싸움은 ～히 그 사람이 일으킨 것이다│此次争吵，纯粹是他一人挑tiāo起来的。¶이런 사고는 ～히 눈앞의 타산

만을 한 것이다 | 这种想法纯粹是只
为目前打算dǎsuàn。

순절[殉節] 명하자 [殉节]xùn/jié [徇
节]xùnjié ¶나라를 위해 ~하다 | 为
国殉节。

순정[純情] 명 [纯情]chúnqíng 【纯洁
的爱情】chúnjié·de àiqíng ¶~을 바
치다 | 献上纯情。

순조롭다[順調一] 형 【顺利】shùnlì 【一
帆风顺】yì fān fēng shùn ¶순조롭게
진행되고 있다 | 正在顺利地进行jìnx
íng。¶연회의를 순조롭게 개최하였
다 | 顺利地召开了年会。

순종[順從] 명하자 [顺从]shùncóng
【服从】fúcóng 【服服帖帖】fú·fu tiē·tiē
【随顺】suíshùn 【俯首贴耳】fǔ shǒu tiē
ěr ¶선생님의 말씀에 ~하다 | 顺从
老师的话。¶명령에 ~하다 | 服从命
令。¶~하는 수 밖에 없다 | 只能俯
首贴耳。

순직[殉職] 명하자 [殉职]xùn/zhí ¶
이씨는 몸을 바쳐 ~했다 | 老李以身
殉职了。¶현장에서 ~한 공무원 |
在现场xiànchǎng殉职的公务员gō
ngwùyuán。

순진[純眞] 명하형 【纯真】chúnzhēn
【纯洁】chúnjié 【天真】tiānzhēn ¶이
아이는 매우 ~하다 | 这个孩子很纯
真。¶~한 마음 | 纯洁的心。¶심성
이 ~하다 | 心地纯洁。

순찰[巡察] 명하타 【巡逻】xúnluó ¶~
대 | 巡逻队duì。¶~차 | 巡逻警车jǐ
ngchē。

순탄[順坦] 명하형 ❶ (성질이 까다롭
지 않음) 【和气】hé·qi 【温和】wēn·hé
¶~한 성미 | 和气的性子。❷ (길이 험하
지 않고 평탄함) 【平坦】píngtǎn 【平
实】píng·shi ¶~한 대로 | 平坦的大
道。¶길이 ~하다 | 路很平坦。❸
(탈이 없이 순조로움) 【一帆风顺】yì
fān fēng shùn 【平淡】píngdàn 【平顺】
píngdàn ¶일이 매우 ~하게 진행되고
있다 | 事情进行得很顺利。¶평생을
~하게 살아 왔다 | 一生过得平淡。

순풍[順風] 명 [顺风]shùnfēng 【背风】
bèifēng 【项风】xiàngfēng ¶~에 부
푼 돛 | 帆风满了顺风。¶오늘은 ~
을 만나 배가 아주 빨리 달린다 | 今天
顺风，船走得挺快。

순하다[順一] 형 ❶ (성질이 부드럽
다) 【温顺】wēnshùn ¶순한 사람 | 温
顺的人。¶양처럼 ~ | 像羊一般温
顺。❷ (온순하다) 【驯良】xúnliáng
【驯熟】xùnshú ¶순한 개 | 驯良的
犬jiāquǎn。❸ (맛이 독하지 않다)
【柔和】róu·hé 【不冲】búchōng 【醇
和】chúnhé 【平和】pínghé ¶순한 담
배 | 不冲的香烟xiāngyān/不辣的香
烟。¶이런 술은 아주 ~ | 这种酒jiǔ
很醇和。

순화[純化] 명하타 【纯化】chúnhuà
【净化】jìnghuà ¶명상을 통해 정신을
~하다 | 通过暝想míngxiǎng化精
神jīngshén。¶국어 ~운동 | 国语净
化运动。

순환[循環] 명자타 【循环】xúnhuán
【轮环】lúnhuán 【轮换】lúnhuàn 【轮
转】lúzhuǎn 【流程】lúchéng 【周转】zh-
ōuzhuǎn ¶혈액 ~ | 血液xuèyè循
环。¶~ 계통 | 循环系统。¶~ 도
로 | 循环公路。¶~도 | 流程图。¶
~ 유동 | 循环流动。¶~ 지수 | 周
期指数。

순회[巡廻] 명하타 【巡回】xúnhuí ¶각
지방을 ~하다 | 巡回各地。¶전국
~ 강연 | 全国巡回讲演jiǎngyǎn。¶
~ 공연 | 巡回演出yǎnchū。

숟가락 명 【汤匙】tāngchí 【勺子】sháo·
zi 【勺儿】sháor 【饭勺】fànsháo 【羹
匙】gēngchí 【调羹】tiáogēng ¶~으
로 아이에게 밥을 먹이다 | 用汤匙给
孩子喂饭wèifàn。

술 명 [酒]jiǔ ¶~을 마시다 | 喝酒。¶
~을 따르다 | 倒dǎo酒。 참고 [壶中
物]【黄汤(子)】[梨花春]【里革绵】[猫
儿尿]【三酉]【扫愁帚]【水愁袂]【四
子】[天与大夫]【忘忧物]

술기운 명 【酒气】jiǔqì 【酒意】jiǔyì 【酒
劲】jiǔjìn ¶~이 가시다 | 消除xiāoch-
ú酒气。¶~을 빌려 큰 소리를 치다
| 借着酒劲儿说大话。¶그의 얼굴에
~이 가득하다 | 他脸上酒意甚浓。

술꾼 명 【酒客】jiǔkè 【酒徒】jiǔtú 【酒龙】
jiǔlóng

술래잡기 명하자 【捉迷藏】zhuōmícáng
【捉老瞎】zhuō lǎoxiā ¶단도직입
적으로 딱 잘라서 말해라, ~같은 말
장난은 하지 말고 | 你直截了当zhíjiél-

574

iǎodāng地说吧, 不要跟我捉迷藏了。 참고〔捉藏猫〕〔捉猫猫〕〔藏猫儿〕〔藏闷儿〕〔藏蒙哥儿〕〔藏觅歌儿〕〔蒙老瞎〕

술렁거리다 동【心慌意乱】xīn huāng yì luàn【荡漾】dàngyàng【乱嗡嗡】luàn wēngwēng【激荡】jīdàng【激动】jīdòng【鼓荡】gǔdàng【忐忑】tǎntè ¶ 직원들이 ~ | 职员们心慌意乱。 ¶ 전세계를 술렁거리게 하다 | 激荡全球。 ¶ 술렁거리는 마음 | 忐忑不安的心情。 ¶ 연말 연시가 되면 괜히 술렁거린다 | 到年末年初, 就无缘无故的忐忑不安。

술병[1][－病] 명【因酒生的病】yīn jiǔ shēng·de bìng ¶ ~이 나다 | 发酒隐。

술병[2][－瓶] 명【酒瓶】jiǔpíng

술상[－床] 명【酒桌】jiǔzhuō ¶ ~을 보다 | 摆酒桌。

술수[術數] 명【圈套】quāntào【计谋】jìmóu【诡计】guǐjì【伎俩】jìliǎng ¶ 남의 ~에 빠지다 | 陷入xiànrù别人的计谋。 ¶ 적의 ~에 걸려들다 | 中zhòng敌人的诡计。 ¶ 다른 사람을 속이는 ~ | 欺骗人的伎俩。 참고〔计蔑〕〔诡谋〕〔鬼计〕〔鬼八卦〕〔鬼点儿〕〔鬼点子〕〔花招〕〔阴谋〕

술술 부 ❶ (물이나 가루 등이 잇달아 새어 나오는 모양)【哗哗地】huāhuā·de【源源】yuányuán ¶ 물이 ~ 새다 | 水哗哗地漏lòu出来。 ¶ 샘물이 흐르듯 그렇게 ~ 흐르지 않았다 | 没有像泉水那样源源流出。 ❷ (얽힌 문제나 실이 수월하게 풀리는 모양)【顺溜溜地】shùnliūliū·de ¶ 실이 ~ 풀리다 | 线顺溜溜地被折开了。 ❸ (말이나 글이 거침없이 나오는 모양)【流畅】liúchàng【流利】liúlì【琅琅】lángláng ¶ 이 글은 아주 잘 썼기 때문에 ~ 잘 읽힌다 | 这篇文章写得很好, 琅琅上口。 ¶ 말을 ~ 잘한다 | 说话流利。 ❹ (바람이 부드럽게 부는 모양)【徐徐】xúxú ¶ 바람이 ~ 불어온다 | 风徐徐地吹来。

술어[述語] 명 〈言〉【谓语】wèiyǔ【述语】shùyǔ

술자리 명【酒席】jiǔxí【酒宴】jiǔyàn【酒坐】jiǔzuò【酒座】jiǔzuò ¶ ~를 벌이다 | 摆酒席。 참고〔喜宴〕〔喜酒〕

술잔[－盞] 명【酒杯】jiǔbēi【酒盅】jiǔzhōng ¶ ~을 기울이다 | 饮酒。 ¶ ~을 나누다 | 推杯换盏。 참고〔杯子〕〔樽〕〔爵〕

술집 명【酒铺】jiǔpū【酒家】jiǔjiā【酒馆】jiǔguǎn【酒吧】jiǔbā【酒店】jiǔdiàn【酒户】jiǔhù ¶ ~을 경영하다 | 开酒馆。

술책[術策] 명 ☞ 술수

술타령[－打令] 명하자【好酒贪杯】hǎo jiǔ tān bēi【喝酒玩乐】hējiǔ wánlè ¶ 허구한 날 ~이다 | 空虚kōngxū的日子就好酒贪杯。

술회[述懷] 명하타【述怀】shùhuái ¶ 그와의 정다웠던 지난날을 ~하다 | 述怀和他温情的过去。 참고〔回忆〕〔追悔〕

숨 명 ❶ (공기를 들이마시고 내쉬는 일)【气】qì【呼吸】hūxī ¶ ~을 들이쉬다 | 吸气。 ¶ ~을 헐떡거리다 | 气喘chuǎn。 ¶ ~을 깊이 쉬다 | 深呼吸。 ¶ ~을 거두다 | 断气。 ❷ (채소 따위의 생생한 기운)【新鲜劲儿】xīn·xiānjìnr ¶ 배추를 ~만 죽여 겉절이를 하다 | 把白菜的新鲜劲儿弄蔫niān生拌bàn。

숨결 명 ❶ (호흡)【呼吸】hūxī ¶ ~이 고르다 | 呼吸平稳píngwěn。 ❷ (기운)【气息】qìxī

숨기다 동【隐瞒】yǐnmán【隐藏】yǐncáng【隐晦】yǐnhuì【窝藏】wōcáng【隐】yǐn【瞒】mán【埋】mái【藏】cáng ¶ 신분을 ~ | 隐瞒身分。 ¶ 더 이상 숨길 수 없다 | 再也瞒不住了。 ¶ 범인을 숨기는 것도 범법 행위이다 | 窝藏罪犯zuìfàn也是犯法fànfǎ的。 ¶ ¶ 웃음 속에 칼을 ~ | 笑里藏刀。 참고〔潜隐〕〔掩盖〕〔隐匿〕〔伏藏〕〔窝留〕

숨긴 파일[hidden file] 명 〈電算〉【隐含文件】yǐnhánwénjiàn

숨김없이 부【毫无隐瞒地】háowú yǐnmán·de ¶ 조금도 ~ 털어놓다 | 毫无隐瞒地说出来。

숨다 동 ❶【藏】cáng【隐藏】yǐncáng【躲】duǒ【隐】yǐn【隐匿】yǐnnì ¶ 그는 나무 뒤에 숨었다 | 他藏在树shù后头。 ¶ 저기에 한 사람이 숨어 있다 | 那儿躲着一个人。 ¶ 산림에 ~ | 隐匿山林。 ❷【默默无闻】mò mò wú wén ¶ 숨은 공로 | 默默无闻的功劳gōngláo。

숨돌리다 동【喘息】chuǎnxī【喘气】chuǎnqì【缓气】huǎnqì【松口气】sōngkǒuqì【喘口气】chuǎn kǒuqì ¶숨돌릴 틈도 주지않고 몰아 세우다 | 不给喘气的机会jīhuì训xùn了一下。¶수술 경과가 좋아 숨을 돌리게 되었다 | 手术结果很不错, 这下可以松口气了。

숨막히다 图❶ (호흡이 곤란하다)【窒息】zhìxī ¶숨이 막혀 죽다 | 因窒息而死。❷ (기분이 답답하다)【窒闷】zhìmèn ❸ (긴장되다)【紧张】jǐnzhāng ¶숨막히는 접전 | 十分紧张的交战jiāozhàn。

숨바꼭질 图하자【捉迷藏】zhuō mícáng ¶구름 사이에서 ~하는 달 | 月亮yuè·liang像在云雾里捉迷藏似的shì·de若隐若现。¶아이들이 ~을 하고 있다 | 孩子们在玩捉迷藏。**참고**〔捉老瞎〕〔捉猫猫〕〔藏猫儿〕〔藏闷儿〕〔藏蒙哥儿〕

숨소리 图【呼吸声】hūxīshēng【喘哮】chuǎnxiāo【呼吸】hūxī ¶~를 죽인 채 그 광경을 바라보다 | 屏住呼吸观看那情景qíngjǐng。

숨쉬다 图【呼吸】hūxī【喘气】chuǎnqì ¶대지도 조용히 ~ | 大地也平静píngjìng地呼吸。

숨죽다 图❶ (싱싱한 기운을 잃다)【腌】yān【蔫】niān ¶숨죽은 배추 | 发蔫的白菜báicài。¶야채가 숨이 죽었다 | 菜蔫了。❷ (호흡을 하지 않다)【不闻声息】bù wén shēng xī【停止活动】tíngzhǐ huódòng

숨죽이다 图❶ (호흡을 멈추다)【停止呼吸】tíngzhǐ hūxī ❷ (숨소리가 들리지 않게 조용히 하다)【屏息】bǐngxī【屏声息气】píng shēng xī qì【屏声静息】píng shēng jìng xī ¶숨죽이고 엿듣는다 | 屏住呼吸在旁偷听tōutīng。

숨지다 图【绝命】jué/mìng【殒命】yǔnmìng【殒没】yǔnmò【殒身】yǔnshēn【咽气】yān/qì【断气】duàn/qì【气绝】qìjué

숨차다 图【气喘】qìchuǎn【喘气(儿)】chuǎnqì(r) ¶숨차서 더이상 달릴 수가 없구나 | 喘不过来气了, 再也跑不动了。

숨통 图[-筒] 图〈생〉❶【气管】qìguǎn ❷【生命】shēngmìng

숫- 图❶ (表示"头一次""纯真"等的意

思) ¶~처녀 | 处女/黄花闺女。¶~총각 | 小伙子/后生。❷【雄】xiōng【公】gōng ¶~양 | 公羊。¶~염소 | 公山羊。

숫기[-氣] 图【不害羞】búhàixiū【大方】dàfāng ¶~가 좋아 아무데도 잘 나선다 | 因大方不管什么场合chǎng·ɑ都喜欢出面chū·mian。

숫자[数字] 图❶ (수를 나타내는 글자)【数位】shùwèi【数字】shùzì【数目字】shùmùzì【数码(儿)】shùmǎ(r) ¶아라비아~ | 阿拉伯数字。¶천문학적 ~ | 天文数字。¶~ 제어 | 数字控制kòngzhì。¶~ 통신 | 数字通信。¶~ 암호 | 数字代码。❷ (산수)【算术】suànshù ¶~에 밝다 | 精于算术。

숫제[-際] 图❶【含羞】hán/xiū ❷【宁可】nìngkě【干脆】gāncuì ¶그렇게 말할 바에야 ~ 그만둬라 | 既然那么说干脆就算了。

숭고[崇高] 图하형【崇高】chōnggāo ¶~한 이상 | 崇高的理想。¶~한 희생정신을 본받다 | 学习崇高的牺牲精神xīshēngjīngshén。

숭늉 图【锅巴水】guōbāshuǐ【锅巴汤】guōbātāng

숭배[崇拜] 图하타【崇拜】chóngbài【迷信】míxìn ¶우상~ | 偶像ǒuxiàng崇拜。¶그는 그의 조상을 ~한다 | 他崇拜自己的祖先。

숭상[崇尚] 图하타【崇尚】chóngshàng【崇奉】chóngfèng ¶예의를 ~하다 | 崇尚礼仪lǐyí。¶근검을 ~하다 | 崇尚勤俭qínjiǎn。¶이곳의 사람들은 지식이 있는 사람을 ~한다 | 这儿的人崇尚有知识的人士。

숭숭 图❶ (구멍이 많이 난 모양)【密密麻麻】mì·mimámá【密麻】mìmá·má ¶구멍이 ~ 뚫리다 | 密密麻麻尽jìn是窟窿kūlong。¶총알 자국이 ~ 뚫린 담벽 | 枪眼qiāngyǎn密密麻麻的墙壁。❷ (큰 땀방울이 맺힌 모양)【冒大汗】mào/dàhàn ¶이마에 구슬땀이 급방 ~ 맺혔다 | 额上立刻lìkè就冒mào出黄豆粒般大的汗珠。❸ (물건을 듬성듬성 빨리 써는 모양)【大块大块地切】dàkuài dàkuài·de qiē ¶호박과 고추를 ~ 썰어 넣다 | 把南瓜

和辣椒là jiāo 切成大块放进去。

숭엄하다 【崇嚴-】**웹** 【崇高而威嚴】ch-ónggāo ér wēiyán 【庄嚴】zhuāngyán

숯 **명** 【木炭】mùtàn 【炭】tàn ¶~을 때다 | 烧shāo木炭。¶~을 굽다 | 烧炭。¶~가마 | (木)炭窑。¶~검정 | 木炭烟子。

숱하다 **웹** 【很多】hěn duō 【好多】hǎoduō 【大量】dàliàng ¶숱한 사건 | 很多事件。¶그런 일은 숱하게 보았다 | 那样的事情见的很多。

숲 **명** **❶** 【树丛】shùcóng 【树林】shùlín ¶~이   우거지다 | 树丛茂密màom-ì。¶어린 아이가 ~ 속에 숨어 있다 | 小孩躲duǒ在树丛中。**❷** 【草丛】cǎocóng

쉬 **묀** **❶** (곧) 【不久】bùjiǔ 【很快】hěn kuài ¶그는 ~ 돌아올 것이다 | 他不久就会回来的。**❷** (쉽게) 【容易】róngyì 【呆一会儿】dāiyīhuìr ¶~ 해결될 일이 아니다 | 不是容易解决jiějué的事。

쉬² **캠** 【嘘】xū ¶~! 조용해라 | 嘘! 安静点儿。¶모두들 ~~거리며 그를 쫓아보냈다 | 大家把他嘘下走了。¶~! 소리내지 마라 | 嘘! 别做声。

쉬다¹ **통** 【馊】sōu 【发馊】fāsōu 【坏】huài ¶밥이 쉬었다 | 饭馊了。¶쉰 냄새를 풍기다 | 散发sànfā馊味。

쉬다² **통** 【嘶哑】sīyǎ 【沙哑】shāyǎ ¶목이 ~ | 嗓子sǎng·zi哑了/嗓音沙哑/喉咙沙哑。¶쉰 목소리로 말하다 | 嘶哑地说。¶목이 쉬어 소리가 나오지 않는다 | 嗓子沙哑哑不了声音。

쉬다³ **통** **❶** (휴식하다) 【休息】xiū·xi 【休歇】xiūxiē 【憩息】qìxī 【歇】xiē 【苏息】sūxī ¶쉬는 시간이 되었다 | 休息的时间到了。¶출장을 다녀온 후 그는 이틀을 쉬었다 | 出差chūchāi回来后, 他休息了两天。¶잠시 쉬었다가 가자 | 我们休息一会儿再走吧。¶잠깐 ~ | 歇一会儿。**❷** (멈추다) 【停】tíng ¶잠시도 쉬지 않고 흐르는 강물 | 河流一刻也不停地流着。**❸** (결석·결근하다) 【休息】xiū·xi ¶회사를 하루 쉬었다 | 休息了一天。

쉬다⁴ **통** 【呼吸】hūxī ¶숨을 가쁘게 ~ | 吃力chīlì地呼吸。

쉬쉬하다 **통** 【窃窃私语】qièqiè sīyǔ

【密谈】mìtán 【交头接耳】jiāo tóu jiē ěr 【交耳】jiāo·ěr ¶소문이 날까하여 ~ | 怕走漏风声zǒulòufēngshēng窃窃私语。

쉬엄쉬엄 **묀** 【间歇】jiānxiē 【边歇边干】biānxiē biāngān ¶바쁘지 않으니 ~해도 된다 | 因不忙, 边歇边干也可以。¶~ 내리는 비 | 下一会儿, 停一会儿的雨。

쉰 **준·관** 【五十】wǔshí ¶~개 | 五十个。

쉰내 **명** 【发馊味(儿)】fāsōuwèi(r) 【馊味儿】sōuwèir ¶~가 나다 | 有馊味儿。

쉴새없이 **묀** 【不停地】bùtíng·de 【不断】búduàn ¶~ 드나든다 | 不停地出入。¶~ 밀려오는 파도 | 不断涌yǒng来的波涛bōtāo。

쉼표 【-標】 **명** 〈音〉【休止符】xiūzhǐfú 【呼吸记号】hūxī jìhào ¶~를 찍다 | 打休止符。

쉽다 **웹** **❶** (힘들거나 어렵지 않다) 【容易】róngyì 【轻易】qīng·yì 【轻松】qī-ngsōng 【省力】shěng/lì ¶책이 읽기 ~ | 这书读dú起来容易。¶틀리기 쉬운 문제 | 容易错cuò的问题。¶말하기는 쉬워도 행하기는 어렵다 | 说起来容易做起来难。¶너무 쉽게 속았다 | 轻易地上了当duàng。**❷** (가능성이 많다) 【很可能】hěnkěnéng 【十分可能】shífēn kěnéng

슈퍼 [super] **명** **❶** 【超级】chāojí 【特级】tèjí **❷** ☞ 슈퍼마켓

슈퍼마켓 [super market] **명** 【超级市场】chāojí shìchǎng 【自动售货商店】zìdòng shòuhuò shāngdiàn 【超级商场】chāojí shāngchǎng

슈퍼맨 [superman] **명** 【超人】chāorén ¶나도 ~이고 싶다 | 我想当超人。

슈퍼스타 [superstar] **명** 【超级明星】chāojí míngxīng

슛 [shoot] **명**(**體**) **❶** 【投篮】tóu/lán ¶~이   부정확하다 | 投篮不准bùzhǔn。¶장거리   ~ | 远距离yuǎnjùlí投篮。¶점프   ~ | 跳投篮。**❷** 【射门】shèmén ¶제때에 ~을 하다 | 及时jíshí射门。

스님 **명** **❶** 【师父】shī·fu **❷** 【和尚】hé·shang

스러지다 **통** **❶** 【消失】xiāoshī 【消散】xi-

ōsàn ¶별이 하나 둘 ~ | 星星一个
一个消失了。❷〔灭〕miè
－스럽다 回〔变名词为形容词的词尾〕
¶사랑~ | 可爱。¶자랑~ | 值得骄
傲。

스르르 튀❶〔얽힌 것이 힘없이 풀리는
모양〕【苏鲁鲁】sūlǔlǔ【苏苏地】sūsū·
de ¶실이 ~ 풀리다 | 线苏鲁鲁地解
开jiěkāi了。❷〔눈이 슬며시 감기는
모양〕【轻轻地】qīngqīng·de【静静
地】jìngjìng·de ¶눈이 ~ 감긴다 | 静
静地闭眼。❸〔녹는 모양〕【苏鲁鲁】s-
ūlǔlǔ ¶눈이 ~ 다 녹아버리다 | 雪苏
鲁鲁全溶化rónghuà了。❹〔슬며시
움직이는 모양〕【唰地】shuā·de ¶손
가락사이로 모래가 ~ 다 빠져버렸다
| 沙子从手指shǒuzhǐ间唰地全漏下了
uxià去了。❺〔감정이 저절로 풀리는
모양〕【不知不觉地】bùzhī bùjué jiān
¶아이의 재롱에 노여움이 ~ 풀렸다
| 看着孩子天真可爱的样子，气儿不
知不觉就消了。

스리랑카〔Sri Lanka〕圆〈地〉【斯里兰
卡】Sīlǐlánkǎ〔수도는 "科伦坡"（콜롬
보; Colombo〕〕

스릴〔thrill〕圆【紧张】jǐnzhāng【兴奋】x-
īngfèn【鼓动】gǔdòng【鼓荡】gǔdàng
【震颤】zhènchàn ¶~과 서스펜스의
연속 | 紧张和刺激cìjī的连续liánxù。

스마일〔smile〕圆【微笑】wēixiào

스마트〔smart〕圈【聪明】cōng·
ming【聪睿】cōngruì【聪悟】cōngwù
【聪颖】cōngyǐng【伶俐】líng·lì【机敏】
jīmǐn【精明】jīngmíng ¶~하고 유능
하다 | 聪明能干gàn。

스며들다 동❶〔浸透】jìntòu【透入】tòurù
【渗入】shènrù【浸渍】jìnzì【泌入】mìr·
ù ¶땀이 셔츠에 스며들었다 | 汗水浸
透了衬衫chènshān。

스모그〔smog〕圆【烟雾】yānwù ¶~
가 대지를 뒤덮고 있다 | 烟雾笼罩lǒ-
ngzhào着大地。

스무 관〔二十〕èrshí ¶~살 | 二十岁。
¶~장 | 二十张。

스물 㑞〔二十〕èrshí ¶그 청년은 나이
가 ~이다 | 那个小伙子年方二十。

스미다 동❶〔액체가 배어들다〕【渗
进】shènjìn【渗透】shèntòu ¶창 틈으
로 빗물이 ~ | 从窗缝chuānghfè-

ng里渗进雨水。¶빗물이 진흙에 ~ |
雨水渗进了泥土nítǔ。¶땀이 셔츠
에 ~ | 汗水渗透了衬衫chènshān。
❷〔기체 따위가 속으로 흘러들다〕
【透进】tòujìn【射进】shèjìn ¶옷속으
로 스미는 찬바람 | 透进衣服里的冷
风lěngfēng。❸〔절실하게 느껴지다〕
【蕴藏】yùncáng【深藏】shēncáng ¶
뼈속까지 스미는 고독 | 深藏在骨里
的孤独gūdú。

스산하다 圈❶〔마음이 안정되지 않고
어수선하다〕【凄凉】qīliáng【凄冷】qī-
lěng【凄迷】qīmí【凄清清】qīngqīng·
qīng【冷湫湫】lěngqiūqiū【凉飕飕】
liángsōusōu ¶스산한 달빛 | 凄凉的月
色。¶스산한 바람 | 凉飕飕的风。❷
스산히 부는 가을 바람 | 吹的凉飕飕
的秋风。❷〔거칠고 쓸쓸하다〕【风飕
飕】fēngsōusōu【萧瑟】xiāosè【阴森
森】yīnsēnsēn ¶어두침침하고 스산
한 지하 궁전 | 阴森森的地下宫殿。

스스럽없다 圈❶〔친근하다〕【亲近】qī-
njìn【亲密】qīnmì【不分彼此】bùfēn-
bǐcǐ ¶그들 둘은 아주 ~ | 他俩很亲
近。¶스스럽없는 사이 | 亲密无间的
关系。❷〔대범하다〕【大方】dàfāng
【不拘束】bùjūshù【不拘谨】bùjǐn
¶돈 쓰는 것이 ~ | 花钱huāqián大
方。¶행동이 ~ | 举止jǔzhǐ大方。

스스로 튀❶〔자기힘으로〕【自己】zìjǐ
¶자기 일은 ~ 해야 한다 | 自己的事
自己干。¶자신의 일은 ~ 해라, 남에
게 신세지지 말고 | 自己的事自己做，
不要依赖yīlài别人。❷〔자진하여〕
【自愿】zìyuàn【自动】zìdòng【主动】
zhǔdòng【自觉】zìjué ¶~ 참가하다
| 自动参加cānjiā。¶~ 철회하다 |
自动撤回chèhuí。❸〔저절로〕【自然
而然】zìrán érrán ¶~ 이루어진 일 |
自然而然地办成bànchéng的事情。

스승 圆【师父】shīfù【老师】lǎoshī【导
师】dǎoshī【师傅】shīfù ¶~의 은혜
| 导师之恩。{참고}【恩师】【教师】

스와질랜드〔Swaziland〕圆〈地〉【斯威
士兰】Sīwēishìlán〔아프리카 동남부
의 영국 연방 입헌 군주국. 수도는 "姆
巴巴纳"（음바바네; Mbabane〕〕

스웨덴〔Sweden〕圆〈地〉【瑞典】Ruìdi-

ǎn 〔스칸디나비아(Scandinavia) 반
도의 왕국. 수도는 "스德哥尔摩"(스톡
홀름;stochholm)〕【瑞典】ruìguó

스웨터[sweater] 명 【毛衣】máoyī 【羊
毛套衫】yángmáo tàoshān 【运动衫】y-
ùndòngshān ¶～를 짜다 | 打毛衣.

스위스[Switzerland] 명 〈地〉【瑞士】
Ruìshì 〔유럽 동부의 공화국. 수도는
"伯尔尼"(베른;Bern)〕

스위치[switch] 명 【电钮】diànniǔ 【电
闸】diànzhá 【开关】kāiguān ¶～를 누
르다 | 按电钮. ¶～를 　켜다 | 开开
关. ¶～ 박스 | 开关箱. 참고〔开闭
器〕【电门】ménmén;【掣掣】司闸板〕

스위트[sweet] 명 【甜】tián 【含糖】hán-
ntáng【甜蜜】tiánmì

스치다 통 ❶ (서로 닿을듯 말듯 지나가
다) 【掠过】lüè·guo 【擦过】cā·guo
【吹拂】chuīfú ¶한바탕 바람이 지붕
을 스쳐 지나갔다 | 一阵风掠过了屋
顶wūdǐng. ¶봄바람이 얼굴을 ～ |
春风吹拂在脸lǐ上. ❷ (경과하다)
【路过】lùguò【路经】lùjīng ❸ (생각이
퍼뜩 떠오르다) 【掠】lüè ¶문득 불길
한 예감이 스치고 지나갔다 | 忽然hū-
rán掠过不祥xiáng的预感yùgǎn.

스카이[sky] 명 【天】tiān【天空】tiānkō-
ng【苍穹】cāngqióng【上空】shàngkō-
ng ¶～라인 | 空中轮廓线/天际. ¶
～웨이 | 航空线.

스카프[scarf] 명 【围巾】wéijīn 【披巾】
pījīn【领巾】lǐngjīn【颈巾】jǐngjīn ¶～
를　두르다 | 围围巾/打围巾/披pī披
巾. ¶붉은 ～ | 红领巾. 참고〔围脖
儿〕【领兔ng巾〕

스캐너[scanner] 명〈電算〉【扫描仪】s-
ǎomiáoqí【扫描机】sǎomiáojī

스캔들[scandal] 명 【丑闻】chǒuwén
【丑行】chǒuxíng 【丑事】chǒushì ¶정
계의 ～ | 政界的丑闻. ¶그는 ～ 한
가지를 저질렀다 | 他做了一件丑事.

스캔 디스크[scan disk] 명〈電算〉【磁
盘扫描】cípán sǎomiáo

스커트[skirt] 명 【西式裙子】xīshì qún·
zi【西服裙】xīfúqún

스케이트[skate] 명 ❶ 【冰鞋】bīngxié
❷〈體〉【滑冰】huábīng ¶～장 | 滑
冰场. ¶～화 | 滑冰鞋.

스케이팅[skating] 명〈體〉【滑冰】huá-

/bīng 【跑冰】pǎobīng 【溜冰】liū/bīng
¶피겨 ～ | 花样滑冰/花式滑冰. ¶
스피드 ～ | 速度滑冰/快速滑冰. ¶
겨울이 오면 나는 매일 ～하러 간다 |
一到冬季, 我每天去溜冰.

스케일[scale] 명 ❶ (도량) 【度量】dùli-
àng【肚量】dùliàng【器量】qìliàng ¶
그는 ～이 커서 능히 사람을 포용할 수
있다 | 他度量大，能容人. ❷ (규모)
【规模】guīmó 【刻度】kèdù 【标度】biā-
odù ¶전에 없던 ～ | 规模空前. ¶
～이 매우 크다 | 规模宏大hóngdà.

스케줄[schedule] 명 ❶ (시간표) 【时
间表】shíjiānbiǎo 【计划表】jìhuàbiǎo
【课程表】kèchéngbiǎo 【程序表】ché-
ngxùbiǎo 【旅程表】lǚchéngbiǎo 【进
程表】jìnchéngbiǎo ¶꽉 짜인 ～ | 满
满的时间表. ❷ (계획·일정) 【一览
表】yīlǎnbiǎo 【清单】qīngdān【日程】rì-
chéngpáirìchéng【旅程】lǚchéng【进
度】jìndù ¶～을 잡다 | 作计划.

스케치[sketch] 명하터 ❶ (사생) 【速
写】sùxiě【写生】xiěshēng【素描】sùm-
iáo ¶가두 ～ | 街上速写. ¶～북 |
素描簿/速写簿. ❷ (짧은　단막극)
【小品】xiǎopǐn 【短剧】duǎnjù ❸ (묘
사적인 짧은 곡) 【简易曲】jiǎnyìqǔ
【小曲】xiǎoqǔ

스코어[score] 명〈體〉【比分】bǐfēn
【分数】fēnshù ¶～가 비슷하다 | 比
分接近jiējìn. ¶경기가 시작되자 우
리의 ～가 줄곧 멀리 앞서 나갔다 | 比
赛sài一开始，我们的比分就遥yáo遥
领lǐng先.

스쿠버[scuba] 명 【水中呼吸器】shuǐ-
zhōng hūxīqì 【水肺】shuǐfèi

스크랩[scrap] 명 【剪报】jiǎnbào 【剪
贴】jiǎntiē ¶그는 매일 총재를 위해 ～
을 한 부 준비한다 | 他每天为总裁zǒ-
ngcái准备zhǔnbèi一份剪报. ¶～북
| 剪报簿/剪贴簿.

스크롤[scroll] 명〈電算〉【滚动】gǔndò-
ng

스크롤 바[scroll bar] 명〈電算〉【滚动
条】gǔndòngtiáo

스크린[screen] 명 ❶〈藝〉【银幕】yí-
nmù 【影幕】yǐngmù ¶대형 ～에 담은
한국현대사 | 搬入bānrù大型银幕的
韩国现代史 xiàndàishǐ. ❷〈電算〉

579

【屏幕】píngmù

스크린 세이버[screen saver] 몡〈電算〉【屏幕保护程序】píngmù bǎohù chéngxù

스크립터[scripter] 몡【剧本作者】jùbén zuòzhě【电影作者】diànyǐng zuòzhě【广播节目撰稿者】guǎngbō jiémù zhuàngǎo zhě【场记员】chǎngjìyuán ¶그녀는 방송국으로 일하고 있다 | 她在电台当编剧。

스키[ski] 몡〈體〉❶ (경기)【滑雪】huá/xuě ¶김선생님은 ~를 아주 잘 탄다 | 金老师很会滑雪。¶~장 | 滑雪场/滑雪站/滑雪场。❷ (화)【滑雪鞋/滑雪靴】huáxuě/huáxuě ❸ (스키 도구)【滑雪板】huáxuěbǎn【雪板】xuěbǎn

스타[star] 몡❶ (별)【星】xīng ❷ (인기 있는 배우나 운동선수)【明星】míngxīng ¶영화계의 인기 ~ | 电影明星/影星。¶연예계의 ~ | 演艺界yǎnyìjiè 的一颗明星。참고〔名角juě (儿)〕【名星】

스타일[style] 몡❶ (형식·양식)【式样】shìyàng【花样(儿)】huāyàng(r)【款式】kuǎnshì ¶새로운 ~을 설계하다 | 设计新的式样。¶이 옷의 ~은 아주 유행하는 것이다 | 这衣服的款式挺时髦shímáo的。❷ (자태)【姿态】zītài【风采】fēngcǎi ❸〈文〉【文体】wéntǐ【风格】fēnggé ❹〈建〉【样式】yàngshì

스타킹[stocking] 몡【长袜】chángwà【袜子】wà·zi【长筒袜】chángtǒngwà ¶팬티~ | 三角裤袜。

스타트[start] 몡하자 ❶【出发】chū/fā ¶~ 라인 | 出发线。❷【开始】kāishǐ ¶스타팅 멤버 | 开场球员/开场选手。

스타트 메뉴[start menu] 몡〈電算〉【开始菜单】kāishǐcàidān

스태그플레이션[stagflation] 몡【停滞性通货膨胀】tíngzhìxìng tōnghuò péngzhàng【停滞膨胀】tíngzhì péngzhàng【滞胀】zhìzhàng

스태미나[stamina] 몡【精力】jīnglì【耐力】nàilì ¶~가 왕성하다 | 精力旺盛wàngshèng。참고〔持久力〕【持久力】

스탠더드[standard] 몡【标准】biāozhǔn【规格】guīgé【水平】shuǐpíng【规范】guīfàn【准则】zhǔnzé ¶~에 맞지

않다 | 不合规格。¶~ 사이즈 | 标准尺寸 ¶~ 샘플 | 标准样本。

스탠드[stand] 몡❶ (물건을 올려 놓는 대)【架儿】jiàr【架子】jià·zi【几儿】jǐr【台】tái ¶잉크~ | 墨水台。❷ (운동장의 관람석)【看台】kàntái【座(儿)】zuò(r) ¶관중들이 ~에서 환호하다 | 观众在看台上欢呼huānhū。¶~에 앉다 | 入座儿。¶~가 가득차다 | 满座儿。

스탠리[Stanley] 몡〈地〉【斯坦利港】Sītǎnlìgǎng ["福克兰群岛"(포클랜드 제도;Falkland Islands) 의 수도]

스탠바이[Stand-by] 몡【待命状态】dàimíng zhuàngtài【待命】dàimíng【备用】bèiyòng ¶원래 위치에서 ~하시오 | 请在原地待命。¶~ 타임 | 待时。

스탬프[stamp] 몡【印章】yìnzhāng【戳记】chuōjì ¶사진에 ~가 찍혀 있다 | 照片上有了戳记。¶~ 잉크 | 印墨水。¶~ 조항 | 印戳条款。

스턴트맨[stuntman] 몡【特技替身演员】tèjì tìshēn yǎnyuán

스테레오[stereo] 몡【立体声】lìtǐshēng ¶~ 전축 | 立体声收音机shōuyīnjī。¶~ 시스템 | 立体声系xìtǒng。¶~ 장치 | 立体声装置zhuāngzhì。¶~ 방송 | 立体声播送。

스테로이드[steroid] 몡〈化〉【类固醇】lèigùchún【甾类化合物】zāilèi huàhéwù【类甾醇】lèizāichún

스테이지[stage] 몡【舞台】wǔtái ¶~효과 | 舞台效果。¶~ 감독 | 舞台监督。¶야외 ~ | 露天舞台。

스테이크[steak] 몡【牛排】niúpái

스텝[step] 몡【脚步】jiǎobù【跨步】kuàbù【步长】bùzhǎng ¶~을 밟다 | 合舞步。

스토리[story] 몡【叙述】xùshù【描述】miáoshù【描叙】miáoxù【小说】xiǎoshuō【故事】gù·shi【情节】qíngjié ¶~ 위주의 통속소설 | 以情节为主的通俗小说。

스토커[stalker] 몡【跟踪者】gēnzōngzhě【危险情人】wēixiǎnqíngrén

스톡홀름[Stochholm] 몡〈地〉【斯德哥尔摩】Sīdégē'ěrmó ["瑞典"(스웨덴;Sweden) 의 수도]

580

스톱[stop] 명〖하자타〗【停止】tíngzhǐ 【停】tíng【停顿】tíngdùn【停住】tíngzhù【中止】zhōngzhǐ【中途停止】zhōngtú tíngzhǐ ¶교통이 완전히 ~되어 버렸다｜交通完全停顿了。¶버스를 ~시키다｜停住汽车。

스튜디오[studio] 명 ❶【摄影室】shèyǐngshì【制片厂】zhìpiànchǎng ❷【艺术工作室】yìshùjiā gōngzuòshì ❸【播音室】bōyīnshì

스튜어디스[stewardess] 명【空中小姐】kōngzhōng xiǎojiě【空姐】kōngjiě【女侍者】nǚshìzhě

스트라이크[strike] 명 ❶ (동맹파업)【罢工】bà·gōng【总工】dàigōng【劳动争议】láodòng zhēngyì【同盟歇业】tóngméng xiēyè ¶~를 일으키다｜闹nào罢工。¶~의 권리｜罢工的权利。¶~ 보험｜罢工保险。❷〈體〉(야구의)【好球】hǎoqiú ¶원 ~ 투 볼｜一好球两坏球。

스트레스[stress] 명 ❶ (정신적·육체적 자극에 대한 반응)【压力】yā·lì【重压】zhòngyā【疲劳综合症】píláo zōnghézhèng ¶~ 해소｜消除xiāochú压力。¶~가 쌓이다｜劳动重压变成疲劳综合症。❷〈言〉(강세)【重音】zhòngyīn【重读】zhòngdú【重念】zhòngniàn

스트레이트[straight] 명【直】zhí【直直的】zhízhí·de【笔直】bǐzhí【毕直】bìzhí【直通】zhítōng【直路】zhílù ¶3일간 ~로 비가 내렸다｜一直下了三天的雨。¶~ 파마｜拉直。

스트립 쇼[strip show] 명【脱衣舞】tuōyīwǔ【裸体舞】luǒtǐwǔ【四脱舞】sìtuōwǔ【穿帮秀】chuānbāngxiù ¶중국에는 아직 ~를 하는 곳이 없다｜中国还没有跳脱衣舞的场所。

스티커[sticker] 명【胶粘标签】jiāonián biāoqiān

스틱[stick] 명 ❶【枝条】zhītiáo ❷【鼓槌】gǔchuí ❸【手杖】shǒuzhàng ¶~을 짚다｜拄zhǔ手杖。❹【栏架】lánjià【横竿】hénggān ❺〈體〉【球棍】qiúgùn

스팀[steam] 명 ❶ (증기 난방장치)【暖气】nuǎnqì ¶저녁이 되야 ~이 나온다｜晚上才供应gōngyīng暖气。¶~을 넣다｜打开dǎkāi暖气。❷ (증

기)【蒸气】zhēngqì ¶~ 다리미｜蒸气型电熨斗。¶~ 엔진｜蒸气机。¶~ 해머｜蒸气锤。

스파게티[이 spaghetti] 명【意大利面】yìdàlìmiàn

스파이[spy] 명【间谍】jiàndié【间人】jiànrén【间细】jiànxì【间者】jiànzhě【特务】tèwù【特工】tègōng ¶~ 활동｜特务工作。¶~ 조직｜特务组织zǔzhī。¶~ 위성｜侦察卫星。

스파크[spark] 명 ❶ (불꽃)【火花】huǒhuā【火星】huǒxīng ¶~가 일다｜火星迸发bèngfā。❷ (번개)【闪光】shǎnguāng ❸ (전기 불꽃)【电花】diànhuā【电气火花】diànqì huǒhuā【电火花】diànhuǒhuā【瞬态放电】shùntài fàngdiàn

스펀지[sponge] 명【多孔塑料】duōkǒng sùliào【金属丝】jīnshǔsī【海绵】hǎimián【海绵缸】hǎimiángāng ¶~ 케잌｜海绵蛋糕。¶~요｜海绵褥子。

스페셜[special] 명【特别】tèbié【特种】tèzhǒng ¶~ 리스트｜专家/特种经纪人。¶~ 보너스｜特别奖金 ¶~ 세일｜廉价抛售。

스페어[spare] 명【备件】bèijiàn【备用】bèiyòng【多余】duōyú【预备】yùbèi【备用品】bèiyòngpǐn ¶~ 백｜备用袋。¶~ 타이어｜备用轮台。

스페이스[space] 명 ❶【太空】tàikōng【宇宙】yǔzhòu ¶~ 셔틀｜航天飞机。¶~ 챕터 시스템｜舱位租约方式。❷【空隙】kòngxì【空地】kōngdì ❸【空白】kòngbái【空间】kōngjiān

스페이스 바[space bar] 명〈電算〉【空格键】kònggéjiàn

스페이스 키[space key] 명〈電算〉【空格键】kònggéjiàn

스페인[Spain] 명〈地〉【西班牙】Xībānyá [유럽 서남부의 왕국. 수도는 “马舒里Mǎshūlǐ”(마드리드; Madrid)] ¶~ 사람｜西班牙人。¶~어｜西班牙语。[참고]〖日斯巴尼亚Rìsībānyá〗

스페인령 카나리아제도[Canary Islands] 명〈地〉【加那利群岛】Jiānálì·Qúndǎo [대서양 아프리카 서북해안 가까이 있는 스페인령제도. 수도는 “拉斯帕耳马斯”(라스팔마스；Las

Palmas)〕

스펙터클[spectacle]囨【光景】guāngj-ǐng【景像】jǐngxiàng【奇观】qíguān【壮观】zhuàngguān ¶~ 영화 | 风景片.

스포츠[sports]囨【体育运动】tǐyù yùn-dòng【活动】huódòng ¶~맨 爱好运动的人/运动员. ¶~ 센터 | 体育中心. ¶~의학 | 体育医学.

스폰서[sponsor]囨【资助人】zīzhùrén【后援者】hòuyuánzhě【发起者】fāqǐ-zhě【主办者】zhǔbànzhě【倡议者】ch-àngyìzhě【提案人】tí'ànrén

스푼[spoon]囨【匙(子)】chí(·zi)【调羹】tiáogēng ¶~ 하나 | 一把匙子. ¶차 ~ | 茶匙子.

스프레이[spray]囨【喷雾】pēnwù【喷剂】pēnjì【喷汽按钮】pēnqì ànniǔ

스프링[spring]囨【弹簧】tánhuáng【绷簧】bēnghuáng ¶~보드 | 跳板.

스피드[speed]囨【速率】sùlǜ【速度】s-ùdù【速力】sùlì【动量】dòngliàng【迅速】xùnsù【迅急】xùnjí【迅捷】xùnjié ¶~를 더 빨리하다 | 加快速度. ¶~ 스케이팅 | 速度滑冰.

스피커[speaker]囨❶【喇叭】lǎbā❷〈電〉【扬声器】yángshēngqì【音箱】yīnxiāng【扩音机】kuòyīnjī【扩声机】ku-òshēngjī【扩声器】kuòshēngqì【播音机】bōyīnjī【无线电喇叭】wúxiàndiàn lǎbā ¶~로 선전하다 | 用扩音机宣传xuānchuán.

슬그머니閠【悄悄地】qiāoqiāo·de【偷偷地】tōutōu·de【灰溜溜】huīliūliū【暗自】ànzì ¶~ 도망치다 | 悄悄地跑了. ¶모두들 ~ 꽁무니를 빼다 | 大家都悄悄地溜走了. ¶~ 화가 났다 | 暗自生气/来气.

슬금슬금閠☞ 슬그머니

슬기囨【智慧】zhìhuì【机智】jīzhì【聪慧】cōnghuì ¶~로 가득찬 눈 | 充满智慧的眼睛. ¶민족의 ~ | 民族的机智. ¶어릴 적부터 매우 ~로왔다 | 自小就很聪慧.

슬기롭다휑☞ 슬기

슬다동❶【脱落】tuō·luò❷〈녹이나 곰팡이가 생기다〉【消失】xiāoshī【生锈】shēngxiù【发霉】fāméi ¶놋그릇에 녹이 ~ | 黄铜器上生锈了. ¶곰

팡이가 슨 음식 | 发霉的食物.

슬라이드[slide]囨【幻灯机】huàndēng-ngjī

슬라이딩[sliding]囨【滑动】huádòng【滑行】huáxíng【浮动】fúdòng

슬럼프[slump]囨❶〈經〉(불경기)【暴落】bàoluò【暴跌】bàodiē【狂跌】k-uángdiē❷(심신 등이 일시적으로 부진한 상태)【低潮】dīcháo【突来的休息】tūlái·de·xiūxi ¶~에 빠진 선수 | 处chǔ于低潮的选手.

슬레이트[slate]囨【板岩】bǎnyán【石板】shíbǎn【石板瓦】shíbǎnwǎ

슬램덩크[slamdunk]囨〈体〉【灌篮高手】guànlángāoshǒu

슬로건[slogan]囨【标语】biāoyǔ【口号】kǒuhào【呼号】hūháo ¶~을 외치다 | 喊hǎn口号. ¶~을 내세우다 | 提出口号.

슬로바키아[Slovakia]囨〈地〉【斯洛伐克】Sīluòfákè [수도는 "브라티슬라바发欧" (브라티슬라바;Bratislava)]

슬로베니아[Slovenia]囨〈地〉【斯洛凡尼亚】Sīluòfánníyà [“南斯拉夫” (유고슬라비아; Yugoslavia)로부터 1991년 분리 독립한 나라. 수도는 "卢布拉那" (류블라냐;Ljubljana)]

슬롯[slot]囨〈電算〉【插槽】chācáo【扩展槽】kuòzhǎncáo

슬리퍼[slipper]囨【拖鞋】tuōxié【拖脚鞋】tuōjiǎoxié【趿拉儿】tālār【趿鞋】tāláxié ¶그는 ~를 질질 끌며 나와 문을 열었다 | 他趿tā着拖鞋出来开门了.

슬며시閠☞ 슬그머니

슬슬閠❶〈녹는 모양〉【渐渐地】jiànji-àn·de ¶봄기운에 응달의 잔설도 ~ 녹다 | 春风下, 背阴bèiyīn地的残雪也渐渐地融化rónghuà. ❷(가볍게)【轻轻地】qīngqīng·de ¶등을 ~ 긁어주다 | 轻轻地挠náo一挠náo背. ¶~ 어루만지다 | 轻轻地抚摸. ❸(천천히)【慢慢地】mànmàn·de【悄悄地】qiāoqiāo·de ¶~ 걸어가다 | 慢慢地走路. ¶~ 피하다 | 悄悄地避开bìkāi. ❹(남이 모르게)【偷偷地】tōutōu·de ¶눈치를 ~ 살피다 | 偷偷地看眼色yǎnsè. ❺(꾀거나 달래는 모양)【巧妙地】qiǎomiào·de ¶달룸

한 말로서 ~ 꾀다 | 用甜言密语tiányánmìyǔ巧妙地诱骗yòupiàn。

슬쩍 튀❶ (잠깐) 【稍微…一下】shāowēi … yíxià ¶~ 한 번 보다 | 稍微看一下。❷ (힘을이) 【轻轻地】qīngqīng·de 【轻而易举地】qīng'éryìjǔ·de ¶~ 몸을 피하다 | 轻轻地避开bìkāi身体shēntǐ。/ 轻轻地躲开 (남에게 들키지 않도록) 【暗暗】àn'àn 【悄悄地】qiāoqiāo·de ¶~ 그에게 알려 주었다 | 悄悄地告诉了他。

슬쩍하다 동 【偷】tōu ¶지갑을 ~ | 飞快fēikuài地偷钱包qiánbāo。

슬프다 형 【悲哀】bēi'āi 【悲伤】bēishāng 【悲怆】bēichuàng 【悲戚】bēiqī 【悲凄】bēiqī 【悲痛】bēitòng 【悲切】bēiqiè 【哀痛】āitòng 【伤心】shāngxīn 【伤怀】shānghuái 【伤情】shāngqíng 【伤神】shāngshén 【伤感】shānggǎn 【可悲】kěbēi 【凄恻】qīcè 【凄怆】qīchuàng ¶친구의 죽음을 슬퍼하다 | 对朋友的死去感到悲哀。¶슬픔을 단결의 역량으로 승화시키다 | 化悲痛wéi团结tuánjié的力量。¶그는 이 일 때문에 아주　슬퍼한다 | 他为这件事伤心欲绝。¶그녀는 아주 슬퍼하고 있다 | 她很伤感。¶슬픔에 잠겨 고개를 떨구고 있다 | 伤感地低着头。

슬픔 명 【悲哀】bēi'āi 【愁】chóu ¶술로 ~을 달래다 | 借酒消愁。

슬피 부 ⇒ 슬프다

슬하 [膝下] 명 【膝下】xīxià 【膝前】xīqián ¶부모의 ~를 떠나다 | 离开父母的膝下 ¶~에 2남 1녀가 있다 | 膝下有两男一女。¶~에 자녀가 없다 | 膝下无儿/膝下犹虚。

습격 [襲擊] 명하타 【袭击】xíjī ¶불시에 ~하다 | 突然袭击。¶뒤에서 적을 ~하다 | 从背后袭击敌人。

습관 [習慣] 명 【习惯】xíguàn ¶좋은 ~을　기르다 | 养成yǎngchéng好习惯。¶일찍 일어나는 것이 ~이 되다 | 习惯早起zǎoqǐ。

습관성 [習慣性] 명 ❶ 【习惯性】xíguànxìng ¶~의 약품 | 习惯性药品yàopǐn。❷ 【惯性】guànxìng

습관화 [習慣化] 명하자타 【习惯化】xíguànhuà 【习惯成自然】xíguàn chéng

zìrán 【养成习惯】yǎngchéng xíguàn ¶아침 운동을 ~하다 | 把早晨运动zǎochényùndòng习惯化。

습기 [濕氣] 명 【湿气】shīqì 【潮湿】cháoshī 【湿潮】shīcháo 【潮气】cháoqì ¶~가 많다 | 湿气大。¶~찬 땅 | 潮湿的地。¶지하실에 ~가 너무 많다 | 地下室dìxiàshì潮气太大。

-습니까 回 (敬阶疑问式终结词尾，表示疑问) 【吗】·ma ¶그래도 좋~ | 那也好吗? ¶식사는 하셨~ | 用过餐吗?

-습니다 回 (敬阶陈述式终结词尾，表示肯定) ¶시간이 없~ | 没有时间。¶날씨가 참 좋~ | 天气很好。

습도 [濕度] 명 ❶ 【湿度】shīdù 【潮度】cháodù ¶~ 조절 | 调节tiáojié湿度。¶~가 높다 | 湿度高。¶~계 | 湿度计。❷ 【墒】shāng ¶땅의 ~를 보존하다 | 保bǎo墒。

습득[拾得] 명하타 【拾得】shídé ¶~물 보관소 | 拾物保管所bǎoguǎnsuǒ。

습득[習得] 명하타 【学会】xuéhuì 【学到】xuédào 【掌握】zhǎng·wò ¶기술을 ~하다 | 学会技术jìshù。

습성 [習性] 명 【习性】xíxìng 【习惯】xíguàn 【气】qì 【癖性】pìxìng ¶어두운 곳을 좋아하는 ~ | 喜欢暗处ànchù的习性。¶좋은 ~을 기르다 | 养成yǎngchéng好习惯。¶관료주의 ~ | 官僚主义气。

습속 [習俗] 명 【习俗】xísú ¶~은 사람의 성격도 바꾼다 | 习俗也会改变一个人的性格。¶~ 규범 | 习俗规范。

습작 [習作] 명하자타 【习作】xízuò 【练习写作】liànxí xiězuò ¶매주마다 ~ 한 편을 제출한다 | 每周交一篇piān习作。

습진 [濕疹] 명 〈醫〉 【湿疹】shīzhěn ¶~에 걸렸다 | 她得了湿疹。

습하다 [濕-] 형 【湿】shī 【潮湿】cháoshī 【湿潮】shīcháo ¶지면이 매우 ~ | 地皮很湿。¶오늘은 아주 ~ | 今天很潮湿。¶습한 땅 | 潮湿地。

승강 [昇降] 명하자 【升降】shēngjiàng ¶~구 | 车厢门口/楼房的出入口。¶~기 | 升降机/电梯。¶~장 | 站台/月台。

승강이 [昇降-] 명하자 【抬扛】tái·gàng【争吵】zhēngchǎo【争闹】zhēngnào【争辩】zhēngbiàn ¶그들 둘은 이 일 때문에 ~한 적이 한두 번이 아니다 | 为这件事他们俩争吵过不止一次 | ¶도로 한복판에서 ~을 벌이다 | 在道路dàolù中央争吵了半天.

승객[乘客] 명【乘客】chéngkè【搭客】dākè ¶새로 탄 ~은 안으로 밀어 붙인다 | 新来的乘客不住地往里挤jǐ. ¶~명단 | 乘客名单.

승격[昇格] 명하자【提升】tíshēng【升格】shēnggé【升级】shēngjí ¶직할시로~되다 | 升格为直辖市zhíxiáshì.

승기[勝機] 명【取胜的机会】qǔshèng·de jīhuì ¶~를 잡다 | 把握bǎwò取胜的机会.

승낙[承諾] 명하타【答应】dā·ying【承诺】chéngnuò【允许】yǔnxǔ【同意】tóngyì【准准】yǔnzhǔn【应诺】yìngchéng【应诺】yìngnuò【承受】chéngshòu ¶마지못해 ~하다 | 勉强miǎnqiǎng答应. ¶그가 ~했으니 문제가 있게 되었다 | 既然他he承诺了, 就没有什么问题了. ¶윗사람의 ~을 받다 | 得到上辈shàngbèi的承诺.

승려[僧侶] 명〈佛〉【僧侣】sēnglǚ【和尚】héshàng

승률[勝率] 명【胜率】shènglǜ【取胜的把握】qǔshèng·de bǎwò

승리[勝利] 명하자【胜利】shènglì ¶~를 거두다 | 获得huòdé胜利. ¶~의 자신감 | 胜利的信心. ¶~를 맛보다 | 尝到胜利感.

승리자[勝利者] 명【胜者】shèngzhě ¶~에겐 영광을 패배자에겐 격려를 | 给胜利者以光荣guāngróng, 给败者bàizhě以鼓励gǔlì.

승마[乘馬] 명하자【乘马】chéngmǎ【骑马】qí mǎ ¶~대 | 马队.

승무원[乘務員] 명【乘务员】chéngwùyuán ¶~ 호출 버튼 | 呼唤铃按钮. ¶~ 전원이 구출되다 | 全体乘务员被获救.

승복¹[承服] 명하자【承服】chéngfú【心服】xīnfú【服从】fúcóng ¶심판의 판정에 ~하다 | 服从裁判结果. 참고〔口服〕说服

승복²[僧服] 명〈佛〉【僧服】sēngfú

승부[勝負] 명【胜负】shèngfú【胜败】shèngbài ¶~가 났다 | 有了胜负.

승산[勝算] 명【胜算】shèngsuàn ¶~이 있다 | 稳操cāo胜算. ¶~ 없는 전쟁 | 没有胜算的战争.

승용차[乘用車] 명【小轿车】xiǎojiàochē【小车】xiǎochē【轿车】jiàochē

승인[承認] 명하타【承认】chéngrèn【批准】pī/zhǔn【认可】rènkě【许可】xǔkě【准许】zhǔnxǔ【准予】zhǔnyú【证实】zhèngshí ¶토지 사유제를 ~하다 | 承认土地私有制sīyǒuzhì. ¶조약을 ~하다 | 批准条约tiáoyuē. ¶~을 얻다 | 得到批准. ¶지도자의 ~을 받다 | 得到领导lǐngdǎo的认可.

승진[昇進] 명하자【晋升】jìnshēng【发迹】fā/jì【升级】shēngjí【晋职】jìnzhí【晋级】jìnjí【出头】chū/tóu ¶~ 시험 | 升级考试kǎoshì. ¶과장에서 부장으로 ~하다 | 从课长kèzhǎng晋升为部长bùzhǎng.

승차[乘車] 명하자【乘车】chéng/chē【坐车】zuò/chē【搭车】dā/chē【上车】shàng/chē ¶~권 | 车票. ¶~를 거부하다 | 拒绝裁客.

승패[勝敗] 명【胜败】shèngbài【胜负】shèngfú【输赢】shūyíng【成败】chéngbài ¶~가 나지 않다 | 不分胜负. ¶시합의 ~는 잠시지만 우정은 영원한 것이다 | 比赛的胜负是暂时zànshí的, 友谊yǒuyì是永久yǒngjiǔ的. ¶~를 끝까지 지켜보고 결과를 말해라 | 尽jǐn看成败再说高低dī.

승합차[乘合車] 명【小面包车】xiǎomiànbāochē

승화[昇華] 명하자 ❶〈化〉【升华】shēnghuá ¶~작용 | 升华作用. ¶~열 | 升华热. ❷ (더 높은 수준으로 발전함)【升华】shēnghuá ¶비속적 고뇌를 고귀한 신앙으로 ~시키다 | 把世俗shìsú的苦恼kǔnǎo升华为崇高的信仰xìnyǎng. ¶고도로 ~된 신념 | 高度gāodù升华的信念xìnniàn.

시¹[市] 명【市】shì ¶~로 승격되다 | 由邑yì升格shēnggé为市. ¶북경~ | 北京市. ¶~장 | 市长. 참고〔市政府〕市厅

시²[時] 명 ❶【时】shí【点】diǎn【点钟】diǎnzhōng

diǎnzhōng ¶당~ | 当时. ¶지금 몇 ~입니까? | 现在几点. ¶열두 ~에 만나자 | 十二点见. ❷[时候]shíhòu 【时间】shí·jian ¶~를 다투다 | 争分夺秒.

시⁴[詩] 몡 ❶[诗]shī ¶~ 한 수 | 一首诗. ¶서사 ~ | 叙事xùshì诗. ❷【诗经】shījīng

시⁵[이 si] 몡〈音〉【西】xī【七】qī【长音阶的第七个音】chángyīnjiē·dedìqīyīn

시⁶ 깝 [呸]pēi【唉】xī ¶~, 제까짓게 뭔데 나서는 거야 | 呸, 像他那样的算什么,还敢出面.

시가¹[時價] 몡[时价]shíjià【牌价】pái·jià【现行价】xiànxíngjià ¶~를 조정하다 | 调整tiáozhěng时价. ¶~ 발행 | 按时价发行. ¶~주의 | 时价法 /时价原则.

시가²[市價] 몡[市价]shìjià ¶~보다 적은 가격에 물건을 사들이다 | 以低于市价的价钱jiàqián购进gòujìn东西.

시가³[市街] 몡[市区]shìqū ¶~ 행진 | 市区行进. ¶~ 전 | 巷xiàng战. 참고 〔郊区jiāoqū〕

시가⁴[媤家] 몡【婆家】pó·jia【婆婆家】pópójiā 참고 〔娘家〕

시가⁵[詩歌] 몡【诗歌】shīgē

시가⁶[cigar] 몡【雪茄(烟)】xuějiā(yān)【吕宋烟】lǚsòngyān【香烟】xiāngyān ¶~를 피우다 | 抽雪茄.

시가지[市街地] 몡[市区]shìqū ¶~ 재개발 | 市区再发展. ¶~ 팽창 | 市区膨胀péngzhàng.

시각¹[時刻] 몡 ❶(시간의 흐름 속의 한 순간)【时刻】shíkè【时候】shí·hou【时间】shíjiān ¶약속한 ~이 이미 지났다 | 约好yuēhǎo的时间已过. ¶지금 ~은 저녁 9시 15분입니다 | 现在的时间是晚上九点十五分. ¶항공기 운행 ~ 표 | 飞机运行fēijīyùnxíng时间表. ❷(짧은 동안)【时间】shíjiān【片刻】piànkè【片霎】piànshà【片响】piànshǎng【片时】piànshí【些时】xiēshí

시각²[視角] 몡〈物〉【视角】shìjiǎo ¶안경을 끼니 ~이 줄어졌다 | 戴dài上眼镜yǎnjìng, 视角变biàn小了.

시각³[視覺] 몡〈生理〉【视觉】shìjué ¶보는 이의 ~에 따라 해석이 사뭇 다르다 | 随着不同人的视觉解释jiěshì

也很不一样. ¶~과 청각 | 视觉和听觉tīngjué. ¶~ 교육 | 视觉教育jiàoyù.

시간[時間] 몡 ❶(어떤 시각에서 다른 시각까지의 길이)【时间】shíjiān ¶~이 걸리다 | 需要时间. ¶~이 흐르다 | 时间流逝. ¶~을 초월하다 | 超越chāoyuè时间. ¶~ 관계상 더 이야기할 수 없겠다 | 由于时间的关系guānxì, 不能多讲了. ¶오늘 ~이 있으십니까? | 今天有时间吗? ¶~ 있으면 놀러 와라 | 有时间过来玩. ❷(시간을 세는 단위)【钟头】zhōng·tou【钟点】zhōngdiǎn【小时】xiǎoshí ¶한 ~ 반 | 一个半钟头. ¶8~ 노동제 | 八小时工作制. ¶몇 ~ 필요한가? | 需要几小时?

시간적[時間的] 판몡[时间的]shíjiān·de ¶미처 손을 쓸 ~ 여유가 없었다 | 没有动手dòngshǒu的时间余地yúdì.

시간표[時間表] 몡【时间表】shíjiānbiǎo【时刻表】shíkèbiǎo ¶수업 ~ | 上课时间表. ¶열차 운행 ~ | 列车运行lièchēyùnxíng时刻表.

시건방지다 휑【妄自尊大】wàng zì zūn dà【自高自大】zì gāo zì dà【骄傲】jiāo·ào ¶젠체하는 시건방진 행동이 눈꼴사납다 | 看不惯guàn唯我独尊dúzūn似的shì·de自高自大的行为. ¶그녀는 너무 ~ | 她太骄傲.

시계¹[視界] 몡【视界】shìjiè【视角】shìjué【视野】shìyě ¶렌즈의 ~ | 镜头的视角. ¶~를 가리다 | 挡住视野.

시계²[時計] 몡【表】biǎo【钟】zhōng【钟表】zhōngbiǎo【手表】 ¶탁상 ~ | 座钟. ¶~ 추 | 钟摆. ¶~탑 | 钟楼. ¶~ 태엽을 감다 | 上发条.

시골【乡下】xiāng·xia【乡间】xiāngjiān ¶~ 인심 | 乡下人情. ¶~에서 올라온 친구 | 从乡下来的朋友. ¶~내기 | 土生土长的人.

시골 구석[窮乡僻壤]【穷乡僻壤】qióng xiāng pì rǎng ¶~까지 전기가 들어가다 | 连穷乡僻壤的地方也有电了.

시골뜨기 몡【土包子】tǔbāo·zi【怯八裔】qièbāyì【乡下人(儿)】xiāng·xiarén(r)【佬儿】lǎor ¶너야 말로 ~다 |

585

你才是一个土包子呢。¶나는 ～라 커피를 마실 줄 모릅니다 | 我是乡下人, 不会喝咖啡kāfēi.

시골집 閏❶ (시골에 있는 집) 【乡下的房子】xiāngxià·de fáng·zi ❷ (고향집) 【老家】lǎojiā ¶자네 ～은 어디인가 | 你的老家在那儿。¶～에는 아직도 부모님과 동생이 살고 있다 | 我老家还有父母亲和弟弟。

시공¹[施工] 閏|하타 【施工】shī/gōng ¶노동자들이 ～에 박차를 가하고 있다 | 工人们正在加紧施工。¶～ 현장 | 施工工地。¶설계와 ～ | 设计和施工。

시공²[時空] 閏 【时空】shíkōng ¶～을 초월하다 | 超越chāoyuè时空。¶～의 한계를 깨뜨리다 | 打破dǎpò时空的局限júxiàn。

시구[詩句] 閏 【诗句】shījù ¶～를 외다 | 吟yín诗句。¶～가 수려하고 의경이 심원하다 | 诗句秀丽xiùlì, 意境yìjìng深远。

시국[時局] 閏 【时局】shíjú ¶～이 어수선하다 | 时局混乱。¶～이 급변하다 | 时局骤变zhòubiàn。¶～ 성명서 | 时局声明书。

시궁창 閏 【污水坑】wūshuǐkēng ¶～을 치고 소독하다 | 清理污水坑并消毒xiāodú。¶～의 흙을 퍼내다 | 挖出wāchū污水坑的泥815。

시근거리다¹ 통 【喘粗气】chuǎn cūqì ¶화가 나서 몹시 ～ | 气成直喘粗气。¶밖에 나갔던 사람이 시근거리며 뛰어 들어오다 | 到外边的人喘着粗气跑进pǎojìn来。

시근거리다² 통 【酸痛】suāntòng 【酸疼】suānténg 【发酸】fāsuān ¶허리가 다소 ～ | 腰yāo有点酸痛。¶온몸이 시근거린다 | 浑hún身发酸。

시금떨떨하다 閏 【酸涩】suānsè 【又酸又涩】yòu suān yòu sè 【酸溜溜】suānliūliū 【酸刘刘】suānliúliú ¶찌개 맛이 약간 ～ | 汤tāng咪儿微酸shāowēi酸涩。

시금석[試金石] 閏 【试金石】shìjīnshí ¶이 일은 그의 능력을 알아보는 데 이 될 것이다 | 这事会成为试探他能力的试金石。¶그것은 입장을 가려내는 ～이다 | 那是辨别biànbié立场lìchǎng的试金石。

시금치 〈植〉【菠菜】bōcài ¶～를 살짝 데치다 | 把菠菜bōcài稍稍焯chāo一下。

시급[時急] 閏|하閏 【紧急】jǐnjí 【紧迫】jǐnpò ¶～한 문제가 발생하다 | 发生紧急问题。[참고]〔要緊〕

시기¹[時期] 閏 【时期】shíqī 【时节】shíjié ¶중대한 ～ | 重大的时期。¶지금은 그 ～가 아니다 | 现在不是那个时期。

시기²[時機] 閏 【时机】shíjī 【机会】jīhuì ¶～를 놓치다 | 失去了时机。¶유리한 ～ | 有利时机。¶～를 잡다 | 掌握时机。¶～를 놓쳐서는 안된다 | 机不可失。

시기³[猜忌] 閏|하타 【猜忌】cāijì 【猜嫌】cāixián 【妒忌】dùjì ¶그의 재능을 ～하는 사람이 많다 | 猜忌他的才能的人很多。¶이 자리에는 의혹과 ～는 없다 | 这里没有疑惑yíhuò和猜忌。

시꺼멓다 閏❶ (색깔이) 【漆黑】qīhēi 【漆油儿黑】qīyóurhēi 【黢黑】qūhēi 【黑呼呼】hēihūhū 【黑压压】hēiyāyā 【黑鸦鸦】hēiyāyā 【黑洞洞】hēidōngdōng 【黑漆漆】hēiqīqī ¶시꺼먼 밤 | 漆黑的夜晚。¶밤이 시꺼멓게 타다 | 饭烧得黑呼呼的。¶사람들이 시꺼멓게 모였다 | 人黑压压地聚jù在一起。❷ (마음이) 【黑】hēi 【阴险】yīnxiǎn ¶시꺼먼 마음 | 黑心肠xīncháng。

시끄럽다 閏❶ (소란하다) 【嘈杂】cáozá 【吵杂】chǎozá 【喧哗】xuānhuá ¶길거리가 너무 ～ | 街道上太嘈杂。¶주위가 ～ | 周围zhōuwéi很吵杂。¶밖이 시끄러워 잘 수가 없다 | 外边太喧唓睡不了觉。❷ (귀찮다·곤란하다) 【讨厌】tǎoyàn 【麻烦】máfan 【厌烦】yànfán 【不耐烦】búnàifán 【不痛快】bútòng·kuai ¶일마다 시끄럽게 참견하다 | 事事参与cānyù使人讨厌。¶일이 좀 시끄럽게 되었다 | 事情有点儿麻烦。

시나리오[scenario] 閏 【剧本提纲】jùběn tígāng 【电影脚本】diànyǐng jiǎoběn ¶～ 작가 | 电影剧本作家。

시내¹ 閏 〈溪〉xī 【溪流】xīliú 【山洞】shāndòng ¶맑은 ～ | 清qīng溪。¶～가

| 溪边。

시내²[市内] 圆【市内】shì nèi【市区】shìqū ¶많은 사람들이 ~로 몰려들다 | 很多人拥入yōngrù市内。¶~ 지역은 집세가 비교적 비싸다 | 市内的房租fángzū较贵。참고〔郊区 jiāoqū〕

시너지효과[synergy效果]圆【增效】zēngxiào【协作用】xiéhézuòyòng

시네마[프 cinéma]圆【电影】diànyǐng【电影院】diànyǐngyuàn【影(戏)院】yǐng(xì)yuàn【影(戏)馆】yǐng(xì)guǎn ¶~스코프(Scope) | 西尼玛斯系统宽银幕电影。

시녀[侍女]圆【侍女】shìnǚ【侍婢】shìbì【侍儿】shìr ¶그녀 곁에는 ~가 많다 | 她身边有不少侍女。

시누이[媤－]圆【大姑子】dàgū·zi【小姑子】xiǎogū·zi【小姑(儿)】xiǎogū(r)

시늉圆하타【装着】zhuāng·zhe【学着】xué·zhe【装样子】zhuāng yàng·zi ¶달리는 ~을 하다 | 装跑pǎo。¶일을 좀 하렸더니 ~만 내는구나 | 让你干点儿活儿就装样子。

시니컬[cynical]圆하영【怀疑的】huáiyí·de【悲观的】bēiguān·de【愤世嫉俗的】fènshì jísú·de【冷冷地】lěnglěng·de ¶~하게 웃다 | 冷冷地笑。

시다쥥❶ (맛이) 【酸】suān ¶무척 ~ | 酸溜溜儿liūliūr。¶이 오렌지는 정말 ~ | 这个橙子真酸。¶나는 신 것을 잘 먹는다 | 我爱吃酸的东西。❷ (눈부시다) 【炫目】xuànmù【刺眼】cìyǎn ¶강한 햇살에 눈이 ~ | 因阳光太强, 刺眼。❸ (눈에 거슬리다) 【不顺眼】bùshùnyǎn ¶눈꼴이 시어서 볼 수가 없다 | 看起来真不顺眼。❹ (뼈마디가)【酸痛】suāntòng【酸疼】suānténg ¶무릎이 시고 아프다 | 膝盖xīgāi又酸又疼。

시달리다쥥【受苦】shòu/kǔ【折磨】zhē·mo【折夺】zhéduó【锯磨】jùmó【熬煎】áojiān ¶빚에 ~ | 被债务zhàiwù所折磨。¶병에 ~ | 被病魔折磨。

시대[時代]圆【时代】shídài ¶신석기~ | 新石器xīnshíqì时代。¶~가 변했다 | 时代变了。¶~를 따라 가지 못하다 | 跟不上时代。¶~적 요구 | 时代的要求。¶~에 뒤떨어지다 | 落后luòhòu于时代。

시대상[時代相]圆【时代相】shídàixiàng ¶~을 반영한 작품 | 反映fǎnyìng时代相的作品zuòpǐn。

시대적[時代的]관圆【时代的】shídài·de ¶~인 경향 | 时代的倾向。

시댁[媤宅]圆【婆家】pó·jia【婆婆家】pópójiā ¶그녀의 ~ 식구는 많다 | 她婆家人口太多。

시도[試圖]圆하타【试图】shìtú【企图】qǐtú【阴谋】yīnmóu ¶그런 일은 ~해 본적이 없다 | 没有试过那样的事情。¶적군은 도망하려고 ~했지만 성공하지 못했다 | 敌军díjūn企图逃跑táopǎo, 但没有成功。¶새로운 ~ | 新的企图。

시동[始動]圆하자타【开动】kāidòng【起动】qǐdòng ¶~이 비교적 잘 조를다 | 机器jīqì的开动比较顺利shùnlì。¶~을 걸다 | 发动

시동생[媤同生]圆【小叔(子)】xiǎoshū(·zi)【叔叔】shū·shu【小郎】xiǎoláng【叔子】shū·zi 참고【大伯bó(子父)】

시들다쥥❶ (초목이)【蔫】niān【萎】wěi【枯萎】kūwēi【枯干】kūgān【凋谢】diāoxiè【凋落】diāoluò ¶꽃이 ~ | 花蔫了。¶시들어 말라버린 잎사귀 | 干枯的叶子yè·zi。¶가뭄이 들어 꽃잎들이 시들다 | 因干旱gānhàn花瓣huābàn有点儿枯萎。¶고생에 찌들려 얼굴이 시들은 낙엽 같다 | 因为受苦shòukǔ, 脸像시枯萎的落叶luòyè。¶신선한 꽃도 시들어 떨어질 때가 있다 | 鲜花也有凋谢的时候。❷ (기운이)【衰退】shuāituì【衰竭】shuāijié【下降】xiàjiàng ¶기력이 시들어 가다 | 精力开始衰进。¶인기가 ~ | 声誉下降。

시들시들쿠하영☞ 시들다

시들하다쿠☞ 시들다

시디[CD; certificate of deposit] 圆〈經〉【定期存款】dìngqī cúnkuǎn【证券存款】zhèngquàn cúnkuǎn

시디롬[CDROM]圆〈電算〉【光盘】guāngpán【只读光盘】zhǐdúguāngpán

시디롬 드라이브[CDROM drive] 圆〈電算〉【光驱】guāngqū【光盘驱动器】guāngpán qūdòngqì

시디알[CDR; CD Recordable]圆〈電

587

算｜【可擦写光盘】kěcāxiěguāngpán

시디엠에이[CDMA; Code Division Mu-ltiple Access] 몡〈電〉【码分多址】mǎfēnduōzhǐ

시디 플레이어[CD player] 몡【激光唱机】jīguāng chàngjī

시래기 몡【干菜】gāncài ¶～ 죽으로 끼니를 이은 적도 있다 ｜ 曾用干菜粥zhōu维持wéichí过生计.

시럽[syrup] 몡〈藥〉【糖浆】tángjiāng 【舍利别】shèlìbié【糖汁】tángzhī【单糖浆】dāntángjiāng 【蜜浆】mìjiāng 【果子露】guǒ·zilù 【果露】guǒlù ¶생강 ～｜姜jiāng糖浆. ¶유산 제일철 ～｜硫liú酸yān亚铁糖浆.

시렁 몡【搁板】gēbǎn ¶～에 얹다 ｜放在搁板上.

시력[視力] 몡【视力】shìlì【目力】mùlì ¶～ 검사 ｜ 视力测验cèyàn. ¶～이 감퇴하다 ｜视力减退jiǎntuì. ¶～이 좋지 않다 ｜目力不济jì.

시련[試鍊] 몡ᄒᆞ다【考验】kǎoyàn ¶어려운 ～을 견디어 내다 ｜经得起艰jiān难的考验. ¶～을 겪다 ｜经受jīngshòu考验.

시루 몡【蒸笼】zhēnglóng【笼屉】lóngtì 【甑·子】zèng·zi ¶～에 떡을 찌다 ｜在蒸笼里蒸糕zhēnggāo. ¶～ 속의 콩나물 같다 ｜像笼屉里生着的豆芽dòuyá. ¶～ 떡 ｜蒸糕.

시류[時流] 몡【时流】shíliú【时俗】shísú ¶～에 물들다 ｜染上rǎnshàng时俗.

시름 몡ᄒᆞ다【担心】dān/xīn【耽心】dānxīn 【担忧】dānyōu【担愁】dānchóu 【耽忧】dānyōu【操心】cāo/xīn【操劳】cāoláo【操神】cāoshén【忧愁】yōu·chóu【忧虑】yōu·lǜ ¶잠시 ～을 잊다 ｜暂时zànshí忘记了忧愁. ¶깊은 ～에 잠기다 ｜浸津jīnjīn于深深的忧虑.

시름시름 틧【缠绵不断】chánmián búduàn【缠绵】chánmián ¶～ 앓다가 끝내 세상을 떠나버리다 ｜缠绵病榻中终于去世了.

시리다 혱【冷】lěng【冻】dòng【凉】liáng ¶손이 ～｜手冷. ¶찬바람이 스며들어 무릎이 ～｜凉风透得膝盖xīgài很凉.

시리아[Syria] 몡〈地〉【叙利亚】Xùlìyà [아시아 서부 지중해 동쪽의 공화국. 수도는 "大马士革"(다마스쿠스; Damascus)] 찵고〔阿联Ālián〕

시리얼 포트[serial port] 몡〈電算〉【串口】chuànkǒu【串行口】chuànngxíngkǒu

시리즈[series] 몡【系列】xìliè【连续】liánxù ¶～ 소설 ｜系列小说xiǎoshuō. ¶경영 명저 ～｜经营名著jīngyíngmíngzhù系列.

시립[市立] 몡【市立】shìlì ¶～ 학교 ｜市立学校. ¶～ 공원 ｜市立公园. ¶～ 도서관 ｜市立图书馆. 찵고〔国立〕私立〕

시말서[始末書] 몡【悔过书】huǐguòshū ¶～를 쓰다 ｜立悔过书.

시멘스[Siemens] 몡〈社名〉【西门子】Xīménzǐ

시멘트[cement] 몡【水泥】shuǐní【洋灰】yánghuī【水门汀】shuǐméntīng【英门德】yīngméndé【英泥】yīngní【红毛坭】hóngmáoní【西门土】xīméntǔ【泅门汀】qiúméntīng【塞门德】sàiméndé【士敏土】shìmǐntǔ ¶～ 공장 ｜水泥厂chǎng. ¶～ 포대 ｜水泥纸袋zhǐdài. ¶～ 콘크리트 ｜水泥混凝土.

시무룩하다 혱【不高兴】bùgāoxìng ¶시무룩하니 거기에 앉아서 말이 없다 ｜不高兴地坐在那里, 也不说话. ¶시무룩한 표정을 드러내다 ｜显xiǎn出不高兴的样子.

시뮬레이션[simulation] 몡〈電算〉【模拟】mónǐ【仿真】fǎngzhēn

시민[市民] 몡【市民】shìmín ¶～ 의식 ｜市民意识yìshí. ¶여기의 ～들은 차 타는 것이 아주 불편하다 ｜这儿的市民乘车chéngchē很不方便. ¶～ 사회 ｜市民社会. ¶～ 혁명 ｜市民革命.

시발[始發] 몡【始发】shǐfā ¶～ 버스 ｜始发客车kèchē. ¶～ 점 ｜始发点. 찵고〔出发〕

시방[時方] 몡【现在】xiànzài【刚】gāng【刚才】gāngcái ¶～ 몇 시입니까? ｜现在几点钟? ¶～이 바로 떠날 때다 ｜现在正是离开的时候. ¶～ 한 말은 농담일세 ｜刚才说的是玩笑.

시범[示範] 몡【示范】shìfàn【典范】diǎnfàn 【表演】biǎoyǎn ¶먼저 선생님

이 직접 ~을 보이고 난 연후에 모두들 따라서 하다 | 先由老师示范, 然后大家跟着做。 ¶~ 동작 | 示范动作。 ¶ ~ 경기 | 表演赛。

시부모[媤父母] 몡 【公婆】gōngpó 【公姥】gōnglǎo 【翁姑】wēnggū 【翁婆】wēngpó

시분할[時分割; time sharing] 몡〈電算〉【分时】fēnshí

시비[是非] 몡 ❶ 〔잘잘못〕【是非】shìfēi ¶~를 가리다 | 分辨是非。¶~를 일으키다 | 惹出rěchū是非。❷ 〔말다툼〕【争闹】zhēngzhī 【争吵】zhēngchǎo 【争闹】zhēngnào ¶그 문제로 자네와 ~하고 싶지 않네 | 不想因那个事跟你争执。¶모두들 자신이 옳다고 ~를 하다 | 互相争执, 都认为自己是对的。❸ 〔트집을 잡다〕【非难】fēinàn 【惹是生非】rě shì shēng fēi 【惹是非】rěshìfēi 【惹是弄非】rěshìnòngfēi 【惹是招非】rě shì zhāo fēi 【搬弄是非】bān nòng shì fēi 【搬是非】bān shì fēi 【说长道短】shuō cháng dào duǎn 【说短论长】shuō duǎn lùn cháng 【说高说低】shuō gāo shuō dī 【说好说歹】shuō hǎo shuō dǎi ¶그는 언제나 이곳 저곳에서 이간질하여 ~를 일으킨다 | 他老是爱调tiáo三斡wò四地搬弄是非。

시비조[是非調] 몡 【非难的口气】fēinàn·de kǒuqì ¶~로 말하다 | 用非难的口气说。¶말끝마다 ~다 | 句句都是非难的口气。

시뻘겋다 톙 【深红】shēnhóng 【通红】tōnghóng 【张红】zhānghóng ¶얼굴이 온통 ~ | 满脸通红。¶작은 손이 얼어서 아주 시뻘겋게 되었다 | 小手冻dòng得血红通红。

시사[示唆] 몡하타 ❶ (암시)【暗示】ànshì ❷ (제언)【启发】qīfā 【启示】qǐshì ¶그의 강의는 매우 ~적이다 | 他的课很有启发性。

시사[時事] 몡 【时事】shìshì ¶~에 관한 강연을 듣다 | 听了关于时事的讲演jiǎngyǎn。¶~에 관심을 갖다 | 关心时事。¶~만평 | 时事漫评。

시사[試寫] 몡하타 【试映】shìyìng 【试片】shìpiān ¶~회 | 试映会。

시상[施賞] 몡하타 【发奖】fā/jiǎng ¶

~식 | 发奖仪式yíshì。¶~대 | 发奖台tái。

시샘 ❶ 【嫉妒】jídù ¶친구의 성공을 ~하지 말라 | 不要嫉妒朋友的成功。❷ 【吃醋】chī/cù 【忌妒】jìdù 【眼红】nǎshì 【泼醋】pōcù ¶남편이 아름다운 여인과 친한 것을 보자 그녀는 감당할 수 없을 만큼 ~을 하였다 | 看到丈夫zhàng·fu和一个漂亮的女人亲热qīnrè, 她就吃醋吃得不得了liǎo了。❸【羡妒】xiàndù 【羡慕】xiànmù 【眼红】nǎnhóng ¶그는 옆사람을 매우 ~한다 | 他很羡妒旁páng人。

시선[視線] 몡 ❶ (눈이 가는 방향)【视线】shìxiàn 【目光】mùguāng 【眼目】yǎnmù ¶~이 마주치다 | 碰到视线。¶~을 피하다 | 避开bìkāi视线。¶~을 집중하다 | 集中视线。¶좋은 ~으로 보다 | 用好意的目光看。❷ (주의·주목)【注目】zhùmù 【关注】guānzhù 【关垂】guānchuí ¶그녀의 치장은 너무 사람의 ~을 끈다 | 她的打扮, 太引人注目了。

시설[施設] 몡하타 【设施】shèshī 【设备】shè·bèi ¶의료 ~ | 医疗设施。¶종합 복지 ~ | 综合福利设施。¶~이 아주 좋다 | 设备不错。¶~상수도 | 自来水zìláishuǐ设备。

시세[時勢] 몡 【行市】háng·shi 【商情】shāngqíng 【行情】hángqíng 【开出价格】kāichū jiàgé 【牌价】páijià ¶외환 ~ | 外汇huì行市/外汇牌价。¶~대로 팔다 | 随其行情出售chūshòu。¶원유 ~ | 原油yuányóu牌价。¶~에 따라 정한 가격 | 价格随市行市。

시세이도[Shiseido] 몡〈商標〉【资生堂】Zīshēngtáng

시소[seesaw] 몡 【跷跷板】qiāoqiāobǎn 【翘翘板】qiāoqiāobǎn 【压板儿】yābǎnr

시소 게임[seesaw game] 몡 【拉锯战】lājùzhàn

시속[時速] 몡 【时速】shìsù ¶~100킬로미터로 달리다 | 按时速一百公里运行。

시술[施術] 몡하자타 【施术】shìshù 【施行医术】shīxíng yīshù ¶그 의사가 직접 ~한다 | 那位医生, 他亲自施术。

시스템[system] 몡 【系统】xìtǒng 【结

构]jiégòu【体系】tǐ·xì【体制】tǐzhì【装置】zhuāngzhì【制度】zhìdù【组成】zǔchéng【组织】zǔzhī ¶~이 간단하고 조작이 편리하다 | 结构简单，操作便。¶이 집단의 조직 ~은 아주 치밀하다 | 这个集团jítuán的组织系统很严密yánmì。¶교육 ~ | 教育体制。

시스템 관리자[system administrator] 圀〈電算〉【系统管理员】xìtǒngguǎnlǐyuán

시스템 오퍼레이터[system operator] 圀〈電算〉【系统操作员】xìtǒngcāozuòyuán

시시¹[時時] 圀【时时刻刻】shíshí kèkè【时时】shíshí【常常（儿）】chángchāng(r) ¶~로 변하다 | 随时变。

시시²[cc；cubic centimeter] 圀【立方厘米】lìfāng límǐ【西西】xīxī

시시각각[時時刻刻] 圀【时时刻刻】shíshí kèkè ¶~ 변하는 세상 | 时时刻刻变化biànhuà的世界。

시시껄렁하다 톙【无聊】wúliáo ¶시시 껄렁한 얘기로 시간만 끌다 | 用无聊的话题拖tuō时间。

시시콜콜 閅【无关紧要】wú guān jǐn yào【枝节的】zhījié·de【支离破碎的】zhīlí pòsuì ¶烦琐锁碎】fánzá suǒsuì ¶~한 이야기로 시간을 허비하다 | 用无关紧要的谈话浪费làngfèi时间。

시시하다 톙 ❶ (사소하다)【微不足道】wēi bù zú dào【无聊】wúliáo【无聊赖】bǎiwú liáolài【不怎么样】bù zěn·meyàng【没（有）意思】méi(·yǒu)yì·si【不够意思】búgòu yì·si ¶시시하게 굴지 말라 | 别这么无聊。¶늘 먹고 입는 이야기만 해서 너무 ~ | 老谈吃穿，太无聊了。¶선전과는 달리 시시하게 끝나다 | 不同于宣传xuānchuán结局jiéjú不怎么样。¶기대했던 바와는 달리 내용은 ~ | 内容nèiróng和所期待qīdài的不同，没意思。❷ (소심하다)【小里小气】xiǎolǐ xiǎoqì【不大方】búdàfāng ¶시시한 녀석 | 小里小气的家伙。

시식[試食] 圀하타【试食】shìshí【品尝】pǐncháng ¶음식을 ~하다 | 品尝食品shípǐn。¶~해서 감정을 하다 | 品尝鉴定jiàndìng。

시신[屍身] 圀【尸体】shītǐ【尸身】shī-

shēn ¶~을 안치하다 | 安放尸体。

시아버지[媤－] 圀【公公】gōng·gong【公爹】gōngdiē

시아주비니[媤－] 圀【大伯子】dàbó·zi【大伯儿】dàbór

시안[試案] 圀【试行办法】shìxíng bànfǎ【试办方案】shìbàn fāng'àn ¶~을 작성하다 | 定出施行方案。

시야[視野] 圀 ❶ (시력의 범위)【视野】shìyě ¶~에 들어오다 | 进入视野。¶안개가 ~를 가리다 | 雾wù挡住视野。❷~가 넓다 | 视野广阔guǎngkuò。❷ (식견·사려의 범위)【眼界】yǎnjiè【眼格】yǎngé【目光】mùguāng ¶~가 좁다 | 眼界狭窄xiázhǎi/眼界不宽/目光短浅。¶~가 넓은 사람 | 眼界宽广的人。¶외국으로 가서 ~를 넓히다 | 到外国去开开眼界。

시어머니[媤－] 圀【婆婆】pó·po【婆妈】pómā【婆母】pómǔ【阿婆】āpó ¶그녀의 ~는 부녀회의 주임이다 | 她婆婆是妇联fùlián主任。

시외[市外] 圀【城外】chéngwài【郊区】jiāoqū【郊外】jiāowài ¶북경의 ~에는 많은 농장이 있다 | 北京郊区有许多农场nóngchǎng。

시운[時運] 圀【时运】shíyùn【时会】shíhuì【机运】jīyùn ¶~이 따르지 않다 | 时运不济jì。¶~이 다난하다 | 时运多难。¶~의 변화 | 时运之变化。

시운전[試運轉] 圀【试车】shì/chē【试验开动】shìyàn kāidòng

시원[始原] 圀【原始】yuánshǐ【开始】kāishǐ【起始】qǐshǐ【最初】zuìchū【起源】qǐyuán【起原】qǐyuán ¶우주의 ~ | 宇宙yǔzhòu的起原。

시원섭섭하다 톙【又高兴又难舍】yòu gāoxìng yòu nánshè【又高兴又舍不得】yòu gāoxìng yòu shè·bu·de【又高兴又留恋】yòu gāoxìng yòu liúliàn ¶그가 가고 나니~ | 他一去，又高兴又留恋。

시원스럽다 톙 ☞ 시원하다

시원시원하다 톙【痛痛快快】tòngtòngkuàikuài【干干脆脆】gāngāncuìcuì ¶그 사람 참 ~ | 那个人真是痛痛快快! ¶그는 무슨 일을 하든 아주 ~ | 他办什么事都很痛痛快快。

시원찮다 톙 ❶ (충분하지 못하다)【不

怎么好]bùzěn·me hǎo【不怎么样】bùzěn·meyàng ¶요즘 몸이 ~ | 最近身体不怎么好。¶솜씨가 ~ | 技艺不怎么样。¶말이 시원치 않아 빨리 달리지 못한다 | 马不怎么快，跑得不快。❷(말이나 행동이 서글서글하지 못하다)【不痛快】bùtòng·kuai【不舒服】bùshū·fu ¶대답이 ~ | 回答的不痛快。

시원하다 혱 ❶(서늘하다)【凉爽】liángshuǎng【凉凉】liángliáng【凉快】liáng·kuài【清爽】qīngshuǎng【爽直】shuǎngzhí【爽神】shuǎngshén【爽得】shuǎngdé ¶시원한 김칫국 | 凉凉的泡菜汤。¶바람이 ~ | 风凉快。¶밤바람이 불어서 매우 ~ | 晚风吹来，十分清爽。❷(상쾌하다·후련하다)【痛快】tòng·kuai【干脆】gāncuì【舒服】shūfu【清爽】qīngshuǎng【爽利】shuǎnglì【畅快】chàngkuài ¶일을 시원시원하게 처리하다 | 处理事情痛快。¶마음속에 할말이 있으면 시원하게 털어놓아봐라 | 心里有话就痛快快地说出来吧。¶되는지 안 되는지 시원하게 말해라 | 你干脆说行还是不行。¶등을 좀 시원하게 긁어라 | 给我舒服服地挠náo一挠身体。¶말을 시원하게 하다 | 把话讲清楚。

시월[十月] 몡【十月】shíyuè ¶~상달 | 十月圆月。

시위[示威] 몡하자【游行】yóuxíng【示威】shì/wēi【踩街】cǎijiē【显示】xiǎnshì ¶~를 하다 | 游行yóuxíng示威。¶~군중 | 示威群众。¶~운동 | 示威运动。¶~행렬 | 示威队伍。

시음[試飮] 몡하타【试饮】shìyǐn【品尝】pǐncháng ¶맥주를 ~하다 | 品尝啤酒。

시인[是認] 몡하타【同意】tóngyì【承认】chéngrèn【肯定】kěndìng【认错】rèn cuò ¶자기의 잘못을 ~하다 | 承认自己的错误。

시인[詩人] 몡【诗人】shīrén【诗家】shījiā ¶그는 ~으로 이름이 났다 | 他以诗人闻名。

시일[時日] 몡❶(시간)【时间】shíjiān ¶~은 촉박하고 임무는 중하다 | 时间紧，任务rènwù重。❷(기한)【期间】qījiān【期限】qīxiàn【日期】rìqī

~을 넘기다 | 过了期限。

시작¹[始作] 몡하타(개시·착수)【始】shǐ【开始】kāishǐ【起始】qǐshǐ【着手】zhuó/shǒu ¶~이 있어야 끝도 있다 | 有始，才有终zhōng。¶수업을 ~하다 | 开始上课。¶그 일은 이미 ~하였다 | 那件事已经着手做了。¶어디서부터 ~할까? | 从何着手？❷(처음)【开端】kāiduān【开头】kāitóu【开始】kāishǐ【起端】qǐduān【起首】qǐshǒu【开头】kāitóu

시작²[試作] 몡하타【试制】shìzhì ¶극비리에 ~된 무기 | 绝密状态juémìzhuàng状下试制的武器wǔqì。

시작³[詩作] 몡하자【作诗】zuòshī【赋诗】fùshī【写诗】xiěshī

시작 메뉴[始作menu; start menu] 몡〈电算〉【开始菜单】kāishǐcàidān

시작이 반이다 괜용【曲子好唱起难头】qǔ·zi hǎo chàngqǐ nán·tou【万事开头难】wànshì kāi·tou nán【好的开始是成功的一半】hǎo·de kāishǐ shì chénggōng·de yíbàn

시작 버튼[始作button; start button] 몡〈电算〉【开始按钮】kāishǐ'ànniǔ

시장¹[하형][餓]è【饥】jī ¶~하던 참에 맛있게 먹었다 | 正在上饿的时候，吃的很香xiāng。¶~기가 들다 | 觉得饿。¶배가 몹시 ~하다 | 肚子dù·zi太饿了。

시장²[市場] 몡【市场】shìchǎng【商场】shāngchǎng【市面】shìmiàn ¶~설 | 常设市场。¶금융 | 金融市场。¶해외 ~ | 海外市场。¶~을 확장하다 | 推广市场。¶~을 조사하다 | 调查市场。

시장이 반찬이다 괜용【饥者甘食，渴者甘饮】jīzhě gānshí, kězhě gānyǐn【饿了吃糠甜如蜜】è·le chīkāng tián rúmì【饥咽糟糠甜如蜜】jī yànzāokāng tián rúmì

시적[詩的] 괜몡【诗的】shī·de【诗情】shīqíng ¶~ 표현 | 诗情表现。¶~분위기 | 诗情气氛。

시절[時節] 몡❶【时节】shíjié ¶좋은 ~을 다 보내다 | 度过了美好的时光。❷【时代】shídài【时期】shíqī【时候】shíhòu ¶학창 ~ | 学生时代。¶어린 ~ | 儿童értóng时代。¶개나리꽃 피는 ~에는 온다 하더니 | 说是在

连翘花liánchìhuā开的时候, 就回来。

시점¹[時點] 圏【时点】shídiǎn 【…时间为起点】…shíjiān wéi qǐdiǎn ¶~을 표시하는 단어 | 表示时点的词语。

시점²[視點] 圏【角度】jiǎodù ¶오늘의 ~에서 보면 그것은 얼마든지 가능한 일이다 | 从今天的角度看, 那是完全有可能的。¶~을 바꾸어 생각하다 | 换huàn角度再想。¶일인칭 관찰자 ~ | 一人称观察guānchá者角度。

시정¹[市政] 圏【市政】shìzhèng ¶~경비 | 市政开支/经费。

시정²[是正] 圏·하다 【更正】gēngzhèng 【纠正】jiūzhèng 【纠绳】jiūshéng 【改正】gǎizhèng 【指正】zhǐzhèng 【教正】jiàozhèng ¶새로 ~된 조항 | 重新更正的条款tiáokuǎn。¶잘못을 ~하다 | 更正错误/纠正错误。

시정³[施政] 圏·하다 【施政】shìzhèng ¶~ 방침 | 施政方针fāngzhēn。¶~에 관한 담화 | 关于施政的谈话tánhuà。

시제[時制] 圏【言】【时态】shítài ¶과거 ~ | 过去时态。

시조¹[始祖] 圏【始祖】shǐzǔ ¶고려의 ~ | 高丽的始祖。¶성리학의 ~ | 性理学xìnglǐxué的始祖。

시조²[時調] 圏〈文〉【时调】shídiào ¶~를 읊다 | 吟时调。

시종[始終] 圏·하자 【始终】shǐzhōng 【始末】shǐmò 【自始至终】zìshǐ zhìzhōng ¶꼿꼿하게 앉아서 ~ 말이 없다 | 笔直bǐzhí地坐着, 始终没有说话。¶자신의 주장을 ~ 견지하다 | 始终坚持jiānchí自己的主张。¶이야기의 ~을 들어보다 | 听一听故事的始末。

시종일관[始終一貫] 圏【始终一贯】shǐzhōng yíguàn 【始终不渝】shǐzhōng bùyú ¶성실로 ~하더니 끝내 성공하였다 | 一贯以诚实的态度去做事, 终于成功了。¶~ 방어 태세로 나오다 | 始终采取防御态势。¶~ 원칙을 견지하다 | 始终不渝地坚持原则。

시주[施主] 圏·하다【佛】【施主】shīzhǔ ¶불자들의 ~를 받다 | 接受佛教信徒的施主助。

시중¹圏·하다【待候】shìhòu 【服侍】fúshì 【扶侍】fúshì 【照料】zhàoliào 【关照】guānzhào 【照应】zhàoyìng 【伏侍】fú-

shì ¶부모님을 ~들다 | 侍候父母。¶아버지의 ~드느라고 하루도 꼼짝을 못한다 | 因为服侍爸爸, 所以一天也脱不开身。

시중²[市中] 圏【公开市场】gōngkāi shìchǎng 【市里边】shìlǐbiān 【市内】shìnèi ¶~금리 | 公开市场利率/金融市场利率。¶~ 은행 | 民间银行。

시즌[season] 圏 ❶ (계절) 【季节】jìjié 【季】jì ¶춥지도 덥지도 않은 좋은 ~ | 不寒hán不热rè的好季节。❷ (제철) 【旺季】wàngjì 【旺产期】wàngchǎnqī 【当令】dānglìng 【活动季节】huódòng 【极盛时期】jíshèng shíqī 【好时机】hǎoshíjī

시지아이[CGI; common gateway interface] 圏〈電算〉【公共网关界面】gōnggòng wǎngguān jièmiàn

시집¹[媤一] 圏【婆家】pó·jia 【婆婆家】pópójiā ¶그녀는 ~ 식구가 많다 | 她婆家人口很多。**참고**【娘家niángjiā】

시집가다[媤一] 圏【出嫁】chū/jià 【出聘】chūpìn 【出阁】chūgé 【出门】chūmén ¶그녀는 시집갔는가? | 她出了嫁了吗? ¶그녀는 18살에 시집갔다 | 她十八岁就出嫁了。

시집보내다[媤一] 圐【嫁出去】jià·chū·qù 【找婆家】zhǎo pójiā 【找门儿亲事】zhǎoménr qīnshì ¶막내딸 시집보내시고 처음으로 눈물 보이시던 아버지 | 嫁出去老闺女以后, 头一次掉眼泪的爸爸。

시집살이[媤一] 圏·하자 【做媳妇】zuòxífù 【在婆家受累】zài pójiā shòulèi

시집오다[媤一] 圐【过门】guò/mén 【过到】guòdào 【门来】ménlái ¶갓 시집온 며느리 | 刚进门不久的媳妇xí·fu。¶지난달에 시집온 새댁 | 上个月嫁来的新娘。

시차[時差] 圏 ❶〈天〉【平均时差】píngjūnshíchā ¶~ 운동 | 平均时差运动。¶~ 궤도 | 平均时差轨道。❷〈地〉【时差】shíchā 【时间差】shíjiānchā 【时间间隔】shíjiān jiàngé ¶~에 적응하지 못하다 | 不适应时xìyìng时差。¶~를 두다 | 隔gé了时间差

시찰[視察] 圏·하다 【视察】shìchá 【视查】shìchá 【考察】kǎochá ¶산업 ~ | 产业视察。¶현지를 ~하고 오다

592

| 시찰현장 회래. ¶수리공사를 ~하다 | 考察水利工程.

시책[施策] 圓하턴 【政策】zhèngcè【措施】cuòshī ¶정부 ~ | 政府政策. ¶교육 ~ 정책 | 教育政策. ¶국어 교육에 대한 ~ | 对国语教育的措施.

시청[市廳] 圓 【市厅】shìtīng 【市政府】shìzhèngfǔ

시청[視聽] 圓하턴 【收看】shōukàn 【收视】shōushì 【收影】shōuyǐng ¶텔레비전을 ~하다 | 收看电视. ¶~해 주셔서 감사합니다 | 谢谢收看. ¶~률 | 电视收视率. 参考 [收听]

시청각[視聽覺] 圓 【视听】shìtīng ¶~교재 | 视听教材 jiàocái. ¶~ 교육 | 视听教学.

시체[屍體] 圓 【尸体】shītǐ

시초[始初] 圓 【开始】kāishǐ 【初基】chūshǐ 【起点】qǐdiǎn 【开端】kāiduān 【起端】qǐduān 【起始】qǐshǐ 【起首】qǐshǒu ¶싸움의 ~ | 战争的开端. ¶만물의 ~ | 万物始初.

시추[試錐] 圓하턴〈地〉【钻探】zuāntàn 【探井】tànjǐng 【探矿】tànkuàng ¶이 일대에 도대체 석유가 있는지 없는지는 ~를 해보아야만 알 수 있다 | 这一带到底有没有石油shíyóu, 必须钻探后才能知道.

시치다 圄〈細〉【绷】bēng 【缝制】féngzhì ¶홑이불을 ~ | 缝制夹被jiábèi.

시치미 圓 【装】zhuāng 【装蒜】zhuāngsuàn 【装洋蒜】zhuāng yángsuàn 【佯装不知】yángzhuāng bùzhī 【若无其事】ruò wú qí shì ¶못들은 체 ~를 떼다 | 装听不见. ¶자기가 알고서도 모르는 척 ~를 떼다 | 明明知道还装蒜.

시카고[Chicago] 圓〈地〉【芝加哥】Zhījiāgē

시커멓다 圏 【乌黑】wūhēi 【漆黑】qīhēi 【黑】hēi 【漆油儿黑】qīyóurhēi 【骏黑】qūhēi 【黑黑】hēihēi 【黑洞洞】hēidòngdōng 【黑漆漆】hēiqīqī ¶굴뚝에서 나오는 연기가 ~ | 烟筒yāntōng里冒出乌黑ochū的烟是漆黑的. ¶시커먼 밤 | 漆黑的夜yè. ¶마음이 ~ | 心黑.

시큰둥하다 圏 【放肆】fàngsì 【厚颜无耻】hòu yán wú chǐ 【无礼】wúlǐ

시큰하다 圏 【酸疼】suānténg 【酸溜溜】

suānliù·liù ¶무릎마디가 ~ | 膝盖xīgài酸疼. ¶코끝이 시큰한 것을 느꼈다 | 觉得鼻尖bíjiān酸溜溜的.

시키다[1] 圄 【使唤】shǐ·huan 【支使】zhī shǐ 【支】zhī/chāi ¶그에게 일을 한 가지 ~ | 支使他做一件事. ¶힘든 일을 ~ | 支苦差kǔchāi.

─시키다[2] 囘 (在一些名词后边表示"让""叫""使") 【让】ràng 【叫】jiào 【使】shǐ ¶그에게 구경~ | 让他观看. ¶대학까지 공부~ | 使他读到大学.

시킴[Sikkim] 圓〈地〉【锡金】Xījīn [네팔과 부탄사이의 히말라야 산맥고지에 있는 인도 보호국. 수도는 "甘托克Gāntuōkè" (강톡; Gangtok)]

시티[CT; computeri tomography] 圓〈醫〉【计算机化线层照相术】jìsuànjīhuàxiàn tǐcéng zhàoxiàngshù

시티에스[CTS; computerized typesetting system] 圓〈電算〉【计算机排版】jìsuànjī páibǎn

시티즌[Citizen] 圓〈商標〉【西铁城】Xītiěchéng 【星辰】Xīngchén

시판[市販] 圓하턴 【销售】xiāoshòu 【出售】chūshòu ¶~하고 있는 가전제품 | 在市场上出售的家电产品jiādiànchǎnpǐn. ¶~ 가능성 | 适销性. ¶~ 경로 | 销售渠道.

시퍼렇다 圏 ❶ (아주 파랗다) 【碧蓝】bìlán 【深蓝】shēnlán 【蔚蓝】wèilán 【娇蓝】jiāolán 【青碧】qīngbì ¶시퍼런 바다 | 碧蓝的海洋hǎiyáng. ¶시퍼런 하늘 | 蔚蓝的天空. ❷ (초록색) 【碧绿】bìlǜ 【绿油油】lǜyóuyóu 【碧油油】bìyóuyóu 【绿森森】lǜsēnsēn 【绿青青】lǜqīngqīng ¶시퍼런 산들 | 碧绿的群山群qúnshān. ¶시퍼런 보리싹 | 绿油油的麦苗màimiáo. ❸ (위풍이나 권세가 당당하다) 【猛烈】měngliè 【汹汹】xiōngxiōng ¶서슬이 ~ | 气势qìshì汹汹. ❹ (얼굴빛이 퍼렇게 되다) 【发青】fāqīng ¶시퍼렇게 멍이 들다 | 淤血发青yūxuè fāqīng. ❺ (멀쩡하다) 【好好儿的】hǎohāor·de 【活生生的】huóshēngshēng·de ¶고아라니, 부모가 시퍼렇게 살아있는데 | 什么孤儿gū'ér, 父母还好好儿的活着呢. ❻ (예리하다) 【锋利】fēnglì 【尖利】jiānlì 【锐利】ruìlì ¶시퍼런 비수 | 锋利的匕首bǐshǒu.

시풍[詩風] 圐 【诗风】shīfēng ¶한 시대의 ~을 열다 | 开一代诗风。¶낭만주의적 ~ | 浪漫主义诗风。

시프트 키[shift key] 圐 〖電算〗【换档键】huàndǎngjiàn

시피[CP] 圐 【商业票据】shāngyè piàojù

시피유[CPU；central processing unit] 圐 〖電算〗【中央处理器】zhōngyāngchùlǐqì

시학[詩學] 圐 【诗学】shīxué ¶~을 공부하다 | 攻读诗学。

시한[一定的期间] yídìng·de qījiān 〖時限〗【时限】qīxiàn 〖時間制限〗shíjiān xiànzhì ¶예정된 ~을 지키다 | 遵守zūnshǒu预定yùdìng的时限。¶~이 매우 짧다 | 期限很短hěnduǎn。

시한부[時限附] 圐 【有限的】yǒuxiàn·de ¶~ 조건 | 有限的条件tiáojiàn。¶~ 인생 | 有限的人生。

시합[試合] 圐 【比赛】bǐsài 〖競賽〗jìngsài ¶오늘은 누구와 ~하느냐？| 今天跟谁比赛？¶축구 ~ | 足球比赛。¶~을 　진행하다 | 进行比赛。¶~ 규칙 | 竞赛规则。

시해[弑害] 圐ᄒ타 【弑害】shìhài 〖殺害〗shāhài

시행[施行] 圐ᄒ타 【施行】shīxíng 〖實施〗shíshī 〖實行〗shíxíng 〖執行〗zhíxíng ¶약속한 대로 ~하다 | 按约定yuēdìng施行。¶이 명령은 즉각 ~해야 된다 | 这项xiàng命令mìnglìng要立即执行。¶이미 1년 넘게 ~되었다 | 已经执行一年多了。¶정책을 ~하다 | 执行政策zhèngcè。¶~ 기한 | 执行期限。¶~ 착오 | 执行错误。

시험[試驗] 圐ᄒ타 ❶ (실험) 【试验】shìyàn 〖試査〗shìchá 〖实验〗shíyàn 〖測試〗cèshì 〖測驗〗cèyàn 〖測定〗cèdìng 〖驗測〗yàncè ¶~ 운전 | 试车。¶기계의 성능을 ~해 보다 | 试验机器jīqi的性能。¶그의 영어 수준을 ~해 보아라 | 测试一下他的英语水平。¶이 회사에서는 금년에 자동차를 ~생산한다 | 这个公司今年试产汽车。❷ (평가) 【考试】kǎoshì ¶입학 ~ | 入学考试。¶기말 ~ | 期末考试。¶~ 지옥 | 考试地狱。¶구두 ~ | 口

두 ~ | 笔试 ~ | 书面考试。

시험관[試驗管] 圐 【试管】shìguǎn 〖試驗管〗shìyànguǎn ¶~을 흔들다 | 摇yáo试管。¶~ 넣는 통 | 试管架。¶~ 아기 | 试管婴儿。

시험지[試驗紙] 圐 ❶〖考卷〗kǎojuàn 〖試卷〗shìjuàn ❷〈化〉【试纸】shìzhǐ 〖試驗紙〗shìyànzhǐ ¶리트머스 ~ | 石蕊shíruǐ试纸。

시황[市況] 圐 【买卖情况】mǎimài qíngkuàng 〖商情〗shāngqíng 〖勢頭〗shì·tou 〖市場况〗shìchǎng jǐngkuàng 〖市場情況〗shìchǎng qíngkuàng 〖市況〗shìkuàng 〖行市〗háng·shi 〖行情〗hángqíng

시효[時效] 圐〈法〉❶【时效】shíxiào ¶취득 ~ | 取得qǔdé时效。¶소멸 ~ | 取消qǔxiāo时效。¶~ 정지 | 时效中止。❷【有效期】yǒuxiàoqī ¶~ 기간 | 时效期。¶~ 기간 연장 | 时效期的延长。¶계약의 ~를 연장하다 | 延长yáncháng合同的有效期。

식[式] 圐 ❶ (규정) 【规矩】guījǔ 〖規正〗guīzhèng ❷ (의식) 【仪式】yíshì 〖典禮〗diǎnlǐ ¶결혼~ | 结婚jiéhūn仪式/结婚典礼。¶졸업 ~ | 毕业bìyè典礼。¶~을 거행하다 | 举行典礼。❸ (공식) 【式】shì 〖公式〗gōngshì ¶신 ~ | 新式。¶(서)양 ~ | 西式。¶격 ~ | 格式。¶공 ~ | 公式。¶서술 ~ | 叙述xùshù式。❹ (방식) 【方式】fāng·fǎ ¶공부를 계속 이런 ~으로 할테냐？| 还打算用这种方式读书？

식객[食客] 圐 【食客】shíkè 〖門客〗ménkè ¶맹상군은 유명한 ~을 여럿 두었다 | 孟尝君养yǎng了不少有名的食客。

식견[識見] 圐 【见识】jiàn·shi 〖見解〗jiànjiě ¶~이 높다 | 见识高。¶~이 넓다 | 见识广guǎng。¶~을 넓히다 | 增长zēngzhǎng见识。

식구[食口] 圐 【家口】jiākǒu 〖家眷〗jiā·juàn ¶~가 점점 늘다 | 家口渐渐增多。¶~를 부양하다 | 养家activists口。¶군 ~ | 白吃饭的人。蜜틔〔家人〕〔家族〕

식권[食券] 圐 【饭票】fànpiào 〖餐券〗cānquàn ¶~을 끊다 | 买餐券。

식기[食器] 몡【食器】shíqì【碗碟】wǎndié **참고**〔饭碗〕

식다 동❶（차게 되다）【凉】liáng ¶국이 ~ㅣ汤凉了。❷（줄거나 가라앉다）【消去】xiāoqù【消退】xiāotuì【减弱】jiǎnruò ¶해가 기울자 더위가 좀 식었다ㅣ太阳偏偏piān西，暑热shǔrè就略略lüè消退。

식단[食單] 몡【菜单】càidān ¶~을 보고 주문하다ㅣ看单点菜。¶~을 짜다ㅣ制定食谱。

식당[食堂] 몡❶【食堂】shítáng ¶~차ㅣ餐车/饭车。¶학교의 ~의 음식이 비교적 싸다ㅣ学校食堂的饭菜饭菜fàncài比较便宜piányí。❷【饭厅】fàntīng【餐厅】cāntīng【餐馆】cānguǎn【饭馆】fànguǎn【馆子】guǎn·zi【饭店】fàndiàn ¶~에 가다ㅣ下馆子。

식도[食道]〈生理〉【食道】shídào【食管】shíguǎn【食嗓】shísǎng ~염ㅣ食管炎。¶~암ㅣ食道癌。

식량[食糧] 몡【粮食】liáng·shi【食粮】shíliáng【口粮】kǒuliáng ¶~ 부족ㅣ缺粮/粮食短缺。¶~ 위기ㅣ粮食危机。¶~ 자급ㅣ粮食自给。

식료품[食料品] 몡【食品】shípǐn【食料】shíliào【食物】shíwù ¶~ 회사ㅣ食品公司。¶~ 공업ㅣ食品加工工业。¶이곳에는 ~ 시장이 있어 생활이 아주 편리하다ㅣ这儿有个菜市，生活很方便。

식모[食母] 몡【厨娘】chúniáng【保姆】bǎomǔ ¶~살이ㅣ作厨娘。

식물[植物] 몡【植物】zhíwù ¶~ 검역ㅣ植物检疫。¶~ 인간ㅣ植物人。¶~ 채집ㅣ植物采集。¶~ 표본ㅣ植物标本。

식민지[植民地] 몡【殖民地】zhímíndì ¶~를 개척하다ㅣ开拓殖民地。¶~ 체제ㅣ殖民地体制。¶~ 경제ㅣ殖民地经济。¶~ 특혜 관세ㅣ殖民地特惠关税。

식별[識別] 몡하타【识别】shíbié【分清】fēn/qīng【鉴别】jiànbié【甄别】zhēnbié【旌别】jīngbié ¶~ 능력ㅣ识别能力。¶진위를 ~하다ㅣ识别真伪zhēnwěi。**참고**〔认定〕〔证实〕〔甄识〕〔判断〕

식복[食福] 몡【口福】kǒufú【口头福（儿）】kǒu·toufú(r)【口道福（儿）】kǒudàofú(r)

식비[食費] 몡【饭钱】fànqián【膳费】shànfèi【餐费】cānfèi【伙食费】huǒshífèi【粮食费用】liáng·shi fèiyòng ¶~ 수당ㅣ伙食补贴。¶~ 지출ㅣ伙食开支。

식빵[食一] 몡【主食面包】zhǔshí miànbāo

식사[食事] 몡하자【饭】fàn【餐】cān【吃饭】chī/fàn【膳食】shànshí ¶아침 ~ㅣ早饭。¶~를 시작하다ㅣ开饭。¶모여서 ~하다ㅣ聚jù餐。¶배부르게 한 끼 ~를 하다ㅣ饱bǎo餐一顿。

식상[食傷] 몡하자【腻烦】nìfan【看腻】kànnì【听腻】tīngnì ¶항상 되풀이되는 단조로운 분위기에 ~하다ㅣ被时常重复而单调dāndiào的气氛腻烦。¶그런 얘기에는 이제 ~한다ㅣ那种话已经听腻了。

식생활[食生活] 몡【食生活】shíshēnghuó【饮食生活】yǐnshí shēnghuó【吃的方面】chī·de fāngmiàn ¶~을 개선하다ㅣ改善饭食生活。

식성[食性] 몡❶【胃口】wèi·kǒu ¶~에 맞다ㅣ合乎胃口。¶~이 까다롭다ㅣ胃口难调。¶~이 좋지 않다ㅣ胃口不好。❷【口味】kǒuwèi

식솔[食率] 몡【家小】jiāxiǎo【家眷】jiā·juàn【家属】jiāshǔ【家族】jiāzú ¶김씨는 아직 ~이 없다ㅣ老金还没有家小。

식수[食水] 몡【饮用水】yǐnyòngshuǐ【可饮水】kěyǐnshuǐ ¶~난ㅣ喝水难。¶가뭄이 계속되어 ~난을 겪다ㅣ干旱hàn持续，经受喝水难。

식순[式順] 몡【仪式顺序】yíshì shùnxù ¶~에 따르다ㅣ按照仪式顺序。

식언[食言] 몡하자【撒谎】sā/huǎng【食言】shíyán【扯空】chěkōng【扯谎】chěhuǎng【谎言】huǎngyán ¶면전에서 ~을 하다ㅣ当面撒谎。**참고**〔掉蛋〕〔掉谎〕〔掉诳〕〔调谎〕〔瞎说〕〔瞎晌〕

식욕[食慾] 몡【食欲】shíyù【口胃】kǒuwèi ¶~이 떨어지다ㅣ食欲下降xiàjiàng。¶~이 없다ㅣ没有胃口。¶~ 부진ㅣ食欲不振zhèn。

식용[食用] 圐【食用】shíyòng ¶~으로 이용되는 풀 | 用于食用的草。¶~유 | 食用油。¶~ 색소 | 食用色素。

식은땀 圐【盗汗】xūhàn【虚汗】xūhàn【自汗】zìhàn【冷汗】lěnghàn ¶~이 나다 | 出冷汗。¶그것은 지금 생각해도 ~이 날 지경이다 | 那件事现在想起来, 也会出一身冷汗。

식은 죽 먹기 판용【不费吹灰之力】bùfèi chuīhuī zhīlì【易如反掌】yì rú fǎn zhǎng【瓮中捉鳖, 手到拿来】wèngzhōng zhuōbiē, shǒudào nálái【瓮中捉鳖, 手到擒来】wèngzhōng zhuōbiē, shǒudào qínlái

식음[食飲] 圐하타【吃喝】chīhē ¶~을 전폐하고 드러눕다 | 不吃不喝病倒在床上。

식자[識者] 圐【有识之士】yǒushí zhī shì【知识分子】zhīshifèn·zi

식전[食前] 圐【饭前】fànqián ¶~ 복용 | 饭前服fú用。¶~바람 | 未吃早饭时。

식중독[食中毒] 圐〈醫〉【食物中毒】shíwù zhòngdú

식지[食指] 圐〈生理〉【食指】shízhǐ【二拇指(头)】èrmǔzhǐ(·tou)【二指】èrzhǐ

식초[食醋] 圐【醋】cù ¶사과 ~ | 苹果píngguǒ醋/羟qiǎng基丁二酸。¶~가 너무 많이 들어갔다 | 醋放多了。

식칼[食一] 圐【菜刀】càidāo【切菜刀】qiēcàidāo【厨刀】chúdāo ¶~은 갈지 않으면 죽은 쇠덩어리가 되고, 마누라는 그냥 두면 화근이 된다 | 菜刀不磨mó成死铁sǐtiě, 老婆pó不管成妖yāo精jīng。

식탁[食卓] 圐【饭桌】fànzhuō【餐桌】cānzhuō ¶~보 | 桌布。¶~ 위에 몇 가지 시원한 음식을 차려 두었다 | 餐桌上摆bǎi着几碟dié凉菜。

식품[食品] 圐【食品】shípǐn ¶~ 가공 | 食品加工。¶~ 회사 | 食品公司gōngsī。¶~ 위생 | 食品卫生。¶~ 첨가물 | 食品添加剂。

식혜[食醯] 圐【酒酿】jiǔniàng【钵酒】bōjiǔ【江米酒】jiāngmǐjiǔ【醪糟】láozāo【糯米酒】nuòmǐjiǔ【甜酒酿】tiánjiǔniàng

식히다 뫵【使凉】shǐliáng【休息】xiū·xi

醒醒xǐngxǐng ¶열을 ~ | 消气。/ 压火儿。¶머리도 식힐 겸 여행을 다녀와야겠다 | 我要去旅行lǚxíng, 顺便醒醒脑。

신[鞋子]xié·zi【履】jǐ【履】jǐ【履】jǐ ¶~이 헤어졌다 | 鞋子坏huài了。¶짚~ | 草履。¶가죽~ | 革gé履。(참고)〔皮鞋〕〔凉鞋〕〔运动鞋〕〔高跟鞋〕〔拖鞋〕

신² 圐【兴致】xìngzhì【劲头】jìntóu ¶~이 나서 노래를 부르다 | 兴致勃勃bóbó地唱歌chànggē。¶~이 나서 마구 떠들어 대다 | 起劲儿地较勃勃的大吵大闹。

신³[神] 圐【神】shén【神明】shénmíng【鬼神】guǐshén ¶~을 믿지 않다 | 不信神。

신간[新刊] 圐하타【新出版】xīn chūbǎn【新刊】xīnkān ¶~ 서적 | 新出版的书籍shūjí/新刊书。¶~ 안내 | 新刊介绍。¶~ 비평 | 新刊批评。

신경[神經] 圐〈生理〉【神经】shénjīng ¶~이 예민하다 | 神经敏锐mǐnruì。¶~ 말초 | 神经末梢mòshāo。¶~계 | 神经系。¶그녀는 줄곧 ~과민이다 | 她一向神经过敏。¶~마비 | 神经瘫痪。¶~쇠약 | 神经衰弱。¶~추추 | 神经中枢。¶~전 | 神经战。¶~통 | 神经痛。

신경질[神經質] 圐【神经质】shénjīngzhì【耍脾气】shuǎ pí·qi ¶너는 왜 ~을 부리느냐? | 你怎么耍脾气? ¶직장에서 근무할 때는 ~을 부려서는 안된다 | 在单位dānwèi工作可不能耍脾气啊。

신고[申告] 圐하타 ❶ (국민이 의무적으로 행정 관청에 일정한 사실을 보고하는 일) 【申报】shēnbào【呈报】chéngbào ¶~서/~ 용지 | 申报单dān。¶지난 주에 실업을 ~한 사람은 50여만 명이다 | 上星期申报失业shīyè的人数rénshù有五十多万人。 ❷ (윗사람에게 어떤 사실을 보고하는 일) 【报案】bào/àn【报告】bàogào ¶공안국에 사건을 ~하다 | 向公安局gōngānjú报案。

신곡[新曲] 圐【新歌】xīngē【新曲】xīnqǔ ¶~ 발표회 | 新歌发表会fābiǎohuì。

신관[新館] 圀 【新馆】xīnguǎn 【新大厦】xīndàxià 【新楼】xīnlóu

신교[新教] 圀〈宗〉【新教】xīnjiào 【耶稣教】Yēsūjiào 【基督教】Jīdūjiào ¶～도 | 新教徒tú. ¶～ 교회 | 新教教会jiàohuì.

신구[新舊] 圀 【新旧】xīnjiù ¶～ 세력의 갈등 | 新旧势力shìlì的纠纷jiūfēn. ¶～ 교대 | 新旧交代.

신규[新規] 圀 【新规则】xīn guīzé 【新规定】xīn guīdìng 【新秩序】xīn zhìxù ¶～ 거래 | 新交易. ¶～ 도입 | 新引进. ¶～ 매매 | 新交易. ¶～ 채용 | 新引进/新录用. ¶～ 취업자 | 新就业者.

신규 작성[新規作成;new edit] 圀〈電算〉【新建】xīnjiàn 【创建】chuàngjiàn

신기¹[神技] 圀 【神妙的技术】shénmiào·de jìshù 【神技】shénjì ¶~에 가까운 재주 | 近似神技的本事.

신기²[神奇] 圀하형 【神奇】shénqí 【奇怪】qíguài 【奇异】qíyì 【神秘】shénmì ¶~한 효과 | 神奇的效果. ¶우리나라의 건설 속도가 이처럼 빠른 것은 조금도 ~한 일이 아니다 | 我国的建设速度这么快, 这并不奇怪. ¶~한 전설 | 奇怪的传说.

신기³[新奇] 圀하형 【新奇】xīnqí 【新颖】xīnyǐng ¶~한 물건 | 新奇的东西. ¶하나도 ~하지 않다 | 一点也不觉得新奇. ¶~한 상품 | 新颖的商品.

신기록[新記錄] 圀 【新记录】xīnjìlù ¶~을 세우다 | 创新记录.

신기루[蜃氣樓] 圀 【海市蜃楼】hǎi shì shèn lóu 【蜃楼海市】shènlóu hǎishì 【海市】hǎishì 【蜃景】shènjǐng ¶너의 생각은 단지 ~에 지나지 않는다 | 你的想法只不过是海市蜃楼. ¶~ 현상이 갑자기 단번에 없어졌다 | 蜃景忽然hūrán又一下子消逝xiāoshì了.

신나다 圄 【兴致勃勃】xìngzhì bóbó 【扬扬得意】yángyáng déyì 【高兴】gāoxìng 【开心】kāixīn ¶친구들과 신나게 놀다 | 和朋友们玩得很开心.

신년[新年] 圀 【新年】xīnnián 【新禧】xīnxǐ 【过年】guònián ¶~ 하례 | 新年贺礼hèlǐ.

신념[信念] 圀 【信念】xìnniàn 【信心】xì- nxīn 【信条】xìntiáo ¶그의 마음속에는 ~이 있다 | 他心中有信念. ¶~을 잃어버리다 | 失去信心. ¶정치적 ~ | 政治zhèngzhì信条.

신다 圄 【穿】chuān ¶신발을 ~ | 穿鞋子.

신대륙[新大陸] 圀 【新大陆】xīn dàlù 【西大陆】xīdàlù ¶콜롬버스가 ~을 발견했다 | 哥伦布Gēlúnbù发现fāxiàn了新大陆.

신데렐라[Cinderella] 圀 【灰姑娘】huīg- ū·niang ¶그녀는 언제나 볼품없는 ~이다 | 她一直是个不起眼的灰姑娘.

신도[信徒] 圀〈宗〉【信徒】xìntú ¶기독교 | ~ | 基督教jīdūjiào信徒. ¶불교 | ~ | 佛教fójiào信徒.

신동[神童] 圀 【神童】shéntóng 참고〔儿童fántóng〕

신들리다 圄 【拼命地】pīnmìng·de ¶신들린 듯이 일하다 | 拼命地干活儿.

신랄[辛辣] 圀하형 【辛辣】xīnlà 【严厉】yánlì ¶~한 비판 | 辛辣的批判. ¶~한 풍자 | 辛辣的讽刺fěngcì. ¶여론의 ~한 규탄 | 舆论yúlùn的严厉谴责. ¶그를 한바탕 ~하게 비평했다 | 严厉地批评了他一顿dùn.

신랑[新郞] 圀 【新郎】xīnláng 【新姑爷】xīngūyé ¶~감 | 准新郎. 참고〔新娘xīnniáng〕

신록[新綠] 圀 【新绿】xīnlǜ ¶~의 계절 | 新绿的季节jiéjié. ¶~이 우거지다 | 一片新绿.

신뢰[信賴] 圀하타 【信赖】xìnlài 【信任】xìnrèn ¶서로가 서로를 ~하는 마음 | 相互xiānghù之间信赖的心. ¶그는 ~할 만한 사람이다 | 他是一个值zhí得信赖的人. ¶선생님은 그녀를 아주 ~하고 있다 | 老师lǎoshī很信任她. ¶상대를 ~하다 | 信任对方duìfāng.

신망[信望] 圀하타 【威望】wēiwàng 【威信】wēixìn 【信任】xìnrèn ¶그는 마을에서 ~이 높다 | 他在村中cūnzhōng很有威望. ¶~이 두텁다 | 威信很高.

신명[神明] 圀 【兴头】xìng·tou 【扬扬得意】yángyáng déyì ¶~이 나서 지껄여대다 | 扬扬得意地说个不停.

신문¹[訊問] 圀하타 【讯问】xùnwèn

【审问】shěnwèn 【审讯】shěnxùn 【盘问】pánwèn 【盘诘】pánjié 【盘询】pánxún ¶사건의 경과를 ~ 하다 | 讯问作案经过zuòànjīngguò。

신문²[新聞] 몡 【报】bào 【报纸】bàozhǐ ¶~을 보다 | 看报。¶~에 싣다 | 登报。¶벽·~ | 墙qiáng报。¶~으로 벽을 바르다 | 用报纸糊hú墙。¶오늘 ~은 아직 배달되지 않았다 | 今天的报纸还没送来。¶~ 구독료 | 报费。¶~ 기자 | 新闻记者。[참괴][新闻][白报纸][新闻纸]

신문학[新文學] 〈文〉【新文学】xīnwénxué 【新文艺】xīnwényì

신물 몡【胃酸】wèisuān 【酸水】suānshuǐ ¶~이 올라오다 | 冒mào酸水。

신바람 【欢欣鼓舞】huān xīn gǔ wǔ 【欢欣忭舞】huān xīn biàn wǔ 【兴致勃勃】xìng zhì bó bó 【扬扬得意】yáng yáng dé yì 【兴高采烈】xīng gāo cǎi liè ¶~이 나다 | 来劲儿。

신발 몡【鞋】xié ¶가죽 ~ 한 켤레 | 一双皮鞋。¶~ 한 짝 | 一只鞋。

신방[新房] 몡【洞房】dòngfáng 【喜房】xǐfáng 【新房】xīnfáng 【新人房】xīnrénfáng ¶~에 들다 | 入洞房。

신변[身邊] 몡【身边】shēnbiān 【身上】shēn·shang 【手头】shǒu·tou ¶~의 안전을 꾀하다 | 图谋túmóu身边的安全。¶~을 보호하다 | 保护身边安全。¶~ 잡기 | 身边杂记。

신병[身柄] 몡【身柄】shēnbǐng 【被保护人】bèibǎohùrén 【被保人】bèibǎorén 【人身】rénshēn ¶~ 확보 | 确保quèbǎo身柄。

신병²[新兵] 몡【新兵】xīnbīng 【菜鸟】càiniǎo ¶~ 수용소 | 新兵收容所。¶~ 훈련소 | 新兵训练所。

신봉[信奉] 몡하돼【信奉】xìnfèng ¶불교를 ~하다 | 信奉佛教fójiào。¶그리스도교를 ~하다 | 信奉耶稣教yēsūjiào。

신부[神父] 몡〈宗〉【神父】shénfù 【神甫】shénfǔ

신부²[新婦] 몡【新娘子】xīnniáng·zi [참괴][新郎]

신분[身分] 몡【身份】shēnfèn ¶학생의 ~으로 이 시합에 참가했다 | 以学生的身份参加cānjiā了这个比赛bǐsài。¶~ 제도 | 身份等级制度。¶~증 | 工作证/身份证。

신비[神秘] 몡혱 【神秘】shénmì 【神奇】shénqí ¶~한 인물 | 神秘人物。¶~로운 이야기 | 神秘的故事。¶~한 효과 | 神奇的效果。

신빙[信憑] 몡하돼【信用】xìnyòng 【信赖】xìnlài ¶~할 만한 | 可靠kěkào ¶~성 | 可靠性。¶이 뉴스는 조금도 ~성이 없다 | 这个新闻毫无可靠性。

신사[紳士] 몡【绅士】shēnshì 【绅衿】shēnjīn 【绅襟】shēnjīn 【君子】jūnzǐ 【男士】nánshì ¶~다운 행동 | 绅士般的举动jǔdòng。¶뚱뚱한 한 분 | 一位胖pàng绅士。¶~ 숙녀 여러분 | 各位男士们，女士们。¶~복 | 绅士服/西服。

신사적[紳士的] 관몡【绅士般】shēnshìbān 【绅士的】shénshì·de 【绅士的方法】shénshì·de fāngfǎ ¶~인 태도 | 绅士般的态度tàidù。¶~인 언동 | 绅士般的言行。

신상[身上] 몡❶〔몸〕【身上】shēn·shang ❷〔처지〕【身上】shēn·shang ¶~에 안 좋다 | 对身体不好。¶~ 명세서 | 本人详情表/个人详细资料。

신생[新生] 몡【新生】xīnshēng 【新】xīn ¶독립국가 | 新独立的国家。

신생아[新生兒] 몡【新生儿】xīnshēng'ér 【新生婴儿】xīnshēng yīng'ér ¶~ 침대 | 婴儿床。¶~ 폐렴 | 新生儿肺炎。

신선[神仙] 몡【神仙】shén·xiān ¶옛이야기에서 말하는 ~이 내려와 놀았다는 선경 | 故事里所说的神仙下凡过的仙境。¶~ 놀음 | 神仙般的生活。

신선²[新鮮] 몡혱【新鮮】xīn·xiān 【鲜活】xiānhuó 【鲜灵】xiānlíng ¶~한 공기 | 新鲜的空气。¶~하게 보존하다 | 保持bǎochí新鲜。¶~한 과일 | 新鲜的水果。¶~한 수산물 | 鲜活的水产品。

신설[新設] 몡하돼【新设】xīnshè 【新建】xīnjiàn ¶학교를 ~하다 | 新建学校。¶합작사를 ~했다 | 新建了合作社hézuòshè。¶~ 기업 | 新设企业/新创设企业。

신성[神聖] 몡혱돼【神圣】shénshèng ¶~ 모독 | 对神圣的亵渎xièdú。¶

교직을 더없이 ~한 것으로 여기다 | 把教师这个职业，当做神圣无比的职业。¶~한 사명 | 神圣的使命。

신세[身世] 명 ❶ (일신상의 처지와 형편) 【身世】shēnshì | 【一生】yì·sheng ¶비참한 ~ | 悲惨bēicǎn的身世。¶~가 처량하다 | 身世凄凉qīliáng。¶~를 망치다 | 毁掉huǐdiào一生。¶~타령 | 悲叹身世/哀叹苦命。 ❷ (은혜·도움) 【帮助】bāngzhù 【麻烦】máfan 【照料】zhàoliào 【沾光】zhān·guāng 【借重】jièzhòng 【贼重】zéizhòng 【藉重】jièzhòng ¶번번히 ~를 겨서 죄송합니다 | 每次都添麻烦，真过意不去。¶그도 ~를 겄다 | 他也沾光了。¶앞으로도 당신께 ~질 일이 많아서 계속 성가시게 할 것 같습니다 | 以后倚重您的地方还很多，还会常来麻烦您的。

신세대[新世代] 명 【新世代】xīn shìdài | 【新一代】xīnyídài ¶~ 문화 | 新一代文化。

신속[迅速] 명하형 【迅速】xùnsù 【迅急】xùnjí 【迅捷】xùnjié ¶~히 대피하다 | 迅速躲避。¶~하게 처리하다 | 迅速处理chǔlǐ。¶동작이 ~하다 | 动作dòngzuò迅速。

신수[身手] 명 【风采】fēngcǎi 【丰采】fēngcǎi 【仪表】yíbiǎo 【仪观】yíguān ¶~가 훤하다 | 仪表堂堂tángtáng。

신수[身數] 명 【运气】yùn·qi 【运道】yùndào 【命运】mìngyùn 【幸运】xìngyùn ¶~가 나쁘다 | 运气背bèi。¶~가 사납다 | 运气坏huài。

신시[新詩] 명 〈文〉【新诗】xīnshī 【新体诗】xīntǐshī ¶~를 발표하다 | 发表新诗。¶~ 운동 | 新体诗运动yùndòng。

신식[新式] 명 【新式】xīnshì ¶~ 결혼 | 新式结婚。¶~ 복장 | 新式服装fúzhuāng。 참고〔旧式〕

신신당부[申申當付] 명하타 【一再嘱咐】yízài zhǔfù 【一再嘱托】yízài zhǔtuō

신심[信心] 명 【信心】xìnxīn ¶그는 자신의 앞길에 대해 ~이 충만하다 | 他对自己的前途qiántú充满chōngmǎn信心。¶~이 두텁다 | 信心十足。

신앙[信仰] 명하타 【信仰】xìnyǎng ¶~심 | 信仰的心。¶~의 자유 | 信仰的自由。¶~ 개조 | 标准教义。¶~고백 | 信仰告白。

신열[身熱] 명 【发烧】fā/shāo 【发热】fā-āre ¶감기로 ~이 나다 | 感冒gǎnmào了，身体shēntǐ发热。

신용[信用] 명하타 ❶ (믿음) 【信用】xìnyòng 【相信】xiāngxìn ¶~을 잃다 | 失去信用。¶~을 얻다 | 得到信用。¶~이 땅에 떨어지다 | 信用扫地。¶~을 중시하다 | 讲信用。 ❷ (신용 대출) 【信贷】xìndài ¶장기 ~ | 长期信贷。

신용장[信用狀] 명 【信用凭据】xìnyòng píngjù 【信用证(书)】xìnyòngzhèng(shū) 【信用状】xìnyòngzhuàng 【信用票】xìnyòngpiào 【支银凭信】zhīyín píngxìn 【活支汇信】huózhī huìxìn ¶~을 발행하다 | 开具信用状。¶~ 수입 | 进口jìnkǒu信用状。¶화환 ~ | 货物押汇huòwùyāhuì信用状。¶회전 ~ | 转用zhuǎnyòng信用状。

신원[身元] 명 【身份】shēnfèn ¶~을 보증하다 | 保证bǎozhèng身份。¶~을 알 수 없는 사람 | 来历不明的人/身份不明的人。

신음[呻吟] 명하타 【呻吟】shēnyín ¶식민정치 아래 ~하다 | 在植民统治zhímíntǒngzhì下，呻吟。¶환자가 침대에서 ~하다 | 病人在床上呻吟。¶아프지도 않으면서 ~ 소리를 내다 | 无病呻吟。

신의[信義] 명 【信义】xìnyì ¶이런 ~ 있는 사람은 찾아보기 힘들다 | 这般有信义之人很难得nándé。¶~가 없는 사람 | 不讲jiǎng信义的人。

신인[新人] 명 【新人】xīnrén ¶문예계 ~ | 文艺界新人。¶과학계에 ~들이 나타났다 | 科学界涌现yǒngxiàn出了一批新人。

신임[信任] 명하타 【信任】xìnrèn ¶부하를 ~하다 | 信任部下。¶군중의 ~을 얻다 | 取得qǔdé群众qúnzhòng的信任。¶그에 대해 ~을 잃었다 | 他失去信任。¶~투표 | 信任投票。

신임[新任] 명하타 【新任】xīnrèn ¶~교원 | 新任教员jiàoyuán。

신입[新入] 명하자 【新入】xīnrù 【新加

入】xīn jiārù

신입생[新人生] 圐 【新生】xīnshēng ¶
~ 모집 (하다) | 招考zhāokǎo新生.

신자[信者] 圐〈宗〉【信者】xìnzhě 【信
徒】xìntú 기독교 jīdūjiào
o信徒. ¶불교의 | 佛教fójiào信徒.

신작[新作] 圐하타 【新作】xīnzuò ¶~
특집 | 新作特辑tèjí.

신작로[新作路] 圐 【大路】dàlù 【公路】
gōnglù 【马路】mǎlù ¶~ 어귀 | 大路
口.

신장¹[-欌] 圐 【鞋柜】xiéguì

신장²[身長] 圐 【身高】shēngāo 【个子】
gè·zi 【个儿】gèr ¶이 일미터 육십
오가 되는 여자만 스튜어디스가 될 수
있다 | 身高一米六五以上的女性才能
当空姐kōngjiě. ¶~이 큰 사람 | 高~
个子.

신장³[伸長] 圐하자타 【伸长】shēncháng 【增长】zēngzhǎng 【伸展】shēnzhǎn ¶국력을 ~하다 | 伸长国力. ¶체
력을 ~시키다 | 增强体力tǐlì. ¶~율
| 伸长性/伸长率. 참고 〖延长〗〖延
伸〗

신적[神的] 圐 【神一样的】shén yíyàng·de ¶~ 존재 | 神一样的存在.

신전[神殿] 圐 【神殿】shéndiàn ¶파르
테논~ | 巴台农神殿.

신정[新正] 圐 【元旦】yuándàn 【新年】
xīnnián ¶곧 ~이다 | 新年快乐了.

신조[信條] 圐 【信条】xìntiáo 【信念】xìnniàn ¶약속 시간을 지키는 것이 그
의 ~다 | 遵守zūnshǒu约定yuēdìng
时间是他的信条. ¶정치 ~ | 政治zhèngzhì信条.

신종[新種] 圐 【新种】xīnzhǒng 【新开
设】xīn kāishè ¶~ 예금 | 新开设的
储蓄业务chǔxùyèwù.

신주[神主] 圐 【神主】shénzhǔ 【灵牌】língpái 【灵位】língwèi 【牌位】páiwèi
【堂位】tángwèi 【神主牌】shénzhǔpái
【神坐】shénzuò 【神位】shénwèi ¶~
를 세우다 | 设立shèlì灵牌.

신중[愼重] 圐하형 【慎重】shènzhòng
【谨慎】jǐnshèn 【审慎】shěnshèn ¶~
히 처리하다 | 慎重处理chǔlǐ. ¶~하
게 고려하다 | 慎重考虑kǎolǜ. ¶~
을 기하기 위해 다시 한 번 계산해 보
시오 | 为慎重起见, 请再计算jìsuàn一

下. ¶사람을 대하는 태도가 매우 ~
하다 | 待人很谨慎. ¶매우 ~하게
말하다 | 讲得很谨慎. ¶~하게 일하
다 | 审慎从事cóngshì.

신진[新進] 圐 【新进】xīnjìn 【新】xīn ¶
~ 작가 | 新作家.

신참[新參] 圐하자 ❶【新人】xīnrén
【新生】xīnshēng ❷【新兵】xīnbīng
【菜鸟】càiniǎo

신청[申請] 圐하타 【申请】shēnqǐng
【请求】qǐngqiú 【挂号】guà/hào 【呈
禀】chéngbǐng 【提议】tí/yì ¶호적 등
본 발급 ~ | 户籍誊téng本发放申
请. ¶여권 발급을 ~하다 | 申请护
照hùzhào. ¶입국 비자를 ~하다 |
申请入境rùjìng签证qiānzhèng. ¶입
학 ~은 내일까지 마감이다 | 入学rùxué申请到明天为止. 참고 〖恳kěn求〗

신청서[申請書] 圐 【申请书】shēnqǐngshū 【声请书】shēngqǐngshū 【呈词】
chéngcí ¶입학 ~ | 入学rùxué申请
书. ¶~ 격식 | 申请书格式géshì.

신체[身體] 圐 【身体】shēntǐ 【身板】shēnbǎn ¶건강한 ~ | 健康jiànkāng的
身体. ¶~를 단련하다 | 锻炼duànliàn身体. ¶~ 검사 | 健康检查/体
检. ¶~의 자유 | 人身自由. ¶~
장애자 | 残废人/残障人.

신축[新築] 圐하타 【新建】xīnjiàn ¶
낡은 집을 헐고 양옥으로 ~하다 | 拆
chāi掉旧jiù房屋, 新建洋房yángfáng. ¶~ 아파트 | 新建住宅大楼zhái dàlóu.

신축[伸縮] 圐하자타 【伸缩】shēnsuō
【伸展】shēnzhǎn 【伸展】shēnzhǎn ¶~이 자유 자재이다 | 伸缩自如.
¶자동 ~ | 自动伸缩.

신축성[伸縮性] 圐 【伸缩性】shēnsuōxìng 【灵活性】línghuóxìng 【弹性】tánxìng ¶부드럽고 ~이 있는 양탄자 | 又
软ruǎn又有弹性的地毯dìtǎn. ¶우
리는 더 큰 ~을 발휘해야 한다 | 我们
应该发挥更大的灵活性.

신춘[新春] 圐 【新春】xīnchūn ¶~ 문
예 | 新春文艺wényì.

신출내기[新出-] 圐 【新手】xīnshǒu
¶~이긴 하지만 아는 것이 적지 않은
것 같다 | 虽然是个新手, 但是好像知

道的不少。〔참고〕〔新生〕〔新兵〕〔菜鸟〕

신탁〔信託〕명하타【信托】xìntuō ¶제
일 큰 건설 프로젝트를 우리 한국에 ~
하다 | 把最大建设项目 jiànshèxià-
ngmù信托给我们韩国Hánguó.

신통〔神通〕명하혱 ❶〔영묘하다〕
【巧】qiǎo〔영롱〕língqiǎo〔영통〕língtō-
ng ¶족집게처럼 ~ 하다 | 像神仙一
样灵通。❷~한 약효 | 神奇的药效yà-
oxiào。❸〔마음에 들다〕〔讨人喜欢〕tǎ-
orén xǐ·huan〔讨人喜爱〕tǎorén xǐ·ài
【使人满意】shǐ rén mǎnyì【真不简单】
zhēn bù jiǎndān【可爱】kě·ài【灵巧】
língqiǎo ¶그 어려운 일을 해내다니,
참으로 ~ 하다 | 完成了那么难的事
儿, 真不简单啊。¶어린 것이 아주 ~
하다 | 小小年纪很灵巧。

신파〔新派〕명 ❶【新派】xīnpài ❷☞
신파극

신파극〔新派劇〕【新派剧】xīnpàijù

신품〔新品〕명【新品】xīnpǐn【新商品】
xīnshāngpǐn【新制品】xīnzhìpǐn

신하〔臣下〕명【臣下】chén·xi a〔臣〕chén-
n ¶충성스러운 ~ | 忠臣。

신학〔神學〕명【神学】shénxué ¶~을
연구하다 | 研究yánjiū神学。¶~자
| 神学者。

신학기〔新學期〕【新学期】xīn xuéqī
¶~가 시작되다 | 新学期开始了。

신학문〔新學問〕명【新学问】xīn xuéw-
èn【新知识】xīn zhī·shi ¶~을 받아
들이다 | 接受新知识。

신형〔新型〕명【新型】xīnxíng ¶~ 무
기 | 新型武器wǔqì。¶~ 자동차 |
新型汽车。

신호〔信號〕명【信号】xìnhào ¶~를
보내다 | 发信号。¶조난 ~ | 遇难yù-
nàn信号。

신호등〔信號燈〕명【信号灯】xìnhàodē-
ng【红绿灯】hónglǜdēng ¶도로를 건
널 때는 ~를 보아야 한다 | 过马路mǎ-
lù要看着红绿灯。

신혼〔新婚〕명【新婚】xīnhūn【新昏】xī-
nhūn ¶~ 부부 | 新婚夫妇fūfù。¶
~ 생활의 즐거움 | 新婚夏yénje乐。
¶~ 여행 | 蜜月旅行/新婚旅行。

신화〔神話〕명【神话】shénhuà ¶~ 고
사 | 神话故事。¶~극 | 神话剧。¶
~ 소설 | 神话小说。

신화사〔新華社〕Xinhua News Agency】
명〈新放〉【新华社】Xīnhuáshè ["中
国" (중국) 의 통신사명]

신흥〔新興〕명하자【新兴】xīnxīng ¶
~계급 | 新兴阶级。¶~과학 | 新兴
科学。¶~도시 | 新兴城市。¶~재
벌 | 新兴财阀cáifá。¶~ 공업도시
| 新兴的工业城市。

싣다 동 ❶ (운반할 목적으로)【载】zài
【驮】tuó〔佗〕tuó【载运】zàiyùn【装
搬】zhuāngbān ¶가득 싣고 돌아오다
| 满载而归guī。¶화물을 실어 나르
다 | 载运货物huòwù。¶이삿짐을 ~
| 装搬家行李jiāxíngli。❷ (기사 등
을 게재하다)【登载】dēngzǎ【刊载】k-
ǎndēng【刊载】kānzài ¶잡지에 소설
을 ~ | 在杂志zázhi上登载小说。¶
그는 논문을 발표하여 3기에 걸쳐 연
이어 실었다 | 他发表了一篇论文, 接
连刊登了三期。

실[명 ❶【线(儿)】xiàn(r) ¶무명~ |
棉mián线。¶~을 감다 | 绕rào线。
❷【细长】xìcháng【细小】xìxiǎo【薄】
báo ¶~ 핏줄 | 细血管。

실[實]명【实】shí【实际】shíjì ¶겉보
기에는 그래도 ~은 알차다 | 表面上
看是那样, 实其很实在。¶명분보다
~을 택하다 | 不选出名分选实利。

실[失]명【损失】sǔnshī【失去】shīqù
¶득보다 ~이 많다 | 失去的比得到d-
édào的多/失多利少。

실[seal]명【印记】yìnjì【图记】túì【信
记】xìnjì

실감[實感]명하타【真实感】zhēnshíg-
ǎn ¶~나게 연기하다 | 有真实感地
演出yǎnchū。¶고충을 ~하다 | 真
实感受苦美。

실격[失格]명하자【丧失资格】sàngsh-
ī zīgé【失去资格】shīqù zīgé ¶연령
미달로 ~되다 | 因年龄niánlíng未到,
失去资格。¶~자 | 失去资格者。

실권[實權]명【实权】shíquán【实际
权力】shíjì quánlì ¶~을 장악하다 |
掌握zhǎngwò实权。¶~을 쥐다 | 掌
握实权。

실권²[失權] 명하자【失权】shīquán
【失去权利】shīqù quánlì ¶~ 약관 |
失权约款。¶~주 | 失权股票。¶
주식 잉여금 | 失权股票盈余。

실기[實技] 명【实际技能】shíjì jìnéng 【实际技术】shíjì jìshù 【实用技术】shíyòng jìshù 【实技】shíjì ¶～ 시험을 보다 | 进行实技考试kǎoshì. ¶～ 시험 | 实技考试.

실내[室內] 명【室内】shìnèi ¶～ 경기 | 室内比赛bǐsài. ¶～를 청소하다 | 打扫dǎsǎo室内. ¶～ 체육관 | 室内体育馆tǐyùguǎn. ¶～ 수영장 | 室内游泳池yóuyǒngchí. ¶～ 장식 | 室内装饰/内部装饰.

실내화[室內靴] 명【拖鞋】tuōxié 【拖脚鞋】tuōjiǎoxié 【趿拉儿】tālār 【趿拉鞋】tālāxié ¶그는 ～를 신고 나와 문을 열었다 | 他穿着拖鞋出来开门.

실눈 명【眯缝眼】mīféngyǎn ¶그녀는 웃으면 동그란 눈이 ～으로 변한다 | 她一笑, 圆眼睛就变成眯缝眼了. ¶～ 을 뜨고 바라보다 | 眯着眼睛眺望.

실랑이 명하자【折磨】zhé·mo 【折夺】zhéduó 【折腾】zhē·teng 【麻烦】má·fan【为难】nán·wei 【捉弄】zhuōnòng

실력[實力] 명【实力】shílì ❶ (실제의 역량)【实力】shílì 【能力】nénglì ¶～을 발휘하다 | 发挥fāhuī实力. ¶～이 강하다 | 实力雄厚xiónghòu. ¶나는 이 임무를 맡을 ～이 있다 | 我有能力担当这项任务rènwù. ❷ [무력·완력]【实力】shílì ¶～을 행사하다 | 行使xíngshǐ实力.

실례[失禮] 명하자【失礼】shīlǐ 【不礼貌】bùlǐmào 【失敬】shījìng 【失陪】shīpéi ¶그의 행동은 매우 ～다 | 他的行为太失礼了. ¶～되는 행동 | 不礼貌的行动xíngdòng. ¶두 분께선 더 좀 앉아계세요, 저는 일이 있어 먼저 ～하겠습니다 | 你们俩多坐一会儿, 我有事, 先失陪了.

실례[實例] 명【实例】shílì 【事例】shìlì 【例子】lì·zi ¶～를 들어 설명하다 | 举出实例说明. ¶～를 몇 개 들어 설명하다 | 举几个例子说明. 《참고》〔典型diǎnxíng〕

실로[實-] 부【真是】zhēn·shi 【实在】shízài 【诚实】chéngshí 【的确】díquè 【确是】què·shi 【确乎】quèhū ¶～ 마어마하다 | 真是吓xià人. ¶～ 어이없는 사건이 일어나다 | 发生了实在是不可思议的事儿. ¶～ 보기좋

다 | 实在好看. ¶～ 이와 같다 | 的确如此.

실로폰[xylophone] 명【音】【木琴】mùqín 【钢片琴】gāngpiànqín

실록[實錄] 명【实录】shílù ¶제1차 세계대전 ～ | 第一次世界大战shìjièdàzhàn实录. ¶세종 ～ | 世宗shìzōng实录. ¶왕조 ～ | 王朝实录.

실룩부하자타【抽】【动】dòng【抽动】chōudòng【抽搐】chōuchù【抽搐筋肉】chōuchù jīnròu ¶입을 ～거리며 말하다 | 抽动着嘴巴zuǐbɑ, 说话. ¶입 가장자리가 가볍게 ～거리다 | 嘴角zuǐjiǎo在轻轻地抽搐.

실리[實利] 명【实利】shílì 【实际利益】shíjì lìyì 【现实利益】xiànshí lìyì 【实际利润】shíjì lìrùn 【实际获利率】shíjì huòlìlǜ ¶명분보다 ～를 따르다 | 比起名分míng·fen, 更向着实利. ¶～주의 | 实利主义.

실리다[동【登】dēng ¶잡지에 실린 소설 | 登在杂志zázhì上的小说.

실리다[동【装】zhuāng ¶사람을 시켜 이삿짐을 트럭에 ～ | 指使人把行李往车上装.

실리콘[silicone] 명【硅】guī 【矽】xī ¶～겔 | 硅胶jiāo.

실리콘 밸리[Silicon valley] 명【地】【硅谷】Guīgǔ 【矽谷】Xīgǔ

실린더[cylinder] 명【機】【汽缸】qìgāng 【汽筒】qìtǒng 【气缸】qìgāng 【气筒】qìtǒng ¶～ (자동차의) ～ 헤드(head) | 汽缸盖gài/汽缸头qìgāngtóu. ¶～ 밸브(valve) | 汽缸阀门fá. ¶～유 | 汽缸油yóu.

실마리 명 ❶ (실의 첫머리)【线头】xiàntóu ¶～가 풀리다 | 解开线头. ❷ (일의 단서)【绪】xù 【端绪】duānxù 【头绪】tóuxù 【线索】xiànsuǒ ¶～가 잡혔다 | 有了端绪了. ¶해결의 ～를 찾다 | 找到解决的头绪. ¶이것은 아주 중대한 새로운 ～이다 | 这是非常重大的新线索.

실망[失望] 명하자【失望】shīwàng 【若失】ruòshī 【灰心】huī/xīn 【气馁】qìněi 【灰念】huīniàn 【大失所望】dà shī suǒ wàng 【垂头丧气】chuí tóu sàng qì 【低头丧气】dī tóu sàng qì 【灰心意懒】huī xīn yì lǎn ¶시험

에 떨어졌다고 너무 ~하지 말라 | 不要因为落榜, 而太失望。 | ¶~하고 돌아가다 | 失望而归guī。 | ¶정말로 생각이 있는 사람은 언제나 ~하지 않는다 | 真正有思想的人是从来不会气馁的。 | ¶승리했다고 해서 교만하지 말고 실패해도 ~하지 마라 | 胜利了不要骄傲, 失败了不要气馁。 | ¶동생이 올해 대학입시에서 떨어져 전 가족이 크게 ~하고 있다 | 小弟弟今年没考上大学, 全家大失所望。 | ¶설사 어려움에 직면했다 해도 ~할 필요는 없다 | 即使遇到yùdào困难也用不着垂头丧气。

실무[實務] 圏【业务】yèwù【事务】shìwù【实际业务】shíjìyèwù ¶~ 능력 | 业务能力。 | ¶지배인이 ~ 방침을 지도하다 | 经理指导zhǐdǎo业务方针。 | ¶~급 　협상 | 事务级协商xiéshāng。 | ¶~에 　밝다 | 精jīng于实际业务。 | ¶~적인 절차 | 业务性的程序chéngxù。

실물[實物] 圏【实物】shíwù ¶~ 크기의 장난감 | 实物大小的玩具wánjù。 | ¶~ 거래 | 实物交易jiāoyì。

실바람 圏【微风】wēifēng【轻风】qīngfēng【和风】héfēng【软风】ruǎnfēng ¶~이 솔솔 불어오다 | 微风轻轻吹来。 | ¶~이 서서히 불어, 사람의 마음을 취하게 하다 | 和风徐徐xú, 令人心醉。

실밥 圏【线头】xiàn·tou【废线】fèixiàn ¶~을 뜯다 | 抽掉chōudiào线头。

실비[實費] 圏 ❶ (실제 비용) 【实际费用】shíjì fèiyòng【实费】shífèi ¶~로 사들이다 | 用实际费用买进mǎijìn。 | ¶~대로 계산하다 | 按实际费用计算jìsuàn。 ❷ (원가) 【生产成本】shēngchǎn chéngběn

실상¹[實狀] 圏 뮈【实际上】shíjìshàng ¶그는 ~ 잘하면서도 잘 못한다고 겸손하게 말한다 | 他实际上做得很好, 但是还很谦虚qiānxū地说自己做不好。 | ¶그들에겐 ~ 어려운 문제였다 | 对他们来说, 实际上是个难题。

실상²[實相] 圏【实相】shíxiàng【真相】zhēnxiàng【真像】zhēnxiàng ¶감추어져 있던 ~이 백일하에 드러나다 | 被隐匿yǐnnì起来的真相, 大白于天下。 | ¶~을 사실대로 알리다 | 把事实真相说出来。 | ¶~이 드러나지

다 | 不露bùlù真相。 | ¶~이 확연히 드러나다 | 真相大白。

실생활[實生活] 圏【实际生活】shíjì shēnghuó【现实生活】xiànshí shēnghuó ¶~에 응용하다 | 应用于实际生活。

실성[失性] 圏하자【精神失常】jīngshén shícháng ¶~한 사람같이 횡설수설하다 | 像个精神失常的人, 胡说八道húshuōbādào。

실세[實勢] 圏 ❶ 【实势】shíshì【实际】shíjì【实际势力】shíjì shìlì ❷ 【实际价格】shíjì jiàgé【实价】shíjià【净价】jìngjià【实盘】shípán ¶~ 가격 | 实际的价格jiàgé。 | ¶~ 　예금 | 净存款。 | ¶~ 환율 | 实际汇率。

실소[失笑] 圏하자【失笑】shīxiào ¶~를 금할 수 없다 | 禁不住失笑。 | ¶그는 자신도 모르게 ~하지 않을 수 없었다 | 他不禁哑然yǎrán失笑。

실속[實-] 圏 ❶ (실제의 내용) 【着实】zhuóshí【切实】qièshí【扎实】zhā·shi【贴实】tiēshí【踏实】tàshí【实在】shízài【诚实】chéngshí【内容】nèiróng ¶~있고 실행할 수 있는 방법 | 切实可行的办法bànfǎ。 | ¶~ 있는 생활 | 踏实的生活。 ❷ (겉으로 드러나지 않은 알찬 이익) 【实际利益】shíjì lìyì ¶~을 차리다 | 满足自己的实际利益。

실수[失手] 圏하자【弄错】nòngcuò【弄糟】nòngzāo【失误】shīwù【失手】shí/shǒu【失败】shībài【失口】shī/kǒu【失辞】shící【失言】shīyán【过错】guòcuò【过失】guòshī【过误】guòwù【失礼】shī/lǐ【脱手】tuōshǒu【闪失】shǎnshī【疏失】shūshī【疏忽】shūhū ¶미안하다, 내가 ~했다 | 对不起, 我弄错了。 | ¶~로 말미암은 사고 | 因失误而酿出niàngchū的事故。 | ¶그는 ~로 찻잔 하나를 깨뜨렸다 | 他一失手打碎suì了一个茶杯bēi。 | ¶조금도 누락되거나 부주의로 인한 ~가 있어서는 안 된다 | 不准稍有遗漏yílòu疏失。

실습[實習] 圏하타【实习】shíxí【见习】jiànxí ¶자동차 운전 ~ | 驾车jiàchē实习。 | ¶작업 현장에 가서 ~하다 | 到工地上去实习。 | ¶오월말까지 ~하다 | 实习到五月底。

실시[實施] 圏하타【实施】shíshī【奉行】fèngxíng【实行】shíxíng【进行】jìnxíng【推行】tuīxíng【推广】tuīguǎng【执行】zhíxíng ¶가족계획을 ~하다 | 实行计划生育jìhuàshēngyù。¶시험을 ~하다 | 进行考试kǎoshì。¶농업생산 책임제를 널리 ~하다 | 推广农业生产责任制zérènzhì。¶엄격히 ~하다 | 严格yángé执行。

실신[失神] 圐하자【失神】shīshén【失去知觉】shīqù zhījué ¶~ 상태 | 失神状态zhuàngtài。¶갑작스런 충격으로 ~하다 | 受到突如其来的冲击而失去知觉。

실언[失言] 圐하자【失言】shī/yán【失口】shī/kǒu【失辞】shīcí ¶제자들 앞에서 ~을 하다 | 在弟子dì·zi面前，失言。¶군자는 남에게 ~하지 않는다 | 君子不失口于人。

실업[失业] 圐하자【失业】shī/yè ¶~ 자 | 失业者。¶~ 률 | 失业率lù。¶~ 구제 | 失业救济。¶~ 대책 | 失业保障。¶~ 보상 | 失业补助。¶~ 보험 | 失业保险。¶~ 인구 | 失业人口。

실업[实业] 圐【事业】shìyè【实业】shíyè ¶~에 종사하다 | 从事实业。¶~ 교육 | 职业教育。¶~ 단체 | 企业组织。¶~ 은행 | 工业银行。**参考**【职业】【企业】【工业】【产业】

실없다[실업따] 圀【无聊】wúliáo【傻】shǎ【憨】hān ¶실없는 말 | 无聊的话。¶실없이 굴다 | 无聊的行动。

실연[失恋] 圐하자【失恋】shī/liàn【甩】shuǎi ¶그녀는 ~하지 않았다 | 她没有失恋。¶남자에게 ~당하다 | 被男人甩了。

실오라기[一丝] 圐【一丝】yìsī ¶~ 하나 걸치지 않은 몸 | 一丝不挂的身子。

실외[室外] 圐【室外】shìwài【露天】lùtiān ¶~ 활동 | 室外活动。¶~ 운동 | 室外运动。¶~ 보관 | 露天保管bǎoguǎn。

실용[实用] 圐【实用】shíyòng ¶이 대바구니는 잘 짜여져 보기도 좋고 ~적이다 | 这种篮子lán·zi编biān得又好看又实用。¶비록 아름답지는 않으나 매우 ~적이다 | 虽不美观měiguān,却很实用。¶~적인 연구 | 实用性的研究yánjiū。

실용성[实用性] 圐【实用性】shíyòngxì-

ng ¶이 발명품은 ~이 없다 | 这个发明fāmíng没有实用性。

실은[实—] 囝【其实】qíshí ¶~ 그는 오늘 오지 않아 | 其他今天不来。¶~ 네 말이 모두 맞아 | 其实，你的话都对。

실의[失意] 圐【失意】shīyì【失望】shī-wàng ¶~에 빠지다 | 沉于失意。¶그는 여러 차례 실패했지만 한번도 ~에 빠진 적이 없다 | 失败了多次,但他从没有失望过。

실재[实在] 圐하자【实在】shízài【存在】cúnzài ¶~의 인물 | 实在的人物。¶이것은 ~ 상황이다 | 这是实在的情形。¶그 중에는 심각한 문제가 ~한다 | 中间存在着严重的问题。

실재론[实在论] 圐【实在论】shízàilùn【实念论】shíniànlùn ¶그는 ~을 전문적으로 연구한다 | 他专门研究zhuān-mén yánjiū实在论。

실적[实绩] 圐【实积】shíjì【实际成绩】shíjì chéngjì【成绩】chéngjì ¶~ 계산 | 实积计算jìsuàn。¶얼마간의 ~이 있다 | 有了些成绩。¶얼마간의 ~을 내다 | 做出一点成绩来。¶생산 ~ | 实际生产成绩。**参考**【功绩】【劳绩】

실전[实战] 圐【实战】shízhàn【实际战斗】shíjì zhàndòu ¶~을 방불케하다 | 仿佛fǎngfú像个实战。¶~ 경험이 풍부하다 | 实战经验丰富。¶~ 연습 | 实战演习。

실점[失点] 圐하자【丧失的分】sàngshī·de fēn【输去的分】shūqù·de fēn【失掉的分数】shīdiào·de fēnshù ¶~ | 失分。¶~을 만회하다 | 挽回wǎnhuí失掉的分数。¶우리 팀이 5점을 ~하였다 | 我队duì失五分了。

실정[实情] 圐【实情】shíqíng【真情】zhēnqíng【实际情况】shíjì qíngkuàng ¶현지에 가서 ~을 살피다 | 到现场xiànchǎng查看chákàn实情。¶~을 모두 털어놓다 | 把实情全部说出来。¶너는 이곳의 ~을 이해하지 못한다 | 你不了解这儿的实情。

실제[实际] 圐【实际】shíjì ¶이론과 ~ | 理论lǐlùn和实际。¶~는 보지 않고 이상만 중시하다 | 不看实际,专讲理想zhuānjiǎnglǐxiǎng。¶모든 것은 ~

로부터 출발한다 | 一切从实际出发。

실족[失足] 圏하자 【摔跤】shuāijiāo 【失足】shīzú

실존[實存] 圏하자 ❶【实存】shícún 【实际存在】shíjì cúnzài ¶ ― 인물 | 实存人物。¶신이나 초월자가 본질이라면 인간 개개인의 존재는 ~이다 | 要说神shén或者超越者chāoyuèzhě是个本质shíjì的话, 那么, 人个体的存在是实存。❷〈哲〉【存在】cúnzài ¶ ~주의 | 存在主义。¶ ― 철학 | 实存哲学。

실종[失踪] 圏하자 【失踪】shī/zōng 【下落不明】xiàluò bùmíng ¶ ― 사건 | 失踪事件。¶조난으로 ~된 사람 | 蒙难失踪的人。¶당일 저녁에 그가 ~되었다 | 当天晚上他就失踪了。¶ ― 화물 | 下落不明的货物。

실증[實證] 圏하타 【证实】zhèngshí 【征实】zhèngshí 【证明】zhèngmíng ¶ 실천을 통해서 진리를 ~해야 한다 | 要通过实践shíjiàn来证实真理。¶그의 소행임을 밝힐 ~을 잡았다 | 掌握zhǎngwò了能证明他的所为的实证。¶사실들이 이 판단이 정확하다는 것을 ~해 준다 | 事实证明这个判断pànduàn是正确zhèngquè的。¶ ― 주의 | 实证主义。¶ ― 철학 | 实证哲学。

실직[失職] 圏하자 【失业】shī/yè ¶ ― 노동자 | 失业工人。¶ ~자 | 失业者。

실질[實質] 圏 【实质】shízhì 【实际】shíjì ¶능률과 ~을 숭상하다 | 崇尚chóngshàng能率nénglǜ和实质。¶문제의 ~을 연구하다 | 研究yánjiū问题的实质。¶ ― 법 | 实质法。¶그의 ~임금은 한국돈 200만원 아래가 아니다 | 他的实际工资不下两百万韩币hánbì。

실책[失策] 圏 【失策】shīcè【失算】shīsuàn 【失计】shījì 【失误】shīwù 【疏失】shūshī ¶작업 중에 나는 다소 ~이 있었다 | 在工作中, 我有过一些失误。¶ ~수비 | 防守fángshòu失误。¶ ~을 범하다 | 犯了失误。¶유격수가 또 ~을 범했다 | 游击手yóujíshǒu又失误了。

실천[實踐] 圏하타 【实践】shíjiàn 【履行】lǚxíng 【实现】shíxiàn ¶진정한 지

식은 ~에서 온다 | 实践出真知。¶ 약속을 ~하다 | 履行诺言nuòyán。¶계획을 ~에 옮기다 | 把计划jìhuà变为实践。

실체[實體] 圏 【实体】shítǐ 【实际的物体】shíjì·de wùtǐ ¶ ~를 확인하다 | 确认quèrèn实体。¶정치 ― | 政治实体。¶ ~법 | 实体法。

실추[失墜] 圏하타 【失去】shīqù 【失掉】shīdiào 【失却】shīquè ¶위신이 ~되다 | 失去威信wēixìn。¶기회를 ~하다 | 失去机会jīhuì。참고 〔丧失〕【損失】【丢失】错过

실컷 閉 【尽情】jìnqíng 【痛快地】tòngkuài·de 【充分】chōngfèn 【饱】bǎo 【够】gòu ¶ ~ 떠들다 | 尽情喧哗xuān·huá。¶ ~ 즐기고 흩어지다 | 尽兴之后, 各自散的。¶별관구, 让他痛快地哭一场吧。| 别管了, 让他痛快地哭一场吧。¶술과 밥을 ~ 먹다 | 酒足zú饭饱。¶ ~ 두들겨 맞다 | 饱揍zòu一顿dùn。

실크[silk] 圏 【丝线】sīxiàn 【丝绸】sīchóu 【蚕丝】cánsī ¶ ― 공장 | 丝绸厂/丝织厂。¶ ― 로드 | 丝绸之路。

실탄[實彈] 圏 【实弹】shídàn 【真子儿】zhēnzǐr ¶ ~ 연습 | 实弹演习yǎnxí。¶ ~ 사격 | 实弹射击shèjī。참고 〔空包弹〕

실태[實態] 圏 【实况】shíkuàng 【实情】shíqíng 【真情】zhēnqíng ¶ ― 조사 | 实况调查diàochá。¶너는 이곳의 ~를 이해하지 못한다 | 你不了解这儿的实情。

실토[實吐] 圏하타 【吐露】tǔlù 【说出真心话】shuōchū zhēnxīnhuà 【从实招认】cóngshí zhāorèn ¶심정을 ~하다 | 吐露实情。¶당황하여 ~하다 | 吓xià得从实招认。

실패[失敗] 圏하자타 【失败】shībài ¶이번 실험은 ~했다 | 这次试验shíyàn失败了。¶ ~작 | 失败的作品/败作。¶ ~는 성공의 어머니 | 失败是成功之母。참고 〔成功〕

실하다[實 ―] 閿 ❶ (튼튼하다) 【结实】jiēshí 【茁壮】zhuózhuàng ¶그는 몸이 매우 ~ | 他身子很结实。¶목화가 실하게 자라지 못했다 | 棉花长得不大茁壮。❷ (넉넉하다) 【富裕】fùyù 【富足】fùzú 【足】zú 【足够】zúgòu

¶혼자 먹기에는 ~│足够一个人吃的。¶일년 식량은 ~│足够吃一年的口粮kǒuliáng。❸(믿을 만하다)
【实在】shízài 【实干】shígàn ¶실한 일꾼 하나 소개해주세요│请给介绍一位能实干的。

실학[實學] 阌【实学】shíxué ¶~파│实学派pài。¶~사상│实学思想。¶~주의│实学主义。
〔考证学〕〔理学〕〔性理学〕〔训诂学〕

실행[實行] 阌하타【实行】shíxíng 【施行】shíxíng 【履行】lǚxíng ¶응급치료를 ~하다│施行急救jiùjiù。¶계약을 ~하다│履行合同。¶~ 가능 계획│可行计划。¶~ 예산│按季度预算/实行预算。

실험[實驗] 阌하타【实验】shíyàn 【试验】shìyàn ¶새로운 방법을 ~하다│实验一种新方法。¶화학 ~│化学实验。¶~ 과학│实验科学kēxué。¶~ 소설│实验小说。¶~실│实验室。¶~ 비용│试验费用。

실현[實現] 阌하지타【实现】shíxiàn 【完成】wán/chéng 【得逞】dé/chěng ¶그의 희망이 결국 ~되었다│他的愿望yuànwàng终于实现了。¶원대한 이상을 ~하다│实现远大的理想。¶앞당겨 ~하다│提前tíqián完成。

실형[實刑] 阌〈法〉【实刑】shíxíng 【徒刑】túxíng ¶~ 판결│判处徒刑。

실화[實話] 阌【真实的故事】zhēnshí·de gùshì 【实话】shíhuà ¶~문학│实话文学。¶이 드라마는 ~를 바탕으로 재구성한 것입니다│这个电视剧是在真实的基础上加工而成的。

실황[實況] 阌【实况】shíkuàng ¶~ 보도│实况报道bàodào。¶~ 중계 방송│实况转播zhuǎnbō。

실효¹[失效] 阌【失效】shī/xiào 【无效】wúxiào 【作废】zuò/fèi ¶~된 법령│已失效的法令。¶~일│失效日。¶~ 기한│失效期限。

실효²[實效] 阌【实效】shíxiào ¶~를 중시하다│讲究jiǎngjiū实效。

싫다 톙❶(하고 싶지 않다)【不愿意】bùyuànyì 【不想】bùxiǎng 【生厌】shēngyàn ¶가기 ~│不愿意去。¶나는 그 일을 하기 ~│我不想做那件事。❷(마음에 들지 않다)【讨厌】tǎoyàn

¶싫은 사람│讨厌的人。¶너 정말 싫어!│你真讨厌!❸(지긋지긋하다)【腻】nì ¶싫도록 놀았다│玩腻了。¶싫도록 먹었다│吃腻了(啦)。

싫어하다 톙【讨嫌】tǎo/xián【不愿意】bùyuànyì 【厌】yàn 【懒得】lǎn·de 【懒于】lǎnyú ¶여러 사람과 함께 어울려 놀기 ~│不愿意和大家在一起玩。¶술酒。¶~│懒喝酒。¶~│懒得吃。

싫증[-症] 阌【厌恶】yànwù 【讨厌】tǎoyàn ¶같은 일을 되풀이하니 ~날 때가 많다│要重复chóngfù同样的事情,时有厌恶感。¶매일 그 타령이니 ~날 만도 하다│天天说同样的,难怪厌恶。

심각[深刻] 阌하형【深刻】shēnkè 【严重】yánzhòng ¶가장 ~한 문제│最深刻的问题。¶내용이 ~하다│内容深刻。¶재정난이 ~하다│财政困难很严重。

심경[心境] 阌【心田】xīntián 【心境】xīnjìng 【心情】xīnqíng ¶~이 별로 좋지 않다│心境不大好。¶~의 변화를 보이다│心情有些变化。

심금[心琴] 阌【心弦】xīnxián 【扣人心弦】kòu rén xīn xián ¶사람의 ~을 울리다│动人心弦。¶~을 울리는 노래 소리│叩人心弦的歌声gēshēng。

심기[心氣] 阌【心绪】xīnxù 【意绪】yìxù 【心情】xīnqíng ¶~가 불편하다│心情不愉快yúkuài。¶~가 좋지 하다│心情不好。

심다 톙❶(식물을)【栽种】zāizhòng 【种植】zhòngzhí 【种】zhòng 【栽培】zāizhí 【播种】bō/zhòng ¶각종의 나무를 심었다│栽种了各种树木。¶나무를 ~│种树。¶옮겨 ~│移种。¶곡식을 ~│种庄稼zhuāngjià。❷(사상 등을)【播种】bō/zhòng ¶민주화의 씨앗을 사회에 ~│播种民主化的种子zhǒng·zi。¶봄에 사랑의 씨앗을 ~│春天播种爱情。

심덕[心德] 阌【心地善良】xīn dì shàn·liáng ¶~이 좋은 며느리│心地善良的媳妇xí·fu。

심도[深度] 阌【深度】shēndù ¶강물의 ~를 측량하다│测量cèliáng河水的深度。¶~를 더하다│加深深度。

¶이해의 ~ | 理解的深度。

심드렁하다 [형] 【不乐意】bùlèyì 【没精打采】méi jīng dǎ cǎi ¶심드렁하게 대답하다 | 不乐意地回答。

심란 [心亂] [형] 【心乱】xīnluàn 【纷乱】fēnluàn 【心烦】xīnfán ¶그는 오늘 ~하여 어찌할 바를 모른다 | 他今儿心烦, 不知所从suǒcóng。

심려 [心慮] [명][하타] 【操心】cāo/xīn 【忧虑】yōu·lù 【担心】dān/xīn 【耽心】dān·xīn ¶이 일에 대해 ~할 필요 없다 | 你不必为这件事操心了。¶너는 나의 건강을 ~할 필요가 없다 | 你不必担心我的健康。¶부모를 ~하게 하다 | 叫父母担心。参考 〔操劳〕〔操神〕

심리 [心理] [명] 【心理】xīnlǐ ¶그의 ~를 알 수 없다 | 不知他的心理。¶그녀는 아이들의 ~를 잘 알고 있다 | 她很懂dǒng得孩子们的心理。¶아동 ~ | 儿童értóng心理。¶~ 연구 | 心理研究yánjiū。¶~ 언어학 | 心理语言学。¶~ 소설 | 心理小说。¶~적 요인 | 心理因素。¶~적 효과 | 心理效果。

심문 [審問] [명][하타] 【审问】shěnwèn 【审讯】shěnxùn ¶본인을 ~하다 | 审讯本人。¶그를 한 달 동안 낮과 밤을 가리지 않고 ~했다 | 不分昼夜地审讯了他一个月。

심미 [審美] [명] 【审美】shěnměi ¶~ 능력 | 审美能力。¶~안 | 审美眼。¶~ 교육 | 审美教育。¶~ 비평 | 审美批评pīpíng。

심벌 [symbol] [명] 【象征】xiàngzhēng 【图形标志】túxíngbiāozhì 【标志】biāozhì ¶평화의 ~ | 和平的象征。

심보 [心－] [명] 【心眼儿】xīnyǎnr 【居心】jūxīn 【用心】yòngxīn 【秉性】bǐngxìng ¶~가 나쁘다 | 心眼儿坏huài/居心不良。¶무슨 ~인지 모르겠다 | 不知居心。¶~가 좋지 않다 | 用心歹毒dǎidú。

심복 [心腹] [명] 【心腹】xīnfù 【心腹之人】xīnfù zhī rén 【亲信】qīnxìn ¶~ 부하 | 心腹部下。¶~ | 亲信人士。¶그는 ~을 보내 정황을 알아보도록 했다 | 他派亲信去探听tàntīng情况qíngkuàng。

심부름 [명][하자] 【使唤】shǐ·huan 【跑腿儿】pǎo/tuǐr 【当差】dāng/chāi 【奴仆】núpú 【帮帮忙】bāngbāngmáng ¶늘 어머니의 ~을 하다 | 常常为妈妈跑腿儿。¶~을 가다 | 跑腿儿去了。¶~꾼 | 当差的。¶그녀는 내 곁에서 ~을 한다 | 她常在我身边帮帮忙。

심사[1] [心事] [명] 【心事】xīn·shi ¶무슨 ~가 있느냐? | 有什么心事? ¶~를 이야기하다 | 谈心事。

심사[2] [心思] [명] 【心眼儿】xīnyǎnr 【心理】xīnlǐ ¶~가 나쁘다 | 心眼儿坏huài。¶~가 나다 | 存坏心眼儿。¶~가 곱다 | 心眼儿好。¶~를 부리다 | 使坏心眼儿。

심사[3] [深思] [명][하타] 【深思】shēnsī ¶~숙고하다 | 深思熟虑shúlù。

심사[4] [審査] [명][하타] 【审查】shěnchá 【检验】jiǎnyàn ¶응모작품을 ~하다 | 审查应征yīngzhēng作品。¶이 제안들은 네가 ~해라 | 这些提案tí'àn由你审查。¶이 책들은 충분히 ~해야 아야 한다 | 这些书要好好审查审查。

심산 [心算] [명] 【想】xiǎng 【内心打算】nèixīn dǎsuàn ¶그 많은 걸 저 혼자 차지하겠다는 ~이다 | 是想独吞tūn那么多的。¶무슨 ~인지 모르겠다 | 不知他心里想什么。

심상 [心象] [명] 【心象】xīnxiàng 【灵感】línggǎn

심상하다 [尋常－] [형] 【寻常】xúncháng 【一般】yìbān 【小可】xiǎokě ¶사태가 심상치 않다 | 事态不寻常。

심성 [心性] [명] 【心性】xīnxìng ¶그의 ~이 어떤지 모르겠다 | 不知他的心性如何rúhé。

심술 ❶ (우당하지 않게 고집을 부리는 마음) 【坏心眼(儿)】huàixīnyǎn(r) 【坏心肠】huàixīncháng 【小性子】xiǎoxìngzi ¶공연히 ~이 나다 | 无缘无故wúyuánwúgù地冒出坏心眼。¶~을 부리다 | 使坏心眼/要shuǎ小性子。¶~궂다 | 心眼儿坏。❷ (짓궂게 남을 괴롭히거나 시기하는 마음) 【心术】xīnshù ¶~이 바르지 않은 사람 | 心术不正的人。

심신 [心身] [명] 【身心】xīnshēn ¶~을 단련하다 | 锻练duànliàn身心。¶~

불안 | 身心不安。

심심[深深] 圐하혱 【深深】shēnshēn ¶~한 계곡 | 深深的山谷@

심심[深甚] 圐하혱 【深深】shēnshēn 【深切】shēnqiè ¶~한 사의를 표합니다 | 表示深深的谢意xièyì。

심심풀이圐【消遣】xiāoqiǎn 【排遣】páiqiǎn 【取乐】qǔ lè ¶~로 화초를 가꾸다 | 为消遣种了花草。¶내가 ~로 소설을 읽는 것은 아니다 | 我看小说不是为了消遣。¶퇴직 후에 꽃을 가꾸며 ~하다 | 退休tuìxiū后, 常以种花消遣。梦考〔消愁 chóu〕〔解jiě 闷(儿)〕〔释shìmèn〕

심심하다[一] 혱【无聊】wúliáo 【闲着没事】xián·zhe méishì 【没兴趣】méi xìng·qù ¶할 일이 없어 ~ | 没活儿可干, 真无聊。¶그녀는 좀 한가하기만 하면 심심해 한다 | 她一闲下来, 便感到无聊。¶심심해서 거리구경이나 할까하고 나왔다 | 闲着没事, 想出来逛逛街。

심야[深夜] 圐【深夜】shēnyè 【子夜】zǐyè 【子时】zǐshí ¶~ 방송 | 深夜广播guǎngbō。¶~까지 일하다 | 工作到深夜/更更半夜。梦考〔半bàn夜〕〔夜里(头)〕

심약[心弱] 圐하혱 【心软】xīn ruǎn 【心虚】xīnxū 【脆弱】cuìruò ¶의지가 굳지 못하고 ~한 소리는 하지 마시오 | 别说那种意志薄弱bóruò, 心软的话。¶~한 성격 | 脆弱的性格xìnggé。

심연[深淵] 圐 ●【深渊】shēnyuān ¶절망의 ~속에서 헤어나오다 | 从绝望juéwàng的深渊里爬pá出来。¶~에 빠지다 | 坠入zhuìrù深渊。❷【越 불가의 간격】yuè·buguò·de jiāngé

심오[深奧] 圐하혱 【深奥】shēn'ào 【深刻】shēnkè 【精湛】jīngzhàn 【精深】jīngshēn 【深入】shēnrù ¶~한 철리 | 深奥的哲理zhélǐ。¶~한 내용 | 内容深刻。¶이치를 말하는 것이 아주 ~하다 | 说理说得很深奥。¶~한 사상 | 精湛的思想。

심원[深遠] 圐하혱 【深远】shēnyuǎn ¶~한 영향 | 深远的影响。¶~한 역사적 의의를 지니고 있다 | 具有深远的历史意义。

심의[審議] 圐하타 【审议】shěnyì 【审理】shěnlǐ ¶예산안을 ~하다 | 审议预算yùsuàn方案。¶안건을 ~하다 | 审议案件ànjiàn。¶회의에서 국가 예산을 ~하였다 | 在会议上审议国家预算yùsuàn。

심장[心臟] 圐 ●【生理】〈心脏〉xīnzàng ¶인공 ~ | 人工心脏。¶~이 뛰다 | 心脏跳动tiàodòng。¶~ 마비 | 心脏麻痹mábì。❷〈뱃심〉〈脸皮〉liǎnpí ¶~이 두껍다 | 脸皮厚。❸〈중심〉【中心】zhōngxīn 【心脏】xīnzàng ¶~부 | 中心地带。¶서울의 ~부 | 汉城的中心。¶서울은 한국의 ~부 | 汉城是韩国的心脏。

심적[心的] 캰圐 【内心的】nèixīn·de 【心理】xīnlǐ ¶~ 변화 | 心理变化。¶~인 고통 | 内心的痛苦tòngkǔ。

심정[心情] 圐 【心情】xīnqíng 【心坎儿】xīnkǎnr 【心】xīn ¶착잡한 ~ | 错中复杂fùzá的心情。¶울고 싶은 ~ | 欲哭yùkū的心情。¶자신의 ~을 털어놓고 이야기했다 | 畅谈chàngtán了自己的心情。

심중[心中] 圐【心中】xīnzhōng 【心里】xīn·li ¶이제야 ~을 털어놓다 | 现在才道出dàochū心中感想。¶~을 헤아리다 | 猜测cāicè心中。¶그녀는 ~에 있는 말을 했다 | 她讲出了心里话。¶~에서 일어나는 변화 | 心里发生的变化biànhuà。

심증[心證] 圐【心中态度】xīnzhōng tàidù ¶~을 굳히다 | 坚定jiāndìng心中态度。

심지[心一] 圐 ●〈양초 따위의 불을 붙이는 물건〉〈芯〉xīn ¶등잔의 ~를 돋우다 | 挑灯 tiāodēng芯。❷〈상처의 구멍 등에 박는 솜 따위〉〈捻子〉niǎn·zi 〈捻儿〉niǎnr ¶〈상처난 데 넣는〉약~ | 药捻子。❸〈도화선〉【引线】yǐnxiàn ¶~에 불을 당기다 | 点引线。

심지[心志] 圐【意志】yìzhì 【心志】xīnzhì 【心地】xīndì ¶~가 굳다 | 意志坚强/心志坚强。¶~가 곱다 | 心地善良shànliáng。

심지어[甚至에] 튀【甚至(于)】shènzhì(yú) 【甚而至于】shèn'érzhìyú 【甚或】shènhuò ¶그들은 모든 정력을 다 바쳤다. ~ 귀중한 생명까지도 | 他们献gòngxiàn出所有的精力, 甚至宝贵bǎoguì·

ǎoguì的生命。¶그는 너무 감격하여 ~ 눈물까지 흘렸다 | 他激动jīdòng得甚至流下了眼泪。

심취[心醉] 명하자 【心醉】xīnzuì 【沉醉】chénzuì 【陶醉】táozuì ¶동양 철학에 ~하다 | 沉醉于东方哲学dōngfāngzhéxué。¶주연 배우의 절묘한 연기에 ~되다 | 陶醉于主演的绝妙juémiào的演技yǎnjì。

심층[深層] 명 【深层】shēncéng 【纵深】zòngshēn ¶~ 구조 | 深层构造。¶~ 분석 | 深层分析。¶주관적 순수시는 ~심리의 이미지를 포착하는 데 주력한다 | 主观的纯粹诗chúncuìshī是, 致力于捕捉bǔzhuō深层心理的形象。

심통[心統] 명 【黑心肠】hēixīncháng 【黑心肝】hēixīngān 【坏心眼(儿)】huàixīnyǎn(r) 【心术】xīnshù ¶~을 부리다 | 使坏心眼。¶~이 사납다 | 心术不正。

심판[審判] 명하타 【审判】shěnpàn 【裁判】cáipàn ¶최후의 ~ | 最后的审判。¶~을 보다 | 做裁判。¶그의 지시에 따르다 | 服从裁判的指示。¶나는 그들을 ~할 자격이 없다 | 我没有资格zīgé审判他们的。

심하다[甚-] 형 ❶ (지나치다) 【过分】guò/fēn 【过甚】guòshèn 【过已】guòyǐ ¶너무 심한 말을 한다 | 讲的话太过分了。¶농담이~ | 玩笑wánxiào有点儿过了。¶남을 심하게 핍박하다 | 逼人bīrén过甚。 ❷ (가혹하다) 【深重】shēnzhòng 【厉害】lì‧hai 【利害】lìhai 【悬殊】xuánshū ¶장난이~ | 顽皮wánpí得厉害。 ¶피곤은 피곤했지만 ~ | 破得pò‧de厉害。¶요며칠 심하게 덥다 | 这几天热rè得厉害。¶기후 차이가 ~ | 气候qìhòu悬殊。

심해[深海] 명 【深海】shēnhǎi ¶~ 생물 | 深海生物。

심혈[心血] 명 【心血】xīnxuè ¶~을 기울여 만들다 | 倾注qīngzhù心血制作zhìzuò。¶~을 다 쏟다 | 费尽fèijìn心血。

심호흡[深呼吸] 명 【深呼吸】shēnhūxī ¶~을 한 번 하다 | 做一次深呼吸。

심화[深化] 명 【深化】shēnhuà ¶모순이 더욱 ~되었다 | 矛盾máodùn更深

化了。¶감정 대립이 ~되다 | 感情对立duìlì更加深化。

십[十] 주 【十】shí ¶~리 | 十里。¶~년 | 十年。

십년[十年] 명 【十年】shínián ¶~이면 강산도 변한다 | 时过十年, 江山也要变。¶~공부 | 十年苦工。

십년감수[十年減壽] 명하자 【减寿十年】jiǎn shòu shí nián ¶아이고, 얼마나 놀랐는지 ~ 했다 | 唉哟āiyāo, 吓死了, 减了十年寿命了。

십년공부 나무아미타불[관용] 【十年寒窗, 付诸东流】shínián hánchuāng fùzhū dōngliú 【十年苦工, 付诸东流】shínián kǔgōng fùzhū dōngliú

십만[十萬] 주 【十万】shíwàn ¶~에 이르는 청중 | 达十万的听众。

십분[十分] 뿐 【十分】shífēn 【充分】chōngfēn ¶반드시 이 문제에 ~ 유의해야 된다 | 必须十分注意这个问题。¶자신의 역량을 ~ 발휘하다 | 十分发挥fāhuī自己的力量。

십상[十常] 명 ❶ (제격) 【合适】héshì 【相当】xiāngdāng ¶공부 하기엔 ~인 방 | 正合适于读书的房间。¶글씨를 ~ 잘 쓴다 | 字写的相当好。 ❷ (틀림없이) 【肯定】kěndìng ¶그런 망나니 짓만 하다가는 망하기 ~이다 | 那么胡作非为, 肯定完蛋的。

십여[十餘] 편 【十多】shíduō ¶~명의 회원 | 十多名的会员。¶그로부터 ~년이 지났다 | 从那以后, 过了十多年。

십자가[十字架] 명 【十字架】shízìjià

십자로[十字路] 명 【十字路】shízìlù 【十字路口儿】shízìlùkǒur

십장[什長] 명 【工头】gōngtóu 【把头】bǎ‧tou 【工长】gōngzhǎng 【领工员】lǐnggōngyuán

십중팔구[十中八九] 【十之八九】shí zhī bā jiǔ 【十有八九】shí yǒu bā jiǔ 【十八九】shí jū bā jiǔ 【十九不离十儿】shí jiǔ bùlí shír 【八九不离十儿】bā jiǔ bùlí shír ¶오늘 그는 ~ 오지 않을 것이다 | 他今天十之八九不会来。

싱가포르[Singapore] 명 〈地〉【新加坡】Xīnjiāpō 【新嘉坡】Xīnjiāpō 【新州府】Xīnzhōufǔ 【星加坡】Xīngjiāpō 【星嘉坡】Xīngjiāpō 【星州府】Xīngzhōufǔ【星岛】Xīngdǎo【旧柔佛】Jiǔróu-fó【息辣】Xīlà［말레이 반도의 남단에 있는 나라. 수도는 "新加坡Xīnjiāpō"（싱가포르；Singapore）］

싱겁다 【형】❶（짜지 않다）【淡】dàn【没味道】méi wèidào ¶반찬이 싱거워 맛이 없다｜菜淡而无味。❷（언행이 멋적다）【无聊】wúliáo ¶싱거운 사람｜无聊的人。¶키가 큰 사람치고 싱겁지 않은 사람이 없더라｜听说个子高的人，没有一个不是无聊的。

싱그럽다 【형】【清香】qīngxiāng【芬芳】fēnfāng【清新】qīngxīn ¶싱그러운 신록의 계절｜散发清香的新绿季节xīnlǜjìjié。¶막 비가 온 뒤라서, 공기가 ～｜刚下过雨，空气很清新。

싱그레 【부】【微微】wēiwēi【稍微】shāowēi【略微】lüèwēi【报看】mín·zhe ¶웃어 보이는 듯이 ～웃어 보인다｜非常高兴似的shì·de，露出微微笑脸。¶나를 알아보고 ～웃으며 손을 내밀었다｜认出了我，微笑着伸出手来。

싱글〔single〕【명】❶（단추 한 개）【单个】dān·ge❷（體）【单打】dāndǎ❸（양복의）【单排纽扣】dānpái niǔkòu❹（독신자）【单身】dānshēn【单身汉】dānshēnhàn【独身汉】dúshēnhàn【光棍儿】guānggùnr【光棍汉】guānggùnhàn ¶그는 곧 40인데도 아직 ～이다｜他快四十了，还是个单身汉。

싱글거리다 【동】【微笑】wēixiào【笑眯眯】xiàomīmī ¶싱글거리며 콧노래를 부르다｜边微笑边哼歌hēnggē。

싱글벙글 【부|하집】【微笑】wēixiào【笑眯眯】（xiào）mīmī ¶～하면서 기뻐 어쩔줄을 몰라하다｜高兴得不知怎么办才好。¶그녀는 얼굴은 언제나 ～웃고 있다｜她脸上总是笑眯眯的。

싱긋 【부】【微笑】wēixiào ¶그 사람은 ～웃는 게 인사다｜他那个人微笑就是打招呼。¶～웃고 지나가다｜微笑着走过去了。

싱긋이 【부】【咧嘴笑】liězuǐxiào ¶그는 ～웃으면서 후련히 긴숨을 내쉬었다｜他咧嘴笑着，轻松qīngsōng地长出了一口气。

싱숭생숭 【부|하집】【心乱】xīnluàn【忐忑不安】tǎntè bù'ān ¶～해서 일이 손에 안 잡힌다｜心里乱糟糟的，事情也做

不好。

싱싱하다 【형】❶（생기를 지니고 있다）【新鲜】xīn·xiān ¶싱싱하게 보존하다｜保持bǎochí新鲜。¶싱싱한 꽃송이｜新鲜的花朵huāduǒ。❷（원기가 왕성하다）【茁壮】zhuózhuàng【旺盛】wàngshèng ¶젊다는 것이 그리 좋은 건지, 이틀 밤이나 꼬박 새웠는데도 저렇게 ～｜没想到年轻这么好，敖了两个晚上血气xuèqì还这么旺盛。

싶다 【형】❶（用于动词的"-고"形后面，表示愿望，相当于"想"）【想】xiǎng ¶가고 ～｜想去。¶울고 ～｜想哭。❷（用于谓词的"-ㄴ가""-근가"或"-ㄴ""-근가"形后面，表示"好像""似乎"）【好像】hǎoxiàng【似乎】sìhū ¶너무 큰가 ～｜似乎太大了。¶어디선가 본 듯 ～｜好像在哪里见过。❸（表示"希望"）¶난 그가 빨리 왔으면 싶었다｜我倒希望他快点来。❹（表示"怀疑""怕"）¶좋은 옷을 입는다고 행복할까 ～｜难道穿上好衣服就是幸福吗?

싶어하다 〔조동〕【想】xiǎng ¶가고 ～｜想去。¶보고 ～｜想看。

싸가지 【명】【指望】zhǐwàng【奔头儿】bēntóur ¶이놈도 ～가 없다｜这个小子也没有什么上指望。

싸개 【명】❶【包皮】bāopí❷【裹布】guǒbù【裹腿】guǒtuǐ【裹脚布】guǒjiǎobù

싸고돌다 【동】❶（에워싸다）【绕着转】rào·zhe zhuàn【围着转】wéi·zhe zhuàn【围绕】wéirào【左袒】zuǒtǎn【袒护】tǎnhù ¶그 사건을 싸고도는 소문｜围绕着那件事的各种传chuán闻。❷（두둔하다）【偏袒】piāntǎn【护庇】hùbì【为护】wéihù【庇护】bìhù【庇荫】bìyìn【包庇】bāobì ¶친구를 ～｜偏袒朋友。¶자기 자식만 ～｜只偏袒自己的孩子。¶잘못을 ～｜包庇错误cuòwù。

싸구려 【명】❶（물건을 싸게 팔려고 외치는 소리）【叫卖】jiàomài【喊卖】hǎnmài ¶시장에서는 여기 저기서 ～소리가 들려온다｜市场上处处是叫卖声。❷（값싼 물건）【贱货】jiànhuò【便宜货】pián·yíhuò ¶～상품｜低档货。

싸늘하다 【형】❶（한랭하다）【冰凉】bīngliáng【凉飕飕】liángsōusōu ¶손이

610

~ | 手冷凉。¶싸늘한 늦가을 날씨 | 凉飕飕的深秋天气。¶바람이 ~ | 风凉飕飕的。❷ 날씨가 ~ | 天气凉飕飕的。❷(냉담하다)【冷冰冰】lěngbīngbīng【冷冷】lěnglěng ¶싸늘한 표정 | 冷冰冰的脸色。¶싸늘한 태도 | 冷冰冰的态度tàidù。¶싸늘하게 웃다 | 冷笑lěngxiào。

싸다¹ 图 ❶(물건을 포장하다)【包】bāo【围住】wéizhù ¶보자기로 책을 ~ | 用布把书包上。¶이 책들을 좀 싸 주십시오 | 这些书请你包一下。¶경호원들이 겹겹히 싸고 있다 | 护卫hùwèi人员团团围住。❷(가리다)【捂】wǔ ¶손으로 입을 싸고 웃다 | 用手捂着嘴笑。¶그녀는 부끄러워서 얼굴을 두손으로 (감)쌌다 | 朦sào得她用两手捂着脸。❸(도시락을)【带】dài ¶그는 오늘 점심을 싸지 않았다 | 今天他没带午饭。¶도시락을 ~ | 带饭盒fànhé。

싸다² 图 ❶(대변을)【拉】lā ¶똥을 ~ | 拉屎shǐ。❷(소변을)【撒】sā ¶오줌을 ~ | 撒尿niào。

싸다³ 톙 ❶(거세다)【猛烈】měngliè【旺】wàng ¶불길이 ~ | 火势猛烈。¶장작불이라서 그런지 불기운이 너무 ~ | 好像是因为用劈柴pīchái烧shāo起的火，火势正旺。❷(가볍다·빠르다)【粗豪】cūháo【粗犷】cūguǎng【麻利】má·li【快】kuài·dang【嘴快】zuǐkuài【敏捷】mǐnjié ¶그가 일하는 것이 매우 잽~ | 他干活儿很麻利。¶입이 ~ | 嘴巴快。¶자네는 입이 싸서 탈이니 | 你的毛病máobìng就是嘴快。❸(물건 값이)【贱】jiàn【便宜】pián·yi【价廉】jiàlián ¶값이 ~ | 价钱jiàqián便宜。¶질도 좋고 값도 ~ | 质量又好价格又便宜。❹(마땅하다)【活该】huógāi【合当】hédāng【合该】hégāi【该】gāi ¶욕을 들어도 ~ | 话该挨āi骂mà。¶무거운 벌을 받아도 ~ | 话该受fú罚fá。

싸다니다 图【乱窜】luàncuàn【随便逛】suíbiàn guàng ¶온종일 일이 없이 ~ | 整天没啥shá事儿乱窜。

싸리문[-門] 团【柴门】cháimén【柴扉】cháifēi ¶섶울타리를 밀고 들어가 ~

~을 가볍게 두드렸다 | 推tuī开篱障líi-zhàng，轻叩kòu柴门。

싸매다 图【包扎】bāozā【扎】zhā【裹】guǒ ¶상처를 싸매어 지혈시키다 | 包扎伤口shāngkǒu止血xiě住血。¶머리를 싸매고 드러눕다 | 扎着脑袋nǎodai躺tǎng着。¶그는 수건으로 머리를 싸매고 밤을 새워 공부한다 | 他用毛巾máojīn把头一扎，通宵达旦tōngxiāodádàn地学习。

싸우다 图 ❶(전쟁을 하다)【战斗】zhàndòu【打仗】dǎ/zhàng【作战】zuò/zhàn ¶적과 ~ | 同敌人dírén进行战斗。¶눈으로 ~ | 打雪战。¶이 부대는 아주 용감하게 싸운다 | 这支部队勇敢地作战。❷(다투다)【吵架】chǎo/jià【打架】dǎ/jià【打相打】dǎxiāngdǎ【厮打】sīdǎ【撕打】sīdǎ ¶부부는 사이가 좋아 종래 싸운 적이 없다 | 两口子感情很好，从来不吵架。¶두 사람은 싸우기 시작했다 | 他们俩打起架来了。❸(투쟁하다)【斗争】dòuzhēng【争斗】zhēngdòu ¶질병과 ~ | 跟疾病jíbìng斗争。❹(경쟁하다)【争】zhēng ¶우승을 놓고 ~ | 争冠军guānjūn。

싸움 团한자 ❶【战斗】zhàndòu【斗争】dòuzhēng【争斗】zhēngdòu ❷【吵架】chǎo/jià【打架】dǎ/jià【打相打】dǎxiāngdǎ【格斗】gédòu【努力】nǔlì ¶피 흘리는~이 일어나다 | 发生流血liúxuè格争斗。¶뭔가 절끔을 위해 싸우다 | 为降低jiàngdī造价zàojià而斗争。

싸움질 团한자【吵嘴】chǎo/zuǐ【吵架】chǎo/jià【打架】dǎ/jià【打相打】dǎxiāngdǎ【干仗】gànzhàng【闹仗】nàozhàng【斗殴】dòu'ōu ¶그들 둘은 또 ~을 벌여 화를 냈다가 | 他们俩又吵了嘴，呕òu气走起了。¶두 부부는 사이가 좋아 종래 ~을 한 적이 없다 | 两口子感情很好，从来不吵架。¶그는 왕씨와 한바탕 ~을 벌였다 | 他跟老王吵了一架。¶두 사람은 ~을 하기 시작했다 | 他们俩打起架来了。¶그는 술만 들어 갔다 하면 ~이다 | 他一喝酒，就打架。

싸움터 명 【战场】zhànchǎng 【疆场】jiāngchǎng 【沙场】shāchǎng ¶~로 달려가다 | 奔赴bēnfù战场。¶~를 말 타고 달리다 | 驰骋chíchěng疆场。

싸이다 图 【被包】bèibāo ¶보자기에 싸인 물건 | 被包在包袱里的东西。

싸잡다 图 【包在一起】bāozài yìqǐ 【胡乱一统】húluàn yìtǒng ¶싸잡아 몽땅 팔아 넘기다 | 胡乱一统出卖。

싹¹명 ❶ 【식물의 눈이나 어린 잎】【芽】yá 【萌】méng 【苗头】miáo·tou 【苗】miáo ¶~이 돋다 | 滋zī芽。¶화합의 ~이 움트다 | 出现和解的苗头。¶~이 나오다 | 露苗。¶어린 ~ | 小苗儿。❷ (어떤 현상의 근원)【萌芽】méngyá ¶민주주의의 ~ | 民主主义的萌芽。

싹²명 ❶ (완전히)【全】quán 【完全】wánquán 【彻底】chèdǐ 【统统】tǒngtǒng ¶~ 먹어버렸다 | 全吃光chīguāng了。¶성격이 ~ 달라졌다 | 性格完全变了。❷ (바로)【干脆】gāncuì ¶되는지 안되는지 ~ 말해라! | 你干脆说行还是不行。❸ (베는 소리·모양)【一下子】yíxià·zi

싹둑 早 【咔嚓】kāchā 【喀嚓】kāchā

싹수 【希望】xīwàng 【出息】chūxī ¶~가 있다 | 有希望。¶이 아이는 ~가 없다 | 这个孩子没有出息。

싹수가 노랗다 관용 【毫无希望】háowú xīwàng

싹싹 早 ❶【溲溲】sōusōu 【叟叟】sōusōu 【搓】cuō ¶손을 ~ 비비다 | 直搓手。❷【乞求】qǐqiú ¶손발이 닳도록 ~ 빌다 | 求爷爷告奶奶。참고〔哀求饶命āi qiú ráo mìng〕

싹싹하다 阌 【亲切】qīnqiè 【和气】hé·qi 【和蔼可亲】hé'ǎikěqīn 【和蔼近人】hé'ǎijìnrén ¶성품이 ~ | 品性和气。¶그는 매우 ~ | 他为人很和气。

싹트다 图 ❶【发芽】fāyá 【萌芽】méng/yá ❷【产生】chǎnshēng ¶우정이 ~ | 产生了友情。

싼것이 비지떡 관용 【便宜无好货】pián·yi wú hǎohuò 【贱卖无好货】jiàn mài wú hǎohuò ¶【便宜无好货, 好货不便宜】pián·yi wúhǎohuò, hǎohuò bùpián·yi

싼타페 [Santa Fe] 명 〈地〉【圣菲】Shèngfēi [미국 "新墨西哥Xīnmòxīgē" 〔뉴 멕시코;New Mexico〕주의 주도 (州都)]

쌀 명 ❶【大米】dàmǐ 【白米】báimǐ ¶~밥 | 大米饭。❷ 【米】mǐ 【江米】jiāngmǐ 【粮食】liáng·shi ¶참~ | 糯nuò米。¶~을 사다/~을 타오다/~을 찧다 | 打米。¶~가루 | 米粉。¶~뜨물 | 淘米水。

쌀랑하다 혱 ❶【冷飕飕】lěngsōusōu 【凉飕飕】liángsōusōu ¶호수에서 불어오는 쌀랑한 바람 | 从湖里刮来guālái的冷飕飕的风。¶바깥 날씨가 쌀랑해서 견디기 힘들다 | 外边冷飕飕的, 实在受不了了。

쌀밥 명 【大米饭】dàmǐfàn 【白饭】báifàn ¶한국인은 ~을 즐겨 먹는다 | 韩国人爱吃大米饭。

쌀쌀하다 혱 ❶ (날씨가 차다)【冷飕飕】lěngsōusōu 【凉飕飕】liángsōusōu 【料峭】liàoqiào ¶바람이 쌀쌀하여 몸이 으스스 떨린다 | 风冷飕飕的叫人打寒颤hánzhàn。¶봄추위가 ~ | 春寒料峭。❷ (사람이 냉랭하다)【冷冰冰】lěngbīngbīng 【冷淡】lěngdàn ¶쌀쌀하게 거절하다 | 冷淡地拒绝jùjué。¶그는 사람 대하는 태도가 아주 ~ | 他待人态度很冷淡。¶눈초리가 매우 ~ | 目光很冷淡。

쌈 명 【饭团】fàntuán ¶~을 싸 먹다 | 包饭团吃。¶~밥 | 包起来的饭/饭团。

쌈지 명 ❶ (돈주머니)【钱包】qiánbāo ❷ (담배주머니)【烟荷包】yānhébāo

쌉쌀하다 혱 (稍微苦)shāowēi kǔ 【稍苦】shāokǔ ¶쌉쌀한 고들빼기 김치 | 稍苦的腌苦菜yānkǔcài。

쌍[雙] 명 【双】shuāng ¶~을 이루어 날아가다 | 成双成对地飞去。¶~권총 | 双手枪。

쌍꺼풀[雙-] 명 【双眼皮】shuāngyǎnpí ¶~이 지다 | 长双眼皮。¶~ 수술 | 双眼皮手术。참고〔单眼皮〕

쌍둥이[雙-] 명 【双胞胎】shuāngbāotāi 【孪生】luánshēng 【孪生子】luánshēngzǐ 【孪子】luánzǐ 【双伴儿】shuāngbànr 【双棒儿】shuāngbàngr 【双生子】shuāngshēngzǐ ¶그녀는 ~를 낳았다 | 她生了一对双胞胎。¶~ 형제 |

孪生兄弟。

쌍무[雙務] 몡【双边】shuāngbiān【双务】shuāngwù ¶~ 협상 | 双边协商xiéshāng。¶~ 회담 | 双边会谈huìtán。¶~ 관계 | 双边关系guānxì。¶~ 무역 | 双边贸易。

쌍방[雙方] 몡【双方】shuāngfāng ¶~의 합의 | 双方的协商xiéshāng。¶~ 모두 좋은 점이 있다 | 双方都有好处。¶~이 수교에 동의하다 | 双方同意建交dìjiāo。

쌍방향[雙方向;bothway] 몡〈電算〉【双向】shuāngxiàng

쌍벽[雙璧] 몡【双璧】shuāngbì ¶현대 시단의 ~ | 当今诗坛shītán的双璧。¶용호 ~ | 龙虎lónghǔ双璧。

쌍수[雙手] 몡【双手】shuāngshǒu ¶나는 ~를 들어 환영하다 | 举jǔ双手欢迎huānyíng。

쌍심지[雙心一] 몡【双灯心】shuāngdēngxīn

쌍심지를 켜다 관용【两眼冒火】liǎngyǎnmàohuǒ

쌍쌍[雙雙] 몡【一对】yíduì【一双】yìshuāng【对双双】duì·duishuāngshuāng ¶~으로 조를 이루다 | 一双一双分组。

쌍쌍이[雙雙一] 뮈하타【双双】shuāngshuāng【对对】duìduì【一对一对】yíduì yíduì【对对双双】duì·dui shuāngshuāng【成双地】chéngshuāng·de ¶~거니는 젊은이들 | 双双漫步mànbù的年轻人。¶~ 날다 | 双双齐飞qífēi。¶제비가 ~ 날아간다 | 燕子yàn·zi一对一对地飞去。

쌍화탕[雙和湯] 몡【双和汤】shuānghétāng

쌓다 동 ❶ (포개어 올리다)【堆】duī【垒】lěi【筑】zhù【砌】qì【码】mǎ【堆砌】duīqì【堆叠】duīdié ¶책을 한 데 쌓아 두다 | 把书堆在一起。¶담을 ~ | 垒墙qiáng。¶성을 ~ | 筑城。¶이 벽돌들을 가지런히 포개어 쌓았다 | 把这些砖zhuān码齐qí了。❷ (구축하다)【打】dǎ【奠定】diàndìng【尊立】zūnlì ¶영어의 기초를 잘 ~ | 打好英语基础jīchǔ。¶국가의 기초를 쌓았다 | 奠定了国家的基础。❸ (축적하다)【建树】jiànshù【建立】jiànl-

¶【积累】jīlěi【提高】tígāo ¶기초를 ~ | 建立基础。¶경험을 쌓는 것은 문제 해결의 기본 조건이다 | 积累经验jīngyàn是解决问题的基本条件tiáojiàn。¶수양을 ~ | 修养xiūyǎng。

쌓아올리다 동【堆积】duījī【堆聚】duījù【堆垛】duīduǒ【码垛】duīmǎ ¶산처럼 높이 ~ | 堆积如山。

쌓이다 동【积压】jīyā【积】jī ¶일거리가 ~ | 活儿积压。¶눈이 ~ | 积雪。

쌔다 쌓이다.

쌕쌕 뮈하자【呼呼】hūhū【嘶儿嘶儿】sīr sīr ¶애기가 ~ 잠을 자다 | 婴儿yīngér呼呼地睡觉shuìjiào。¶~ 잠이 들었다 | 呼呼地睡着了。

쌩 뮈【啸】xiào【飕】sōu【刺溜】cīliū【嗖】sī ¶바람이 ~ 분다 | 风飕地刮guā着。¶총알이 ~~ 귓전을 스쳐지나갔다 | 子弹zǐdàn啸啸地从耳边ěrbiān擦cā过去。¶탄알이 ~~ 날아간다 | 子弹嗖嗖飞过去。

써넣다 동【填写】tiánxiě【写下】xiěxià【记入】jìrù ¶이력서를 ~ | 填写履历表lǚlibiǎo。¶성명란에 이름을 ~ | 访名录fǎngmínglù上写下名字。

써늘하다 혱【凉爽】liángshuǎng ¶밤바람이 ~ | 夜风凉爽。

써먹다 동【运用】yùnyòng【应用】yīngyòng【活用】huóyòng ¶영어를 ~ | 应用英语。

썩 뮈 ❶ (대단히)【非常】fēicháng【很】hěn【真】zhēn ¶기분이 ~ 좋다 | 非常高兴。¶~ 행복한 가정 생활 | 很幸福xìngfú的家庭生活。¶~ 잘 그린 그림 | 画huà得很好的画。¶~ 많은 문제 | 很多问题。¶~ 자세하다 | 仔细zǐxì得很。¶시간이 ~ 빨리 가간다 | 时间过得真快。❷ (아주 빨리)【很快】hěnkuài【立刻】lìkè【马上】mǎ·shang ¶~ 물렀거라 | 给我马上滚gǔn开。

썩다 동 ❶ (부패하다)【腐烂】fǔlàn【发霉】fā/méi【糟朽】zāoxiǔ【糟烂】zāolàn【臭】chòu【霉烂】méilàn【腐败】fǔbài【腐朽】fǔxiǔ ¶썩은 과일 | 腐烂的水果。¶~ 생선이 ~ | 鲜鱼腐烂了。¶~ 냄새가 풍기다 | 发着腐烂的臭味chòuwèi。¶이 고기는 썩어 냄새가 난다 | 这块kuài肉臭了。¶썩은 음식

613

물을 먹지 말라 | 不要吃腐败的食物。¶이런 목재는 이미 썩어버렸다 | 这些木材 mùcái 已经腐朽了。❷ (타락하다) 【糜烂】mílàn ¶썩은 정신 | 糜烂的精神。¶썩은 정치 | 糜烂的政治。❸ (재능·사물·사람 등이 활용되지 않다) 【积压】jīyā 【埋没】máimò 【埋设】máishè ¶썩고 있는 자재를 이용하다 | 利用积压的器材qìcái ¶공사장에서 썩기에는 아까운 존재 | 埋没在工地gōngdì里是可惜kěxī的人才。❹ (걱정 등으로 마음이 상하다) 【操心】cāo/xīn 【费心】fèi/xīn 【费神】fèishén ¶이런 일로 마음이 썩을 필요 없다 | 你不必操心为这件事。¶이 일은 정말 마음을 썩게 한다 | 这件事真叫人费心。

썩이다 图【操心】cāo/xīn【费心】fèi/xīn【费神】fèishén ¶속을 썩이지 말라 | 不要费心啦。

썰다 图❶ (동강으로 자르다) 【切】qiē ¶무를 썰어 말리다 | 把萝卜luó·bo切成片晒干shàigān。❷ (써레질하다) 【耙】bà ¶써레로 논을 ~ | 用耙子bà·zi耙水田。

썰렁하다 图❶ (기온이) 【凉】liáng【凉飕飕】liángsōusōu【寒】hán【冷清】lěngqīng【冷森森】lěngsēnsēn ¶날씨가 좀 ~ | 天气有一点凉。❷ (분위기 등이) 【凄凉】qīliáng【凄冷】qīlěng【凄迷】qīmí【冷死】lěngsǐ ¶그가 하는 말은 정말 ~ | 他说的话, 真冷。¶썰렁한 모습 | 凄凉的景象jǐngxiàng。

썬마이크로 [SunMicro] 图〈社名〉【太阳微电子】Tàiyángwēidiànzǐ

썰매 图❶【雪橇】xuěqiāo【雪车】xuěchē【冰橇】bīngqiāo【冰床(儿)】bīngchuáng(r) ¶~를 지치다 | 滑huá雪橇。¶~를 끌다 | 拉lā雪橇。【冰车】bīngchē ¶~를 타고 놀다 | 玩wán冰车。¶~ 타기 | 坐冰车玩/坐冰车。

썰물 图【退潮】tuì/cháo【落潮】luò/cháo【低潮】dīcháo ¶바다는 ~이 밀려나갔다 | 大海退潮了。(참고) 〔上潮〕〔涨chángcháo潮〕

쏘다 图❶ (화살·총 등을 나가게 하다) 【射】shè【打】dǎ【放】fàng【开】kāi【射击】shèjī【发射】fāshè ¶활을 ~ |

射箭jiàn。¶총을 ~ | 打枪qiāng。¶적을 향해 ~ | 向敌人dírén射击。❷ (벌 등이 침으로 찌르다) 【螫】zhē【蜇】zhē ❸ (혀·코 등을 자극하다) 【刺】cì ¶겨자가 코를 ~ | 芥子jiè·zi刺鼻子。❹ (날카롭게 말하다) 【伤人】shāng/rén【带刺儿】dài/cìr【放刺儿】fàngcìr【呲叮】cīdīng【狠狠地说】hěnhěn·de shuō ¶톡톡 쏘지 말고 잘 말하라 | 不要用话伤人, 好好说。¶그를 한 마디 톡 쏘아주고 가버렸다 | 呲叮他一句就走开了。¶따끔하게 쏘아주다 | 狠狠地说了一顿。

쏘다니다 图【乱窜】luànchuàn【逛来逛去】guànglái guàngqù ¶거리를 ~ | 乱窜街头。¶이리저리 ~ | 到处瞎逛。

쏘아보다 图【狠狠地瞪】hěnhěn·de dèng【以锐利的目光盯视】yǐ ruìlì·de mùguāng dīngzhù【怒目而视】nù mù ér shì ¶그 사람은 날카로운 눈으로 그들을 쏘아보았다 | 他狠狠地瞪了他们一眼。

쏘이다 图【螫】zhē【钉注】dīngzhù ¶벌에 ~ | 被蜂fēng螫了。¶쐐기에 ~ | 给楔儿钉注。

쏙 图❶ (쑥 들어간 모양) 【深陷】shēnxiàn ¶~ 들어간 자리 | 深陷进去的地方。❷ (깊이 밀어 넣거나 쉽게 빠지는 모양) 【拔】bá ¶심지가 ~ 빠져나오다 | 芯xīn一下儿就被拔出来。

쏙닥거리다 图【叽叽咕咕】jī·jī gūgū【叽叽喳喳】jī·jī zhāzhā【唧唧喳喳】jī·jichāchā ¶무슨 말인지 귀에 대고 ~ | 不知什么话, 对着耳朵ěrduǒ叽叽咕咕。

쏜살같다 图【飞箭般的】fēijiànbān·de (참고) 〔飞也似的shì·de〕〔离弦的箭头〕

쏜살같이 图【飞箭般地】fēijiànbān·de【飞也似地】fēi yě sì·de ¶~ 달려가다 | 飞箭般地跑dǎo过去。

쏟다 图❶ (붓다) 【倒】dào ¶이 물은 필요 없으니 쏟아 버려라 | 这水不要了, 倒了吧。❷ (흘리다) 【流】liú【倾诉】qīngsù【倾注】qīngzhù ¶코피를 ~ | 流鼻血bíxuè。¶눈물을 ~ | 流眼泪。❸ (생각을 모두 말하다) 【倾吐】qīngtǔ【倒】dào ¶친구에게 속생각을 쏟아 놓다 | 对朋友倾吐心内的

想法。¶그는 가슴속에 있는 말을 쏟
아놓았다 | 他把心里话都倒出来了。
❹(집중하다)【倾吐】qīngtǔ【倾注】q-
īngzhù ¶자녀교육에 정성을 ~ | 为
子女教育倾注心血。¶자신의 모든
사랑을 아이들에게 쏟았다 | 她把全
部的爱倾注到孩子们身上。¶심혈을
~ | 倾注心血xuè。

쏟아지다 图❶(물 등이)【倾泻】qīngxi-
è【涌流】yǒngliú ¶큰 비가 퍼붓듯이
억수로 ~ | 大雨象瓢泼一样哗哗huā-
huā倾泻。¶폭포가 ~ | 瀑布pùbù倾
泻下来。❷(재미 등이)【发生】fāshē-
ng ¶재미가 ~ | 发生了浓厚nónghò-
u的兴趣。

쏠리다 图❶(기울다)【倾斜】qīngxié
【倾侧】qīngcè【歪】wāi ¶낡은 집이
옆으로 비스듬히 ~ | 破旧房屋fángwū
往一边倾斜。¶차체가 ~ | 车体ch-
ētǐ倾斜。❷(시선·마음 등이 집중되
다)【倾向】qīngxiàng【倾】qīng【注
视】zhùshì【集中】jízhōng【投向】tóux-
iàng ¶그는 지금 우리 의견 쪽으로 쏠
리고 있다 | 他现在倾向我们的意见
了。¶마음이 ~ | 倾心。¶시선이
그에게 ~ | 目光集中到他的身上。

쏠쏠하다 圈【还好】háihǎo【还可以】hǎ-
i kěyǐ【普通】pǔtōng·de【过得去
的】guò·deqù·de【不错】búcuò【不
坏】búhuài【可观】kěguān ¶이문이
~ | 利息lìxī可观。

쏠트 레익 시티[Salt Lake City] 图
〈地〉【盐湖城】Yánhúchéng [미국 "犹
他Yóutā"유타(Utah) 주의 주도(州
都)]

쏴 图【唰】shuā【飒飒】sàsà【呼呼】hūh-
ū【呼啦啦】hūlālā【澌澌】sīsī ¶~하
고 파도가 밀려든다 | 唰的一声波涛b-
ōtāo涌yǒng了过来。

쐐기图【楔儿】【楔】xiēr【楔子】xiē·zi ¶~
를 박다 | 钉dìng楔子pa.

쐬다 图❶(연기를 몸이나 얼굴에 쐬
다)【薰】xūn【熏】xūn ¶찻잎에 쟈스
민 냄새를 ~ | 用茉莉花mòlìhuā熏茶
叶。❷(바람을 몸이나 얼굴에 받다)
【乘凉】chéngliáng【透风】tòu fēng
【吸空气】xī kōngqì ¶바람을 쐬러 밖
으로 나가다 | 到外头乘凉去。¶신선
한 공기를 ~ | 吸xī一吸新鲜的空气。

쑤다 图❶(죽을)【熬】āo ¶미음을 ~
| 熬米汤mǐtāng。¶죽을 ~ | 熬粥
zhōu。❷(풀을)【打】dǎ ¶풀을 ~ |
打浆糊jiānghú。

쑤시다【刺痛】cìtòng【酸痛】suāntò-
ng【酸疼】suānténg ¶날이 흐릴때면
뼈마디가 쑤신다 | 每逢阴天yīntiān,
关节guānjié刺痛。

쑤시다²图❶(건드리다)【搅一搅】sōu-
yísōu【捅一捅】tǒngyìtǒng【探】tàn
【折腾】zhéténg ¶화로의 재를 좀 쑤
셔서 떨어라! | 把炉子lú·zi搅一搅吧!
¶담뱃대를 ~ | 探烟管yānguǎn。❷
(구멍 같은 것을 꼬챙이 따위로 찌르
다)【剔】tī ¶이를 ~ | 剔牙。

쑥¹ 图〈植〉【艾草】àicǎo【艾蒿】àihāo
【艾蓬】àipéng【艾子】ài·zi

쑥² 图❶(내밀거나 들어간 모양)【嗖
嗖】sōulōu【深深】shēnshēn ¶~들어
간 눈 | 深深凹进去的眼睛。❷(뽑히
나 자라는 모양)【蹦儿】bèngr【唰】sh-
uā ¶성적이 ~ 올라가다 | 成绩蹦地
就升上去了。

쑥갓 图〈植〉【春菊】chūnjú【茼蒿(菜)】
tónghāo(cài)【蓬蒿】pénghāo【蒿菜】
hāocài【蒿子秆儿】hāo·zigǎnr

쑥대 图【艾茎】àijīng ¶~밭 | 艾草丛
生的地方。¶온 마을이 ~밭이 되다
| 整个村庄cūnzhuāng成了荒凉的地
方。

쑥덕거리다 图【叽叽咕咕】jī·ji gūgū
【拉拉扯扯】lā·la chěchě【喊喊喳喳】q-
ī·qi chāchā ¶서로 쑥덕거려 작은 집
단을 형성하다 | 拉拉扯扯形成小集
团。¶쑥덕거리며 비밀 이야기를 하
다 | 喊喊喳喳地说秘话。

쑥스럽다 圈【不好意思】bùhǎoyì·si【难
为情】nánwéiqíng【难乎其情】nánhūw-
éiqíng【难以为情】nányǐwéiqíng【没
面子】méi miàn·zi【难堪】nánkān ¶
낯선 자리에 나서자니 ~ | 要站在陌
生mòshēng的场合有点儿不好意思。
¶쑥스러워서 말 한 마디 못하고 그대
로 돌아왔다 | 难为情的连一句话也没
能说, 就那么回来了。¶좀 큰 소리로
말해라, 쑥스러워말고 | 大声一点儿
说, 不要怕难为情。

쓰다¹图【写】xiě【著】zhù【书写】shūxiě
【记】jì【做】zuò ¶제 이름도 쓸 줄 모

른다 | 连自己的名字都不会写。¶소설을 쓰는 사람 | 写小说的人。¶그는 글씨를 쓸줄 안다 | 他会写字。¶써넣다 | 填tián写。¶그는 책을 많이 썼다 | 他著了不少书。¶일기를 ~ | 记日记。

쓰다² 〔통〕❶(착용하다)【戴】dài 【裹】guǒ ¶안경을 ~ | 戴眼镜yǎnjìng。¶모자를 ~ | 戴帽子mào·zi。¶흰 수건을 머리에 ~ | 裹着白头巾。¶(우산을)【撑】chēng【打】dǎ ¶우산도 쓰지 않고 빗속을 쏘다녔다 | 连雨伞yǔsǎn都不撑, 乱窜luàncuàn在雨中。¶우산을 ~ | 打伞。❸(푹 덮다)【蒙上】méngshàng ¶이불을 뒤집어 쓰고 자다 | 用被蒙着头睡。❹(가득하다)【沾满】zhānmǎn【洒满】sǎmǎn【落满】luòmǎn ¶재를 온몸에 뒤집어 ~ | 落满了一身的灰土。❺(누명 등을)【蒙受】méngshòu【遭】zāo【被】bèi【担】dān ¶도둑의 누명을 ~ | 被冤枉yuānwǎng成小偷tōu。 | 죄명을 ~ | 蒙受冤zuīmíng。

쓰다³ 〔통〕❶(물건이나 돈 등을)【用】yòng【使用】shǐyòng【花】huā【取用】qǔyòng ¶팔을 ~ | 用胳臂gēbì。¶전기를 ~ | 用电diàn。¶나는 컴퓨터를 쓸줄 안다 | 电脑diànnǎo我会用。¶자금이 부당하게 쓰였다 | 资金zījīn使用得不当。¶많은 돈을 쓴다 | 花很多钱。❷(마음·머리 등을)【费】fèi【动】dòng ¶이 일은 너에게 정말 신경 쓰이게 한다 | 这件事真叫你费了心。¶마음을 ~ | 费心思。¶머리를 ~ | 动脑筋nǎojīn。❸(억지를 부리다)【耍】shuǎ【施】shī ¶떼를 ~ | 要赖lài。¶고집을 ~ | 施计。❹(행사하다)【行使】xíngshǐ【摆架子】bǎi/jià·zi ¶권력을 ~ | 行使权力quánlì。¶거부권을 ~ | 行使否决权fǒujuéquán。❺(빚을 지다)【借用】jièyòng【负债】fù/zhài ¶그는 지금까지 빚을 써 본 적이 없다 | 他从来没有负过债。❻(음식을 대접하다)【请客】qǐng/kè ¶오늘은 내가 한턱 쓰지 | 今天我请客。❼(방언을)【操】cāo【讲】jiǎng ¶그는 상해말을 쓴다 | 他操一口上海口音。❽(술법 등을)【施】shī【使出】shīchū ¶최후의 수단을 ~ | 使出最后

의 수단을.

쓰다⁴ 〔휑〕❶(맛이)【苦】kǔ【苦涩】kǔsè ¶검고 쓴 한약 | 又黑又苦的中药。¶맛이 ~ | 味儿苦。¶(입맛이 없다)【不好】bùhǎo ¶입맛이 ~ | 胃口wèikǒu不好。❸(마음에 언짢고 괴롭다)【痛苦】tòngkǔ【惨痛】cǎntòng ¶쓴 얼굴을 하다 | 露出痛苦的表情。¶쓴 표정 | 痛苦的表情。

쓰다듬다 〔통〕❶(가볍게 어루만지다)【抚摸】fǔmō【摸弄】mōfù【抚摩】fǔmó【摸弄】mōnòng ¶노인네가 아이의 머리를 쓰다듬으며 말하다 | 老汉lǎohàn抚摸着孩子的头说。¶아이의 턱을 ~ | 摸弄小孩的下巴颏kē。❷(훑다)【捋】lǚ ¶수염을 ~ | 捋胡子húzi。

쓰디쓰다 〔휑〕(극고)【极苦】jíkǔ【很苦】hěn kǔ

쓰라리다 〔휑〕❶(상처가)【火辣辣地疼】huǒlàlà·de téng ¶무릎이 쓰라리다 | 膝盖xīgài破guāpò得火辣辣地疼。¶상처가 ~ | 伤口shāngkǒu火辣辣地疼。❷(괴롭다)【痛苦】tòngkǔ【痛楚】tòngchǔ【苦痛】kǔtòng【惨痛】cǎntòng【辛酸】xīnsuān【痛苦】tòngxīn【悲伤】bēishāng ¶쓰라린 역사 | 惨痛的历史lìshǐ。¶이 일은 사람을 아주 가슴 쓰라리게 한다 | 这件事令人刺得痛苦。¶쓰라린 심정 | 悲伤的心情。

쓰러뜨리다 〔통〕【撂倒】liàodǎo【摔倒】shuāidǎo【使倒下】shǐ dǎoxià【掉】gàn/dǎo ¶발을 걸어 ~ | 用脚把他绊倒。¶적의 대포를 쓰러뜨립시다 | 打倒这个汉奸hànjiān！

쓰러지다 〔통〕❶(서 있는 물건이 넘어지다)【倒下】dǎoxià【倒】dǎo ¶내가 쓰러지는 한이 있더라도 꼭 하고야 말겠다 | 宁肯倒下我也要做。¶나무가 쓰러졌다 | 树倒了。❷(몸져 눕다)【躺倒】tǎngdǎo【病倒】bìngdǎo【死倒】sǐdǎo ¶나는 지쳐서 쓰러졌다 | 他累lèi得病倒了。¶그는 결국 병으로 쓰러졌다 | 他终于病倒了。❸(망하다)【倒闭】dǎobì ¶회사가 부도를 내고 ~ | 公司因亏损kuīsǔn倒闭了。

쓰레기 〔명〕❶(垃圾)【垃圾】lājī ¶~를 버리다 | 扔rēng垃圾。¶공업 ~를 처리하다 | 处理chǔlǐ工业垃圾。¶~ 수집 처리 시설 | 垃圾收集处理系统。❷(渣滓)【渣滓】zhāzǐ ¶인간 ~ | 社会shèhuì

616

渣滓。

쓰레받기 圆【撮箕】cuōjī【畚箕】běnjī 【土簸箕】tǔbò·ji【簸箕】bǒjī

쓰리다 形 ❶ (상처 등이)【火辣辣地痛】huǒlàlà·de tòng【杀得慌】shā·dehuāng ¶상처가 ~ | 伤口火辣辣痛。 ¶불에 덴 데가 ~ | 被火烫huǒtàng的部位, 杀得慌。 ❷ (마음이)【痛苦】tòngkǔ【痛楚】tòngchǔ【苦痛】kǔtòng【痛心】tòngxīn【伤心】shāng/xīn ¶가슴이 ~ | 心痛。 ¶그는 이 일 때문에 아주 가슴 ~ | 他为这件事伤心透了。 ❸ (참기 어렵다)【难受】nánshòu ¶배가 고프다 못해 ~ | 肚子dù·zi饿得难受。

쓰리디[3D; three dimensions] 圆〈電算〉【三维】sānwéi

쓰이다 圆 ☞ 쓰다

쓰임새 圆【用处】yòngchù ¶~가 많은 연모 | 用处多的劳动工具。

싹싹 副하진【嚓嚓】cācā ¶낫을 숫돌에 ~ 갈다 | 在磨刀石módāoshí上嚓嚓地磨镰mólián刀。

싹싹하다 形【抵消】dǐxiāo【独吞】dútūn ¶서로 ~ | 两相抵消。 ¶회비를 ~ | 独себ会费。

쓱쓱 副 ❶ (문지르거나 비비는 모양)【嚓嚓】cācā ¶얼굴을 손으로 ~ 문지르다 | 用手一嚓脸。 ❷ (일을 손쉽게 해치우는 모양)【很快】hěn kuài【利索地】lìsuǒ·de ¶그는 자기맡은 일을 ~ 해치우고 남을 도왔다 | 他很快就干完gānwán自己的活儿, 又去帮助bāngzhù别人。

쓴맛 圆❶【苦味】kǔwèi❷【苦头】kǔ·tou ¶~을 보다 | 吃苦头。 【참고】〔受苦〕

쓴웃음 圆【苦笑】kǔxiàn【冷笑】lěngxiàn ¶그는 어쩔 수 없는 듯 몇 번 ~을 지어보였다 | 他无可奈何wúkěnàihé地苦笑了几声。

쓸개 〈生理〉【胆囊】dǎnnáng【胆】dǎn【苦胆】kǔdǎn

쓸다 圆❶ (비로)【扫】sǎo【打扫】dǎsǎo ¶골목을 ~ | 扫胡同。¶바닥을 ~ | 扫地。¶방을 좀 쓸어라 | 把房间扫一扫。¶눈을 ~ | 扫雪。❷ (손으로 어루만지다)【摸】mō【抚弄】fǔnòng【摸弄】mōnòng ¶아이의 아픈 배

를 쓸어 주다 | 摸一摸孩子叫疼的肚子。❸ (유행병이 널리 퍼지다)【流行】liúxíng ¶독감이 전국을 쓸었다 | 全国流行毒感dúgǎn。❹ (혼자 독차지하다)【独自拿】dúzìná ¶상이란 상은 모두 혼자 쓸어가다 | 独揽了所有的奖。

쓸데없다 形❶ (소용이 없다)【无用】wúyòng【没用】méiyòng ¶쓸데없는 물건을 치우다 | 把无用的东西搬bān走。¶쓸데없는 말만 지껄이다 | 嚷嚷rǎngrang没用的话。❷ (아무 값어치가 없다)【毫无价值】háowú jiàzhí【不济于事】bù jǐ yú shì【无谓】wúwèi ¶쓸데없는 이야기 | 无谓的话。¶쓸데없는 고집 | 无谓的固执gùzhí。

쓸데없이 副【多余地】duōyú·de【无谓地】wúwèi·de【无聊】wúliáo【徒然】túrán【没有用处】méiyǒu yòngchù ¶~ 낭비하다 | 无谓地浪费làngfèi。¶~ 말참견하다 | 无谓地插嘴chāzuǐ。¶~ 인력과 재력을 낭비하다 | 徒然耗费hàofèi人力·物力。

쓸리다 圆【磨擦】mócā【摩擦】mócā【磨破】mòpò【蹭破】cèngpò【刮破】guāpò【磨伤】móshāng ¶살갗이 ~ | 蹭破了皮。¶시멘트 바닥에 넘어져 무릎이 쓸렸다 | 倒在水泥地上, 膝盖xīgài给刮破了。

쓸모 圆【用处】yòng·chu【用场】yòngchǎng【功用】gōngyòng【用途】yòngtú ¶~가 있다 | 有用处。¶아무런 ~없다 | 毫无用处。¶그렇게 큰 ~가 없다 | 没有多大的用场。¶고무의 ~는 아주 크다 | 橡胶xiàngjiāo的用途很大。 【참고】〔派上用场〕

쓸쓸하다 形 ❶ (날씨가 으슬하고 썰렁하다)【凉飕飕】liángsōusōu【凄凉】qīliáng【凄冷】qīlěng【凄清】qīqīng ¶쓸쓸한 가을날씨 | 凄凉的秋色。❷ (외롭고 적적하다)【寂寞】jìmò【冷清】lěngqīng【冷淡】lěngdàn【冷寂】lěngjì ¶객지 생활이 ~ | 外地生活寂寞。¶집안에 나 혼자만 남아있게 되어 무척 ~ | 家中只剩下shèngxià我一个人了, 感到非常冷清。¶분위기가 ~ | 气氛qìfēn冷淡。

씀씀이 圆【开销】kāi·xiāo【开消】kāixiāo ¶그녀의 ~는 너무 크다 | 她的开

销太大。

씁쓸하다 【형】【稍苦】shāo kǔ 【有点苦味儿】yǒu diǎn kǔwèir ¶멍게는 씁쓸한 맛에 먹는다 | 吃海鞘就是吃它的苦味儿。

씌우다 【동】【戴上】dài·shang【戴】dài【盖上】gài·shang　【披上】pī·shang【包上】bāo·shang【蒙上】mēng·sha ng【罩上】zhào·shang【冤枉】yuānwǎng ¶모자를 ~ | 给戴帽子。¶뚜껑을 ~ | 盖上盖儿gàir。¶그에게 누명을 ~ | 冤枉他。

씨¹ 【淡然】dànrán ¶그가 ~ 웃다 | 他淡然一笑。

—**씨**² 【每】měi【每…平均】měi···píngjūn ¶한 사람에게 사과 다섯 개~준다 | 每个人平均给五个苹果。

씨¹ 【명】① 〈종자〉【种】zhǒng【种子】zhǒng·zi【种籽】zhǒngzǐ ¶~를 뿌리다 | 撒sǎ种。¶~를 받다 | 采cǎi种。¶~가 생기다 | 有了种子。¶무의 ~ | 萝卜luóbo种子。¶행복의 ~를 심다 | 播下bōxià幸福 xìngfú的种子。¶불화의 ~를 뿌리다 | 撒下不和的种子。② 〈씨앗〉【核儿】húr ¶살구~ | 杏xìng核儿。¶복숭아~ | 桃táo核儿。③ 〈혈통〉【血统】xuètǒng ¶그는 형제 间不同的兄弟。④ 〈사물이 발생하는 근원〉【原因】yuányīn ¶하찮은 일이 분쟁의 ~가 되다 | 鸡毛蒜皮的事儿, 成了纷争的原因。

씨² 【명】〈위선〉【纬线】wěixiàn ¶~줄과 날줄 | 纬线和经线jīngxiàn。

—**씨**³ [-氏] 【명】【氏】shì【位】wèi【君】jūn ¶김철수~! | 金哲洙氏/金哲洙君。

씨눈 【명】〈아이〉【芽眼】yáyǎn【胚芽】pēiyá ¶담홍색의 ~ | 淡红色dànhóngsè的芽眼。¶식물의 ~을 상하게 하면 안된다 | 不能损坏sǔnhuài了植物的胚芽。

씨름 【명】❶ 〈體〉(운동)【角力】juélì【摔交】shuāijiāo【摔跤】shuāijiāo ¶~판 | 摔交场。¶~꾼 | 摔交手。¶~ 경기 | 摔交比赛bǐsài。❷ 〈노력〉【劲儿】【下功夫】xià gōng·fu/jìn(r)【下功夫】xià gōng·fu【下工夫】xià gōng·fu【竞争】jìngzhēn【打交道】dǎjiāodào ¶책과 ~하다 | 狠下工夫读书。

씨알 【명】❶【留种用的卵】liúzhǒng yòng·de luǎn ❷【粒儿】lìr

씨앗 【명】❶ 〈종자〉【种子】zhǒng·zi【种籽】zhǒngzǐ ¶~을 뿌리다 | 下种子/

种zhǒng种子。¶무의 ~ | 萝卜luóbo种子。¶개량종의 ~을 받다 | 接改良种的种子。❷ 〈원인〉【原因】yuányīn ¶하찮은 일이 분쟁의 ~이 되다 | 鸡毛蒜suàn皮的事儿, 成了纷争的原因。

씨족 [氏族] 【명】【氏族】shìzú ¶~ 제도 | 氏族制度zhìdù。¶~ (공동)사회 | 氏族社会。¶~어 | 氏族语言。

씩씩 【부】〈哪哪〉【哪哪】xiūxiū【吁吁】xūxū ¶~하는 숨소리 | 哪哪的鼻息bíxī声。¶~ 가쁜 숨을 몰아쉬다 | 气喘qìchuǎn吁吁。

씩씩거리다 【동】【呼哧呼哧喘气】hūchī hūchī chuǎnqì【气喘吁吁】qìchuǎn xū·xu ¶씩씩거리는 숨소리 | 呼哧呼哧喘气声。¶씩씩거리며 뛰어 올라오다 | 气喘吁吁地跑f往oǐ上来。

씩씩하다 【형】【茁壮】zhuózhuàng【生气勃勃】shēngqì bóbó【飒爽】sàshuǎng【刚强】gāng·qiang【刚性】gāngxìng【刚硬】gāngyìng【生龙活虎】shēng lóng huó hǔ【高亢】gāokàng【雄赳赳】xióngjiūjiū【雄纠纠】xióngjiūjiū【激昂】jī'áng【有力】yǒulì ¶우리 어린이들은 씩씩하게 자라고 있다 | 我国儿童茁壮成长。¶씩씩한 젊은이 | 飒爽的年轻人。¶그의 어머니는 그의 씩씩한 모습이 반가웠다 | 他母亲高兴他那一副刚强的气魄。¶회의장에서 씩씩한 구호 소리가 울려퍼지다 | 会场上响xiǎng起激昂的口号声hàoshēng。

씹다 【동】❶ (입으로)【嚼】jiáo ¶밥을 먹는데 돌이 씹히다 | 吃饭时嚼了砂子shā·zi。¶곁에서 껌을 질겅질겅 씹어대다 | 在旁边叽咖叽咖地嚼起口香糖kǒuxiāngtáng。¶밥을 꼭꼭 씹어 먹어야 한다 | 吃饭要好好嚼。❷ (반복해서 말하다)【重复】chóngfù ¶되지 않은 말을 계속 씹어대다 | 继续重复说行不通的话。❸ (남을 헐뜯어 말하다)【中伤】zhòngshāng ¶남을 씹는 못된 버릇 | 中伤别人的

618

坏习惯huàixíguàn。

씻기다 图 【被洗】bèixǐ 【给洗】gěixǐ
【被…淋湿】bèi …línshī ¶손발을 ~
| 给手脚。¶얼굴을 ~ | 给洗脸。¶
빗물에 씻긴 들판 | 被雨水淋湿的田
野。

씻다 图❶ (물 등으로) 【洗】xǐ 【洗涤】x-
ǐdí 【洗灌】xǐzhuó 【洗刷】xǐshuā 【清
刷】qīngshuā 【清洗】qīngxǐ 【涤荡】dí-
dàng 【荡涤】dàngdí 【涮】shuàn ¶밥
그릇을 깨끗이 ~ | 把碗筷洗干净gā-
njìng。¶손발을 깨끗이 ~ | 干干净
净地洗了手和脚。¶치욕을 ~ | 雪耻
chǐ。¶주방의 물건을 아주 깨끗이 ~
| 厨房chúfáng里的东西洗涤得干干
净净gāngānjìngjìng。¶죄명을 ~ |
洗刷罪名zuìmíng。❷ (닦아내다)
【擦】cā 【拭】shì 【揩】kāi 【抹】mǒ ¶밑
을 ~ | 擦底儿dǐr。¶눈을 씻고 기다
리다 | 拭目以待。❸ (오명·치욕 등
을) 【洗雪】xǐxuě 【洗削】xǐxiāo 【洗
冤】xǐyuān 【清除】qīngchú 【洗刷】xǐ-
shuā 【清刷】qīngshuā ¶죄명을 ~ |
洗雪罪名。¶평생 씻을 수 없는 치욕
| 终生洗刷不掉的耻辱chǐrǔ。

씽 图 【飕】sōu 【嗖】sōu ¶그 자동차는
바람처럼 ~ 소리를 내며 지나갔다 |
那辆汽车像一阵风似的shì·de飕的一
声开过去了。

씽긋 图 【微微一笑】wēiwēi yíxiào ¶그
는 고개를 돌려 ~ 웃고 앞으로 달려갔
다 | 他回头微微一笑，跑到前面去了。

씽씽 图❶ 【飕】sōu 【大步流星】dàbùli-
ú xīng 【疾迅】jíxùn 【矫健】jiǎojiàn ¶
자동차가 ~ 하고 달아나 버렸다 | 汽
车飕的一声，开跑啦。❷ 【呼啦啦】hū-
ālā 【渐渐】sìsī 【飕飕】sōusōu 【嗖嗖】
sōusōu ¶바람이 ~ 불다 | 风嗖嗖地
刮着。¶찬바람이 ~ 불어 온다 | 寒
风飕飕地刮guā来。

씽크 탱크 [think tank] 图 【思想库】sīxi-
ǎngkù 【智囊团】zhìnángtuán

ᴬ**아**¹ 깝【啊】ā〔哎呀〕āiyā【哦】ó〔呀〕yā〔唉〕āi〔哎〕āi ¶～, 생각납니다 | 啊, 我想起来了。¶～! 너도 왔어! | 哦, 你也来啦! ¶～! 이렇게 많아! | 哦哟yō! 这么多! ¶～, 이 일을 어쩌나! | 呀, 这怎么办!

아²〔亞〕똉【亚】yà ¶동북～ | 东北亚。¶～세아주 | 亚州。

─아³ 조〔呼格助词, 表示招呼、号召〕¶길동～, 학교 가자! | 吉童, 上学去吧。

─아⁴ 어미 ❶ 〔表示命令或请求的卑称终结词尾〕¶깨끗이 닦～! | 擦干净! ❷〔陈述或表示疑问的卑称终结词尾〕¶뭘 찾~? | 找什么? ❸〔表示感叹的终结词尾〕¶아이, 좋~! | 嗬hē, 好啊! ❹〔表示原因, 根据等〕¶비를 맞～ 옷이 젖었다 | 衣服被雨淋湿了。❺〔表示时间上的先后顺序〕¶밥을 물에 말~ 먹다 | 把饭泡在水里吃。

ᴬ**아가** 똉 ❶ 〔갓난 아기〕【小宝宝】xiǎobǎo·bao【小宝贝儿】xiǎobǎobèir【乖乖】guāiguāi ¶귀여운 ～ | 可爱的小宝贝儿。❷ 〔며느리를 부를 때〕【媳妇】xífù ¶～, 물 좀 다오 | 媳妇, 给点儿水。참고〔乖宝贝(儿)〕

아가리 똉 〔입〕【嘴巴】zuǐbā ¶～ 닥쳐 | 闭上嘴巴。❷〔물건의 입구〕【口儿】kǒur ¶병～ | 瓶píng口儿。

ᴮ**아가미** 똉 【鳃】sāi 참고〔腮sāi〕〔腮际〕

ᴮ**아가씨** 똉 ❶ 【小姐】xiǎo·jie ¶～, 길 좀 물읍시다 | 小姐, 问一下路。❷【少奶奶】shàonǎi·nai【少妇】shàofù ❸【闺女】guīnǚ ¶～, 식사하세요 | 闺女, 吃饭吧。

아구 똉 数 ¶돈의 ～가 맞지 않다 | 钱数不对。

ᶜ**아군**〔我军〕똉【我军】wǒjūn ¶～이 승리하다 | 我军胜利了。

ᶜ**아궁이** 똉【灶孔】zàokǒng【灶门】zàomén【灶口】zàokǒu ¶～에 불을 지피다 | 在灶孔里点火。

아귀 똉 ❶ 〔갈라진 곳〕【分叉】fēnchā【叉儿】chār ¶～가 지다 | 出叉儿。❷ 〔손 힘〕【手劲儿】shǒujìnr ¶～ 힘

이 대단하다 | 手劲儿非常大。❸ 〔씨의〕【发芽处】fāyáchù ❹ 〔옷의 터놓은 곳〕【开口处】kāikǒuchù ¶～로 바람이 들어오다 | 从衣服开口处往里灌风。

아귀다툼 똉 하자 【狗咬狗】gǒu yǎo gǒu【争吵】zhēngchǎo ¶내부의 ～ 투쟁 | 内部的狗咬狗的斗争dòuzhēng。¶～이 그치지 않다 | 争吵不休。참고〔争闹nào〕

ᴬ**아기** 똉 〔젖먹이 아기〕【小孩儿】xiǎoháir ¶～가 걸음마를 배우다 | 小孩儿学步。❷ 〔딸·며느리〕【女儿】nǚ'ér【媳妇】xífù 【宝贝蛋儿】bǎobèidànr ¶～ 새 | 新宝贝蛋儿。❸ 〔동물들의 새끼〕【小的】xiǎo·de【幼】yòu ¶～ 곰 | 幼熊。

ᴬ**아기자기** 뷔 하형 ❶ 〔자상하고 인정스러운 모양〕【深情厚谊】shēn qíng hòu yì ¶～ 잔정을 베풀다 | 给了深情厚意。❷ 〔잔재미가 있고 즐거운 모양〕【美满】měimǎn【有趣(儿)】yǒuqù(r)【引人入胜】yǐn rén rù shèng【有意思】yǒu yì·si ¶～한 신혼 살림 | 美满的新婚生活。❸ 〔어울리어 아름다운 모양〕【美丽】měilì ¶～하게 수놓인 무늬 | 被绣得美丽的花纹。❹ 〔짜임새가 예쁜 모양〕【美丽可爱】měilì kě'ài ¶～한 얼굴 모습 | 美丽可爱的相貌。

ᴬ**아까** 똉 뷔 ❶ 〔조금 전에〕【刚才】gāngcái【方才】fāngcái【将才】jiāngcái【才刚】cáigāng【才将】cáijiāng【才】cái ¶～ 만난 그 사람 | 刚才见到的那个人。¶～ 밥을 먹었는데, 너 또 배고프니? | 方才吃了饭, 你又饿了? ❷ 〔조금 전에 한 것〕【刚才】gāngcái zuò·de ¶～의 그 약속 | 刚才的那个诺言/刚才的那个预定。

ᴬ**아깝다** 형 ❶ 〔애석하다·아쉽다〕【可惜】kěxí【惋惜】wǎnxí ¶이렇게 시간을 낭비하다니 정말 ～ | 浪费了这么多的时间, 真可惜。¶아까운 인재를 잃었다 | 失去可惜的人才。❷ 〔소중하다〕【舍不得】shě·bu·de【可

620

惜】kěxī ¶시간이 ~ | 时间可惜. ¶
젊음이 ~ | 可惜了年轻. ❸ (제대로
쓰이지 않아 안타깝다)【可惜】kěxī ¶
그의 인물이 너무 ~ | 他的长相太可
惜. ¶그의 재주가 너무 ~ | 他的才
能太可惜.

ᴮ**아끼다** 통 ❶ (쓰지 않다)【节约】jiéyuē
【节省】jiéshěng【省】shěng【节捲】jié-
zūn【减省】jiǎnshěng ¶비용을 ~ |
节约费用. ¶시간을 ~ | 节省时间.
¶적지 않은 돈을 아꼈다 | 省不少
钱. ❷ (소중히 여기다)【爱护】àihù
【爱惜】àixī【珍惜】zhēnxī【顾惜】gùxī
¶공공기물을 아끼고 보살피다 | 爱
护公物. ¶아끼는 제자 | 最爱护的学
生. ¶자연을 ~ | 珍惜自然.

아낌없다 혱【毫不吝惜】háo bùlìnxī
【不惜一切】búxī yíqiè ¶아낌없는 성
원 | 不惜一切的声援.

ᶜ**아낌없이** 부【毫不吝惜地】háo bùlìnxī·
de ¶장학 사업을 위하여 재산을
내놓다 | 为了奖学事业毫不吝惜地捐
出了财产.

ᶜ**아나운서** [announcer] 명【广播员】guǎ-
ngbōyuán【宣告者】xuāngàozhě【节
目报告员】jiémù bàogàoyuán【报幕
员】bàomùyuán【播音员】bōyīnyuán
¶장내 ~ | 场内的播音员. ¶뉴스
~ | 新闻播音员.

ᴮ**아낙** 명 ❶ (내간)【内】nèi【里】lǐ ¶집
에 마루 하나 ~ 들 수 있다 | 家有一堂
二内. ❷ (아낙네)【屋里人】wū·li·
ren【老娘们】lǎoniáng·men ¶물 긷는
~ | 打水的娘儿们. (참고)〔屋里的〕
〔家里〕

아낙네 【妇女们】fùnǚ·men 【娘儿
们】niángr·men 　【老娘们】lǎoniáng·
men【婆姨】póyí【婆娘】póniáng【妇
道人家】fùdào rénjiā

아날로그 [analogue] 명〈物〉〈电算〉
【模拟】mónǐ ¶~형 전자 계산기 | 电
子模拟计算机/类比计算机.

ᴬ**아내** 명【妻子】qī·zi【内人】nèi·ren【老
婆】lǎopó【媳妇】xífù ¶제 ~는 외국
에 나갔습니다 | 我内人出国了. ¶~
를 얻다 | 娶媳妇. ¶~의 정성이 담
긴 음식 | 妻子精心准备的饭菜. (참고)
〔内眷〕〔内子〕

ᴮ**아냐** 감【不】bù【不是】bú·shì【哪里】n-

ð·li ¶그가 아니냐? | ~, 그는 몰라 | 他
知道吗?不,他不知道.

아녀자 [兒女子] 명 ❶ (아이와 여자
들)【孩子和女子】hái·zi hé nǚ·zi ¶~
를 보호해야 한다 | 应当保护妇女
和儿童. ❷ (여자)【女人】nǚrén【妇
道人家】fùdào rénjiā ¶~가 어딜 나
서서 목소리를 높여? | 妇道人家怎能
随便抛头露面, 大声说话.

ᶜ**아늑하다** 혱 ❶ (조용하다)【幽静】yōuj-
ìng【幽雅】yōuyǎ【安闲清闲】ānjīng q-
īngxián【温和幽雅】wēnhé yōuyǎ【宁
静】níngjìng ¶산기슭에 자리잡은 아
늑한 마을 | 坐落在山角下的幽静的村
庄. ¶정원의 배치가 대단히 ~ | 庭
园布置得很幽雅. ❷ (따뜻하다)【暖
和】nuǎn·huo ¶이 집은 남향이라서
아주 ~ | 这屋子向阳, 很暖和. ¶봄
도 오래지 않은 아늑한 어느 날 | 临近
·ínjìn春天的暖和的一天.

아는 것이 병이다 관용【不知不招罪】b-
ùzhī bùzhāozuì

아는 길도 물어가라 관용【多问不吃亏】
duōwèn bùchīkuī【常问路的人不会
迷失方向】cháng wènlù·de rén búhuì
míshī fāngxiàng【小心没大差】xiǎox-
īn méidàchà【多唤一声哥, 少上十里
坡】duōhuàn yìshēng gē, shǎoshàng
shílǐ pō

ᴬ**아니** 감 ❶ (감탄)【啊】ā ¶~, 이게 누
구냐? | 啊, 这是谁呀? ¶~, 그 말이
사실이냐! | 啊, 难道那句话是事实!
❷ (놀람·의심)【嗯】ńg ¶~, 그게 정
말이냐? | 嗯, 那是真的吗? ❸ (강조)
【不】bù【没有】méiyǒu ¶네가 가라,
내가 가는 것도 좋겠어 | 你去吧,
不, 我去也好. ¶그는 고장의 보배,
~, 나라의 보배입니다 | 他是故乡的
宝贝不, 是国家的宝贝. ¶일이 있기
는 한데…, ~, 아무 일도 아니야 | 事
情是有点儿…, 不, 没什么大不了事.
¶~, 나는 가기 싫어 | 不, 我不愿意
去.

ᴬ**아니**² 부【不】bù【没有】méi·yǒu ¶가
고 ~ 오다 | 一去不复返. ¶그는 아
직 ~ 왔다 | 他还没有来. ¶~할 말
로 | 说句不该说的话.

아니꼽다 혱【令人作呕】lìng rén zuò ǒu
【讨厌】tǎoyàn　　【不顺眼】búshùnyǎn

【睚眼】áiyǎn ¶그는 좀 아니꼬운 데가 있다 | 他有些地方讨厌。 ¶거들먹거리는 꼴이 보기에 ~ | 得意扬扬dé·yiyángyáng的样子真令人讨厌。

아니나다를까 閏【果不其然】guǒ bù qírán【果然】guǒrán【果不其然】guǒbùrán【可不是吗】kě·bù·shi·ma【可不是】kě bú·shì ¶~, 그 사람이 한 짓이었다 | 果不其然, 是那个人搞的勾当。

^A**아니다** 閺【不】bù【莫】mò【非】fēi【不是】bú·shì ¶묻는 말의 대답이 ~ | 答非所问。 ¶적당한 시기가 ~ | 不是时候。 ¶인간은 신이 ~ | 人不是神。 ¶그가 한 말은 사실이~ | 他说的不是事实。

아니면 굴뚝에 연기 날까 팬용【屋里不烧火, 屋外不冒烟】wūlǐ bùshāohuǒ, wūwài bùmàoyān【无火不生烟】wúhuǒ bùshēngyān【无风不起浪】wúfēng bùqǐlàng【有风方起浪, 无风自平】yǒufēng fāng qǐlàng, wúfēng làng zìpíng【无风不起浪, 无潮水自平】wúfēng bùqǐlàng, wúcháo shuǐ zìpíng【没风树不响, 没水不起浪】méifēng shùbùxiǎng, méishuǐ bùqǐlàng

아니야 閏【不是】búshi ¶~, 그게 아니라니까 | 不是, 不是, 不是那样。

^B**아니하다** 图【没有】méiyǒu【不】bù【不干】bùgàn【不搞】bùgǎo【不做】bùzuò ¶먹지 ~ | 不吃。 ¶멀지 ~ | 不远。 ¶좋지 ~ | 不好。

아닌게 아니라 閏【果然】guǒrán【果不其然】guǒ bù qírán【未尝不】wèichángbù【可不是】kě bú·shì【确实】quèshí ¶~ 명성 그대로 이다 | 果然名不虚传。 ¶경치가 좋다구에 와서 보니 ~ 장관이구나 | 听说景色好, 到这儿一看, 确实很壮观。 참고 [果然] [果料]

^B**아담** 【雅淡; 雅趣】 영하영【雅致】yǎ·zhì ¶응접실을 ~하게 꾸미다 | 客厅kètīng布置得很雅致。 ¶~한 양옥 | 雅致的洋房。

아담²[Adam] 영〈宗〉【亚当】yàdāng

아던[Arden] 영〈商標〉【雅顿】Yǎdùn

^C**아동**[兒童] 영〈儿童〉értóng ¶~ 교육 | 儿童教育。 ¶~ 보호 | 儿童保护。 ¶~ 심리학 | 儿童心理学。

아둔하다 영【笨】bèn【愚笨】yúbèn【迟

钝】chídùn【脑子不灵】nǎo·zi bùlíng ¶이 아이는 너무 ~ | 这孩子太笨。 ¶머리가 ~ | 脑nǎo子迟钝。 참고 [愚蠢chūn] [愚鲁lǔ] [迟顿]

^B**아드님** 【令郎】lìnglang【令公子】lìnggōngzǐ【贤郎】xiánláng ¶~이 사업을 하신다구요 | 听说令郎在工作。

아드레날린[도 adrenaline] 영〈生理〉【肾上腺素】shènshàngxiànsù 참고 [副fù肾素] [副肾碱]

아득바득 튀하자 ❶ (억지로 우기거나 조르는 모양)【固执】gùzhí ¶자기의 판단이 옳다고 ~ 우기다 | 固执己见。 ❷ (있는 힘을 다해 애쓰는 모양)【拼命】pīnmìng ¶큰 돌덩이를 밀어내느라고 ~ 용을 쓰다 | 为了推出大石头, 拼命使劲儿。

^B**아득하다** 영 ❶ (매우 멀다)【遥远】yáoyuǎn【苍茫】cāngmáng【渺茫】miǎománg ¶앞길이 ~ | 前程渺茫。 ¶길이 아득히 멀다 | 路途遥远。 ¶아득한 장래 | 遥远的将来。 ❷ (까마득하게 오래다)【很久】hěnjiǔ【悠久】yōujiǔ【久远】jiǔyuǎn【悠远】yōuyuǎn【悠邈】yōumiǎo ¶아득한 옛날 | 很久很久以前。 ¶아득한 어린 시절 | 悠远的童年tóngnián。 ❸ (막연하다)【渺茫】miǎománg【茫然】mángrán【遥远】yáoyuǎn ¶먹고 살길이 ~ | 生路渺茫。 ¶돌아갈 기약이 ~ | 回去的日子渺茫。

^A**아들** 영【儿子】ér·zi【小子】xiǎo·zi ¶첫 ~ | 长子。 ¶~을 낳다 | 生个儿子。 ¶~ 하나에 딸자식 셋 | 一个儿子三个女儿。

아들딸 영【儿女】érnǚ

아등바등 튀하자【拼命】pīnmìng ¶잘 살아 보겠다고 ~ 애를 쓰더니 | 为了过上好日子拼命地努力nǔlì。

아디다스[Adidas] 영〈商標〉【阿迪达斯】Ādídásī

아따 閏【唉】āi【哎哟】āiyō ¶~! 이제 곧 갑니다, 걱정하지 마십시오 | 唉! 我这就走, 你不用担心了。 ¶~, 그 사람 먹이도 먹네 | 哎哟, 那个人吃得真多哟。

아뜩하다 영【昏】hūn【晕眩】yūnxuàn【发黑】fā/hēi【发晕】fāyūn ¶정신이 ~ | 差点儿昏过去。 ¶너무나 갑작스

런 충격에 정신이 ~ | 由于突然的打击, 眼前一片发黑. ¶이 말을 듣자마자 곧 아뜩해졌다 | 一听这话就发晕.

－아라 回 ❶ (表示命令的终结词尾) ¶이걸 보~ | 看这个! ❷ (在形容词词干后面表示感叹的终结词尾) ¶아이 좋~ | 啊, 真好啊!

아라비아 [Arabia] 명〈地〉【阿拉伯】ǎ-lābó ¶~ 숫자 | 阿拉伯数字. ¶~어 | 阿拉伯语/阿拉伯文. ¶아라비안 나이트 | 千一夜话/一千零一夜.

ᴮ**아람** 명【熟透的栗子】shútòu·de lì·zi 【熟透的橡实】shútòu·de xiàngshí ¶~이 벌어지다 | 熟透的栗子裂开了.

아랑곳 명하자 【管】guǎn 【理睬】lǐcǎi 【置之不理】zhì zhī bù lǐ ¶그는 다시는 수화기에서 나는 지지직하는 소리에 ~하지 않는다 | 他再不理睬听筒tǒng中那吱zī吱的声音. ¶남이 무어라 하던지, ~도 하지 않다 | 不管谁说什么, 都置之不理.

아랑곳없다 형【不管】bùguǎn 【不关】bùguān 【不理睬】bùlǐcǎi 【不介意】bùjièyì 【不在乎】búzàihū 【不理】bùlǐ 【不闻不问】bù wén bú wèn 【置之不理】zhì zhī bù lǐ ¶사람들이 이렇게 다정하게 부르는데, 네가 어찌 아랑곳없을 수가 있겠느냐 | 人家如此热情rèqíng招呼zhāohu, 你怎能置之不理.

아랑곳하다 형【不管】bùguǎn 【漫不经心地】màn bù jīng xīn·de 【若无其事地】ruò wú qí shì·de 【不顾】búgù ¶여러 사람의 만류에도 ~ 제 고집대로 한다 | 众人的挽留也不顾, 固执己见.

ᴬ**아래** 명 ❶ (아랫부분·아래쪽) 【下】xià ¶~로 보다 | 往下看. ¶달빛 ~ 산보하다 | 在月光下散步sànbù. ¶물은 ~로 흐르는 법이지 | 水必然是往下流的. ❷ (안에) 【里面】lǐmiàn ¶겉치마 ~에 속치마를 받쳐 입다 | 外裙里面穿了衬裙. ❸ (지위가) 【低下】dīxià 【下位】xiàwèi 【下级】xiàjí ¶지위가 ~인 사람 | 地位低下的人. ¶순위가 ~로 처지다 | 名次落到下位. ❹ (연령이) 【小】xiǎo ¶나이가 두 살 ~인 사람 | 小两岁的人. ❺ (다음) 【下面】xiàmiàn 【下层】xiàcéng 【下列】xiàliè ¶~ 사항을 준수해

야 한다 | 要遵守下列事项. ❻ (소속) 【属】shǔ ¶국무원 ~의 각 부위원회 | 国务院所属各部委. ❼ (영향·관찰 등) 【下】xià ¶자유와 평등과 박애의 기치 ~에 단결하다 | 在自由, 平等和博爱的旗帜下团结起来. ❽ (기준보다) 【以下】yǐxià ¶소수점 ~의 수 | 小数点以下的数.

아래옷 명【裤儿】kù·zi 【裤子】kù·zi ¶~을 입다 | 穿裤子.

아래위 명【上下】shàngxià ¶이 나무토막은 ~가 똑같이 굵다 | 这根木头上卜一样粗cū. ¶그는 나를 ~로 훑어보았다 | 他从上至下打量了我一番.

아래쪽 명【下面】xiàmiàn 【下边】xiàbiān 【下头】xià·tou 【下】xià ¶~을 향하여 굴러가다 | 往下滚. ¶나무줄기 ~에 뻗은 가지 | 伸到树干儿下的树枝.

아래층 [－層] 명【楼下】lóuxià 【下层】xiàcéng ¶~에는 누가 밥을 먹고 있는가? | 楼下是谁在吃饭? ¶~을 세내다 | 租下层.

아랫것 명【手下人】shǒuxiàrén 【下面的人】xiàmiàn·de rén ¶~ 단속이나 잘 하거라 | 好好管一管手下人.

아랫니 명【下牙】xiàyá ¶~를 뽑다 | 拔下牙.

아랫다리 명【小腿】xiǎotuǐ ¶~가 시리고 아프다 | 小腿疼suānténg.

아랫도리 명 ❶ (하반신) 【下半身】xiàbànshēn 【下身】xiàshēn 【下体】xiàtǐ ¶그는 ~ 거동이 불편하다 | 他下身行动不便. ❷ (아랫도리에 입는 옷) 【裤子】kù·zi 【下身儿】xiàshēn ¶~을 입다 | 穿一条裤子. ❸ (다리) 【小腿】xiǎotuǐ ¶~가 시리고 아프다 | 小腿酸疼suānténg.

아랫마을 명【下村】xiàcūn

ᴮ**아랫목** 명【炕头】kàngtóu ¶~에 눕다 | 躺在炕头.

아랫방 [－房] 명 ❶ (주방 곁의 작은 방) 【靠进厨房的房间】kàojìn chúfáng·de fángjiān ❷ (아래층의 방) 【楼下房间】lóuxià fángjiān

아랫배 명【小肚子】xiǎodù·zi 참고〔小肚dǔ儿〕〔小腹fù〕〔少shào腹〕

ᴬ**아랫사람** 명 ❶ (나이가 어린 사람) 【晚辈人】wǎnbèirén ❷ (지위가 낮은 사

623

람)【下級】xiàjí 【手下】shǒuxià 【部下】bùxià ¶~은 윗사람에게 복종해야 한다 | 下级要服从上级. ¶충실하고 능력있는 ～ | 忠实而能干的部下.

°**아랫입술** 몡【下唇】xiàchún 【下嘴唇】xiàzuǐchún ¶~을 깨물다 | 咬下嘴唇.

°**아랫집** 몡【左邻】zuǒlín 【下头的邻居】xiàtóu·de línjū ¶우리집 ～에 새로 이사왔다 | 左邻新搬来了一户人家.

아량【雅量】몡【雅量】yǎliàng 【宽宏大度】kuān hóng dà dù 【宽宏大量】kuān hóng dà liàng ¶그는 ～이 있다 | 他很宽宏大量. ¶남을 포용하는 ～ | 包容别人的雅量.

아련하다 혱【模糊】mó·hu【依稀】yīxī【隐】yǐnyuē ¶아련한 경치 | 模糊【隐】yǐnyuē ¶까맣게 잊고 있었던 옛 정경이 아련하게 떠오르다 | 忘得一干二净的旧情景依稀浮现在眼前.〔참고〕〔模糊吧〕

아렴풋하다 혱【模糊】mó·hu【模模糊糊】mó·mo húhú【依稀】yīxī ¶아렴풋한 기억을 더듬다 | 搜寻模糊的记忆. ¶점점이 떠있는 섬들이 안개 속에 ～ | 星星点点的岛屿在雾中依稀可见.〔참고〕〔模胡糊〕

아령〔啞鈴〕몡〈體〉【哑铃】yǎlíng ¶~체조 | 哑铃体操tǐcāo.

아로새기다 동❶（명심하다）【铭记】míngjì 【铭刻】míngkè 【牢记】láojì ¶선생님의 말씀을 마음에 깊이 ～ | 铭记老师的话. ¶마음속에 ～ | 牢记在心. ❷（새겨 넣다）【精雕细刻】jīng diāo xì kè 【精雕细琢】jīng diāo xì zhuó 【刻】kè ¶십장생을 아로새겨 놓은 문갑 | 精雕细刻了十长生的文件柜.

ᴮ**아뢰다** 동❶（풍악을 연주해 드리다）【奏】zòu 【奏乐】zòuyuè. ❷（말씀드려 알리다）【禀】bǐng 【禀报】bǐngbào 【禀告】bǐnggào 【敬禀】jìngbǐng 【启禀】qǐbǐng ¶부모에게 소상히 ～ | 禀明父母. ¶사실대로 관청에 ～ | 据实禀报官方.

아류〔亞流〕몡【第二流】dì'èrliú 【模仿】mófǎng ¶그의 글씨는 추사체의 ~에 지나지 않는다 | 他的字体只不过是秋史体的模仿而已.

아르〔프 are〕의몡【公亩】gōngmǔ【阿尔】ǎ'ěr

아르곤〔도 argon〕몡〈化〉【氩】yà ¶~가스 | 氩气.

아르마니〔Armani〕몡〈商標〉【阿玛尼】Āmǎní

아르바이트〔도 Arveit〕몡【打工】dǎ/gōng 【做工（儿）】zuògōng(r) ¶방학 동안에 ~로 학비를 벌다 | 在假期, 打工挣了学费.

°**아른거리다** 동【一个劲地晃动】yí·gejìn·de huǎngdòng 【摇曳】yáoyè ¶대위의 촛불이 ～ | 台上的烛光zhúguāng摇曳. ¶숲 사이로 희미한 불빛이 ～ | 树林之间有微弱的灯光在摇曳.

아른아른 뮈하젱【隐隐约约】yǐnyǐn yuēyuē 【晃动】huǎngdòng ¶들녘에 ～ 피어오르는 아지랑이 | 平原上隐隐约约飘悠的游丝. ¶그리운 너의 모습이 ～하구나 | 你的容貌在眼前晃动.

ᴮ**아름** 의몡❶【合抱】hébào 【围】wéi 【合围】héwéi ¶나무가 열 ～이다 | 树有十人合抱起来那么粗. ¶한 ～이나 되는 기둥 | 一合抱多粗的柱子. ❷【捧】pěng ¶한 ~의 꽃 | 一捧花.

ᴬ**아름답다** 혱❶（빛깔·모양·소리 따위가 예쁘다）【美】měi 【美丽】měilì 【漂亮】piào·liang ¶풍경이 매우 ～ | 风景很美. ¶아름다운 목소리 | 美丽的声音. ¶내 후배는 너무 ～ | 我的学妹长得太漂亮了. ❷（하는 일이나 마음씨 따위가 착하다）【美好】měihǎo 【善良】shànliáng 【高尚】gāoshàng 【清尚】qīngshàng ¶아름다운 희망 | 美好的愿望. ¶얌전한 몸가짐과 아름다운 마음씨 | 文静的举止和善良的心地.

°**아름드리** 몡【合抱】hébào 【一围】yìwéi 【合围】héwéi 【粗壮】cūzhuàng ¶~소나무 | 粗壮的松树.

아리다 혱❶（맛이）【麻】má 【刺痛】cìtòng ¶혀끝이 ～ | 舌尖发麻. ❷（상처가）【疼痛】téngtòng 【火辣辣地痛】huǒlàlà·de tòng ¶동상으로 아리고 저리던 손발이 이젠 근지럽다 | 因冻伤麻木疼痛的手脚现在开始发热了.

아리땁다 혱【娇美】jiāoměi 【娇丽】jiāolì 【柔美】róuměi 【漂亮】piào·liang 【美丽】měilì ¶음색이 ～ | 音色柔美. ¶

624

아리따운 모습 | 美丽的姿态.

ᴮ**아리랑** 몡【阿里郎】āilǐláng ¶～ 타령 | 阿里郎谣.

아리송하다 혱【迷糊】mí·hu【迷惑】mí·huo【迷离】mílí【模糊】móhú·búqīng ¶주택 단지 골목의 주변 풍경은 모두 비슷비슷해서 찾아갈 길이 어느 길인지 늘 ～ | 因为住宅区胡同的周围风景都差不多, 常常走哪条路常常迷糊. 참고【迷惑hū】

ᴬ**아마** 뮈【恐怕】kǒngpà【大概】dàgài【大约】dàyuē【也许】yěxǔ【可能】kěngéng【或许】huòxǔ【兴许】xīngxǔ ¶그는 동의하지 않을 것이다 | 恐怕他不会同意. ¶나는 ～ 이 달 말쯤 도착할 것이다 | 我大概月底回来. ¶그럴 지도 모른다 | 也许是吧. ¶오늘 오후에 그들은 ～ 영화를 보러 갈런지도 모른다 | 今天下午他们可能去看电影diànyǐng.

아마도 뮈☞ 아마

아마존[Amazon] 몡〈社名〉【亚马逊】Yàmǎxùn

아마추어[amateur] 몡【业余爱好者】yèyú àihàozhě【外行】wàiháng

아메리카[America] 몡〈地〉❶【美洲】Měizhōu ¶북～ | 北美洲. ❷【美国】Měiguó [아메리카 합중국, 수도는 "华盛顿"（워싱턴 ; Washington）]

ᶜ**아메바**[amoeba] 몡〈生〉【变形虫】biànxíngchóng【阿米巴】āmǐbā【阿米巴虫】āmǐbāchóng【赤痢虫】chìlìchóng ¶～상운동 | 变形虫状运动. 참고【阿弥巴】【亚米巴】

ᴬ**아무**¹ 뎨（누구나）【谁】shéi【任何人】rènhérén ¶그건 ～도 모르는 일이다 | 那是谁都不知道的事. ¶그가 어디 갔는지 ～도 모른다 | 谁也不知道他去哪儿了. ¶이 일은 ～한테도 말하지 마라 | 这件事对任何人都不要说.

아무² 뀐（꼭 무엇이라 지정하지 않고 어느 것이나）【什么】shén·me【任何】rènhé【随】suí ¶～ 때나 볼 수 있다 | 什么时候都能看到. ❷（아무런 · 조금의）【什么】shén·me【任何】rènhé【毫无】háowú ¶～ 소용 없는 일 | 没有什么用的事实. ¶～ 상관도 없다 | 毫无相关.

아무개 뎨 ❶（어떤 사람）【某】mǒu ¶

장～ | 张某. ¶김～가 그랬소 | 是金某干的/是金某说的. ❷（누구）【谁】shéi ¶～가 되든 그 일과 무슨 상관이오 | 不管谁当上, 跟那个事有什么相关.

ᴬ**아무것** 뎨【什么】shén·me ¶～이든 좋다 | 什么都好.

아무데 뎨【随处】suíchù【随地】suídì【哪儿】nǎr【随里】nǎ·li【随便儿】shén·me dì·fang【随便儿】suíbiànr ¶～나 가래를 뱉지 마시오 | 请勿随地吐痰tǔtán.

ᴬ**아무래도** 뮈 ❶（어떻든 · 불가피하게）【不管怎么说】bùguǎn zěn·me shuō ¶～ 내일 떠나야겠다 | 不管怎么说明天得走. ❷（무관심）【不管怎么样】bùguǎn zěn·me yàng ¶옷 같은 건 ～ 괜찮아, 사람 마음이 중요하다 | 衣服无论怎样都没关系, 重要的是人心. ❸（결코 · 결국）【还是】háishì ¶～ 못 해낼 것이다 | 看来, 还是作不到.

아무러면 뮈 ❶（결코 · 설마）【难道】nándào【怎么可能】zěn·me kěnéng ¶～ 그걸 못 들까? | 难道连那个也抬不起来? ❷（아무런들）【怎么的】zěn·me·de【怎么样】zěn·me yàng ¶～ 옷이야 ～ 어때? | 衣服嘛, 怎么的, 又能怎么样呢?

ᴬ**아무렇다** 혱 ❶（어떤）【任何】rènhé【什么】shén·me ¶아무런 결함도 없다 | 没有任何缺点. ¶아무렇지도 않다 | 没什么. ❷（대충）【随随便便】suísuí biànbiàn【马马虎虎】mǎ·ma·hūhū ¶그의 편지를 난 그저 아무렇게나 보았다 | 他的信我只是马马虎虎地看了一下.

아무렴 웹【当然】dāngrán【是啊】shì·a ¶～ 좋고 말고 | 当然, 当然好啊, ¶～, 그렇고 말고 | 当然, 当然是那样.

ᴬ**아무리** 뮈【无论如何】wúlùn rúhé【怎样】zěnyàng【尽管多么】jǐnguǎn duō·me【无论多么】wúlùn duō·me【不管】bùguǎn【多大】duōdà【再】zài ¶～ 추워도 보리는 싹튼다 | 不管多冷, 大麦总是发芽的. ¶～ 큰비가 와도 두려울 것 없다 | 再下多大的雨也没什么可怕的.

ᴬ**아무짝** 몡【无论哪方面】wúlùn nǎfāngmiàn【毫无用处】háowú yòngchù

625

¶~에도 못쓰겠다 | 毫无用处。

^B**아무쪼록** 뷔 ❶ (부디·절대) 【千万】qiān-wàn 【无论如何】wúlùnrúhé ¶~ 말하지 말아 주십시오 | 请您千万不要说。 ❷ (가능한) 【尽可能】jìnkěnéng ¶~ 빨리 쾌차하시기 바랍니다 | 希望尽可能早点恢复健康。

^B**아무튼** 뷔 【无论如何】wúlùn rúhé 【反正】fǎn·zhèng ¶~ 이렇게 해야 한다 | 无论如何得这么办bàn。 ¶~, 참 별난 사람이다 | 反正, 他是一个奇怪qíguài的人。

아물거리다 통 (아물아물하다) 【浮动】fúdòng 【晃动】huàngdòng 【时隐时现】shíyǐn shíxiàn ¶나뭇잎이 물에 떠서 ~ | 树叶在水面上浮动。 ¶멀리 수평선에 고깃배가 ~ | 鱼船在远处的水平线上时隐时现。 ❷ (가물하다) 【磨蹭】mó·ceng ¶그는 무얼 하든 온통 그렇게 아물거린다 | 他干什么都那么磨蹭。

^B**아물다** 통 (愈合) 【封口】fēngkǒu 【平复】píng·fu 【收口】shōu/kǒu 【长好】zhǎnghǎo ¶상처가 ~ | 伤口愈合了。 ¶상처가 아물었다 | 伤口平复了。

^B**아버님** 몡 ❶ (자신의 아버지를 경칭하여) 【父亲】fù·qīn 【老爷子】lǎoyé·zi ❷ (상대방의 아버지를 경칭하여) 【令尊】lìngzūn 【尊大人】zūndàrén 【令大人】lìngdàrén 【令老太爷】lìnglǎotàiyé 【令严】lìngyán 【令翁】lìngwēng ¶~께서는 너의 해외 유학을 동의하시느냐? | 令尊同意你出国留学吗?

^A**아버지** 몡 ❶ 【父亲】fù·qīn 【爸爸】bà·ba 【爹爹】diē·die 〈宗〉(하느님) 【圣父】shèngfù ¶~ 하느님 | 天帝圣父。

아범 몡 ❶ (윗사람이 결혼한 아랫사람을 부르거나 윗사람에게 남편을 낮추어 부르는 말) 【他爸】tābà 【他爹】tādiē 【孩子爸】hái·zi bà ¶~은 어디 있느냐? | 他爸在哪里? ❷ (늙은 남자 하인) 【老男仆】lǎonánpú 【老人】lǎorén 【大叔】tādàshū

^C**아부**[阿附] 몡하자 【阿谀】ēyú 【阿谄】ē-chǎn 【阿比】ēbǐ 【献媚】xiànmèi 【拍马屁】pāi mǎpì 【卖好】mài/hǎo 【迎承】yíngchéng 【逢迎】féngyíng 【奉承】fè-

ng·cheng 【恭维】gōng·wei 【阿谀承奉】ē yú chéng fèng ¶권세에 ~하다 | 逢迎权势。 ¶다른 사람들에게 ~하다 | 奉承人家。 ¶~ 근성 | 阿谀承奉的劣根性。

아비 몡 ❶ (윗사람이 결혼한 아랫사람을 부르는 말) 【他爸】tābà 【他爹】tādiē ¶~ 어디 갔느냐? | 他爸去哪儿了? ❷ (윗사람에게 남편을 낮추어 부르는 말) 【孩子爸】hái·zi bà ¶~ 아직 안 돌아왔어요 | 孩子爸现在还没回来。 ❸ (아버지가 본인을 가리켜 하는 말) 【老子】lǎo·zi 【老爸】lǎobà ¶너희들은 ~보다 잘 살아라 | 你们要比老子活得好。

^A**아빠** 몡 【爸爸】bà·ba

아뿔싸 깝 【唉呀】āiyā 【哎呀】āiyā ¶~, 이거 야단났구먼 | 唉呀, 这真糟糕。 ¶~, 길을 잘못 들었군 | 哎呀, 走错了路。

아사[餓死] 몡하자 【饿死】èsǐ ¶~ 직전에 구조되다 | 饿死之前被救出。 ¶-지경에 놓인 난민들 | 难民们几乎都要饿死了。

아삭 뷔하자타 【咔嚓】kāchā 【喀嚓】kāchā 【喀咔】kāchā ¶사과를 ~ 씹어 먹다 | 喀嚓地咬了一口苹果。

－**아서** 뫼 (표시 원인 또는 동작의 선후) ¶고기를 잡~ 구워 먹다 | 捕鱼来烤着吃。 ¶산이 높~ 올라갈 수 없다 | 山太高, 爬不上去。

아성[牙城] 몡 ❶ (성곽의 중심부) 【牙城】yáchéng ¶좌우를 거느리고 ~에 오르다 | 率左右登牙城。 ❷ (큰 조직이나 단체 등의 중심) 【堡垒】bǎolěi 【根据地】gēnjùdì 【保柵】bǎozhà 【堡寨】bǎozhài ¶보수 세력의 ~을 무너뜨리다 | 打垮kuǎ保守势力的堡垒。

아세아[亞細亞] 몡〈地〉❶ 【亚洲】Yà-zhōu ❷ 【亚洲大陆】Yàzhōu dàlù

아세톤[acetone] 몡〈化〉【丙酮】bǐngt-óng 【醋酮】cùtóng

아수라장 몡 【乱作一团】luàn zuò yì tuán ¶~이 된 홍수 피해 현장 | 乱作一团的受洪灾现场。

^B**아쉽다** 톙 ❶ (무엇이 없거나 모자라다) 【焦急】jiāojí 【发慌】fā/huāng 【焦热】jiāorè ¶손이 모자라서 ~ | 家里缺手叫人发慌。 ❷ (아깝고 　서운하

다)【舍不得】shě·bùdé【依依惜别】yī
yī xī bié ¶돈이 ~ | 舍不得钱。¶두
사람은 이별을 못내 아쉬워하며 헤어
졌다 | 两个人依依惜别。❸ (불만스
럽거나 유감스럽다)【可惜】kěxī【惋
惜】wǎnxī ¶분해한 것이 끝내 아쉽군
요 | 失败很可惜。¶그의 행위에 대
해서 아쉬움을 표시하다 | 对他的行
为表示惋惜。

아스라하다〔형〕❶ (높다)【高耸】gāosǒ
ng ¶아스라한 기념비 | 高耸的纪念
碑|īniànbēi。❷ (멀다)【遥远】yáoyuǎ
n【辽阔】liáokuò【隐约】yǐnyuē ¶아
스라한 초원 | 辽阔的草原。¶아스라
한 장래 | 遥远的将来。

゜**아스팔트**[asphalt] 〔명〕❶【沥青】lìqīng
【柏油】bǎiyóu【渣油】zhāyóu【臭油】
chòuyóu ¶~를 깔다 | 铺p屿沥青/浸
沥青。¶~로 도로를 포장하다 | 用
柏油铺路。¶~ 도로 | 柏油(马)路。
❷【柏油路】bǎiyóulù

아스피린[도 aspirin]〔명〕〈药〉【阿司匹
林】āsīpīlín。

ᴮ**아슬아슬**〔부〕〔형〕❶ (추위가 느껴지는
모양)【冷丝丝】lěngsīsī【冷森森】lě
ngsēnsēn【冷丝儿丝儿的】lěngsīrsīr·
de ¶~ 한기가 들다 | 冷丝丝地袭来
寒气。¶지하실안은 ~ 춥다 | 地下
室里冷森森的。❷ (조마조마한 상
태)【岌岌可危】jíjíkěwēi【惊险可怕】j-
īngxiǎn kěpà【惊险】jīngxiǎn【紧张】jǐnzhā
ng【胆战心惊】dǎnzhàn xīn jīng【胆丧
心惊】dǎnsāngxīnjīng【胆丧心寒】dǎ-
nsāngxīnhán ¶고공에서 외줄을 타는
그 묘기 | 空中走绳的惊险的妙技。
¶당락이 판가름나는 ~한 순간 | 决
定当选和落选的令人紧张的瞬间。

゜**아시아**[Asia]〔명〕〈地〉❶【亚洲】Yàzhōu
·u ¶~인 | 亚洲人。¶~ 대륙 | 亚洲。
❷【亚洲大陆】Yàzhōu dàlù

아씨〔명〕❶ (아가씨)【小姐】xiǎo·jie ❷
(갓 결혼한 마님)【小奶奶】xiǎonǎi·nai

아아〔감〕【啊】a【啊哎】ā'āi【啊呀】āiyā
¶~, 생각납니다 | 啊，我想起来了。
¶~, 이런 엄청난 일이 벌어질 줄이야
| 啊呀, 真没想到会发生这么大的事。

゜**아야**〔감〕【哎哟】āiyō【哎呀】āiyā ¶~!
네가 내 발 밟았어 | 哎哟! 你踩cǎi到

我的脚了。〔참고〕〔唉呀〕〔哎唷〕〔嗳呀〕

아야[2]〔어미〕(연결어미, 표시이치, 务必
及假说的条件或让步)¶물이 맑~ 고
기가 살 수 있다 | 水清鱼才能活呀!

゜**아양**〔명〕【谄媚】sā/jiāo【献媚】xiàn/mèi
¶~떨다 | 谄媚chǎnmèi。¶~부리
다 | 撒娇。

ᴮ**아연**[亚铅]〔명〕〈化〉【锌】xīn【白铅】bá-
iqiān【亚铅】yàqiān【倭铅】wōqiān
¶염화 ~ | 氯化锌。¶~판을 제
작하다 | 制作锌版。

아연[2][俄然]〔부〕〔형〕【突然】tūrán【骤
然】zhòurán【忽然】hūrán ¶아무
소리도 들리지 않았다 | 突然没有一
点响声了。¶~ 긴장감이 감돌다 |
突然出现紧张jǐnzhāng的气氛。〔참고〕
〔突地〕〔突然间〕

아연실색[啞然失色]〔명〕〔자〕❶ (혼비
백산하다)【丧魂落魄】sànghún luò p-
ò【丧魂失魄】sàng hún shī pò【大惊
失色】dà jīng shī sè ¶요 며칠 그녀는
몹시 ~하고 있다 | 这几天她总zǒng
是丧魂落魄的。❷ (말문이 막히다)
【啞然】yǎrán【目瞪口呆】mù dèng kǒ-
u dāi【目瞪口哑】mù dèng kǒu yǎ【哑
口无言】yǎ kǒu wú yán ¶~하여 소리
도 내지 못하다 | 哑然无声。

아열대[亚热带]〔명〕〈地〉❶ 기후·亚
热带气候。¶~림 | 亚热带林。

아예〔부〕❶ (애초부터)【干脆】gāncuì
¶~ 나는 ~ 모른다 | 那事儿我我
干脆就不知道。❷ (절대로)【压根
儿】yàgēnr【绝对】juéduì ¶~ 기대하
지 않았다 | 压根儿就没期望。¶~
나에게 변명할 생각일랑 마라 | 压根
儿别想跟我辩解。

아옹다옹〔부〕〔형〕〔자타〕【争执】zhēngzhí
【吵吵嚷嚷】chǎochǎorāngrǎng【你一
嘴我一嘴】nǐ yì zuǐ wǒ yì zuǐ ¶그 아이
들은 ~ 다투다가 결국 지쳐버렸다 |
孩子们你一嘴我一嘴地争吵, 最后吵
吵累了。

ᴮ**아우**〔명〕❶ (남동생)【弟弟】dì·di ¶형
님 ~ 하며 지내는 친근한 관계 | 称兄
道弟的亲密的关系。❷ (여동생)【妹
妹】mèi·mei ¶그녀는 나의 ~이다 |
她是我的亲妹妹。❸ (친근한 사이에
서 자기보다 나이 어린 사람을 부르는
말)【老弟】lǎodì【小弟】xiǎodì ¶~,

너무 사양말게 | 老弟, 别客气了。

아우디[Audi] 몡〈商標〉【奥迪】Àodí

아우르다 통 ❶ (한 덩어리나 한 판이 되게 하다)【结群成对】jiéqún chéngduì【结伙儿】jiéhuǒr【成伙儿】chénghuǒr ❷ (어울리다)【成对(儿)】chéngduì(r)【配对(儿)】pèi/duì(r)【筹集】chóují ¶아울러서 사용한다 | 成对(儿)使用。 ❸ (윷놀이)【揉】róu【搂】

ᵃ**아우성** 몡 ❶ (큰 소리)【呐喊】nàhǎn【呼声】hūshēng ¶죽을 힘을 다하여 ~치면서 응원하다 | 拼命地呐喊助威。¶군중의 ~ | 群众qúnzhòng的呼声。 ❷ (여럿이 악을 쓰며 외치는 소리)【惨叫】cǎnjiào【嘶吼】sīhǒu【惊叫】jīngjiào【叫苦】jiào/kǔ ¶끊임없이 ~치다 | 叫苦不迭。

ᵃ**아욱** 몡〈植〉【露葵】lùkuí【菜园锦葵】càiyuán jǐnkuí【圆叶锦葵】yuányè jǐnkuí

ᴰ**아울러** 믜 ❶ (동시에)【同时】tóngshí ¶자연 보호와 ~ 산림 녹화에도 힘쓰다 | 保护自然的同时也致力于绿化山林。¶여러 가지 장점을 가지다 | 同时具有各种优点。 ❷ (덧붙여)【并且】bìngqiě【并】bìng【而且】érqiě ¶그는 학문이 높고 깊을 뿐 아니라, ~ 품행도 매우 단정하다 | 他不但学问高深, 并且品行也很端duān正。¶물건이 좋을뿐만 아니라, ~ 가격도 저렴하다 | 不但东西好, 而且价钱也便宜。

ᶜ**아웃**[out] 몡〈體〉 ❶【过界】guòjiè ❷ (야구)【出局】chū/jú

아웃라인 폰트[outline font] 몡〈電算〉【轮廓字形】lúnkuò zìxíng

아웃풋[output] 몡〈電算〉【输出】shūchū

ᶜ**아유** 깝【哎呀】āiyā【哎哟】āiyō ¶~, 어쩌다 이런 일이! | 哎呀, 怎么会发生这样的事情呢! ¶~, 배고파 곧 죽겠다 | 哎哟, 快饿kuài死了。

ᴬ**아이**¹ 몡 ❶ (어린아이)【小孩】xiǎohái ❷ (자식·후사)【孩子】hái·zi ¶~가 둘 있다 | 有俩个孩子。¶그 집 ~들은 모두 튼튼하구먼 | 他们家的孩子都很健康。¶~가 서다 | 有身孕。

ᴬ**아이**² 깝【哎呀】āiyā【哎哟】āiyō ¶~, 너 어째서 이렇게 늦게 왔니! | 哎呀, 你怎么来得这么晚呢! ¶~, 다리야 |

ᴬ**아이고** 깝【哎呀】āiyā【哎哟】āiyō ¶~, 벌써 10시가 되었네! | 哎呀! 都十点了。¶~, 내 팔자야 | 哎哟, 我的命哟。

아이디[ID] 몡〈電算〉【标识符】biāoshífú【网名】wǎngmíng

아이디어[idea] 몡 ❶ (관념·이념)【思想】sīxiǎng【概念】gàiniàn ¶이 문제에 관한 나의 ~는 이렇다 | 关于这个问题, 我的想法是这样。 ❷ (착상·발상·고안)【计划】jìhuà【打算】dǎ·suan【主意】zhǔ·yi【想法】xiǎng·fa【想头】xiǎng·tou【信念】xìnniàn ¶전략적 ~ | 战略zhànlüè打算。¶모두들 좋은 ~를 내놓았다 | 大家都出了个好主意。¶이 ~가 괜찮다 | 这个主意不错。

아이러니[irony] 몡 ❶【反语法】fǎnyǔfǎ ❷【反语】fǎnyǔ【讽刺】fěngcì【讥讽】jīfěng ❸【冷嘲】lěngcháo ❹【讥讽问题】jīfěng wèntí

아이보리[ivory] 몡 ❶ (상아)【象牙】xiàngyá【长牙】chángyá ¶~조각 | 象牙雕刻diāokè。 ❷ (상아조각)【牙质】yázhì ¶~로 만든 칼자루 | 牙质刀把dàobǎ。 ❸【象牙色】xiàngyásè【乳白色】rǔbáisè ¶~ 블랙 | 象牙墨。¶~색의 긴치마 | 乳白色的长裙。

아이비[ivy] 몡〈植〉【常春藤】chángchūnténg

아이비엠[IBM; International Business Machines] 몡〈商標〉【国际商业机器】Guójì shāngyè jīqì【国际事务机器】Guójì shìwù jīqì

아이 섀도[eye shadow] 몡【眼影】yǎnyǐng ¶~를 눈에 바르다 | 往眼上涂眼影。

아이스[ice] 몡【冰】bīng【冰块】bīngkuài ¶~ 링크 | 溜冰场。¶~ 박스 | 冰箱/冷冻箱。¶~커피 | 冰咖啡。

ᴬ**아이스크림**[ice cream] 몡【冰淇淋】bīngqílín【冰激凌】bīngjīlíng【冰糕】bīnggāo 참고【冰基(冷)(冰激凌)(冰忌廉)(冰结糕)(冰淇林)(雪糕)

아이알큐[IRQ; interrupt request] 몡〈電算〉【中断】zhōngduàn

아이에스디엔[ISDN; Integrated Services Digital Network] 몡〈電算〉【一线通】yìxiàntōng〔综合业务数字网〕zōnghé yèwù shùzìwǎng

아이에스피[ISP ; Internet service provider] 몡〈電算〉【因特网服务提供商】yīntèwǎng fúwù tígōngshāng

아이와[Aiwa] 몡〈商標〉【爱华】Àihuá

아이코 【哎呀】āiyā ¶~, 깜빡 잊어 버렸다! | 哎呀, 忘记了。

아이콘[icon] 몡〈電算〉【图标】túbiāo

ᶜ**아이쿠** 캄 【哎哟】āiyō ¶~, 허리야 | 哎哟, 我的腰。

아이큐[IQ ; intelligence quotient] 몡【智商】zhìshāng 【智力商数】zhìlì shāngshù

아키[Archie] 몡〈電算〉【阿奇】āqí

아이템[item] 몡【条款】tiáokuǎn 【项目】xiàngmù ¶품목【项目】pǐnmù 모두 10개의 ~이 있다 | 共有十项xiàng条款。 ⚠ 〔规条〕

아장거리다 통 ❶ (한가하게 걷다) 【小步慢走】xiǎobù mànzǒu (아기가 뒤뚱뒤뚱 걷다) 【姗姗而行】shānshān ér xíng 【姗姗地走起来】shānshān·de zǒuqǐlái ¶우리 아기가 요즘 한창 ~ | 我家宝宝最近正姗姗地走起来了。

ᴬ**아저씨** 몡 ❶ (삼촌) 【叔·shu·叔】shū·shu 【叔父】shūfù ¶~댁에 인사하러 가다 | 去叔叔家问候。 ❷ (남자 어른을 친근하게 부르는 말) 【叔叔】shūshū 【大叔】dàshū ¶유쾌 ~ | 刘叔叔。

아전[衙前] 몡【衙前】yáqián 【衙吏】yálì

아전인수[我田引水] 관용 【为自己的田引水】wèi zìjǐ·de tián zhǐnshuǐ 【肥水不流别人田】féishuǐ bùliú biérén tián 【为自己的利益着想】wèi zìjǐ·de lìyì zhǐnxiǎng 【为自己的利益行事】wèi zìjǐ·de lìyì xíngshì 【善自为谋】shàn zì wéi móu 【独善其身】dú shàn qí shēn

ᴬ**아주** 분 ❶ (대단히) 【非常】fēicháng 【很】hěn 【顶】dǐng 【十分】shífēn 【极】jí 【最】zuì 【无比】wúbǐ ¶~ 기분이 좋다 | 非常高兴。 ¶상세하게 한 번 보았다 | 很详细 xiángxì 地看了一遍。 ¶날씨가 ~ 덥다 | 天气十分热。 ¶~ 좋다 | 好极了。 ¶~ 높은 긍지 | 无比自豪。 ❷ (전혀·완전히) 【完全】wánquán 【彻底】chèdǐ ¶~ 못

쓰게 만들어 버렸다 | 弄得完全用不了liǎo了。 ¶~ 잊어버리다 | 彻底忘掉。 ❸ (영원히) 【永远】yǒngyuǎn ¶~ 떠났다 | 永远离开了。 ¶그 일에서 ~손을 떼다 | 永远撒手不干那件事。

ᴬ**아주머니** 몡 ❶ (형수) 【嫂嫂】sǎo·sao 【嫂子】sǎo·zi 【大嫂】dàsǎo ❷ (어른인 여자를 일컬어) 【大娘】dàniáng 【大婶(儿)】dàshén(r)

아줌마 몡 【阿姨】āyí ¶~, 안녕하세요 | 阿姨, 你好!

ᴮ**아지랑이** 【河影】héyǐng 【野马】yěmǎ 【游丝】yóusī ¶~가 피어 오르다 | 河影升起来。

아지트[agitation point] 【秘密联络站】mìmì liánluòzhàn 【秘密据点】mìmì jùdiǎn

아직 분 ❶ (때가 되지 않았거나 이르지 못한 상태) 【还】hái 【尚】shàng 【未】wèi 【尚且】shàngqiě ¶날씨가 ~은 매우 춥지는 않다 | 天还不很冷。 ¶나이가 ~ 어리다 | 年岁尚少。 ¶건강이 ~ 회복되지 않았다 | 健康尚未恢复。 ❷ (지금까지) 【迄今】qìjīn 【至今】zhìjīn 【直到现在】zhídào xiànzài ¶~ 소식이 없다 | 迄今无音信yīnxìn。 ¶그는 ~ 편지가 없다 | 他至今还没有来信。 ❸ (여전히) 【仍然】réngrán 【一直】yìzhí ¶그는 ~도 북경에 가려고 한다 | 他仍然想去北京。 ¶지난 학기부터 지금까지 ~ | 从上个学期起一直到现在。

아직껏 분 ❶ (지금까지) 【至今】zhìjīn 【迄今】qìjīn 【直到现在】zhídào xiànzài ¶그는 ~ 시작하지 않았다 | 他至今还没有开始。 ¶~ 소식이 없다 | 迄今无音信yīnxìn。 ❷ (여전히) 【仍然】réngrán 【一直】yìzhí 【犹】yóu ¶그는 ~ 북경에 살고 있다 | 他仍然住在北京。

아직도 분 【还】hái 【仍然】réngrán ¶아버지는 ~ 주무시고 계신다 | 父亲还在睡着。

ᴬ**아찔하다** 혱 ❶ (어지럽다) 【晕】yūn 【昏眩】hūnxuàn 【发黑】fā·hēi 【眩晕】xuànyùn 【晕眩】yūnxuàn 【发晕】fāyùn ¶머리가 아찔하여 현기증이 나다 | 头晕。 ¶이 말을 듣자마자 곧 아찔했다 | 一听这话就发

暈. ❷ (매우 높다)【高耸入云】gāo sǒng rù yún【巍峨】wēi'é ¶아찔하게 높은 산 | 巍峨的群山.

^B**아차**[哎呀]āiyā【哎哟】āiyō ¶~, 내 시계가 멎어 버렸네 | 哎呀, 我的表停tíng住了.

아첨[阿諂] 몡[하다]【阿谀奉承】ē yú fèng chéng【谄媚】chǎnmèi【奉承】fèng·cheng【拍马屁】pāimǎpì【巴结】bā·jie【献媚】xiàn/mèi【献殷勤】xiàn yīnqín【激宠】yāochǒng【卖好】mài/hǎo ¶그에게 ~해 봐야 아무 소용 없다 | 巴结他也没用什么用. ¶윗사람에게는 ~하고 아랫사람에게는 허세를 부리다 | 对上献殷勤, 对下摆架子. 참고〔拍马〕〔捧pěng屁〕

아치[arch] 몡❶ (건물 윗부분이 반원형인 구조)【拱形】gǒngxíng【弓形】gōngxíng ¶~형 교량 | 弓形桥qiáo~. ❷ (윗부분이 반원형인 건축물)【拱形建筑】gǒngxíng jiànzhù【弓形建筑】gǒngxíng jiànzhù.

^A**아침** 몡❶ (아침 시간)【晨】chén【早晨】zǎo·chén【早上】zǎo·shang ¶하루의 계획은 ~에 있다 | 一日之计zài于晨. ¶~결 | 趁早晨/早晨时分. ¶~내내 | 整个早晨. ¶~저녁 | 早晚/朝夕. ❷ (아침밥)【朝饭】zhāofàn ¶~거리 | 做早饭的材料. ¶~밥 | 早饭/早餐.

아카데미[academy] 몡❶【学园】xuéyuán【柏拉图学派】bólātú xuépài【学院】xuéyuàn【研究院】yánjiūyuàn【学会】xuéhuì

^B**아카시아**[acacia] 몡〈植〉【洋槐】yánghuái【刺槐】cìhuái 참고〔针zhēn槐〕〔茨cí槐〕

아코디언[accordion] 몡〈音〉【手风琴】shǒufēngqín ¶~을 타다 | 拉手风琴.

^B**아크릴**[acryl] 몡〈化〉【丙烯】bǐngxī ¶~ 수지(樹脂) | 丙« 树脂shùzhī. ¶~계 섬유 | 丙« 类纤维.

아트[art] 몡【艺术】yìshù【技术】jìshù【美术】měishù【阿特】ātè ¶~디렉터 | 美术主任. ¶~지 | 照片印刷纸.

^A**아파트**[apartmemt] 몡【公寓】gōngyù【楼房】lóufáng ¶그는 ~ 한 채를 세 들었다 | 他租了一套公寓. ¶~로 들

어가다 | 住进楼房. ¶~ 단지 | 集体公寓/配套公共住宅区/小区. 참고〔楼宇〕

^A**아편**[阿片] 몡❶【鸦片】yāpiàn【阿片】āpiàn【大烟】dàyān【红黑货】hónghēi bǎi【黑货】hēihuò ¶~쟁이 | 鸦片鬼/大烟鬼. ¶~ 전쟁 | 鸦片战争. ¶~ 중독 | 鸦片中毒. ❷【罂粟】yīngsù【鸦片花】yāpiànhuā

아프가니스탄[Afganistan] 몡〈地〉【阿富汗】Āfùhàn ¶인도 서북쪽에 있는 공화국. 수도는 "喀kā布bù尔" (카불; Kabul).

^A**아프다** 톙❶ (육체적으로)【痛】tòng【疼】téng ¶머리가 ~ | 头痛. ¶배가 ~ | 肚dùzi疼. ❷ (정신적으로)【痛苦】tòngkǔ ¶가슴 아픈 추억 | 令人痛苦的回忆.

아프리카[Africa] 몡〈地〉【非洲】Fēizhōu【阿非利加洲】Āfēilìjiāzhōu

아픔 몡【痛】tòng【疼】téng【疼痛】téngtòng【痛苦】tòngkǔ ¶~이 가시다 | 痛苦消失了.

아하 캄❶ (못마땅하거나 불안할 때)【啊哈】āhā ¶~, 큰일났구나! | 啊哈, 不得了liǎo! ¶~! 이 설계 일을 정말 설계가 잘 되었구나 | 啊哈! 这图案设shè计得真好. ❷ (미처 생각하지 못한 것을 깨달았을 때)【哎哟】āiyō ¶~, 벌써 10시가 되었네! | 哎哟! 都十点了.

아흐 쥐【九】jiǔ ¶~날 | 阴历初三和十八. ¶~수 | 数九数. ¶~째 | 第九.

^A**아흐레** 몡❶ (9일 동안)【九天】jiǔtiān ❷ (9일)【初九】chūjiǔ【九号】jiǔhào【九日】jiǔrì

^A**아흔** 쥐【九十】jiǔshí ¶~이 넘도록 살다 | 活到九十多岁.

악 몡❶ (모질게 쓰는 기운)【挣扎】zhēngzhá【挣揣】zhēngchuài【拼命】pīn/mìng ¶적은 지금 ~을 쓰며 버티고 있다 | 敌人正在作垂chuí死的挣扎. ¶~을 쓰며 해도 그를 당해낼 수 없다 | 拼命也拼不过他. ❷ (노한 감정)【生气】shēng/qì【发脾气】fā pí·qi【发火】fā/huǒ【发毛】fāmáo【闹脾气】nàopíqi【使脾气】shǐpíqi【发脑】fānǎo ¶~쓰지 마라 | 别生气. ¶그

는 걸핏하면 ~을 써서 사람들이 매우 두려워한다 | 他动不动就发火，叫人很害怕。¶~에 받치다 | 发毛。

ᴮ**악**² 谓 〖呵〗hē 〖啊〗á ¶~, 뭐라고? | 啊，什么?

악곡[樂曲] 몡〖乐曲〗yuèqǔ ¶성~ | 声乐曲。

악공[樂工] 몡〈史〉〖宫中乐队的男乐工〗gōngzhōng yuèduì·de nányuègōng

악귀[惡鬼] 몡〖恶鬼〗èguǐ〖恶魔〗èmó〖魔鬼〗móguǐ〖害人精〗hàirénjīng ¶이 사악한 ~는 상대하지 마라 | 别理这个魔鬼。¶너 이 ~같은 놈아! | 你这个害人精!

ᴮ**악기**[樂器] 몡〖乐器〗yuèqì ¶타~ | 打击dǎjī乐器。¶~를 다루다 | 玩乐器。

악단[樂團] 몡〈音〉〖乐团〗yuètuán ¶교향~ | 交响乐团。¶~ 지휘자 | 乐团指挥。

악담[惡談] 몡하자〖坏话〗huàihuà〖恶语〗èyǔ ¶다른 사람에게 ~을 하다 | 说人家的坏话。¶그에게 ~을 퍼부었다 | 对他恶语中伤。

악당[惡黨] 몡〖恶霸〗èbà〖恶棍〗ègùn ¶이~같은 놈 | 你这恶棍。

ᶜ**악대**[樂隊] 몡〈音〉〖乐队〗yuèduì ¶군~ | 军乐队。¶취주~ | 铜管tóngguǎn乐队。

악덕[惡德] 몡〖道德败坏〗dàodé bàihuài ¶그가 하는 짓은 너무 ~하다 | 他的搞gǎo法太不道德了。¶~업체 | 不道德的厂家。

ᶜ**악독**[惡毒] 몡하형❶ (마음이 악하다)〖恶毒〗èdú〖狠毒〗hěndú〖万恶〗wàn'è〖凶恶〗xiōng'è ¶마음 씀이 ~하다 | 用心狠毒。¶~하기 그지없어 용서할 수 없다 | 万恶不赦shè。¶음험하고 ~스럽다 | 阴险yīnxiǎn毒辣。❷ (죽을 힘을 다하다)〖拼命〗pīn/mìng ¶~하게 해도 그를 당해낼 수 없다 | 拼命也拼不过他。

악동[惡童] 몡〖坏孩子〗huàihái·zi〖调皮鬼〗tiáopíguǐ

ᶜ**악랄**[惡辣] 몡하형〖恶毒〗èdú〖毒辣〗dúlà〖歹毒〗dǎidú ¶~하게 비방하다 | 恶毒诽谤。¶~한 수단 | 毒辣的手段。

악령[惡靈] 몡〖冤魂〗yuānhún〖怨鬼〗yuànguǐ

악마[惡魔] 몡〖恶魔〗èmó〖恶鬼〗èguǐ ¶~같은 놈 | 鬼魔魔似的家伙。

악명[惡名] 몡〖恶名〗èmíng〖臭名〗chòumíng ¶~이 높다 | 臭名昭著zhāozhù。¶그는 ~이 나 있다 | 他臭名远扬。

악몽[惡夢] 몡〖恶梦〗èmèng ¶정말 한 차례 ~을 꾼 것 같다 | 真像是做了一场恶梦。¶밤새 ~에 시달리다 | 一晚上都在被恶梦所折磨。

악물다 동〖咬紧〗yǎojǐn ¶이를~ | 咬紧牙齿。

ᴮ**악보**[樂譜] 몡〈音〉〖乐谱〗yuèpǔ〖曲谱〗qǔpǔ〖歌谱〗gēpǔ ¶~를 보고 연주하다 | 看乐谱演奏。

ᶜ**악사**[樂士] 몡〈音〉〖乐师〗yuèshī〖音乐师〗yīnyuèshī〖音乐演奏者〗yīnyuèyǎnzòuzhě

ᶜ**악서**[惡書] 몡〖黄色书〗huángsèshū〖坏书〗huàishū

악성[惡性] 몡〖性质恶劣〗xìngzhì èliè ¶~ 빈혈 | 恶性贫血。¶~ 종양 | 恶性肿瘤。

악센트[accent] 몡❶〈言〉〖重音〗zhòngyīn❷〈音〉〖重拍儿〗zhòngpāir❸ (강조점)〖庄重感〗zhuāngzhònggǎn〖重点〗zhòngdiǎn〖亮点〗liàngdiǎn ¶대통령의 연설은 실업문제에 ~를 두고 있다 | 总统的演说把重点放在了失业问题上。¶이 옷은 단추가 ~이다 | 这件衣服的亮点就是扭扣。

ᴮ**악수**[握手] 몡하자〖握手〗wò/shǒu ¶~의 예 | 握手礼。¶그녀는 그와 열정적으로 ~하다 | 她跟他热情rèqíng地握手。

악순환[惡循環] 몡하자〖恶性循环〗èxìng xúnhuán ¶일이 ~되고 있다 | 事情已成恶性循环。¶경제의 ~ | 经济的恶性循环。

악습[惡習] 몡〖恶习〗èxí〖坏毛病〗huàimáobìng〖坏习惯〗huàixíguàn〖恶风陋习〗èfēng lòuxí ¶~을 고치다 | 改恶习。¶~은 고치기 힘들다 | 恶习难改。

악심[惡心] 몡〖坏心〗huàixīn〖坏心眼〗huàixīnyǎn ¶~을 품다 | 怀有坏心。

악쓰다 통【生气】shēng/qì【发脾气】fā
pí·qi【发火】fā/huǒ【狠毒】hěndú【毒
辣】dúlà【用尽全力】yòngjìn quánlì ¶
그는 걸핏하면 악을 써 사람들이 매우
두려워한다 | 他动不动就发火，叫人
很害怕。

ᵂ**악어**[鳄鱼] 몡〈动〉【鳄鱼】èyú ¶～가
죽 | 鳄鱼皮。

악역[恶役] 몡【坏人角色】huàirén juésè
【反面角色】fǎnmiàn juésè ¶그는
～이 잘 어울린다 | 他很适合演反面
角色。

악용[恶用] 몡하타【滥用】lànyòng【恶
毒地利用】èdú·de lìyòng【别有用心
地利用】biéyǒu yòngxīn·de lìyòng ¶
직권을 ～하다 | 滥用职权。

악운[恶運] 몡【恶运气】èyùn【坏运气】h-
uàiyùnqì【厄运】èyùn ¶～의 연속 |
厄运连连。

악의[恶意] 몡 ❶ (나쁜 마음)【恶意】è-
yì ¶결코 ～는 없다 | 并无恶意。 ❶
～에 찬 비난 | 充满恶意的非难。 ❷
(나쁜 뜻)【敌意】díyì【恶意】èyì

악인[恶人] 몡【坏人】huàirén【恶人】ér-
én ¶～은 반드시 ~악의 보답을 받게
된다 | 恶人自有恶报。 ¶～역 | 坏人
角色。

ᵂ**악장**[樂章] 몡〈音〉【乐章】yuèzhāng
¶전곡이 세 개 ～으로 나뉘어져 있다
| 全曲分三个乐章。

악전고투[恶戰苦鬪] 관용【苦战】kǔzh-
àn【艰苦奋斗】jiānkǔ fèndòu ¶그는
며칠을 긴 끝에 결국 이 새로운 프로
그램을 편집해내고야 말았다 | 他苦
战了几天，总算编出了这个新节目。

악조건[恶條件] 몡【恶劣条件】èliè tiá-
ojiàn【不利条件】búlì tiáojiàn【坏条
件】huài tiáojiàn ¶기후적 ～을 무릅
쓰고 등반을 강행하다 | 不顾恶劣的
气候条件, 强行攀登。

악질[恶疾] 몡【恶疾】èjí【恶症】èzhè-
ng ¶～에 걸리다 | 得了疑难病症。

악질[恶質] 몡 ❶ (질이 나쁨)【恶性】è-
xìng【恶劣】èliè【底子差】dǐ·zichà【劣
根】liègēn ¶～적 | 劣根性的。 ❷ (질
이 나쁜 사람)【恶蛋】huàidàn【恶霸】è-
bà【恶棍】ègùn ¶이 놈은 법도 없고
하늘 높은 줄도 모르는 정말 ~이다 |
这家伙无法无天的, 真是一个恶棍。

악착[齷齪] 몡하형 ❶ (잔인하고 끔찍
하다)【毒辣】dúlà【残酷】cánkù【狠
毒】hěndú【残苛】cánkē ¶마음 씀이
~같다 | 用心yòngxīn狠毒。 ❷ (아득
바득하다)【下死劲儿】xiàsǐjìnr【拼
命】pīn/mìng ¶～스럽게 일을 하다
| 拼命干活儿。

ᵂ**악착스럽다**[齷齪－] 형 ❶ (잔인하고
끔찍하다)【毒辣】dúlà【残酷】cánkù
【狠毒】hěndú【残苛】cánkē ¶악착스
러운 박해 | 残酷的迫害。 ❷ (아득바
득하다)【下死劲儿】xiàsǐjìnr【拼命】p-
īn/mìng【顽强】wánqiáng ¶김씨는
성격이 대단히 ～ | 老金性情极顽
强。

악천후[恶天候] 몡【坏天气】huàitiān·
qi【恶劣气候】èliè qìhòu【不正常的天
气】búzhèngcháng·de tiān·qi ¶～은
위험 | 恶劣天气易有危险。

악취[恶臭] 몡【臭味】chòuwèi【恶臭】
èchòu ¶화장실의 ～는 견디기 힘들
다 | 厕所里恶臭难当。

악취미[恶趣味] 몡【恶癖】èpǐ【怪癖】g-
uàipǐ ¶그는 아편을 피우는 ～가 있
다 | 他有吸鸦片烟的恶癖。

악평[恶評] 몡하타【不好的评价】bùhǎ-
o·de píngjià【乱批评】luàn pīpíng ¶
이번 작품의 ~을 받았다 | 这次作品
得到了不好的评价。 ¶이유도 없이
남을 ~하지는 마라 | 不要毫无理由
地乱批评他人。

악필[恶筆] 몡【败笔】bàibǐ【拙笔】zhu-
ōbǐ【写得不好的字】xiě·de bùhǎo·d-
e zì【掘劣的字】juéliè·de zì ¶그의 글
씨는 ~이다 | 他写字写得不好。

ᵂ**악하다**[恶－] 형 (모나고 사납다)
【恶毒】èdú【凶】xiōng【狠毒】hě-
ndú【凶狠】xiōnghěn【毒辣】dúlà ¶악
한 수단 | 毒辣手段。 ¶음험하고 ~
| 阴险yīnxiǎn恶辣。 ❷ (양심에 어긋
나다)【坏】huài【恶劣】èliè ¶악한 짓
| 坏行为。

악한[恶漢] 몡【恶汉】èhàn【恶棍】ègùn
【歹徒】dǎitú【暴徒】bàotú ¶갑자기
~이 몇 명들이 닥쳤다 | 突然tūrán来
了几个歹徒。 ¶～은 반드시 응분의
제재를 받게 될 것이다 | 暴徒一定会
受到应有的制裁cái。

악행[恶行] 몡【丑恶的行为】chǒu'è·de xíngwéi【恶行】èxíng【坏事】huàishì【恶意行为】èyì xíngwéi ¶갖은 ～을 저지르다 | 干尽了坏事。

C**악화**[惡化] 명|하자 【恶化】èhuà【变坏】biànhuài ¶아버지의 병세가 ～되었다 | 父亲的病情恶化了。

A**안**[1] 명 ❶(내부·미만)【内】nèi【里】lǐ【中】zhōng ¶이불 ～ | 被里儿。¶계획 ～에 이 항목은 없다 | 计划中没有这个项目。¶일주일 ～에 | 一个星期内。❷(옷의)【里子】lǐ·zi ¶～감 | 里子布。❸(안쪽 방)【里屋】lǐwū【里间屋(子)】lǐjiānwū(·zi)【里间(儿)】lǐjiān(r)【进间】jìnjiān【内屋】nèiwū ¶나는 ～방에서 묵는다 | 我住在里屋。❹(부인)【内人】nèi·ren【妻子】qī·zi【内眷】nèijuàn【内子】nèi·zi ¶제 ～사람은 외국에 나갔습니다 | 我内人出国了。

C**안**[2] 명 ❶(계획·방침)【方案】fāng'àn ¶새로운 ～을 제정하다 | 制订新的方案。❷(안건)【议案】yì'àn ¶～을 내다 | 提出议案。

안[3] 부【不】bù ¶가도 되니 ～ 되니? | 可不可以去。¶돈을 ～쓰다 | 不花钱。

안간힘 명【全力】quánlì【吃奶的力气】chīnǎi·de lìqì ¶～을 다하다 | 竭尽jiéjìn全力。

A**안개** 명【雾】wù【雾气】wùqì【霭】ǎi ¶～가 짙다 | 雾大。¶～가 끼다 | 下雾。¶자욱한 ～ | 茫茫的雾气。

C**안건**[案件] 명【案件】ànjiàn ¶이 ～은 해결이 어렵다 | 这个案件难破。¶～심의 | 案件审议。

A**안경**[眼鏡] 명【眼镜】yǎnjìng ¶～다리 | 眼镜腿。¶～알 | 眼镜片。¶～집 | 眼镜盒。¶～테 | 眼镜框。

B**안과**[眼科] 명〈醫〉【眼科】yǎnkē ¶～의사 | 眼科医生。¶～학 | 眼科学。

C**안기다** 동 ❶(남의 품 속에 들다)【依偎】yīwēi【偎靠】wēikào ¶아이들이 어머니 가슴에 안기어 있다 | 孩子们依偎在母亲的怀中。❷(안게 하다)【抱】bào【捧】pěng ¶아기를 안겨주다 | 给人抱孩子。

안나수이[Anna Sui] 명〈商標〉【安娜苏】Ānnàsū

B**안내**[案內] 명|하타 ❶(데려다 주다)【带路】dàilù【引导】yǐndǎo【向导】xiàngdǎo【带道(儿)】dàidào(r)【领道(儿)】lǐngdào(r) ¶제가 길을 ～하겠습니다 | 我来带路。¶주인은 기자를 ～하여 몇 개의 주요 작업장을 참관시켰다 | 主人领着记者jìzhě参观cānguān了几个主要zhǔyào车间。❷(어떤 내용이나 사정 등을 알림)【介绍】jièshào【指南】zhǐnán【服务】fúwù【查询】cháxún ¶～서 | 游览指导/说明书。¶～소 | 服务台/服务站。

안내원[案內員] 명【服务员】fúwùyuán【接待员】jiēdàiyuán ¶～의 안내를 받다 | 接待服务员的介绍。

C**안내인**[案內人] 명【介绍人】jiè·shaorén【导游】dǎoyóu【带路人】dàilùrén ¶관광 ～ | 导游。

A**안녕**[安寧] 명|하형 【平安】píng'ān【好】hǎo【安好】ānhǎo ¶어제까지 ～했는데, 오늘 병으로 눕게 되었다 | 昨天还好好儿的, 今天就病倒了。¶온 집안이 ～하니 걱정하지 마십시오 | 全家安好, 请勿wù挂guà念。

A**안다** 동 ❶(팔·품에)【抱】bào【捧】pěng【搂】lǒu ¶아이를 안고 있다 | 抱着孩子。¶배를 안고 웃다 | 捧腹大笑。¶그의 허리를 부둥켜～ | 搂住他的腰。❷(향하여)【向着】xiàng·zhe【面对着】miànduì·zhe ¶벽을 안고 돌아누웠다 | 面对墙躺着。❸(몸으로 받다)【顶着】dǐng·zhe【迎着】yíng·zhe【兜着】dōu·zhe【浴着】yù·zhe ¶찬바람을 안고 간다 | 顶着寒风走。❹(알을 품다)【孵】fū ¶닭이 알을 ～ | 鸡孵蛋。❺(생각이나 감정따위를 지니다)【怀】huái ¶가슴에 큰 뜻을 ～ | 胸怀壮志。❻(남의 책임을)【担负】dānfù ¶조국 건설의 책임을 ～ | 担负建设祖国的责任zérèn。

안달 명|하자 【焦急】jiāojí【焦心】jiāoxīn【焦躁】jiāozào【着急】zháo/jí ¶～하지 말고 문제가 있으면 상의해서 해결하자 | 别着急, 有问题商量解决。¶뭘 그리 ～이냐? | 着什么急呢?

안대[眼帶] 명【眼罩】yǎnzhào【眼蒙】yǎnméng ¶수레를 끌고 곧장 앞으로만 가도록 말에 ～를 씌우다 | 给马带上眼罩, 好叫它拉车往前走。

안데스[Andes] 명〈地〉【安第斯】Āndìsī

안도[安堵] 명[하자] 【放心】fàng/xīn 【安心】ānxīn ¶~할 수 없다 | 放不下心。¶이 일은 내가 ~할 수 없다 | 这事儿我不放心。

^A**안되다** 통❶ (금지) 【不要】búyào 【不成】bùchéng 【不可】bùkě 【不能】bùnéng ¶오늘 회의는 매우 중요하므로 내가 가지 않으면 ~ | 今天会议很重要, 非我去不可。¶이야기가 끝나기도 전에 가서는 ~ | 话还没说好, 你不要走。❷ (이루어지지 아니하다) 【不济】bùjì 【不是】bú·shì 【使不得】shǐbu·de ¶일이 ~ | 不济于事。¶이래도 안되고 저래도 ~ | 不是, 右不是/左右不是。❸ (유감이다) 【放心不下】fàngxīn búxià 【对不起】duì·bu qǐ ¶그를 혼자 보낸 것이 어쩐지 안되었다 | 让他一个人走, 不知怎的, 总是放不下心来。

^c**안뜰** 명 【后院】hòuyuàn

^c**안락**[安樂] 명[하형] 【安乐】ānlè 【舒适】shūshì ¶평생 ~한 생활을 하였다 | 终内身过安乐的生活。¶~사 | 安乐死/安息术。

^c**안료**[顔料] 명 【颜料】yánliào ¶~가 너무 비싸다 | 颜料太贵。

안마[按摩] 명[하자] 【按摩】ànmó 【马杀鸡】mǎshājī ¶온 몸이 나른하니 ~해 주십시오 | 浑身软绵绵的, 请你给按摩一下。¶~시술소 | 按摩院。

^c**안마당** 명 【里边的院子】lǐbiān·de yuàn·zi 【内院】nèiyuàn ¶~을 청소하다 | 打扫内院。

안면[顔面] 명 ❶ (얼굴) 【脸】liǎn ¶~근 | 脸筋。¶~신경 | 颜面神经。❷ (친분) 【认识】rèn·shi 【~부지 | 不认识】¶우리는 십여 년 전부터 ~이 있는 사이다 | 我们十年前就认识了。❸ (체면) 【面子】miàn·zi 【情面】qíngmiàn ¶그의 ~을 봐서 좀 양보하시오 | 给他一个面子, 让他一点儿。¶~을 돌보지 않을 수 없다 | 不能不顾情面。

안목[眼目] 명 【眼光】yǎnguāng 【目光】mùguāng 【监别能力】jiānbié nénglì ¶~이 높다 | 眼光高。¶~을 기르다 | 培养鉴别能力。

안무[按舞] 명[하자] 【编舞】biānwǔ

^B**안방**[－房] 명 【内屋】nèiwū 【内室】nèishì 【里屋】lǐwū 【内堂】nèitáng 【里间屋(子)】lǐjiānwū(·zi) 【里间(儿)】lǐjiān(r) 【进间】jìnjiān ¶나는 ~에서 묵는다 | 我住在里屋。¶~ 구석 | 内屋角/内室。

안배[按排] 명[하자] 【安排】ānpái 【分配】fēnpèi 【布局】bùjú ¶노동량에 따라 ~하다 | 按劳分配。¶합리적으로 ~하다 | 合理布局。

안보[安保] 명 【安全保证】ānquán bǎozhèng ¶~ 이사회 | 安保理事会。

^B**안부**[安否] 명 【安否】ānfǒu 【平安与否】píng'ān yǔfǒu 【问候】wènhòu ¶~를 묻다 | 问候。¶~전화 | 问候电话。

안빈낙도[安貧樂道] 명[하자] 【安贫乐道】ān pín lè dào

안사돈[－査頓] 명 【亲家母】qìng· jiamǔ 【亲家妈】qìngjiāmā 【亲家娘】qìngjiāniāng

안사람 명 【内人】nèi·ren 【内子】nèizǐ 【内眷】nèijuàn ¶제 ~은 외국에 나갔습니다 | 我内人出国了。

^B**안색**[顔色] 명 【神色】shénsè 【脸色】liǎnsè 【气色】qìsè ¶~이 나쁘다 | 神色不对。¶나는 주인의 ~을 살피면서 일을 하고 싶지는 않다 | 我不愿看老板的脸色做事。(참고) 〔面色〕

안성맞춤 명 【合适】héshì 【正好】zhènghǎo 【恰如其分】qià rú qí fèn ¶크기가 딱 ~이다 | 大小正合适。¶날씨가 춥지도 덥지도 않아 여행하기에 딱 ~이다 | 天气不冷不热, 正好去旅行。

안식[安息] 명[하자] 【安息】ānxī ¶~일 | 安息日。¶~처 | 安身之处。

^B**안심**¹[安心] 명[하자] 【放心】fàng/xīn 【安心】ānxīn ¶내일은 휴일이다, 모두 ~하고 공차러 가도 된다 | 明天休息, 大家可以安心去地踢可球。

안심²[安心] 명 【牛肋间肉】niú lèi jiān ròu

안쓰럽다 형 【担心】dān/xīn 【不放心】bùfàngxīn ¶어머니는 외지에 나가 있는 자식을 안쓰러워한다 | 母亲担心在外地的孩子。

안약[眼藥] 명 【眼药】yǎnyào ¶~을 넣다 | 滴眼药/上眼药。

안온[安穩] 명[하형] 【安稳】ānwěn 【

适[安适]ānshì【安定】āndìng ¶~하게 잠을 잤다 | 睡安稳觉.

안위[安危]闿【安危】ānwēi ¶~를 함께 하다 | 安危与共. ¶국가의 ~에 직결된 문제 | 与国家安危有关的问题.

안이[安易]闿혤顕 ❶ (쉽다)【简单】jiǎndān【容易】róngyì ¶일을 ~하게 처리하다 | 简单从事. ❷ (편안하다)【安适】ānshì【舒适】shūshì ¶그는 ~한 생활을 하고 있다 | 他过着安适的生活.

안일[安逸]闿혤顕【安逸】ānyì【松懈】sōngxiè ¶~한 생활이 결코 의의가 있는 것은 아니다 | 安逸的生活不见得有意义.

ᴮ**안장**[鞍裝]闿 ❶ (말)【鞍子】ān·zi ¶말 ~ | 马鞍子. ¶~을 얹다 | 备(上)鞍子. ¶~을 내리다 | 摘zhāi鞍子/卸(下)鞍子. ❷ (자전거)【后坐】hòuzuò

ᴮ**안전**[安全]闿혤顕【安全】ānquán【保险】bǎoxiǎn ¶여기는 ~하니 걱정할 필요 없다 | 这里很安全, 不用担心. ¶~ 운전 | 安全行车. ¶교통에 주의하시오 | 注意交通安全. ¶총은 ~ 장치를 잠갔느냐? | 枪上了保险吗?

ᶜ**안절부절못하다**동【坐立不安】zuò lì bù ān【坐卧不宁】zuò wò bù níng【惴惴不安】zhuì zhuì bù ān【忐忑不安】tǎn tè bù ān ¶그는 안절부절못하며, 매우 긴장해있다 | 他坐立不安, 很紧张.

ᶜ**안정**[安定]闿혤자顕【安定】āndìng【稳定】wěndìng【稳固】wěngù【坚定】jiānwén【钉住】dìng·zhù【持平】chípíng ¶그도 역시 마음이 ~되지 않았다 | 他也是心不安定. ¶생활이 ~되다 | 生活很安定. ¶정서가 ~되다 | 情绪稳定.

ᶜ**안정**[安靜]闿혤자顕【安静】ānjìng【镇定】zhèndìng ¶나는 ~된 생활을 좋아한다 | 我喜欢安静的生活. ¶환자는 ~해야 한다 | 病人需要安静.

안주[安住]闿혤자顕 (편안히 있다)【安居】ānjū【安生】ānshēng ¶근일 북경에서 ~하다 | 这几天在北京安居下来了. ❷ (묵과하다)【墨守】mòsh-

ǒu ¶현재에 ~하지 말고 더 노력해라 | 不要墨守现状, 应该努力进取.

안주²[按酒]闿【下酒菜】xiàjiǔcài【酒肴】jiǔyáo ¶술~로 삼다 | 当下酒菜.

안주인[−主人]闿【主妇】zhǔfù【女主人】nǚzhǔ·ren ¶~이 너무 가혹하다 | 女主人太苛刻kēkè.

안중[眼中]闿【眼里】yǎn·li【目中】mùzhōng【眼中】yǎnzhōng ¶그의 ~에는 내가 없다 | 他眼里没我. ¶~에 두지 않다 | 不放在眼里.

안집 ❶ (안채)【上房】shàngfáng ¶그는 ~에 거처하다 | 他住在上房. ❷ (주인집)【房东】fángdōng ¶~에서 월세를 올리려고 한다 | 房东要提高房租.

ᶜ**안쪽**闿【里头】lǐ·tou【里面(儿)】lǐmiàn(r)【里边】lǐ·bian【内侧】nèicè ¶~으로 돌아가다 | 往里头拐guǎi. ¶~으로 들어와 잠시 앉으세요 | 到里边坐会儿吧.

안착[安着]闿혤자顕【平安到达】píng'ān dàodá【安抵】āndǐ ¶목적지에 무사히 ~했다 | 平安地到了达目的地.

ᶜ**안채**闿【里屋】lǐwū【后屋】hòuwū ¶나는 ~에서 묵는다 | 我住zhù在里屋. [里间屋(子)]〔里间(儿)〕〔进间]〔里间屋]

안치[安置]闿혤타顕【安置】ānzhì【停放】tíngfàng ¶불상을 ~하다 | 安置佛像fóxiàng. ¶영구는 영안실에 ~되어 있다 | 灵柩língjiù停放在殡仪馆bìnyíguǎn了.

안치다동【放】fàng【下】xià【放进】fàngjìn ¶먼저 솥에 물을 좀 안쳐라 | 先给锅guō里放点水.

ᶜ**안타까워하다**동【可惜】kěxī【心急如焚】xīnjí rú fén【心急】xīnjí【焦急】jiāojí ¶자식이 없는 것을 ~ | 因膝下没有儿女而焦急. ¶그들은 결과 발표가 늦어져서 안타까워했다 | 结果发表延期, 他们很焦急

ᴮ**안타깝다**顕 ❶ (애태우다)【心焦】xīnjiāo【焦急】jiāojí【烦躁】fánzào【焦热】jiāorè ¶누가 나의 안타까운 마음을 알까? | 谁知我焦急的心? ❷ (딱하다)【难受】nánshòu【难过】nánguò ¶너무 안타까워하지 마라 | 别太难

过。❸(유감스럽다)【遗憾】yíhàn ¶매우 안타깝지만, 저는 당신의 초청을 받아들일 수 없습니다 | 非常fēicháng遗憾, 我不能接受jiēshòu你的邀请yāoqǐng。

안테나[antenna] 圀〈電〉【天线】tiānxiàn ¶포물선형 ~ | 抛pāo物线柱面反射天线。¶~선 | 天线。

안티 바이러스[antivirus] 圀〈電算〉【反病毒】fǎnbìngdú

ᴮ**안팎** 圀 ❶(안과 밖)【内外】nèiwài【里外】lǐwài ¶그는 ~에서 능력있는 사람이다 | 他里外都是一把手。¶~이 꼭 맞다 | 里外合适héshì。❷(내외)【内外】nèiwài【左右】zuǒyòu【上下】shàngxià ¶쉰 살 ~ | 五十岁内外。¶일개월 ~ | 一个月内外。❸(언동의 표리)【表里】biǎolǐ ¶~이 다르다 | 表里不一。❹(부부)【夫妻】fūqī ¶~이 함께 떠났다 | 夫妻一块走了。

안하무인[眼下无人]【目中无人】mù zhōng wú rén【目无余子】mù wú yú zǐ【不可一世】bù kě yí shì【目空一切】mù kōng yí qiè【旁若无人】páng ruò wú rén ¶그의 저 ~으로 거만한 꼴 좀 보아라 | 看他那一副不可一世的样子。

ᴬ**앉다** 圄 ❶(자리에)【坐】zuò【坐下】zuò·xia【入座】rù/zuò【入席】rùxí ¶소파에 ~ | 坐沙发。¶앉으십시오! | 您请坐! ¶표의 번호대로 자리에 ~ | 对号入座。❷(새나 비행기 따위가 안착하다)【停】tíng【歇落】xiēluò ¶비행기가 비행장에 ~ | 飞机停在飞机场上。❸(건물 등이)【座落】zuòluò ¶남향으로 앉은 집 | 向南的房子。❹(지위에)【当】dāng【任】rèn ¶그는 이번 회의의 의장 자리에 ~ | 他当这次会议的主席。¶대표자리에 ~ | 当代表。❺(쌓이다)【积】jī ¶먼지가 ~ | 积了灰尘。❻(끼거나 생기다)【长】zhǎng【生】shēng ¶물때가 ~ | 长了水锈。❼(움직이지 않다)【不活动】bùhuódòng【坐着不动】zuò·zhe búdòng ¶그렇게 앉아만 있지 말고 나가서 상황을 살펴든지 해라 | 不要只坐在那儿不动弹, 出去看看事态究竟怎么样了?

앉은뱅이 圀【瘫子】tān·zi ¶저 사람 다

리는 걷지 못한다, 이미 ~가 되었다 | 那个人的腿tuǐ不能走路zǒulù, 已经成了瘫子。¶~걸음 | 蹲着走。

앉은 키 圀【坐高】zuògāo ¶~가 큰 아이 | 上身长的孩子/坐高长的孩子。

ᴬ**앉히다** 圄 ❶앉다의 사동작 【安装】ānzhuāng ¶수도관을 ~ | 安装自来水管。❸(지위를 맡게 하다)【作为】zuòwéi ¶과장에 ~ | 晋升为课长。

ᴬ**않다** 圄 圄【不】bù【没有】méiyǒu ¶바쁘지 ~ | 不忙。¶썩 좋지는 ~ | 不很好。

ᴬ**알**[1] 圀 ❶(새·벌레 등의)【蛋】dàn【卵】luǎn ❷【子】zǐ ¶오리~ | 鸭yā蛋 ¶물고기~ | 鱼子。❸(곡식·작은 열매)【粒】lì ¶밥~ | 饭fàn粒。¶콩~ | 豆dòu粒儿。❸(작고 둥근 것)【片】piàn ¶유리~ | 玻璃bōli片儿。¶안경~ | 眼镜片。

알[2] 의圀【颗】kē【个】·ge【滴】dī ¶콩한 ~ | 一颗黄豆。¶몇 ~의 곡식 | 几粒谷子。

알[3] 圀 ❶【块】kuài【粒】lì ¶~사탕 | 块儿糖。❷【赤裸裸的】chìluǒluǒ·de ¶~몸 | 裸体。❸【不折不扣的】bù zhé bùkòu·de【地地道道的】dìdìdàodào·de ¶~부자 | 地地道道的富翁。

ᴬ**알갱이** 圀【粒】lì【个】gè【颗粒】kēlì ¶밥 ~ | 饭fàn粒。¶이 진주 ~들은 크기가 매우 고르다 | 这些珍珠的颗粒大小很均衡。

ᴬ**알다** 圄 ❶(일반적인 의미의)【知道】zhī·dao【明白】míng·bai【懂】dǒng【会】huì ¶누가 아는가? | 谁知道? ¶나는 그의 뜻을 알지 못하겠다 | 我不明白他的意思。¶알게 모르게 | 不知不觉。❷(잘 이해한다)【通晓】tōngxiǎo【精通】jīngtōng ¶음률을 잘 ~ | 通晓音律。¶경제를 잘 ~ | 精通经济。❸(여기다)【以为】yǐwéi ¶너였구나, 나는 왕선생인줄 알았는데 | 原来是你, 我以为是王先生呢。¶나는 누군가 문을 두드리는 줄 알았는데, 사실은 그렇지 않았다 | 我以为有人敲门, 其实不是。❹(생각하여 판단하다)【斟酌】zhēnzhuó ¶당신이 알아서 처리하시오 | 请您斟酌办理。

636

❺ (낯이 익다)【认识】rèn·shi【认得】rèn·de【熟识】shú·shí ¶우리는 십여 년 전부터 서로 아는 사이다 | 我们十年前就认识了 | 너 장씨를 아니? | 你认识老张吗? | 우리는 잘 아는 친구다 | 我们是熟识的朋友. ❻ (중히 여기다)【贪图】tāntú【认】rèn ¶돈만 알고 사람은 모르는 놈 | 只贪图钱不贪图人的家伙jiāhuǒ. ❼ (관여하다)【管】guǎn ¶네가 뭘 하든 내가 알 바 아니다 | 你干什么我不管.

°알뜰살뜰 [튀:][하형] ❶ (아끼고 규모있게 살림하다)【精细】jīngxì【细心】xìxīn【精心】jīngxīn ¶그녀는 아주 ~하다 | 她很细心. ❷ (세심하게 보살피다)【无微不至】wú wēi bú zhì【体贴入微】tǐ tiē rù wēi ¶~하게 보살피다 | 无微不至地关照.

ᴮ알뜰하다 [형] ❶ (아끼고 규모있게 살림하다)【精心】jīngxīn【细心】xìxīn【勤俭】qínjiǎn ¶알뜰한 사람 | 细心人. ¶알뜰한 살림 | 勤俭节约的生活. ❷ (세심하게 보살피다)【体贴入微】tǐ tiē rù wēi【无微不至】wú wēi bú zhì ¶알뜰한 관심 | 无微不至的关怀. ❸ (일을 깨끗이 하다)【整洁雅致】zhěngjié yǎzhì【干净利落】gānjìng lì·luo ¶그는 일처리가 매우 ~ | 他办事干净利落.

알랑거리다 [동]【阿谀】ēyú【拍马屁】pāi mǎpì【谄媚】chǎnmèi【巴结】bā·jie ¶일종의 알랑대는 미소를 지었다 | 作出一种谄媚wēi的微笑. 참고〔奉fèng承〕〔阿谀〕〔阿比〕〔拍马〕〔捧pěng屁〕

알랑하다 [형]【不怎么好的】bùzěn·mehǎo·de【不屑一顾的】búxiè yígù·de【次的】cì·de【不怎么样】bùzěn·me yàng

°알레르기 [도 Allergie] [명]〈醫〉【过敏性反应】guòmǐnxìng fǎnyìng ¶~성 질환 | 过敏性疾病.

알력 [軋轢] [명]【意见不符合】yìjiàn bùfúhé【矛盾】máodùn【冲突】chōngtú ¶두 사람 사이에 ~이 심하다 | 两人之间相互矛盾很大.

알로에 [라 aloe] [명]〈植〉【芦荟】lúhuì

°알록달록 [튀][하형]【花花绿绿】huāhuā lülü【花花搭搭】huā·hua dādā ¶비록

날씨는 아직 춥지만, 나무에는 벌써 ~꽃이 피었다 | 天气虽然还冷, 树上已经开满了花花绿绿的花.

알루미늄 [aluminium] [명]〈化〉【铝】lǚ【钢精】gāngjīng ¶~제품 | 铝器. 참고〔钢种〕〔轻铣qīngtǐ〕

ᴬ알리다 [동]【告】gào【告诉】gào·su【通知】tōngzhī【布告】bùgào ¶이 일을 여러 사람에게 알려라 | 把这件事, 告诉给大家. ¶이런 일은 때에 알려야 한다 | 这种事及时通知. ¶그들에게 바로 출발하라고 ~ | 通知他们马上出发.

알리바이 [alibi] [명]【不在现场的证明】búzài xiànchǎng·de zhèngmíng ¶~가 입증되다 | 不在犯罪现场成立.

ᴬ알맞다 [형]【合适】héshì【恰好】qiàhǎo【符合】fúhé【相宜】xiāngyí【适宜】shì·yí【切合】qièhé【恰当】qià·dang【适合】shì·hé【匀溜】yúnliū ¶크기가 딱 ~ | 大小正合适. ¶요구에 ~ | 符合要求. ¶시대적 요구에 ~ | 切合时宜shíyí. ¶알맞게 쓰였다 | 用得很恰当. 참고〔洽当 qiàdàng〕〔切当〕〔切洽qièqià〕

알맹이 [명] ❶ (껍데기 속의 든 것)【仁儿】rénr【살구씨의 ~】杏仁儿jìngrénr. ❷ (실질·내용)【精髓】jīngsuǐ【精华】jīnghuá【核心】héxīn ¶문제의 ~ | 问题wèntí的核心.

알몸 [명] ❶ (아무 것도 입지 않음)【裸体】luǒtǐ【光身】guāngshēn【赤身裸体】chìshēn luǒtǐ【裸身】luǒshēn【裸形】luǒxíng ¶모델이 ~으로 화실 안에 앉아 있다 | 模特儿赤身裸体地坐在画室里. ❷ (가진 것이 없음)【一无所有】yìwú suǒyǒu【赤手空拳】chì shǒu kōng quán【白手】báishǒu ¶~으로 시작해서 오늘 날의 사장이 된 그녀 | 白手起家, 现在已成了老板的她.

알몸뚱이 [명]【裸体】luǒtǐ【赤身裸体】chìshēn luǒtǐ【光身】guāngshēn

ᴮ알밤 [명] ❶ (밤톨)【栗仁】lìrén ❷ (주먹으로 머리를 가볍게 쥐어 박는 것)【(用手)抓小孩头顶】(yòngshǒu)zhuā xiǎohái tóudǐng

알부자 [명]【殷富】yīnfù【殷实】yīnshí ¶그 사람 보기에는 가난하지만 사실은

637

~다 ¶ 那个人表面上显得穷，实际上是殷富。

˚알뿌리 몡 【球根】qiúgēn 【球茎】qiújīng

알선 〔斡旋〕 몡하타 【介绍】jièshào 【斡旋】wòxuán 【调停】tiáo·tíng 【调解】tiáojiě ¶결혼 상대를 ~하다 | 介绍对象. ¶친구의 ~으로 취업하였다 | 经朋友介绍, 找到了一份工作.

˚알쏭달쏭 閂하형 ❶ (줄·무늬가) 【花花绿绿】huāhuā lǜlǜ ❷ (분간이 안 되다) 【模模糊糊】mó·mo húhū 【模糊不清】mó·hu bùqīng ¶~한 문제 | 模糊不清的问题/似懂非懂的问题.

알아내다 툉 【认识】rènchū 【探问】tànchū 【试探】shì·tan 【揣摩】chuǎi·mō 【探知】tànzhī 【探测】tàncè ¶나는 끝내 그의 속셈을 알아낼 수 없다 | 我始终揣摩不透他的心思. ¶바다의 깊이를 ~ | 探测海的深度.

˚알아듣다 툉 ❶ (말 뜻을 이해하다) 【听懂】tīngdǒng ¶내 뜻을 알아듣겠는가? | 能听懂我的意思吗? ¶네의 말을 알아 들었다 | 我听懂了你的意思了. ❷ (알아차리다) 【听出来】tīngchūlái 【听明白】tīngmíng·bai ¶나는 안 보고도 네 목소리를 알아들었다 | 我不看也能听出来你的声音.

˚알아맞히다 툉 【猜】cāi 【猜测】cāicè 【捉摸】zhuōmō 【看出】kànchū ¶그가 올지 안 올지 알아맞혀 보아라 | 你猜他来不来. ¶남의 마음은 여간해서 알아맞히기 어렵다 | 别人的心思很难猜测.

˚알아보다 툉 ❶ (조사하다) 【了解】liǎojiě 【打听】dǎ·ting 【询问】xúnwèn ¶손수 가서 한 번 ~ | 自己去了解一下. ¶아주 상세하게 ~ | 打听得很详细. ¶그녀의 집에 무슨 일이 생겼는지 네가 가서 알아보아라 | 你去打听一下她家发生了什么事. ¶옆사람에게 ~ | 向旁人询问. ❷ (분간하다) 【分辨】fēnbiàn 【认出】rènchū ¶진정한 적과 동지를 ~ | 分辨真正的敌友díyǒu. ¶내가 그를 ~ 알아나를 看出. ~ | 我一下子就认出来. ❸ (이해하다) 【知道】zhī·dao 【懂得】dǒng·de ¶그들은 문제의 심각성을 ~ | 他们知道问题的严重性.

알아주다 툉 ❶ (이해해주다) 【了解】liǎo-

oijě 【理解】lǐjiě ¶서로 ~ | 彼此bǐcǐ理解. ❷ (인정해주다) 【认定】rèndìng 【给予好评】gěiyǔhǎopíng 【认可】rěnkě ¶나의 실력을 제발 알아주십시요 | 请你认清我的实力.

˚알아차리다 툉 【猜到】cāidào 【注意到】zhùyìdào 【发觉】fājué 【理会到】lǐhuìdào 【觉察到】juéchádào 【看出】kànchū 【会意】huìyì ¶그는 알아차린 듯이 고개를 끄덕였다 | 他会意地点了点头.

˚알아채다 툉 【猜到】cāidào 【注意到】zhùyìdào 【理会到】lǐhuìdào 【觉察到】juéchádào 【发觉】fājué 【看出】kànchū ¶그의 마음을 알아챘다 | 猜到了他的心思.

알알하다 혱 ❶ (혀끝이 아리다) 【辣乎乎】làhūhū 【辣蒿蒿】làhāohāo ¶알알하게 매운 마파두부 요리를 한 접시 | 一盘辣乎乎的麻婆豆腐. ❷ (살갗이 쓰리다) 【火辣辣】huǒlàlà ¶손에 화상을 입어, 쓰리고 ~ | 手烫伤tàngshāng了, 疼得火辣辣的.

˚알약 〔─藥〕 몡 【丸药】wányào 【丸剂】wánjì 【片剂】piànjì ¶~을 복용하면 비교적 편리하다 | 服用丸剂比较方便.

알음 몡 ❶ (사람끼리 서로 아는 일) 【认识】rèn·shi 【面熟】miànshú ¶~이 있는 사람 | 面熟的人. ❷ (알고 있는 것) 【见识】jiàn·shi 【知道的东西】zhī·dao·de dōng·xi ¶~을 넓히다 | 增长见识.

˚알차다 혱 ❶ (실속이 있다) 【踏实】tā·shi 【扎实】zhā·shi 【实在】shí·zai 【诚实】chéngshí ¶일을 매우 알차게 하다 | 工作做得很扎实. ❷ (속이 꽉 차다) 【饱满】bǎomǎn 【充实】chōngshí ¶비가 오지 않아 낟알이 알차지 않는다 | 天不下雨, 米粒lì不能饱满. ¶문장이 유창하고 내용이 ~ | 文字流畅, 内容充实.

알카텔 [Alcatel] 몡 〈商标〉【阿尔卡特】Ā'ěrkǎtè

˚알칼리 [alkali] 몡 〈化〉【碱】xiǎn ¶~금속 | 碱金属. ¶~ 섬유소 | 碱纤维素. ¶~성 | 碱性.

˚알코올 [alcohol] 몡 〈化〉❶ 【酒精】jiǔjīng 【醇】chún ¶~ 램프 | 酒精灯. ¶~ 음료 | 酒精饮料. ¶~ 중독 | 酒

精中毒。❷【乙醇】yǐchún

알통 명【筋肉突出的部分】jīnròu tūchū·de bù·fen

알트 키[alt key] 명【電算】【交替键】jiāotì jiàn

알파[ユ alpha;*A*;*α*] 명❶【阿耳法】ā'ěrfǎ【阿尔法】ā'ěrfǎ ¶~ 입자｜阿尔法粒子。❷(처음)【未知数】wèizhīshù ¶~성｜首복。

알파벳[alphabet] 명❶【全部字母】quánbù zìmǔ【字母表】zìmǔbiǎo ¶~순｜按字母表顺。❷(비유적으로 "처음""초보"인【初步】chūbù【入门】rù·mén【初级】chūjí ¶나의 생각은 아직 ~단계여서 성숙되지 못했다｜我的想法还是很初级阶段, 还不成熟。

앎 명【知道的东西】zhīdào·de dōng·xi【见识】jiàn·shi ¶~을 넓히다｜增长见识。

^A**앓다** 동❶(병을)【患】huàn【得】dé【害】hài ¶심장병을 ~ 患心脏病。❷(마음속으로 괴로워하다)【操心】cāo/xīn【伤脑筋】shāng nǎojīn ¶너는 이 일 때문에 골치를 앓을 필요 없다｜你不必为这件事伤脑筋。

‒**앓이** 回【痛】tòng ¶배~｜肚子痛。

^0**암¹**【癌】ái【癌】ái ¶발~ 물질｜致zhì癌物。¶위~｜胃癌。¶(화근·폐단)【症结】zhèngjié【毒瘤】dúliú ¶사회의 ~ 社会的毒瘤。

암² 명【雌】cí·de【母】mǔ·de ¶수컷이냐 ~컷이냐?｜是公的还是母的?

^B**암³** 감【当然】dāngrán【是啊】shì·a ¶~, 가야 한다｜当然要去。

암거래[暗去来] 명하타〈經〉【黑市交易】hēishì jiāoyì【走私】zǒusī【倒卖】dǎomài【买黑货】mǎi hēihuò【背地交易】bèidì jiāoyì【暗盘出卖】ànpán chūmài【炒黑市】chǎo hēishì ¶악덕 상인의 ~를 엄밀히 막다｜严防奸yánfángjiān商走私。¶미화 몇 백달러를 가지고 가 ~를 했다｜拿了几百美元去炒黑市。

^0**암기**[暗记] 명하타【背】bèi【背诵】bèisòng【默记】mòjì ¶영어 독본을 ~할 때까지 읽어라｜把英语读本读到能够背诵下来为止。¶그는 숫자를 마음속에 ~한다｜他把数字默记在心。

^0**암꽃**【雌花】cíhuā【雌蕊花】círuǐhuā

암내 명〈生理〉【狐臭】húchòu【狐腺】húsāo【腋臭】yèchòu【腋下臭】yèxiàchòu ¶~가 나는 사람｜有狐臭的人。¶~ 제거술｜腋臭切除手术。 쵈고〔狐臭〕〔胡臭〕〔腋气〕

^0**암놈** 명【雌性】cíxìng【母的】mǔ·de ¶수놈이냐 ~이냐?｜是公的还是母的?

암담 명하형【暗澹】àndàn【黑暗】hēi'àn ¶앞 일이 처량하고 ~하다｜前景qiánjǐng凄凉暗淡。¶~한 전망｜暗淡的前景。

암만해도 뮈【不管怎样】bùguǎn zěnyàng【怎样努力也】zěnyàng nǔlì yě ¶~ 안 된다｜不管怎么弄也不行。

암모니아[ammonia] 명〈化〉【氨】ān【阿摩尼亚】āmóníyà ¶~수｜氨水/氨溶液/氢氧化铵。 쵈고〔阿莫尼亚〕〔硇líng精〕〔亚莫尼亚〕

암반[岩盘] 명【岩盘】yánpán【岩层】yáncéng【夹心岩】jiāxīnyán ¶~수｜夹心岩水。

암벽[岩壁] 명【岩壁】yánbì ¶~이 가파르다｜岩壁陡峭dǒuqiào。

암산[暗算] 명하타【心算】xīnsuàn ¶~으로 하는 것이 연필로 계산하는 것보다 빠르다｜心算比笔算bǐsuàn快kuài。¶~으로 대답하다｜用心算回答huídá。

암살[暗殺] 명하타【暗杀】ànshā ¶사회가 불안하여 ~ 사건이 빈번히 발생한다｜社会shèhuì不安, 暗杀事件频频pínpín发生fāshēng。¶반동파의 살인범이 많은 사람을 ~하였다｜反动派fǎndòngpài的凶手xiōngshǒu暗杀了好几个人。

암석[岩石] 명【岩石】yánshí ¶~ 역학｜岩石力学。¶~ 섬유｜岩石纤维。

^0**암수** 명【母牛】mǔniú【牝牛】pìnniú 쵈고〔牛母〕〔雌cí牛〕〔沙shā牛〕

암송[暗誦] 명하타【背诵】bèisòng【默念】mòniàn ¶서재에서 시문을 ~한다｜他每天měitiān在书房shūfáng里背诵诗文shīwén。

^0**암술**[岩] 명〈植〉【雌蕊】círuǐ ¶~대｜雌蕊柱。¶~머리｜雌蕊头。

암스테르담[Amsterdam] 명〈地〉【阿姆斯特丹】Āmǔsītèdān ["荷兰"(네덜란드;Netherlands)의 수도]

암시[暗示] 명하타【暗示】ànshì ¶내

가 손으로 그에게 ~하였으나 그는 아직 알아 차리지 못하고 있다 | 我用手给了他一个暗示，他还没弄明白。¶~법 | 暗示法。

암시장[暗市場] 圐【黑市】hēishì ¶~에서 달거래환으로 송금하다 | 在黑市上套汇tàohuì。

암암리[暗暗裡] 圐【暗暗地】ànàn·de【暗中】ànzhōng【暗里】àndilǐ ¶그는 ~에 남을 도우지만 종래 공치사를 한 적이 없다 | 他暗地里帮助别人，从不讨功。圈回〔暗暗里〕〔暗底里〕〔暗地〕〔暗骨子里〕〔暗然〕

암울하다[暗鬱] 圀【阴沉】yīnchén【阴暗】yīnàn ¶암울한 시대 상황 | 阴暗的时代状况。

°**암자**[庵子] 圐〈佛〉【庵】ān

암초[暗礁] 圐【暗礁】ànjiāo ¶배가 ~에 부딪히다 | 船触暗礁。

암캐[母狗] mǔgǒu【雌狗】cígǒu

°**암컷** 圐【母的】mǔ·de【雌的】cí·de【牝的】pìn·de ¶수컷이냐 ~이냐? | 是公的还是母的？

°**암탉**[暗닭] 圐【母鸡】mǔjī【牝鸡】pìnjī【草鸡】cǎojī【婆鸡】pójī【雌鸡】cíjī

암투[暗鬪] 圐하점【暗斗】àndòu【钩心斗角】gōu xīn dòu jiǎo ¶각국 정보 원들은 도처에서 ~를 벌인다 | 各国情报局人员在各地进行暗斗。

암팡스럽다[精明强干] 圀【精明强干】jīng míng qiáng gàn【精干老练】jīnggànlǎoliàn【精明干练】jīngmínggànliàn【精明强悍】jīngmíngqiánghàn【强悍】qiánghàn【凛然】lǐnrán ¶암팡스러운 기병 | 强悍的骑兵qíbīng。

암팡지다[精明强干] 圀【精明强干】jīng míng qiáng gàn【精明强练】jīng míng qiáng liàn【精明强悍】jīng míng qiáng hàn【强悍】qiánghàn【凛然】lǐnrán ¶그 여자 보기보다 ~ | 那个女子要比看起来更为精明强干。

암페어[ampere] 의圐〈物〉【安培】ānpéi ¶~계 | 安培匹。¶~시 | 安培小时。

암표[暗票] 圐【暗票】ànpiào【黄牛票】huángniúpiào ¶~상 | 卖黄牛票的。

암행[暗行] 圐하圀【暗行】ànxíng ¶~어사 | 暗行御使/钦差大臣。

암호[暗號] 圐【密码】mìmǎ【暗号】à-

nhào ¶~ 장치 | 密码机。¶~ 해독 | 解密。¶~전보를 이용해 전선에 통지하다 | 用电通知密线。

암호화[暗號化 ; encryption] 圐〈電算〉【加密】jiāmì

°**암흑**[暗黑] 圐【黑暗】hēi'àn【天昏地暗】tiānhūn dì'àn【漆黑一团】qīhēi yì-tuán ¶~ 통치 | 黑暗统治tǒngzhì。¶~기 | 黑暗期。¶~ 세계 | 黑暗世界。¶~ 시대 | 黑暗时代。圈回〔天昏地黑〕〔一团漆黑〕

압권[壓卷] 圐【突出的部分】tūchū·de bù·fen【最好的部分】zuìhǎo·debù·f-en【压轴】yāzhòu【压台】yātái ¶이 노래가 오늘 공연의 ~이다 | 这首歌是今天演出的压台戏。

압도[壓倒] 圐하점【压倒】yā/dǎo【凌驾】língjià ¶그의 큰 목소리가 모든 소리를 ~했다 | 他的大嗓门sǎngmén压倒了所有的声音shēngyīn。¶주연이 조연에게 ~당하다 | 主角zhǔjiǎo被配角pèijiǎo给压倒了。¶~적 우세 | 压倒优势yōushì。

압력[壓力] 圐【压力】yālì ¶~을 증가하다 | 增加压力。¶여론의 ~ | 舆论的压力。¶~솥 | 压力锅/高压锅。

압류[押留] 圐하점【扣押】kòuyā【没收】mòshōu【查封】cháfēng【封押】fēngyā ¶재산을 ~하다 | 没收家产。¶가옥을 ~하다 | 查封房屋。

°**압박**[壓迫] 圐하점【压迫】yāpò ¶~이 있는 곳에 항거가 있고 투쟁이 있다 | 哪里有压迫，哪里就有反抗fǎnkàng，就有斗争dòuzhēng。¶불길한 예감이 가면 갈수록 더욱 무겁게 그를 ~하고 있다 | 一种不祥的预感yùgǎn，越来越重地压迫着他。

압사[壓死] 圐하圀 ❶【压死】yāsǐ ❷【扑杀】ēshā ¶통치자가 민주화 운동을 요람 속에서 압살시키려 하다 | 统治者企图把民主运动扑杀在摇篮yáolán里。

°**압수**[押收] 圐하점【没收】mòshōu【扣押】kòuyā【查抄】cháchāo【查获】chá-huò ¶재산을 ~하다 | 没收家产。¶부정한 돈을 ~하였다 | 查获的脏zāng款kuǎn并予yǔ以没收。

압승[壓勝] 圐하점【压倒】yādǎo【压倒优势】yādǎo yōushì ¶~을 거두다

| 从压倒优势, 取得胜利.

ᵒ**압정**〔押釘〕 명 【图钉】túdīng 【摁钉】ēndīng ¶~을 눌러 박다 | 钉图钉.

압제〔壓制〕 명 【压制】yāzhì 【压抑】yāyì 【压迫】yāpò ¶민주주의를 ~하다 | 压制民主. ¶~를 반대하다 | 反对fǎnduì压迫. ¶약소민족을 ~하다 | 压迫弱小民族.

압축〔壓縮〕 명 하타 【压缩】yāsuō 【压缩】suō ¶~포장 | 压缩包装. ¶공기를 ~하다 | 压缩空气.

압축 소프트웨어〔壓縮 sofrware; compaction sofrware〕 명 〈電算〉 【压缩软件】yāsuōruǎnjiàn

압축 풀기〔壓縮 ~ ; uncompressing〕 명 〈電算〉 【解压】jiěyā

ᵒ**앗** 갑 【哎呀】āiyā ¶~, 불이야! | 哎呀, 起火了! 참고 〔哎哟〕〔哎哟〕〔嗳哟〕

ᵒ**앗다** 통 ❶ (빼앗다) 【抢】qiǎng 【夺】duó ¶그는 나의 가방을 앗아갔다 | 他把我的皮包píbāo抢走了. ¶적의 손에 있는 총을 앗아요 | 把敌人手中的枪夺过来. ❷ (씨를 빼다) 【剥出】bāochū ¶수수를 ~ | 剥高粱粒儿.

앙감질 명 하자 【独脚跳】dújiǎotiào ¶~로 왔다갔다 하다 | 用独脚跳来跳去.

앙갚음 명 하자 【报仇】bàochóu 【复仇】fùchóu ¶그는 언젠가는 ~할 날이 있을 것이라고 생각하였다 | 他想会有报仇的那一天. ¶~을 시작하다 | 开展报复.

앙금 명 ❶ 【淀】diàn 【淀粉】diànfěn 【沉淀物】chéndiànwù ¶~이 앉다 | 沉淀. ❸ 【疙瘩】gē·da ¶가슴에 남아있는 ~을 털어버리다 | 解开心里的疙瘩.

앙꼬〔일 あんこ〕 명 【馅】xiàn 【小豆馅】xiǎodòuxiàn ¶~없는 찐빵이다 | 没加馅的馒头/有名无实的/没有什么内容的.

앙망〔仰望〕 명 하타 【祈望】qíwàng 【盼望】pànwàng ¶한 번 만나기를 ~하 | 盼望见一面. 참고 〔祈愿〕

ᵒ**앙상하다** 휑 ❶ (처량하다) 【凄凉】qīliáng ❷ (잎이 지고 나무만 남다) 【凋落】diāoluò 【凋零】diāolíng ¶앙상한 나무 | 凋零的树木. ❸ (살이 빠지다) 【瘦削】shòuxuē ¶앙상한 얼굴

瘦削的面孔.

앙숙〔怏宿〕 명 【冤家】yuān·jia 【心怀怨恨】xīn huái yuànhèn ¶~끼리 싸우다 | 两个冤家打了起来. ¶두 사람은 서로 ~이다 | 两人彼此心怀怨恨.

앙심〔怏心〕 명 【报仇心】bàochóuxīn 【怀恨的心理】huáihèn·de xīnlǐ ¶~먹다 | 怀恨在心.

ᵒ**앙앙** 부의성 【哇哇大哭】wāwā dàkū ¶~거리다 | 一个劲地哇哇大哭.

앙증맞다 형 ❶ (귀엽고 깜찍하다) 【小巧玲珑】xiǎo qiǎo líng lóng ¶그는 앙증맞게 생겼다 | 他长得小巧玲珑. ❷ (작다) 【矮小】ǎixiǎo ¶앙증맞은 집 | 矮小的房间.

앙칼스럽다 형 ❶ (날카롭다) 【尖锐】jiānruì 【尖利】jiānlì ¶앙칼스러운 호각소리 | 尖锐的哨声shàoshēng. ❷ (모질다) 【拼命】pīnmìng ¶앙칼스럽게 노동(일)을 하고 있다 | 拼命地劳动着.

앙칼지다 형 【尖锐】jiānruì 【尖利】jiānlì 【锋利】fēnglì ¶말투가 ~ | 谈吐tǔ锋利.

ᵒ**앙코르**〔프 encore〕 명 【再来一个】zàilái yí·ge 【再演一次】zàiyǎn yícì 【再唱一个】zàichàng yí·ge 【加演】jiāyǎn ¶~를 받다 | 接受重唱. ¶~ 방송 | 重播.

앙탈 명 하자 【耍赖】shuǎlài 【抵赖】dǐlài ¶~부리지 마라 | 不要耍赖.

ᴬ**앞** 명 ❶ (전면·전방) 【前面】qiánmiàn 【前头】qián·tou 【前边】qiánbiān ¶집 ~에는 강이 있다 | 房子前面有河. ❷ (미래) 【前途】qiántú 【前程】qiánchéng 【未来】wèilái 【将来】jiānglái 【以后】yǐhòu 【往后】wǎng hòu ¶~이 밝다 | 前途光明guāngmíng. ¶~으로 이래서는 안된다! | 往后别这样! ❸ (면전·대중 앞) 【前面】qiánmiàn ¶음악한 적 ~에서, 나는 털끝만큼도 겁내지 않았다 | 在凶恶的敌人面前, 我丝毫也没有怯懦. ❹ (편지 따위에서 아랫사람의 이름 앞에 붙이는 말) 【收】shōu 【览】lǎn ¶내 ~은 다 끝냈다 | 我的那分都做完了. ❺ (행렬·순서의 먼저) 【前头】qián·tou 【先头】xiān·tou ¶~을 다투다 | 争先恐后. ❻ (국부) 【下身】xiàshēn

【害羞处】hàixiūchù ¶～을 가리다 |
遮zhē住下身.

앞가슴 ❶ ("가슴"을 강조한 말)【前胸】qiánxiōng【胸膛】xiōngtáng【胸脯子】·zi【胸脯(儿)】xiōngfú(r)【胸头】xiōng·tou ¶～을 펴다 | 挺tǐng起胸膛. ❷ (윗도리의 앞자락)【上衣的胸部】shàngyī·de xiōngbù【襟怀】jīnhuái

°**앞길** 뗑 ❶ (전도)【前程】qiánchéng【前途】qiántú【前路】qiánlù ¶～이 양양하다 | 前程万里wànlǐ/前程远大yuǎndà/鹏程万里péngchéngwànlǐ/前程似锦sìjǐn. ¶～이 밝다 | 前途光明guāngmíng. ❷ (앞에 난 길)【前面的路】qiánmiàn·de lù ❸ (갈 길)【前进的道路】qiánjìn·de dàolù【去路】qùlù ¶누군가 우리의 ～을 가로막았다 | 不知谁挡住我们的去路.

°**앞날** 뗑 ❶ (미래)【未来】wèilái【将来】jiānglái ¶어려서 공부하지 않으면, 좋은 ～이 없다 | 小时候不读书, 没有好的将来. ❷ (여생)【余下的日子】yúxià·de rì·zi【余生】yúshēng ¶～이 먼 청년들 | 前途无量的青年. ❸ (지난 날)【前些日子】qián·xie rì·zi

°**앞니** 뗑【门牙】ményá【门齿】ménchǐ ¶～가 빠지다 | 门牙掉了. 참고〔板bǎn牙〕〔切qiē齿〕

°**앞다리** 뗑【前腿】qiántuǐ

°**앞당기다** 图 (날짜나 시간 등을 당기다)【提前】tíqián【促进】cùjìn ¶30분 앞당겨 떠나다 | 提前半个小时离开. ¶처음의 계획이 앞당겨졌다 | 原来的计划提前了. ❷ (물건 등을 앞으로 당기다)【拉到前面】lādào qiánmiàn

°**앞두다** 图【前】qián【前夕】qiánxī ¶졸업을 ～ | 毕业前夕.

°**앞뒤** 뗑【前后】qiánhòu ¶～가 맞지 않는 통계량 | 前后矛盾的统计数字 ¶～가 맞지 않는 소리 | 前言不搭后语.

°**앞뜰** 뗑【前院】qiányuàn

°**앞마당** 뗑【前院】qiányuàn ¶～에 연못이 있다 | 前院有荷花池.

앞문 〔門〕뗑【前门】qiánmén【正门】zhèngmén ¶～으로 걸어갔다 | 走正门.

앞바다 ❶ (육지에서 보아 앞쪽에 있는 바다)【前海】qiánhǎi ❷ (육지에서 20~40km 이내의 가까운 바다)

°**앞바다** 〔近海〕jìnhǎi ¶오늘은 ～의 물결이 높게 일겠습니다 | 今天近海浪大.

°**앞발** 뗑【前脚】qiánjiǎo【前爪】qiánzhǎo ¶～굽 | 前蹄.

앞산 뗑【前山】qiánshān ¶～에 진달래가 곱게 피었다 | 前山的金达莱开得真美.

°**앞서다** 图 ❶ (먼저 나아가다)【走在前面】zǒuzài qiánmiàn【领先】lǐng/xiān【占先】zhàn/xiān【在先】zàixiān ¶축구 전반전 경기는 2대 1로 한국 팀이 앞서고 있다 | 前半场足球赛二比一, 韩国队领先. ¶유리하다 | 有言在先. ❷ (선두를 차지하다)【抢先】qiǎng/xiān【占先】zhàn/xiān ❸ (앞당기다)【提前】tíqián ¶30분 앞서서 떠나다 | 提前半个小时走. ❹ (우선하다)【先于经验jīngyàn的知识zhīshí】先于经验的知识

°**앞세우다** 图【使…走在前面】shǐ…zǒuzài qiánmiàn【使…先行】shǐ…xiānxíng【把…放在首位】bǎ…fàngzài shǒuwèi【摆在首位】bǎi zài shǒuwèi【使…领先】shǐ…lǐngxiān ¶말만 ～ | 把话先说在前头.

앞이마 뗑【前额】qián·é【额头】étóu【脑门子】nǎomén·zi【天门盖】tiānménngài

°**앞잡이** 뗑 ❶ (끄나풀 노릇을 하는 사람)【走狗】zǒugǒu【狗腿子】gǒutuǐ·zi【猫爪子】māozhuǎ·zi【爪牙】zhǎoyá【马前卒】mǎqiánzú【鹰犬】yīngquǎn ¶그는 군벌의 ～ 노릇을 한다 | 他给军阀当走狗. ¶지도부를 점령하여 권력을 탈취하는데 동원된 ～ | 充当抢班qiǎngbān夺权的马前卒. ¶자본가의 ～가 되다 | 当资本家的鹰犬. ❷ (안내자)【向导】xiàngdǎo ¶길～ | 向导. 참고〔小爬pá虫〕〔爪牙〕

°**앞장** 뗑【前头】qián·tou【前面(儿)】qiánmiàn(r)【前列】qiánliè ¶～서다 | 站在前头/带头/打头. ¶～ 세우다 | 让人站在前头/让人带头.

°**앞지르다** 图【抢先】qiǎng/xiān【先下手】xiān xià shǒu ¶앞질러 말하다 | 抢先说.

°**앞집** 뗑【前边的人家】qiánbiān·de rénjiā【前一家】qiányìjiā

앞쪽 뗑【前面】qiánmiàn ¶～으로 달

려가다 | 往前跑去。

ᴮ**앞치마** 몡 【围裙】wéiqún 【围腰】wéiyā·o ¶~를 두르다 | 围上围裙。

ᴮ**애**¹ 몡 ❶ (마음의 수고로움) 【心】xīn ¶이 일은 너를 ~하게 한다 |这件事真叫你费心。¶그들을 위해 ~를 썼다 | 为他们操了许多心。❷ (근심스런 마음) 【心思】xīn·si 【心机】xīnjī ¶공연히 ~를 쓰다 | 白费心思。

ᴬ**애**² 몡 【孩子】hái·zi ¶계집~ | 女孩子。¶어린~ | 小孩子。

애³ 깜 ❶ 【哎】āi 【哎哟】āiyō 【哎呀】āiyā ¶~! 정말 생각도 못했던 일이다 | 哎! 真是想不到的事。

애⁻⁴ 튀 【初】chū 【头】tóu 【幼】yòu ¶~당초 | 当初。¶~벌레 | 幼虫。

⁻**애**⁵ [-愛] 回 【爱】ài 【情】qíng ¶조국~ | 祖国情。¶인류~ | 人类之爱。

애개 깜 ❶ (가벼운 탄식) 【唉】āi 【哎呀】āiyā 【唉哟】āiyō 【哎哟】āiyō 【嗳呀】āiyā ¶~, 그 좋은 잔을 그만 깨버렸구나! | 唉, 多好的一个杯子给打碎了! ❷ (변변찮은 것을 보고 하는 말) 【哼】hēng 【啧】zé ¶~, 누가 너를 믿겠니! | 哼! 谁信你的! ¶~, 그까짓 걸 무슨에 쓰겠다고 | 啧, 那么个东西能做什么用呢。

ᶜ**애걸** [哀乞] 몡하자타 【乞求】qǐqiú 【乞哀】qǐāi 【哀乞】āiqí 【哀求】āiqiú 【央求】yāngqiú 【央告】yānggào 【乞讨】qǐtǎo ¶평화를 ~하다 | 乞求和平。¶주인에게 그를 계속 써 달라고 ~하다 | 苦苦哀求主人留liú用他。

애걸복걸 [哀乞伏乞] 몡하자타 【苦苦哀求】kǔkǔāiqiú ¶살려 달라고 ~하다 | 苦苦哀求饶命。

ᶜ**애교** [愛嬌] 몡 【娇媚】jiāomèi 【撒娇】sā/jiāo ¶~부리다 | 撒娇。¶~가 철철 넘친다 | 娇滴滴dídí。

ᶜ**애국** [愛國] 몡하자 【爱国】ài/guó ¶~지사 | 爱国志zhì士。¶~선열 | 爱国先烈。¶~가 | 爱国歌。

ᴮ**애기** 몡 ❶ (사람의 갓난아기) 【婴儿】yīng'ér 【娃娃】wá·wa 【小孩儿】xiǎoháir 【婴孩】yīnghái ¶포동포동한 ~ | 胖pàng娃娃。❷ (동·식물의 새끼) 【嫩】nèn 【小】xiǎo ¶~ 호박 | 嫩南瓜。¶~뿌리 | 软根。

애꾸 몡 【独眼龙】dúyǎnlóng ¶~눈

독眼龙。

ᶜ**애꿎다** 혱 ❶ (억울하다) 【冤枉】yuān·wang 【无辜的】wúgū·de ¶애꿎게 꾸중을 듣다 | 无辜地受了批评。❷ (아무 상관도 없다) 【毫不相干】háobùxiānggān ¶그녀는 애꿎은 강아지를 발로 찼다 | 她用脚踢了那只毫不相干的狗。

ᶜ**애끓다** 통 【焦心】jiāoxīn 【断肠】duànchāng ¶아득히 먼 곳에서 애만 끓이다 | 断肠人在天涯。¶애끓는 슬픔 | 令人断肠的悲痛。

ᶜ**애끓이다** 통 【心焦】xīnjiāo ¶~에게서 아무 소식이 없어 ~ | 他一点消息都没有, 让人心焦。

애니메이션 [animation] 몡 【动画】dònghuà

애달다 통 【焦急】jiāojí 【心焦】xīnjiāo ¶누가 나의 애달은 마음을 알까? | 谁知我焦急的心?

애달프다 혱 【悲痛】bēitòng 【悲惨】bēicǎn 【苦恼】kǔnǎo 【痛苦】tòngkǔ 【伤心】shāngxīn ¶애달프게 외치는 소리 | 悲痛的叫声。¶나는 무엇이 그녀를 애달프게 하는지 끝내 알지 못하겠다 | 我最总还是没弄明白什么使她那么痛苦。

애당초 [當初] 몡 【最初】zuìchū 【当初】dāngchū 【干脆】gāncuì 【根本】gēnběn ¶그 일은 나는 ~ 모른다 | 那事儿我干脆就不知道。¶나는 이런 문제들을 ~ 생각지도 못했다 | 他根本就没想到这些问题。

애도 [哀悼] 몡하타 【哀悼】āidào ¶고인의 가족에게 깊은 ~를 표합니다 | 向死者家属shǔ表示深切shēnqiè的哀悼。¶국가를 위해 희생된 군인을 ~하자 | 向为国牺牲xīshēng的将士哀悼。

애련 [哀憐] 몡하타 하형 【哀戚】āiqī 【哀怜】āilián 【凄婉】qīwǎn ¶~한 피리 소리 | 凄婉的笛声díshēng。

ᶜ**애로** [隘路] 몡 ❶ (좁은 길) 【隘路】 àilù 【狭路】xiálù 【瓶颈】píngjǐng 【隘道】àidào ❷ (장애·난관) 【难关】nánguān 【困难】kùn·nan 【障碍】zhàng'ài ¶~를 두려워하지 않다 | 不怕困难。¶~를 깨끗이 제거하다 | 扫清障碍。

애릭슨 [Ericsson] 몡 〈商標〉【爱立信】

Āilìxìn

애매[曖昧] 명형 【含糊】hán·hu 【模棱】móléng 【不清楚】bùqīng·chu 【不分明】bùfēnmíng 【不明不白】bù míng bù bái ¶그의 말이 너무나 -해서 무슨 뜻인지 알 수가 없다 | 他的话很含糊, 不明白是什么意思。

애매모호하다[曖昧模糊-] 형 【含糊】hán·hu 【模棱】mó·hu 【模棱】【曖昧】àimèi ¶필적이 ~ | 字迹模糊。¶애매모호한 태도로 있지말고 분명히 해라 | 态度不要暧昧, 要明白。

c**애매하다** 형 【无辜】wúgū 【冤枉】yuān·wang ¶애매한 사람을 연루시키다 | 株连无辜。

애먹다 명 【心焦】xīnjiāo 【焦虑】jiāolù 【辛苦】xīn·kǔ 【吃苦】chī/kǔ 【使苦】shǐxīnkǔ 【使吃苦】shǐchīkǔ ¶정말 사람 애먹게 하는군! | 真叫人心焦啊!

c**애무**[愛撫] 명하타 【爱抚】àifǔ ¶~를 받다 | 受到爱抚。

c**애벌** 명 [初]chū 【第一遍】dìyībiàn 【头一遍】tóuyībiàn ¶~구이 | 初烤。¶~빨래 | 洗第一遍。

애비[「아버지」의 卑称] ¶너는 ~ 애미도 없냐? | 你就没有爹娘吗?

애석[哀惜] 명하형 【惋惜】wǎnxī 【怜惜】liánxī ¶이것은 대단히 ~한 일이다 | 这是一件十分惋惜的事情。

애석[愛惜] 명하형 【可惜】kěxī 【爱惜】àixī ¶그가 떠난다니 ~하다 | 他要离开了, 感到很可惜。

애수[哀愁] 명 【哀愁】āichóu 【哀伤】āishāng 【哀戚】āiqī 【忧伤】yōushāng ¶~에 잠기다 | 陷入哀愁之中。

B**애쓰다** 동 【辛苦】xīn·kǔ 【吃苦】chī/kǔ ¶대단히 애쓰셨습니다 | 太辛苦了。

애완[愛玩] 명 【玩赏】wánshǎng 【欣赏】xīnshǎng 【爱玩】àiwán 【宠爱】chǒngài ¶~견 | 爱犬。

애욕[愛慾] 명 【爱欲】àiyù 【情欲】qíngyù

애용[愛用] 명하타 【爱用】àiyòng 【喜欢用】xǐhuān yòng ¶국산품을 ~하다 | 爱用国产品。

c**애원**[哀願] 명하타 【哀求】āiqiú 【恳求】kěnqiú 【央求】yāngqiú 【央告】yānggào

o 【苦求】kǔqiú ¶주인에게 그를 계속해서 달라고 ~하다 | 苦苦哀求主人留用他。

B**애인**[愛人] 명 【恋人】liànrén 【情人】qíngrén ¶~과 헤어지다 | 和恋人分手。

애잔하다 형 ❶ (아주 잔약하다) 【单薄】dānbó 【瘦弱】shòuruò ¶이 중편소설의 인물형상은 너무 ~ | 这个中篇小说的人物形象太单薄了。❷ (애처롭다) 【怜悯】liánmǐn 【怜愍】liánmǐn

c**애장**[愛藏] 명하타 【珍藏】zhēncáng ¶~품 | 珍藏品。

c**애절**[哀切] 명 【凄厉急切】qīchù jíqiè 【悲痛欲绝】bēitòng yùjué ¶~한 울음소리 | 悲痛欲绝的哭声。

c**애정**[愛情] 명 [爱]ài 【爱情】àiqíng 【爱意】àiyì ¶~을 속삭이다 | 谈情说爱。¶~이 싹트다 | 产生爱情。¶~이 식었다 | 爱情冷淡了。

c**애족**[愛族] 명하자 【爱民族】ài mínzú ¶애국 ~ 정신 | 热爱祖国热爱民族的精神。

c**애주**[愛酒] 명하자 【爱喝酒】ài hējiǔ ¶~가 | 爱喝酒的人。

애지중지[愛之重之] 명하타 【爱惜】àixī 【疼爱】téngài 【珍爱】zhēn·ài ¶그는 어린 아들을 매우 ~한다 | 他很疼爱小儿子。¶그는 이 선물을 ~한다 | 他很珍爱这件礼物。

애착[愛着] 명 【热爱】rèài 【爱惜】àixī 【依依不舍】yīyī bùshě 【恋恋不忘】liànliàn bùwàng ¶일에 매우 ~을 가지다 | 热爱工作。

c**애창**[愛唱] 명하타 【爱唱】àichàng ¶~곡 | 爱唱的歌曲。¶널리 ~되고 있는 명곡 | 广泛传唱的名曲。

애처[愛妻] 명 【爱妻】àiqī ¶~가 | 爱妻者。

c**애처롭다** 【可怜】kělián 【伤心】shāngxīn 【令人心疼】lìng rén xīn téng 【令人怜悯】lìngrén liánmǐn ¶그가 갓세 살이 되자마자 부모가 죽었으니, 정말 ~! | 他刚三岁就死了父母, 真可怜呢! ¶애처롭게 울다 | 哭得很伤心。

애초 명 【当初】dāngchū 【最初】zuìchū ¶~에는 나는 어떻게 해야 좋을지 몰랐다 | 当初我不知道怎么办才好。

ᶜ**애타다** 图【心焦】xīnjiāo【焦虑】jiāolǜ【坐立不安】zuòlìbùān ¶누가 나의 애타는 마음을 알까? | 谁知我焦虑的心?

ᶜ**애태우다** 图【心焦】xīnjiāo【焦急】jiāojí【烦躁】fánzào ¶정말 사람 애태우게 하는군! | 真叫人心焦啊!

애틋하다 图❶(은근히 정을 끄는 느낌이 있다)【亲切】qīnqiè【深情】shēnqíng【依恋】yīliàn ¶애틋한 말 | 亲切的话。¶눈빛에 애틋함을 가득 담고 있다 | 目光里含着深情。❷(애타다)【哀痛】āitòng ❸(아쉽고 섭섭하다)【焦虑】jiāolǜ

애프터서비스[after service] 图【售后服务】shòuhòu fúwù【销售后服务】xiāoshòuhòu fúwù ¶~센터 | 售后服务中心。

애플[Apple] 图〈社名〉【苹果】Píngguǒ

애플 매킨토시 컴퓨터[Apple Macintosh computer] 图〈電算〉【苹果机】Píngguǒjī【苹果计算机】Píngguǒ jìsuànjī

애플 컴퓨터[Apple computer] 图〈電算〉【苹果机】Píngguǒjī【苹果计算机】Píngguǒ jìsuànjī

ᶜ**애호**[爱好] 图하타【爱好】àihào【嗜好】shìhào ¶음악을 ~하다 | 爱好音乐。

ᶜ**애호박** 图【小南瓜】xiǎonánguā【嫩南瓜】nènnánguā

애환[哀歡] 图【悲痛和欢乐】bēitòng hé huānlè ¶삶의 ~ | 人生的悲欢。

액¹[厄] 图【厄】è【灾厄】zāi'è ¶~ 때우다 | 去邪/除邪。¶~ 때우 | 去邪。

액²[液] 图【液】yè【液体】yètǐ ¶혈~ | 血xuè 液。¶용~ | 溶róng液。

액³[額] 图【匾额】biǎn'é【扁额】biǎn'é ¶편~ | 匾额。

—액⁴[—額] 回【额】é ¶정~ | 定额。¶초과~ | 超额。

액면[額面] 图〈經〉【票面额】piàomiàn'é【面额】émiàn【票面】piàomiàn【票面额】piàomiàn'é ¶~상의 숫자는 부가 고쳤다 | 票面上的数字被涂改tú改'过。¶~ 가격 | 票面额。

액세서리[accessories] 图❶【零件】líng-

jiàn【另件】lìngjiàn【配件】pèijiàn【附属物】fùshǔwù ¶~를 좀 샀다 | 买了一些配件。❷〈電算〉【附件】fùjiàn

액세스[access] 图〈電算〉【访问】fǎngwèn【连接】liánjiē【存取】cúnqǔ

액세스 타임[accessory time] 图【存取时间】cúnqǔ shíjiān

액셀러레이터[accelerator] 图【加速器】jiāsùqì【油门】yóumén【加速剂】jiāsùjì ¶~를 밟다 | 踏加速器/踩加速器。

액션[action] 图【演技】yǎnjì【武打】wǔdǎ ¶~스타 | 武打名星。

ᶜ**액수**[額數] 图【数额】shù'é【额】é ¶~를 초과하다 | 超出数额。¶~가 차다 | 满额。

ᶜ**액운**[厄運] 图【厄运】èyùn ¶~을 힘들게 벗어나다 | 逃出厄运。

ᶜ**액자**[額子] 图【相框】xiāngkuàng【镜框儿】jìngkuàngr

액정화면[液晶畫面;LCD;liquid crystal display] 图〈電算〉【液晶显示器】yèjīngxiǎnshìqì

ᴮ**액체**[液體] 图【液体】yètǐ ¶~연료 | 液体燃料ránliào。

액화[液化] 图하자타〈化〉【液化】yèhuà ¶~석유 가스 | 液化石油气。¶~열 | 液化热。¶~유 | 液化气/凝析油。¶~천연가스 | 液化天然气。

ᴮ**앨범**[album] 图❶(사진첩)【像册】xiàngcè【相册】xiàngcè ❷(노래집)【唱片套】chàngpiàntào

앰뷸런스[ambulance] 图【急救车】jíjiùchē ¶~에 실려 병원에 가다 | 被台上急救车去医院。

앰프[amplifier] 图【扩音机】kuòyīnjī【放大器】fàngdàqì【扬声器】yángshēngqì ¶~로 선전하다 | 用扩音机宣传。 参考[扩大机][扩声机][扩声器][扩音器][扩音机][放大机][话筒huàtǒng][无线电喇叭lǎbā]

ᴮ**앳되다** 图【有孩子气】yǒu hái·ziqì【幼小】yòuxiǎo【年幼】niányòu【嫩】nèn ¶앳된 목소리 | 稚嫩的嗓音。

ᴮ**앵두**[植]〈植〉【樱桃】yīng·táo【莺桃】yīngtáo ¶~같은 입술 | 樱桃一样的嘴。¶~나무 | 樱桃树。

ᴮ**앵무새**[鸚鵡—]〈鳥〉【鹦鹉】yīngwǔ

¶~는 말을 할지라도 역시 새이다 | 鸚鵡能言不离飞鸟。

앵커[anchor] 몡 ❶【锚】máo ¶~를 내리다 | 下锚。❷【电视台讨论节目主持人】diànshìtái tǎolùn jiémù zhǔchírén | ~맨 | 电视台讨论节目主持人。❸【要害阵地】yàohài zhèndì

야¹[野] 몡【民间】mínjiān ¶~담 | 民间故事。

야²[감] ❶ (반갑거나 놀랄 때 내는 소리)【呀】yā【哟】yō【啊】ā ¶~, 눈이 왔다! | 呀, 下雪了! ¶~, 저 사람 부끄러워하는 구만 | 哟, 他害臊了。❷ (허물없이 상대를 부르는 소리)【喂】wèi ¶~, 너 왔구나! | 喂, 你来了!

야³ 죠 ❶ (呼格助词, 表示呼叫)【呀】yā ¶새~, 날아라 | 鸟儿呀, 飞吧! ❷ (表示强调或感叹)【嘛】ma ¶너~ 공부를 잘하는데 무슨 걱정이겠니 | 你嘛, 功课那么好不用担心什么了?

－야 어미【呐】·ne【啊】·a ¶언제나 떠날테야~? | 打算什么时候走呐。

야간[夜間] 몡【夜间】yè·jiān【夜里头】yè·li·tou ~ 조업 | 夜间工作。¶~근무를 하다 | 打夜班。¶~ 도주 | 夜间逃走。¶~ 열차 | 夜间列车。¶~작업하다 | 开夜工。¶~ 학교 | 夜间学校/夜校。

야경[夜景] 몡【夜景】yèjǐng ¶장강 대교의 장려한 ~ | 长江大桥Chángjiāngdàqiáo壮丽zhuànglì的夜景。

야광[夜光] 몡 ❶ (어두운 곳에서 내는 빛)【夜光】yèguāng ¶~ 시계 | 夜光表。❷ (달빛)【月光】yuèguāng【月亮】yuè·liang

야구[野球] 몡〈體〉【棒球】bàngqiú【棍球】gùnqiú ¶~를 하다 | 打棒球。¶~ 글러브 | 棒球手套。¶~ 방망이 | 球棒。¶~장 | 棒球场。

야근[夜勤] 몡하자【夜班】yèbān ¶공교롭게 이번에도 그녀가 ~할 차례가 되었다 | 碰巧pèngqiǎo这次又轮到lúndào她上夜班了。¶~ 수당 | 夜班津贴。

야금거리다 됭【一点儿一点儿地啃】yìdiǎnr yìdiǎnr·de kěn【一点儿一点儿地吃】yìdiǎnr yìdiǎnr·de chī

야기[惹起] 몡하타【引起】yǐnqǐ【引致】yǐnzhì【惹起】rěqǐ【导致】dǎozhì

【招惹】zhāo·re【勾起】gōuqǐ ¶특히 사람들의 주의를 ~하다 | 特别引起人们的注意。¶통화팽창을 ~하다 | 导致通货膨胀。

야단[惹端] 몡하자 ❶ (일을 떠들썩하게 벌임)【喧嚷】xuānrǎng【喧吵】xuānchǎo【奔忙】bēnmáng ¶시시한 일을 가지고 ~이다 | 拿鸡毛蒜皮的事喧嚷。¶ (큰소리로 꾸짖다)【骂】mà【说】shuō ¶그의 아버지는 그를 발전이 없다고 ~했다 | 他爹骂他不长进。¶나는 이미 그를 ~쳤다 | 我已经说过他了。❸ (어려움이나 낭패를 당함)【糟糕】zāo/gāo ¶별안간에 시험을 보게 되어 ~이다 | 糟糕, 又要突袭考试了。

야단나다[惹端－] 됭 ❶ (떠들썩한 일이 벌어지다)【出事】chū/shì【出事】chū/shì ¶야단난 날 그는 집에 없었다 | 出事那天他没在家。❷ (곤란한 일이 일어나다)【糟】zāo【糟糕】zāo/gāo【不得了】bùdéliǎo ¶야단났구나, 잊어버렸어! | 糟了, 我忘了。¶야단났다, 불이야! | 不得了, 着火了!

야단법석[惹端法席] 몡【喧嚷】xuānrǎng【喧吵】xuānchǎo【吵嚷】chǎorǎng【吵闹】chǎonào ¶너희들이 너무 ~을 피워 아이를 놀라게 했다 | 你们太吵, 吓着孩子了。¶~을 떨어 잠을 잘 수 없다 | 吵闹得使shǐ人不能入睡。

야단치다[惹端－] 됭 ❶ (크게 떠들다)【喧闹】xuānnào【喧嚷】xuānrǎng【喧吵】xuānchǎo【闹腾】nào·teng ¶하도 야단쳐서 길 건너까지 다 들린다 | 闹腾得隔gé一条街都听见了。❷ (크게 꾸짖다)【叱责】chìzé【大骂】dàmà

야당[野黨] 몡【在野党】zàiyědǎng ¶~계 | 在野党系统。

야릇하다 혱【奇妙】qímiào【奇怪】qíguài【奇异】qíyì【神秘】shénmì ¶이 말은 야릇하기 이를 데없다 | 此话奇妙无比。¶야릇한 일 | 奇怪的事。

야마하[Yamaha] 몡〈商標〉【山叶】Shānyè【雅玛哈】yǎmǎhā

야만[野蠻] 몡하형 스형【野蛮】yěmán ¶~인 | 野蛮人。

－야말로 죠 (添意助词, 表示强调)¶너~ 우리의 희망이다 | 你才是我们的希望。

야망[野望] 몡 【野心】yěxīn 【雄心】xióngxīn ¶세계 제패(制霸)의 ~을 품고 있다 | 抱着统治全世界的野心。¶~을 품다 | 怀有雄心壮志。

야멸차다 혱 ❶【冷酷无情】lěng kù wú qíng【冷淡】lěngdàn ¶야멸차게 거절하다 | 冷淡地拒绝jùjué。 ❷【自私而无情】zìsī ér wúqíng

야무지다 혱 ❶【结实】jiē·shi ¶야물지진 청년 | 结实的青年。❷【精明强干】jīngmíng qiánggàn【精干老练】jīnggàn lǎoliàn【精明干练】jīngmíng gànliàn【精明强悍】jīngmíng qiánghàn ¶일을 야무지게 하다 | 做事精明能干。❸【清脆】qīngcuì ¶야무지고 시원한 대답 | 清脆，响亮xiǎngliàng的回答huídá。

야박[野薄] 몡[하형]스형 【刻薄】kè·bó【冷酷】lěngkù【冷毒】lěngdú【无情】wúqíng【薄情】bóqíng ¶가혹하고 ~하다 | 尖酸刻薄。¶~하게 거절당했다 | 被冷酷地拒绝jùjué了。¶그 사내도 ~한 인간이었다 | 那汉子也是个薄情的汗。

야밤중[夜-中] 몡 【深夜】shēnyè【半夜】bànyè【深更半夜】shēn gēng bàn yè ¶~까지 일하다 | 工作到深夜/深更半夜。 참고〔半夜三更〕【隆夜半夜】

야비[野卑] 몡[하형] 【卑鄙】bēibǐ【下等】xiàděng【下流】xiàliú【刁野】diāoyě ¶~하기 짝이 없다 | 卑鄙不堪kān。¶~한 태도 | 卑鄙的态度。¶~하고 파렴치하다 | 下流无耻chǐ。

°**야산**[野山] 몡 【小山岗】xiǎoshāngǎng【小山坡】xiǎoshānpō

°**야생**[野生] 몡[하형] 【野生】yěshēng ¶~ 동물 | 野生动物。¶~화 | 野(生)花。

야속[野俗] 몡[하형]스형 【不够交情】bùgòu jiāoqíng【遗憾】yíhàn【冷酷】lěngkù【冷毒】lěngdú【无情】wúqíng ¶이번 사건에 대해 우리들은 아주 ~하게 생각합니다 | 对于这次事件，我们深感遗憾。¶그는 사람을 ~하게 대한다 | 他待人冷酷。

야수[野獸] 몡 【野兽】yěshòu【禽兽】qínshòu ¶~의 울부짖음 | 野兽的嚎叫háojiào。

야시장[夜市場] 몡 【夜市】yèshì ¶~에 가서 밤참을 먹다 | 去夜市吃宵夜xiāoyè。

야심[夜心] 몡 【野心】yěxīn 【鬼胎】guǐtāi ¶그는 마음속으로 ~을 품고 있다 | 他心怀鬼胎。¶~만만 | 充满野心。

야심하다[夜深-] 혱 【夜深】yèshēn 야심한 시간에 어딜 가니? | 夜都深了，还去哪儿?

야영[野營] 몡[하형] 【露营】lù/yíng ¶여름 방학에 이 아이는 두 주일간 ~ 생활을 하였다 | 暑假期间，这孩子过了两个星期xīngqī的野营生活。¶내일 우리는 서산으로 ~하러 간다 | 明天我们到西山野营去。

°**야옹** 튀 【咪咪】mīmī 【咪鸣】mīmíng【喵喵】miāomiāo ¶새끼 고양이가 ~하고 울다 | 小猫māo咪咪叫。

°**야외**[野外] 몡 ❶【野外】yěwài ¶~ 생활 | 野外生活。¶~ 측량 | 野外测量。¶~ 작업 | 野外作业。❷(집 밖)【露天】lùtiān【露天地儿】lùtiāndìr ¶~ 극장 | 露天剧场/外光剧场。¶~ 수업 | 露天上课。

°**야위다** 동【瘦】shòu 【瘦削】shòuxuē 몸이 아주 ~ | 身体很瘦。¶야위어서 마른가지처럼 뼈만 앙상하다 | 骨瘦如柴。¶야위어 뼈만 남은 얼굴 | 瘦削的面孔。

야유[野遊] 몡[하형] 【郊游】jiāoyóu【野游】yěyóu ¶~회 | 野游会/郊游会。

야유[揶揄] 몡[하형] 【挪揄】yéyú【开玩笑】kāi wánxiào【嘲笑】cháoxiào【奚落】xīluò ¶그는 다른 사람을 ~하길 좋아한다 | 他爱揶揄人。¶적잖은 ~를 받았다 | 受了不少奚落。

°**야자**[椰子] 몡〈植〉【椰】yē【椰子】yē·zi ¶~수 | 椰子树。¶~나무 | 椰子树。¶~유 | 椰(子)油。

야전[野戰] 몡 【野战】yězhàn ¶~ 창고 | 野战仓库cāngkù。¶~군 | 野战军。¶~ 병원 | 野战医院。

°**야채**[野菜] 몡 ❶【蔬菜】shūcài ¶~원에 | 蔬菜园艺。❷【野菜】yěcài ¶~를 캐어 먹다 | 挖wā野菜吃。

야트막하다 혱〈浅〉 ¶이 강은 매우 ~ | 这条河zhè就tiáohé很浅。

야하다[冶-] 혱 【粗野】cūyě【不大方】bùdàfāng ¶경기 중의 동작이 ~

| 比赛bǐsài中动作dòngzuò粗вр糙。

야하다² 휑【俗气】sūqì【粗俗】cūsú ¶그 여자의 옷차림이 아주 ~ | 她的穿戴俗汽很很。

ᶜ**야학**[夜學]圐【夜校】yèxiào ¶~에 다니며 독학하다 | 进夜校自修。

야합[野合]圐하자 ❶ (남녀가 정을 통하다)【私通】sītōng ¶그는 외간 남자와 ~하다 | 她跟人私通。 ❷ (떳떳하지 못한 이들과 서로 어울림)【勾结】gōujié【勾合】gōuhé【勾串】gōuchuàn【勾连】gōulián【勾手】gōushǒu【勾通】gōutōng【串气】chuànqì【串同】chuàntóng【狼狈为奸】láng bèi wéi jiān ¶~하여 나쁜 짓을 하다 | 狼狈为奸。

ᶜ**야호**[yo-ho]弰 嗬嗬yōhē

야후[Yahoo]圐〈社名〉【雅虎】Yǎhǔ

ᴬ**약**¹[藥]圐【药】❶ ~을 조제하다 | 配药。 ¶쥐 ~ | 耗hào子药。 ❷ (화공약)【火药】huǒyào【炸药】zhàyào ¶폭~ | 炸药。 ❸ (전지)【电池】diànchí ¶~이 다 닳다 | 电池都消耗了。 ❹ (농약)【农药】nóngyào ¶밭에 ~을 치다 | 给农田打药。 ❺ (보약)【补药】bǔyào ¶먹어두면 ~이 된다 | 吃了就会见效。

ᴬ**약**²[約]된【约】yuē【大约】dàyuē【大概】dàgài【左右】zuǒyòu ¶그는 ~ 스물 대여섯 살쯤 되었다 | 他大约有二十五六岁了。 ¶~ 몇 명 정도가 참가했니? | 大约有多少人参加cānjiā了? ¶~ 오후 세 시쯤 | 下午三点左右。 참고〔약략〕【将近】

ᴬ**약간**¹[若干]圐【若干】ruògān【少许】shǎoxǔ【微不足道】wēi bù zú dào ¶소금을 ~만 넣다 | 放盐少许。 ¶~의 돈 | 少许的钱。

ᴬ**약간**²[若干]튄【稍许】shāoxǔ【稍微】shāowēi【微微】wēiwēi【略微】lüèwēi【稍加】shāojiā【稍稍】shāoshāo【少微】shǎowēi【些微】xiēwēi ¶~에 돈을 ~ 부치다 | 给价里寄些钱去。 ¶~ 좋아졌다 | 稍微好一点儿了。 ¶~ 고쳤다 | 略微改了一下。

ᶜ**약값**[藥−]圐【药费】yàofèi【药钱】yàoqián ¶~으로 십만원을 치렀다 | 交了十万元的药钱。

ᴬ**약골**[弱骨]圐【体弱者】tǐruò·zhe ¶너 같은 ~이 어떻게 이 일을 하니? | 像你那样的体弱者, 怎么干得了这件事? 참고〔屛头〕【弱不禁风】

약관[約款]圐【条款】tiáokuǎn【规款】guītiáo ¶모두 10개의 ~이 있다 | 共有十项条款。

ᴬ**약국**[藥局]圐【药房】yàofáng【药铺】yàopù【药店】yàodiàn【药局】yàojú ¶~에 가서 약을 짓다 | 到药铺去抓zhuā药。 ¶~을 찾다 | 查阅cháyuè药典。

ᶜ**약다** 휑【机灵】jī·ling【精灵】jīnglíng【伶俐】línglì【乖巧】guāiqiǎo ¶약은 사람 | 精灵人。 ¶너희 회사 직원들은 모두 대단히 ~ | 你们公司的职员个个都很乖巧。

ᴮ**약도**[略圖]圐【略图】lüètú【简易地图】jiǎnyì dìtú ¶~를 그리다 | 画略图。

약동[躍動]圐하자【生机盎然】shēngjī àngrán【沸腾】fèiténg【闪光】shǎnguāng ¶뜨거운 피가 ~하다 | 热血沸腾。

약력[略歷]圐【简历】jiǎnlì ¶저자~ | 作者简历。

ᶜ**약물**[藥物]圐〈醫〉【药物】yàowù【药剂】yàojì ¶~ 중독 | 药物中毒dú。 ¶~ 치료 | 药物治疗zhìliáo。 ¶씨앗을 ~ 처리하여 살균하다 | 药剂拌种。 ¶~ 소독 | 药物消毒。

ᴮ**약방**[藥房]圐【药房】yàofáng【药铺】yàopù【药店】yàodiàn【药局】yàojú【药典】yàodiǎn ¶~문 | 药单/处方药方。

약봉지[藥封紙]圐【药包】yàobāo【药包儿】yàobāor

ᴮ**약사**¹[略史]圐【简史】jiǎnshǐ【简明历史】jiǎnmíng lìshǐ【史略】shǐlüè

ᴮ**약사**²[藥師]圐【药剂师】yàojìshī ¶~ 면허증 | 药剂师执照。

ᴮ**약사발**[藥沙鉢]圐【盛药的碗】chéngyào·de wǎn

약삭빠르다 휑【精灵】jīnglíng【机灵】jī·ling·ji·ling【机伶】jī·ling【激灵】jī·ling【乖巧】guāiqiǎo【机灵】guīlì【伶儿】língr【鬼机伶(儿)】guǐjī·ling(r)【鬼机灵(儿)】guǐjīlíng(r) ¶약삭빠른 사람 | 精灵人。

약세[弱勢]圐하휑 ❶ (경기)【看跌】kàndiē 【下跌】xiàdiē 【萧条】xiāotiáo 【看落】kānluò 【下落】xiàluò 【淡殺】dàndiē 【跌落】diēluò ¶오늘의 주가는 ～이다 | 今日股价看跌. ¶사업이 ～이다 | 生意萧条. ❷ (세력) 【弱势】ruòshì 【走势趋跌】zǒushì qūdiē 【趋跌】qūdiē 【趋疲】qūpí 【疲软】píruǎn 【凋零】diāolíng

˘**약소**[弱小] 뗑톙【弱小】ruòxiǎo ¶～ 국가 | 弱小国家. ¶～ 민족 | 弱小民族.

약소[略少] 톙톙【少】shǎo 【微薄】wēibó ¶～한 수입 | 微薄的收入.

ᴬ**약속**[约束] 뗑【约言】yuēyán 【诺言】nuòyán 【约定】yuēdìng 【约束】yuēshù ¶～을 어기다 | 违背wéibèi约言. ¶～을 이행하다 | 履lǚ行诺言. ¶우리는 내일 선생님을 뵈러 가기로 ～했다 | 我们约定明天去拜访老师.
참고〔答应〕承担〕承当〕

˘**약수**[藥水] 뗑 톙【矿泉】kuàngquán 【矿泉水】kuàngquánshuǐ ¶～터 | 有矿泉的地方.

˘**약술**[略述] 뗑톙타【略述】lüèshù 【略舒】lüèshū 【简述】jiǎnshù ¶대의를 ～하다 | 简述大意. ¶일의 경과를 ～했다 | 简述事情经过.

˘**약시**[弱視] 뗑〈醫〉【弱视】ruòshì

약빠지다 톙【机灵】jī·ling 【机伶】jī·ling 【激灵】jī·ling 【精灵】jīnglíng 【油头滑脑】yóu tóu huá nǎo ¶약아빠진 놈 | 机灵鬼儿. ¶이 사람은 어쩌 이렇게 약아빠졌느냐? | 这人怎么这样油头滑脑? 참고〔老奸巨滑〕滑头〕

약오르다[藥－] 图 ❶ (고추·담배 따위가) 【生效】shēng/xiào 【成熟】chéngshú (화가 나다) 【生气】shēng/qì 【发火】fā/huǒ ¶그는 아직도 너 때문에 약올라 있다 | 他还在生你的气.

약올리다 图 (화) 【气】qì 【使生气】shǐshēngqì 【使发火】shǐfāhuǒ 【使火大】shǐhuǒdà ¶그는 나만 보면 약을 올린다 | 他只要见我就气我.

약용[藥用] 뗑톙타【药用】yàoyòng ¶～ 비누 | 药皂. ¶～ 식물 | 药用植物.

약육강식[弱肉强食] 뗑【弱肉强食】ruò ròu qiáng shí ¶～의 논리 | 弱肉强食的逻辑.

약자[弱者] 뗑【弱者】ruòzhě ¶～ 선수 | 弱者先走棋. ¶～의 편에 서다 | 站在弱者一边.

약재[藥材] 뗑【药材】yàocái 【药料】yào·liào ¶～를 사들이다 | 收购药材.

약점[弱點] 뗑【弱点】ruòdiǎn 【短处】duǎn·chu 【缺点】quēdiǎn ¶～을 극복하다 | 克服弱点. ¶사람마다 장점도 있고 ～도 있다 | 人各有长处, 也各有短处.

약정[约定] 뗑톙타【约定】yuēdìng 【契约】qìyuē 【商定】shāngdìng 【承担】chéngdān 【承当】chéngdāng 【合同】hé·tong 【契字】qìzì ¶약정 이율 | 约定利息. ¶～ 가격 | 契约价格/成盘. ¶～ 이자 | 契约利子.

약조[約條] 뗑톙타【约定】yuēdìng 【约好】yuēhǎo 【约束的事项】yuēshù·de shìxiàng ¶～를 어기다 | 违约.

약주[藥酒] 뗑 ❶ (약술) 【药酒】yàojiǔ ❷ (술) 【清酒】qīngjiǔ 【美酒】měijiǔ ¶～가 과하십니다 | 美酒有点过量了啊.

˘**약지**[藥指] 뗑〈生理〉【无名指】wúmíngzhǐ

˘**약초**[藥草] 뗑【药草】yàocǎo ¶～를 재배하다 | 种植药草.

약칭[略稱] 뗑톙타【略称】lüèchēng 【简称】jiǎnchēng ¶～하여 부르다 | 称呼简称. ¶대한민국의 ～은 한국이다 | 大韩民国简称韩国.

˘**약탈**[掠奪] 뗑톙타【掠夺】lüèduó 【暴掠】bàolüè 【打劫】dǎjié 【打家劫舍】dǎ jiā jié shè 【劫夺】jiéduó 【劫掠】jiélüè 【掠取】lüèqǔ 【抢夺】qiǎngduó 【抢劫】qiǎngjié 【抢掠】qiǎnglüè 【巧取豪夺】qiǎo qǔ háo duó 【巧偷豪夺】qiǎo tōu háo duó ¶이 도적 폐들이 늘 이 일대에 나타나서 ～을 한다 | 这伙胡匪huǒfěi经常出没chūmò在这一带, 打家劫舍. ¶재물을 ～하다 | 劫夺财物/掠取财物. ¶～ 행위 | 掠夺行为.

˘**약품**[藥品] 뗑【药品】yàopǐn 【药物】yàowù ¶각종 ～을 수출하다 | 出口各种药品.

ᴬ**약하다**[弱－] 톙 ❶ (튼튼하지 못하다) 【弱】ruò 【衰弱】shuāiruò 【薄弱】bóruò 【虚】xū 【微弱】wēiruò ¶몸이 약해서 병에 걸리기 쉽다 | 体弱多病. ¶기

술력이 ～ | 技术力量薄弱。¶이 2년 사이에 몸이 너무 약해졌다 | 这两年身体变瘦了。¶기력이 ～ | 气虚。❷ (의지가 강하지 못하다)【脆弱】cuìruò【不结实】bùjiē·shi【软弱】ruǎnruò ¶마음이 ～ | 感情脆弱。¶(연)약하고, 무능하다 | 软弱无能。❸ (잘하지 못하다)【差】chà【浅薄】qiǎnbó ¶그의 역사에 대한 지식은 매우 ～ | 他的历史知识lìshǐzhīshí很浅薄。

ᴮ**약혼**[約婚]　명 하자 【订婚】dìng/hūn【婚约】hūnyuē【定亲】dìng/qīn【定婚】dìnghūn ¶～을 파기했다 | 撕毁sīhuǐ了婚约。¶～자 | 订婚者。 참고 〔文定〕

약화[弱化]　명 하자타 【削弱】xuēruò【弱化】ruòhuà ¶구매력이 ～되다 | 购买力下降xiàjiàng。¶우리의 저항력을 ～시키다 | 削弱敌人dírén的抵抗力dǐkànglì。

ᶜ**약효**[藥效]　명 【药效】yàoxiào ¶～가 아주 오래간다 | 药效很长久。

얄궂다　형 ❶ (성질이 이상하다)【乖僻】guāipì【古怪】gǔguài ¶성질이 ～ | 性情乖僻。¶성격이 ～ | 脾气píqi古怪。❷ (이상하다)【莫名其妙】mòmíngqímiào【说不来】shuō·bushànglái ¶얄궂은 불안 | 莫名其妙的不安感。

ᴮ**얄밉다**　형 【讨厌】tǎoyàn【可憎】kězēng【可恶】kěwù ¶그는 좀 얄미운 데가 있다 | 他有些地方讨厌。¶얄미운 원수 | 可憎的冤家。

ᴮ**얄팍하다**　형 ❶ (두께가 얇다)【薄】báo ¶이 책은 너무 ～ | 这本书太薄。❷ (빤히 들여다 보이다)【浅薄】qiǎnbó【鼠目寸光】shǔ mù cùn guāng ¶그의 역사에 대한 지식은 매우 ～ | 他的历史知识很浅薄。

ᴮ**얇다**　형 ❶ (두께가 얇다)【薄】báo ¶이 천은 너무 ～ | 这块布太薄。❷ (경박하다)【浅薄】qiǎnbó【不深】bùshēn ¶그는 사람됨이 얇아서 사람들이 그와 왕래하기를 원치 않는다 | 他为人浅薄, 大家都不愿与他交往。

ᴮ**얌전하다**　형 ❶ (온순하고 차분하다)【斯文】sī·wen【文静】wénjìng【安详】ānxiáng【老实】lǎo·shi【温顺】wēnshùn ¶행동거지가 ～ | 举动斯文。¶

얌전하게 그곳에 앉아 있다 | 安详地坐在那儿。¶행동이 ～ | 举止jǔzhǐ安详。¶이 아이는 정말 얌전해서 여태 한번도 말썽을 피우지 않았다 | 这孩子真老实, 从没惹是生非。❷ (모양이 좋고 품격이 있다)【雅致】yǎ·zhì【雅韵】yǎyùn【清俊】qīngjùn【清妍】qīngyán【清秀】qīngxiù ¶응접실을 얌전하게 꾸미다 | 客厅kètīng布置得很雅致。¶필적이 ～ | 字迹zìjì清秀。

얌체　명 (不要脸的)【不要脸】búyàoliǎn·de【没有脸面】méiyǒu liǎnmiàn【没良心的】méiliángxīn·de【没良心】méiliángxīn ¶이 ～같은 녀석 | 这不要脸的家伙。

ᴬ**양**¹[羊]　명 〈動〉【羊】yáng【绵羊】miányáng ¶～ 한 마리 | 一只zhī羊。¶산～ | 山羊。 참고 〔大da尾巴羊〕〔胡羊hú yáng〕

ᴬ**양**²[量]　명 ❶ (분량)【量】liàng【份量】fèn·liang【分量】fèn·liang【数量】shùliàng ¶～이 많다 | 数量多。❷ 질과 ～을 모두 중시하다 | 质量并重。❸ (도량)【度量】dùliàng ¶넌 ～이 작아 아무 노릇도 못 하겠네 | 你度量小, 恐怕什么也不能做。❸ (먹는)【饭量】fànliàng ¶～이 차지 않으면 더 먹어 | 如果不够(量)就再吃。

양³[胖]　명 【牛胃】niúwèi

ᴬ**양**[兩]　명 【两】liǎng ¶생산과 분배 ～쪽을 틀림없이 하다 | 生产分销fēnxiāo不误。

ᴬ**양**⁻⁵[兩一]　준 【两】liǎng【俩】liǎ【双】shuāng ¶～쪽이 모두 편리하다 | 两便。¶～ 손 | 双手。

양⁻⁶[洋一]　준 【西洋】Xīyáng【西方】xīfāng ¶～ 음악 | 西洋音乐yīnyuè。¶(서)～ 문학 | 西洋文学。 참고 〔洋〕〔西域yù〕

ᴰ**양**⁻⁷[一娘]　접 【小姐】xiǎo·jie【姑娘】gū·niang ¶김～ | 金小姐。

양가[良家]　명 【良家】liángjiā ¶～집 규수 | 良家闺秀。¶～의 아들(딸) | 良家子(女)。

양가[兩家]　명 【两家】liǎngjiā ¶～부모를 모시고 식을 올리다 | 在两家父母的观礼下举行结婚仪式。

ᴬ**양각**[陽刻]　명 하타 【阳刻】yángkè【刻阳文】kèyángwén

ᴬ**양계**[養鷄]　명 【养鸡】yǎngjī ¶～업 |

养鸡业。¶～장 | 养鸡场。

ᵒ**양곡**[糧穀] 몡【粗粮】cūliáng【谷物】g-ǔwù 참고〔糙米〕〔细나米〕〔杂粮〕

ᵒ**양과자**[洋菓子] 몡【洋点心】yángdiǎn-nxīn【西点】xīdiǎn

양국[兩國] 몡【两国】liǎngguó ¶한중～간의 경제 협력 | 韩中两国的经济合作。

양귀비꽃[楊貴妃-] 몡〈植〉【罂粟】yī-ngsù【罂粟花】yīngsùhuā

ᵒ**양극**[陽極] 몡〈電〉【阳极】yángjí【正极】zhèngjí ¶～선 | 阳极射线shèxià-n。

양기[陽氣] 몡❶ (만물의 생성기운) 【活泼】huó·po【活气】huóqì【生气】shēng/qì ¶이 아이는 ～가 없다 | 这个孩子不活泼。❷ (몸 안의 기운) 【阳气】yángqì ¶～를 돕다 | 保阳。

양껏 몡【尽量】jìnliàng【尽力】jìnlì【放量】fàngliàng ¶～ 먹어라 | 放量吃吧。

양끝[兩-] 몡【两端】liǎngduān

ᴮ**양념** 몡❶ (음식의 간을 맞추는 조미료) 【作料】zuòliào【调料】tiáoliào【调味料】tiáowèiliào ¶～거리 | 调料的材料。¶～장 | 加了各种作料和食油的酱油。❷ (재미있는 이야기) 【有趣的故事】yǒuqù·de gùshì

양단[兩斷] 몡하타【两断】liǎngduàn【两分】liǎngfēn【分为两部分】fēnwéi liǎng bù·fen

ᵒ**양달**[陽-] 몡【向阳地】xiàngyángdì【朝阳地】cháoyángdì ¶～쪽 | 向阳的一边。

양담배[洋-] 몡【洋烟】yángyān【西洋烟】xīyángyān

양도[讓渡] 몡하타【转让】zhuǎnràng【让与】ràngyǔ【过户】guò/hù【让购】r-ànggòu【让渡】ràngdù【让售】ràngsh-òu【划拨】huàbō ¶～ 매각하거나 혹은 다른 방법으로 처분한다 | 转让, 出售或用其它方式来处置置zhì。¶이 증서는 본인만 사용할 수 있고 타인에게～해서는 안된다 | 这证件只许本人使用, 不得转让给他人使用。¶주주의 권리를 ～하다 | 转让股权gǔquán。참고〔转嫁〕〔转移〕〔出盘〕

ᵒ**양동이**[洋-] 몡【白铁罐】báitiěguàn

양득[兩得] 몡【一举两得】yì jǔ liǎng d-

é【一则两便】yī zé liǎng biàn ¶【一箭双鸟】yī jiàn shuāng niǎo ¶이렇게 하면 일거～할 수 있다 | 这样做可以一举两得。

양력[陽曆] 몡【阳历】yánglì【公历】gō-nglì【太阳历】tàiyánglì 참고〔国公历〕〔西xī历〕〔新xīn历〕〔格gé里历〕

ᵒ**양로원**[養老院] 몡【养老院】yǎnglǎ-oyuàn【老人院】lǎorényuàn ¶그는 만년에～에 들어갔다 | 他晚年wǎnnián住进了养老院。참고〔敬jìng老院〕〔幸福院〕〕〔安老院〕

양립[兩立] 몡❶ (두 개의 것이 동시에 존립) 【两立】liǎnglì【并存】bìng-cún【共存】gòngcún【共处】gòngchǔ ¶～할 수 없는 형세이다 | 势不两立。¶남북에 두 정권이 ～하고 있다 | 南北并存着两个政权。❷ (대립하다) 【对峙】duìzhì【对立】duìlì ¶양군이 ～ 하다 | 两军对峙。¶～되는 두 노선 | 两条对立的路线。

ᴬ**양말**[洋襪] 몡【袜子】wà·zi ¶나일론～은 매우 싸다 | 尼龙nílóng袜子很便宜pián·yi。

ᵒ**양면**[兩面] 몡❶【正反两面】zhèngfǎn-liǎngmiàn ¶～ 인쇄 | 正反两面印刷。❷【两方面】liǎngfāngmiàn

양모[羊毛] 몡【羊毛】yángmáo ¶～양말 | 羊毛袜wà。¶～ 마크(mark) | 羊毛标志。

양미간[兩眉間] 몡【两眉间】liǎngméi-ān【眉间】méijiān【眉头】méitóu【眉宇之间】méiyǔ zhījiān【印堂】yìntáng ¶～이 검은 상은 감옥에 들어갈 재난이 있다가 | 印堂发暗有牢狱láoyù之灾z-āi。

양민[良民] 몡【良民】liángmín【良民百姓】liángmín bǎixìng 참고〔良氓m-éng〕〔良甿máng〕

ᴮ**양반**[兩班] 몡❶ (계급) 【贵族】guìzú ¶～계급 | 贵族阶级。❷ (동반과 서반) 【东班与西班】dōngbān yǔ xībān ❸ (남편) 【人】rén【先生】xiān·sheng ¶우리집 ～이 돌아오면 제가 곧 알려 드리지요 | 等我们先生回来, 我就告诉gàosù您。❹ (점잖은 사람) 【正人君子】zhèngrénjūn·zi ¶그 사람은 참～이야 | 他真是个正人君子。

ᴮ**양배추**[洋-] 몡【洋白菜】yángbáicài

【甘蓝】gānlán　【卷心菜】juǎnxīncài 【包心菜】bāoxīncài【结球甘蓝】jiéqiúgānlán【卷心菜】juǎnxīncài

ᴮ**양보**[讓步]圓[하타]【让步】ràng/bù【谦让】qiānràng ¶네가 이번에는 ~해라 | 你就让他这一次吧。¶나에게 방 한 칸 ~할 수 없겠나? | 你能不能让我这间屋子给我。

ᴬ**양복**[洋服]圓【西装】xīzhuāng【西服】xīfú【洋服】yángfú ¶그는 늘 ~을 입고 다닌다 | 他常穿chuān西服。¶~걸이 | 西服架子jiàzi。¶~바지 | 西式裤子。¶~장이 | 西装匠。참고〔洋装〕

양봉[養蜂]圓[하타]【养蜂】yǎng/fēng ¶~가 | 养蜂人。¶~업 | 养蜂业。¶~장 | 养蜂场。

양부모[養父母]圓【养父母】yǎngfùmǔ ¶~밑에서 자라다 | 在养父母身边长大。

ᶜ**양분**[養分]圓【养分】【营养】yíngyǎng ¶~이 부족하다 | 养分不足。¶~이 풍부하다 | 营养丰富。¶토양의 ~ | 土壤tǔrǎng养分。

ᴮ**양산**[陽傘]圓【阳伞】yángsǎn【旱伞】hànsǎn ¶그녀는 ~을 쓰고 나갔다 | 她打着阳伞出门了。¶~을 펴다 | 打开阳伞。

양상[樣相]圓【状态】zhuàngtài【样子】yàng·zi【局面】júmiàn【外表】wàibiǎo【情况】qíngkuàng【情形】qíngxíng【模样】móyàng ¶세계 경제가 복잡한 ~을 보이고 있다 | 世界经济呈现出复杂的局面。¶~이 달라지다 | 变了模样。

양생[養生]圓[하자]❶ (섭양)【养生】yǎngshēng【养身】yǎngshēn【保养】bǎoyǎng ¶~법 | 养身之法。❷ (건축)【养护】yǎnghù ¶~ 기간 | 养护期。¶~방 | 养护法。

ᴮ**양서**[良書]圓【好书】hǎoshū【优秀图书】yōuxiù túshū ¶~를 골라 읽다 | 挑好书阅读。

ᶜ**양성**[兩性]圓【两性】liǎngxìng ¶~산화물 | 两性氧化物。¶~생식 | 两性生殖/有性生殖。

ᶜ**양성**²[養成]圓[하타]【养成】yǎngchéng【培养】péiyǎng【造就】zàojiù【培训】péixùn ¶간부를 ~하다 | 培养干部gà-

nbù/培训干部。¶인재를 ~하다 | 培养人材。참고〔培养〕

ᶜ**양손**[兩−]圓【双手】shuāngshǒu【两手】liǎngshǒu ¶나는 ~을 들어 찬성한다 | 我举双手赞成。¶~을 마주모으다 | 双手合十。참고〔双拳〕

양송이[洋松茸]圓〈植〉【洋松茸】yángsōngróng【洋松口蘑】yángsōngkǒumó

양수[羊水]圓〈生理〉【羊水】yángshuǐ ¶~를 검사하다 | 化验huàyàn羊水。참고〔羊膜mó〕

양순[良順]圓【温顺】wēnshùn【温柔】wēnróu【老实】lǎo·shi ¶성미가 ~한 여자 | 性情温柔的女子。

양식[良識]圓【良识】liángshí【良知】liángzhī【高见】gāojiàn【真知卓见】zhēnzhīzhuójiàn ¶~있는 사람 | 有真知卓见的人。

ᶜ**양식**²[洋式]圓【洋式】yángshì【西洋式】xīyángshì【西式】xīshì ¶~ 건축 | 洋式建筑物zhùwù。

ᴮ**양식**³[洋食]圓【西餐】xīcān【西菜】xīcài【西洋菜】xīyángcài ¶그녀는 ~ 먹는 데 습관이 되어있지 않다 | 她吃不惯西餐。¶~집 | 西餐馆。참고〔大菜〕【大餐】【番菜】【蕃菜】

양식⁴[樣式]圓❶ (방식)【方式】fāngshì【方法】fāngfǎ ¶그의 말에 악의는 없으나, 말하는 ~에 있어 사람이 납득할 수가 없다 | 他说的话并无恶意yì,但说话的方式令人不能接受jiēshòu。❷ (격식)【格式】géshì【样式】yàngshì【形式】xíngshì【程式】chéngshì ¶예술 ~ | 艺术yìshù形式。

ᶜ**양식**⁵[養殖]圓[하타]【养殖】yǎngzhí ¶진주를 ~하다 | 养殖珍珠zhēnzhū。¶앞으로의 어업은 ~ 어업으로 발전하지 않으면 안된다 | 将来的渔业yúyè不能不向养殖渔业发展。

ᶜ**양식**⁶[糧食]圓【粮食】liáng·shi【口粮】kǒuliáng【食粮】shíliáng ¶~ 공급 | 食粮供应。¶책은 사람의 마음의 ~이다 | 书籍shūjí是人类rénlèi的精神jīngshén食粮。

ᶜ**양심**[良心]圓【良心】liángxīn【天良】tiānliáng ¶~을 잃다 | 失了良心。

ᶜ**양약**[洋藥]圓【西药】xīyào ¶~재 | 西药材。참고〔中药〕

양어[養魚] 명하자【养鱼】yǎngyú ¶~가 | 养鱼人。¶~장 | 养鱼池/鱼池。

°양옥[洋屋] 명【西式房子】xīshì fáng·z i【洋房】yángfáng【洋楼】yánglóu ¶~ 한 채를 짓다 | 盖了一栋dòng洋房。

°양옥집[洋屋-] 명 ☞ 양옥

양원[兩院] 명【参议院和众议院】cān·yìyuàn hé zhòngyìyuàn【两院】liǎngyuàn ¶~제 | 两院制。

양육[養育] 명하타【养育】yǎngyù【抚养】fǔyǎng ¶아기를 ~하다 | 养育婴孩yīnghái。¶자녀를 ~하다 | 抚养子女。¶~비 | 抚养费。참고〔养〕〔供gòng养〕〔赡shàn养〕

양이[攘夷] 명하자【攘夷】rǎngyí ¶~론 | 攘夷论。

양이온[陽ion] 명〈物〉【阳离子】yánglízǐ【正离子】zhènglízǐ【阳向离子】yángxiànglízǐ【阳伊洪】yángyīhóng【阳游子】yángyóuzǐ ¶그것을 써서 궤도상의 ~ 농도를 측량하다 | 用来测量轨道上的正离子浓度。

양일[兩日] 명【两天】liǎngtiān ¶~간 | 两天间。

양자[兩者] 명【二人】èrrén【两者】liǎngzhě【双方】shuāngfāng ¶~ 모두 좋은 점이 있다 | 双方都有好处。¶~가 수교에 동의하다 | 双方同意缔di交。¶~ 택일 | 二者择一。

양자[養子] 명【养子】yǎngzǐ

°양장[洋裝] 명【洋式打扮】(웃)【洋式打扮】yángshì dǎ·ban【西装】xīzhuāng【西服】xīfú【洋服】yángfú ¶~ 미인 | 西装美人。¶~점 | 西装店。¶그녀는 ~이 잘 어울린다 | 她很适合穿西装。¶~(제본) 【洋装】yángzhuāng【线装书】xiànzhuāngshū ¶~본 | 洋装本/精装本。

양재기[洋-] 명【搪瓷器】tángcíqì

양잿물[洋-] 명【烧碱】shāojiǎn【火碱】huǒjiǎn【苛性钠】kēxìngnà 참고〔氢氧,qīngyǎng化钠〕〔烧碱〕〔碱〕

°양적[量的] 관명【量的】liàng·de【数量的】shùliàng·de【数量】shùliàng ¶~ 분석 | 数量分析。¶~ 확대 | 数量扩大。

양조[釀造] 명하타【酿造】niàngzào ¶~장 | 酿造场。

°양주[洋酒] 명【洋酒】yángjiǔ【西洋酒】xīyángjiǔ

°양지[陽地] 명【向阳地】xiàngyángdì【阳面】yángmiàn ¶~ 식물 | 向阳植物。¶~로 | 向阳的一边。

양지[諒知] 명하타【谅知】liàngzhī【谅解】liàngjiě ¶널리 ~해주시기 바랍니다 | 请多多谅解。

°양쪽[兩-] 명❶ (두 편쪽)【双方】shuāngfāng【两下里】liǎngxià·li【两下】liǎngxià【两下处】liǎngxiàchù ¶이 방법은 학교와 학생 ~에게 모두 잇점이 있다 | 这办法对学校对学生双方都有好处。¶~ 모두 의견이 없었다 | 两下里都没意见。❷ (두 방향)【两边】liǎngbiān【两旁】liǎngpáng【两头】liǎngtóu ¶도로 ~은 환영 인파로 빽빽하게 찼다 | 马路两旁挤jǐ满了欢迎的人群。

°양철[洋鐵] 명【白铁】báitiě【镀锌铁(皮)】dùxīntiě(pí)【马口铁】mǎkǒutiě ¶~공 | 白铁匠jiàng。¶~통 | 白铁桶。

양초[洋-] 명【洋蜡】yánglà【石蜡】shílà ¶~ 시계 | 蜡烛表。

양측[兩側] 명【两边】liǎngbiān【两侧】liǎngcè【双方】shuāngfāng ¶~의 입장 | 双方的立场。

°양치기[羊-] 명【饲羊】sìyáng【牧羊】mùyáng

양치질[養齒-] 명하자❶ (입을 가셔내는 일)【漱口】shù/kǒu ¶소금물로 ~하다 | 用盐水漱口。¶하루에 세번 ~하다 | 一天漱三次口。❷ (이를 닦는 일)【刷牙】shuā yá ¶양치하고, 세수하고 | 刷牙洗脸。참고〔牙刷〕〔牙粉〕〔牙膏〕

양친[兩親] 명【双亲】shuāngqīn ¶~이 아직 건재하다 | 双亲还未在。¶~께서는 고향에 계시냐? | 双亲在老家吗?

°양칫물[養齒-] 명【漱口水】shùkǒushuǐ

°양탄자[洋-] 명【地毯】dìtǎn

°양털[羊-] 명【羊毛】yángmáo ¶눈처럼 흰 ~ | 雪白的羊毛。¶~실 | 羊毛丝。

°양파[洋-] 명【洋葱】yángcōng ¶~를 요리에 쓰다 | 用洋葱做菜。

ᵀ**양팔**[兩—]**명**【两腕】liǎngwàn【左右胳膊】zuǒyòugē·bo

ᵀ**양편**[兩便]**명**【双方】shuāngfāng【两下里】liǎngxià·li【两边】liǎngbiān【两旁】liǎngpáng【两头】liǎngtóu【两侧】liǎngcè【两处】liǎngchù ¶～　모두 좋은 점이 있다｜双方都有好处hǎochù. (참고)〔两下〕〔两下处〕

ᵀ**양푼**명【铜盆】tóngpén

양품[洋品]**명**【西洋货】xīyánghuò ¶～점｜洋货店.

ᵀ**양해**[諒解]**명하타**【谅解】liàngjiě【体谅】tǐ·liang【原谅】yuánliàng【担待】dāndài ¶～를 해 주십시오！｜请您原谅！¶이번만은 저를 ～해 주십시오｜请担待我这一回吧. (참고)〔了解〕〔体量〕〔担忽〕

양호[良好]**명형**【良好】liánghǎo ¶～한 조건을 만들었다｜创造chuàngzào了良好的条件. ¶다년간 ～한 관계를 유지해오고 있다｜多年来保持bǎochí着良好的关系.

ᵀ**양호**[養護]**명하타**【维护】wéihù【养护】yǎnghù【保健】bǎojiàn ¶～시설｜保健设施.

ᵀ**양화**[洋靴]**명**【皮鞋】píxié ¶～점｜皮鞋店.

ᵀ**얕다**형 ❶ (깊이 따위가)【浅】qiǎn ¶이 강은 매우 ～｜这条河zhètiáohé很浅. ❷ (생각이나 지식 따위가)【疏浅】shūqiǎn【浅薄】qiǎnbó【浅陋】qiǎnlòu ¶생각이 조잡하고 ～｜思虑疏浅. ¶그의 역사에 대한 지식은 매우 ～｜他的历史知识lì shīzhìshí很浅薄.

ᵀ**얕보다**동【轻视】qīngshì【藐视】miǎoshì【小看】xiǎokàn ¶그를 얕보지 말라｜你别轻视了他. ¶전략적으로는 우리는 적을 얕보아야 하지만 전술적으로는 적을 중시해야 한다｜在战略上我们要藐视miǎoshì敌人, 而在战术上要重视敌人. ¶사람을 ～｜小看人. (참고)〔轻看〕〔小瞧qiáo〕〔小觑qù〕〔小视shì〕

얕잡다동【小看】xiǎokàn ¶어리다고 얕잡아 보지 마세요｜别因为他小而小看他.

애대【这孩子】zhè hái·zi ¶～가 날 때렸어요｜这孩子打了我.

ᴮ**애기** ☞ 이야기

ᴮ**어갑**[噯]ǎi ¶～, 이 일을 어쩔까｜唉, 这事儿怎么办呢?

ᴮ**어간**[語幹]**명**〈言〉【词干】cígàn【语根】yǔgēn

어감[語感]**명**【语感】yǔgǎn ¶그의 ～은 아주 좋다｜他的语感很好.

어거지명【要赖】yàolài【倔强】juéjiàng (참고)〔嘴jué强〕〔木mù头〕

어구[漁具]**명**【渔具】yújù【鱼具】yújù【捕鱼工具】bǔyú gōngjù

ᵀ**어귀**[於口]**명**【口（儿）】kǒu(r)【入口】rù/kǒu ¶문～｜门口.¶골목～｜胡同口儿.

어금니[臼齿]**명**【槽牙】zāoyá (참고)〔板bǎn牙〕〔槽cáo牙〕〔磨mó牙〕〔盘pán牙〕

ᴮ**어긋나다**동 ❶ (서로 꼭 맞지 않다)【错开】cuòkāi ¶각 반의 운동장 이용 시간을 서로 어긋나도록 해야만 한다｜各班利用操场cāochǎng的时间得错开. ❷ (사실이나 도리에 맞지 않다)【不合】bùhé【不符合】bùfúhé【违背】wéibèi【辜负】gū·fù【孤负】gūfù ¶도리에 ～｜不合道理. ¶시대적 조류에 ～｜违背时代的潮流. ❸ (사이가 틀어지다)【不和】bùhé ¶그와 주임은 줄곧 어긋나있다｜他跟主任一向不和.

ᴮ**어기다**동【违】wéi【违反】wéifǎn【违背】wéibèi【辜负】gū·fù【孤负】gūfù【违逆】wéinì【拂逆】fúnì ¶헌법을 ～｜违反宪法. ¶원칙을 ～｜违背原则.

어기적거리다동【蹒跚走走】pánshān·de zǒu

어김없다형【不违背】bùwéibèi【不违逆】bùwéinì【没错】méicuò ¶그는 한다면 ～｜他说做就没错.

ᵀ**어김없이**부【不违背】bùwéibèi【一定】yídìng【必须】bìxū【正确无误地】zhèngquè wúwù·de ¶그는 ～ 온다｜他一定会来.

ᴬ**어깨**명【肩膀（儿·子）】jiānbǎng(r·zi)【肩胛】jiānjiǎ【肩头】jiāntóu【肩】jiān ¶～さ｜动／肩/背. ¶～춤｜耸肩跳舞. ¶～를 으쓱거리다｜耸肩sǒng肩膀. (참고)〔肩顶儿〕〔肩胛bó〕

ᴬ**어느**관❶ (어떤)【某】mǒu【有一个】yǒuyí·ge ¶～ 학교｜某某学校. ❷

（의문）【哪个】nǎ·ge【哪一个】nǎyí·g-
e【什么】shén·me ¶너희들은 ～ 학
교 학생인가? | 你们是哪个学校的学
生? | ～ 때 | 什么时候.

ᴮ**어느덧** 뮈【不知不觉之间】bùzhī bùjué
zhījiān【不觉间】bùjuéjiān【一晃】yí-
huǎng【转眼】zhuǎn/yǎn【转盼】zhuǎn-
npàn ¶～ 새해가 되었다 | 一晃又到
新年了.

어느새 뮈【什么时候】shén·me shí·ho-
u【不多会儿】bùduōhuìr【不一会儿】b-
úyíhuìr【不一时】bùyìshí【不知不觉
间】bùzhī bùjué jiān ¶～ 손님들이 모
두 다 왔다 | 不一会儿客人都来齐儿
了. | ～ 여기까지 왔다 | 不知什么
时候到这儿来了.

어댑터[adapter] 명〈電〉【适配器】shì-
pèiqì【샛투】bùtào

ᶜ**어두**[語頭] 명〈言〉【词头】cítóu【语
头】yǔtóu（참고）【前缀】【话头】

어두컴컴하다 톙【昏暗】hūn·àn【黑洞
洞】hēidōngdōng【黑漆漆】hēiqīqī
【黑沉沉】hēichénchén【黑骏骏】hēijùn-
jùn ¶안이 어두컴컴하여 아무것도
보이지 않는다 | 里头黑洞洞的, 什么
也看不见. ¶날이 흐려서 ～ | 天阴
得黑沉沉.

ᶜ**어둑어둑하다** 톙【黑沉沉】hēichénchén
【黑暗】hēi·àn【黑下来】hēixiàlái ¶날
이 어둑어둑해져서야 그가 돌아왔다
| 天黑下来之后他才回来.

ᴬ**어둠** 명【黑暗】hēi·àn【昏暗】hūn·àn
【黑】hēi ¶～길 | 夜路/黑路.

어둠침침하다 톙【阴暗】yīn·àn【阴霾】
yīnmái【霾晦】máihuì【阴沉沉】yīnch-
énchén【阴森】yīnsēn【昏暗】hūn·àn
¶지하실은 어둠침침하고 습하다 |
地下室阴暗而潮湿. ¶어둠침침한
숲 | 阴霾的树林.

ᴬ**어둡다** 톙❶（밝지 않다）【黑】hēi【暗】
àn【黑暗】hēi·àn ¶날이 이미 어두워
졌다 | 天已黑了/天已经暗了. ¶동
굴 안이 온통 ～ | 山洞里一片黑暗.
❷（분위기나 표정이）【阴沉】yīnchén
【灰暗】huī·àn ¶안색이 ～ | 脸色阴
沉. ¶마음이 매우 ～ | 心理十分灰
暗. ❸（시력·청력이）【不好】bùhǎo
¶늙어서 눈이 ～ | 老了视力就不
好. ❹（잘 모르다）【不懂】bùdǒng

【蒙昧】méngmèi ¶예절에 ～ | 不懂
礼貌.

ᴬ**어디** 때❶（의문）【哪里】nǎ·li【哪儿】n-
ǎr【啥地方】shádì·fang ¶너는 ～에
사느냐? | 你住在哪里? ¶이 말은 네
가 ～에서 들은 것이냐? | 这话你是从
哪里听来的? ❷（정하지 않는 어느
곳）【哪里】nǎ·li ¶이 그림은 ～에선
가 본 것 같다 | 这幅画儿好像在哪里
见过. ¶일하는 데는 ～나 다 같다 |
做工作哪里都一样. ❸（어떻게）【哪
里】nǎ·li ¶그가 ～ 중국인이요, 한국
인인데 | 他哪里是中国人, 他是韩国
人. ❹（밝힐 필요가 없는 어느 곳）
【什么地方】shí·me dì·fang ¶～ 좀
다녀 오는 길입니다 | 我到一个地方
去了一下, 刚回来.

어때 뮈【怎样】zěnyàng【怎么样】zěn-
meyàng【如何】rúhé ¶너의 건강은
～? | 你的健康怎么样? ¶근황은 ～ |
近况如何?

ᴬ**어떠하다** 톙【什么样】shén·meyàng
【怎么样】zěn·meyàng 【如何】rúhé
【何如】hérú【怎样】zěnyàng ¶자네
그를 어떻게 할 셈인가? | 你打算把他
怎么样? ¶어떻게 해야 좋을지 모르
겠다 | 不知如何是好.

ᴮ**어떡하다** 톙【怎么办】zěn·mebàn

ᴬ**어떤** 권【某】mǒu【谁】shéi【哪些】nǎxi-
ē【哪些个】nǎxiē·ge【有的】yǒu·de
¶열 개 손가락 가운데에도 ～ 것은 길고 ～ 것은 짧다 |
十个指头, 有的长, 有的短. ¶～ 사람
은 이렇게 말하고, ～ 사람은 저렇게
말한다 | 有的这样说, 有的那样说.

어떻게 뮈【怎么】zěn·me【怎样】zěnyà-
ng ¶이건 ～ 하는 거지? | 这怎么做?

어떻게든 뮈【无论如何】wúlùnrúhé【反
正】fǎnzhèng ¶～ 찾아 보자 | 无论如
何找找看吧.

-어라 回 （表示命令或感叹的基本阶
终结词尾）¶천천히 먹～ | 慢慢吃.
¶거기 두～ | 放在那里吧.

어려움 명【困难】kùn·nan【难】nán【苦
难】kǔnàn ¶～을 이기다 | 克服困难.

어려워하다 톙❶（윗람에게 조심하다）
【介意】jiè/yì【不好意思】bùhǎoyì·si
【敬畏】jìngwèi【畏惧】wèijù ¶상사를
매우 ～ | 对上司很敬畏. ❷（힘들어

하다】【畏难】wèinán 【为难】wéi/nán ¶어려움을 두려워하는 마음 | 畏难的情绪. ¶어려운 일 | 为难的事.

어련하다 [当然好]【当然会】dāngránhuì 【难道会不…】nándàohuìbù ¶그가 하는데 어련하겠는가? | 这事由他做, 难道会不成?

어련히 [怎么会不…]【怎么会不…】zěn·me huìbù…. 【当然会】dāngránhuì ¶내버려둬, ~ 알아서 할까 | 别管啦, 当然会知道怎么做.

ᴮ**어렴풋하다** [형]【模模糊糊】mó·mo hū·hū 【模糊不清】mó·hu bùqīng 【隐隐约约】yǐn·yin yuēyuē 【隐约】yǐnyuē 【缥渺】piāomiǎo 【影影绰绰】yǐngyǐng chuòchuò 【依稀】yīxī 【模糊】mó·hu 【恍惚】huǎng·hū ¶마을 하나가 어렴풋이 보인다 | 影影绰绰看见一个小村儿. ¶그는 어렴풋하게 기억해냈다 | 他依稀记起来了. 참고 [恍h·hū] [影影糊糊] [影影约约] [模湖糊]

ᴬ**어렵다** [형] ❶ (힘들다)【难】nán 【不容易】bùróngyì ¶말하는 것은 쉽지만 행하기는 ~ | 说着容易做着难. ¶이 일은 하기 ~ | 这件事难办. ❷ (생활이 힘들다)【困难】kùn·nan 【艰苦】jiānkǔ ¶상황이 매우 ~ | 情况十分艰难. ¶어려운 세월 | 艰苦的岁月. ❸ (조심스럽고 거북하다)【恭谨】gōngjǐn 【敬畏】jìngwèi ¶남을 대단히 어려워한다 | 对上司很敬畏. 참고 [害怕] [艰巨] [艰难] [苦]

어렵사리 [부]【很难】hěnnán 【艰难地】jiānnán·de 【好不容易】hǎobùróngyì ¶~ 손에 넣다 | 好不容易拿到手里.

어로 [渔捞]【명】하터】【渔捞】yúlāo 【捕鱼】bǔyú 【捕捞】bǔlāo ¶~ 금지 | 禁止捕捞. ¶~선 | 捕鱼船.

ᴮ**어루만지다** [동] ❶ (쓰다듬다)【摸】mō 【抚摩】fǔmó 【抚摸】fǔmō 【摩】mó 【摩弄】mónòng 【抚弄】fǔnòng 【摸摸】mō·mō ¶어머니는 딸의 머리를 어루만지며 이야기했다 | 母亲抚摸着女儿的头说. ❷ (위로하다)【抚慰】fǔwèi 【安慰】ānwèi ¶그는 아들을 잃어 슬퍼하고 있으니, 네가 가서 그를 어루만져 주어라 | 他死了儿子很悲伤bēishāng, 你去安慰安慰他吧.

ᶜ**어류** [魚類]【명】【鱼类】yúlèi ¶고래는 ~에 속하지 않는다 | 鲸不属于鱼类.

어르다 [동] [逗]dòu [哄]hōng ¶어린애를 ~ | 逗孩子/哄孩子.

어르신네 ❶ (상대방의 부친)【令尊】lìngzūn 【令大人】lìngdàrén 【令老太爷】lìnglǎotàiyé 【令严】lìngyán 【令翁】lìngwēng 【尊大人】zūndàrén ¶~께서 너의 해외 유학을 동의하시느냐? | 令尊同意你出国留学吗? ❷ (연장자)【长辈】zhǎngbèi 【老辈(儿,子)】lǎobèi(r, ·zi) 【前辈】qiánbèi 【上辈(儿)】shàngbèi(r) ¶~는 언제나 후배를 사랑하고 보살핀다 | 长辈总是爱护晚辈.

ᴬ**어른** [명] ❶ (성인)【大人】dà·ren 【成人】chéngrén 【人丁】réndīng ¶어른보다 아이는 아무래도 ~보다 아는 게 적다 | 小孩儿总比大人知道的少. ¶~으로 자랐다 | 长zhǎng大成人. ❷ (상대방의 부모)【令尊】lìngzūn 【令大人】lìngdàrén 【令老太爷】lìnglǎotàiyé 【令严】lìngyán 【令翁】lìngwēng 【尊大人】zūndàrén ¶자네집 ~께서 오셨네 | 你家的令尊来了. ❸ (연장자)【尊长】zūnzhǎng 【长辈】zhǎngbèi 【老辈(儿,子)】lǎobèi(r, ·zi) 【前辈】qiánbèi 【上辈(儿)】shàngbèi(r)

어른거리다 [동] ❶ (눈·마음에)【隐隐约约】yǐnyǐn yuēyuē ¶고향 마을이 눈에 ~ | 我的故乡隐隐约约地在眼前晃动. ❷ (어리대다)【晃动】huàngdòng

어른스럽다 [형]【老成】lǎochéng 【老气】lǎoqì ¶어린 애가 ~ | 少shào年老气成. ¶이 아이는 말하는 것이 아주 ~ | 这孩子说话很老气.

어리광 [명]【撒娇】sājiāo 【娇态】jiāotài 【娇姿】jiāozī 참고 [媚mèi态]

ᴮ**어리다¹** [동] ❶ (괴다·맺히다)【结】jié 【凝】níng 【噙】qín 【带着】dài·zhe 【渗透】shèntòu ¶눈에 눈물이 어려있다 | 眼眶yǎnkuàng里噙着眼泪yǎnlèi. ¶정성이 어린 선물 | 带着诚意的礼物. ❷ (가득하다)【弥漫】mímàn 【泛着】fàn·zhe ¶안개가 ~ | 雾气弥满.

ᴬ**어리다²** [동] ❶ (나이가 적다)【幼小】yòuxiǎo 【年幼】niányòu 【少】shào ¶어린 마음 | 幼小的心灵. ¶그녀의 자

식물은 아직 ～ | 她的孩子们还年幼。
¶나이가 ～ | 年少。❷〈수준이 낮다〉【幼】yòu【嫩】nèn【幼稚】yòuzhì ¶생각이 ～ | 思想幼稚。¶보기에 너무 ～ | 看上去还太嫩。參考〔差〕〔低〕

^C**어리둥절하다** 匧【迷】míhū【迷茫】mímáng【迷惘】míwǎng【迷迷糊糊】mímíhūhu【蒙在鼓里】méng zài gǔ lǐ【眼花缭乱】yǎn huā liáo luàn ¶도시의 번화함은 보는 이의 눈을 어리둥절하게 한다 | 城市五光十色, 让人看得眼花缭乱。參考〔眼花撩〔liáo〕乱〕〔瞒在鼓里〕〔装在鼓里〕〔惶惑不解〕〔感到莫名其妙〕

^B**어리석다** 匧【愚蠢】yúchǔn【愚笨】yúbèn【愚昧】yúmèi【愚钝】yúdùn【傻】shǎ【愚鲁】yúlǔ【傻头傻脑】shǎ tóu shǎ nǎo ¶그보다 더 어리석은 사람은 없다 | 再没有比他愚笨的人了。¶이것은 어리석음으로 말미암은 것이다 | 这是由于愚昧所造成的。¶나의 어리석음을 양해해 주세요 | 我生性愚钝, 您多包涵bāohán。¶너 정말 어리석구나, 그의 이 정도 뜻도 알아 듣지 못하다니 | 你真傻, 连这点意思都听不出来。

^A**어린이** 匧【小孩儿】xiǎoháir【小孩】xiǎohái【儿童】értóng ¶～ 전용 영화관 | 儿童影院。¶～날 | 儿童节。¶～헌장 | 儿童宪章。

^C**어림** 匧하타 ☞ 어림짐작

^B**어림없다** 匧【根本不可能】gēnběn bùkěnéng【没有门儿】méiyǒuménr ¶그 물건을 사는데 그 돈으로는 ～ | 买那东西, 就你这点儿钱根本不可能。¶네 영어를 가지고 미국으로 가는 건 ～ | 这英语水平去美国, 那根本没有门儿。

어림잡다 동【估计】gūjì【估量】gū·liang ¶필요한 비용을 ～ | 估计所需要的费用。

어림짐작 匧하타【估计】gūjì【估量】gū·liang【估摸】gū·mo ¶입장객이 2만 명이라고 ～하다 | 估计入场者有两万人。參考〔约yuē摸〕〔约莫mò〕〔斟酌zhēnzhuó〕

어릿광대 匧【小艺人】xiǎoyìrén【小丑】xiǎochǒu

^C**어마어마하다** 匧【可怕】kěpà【吓人】xì-

à/rén ¶어마어마하게 높은 집 | 高得吓人的房子。

^C**어머** 캅【哎呀】āiyā ¶～! 사과가 이렇게 크다! | 哎呀! 这苹píng果这么大呀!參考〔哎呀〕〔哎哟〕〔嗳呀〕

^A**어머니** 匧 ❶ (모친)【母亲】mǔ·qīn【妈妈】mā·ma【家母】jiāmǔ【家慈】jiācí【娘】niáng【妈】mā【母】mǔ ¶조국, 나의 ～! | 祖国, 我的母亲! ¶～는 출근하셨다 | 妈妈上班去了。❷ (자식을 가진 여자를 일컬어)【大娘】dàniáng【伯母】bómǔ【大婶】dàshěn ❸ (사물을 낳는 근본을 비유하여)【母】mǔ【原动力】yuándònglì ¶실패는 성공의 ～다 | 失败乃成功之母。

어멈 匧 ❶ (남의 집살이하는 어른 여자)【老妈子】lǎomāzi【管家婆】guǎnjiāpó ❷ ☞ 어머니

^B**어묵** 匧【鱼一】【鲜鱼凉粉】xiānyú liángfěn

^B**어물**〔魚物〕匧 ❶ (물고기)【鱼】yú ¶～은 물을 떠날 수 없다 | 鱼离不开水。¶～전 | 鱼店。❷ (말린 해산물)【干鱼】gānyú

어물어물 튀하자 ❶ (눈앞에서 조금씩 움직임)【晃动】huàngdòng【浮现】fúxiàn ¶지나간 일들이 또 눈앞에 ～한다 | 往事又浮现在眼前。❷ (말이나 행동을 분명하게 하지 않음)【磨蹭】mó·ceng ¶그는 무얼 하든 온통 그렇게 ～댄다 | 他干什么都那么磨蹭。

어물쩍 튀하자【蒙混过去】ménghùnguò qù【含混过去】hán hùn guò qù【混水摸鱼】hùn shuǐ mō yú【浑水摸鱼】hún shuǐ mō yú【混过关】hùnguòguān【含混】hánhùn【蒙混】ménghùn ¶그는 화제를 바꾸어 ～해버렸다 | 他换了个话题蒙混了过去。

^C**어미**[1] 匧 ❶ ☞ 어머니 ❷【雌的】cí·de【母的】mǔ·de

어미[2]〔語尾〕匧【言】【词尾】cíwěi【语尾】yǔwěi【后缀】hòuzhuì ¶～변화 | 词尾变化。

어민[漁民] 匧【渔民】yúmín ¶그의 아버지는 ～이다 | 他父亲是渔民。¶～조합 | 渔民协会。

^B**어버이** 匧【父母】fùmǔ ¶～날 | 父亲节。

^C**어법**[語法] 匧〈言〉【语法】yǔfǎ ¶～책

| 語法书.

ᴬ**어부**[漁夫] 몡【渔夫】yúfū【渔人】yúrén【打鱼的】dǎyú·de【捕鱼工人】bǔyú gōngrén ¶도요새와 방합의 다툼에 ~가 이익을 얻다 [鹬蚌yùbàng相争, 渔夫得利. 참고〔渔户〕

어불성설[語不成說] 몡【不成话】bùchénghuà【言不成理】yánbùchénglǐ【自相矛盾】zìxiāngmáodùn ¶그런 말은 ~이다 | 那种话是自相矛盾的. 참고〔不像话〕〔不像样儿〕〔废话〕

ᴮ**어사**[御史] 몡【御史】yù·shǐ 참고〔微微微微wēi行御使〕〔钦差qīnchāi大臣〕

ᴬ**어색**[語塞] 혱하다 ❶【不自然】búzìrán【彆扭】bié·niu【尴尬】gāngà【别扭】bié·niu【腼腆】miǎn·tian【难乎为情】nánhūwéiqíng【难为情】nánwéiqíng ¶이렇게 말하는 것은 ~하다 | 这么说很不自然. ❷(서투르다)【生硬】shēngyìng【不通顺】bùtōngshùn ¶글이 읽기에 너무 ~하다 | 文章念起来太生硬.

ᴬ**어서**¹ 円【快】kuài【赶快】gǎnkuài ¶~ 학교에 갑시다 | 快上学去吧! ¶~ 와서 도와달라! | 快来帮忙.

—**어서**² 回 (连接词尾, 表示原因, 方式, 条件先后等意义) ¶물이 깊~ 건널 수가 없다 | 水深无法渡过. ¶걸~ 가면 삼일은 걸린다 | 走着去需要三天.

ᶜ**어선**[漁船] 몡【渔船】yúchuán ¶원양 ~ | 远洋渔船. ¶근해 ~ | 近海渔船.

어설프다 혱 ❶(짜임새 등이 허술하다)【散漫】sǎnmàn【稀疏】xīshū【疏稀】shūxī【粗】cū ¶이 수공 제품은 너무 ~ | 这个手工制品太粗了. ❷(야무지지 못하다)【轻率】qīngshuài【草率】cǎoshuài【不自然】búzìrán ¶그녀는 일을 너무 어설프게 처리한다 | 她处事chùshì太轻率. ¶이렇게 말하는 것은 ~ | 这么说很不自然.

어수룩하다 혱 ❶(너그럽다)【憨厚】hānhòu ¶이 아이는 대단히 ~ | 这个小伙子huǒzi很憨厚. ❷(다소 어리석다)【傻笨】shǎbèn【呆】dāi ¶그렇게 어수룩해서 어떻게 살아가겠나 | 那么呆, 怎么能生活下去.

어수선하다 혱 ❶(사물이) 【乱】luàn【乱七八糟】luàn qī bā zāo ¶방안이 몹시 어수선하니, 네가 정리 좀 해라 | 屋里很乱, 你把它收拾shōushí收拾吧. ❷(마음이)【烦】fán【心烦意乱】xīn fán yì luàn ¶마음이 ~ | 心烦意乱. 참고〔心慌意乱〕〔慌乱心烦〕〔纷乱〕

ᶜ**어순**[語順] 몡〈言〉【词序】cíxù【语序】yǔxù ¶~은 같으나 뜻은 다르다 | 词序相同, 但意义不同.

어스름[昏暗] 몡【昏暗】hūn'àn【朦胧】ménglóng ¶~ 달밤 | 朦胧的月夜.

어슬렁거리다 둉【慢慢走】mànmàn zǒu·de【慢吞吞地走】màntūntūn·de zǒu【慢慢悠悠】mànmànyōuyōu ¶바닷가에서 ~ | 在海边慢慢悠悠地走来走去.

ᶜ**어슴푸레하다** 혱 ❶(어둑하다)【昏暗】hūn'àn【冥茫】míngmáng【昏黄】hūnhuáng ¶달빛이 ~ | 月色昏黄. ❷(희미하다)【朦胧】ménglóng【隐约】yǐnyuē ¶멀리 남산 타워가 어슴푸레하게 보인다 | 隐约可见远处的南山塔. ¶아슴푸레하게 떠오르는 모습 | 隐约可见的身影. ❸(기억이 뚜렷하지 않다)【模糊】mó·hu【模糊糊】mómo húhú ¶인식이 ~ | 认识模糊.

어슷하다 혱【歪斜】wāixié ¶어슷하게 자르다 | 微斜着切.

어안이 병벙하다 관용【瞠目结舌】chēng mù jié shé【结舌瞠目】jié shé chēng mù【目瞪口呆】mù dèng kǒu dāi【张口结舌】zhāng kǒu jié shé ¶내가 물으니 그는 어안이 병벙하여 아무 말도 못 했다 | 他被我问得张口结舌说不出话来.

어인[於焉] 円【不知何时之间】bùjuéjiān【不知不觉之间】bù zhī bù jué zhījiān

어언간[於焉間] 円【不知何时之间】bùjuéjiān【不知不觉之间】bù zhī bù jué zhījiān ¶~5년이 되었다 | 不知不觉之间过了五年.

ᶜ**어업**[漁業] 몡【渔业】yúyè ¶~감시선 | 渔业监视船. ¶~ 협정 | 渔业协定. ¶~조합 | 渔业合作社.

ᶜ**어여쁘다** 혱【漂亮】piào·liang【美丽】měilì【俊秀】jùnxiù【俊俏】jùnqiào【妩媚】wǔmèi【标致】biāozhì ¶내 여자친구는 너무 ~ | 我的女朋友长得很漂亮.

漂亮。 ¶어여쁜 아가씨 | 俊俏的小姐。

어엿하다 혱【堂堂】tángtáng【当之无愧】dāng zhī wú kuì【理直气壮】lǐ zhí qì zhuàng【堂堂正正】tángtángzhèngzhèng ¶그는 민주운동의 어엿한 지도자이다 | 他是当之无愧的民主运动的领袖lǐngxiù。

어용[御用] 몡【御用】yùyòng ¶~ 학자 | 御用学者。 ¶~ 신문 | 御用报纸。

ᴮ**어우러지다** 통【协调】xiétiáo【和谐】héxié【和协】héxié ¶음조가 잘 ~ | 音调和谐。 ¶기름과 물은 어우러지지 않는다 | 油和水不相容。

ᴬ**어울리다** 통【协调 가 되다】xiétiáo❶【谐调】xiétiáo【相称】xiāngchèn【和谐】héxié【适合】shìhé ¶인품과 옷차림이 매우 잘 ~ | 人品服饰fúshì很相称。 ¶음조가 잘 ~ | 音调和谐。❷(어우러지다)【融洽】róngqià ¶이웃과 잘 ~ | 和邻居融洽。 |참고|〔和协〕〔相得〕〔配〕〔对称〕〔对式的〕

어원[語源] 몡〈言〉【语源】yǔyuán【词源】cíyuán【辞源】cíyuán ¶~학 | 语源学。

ᶜ**어이유** 갑【哎呀】āiyā【唉呀】āiyā【哎唷】āiyō【噯呀】āiyā ¶~, 너 어쩌서 이렇게 늦게 왔니! | 哎呀, 你怎么来得这么晚呢!

어음[經]〈票据〉【票据】piàojù【期票】qīpiào【汇票】huìpiào ¶신용~ | 清洁qīngjié票据。 ¶지급~ | 应付yīngfù票据。 ¶부도~ | 拒付jùfù票据。 ¶교환~ | 交换jiāohuàn。 ¶~ 할인 | 期票贴现tiēxiàn。 ¶신용 ~ | 光票期票。 |참고|〔期单dān〕〔本票〕〔汇单〕

어이 몡【怎么】zěn·me ¶이 일을 ~할꼬? | 这该怎么办呢? ¶~ 잊으랴 | 怎能忘记。

ᶜ**어이구** 갑【哎呀】āiyā【哎哟】āiyō【啊唷】āyō ¶~, 벌써 10시나 되었구나! | 啊唷, 都十点了。 ¶~, 죽을 지경이구나! | 啊唷, 真要命! ¶~, 다 됐다! 소나기가 쏟아지네! | 啊唷, 真糟糕! 下大雨了!

ᶜ**어이없다** 혱【无可奈何】wú kě nài hé【有口难辩】yǒu kǒu nán biàn【啼笑皆非】tí xiào jiē fēi ¶이는 정말 어이없는 일이다 | 这可真是无可奈何的

事。 |참고|〔无计jì奈何〕〔无可如何〕

어이없이 뭐【无可奈何地】wú kě nài h-é·de【意外】yìwài ¶그 사람은 ~ 죽었다 | 那个人死得意外。

ᴮ**어장**[漁場] 몡【渔场】yúchǎng【渔区】yúqū ¶~을 개설하다 | 开设渔场。

ᴬ**어저께** 몡☞어제

어전[御前] 몡【御前】yùqián【在帝王面前】zài dìwáng miànqián ¶~ 회의 | 御前会议。

어정거리다 통【悠哉悠哉】yōuzāiyōuzāi【慢慢地走】mànmàn·de zǒu【磨蹭】mó·ceng ¶하는 일 없이 어정거리다가 하루 해를 보냈다 | 没事干, 悠哉悠哉地混了一天。

어정쩡하다 혱【晕晕糊糊】yūnyūn húh-ú【昏主昏脑】hūn zhǔ hūn nǎo【含含糊糊】hánhán húhú

ᴬ**어제** 몡❶(오늘의 바로 전날)【昨天】zuótiān【昨日】zuórì【昨儿】zuór【昨儿个】zuór·ge ¶~ 그는 시내로 들어갔다 | 昨天他进城了。❷(과거)【过去】guòqù ¶네가 ~의 나인 줄 아세요? | 以为我还是过去的那个我吗?

ᶜ**어조**[語調] 몡【语调】yǔdiào【语气】yǔqì【腔调】qiāngdiào【声调(儿)】shēngdiào(r) ¶완곡한 ~로 말하다 | 用婉转wǎnzhuǎn的语气说。 ¶~가 격앙되다 | 声调激昂jīáng。

어눕다 혱【不灵便】bùlíngbiàn【不熟练】bù shúliàn【硬】yìng【不听使唤】b-ùtīngshǐhuàn ¶혀가 군어서 말이 ~ | 舌头发硬, 说话不听使唤。

어중간하다[於中間-] 혱【倒多少】dǎo duō bù shǎo【倒长不短】dǎo cháng bù duǎn【怎么也不合适】zěn·me yě bù héshí【高不成, 低不就】gāobùchéng, dībùjiù【差不多】chā·buduō ¶지금 출발하기에는 시간이 ~ | 现在出发时间已经差不多了。

어지간하다 혱❶(꽤 무던하다)【差不多】chà·buduō【可以】kěyǐ【算不错】suànbúcuò ¶인물은 그만하면 어지간한 셈이다 | 长相算不错了。❷(어떤 정도에 이르는)【相当】xiāngdāng【普通】pǔtōng【一般】yìbān ¶어지간한 사람은 해낼 일이 아니다 | 不是一般人就能做의

事。

ᴮ**어지럽다** [형] ❶ (정신이 얼떨떨하다) 【晕】yūn【昏】hūn【晕眩】yūnxuàn【晕花】yūnhuā ¶머리가 어지럽고 눈앞이 아찔하다 | 头昏眼花。 ❷ (혼란하고 어수선하다) 【混乱】hùnluàn【乱】luàn【乱腾】luàn·teng ¶질서가 ~ | 秩序zhìxù混乱。 ¶지금 도로는 매우 ~ | 现在路上乱腾腾。

ᶜ**어질다** [형] 【仁慈】réncí【善良】shànliáng【良善】liángshàn ¶마음씨가 따뜻하고 어진 사람 | 又温和又善良的人。

어질어질 [부][하형] 【晕糊糊】yūnhúhú【发晕】fāyūn【眩晕】xuànyūn【晕晕乎乎】yūnhúhú ¶머리가 ~하다 | 头晕晕乎乎。

어째 [부] 【为什么】wèishén·me【怎么】zěn·me ¶~ 아무 말 없나? | 怎么不说话? ¶~ 이런 일이 생길까? | 怎么会发生这样的事?

ᴮ**어째서** [부] 【为什么】wèishén·me【怎么】zěn·me ¶너는 그 모양이니? | 你怎么是那个样子?

ᴮ**어쨌든** [부] 【不管怎样】bù guǎn zěn yàng【无论怎样】wú lùn zěn yàng【无论如何】wúlùn rúhé【反正】fǎn·zheng【无论】wúlùn【总之】zǒngzhī【总而言之】zǒng ér yán zhī ¶~ 이렇게 해야 한다 | 无论如何得这么办。 ¶~ 다 밀어넣었지 | 好歹都塞进去了。 [참고] 〔不管〕〔无论〕〔任rèn凭〕〔任凭〕

어찌고저찌고 [부] 【如何如何】rú hé rú hé【怎样怎样】zěn yàng zěn yàng

ᴬ**어찌다** [부] ❶ (우연히) 【偶然】ǒurán ¶우리는 ~ 만났다 | 我们偶然相遇。 ❷ (이따금) 【偶尔】ǒu'ěr ¶그는 ~ 우리 집에 놀러온다 | 他偶尔到我家来玩。

ᴮ**어찌다가** [부] ❶ (우연히) 【偶然】ǒurán【不料】búliào【意外】yìwài ¶옛 친구를 만났다 | 在路上偶然遇见yùjiàn一个老朋友。 ¶신문에서 ~ 그에 관한 뉴스를 보았다 | 在报纸bàozhǐ偶然上看见了有关他的新闻。 ❷ (이따금) 【不常】bùcháng【间或】jiānhuò【有时】yǒushí【偶尔】ǒu'ěr ¶그는 ~ 밤늦게까지 일한다 | 他有时工作到深夜。 ¶~ 오는 손님 | 不常来

的客人/稀客。

ᴬ**어쩌면** [부] ❶ (어떻게 하면) 【怎么】zěn·me【如何】rúhé【怎么办】zěn·mebàn【怎么搞】zěn·me gǎo ¶이 일은 ~ 좋겠습니까? | 这件事怎么办才好? ¶~ 좋을지 모르겠다 | 不知如何是好。 ❷ (아마) 【可能】kěnéng【大概】dàgài ¶그들은 ~ 내일쯤 도착할 것이다 | 他们有可能明天来吧。 [참고] 〔何如〕〔怎样〕

ᴮ**어쩐지** [부] 【不知怎么】bù zhī zěn·me【不知为什么】bùzhī wèishén·me ¶~ 그가 투덜거리더라 | 不知为什么,他总是在叫嚷。

어쩔지않다 [형] 【不怎么样】bù zěn·meyàng【没什么了不起】méishén·me liǎobùqǐ【没什么大不了】méishén·medàbùliǎo ¶어쭙지않은 일에 시간만이 낭비했잖아 | 不是什么大不了的事,时间却浪费了不少。

ᴬ**어찌** [부] ❶ (어떻게) 【怎么】zěn·me【焉】yān【岂】qǐ【何】hé【哪能】nǎnéng【若何】ruòhé【岂能】qǐnéng【怎能】zěnnéng【咋】zǎ ¶~ 없을 리가 있겠느냐? | 怎么会没有呢? ¶호랑이굴에 들어가지 않고서, ~ 호랑이를 잡을 수 있겠는가? | 不入虎穴,焉得虎子? ¶혼자서 세 사람의 일을 ~ 할 수 있겠는가? | 一个人哪能干三个人的事情呢? ❷ (몹시) 【太】tài【很】hěn【别提有多…】biétíyǒuduō… ¶~ 바람이 센지 날아갈 뻔했다 | 别提风有多大了,差点给卷走了。

어찌나 [부] 【为什么那么】(wèishén·me)nà·me ¶~ 반가왔던지 나도 모르게 그 사람을 껴안았다 | 别提多高兴了,不由得就拥抱了他。

어찌하여 [부] 【为什么】wèishén·me【因为什么】yīnwèi shén·me

ᴮ**어차피** [於此彼] [부] 【反正】fǎn·zheng【无论如何】wúlùn rúhé【无论怎样】wú lùn zěn yàng【迟早】chízǎo ¶네가 어떻게 말하든지 간에, ~ 그는 대답을 하지 않는다 | 不管你怎么说,反正他不答应。 ¶~ 이렇게 해야 한다 | 无论如何得这么办。 ¶~ 그건 쓸모가 없다 | 反正那是没用的。

어처구니없다 [형] 【无可奈何】wú kě nài hé【有口难辩】yǒu kǒu nán biàn【啼

笑皆非】tí xiào jiē fēi〔참고〕【无计可奈何】【无可奈何】【急不得恼不得】

ᴮ어촌[漁村] 명【渔村】yúcūn

−어치 回（表示买卖相当于若干钱数的东西，相当于"的"）【钱】qián 만 원∼를 팔다｜卖了一万元的鱼。｜5원∼를 샀다｜买来了五元钱的东西。

어투[語套]【语气】yǔqì【口气】kǒuqì ¶완곡한 ∼로 말하다｜用婉转wǎnzhuǎn的语气说。

어플리케이션　프로그램[application program] 명【電算】【应用程序】yìngyòng chéngxù【应用软件】yìngyòngruǎnjiàn

ᴮ어학[語學] 명 ❶（"언어학"의 준말）【语言研究】yǔyán yánjiū【语言学】yǔyánxué ❷（외국어 학습）【学习外语】xuéxí wàiyǔ

ᴮ어항¹[魚缸] 명【渔缸】yúgāng ¶우리 집 ∼에는 열대어가 자라고 있다｜我家鱼缸里养着热带鱼。

ᴮ어항²[漁港] 명【渔港】yúgāng ¶∼에 정박한 어선｜停泊在渔港里的渔船。

어허 갑 ❶（미처 몰랐던 것을 알게 되었을 때）【啊哈】āhā ¶∼ 그렇게 하는 걸 몰랐네｜啊哈, 不知道他那样干。❷（못 마땅할 때）【呃】è ¶어른 앞에서 그 무슨 짓이냐｜呃, 在大人面前怎么那么没礼貌。

ᴬ어험 갑【嗯哼】ńghēng ¶∼, 안에 누구 있느냐？｜嗯哼, 里边有人？

ᴬ어휘[語彙] 명〈言〉【词汇】cíhuì【语汇】yǔhuì ¶상용 ∼｜常用语汇。

ᴬ억[億] 주【亿】yì ¶5억｜五亿。

억누르다 통【抑制】yìzhì【压抑】yāyì ¶충동을 억누르지 못하다｜抑制不住冲动chōngdòng。¶그는 마음속의 희열을 억누를 수 없었다｜他抑制不住内心的喜悦。¶지난 일이 계속 나의 마음을 무겁게 억누르고 있다｜那段往事一直沉重chénzhòng地抑制zhì着我的心。〔참고〕【压制】【欺压】【镇压】【欺负】【抑止】

ᵃ억만[億萬] 수【亿万】yì ¶∼년｜亿万年/千秋万代。¶∼장자｜百万富翁。❷（아주 많은 수효）【无数】wúshù【不可估量】bù kě gū liáng

ᴮ억새 명〈植〉【紫芒】zǐmáng

억설[臆說] 명【胡说】húshuō【臆说】yì−

shuō【空论】kōnglùn ¶너는 그의 ∼을 믿지 마라｜你别信他胡说。¶∼을 믿지 마세요｜别信臆说。〔참고〕【臆测】【臆度】

ᴮ억세다 형 ❶（몸이 튼튼하고 힘이 세다）【强有力】qiángyǒulì【有劲】yǒujìn ¶억센 손｜有劲的手。❷（성격이 굳고 세차다）【牢固】láogù【顽强】wánqiáng【矫健】jiǎojiàn【坚强】jiānqiáng ¶김씨는 성격이 대단히 ∼｜老金性情g"情顽强。❸（식물 따위가 뻣뻣하다）【坚硬】jiānyìng ¶억센 나뭇가지｜坚硬的树枝。

ᵃ억수 명【倾盆】qīngpén【倾泻】qīngxiè【瓢泼】piáopō【滂沱】pāngtuó【滂霈】pāngpèi ¶어제 큰 비가 ∼같이 내렸다｜昨天下了一场倾盆大雨。

ᵃ억압[抑壓] 명 하타【压迫】yāpò【压抑】yāyì【压制】yāzhì【欺压】qīyā ¶백성들을 ∼하다｜欺压老百姓bǎixìng。¶백성들이 ∼을 받다｜百姓遭受zāoshòu欺压。¶자기의 뜻이 닿지 않는 세력을 ∼하다｜压制异己力量yìjǐlìliàng。¶민주주의를　∼하다｜压制民主主义。

ᵃ억양[抑揚] 명〈言〉【语调】yǔdiào【抑扬】yìyáng

ᴮ억울[抑鬱] 명 하형【冤枉】yuān·wang【委屈】wěi·qu ¶그가 나를 욕하는데 정말 ∼하다｜他骂了我一顿, 可我真是冤枉。¶남에게 ∼한 누명을 씌우다｜冤枉别人。¶∼함을 당하다｜受委屈。

ᵃ억제[抑制] 명 하타【抑制】yìzhì【抑止】yìzhǐ【遏制】èzhì【遏阻】èzǔ【遏止】è−zhǐ【克制】kèzhì【压抑】yāzhì【节制】jiézhì【控除】kòngchú【牵制】qiānzhì【禁止】jìnzhǐ【制止】zhìzhǐ ¶자신의 분노를 ∼하려고 노력하다｜努力nǔlì抑制自己的愤怒fènnù。¶물가 상승을 ∼하다｜遏止物价的上涨。¶마음속의 노기를 더 이상 ∼하지 못하겠다｜我再也压制不住胸中的怒火nùhuǒ。

ᵃ억지 명【牵强】qiángqiáng【固执】gù·zhí【倔强】juéjiàng【无理】wúlǐ ¶너의 문제분석은 좀 ∼가 있는 것 같다｜你对问题的分析好像有些牵强。¶∼ 다짐｜强迫认错/强迫答应。

ᵃ억지로 본【勉强】miǎnqiǎng【强要】qiǎ−

ngyào【硬要】yìngyào【勉勉强强】mi·ǎn·mianqiángqiǎng ¶몸이 불편하면 가 쉬어, ~ 버티지 말고 | 你不舒服就去休息吧, 不要勉强了。¶~ 대답했다 | 勉强答应下来了。参考〔勉为其难〕

억지스럽다 형【无理】wúlǐ【牵强】qiān·qiǎng【固执】gù·zhí【倔强】juéjiàng ¶억지스런 태도 | 无理的态度。¶이 말은 너무~ | 这话太牵强。

억지쓰다 관용【不讲理】bùjiǎnglǐ【牵强】qiānqiǎng【固执】gù·zhí【撒赖】sā/lài【耍赖】shuǎ/lài【死皮赖脸】sǐ pí·lài liǎn ¶이렇게 억지를 쓰니, 그런 법이 어디 있어? | 这样不讲理, 岂有此理? ¶네가 아무리 억지쓰며 말해도 그것은 안된다 | 你再怎么牵强地说, 那也行不通。¶여기는 억지를 쓰는 곳이 아니다 | 这儿不是耍赖的地儿。参考〔倔强〕〔倔juéqiáng〕〔木mù强〕〔硬干〕

억척 명【倔强】juéjiàng【顽强】wánqiáng【泼辣】pōlà ¶그는 일하는 것이 ~스럽다 | 他做事很泼辣。¶~떨다 | 发愤图强 / 顽强地行动。

언감생심 焉敢生心 명【怎么敢】zěn·me gǎn【焉敢】yāngǎn【岂敢】qǐgǎn ¶怎么敢有这种想法zěn·me gǎn yóu zhè zhǒng xiǎngfǎ ¶~ 어찌 네가 나에게 그런 말을 할 수 있느냐? | 你怎么敢对我说这种话?

언급 言及 명하자【谈到】tándào【涉及】shèjí ¶지난간 일에 대해 ~했다 | 谈到了过去的事。¶그는 보고에서 몇 가지 문제를 ~하였다 | 他在报告中涉及到了几个问题。

ᴬ**언니** 명【姐姐】jiě·jie【大姐】dàjiě【大姐姐】dàjiě·jie【老大姐】lǎodàjiě ¶큰 ~ | 大姐〔姐〕。

ᴬ**언덕** 명【小山坡】xiǎoshānpō【丘陵】qiūlíng【坡儿】pōr【坡子】pō·zi【土岗(子)】tǔgǎng(·zi) 参考〔丘垄qiūlǒng〕〔冈陵gānglíng〕

ᶜ**언덕길** 명【坡路】pōlù【坡道】pōdào ¶이 언덕길은 너무 가파르다 | 这坡道太陡峭。

언덕배기 명【坡顶】pōdǐng【陡坡】dǒupō ¶~의 꼭대기까지 오르다 | 登上坡顶。

언도 言渡 명하타〈法〉【宣判】xuānp-

 àn ¶사형을 ~하다 | 宣判死刑。¶무죄 ~ | 宣判无罪。

언동 言動 명【言行】yánxíng ¶~을 삼가다 | 注意言行。

언뜻 【猛然】měngrán【乍】zhà ¶~ 좋은 생각이 떠오르다 | 猛然产生一个好的想法。

ᶜ**언론** 言論 명【言论】yánlùn ¶~ 기관 | 言论机构。¶~ 자유 | 言论自由。¶~ 통제 | 言论管制。¶~을 압박하다 | 压迫言论。

언명 言明 명하자【表明】biǎomíng【申明】shēnmíng【声言】shēngyán ¶상대방에 반대의 의견을 ~하다 | 向对方表明反对意见。

언문 言文 명【言文】yánwén ¶~일치 | 言文一致。

언사 言辭 명【言辞】yáncí【言词】yáncí ¶~가 지나치다 | 言词过分。

언성 言聲 명【话音】huàyīn【声音】shēngyīn ¶~을 높이다 | 提高嗓门儿。

언약 言約 명하타【口头约会】kǒutóu yuēhuì【说好】shuōhǎo ¶사랑을 ~하다 | 爱情约定。¶두 사람은 결혼하기로 ~했다 | 两个人说好要结婚。

ᴮ**언어** 言語 명【言语】yányǔ ¶~와 문자 | 语言和文字。¶~도단 | 荒谬绝伦。¶~ 예술 | 语言艺术。¶~ 장애 | 语言障碍。

언인스톨 [uninstall] 명〈電算〉【卸装】xièzhuāng

언쟁 言爭 명하자【争吵】zhēngchǎo【争闹】zhēngnào【争论】zhēnglùn ¶~ 그치지 않다 | 争吵不休。¶어떤 한 가지 일에 대해 ~하다 | 争论一件事。

언저리 명【边儿】biānr【周边】zhōubiān【边缘】biānyuán【缘边】yuánbiān【边沿】biānyán ¶입~ | 嘴边。

ᴬ**언제** 대【什么时候】shén·me shí·hou【何时】héshí ¶너는 ~ 떠나니? | 你什么时候走? ¶방학은 ~부터입니까? | 什么时候开始放假?

ᴬ**언제나** 부 ❶ (언제든지)【无论什么时候】wúlùn shén·me shí·hou【不管什么时候】bùguǎn shén·me shí·hou ¶그는 ~ 나에게 같은 말만 되풀이한다 | 他不管什么时候总是对我重复同样

的话。❷ (늘·항상)【一直】yìzhí【总是】zǒngshì【自始至终】zì shǐ zhī zhōng ¶그는 ～ 같은 옷만 입고 다닌다 | 他总穿着同样的衣服。

언제든지 【不管什么时候】bùguǎn shén·me shí·hou ¶오너라 | 不管什么时候来都可以。

언젠가 문❶ (과거의)【记不起是什么时间】jǐ·buqǐ shì shén·me shíjiān【不知什么时候】bùzhī shén·me shí·hou ¶～가 본 적이 있다 | 不知什么时候去的, 反正去过。❷ (미래의)【总有一天】zǒng yǒu yì tiān ¶～ 꼭 유럽 여행을 할 것이다 | 总有一天会去欧洲旅行。

언질 [言質] 몡【话柄】huàbǐng【回话儿】huíhuàr ¶～을 주다 | 给回话儿。
(참고) [话把儿] [话靶]

B**언짢다** 혱【不痛快】bútòngkuài【不愉快】bùyú·kuai【不舒服】bùshū·fu ¶그가 나에게 한바탕 욕하여 나는 매우 언짢았다 | 他骂了我一顿dùn, 我听了很不舒服。

언청이 몡【兔唇】tùchún【豁嘴】huōzuǐ【豁唇子】huōchún·zi【唇裂】chúnliè (참고) [豁嘴] [豁子] [豆瓣儿嘴] [偏pīn嘴] [三瓣儿嘴] [缺嘴] [裂唇] [花嘴子] [缺嘴 (儿)]

언행 [言行] 몡【言行】yánxíng【言谈举止】yán tán jǔ zhǐ ¶～ 일치 | 言行一致。¶～ 상반 | 言行不一/说一套做一套。

B**얹다** 동❶ (올려 놓다)【搁上】gēshàng【上】shàng【放】fàng ¶그는 아들의 어깨에 손을 얹었다 | 他把手放在了他儿子的肩膀上。❷ (덧붙이다)【搭】dā【添】tiān【加】jiā ¶배를 10개 샀더니 한 개를 더 얹어 준다 | 买了十个梨, 又给搭了一个。

얹혀살다 동【寄生】jìshēng【仰仗】yǐzhàng【寄居】jìjū【寄人篱下】jì rén lí xià【靠人过活】kào rén guò huó ¶그녀는 어려서부터 외조부댁에서 얹혀살았다 | 她从小就寄居在外祖父家里。¶임군은 어려서부터 남에게 얹혀사는 생활을 하고 있다 | 小林从小就过着寄人篱下的生活。

C**얹히다** 동【滞】zhì ¶어제 먹은 밥이 얹혔다 | 昨天吃的饭没消化好。¶음식

이 ～ | 滞食。

A**얻다** 동❶ (획득하다)【得】dé【得到】dédào【获得】huòdé【取得】qǔdé【博得】bódé【博取】bóqǔ ¶호평을 ～ | 得到好评。¶승리를 ～ | 取得胜利。¶양해를 ～ | 取得谅解liàngjiě。¶경험을 ～ | 取得经验jīngyàn。¶두루 신뢰를 ～ | 博得信赖lài。❷ (줍다)【拾到】shídào ¶길가에서 얻은 지갑을 주인에게 돌려주었다 | 把在路上拾到的钱包还给了主人。❸ (빌리다)【借到】jièdào【租到】zūdào ¶셋집을 ～ | 租到房子。❹ (아내 등을 맞다)【娶】qǔ【有】yǒu【生】shēng ¶아내를 ～ | 娶妻qī。¶그는 몇 달 전에 딸을 얻었다 | 她几个月前生了个女儿。❺ (앓게 되다)【患】huàn【生】shēng ¶병을 ～ | 生病。

얻어듣다 동【道听途说】dào tīng tú shuō【听人家说】tīng rén·jia shuō ¶이 소식은 결코 길에서 얻어들은 풍문이 아니다 | 这些消息决不是道听途说。

B**얻어맞다** 동【挨打】ái/dǎ ¶나는 어릴 때 늘 얻어맞았다 | 他小时候老挨打。¶얻어맞고 욕먹다 | 挨打受骂。(참고) [遭打受骂]

얻어먹다 동❶ (밥을)【讨吃】tǎochī【吃食】chīshí ❷ (욕을)【挨骂】ái/mà【受骂】shòumà ¶그녀는 종래 욕을 얻어먹은 적이 없다 | 她从没挨骂过。¶그는 또 한바탕 욕을 얻어먹었다 | 他又挨了一顿骂。

A**얼** 몡【灵魂】línghún【魂儿】húnr【神】shén ¶민족의 ～ | 民族魂儿。

얼개 몡【结构】jiégòu【构造】gòuzào ¶지층의 ～ | 地层的构造。

얼결 【头一发热】tóu yì fā rè【一不冷静】yí bù lěng jìng【不由自主地】bù yóu zì zhǔ·de【下意识地】xià yì·shi·de ¶～에 승낙하고 말았다 | 头一发热就答应下来的。

A**얼굴** 몡❶ (낯)【脸(儿,子)】liǎn(r, ·zi)【面部】miànbù【面庞】miànpáng【面孔】miànkǒng【脸庞】liǎnpáng【脸膛】liǎntáng【脸蛋】liǎndàn ¶～을 씻다 | 洗脸。¶～을 면도하다 | 刮guā脸。❷ (체면)【体面】tǐ·mian ¶～이 서다 | 有体面。❸ (표정)【脸色】liǎnsè ¶웃는 ～ | 笑脸。¶어두운 ～ | 阴沉

的脸色.

°**얼굴빛** 圀【脸色】liǎnsè 【面色】miànsè 【容光】róngguāng 【神色】shénsè 【气色】qìsè ¶~이 변했다 | 变了脸色. ¶~이 태연 자약하다 | 神色自若. ¶~이 나쁘다 | 神色不对.

얼기설기 틧【纠缠】jiūchán 【错综】cuòzōng 【东一道西一道】dōngyídào xīyídào

^**얼다** 图 ❶ (결빙하다) 【冻】dòng 【上冻】shàngdòng 【结冰】jié bīng 【封冻】fēngdòng 【冻僵】dòngjiāng ¶땅이 얼어 굳어졌다 | 地都冻硬了. ¶두부 두 모가 얼었다 | 冻了两块豆腐. ¶꽁꽁 | 上大冻. ¶손발이 다 얼었다 | 手脚都冻僵了. ❷ (기가 죽다) 【发呆】fā/dāi 【发硬】fāyìng 【发痴】fāchī ¶그는 말도 하지 않고, 눈을 휘둥그래 뜨고서, 그 곳에 앉아 있다 | 他话不说, 眼直直地瞪着, 坐在那儿发呆.

얼떨결 圀【稀里糊涂地】xī lǐ hú tu·de 【一不冷静】yí bù lěng jìng 【一冲动】yìchōngdòng 【头脑一热】tóunǎo yí rè ¶~에 그런 말을 했다 | 我头脑一热就说了那样的话.

얼떨떨하다 圀【模模糊糊】mó·mo hūhú 【迷迷糊糊】mímí húhú 【稀里糊涂】xī·li hú tú ❷ 【昏沉沉】hūnchénchén 【头昏脑涨】tóu hūn nǎo zhàng

얼렁뚱땅 틧하자 【马马虎虎】mǎ·ma hūhú 【敷衍】fūyǎn ¶일을 처리하는게 언제나 ~이다 | 他办事老是马马虎虎. 参考 〔麻麻呼呼〕〔麻麻胡胡〕〔麻哩糊涂〕

^**얼룩** 圀【斑点】bāndiǎn 【斑纹】bānwén 【斑文】bānwén ¶~ 고양이 | 花猫. ¶호랑이 몸에는 아름다운 ~무늬가 있다 | 老虎身上有美丽的斑纹.

°**얼룩덜룩** 틧하형 【花花搭搭】huā·huadādā 【斑花点点】bānhuā diǎndiǎn ¶~ 한 옷감 | 花花搭搭的衣料.

^**얼룩말** 圀〈動〉【斑马】bānmǎ 参考 〔斑驴〕〔花条马〕

°**얼룩소** 圀〈動〉【花牛】huāniú

°**얼룩지다** 图【有斑纹】yǒu bānwén 【有斑点】yǒu bāndiǎn

^**얼른** 틧【快】kuài 【赶快】gǎnkuài 【赶紧】gǎnjǐn 【立刻】lìkè 【立即】lìjí ¶~

학교에 갑시다 | 快上学吧! ¶~ 대답하다 | 立刻回答. ¶그는 ~ 일어났다 | 他立即站了起来. 参考 〔立时〕〔立地〕〔立时刻〕〔立时刻刻〕〔立马〕〔立就〕

^**얼마** 圀 ❶ (값·수치) 【多少】duō·shao 【若干】ruògān ¶~나 있는가 좀 세어 보십시오 | 数数有多少. ¶모두 ~냐? | 一共多少? ❷ (일부분) 【一些】yìxiē 【수입에서 ~를 저축하다 | 从收入里拿出一些存起来. ❸ (정도) 【多…】duō… ¶온 지 ~ 되지 않았다 | 来了没多久.

얼마간 틧 ❶ (다소) 【多少】duōshǎo 【多多少少】duō·duoshǎoshǎo 【或多或少】huòduō huòshǎo ¶입원한 이후에 병이 ~은 좋아졌다 | 住院以后, 病多少好了一些. ¶내가 ~에 공헌을 했을 것이다 | 我多少少对他也有一点贡献吧. ❷ (얼마동안) 【一些时候】yìxiē shíhòu 【不一会儿】bùyìhuìr 【为时不久】wéi shí bù jiǔ ¶~의 여유를 주시오 | 请给一些时间.

^**얼마나** 〔一間〕 틧 ❶ (값·정도) 【多少】duō·shao 【多】duō ¶학교에 학생은 ~ 있습니까? | 学校里有多少学生? ¶앞의 저 빌딩은 ~층 가요? | 前面那座楼有多高? ¶그는 나이가 ~ 되었는가? | 他多大年纪. ❷ (감탄) 【多】duō 【多么】duō·me ¶~ 복잡한지! | 多么复杂啊!/太复杂了! ¶이 그림은 ~ 아름다운가! | 这幅画多么美啊!

얼마든지 틧【不管多少】bù guǎn duōshao 【不管多贵】bù guǎn duō guì 【不管一切】bù guǎn yí qiè

얼마만큼 圀【多少】duō·shao ¶이것은 작업을 개선하는데 ~ 잇점이 있다 | 这对改进工作多少有点好处.

°**얼버무리다** 图 ❶ (대강 버무리다) 【混】hùn 【混杂】hùnzá ¶여러 가지 채소를 얼버무리지 마라 | 别把好多蔬菜混在一起. ❷ (음식을 잘 씹지 않고 삼키다) 圀圀【囫囵】hú·lún 【囫囵吞枣】hú·lúntūnzǎo 【囫·hu〈支吾〉zhī·wu 【嗫嚅】nièrú 【殷切其辞】yīnqiè qí cí 【支吾其词】zhī wú qí cí 【含糊其辞】hánhú qící 【适当应付】shìdāng yìng·fu 【支巴】zhībā 【枝捂】zhīwú

말을 ~ | 支吾其词。¶적당히 ~ |
适当应付了事。

ᵒ**얼빠지다** 图【失魂落魄】shī hún luò pò
【失魂丧魄】shī hún sàng pò【亡魂失
魄】wáng hún shī pò ¶요며칠 그가 무
슨 일이 벌어진거야 | 这两天他一直
失魂落魄的，肯定又出了什么事了。
[참고]〔糊涂〕〔呆头呆脑〕

ᵒ**얼싸안다** 图【高兴地拥抱】gāoxìng·de
yōngbào

ᵒ**얼씨구** 같 ❶ (흥에 겨워)【哎嗨】āihāi
¶~, 좋다! | 哎嗨, 好呀! ❷ (눈물사
나워)【哎哟】āiyō【哎哟】āiyō ¶~, 너
어째서 이렇게 늦게 왔니! | 哎哟, 你
怎么来得这么晚呢! [참고]〔哎呀〕〔哎
唷〕〔哎哟〕

ᵒ**얼씬거리다** 图【闪现】shǎnxiàn【晃动】
huàngdòng ¶그는 요즘 우리 집엔 얼
씬거리지도 않는다 | 最近根本不见他
到我家来。

ᵒ**얼어 붙다** ❶ (얼어서 들러붙다)【冻
结】dòngjié【封冻】fēngdòng【凝冻】níng
dòng ¶강이 얼어붙었다 | 河封冻
了。❷ (몸이 굳어지다)【惊呆】jīngdāi

ᵒ**얼얼하다** 혱 ❶ (매워서)【辣乎乎】làhū-
hū【麻辣】málà【火辣辣地痛】huǒlà-
à·de tòng【火辣辣】huǒlàlà【辣蒿蒿】
àhāohāo ¶입이 얼얼하게 매운 마파
두부 요리를 한 접시 먹었다 | 吃了一
盘辣乎乎的麻婆豆腐。❷ (술에 취
해)【微醉】wēizuì【微醺】wēixūn ¶그
는 이미 술이 얼얼하여, 말이 많아졌
다 | 他已微醺, 话也多了。

ᴬ**얼음** 몡【冰】bīng ¶~이 녹았다 | 冰融
róng化了。¶~물 | 冰水。¶~찜질 | 冰
敷。

얼음장 몡【冰层】bīngcéng【冰】bīng
【冰块】bīngkuài ¶손이 ~ 같다 | 手
像冰块一样。

얼짱 몡【靓妹】liàngmèi【美眉】měimè-
i【酷男】kūnán【帅哥】shuàigē

얼추 哷 ❶ (대강)【大概】dàgài【大概
其】dàgàiqí【大产盖】dàgàigài【大较】
dàjiào ¶여기서부터 역까지는 ~ 십
리 쯤 될 것이다 | 从这里到车站大概
有十里左右。❷ (거의 가깝게)【快
要】kuàiyào【几乎】jīhū ¶약속 시간이
~ 다 되었군 | 约好的时间快要到

了。

얼크러지다 图【纠缠】jiūchán【缠】chá-
n【错综】cuòzōng【微辣】wēilà ¶한
데 ~ | 纠缠在一起。

얼핏 哷【迅速地】xùnsù·de【忽然】hūr-
án【乍】zhà ¶~ 보기에는 30대 청년
같다 | 乍一看像是三十出头的小伙
子。

ᵒ**읽다** 图 ❶ (묶다)【扪扎】kǔnzā ¶이
것은 튼튼하게 얽어야 한다 | 这东
西要扪扎得结实一点儿。❷ (없는 일
을 꾸미다)【罗织】luózhī ❸ (끼어맞
추다)【编】biān

얽매이다 图 ❶ (묶이다)【被扪扎】bèik-
ǔnzā ❷ (어떤 일을 떠밀들리다)【被捆
绑】bèichánbǎng【缠扰】chánrǎo ¶
회사일에 ~ | 被公司的工作缠扰着。
❸ (속박당하다)【被束缚】bèishùfù
¶규정에 ~ | 被规定所束缚。

ᵒ**얽매다** 图 ❶ (묶다)【捆扎】kǔnzā
【缠】chán ¶붕대로 상처를 ~ | 拿绷
bēng带缠住伤shāng口。¶머리를 헝
겊 조각으로 ~ | 用布块缠头。❷ (속
박하다)【束缚】shùfù【约束】yuēshù
【桎梏】zhìgù ¶젊은이들의 생각을 ~
| 束缚年轻人的思想。

ᵒ**얽히다** 图 ❶ (감기다)【缠】chán【纠
缠】jiūchán ¶포도 덩굴이 ~ | 葡萄藤缠在一起。❷ (이해
관계가 복잡하게 한데 얽혀있다 | 利
害关系复杂地缠绕在一起。❷ (연루
되다)【关连】guānlián【相关】xiā-
ngguān ¶문학과 언어학은 서로 밀접
하게 얽혀있다 | 文学与语言学密切m-
ìqiè相关。

ᴮ**엄격**[嚴格] 몡혱【严格】yángé ¶그
는 일에 대해서는 아주 ~하다 | 他对
于工作是非常严格的。¶~히 말하자면
| 严格地说。¶~한 훈련을 받았다
| ｆ ～ " ｆ。 ¶그는 아주
~한 사람이다 | 、 ｚ ～。

엄금[嚴禁] 몡하타【严禁】yánjìn ¶관
계자외에는 출입을 ~합니다 | 闲杂
人等, 严禁入内。¶화기 ~ | 严禁烟
火yānhuǒ。

ᴮ**엄동**[嚴冬] 몡【严冬】yándōng【隆冬】l-
óngdōng ¶~ 설한 | 数九寒天。

ᵒ**엄두**[念头] 몡【念头】niàntou【想】xiǎ-
ng ¶너무 추워서 밖에 나갈 ~가 나지 않는다

| 太冷了, 都不想出去了。

^엄마 [몡] 【妈妈】mā·ma 〔참고〕〔母亲〕嬷 mā嬷嬷

엄명[嚴命] [명]하타 【严命】yánmìng 【严令】yánlìng ¶체포하여 사건을 해결할 것을 ~하다 | 严令缉拿归案.

엄밀[嚴密] [명]하형 【严密】yánmì 【紧】yán·jǐn 【严实】yán·shi ¶~한 체계 | 严密的体系. ¶적의 모든 행동을 ~하게 감시하다 | 严密监视敌人的一切行动. ¶~히 봉쇄하다 | 严密封锁fēngsuǒ.

엄벌[嚴罰] [명]하타 【严惩】yánchéng 【严厉处罚】yán lì chǔ fá ¶가차없이 ~에 처하다 | 严惩不贷. ¶악의 범을 ~에 처하기를 요구하다 | 要求y-āoqiú严惩凶手.

ᶜ**엄살** [명]하지 【故意装得严重】gùyì zhuāng·de yǎnzhòng ¶~떨다 | 故意装得严重/狗鼻子插葱心. ¶이 사람은 ~을 잘 부린다 | 这个人爱装腔.

엄수[嚴守] [명]하타 【严守】yánshǒu 【严格遵守】yán gé zūn shǒu ¶시간을 ~하다 | 严守时间. ¶국가의 기밀을 ~하다 | 严守国家机密jīmì.

ᴮ**엄숙**[嚴肅] [명]하형 【严肃】yánsù ¶회의장의 분위기가 아주 ~하다 | 会场的气氛qìfēn很严肃. ¶~하고 진지한 태도가 좀 부족했다 | 缺少quēshǎo了点严肃认真的态度.

엄습[掩襲] [명]하타 【突然袭击】tū rán xí jī ¶공포감이 ~하다 | 突然袭来恐怖感.

엄연[嚴然] [명]하형 【无可争辩】wú kě zhēng biàn 【无可置辩】wú kě zhì biàn ¶너도 이젠 ~한 학생이야 | 现在你也是无可置辩的学生. ¶~한 진리 | 无可争辩的真理.

엄정[嚴正] [명]하형 【严正】yánzhèng ¶태도가 아주 ~하다 | 态度tàidù很严正. ¶~한 입장 | 严正的立场.

엄중[嚴重] [명]하형 【严厉】yánlì 【严重】yánzhòng ¶그를 ~히 야단친 바탕 비평했다 | 严厉地批评了他一顿.

엄지[―] 【大拇指和大拇趾】dàmǔzhǐ hé mǔzhǐ ¶~가락 | 大拇指和大拇趾. ¶~발가락 | 拇趾.

ᴮ**엄지손가락** [명] 【大拇指】dà·muzhǐ 【拇指】mǔzhǐ 【拇】mǔ ¶~을 세우고 좋다고 하다 | 竖起shùqǐ大拇指叫好. 〔참고〕〔大拇哥(儿)〕〔大拇指zhǐ头〕〔大指〕〔大指头〕〔手指公〕〔指头〕

ᴮ**엄청나다** [형] 【很大】hěn dà 【非常大】fēichángdà 【特别】tèbié 【非常】fēichāng 【格外】géwài 【分外】fènwài 【悬殊】xuánshū ¶이 프로그램은 엄청나게 관중을 끈다 | 这个节目特别吸引观众. ¶오늘은 엄청나게 덥다 | 今天特别热. ¶엄청난 영광이다 | 非常光荣.

엄페[掩蔽] [명]하타 【掩蔽】yǎnbì ¶~할 곳을 찾다 | 找个掩蔽的地方. ¶강변의 제방이 매우 높아서, 마침 우리의 ~ 장소로 알맞다 | 河边的堤埂dīgěng很高, 正好做我们的掩蔽. ¶~물 | 掩蔽物.

엄포[威嚇] [명]하타 【威吓】wēihè 【恐吓】kǒnghè 【唬】xià·hu 【下马威】xià mǎ wēi ¶엄한 말로 ~를 놓다 | 严辞威吓. 〔참고〕〔威喝〕〔威唬〕〔恐喝〕〔吓呼hū〕〔车上作威〕

ᴮ**엄하다**[嚴―] [형] 【严】yán 【严格】yángé 【严厉】yánlì ¶너는 아이에게 너무 ~ | 你对孩子也太严了. ¶너무 엄하게 통제하다 | 管guǎn得太严. ¶그는 일에 대해서는 ~하다 | 他对工作很严. ¶태도가 아주 ~하다 | 态度十分严厉.

엄호[掩護] [명]하타 〈軍〉【掩护】yǎnhù ¶~하다 | 打掩护 ¶~ 사격 | 掩护射击.

업[業] [명] ❶〈佛〉【业】yè ¶악업 전생에 지은 나쁜 ~ | 恶业. ❷ (직업) 【职业】zhíyè 【业】yè ¶고기 잡는 것을 ~으로 삼다 | 以捕鱼为业.

업계[業界] [명] 【实业界】shíyèjiè 【行业】hángyè ¶~의 움직임 | 行业动向. ¶~의 반응 | 行业反应.

업그레이드[upgrade] [명] 【升级】shēngjí 【提高质量】tígāo zhìliàng

ᴮ**업다** [동] ❶ (사람을 등에 지다) 【背】bēi 【背负】bēifù ¶어린아이를 등에 ~ | 把小孩儿背起来. ❷ (어떤 세력에 의지하다) 【依仗】yīzhàng ¶권세를 등에 ~ | 依仗权势quánshì.

업데이터[update] [명] 〈電算〉【刷新】shuāxīn 【更新】gèngxīn

666

업로드[upload] 團〈電算〉【上載】shàngzài

°**업무**[業務] 團【业务】yèwù【营业】yíngyè【事业】shìyè【事务】shìwù【办事】bàn/shì ¶~ 수준｜业务水平. ¶~ 능력｜业务能力. ¶~ 지식｜业务知识. ¶지배인이 ~ 방침을 지도하다｜经理指导业务方针fāngzhēn. ¶이 사람이 하는 ~는 견실하지 못하다｜他这个人办事不牢靠lǎokào. ¶~ 처리 능력｜办事能力.

업보[業報] 團〈佛〉【报应】bàoyìng ¶그가 이같이 나쁜 짓을 하다니, ~가 무섭지 않다는 말인가?｜他到处做坏事, 难道不怕报应吗?

업소[業所] 團【营业网点】yíngyè wǎngdiǎn ¶접객~｜接客服务网点.

°**업신여기다** 團【轻视】qīngshì【欺人】qī/rén【欺负】qī·fu【小看】xiǎokàn【蔑视】mièshì【藐视】miǎoshì ¶남을 업신여기는 말｜欺人之谈. ¶사람을 너무 업신여겼다｜太欺负人了. (참고)〔欺凌〕〔凌藉〕〔轻看〕〔小 瞧 qiáo〕〔小 觑qù〕〔小视shì〕

°**업자**[業者] 團【业主】yèzhǔ【营业主】yíngyèzhǔ【工商业者】gōngshāng yèzhě ¶악덕~｜黑心业主. ¶수출~｜从事出口的业主.

°**업적**[業績] 團【业绩】yèjì【功业】gōngyè【功绩】gōngxù【实绩】shíjì【业务成果】yèwù chéngguǒ【业务成绩】yèwù chéngjī【功绩】gōngjì【事迹】shìjì ¶불후의 ~을 세우다｜建立了不朽bùxiǔ的业绩. ¶빛나는 ~｜辉煌huīhuáng的业绩.

업종[業種] 團【部门】bùmén【门类】ménlèi【行业】hángyè【专业】zhuānyè【别类】biélèi【业务种类】yèwù zhǒnglèi【行业种类】hángyè zhǒnglèi ¶~간｜不同行业之间. ¶~별｜行业类别.

°**업체**[業體] 團【企业】qǐyè

°**업히다** 團【被背上】bèibēishàng ¶내게 업혀라｜我背你.

^A**없다** 囮❶ (존재하지 않다)【没有】méi·yǒu【无】wú【不具】bùjù【不在】búzài ¶이유가 ~｜没有理由. ¶자신이 ~｜没有把握bǎwò. ¶누구도 이런 말을 한 적이 ~｜没有人说过这样的

話. ¶의지할 데가 ~｜无依无靠. ¶갈 수 ~｜走不了. ❷ (많지 않다)【不多】bùduō【少见】shǎojiàn ¶세상에 없는 효자｜世上少见的孝子. ❸ (가난하다)【贫困】pínkùn【贫穷】pínqióng ¶없는 살림이지만 그들은 언제나 행복하다｜他们虽然很穷, 但很幸福.

^B**없애다** 囮【消除】xiāochú【消灭】xiāomiè【勾销】gōuxiāo【破除】pòchú【屏弃】bìngqì【删除】shānqù【清除】qīngchú【驱除】qūchú【取消】qǔxiāo【勾去】gōuqù【泯】mǐn【打消】dǎxiāo【磨灭】mómiè【铲去】chǎnqù【散】sǎn ¶위험을 ~｜消除了危险wēixiǎn. ¶선입견을 ~｜消除成见. ¶착취계급을 ~｜消灭剥削bōxiāo阶级jiējí. ¶한꺼번에 ~｜一笔勾销. ¶이 글자를 없애 주십시오｜请把这个字删去. ¶장애를 ~｜驱除障碍zhàngài. (참고)〔取销xiāo〕〔勾消〕〔勾掉〕〔钩消〕〔钩销〕〔抹М掉〕〔屏 逐 zhú〕〔除破〕〔消泯〕

없어지다 囮【没有了】méiyǒu·le ¶책이 ~｜书没有了. ¶재산이 ~｜财产没有了.

엇갈리다 囮【错过】cuòguò【错分岔】fēnchà【交叉】jiāochā【不和】bùhé ¶두 사람은 누구도 보지 못하고 이렇게 엇갈려 지나갔다｜二人就这么错过了, 谁也没看见谁.

엇비슷하다 囮❶ (비슷하다)【相差不多】xiāng chā bù duō ¶두 사람은 키가 ~｜两人的个头相差无几. ❷ (비스듬하다)【歪斜】wāixié

-었 어미 (과거시제어미) ¶밥 먹~니? ¶먹었다먹었니? ¶밥 먹~니? ¶그 책 다 읽~니? ¶那木书看完了吗?

엉거주춤하다 囮❶ (몸을 반쯤 숙이다)【缩着腰】suō·zheyāo【半蹲】bàndūn ❷ (망설이다)【踌躇】chóuchú【犹豫】yóuyù【含糊】hán·hu ¶엉거주춤하며 앞으로 나가지 못하다｜踌躇不前. ¶너는 왜 엉거주춤하느냐?｜你为什么要犹豫呢? (참고)〔犹疑〕〔犹大〕〔由豫〕

엉겁결에 團【下意识】xiàyì·shi【潜意识】qiányì·shi【猝不及防】cù bù jí fáng ¶놀라서 ~비명을 질렀다｜由于

惊恐, 下意地惊叫起来.

ᶜ**엉금엉금** 閉【慢腾腾地】mànténgténg·de【慢吞吞地】màntūntūn·de ¶거북이가 ~기다 | 乌龟慢吞吞地爬.

ᶜ**엉기다** 통❶ (응결하다)【凝结】níngjié【凝集】níngjí ¶피가 ~ | 血凝固了. ❷ (얽히다)【夹杂】jiāzá【搀杂】chānzá【含着】hán·zhe

ᴬ**엉덩이** 閉【屁股】pì·gu【臀】tún ¶~가 가볍다 | 屁股轻. ¶~가 무겁다 | 屁股沉.

ᴮ**엉뚱하다** 閉❶ (격에 맞지 않다)【不简单】bùjiǎndān【有心眼儿】yǒuxīnyǎnr【太鬼】tàiguǐ ¶그 아인 나이는 어려도 속은 엉뚱하다 | 那个孩子年龄虽小, 心眼可挺多. ❷ (생각과 전혀 다르다)【意外】yìwài【想象不到】xiǎngxiàng bú dào【出乎意料】chū hū yì liào【毫不相干】háo bù xiāng gān ¶결과가 엉뚱하게 나오다 | 结果出乎意料.

엉망진창 閉【乱八七糟】luàn qī bā zāo【乱七杂八】luàn qī zá bā【七乱八糟】qī luàn bā zāo【杂乱无章】zá luàn wú zhāng ¶이 문장은 ~이어서 조리가 없다 | 这文章写得杂乱无章.

엉성하다 閉❶ (성기다)【凋零】diāolíng【稀疏】xīshū ¶엉성한 머리카락 | 稀疏的头发儿·fa. ❷ (꽉 짜이지 못하다)【不紧凑】bùjǐncòu ¶이 사전은 편집이 ~ | 这词典编得一点儿也不紧凑. ¶이 계획은 엉성하게 짜여져 있다 | 这个计划一点儿也不紧凑. 참고〔雕零〕〔疏 稀 shūxī〕〔松〕〔寒酸〕〔凄凉〕

ᴮ**엉엉** 閉하짐【鸣鸣】míngmíng【哇】wā【哇哇】wāwā【呜】wū ¶~하고 울음이 터졌다 | 哇的一声哭了. ¶~ 울다 | 呜地哭.

엉클어지다 통【乱成一团】luàn chéng yì tuán【纠缠】jiūchán【缭乱】liáoluàn【凝聚】níngjù【纠缠不清】jiū chán bù qīng ¶한데 ~ | 纠缠在一起. ¶방에는 가구와 일용품이 온통 엉클어져 있다 | 满屋子都是缭乱的家具和用品. 참고〔撩乱〕

엉큼하다 통【别有用心】bié yǒu yòng·īn【心怀叵测】xīn huái pǒ cè ¶엉큼한 생각 | 别有用心的想法.

엉키다 통❶【凝结】níngjié【凝聚】ní-

ngjù ❷【绞在一起】jiǎo zài yìqǐ

ᴮ**엉터리** 閉❶ (대강의 윤곽)【门路】ménlù【门道】méndào ¶대강의 ~를 잡았다 | 摸到了大概的门道. ❷ (미덥지 못한 것)【蹩脚】béjiǎo【瞥误】瞥误bìwù ¶품질이 나쁜 이 기계는 정말 ~이다 | 这台劣质的机器真蹩脚.

ᴮ**엊그저께** 閉【前天】qiántiān ¶~ 있은 일 | 前几天发生的事.

엊저녁 閉【昨晚】zuówǎn【昨天晚上】zuótiān wǎnshàng【昨天夜里】zuótiān yèlǐ

ᴮ**엎다** 통❶ (뒤집다)【翻】fān【扣】kòu ¶갈아 엎은 밭 | 翻耕过的地. ❷ (부수거나 없애다)【打翻】dǎfān【翻倒】fāndào【推翻】tuīfān【打倒】dǎdào【撂倒】liàodǎo ¶그 남자는 툭하면 밥상을 엎었다 | 那个男的一生气就把饭桌打翻了. ¶독재 정권을 ~ | 推翻独裁政权.

ᴮ**엎드리다** 통【趴】pā【伏】fú【卧】wò【趴伏】pāfú【卧下】pā·xia【伏卧】fúwò【卧倒】wòdǎo ¶땅에 ~ | 趴在地下. ¶땅에 엎드려 움직이지 않다 | 伏地不动. ¶엎드려 쏴! | 卧倒射击!

ᴮ**엎어지다** 통❶ (앞으로 넘어지다)【跌倒】diēdǎo【跌扑】diēpū【摔倒】shuāidǎo【栽倒】zāidǎo【栽跟头】zāi gēn·tou【趴下】pā·xia【摔跟头】shuāi gēn·tou【摔筋斗】shuāi jīndǒu【扑】pū ¶땅에 ~ | 跌倒在地. ¶발 밑이 미끌하여 바로 엎어져 ~ | 脚下一滑就摔倒了. ❷ (위아래가 뒤집히다)【翻倒】fāndǎo【打翻】dǎfān ¶배가 엎어져서 세 사람이 익사했다 | 船被打翻, 三个人溺水而死.

ᴮ**엎지르다** 통【打翻】dǎfān【打泼】dǎpō【覆】fù【翻转】fānzhuǎn ¶아이가 물을 엎질렀다 | 孩子打翻了水.

ᴬ**에**[1] 갑【啊】ā【嗯】ńg【哎】āi【嗳】ā ¶~, 뭐라고? | 啊, 什么?

－에[2] 조❶ (表示空间和时间) ¶바닷가~ 살다 | 住在海边. ¶5시~ 만나자 | 五点见. ❷ (表示方向和目的地) ¶난 북경~ 간다 | 我去北京. ❸ (表示间接对象) ¶문법~ 관심이 있다 | 对语法有好奇心. ❹ (表示产生被动的对象) ¶이것은 원칙~ 어긋난다 | 这是违反原则的. ❺ (表示原因) ¶

바람~ 날리는 낙엽 | 被风吹起的落叶。 ❻ (表示并列) ¶밥·고기·잔뜩 먹었네 | 饭啊, 肉啊, 吃得饱饱的。

―에게 조 ❶ (表示所属位置) ¶그 물건은 형님~ 있는데 | 那个东西在哥哥那里。 ❷ (表示间接对象) ¶누구~ 물었느냐? | 问过谁了? ❸ (表示被动) ¶개~ 물리다 | 被狗咬。 ❹ (表示所属的对象) ¶소년~는 꿈이 있다 | 少年有一个梦想。

―에게서 조 (表示行为动作发生的地方, 相当于"从…那里") ¶그~ 소식이 없다 | 他那里没有消息。 ¶누님~ 들었다 | 从姐姐那里听到了。

ᶜ에구머니 감 [哎哟]āiyō [妈呀]māya 【我的妈呀】wǒ·de mā·ya ¶~ 이게 뭐야! | 我的妈呀, 这是什么!

ᶜ에구 감 [哎哟]āiyō

ᶜ에끼 감 [哎哟]āiyō [唉呀]āiyā [哎哟]āiyō [噫呀]āiyā ¶~ 이 사람아 | 哎呀, 你这人。

ᴮ에너지 [energy] 명 ❶〈物〉【能】néng 【能量】néngliàng 【能源】néngyuán ¶열~ | 热能。 ¶운동~ | 动能。 ¶불멸의 법칙 | 能量守恒定律/能量不灭定律。 ¶~ 위기 | 能源危机wēijī。 ❷ (정력) 【活力】huólì ¶그는 ~가 있다 | 他很有活力。

에누리 명|하자 ❶ (값을 깎음) 【减价】jiǎn/jià 【讲价】jiǎng/jià 【二价】èrjià ¶10% ~하다 | 一成减价。 ¶~ 없음 | 言不二价。 ¶~ 값 | 还价/讨价还价yìtǎo jià huán jià 【讲价钱】jiǎng/jià·qian 【打折扣】dǎ zhékòu ¶상점에서 물건을 팔 때 ~하지 않는다 | 商店卖东西~ | 没法 | 不打折扣。

ᴬ에다² 동 [割]gē [挖]wā [剜]wān ¶살을 에는 듯한 찬 바람 | 刀割似的shì·de寒风。

―에다² 조 [在…]zài… ¶하나~ 둘을 더하면 셋이다 | 一加二等于三。

ᶜ에델바이스 [도 Edelweiss] 명〈植〉【高山火绒草】gāoshān huǒróngcǎo 【新西兰火绒草】xīnxīlán huǒróngcǎo

―에도 조 (副词格助词, 表示强调) ¶겨울~ 꽃이 피다 | 冬天也开花。 ¶학교~ 없고 집~ 없으니 도대체 어딜 간거야? | 也不在学校, 也不在家, 到底去哪儿了?

에디터 [editor] 명【编辑器】biānjíqì

에라 감 ❶ (말리는 소리) 【唉】āi ¶~, 그만 두어라 | 唉, 算了吧。 ❷ (체념의 소리) 【噢】ō ¶~, 모르겠다, 잠이나 자자 | 噢, 不管了, 睡觉吧。

에러 [erro] 명【错误】cuòwù 【谬误】miùwù 【谬见】miùjiàn 【差错】chācuò ¶~ 발생 | 产生错误。

에로 [ero] 명 ☞ 에로티시즘

에로티시즘 [eroticism] 명【性爱】xìng'ài 【性欲】xìngyù 【好色】hàosè 【色情】sèqíng 【爱欲】àiyù 【恋爱】liàn'ài

에르메스 [Hermes] 명〈商標〉【爱马仕】Àimǎshì

에머슨 방식 [Emerson 方式] 명〈經〉【爱玛孙制】Àimǎsūnzhì

에비앙 [Evian] 명〈商標〉【依云】Yīyún

―에서 조 ❶ (表示动作进行的场所) ¶학교~ 운동회가 열리고 있다 | 学校正在开运动会。 ❷ (表示空间, 时间的出发点) ¶3시 ~ 5시까지 | 从三点到五点。 ❸ (表示主语) ¶학교~ 전적으로 책임을 지겠다 | 学校将负全责fùquánzé。

에세이 [essay] 명 ❶ 【论说文】lùnshuōwén ❷ (随笔) suíbǐ 【小品文】xiǎopǐnwén

에스까다 [Escada] 명〈商標〉【爱斯卡达】Àisīkǎdá

에스램 [SRAM; static random access memory] 명〈電算〉【静态存储器】jìngtài cúnchǔqì

에스에프 [SF; science fiction] 명【科学幻想小说】kēxué huànxiǎng xiǎoshuō

에스오에스 [SOS] 명【无线电紧急呼救信号】wúxiàndiàn jǐnjí hūjiù xìnhào 【海难信号】hǎinán xìnhào

에스컬레이터 [escalator] 명〈機〉【申动扶梯】diàndòng fútī 【滚梯】gǔntī 【自动楼梯】〔自动扶梯〕〔自动电梯〕〔活动电梯〕〔升降梯〕〔电动楼梯〕〔电梯〕

에스케이프 키 [escape key] 명〈電算〉【退出键】tuìchūjiàn 【换码键】huànmǎjiàn

에스코트 [escort] 명【护航】hùháng 【护送】hùsòng 【护卫】hùwèi

에스키모 [Eskimo] 명【爱斯基摩】àisījīmó 【爱斯基摩人】àisījīmó rén

에스티로더[Estee Lauder] 몡〈商標〉【雅诗兰黛】Yǎshīlándài

ᶜ에스페란토[Esperanto] 몡〈言〉【世界语】shìjièyǔ【爱世语】àishìyǔ

ᶜ에어컨[空调] kōngtiáo【空调机】kōngtiáojī

에어 컨디셔너[air conditioner] 몡【空调设备】kōngtiáo shèbèi【空气调节器】kōngqì tiáojiéqì

ᶜ에워싸다[包围] bāowéi【围绕】wéirǎo ¶무성한 소나무 숲이 정자를 에워싸고 있다 | 亭亭子被茂密茂密的松林包围着。

ᴮ에이[噯呀] āiya【哎呀】āiyā

에이스[ace] 몡 ❶【A 纸牌】A zhǐpái ❷〈體〉【发球得分】fāqiú·de fēn【一击得分】yìjī·de fēn ❸【成绩超群的人】chéngjì chāoqún·de rén【佼佼者】jiǎojiǎozhě

에이서[Acer] 몡〈社名〉【宏碁】Hóngqí

에이오엘[AOL] 몡〈社名〉【美国在线】Měiguózàixiàn

에이전사[agency] 몡【经售业】jīngshòuyè【代理店】dàilǐdiàn

에이전트[agent] 몡【经理人】jīnglǐrén【代理】dàilǐ【代办人】dàibànrén

ᶜ에이즈[AIDS;acquired immune deficiency syndrome] 몡〈醫〉【艾滋病】àizībìng【爱死病】àisǐbìng【爱滋病】àizībìng

에이치티엠엘[HTML;Hypertext Markup Language] 몡〈電算〉【超文本标记语言】chāowénběn biāojì yǔyán

에이치티티피[http;hypertext transfer protocol] 몡〈電算〉【超文本传输协议】chāowénběn chuánshū xiéyì

에이커[acre] 의몡【英亩】yīngmǔ

에이티앤티[AT&T] 몡〈社名〉【美国电话电报】Měiguó diànhuà diànbào

에이프런[apron] 몡【围裙】wéiqún【工作裙】gōngzuòqún

에티켓[프 étiquette] 몡【礼节】lǐjié【礼仪】lǐyí【道德规范】dàodé guīfàn ¶~에 아주 밝은 사람 | 熟知礼仪的人。

에프에이큐[FAQ;frequently asked questions] 몡〈電算〉【常见问题】chángjiàn wèntí

에프엠 방송[FM放送;frequency modulation 放送] 몡【调频广播】tiáopín guǎngbō

에프오비[FOB] 몡〈經〉【船上交(货)】chuánshàng jiāo(huò)

에프티피[FTP;File Transfer Protocol] 몡〈電算〉【文件传输协议】wénjiàn chuánshū xiéyì

에피소드[episode] 몡【小故事】xiǎogùshì【插曲】chāqǔ【插话】chāhuà ¶두 사람의 결혼에 얽힌 ~ | 关于两个人结婚的小故事

에필로그[epilogue] 몡【尾声】wěishēng【结尾】jiéwěi【收尾】shōuwěi ¶이 글의 ~가 아주 좋아서 뒷맛이 아주 궁하다 | 这篇文章的收尾很好，余味无穷。

ᶜ에헤[噯咳] āi hāi

엑스[X] 몡【爱克斯】àikèsī【未知数】wèizhīshù ¶~ 레이 촬영 | 爱克斯透视。¶~레이 사진 | 爱克斯照片。¶~선 | X光线。

엑스세대[X世代] 몡【新新人类】xīnxīnrénlèi

엑스터시[ecstasy;MDMA] 몡〈藥〉【摇(摆)头丸】yáo(yáo)tóuwán

엑스트라[extra] 몡〈藝〉【临时演员】línshí yǎnyuán【临记】línjì ¶~와 조연 | 临时演员和配角。

엑스포[EXPO;World Exposition] 몡【世界展览会】shìjiè zhǎnlǎnhuì【世界博览会】shìjiè bólǎnhuì

ᶜ엔간하다[差不多] chà·buduō【差不离】chà·bulí ¶엔간한 사람이면 누구나 다 할 수 있다 | 一般人都能做。

ᴬ-든들조【哪儿有】nǎryǒu【哪儿能】nǎrnéng ¶꿈~ 잊으랴 | 梦里也忘不了啊！

ᴮ엔진[engine] 몡〈機〉【发动机】fādòngjī【引擎】yǐnqíng ¶디젤 ~ | 狄赛尔尔~ | 柴油引擎/柴油(汽)机。¶가솔린 ~ | 汽油引擎。참고〔动力机〕【马达】

엔화[円貨] 몡【日币】rìbì【日钞】rìchāo【日元】rìyuán

엘니뇨 현상[El niño 现象] 몡【厄尔厄诺现象】è'ěr'è'nuò xiànxiàng【埃尔尼诺现象】āi'ěrnínuò xiànxiàng

엘디[LD;laser disk] 몡〈電算〉【激光视盘】jīguāng shìpán

ᴬ엘리베이터[elevator] 몡〈機〉【电梯】

diàntī【升降机】shēngjiàngjī ¶～ 걸 | 电梯小姐。

엘리자베스아덴[Elizabeth Arden] 몡 〈商標〉【雅108】Yǎdùn

엘리트[elite]몡【精英】jīngyīng【出类 拔萃的人】chū lèi bá cuì·de rén【上 层人士】shàngcéng rénshì【掌权人 物】zhǎngquán rénwù【实力集团】shí-lì jítuán【精锐部队】jīngruì bùduì ¶～ 의식 | 精英意识。

엘시디[LCD ; liquid crystal display] 몡〈電算〉【液晶显示器】yèjīng xiǎnshìqì

엘엔지[LNG ; liquefied natural gas] 몡【液化天然气】yèhuà tiānránqì

엘피지[LPG ; liquefied petroleum gas] 몡【液化石油气】yèhuà shíyóuqì

엠엠엑스[MMX]몡〈電算〉【多媒体扩 展技术】duōméitǐ kuòzhǎn jìshù

엠엠엑스 펜티엄[MMX Pentium] 몡 〈電算〉【多能奔腾】Duōnéng Bēnténg

엠페그[MPEG ; moving picture experts group]몡〈電算〉【运动图形专家组】y-ùndòng túxíng zhuānjiāzǔ

엠페그 보드[mpeg board]몡〈電算〉 【影像解压卡】yǐngxiàng jiě yā kǎ

엠피유[MPU ; micro processing unit] 몡〈電算〉【微处理器】wēichǔlǐqì

엡손[Epson]몡〈商標〉【爱普生】Àipǔ-shēng

앳[at;@]몡〈電算〉【圈儿a】quānr a 【花儿a】huār a【小老鼠】xiǎolǎoshǔ ¶내 주소는 kim ～ korea 닷 컴이다 | 我的网址是kim圈儿a korea 点 com。

여[女]몡【女性】nǚxìng【女】nǚ ¶～ 학생 | 女学生。

여²갑【喂】wèi ¶～, 이게 누구야! | 喂,这是谁啊!

-여³캅 (呼格助词, 表示感叹, 号召, 语 气庄重) ¶영광스러운 조국이여~! | 光荣的祖国啊~!

-여⁴ 캅【余】yú【多】duō ¶10～년이 흘렀다 | 过了十多年。¶10～일 | 十 多天。

ᴬ**여가**[餘暇]몡【余暇】yúxiá【余闲】yúxi-án【空闲】kòngxián【空暇】kòngxiá ¶～ 시간에 야구를 하다 | 余暇时间 打棒球bàngqiú。¶～ 선용 | 善用余 暇。

ᴮ**여간**[如干]몡【普通】pǔtōng【一般】yì-

bān ¶～해서는 그 사람은 오지 않을 거야 | 他一般不会来的。¶～ 힘들지 않다 | 真费劲。

ᶜ**여객**[旅客]몡【旅客】lǚkè【乘客】chē-ngkè【旅人】lǚrén【旅行者】lǚxíngzhě ¶～수송 | 旅客运输。¶～ 운임 | 客 运费/旅客运费。¶～ 부두 | 客运码 头。¶～선 | 客轮/客船。

ᶜ**여객기**[旅客機]몡【客机】kèjī ¶악한 들이 ～ 한 대를 납치하였다 | 歹徒劫 持了一架客机。

ᴮ**여건**[與件]몡【条件】tiáojiàn【环境】hu-ánjìng ¶여기의 생활 ～은 아주 좋다 | 这里的生活条件很好。

여경[女警]몡【女警】nǚjǐng ¶그녀는 ～출신이다 | 她是女警出身。

여고[女高]몡【女高中】nǚgāozhōng

ᶜ**여공**[女工]몡【女工】nǚgōng ¶～의 월급은 남자 직공보다 적다 | 女工工 资低于男工。

여과[濾過]몡【过滤】guòlǜ【滤 过】lǜguò ¶～기 | 过滤器qì。¶～성 병원체 | 过滤性病毒。[过滤lín]

ᴮ**여관**[旅館]몡【旅馆】lǚguǎn【旅社】lǚ-shè【客栈】kèzhàn【旅舍】lǚshè【旅 店】lǚdiàn ¶금은 ～에서 하룻밤 묵다 | 在金银旅社过夜。

ᴬ**여권**[旅券]몡【护照】hùzhào ¶외교 관 ～ | 外交护照。¶관용 ～ | 公务 护照。

ᴬ**여권**²[女權]몡【女权】nǚquán ¶～을 존중하다 | 尊重zūnzhòng女权。¶～ 신장 | 扩大女权/提高女权。

ᴬ**여기**때【这里】zhè·lǐ【这儿】zhèr【此 地】cǐdì【此处】cǐchù ¶～ 사람 있습 니까? | 这儿有人吗? ¶～ 경치는 정 말 좋다 | 这儿的景致jǐngzhì真好。¶ 당신은 언제 ～를 떠나십니까? | 你几 时离开此地?

ᴬ**여기다** 동【认为】rènwéi【以为】yǐwéi 【视为】shìwéi ¶나는 좋지 않다고 여 겨진다 | 我认为不好。¶너의 태도는 다른 사람들이 네가 이러한 방법에 동 의하지 않는 것으로 여기게 한다 | 你 的态度让别人以为你不同意这种办 法。¶당연한 것으로 ～ | 视为当 然。참고〔看做〕[当作〕

ᴮ**여기저기** 몡【各处】gèchù【到处】dà-ochù【处处】chùchù ¶～마다 즐거워

하는 광경이다 | 到处是欢乐的景象。 ¶~에서 거절당하다 | 到处碰pèng 钉子。

여남은 쩐주 【十几】shíjǐ 【十多】shíduō ¶친구 ~명이 왔다 | 来了十多个朋友。

여념[餘念] 몡 【余心】yúxīn 【余志】yú-zhì ¶~이 없다 | 专心。¶공부하느라고 ~이 없다 | 专心学习。

여느 쩐 【别的】bié·de 【普通的】pǔtōng·de 【一般的】yìbān·de ¶~ 사람들 | 别的人。¶~ 날처럼 | 跟通常一样。

ᶜ여닫다 똥 【开关】kāiguān 【开了又关】kāi·le yòu guān ¶서랍을 여닫는 소리 | 开关抽屉的声音。

여담[餘談] 몡 【闲话(儿)】xiánhuà(r) 【废话】fèihuà ¶~을 하자면 | 说闲话/谈tán闲话。

ᴮ여당[與黨] 몡 【执政党】zhízhèngdǎng 【与党】yǔdǎng 【政府党】zhèngfǔdǎng

ᴬ여덟 쥔 【八】bā ¶~ 사람 | 八个人。

ᴮ여동생[女同生] 몡 【妹妹】mèi·mei ¶그녀는 나의 친~이다 | 她是我的亲妹妹。

ᶜ여드레 몡 ❶ (날짜) 【八日】bārì 【八号】bāhào ❷ (기간) 【八天】bātiān

ᶜ여드름 몡 【面疱】miànpào 【面疮】miànchuāng 【酒刺】jiǔcì 【痤疮】cuóchuāng 【青春痘】qīngchūndòu 【粉刺】fěncì 【青春疙瘩】qīngchūn gē·da ¶그 아가씨는 얼굴에 많은 ~이 있다 | 那位小姐脸liǎn蛋dàn上有很多痤疮。¶~에 쓰는 약용 화장수 | 粉刺露。

ᴬ여든 쥔 【八十】bāshí ¶~ 살 | 八十岁。

ᶜ여래[如来] 몡 〈佛〉【释迦如来】shìjiārúlái

ᴬ여러 쩐 【许多】xǔduō 【不少】bùshǎo ¶우리는 ~ 해 동안 만나지 못했다 | 我们有许多年没见面了。¶~ 사람 | 许多人。

여러가지 몡 【种种】zhǒngzhǒng 【各色各样】gèsègèyàng 【各种】gèzhǒng ¶~ 일로 고민하다 | 因各种事情而苦恼。¶~로 폐를 끼쳤습니다 | 给您添了许多麻烦。

여러모로 튄 【几个方面】jǐ gè fāngmiàn 【多方面】duō fāngmiàn ¶이번 일에

~ 수고가 많으셨습니다 | 这件事你真辛苦了。

ᴬ여러분 몡 【诸位】zhūwèi 【各位】gèwèi 【众位】zhòngwèi ¶신사 숙녀 ~! | 诸位女士诸位先生! | ~에게 가르침을 청하다 | 向诸位请教。

여러해살이 몡 〈植〉【多年生】duōniānshēng ¶~ 식물 | 多年生植物。

여럿 몡 【很多】hěnduō 【不少】bùshǎo 【有一些】yǒu yìxiē ¶학생이 ~ 된다 | 学生不少。

여력[餘力] 몡 【余力】yúlì ¶~ 있는 데까지 그를 도와주다 | 不遗余力地帮他。

여론[輿論] 몡 【舆论】yúlùn 【民意】mínyì 【群情】qúnqíng ¶~의 역량 | 舆论的力量。 | 국제 ~ | 国际舆论。¶~ 조사 | 民意测验/舆论调查。

여류[女流] 몡 【女】nǚ 【妇女】fùnǚ 【女性】nǚxìng ¶~ 문인 | 女文人。¶~ 작가 | 女作家。

ᴬ여름 몡 【夏】xià 【夏日】xiàrì 【夏季】xiàjì 【夏天】xiàtiān ¶~ 신발 | 凉鞋xié。¶북경은 ~에 시원하다 | 夏天北京很凉快liángkuài。¶~내 | 整个夏季。

여름철 몡 【夏季】xiàjì 【夏令】xiàlìng ¶봄 날씨가 ~ 날씨 같다 | 春行chūnxíng夏令。

ᴮ여리다 혱 ❶ (부드럽고 약함) 【不坚实】bùjiānshí 【柔嫩】róunèn 【薄弱】bóruò 【脆弱】cuìruò 【软弱】ruǎnruò ¶여린 싹 | 柔嫩的幼苗miáo。¶감정이 ~ | 感情脆弱。❷ (조금 모자람) 【差一点儿】chà·yìdiǎnr 【差点儿】chà diǎnr 【差(一些)儿】chà(·yi) xiēr 【差一眼】chà·yìyǎn

여명[黎明] 몡 ❶ (날이 샐 무렵) 【黎明】límíng 【天亮】tiān liàng ¶~이 다 가오다 | 黎明临近。❷ (새로운 시대 등에 비유하여) 【希望之光】xīwàngzhīguāng ¶우리에게 ~이 비친다 | 希望之光为我们开路。

여물 몡 【饲料】sìliào 【草料】cǎoliào ¶돼지 ~ | 猪饲料。¶가축에게 ~을 주다 | 给畜chù生上草料。

ᶜ여물다 똥 ❶ (과일 등이) 【成熟】chéngshú 【饱满】bǎomǎn ¶복숭아가 여물었다 | 桃táo子成熟了。¶여문 벼

｜成熟的稻dào子。❷ (몸·언행) 【结实】jiē·shi 【精明强干】jīng míng qiáng gān ¶그는 몸이 그다지 여물지 않았다 ｜他身子不太结实。

여미다 图 【扣好】kòuhǎo 【整好】zhěnghǎo ¶옷깃을 ~ ｜把领口扣好。

여배우[女俳優] 图 【女演員】nǚyǎnyuán 【女伶】nǚlíng ¶주역 ~ ｜女主演。

^C**여백**[餘白] 图 【空白】kòngbái 【余白】yúbái ¶~을 남기다 ｜留下空白。

^B**여보** 壮 ❶ (“여보시오”의 낮춤말) 【喂】wèi ❷ (부부간 호칭) 【爱人】àirén

^C**여보게** 壮 ¶~, 이러지 말게나 ｜喂, 你别这样。

^C**여보시오** 壮 【喂】wèi

여부[與否] 图 ❶ (그러함과 그렇지 않음) 【与否】yǔfǒu 【能否】néngfǒu 【是否】shìfǒu ¶~를 알 수 없다 ｜不知可行与否。❷ (문제) 【疑问】yíwèn 【问题】wèntí ¶그가 하는 일이니 ~가 있겠니? ｜他办的事, 还会有问题吗?

여분[餘分] 图 【多余的】duōyú·de 【富余的】fùyú·de 【额外】éwài ¶~이 있으면 나도 한 몫 주세요 ｜要是有多余的, 也给我一份吧。

여비[旅費] 图 【旅费】lǚfèi 【盘费】pánfèi 【路费】lùfèi 【盘缠】pán·chan 【车马费】chēmǎfèi 【川费】chuānfèi ¶~는 각자 알아서 한다 ｜旅费自理。¶~가 부족하다 ｜缺少盘缠。¶한 번 왕복에 적지 않은 ~를 썼다 ｜一来一回, 花了不少车马费。

^B**여사**[女史] 图 【女史】nǚshǐ 【女士】nǚshì

여색[女色] 图 【女色】nǚsè 【姿色】zīsè ¶~을 밝히다 ｜好hào女色。¶~에 빠지다 ｜沉迷于女色。

여생[餘生] 图 【余生】yúshēng 【余年】yúnián 【晚年】wǎnnián ¶~을 저술에 종사하다 ｜以余生从事著述。¶~을 편안히 보내다 ｜安度晚年。

^A**여섯** 囹 【六】liù 【六个】liù·ge ¶~차례 ｜六次。¶합계는 ~이다 ｜合计起来是六。

여성¹[女性] 图 ❶【女】nǚ 【女性】nǚxìng 【妇女】fùnǚ ¶이런 일은 ~에게 적합하지 않다 ｜这种工作不适于女性。¶국제 ~의 날[3月8日] ｜国际妇女

节。¶~ 운동 ｜妇女运动。❷【阴性】yīnxìng

^A**여성**²[女聲] 图〈音〉【女高音】nǚgāoyīn 【女声】nǚshēng ¶~ 합창 ｜女声合唱。

여세[餘勢] 图 【余势】yúshì 【剩余势力】shèng yú shì lì 【势头】shìtou ¶그는 10킬로미터를 달린 ~를 몰아 1킬로미터를 달렸다 ｜他接跑十公里的势头又跑了一公里。

여승[女僧] 图 【尼姑】nígū 【姑子】gūzi ¶그녀는 ~이 되려고 한다 ｜她想当尼姑。

여식[女息] 图 【女儿】nǚ'ér 〈卑语〉bēinǚ ¶제 ~을 잘 가르쳐 주십시오 ｜请好好教导我女儿。

여신[女神] 图 【女神】nǚshén 【女灵】nǚlíng 【娘娘】niáng·niang

여실[如實] 图 圃 【如实】rúshí 【真实】zhēnshí 【确实】quèshí ¶그의 잘못임이 ~하다 ｜确实是他的错误。

여아[女兒] 图 【女儿】nǚ'ér 【女孩儿】nǚháir

여야[與野] 图 【与党和在野党】yǔdǎng hé yědǎng 【执政党和在野党】zhízhèngdǎng hé zàiyědǎng ¶~ 총무회담 ｜与党和野党事务会谈。

여왕[女王] 图 【女王】nǚwáng 【女皇】nǚhuáng 【娘娘】niáng·niang

^B**여우** 图〈動〉【狐狸】hú·li ¶~ 새끼 ｜狐狸崽子zǎizi。

여운[餘韻] 图 ❶ (여음) 【余韵】yúyùn 【余音】yúyīn ¶그 음악의 ~이 아직도 귓가에 들린다 ｜那个音乐的余音好像还在耳边回荡着。❷ (뒤에 남는 운치) 【余味】yúwèi ¶그 시는 언제 읽어도 ~이 남는다 ｜那首诗不管什么时候读都余味无穷。

^B**여위다** 图 【瘦】shòu 【消瘦】xiāoshòu ¶얼굴이 많이 여위었구나 ｜脸瘦了不少。

^B**여유**[餘裕] 图 【富余】fù·yu 【敷余】fūyú 【余裕】yúyù 【余地】yúdì 【余量】yúliàng 【裕量】yùliàng 【多余】duōyú 【剩余】shèngyú ¶선택할 ~가 없다 ｜没有选择的余地。¶~ 자금 ｜结余资金/剩余资金。

여유만만하다[餘裕滿滿－] 圈 【从容不迫】cōngróngbúpò ¶여유만만한

ᵃ**여의다** 통 ❶ 〈사별하다〉【失去】shīqù ¶아버지를 여읜 지 3년이 되었다 | 失去父亲已有三年了. ❷ 〈시집보내다〉【嫁出去】jiàchūqù ¶딸을 ~ | 把女儿嫁出去.

여의찮다[如意-] 형【不如意】bùrúyì 【不顺利】bùshùnlì ¶만사가 ~ | 万事不如意.

ᴬ**여인**[女人] 명【女人】nǚrén 【妇人】fùrén【妇女】fùnǚ ¶~ 천하 | 女人天下. ¶젊은 ~ | 年轻的女人.

ᴮ**여인숙**[旅人宿] 명 ⇒ 여관

ᴬ**여자**[女子] 명【女子】nǚzǐ【女性】nǚxìng【女人】nǚrén ¶~ 단식 | 女子单打. ¶~ 판매원 | 女售货员.

여자아이[女子-] 명【女孩】nǚhái ¶~가 예쁘다 | 女孩漂亮.

여장[女装] 명 하자 【男扮女装】nán bàn nǚ zhuāng ¶그는 ~을 하고 여인들의 무리 속으로 섞어 들어간다 | 他男扮女装, 混进女人堆里.

여장부[女丈夫] 명【巾帼丈夫】jīnguó zhàngfū【女豪】nǚháo

ᶜ**여전**[如前] 명 하형 【如前】rúqián【仍然】réngrán【没变】méibiàn【依然如故】yī rán rú gù ¶너의 얼굴은 예나 지금이나 ~하구나 | 你的脸以前也好, 现在也好一点也没变.

여전히[如前-] 부【依然】yīrán【依旧】yījiù ¶술은 ~ 잘 마시는군 | 还像以前一样能喝酒啊. ¶~ 바쁘시다 | 依然很忙.

여정[旅程] 명【旅程】lǚchéng【行程】xíngchéng【旅途】lǚtú ¶이박 삼일의 ~ | 三天两夜的旅程. ¶~표 | 行程表.

여주인[女主人] 명【女老板】nǚ lǎobǎn【女主人】nǚ zhǔrén ¶술집의 ~ | 酒店女老板.

여지[餘地] 명【余地】yúdì【余步】yúbù【地步】dìbù【空余的地方】kōngyú·de dì·fang ¶선택의 ~가 없다 | 没有选择xuǎnzé的余地. ¶충분히 고려할 만한 ~가 있다 | 有充分chōngfēn考虑kǎolǜ的余地. ¶~ 없이 | 毫无余地/无遗.

여직원[女職員] 명【女职员】nǚzhíyuán

ᴮ**여쭈다** 통【告诉】gào·su【禀告】bǐngg-

ào【禀报】bǐngbào【进言】jìn/yán ¶선생님께 여쭐 말이 있어 왔습니다 | 我有话来禀告老师.

ᴮ**여쭙다** 통〈问〉【问】wèn【打听】dǎ·tīng【听问】tīngwèn

여차하면 부【发生万一】fāshēng wànyī【不太妙的话】bùtàimiào·de huà【不如意的话】bùrúyì·de huà

ᴮ**여치** 명〈蟲〉【纺织娘】fǎngzhīniáng【蝈斯】zhōngsī【蝈蝈儿】guō·guor 참고[써]jiào-哥哥] |蝲蝈蜒儿]

여타[餘他] 명【其他】qítā【其它】qítā

여태[一向] 부【一向】yīxiàng【一直】yìzhí【直到现在】zhídào xiànzài【迄今】qìjīn【至今】zhìjīn ¶나는 ~ 북경에 살고 있다 | 我一直住在北京Běijīng. ¶그는 ~ 편지가 없다 | 他至今还没有来信.

여파[餘波] 명【余波】yúbō【影响】yǐngxiǎng【回波】huíbō ¶태풍의 ~ | 台风táifēng的余波. ¶이 분규는 ~가 아직 가라앉지 않았다 | 这场纠纷jiūfēn的余波还未平.

여편네[娘-] 명【娘儿们】niángmén【老娘儿们】lǎo niángrmén ¶이 ~가 아직도 집에 안 들어왔느냐? | 这娘儿们还没回家呀!

여하[如何] 명【如何】rúhé【任何】rènhé ¶네 노력~에 달린 거야 | 取决于你如何努力. ¶~한 말로도 그를 위로할 수 없다 | 任何话都不能安慰他.

여하간[如何間] 부【不管怎样】bùguǎnzěnyàng【无论如何】wúlùnrúhé ¶~ 그렇게 하도록 하소 | 不管怎样, 就那样做吧.

여하튼[如何-] 부【不管怎样】bùguǎnzěnyàng【无论怎么说】wúlùnzěn·me shuō【还是】háishì ¶~ 만나서 이야기하자 | 还是见面再说吧.

여학교[女學校] 명【女子学校】nǚzǐ xuéxiào ¶~에 다니다 | 上女子学校.

여학생[女學生] 명【女学生】nǚxuéshēng【女生】nǚshēng ¶교복 입은 ~ | 穿校服的女学生. ¶청순한 ~ | 清秀单纯的女学生.

여한[餘恨] 명 ❶【遗恨】yíhèn ❷【遗憾】yíhàn ¶꿈에도 그리운 너를 만났으니 이제 난 죽어도 ~이 없어 | 见到

674

了梦寐以求的你, 现在就是死了, 也不遗憾了。

^A여행[旅行] 圓하타 【旅行】lǚxíng 【旅游】lǚyóu ¶여름 방학에 우리는 제주도로 ~간다 | 暑假我们去济州岛岛旅行。¶우리는 북경으로 ~을 한번 갔었다 | 我们到北京旅行了一趟。¶긴 ~을 하다 | 做长途旅行。¶밀월 ~ | 蜜月 | 蜜月旅行。¶우리는 경주에 ~을 한 번 갔었다 | 我们到庆州旅游了一次。¶~ 경비 | 旅费/路费。

^C여행사[旅行社] 圓【旅行社】lǚxíngshè ¶~의 관광버스를 타다 | 乘chéng旅行社的旅游车。

여행자 수표[旅行者手票] 圓【旅行支票】lǚxíng zhīpiào 【通天單】tōngtiāndān ¶이곳에는 ~를 받나요? | 你们这儿收shōu不收旅行支票?

여호와[Jehovah] 圓〈宗〉【耶和华】yēhéhuá

여흥[餘興] 圓 ❶ (아직 남은 흥) 【余兴】yúxìng ¶~이 채 가시지 않다 | 余兴未尽。❷ (연예·오락) 【助兴】zhùxīng 【娱乐】yúlè ¶회의는 이것으로 끝내고, 지금부터 ~을 시작하겠습니다 | 会议到此结束jiéshù, 助兴节目现在开始。

^A역[驛] 圓【火车站】huǒchēzhàn 【车站】chēzhàn ¶전동차 ~ | 电车站。¶~의 안내원 | 车站服fúwù员。

^C역[役] 圓【角(儿)】jué(r) 【角色】juésè ¶당신은 무슨 ~으로 분장합니까? | 你演什么角色? ¶그녀는 이 영화에서 무슨 ~으로 나오니? | 她在这部电影里演哪个角色?

역겹다[逆—] 圓【厌恶】yànwù 【讨厌】tǎoyàn 【可憎】kězēng 【恶心】ě·xin ¶그는 좀 역겨운 데가 있다 | 他有些地方讨厌。¶속이 ~ | 恶心。¶이런 꼴은 남을 역겹게 한다 | 这种样子叫人恶心。

역경[逆境] 圓【逆境】nìjìng 【困难环境】kùn·nan huánjìng ¶~에 처하다 | 处于逆境。¶~에서 분기하다 | 从逆境中奋fèn起。

^C역군[役軍] 圓【主力军】zhǔlìjūn 【骨干】gǔgàn 【中堅】zhōngjiān 【生力军】shēnglìjūn ¶산업의 ~ | 产业的主力军。

역기[力技] 圓〈體〉【举重】jǔzhòng

【举重运动】jǔzhòngyùndòng

역대[歷代] 圓【历届】lìjiè 【历代】lìdài ¶~ 명인 연보 | 历代名人年谱。¶~ 대통령 | 历届总统。

역동적[力動的] 圕【具有动感的】jùyǒudònggǎn·de ¶~ 자세 | 具有动感的姿势。

역량[力量] 圓【力量】lì·liang ¶~을 과시하다 | 显示力量。¶모든 ~을 다하다 | 尽jìn一切力量。

역력[歷歷] 圓하형 【历历在目】lì lì zài mù 【清楚】qīng·chu 【记忆犹新】jìyì yóuxīn 【清清楚楚】qīngqīng chǔchǔ 【十分明显】shífēn míngxiǎn ¶피로한 기색이 ~하다 | 疲惫的气色十分明显。

역류[逆流] 圓하타 【逆流】nìliú 【反流】fǎnliú 【回流】huíliú ¶~ 효과 | 逆流效果。

^C역마차[驛馬車] 圓【驿站马车】yì zhàn mǎ chē

역부족[力不足] 圓하형 【力不足】lìbùzú 【力量不够】lìliàng bùgòu ¶그들과 겨루어 이기고 싶으나 ~이다 | 虽然想赢他们, 可是量力不够。

^A역사[歷史] 圓【历史】lìshǐ ¶사회 발전의 ~ | 社会发展的历史。¶~적 사명을 완수하다 | 完成历史使命。¶~의 흐름 | 历史潮流。¶~적 임무 | 历史性任务。¶~ 단계 | 历史阶段。¶~ 유물론 | 历史唯物主义。

역설[力說] 圓하타 【强调】qiángdiào ¶그는 그 사건과 무관하다고 ~하였다 | 他强调自己和那个案件无关。

역설[逆說] 圓【僻论】pìlùn 【异说】yìshuō

역성들다[동 【袒护】tǎnhù 【偏护】piānhù 【护庇】hùbì 【偏袒】piāntǎn ¶그녀는 자기 자식 역성을 든다 | 她袒护自己的孩子。

역수[逆數] 圓〈數〉【倒数】dàoshù ¶3의 ~는 3분의 1이다 | 三的倒数是三分之一。

역습[逆襲] 圓하타 【反袭击】fǎnxíjī 【反击】fǎnjī ¶쳐들어오는 적들을 ~하다 | 反击进犯的敌人。

^A역시[亦是] 튀 ❶ (또한·마찬가지로) 【也是】yěshì 【也】yě ¶네가 기쁘다면 나 ~ 기쁘다 | 你高兴, 我也高兴。 ❷

(결국·생각했던대로)【还是】hái·shi ¶날씨가 싸늘해졌으니, ~ 옷을 더 입는 것이 좋겠다 | 天气凉liáng了, 还是多穿chuān点儿吧。¶그 소문은 ~ 사실이다 | 那传闻还是真的。

역임[歷任] 图하타【历任】lìrèn ¶그는 중대장·대대장·연대장·사단장의 직책을 ~했다 | 他历任了连长, 营长, 团长, 师长等职。

ᶜ**역장**[驛長] 图【站长】zhànzhǎng ¶부~ | 副fù站长。¶철도의 ~ | 火车站站长。

역적[逆賊] 图【逆贼】nìzéi【叛徒】pàntú【匪帮】fěibāng ¶~을 타벌하다 | 讨伐tǎofá逆贼。¶~을 타도하다 | 打倒dǎdǎo叛徒。

역전[逆轉] 图하자【逆转】nìzhuǎn【扭转】niǔzhuǎn【倒转】dàozhuǎn ¶종종 선거의 형세를 ~시킬 수가 있다 | 往往能够逆转选举的形势。¶~승 | 转败为胜/反败为胜。

역전[歷戰] 图하자【身经百战】shēnjīngbǎizhàn ¶~의 용사 | 身经百战的勇士。

역점[力點] 图【重点】zhòngdiǎn ¶우리는 어학에 ~을 두고 있다 | 我们的重点在语言学上。

ᶜ**역정**[逆情] 图【脾气】pí·qi ¶~을 내다 | 闹nào脾气/发脾气fāpíqì。참고〔脾性〕〔气性〕〔气质〕

역풍[逆風] 图【逆风】nìfēng【顶风】dǐng·fēng ¶~에 항해하다 | 开顶风船。참고〔顶头风〕〔打dǎ头风〕〔逆风ng风〕〔戗强qiàng风〕〔斗dòu风〕〔石龙风〕〔石邮风〕〔呛风〕

역하다[逆一] 图 ❶(거슬리다)【不顺眼】búshùnyǎn【讨厌】tǎoyàn ¶그녀의 가식적인 행동이 너무 ~ | 我很讨厌她假里假气的行为。 ❷(메스껍다)【作呕】zuò'ǒu【恶心】ě·xin ¶그 약은 너무 ~ | 那个药吃了太恶心。

ᴬ**역할**[役割] 图 ❶(작용)【作用】zuòyòng ¶적극적인 ~을 발휘하다 | 发挥积极作用。¶~을 하다 | 起作用。 ❷【角色】juésè ¶교사의 ~ | 教师的角色。

역행[逆行] 图하자타【逆行】nìxíng【倒行逆施】dào xíng nì shī【背道而驰】bèi dào ér chí ¶시대에 ~하다 |

逆时代潮流而行。¶일방 통행로로는 차량이 ~해서는 안된다 | 单行道, 车辆不得逆行。

역효과[逆效果] 图【相反的结果】xiāngfǎn·de jiéguǒ【反效果】fǎnxiàoguǒ ¶~를 가져오다 | 带来了反效果。

역다[編] 图【编】biān【编制】biānzhì【编织】biānzhī ¶대바구니를 ~ | 编篮kuāng子。¶책을 ~ | 编书。¶엮은 이 | 编者。

연[年] 图 ❶【年】nián ¶~ 성장 속도 | 年增长速度。 ❷【一年】yìnián

ᴮ**연**[鳶] 图【风筝】fēng·zheng【纸鸢】zhǐyuān ¶~을 날리다 | 放fàng风筝。¶~실을 당기다 | 抖dǒu风筝。 참고〔风鹰〕〔风鹞〕〔纸鹞yāo〕

연[蓮] 图 ❶【莲】lián ❷【荷莲】hélián

연[連] 图(종이의 묶음 단위. 인쇄 용지 500매)【令】lìng 참고〔另〕〔连〕

연[延] 图 ❶【总共】zǒnggòng ❷【人次】réncì ¶~인원 100명 | 一百个人次。

연[緣] 图【缘分】yuánfèn ¶~이 닿다 | 有缘分。¶너와는 ~이 아닌가 보다 | 和你好像没缘分。

연[鉛] 图 ❶납

연—[軟—] 图【淡】dàn【软】ruǎn ¶~분홍 | 淡粉红。

ᶜ**연간**[年間] 图【年间】niánjiān【年度】niándù【全年】quánnián ¶~ 수입 | 全年收入。¶~ 강우량 | 全年降雨量。

연감[年鑑] 图【年鉴】niánjiàn ¶미술~ | 美术年鉴。

연거푸[連一] 图【接连】jiēlián【连续】liánxù【接二连三】jiē èr lián sān【联续】liánxù【不断】búduàn ¶~ 실패하다 | 接连失败。¶승전보가 ~ 전해 오다 | 捷报接二连三地传来。

ᴮ**연결**[連結] 图하타【联结】liánjié【连结】liánjié【联系】liánxì【联贯】liánguàn ¶직선을 한 줄 그어 이 두 점을 ~시킨다 | 画一条直线把这两点联结起来。¶밀접하게 ~되다 | 密切地连结起来。¶~ 코드 | 连结插座chāzuò。

연계[連系] 图하타【联系】liánxì【挂钩】guàgōu【接线头】jiē/xiàn·tou【穿针引线】chuān zhēn yǐn xiàn【接洽】jiēqià【承上启下】chéng shàng qǐ xià ¶이것은 너의 일과 밀접한 ~가 되어

있다 | 这跟你的工作gōngzuò有密切的联系。¶너희들은 군중들과 자주 ~하여서 그들의 지지를 얻어야 한다 | 你们要多同群众qúnzhòng联系联系, 争取zhēngqǔ他们的支持zhīchí。

^B**연고**[軟膏] 몡〈藥〉【软膏】ruǎngāo

연고[緣故] 몡【缘故】yuángù【原因】yuányīn【根由】gēnyóu【因此】yīncǐ | 겸손하게 남에게 배우는 바로 그런 ~로 인해 그는 진보가 아주 빠르다 | 正因为虚心向人学习的缘故, 所以进步得很快。

연고자[緣故者] 몡【关系户】guānxìhù【关系人】guānxìrén ¶~ 주식할당 | 关系户股票分配。

연고지[緣故地] 몡【故地】gùdì【旧地】jiùdì ¶공무원이 ~로 파견되다 | 公务员被派往故地。

연골[軟骨] 몡〈生理〉【软骨】ruǎngǔ【脆骨】cuìgǔ ¶~ 조직 | 软骨组织。

^C**연관**[聯關] 몡하자【关联】guānlián【联系】liánxì【关系】guān·xi【相关】xiāngguān【相连】xiānglián ¶이 일은 큰 일과 ~된다 | 这事关系到大事。¶문학과 언어학은 서로 밀접하게 ~되어 있다 | 文学与语言学密切相关。

^A**연구**[研究] 몡하자【研究】yánjiū【钻研】zuānyán ¶~활동 | 研究活动。¶근 20년간 ~했다 | 研究了近二十年。¶이 문제를 여러분들이 깊이 ~해주길 기대린다 | 这个问题有待大家钻研。¶깊이 ~하다 | 深入钻研。¶~ 개발 | 研究开发。

^A**연극**[演劇] 몡 ❶ (극) 【话剧】huàjù【戏剧】xìjù【大戏】dàxì【白话剧】báihuàjù【爱美剧】àiměijù【真新剧】zhēnxīnjù【文明戏】wénmíngxì ¶~을 구경하다 | 看话剧。¶~배우 | 话剧演员。 ❷ (거짓을 사실처럼 꾸미는 일) 【把戏】bǎxì【鬼把戏】guǐbǎxì ¶그 따위 ~에 속아 넘어 갈 줄 아니? | 难道我会上那些鬼把戏的当?

^B**연금**[年金] 몡【年金】niánjīn【定期补助金】dìngqībǔzhùjīn【养老金】yǎnglǎojīn ¶~ 보험 | 年金保险/养老金保险。¶~ 수령인 | 领年金者/领取抚恤金人。¶~ 제도 | 养老金制度。

연기[延期] 몡하자【延期】yán/qī【缓期】huǎnqī【宽期】kuānqī【延长】yáncháng【延迟】yánchí【推迟】tuīchí【缓期】huǎnqī【拖迟】tuōchí ¶시합을 비 때문에 ~하다 | 因雨延期比赛。¶공연은 1개월 ~한다 | 演出延期一个月。¶지불을 ~하다 | 缓期付款。¶공개 전람 일자를 ~했다 | 延迟了公开展览的日期。

연기[煙氣] 몡【烟(儿)】yān(r)【烟雾】yānwù ¶~가 나다 | 冒烟。¶밥 짓는 ~ | 炊chuī烟。¶~에 눈이 따갑다 | 烟雾弄得眼睛很辣。

연기[演技] 몡하자【演技】yǎnjì【表演技巧】biǎoyǎn jìqiǎo ¶~가 빈틈없고 훌륭하다 | 演技精湛jīngzhàn。

연꽃[蓮一] 몡〈植〉【荷花】héhuā【莲花】liánhuā

^B**연날리기**[一] 몡【放风筝】fàng fēng·zheng ¶숲속에서 ~ 하다 | 左树林子里放风筝。

연내[年内] 몡【年内】niánnèi ¶~에 한 번 여행하게 될지도 모르겠다 | 说不定在年内出趟门儿。

연단[演壇] 몡【讲台】jiǎngtái【讲坛】jiǎngtán ¶~에 오르다 | 上讲台。

연대[年代] 몡【年代】niándài ¶90~ | 九十年代。

연대[聯隊] 몡〈軍〉【团】tuán ¶~장 | 团长。

연대[連帶] 몡하자【连带】liándài【共同】gòngtóng【联名】liánmíng ¶~계약 | 连带契约。¶~ 책임 | 连带责任zérèn/共同责任。¶~보증 | 连带保证。

^C**연도**[年度] 몡【年度】niándù ¶회계 ~ | 会计年度。¶~ 결산 | 年度结算。¶~ 계정 | 年度帐。

연두[年頭] 몡【年初】niánchū【岁初】suìchū ¶~ 기자회견 | 年初记者招待会。¶~ 인사 | 拜年。

연두[軟豆] 몡〈色〉【淡绿色】dànlǜsè

^B**연락**[連絡] 몡하자【联络】liánluò【连络】liánluò【联系】liánxì【连系】liánxì【通知】tōngzhī【传】chuán ¶몇 사람 ~했다 | 联络了几个人。¶~이 끊기다 | 失去联络。¶전화를 걸어 시간과 장소를 ~하다 | 打电话联系时间和地点。¶내가 가서 왕씨에게 ~할게 | 我去通知老王。¶~망 | 联

络网。¶~처 | 联络处。

°**연령**[年齡] 圐【年齡】niánlíng【年纪】niánjì ¶그는 군에 갈 ~이 되었다 | 他到了参军的年龄。¶~ 구성 | 年龄结构。¶ 급여제 | 工龄工资制。¶ 잡역부에 대해서 ~급 제도를 실시하도록 건의하다 | 建议对勤杂人员实行年资工资制。

연로[年老] 圐陋陋【年老】niánlǎo【上年纪】shàngniánjì【耆老】qílǎo ¶~하여서 사직하다 | 年老告退。

°**연료**[燃料] 圐【燃料】ránliào ¶고체 ~ | 固体燃料。¶액체 ~ | 液体燃料。¶기체 ~ | 气体燃料。¶~비 | 燃料比。¶~ 전지 | 燃料电池。¶~ 통로 | 燃料管道。¶ ~ 저장고 | 燃料库。¶~ 가스 | 燃料气。

연루[連累] 圐陋자 【连累】liánlèi【牵连】qiānlián【累累】qiānlèi【挂累】guàlèi【牵涉】qiānshè ¶내가 잘못을 저질렀는데 동료나 ~되었다 | 我犯的错误, 连累了同事。¶본 사건과 관련이 있는 사람을 절대로 ~시켜서는 안된다 | 决不能把与本案毫无关的人牵连进去。¶많은 사람이 ~되다 | 牵涉到很多人。(참고)〔连及〕〔带累〕〔牵及〕〔连带〕〔株累〕〔株连〕〔瓜葛〕

연륜[年輪]〈農林〉【年轮】niánlún❷(비유)【历史的痕迹】lìshǐ·de hénjì【积累的经验】jīlěi·de jīngyàn ¶오랜 ~으로 쌓은 기량을 발휘하다 | 发挥多年积累的经验。

연립[聯立] 圐陋자【联合】liánhé【联立】liánlì ¶~하여 개최하다 | 联合举办。¶~ 방정식 | 联立方程式。

연마¹[研磨] 圐陋타【研磨】yánmó【打磨】dǎ·mó ¶~공구 | 研磨工具。¶~기 | 研磨机。

연마²[鍊磨] 圐陋타【磨炼】móliàn【锤炼】chuíliàn ¶심신을 ~하다 | 锤炼身心。

연막[煙幕] 圐【烟幕】yānmù【掩饰】yǎnshì ¶~을 터뜨리다 | 放烟幕。¶이런 ~으로는 그들을 속일 수 없다 | 像这种烟幕是不能蒙蔽他们的。

연말[年末] 圐【年末】niánmò【年底】niándǐ【年终】niánzhōng【岁末】suìmò【岁暮】suìmù【岁杪】suìmiǎo ¶~이 되어야 보너스가 나온다 | 到年底才

能奖jiǎng金。¶~에 한 번 총결산을 하다 | 年终一次算总账。¶~ 결산 | 年终结算。(참고)〔岁底〕〔根儿底下〕〔年尾〕〔岁杪suìmiǎo〕

°**연맹**[聯盟] 圐陋【联盟】liánméng【连盟】liánméng ¶~을 결성하다 | 结成联盟。¶노·농~ | 工农联盟。

연명[延命] 圐陋자【度命】dùmìng【活命】huómìng ¶간신히 ~하다 | 勉强活命。

°**연모**[戀慕] 圐陋타【爱慕】àimù【想念】xiǎngniàn【怀念】huáiniàn ¶애틋한 ~의 정을 느끼다 | 感到深深的爱慕之情。

ᴮ**연못**[蓮一] 圐【荷花池】héhuāchí【荷池】héchí【荷塘】hétáng【莲花池】liánhuāchí【莲池】liánchí

연무[煙霧] 圐【烟雾】yānwù ¶~ 신호 | 烟雾信号。

연미복[燕尾服] 圐【燕尾服】yānwěifú ¶그는 ~을 입고 지휘했다 | 他穿上燕尾服指挥zhǐhuī了。

연민[憐憫] 圐陋【怜悯】liánmǐn【怜恤】liánxù ¶~의 정을 느끼다 | 产生了怜悯之情。

연발[連發] 圐陋자타❶【接连发出】jiēlián fāchū❷(총·대포)【接连开枪】jiē lián kāi qiāng【连放】liánfàng ¶~총 | 连发枪。¶~ 사격 | 连发射击。¶~ 화기 | 连发武器。

연방[聯邦] 圐〈政〉【联邦】liánbāng ¶~ 수사국/에프 비 아이(FBI) | 联邦调查局diàocháfú。¶ ~ 공화국 | 联邦共和国gònghéguó。

연배[年輩] 圐❶【同辈】tóngbèi❷【年纪】niánjì【岁数儿】suìshùr ¶그는 ~가 얼마나 되나? | 他年纪多大呀?

°**연변**[沿邊] 圐【沿线】yánxiàn【沿边】ánbiān ¶철도 ~의 마을 | 铁路沿线的村镇。

연병장[練兵場] 圐【练兵场】liánbīngchǎng ¶~에서 훈련을 받다 | 在练兵场接受训练。

°**연보**[年譜] 圐【年谱】niánpǔ ¶작가의 ~ | 作者年谱。

연봉[年俸] 圐【年薪】niánxīn【年资】niánzī ¶~ 제도 | 年薪制度。¶그는 ~이 3천만원이다 | 他的年薪是三千万元。

연분[緣分] 몡❶(서로 관계를 갖게 되는 인연)【缘分】yuánfēn ¶~이 닿다 | 有缘分。❷(부부가 되는 인연)【情丝】qíngsī【姻缘】yīnyuán ¶~이 닿을려면 아무리 멀리 떨어져 있어도 이어진다 | 千里姻缘一线牵。¶더할 나위 없는 (부부의) ~ | 美满姻缘。

ᶜ**연분홍**[軟粉紅] 몡〈色〉【淡红】dànhóng【浅红】qiǎnhóng【粉红色】fěnhóngsè

연사[演士] 몡【演说者】yǎnshuōzhě【讲演者】jiǎngyǎnzhě

연산[演算] 몡하자타〈數〉【运算】yùnsuàn ¶~ 명령 | 运算指令。¶~자 | 运算子。

ᶜ**연상**¹[年上] 몡【年长者】niánzhǎngzhě ¶그는 나보다 5년 ~이다 | 他年长zhǎng我五岁。¶~의 여인 | 年龄比我大的女人。

ᶜ**연상**²[聯想] 몡하타【联想】liánxiǎng【触景生情】chù jǐng shēng qíng ¶~작용 | 联想作用。¶이것을 보면 무엇이 ~ 됩니까? | 看到这个东西, 你想起了什么?

ᶜ**연설**[演說] 몡하자타【演说】yǎnshuō【讲话】jiǎng/huà ¶~대로에서 ~하다 | 在大街上演说。¶합동 ~ | 联合演说。

ᴮ**연세**[年歲] 몡【年岁】niánsuì【年龄】niánlíng【年纪】niánjì【岁数】suìshù【高寿】gāoshòu ¶그분은 이미 ~가 많으시다 | 他已上了年岁。

ᶜ**연소**[燃燒] 몡하자타【燃烧】ránshāo【燃】rán ¶~ 성능 | 燃烧性能。¶자연 ~하다 | 自燃。¶~ 화물 | 易燃货物。

ᶜ**연속**[連續] 몡하자타【连续】liánxù【接连】jiēlián【相继】xiāngjì【接续】jiēxù ¶~성 | 连续性。¶~ 사격하다 | 接连射击。¶~ 세 시간 | 接连三个小时。

연쇄[連鎖] 몡【连锁】liánsuǒ【链条】liàntiáo ¶~점 | 连锁商店。

ᶜ**연수**[研修] 몡하타【进修】jìnxiū【在职培训】zài zhí péi xùn ¶외국에 가서 ~하는 사람 | 出国进修人员。¶~생 | 进修生。¶~반 | 进修班。

ᴬ**연습**[練習] 몡하타【练习】liànxí ¶영어 말하기를 ~하다 | 练习说英语。¶~ 경기 | 练习比赛bǐsài。¶~ 문제를 제출하다 | 交练习。

연승[連勝] 몡하자【连续胜利】liánxù shènglì【连续获胜】liánxù huòshèng ¶~을 거두다 | 取得连胜。

연신[延伸] 몡【不断地】búduàn·de ¶아이들이 ~ 드나든다 | 孩子们不断地进进出出。¶~ 먹는다 | 不断地吃。

ᶜ**연안**[沿岸] 몡【沿岸】yán'àn【沿海】yánhǎi【近海】jìnhǎi ¶지중해 ~ 국가 | 地中海沿岸国家。¶~ 무역 | 沿海贸易。¶~ 어업 | 近海渔业。

ᶜ**연애**[戀愛] 몡하자【恋爱】liàn'ài【谈情说爱】tán qíng shuō ài【处】chǔ ¶그들 둘은 지금 ~중이다 | 他们俩现正在恋爱。¶그녀와 ~하다 | 跟她恋爱。¶그들 둘은 2년 동안 ~하고서야 비로소 결혼했다 | 他俩处了两年才结了婚。

ᶜ**연약**[軟弱] 몡하자【软弱】ruǎnruò【脆弱】cuìruò【削薄】xiāobāo ¶~하고, 무능하다 | 软弱无能。

연어[鰱魚] 몡〈魚貝〉【大麻哈鱼】dàmáhāyú

ᶜ**연역**[演繹] 몡하타〈論〉【演绎】yǎnyì ¶~법 | 演绎法。¶~추리하다 | 演绎推理tuīlǐ。

연연[戀戀] 몡하자형【恋恋】liànliàn【孪挛】luánluán【眷恋】juànliàn【留恋】liúliàn【留连】liúlián ¶~해하며 잊지 못하다 | 恋恋不忘。¶조금도 과거에 ~해 하지 않다 | 一点也不眷恋过去。

ᶜ**연예**[演藝] 몡하자【演出】yǎnchū【表演】biǎoyǎn ¶~ 활동 | 表演活动。¶~인 | 演艺人。

연원[淵源] 몡【渊源】yuānyuán ¶역사적 ~ | 历史渊源。¶~을 밝히다 | 究明渊源。

ᶜ**연월일**[年月日] 몡【年月日】nián yuè rì

연유[緣由] 몡【缘由】yuányóu【来缘】láiyuán【原因】yuányīn【原由】yuányóu【缘故】yuángù【所以然】suǒyǐrán ¶그는 이 일의 ~를 설명했다 | 他说明了这件事的缘由。¶단지 그런 줄만 알고 그렇게 된 ~는 모른다 | 只知其然不知其所以然。

ᶜ**연이율**[年利率] 몡【年利率】niánlìlǜ【年率】niánlǜ ¶~ 계산 | 按年率计算。

ᴮ**연인**[戀人] 몡【恋人】liànrén【情人】qíngrén【心爱的人】xīn'ài·de rén ¶~

과 헤어지다 | 跟恋人分手。

연일[連日] 몡【连日】liánrì 【不断】bú‐
duàn 【层出不穷】céng chū bù qióng
¶~ 뜨거운 햇볕이 내려 쪼이다 | 连
日暴晒。

연임[連任] 몡하타【连任】liánrèn 【联
任】liánrèn ¶부장직을 ~하다 | 连任
部长。¶회장직은 두 번 이상 ~할 수
없다 | 会长不得dé连任两届jiè以上。

ᶜ**연있다**[連─] 몡【接连】jiēlián 【接上】ji‐
ē·shang 【连续】liánxù ¶연이은 불행
으로 그녀는 슬픔에 빠져 있다 | 接连
的不幸使她陷入悲伤之中。

연작[連作] 몡하타【连作】lián‐
zhòng〈農林〉【连种】lián‐
zhòng 【连作】liánzuò 【连茬】liánchá
【重茬】chóngchá ¶어떤 농작물, 벼같
은 것은 ~할 수 있다 | 有的农作物如
稻子dàozi, 可以连作。❷〈文〉【合
作】hézuò 【合著】hézhù

ᴮ**연장**¹ 몡 ❶【铧犁】huálí ❷【工具】gō‐
ngjù ¶~을 챙기다 | 准备工具。

ᶜ**연장**²[延長] 몡하타【延长】yáncháng
【拖长】tuōcháng 【继续】wànxù【继
续】jìxù ¶노선을 120미터 ~하다 | 把
路线lùxiàn延长一百二十米。¶날짜
를 길게 ~하다 | 拖长日子。

연장³[年長] 몡【年长】niánzhǎng 【年
长者】niánzhǎngzhě ¶그 분이 우리
마을에서 최고 ~이다 | 他是我们村
子里年长最高的人。

연재[連載] 몡하타【连载】liánzǎi ¶
(소설 등의) 장편 ~ | 长篇chángpiā‐
n连载。¶이 이야기는 신문에 ~된
적이 있다 | 这个故事gùshi在报纸bà‐
ozhǐ上连载过。

ᶜ**연적**[戀敵] 몡【情敌】qíngdí

연접[連接] 몡하자타 【连接】liánjiē
【一个接一个】yí·ge jiē yí·ge ¶높고
낮은 산들이 ~하여 있다 | 高高低低
的山连接不断。

연정[戀情] 몡【恋情】liànqíng ¶~이
생기다 | 发生恋情。¶~을 품다 | 怀
有恋情。

ᴮ**연주**[演奏] 몡하타【演奏】yǎnzòu 【奏
乐】zòuyuè 【弹奏】tánzòu ¶비파를
~하다 | 演奏琵琶pípá。¶~의 대
가 | 演奏能手néngshǒu。¶피아노를
~하다 | 弹奏钢琴gāngqín。

ᴮ**연줄**[緣─] 몡【关系】guān·xi 【路子】l‐
ù·zi 【门路】mén·lu 【脚路】jiǎolù 【引
荐】yǐnjiàn ¶그 곳에서는 ~이 아주
중요해 | 在那边, 关系非常重要。¶
~이 있으면 들어가지 못한다 | 没有
门路, 进不去。

ᶜ**연중**[年中] 몡【一年里头】yīnián‐li·tou
【全年】quánnián ¶~ 무휴 | 年中无
休息。¶~ 강우량 | 全年降雨量。

연착[延着] 몡하자【迟到】chídào 【误
点】wù·diǎn 【晚点】wǎn·diǎn 【误期】
wù·qī ¶비행기가 ~했다 | 飞机误点
了。

연체[延滯] 몡하타【拖延】tuōyán 【延
迟】yánchí 【迟延】chíyán 【欠交】tuōqī‐
àn 【过期】guò·qī ¶~료 | 延期费/装
运误期费。¶제 때에 세금을 내고 ~
해서는 안된다 | 按时纳税nàshuì不得
dé延迟。

ᶜ**연초**[年初] 몡【年初】niánchū ¶~부
터 생산 성과를 거두었다 | 从年初
起在生产上就取得了优良的成绩。

연출[演出] 몡하타 ❶ (감독) 【导演】d‐
ǎoyǎn ¶영화를 ~하다 | 导一部电
影。❷ (공연) 【演出】yǎnchū ¶해프
닝을 ~하다 | 演出事件剧。

ᶜ**연탄**[煉炭] 몡【煤砖】méizhuān 【煤饼】
méibǐng 【蜂窝煤】fēngwōméi 【煤球】
méiqiú

연통[煙筒] 몡【烟筒】yān·tong ¶~에
서 연기가 나오고 있다 | 烟筒里冒mà‐
o 着 烟。참고 |烟冲|烟囱|烟突|
|烟子儿|

연평균[年平均] 몡【年均】niánjūn ¶
~ 소득 | 年均收入。¶~ 소비량 |
年均消费量。

ᶜ**연표**[年表] 몡【年表】niánbiǎo ¶역사
~ | 历年年表。

ᴬ**연필**[鉛筆] 몡【铅笔】qiānbǐ ¶~로 글
을 쓰다 | 用铅笔写字。¶몽당 ~ |
铅笔头儿。¶5색 ~ | 五色铅笔。

연하¹[年下] 몡 ❶【晚辈】wǎnbèi ❷
【年龄小的人】niánlíngxiǎo·derén 【比
自己年纪小的人】bǐ zìjǐ niánjì xiǎo·d‐
e rén 【(年龄) 小】(niánlíng) xiǎo ¶그
는 나보다 5년 ~이다 | 他比我小五
岁。

연하²[年賀] 몡【贺年】hènián ¶~ 인
사를 드리다 | 祝贺新年。¶~ 우편

賀年郵件。

ᴮ**연하다**[軟-] 휑 ❶ (무르고 부드럽다) 【軟】ruǎn【嫩】nèn ¶버들가지가 아주 ~ | 柳条很软。¶고기가 ~ | 肉嫩。 ❷ (빛이 엷고 산뜻하다) 【浅】qiǎn 【淡】dàn【薄】báo【轻】qīng【素】sù 【淡薄】dànbó ¶연한 빨강 | 浅红。¶ 이 천은 색깔이 너무 ~ | 这块布的颜色太素。

연하장[年賀狀] 명【賀年片】hènián piàn【賀年卡】hèniánkǎ ¶~을 부치다 | 寄贺新卡。

ᶜ**연합**[聯合] 명하자타【聯合】liánhé【联营】liányíng【结合】zǔhé【合并】hébìng ¶~으로 서명하다 | 联合签名qiānmíng。¶국제 ~ 안전 보장 이사회 | 联合国安全会/安理会。

연해[沿海] 명【沿海地区】yánhǎi dìqū【海疆】hǎijiāng【沿海】yánhǎi ¶~ 도시 | 沿海城市。¶~ 도서 | 沿海岛屿dǎoyǔ。¶~ 국가 | 沿海国家。¶~ 무역 | 沿海贸易。

연행[連行] 명하타【逮捕】dàibǔ【逮走】dǎizǒu【押送】yāsòng【带领着去】dàilíng·zhe·qù ¶살인 용의자를 경찰서로 ~하다 | 把杀人嫌疑人押送警察署。

ᶜ**연회**[宴會] 명【宴会】yànhuì【酒席】jiǔxí【招待会】zhāodàihuì ¶성대한 ~를 베풀다 | 举行盛大shèngdà宴会。¶~에 참가하다 | 赴fù宴会。참고〔酒筵〕〔酒宴〕〔酒座〕〔酒宴〕

연후[然後] 명【然后】ránhòu【之后】zhīhòu ¶배우고 난 ~에 부족함을 안다 | 学了之后，才知道自身的不足。¶결혼은 학업을 모두 마친 ~에 결정하겠습니다 | 学业全部结束，以后再决定结婚问题。

ᴬ**열**[列] 명【队】duì【行列】hángliè ¶~을 맞추어 걷다 | 排着队走。¶~의 맨 앞 | 行列的最前面。

ᴬ**열**²[熱] 명 ❶ (뜨거운 기운) 【热】rè ¶~공해 | 热污染。 ❷ (몸의 열) 【热】rè【烧】shāo【火】huǒ ¶~이 나다 | 发热。¶~이 내리다 | 退热。¶아이가 이틀 동안 ~이 났다 | 孩子连烧了两天。¶지금까지 ~이 내리지 않았다 | 现在烧还没退tuì。 ❸ (열성·유행) 【热诚】rèchéng【热情】rèqíng【积极

ᴬ**열**³ 주【十】shí【拾】shí【什】shí ¶~을 셀 때까지 답을 맞혀라 | 数到十的时候再说出答案。

열강[列強] 명【列强】lièqiáng ¶제국주의 ~ | 帝国dìguó主义列强。

열거[列擧] 명하타【列举】lièjǔ【举枚】jǔméi ¶많은 사실을 ~했다 | 列举了许多事实。¶하나하나 ~하다 | 一一列举。

열광[熱狂] 명하자【狂热】kuángrè【热烈】rèliè ¶신도들은 대단히 ~적이다 | 教徒们十分狂热。¶그들이 ~적인 환영을 받다 | 他们受到热烈的欢迎。

열기[熱氣] 명 ❶ (뜨거운 공기) 【热气】rèqì【高温】gāowēn ¶사람이 많으면 의론이 많아 ~가 높다 | 人多议论多, 热气高。 ❷ (열정) 【热情】rèqíng【激动】jīdòng【激情】jīqíng ¶~부족하다 | 热情不足。 ❸ ☞ 열²

ᴬ**열다**¹ 동 ❶ (닫힌 것을 등을) 【开】kāi【打开】dǎ/kāi【张开】zhāng/kāi ¶창문을 ~ | 开窗户。¶상자를 ~ | 打开箱子xiāng·zi。¶입을 열 수 없다 | 张不开口。 ❷ (열어젖히다) 【揭】jiē【揭开】jiēkāi ¶냄비 뚜껑을 ~ | 揭锅盖。¶막을 ~ | 揭幕。 ❸ (새 기틀을 마련하다) 【开创】kāichuàng ¶배움의 길을 ~ | 开辟就学之路。 ❹ (개최하다) 【开】kāi【召开】zhàokāi【召集】zhàojí ¶운동회를 ~ | 开运动会。¶회의는 이미 열렸었다 | 会议已经开过了。¶대표 대회를 ~ | 召集代表大会。 ❺ (개설하다) 【开设】kāishè ¶환경공학과정을 ~ | 开设环境工学课程。

열다²[結] 동【结】jié【结果】jiéguǒ ¶꽃피고 열매가 ~ | 开花结果。

열대[熱帶] 명〈地〉【热带】rèdài ¶~사막 | 热带沙漠。¶~과실 | 热带水果。

열등[劣等] 명하형【差】chà【劣等】lièděng【次等】cìděng ¶경제적으로 ~하다 | 经济上很差。¶~감 | 劣等感。

열띠다 통【热烈】rèliè【激扬】jīyáng ¶열띤 성원을 보내다 | 致以热烈的声援.

열람[閱覽] 명하타【阅览】yuèlǎn ¶~실 | 阅览室.

ᄋ**열량**[熱量] 명〈物〉【热量】rèliàng【卡路里】kǎlùlǐ ¶~의 단위 | 热量单位. ¶~계 | 热量计/量热器/卡计.

ᄋ**열렬하다**[熱烈-] 형❶【热烈】rèliè ¶그들이 열렬한 환영을 받다 | 他们受到热烈的欢迎. ❷【积极】jījí【热心】rèxīn ¶사업에~ | 对工作积极.

열리다 통【被开】bèikāi【被打开】bèidǎ/kāi ¶문에 바람에~ | 门被风吹开了. ¶만찬회가~ | 举行晚宴.

열망[熱望] 명하타【热切希望】rèqiè xīwàng【热望】rèwàng【渴望】kěwàng ¶그는 줄곧 작가가 되기를~해 왔다 | 他一直渴望当作家. ¶제도 개선을~하다 | 渴望制度改革.

ᄉ**열매** 명❶(과일)【果实】guǒshí ¶나무에~가 주렁주렁하다 | 树上果实累累. ❷(성과·결과)【成果】chéngguǒ【收益】shōuyì【结果】jiéguǒ【结晶】jiéjīng ¶고생스런 노동의~ | 辛苦劳动的成果. ¶노력의~ | 努力的成果.

열무 명〈植〉【小萝卜】xiǎo luó·bu

열반[涅槃] 명〈佛〉❶【涅槃】nièpán ¶~의 경지에 이르다 | 到达涅槃的境地. ❷【圆寂】yuánjí【入灭】rùmiè【灭度】mièdù ¶큰 스님께서 오늘 새벽에~하셨다 | 长老今晨圆寂了. 참고[泥洹huán]

열변[熱辯] 명【热烈辩论】rèliè biànlùn【雄辩】xióngbiàn ¶~을 토하다 | 展开热烈辩论.

열병[熱病] 명【热病】rèbìng【伤寒】shānghán【春瘟】chūnwēn ¶~을 앓다 | 患热病.

ᄉ**열사**[烈士] 명【烈士】lièshì ¶~ 묘지 공원 | 烈士陵园. ¶~ 기념일 | 烈士纪念日.

열사병[熱射病] 명【中暑】zhòng/shǔ【热射病】rèshèbìng ¶~으로 죽다 | 中暑身亡.

열성¹[劣性] 명【劣性】lièxìng【隐性】yǐnxìng ¶~인자 | 隐性因子.

열성²[熱誠] 명❶【热诚】rèchéng【赤诚】chìchéng【热忱】rèchén【热情】rèqíng ❷【积极】jījí【努力】nǔ/lì【勤勉】qínmiǎn ¶그는 일하는 것이 매우~적이다 | 他工作得很积极.

열세[劣勢] 명하형【劣势】lièshì ¶~에 몰리다 | 处于劣势. ¶~에서 우세로 변하다 | 变劣势为优势.

ᄉ**열쇠** 명❶(자물쇠를 여는 쇠붙이)【钥匙】yào·shi ¶~ 한 뭉치 | 一串chuàn(儿)钥匙. ❷(고리)【钥匙环huán/钥匙(挂)圈儿. ❸(단서)【关键】guānjiàn ¶문제의~ | 问题的关键. 참고[关钥yào][铃qián键]

열심[熱心] 명【热心】rèxīn【热中】rèzhōng【用功】yòng/gōng ¶그 친구는 요즘 중국어 공부에~이다 | 那个朋友近来热中于学习汉语.

ᄋ**열심히**[熱心-] 图【热心】rèxīn【热中】rèzhōng【用功】yòng/gōng【专心】zhuānxīn ¶그는 사람들에게~일을 처리해 준다 | 他热心给大家办事. ¶~공부하다 | 学习用功. ¶~연구하다 | 专心研究. 참고[热情][热忱][热诚]

열악[劣惡] 명하형【劣等】lièděng【次等】cìděng【恶劣】èliè ¶~한 환경 | 恶劣的环境.

열애[熱愛] 명하타【热爱】rè'ài【热恋】rèliàn【深深地爱】shēnshēn·de ài ¶~에 빠지다 | 沉津在热恋之中.

열연[熱演] 명【热心演出】rèxīn yǎnchū ¶주연배우의~에 박수를 보내다 | 对主角的热心演出报以掌声.

ᄋ**열의**[熱意] 명❶(열정)【热情】rèqíng【热诚】rèchéng【热忱】rèchén ¶~가 부족하다 | 热情不足. ¶공부에 열의가 없는 학생 | 对学习毫无热情的学生. ❷(적극성)【干劲】gànjìn【积极性】jījíxìng

열전[熱戰] 명【热战】rèzhàn ¶~이 끝났다 | 热战结束了. ¶~을 벌이다 | 展开白热战.

열정[熱情] 명【热情】rèqíng【干劲】gànjìn【热忱】rèchén ¶구국의~에 불타다 | 满怀救国热忱. ¶그는~적인 사람이다 | 他是一位热心肠的人.

ᄋ**열중**[熱中] 명하자【热中】rèzhōng【用功】yòng/gōng【专心】zhuān/xīn【潜

心]qiánxīn【聚精会神】jùjīnghuìshé-n【专心致志】zhuān xīn zhì zhì ¶공부에 ~하다 | 热中于念书。¶연구에 ~하다 | 用功研究。¶~해서 수업을 듣다 | 专心听讲。

ᴮ열차[列車]lièchē 圄①여객 ~ | 旅客列车。¶~ 시각표 | 列车时刻表。¶~가 움직이기 시작했다 | 列车开动了。

열처리[熱處理] 圄하타〈物〉【热处理】rèchǔlǐ ¶이 제품은 ~한 것이다 | 该产品是热处理过的。

열팽창[熱膨脹] 圄〈物〉【热膨胀】rèpéngzhàng ¶~률 | 热膨胀率。

열풍[熱風] 圄【热风】rèfēng ¶간간이 ~이 분다 | 阵阵热风。¶~이 일다 | 起热风。

열혈[熱血] 圄【热血】rèxuè ¶대한의 ~남아 | 大韩的热血男儿。

열효율[熱效率] 圄【热效率】rèxiàoshuài ¶~이 좋은 난방 제품 | 热效率很高的取暖产品。

열화[熱火] 圄【如火如荼】rúhuǒ rútú ¶~와 같은 성원 | 如火如荼的声援 | shēngyuán。

ᴰ열흘 圄①【十天】shítiān②【十日】shírì【十朝】shícháo

ᴮ얇다 圄①(두께가) 【薄】báo ②(농도·색깔이) 【淡】dàn 【浅】qiǎn ¶색이 ~ | 颜色淡。③ (희박하다) 【稀】xī【稀薄】xībó ¶고산지대는 공기가 ~ | 高山地带的空气稀薄。④ (언행·마음이) 【简单】jiǎndān 【狭窄】xiázhǎi ¶마음이 그렇게 옅어서 어쩌니? | 心眼儿那么窄, 怎么办?

염[殮] 圄하타【装殓】zhuāng/liàn ¶때에 맞춰 ~하여 입관하다 | 及时装殓入棺。

염가[廉價] 圄〈化〉【低价】dījià ¶~로 판매하나 | 廉价出售chūshòu。¶~ 상품 | 廉价商品。¶~ 운임 | 低价运费。

ᶜ염기[鹽基] 圄〈化〉【盐基】yánjī

염두[念頭] 圄【念头】niàntóu 【心思】xīnsi 【在心里】zài xīn·li ¶~에 두다 | 放在心头。¶~도 못 낸다 | 连想也不敢想。

ᴮ염려[念慮] 圄하타【担心】dān/xīn 【挂念】guàniàn【顾念】gùniàn【惦念】diànniàn【费心】fèi/xīn【费神】fèi/shén

【记挂】jìguà ¶어머니의 병환을 ~하다 | 担心母亲的病。¶당신의 ~ 덕분입니다! | 多蒙您的顾念! ¶~를 끼쳐 드려 죄송합니다! | 叫您费心了! ¶만사가 다 평안하니, 당신은 ~하지 마십시오 | 一切都平安, 您不要挂念。

염료[染料] 圄【染料】rǎnliào ¶활성 ~ | 活性染料。

염분[鹽分] 圄【盐分】yánfēn ¶~이 적은 음식 | 盐分少的食物。

염불[念佛] 圄하타〈佛〉【念佛】niàn/fó【念经】niàn/jīng ¶마치 중이 ~하는 것과 같다 | 好像和尚在念经似的shì·de。

염산[鹽酸] 圄〈化〉【盐酸】yánsuān【氢绿酸】qīnglǜsuān

염색[染色] 圄하타【染色】rǎn/sè 【染发】rǎnfā ¶~이 잘 되다 | 颜色染得好。¶머리를 ~하다 | 染(头)发。

염세[厭世] 圄하자【厌世】yànshì ¶그녀는 다소 ~주의적이다 | 她有些厌世。

ᴮ염소[鹽素] 圄〈動〉【山羊】shānyáng ¶~ 수염 | 山羊胡子húzi。

염원[念願] 圄하타【愿望】yuànwàng【夙愿】sùyuàn【心愿】xīnyuàn【宜愿】yíyuàn【宿愿】sùyuàn【企望】qǐwàng【希望】xīwàng ¶이것은 우리들이 여러 해 동안 ~해왔던 것이다 | 这是我们多年来所企望的。(참고)〔企盼pàn〕〔金踵zhǒng〕

염전[鹽田] 圄【盐田】yántián ¶~화 | 盐田化。

염주[念珠] 圄【念珠】niànzhū 【数珠】shùzhū ¶~를 굴리다 | 转动念珠。

염증[炎症] 圄〈醫〉【炎】yán【炎症】yánzhèng ¶~을 일으키다 | 发炎。¶그는 ~이 났다 | 他有点儿炎症。

염증[厭症] 圄【厌烦】yànfán【厌恶】yàn'è ¶~이 나다 | 烦死了。¶같은 일에 ~을 내다 | 对一模一样的都感到厌烦了。

염치[廉恥] 圄【廉耻】liánchǐ ¶사람은 ~가 있어야 한다 | 人应当有廉耻。

염탐[廉探] 圄하타【侦探】zhēntàn 【暗地打听】àn·de dǎtīng【暗地打探】àn·de dǎtàn ¶적정을 ~하다 | 侦探敌情。

엽기[獵奇] 圄【猎奇】lièqí【奇怪】qíguài ¶～적인 살인사건 | 奇怪的杀人案。

ᴮ**엽서**[葉書] 몡 【明信片】míngxìnpiàn ¶친구에게 ～를 보내다 | 给朋友寄明信片。

ᴮ**엽전**[葉錢] 몡 【铜钱】tóngqián【铜板儿】tóngbǎnr ¶～ 닷냥 | 五个铜板儿。

엽차[葉茶] 몡 【干茶叶】gāncháyè【茶水】cháshuǐ

ᴮ**엿** 몡 【麦芽糖】màiyátáng【糖饴】tángyí【软糖】ruǎntáng【饴糖】yítáng ¶～가락 | 关东糖。

ᴮ**엿듣다** 통 【偷听】tōutīng【侧耳静听】cèěr jìng tīng【窃听】qiètīng ¶다른 사람의 말을 ～ | 窃听他人的谈话。

ᴮ**엿보다** 통 **❶**(훔쳐 보다) 【偷看】tōukàn ¶남의 답안지를 몰래 ～ | 偷看他人的答卷dá'juàn。 **❷**(기회를 살피다) 【窥伺】kuīsì【觊觎】jìyú ¶기회를 ～ | 窥伺机会。 **❸**(대충 알다) 【粗知】cūzhī【大体看出】dàtǐkànchū ¶이 작품에서 그의 인생관을 엿볼 수 있다 | 从这部作品我们大体看得出他的人生观。

ᴮ**엿새** 몡 **❶**(육일 동안) 【六日】liùrì【六天】liùtiān ¶～동안 묵었다 | 呆了六天。 **❷**(6일) 【六日】liùrì【六号】liùhào

엿장수 몡 【卖麦芽糖的人】mài màiyátáng·de rén【卖糖的】màitáng·de

ᴬ**영**[零] ㉠ 【零】líng ¶5에서 5를 빼면 ～이다 | 五减jiǎn 五等于零。 ¶나의 이 방면의 지식은 거의 ～이다 | 我在这方面的知识几乎等于零。

ᶜ**영**[永] 凰 **❶**(영원히) 【永远】yǒngyuǎn ¶～ 고치지 않는다 | 永远不改。 **❷**(완전히) 【完全】wánquán ¶～ 다르다 | 完全不同。

영[靈] 몡 **❶**【神灵】shénlíng **❷**【灵魂】línghún ¶～의 세계 | 灵魂世界。

영-¹[令－] ㉠ 【令】lìng ¶～부인 | 总统夫人/第一夫人。

ᴬ**영감**¹ 몡 **❶**(할아버지) 【老头儿】lǎotóur【老翁】lǎowēng【老先生】lǎoxiān·sheng ¶백발이 성성한 ～ | 白发苍cāng苍的老人儿。 **❷**(나이든 남편) 【老头子】lǎotóu·zi【老头儿】lǎotóur【老老】lǎolǎo **❸**(지체높은 양반) 【老先生】lǎoxiān·sheng ¶～마님 | 老先生太太。

영감²[靈感] 몡 【灵感】línggǎn【感悟】gǎnwù ¶～이 떠오르다 | 有了灵感。 ¶～을 받다 | 得到灵感。

영계[－鷄] 몡 【比雏鸡稍大的幼鸡】bǐchúj shāo dà·de yòuj【大雏鸡】dàchújī

ᶜ**영광**[榮光] 몡 【光荣】guāngróng【光彩】guāngcǎi【荣幸】róngxìng【荣耀】róngyào ¶더없이 ～스럽다 | 无上光荣。 ¶그는 대단히 ～을 느꼈다 | 他感到十分荣耀。

영구[永久] 몡 【永久】yǒngjiǔ ¶～주권 | 永久主权。 ¶～ 불변하다 | 永恒不变。 ¶～ 고용 | 终身雇用。 ¶～ 연금 | 终身年金。

영국[英國] 몡 〈地〉【英国】Yīngguó [수도는 "伦敦lúndūn"(런던;London)] ¶～ 기준 | 英国标准。 ¶～ 파운드화 | 英镑。

영내[營內] 몡 【兵营内】bīngyíngnèi【军营内】jūnyíngnèi ¶～생활 | 军营生活。

ᶜ**영농**[營農] 몡 【农业生产】nóngyè shēngchǎn【耕作】gēngzuò【经营农业】jīngyíng nóngyè【务农】wùnóng【农业管理】nóngyè guǎnlǐ ¶～ 기업 | 公司化农业。 ¶～ 자금 | 农业资金。

영달[榮達] 몡 하짜 【荣达】róngdá【显达】xiǎndá【荣华】rónghuá【富贵荣华】fùguìrónghuá ¶그는 일신의 ～에만 급급해 했다 | 他只着眼于自身的富贵荣华。

영도[領導] 몡 하타 【领导】lǐngdǎo ¶이것은 교장৹ 잘해서 된 것이다 | 这是校长领导得好。

영락없다[零落－] 혱 【毫无疑问】háowúyíwèn【一点不错】yìdiǎn búcuò【肯定】kěndìng ¶저 목소리는 영락없는 그녀의 목소리다 | 那声音肯定是她的。

영롱[玲瓏] 몡 하혱 【玲珑】línglóng【晶莹】jīngyíng ¶～한 눈빛 | 晶莹的目光。

ᴮ**영리**[怜悧] 몡 하혱 【伶俐】líng·li【聪明】cōng·ming【乖】guāi【乖巧】guāiqiǎo【灵利】línglì【神颖】shényǐng【灵活】línghuó【鬼】guǐ【智巧】zhìqiǎo【机灵】jī·ling ¶이 아가씨는 정말 ～

하다 | 이 姑娘真伶俐. ¶너의 집 아이들은 모두 대단히 ~하다 | 你家的孩子个个都很乖巧. 参考〔伶透〕〔令利〕〔灵透〕

영리[营利] 〔명〕【营利】yínglì【谋利】móulì ¶~를 추구하다 | 追求营利. ¶~단체 | 营利团体.

ᶜ**영문**[理由] 〔명〕【理由】lǐyóu【所以然】suǒyǐrán【缘故】yuángù ¶~을 모른다 | 不知其所以然. ¶어찌 된 ~인지 모르겠다 | 不知是什么原故.

영문[英文] 〔명〕【英文】Yīngwén【英语】Yīngyǔ ¶~과 | 英语专业. ¶~법 | 英语语法.

영물[靈物] 〔명〕❶ (영묘하고 신비스러운 것)【灵物】língwù ❷ (썩 영리한 짐승)【人性灵】tōng rénxìng

영민[英敏] 〔명〕【聪明伶俐】cōngmíng línglì ¶~한 두뇌 | 聪明的头脑.

영사¹[映寫] 〔명〕〔하타〕【放映】fàngyìng【上映】shàngyìng ¶~ 기사 | 放映员.

영사²[領事] 〔명〕【领事】lǐngshì ¶총~ | 总领事.

영사관[領事館] 〔명〕【领事馆】lǐngshìguǎn ¶중국은 부산에 ~을 두었다 | 中国在釜山设立了领事馆. 参考〔领事署〕【领馆】

ᶜ**영상**¹[映像] 〔명〕❶【印象】yìnxiàng【影子】yǐng·zi【面影】miànyǐng ❷【映像】yǐngxiàng【影像】yǐngxiàng【图像】túxiàng ¶~ 회로 | 图像电路. ¶~ 처리 | 图像处理.

영상²[零上] 〔명〕【(温度)零上】(wēndù)língshàng ¶~의 날씨 | 零上的天气.

영상 전화[映像電話; video phone] 〔명〕〈電算〉【可视电话】kěshìdiànhuà

영상 주파수[映像周波數; frequency] 〔명〕〈電算〉【视频】shìpín

영생[永生] 〔명〕〔하자〕【永生】yǒngshēng ¶혁명 사업을 위해 희생하신 열사들께서는 ~하리라! | 为革命事业而牺牲xīshēng的烈士们永生!

ᶜ**영세**[零細] 〔명〕〔하영〕【小】xiǎo【小型】xiǎoxíng【零星】língxīng ¶~ 공장 | 小型工厂gōngchǎng. ¶~ 상인 | 小商贩.

영속[永續] 〔명〕〔하자타〕【永久】yǒngjiǔ

영수¹[領袖] 〔명〕【领袖】lǐngxiù【首领】shǒulǐng ¶국가의 ~ | 国家领袖. ¶~ 회담 | 首脑会谈.

영수²[領收] 〔명〕〔하타〕【收】shōu【收到】shōudào【收款】shōu/kuǎn ¶~증 | 发货票/付款凭单/收单据. ¶~을 끊다 | 开收据.

영아[嬰兒] 〔명〕【嬰儿】yīng'ér ¶~ 보건 | 婴儿保健bǎojiàn.

영악하다[형]【好强】hàoqiáng ¶그 아이는 어린애답지 않게 ~ 那个孩子跟一般小孩儿不一样, 很好强.

영안실[靈安室] 〔명〕【太平间】tàipíngjiān ¶시신을 ~에 안치하다 | 把尸体存放在太平间.

영약[靈藥] 〔명〕【药】língyào【灵丹妙药】líng dān miào yào【灵丹圣药】líng dān shèng yào【万应灵丹】wàn yīnglíng dān ¶나도 이 문제를 해결할 수 ~을 가지고 있다 | 我也没有什么灵丹妙药可以解决这个问题.

ᴮ**영양**[营養] 〔명〕【营养】yíngyǎng【滋养】zīyǎng ¶~가 | 营养价值jiàzhí. ¶이런 음식은 ~이 풍부하다 | 这种食品营养的滋养丰fēng富.

ᴬ**영어**[英語] 〔명〕【英语】Yīngyǔ【英文】Yīngwén ¶그의 ~에 대한 조예는 깊다 | 他的英文造诣很高.

ᴮ**영업**[营業] 〔명〕【营业】yíngyè【业务】yèwù【经营】jīngyíng ¶~을 시작하다 | 开始营业. ¶~ 시간 | 营业时间. ¶~ 보고 | 营业报告. ¶평상시와 같이 ~을 함 | 照常营业. ¶~이 잘 되기를 바랍니다 | 祝您业务发达!

영역[領域] 〔명〕【领域】lǐngyù ¶생활 ~ | 生活领域. ¶활동 ~ | 活动领域.

영영[永永] 〔부〕【永远】yǒngyuǎn【永久】yǒngjiǔ ¶~ 잊어버리다 | 永远忘掉. ¶~ 소식이 없었다 | 一直没有消息.

영예[榮譽] 〔명〕【荣誉】róngyù【光荣】guāngróng ¶~의 대상을 받다 | 得到了荣誉大奖.

영웅[英雄] 〔명〕【英雄】yīngxióng ¶~호걸 | 英雄好汉. ¶~ 대장부 | 英雄汉. ¶~의 견해는 대체로 일치한다 | 英雄所见略同. ¶~적인 군인 | 英

雄的军人。

^B**영원**[永遠] 〖명〗〖하형〗 【永远】yǒngyuǎn
【永久】yǒngjiǔ 【永生】yǒngshēng 【永
恒】yǒnghéng 【永世】yǒngshì ¶이 교
훈을 ~히 잊지 말아야 한다 | 永远不
要忘记这个教训。¶~한 사랑 | 恒久
的爱情。¶~히 변함 없는 우정 | 永
恒的友谊。

영위[營爲] 〖명〗〖하타〗 【享受】xiǎngshòu
【谋求】móuqiú ¶행복한 생활을 ~하
다 | 享受幸福xìngfú的生活。

^B**영의정**[領議政] 〖명〗〈史〉【领议政】lǐngy-
ìzhèng

영자[英字] 〖명〗【英文】yīngwén 【英文
字】yīngwénzì ¶~신문 | 英文版报
纸。

영장[令狀] 〖명〗**❶** (명령을 적은 문서)
【命令书】mìnglìngshū ¶소집~ | 召集令。**❷** 〈法〉
【拘票】jūpiào 【提票】típiào 【令】lìng
¶체포~ | 逮捕令。¶수색~ | 搜索
令。

영재[英才] 〖명〗【英才】yīngcái ¶일대
의 뛰어난 ~ | 一代英才。¶~ 교육
| 英才教育。

영재교육[英才教育] 〖명〗【超常教育】ch-
āochángjiàoyù

영적[靈的] 〖명〗【心灵的】xīnlíng·de 【灵
魂的】línghún·de ¶~ 교감 | 灵的交
感。

영전[靈前] 〖명〗【灵前】língqián ¶먼저
간 이의 ~에 꽃을 바치다 | 把花献到
先走一步的他的灵前。

^C**영점**[零點] 〖명〗**❶**【零分】língfēn **❷**【冰
点】bīngdiǎn 【零度】língdù ¶기온이
~으로 내려갔다 | 气温降jiàng到零度。¶~ 이하 | 零度以下。

영접[迎接] 〖명〗〖하타〗 【迎接】yíngjiē ¶손
님을 ~하다 | 迎接客人。

영정[影幀] 〖명〗【影像】yǐngxiàng ¶고
인의 ~ 앞에서 머리를 숙이다 | 在故
人的影像前低下了头。

영주[永住] 〖명〗〖하자〗 【永久居住】yǒngjiǔ-
jūzhù 【常住】chángzhù ¶~권 | 永久
居住权。

^B**영지버섯**[靈芝-] 〖명〗〈植〉【灵芝】lí-
ngzhī ¶~은 높은 산에서 자란다 | 灵
芝生长zhǎng在高山上。 참고〔灵芝
草〕〔芝草〕〔紫zǐ芝〕

영창[營倉] 〖명〗【禁闭室】jìnbìshì ¶~
에 가다 | 去禁闭室。

^C**영토**[領土] 〖명〗【领土】lǐngtǔ ¶~ 확장
| 领土扩张。¶~ 보전 | 领土完整。¶~ 불가침성 | 领土不可侵犯性。

^C**영하**[零下] 〖명〗【零下】língxià ¶~ 십도로
| 零下十度。

^C**영합**[迎合] 〖명〗〖하자〗 【迎合】yínghé ¶상
대방의 심리에 ~하다 | 迎合对方心
理。¶시류에 ~하다 | 迎合潮流。

^C**영향**[影響] 〖명〗【影响】yǐngxiǎng ¶부
모는 자신의 모범적인 행동으로써 자
식들에게 ~을 주어야 한다 | 父母应
该用自己的模范mófàn行动去影响孩
子。¶막대한 ~을 낳다 | 产生巨大
影响。

영험[靈驗] 〖명〗〖하자〗 【灵验】língyàn ¶~
을 보다 | 显灵。

^C**영혼**[靈魂] 〖명〗【灵魂】línghún 【魂灵】hú-
nlíng ¶~의 안식처 | 灵魂安息处。

^A**영화**[映畵] 〖명〗【电影】diànyǐng 【影
片】yǐngpiàn 【片子】piān·zi ¶한국 ~
| 韩国片子。

^B**영화**²[榮華] 〖명〗【荣华】rónghuá ¶~를
누리다 | 享受荣华。¶부귀 ~ | 富贵
荣华。

^B**옅다** 〖형〗**❶** (깊지 않다) 【浅】qiǎn **❷** (빛
깔이 묽다) 【薄】báo **❸** (학문이나 지
식이 적다) 【肤浅】fūqiǎn 【浅薄】qiǎ-
nbó

^A**옆** 〖명〗【边(儿)】biān(r) 【旁】páng 【旁
边】pángbiān 【侧】cè 【左右】zuǒyòu
¶길 ~ | 马路边儿。¶길을 갈 때는
~으로 붙어 걸어야 한다 | 走路要靠
边儿。¶문 ~ | 旁门/侧门。¶건물
의 양 ~ | 楼wélóu两侧。

옆구리 〖명〗【肋下】lèixià ¶~가 결리다
| 肋下疼痛。¶책을 ~에 끼다 | 把
书夹在肋下。

^B**옆집** 〖명〗【邻居(儿)】línjú(r) 【隔壁】gébì(r)
【隔邻】gélín ¶너의 ~에 산다 | 住在
你家隔壁。

^A**예**¹ 〖김〗【是】shì 【有】yǒu 【到】dào ¶~,
맞습니다 | 是, 对。

^A**예**²[例] 〖명〗**❶** (보기) 【例】lì 【事例】shìlì
【例子】lì·zi 【比如】bìrú 【譬如】pìrú
【打比方】dǎbì·fang 【比方】bì·fang
¶~를 들어 말하면 | 譬如说/比方
说。¶~를 들다 | 打个比方。**❷** (본

보기) 【榜样】bǎngyàng 【范例】fànlì ¶모두에게 좋은 ~를 보였다 | 给大家做了个好榜样。¶문예 활동을 하는 사람에게 좋은 ~를 보였다 | 为文艺工作者作出了榜样。

예³【禮】명 ❶ (예절) 【礼节】lǐjié 【礼貌】lǐmào ¶~를 지키다 | 遵守礼节。❷ (경례) 【敬礼】jìnglǐ ¶~를 올려 붙이다 | 行举手礼。❸ (결혼) 【礼】hūnlǐ ¶~를 올리다 | 举行婚礼。

ᵈ**예각**【鋭角】명〔數〕【锐角】ruìjiǎo 【凸角】tūjiǎo ¶~삼각형 | 锐角三角形。

예감【豫感】명하타 【预感】yùgǎn 불길한 ~ | 不祥xiáng의 预感。¶날씨가 유난히 무더워서 모두들 한바탕 큰 비가 쏟아질 것이라고 ~했다 | 天气异常闷热mēnrè, 大家都预感到将要下一场大雨。

ᵈ**예견**【豫見】명하타 【预见】yùjiàn 【估计】gūjì 【预定】yùdìng 【预计】yùjì 【预料】yùliào 【先见】xiānjiàn ¶과학적 ~ | 科学的预见。¶10만원에 이를 것으로 ~하다 | 预计达到十万元。

ᵈ**예고**【豫告】명하타 【预告】yùgào 【预先通知】yùxiān tōngzhī ¶ (영화의) ~편 | 预告片piàn。¶새로운 사물의 출현은 동시에 낡은 사물의 멸망도 ~한다 | 新事物的出现同时也就预告了旧事物的灭亡mièwáng。

ᵈ**예금**【預金】명하타 【存】cún 【储蓄】chǔxù 【储金】chǔjīn 【存款】cúnkuǎn 【存银】cúnyín 【存钱】cún/qián ¶현금을 은행에 ~하다 | 把现款kuǎn存在银行里。¶매달 쓰고 남은 돈을 모두 ~하다 | 将每月花不完的钱都储着起来。¶저축성 ~ | 储蓄存款。¶~을 인출하다 | 提qí取存款。¶~ 부족 | 存款不足。

ᵈ**예끼**갑 【哼】hēng 【呸】pēi ¶~, 네가 자격이 있냐? | 哼, 你有资格吗? ¶~! 헛소리하지 마라 | 呸! 别胡hú说八道!

예년[例年]명 【往年】wǎngnián 【往岁】wǎngsuì 【例年】lìnián 【历年】lìnián ¶~에 비해 보면 많이 달라졌다 | 比起往年来变得多。¶~보다 일찍 꽃이 피다 | 花比往年开得早。

예능[藝能]명 ❶ (예술과 기능을 익히고자 하는 교과목) 【艺能】yìnéng 【技能】jìnéng ¶~실기 시험 | 实际技能考试。❷ (예술적 재능) 【艺术才能】yìshù cáinéng

예닐곱 ㉠【六七】liùqī ¶나이가 ~은 되어 보인다 | 年龄看来有六七岁。

예리[鋭利]명하형 【锐利】ruìlì 【尖锐】jiānruì 【犀利】xīlì ¶눈빛이 ~하다 | 眼光尖锐。¶~한 필치 | 犀利的笔锋bǐfēng。

예매【豫買】명하타 【预购】yùgòu ¶~표 | 预购票。¶비행기표를 ~하다 | 预购机票jīpiào。

예매【豫賣】명하타 【预售】yùshòu ¶연극표는 월말인 31일부터 ~한다 | 戏票xìpiào自月底三十一日起预售。

예문[例文]명 【例句】lìjù ¶~을 짓다 | 造例句。¶~을 수집하다 | 收集例句。

예물[禮物]명 ❶ (선물) 【礼物】lǐwù 【礼品】lǐpǐn ¶어떤 ~을 하면 좋겠습니까? | 送什么礼物好? ❷ (결혼의) 【信物】xìnwù 【结婚纪念品】jiéhūn jìniànpǐn ¶~반지 | 信物戒指。

예민[鋭敏]명하형 【锐敏】ruìmǐn 【敏锐】mǐnruì ¶~한 후각 | 锐敏的嗅觉。¶신경이 ~하다 | 神精敏锐。¶~한 관찰 | 敏锐的观察。

예방【豫防】명하타 【预防】yùfáng 【防治】fángzhì ¶~이 치료보다 낫다 | 预防胜shèng于治疗zhìliáo。¶자연재해를 ~하다 | 预防自然灾害zāihài。¶질병에 대한 연구와 ~치료 | 对疾病的研究和防治。

ᴮ**예배**[禮拜]명하자〈宗〉【礼拜】lǐbài 【瞻礼】zhānlǐ ¶~를 보다 | 作礼拜。

예법[禮法]명 【礼法】lǐfǎ 【礼节】lǐjié ¶~을 지키다 | 遵守礼法。

ᵈ**예보**【豫報】명하타 【预报】yùbào 【预告】yùgào ¶일기 ~ | 大气预报。¶지진 ~ | 地震dìzhèn预报。

예복[禮服]명 【礼服】lǐfú ¶그는 ~을 입고 나비 넥타이를 매고 있다 | 他穿着礼服, 戴dài着领结lǐngjié。

예비[豫備]명하타 【储备】chǔbèi 【备用】bèiyòng 【后备】hòubèi ¶~ 타이어 | 备用轮胎。¶~용품 | 备(用)品。

예비역[豫備役]명 【预备役】yùbèiyì ¶~ 중령 | 预备役中校。

예비 인스톨[豫備install；pre install] 명
〈電算〉[預裝]yùzhuāng

ᴬ**예쁘다** 혱 [俊秀]jùnxiù [标致]biāozhì
[美丽]měilì [俏丽]qiàolì [俊俏]jùnqi-
ào [可爱]kě'ài [清秀]qīngxiù ¶예쁜
새색시 | 俊俏的新媳妇儿。¶예쁜 아
가씨 | 俊俏的小姐。

예쁘장하다 혱 [俊]jùn [俊秀]jùnxiù ¶
예쁘장한 남자 아이 | 俊秀的男孩
儿。

ᶜ**예사**[例事] 명 [平常事]píngchángshì
[例行之事]lì xíng zhī shì [惯例]guàn-
lì [习惯]xíguàn [习以为常]xí yǐ wéi
cháng ¶이것에 대해서는 그는 이미
습관이 되어 ~로운 일로 되었다 | 对
此他已习以为常。

ᴮ**예산**[豫算] 명하타 [预算]yùsuàn ¶~
을 짜다 | 制订预算。¶~ 항목 | 预
算项目。

ᶜ**예상**[豫想] 명하타 [预料]yùliào [料
想]liàoxiǎng [预想]yùxiǎng [预测]y-
ùcè [预期]yùqī [预期]yùqī ¶그
의 ~을 벗어나지 않았다 | 果然guǒrá-
n不出他的预料。¶이런 일이 발생하
리라고는 전혀 ~하지 못했다 | 料想
不到竟会发生这样的事。¶~한 결과
를 얻다 | 得到预想的结果。¶~ 가
격 | 预期价格。

ᶜ**예서**[隶书] 명 [隶书]lìshū

예선[豫選] 명하타 [预选]yùxuǎn [预
赛]yùsài ¶아시아 지역 ~ 경기 | 亚
洲区预赛。

예속[隶属] 명자타 [附属]fùshǔ [附
庸]fùyōng [隶属]lìshǔ ¶~적인 지위
| 附属地位。¶~ 상태 | 隶属状态。

예수[—]〈宗〉[耶稣]yēsū [基督]Jīdū

예순 주 [六十]liùshí ¶~ 살 | 六十岁。

ᴬ**예술**[藝術] 명 [艺术]yìshù ¶~교육
| 艺术教育。¶사진을 얼마나 ~적
으로 찍었는가! | 照片拍得多艺术！

ᴬ**예습**[豫習] 명하타 [预习]yùxí [预备
功科]yùbèi gōngkē ¶~문제 | 预习
问题。¶본문내용을 ~하다 | 预习课
文kèwén。

예시[例示] 명하타 [举例]jǔ/lì [举例
表示]jǔlì biǎoshì [例示]lìshì ¶~하
여 서술하다 | 举例叙述。

예식[禮式] 명 ❶ [礼法]lǐfǎ [礼节]lǐjié
❷ [仪式]yíshì [典礼]diǎnlǐ ❸ [婚

礼]hūnlǐ ¶~을 거행하다 | 举行婚
礼。

ᶜ**예약**[豫約] 명하타 [预约]yùyuē [预
订]yùdìng [订]dìng ¶(진찰 등의)
접수를 ~하다 | 预约挂号guàhào。
¶기차표를 ~하다 | 预订火车票。¶
좌석이 이미 다 ~되었다 | 座位zuòw-
èi已经预订一空。

예언[豫言] 명하타 [预言]yùyán ¶그
의 ~은 또 빗나갔다 | 他的预言又落
空了。¶~가 | 预言家。

ᴮ**예외**[例外] 명하타 [例外]lìwài ¶이것은 ~
로 처리해야 된다 | 这个可要做例外
处理。¶나도 ~일 수 없다 | 我也不
例外。¶~ 사항 | 例外项目。

예우[禮遇] 명하타 [礼待]lǐdài [礼遇]l-
ǐyù ¶국빈으로 ~하다 | 国宾礼遇。

ᶜ**예의**[禮儀] 명 [礼貌]lǐmào [礼节]lǐjié
[礼貌]lǐmào ¶~에 아주 밝은 사람
| 很有礼貌的人。¶매우 ~ 바르다
| 很有礼貌。¶~를 중시하다 | 讲究
礼节。¶이렇게 말하면 아주 ~가 없
다 | 这样说，很不礼貌。

ᴮ**예전** 명 [过去]guòqù [从前]cóngqián
¶~에 한 번 왔던 일이 있다 | 从前来
过一趟。참고〔从先〕〔以前〕

예절[禮節] 명 [礼节]lǐjié [礼貌]lǐmào
[礼]lǐ ¶~을 지키다 | 遵守礼节。¶
~을 중시하다 | 重视礼节。

ᴮ**예정**[豫定] 명하타 [预定]yùdìng [估
定]gūdìng [打算]dǎsuàn ¶~ 시간
| 预定时间。¶이 공사는 내년에 완
공될 ~이다 | 这项工程预定在明年完
成。¶~ 가격 | 估定价格。

예제[例題] 명 [例题]lìtí ¶~를 풀다 |
解例题。

예지[豫知] 명하타 [预知]yùzhī ¶난
그 일을 이미 ~하고 있었다 | 我已经
提前知道了那件事。

예찬[禮讚] 명하타 ❶ [礼赞]lǐzàn [赞
美]zànměi ¶청춘 ~ | 青春礼赞。❷
[歌颂]gēsòng

예측[豫測] 명하타 [预测]yùcè [估计]
gūjì [逆料]nìliào [逆料]nìdù [逆料]n-
ìjì [估摸]gū·mo [约摸]yuēmō [约
莫]yuēmò [估量]gū·liang [预见]yùjì-
àn [预想]yùxiǎng [预料]yùliào ¶태풍
을 ~하다 | 预测台风táifēng。¶손
님이 2만명이라고 ~하다 | 估计来宾

有两万人。¶사태의 발전을 ~하기 어렵지 않다 | 事态的发展不难预料。¶결과는 ~했던 것 보다는 좋다 | 结果比预想的要好。

ᶜ**에컨대**[例·] 믿 【比如】bǐrú 【比如说】bǐrúshuō 【譬如】pìrú 【比方】bǐfāng

예행[豫行] 图하타 【预行】yùxíng ¶~ 연습 | 预演。¶~ 경보 | 预行警报jǐngbào。

ᴬ**옛** 괜 【老】lǎo 【旧】jiù 【故】gù 【古】gǔ ¶~ 친구 | 老朋友。¶~ 일을 생각하다 | 怀huái旧。¶현재의 것을 중시하고 ~ 것을 경시하다 | 厚今薄古。

ᴬ**옛날** 图 【古时】gǔshí 【古时候】gǔshíhou 【古先】gǔxiān 【昔日】xīrì 【昔时】xīshí 【昔者】xīzhě 【往古】wǎnggǔ 【往初】wǎngchū 【古往】gǔwǎng ¶오랜 ~ | 很久以前。¶오늘의 한국은 이미 ~ 한국이 아니다 | 今天的韩国已不是昔日的韩国。

옛말 ❶ (고어) 【古语】gǔyǔ ❷ (속 담·고언) 【古话】gǔhuà 【俗话】súhuà ❸ (지난 일을 회상하는 말) 【往事】wǎngshì ¶그 일도 이제는 ~이다 | 那件事也已成往事。

옛사랑 图 【旧情人】jiù qíngrén ¶~을 찾다 | 寻找旧情人。

옛이야기 图 【故事】gù·shi 【已往的事】yǐwǎng·de shì 【旧事】jiùshì ¶~를 하다 | 说(一个)故事。¶그것은 이미 ~이다 | 那已是旧事了。(참코) 〔去事〕〔往事〕

옛일 图 【从前的事】cóngqián·de shì 【往事】wǎngshì 【旧事】jiùshì ¶~이 연기와 같다 | 往事如烟。

ᶜ**옛적** 图 【古时】gǔshí 【古代】gǔdài 【古时候】gǔshíhou 【古先】gǔxiān 【昔日】xīrì 【昔时】xīshí 【昔者】xīzhě 【往昔】wǎngxī 【往日】wǎngrì

옛정[-情] 图 【旧情】jiùqíng ¶~을 잊지 못하다 | 难忘旧情。

옛집 ❶ (예전에 살던 집) 【故居】gùjū 【旧居】jiùjū ¶노신의 ~을 참관했다 | 参观了鲁迅的故居。❷ (오래 묵은 집) 【老房子】lǎofáng·zi ¶이젠 ~이 되었다 | 这个建筑物如今已经成了老房子了。(참코) 〔旧宅zhái〕〔故庐lú〕〔故第dì〕〔故字yǔ〕〔故国〕

ᴬ**오**¹[五] 囹 【五】wǔ

오²[감] ❶ (옳지·옳아) 【哦】ó 【对】duì ¶~, 그러냐! | 哦, 是吗? ❷ (감탄) 【啊】ā ¶~, 정든 내 고향이여! | 啊, 我心爱的故乡啊!

-**오**³ [어미] (对等价终结词尾) ¶어디 가~? | 到哪儿去? ¶얼마나 빠르~! | 多快呀!

오가다 图 【来往】láiwǎng 【来而复往】láiér fù wǎng ¶서로 ~ | 互相来往。

오각[五角] 图 【五角】wǔjiǎo 【五角形】wǔjiǎoxíng

오곡[五谷] 图 【五谷】wǔgǔ ¶~의 잡곡을 먹는다 | 吃的是五谷杂粮。

오그라들다 图 ❶ (오그라져 작아지다) 【瘪】biě 【萎缩】wěisuō 【翘】qiáo ¶자동차 타이어가 오그라들었다 | 车带dài瘪了。❷ (형편 등이 이전만 못하다) 【江河日下】jiāng hé rì xià 【海况愈下】hǎi kuàng yù xià

오그라뜨리다 图 【弄瘪】nòngbiě ¶깡통을 납작하게 ~ | 把瓶罐弄瘪。

오그리다 图 ❶ (오그라지게 하다) 【弄弯】nòngwān 【翘】qiáo ¶철사를 오그려 고리를 만들다 | 把铁丝弄弯, 做一个钩。❷ (굽히다) 【蜷】quán ¶다리를 좀 오그려라 | 把腿蜷起来点儿吧。

오금 图 ❶ (무릎의 안쪽) 【腿窝】tuǐwō 【腿弯】tuǐwān 【膝窝】xīwō ¶오래 앉아 있었더니 ~을 못 펴겠다 | 坐久了, 膝窝也伸不开了。❷ (팔오금) 【肘窝】zhǒuwō

오기[傲氣] 图 【傲气】àoqì 【志气】zhìqì ¶~가 나다 | 长志气。¶~로 버티다 | 用志气支持着。

오나가나 图 【来也好去也好】láiyěhǎo qùyěhǎo 【不管走到哪里】bùguǎn zǒu yě hǎo ¶~ 걱정이다 | 不管走到哪里都担心个没完。

ᶜ**오너**[owner] 图 ❶ 【物主】wùzhǔ 【所有人】suǒyǒurén ❷ 〈经〉 【货主】huòzhǔ

오뉴월[五六月] 图 【五六月】wǔliùyuè

오늘 图 【今天】jīntiān 【今日】jīnrì ¶~ 일은 ~ 한다 | 今天的事今天做。¶일년 전의 ~ | 一年前的今天。¶~이 며칠이냐? | 今天几号?

오늘날 图 【今天】jīntiān 【今日】jīnrì 【如今】rújīn ¶~의 세계 정세 | 今日的世界形势。¶~의 한국 | 今日的韩国。

ᴬ**오다**¹ 图 ❶ (이쪽으로 움직이다) 【来】l-

ái ¶그는 오늘 두 번 왔었다 | 他今天
来过两次。¶자동차가 왔다 | 汽车来
了。¶집에 (어떤) 손님이 왔다 | 家
里来了客人。¶그는 두 통의 편지를
보내 왔다 | 他来过两封信。❷ (어떤
정도나 기준에 이르다) 【及】jí 【没】m-
ò 【齐】qí ¶물이 머리까지 왔다 | 水没
了头顶。¶눈이 무릎 위까지 올라왔
다 | 雪深没膝。❸ (차례·순서가 되
다) 【轮到】lúndào ¶언제 내 차례가
오지? | 什么时候儿轮到我? ¶이번에
너의 차례가 왔다 | 这回轮到你了。
❹ (부임하다) 【调来】diàolái 【上任】
shàngrèn ¶새로 온 교사 | 新调来的
教师。❺ (전하여지다) 【打来】dǎlái
【传来】chuánlái ¶전화 한 통 왔다 |
打来了一个电话。¶신호를 보내오 |
发来信号。❻ (눈·비 등이 내리다)
【下(雨)】xià(yǔ) 【下(雪)】xià(xuě)
¶눈 오는 날 | 下雪天。❼ (계절·시
기 등이 닥치다) 【到来】dàolái 【到】d-
ào ¶봄이 ~ | 到了春天。¶새로운
시대가 왔다 | 到了新时代。❽ (직
면하다) 【面临】miànlín ¶멸망의 지경
까지 ~ | 面临灭亡。❾ (의식의 표면
에 떠오르다) 【(想)起来】(xiǎng) qǐl-
i 【(想)出来】(xiǎng) chūlái ¶작가가
무엇을 말하려고 했는지 잘 오지
않는다 | 不知作家想表达什么,
就是把握不了他的意思。❿ (기인하
다) 【由于】yóuyú 【由来】yóulái ¶과
로에서 온 병 | 过度劳累而得的病。
⓫ (~하러 오다) 【来】lái ¶구경하
~ | 来参观。¶견학을 ~ | 来见习。

ᴬ**오다**² 조동 ❶ (동작, 상태의 계속 진행)
¶그는 지금까지 불평 하나 없이 성실
히 일해 오고 있다 | 他至今毫无怨言
地勤勤恳恳地工作着。❷【快】kuài
【将要】jiāngyào ¶고향을 떠나온 지
도 벌써 2년이 되어 온다 | 离开故乡
不知不觉已经快两年了。❸ (某种状
态和现象的形成, 相当于 "起来") ¶날
이 밝아 온다 | 天亮起来了。

오다가다 혱 ❶【路上】lùshàng ¶~ 만
난 사람 | 在路上碰见的人。❷【偶
而】ǒu'ér 【偶然】ǒurán

오답[誤答] 명 【误答】wùdá ¶~처리
하다 | 处理误答。

오동[梧桐] 명 〈植〉【梧桐】wútóng 【青

桐】qīngtóng 【碧梧】bìwú ¶벽~ 열
매 | 梧桐子。

오동통하다 혱 【矮胖】ǎipàng ¶그는
좀 오동통하게 생겼다 | 他长zhǎng得
有一点矮胖。

ᴄ**오두막**[一幕] 명 【窝棚】wō·peng 【窝
铺】wōpū ¶~집 | 窝棚。

오들오들 부 하혱 【索索】suōsuō 【哆哆
嗦嗦】duōduō suōsuō ¶두려워서 ~
떨다 | 吓得索索发抖。

오디션[audition] 명 【试听】shìtīng ¶
~을 거쳐 선발되다 | 通过试听被入
选。

오디오[audio] 명 ❶ (텔레비전의 영상
에 대한 음성부분) 【音响装置】yīnxiǎ-
ngzhuāngzhì ❷ (오디오 기기의 준
말) 【音响】yīnxiǎng 【组合音响】zǔhé-
yīnxiǎng ❸〈電算〉【音频】yīnpín

오뚝이 명 【不倒翁】bùdǎowēng 【扳不
倒儿】bānbùdǎor 【搬不倒儿】bānbùd-
ǎor 【捕醉仙】bǔzuìxiān ¶그는 ~어
서 어떤 어려움도 그를 꺾지 못한다 |
他是个不倒翁,　任何困难都压不倒
他。

오라버니 명 【哥哥】gē·ge ¶~가 보고
싶다 | 想见哥哥。

오라클[Oracle] 명 〈社名〉【象树岭】Xi-
àngshùlíng

ᴮ**오락**[娛樂] 명 【娱乐】yúlè 【余兴】yúxì-
ng 【游艺】yóuyì ¶~ 활동 | 娱乐活
动。¶~실 | 娱乐室。

오락가락 부 하혱 (왔다 갔다 하는 모
양) 【走来走去】zǒulái zǒuqù 【反复来
往】fǎnfù láiwǎng ¶나는 길 입구에서
~하며 그를 기다린지 이미 한참이나
되었다 | 我在街口走来走去,　已经等
他半天了。❷ (비 따위가 오다 말다
하는 모양) 【下下停停,停停下下】xià-
xiàtíngtíng, tíngtíngxiàxià ¶하루 종
일 비가 ~한다 | 一天到晚雨下下停
停, 停停下下。❸ (생각이나 기억
등이 떠오를 듯 말 듯 하는 모양, 혹은 정
신이 혼미해졌다 맑아졌다하는 모양)
【想起来又不想起来】xiǎngqǐlái yòu b-
ù xiǎngqǐlái 【精神恍惚】jīngshén huǎ-
nghū ¶그 사람은 정신이 ~한다 | 那
个人精神恍惚。

ᴮ**오랑캐** 명 【野蛮的种族】yěmán·de zhǒ-
ngzú

690

ᴬ**오래** 🖻【好久】hǎojiǔ【许久】xǔjiǔ【久
jiǔ【老】lǎo【持久】chíjiǔ【久远】jiǔyuǎ
n ¶~ 기다렸다 | 等了好久了。¶~
된 친구 | 老朋友。¶~된 점포 | 老
字号/老铺。¶나는 그와 ~ 만나지
못했다 | 我跟他很久没见面了。

오래간만 圀【好久】hǎojiǔ【许久】xǔjiǔ
¶~에 만난 사람 | 好久才见面的
人。¶~입니다 | 很久没有见面了。

오래다 혱【久】jiǔ【久远】jiǔyuǎn ¶그
일은 해결된 지 이미 | 那件事很久
以前解决了。

오래도록 🖻【好久】hǎojiǔ【许久】xǔjiǔ
【长久】chángjiǔ ¶~ 소식이 없다 |
好久没有消息。

오래만 ☞ 오래간만

오랫동안 圀【好久】hǎojiǔ【许久】xǔjiǔ
¶~ 토론하다 | 讨论许久。¶~ 침
묵이 흘렀다 | 沉默了许久。¶보
지 못했다 | 许久没见。¶그는 ~ 오
지 않았다 | 他好久没来了。

오렌지[orange] 圀❶〈植〉【橙子】ché
ng·zi ❷【橙子颜料】chéng·zǐyánliào

ᶜ**오로라¹**[Aurora] 圀〈天〉【极光】jíguā
ng

오로라²[Arora] 圀〈商标〉【震旦】Zhè
ndàn

ᴮ**오로지** 🖻【只】zhǐ【只有】zhǐyǒu【只
是】zhǐshì ¶나는 ~ 영어만 배운다 |
我只学英语。¶~ 이 방법만이 확실
하고 쓸만하다 | 只有这个办法切实可
行。¶우리에게는 ~ 이 방법밖에 없
다 | 我们只有这个方法。

오류[誤謬] 圀❶【错误】cuòwù【误差
wùchā ¶~를 바로잡다 | 改正错
误。¶~를 범하다 | 弄出错误。
❷〈論〉【谬误】miùwù ¶진리는 ~와의
투쟁 속에서 발전하는 것이다 | 真理
是在同谬误作斗争中发展的。

오류 코드[誤謬code;error code] 圀
〈電算〉【乱码】luànmǎ

오르가즘[프 orgasme] 圀〈性高潮〉xì
nggāocháo【性乐】xìnglè

ᶜ**오르간**[organ] 圀〈音〉【风琴】fēngqín
¶~ 을 치다 | 弹tán风琴。¶파이프
~ | 管风琴。

ᶜ**오르내리다** 됨❶(올라갔다 내려갔다
하다)【上下】shàngxià【升降】shēngjì
àng【起落】qǐluò【上上下下】shàngsh

àng xiàxià【涨落】zhǎngluò ❷오르내
리기가 매우 편리하다 | 上下很方
便。¶시세가 오르내린다 | 行市涨
落。❷(속이 불편하다)【反胃】fǎn
wèi❸(입에)【受人议论】shòurényì
lùn【挂在嘴边上】guà zài zuǐbiān shà
ng ¶사람들의 입에 | 受众人的议
论。

ᶜ**오르다** 됨❶(낮은데서 위로)【上】shà
ng【上升】shàngshēng【升腾】shēngt
éng【爬】pá ¶산에 | 上山。¶생
산이 큰 폭으로 ~ | 生产大幅度上
升。¶산골짜기에서 하얀 안개가 모
락모락(피어) 오른다 | 山谷里冒out一
朵朵白烟。¶나무에 ~ | 爬树shù。
¶줄을 잡고 위로 | 抓着绳子往上
爬。❷(지위나 계급 등이 높아지다)
【登】dēng【升高】shēnggāo ¶단번에
높은 지위에 | 一步登天。❸(나아
지다)【提高】tígāo【上去】shàngqù
¶교원의 자질을 올리다 | 提高教师
的素质。¶성적이 ~ | 成绩提高了。
❹(물가 등이 비싸지다)【涨】zhǎng
【上涨】shàngzhǎng ¶책값이 많이 올
랐다 | 书价涨了很多。¶학비가 ~ |
学费上涨。❺(병이 옮다)【传染】chu
ánrǎn ¶피부병이 ~ | 传染上皮肤
病。❻(기록에 적히다)【记载】jìzǎi
【登载】dēngzǎi ¶신문에 ~ | 登在报
上。❼(살이 많아지다)【长肉】zhǎ
ng/ròu ¶병치레를 한 후 그녀는 온몸
에 살이 올랐다 | 病后,她长了一身肉
❽(상에 음식을 차리다)【摆上】bǎi
shang ¶사당·과자를 상에 올려놓고
초대한 손님을 기다리다 | 摆上糖果
饼干, 等着招待客人。❾(차에 타다)
【上】shàng ¶차에 ~ | 上车。❿(일
정한 수준에 달하다)【上了】shàng·le
【达到】dádào ¶상위 수준에 ~ | 达
到上线水平。⓫(남의 이야깃거리가
되다)【成】chéng ¶사람들 입에 ~ |
成了人们的话题。⓬(술·약 기운 등
이 몸 안에 퍼지다)【上来】shànglái
¶취기가 ~ | 醉劲儿上来了。

ᶜ**오르막**【上坡】shàngpō ¶~길 | 上
坡。

ᴬ**오른** 괜【右】yòu【右边】yòubiān ¶~
손 | 右手。

오른쪽 圀【右边】yòubiān【右方】yòufā

ng ¶~ 자리에 앉다 | 坐在右边位子上。¶~에 계시는 분이 선생님이시다 | 右边的那位就是老师。

오른쪽 몡 ☞ 오른쪽

^C**오리** 몡〈鳥〉【鸭子】yā·zi【鸭儿】yār【秃鹜】tūwù【水鸭】shuǐyā【野鸭(子)】yěyā(·zi)【家鸭】jiāyā

^C**오리나무** 몡〈植〉【赤杨】chìyáng【赤杨树】chìyángshù【五里木】wǔlǐmù

^B**오리다** 동【剪】jiǎn ¶종이를 ~ | 剪纸。¶신문에 난 기사를 ~ | 剪报纸上的消息。

오리지널[original] 몡 ❶ (근원)【根源】gēnyuán【本源】běnyuán ❷ (독창적인)【独创的】dúchuàng·de ❸ (원문·원작)【原件】yuánjiàn【原作】yuánzuò【原文】yuánwén

오막살이 몡 ❶ (오두막집)【窝棚】wō·peng【茅屋】máowū【茅草房】máocǎofáng【小草房】xiǎocǎofáng【草堂】cǎotáng ¶기찻길 옆 ~ | 铁道旁边的窝棚。❷ (오두막집에서 사는 살림살이)【窝棚生活】wōpéng shēnghuó ¶~ 5년 만에 새 집을 장만하다 | 过了五年的窝棚生活又有了个新家。

오만[傲慢] 몡하형【骄傲】jiāo·ào【傲慢】àomàn ¶그녀는 너무 ~하다 | 她太傲慢。

오메가[Omega] 몡〈商標〉【欧米茄】Ōumǐjiā

^C**오목하다** 형【凹陷】āoxiàn【凹进】āojìn【凹】āo ¶양 볼이 오목하게 들어가다 | 双颊凹陷。¶눈이 오목하게 들어가다 | 眼睛凹进去了。

오묘[奥妙] 몡하형【奥妙】àomiào ¶~한 이치를 간단명료한 말로 표현했다 | 把奥妙的道理简单明瞭liǎo的话讲出来。

^C**오물**[汚物] 몡【污物】wūwù【污泥浊水】wū ní zhuó shuǐ【垃圾】lājī ¶~을 치우다 | 处理垃圾。

오물거리다 동 ❶ (입으로)【慢慢地动】mànmàn·de dòng ¶입을 오물거리며 먹다 | 闭着嘴慢慢地嚼jiáo来嚼去。❷ (말)【嗫嚅】nièrú【含糊的】hánhú·de【说清楚】shuōqīng·chuxié ¶그녀는 한참을 오물거렸으나 한마디도 꺼내지 못했다 | 她嗫嚅了半天，也说不出一句话。

오므리다 동【窝】wō【缩小】suōxiǎo【抿】mǐn ¶철사를 동그랗게 ~ | 把铁丝窝个圆圈。¶입을 약간 오므리고 웃다 | 抿着嘴笑。

오밀조밀[奥密稠密] 부하형 ❶ (솜씨가)【精细】jīngxì【玲珑】línglóng【精巧】jīngqiǎo ¶~한 조각품 | 精巧的雕刻品。❷ (마음씨가)【仔细】zǐxì ¶그녀는 마음씨가 ~하다 | 她的心很细。

오발[誤發] 몡하타 ❶ (총)【走火】zǒu/huǒ【失火】shī/huǒ ¶권총이 ~되었다 | 手枪走火了。❷ (말실수)【失言】shī/yán【说错】shuōcuò

오복[五福] 몡【五福】wǔfú ¶~을 누리기는 참 어렵다 | 五福均享是很难的。

^C**오붓하다** 형【和睦】hémù【殷实】yīnshí【恬静】tiánjìng【充实】chōngshí ¶휴일을 단둘이서 오붓하게 지내다 | 假日两人单独在一起过得很充实。

오브젝트[object] 몡〈電算〉【对象】duìxiàng

오븐[oven] 몡【烤炉】kǎolú【烤箱】kǎoxiāng ¶가스~ | 煤气烤箱。

^A**오빠** 몡【哥哥】gē·ge ¶그와 난 ~ 동생처럼 지낸다 | 他和我以兄妹相处。

오산[誤算] 몡하타 ❶ (잘못 셈함)【误算】wùsuàn【算错】suàncuò ❷ (잘못된 추측이나 예상)【失算】shīsuàn【估计错误】gūjì cuòwù【误认为】wùrènwéi【误认为】wùyǐwéi ¶그것은 나의 ~이었다 | 那是我的失算。¶처음부터 이렇게 하는 것은 ~이다 | 一开始这样做是错的。

^C**오색**[五色] 몡 ❶ (다섯 가지의 색깔)【五色】wǔsè ¶~ 구름 | 五色云。¶~이 영롱하다 | 五色缤纷。¶~실 | 五色丝。❷ (여러 가지 빛깔)【五光十色】wǔ guāng shí sè【五光十彩】wǔ guāng shí cǎi【五采】wǔcǎi【五彩】wǔcǎi

오세아니아[Oceania] 몡〈地〉❶【澳洲】Àozhōu ❷【大洋洲】Dàyángzhōu【海洋洲】hǎiyángzhōu

^C**오솔길** 몡【小道】xiǎodào【小径】xiǎojìng【羊肠小道】yáng cháng xiǎo dào ¶이 산에는 꼬불꼬불한 ~만 있다 | 这山上全是羊肠小道。참고〔羊肠路〕

〔羊肠鸟道〕〔羊肠小径 jìng〕

오수[汚水] 몡 【污水】wūshuǐ ¶생활 ~ | 生活污水。¶~·정화 | 污水净化。¶~ 처리장 | 污水处理厂chǔlǐchǎng。

ᶜ**오순도순** 튀 【亲切地】qīnqiè·de 【亲亲热热】qīnrènrè·de 【多情和睦地】duōqínghémù·de 【心平气和地】xīn píng qì hé·de ¶~ 재미있게 살다 | 亲亲热热地过得很有意思。

오스트레일리아[Australia] 몡 〈地〉【澳大利亚】Àodàlìyà〔수도는 "堪培拉 Kānpéilā"〔캔버라;Canberra〕〕

오스트리아[Austria] 몡 〈地〉【奥地利】Àodìlì〔수도는 "维也纳Wéiyěnà"(비엔나;Vienna)〕

오시알[OCR;optical character recognition] 몡 〈電算〉【光符阅读器】guāngfú yuèdúqì

오실로그래프[oscillograph] 몡 【计波器】jìbōqì 【描波器】miáobōqì

오심[誤審] 몡ᄒᆞ자 【误审】wùshěn 【错判】cuòpàn¶심판이 ~하여 경기 운영에 차질이 생겼다 | 由于裁判员错判比赛不能正常进行下去。

오십[五十] 주 【五十】wǔshí ¶한 ~은 되어 보이는 사람 | 看起来有五十岁的人。

오싹 튀ᄒᆞ자 【冷咻咻】lěngxiūxiū 【打冷战】dǎlěngzhàn ¶그 소식을 듣고 온 몸이 ~했다 | 听了那个消息, 全身冷咻咻的。

ᶜ**오아시스**[oasis] 몡 【绿洲】lǜzhōu 【泉地】quándì 【沃洲】wòzhōu ¶사막의 ~ | 沙漠shāmò中的绿洲。

오에스[OS;operating system] 몡 〈電算〉【操作系统】cāozuò xìtǒng

오엘이[OLE;object linking and embedding] 몡 〈電算〉【对象链接与嵌入】duìxiàng liànjiē yǔ qiànrù

오역[誤譯] 몡ᄒᆞ자 【误译】wùyì 【错译】cuòyì¶이 책은 ~된 부분이 아주 많아 | 这本书错译的地方很多。

오열[嗚咽] 몡ᄒᆞ자 【呜咽】wūyè 【呜噎】wūyē¶여인이 침상에서 그치질 않는다 | 女人在床上呜咽不止。

ᴮ**오염**[汚染] 몡ᄒᆞ자 【污染】wūrǎn 【污毒】wūdú 【沾污】zhānwū 【展污】zhǎnwū ¶수질 ~ | 水质污染。¶대기 (층)

~ | 大气(层)污染。¶외설 서적이 청소년들의 마음을 ~시켰다 | 黄色书刊污染了青少年的心灵。

오욕[汚辱] 몡ᄒᆞ자 【污辱】wūrǔ 【侮辱】wǔrǔ 【玷污】diànwū 【耻辱】chǐrǔ 【污蔑】wūmiè ¶~을 씻다 | 洗刷耻辱。

오월[五月] 몡 【五月】wǔyuè ¶~은 계절의 여왕이라고 한다 | 据说五月是四节之冠。

ᴮ**오이**[植]〈植〉【黄瓜】huáng·guā 【胡瓜】húguā ¶~ 소박이 | 加馅黄瓜泡菜。참고【王瓜】

오이시디[OECD] 몡 【经济合作与发展组织】jīngjì hézuò yǔ fāzhǎn zǔzhī

오이엠[OEM] 몡 〈經〉【定牌生产】dìngpái shēngchǎn

오인[誤認] 몡ᄒᆞ자 【误认】wùrèn 【错认】cuòrèn ¶그 여인네들이 도시에서 사온 것으로 ~하다 | 妇女们误认是从城里买来的。¶틀림없이 그 사람이다, ~했을 리가 없다 | 一定是他, 不会认的错。

오일[oil] 몡 【石油】shíyóu 【煤油】méiyóu

오입[誤入] 몡ᄒᆞ자 【外遇】wàiyù 【外欢】wàihuān 【外恋】wàiliàn ¶~쟁이 | 有外遇的人。

오전[午前] 몡 【午前】wǔqián 【上午】shàngwǔ ¶그는 ~에도 약속이 있다 | 他上午也有约会。¶~으로 일을 끝내시오 | 上午把活儿干完吧。참고〔上半天 (儿)〕〔前半晌 (儿)〕〔前半天 (儿)〕〔早半天〕

오점[汚點] 몡 【污点】wūdiǎn 【污垢】wūgòu ¶누구에겐들 ~이 없겠는가? | 谁身上没有污点? ¶~을 남기다 | 留下了污点。

오존[ozone] 몡 〈化〉【臭氧】chòuyǎng 【臭气】chòuqì 【阿巽】āxùn ¶~층 | 臭氧层。

ᴮ**오죽** 튀ᄒᆞ형 【多么】duō·me 【多】duō¶이러면 ~이나 좋겠는가! | 这样该多好! ¶그 곳은 ~ 춥겠는가! | 那个地方多冷呀!

ᴬ**오줌**[尿] 尿niào 【撒尿】sā/niào 【小便】xiǎobiàn ¶~을 보다 | 撒溺尿/解小手。¶아이의 바지가 ~을 싸서 젖었다 | 小孩儿的裤子尿湿了。¶~을

693

누다 | 解小便/解手. **참고**〔小解〕[小水]

오지[奧地] 명【偏僻地方】piānpì dìfang【内地】nèidì ¶~를 여행하다 | 到内地旅游.

ᴮ**오직** 튀【唯】wéi【只】zhǐ【只有】zhǐyǒu ¶~ 하나밖에 없다 | 唯一无二. ¶나는 ~ 영어만 배웠다 | 我只学过英语. ¶집에는 ~ 나 혼자 뿐이다 | 家里只有我自己. ¶우리에게는 ~ 이 방법밖에 없다 | 我们只有这个方法.

오진[誤診] 명하타 【误诊】wùzhěn ¶그 의사는 폐렴을 감기로 ~하였다 | 那个医生把肺炎误诊为感冒了.

ᴬ**오징어** 동【墨斗鱼】mòdǒuyú【墨鱼】mòyú【乌贼】wūzéi【鱿鱼】yóuyú【乌鱼】wūyú【乌鲗】wūzéi ¶~포 | 干墨斗鱼/干墨鱼.

오차[誤差] 명【误差】wùchā【相差】xiāngchà【差错】chācuò ¶~율 | 误差率⒧. ¶기계 ~ | 仪器误差. ¶(통계상의〕확률~ | 概率误差.

오찬[午餐] 명【午餐】wǔcān【午宴】wǔyàn ¶~에 참가하다 | 参加cānjiā午宴.

ᴮ**오케스트라**[orchestra] 명〈音〉❶(관현악)【管弦乐】guǎnxiányuè【室内管弦乐】~ | 室内管弦乐. ❷(관현악단)【管弦乐队】guǎnxián yuèduì

오케이[OK] 깝❶(됐다)【正确】zhèngquè【不错】búcuò【好】hǎo ¶~, 어서 가자 | 好, 快走吧! ❷(승인·허가)【行】xíng【可以】kěyǐ【同意】tóngyì【确定】quèdìng

오토매틱[automatic] 명【自动】zìdòng

ᴬ**오토바이**[autobicycle] 명【摩托车】mótuōchē ¶~로 신문을 배달하다 | 用摩托车送报. **참고**〔摩托脚踏车〕[机器脚踏车]

오판[誤判] 명하타 【误判】wùpàn【判断错误】pànduàn cuòwù ¶그는 ~을 인정했다 | 他承认判错.

ᶜ**오페라**[opera] 명【歌剧】gējù ¶~글라스 | 观剧镜. ¶~하우스 | 歌剧院.

오뻴[Opel] 명〈商標〉【欧宝】Ōubǎo

오프라인[off line] 명〈電算〉【离线】líxiàn【脱机】tuōjī【脱线】tuōxiàn

오프로드[offload] 명〈電算〉【上载】shàngzài

ᵃ**오프셋**[offset] 명〈印〉【胶印】jiāoyìn【胶印印刷】jiāoyìn yìnshuā ¶~ 인쇄기 | 胶印机. ¶~잉크 | 胶印油墨.

오픈[open] 명【公开】gōngkāi【展开】zhǎnkāi ¶~ 신용장 | 公开性的信用证.

오픈 카[open car] 명【无盖车】wúgàichē【敞蓬车】chǎngpéngchē

오피스[office] 명【办公室】bàngōngshì【办公】bàngōng ¶~걸 | 办公小姐. ¶~텔 | 办公综合楼.

오한[惡寒] 명【恶寒】wùhán【发冷】fālěng ¶~을 느끼다 | 觉得发冷. ¶~두통 | 恶寒头痛. ¶~증 | 恶寒症.

ᵃ**오해**[誤解] 명하타 【误解】wùjiě【误会】wùhuì ¶그들은 나를 ~했다 | 他们误解了我的话. ¶너는 나의 뜻을 ~했다 | 你误会我的意思了. ¶~를 풀다 | 解除误会.

ᵃ**오후**[午後] 명【下午】wǔhòu【午后】wǔhòu【过午】guòwǔ ¶~에 회의가 있다 | 午后有一个会议. ¶그가 오전에 집에 없으니, ~에 다시 오십시오 | 上午他不在家, 请你过午再来吧. **참고**〔下半晌(儿)〕[下半天(儿)]〔下晌(儿)〕[后半天(儿)]〔下半响〕

ᵃ**오히려** 튀❶(반대로)【反倒】fǎndào【反而】fǎn'ér【相反地】xiāngfǎn·de【却】què【倒是】dào·shì【倒】dǎo ¶손해는 보지 않고 ~ 돈을 벌었다 | 不但不赔钱反倒赚zhuàn钱了. ¶바람이 그치기는 커녕 ~ 갈수록 더 거세졌다 | 风不但没停, 反而越来越大了. ¶거름은 많이 주었는데도 ~ 발육 상태가 좋지 않다 | 肥料féiliào上得很多, 但长势不太好. ¶약을 먹지 않았더니 ~ 이 병은 좋아졌다 | 没吃什么药liào, 这病бол 好了. ¶(차라리)【但】dàn【还】hái【倒】dǎo ¶그렇게 사느니 ~ 죽는 게 낫다 | 那样活还不如死了好. ¶이렇게 할 바에는 ~ 저 편이 낫다 | 这样做, 倒不如那样做好.

ᵃ**옥¹**[玉] 명【玉】yù ¶~ 가락지 | 玉戒指. ¶~비녀 | 玉簪/搔头.

옥²[獄] 명【狱】yù【牢狱】láoyù【牢房】láofáng ¶~살이하다 | 狱中生活.

694

참고 〔牢监〕〔牢槛〕〔囚牢〕〔监狱〕

옥고〔獄苦〕 阅 【牢狱之苦】láoyùzhīkǔ ¶～를 치르다 | 吃牢狱之苦.

옥내〔屋內〕 阅 【屋內】wūnèi 【屋里】wūlǐ 〔戶內〕húnèi 【室內】shìnèi ¶～ 집회 | 室内聚会.

옥답〔沃畓〕 阅 【肥田】féitián 【良田】liángtián 【肥沃地】féiwòdì 【肥田沃土】féi tián wò tǔ

옥동자〔玉童子〕 阅 【宝宝】bǎo·bao 【宝贝】bǎobèi

옥사하다〔獄死－〕 图 【死在狱中】sǐ zài yùzhōng ¶～한 할아버지 | 死在狱中的祖父.

옥살이〔獄－〕 阅하자 【坐牢】zuòláo 그는 10년 동안 ～를 하였다 | 他坐了十年年.

옥상〔屋上〕 阅 【屋顶】wūdǐng 【楼顶】lóudǐng ¶～ 가옥 | 屋顶房子. ¶～ 정원 | 屋顶庭园.

옥색〔玉色〕 阅〈色〉【玉色】yùsè 【水绿色】shuǐlǜsè

옥수수 阅〈植〉【玉米】yùmǐ 【包米】bāomǐ 【棒子】bàng·zi 【玉蜀黍】yùshǔshǔ ¶～ 알 | 玉米粒. ¶～ 수염 | 玉米须. ¶～ 기름 | 玉米油. **참고**〔玉芰(子)〕〔玉麦〕〔玉蜀秫〕〔棒子〕〔苞谷〕〔苞麦〕〔包玉米〕〔苞谷〕〔苞米〕〔苞黍〕〔老玉米〕〔粟米〕〔珍珠米〕〔棒头〕〔稻子〕

옥신각신 閉하자 【争吵】zhēngchǎo 【争闹】zhēngnào 【明争暗斗】míng zhēng àn dòu 【互相争吵】hùxiāng zhēngchǎo 【钩心斗角】gōu xīn dòu jiǎo 【不和】bùhé ¶그들 둘은 이 일 때문에 ～한 적이 한두 번이 아니다 | 为这件事他们俩争吵过不止一次了.

옥외〔屋外〕 阅 【屋外】wūwài 【户外】hùwài 【室外】shìwài 【露天】lùtiān 【露大地儿】lùtiāndìr ¶～ 극장 | 露天剧场jùchǎng/外光wàiguāng剧场. ¶～ 광고 | 户外广告.

옥잠화〔玉簪花〕 阅〈植〉【玉簪】yùzān 【玉簪花】yùzānhuā 【白萼】báiè 【白鹤仙】báihèxiān

옥중〔獄中〕 阅 【狱中】yùzhōng ¶～ 서한 | 狱中书信.

옥토〔沃土〕 阅 【沃土】wòtǔ 【沃壤】wòr-ǎng 【肥沃的土地】féiwò·de tǔdì 【肥田】féitián ¶황무지를 ～로 일구다 | 把荒地开垦成沃土.

^온〔全部〕 田 【全部】quánbù 【全体】quántǐ 【所有】suǒyǒu 【整个】zhěnggè 【满】mǎn ¶～몸이 땀이다 | 满身是汗.

^온갖〔－〕 田 【各种】gèzhòng 【一切】yíqiè 【种种】zhǒngzhǒng 【所有】suǒyǒu 【形形色色】xíngxíng sèsè ¶～ 수단을 사용하다 | 使用种种手段. ¶～ 문제 | 所有问题. ¶～ 그릇된 사상 | 形形色色的错误思想.

온건하다〔稳健－〕 閺 【稳健】wěnjiàn 【稳当】wěndāng ¶사상이 ～ | 思想稳健.

온기〔溫氣〕 阅 【热气】rèqì 【暖和】nuǎn·huo ¶몸에 아직 약간의 ～가 있다 | 身上还有一丝热气. ¶～가 돌다 | 暖和起来.

온난〔溫暖〕 阅하자 【温暖】wēnnuǎn 【暖和】nuǎn·huo ¶기온이 ～하다 | 天气温暖.

온당〔稳當〕 阅하자 【稳当】wěn·dang 【稳帖】wěntiē 【妥当】tuǒ·dang 【稳妥适当】wěn tuǒ shì dāng 【定当】dìngdāng 【稳妥】wěntuǒ ¶이렇게 하는 것은 그다지 ～하지 못하다 | 这样做不太妥当. ¶이 방법은 비교적 ～하다 | 这个方法比较稳妥.

온대〔溫帶〕 阅〈地〉【温带】wēndài ¶～ 기후 | 温带气候. ¶～ 식물 | 温带植物.

온데간데없다 閺 【没有去向】méi yǒu qù xiàng 【不知所向】bù zhī suǒ xiàng 【无影无踪】wúyǐng wúzōng ¶금고 속에 넣어둔 돈이 온데간데 없이 사라졌다 | 放在金库里的钱无影无踪了.

온도〔溫度〕 阅 【温度】wēndù ¶실내 ～ | 室内温度. ¶～ 제어 | 温度控制. ¶～ 조절 장치 | 恒温器.

온도계〔溫度計〕 阅 【寒暑表】hánshǔbiǎo 【寒暖计】hánnuǎnjì 【温度表】wēndùbiǎo ¶화씨 ～ | 华氏huáshì寒暑表. ¶섭씨 ～ | 摄shè氏寒暑表.

온돌〔溫突;溫堗〕 阅 【炕】kàng 【暖坑】nuǎnkàng 【火炕】huǒkàng ¶～방 | 暖房/火屋.

온라인〔on line〕 阅〈電算〉【在线】zàixiàn 【线上】xiànshàng 【联机】liánjī 【联

网】liánwǎng【联线】liánxiàn ¶~비
용 | 本行线费用。¶~시스템 | 联机
系统。¶~조작 | 联机操作。

온라인 대화[online對話;chatting] 圐
〈電算〉【网上聊天】wǎngshàng liáotiā
n【网聊】wǎngliáo

온라인 서점[online書店;online book-
store] 圐〈電算〉【网上书店】wǎngsh-
àngshūdiàn

온라인 채팅[network chatting] 圐〈電
算〉【网聊】wǎngliáo【网上聊天】wǎ-
ngshàng liáotiān

ᴮ**온몸**[周身]zhōushēn【浑身】húnsh-
ēn【全身】quánshēn【满身】mǎnshēn
¶그는 ~에 병이 들었다 | 他周身是
病。¶~이 기름 투성이다 | 满身油
泥。¶~이 진흙투성이다 | 浑身都是
泥。

ᶜ**온상**[温床] 圐【温床】wēnchuáng ¶이
곳은 자본주의의 ~이다 | 这儿是资
本主义的温床。

ᶜ**온수**[温水]wēnshuǐ【温汤】
wēntāng【热水】rèshuǐ ¶~욕 | 温水
浴。¶~난방 | 温水取暖。

ᶜ**온순**[温顺] 圐ᗃ형【温顺】wēnshùn
【温柔】wēnróu【温和】wēn·hé【婉顺】
wǎnshùn【服服贴贴】fú·fu tiētiē【规
规矩矩】guī·guī jǔjǔ ¶양처럼 ~하다
| 像羊一般温顺。¶그는 언제나 태
도가 ~하다 | 他一向态度温和。

온스[ounce] 엘엥【盎司】 àngsī【盎
斯】àngsī【安士】ānshì【啢】liǎng【盎
司】wēnsī【翁司】wēngsī【英两】yīng-
liǎng

ᶜ**온실**[温室] 圐【温室】wēnshì【暖房】nu-
ǎn/fáng ¶~효과 | 温室效果。¶~
재배 | 温室栽培。

온유[温柔] 圐ᗃ형【温柔】wēnróu ¶
~한 성품 | 温柔的性情。

온전[穩全] 圐ᗃ형❶(완전하다)【完
整】wǎn·zhěng【完整无缺】wán zhě-
ng wú quē【完好】wánhǎo ¶~한 문
장 | 完整的句子。¶이 책 한 질은 ~
하다 | 这套书是完整的。❷(건전하
다)【健康】jiànkāng【健全】jiànquán
¶생각이 ~하다 | 思想健康。¶몸과
마음이 ~하다 | 身心健全。

온정[温情] 圐【温情】wēnqíng ¶~주
의 | 慈爱主义。¶대화 속에 ~이 충

만되어 있다 | 对话中充满了温情。

ᶜ**온종일**[一終日] 圐【整天】zhěngtiān
【整日】zhěngrì【终日】zhōngrì【从早
到晚】cóng zǎo dào wǎn【一天到晚】y-
ìtiān dào wǎn【成天】chéngtiān ¶그
는 ~농사일에 바쁘다 | 他整天忙着
种庄稼。¶너를 ~기다렸다 | 等了
你一整天。¶~큰 비가 왔다 | 终日
下大雨。¶~바빠 죽을 지경이다 |
成天忙得要命。

ᶜ**온천**[温泉] 圐〈地〉【温泉】wēnquán
【汤泉】tāngquán ¶~장 | 温泉地。

ᶜ**온통**[整个]zhěnggè【全部】quánbù
【完全】wánquán【匝地】zādì【一派】y-
ípài【一片(儿·子)】yípiàn(r,·zi)【触
目皆是】chù mù jiē shì【满】mǎn【都】
dōu ¶내가 말하는 것은 ~어린애 말
이다 | 你说的是一派小孩子话。
¶~거짓말 | 一片谎话。¶온몸이
~땀이다 | 满身是汗。

ᶜ**온화**[温和] 圐ᗃ형❶(날씨가)【暖和】
nuǎn·huo【温和】wēn·hé ❷(성격·
마음씨·말씨 따위가)【温和】wēn·hé
【温柔】wēnróu【温润】wēnrùn【平和】
pínghé【平静】píngjìng ¶그는 언제
나 태도가 ~하다 | 他一向态度温
和。¶~한 말씨 | 平和的语气。

온후[温厚] 圐ᗃ형【温厚】wēnhòu【温
和】wēn·hé ¶~한 청년 | 温厚的青
年。

ᶜ**올**❶(가닥)【线条儿】xiàntiáor
【根】gēn【条】tiáo【支】zhī【股】gǔ
실 두 ~ | 两股线。

올 圐【今年】jīnnián ¶~여름 | 今年
夏天。¶~겨울 | 今年·冬天。

올가미 圐❶(올무)【绳套】shéngtào
【索网】suǒwǎng【套索】tàosuǒ【圈
套】quāntào ¶~를 조이다 | 拉紧绳
套。❷(계략)【圈套】quāntào【勾
当】gòudāng ¶그녀의 ~에 걸렸다 |
上了那个女子的圈套。

올곧다 圐【直性子】zhíxìng·zi【正直】
zhèngzhí ¶사람됨이 대단히 ~ | 为
人非常正直。¶그는 매우 올곧은 사
람이다 | 他是一个很正直的人。

ᴬ**올라가다** 동❶(높이 오르다)【上去】
shàng·qu【走上】zǒushàng【上行】sh-
àngxíng【登】dēng ¶사다리를 타고
~ | 登着梯子上去。¶걸어 ~ | 走上

去。❷（거슬러 가다）【逆行】nìxíng 【逆水】nì/shuǐ ¶강기슭을 끼고 ~ | 沿着江边逆水而上。❸（높아지다·많아지다）【升】shēng【上升】shàngshēng【增高】zēnggāo【提高】tí/gāo ¶국기가 서서히 ~ | 国旗徐徐上升。¶농업 생산량이 ~ | 农业产量增高。¶온도가 5도 ~ | 温度增高五度。❹（가격이 비싸지다）【涨】zhǎng【高】gāo ¶값이 ~ | 涨价。

^B**올라서다** 图❶（높은 데로 옮아 서다）【登上】dēngshàng【爬上】páshàng ¶산꼭대기에 ~ | 登上山岭。❷（어느 정도의 수준에 오르다）【达到】dádào ¶국제 수준으로 ~ | 达到国际水平。

^A**올라오다** 图❶（낮은 데서 높은 데로）【上来】·shàng·lái【登上来】dēngshànglái【爬上来】páshànglái ¶올라와서 앉아라 | 上来坐。¶뛰어 ~ | 跑上来。¶기어 ~ | 爬上来。❷（차오르다）【淹没】yānmò【没】méi ¶무릎까지 올라오는 물 | 没膝盖的水。❸（지방에서 서울로 가다）【上京城】shàng jīngchéng ¶서울에 올라온 지 10여년이 지났다 | 上汉城已经十年了。❹（입으로 나오다）【打】dǎ【呕】ǒu【喷】pēn ¶트림이 ~ | 打嗝儿。

^B**올라타다** 图【乘】chéng【坐】zuò【骑】qí ¶말에 ~ | 骑马。¶비행기에 ~ | 乘飞机。

^A**올리다** 图❶（바치다）【致】zhì【呈】chéng ¶선물을 ~ | 呈上礼物。❷（식을 거행하다）【举行】jǔxíng ¶주말에 혼례를 올린다 | 周末举行婚礼。❸（기와 등을 이다）【上】shàng【盖】gài【漆】qī ❹（수준을 향상시키다）【提高】tí/gāo【加】jiā ¶교원의 자질을 ~ | 提高教师的素质。❺（기재하다）【登记】dēngjì【记】jì ¶이 일들을 모두 노트에 올려라 | 把这些事情都记在笔记本上。❻（성과를 얻다）【取得】qǔdé【获得】huòdé ¶성과를 ~ | 获得成果。

올리베티[Olivetti] 图〈社名〉【好利获得】Hǎolìhuódé

올림차순[一次順；ascending] 图〈電算〉【升序】shēngxù

올림푸스[Olympus] 图〈商標〉【奥林巴斯】Àolínbāsī

^B**올림픽**[Olympic] 图【奥林匹克国际运动会】àolínpǐkè guójì yùndònghuì【奥林匹克大会】àolínpǐkè dàhuì【奥运会】Àoyùnhuì ¶~ 선수촌 | 奥运村。¶~ 종목 | 奥运项目。

^B**올바로** 图【正地】zhèngdì【准地】zhǔndì【正确地】zhèngquè·de ¶문제를 ~ 이해하다 | 正确地理解问题。

^B**올바르다** 图【正直】zhèngzhí【正经】zhèngjing【正确】zhèngquè ¶이 사람은 아주 ~ | 这个人很正经。¶그는 여태 아주 올발랐고 한번도 궤도에서 벗어난 적이 없다 | 他一向是正正经经的，从不越轨。

^B**올빼미** 图〈鳥〉【鸱鸺】chīxiū

^B**올챙이** 图〈動〉【蝌蚪】kēdǒu ¶개구리 ~ 적 생각 못한다 | 青蛙忘记自己曾经也是蝌蚪。

올케 图【嫂嫂】sǎo·sao【嫂子】sǎo·zi【弟息】dìxī ¶~언니 | 嫂子。

올해 图【今年】jīnnián ¶~도 거의 반이 지났다 | 今年也已经将近一半了。

^A**옮기다** 图❶（자리를 다른 곳으로 바꾸다）【搬】bān【挪】nuó【移】yí【搬移】bānyí【迁】qiān【遷移】qiānyí【遷动】qiāndòng ¶이 돌을 옮겨라 | 把这块石头搬开。¶좌석을 좀 옮겨주시오 | 把坐位挪一挪！¶부상자를 ~ | 转移伤员。❷（돌리다）【转移】zhuǎnyí ¶시선을 ~ | 转移视线。¶주의력을 공부하는 데로 ~ | 把注意力转移到学习上来。❸（바꾸다）【更换】gēnghuàn【改变】gǎibiàn【调换】diàohuàn ¶국적을 ~ | 改变国籍。¶직장을 ~ | 调换工作。❹（말·소문을 전하다）【照样传出】zhào yàng chuánchū【照样表达】zhào yàng biǎo dá【照抄】zhàochāo【转载】zhuǎnzǎi【转登】zhuàndēng【传】chuán ¶각 신문은 모두 이 보도를 옮겨 심었다 | 各报都转载了这篇报道。¶소문을 ~ | 传小道消息。❺（식물을）【移植】yízhí【栽】zāi ¶예쁜 꽃 한 떨기를 밭에서 화단으로 옮겨 심다 | 把一朵美丽的花从园圃移植到花坛。❻（실천하다）【运用】yùnyòng【化为】huàwéi ¶이론을 실천에 옮기다 | 把理论运用到实践上去。❼（번역하다）【翻译】fānyì ¶한국 말로 옮긴 글 | 翻

697

译成韩国语的文章。

옮다 통 ❶ (이전하다) 【移】yí 【转移】zhuǎnyí ❷ (병·사상 등이 전염되다) 【传染】chuánrǎn 【染】rǎn 【沾染】zhānrǎn ¶감기가 ~ | 传染上感冒了。 ¶그는 도박의 나쁜 습관이 옮았다 | 他沾染上赌博的恶习。 ❸ (불길이 번지다) 【延烧】yánshāo 【燎】liáo ¶불이 옆집으로 ~ | 火势蔓延到了隔壁。

°**옮아가다** 통 ❶ (이전하다) 【搬走】bānzǒu 【转去】zhuǎnqù ¶도회지로 ~ | 搬到大都市。 ❷ (퍼져가다) 【传去】chuánqù ¶벌써 그 곳까지 병이 옮아갔다 | 病已经传染到那个地方了。

^**옳다** 형 ❶ (맞다) 【正】zhèng 【对】duì 【是】shì 【不错】búcuò ¶너의 말이 ~ | 你说得很对。 ¶스스로 옳다고 여기다 | 自以为是。 ¶그에게 옳지 않은 구석이 확실히 있다 | 他确有不是之处。 ❷ (정의롭다) 【正经八百】zhèngjīngbābǎi ¶옳은 일 하는 데 뭐라고 할 사람은 없다 | 做正经事没人说。

옴찔옴쌀 부하자타 【动弹】dòng·tan 【动转】dòngzhuǎn 【一动一动】yídòng yídòng ¶기계가 ~하지 않는다 | 机器不动弹了。

옴큼 의양 【把】bǎ 【撮(儿·子)】cuō(r,·zi) ¶모래 한 ~ | 一把沙子。¶쌀 한 ~ | 一小撮儿米。¶머리털을 한 ~ 잘라내다 | 剪出一撮头发。

옵션[option] 명 ❶ 【选择权】xuǎnzéquán ¶~ 거래 | 选择交易。¶~ 기일 | 选择性日期。¶〈電算〉【选项】xuǎnxiàng

^**옷** 명 【衣裳】yī·shang 【衣服】yī·fu 【服装】fúzhuāng 【衣着】yīzhuó ¶~을 벗다 | 脱tuō衣服。¶몸에 맞는 ~ | 合身的衣服。¶~을 꿰매다 | 缝féng衣服。

옷가지 명 【衣着】yīzhuó 【衣物】yīwù ¶~를 약간 샀다 | 买了一些衣物。

^B**옷감** 명 【衣料】yīliào 【布料】bùliào ¶~을 끊다 | 买衣料。

^B**옷걸이** 명 【衣架】yījià ¶~에 옷을 걸다 | 把衣服挂在衣架上。¶~는 어디 있어요? | 衣架在哪儿?

옷고름 명 【衣服的飘带】yī·fu·de piāodài 【飘带(儿)】piāo·dai(r) ¶~을 매

다 | 系飘带。

^B**옷깃** 명 【衣领】yīlǐng ¶~을 세우다 | 竖起衣领。

^B**옷소매** 명 【衣袖】yīxiù 【袂】mèi 【袖筒】xiùtǒng

^B**옷솔** 명 【衣刷(子)】yīshuā(·zi)

옷자락 명 【衣角】yījiǎo 【衣襟】yījīn ¶~으로 관자놀이를 닦다 | 撩起衣角擦额角。

^B**옷장**[-欌] 명 【衣柜】yīguì 【衣橱】yīchú

^B**옷차림** 명 【穿着】chuānzhuó 【穿戴】chuāndài 【衣着】yīzhuó 【打扮】dǎban 【装束】zhuāngshù ¶~이 검소하고 단정하다 | 穿着朴pǔ素整洁jié。¶~이 유행을 따르고 있다 | 穿着时髦máo。

—**옹**[-翁] 미 【翁】wēng ¶박~ | 朴翁。

옹고집[壅固執] 명 【非常固执】fēicháng gùzhí 【老顽固】lǎowángu 【太固执】tàigùzhí ¶~ 부리지 마시오 | 别死固执。

^B**옹기**[甕器] 명 【陶瓷器皿】táocíqìmǐn ¶~가마 | 瓷窑。¶~ 그릇 | 陶瓷器皿。

^B**옹기종기** 부하형 【参差不齐】cān chā bù qí 【大小不一】dà xiǎo bù yī ¶아이들이 ~텔레비전 앞에 앉아 있다 | 孩子们参差不齐地聚在电视机前。

옹달샘 명 【小泉】xiǎoquán

옹색[壅塞] 명하형 ❶ (군색하다) 【据】jiéjū ¶경제 형편이 ~하다 | 手头拮据。❷ (옹졸하다) 【狭窄】xiázhǎi 【穷酸】qióngsuā 【狭隘】xiá'ài 【狭小】xiáxiǎo 【窄小】zhǎixiǎo ¶마음이 ~하다 | 心地狭窄。¶이 서생은 너무 ~하다 | 这个秀才xiùcai太穷酸了。¶~한 견해 | 狭隘的看法kànfǎ。❸ (비좁다) 【窄小】zhǎixiǎo ¶앉을 자리가 ~하다 | 坐的地方窄小zhǎixiǎo。

옹이 명 【节子】jié·zi 【节眼】jiéyǎn 【树瘤】shùliú

옹졸[壅拙] 명하형 【偏狭】piānxiá 【小气】xiǎo·qi 【狭隘】xiá'ài 【不大方】bù dàfāng ¶너도 너무 ~하다 | 你也太小气了。¶~하다 | 心胸xīnxiōng狭隘。

옹호[擁護] 명하타 【拥护】yōnghù 【维护】wéihù 【支持】zhīchí ¶그들은 핵

무기 반대 운동을 열릴로 ~한다 | 他
们热烈拥护反对核武器的运动。¶인
권을 ~하다 | 维护人权。

^{B8}**옻나무** 몡 〈植〉【漆】qī【漆树】qīshù
【山漆】shānqī【大木漆】dàmùqī

°**와**¹ 閈【哇】wā【哗】huā ¶~ 하고 웃음
을 터뜨렸다 | 哇地笑了起来。¶모두
~하고 웃었다 | 大家哇一声笑了。

^B−**와**² ㉜【和】hé【同】tóng【与】yǔ ¶우
리는 늘 상 그~ 같이 있다 | 我们经常
和他在一起。¶너는 나~ 다르다 |
你和我不一样。¶나 함께 가요 |
同他一起去。¶나~ 이 일은 무관하
다 | 我同这件事情无关

°**와글와글** 閈하잔 ❶【轰轰】hōnghōng
【蝈蝗】tiáotáng ❷ (북적이다)【拥
挤】yōngjǐ【涌上】yǒngshàng ¶일요
일의 시장은 대단히 ~한다 | 星期天
市场里特别拥挤。❸ (떠들다)　　【喧
闹】xuānnào【喧腾】xuānténg

와들와들 閈하잔 別别哆嗦】biébié su·
ōsuō【颤抖】chàndǒu【发抖】fādǒu ¶
추워서 온몸이 ~ 떨리다 | 冻得全身
颤抖。

°**와락** 閈 ❶ (한꺼번에)【哗啦哗啦】xī·l·
ahuálā【一下子】yíxià·zi ¶갑자기
한바탕 ~ 쏟아졌다 | 哗啦哗啦地下
了一阵大雨。❷ (갑자기)【猛地】mě·
ng·de【猛然】měngrán【突然】tūrán
【勃然】bórán ¶~ 화를 내다 | 勃然大
怒。

°**와르르** 閈 ❶ (여럿이 몰려 드는 소리)
【哇地】wā·de ¶군중이 ~ 모여들었
다 | 群众哇地集拢来了。❷ (무너지
는 모양이나 소리)【磅琅】páng láng
【薄薄(儿)】bóbó(r)【忽啦啦】hūlālā
【忽喇喇】hūlǎlǎ【哗啦】huālā【喇喇】l·
ǎ·la【刮剌】guālā ¶~하고 담이 무너
졌디 | 哗啦一声, 墙倒了。❸ (물릏ᄅ
소리)【咕嘟咕嘟】gūdū gūdū

와이셔츠[white shirts] 몡【衬衫】chè·
nshān ¶반소매~ | 短袖衬衫。

와이프[wife] 몡【爱人】àiren【内人】nè·
i·ren【太太】tài·tai ¶제 ~입니다 |
是我妻子。

°**와인**[wine] 몡【葡萄酒】pú·táojiǔ【酒
类】jiǔlèi ¶~글라스 | 葡萄酒
杯/酒杯。

와일드 카드[wild card] 몡 〈電算〉【通

　　配符】tōngpèifú

와전[訛傳] 몡하잔【讹传】échuán ¶
사회적으로 그는 사생아라고 ~되어
있다 | 社会上讹传他是私生子sīshē·
ngzǐ。

와중[渦中] 몡【混乱之中】hùnluànzhī·
zhōng ¶그 아이는 전쟁 ~에 죽었다
| 那个孩子在战乱中死了。

와트[watt] 의뫙【瓦特】wǎtè ¶~시 |
瓦小时。¶킬로~ | 千瓦特。　參考
〔瓦wǎ〕〔寫味特〕〔滑huá脱〕

와해[瓦解] 몡하잔【瓦解】wǎjiě【崩
溃】bēngkuì【土崩瓦解】tǔ bēng wǎ ji·
ě【破坏】pòhuài ¶깡그리 ~되다 | 土
崩瓦解。¶노예제도에 의한 통치 질
서는 ~되었다 | 奴隶制度统治秩序崩
溃了。

°**왁자지껄** 閈하잔【轰轰】hōnghōng【叽
哩呱啦】jī·liguālā【哇啦哇啦】wā lā wā·
lā【哇呀呀】wāyāyā【闹嚷】nàorǎng
【嘈杂】cáozá【喧嚣】xuānxiāo【骚
乱】sāoluàn【闹哄哄】nàohōnghōng
¶~하는 소리가 조금도 들리지 않는
다 | 听不到一点嘈杂的声shēng音。
¶한동안 ~하다 | 喧嚣一时。

왁친[vaccine] 몡〈電算〉【防毒疫苗】f·
ángdúyìmiáo

완강[頑强] 몡하옝【顽强】wánqiáng
【顽固】wángù ¶~히 저항하다 | 顽
强抵抗。

완결[完決] 몡하타【完毕】wánbì【完
成】wán/chéng【结束】jiéshù【完结】w·
ánjié ¶업무가 ~되다 | 工作完毕。
¶작업이 아직 ~되지 않았다 | 工作
没完结。

완고[頑固] 몡하옝【顽固】wángù ¶그
릇된 견해를 ~하게 견지하다 | 顽固
地坚持错误的看法。

완곡[婉曲] 몡하옝【委婉】wěiwǎn【委
宛】wěiwǎn ¶~하고 함축적이다 |
委婉含蓄。¶~하게 거절하다 | 委婉
地拒绝。

°**완공**[完工] 몡하타【完工】wán/gōng
【竣工】jùngōng【建成】jiànchéng ¶기
한대로 ~하다 | 如期完工。

완구[玩具] 몡【玩具】wánjù【玩意儿】w·
ányìr ¶깜찍한 ~ | 小巧别致的玩具。

°**완납**[完納] 몡하타【缴完】jiǎowán【缴
清】jiǎoqīng【全部缴纳】quánbù jiǎon-

ò【全付】quánfù【全部付款】quánbù fùkuǎn【全部付讫】quánbù fùqī ¶할부금을 ～하다 | 付清分期付款.

ᴮ**완두**[豌豆]〖명〗〈植〉【豌豆】wāndòu【戎菽】róngshū【青小豆】qīngxiǎodòu

완력[腕力]〖명〗❶ (팔의 힘)【腕力】wānlì【力气】lì·qi ¶～을 시험하다 | 掰腕力比赛. ❷ (폭력)【暴力】bàolì【武力】wǔlì ¶～을 쓰다 | 用暴力.

완료[完了]〖명〗〖하타〗【完了】wánliǎo【完毕】wánbì【结束】jiéshù【完成】wánchéng ¶공사가 ～되었다 | 工程完工. ¶준비～! | 准备就绪xù.

ᶜ**완만**[緩慢]〖명〗〖하형〗❶ (속도가 느리다)【迟缓】chíhuǎn【缓慢】huǎnmàn【弛缓】chíhuǎn ¶행동이 ～하다 | 行动缓慢. ❷ (경사가 가파르지 않다)【慢】màn【缓】huǎn ¶～한 비탈 | 慢坡.

ᴮ**완벽**[完璧]〖명〗〖하형〗【完璧】wánbì【完美无缺】wánměi wúquē【尽善尽美】jìn shàn jìn měi【完整】wán·zhěng【完善】wánshàn ¶어떤 일이든 처음부터 ～할 수는 없다 | 任何事物一开始都不可能是尽善尽美的. ¶～한 경지에 도달하다 | 达到完善的地步. ¶설비가 ～하다 | 设备完善.

완불[完拂]〖명〗〖하타〗【全付】quánfù【全部付款】quánbù fùkuǎn【全部付讫】quánbù fùqī ¶자동차의 할부금을 ～하다 | 全部付清了汽车的分期款.

완비[完備]〖명〗〖하타〗【完备】wánbèi【完善】wánshàn【充实】chōngshí【健全】jiànquán【配齐】pèiqí【完整】wán·zhěng ¶도구가 ～되어 있다 | 工具完备. ¶생산 책임 제도를 ～하다 | 健全生产责任制度.

ᴮ**완성**[完成]〖명〗〖하타〗【完成】wánchéng【完善】wánshàn【达到】dádào【做完】zuòwán【制成】zhìchéng ¶앞당겨 ～하다 | 提前完成. ¶오늘 안에 반드시 ～해야 한다 | 今天内必须做完.

완수[完遂]〖명〗〖하타〗【完成】wánchéng【尽】jìn ¶임무를 ～하다 | 完成任务. ¶책임을 ～하다 | 尽到责任.

완숙[完熟]〖명〗〖하형〗❶ (성숙함)【成熟】chéngshú【完美非凡】wánměi fēifán ¶～한 성품 | 完美非凡的品质. ❷ (음식 등을 완전히 익힘)【煮熟】zh-

ǔshú ¶달걀의 ～ | 鸡蛋煮熟了. ❸ (과일 등이 완전히 익음)【熟透】shútòu

완역[完譯]〖명〗〖하타〗【全译】quányì【译完】yìwán ¶～본 | 全译本.

ᶜ**완연**[宛然]〖명〗〖하형〗【宛然】wǎnrán ¶산과 들에 봄빛이 ～하다 | 山川春光宛然.

ᶜ**완장**[腕章]〖명〗【臂章】bìzhāng【袖标】xiùbiāo ¶노란색 ～을 찬 작업자 | 戴着黄袖标的工作人员.

완전[完全]〖명〗【完全】wánquán【完整】wán·zhěng【十成】shíchéng【全部】quánbù【全】quán ¶말이 아직 ～히 끝나지 않았다 | 话还没说完整. ¶문제를 이미 ～히 해결했다 | 问题已经全部解决了. ¶이번에 수집한 자료는 비교적 ～하다 | 这次收集的资料比较全.

완제품[完製品]〖명〗【成品】chéngpǐn【成品】chéngpǐn【制成品】zhìchéngpǐn ¶～ 검사 | 成品检查jiǎnchá.

완주[完走]〖명〗〖하자〗【全走】quánzǒu【全跑】quánpǎo ¶마라톤 풀코스를 ～하다 | 跑完马拉松全程.

완충[緩衝]〖명〗【缓冲】huǎnchōng ¶～재 | 缓冲材料cáiliào. ¶～ 지대 | 缓冲地带. ¶～ 용액 | 缓冲溶液róngyè. ¶～ 작용 | 缓冲作用.

완치[完治]〖명〗〖하타〗【完全治愈】wánquán zhìyù【全愈】quányù ¶그의 다리 부상이 이제 ～ 되었다 | 他的腿伤现在已完全好了.

완쾌[完快]〖명〗〖하자〗【完愈】wányù【全愈】quányù【痊愈】quányù ¶～를 빕니다 | 祈求痊愈. ¶그녀의 몸은 아직 ～되지 않았다 | 她的身体还没有痊愈.

완패[完敗]〖명〗〖하자〗【完全失败】wánquán shībài ¶상대팀은 우리에게 ～당했다 | 对方队已被我们完全打败了.

ᶜ**완행**[緩行]〖명〗〖하자〗❶ (느리게 감)【缓行】huǎnxíng ❷ ("완행열차"의 준말)【慢车】mànchē ¶～ 열차 | 慢车. ¶～을 타지 마라 | 别乘慢车. 〖참고〗〔快车〕

완화[緩和]〖명〗〖하타〗【松弛】sōngchí【缓和】huǎnhé【和缓】héhuǎn ¶긴장을

~하다 | 松弛一下神经。¶국제적 긴
장 국면을 ~시키다 | 缓和国际间的
紧张jǐnzhāng局势。

왈가왈부[日可日否] 圐하타【说东道
西】shuō dōng dào xī【说三道四】shu
ō sān dào sì ¶공연히 남의 일에 ~하
지 마라 | 不要平白无故地对别人的事
情说三道四。

ⓒ**왈츠**[waltz] 圐【华尔兹】huá'ěrzī【华
尔姿】huá'ěrzī

ⓒ**왈칵** 旵하다타【一下子】yíxià·zi【猛
地】měng·de【勃然】bórán ¶~ 화를
내다 | 勃然大怒nù。참고〔猛孤丁
地〕[忽然]

ᴬ**왕**[王] 圐 ❶ (임금) 【王】wáng【皇
上】huángshàng ¶~의 명령 | 王
命。❷ (제일인자) 【首】shǒu【第一】
dìyī【大王】dàwáng ¶석유~ | 煤m
éi油大王。¶축구~ | 足球大王。

왕⁻² 旵 ❶ (아주 큼) 【粗】cū【大】dà
¶~눈이 | 大眼睛。¶~밤 | 大栗
子。¶~새우 | 大虾。¶~소금 | 大
盐。❷ (항렬의) 【祖】zǔ ¶~고모 |
祖姑。

ᴮ**왕거미**[王-] 圐〈動〉【大腹圆蛛】dàfù-
yuánzhū

ⓒ**왕골**[植]【莞草】guāncǎo【营草】yí-
ngcǎo ¶~ 방석 | 莞草席。¶~속 |
去皮的莞草。

ⓒ**왕관**[王冠] 圐【王冠】wángguān

ⓒ**왕국**[王国] 圐 ❶ (왕이 다스리는 나
라) 【王国】wángguó ¶독립 ~ | 独立
王国。❷ (어떤 세력이나 현상이 지
배적으로 나타나는 영역) 【王国】wá-
ngguó【专横跋扈的国家】zhuānhéngbá-
·de guójiā ¶석유~ | 石油王国。

왕궁[王宫] 圐【王宫】wánggōng【皇
宫】huánggōng

왕권[王權] 圐【王权】wángquán ¶~
신수설 | 王权神授说。¶~을 강화하
다 | 加强王权。

왕년[往年] 圐【往年】wǎngnián【往
岁】wǎngsuì【当年】dāngnián ¶누구
뭐 ~에 1등 안 해 본 사람 있나? | 当
年谁没得过第一名啊! ¶~에 비해 보
면 많이 달라졌다 | 比起往年来变得
多了。

왕도[王道] 圐【王道】wángdào ¶~를
지키세요 | 遵守王道。¶~정치 | 王

道政治。

왕따[王-] 圐【被孤立者】bèi gūlìzhě
【局外人】júwài rén【被甩掉的包袱】b-
èi shuǎidiào·de bāo·fu【不是自己
人】bú·shì zìjǐ rén【不是自己圈子里
的人】bú·shì zìjǐ quān·zi lǐ·de rén

왕래[往來] 圐하자【往来】wǎnglái【来
往】lái·wǎng ¶~하는 손님 | 往来的
客人。¶서로 ~하다 | 互相来往。¶
나는 결코 이런 인간하고는 ~하지 않
겠다 | 我决不跟这种人来往。

ᴮ**왕릉**[王陵] 圐【王陵】wánglíng【陵寝】l-
íngqǐn【陵墓】língmù ¶~을 크게 짓
다 | 大建陵寝。

왕림[枉臨] 圐하자【光临】guānglín ¶
~하시기를 삼가 기다립니다 | 恭候
光临。참고〔光顾〕[光降][光驾][光
临]

ⓒ**왕명**[王命] 圐【王命】wángmìng ¶그
들은 ~을 거역하였다 | 他们违抗了
王命。

왕복[往復] 圐하자【往复】wǎngfù【来
回】láihuí ¶~ 엽서 | 往复明信片
儿。¶~ 운동 | 往复运动。

왕복표[往復票] 圐【来回票】láihuípiào
¶~를 예매하는 것이 비교적 채산이
맞는다 | 订来回票比较上算。

ᴮ**왕비**[王妃] 圐【王妃】wángfēi ¶~마
마 | 王妃尊下。

왕성[旺盛] 圐하뎌【旺盛】wàngshèng ¶
식욕이 ~하다 | 食欲旺盛。참고
〔旺壮zhuàng〕[旺式]

왕실[王室] 圐【王室】wángshì【皇家】
huángjiā ¶~ 성원 | 王室成员。

왕업[王業] 圐〈化〉【王业】wángyè ¶
~을 잇다 | 继承王业。

왕왕[往往] 圐하쁘【往往】wǎngwǎng【常
常】chángcháng【经常】jīngcháng
【时常】shícháng ¶사람들은 이 점을
소홀히 한다 | 人们往往忽略这一
点。¶이군은 ~ 혼자서 시내에 간다
| 小李往往一个人上街

왕위[王位] 圐【王位】wángwèi ¶~에
오르다 | 登上王位。¶~를 세자에게
물려주다 | 把王位传给太子。

ᴮ**왕자**[王子] 圐【王子】wángzǐ ¶~와
거지 | 王子与乞丐。

ᴮ**왕조**[王朝] 圐【王朝】wángcháo ¶봉
건 ~ | 封建王朝。¶조선 ~ 오백년

701

| 朝鲜王朝五百年。

ᶜ**왕족**[王族] 몡【王族】wángzú【皇族】huángzú ¶그는 ~ 출신이다 | 他出身王族。

ᶜ**왕좌**[王座] 몡【宝座】bǎozuò ¶마침내 부장이라는 ~에 올랐다 | 终于爬上了部长的宝座。

왕진[往診] 몡하타【出诊】chū/zhěn ¶~료 | 出诊费。¶~하러 나갔다 | 大夫出诊去了。参考〔往马〕

왕초보[王一] 몡【菜鸟】càiniǎo【初学者】chūxuézhě【零起点】língqǐdiǎn ¶운전 ~ | 初学驾驶使者。¶中国语零起点~ | 中国语零起点。

왕통[王統] 몡【王统】wángtǒng ¶~을 잇다 | 继承王统。

왕후[王后] 몡【王后】wánghòu【王妃】wángfēi

ᴬ**왜**[뮈【为什么】wèishén·me【怎么】zěn·me【为何】wèihé ¶너 ~ 먹지 않니? | 你为什么不吃。¶~ 없겠느냐? | 怎么会没有呢?¶그 사람이 ~ 안 올까? | 他为什么不来?参考〔怎的〕〔何故〕

왜곡[歪曲] 몡하타【扭歪】niǔwāi【歪曲】wāiqū ¶역사를 ~하다 | 歪曲历史。¶~보도 | 歪曲报导。

ᶜ**왜구**[倭寇] 몡〈史〉【倭寇】Wōkòu【日寇】rìkòu ¶~를 섬멸하다 | 消灭xiāomiè日寇。

왜냐하면 뮈【因为】yīnwèi ¶네가 그에 대해 잘 아니라면 | 因为你很了解他。¶~ 어제 한 숨도 못 잤거든 | 因为一夜也没睡。

왜놈【日本鬼子】rìběnguǐ·zi ¶~들이 우리 국토를 짓밟다 | 日本鬼子践踏我们的国土。

왜병[倭兵] 몡【倭兵】wōbīng【日本鬼子兵】rìběn guǐzǐbīng

왜소[矮小] 몡헝혱【矮小】ǎixiǎo ¶~한 몸집 | 矮小的身子。

왜인[倭人] 몡【日本人】rìběnrén

왠[WAN; wide area network] 몡〈電算〉【广域网】guǎngyùwǎng

왠지 뮈【不知为什么】bùzhī wèishén·me ¶~ 마음이 울적하다 | 不知为什么心绪xù惆怅chóuchàng

ᴬ**외**[오이] 몡〈植〉【黄瓜】huáng·guā【胡瓜】h-úguā

외[의명【外】wài【以外】yǐwài ¶예상

~로 어렵다 | 出乎预料地难。

외-³[外一] 뮈【外】wài ¶~할머니 | 外婆。¶~분비 | 外分泌mì。

외-⁴[独] 甄【单】dān【独】gū ¶~아들 | 独生子。¶~동딸 | 独生女。

ᴮ**외가**[外家] 몡【外家】wàijiā【外婆家】wàipójiā【姥姥家】lǎo·laojiā ¶~댁 | 外婆家。

외견[外見] 몡【表面】biǎomiàn【外表】wàibiǎo ¶사물의 ~만 보아서는 안 된다 | 不能只看事物的表面。

외겹[单层] 몡【单层】dāncéng ¶~ 이불 | 单层被子。

외계[外界] 몡【外界】wàijiè【太空】tàikōng ¶~와 교신 두절 | 杜绝和外界的通讯。

외고집[一固執] 몡【牛脾气】niúpí·qi【犟脾气】jiàngpíqì ¶~을 부리다 | 犯fàn牛脾气/发牛脾气。¶저 사람은 ~이 있어 | 他这个人有一股牛脾气。

ᴮ**외과**[外科] 몡〈醫〉【外科】wàikē ¶~병원 | 外科医院。¶~학 | 外科学。

외곽[外廓] 몡【外城】wàichéng ❷【外围】wàiwéi ¶~에서부터 쳐들어 가다 | 从外围打进去。

외관[外觀] 몡【外表】wàibiǎo【外形】wàixíng【门面】ménmian【表面状态】biǎomiàn zhuàngtài ¶이 물건의 ~은 매우 좋다 | 这东西的外观很好。¶(상점의) ~을 약간 꾸미다 | 装点门面。

ᴮ**외교**[外交] 몡【外交】wàijiāo ¶~ 기관 | 外交机构。¶~ 문서 | 外交文件。¶~ 사절단 | 外交使团。¶~ 정책 | 外交政策。

ᴬ**외국**[外國] 몡【外国】wàiguó【国外】guówài【海外】hǎiwài ¶~ 문학 | 国文学。¶~으로 가다 | 到国外去。¶그는 ~에서 몇 년간 일했다 | 他在海外工作了几年。

외국인[外國人] 몡【外国人】wàiguórén ¶~ 등록 | 外国人登记。¶~ 등록 증명서 | 外国人注册证明。

외국환[外國換] 몡〈經〉【外汇】wàihuì ¶~ 관리법 | 外汇管理法。¶~ 거래 | 外汇交易。

외근[外勤] 몡하타【外勤】wàiqín ¶~하다 | 跑外勤。¶~ 직원 | 外勤工作人员。

^B**외다** 图 ☞ 외우다의 준말

외도[外道] 명하자 ❶ (오입) 【外遇】w-àiyù 【外欢】wàihuān 【外恋】wàiliàn 【嫖】piáo ¶그 부부의 이혼 사유는 남편의 ~였다 | 那对夫妇离婚的理由是丈夫有外遇。 ❷ (바르지 않은 길·노릇) 【走邪路】zǒuxiélù

외등[外燈] 명 【室外灯】shìwàidēng 【路灯】lùdēng ¶~ 하나 없는 구석진 곳 | 连个路灯也没有的角旮gālá旯。

외딴 관 【孤零零】gūlíng·líng·de ¶~ 방 | 孤零零的屋子。

외람되다[猥濫-] 형 【冒昧】màomèi 【冒昧】màomèi·de ¶외람되게 말씀드리다 | 冒昧陈辞。

^C**외래**[外来] 명 ❶ (외부에서 들어옴) 【外来】wàilái ¶~사상 | 外来思想。¶~종 | 外来种。❷ (병원에 다니면서 치료 받는 것) 【门诊】ménzhěn ¶~ 환자 | 门诊病人。

^B**외래어**[外来語] 명〈言〉【外来语】wài-láiyǔ 【外来词】wàiláicí ¶~ 사전 | 外来语词典。

외래품[外来品] 명 【舶来品】bóláipǐn 【进口货】jìnkǒuhuò

^C**외로움** 명 【孤独】gūdú ¶~이 쌓이다 | 孤独郁积。¶~을 달래다 | 解除孤独。

^A**외롭다** 형 【孤单】gūdān 【孤孤单单】gū-gū dāndān 【孤独】gūdú 【孤苦】gūkǔ 【孤苦伶仃】gū kǔ líng dīng 【孤零零】g-ūlínglíng 【孤丁】gūdīng ¶외롭고 처량하다 | 孤单凄凉qīliáng/孤凄。참고〔孤苦零líng丁〕〔孤单dān零丁〕〔伶丁孤苦〕〔孤苦伶仃〕

외마디[一声] 명 【一声】yìshēng 【一句】yíjù ¶"아"하는 ~ 비명이 들렸다 | 传来一声啊"的悲鸣。

^B**외면**[外面] 명하자타 ❶ (얼굴을 돌림) 【背过脸去】bèi guò liǎn qù 【转脸】zhuǎn liǎn 【掉头】diào tóu ¶그녀는 얼굴을 ~하고 눈물을 닦았다 | 她转过脸去擦了泪。¶~하고 돌아보지 않다 | 掉头不顾gù。❷ (배척하거나 무시함) 【不理睬】bùlǐcǎi 【冷眼旁观】lěng yǎn páng guān ¶이것은 우리 모두의 일인데 너는 어찌 ~할 수 있느냐? | 这是我们大家的事, 你怎么可以冷眼旁观呢?

^B**외면**[外面] 명 【外面】wàimiàn 【外表】wàibiǎo ¶~과 내면 | 外面和内面。¶~의 장식이 화려한 집 | 外表装修华丽的房子。

외모[外貌] 명 ❶ (겉모양) 【外貌】wà-imào 【外表】wàibiǎo 【容貌】róngmào 【容象】róngxiàng 【容颜】róngyán 【相貌】xiàngmào ¶그녀의 ~가 아름답다 | 她容貌姣jiāo好。❷ (차림새) 【衣装】yīguān 【穿戴】chuāndài ¶~가 단정하지 못하다 | 衣冠不整zhěng。¶~에 신경을 쓰지 않는 사람 | 不讲究穿戴的人。

외무[外務] 명 【外务】wàiwù 【外交事务】wàijiāo shìwù ¶~공무원 | 外务公务人员。¶~부 | 外务部。¶~ 사원 | 务员/兜揽人。

외박[外泊] 명하자 【外宿】wàisù 【在外边留宿】zài wàibiān liúsù ¶~이 잦다 | 外宿频繁。¶~을 허가하다 | 允许外宿。

외밭[黄地] 명 【黄地】huángdì 【甜瓜地】tiánguādì

^C**외부**[外部] 명 【外部】wàibù 【外来】wài-lái 【外界】wàijiè ¶~ 세계 | 外部世界。¶~ 인사 | 外界人士。¶~에 의견을 구하다 | 向外界征求意见。¶~ 감사 | 外界查核/外界审计。

외사촌[外四寸] 명 【舅表兄弟】jiùbiǎo-xiōngdì 【亲表兄弟】qīnbiǎo xiōngdì 【姨表兄弟】yíbiǎoxiōngdì 참고〔姨表弟兄〕〔姨兄弟〕〔两姨兄弟〕

외삼촌[外三寸] 명 【舅舅】jiùjiu 【中表】zhōngbiǎo 【叔舅】shūjiù ¶~댁 | 舅舅家。

^B**외상**[賖] 명 【赊】shē 【赊帐】shē/zhàng 【挂帐】guà/zhàng 【挂欠】guàqiàn 【赊欠】shēqiàn 【赊购】chēgòu ¶ 일체 사절 | 一概不赊。¶이것은 ~으로 사온 것이다 | 这是赊帐买来的。¶~거래 | 按记帐方式交易/赊帐。¶재봉틀을 ~으로 구입하다 | 赊购缝纫机féngrènjī。¶~ 판매 | 赊销。

외설[猥褻] 명스형 【猥亵】wěixiè 【淫秽】yínhuì 【淫猥】yínwěi 【伤风化的】shāngfēnghuà·de ¶~ 문학 | 猥亵文学。¶~서적 | 淫秽书刊。¶~물 | 淫秽品/黄色片。

^C**외세**[外勢] 명 【外来势力】wàilái shìlì

【外部势力】wàibù shìlì【外国势力】wàiguó shìlì ¶～의 침입 | 外国势力的侵入。

외손[外孫] 圐 ¶～을 보다 | 得dé了个外孙。

ᶜ**외식**[外食] 圐 하쟈【外食】wàishí【在外就餐】zài wài jiùcān【在外吃饭】zài wài chī fàn ¶～산업 | 饮食服务行业。¶식구들과 ～하다 | 全家出去吃饭。

외신[外信] 圐【外电】wàidiàn【外国通讯】wàiguó tōngxùn ¶～보도에 의하면 | 据外电报导。

ᴮ**외아들** 圐【独生子】dúshēngzǐ【独子】dúzǐ ¶이 아이가 제 ～입니다 | 这孩子是我的独生子。

ᶜ**외야**[外野] 圐〈體〉【外野】wàiyě ¶～수 | 外野手。

ᶜ**외양**[外樣] 圐【外样】wàiyàng【外貌】wàimào ¶～만 번지르르 하다 | 只是外面光堂。

ᶜ**외양간**[喂養間] 圐【牛马棚】niúmǎpéng【牲口棚】shēngkǒupéng

ᴬ**외우다** 圐【背】bèi【背诵】bèisòng【默诵】mòsòng ¶그는 매일 서재에서 시문을 외운다 | 他每天在书房里背诵诗文。

외유내강[外柔內剛] 圐 하쥉【外柔内刚】wài róu nèi gāng ¶～한 사람 | 外柔内刚的人。

외인[外人] 圐❶ (바깥사람)【外人】wàirén ❷ (외국인)【外国人】wàiguórén ¶～학교 | 外国人学校。

외장[外裝] 圐❶【外包装】wàibāozhuāng ¶그 차는 ～은 좋은데 내장이 좀 빈약하다 | 这辆车外包装不错, 但里面稍差一些。❷【電裝】wàizhì

외적[外的] 圕【外部】wàibù·de【外面】wàimiàn·de【外在】wàizài·de ¶～조건 | 外部条件。¶～상황을 고려하다 | 考虑外部情况。¶그는 ～조건이 좋다 | 他外在条件好。

외제품[外製品] 圐【外国产品】wàiguó chǎnpǐn【外国制品】wàiguó zhìpǐn【外国货】wàiguó huò

외지[外地] 圐【外地】wàidì【外乡】wàixiāng ¶～ 학생은 무료로 숙박할 수 있다 | 外地学生可以免费住宿。¶～사람 | 外乡人(儿)。¶～로 돈 벌러

나가다 | 到外地挣钱去。

ᶜ**외지다** 圎【偏僻】piānpì【孤零零】gūlínglíng ¶장소가 ～ | 地点偏僻。¶외진 산골 | 偏僻的山区。

외채[外債] 圐【国外公債】guówài gōngzhài ¶～ 발행 | 发行外债。¶～ 상환 | 偿还外债。

외척[外戚] 圐【外戚】wàiqī【外亲】wàiqīn ¶～이 조정을 좌지우지하는 것을 반대하다 | 反对外戚把持bǎchí朝政。

ᴮ**외출**[外出] 圐 하쟈【外出】wàichū【出门】chūmén ¶～했다 돌아오다 | 外出回来。¶～이 잦다 | 经常外出。쵈고[出外]

외치다 圐❶ (고함을 지르다)【喊】hǎn【喊叫】hǎnjiào ¶큰 소리로 ～ | 大声地喊。❷ (강력히 주장하다)【高呼】gāohū【高喊】gāohǎn ¶만세를 ～ | 高呼万岁。

외톨이[單身] 圐【单身】dānshēn【孤丁】gūdīng【孤家寡人】gū jiā guǎ rén【独身】dúshēn【孑然一身】jié rán yì shēn ¶～로 외지에 있다 | 单身在外。

ᴮ**외투**[外套] 圐【大衣】dàyī【大氅】dàchǎng ¶밖이 추우니 ～를 입고 나가시오 | 外边冷, 穿上大衣出去吧。

외풍[外風] 圐【从室外吹来的风】cóng shìwài chuīlái·de fēng ¶～이 센 방 | 这房子漏雨。

ᴮ**외할머니**[外－] ☞ 외조모

ᴮ**외할아버지**[外－] ☞ 외조부

외항[外項] 圐〈數〉【外项】wàixiàng

외항선[外航船] 圐【远洋船】yuǎnyángchuán【海轮】hǎilún【远洋船舶】yuǎnyáng chuánbó ¶그는 ～을 타보지 못했다 | 他没乘远洋过海轮。

외형[外形] 圐【外形】wàixíng【外表】wàibiǎo【外貌】wàimào【装束】zhuāngshù ¶이 기계의 ～은 매우 예쁘다 | 这种机器外形很漂亮。¶～만으로는 알 수 없죠 | 光从外表是无法知道的。

외화¹[外貨] 圐【外币】wàibì【外汇】wàihuì ¶～ 준비 | 外汇储chǔ备。¶～ 보유고 | 外汇持有额。¶～ 유출 | 外汇流出。¶～ 획득 | 外汇获取/创外汇。

외화²[外畫] 圐【外国电影】wàiguó diàn

704

nyíng【外国片】wàiguópiàn ¶〜상영 | 上映外国片。

ᶜ**외환**[外换]團【外换】wàihuàn【国外汇兑】guówài huìduì【外汇】wàihuì ¶〜 관리(제도) | 外汇管制/外汇管理。¶〜 보유고 | 外汇库存。¶〜 은행 | 外汇银行。

ᶜ**왼**冠【左】zuǒ ¶〜발 | 左脚。¶〜팔 | 左臂。¶〜편 | 左边/左面。

ᴬ**왼손**團【左手】zuǒshǒu ¶〜잡이 | 左撇子。¶〜이 잘 들다 | 左手得力/左手得力儿。

ᴮ**요**¹[褥]團❶ (이불) 【褥子】rù·zi【茵褥】yīnrù ¶〜를 개다 | 叠褥子。❷ (바닥에 까는 것) 【毯子】tǎn·zi【毡子】zhān·zi【毡毯】zhāntǎn【毛毯】máotǎn

요²冠【这】zhè【此】cǐ ¶〜 아이 | 这孩子。¶〜 며칠 전 | 最近几天以前。

-**요**³ 죄 (微敬阶终结形词尾)【우리가 이겼어~ | 我们赢了。¶아니一, 아직 다 못했어요 | 没有，还没做完。

-**요**⁴ 어미 (接续形词尾, 表示并列) ¶우리는 친구~ 애인이다 | 我们是朋友又是恋人。¶이것은 말이一, 저것은 소~, 그것은 돼지다 | 这是马, 那是牛, 那是猪。

요가[범 yoga]團【瑜伽】yújiā【瑜伽修行法】yújiā xiūxíngfǎ ¶〜 수행자 | 瑜伽修行者。

요강[尿罐]團【尿罐】niàoguàn ¶〜에 오줌을 누다 | 往尿罐里撒尿。

요건[要件]團❶ (중요한 일) 【重要的事情】zhòngyào·de shì·qing【紧要的事情】jǐnyào·de shì·qing ¶그래, 〜이란 뭔가? | 那所说的要紧的事是指什么呢? ❷ (필요 조건)【必要的条件】bìyào·de tiáojiàn ¶〜을 갖추다 | 具备重要条件。¶〜성립 | 成立的必要条件。

ᶜ**요괴**[妖怪]團豳【妖魔鬼怪】yāo mó guǐ guài【鬼魅】guǐmèi【妖邪】yāoxié ¶〜스럽다 | 妖里妖气。

ᴮ**요구**[要求]團豳타❶ (청하다) 【要求】yāoqiú ¶발언을 〜하다 | 要求发言。¶배상을 〜하다 | 要求赔偿péicháng。❷ (필요하다) 【要】yào【需要】xū·yào ¶노력이 〜되다 | 需要努力。

요구르트[도 yoghurt]團【饮乐多】yǐnl-

èduō【养乐多】yǎnglèduō【酸乳】suānnǔ【酸奶】suānnǎi【益力多】yìlìduō

ᴬ**요금**[料金]團【收费】shōufèi【手续费】shǒu·xùfèi ¶(택시의) 〜 계산기 | 收费表/计价器。¶〜 별납 우편 | 寄件人总付邮费邮件。

요기[疗飢]團【充飢】chōng/jī【疗飢】liáojī【垫飢】diànjī【垫肚子】diàndùzi ¶대충 먹어서 〜하다 | 胡乱吃东西来充饥。¶만두를 먹어 〜하 | 吃个馒头来充饥。

요긴[要緊]⇒【紧要】jǐnyào【要紧】yàojǐn ¶〜하지 않다 | 无关紧要。¶〜한 일 | 要紧的事。

요다음團【以后】yǐhòu【下次】xiàcì ¶〜날 | 下一天。¶〜에 만나자 | 下回见。

요동[搖動]團豳자타【摇晃】yáo·huang【摇动】yáodòng ¶〜이 심하다 | 摇动得厉害。

요들[도 yodel]團〈音〉【岳德尔唱法】yuèdé'ěrchàngfǎ【摇滚乐】yáogǔnyuè ¶〜송 | 摇滚乐。

요란[搖亂;擾亂]團豳豳❶ (시끄러움)【巨响】jùxiǎng ¶여론이 〜하다 | 舆论yúlùn哄哄。❷ (지나침)【过分】guò/fèn【厉害】lì·hai【刺眼】cìyǎn【刺鼻】cìbí ¶너무 〜하게 걱정하다 | 过分焦虑jiāolù。¶지나치게 〜하게 치장하다 | 打扮bàn得太刺眼。

ᶜ**요람**¹[要覽]團【简章】jiǎnzhāng【须知】xūzhī【要览】yàolǎn ¶학생 모집 〜 | 招生简章。

요람²[搖籃]團【摇篮】yáolán ¶〜을 흔들다 | 摇动摇篮。

요량[料量]團豳타【斟酌】zhēnzhuó【酌料】yùliào ¶〜대로 처리하시오 | 请您斟酌地办理。¶집에 갈 〜으로 기차표를 사다 | 打算回家, 买了火车票。

ᶜ**요령**[要領]團❶ (요점)【要领】yàolǐng【要点】yàodiǎn ¶그는 〜을 모른다 | 他就是不得要领。¶동작의 〜을 파악 하다 | 掌握zhǎngwò要领。❷ (비결)【决窍】juéqiào【窍门】qiàomén ¶이제야 〜이 생겼다 | 这会儿才有了窍门。❸ (꾀)【找窍门】zhǎo qiào-mén ¶〜껏 하다 | 找窍门。

요로[要路] 圏❶ (중요한 길) 【要道】y-àodào 【关口】guānkǒu ¶~를 지키려 하다 | 想把住关口。❷ (요직) 【要职】yàozhí ¶~에 있는 사람 | 位居要职的人。

^A**요리**[料理] 圏하타 ❶ (음식) 【菜】cài ¶中국~ | 中国菜。¶~를 시키다 | 叫菜/点菜。❷ (음식을 만드는 것) 【做菜】zuòcài 【烹调】pēngtiáo 【烹饪】pēngrèn ¶그녀의 ~솜씨는 일품이다 | 她的烹饪手艺是一流的。❸ (일의 처리) 【料理】liàolǐ 【处理】chǔlǐ ¶나라 일을 ~하다 | 处理国家政务。

요리조리 튀 ❶ (이리저리) 【这儿那儿】zhèr nàr ¶~ 피하다 | 左闪右躲。❷ (이렇게 저렇게) 【这样那样】zhèyàng nàyàng

^C**요릿집**[菜館] 圏 【菜馆】càiguǎn 【餐厅】cāntīng

요망[要望] 圏하타 【劝导】quàndǎo 【盼望】pànwàng ¶답장을 ~하다 | 盼望回音。

요조모조 圏 ☞ 이모저모

요물[妖物] 圏 【妖魔鬼怪】yāo mó guǐ guài

요법[療法] 圏 【疗法】liáofǎ ¶화학 ~ | 化学疗法。

^C**요사이**[最近] 圏 【近来】jìnlái 【目前】mùqián ¶~는 나는 북경에 다녀 왔다 | 最近我到北京去了一趟。¶그는 ~ 일이 매우 바쁘다 | 他近来工作很忙。

^B**요새**[最近] 圏 ☞ 요사이

요새[要塞] 圏 ❶ (국경의 중요한 성채) 【要塞】yàosài 【关塞】guānsài ¶병사를 파견하여 ~를 지키다 | 派兵守住要塞。¶~지대 | 要塞地区。❷ (군사적 방어시설) 【堡垒】bǎolěi 【壁垒】bìdié ¶공중의 ~ | 空中堡垒。¶~전 | 攻坚战。¶~가 함락되다 | 堡垒陷落。

^C**요소**[要素] 圏 【因素】yīnsù 【成分】chéng·fen 【因子】yīnzǐ ¶적극적 ~ | 积极的因素。¶기본적인 ~ | 基本因素。¶부수적인 ~ | 附随因素。

^C**요소**[要所] 圏 【重要地方】zhòngyào dì·fāng 【关口】guānkǒu

^C**요술**[妖術] 圏 【魔术】móshù 【幻术】huànshù 【戏法】xìfǎ 【戏把】xìbǎ 变戏

法】biànxìfǎ ¶~부리다 | 变魔术。¶~쟁이 | 魔术师/耍把戏的。

요식업[料食業] 圏 【饮食服务行业】yǐnshí fúwù hángyè 【饮食业】yǐnshíyè 【餐业】cāntīngyè

^B**요약**[要約] 圏하타 【摘要】zhāiyào 【概括】gàikuò 【扼要】èyào 【压缩】yāsuō ¶~해서 발표하다 | 摘要发表。¶다음 글을 200자 내외로 ~하시오 | 把下一篇文章压缩成两百字左右。

^C**요양**[療養] 圏하타 【疗养】liáoyǎng ¶온천에서 ~하다 | 在温泉wēnquán疗养。¶일정 시간 동안 ~했다 | 疗养了一段时间。

요염[妖艶] 圏하탸 【娇艳】jiāoyàn ¶~한 자태 | 娇艳的姿态。

^C**요오드**[도 Jod] ☞ 요드

요원[要員] 圏 ❶ (필요한 인원) 【人员】rényuán ¶행정 ~ | 行政人员。❷ (중요한 직위의 사람) 【重要的人员】zhòngyào·de rényuán 【要员】yàoyuán ¶간부~ | 干部要员。

요원[遼遠] 圏하형 【辽远】liáoyuǎn ¶~하여 끝이 없다 | 辽远无边。

요인[要人] 圏 【重要人物】zhòngyào rénwù 【重点人物】zhòngdiǎn rénwù ¶국가~ | 国家要人。

요인[要因] 圏 【重要原因】zhòngyào yuányīn 【主要原因】zhǔyào yuányīn 【起因】qǐyīn 【因子】yīnzǐ 【要素】yàosù ¶~ 분석 | 要素分析。

^A**요일**[曜日] 圏 【星期】xīngqī 【礼拜】lǐbài ¶오늘은 무슨 ~이냐? | 今天星期几?

^B**요전**[一前] 圏 【前不久】qiánbùjiǔ 【不久前】bùjiǔqián 【前些时候】qiánxiē shí·hou ¶~에 만난 사람 | 前些时候见面的人。¶이것은 ~의 일이다 | 这是前不久的事。

요절[夭折] 圏하탸 【夭折】yāozhé 【早折】zǎozhé ¶한창 일할 나이에 ~하다 | 他在正能干的年龄, 夭折了。(참고) 〔夭殇〕〔夭逝〕〔夭死〕〔夭亡〕〔短折〕

요절나다 图 ❶ (물건이 깨지다) 【支离破碎】zhī lí pò suì ❷ (일이 깨어지다) 【完蛋】wándàn 【流产】liúchǎn 【黄】huáng ¶계획이 ~ | 计划黄了。

요절내다 图 ❶ (깨트리다) 【破碎】pòsuì ❷ (요절나게 하다) 【使完蛋】shǐwāndàn

ᶜ**요점**[要點] 閔【摘要】zhāiyào【要点】y-āodiǎn ¶~정리 | 整理要点。¶말하고자 하는 ~이 뭐냐? | 要说的要点是什么?

ᶜ**요정**[妖精] 閔【妖精】yāo·jing

요정²[料亭] 閔【菜馆】càiguǎn【餐厅】cāntīng【酒馆】jiǔguǎn ¶~에 출입하다 | 出入酒馆。

ᴮ**요즈음** 閔【这两天】zhèliǎngtiān【最近】zuìjìn【近来】jìnlái ¶그는 ~ 일이 매우 바쁘다 | 他近来工作很忙。(참고)〔近日〕〔新来〕

ᴬ**요즘** ☞ 요즈음의 준말

요지¹[要地] 閔【要地】zhòngdì【重冲】yàochōng ¶군사 | 军事重地。¶교통~ | 交通要冲。

요지²[要旨] 閔【要点】yàodiǎn【概要】gàiyào ¶~를 밝히다 | 指出要点。¶이 문단의 ~는 다음과 같다 | 此段文章要点如下。

요지경[瑤池鏡] 閔【西洋镜】xīyángjìng【拉洋片】lāyángpiàn

요지부동[搖之不動] 閔【屹立不动】zhùlì bú dòng【矗立不动】yì lì bú dòng【不动摇】búdòngyáo ¶누가 뭐래도 그의 결심은 ~이다 | 谁说什么, 他的决心绝不动摇。

요직[要職] 閔【重要职位】zhòngyào zhíwèi【重职】zhòngzhí【要职】yàozhí ¶~에 앉다 | 官居要职。

ᶜ**요청**[要請] 閔하타【要求】yāoqiú【请求】qǐngqiú【恳求】kěnqiú【乞求】qǐqiú【邀请】yāoqīng ¶배상을 ~하다 | 要求赔偿。¶~을 거절하다 | 拒绝jù·ué邀请。¶방문해 달라고 그에게 ~하다 | 邀请他访问。

요체[要諦] 閔【重点】zhòngdiǎn【重要觉悟】zhòngyào jiàowù

요충지[要衝地] 閔【要地】yàodì【要冲】yàochōng【军事要地】jūnshì yàodì【咽喉】yānhóu ¶군사 | 军事要冲。

요컨대[要一] 凰【总之】zǒngzhī【归总】guīzǒng【总而言之】zǒng ér yán zhī ¶~ 그 임무를 완수할 사람은 그밖에 없다는 것이다 | 总而言之, 能完成那个任务的人只有他一个人。

요트[yacht] 閔【快艇】kuàitǐng【游艇】

yóutǐng ¶~ 경기 | 快艇比赛/快艇竞赛。

요판[凹版] 閔〈印〉【凹版】āobǎn ¶~인쇄 | 凹版印刷。¶~ 인쇄기 | 凹版印刷机。(참고)〔凹印〕

요플레[yoplait] 閔【优配蕾】yōupèilěi【优沛蕾】yōupèilěi

요하다[要一] 閔【需要】xūyào【必要】bìyào ¶시간을 요하는 문제 | 要花时间的问题。¶주의를 ~ | 需要注意。

ᶜ**요행**[僥倖] 閔하형【幸而】xìng'ér【幸亏】xìngkuī【幸好】xìnghǎo ¶~히 상처를 입지 않았다 | 幸亏没受伤。¶~히 면하다 | 幸而免了。¶~히도 그의 도움을 받다 | 幸亏得到他的援助yuánzhù。(참고)〔幸 喜〕〔得亏〕〔巧〕

ᶜ**욕**[辱] 閔하자타 ❶ (욕설)【骂】mà【埋汰】máitai【辱骂】rǔmà【斥责】chìzé【训斥】xùnchì【责备】zébèi【谩骂】mànmà【叱骂】chìmà【漫骂】mànmà【叱呵】chìhē【叱喝】chìhē【责骂】zémà ¶남에게 ~하지 말라! | 不要骂人! ¶아버지는 ~할 줄 예의를 모른다고 ~ 했다 | 父亲斥责他太不懂礼貌lǐmào。¶그는 언제나 큰 소리로 부하를 욕한다 | 他总是大声地叱骂部下。❷ (치욕)【耻辱】chǐrǔ【侮辱】wǔrǔ ¶~을 당하다 | 受辱。

욕구[慾求] 閔하타【贪欲】tānyù【念头】niàntóu【要求】yāoqiú【需求】xūqiú【欲望】yùwàng ¶~를 채우다 | 满足欲望。¶~불만 | 难nán以满足要求。

ᶜ**욕되다**[辱一] 통【羞辱】xiūrǔ【耻辱】chǐrǔ ¶가문을 욕되게 하다 | 使家门蒙受耻辱。

ᶜ**욕망**[慾望] 閔하타【愿望】yuànwàng【欲望】yùwàng ¶~을 억누르다 | 抑制欲望。

욕먹다[辱一] 통【挨骂】ái mà【受气】shòu/qì ¶그녀는 종래 욕을 먹은 적이 없다 | 她从没挨过骂。¶그들은 이미 너희들에게 충분히 욕을 먹었다 | 他们已经受够了你们的气。(참고)〔挨刺〕〔挨抢〕〔捱骂〕〔受骂〕

욕보다[辱一] 통【受苦】shòu/kǔ【吃苦头】chīkǔ·tou【受累】shòu/lèi【受污辱】shòuwūrǔ ¶너무 욕보게 했군요

707

| 让您受了不少累。

욕설[辱說] 명[하지] 【辱骂人】mà rén 명 ~을 퍼붓다 | 痛骂。¶다른 사람에게 ~을 퍼부어서는 안된다 | 不许辱骂他人。

B**욕실**[浴室] 명 【浴室】yùshì 【浴池】yùchí 【浴堂(子)】zăotáng(·zi) ¶~이 딸린 방 | 带浴室的房间。

B**욕심**[慾心] 명 【贪心】tānxīn 【贪多】tānduō 【贪婪】tānlán 【贪欲】tānyù 【欲望】yùwàng ¶그는 ~이 많다 | 他很贪心。¶~이 많다 ¶~이 끝이 없다 | 贪婪无厌/贪得无厌。

B**욕심꾸러기**[慾心-] 명 【贪心鬼】tānxīnguǐ 【贪婪的人】tānlán·de rén

B**욕심쟁이**[慾心-] ⇒ 욕심꾸러기

욕정[慾情] 명 【欲情】yùqíng ¶~을 채우다 | 满足情欲。

욕조[浴槽] 명 【浴池】yùchí 【浴盆】yùpén 【浴缸】yùgāng ¶~에 물을 가득 받다 | 接了满满一浴池水。

욕지거리[辱-] 명[하지] 【骂架】mà jià 【骂街】mà jiē 【骂骂咧咧】mà·maliēliē ¶그들 둘이서 ~하며 싸우고 있고나 | 네가 뭐라고 가서 설득 좀 해라 | 他们俩正在骂架, 你赶快去劝一劝。¶~를 하며 다투다 | 骂街吵架。

욕탕[浴湯] 명 【澡堂】zăotáng 【浴池】yùchí 【澡堂(子)】zăotáng(·zi)

A**용²**[龍] 명 【龙】lóng ¶한 마리의 ~ | 一条龙。

용²[茸] 명 【鹿茸】lùróng

一**용³**[一用] 回 【一次性】xìng ¶여행~ 가방 | 旅行用包。¶일회~ 젓가락 | 一次性筷子。

B**용감**[勇敢] 명[하지] 【勇敢】yǒnggǎn 【勇猛】yǒngměng ¶그는 ~한 아이이다 | 他是个勇敢的孩子。¶슬기롭고 ~하다 | 机智zhì勇敢。¶~히 싸우다 | 勇敢作战。¶전투에서 그는 아주 ~하였다 | 战斗中他表现得很勇猛。

B**용건**[用件] 명 【事情】shì·qing ¶너는 무슨 ~이 있어 왔느냐? | 你来有什么事情吗?¶~을 말해 보십시오 | 请说什么事。

C**용광로**[鎔鑛爐] 명 ❶【高炉】gāolú ❷【熔炉】róng lú ¶혁명의 ~ | 革命的熔炉。

C**용구**[用具] 명 【工具】gōngjù 【用具】yòng

ngjù ¶~상자 | 工具箱xiāng。¶취사 ~ | 炊事用具。

C**용궁**[龍宮] 명 【龙城】lónggōng 【龙城】lóngchéng

A**용기**[勇氣] 명 【勇气】yǒngqì 【志气】zhì·qi 【锐气】ruìqì ¶~가 부족하다 | 缺乏勇气。¶우리의 ~를 북돋아야 한다 | 要提高我们的勇气。

C**용기**[容器] 명 【容器】róngqì ¶~를 몇 개 사서 돌아왔다 | 买mǎi了一些容器回来。¶주방 ~ | 厨房容器。

C**용납**[容納] 명[하지] 【容许】róngxǔ 【容忍】róngrěn 【容纳】róngnà ¶원칙 문제는 결코 양보는 ~할 수 없다 | 原则问题决不容许让步。¶이미 ~하기 어려운 지경에 이르렀다 | 已经到了不可容忍的地步。

C**용도**[用途] 명 【用处】yòng·chu 【用场】yòngchǎng 【用途】yòngtú ¶~가 있다 | 有用处。¶이 두 가지 물건은 제각기 ~가 있다 | 这两件东西, 各有各的用处。¶좋은 ~에 사용하다 | 派大用场。

C**용돈**[用-] 명 【零用钱】língyòngqián 【零用】língyòng 【零星费用】língxīng fèiyòng ¶매월 부모님에게 몇 십만원을 드려서 ~으로 쓰시게 한다 | 每月给父母几十万块钱让他们零用。

C**용량**[容量] 명 【容量】róngliàng 【负荷量】fùhèliàng 【容积】róngjī 【吞吐量】tūntǔliàng ¶전기 ~ | 电容量。¶~분석 | 容量分析。

용렬[庸劣] 명[하형] 【庸劣】yōngliè ¶~하고 우둔하다 | 庸劣愚顽。

용례[用例] 명 ❶〈선례〉【先例】xiānlì ¶인용할 만한 ~가 있다 | 有先例可援yuán。❷〈실례〉【实例】shílì 【例子】lì·zi 【例句】lìjù ¶풍부한 ~ | 丰富的例句。

용매[溶媒] 명 〈化〉【溶剂】róngjì 【溶媒】róngméi

C**용맹**[勇猛] 명[하형] 【勇猛】yǒngměng ¶~스럽게 전진하다 | 勇猛前进。

용모[容貌] 명 【面貌】miànmào ¶~보다 마음씨가 중요하다 | 心地比容貌重要。¶그들 두 사람은 ~가 매우 닮았다 | 他俩的面貌十分相似。

C**용무**[用務] 명 【要办的事情】yàobàn·de shì·qing 【事宜】shìyí 【公干】gōngg

ǎn【事儿】shìr ¶~를 보다 | 办事。

용법[用法] 몡【用法】yòngfǎ ¶~설 명 | 使用说明。¶영어 ~ 사전 | 英语用法词典。

용병[用兵] 몡하자【用兵】yòng/bīng 【动兵】dòngbīng ¶~함이 귀신같다 | 用兵如神。¶~법 | 用兵法。¶~술 | 用兵术。

ᶜ**용사**[勇士] 몡【壮士】zhuàngshì ¶상이~ | 伤兵/伤病员。

ᴮ**용서**[容恕] 몡하타【饶】ráo【饶赦】ráoshè【饶恕】ráoshù【容】róng【容情】róngqíng【宽恕】kuānnù【烧恕】shāonù【容忍】róngrěn ¶그는 이번에는 ~합시다 | 饶他这一回吧。¶이번 한번만 저를 ~해 주세요! | 请饶恕我这一回吧! ¶우리는 나쁜 사람과 나쁜 일에 대해선 결코 ~하지 않는다 | 我们对坏人坏事是决不容情的。

ᶜ**용솟음치다** 동【涌起】yǒngqǐ【奔腾】bēnténg【涌出】yǒng·chū【涌上】yǒngshàng【冒出】màochū ¶뜨거운 피가~ | 热血沸腾。

ᶜ**용수**[用水] 몡【用水】yòng/shuǐ ¶~권 | 取水权。

ᶜ**용수철**[龍鬚鐵] 몡【弹簧】tánhuáng【绷簧】bēnghuáng【发条】fātiáo ¶~을 사용하여 만든 의자 | 弹簧椅子。

용쓰다 동【使劲(儿)】shǐ/jìn(r)【使力气】shǐlìqì【来劲儿】láijìnr ¶너무 용쓰지 마라 | 别太使动(儿)了。

ᶜ**용암**[鎔巖] 몡〈地〉【岩浆】yánjiāng ¶~대지 | 熔岩大地。¶~류 | 熔岩流。¶~층 | 熔岩层。

ᶜ**용액**[溶液] 몡【溶液】róngyè

용어[用語] 몡【用语】yòngyǔ【术语】shùyǔ ¶~의 사용이 부적절하다 | 用语不恰当。¶문학 ~ | 文学用语。¶외교 ~ | 外交用语。¶의학 ~ | 医学用语。¶의학 ~ | 医学术语。

용언[用言] 몡【谓词】wèicí

ᶜ**용역**[用役] 몡【勞务】láowù ¶~보험 | 劳务保险。¶민간 ~단 | 民间劳务团体。

ᴮ**용왕**[龍王] 몡【龙王】Lóngwáng【龙神】Lóngshén【龙王老爷】Lóngwánglǎoyé【龙王爷】Lóngwángyé

용의[用意] 몡【想法】xiǎng·fa【愿意】yuànyì ¶그를 도울 ~가 있다 | 愿意帮助bāngzhù他。

용의[容疑] 몡【可疑】kěyí【嫌疑】xiányí ¶~자 | 嫌疑人。

용이[容易] 몡하형【容易】róngyì【轻而易举】qīng'éryìjǔ ¶간체자 쓰기는 정자에 비해 매우 ~하다 | 写简化字比写繁体字容易得多。

용인[容認] 몡하타【纵容】zòngróng【允许】yǔnxǔ ¶전쟁을 ~하다 | 纵容战争。¶~과 비호를 받다 | 受到纵容和庇护。

용적[容積] 몡【容积】róngjī【尺码】chǐmǎ【体积】tǐjī ¶~증명서 | 尺码证书。¶~이 크다 | 体积大。

용지[用地] 몡〈工地〉【使用土地】shǐyòng tǔdì【场地】chǎngdì【地基】dìjī【所用的土地】suǒ yòng·de tǔdì

용지[用紙] 몡【纸张】zhǐzhāng【所用的纸】suǒyòng·de zhǐ ¶신청 ~ | 申请用纸。

ᶜ**용품**[用品] 몡【用品】yòngpǐn ¶사무~ | 办公bàngōng用品。¶사진 ~ | 照相用品。¶생활 ~ | 生活用品。

ᶜ**용하다** 형❶ (재주가 있다)【有本事】yǒuběnshì【有能耐】yǒunéngnài【能干】nénggàn ¶용한 의사 | 有本事的医生。❷ (장하다)【真乖】zhēnguāi ¶~, 이리 온 | 真乖, 到这边来。❸ (성격이 순하다)【驯顺】xùnshùn

ᶜ**용해**[溶解] 몡하자타❶ (녹거나 녹임)【溶化】rónghuà【融化】rónghuà ¶소금은 물에서 빨리 ~된다 | 盐yán在水里很快就溶化。❷ (기체나 고체가 녹아서 놓일 같은 액체가 되게 하는 노동)【熔解】róngjiě【溶解】róngjiě ¶~열 | 溶解热。¶~액 | 溶液。

ᶜ**우**[右] 몡【右】yòu ¶~로 돌아! | 向右转。¶~회전 | 右转弯。

우[嗚嗚] 튀【呜噜】wūlū ¶구경꾼들이 ~ 몰려들었다 | 看热闹的人蜂拥而至。

ᴮ**우거지다** 동【茂】mào【茂密】màomì ¶뿌리가 깊고 잎이 ~ | 根深叶茂。¶삼림이 빽빽이 ~ | 森林茂密。

우겨대다 동【固执】gù·zhí【抬杠】tái/gàng ¶옳은 것을 택하여 ~ | 择善固执。[참고]【抬杠子】【扳班bān杠】【倔jué强】

우격다짐 몡하자타【强迫】qiǎngpò【强逼】qiǎngbī【硬要】yìngyào ¶복종하

도록 ~하다 | 强迫服从fúcóng。¶관계를 끊도록 그에게 ~하다 | 强迫他脱离tuōlí关系guān·xi。

우그러뜨리다 통【弄瘪】nòngbiě【使萎缩】shǐwěisuō ¶장난감 자동차를 ~ | 弄瘪了玩具汽车。

우글거리다 통【挤成一团】jǐchéngyìtuán ¶집안에 개미가 ~ | 家里蚂蚁挤成了一团。

우글우글 閉하자【挤挤插插】jǐchāchā ¶파리가 ~하다 | 苍蝇挤挤插插的。

우글쭈글 閉하형【皱皱巴巴】zhòuzhoubābā【皱巴巴】zhòubābā ¶~하게 구겨진 옷 | 弄得皱皱巴巴的衣服。

우기[雨期]閉【雨期】yǔqī【湿期】shīqī【雨季】yǔjì

°**우기다** 통【固执】gù·zhí【执意】zhíyì【坚意】jiānyì【抬杠】tái/gàng ¶옳은 것을 골라서 ~ | 择善固执。¶우기며 승낙하지 않다 | 执意不肯。참고[抬杠子][板bān杠][犟jiàng][低jué强][倔jué强]

우당탕 閉하자【光当】guāngdāng【空隆】kōnglōng【磅琅】pánglāng【咕噔】gūdēng【唏哩哗啦】xī·lahuālā ¶무언가가 ~ ~하며 계속 소리난다 | 什么东西咕噔咕噔地直响。

°**우대**[優待]閉하자타형【优待】yōudài【殊遇】shūyù【优遇】yōuyù【优惠】yōuhuì ¶외빈을 ~하다 | 优待外宾。¶특별히 ~하다 | 格外géwài优遇。¶~ 조건 | 优惠条件。¶~ 조치 | 优惠措施。

우동 閉【(日式)面条】(rìshì) miàntiáo【抻面】chēnmiàn ¶~을 즐겨 먹다 | 喜欢吃抻面。

°**우두**[牛痘]閉[醫]【牛痘】niúdòu【种痘】zhǒngdòu【牛痘浆】niúdòujiāng【牛痘苗】niúdòumiáo ¶~를 놓다 | 种牛痘。참고[痘]

우두둑 閉하자타【咯吱】gēzhī【笃笃】dǔdǔ【咯吱咯吱】gēzhīgēzhī ¶돌이 ~씹히다 | 咯吱嚼了小石头。

우두머리 閉❶ (가장 윗사람)【头子】tóu·zi【头儿】tóur【头目】tóu·mù【头领】tóulǐng【头脑】tóunǎo【头头儿】tóutóur ¶불량배의 ~ | 流氓头子。¶거지의 ~ | 叫花子头儿。❷ (꼭대기)【树梢】shùshāo【顶端】dǐngduān

[B]**우두커니** 閉❶ (넋이 나간듯 가만히)【呆呆地】dāidāi·de【发愣地】fālèng·de ¶뭘 그렇게 ~ 바라보고 있느냐? | 呆呆地瞅chǒu什么啊?❷ (아무 하는 일 없이)【没事干】méishìgān【闲呆】xiándāi【游手好闲】yóu shǒu hào xián

우둔[愚鈍]閉형【愚笨】yúbèn【呆笨】dāibèn【愚蠢】yúchǔn【愚鲁】yúlǔ ¶그보다 더 ~한 사람은 없다 | 再没有比他愚笨的人。

우등[優等]閉【优等】yōuděng【高档】gāodàng【前茅】qiánmáo ¶시험에서 ~의 성적을 거두다 | 考试名列前茅。¶~품 | 优等品。¶~생 | 优等生。

[B]**우뚝** 閉형【高耸】gāosǒng【突起】tūqǐ【隆起】lóngqǐ ¶~ 솟은 기념비 | 高耸的纪念碑jìniànbēi。¶산봉우리가 ~ 솟아 있다 | 峰峦fēngluán突起。

°**우라늄**[uranium]閉〈化〉【铀】yóu ¶농축~ | 浓缩铀。¶우라닐 | 双氧yǎng铀。¶~광 | 铀矿。

우락부락 閉하형【暴躁】bàozào【凶巴巴】xiōngbābā ¶그는 생김새가 아주 ~하다 | 他长得很凶巴巴的。¶그의 첫 인상이 ~하다 | 他给人的第一印象就是凶巴巴的。

°**우람하다** 형【巍峨】wēi'é【雄伟】xiōngwěi【雄壮】xióngzhuàng【魁梧】kuíwú ¶우람함과 섬세함 | 雄伟和细腻xì·nì。

우러나다 통【泡出来】pào/chū/lái ¶쓴 맛이 ~ | 泡出苦味儿来。¶아직 제 맛이 우러나지 않았다 | 还没有泡出真味儿。

우러나오다 통【发出】fāchū【说出】shuōchū【出自】chūzì ¶마음속으로부터 우러나온 말 | 出自肺腑的话。

[B]**우러러보다** 통❶ (위를 보다)【仰望】yǎngwàng【瞻仰】zhānyǎng【仰瞻】yǎngzhān ¶푸른 하늘을 ~ | 仰望苍穹cāngqióng。¶밝은 달을 ~ | 仰望明月。❷ (존경하다)【敬仰】jìngyǎng【景仰】jǐngyǎng【钦仰】qīnyǎng【景慕】jǐngmù【钦佩景仰】qīnpèijǐngyǎng ¶대단히 강선생님을 우러러본다 | 十分仰康老师。 ¶우리는 이교수님을 우러러본답니다 | 我们钦仰李教授jiàoshòu。

우러르다 〔동〕❶ (위를 보다) 【仰望】yǎngwàng 【瞻仰】zhānyǎng ❷ (존경하는 마음을 지니다) 【景仰】jǐngyǎng 【瞻仰】zhānyǎng

ᶜ**우렁이** 〔명〕〈魚貝〉【田螺】tiánluó 【田青】tiánqīng

ᶜ**우렁차다** 〔형〕❶ (소리가) 【响亮】xiǎngliàng 【嘹亮】liáoliàng 【洪亮】hóngliàng 【宏亮】hóngliàng ¶노래 소리가 ~ | 歌声gēshēng响亮。 ¶노래 소리가 갈수록 우렁차게, 하늘 높이 울려 퍼진다 | 歌声越来越嘹亮, 响彻云霄。❷ (우람차다) 【雄壮】xióngzhuàng 【有力】yǒulì 【高昂】gāoáng ¶우렁찬 진군 | 雄壮的进军。

ᴮ**우레** 〔명〕【霹雷】pīléi 【霹雳】pīlì 【雷鸣】léimíng ¶~와 같은 박수 | 雷鸣般的掌声。 ¶~소리 | 霹雷声。

우려 〔憂慮〕〔명〕〔하타〕【忧虑】yōulǜ 【顾虑】gùlǜ 【担忧】dānyōu 【忧悒】yōuyì ¶할 말이 있으면 할 것이지 뭘 ~하니? | 有话就说吧, 你顾虑什么? ¶집안의 장래를 ~하다 | 忧虑家里的未来。

우려내다 ❶ (협박이나 유혹으로 재물을 갈취하다) 【骗取】piànqǔ 【熬取】áoqǔ ¶돈과 재물을 ~ | 骗取钱财qiáncái。 ❷ (물에 담가 성분이나 맛을 우러나게 하다) 【淘出来】táo·chū·lái 【沏】qī 【沤】òu 【熬出来】áo·chū·lái 【泡出来】pào·chū·lái ¶차를 ~ | 沏茶。 ¶삼을 물에 ~ | 沤麻mà。

우롱 〔愚弄〕〔명〕〔하타〕【愚弄】yúnòng 【捉弄】zhuōnòng ¶대중을 마비시키고 ~하다 | 麻痹mábì和愚弄群众。

ᴮ**우르르** 〔부〕〔하자〕❶ (무리지어 몰려다니는 모양) 【蜂拥】fēngyōng 【成群】chéngqún ¶벌떼처럼 ~ 모여들다 | 蜂拥而来/蜂拥而至。 ¶~ 무리를 이루다 | 三五成群。 ❷ (한꺼번에 무너지는 모양 혹은 소리) 【哗啦啦】huālālā 【哗啦】huālā ¶돌이 ~ 굴러내리다 | 石头哗啦啦地滚了下来。

ᴬ**우리¹** 〔대〕【我们】wǒ·men 【咱们】zán·men ¶~ 두 사람 | 我们俩。 ¶~ 모두 | 我们大家。 ¶~는 한 집안 사람

이다 | 咱们是一家人。 ¶당신 마침 잘 왔어요, ~ 상의해 봅시다 | 你来得正好, 咱们商量一下。

우리² 〔명〕【圈】juàn 【笼】lóng ¶돼지 ~ | 猪圈。

ᶜ**우리다** 〔동〕❶ (물에 담가 성분이나 맛을 우러나게 하다) 【泡出来】pào·chū·lái 【沤】òu 【沏】qī ¶삼을 물에 ~ | 沤麻mà。 ¶차를 ~ | 沏茶。 ❷ (협박이나 유혹으로 재물을 갈취하다) 【骗取】piànqǔ 【敲竹红】qiāo zhúhóng ¶돈과 재물을 ~ | 骗取钱财qiáncái。

우매 〔愚昧〕〔명·하형〕【愚昧】yúmèi 【愚蒙】yúméng ¶이것은 ~함으로 말미암은 것이다 | 这是由于愚昧所引起的。

ᶜ**우묵하다** 〔형〕【凹陷】āoxiàn 【陷进去】xiàn·jìn·qù 【哇】wā 【塌陷】tāxiàn 【瘪下去】biě·xià·qù ¶볼이 ~ | 双颊凹陷。 ¶떴다 감았다 하는 우묵한 큰 눈 쌍 | 一双时开时闭的凹陷的大眼睛。 ¶눈언저리가 우묵하게 들어가 있다 | 眼眶低凹。

ᴬ**우물** 〔명〕【井】jǐng 【水井】shuǐjǐng 【泉井】quánjǐng ¶~을 하나 파다 | 打一眼井/打一口井。

우물거리다 〔동〕❶ (벌레 등이 꾸물거리다) 【蠕动】rúdòng 【蛄容】gǔ·róng 【咕嚷】gūrǎng ¶작은 곤충 한 마리가 땅에서 우물거린다 | 一条小虫在地上蠕动。 ❷ (행동을 꾸물거리다) 【磨蹭】mó·ceng ¶그는 무얼 하든 온통 그렇게 우물거린다 | 他干什么都那么磨蹭。 ❸ (음식물을 씹지 못하고 이리저리 굴리다) 【嚼】jiáo ¶우물거려 천천히 삼키다 | 细嚼慢咽。 ❹ (말을 분명하게 하지 않다) 【支支吾吾】zhīzhīwúwú ¶말을 우물거려서 잘 안이 듣기 못하겠다 | 说话支支吾吾的, 听不清楚。

우물우물 〔부〕〔하자〕❶ (벌레 등이 꾸물거리는 모양) 【蠕动】rúdòng 【蛄容】gǔ·róng 【咕嚷】gūrǎng ¶작은 곤충 한 마리가 땅에서 ~하고 있다 | 一条小虫在地上蠕动。 ❷ (행동을 꾸물대는 모양) 【磨蹭】mó·ceng ¶그는 무얼 하든 온통 그렇게 ~한다 | 他干什么都那么磨蹭。 ❸ (음식물을 씹지 못하고 이리저리 굴리는 모양) 【嚼】jiáo ¶잘게 ~하여 천천히 삼키다 | 细嚼慢咽

咽. ❹(말을 분명하게 하지 않는 모양)【支吾】zhī·wu【哼哼唧唧】hēng·hēngjījī ¶~거려서 사람의 부아를 돋군다 | 哼哼唧唧地使人冒火.

ᶜ**우물쭈물** 【부하자타】 ❶(말이나 행동을 분명하게 하지 않는 모양)【吞吞吐吐】tūntūntǔtǔ ¶~ 망설이며 입을 열지 못하다 | 吞吞吐吐地不知怎么开口. ❷(망설이는 모양)【犹豫不定】yóu yù bú dìng【犹犹豫豫】yōuyōuyùyù ¶~하지 말고 들어가거라 | 别犹犹豫豫, 进去吧.

ᴮ**우박**【雨雹】 명【冰雹】bīngbáo【雹子】báo·zi【冷子】lěng·zi ¶~ 보험 | 冰雹保险. ¶~ 피해 | 雹灾.

우발【偶發】 명자 【偶发】ǒufā【意外】yìwài【或然】huòrán【不测】búcè ¶~ 사고 | 意外事故. ¶~적이다 | 出人意外/出乎意外. ¶~범 | 偶发犯.

ᶜ**우방**【友邦】 명【友邦】yǒubāng ¶한국은 중국의 ~이다 | 韩国hánguó是中国zhōngguó的友邦.

우범【虞犯】 명【可虞犯】kěyúfàn【危险分子】wēixiǎnfèn·zi ¶~지대 | 犯罪多发地区.

ᶜ**우변**【右邊】 명【右】yòu【右边】yòubiān【右方】yòufāng

우비【雨備】 명【雨具】yǔjù ¶~를 사다 | 买雨具.

ᴬ**우산**【雨傘】 명【雨伞】yǔsǎn ¶~을 받치다 | 打雨伞.

우상【偶像】 명【偶像】ǒuxiàng ¶~ 숭배 | 偶像崇拜.

ᴬ**우선¹**【優先】 명자타 【优先】yōuxiān ¶~적으로 채용하다 | 优先录取lùqǔ. ¶노인·임산부·어린이를 ~해야 한다 | 对老年人,孕妇,小孩要优先.

ᴬ**우선²**【于先】 부【首先】shǒuxiān【先】xiān ¶~ 학과장의 말씀이 있고, 그 다음으로 학생대표가 발언한다 | 首先是系主任讲话,其次是学生代表发言. ¶~ 손부터 씻어라 | 先洗手吧.

ᶜ**우선적**【優先的】 관형 【优先】yōuxiān【优先的】yōuxiān·de ¶~으로 채용하다 | 优先录取lùqǔ.

ᶜ**우세**【優勢】 명형하 【优势】yōushì【上风】shàngfēng ¶~한 입장을 확보하다 | 确立优势. ¶~한 병력을 집중하다 | 集中优势兵力. ¶~를 차지하다

다 | 占上风.

우송【郵送】 명하타【邮寄】yóujì ¶자료를 ~하다 | 邮寄资料zīliào. ¶~ 증명서 | 邮寄证书.

ᶜ**우수¹**【優秀】 명하형【优秀】yōuxiù【优良】yōuliáng ¶성적이 ~하다 | 成绩chéngjì优秀. ¶~한 작품 | 优秀的作品. ¶~ 제품 | 优良的产品.

우수²【雨水】 명 ❶(24절기의 하나)【雨水】yǔshuǐ ❷【雨水(儿)】yǔshuǐ(r) ¶~가 알맞다 | 雨水调和.

우수³【偶數】 명〈數〉【偶数】ǒushù【双数】shuāngshù ¶~ 페이지 | 偶数页.

우수⁴【憂愁】 명【忧愁】yōuchóu ¶~에 잠기다 | 陷入忧愁之中.

ᶜ**우수수** 부 ❶(나뭇잎이 한꺼번에 떨어져 흩어지는 모양)【簌簌】sùsù ¶바람에 나뭇잎이 ~ 떨어진다 | 风吹树叶簌簌落落. ❷(물건이 한꺼번에 쏟아져 흩어지는 모양)【沙沙】shāshā【淅沥】xīlì ¶가을기가 ~ 내린다 | 秋雨淅沥沥地下着.

우스개 명【笑话】xiào·hua【玩笑】wánxiào【顽笑】wánxiào【滑稽】huá·jī ¶~소리 | 笑话/俏皮话. ¶~짓 | 逗乐(儿)/逗笑(儿).

우스꽝스럽다 형【滑稽】huá·jī【可笑】kěxiào【好笑】hǎoxiào ¶이 어릿광대의 연기는 너무 ~ | 这个丑角的表演非常滑稽. ¶그의 동작이 매우 ~ | 他的动作很滑稽.

우습게 보다 관용【轻视】qīngshì【轻看】qīngkàn【瞧不起】qiáo·bu qǐ【看不起】kàn·bu qǐ ¶상대방을 우습게 보는 것이 실패의 요인이다 | 轻视对方duìfāng是失败shībài的主要原因. ¶그를 우습게 보지 말라 | 别轻视他.

우습게 여기다 관용【看不起】kàn ·bu qǐ【不当回事】búdàng huíshì

ᶜ**우습다** 형 ❶(웃음을 만하다)【滑稽】huá·jī【可笑】kěxiào【好笑】hǎoxiào ¶그의 동작이 매우 ~ | 他的动作很滑稽. ❷(가소롭다)【轻视】qīngshì【轻看】qīngkàn ¶식량생산을 우습게 보아서는 안된다 | 不能轻视粮食lliángshíshēngchǎn.

ᶜ**우승**【優勝】 명하형【优胜】yōushèng【取胜】qǔshèng【获胜】huòshèng ¶~

기 | 优胜旗/奖旗。¶~자 | 优胜者。
¶~기를 차지하다 | 夺得一面锦旗。

ᶜ**우아**[優雅] 몡하휑 【优雅】yōuyǎ 【文雅】wényǎ 【风雅】fēngyǎ 【雅致】yǎzhì 【雅韵】yǎyùn 【典雅】diǎnyǎ 【幽雅】yōuyǎ ¶인품이 ~하다 | 人品很文雅。¶품행이 ~하고 멋이 있다 | 举止优雅。¶이 ~한 서재는 그가 당시에 책을 읽고 글을 짓던 곳이다 | 这间雅致的书房就是他当年读书, 写作的地方。

우악스럽다[愚惡 –] 휑 ❶【愚笨而粗暴】yúbèn ér cūbào ❷【凶恶而无知】xiōng'è ér wúzhī ¶얼굴 생김새가 ~ | 面孔凶恶凶恶。

ᶜ**우애**[友愛] 몡하동 ❶ (형제간의 사랑) 【友爱】yǒu'ài ¶형과 ~있게 지내다 | 兄弟俩很友爱。❷ (친구 사이의 정) 【友爱】yǒu'ài ¶학우들 간에 ~스럽게 지내다 | 同学之间十分友爱。¶단결과 ~ | 团结tuánjié友爱。¶~결혼 | 友爱结婚。

ᴮ**우엉** 몡〈植〉【牛蒡】niúbàng 【恶实】è shí 【梨尖草】líjiāncǎo ¶~ 열매 | 牛蒡子。

우여곡절[迂餘曲折] 몡【曲折】qūzhé 【迂回曲折】yūhuí qūzhé ¶~을 겪다 | 经过迂回曲折。

ᶜ**우연**[偶然] 몡하휑【偶然】ǒurán ¶~한 현상 | 偶然现象xiànxiàng。¶일이 일어난 것은 ~스러웠다 | 事情的发生也很偶然。¶이렇게 좋은 성적은 결코 ~한 것이 아니다 | 这样好的成绩, 绝jué不是偶然的。

우연히 閈【偶然】ǒurán 【偶尔】ǒu'ěr ¶길에서 ~ 옛 친구를 만났다 | 在路上偶然遇见yùjiàn了一个老朋友。¶신문에서 ~ 그에 관한 뉴스를 보았다 | 偶然在报纸bàozhǐ上看见了他的新闻。

우열[優劣] 몡【优劣】yōuliè ¶~을 가리기 어렵다 | 难分优劣。¶~을 구분하다 | 分别优劣。

우왕좌왕[右往左往] 몡하자 ❶ (결정짓지 못하고 망설임) 【左右不定】zuǒyòu búdìng 【忽左忽右】hūzuǒ hūyòu 【迷失方向】míshī fāngxiàng 【惊慌失措】jīnghuāngshīcuò ¶불이 나자 사람들은 ~하며 어쩔 줄 몰라 했다 | 一

起火, 人们就惊慌失措不知如何是好了。❷ (이리저리 오락가락함) 【来来回回】láiláihuíhuí

ᴮ**우울**[憂鬱] 몡하휑【忧郁】yōuyù ¶~증 | 忧郁症。

ᶜ**우월**[優越] 몡하휑【优势】yōushì 【高强】gāoqiáng 【优秀】yōuxiù ¶~한 입장을 확보하다 | 树立优势。¶~한 작품 | 优秀作品。

우월감[優越感] 몡【优越感】yōuyuègǎn ¶민족적 ~이 국교의 장애가 되다 | 民族mínzú的优越感成了邦交的障得zhàngài。

우위[優位] 몡【优位】yōuwèi 【优势】yōushì 【有利】yǒulì ¶~를 확보하다 | 建立优势。¶이 구기 경기에서, 전반전은 홈팀이 ~를 차지하였으나 | 这场球赛, 上半场主队占zhàn了优势。

ᴬ**우유**[牛乳] 몡【牛奶】niúnǎi 【牛乳】niúrǔ ¶~ 짜는 사람 | 挤niúnǎi牛奶的人。

우유부단[優柔不斷] 몡하휑【优柔寡断】yōu róu guǎ duàn 【优柔】yōuróu 【踌躇】chóuchú ¶그는 늘 ~하다 | 他一向优柔寡断。¶~한 성격 | 优柔的性格xìnggé。

우의[友誼] 몡【友谊】yǒuyì ¶~가 오래 가다 | 友谊长存chángcún。¶~를 다지다 | 加强友谊。

우의[寓意] 몡하자【寓意】yùyì ¶~소설 | 寓意小说。

우이독경[牛耳讀經] 괜용【牛耳读经】niú ěr dú jīng 【耳旁风】ěrpángfēng ¶어머니의 간청도 그에게는 ~이었다 | 母亲的恳求对他也成了耳旁风。

ᶜ**우익**[右翼] 몡 ❶〈政〉【右翼】yòuyì ¶~ 단체 | 右翼团体。❷〈軍〉【右翼军】yòuyìjūn ❸〈體〉【右翼选手】yòuyìxuǎnshǒu

우인[友人] 몡【友人】yǒurén 【朋友】péng·you ¶~을 사귀다 | 交朋友。¶오래 | 老朋友。

우적우적 閈하자 ❶ (묵직한 물건이 무너지는 모양) 【嘎吱嘎吱】gāzhī gāzhī ❷ (야채를 씹는 소리) 【咯吱咯吱】gēzhī gēzhī

ᶜ**우정**[友情] 몡【友情】yǒuqíng 【友谊】yǒuyì ¶~을 중히 여기다 | 珍视友情。¶~이 오래 가다 | 友谊长存chángcún。

^우주[宇宙] 똉〈天〉【宇宙】yǔzhòu 【太空】tàikōng 【航天】hángtiān ¶~인 | 宇宙人。¶~에서 날아다니다 | 在太空遨游áoyóu。¶~ 비행사 | 航天员。

^우주선[宇宙船] 똉【宇宙飞船】yǔzhòu fēichuán 【太空船】tàikōngchuán ¶~ 기지 | 航天站。¶유인 | 载zài人宇宙船。

우중충하다 뼹 ❶ (습하고 침침하다)【潮湿阴暗】cháoshī yīn'àn ¶우중충한 날씨 | 潮湿阴暗的天气。❷ (색이 선명하지 못하다)【暗淡】àndàn 【模糊】mó·hu ¶옷색깔이 ~ | 衣服颜色很暗淡。

우지끈 뿐하자 【嘎吱】gāzhī 【咔嚓】kā-chā 【喀嚓】kāchā ¶~ 부러지다 | 咔嚓地被折断了。

^우지직 뿐하자 ❶ (단단한 것이 부서질 때 나는 소리)【咔嚓】kāchā 【喀嚓】kā-chā 【嘎巴】gābā 【嘎叭】gābā 【喀嚓】kāchā 【喀槍】kāzhā ❷ (젖은 풀이나 장작을 태울 때 나는 소리)【哗哗剥剥】huāhuābōbō

우직[愚直] 똉하뼹 【愚直】yúzhí 【愚顽】yúwán ¶그는 ~한 사람이다 | 他是一个愚顽的人。

우짖다 똉 ❶ (새가 지저귀다)【鸣】wū【叫】jiào 【啼】tí ¶닭이 ~ | 鸡mā。¶달은 지고, 까마귀는 ~ | 月落乌啼。❷ (울부짖다)【嚎】háo 【咆哮】páoxiào 【呼啸】hūxiào 【怒吼】nùhǒu 【叫啸】jiàoxiào 【嘶啸】sīxiào ¶길게 우짖는 소리 | 一声长嚎。¶소름끼치게 ~ | 鬼guǐ哭狼láng嚎。

우쭐거리다 똉 ❶ (몸을 움직이다)【晃动】huàngdòng 【动弹·tan 【动转】dòngzhuǎn ¶버스에 사람이 너무 많아 붐벼서 우쭐거릴 수가 없다 | 汽车上人太多，挤jǐ得动弹不得。❷ (뽐내다)【神气】shénqì 【扬扬得意】yáng·yángdéyì ¶그렇게 우쭐거리다가는 큰 코 다칠 날이 있을 거다 | 那么扬扬得意早晚有一天要吃大亏的。

우쭐하다 똉【得意扬扬】dé yì yáng yáng ¶그는 우쭐해하며 갔다 | 他得意扬扬地走了。

우천[雨天] 똉【雨天】yǔtiān 【潮湿天气】cháoshī tiānqì ¶~으로 운동회가 연기되었다 | 因下雨运动会延期了。

^우체국[郵遞局] 똉【邮局】yóujú 【邮政局】yóuzhèngjú

^우체부[郵遞夫] 똉【邮差】yóuchāi 【邮递员】yóudìyuán ¶~가 편지를 배달해 주었다 | 邮差送信了。참고 〔绿I-衣使者〕绿衣战士〕

^우체통[郵遞筒] 똉【邮筒】yóutǒng 【信筒(子)】xìntǒng(·zi) 【邮箱】yóuxiāng 【信箱】xìnxiāng

우측[右側] 똉【右边】yòubiān 【右侧】yòucè ¶~면 | 右侧面。¶~ 통행 | 靠右行。

^우파[右派] 똉【右派】yòupài ¶반~투쟁 | 反右派斗争。

우편[郵便] 똉【邮政】yóuzhèng 【邮件】yóujiàn ¶~ 번호 | 邮政编码biānmǎ。¶항공 ~ | 航空邮件。¶등기 ~ | 挂号guàhào邮件。¶~ 판매 | 邮寄销售。

^우편물[郵便物] 똉【邮件】yóujiàn 【信件】xìnjiàn 【函件】hánjiàn ¶~ 속달 | 快递邮件/快信。¶일주일에 한 번 ~을 처리하다 | 每周处理chǔlǐ信件一次。

^우편 요금[郵便料金] 똉 【寄费】jìfèi 【邮资】yóuzī 【邮费】yóufèi 【邮件资费】yóujiàn zīfèi 【信资】xìnzī ¶~이 부족하다 | 邮费不够。¶~이 인쇄되어 있는 편지 봉투 | 邮资信封。¶~ 별납 우편 | 邮资另付。

^우표[郵票] 똉【邮票】yóupiào 【邮花】yóuhuā 【信票】xìnpiào ¶기념 ~ | 纪念邮票。¶~ 수집 | 集邮。

^우호[友好] 똉【友好】yǒuhǎo ¶~ 조약 | 友好条约tiáoyuē。¶~ 동맹 | 友好同盟tóngméng。¶~적 해결 | 友好解决jiějué。¶서로 ~적으로 대하다 | 友好相处chǔ。

우화[寓話] 똉【寓言】yùyán ¶~집 | 寓言集。¶이솝 ~ | 伊索寓言。

우회[迂廻] 똉하자타 【迂回】yūhuí 【绕过】ràoguò 【间接】jiànjiē ¶~하여 크게 한 바퀴 돌다 | 迂回地转着一个大圆圈yuánquān。¶이런 원인은 매우 ~적인 것이다 | 这个原因是很间接的。¶~ 도로 | 旁路/旁通。

욱신거리다 똉 ❶ (북적거린다)【挤

挤】yōngjǐ【蠕动】rúdòng ¶일요일의
시장은 대단히 ～ | 星期天市场特别
拥挤。❷ (머리·상처 등이 쑤시다)
【刺痛】cìtòng ¶충치가 밤새 욱신거
렸다 | 虫牙痛了一晚上。

^운【運】图【运气】yùn·qi【运道】yùn·da-
o ¶～에 맡기다 | 靠kào运气。¶～
이 트이지 않다 | 运气背bèi。¶～이
트이다 | 走运。

^운동【運動】图하재 ❶ (물체의 움직임)
【运动】yùndòng ¶～은 물질의 존재
방식이다 | 运动是物质的存在方式。
¶～ 신경 | 运动神经。¶～ 에너지 |
动能。❷ (보건을 위한 신체 활동)
【活动】huódòng【锻炼】duànliàn【运
动】yùndòng ¶수영은 내가 좋아하는
～이다 | 游泳是我喜爱的运动。¶～
경기 | 运动比赛。¶～ 모자 | 运动
帽。¶～ 선수 | 运动选手。❸ (목적
을 위한 집단의 활동)【运动】yùndòng
【活动】huódòng ¶독립 | 独立运
动。¶기술 혁신 ～ | 技术革新运动。

^운동장【運動場】图 ❶ (일반적인 운동
을 하는 곳)【运动场】yùndòngchǎng
【操场】cāochǎng【操坪】cāopíng ¶
～에서 운동을 하다 | 在操场锻炼身
体。❷ (구기 종목의 운동을 하는 곳)
【球场】qiúchǎng ¶월드컵 ～ | 世界
杯球场。¶많은 아이들은 ～에서 공
을 찬다 | 很多孩子在球场踢tī球。참
고 [篮lán球场][排pái球场][棒bàng球
场][足zú球场]

운동화【運動靴】图【运动鞋】yùndòngxié
【球鞋】qiúxié ¶～를 신다 | 穿球
鞋。

^운명¹[運命]图【命】mìng【天命】tiānmì-
ng【命运】mìngyùn【命数】mìngshù
【命途】mìngtú ¶이것은 모두 ～이다! |
这都是命啊! ¶그는 이미 자신의 ～
을 자신의 손안에 쥐고 있다 | 他已经
把自己的命运掌握在自己的手里。¶～
의 장난 | 命运的捉弄。참고
[气数][气运][运数][运气][时运]

^운명²[殞命]图하재【殒命】yǔnmìng
【殒没】yǔnmò【殒身】yǔnshēn ¶불행
히도 ～하셨습니다 | 不幸殒命了。

운모¹[韻母]图【言】【韵母】yùnmǔ ¶
입성～ | 入声韵母。

운모²[雲母]图〈礦〉【云母】yúnmǔ

운무[雲霧]图【云雾】yúnwù ¶～를 헤
치고 푸른 하늘을 보다 | 拨开bōkāi云
雾见青天。

^운반[運搬]图하태【搬运】bānyùn【运
输】yùnshū ¶육상 ～ | 陆上运输。¶
～비 | (货)运费。¶～차 | 手车/手
推车。

운석[隕石]图〈天〉【陨石】yǔnshí【石
陨星】shíyǔnxīng ¶한바탕 ～이 떨어
지다 | 下了一场陨石雨。

^운송[運送]图하태【运送】yùnsòng【运
输】yùnshū【拖运】tuōyùn ¶비료를 ～
하다 | 运送肥料féiliào。¶육상 ～ |
陆上运输。¶～ 도구 | 运输工具。

^운수¹[運數]图【运】yùn·qi【运道】yù-
n·dao【命运】mìngyùn【时运】shíyùn
¶～에 맡기다 | 靠kào运气。¶～가
따르지 않다 | 时运不济。

^운수²[運輸]图하태【运送】yùnsòng【运
输】yùnshū【拖运】tuōyùn ¶육상 ～ |
陆上运输。¶～ 회사 | 运输公司。

^운영[運營]图하태【经营】jīngyíng【经
营管理】jīngyíng guǎnlǐ【管理】guǎnlǐ
【运营】yùnyíng ¶그들은 고심하여 집
단 안전 보장 체제를 ～하였다 | 他们
苦心经营了集体安全体系。

운용[運用]图하태【应用】yìngyòng
【运用】yùnyòng【周转】zhōuzhuǎn
【活用】huóyòng【履行】lǚxíng ¶법칙
을 ～하다 | 应用规律。¶자유자재로
～하다 | 运用自如。¶～ 자본 | 周转
资本

운영 체계 [運營體系;OS;operating
system]图〈電算〉【操作系统】cāozu-
ò xìtǒng

운운[云云]图하재【谈论】tánlùn【议
论】yìlùn ¶남의 장단점에 대해서 이
에서 멋대로 ～ 해서는 안된다 | 对别
人的长短，不要随便在背后谈论。¶
시비를 ～하다 | 议论是非。

^운율[韻律]图〈文〉【韵律】yùnlǜ ¶～
을 따지다 | 讲究韵律。

^운임[運賃]图【运费】yùnfèi【车脚钱】
chējiǎoqián 【车船费】chēchuánfèi
【搬运费】bānyùnfèi【运价】yùnjià【车
舟费】chēzhōufèi ¶～표 | 运费表。

^운전[運轉]图하태【驾驶】jiàshǐ【操
纵】cāozòng ¶자동차를 ～하다 | 驾
驶汽车。¶새 기기를 ～할 줄 아는 노

동자 | 숙련된 새 기계를 다룰 줄 아는 노동자. ¶~ 면 허증 | 驾驶证.

ᵃ**운전사**[運轉士] 몡 **司机**sījī **驾驶员**jiàshǐyuán ¶택시 ~ | 计程车司机。¶나는 트럭 ~가 되고 싶다 | 我想当卡车司机。

ᴮ**운전수**[運轉手] 몡 ☞운전사

운집[雲集] 몡하자 **云集**yúnjí **云聚**yúnjù ¶각지의 대표가 수도에 ~했다 | 各地代表云集首都。

운치[韻致] 몡 **雅致**yǎ·zhì **雅韵**yǎyùn **风雅**fēngyǎ

운하[運河] 몡 **运河**yùnhé **漕沟**cāogōu ¶수에즈 ~ | 苏伊士Sūyīshì运河。¶파나마 ~ | 巴拿马Bānámǎ运河。¶~ 통과세 | 运河税/运河税。(참고) 〔渠qú〕

운항[運航] 몡하자 **运航**yùnháng ¶~비 | 航运费。¶그 비행기는 서울과 북경을 하루 1회 ~한다 | 那架飞机每天运航于北京和汉城一次。

운행[運行] 몡하자타 **运行**yùnxíng ¶인공 위성의 ~ 궤도 | 人造卫星的运行轨道。¶~ 시간을 단축하다 | 缩短suōduǎn列车的运行时间。¶열차 ~ 안내도 | 列车运行示意图。

ᴮ**울** 몡 **亲戚**qīn·qī **亲眷**qīnjuàn 〔本家〕〔亲串chuàn〕〔同宗〕

울고불고 믜하자 **哭天抹泪**kū tiān mǒ lèi 〔哭哭啼啼〕kū·kútítí 〔一把鼻涕把泪〕yìbǎ bítí bèilèi

ᶜ**울긋불긋** 믜 **花花绿绿**huāhuālǜlǜ 〔红红绿绿〕hónghónglǜlǜ ¶단풍이 산에 ~하다 | 山上枫叶红红绿绿的。

울꺽 믜하자타 ❶ (격한 감정이 치미는 모양) **激情突然涌上**jīqíng tūrán yǒngshàng ❷ (토하는 소리나 모양) **哇**wā ¶~하고 땅바닥에 온통 토했다 | 哇地一声吐了一地。

ᴬ**울다** 통 ❶ (사람이) **哭**kū ¶목놓아 ~ | 放声大哭。¶아이를 울리다 | 把孩子弄哭。❷ (새·짐승·벌레 따위가) **叫**jiào **啼**tí **鸣**míng ¶닭이 ~ | 鸡叫。¶매미가   ~ | 蝉chán鸣。¶천둥이 울리다 | 雷鸣。❸ (종이나 북 등이 소리를 내다) **鸣**míng ¶종이 ~ 울렸다 | 钟zhōng响了。¶우뢰가 울고 번개가 치다 | 雷

鸣电闪。❹ (투덜거리다) **叫苦**jiào/kǔ **起哄**qǐhòng ¶남들보다 잘 하면서 울긴 왜 우니? | 比别人干得好，还哭什么? ❺ (우글주글해지다) **皱**zhòu **翘起**qiáoqǐ ¶장판이 운다 | 炕油纸翘起来了。❻ (귀에서 저절로 소리가 나다) 〔耳鸣〕ěrmíng

ᶜ**울렁거리다** 통 ❶ (두근거리다) 〔怦怦跳〕pēngpēng tiào ¶울렁거리는 가슴을 진정시키다 | 抑制住怦怦的心跳。❷ (물결이 연해 흔들리다) 〔涟漪起伏〕liányīqǐfú ¶강물이 ~ | 江水涟漪起伏。❸ (메슥거리다) 〔一阵一阵〕yízhènyízhèn ¶멀미가 나서 속이 ~ | 有点晕车, 心里一阵一阵恶心。

ᴬ**울리다** 통 ❶ (소리가 울려 퍼지다) **响**xiǎng ¶종이 울렸다 | 钟zhōng响了。¶징을 ~ | 响锣luó。❷ (악기 등을 때려 소리가 나게 하다) **奏**zòu **打**dǎ ¶군악을 ~ | 奏军乐。¶북을 ~ | 打鼓。❸ (마음에 감동을 일으키다) **打动**dǎdòng **扣动**kòudòng **激动**jīdòng ¶그의 말 한 마디에 어머니의 마음을 울렸다 | 他的一句话打动了妈妈的心。❹ (사람을 울게 하다) **弄哭**nòngkū ¶아이를 ~ | 把孩子弄哭了。

울림 몡 ❶ (반향) **回声**huíshēng 〔林响〕línxiǎng 〔山音(儿)〕shānyīn(r) 〔反响〕fǎnxiǎng ❷ 〈物〉 **谐音**xiéyīn

ᶜ**울먹이다** 통 **欲哭**yùkū 〔哭丧着脸〕kūsāng·zhe liǎn ¶그 아이는 울먹이며 가방을 잃어버렸다 | 那个孩子哭丧着脸说; 我把包丢了。

울며 겨자먹기 관용 **恨病吃苦药**hènbìng chīkǔyào

ᴬ**울보** 몡 **爱哭的孩子**àikū·de hái·zi **爱哭鼻子**àikūbí·zi ¶나는 어렸을 때 ~였다 | 我小时候爱哭鼻子。

ᶜ**울부짖다** 통 ❶ (울며 부르짖다) 〔嚎〕háo 〔号〕hào 〔咆哮〕páoxiào ¶길게 울부짖는 소리 | 一声长嚎。¶소름이 치게 ~ | 狼嚎鬼嚎鬼guǐ叫。❷ (바람 따위가) **怒吼**nùhǒu **呼啸**hūxiào

울분[鬱憤] 몡하형 **愤懑**fènmèn **激愤**jīfèn 〔抑郁不平〕yìyù bùpíng ¶~을 터뜨리다 | 触发激愤。

ᶜ**울상**[－相] 몡 **哭相**kūxiàng 〔哭脸〕kūliǎn 〔哭丧着脸〕kūsāng·zhe liǎn ¶

~이 되다 | 哭丧着脸. ¶왜 ~이니?
| 为什么哭丧着脸?

ᵃ**울안** 몡【院内】yuànnèi【里里】yuàn·li

ᴬ**울음** 몡❶ (사람의)【哭】kū【哭声】kū-
shēng ¶~이 터지다 | 放声大哭.
¶~보따리 | 鸣管/鸣囊. ¶~ 소리
| 哭声. ❷ (새의)【叫声】jiàoshēng

울음보 몡【强忍着的哭】qiǎngrěn·zhe·
de kū

ᵃ**울적하다**[鬱積−] 혱【忧郁而寂寞】yō-
uyù ér jìmò【郁闷而寂寞】yùmèn ér jì-
mò ¶기분이 몹시 ~ | 心情非常忧郁
而寂寞.

ᴮ**울창**[鬱蒼] 몡하형【郁郁葱葱】yù yù c-
ōng cōng【郁郁苍苍】yù yù cāng cā-
ng ¶~한 숲 | 郁郁葱葱的森林.

울컥 뷔하자타 ❶ (화가 갑자기 치미는
모양)【涌上心头】yǒngshàng xīntóu
【夸哧】kuāchī ¶먹은 것이 올라오
는 모양)【哇哇地】wāwā·de ¶먹은
것을 ~ 토하다 | 把吃的食物呕一
声吐了.

울타리 몡【栅栏】zhà·lan【篱笆】líbā
【栅】zhà ¶집 둘레에 ~를 치다 | 在
家的四周围上篱笆.

울퉁불퉁 뷔하형 ❶ (표면이 고르지 못
한 모양)【高低不平】gāodī bùpíng
【坎坷不平】kǎnkě bùpíng【参差不
齐】cēn cī bù qí ¶~ 고르지 못한 길
바닥 | 高低不平的路面. ❷ (팔이)
【鼓鼓(的)】gǔgǔ(·de)

울화[鬱火] 몡【郁闷之火】yù mèn zhī
huǒ【郁火】yùhuǒ ¶~통 터지다 | 郁
火迸bèng发. ¶~병 | 怒郁症. ¶~
통 | 郁火.

움 몡【芽(儿,子)】yá(r, zi)【根芽】gēn-
yá【萌芽】méngyá ¶~이 나다 | 发
芽/萌芽. ¶~이 돋다 | 萌芽/出芽.
(儿)/生芽.

ᶜ**움막**[−幕] 몡【窝棚】wō·peng【窝铺】
wōpù ¶~살이 | 住窝棚. ¶~을 짓
다 | 搭dā窝棚.

움직거리다 통【一动一动】yídòng yídò-
ng【动弹】dòng·tan【动转】dòngzhuǎn
n ¶버스에 사람이 너무 많아서
움직거릴 수가 없다 | 汽车上人太多,
挤jǐ得动弹不得.

ᴬ**움직이다** 통❶ (이동·동작하다)【动】
dòng【动弹】dòng·tan【动转】dòngzh-

uǎn ¶움직이는 것은 좋아하고 가만
히 있는 것은 싫어한다 | 好hào动不好
静. ❷ (사람의 마음을 끌거나 흔들
다)【动】dòng【动摇】dòngyáo【打
动】dòng ¶그의 말을 듣고 마음이
~ | 听了他的话, 心动了. ¶절대로
움직이지 않는다 | 绝不动摇. ❸ (기
계 등을 가동시키다)【开动】kāidòng
【发动】fādòng【调动】diàodòng【带
动】dàidòng ¶기계를 ~ | 开动机
器. ¶전기로 기계를 ~ | 用电带动
机器. ❹ (경영하다)【投产】tóu/chǎn
【经营】jīngyíng ¶공장을 ~ | 经营
工厂. ❺ (흔들리다)【动】dòng ¶바
람이 불지 않아서 나무잎조차 움직이
지 않는다 | 没有风, 连树叶都不动.
❻ (바뀌다·변동하다)【改变】gǎibiàn
【变动】biàndòng ¶시대의 움직임 | 时代的变迁. ❼ (활
동·활약하다)【行动】xíngdòng ¶사
원들이 회사 일을 위해 일사 불란하게
~ | 公司职员为公司的工作井井有条
地工作着!

ᶜ**움직임** 몡❶ (동향)【动向】dòngxiàng
【趋向】qūxiàng【趋势】qūshì【变迁】bi-
ànqiān【动径】dòngjìng ¶적의 ~을
예의　주시하다 | 密切注视敌人的动
向. ❷ (활동)【活动】huó·dòng ¶그
들의 ~을 살피다 | 注视他们的活动.

ᶜ**움집** 몡【窝棚】wō·peng【窝铺】wōpù
【地窖】dìjiào【窖洞】jiàodòng ¶~을
짓다 | 搭dā窝棚.

움쭉달싹 뷔하자타【一动不动】yídòng
bùdòng【动弹】dòng·tan【动转】dò-
ngzhuǎn ¶기운이 없어서 ~ 못하다
| 由于没有力气, 动也不能动.

움쭐 뷔하자타【缩成一团】suōchéng yì-
tuán ¶~ 놀라다 | 吓得蜷缩成一团.

움츠러들다 통❶ (몸이)【缩】suō【蜷
缩】quánsuō【瑟缩】sèsuō【涩缩】sè-
suō【缩回】suōhuí【抽动】chōudòng
【抽搐】chōuchù ¶거북이의 머리는
늘 움츠러들어 있다 | 乌龟wūguī的头
老缩着. ¶근육이 ~ | 肌肉抽动. ❷
(마음이)【低落】dīluò【消沉】xiāochén-
chén【气馁】qìněi【气萎】qìwěi ¶사기
가 ~ | 士气低落. ¶승리했다고 해
서 교만하지 말고 실패해도 움츠러들
지 말라 | 胜利shènglì了不要骄傲, 失

敗shībài了不要气馁。

ᵃ**움츠러지다** 图 ❶ (몸이)【蜷缩】quánsuō【缩回】suōhuí ❷ (마음이)【低落】dīluò【消沉】xiāochén【气萎】qìwěi【气馁】qìněi ¶그들의 적극성은 움츠러져 갔다 | 他们的积极性jījíxìng消沉下去了。¶정말로 생각이 있는 사람은 늘 움츠러지지 않는다 | 真正有思想的人是从来不会气馁的。

ᴮ**움츠리다** 图【缩】suō【蜷缩】quánsuō【瑟缩】sèsuō【涩缩】sèsuō ¶목을 움츠리고 있다 | 缩着脖子。¶손을 움츠려 넣다 | 把手缩了回去。

ᶜ**움켜잡다** 图 ❶ (꼭 잡다)【抓住】zhuāzhu【握住】wòzhù ¶움켜잡고 놓지 않다 | 抓住不放。❷ 기회를 ~ | 抓住机会。❷ (다잡다)【握紧】wòjǐn【抓紧】zhuājǐn ¶교육 지도를 바짝 움켜잡지 않으면, 횡령이나 낭비 등의 상황이 나타날 수도 있다 | 如果教育工作不抓紧, 也会发生贪污浪费等情况。

ᴰ**움켜쥐다** 图 ❶ (꼭 잡다)【抓住】zhuāzhu【握住】wòzhù ¶움켜쥐고 놓지 않다 | 抓住不放。❷ 본질을 ~ | 抓住本质。❷ (다잡다)【握紧】wòjǐn【抓紧】zhuājǐn ¶주먹을 ~ | 握紧拳头。

ᴱ**움큼** 의명【握】wò 图【把】bǎ ¶소금 한 ~ | 一撮盐yán。¶머리털을 한 ~ 잘라내다 | 剪jiǎn下一撮子头发fà。

ᶠ**움키다** 图【握】wò【抓】zhuā ¶늑대가 토끼를 움켰다 | 狼抓住了兔子。

움트다 图 ❶ (싹이 나다)【发芽】fā/yá ❷ (처음 일기 시작하다)【萌芽】méng/yá 【萌生】méngshēng【出芽(儿)】chū/yá(r) ¶스님이 되겠다는 생각이 움트기 시작한 당시의 念头。

움푹 튄하형【凹陷】āoxiàn【深陷】shēnxiàn ¶도로가 갑자기 ~ 패여서, 차가 다닐 수 없다 | 道路突然凹陷进去, 通不了车。¶양 볼이 ~ 들어가다 | 双颊凹陷。

움푹움푹 튄하형【一个坑一个坑】yí·ge kēng yí·ge kēng【坑坑哇哇】kēngkeng wāwā ¶비에 땅이 ~ 패였다 | 雨후地面变得坑坑哇哇。

웃기다 图 ❶ (웃게 만들다)【使…发笑】shǐ…fāxiào ¶사람을 ~ | 让人发

笑。❷ (우습다·가소롭다)【可笑】kěxiào ¶그가 학생들을 가르치는 선생님이라니 웃기는 군 | 他是个教孩子的老师?真可笑。

웃다 图 ❶ (일반적 의미로)【笑】xiào ¶뭘 그렇게 웃느냐? | 你笑什么? ¶하하하고 크게 ~ | 哈哈hāhā大笑。¶장내가 떠들썩하게 ~ | 哄堂hōngtáng大笑。❷ (비웃다)【嘲笑】cháoxiào ¶네가 그런 말을 하면 다른 사람들이 웃는다 | 你这样说, 人家都会嘲笑你的。

웃어른 명【长辈】zhǎngbèi【尊长】zūnzhǎng【老辈(儿子)】lǎobèi(r·zi) ¶~은 언제나 후배를 사랑하고 보살핀다 | 长辈总是爱护hù晚辈wǎnbèi。

웃옷 명 ❶ (겉옷)【外衣】wàiyī zhāoyī【罩袖儿】zhāoguàr【罩衫】āoshān ¶검은 색의 ~ | 黑色的罩衣。❷ (상의)【上衣】shàngyī【上装】shàngzhuāng ¶~의 색깔이 너무 짙은 것은 좋지 않다 | 上衣的颜色不宜bùyí太深。¶파란색 ~ | 一件蓝色的上装。

ᴬ**웃음** 명【笑(儿)】xiào(r) ¶~을 짓다 | 含笑。¶~을 머금고 대답하다。

웃음거리 명【笑料】xiàoliào【笑话】xiào·hua【笑柄】xiàobǐng ¶이 일은 사람들의 ~가 되었다 | 这事成为人们的笑料。¶사람들의 ~가 되다 | 成为人们的笑柄。

웃음보 명【笑】xiào【大笑】dàxiào ¶~가 터지다 | 笑个不住。¶~를 터뜨리다 | 哈哈大笑。

웃음소리 명【笑声】xiàoshēng ¶~가 갑자기 멎었다 | 笑声忽然hūrán停tíng了。

웃통 명【上衣】shàngyī ¶~을 벗다 | 脱上衣。

웅담[熊膽] 명【熊胆】xióngdǎn ¶~은 유행성 이하선염 치료에 좋은 약이다 | 熊胆是治疗zhì腮腺炎的好药。

웅대[雄大] 명튄하형【宏伟】hóngwěi【雄伟】xióngwěi ¶~한 임무 | 宏伟的任务。¶~한 장관의 풍경 | 雄伟壮观zhuàngguān的景色jǐngsè。

웅덩이 명【水坑】shuǐkēng【坑】kēng ¶~에 빠지다 | 掉进水坑。

ᶜ**웅변**[雄辯] 몡【演講】yǎnjiǎng【辯才】biàncái【雄辯】xióngbiàn ¶~ 대회 | 演讲比赛bǐsài. ¶~가 雄辯家.

웅비[雄飛] 몡하자【雄飛】xióngfēi【大展宏图】dàzhǎnhóngtú

웅성거리다 통【哄哄起来】hōnghōng·qǐ·lái【闹哄哄】nàonàohōnghōng【哄哄】hōnghōng ¶교실안은 학생들로 웅성거렸다 | 教室里学生们闹闹哄哄的.

웅성웅성 뭐하자【人声鼎沸】rénshēngdǐngfèi

웅얼거리다 통【自言自语】zì yán zì yǔ【喃喃自语】nánnán zìyǔ【嗫嚅】nièrú ¶그는 잘 혼자 웅얼거린다 | 他爱喃喃自语. ¶그녀는 한참을 웅얼거렸으나 한 마디도 꺼내지 못했다 | 她嗫嚅了半天, 也说不出一句话来.

웅얼웅얼 뭐하자타【哼哼啊啊啊】hēng·hēng'ā'ā【叽里咕噜】jī·ligūlū【喇喇哩哩】lá·lalīlī ¶그는 ~ 무엇을 말하는지 알 수 없다 | 他叽哩咕噜地不知道说什么.

ᶜ**웅장**[雄壯] 몡하형【雄壯】xióngzhuàng ¶경치가 ~하다 | 景致雄壮. ¶노랫 소리가 갈수록 ~하여 하늘 높이 울려 퍼진다 | 歌声越来越雄壮, 响彻云霄.

웅크리다 통【蜷】quán【蜷缩】quánsuō ¶춥다고 웅크리지만 말고 어깨 좀 펴라 | 别因为说冷就缩起身子来, 挺起腰杆来吧.

ᴮ**위낙** 뭐 ❶ (본디부터)【原来】yuánlái【本来】běnlái ¶~ 이 길은 좁아서 후에 넓혔다 | 本来这条路很窄zhǎi, 是以后才加宽kuān的. ❷ (아주·원체)【非常】fēicháng【太】tài【很】hěn ¶~ 기분이 좋다 | 非常高兴. ¶눈이 ~ 많이 내려 길을 가기가 힘들나 | 雪卜得太大, 路不好走.

위드 패드[word pad] 몡〈電算〉【写字板】xiězìbǎn

ᶜ**위드프로세서**[word processor] 몡〈電算〉【文字处理机】zì chǔlǐjī【文字信息处理】wénzì xìnxī chǔlǐ ¶~ 소프트웨어 | 文字处理软件/处理软件.

위밍업[warming-up] 몡【热身运动】rèshēnyùndòng【热身赛】rèshēnsài

위크숍[workshop] 몡【研讨会】yántǎ

ohuì【讲习班】jiǎngxíbān ¶음악학 ~을 개최하다 | 召开zhàokāi音韵学研讨会.

위크스테이션[workstation] 몡〈電算〉【工作站】gōngzuòzhàn

ᴬ**원¹** 갑【哪儿】nǎr【哪里】nǎ·li【嗳】ài【咳】hài ¶~, 진작에 이런 줄 알았다면 오지 않았을 텐데 | 嗳, 早知道是这样, 就不来了. ¶~! 그의 병이 이렇게 위중한 줄은 몰랐다 | 咳! 想不到他病得这样重.

ᴬ**원²**[圓] 몡〈數〉【圓】yuán【圓圈】yuánquān ¶~ 하나를 그리다 | 画一个圆. ¶~주율 | 圆周率.

ᴬ**원³**[願] 몡【願】yuàn【願望】yuànwàng ¶~대로 되다 | 如愿以偿. ¶~을 풀다 | 遂愿.

ᴬ**원⁴**[怨] 몡【怨】yuàn【怨恨】yuànhèn ¶~을 품다 | 抱bào怨.

ᴬ**원⁵** 의명【元】yuán ¶일백만~ | 一百万元. ¶오~ | 五元.

원-ᵇ[原-]【原來】yuánlái ¶~작가 | 原作家. ¶~위치 | 原位置.
　ᵇ**-원⁷**[-員] 미【員】yuán ¶승무~ | 乘务员. ¶공무~ | 公务员.
　ᵇ**-원⁸**[-園] 미【園】yuán ¶유치~ | 幼儿园. ¶동물~ | 动物园.

원가[原價] 몡〈經〉【成本】chéngběn【底本】dǐběn【成本价格】chéngběn jiàgé【原价】yuánjià ¶~를 올리다 | 提tí高成本. ¶~ | 生产成本. ¶수출~ | 出口成本.

원거리[遠距離] 몡【远距离】yuǎnjùlí【长途】chángtú ¶~나침반 | 远距离罗盘luópán. ¶~경주 | 长途赛sài跑.

원격[遠隔] 몡하형【远距离】yuǎnjùlí【遥远】yáoyuǎn ¶~ 제어 | 远距离操纵. ¶~ 유도 | 远隔诱导.

원고ᵛ[原告] 몡【原告】yuāngào【原告人】yuāngàorén ¶~와 피고 | 原告和被告.

ᴮ**원고²**[原稿] 몡 ❶ (문서)【稿子】gǎo·zi【稿】gǎo【稿件】gǎojiàn ¶~ (용)지 | 稿纸. ❷ (초안)【草稿】cǎogǎo【底稿】dǐgǎo【草本】cǎoběn【草底儿】cǎodǐr【草样儿】cǎoyàngr ¶~를 이미 다 썼다 | 已打好了草稿.

원고료[原稿料] 몡【稿費】gǎofèi【稿酬】gǎochóu ¶이 책은 내가 몇 백만

원의 ~를 받았다 | 这本书我得了几百万圆稿酬。

원금[元金] 圐【本钱】běnqián【本金】běnjīn ¶~이 모자란다 | 本钱不够。

원기[元气] 圐【元气】yuánqì【精神】jīng·shen【精力】jīnglì【血气】xuèqì【锐气】ruìqì ¶~ 왕성하다 | 元气旺盛/精神奕奕。¶~ 부족 | 没有精神。¶~ 왕성한 청년 | 血气方刚的小伙子 | ¶~가 크게 꺾이다 | 锐气大挫。

원내[院内] 圐【院内】yuànnèi ¶~ 총무 | 院内总务。¶~ 활동 | 院内活动。

원년[元年] 圐【元年】yuánnián ¶서기 ~ | 公元元年。

원님 덕에 나팔 분다〔관용〕【因利乘便】yīn lì chéng biàn【因人成事】yīn rén chéng shì

원단[元旦] 圐【元旦】yuándàn【端日】duānrì【四始】sìshǐ【正月初一】zhèngyuèchūyī【大年初一】dànián chūyī【年初一】niánchūyī

원대[遠大] 圐[하다]【远大】yuǎndà【宏伟】hóngwěi ¶~한 계획 | 远大的计划/宏图/鸿图。¶~한 이상 | 远大的理想。¶~한 포부 | 远大抱负bàofù。

원동기[原動機] 圐【原动机】yuándòngjī

원동력[原動力] 圐【原动力】yuándònglì【主动力】zhǔdònglì ¶사회 발전의 ~ | 社会发展的原动力。¶비판은 발전의 ~이다 | 批评是发展的原动力。

원두막[園頭幕] 圐【瓜棚】guāpéng

[B]**원래**[元來;原來] 圐圓【原来】yuánlái【原旧】yuánjiù【本来】běnlái【自来】zìlái【原本】yuánběn ¶그는 아직 ~ 있던 그 곳에서 산다 | 他还住在原来的地方。¶그는 ~ 술을 못 마셨는데, 지금은 마실 수 있다 | 他原来不喝酒, 现在会喝了。¶~의 색깔 | 本来的颜色yán·sè。¶그는 ~ 농부였다 | 他原来是种庄稼的。**참고**〔元来〕〔起先〕〔起头(儿)〕

원력[愿力] 圐❶【佛】【念力】niànlì ❷【心愿】xīnyuàn

원로[元老] 圐【元老】yuánlǎo ¶정계의 ~ | 政界zhèngjiè元老。¶경극계

의 ~ | 京剧界元老。¶~ 대신 | 元老大臣。

원론[原論] 圐【概论】gàilùn【引论】yǐnlùn ¶경제학 ~ | 经济学概论。

원료[原料] 圐【原料】yuánliào【原材料】yuáncáiliào ¶주조 ~ | 铸造的原料。

원리[原理] 圐【原理】yuánlǐ ¶철학 ~ | 哲学原理。¶기본 ~ | 基本原理。

원리[元利] 圐【本利】běnlì【本息】běnxī ¶~로 그에게 5천원을 돌려 주어야 한다 | 本利应该还huán他五千元。¶~ 합계 | 本利合计/本利合计。

원만하다[圓滿−] 圐【圆满】yuánmǎn【完满】wánmǎn【美满】měimǎn【充分】chōngfèn【十全十美】shí quán shí měi ¶문제가 원만히 해결됐다 | 问题圆满地解决了。¶원만한 결과 | 美满的结果。¶원만한 해결점에 도달하다 | 基本上达到了完满解决的地步。**참고**〔十全其美〕〔全美〕

원망[怨望] 圐[하다]【埋怨】mányuàn【抱怨】bào·yuàn【抱恨】bàohèn【责怪】zéguài【愠恨】yùnhèn ¶스스로가 잘못했으면 남을 ~하지 마라 | 自己做错了, 不要埋怨别人。¶너는 나를 ~하지 마라 | 你别责怪我。

[B]**원망스럽다**[怨望−] 圐【埋怨】mányuàn【抱怨】bào·yuàn【抱恨】bàohèn【责怪】zéguài

원목[原木] 圐【原木】yuánmù ¶~을 수입하다 | 进口原木。

원문[原文] 圐【原文】yuánwén ¶~을 인용하려면 인용 부호를 붙여야 한다 | 引用原文要加引号。¶~에 충실하다 | 忠实于原文。

원본[原本] 圐 ❶ (복사·개정·번역을 하기 전의 본디의 책)【原本】yuánběn【正本】zhèngběn【原件】yuánjiàn ¶~은 이미 전해지지 않는다 | 原本已不传了。¶~을 자세히 조사한 뒤에 결재하다 | 查核正本。❷ (등·초본의 근본이 되는 문서)【稿本】gǎoběn【底本】dǐběn ¶~과 사본 | 底本与手抄本。

원부[原簿] 圐【总帐】zǒngzhàng【原本】yuánběn ¶호적 ~ | 户籍原本。

[B]**원불교**[圓佛教] 圐〈宗〉【圆佛教】yuánfójiào

[B]**원뿔**[圓−] 圐〈數〉【圆锥】yuánzhuī ¶

~체 | 圆锥体.

ᶜ원산[原産] 圀【原产】yuánchǎn ¶~국 | 原产国/货物原产国.

원산지[原産地] 圀【原产地】yuánchǎndì 【产地】chǎndì 【出产地】chūchǎndì ¶~ 인도 | 产地交货huò/当地交货/当场交(货). 产地交货huò. ¶~증명서 | 产地证zhèng明书/产地证明书.

원상[原狀] 圀【原状】yuánzhuàng 【原样】yuányàng ¶~을 회복하다 | 恢复原状. ¶~ 회복 | 恢复原状/回复原状.

ᶜ원색[原色] 圀〈物〉❶ (본래의 색깔) 【本色】běnsè ❷ (기본색) 【原色】yuánsè 【基色】jīsè 【基本色】jīběnsè ❸ (천연색) 【鲜艳的颜色】xiānyàn·de yánsè

원생[院生] 圀【院生】yuànshēng

원서¹[原書] 圀【原书】yuánshū 【原典】yuándiǎn 【原版本】yuánbǎnběn ¶~강독 | 原典讲读. ¶~를 읽다 | 读原本.

원서²[願書] 圀【志愿书】zhìyuànshū 【申请书】shēnqǐngshū ¶입학~ | 入学申请书. ¶~를 내다 | 交申请书.
🔲참고〔声请书〕

원성[怨聲] 圀【怨声】yuànshēng 【怨言】yuànyán ¶백성의 ~이 높다 | 百姓怨声载道.

ᶜ원소[元素] 圀【元素】yuánsù ¶~기호 | 化学符号/元素符号. ¶~ 주기율 | 元素周期律.

원수¹[元首] 圀【元首】yuánshǒu ¶국가~ | 国家元首.

원수²[元帥] 圀【元帅】yuánshuài

ᴮ원수³[怨讎] 圀【敌人】dírén【仇人】chóurén 【冤家】yuān·jia 【对头】duì·tou 【仇家】chóujiā ¶어제의 ~도 오늘의 친구가 될 수 있다 | 昨天的仇人可以是今天的朋友. ¶그들 둘은 철천지 ~ 사이다 | 他俩是死对头.

원숙[圓熟] 圀혐[成熟]chéngshú 【老练】lǎoliàn 【老成】lǎochéng ¶네 사상이 ~되거든 다시 해라 | 等你的思想成熟了再干gàn. ¶그는 과거에 비해서 이미 대단히 ~해졌다 | 他比起过去来已经老练得多了.

ᴬ원숭이[猿-] 圀〈動〉【猴子】hóu·zi ¶~띠 | 属猴年. ¶~해 | 猴年. 🔲참고〔山公〕

〔三儿〕

ᴮ원시¹[原始] 圀【原始】yuánshǐ ¶~종교 | 原始宗教. ¶~ 사회 | 原始社会. ¶~시대 | 原始时代.

원시²[遠視] 圀【远视】yuǎnshì 【远视眼】yuǎnshìyǎn ¶~안 | 远视眼. ¶~경 | 远视眼镜/老花镜.

원아[園兒] 圀❶ (유치원의) 【幼儿园的孩子】yòu'éryuán·de hái·zi ¶~모집 | 幼儿园招孩子. ❷ (고아원의) 【孤儿院的孩子】gū'éryuàn·de hái·zi

원앙[鴛鴦] 圀〈鳥〉【鸳鸯】yuān·yāng 【匹鸟】pǐniǎo 【同命鸟】tóngmìngniǎo ¶~ 한 쌍 | 一对鸳鸯. ¶~침 | 绣了鸳鸯的枕头.

원액[原液] 圀【原汁】yuánzhī ¶향수의 ~ | 香水的原液.

원양[遠洋] 圀【远洋】yuǎnyáng 【远海】yuǎnhǎi ¶~ 화물선 | 远洋货轮. ¶~선박 | 远洋轮(船).

원어[原語] 圀【原语】yuányǔ 【原文】yuánwén ¶~소설을 읽다 | 读原语小说.

ᴮ원예[園藝] 圀【园艺】yuányì ¶~농 | 园艺农. ¶~식물 | 园艺植物. ¶~작물 | 园艺作物.

원외[院外] 圀【院外】yuànwài 【会外】huìwài ¶~ 운동 | 院外运动. ¶~투쟁 | 会外斗争.

ᴮ원유[原油] 圀【矿】【原油】yuányóu 【石油】shíyóu ¶~ 개발 | 开发原油. ¶~를 수출하다 | 出口石油.

ᴬ원인[原因] 圀【原因】yuányīn 【原由】yuányóu 【缘由】yuányóu 【起因】qǐyīn 【因由】yīnyóu 【原故】yuángù 【缘故】yuángù ¶~ 불명 | 原因不明. ¶일의 ~은 오해에서 비롯된 것이다 | 事情是由于误会wùhuì引起的.

ᶜ원자[原子] 圀〈物〉【原子】yuánzǐ ¶~기호 | 原子记号. ¶~량 | 原子量. ¶~무기 | 原子武器. ¶~ 폭탄 | 原子弹.

ᴮ원자력[原子力] 圀【原子能】yuánzǐnéng 【核能】hénéng 【原子动力】yuánzǐ dònglì 【核能】hénéng 【核能源】hénéngyuán ¶~을 평화적으로 이용하다 | 和平利用原子能. ¶~ 발전 | 原子力发电. ¶~ 엔진 | 核发动机.

원자로[原子爐] 圀〈工〉【原子反应堆】

yuánzǐ　fǎnyìngduī 【反应堆】fǎnyì-ngduī 【原子堆】yuánzǐduī 【核反应堆】héfǎnyìngduī ¶～·위성 | 核反应堆卫星tānxīng。

원자재[原資材] 몡 【原材料】yuáncáiliào 【原料】yuánliào ¶～의 소모가 감소한다 | 原材料消耗xiāohào下降。

원작[原作] 몡 【原作】yuánzuò 【原著】yuánzhù ¶～자 | 原作者。

원장[院長] 몡 【院长】yuànzhǎng ¶감사～ | 监察jiānchá院长。

원저[原著] 몡 【原著】yuánzhù ¶～자 | 原著作家。

원전[原典] 몡 【原著】yuánzhù ¶～비판 | 原著批判。¶～석의 | 原著释义。

원점[原點] 몡 ❶ (기점) 【出发点】chūfādiǎn ❷ (기준이 되는 점) 【原点】yuándiǎn 【出发点】chūfādiǎn ¶좌표～ | 坐标原点。¶수사가 ～으로 돌아가다 | 搜查回到了出发点。

원정[遠征] 몡하자 【远征】yuǎnzhēng ¶～군 | 远征军。¶～대 | 远征队。

원조[元祖] 몡 【元祖】yuánzǔ 【老字号】lǎozìhào 【开创者】kāichuàngzhě 【创始者】chuàngshǐzhě ¶올림픽 경기의 ～는 고대 그리스인이다 | 奥林匹克比赛的创始者是古代希腊人。

원조[援助] 몡하타 【援助】yuánzhù 【帮助】bāngzhù 【接济】jiējì 【助力】zhùlì ¶국제～ | 国际援助。¶경제～ | 经济援助。¶식량을 ～하다 | 接济粮食。

원죄[原罪] 몡하타 【原罪】yuánzuì ¶～설 | 原罪说。

원주[圓周] 몡 〈数〉【圆周】yuánzhōu ¶～율 | 圆周率。

원주민[原住民] 몡하자 【原住民】yuánzhùmín 【土著民】tǔzhùmín ¶～부락 | 土著民部落。

원천[源泉] 몡 【源泉】yuánquán 【来源】láiyuán 【泉源】quányuán 【本源】běnyuán 【源头】yuántóu ¶생활은 창작의 ～이다 | 生活是创作的源泉。¶～분리과세 | 单独预扣赋税。

원체[元體] 뷔 【原来】yuánlái 【本来】běnlái ¶간밤에 어찌 이리 추운가 했더니, ～ 눈이 왔구나 | 我说夜里怎么那么冷, 原来是下雪了。¶그는 ～ 야위

지는 않았지만, 지금은 더욱 뚱뚱해졌다 | 他本来就不瘦shòu, 现在更胖p-àng了。

원초적[原初的] 관 【原始】yuánshǐ 【第一】dìyī 【基本】jīběn 【首要】shǒuyào ¶～ 욕구 | 第一要求。¶～인 문제 | 首要问题。

원추[圓錐] 몡 〈数〉【圆锥】yuánzhuī ¶～체 | 圆锥体。¶～형 | 圆锥形。

원칙[原則] 몡 【原则】yuánzé 【法则】fǎzé ¶～에 따라 | 按照原则。¶～에서 벗어나다 | 脱离원则。

원컨대[願－] 몡 【愿】yuàn 【希望】xīwàng 【期待】qīdài ¶～ 이번 토론회에 참석해 주십시오 | 希望您能参加这次讨论会tǎolùnhuì。¶그날은 비가 오지 말기를… | 但愿那天别下雨。

원통[圓筒] 몡 【圆筒】yuántǒng 【滚筒】gǔntǒng ¶～형 | 圆筒形。

원통하다[冤痛－] 몡 ❶ (분하다) 【冤】yuān 【冤痛】yuāntòng 【冤枉】yuānwǎng 【冤屈】yuānqū 【委屈】wěiqū ¶놈에게 모욕을 당해서 ～ | 受了别人的侮辱而感到委屈。❷ (유감이다) 【悲愤】bēifèn 【悲痛】bēitòng 【伤心】shāngxīn ¶그렇게 젊은 나이에 죽다니 참～ | 那么年轻, 就死了, 真是令人伤心。

원판[原板] 몡 〈印〉 ❶ (활자 조판의) 【原板】yuánbǎn 【原版】yuánbǎn ¶～ 외국서적 | 原版外文书书. ❷ (초판) 【初版】chūbǎn ¶～을 확대하다 | 扩大初版。

원폭[原爆] 몡 【原爆】yuánbào ¶～증 | 原爆症。¶～ 피해자 | 原子弹爆炸受害者。

원피스[one－piece] 몡 【连衣裙】liányīqún 【连衫裙】liánshānqún

원하다[願－] 몡 【愿】yuàn 【希望】xīwàng 【甘心】gānxīn 【愿意】yuàn·yi ¶진정으로 ～ | 心甘情愿。¶너의 성공을 ～ | 希望你马上成功。¶너를 공부하러 보내려는데, 너는 그렇게 하기를 원하나? | 送你去学习, 你愿意不愿意?

원한[怨恨] 몡 【仇恨】chóuhèn 【怨恨】yuànhèn 【怨气】yuànqì ¶서로 ～을 품다 | 互相仇恨。¶골수에 사무친 ～ | 刻骨仇恨。참고〔仇怨〕

°원형¹[圓形] 圐 【圆形】yuánxíng ¶~
건물 | 圆形建筑. ¶~ 극장 | 圆形剧
场.

원형²[原形] 圐 【原状】yuánzhuàng
【原形】yuánxíng ¶~을 회복하다 |
恢复huīfù原状. ¶~을 유지하다 |
保持原形.

원조[援助] 圐하타 【支援】zhīyuán 【救
援】jiùyuán ¶~대상 | 救援对象.

원혼[冤魂] 圐 【冤魂】yuānhún ¶~을
달래다 | 抚慰冤魂.

원화[原畫] 圐 【原画】yuánhuà ¶~를
복제하다 | 仿制原画.

원활[圓滑] 圐하형 【圆滑】yuánhuá
【顺利】shùnlì 【顺畅】shùnchàng 【充
畅】chōngchàng ¶일이 매우 ~히 진
행되고 있다 | 事情进行很顺利. ¶
환자의 호흡이 점점 ~해졌다 | 病人
的呼吸渐渐顺畅了. ¶혈액 순환이
~하다 | 血液yè循环充畅.

원흉[元兇] 圐 【元凶】yuánxiōng 【罪
魁祸首】zuìkuí huòshǒu ¶~을 잡아
왔다 | 抓来了罪魁祸首. ¶공해의 ~
| 公害的元凶.

^월[月] 圐 【月】yuè 【每月】měiyuè ¶이
번 5~달 | 这五月. ¶매~ 생산량 |
月产量.

월가[Wall 街] 圐〈地〉【华尔街】Huá'ěr
Jiē ¶~ 증권 거래소 | 华尔街证券交
易所. 참고〔垣Yuán街〕

월간[月刊] 圐 【月刊】yuèkān ¶격~ |
双月刊. ¶~지 | 月刊杂志.

ᴮ월경[月經] 圐〈生理〉【月经】yuèjīng
【月事】yuèshì ¶~불순 | 月经失调.
¶~ 폐쇄기 | 月经闭锁bìsuǒ期. 참
고〔月水〕〔月信〕〔红潮 cháo〕〔经水〕
〔经血〕〔血经〕

월권[越權] 圐하자 【越权】yuè/quán
¶··을 행사하는 인간다 | 不得越权.

월권 행위[越權行爲] 圐【不当行为】bú
dàng xíngwéi 【不法行为】bùfǎ xíngwé
i 【侵权行为】qīnquán xíngwéi ¶~
를 엄금하다 | 严禁yánjìn侵权行为.
¶~에 의한 소송 | 侵权行为的诉讼.

ᴮ월급[月給] 圐 【工资】gōngzī 【薪金】
xīn·jīn 【薪水】xīn·shui 【薪金】xīnjīn
¶~을 규정대로 지급하다 | 工资照zhà
o给. ¶~을 받다 | 领lǐng薪水. ¶
~으로 생활하다 | 吃chī薪水.

이 낮다 | 薪金不高. 참고〔工薪〕〔工
钱 qián〕〔薪资〕〔薪俸 fēng〕〔薪给〕〔辛
xīn俸〕〔辛金〕

월남[越南] 圐〈地〉【越南】Yuènán 〔베
트남(Vietnam), 아시아 동남부 인도
차이나 반도에 있는 공화국. 수도는
'河内'(하노이 ; Hanoi)〕

월동[越冬] 圐자 【过冬】guò/dōng
¶이 얇은 솜옷으로 ~할 수 있을까?
| 这件薄棉袄 miánǎo就能过冬吗? ¶
~ 작물 | 过冬作物.

월드 와이드 웹[www; world wide web]
圐【电算】【万维网】wànwéi wǎng【环
球网】huánqiúwǎng

월드컵[world cup] 圐【世界杯】shìjièb
ēi ¶한국에서 ~ 경기를 개최한다 |
韩国举办世界杯足球赛.

월등[越等] 圐하형 【越级】yuè/jí 【特
别】tèbié 【悬殊】xuánshū ¶스타일의
수준이 아주 ~하다 | 式样的水平特
别. ¶~한 실력차를 보이다 | 显
示了悬殊的实力差距.

°월말[月末] 圐 【月底】yuèdǐ 【月末】yuè
mò 【月终】yuèzhōng ¶~ 결산 | 月
底结账 jiézhàng/月终决算. ¶~에
총결산을 봅시다 | 到月末一起算总账
zǒngzhàng. 참고〔月尾〕〔月终〕

월별[月別] 圐 【按月】àn yuè 【每月】mě
iyuè ¶~로 지불하다 | 按月付款. ¶
수도·전기료는 ~로 계산한다 | 水电
费都按月算. ¶~ 저축 | 按月存款.

°월부[月賦] 圐 【按月付款】ànyuè fùkuǎ
n 【分期付款】fēnqī fùkuǎn 【按月分期
支付】ànyuè fēnqī zhīfù ¶~금 | 按
月付款项

월북[越北] 圐하자 【从北边逃离】có
ngběibiāntáolí ¶~작가 | 出逃北朝
鲜的作家.

°월사금[月謝金] 圐 【学费】xuéfèi ¶~
도 옛이야기가 되어 버렸다 | 每月缴
学费也已成为往事了.

월세[月貰] 圐【(月)房租】(yuè) fángz
ū ¶~로 30만원이 나간다 | 每月支付
房租三十万元.

월식[月蝕] 圐〈天〉【月食】yuèshí 【月
蚀】yuèshí ¶개기 ~ | 月全食. 참고
〔月偏食〕【月全食】

^월요일[月曜日] 圐 【星期一】xīngqīyī
【礼拜一】lǐbàiyī ¶또 다시 ~이 시작

723

되었다 | 又到了星期一了。¶매월 둘째 ~ 쉽니다 | 每个月的第二个星期一休息。

월일[月日] 몡 **❶** (날짜) 【月日】yuèrì 【月份和日期】yuèfèn hé rìqī ¶~을 정확하게 기입하세요 | 请正确写上月份和日期。**❷** (해와 달) 【月亮和太阳】yuèliàng hé tàiyáng

월중 행사[月中行事] 몡 【月中活动】yuèzhōng huódòng

월차[月次] 몡 【月次】yuècì ¶~휴가 | 隔月休假。

월척[越尺] 몡 【钓上来的鱼】diàoshànglái·de yú

월초[月初] 몡 【月初】yuèchū 【月头儿上】yuètóurshàng ¶~에 이렇게 지출이 많아서야 되니? | 刚月初, 支出就这么多, 这哪行啊?

월 페이퍼[wallpaper] 몡 〈電算〉【壁纸】bìzhǐ 【墙纸】qiángzhǐ

웨이즈[WAIS; widearea information servers or service] 몡 〈電算〉【广域信息服务器】guǎngyù xìnxī fúwùqì

웨이터[waiter] 몡 【男服务员】nánfúwùyuán

웬 관 【哪来的】nǎlái·de 【干什么的】gānshén·me·de ¶~ 사람이 이렇게 많아? | 哪来这么多的人?

웬걸 갑 【怎能那样呢】zěnnéng nàyàng·ne 【哪能呢】nǎnéng·ne ¶이제 끝났니? | ~요, 이제 막시작하려구요 | 现在才结束? 哪里呀, 现在才要开始呢!

웬만큼 몡 【稍微】shāowēi 【稍许】shāoxǔ 【差不多】chā·buduō ¶병세가 ~ 나아지기를 기다려 수술을 하다 | 待病情稍许好转再动手术。¶그는 중국어를 ~한다 | 他汉语说得还可以。

웬만하다 혱 【如果可以的话】rúguǒkěyǐ·de huà 【普通】pǔtōng 【一般】yìbān 【通常】tōngcháng ¶웬만하면 같이 떠납시다 | 如果可以的话, 一块儿走吧。¶웬만하면 네가 참아 | 如果可以的话, 你就忍一忍吧。

[B]**웬일** 몡 【怎么回事】zěn·me huíshì ¶~인지 알 수 없군 | 不知道到底是怎么回事。[참고] [怎么]

웹 마스터[webmaster] 몡 〈電算〉【网络管理员】wǎngluòguǎnlǐyuán

웹 서핑[web surfing] 몡 〈電算〉【冲浪】chōnglàng

웹 페이지[webpage] 몡 〈電算〉【网页】wǎngyè

웹 호스팅[web hosting] 몡 〈電算〉【主机提供】zhǔjī tígōng 【主机托管】zhǔjī tuōguǎn

[A]**위**[胃] 몡 〈生理〉【胃】wèi 【肚儿】zhēnr 【肚子】dù·zi 【肚儿】dùr [참고] [脏zhāng]

위[2] 몡 **❶** (위쪽) 【上】shàng 【上面】shàngmiàn ¶~를 보다 | 看上面。¶~를 올려다보다 | 向上仰望。¶산~ | 山上。**❷** (표면) 【外面】wàimiàn **❸** (꼭대기) 【顶上】dǐngshàng **❹** (나은 쪽) 【上乘】shàngchéng ¶품질이 ~다 | 品质上乘。**❺** (상급의 위치나 기관) 【地位高】dìwèi gāo 【上头】shàngtóu 【上面】shàngmiàn ¶~에서 명령을 내리다 | 上面下达命令。**❻** (많은 쪽) 【大】dà ¶그는 나보다 두 살 ~다 | 他比我大两岁。**❼** (앞에 든 내용) 【前面】qiánmiàn 【上面】shàngmiàn ¶앞으로의 계획은 ~에서 밝힌 바와 같다 | 以后的计划正如前面所指出的那样。

위계[位階] 몡 【位阶】wèijiē 【品级】pǐnjí ¶~질서 | 品级序列。

위궤양[胃潰瘍] 몡 〈醫〉【胃溃疡】wèikuìyáng ¶한국음식이 매우 맵기 때문에 그녀는 한국에서 ~을 얻었다 | 因为韩国菜太辛辣xīnlà, 所以她在韩国hánguó得了胃溃疡。[참고] [胃痛yōng]

위급[危急] 몡혱 【危急】wēijí 【危殆】wēidài ¶일이 이미 대단히 ~하게 되었으니 당신은 빨리 결정을 하십시오 | 事情已经yǐjīng很危急了, 您快拿主意啊。¶정세가 ~하다 | 情势qíngshì危殆。

[C]**위기**[危機] 몡 【危机】wēijī ¶~가 도처에 숨어 있다 | 危机四伏。¶~ 의식 | 危机意识。¶~일발 | 千钧一发。

[B]**위대**[偉大] 몡혱 【伟大】wěidà ¶~한 지도자 | 伟大的领袖。¶~한 조국 | 伟大的祖国。

[C]**위도**[緯度] 몡 〈地〉【纬度】wěidù ¶~를 벗어나다 | 偏离piānlí了纬度。¶~ 변화 | 纬度变化。

ᶜ**위독**[危篤] 〔명〕〔하형〕【危笃】wēidǔ ¶병세가 ~하다 | 病势危笃.

ᶜ**위력**[威力] 〔명〕【威力】wēilì 【声望】shēngwàng ¶~이 강하다 | 威力无穷. ¶종교의 ~ | 宗教的威力.

ᴮ**위로**[慰勞] 〔명〕〔하타〕【慰问】wèiwèn 【抚慰】fǔwèi 【宽慰】kuānwèi 【酬劳】chóuláo ¶~금 | 酬劳金. ¶실의에 빠진 수재민을 ~하고 격려하다 | 慰问和鼓励丧失信心的水灾难民.

ᶜ**위문**[慰問] 〔명〕〔하타〕【慰问】wèiwèn 【慰存】wèicún 【慰劳】wèiláo 【慰询】wèixún ¶~ 편지 | 慰问信.

ᶜ**위반**[違反] 〔명〕〔하타〕【违反】wéifǎn 【犯】fàn 【触犯】chùfàn 【乖违】guāiwéi 【违背】wéibèi ¶법을 ~하다 | 犯法. ¶법률을 ~하다 | 触犯法律.

위배[違背] 〔명〕〔하타〕【违背】wéibèi 【违反】wéifǎn ¶법에 ~되다 | 违法.

위법[違法] 〔명〕〔하자〕【违法】wéi/fǎ 【犯法】fàn/fǎ 【犯科】fànkē ¶~ 거래 | 非法交易. ¶~ 행위 | 违法行为.

위벽[胃壁] 〔명〕〈生理〉【胃壁】wèibì ¶~이 헐다 | 胃壁烂了.

위상[位相] 〔명〕【位相】wèixiàng 【位态】wèitài 【社会地位】shèhuì dìwèi ¶~을 드높이다 | 提高社会地位.

ᶜ**위생**[衛生] 〔명〕【卫生】wèishēng ¶끓이지 않은 물을 마시면 비~적이다 | 喝生水, 不卫生. ¶~에 주의하다 | 讲卫生. ¶환경 ~ | 环境卫生. ¶~ 시설 | 卫生设施.

ᶜ**위선**[僞善] 〔명〕〔하자〕【伪善】wěishàn ¶~적인 얼굴 | 伪善的面孔. ¶~자 | 伪善者.

ᴮ**위성**[衛星] 〔명〕【卫星】wèixīng 【人造卫星】rénzào wèixīng ¶달은 지구의 ~이다 | 月球是地球的卫星. ¶통신 ~ | 通讯卫星. ¶~ 중계 | 卫星转播zhuǎnbō.

위세[威勢] 〔명〕❶ (위엄있는 기세) 【威严】wēiyán 【威势】wēishì ¶그의 ~에 눌려 말 한 마디 못했다 | 被他的威严镇住, 一句话也说不出来. ❷ (복종시키는 힘) 【威力】wēilì 【气陷】qìxiàn 【威风】wēifēng ¶~를 부리다 | 耍威风.

ᶜ**위스키**[whisky] 〔명〕【畏士忌】wèishìjì

위시하다[爲始-] 〔동〕【为始】wéishǐ

〔为首〕wéishǒu ¶총리를 위시한 모든 각료 | 以总理为首的所有的阁员.

ᶜ**위신**[威信] 〔명〕【威信】wēixìn 【威望】wēiwàng ¶~이 땅에 떨어지다 | 威信扫地.

위아래 〔명〕【上下】shàngxià ¶~가 모두 한 마음이다 | 上下一条心. ¶~가 마음을 합하다 | 上下齐心.

ᶜ**위안**[慰安] 〔명〕〔하타〕【安慰】ānwèi 【快慰】kuàiwèi 【慰藉】wèijiè 【抚慰】fǔwèi 【宽慰】kuānwèi ¶정신적 ~ | 精神上的安慰. ¶급우의 염려가 나에게 큰 ~을 주었다 | 同学们的关怀给了我很大的安慰. 참고〔慰安〕〔慰荐〕〔慰藉〕

위암[胃癌] 〔명〕〈醫〉【胃癌】wèi'ǎi ¶~에 걸리다 | 得胃癌. 참고〔胃腸〕〔胃疽〕

위압[威壓] 〔명〕〔하타〕【威压】wēiyā 【威吓】wēihè 【跋扈】báhù 【压过】yāguò 【盖过】gàiguò 【压制】yāzhì ¶군대를 이용하여 군중을 ~하다 | 用军队来威压群众. ¶엄한 말로 ~하다 | 严辞威吓. ¶~감을 느끼다 | 有一种压抑感.

위약[違約] 〔명〕〔하자〕【违约】bèi/yuē 【爽约】shuǎngyuē 【失约】shī/yuē 【失言】shī/yán ¶~하여 벌금을 배상하려 하다 | 违约要赔偿罚金. ¶~해서는 안된다 | 不能约约.

ᶜ**위엄**[威嚴] 〔명〕【威严】wēiyán 【派头】pàitóu 【威风】wēifēng ¶~을 보이다 | 显示威严.

위업[偉業] 〔명〕【大业】dàyè 【事业】shìyè ¶조국통일의 ~을 촉진하다 | 促进祖国统一的大业. ¶건국의 ~ | 建国大业.

위염[胃炎] 〔명〕〈醫〉【胃炎】wèiyán 【胃加答儿】wèijiādár ¶~을 예방 치료하다 | 防治胃炎.

위용[偉容] 〔명〕【威仪】wēiyí 【雄伟面貌】xióngwěi miànmào

위원[委員] 〔명〕【委员】wěiyuán ¶~장 | 委员长/委座.

위원회[委員會] 〔명〕【委员会】wěiyuánhuì 【委员】wěiyuán ¶교무 ~ | 校务委员会. ¶학생 모집 ~ | 招生委员会.

ᴮ**위인**¹[偉人] 〔명〕【伟人】wěirén 【伟大人物】wěidà rénwù ¶당대의 ~ | 当代

的伟人。

위인²[偉人] 명 ❶(그럴만한 사람) 【那种人】nàzhǒngrén ¶그는 도둑질할 ~이 아니다|他不是那种干偷窃的人。❷(됨됨이) 【为人】wéirén ¶그는 ~이 청렴강직하다|他为人清廉耿直。

위임[委任] 명하타 【委任】wěirèn 【承包】chéngbāo 〔交给〕jiāo·gei 〔交付〕jiāofù ¶~ 관리|代管。¶~장|授权书/委任状。¶~ 제도|委任制度。참고〔承揽lǎn〕〔承大〕〔包办de〕

위자료[慰藉料] 명 【慰抚金】wèifǔjīn 【抚恤金】fǔxùjīn 【赡养费】shànyǎngfèi 【赡养金】shànyǎngjīn 【赡家费】shànjiāfèi 【赔偿费】péichángfèi

°**위장**¹[胃腸] 명 【胃肠】wèicháng ¶~장애|胃肠障碍。¶~약|胃肠药。

위장²[僞裝] 명하타 【伪装】wěizhuāng 【变相】biànxiàng 【掩饰】yǎnshì 【虚假】xūjiǎ ¶~하여 조직에 침투하였다|伪装渗透到组织内部。¶~ 고용|变相雇佣。참고〔潜在〕

위저드[wizard] 명〔電算〕【向导】xiàngdǎo

위정자[爲政者] 명 【执政者】zhízhèngzhě 【执政当局】zhízhèng dāngjú ¶~의 책임이 막중하다|执政当局的责任重大。

위조¹[僞造] 명하타 【伪造】wěizào 【假冒】jiǎmào ¶신분증을 ~하다|伪造证件。¶~ 문서|伪造文件。

위조 지폐[僞造紙幣] 명 【伪造纸币】wěizào zhǐbì 【伪币】wěibì 【伪券】wěiquàn 【伪钞】wěichāo 【赝标】yànbiāopiào 【假票】jiǎpiào ¶~를 소각하다|销毁xiāohuǐ伪币。

위조품[僞造品] 명 【假冒品】jiǎmàopǐn 【假货】jiǎhuò 【冒牌货】màopáihuò 【赝品】yànpǐn 【伪造品】wěizàopǐn ¶그가 소장하고 있는 것 중에 많은 것이 ~이다|他的收藏shōucáng中有不少是赝品。

위조 화폐[僞造貨幣] 명 【赝币】yànbì 【伪造货币】wěizào huòbì 【伪铸币】wěizhùbì 【伪钞】wěichāo 【伪币】wěibì 【假币】jiǎbì ¶~를 감별하다|鉴别jiànbié赝币。

°**위주**[爲主] 명하타 【为主】wéizhǔ 【重】zhuó/zhòng ¶농업을 ~로 하다|以农为主。¶실력 ~로 사람을 뽑다|以实力为主要条件挑选人。

위중[危重] 명하형 【危重】wēizhòng 【危笃】wēidǔ ¶그의 병세가 ~하다|他病势危重。

ᴮ**위쪽** 명 【上面】shàngmiàn 【上边】shàngbiān 【上头】shàng·tou ¶지붕 ~|屋顶上头。

위축[萎縮] 명자 ❶(줄어들어 펴지지 못함)) 【畏缩】wèisuō 【畏怯】wèiqiè ¶~되어 전진하지 못하다|畏缩不前。¶어린 아이는 아무래도 낯선 사람에 ~된다|小孩儿总不免畏怯生人。❷(마르거나 시들어서 오그라듦) 【枯萎】kūwěi 【萎缩】wěisuō ¶꽃잎이 ~되다|花瓣枯萎。

ᴮ**위층**[-層] 명 【上楼】shànglóu 【二楼】èrlóu ¶그 사람과는 ~ 아래층 사는 이웃이다|跟那个人是住在上下层的邻居。

ᴮ**위치**[位置] 명하자 【位置】wèi·zhi 【地位】dìwèi ¶모두들 다 지정된 ~에 따라 앉았다|大家按指定的位置坐了下来。¶~가 매우 높다|地位很高。

위탁[委託] 명하타 【委托】wěituō 【代贷】dài 【寄托】jìtuō 【委任】wěirèn ¶~ 가공|代加工/委托加工。¶~ 계약|仲裁合同/代办事项。¶~ 매매|代客买卖。¶~ 판매|经销/寄售/代售/托售。참고〔托tuō付〕

ᴬ**위태롭다**[危殆-] 형 【危殆】wēidài 【危险】wēixiǎn ¶정세가 ~|情势危殆。¶저 길을 걷는 것은 매우 ~|走那条路很危险。

위태하다[危殆-] 형 ☞위태롭다

위트[wit] 명 【幽默】yōumò 【机智】jīzhì ¶~가 넘치는 대화|饶有风趣的对话。

ᴬ**위하다**[爲-] 동 ❶(이롭게 하다) 【为】wèi 【着想】zhuóxiǎng ¶조국을 위해 싸우다|为祖国而战。¶그녀는 너를 위해서 술을 조금 마시라고 권하였다|她是为你着想才劝你少喝酒的。¶대중의 이익을 위하여|为大众的利益着想。❷(사랑하다) 【疼爱】téng'ài 【爱护】àihù ¶그는 어린 아들을 매우 위한다|他很疼爱小儿

子。¶선생님은 자기 학생들을 매우
위한다 | 老师很疼爱自己的学生。❸
(목적 등을 이루려고 하다)【为着】wèi·zhe【为了】wèi·le ¶신중하기 위해 | 为了慎重起见。¶시장 조사를 위한 해외 출장 | 为了进行市场调查而到海外出差。

위해[危害] 몡【危害】wēihài【灾害】zāihài ¶~물 | 危害物品。¶~를 입다 | 受到危害。

^A^**위험**[危险] 몡 하형스형【危险】wēixiǎn【风险】fēngxiǎn ¶~ 표지 | 危险标志。¶~ 지대 | 危险地带。¶~ 인물 | 危险分子/危险人物。¶~을 각오하다 | 担dān风险。

^C^**위협**[威胁] 몡 하타【威胁】wēixié【吓唬】xià·hu【吓呼】xiàhū ¶너 어린 아이를~하지 말아라, 애가 울겠다 | 你别吓唬小孩子，孩子要哭了。¶~적인 태도로 말했다 | 他用威胁的态度说话。참고〔诈zhà〕

^C^**위화감**[違和感] 몡【违和感】wēihégǎn【不和谐】bùhéxiécgǎn【不自然】bùzìrán ¶~을 조장하다 | 助长不和谐感。

윈도[window] 몡【橱窗】chúchuāng【窗户】chuāng·hu ¶~에 수상자의 큰 사진이 걸려 있다 | 橱窗里挂着获奖huòjiǎng者的大幅fú照片。¶~ 진열 | 橱窗陈列。참고〔窗橱〕〔陈chén列窗〕〔饰shì柜〕

윈도즈[windows] 몡〈電算〉【窗口】chuāngkǒu【视窗】shìchuāng

윈드 서핑[wind surfing] 몡〈體〉【风帆冲浪】fēngfān chōnglàng

윈윈[win win] 몡〈双赢〉shuāngyíng

윌슨[Wilson] 몡〈商標〉【威尔逊】Wēiěrxùn

윗눈썹 몡【眉毛】méi·mao ¶~을 그리다 | 画眉毛。참고〔眼眉〕

^C^**윗니** 몡[-齒]【上牙】shàngyá ¶~가 빠지다 | 上牙齿掉了。

윗도리 몡❶ (윗옷)【上衣】shàngyī ¶~의 색깔이 너무 짙은 것은 좋지 않다 | 上衣的颜色不宜yí太深。❷ (상체)【上部】shàngbù

윗목 몡【炕梢】kàngshāo

윗물 몡【上游的水】shàngyóu·de shuǐ

윗방 몡[-房]【上头的屋】shàng·tou·

de 屋【上一间】shàngyìjiān ¶그는 내 ~에 살고 있다 | 他住在我上头的屋。

^B^**윗사람** 몡❶ (연장자)【长者】zhǎng·zhe【长辈】zhǎngbèi【尊长】zūnzhǎng ¶나는 ~두 분과 동행한다 | 我和两位长者同行。¶~은 언제나 후배를 사랑하고 보살핀다 | 长辈总zǒng是爱护hù晚辈wǎnbèi。❷ (상사)【上司】shàngsī【上级】shàngjí ¶직속 ~ | 顶头上司。참고〔老辈(儿,子)〕〔前qián辈〕〔上shàng辈(儿)〕

^B^**윗옷** 몡【上衣】shàngyī【上装】shàngzhuāng【外衣】wàiyī【罩衣】zhàoyī ¶~의 색깔이 너무 짙은 것은 좋지 않다 | 上衣的颜色不宜yí太深。¶검은 색의 ~ | 黑色的罩衣。참고〔罩褂guà儿〕〔罩衫shān〕

^C^**윗입술** 몡【上唇】shàngchún

^C^**윗자리** 몡❶ (주빈의 자리)【上席】shàngxí【上座】shàngzuò【上首】shàngshǒu【上手】shàngshǒu【上座儿】shàngzuòr ¶할아버지는 ~에 앉아 있다 | 爷爷坐在上座。¶~에 앉으시지요! | 请坐上手! ❷ (높은 지위)【高位】gāowèi

윙윙 뭐 하자【呜呜】wū·wu【乌乌】wū·wu【嘤嘤】sōu·sōu【呼呼】hū·hu【嗡喇喇】hūlā·la【嗖】sōu【飕(儿)飕(儿)】sōu(r)sōu(r)【嗡】wēng【唏啦哗啦】xī·lahuá·la ¶바람이 ~ 불어 춥다 | 风飕(儿)飕(儿)刮guā得很凉。¶꿀벌이 ~거리며 날다 | 蜜蜂mìfēng嗡嗡地飞。

윙크[wink] 몡 하자【眨眼】zhǎ/yǎn【眨眼示意】zhǎyǎn shìyì ¶그녀는 쉬지 않고~한다 | 她不停地眨眼。

유[有] 몡【有】yǒu【存在】cúnzài ¶무에서 ~를 창조하다 | 从无创造出有。

유가[油價] 몡【油价】yóujià ¶~가 상승한다 | 油价上涨。

^C^**유가족**[遺家族] 몡【遗族】yízú【遗属】yíshǔ ¶~을 구휼하다 | 抚恤fǔxù遗族。¶~ 수당 | 遗族津贴jīntiē。

^C^**유감**[遺憾] 몡【遗憾】yíhàn【遗恨】yíhèn ¶이번 사건에 대해 우리들은 아주 ~으로 생각합니다 | 对于这次事件，我们深感遗憾。¶~ 없다 | 毫无遗憾/无感。

유감스럽다[遺憾-] 휑 **遺憾**yíhàn 【不过意】búguòyì 【可惜】kěxī ¶매우 유감스럽지만, 저는 당신의 초청을 받아들일 수 없습니다 | 非常遗憾, 我不能接受你的邀请yāoqǐng。 ¶이렇게까지 신경쓰게 하여 정말 유감스럽습니다 | 让您这么费心我真不过意。

유격[遊擊] 몡하타 **游击**yóujī ¶~대 | 游击队。 ¶~병 | 游击兵。 ¶~전 | 游击战。

유고[遺稿] 몡 **遺稿**yígǎo ¶~를 정리하다 | 整理遗稿。

유곡[幽谷] 몡 **幽谷**yōugǔ ¶심산~ | 深山幽谷。

ᶜ**유골**[遺骨] 몡 **遺骨**yígǔ 【遺骸】yíhái ¶비행기 추락 사고 현장 도처에 ~이 나뒹굴다 | 坠机zhuìjī现场, 遍地biàndì是遗骸。

ᶜ**유괴**[誘拐] 몡하타 **誘拐**yòuguǎi ¶어린애를 ~하다 | 诱拐小孩儿。 ¶~범 | 诱拐犯。

ᴮ**유교**[儒教] 몡 **儒教**Rújiào ¶~사상 | 儒教思想。 ¶~적인 전통 | 儒教传统。

유구[悠久] 몡하휑 **悠久**yōujiǔ ¶우리나라 역사가 ~하다 | 我国历史悠久。 ¶~한 문화 전통 | 悠久的文化传统chuántǒng。

유구무언[有口無言] 몡 **有口无言**yǒukǒu wú yán ¶참으로 ~이다 | 真是有口无言。

유권자[有權者] 몡 **有权者**yǒuquánzhě 【选民】xuǎnmín ¶~명부 | 选民名册。

유급[有給] 몡 **有报酬**yǒu bàochóu 【有工资】yǒu gōngzī ¶~휴가 | 带薪休假。 참고〔专职〕

유급[留級] 몡하타 **留級**liú/jí ¶그는 또 ~됐다 | 他又留级了。 참고〔留班〕〔落luò第〕

ᶜ**유기**[遺棄] 몡하타 **遺弃**yíqì 【放弃】fàngqì ¶~죄 | 遗弃罪。 ¶노인과 어린애를 ~하다 | 遗弃老幼。 참고〔弃让〕〔抛pāo弃〕

유기[有機] 몡 **有机**yǒujī ¶~비료 | 有机肥料。 ¶~농산물 | 有机农产品。 ¶~산 | 有机酸。 ¶~화학 | 有机化学。 ¶세 부문의 간부를 ~적으로 연계하다 | 把三部分干部有机地联

系起来。

유기음[有氣音] 몡〔言〕 **有气音**yǒuqìyīn

ᴮ**유난** 몡하휑 **特別**tèbié 【格外】géwài 【分外】fènwài 【异常】yìcháng ¶스타일이 아주 ~스럽다 | 式样很特別。 ¶오늘은 ~히 덥다 | 今天特別热。 ¶음력 팔월 보름이 되면 달이 ~히 밝다 | 月到中秋分外明。 ¶교실이 ~히 조용하다 | 教室里异常安静。 ¶~히 흥분하다 | 异常兴奋。

유년[幼年] 몡 **幼年**yòunián 【鬐年】tiáonián ¶~기 | 幼年时期。

유념[留念] 몡 **記住**jìzhù ¶내 말 잊지 말고 ~해두게나 | 別忘了我的话, 要记住。

ᶜ**유능**[有能] 몡하휑 **能干**nénggàn 【得力】délì 【有才干】yǒu cáigàn 【有能力】yǒu nénglì ¶~한 간부 | 能干的干部。 참고〔能〕

유니코드[unicode] 몡〔電算〕 **单一码**dānyī mǎ 【统一码】tǒngyī mǎ

유니폼[uniform] 몡 **制服**zhìfú 【校服】xiàofú 【运动服】yùndòngfú ¶회색의 ~ | 灰色的校服。

유다르다[類-] 휑 **特別**tèbié 【格外】géwài ¶그의 성미는 ~ | 他的脾气很特別。 ¶새벽 공기는 유달리 신선하다 | 早晨的空气特別新鲜。

유달리 뭐 **特別**tèbié 【格外】géwài 【特殊】tèshū ¶왜 이렇게 ~ 구니? | 怎么这么特殊啊?

유대[紐帶] 몡 **纽带**niǔdài 【友谊】yǒuyì ¶우정의 ~ | 友谊的纽带。

유대[히 Judea] 몡 **犹太**Yóutài〔유태인과 유태 왕국의 음역어。기원전 922년 무렵 이스라엘 왕국의 분열로 팔레스타인 남부에 세워진 왕국〕¶~ 민족 | 犹太民族。 ¶~교 | 犹太教/以色列教。

ᴮ**유도**[柔道] 몡〔體〕 **柔道**róudào 【柔术】róushù ¶~선수 | 柔道选手。

유도[誘導] 몡하타 **誘导**yòudǎo 【引导】yǐndǎo 【导出】dǎochū 【感应】gǎnyīng ¶관제탑의 ~에 따라 착륙하다 | 按照管制塔的诱导降落。 ¶~반응 | 诱导反应。 ¶정확하게 ~하다 | 正确引导。 ¶이 점으로부터 이와 같은 결론을 ~해낸다 | 从这点导出这样的

결론.

ᵃ**유독**[有毒] 명하형 【有毒】yǒudú ¶~
식물 | 有毒植物. ¶~ 가스 | 有毒气
体.

유동[流動] 명하자 【流动】liúdòng 【流
转】liúzhuǎn 【流程】liúchéng 【漂浮】pi-
āofú ¶~체 | 流动体. ¶~ 인구 |
流动人口. 참고〔飘piāo浮〕〔游动〕

유들유들 뭐하형 【厚颜无耻】hòu yán w-
ú chǐ ¶이 녀석은 정말 ~하다 | 这小
子太厚颜无耻了 |

ᴮ**유람**[遊覽] 명하타 【游览】yóulǎn ¶~
선 | 游览船.

유랑[流浪] 명하자타 【流浪】liúlàng
【漂泊】pāobó 【流落】liúluò 【流亡】liúw-
áng 【颠沛流离】diān pèi liú lí 【流落失
所】liú lí shī suǒ 【流落转徙】liú lí zhuǎ-
n xǐ ¶길거리를 ~하다 | 流浪街头.
¶타국을 ~하는 생활 | 漂泊异国的
生活. ¶흉년에 백성들이 의지할 곳
을 잃고 ~하다 | 荒年灾月, 百姓流离
失所. 참고〔漂游yóu〕〔飘泊piāobó〕
〔飘薄bó〕

ᶜ**유래**[由來] 명하자 【由来】yóulái 【来
由】láiyóu 【根由】gēnyóu 【渊源】yuān-
nyuán ¶~를 묻다 | 问来由. ¶~를
캐묻다 | 追问根由. 참고〔来因〕〔缘
故〕〔起因〕

유럽[Europe] 명 【欧洲】Ōuzhōu 【欧罗
巴】Ōuluóbā ¶~ 경제 공동체 | 欧洲
经济共同体. ¶~ 공동체 | 欧洲经济
共同体. ¶~ 시장 | 欧洲市场.

유력[有力] 명하형 ❶ (가능성・설득력
있음) 【有力量】yǒulìliàng 【有力】yǒulì
¶~한 증거를 제공하다 | 提供有力
的证据. ¶후임 인선에는 모씨가 가
장 ~하다 | 继任人选以某人最有希
望. ❷ (권세가 있다) 【有势力】yǒu shìlì
【有权势】yǒu quánshì 【有权威】yǒu q-
uánwēi ¶유력한 가문 | 有势力的家
族.

ᴮ**유령**[幽靈] 명 ❶ (혼령) 【幽灵】yōulíng
【死魂】sǐhún 【死鬼】sǐguǐ 【亡灵】wá-
nglíng 【幽魂】yōuhún ¶산림 속에서
~이 돌아다니다 | 幽灵在山林中游
荡. ¶네가 ~ 같은 놈아! 방금 어딜
갔었느냐? | 你这个幽灵刚才跑到哪儿
去了? ❷ (실제로 없는 것을 있는 것처
럼 꾸민 것) 【有名无实的】yǒu míng w-

ú shí·de 【虚报】xūbào 【挂名】guàmí-
ng ¶~ 회사 | 挂名公司/皮包公司.

유례[類例] 명 【前例】qiánlì 【先例】xiā-
nlì 【类似的事例】lèisì·de shìlì ¶~ 에
따라 처리하다 | 按前例办理bànlǐ.
¶~를 남기다 | 开先例.

유료[有料] 명 【收费】shōu/fèi ¶~ 변
소 | 收费厕所cèsuǒ. ¶~ 주차장 |
收费停车场. ¶~ 고속도로 | 收费高
速公路. ¶~ 도로 | 收费公路. ¶~
하중 | 付费重量.

유리[有利] 명하형 【有利】yǒulì ¶형
세가 우리에게 ~하다 | 形势对我们
有利. ¶~한 조건 | 有利条件. ¶~
한 시기 | 有利时机. ¶~
한 조건 | 有利条件.

ᴮ**유리**[琉璃] 명 【玻璃】bō·li ¶간~ |
毛玻璃. ¶다이어 | 花玻璃. 참
고〔颇pō黎〕〔颇梨〕

유린[蹂躙] 명하타 【蹂躏】róulìn 【糟
践】zāo·jian 【糟踏】zāo·ta 【践踏】jià-
n·tà ¶민중의 인권을 ~하다 | 蹂躏
民众的人权. ¶부녀자를 ~하다 | 糟
践女子.

유림[儒林] 명 【儒学者】rúxuézhě 【儒
林】rúlín

유망[有望] 명하형 【有希望】yǒu xīwà-
ng 【有出息】yǒuchū·xi 【有望】yǒuwà-
ng ¶전도가 ~하다 | 前途有望.

유머[humor] 명 【幽默】yōumò ¶~ 감
각 | 幽默感. 참고〔谐谑〕

ᶜ**유명**[有名] 명하형 【有名】yǒumíng
【著名】zhùmíng 【出名】chūmíng 【驰
名】chímíng ¶그는 학술계에서 아주
~하다 | 他在学术界xuéshùjiè很有
名. ¶한국의 인삼은 세계에서 아주
~하다 | 韩国的人参在世界shìjiè上
很著名. ¶세계적으로 ~한 만리장
성 | 世界驰名的长城. ¶~ 브랜드 |
名牌. 참고〔驰誉〕

유명[幽明] 명 【幽明】yōumíng 【阴间
和阳间】yīnjiān hé yángjiān ¶~을
달리하다 | 幽明永隔.

유모[乳母] 명 【奶妈】nǎi·ma 【奶娘】n-
ǎiniáng ¶~가 아기를 돌보다 | 奶妈
看孩子.

유모차[乳母車] 명 【儿童车】értóngch-
ē 【婴儿车】yīng'érchē

ᶜ**유목**[遊牧] 명하자 【游牧】yóumù ¶~
민족 | 游牧民族.

유무[有無] 명【有无】yǒuwú ¶병의 ~를 조사하다 | 检查有没有得病。

B**유물**1[遺物] 명【遗物】yíwù ¶선조들의 ~ | 祖先的遗物。¶석기시대의 ~을 발굴하다 | 发掘石器时代的遗物。

유물2[唯物] 명【唯物】wéiwù ¶~론 | 唯物论。¶~사관 | 历史唯物主义/唯物史观。

유미 주의[唯美主義] 명【唯美主义】wéiměizhǔyì ¶그는 ~를 신봉한다 | 他信奉唯美主义。

유민[流民] 명【流民】liúmín ¶전쟁으로 ~이 발생하다 | 因战争出现了流民。

유발[誘發] 명하자타【诱发】yòufā【劝诱】quànyòu【诱导】yòudǎo【诱致】yòuzhì ¶돌연변이를 ~하다 | 诱发突变tūbiàn。¶홍역을 ~하다 | 诱发麻疹mázhěn。

C**유방**[乳房] 명〈生理〉【乳房】rǔfáng【奶房】nǎifáng ¶~염 | 乳房炎。참고〔乳盘pán〕〔奶nǎi膀子〕

유배[流配] 명하타【流放】liúfàng【流配】liúpèi【放逐】fàngzhú ¶그를 시베리아로 ~보내다 | 把他流放到西伯利亚。

유별[類別] 명하타【类别】lèibié【分门别类】fēn mén bié lèi【分别门类】fēnbié ménlèi【门类】ménlèi ¶토양의 ~ | 土壤的类别。참고〔搭配〕

유별나다[有別—] 형【特别】tèbié【与众不同】yǔzhòngbùtóng ¶그는 아주 ~ | 他与众不同。¶스타일이 아주 ~ | 式样很特别。참고〔格外〕〔分外〕

유보[留保] 명하타【保留】bǎoliú ¶~권 | 保留权益。¶다른 의견은 잠시 ~하였다가 다음에 다시 토론하자 | 不同的意见暂zàn时保留, 下次再讨论。¶임금 인상을 ~하다 | 保留工资。

유복하다1[有福—] 형【有福】yǒufú【有福气】yǒu fúqì ¶유복한 사람 | 有福之人。

유복하다2[裕福—] 형【裕福】yùfú【富裕】fùyù ¶유복하게 살다 | 过得富裕。

C**유부**[油腐] 명【豆腐干】dòu·fugān

유부남[有婦男] 명【有妇之夫】yǒufùzhīfū ¶알고보니 그는 ~이었다 | 一打听才知道他是有妇之夫。

유부녀[有夫女] 명【有夫之妇】yǒufūzhīfù ¶그녀는 ~로 보이지 않는다 | 她不像是有夫之妇。

유비무환[有備無患] 명【有备无患】yǒu bèi wú huàn ¶식품을 조금 많이 사두면 ~이 될 수 있다 | 多买一点食品, 这样可以有备无患。

유사1[有史] 명하형【有史】yǒushǐ ¶~이래 그런 일은 일어난 적이 없다 | 有史以来, 没有发生过这类事情。

B**유사**2[類似] 명하형【类似】lèisì【相似】xiāngsì【类乎】lèi·hu ¶~한 주제 | 相似的主题zhǔtí。¶~한 상황 | 相似的情况qíngkuàng。¶~ 제품 | 类似的产品。참고〔好像〕〔近于〕

유사시[有事時] 명【有事时】yǒu shì shí【非常时期】fēichángshíqī ¶~에는 이 약을 먹어라 | 有事时, 吃这个药吧。¶~에 대비하다 | 为非常时期做准备。

유산1[流産] 명하자타【流产】liú/chǎn【小产】xiǎochǎn【小月】xiǎoyuè ¶그녀는 몇 번 ~한 적이 있다 | 她流过几次产。¶인공 ~ | 人工流产。참고〔小月子(儿)〕〔小喜xǐ〕〔丢胎diūtāi〕〔胚pēi胎〕〔早产〕

B**유산**2[遺産] 명【遗产】yíchǎn ¶문화 ~ | 文化遗产。¶~을 이어받다 | 继承jìchéng遗产。¶~을 남겨 놓다 | 留下遗产。

유산소운동[有酸素運動] 명〈体〉【有氧运动】yǒuyǎngyùndòng

유상[有償] 명【有偿】yǒucháng ¶~으로 취득하다 | 有偿取得。¶~ 샘플 | 有偿样品。

C**유생**[儒生] 명【儒生】rúshēng【儒士】rúshì ¶성균관 ~ | 成均馆儒生。

유서1[由緒] 명【由来】yóulái【来历】láilì ¶~ 깊은 고장 | 由来以久的地方。

C**유서**2[遺書] 명【遗书】yíshū【遗嘱】yízhǔ ¶~를 남기다 | 留下遗嘱。¶~를 쓰다 | 写遗书。참고〔遗言〕

C**유선**[乳腺] 명〈生理〉【乳腺】rǔxiàn ¶~염 | 乳腺炎/奶疮。

B**유성**1[油性] 명【油性】yóuxìng ¶~페인트 | 油性涂料。

C**유성**2[流星] 명〈天〉【流星】liúxīng ¶~이 떨어지다 | 流星陨落yǔnluò。참

고〕[飞fēi星]〔贼zéi星]

유세[有勢] 명하형 ❶ (세력이 있음)【有勢】yǒushì【有勢力】yǒu shìlì ❷ (세도를 부림)【专横】zhuānhèng ¶네가 뭘 믿고 ~를 떠나? | 你凭什么就这么专横?

유세²[遊說] 명하타 【游说】yóushuì ¶선거 ~ | 选举游说。¶경선에 뛰어든 후보자들이 선거구를 돌며 ~한다 | 已竞选的候选人围着选区进行游说。

유수[有數] 명하형 【有数】yǒushù【有分寸】yǒu fēn·cun【有运气】yǒuyùnqì【屈指可数】qūzhǐkěshǔ ¶국내 ~의 건설회사 | 国内屈指可数的建筑公司。¶그는 세계의 ~의 과학자다 | 他是世界上有数的科学家。

유숙[留宿] 명하자 【留宿】liúsù【住宿】zhùsù ¶오늘밤 그는 여기에서 ~한다 | 今晚他就在这里留宿。 참고〔歇xiē宿]〔止宿]〔寄jì宿]〔住]

유순[柔順] 명하형 【温柔】wēnróu【温顺】wēnshùn ¶성미가 ~한 여자 | 性情温柔的女子。¶양처럼 ~하다 | 像羊一般温顺。

유식[有識] 명하형 【有知识】yǒu zhī·shi【有学问】yǒu xuéwèn ¶그는 늘 ~한 척한다 | 他总是装作有知识。

유실¹[流失] 명하자 【流失】liúshī【冲走】chōngzǒu【外流】wàiliú ¶나무를 심고 산림을 조성하면 땅이 ~되는 것을 막을 수 있다 | 植树造林可以防止水土流失。

유실²[遺失] 명하타 【遗失】yíshī【丢失】diūshī ¶~ 수표 | 遗失支票。¶~ 어음 | 遗失票据。

유실수[有實樹] 명 【有实树】yǒushíshù【果树】guǒshù【果木(树)】guǒmù(shù)

유심하다[有心 -] 형 【留心】liú/xīn【留意】liú/yì【注意】zhù/yì

유심히[有心 -] 뷔 【留心地】liú/xīnde【留意】liú/yì ¶그는 나를 ~ 바라보았다 | 他留意了一下我。

유아¹[幼兒] 명 【幼儿】yòu'ér ¶~차 | 幼儿车。

유아²[乳兒] 명 【乳儿】rǔ'ér【婴儿】yīng'ér【婴孩】yīnghái ¶~ 보건 | 婴儿保健bǎojiàn。

유알엘[URL ; Uniform Resource Lo-cator] 명 〈電算〉【网址】wǎngzhǐ【统一资源定位符】tǒngyī zīyuán dìngwèi·fú

유언¹[流言] 명 【流言】liúyán【谣言】yáoyán ¶아마도 외부의 ~일 것이다 | 恐怕是外面的流言。¶~비어 | 流言蜚语/流言飞语/流言混hùn话/流言流语。

유언²[遺言] 명하타 【遗言】yíyán【遗嘱】yízhǔ ¶~을 남기다 | 留下遗嘱。

유에스비[USB ; universal serial bus] 명 〈電算〉【通用串行总线】tǒngyòng chuànxíng zǒngxiàn

유에스비 메모리[USB memory ; universal serial bus memory] 명 〈電算〉【优盘】yōupán

유에스비 플래쉬 메모리[USB flash memory] 명 〈電算〉【移动闪盘】yídòngshǎnpán

유엔[UN] 명 〈政〉【联合国】Liánhéguó ¶~ 빌딩 | 联合国大楼。¶~ 본부 | 联合国总部。¶~에 가맹하다 | 加盟联合国。 참고〔轴Zhóu心国]〔国际联盟]

유역[流域] 명 【流域】liúyù ¶황하 ~ | 黄河流域。¶양자강 ~ | 长江流域。 참고〔灌guàn域]

유연[柔軟] 명하형 【柔软】róuruǎn【柔和】róuhé ¶~한 몸 | 柔软的身体。

유연하다[悠然 -] 형 【悠然】yōurán【从容】cōngróng【悠闲】yōuxián ¶유연하게 이 일에 대처하다 | 从容地应付yìngfù这件事情shìqíng。¶태도가 ~ | 态度tàidù悠闲。

유예[猶豫] 명하자타 ❶ (망설임)【犹豫】yóuyù【宽限】kuānxiàn【犹疑】yóuyí【犹与】yóuyǔ【由豫】yóuyù ¶~ 기간 | 宽限期/延缓期间。¶~ 일수 | 宽限日期。 ❷ (연기)【延期】yán·qī【缓期】huǎnqī【宽期】kuānqī ¶집행을 ~하다 | 缓期执行。¶지불을 ~하다 | 缓期付款。

유용¹[有用] 명하형 【有用】yǒu/yòng ¶이 책이 나에게는 아주 ~하다 | 这本书对我来说很有用。¶~한 사람 | 有用的人。

유용²[流用] 명하타 【挪用】nuóyòng【转用】zhuǎnyòng【动用】dòngyòng

【留用】liúyòng 【流用】liúyòng ¶공금을 마음대로 ~할 수 없다 | 不准随意挪用公款。¶공금을 ~하다 | 动用公款。¶재고품을 ~하다 | 动用库存。

ᴮ**유원지**[遊園地] 閔【游园地】yóuyuándì【游览地】yóulǎndì ¶~를 조성하다 | 营造游览地。

ᴬ**유월**[六月] 閔【六月】liùyuè ¶~의 청포도 | 六月的青葡萄。

유유낙낙[唯唯諾諾] 閔【唯唯诺诺】wéi·wei nuò·nuo 【然而可】rán·ran kě·ke 【唯命是从】wéi mìng shì cóng 【唯命是听】wéi mìng shì tīng ¶그는 언제나 ~한다 | 他总是唯唯诺诺的。

유유상종[類類相從] 閔【类类相从】lèi lèi xiāng cóng 【类比相从】lèi bǐ xiāng cóng

유유하다[悠悠-] 閔【悠悠】yōuyōu 【悠然】yōurán 【从容】cóngróng ¶그는 유유히 담배를 피며 손님을 기다리고 있다 | 他悠然地抽着烟，等候着客人。¶행동거지가 ~ | 举止比悠然从容。

ᴮ**유의**[留意] 閔하자타【留意】liú/yì 【留心】liú/xīn 【注意】zhù/yì 【介意】jiè/yì ¶자신의 언행에 ~하다 | 留心自己的言行。¶안전에 ~하다 | 注意安全。¶전혀 ~치 않다 | 毫不介意。 (참고)〔留神〕〔小心〕〔仔细〕〔当心〕〔介怀huái〕〔屑xiè意〕〔吃心〕

ᶜ**유익**[有益] 閔하형【有益】yǒuyì 【有好处】yǒuhǎochù ¶운동은 건강에 ~하다 | 运动对健康有益。¶~한 격언 | 有益的格言。

유인[誘因] 閔【诱因】yòuyīn 【起因】qǐyīn 【原因】yuányīn 【因子】yīnzǐ ¶병의 ~ | 病的诱因。

유인[誘引] 閔하타【引诱】yǐnyòu 【勾引】gōuyǐn 【兜搭】dōu·da 【诱拐】yòuguǎi ¶적을 매복한 곳으로 ~하다 | 引诱敌人进入伏击圈fújīquān。¶~장치 | 诱饵。 (참고)〔逗dòu引〕〔挑tiǎo引〕

유인물[油印物] 閔【印刷品】yìnshuāpǐn 【印刷物】yìnshuāwù 【油印品】yòuyìnpǐn ¶정부기관에서 나온 ~ | 官方的印刷品。

ᶜ**유일**[唯一] 閔하형【唯一】wéiyī 【惟一】wéiyī 【单一】dānyī ¶~ 가격 | 单一

价格。¶이 방법이 ~하다 | 这是唯一的方法。 (참고)〔统批〕〔统一〕

유입[流入] 閔하자【流入】liúrù 【流进】liújìn ¶외부자본이 ~되다 | 外资流入。

ᶜ**유자**[柚子] 閔〈植〉【柚子】yòu·zi ¶~는 아주 맛있다 | 柚子很好吃。 (참고)〔朱奕yì〕

유작[遺作] 閔【遗作】yízuò ¶~을 정리하다 | 整理遗作。

유저[遺著] 閔【遗著】yízhù 【遗作】yízuò ¶선생님의 ~를 정리하여 출판하다 | 整理出版先师的遗著。

유저[user] 閔【使用者】shǐyòngzhě 【用户】yònghù ¶~의 의견을 구하다 | 征求用户意见。

유저 네임[user name] 閔【用户注册名】yònghùzhùcèmíng

유저 아이디[user ID] 閔〈電算〉【用户标识符】yònghùbiāoshìfú

유저 인터페이스[user interface] 閔〈電算〉【用户界面】yònghùjièmiàn

ᴮ**유적**[遺跡] 閔【遗迹】yíjì ¶역사 ~ | 历史遗迹。¶고대 촌락의 ~ | 古代村落的遗迹。

유전[油田] 閔【油田】yóutián ¶~ 개발 | 油田开发。¶다층 ~ | 多层油田。

ᶜ**유전**[遺傳] 閔하자〈生〉【遗传】yíchuán ¶~병 | 遗传病。¶~ 인자 | 遗传因子。

ᴮ**유전자**[遺傳子] 閔【遗传子】yíchuánzǐ ¶~ 돌연 변이 | 基因突变。¶~ 재결합 | 基因重组。

ᶜ**유정**[有情] 閔【有情】yǒu/qíng

유제품[乳製品] 閔【奶制品】nǎizhìpǐn 【乳制品】rǔzhìpǐn ¶~의 보존 기한을 잘 살펴 보아라 | 仔细看看乳制品的保存期限。

ᴮ**유조선**[油槽船] 閔【油船】yóuchuán 【油槽船】yóucáochuán 【油轮】yóulún 【运油船】yùnyóuchuán ¶~은 내일 도착한다 | 油船明天抵达。

유족[遺族] 閔【遗族】yízú 【遗属】yíshǔ ¶~ 수당 | 遗族津贴jīntiē。¶~ 연금 | 遗属年金。

유종[有終] 閔하형【有终】yǒuzhōng 【好收场】hǎoshōuchǎng 【有始有终】yǒushǐyǒuzhōng ᶜ**유죄**[有罪] 명하형 〈法〉【有罪】yǒu zuì ¶자신의 ~를 시인하다 | 承认自己有罪. ¶피고는 ~로 판결되었다 | 被告被判有罪.

ᴮ**유지**[維持] 명하타 【維持】wéichí 【维护】wéihù 【保持】bǎochí ¶질서를 ~하다 | 维持秩序. ¶평화를 ~하다 | 维护和平. ¶대중과 밀접한 관계를 ~하다 | 跟群众保持密切联系. ¶비 | 保修费.

유지²[有志] 명 【有志】yǒuzhì ¶지방 ~ | 地方有志之士.

ᴮ**유창하다**[流暢-] 형 【流畅】liúchàng 【流利】¶문장이 ~ | 文字流畅. ¶매우 유창하게 읽다 | 读得很流畅. ¶그는 중국어를 매우 유창하게 말한다 | 他汉语说得很流利.

유채[油菜] 명 〈植〉【油菜】yóucài 【芸薹】yúntái 참고 〔菜苔 tái〕[菜薹]

유추[類推] 명하타 【类推】lèituī ¶이것으로 ~하다 | 以此类推. ¶이것으로 미루어 ~하다 | 照此类推.

유출[流出] 명하자타 【流出】liúchū 【外流】wàiliú ¶달러의 해외 ~ | 美元外流. ¶인재의 국외 ~을 방지하다 | 防止人才外流.

ᶜ**유충**[幼蟲] 명 【幼虫】yòuchóng ¶~을 쉽게 죽일 수 있다 | 幼虫容易杀灭 shāmiè.

유치¹[留置] 명하타 ❶ (물건을 맡아 둠) 【扣下】kòuxià 〔扣下物〕kòuxiàwù 【引导】yǐndǎo 〔引进〕yǐnjìn 【停留】tíngliú 【扣留】kòuliú ¶우편물 | 邮局候领邮件. ¶~ 화물 | 存积货物. ❷ (구속 집행 전에 사람을 가두어 두는 일) 【拘留】jūliú 【扣起来】kòu·qǐ·lái 【押起来】yā·qǐ·lái [押起来人] yā·qǐ·lái rén ¶피의자로서 ~하다 | 作为嫌疑人被拘留.

유치²[幼稚] 명하형 【幼稚】yòuzhì ¶보기에 너무 ~하다 | 看来太幼稚了. ¶~한 생각 | 幼稚的想法.

유치³[誘致] 명하타 【诱致】yòuzhì 【吸引】xīyǐn 【申办】shēnbàn ¶국제 행사 ~ | 申办国际活动.

유치원[幼稚園] 명 【幼儿园】yòu'éryuán [幼稚园]yòuzhìyuán ¶우리 아이는 ~에 다닌다 | 我们的孩子在上幼儿园.

ᶜ**유쾌**[愉快] 명하형 【愉快】yúkuài 【乐】yúlè ¶매우 ~하게 생활하다 | 生活得很愉快. ¶마음이 ~하다 | 心情愉快.

ᶜ**유통**[流通] 명하자타 【流通】liútōng 【流转】liúzhuǎn 【周转】zhōuzhuǎn 【经销】jīngxiāo 〔经售〕jīngshòu ¶공기가 ~하다 | 空气流通. ¶~ 과정 | 流通过程. ¶널리 ~되다 | 流通甚广. ¶자금이 ~되지 않다 | 资金周转不过来.

유틸리티[utility] 명 〈電算〉【实用程序】shíyòng chéngxù

유포[流布] 명하자타 【散布】sànbù 【流布】liúbù 〔流传〕liúchuán ¶전단을 ~하다 | 散布传单 chuándān. ¶세상에 ~하다 | 流布四海.

ᶜ**유품**[遺品] 명 【遗物】yíwù 【遗品】yípǐn ¶선조들의 ~ | 祖先的遗物.

ᴮ**유학**¹[留學] 명하자 【留学】liú/xué ¶해외 ~ | 海外留学. ¶그는 일찍이 중국에서 ~했다 | 他早年留学到中国.

ᶜ**유학**²[儒學] 명 【儒学】rúxué ¶~자 | 儒学者.

ᶜ**유한**[有限] 명하형 【有限】yǒuxiàn ¶한 사람의 경험, 지식과 정력은 ~하다 | 一个人的经验, 知识, 精力有限. ¶~ 책임 | 有限责任. ¶~ 회사 | 有限公司.

ᶜ**유해**¹[遺骸] 명 【遗骸】yíhái 【遗骨】yígǔ ¶~를 인수하다 | 接受遗骨. ¶~를 거두다 | 收集遗骸.

유해²[有害] 명하형 【有害】yǒu/hài 【有毒】yǒudú ¶~성분 | 有害成分. ¶~ 물질 | 有毒物质.

ᴮ**유행**[流行] 명하자 【流行】liúxíng 【时兴】shíxīng 【时新】chíxīn 【时髦】shí máo 【风行】fēngxíng 【时尚】shíshàng 【盛行】shèngxíng ¶~가 | 流行歌曲. ¶이런 스타일이 한동안 ~했다 | 这种样式时兴了一阵子. ¶이런 스타일은 현재 가장 ~하는 것이다 | 这种式样现在最时新. ¶일 하는 데 ~을 좇아서는 안된다 | 做事不能赶时髦.

유혈[流血] 명 【流血】liúxuè 【浴血】yùxuè ¶~ 투쟁 | 流血斗争. ¶~ 없는 전쟁 | 不流血的战争.

ᶜ**유형**¹[類型] 명 【类型】lèixíng ¶~학 |

类型学. ¶몇 가지 ~으로 분류하다 | 分成几种类型.

유형²[有形] 명|형 【有形】yǒuxíng ¶~ 자산 | 有形资产. ¶~ 문화재 | 有形的文化财富.

ᶜ**유혹**[誘惑] 명|하타 【诱惑】yòuhuò 【煽诱】shānyòu 【煽惑】shānhuò ¶너는 그를 ~하지 마라 | 你别诱惑他. ¶창밖에는 사람을 ~하는 경치가 펼쳐져 있다 | 窗外是一片诱人的景色.

ᶜ**유화**¹[油畵] 명 【油画】yóuhuà ¶~ 물감 | 油颜料.

유화²[宥和] 명|하타 【宥和】yòuhé 【宽大】kuāndà ¶~정책 | 宽大政策.

유효[有效] 명|형 【有效】yǒuxiào ¶~한 조치 | 有效措施. ¶이 차표는 3일간 ~하다 | 这张车票三日内有效. ¶이 지시는 아직도 ~하다 | 这个指示仍然有效.

유휴[遊休] 명 【闲散】xiánsǎn 【休闲】xiūxián 【闲置】xiánzhì 【未利用】wèilìyòng 【停歇】tíngxiē ¶~ 자본 | 闲散资本. ¶~ 물자 | 闲置物资. ¶~ 노동력 | 闲置劳动力. ¶~ 시간 | 停歇时间. ¶~ 설비 | 未利用设备.

유희[遊戲] 명|하자 【游戏】yóuxì ¶~ 본능 | 游戏本能.

ᴬ**육**[六] 주 【六】liù ¶2 더하기 4는 6이다 | 二加四等于六. ▣참고 〔第六〕

육감¹[六感] 명 【第六感觉】dìliùgǎnjué ¶그 여자는 ~이 뛰어나다 | 那个女的第六感觉很敏锐.

육감²[肉感] 명 【肉感】ròugǎn ¶저 아가씨는 매우 ~적이다 | 那个小姐xiǎojiě很肉感.

육개장[肉-] 명 【细丝牛肉汤】xìsī niúròutāng 【牛肉汤】niúròutāng ¶나는 ~을 무척 즐겨 먹는다 | 我非常喜欢吃牛肉汤.

ᴮ**육교**[陸橋] 명 【天桥】tiānqiáo 【陆桥】lùqiáo ¶~를 놓다 | 架设天桥.

ᴮ**육군**[陸軍] 명 【陆军】lùjūn ¶~ 사령부 | 陆军司令部.

ᶜ**육로**[陸路] 명 【陆路】lùlù 【旱路】hànlù ¶~로 가다 | 从旱路走. ¶~수송 | 陆路运送. ▣참고 〔旱道dào(儿)〕〔旱路〕

육류[肉類] 명 【肉】ròu 【肉类】ròulèi ¶~섭취를 줄이고 채소를 많이 먹어야

한다 | 应该少吃肉, 多吃蔬菜.

육박[肉薄] 명|하자 ❶ (바싹 들이벎) 【逼近】bījìn 【短兵相接】duǎn bīng xiāng jiē ¶적의 진영에 ~하다 | 迫近敌营. ❷ (가까이 감) 【接近】jiējìn ¶광장에 모인 군중이 10만에 ~한다 | 聚集在广场的群众接近十万.

육부[六腑] 명 【六腑】liùfǔ ¶부고를 듣는 순간 그는 ~가 다 찢어졌다 | 一听噩耗èhào, 他六腑俱裂jùliè. ▣참고 〔六府〕〔五脏六腑〕

ᶜ**육사**[陸士] 명 【陆军士官学校】lùjūn shìguān xuéxiào ¶~의 생도 | 陆军士官学校的学生.

ᶜ**육상**[陸上] 명 【陆地上】lùdìshàng 【陆上】lùshàng ¶~ 경기 | 田径赛. ¶~ 교통 | 陆上交通.

육서[六書] 명 〈言〉❶ (한자의 구성 및 운용 상의 여섯 가지 유형) 【六书】liùshū "象形" "指事" "会意" "形声" "转注" "假借"를 말함] ❷ (한자의 여섯 가지 서체) 【六书】liùshū ["大篆" "小篆" "八分" "隶书" "行书" "草书"를 말함]

육성¹[肉聲] 명 【肉声】ròushēng 【原声】yuánshēng ¶~ 녹음 | 原声录音.

육성²[育成] 명|하타 【培养】péiyǎng 【培壅】péiyōng 【培育】péiyù ¶간부를 ~하다 | 培养干部gànbù. ¶인재를 ~하다 | 培养人才.

육손이[六-] 명 【六指儿】liùzhǐr ¶그는 ~이다 | 他是六指儿.

육송[陸送] 명 【陆运】lùyùn 【陆上运输】lùshàng yùnshū ¶~으로 한 무더기의 물자가 보내왔다 | 通过陆运, 送来了一批物资wùzī.

육수[肉水] 명 【肉汤】ròutāng ¶~를 만들다 | 做肉汤.

ᴮ**육식**[肉食] 명|하자 【肉食】ròushí 【吃肉】chīròu ¶~ 동물 | 肉食动物. ¶~을 금하다 | 禁止吃肉.

육신[肉身] 명 【身体】shēntǐ 【子子】shēn·zi ¶~이 늙고 병들다 | 身子年老多病.

육십[六十] 주 【六十】liùshí

육아[育兒] 명 【育儿】yù'ér 【保育】bǎoyù ¶~실 | 保育室.

육안[肉眼] 명 【肉眼】ròuyǎn ¶~으로는 세균이 보이지 않는다 | 用肉眼看不见细菌.

ᵒ**육중하다**[肉重-] 휑 【笨重】bènzhòng 【沉重】chénzhòng ¶매우 육중한 가구 | 非常笨重的家具. ¶체구가 ~하다 | 身体笨重. 휑[沉][重]

ᴬ**육지**[陸地] 명 【陆地】lùdì ¶~에는 태풍이 바다보다 적다 | 陆地上的台风少于海上.

육질[肉質] 명 【肉质】ròuzhì ¶이 고기는 ~이 아주 좋다 | 这肉的质量非常好.

ᵒ**육체**[肉體] 명 【肉体】ròutǐ 【身体】shēntǐ 【体力】tǐlì ¶~ 관계 | 肉体关系. ¶~노동에 종사하다 | 从事体力劳动.

육친[肉親] 명 【血亲】xuèqīn 【骨肉】gǔ·ròu ¶~의 정 | 骨肉之情.

ᵒ**윤**[潤] 명 ⇨윤기

윤곽[輪廓] 명 【轮廓】lúnkuò 【概况】gàikuàng 【眉目】méi·mu ¶인체의 ~ | 人体的轮廓. ¶~이 선명하지 않다 | 轮廓不清.

윤곽선 글꼴[輪廓線-; outline font] 명 〈電算〉 【轮廓字形】lúnkuò zìxíng

ᵒ**윤기**[潤氣] 명 【润泽】rùnzé 【光泽】guāngzé 【色泽】sèzé ¶이 말은 온 몸에 ~가 흘러 광택이 난다 | 这匹马全身润泽有光.

윤나다[潤-] 명 【光泽】guāngzé 【色泽】sèzé 【润泽】rùnzé 【光润】guāng·run ¶어린 아이의 얼굴은 정말 윤이난다 | 小孩子的脸蛋儿liǎndànr真光润.

윤락[淪落] 명하자 【沦落】lúnluò 【沦败】lúnbài 【落水卖淫】luòshuǐ màiyín 【失身】shīshēn ¶~ 행위 | 失身行为.

윤리[倫理] 명 【伦理】lúnlǐ 【道德】dàodé ¶~를 중시하다 | 注重zhùzhòng伦理. ¶~ 관념 | 道德观念.

윤색[潤色] 명하타 【润色】rùnsè 【润饰】rùnshì ¶그는 문장을 잘 ~한다 | 他很会给文章润色. ¶많이 ~된 이야기 | 大大加工润色了的故事.

윤택[潤澤] 명하휑 ❶ (광택) 【润泽】rùnzé 【光润】guāng·run ¶어린 아이의 얼굴은 정말 ~하다 | 小孩子的脸蛋儿liǎndànr真光润. ❷ (풍부) 【富裕】fùyù 【滋润】zī·rùn ¶대단히 ~하게 생활하다 | 日子过得挺tǐng滋润.

윤허[允許] 명하타 【允诺】yǔnnuò 【准许】zhǔnxǔ ¶휴가 신청을 ~하다 | 准假.

윤회[輪廻] 명하자 〈佛〉 【轮回】lúnhuí ¶~생사 | 生死轮回.

율[率] 명 【比率】bǐlǜ ¶~을 높이다 | 提高比率. ¶백분~ | 百分率.

율격[格律] 명 【格律】gélǜ ¶~을 맞추다 | 合格律.

ᵒ**율동**[律動] 명하자 〈音〉 【律动】lǜdòng 【旋律】xuánlǜ 【节奏】jiézòu 【节拍】jiépāi 【节律】jiélǜ ¶아름다운 ~ | 优美yōuměi的旋律.

율무 명 【薏苡】yìyǐ 【草珠儿】cǎozhūr (참고) 〔川谷〕

율법[律法] 명 ❶ 【律法】lǜfǎ ¶~을 따르다 | 遵循法律. ❷〈佛〉 【戒律】jièlǜ 【戒条】jiètiáo ¶동자승이 ~을 위반하였다 | 小和尚违反了戒律.

융성[隆盛] 명하휑 【兴隆】xīnglóng 【盛旺】shèngwàng ¶사업이 ~하다 | 生意shēngyi兴隆.

융숭하다[隆崇-] 휑 【庄重热忱】zhuāngzhòng rèchén ¶융숭한 대접 | 隆重的接待. ¶우리는 오늘 저녁 융숭한 대접을 받았다 | 我们今天晚上受到了隆重的接待.

ᵒ**융자**[融資] 명하자타 【通融资金】tōngróng zījīn 【放款】fàngkuǎn 【贷款】dài·kuǎn ¶그는 집을 사기 위해서 은행에서 돈을 ~했다 | 为了买房子, 他向银行贷款. ¶은행 ~ | 银行贷款. ¶장기 ~ | 长期贷款.

융통[融通] 명하타 〈通融〉 【筹募】chóumù 【筹措】chóucuò 【筹集】chóují ¶이 일은 ~할 수 있다 | 这件事可以通融. ¶규칙에 따라서만 일을 처리하고, 조금도 ~하려 들지 않다 | 只按规矩办事, 丝毫不肯通融. ¶자금을 ~하여 미취학 소년을 지원하다 | 努力筹措资zī金, 支援zhīyuán失shī学少年. ¶~성 | 灵活性/伸缩性.

융합[融合] 명하자 【融合】rónghé 【融和】rónghé ¶핵~ | 核融合. ¶~ 반응 | 融合反应.

융해[融解] 명하자 【融解】róngjiě 【熔解】róngjiě 【熔融】róngróng 【熔化】rónghuà] ¶순철(純鐵)은 섭씨 1,535도로 가열되면 ~한다 | 纯铁加热到摄氏1,535度就熔化.

융화[融和] 명하자 【融合】rónghé ¶노사간의 ~를 도모하다 | 寻求劳资双方的融化.

ᴮ**윷** 명 ❶ (네쪽의 나무로 만든 놀잇감) 【尤茨】yóucí ¶~놀이 | 尤茨游戏. ❷ (윷가락) 【玩尤茨时四分】wán yóucí shí sìfēn

ᴮ**윷놀이** 명하자 【尤茨游戏】yóucíyóuxì

으깨다 동 【压碎】yāsuì 【碾碎】niǎnsuì 【捣碎】dǎosuì ¶삶은 감자를 ~ | 捣碎煮熟了的土豆. 참고 〔搗烂〕

ᶜ**으뜸** 명 【第一】dìyī 【头等】tóuděng 【最好】zuìhǎo ¶가장 ~인 문제 | 头等的问题. ¶품질이 ~ | 质量第一. ¶가장 ~인 방법 | 最好的办法.

으레 부 ❶ (당연히) 【二话没说】èrhuàméishuō 【自然】zìrán 【当然】dāngrán 【应当】yīngdāng ¶~가 보아야 할 것으로 여기다 | 觉得应当要看看. ❷ (언제나) 【总是】zǒngshì ¶그들은 만나기만 하면 ~ 싸운다 | 他们一见面, 就争吵.

-으로 조 ❶ (表示工具, 相当于"用""拿") ¶사전~ 그 단어를 찾아라 | 用词典找那个词. ❷ (表示材料, 相当于"用""以") ¶찰흙~ 인형을 만들다 | 我用粘土做娃娃. ❸ (表示方式, 手段, 相当于"用""拿") ¶무슨 방식~ 이 문제를 해결할 것이냐? | 用什么方式来解决这个问题呢? ❹ (表示原因, 理由, 相当于"因为""由于") ¶우천~ 운동회가 취소되었다 | 因为下雨, 运动会被取消了. ❺ (表示方向, 相当于"向""到") ¶산~ 가다 | 到山里去. ❻ (表示事物的变化, 区分等) ¶그 물건의 값이 만원~ 올랐다 | 那个东西的价值涨到了一万元.

-으로서 조 (表示资格, 地位, 身份) ¶자식~ 할 도리를 했을 따름입니다 | 只是做了作为子女应该做的事.

ᶜ**으르렁** 부하자 【咆哮】páoxiào 【吼叫】hǒujiào

으르렁거리다 동 ❶ (짐승이 성내어 울부짖다) 【一个劲鸣嗡叫】yí·ge jìnmíngwēngjiào 【一个劲咆哮叫】yí·ge jìnpáoxiàojiào ¶사자가 자꾸 으르렁

거린다 | 狮子不断咆哮着. ❷ (다투다) 【争吵】zhēngchǎo 【你争我夺】nǐzhēngwǒduó ¶그들은 만나기만 하면 으르렁거린다 | 他们一见面, 就争我夺.

으름장 명 【威胁】wēixié ¶~을 놓다 | 吓唬/恐吓.

ᶜ**으리으리하다** 형 【金碧辉煌】jīn bì huī huáng 【金碧荧煌】jīn bì yíng huáng ¶으리으리한 집 | 金碧辉煌的住宅.

으스대다 동 【骄傲】jiāo·ào 【摆架子】bǎi·i/jià·zi 【不可一世】bùkě yíshì ¶그의 저 안하무인으로 으스대는 꼴 좀 보아라 | 看他那一副不可一世的样子.

으스러지다 동 【碎】suì 【破碎】pòsuì ¶으스러진 유리 | 破碎的玻璃. 참고 〔握紧wòjǐn〕

ᶜ**으스스** 부형 【冷丝丝】lěngsīsī 【冷】fālěng 【凉丝丝】liángsīsī 【凉嗖嗖】liángsōusōu ¶~함을 느끼다 | 觉得发冷.

으슥하다 형 ❶ (몹시 고요하다) 【幽邃】yōusuì 【幽深】yōushēn 【背静】bèi·jing ¶두 사람은 으슥한 곳에서 만나기로 하였다 | 两个人约好在背静地方相会. ❷ (구석지고 조용하다) 【僻静】pìjìng ¶으슥한 골목 | 僻静的胡同.

으슬으슬 부형 【冷丝丝】lěngsīsī 【哆哆嗦嗦地】duōduōsuōsuō·de 【冷丝儿丝儿的】lěngsīrsīr·de ¶감기가 걸려 몸이 ~춥다 | 得了感冒, 全身冷丝丝的.

ᶜ**으쓱** 부하자 ❶ (어깨를 들어 올리는 모양) 【耸】sǒng 【耸肩】sǒng/jiān ¶그는 어깨를 한 번 ~하다 | 他耸了一下肩膀jiānbǎng. ¶그는 어깨를 ~하며 이해할 수 없다는 표정을 지었다 | 他耸了耸肩, 做出不可理解的神情. ❷ (우쭐대는 모양) 【得意】déyì ¶그는 합격했다고 ~해져서 으스대고 다닌다 | 这次考试他合格了, 因此很得意.

ᶜ**으악** 갑 ❶ 【哇哇】wāwā ❷ 【哎呀】āiyā 【哎哟】āiyō

윽박지르다 동 【吓唬】xià·hu 【吓呼】xià·hu 【威胁】wēixié 【威逼】wēibī 【威迫】wēipò ¶아이를 윽박질러 꼼짝 못하게 만들다 | 把孩子们吓得动都不敢.

ᴬ은¹[銀] 圆【银】yín ¶~가락지 | 银戒指。¶~반지 | 银戒指。 참고〔银子〕〔白银〕

－은²조【作为主格、补格、目的格、副词格等使用)】¶사람～ 빵으로만 사는 것이 아니다 | 人不是只靠面包活着。❷(表示与其他对比)¶비록 재주는 없지만 부지런하기～ 하다 | 虽然没什么本事, 但还是很勤奋的。❸(表示强调)¶1년에 한 번～ 집에 간다 | 每年回一次家乡。

－은³어미 (表示动作是在以前发生的或形容事物现在的状态、性质、样子, 相当于"的")¶검～ 모자 | 黑色的帽子。¶숨～ 인재 | 没被发现的人材。

은거[隱居] 圆하자【隐居】yǐnjū【潜居】qiánjū ¶시정에 ～하며 벼슬하지 않다 | 隐居市井而不出仕。

은공[恩功] 圆【恩】ēn【恩功】ēngōng ¶～을 잊고 의리를 저버리다 | 忘恩负义。

ᴮ은근하다[慇懃－] 휑 ❶(정중하다)【殷勤】yīnqín ¶은근한 태도 | 殷勤的态度。¶은근한 말씨 | 殷勤的话语。❷(다정하다)【殷切】yīnqiè【殷殷】yīnyīn ¶은근한 정 | 殷殷的情。❸(그윽하다)【深沉】shēnchén【悦耳】yuè'ěr【悦目】yuèmù ¶은근한 미소 | 深沉的微笑。¶은근한 달빛 | 悦目的月光。

은닉[隱匿] 圆하타【隐匿】yǐnnì【潜伏】qiánfú【隐瞒】yǐnmán【隐蔽】yǐnbì ¶유격대가 수수밭에 ～해 있다 | 游击队隐蔽在高粱地里。¶～ 자산 | 隐匿资产。

은덕[恩德] 圆【恩德】ēndé【恩情】ēnqíng ¶당신의 ～을 잊을 수 없습니다 | 忘不了您的恩德。¶저는 평생토록 낭신의 ～을 잊을 수 없습니다 | 我一辈子也忘不了您的恩德。

ᶜ은도금[銀鍍金] 圆하타【镀银】dùyín ¶～한 식기 | 镀银餐具cānjù。

은막[銀幕] 圆【银幕】 ❶(영사막)【银幕】yínmù ❷(영화계)【电影界】diànyǐngjiè【影幕】【影坛】yǐngtán ¶～에 데뷔하다 | 初登影坛。

은메달[銀－] 圆銀質奖章【银质奖章】yínzhì jiǎngzhāng【银牌】yínpái ¶그는 육상경기에서 ～을 획득했다 | 他获得了田径赛的银牌。

은밀하[隱密] 몀【隐密地】yǐnmì·de ¶～ 이야기를 나누다 | 隐密地交谈。

ᴮ은빛[銀－] 圆【银色】yínsè ¶～ 물결 | 银色波浪。

은사[恩師] 圆【恩师】ēnshī ¶～님의 깨우침에 감사드린다 | 感谢恩师的教诲。

은색[銀色] 圆☞ 은빛

은신[隱身] 圆하자【隐身】yǐn/shēn ¶～처 | 隐身处。¶여기에 몸을 ～하기에 좋은 나무가 있다 | 这里有可以隐身的树。

ᴮ은어[隱語] 圆【隐语】yǐnyǔ【黑话】hēihuà【行话】hánghuà ¶～로 소식을 전하다 | 用隐语传消息。¶도적떼들이 하는 말은 ～이다 | 土匪tǔfěi们说的是黑话。 참고〔行业yèhuà语〕〔行语〕

은연중에[隱然中一] 몀【不声不响地】bùshēngbùxiǎng·de【不知不觉地】bùzhībùjué·de ¶～ 깊어진 정 | 不知不觉地加深了的感情。

ᴮ은유[隱喩] 圆【隐喻】yǐnyù【暗喻】ànyù ¶～법 | 隐喻法。

은은하다[隱隱－] 휑 【隐约】yǐnyuē【隐隐】yǐn·yǐn【隐隐约约】yǐnyǐnyuē·yuē ¶아침안개 속에 먼 곳의 높은 건물들이 은은하게 보인다 | 在晨雾中, 远处的高楼大厦隐约可见。

ᴮ은인[恩人] 圆【恩人】ēnrén ¶생명의 ～ | 生命恩人。

ᶜ은정[恩情] 圆【恩情】ēnqíng ¶저는 평생토록 당신의 ～을 잊을 수 없습니다 | 我一辈子也忘不了您的恩情。

ᶜ은종이[銀－] 圆【银纸】yínzhǐ【锡箔纸】xībózhǐ

은총[恩寵] 圆【恩宠】ēnchǒng ¶그녀는 아버지의 대단한 ～을 받고 있다 | 她很得父亲的恩宠。

은택[恩澤] 圆【恩泽】ēnzé【恩润】ēnrùn【恩惠】ēn·huì ¶문명의 ～을 입다 | 享受文明的恩惠。

은퇴[隱退] 圆하자【隐退】yǐntuì ¶병을 핑계로 ～하다 | 称病隐退。¶～ 생활 | 隐退生活。

은폐[隱蔽] 圆하타【隐蔽】yǐnbì【掩盖】yǎngài【隐藏】yǐncáng ¶진상을 ～하다 | 掩盖真相。¶더 이상 ～할 수 없다 | 再也隐藏不住。 참고〔潜qi－

án隐〕[隐避]

은하[銀河] 图〈天〉【银河】yínhé【银汉】yínhàn 參考〔天河〕

^B**은행**[銀杏] 图〈植〉【银杏】yínxìng【银杏树】yínxìngshù【白果】báiguǒ ¶사라다 기름에 절인 ~|油浸jìn白果. 參考〔公孙树〕〔鸭脚(树)〕〔佛指甲〕〔灵眼〕

^A**은행**[銀行] 图【银行】yínháng ¶저축~|存款cúnkuǎn银行. ¶어음 할인 ~|票据现现银行. 參考〔版克bǎnkè〕

^B**은혜**[恩惠] 图【恩惠】ēn·huì【恩情】ēnqíng ¶부모의 ~|父母的恩情. ¶그가 내게 베풀어준 ~는 영원토록 잊을 수 없다|他给我的恩惠, 永远难忘.

^A**을**[乙] 图【乙】yǐ ¶~축년|乙丑年. ¶갑측이 ~측에 대해 책임을 지다|甲方对乙方负责.

-을[2] 图 (加个直接宾语后边的格助词, 表示行为的对象) ¶책~ 읽다|读书. ¶시장~ 가다|去市场. ¶꿈~꾸다|做梦. ¶역~ 떠나다|离开车站.

-을게 어미 (基本阶终结词尾, 表示承诺或应允) ¶약을 먹~|我一定吃药.

-을까 어미 ☞ ㄹ까

-을수록 어미 ☞ ㄹ수록

을씨년스럽다 혱 (날씨 등이 스산하다) 【冷清】lěng·qing【凄凉】qīliáng【寂寥】jìliáo【寂寞】jìmò ❷ (살림이 군색하다)【穷困】qióngkùn【潦倒】liǎodǎo ¶살림이 ~|生活穷困潦倒.

-을지라도 어미 ☞ ㄹ지라도

^B**읊다** 图【吟咏】yínyǒng【吟哦】yíné【吟唱】yínchàng ¶당시(唐詩)를 ~|吟咏唐诗. ¶낮은 소리로 ~|低声吟唱.

^C**음**[音] 图 ❶ (소리)【声音】shēngyīn【音】yīn ¶그 아이는 ~에 대한 감각이 뛰어나다|这孩子对声音特别敏感. ❷ (자음)【声音】shēngyīn【字音】zìyīn ¶한자에 ~을 달다|在汉字上注音.

음각[陰刻] 图하타〈美〉【阴刻】yīnkè ¶~으로 판화를 팠다|用阴刻来雕刻版画.

음계[音階] 图【音阶】yīnjiē ¶장~|长音阶. ¶단~|短音阶.

^C**음극**[陰極] 图〈物〉【阴极】yīnjí ¶냉~|冷阴极.

음담[淫談] 图【淫谈】yíntán【下流】xiàliú ¶~패설|下流低俗的故事.

음덕[陰德] 图【阴德】yīndé【阴功】yīngōng ¶~을 쌓다|积阴德. ¶~이 있는 자에게는 반드시 드러나 보이는 보답이 있다|有阴德者, 必有阳报.

음독[飮毒] 图하자【服毒】fú/dú ¶~자살하다|服毒自杀.

음란[淫亂] 图하타【淫乱】yínluàn ¶~한 행위|淫乱的行为.

^B**음력**[陰曆] 图【阴历】yīnlì【农历】nónglì【夏历】xiàlì【太阴历】tàiyīnlì ¶~설|春节. ¶~ 정월|阴历正月. 參考〔旧历〕〔废历fèilì〕

음료[飮料] 图【饮料】yǐnliào ¶청량~|清凉饮料.

음모[陰謀] 图하타【阴谋】yīnmóu【圈套】quāntào ¶폭동을 ~하다|阴谋暴乱. ¶~ 집단|阴谋集团. ¶~수단|阴谋手段.

음미[吟味] 图하타 ❶ (감상)【吟味】yínwèi ¶반복 ~하다|反复吟味. ¶그의 시는 남에게 보이려는 것이 아니라, 단지 스스로 ~하기 위한 것일 뿐이다|他的诗不是别人看, 而只供他自己吟味的. ❷ (맛봄)【回味】huíwèi

음반[音盤] 图【唱片】chàngpiàn ¶가수가 새 ~을 내다|歌手推出了新唱片.

음부[陰部] 图【阴部】yīnbù【阴器】yīnqì 參考〔下身shēn〕〔下部〕〔下阴〕〔下体〕〔私处〕

음산하다[陰散-] 혱【阴沉】yīnchén【阴森】yīnsēn【冷清】lěng·qing【寂寥】jìliáo【寂寞】jìmò ¶하늘이 ~|天色阴沉. ¶음산한 낡은 사당|阴森的古庙gǔmiào.

음색[音色] 图【音色】yīnsè【音品】yīnpǐn【音质】yīnzhì ¶~이 곱다|音色很美.

음성[音聲] 图 ❶【声音】shēngyīn【嗓音】sǎngyīn【嗓声】sǎngshēng ¶나직한 ~|低声. ¶~ 사서함|语音信箱. ❷〈言〉【语音】yǔyīn ¶~학|

语音学。

음성²[陰性] 몡 ❶ ("음"에 속하는 성질) 【阴性】yīnxìng ¶~ 반응 | 阴性反应。❷ (어둡고 폐쇄적인 것) 【阴暗】yīn'àn【暗中】ànzhōng【灰色】huīsè ¶~거래 | 暗中交易。¶~수입 | 灰色收入。

음소[音素] 몡 〈言〉【音素】yīnsù【音位】yīnwèi ¶~ 문자 | 音素文字。

음습[陰濕] 몡하형【阴湿】yīnshī ¶비가 내리고 ~하니, 운전할 때 조심해야 한다 | 天雨阴湿, 行车须小心。

ᴬ**음식**[飲食] 몡【饮食】yǐnshí【食物】shíwù【吃食】chīshí【饭菜】fàncài ¶(병 등으로) ~ 맛이 없다 | 饮食无味。¶~이 입에 맞고 서비스도 좋다 | 饭菜可口, 服务周到。

ᴬ**음악**[音樂] 몡【音乐】yīnyuè ¶~ 대학 | 音乐学院。¶~ 다방 | 音乐茶座。¶~ 테이프 | 音乐录音带。

음양[陰陽] 몡【阴阳】yīnyáng ❶ ~의 이치를 깨닫다 | 通晓阴阳之理。❷ (자석의)【阴阳】yīnyáng

음영[陰影] 몡【阴影】yīnyǐng【阴凉】yīnliáng ¶가로수의 ~이 진 쪽 | 有树阴的地方。

음울[陰鬱] 몡하형【阴沉】yīnchén【阴郁】yīnyù【忧郁】yōuyù【暗】yīn'àn ¶안색이 ~하다 | 脸色阴沉。¶날씨가 ~하다 | 天色阴郁。

ᴿ**음절**[音節] 몡 〈言〉【音节】yīnjié【音缀】yīnzhuì ¶다~ | 多音节。¶단~ | 单音节。

음정[音程] 몡 〈音〉【音程】yīnchéng【音比】yīnbǐ ¶~이 넓다 | 音程宽。¶~이 맞다 | 音程正确。

음조[音調] 몡 ❶【音调】yīndiào ¶~가 높다 | 音调高。❷〈音〉【音】【声音】shēngyīn ¶악기의 ~를 맞추다 | 调整乐器的声音。

음주[飲酒] 몡하자【饮酒】yǐnjiǔ【喝酒】hējiǔ ¶~ 운전 | 酒后开车。¶~ 검사 | 酒精检查。

음지[陰地] 몡【背阴的地方】bèiyīn·de dì·fang ¶~식물 | 背阴植物。¶~쪽 | 背阴处。

음치[音癡] 몡【音痴】yīnchī【乐盲】yuèmáng【五音不全的人】wǔyīn bùquán·de rén ¶저는 원체 ~라서 노래를 잘 못합니다 | 我原来就五音不全, 不会唱歌。

음침하다[陰沈-] 형【阴沉】yīnchén【阴暗】yīn'àn【阴湿】yīnshī ¶하늘이 ~ | 天色阴沉。¶지하실은 음침하고 습하다 | 地下室里阴暗而潮湿。

음탕[淫蕩] 몡하형【淫荡】yíndàng ¶그 여자는 ~하고 흉악하다 | 她淫荡而凶悍xiōnghàn。¶~한 젊은 부인 | 淫荡的少妇。

ᴿ**음표**[音標] 몡 〈言〉【音标】yīnbiāo ¶국제~ | 国际音标。

음하다[陰-] 형【阴】yīn【阴沉】yīnchén ¶날씨가 ~ | 天色阴沉。¶그의 사람됨이 매우 ~ | 他的为人很阴险。

음해[陰害] 몡하타【暗害】ànhài ¶~행위 | 暗害行为。¶그 사람은 정말 양심도 없어, 어떻게 친구를 ~할 수 있지 | 那个人真没有良心, 怎能暗害自己的朋友呢。

ᴿ**음향**[音響] 몡【音响】yīnxiǎng【声音】shēngyīn【声响】shēngxiǎng ¶~ 효과 | 音响效果。¶오디오가 거대한 ~을 낸다 | 音响器发出巨大的声响。

음험하다[陰險-] 형【阴毒】yīndú ¶그는 음험하게 몇 번 웃었다 | 他阴险地笑xiào了几声。

음흉[陰凶] 몡하형【阴险】yīnxiǎn【凶恶】xiōng'è ¶~하고 악랄하다 | 阴险毒辣dúlà。

ᴿ**읍**[邑] 몡【邑】yì【镇】zhèn ¶~ 사무소 | 镇办事处。

읍내[邑內] 몡【邑内】yìnèi【郡邑】jùnyì【镇里】zhènlǐ ¶~에 장이 서다 | 镇子里开了集市。

읍장[邑長] 몡【邑长】yìzhǎng

ᴬ**응** 집 (表示答应)【嗯】ńg ¶~! 뭐라고? | 嗯! 你说什么? ¶그가 ~ 한 마디 대답을 하고는, 곧바로 달려 갔다 | 他嗯了一声, 就跑过去了。

응결[凝結] 몡하자타【凝结】níngjié ¶~되어 풀리지 않다 | 凝结不开。¶~력 | 凝结力。

응고[凝固] 몡하자【凝固】nínggù ¶~제 | 混凝剂。¶단백질은 열을 받으면 ~된다 | 蛋dàn白质遇热会凝固。

ᴿ**응급**[應急] 몡【应急】yìng/jí【紧急】jǐnjí

【抢救】qiǎngjiù 【抢险】qiǎngxiǎn 【急救】jíjiù ¶~ 조치 | 应急措施。¶~ 복구 | 紧急修复。¶~차 | 急救车。

°응낙[應諾] 圏하자타 【答应】dā·ying 【承诺】chéngnuò 【允许】yǔnxǔ ¶그는 종래 쉽게 ~한 적이 없다 | 他从不轻易应诺。¶마지못해 ~하다 | 勉强miǎnqiáng答应。¶그가 ~했으니 별 문제가 없을 것이다 | 既jì然他承诺了, 就没有什么问题了。

응달[背阴的地方]bèiyīn·de dì·fang 【阴凉处】yīnliángchù ¶~에서 잠시 쉬다 | 在阴凉处休息一会儿。

응답[應答] 圏하자 【对答】duìdá 【回答】huídá 【响应】xiǎngyìng ¶몇 가지 문제를 ~하지 못했다 | 有几个问题没能答上来。¶~하지 못하다 | 回答不出来。¶만족스런 ~ | 满意的回答。

응당[應當] 🖫 【应当】yīngdāng 【应该】yīnggāi 【该是】gāishì 【当然】dāngrán 【常见】chángjiàn ¶~ 가야지 | 应当去。¶우리는 ~ 너를 기다릴 것이다 | 我们当然会等你的。¶그것은 ~ 있는 일이다 | 那是常见的事。

응대[應待] 圏하타 【接待】jiēdài ¶내일의 손님은 내가 ~한다 | 明天的客人由我来接待。¶내빈을 ~하다 | 接待来宾。參固〔招待〕

응대[應對] 圏하자 【应酬】yìng·chou 【应对】yìngduì 【应声】yìngshēng ¶~를 잘 못하다 | 不会应酬。¶不善shàn应酬。¶~하기 어렵다 | 难应对。

응모[應募] 圏하자 【应募】yìngmù 【应征】yìngzhēng 【认购】rèngòu 【认股】rèn·gǔ ¶~ 각본 | 应征剧本。¶~ 가격 | 认购价格jiàgé。¶~ 자금 | 认购资金。

ᴮ응석 圏하자 【撒娇】sā/jiāo 【娇气】jiāo·qi ¶그녀는 지나치게 아들의 ~을 받아 준다 | 她太娇惯这孩子。

응수[應手] 圏하자 【还着】huánzhāo 【还步】huánbù ¶~를 받다 | 接还手招儿。

응수[應酬] 圏하자 【回应】huíyìng 【应声】huíshēng 【答应】dā·ying 【应诺】yìngnuò 【回敬】huíjìng ¶그들은 지지 않고 주먹으로 ~하였다 | 他们不服输, 用拳斗回敬。

°응시[凝视] 圏하타 【凝视】níngshì ¶그는 전방을 ~하며 한참 동안 말을 하지 않는다 | 他凝视前方, 半天不说话。¶그녀는 나를 한참 동안 ~하더니 이윽고 웃기 시작했다 | 她对我凝视了一会, 便笑xiào了起来。

응시[應試] 圏하자 【报考】bào/kǎo 【应试】yìngshì ¶시험에 ~한 사람이 많다 | 应考的人多。¶서울에 가서 ~하다 | 去汉城应试。¶대학에 ~하다 | 报考大学。

응어리 圏 ❶ (근육 등의) 【肉疙瘩】ròugē·da ¶매 맞은 자리에 ~가 생겼다 | 挨ái打的地方长出个肉疙瘩。❷ (과실·사물의) 【果核部分】guǒhébù·fen ❸ (맺힌 감정) 【疙瘩】gē·da ¶마음속의 ~가 일찌기 없어졌다 | 心上的疙瘩早就没了。¶~지다 | 结怨。

°응용[應用] 圏하타 【应用】yìngyòng 【运用】yùnyòng ¶~ 예술 | 应用艺术。¶자유자재로 ~하다 | 运用自如。¶~ 역학 | 应用力学。¶~ 탄성학 | 应用弹性学。¶~ 프로그램 | 应用程序。

응용 소프트[應用soft; application software] 圏〈电算〉【应用软件】yìngyòngruǎnjiàn

ᴮ응원[應援] 圏하타 ❶ (도와줌) 【援助】yuánzhù 【救援】jiùyuán 【增援】zēngyuán ¶재난을 당한 사람을 ~하다 | 援助受难者。❷ (경기의) 【助威】zhù/wēi 【声援】shēngyuán ¶함성을 지르며 ~하다 | 呐喊nàhǎn助威。參固〔助战〕〔拉拉队〕

응접[應接] 圏하타 【接待】jiēdài 【周旋】zhōuxuán ¶~실 | 接待室。¶요 며칠 나는 손님을 ~하느라 바빴다 | 最近几天我忙于接待客人。

응집[凝集] 圏하자 【凝集】níngjí 【凝聚】níngjù ¶~력 | 凝聚力。¶그 중에 많은 사람들의 지혜가 ~되었다 | 其中凝聚了许多人的智慧。

응축[凝縮] 圏하자 【凝结】níngjié 【冷凝】lěngníng ¶~제 | 冷凝体。¶증기가 ~하여 물이 되다 | 蒸气凝结成水。

°응하다[應-] 圐 【回答】huídá 【答应】dā·ying 【响应】xiǎngyìng ¶여러 번 외쳤으나 응하는 사람이 아무도 없다 |

喊hǎn了好几声, 也没有人答应。¶조국의 부름에 ~ | 响应祖国zǔguó的号召zhàozhào。

A의¹[義] 图 ❶ (정의)【义】yì【信义】xìnyì【正义】zhèngyì ¶~를 보고 용감하게 나서다 | 见义勇为。¶~를 지키다 | 主持正义。¶~를 위해 몸을 바치다 | 为正义而献身。❷ (뜻)【意义】yìyì ¶문장의 ~ | 文章的意义。❸ (도의)【道义】dàoyì ¶마땅히 ~를 행하다 | 行应尽的道义。❹ (관계)【情义】qíngyì ¶형제의 ~를 맺다 | 结下兄弟之义。

C의²[誼] 图 (정의)【情谊】qíngyì【友情】yǒuqíng ¶형제의 ~ | 兄弟xiōngdì情谊。¶우~를 중히 여기다 | 珍重zhēnzhòng友情。참고〔交情〕

-의³ 조 (表示所有, 所在, 时间, 性质, 对象 等)的·de ¶우리~ 소원 | 我们的愿望。¶이 것은 누구~ 모자입니까? | 这是谁的帽子? ¶삶~ 보람 | 人生的价值。¶전통 문화~ 보존 | 传统文化的保存。¶1년~ 기간 | 一年的期限。

C의거[依據] 图하자타 ❶ (근거)【依据】yījù ¶이 학설에 ~하면 | 依据这学说。¶헌법 제1조에 ~하다 | 依据宪法xiànfǎ第一条。❷ (의지)【依靠】yīkào【依赖】yīlài【依托】yītuō【依傍】yībàng【靠傍】kàobàng ¶조직에 ~하다 | 依靠组织zǔzhī。¶다른 사람에게 ~하지 마라! | 别依赖别人!

A의견[意見] 图【意见】yì·jian【见解】jiànjiě【主意】zhǔ·yi ¶~을 받아들이다 | 接受意见。¶~을 보류하다 | 保留bǎoliú意见。¶~을 교환하다 | 交换jiāohuàn意见。¶~이 갈라졌다 | 意见分歧qí。¶~이 맞지 않다 | 意见不合。¶~이 일치하다 | 意见一致。¶~을 내다 | 提议yì意见。

C의결[議決] 图하타【议决】yìjué【通过】tōngguò【采纳】cǎinà【表决】biǎojué ¶제안이 만장일치로 ~되었다 | 提案一致通过了。¶투표에 의한 ~ | 投tóu票表决。¶여러분 ~하여 주십시오 | 请大家表决一下。

C의과[醫科] 图【医科】yīkē ¶~ 대학 | 医科学院。

의구¹[依舊] 图하형【依旧】yījiù【照旧】zhàojiù【仍旧】réngjiù ¶산천은 ~하다 | 山河依旧。

의구²[疑懼] 图하타【疑惧】yíjù【惶惑】huánghuò ¶그는 적잖은 ~(심)이 생겼다 | 他产生了不少疑惑。

의기[意氣] 图【意气】yìqì【气度】qìdù【气概】qìgài【气】qì【精神】jīngshén【锐气】ruìqì ¶~ 양양하다 | 意气昂昂gāoyáng。¶~ 투합하다 | 意气相投xiāngtóu。

의기소침[意氣銷沈] 图하자【意志消沉】yìzhìxiāochén ¶왜 그렇게 ~해 있니? | 为什么那么意志消沉?

B의논[議論] 图하타【商量】shāng·liáng【商榷】shāngquè【商讨】shāngtǎo【商议】shāngyì【洽商】qiàshāng【磋商】cuōshāng【商谈】shāngtán ¶그와 한 가지 일을 ~하다 | 跟他商量一件事情。¶대책을 ~하다 | 商讨对策。¶관련업무를 ~하다 | 洽商有关事宜shìyí。¶각 관계 부처와 ~하다 | 与各有关部门进行磋商。¶문화 교류 문제에 대해 ~하다 | 就文化交流问题进行商谈。참고〔接洽 jiēqià〕〔略商〕

의당[宜當] 图【应当】yīngdāng【自然应该】zìrán yīnggāi【理所当然地】lǐ suǒ dāng rán·de ¶자식은 ~부모에게 효도해야 한다 | 子女应当对父母尽孝道。¶모든 학생들이 ~ 도와야 한다 | 所有的学生理所当然要帮助。

의대[醫大] 图【医学院】yīxuéyuàn【医大】yīdà【医科大学】yīkēdàxué ¶~에 입학하다 | 考入医学院。

A의도[意圖] 图하타【意图】yìtú【用意】yòngyì ¶그의 ~가 무엇이냐? | 他的意图是什么? ¶(무엇인가) ~하는 바가 있다 | 有所图意。¶그 ~는 어디 있을까? | 用意何在?

C의례[儀禮] 图【仪式】yíshì【典礼】diǎnlǐ【礼仪】lǐyí ¶종교적 ~ | 宗教性的仪式。참고〔仪礼〕〔士shì礼〕

의롭다[義-] 혱【正义】zhèngyì ¶의로운 사업 | 正义的事业。

의뢰[依賴] 图하타【依靠】yīkào【委托】wěituō【依赖】yīlài ¶~인 | 委托人。¶이 일은 그에게 ~했다 | 这件事就委托给他了。

ᴮ**의료**[醫療] 몡 【医疗】yīliáo 【医务】yīwù ¶~시설 | 医疗设施shèshī。¶~사고 | 医疗事故。¶~계 | 医务界。¶~보험 | 医疗保险。¶~봉사 | 医疗服务。

ᶜ**의류**[衣類] 몡 【衣类】yīlèi 【服装】fúzhuāng ¶~디자인 | 服装设计。¶~공업 | 服装工业。

ᴮ**의리**[義理] 몡 【道义】dàoyì 【情义】qíngyì 【情理】qínglǐ 【事理】shìlǐ 【义气】yìqì ¶~를 모르다 | 不明事理。¶친구에 대한 ~를 지키다 | 坚持对朋友的义气。

ᴮ**의무**[義務] 몡 【义务】yìwù ¶~를 다하다 | 尽jìn义务。¶국민의 기본권리와 ~ | 公民的基本权利与义务。¶~ 교육 | 义务教育。¶~ 이행 능력 | 义务履行能力。

ᶜ**의문**[疑問] 몡 【疑问】yíwèn ¶이 일은 아직도 ~이 많이 남아 있다 | 这事儿还有不少疑问呢。¶마음에 ~이 일다 | 心里起了疑问。¶조금도 ~이 없다 | 毫无háowú疑问。

ᴬ**의미**[意味] 몡하타 ❶ (뜻) 【含意】hányi 【意味】yìwèi 【意思】yì‧si ¶~ 심장한 미소 | 意味深长的微笑wēixiào。¶이 글자의 ~는 무슨 의미냐? | 你这句话是什么意思?¶이 글자의 ~는 무엇이냐? | 这个字的意思是什么? ❷ (의의) 【意义】yìyì ¶삶의 ~ | 人生的意义。¶매우 ~있는 일 | 很有意义的事。

ᴮ**의병**[義兵] 몡 【义兵】yìbīng ¶~들이 사방에서 일어나다 | 义兵四起。

ᴮ**의복**[衣服] 몡 【衣服】yī‧fu 【衣裳】yī‧shang 【服装】fúzhuāng ¶몸에 맞는 ~ | 合身的衣服。¶~을 갈아 입다 | 换件huànjiàn衣裳。¶~ 디자인 | 服装设计。

의부[義父] 몡 ❶ (수양아버지) 【义父】yìfù 【干爹】gāndiē 【寄父】jìfù 【契父】qìfù 【后爹】hòudiē ¶그는 나의 ~이다 | 他是我的义父。❷ (의붓아버지) 【继父】jìfù ¶그녀의 ~는 술고래이다 | 她的继父是个酒鬼。

의분[義憤] 몡 【义愤】yìfèn ¶그가 가진 것이라곤 조그마한 용기와 ~뿐이다 | 他有的只是一点点的勇气和义愤。¶~으로 격해지다 | 激jī于义愤。

ᶜ**의사**[義士] 몡 【义士】yìshì 【义人】yìrén ¶윤봉길 ~ | 尹奉吉yǐ士。

ᴮ**의사**[意思] 몡 【意思】yì‧si 【用意】yòngyì 【意志】yìzhì 【意愿】yìyuàn ¶나의 ~는 어떠니? | 我的意思怎么样?¶~소통 | 沟通意思。

의사[議事] 몡하자 【议事】yìshì ¶~결정 | 决策。¶~ 방해 | 妨碍fángài议事。

ᴬ**의사**[醫師] 몡 【医师】yīshī 【大夫】dà‧fu 【医生】yīshēng ¶주치~ | 主治医师/主管医师。¶당직 | 值班zhíbān医师。¶~선생님, 저는 발이 아파 길을 수가 없습니다 | 张大夫, 我脚疼得走不了路。참고 [义士] [郎lāng中] [实习医生] [住院医生]

의상[衣裳] 몡 【衣裳】yī‧shang 【衣服】yī‧fu 【服装】fúzhuāng ¶~을 갈아 입다 | 换件huànjiàn衣裳。¶~을 입다 | 穿衣服。¶~ 디자인 | 服装设计。

의석[議席] 몡 【议席】yìxí ¶공화당은 3분의 1의 ~을 차지했다 | 共和党拥有了三分之一的议席。

ᶜ**의술**[醫術] 몡 【医术】yīshù 【脉理】màilǐ 【医道】yīdào ¶~이 아주 뛰어나다 | 医术高超/医道高明。¶(한방)~에 정통하다 | 精通医术。¶그는 ~에 대해 흥미를 느꼈다 | 他对医道感兴趣xìngqù了。

의식[衣食] 몡 【吃穿】chīchuān 【衣食】yīshí ¶~을 걱정하지 않다 | 不愁吃穿。¶~이 부족하지 않다 | 衣食不缺quē。

ᴬ**의식**[意識] 몡하타 ❶ (마음의 상태나 작용) 【意识】yì‧shi 【精神】jīngshén 【神志】shénzhì ¶~이 세계 | 精神面貌。¶~이 뚜렷하다 | 神志清明。¶~이 혼미하다 | 神志昏迷。❷ (견해·사상·이론 따위) 【观念形态】guānniàn xíngtài 【意识形态】yì‧shi xíngtài 【思想意识】sīxiǎngyì‧shi ¶문화는 사회의 ~ 형태의 반영이다 | 文化是社会观念形态的反映。¶낙후되고 시대에 뒤떨어진 ~ | 落后过时的意识形态。❸ (마음에 둠) 【当回事】dānghuíshì 【在乎】zàihū 【在意】zàiyì ¶남의 눈을 ~한다 | 在乎别人怎么看他。

ᶜ**의식**[儀式] 몡 【仪式】yíshì 【典礼】diǎn-

nǐ ¶종교~ | 宗教zōngjiào仪式。 ¶
~을 거행하다 | 举行礼仪。

의식주[衣食住] 图【衣食住】yīshízhù ᴮ
¶~ 문제를 해결하다 | 解决衣食住
问题。

ᴮ**의심**[疑心] 图【하타】【疑心】yíxīn【疑虑】
yílǜ【疑惑】yíhuò【疑】yí【可疑】kěyí
¶~이 지나치다 | 疑心太重。 ¶너는
~할 필요가 없다 | 你不必疑心。 ¶
~을 품다 | 犯doufān疑虑/怀huái疑。 ¶
그는 이쪽을 힐끔 쳐다보고는 ~스럽
다는 듯이 느릿느릿 다가왔다 | 他朝
这边看一眼，感到可疑就慢慢腾腾地
走过来了。

의아[疑訝] 图【하형】【惊诧】jīngchà【诧
异】chàyì【怀疑】huáiyí【惊异】jīngyì
¶그의 갑작스런 출현은 모두를 ~하
게 했다 | 他的突然出现使大家感到惊
诧。 참고 〔惊jīng訝〕〔骇hài怪〕

의안[議案] 图【议案】yì·àn ¶~을 내
다 | 提出议案。 ¶~을 심의하다 | 审
议议案。

의약[醫藥] 图❶ (약)【医药】yīyào ¶
~ 상식 | 医药常识chángshí。 ¶~
수당 | 医药津贴jīntiē。 ❷ (의학과 약
학)【医学和药学】yīxué hé yàoxué

ᶜ**의약품**[醫藥品] 图【药品】yàopǐn【医
药品】yīyàopǐn ¶각종 ~을 수출하다
| 出口各种药品。

의의하다[依然-] 图【依然】yīrán【仍
然】réngrán【依旧】yījiù【如故】rúgù

의연하다[毅然-] 图【毅然】yìrán ¶
의연하게 일어나다 | 毅然起立。 ¶의
연한 태도 | 毅然决然的态度。

ᶜ**의외**[意外] 图【意外】yìwài【不料】búliào ¶~라고 생각하다 | 感到意外。
¶본래 동물원에 갈 계획이었으나, ~
로 친구가 와서 가지 못했다 | 本来打
算去动物园，不料来了朋友，没去成。

ᶜ**의욕**[意慾] 图【热情】rèqíng【意志】yìzhì【欲望】yùwàng【意欲】yìyù ¶~
이 부족하다 | 热情不足。 ¶~이 약
약하다 | 意志薄bó弱。

의용[義勇] 图【义勇】yìyǒng ¶~군 |
义勇军。 ¶~스러운 기개 | 义勇之
气。

ᴮ**의원**[醫院] 图【病院】bìngyuàn【医院】
yīyuàn【诊所】zhěnsuǒ ¶소아과 ~ |
儿童医院。 ¶종합 ~ | 综合医院。

의원[議員] 图【议员】yìyuán ¶국
회 ~ | 国会议员。 참고 〔议会〕

ᴮ**의의**[意義] 图【意义】yìyì ¶인생의 ~
| 人生的意义。 ¶중대한 역사적 ~를
띤 사건 | 具有重大历史意义的事件。

의인[義人] 图【义人】yìrén【义士】yìshì ¶그는 대단한 ~이다 | 他是个了不
起的义士。

ᴬ**의자**[椅子] 图【椅子】yǐ·zi ¶그는 ~
에 앉아서 신문을 본다 | 他坐在椅子
上看报纸。

ᴮ**의장**[議長] 图❶【会议主席】huìyì zhǔxí ❷【议长】yìzhǎng【主席】zhǔxí ¶
국회 ~ | 国会议长。

의전[儀典] 图【典礼】diǎnlǐ【仪典】yídiǎn【礼宾】lǐbīn ¶~실 | 礼宾室。

의절[義絶] 图【하자】【绝交】jué/jiāo【断
绝关系】duànjué guān·xi【绝父】juéyù
【断绝来往】duànjué láiwǎng ¶친구
와 ~하다 | 和朋友断绝来往。

ᶜ**의젓하다** 图【正经】zhèng·jing【正正当
当】zhèng·zheng dàng·dang【光明
正大】guāng míng zhèng dà【堂堂正
正】táng·tang zhèng·zheng ¶의젓한
인품 | 光明正大的人品。

ᶜ**의제**[議題] 图【议题】yìtí【议案】yì·àn ¶
세 가지 ~로 토론을 진행하다 | 围
绕三个议题进行讨论。 ¶~를 내다 |
提出议题。

ᶜ**의존**[依存] 图【하자】【依靠】yīkào【仰
赖】yǎnglài【依赖】yīlài【依存】yīcún
¶외국 원조에 ~하다 | 依靠外国的扶
赖倚pǐyǐ外国 原杖la·hsji·zhi。 ¶서로 ~
하다 | 互相依存。 참고 〔仰仗〕〔依仗〕
〔从属〕〔依托〕〔依傍〕〔靠傍〕〔仰仗〕

ᶜ**의중**[意中] 图【意中】yìzhōng【心意】xīnyì【心中】xīnzhōng【心思】xīnsī ¶
반드시 ~에 있다 | 肯定在意中。 ¶
~을 떠보다 | 掂量心意。

ᶜ**의지**[依支] 图【하타】【依靠】yīkào【凭
仗】píngzhàng【凭靠】píngkào【靠】kàob0【倚】yǐ【依赖】yīlài ¶조직에 ~하
다 | 依靠组织。 ¶왜 남에게 ~하려
고만 드느냐 | 为什么总想依赖别人
呢？

ᶜ**의지**[意志] 图【意志】yìzhì ¶불굴의
~ | 不屈的意志。 ¶~가 굳다 | 意志
坚强。 ¶~가 박약하다 | 意志薄弱bóruò。

의처증[疑妻症] 圐【妻を疑う習慣】yíqī· de xíguàn〔疑妻病〕yíqībìng ¶그 남자는 ~이 있다 | 那个男的有疑妻病。

의치[義齒] 圐【义齿】yìchǐ〔假牙〕jiǎ· á ¶~를 해넣다 | 装假牙。〔참고〕〔托牙〕〔镶xiāng牙〕

의탁[依託] 圐하타【依托】yītuō〔依靠〕yīkào ¶몸을 ~할 곳이 없다 | 没有依身之处。

의하다[依-] 圐【依】yī〔据〕jù〔依据〕yījù〔依靠〕yīkào ¶사상은 언어에 의하여 표현된다 | 思想是依靠语言来表达的。¶들리는 바에 의하면 | 据说。

C**의학**[醫學] 圐【医学】yīxué ¶~을 공부하다 | 读医学。¶~ 문헌 | 医学文献wénxiàn。

의합[意合] 圐【意合得来】yì·délái ¶그와 나는 ~하여 일한다 | 他和我合伙工作。② (의좋다)【情意相投】qíngyì xiāngtóu〔情投意合〕qíngtóuyìhé ¶친구지간에 ~하다 | 朋友之间情投意合。

의향[意向] 圐【想法】xiǎng·fa〔意向〕yìxiàng ¶너의 ~을 모두들에게 말해주어라 | 把你的想法说给大家。¶나는 그의 ~을 잘 모르겠다 | 我不太明白他的意向。〔참고〕〔念头〕〔打算〕

의형제[義兄弟] 圐【义兄弟】yìxiōngdì〔把兄弟〕bǎxiōngdì〔盟兄弟〕méngxiōngdì ¶~를 맺다 | 结为兄弟。〔참고〕〔如兄弟〕〔异姓兄弟〕〔干哥儿(们)〕〔谱pǔ兄弟〕

의혹[疑惑] 圐하자타【疑惑】yíhuò〔疑虑〕yílǜ ¶~을 품다 | 犯fàn疑惑。〔참고〕〔惶huáng惑〕

C**의회**[議會] 圐〈政〉【议会】yìhuì〔议院〕yìyuàn〔国会〕guóhuì ¶~ 정치 | 议会政治。¶~를 소집하다 | 召开议会。

A**이**¹ 圐 ❶ (사람·동물의)〈生理〉【牙齿】yáchǐ〔牙〕yá ¶~가 튼튼하다 | 牙齿坚固jiāngù。¶~를 치료하다 | 修补xiūbǔ牙齿。¶~가 빠졌다 | 牙掉diào了。¶~ 때우다 | 补bǔ牙。¶~를 해넣다 | 镶xiāng牙。¶~를 닦다 | 刷shuā牙。❷ (기물 등의)〔齿〕chǐ〔尖儿〕jiānr ¶~ 빠진 칼 | 掉了尖儿的刀。❸ (맞닿는 부분)【接口】jiēkǒu ¶~가 맞지 않다 | 接口不吻合。

A**이**²圐〈虫〉【虱子】shī·zi〔半风子〕bànfēng·zi〔琵琶虫〕pí·páchóng ¶늙은 원숭이가 어린 원숭이 ~를 잡아 준다 | 老猴子hóuzi给小猴子捉zhuō虱子。

B**이**³[利] 圐【利】lì〔利益〕lìyì ¶~가 남는 장사 | 有利可图的生意。¶~가 있으면 폐단도 있는 법이다 | 有一利便有一弊。

이⁴ 圐【人】rén ¶글 쓰는 ~ | 写文章的人。

A**이**⁵[這] 圐【这】zhè〔此〕cǐ ¶~ 아이 | 这孩子。¶~ 몇 사람 | 这几个人。¶~와 같다 | 如此。

A**이**⁶[二]㊅【二】èr ¶2 더하기 2는 4 | 二加二等于四。¶~층집 | 二层楼。〔참고〕〔第二〕

-**이**⁷ 圣 ❶ (表示主语) ¶눈~ 내린다 | 下雪。❷ (复合句中表示小主语) ¶그것은 쉬운 일~ 아니다 | 那不是件简单的事。

이간[離間] 圐하타【离间】líjiàn〔挑拨离间〕tiǎo bō lí jiàn ¶형제의 사이를 ~하다 | 离间兄弟之情。¶여기서 서로 ~하고 시비를 일으키지 말라 | 不许在这儿挑拨离间，搬弄bānnòng是非。¶~책 | 离间阴谋。

이거 떼【这个】zhè·ge ¶~ 좀 보세요 | 请看这个。

A**이것** 떼 ❶ (가까운 것을 지시할 때)【这】zhè【这个】zhè·ge【这一个】zhèyī·ge ¶~은 내가 안다 | 这我知道。¶~은 물어 뭐 할 거냐? | 你问这做什么？¶내가 돈을 모으는 것은 바로 ~ 때문이다 | 我攒dzǎn钱的就是这个。❷ (사람을 얕잡아 부르는 말)【这小家伙】zhèxiǎojiā·huo【小鬼】xiǎoguǐ

이것저것 떼【这个那个】zhè·ge nà·ge ¶~이 마구 뒤섞이다 | 这个和那个混在一起。

이겨내다 圐【战胜】zhànshèng【克服】kèfú ¶어려움을 ~ | 战胜困难。

이견[異見] 圐【分歧】fēnqí〔不同的意见〕bùtóng·de yìjiàn ¶~을 좁히다 | 缩小分歧。

이골나다 圐【习与性成】xí yǔ xìng chéng〔习惯成自然〕xíguàn chéng zìrán

【习以为常】xí yǐ wéi cháng ¶이것에 대해서는 그는 이미 이골이 나서 예사로운 일로 되었다 | 对此他已习以为常。

이곳 때【此处】cǐchù【这儿】zhèr【这里】zhè·lǐ ¶~ 경치는 정말 좋다 | 这儿的景致jǐngzhì真好。¶~이 바로 김선생님의 집이다 | 这里就是金老师的家。참고〔这接儿〕

ᶜ**이과**[理科] 명【理科】lǐkē ¶~를 선택하다 | 选择理科。

이구동성[異口同聲] 명【异口同声】yì kǒu tóng shēng【一口同音】yì kǒu tóng yīn【众口一词】zhòng kǒu yī cí【众口如一】zhòng kǒu rú yī【众口一调】zhòng kǒu yī diào【众口金同】zhòng kǒu qiān tóng ¶급우들은 ~으로 그를 칭찬한다 | 同学们异口同声地称赞chēngzàn他。¶그는 나쁜 사람이라고 ~으로 말하다 | 异口同声地说他是坏人。

ᶜ**이국**[異國] 명【异国】yìguó ¶~풍경 | 异国风光fēngguāng。¶멀리 ~에 가다 | 远赴异国。

이권[利權] 명【利权】lìquán ¶~을 쫓다 | 追求zhuīqiú利权。¶~을 되찾다 | 挽回wǎnhuí利权。

이글이글 부[熊熊]❶ (불길이)【熊熊】xióngxióng【炽烈】chìliè【热呼呼】rèhūhū【热乎乎】rèhūhū【灼热】zhuórè ¶~하는 태양 | 灼热的太阳。¶불이 ~ 타고 있다 | 火焰熊熊地燃rán着。❷ (얼굴이)【火烧火燎】huǒ shāo huǒ liáo

이기[利器] 명【有效的工具】yǒuxiào·de gōngjù【利器】lìqì【方便的东西】fāngbiàn·de dōngxi ¶자동차는 문명의 ~다 | 汽车是文明时代的方便具。

이기²[利己] 명【利己】lìjǐ【自私】zìsī【自私自利】zìsī zìlì【损人利己】sǔn rén lì jǐ ¶이 사람은 아주 ~적이다 | 这个人很自私。¶~적인 놈 | 自私鬼。

ᴬ**이기다**¹ 동❶ (승리하다)【战胜】zhànshèng【赢】yíng【克服】kèfú ¶어려움을 이겨내다 | 战胜困难。¶저 농구팀이 또 이겼다 | 那个篮球队又赢了。❷ (억제하다)【抑制】yìzhì【抑止】yìzhǐ【按捺】ànnà【按纳】ànnà

충동을 이기지 못하다 | 抑制不住冲动chōngdòng。¶마음속의 노기를 이기지 못하다 | 按捺不住心中的怒nù气。❸ (극복하다)【克服】kèfú【经住】jīngzhù ¶곤란을 ~ | 克服困难。❹ (지탱하다)【直起】zhíqǐ【竖起】shùqǐ【竖立】shùlì【支撑】zhīchēng ¶제 몸을 이지지 못할 정도로 취하다 | 醉得连身子都支撑不住。

이기다²동❶ (반죽하다)【搅拌】jiǎobàn【揉】róu ¶밀가루를 ~ | 揉面。❷ (잘게 짓찧다)【捣】dǎo【捣细】dǎoxì【捣碎】dǎosuì ¶소고기를 잘게 ~ | 把牛肉捣碎。

이기심[利己心] 명【私心】sīxīn【自私心】zìsīxīn ¶그들의 조그만 ~ 때문에 우리 모두가 고생을 했다 | 为了他们的一点私心, 我们大家都受累。

ᴮ**이까짓** 판【这一类】zhèyīlèi【这样的】zhèyàng·de ¶~것쯤은 거든히 들 수 있다 | 像这样的东西都能轻而易举地拿起来。

ᴮ**이끌다** 동❶ (지도·인도하다)【拉着】lā·zhe【带动】dàidòng【领】lǐng【率率】lǐngshuài【引导】yǐndǎo【领导】lǐngdǎo【引人】yǐnrén【率领】shuàilǐng ¶앞선 자가 뒤진 자를 이끌어야 한다 | 先进带动后进。¶그는 어린애들을 이끌고 공원에 갔다 | 他领着小孩子们上公园去了。¶대오를 ~ | 率领队伍。¶인민을 승리로 ~ | 领导人民走向胜利。❷ (주의를 끌다)【吸引】xīyǐn ¶명곡에 이끌렸다 | 被bèi名曲míngqǔ吸引住了。¶그는 이 책에 끝없이 이끌려 밤새도록 읽었다 | 他无法抵挡dǐdǎng这本书的吸引, 看了个通宵tōngxiāo。

ᴮ**이끼**〈植〉【藓苔】xiǎntái【青苔】qīngtái ¶과자에 푸른 ~가 끼었다 | 饼干bǐnggān上长了青苔。

-이나 조❶ (선택)【或】huò【或是】huòshì【或者】huòzhě ¶그 사람 내가 갈 것이다 | 那个人或者我去。¶산~바다로 놀러가자 | 到山里或海边去玩吧。❷ (강조) 힘을 없는데 잠자자! 没事干, 睡觉吧。❸ (어느 것을 막론하고)【无论】wúlùn【不管】bùguǎn ¶그 아이는 주는 대로 무엇~잘 먹는다 | 那个孩子不管是什么, 给

了就吃。❹（정도를 강조）【整整】zhěngzhěng【足足】zúzú【得】dé ¶서울에서 북경까지 몇 시간~ 걸리나요? | 从汉城到北京得需要几个小时? ❺（그러나）【但是】dànshì【可是】kěshì ¶그의 말은 사실~ 표현이 나빴다 | 他的话是对的, 可是表达得不太好。

─이나마 조 ❶（이것이나마）【就这么点】jiùzhè·mediǎn【就这些】jiùzhèxiē ¶없었더라면 어쩔 뻔했나? | 要连这点也没有了, 那我们怎么办了呢? ¶~라도 가져 갈래? | 就这些, 要不要拿走? ❷（아쉬운대로）【就是】jiùshì【虽然…但】suīrán…dàn ¶적은 것~ 받아 주십시오 | 东西虽不多, 但请收下。

ᶜ이남[以南] 圆 ❶（남한）【韩国的南半部】Hánguó·de nánbànbù ❷（남쪽）【以南】yǐnán【南方】nánfāng ¶한강 ~ | 汉江以南。

ᶜ이내[以内] 圆【以内】yǐnèi ¶금년 ~ | 本年内。¶50인 ~ | 五十人以内。¶이틀 ~ | 两天以内。

ᴮ이내² 튀 ❶（곧）【马上】mǎ·shang【立即】lìjí【立刻】lìkè【立时】lìshí【立时刻】lìshíkè【立时巴刻】lìshíbākè【立马】lìmǎ【立时】lìshí【马当时】mǎdāngshí【马溜儿】mǎliūr ¶우리는 ─ 일을 시작할 것이다 | 我们马上就动手。¶영화가 ~ 시작되려 한다 | 电影马上就要开演了。¶대답하기 ~ 立刻回答。❷（그 후 내처）【一直】yìzhí【老是】lǎo·shi ¶헤어지고 ~ 감감 소식이다 | 分手以后一直音讯杳无。

ᶜ이념[理念] 圆【理念】lǐniàn【观念】guānniàn【信念】xìnniàn ¶~을 달리하다 | 观念不同。

ᴬ이다¹ 동 ❶（머리에 얹다）【顶】dǐng ¶머리에 도시락을 ~ | 头上顶着饭盒。¶책을 머리 위에 ~ | 把书顶在头上。❷（위에 두다）【戴】dài ¶함께 하늘을 이고 살 수 없는 원수 | 不共戴天之仇。

─이다² 조 （표시지정물사종결형진술용 작용, 相当于汉语句号所起的作用）¶이것은 책~ | 这是书。¶그는 훌륭한 학자~ | 他是优秀的学者。

이다음 圆【此后】cǐhòu【自今以后】zìjīn yǐhòu【以后】yǐhòu【往后】wǎnghò

u ¶~에 다시 오지 마라 | 此后你别再来了。¶~에는 이래서는 안된다 | 往后不能这样!

이단[異端] 圆【异端】yìduān【邪说】xiéshuō ¶그는 이런 이론을 ~으로 주장한다 | 他把这种理论lǐlùn视为异端。¶~을 믿지 않다 | 不信邪说。
참고〔异己〕

ᴮ이대로 튀【像这样】xiàng zhèyàng【这样】zhèyàng【这般】zhèbān【如此】rúcǐ ¶~ 가시오 | 就这样去吧。¶~ 가만 놔둬 주세요 | 就这样放着吧。

이더넷[ethernet] 圆〈電算〉【以太网】yǐtàiwǎng

이데올로기[도 Ideologie] 圆【意识形态】yì·shixíngtài【观念形态】guānniàn xíngtài【思想意识】sīxiǎng yìshí

ᶜ이동¹[移動] 圆하자타【移动】yídòng【流动】liúdòng【调动】diàodòng【转移】zhuǎnyí ¶~거리 | 移动距离jùlí。¶차가운 공기가 지금 계속 남쪽으로 ~하고 있다 | 冷空气正继续向南移动。¶~ 사무소 | 流动办公室。¶~ 인사 | 人事调动。参考〔移交〕〔迁移〕〔变位〕〔迁出〕

이동²[異動] 圆【调职】diàozhí【调动】diàodòng【变动】biàndòng ¶인사~ | 人事调动。

ᶜ이득[利得] 圆【利益】lìyì【利润】lìrùn【便宜】pián·yi【利得】lìdé【油水】yóushuǐ【利】lì【生利】shēnglì【生息】shēng/xī ¶모두의 ~을 보호하다 | 保护bǎohù大家利益。¶작은 ~을 탐하다 | 贪小便宜吃大亏。¶~이 있으면 폐단도 있는 법이다 | 有一利便有一弊。¶~세 | 利润税。

ᶜ이득해[第二年] 圆 dì·èrnián

이등[二等] 圆【第二名】dì·èrmíng【亚军】yàjūn ¶배구 시합 결과 우리 학교가 ~을 했다 | 排球比赛bǐsài结束jiéshù了, 我校获huò了亚军。

ᴮ이따 튀☞이따가

ᴬ이따가 튀【待（一）会儿】dāi(yī)huìr【等（一）会儿】děng(yī)huìr【过（一）会儿】guò(yī)huìr ¶이 일은 급하지 않으니 ~ 다시 얘기하자 | 这事不急, 待(一)会儿再说。¶돈은 ~ 주겠다 | 等一会儿给钱。

ᴮ이따끔 튀【间或】jiànhuò【有时】yǒushí

746

【有时候(儿)】yǒushíhòu(r)【时而】sh-í'ér ¶이런 물건도 ～ 유용하다 | 这样东西, 有时候是有用的。¶～ 그는 나에게 오곤 한다 | 有时他上我这儿来。

이따위 图【此等】cǐděng【这样一类】zhèy-ílèi【这样东西】zhèyàng dōng·xi【这样人】zhèyàngrén

이때 團【这时】zhèshí【现在】xiànzài ¶바로 ～ 그가 나타났다 | 就这时他出现了。

－이라고 函 ❶ (인용)【据说】jùshuō【听说】tīngshuō ¶이것이 그녀가 만든 작품이라고 | 听人说, 这就是她做的作品。❷ (얕잡아 지적하는 투)【所谓】suǒshuō·de【所谓的】suǒjiā·o·de ¶이런 것을 옷～ 사다니 | 买的这算什么衣服呀。

－이라도 函 (谓格助词, 表示假说的让步)¶밤·달이 밝아 대낮 같다 | 虽然是夜晚, 因为有月亮, 还是像大白天一样亮的。

－이라서 函 (谓格助词, 表示理由或前提)¶학생～ 참석 못한다 | 因为是学生, 所以不能参加。¶일요일～ 늦잠을 잔다 | 因为是星期天, 所以睡懒觉。

이랑[1] 團【垄】lǒng【陇】lǒng【畦】qí ¶보리밭의 ～ | 麦barley垄。

C－이랑[2] 函【与】yǔ【和】hé【及】jí ¶이것～ 저것～ 무엇이 다르지요? | 这个和那个有什么不一样的?

이래[以来] 團【以来】yǐlái【以后】yǐhòu ¶지난 10년 ～ | 过去十年以来。¶건국～ | 建国以来。¶유사～ | 有史以来。

이래도 團【这样】zhèyàng ¶～ 안 되고 저래도 안 되니 어쩌니! | 这样也不行, 那样也不行, 到底怎么办呢?

이래저래 團 ❶【这样那样】zhèyàng nà-yàng ¶～ 쓸리는 게 많다 | 这么一弄那么一弄, 解决不了的事就很多了。❷【就那样】jiùnàyàng

이랜드[Eland] 團〈商标〉【衣恋】Yīliàn

이랬다저랬다 團【忽而这样忽而那样】hū'ér zhèyàng hū'ér nàyàng【出尔反尔】chū'ér fǎn'ěr【朝三暮四】zhāo sān mù sì【朝令暮改】zhāo lìng mù gǎi【三心二意】sān xīn èr yì【三心两意】s-ān xīn liǎng yì ¶너는 어제는 동의한다 해 놓고 오늘은 또 반대한다고 하니

어떻게 이렇게 ～할 수 있니? | 你昨天说同意, 今天又说反对, 怎么能这样出尔反尔呢? ¶그는 ～하는 사람이라서 믿을 수가 없다 | 他是个朝三暮四的人, 靠不住。

이러니저러니 團【这样那样地(说)】zh-èyàng nàyàng·de(shuō)【说这说那】shuō zhè shuō nà ¶～ 말만 늘어 놓지 말고 행동을 해라 | 别这样那样地光说话, 行动起来吧!

A**이러다** 图 ❶【这样做】zhèyàng zuò ¶～ 병 나겠다 | 这样下去会得病的。❷【这样说】zhèyàng shuō

이러면 图【这么】zhè·me【这样】zhèyàng【这样的话】zhèyàng·de huà

이러나러러하다 图【如此这般】rúcǐ zhèb-ān ¶사건의 경과는 ～ | 事件的经过就是如此这般。¶사정이 이러이러하니 개발 좀 봐주세요 | 事情就是如此, 请多关照

이러저러하다 图【这样那样】zhèyàng nàyàng【这种或那种】zhèzhǒng huò nàzhǒng

이러쿵저러쿵 團〖하자〗【说这说那】shuō zhè shuō nà【说长道短】shuō cháng dào duǎn【说白道绿】shuō bái dào lǜ【唧唧喳喳】jījī zhāzhā【张家长李家短】zhāngjiāchánglǐjiāduǎn ¶한창 거기서 ～ 마구 지껄여대고 있다 | 正在那里张家长李家短地说白道绿呢。¶～ 말이 많다 | 他唧唧喳喳话很多。〔참고〕【说短论长】〖说高说低〗〖说好说歹〗

A**이렇하다** 图【这样】zhèyàng【如此】rúcǐ【像这样】xiàng zhèyàng ¶사정이 ～ | 事情就是这样。

이럭저럭 團〖하자〗 ❶ (이렇게 저렇게)【这样那样】zhèyàng nàyàng ❷ (되는 대로)【就那样】jiù nàyàng【得过且过】dé guò qiě guò ¶～ 지내다 | 就那样过。❸ (하는 일 없이)【无所事事】wúsuǒshìshì【混来混去】hùnláihùnqù ¶～ 나이가 쉰이다 | 混来混去已经到了五十岁。❹ (어느덧)【不知不觉】bùzhībùjué ¶고향 떠난 지 ～ 10년이나 되었다 | 离开家乡不知不觉十年了。

A**이런** 國【嗳呀】āiyā【哎呀】āiyā

A**이렇게** 團【这样】zhèyàng【如此】rúcǐ

【像这样】xiàng zhèyàng ¶~ 용감하다 | 这样勇敢。

^A이렇다 [혱] 【这样的】zhèyàng·de 【与这个同样的】yǔ zhè·ge tóngyàng·de ¶그의 이야기는 ~ | 他的故事是这样的。¶~할 성과도 없다 | 连像样的成果也没有。

이렇듯 [뿌] 【这样】zhèyàng 【像这样】xiàng zhèyàng 【如此】rúcǐ 【像这样】xiàngyàng·de ¶~ 용감하다 | 如此勇敢。

^C이레 [명] ❶ (7일 동안) 【七天】qītiān ❷ (7일) 【七号】qīhào 【七日】qīrì

이력 【履历】lǚlì 【经历】jīnglì 【阅历】yuèlì 【资历】zīlì 【资历】zīlì ¶그 양반은 ~도 많고 식견도 넓다 | 他这人经历多, 见识很广。¶~이 매우 풍부하다 | 资历很深。

이례 【异例】yìlì [명] 【意外】yìwài 【违例】wéilì 【例外】lìwài ¶여성이 장관 자리에 오르는 것은 ~인 일이다 | 女性被起用为部长是个例外的事。

이로부터 【从此】cóngcǐ ¶원시 공동체가 해체된 후, ~ 계급사회가 나타났다 | 原始公社shè解体jiětǐ以后, 阶jiē级社会就从此产生了。

^C이론[異論] [명] 【异议】yìyì 【不同观点】bùtóngguāndiǎn 【不同意见】bùtóng yìjiàn ¶그것은 ~의 여지도 없는 일이다 | 那是连存不同意见的余地都没有的事情。

이론²[理论] [명] 【理论】lǐlùn ¶~을 연구하다 | 研究理论。¶~이 실제와 결부되다 | 理论联系lián实际。

^B이롭다[利−] [혱] 【有利】yǒulì 【有用】yǒuyòng 【有好处】yǒuhǎochù 【有益处】yǒuyìchù ¶운동은 건강에 ~ | 运动对健康有益。

^A이루 [뿌] 【一一具体地】yīyī jùtǐ·de 【全部】quánbù ¶~ 다 말할 수 없다 | 不能一一列举。¶~ 다 헤아리기 어렵다 | 不胜枚举。

^A이루다 [동] ❶ (형성하다) 【结成】jiéchéng 【构成】gòuchéng 【形成】xíngchéng ¶현대사의 주요 내용을 ~ | 构成了现代史的主要内容。¶선명한 대비를 ~ | 形成鲜明的对比。❷ (성취하다) 【实现】shíxiàn 【达到】dádào 【达到目的】dádào mùdì 【做成】zuòchéng

【做成功】zuòchénggōng 【完成】wán/chéng ¶원대한 이상을 ~ | 实现远大的理想。¶목적을 ~ | 达到目的。

^A이루어지다 [동] ❶ (뜻대로 되다) 【成为】chéngwéi 【实现】shíxiàn 【得运】dé/chéng 【取得】qǔdé ¶희망이 현실로 ~ | 希望成为现实。¶이 계획은 아마도 이루어질 수가 없을 것이다 | 这个计划恐怕实现不了。❷ (어떤 상태·결과가 되다) 【造成】zàochéng 【构成】gòuchéng 【形成】xíngchéng ¶이런 경관은 청말에 이루어졌다 | 这种景观形成于清朝末年。

^A이룩하다 [동] 【做成】zuòchéng 【实现】shíxiàn 【取得】qǔdé ¶그의 희망이 결국 이룩되었다 | 他的愿望终于实现了。참고〔做成功〕

^B이루다 [동] 【取得】qǔdé 【赢得】yíngdé 【争取】zhēngqǔ 【实现】shíxiàn ¶승리를 ~ | 取得胜利shènglì。¶아시아의 평화를 ~ | 争取亚洲和平。¶목표를 ~ | 实现目标。

^B이륙[離陸] [명][하자] 【起飞】qǐfēi ¶~지점 | 起飞地点。¶비행기는 11시 40분에 ~한다 | 飞机在十一点四十分起飞。

^A이르다 [동] ❶ (말하다) 【告诉】gào·su 【说】shuō ¶선생님께서 당신을 찾아가 보라고 이르셨다 | 老师让我来找你。❷ (타이르다) 【说】shuō ¶너는 그가 이렇게 하는 게 잘못된 줄 알면서도 그를 이르지 않았다 | 你明知道他这么做不对, 也没说他。❸ (고자질하다) 【告】gào 【告状】gào/zhuàng ¶이 일을 선생님께 일러라 | 把这件事, 告诉老师。❹ (부르다) 【称谓】chēngwèi 【称呼】chēng·hu 【称说】chēngshuō 【叫做】jiàozuò ¶이것을 자동차라고 이릅니다 | 这东西叫做汽车。

^B이르다² [동] ❶ (장소에 닿다) 【到达】dàodá 【抵达】dǐdá ¶국제 수준에 ~ | 达到国际水平。¶상해에 ~ | 抵达上海。❷ (시간에 닿다) 【到】dào ¶봄이 이르렀다 | 春天到了。❸ (부터~까지) 【从~到】cóng…dào ¶아침부터 저녁에 이르기까지 | 从早到晚。¶옛날부터 지금에 이르기까지 | 从古到今。

^A이르다³ [혱] 【早】zǎo ¶이른 아침 | 大清早。¶날이 아직 이르니, 조금 앉

아 있지요 | 天还早, 再坐会儿。

이른바 悳【所谓】suǒwèi【所说的】suǒshuō·de | ～ "보따리를 내려 놓다"라는 말은 정신적인 부담을 덜어낸다는 것을 말한다 | 所谓放下包袱, 就是解除精神负担。

이를 갈다 판용【咬牙切齿】yǎoyá qièchǐ【切齿痛恨】qiè chǐ tòng hèn | 그는 이런 행동에 대해 이를 갈며 증오한다 | 他切齿痛恨这种行径xíngjìng。

ᶜ**이를테면** 悳【也就是说】yě jiù ·shì shuō【就是说】jiùshìshuō【换句话说】huàn jùhuà shuō | ～ 다음과 같다 | 换句话说, 就是。

ᴬ**이름** 圀❶ (성을 제외한 이름)【名字】míng·zi【名称】míngchēng【名(儿, 子)】míng(r) | ～이 뭐였입니까? | 叫什么名字? | ～을 짓다 | 起名字。 | ～표 | 姓名卡。❷ (명의·명분)【名义】míngyì | ～을 빌려서 | 假借名义。 | 그는 ～만 사장일 뿐이지 하는 일은 없다 | 他仅仅是名义上的经理, 实际上没事干。❸ (구실)【名目】míngmù【幌子】huǎng·zi | 자선이라는 ～으로 | 以慈善的名目。 | 토지 조사라는 ～을 내걸고 | 打着土地调查的幌子。❹ (평판)【名义】míngyì【名声】míngshēng | 학교의 ～을 더럽히다 | 玷污学校的名声。 | 가문의 ～을 걸고 맹세합니다 | 以家族的名义发誓。

ᶜ**이름나다** 图【著名】zhùmíng【出名】chūmíng【知名】zhīmíng【闻名】wénmíng【有名】yǒu/míng【成名】chéng/míng | 이름난 작가 | 著名作家。 | 전국에 ～ | 闻名全国。 | 이름난 과학자 | 有名的科学家。

이름 바꾸기 [rename] 圀〈電算〉【重命名】chóngmìngmíng

이리¹ 圀❶ (動)【狼】láng【豺狼】cháiláng | ～ 한 마리 | 一只狼。❷ (비유하여)【侵略者】qīnlüèzhě【野心狼】yěxīnláng | 나는 이런 ～같은 인간을 제일 싫어한다 | 我最恨싫这种野心狼。

ᴬ**이리²** 悳❶ (이곳으로)【往这里】wǎngzhè·li【向这边】xiàng zhèbiān ❷ (이렇게)【这么】zhè·me【这样】zhèyàng | ～ 추운 날씨에 그래도 수영을 하러 가겠다고 | 这么冷的天, 还去游

泳。

ᴮ**이리저리** 悳❶ (이러하고 저러하게)【这样那样】zhèyàngnàyàng | ～ 평계만 댄다 | 这样那样地找借口。❷ (이쪽으로 저쪽으로)【这里那里】zhè·linàlǐ【到处】dàochù | ～ 알아보다 | 到处打听。

ᴬ**이마** 圀【额】é【额头】é·tou【前额】qián·é【天门盖】tiānméngài【脑门子】nǎomén·zi【脑门儿】nǎoménr【颡】sǎng | 긴 머리가 ～를 가리다 | 长发覆额。 | 넓은 ～ | 广颡。

이마트 [E-mart] 圀〈社名〉【易买得】Yìmǎidé

ᴬ**이만¹** 悳 (이정도로)【到这里】dào zhè·li【到此程度】dào cǐchéngdù | 오늘은 ～ 끝내자 | 今天到此。

ᴮ**이만²** 판【这么一点】zhè·me yìdiǎn | ～일을 가지고 무슨 걱정이니? | 这点事有什么好担心的?

이만저만하다 图【一般】yìbān【平平常常】píngpíngchángcháng【相差不多】xiāng chà·buduō | 이 일을 끝내기가 이만저만하게 어려운 것이 아니다 | 结束这件事不是一般地难的。 | 그아이의 재능은 이만저만한 게 아니다 | 那个孩子的才能不是一般的。

ᴮ**이만큼** 悳【这个程度】zhè·ge chéngdù【这么些】zhè·mexiē | ～ 많은 일은 누군가 도와주는 사람이 있어야겠지? | 这么些事儿得有个人帮你吧?

ᶜ**이만하다** 图【这个程度】zhè·ge chéngdù【这么】zhè·me | 본래 이만한 일이 없었다 | 根本没有这么回事。

이맘때 圀【这时候】zhèshí·hòu【这个时候】zhè·geshí·hou【这时】zhèshí | 어제 ～ 그가 도착했다 | 他昨天这时候的。

이맛살 圀❶ (주름)【额上皱纹】éshàng zhòuwén | ～을 찌푸리다 | 皱眉头。❷ (살)【额头上的皮肤】étóushàng·de pífū

ᶜ**이 메일** [e-mail] 圀〈電算〉【电子邮件】diànzǐ yóujiàn【伊妹儿】yīmèi'èr

이면 [裏面] 圀❶ (안쪽)【底(儿,子)】dǐ(r, zi)【反面(儿)】fǎnmiàn(r)【里面】lǐmiàn ❷ (속사정)【内心】nèixīn【底细】dǐ·xi【底里】dǐlǐ【底里深情】dǐlǐshēnqíng【底里深情】dǐlǐshēnqíng

¶그들은 이 일의 ~을 잘 모른다 | 他们不了解这件事的底细。

^이모【姨母】몡【姨妈】yímā【阿姨】āyí【姨儿】yír【姨娘】yíniáng【姨姨】yíyí ¶~는 상해에 갔다 | 姨妈去上海了。

°이모작【二毛作】몡【農林】【一年两收】yìnián shuāngshōu【两茬】liǎngchá【两熟制】liǎngshúzhì【双熟作物】shuāngjì zuòwù【一年两收】yìnián liǎngshōu【二熟制稻田】èrshúzhì dàotián

°이모저모 몡【各个方面】gè·ge fāngmiàn【花絮】huāxù【点滴】diǎndī ¶~로 고려하다 | 从各个方面考虑。 | 대회 ~ | 大会花絮。

이모티콘 [emoticon] 몡〈電算〉【情感图标】qínggǎntúbiāo

°이목【耳目】몡❶ (귀와 눈) 【耳目】ěrmù ❷ (사람들의 주의) 【注目】zhùmù 【视听】shìtīng ¶그녀의 치장은 너무 사람의 ~을 끈다 | 她的打扮, 太引人注目了。¶사람들의 ~을 혼돈시키다 | 混淆hùnxiáo视听。

이목구비【耳目口鼻】몡【耳目口鼻】ěr·mùkǒubí【五官】wǔguān ¶~가 뚜렷하다 | 五官清秀。

ᴮ이무기〈動〉❶【大蟒】dàmǎng【蟒虫】chǐchóng ❷【虺蛇】huīshé

°이문【利文】몡❶ (이익) 【利钱】lì·qian ¶~을 남기다 | 盈利。❷ (이율) 【利息】lìxī【利钱】lìqian【息金】xījīn ¶예금 ~은 연리 2리이다 | 存款cúnkuǎn利息年利二厘。¶~의 수준 | 利息水平。

이물 몡【船头】chuántóu【船首】chuánshǒu【艄】shǒu ¶~ 선창 탱크 | 船头存水舱。¶~ 갑판 | 船首楼。

이물²【異物】몡❶ (기이한 물건) 【异物】yìwù【怪物】guàiwù ❷ (제대로의 것이 아닌 딴 물질) 【东西】dōng·xi【异物】yìwù ¶~감 | 有一种异物感。

^이미【已经】昇【已经】yǐ·jīng【业已】yèyǐ【业经】yèjīng【已】yǐ ¶이 책은 내가 ~ 샀다, 네가 신경 쓸 필요가 없다 | 这本书我已经买到了, 不用你费心了。¶나는 이곳에 ~ 삼년 동안 살았다 | 我已经在这儿住了三年。¶~ 가버리다 |

已去了。

이미지 [image] 몡❶ (인상) 【印象】yìnxiàng【想象】xiǎngxiàng ¶~ 조사 | 印象调查。¶~가 참 강한 사람 | 印象很深的人。❷ (형상) 【形象】xíngxiàng ¶영웅~를 형상화하다 | 塑造英雄形象。❸〈電算〉【图像】túxiàng ¶~가 떠오르다 | 形象浮现出来。

^이민【移民】몡【移民】yí·mín ¶~ 근로자 | 移民劳工。¶~ 정책 | 移民政策。¶미국으로 ~을 가다 | 移民到美国。

이민족【異民族】몡【异民族】yìmínzú【别的民族】bié·de mínzú

ᴮ이바지 몡하타【贡献】gòngxiàn【贡献力量】gòngxiàn lì·liang ¶조국을 위해 자신의 역량을 ~하다 | 为祖国贡献自己的力量liàng。

°이발【理髮】몡하자타【理发】lǐ/fà【剃头】tì/tóu ¶내가 너를 ~해줄게 | 我给你剃头吧。¶~사 | 理发匠 / 理发师。¶~소 | 理发馆 / 理发院。

°이방인【異邦人】몡【异邦人】yìbāngrén【异国人】yìguórén

^이번【一番】몡【这次】zhècì【这回】zhèhuí【此次】cǐcì【此回】cǐhuí ¶~에 그들은 사흘을 앞당겨 임무를 완성했다 | 这次他们提前三天完成了任务。¶~ 회의 | 这次会议。

이벤트 [event] 몡【事件】shìjiàn【大事】dàshì【活动】huó·dòng ¶교내 ~ | 校内活动。

°이별【離別】몡하자타【离别】líbié【别离】biélí【分别】fēnbié【分手】fēn/shǒu【分背】fēnbèi【分袂】fēnmèi【分襟】fēnjīn ¶3일 후면 우리는 ~하게 될 것이다 | 三天之后咱们就要离别了。¶그들 두 사람은 결국 ~했다 | 他俩终于分手了。

ᴮ이부자리 몡【被褥】bèirù【铺盖】pūgài ¶~ 한 세트를 샀다 | 买了一床被褥。

ᴮ이북【以北】몡❶ (북한) 【韩国的北半部】Hánguó·de běibànbù ❷ (북쪽) 【以北】yǐběi

이분【二分】몡하타❶ (둘로 나눔) 【二分】èrfēn【两分】liǎngfēn ¶~법 | 两分法。❷ (춘분과 추분) 【春分和秋分】chūnfēn hé qiūfēn【二分】èrfēn

^A**이불** 圀【被子】bèi·zi【被盖】bèigài【被儿】bèir【被头】bèitóu ¶솜~ | 棉被子. ¶~을 덮다 | 盖被子. ¶~솜 | 棉花套(子)/棉胎.

^C**이비인후과**[耳鼻咽喉科] 圀【醫】【耳鼻喉科】ěrbíhóukē ¶~ 전문의 | 耳鼻喉科医生.

^B**이빨** 圀【牙】yá【牙齿】yáchǐ【齿】chǐ ¶~을 해넣다 | 镶牙齿. ¶~을 닦다 | 刷shuā牙. ¶입술이 없으면 ~이 시리다 | 唇chún亡齿寒hán.

이쁘다 圀【漂亮】piào·liang【美丽】měilì【好看】hǎokàn【标致】biāozhì ¶내 후배는 너무 ~ | 我的学妹长得很漂亮. ¶꽃이 매우 ~ | 花儿很好看.

^C**이사**[理事] 圀【理事】lǐ·shì【董事】dǒngshì ¶안전 보장 ~ 회 | 安全理事会. ¶상무 | 常务董事. ¶~회 | 董事会.

^A**이사**[移徙] 圀하자【搬家】bān/jiā【迁移】qiānyí【迁居】qiānjū【迁屋】qiānwū【移居】yíjū ¶~ 비용 | 搬家费fèi. ¶한 차례 ~하는 데도 큰 힘이 든다 | 搬一回家很费事. ¶학교부근으로 ~하다 | 迁居到学校xuéxiào附近fùjìn.

^B**이삭** 圀❶ (벼·보리 등의【穗(儿)】suì(r)【穗儿】suìr ¶~수수 | 高粱gāoliáng穗(儿). ¶조~ | 谷gǔ穗(儿). ❷ (땅에 떨어진)【落穗】luòsuì【落果】luòguǒ ¶~을 줍다 | 捡落穗.

이산[離散] 圀하자【离散】lísàn ¶~의 아픔을 겪다 | 承受离散之苦. ¶육친들이 뿔뿔이 ~하다 | 亲人离散.

이삿짐 圀【行李】xíng·li ¶~을 싸다 | 打点搬家行李.

^A**이상**[以上] 圀❶ (위에서 말한 것)【上头】shàng·tou【上文】shàngwén ¶~의 일을 한 차례 이야기했다 | 把上头的事说了一遍biàn. ❷ (일정한 기준보다 많음)【以上】yǐshàng【多】duō【余】yú【更】gèng【超出】chāochū ¶10세 ~의 아이 | 十岁以上的孩hái·zi. ¶50명 ~ | 五十余人. ¶기대 ~의 효과 | 超出期待的效果. ❸ (이미 이렇게 된 바에는)【既然…】jìrán…jiù ¶이렇게 된 ~ 달리 방법이 없다 | 既然…如此就。别无办法. ❹ (끝)【到此】dàocǐ【完了】wán·le ¶~으로 공연을 끝마치겠습니다 | 演

출到此结束jiéshù. ¶더 쓸 것이 없습니다 ~입니다 | 没什么补充bǔchōng的, 都完了.

^A**이상**[異常] 圀하형【异常】yìcháng【不正常】bùzhèngcháng【不正常】bùzhèngcháng【反常】fǎncháng【非常】fēicháng【非正常】fēizhèngcháng ¶~ 폭등 | 异常上涨. ¶아무런 ~도 발견하지 못하다 | 没有发现任何异常. ¶~ 기후 | 反常气候.

^B**이상**[理想] 圀【理想】lǐxiǎng ¶영원한 평화가 인류의 ~이다 | 永远的和平是人类的理想. ¶이 일은 아주 ~적으로 처리했다 | 这件事办得很理想. ¶~적 평등 사회 | 理想的平等社会/乌托邦的大同世界/大同世界.

^B**이상**[異狀] 圀【异常】yìcháng【变态】biàntài ¶선로상의 ~유무를 검사하다 | 检查线路上有无异常. ¶~심리 | 变态心理.

이상형[理想型] 圀【哲】❶【理想型】lǐxiǎngxíng ❷ (가장 원만하다고 여기는)【理想型】lǐxiǎngxíng【理想】lǐxiǎng【模范】mófàn【典范】diǎnfàn ¶그는 나의 ~이다 | 他是我的理想型.

이색[異色] 圀❶ (다른 색)【别的颜色】bié·de yánsè【别的样子】bié·de yàng·zi【色样】yìyàng【风格不同】fēnggé bùtóng ¶그 작가의 작품은 ~적이다 | 那位作家的作品风格不同.

^C**이성**[異性] 圀❶ (남녀)【异性】yìxìng ¶~교제 | 异性交际. ¶~에 눈을 뜨다 | 开始对异性有兴趣. ❷〈化〉【异性】yìxìng【不同性质】bùtóng xìngzhì ¶~의 전류는 서로 끌어당기고 같은 성질의 전류는 서로 밀어낸다 | 异性的电tian相吸, 同性的电互相排斥.

^B**이성**[理性] 圀❶〈哲〉【理性】lǐxìng ¶~주의 | 理性主义. ❷【理智】lǐzhì ¶~적 인간 | 理智的人. ¶~을 잃다 | 失去理智.

이슈[issue] 圀【议题】yìtí【争议】zhēngyì【争论点】zhēnglùndiǎn

이스즈[Isuzu] 圀〈社名〉【五十铃】Wǔshílíng

이스케이프 키[escape key] 圀〈電算〉【退出键】tuìchūjiàn【换码键】huànm-

751

ǒjiàn

이슥하다 혱【深】shēn【深夜】shēnyè ¶밤이 벌써 이슥해졌다 | 夜已深了。

ᴮ**이슬** 몡 ❶〈氣〉【露水】lù·shui【露】lù ¶~이 내리다 | 下露水。¶아침 ~ | 朝zhāo露。❷（눈물）【泪珠】lèizhū 【泪花】lèihuā【泪水】lèishuǐ ¶눈에 ~이 맺히다 | 眼里含着泪水。

이슬비 몡【毛毛雨】máomáoyǔ【细雨】xìyǔ ¶~를 맞으며 걷다 | 冒着细雨行走。

ᴮ**이승** 몡【现世】xiànshì【现生】xiànshēng【尘世】chénshì【尘俗】chénsú ¶~에서 이루지 못한 인연 | 今生今世无法结成姻缘/尘世无缘。

이식【移植】몡하타 ❶（식물을）【移植】yízhí ❷（장기 따위를）【移植】yízhí ¶피부를 ~하다 | 移植皮肤手术。¶심장 ~ 수술 | 心脏移植手术。

이십【二十】㊄【二十】èrshí ¶나이 ~이 되다 | 到二十岁了/年方二十。

ᴮ**이쑤시개** 몡【牙签】yáqiān

ᴬ**이야기** 몡하자타 ❶（담화）【谈话】tánhuà【说话】shuō/huà【话】huà ¶그들은 지금 방안에서 ~하고 있다 | 他们正在屋里谈话。¶이런 ~는 남들이 들으면 기분 나빠지겠다 | 这种话叫人听了不舒服。¶~한 것을 지키지 않다 | 说话不算数。¶일상 생활을 ~하다 | 话家常。❷（에피소드）【故事】gù·shi ¶~를 하다 | 说（一个）故事。❸（소문）【传言】chuányán ¶네 ~는 많이 들었다 | 听了不少有关你的传言。❹〈文〉（설화·전설·우화·소설 따위）【神话】shénhuà【话儿】huàr【传说】chuánshuō【民间故事】mínjiān gùshi【童话】tónghuà【寓言】yùyán【相声】xiàng·sheng

이야깃거리 몡【话题】huàtí【要说的】yàoshuō·de【说头】shuōtóu ¶다른 ~ 없니? | 有没有别的要说的?

이양【移讓】몡하타【让与】ràngyǔ【移交】yíjiāo【转移】zhuǎnyí ¶권리~ | 权利转移。

ᶜ**이어받다** 图【继承】jìchéng ¶전통을 ~ | 继承传统。¶선열의 유업을 ~ | 继承先烈的遗业。

이어서 뮈【接】jiē【接着】jiē·zhe【随即】

suíjí ¶~ 읽다 | 接着念。¶이 책, 네가 다 보고 나면 ~ 내가 보겠다 | 这本书, 你看完了我接着看。

ᴮ**이어지다** 图【连接】liánjiē【联接】liánjiē【接】jiē ¶두 마디 말이 서로 이어지지 않는다 | 两句话连接不上。¶끊임없이 이어진 산 봉우리 | 接连不断的山岭shānlǐng。

이어폰 [earphone] 몡【耳机】ěrjī ¶~을 귀에 꽂고 음악을 듣다 | 戴耳机听音乐。

이에 뮈【所以】suǒyǐ【这样】zhèyàng【因此】yīncǐ ¶그의 말은 모든 사람들의 웃음을 자아내었고, ~ 실내의 분위기가 한결 부드러워졌다 | 他的话引得大家都笑了, 室内的气氛因此轻松了很多。참고〔因之〕〔以此〕〔以故〕

ᶜ**이역**【異域】몡 ❶（외국）【外域】yìwài【异国】yìguó【外国】wàiguó ¶~에 있다 | 身处异域。¶~ 풍경 | 异国风光。¶멀리 ~에 가다 | 远赴异国。❷（타향）【外乡】wàixiāng【他乡】tāxiāng ¶~에서 고향 친구를 만나다 | 他乡遇故知。¶~을 떠돌다 | 流落liúluò他乡。

이완【弛緩】몡하자【弛缓】chíhuǎn【松弛】sōngchí【松懈】sōngxiè ¶긴장했던 마음이 점점 ~되었다 | 紧张zhǐnzhāng的心情渐jiàn渐弛缓下来了。¶긴장을 ~하다 | 松弛一下神经。

이왕【已往】몡 ❶（과거）【以往】yǐwǎng【既往】jìwǎng【以前】yǐqián【过去】guòqù ¶~지사 | 既往之事。❷（이미）【既然】jìrán【反正】fǎn·zheng ¶~ 이렇게 된 이상 달리 방법이 없다 | 既然如此, 别无办法。

이외【以外】몡【以外】yǐwài【之外】zhīwài ¶그는 소설 ~는 아무 것도 읽지 않는다 | 他除了小说以外, 什么都不看。¶본교 학생 ~는 모두 나가 주세요 | 非本校学生, 都请出去。

ᴬ**이용**[^1]【利用】몡하타 ❶（이롭게 씀）【利用】lìyòng【用】yòng【使用】shǐyòng【可利用】kělìyòng ¶그는 시간을 잘 ~한다 | 他很会利用时间。¶폐품을 ~하다 | 利用废品。¶전기를 ~하다 | 用电。❷（자기 자신을 위한 수단으로）【利用】lìyòng ¶그들 사이는 단지 서로 ~할 뿐이다 | 他们的

间只是互相利用。¶그는 너를 좀 ~
하려는 거지, 너를 도와주려는 것이
아니다 | 他是想利用利用你，不是想
帮你。

이용²[理容] 圐【理发和美容】lǐfà hé měiróng ¶~업 | 理发美容业。

이용자[利用者] 圐【用户】yònghù ¶
전화 ~ | 电话用户。¶~의 의견을
징수하다 | 征求用户意见。

^A**이웃**❶ (근처) 【邻近】línjìn【毗连】pílián【毗邻】pílín ¶~지구 | 毗连地区
dìqū。❷ (근처에 사는 사람) 【邻居】línjū【近邻】jìnlín【街坊】jiē·fang ¶먼
친척이 가까운 ~보다 못하다 | 远亲
不如近邻。¶~집 | 街坊邻舍/街坊
四邻。

이원[二元] 圐【二元】èryuán【二向】èrxiàng【二位】èrwèi ¶배치 | 二向
分组。¶~숫자 | 二位数字。

^C**이월¹**[二月] 圐【二月】èryuè

이월²[移越] 圐하자타【滚存】gǔncún
【结转】jiézhuǎn 　【过帐】guò/zhàng
【作帐】zuòzhàng【过次页】guò cìyè
【拨入】bōrù【承前】chéngqián【承前
期】chéng qiánqī【承前页】chéng qiányè【转期】zhuǎnqī【转拨】zhuǎnbō
【转入】zhuǎnrù【由上期转来】yóu shàngqī zhuǎnlái ¶~거래 | 转期买卖。
¶다음 기(期)로 ~하다 | 结转下
期。¶~금액 | 结转额。¶하반기로
~시켜 계속 사용하다 | 转拨到下半
年度去继续使用。

^A**이유¹**[理由] 圐❶ (근거·원인) 【理由】lǐyóu【原因】yuányīn【起因】qǐyīn【缘
故】yuángù【由由】yīnyóu【原故】yuángù ¶~첨부 중재 재정 | 注明理由
的仲裁裁定。¶~불명 | 原因不明。
❷ (구실) 【借口】jièkǒu【藉口】jièkǒu
【假托的理由】jiǎtuō·de lǐyóu ¶~를
만들다 | 制造借口。¶~를 찾다 | 寻
找借口。

이유²[離乳] 圐하자타【断奶】duàn/nǎi
【断乳】duànrǔ【忌奶】jì nǎi ¶~식 |
断奶食品。¶10개월 전후해서 ~하
다 | 十个月左右断奶。

^C**이윤**[利潤] 圐【利润】lìrùn【利益】lìyì
【盈利】yínglì【赢利】yínglì【营利】yínglì ¶~을 취하다 | 取得利润。¶이
번 달에는 몇 백만원의 ~을 남겼다 |

这个月营利几百万。

^C**이율**[利率] 圐〈經〉【利率】lìlǜ【利息
率】lìxīlǜ【利率功能】lìlǜ gōngnéng ¶
~을 높이다 | 提高利率。

^B**이윽고**【过了一会儿】guò·le yíhuìr
【一会儿少顷】yíhuìr shǎoqǐng【接着】
jiē·zhe ¶~ 그가 침묵을 깨고 입을
열었다 | 过了一会他打破了沉默，
开口说话了。

이의¹[異議] 圐하자타 ❶ (남과 다른
의견이나 주장) 【异议】yìyì ¶~가 없
다면 통과한 것으로 하겠습니다 | 如
果没有异议，就算通过了。¶~를 제
출 하다 | 提出异议。❷〈法〉
(남의 행위가 법률적 효력을 가지지
못하도록 뜻을 나타냄) 【指控】zhǐkòng ¶~를 청구하다 | 请求提出指
控。¶~ 신청이 기각되다 | 指控被
驳bó回。

이의²[異意] 圐【异意】yìyì【别的意思】
bié·de yì·si

^B**이익**[利益] 圐❶ (유익하고 도움이
됨) 【利益】lìyì【好处】hǎo·chu【益处】
yì·chu ¶모두의 ~을 보호하다 | 保护bǎohù大家的
利益。❷ (벌이·수익) 【利润】lìrùn
【利】lì【赢利】yínglì【盈利】yínglì【收
益】shōuyì【红利】hóng lì【便宜】tou·yi【便宜】pián·yi【生利】shēng/lì【生
息】shēng/xī【殖利】zhílì ¶~이 있으
면 폐단도 있는 법이다 | 有一利便有
一弊bì。¶오로지 ~만 도모하다 |
唯利是图。¶작은 ~을 탐하다가 큰
손해를 보다 | 贪小便宜吃大亏。

이자[利子] 圐【利息】lìxī【利钱】lìqián
【息金】xījīn【息钱】xīqián【红利】hóng lì ¶예금 ~는 연리 2리이다 | 存款
cúnkuǎn利息年利二厘。¶~를 지불
하다 | 付I/J利息。

^C**이장**[移葬] 圐하타【移葬】yízàng【迁
葬】qiānzàng【改葬】gǎizàng

이재[理財] 圐【理财】lǐ/cái ¶~
에 밝은 사람 | 善于理财的人。

이재민[罹災民] 圐하자타【罹灾民】lízāimín【受灾人民】shòuzāirénmín

이적¹[利敵] 圐【利敌】lìdí ¶~단
체 | 利敌团体。

이적²[移籍] 圐하자타 ❶ (호적을 옮김)
【搬到别的地方】bāndàobié·dedì·fang【改籍】gǎijí ❷ (소속을 옮김)【转

会]zhuǎnhuì ¶~ 선수 | 转会运动员。

ᴮ**이전**²[以前] 명 【以前】yǐqián【从前】cóngqián【过去】guòqù【既往】jìwǎng ¶나는 ~에는 몰랐고, 이제서야 알았다 | 我以前不知道, 现在才知道。¶~ 일은 따지지 않는다 | 既往不究。

이전²[移轉] 명하타 ❶ (이사)【迁移】qiānyí【迁徙】qiānxǐ【转移】zhuǎnyí【让与】ràngyǔ【转让】zhuǎnràng ¶~세 | 转让税。¶기술 ~ | 技术转让。❷ (권리 등을 넘겨줌)【移交】yíjiāo【迁出】qiānchū ¶~비 | 搬家费。

이점[利點] 명 【利点】lìdiǎn【好处】hǎo·chu ¶이 일은 너에게 ~이 있다 | 这事对你有好处。¶아파트는 살기에 편리하다는 ~이 있다 | 公寓的好处在于生活方便。

이정표[里程標] 명 ❶【基本指标】jīběn zhǐbiāo ❷【路标】lùbiāo【路表】lùbiǎo ¶~가 분명하지 않고 모호하다 | 路标模糊不·hu不清。

ᴬ**이제** 명 ❶ (지금)【现在】xiànzài【此刻】cǐkè【此时】cǐshí ¶~는 안된다 | 现在不行了。❷ (오늘 날)【今日】jīnrì【今天】jīntiān【如今】rújīn ¶~ 우리 농촌에도 대학생이 있다 | 如今我们农村也有了自己的大学生。❸ (막)【刚才】gāng·cái【刚刚】gānggāng ¶영화가 ~ 막 끝났다 | 电影方才刚刚结束。❹ (곧)【即将】jíjiāng【马上】mǎ·shang【立刻】lìkè ¶~ 출판될 것이다 | 即将出版/即将问世。¶영화가 ~ 시작되려 한다 | 电影马上就要开演了。❺ (지금에 이르러서야)【到现在】dào xiànzài【至今】zhìjīn ¶이 일은 ~ 두서가 좀 잡힌다고 하겠다 | 这件事至今才算有了眉目。

이제껏 튀【至今】zhìjīn【一直到现在】yìzhí dào xiànzài【直到现在】zhídào·cǐkè ¶그는 ~ 편지가 없다 | 他至今还没有来信。

ᶜ**이제야** 튀【现在才】xiànzài cái【到现在才】dào xiànzài cái【此刻才】cǐkè cái

이종[姨從] 명 【姨表】yíbiǎo【姨表亲】yíbiǎoqīn【两姨(亲)】liǎngyí(qīn) ¶그들은 ~ 오누이이다 | 他们是姨表兄妹。

이주[移住] 명하자 ❶ (이사)【移居】yíjū【移徙】yízhǐ【迁居】qiānjū【迁屋】qiānwū ❷ (이민)【移民出境】yímín chūjìng

이죽거리다 통 ❶【奚落】xīluò【挖苦】wā·ku ¶그 사람 지금 심기가 불편한데 이죽거리다니 | 人家正心里不自在zìzài, 你还奚落他。¶이 말은 나를 이죽거리는 것이 아니고 뭐야? | 你这话不是挖苦我是什么? ❷【说闲话】shuō xiánhuà ¶의견이 있으면 앞에서 말해야지, 이죽거려서는 안된다 | 有意见当面提, 别在背后说闲话。❸【嘴噘】zuǐjué【脸上肌肉抖动】liǎnshàng jīròu dǒudòng

ᶜ**이중**[二重] 명 【二重】èrchóng【双重】shuāngchóng ¶~ 창 | 二重唱。¶~ 인격 | 二重人格。¶~ 주 | 二重奏。¶~의 타격을 받다 | 受双重打击。

이즈음【最近】zuìjìn【这程子】zhèchéng·zi【这些日子】zhè·xie rì·zi【这阵子】zhè·zhèn·zi ¶~의 소식 | 最近的消息。

이지매[일 荷ぬ]【加于局外人的暴力行为】jiāyú júwàirén·de bàolì xíngwéi【青少年暴力行为】qīngshàonián bàolì xíngwéi

ᶜ**이지러지다** 통 【残】cán【残缺】cánquē ¶이지러진 달 | 残月。

이질[異質] 명 ❶【异质】yìzhì【异性】yìxìng ¶~적인 문화 | 异样的文化。❷【特别的素质】tèbié·de sùzhì

ᶜ**이질**[痢疾] 명 【医】【痢疾】lì·jí ¶그 아이가 ~에 걸렸다 | 他孩子得了痢疾。

ᴬ**이쪽** 명 ❶ (화자와 가까운 쪽)【这边】zhèbiān【这儿】zhèr【这里】zhè·lǐ ¶~ 경치는 정말 좋다 | 这儿的景致jīngzhì真好。❷ (화자의 입장)【我方】wǒfāng【这一方面】zhèyìfāngmiàn ¶~ 사정도 생각해 주십시오 | 请考虑我方的情况。

이쯤 명 【这样程度】zhèyàng chéngdù【这么样】zhè·meyàng

ᶜ**이차**[二次] 명 【第二次】dì'èrcì【二次】èrcì ¶~ 제품 | 二次制品。¶~ 담보물 | 间接担保品。¶~ 방정식 | 二次方程。¶~ 산업 | 次级工业。

이처럼冒【像这样】xiàng zhèyàng【这么】zhè·me ¶~ 추운 날씨에도 수영을 하러 가려느냐? | 这么冷的天, 还要去游泳yóuyǒng吗? ¶~ 바쁘다 | 这么忙.

이층[二层]몡❶ (이층짜리 건물)【二层】èrcéng【两层】liǎngcéng ¶~집 | 二层楼房. ❷ (두 번째 층)【二楼】èr·lóu ¶우리집은 저 아파트 ~이다 | 我家在那个公寓的二楼.

ᶜ**이치**[理致]몡【道理】dào·li【道】dào【理】lǐ【情理】qínglǐ【事理】shìlǐ ¶사실을 들어가며 ~을 설명하다 | 摆bǎi事实, 讲道理. ¶말은 많지 않지만 ~는 심오하다 | 言语yányǔ不多道理深刻. ¶모든 것이 ~에 맞다 | 头头是道.

이탈[離脫]몡하자타【脱离】tuōlí【离开】lí/kāi ¶현실을 ~하다 | 脱离实际. ¶그는 항상 군중에서 ~해 있다 | 他一向脱离群众.

이태[二年]몡【两年】liǎngnián【两载】liǎngzǎi ¶우리 집은 ~전에 이 곳으로 이사왔다 | 我家两年前才搬到了这儿.

ᶜ**이토록**뵘【这么样】zhè·meyàng【如此】rúcǐ【如斯】rúsī ¶~ 용감하다 | 如此勇敢. ¶~ 염려해 주셔서 감사합니다 | 这样挂念, 非常感谢.

ᴮ**이튿날**[－날]몡【明天】[二日][第二天]dì'èrtiān ❶ (다음 날)【次日】cìrì【第二天】dì'èrtiān ❶하룻밤 자고 ~ 새벽에 떠나자 | 睡一夜第二天清晨才走吧.

ᴬ**이틀**몡❶ (2일 동안)【两天】liǎngtiān ¶~ 쉬다 | 休息两天. ❷ (2일날)【二日】èrrì【二号】èrhào

이파리[－]몡【叶】yè【叶子】yè·zi ¶~를 따다 | 摘zhāi叶子.

이편[－便]몡떼【这边】zhè·biān ❶~으로 오세요 | 到这边来. ❷ (자기 자신)【自己】zìjǐ ¶~ 일은 ~이 해라, 남에게 신세지지 말고 | 自己的事自己做, 不要依赖别人.

ᶜ**이하**[以下]몡【以下】yǐxià ¶기온이 이미 0도 ~로 내려갔다 | 气温已降到零度以下. ¶3세 ~의 어린 아이를 데리고 입장하지 마십시오 | 请勿带领三岁以下儿童入场. ¶~생략 | 以下省略.

이해[利害]몡【利害】lìhài【利弊】lìbì【利病】lìbìng【得失】déshī ¶~ 충돌 | 利害冲突. ¶~를 따지지 않다 | 不计利害. ¶~ 득실 | 利害得失.

ᴬ**이해**[理解]몡하자타 ❶ (사리를 분별하여 앎)【理解】lǐjiě【认识】rèn·shi【懂得】dǒng·de【明白】míng·bai【知道】zhī·dao【了解】liǎojiě ¶그렇게 ~할 수 밖에 없다 | 只能那样理解. ¶너의 뜻은 내가 완전히 ~했다 | 你的意思我完全理解了. ¶나는 그의 뜻을 ~하지 못하겠다 | 我不明白他的意思. ❷ (말이나 글의 뜻을 깨우쳐 앎)【领会】lǐnghuì【领悟】lǐngwù【领意】lǐngyì【会心】huìxīn【会意】huìyì【意会】yìhuì【心领神会】xīn lǐng shén huì ¶글의 대의를 ~하다 | 领会文章的大意. ¶남다른 ~가 있다 | 别有领会. ¶그는 ~했다는 듯이 고개를 끄떡였다 | 他会意地点了点头. ❸ (마음 등을 양해함)【原谅】yuánliàng【谅解】liàngjiě【体量】tǐ·liang【原谅】yuánliàng【谅解】liàngjiě【体谅】tǐ·liang ¶당신도 남의 고충을 ~해야 됩니다 | 您也得体谅别人的苦衷呀! ¶~해 주십시오! | 请您原谅! ¶너희는 마땅히 서로 ~하여 관계를 잘 만들어야 한다 | 你们应该互相谅解, 搞好关系.

이해타산[利害打算] 몡【利害】lìhài【利害得失】lìhài déshī ¶난 ~을 떠나서 그 일을 맡았다 | 我不顾利害得失承担了那项工作.

ᶜ**이행**[移行] 하자【过渡】guòdù ¶자본주의에서 민주주의로 ~하다 | 由资本主义过渡到民主主义.

ᶜ**이행**[履行] 하타【履行】lǚxíng ¶~일 | 履行日期. ¶이런 계약은 ~하기가 곤란하다 | 这样的合同履行起来有困难.

ᶜ**이혼**[離婚] 몡하자【离婚】lí/hūn ¶수속을 ~하다 | 办理bànlǐ离婚的手续shǒuxù. ¶그와 ~하다 | 跟他离婚. ¶이 부부는 ~했다 | 这对夫妻离了婚.

ᴬ**이후**[以後] 몡 ❶ (그 후)【以后】yǐhòu ¶대학졸업 ~ | 大学毕业以后. ¶오늘 ~로 | 从今天往后. ❷ (지금으로부터의 후)【今后】jīnhòu【日后】rìhòu【往后】wǎng hòu【此后】cǐhòu【自今以后】zìjīn yǐhòu ¶~에 더욱 노력을 배가해야

755

한다 | 今后더要加倍努力. | 이 물건
은 ~에 쓸모 있을 것이다 | 这东西日
后可能用得着. | ~에 너 다시 오지
마라 | 此后你别再来了.

^익다¹ 〔동〕 ❶ (과일·열매가) 【熟】shú
【成熟】chéngshú | 잘 익지 않은 과일
은 먹지 마라 | 不要吃不熟的果子.
| 복숭아가 익었다 | 桃tāo子成熟
了. ❷ (김치·술등이) 【泡熟】pàosh-
ú【腌好】yānhǎo【浸】jìn | 김치가 ~
| 泡菜腌好了. ❸ (살갗이)【晒红】
shàihóng【烫红】tànghóng ❹ (날 것
이)【煮熟】zhǔshú | 고기가 알맞게
~ | 肉熟得正好.

^익다² 〔동〕 ❶ (낯설지 않다)【熟悉】shú-
xī【熟练】shúliàn【熟劲】shújìn【熟谙】
shú'ān | 목소리가 귀에 ~ | 声音很
耳熟. ❷ (능숙하다)【惯】guàn【不
陌生】bùmòshēng | 이런 방식이 그
에게 이미 익어서 바뀌기 쉽지 않게 됐
다 | 这种方式他已经惯了, 不容易改
变了.

익명 [匿名] 〔명〕하자 【匿名】nìmíng【隐
名】yǐnmíng | ~으로 글을 올리다 |
匿名上书. | ~으로 밀고한 것은 대
부분 사실이 아니다 | 隐名告密的大
多不是事实.

익사 [溺死] 〔명〕하자 【淹死】yānsǐ【溺
死】nìsǐ【淹毙】yānbì | ~자 | 淹死鬼
/水鬼 | 한 여자아이가 ~했다 | 一
个女婴溺死了.

익살 〔명〕【滑稽】huá·jī【诙谐】huīxié
| 이 어릿광대의 연기는 너무 ~스럽다
| 这个丑角的表演非常滑稽. | 말이
~스럽다 | 谈吐诙谐. | ~스런 필치
로 당시 도시 생활을 묘사했다 | 用诙
谐的笔调描写了当时的城市生活.

^익숙하다 〔형〕 ❶ (능숙하다)【熟练】shúli-
àn【熟劲】shújìn | 익숙하게 기계를
조종하다 | 熟练地操纵cāozòng机
器. ❷ (친숙하다)【熟悉】shú·xī【熟
谙】shú'ān | 이 곳은 나에게 아주 익
숙한 곳이다 | 这儿是我很熟悉的地
方.

익스플로러 [explorer] 〔명〕〈電算〉【探索
者】tànsuǒzhě

익히 〔부〕【熟悉地】shúxī·de【熟练地】sh-
úliàn·de | 그 이야기는 ~ 들었다 |
那个故事听得很熟了.

^인 [人] 〔명〕【人】rén | ~의 장막 | 人的
帐幕. | 원시~ | 原始人. | 정치~
| 政治人.

인가¹ [人家] 〔명〕【人家 (儿)】rénjiā(r)
【人烟】rényān | 이 마을에는 구십 호
구의 ~가 있다 | 这个村子有九十户
人家. | ~가 드물다 | 人烟稀少.

인가² [認可] 〔명〕하타 【许可】xǔkě【批
准】pī/zhǔn【准许】zhǔnxǔ【准予】zh-
únyǔ【认可】rènkě【承认】chéngrèn |
~를 얻다 | 得到许可. | 입학을 ~
하다 | 准入学. | 토지 사유제를
~ 하다 | 承认土地私有制.

^인간 [人間] 〔명〕 ❶ (사람)【人】rén | ~
의 본성 | 人的本性. ❷ (인류)【人
间】rénjiān【人类】rénlèi | ~미 | 人间
味. | ~ 쓰레기 | 人间的败类/人
渣滓zhāzǐ. | ~ 사회 | 人类社会.
❸ (됨됨이)【人样】rényàng【人形儿】
rénxíngr | ~답다 | 像个人. | 그는
~이 되지 못했다 | 他没有人样.

인감 [印鑑] 〔명〕【印鉴】yìnjiàn | ~ 증
명서 | 印鉴证明书.

인건비 [人件費] 〔명〕【劳动力费用】láod-
ònglì fèiyòng【劳动费用】láodòng fèi-
yòng【劳务费】láowùfèi【人工费用】ré-
ngōng fèiyòng【人工成本】réngōng
chéngběn【人事费】rénshìfèi | ~ 대
순매상고 비율 | 劳动费用对销售净额
比率.

^B인격 [人格] 〔명〕 ❶ 【人格】réngé | ~于
| 人格化. ❷ (品格)【品格】pǐngé【品质】pǐn-
zhì | 그의 그런 고상한 ~은 우리가
배워야할 영원한 모범(본보기)이다
| 他那崇高chónggāo的品格, 永远是
我们学习的榜样bǎngyàng.

인계 [引繼] 〔명〕하타 【移交】yíjiāo【交
代】jiāodài【承断】chéngduàn | 인수
~ 하다 | 办理移交手续shǒuxù. |
사무를 ~ 하다 | 交代工作事项.

인고 [忍苦] 〔명〕하자 【忍苦】rěnkǔ【忍受
痛苦】rěnshòutòngkǔ | ~의 나날 |
忍受痛苦的日子.

^B인공 [人工] 〔명〕【人工】réngōng【人造】r-
énzào | ~ 스케이트장 | 人工冰场.
| ~으로 만든 섬 | 人工岛. | ~호
흡 | 人工呼吸.

인공유산 [人工流産] 〔명〕하자 【人工流

产]réngōngliúchǎn【人流】rénliú ¶그
녀는 몇 번 ~했다 | 她做过几次人
流。㊉고【流产】[打胎dǎ/tāi]【堕胎du-òtāi】[早产]【小产】[小月]

인과[因果] 圐【因果】yīnguǒ ¶~ 관
계 | 因果关系。¶~ 순환 공식 | 递
归公式。¶~율 | 原因律。

^B**인구**[人口] 圐【人口】rénkǒu ¶~ 증가
| 人口增加。¶~ 밀도 | 人口密度。

^C**인권**[人權] 圐【人权】rénquán ¶~ 외
교 | 人权外交。¶~ 존중의 사회 |
尊重人权的社会。

인근[隣近] 圐【邻近】línjìn ¶~ 마을
| 邻村。

^B**인기**[人氣] 圐【声誉】shēngyù【人望】r-
énwàng【众望】zhòngwàng【热门】rè-
mén ¶그는 이 일대에서 자못 ~가 있
다 | 他在这一带颇有人望。

인기척[人一] 圐【有人】yǒurén【人声】
rénshēng【人的声息】rén·de shēngxī
【人的动静】rén·de dòngjing ¶주위
가 고요하여 ~이 없다 | 周围静无人
声。

^B**인내**[忍耐] 圐하자타【忍耐】rěnnài ¶
~성 | 忍耐性。¶중국에서의 생활은
~를 필요로 한다 | 在中国的生活需
要耐性。

인덱스[index] 圐【索引】suǒyǐn

^C**인도**[引導] 圐하타【引导】yǐndǎo【引
路】yǐn/lù【带路】dàilù ¶정확하게 ~
하다 | 正确zhèngquè引导。

인도[引渡] 圐하타〈法〉【引渡】yǐndù
【移交】yíjiāo【交付】jiāofù【交割】jiā-
ogē【交货】jiāo huò【收付】shōufù ¶
범인을 ~하다 | 引渡犯人fànrén。¶
신병 ~를 거절하다 | 拒绝jùjué引渡
新兵。¶창고 ~ | 仓库交货。¶~항
| 交货港。

인도[印度;India] 圐〈地〉【印度】Yìnd-
ù [인디아(India), 아시아 남부에 위치
한 공화국. 수도는 "新德里"(뉴델리;
New Delhi)]

인도[人道] 圐【人道】réndào【人行
道】rénxíngdào【便道】biàndào【便
路】biànlù ¶행인도 이 길을 이용해 주십
시오 | 行人请走人行道。

인두 圐 ❶【熨斗】yùndǒu【烙铁】lào·
tie【熨头】yùn·tou【火斗】huǒdǒu【麟
首】línshǒu【烫斗】tàngdǒu ❷【火剪】

huǒjiǎn【火钳】huǒqián

인디언[Indian] 圐【印第安(人)】Yìndì-
ān(rén)【印地安(人)】Yìndìān(rén)
【红种人】Hóngzhǒngrén ¶아메리카
~ | 阿美利加Āměilìjiā印第安(人)/
美洲印第安人。

^C**인력**[人力] 圐【人力】rénlì【人手】ré-
nshǒu ¶~이 미치는 바가 아니다 |
非人力所及。¶~과 물력을 집중하
여 건설하다 | 集中人力·物力搞gǎo
建设。

^C**인력**[引力] 圐〈物〉【引力】yǐnlì【摄
力】shèlì【吸力】xīlì ¶~권 | 引力
场。¶~의 법칙 | 引力法则。

^B**인류**[人類] 圐【人类】rénlèi ¶~의 기
원 | 人类起源。¶~를 행복하게 하
다 | 造福人类。

인륜[人倫] 圐【人伦】rénlún ¶~ 관계
를 중시하다 | 注重人伦关系。¶~ 도
덕 | 人伦道德。

인맥[人脈] 圐【人际关系】rénjìguān·x-
ì ¶~을 형성하다 | 形成人际关系。

^C**인명**[人名] 圐【人名】rénmíng ¶~부
| 花名册。

인명[人命] 圐【人命】rénmìng ¶~이
관계된 사건은 매우 중대하다 | 人命
关天。

인문[人文] 圐【人文】rénwén ¶~이
나날이 새로와진다 | 人文日新。¶~
과학 | 软科学/人文科学。

^A**인물**[人物] 圐 ❶ (용모)【人的长相】ré-
n·de zhǎngxiàng【模样】móyàng ¶
~이 곱다 | 人长得漂亮。❷ (인품·
성격)【为人】wéirén【人品】rénpǐn ❸
(소설·극 중의)【人物】rénwù ¶전형
적인 ~ | 典型人物。¶~ 묘사 | 人
物塑造sùzào。❹ (인재)【杰出的人】
jiéchū·de rén【人才】réncái【伟人】w-
ěirén ¶당대의 ~ | 当代的伟人。❺
(사람)【人物】rénwù ¶중심 ~ | 中
心人物。¶주요 ~ | 主要人物。

인민[人民] 圐【人民】rénmín ¶~ 공
화국 | 人民共和国。¶~군 | 人民
军。

인민폐[人民幣] 圐【人民币】rénmínbì【人民券】
rénmínquàn ¶~를 달러로 바꾸다 |
把人民币换成美元。

인부[人夫] 圐【苦力】kǔlì【人夫】rénfū
【劳动力】láodònglì【劳工】láogōng ¶

공사판의 ~ | 工地上的劳动力。

ᴮ**인분**[人糞] 명 【人糞】rénfèn ¶~ 비료 | 人糞肥。

ᴬ**인사**¹[人事] 명하자 ❶ (안부를 묻는 예) 【请安】qǐng'ān 【问安】wèn'ān 【问候】wènhòu 【寒喧】hánxuān 【行礼】xíng/lǐ 【打招呼】dǎ zhāo·hu 【问讯】wènxùn 【望候】wànghòu 【道候】dàohòu 【请安】qǐng'ān ¶~를 대신 전해주십시오 | 请代我问好。¶허리 굽혀 ~하다 | 行鞠躬礼jūgōnglǐ。¶사람을 보고도 조차 인사할 줄을 모른다 | 见了人连招呼都不打。❷ (처음 만나 자기를 소개하는 일) 【互通姓名】hùtōngxìngmíng 【互相认识】hùxiāngrèn·shi 【认识认识】rèn·shi rèn·shi ¶서로 초면인 것 같은데 ~나 나누지요 | 初次见面，互相认识一下吧。❸ (예의) 【礼貌】lǐmào 【礼节】lǐjié ¶~가 없다 | 没礼貌。¶~차리다 | 礼节性拜访。¶~가 늦었습니다 | 拜访来迟。❹ (감사) 【酬报】chóubào 【道谢】dào/xiè 【答谢】dáxiè 【酬报】chóubào 【礼物】lǐwù 【人事】rénshì ¶유실물을 돌려 주시면 반드시 ~하겠습니다 | 如将失shī物送还，一定当面酬谢。¶다음에 다시 와 ~드리겠습니다 | 改日再来酬报。❺ (개인의 능력·신분에 관한 일) 【人事】rénshì ¶~과 | 人事科。¶~이동 | 人事调动。¶~배치 | 人事安挑。¶~제도 | 人事制度。¶~관계 | 人事关系。

인사²[人士] 명 【人士】rénshì ¶저명 ~ | 知名人士。¶예술계 ~ | 艺术界人士。

ᴬ**인삼**[人蔘] 명 【人参】rénshēn ¶~차 | 人参茶。¶~주 | 人参酒。

ᴮ**인상**²[人相] 명 【人相】rénxiàng 【面相】miànxiāng ¶~좋은 | 面相和衣着zhuó。

인상²[引上] 명하타 ❶ (물가 등의 올림) 【提高】tígāo 【抬高】táigāo ¶값을 ~하다 | 抬高价格。❷ (끌어 올림) 【引上】yǐnshàng 【引向】yǐnxiàng 【拉上】lā·shang ¶물건을 밑에서 위로 ~하다 | 把物体从下往上拉。❸ (역도) 【推拳】tuīquán

인상³[印象] 명 【印象】yìnxiàng ¶~이 깊다 | 印象深刻shēnkè。¶좋은 ~ | 好印象。¶첫 ~ | 第一印象。

ᴮ**인색**[吝嗇] 명하형 【吝嗇】lìnsè 【小气】xiǎo·qi 【吝惜】lìnxī 【悭吝】qiānlìn 【一毛不拔】yìmáo bù bá 【死抠(儿)】sǐkōu(r) 【抠门儿】kōuménr ¶너도 너무 ~하다 | 你也太小气了。¶당신 같은 사람은 아주 ~한 구두쇠이다 | 你是个一毛不拔的守财鬼shǒucáiguǐ。¶그는 돈 한 푼도 쓰기 아까워하며 ~하기 그지없다 | 他一分钱也舍不得花，死抠(儿)极了。[참고] 〔遴書〕〈小器〉

ᴬ**인생**[人生] 명 【人生】rénshēng 【一生】yìshēng ¶청소년기는 ~의 황금기이다 | 青少年时期是人生的黄金时节。¶~의 목표를 확고하게 세워두어라 | 确立人生目标。¶~을 위한 예술 | 为人生的艺术。

인선[人選] 명하자 【人选】rénxuǎn 【选人】xuǎnrén 【挑选】tiāoxuǎn ¶후임자를 ~중이다 | 正在挑选继承人。

인성[人性] 명 【人性】rénxìng ¶~론 | 人性论。

ᴮ**인세**[印稅] 명 ❶ 【印花稅】yìnhuāshuì ❷〈法〉【版税】bǎnshuì ¶~수입 | 版税收入。

인솔[引率] 명하타 【率领】shuàilǐng 【领率】lǐngshuài 【带领】dàilǐng ¶그는 한 방문단을 ~하고 출국했다 | 他率领着一个访问团出国了。¶군대를 ~하다 | 带领军队。

ᴮ**인쇄**[印刷] 명하타 【印刷】yìnshuā 【印】dǎyìn 【刷印】shuāyìn ¶~ 공장 | 印刷厂chǎng。¶~ 접수 | 承印。¶~술 | 印刷术。¶이 책은 ~중에 있다 | 这本书正在印刷中。

ᴮ**인수**¹[人數] 명 【人数】rénshù ¶~를 확인하다 | 确认人数。

ᴮ**인수**²[引受] 명하타 【接管】jiēguǎn 【接收】jiēshōu 【接收】jiēshōu 【承接】chéngjiē 【领取】lǐngqǔ 【认付】rènfù 【接受】jiēshòu 【验收】yànshōu ¶오퍼를 ~하다 | 承接报价。¶~ 후 인도하다 | 承接后交货。¶어음 ~ 거절 | 拒绝认付款。

인술[仁術] 명 【仁术】rénshù 【高明医术】gāomíng yīshù

인스톨[install] 명〈電算〉【安装】ānzhuāng

인습[因習] 圐【习气】xíqì【因习】yīnxí【旧习】jiùxí【陋习】lòuxí【陋俗】lòusú ¶그도 좋지 못한 ~에 물들었다 | 他也染上rǎnshàng了不良习气。¶~은 고치기 어렵다 | 旧习难改。

ᴮ**인식**[認識] 圐하타【认识】rèn·shi ¶~ 능력 | 认识能力。¶~이 모호하다 | 认识模糊。

ᶜ**인심**[人心] 圐❶(사람의 마음)【人心】rénxīn【人情】rénqíng ¶~이 크게 변하였다 | 人心大变。¶~을 살피다 | 了解人心。¶~을 얻다 | 得人心。❷(인정)【心地】xīndì【心眼】xīnyǎn ¶~이 후하다 | 心地宽厚。❸(백성의 마음)【民心】mínxīn ¶~이 지향하는 바 | 民心所向。¶~을 많이 얻다 | 深得民心。

ᶜ**인어**[人魚] 圐【人鱼】rényú ¶~공주 | 美人鱼。

ᶜ**인연**[因緣] 圐❶(연분)【因缘】yīnyuán【缘分】yuánfèn ¶그들 둘은 ~이 있다 | 他俩有因缘。¶부부의 ~ | 夫妻缘分。¶~을 끊다 | 断缘分。¶~이 멀다 | 无缘。❷(인과)【因由】yīnyóu【原因】yuányīn ¶군대에서 알게 된 ~으로 나는 여기서 일하게 되었다 | 因为在军队认识的原因, 我才在这儿工作了。

ᴮ**인용**[引用] 圐하타【引用】yǐnyòng【摘引】zhāiyǐn【援引】yuányǐn ¶명사들의 담화를 발췌 ~하다 | 摘引名家谈话。¶예를 ~하여 증명하다 | 援引例证。

ᶜ**인원**[人員] 圐【人员】rényuán ¶~ 배치 | 人员配备pèibèi。

인위[人爲] 圐【人为】rénwéi ¶~적 장애 | 人为的障碍zhàng'ài。¶~ 도태 | 人为淘汰。

ᵁ**인자**[仁慈] 圐하형【仁慈】réncí【慈祥】cíxiáng ¶~하신 노인 | 仁慈的老人。¶눈빛이 ~하다 | 眼光慈祥。

ᶜ**인자**²[因子] 圐【因子】yīnzǐ【因素】yīnsù【动机】dòngjī ¶~ 분석 | 因子分析。

ᴮ**인재**[人才] 圐【人才】réncái ¶~를 초빙하는 광고 | 人才招聘zhāopìn广告。¶~를 모집하다 | 召集才。¶~가 많다 | 人才济济jǐ。

인적[人的] 괜圐【人的】rén·de【人力】

rénlì

인적 자원[人的資源] 圐【人力资源】rénlì zīyuán ¶~ 개발 | 人力资源开发。¶~ 정책 | 人力资源政策。

ᴮ**인절미**[年糕] 圐【年糕】niángāo【糯米糕】nuòmǐgāo

인접[隣接] 圐하자【邻接】línjiē【邻近】línjìn【接壤】jiērǎng【接界】jiē/jiè【毗邻】pílín【毗连】pílián ¶~지구 | 毗连地区dìqū。¶~한 항구 | 毗连的港口gǎngkǒu。

ᶜ**인정**[人情] 圐❶(인간이 본디 지니는 온갖 감정)【人情】rénqíng【情面】qíngmiàn【人之常情】rén zhī cháng qíng ¶~에 끌리다 | 难割情面。❷(동정심·자비심)【情谊】qíngyì【情义】qíngyì【同情】tóngqíng ¶~과 의리는 태산보다 무겁다 | 情义重于泰山Tàishān。❸(사람의 따뜻한 마음씨)【人性】rénxìng【人情】rénqíng ¶~머리 없는 사람 | 没人性的人。

ᴮ**인정**²[認定] 圐하타❶(옳다고 믿고 행함)【承认】chéngrèn【认定】rèndìng【认为】rènwéi ¶모두 다 이 건의가 실행할 만하다고 ~한다 | 大家认为这个建议是可行的。¶자기의 잘못을 ~하다 | 承认自己的错儿。❷〈法〉【认定】rèndìng ¶~사망 | 认定死亡。

ᴮ**인제**閈❶(지금에 이르러)【到现在】dào xiànzài【才】cái ¶일을 ~ 겨우 끝냈다 | 事情现在才做完了。❷(곧)【马上】mǎ·shang【现在】xiànzài ¶영화가 ~ 시작되려 한다 | 电影马上就要开演了。❸(앞으로)【现在】xiànzài【从今以后】cóngjīn yǐhòu ¶~ 그렇게 하지 마세요 | 从今以后不要那样做。

인조[人造] 圐❶(사람이 만듦)【人造】rénzào【人工】réngōng ¶~ 보석 | 人造宝石。¶~ 스케이트장 | 人工冰场。¶(인조견) 【人造丝】rénzàosī ¶~ 비단 | 人造绸缎chóuduàn【人造丝】rénsī【霓虹】léihóng【麻丝】másī

인종[人種] 圐【人种】rénzhǒng ¶유색 ~ | 有色人种。¶~학 | 人种学。[참고]〔白种〕〔黄种〕〔黑种〕〔棕zōng(色)种〕〔红种〕

ᶜ**인주**[印朱] 圐【印泥】yìnní【印色】yìnsè ¶~합 | 印泥缸gāng。¶~갑 | 印泥盒。

인준[認准] 〖명〗하타【批准】pī/zhǔn【允许】yǔnxǔ【裁可】cáikě【裁许】cáixǔ ¶아시아경기대회 개최신청을 ～하다 | 批准申办shēnbàn亚运会yàyùnhuì.

인증[引證] 〖명〗하타【引证】yǐnzhèng ¶이 논문은 ～이 풍부하다 | 这篇论文引证丰富.

인증[認證] 〖명〗하타【证实】zhèngshí【证明】zhèngmíng ¶～ 서류 | 证明文件. ¶～서 | 证明单.

인지[人智] 〖명〗【人类智慧】rénlèi zhìhuì ¶～의 발달 | 人类智慧的发达.

인지[認知] 〖명〗하타【认知】rènzhī ¶～ 심리학 | 认知心理学. ¶～ 과학 | 认知科学.

인지상정[人之常情] 〖명〗【人之常情】rénzhī cháng qíng ¶희노애락은 ～이다 | 喜怒哀乐乃是人之常情.

ᶜ인질[人質] 〖명〗【人质】rénzhì ¶～극을 벌이다 | 演了一场人质闹剧.

ᶜ인체[人體] 〖명〗【人体】réntǐ ¶～ 생리학 | 人体生理学. ¶～를 검사하다 | 检查身体.

인출[引出] 〖명〗하타【引出】yǐnchū【抽出】chōuchū【提款】tí/kuǎn【取款】qǔ/kuǎn【取钱】qǔ/qián【提存】tí/cún【提取】tíqǔ ¶은행에 가서 돈을 ～하다 | 到银行提款. ¶특별 ～권 | 特别提款权.

인터넷[internet] 〖명〗〈電算〉【因特网】yīntèwǎng【国际互联网】guójì hùliánwǎng【互联网】hùliánwǎng

인터넷 뱅킹[internet banking] 〖명〗〈電算〉【网络银行】wǎngluòyínháng【网上银行】wǎngshàngyínháng

인터넷 서비스 제공사업자[Internet service 提供事业者；ISP；Internet service provider] 〖명〗〈電算〉【因特网服务提供商】yīntèwǎng fúwù tígōngshāng

인터넷 서핑[internet surfing] 〖명〗〈電算〉【冲浪】chōnglàng

인터넷 엑스플로러[Internet Explorer] 〖명〗〈商標〉【探险家】Tànxiǎnjiā

인터넷전화[internet电话；internet phone] 〖명〗〈電算〉【网络电话】wǎngluòdiànhuà

인터넷 카페[internet café] 〖명〗〈電算〉【网络咖啡屋】wǎngluò kāfēiwū

인터럽트[interrupt] 〖명〗〈電算〉【交互】jiāohù

인터벌[interval] 〖명〗❶ (간격)【间隔】jiàngé【间距】jiànjù【间隙】jiànxì ❷ (공간적 사이)【区间】qūjiān ❸ (막간)【幕间休息】mùjiān xiū·xi ❹ (음정)【音程】yīnchéng【音比】yīnbǐ

인터뷰[interview] 〖명〗하타 ❶ (회담)【会见】huìjiàn【晤谈】wùtán【会谈】huìtán ¶매우 뜻깊은 ～를 가지고 진행十分有意义的会见. ¶나는 그녀와 한 시간 동안 ～했다 | 我跟她晤谈了一个小时. ❷ (취재)【采访】cǎifǎng ¶기자가 목격자를 ～하였다 | 记者采访了目击者.

인터체인지[interchange] 〖명〗❶【交换】jiāohuàn ❷【互通式立体交叉】hùtōngshì lìtǐ jiāochā【交换道】jiāohuàndào

인터페론[interferon] 〖명〗〈生〉【干扰素】gānrǎosù

인터페이스[interface] 〖명〗〈電算〉【界面】jièmiàn【接口】jiēkǒu【联系装置】liánxì zhuāngzhì【连接】liánjiē ¶～ 회로 | 接口电路.

인터폰[interphone] 〖명〗【对讲机】duìjiǎngjī【内部通话装置】nèibù tōnghuà zhuāngzhì【内部通话机】nèibù tōnghuàjī

인터폴[interpol] 〖명〗【国际刑警组织】guójì xíngjǐng zǔzhī

인턴[intern] 〖명〗【实习医师】shíxí yīshī【实习教师】shíxí jiàoshī【实习生】shíxíshēng

인테리어[interior] 〖명〗【内景】nèijǐng【室内布景】shìnèi bùjǐng

인텔[Intel] 〖명〗〈社名〉【英特尔】Yīngtèěr

인텔리[러 intelligentzia] 〖명〗(인텔리겐치아의 준말)【知识分子】zhī·shi fènzǐ

인텔리전트 터미널[intelligent terminal] 〖명〗〈電算〉【智能终端】zhìnéng zhōngduān

인트라넷[intranet] 〖명〗〈電算〉【企业内部网】qǐyè nèibù wǎng【内部网】nèibùwǎng

인파[人波] 〖명〗【人波】rénbō【人海】rénhǎi【人流】rénliú ¶광장에는 수만 명의 ～가 모였다 | 广场上聚集了数万人.

인편[人便] 図 【托人】tuōrén 【顺便人】shùnbiàn…rén ¶시내에 가는 ~이 있으면, 그에게 라디오를 사오라고 부탁합시다 | 如有人进城，顺便托他买个收音机来。

ᶜ**인품**[人品] 図 【人品】rénpǐn 【品格】pǐngé 【人的品格】rén·de pǐngé ¶그녀는 ~이 매우 훌륭하다 | 她人品很好。 ¶그는 학문도 뛰어나 ~도 좋다 | 他学问好, 品格也好。

인풋[input] 図하타 〈電算〉【输入】shūrù ¶~ 효율 | 输入功率。¶~ 아웃풋 | 输入输出。

인플레[inflation] 図 〈經〉【通货膨胀】tōnghuò péngzhàng ¶~이 자주 발생하다 | 经常发生通货膨胀。

인플레이션[inflation] 図 〈經〉【通货膨胀】tōnghuò péngzhàng ¶~ 정책 | 通货膨胀政策。¶~이 자주 발생하다 | 经常发生通货膨胀。

인하[引下] 図하타 【降低】jiàngdī 【减低】jiǎndī ¶물가를 ~하다 | 减低物价wùjià。¶~ 가격 | 减低标价/调tiáo低价。

ᴮ**인하다**[因-] 图 【因为】yīn·wèi 【由于】yóuyú ¶기온이 너무 내려감으로 인하여 엔진의 시동이 쉽지 않다 | 由于气温太低，引擎qíng不容易点火。¶운전 부주의로 인한 사고 | 由开车精神不集中而引发的事故。

인허[認許] 図하타 【批准】pī/zhǔn 【准许】zhǔnxǔ 【准予】zhǔnyǔ 【许可】xǔkě ¶입학을 ~하다 | 准许入学。

ᴮ**인형**[人形] 図 ❶ 【木偶】mù'ǒu 【木俑】mùyǒng ¶꼭둑각시 | 提线木偶。¶~극 | 木偶戏/傀儡kuǐlěi戏。❷ 【娃娃】wá·wa 【布娃娃】bùwá·wa ¶서양 ~ | 洋娃娃。

ᶜ**인화**¹[引火] 図하지 【引火】yǐn/huǒ ¶~물 | 引火物。¶~점 | 引火点/燃点/发火点。¶~점이 매우 높다 | 燃点太高。

인화²[印畵] 図하타 【洗印】xǐyìn 【印相】yìn/xiàng 【冲晒】chōngshài 【印像】yìnxiàng ¶~지 | 印相纸/感光纸。¶필름 현상이 끝난 후에야 ~작업을 할 수 있다 | 软片冲洗完毕后, 才可以开始进行印相工作。

ᴬ**일**¹ 図 ❶ (업무·직무·임무 등) 【活儿】

huór 【工作】gōngzuò 【劳动】láodòng 【活计】huó·ji ¶~을 구하지 못하다 | 没找到工作。¶~에 대한 보수 | 劳动工资。¶하루의 ~을 시작하다 | 开始一天的工作。❷ (사정·형편·용무) 【事情】shì·qing ¶당신과 상의하고 싶은 ~이 하나 있다 | 有件事情想跟你商量。¶너는 무슨 ~이 있어 왔느냐? | 你来有什么事情吗? ❸ (사건·사고) 【事件】shìjiàn 【事故】shìgù 【事儿】shìr ¶무슨 ~이 있을 때는 전화를 해 다오 | 有什么事儿, 给我打电话吧。¶너 무슨 ~ 있었니? | 你发生了什么事儿? ❹ (용변) 【方便】fāngbiàn ¶화장실에서 ~을 보다 | 上卫生间方便方便。❺ 〈物〉【功】gōng

ᴬ**일**²[日] 図타 ❶ (일요일) 【星期天】xīngqītiān 【星期日】xīngqīrì 【礼拜天】lǐbàitiān 【礼拜日】lǐbàirì 【周日】zhōurì ¶~요일은 근무하지 않는다 | 礼拜天不上班。❷ (하루) 【日】rì 【天】tiān 【一天】yì tiān ¶이 약은 1~ 3회 복용한다 | 这药日服三次。❸ (날) 【日】rì ¶기념~ | 记念日。¶경축~ | 庆祝日。

ᴬ**일**³[一] 囹 【一】yī 【第一】dìyī 【头】tóu ¶~월 ~일 | 一月一日。¶그는 100미터 달리기에서 ~등을 하였다 | 他跑百米得了第一。

ᶜ**일가**[一家] 図 ❶ (가정) 【一家】yìjiā ¶~가 잘 먹고 잘 살면, 천 집이 원망하다 | 一家饱暖千家怨。❷ (친척) 【亲属】qīnshǔ 【亲族】qīnzú 【亲人】qīnrén 【亲丁】qīndīng ¶그의 집에는 어머니 외에는 다른 ~가 없다 | 他家里除了母亲以外, 没有别的亲人。

일가견[一家見] 図 【独立的见解】dúlì·de jiànjiě 【主见】zhǔjiàn ¶그는 요리에 관해 ~이 있다 | 他对料理有独到之见。

일가 친척[一家親戚] 図 【亲戚】qīn·qī 【亲眷】qīnjuàn 【亲串】qīnchuàn ¶~은 멀리 떨어져 있는 것이 좋고, 이웃간에는 담을 높이 쌓아 올려 두는 것이 좋다 | 亲戚远来香xiāng, 街坊jiēfāng高打墙。

일각[一刻] 図 【一刻】yíkè ¶~이라도 늦춰서는 안된다 | 刻不容缓。

ᶜ**일간**¹[日刊] 図하타 【日刊】rìkān ¶~

신문 | 日报。

일간²[日間] 昱【过几天】guòjǐtiān ¶
그 문제는 ~ 해결될 것이다 | 那个问题过几天即可解决。¶이 극은 ~ 상연될 예정이다 | 这个戏过几天就要上演了。

°**일감** 圀【活儿】huór【活计】huó·ji

일개[一介] 圀【一个】yí·ge【微不足道的】wēi bù zú dào·de【一个小小的】y·í·ge xiǎoxiǎo·de ¶ ~ 서기 등의 말을 들어 무엇하느냐? | 一个书记的话听它干么? ¶~서민 | 小小老百姓。

°**일거리** 圀【活儿】huór【工作】gōngzuò ¶~를 구하지 못하다 | 没找到工作。¶요즘 통 ~가 없다 | 最近没有活儿干。

일거양득[一舉兩得] 圀【一举两得】yǐ·ǔ liǎng dé【一则两便】yī zé liǎng biàn【一箭双雕】yí jiàn shuāng diāo【一箭双鹏】yí jiàn shuāng péng【一拱两用】yǐ gǒng liǎng yòng ¶이렇게 하면 ~ 일수 있다 | 这样做可以一箭双雕。

일격[一擊] 圀【一击】yìjī ¶~을 가하다 | 给以一击。

일견¹[一見] 圀하타【一见】yíjiàn【一看】yíkàn ¶~에 알 수 있다 | 一看就知道。

일견²[一見] 昱【猛一看】měngyíkàn ¶두 사람은 ~ 행복해 보였다 | 两个人猛一看显得很幸福。

ᴬ**일곱**[七]qī ¶~사람 | 七个人。

°**일과**[日課] 圀【每日必做的事】měiribìzuò·de shì【每日一课】měiríyíkè ¶ 그는 매일 아침 산책하는 것을 ~로 삼고 있다 | 他把早上去散步当成每日必做的事。

°**일과표**[日課表] 圀【作息时间表】zuòxī shíjiānbiǎo

일관[一貫] 圀하자【一贯】yíguàn【延续】yánxù【全程】quánchéng【겸허·소박은 그의 ~된 품행이다 | 谦虚qiānxū, 朴素pǔsù是他一贯的作风。¶~된 정책 | 一贯政策zhèngcè。¶초지 | 初志一贯。

일괄[一括] 圀하타【包括在内】bāokuòzàinèi【总括起来】zǒngkuò·qǐ·lái【整批】zhěngpī【总括】zǒngkuò ¶오늘 들은 바에 의하면 그는 ~ 처리하는 새 방법을 고려할 것을 승낙하였다고

한다 | 今天听说他答应考虑整批办理的新方法。¶~ 처리 | 成批处理。

일괄 작업 피리[一括作业 file;batch file]圀〈電算〉【批文件】pīwénjiàn

일광[日光] 圀【日光】rìguāng【阳光】yángguāng ¶~ 소독 | 日光消毒。¶~이 매우 강렬하다 | 日光太强了。¶따뜻한 ~ | 温暖wēnnuǎn的阳光。

일구다(땅을)[开]kāi【开垦】kāikěn【开荒】kāihuāng【밭을 ~ | 开垦土地。❷(두더지 등)【翻土】fān tǔ【挖土】wā/tǔ【掘土】juétǔ

일국[一國] 圀【一国】yìguó ¶~의 재상 | 一国的宰相。

일군[一軍] 圀【一军】yìjūn【全军】quánjūn【全甲】quánjiǎ

일그러지다 圀【瘪】biě【皱】zhòu【扭歪】niǔwāi ¶바구니가 ~ | 筐子瘪了。

일금[一金] 圀【钱币】qiánbì ¶~ 백원 | 钱币百圆。

일급[一級] 圀❶(첫째 등급)【一级】yìjí ¶~품 | 一级品。¶~비밀 | 绝密密级。❷(초급)【初级】chūjí

일급[日給] 圀【日工资】rìgōngzī【日工资】jìrì gōngzī【日薪】rìxīn

일기¹[一期] 圀❶(한평생)【生平】shēngpíng【一辈子】yíbèi·zi【一生】yìshēng ¶그는 60세를 ~로 세상을 떠났다 | 他以六十生平去逝了。❷(한 기간)【一期】yìqī ¶금년도 ~분 공납금 | 今年第一期的公共税收。

ᴬ**일기**²[日記] 圀【日记】rìjì ¶~를 쓰다 | 写日记。¶그림 ~ | 图形日记。

일기³[日氣] 圀【天气】tiān·qì ¶~ 예보 | 天气预报。¶그는 매일 ~예보를 청취한다 | 他每天收听天气预报。

ᴮ**일기장**[日記帳] 圀❶【日记本】rìjìběn ❷【日记帐】rìjìzhàng【日记簿】rìjìbù【日清簿】rìqīngbù【序时簿】xùshíbù【序时帐】xùshízhàng【原始记录簿】y·uánshǐ jìlùbù

°**일깨우다** 圀❶(깨닫게 하다)【提醒】tíxǐng【提拨】tí·bo【启发】qǐfā【내가 만일 잊어버리면 네가 한 번 일깨워다오 | 要是我忘了，你提醒我一声儿吧。¶그는 일하는 것이 믿음직하지 못해서, 늘 일깨워주어야 한다 | 他办事不牢靠láokào，要经常提醒提醒

他。❷ (잠에서 깨우다)【叫醒】jiàoxǐng ¶내일은 월요일이니 일찍 깨워 주세요 | 明天是星期一, 请叫醒我。

ᴮ**일꾼**圄 (일하는 사람)【工作人员】gōngzuò rényuán【服务人员】fúwù rényuán【公务人员】gōngwù rényuán【勤杂人员】qínzá rényuán ❷ (유능한 사람)【能手】néngshǒu【好手】hǎoshǒu【人材】réncái【人才】réncái

일년생[一年生]圄【一年生】yìniánshēng ¶~ 작물 | 一年生作物。¶~ 식물 | 一年生植物。

일념[一念]圄【一念】yíniàn【心愿】xīnyuàn【一个念头】yí·ge niàntóu ¶살려고 하는 환자의 ~이 병을 회복시켰다 | 患者求生的念头使他痊愈quányù。

ᴬ**일다**¹圄 ❶ (파도·바람 등이)【起】qǐ ¶바람이 ~ | 起风了。¶거품이 잘 이는 비누 | 泡沫起得很多的肥皂。❷ (왕성해지다)【旺】wàng ¶불이 활활 ~ | 火很旺。❸ (생기다)【产生】chǎnshēng【生起】shēngqǐ ¶그리움이 ~ | 生起怀念之心。¶잡념이 ~ | 生起一些杂念。

ᶜ**일다**²圄 ❶ (쌀 등을)【淘】táo ¶쌀을 ~ | 淘米。❷ (사래질하여 쓸 것과 못 쓸 것을 가려냄)【簸】bǒ

일단¹[一端]圄【一端】yìduān【一头儿】yìtóur【一部分】yíbùfen ¶이번 사건 때 그의 성격의 ~을 엿볼 수 있다 | 通过此次事件窥测到了他性格的一个侧面。

ᴮ**일단**²[一旦]튀 ❶ (우선·먼저·한 번)【先】xiān【一旦】yídàn ¶먹고 보자 | 先吃再说。¶약속하면 지킨다 | 一旦约好了, 就守约。❷ (잠시)【暂时】zànshí ¶차량 통행을 ~ 금지하나 | 暂时禁止通行车辆。

일당¹[一黨]圄 (하나의 당)【一党】yìdǎng ¶~ 독재 | 一党独裁/一党专制。❷ (한 패거리)【一伙】yìhuǒ【一派】yípài

일당²[日當]圄【每日支付】měirì zhīfù【日薪】rìxīn【日工资】rìgōngzī【日津贴】rìjīntiē ¶~ 5만원 | 日工资五万元。

ᶜ**일대**¹[一代]圄【一代】yídài【当代】dāngdài【一世】yíshì ¶~의 호걸 | 一世

豪杰háojié。¶~기 | 生平传记。¶~ 잠종 | 杂交一代。

ᶜ**일대**²[一帶]圄【一带】yídài ¶북경~ 북경一带。¶ ~ 는 북경에서도 가장 번화한 지역인 셈이다 | 这一带也算是北京最热闹rènào的地区。

ᶜ**일동**[一同]圄【全体】quántǐ ¶~ 차렷 | 全体立正。

ᶜ**일등**[一等]圄【一等】yìděng【一级】yìjí【头等】tóuděng ¶~병 | 一等兵。¶~ 서기관 | 一等文秘。¶~품 | 一等品。

일러두기圄【凡例】fánlì ¶~를 작성하다 | 做凡例。¶이 사전을 사용하기 전에, 반드시 ~를 착실히 읽어 어떻게 사용하는 지를 알아야 한다 | 使用这本词典cídiǎn前, 一定要认真阅读yuèdú凡例, 以便了解liǎojiě如何使用。

일러바치다圄【告密】gàomì【密告】mìgào【打小报告】dǎxiǎobàogào ¶선생님께 친구의 잘못을 ~ | 把朋友的错误向老师打小报告。

일러주다圄 ❶ (말하다)【告诉】gàosu ❷ (지시하다)【传达】chuándá ¶상급기관의 지시를 ~ | 传达上级的指示。

일렁거리다圄【晃动】huàngdòng【摇动】yáo/dòng【晃荡】huàng·dang ¶조각배가 끊임없이 ~ | 小船不停地晃荡。

일련[一連]圄【一系列】yíxìliè【一连串】yìliánchuàn ¶~의 조치를 취했다 | 采cǎi取了一系列措施cuòshī。¶~의 사건 | 一连串的事件。

일렬[一列]圄【一列】yíliè ¶~로 서다 | 排成一列。¶~종대 | 一列纵zòng队。

일례[一例]圄【一例】yílì【一个例子】yí·ge lì·zi ¶~를 들다 | 举一个例子。¶~에 불과하다 | 只不过是一个例子而已。

일루[一壘]圄〈體〉【一垒】yìlěi ¶~수 | 一垒手。¶~를 지키다 | 守一垒。

일류[一流]圄【第一流】dìyīliú【一流】yìliú ¶~ 작품 | 一流作品。¶세계 제一~ | 世界第一流。

ᶜ**일률**[一律]圄【一律】yílù【同一个】tóngyí·ge ¶~적이기를 강요해서는 안된다 | 不宜强求qiǎngqiú一律。¶천편

~이다 | 千篇qiānpiān一律。¶~적으로 대우하다 | 一律相待xiāngdài。

일리[一理] 圀 【一定的道理】yídìng·de dào·li 【一点道理】yìdiǎn dàolǐ ¶네 말도 ~는 있다 | 你的话也有一点道理。

일말[一抹] 圀 【一抹】yìmǒ 【少些】shǎoxiē 【一点儿】yìdiǎnr ¶아직 ~의 희망이 있다 | 还有一点儿希望。

일맥상통[一脈相通] 圀하자 【一脉相通】yí mài xiāng tōng 【共同之处】gòngtóngzhīchù ¶두 사람은 ~하는 바가 있다 | 两个人有共同之处。

○**일면**[一面] 圀 ❶ (한 쪽 면) 【一面】yímiàn 【一边】yìbiān 【一方面】yìfāngmiàn ¶이 집의 북쪽 ~에 작은 창문을 하나만 두었다 | 这座房子朝北的一面只开了一个小窗。¶이는 다만 사건의 ~일 뿐이다 | 这只是事情的一方面。❷ (다른 한편) 【另一方面】lìng yìfāngmiàn ¶그는 다정하지만 ~ 엄격한 면이 있다 | 他虽然很热情, 但也有严格的一面。❸ (한 번 만났음) 【见一面】jiànyímiàn ¶~이 있다 | 见过一面。

일면식[一面識] 圀 【一面之识】yí miàn zhī shí 【一面之交】yí miàn zhī jiāo 【一面之雅】yí miàn zhī yǎ

일명[一名] 圀 【一名】yìmíng 【别名】biémíng 【别称】biéchēng ¶금릉은 ~ 남경이다 | 金陵是南京的别称。

일몰[日沒] 圀하자 【日没】rìmò 【日落】rìluò ¶그는 ~후에 돌아왔다 | 他日落后回来了。

△**일반**[一般] 圀 ❶ (보통·통상적인) 【一般】yìbān 【普通】pǔtōng 【通常】tōngcháng ¶~ 규율 | 一般规律guīlǜ。❷ (보통의 사람들) 【一般人】yìbānrén ¶~에게 공개하다 | 向一般人公开。

일반적[一般的] 팬圀 【一般】yìbān·de 【普遍性】pǔbiànxìng 【通常】tōngcháng ¶~ 방법 | 通常的方法。¶~ 상황 | 通常情况。

○**일방**[一方] 圀 【一面】yímiàn 【一方面】yìfāngmiàn 【单方面】dānfāngmiàn 【一侧】yícè ¶~의 말 | 一面之词。¶~통행 | 一侧通行/单程交通。¶~적인 요구 | 单方面的要求。

일방적[一方的] 팬圀 ❶ (자기 쪽만 생각하는) 【片面的】piànmiànde 【单方面】dānfāngmiàn ¶~으로 양국의 우호 관계를 희생시키다 | 单方面地牺牲xīshēng两国友好关系。¶~으로 협정을 파기(破棄)하다 | 单方面撕毁sīhuǐ协定。❷ (한 쪽으로만 치우친) 【一方面的】yìfāngmiàn·de 【单方面的】dānfāngmiàn·de

일변[一變] 圀하자 【一变】yíbiàn 【一改】yìgǎi 【很大变化】hěn dà biànhuà ¶태도가 ~하다 | 态度一变。

일변도[一邊倒] 圀 【一边倒】yìbiān dǎo 【一面倒】yímiàn dǎo ¶외교 ~ | 一边倒外交。

일별[一瞥] 圀하타 【一瞥】yìpiē 【看一眼】kàn yìyǎn ¶장성 ~ | 长城cháng chéng一瞥。

일병[一兵] 圀 【一等兵】yìděngbīng

일보[一步] 圀 【第一步】dìyībù 【一步】yíbù ¶처음 ~가 중요하다 | 开头的第一步很重要。

일보[日報] 圀 ❶ (매일의 보도) 【每日报道】měirìbàodào ❷ (일간 신문) 【日报】rìbào

일복[一福] 圀 【干活儿的福分】gànhuór·de fúfèn

일본[日本] 圀 〈地〉 【日本】Rìběn [수도는 "东京"(도쿄;Tokyo)] 참고 〔倭wō〕

△**일부**[一部] 圀 【一部分】yíbù·fen 【某些】mǒuxiē 【部分】bù·fen ¶공급의 ~ | 来源的一部分。¶~ 학생들이 시위를 했다 | 一部分学生举行了示威shìwēi。

△**일부러** 囯 ❶ (특별히) 【特意】tèyì 【特地】tè·di ¶너를 보려고 ~ 서울에 왔다 | 特意到汉城来看你。❷ (고의적으로) 【故意】gùyì 【有意】yǒuyì ¶그는 나를 보고 ~ 피했다 | 他见了我有意回避huíbì。

○**일부분**[一部分] 圀 【一部分】yíbù·fen ¶공급의 ~ | 来源的一部分。¶수입의 ~을 저축하다 | 收入的一部分存起来。

○**일사병**[日射病] 圀 【日射病】rìshèbìng 【中暑】zhōng/shǔ ¶날씨가 너무 더워 ~에 걸리기 쉽다 | 天气太热, 容易中暑。¶그는 ~에 걸렸다 | 他中了

暑。

일사불란[一絲不亂] 명하형 【一丝不乱】yì sī bú luàn【井井有条】jǐng jǐng yǒu tiáo【有条不紊】yǒu tiáo bù wěn ¶그들은 ~하게 행사를 준비했다 | 他们一丝不乱地准备了活动。

일사천리[一瀉千里] 관용 【一泻千里】yí xiè qiān lǐ【滔滔不绝】tāo tāo bù jué ¶말을 ~로 하다 | 说话滔滔不绝。

[C]**일삼다** 동 【专干】zhuāngàn【专事】zhuānshì【尽干】jìngàn【一贯从事】yíguàn cóngshì ¶허구한 날 거짓말만 ~ | 大白天的专说瞎话。

[B]**일상**[日常] 부【日常】rìcháng【平常】píngcháng【常常】chángcháng【经常】jīngcháng ¶~ 용어 | 日常用语。¶~ 업무 | 日常工作/日常业务。¶~ 상태 | 平常状态。¶이러한 방법은 오히려 ~적인 것이 아니다 | 这样的作法倒不经常有。

일상 생활[日常生活] 명【日常生活】rìcháng shēnghuó【起居】qǐjū ¶~이 불편하다 | 起居不便。¶규칙적으로 ~을 하다 | 起居有恒héng。

일색[一色] 명 ❶(같은 색)【一种颜色】yìzhǒngyánsè【一色】yísè ¶물과 하늘이 ~이다 | 水天一色。❷(미인)【绝色】juésè ¶천하~ | 天下第一美人。❸(한 가지로만 된 모양)【清一色】qīngyísè ¶그 도시는 어디를 가나 선거 ~이었다 | 城里到处是清一色的选举烈。

[B]**일생**[一生] 명 【一生】yìshēng【一辈子】yíbèi·zi【平生】píngshēng【终生】zhōngshēng【终世】zhōngshì【终天】zhōngtiān【毕生】bìshēng ¶아버님의 ~은 영광스럽고 위대했습니다 | 父亲的一生是光荣而伟大的。¶~ 먹는 걱정은 없다 | 一辈子不愁吃喝了/一辈子花不完。¶~ 잊지 못하다 | 终生莫忘/终生难忘。¶~의 사업 | 毕生的事业。

일석이조[一石二鳥] 명 【一石二鸟】yì shí èr niǎo【一箭双雕】yí jiàn shuāng diāo【一箭双鹏】yí jiàn shuāng péng【一举两得】yì jǔ liǎng dé【一则两便】yì zé liǎng biàn ¶등산하면서 건강도 회복하고 짝도 만났으니 정말 ~라 할 수 있다 | 通过爬山, 既恢复了健康, 又找到了配偶, 真可谓一石二鸟。

[C]**일선**[一線] 명 【第一线】dìyíxiàn【一线】yíxiàn ¶~ 기자 | 一线记者。¶기술 혁신 운동의 ~에서 노력하다 | 在技术革新运动的第一线努力。

일설[一說] 명 【一说】yìshuō【一种说法】yìzhǒng shuōfǎ【某一说法】mǒuyī shuōfǎ【另一说法】lìngyī shuōfǎ ¶~에 의하면 그는 아직 살아있다 | 另一说法是他还活着。

[C]**일손** 명 ❶(일하는 손)【手】shǒu ¶~을 잠시 멈추다 | 暂时停手。¶~을 놓다 | 放下手里的活。❷(일하는 솜씨)【手艺】shǒu·yì【手头】shǒutóu ¶~이 재빠르다 | 手头快。❸(일하는 사람)【人手】rénshǒu【人力】rénlì【劳动力】láodònglì ¶~을 증가하다 | 增加人手。¶~이 모자라다 | 人手不足/人手缺。¶~ 부족 | 劳动力短缺。

일수[1][日收] 명 ❶(매일의 수입)【每日收入】měirì shōurù【日收入】rìshōurù ❷(본전 및 이자를 며칠에 나누어 일정액을 날마다 거둠)【每日收回的钱】měirì shōuhuí·de qián ¶~놀이 | 日收进支出。

일수[2][日數] 명【日数】rìshù【天数】tiānshù ¶수업~를 채우다 | 完成教学日数。

일순간[一瞬間] 명【一瞬间】yíshùnjiān【一刹那】yíchànà ¶~에 벌어진 일이다 | 是一瞬间发生的事。

[C]**일시**[1][日時] 명【时日】shírì【日期和时间】rìqī hé shíjiān ¶출발~ | 出发日期和时间。

일시[2][一時] 명【一时】yìshí【暂时】zànshí【临时】línshí ¶~귀국 | 临时回国。¶차량 통행을 ~ 금지하다 | 车辆暂时禁止通行。¶경기의 승패는 ~적이지만 우의는 영원한 것이다 | 比赛的胜负是暂时的, 而友谊是长久的。

일시에[一時-] 부【同时】tóngshí【一齐】yìqí

일시적[一時的] 관명【一时的】yìshí·de【暂时的】zànshí·de

[B]**일식**[日蝕] 명하자 〈天〉【日食】rìshí【日蚀】rìshí ¶~을 관찰하다 | 观看日食。

일신[一身] 명【一身】yīshēn【自身】zìshēn ¶천하의 안위가 내 ~에 달려있다 | 天下之安危系于一身 | ¶추워서 ~에 소름이 돋았다 | 冷得起了一身鸡皮疙瘩 |

일심[一心] 閔❶(한마음)【一心】yìxīn 【同心】tóng/xīn ¶~ 동체 | 同心协力。¶오로지 ~으로 답장만을 기다리고 있다 | 一心等待着回信。❷(전념)【专心】zhuān/xīn ¶연습은 반드시 ~으로 해야 한다 | 练习必须专心。

ᴮ**일쑤**【时常】shícháng【时不常】shíbùcháng【时时】shíshí【不时的】bùshí·de【动不动】dòng·budòng

일약[一躍] 閔【一跃】yíyuè【一下】yíxià ¶~ 간부가 되었다 | 一跃成了干部 gànbù。¶~ 스타가 되다 | 一跃成为明星。

일어[日語] 閔【日语】Rìyǔ【日文】Rìwén【日本语】Rìběnyǔ

ᴬ**일어나다** 閔❶(발생하다)【发生】fāshēng【出现】chūxiàn【掀起】xiānqǐ【爆发】bàofā ¶최근에 새로운 변화 한 가지가 일어났다 | 最近出现了一个新的变化。¶대해에 큰 파도가 ~ | 大海掀起了巨浪 jùlàng。¶전쟁이 일어나다 | 战争爆发了。¶(발효하다·성하게 되다)【着】zháo【起】qǐ【兴起】xīngqǐ【兴旺】xīngwàng【鼓起】gǔqǐ ¶불이 ~ | 着火。¶바람이 ~ | 起风。¶외국어 학습의 열기가 지금 일어나고 있다 | 学外语的热潮 rècháo正在兴起。❸(일어서다)【起身】qǐ/shēn【站起来】zhàn·qǐ·lái【起来】qǐlái ¶세 사람이 함께 일어나 가르침을 청하다 | 三人同起身请教qǐngjiào。¶여러분 일어나세요! | 大家起来吧! ❹(잠을 깨다)【起床】qǐ/chuáng ¶정시에 ~ | 准时起床。

ᴬ**일어서다** 閔❶(기립하다)【起来】qǐ·lái【站起来】zhàn·qǐ·lái【起身】qǐ/shēn ¶너는 일어서고 노부인을 앉혀 드려라 | 你起来, 让老太太坐下。❷(분기하다)【奋起参加】fènqǐ cānjiā ❸(흥성하다)【兴旺】xīngwàng【兴起】xīngqǐ ¶장사가 ~ | 买卖mǎimài兴旺。

일언반구[一言半句] 閔【一言半辞】yìyán bàn cí【片言只语】piàn yán zhǐ y-

ǔ【只言片语】zhǐ yán piàn yǔ

ᴬ**일요일**[日曜日] 閔【星期日】xīngqīrì【星期天】xīngqītiān【礼拜天】lǐbàitiān【礼拜日】lǐbàirì ¶~ 제외 | 星期日除外。¶~은 근무하지 않는다 | 礼拜天不上班。

일용[日用] 閔해자타【日用】rìyòng ¶~품 | 日用品。¶~ 도구 | 日用家伙huǒ。¶~ 용품 | 日用器具/常用品。

일원[一元] 閔【一元】yìyuán ¶~ 방정식 | 一元方程式。¶~론 | 一元论。¶~화 | 一元化。

일원[一員] 閔【一员】yìyuán【一个成员】yí·ge chéngyuán ¶사회의 ~으로서 공중 도덕을 잘 지켜야 한다 | 作为社会一员要遵守公共道德。

ᴮ**일월**[一月] 閔【一月】yíyuè【正月】zhēngyuè

일위[一位] 閔【一位】yíwèi ¶~를 차지하다 | 占第一位。¶~에 오르다 | 上到第一位。

ᴬ**일으키다** 閔❶(야기하다)【引起】yǐnqǐ【引致】yǐnzhì【掀起】xiānqǐ【惹起】rěqǐ【造成】zàochéng ¶그의 말은 박수를 일으켰다 | 他的话引起了一片掌声。¶한바탕 화를 불러 ~ | 引起一场祸huò事。¶아주 나쁜 영향을 ~ | 造成很坏的影响yǐngxiǎng。❷(설립하다)【创建】chuàngjiàn【开创】kāichuàng ¶기업을 ~ | 创建企业。❸(세우다)【坐起】zuòqǐ【扶起】fúqǐ ¶침상에서 몸을 ~ | 从床上坐起来。

일이[一二] 硏【一二】yí·èr ¶~등 | 第一二名。

일익[一翼] 閔【一翼】yíyì【一个方面】yí·gefāngmiàn【一部分任务】yíbù·fen rènwù ¶국방의 ~을 담당하다 | 担当国防一翼。

ᴬ**일인**[一人] 閔【一人】yìrén【一个人】yí·gerén【一名】yìmíng

일인당[一人当] 閔【每人平均】měirén píngjūn【人均】rénjūn【人平】rénpíng ¶~ 국민 총생산 | 每人平均国民生产总值。¶~ 평균 수입이 만달러이다 | 人均收入一万美元。

일인자[一人者] 閔【头号人物】tóuhào rénwù【头头】tóu·tou【一把手】yìbǎshǒu【手屈一指的人】shǒuqū yìzhǐ·de rén【第一把手】dìyī bǎshǒu ¶그는 회사의 ~이다│他是公司里的一把手。

일일[一日]圀【一日】yírì【有一日】yǒuyírì

ᄃ**일일이**[――]튀【个个】gègè【一一】yīyī【详细】xiángxì【一五一十地】yī wǔ yī shí·de【都】dōu ¶사람이 너무 많아 ~ 소개할 수가 없다│人太多, 无法一一介绍jièshào。

일임[一任]圀하타【一任】yīrèn【完全委托】wánquán wěi tuō【全面负责】quánmiànfùzé ¶이 일은 네게 ~한다│这项工作由你全面负责。

ᄃ**일자리**圀【职业】zhíyè【工作】gōngzuò ¶~를 찾다│寻找职业。¶~를 구하지 못하다│没找到工作。

일장[一场]圀【一场】yìcháng【一阵】yízhèn ¶~ 연설을 하다│讲jiǎng了一场话。

일장기[日章旗]【日章旗】rìzhāngqí

일장 일단[一长一短]圀【尺有所短】chǐ yǒu suǒ duǎn【寸有所长】cùn yǒu suǒ cháng【一长一短】yì cháng yì duǎn【优点和缺点】yōudiǎn hé quēdiǎn ¶어느 것에나 ~이 있다│任何事物都有优点和缺点。

일전[一战]圀하자【一战】yízhàn【最后一战】zuìhòu yízhàn【决一死战】juéyī sǐzhàn【决战】juézhàn

일전[日前]圀【前几天】qiánjǐ tiān【日前】rìqián ¶~에 만난 사람│日前见过的人。

일절[一切]튀【绝对】juéduì【严格】yángé ¶이 곳에서는 술·담배를 ~금한다│此处严禁烟酒。

일정[日程]圀【日程】rìchéng ¶~을 안배하다│安排日程。¶~표│日程表/日程历。¶~ 작성│排日程。

ᄂ**일정**[一定]圀【一定】yídìng【固定】gùdìng ¶우리들의 일은 이미 ~한 성적을 올렸다│我们的工作已获得一定的成绩chéngjì。¶~ 직업│固定职业zhíyè。¶~ 가격│固定价格。

ᄂ**일제**[一齐]튀【一齐】yìqí【一致】yízhì ¶~ 사격│齐射/齐放。¶~히 일을 시작하다│一齐动工dònggōng。¶모두가 ~히 동의했다│大家一致同意了。

ᄃ**일제**[日帝]圀【日帝】rìdì【日本帝国】rìběn dìguó ¶~의 패망│日本帝国的灭亡。

ᄃ**일제**[日制]圀【日制】rìzhì【日本产】rìběnchǎn【日本做的】rìběn zuò·de ¶~ 자동차│日本造汽车。

일조[日照]圀【日光照射】rìguāng zhàoshè【日照】rìzhào ¶~권│日照权。¶~시│日照时间。¶~율│日照率。¶~계│日照计。

일조 일석[一朝一夕]圀【一朝一夕】yìzhāo yì xī ¶외국어는 ~에 배울 수 있는 것이 결코 아니다│学外语可不是一朝一夕就能学会的。¶예술 방면에서의 그의 조예는 결코 ~에 이루어진 것이 아니에요!│他在艺术方面的造诣zàoyì, 决非一朝一夕之功!

ᄃ**일종**[一种]圀❶(한 종류)【一种】yìzhǒng ¶이것은 ~의 날짐승이다│这是一种飞禽。❷(어떤 종류)【某种】mǒuzhǒng ¶~의 희열을 느끼다│感到某种喜悦。

일주[一周]圀【一周】yìzhōu ¶세계~│周游世界。

일지[日誌]圀【日志】rìzhì ¶항해 ~│航海日志。¶사건 ~│案件日志。

일직선[一直線]圀【直线】zhíxiàn ¶두 점 사이에는 한 개의 ~만이 올 수 있다│两点只能引一条直线。¶~은 두 점 사이에서 가장 짧은 선이다│直线是两点之间最短的线。

일찌감치튀【早一点】zǎoyìdiǎn【早些】zǎoxiē ¶~ 아침을 먹고 떠나다│一大早吃完早饭走了。

일찍튀【提前】tíqián【早】zǎo ¶아침 일찍 ~ 일어나다│早晨早起。¶좀 더 ~ 말해주었으면 좋았을 걸│如果早告诉我就好了。

일찍이튀❶(늦지 않게)【早】zǎo【提早】tízǎo ¶그는 ~ 이곳에 없었다│他早已不在这儿了。¶~했더라면 좋았을 것이다│要早去就好了。¶장마가 ~ 끝났다│雨季提早结束了。❷(이전에)【过去】guòqù【早先】zǎoxiān【早已】zǎoyǐ

일차[一次]圀【一次】yícì【一回】yìhuí【线性】xiànxìng【初级】chūjí【初次】chūcì【首次】shǒucì【第一】dìyī ¶~함수│一次函数/线性函数hánshù。

¶~ 산업 | 一次产业。 | ¶~ 에너지 | 一次能源/初级能源。

일차적[一次的] 관명 ❶【第一次的】dìyícì·de 【首次的】shǒucì·de ❷【第一性的】dìyīxìng·de

일제¹【一切】명【一切】yíqiè【全部】quánbù ¶~의 역량을 다 쏟다 | 尽jìn一切力量。 ¶~를 소멸시켰다 | 消灭xiāomiè了全部。

일체²【一體】명하자【一体】yìtǐ ¶~화 | 一体化。 ¶~화 정책 | 一体化政策。 ¶~감 | 一体感。

일체형 컴퓨터【一體型computer; one body computer】명〈電算〉【一体机】yìtǐjī

일촉 즉발[一觸卽發] 관용【一触即发】yí chù jí fā ¶전쟁이 ~이다 | 战争zhànzhēng一触即发。

일축[一蹴] 명하자【断然拒绝】duànránjùjué ¶그의 제의를 ~하다 | 断然拒绝他的建议。

일출[日出] 명하자【日出】rìchū ¶동해의 ~ | 东海日出。 ¶~ 시간 | 日出时间。

일취 월장[日就月將] 명【日新】rìxīn【日新又日新】rìxīn yòu rìxīn

일층[一層] 부【更加】gèngjiā【进一步】jìn yī bù ¶문제가 ~ 더 복잡해지다 | 问题更加复杂。 참고〔更其qí〕〔更为wéi〕

ᵒ일치[一致] 명하자【一致】yízhì ¶~ 단결 | 一致团结。 ¶~ 지표 | 一致指标。

ᴰ일컫다 동 ❶ (칭하다)【称做】chēngzuò【叫做】jiàozuò ❷ (칭찬하다)【称赞】chēngzàn【称颂】chēngsòng ¶모든 사람이 그의 덕을 일컫었다 | 所有的人都称颂他的美德。

ᵒ일탈[逸脫] 명하자타 ❶ (벗어남)【逸脱】yìtuō【离开】líkāi ❷ (빠트림)【漏掉】lòudiào ¶필요한 사항을 ~하다 | 遗漏了必要的事项。

ᵒ일터 명【工作岗位】gōngzuò gǎngwèi【工作场所】gōngzuò chǎngsuǒ【工作地点】gōngzuò dìdiǎn ¶~를 옮기다 | 换工作单位。

일파[一派] 명【一派】yípài ¶스스로 ~를 이루다 | 自成一派。 ¶진보적 ~ | 进步jìnbù的一派。

일편 단심[一片丹心] 명【一片丹心】yípiàn dānxīn【赤胆忠心】chì dǎn zhōng xīn【誓死不二】shì sǐ bú èr

ᵒ일평생[一平生] 명【一辈子】yíbèi·zi【一生】yìshēng【平生】píngshēng ¶나는 너를 잊지 못할 것이다 | 我一辈子也忘不了你。 ¶~ 먹는 걱정은 없다 | 一辈子不愁吃喝了/一辈子花不完。

일품[一品] 명【一品】yìpǐn【一等】yìděng【第一】dìyī ¶~ 요리 | 一品菜/高级菜。

ᵒ일하다 동【做工】zuò/gōng【工作】gōngzuò【劳动】láodòng【干活(儿)】gàn/huó(r) ¶그 여자는 방적 공장에서 일한다 | 她在纺纱厂做工。 ¶그는 일하러 갔다 | 他干活去了。

ᵒ일행[一行] 명【一行】yìxíng【同行】tóngxíng ¶우리 ~은 15명입니다 | 我们一行十五人。 ¶대표단 ~ | 代表团一行。

일화[逸話] 명【轶事】yìshì【趣闻】qùwén【插话】chāhuà【逸闻(儿)】yìwén ¶~를 수집하다 | 收集shōují轶事。 ¶그는 늘 선조의 숨은 ~를 나에게 이야기해 주었다 | 他常把先祖的遗闻yíwén轶事讲给我听。 ¶소설 속의 이 ~는 아주 흥미롭다 | 小说中的这一段插话十分有趣qù。 참고〔轶闻〕〔逸事〕〔插典〕〔插曲〕

일환[一環] 명【一环】yìhuán【组成部分】zǔchéng bù·fen ¶국토개발의 ~으로 고속도로를 건설하다 | 作为国土开发的一环建设高速公路。

ᴬ일흔[七十] 수【七十】qīshí ¶나이 ~을 고희라고 고희라고 ~을 古稀之年。

ᴬ읽다 동 ❶ (책 등을)【念】niàn【读】dú【阅读】yuèdú【看】kàn ¶본문을 ~ | 念课文。 ¶한 번 읽어볼 만하다 | 值得一读。 ¶고서를 ~ | 阅读古书。 ❷ (알아차리다 추측하다)【猜】cāi【揣度】cāiduó【琢磨】zhuómó ¶그는 남의 마음을 잘 읽는다 | 他很会猜度别人的心理。 ¶그의 작품 속에서 우리는 그의 열정과 사랑을 볼 수 있다 | 从他的作品中我们可以猜到他的热情和爱恋àiliàn。 ❸ (바둑 등의 수를 생각하다)【看】kàn

ᴬ잃다 동 ❶ (떨어뜨리거나 놓쳐서 없어

지다】【丢】dū【失掉】sh-
īdiào ¶돈지갑을 잃어버렸다 | 丢失
了钱包。¶이성을 ~ | 失掉了理智。
의지할 곳을 잃었다 | 失去了依靠。
❷(정신이나 감각 따위가 없어지다)
【失去】shīqù【丧失】sàngshī ¶지각
을 ~ | 失去知觉。¶믿음을 ~ | 失
去信心。¶자신을 ~ | 丧失自信。¶
당시에 그는 용기를 완전히 잃었다 |
当时, 他完全丧失了勇气。¶회원 자
격을 ~ | 丧失会员资格。❸(방향을
못 찾다)【迷失】míshī ¶길을 ~ | 迷
失道路。참고〔失掉〕〔失却〕

임무[任務] 圀【任务】rèn·wu ¶정치적
~ | 政治任务。¶~를 완성하다 | 完
成任务。

임박[臨迫] 圀하자【迫近】pòjìn【濒
临】bīnlín【濒于】bīnyú【临近】línjìn
¶시험이~했다 | 考试kǎoshì迫近了。
¶죽음의 지경에 ~하다 | 濒临死
亡。¶파산 지경에 ~한 기업을 구제
하였다 | 救活了一家濒于破产的企
业。

임부[姙婦] ⇒【产妇】chǎnfù

임상[姙産] 圀【怀孕和分娩】huáiyùn
hé fēnmiǎn ¶~부 | 妇妇和产妇。

임심상²[林産] 圀【林产】línchǎn ¶~ 자
원 | 林产资源。¶~물 | 林产物/林
产品。

임상인[心上人]xīnshàngrén【情人】qí-
ngrén ¶~를 그리다 | 思念心上人。

임검[臨檢] 圀하타【临检】línjiǎn【现场
检查】xiànchǎngjiǎnchá ¶사고 현장
을 ~하다 | 检查事故现场。

B**임금¹**[皇帝] 圀【皇帝】huángdì【国王】guówáng【君主】jūnzhǔ

C**임금²**[賃金] 圀【工资】gōngzi【工钱】g-
ōng·qian【薪金】xīnjīn【薪水】xīn-
shuǐ ¶실질~ | 实际shíjì工资。¶최
저 ~ | 最低zuìdī工资。¶시간제 ~
| 计时jìshí工资/死sǐ工钱/呆dāi工
钱。¶~을 규정대로 지급하다 | 工
资按照ànzhào给。¶~을 동결하다 | 冻
结工资。¶~이 낮다 | 薪金不高。¶
~을 받다 | 领lǐng薪水。참고〔薪体f-
èng〕〔薪给〕〔辛俸〕〔辛金〕

임기[任期] 圀【任期】rènqī【任职期
间】rènzhí qījiān ¶~ 만료 | 任期期
满。¶~가 거의 차다 | 任期将满。

임기응변[臨機應變] 圀하자【随机应
变】suíjī yīngbiàn【见机行事】jiàn jī x-
íng shì【权变】quánbiàn【通权达变】t-
ōng quán dá biàn【随机应变】suíjī yī-
ngbiàn ¶~에 뛰어나다 | 善于权
变。

임시[臨時] 圀 ❶(필요에 따라 그 때
그 때)【临时】línshí ¶~ 조치 | 临时
措置cuòzhì。¶~ 열차 | 临时列车。
¶~ 정부 | 临时政府。❷(임시로)【临
时】línshí ¶~ 조치 | 临时措置。❸【暂定】zàndìng
¶~의 방법 | 暂定办法。

B**임신**[姙娠:姙娠] 圀하자타【妊娠】rèn-
shēn【怀孕】huáiyùn/yùn ¶~기 | 妊娠
期。참고〔怀妊rèn〕〔怀胎tāi〕〔身shē-
n孕〕〔有孕〕

임대[賃貸] 圀하타【出租】chūzū【借
给】jiègěi ¶~인 | 出租人。¶가옥을
~하다 | 出租房屋。

임야[林野] 圀【林野】línyě

임업[林業] 圀【林业】línyè ¶~ 경제 |
林业经济。¶~ 금융 | 林业金融。¶
~ 회계 | 林业会计。

임대료[賃貸料] 圀【出租费】chūzūfèi
【租金】zūjīn【租费】zūfèi【租价】zūjià
¶이 집의 ~는 매월 백만원이다 | 这
房子的租金是每月一百万元。

임용[任用] 圀하타【任用】rènyòng【聘
用】pìnyòng【聘任】pìnrèn ¶그 일에
적합하지 않은 사람을 ~하다 | 聘用
了一个不适合此项工作的人。¶현명
한 사람을 ~하다 | 任用贤人。

임원[任員] 圀【高级职员】gāojí zhíyuán ¶~ 봉급 | 职员薪金。

C**임명**[任命] 圀하타【任命】rènmìng ¶
~장 | 任命状。¶그를 교장에 ~하
다 | 任命他为校长。

임의[任意] 圀【任意】rènyì【随意】suí/
yì【随便】suíbiàn【随机】suíjī ¶~로
행동하다 | 任意行动。¶~성 | 随机
性。¶당신 ~로 선택하시오 | 由你
随意选择。

B**임자** 圀 ❶(주인)【主人】zhǔ·ren【所
有主】suǒyǒuzhǔ【物主】wùzhǔ【本主
儿】běnzhǔr ¶물건을 ~에게 돌려주
다 | 把东西归还物主。❷(당신)
【你】nǐ ¶~는 어디에서 근무하오? |
你在哪工作。¶나는 ~를 만난 적
이 있는 것 같다 | 我好像见过你。

임종[臨終] 명하자 【临终】línzhōng 【临死】línsǐ 【死期】sǐqī 【奄奄一息】yǎn yǎn yì xī 【送终】sòng/zhōng ¶그는 ~때 의식이 아직 또렷했다 | 他临终时, 神志仍然很清醒qīngxǐng. ¶~이 이미 가까워졌다 | 死期已近. 참고 〔送死〕〔诀别〕

임직[任職] 명하타 【任职】rèn/zhí

임차[賃借] 명하타 【租借】zū/jiè 【赁借】ìn/jiè 【租赁】zūlìn ¶~ 부동산 | 租赁不动产. ¶~료 | 租金/租费. ¶~인 | 承租方/承租人. ¶~지 | 租借地.

°**임하다**[臨-] 통 ❶ (다다르다) 【莅临】lìlín 【光临】guānglín 【光顾】guānggù 【光降】guāngjiàng 【光驾】guāngjià 【光贲】guāngbēn ❷ (직면하다) 【面临】miànlín 【临近时候】línjìn shí·hou ¶심각한 위기에 ~ | 面临一场严重的危机. ¶멸망의 지경에 임해 있다 | 面临灭亡. ❸ (윗사람이 아랫사람을 대하다) 【对待】duìdài ¶부하에게 관대하게 ~ | 对部下宽大.

^**입** 명 ❶ (사람·동물의) 【口】kǒu 【嘴】zuǐ ¶~을 벌리다 | 张开嘴. ¶~을 다물다 | 闭嘴. ❷ (사람·식구) 【(吃饭的)嘴】(chīfàn·de)zuǐ ¶하나 줄다 | 少了一张嘴. ❸ (말) 【嘴】zuǐ 【口】kǒu ¶~이 거친 남자 | 说话粗鲁的男人.

°**입가** 명 【嘴边】zuǐbiān 【嘴角】zuǐjiǎo ¶방금 나는 말이 ~에 맴돌고 있었다 | 刚才我的话就在嘴边.

입가심 명하자 【漱口】shù/kǒu ¶소금물로 ~하다 | 用盐水漱口. ¶맥주로 ~하다 | 喝啤酒漱口.

입각[立脚] 명하자 【立足】lìzú 【立脚】lìjiǎo 【站】zhàn ¶독립 자주에 ~하다 | 立足于独立自主.

입건[立件] 명하타 【成案】chéng'àn 【记案】jì'àn 【立案】lì'àn ¶불구속 ~ | 不拘留立案.

^**입구**[人口] 명 【入口】rùkǒu 【门口(儿)】ménkǒu(r) ¶정거장 ~ | 车站入口. ¶~에서 기다리다 | 在门口(儿)等候. ¶학교 ~를 지나가다 | 走过学校门口(儿). ¶손님을 ~까지 전송하다 | 把客人送到门口(儿).

^**입국**[人國] 명하자 【入境】rù/jìng 【进

입국[人境]jìnrù guójìng ¶~ 비자 | 入境签证. ¶~ 수속 | 入境手续.

입궐[人闕] 명하자 【进宫阙】jìngōngquē 【臣下进宫阙】chénxià jìn gōngquē ¶신하들이 ~하다 | 大臣们进宫.

입금[人金] 명하자타 【收入钱款】shōurù qiánkuǎn 【进款】jìnkuǎn 【存入】cúnrù ¶~ 전표 | 收入传票/存单. ¶~ 통지서 | 进款通知单.

°**입김** 명 ❶ (입에서 나오는 김) 【气息】qìxī 【哈口气】hākǒuqì 【人呼出的气】rén hē chū·de qì ¶호호 ~을 불다 | 呵呵地哈气. ❷ (영향력) 【影响力】yǐngxiǎnglì ¶고위층의 ~이 작용하다 | 高层的影响力起作用.

^**입다** 통 ❶ (옷을) 【穿】chuān 【着】zhuó 【服】fú ¶옷을 ~ | 穿衣. ¶여름에는 홑옷을 입는다 | 夏着单衣. ❷ (손해·은혜 등을 받다) 【遭到】zāodào 【遭受】zāoshòu 【蒙受】méngshòu ¶타격을 ~ | 遭受打击. ¶은혜를 ~ | 蒙受恩惠. ¶손실을 ~ | 蒙受损失sǔnshī.

입단[人團] 명하자 【入团】rù/tuán 【加入团】jiārùtuán ¶소년단에 ~하다 | 加入少年团.

입담 명 【口才】kǒucái

입당[人黨] 명하자 【入党】rù/dǎng ¶~하여 출세하다 | 入党升官.

°**입대**[人隊] 명하자 【当兵去】dāngbīngqù 【入队】rùduì 【入伍】rù/wǔ 【参军】cān/jūn ¶큰형이 오늘 ~한다 | 大哥今天入伍. 참고 〔参加〕

입덧 명 【恶阻】èzǔ 【害口】hài/kǒu 【害喜】hài/xǐ ¶내 아내가 요즈음 ~을 한다 | 我的爱人最近害喜了. 참고 〔闹ào.喜〕

°**입동**[立冬] 명 【立冬】lìdōng ¶~에 접어들다 | 快要立冬了.

°**입력**[人力] 명하타 〈電算〉【输入】shūrù 【输入功率】shūrù gōnglǜ 【储存】chǔcún ¶~방법 | 输入法. ¶수험생의 성적을 컴퓨터에 ~하다 | 把考生成绩输入电子计算机里.

입력 방법[人力方法; insert method] 명 〈電算〉【输入法】shūrùfǎ

입력 키[insert key] 명 〈電算〉【键入】jiànrù 【输入键】shūrùjiàn

입막음 명하자 【堵嘴】dǔ/zuǐ 【钳口】qián/kǒu【不让说话】bùràng shuōhuà ¶그 사건에 대해서 우리는 단단히 ~당했다 | 对那个案件我们被剥夺了发言权。

^B**입맛** 뎽 ❶ (식욕) 【味道】wèidào【口味】kǒuwèi【口感】gǎn【胃口】wèi·kǒu【食欲】shíyù ¶~이 좋지 않다 | 胃口不好。¶~이 왕성하다 | 食欲旺盛wàngshèng。¶~이 떨어지다 | 没有了食欲。¶~을 돋우다 | 增进食欲。❷ (구미·기호) 【口味】kǒuwèi ¶~대로 책을 고르다 | 按口味挑书。

^C**입맞추다** 뎽【亲嘴】qīnzuǐ【接吻】jiēwěn【吻】wěn ¶이마에 한 번 ~ | 在额上吻了一下。

^C**입문**[入門] 뎽하쟈 ❶【入门】rùmén ¶정치학 ~ | 政治学入门。¶~서 | 入门书/识字课本。

^C**입버릇** 뎽 ❶【口癖】kǒupǐ【口头禅】kǒutóuchán ❷【吃东西的习惯】chī dōng·xi·de xíguàn

^C**입법**[立法] 뎽하쟈〈法〉【立法】lì/fǎ ¶~기관 | 立法机关。¶~절차 | 立法程序。¶~권 | 立法权。

입사[入社] 뎽하쟈【入公司】rùgōngsī【进公司】jìngōngsī ¶~시험 | 进公司考试。¶~동기 | 进公司的动机。

입산[入山] 뎽하쟈【入山】rùshān【进山】jìnshān ¶~금지 구역 | 禁止入山区域。

^C**입상**[入賞] 뎽하쟈【得奖】dé/jiǎng【获奖】huòjiǎng ¶~자 | 得奖人。¶~소감 | 获奖感想。

입석[立席] 뎽【站位】zhànwèi【站立的席位】zhànlì·de xíwèi ¶~버스 | 站席公共汽车。

^C**입선**[入選] 뎽하쟈【入选】rù/xuǎn【当选】dāngxuǎn ¶~작 | 入选作。

입성[入城] 뎽하쟈【入城进】rùchéngjìn 뎽하쟈【入城】rùchéng

입소[入所] 뎽하쟈【进入…所】jìnrù…suǒ ¶훈련소에 ~하다 | 进入训练所。

입수[入手] 뎽하쟈타【入手】rùshǒu【到手】dào/shǒu ¶~된 정보에 의하면 | 按照到手的情报。¶가까스로 ~하였다 | 好容易才到了手。

^B**입술** 뎽【嘴唇】zuǐchún ¶~ 연지 | 口

红。¶~이 트다 | 嘴唇裂了。¶~을 깨물다 | 咬紧嘴唇。

입시[入試] 뎽【入学考试】rùxué kǎoshì ¶~지옥 | 入学考试就像进地狱。¶~철 | 入学考试季节。

입신[入神] 뎽하쟈【入神】rùshén ¶그의 연주는 가히 ~의 경지에 이르렀다고 할 수 있다 | 他的演奏可以说是到了入神的境地。

입심[健談] 뎽【健谈】jiàntán ¶아버지는 매우 ~이 좋으시다 | 老人家十分健谈。

입씨름 뎽하쟈【打嘴仗】dǎ zuǐzhàng【吵嘴】chǎo/zuǐ ¶그들 둘은 또 ~을 벌여 화를 내며 갔다 | 他们两个又吵了嘴, 斗dòu气走了。

입안[立案] 뎽【设计】shèjì【筹划】chóuhuà【规划】guīhuà【起草】qǐ/cǎo ¶~자 | 计划者/起草人。

입양[入養] 뎽하쟈타【收养】shōuyǎng【领养】lǐngyǎng ¶우리 부부는 이 아이를 ~하기로 했다 | 我们夫妇决定领养这个孩子。

^A**입원**[入院] 뎽하쟈【住院】zhù/yuàn ¶~ 환자 | 住院病人。¶~비 | 住院费。¶3일간 ~하였다 | 住了三天院。

입자[粒子] 뎽【粒】lì【粒儿】lìr ¶~ 분석 | 粒子分析。

^A**입장**[入場] 뎽하쟈【入场】rù/chǎng【进场】jìnchǎng ¶운동 선수가 ~하다 | 运动员入场。¶~표 | 门票。

^C**입장**[立場] 뎽【立场】lìchǎng【态度】tài·du【处境】chǔjìng ¶학생의 ~에 서다 | 站在学生的立场。¶~을 표시하다 | 表示态度。¶~이 난처하다 | 处境困难。¶~처지가 위험하다 | 处境危险。¶~이 불리하다해도 노력해야 한다 | 就是处境不好也要努力。참고〔观点〕〔立脚点〕

입주[入住] 뎽하쟈【住房】zhùfáng【住进】zhùjìn ¶아파트에 ~하다 | 入住公寓。¶~자 | 住房的/房客。

입증[入證] 뎽【证明】zhèngmíng【举证】jǔzhèng ¶그의 추론은 사실에 의해 완전히 ~되었다 | 他的推断被事实完全证实了。¶이 보도는 아직 사실 여부가 ~되지 않았다 | 这个报导还没被证实。¶사실들이 이 판단이 정확하다는 것을 ~해 준다 | 事实证

明这个判断是正确的。¶～서류 | 证明文件.

입지[立地] 〔명〕【选址】xuǎnzhǐ【布局】bùjú ¶아파트의 ～ 조건 | 选择公寓楼地点的条件.

입찰[入札] 〔명〕〔하타〕【投标】tóu/biāo【招标】zhāo/biāo 【招票】zhāopiào 【标投】biāotóu【承包】chéngbāo ¶～ 매매 | 投标交易 | 投标价格 | 投标价格. ¶～ 공고 | 标卖公布. ¶～ 공고를 하여 경매하다 | 招标拍卖.
참고〔자摽〕承办〔包办所〕

입천장[一天障] 〔명〕〔鄂〕è【口盖】kǒugài ¶～이 헐다 | 上腭溃疡kuǐyáng.

ᶜ**입체**[立體] 〔명〕【立体】lìtǐ ¶～감 | 立体感. ¶～ 도형 | 立体图形. ¶～적으로 농촌 현실을 보라 | 立体地看农村现实.

ᶜ**입추¹**[立秋] 〔명〕【立秋】lìqiū ¶～가 다가오다 | 立秋快到了.

ᶜ**입추²**[立錐] 〔명〕【立锥】lìzhuī ¶～의 여지가 없다 | 无立锥之地.

ᶜ**입춘**[立春] 〔명〕【立春】lìchūn ¶～이 지나다 | 立春过去了.

ᶜ**입하**[入荷] 〔명〕〔하자〕【进货】jìn/huò【到货】dàohuò ¶내일 ～하기로 예정되어 있다 | 预定yùdìng明天到货

ᴮ**입학**[入學] 〔명〕〔하자〕【入学】rù/xué ¶～원서 | 入学志愿书. ¶～ 시험 | 入学考试. ¶～금 | 入学费.

ᶜ**입항**[入港] 〔명〕〔하자〕【入港】rù/gǎng【进航】jìn/háng ¶배가 벌써 ～했다 | 船已经入港了. ¶～ 비용 | 进航费. ¶～ 허가증 | 进航许可证.

ᶜ**입헌**[立憲] 〔명〕〔하자〕【立宪】lìxiàn ¶～ 정체 | 立宪政体. ¶～ 군주국 | 立宪君主国.

입후보[立候補] 〔명〕〔하자타〕【候选人】hòuxuǎnrén【候补人】hòubǔrén【推举】tuījǔ huò zìjǐ chūmǎ dāng hòuxuǎnrén 推举或自己出马当候选人

입히다 〔동〕❶ (옷을 입게 하다)【给穿】gěichuān ¶새 옷을 입혀 내보내다 | 给穿上新衣服送走了. ❷ (해를 주다)【使…受】shǐ…shòu ¶손해를 ～ | 使其受到损害.

ᴬ**잇다** 〔동〕❶ (맞붙이다)【连接】liánjiē【连绵】liánmián 【绵亘】miángèn 【接上】jiē·shang【联接】liánjiē【接连】jiē

iān ¶두 마디 말이 서로 이어지지 않는다 | 两句话连接不上. ¶지리산은 경상남도·전라북도·전라남도의 경계에 길게 이어져 있다 | 智异山绵亘在庆南,全北和全南的边界上. ❷ (继续하다)【继承】jìchéng【继续】jìxù ¶전통을 ～ | 继承传统. ¶작업을 이어나가다 | 把工作继续进行下去. ❸ (연달아서)【跟着】gēn·zhe【接着】jiē·zhe ¶한 번 읽고, 이어서 해설을 했다 | 念一遍, 跟着就讲解了. ¶이 책, 네가 다 보고 나면 이어서 내가 보겠다 | 这本书, 你看完了我接着看.

잇닿다 〔동〕【接连】jiē·zhe【接近】jiē·zhe【接连】jiēlián ¶잇달아 세 명의 손님이 왔다 | 接连来了三位客人.

잇달다 〔동〕【连接】liánjiē【绵亘】miángèn 【连绵】liánmián【接踵而至】jiē zhǒng ér zhì【绵绵】miánmián ¶산이 하늘에 잇닿아 있는 듯하다 | 似乎山和天空连在了一块儿. ¶산줄기가 끊임없이 잇닿아 있다 | 山脉不断地连绵.
참고〔联说〕绵联〕

잇대다 〔동〕【接连】jiēzài【连接】liánjiē【接着】jiē·zhe【跟着】gēn·zhe

잇따르다 〔동〕【跟随】gēnsuí【跟着】gēn·zhe ¶그는 어릴 적부터 아버지를 잇따라 산에서 사냥을 했다 | 他从小就跟随着爸爸在山里打猎dǎliè.

ᴮ**잇몸** 〔명〕【牙槽】yácáo【牙龈】yáyín【齿龈】chǐyín【牙床】yáchuáng

잇새 〔명〕【牙缝】yáféng ¶～가 어느새 벌어져 있다 | 牙缝不知什么时候变大了.

잇속[利─] 〔명〕【利益】lìyì【便宜】pián·yi ¶그는 ～에 밝다 | 他对有利可图的东西非常精明. ¶모두의 ～을 보호하다 | 保护bǎohù大家利益.

있다¹ 〔형〕❶ (소유·존재하다)【有】yǒu【在】zài ¶나는 책을 두 권 가지고 | 我有两本书. ¶준비가 되어 ～ | 有所准备. ¶나무 위에 새 한 마리가 ～ | 树上有一鸟. ¶서류는 탁자 위에 ～ | 文件在桌上. ¶진군은 도서관에 ～ | 小陈在图书馆. ❷ (경향을 가지다)【具有】jùyǒu【带有】dàiyǒu ¶이런 경향을 지니고 ～ | 具有种倾向. ¶확신이 ～ | 具有信心. ¶역사적 의의가 ～ | 具有历史意义.

¶반혁명적인 색채를 띠고 ~ | 带有
反革命fǎngémìng的色彩sècǎi。❸
(경과하다)【过】guò【经过】jīngguò
¶오분 있다가 다시 전화하세요 | 请
过五分钟后再打来。❹ (가능하다)
【能】néng ¶나는 무슨 일이든 할 수 ~
| 我什么事都能做。❺(…에 있다)
【在…上】zài…shàng【对…来说】duì
…láishuō ¶인간에게 있어서 자유란
소중한 것이다 | 对人来说自由是宝贵
的。

있다² 동 (表示"正在")【正在】zhèngzài
¶나는 현재 논문을 쓰고 ~ | 我现在
正在写论文。¶그 여자는 지금 웃고
~ | 那个女的正在笑。

ᴮ**잉꼬** 명〈鳥〉【金刚鹦鹉】jīngāng yīngwǔ

ᴮ**잉어**[－魚] 명〈魚〉【鲤鱼】lǐyú 참고
〔鲤子〕〔鲤拐子〕

잉여[剩餘] 명【剩余】shèngyú【过剩】
guòshèng【结余】jiéyú【长余】chá-
ngyú ¶~금 | 捐赠公积/盈余资金。
¶~노동 | 剩余劳动。¶~ 농산물 |
剩余农产品。¶~ 노동력 | 剩余劳动
力。

ᶜ**잉잉** 부 하자【嗯嗯】ng'ng【呀呀】yīyā
¶그는 얼후를 ~ 소리가 나게 타면서
배운다 | 他咿咿呀呀地学拉二胡。¶
~거리는 바이올린 소리 | 咿咿呀呀
的提琴声。

잉크[ink] 명【墨水】mòshuǐ

잉크 리본[ink ribbon] 명〈電
算〉【墨带】mòdài

잉크 카트리지[ink cartridge] 명〈電
算〉【墨盒】mòhé

잉크젯 프린터[ink jet printer] 명〈電
算〉【喷墨打印机】pēnmò dǎyìnjī

잉태[孕胎] 명 하자타【怀孕】huái/yùn
【怀胎】huái/tāi 참고〔怀妊rèn〕〔身孕〕
〔有孕〕

ᴬ**잊다** 동【忘记】wàng·jì【忘掉】wàng/di-
ào ¶나는 그의 얼굴을 잊어버렸다 |
我忘记了他的脸儿。¶그가 많은 말
을 했지만 모두들 잊어버렸다 | 他说
了许多话, 大家却都忘记了。

ᴬ**잎** 명【叶子】yè·zi ¶나뭇~ | 树shù
叶。¶~을 따다 | 摘zhāi叶子。

ᶜ**잎담배** 명【烟叶】yānyè

ᶜ**잎사귀** 명〈植〉【叶子】yè·zi【缨子】yī-
ng·zi ¶~를 따다 | 摘zhāi下叶子。

ㅈ

^A**자**¹ 몡 ❶ (길이를 재는 기구) 【尺(子)】chǐ(·zi) 【工尺子】gōngchǐ·zi 【格尺】géchǐ ¶줄~ | 皮尺。¶T자~ | 丁字尺。❷ (길이의 단위) 【尺】chǐ ¶한 ~의 길이 | 一尺长cháng度。

^A**자**²【字】 몡 ❶ (글자) 【字(儿)】zì(r) ¶한 ~ | 一个字。❷ (본 이름 외에 부르는 이름) 【字】zì ¶이순신의 ~는 여해이다 | 李舜臣Shùnchén字汝谐Rǔxié。

자³【子】 몡 ❶ (자식) 【子】zǐ 【儿子】ér·zi ¶~녀 | 子女。❷ (공자) 【子】zǐ ¶~왈 | 子曰。

^A**자**⁴ 캅 【왜】wèi 【来吧】lái·ba 【来】lái 【咳】hāi ¶~, 우리 듭시다 | 来, 咱们吃吧。¶~, 이리 오라구 | 咳, 到这边来。

^B**자**⁵【者】 의뫵 【者】zhě 【家伙】jiā·huo 노동하지 않는 ~는 먹지 말라 | 不劳动者不得食。¶이 ~는 정말 꼴불견 싫다 | 这家伙真可恶wù。

자⁶ 어미 ❶ (表示共同) 【吧】·ba 【嘛】·ma ¶같이 하~ | 一起做吧。¶밥 먹~ | 吃饭吧。❷ (表示一个动作或状态结束, 紧接着另一个动作或状态开始) 【一…就…】yī…jiù… ¶문을 열~이상의 냄새가 확 풍겼다 | 一打开门, 一股怪味就迎面扑了过来。❸ (表示一个动作或状态和另一个动作或状态同时发生) 【既是…又是…】jìshì…yòushì… ¶그는 소설가이~ 교수이다 | 他既是小说家又是教授。

자가[自家] 몡 ❶ (자기 집) 【自宅】zìzhái ¶~ 시설 | 自宅设施。❷ (자기자신) 【自己】zìjǐ 【私人】sīrén ¶~ 본위 | 私自。

^B**자가용**[自家用] 몡 【私用】sīyòng 【个人用】gèrényòng 【自用】zìyòng ¶~차 | 自用汽车。

자각[自覺] 몡하타 【觉悟】juéwù 【自觉】zìjué ¶일의 중대성을 ~ 覚悟하여事情的严重性。¶병세가 심각하다는 것을 ~하다 | 自觉病情严重。¶~증상 | 自觉症状。

^B**자갈** 몡 【小石子】xiǎoshí·zi 【砂砾】shā-

lì 【沙砾】shālì 【碎石】suìshí 【砾石】lìshí ¶~길 | 石子路。¶~발 | 石子地。

자객[刺客] 몡 【刺客】cìkè ¶일본 ~이 유명인사를 암살하였다 | 日本刺客暗杀了有名人士。

^B**자격**[資格] 몡 ❶ (어떤 신분·지위에 반드시 필요한 조건) 【資格】zī·gé ¶~을 심사하다 | 审查资格。¶~이 모자라다 | 不够资格。¶너는 이 말할 ~이 없다 | 你没有资格说这句话。❷ (일정한 신분·지위) 【身份】shēn·fen 【资历】zīlì 【资履】zīlǚ ¶개인 ~으로 | 以个人身份。

자격증[資格證] 몡 【資格证书】zīgézhèngshū ¶~을 따다 | 取得资格证书。

자격지심[自激之心] 몡 【内疚】nèijiù 【自慚】zìcán 【自卑感】zìbēigǎn ¶그는 이 일로 많은 ~을 느겼다 | 他为此事感gǎn到十分内疚。

자결[自決] 몡하자 ❶ (자살) 【自杀】zìshā 【自刎】zìwěn 【自尽】zìjìn 【自刎】zìwěn 【自颈】zìjǐng ¶군주는 ~했다 | 君主自杀了。¶들보에 목을 매어 ~하다 | 悬梁xuánliáng自尽。❷ (스스로 결정함) 【自決】zìjué ¶민족 ~ | 民族自决。¶~주의 | 自决主义。

자구[字句] 몡 【字句】zìjù ¶~를 퇴고하다 | 推敲字句。

^B**자국**[痕迹] 몡 ❶ (흔적) 【痕迹】hénjì 【迹象】jìxiàng 【踪迹】zōngjì ¶수레바퀴 ~ | 车轮chēlún的痕迹。¶비에 젖은 ~ | 被雨淋yǔlín的痕迹。¶~을 남기다 | 留下liúxià痕迹。❷ (발자국) 【脚印】jiǎoyìn

자국²[自國] 몡 【本国】běnguó ¶그들은 모두 ~으로 돌아갔다 | 他们都回本国去了。

^B**자궁**[子宮] 몡 〈生理〉【子宫】zǐgōng ¶~암 | 子宫癌ái。¶~외 임신 | 宫外孕yùn。

^A**자귀** 몡 【锛子】bēnzǐ 【小锛】xiǎobēn 【手锛】shǒubēn

ᵒ**자그마치** 뮈 ❶ (적게) 【少些】shǎoxiē 【少许】shǎoxǔ 【少少】shǎoshǎo 【稍微】shāowēi ¶입을 ~ 벌리다 | 嘴稍微张开。 ❷ (적지 않게) 【少说】shāoshuō ¶이 좁은 방에 ~ 다섯 명이 잤다 | 这个小房子里少说也睡了五个人。 ¶빚이 ~ 천만원이 넘는다 | 债务zhàiwù少说也超过了一千万元。

ᵒ**자그마하다** 혱 【显小】xiǎnxiǎo 【微小】wēixiǎo 【稍小】shāoxiǎo 【矮】ǎi 그는 꽤 ~ | 他很矮小。

ᴮ**자극**[刺戟] 몡하타 【刺激】cìjī 【激励】jīlì 【鼓励】gǔlì 【促进】cùjìn 【刺戟】cìjī 【激刺】jīcì ¶피부를 ~ 하다 | 刺激皮肤。 ¶~을 주다 | 给刺激。¶그는 매우 큰 ~을 받았다 | 他受到了很大的刺激。

자극²[磁極] 몡〈物〉【磁极】cíjí ¶~ 강도 | 磁极强度。¶~ 철심 | 磁极铁tiě心。

ᴮ**자금**[資金] 몡〈經〉【资金】zījīn ¶~관리 | 资金控制。¶건설 ~ | 建设资金。¶~난 | 资金荒/资金困难/头寸tou紧/银根紧。

자급[自給] 몡하타 【自给】zìjǐ ¶식량은 ~ 하고도 여유가 있다 | 粮食liángshí自给有余。¶~ 경제 | 自给经济。¶~자족 | 自给自足。

자긍심[自矜心] 몡 【自豪】zìháo 【骄傲】jiāo·ào ¶우리는 조국이 유구한 문화유산을 보유하고 있다는 데 ~을 느낀다 | 我们以祖国有悠久的文化遗产而自豪。¶~을 가지고 말하다 | 自豪地说。¶~을 느끼다 | 感到骄傲。

ᴬ**자기**¹[磁氣] 몡 〈物〉 【磁性】cíxìng ¶~ 변동 | 磁性变化。¶~ 감응 | 磁感应/磁诱导。¶~ 감응 강도 | 磁感应强度。

ᴬ**자기**²[自己] 떼 【自己】zìjǐ 【己】jǐ ¶~ 스스로 하다 | 自己动手。¶~ 일은 자신이 해라, 남에게 신세지지 말고 | 自己的事自己做, 不要依赖别人。¶~ 학교 | 自己学校。¶~ 집안 | 自己家里。¶남을 위해 ~ 자신을 희생하다 | 舍己为wèi人。¶~의 견해 | 己见。¶~ 소외 | 自我疏远/自我提醒。

ᶜ**자기**³[瓷器] 몡 【瓷器】cíqì 【磁器】cíqì ¶고려~ | 高丽磁器。

자기 디스크 [磁氣 disk; magnetic disk] 몡〈電算〉【磁盘】cípán

자기력[磁氣力] 몡 【磁力】cílì ¶~ 탐광 (探矿) | 磁力 勘探 kāntàn。¶~ 선광 | 磁力选矿xuǎnkuàng。

자기부상열차[磁氣浮上列車] 몡 【磁悬浮列车】cíxuánfúlièchē

자기앞 수표[自己—手票] 몡 【本票】běnpiào 【银行支票】yínháng zhīpiào

자기앞 어음[自己—] 몡 【公司汇票】gōngsī huìpiào 【银行本票】yínháng běnpiào

자기장[磁氣場] 몡〈電〉【磁场】cíchǎng 【磁界】cíjiè ¶~ 방향 | 磁场方向。¶~ 강도 | 磁场强度。

자기 테이프 [磁氣 tape] 몡〈電〉【磁带】cídài ¶~장치 | 磁带机。

자기 해제파일[自己解除 file;uncompress itself file] 몡〈電算〉【自解文件】zìjiěwénjiàn

자기 헤드[磁氣 head] 몡〈電算〉【磁头】cítóu ¶내 컴퓨터의 ~가 망가졌다 | 我的电算机磁头坏了。

ᴬ**자꾸** 뮈 【接连(多次)】jiēlián(duōcì) 【老】lǎo 【老是】lǎo·shi 【总】zǒng 【总是】zǒngshì 【一个劲儿地】yí·gejìnr·de 【不住地】búzhù·de ¶~ 당신께 번거로움만 끼쳐드려서 정말 죄송합니다 | 老给您添麻烦, 真过意不去。

자나 깨나 뮈 【不分昼夜】bùfēn zhòuyè 【日日夜夜】rìrì yèyè 【黑天白地】hēitiānbáirì·de 【时时刻刻】shí shí kè kè 【经常不断地】jīngcháng búduàn·de ¶~ 불조심 | 时时刻刻小心火灾。¶~ 자식 걱정이다 | 黑天白地在为子女操心。

ᴮ**자네** [你] 떼 nǐ ¶~는 어디에서 근무하느냐? | 你在哪儿工作。¶나는 ~를 만난 적이 있는 것 같다 | 我好像见过你。

ᴮ**자녀**[子女] 몡 【子女】zǐnǚ 【儿女】 érnǚ ¶그의 ~들은 모두 자라 성인이 되었다 | 他的子女都长大成人了。¶~들이 이미 다 성장하여 성인이 되었다 | 儿女都已长大成人了。

ᴬ**자다** 됭 ❶ (잠을) 【睡】shuì 【睡觉】shuìjiào ¶~ 잔다 | 睡着zháo了。¶일찍 자고 일찍 일어나야 건강에 좋다 | 早睡早起才对身体好。¶어제 밤에는

775

아주 달게 잘 잤다 | 昨晚睡得很香
。 ¶자는 척하다 | 装zhuāng睡。 ¶푹
~ | 沉chén睡/死睡/熟睡。 ¶한 잠
실컷 잤다 | 睡了一大觉。 ❷ (기계류
가 멈추다)【停】tíng ¶시계가 잔다 |
手表停了。 ❸ (물결이⻌람이 조용하
다)【静下来】jìngxiàlái【停】tíng【平
静下来】píngjìng xiàlái ¶물결이 잔
다 | 波浪静下来。 ¶바람이 잔다 | 风
停了。

자다가 봉창 두드린다 〔관용〕【半夜喊天
光】bànyè hǎn tiānguāng

^B**자동**〔自動〕 图【自动】zìdòng ¶~판매
기 | 自动售货机/无人售货机。 ¶포
장⻌이다 | 连包装纸而已。

^A**자동차**〔自動車〕 图【汽车】qìchē【机动
车】jīdòngchē ¶~ 보험 | 汽车保险bǎoxiǎn。 ¶~ 정비 공장 | 汽车修配
厂xiūpèichǎng。 ¶~ 열쇠 | 汽车钥
匙yào·shi。 ¶~의 배기 가스 | 尾
气。 ¶~ 운전 면허증 | 机动车驾驶jiàshǐ证。

자동화〔自動化〕 图【自动化】zìdònghuà ¶~ 공장 | 自动化工厂。

^A**자두** 图〔植〕【李子】lǐ·zi

^B**자라** 〈魚貝〉【鱉】biē【甲鱼】jiǎyú〔鱉
菇〕〔団魚〕【鼋yuán】【王八】

^A**자라나다** 图【成长】chéngzhǎng【生长】
shēngzhǎng【长大】zhǎngdà ¶구 세
력이 소멸되고 새 생명이 ~ | 旧的势
力被毁灭huǐmiè, 新的生命在成长。
¶장대하게 ~ | 成长壮大zhuàngdà。

^A**자라다**¹ 图 ❶ (성장하다)【生长】shēngzhǎng【长大】zhǎngdà【成长】chéngzhǎng ¶이 나무는 자란 지 이미 20
여년이 되었다 | 这棵树已生长了二十
多年。 ¶그는 북경에서 태어나고 성
장하였다 | 他生长在北京。 ¶성인으
로 ~ | 长大成人。 ❷ (추상적이고 좋
지 않은 것이 자라남)【滋长】zīzhǎng
¶교만해지고 자만에 빠지는 생각이
자라지 못하게 해야 한다 | 要防止fángzhǐ滋长骄傲jiāoào自满的情绪qíngxù。 ❸ (미치다)　　　【达到】dádào
【够】gòu【及】jí ¶책꽂이가 높아 손이
자라지 않는다 | 书架太高, 手够不
着。

자라다² 圈【足够】zúgòu【充足】chōngzú ¶혼자 먹기에는 자라지 못하다

| 不够一个人吃的。 ¶경비가 자라고
도 남을 정도다 | 经费jīngfèi很充足。

**자라 보고 놀란 가슴 솥뚜껑 보고 놀라
다** 〔관용〕【挨过蛇咬引鳝跑】āi guò shé yǎo jiànshàn pǎo【一日被蜂叮, 三日
怕苍蝇】yí rì bèi fēng dīng, sān rì pà cāngyíng【一朝被蛇咬, 十年怕草绳】yìzhāo bèi shé yǎo, shí nián pà cǎoshéng

자락 图【衣角】yījiǎo【衣边】yībiān ¶
옷~을 잡다 | 抓住衣角。

^A**자랑** 图【自타】【骄傲】jiāo·ào【自豪】zìháo【夸耀】kuāyào【炫耀】xuànyào【表
现自己】biǎoxiàn zìjǐ ¶우리 학교의
~ | 我们学校的骄傲。 ¶사람들에게
자기 재산을 ~하다 | 向人炫耀家产jiāchǎn。 ¶그는 군중 앞에 나서서 ~
하기를 좋아한다 | 他喜欢xǐhuān在群
众qúnzhòng 面前 miànqián 表现自己。

자랑스럽다 圈【值得骄傲】zhí·de jiāoào【值得自豪】zhí·de zìháo【引以为
荣】yǐnyǐwéiróng

자력〔自力〕 图【自力】zìlì ¶~으로 설
계하다 | 自力设计。 ¶~ 갱생 | 自力
更生。 ¶~으로 살림을 다시 꾸리다
| 自力更生重家园。

^B**자료**〔資料〕 图【资料】zīliào【材料】cáiliào【数据】shùjù ¶참고 | 参考资
料。 ¶통계 ~ | 统计资料。 ¶~를
수집하다 | 搜集资料/搜sōu集材料。
¶~를 조사하다 | 调查diàochá资料。

^B**자루**¹ 图 ❶ (袋子)【袋子】dài·zi【布袋】bùdài
¶밀~ | 面袋子。 ❷ (세는 단위로 쓰
여)【袋】dài【包】bāo ¶쌀 한 ~ | 一袋米。

자루² 图 (연장의 손잡이)【柄(子)】bǐng(·zi)【把(儿)】bà(r)【把柄】bǎbǐng ¶칼~ | 刀柄/刀把儿。 ¶총~ |
枪把儿。

자루³ 〔의명〕 (기름한 물건을 세는단위)
【把】bǎ【只】zhī【杆】gǎn ¶칼 한 ~
| 一把刀。 ¶우산 한 ~ | 一把伞。
¶총 한 ~ | 一杆枪。

^A**자르다** 图 ❶ (끊다)【切断】qiēduàn
【砍断】kǎnduàn【截断】jiéduàn【剑
guì】【斩】zhǎn【斩断】zhǎnduàn【割
断】gēduàn ¶전원을 ~ | 切断电源diànyuán。 ¶전신주를 잘라 버렸다 |

砍断了电线杆子。❷ (거절하다)【拒绝】jùjué ¶무리한 요구를 ~ | 拒绝无理要求。❸ (말 따위를 끊다)【打断】dǎduàn 【截断】jiéduàn ¶남의 말을 자르지 마세요 | 打断别人的话。¶말허리를 ~ | 截断话头。❹ (해고하다)【撤掉】chèdiào ¶직위에서 ~ | 撤掉职zhí务。

^A**자리** 閔 ❶ (좌석)【位置】wèi·zhì【座位】zuò·wèi【地方】dì·fang【床】chuáng ¶모두들 다 지정된 ~에 따라 앉았다 | 大家dàjiā都按指定的位置坐了下来。¶표가 다 팔려서 ~가 하나도 없다 | 票已经卖完,一个座位也没有了。¶우리 둘이 서로 ~를 바꾸는 것이 어떻겠지? | 咱们俩儿换个座位,好不好? ¶앉을 ~를 좀 가져 오시오 | 搬张板个座位儿来。¶~에 눕다 | 卧wò床。❷ (흔적)【痕迹】hénjì【印记】yìnjì ¶수레바퀴가 난 ~ | 车轮chēlún的痕迹。❸ (직위)【地位】dìwèi【职位】zhí·wèi【职务】zhí·wù ¶높은 ~에 있다 | 地位很高。¶김씨는 나보다 ~가 높다 | 老金比我职位高。❹ (현장·경우)【场合】chǎnghé【机会】jīhuì ¶이 ~를 빌어 말씀드리겠습니다 | 借这个机会说两句话。❺ (결혼 및 연애 상대)【对象】duìxiàng ¶그렇게 좋은 ~가 또 있니? | 还有那么好的对象吗? ❻ (병석)【床】chuáng ¶간염으로 ~에 눕다 | 因肝炎卧病在床。❼ 〈數〉(位子)【位子】wèi·zi【位数】wèishù【位】wèi ¶일~ | 个位。¶소수점 아래 다섯 ~ | 少数点shǎoshùdiǎn后五位。❽ (별자리)【星座】xīngzuò【座】zuò ¶큰 곰 ~ | 大熊星座/大熊座。

자리가 잡히다 〔관용〕 ❶ (안정되다)【安定下来】āndìngxiàlái ❷ (정상화되다)【走上正轨】zǒushàngzhèngguǐ【上道儿】shàngdàor

자리고비 閔【吝啬鬼】lìnsèguǐ

^A**자립**[自立] 閔하자【自立】zìlì ¶~ 경제 | 自立经济/自给经济。¶아이가 취직을 했으니 ~ 되었다 | 孩子有了工作,可以自立了。

-자마자 〔어미〕 (연결어미, 表示一个动作或状态结束, 紧接着另一个动作或状态开始)【一…就…】yī…jiù… ¶자

리에 눕~ 잠이 들다 | 一躺下就睡着了。

자막[字幕] 閔【字幕】zìmù ¶영화 ~ | 电影字幕。

자만[自慢] 閔하자【自满】zìmǎn【骄傲自满】jiāo ào zì mǎn ¶~하는 사람은 발전할 수가 없다 | 自满的人不会进步。¶교만하고 ~한다 | 太骄傲自满。¶업적이 있다고 해도 ~해서는 안된다 | 有了成就也不该自满。

자매[姉妹] 閔 ❶ (여자 형제)【姉妹】zǐmèi ❷ (같은 계통)【姉妹】zǐmèi【兄弟】xiōngdì【联属】liánshǔ ¶~ 기관 | 姉妹机构。¶~ 회사 | 兄弟公司。¶~결연하다 | 结约。

자맥질 閔하자【扎猛子】zhā měng·zi

자명[自明] 閔하형【不言自明】bùyán zìmíng【不言而喻】bùyán'éryù ¶이것은 ~한 이치다 | 这是不言而喻的道理。

자명종[自鸣鍾] 閔【自鸣钟】zìmíngzhōng【闹钟】nàozhōng

자못 甼【很】hěn【极其】jíqí【颇为】pōwéi ¶그 이야기를 듣고 ~ 놀랐다 | 听了那句话颇为震惊。

자문[自問] 閔하자【自问】zìwèn ¶~ 자답하다 | 自问自答。¶가슴에 손을 얹고 ~하다 | 扪mén心自问。

자문[諮問] 閔하자【咨询】zīxún【商询】shāngxún【咨询】zīxún【征求意见】zhēngqiú yìjiàn ¶이 중대한 정책 문제는 고문들에게 ~해야 한다 | 这项重大政策问题须要向顾问gùwèn们咨询。¶관련된 문제를 ~하다 | 咨询有关生产的问题。¶~ 기관 | 咨询机构。

자물쇠 閔【锁】suǒ【锁头】suǒ·tou ¶히나 | 把锁。¶-를 잠그다 | 安锁头。¶~를 채우다 | 锁上锁。

자바[Java] 閔〈電算〉【爪哇】zhuǎwā【爪哇语言】zhuǎwāyǔyán

자발성[自發性] 閔【自动性】zìdòngxìng【主动性】zhǔdòngxìng【自发性】zìfāxìng

자발적[自發的] 閔【自动的】zìdòng·de【主动】zhǔdòng·de ¶~인 학습 태도를 기르다 | 培养主动的学习态度。

자백[自白] 閔하타【自白】zìbái【自

首]zìshǒu【坦白】tǎnbái ¶내가 스스로 ~하도록 해달라 | 让我自己坦白吧.

ᵃ**자벌레** 〈蟲〉【尺蠖】chǐhuò ¶~ 나방 | 尺蠖蛾ế. (참고)〔斥尺蠖〕〔屈曲伸虫〕〔步bù屈〕〔步曲虫〕

ᴮ**자본**[資本] 图 ❶〈經〉【资本】zīběn【股金】gǔjīn【资金】zījīn ¶외국 ~ | 外国资本. ¶~ 시장 | 资本市场. ¶~세 | 股本税. ❷(밑천)【本钱】běnqián【资本】zīběn ¶~이 많이 들다 | 需要很多本钱.

ᶜ**자본가**[資本家] 图【资本家】zīběnjiā【财主】cái·zhǔ ¶~ 계급 | 资本阶级jiějí.

자본주의[資本主義] 图【资本主义】zīběn zhǔyì ¶~ 국가 | 资本主义国家. ¶~ 제도 | 资本主义制度. ¶~ 시장 경제 | 资本主义市场经济.

자부[自負] 图하타【自信】zìxìn【自豪】zìháo【自负】zìfù ¶나는 내 관점이 정확하다고 ~한다 | 我自信我的观点是正确的.

자부심[自負心] 图【自信心】zìxìnxīn【自豪感】zìháogǎn ¶그는 ~이 강한 사람이다 | 他是个自信心很强的人.

ᴰ**자비**[自費] 图【自费】zìfèi【私费】sīfèi ¶~ 여행 | 自费旅行. ¶~로 대학을 마쳤다 | 他費读完了大学. ¶그녀들은 ~유학생이다 | 她们是自费留学生.

자비[慈悲] 图【慈悲】cíbēi ¶~롭다 | 慈悲. ¶~를 베풀어 주세요 | 请你发发慈悲吧.

자비심[慈悲心] 图【慈悲】cíbēi 慈悲之心】cíbēi zhī xīn ¶출가인은 마음 속 깊이 ~을 간직하고 선을 행하며 덕을 쌓아야 한다 | 出家人慈悲为怀, 行善积ǐ德.

ᶜ**자빠지다** 图 ❶(뒤로 넘어지다)【摔倒】shuāidǎo ¶발 밑이 미끄러워서 바로 자빠졌다 | 脚下一滑就摔倒了. (쓰러지다)【倾倒】qīngdǎo ¶나무가 자빠졌다 | 树木shùmù倾倒了. ❸("눕다"의 속된 말)【躺下】tǎngxià ¶(아무 것도 하지 않다)【呆】dāi ¶등빈둥 자빠져 있는 자가 하나도 없다 | 没一个呆着的. ❺(함께 하던 일에서 손을 떼다)【打退堂鼓】dǎ tuì táng

gǔ【半途而废】bàn tú ér fèi ¶조그마한 곤란에 부딪혔다 해서 이내 중도에서 자빠져서는 안된다 | 不能遇到点困难, 就打退堂鼓.

자산[資産] 图【资产】zīchǎn【财产】cáichǎn.

자살[自殺] 图하자【自杀】zìshā【自尽】zìjìn ¶왕군이 ~했다 | 小王自杀了. ¶들보에 목을 매어 ~하다 | 悬梁xuánliáng自尽.

자상[仔詳] 图하형【细心】xìxīn【无微不至】wúwéi búzhì【仔细】zǐxì【详细】xiángxì ¶그녀는 아주 ~하다 | 她很细心. ¶~한 사람 | 细心人. ¶~한 관심 | 无微不至的关怀.

자색[姿色] 图【姿色】zīsè ¶~이 뛰어난 여인 | 姿色出众的女人.

자생[自生] 图하자【自生】zì shēng【自长】zì zhǎng ¶~변수 | 自变量/自变量. ¶산에서 ~하는 식물 | 自生自长在山上的植物.

ᴬ**자서전**[自敍傳] 图【自传】zìzhuàn ¶~을 쓰다 | 写自传.

ᴮ**자석**[磁石] 图【磁铁】cítiě【磁石】císhí ¶말굽 ~ | 马蹄形磁铁. ¶막대 ~ | 棒磁铁. (참고)〔慈石〕〔吸铁石〕

자선[慈善] 图【慈善】císhàn ¶~심 | 慈善心. ¶~ 냄비 | 慈善小锅. ¶~ 단체 | 慈善团体. ¶~기관 | 慈善机关.

자선 사업[慈善事業] 图【慈善事业】císhàn shìyè ¶그는 평생 ~에 종사하였다 | 他毕生从事了慈善事业.

자성[自省] 图하자【自省】zìxǐng【自我反省】zìwǒfǎnxǐng【自警】zìjǐng ¶~의 목소리를 높이다 | 提高自警的呼声.

자성[磁性] 图〈物〉【磁性】cíxìng ¶상(常)~ | 顺磁性. ¶항~ | 抗磁性. ¶~ 변동 | 磁性变化.

ᴮ**자세**[姿勢] 图【姿势】zīshì ¶~가 단정하다 | 姿势端正duānzhèng. ¶달리기의 출발 ~가 극히 좋다 | 起跑qǐpǎo的姿势极好. ¶차렷 ~ | 立正的姿势. ❷(마음가짐·태도)【姿态】zītài ¶겸양 정신이 있으니 그의 ~가 좀더 높다 | 有了谦让qiānràng的精神他的姿态就更高了一些.

778

ᴬ**자세하다**[仔細−] 혱【仔細】zǐxì【詳細】xiángxì【細心】xìxīn ¶자세히 보다 | 仔細一看. ¶그의 설명은 아주 ~ | 他的说明十分详细. ¶자세하게 조사하다 | 细心调查diàochá.

자손[子孫] 몡 ❶ (아들과 손자) 【子孙】zǐsūn ❷ (후예) 【后裔】hòuyì【后嗣】hòusì【后代】hòudài ¶그는 명문의 ~이다 | 他是名门的后代.

자수¹[自手] 몡【自己一个人的手】zìjǐ yí·ge rén·de shǒu【自己努力】zìjǐ nǔlì ¶~성가 | 自手起家.

자수²[自首] 몡하자〈法〉【自首】zìshǒu ¶경찰이나 사법 기관에 ~하다 | 向警察或司法机关投案自首.

ᴮ**자수**³[刺繡] 몡【刺繡】cìxiù【绣花】xiùhuā

자수정[紫水晶] 몡【紫水晶】zǐshuǐjīng【紫石英】zǐshíyīng

자숙[自肅] 몡하자【自约】zìyuē【自己勤慎】zìjǐ qínshèn【自重】zìzhòng【自我约束】zìwǒyuēshù【好自为之】hǎozìwéizhī ¶잘못을 뉘우치고 ~하다 | 悔过错误, 好自为之.

자습[自習] 몡하자타【自修】zìxiū【自学】zìxué【自习】zìxí 오후에 학생들은 두 시간의 ~ 시간이 있다 | 下午学生有两个小时的自修时间. ¶매일 늦은 밤까지 ~한다 | 每天自学到深夜.

ᴬ**자식**[子息] 몡 ❶ (아들과 딸) 【子女】zǐnǚ【儿女】érnǚ ¶그의 ~들은 모두 자라 성인이 되었다 | 他的子女都长大成人了. ¶~들은 이미 다 성장하여 가정을 이루었다 | 儿女都已长大成家了. ¶김선생님은 ~이 셋 있다 | 金老师有三个孩子. ¶~이 없다 | 没有子女. ❷ (어린아이를 귀엽게 이르는 말) 【小宝宝】xiǎobǎo·bǎo【小宝贝】xiǎobǎobèi ❸ (욕) 【小子】xiǎo·zi ¶이 ~ | 这小子.

ᴬ**자신**¹[自身] 몡【自己】zìjǐ【本身】běnshēn【自我】zìwǒ【自身】zìshēn ¶~이 올바르면 두려울 것이 없다 | 自身正, 不怕影子斜yǐngxié. ¶스스로 ~을 반성하다 | 自我反省. ¶~을 과장하다 | 自我夸张kuāzhāng. ¶스스로 ~을 소개하다 | 自我介绍. ¶바로 ~조차 보전하기 어렵다 |

| 自身难保.

자신²[自信] 몡하타【信心】xìnxīn【自信】zìxìn【把握】bǎwò ¶~을 잃다 | 失去信心. ¶이 점에 대해서 우리는 ~이 있다 | 这一点我们是有信心的. ¶크게 ~하지 못하다 | 把握不大. ¶일이라면 ~이 있지만, 돈 모으는 것은 정말 ~이 없다 | 做事, 我还有把握, 攒钱, 可真没把握.

자신 만만[自信滿滿] 혱형【满有信心】mǎn yǒu xìnxīn【信心十足】xìn xīn shí zú【自信】zìxìn ¶너무 ~해 하지 말고 여러 사람들의 의견을 많이 들어 보아야 한다 | 不要太自信, 要多听听大家的意见. ¶그는 아주 ~하게 대답한다 | 他非常自信地回答.

자아[自我] 몡【自我】zìwǒ【自己】zìjǐ ¶~실현 | 自我实现. ¶~분열 | 自我分裂.

자아내다 됭 ❶ (물 따위를 높은 데로 흐르게 하다) 【抽出】chōuchū ¶물을 ~ | 抽出水. ❷ (실을 뽑아 내다) 【纺出】fǎngchū ¶면화에서 실을 ~ | 从棉花里纺出线来. ❸ (느낌을 우러나게 하다) 【引起】yǐnqǐ【引致】yǐnzhì【惹起】rěqǐ【造出】zàochū【激起】jīqǐ【勾起】gōuqǐ【招】zhāo【招致】zhāozhì【带来】dài·lái【出】chū ¶대중의 분노를 ~ | 激起公愤. ¶웃음을 ~ | 招笑. ¶눈물을 ~ | 挤出眼泪.

자애[自愛] 몡하자【自爱】zì'ài【自好】zìhǎo ¶~하시기 바랍니다 | 希望自爱.

자애롭다[慈愛−] 혱【慈祥】cíxiáng【慈爱】cí'ài【仁慈】réncí ¶눈빛이 ~ | 目光慈祥. ¶어머니는 그에게 늘 ~ | 母亲对他很慈祥. ¶자애로운 노인 | 仁慈的老人.

자업 자득[自業自得] 몡【自作自受】zìzuò zì shòu【作法自毙】zuòfǎ zìbì ¶그가 이번에 처벌받은 것은 정말 ~이다 | 他这次受处分, 真是自作自受.

ᴬ**자연**[自然] 몡 ❶【自然】zìrán ¶~을 정복하다 | 征服自然. ¶~ 보호 구역 | 自然保护区. ¶~계 | 自然界. ¶~과학 | 自然科学. ¶~보호. ❷〈哲〉【自然】zìrán【自然界】zìránjiè ¶~ 변증법 | 自然辩证法. ¶~ 숭배 | 自然崇拜. ❸【天

然】tiānrán ¶~ 경치 | 天然景色。

자연미[自然美] 圓❶【自然美】zìrán-měi ❷【天然美】tiānránměi

자연수[自然數] 圓〈數〉【自然数】zìrán-shù

B**자연스럽다**[自然一] 薗【自然】zì·ran ¶태도가 ~ | 态度自然。¶그는 초연임에도 불구하고 연기가 아주 ~ | 他是初次演出，但是演得很自然。

자연적[自然的] 圓❶【自然的】zìrán-de ❷【理所当然的】lǐsuǒdāngrán·de

자연히[自然一] 图【自然】zìrán【自然地】zìrán·de【自然而然地】zìrán'érrán·de ¶지금은 묻지 말고 때가 되면 ~ 알게 된다 | 你先别问, 到时候自然明白。¶노력이 쌓이면, 성공은 ~ 이루어진다 | 功到自然成。¶그의 아버지가 돌아가시자, 그가 ~ 이 회사의 사장이 되었다 | 他父亲去世后, 他自然而然地成为这家公司的老板。

자영[自營] 圓하타【自己经营】zìjǐ jīngyíng

자외선[紫外線] 圓【紫外线】zǐwàixiàn【紫外光】zǐwàiguāng【黑光】hēiguāng

C**자욱하다** 薗【弥漫】mímàn【笼罩】lǒngzhào【腾腾】téngténg【氤氲】yīnyūn【沉沉】chénchén ¶새벽 안개가 ~ | 晨雾弥漫。¶구름과 연기가 ~ | 云烟氤氲。

자원[自願] 圓하타【自愿】zìyuàn ¶~ 입대 | 自愿参军。¶~봉사 | 自愿服务。

자원[資源] 圓【资源】zīyuán ¶지하 ~ | 地下dìxià资源。¶~을 개발하다 | 开发资源。¶~ 보호 | 资源保护。¶~ 부족 | 资源短缺/资源稀缺。¶~ 절약 | 节约资源。

자위[自慰] 圓하자 ❶ (스스로 자신을 위로함) 【自慰】zìwèi【自我安慰】zìwǒ ānwèi ¶잠시나마 ~ 하다 | 聊以自慰。¶이것은 일종의 ~에 불과하다 | 这只不过是一种自我安慰。❷ (수음) 【手淫】shǒuyín

자위[自衛] 圓하자타【自卫】zìwèi ¶~하며 반격하다 | 自卫还击。¶~군 | 自卫军。¶~ 전쟁 | 自卫战争。

A**자유**[自由] 圓【自由】zìyóu【随便】suí-biàn ¶~의지 | 自由意志。¶듣고

안 듣고는 네 ~이다 | 听不听随你的便。

자유롭다[自由一] 薗【自由】zìyóu【随便】suíbiàn ¶활동이 아주 ~ | 活动很自由。¶~로이 한담하다 | 随便闲谈。¶자유로이 의견을 발표하다 | 随便发表意见。

자유 자재[自由自在]【自由自在】zìyóu zì zài【随意】suí yì【自如】zìrú ¶그는 ~의 상태에서 살기를 희망한다 | 他希望能活得自由自在。¶~로 운용하다 | 运用自如。

자율[自律] 圓【自律】zìlǜ ¶~ 학습 | 自律学习。¶~ 작용 | 自我控制作用。¶~ 신경 | 自律神经。

자음[子音] 圓〈言〉【辅音】fǔyīn【子音】zǐyīn

자의[自意] 圓【自意】zìyì【随意】suí·yì【个人见解】gèrénjiànjiě【个人想法】gèrénxiǎngfǎ ¶~로 사표를 내다 | 出于个人想法递了辞呈。

자의[恣意] 圓【恣意】zìyì【恣心】zìxīn ¶~적으로 하다 | 恣意而为。

자인[自認] 圓하타【自己承认】zìjǐ chéngrèn【自认】zìrèn ¶실패를 ~하다 | 自认失败。

자일[도 Seil] 圓【登山主绳】dēngshānzhǔshéng【结组绳】jiézǔshéng

자자 손손[子子孫孫]【子子孙孙】zǐ-zǐ sūnsūn【子孙万代】zǐsūn wàndài ¶~에 전하다 | 传至子孙万代。

자자하다[藉藉一] 薗【广为流传】guǎngwéiliúchuán【议论纷纷】yìlùnfēnfēn ¶그 사람이 곧 결혼한다는 소문이 ~ | 他快要结婚的消息纷纷传开。

자작[自作] 圓하타 ❶ (스스로 농사를 지음) 【自耕】zìgēng ¶~농 | 自耕农。❷ (손수 만듦) 【自制】zìzhì【自己做的】zìjǐzuò·de ¶이것은 저의 ~입니다 | 这是我自己做的。¶~시 | 自己作的诗。

B**자작나무** 圓〈植〉【宽叶白桦】kuānyèbáihuà【宽叶桦】kuānyèhuà

C**자잘하다** 薗【小小】xiǎoxiǎo【都显得小小】dūxiǎn·dexiǎoxiǎo【小不点儿】xiǎobùdiǎnr

자장[磁場] 圓〈物〉【磁场】cíchǎng【磁界】cíjiè ¶~ 방향 | 磁场方向。¶~ 강도 | 磁场强度。

자장가[-歌] 명【催眠曲】cuīmiánqǔ【催眠歌】cuīmiángē【摇篮曲】yáolánqū【摇篮歌】yáolángē

자재[資材] 명【材料】cáiliào【器材】qìcái ¶건축 ~ | 建筑材料。¶~ 구입 명세서 | 材料采购明细帐。| 材料储备。

^A**자전거**[自轉車]【自行车】zìxíngchē【脚踏车】jiǎotàchē ¶세발 ~ | 三轮车。¶~의 핸들 | 自行车把。〔참고〕〔单车〕〔洋马〕

자정[子正]【凌晨】língchén【子夜】zǐyè【子时】zǐshí【半夜】bànyè【夜里(头)】yèli(·tou)【午夜】wǔyè ¶~을 넘기다 | 过午夜。

자제[子弟] 명【令郎】lìngláng【令公子】lìnggōng·zi【贤郎】xiánláng

자제[自制] 명하타【克制】kèzhì【自持】zìchí【自制】zìzhì ¶외교무대에서는 감정을 ~해야지 감정으로 일을 처리해서는 안된다 | 在外交场合要克制，不能感情用事。¶그는 더 이상 ~할 수가 없었다 | 他再也无法自持了。

^A**자조**[自嘲] 명하타【自嘲】zìcháo ¶~적인 웃음 | 自嘲的笑。

^A**자족**[自足] 명❶ (남에게 의지하지 않을 만큼 넉넉함)【自足】zìzú【自己感到的满意】zìjǐ gǎndào ·de mǎnyì ¶자급 ~하는 농가 | 自足户。❷ (스스로 만족함)【自己满足】zìjǐ mǎnzú

^B**자존심**[自尊心] 명【自尊】zìzūn【自尊心】zìzūnxīn ¶나의 ~을 상하게 하다 | 伤害了我的自尊。¶그의 ~을 상하게 했다 | 伤了他的自尊心。

^A**자주**¹[紫朱]〈色〉【紫色】zǐsè【紫色的染料】zǐsè ·de rǎnliào ¶~빛 바지 | 紫色裤子。

^A**자주**²[-]【常常】chángcháng【时常】shícháng【时不常(地)】shíbùcháng(·de)【时时】shíshí ¶그는 오지는 않는다 | 他不常来。¶우리 두 사람은 ~ 만난다 | 我们两个人常常见面。

^A**자주**³[自主] 명【自主】zìzhǔ ¶~성 | 自主/自主精神。¶~적이지 못하다 | 不由自主。¶~ 독립 | 自主独立。

^A**자줏빛**[紫朱-]〈色〉【紫色】zǐsè【紫红色】zǐhóngsè【绛紫色】jiàngzǐsè

자중[自重] 명하타【自重】zìzhòng【慎重】shènzhòng【自爱】zì'ài ¶젊은 사람은 스스로 ~해야 한다 | 年轻人要自珍自重。¶더 ~해 주십시오 | 请多加自爱。

자지러지다 통❶ (소리가)【刺耳凄厉】cì'ěrqīlì ¶자지러지게 비명을 지르다 | 凄厉地悲鸣。❷ (놀라서)【畏缩】wèisuō ¶자지러지게 놀랐다 | 吓得畏缩起来。❸ (생물이 병들어서)【萎缩】wěisuō【枯萎】kūwěi

자진¹[自進] 명하타【自愿】zìyuàn【自动】zìdòng【主动】zhǔdòng ¶~ 철회하다 | 自动撤回。¶~해서 남을 돕다 | 主动帮别人。¶이 요구는 그가 ~해서 제기한 것이다 | 这个要求是他主动提出的。

자진²[自盡] 명하자【自尽】zìjìn ¶들보에 목을 매어 ~하다 | 悬梁xuánliáng自尽。

자질[資質] 명❶ (수준·자격)【水平】shuǐpíng【业务能力】yèwùnénglì ❷ (타고난 성품이나 소질)【素养】sùyǎng【才智】cáizhì【资质】zīzhì ¶예술적 ~ | 艺术素养。¶학문적 ~을 높이다 | 提高学术素养。

자질구레하다 톈【细碎】xìsuì【细琐】xìsuǒ【细小】xìxiǎo【鸡毛蒜皮】jī máo suàn pí【零碎】língsuì【琐屑】suǒxiè【琐细】suǒxì【区区】qūqū【枝枝节节】zhīzhījiéjié【琐琐碎碎】suǒsuǒsuìsuì【零七八碎】líng qī bā suì ¶자질구레한 일 | 零碎活儿。¶이 일들은 너무 자질구레한 것이니 따질 필요없다 | 这些事太琐屑了，不必计较。¶자질구레한 일을 하다 | 干些鸡毛蒜皮的事儿。¶하루 종일 자질구레한 일들로 바쁘다 | 整天忙于那些琐碎的事儿。

자책[自責] 명하자【自责】zìzé【自咎】zìjiù【内疚】nèijiù ¶그는 항상 ~한다 | 他常常内疚。

자치[自處] 명하자타【自居】zìjū【自封】zìfēng【自命】zìmìng【故步自封】gùbùzìfēng ¶공신으로 ~하다 | 以功臣自居。¶전문가로 ~하다 | 自封为专家。

자청[自請] 명하타【志愿】zhìyuàn【自愿】zìyuàn【自己要求】zìjǐyàoqiú ¶

~하여 노래를 부르다 | 自己要求唱歌。

자체[自體] 📭 ❶ (본체) 【本身】běnshēn ¶계획 그 ~는 결코 나쁘지 않다 | 计划本身并不坏huài。¶그들의 분규 ~가 이 모순을 말해준다 | 他们的纠纷jiūfēn本身就说明这个矛盾máodùn。❷ (자신) 【自己】zìjǐ 【自我】zìwǒ ¶~를 해결하다 | 自己解决。

자초[自招] 📭하타 【自找…】zìzhǎo 【招来】zhāolái【自取】zìqǔ ¶번거로움을 ~하다 | 自找麻烦。¶화근을 ~하다 | 自找祸殃。

자초지종[自初至終] 📭 【原委】yuánwěi 【从头到尾】cóng tóu dào wěi 【自始至终】zì shǐ zhì zhōng【从头至尾】cóng tóu zhì wěi 【原原本本】yuányuánběnběn 【源源本本】yuányuánběnběn 【元元本本】yuányuánběnběn 【始末经过】shǐmò jīng guò ¶내가 이 사건의 ~을 그들에게 들려주었다 | 我把这件事的原委讲给他们听了。¶~을 다 보고하다 | 汇报huìbào原委。

자축[自祝] 📭하타 【自庆】zìqìng 【自己庆祝】zìjǐqìngzhù ¶생일을 ~하다 | 自己庆祝生日。

ᴮ자취[ ] 📭 ❶ (남아 있는 흔적) 【痕迹】hénjì 【踪迹】zōngjì 【踪影】zōngyǐng 【影踪】yǐngzōng 【迹象】jìxiàng 【印子】yìn·zi ¶~를 남기다 | 留下痕迹。¶~가 묘연하다 | 踪迹渺茫miǎománg。¶아무런 ~가 없다 | 踪迹全无。¶여러 날 동안 그의 ~가 보이지 않다 | 好几天看不见他的踪影。❷ (행방) 【下落】xiàluò ¶30여년간 그녀는 줄곧 남편의 ~를 찾고 있다 | 三十多年来, 她一直在探寻丈夫的下落。

ᴮ자취[自炊] 📭하타 【自己做饭吃】zìjǐ zuò fàn chī ¶방을 얻어 ~를 하다 | 租zū一间房间自己做饭吃。

자치[自治] 📭하타 【自治】zìzhì ¶~제 | 自治制。¶~ 행정 | 自治行政。¶민족 ~를 실행하다 | 实行民族自治。

자칫 📮 ❶ (어떤 일이 조금 어긋남) 【稍微 不慎】shāowēi búshèn 【差一点就】chāyìdiǎnjiù 【一不小心】yìbùxiǎoxīn ¶~ 잘못하면 실수한다 | 稍微不慎就出差错。❷ (비교적 조금) 【稍

微】shāowēi 【稍为】shāowéi 【稍稍】shāoshāo 【少微】shǎowēi 【稍】shāo

자칭[自稱] 📭하타 【自称】zìchēng 【自居】zìjū ¶그는 ~ 명문자제라고 한다 | 他自称是名门子弟。¶이 사기꾼이 자신이 기자라고 ~하다 | 这个骗子自称自己是记者。

자탄[自歎] 📭하타 【自叹】zìtàn 【自己长叹】zìjǐchángtàn ¶자신의 운명을 ~하다 | 自叹自己的命运。

자태[姿態] 📭 ❶ (몸가짐과 맵시) 【姿态】zītài 【姿容】zīróng 【丰姿】fēngzī 【丰容】fēngróng 【风姿】fēngzī 【身段】shēnduàn ¶~가 빼어나게 아름답다 | 姿态秀美。¶그 여자는 ~가 빼어나다 | 她身段长zhǎng得好。❷ (모양이나 모습) 【神态】shéntài

자택[自宅] 📭 【自己的住宅】zìjǐ·de zhùzhái 【本人的住宅】běnrén ·de zhùzhái 【自己家】zìjǐ jiā

자퇴[自退] 📭자타 【自动退出】zìdòng tuìchū 【自退】zìtuì 【请退】qǐngtuì 【清退】qīngtuì ¶학교를 ~하다 | 自动退学。

자판[字板] 📭 【写字板】xiězìbǎn 【写字栏】xiězìlán

자판기[自販機] 📭 【自动售货机】zìdòng shòuhuòjī

자포자기[自暴自棄] 📭하자 【自暴自弃】zì bào zì qì 【自弃】zìqì 【潦倒】liǎodǎo ¶너는 절대로 ~해서는 안된다 | 你千万别自暴自弃。

자학[自虐] 📭하타 【自虐】zìnüè 【自残】zìcán 【自我毁灭】zìwǒhuǐmiè 【和自己过不去】hé zìjǐ guòbúqù ¶그렇게 ~할 필요가 없어요 | 没有必要那么和自己过不去。

자해[自害] 📭하자 【自害】zìhài 【害己】hàijǐ ¶~ 행위 | 害己行为。

자행[恣行] 📭하타 【放纵】fàngzòng 【放肆】fàngsì 【放恣】fàngzì 【肆行】sìxíng ¶약탈을 ~하다 | 肆行劫掠。

ᴬ자형[字形] 📭 【字样】zìyàng 【字体】zìtǐ 【字形】zìxíng

ᴮ자형[姊兄] 📭 【姐夫】jiě·fu 【姐婿】jiěxù 【姐丈】jiězhàng

자화상[自畵像] 📭 【自画像】zìhuàxiàng ¶~을 그리다 | 画自画像。

ᴬ작[作] 📭 ❶ (저자) 【著】zhù ¶왕력 ~ | 王力著。❷ (작품) 【作】zuò 【之

782

作zhìzuò ¶처녀~ | 处女作。

작²[勺] 圕【勺】sháo [중국의 옛날 용량 단위. "升shēng"의 100분의 1(약0.018升), "合gě"의 10분의 1중]

ᴬ**작가**[作家] 圕【作家】zuòjiā【艺术创作者】yìshù chuàngzuòzhě ¶여류~ | 女作家。 ¶사진~ | 摄影作家。

작고[作故] 圕하자【去世】qùshì【死亡】sǐwáng【身亡】shēnwáng ¶지금 왕씨는 이미 ~했다 | 现在老王已经作古了。

ᴮ**작곡**[作曲] 圕하자타【作曲】zuò qǔ ¶그는 ~을 좋아한다 | 他喜欢作曲。 ¶~가 | 作曲家。

ᴬ**작년**[昨年] 圕【去年】qùnián【上年】shàngnián【客岁】kèsuì ¶~ 12월 | 去年十二月。 ¶~도의 적립금 | 去年的积蓄。 참고【去岁】[旧年][昔岁]

ᴬ**작다** 혱 ❶ (크기 따위가)【小】xiǎo【低】dī【瘦】shòu【矮】ǎi ¶신이 조금 ~ | 鞋子小了一点儿。 ¶작은 소리로 노래 부르다 | 小声唱歌。 ¶동생은 언니보다 머리 하나 정도는 | 妹妹比姐姐矮一个头。 ¶이 옷은 너무 작아 꽉 낀다 | 这件衣服做得太瘦了。 ¶키가 ~ | 个儿矮。 ❷ (도량)【狭小】xiáxiǎo【狭窄】xiázhǎi【도량이 ~ | 心地狭窄/气量qìliàng狭小。

작달막하다 혱【矮小】ǎixiǎo【矮笃笃】ǎidǔdū【矮墩墩】ǎidūndūn ¶키가 ~ | 个子矮小。

작당[作黨] 圕하자【结党】jié dǎng【结伙】jié huǒ ¶그들이 ~하여 물건을 훔쳤다 | 他们结伙偷tōu东西。

작대기 圕 ❶ (물건을 지탱하는 막대)【支棍】zhīgùn【长竿】chánggān【杆子】gān·zi【杠】gàng ¶~로 지게를 버티어 놓았다 | 用支棍支住背架。 ❷ (시험 답안 따위를 채점할 때 긋는 선)【钱】xiàn ¶빨간 ~를 긋다 | 划红线。

작동[作動] 圕하자타【起动】qǐdòng【启动】qǐdòng【发动】fādòng【运转】yùnzhuǎn ¶이 기계는 오래 되어서 ~이 잘 안된다 | 这个机器太旧了运转不灵。

작명圕하자【取名】qǔmíng【命名】mìngmíng【起名(儿,子)】qǐmíng(·r, ·zi)【定名】dìngmíng ¶아이에게 ~해

주다 | 给孩子取名。

작문[作文] 圕하자【作文】zuò wén【写作】xiězuò【作句子】zuò jù·zi ¶그는 지금 열심히 ~을 하고 있다 | 他正在认真写作。 ¶이 ~은 아주 잘 쓴 것으로 문학적 재능이 보인다 | 这篇作文写得很有文采wéncǎi。

작물[作物] 圕 【农作物】nóngzuòwù【庄稼】zhuāng·jia【作物】zuòwù ¶~을 재배하다 | 种植农作物。 ¶~을 거두어 들이다 | 收庄稼。 ¶다수확~ | 高产作物。

ᴬ**작별**[作別] 圕하자【离别】líbié【辞别】cíbié【作别】zuòbié【告辞】gào/cí【告别】gào bié【分手】fēn shǒu【送别】sòng bié ¶친구에게 ~을 고하다 | 向友人辞别。 ¶그는 큰길 입구에서 나와 ~했다 | 他在大路口跟我作别。 ¶그녀는 ~을 고하고 천천히 걸어갔다 | 她作过别, 慢慢地走去。 ¶그녀는 부모님과 ~했다 | 她告别父母。

작부[酌婦] 圕【女招待】nǚzhāodài【卖笑的】màixiào·de ¶그녀는 지금 술집 ~ 노릇을 하고 있다 | 她在酒楼当女招待。

작사[作詞] 圕하자【作词】zuò cí ¶이 노래는 그가 ~하였다 | 这首歌由他作了词。

작살圕【鱼叉子】yúchā·zi【鱼叉】yúchā【渔叉】yúchā

작성[作成] 圕하타【建立】jiànlì【制定】zhìdìng【拟订】nǐdìng【制订】zhìdìng ¶연간 생산 계획을 빨리 ~해야 한다 | 要尽早制定年度生产计划。 ¶방안을 ~했다 | 拟订了一个方案。 ¶구체적인 조치를 빨리 검토해서 ~해야 한다 | 具体措施要赶快验证并制订出来。

작심[作心] 圕하자【决心】juéxīn ¶~ 삼일 | 决心三天/决心过不了第三天。

ᴬ**작업**[作業] 圕하자【劳动】láodòng【工作】gōngzuò【作业】zuòyè【操作】cāozuò ¶~하러 가다 | 劳动去。 ¶~ 조건 | 工作条件tiáojiàn。

작업 능률[作業能率] 圕【工作效率】gōngzuò xiàolǜ【工效】gōngxiào【操作效率】cāozuò xiàolǜ【作业效率】zuòyè-

è xiǎolǜ ¶이렇게 하면 ~이 높지 못
하다 | 这样做工效不高。

ᴬ**작업복**[作業服] 몡【工作服】gōngzuòfú ¶새 ~을 지급하다 | 发放fāfàng新
的工作服。

ᴬ**작업장**[作業場] 몡【工地】gōngdì【现
场】xiànchǎng【工点】gōngdiǎn【工
作场所】gōngzuòchǎngsuǒ【车间】chē
jiān【作坊】zuō·fang【场地】chǎngdì
【操作场地】cāozuòchǎngdì

작열[灼熱] 몡하자【烧热】shāorè【灼
热】zhuórè【火红】huǒhóng ¶태양이 ~
하는 여름 | 太阳灼裂的夏天。

작용[作用] 몡하자【作用】zuòyòng【影
响】yǐngxiǎng【功能】gōngnéng ¶객관
은 주관에 ~한다 | 客观作用于主观。
¶화학 ~ | 化学作用。¶적극적으로 ~
하다 | 积极发挥fāhuī作用。

작위[作爲] 몡【有意识的行为】yǒu yì·
shí·de xíngwéi【固意】gùyì ¶그의
행동이 너무 ~적이다 | 他的行为太
固意了。

작은 고추가 더 맵다관용【辣椒越小越
辣】làjiāo yuèxiǎo yuèlà【人不可貌相，
海水不可斗量】rén bùkě màoxiàng, hǎi
shuǐ bùkě dǒuliàng

ᴮ**작은 아버지** 몡【叔叔】shū·shu【叔父】
shūfù

ᴮ**작은 어머니** 몡【叔母】shūmǔ【婶子】sh
ěn·zi【婶娘】shěnniáng

ᴬ**작은 집** 몡❶(아우네 집)【弟家】dìdì
jiā ❷(숙부의 집)【叔父家】shūfùjiā
❸(화장실)【厕所】cèsuǒ【茅房】má
ofáng ❹(첩 또는 첩의 집)【小老婆
家】xiǎolǎopójiā

ᴬ**작자**[作者] 몡❶(저자)【作者】zuòzh
ě ¶이 책의 ~ | 本书作者。❷(남을
업신여겨 이르는 말)【家伙】jiā·huo
¶저 ~는 정말 꼴불기 싫다 | 那家伙
真可恶wù。❸(물건을 살 사람)【买
主】mǎizhǔ ¶~만 있으면 당장에라
도 넘기겠다 | 只要有买主，见钱就
卖。

작작 뷔【少】shǎo【少许】shǎoxǔ ¶담
배 좀 ~ 피워라 | 你少点儿抽烟吧。
¶잔소리 좀 ~ 해라 | 少说废话。

ᴮ**작전**[作戰] 몡하자❶(싸움·전쟁 등에
서의 행동 방침)【作战】zuò zhàn ¶
~ 명령 | 作战命令。¶~ 능력 | 作

战能力。❷(방법)【方法】fāngfǎ【措
施】cuòshī ¶~을 짜다 | 谋求解决方
法。

ᴮ**작정**[作定] 몡하자타【决定】juédìng
【打算】dǎ·suan ¶나는 대학에 진학
하지 않기로 ~했다 | 我决定不去上
大学。¶너는 몇 시에 갈 ~이냐? |
你打算几点走？

작태[作態] 몡하자【作态】zuòtài【丑
态】chǒutài ¶안하무인의 ~를 보이
다 | 露出目中无人的丑态。

ᴬ**작품**[作品] 몡【作品】zuòpǐn ¶문학
~ | 文学作品。¶예술 ~ | 艺术作
品。¶그는 평생 동안 많은 ~을 썼다
| 他一生写了不少作品。

작황[作況] 몡【收成】shōu·cheng【长
势】zhǎngshì ¶올해 ~은 어떠한가? |
今年的收成怎么样？

ᴬ**잔**[盞] 몡❶(술잔·찻잔 따위의 컵)
【杯子】bēi·zi【盅（儿·子）】zhōng(r·zi)
【盏】zhǎn ¶찻 ~ | 茶杯。¶이 ~으
로 마시자 | 用这个杯子喝。¶유리 ~
| 玻bō璃盏。❷(양사로 쓰여)【杯】
bēi【盅（儿·子）】zhōng(r·zi) ¶~을
비우다 | 干gān杯。¶술 한 ~ 하러
가다 | 喝两盏去。

잔-² 🈯【细】xì【小】xiǎo ¶~모래 |
细沙shā。¶~금 | 细纹。¶~가지
| 小枝。

잔고[殘高] 몡【余额】yú'é【余数】yúsh
ù【结算金额】jiésuàn jīn'é【结余】jiéy
ú【尾数】wěishù【存数】cúnshù【现存
总数】xiàncún zǒngshù ¶차변 ~ |
收方余额。¶그는 수입은 많지 않
지만 매달 ~가 있다 | 他收入不多，但是
每月都有结余。

잔금[殘金] 몡❶(쓰고 남은 돈)【余
款】yúkuǎn【存数】cúnshù【存项】cún
xiàng ¶내 ~으로 이것을 사기에는
부족하다 | 我的余款不够付这些钱。
❷(못다 갚은 돈)【尾钱】wěiqián ¶
아직 청산되지 않은 ~이 약간 남아 있
다 | 还有点尾欠没还清。

잔꾀[小計謀] 몡【小计】xiǎojìmóu ¶~에 넘
어가다 | 中了小计/上了个小当。

잔당[殘黨] 몡【余党】yúdǎng【残余分
子】cányú fènzǐ ¶~을 제거하다 | 清
除qīngchú余党。

ᴮ**잔돈** 몡❶(액수가 적은 돈)【零钱】lí

ngqián | 《微少的钱》wēishǎo·deqián
【零碎钱】língsuìqián 【找头】zhǎo·tou
¶여기 ~ 있습니다 | 这儿有零钱。
❷ (거스름돈) 【找零钱】zhǎolíngqián
¶~을 거슬러 주세요 | 请给找零。

^B**잔디** 圀 《金丝草》jīnsīcǎo 【短草】duǎn
ncǎo 【矮草】ǎicǎo 【茅草】máocǎo
【毛毛草】máomáocǎo 【高丽草】gāolì-
cǎo 【草皮】cǎopí ¶~밭 | 草坪 |
~를 깎다 | 剪剪草皮。

^B**잔뜩** 囝 《满》mǎn 《非常》fēicháng 《实》
shí ¶차에 짐을 ~실었다 | 车上行李
装得满满的。¶~ 화가 나다 | 非常
生气/气得鼓鼓的。

잔류 《残留》 圀⑱ꟾ 【残留】cánliú ¶~
부대 | 残留部队。

잔말 圀 《废话》fèihuà ¶少说废话。

잔물결 圀 《涟漪》liányī 【微波】wēibō ¶
수면에 동심원을 그리며 ~이 넘실거
린다 | 水面荡dàng开了一圈圈涟漪。

잔병 [-病] 圀 《小病》xiǎobìng

잔설 [残雪] 圀 《残雪》cánxuě ¶산봉
우리에는 아직 ~이 남아 있다 | 山顶
仍有残雪。

잔소리 《废话》fèihuà 《闲话》xiánhu-
à 《罗唆话》luōsuōhuà 《烦言》fányán
《絮絮叨叨》xù·xudāo·dao 《唠唠叨
叨》láo·laodāo·dao 《吹毛求疵》chuī
máo qiú cī ¶~! 내가 아직 모르는 줄
알아? | 废话! 你以为我还不知道吗?
¶~ 마라 | 别说闲话了。

잔손 《零碎活儿》língsuìhuór 《小功
夫》xiǎo gōng·fu ¶~이 가다 | 费小
功夫。

잔악하다 [残恶-] ⑱ 《残忍》cánrěn ¶
온갖 잔악한 짓을 다하다 | 极尽残忍
之能事。

^B**잔액** [残额] 圀 《余额》yú'é 《余款》yúku-
ǎn 《余数》yúshù ¶~ 청산 | 结清余
额。

잔업 [残业] 圀 《加班》jiā bān 《加班加
点》jiābān jiādiǎn 《加班工作》jiābān
gōngzuò 《加点工作》jiādiǎn gōngzuò
《超时工作》chāoshí gōngzuò ¶~ 수
당 | 加班津贴/加班工资/加班费。
¶~ 시간 | 加班时间。

잔여 [残余] 圀 《剩余》shèngyú 《残留》
cánliú ¶~ 재산 | 剩余财产。¶~ 오

차 | 剩余误差。

잔인[残忍] 圀ꟾ⑱ 《残忍》cánrěn 《残
酷》cánkù 《残苛》cánkē 《无情》wúqí-
ng ¶~한 행위 | 残忍的行为。¶이
것은 너무 ~하다고 느꼈다 | 我觉得
这太残忍了。¶~하고 무자비하다 |
残酷无情。¶물과 불은 ~하다 | 水
火无情。

잔잔하다[潺潺-] ⑱ ❶ (비 내리는 소
리 등이 약하다) 《潺潺》chánchán ¶
잔잔하게 내리는 가을비 | 秋雨潺潺。
❷ (소리 따위가 조용하다) 《低沉》dī-
chén ¶잔잔한 말소리 | 低沉的声
音。❸ (가라앉다) 《平静》píngjìng ¶
잔잔한 해면 | 平静的海面hǎimiàn。

잔재 [残滓] 圀 《残余》cányú 《残渣》cán-
zhā ¶봉건 ~ | 封建fēngjiàn残余。
¶착취 계급의 사상 ~ | 剥削bōxuē
阶级jiējí的思想残余。

잔재주 [-才-] 圀 《小技巧》xiǎojìqiǎ-
o 《偏才》piāncái ¶그는 ~가 많은 사
람이다 | 他是一个偏才。

잔존 [残存] 圀ꟾ⑱ 《残存》cáncún ¶
~물 | 残存物。¶산간 지역에는 아
직도 옛 풍속이 ~하고 있다 | 山区里
仍réng然存有着古代的风俗sú。

잔주름 圀 《细皱纹》xìzhòuwén 《鱼尾
纹》yúwěiwén ¶눈가에 ~이 잡히다
| 眼角出现了鱼尾纹。

^B**잔치** 圀ꟾ⑱ ❶ (연회·파티) 《宴会》yà-
nhuì 《酒席》jiǔxí ¶성대한 ~를 베풀
다 | 举行盛大shèngdà宴会。¶~에
가다 | 赴fù宴会。❷ (결혼식) 《婚
礼》hūnlǐ ¶~를 치르다 | 举行婚礼。
참고〔酒筵〕〔酒宴〕〔酒席〕〔酒坐〕

잔칫날 圀 《办喜事的日子》bàn xǐshì·d-
e rì·zi 《结婚的日子》jiéhūn ·de rì·zi

잔칫집 圀 《办喜事的人家》bàn xǐshì ·d-
e rénjiā

잔학[残虐] 圀ꟾ⑱ 《残暴》cánbào ¶
~ 행위 | 残暴行为。¶반동파는 인
민에 대해 매우 ~하였다 | 反动派pài
对人民非常残暴。

잔해[残骸] 圀 《残骸》cánhái ¶적기의
~ | 敌机残骸。¶폭죽의 ~ | 鞭炮bi-
ānpào的残骸。

잔혹[残酷] 圀ꟾ⑱ 《残酷》cánkù 【残

苟 **cánkē** 【残忍无道】cánrěnwúdào ¶~한 투쟁 │ 残酷的斗争。¶~하고 무자비하다 │ 残酷无情。¶~한 폭행 │ 残酷的暴行。

^A**잘**¹ 〔閉〕❶ (익숙하게·능란하게)【好】hǎo【熟练】shúliàn ¶그림을 ~ 그린다 │ 画画得很好。¶산을 ~ 탄다 │ 爬山爬得很熟练。❷ (순조롭게)【顺利】shùnlì ¶일이 매우 ~ 진행되고 있다 │ 事情进行得很顺利。¶이 일은 아주 ~ 처리되었다 │ 这件事办得很顺利。❸ (좋게·훌륭하게)【了不起】liǎo·buqǐ【好】hǎo【漂亮】piào·liang ¶내 여자 후배는 참 ~ 생겼다 │ 我的学妹长得很漂亮。¶일을 뛰어나게 ~ 처리하다 │ 事情办得漂亮。❹ (만족스럽게·충분히)【圆满】yuánmǎn【十分满意地】shífēn mǎnyì·de【心满意足地】xīnmǎn yìzú·de ¶문제가 ~ 해결됐다 │ 问题圆满地解决了。❺ (탈없이·편안히)【小心】xiǎoxīn【好】hǎo【好好】hǎohǎo ¶차를 과속하지 말고 ~ 몰아라 │ 开车不要太快，要小心。❻ (적절하게·알맞게)【正好】zhènghǎo【正巧】zhèngqiǎo【恰巧】qiàqiǎo ¶자네 마침 ~ 왔네 │ 你来得正好。¶이 신발은 나한테 ~ 맞는다 │ 这双鞋我穿正好。❼ (걸핏하면·늘)【好】hǎo【动不动】dòng·budòng【老爱】lǎo'ài ¶막 걸음걸이를 시작한 아이가 ~ 넘어진다 │ 刚会走路的孩子好摔交。¶조그만 일에도 ~ 운다 │ 为一点小事也老爱哭。❽ (분명하게·자세히)【清楚】qīng·chu ¶안경을 쓰니 글씨가 ~ 보인다 │ 戴了眼镜后，字看得清楚了。¶내 목소리가 ~ 들립니까? │ 你听得清楚我的声音吗？❾ (유리하게·적당히)【理解】lǐjiě【放一马】fàngyìmǎ ¶우리 형편을 잘 봐 주십시오 │ 对我们的情况给以理解。❿ (쉽게)【容易】róngyì ¶이 고기는 ~ 썰린다 │ 这些肉很容易切。⓫ (실히·족히)【足】zú【足有】zúyǒu【得】děi ¶이 물고기는 3킬로가 ~ 된다 │ 这条鱼足有三公斤。¶다섯 시간은 ~ 걸릴걸 │ 得需要五个小时吧。

^A**잘나다** 〔動〕❶ (모양이 보기에 좋다)【长得俊】zhǎng·de jùn【长得好看】zhǎng·de hǎokàn【漂亮】piào·liang【俊秀】jùnxiù【俊俏】jùnqiào ❷ (비범하다)【为人聪明】wéirén cōngmíng【出类拔萃】chū lèi bá cuì ¶(반어적)【了不起】liǎo·buqǐ ¶잘난 체 마라 │ 不要自以为了不起。

^B**잘다** 〔形〕❶ (작다)【小】xiǎo ¶글자가 너무 ~ │ 字太小。❷ (생각 등이 좀스럽다)【过于细心】guòyú xìxīn【小气】xiǎo·qi【不大方】búdàfāng ¶그는 사람이 너무 ~ │ 他个过于细心。

^A**잘되다** 〔動〕❶ (일이)【好了】hǎo·le【成了】chéng·le【可以了】kěyǐ·le【妥了】tuǒ·le ¶이 정도 됐으면 잘됐다 │ 写成这样就算成了。❷ (신분·지위 등이)【上进】shàng jìn ¶잘 되기에 힘쓰다 │ 力求qiú上进。

잘라먹다 〔動〕❶ (도막내서 먹다)【掰着吃】bāi·zhe chī ¶케일을 ~ │ 把蛋糕掰着吃。❷ (갚을 것을 갚지 않다)【借而不还】jiè ér bùhuán【倒账】dǎozhàng【가로채다】【克扣】kèkòu【占为己有】zhàn wéi jǐ yǒu ¶남의 돈을 ~ │ 把他人的钱占为己有。

잘라내기[cut and paste] 〔명〕〈電算〉【剪贴】jiǎntiē

잘록하다 〔形〕【一弯一弯】yìwānyìwān ¶잘록한 허리 │ 水蛇腰。

^A**잘못**¹ ❶ (틀리게)【错】cuò【错误】cuòwù ¶너는 사람을 ~ 알아 보았다 │ 你认错了人。¶너는 그의 말을 ~ 들었다 │ 你错听了他的话。¶상황을 ~ 판단하다 │ 错误地估gū计形势shì。❷ (적절하지 못하게)【不合适地】bùhéshì·de【不确切地】bùquèqiè·de【欠考虑】qiànkǎolǜ【乱来】luànlái

^B**잘못**² 〔명〕(과실·오류·죄과)【错】cuò【不对】búduì【错误】cuòwù【过错】guòcuò【缺点】quēdiǎn【毛病】máo·bìng【罪】zuì【罪过】zuì·guo【谬误】miùwù【纰缪】pīmiù ¶~을 인정하다 │ 认错。¶~을 범하다 │ 犯fàn错误。¶조금의 ~도 없다 │ 没有一点过错。¶~을 지적하다 │ 指出缺点。¶남에게 ~를 뒤집어 씌우다 │ 归罪于人。¶나의 ~이다 │ 是我的罪过。¶그의 문장은 ~ 투성이다 │ 他的文章纰缪连连。

잘못되다 〔動〕【错】cuò【不对】búduì【错

误]cuòwù ¶도대체 어디에서 일이 잘
못되었느냐? |事情究竟jiūjìng错在哪
儿? ¶잘못된 결론 | 错误的结论jiélùn.

잘살다 동 ❶ (풍족하다) 【生活得好】
shēnghuó·dehǎo【过好子】guò·dehǎo·
o【过日子】guò guò·zi【富裕】fùyù
¶잘 사는 나라 | 生活富裕的国家.
❷ (잘 일어나다) 【烧得旺】shāo·
o·dewàng

^**잘생기다** 동 【长得好看】zhǎng·de hǎo·
kàn【长得漂亮】zhǎng·de piào·liang
【长得俊秀】zhǎng·de jùnxiù

^**잘잘못** 명 【是非】shìfēi【黑白】hēibái
【对错】duìcuò ¶~을 명백히 가리다
|明辨是非.

잘하다 동 ❶ (올바르게 하다) 【干得
好】gàn·dehǎo【巧干】qiǎogàn【工
于】gōngyú【真不错】zhēnbúcuò【搞
得好】gǎo·dehǎo【弄得好】nòng·deh
ǎo ¶가정 교육을 ~ | 家教搞得好.
❷ (좋아하다·자주 하다) 【爱】ài ¶말
하고 웃기를 잘한다 | 爱说爱笑. ❸
(능란하게 하다) 【擅长】shàncháng
【善于】shànyú【善长】shàncháng ¶
서예를 잘한다 | 擅长于写毛笔.¶외
국어를 ~ | 擅长于外国语. ❹ (순조
롭게 하다) 【圆满】yuánmǎn【顺利】
shùnlì ¶시험은 잘 치루었느냐? | 圆
满结束考试了吗?

잘해야 부 【至多】zhìduō【顶多】dǐngdu
ō【弄好了才···】nònghǎo·le cái··· ¶
그는 ~ 40살을 넘지 않는다 | 他至多
不过四十岁. ¶너는 ~ 십년 더 할 수
있다 | 你至多还能干十年.

^**잠** 명 ❶ (수면) 【睡觉】shuì jiào【睡
眠】shuìmián【睡意】shuìyì ¶한 ~ 실
컷 잤다 | 睡了一大觉. ¶그는 12시
가 되어서야 비로소 잠을 잤다 | 他十
二点才睡觉. ¶~을 늘리다 | 增加zē
ngjiā睡眠. ¶그는 이미 하룻밤동안
이나 ~을 자지 않았다 | 他已经一夜
没有睡觉了. ¶밤이 깊어지자, 점점
~이 온다 | 夜深了, 睡意渐浓nóng.
❷ (누에의) 【眠】mián ¶누에가 석~
을 잤다 | 蚕cán三眠了. ¶석 ~ 잔
누에 | 三眠蚕. ❸ (솜등의) 【发死】f
āsǐ【压平】yāpíng

^**잠결** 명 【似醒非醒】sì xǐng fēi xǐng【睡

中]shuìzhōng ¶~에 듣다 | 似醒非
醒中听到的/睡梦中听到

^**잠그다** 동 【锁】suǒ【关闭】guānbì ¶
문을 ~ | 锁上门. ¶수도꼭지를 ~
|关上水龙头.

^**잠그다** 동 【泡】pào【浸】jìn【镇】zhèn
¶옷을 물에 ~ | 把衣服泡上. ¶씨
앗을 끓는 물에 ~ | 把种子放在开水
里浸一浸.

잠기다 동 ❶ (목이 쉬다) 【稍微嘶哑】
shāowēisīyǎ ❷ (한 가지 생각에 골똘
하게 되다) 【陷入】xiànrù【沉浸】chén
jìn ¶그는 지난날의 추억 속에 잠겼
다 | 他沉浸在往事的回忆huíyì中. ¶
슬픔에 ~ | 陷入痛苦. ❸ (돈·물자
등이 묶여있다) 【积压】jīyā【囤积】tú
njī ¶자금을 잠기게 하다 | 积压资
金. ❹ (물 속에) 【沉没】chénmò【淹
没】yānmò ¶온 마을이 물에 ~ | 村
庄被洪水淹没了.

^**잠깐** 명 부 【一会儿】yíhuìr【暂时】zànshí
【暂且】zànqiě【稍为】shāowéi【少刻】
shǎokè【姑且】gūqiě【片刻】piànkè
【片时】piànshí【稍】shāo【稍事】shā
oshì【且】qiě ¶~ 기다리다 | 等一会
儿. ¶이 이야기는 ~ 보류해 두자 |
这件事儿暂且不提. ¶~ 기다려 주
세요 | 请稍等一会儿. ¶~ 쉬고 싶
다 | 我想稍休息.

^**잠꼬대** 명 하자 【梦话】mènghuà【梦呓】
mèngyì【呓语】yìyǔ【睡话】shuìhuà
【呓怔】yì·zheng【呓挣】yìzhēng ¶~
하다 | 说梦话. ¶~같은 소리 하지
말아! | 别说梦话! ¶~를 하다 | 撒s
ā呓怔.

^**잠꾸러기** 명 【瞌睡虫】kēshuìchóng【睡
虎子】shuìhǔ·zi 참고 〔睡虎儿〕【睡迷】
〔睡虫儿〕【睡不够】

^**잠들다** 동 ❶ (잠을 자는 상태가 되다)
【入睡】rù shuì【成眠】chéngmián【睡
着了】shuìzháo·le ¶뒤척이며 잠들지
못하다 | 辗转不能入睡. ¶잠들 수가
없다 | 不能成眠. ❷ (죽다) 【死】sǐ
【安息】ānxī 참고 〔成寐〕【入床mèi】
〔入眠床〕

^**잠망경** 〔潜望镜〕 명 【潜望镜】qiánwà
ngjìng

^**잠바** 명 【夹克】jiākè

잠버릇 명 【睡觉的习惯】shuìjiào·de x-

787

íguàn【睡觉的毛病】shuìjiào·demáobìng ¶~이 사납다 | 睡觉的毛病很吓人.

잠복[潜伏] 图 하자 【潜伏】qiánfú【匿伏】nìfú【躲藏】duǒcáng【埋伏】máifu ¶우리는 이곳에서 내일 새벽까지 ~해 있다가 다시 공격한다 | 我们在这里潜伏到明天凌晨, 再发起进攻. ¶깊은 산속에 ~하다 | 潜伏在深山里. ¶~기 | 潜伏期. ¶~근무 | 执行伏任务. ¶위기가 ~해 있다 | 埋伏着危机. 참고 〔潜藏〕〔潜匿〕

잠수[潜水] 图 【潜水】qiánshuǐ ¶~정 | 潜水艇tǐng/潜艇qiántǐng. ¶~복 | 潜水服fú.

ᴮ**잠수함**[潜水艦] 图 【潜水艇】qiánshuǐtǐng

ᴬ**잠시**[暂時] 图 【暂时】zànshí【暂且】zànqiě【片刻】piànkè【稍】shāo【暂事】shāoshì ¶차량 통행을 ~ 금지하다 | 车辆暂时禁止通行. ¶하던 일을 ~ 멈추다 | 暂且放一放手头的工作. ¶사람들은 ~ 멍청해졌다 | 人们呆一dāi了片刻. 참고 〔片爱shà〕〔片晌shǎng〕〔片时〕〔些xiē时〕〔片时〕〔稍许〕〔稍为〕〔少刻〕〔少顷〕且shà〕〔且刻〕

잠식[蠶食] 图 하자 【蚕食】cánshí ¶이웃 나라 영토를 ~하다 | 蚕食邻国领土. ¶~ 정책 | 蚕食政策.

잠옷[睡衣] 图 【睡衣】shuìyī

잠입[潜入] 图 하자 【潜入】qiánrù【溜进】liūjìn【混进】hùnjìn ¶지하로 ~하다 | 潜入地下dìxià. ¶특수 ~ 임무 | 特殊潜入任务. ¶그는 마침내 회의장에 ~했다 | 他终于混进了会场.

잠자다 图 ❶(사람·동물이) 【睡觉】shuìjiào【睡着】shuìzháo【睡眠】shuìmián ¶잠잘 시간이다 | 该gāi睡觉了. ¶그는 이미 3시간 동안 잤다 | 他已经睡了三个小时. ❷(부푼 것 등이) 【压平】yāpíng【发死】fāsǐ ❸(활용되지 않다) 【停】tíng【停滞】tíngzhì【停转】tíngzhuǎn ¶노사분규로 기계가 잠자고 있다 | 因劳资纠纷机械停转.

ᴮ**잠자리**¹ 图 【睡处】shuìchù【床】chuáng【铺】pū ¶~에 들다 | 上床睡觉. ¶~를 같이 하다 | 同床.

ᴮ**잠자리**² 图 〈蟲〉【蜻蜓】qīngtíng【蜻

蛉】qīnglíng

ᴮ**잠자코** 图 【悄悄地】qiāoqiāo·de【默默地】mòmò·de【老老实实地】lǎo·laoshíshí·de ¶~ 있어라 | 老老实实地呆着.

잠잠하다[潜潜－] 图 【平静】píngjìng【寂静】jìjìng【默默无言】mòmòwúyán【默不作声】mò búzuòshēng【静悄悄】jìngqiāoqiāo【沉寂】chénjì【寂然】jìrán ¶문을 두드려도 ~ | 敲门也默默无答.

잠재[潜在] 图 하자 【潜在】qiánzài ¶~ 노동력 | 潜在劳动力. ¶~ 의식 | 潜在意识yìshí. ¶~ 성장력 | 经济增长潜力.

잠재력[潜在力] 图 【潜力】qiánlì ¶미국은 우리나라의 완구수출의 주요시장중 하나로 ~은 아주 크다 | 美国是我国玩具wánjù出口的主要市场之一, 潜力大得很. ¶~을 발휘하다 | 发挥fāhuī潜力.

잠재적[潜在的] 관 图 【潜在】qiánzài ¶이런 영향은 ~인 것이다 | 这种影响yǐngxiǎng是潜在的.

잠적[潜跡] 图 하자 【潜迹】qiánjì【潜踪】qiánzōng【消失】xiāoshī ¶어느날 갑자기 사장이 ~해버렸다 | 经理不知哪一天突然消失了.

잠정[暂定] 图 하자 【暂定】zàndìng【暂行】zànxíng【临时】línshí ¶회기를 10일간으로 ~ 정하다 | 会期暂定为十天.

잠행[潜行] 图 하자타 【潜行】qiánxíng ¶잠수정은 바다 밑을 ~할 수 있다 | 潜水艇qiánshuǐtǐng可以在海底hǎidǐ潜行. ¶수중을 ~하다 | 潜行水中.

잡- 두 【杂】zá ¶~상인 | 杂货商. ¶~귀신 | 牛鬼蛇神.

잡것[杂－] 图 ❶(여러 가지가 섞여 있는 물건) 【杂物】záwù【杂牌货】zápáihuò【杂种】zázhǒng【杂交】zájiāo ❷(잡스러운 사람) 【杂种】zázhǒng【作恶分子】zuò'è fēnzǐ【坏蛋】huàidàn【下流的家伙】xiàliú·de jiā·huǒ

ᴮ**잡곡**[杂穀] 图 【杂粮】záliáng【粗粮】cūliáng ¶다섯 가지 ~을 먹다 | 吃的是五谷杂粮. ¶~밥 | 杂粮饭.

잡귀[杂鬼] 图 【牛鬼蛇神】niú guǐ shé shén【妖魔鬼怪】yāo mó guǐ guài

잡념[雜念] 몡 **【杂念】**zániàn 【胡思乱想】hú sī luàn xiǎng 【胡思乱量】húsī luànliáng 【乱思绪】luànsīxù ¶사사로운 마음과 ~ | 克服私心和杂念。¶~이 생기다 | 产生杂念。

^A**잡다**[1] 图 ❶ (손으로 쥐다) 【抓】zhuā 【握】wò ¶손잡이를 꽉 ~ | 紧紧地抓住把手。¶그의 손을 ~ | 握住他的手。❷ (체포하다) 【抓住】zhuā·zhu ¶경찰이 범인을 잡았다 | 警察抓住了罪犯。❸ (사냥하다) 【猎住】liè·zhu 【捉】zhuō ¶고양이가 쥐를 ~ | 猫捉老鼠。¶산쥐를 ~ | 活捉 ❹ (만류하다) 【挽留】wǎnliú 【劝住】quàn·zhu ¶거듭 잡았으나, 만류할 수 없었다 | 再三挽留, 却挽留不住。¶그들이 나에게 며칠 더 묵으라고 잡았다 | 他们劝我多住几天。❺ (자동차를 세우다) 【截住】jiézhù ¶차를 ~ | 截车。❻ (정권·세도를 차지하다) 【掌握】zhǎng·wò 【柄】bǐng 【执掌】zhízhǎng ¶정권을 ~ | 柄政。¶정권을 ~ | 执掌大权。❼ (일자리·밑천을 가지다) 【得到】dé dào 【找到】zhǎodào 【弄到】nòngdào ¶일자리를 ~ | 找到工作。¶밑천을 ~ | 弄到本钱。❽ (담보 등을 맡기다) 【典当】diǎndàng 【当】dàng 【抵押】dǐyā ¶손목시계를 잡히다 | 当手表。¶집을 약간의 돈에 잡혔다 | 把房当了一些钱。❾ (정하다) 【定】dìng 【落】luò 【选择】xuǎnzé ¶자리를 ~ | 定位置。¶방향을 ~ | 定方向。❿ (찾아내다) 【找】zhǎo 【捉住】zhuō·zhu ¶실마리를 ~ | 找出头绪。¶약점을 ~ | 捉住缺点/抓小辫子。⓫ (제 가락을 찾아 부르다) 【定】dìng 【合】hé ¶음정을 ~ | 定调门儿。⓬ (전파를 타다) 【收到】shōudào ¶전파를 ~ | 收到电波。⓭ (주름을 잡다) 【打褶】dǎzhě 【弄】nòng ¶치마주름을 ~ | 在裙子上弄主褶子。⓮ (유지하다) 【保持】bǎochí ¶몸의 균형을 ~ | 保持身体均衡。⓯ (물가 등을 안정시키다) 【稳定】wěndìng ¶치솟는 물가를 ~ | 稳定上涨的物价。⓰ (마음을 바로잡다) 【纠正】jiūzhèng 【正】zhèng ⓱ (어림하다) 【估计】gūjì ¶이번 휴가 경비는 많이 잡아도 10만원이면 충분

하다 | 这次休假经费估计十万元也够了。⓲ (도살하다) 【屠宰】túzǎi 【杀】shā 【宰杀】zǎishā 【屠杀】túshā ¶돼지를 잡고 양을 잡아 잔치를 벌이다 | 杀猪宰羊大开宴席。¶돼지를 ~ | 宰猪。⓳ (불을 끄다) 【熄灭】xīmiè ⓴ (헐뜯다) 【诋毁】dǐhuǐ ¶생사람 ~ | 诋毁好人。

잡다하다[雜多─] 혱 【各种各样】gè zhǒng gè yàng 【繁杂】fánzá 【烦杂】fánzá 【琐屑】suǒxiè 【琐细】suǒxì 【琐碎】suǒsuì 【不胜其烦】bù shèng qí fán ¶잡다한 일상 업무 | 繁杂的日常事务。¶이런 잡다한 일을 벗어버리고, 큰 문제들을 많이 잡아나대다 | 摆脱bǎituō这些琐碎的事, 多抓zhuā些大问题。

◇**잡담**[雜談] 몡 【闲话(儿)】xiánhuà(r) 【闲谈】xiántán 【谈天】tántiān 【闲聊】xiánliáo ¶~하다 | 聊liáo闲话/说闲话/谈tán闲话。¶그녀는 지금 어머니와 ~하고 있다 | 她正跟母亲闲谈呢。¶그는 사람을 찾아가서 ~을 했다 | 他找人闲聊去了。

잡동사니 몡 【杂拌儿】zábànr 【烂摊子】làntān·zi 【杂七杂八】zá qī zá bā

잡목[雜木] 몡 【不成材的木料】bù chéngcái·de mùliào ❷ 【杂木】zámù

잡무[雜務] 몡 【杂务】záwù 【杂事】záshì 【琐事】suǒshì 【零活】línghuó 【杂活】záhuó 【打杂】dǎzá ¶~를 처리하다 | 料理杂务。¶~원 | 杂务人员。

잡부[雜夫] 몡 【杂工】zágōng 【打杂儿的勤杂工】dǎzár·de qínzágōng ¶~계정 | 杂费账/杂费账目。

잡비[雜費] 몡 【杂费】záfèi 【零星费用】língxīng fèiyòng 【零用现金】língyòng xiànjīn

잡상인[雜商人] 몡 【杂货商】záhuòshāng 【杂货佬】záhuòlǎo 【小商贩】xiǎoshāngfàn ¶~ 출입 금지 | 禁止小商贩出入。

잡소리[雜─] 몡 ❶ (잡음) 【杂音】záyīn ❷ (소문) 【流言蜚语】liú yán fēi yǔ ❸ (잡담) 【废话】fèihuà ¶~를 늘어놓다 | 废话连篇。

^B**잡수시다** 图 【吃】chī 【进】jìn 【用】yòng ¶점심을 같이 ~ | 共进午餐。¶저녁 잡수세요 | 请用晚饭。

잡수입[雜收入] 똉【杂项收入】záziàng shōurù【零星收入】língxīng shōurù【额外收入】éwài shōurù【杂项收益】záxiàng shōuyì

잡숫다 동 ☞ 잡수시다

잡스럽다[雜-] 혱 ❶【粗鲁】cū·lǔ【不文明】bùwénmíng ❷【淫猥】yínwěi【淫荡】yíndàng

잡식[雜食] 똉【杂食】záshí ¶~ 동물 | 杂食(性)动物.

잡신[雜神] 똉【杂神】záshén【牛鬼蛇神】niú guǐ shé shén

잡아가다 동【抓走】zhuāzǒu【捕捉】bǔzhuō【逮捕】dàibǔ【抓去】zhuāqù ¶경찰이 그를 ~ | 警察抓走了他.

잡아내다 동 ❶ (밖으로)【揪出来】jiūchū·lái【检举】jiǎnjǔ ¶숨어있는 기회주의자를 ~ | 揪出来暗藏ǎncáng的机会主义者. ❷ (잘못 등을)【找出】zhǎochū【认出】rènchū ¶틀린 글자를 ~ | 找出错字.

잡아넣다 동【抓进】zhuājìn【拿进】nájìn【装入】zhuāngrù【投入】tóurù【扔进】rēngjìn【圈起来】quānqǐlái【关起来】guānqǐlái

잡아당기다 동 ❶ (끌어당기다)【拉】lā【扯】chě【拽】zhuài【攀扯】pānchě ¶물건을 잡아당겨 올리다 | 把东西拉上来. ¶문을 잡아당겨 열다 | 把门拽开. ¶억지로 잡아당기다 | 生拉硬拽. ❷ (관심을 갖게 하다)【拉拢】lā·long【引诱】yǐnyòu【吸引】xīyǐn【诱惑】yòuhuò

잡아떼다 동 ❶ (붙은 것을)【扯下】chěxià【揪下】jiūxià ❷ (모르는 체하다)【装蒜】zhuāng suàn【装洋蒜】zhuāngyángsuàn【装着不知】zhuāng·zhebùzhī ¶너는 누구보다도 잘 알고 있으면서, 잡아떼지마! | 你比谁都明白, 别装蒜啦!

잡아매다 동【结起来】jiéqǐlái【系起来】jìqǐlái【绑】bǎng【捆】kǔn【拴住】shuānzhù ¶잡아매었다, 도망가지 못해 | 拴住啦, 跑不了.

잡아먹다 동 ❶ (죽여서 먹다)【抓吃】zhuāchī【杀吃】shāchī ¶씨암탉을 ~ | 杀母鸡吃. ❷ (낭비하다)【浪费】làngfèi ¶많은 시간을 ~ | 浪费很多时间.

잡아채다 동【揪】jiū【拽】zhuài

잡음[雜音] 똉 ❶ (소음)【杂音】záyīn【噪音】zàoyīn ¶라디오가 ~이 많다 | 收音机杂音很大. ¶~을 줄이다 | 降低jiàngdī噪音. ❷ (주위의 쓸데없는 의견)【闲话】xiánhuà

잡인[雜人] 똉【闲人】xiánrén ¶~ 출입 엄금 | 闲人免进.

잡지[雜誌] 똉【杂志】zázhì ¶~꽂이 | 杂志架jià. ¶~를 한 권 사다 | 买一本杂志.

잡채[雜菜] 똉【杂烩】záhuì【杂拌儿】zábànr ¶고기 ~ | 荤hūn杂烩. ¶채소 ~ | 素杂烩.

잡초[雜草] 똉【杂草】zácǎo【野草】yěcǎo

잡치다 동 ❶ (그르치다)【搞糟】gǎozāo【弄坏】nònghuài ¶일을 ~ | 把事情搞糟了. ❷ (기분 등을 상하다)【败】bài【扫】sǎo ¶기분을 ~ | 败兴/扫兴.

잡화[雜貨] 똉【百货】bǎihuò【杂货】záhuò ¶~점 | 杂货店/杂货铺.

잡히다 동 ❶ "잡다"의 피동형 ❷ (고름이 괴다)【化脓】huànóng【起泡】qǐpào ¶손바닥에 물집이 ~ | 手上起泡.

잣 똉【松子】sōng·zi

잣나무 똉〈植〉【果松】guǒsōng【海松】hǎisōng【红松】hóngsōng【油松】yóusōng【五叶松】wǔyèsōng

잣다 동 ❶ (실을)【纺】fǎng【缫】sāo ¶실을 ~ | 纺线. ❷ (물을)【汲水】jíshuǐ

잣대 똉 ❶ (자)【尺】chǐ ❷ (척도)【准绳】zhǔnshéng【标尺】biāochǐ【尺度】chǐdù ¶실천은 진리를 점검하고 시험하는 유일한 ~이다 | 实践jiàn是检验jiǎnyàn真理的唯wéi一尺度.

장[醬] 똉 ❶ (고추장·된장·간장 등의 총칭)【酱】jiàng【缲】bǎng【酱】huángjiàng【豆瓣酱】dòubànjiàng ❷ ("간장"의 준말)【酱油】jiàngyóu

장[場] 똉 ❶ (시장)【市场】shìjí【集市】jíshì【市场】shìchǎng【市井】shìjǐng ❷ (연극)【场】chǎng ¶3막5~의 극 | 三幕mù五场戏xì ❷ ¶이 연극은 몇 ~으로 나누어져 있나? | 这个话剧分几场? ❸〈物〉【场】chǎng ¶전~ | 电场. ¶자~ | 磁cí场.

^C장³[欌] 몡【柜】guì【架】jià【橱(儿.子)】chú(r,·zi) ¶옷~|衣柜/衣橱。¶찬~|碗柜儿/碗橱。¶유리~|玻璃橱。¶방충망을 친 찬~|纱橱。

^C장⁴[將] 몡【将】jiàng【将军】jiāng jūn ¶~을 받아라|将一军。

^C장⁵[腸] 몡 (게의 딱지 속에 들어 있는, 누르름한 된장 같은 물질)【肠】cháng

장⁶[章] 몡【章】zhāng ¶제1~|第一章。¶이 책 전체는 열두 ~이다|全书有十二章。

장⁷[長] 몡【负责人】fùzérén【头儿】tóur【长】zhǎng ¶위원~|委员长。

장⁸[蟹黄] 몡【蟹黄】xièhuáng

^A장⁹[張] 몡【张】zhāng【幅】fú【篇】piān ¶종이 두 ~|两张纸。¶가죽 한 ~|一张皮子。¶세 ~의 종이|三篇儿纸。

－장¹⁰[－場] 回【场】chǎng【厅】tīng ¶경기~|比赛场。

장가가다 됨【娶妻】qǔqī【娶媳妇】qǔxí·fu【娶太太】qǔtài·tai

^A장갑[掌匣] 몡【手套】shǒutào ¶~을 끼다|戴手套。

^C장갑차[裝甲車] 몡【装甲车】zhuāngjiǎchē【铁甲车】tiějiǎchē

^C장거리[長距離] 몡【长距离】chángjùlí【长途】chángtú ¶~ 버스|长途汽车。¶~ 여행|长途旅行。¶~ 전화|长途电话。¶~ 운송|长途运输。

^B장관¹[長官] 몡【部长】bùzhǎng ¶외교부 ~|外交部长。¶보건부 ~|卫生部长。

^C장관²[壯觀] 몡 ❶ (볼 만한 경관)【壮观】zhuàngguān ¶헤아릴 수 없이 많은 국기로 장식된 한강 대교의 정말 ~이었다|用数不清的国旗装饰起来的汉江大桥,显得格外壮观。¶일대 ~|一大壮观。❷ (꼴불견)【太可笑】tàikěxiào

장광설[長廣舌] 몡【饶舌】ráoshé【多嘴】duōzuǐ 【长舌头】chángshé·tou【长篇大论】chángpiān dàlùn【高谈阔论】gāo tán kuò lùn

장교[將校] 몡【军官】jūnguān

장구¹[音] 〈音〉【长鼓】chánggǔ ¶~를 치다|敲长鼓。

장구²[長久] 휑【长久】chángjiǔ ¶~한 세월|长久的岁月。

^C장구벌레 몡 〈蟲〉【跟头虫】gēntóuchóng

장군[將軍] 몡 ❶ (군을 통솔하는 무관)【将军】jiāng jūn ❷ (장사)【力士】lìshì【壮士】zhuàngshì

장기¹[長技] 몡【本领】běn·ling【本事】běn·shi【拿手】náshǒu【才能】cáinéng【特长】tècháng【专长】zhuāncháng【一技之长】yìjìzhīcháng ¶그는 ~가 상당히 많다|他的本领可不小。¶네 ~는 무엇이냐?|你的拿手本事是什么?¶~가 많은 사람|很有才能的人。¶그는 노래가 ~이다|他的专长是唱歌。

장기²[將棋] 몡【棋】qí【象棋】xiàngqí ¶~를 두다|下象棋。¶~판|象棋盘pán。

장기³[長期] 몡【长期】chángqī【远期】yuǎnqī ¶~ 대부|长期贷款。¶~ 계획|长期计划/长远规划。

장기간[長期間] 몡【长时间】chángshíjiān【长时期】chángshíqī【长期间】chángqījiān【经年累月】jīng nián lěi yuè【穷年累月】qióng nián lěi yuè ¶나와 어머니는 ~ 만나지 못했다|我和妈妈长时间没见面了。¶그는 ~ 책을 읽고 학문을 닦았다|他穷年累月地读书,做问学。

^C장끼 몡【公野鸡】gōngyějī【雄雉】xióngzhì

^B장난 몡하ᵣ ❶ (아이들의 놀이)【顽皮】wánpí【玩皮】wánpí【淘皮】táopí【淘气】táoqì【贱皮子】jiànpí·zi【闹着】nào·zhe【玩耍】wánshuǎ ¶이 아이는 ~이 몹시 심하다|这孩子顽皮得lliǎo不得。¶아이들이 밭에서 ~하고 있다|孩子们在草地上玩耍。❷ (실없는 짓)【开玩笑】kāi wǔnxiào ¶~는 결코 ~으로 할 일이 아니다|这可不是开玩笑的事情。❸ (좋지 희롱으로 하는 짓)【恶作剧】èzuòjù【捣乱】dǎo luàn【搞鬼】gǎo guǐ【作祟】zuòsuì【恶戏】èxì ¶못된 ~을 하다|做恶作剧。¶이는 누가 한 ~나?|这是谁搞的恶作剧。참고〔顽皮wán耍〕|〔蛞xī耍〕|〔游yóu耍〕

^B장난감 몡【玩具】wánjù【玩意儿】wányìr ¶깜찍한 ~|小巧qiǎo别致biézhì的玩具。¶이 ~은 매우 재미있다|

这玩意儿很有趣儿。

장난기 圈【调皮劲】tiáopíjìn ¶그의 말에는 다분히 ~가 있다 | 他的话里调皮劲十足。

ᴮ**장난꾸러기** 圈【淘气鬼】táoqìguǐ 【淘气包子】táoqìbāo·zi 【淘气精】táoqìjīng 【淘气儿】táoqìr 【捣蛋鬼】dǎodànguǐ

ᶜ**장날**[場一] 圈【集日】jírì 【赶集日】gǎnjírì 【集市日】jíshìrì

ᴮ**장남**[長男] 圈【长男】zhǎngnán 【长子】zhǎngzǐ 【大儿子】dà'ér·zi ¶~ 상속권 | 长子继承权jìchéngquán。¶그는 ~이라 부모에 대한 책임이 매우 크다 | 他是长子, 对父母责任zérèn很大。

장내[場內] 圈【场内】chǎngnèi ¶~의 스피커에서 안내 방송이 나오다 | 场内喇叭正在进行广播说明。

ᶜ**장녀**[長女] 圈【大女儿】dànǚ'er 【长女】zhǎngnǚ

장년[壮年] 圈【壮年】zhuàngnián ¶그는 마침 ~이다 | 他正当壮年。

ᶜ**장님** 圈【盲人】mángrén 【瞎子】xiā·zi 눈먼~ | 睁眼瞎眼瞎。

장단[長短] 圈❶ (길고 짧음)【长短】chángduǎn ❷ (장점과 단점)【长处和短处】chángchù hé duǎnchù ❸ (박자)【拍子】pāi·zi 【节奏】jiézòu 【调子】diào·zi 【韵律】yùnlǜ 【音调】yīndiào ¶~에 맞추어 노래를 부르다 | 按àn拍子唱歌chànggē。¶~을 맞추다 | 打拍子。¶~이 맞지 않다 | 不合拍子。

ᶜ**장단점**[長短點] 圈【长处和短处】chángchùhéduǎnchù 【优缺点】yōuquēdiǎn ¶사람마다 ~이 있다 | 人们都有优缺点。

장담[壮談] 圈하자타【担保】dānbǎo 【保证】bǎozhèng 【满有把握】mǎnyǒu bǎwò 【大话】dàhuà 【肯定】kěndìng ¶성공을 ~한다 | 保证成功。¶그가 오늘 올지 안 올지 ~할 수 없다 | 他今天来不来不能肯定。

ᶜ**장대**[長一] 圈【长竿】chánggān 【长杆】chánggān 【竿】gān 【杆儿】gānr 【杆子】gān·zi

장도[壮途] 圈【征途】zhēngtú ¶~에 오르다 | 踏ta上征途。

ᶜ**장도리**[一] 圈【钉锤】dīngchuí 【锤子】chuí·zi 【榔头】láng·tou

ᴮ**장독**[醬一] 圈【酱缸】jiànggāng

ᴮ**장독대**[醬一臺] 圈【酱缸台】jiànggāngtái

장딴지 圈【腿肚(子)】tuǐdù(·zi) 【腓】féi 【腓肠】féicháng ¶그의 ~는 모기에게 한방 물렸다 | 他的腿肚被蚊子wénzi咬了一口。

ᴮ**장래**[將來] 圈❶ (미래)【将来】jiānglái 【未来】wèilái ¶어려서 책 읽지 않으면, ~에 무엇을 할거니? | 小时候不读书, 将来干什么呢? ❷ (전망·전도)【前途】qiántú 【出息】chū·xi ¶~가 밝다 | 前途光明guāngmíng。¶~가 없는 사람 | 没出息的人。¶그의 딸은 아주 ~가 있다 | 他女儿很有出息。

장래성[將來性] 圈【发展前途】fāzhǎnqiántú 【希望】xīwàng ¶~ 있는 사업 | 有前途的工作。

장려[壯麗] 圈하형【壮丽】zhuànglì 한 편의 ~한 서사시 | 一篇壮丽的史诗。

ᶜ**장려**[獎勵] 圈하타【奖励】jiǎnglì 【鼓励】gǔlì 【勉励】miǎnlì 【提倡】tíchàng ¶물질적 ~ | 物质wùzhì奖励。¶국산품 ~ | 提倡国货。

장렬[壯烈] 圈하형【壮烈】zhuàngliè 굴하지 않고 정절을 지키며 ~하게 희생하다 | 坚贞不屈, 壮烈牺牲。

ᶜ**장례**[葬禮] 圈【葬礼】zànglǐ 【葬仪】zàngyí 【送殡】sòng bìn 【丧礼】sānglǐ

장례식[葬禮式] 圈【葬礼】zànglǐ 【葬仪】zàngyí 【丧礼】sānglǐ ¶대통령의 ~에 참석했다 | 总统参加了葬礼。¶~을 치르다 | 举行丧礼。

ᶜ**장로**[長老] 圈【长老】zhǎnglǎo ¶~교회 | 长老会。¶~교 | 长老教。

장르[欌genre] 圈【衣柜】yīguì 【衣橱】yīchú 【体裁】tǐcái ¶~에 제한이 없다 | 不拘jū体裁。

ᴮ**장마** 圈【淫雨】yínyǔ 【雨季】yǔjì 【梅雨】méiyǔ ¶~철 | 淫雨季节/雨季。¶~전선 | 雨季前线。¶~가 들다 | 雨季开始。¶~가 지다 | 雨季到来。

ᶜ**장막**[帳幕] 圈【帐幕】wéimù 【帐篷】zhàng·peng 【帷幄】wéiwò 【帷子】wéi·zi 【屏幕】píngmèng ¶~을 내렸다 | 降下了帐幕。

ᴮ**장만** 圈하타【凑够】zhēngòu 【准备】zhǔnbèi 【筹备】chóubèi 【备置】bèizhì 【具备】jùbèi 【置办】zhìbàn ¶재봉틀을

~하다 | 购置了缝纫机。

ᴮ**장면**[場面] 명 【场面】chǎngmiàn 【景況】jǐngkuàng 【情景】qíngjǐng ¶깜짝 놀랄 ~ | 惊险人的场面。¶매우 흥미 높은 화려한 광경。

ᴮ**장모**[丈母] 명 【丈母娘】zhàng·muniáng 【岳母】yuèmǔ 【丈母】zhàng·mu ¶~가 사위를 칭찬하다 | 丈母娘夸姑爷 참고 [妻母] [外姑] [外母]

장문[長文] 명 【长文】chángwén 【长篇】chángpiān ¶~의 편지 | 长信。

장물[贓物] 명 〈法〉【赃物】zāngwù 【赃货】zānghuò 【盗窃货物】dàoqièhuòwù 【后门货】hòuménhuò ¶~ 반환 | 退赃。 ¶~ 손실 | 窃窃货物损失。

ᴬ**장미**[薔薇] 명 〈植〉【薔薇】qiángwēi 【玫瑰】méiguì ¶~꽃이 피다 | 蔷薇花开。¶그에게 ~ 한 다발을 주다 | 送他一捧玫瑰。 참고 [离娘草líniángcǎo] [媚妹客]

장미빛[薔薇-] 명 【蔷薇色】qiángwēisè 【玫瑰色】méi·guisè ¶미국이라고 결코 모든 것이 다 ~인 것은 아니다 | 在美国并不是一切都是玫瑰色的。

장바구니[場-] 명 【菜篮(子)】càilán(·zi) 【市场篮子】shìchǎng lán·zi ¶赶集用的篮子 ¶~ 계획 | 菜篮子计划。

장벽[障壁] 명 ❶ (벽) 【墙壁】qiángbì ¶흰색의 ~ | 白色的墙壁。❷ (방해가 되는 요소) 【障碍】zhàng'ài 【鸿沟】hónggōu 【关卡】guānqiǎ 【壁叠】bìdié ¶다른 세대 사이에는 ~이 존재한다 | 两代人之间存在着鸿沟。

ᶜ**장병**[將兵] 명 【官兵】guānbīng 【指战员】zhǐzhànyuán ¶~이 한 덩어리가 되다 | 官兵一致。¶전 ~이 함께 전투에 나서다 | 全体指战员一起上阵。

장본인[張本人] 명 【祸首】huòshǒu 【肇事人】zhàoshìrén 【经手人】jīngshǒurén 【主谋者】zhǔmóuzhě ¶물의를 일으킨 ~ | 引起议论的肇事人。

ᶜ**장부**[丈夫] 명 【大丈夫】dàzhàng·fu ¶~가 무엇을 두려워 하느냐! | 男子汉大丈夫怕什么? | 한 입으로 두 말 하지 않는다 | 大丈夫一言九鼎。

ᶜ**장부**[帳簿] 명 【帐簿】zhàngbù 【帐本儿(子)】zhàngběnr(·zi) 【帐册】zhàngcè 【帐】zhàng 【表册】biǎocè 【簿记

籍】bùjí ¶~에 기재하다 | 记帐。¶~에서 말소하다 | 销 xiāo帐。

장비[裝備] 명 하타 【装备】zhuāngbèi 【配备】pèibèi ¶군사~ | 军事装备。¶현대화된 ~ | 现代化的配备。

ᴮ**장사**¹[生意] 명 하자 【生意】shēng·yi 【经商】jīng shāng 【买卖】mǎi·mai ¶그는 무슨 ~를 하니? | 他做什么生意? | ~가 번창하다 | 生意兴隆。¶요즘은 ~가 어떠한가? | 最近生意做得怎么样? | 밑천 없는 ~ | 没本钱的买卖。

장사²[壯士] 명 ❶ (기개가 굳센 사람) 【壮士】zhuàngshì ¶~는 한 번 가면 다시 돌아오지 않는다 | 壮士一去不复还。❷ (역사) 【力士】lìshì 【大力士】dàlìshì

장사³[葬事] 명 하타 【葬礼】zànglǐ 【葬仪】zàngyí 【葬事】zàngshì

장사꾼 명 【商人】shāngrén 【买卖人】mǎi·mairen 【贩子】fàn·zi 【贩客】fànkè 【贩夫】fànfū 【商贩】shāngfàn 【生意人】shēng·yirén 【做买卖的】zuò mǎi·maide 【卖货商】màihuòshāng 【做生意的】zuò shēngyì·de ¶박씨는 ~으로서, 사업에 매우 뛰어나다 | 老朴piáo是买卖人, 很精通jīngtōng生意。¶~이 중시하는 것은 "利"란 글자이다 | 生意人讲的是一个"利"字。

장사진[長蛇陣] 명 【长蛇阵】chángshézhèn 【长长的行列】chángcháng ·de hángliè ¶~을 이루다 | 排pái成长蛇阵。

장사치 명 【商人】shāngrén 【买卖人】mǎi·mairen 【贩子】fàn·zi 【贩客】fànkè 【贩夫】fànfū 【商贩】shāngfàn

장서[藏書] 명 【藏书】cáng shū ¶이것은 모두 이씨 집안의 ~이다 | 这全是李家的藏书。¶~가 | 藏书家。

장성¹[成長] 명 하자 【成长】chéngzhǎng 【壮大】zhuàngdà 【长大】zhǎngdà ¶~하여 어른이 되다 | 长大成人。

장성²[將星] 명 【将领】jiànglǐng 【将帅】jiàngshuài ¶일군의 ~들에게 큰 포상을 했다 | 重赏zhòngshǎng了一批将领。

ᴬ**장소**[場所] 명 【地点】dìdiǎn 【场所】chǎngsuǒ 【位置】wèi·zhi ¶회의 ~는 대강당이다 | 开会地点在大礼堂。¶공공 ~ | 公共场所。¶이곳은 담배를 피우는 ~가 아니다 | 这儿不是抽

烟chōuyān的场所。

장손[長孫] 몡【长孙】zhǎngsūn【大孙子】dàsūn·zi ¶조부는 종종 ~을 총애한다 | 祖父父往往疼téng爱长孙.

ᴮ**장수**¹[長壽] 몡하자【长寿】chángshòu【高寿】gāoshòu　【长生】chángshēng【寿】shòu ¶건강하게 ~하십시오 | 祝您健康长寿. ¶복도 많이 받고 ~ | 福寿双全.

장수²[商人] 몡【商人】shāngrén【买卖人】mǎi·mairén【酒~】酒商.

장수[將帥] 몡 ❶ (장군) 【将帅】jiàngshuài ❷ (거인)【巨人】jùrén

장시간[長時間] 몡【长时间】chángshíjiān ¶~기다리다 | 长时间等候.

ᴮ**장식**[裝飾] 몡하타【装饰】zhuāngshì【装扮】zhuāngbàn　【装修】zhuāngxiū【点缀】diǎn·zhui　【装点】zhuāngdiǎn【掩饰】chénshè【掩饰】yǎnshì【饰】shì ¶그 여자는 ~하는 것을 좋아하지 않는다 | 她不爱装饰. ¶거실을 ~하다 | 装修客厅. ¶집안에는 　아무런 ~도 없고 다만 몇 가지 간단한 가구만 있다 | 屋里没有什么装饰，只有几件简单的家具.

ᴮ**장식품**[裝飾品] 몡【装饰品】zhuāngshìpǐn【饰物】shìwù ¶벽에 ~이 걸려 있다 | 墙上挂着装饰品.

장신[長身] 몡【大个子】dàgè·zi【大高个子】dàgāogè·zi【高个儿】gāogèr

장신구[裝身具] 몡【首饰】shǒushì

장악[掌握] 몡하타【掌握】zhǎngwò ¶당권을 ~하다 | 掌握党权. ¶자신의 운명을 스스로 ~하다 | 掌握自己的命运mìngyùn.

ᴮ**장안**[長安] 몡 ❶【市区内】shìqūnèi ❷【城里】chéng·lǐ

ᴮ**장애**[障礙] 몡 ❶ (방해가 되는 요소) 【障碍】zhàng'ài【阻碍】zǔ'ài【干扰】gànrǎo ¶~를 극복하다 | 克服障碍. ¶뛰어넘지 못할 ~는 없다 | 没有不可逾越的障碍. ❷ (신체상의　고장) 【残废】cánfèi【障碍】zhàng'ài ¶언어 ~ | 语言障碍.

ᴮ**장애물**[障礙物] 몡 ❶【障碍物】zhàng'àiwù ❷〈體〉【高栏】gāolán【跳栏】tiàolán

ᴮ**장애자**[障礙者] 몡【残废】cánfèi【残疾人】cánjírén ¶그는 ~이다 | 他是个

残疾人. ¶　올림픽 | 残疾人奥ào运yùn会.

ᴮ**장어**[長魚] 몡〈魚貝〉【鳗】mán【鳗鱼】mányú【鳗鲡】mánlí 참고【鳗鳝shàn】〔白鳝〕〔白鳗〕〔河鳗〕【鳝鱼】

장엄[莊嚴] 몡해형【庄严】zhuāngyán【雄伟】xióngwěi ¶추도회 회장이 ~하다 | 追悼会会场庄严肃穆. ¶~함과 섬세함 | 雄伟和细腻xìnī.

장염[腸炎] 몡〈醫〉肠炎】chángyán

장외[場外] 몡【场外】chǎngwài ¶~경기 | 场外比赛. ¶~거래 | 交易所外交易/场外交易. ¶~시세 | 场外市场价. ¶~시장 | 场外市场.

장원[壯元] 몡하자 ❶〈史〉【状元】zhuàngyuán　 ¶~급제 | 壮元及第. ❷ (일등)【头名】tóumíng

장의사[葬儀社] 몡【殡仪馆】bìnyíguǎn ¶~에게 연락해서 장사준비를 하라 | 与殡仪馆连系准备葬礼.

ᴮ**장인**[丈人] 몡【丈人】zhàng·ren【岳父】yuèfù ¶그의 ~은 의사이다 | 他丈人是医生. 참고〔岳公〕〔岳翁〕【妇公】〔妇翁〕【老丈人】【妻父】〔外父〕〔外舅〕

장인²[匠人] 몡【匠人】jiàngrén【工匠】gōngjiàng ¶그의 부친은 대나무 그릇을 만드는 ~이다 | 他父亲是个做竹器的匠人. 참고〔技jì术工人〕〔师徒shītú〕

장자[長子] 몡【长子】zhǎngzǐ ¶~상속권 | 长子继承权jìchéngquán. ¶그는 ~라 부모에 대한 책임이 매우 크다 | 他是个长子，对父母责任zérèn很大.

ᴮ**장작**[長斫] 몡【劈柴】pīchái【木柴】mùchái【爿】pán ¶~을 패다 | 劈pī柴/劈木柴pīmùchái. ¶뒷뜰에 ~이 쌓여져 있다 | 院后堆着木柴. ¶~불 | 用劈柴烧起的火.

장장[長長] 뿐【长长】chángcháng【整整】zhěngzhěng ¶부산까지 오는데 ~일곱 시간이 걸렸다 | 到釜山整整花了七个小时.

장전[裝塡] 몡하타【装入】zhuāngrù【装进】zhuāngjìn ¶탄알을 ~하다 | 往枪里装子弹.

ᴮ**장점**[長點] 몡【长处】cháng·chu【优点】yōudiǎn ¶이것은 그의 ~이다 | 这是他的优点. ¶~을 배우다 | 学优

점。¶～을 발휘하다 | 发扬优点。¶사람마다 모두 ～과 결점을 지니고 있다 | 每个人都有优点和缺点。

ᵃ**장정**¹[壯丁] 圐【壯丁】zhuàngdīng【壯男】zhuàngnán ¶～을 잡아 군인으로 만들다 | 抓zhuā壮丁/抓丁/拉丁。

장정²[裝幀] 하타〈印〉【裝幀】zhuāngzhēng ¶～이 정교하고 아름다운 책 한 권 | 一本装帧精美的书。¶가죽 표지 ～ | 皮面装订。

ᵃ**장조**[長調] 圐〈音〉【长调】chángdiào

장조림[醬－]【酱肉】jiāngròu

장중[莊重] 圐하휑【庄重】zhuāngzhòng【莊嚴】zhuāngyán ¶～하면서 위엄이 있다 | 庄重而有威严。¶추도회 회장이 ～하고 엄숙하다 | 追悼会场庄严肃穆。

장지¹[壯志] 圐【壯志】zhuàngzhì【雄心】xióngxīn ¶～를 품다 | 胸怀壮志。

장지²[長指] 圐〈生理〉【中指】zhōngzhǐ 〖참고〗【中指】zhōngzhǐ【將指】jiàng zhǐ【三揣指】【三指】

장지³[葬地] 圐【葬地】zàngdì【墓地】mùdì

ᵃ**장차**[將次] 閂【将要】jiāngyào【将来】jiānglái【行將】xíngjiāng ¶어려서 책을 읽지 않으면, ～ 무엇을 할거니? | 小时候不读书, 将来干什么呢？ | 일을 ～ 어찌할꼬? | 这事到底怎么办才好呢？

장치[裝置] 圐하타【裝置】zhuāngzhì【裝備】zhuāngbèi 【安裝】ānzhuāng ¶안전 ～ | 保险装置。

ᵃ**장타**[長打] 圐〈體〉【长打】chángdǎ

장탄[裝彈] 圐하자【裝子彈】zhuāng zǐ·dàn【裝塡】zhuāngtián【子彈上膛】zǐdànshàngtáng【裝彈】zhuāngdàn

ᵃ**장터**[場－] 圐【市集】shìjí【市場】shìchǎng

장티푸스[腸typhus] 圐〈醫〉【傷寒】shānghán【腸傷寒】chángshānghán【腸熱症】chángrèzhèng【窒扶斯】zhìfúsī ¶～균 | 伤寒杆菌gānjūn。

ᵃ**장판**¹[壯版] 圐❶【油紙炕】yóuzhǐkàng ❷【糊炕】húkàng ¶～지 | 糊炕油纸。

장판²[場－] 圐【市集】shìjí【市集内】shìjínèi

장편[長篇] 圐【长篇】chángpiān ¶～소설 | 长篇小说。

ᵃ**장하다**[壯－] 휑❶【了不起】liǎo·buqǐ【真有办法】zhēnyǒu bànfǎ ❷【值得佩服】zhí·depèifú 【好样的】hǎoyàng·de【自豪】zìháo【令人称快】lìngrénchēngkuài

장학금[獎學金] 圐【助学金】zhùxuéjīn【奖学金】jiǎngxuéjīn ¶～을 받다 | 获得一份奖学金。

장학생[獎學生] 圐【获得奖学金的学生】huòdé jiǎngxuéjīn ·de xuéshēng【得奖学金生】dé jiǎngxuéjīn shēng ¶국비 ～ | 公费奖学金获得者。

장화[長靴] 圐【靴子】xuē·zi【长筒靴】chángtǒngxuē ¶그는 또 ～ 한 켤레를 샀다 | 他又买了一双靴子。

장황[張皇] 圐하휑【冗长】rǒngcháng【絮絮叨叨】xùxùdāo·dao ¶～한 강연 | 冗长的讲话。

ᵃ**잦**[頻繁] 圐【频繁】pínfán【頻煩】pínfán【緊】qín【勤】qín ¶두 나라 국민 사이의 왕래가 ～ | 两国人民之间交往频繁。¶비가 내리는 것이 ～ | 雨下着勤。

잦아들다 圐❶ (점점 좋아져 작아지다)【慢慢缩小】mànmànsuōxiǎo【减少】jiǎnshǎo ❷ (점점 잠잠해지다)【渐渐平静下来】jiànjiàn píngjìng xiàlái【寂静下来】jìjìngxiàlái

잦은걸음 圐【碎步儿】suìbùr

잦은장단[－長短] 圐【快拍子】kuàipāi·zi

잦은 질문[FAQ；frequentlyasked questions] 圐〈電算〉【常见问题】chángjiàn wèntí

ᵃ**재**¹ 圐【灰】huī【渣】zhā ¶담뱃 · | 烟灰。¶화로에 ～ | 炉灶灰。¶다된 밥에 ～ 뿌리기 | 往做好的饭上撒灰泡汤。

ᴮ**재**² 圐【山坡】shānpō【山岗】shāngāng【山嶺】shānlǐng ¶박달～ | 檀木岭。

재가[再嫁] 圐하자【再嫁】zàijià【改嫁】gǎi jià ¶그녀는 또 ～하였다 | 她又再嫁了。〖참고〗【改醮】【改嫁】

재가²[裁可] 圐하타【裁决】cáijué【批准】pīzhǔn【准许】zhǔnxǔ ¶큰 일을 ～하다 | 批准了一件大事。

재간¹[才幹] 圐❶ (능력)【才】cái【才

干【才幹】cáigàn【手艺】shǒu·yì【能力】nénglì ¶그는 아주 ~이 있다 | 他很有才干。¶~이 많은 사람 | 很有才能的人。¶~이 있는 사람 | 有能耐的人。❷【방법】【办法】bànfǎ ¶~없다 | 没办法/没法子。

재갈 몡【马嚼子】mǎjiáo·zi【嚼子】jiáo·zi【马笼头】mǎlóng·tou ¶~을 물리다 | 勒马嚼子。

재개 몡하타【重开】chóngkāi【再开】zàikāi【重新开始】chóngxīn kāishǐ ¶활동이 ~되다 | 活动重新开始。

재개발【再開發】 몡하자【重新开发】chóngxīn kāifā【重整开发】chóngzhěng kāifā【再开发】zàikāifā【再发展】zàifāzhǎn

재건 몡하타【重建】chóngjiàn【改建】gǎijiàn【再建】zàijiàn ¶전후의 ~ 작업 | 战后的重建工作。¶~ 계획 | 改建规划/重建规划。¶~ 항목 | 改建项目。

재검사【再検査】 몡하타【复验】fùyàn ¶~ 비용 | 复验费用。¶~ 작업 | 复验工作。

재검토【再検討】몡하타【重新审查】chóngxīn shěnchá【重新检查】chóngxīn jiǎnchá【回顾】huígù

재결합【再結合】몡하자【重新相聚】zhòngxīn xiāngjù【重新结合】chóngxīn jiéhé

재계【財界】 몡【经济界】jīngjìjiè【财界】cáijiè ¶~ 거두 | 财界巨头。

재계약【再契約】 몡【复订合同】fùdìng hé·tong【重签合同】chóndān hé·tong

재고[再考] 몡하타【重新考虑】chóngxīn kǎolǜ ¶~의 여지가 없다 | 没有再考虑的余地。

재고[在庫] 몡【库存】kùcún【存仓】cún cāng【盘存】páncún ¶~율 | 库存率/库存销售比率。¶~품 | 库存品/店底。¶~ 정리 | 售底货/清理存货大贱卖。

재구성[再構成] 몡하타【重新构成】chóngxīn gòuchéng

재규어[Jaguar] 몡〈商標〉【积架】Jījià

재기[才氣] 몡【才气】cáiqì ¶한유는 당대의 ~가 뛰어난 문인이었다 | 韩

愈是唐代颇有才气的文人。

재기[才器] 몡【才器】cáiqì【才具】cáijù

재기[再起] 몡하자【东山再起】dōng shān zài qǐ ¶~ 불능 | 无力再起。

ᵃ**재난**[災難] 몡【灾难】zāinàn【灾祸】zāihuò【灾星】zāixīng【灾殃】zāiyāng【灾害】zāihài ¶~을 입다 | 受灾难。¶~을 이겨내다 | 战胜灾祸。

ᵇ**재능**[才能] 몡【才能】cáinéng【才干】cáigàn【才资】cáizī【本领】běnlǐng ¶~이 많은 사람 | 很有才能的人。¶그는 ~이 상당히 많다 | 他的本领可大啦。

ᵃ**재다**[동] ❶ (길이·무게·크기 따위를 헤아리다)【量】liáng【测】cè【测量】cèliáng ¶체온을 ~ | 量体温。¶체중을 ~ | 量体重。¶혈압을 ~ | 量血压。❷ (앞뒤를 헤아리다)【衡量】héngliáng【估量】gū·liang【打量】dǎ·liang【考虑】kǎolǜ【小心谨慎】xiǎoxīn jǐnshèn【顾虑重重】gùlǜ zhòngzhòng【前怕狼,后怕虎】qián pà láng, hòu pà hǔ ¶실득을 ~ | 衡量得失déshī。¶늘 이것 저것 재다가는 아무 일도 해낼 수 없다 | 要老是顾虑重重的, 什么事干不了。

재다² [동] ❶ (장착하다)【装】zhuāng【上弹药】shàngdànyào ❷ (쟁이다)【堆】duī【堆积】duījī ❸ (양념 등을 바르다)【抹】mǒ ¶쇠고기를 재워놓다 | 给牛肉抹上调料。

재다³ [형]【敏捷】mǐnjié【快】kuài ¶동작이 ~ | 动作敏捷。¶그는 걸음이 아주 ~ | 他走路很快。

재단¹[財團] 몡【财团】cáituán ¶~ 법인 | 财团法人。

재단[裁斷] 몡하타【剪裁】jiǎncái ¶이 옷은 몸에 잘 맞게 ~되었다 | 这件衣服剪裁很合体。

재담[才談] 몡하자【对口相声】duìkǒu xiàng·sheng【相声】xiāngshēng ¶~을 잘하다 | 相声说得好。

ᵃ**재떨이** 몡【烟灰碟】yānhuīdié【烟灰缸】yānhuīgāng

ᶜ**재래**[在來] 몡【老旧】lǎojiù【原有】yuányǒu【固有】gùyǒu【以往】yǐwǎng ¶~종 | 土种。¶~식 방법 | 旧方法。

재략[才略] 몡【才略】cáilüè ¶~이 뛰

어난 사람 | 才略出众的人。

재량¹[才量] 圀【才能与度量】cáinéng yǔ dùliàng【才量】cáiliàng【才度】cáidù

재량²[裁量] 圀하타【酌酌】cáizhuó【裁度】cáiduó【斟酌】zhēnzhuó ¶당신 ~으로 하시오 | 请您斟酌办理。

재력[財力] 圀【財力】cáilì【经济力量】jīngjìlìliàng【財源】cáiyuán【財底】cáidǐ ¶마지막 방울의 ~까지 다 썼다 | 用尽你了最后一滴dī财力。

재롱[才弄] 圀【逗人】dòurén ¶~둥이 | 逗人的孩子。¶~부리다 | 显本事/逗人。

ᴮ**재료**[材料] 圀【材料】cáiliào ¶건축 ~ | 建筑材料。¶~비 | 原料成本。¶~준비 | 备料。

ᶜ**재목**[材木] 圀 ❶ (재료로 쓰는 나무)【木材】mùcái【木料】mùliào【材木】mùcái ¶책상의 ~을 만들다 | 准备做书桌的木材。❷ (인재)【人才】réncái【人材】réncái ¶~이 될 만한 인재가 많다 | 人才济济jì。¶~감이다 | 将来的人才。

ᶜ**재무**[財務] 圀【財務】cáiwù ¶~ 관리 | 财务管理。

ᶜ**재물**[財物] 圀【財物】cáiwù【財富】cáifù ¶~에 눈이 어두워지다 | 被财富蒙住了眼睛。

ᴬ**재미**圀 ❶ (즐거운 기분)【兴趣】xīngqù【兴致】xīngzhì【趣味】qùwèi【有意思】yǒuyì·si ¶나는 수영에 ~를 못느낀다 | 我对游泳yóuyǒng不感兴趣。¶이 책은 ~도 있고 또 실익도 있다 | 这本书既jì有意思又有实益shíyì。❷ (생활형편)【生活情况】shēnghuó qíngkuàng【情况】qíngkuàng ¶요즘 ~가 어때? | 最近情况怎么样?

재미를 보다[관용]【尝到甜头】chángdào tiántóu

ᴬ**재미있다**혱【有趣】yǒuqù【有意思】yǒuyì·si ¶그가 하는 말은 아주 ~ | 他说话很有意思。

재발[再發] 圀하자【再次发生】zàicì fāshēng【复发】fùfā【犯】fàn【再发】zàifā ¶옛 병이 ~하다 | 旧病复发。

재발견[再發見] 圀하타【再发现】zàifāxiàn ¶전통문화의 가치를 ~하다 | 重新发现了传统文化的价值。

ᶜ**재배**[栽培] 圀하타【栽培】zāipéi ¶~

지 | 栽培地/种植园。¶과수를 ~하다 | 栽培果树。

재배치[再配置] 圀하타 ❶【重新分配】chóngxīn fēnpèi【重新安置】chóngxīn ānzhì【重定位置】chóngdìng wèizhì ❷【调整】tiáozhěng【调整布局】diàozhěngbùjú

ᴮ**재벌**[財閥] 圀〈經〉【財阀】cáifá ¶~기업 | 财团企业。¶~파산 | 财阀破产。

재범[再犯] 圀하타【重犯】chóngfàn【二次犯罪】èrcìfànzuì ¶~자 | 二次犯罪者。

ᶜ**재봉**[裁縫] 圀하자타【缝纫】féngrèn ¶~실 | 缝纫室。

ᴮ**재봉틀**[裁縫−] 圀 ❶【缝纫机架】féngrèn jījià ❷【缝纫机】féngrènjī【缝衣机】féngyījī

재부팅[再booting;rebooting] 圀〈電算〉【重新启动】chóngxīnqǐdòng【热启动】rèqǐdòng

재빠르다혱【很快】hěnkuài【敏捷】mǐnjié【轻巧】qīng·qiǎo【神速】shénsù【麻利】má·li ¶동작이 ~ | 动作敏捷。¶매우 재빠르게 만들어 내다 | 非常神速地做出。¶동작이 엄청나게 ~ | 动作很麻利。

ᴮ**재빨리**凰【很快】hěnkuài·de【迅速地】xùnsù·de【赶快】gǎnkuài【飞快地】fēikuài·de【赶紧】gǎnjǐn

ᴮ**재산**[財産] 圀【財产】cáichǎn ¶~세 | 财产税。¶~가 | 财主。

재산권[財産權] 圀〈經〉【財产权】cáichǎnquán【产权】chǎnquán【財权】cáiquán【財产所有权】cáichǎn suǒyǒuquán ¶이 회사의 ~는 명확하지 않다 | 这个公司的产权不明确。

재삼[再三] 凰【再二】zàisān【屡次】lǚcì【多次】duōcì【屡次三番】lǚ cì sān fān【三番两次】sān fān liǎng cì【三番五次】sān fān wǔ cì ¶요구하다 | 再三要求。¶그녀가 내게 ~ 당부했다 | 她再三嘱咐zhǔfù我。

재상[宰相] 圀〈史〉【宰相】zǎixiàng

재색[才色] 圀【才貌】cáimào ¶~겸비 | 才貌双全/才色兼备。

ᴮ**재생**[再生] 圀하자타 ❶ (다시 살아남)【重生】chóngshēng【复活】fùhuó【回生】huíshēng【新生】xīnshēng ¶

~의 길을 걷다 | 走上新生之路。❷ (다시 쓰게 만듦) 【再生】zàishēng ¶~지 | 再生纸。❸ (재현) 【再现】zàixiàn 【复生】fùshēng

재생산[再生産] 명하타 【再生产】zàishēngchǎn ¶확대 ~ | 扩大再生产.

재선[再選] 명하자타 ❶ 【再选】zàixuǎn 【重选】chóngxuǎn ❷ 【再度当选】zàidù dāngxuǎn 【第二次当选】dì'èrcì dāngxuǎn ¶~의원 | 第二次当选的议员。

재소자[在所者] 명 ❶ 【在监者】zàijiānzhě 【坐牢人】zuòláorén ❷ 【在所人】zàisuǒrén

재수[財數] 명 【运气】yùn·qi 【幸运】xìngyùn 【手气】shǒuqì ¶년 정말 ~가 좋다! | 你真有运气! ¶~가 있다 | 走运。

재수[再修] 명하타 【重修】chóngxiū 【复读】fùdú ¶~생 | 复读生/重修生.

재앙[災殃] 명 ❶ (불행한 변고) 【灾殃】zāiyāng 【灾难】zāinàn ¶~을 당하다 | 遭殃。❷ (미신) 【祸端】huòduān 【祸胎】huòtāi

재야[在野] 명 ❶ (공직에 있지 않거나 정치활동을 하지 않음) 【在野】zàiyě ¶~단체 | 在野团体。❷ (벼슬하지 않고 민간에 있음) 【民间】mínjiān ¶~인사 | 民间人士.

재연[再演] 명하타 【重演】chóngyǎn 【重新上演】chóngxīn shàngyǎn ¶~을 요청하다 | 要求重演。¶역사적 비극은 ~되어서는 안된다 | 历史的悲剧不能重演.

B**재외**[在外] 명 【在外】zàiwài 【国外】guówài 【海外】hǎiwài ¶~국민 | 在外国民.

B**재우다** 동 ❶ (잠이 들게 하다) 【让人睡觉】ràngrénshuìjiào 【哄】hǒng ¶하룻밤 ~ | 让人家在此睡了一晚上。❷ (양념 맛이 베어들도록 담가 놓다) 【浸】jìn 【腌】yān ❸ (평평하게 하다) 【压平】yāpíng

재운[財運] 명 【财运】cáiyùn 【财气(儿)】cáiqì(r)

재원[財媛] 명 【才媛】cáiyuán 【才女】cáinǚ ¶그녀는 대학원 출신의 ~이다 | 她是研究生毕业的才女.

재원[財源] 명 【财源】cáiyuán 【资金来源】zījīn láiyuán ¶~을 개발하다 | 开发资源。¶~을 개척하다 | 开辟财源.

재위[在位] 명하자 【在位】zàiwèi ¶그는 ~ 삼십년 동안, 몇 가지 좋은 일을 하였다 | 他在位三十年, 做了几件好事.

재일[在日] 명 【在日】zàirì 【旅日】lǚ/rì 【驻日】zhùrì ¶~동포 | 旅日侨胞qiáobāo.

B**재작년**[再昨年] 명 【前年】qiánnián ¶그는 ~에 광주에 갔었다 | 他前年去过广州Guǎngzhōu.

B**재잘거리다** 동 【叽喳喳】jīzhāzhā 【叽叽喳喳】jījichāchā 【唧唧喳喳】jī·jichāchā 【喳喳喳喳】qīqīchāchā 【唠叨】láo·dao ¶그녀는 집에서 있었던 일들을 ~ 이야기한다 | 她叽叽喳喳讲家里发生的事情.

재질[材質] 명 【材质】cáizhì 【质地】zhì·dì ¶~이 좋다 | 质地好.

재적[在籍] 명하자 【在册】zàicè 【在籍】zàijí 【有会籍的】yǒuhuìjí·de 【有学籍的】yǒuxuéjí·de ¶~증명서 | 在籍证明书。¶~인원 | 在册人员.

B**재정**[財政] 명 【财政】cáizhèng 【财务】cáiwù ¶~적자 | 财政赤字。¶~위기 | 财政危机。¶~ 정책 | 财政政策.

재주[才-] 명 【才】cái 【巧】qiǎo 【才干】cáigàn 【手艺】shǒu·yì 【身手】shēnshǒu 【技巧】jìqiǎo 【本事】běn·shi 【本领】běnlǐng ¶그는 ~는 있으나 열심히 공부하지 않는다 | 他是有才, 就是不好好学。¶~는 서투른 것과 같다 | 大巧若拙zhuō。¶~가 영리하고 손~가 있다 | 心灵手xīnlíngshǒu巧.

재주껏 명 【尽力】jìnlì 【尽最大能耐】zuìdà néngnài ¶~ 살아가다 | 尽力活下去.

재주꾼[才-] 명 【有才干的人】yǒucáigàn·derén 【奇才】qícái 【智囊】zhìnáng

재즈[Jazz] 명〈音〉【爵士】juéshì ¶~음악 | 爵士乐。¶모던 ~ | 现代爵士.

재직[在職] 명하자 【在职】zàizhí ¶~간부 | 在职干部。¶~ 기간 | 在职期间

間qījiān。

재질[才質] 圏【才能】cáinéng【能力】nénglì【才华】cáihuá【才智】cáizhì ¶~이 풍부하다｜多才。

재질[材質] 圏【质地】zhìdì【性质】xìngzhì ¶이런 천은 ~이 아주 좋다｜这种布质地优良。｜~이 견고하다｜质地坚固。

재차[再次] 閉【再】zài【再次】zàicì【复次】fùcì【又】yòu【重新】chóngxīn ¶당신들의 도움으로 ~ 감사 드립니다｜再次感谢你们的帮助bāngzhù。｜~ 평가하다｜重新评价。

ᴮ재채기圏하자【喷嚏】pēntì【嚏喷】tìpēn ¶~를 하다｜打喷嚏。

ᶜ재촉圏하타 ❶ (빨리 하라고 죄어부침)【催】cuī【催促】cuīcù【敦促】dūncù【督促】dūcù ¶그를 빨리 오도록 ~하여라｜催他快来。¶각지 대표들에게 제 시간에 출석할 것을 정중하게 ~해 주시오｜请敦促各地代表按时出席。¶앞당겨 임무를 완성하도록 노동자들을 ~하다｜督促工人提早完成任务。 ❷ (바쁘게 움직임)【赶】gǎn【加快】jiākuài ¶길을 ~하다｜赶路。¶발걸음을 ~하다｜加快步伐。

재취[再娶] 圏하타【再娶】zàiqǔ【后妻】hòuqī ¶~를 얻다｜再娶。

ᶜ재치[才致] 圏【才华】cáihuá【才气】cáiqì ¶~있는 작가｜很有才华的作家。

ᶜ재킷[jacket] 圏【夹克】jiākè【绒线衫】róngxiànshān【茄克衫】qiékèshān【短上衣】duǎnshàngyī ¶그는 겨울에는 항상 황색 ~을 입는다｜他冬天总是穿一件黄色的夹克。

재탕[再湯] 圏하타 ❶ (두 번 달임)【再煎】zàijiān【二煎】èrjiān【再熬】zàiáo【再煨】zàiwēi ❷ (되풀이하여 써먹음)【翻版】fānbǎn ¶그 영화는 프랑스의 원작을 ~한 것이다｜那个电影是法国原著的翻版。

재택근무[在宅勤務；homeworking] 圏【在家办公】zàijiābàngōng

ᴮ재판[再版] 圏하타 ❶ (두 번 출판함)【再版】zàibǎn ¶이 책은 이미 다섯 차례 ~되었다｜这本书已经再版了五次。 ❷ (되풀이 함)【翻版】fānbǎn【重复】chóngfù ¶노르웨이의 제안은

사실상 아이젠하워 연설의 ~이다｜挪威nuówēi的提案实际上是艾森豪威尔àisēnháowēi演说的翻版。

ᶜ재판[裁判] 圏하타【审判】shěnpàn【审理】shěnlǐ【判定】pàndìng【裁断】cáiduàn【裁判】cáipàn ¶나는 그들을 ~할 자격이 없다｜我没有资格zīgé审判他们。¶법원에서 ~을 하다｜由法院裁判。¶~ 기록｜讼案案卷/裁判记录。

재학[在學] 圏【在校】zàixiào ¶대학 ~ 시절｜大学在校期间。¶~ 증명서｜在校证明。

재학생[在學生] 圏【在校生】zàixiàoshēng ¶~과 졸업생｜在校生和毕业生。

ᴮ재해[災害] 圏【灾】zāi【灾害】zāihài【灾祸】zāihuò【灾难】zāinàn【灾殃】zāiyāng【星灾】zāixīng ¶홍수가 ~를 가져오다｜洪水成灾。¶~ 복구 공사｜灾后复兴工程。

재현[再現] 圏하자타【再现】zàixiàn【再度出现】zàidùchūxiàn【重现】chóngxiàn ¶눈앞에 ~되다｜再现在眼前。¶내 눈앞에 곧바로 비분을 금치 못하게 하는 그 정경이 ~되었다｜我的眼前，立刻重现了那场令人悲愤bēifèn的情景qíngjǐng。

재혼[再婚] 圏하자【再婚】zàihūn ¶그는 또 ~했다｜他又再婚了。¶~을 권하다｜劝其再婚。

재화[財貨] 圏【财货】cáihuò【资财】zīcái【财富】cáifù

ᶜ재확인[再確認] 圏하타 ❶【再次核实】zàicì héshí【再次了解确实与否】zàicì liǎojiě quèshí yǔfǒu【再新肯定】chóng kěndìng【重新确认】zàicì quèrèn ¶예약을 ~하다｜再次确认预约情况。

ᶜ재활[再活] 圏하자타【重新活动】chóngxīn huódòng【再活】zàihuó ¶~의 지｜再活意志。

재회[再會] 圏하자【重新聚会】chóngxīn jùhuì【再次见面】zàicì jiànmiàn【重逢】chóngféng ¶~를 기약하다｜相约再见面。¶~의 기쁨｜重逢的喜悦。

잼[jam] 圏【果酱】guǒjiàng【果子酱】guǒ·zijiàng ¶~ 통조림｜罐头guàn·

799

tou果子酱。

잽싸다 휑 【敏捷】mǐnjié ¶동작이 ~｜动作敏捷。

ᶜ**잿더미** 명 【灰烬】huījìn 【煨烬】wēijìn 【废墟】fèixū ¶~로 변하다｜化为灰烬。¶~에서 일어나다｜在废墟上站起来。

ᶜ**잿물** ❶ 【草灰水】cǎohuīshuǐ ❷ 【釉子】yòu·zi 【釉药】yòuyào 【釉质】yòuzhì

잿밥 【齋－】 명 【祭品】jìpǐn 【供品】gòngpǐn

ᶜ**잿빛** 명 【灰色】huīsè ¶구름 낀 ~ 하늘｜灰色的天空。

쟁 【箏】명 〈音〉【古筝】gǔzhēng 【筝】zhēng ¶~을 연주하다｜演奏古筝。

ᴮ**쟁기** 명 【犁】lí 【犁杖】lízhàng ¶~로 질을 하다｜用犁耕地。¶~날｜犁刃。

쟁론 【爭論】 명하자 【争论】zhēnglùn 【争议】zhēngyì ¶~을 일삼다｜经常争议。

ᴮ**쟁반** 【錚盤】 명 【盘(儿·子)】pán(r, ·zi) ¶찻~｜茶盘儿。¶쟁반 몇 개를 사다｜买了几个盘子。

ᶜ**쟁의** 【爭議】 명하자 【纠纷】jiūfēn 【斗争】dòuzhēng 【纷争】fēnzhēng 【争议】zhēngyì ¶~ 행위｜纠纷行为/争议行为。¶~을 일으키다｜引起争议。

쟁이다 동 (물건을 차곡차곡 쌓다) 【堆起来】duīqǐlái 【整整齐齐地垒起来】zhěngzhěngqíqí·de léiqǐlái ¶쌀가마를 입구에 ~｜把米袋堆在门口。

ᶜ**쟁쟁** 【錚錚】 휑행 ❶ (귀에 울리는 듯하다) 【回响】huíxiǎng 【回荡】huídàng ¶그들의 노래 소리가 지금도 아직 귓가에 ~하다｜他们的歌声至今还响亮地回荡在耳边。❷ (소리가 매우 맑다) 【锵锵】qiāngqiāng 【玎玲】dīnglíng 【铮铮】zhēngzhēng ¶~ 소리가 들리다｜铮铮有声。❸ (매우 뛰어나다) 【响当当】xiǎngdāngdāng 【卓越】zhuóyuè ¶~한 인물｜响当当的人物。

쟁점 【爭點】 명 【争端】zhēngduān 【争论之点】zhēnglùnzhīdiǎn ¶당신의 말은 이미 ~을 벗어났습니다｜你的话已经脱离了争论点。

쟁취 【爭取】 명하타 【争取】zhēngqǔ 【取得】qǔdé 【获得】huòdé 【赢得】yíngdé 【夺取】duóqǔ ¶주도권을 ~하다｜争取主动权。¶~하다｜取得胜利shènglì/获得胜利/赢得胜利。

쟁탈 【爭奪】 명하타 【争夺】zhēngduó ¶진지 ~전｜阵zhèn地争夺战。¶우승을 ~하다｜争夺冠军。

ᴮ**저**¹ 【箸】 명 【筷子】kuài·zi 【箸】zhù ¶수~ 한벌｜一套匙筷。

저² 【笛】 명 【笛子】dí·zi

저³ 【著】 명 【著】zhù 【著作】zhùzuò

ᴬ**저**⁴ 団 ❶ (1인칭) 【我】wǒ 【仆】pú 【舍】shè ¶~의 조카｜舍侄zhí。¶~의 동생｜舍弟。❷ (자기) 【自己】zìjǐ 【自个儿】zìgěr 【自个儿】zìjǐgěr ¶그는 ~로서는 옳다고 여기고 있다｜他自己认为是对的。

저⁵ 갑 【嗯】ńg 【哎】āi ¶~, 누구신가요?｜嗯, 是那位?¶~ 잠깐 실례합니다｜哎, 失陪一会儿。

저-⁶ 【低－】접 【低】dī ¶~혈압｜低血压。¶~기압｜低气压。

저가 【低價】 명 【低价】dījià 【廉价】liánjià ¶~ 상품 판매대｜廉价柜台。

저개발 【低開發】 명 〈经〉 【经济落后】jīngjì luòhòu 【不发达】bùfādá ¶~ 국가｜发展中国家/不发达国家。¶~ 지역｜经济落后地区/不发达地区。

ᴬ**저거** 団 【那个】nà·ge 【那】nà ¶~는 이거보다 좀 튼튼하다｜那个比这个结实jiēshí点儿。

ᴬ**저것** 団 ❶ (사물) 【那个】nà·ge 【那】nà ¶~은 그림 그리는 데 쓰는 것인데, 네가 하나 사서 뭐 하려고?｜那是画画儿用的, 你要买那个干什么?❷ (사람) 【那家伙】nàjiāhuǒ ¶~ 좀 봐라｜你看那家伙。

저격 【狙擊】 명하타 【狙击】jūjī ¶적을 ~하다｜狙击敌人。

ᴮ**저고리** 명 【上衣】shàngyī 【褂(儿·子)】guà(r, ·zi) 【短袄】duǎn'ǎo ¶~의 색깔이 너무 짙은 것은 좋지 않다｜上衣的颜色不宜bùyí太深。¶짧은 ~｜短褂(儿)。

ᴮ**저금** 【貯金】 명하자타 【存款】cún kuǎn 【储蓄】chǔxù 【储金】chǔjīn 【储蓄存款】chǔxù cúnkuǎn 【存银】cúnyín 【存钱】cún qián ¶매달 쓰고 남은 돈을 모

두 ~하다 | 将每月花不完的钱都存起来。¶한 차례의 여행으로 그동안 ~한 돈을 모두 다 썼다 | 一次旅游以有把存下来的钱都花光了。¶노임을 몽땅 쓰지 말고 ~좀 해라 | 不要把工资zi都花光了，存点钱吧。

ᴮ저금통[貯金筒] 명 【攒钱罐】zǎnqiánguàn 【闷葫芦罐儿】mēnhú·luguànr 【扑满】pūmǎn 【储蓄盒】chǔxùhé

ᶜ저금 통장[貯金通帳] 명 【存款本子】cúnkuǎn běn·zi 【存款簿】cúnkuǎnbù 【存单】cúndān 【存折】cúnzhé ¶내가 너에게 ~을 줄테니 가서 돈을 찾아 오너라 | 我给你我的存折，去把钱取回来。[참고] 〖存簿〗〖存款折(子)〗

저급[低級] 명하형 【低级】dījí ¶~한 취미 | 低级趣味。

ᴬ저기 때 【那儿】nàr 【那里】nàli ¶우체국은 ~ 있다 | 邮局在那里。¶여기서 ~까지 | 从这儿到那儿。

ᶜ저기압[低氣壓] 명 ❶〈气〉(낮은 기압) 【低气压】dīqìyā ¶~의 중심 | 低气压的中心。❷ (기분이 좋지 못함) 【沉闷】chénmēn 【低沉】dīchén 【紧张】jǐnzhāng 【低落】dīluò ¶그녀가 오늘은 ~이다 | 她今天情绪低落。

ᴬ저녁 명 ❶ (해가 질 무렵부터 밤이 오기까지의 사이) 【晚】wǎn 【暮】mù 【晚上】wǎn·shang 【晚晌】wǎnshǎng 【下晚儿】xiàwǎnr ¶아침 ~ 朝暮。¶아침부터 ~까지 | 从早到晚。¶~나절 | 傍晚时分。❷ (저녁 식사) 【晚饭】wǎnfàn 【晚餐】wǎncān 【晚膳】wǎnshàn 【夕膳】xīshàn ¶~을 짓다 | 做晚饭。¶~거리 | 做晚饭的材料。

ᶜ저녁노을 명 【晚霞】wǎnxiá 【夕霞】xīxiá ¶곱고 아름다운 ~ | 绚丽xuànlì的晚霞。

ᴮ저녁때 명 ❶傍晚时分】bàngwǎn shífēn 【晚间】wǎn·jiān ❷【该吃晚饭的时分】gāi chī wǎnfàn ·de shífēn ❸【晚饭】wǎnfàn 【晚餐】wǎncān

ᴮ저녁밥 명 ☞ 저녁 ❷

저능[低能] 명 【低能】dīnéng ¶~아 | 低能儿。

저당[抵當] 명하타 【典当】diǎndàng 【抵押】dǐyā 【典押】diǎnyā ¶상품을 ~ 잡히다 | 以货作抵押。¶~ 대출 | 抵押放款/抵押信贷。

저대로 부 【就那样】jiùnàyàng ¶~두면 버릇이 나빠진다 | 就那样放任不管会弄成坏毛病的。

저돌적[猪突的] 관명 【鲁莽】lǔmǎng 【愚妄】yúwàng 【冒失】mào·shi 【胡来】húlái ¶그는 일하는 것이 너무 ~이다 | 他做事太鲁莽。¶행동이 너무 ~이다 | 行动太鲁莽。

저러다 통 【那样做下去】nàyàng zuòxià·qù ¶~실수라도 하면 어쩌지? | 那样做万一有什么闪失，怎么办?

ᴮ저러하다 형 【那样】nàyàng

ᶜ저런¹ 감 【唉】yō ¶~, 이게 어찌된거야 | 唉，这是怎么了。¶~! 어떻게 떨어졌지 | 呦! 怎么掉下去的。

저런² 감 【那样】nàyàng 【那么】nà·me ¶이렇게 많은 사람 앞에서 어떻게 ~ 말을 할까? | 在这么多的人面前怎么能说那样的话呢?

저력[底力] 명 【潜力】qiánlì 【有分量的推动力】yǒufēnliàng ·de tuīdònglì ¶~을 발휘하다 | 发挥fāhuī潜力。

저렴하다[低廉─] 형 【低廉】dīlián 【便宜】pián·yi ¶저렴한 노동력 | 低廉的劳动力。¶질이 좋고 값도 ~ | 质量又好价钱又便宜。

ᴮ저리[低利] 명 【低利】dīlì 【低利率】dīlìlǜ 【低息】dīxī ¶~ 대출 | 低利贷款/低息贷款。¶~ 차관 | 低息借款。

저리다 형 【发麻】fāmá 【发木】fāmù 【酥麻】sūmá 【酥倒】sūdǎo 【肉麻】ròumá ¶두 다리가 ~ | 两腿麻麻。¶저린 두 손 | 酥麻的双手。

ᶜ저마다 부 【各自】gèzì 【个个】gègè 【每个人】měi·ge·rén ¶~ 자기가 옳다고 우긴다 | 每个人都坚持说自己对。

ᶜ저만큼 부 ❶ (정도) 【到那种程度】dào nàzhǒng chéngdù ¶~ 만 해리 | 到那种程度就行了。❷ (거리) 【就那么远距离】jiù nà·me yuǎn jùlí ¶~ 떨어져 앉아라 | 离我坐远点儿。

저만때 명 【就在那时候】jiùzàinàshí·hou ¶~는 뭘 먹어도 소화가 되지 | 就在那时候呢，吃什么都能消化。

저명[著名] 명하형 【著名】zhùmíng 【驰名】chímíng ¶~한 작가 | 著名的作家。¶~ 인물 | 著名的人物。

ᴮ저물다 통 ❶ (날이) 【日暮】rìmù 【傍晚儿】bàngwǎnr ❷ (일년이) 【岁暮】suì-

801

mù【到年底】dàoniándǐ

저미다 통【片】piàn【割】gē ¶고기를 얇게 ~ | 片肉片儿。

ᄀ**저버리다** 통❶ (배신하다)【违背】Mwéibèi【背弃】bèiqì【背叛】bèipàn【背信弃义】bèi xìn qì yì【抛弃】pāoqì ¶조국을 저버리는 행위는 처벌을 받아야 한다 | 背叛祖国的行为是要受到惩chéng罚的。¶신의를 저버리는 행위 | 背信弃义的行为。❷ (거절하여 실망시키다)【辜负】gū·fù【亏负】kuīfù ¶선생님의 기대를 저버렸다 | 辜负了老师的期望。¶그의 호의를 ~ | 辜负他的好意。❸ (잊다)【忘记】wàng·jì ¶은혜를 ~ | 忘恩负义。

저번【这番】명【上一次】shàngyícì ¶~에 만났을 적에 | 上次见面时。

저변【底边】명❶ (아랫변)【底边】dǐbiān❷ (기저)【底层】dǐcéng【基层】jīcéng ¶농업 인구의 ~을 확대하다 | 扩大基层农业人口。

저서【著书】명【著书】zhùshū【著作】zhùzuò ¶~가 많다 | 著作很多。

저소득【低所得】명〈經〉【低收入】dīshōurù ¶~층 | 低收入阶层。

저속¹【低俗】명형【庸俗】yōngsú ¶이 사람은 너무 ~하다 | 这人太庸俗了。¶작품이 ~하다 | 作品庸俗。

저속²【低速】명【低速】dīsù【慢速度】mànsùdù ¶~ 비행 | 低速飞行。

ᄇ**저수지**【贮水池】명【水库】shuǐkù【拦水坝】lánshuǐbà【水池】shuǐchí ¶~를 건설하다 | 修建xiūjiàn水库。¶~에서 고기를 양식한다 | 在水库里养鱼yǎngyú。

저술【著述】명하타【著作】zhùzuò【著述】zhùshù【撰述】zhuànshù【著书立说】zhùshū lìshuō ¶평생 동안 고심하며 ~했다 | 苦心著了一辈子书。¶이 책은 이미 삼년 동안 ~해왔다 | 这本书已经写了三年。

ᄇ**저승** 명【黄泉】huángquán【阴曹】yīncáo【阴间】yīnjiān【阴世】yīnshì【阴间地府】yīnjiān dìfǔ【幽冥】yōumíng【九泉】jiǔquán【九泉之下】jiǔquán zhī xià【黄泉之下】huáng quán zhī xià ⓟ【泉路】〔泉壤〕〔泉世〕〔泉台tái〕〔泉下〕〔穷泉〕〔下泉〕

저온【低温】명【低温】dīwēn ¶~ 보관

| 放置冷处/保持凉爽。¶~ 처리 | 低温处理/冷处理。

ᄀ**저울** 명【秤】chèng【权衡】quánhéng ¶갈고리 | 钩gōu秤。¶접시 ~ | 盘pán秤。¶~에 달다 | 过秤。¶~ 눈 | 秤星/定盘星。

저의【底意】명【意图】yìtú (内心的意思)nèixīn·de yì·si ¶그의 ~가 무엇이냐? | 他的意图是什么?

저이 대【那位】nàwèi ¶~가 내 남편입니다 | 他是我丈夫。

저임금【低賃金】명〈經〉【低工资】dīgōngzī【低薪】dīxīn ¶~ 노동자 | 低工资工人/廉价劳动力。

ᄀ**저자**【著者】명【著者】zhùzhě【作者】zuòzhě ¶~가 분명하지 않다 | 著者不明。¶이 책의 ~ | 本书作者。

저자세【低姿勢】명【低三下四】dī sān xià sì ¶그는 지도자 앞에서는 줄곧 ~이다 | 他在领导lǐngdǎo面前一惯guàn低三下四的。

저작【著作】명【著作】zhùzuò【撰述】zhuànshù【撰著】zhuànzhù ¶문예(물) | 文艺wényì著作。¶~에 몰두하다 | 埋mái头于撰著。

저작권【著作權】명【著作权】zhùzuòquán【版权】bǎnquán ¶~ 사용료 | 版税。¶~ 소유, 복제 불허 | 版权所有, 不准翻印fānyìn。

ᄀ**저장**【貯藏】명하타❶【储藏】chǔcáng【贮藏】zhùcáng【囤贮】dùnzhù【保藏】bǎocáng【储存】chǔcún ¶진귀한 보물을 ~하다 | 储藏珍宝zhēnbǎo。¶쓰지 않는 기구는 ~하여라 | 把不用的器具储藏起来。¶물건을 ~하기 시작하다 | 把东西收藏起来。¶남은 양식을 ~하다 | 储存余粮yúliáng。❷〈電算〉【保存】bǎocún【存储】cúnchǔ

저장량【貯藏量】명【储量】chǔliàng【藏量】cángliàng【储藏量】chǔcángliàng【存量】cúnliàng ¶이 댐의 ~이 매우 많다 | 这座水库kù的储量很多。

ᄀ**저절로** 부【不由地】bùyóu·de【自动(地)】zìdòng(·de)【不由自主】bùyóuzìzhǔ【自己】zìjǐ ¶행복은 ~ 이루어지지 않는다 | 幸福不会自己实现的。

ᄀ**저조**【低調】명하형❶ (활기가 없거나 내용이 충실하지 않음)【低调】dīdiào【萧条】xiāotiáo ¶그것은 ~ 보고했다

| 那是一个低调的报告。¶장사가 ~하다 | 生意萧条。❷(감정)【低落】dīluò【消沉】xiāochén【热情不高】rèqíngbùgāo【不畅】búchàng【不活跃】búhuóyuè ¶~한 감정 | 低落的情绪。

저주[詛呪] 명하타【诅咒】zǔzhòu【咒骂】zhòumà【憎恨】zēnghèn【仇恨】chóuhèn【疾恨】jíhèn ¶적을 ~하다 | 诅咒敌人。¶제멋대로 남을 ~하다 | 肆意咒骂别人。

저지[沮止] 명하타【阻止】zǔzhǐ【阻碍】zǔ'ài【阻挡】zǔdǎng ¶발언을 ~하다 | 阻止发言。¶그들을 ~해서 문밖에 세웠다 | 把他们阻挡在门外。¶어떤 역량도 우리가 승리를 향해 가는 것을 ~할 수 없다 | 任何力量都不能阻挡我们走向胜利。(참고)〔牵制zhì〕〔限制qiānzhì〕〔阻厄è〕〔阻遏è〕〔阻遏è〕〔阻挠〕

^B**저지르다** 동【搞糟】gǎozāo【弄坏】nònghuài【搞坏】gǎohuài【出差错】chūchācuò【闹祸】nàohuò【闹乱子】nàoluàn·zi【惹事】rě shì【招事】zhāoshì【失检】shījiǎn【失事】shī shì ¶나가서 일을 저지르지 마라! | 别出去惹事!

저질[低質] 명【低质】dīzhì【次品】zhìcì·pǐ ¶~ 생산품 | 低档产品。

^A**저쪽** 대【那儿】nǎr【那里】nǎ·li【那边】nàbiān ¶~은 적이고, 이쪽은 우리측이다 | 那边是敌dí人, 这边是我方。

저촉[抵觸] 명하자【抵触】dǐ·chù【违反】wéifǎn【触犯】chùfàn【抵触】dǐwù【触及】chùjí【犯讳】fànhuì ¶법률에 ~되다 | 触犯法律dǐ。¶국민의 이익에 ~되다 | 触犯人民利益yì。

^B**저축**[貯蓄] 명하타【储蓄】chǔxù【储备】chǔbèi【储存】chǔcún【储蓄(存款)】chǔxù cúnkuǎn【积存】jīcún【积蓄】jīxù ¶매달 쓰고 남은 돈을 모두 ~하다 | 将每月花不完的钱都储蓄起来。¶다달이 ~을 하다 | 月月都有积蓄。

^C**저택**[邸宅] 명❶【宅邸】zháidǐ【公馆】gōngguǎn❷【宅】zhái【宅子】zhái·zi

저편[―便] 명❶(저쪽)【那边】nàbiān ¶~으로 가자 | 去那边吧。❷(저쪽 사람)【对方】duìfāng【那一拨儿】nàyìbōr

저하[低下] 명하자【降落】jiàngluò【降低】jiàngdī【跌】diē【跌价】diē jià【落】luò【落价】luò jià【垫底货】diàndǐhuò【下降】xiàjiàng【下跌】xiàdiē ¶생활수준이 ~되다 | 生活水平降低了。¶품질의 ~ | 质量下降素。

저항[抵抗] 명하자❶(힘이나 권력 등에 맞서서 버팀)【反抗】fǎnkàng【抵抗】dǐkàng【对抗】duìkàng【抗拒】kàngjù ¶끝까지 ~하다 | 抵抗到底dǐ。¶~ 운동 | 抵抗运动。❷〈物〉【阻力】zǔlì【电阻】diànzǔ ¶공기 ~ | 空气阻力。¶물의 ~ | 水的阻力。¶~ 상자 | 电阻箱。¶~기 | 抵抗器/电阻器。

저해[沮害] 명하타【妨碍】fáng'ài【作梗】zuògěng【阻难】zǔnàn【障碍】zhàng'ài【阻碍】zǔ'ài ¶~ 요인 | 阻碍因素。

^B**저희** 대【我们】wǒ·men【咱们】zán·men ¶~들은 한국 유학생들입니다 | 我们是韩国留学生。¶~들은 모두 북경에 가길 원합니다 | 我们都要去北京。

^A**적**¹[敵] 명【敌】dí【敌人】dírén ¶~과 우리편을 분명히 하다 | 分清敌我。

적²[籍] 명【籍】jí【册】cè ¶~에 오르다 | 入籍。

적³[의명]【时候】shí·hou ¶그가 왔을 ~에는 이미 저녁식사를 마쳤다 | 他来时候已经吃完晚饭了。

-적⁴[―的] 回【…性的】…xìng·de【…的】…de ¶과학~ | 科学性的。¶문화~ | 文化性的。

적개심[敵愾心] 명【仇恨】chóuhèn【敌忾】díkài ¶~으로 가득 차다 | 满腔仇qiāng仇恨。¶공동의 적이나 민족·국가의 적에게 ~을 불태우다 | 敌忾同仇chóu/同仇敌忾。

적격[適格] 명하형【合适】héshì【合格】hégé【胜任的】shèngrèn·de ¶~두 식구가 살기에 ~인 집 | 两口人住正合适的房子。

적국[敵國] 명【敌国】díguó ¶~ 상품 | 仇货。

^B**적군**[敵軍] 명【敌军】díjūn

^B**적극**[積極] 명【积极】jījí【极力】jílì【大力】dàlì【主动】zhǔdòng ¶너는 일찍 가자고 ~ 주장하지 않았니? | 你不是极力主张早走吗? ¶새 기술을 ~ 확

산시키다 | 大力推广新技术。 ¶~지지하다 | 大力支持。

적극적[積極的] 〖관〗〖명〗【积极】jíjí·de 【积极】jíjí ¶~ 작용을 일으키다 | 起积极作用。¶행동이 ~인 사람 | 积极分子。¶그는 일하는 것이 매우 ~이다 | 他工作得很积极。

적금[積金] 〖명〗❶【存钱】cúnqián ❷【定期储蓄】dìngqī chǔxù

적기[適時] 〖명〗【适时】shìshí ¶~에 파종하다 | 适时播种bōzhòng。

적나라[赤裸裸] 〖명〗〖하형〗【赤裸裸】chìluǒluǒ ¶그는 모든 마음을 ~하게 털어놓았다 | 他把全部心思都赤裸裸地说出来了。

ᴬ적다¹ 〖동〗【写】xiě 【记录】jìlù 【抄写】chāoxiě 【记】jì ¶전화번호를 ~ | 记电话号码。

ᴬ적다² 〖형〗【少】shǎo 【不多】bùduō 【寡】guǎ 【少量】shǎoliàng ¶가는 사람이 ~ | 去的人很少。¶너는 말은 많고 하는 것은 ~ | 你呀, 说得多, 做得少。¶말이 ~ | 沉默寡言。

ᴮ적당[適當] 〖명〗〖하형〗❶ (타당함)【适当】shìdàng 【恰当】qià·dàng 【允当】yǔndàng 【合适】héshì 【恰好】qiàhǎo 【适度】shìdù ¶선택한 시기가 아주 ~하다 | 选择的时期很适当。¶~한 기준 | 适当的标准。¶~하게 쓰였다 | 用得很恰当。¶크기가 딱 ~하다 | 大小正合适。¶~한 가격 | 合适的价格。¶~한 흡연 | 适度的吸烟。❷ (대충 해 버림)【马马虎虎】mǎ·mahū·hū 참고 〖冷qià当〗〖切qiè合〗

적당히[適當-] 〖분〗❶ (타당하게)【适当地】shìdàng·de ¶~ 처리해라 | 适当地处理吧。❷ (대충)【马马虎虎】mǎ·mahū·hū

적대[敵對] 〖명〗〖하자〗【敌对】díduì ¶~행위 | 敌对行为。¶중국과 일본은 몇 십년간 ~하였다 | 中国跟日本敌对了几十年。

적대시[敵對視] 〖명〗〖하타〗【敌视】díshì 【仇视】chóushì ¶그들은 흑인을 ~한다 | 他们敌视黑人。¶그는 일본 사람을 ~한다 | 他仇视日本人。

ᶜ적도[赤道] 〖명〗〈天〉❶【天赤道】tiānchìdào ❷【赤道】chìdào ¶~면 | 赤道面。¶~ 무풍대 | 赤道无风带。

적령[適齡] 〖명〗【适龄】shìlíng ¶~ 아동 | 适龄儿童。¶입대 ~에 달한 청년 | 人伍rùwǔ适龄青年。

적립[積立] 〖명〗〖하타〗【积蓄】jīxù 【积累】jīlěi 【积存】jīcún ¶~금 | 公积金cún/储备金。¶여비를 ~하다 | 积存旅费。

적막〖명〗〖하형〗【寂寞】jìmò 【凄凉】qīliáng 【孤独】gūdú ¶마음속으로 매우 ~함을 느끼다 | 内心感到十分寂寞。¶~한 생활을 하고 있다 | 过着凄凉的生活。

적발[摘發] 〖명〗〖하타〗【揭发】jiēfā 【揭挑】jiētiāo 【点穿】diǎnchuān 【点破】diǎnpò 【揭露】jiēlù ¶불법행위를 ~하다 | 揭发非法行为。¶~비판하다 | 揭发批判。

적법[適法] 〖명〗〖하형〗【合法】héfǎ ¶이렇게 하는 것은 ~하지 않다 | 这样做不合法。

ᴮ적병[敵兵] 〖명〗❶【敌军】díjūn ❷【敌兵】díbīng

적색[赤色] 〖명〗【红色】hóngsè 【赤色】chìsè ¶~ 테러(terror) | 红色恐怖。

적선¹[敵船] 〖명〗【敌船】díchuán

적선²[積善] 〖명〗〖하형〗【积善】jīshàn 【积德】jī dé 【施善】shīshàn ¶~한 집안은 반드시 후에 경복이 있다 | 积善之家, 必有余庆。

ᶜ적성[適性] 〖명〗【适合性格】shìhé xìnggé 【适合兴趣】shìhé xīngqù 【适应性】shìyìngxìng 【适合性】shìhéxìng ¶~에 맞는 직업 | 工作能力考核。¶~에 맞는 직업을 구하다 | 找一个适合自己的职业。

적소[適所] 〖명〗【适当的地方】shìdàng·de dì·fang ¶적재~ | 人尽其才/好钢用在刀刃上。

작수[敵手] 〖명〗【敌手】díshǒu 【对手】duìshǒu ¶강한 ~가 서로 만나다 | 棋逢qíféng敌手。¶~끼리 만나다 | 棋逢对手。

적시[適時] 〖명〗【适时】shìshí 【及时】jíshí ¶~에 파종하다 | 适时播种bōzhòng。¶~에 보고하다 | 及时报告。

ᴮ적시다 〖동〗【弄湿】nòngshī 【浸湿】jìnshī 【濡湿】rúshī 【沾湿】zhānshī 【润湿】rùnshī 【透湿】shìtòu 【湿】shī 【滋润】zīrùn 【浇灌】jiāoguàn ¶이슬로 화초를 ~ | 露水润湿了花草。¶땀이 그의

옷을 흠뻑 적셨다 | 汗水湿透了他的衣服.

적신호[赤信號] 图【红色信号灯】hóngsè xìnhàodēng 【红灯】hóngdēng ¶고혈압은 건강에 대한 ~이다 | 高血压是对健康亮起的红灯.

적십자[赤十字] 图【红十字】hóngshízì 【红十字会】hóngshízìhuì

적어도[] 图【至少地】zhìshǎoyě【起码】qǐmǎ ¶이 책을 다 보려면 ~ 이틀은 걸리겠다 | 要看完这本书起码得两天.

적용[適用] 图<u>하타</u> ❶【适用】shìyòng ¶법의 ~ | 适用的法律. ¶~ 범위 | 适用的范围. ❷〈電算〉【确定】quèdìng

적응[適應] 图<u>하자</u>【适应】shìyìng【顺应】shùnyìng ¶새로운 생활에 ~하다 | 适应新的生活.

적의[敵意] 图【敌意】díyì【不怀好意】bùhuáihǎoyì ¶~를 품다 | 心怀好意.

적이[] 图【多少】duō·shǎo ¶그 말을 들으니 ~ 안심이 된다 | 听到那些话多少安心了.

적임[適任] 图【适当的任务】shìdāng·de rènwù【胜任的】shèngrèn·de ¶~자 | 合适的人. ¶그는 이 일에 ~이다 | 他适合担任此事.

B적자[赤字] 图〈經〉【赤字】chìzì【逆差】nìchà【超支】chāo zhī【亏短】kuīduǎn【亏本】kuīběn【亏损】kuīsǔn ¶~ 재정 | 财政赤字. ¶~ 예산 | 赤字预算. ¶~를 메꾸다 | 弥补míbǔ赤字.

B적장[敵將] 图【敌将】díjiàng

적재[積載] 图<u>하타</u>【装载】zhuāngzài【载】zài【装】zhuāng【装货】zhuānghuò【积载】jīzài【荷载】hèzài ¶~량 | 装载量. ¶~ 구역 | 装货区.

적적하다[寂寂] 图【寂寞】jìmò【寂寂】jìjì【静寂】jìngjì【寂然】jìrán【寂默】jìmò【冷冷清清】lěng·leng qīngqīng ¶나는 여기서 조금도 적적하지 않다 | 我在这里一点也不寂寞. ¶마음속으로 매우 적적함을 느끼다 | 内心感到十分寂寞.

B적절[適切] 图<u>하형</u>【适合】shìhé【妥当】tuǒ·dang【恰当】qià·dàng【切当】qièdāng【切洽】qièqià【切实】qiēshí

恰到好处[] qiàdàohǎochù【适用】shìyòng【合适】héshì【得当】dédàng ¶우리들의 마음을 ~하게 표현했다 | 恰当地表达了我们的心情. ¶~하고 실행할 수 있는 방법 | 切实可行的办法. ¶크기가 딱 ~하다 | 大小正合适. ¶그 방법은 매우 ~하다 | 这办法倒很得当.

적절히[適切] 图【适当地】shìdāng·de【妥当地】tuǒdàng·de【恰当地】qiàdàng·de【恰如其分地】qiàrúqífēn·de

적정[適正] 图<u>하형</u>【适当】shìdāng【恰当】qià·dàng【适度】shìdù【合理】hélǐ ¶~ 가격 | 适当的价格/合理价格. ¶~ 임금 | 合理工资.

C적중[的中] 图<u>하자</u>【命中】mìngzhòng【没有错】méiyǒucuò【中肯】zhòngkěn ¶~률 | 命中率. ¶대답은 간단하지만 ~했다 | 回答简单中肯.

적지[敵地] 图【敌区】díqū【敌占区】dízhànqū

적진[敵陣] 图【敌阵】dízhèn【敌营】díyíng ¶~을 함락하다 | 攻克敌营.

적탄[敵彈] 图【敌弹】dídàn ¶~에 쓰러지다 | 中了敌人枪弹而倒下.

C적합[適合] 图<u>하자</u>【适合】shìhé【合适】héshì【切合】qièhé【适宜】shìyí【恰当】qià·dàng ¶자기 능력에 ~한 직업 | 适合自己能力的职业zhíyè. ¶오늘날의 상황에 ~하다 | 适合当前qiánqián的情况qíngkuàng. ¶두 식구가 살기에 ~한 집 | 两口人住正合适的房子.

적화[赤化] 图<u>하자타</u>【赤化】chìhuà ¶월남·캄보디아는 이미 ~되었다 | 越南·高棉Gāomián已被赤化了.

A전¹[前] 图 ❶ (이전·과거) 【以前】yǐqián ¶네가 오기 ~에 그는 가버렸다 | 你未以前他就走了. ¶3년 ~ | 三年以前. ¶나는 ~에는 몰랐고 그제야 ~알았다 | 我以前不知道, 现在才知道. ❷ (이전) 【差】chà ¶5시 10분 ~ | 差十分五点. ❸ (전직) 【前任】qiánrèn ¶~ 대통령 | 前总统.

전²[煎] 图【煎的】jiān·de【煎饼】jiānbǐng ¶~을 부치다 | 煎煎饼.

전³[廛] 图【货摊】huòtān【摊子】tān·zi【店铺】diànpù ¶~을 펴다 | 摆bǎi摊

子。

ᴬ**전-**⁴[全-] 뒤 【全】quán 【整个】zhěng·ge ¶~ 세계 | 全世界。

一전⁻[一傳] 回 【传】zhuàn 【传记】zhuànjì ¶자서~ | 自传。

전가[轉嫁] 명하타 【转嫁】zhuǎnjià 【嫁】jià 【推到】tuīdào 【推诿】tuīwěi ¶책임을 남에게 ~하다 | 把责任zérèn 转嫁给别人。¶화를 남에게 ~하다 | 嫁祸于人。

ᴬ**전갈**[全蠍] 〈蟲〉【蝎子】xiē·zi

ᴮ**전개**[展開] 명하자타 【开展】kāizhǎn 【展开】zhǎn kāi 【进行】jìnxíng ¶절약 운동을 ~하다 | 展开节约运动。¶작업을 ~할 수 없다 | 展不开工作。¶혁명을 끝까지 ~하다 | 将革命进行到底。

전격적[電擊的] 관용 【闪电】shǎndiàn ¶~으로 공격하다 | 闪电式的进攻。¶~으로 추진하다 | 闪电般地推进。

전경¹[全景] 명 ❶ 【全景】quánjǐng ¶서호의 ~ | 西湖Xīhú全景。❷【全貌】quánmào

전경²[前景] 명 【前景】qiánjǐng

ᶜ**전골** 명 【涮锅子】shuànguō·zi 【荤杂烩】hūnzáhuì ¶곱창~ | 涮脾肠。

ᶜ**전공**[專攻] 명하타 ❶ (전문적인 학문 분야) 【专业】zhuānyè ¶~ 과목 | 专业科目。¶그는 중국 문학을 ~했다 | 他的专业是中国文学。❷ (장기) 【专长】zhuāncháng 【精通】jīngtōng ¶노래는 ~이다 | 他长处是唱歌。¶그는 경제가 ~이다 | 他精通经济。

전과¹[前科] 명 【前科】qiánkē ¶~자 | 有前科的人。¶~ 3범 | 有三次前科的人。

전과²[戰果] 명 【战果】zhànguǒ ¶~가 눈부시다 | 战果辉煌huīhuáng。

전과³[轉科] 명하타 ❶ (학과) 【转系】zhuǎn xì ¶장군이 ~하려 하다 | 小张想转系。❷ (병원의 과) 【转科】zhuǎn kē ¶그는 오늘 또 ~하였다 | 他今天又转科了。

ᶜ**전교**[全校] 명 【全校】quánxiào ¶~생 | 全校生。

ᴮ**전구**[電球] 명 【电灯泡】diàndēngpào 【灯泡】dēngpào

ᴮ**전국**[全國] 명 【全国】quánguó ¶~에 서 모이다 | 从全国聚集而来。

전국민[全國民] 명 【全体国民】quántǐ guómín ¶~이 지지하다 | 全体国民都支持。

전군[全軍] 명 【全军】quánjūn 【全体部队】quántǐ bùduì

전권[全權] 명 【全权】quánquán 【一切权力】yíqiè quánlì ¶~ 대사 | 全权大使。¶~ 대표회의 | 全权代表会议。¶~ 위원 | 全权委员。

ᶜ**전근**[轉勤] 명하자 【调动】diàodòng 【调转】diàozhuǎn ¶~하다 | 调动工作。¶울산으로 ~하다 | 调转到蔚 … ¶~ 수당 | 安家费。

ᴬ**전기**¹[電氣] 명 ❶ (전자의 이동으로 생기는 에너지) 【电】diàn 【电气】diànqì ¶~료 | 电费。¶~ 히터 (heater) | 加热器/电炉。¶~ ~는 농촌의 양상을 변화시켰다 | 电改变了农村的面貌。❷ (전력) 【电力】diànlì ❸ (전등) 【电灯】diàndēng ¶~를 하나 달다 | 安一盏电灯。❹~ | 电灯/电灯光。❹ (비유) 【触电似的感觉】chùdiànshì·de gǎnjué

전기²[傳記] 명 【传记】zhuànjì ¶~작가 | 传记作家。¶~ 소설 | 传记小说。

전기³[前期] 명 【前期】qiánqī 【前一个时期】qián yí·ge shíqí 【上期】shàngqī ¶~ 이월 | 前期滚结帐目。

ᴮ**전나무** 〈植〉【枞树】cōngshù 【桧】guì 【桧树】guìshù 【桧】guī

ᴮ**전날**[前-] 명 ❶ (하루 전) 【前一天】qiányìtiān 【前日】qiánrì 【隔宿】gésù 【隔夜】géyè ¶~ (이전에) 【以前】yǐqián 【从前】cóngqián ¶~의 미풍양속 | 以前的优良风俗。

전년[前年] 명 ❶ 【上年】shàngnián 【去年】qùnián 【前一年】qiányìnián ¶~도의 적립금 | 上年的积累jīlěi之。❷ 【往年】wǎngnián

전념[專念] 명하타 【专心】zhuānxīn 【潜心】qiánxīn 【一心】yìxīn ¶그는 공부에 ~하고 있다 | 他专心学习。¶~해서 수업을 듣다 | 专心听讲。¶연습은 반드시 ~해서 해야 한다 | 必须专心做练习。

전능[全能] 명하형 【全能】quánnéng

【만능】wànnéng

전단[傳單] 명【传单】chuándān ¶~을 뿌리다 | 撒sǎ传单。

^B**전달**[傳達] 명동타 【转交】zhuǎnjiāo 【转】zhuǎn 【传达】chuándá 【转达】zhuǎndá 【转递】zhuǎndì 【转告】zhuǎngào 【表达】biǎodá 【传递】chuándì ¶상급기관의 지시를 ~하다 | 传达上级的指示。¶너의 뜻을 내가 반드시 ~하겠다 | 我一定转达你的意思。¶이 편지는 내가 그에게 ~해 주겠다 | 这封信由我转给他好了。¶책 두 권을 그에게 ~해 주다 | 转交给他两本书。¶당신의 의견은 이미 그에게 ~했소 | 你的意见, 我已经转告他了。¶우편물을 ~하다 | 传递信件。

전담[全擔] 명하타 【全部担】quánbùdān 【全部负担】quánbù fùdān ¶비용을 ~하다 | 全部负担费用。

전담²[專擔] 명하타 【专务】zhuānwù 【承担】chéngdān 【专门担任】zhuānmén dānrèn ¶중국어 ~교사 | 专门担任汉语课的教师。

전답[田畓] 명【水田】shuǐtián 【田地】tiándì

전당¹[殿堂] 명【殿堂】diàntáng 【学府】xuéfǔ ¶학문의 ~ | 学问的殿堂。

전당²[典當] 명하타 【典当】diǎndàng ¶~잡다 | 典当/典押。¶~잡히다 | 被当了。¶~포 | 典铺/当铺。

전대¹[前代] 명【前代】qiándài 【前朝】qiánzhāo 【前世】qiánshì 【旧时代】jiùshídài

전대²[轉貸] 명하타 【转借】zhuǎnjiè 【转租】zhuǎnzū 【分租】fēnzū ¶이 돈은 김씨가 내게 빌려 준 것인 데 지금 내가 너에게 ~하겠다 | 这笔钱是老金借给我的, 现在我把它转借给你。¶다른 사람에게 ~하다 | 转租给别人。

전도¹[前途] 명【前途】qiántú 【前程】qiánchéng ¶~가 밝다 | 前途光明。¶~가 양양(洋洋)하다 | 前程万里wànlǐ/前程远大/鹏程万里/前程似锦sìjǐn。

전도²[傳道] 명하자타 〈宗〉【传道】chuán dào 【传教】chuán jiào 【布道】bùdào ¶국외에 나가 ~하다 | 到国外去传道。¶그는 ~하듯 계속 위로의 말

을 하였다 | 他传教似地继续jìxù说着安慰wèi的话。

전도³[傳導] 명하타 ❶〈物〉【传导】chuándǎo ¶열 ~ | 热传导。¶~체 | 传导体〈電〉【导电】dǎo diàn ¶~성 | 导电性。¶~체 | 导电体。

전도사[傳道師] 명【传教士】chuánjiàoshì 【教士】jiàoshì 【传道者】chuándàozhě 【传教士】chuánjiàoshì

전동¹[轉動] 명하자타 【转动】zhuǎndòng ¶맷돌이 ~하고 있다 | 石磨在转动。¶윈치 손잡이를 ~하다 | 转动辘轳lùlú把儿。¶바퀴가 매우 빨리 ~하다 | 轮子转动得很快。

전동²[電動] 명하타 〈電〉【电动】diàndòng ¶~펌프(pump) | 电动泵bèng。¶~차 | 电动车。¶~회전 나침반 | 电动回转罗盘。¶~득점 게시판 | 电动记分牌。¶~기 | 电动机/马达。

^B**전등**[電燈] 명【电灯】diàndēng ¶~을 하나 달다 | 安一盏zhǎn电灯。¶60촉광~ | 六十电灯。

전라[全裸] 명【全裸】quánluǒ 【赤裸】chìluǒ

전락[轉落] 명하자 ❶(떨어지다)【滚】gǔn ❷(비유)【沦落】lúnluò 【沦败】lúnbài 【堕落】duòluò ¶결국 이와 같은 지경까지 ~하다 | 竟沦落到如此地步。

^C**전란**[戰亂] 명【战祸】zhànhuò 【战乱】zhànluàn 【战争动乱】zhànzhēng dòngluàn 【兵荒马乱】bīnghuāngmǎluàn 【兵灾】bīngzāi 【兵祸】bīnghuò ¶~으로 세상이 어지러워 사람마다 단 하루도 안전하지 못하다 | 兵荒马乱的年头, 人人朝zhāo不保夕xī。

전람[展覽] 명하타 【展览】zhǎnlǎn ¶새로 출토된 유물이 국외에서 ~되고 있다 | 新出土的文物正在国外展览。¶사진 ~ | 摄影展览。

^B**전람회**[展覽會] 명【展览会】zhǎnlǎnhuì ¶서예 ~를 개최하다 | 举办jǔbàn书法展览会。

^B**전래**[傳來] 명하타 【传下来】chuán·xilai 【传统的】chuántǒng·de 【传来】chuánlái ¶~ 동화 | 传来童话。

^B**전략**[戰略] 명【战略】zhànlüè 【计策】jìcè 【策略】cèlüè ¶~적 이동 | 战略转

移。¶~적 방어 | 戰略防御。¶~적 후퇴 | 戰略退却。¶혁명 ~ | 革命戰略。

전량[全量] 📖 【全部重量】quánbù zhòngliàng 【全量】quánliàng

°**전력**¹[全力] 📖 【全力】quánlì 【全部力量】quánbù lìliàng 【专心致志】zhuānxīnzhìzhì ¶~을 다하다 | 竭尽jiéjìn全力。¶학업에 ~하다 | 专心致志地学习。

전력²[前歷] 📖 【前历】qiánlì 【经历】jīnglì 【履历】lǚlì 【以往的职业】yǐwǎngdezhíyè

전력³[電力] 📖 【电力】diànlì 【电功率】diàngōnglǜ ¶~계 | 电力计/瓦特计。¶~ 자원 | 电力资源。

°**전례**[前例] 📖 【前例】qiánlì 【先例】xiānlì 【成例】chénglì 【常规】chángguī ¶~에 따라 처리하다 | 按照前例办理/按照常规办事。¶~를 남기다 | 开先例。¶이 일은 받아들일 만한 ~가 없다 | 这件事没有成例可援。

°**전류**[電流] 📖 〈物〉【电流】diànliú ¶~계 | 电流计/电流表。¶고압~ | 高压电流。

전말[顛末] 📖 【颠末】diānmò 【始末】shǐmò 【原委】yuánwěi 【一五一十】yī wǔ yì shí 【从头至尾】cóngtóuzhìwěi 【前前后后】qián·qiánhòuhòu 【来龙去脉】lái lóng qù mài ¶사건의 ~을 이해하다 | 了解事件的始末。¶그는 동생이 무단결석한 일의 ~을 어머니에게 얘기했다 | 他把小弟逃学táoxué的事一五一十地告诉gàosu了妈妈。¶일의 ~ | 事情的前前后后。

전망[展望] 📖 【展望】zhǎnwàng ❶ (멀리 바라 봄) 【眺望】tiàowàng 【瞭望】liàowàng ¶~ 표지 | 瞭望标。¶~대 | 瞭望台。❷ (앞날을 미리 바라 봄) 【展望】zhǎnwàng 【前景】qiánjǐng 【前途】qiántú 【远景】yuǎnjǐng 【远景规划】yuǎnjǐng guī·huà 【景象】jǐngxiàng ¶세계 정세를 ~하다 | 展望世界局势。¶~이 아주 좋다 | 前景很好。

°**전매**[專賣] 📖 【专卖】zhuānmài 【官卖】guānmài 【国家专营】guójiā zhuānyíng ¶~권 | 专卖权。¶~ 가격 | 公卖价格。¶~특허 | 专利权。

°**전면**[全面] 📖 【全面】quánmiàn ¶~적으로 문제를 보다 | 全面地看问题。

전멸[全滅] 📖 📖 【全灭】quánmiè 【覆没】fùmò 【全歼】quánjiān 【覆没】f-ùmò 【完全消灭】wánquán xiāomiè ¶적을 ~시키다 | 全歼敌人。

전모[全貌] 📖 【全貌】quánmào 【整个情况】zhěng·ge qíngkuàng ¶사건의 ~가 드러나다 | 案件的全貌暴露出来。

°**전무**[全無] 📖 📖 【全无】quánwú 【毫无】háowú ¶희망이 ~하다 | 毫无希望wàng。

전무후무[前無後無] 📖 📖 【空前绝后】kōng qián jué hòu 【独一无二】dú yī wú èr ¶그는 미국에서 유일무이한 컴퓨터 전문가이다 | 他是美国独一无二的电脑行háng家。 参考 〔空前绝后 有〕〔光前绝后〕

ᴮ**전문**[專門] 📖 📖 【专门】zhuānmén 【专业】zhuānyè 【专】zhuān ¶~ 교육 | 专门教育。¶그는 ~적으로 중국 어학을 연구한다 | 他专门研究中国语言学。

전문²[全文] 📖 【全文】quánwén 【通篇】tōngpiān ¶~을 발표하다 | 全文发表。

전문³[前文] 📖 【序言】xùyán 【叙言】xùyán 【绪言】xùyán 【前言】qiányán 【序文】xùwén

전문가[專門家] 📖 【专家】zhuānjiā 【内行】nèiháng 【行家】háng·jia 【在行】zàiháng 【专门人员】zhuānmén rényuán ¶~의 의견을 많이 들어보아야 한다 | 要多听听专家的意见。¶목수일에는 그가 정말 ~다 | 要说木匠活呀,他可是内行。¶이런 일을 하는데는 그가 오히려 ~이다 | 干这种事他在行。

전문화[專門化] 📖 📖 【专门化】zhuānménhuà 【专业化】zhuānyèhuà ¶~ 농업 | 专业化农业。

전반[全般] 📖 【全盘】quánpán 【全面】quánmiàn 【普遍】pǔbiàn ¶사회 ~의 문제 | 社会普遍的问题。

전반적[全般的] 📖📖 【通盘】tōngpán 【全般】quánbān 【全面】quánmiàn 【全盘的】quánpán·de 【普遍的】pǔbiàn·

de【全】quán【总的】zǒng·de ¶~으로 고려하다 | 通盘考虑。¶~으로 문제를 살피다 | 全面地看问题。¶이번에 수집한 자료는 비교적 ~이다 | 这次收集的资料比较全。¶~인 추세 | 总的趋势。

ᶜ**전반전**[前半戰] 뗑【上半场】shàngbàn-chǎng ¶~ 스코어는 어떻게 되었습니까? | 上半场比分多少? ¶내가 ~을 뛸테니 너는 후반전을 뛰어라 | 我打上半场, 你打下半场。

ᶜ**전방**[前方] 뗑【前方】qiánfāng【前面】qiánmiàn ¶~을 주시하다 | 注视zhù-shì着前方。¶~ 부대 | 前方部队bù-duì。

ᶜ**전번**[前番] 뗑【上(一)次】shàng(yí)cì【上(一)回】shàng(yì)huí ¶~에 식사 대접을 해주신데 대하여 감사드립니다 | 谢谢您上回的招待。

ᴮ**전보**[電報] 뗑하짜【电报】diànbào ¶~를 치다 | 发电报。¶~ 발신지 | 电报纸电/电报稿纸/电报单。

전복[全鰒] 뗑〈魚貝〉【鲍鱼】fùyú【鲍鱼】bàoyú

전복[顛覆] 뗑하짜타【推翻】tuī fān【颠覆】diānfù 신해혁명은 청조 200여년의 통치를 ~시켰다 | 辛亥革命推翻了清朝两百多年的统治。¶前 작은 국가의 신흥 민주정권을 성공적으로 ~하였다 | 成功地颠覆了一个小国的新兴民主政权。

ᶜ**전봇대**[電報-] 뗑【电线杆】diànxiàn-gān

ᴮ**전부**[全部] 뗑【全部】quánbù【全体】quántǐ 젼【全】quán【整个】zhěng·ge ¶문제를 ~ 다 해결했다 | 问题已经全部解决了。¶모든 힘을 ~ 집중하다 | 集中jízhōng全力。¶그가 한 말을 나는 ~ 기록했다 | 他讲的话我全记下来了。

ᶜ**전사**¹[戰士] 뗑❶【列兵】lièbīng❷【战士】zhànshì ¶백의의 ~ 간호사 | 白衣战士。❸【战斗员】zhàndòuyuán

전사²[戰死] 뗑하짜【战死】zhànsǐ【阵亡】zhènwáng【战殁】zhànmò ¶그녀의 아들은 항일전쟁 중에 ~했다 | 她儿子在抗日战争中阵亡了。¶50여명이 ~했다 | 阵亡了五十多人。

전사³[轉寫] 뗑하타（옮겨 베낌）【抄写】chāoxiě【抄缮】chāoshàn【钞录】chāolù【誊写】téngxiě【转抄】zhuǎn-chāo ¶약간의 싯구를 ~했다 | 抄写了一些诗句。¶이 인용문은 신문에서 ~해 온 것이다 | 这段引yǐn文是从报上抄写来的。

전산[電算] 뗑【电算】diànsuàn【电子计算】diànzǐ jìsuàn ¶~ 센터 | 电子计算中心。¶~화 | 电子计算机化。

전생[前生] 뗑【前生】qiánshēng【前世】qiánshì ¶~ 인연 | 前世姻缘。

전서[全書] 뗑❶（어느 한 분야의 관련 서적을 모은 것）【全书】quánshū ¶백과~ | 百科全书。❷（어느 한 사람의 저작물을 모두 모은 책）【全集】quánjí

전선¹[全線] 뗑【全线】quánxiàn ¶（철도의）~ 개통 | 全线通车tōngchē。

ᶜ**전선**¹[前線] 뗑❶【前线】qiánxiàn【前方】qiánfāng【战地】zhàndì ¶~으로 출동하다 | 开赴fù前方。❷〈氣〉【锋】fēng【锋面】fēngmiàn【潮】cháo ¶한 랭~ | 冷锋。¶온난~ | 暖锋。

전선¹[戰線] 뗑【战线】zhànxiàn【阵线】zhènxiàn ¶통일~ | 统一战线。¶혁명~ | 革命战线。¶민족 통일~ | 民族统一战线。

ᴮ**전설**[傳說] 뗑【传说】chuánshuō【传闻】chuánwén ¶~에 의하면 그곳에 120살을 산 사람이 있었다고 한다 | 传说那里有人活到一百二十岁。¶민간~ | 民间传说。

전성[全盛] 뗑하쥙【全盛】quánshèng ¶당대는 율시의 ~기이다 | 唐朝Tángcháo是律诗的全盛时期。

전세¹[專貰] 뗑【租赁】zūlìn【包租】bāo-zū【包】bāo ¶~ 계약서 | 包租合同。¶1배 한 척을 ~ 내다 | 包了一只船。¶~ 비행기 | 出租飞机/包机。

전세²[傳貰] 뗑【出租房子】chūzū fáng·zi ¶~ 집 | 出租房屋 | 租务wù ¶~ 관리 | 房屋管理。¶~ 집 | 出租的房子。¶~ 방 | 包房。

전세³[戰勢] 뗑【战争形势】zhànzhēng xíngshì【战局】zhànjú ¶~가 이미 정해지다 | 战局已定。

전소[全燒] 뗑하짜【烧光】shāoguāng【全烧】quánshāo ¶그 건물이 모두 ~되었다 | 那撞楼被烧光了。

전속[專屬] 명하자 【专属】zhuānshǔ ¶~ 가수 | 特约歌星.

ᶜ**전속력**[全速力] 명 【全速】quánsù ¶~으로 나아가다 | 全速前进.

ᶜ**전송**[傳送] 명하타 【传送】chuánsòng 【传输】chuánshū 【传递】chuándì ¶정보를 ~하다 | 传送情报. ¶암암리에 외부로 소식을 ~하다 | 暗àn中向外界传递消息xiāoxī.

전송²[餞送] 명하타 【饯行】jiànxíng 【饯别】jiànbié 【送行】sòng xíng ¶내일 공항에서 너를 ~하겠다 | 明天我要在机场为你饯行.

전수[傳授] 명하타 【传授】chuánshòu 【相传】xiāngchuán ¶기술을 ~하다 | 传授技术jìshù. ¶지식을 ~하다 | 传授知识. ¶비법을 ~하다 | 传受密方.

ᴮ**전술**[戰術] 명 ❶(작전의 수행이나 방법) 【策略】cèlüè ¶~을 쓰다 | 使用策略. ¶~이 완전히 폭로되었다 | 策略完全暴露了. ❷(전투에서의 작전파위) 【战术】zhànshù 【兵法】bīngfǎ ¶~ 훈련 | 战术训练.

전승[全勝] 명하자 【全胜】quánshèng 【全部获胜】quán bù huò shèng 【大获全胜】dà huò quán shèng ¶~을 거두다 | 大获全胜.

ᶜ**전승**²[傳承] 명하타 【继承】jìchéng 【承接】chéngjiē ¶선열의 유업을 ~하다 | 继承先烈的遗业.

ᴮ**전시**[展示] 명하타 【展出】zhǎnchū 【陈列】chénliè ¶새로 출토된 유물이 국외에서 ~되고 있다 | 新出土的文物正在国外展览. ¶사진 ~ 회 | 摄影shèyǐng展览. ¶전람회에 당대(唐代)의 벽화를 ~했다 | 展览会上展出了唐朝的壁画.

전시[戰時] 명 【战时】zhànshí 【战争时期】zhànzhēng shíqī ¶~ 내각 | 战时内阁. ¶~ 경제 | 战时经济. ¶~ 예산 | 战时预算. ¶~ 위험 | 战时风险.

ᶜ**전시회**[展示會] 명 【展览会】zhǎnlǎnhuì ¶서예 ~를 개최하다 | 举办jǔbàn书法展览会.

ᶜ**전신**[全身] 명 【全身】quánshēn 【全体】quántǐ ¶~상 | 全身像xiàng. ¶~ 사진 | 全身照片zhàopiàn.

ᴮ**전신**[電信] 명 【电讯】diànxùn 【电信】diànxìn 【电报】diànbào ¶세계 각지에서 온 ~ | 世界各地gèdì发来的电讯.

전신주[電信柱] 명 【电线杆】diànxiàngān

ᶜ**전압**[電壓] 명 【电压】diànyā ¶~이 높다 | 电压高. ¶~을 올리다 | 提高电压.

전액[全額] 명 【全数】quánshù 【全部数量】quánbù shùliàng 【总额】zǒng'é 【全部金额】quánbù jīn'é ¶~ 보험 | 全面保险. ¶~ 지불 | 全部付款/全付. ¶~ 투자 | 全部进行投资.

ᶜ**전업**[轉業] 명하자 【转业】zhuǎn yè 【改变经营】gǎibiàn jīngyíng 【改行】gǎi háng 【改业】gǎiyè

전역[全域] 명 【全境】quánjìng 【全领域】quánlǐngyù 【全地域】quándìyù

전역²[轉役] 명하자 【转入预备役】zhuǎnrù yùbèiyì ¶군 복무를 마치고 ~하다 | 服役期满后转入预备役.

ᶜ**전연**[全然] 부 【全然】quánrán 【完全】wánquán 【丝毫】sīháo ¶~ 모르다 | 全然不晓xiǎo. ¶~ 다르다 | 完全不同.

전열[前列] 명 【前列】qiánliè ¶세계의 ~에 서다 | 在世界前列.

전열²[電熱] 명 【电热】diànrè ¶~기 | 电热器/加热器.

전열³[戰列] 명 【参战队列】cānzhàn duìliè 【战斗队伍】zhàndòuduìwǔ ¶~을 가다듬다 | 整理战斗队伍.

ᶜ**전염**[傳染] 명하자 【传染】chuánrǎn ¶질병을 ~하다 | 传染疾jí病. ¶~성 간염 | 传染性肝gān炎. ¶그녀의 쾌활한 기분이 곧바로 나에게 ~되었다 | 她那股gǔ快活的情绪立刻传染了我.

ᶜ**전염병**[傳染病] 명 【传染病】chuánrǎnbìng 【疫病】yìbìng 【瘟疫】wēnyì ¶~이 크게 돌다 | 瘟疫大行. ¶~이 만연하는 것을 방지하다 | 防止瘟疫蔓延. ¶~을 예방 치료하다 | 防治fángzhì疫病. (참고) 〖瘟疫 shā〗〖瘟症 zhèng〗

전용[專用] 명하타 【专用】zhuānyòng 【专有】zhuānyǒu ¶~ 전화 | 专用电话. ¶~ 부두 | 专用泊位. ¶~ 열차 | 全用列车.

전용선[專用線;leased line] 圐〈電算〉【专线】zhuānxiàn

ᶜ**전우**[戰友] 圐【战友】zhànyǒu ¶오랜 ~|老战友。¶~애|战友的情谊。

전운[戰云] 圐【战云】zhànyún ¶이 짙게 감돌다|战云密布。

ᶜ**전원**¹[田園] 圐【田园】tiányuán ¶~ 풍경|田园风光。¶~도시|田园城市/花园城市。

ᶜ**전원**²[全員] 圐【全体】quántǐ【全员】quányuán【全体人员】quántǐ rényuán ¶~ 출석|全体出席chūxí。

ᶜ**전원**³[電源] 圐〈電〉【电源】diànyuán【电力资源】diànlì zīyuán ¶~ 스위치|电源开关。

전위[前衛] 圐 ❶ (앞장서 나가는 호위)【前卫】qiánwèi【前锋】qiánfēng ¶~의 임무를 맡다|担任dānrèn前卫任务rènwù。❷ (가장 선구적인 집단)【先进】xiānjìn【先锋】xiānfēng ¶~파|先锋派pài。

전율[戰慄] 圐【战栗】zhànlì【战抖】zhàndǒu【战慄】zhànshè【发抖】fādǒu【颤栗】zhànlì ¶어찌나 놀랬던지 온몸이 ~했다|吓xià得全体身体都栗了。¶놀라 온몸을 ~했다|吓xià得顺栗浑hún身了。

전의[戰意] 圐【战斗意志】zhàndòuyìzhì ¶~를 상실하다|丧失战斗意志。

전이[轉移] 圐하타【转移】zhuānyí【变位】biànwèi ¶암이 폐로 ~되었다|癌转移到了肺部。

전이중 통신 방식[全二重通信方式;fullduplex] 圐〈電算〉【双工】shuānggōng

전인[全人] 圐【完人】wánrén【全人】quánrén ¶~ 교육|全人教育。

진임¹[前任] 圐圐【前仕】qiánrèn ¶~ 부장|前任部长bùzhǎng。참고〔曾任〕〔現任〕原任〕

전임²[專任] 圐하타【专任】zhuānrèn【专职】zhuānzhí ¶~ 교원|专任教员。¶이 일을 ~하다|专职搞这个工作。¶~ 강사|专任讲师。

전임³[轉任] 圐하자【转任】zhuānrèn【调职】diào zhí【调工作】diàogōngzuò

전입[轉入] 圐하자【转籍】zhuānjí【转关系】zhuān guān·xi【调来】diàolái

【转来】zhuǎnlái **【转入】**zhuǎnrù ¶얼마 안 되어서 그는 다른 중학교로 ~했다|不久他转到另外一个中学。

ᴮ**전자**¹[電子] 圐〈物〉【电子】diànzǐ ¶~계산기|电子计算机。¶~ 음악|电子音乐。¶~파|电子波。

전자²[前者] 圐【前者】qiánzhě

전자 상거래[電子商去來;ecommerce] 圐〈電算〉【电子商务】diànzǐshāngwù

전자 우편[電子郵便;email] 圐〈電算〉【电子邮件】diànzǐyóujiàn

전자 화폐[電子貨幣;cyber money] 圐〈電算〉【电子货币】diànzǐhuòbì

전작¹[田作] 圐【种旱地】zhǒnghàndì【旱田作物】hàntiánzuòwù

전작²[前酌] 圐【喝过酒】hēguòjiǔ ¶보아하니 ~이 있군|看来已经喝过酒了。

ᴮ**전장**¹[戰場] 圐【战场】zhànchǎng ¶~으로 달려가다|奔赴bēnfù战场。

전장²[全長] 圐【全长】quánchǎng【共长】gòngchǎng【全部长度】quánbù chángdù

전장³[前裝] 圐하타【从枪口上弹】cóngqiāngkǒu shàngdàn【从枪口装子弹】cóngqiāngkǒu zhuāngzǐdàn

전장⁴[前場] 圐〈經〉【早市】zǎoshì【前盘】qiánpán【上午市】shàngwǔshì【前市】qiánshì【早盘】zǎopán

ᴬ**전쟁**[戰爭] 圐하자【战争】zhànzhēng【征战】zhēngzhàn【战事】zhànshì【兵戈】bīnggē ¶전면 ~|全面战争。¶~의 상처|战争创伤。¶~이 끝나다|战事结束。¶~ 뉴스|战事消息。

전적¹[全的] 관圐【完全】wánquán【全部】quánbù ¶~으로 동의합니다|完全同意, 全战争。¶그들이 ~으로 우리의 의견에 동의했다|他们完全同意我们的意见。

전적²[戰績] 圐【战绩】zhànjì ¶~이 눈부시다|战绩辉煌。

전전[轉轉] 圐하자【流离】liúlí【辗转】zhǎnzhuǎn【各处】gèchù ¶~하다|流离转徙zhuānxǐ。¶생활고로 정처없이 ~하다|流离颠沛diānpèi/颠沛流离。

전전긍긍[戰戰兢兢] 圐하자【战战兢兢】zhànzhànjīngjīng ¶그녀는 ~하

여 대답했다 | 她战战兢兢地回答了。

전전날[前前－] 圀 【前天】qiántiān 【前两天】qiánliǎngtiān ¶그저께 밤에 나는 장선생님을 방문했다 | 前天晚上我拜访bàifǎng了张老师。

전제¹[前提] 圀하타 【前提】qiántí ¶조건이 명확하지 않다 | 前提条件不明确。

전제²[專制] 圀하타 【专制】zhuānzhì 【独裁】dúcái ¶군주 ～ 정치 | 君主专制。¶이선생님은 아주 ～적이라서 학생들의 의견을 들으려 하지 않는다 | 李老师很专制, 听不进学生的意见。

전조[前兆] 圀 【预兆】yùzhào 【征象】zhēngxiàng ¶승리의 ～ | 胜利shènglì的预兆。

전조등[前照燈] 圀 【前灯】qiándēng

전주¹[前奏] 圀 【前奏】qiánzòu

ᴮ**전주**²[前週] 圀 【上星期】shàngxīngqī 【上周】shàngzhōu

전주³[電柱] 圀 【电线杆】diànxiàngān

전주곡[前奏曲] 圀 〈音〉【前奏曲】qiánzòuqǔ 【序曲】xùqǔ 【序幕】xùmù ¶이것은 이 운동의 ～이다 | 这是这场运动的序曲。¶혁명의 ～ | 革命的前奏。

ᴮ**전지**¹[全紙] 圀 【整张纸】zhěngzhāngzhǐ 【原大纸】yuándàzhǐ

전지²[電池] 圀하타 ❶ (전류를 일으키는 장치)【电池】diànchí ¶태양 ～ | 太阳能电池。❷ (손전등)【手电筒】shǒudiàntǒng ¶～를 켜다 | 开手电筒。 參考〔手电灯〕〔手电棒〕〔电筒〕〔电棒〕〔手电〕

전지³[戰地] 圀 【战地】zhàndì 【战场】zhànchǎng ¶～로 떠나다 | 开赴正战场。

전직[前職] 圀 【前职】qiánzhí ¶～ 교사 | 前职教师。¶～ 대통령 | 前职总统。

ᴮ**전진**[前進] 圀하자 【前进】qiánjìn 【进展】jìnzhǎn 【上前】shàng qián ¶어려움을 무릅쓰고 ～하는 것, 이것이 우리 청년들이 자라면서 반드시 거쳐야 할 길이다 | 迎着困难kùnnán而上, 这也是我们年轻成长的必经之路。¶끊임없이 ～하다 | 不断前进。

ᶜ**전집**[全集] 圀 【全集】quánjí ¶노신 ～ | 鲁迅Lǔxùn全集。

ᴮ**전차**[電車] 圀 【电车】diànchē ¶～ 운전기사 | 电车司机。¶～ 정류소 | 电车站。

전처[前妻] 圀 【前妻】qiánqī 【前房】qiánfáng 【前室】qiánshì 【前房妻子】qiánfáng qī·zi

전천후[全天候] 圀 【全天气】quántiānqì

전철¹[前轍] 圀 【前辙】qiánzhé ¶～을 밟다 | 重蹈覆辙。

ᴮ**전철**²[電鐵] 圀 【地铁】dìtiě 【地下铁(路)】dìxiàtiě(lù)

ᴬ**전체**[全體] 圀 【全体】quántǐ ¶～ 회의 | 全体会议sù。¶～ 부품 | 成套散件。¶～ 치수 | 总尺寸。

전체주의[全體主義] 圀 【极权主义】jíquán zhǔyì

전초[前哨] 圀 〈軍〉【前哨】qiánshào ¶～ 거점 | 前哨据点jùdiǎn。¶～ 전 | 前哨战。

ᶜ**전축**[電蓄] 圀 【电唱机】diànchàngjī 【电唱盘】diànchàngpán 【电转儿】diànzhuǎnr

ᴮ**전치**[全治] 圀하타 【痊愈】quányù 【痊可】quánkě 【全愈】quányù ¶～ 2주의 부상을 입다 | 他受了伤需两周才能治愈。

ᴮ**전통**[傳統] 圀 【传统】chuántǒng ¶～적 관념 | 传统观念。¶～ 음악 | 传统音乐。¶우수한 ～ | 优良传统。¶～ 사회 | 传统社会。

ᴮ**전투**[戰鬪] 圀 【战斗】zhàndòu 【战役】zhànyì 【征战】zhēngzhàn ¶～ 부대 | 战斗部队。¶～ 준비가 다 되었다 | 作好了战斗准备。¶～ 폭격기 | 战斗轰炸机。

ᴮ**전투기**[戰鬪機] 圀 【战斗机】zhàndòujī 【歼击机】jiānjījī

ᶜ**전파**¹[電波] 圀 ❶【电波】diànbō ¶～ 탐지기 | 雷达/无线电探测机。❷【电磁波】diàncíbō

ᶜ**전파**²[傳播] 圀하자타 【传播】chuánbō 【普及】pǔjí 【散布】sànbù ¶～ 속도 | 传播速度。¶민중에게까지 널리 ～하다 | 普及到民众mínzhòng中去。

전편[全篇] 圀 【全篇】quánpiān 【通篇】tōngpiān ¶소설 ～ | 小说全篇。

전폐[全廢] 圀하타 【全废】quánfèi 【俱废】jùfèi 【全部废除】quánbù fèichú

【全部撤銷】quánbù chèxiāo【完全撤銷】wánquán chèxiāo

전폭[全幅] 몡 ❶【全幅】quánfú【整幅】zhěngfú ❷【整个】zhěnggè【全体】quántǐ

^C**전하**[殿下] 몡【殿下】diànxià

^A**전하다**[傳-] 동 ❶ (소식이나 물건 등을)【传达】chuándá【传递】chuándì【捎】shāo ¶상급기관의 지시를 ~│传达上级的指示. ¶소식을 ~│传递情报. ¶편지를 인편에 ~ 捎一封信去. ❷ (전해내려오다)【传】chuán【流传】liúchuán【相传】xiāngchuán ¶스승이 제자에게 기예를 ~│师傅把手艺传给徒弟. ¶세상에 전해지다│世上流传于世.

^B**전학**[轉學] 몡하자 【转学】zhuǎn xué ¶그는 또 ~했다│他又转学了.

^C**전함**[戰艦] 몡【战舰】zhànjiàn【战斗舰】zhàndòujiàn【战列舰】zhànlièjiàn

전향[轉向] 몡하자 【转向】zhuǎnxiàng ¶몇명의 청년 장교들이 분분히 ~하여 혁명에 참가했다│一些青年军官纷纷转向, 参加了革命.

^A**전혀**[全-] 児【全然】quánrán【完全】wánquán【殊】shū【干脆】gāncuì【漠然】mòrán【总】zǒng【一点儿】yìdiǎnr【根本】gēnběn ¶그 일은 나는 ~ 모른다│那事儿我干脆就不知道. ¶~ 가고 싶지 않다│一点儿都不想去. ¶그는 이런 문제들을 ~ 생각지도 못했다│他根本就没想到这些问题.

전형[典型] 몡【典型】diǎnxíng ¶~적인 인물│典型人物. ¶~적인 사례│典型事例. ¶~을 수립하다│树立典型.

전화[轉化] 몡하자타【转化】zhuǎnhuà ¶불리한 요인도 유리한 요인으로 ~될 수 있나│不利因素可以转化成有利因素.

^A**전화**[電話] 몡하자【电话】diànhuà ¶~를 걸다│打电话. ¶~ 번호부│电话号码簿. ¶~벨│电话铃líng. ¶시내 ~│市内电话. ¶~ 교환원│话务员/电话接线员. ¶~국│电话局.

전화[戰火] 몡【战火】zhànhuǒ

전화[戰禍] 몡【战禍】zhànhuò ¶~를 입다│遭受zāoshòu战祸.

전화 접속[電話接續;dialing] 몡〈電算〉【拨号网络】bōhàowǎngluò

전화위복[轉禍爲福] 몡【转祸为福】zhuǎn huò wéi fú【因祸得福】yīn huò dé fú【因祸为福】yīn huò wéi fú ¶이라고 그는 병으로 입원하고 있는 동안 간호원 아가씨와 연애를 하게 되었다│他因祸得福, 住院期间护士小姐谈上了恋爱.

전환[轉換] 몡하자타 ❶ (바뀜)【转换】zhuǎnhuàn【转变】zhuǎnbiàn【转化】zhuǎnhuà【扭转】niǔzhuǎn ¶방향을 ~하다│转换方向. ¶역사의 ~기│历史转变时期. ¶종종 선거의 형세를 ~시킬 수가 있다│往往能够扭转选举的形势. ❷ (마음의)【变态】biàntài

전환점[轉換點] 몡【转折点】zhuǎnzhédiǎn ¶우리 시대의 새로운 ~│我们时代的新的转折点.

전횡[專橫] 몡하자【专横】zhuānhèng【横行】héngxíng ¶아무 거리낌없이 ~하다│横行无忌jì.

^C**전후**[前後] 몡【前后】qiánhòu【左右】zuǒyòu【上下】shàngxià ¶국경일 ~│国庆节guóqìngjié前后. ¶오후 3시 ~│下午三点左右. ¶그는 키가 1미터 70센티 ~이다│他身高一米七左右. ¶이 사람은 대략 50세 ~이다│这个人大约五十上下.

^A**절**[寺廟] 몡【寺庙】sìmiào【寺宇】miàoyǔ【寺院】sìyuàn【庙院】miàoyuàn【伽蓝】qiélán【古刹】gǔchà【庵】ān【佛寺】fósì【刹】chà ¶~ 안에 은행나무가 심어져 있다│寺院里种着银杏yínxìng树. ¶길옆에 오래된 ~ 하나가 아득히 보인다│远远望见路旁一座庙院.

^B**절**[절] 몡하자【礼】lǐ【行礼】xínglǐ ¶큰 ~│大礼. ¶허리 굽혀 ~하다│行鞠躬jūgōng礼.

^B**절**[節] 몡 ❶【言】【分句】fēnjù ❷ (단락)【节(儿)】jié(r)【段】duàn ¶~을 나누다│分段. ❸〈音〉【节】jié【段】duàn ¶내가 경극을 한 ~ 부르겠다│我来唱一段京戏.

절감[切感] 몡하타【切实感到】qièshígǎndào ¶책임을 ~하다│切实感到责任的重大.

절감[節減] 몡하타【节减】jiéjiǎn【节

省】jiéshěng【低落】dīluò ¶경비를 -
하다 | 节减经费。¶시간을 ~하다 |
节省时间。

절개²【切開】**명**[하타]【切开】qiē·kāi ¶
제왕~ | 剖腹产。

절개³【節概】**명**【气节】qìjié【节操】jiécāo【情操】qíngcāo ¶자신의 ~를 지
키다 | 保持自己的节操。

절경【絶景】**명**【绝景】juéjǐng【佳景】jiā-
jǐng

절교【絶交】**명**[하자]【绝交】jué jiāo【隔
绝】géjué ¶그녀는 나와 ~했다 | 她
跟我绝交了。

ⁿ절구【臼】jiù【石臼】shíjiù ¶~통-
臼/碓臼。¶~질 | 舂chōng。

ⁿ절구²【絶句】**명**〈文〉【绝句】juéjù

절규【絶叫】**명**[하자타]【呼喊】hūhǎn【呐喊】nàhǎn ¶자유를 달라고 ~하
다 | 为自由而呐喊。

ⁿ절기【節氣】**명**【节气】jié·qi【节令】jiélìng【时令】shílìng ¶1년은 24가지 있
다 | 一年有二十四节气。¶~가 이미
하지로 접어들어 낮이 짧아지기 시작
했다 | 时令已交夏至, 白天开始缩短s-
uōduǎn了。

ⁿ절다【浸】**동**❶(흠뻑 배어들다)【蔫下去】
niānxiàqù【渍】zì【浸透】jìntòu ¶흰
셔츠가 땀에 절어 누렇게 됐다 | 白衬
衣被汗水渍黄了。❷(소금기가 배어
들어 숨이 죽다)【腌渍】yānzì ¶소금
에 절인 생선 | 被盐腌渍的鱼。

ⁿ절다²【동】❶(다리를)【跛】bǒ【踮】diǎn
¶한 쪽 다리를 절었다 | 跛了一只
脚。¶한 쪽 다리를 절뚝거리며 걸어
온다 | 一跛一跛地走过来。❷(비유)
【长度不等】chángdù bùděng

절단【切斷】**명**[하타]【断】duàn【截断】ji-
éduàn【折断】zhéduàn【切割】qiēgē
【割切】gēqiē【割断】gēduàn【切断】qi-
ēduàn ¶전선 한 줄을 ~했다 | 截断
了一根电线。

절대【絶代】**명**【绝代】juédài【绝世】ju-
éshì ¶~가인 | 绝代佳人。

ⁿ절대²【絶對】**명**【绝对】juéduì ¶~치 |
绝对值。¶~ 가격 | 绝对价格。¶~
군주제 | 绝对君主制。¶~ 독점 | 绝
对垄断。

절대로【絶對-】**부**【绝对】juéduì【管
保】guǎnbǎo【千万】qiānwàn【一定】y-

ídìng【一切】yíqiè ¶~ 흔들릴 수 없
는 신념 | 绝对不可动摇的信念。¶그
의 말을 들으면 ~ 틀리지 않는다 | 听
他的话, 管保没错。¶~ 잊어서는 안
된다! | 千万不能忘了呀!

절도【節度】**명**【适度】shìdù【节制】jié-
zhì ¶~있는 생활 | 有节制的生活。

절도²【竊盜】**명**【盗窃】dàoqiè【偷盗】t-
ōudào ¶~죄 | 盗窃罪。¶~ 사건 |
盗窃案àn。¶~ 방지 | 防止偷盗。
¶~범 | 偷窃犯/盗窃犯。

절뚝거리다【동】【一瘸一拐地走】yìquéyì-
guǎi·de zǒu【一瘸一跛地走】yìbǒyìb-
ǒ·de zǒu【跛脚】bǒjiǎo

절레절레【부】[하타]【摇】yáo ¶고개를 ~
흔들다 | 摇摇头。¶~하다 | 一摇一

절로【부】❶☞ 저절로 ❷☞ 저리로

절룩거리다【동】【蹩】bié【一瘸一拐】yì-
qué yìguǎi【一瘸一跛】yìqué yìdiǎn
¶그는 방구석으로 절룩거리며 걸어
갔다 | 他一瘸一拐起身向屋角蹩到墙
bì角。

절름거리다【동】【一跛一跛地走】yìbǒyìb-
ǒ·de zǒu【一瘸一拐地走】yìquéyìguǎ-
i·de zǒu

절름발이【명】【瘸子】qué·zi【瘸腿】quétu-
ǐ【跛子】bǒ·zi【跛脚】bǒjiǎozhě【拐
子】guǎi·zi【瘫子】tān·zi

절망【絶望】**명**[하자]【绝望】juéwàng ¶
~적인 비명 | 绝望的悲鸣。¶나는
대단히 ~하였다 | 我太绝望了。

절묘【絶妙】**명**[하형]【绝妙】juémiào ¶
~한 문장 | 绝妙的文章。

절박【切迫】**명**[하형]【迫切】pòqiè【切
实】qièshí【急切】jíqiè ¶그는 아주
~하게 말한다 | 他说得很迫切。¶~한
요구 | 迫切的要求yāoqiú。

절반【折半】**명**【一半】yíbàn【对半】duì-
bàn【半】bàn ¶손님이 ~으로 줄다 |
客人减少一半。

절벽【絶壁】**명**❶(벼랑)【绝壁】juébì
【峭壁】qiàobì【悬岩】xuányán【崖】yá
【悬崖】xuányá【断崖】duànyá ¶앞에
갑자기 ~이 나타났다 | 前面突然出
现了一道绝壁。¶~을 타고 오르다 |
攀登pāndēng峭壁。¶깎아지른 듯
한 ~ | 悬崖绝壁juébì。❷(귀가 먹
다)【聋】lóng ❸(사리에 어두운 사

람)【罟】jiāng【固执】gù·zhí

절상[切上] 명하타【升】shēng ¶평가
~|升值.

절색[絶色]【绝色】juésè ¶~가인
|绝色佳人/绝代佳人.

절세[絶世] 명하자【举世无双】jǔ shì w
ú shuāng【盖世无双】gài shì wú shuā
ng【海内无双】hǎi nèi wú shuāng【卓
绝】zhuójué【绝代】juédài【绝世】jué·
shì

ᵃ**절실**[切實] 명하형【切实】qièshí【迫
切】pòqiè ¶~하고 힘있는 말|迫切
有力的话. ¶~한 요구|迫切的要求
yāoqiú.

ᴮ**절약**[節約] 명하타【节约】jiéyuē【节
省】jiéshěng【减省】jiǎnshěng【节俭】
jiéjiǎn【省俭】shěngjiǎn【俭省】jiǎnshě
ng【省钱】shěng qián ¶근검〔勤俭
节约。¶용돈을 ~ 하다|节约零花
钱.

절연[絶緣]【绝缘】명하자타❶【断绝关系】du
ànjué guān·xì ¶그와 ~했다|与他
断绝关系.❷〈電〉【绝缘】juéyuán
【隔电】gédiàn ¶~지|绝缘纸.¶~
재료|绝缘材料.

ᴮ**절이다** 동【腌下去】niānxiàqù【渍】zì
【腌】yān【酱】jiàng

절전[節電] 명하자【节电】jiédiàn ¶~
운동|节电运动.

절절[切切] 부❶(닳아 오르는 모양)【燎燎】i·
áoliáo ¶불이 ~ 뜨겁다|火燎燎地
烫.❷(끓는 모양)【哗哗】huāhuā ¶
물이 ~ 끓는다|水哗哗地沸腾fèi téng.

절절하다[切切一] 형【殷切】yīnqiè【恳
切】kěnqiè【热切】rèqiè【热诚】rèché
ng

절절히[切切一] 부【殷切地】yīnqiè·de
【恳切地】kěnqiè·de【热切地】rèqiè·d
e【深切地】shēnqiè·de【迫不及待地】
pòbùjídài·de ¶부모님의 은혜를 ~
느끼다|切实感到父母的大恩大德.

절정[絶頂] 명❶(산의 맨 꼭대기)【顶
峰】dǐngfēng❷(최고조)【最高峰】zu
ìgāofēng【最高潮】zuìgāocháo【顶
点】dǐngdiǎn【绝顶】juédǐng【峰值】fē
ngzhí ¶~ 부하|高峰负荷.

절제¹[切除] 명하타〈醫〉【切除】qièch
ú ¶유방 ~ 수술을 하다|做了乳房切
除手术shǒushù.

절제²[節制] 명하타【节制】jiézhì【限
制】xiànzhì【抑制】yìzhì ¶술 담배를
~하다|节制烟酒.

ᶜ**절차**[節次] 명【次序】cìxù【顺序】shù·
nxù【步骤】bùzhòu【手续】shǒu·xù
【程序】chéngxù ¶물가를 ~에 따라
조정하다|有步骤地调整tiáozhěng
物价. ¶입학 ~는 이미 끝냈다|入
学的手续已经办完了. ¶작업 ~|工
作程序. ¶~가 틀렸다|程序不对.

절찬[絶讚] 명하타【叫绝】jiàojué【赞
叹】zàntàn【非常称赞】fēicháng chē
ngzàn【无上的称赞】wúshàng·de chē
ngzàn ¶~해 마지 않다|赞叹不已.

절충¹[折衷] 명하타【折衷】zhézhōng
【折中】zhézhōng ¶~안|折中方案.

절충²[折衝]【交涉】jiāoshè【接
洽】jiēqià【磋商】cuōshāng ¶노동자
대표가 회사 책임자와 의견을 ~중에
있다|工人代表在跟公司负责人交
涉. ¶~을 한 후, 쌍방은 각자 합리
적인 양보를 하기로 합의하였다|经
过磋商之后, 双方同意各自作出合理
的让ràng步.

절취[竊取] 명하타【窃取】qièqǔ【偷
盗】tōudào ¶직위를 ~|窃取职
位. ¶재물을 ~하다|偷盗财物.

절친[切親] 명하형【亲密无间】qīn mì
wú jiān【至亲】zhìqīn ¶선생과 학생
사이가 매우 ~하여 거리감이 없다|
师生之间亲密无间. ¶~한 친구 사
이|至亲的朋友.

절통[切痛] 명하형【痛恨】tònghèn【心
痛欲绝】xīntòng yùjué【心痛欲裂】xī
ntòng yùliè

절판[絶版] 명하자타【绝版】jué/bǎn
¶이 책은 일찌기 ~되었다|这本书
早就绝版了. ¶~본|绝版书.

절품[切品] 명하자【脱销】tuō/xiāo
【无货供应】wúhuò gōng·yìng【销售
完】xiāoshòuwán

절필[絶筆] 명❶(죽기 전에 쓴 마지막
글씨)【绝笔】juébǐ ¶이 편지는 그의
~이다|这封信是他的绝笔. ❷하자
(붓을 놓고 글 쓰기를 그만둠)【搁笔】
gēbǐ ¶공자는 춘추를 지을 때, 노나
라 애공이 서쪽에서 기린을 사냥했다
까지 쓰고서는 ~하였다|孔子修春

秋, 到鲁哀公西狩获麟lín便搁笔了。

절하[切下] 图【하락】〈經〉【贬值】biǎn-zhí【降低】jiàngdī【砍倒】kǎndǎo【跌价】diē jià ¶오늘부터 미화(美貨)는 12% 평가하 ─ 되다 | 从今天起美元贬值百分之十二。

절호[絶好] 图【绝好】juéhǎo【极好】jíhǎo ¶~의 기회를 놓치다 | 放过了绝好的机会。

^A**젊다**[형]【年轻】niánqīng【青少】qīngshǎo ¶이 아가씨는 아주 ─ | 这位小姐年轻得很。¶그는 이미 50이 막 넘은 사람이지만 보기에는 아직 ─ | 尽管他已是五十出头的人了, 可是看上去还很年轻。

^B**젊은이** 图【年轻人】niánqīngrén【青年人】qīngniánrén【年轻的】niánqīng·de【后生(子)】hòu·sheng(zǐ)【小伙子】xiǎohuǒ·zi ¶건장한 ─ | 健壮后生。

^A**점**[占] 图【卦】guà【卜】bǔ ¶~을 보다 | 打卦/算suàn卦/占 zhān卦/卦命 mìng。¶~을 치다 | 占卜。

^A**점**[點] 图❶ (작고 둥글게 찍힌 표시)【点】diǎn【点儿】diǎnr ¶검은 ~ | 黑点儿。¶~을 찍다 | 点点儿。❷ (장단점)【点】diǎn ¶좋은 ─과 나쁜 ─ | 优点和缺点。❸ (반점)【斑点】bāndiǎn ¶눈가에 검은 ~이 있다 | 眼边有黑斑。❹ (음표나 쉼표 위에 찍는 것)【音符】yīnfú【休止符】xiūzhǐfú ❺ (점수)【分(儿)】fēn(r) ¶30~을 받았다 | 得了三十分。❻ (살코기 따위의 작은 조각)【块】kuài【片】piàn ¶고기를 ─ 먹다 | 吃几块肉。❼ (여러 종류의 물품이나 가짓수를 셀 때)【种】zhǒng【幅(儿)】fú(r) ¶그림 한 ~ | 一幅画。

점거[占據] 图하타【占据】zhànjù【占有】zhànyǒu ¶~율 | 占有率。¶파출소를 ~하다 | 占据派出所。

점검[點檢] 图하타【检查】jiǎnchá【查点】chádiǎn ¶작업을 ~하다 | 检查工作。¶사상을 ~하다 | 检查思想。

^B**점령**[占領] 图하자타【占领】zhànlǐng【攻占】gōngzhàn【占】zhàn【攻取】gōngqǔ【攻下】gōngxià【攻克】gōngkè【达到】dá dào【占据】zhànjù ¶~지역 | 占领区。¶요새를 ~하다 | 攻克

堡垒bǎolěi。¶유리한 고지를 ~하다 | 占据有利地位。

^C**점박이**[點─] 图【脸上或身上有大斑点的禽兽】liǎnshàng huò shēnshàng yǒu dàbāndiǎn·de qínshòu【斑点禽兽】bāndiǎn qínshòu

^C**점선**[點線] 图【点线】diǎnxiàn【虚线】xūxiàn

점수[點數] 图【分数】fēnshù ¶~ 기록부 | 记分簿。¶다섯 과목의 평균 ~가 89점이다 | 五门功课的平均分数是八十九分。

^A**점심**[點心] 图【午饭】wǔfàn【午餐】wǔcān【中饭】zhōngfàn【晌饭】shǎngfàn ¶~때 | 中午/晌午/午饭时。¶~밥 | 中饭/午饭/午餐。참고〔午膳shàn〕〔午饷xiǎng〕

^C**점원**[店員] 图【店员】diànyuán【售货员】shòuhuòyuán【推销员】tuīxiāoyuán【伙计】huǒ·ji ¶상점 ─ | 店里的伙计。참고〔店倌guān〕〔店伙huǒ〕〔铺pù伙〕〔店友〕

점유[占有] 图하타【占有】zhànyǒu ¶토지를 ~하다 | 占有土地。¶~권 | 占有权。¶~율 | 占有率。

점자[點字] 图【盲文】mángwén【盲字】mángzì【点字】diǎnzì

점잔 图【端庄】duānzhuāng【斯文】sī·wen【持重】chízhòng【文雅】wényǎ

^B**점잖다** 圈【稳重】wěnzhòng【从容】cóngróng【文雅】wényǎ【典雅】diǎnyǎ【展样】zhǎn·yang【文质彬彬】wénzhì bīn bīn【素净】sù·jing【持重】chízhòng【斯文】sī·wen【文静】wénjìng【端庄】duānzhuāng ¶행동거지가 ~ | 举止zhǐ稳重。¶점잖은 태도 | 文雅的态度。¶말이 ~ | 谈吐文雅。¶행동이 ─ 점잖아졌다 | 行动持重起来了。¶용모가 단정하고 ~ | 相xiàng貌端庄文静。

점쟁이[占─] 图【占卦的人】zhānguà·de rén【算卦的人】suànguà·de rén【筮人】shìrén

^A**점점**[漸漸] 图【渐渐】jiànjiàn【逐渐】zhújiàn【越来越…】yuèláiyuè… ¶추워지기 시작했다 | 逐渐冷了起来。¶날이 ~ 어두워졌다 | 天色渐渐暗了下来。¶~ 더 바빠지다 | 越来越忙máng。

점진[漸進]【하자】【渐进】jiànjìn ¶순서를 따라 ~ 발전하다 | 循序渐进.

ᴮ**점차**[漸次]【문】【逐渐】zhújiàn 【渐渐】jiànjiàn【稍稍】shāoshāo 【逐步】zhúbù 【渐次】jiàncì ¶~ 향상되다 | 逐步提高. ¶속도가 ~ 떨어진다 | 速度逐步慢下来.

점치다[占-]【동】【算卦】suàn/guà

점철[點綴]【하자타】【点缀】diǎnzhuì 【连结】liánjié 【充满】chōngmǎn ¶그녀의 일생은 눈물로 ~되어 있다 | 她的一生充满了泪水.

ᶜ**점토**[粘土]【粘土】niántǔ 【埴土】zhítǔ 【胶泥】jiāoní 【澄浆泥】dèngjiāngní ¶~암 | 粘土岩. ¶~로 장난감을 하나 만들었다 | 用胶泥捏了一个玩具.

점퍼[jumper] 【명】❶【夹克】jiākè ❷〈電算〉【跳线】tiàoxiàn

ᶜ**점포**[店鋪]【店铺】diànpù 【铺子】pù·zi 【商店】shāngdiàn 【小商贩】xiǎoshāngfàn 【盘】pán ¶~를 양도 받다 | 接盘/受盘. ¶~ 정리 판매 | 结业出售.

점하다[占-]【동】【占】zhàn 【占据】zhànjù ¶찬성하는 사람이 다수를 점하고 있다 | 赞成的占多数.

점호[點呼]【명】【하타】【点名】diǎn míng

ᶜ**점화**[點火]【명】【하자】【点火】diǎn huǒ ¶~기 | 点火器. ¶~ 장치 | 点火装置/点火设备.

접견[接見]【명】【하자타】【接见】jiē jiàn 【会见】huì jiàn ¶한국 대통령이 중국 총리를 ~ 했다 | 韩国总统zǒngtǒng接见了中国总理.

ᶜ**접근**[接近]【명】【하자】【接近】jiējìn 【凑】còu 【拢】lǒng 【迫近】pòjìn 【靠近】kàojìn 【濒临】bīnlín ¶앞으로 한 걸음 ~하다 | 往前凑一步。¶욕심이 너무 앞아서면 배가 부두에 ~할 수 없다 | 水太浅, 船拢不到码头。¶위험한 곳에 ~하지 마라! | 别靠近危险的地方!

ᴮ**접다**【동】❶(겹치다)【摺】zhé 【摺叠】zhédié ¶종이를 ~ | 把纸摺上来. ¶접어 개는 식 | 摺叠式. ❷(색종이 따위를)【用纸做】yòngzhǐzuò ¶색종이로 비행기를 ~ | 用彩纸做飞机. ❸(폈던 것을)【合】hé 【收】shōu ¶

수첩을 ~ | 合上本子. ¶우산을 접어 한쪽에 세워놓다 | 把雨伞收起来立在一边. ❹(양보하다)【让步】ràng/bù 【让】ràng ¶원칙 문제에 있어서는 접어들 수 없다 | 在原则问题上不能让步. ¶"차" 하나를 접고도 이길 수 있다 | 让一个"车"也能赢. ❺(보류하다)【保留】bǎoliú 【收回】shōuhuí ¶자신의 주장을 접어 두다 | 收回自己的主张.

ᶜ**접대**[接待]【하타】❶(일반적인 대접)【招待】zhāodài ¶당신들의 열렬한 ~에 감사합니다 | 谢谢你们的热情招待. ¶네가 가서 여자 손님을 좀 ~해라 | 你去接待招待女宾. ❷(특별하거나 정식적인 대접)【接待】jiēdài 【应接】yìngjiē ¶내일의 손님은 내가 ~한다 | 明天的客人由我来接待. ¶내빈을 ~하다 | 接待来宾.

ᶜ**접두사**[接頭辭]【명】〈言〉【词缀】cízhuì 【词头】cítóu 【语头】yǔtóu

ᶜ**접목**[椄木]【명】【接枝(儿)】jiēzhī(r)【嫁接】jiàjiē 【嫁接树】jiàjiēshù 【接骨木】jiēgǔmù ¶작년에 ~한 석류가 이미 열매를 맺었다 | 去年接木的石榴已经结果了.

ᶜ**접미사**[接尾辭]【명】〈言〉【后缀】hòuzhuì 【词尾】cíwěi

ᶜ**접붙이기**[椄-]【명】【接木】jiēmù 【接枝(儿)】jiēzhī(r)【嫁接】jiàjiē 【嫁接树】jiàjiēshù 【接骨木】jiēgǔmù

ᴮ**접사**[接辭]【명】〈言〉【词缀】cízhuì

접속[接續; connect]【명】【하자타】❶(맞대어서 이음)【连接】liánjiē 【联接】liánjiē 【接续】jiēxù ¶~ 운송 | 运송. ¶~ 지수 | 环比指数. ❷〈電算〉【上网】shàngwǎng 【连接】liánjiē ¶인터넷에 ~하다 | 连接因特网.

ᴮ**접속사**[接續詞]【명】〈言〉【连词】liáncí

ᶜ**접수**[接受]【명】【하타】❶(받아들이다)【接受】jiēshòu 【采纳】cǎinà 【承受】chéngshòu 【承接】chéngjiē ¶다른 사람의 의견을 ~하다 | 接受别人的意见. ¶선물을 ~하다 | 接受礼物. ❷(병원에서)【挂号】guàhào 【接收】jiēshòu ¶~비 | 挂号费.

ᴮ**접시**【명】【碟子】dié·zi 【磲儿】diér

ᴮ**접어들다**【동】【进到】jìndào 【进入】jìnrù ¶새로운 단계로 ~ | 进入新阶段jiēd-

817

uǎn。

ᴬ**접영**[蝶泳]몡〈體〉【蝶泳】diéyǒng 【蝶式】diéshì

접전[接戰]몡하자 【交战】jiāozhàn 【回合】huíhé ¶～상태 | 交战状态。

ᴬ**접종**[接種]몡하자〈醫〉【接种】jiēzhòng ¶우두를 ～하다 | 接种牛痘。¶왁친을 ～하다 | 接种疫苗。

접착제[接着劑]몡 【粘着剂】niánzhuójì 【粘合剂】niánhéjì

ᴮ**접촉**[接觸]몡하자 【接触】jiēchù ¶피부가 물체에 ～했을 때 생기는 감각이 촉각이다 | 皮肤和物体接触时, 所产生的感觉就是触觉。¶지도자는 응당 많은 대중과 ～해야 한다 | 领导应多跟群众接触。¶～불량 | 接触不良。

ᴮ**접하다**[接-]동❶ (인접하다) 【邻接】línjiē 【接壤】jiērǎng 【接界】jiējiè ¶우리나라와 중국은 영토가 접해 있다 | 我国的领土和中国接壤。❷ (사귀다·대하다) 【接触】jiēchù 【交往】jiāowǎng ¶지도자는 응당 많은 대중과 접해야 한다 | 领导应多跟群众接触。❸ (소식 등을 받다) 【听到】tīngdào 【接到】jiēdào 【获悉】huòxī ¶그의 소식을 ～ | 听到他的消息。¶희소식을 ～ | 接到喜讯。❹〈數〉(切) 【切】qiē ¶두 원이 서로 ～ | 两圆相切liǎngyuánxiāng qiē。

젓【酱】jiàng ¶고기～ | 鱼酱。

ᴬ**젓가락**[箸-]몡 【筷子】kuài·zi【箸】zhù ¶～질하다 | 用筷子。

ᴮ**젓갈**몡 【酱】jiàng ¶멸치～ | 小鱼酱。

ᴮ**젓다**동❶ (손을) 【挥】huī 【挥动】huīdòng ¶손을 ～ | 挥手。❷ (머리를) 【摇】yáo ¶머리를 ～ | 摇头。❸ (액체 따위를) 【搅】jiǎo 【搅拌】jiǎobàn ¶냄비 속의 것을 좀 저어라 | 搅一搅锅guō。¶죽을 좀 저어라 | 把粥搅一搅。❹ (배를) 【划】huá 【摇】yáo ¶배를 ～ | 划船/摇船chuán。

ᴬ**정**¹[情]몡❶ (마음) 【心情】xīnqíng ❷ (감정·애정) 【感情】gǎnqíng 【情谊】qíngyì 【情意】qíngyì 【情】qíng ¶형제의 ～ | 兄弟xiōngdì情谊。¶깊은 ～ | 深厚的情意。¶혈육의 ～ | 骨肉之情。

ᴬ**정**²[-]몡 【凿子】záo·zi 【钎子】qiān·zi 【炮钎】pàoqiān 【錾子】zàn·zi ¶～이 무

디어졌다 | 凿子钝dūn了。

정³[真]뮈 【真】zhēn 【实在】shízài 【一定】yídìng ¶～바쁘다면 그만 두어라 | 实在忙的话就算了吧。

정⁴[挺]의동 【支】zhī 【挺】tǐng ¶기관총 한 ～ | 一挺机关枪jīguānqiāng。

정⁻⁵[正-]두 【正式】zhèngshì ¶～회원 | 正式会员。

ᴮ**정가**[定價]몡 【定价】dìngjià 【价码】jiàmǎ 【净值】jìngzhí 【标价】biāojià 【货码】huòmǎ ¶～에 에누리없음 | 定价不变。¶～판매 | 原价出售。¶～표 | 价格标签/价牌pái。

정가[正價]몡 【公道价钱】gōngdào jiàqián 【原价】yuánjià

ᴮ**정각**¹[正刻]몡【整】zhěng 【正点】zhèngdiǎn ¶12시 ～ | 十二点整。

정각²[定刻]몡 【定点】dìngdiǎn 【正点】zhèngdiǎn ¶버스가 ～에 도착했다 | 公共汽车正点到达了。

정갈스럽다휑 【干净】gānjìng 【清洁】qīngjié 【受看】shòukàn ¶그녀는 옷차림이 늘 ～ | 她的衣着总是很干净。

정갈하다휑 【干净的】gānjìng·de 【洁净的】jiéjìng·de 【清洁的】qīngjié·de 【精制的】jīngzhì·de

정감[情感]몡 【情感】qínggǎn 【感情】gǎnqíng ¶～어린 말투 | 动感情的语气。

ᴮ**정강이**몡〈生理〉【胫】jìng 【小腿】xiǎotuǐ ¶～가 시리고 아프다 | 小腿酸疼suānténg。

ᴮ**정거장**[停車場]몡 【火车站】huǒchēzhàn 【车站】chēzhàn ¶～인도 | 车站交道。¶～간교 | 车站过桥。

정경¹[政經]몡 【政治和经济】zhèngzhì hé jīngjì 【政经】zhèngjīng ¶～분리 | 政经分离。¶～불가분 | 政经不可分。

정경²[情景]몡 【情景】qíngjǐng 【情形】qíng·xing ¶비참한 ～이 전개되다 | 呈现出悲惨的情景。

정계[政界]몡 【政界】zhèngjiè 【官界】guānjiè ¶～에서 은퇴하다 | 退出政界。¶～의 인사 | 官场上的人士。

정곡[正鵠]몡 【核心】héxīn 【中心】zhōngxīn ¶～에서 벗어나다 | 从核心中摆脱出来。

정관[定款]몡 【定款】dìngkuǎn 【公司

章程】gōngsī zhāngchéng 【公司条例】gōngsī tiáolì

ᴮ**정교**[精巧] 혱ᵃᵉ 【精巧】jīngqiǎo 【精密】jīngmì 【精妙】jīngmiào 【精致】jīngzhì 【灵巧】língqiǎo 【小巧玲珑】xiǎoqiǎo línglóng ¶조형이 ~하다 | 造型精巧。¶서법이 ~하고 아름답다 | 书法精妙。

ᴮ**정구**[庭球] 몡 【网球】wǎngqiú ¶~를 하다 | 打网球。

정국[政局] 몡 【政局】zhèngjú ¶~이 불안정하다 | 政局不稳wěn。

정권[政權] 몡 【政权】zhèngquán 【政柄】zhèngbǐng ¶혁명을 세우다 | 建立革命政权 | ~을 장악하다 | 掌握政权。¶~을 탈취하다 | 夺取政权。

정규[正規] 몡 【正规】zhèngguī 【常态】chángtài ¶~부대 | 正规部队。¶~ 분포 | 常态分配。¶~ 상관 | 常态相关。

ᶜ**정글**[jungle] 몡 【热带植丛】rèdài zhícōng 【丛林】cónglín 【密林】mílín ¶그들은 ~에서 길을 잃었다 | 他们在丛林中迷mí了路。

정기[精氣] 몡 【精神】jīng·shen 【神志】shénzhì 【精力】jīnglì 【元气】yuánqì

ᴬ**정기**[定期] 몡 【定期】dìngqī ¶~ 간행물 | 定期刊物kānwù。¶~ 검사 | 定期检查。¶~ 적금 | 定期储蓄chǔxù | ~ 구독자 | 订户/定户。

정나미[情—] 몡 【情】qíng ¶~가 떨어지다 | 断情绝意。

ᶜ**정년**[停年] 몡 【退休年龄】tuìxiū niánlíng 【退职年龄】tuìzhí niánlíng ¶우리의 ~은 60세다 | 我们的退休年龄是六十岁。¶~ 퇴직 | 按时退休。

정녕[丁寧] 튀 【一定】yídìng 【的确】díquè ¶~ 떠나려거든 내일 떠나시오 | 如果一定要走的话, 请明天走吧。¶그는 ~ 자신의 심정을 어떻게 표현해야 좋을 지 몰랐다 | 他真的不知如何表达自己的心情才好。

ᶜ**정다각형**[正多角形] 몡 〈數〉 【正多角形】zhèngduōjiǎoxíng 【正多边形】zhèngduōbiānxíng

정답[正答] 몡 【正答】zhèngdá 【正确答案】zhèngquè dá·àn

ᴮ**정답다**[情—] 혱 【亲密】qīnmì 【亲切】qīnqiè 【含情脉脉】hánqíngmùmù ¶형제들은 아주 ~ | 弟兄们很亲密。¶정다운 눈빛 | 亲切的目光。¶그가 정답게 나에게 손짓을 하며 부른다 | 他亲切地招呼我。

ᶜ**정당**[政黨] 몡 【政党】zhèngdǎng ¶~을 설립하다 | 成立政党。¶~ 정치 | 政党政治。

정당하다[正當—] 혱 【正当】zhèngdàng 【允当】yǔndàng ¶우리가 취한 조치는 완전히 정당한 것이다 | 我们的采取的措施完全是正当的。¶정당한 ~ | 正当报酬。¶정당 방위 | 正当防卫。

정도[正道] 몡 【正道】zhèngdào 【正路】zhènglù ¶~를 걸어야 한다 | 要走正道。¶~는 걷지 않는다 | 那孩子不走正路。

ᴬ**정도**[程度] 몡 【程度】chéngdù 【左右】zuǒyòu 【上下】shàngxià 【深浅】shēnqiǎn ¶~가 높다 | 程度高。¶날씨가 비록 춥긴 하지만 어느 얼음이 얼 ~가 되진 않았다 | 天气虽冷, 但还没有到上冻dòng的程度。¶오늘 최고 기온은 25도 ~ 된다 | 今天最高气温二十五度左右。¶말에도 ~가 있다 | 说话也要有深浅。

정독[精讀] 몡ᵃᵉ 【精读】jīngdú 【细读】xìdú ¶그가 쓴 책을 ~하다 | 精读他写的书。

ᶜ**정돈**[整頓] 몡ᵃᵉ 【整顿】zhèngdùn 【整理】zhěnglǐ 【收拾】shōu·shi 【整饬】zhěngchì 【拾掇】shí·duo 【归着】guī·zhe 【安排】ānpái 【清理】qīnglǐ ¶옷을 가지런히 ~하다 | 把衣服整理好。¶자료를 ~하다 | 整理资料。¶책꽂이의 책이 너무 어지러우니, ~ 좀 해야되겠다 | 书架上的书太乱了, 要收拾收拾。¶깨끗이 다 ~하다 | 收拾停妥tíngtuǒ。¶방을 ~하다 | 归着屋子/安排房间。

ᶜ**정들다**[情—] 됭 【有了感情】yǒu·le gǎnqíng 【产生感情】chǎnshēng gǎnqíng 【钟情】zhōngqíng 【心爱】xīn'ài 【亲爱】qīn'ài ¶정든 사람 | 心爱的人。

정떨어지다[情—] 됭 【伤感情】shāng gǎnqíng 【恶心】ě·xin ¶이 일은 정말

사람 정떨어지게 한다 | 这件事真让人伤感情。 ¶이런 꼴은 정말 사람 정떨어지게 한다 | 这种样子叫人一看就恶心。

정량[定量] 圏 【定量】dìngliàng 【公量】gōngliàng 【净重】jìngzhòng

정력[精力] 圏 【精力】jīnglì ¶~이 왕성하다 | 精力旺盛wàngshèng。

정련[精鍊] 圏 <工> 【精炼】jīngliàn ¶철을 ~하다 | 炼钢。

ᵇ**정렬**[整列] 圏 하자 【排队】páiduì 【摆队】bǎiduì 【整队】zhěngduì 【整列】zhěngliè ¶~해서 앞으로 나아가다 | 排队前进qiánjìn。 ¶~하여 출발하다 | 整队出发。

정류[停留] 圏 하자타 【停留】tíngliú 【停车】tíng chē ¶10분간 ~하다 | 停留十分钟。 ¶~소 | 停车站/车站。

ᵇ**정리**[整理] 圏 【整理】zhěnglǐ 【整顿】zhěngdùn 【拾掇】shí·duo 【收拾】shōu·shi 【归齐】guīqí 【归着】guī·zhe 【归置】guìzhì 【清理】qīnglǐ 【修整】xiūzhěng 【疏浚】shūjùn 【治理】zhìlǐ 【料理】liàolǐ ¶자료를 ~하다 | 整理资料。 ¶옷을 ~하다 | 拾掇衣服。 ¶방안을 좀 ~해라 | 把房间收拾一下。 ¶짐을 ~하다 | 收拾行装。 ¶방을 ~하다 | 归着屋子/清理房间。 ¶깨끗이 ~하다 | 清理干净gānjìng。 ¶하천을 ~하다 | 修整河流。

ᴬ**정말**¹[正—] 圏 【真话】zhēnhuà 【实话】shíhuà 【事实】shìshí ¶~이냐 | 说实话。

ᴬ**정말**²[正—] 凰 【真的】zhēn·de 【真地】zhēn·de 【果真】guǒzhēn 【实在】shízài 【确乎】quèhu 【确实】quèshí 【诚然】chéngrán ¶그는 ~ 가버렸을까? | 他真地走了吗? ¶만약에 ~ 이렇다면, 나는 안심이다 | 真的如此, 我就放心了。 ¶~ 가고 싶지 않다 | 实在不想去。 ¶이 방법은 ~ 효과가 있다 | 这办法确乎有效。 ¶그 아이는 ~ 귀엽다 | 那小孩真的可爱。

ᵇ**정맥**[靜脈] 圏 <生理> 【静脉】jìngmài ¶~ 주사 | 静脉注射zhùshè。

ᶜ**정면**[正面] 圏 【正面】zhèngmiàn 【照面】zhàomiàn 【劈头】pī tóu 【劈脸】pī liǎn 【劈面】pī miàn ¶문제를 ~에서 다루다 | 从正面解决问题。 ¶~ 공격

| 正面攻击。 ¶~ 충돌 | 正面冲突/碰撞。 ¶그와 ~으로 부딪쳤다 | 劈脸zhuāng着了他。

ᶜ**정문**[正門] 圏 【正门】zhèngmén ¶~으로 걸어갔다 | 正门走去。

ᶜ**정물**[靜物] 圏 <美> 【静物】jìngwù ¶~화 | 静物画。 ¶~ 사생 | 静物写生。

정미[精米] 圏 ❶(찧은 쌀) 【白米】báimǐ ❷(쌀을 찧는 것) 【碾米】niǎn mǐ ¶~소 | 碾米厂。

ᶜ**정밀**[精密] 圏 하형 【精密】jīngmì 【精致】jīngzhì 【细密】xìmì ¶~ 과학 | 精密科学。 ¶~ 기계 | 精密机器。 ¶~ 가공 | 精加工。 ¶~한 분석 | 细密的分析fēnxī。

정박[碇泊] 圏 하자 【停泊】tíngbó 【歇泊】xiēbó 【下碇】xià dìng 【系泊】xìbó 【碇泊】dìngbó 【抛锚】pāo/máo ¶많은 고깃배들이 바닷가에 ~해 있다 | 许多渔船停泊在海边。 ¶~료 | 停泊费/碇泊费。 ¶~항 | 停泊港。 ¶~ 기간 | 靠岸日数。

ᶜ**정반대**[正反對] 圏 【正相反】zhèngxiāngfǎn 【恰恰相反】qiàqià xiāngfǎn 【正相悖】zhèngxiāngbèi ¶~의 방향으로 | 向正相反的方向。

정방[正方] 圏 【正方】zhèngfāng ¶~형 | 方形。 ¶~형 | 方形。

정변[政變] 圏 【政变】zhèngbiàn ¶그들의 ~은 실현되지 못했다 | 他们的政变没有得逞déchěng。 ¶~을 일으키다 | 发动政变。

ᵇ**정보**[情報;information] 圏 ❶(기밀) 【情报】qíngbào ¶~를 훔쳐갔다 | 盗去tòuqù了情报。 ¶~기관 | 情报机关jīguān。 ¶~ 검색 | 情报检索。 ❷(소식·자료) 【信息】xìnxī 【数据】shùjù 【资料】zīliào ¶그는 ~가 아주 빠르다 | 他信息灵língtōng。 ¶~ 처리 시스템 | 信息处理chǔlǐ系统xìtǒng。 ¶~화 사회 | 信息化社会。 ¶~ 과학 | 信息科学。 ¶~ 서비스 산업 | 信息服务业。 ¶~ 은행 | 资料库。

정보 고속도로[情報高速道路;information highway] 圏 <電算> 【信息高速公路】xìnxī gāosù gōnglù

정보 패킷[情報packet;information packet] 圏 <電算> 【信息包】xìnxībāo

ᶜ**정복**[征服] 圏 하타 【征服】zhēngfú ¶攻

克】gōngkè【掌握】zhǎng·wò ¶자연
을 ～하다 | 征服自然。¶수학의 어
려운 문제를 ～하다 | 攻克数学难
题。¶외국어 하나를 ～하다 | 掌握
一门外国语。

정부¹[情夫] 圐【情夫】qíngfū ¶그녀는
～가 둘 있다 | 她有两个情夫。

정부²[情婦] 圐【情妇】qíngfù

ᴬ**정부**³[政府] 圐【政府】zhèngfǔ ¶～기
구 | 政府机构。¶～ | 기관 | 政府机
关。¶～ 수뇌 | 政府首脑。¶～ 당
국 | 官方。

정분[情分] 圐【情分】qíng·fen【情谊】
qíngyì【感情】gǎnqíng ¶그들 둘은
～이 깊다 | 他们俩感情很深。

ᶜ**정비**[整備] 圐ᴴ하타【整顿】zhěngdùn
【整修】zhěngxiū【维修】wéixiū【修整】
xiūzhěng【保养】bǎoyǎng【保养】bǎoy-
ǎng ¶농기구를 완전히 ～하다 | 修
整农具 nóngjù。¶이 자동차는 ～가
잘되었다 | 这部汽车保养得很好。¶
～ 공장 | 维修车间。

ᶜ**정비례**[正比例] 圐〈數〉【正比例】
zhèngbǐlì【成正比】chéngzhèngbǐ

ᶜ**정사**¹[政事] 圐①【政事】zhèngshì【治
国】zhìguó【政务】zhèngwù ¶～에 바
쁘다 | 政务繁忙 fánmáng。②【官吏
的任免事务】guānlì·de rènmiǎn shìwù

정사²[情事] 圐①(연애)【情事】qí-
ngshì②(남녀의 성관계)【恋情】liàn-
qíng【床上戏】chuángshàngxì ¶혼
외～ | 婚外恋。

ᶜ**정사각형**[正四角形] 圐〈數〉【正方形】
zhèngfāngxíng【正四角形】zhèngsìbì-
ānxíng ¶～을 하나 그렸다 | 画了一
个正方形。

정산[精算] 圐ᴴ하타【精确计算】jīngquè
jìsuàn【精算】jīngsuàn ¶연말～ | 年
末精算。¶～액 | 理算总值。

ᶜ**정삼각형**[正三角形] 圐〈數〉【正三角
形】zhèngsānjiǎoxíng【等边三角形】d-
ěngbiānsānjiǎoxíng

ᴮ**정상**¹[正常] 圐【正常】zhèngcháng【常
规】chángguī ¶생활이 ～이다 | 生活
正常。¶발육이 ～하다 | 发育
很正常。¶～적인 군비 | 常规军备。

정상²[頂上] 圐①(산꼭대기)【顶上】d-
ǐngshàng ¶산의 ～ | 山顶上。②(극
점·최고)【顶上】dǐngshàng【首脑】sh-

ǒunǎo ¶～ 회담 | 首脑会谈。

정상³[情狀] 圐【事态】shìtài【情况】qí-
ngkuàng ¶～참작 | 酌情处理。

정상화[正常化] 圐하자타【正常化】zh-
èngchánghuà【正常进行】zhèngcháng
jìnxíng ¶국교가 ～되었다 | 邦交
正常化了。¶중국과 한국 양국 관계
가 ～ 되었다 | 中韩两国关系正常化
了。

정색[正色] 圐하저【正色】zhèngsè
【正经】zhèng·jing【一本正经】yìběn
zhèngjīng【一板正经】yì bǎn zhèng jī-
ng【郑重其事】zhèng zhòng qí shì
【认真】rèn zhēn【正颜厉色】zhèng yā-
n lì sè【板起面孔】bǎn qǐ miàn kǒng
¶～을 하고 거절하다 | 正色拒绝。
¶그는 ～하고 얘기한다 | 他正经地
说。¶～하고 상대방을 책망하다 |
正颜厉色谴责对方。

ᴮ**정서**[情緒] 圐【情趣】qíngqù【情调】qí-
ngdiào【情操】qíngcāo【情感】qíngg-
ǎn【情致】qíngzhì ¶민족적 ～ | 民族
情趣。¶우리 ～에 맞다 | 符合我们
的情趣。¶～ 교육 | 情操教育。

정석[定石] 圐①(바둑·장기)【定石】
dìngshí②(정해진 방식)【定式】dì-
ngshì

ᴮ**정선**[精選] 圐하타　　　【精选】jīngxuǎn
【挑选】tiāoxuǎn ¶～하다 | 精挑细
选。¶적합한 인재를 ～하다 | 挑选
合格的人才。

정설[定說] 圐【定论】dìnglùn ¶이 문
제는 아직 ～이 없다 | 这个问题尚无
定论。¶이 문제는 이미 ～이 있어,
뒤집기가 매우 어렵다 | 这个问题已
有定论很难推翻。

ᴮ**정성**[精誠] 圐【赤诚】chìchéng【赤忱】
chìchén【赤心】chìxīn【诚心】chéngx-
īn【真诚】zhēnchéng【精心】jīngxīn
【精诚】 ¶～으로 사람을 대
하다 | 赤诚待dài人。

정성스럽다[精誠－] 圐【诚心】chéngx-
īn【真诚】zhēnchéng【诚心诚意】ché-
ngxīn chéngyì【精心】jīngxīn【尽心】
jìn xīn【精诚】【专心一意】
zhuān xīn yí yì【殷勤】yīnqín【勤勤】q-
ínqín ¶정성스런 간호 | 精心的陪
护。¶정성스런 대접을 받다 | 受到
诚心接待。

ᵇ**정세**[情勢] 몡【形勢】xíngshì 【局勢】jú-shì 【风头】fēng·tou 【风势】fēngshì 【情勢】qíngshì ¶국제 | 国际guójì 형세 | ¶~가 동요하여 불안하다 | 局势动荡不安。¶~를 보아가며 처리하다 | 看风势办事。¶~를 살펴보다 | 看风势。¶~가 위급하다 | 情势危急wēijí。

ᶜ**정수**[淨水] 몡【净水】jìngshuǐ ¶~기 | 净水器。

정수²[精粹] 몡【精粹】jīngcuì 【精华】jīnghuá ¶~를 취하고 찌꺼기를 버리다 | 取其精华, 去其糟粕zāopò。

정수³[精髓] 몡【精髓】jīngsuǐ ¶이는 헤겔 철학의 ~이다 | 这是黑格尔哲学的精髓。

정수리[頂一] 몡【头顶】tóudǐng 【头顶心】tóudǐngxīn 【脑顶】nǎodǐng 【顶门】dǐngmén

ᶜ**정숙**[貞淑] 몡하형【嫻淑】xiánshū 【贞淑】zhēnshū 【娴静】xiánjìng ¶이 아가씨는 아주 ~하다 | 这姑娘niang十分娴静。

ᶜ**정숙**[靜肅] 몡하형【肃静】sùjìng 【安静】ānjìng ¶~하시오! | 保持安静! ¶여러분 좀 ~하십시오! | 请大家安静一点儿!

ᴮ**정승**[政丞] 몡【丞相】chéngxiàng

ᴮ**정시**[定時] 몡【定时】dìngshí 【准时】zhǔnshí 【规定的时刻】guīdìng·de shí·kè 【按时】ànshí ¶기차가 ~에 도착하다 | 火车定时到达。¶~에 왔다 | 按时来了。

ᴮ**정식**[正式] 몡【正式】zhèngshì ¶~ 결혼 | 正式婚姻。¶~ 시합 | 正式比赛。¶계약은 이미 ~으로 체결되었다 | 合同已正式签订。

ᴬ**정신**[精神] 몡❶ (지성·마음)【精神】jīngshén 【神志】shénzhì 【心神】xīnshén 【神思】shénsī 【神智】shénzhì 【神气】shén·qì ¶~을 차리다 | 振作精神。¶~을 집중하다 | 集中精神。¶(마음이 불안한) ~이 없다 | 心神不安。¶~ 교육 | 思想教育。¶~ 분석 | 精神分析。¶~노동에 종사하는 사람을 존중하다 | 尊重从事脑力劳动的人。❷ (의지)【头脑】tóunǎo 【骨气】gǔqì ¶제~을 가져야 한다 |

요가 있다 | 火车定时到达。 ❸ (기억)【记性】jìxing ¶이런 ~ 봤나, 또 깜박 잊었구나 | 你看我这记性, 又给忘了。

ᶜ**정신력**[精神力] 몡【思想精神力量】sīxiǎng jīngshén lì·liang 【精神力量】jīngshénlì·liang

정신이 없다 관용❶ (몹시 바쁘다)【忙碌】mánglù 【忙得四脚朝天】máng·de sì jiǎozhāotiān ❷ (제 정신이 아니다)【弄糊涂了】nònghú tú·le

정신차리다 관용【振作精神】zhènzuò jīngshén 【清醒过来】qīngxīng guòlái 【定一定神】dìng·yidìng shén

정실[正室] 몡❶ (본처)【正室】zhèngshì 【元配】yuánpèi ❷ (본채)【正房】zhèngfáng 참고【正所儿】【正屋】【上房】【上屋】【堂屋】【主房】

정실²[情實] 몡【情面】qíngmiàn 【裙带】qúndài ¶~관계를 돌아보지 않을 수 없다 | 不能不顾gù情面。¶~을 타파하다 | 打破dǎpò情面。

ᶜ**정액**¹[定額] 몡【规定的钱数】guīdìng·de qiánshù 【定额】dìng'é 【限额】xiàn'é 【定量】dìngliàng ¶~ 노동 임금제 | 定额工资制gōngzīzhì

정액²[精液] 몡❶ (진액)【精液】jīngyè 【精】jīng ❷ (생리)【精液】jīngyè

정약[定約] 몡【约定】yuēdìng 【约】yuē ¶결혼을 ~한 사이 | 已经是定了婚的关系。

ᴮ**정어리**[魚貝]〈魚貝〉【鳁鱼】wēnyú 【沙丁鱼】shādīngyú 참고【沙甸鱼】【沙汀鱼】【撒sā丁鱼】【蝤cháng】

ᶜ**정연하다**[整然一] 형【整齐】zhěngqí 【井然】jǐngrán ¶질서가 정연한 발걸음 | 整齐的步伐bùfá。¶대열이 아주 ~ | 队伍排得整整齐齐的。¶질서 ~ | 井然有序。

정열[情熱] 몡【热情】rèqíng ¶~이 부족하다 | 热情不足。¶~에 불타다 | 热情沸腾fèiténg。

정예[精銳] 몡【精锐】jīngruì ¶~부대 | 精锐部队。¶파견된 것은 모두 ~부대이다 | 派出的都是精锐。

ᶜ**정오**[正午] 몡【正午】zhèngwǔ 【中午】zhōngwǔ 【晌午】shǎngwǔ 【午间】wǔjiān 【中午】zhōngwǔ ¶~ 무렵 | 正午时分。¶~에 30분간의 휴식이 있다 | 中午有半个钟头的休息时间。

정욕[情慾]몡【情欲】qíngyù【性欲】xìngyù ¶~을 만족시키다 | 满足情欲。

¹**정원**[庭園]몡【庭院】tíngyuàn【院落】yuànluò【院子】yuàn·zi【庭园】tíngyuán ¶그~은 매우 깨끗하다 | 那座庭园十分干净。¶~사 | 园丁。

²**정원**[定員]몡【定员】dìngyuán【定额】dìng'é ¶~ 초과 | 超员。¶기차가 이미 ~을 많이 초과하였다 | 火车已经严重yánzhòng超员了。¶~ 정액제 | 定员定额制。

정월[正月]몡【正月】zhēngyuè【元月】yuányuè ¶~ 초하루 | 正月初一。¶~ 대보름에 눈이 등롱에 쌓이다 | 正月十五雪打灯。

정유[精油]몡【精油】jīngyóu ¶~ 공장 | 炼油厂。

정육[精肉]몡【瘦肉】shòuròu ¶~점 | 精肉店。

정육면체[正六面體]몡〈數〉【立方体】lìfāngtǐ【立方】lìfāng【正方体】zhèngfāngtǐ【正六面体】zhèngliùmiàntǐ

ᴮ**정의**[正義]몡【正义】zhèngyì ¶~를 지키다 | 主持正义。¶~를 위해 몸을 바치다 | 为正义而献身。¶~로운 사업 | 正义的事业。

정의²[定義]몡하타【定义】dìngyì ¶~를 내리다 | 下定义。

정의[情誼]몡【情谊】qíngyì ¶~가 두터운 친구 사이 | 情谊很深的朋友关系。

¹**정자**[亭子]몡【亭子】tíng·zi

²**정자**[精子]몡〈生理〉【精子】jīngzǐ【精虫】jīngchóng ¶~ 은행 | 精子库。

정작[옝부【真】zhēn【真的】zhēn·de【实际上】shíjìshàng【真格】zhēngé ¶~하라니까 안한다 | 真的叫他做, 他又不做了。

정장[正裝]몡하자【正装】zhèngzhuāng

정적[靜寂]몡하형【寂静】jìjìng【孤寂】gūjì【沉寂】chénjì ¶죽음과 같은 ~ | 死一般的寂静。

ᴮ**정전**[停電]몡하자【停电】tíng/diàn【断电】duàndiàn ¶이 도시는 자주 ~된다 | 这个城市经常停电。

정전[停戰]몡하자【停战】tíng/zhàn【休战】xiūzhàn【停火】tínghuǒ【息

兵】xībīng ¶쌍방 모두 ~에 동의하다 | 双方同意停战。

정전기[靜電氣]몡【静电】jìngdiàn ¶옷에서 ~가 일어난다 | 衣服上起静电。

정절[貞節]몡【贞节】zhēnjié ¶~을 지키다 | 保持贞节。

정점[頂點] ❶ (꼭지점)【顶点】dǐngdiǎn ❷ (절정)【高潮】gāocháo【高峰】gāofēng【峰值】fēngzhí【最高点】zuìgāodiǎn【顶点】dǐngdiǎn ¶인구 증가의 ~ | 人口增zēng长的高峰。¶즐거운 분위기가 ~에 달했다 | 欢乐的气氛达到了高潮。

정정[訂正]몡하타【更正】gēngzhèng【修正】xiūzhèng【订正】dìngzhèng【校正】jiàozhèng ¶잘못을 ~하다 | 更正错误cuòwù。¶~했다 | 订正了第一版中的错误。

정정[亭亭]몡하형【健壮】jiànzhuàng【硬朗】yìng·lang【硬棒】yìng·bang【硬实】yìng·shi【矍铄】juéshuò ¶그는 ~하다 | 他的身体健壮。¶노인은 아직도 ~하다 | 老人的身体还挺硬。¶90이 넘어도 아직 ~하다 | 年过九十, 却很硬实。

정정당당[正正堂堂]몡하형【堂堂】tángtáng【堂堂正正】táng táng zhèng zhèng【正大光明】zhèng dà guāng míng【光明正大】guāng míng zhèng dà【光明】guāngmíng【光明磊落】guāng míng lěi luò【理直气壮】lǐ zhí qì zhuàng ¶~하게 처세하다 | 堂堂正正地做人zuòrén。¶그는 언제나 ~하다 | 他一向正大光明。

정조[貞操]몡【贞操】zhēncāo【贞节】zhēnjié【节操】jiécāo ¶그녀는 ~를 굳건히 지키다 | 她坚守贞操。¶자신의 ~를 지키다 | 保持自己的节操。

정조[情調]몡【情调】qíngdiào ¶동양적인 ~ | 东方情调。¶이국 ~ | 异国yìguó情调。

정종[正宗]몡 ❶〈佛〉【正宗】zhèngzōng ❷ (술)【清酒】qīngjiǔ

정좌[正坐]몡【正襟危坐】zhèng jīn wēi zuò【端坐】duānzuò

ᴮ**정중**[鄭重]몡하형【庄严】zhuāngyán【严肃】yánsù【庄重】zhuāngzhòng【郑重】zhèngzhòng【认真】rènzhēn

【认真严肃】rènzhēn yánsù ¶그는 아주 ~한 사람이다 | 他是个很严肃的人。¶~하면서 위엄이 있다 | 庄重而有威严。¶태도가 ~하다 | 态度郑重。¶다른 사람의 말을 ~하게 들어야 한다 | 应当认真听别人的话。

ᵒ정지【停止】图하자타　【停止】tíngzhǐ【终止】zhōngzhǐ ¶지불을 ~하다 | 停止付款/停止放款。¶영업을 ~하다 | 停止营业。¶～ 상태 | 静止状态。¶～ 신호 | 停止信号。

ᴮ정직【正直】图하형　【正直】zhèngzhí【老实】lǎo·shi【硬直】gěngzhí【憨厚】hānhòu【规矩】guī·ju【坦率】tǎnshuài【正经】zhèngjing【骨鲠】gǔgěng ¶그는 ~하고 사심이 없다 | 他正直无私。¶사람이 대단히 ~하다 | 为人非常正直。¶~하게 말하다 | 说句老实话。¶~하지 못한 학생 | 不规矩的学生。¶자신의 의견을 ~하게 말했다 | 坦率地说出了自己的意见。

정직²【停职】图하자　【停职】tíng zhí ¶너는 나를 ~시켜도 좋다 | 你可以停我的职。

정진【挺进】图하자　【挺进】tǐngjìn ¶부대는 쉬지 않고 힘차게 ~했다 | 部队马不停蹄tí地向前挺进。¶무적의 군대가 중원으로 힘차게 ~하다 | 铁军tiějūn挺进中原。

ᶜ정차【停车】图하자타　【停车】tíng/chē ¶다음 역은 상해, 10분간 ~한다 | 下一站是上海, 停车十分钟。

ᶜ정착【定着】图하자타❶（정주）【定居】dìngjū【落户】luò·hù ¶한대에 약간의 사람들이 인도네시아로 ~하여, 남양에서 가장 일찍 화교가 되었다 | 汉Hàn朝就有一些人定居印度尼西亚, 成为在南洋最早的华侨huáqiáo。¶그는 농촌에 ~했다 | 他在农村落了。❷（다른 물건에 단단히 붙음）【固定】gùdìng ¶측량대를 여기에 ~시키다 | 把标杆biāogān固定在这儿。❸（사진）〈化〉【定影】dìngyǐng【定象】dìngxiàng ¶~액 | 定影液。¶~제 | 定影剂/定影（药）水。

ᶜ정찰【正札】图　【标签】biāoqiān【明码标价】míngmǎbiāojià【价格标签】jiāgé biāoqiān【价码标签】jiàmǎ biāoqi-

ān【价目牌】jiàmùpái【标签条】biāoqiāntiáo【标签牌】biāoqiānpái ¶~ 판매 | 标签出售。¶~ 가격 | 明码标价。

ᴬ정책【政策】图　【政策】zhèngcè ¶교육 ~ | 教育政策。¶~ 결정기관 | 决策机构。¶~ 당국 | 决策当局。

정처【定處】图　【定处】dìngchù ¶~없는 나그네길 | 居无定处的游子生活。

ᶜ정체【停滞】图하자타　【停滞】tíngzhì【停顿】tíngdùn【滞销】zhìxiāo【呆滞】dāizhì ¶~되어 앞으로 나아가지 못하다 | 停滞不前。¶차량이 ~하다 | 车辆滞zhì。

정체²【正體】图　【原形】yuánxíng【真面目】zhēnmiànmù ¶~를 드러냈다 | 现出了原形/显了原形。¶~는 아직 폭로되지 않았다 | 真面目还没有被pù露。

ᶜ정초【正初】图　【岁初】suìchū【正月初】zhēngyuèchū ¶~부터 좋은 일이 생기다 | 新年伊始好事连台。

정취【情趣】图【情趣】qíngqù【风趣】fēngqù【情味】qíngwèi【乐趣】lèqù ¶이 시는 매우 ~있게 썼다 | 这首诗写得很有情趣。¶그는 매우 ~가 있는 사람이다 | 他是一个很有情趣的人。

ᴮ정치【政治】图　【政治】zhèngzhì ¶~적 태도 | 政治态度。¶~ 자금 | 政治资金。¶~ 권력 | 政治权力。

정탐【侦探】图하타　【侦探】zhēntàn【刺探】cìtàn【探听】tàntīng【侦讯】zhēnxùn ¶적의 동정을 ~하다 | 侦探敌情。¶군사 정보를 ~하다 | 刺探军事情报。¶내막을 ~하다 | 刺探内情。

정태【静態】图【静态】jìngtài【不变状态】búbiàn zhuàngtài ¶~ 비율 | 静态比率。¶~ 체계 | 静态体系。¶~ 통계 | 静态统计。¶~ 분석 | 静态分析。

정통【正統】图　【正统】zhèngtǒng【正宗】zhèngzōng ¶~ 관념 | 正统观念。¶~ 사상 | 正统思想。

정통²【精通】图하자타　【精通】jīngtōng【熟悉】shú·xī【通晓】tōngxiǎo ¶경제에 ~하다 | 精通经济。¶이 국가의 상황은 내가 ~하다 | 这个国家的情况我熟悉。¶음률에 ~하다 | 通晓音律。

정평【定評】图　【群众的评价】qúnzhòng·dèpíngjià 【定评】dìngpíng 【定论】dìnglùn ¶그는 ~이 있는 작가이다 | 他是一个有定评的作家。¶~이 나 있는 인물 | 有定论的人物.

정표[情表] 圀[하타] 【表情】biǎoqíng 【表示情谊】biǎoshì qíngyì 【象徵】xiàngzhēng ¶사랑의 ~인 반지 | 象徵爱情的戒指.

ᴬ**정하다**¹[定-] 圐 ❶ (결심하다) 【决心】juéxīn 【决定】juédìng ¶결심이 정해졌다 | 下定决心。¶나는 대학에 진학하지 않기로 정했다 | 我决定不去上大学. ❷ (결정하다) 【定】dìng 【决定】juédìng 【规定】guīdìng 【指定】zhǐdìng 【安排】ānpái ¶계획은 이미 정해졌다 | 计划已经定好了。¶정해진 시간 안에 | 在规定的时间内。¶그를 반장으로 ~ | 指定他当班长. ¶면회 시간을 ~ | 安排面谈时间.

정하다²[淨-] 圐 ❶ (깨끗하다) 【洁净】jiéjìng 【干净】gānjìng 【净】jìng ❷ (정갈하다) 【整洁】zhěngjié

정학[停学] 圀[하타] 【停学】tíngxué ¶~처분을 받다 | 受到停学处分.

정한[情恨] 圀 【情恨】qínghèn 【怨情】yuànqíng ¶~이 깊다 | 怨情很深.

정형[定型] 圀 【定型】dìngxíng ¶이 이양기는 지금 시험 제작 중이어서 아직 ~되지 않았다 | 这种插秧机chāyāngjī正在试制shìzhì, 尚shàng未定型. ¶~시 | 格律诗/定型诗.

정형[整形] 圀 【整形】zhěngxíng ¶~ 수술 | 整形手术. ¶~ 외과 | 整形外科.

ᶜ**정화**[净化] 圀[하타] 【纯洁化】chúnjiéhuà 【净化】jìnghuà ¶공기를 ~하다 | 净化空气.

정화[精华] 圀 【精华】jīnghuá 【菁华】jīnghuá ¶~를 취하고 찌꺼기를 버리다 | 取其精华, 去其糟粕zāopò.

정화조[净化槽] 圀 【净化槽】jìnghuàcáo ¶~에서 자동으로 분뇨를 처리하다 | 在净化槽自动处理粪便.

ᶜ**정확**[正确] 圀[하형] 【正确】zhèngquè 【真确】zhēnquè 【准】zhǔn 【准确】zhǔnquè ¶그의 답안은 대단히 ~하다 | 他的答案完全正确. ¶~한 소식 | 真确的消息xiāoxi. ¶시계가 ~하지 않다 | 钟走得不准. ¶~한 통계 | 准确

的统计tǒngjì. ¶총을 매우 ~하게 쏜다 | 枪qiāng打得很准.

정확²[精确] 圀[하형] 【精确】jīngquè ¶~한 분석 | 精确的分析.

정황[情况] 圀 【情况】qíngkuàng 【情形】qíng·xíng ¶~이 아주 위급하다 | 情况万分wànfēn危急wēijí. ¶당시의 ~나는 아직도 아주 또렷하게 기억하고 있다 | 当时dāngshí的情形, 我还记得很清楚.

정히[正-] 圆 ❶ (정말로) 【实在】shízài 【真的】zhēn·de ¶~ 가고 싶다면 가거라 | 实在想去, 就去吧。¶네가 ~ 책임을 지느냐? | 你真的负责吗? ❷ (틀림없이) 【整】zhěng ¶일금 백만원을 ~ 영수함 | 今收到一百万元整.

젖 圀 ❶ (유즙·모유) 【奶(子)】nǎi(·zi) 【乳汁】rǔzhī ¶~을 먹이다 | 喂wèi奶。¶그를 ~ 먹여 키웠다 | 把他奶大了. ❷ (유방) 【前胸】qiánxiōng

젖가슴 圀 【前胸】qiánxiōng

ᴮ**젖꼭지** 圀 ❶ (유두) 【奶头】nǎitóu ❷ (우유병의) 【奶嘴】nǎizuǐ

ᴮ**젖다** 圐 (물 등에) 【湿】shī 【潮湿】cháoshī 【发湿】fāshī 【渗】shèn 【漫湿】mànshī 【浥】yì 【湿】lín 【淋】lín ¶전신이 흠뻑 젖었다 | 全身湿透了。¶이슬에 옷깃이 ~ | 露湿衣襟。¶몸이 비에 젖었다 | 身上淋了雨。¶날씨가 너무 더워서 옷이 땀에 다 젖었다 | 天天热, 衣服都湿濕了。❷ (버릇이 됨) 【沾染】zhānrǎn 【染上】rǎnshàng ¶아이가 나쁜 풍조에 젖어 있다 | 孩子沾染了坏习惯. ❸ (빠지다) 【沉溺】chénnì 【沉沦】shěnlún 【沉浸】chénjìn ¶향수에 ~ | 沉浸在思乡情绪里.

ᴮ**젖먹이** 圀 【奶孩儿】nǎiháir 【婴儿】yīng'ér 【乳儿】rǔér

ᶜ**젖병**[-瓶] 圀 【奶瓶】nǎipíng ¶~은 잘 소독해야 한다 | 奶瓶应好好消毒.

ᶜ**젖빛**[-色] 〈色〉 【乳白色】rǔbáisè ¶~의 긴치마 | 乳白色的长裙.

ᴮ**젖소**[-牛] 〈动〉 【奶牛】nǎiniú 【乳牛】rǔniú

ᶜ**젖혀지다** 圐 【翻开】fānkāi 【掀开】xiānkāi

ᶜ**젖히다** 圐 ❶ (고개·상체 등을) 【使后倾】shǐhòuqīng ¶고개를 ~ | 使头后

仰。❷ (열다·벌리다) 【推开】tuīkāi
【掀开】xiān·kāi 【撩】liāo ¶이불을 걷
어 ~│推开被子。¶발을 젖혀 올리
다│把帘子lánzi撩起来。

^A제¹[諸] 명【诸】gè ¶~문제
│诸多问题。

제²[대] ❶ (1인칭 겸양어)【我】wǒ ¶~
가 하겠습니다│我来干。❷ (자신)
【自己】zìjǐ

제³[祭] 명【祭】jì ¶~를 지내다│祭
祀。

제⁴[劑] 의명【剂】jì 【服】fú ¶소화~│
消化剂。¶보약 한 ~│一剂补药。

제⁻⁵[第一] 두【第】dì【第】dì ¶~3등│第三
名。¶~일 날│第一天。

-제⁶[-製] 미【制品】zhìpǐn【造】zào
¶중국~│中国造。

제각각[-各各] 부【各···各···】gè···gè
··· ¶~특징을 지니고 있다│各有各
的特长。

^B제각기[-各其] 부【各自】gèzì ¶~주
의하라│各自留神liúshén。¶~ 자
기 일을 하다│各干各的。

제강[製鋼] 명하자【炼钢】liàn gāng ¶
~ 공장│钢厂。¶~ 원자재│炼钢
原料。

^C제거[除去] 명하타 　　　 【清除】qīngchú
【消除】xiāochú【排除】páichú【拔除】
báchú【起除】qǐchú【除掉】chúdiào
【去掉】qùdiào ¶일찌기 ~했어야 하
는건데│早就该清除了。¶위험을 ~
했다│消除了危险weixiǎn。¶장애
를 ~하다│排除障碍/拔除障碍。¶
~할 수 없다│去不掉。¶수분을 ~
하다│除去水分。

제거[除去;uninstall] 명〈電算〉【卸
装】xièzhuāng

제격[-格] 명【够格(儿)】gòu gé(r)
【够味儿】gòuwèir【像样子】xiàngyà-
ng·zi ¶그 옷을 입으니 아주 ~이다│
穿了那件衣服很像样子。

제고[提高] 명하타【提高】tí gāo ¶생
산성을 ~하다│提高生产效益。¶업
무 능력이 아주 빠르게 ~되었다│业
务能力提高得很快。

^B제공[提供] 명하타【供】gōng【提供】tí-
gōng ¶참고용으로 ~하다│供参考
之用。¶학습 자료는 도서관에서 ~
한다│学习资料由图书馆提供。¶새

로운 증거를 ~하다│提供新的证
据。

^C제과[製菓] 명 【做饼干】zuòbǐnggān
【做糕点】zuògāodiǎn ¶~점│点心

제구실[分内事] 명【本分】běn-
fèn【自己的作用】zìjǐ·de zuòyòng
¶~을 하였다│起到本分。¶~을
하다│发挥本分。

제국[帝國] 명【帝国】dìguó ¶대영 ~
│大英帝国。

제군[諸君] 명【诸君】zhūjūn【各位】zh-
ūwèi ¶~ 학생│各位学生。

^B제기[제子] 명【毽子】jiàn·zi【毽儿】jiànr ¶~
를 차다│踢毽子。

^B제기[提起] 명하타【提出】tíchū 【反
映】fǎnyìng【提】tí【建议】jiànyì【倡
议】chàngyì ¶의문을 ~하다│提出
疑问。¶항의를 ~하다│提出抗议。
¶대중이 ~한 의견을 중시하다│重
视观众反映的意见。

제기랄 감【他妈的】tāmā·de ¶~! 이
번에도 무슨 일이람│他妈的, 这次又
会是什么事呢。

제날짜 명【按时】ànshí【届时】jièshí ¶
~에 맞춰 왔다│按时来了。

제 눈에 안경이다[관용]【看中了是爱物】
kànzhòng·le shì àiwù【情人眼里出西
施】qíngrén yǎn·lǐ chū xīshī

제니스[Zenith] 명〈商標〉【天擎】tiān-
qíng

^C제단[祭壇] 명【祭坛】jìtán【祭台】jìtái
¶~을 쌓다│建祭坛。

^C제당[製糖] 명하자【制糖】zhìtáng

제대[除隊] 명하자【退伍】tuìwǔ【退
役】tuìyì【复员】fùyuán【转业】zhuǎny-
è ¶그는 작년에 ~했다│他去年退了
伍。¶~ 명령│复员令。¶그는 ~
후에 농촌으로 돌아가 농사를 짓는다
│他转业后回到农村种田。

^A제대로 부【격식대로】【照原样】zhà-
oyuányàng【照旧】zhàojiù ❷ (마음
먹은 대로)【顺利】shùnlì ¶일이 ~되
다│事情很顺利。❸ (충분히)【应当
的】yīngdāng·de ¶잠을 ~자지 못하
다│没有睡好

^C제도[制度] 명【制度】zhìdù ¶사회주
의 ~│社会主义制度。¶선거 ~│
选举制度。¶봉건 ~│封建制度。

〔참고〕〔系统xìtǒng〕〔体制tǐzhì〕

제도²〔製圖〕图하자 【制图】zhì tú 【绘图】huì tú ¶~학 | 制图学。¶~지 | 制图纸。¶~사 | 绘图师。

제동〔制動〕图 【制动】zhìdòng ¶~거리 | 制动距离。

제때(에) 图 【及时】jíshí 【按时】àn shí 【准时】zhǔnshí 【适时】shìshí 【顺时】shùnshí ¶무슨 문제가 있으면 ~ 해결한다 | 有什么问题就及时解决。¶~ 왔다 | 按时来了。¶기차가 ~ 도착한다 | 火车准时到达。

제례〔祭禮〕图 【祭礼】jìlǐ ¶전통~를 배우다 | 学习传统祭礼。

제로〔zero〕图 ❶〈数〉【零】líng ❷〈零分〉língfēn ¶~ 성장 | 无增长。

제록스〔Xerox〕图 ❶【全录】quánlù 【影印】yǐngyìn 【电子复印机】diànzǐ fùyìnjī ❷〈社名〉【施乐】Shìlè 【全录】Quánlù

제막식〔除幕式〕〔揭幕(典)礼】jiēmù (diǎn)lǐ 【剪彩】jiǎncǎi 【揭幕仪式】jiēmù yíshì

제멋〔任性〕rènxìng ¶~에 살다 | 生活任性。

제멋대로 图 【任意】rènyì 【随便】suíbiàn 【随随便便】suísuíbiànbiàn 【擅自】shànzì 【专擅】zhuānshàn 【随心所欲】suí xīn suǒ yù 【随心所愿】suí xīn suǒ yuàn 【任便】rèn biàn ¶~ 행동하다 | 任意行动。¶손님 앞에서 너무 ~ 굴면 안된다 | 不能在客人面前太随便。¶~ 결론을 내리다 | 擅自作出结论。¶이 사람은 ~ 일을 해서 같이 일하기 힘들다 | 这个人专擅行事, 很难合作。

제명¹〔一命〕图 【天年】tiānnián 【自己的寿命】zìjǐ·de shòumìng ¶~을 다하다 | 尽其天年。¶~을 다 누리다 | 安享天年。

제명²〔除名〕图하타 【开除】kāichú 【除名】chú míng ¶그는 벌써 ~당했다 | 他早被开除了。¶그는 이미 학교에서 ~되었다 | 他已经被学校除名了。

제목〔題目〕图 【题目】tí·mù 【标题】biāotí ¶논문 ~ | 论文题目。¶~을 붙이다 | 加上标题。

제물〔祭物〕图 ❶〈제사에 쓰는 음식〉【供品】gòngpǐn 【供物】gòngwù 【祭

품】jìpǐn ¶~을 바쳤다 | 供上了祭品。❷〈희생물〉【牺牲品】xīshēngpǐn ¶그는 자본주의의 ~이 되었다 | 他成了资本主义的牺牲品。

제반〔諸般〕图 【各种】gèzhǒng 【各项】gèxiàng 【一切】yíqiè 【诸】zhū ¶~ 여건을 고려하다 | 考虑各种情况。

제발 图 【千万】qiānwàn ¶~ 잊어서는 안된다 | 千万不能忘记wàngjì。¶~ 말아 주십시오 | 请您千万不要说。

제방〔堤防〕图 【堤】dī 【堤坝】dībà 【堰堤】yàndī ¶~을 쌓다 | 修筑堰堤。

제 버릇 개 못준다〔관용〕【狗改不了吃屎】gǒu gǎi·bùliǎo chī shǐ 【偷吃猫儿性不改】tōuchī māor xìng bùgǎi 【蛇入竹筒, 曲性难移】shé rù zhútǒng, qǔ·xìng nányí

제법 图 【够好】gòuhǎo 【颇能】pōnéng 【很】hěn 【够】gòu ¶편지를 ~ 잘 썼는데 | 信写得够好的了。¶날씨가 ~ 춥다 | 天气很冷的。

제법²〔一〕图 【像样子】xiàngyàng·zi 【够味儿】gòuwèir 【够格(儿)】gòugé(r) 【有两手儿】yǒu liǎng xiǔ~·zi 【有一手儿】yǒu yìshǒur 【有一套】yǒu yítào ¶그는 일을 빨리 하면서도 잘 한다 | ~이다 | 他干活又快又好, 真有两手子。¶노래 솜씨가 ~이다 | 他很会唱歌。

제보〔提報〕图 【举报】jǔbào 【提供情报】tígōng qíngbào ¶시민의 ~가 필요합니다 | 需要市民的举报。

제복〔制服〕图 【制服】zhìfú ¶~입은 군인 | 穿制服的军人。

제본〔製本〕图하타 【装订】zhuāngdìng ¶~기 | 装订机。

제비¹〔签〕图 【阄(儿)】jiū(r) ¶~를 뽑다 | 抽阄chōu jiū。

제비²〈鸟〉【燕子】yàn·zi ¶~가 집을 짓다 | 燕子筑窝zhùwō。

제빙〔製冰〕图하타 【制冰】zhìbīng ¶~공장 | 制冰厂。

제사〔祭祀〕图 【祭礼】jìlǐ ¶~를 지내다 | 进行祭祀。

제삼자〔第三者〕图 【第三者】dìsānzhě 【局外人】júwàirén ¶~가 개입하여 혼인 파탄을 조성하다 | 第三者插足造成婚姻破裂。

제상〔祭床〕图 【祭桌】jìzhuō 【祭坛】jìtán

827

제설[除雪] 명하자 【扫雪】sǎojīxuě 【打扫雪】dǎsǎojīxuě ¶~车 | 除雪车/除雪机。

제소[提诉] 명하타〈法〉【提出诉讼】tíchū sùsòng 【控诉】kòngsù ¶법원에 ~하다 | 向法院起诉。

제수[弟嫂] 명【弟妇】dìfù 【弟媳】dìxí 【弟妹】dìmèi 【弟媳妇(儿)】dìxífù(r)

제수[祭需] 명【祭礼用材料】jìlǐ yòng cáiliào 【祭品】jìpǐn【供品】gòngpǐn

제스처[gesture] 명 ❶ (몸짓) 【手势和姿势】shǒushì hé zīshì 【动作】dòngzuò ❷ (시늉) 【伎俩】jìliǎng 【样子】yàng·zi 【姿态】zītài 【装模作样的行径】zhuāngmó zuòyàng·de xíngjìng ¶그의 사과는 단지 ~에 불과하다 | 他的道歉只不过是装装样子。

제시[提示] 명하타 【提出】tíchū 【出示】chūshì 【指出】zhǐchū 【呈示】chéngshì ¶증명서를 ~하다 | 出示证件。¶정기권을 ~하다 | 出示月票。

제시간[—時間] 명【正时】zhèngshí 【按时】ànshí ¶여러분 시에 시청하시기 바랍니다 | 请各位按时收看。

제아무리 위【不管怎样】bùguǎn zěnyàng 【无论如何】wúlùn rúhé 【就是】jiùshì 【多么】duō·me ¶수준을 높이지 않고 ~ 일을 잘하려고 해도 잘할 수 없다 | 如果不提高水平,就是想做好工作也是不可能的。¶그들의 수완이 ~ 좋다고 해도 우리와 비교할 수는 없다 | 不管他们的本领多么强, 也比不上我们。

제안[提案] 명하타 【提案】tí/àn ¶~을 받아들이다 | 受理提案。¶본 회의에서 세 가지 ~이 통과되었다 | 本次会议通过了三个提案。

제압[制壓] 명하타 【压制】yāzhì ¶자기와 맞지 않는 세력을 ~하다 | 压制异己力量yǐjǐlìliàng。

제약[制約] 명하타 【制约】zhìyuē 【限制】xiànzhì ¶사람의 관념은 사회와 시대의 ~을 받는다 | 人的观念, 受到社会和时代的制约。¶기온의 변화는 작물의 생장을 ~한다 | 气温的变化制约着作物的生长。¶일정한 ~이 있다 | 有一定的限制。

제어[制御] 명하타 ❶ (기계·설비의 조절)【控制】kòngzhì ¶~ 시스템 | 控制系统。¶~장치 | 控制器/控制装置。❷ (억누름)【抑制】yìzhì ¶충동을 ~ 하지 못하다 | 抑制不住冲动chōngdòng。

제어키[制御key;control key]명〈電算〉【控制键】kòngzhìjiàn

제어판[制御板;control panel]명〈電算〉【控制面板】kòngzhìmiànbǎn

제염[製鹽] 명하자 【制盐】zhìyán ¶~업자 | 制盐业者。

제왕[帝王] 명 ❶【帝王】dìwáng ❷ (비유)【权威】quánwēi ¶그는 의학계의 ~이다 | 他是医学界yīxuéjiè的权威。

제왕 절개 수술[—切開手術]〈醫〉【剖腹产手术】pōu fù chǎn shǒushù

제외[除外] 명하타 【除外】chúwài 【除去】chúqù 【除(了)…以外】chú(·le)…yǐwài ¶~ 대상 | 除外对象。¶그를 ~하고는 다 왔다 | 除了他以外, 都到齐了。¶~ 조항 | 例外条款。

제의[提議] 명하타 【提议】tíyì 【建议】jiànyì 【提出】tíchū ¶우리는 지금 휴회할 것을 ~합니다 | 我提议现在休会。¶모두 다 이 ~에 동의한다 | 大家都同意这个提议。

제이[第二] 관【第二】dì'èr ¶~ 시장 | 二级市场。¶~차 산업 | 二次产业。

제이펙[JPEG;Joint Photographic Experts Group] 명〈電算〉【联合摄像专家组】liánhé shèxiàng zhuānjiāzǔ

제일[第一] 관【第一】dìyī ¶누가 뭐래도 내가 ~이다 | 不管说什么, 我就是第一。¶~차 산업 | 一次产业/初级工业。

제일[第一] 위【最】zuì ¶네가 ~ 잘한다 | 你干得最好。

제자[弟子] 명【弟子】dìzǐ 【学生】xué·sheng 【门客】ménkè 【门下】ménxià 【门人】ménrén 【门生】ménshēng 【门徒】méntú ¶그는 내 ~이다 | 他是我的学生。¶그는 김 교수님의 ~이다 | 他是金教授的门生。¶~의 도리 | 小门生/弟子。

제자리[—] 명【原地】yuándì 【原来的地点】yuánlái·de dìdiǎn ¶~에서 빙빙 돌지 말아라! | 不要在原地转圈儿! ¶정지, ~에서 휴식! | 停止前进, 原地

휴식!

^B**제작**[制作] 몡하타 【制造】zhìzào 【制作】zhìzuò ¶가구를 ~하다 | 制作家具. ¶이 칠기들은 아주 정교하게 ~되었다 | 这些漆器制作得很精致. 흥 ~비 | 制造成本.

^C**제재**'[制裁] 몡하타 【制裁】zhìcái ¶법에 의거해서 ~하다 | 依法制裁. ¶법률의 ~를 받다 | 受到法律制裁. ¶그에 대해서 아주 적시에 ~를 가했다 | 对他制裁得很及时.

제재'[题材] 몡 【题材】tícái 【素材】sùcái

^C**제정**[制定] 몡하타 【制定】zhìdìng 【制订】zhìdìng ¶헌법을 ~하다 | 制定宪法. ¶한어 병음 방안을 ~하다 | 制订汉语拼音方案.

제정신[－精神] 몡 【自己的头脑】zìjǐ·de tóunǎo 【自己的精神】zìjǐ·de jīngshén ¶지금 ~으로 하는 말이니? | 现在说什么疯话呢?

^B**제조**[製造] 몡하타 【制造】zhìzào ¶비행기를 ~하다 | 制造飞机. ¶~업 | 制造业. ¶~품 | 制造品.

제주[祭主] 몡 【祭主】jìzhǔ

^C**제지**'[制止] 몡하타 【制止】zhìzhǐ 【停住】tíngzhù 【克制】kèzhì 【抑制】yìzhì ¶학생 흡연은 반드시 결단코 ~되어야 한다 | 学生抽烟必须坚决制止. ¶상급 부서에 엄한 ~를 가하라고 요구하다 | 要求上级严加制止.

제지'[製紙] 몡하자 【造纸】zào zhǐ ¶~공장 | 造纸(工)厂.

^C**제창**[提唱] 몡하타 【提倡】tíchàng 【倡议】chàngyì ¶표준어로 말할 것을 ~하다 | 提倡说普通话. ¶근검 절약을 ~하다 | 提倡勤俭节约.

세창[齊唱] 몡하자 〈音〉【齐唱】qíchàng ¶국가를 ~하다 | 齐唱国歌.

^C**제철**'[製鐵] 몡하자 【炼铁】liàntiě ¶용광로로 ~하다 | 用高炉gāolú炼铁. ¶~소 | 炼铁厂/钢铁.

제철'[按季节] 몡 【按季节】àn jìjié 【时令】shílìng ¶~에 나는 채소라야 맛있다 | 只有时令蔬菜才好吃.

제쳐놓다 동 【撇开】piē·kāi 【抛开】pāo·kāi 【搁在一边】gē·zai yìbiān 【放在一边】fàngzài yìbiān 【搁置】gēzhì 【拔

冗】bárǒng ¶이 문제는 제쳐놓자 | 撇开这个问题. ¶이 점은 잠시 제쳐놓고 논하지 않기로 합시다 | 先撇开这一点论点. ¶제쳐놓고 상관하지 않다 | 搁置不理.

제초[除草] 몡하자 【除草】chú cǎo 【锄草】chú cǎo ¶~제 | 除草剂jì. ¶~약 | 除草药.

제출[提出] 몡하타 【交出】jiāochū 【呈交】chéngjiāo ¶의견을 ~하다 | 提出意见.

^C**제치다** 동 ❶ (거치적거리지 않게 치워놓다) 【搁在一边】gēzàiyìbiān 【放在一边】fàngzàiyìbiān 【撇·开】piē·kāi 【抛开】pāo·kāi ❷ (빼놓다) 【抽去】chōuqù 【除去】chúqù

^C**제트**[jet] 몡 【喷气】pēnqì ¶~기 | 喷气机/喷射式飞机. ¶~기류 | 急流/喷气流. ¶~엔진 | 喷气式发动机.

제패[制霸] 몡하자 ❶ (정복) 【称霸】chēngbà ¶천하를 ~하다 | 称霸天下. ❷ (경기의 우승) 【取胜】qǔshèng 【取得冠军】qǔdéguànjūn

제풀에 튀 【自己】zìjǐ 【自个儿】zìgěr ¶말을 다하고는 참 웃었다 | 说完自己笑了. ¶한참 동안 울다니 ~ 잠이 들었다 | 哭了一阵自个儿睡着了.

제품[製品] 몡하타 【产品】chǎnpǐn 【成品】chéngpǐn 【制成品】zhìchéngpǐn ¶~ 원가 | 产品成chéng本. ¶~ 규격 | 产品规格. ¶~의 질 | 产品质量. ¶~ 번호 | 产品号码. ¶~ 설명서 | 产品说明书.

제하다[除－] 몡 ❶ (감하다) 【减】jiǎn 【减去】jiǎnqù ❷ (공제) 【除掉】chú diào 【去掉】qù diào 【刨】páo ¶15일에서 5일을 제하면 몇 일 남느냐? | 十五天刨去五天, 剩下shèngxià几天呢? ¶세금을 제하고 겨우 백만원을 받았다 | 刨去税金shuìjīn, 只收到一百万块钱.

^C**제한**[制限] 몡하타 【限制】xiànzhì 【局限】júxiàn 【限定】xiàndìng ¶산아 ~ | 限制生育/计划生育. ¶인원수는 150명으로 ~하였다 | 人数限定为一百五十人. ¶토론 범위는 ~되지 않다 | 讨论tǎolùn的范围fànwéi不限.

제화[製靴] 몡하자 【制靴】zhìxuē

제후[諸侯] 몡〈史〉【诸侯】zhūhóu【守臣】shǒuchén ¶~가 조정에 돌아와 업무를 보고하다 | 诸侯回朝廷述职.

제휴[提携] 몡하짜【携手】xiéshǒu【合作】hézuò【协同】xiétóng¶기술~ | 技术jìshù合作. | ~ 출판 | 合作出版chūbǎn.

젠장 깜【他妈的】tāmā·de【哎】āi ¶~, 이제 뭐야? | 他妈的, 这是什么事啊?

젤리[gelly] 몡〈化〉【凝胶】níngjiāo

조[1] 몡〈植〉【小米】xiǎomǐ【粟】sù【谷子】gǔ·zi ¶~밥 | 小米饭.

A조[2][組] 몡【组】zǔ ¶~를 짜다 | 编组. ¶두 ~로 나누다 | 分为两组.

조[3][條] 의몡【条】tiáo【条目】tiáomù ¶헌법 제1~ | 宪法xiànfǎ第一条.

조[4][兆] 몡【兆】zhào

-조[5][-朝] 回【朝】cháo【王朝】wángcháo【朝代】cháodài ¶조선~ | 朝鲜朝.

C조가비[貝殼] 몡【贝壳】bèiké

B조각[1] 몡【片儿】piànr【块儿】kuàir【碎片】suìpiàn¶종이 ~ | 纸zhǐ片儿. ¶~나다 | 支离破碎.

C조각[2][彫刻] 몡하짜【雕刻】diāokè【雕塑】diāosù¶~도 | 雕刻刀. ¶~공예 | 雕刻工艺. (참고)【雕镂】【雕镂】

조각조각 悍【一片一片】yípiàn yípiàn【一块一块】yíkuài yíkuài ¶~ 깨어지다 | 破成碎片.

조간[朝刊] 몡【晨刊】chénkān【晨报】chénbào

C조감[鳥瞰] 몡하짜【鸟瞰】niǎokàn¶~도 | 鸟瞰图.

A조개[1] 몡〈魚谷〉【贝】bèi【蛤蜊】gé·li¶~관자 | 贝贯子. ¶~구름 | 鱼鳞将云. ¶~살 | 蛤蜊肉. ¶~젓 | 蛤蜊酱/卤贝.

C조건[條件] 몡 ❶【条件】tiáojiàn ¶자연~ | 自然条件. ¶각종 유리한 ~을 갖추고 있다 | 具有各种有利条件. ¶그가 제시하는 ~이 너무 높다 | 他的条件太高. ¶여기의 생활은 아주 좋다 | 这里的生活条件很好. ❷〈數〉【假说】jiǎshuō【假设】jiǎshè

조건부[條件附] 몡【有条件】yǒutiáojiàn【附带条件】fùdài tiáojiàn【附带加条件】fùdàijiā tiáojiàn【附条件】fùy-

ǒu tiáojiàn

조경[造景] 몡하타【美化环境】měihuà huánjìng【造园】zàoyuán¶~ 공사 | 造园工程.

조공[朝貢] 몡하짜타【朝贡】cháogòng¶서울로 들어가 ~하다 | 进京朝贡.

B조교[助教] 몡【助教】zhùjiào¶그는 중문과의 ~이다 | 他是中文系的助教. ¶그녀의 남편은 대학 ~이다 | 她丈夫是大学助教.

B조국[祖國] 몡【祖国】zǔguó¶~을 지키다 | 保卫祖国. ¶~의 품 | 祖国的怀抱.

C조그마하다 혱【小】xiǎo【微小】wēixiǎo ¶조그마한 집 | 小屋.

B조그맣다 혱⇒작다

A조금 몡【一点】yìdiǎn【稍】shāo【稍微】shāowēi【稍稍】shāoshāo ¶이 옷은 ~ 크다 | 这件衣服稍大一点. ¶~ 기다리다 | 稍微等一会儿. ¶~ 먹었다 | 稍稍吃了一点儿.

조금도 悍【丝毫】sīháo【毫】háo ¶그녀는 화가 나자 십리 길을 걸었지만 ~ 피곤한 줄 몰랐다 | 她一气走了十里路, 却丝毫不觉得疲劳píláo. ¶~ 관계없다 | 毫不相干/毫无关系. ¶~ 의문이 없다 | 毫无疑问.

조금씩 悍【一点一点】yìdiǎnyìdiǎn【渐渐】jiànjiàn ¶~ 좋아지고 있어요 | 渐渐好转了.

조급[躁急] 몡하혱【急】jí【着急】zháojí【急忙】jímáng【急躁】jízào【急于】jíyú【烦躁】fánzào【躁急】zàojí¶~히 서둘러 가려하다 | 急着要走. ¶~히 굴지 말고 문제가 있으면 상의해서 해결하자 | 别着急, 有问题商量解决. ¶뭐가 그리 ~하냐? | 着什么急呢?

C조기[1] 몡〈魚谷〉【黄花鱼】huánghuāyú【石首鱼】shíshǒuyú

조기[2][弔旗] 몡【吊旗】diàoqí【半旗】bànqí¶~를 달다 | 挂guà半旗.

조기[3][早期] 몡【早期】zǎoqī¶~의 정치 활동 | 早期政治活动. ¶~ 진단 | 早期诊断zhěnduàn.

B조끼 몡【坎肩】kǎnjiān【背心】bèixīn

조난[遭難] 몡하짜【遇难】yù/nàn【遭难】zāo/nàn ¶~선 | 遇难船. ¶~ 신호 | 海上遇险信号.

조달[調達] 圐햐자타 【籌措】chóucuò 【配給】pèijǐ 【調撥】diàobō 【招募】chōumù 【籌集】chóují 【籌辦】chóubàn 【徵購】zhēnggòu ¶여비를 ~하다 | 筹措旅费lǚfèi。 ¶자본금을 ~하다 | 筹募资金。 ¶학교의 기금을 ~하다 | 筹集学校的基金。

ᴳ**조도**[照度] 圐〈物〉【照度】zhàodù 【光照度】guāngzhàodù ¶~계 | 照度计。

조던[Jordan] 圐〈商標〉【乔丹】Qiáodān

ᴳ**조랑말** 圐〈動〉【短腿马】duǎntuǐmǎ 【矮马】ǎimǎ

조력[助力] 圐햐타 ❶ (협력) 【帮助】bāngzhù 【帮忙】bāngmáng ❷ (조수) 【助手】zhùshǒu 【帮手】bāngshǒu

조령모개[朝令暮改] 관용 【朝令暮改】zhāo lìng mù gǎi 【朝令夕改】zhāo lìng xī gǎi

조례[條例] 圐【条例】tiáolì 【条款】tiáokuǎn ¶~위반 | 违反条例。

조례[朝禮] 圐【朝礼】zhāolǐ 【早点名】zǎodiǎnmíng ¶~시간 | 早点名时间。

조롱[嘲弄] 圐햐타 【嘲弄】cháonòng 【作弄】zuònòng 【做弄】zuònòng 【玩弄】wánnòng ¶절대 다른 사람을 ~하지 마시오 | 千万不要嘲弄人。 ¶그는 늘 다른 사람을 취미삼아 ~한다 | 他经常把嘲弄别人当做一种乐趣。

ᴳ**조류**[鳥類] 圐【鸟类】niǎolèi ¶~학 | 鸟类学。

조류[潮流] 圐【潮流】cháoliú ¶시대의 ~에 따르다 | 随时代的潮流。

조류[藻類] 圐〈植〉【藻类】zǎolèi ¶~학 | 藻类学。

조 류 독 감[鳥類毒感;HPAI;Highly Pathogenic Avian Influenza] 圐〈醫〉【禽流感】qínliúgǎn

ᴮ**조르다** 圐 ❶ (죄다) 【捆紧】kǔnjǐn 【勒紧】lēijǐn 【杀紧】shājǐn 【卡】qiǎ ¶목을 ~ | 卡脖子bó·zi。 ❷ (요구하다) 【纠缠】jiūchán 【蘑菇】mógu ¶그에게 자꾸 조르지 마시오 | 别总纠缠他。

조르르 圐 ❶ (액체가 흘러내리는 모양) 【潺潺】chánchán ¶시냇물이 ~ 흐른다 | 溪水潺潺。 ❷ (미끄러지는 모양) 【骨碌碌】gūlūlū ❸ (빠르게 내

닫는 모양) 【紧跟】jǐngēn ¶아이가 어머니 뒤를 ~ 따라온다 | 孩子紧跟着妈妈后面来了。

조리[條理] 圐【条理】tiáolǐ ¶~가 분명하다 | 条理分明。 ¶그의 수업이 아주 ~가 있다 | 他讲课条理很清楚。

ᴳ**조리**[調理] 圐햐타 【调养】tiáoyǎng ¶그는 몸~를 잘하여 신체상태가 좋다 | 他身体调养得不错。 ¶정성껏 몸~하다 | 精心调养。 참고 【调理】【调摄shè】

ᴳ**조리개** 〈物〉【光圈】guāngquān 【光孔】guāngkǒng 【光阑】guānglán 【光门】guāngmén

ᴮ**조리다** 圐 【熬炖】áodùn 【熬干】áogān 【炖干】dùngān

ᴮ**조림**[造林] 圐햐자타 【造林】zào lín ¶나무를 심어 ~하다 | 植树造林。 ¶~사업 | 造林工作。

ᴮ**조립**[組立] 圐햐타 【装配】zhuāngpèi 【组装】zǔzhuāng 【组合】zǔhé ¶자전거를 한 대 ~했다 | 装配了一辆自行车。 ¶~식 주택 | 组合式房屋。 ¶기계는 수많은 부품들을 한데 ~해서 만든 것이다 | 机器是由许多零部件组合起来的。 ¶~식 | 组合式。 참고 【安装】【吊装】

ᴮ**조마조마** 圐햐형 【提心吊胆】tíxīn diàodǎn 【忐忑不安】tǎntè bùān 【心理发慌】xīnlǐ fāhuāng ¶네가 무슨 말을 할까 마음이 ~했다 | 怕你瞎说话,,弄得我提心吊胆。

조막 圐【小拳头】xiǎoquántóu ¶~만한 아이 | 像小拳头大的孩子。

조만간[早晩間] 圐【早晚】zǎowǎn 【不久】bùjiǔ 【迟早】chízǎo ¶저수지는 ~에 완공될 것이다 | 水库不久就能完工。 ¶나도 ~ 죽게 되다 | 我迟早也死的。 ¶~ 만나게 될 것이다 | 迟早会见面的。

ᴳ**조명**[照明] 圐햐타 【照明】zhàomíng ¶무대 ~ | 舞台照明。 ¶~ 시설 | 照明设备。 ¶~등 | 照明灯。

조목[條目] 圐【名条】míngtiáo 【条目】tiáomù 【项目】xiàngmù 【条】tiáo 【条款】tiáokuǎn 【品目】pǐnmù

조목조목 圐【每条】měitiáo 【逐条】zhútiáo 【一条一条】yìtiáo yìtiáo

조무래기 圐 ❶ (작은 것) 【小的】xiǎo·

de ❷ (아이) 【小孩子】xiǎoháizi 【小家伙们】xiǎojiāhuǒ·men

조문² [弔文] 몝 〈祭文〉jìwén 【唁文】yànwén 【吊唁】diàoyàn

조문² [條文] 몝 〈条文〉tiáowén ¶법률 ~ | 法律条文。¶무역 ~을 잘 알고 있다 | 熟悉贸易条文。

조물주 [造物主] 몝 〈造物主〉zàowùzhǔ 【上帝】shàngdì

ᴮ**조미** [調味] 몝하타 〈调味〉tiáo wèi ¶~료 | 调料/调味品。

조밀 [稠密] 몝하형 〈稠密〉chóumì 【密密匝匝】mì·mizāzā 【密密层层】mì·micéngcéng 【密密丛丛】mì·micóngcóng 【密密麻麻】mì·mi mámá 【密布】mìbù ¶인구가 ~하다 | 人口稠密。¶~하게 들어선 버드나무 숲 | 密密丛丛的柳树林。¶신문에 작은 글자가 ~하게 쓰여 있다 | 报纸上密密麻麻地写着小字。

ᶜ**조바심** 몝하타 〈焦虑〉jiāolǜ 【焦心】jiāoxīn ¶그녀는 무척이나 ~내고 있다 | 她心中万分焦虑。¶병이 좀처럼 낫지 않으니 아무래도 ~이 난다 | 病老没有起色不由得焦心。

조반 [朝飯] 몝 【早饭】zǎofàn 【早餐】zǎocān ¶~을 들다 | 吃早饭。

조부 [祖父] 몝 〈祖父〉zǔfù ¶~께서 이미 여든이 되셨다 | 祖父已八十岁了。참고 【大父】【大王父】【公公】【爷爷】

조부모 [祖父母] 몝 〈祖父母〉zǔfùmǔ

ᴬ**조사** [調査] 몝하타 〈调查〉diàochá 【勘察】kānchá 【考查】kǎochá 【普查】pǔchá 【测验】cèyàn ¶그 곳의 방언을 ~하다 | 调查那儿的方言。¶학업 성적을 ~하다 | 考查学生的学业成绩。¶여론을 ~하다 | 测验民意。

ᶜ**조사**² [助詞] 몝 〈言〉【助词】zhùcí

조산 [早産] 몝하타 〈医〉【早产】zǎochǎn 【早生】zǎoshēng ¶~아 | 早产儿。

조삼모사 [朝三暮四] 관용 【朝三暮四】zhāo sān mù sì

조상¹ [弔喪] 몝하타 【吊丧】diàosāng 【吊唁】diàoyàn 【悼唁】dàoyàn

ᴬ**조상**² [祖上] 몝 〈祖先〉zǔxiān 【祖宗】zǔ·zong ¶~의 제사를 지내다 | 给祖先祭祀。¶우리의 ~께서 일찍이 찬

란한 문명을 창조하셨다 | 我们的祖先很早以前就创造了灿烂的文明。¶~3대 | 祖宗三代。

조상³ [彫像] 몝 〈美〉【雕像】diāoxiàng

조서 [調書] 몝 ❶ 【记录调查内容的文件】jìlù diàochá nèiróng·de wénjiàn ❷ 〈法〉【记录诉讼的内容及审判过程的法律文件】jìlù sùsòng·de nèiróng jí shěnpàn guòchéng·de fǎlǜ wénjiàn

조석 [朝夕] 몝 ❶ (밤낮) 【朝夕】zhāoxī ¶~으로 자주 만나다 | 朝夕相处。❷ (조석반) 【早饭和晚饭】zǎofàn hé wǎnfàn

ᴮ**조선**¹ [造船] 몝하자 〈造船〉zào chuán

ᴬ**조선**² [朝鮮] 몝 〈史〉【朝鲜】cháoxiǎn ¶~말 | 朝鲜语/朝鲜话。¶~ 종이 | 朝鲜纸。

조성¹ [造成] 몝하타 〈造成〉zàochéng 【设置】shèzhì 【提供】tígōng 【导致】dǎozhì 【形成】xíngchéng ¶여론을 ~하다 | 造成舆论。¶이로 인하여 시국의 긴장이 ~되다 | 由此导致时局的紧张。

조성² [組成] 몝하타 〈组成〉zǔchéng 【构成】gòuchéng ¶위원회는 7인으로 ~되어 있다 | 委员会由七人组成。

조세 [租稅] 몝 〈法〉【税收】shuìshōu ¶~를 납부하다 | 交纳租税。¶~ 부담 | 税负。¶~ 부담을 줄이다 | 减轻税负。

ᶜ**조소** [嘲笑] 몝하타 〈嘲笑〉cháoxiào ¶다른 사람을 ~해서는 안된다 | 不能嘲笑别人biérén。¶~를 당하다 | 遭到嘲笑zāo dào cháoxiào。

조속히 [早] 閈 【早日】zǎorì 【尽快地】jǐnkuài·de ¶당신의 건강이 ~ 회복되기를 빕니다! | 祝zhù你早日恢复huīfù健康jiànkāng!

ᶜ**조수**¹ [助手] 몝 〈助手〉zhùshǒu 【帮手】bāng·shou 【副手】fùshǒu ¶유능한 ~ | 得力助手。

조수² [潮水] 몝 〈潮水〉cháoshuǐ 【海潮】hǎicháo ¶~가 들어온다 | 来潮。¶구경꾼이 ~처럼 몰렸다 | 看热闹rè·nao的人像潮水一样yòng涌进来。

조숙 [早熟] 몝하형 〈早熟〉zǎoshú ¶~한 아이 | 早熟的孩子。

ᴬ**조심** [操心] 몝하자타 【小心】xiǎo·xīn 【当心】dāngxīn 【留心】liúxīn 【谨慎】jĭnshën 【注意】zhùyì 【提防】dī·fang 【估摸】gūmō 【小心谨慎】xiǎoxīn jǐnshèn 【谨小慎微】jǐn xiǎo shèn wēi 【尽小慎微】jǐn xiǎoshèn wēi 【警惕】jǐngtì ¶소매치기를 ～하세요 | 小心扒手。¶자기의 언행을 ～하다 | 留心自己的言行。¶～해라, 무슨 꿍꿍이가 있는 듯하다 | 你要注意, 恐怕里面有文章。¶이 사람은 아주 음험하니 좀 ～해야 된다 | 此人很阴险, 要提防他点儿。

ᴮ**조심스럽다** 〔형〕【小心】xiǎo·xīn 【谨慎】jǐnshèn 【小心翼翼】xiǎo xīn yì yì 【警惕】jǐngtì ¶매우 조심스럽게 말하다 | 说得很谨慎。

조심조심 【轻轻】qīngqīng 【小心翼翼】xiǎo xīn yì yì ¶～ 강을 건너다 | 小心翼翼地渡江。

ᶜ**조아리다** 〔동〕【磕头】kētóu 【顿首】dùnshǒu

조악[粗恶] 〔명·형〕【粗劣】cūliè ¶품질이 ～하다 | 质量非量粗劣。

조약[條約] 〔명〕【条约】tiáoyuē 【公约】gōngyuē 【合约】héyuē ¶상호 불가침 ～ | 互不侵犯qīnfàn条约。¶국제 ～ | 国际条约。¶북대서양 ～ | 北大西洋公约。¶～ 폐기 | 废弃条约。

ᴮ**조약돌**[卵石] 【卵石】luǎnshí 【河卵石】héluǎnshí 【砾石】lìshí 【小石子】xiǎoshí·zi 【圆石头】yuánshí·tou

조언[助言] 〔명〕〔하자〕【指教】zhǐjiào 【忠言】zhōngyán ¶선생님의 ～을 바랍니다 | 希望老师给与指教。

조업[操業] 〔명〕〔하자〕【做工】zuò gōng 【管业】guǎnyè 【开工】kāi gōng 【投产】tóu chǎn 【操作】cāozuò ¶완전～하다 | 完全开工。¶새로 산 기기는 이미 ～에 들어갔다 | 新购的机器已经投产了。¶～ 시간 | 工时/工作时间。¶～ 일수 | 劳动日数/营业日数。¶～ 정지 | 停工。

조연[助演] 〔명〕〔하자〕【配角】pèijiǎo 【协助演出】xiézhù yǎnchū ¶～ 배우 | 配角演员。

조예[造詣] 〔명〕【造诣】zàoyì 【造就】zàojiù 【工夫】gōng·fu ¶그는 역학 방면에 깊은 ～가 있다 | 他在力学方面有很深的造诣。¶그는 이 방면에 ～가

있다 | 他在这个方面很有造诣。

조용조용 〔부〕【静静地】jìngjìng·de 【静悄悄地】jìngqiāoqiāo·de ¶～ 이야기하다 | 静悄悄地说话。

ᴬ**조용하다** 〔형〕❶ (잠잠하다)【安静】ānjìng 【肃静】sùjìng 【肃静无声】sù jìng wú shēng 【宁静】níngjìng ¶이 일대는 아주 ～ | 这一带很安静。¶유흥객이 흩어진 후, 호수는 매우 조용했다 | 游人散后, 湖上十分宁静。❷ (행동이 조심스럽다)【悄悄】qiāoqiāo 【平静】píngjìng ¶조용하게 걸음을 옮기다 | 悄悄挪动步子。❸ (언행·성격이 얌전하다)【斯文】sī·wen 【文静】wénjìng 【安祥】ānxiáng ¶그녀는 매우 스럽다 | 她很斯文。¶조용한 목소리 | 斯文的声音。❹ (편안하고 여유있다)【清闲】qīngxián 【安闲】ānxián ¶요즈음은 아주 ～ | 这段时间清闲得很。¶조용한 나날을 보내고 있다 | 过着清闲的日子。¶퇴직한 후, 그들 둘은 편안하고 조용한 생활을 하고 있다 | 退休后, 他们俩过着安闲的生活。¶(환경이나 마음이 고요하다)【肃然】sùrán 【静悄悄】jìngqiāoqiāo 【清幽】qīngyōu 【清静】qīngjìng 【幽静】yōujìng 【僻静】pìjìng ¶조용히 지낸다 | 静悄悄地过日子。¶사방이 아주 ～ | 四周非常清静。¶외지고 조용한 곳 | 幽静的地方。

조우[遭遇] 〔명〕〔하자〕【碰上】pèngshàng 【相遇】xiāngyù 【遭遇】zāoyù ¶자신의 운명과 ～했다 | 跟自己的命运相遇了。

조의[弔意] 〔명〕【吊唁】diàoyàn 【吊丧】diàosāng 【吊意】diàoyì ¶삼가 ～를 표합니다 | 谨献吊意。

조이스틱[joystick] 〔명〕〈電算〉【游戏杆】yóuxìgān

조작[造作] 〔명〕〔하자〕【捏造】niēzào 【制造】zhìzào 【炮制】pàozhì 【窜改】cuàngǎi ¶고의적인 ～ | 故意捏造。¶장부를 ～하다 | 窜改帐zhàng目。

조작[操作] 〔명〕〔하자〕❶ (기계 등을 다루다)【操作】cāozuò 【操纵】cāozòng 【工作】gōngzuò 【运转】yùnzhuǎn 【运筹】yùnchóu ¶구조는 간단하고 ～은 편리하다 | 结构简单, 操作方便。¶새 기기를 ～할 줄 아는 노동자 | 会操

종新신기계를 부리는 노동자.❷〔～설명서｜操작ᅵ操作자작
설명서. ❷〔조종하다〕【操纵】cāozò-
ng ᅵ물가를 ～하다ᅵ操纵物가. ᅵ
시장을 ～하다ᅵ操纵市场. ᅵ이번
대통령 선거를 배후에서 ～했다ᅵ背
后操纵这次总zǒng统选举.

조잡〔粗雜〕**형**〔하ᅵ형〕❶〔粗率〕cūshuài
【潦草】liáocǎo ᅵ설계가 ～하고 계산
이 정확하지 않다ᅵ设计潦草, 计算不
精确. ❷〔粗魯〕cū·lǔ〔粗卤〕cūlǔ〔粗
莽〕cūmǎng ❸〔语无论次〕yǔ wú lún c-
ì ᅵ～한 방법ᅵ粗鲁的方法.

ˊ**조장**〔助長〕**동**ᅵ❶〔도와서 더 자라
게 하다〕【帮助增长】bāngzhù zēngch-
áng【提高】tígāo【鼓】gǔ ❷〔촉진하
다〕【助长】zhùzhǎng【滋长】zīzhǎng
【蔓延】wànyán ᅵ문예 창작에 있어서
의 공식화·개념화 경향을 ～했다ᅵ助
长了文艺wényì创作中的公式化、概
念化倾向.

ˊ**조절**〔調節〕**명**〔하ᅵ타〕【调整】tiáozhěng
【调节】tiáojié【调剂】tiáojì【调整】tiáo-
jì【调试】tiáoshì【调停】tiáo·tíng【平
差】píngchā【调控】diàokòng ᅵ작업
시간과 휴식 시간을 ～하다ᅵ调整休
息时间. ᅵ물은 동물의 체온을 ～할
수 있다ᅵ水能调节动物的体温. ᅵ물
자를 ～하다ᅵ调剂物资.

ˊ**조정**[調停]¹**명**〔하ᅵ타〕【调停】tiáo·tíng
【调解】tiáojié【调处】diàochù【调说】d-
iàoshuō【圆场】yuánchǎng【仲裁】zh-
òngcái【平差】píngchā ᅵ가운데서 ～
하다ᅵ居中调停. ᅵ가정내의 분규를
～하다ᅵ调解家庭纠纷. ᅵ그
를 원만하게 ～하기는 쉽지 않다ᅵ很
难调说他.

ˊ**조정**[調整]²**명**〔하ᅵ타〕【调整】tiáozhěng
【调节】tiáojié ᅵ노임 ～ ᅵ工资gōngzī
调整. ᅵ작업 시간과 휴식 시간을 ～
하다ᅵ调整作息时间.

조제〔調劑〕**명**〔하ᅵ자타〕〈药〉【调剂】tiáojì-
ì ᅵ～용 천평ᅵ调剂天秤chèng.

조족지혈〔鳥足之血〕**관용**【鸟足之血】
niǎo zú zhī xuě【极微小】jíwēixiǎo

ˊ**조종**[操縱]¹**명**〔하타〕【驾驶】jiàshǐ【操
纵】cāozò ᅵ비행기를 ～하다ᅵ驾
驶飞机. ᅵ이번 선거를 배후에서 ～
했다ᅵ背后操纵这次选举. ᅵ～석ᅵ
操纵席.

조종²〔弔鐘〕**명**〔丧钟〕sāngzhōng ᅵ～
을 치다ᅵ鸣丧钟. ᅵ식민주의의 종
말을 알리는～이 울렸다ᅵ殖民zhímí-
n主义的丧钟敲响了.

조종³〔祖宗〕【祖宗】zǔ·zong【鼻祖】
bízǔ

조준〔照準〕**명**〔하타〕【瞄准】miáozhǔn
【对准】duìzhǔn ᅵ～이 맞지 않다ᅵ没
有对准.

조지다〔동〕❶〔호되게 단속하다〕【严加
官束】yánjiā guānshù【严加官教】yá-
njiā guānjiào ᅵ〔단단히 가르치다〕
【严责】yánzé【严戒】yánjiè

^**조직**〔組織〕**명**ᅵ❶〔통일체·조성된 것〕
【组织】zǔzhì【系统】xìtǒng【体系】tǐ-
xì ᅵ합리적으로 인력과 물력을 ～하
다ᅵ合理组织人力物力. ᅵ정부 ～ᅵ
政府组织. ᅵ세포 ～ ᅵ细胞xìbāo组
织. ᅵ근육 ～ᅵ肌肉jīròu组织. ᅵ민
방위 ～ᅵ民防mínfáng系统. ❷〔구
성〕【机构】jīgòu【结构】jiégòu ᅵ～이
방대하다ᅵ机构庞大. ❸〔세포의 집
단〕〈生〉【组织】zǔzhì ᅵ신경 ～ᅵ神
经组织.

조짐〔兆朕〕**명**〔预兆〕yùzhào【征兆】
zhēngzhào【征候】zhēnghòu【预候】
zhàohòu【征象】zhēngxiàng ᅵ승리의
～ᅵ胜利shènglì的预兆. ᅵ～이　상
서롭지 못하다ᅵ不祥征兆. ᅵ환자는
호전될 ～이 이미 보인다ᅵ病人已有
好转的征候.

―조차[조사]〔连…也…〕lián…yě…【连…
都…〕lián…dōu… ᅵ너～ 모르고 있
었니? ᅵ连你也不知道吗?

조찬〔朝餐〕**명**〔하타〕【早餐】zǎocān【早饭】
zǎofàn【早饭】zǎofàn ᅵ그는 ～에 참
석하지 않았다ᅵ他没有来用早餐.

조치〔措處〕**명**〔하타〕【采取借置】cǎiqǔ jì-
èshí【处理】chǔlǐ【措施】cuòshī ᅵ적
절한 ～를 취하다ᅵ采取适当的措
施.

조졸하다〔형〕〔质朴〕zhìpǔ〔朴素〕pǔsù
ᅵ조졸하게 결혼식을 치루다ᅵ婚礼
从简.

조치〔措置〕**명**〔하타〕【措施】cuòshī ᅵ적
당한 ～를 취하다ᅵ采取cǎiqǔ适当的
措施. ᅵ임시 ～ᅵ临时措施. ᅵ～를
취한 것은 모두 적당하였다ᅵ凡所措
施, 无不适宜shìyí.

^A조카 명 【侄子】zhí·zi 【侄儿】zhír 【侄女】zhínǚ ¶~딸│侄女。¶~뻘│侄辈。

조퇴[早退] 명하자 【早退】zǎotuì ¶지각~하는 사람이 하나도 없다│没有一个人迟到早退。

^B조합[組合] 명하타 ❶ (한데 모으다) 【组合】zǔhé 【组成】zǔchéng 【集成】jíchéng 【集合】jíhé ¶조사해온 자료를 ~하다│组合一下调查的材料。¶기계는 수많은 부품들을 한데 ~해서 만든 것이다│机器是由许多零líng部件组合起来的。❷ (동업 조합) 【组合】zǔhé 【合作社】hézuòshè 【工会】gōnghuì 【同业公会】tóngyè gōnghuì 【联合会】liánhéhuì 【社团】shètuán 【联盟】liánméng ¶농업 협동 ~│农业生产合作社。¶수산 협동 ~│渔业生产合作社。¶소비 협동 ~│消费xiāofèi合作社。❸〈數〉【组合】zǔhé

^C조합원[組合員] 명 【组合员】zǔhéyuán 【合作社社员】hézuòshè shèyuán 【社员】shèyuán ¶~ 총회│社员大会dàhuì。

조항[條項] 명 【项目】xiàngmù 【条款】tiáokuǎn ¶모두 10개의 ~이 있다│共有十项条款。¶법률 ~│法律条款。¶정전 관계의 ~│有关停火的条款。

조형[造形] 명하자타 【造型】zàoxíng ¶~ 미술│造型美术。

^C조화[造花] 명 【假花】jiǎhuā 【人造花】rénzàohuā 【纸花】zhǐhuā 【绢花】juànhuā ¶~ 한 다발을 샀다│买了一把人造花。

^C조화[調和] 명하자 【调和】tiáo·hé 【调谐】tiáoxié 【协调】xiétiáo ¶중간에서 잘 ~시키다│从中调和。¶그들 몇 사람은 작업을 함에 있어서 잘 ~가 된│他们几个人工作上很协调。

^C조회[朝會] 명하자 【早上的会议】zǎoshàng·de huìyì

조회[照會; inquire] 명하타 ❶ 【询问】xúnwèn 【外调】wàidiào 【函询】hánxún 【查询】cháxún ¶가격을 ~하다│查询货价。¶관계 상황을 ~하다│查询有关情况。❷〈電算〉【查询】cháxún 【查找】cházhǎo 【搜索】sōusuǒ

족[足] 명 【足】zú 【腿儿】tuǐr ¶~골│

足骨。

족발[足-] 명 【猪蹄】zhūtí 【小腿烤肉】xiǎotuǐkǎoròu ¶소주 한 병하고 ~ 한 접시 주세요│来一瓶烧酒和一盘猪蹄。

^B족보[族譜] 명 【家谱】jiāpǔ 【家牒】jiādié 【家乘】jiāchéng 【宗谱】zōngpǔ 【谱系】pǔxì ¶적자는 당연히 ~에 올라가야 한다│嗣子sìzi应列入家谱。

족속[族屬] 명 【族类】zúlèi 【一帮】yìbāng 【一伙】yìhuǒ 【同类】tónglèi ¶그들은 파리같은 ~이다│他们和苍蝇cāngyíng同类。

족쇄[足鎖] 명 【脚镣】jiǎoliào 【镣铐】liàokào ¶~를 채우다│戴脚镣。¶~·수갑 등 형구│脚镣、手铐kào等刑具。

^C족자[簇子] 명 【字画】zìhuà 【挂画】guàhuà 【书画】shūhuà 【中堂】zhōngtáng ¶~걸이│挂画钩/挂画杆

족장[族長] 명 【族长】zúzhǎng ¶~제│族长制。

^B족제비 명〈動〉【黄鼠狼】huángshǔláng 【黄鼬】huángyòu

족족 의명 【随…随】suí…suí 【及时】jíshí ¶고기를 잡는 ~ 날라온다│把捕获的鱼及时运回来。

족치다 동 ❶ (결단내다) 【严刑拷打】yánxíngkǎodǎ 【逼供】bīgòng ❷ (망치다) 【弄瘪】nòngbiě 【捣毁】dǎohuǐ

^C족하다[足-] 명 【充足】chōngzú ¶경비가 ~│经费充足。¶혼자 먹기에 ~│足够一个人吃的。¶이만하면 ~│这么些就足够了。

존경[尊敬] 명하타 【尊敬】zūnjìng 【敬重】jìngzhòng ¶군중의 ~을 받다│受到群众的尊敬。¶내가 ~하는 선생님│我所尊敬的老师。¶그는 그녀가 가장 ~하는 선생님이다│他是她最敬重的老师。

존귀[尊貴] 명하형 【宝贵】bǎoguì 【高贵】gāoguì ¶~ 한 사람│高贵的人。

존립[存立] 명하자 【存在】cúnzài 【存立】cúnlì ¶국가의 ~이 위태롭다│祖国危在旦夕。

존망[存亡] 명 【存亡】cúnwáng 【兴亡】xīngwáng ¶생사 ~의 고비│生死存亡的关头。¶민족의 생사 ~에 관계되는 전쟁│关系民族生死存亡的战

争.

존속[存續] 명하자 【存持】cúnchí【连续存在】liánxù cúnzài【存续】cúnxù【持续】chíxù ¶~ 기간｜存在期间. ¶이 기관이 금후 ~할 필요가 있는지 없는지는 아직 의결을 기다려봐야 한다｜这机构今后有无存续之必要, 尚 shàng待议决有议决.

^**존엄**[尊嚴] 명하자 【尊严】zūnyán ¶한 법정｜尊严的法庭. ¶민족적 ~성｜民族的尊严. ¶법률의 ~성｜法律的尊严.

^**존재**[存在] 명하자 (실제 있음) 【存在】cúnzài ¶그 중에는 심각한 문제가 ~하고 있다｜其中存在着严重yánzhòng的问题. ❷ (어떤 능력을 지닌 인간) 【地立】dìlì【人物】rén·wù ¶그는 대단한 ~이다｜他是个人物.

^**존중**[尊重] 명하타 【尊重】zūnzhòng【崇尚】chóngshàng ¶서로 ~하다｜互相尊重. ¶개인의 의견을 ~하다｜尊重个人意见.

^**존칭**[尊稱] 명하타 【尊称】zūnchēng【敬称】jìngchēng ¶그를 스승이라고 ~하다｜尊称他为老师. ¶"您"은 "你"의 ~이다｜"您"是"你"的尊称.

존폐[存廢] 명 【存废】cúnfèi ¶제도의 ~ 문제｜制度的存废问题. ¶~여부｜存废与否.

존함[尊啣] 명 【尊姓大名】zūn xìng dà míng【所尊敬的名字】suǒ zūnjìng·de míngzì【尊名】zūnmíng

졸개[卒一] 명 【走卒】zǒuzú【喽罗】lóuluó【爪儿】zhuǎr【鹰犬】yīngquǎn【狗腿子】gǒutuǐ·zi【奴才】nú·cai【帮凶】bāng xiōng ¶그는 ~에 불과하다｜他不过是个走卒. ¶자본가의 ~가 되다｜当资本家的喽罗.

"**졸다**[동 【打盹(儿)】dǎdǔn(r)【瞌睡】kē·shuì ¶책을 보면서 ~｜看着书打盹儿. ¶조는 사이에 꿈을 꾸었다｜刚一打盹做了一个梦. ¶앉아서 ~｜坐着打瞌睡.

졸도[卒倒] 명하자 【昏倒】hūndǎo【晕倒】yūndǎo【昏厥】hūnjué【晕厥】yūnjué ¶그녀는 그 소식을 듣고 ~했다｜她听到那个消息一下子就昏倒了.

졸라매다[동 【勒紧】lēijǐn ¶허리띠를 ~｜勒紧裤腰带.

졸렬[拙劣] 명하형 【拙劣】zhuōliè【笨劣】bènliè ¶문필이 ~하다｜文笔拙劣. ¶~한 태도｜拙劣的态度.

"**졸리다**[동 【困】kùn【困倦】kùnjuàn【想睡觉】xiǎng shuì jiào ¶졸리는 것 같아 침대로 가서 잤다｜觉得有点儿困, 就上床去睡了. ¶어젯밤에 잠을 잘 못잤더니 온종일 졸린다｜昨晚没睡好, 整天犯困.

졸병[卒兵] 명 【兵卒】bīngzú【卒】zú【小兵】xiǎobīng【步兵】bùbīng【小卒】xiǎozú

졸부[猝富] 명 【暴富】bàofù【暴发户】bàofāhù ¶그는 ~에 지나지 않아｜他只不过是暴发户.

졸아들다[동 ❶ (작아지다) 【抽缩】chōusuō【收缩】shōusuō ❷ (끓어서 적어지다) 【逐渐减少】zhújiàn jiǎnshǎo【缩小】suōxiǎo【变小】biànxiǎo ¶물이 ~｜水逐渐减小.

졸아붙다[동 【干】gān【干固】gāngù ¶국이 모두 졸아붙었다｜汤都干了.

"**졸업**[卒業] 명하자 【毕业】bì·yè ¶그는 북경대학 ~생이다｜他是北京大学毕业生. ¶어느 대학을 ~했느냐?｜在哪个大学毕业的? ¶~ 논문｜毕业论文. ¶~ 여행｜毕业旅行lǚxíng.

졸음[명 【困】kùn ¶~이 오다｜犯困. ¶~이 쏟아지다｜困得不了.

졸이다[동 ❶ (끓여서) 【炖】dùn【熬】āo ¶간장을 ~｜熬酱油. ❷ (마음을) 【费心】fèixīn【焦心】jiāoxīn ¶마음을 ~｜焦心.

졸작[拙作] 명 ❶ (서투른 작품) 【拙劣的作品】zhuōliè·de zuòpǐn ❷ (자기 작품에 대한 겸양의 표현) 【拙作】zhuōzuò【拙著】zhuōzhù ¶이번에 출간한 소설은 ~이다｜这次出刊的小说是个拙作.

^**졸졸**[부 ❶ (흐르는 모양) 【潺潺】chánchán【涓涓】juānjuān【淙淙】cóngcóng【琤琤】chēngchēng【汩汩】mìmì【幽咽】yōuyè ¶물이 ~ 가늘게 흐르다｜涓涓细流. ¶샘물이 ~ 흐르다｜泉quán水淙淙. ¶물이 ~ 흐르는 소리가 들린다｜能听见淙淙的流水声. ¶샘물이 ~ 흐른다｜泉quán水琤琤地流líú着. ❷ (따라다니는 모

양) 【跟随】gēnsuí ¶줄곧 ~ 따라 다 닌다 | 一直跟随着。

졸지에 [猝地-] 閏 【忽然】hūrán 【突然】tūrán 【一下子】yíxià‧zi 【突然间】tūránjiān ¶김씨가 ~ 병이 났다 | 老金忽然病了。¶~ 고아가 되었다 | 一下子成了孤儿。

좀¹ 閔〈蟲〉【蠹虫】dùchóng 【蛀虫】zhùchóng 【蛀蚀】zhùshí ¶이 집의 대부분의 들보와 기둥은 이미 흰개미가 ~을 먹었다 | 这座房屋的大部分梁柱已被白蚁蛀蚀了。

좀² 閏 ❶ (조금) 【稍】shāo 【稍微】shāowēi 【微微】wēiwēi 【略微】lüèwēi 【一些个】yìxiē‧ge 【一点】yìdiǎn 【少许】shǎoxǔ ¶이 옷은 ~ 크다 | 这件衣服稍大一点。¶값이 ~ 비싸다 | 价钱稍贵。¶~ 좋다 | 稍微好一点。¶소금을 ~ 넣다 | 放少许盐。¶내가 보기에 이 사과가 ~ 좋아 보인다 | 我看这个苹píng果稍好一点。¶최근 판로가 ~ 좋다 | 最近销路稍好一些。❷ (제발·꼭) 【请】qǐng ¶~ 앉으세요 | 请坐, 请坐。❸ (그 얼마나) 【多么】duō‧me ¶~ 좋으냐! | 多么好啊! ¶혼자 객지에서 생활하자니 ~ 힘들겠니? | 一个人客居异乡, 生活多么不易啊?

좀더 閏 【再】zài 【再加】zàijiā 【再加上】zàijiāshàng ¶~ 기다려 봐야 이 몇 사람이다, 기다리지 말자 | 再等也是这几个人, 别等了吧。¶설마 (이것보다) ~ 적합한 것이 없단 말인가? | 难道没有(比这个)再合适一点儿的吗? ¶(이것보다) ~ 세련되게 쓸 수 있다 | 还可以写得(比这个)再精练些。

좀도둑 閔 【小偷】xiǎotōu ¶도서관에 ~이 많다 | 图书馆里小偷很多。

좀먹다 匽 【蛀蚀】zhùshí 【蛀食】zhùshí 【腐蚀】fǔshí ¶장롱 속의 옷을 ~ | 箱子里的衣服被蛀了。¶영혼을 ~ | 蛀蚀灵魂。

좀스럽다 閔 【小心眼儿】xiǎoxīnyǎnr 【小气】xiǎo‧qi 【小手小脚】xiǎo shǒu xiǎo jiǎo ¶그깐 일로 좀스럽게 생각하지 말아라, 그깐 일로 화를 내다니! | 你别太小心眼儿了, 为这么点事还生气! ¶너무 좀스럽게 굴지 말고 대담해져라! | 要大胆dàdǎn一点儿, 别小气!

좀처럼 閏 【不容易】bùróng‧yì 【不轻易】bùqīngyì ¶그런 물건은 ~ 구하기 어렵다 | 那样的东西不容易找得到。¶비가 ~ 그치지 않을 것 같다 | 雨不大容易停下来。

좁다 閔 ❶ (폭이) 【窄】zhǎi 【狭窄】xiázhǎi 【小】xiǎo 【窄狭】zhǎixiá 【仄】zè ¶길이 매우 ~ | 路太窄。¶좁고 작은 골목 | 狭窄的小胡同xiǎohútòng。¶좁은 길 | 小路。❷ (도량·소양 등) 【浅薄】qiǎnbó 【短】duǎn 【短浅】duǎnqiǎn 【窄】zhǎi 【狭窄】xiázhǎi ¶도량이 ~ | 心眼儿窄/心地狭窄。

좁다랗다 閔 【非常狭窄】fēicháng xiázhǎi ¶좁다란 골목 | 非常狭窄的胡同。

좁쌀 閔 ❶ 【小米】xiǎomǐ 【粟米】sùmǐ ¶~미음 | 小米糊糊。❷ (비유하여) 【小】xiǎo ¶~뱅이 | 小人物/小心眼儿。¶~영감 | 小里小气的老人。

좁히다 匽 【弄窄】nòngzhǎi 【缩小】suōxiǎo ¶범위를 ~ | 缩小范围。

종¹ 閔 (估量) 【估计】gūjì 【捉摸】zhuōmō ¶도무지 ~ 잡을 수 없다 | 简直无法估计。¶~을 잡지 못하다 | 无从捉摸。

종² 閔 ❶ (하인) 【仆役】púyì 【仆人】pú‧rén 【使役】shǐyì 【侍者】shìzhě 【用人】yòng‧ren 【小厮】xiǎosī 【仆从】púcóng ❷ (비유) 【奴才】nú‧cai

종³ [鐘] 閔 【钟】zhōng 【铃(儿)】líng(r) 【自鸣钟】zìmíngzhōng ¶~을 치다 | 敲钟。¶하나 ~ 一座钟。¶초인~ | 门铃。¶수업 시작~ | 上课铃。

종가 [宗家] 閔 【宗主】zōngzhǔ 【宗家】zōngjiā ¶그는 ~의 장손이다 | 他是宗家的长孙。

종각 [鐘閣] 閔 【钟楼】zhōnglóu。

종강 [終講] 閔 ㉠㉟ 【停课】tíng kè

종결 [終決] 閔 ❶ ㉑㉟ 【终结】zhōngjié 【结束】jiéshù 【完了】wánliǎo 【完结】wánjié 【收尾】shōuwěi 【截止】jiézhǐ 【终了】zhōngliǎo 【终止】zhōngzhǐ ¶이 바둑은 이미 ~되었다 | 这盘棋已经终结了。¶작업이 아직 ~되지 않았다 | 工作还没完结。¶이 분규는 아직도 ~되지 않았다 | 这场纠纷还没终止。❷ 〈文〉【结局】jiéjú 【结尾】jiéwěi

A**종교**[宗教] 명【宗教】zōngjiào ¶~를 연구하다 | 研究宗教。¶~개혁을 진행하다 | 进行宗教改革。

종국[終局] 명【終局】zhōngjú【结局】jiéjú ¶~에 이르다 | 临近结局。

종군[從軍] 명하자【随军】suíjūn ¶~ 가족 | 随军家属。¶~기자 | 随军记者。

종기[腫氣] 명〈醫〉【脓疮】nóngchuāng【脓肿】nóngzhǒng【疡】【疮】chuāng【疙瘩】gē·da ¶~가 났다 | 长zhǎng了脓疮。

B**종달새**[云雀] 명【云雀】yúnquè 참고〔朝鲜天柱〕〔大鹏鸟〕〔告天鸟〕〔天鸟〕〔叫天雀〕〔天天子〕〔叫天鸟〕〔噪噪鸟〕

종대[縱隊] 명【纵队】zōngduì ¶사열 ~ | 一路纵队。

C**종두**[種痘] 명하자〈醫〉【种痘】zhòngdòu【种牛痘】zhòngniúdòu ¶이 아이는 ~했느냐? | 这孩子种痘了吗? ¶~를 맞다 | 种牛痘。

C**종래**[從來] 명【从来】cónglái【一向】yíxiàng【一直】yìzhí【直到现在】zhídào xiànzài【以前】yǐqián ¶~ 간적이 없다 | 从来没去过。¶나는 ~ 북경에 살고 있다 | 我一直住在北京Běijīng。

C**종례**[終禮] 명하자【课后礼】kèhòulǐ

종료[終了] 명하타【终了】zhōngliǎo【结束】jiéshù ¶시합이 ~되다 | 比赛结束了。

D**종류**[種類] 명【种类】zhǒnglèi【种】zhǒng【路】lù【门儿】ménr【码】mǎ【部门】bùmén【花色】huāsè ¶~가 많지 않다 | 种类不多。¶第三种病。¶~이 어떤 ~의 병인가? | 哪一门儿的病呢? ¶이것은 서로 다른 일이다 | 这是两码事。

종말[終末] 명【最后】zuìhòu【下场】xià·chǎng【结局】júěr ¶이런 사람은 결코 좋은 ~이 없다 | 这种人决没有好下场。¶수치스러운 ~ | 可耻chǐ的下场。

E**총목**[種目] 명❶ (항목) 【项目】xiàngmù【项头】xiàngtóu【一项】yíxiàng ¶훈련~ | 训练xùnliàn项目。~ 순으로 검사하다 | 按项着项目查点一下儿。❷ (프로그램) 【节目】jiémù

【品名】pǐnmíng

종묘[宗廟] 명【宗庙】zōngmiào ¶~사직 | 宗庙社稷。¶~에 가서 일을 논의하다 | 到宗庙议事。

종반[終盤] 【终盘】zhōngpán【收尾】shōuwěi ¶~에 접어들다 | 接进ji-ēyìn尾声。

종별[種別] 명하타【种别】zhǒngbié【类别】lèibié ¶~로 나누다 | 分类。

종부[宗婦] 명【长子的媳妇】zhǎngzǐ·de xífù

F**종사**[從事] 명하자【从事】cóngshì 나는 농업을 ~한다 | 我从事农业nóngyè。¶혁명에 ~하다 | 从事革命。

종속[從屬] 명하자【从属】cóngshǔ【附属】fùshǔ【主从】zhǔcóng ¶文学·예술은 정치에 ~되어 있다 | 文艺是从属于政治的。¶~ 관계 | 从属关系。¶~ 기관 | 附属机构。

종손[宗孫] 명❶【长子】zhǎngzǐ ❷【长孙】zhǎngsūn

종식[終熄] 명하자【告终】gàozhōng【终止】zhōngzhǐ ¶양국간의 전쟁이 ~되다 | 两国之间的战争终止了。

종신[終身] 명하자【终身】zhōngshēn【一生】yìshēng【毕生】bìshēng【无期】wúqī ¶~ 고용제 | 终身雇用制。¶~ 보험 | 终身保险。¶~ 연금 | 终身年金。¶~형 | 无期徒刑。¶~회원 | 终身会员。

G**종아리** 【小腿】xiǎotuǐ ¶~가 시리고 아프다 | 小腿酸疼suānténg。

H**종알거리다** 통【嘀咕】dí·gu【叨唠】dāo·lao【叽咕】jī·gu【叨叨】dāo·dao【数落】shǔ·luo【嘀嘀着】nánnán·zhe ¶혼자말로 ~ | 自言自语地咕哝。¶그는 이렇게 계속 쉬지 않고 종알거리니 정말 견딜 수 없다 | 他这样叨唠不停, 真叫人受不了。

종양[腫瘍] 명〈醫〉【瘤子】liú·zi【肿瘤】zhǒngliú【瘤(子)】liú(·zi) ¶악성~ | 恶性èxìng肿瘤/毒dú瘤。¶양성~ | 良性肿瘤。

I**종업원**[從業員] 명【职员】zhíyuán【从业人员】cóngyè rényuán【雇员】gùyuán【职工】zhígōng

종연[終演] 명하자타【终场】zhōngchǎng【散场】sàn chǎng ¶~하고 막이 내릴 때 관중들 속에서 열렬한 박수 소

리가 터져나왔다 | 当终场落幕的时候, 观众席上响起了热烈的掌声。

종용[慫慂] 몜하다 [功]quàn [劝告]q-uàngào [训导]xùndǎo ¶그들에게 동의하라고 一 하다 | 动他们和解。

^A^**종이**[紙] 몜 [纸]zhǐ [纸张]zhǐzhāng ¶ 한 장 | 一张纸。 ¶얇은 ~ | 薄纸。 ¶~ 가격이 또 올랐다 | 纸张又涨价了。

^B^**종일**[終日] 몜 튀 [终日]zhōngrì [整天]zhěngtiān [一天到晚]yìtiāndàowǎn ¶~ 큰 비가 왔다 | 终日下了大雨。 ¶그는 ~ 농사일에 바쁘다 | 他整天忙于农活。¶너를 ~ 기다렸다 | 等了你一整天了。 참고 [整天际] 〔整天家〕 [整天价] 〔竟天价〕

종자[種子] 몜 [种子]zhǒng·zi [胚子]pēi·zi [品种]pǐnzhǒng [血统]xuètǒng ¶~ 식물 | 种子植物。¶좋은 ~ | 好胚子。¶못된 ~ | 坏胚子。

종잡다 툄 [抓头绪]zhuātóuxù [摸出头绪]mōchūtóuxù ¶어찌 된 일인지 도무지 종잡을 수가 없다 | 到底是怎么回事摸不出来绪

^A^**종장**[終章] 몜 [最后一章]zuìhòu yìzhāng [尾声]wěishēng

종적[蹤迹] 몜 [踪迹]zōngjì [行迹]xíngjī [行踪]xíngzōng ¶~이 묘연하다 | 踪迹渺茫miǎománg。¶아무런 ~이 없다 | 踪迹全无。

종전[從前] 몜 [从前]cóngqián [从先]cóngxiān [以前]yǐqián ¶2년 동안 만나지 못했더니 너는 ~과 달라졌다 | 两年没见, 你跟从前不一样了。¶~의 일 | 从前的事情

^C^**종점**[終點] 몜 [终点]zhōngdiǎn ¶~역 | 终点站。¶이 열차의 ~은 상해역이다 | 这一趟列车的终点站是上海站。

^C^**종족**[種族] 몜 [种族]zhǒngzú ¶~보존 | 种族保存。

^B^**종종**[種種] 튀 [经常]jīngcháng [常常(儿)]chángcháng(r) ¶그는 ~ 그런 잘못을 범한다 | 他常常犯fàn那样的毛病。¶우리 두 사람은 ~ 만난다 | 我们两个人常常见面。

종종걸음 몜 [快步疾步]kuài bù jí bù [急促的碎步]jícù·de suìbù ¶~을 치다 | 碎步走。

종주[縱走] 몜하자타 [纵走]zōngzǒu [纵贯]zòngguàn ¶백두산을 ~하다 | 纵贯白头山。

종주[宗主] 몜 [宗主]zōngzhǔ ¶~국 | 宗(主)国。

종지[終止] 몜하자 [终止]zhōngzhǐ ¶~ 기호 | 终止记号。¶~ 조항 | 终止条款/期条款。

종지부[終止符] 몜❶ [言] [句点]jùdiǎn [句号]jùhào ❷ [끝] [结束]jiéshù [终结]zhōngjié ¶가난한 생활에 ~를 찍다 | 给贫穷的生活打上句号。

종착역[終着驛] 몜 [终点站]zhōngdiǎnzhàn ¶이 기차의 ~은 어디죠? | 这班火车的终点站是哪儿?

^C^**종파**[宗派] 몜 [宗] [宗派]zōngpài [门派]ménpài ¶불교의 ~ | 佛教门派。

^B^**종합**[綜合] 몜하다 [综合]zōnghé ¶각 방면의 재료를 ~하다 | 综合各方面材料。¶다른 의견을 한데 ~하다 | 把不同意见综合在一起。¶~적인 결론 | 综合结论。¶~ 병원 | 综合医院。

종합정보통신망[綜合情報通信網; ISDN; Integrated Services Digital Network] 몜 [電算] [综合业务数字网]zōnghéyèwùshùzìwǎng

종횡[縱橫] 몜 [纵横]zōnghéng ¶~으로 교차하는 도로 | 纵横交错的公路。¶역에는 철로가 ~으로 놓여 마치 거미줄 같다 | 车站里铁路纵横, 像蛛网zhūwǎng一样。

종횡무진![縱橫無盡] 몜 [自由自在]zì yóu zì zài [纵横驰骋]zònghéng chíchěng ¶이 교량 건설 부대는 큰 강을 남으로 ~하며 교량 열 몇 개를 건설하였다 | 这支建桥队伍纵横于大江南北, 建造了十几座桥梁。

^C^**좇다** 툄 ❶ [따르다] [追随]zhuīsuí [跟随]gēnsuí ¶세태를 ~ | 追随潮流。¶그는 어릴 적부터 아버지를 좇아 산에서 사냥을 했다 | 他从小就跟随着爸爸在山里打猎dǎliè。 ❷ [복종하다·그대로 따르다] [因袭]yīnxí [听从]tīngcóng ¶관습을 ~ | 因袭旧习惯。

좇아가다 툄 [跟随]gēnsuí [追随]zhuīsuí【追逐】zhuīzhú ¶남들이 한다고 무조건 좇아가지 마라 | 不要因为别人那么做就盲目追随。

좇아오다 图【追来】zhuīlái【尾随】wěisuí【跟着来】gēn·zhe lái ¶왜 이렇게 자꾸 좇아오니? | 你为何老跟着来?

^A**좋다** 혭 ❶ (상태·성질 등이)【好】hǎo【美】měi【优秀】yōuxiù【优良】yōuliáng【良好】liánghǎo ¶좋은 생각 | 好想法。¶이 노래는 어떤 부분이 좋으냐? | 这首歌儿好在什么地方?¶몸에 그다지 좋지 않다 | 对身体不太好。¶값은 싸고 물건은 ~ | 价廉lián物美。❷ (기분이)【高兴】gāoxìng【愉快】yúkuài【满意】mǎnyì ¶그들이 기분 좋아하기에는 너무나 이르다 | 他们高兴得太早了。¶기분이 ~ | 心情愉快。❸ (동의)【行】xíng【成】chéng【可以】kěyǐ【有益处】yǒuyìchù【有效】yǒuxiào ¶ ~, 이렇게 하자 | 好, 就这么办。¶ ~、네가 가도 된다 | 行, 你可以去。❹ (소망)【希望】xīwàng【愿望】yuànwàng ¶이번 토론회에 참석했으면 참 좋겠어 | 希望你能参加这次讨论会tǎolùnhuì。❺ (쉽다)【容易】róngyì【好】hǎo ¶이 책은 글자가 커서 읽기 ~ | 这本书字大, 好读。

좋아지다 图【好起来】hǎoqǐlái【见好】jiànhǎo【好转】hǎozhuǎn ¶병세가 ~ | 病势bìngshì好转。

^A**좋아하다** 图【喜欢】xǐhuān【高兴】gāoxìng【爱】ài ¶꽃을 ~ | 喜欢花。¶그녀는 국화를 ~ | 她喜欢菊花júhuā。¶나는 영화 보기를 좋아하므로 연극은 보러 가지 않는다 | 我喜欢看电影, 所以不去看戏。

좌¹ 명【左】zuǒ ¶ ~로 돌앗! | 向左转!

-좌²[-座] 의【星座】xīngzuò ¶오리온~ | 猎户星座/猎户座。

좌경[左傾] 명【左倾】zuǒqīng ¶ ~세력 | 左倾势力。

좌담[座談] 명【座談】zuòtán ¶여러 사람을 청하여 정세에 관해 ~을 하다 | 请大家来座谈一下形势。¶모두가 한데 모여 ~ | 大家在一起座谈。¶ ~회 | 座谈会。

좌르르 图【哗啦啦】huālālā【哗啦】huālā【刷拉】shuālā【刷拉拉】shuālālā ¶

콩이 ~ 쏟아졌다 | 豆子哗啦啦倒了出来。

좌변[左邊] 명【左边】zuǒbiān

좌불안석[坐不安席] 관용【坐不安席】zuò bù ān xí【坐立不安】zuò lì bù ān【坐卧不宁】zuò wò bù níng【坐卧不安】zuò wò bù ān ¶왜 그렇게 ~이니? | 为什么这样坐卧不安?

^A**좌석**[座席; 座席] 명【坐位】zuò·wèi【座席】zuòwèi【席位】xíwèi【座席】zuòxí ¶ ~을 배치하다 | 分配座位。¶ ~지정권 | 座位票/对号票。

좌시[坐視] 명하타【坐视】zuòshì ¶ ~하며 상관하지 않는다 | 这样不理。¶이런 좋지 못한 현상에 대해 우리는 결코 ~해서는 안된다 | 对这种不良现象, 我们决不能坐视。

좌약[坐藥] 명〈藥〉【坐药】zuòyào【栓剂】shuānjì ¶ ~을 삽입하다 | 塞入栓药。

^B**좌우**[左右] 명 ❶ (왼쪽과 오른쪽)【左和右】zuǒ hé yòu【左右】zuǒyòu ¶ ~로 흔들지 말라 | 不要左右摇撼。¶ ~에는 수양버들이 나란히 줄지어져 있다 | 左右有两行垂柳。❷ (가쪽)【旁】páng【旁边】pángbiān ¶길 ~ | 马路两旁。❸ (영향을 미치다)【摆布】bǎi·bu【操纵】cāozòng【支配】zhīpèi【决定】juédìng【左右】zuǒyòu ¶모두 다 남에게 ~되어 자기의 주장은 조금도 없다 | 一切听人摆布, 自己毫无主张。¶정세를 ~하다 | 左右局势。❹ (측근)【上下】shàngxià【左右】zuǒyòu ¶ ~를 물리치다 | 屏bǐng退左右。

좌우간[左右間] 문【反正】fǎn·zheng【不管怎样】bùguǎn zěnyàng【无论如何】wúlùn rúhé ¶네가 어떻게 말하든 지간에, ~ 그는 대답을 하지 않는다 | 不管你怎么说, 反正他不答应。¶ ~ 이렇게 해야 한다 | 无论如何得这么办。

좌의정[左議政] 명〈史〉【左议政】zuǒyìzhèng【左政丞】zuǒzhèngchéng【丞相】zuǒchéngxiàng

좌익[左翼] 명 ❶〈軍〉【左翼】zuǒyì ¶13군을 ~으로 삼다 | 以十三军为左翼。❷ (사회주의와 같은 급진 사상)【左边】zuǒbiān【左侧】zuǒcè

좌절[挫折] 명하타 【挫折】cuòzhé 【蹉跌】cuōdiē ¶사업이 ~당하였다 | 事业遭zāo到挫折. ¶그는 ~을 겪은 후, 다시 일어서지 못했다 | 他受到挫折后, 再也没站起来.

좌중[座中] 명 【席上】xí·shang 【在座的人】zàizuò·de rén ¶~에 침묵이 흐르다 | 席上一片沉默.

좌지우지[左之右之] 명하타 【左右】zuǒyòu 【摆布】bǎi·bu ¶당을 ~하는 건 바로 그다 | 摆布党的就是他.

좌초[坐礁] 명하타 【触礁】chùjiāo ¶배가 ~하다 | 船只触礁.

좌측[左側] 명 【左側】zuǒcè 【左边】zuǒbiān ¶~ 통행 | 左側通行/靠左边走.

좌파[左派] 명 【左派】zuǒpài ¶~세력 | 左派势力.

좌판[坐板] 명 【坐板】zuòbǎn 【板凳】bǎndèng

좌표[座標] 명 〈數〉 【座标】zuòbiāo 【坐标】zuòbiāo ¶~축 | 座标轴.

좌회전[左廻轉] 명하자타 【左转】zuǒzhuǎn 【拐】guǎi ¶~하다 | 向左转. ¶~하면 바로 병원이다 | 向左拐就是医院.

^A**죄**[罪] 명 【罪】zuì 【得罪】dé/zuì 【罪恶】zuì'è ¶~를 범하다 | 犯罪. ¶그는 ~가 많아 징역 10년이상으로 판결될 것이다 | 他的罪恶不小, 可能要判十年以上徒刑túxíng.

죄과[罪科] 명 【罪责】zuìzé 【罪过】zuì·guo ¶~를 벗어날 수 없다 | 罪责难逃. ¶너희들이 그를 비난하는데, 그가 무슨 ~가 있는지 물어보자 | 你们批判他, 请问他有什么罪过.

죄과[罪過] 명 【罪过】zuì·guo 【过失】guòshī 【罪恶】zuì'è 【罪责】zuìzé 【罪愆】zuìqiān

^B**죄다**[1] 동 ❶ (느슨한 것을) 【勒紧】lēijǐn 【扣紧】kòujǐn 【杀紧】shājǐn 【卡】kǎ ¶허리띠를 ~ | 勒紧腰带yāodài. ¶목을 ~ | 卡脖bó子. ❷ (마음을) 【揪】jiū 【担心】dānxīn ¶그는 그 소식을 듣고는 마음을 죄기 시작했다 | 他听了那个消息后, 开始担心了.

죄다[2] 부 【都】dōu 【全部】quánbù ¶이것은 ~ 너의 것이냐? | 这都是你的吗? ¶~ 자백하다 | 全都交待.

^C**죄명**[罪名] 명 【罪名】zuì·míng ¶그에게 몇 가지 ~이 정해졌다 | 给他定了几条罪名. ¶~을 날조하여 뒤집어 씌우다 | 罗织罪名.

죄목[罪目] 명 【罪目】zuìmù ¶~을 나열하다 | 罗列罪目.

죄상[罪狀] 명 【罪状】zuìzhuàng ¶~을 조사하여 밝히다 | 查明罪状. ¶10대 ~을 나열했다 | 罗列了十大罪状.

^A**죄송**[罪悚] 명하형 【抱歉】bàoqiàn 【过意不去】guòyì búqù 【惭愧】cánkuì 【羞愧】xiūkuì ¶선생님께 누차 걱정을 끼쳐 드려서 정말 ~하게 생각합니다 | 屡屡承您费心, 实在过意不去.

죄수[罪囚] 명 【囚人】qiúrén 【罪犯】zuìfàn 【囚犯】qiúfàn 【囚徒】qiútú 【阶下囚】yàsòngqiúfàn ¶~를 압송하다 | 押送囚犯.

죄스럽다[罪] 형 【抱歉】bàoqiàn 【羞愧】xiūkuì 【过意不去】guòyì búqù 【负疚】fùjiù 【罪过】zuì·guo

죄악[罪惡] 명 【罪恶】zuì'è 【罪行】zuìxíng ¶~감 | 罪恶感.

죄의식[罪意識] 명 【犯罪感】fànzuìgǎn 【犯罪意识】fànzuì yìshí

죄인[罪人] 명 【罪人】zuìrén 【罪犯】zuìfàn 【犯人】fànrén ¶역사적 ~ | 历史的罪人.

^C**죄짓다** 동 【犯罪】fàn zuì 【得罪】dé zuì ¶죄짓고는 못산다 | 人不能犯罪.

죄책감[罪責感] 명 【负罪感】fùzuìgǎn 【罪恶感】zuì'ègǎn ¶~에 시달리다 | 被罪恶感所折磨.

^A**주**[週] 명 【周】zhōu 【星期】xīngqī ¶지난 ~ | 上周/上(个)星期. ¶~ 40시간제 | 每周工作四十小时. ¶~ 5일 근로제 | 每周五天工作制.

주[主] 명 【主要】zhǔyào 【基本】jīběn ¶~원인 | 主要原因. ¶~성분 | 主要成分.

주[株] 명 〈經〉 ❶ (주식의 준말) 【股份】gǔfèn 【股分】gǔfēn 【股子】gǔ·zi 【股票】gǔpiào 【股券】gǔquàn 【证券】zhèngquàn ❷ (주식자본의 준말) 【股本】gǔběn

주[註] 명 【注】zhù 【注解】zhùjiě 【注释】zhùshì 【附注】fùzhù 【栏外注】lánwàizhù ᵀ**주가**[株價] 똉【股票价格】gǔpiào jiàgé【股价】gǔjià

ᵀ**주간**[晝間] 똉【白天】bái·tiān【昼间】zhòujiān ¶~근무 | 白班。¶박쥐는 야간에 활동하고 ~에 휴식한다 | 蝙蝠biānfú晚上活动, 白天休息。

주간²[週刊] 똉【周刊】zhōukān ¶~신문 | 周刊报。

주객[主客] 똉❶【主客】zhǔkè【宾主】pīnzhǔ【主人与客人】zhǔrén yǔ kèrén ¶~전도 | 反客为主。❷(비유) 【主次】zhǔcì

ᵀ**주거**[住居] 똉하자【居住】jūzhù ¶~면적 | 居住面积。¶~수당 | 住房补贴。¶~침입 | 乱闯私宅罪。

ᴮ**주걱** 똉【勺子】sháo·zi【勺儿】sháor【舀子】yǎo·zi【饭勺子】fànsháo·zi

주검 똉【尸体】shītǐ【死尸】sǐshī【遗尸】yíshī【遗体】yítǐ ¶~이 바다 위를 떠다닌다 | 死尸漂在海面上。

ᴮ**주견**[主見] 똉【主见】zhǔjiàn【主意】zhǔ·yi【主】zhǔ ¶~을 정하지 못하다 | 拿不定主意。¶그녀는 ~이 없다 | 她心里没主见。(참고)〔己見〕〔私見〕

ᴮ**주고받다** 똉❶(물건을) 【交往】jiāowǎng【往来】wǎnglái【交换】jiāohuàn ¶편지를 ~ | 笔墨往来。❷(말을) 【交谈】jiāotán【对唱】duìchàng

주관¹[主管] 똉하자【主管】zhǔguǎn【掌管】zhǎngguǎn【执掌】zhízhǎng ¶총무 일은 그가 ~한다 | 总务工作由他主管。¶이 작업은 내가 2년 동안 ~했다 | 这项工作我主管过两年。

주관²[主觀] 똉❶(자기의 의견) 【己意】jǐyì【己见】jǐjiàn【主观】zhǔguān ¶각기 ~에 집착하다 | 各执己见。❷(자아·주체) 【主观】zhǔguān ¶~의식 | 主观意识。¶~성 | 主观性/主观主义的。

주관적[主觀的] 똉관【主观】zhǔguān【主观性的】zhǔguānxìng·de ¶너는 일하는 데 있어 너무 ~이다 | 你在工作中太主观了。

ᵀ**주교**[主教] 똉〈宗〉【主教】zhǔjiào ¶붉은 옷의 ~ | 红衣主教。

주구[走狗] 똉❶(사냥개) 【猎犬】lièquǎn ❷(앞잡이) 【走狗】zǒugǒu【爪牙】zhǎoyá【狗腿子】gǒutuǐ·zi

ᵀ**주권**[主權] 똉【主权】zhǔquán【政权】zhèngquán【权力】quánlì ¶영토 ~ | 领土主权。¶~ 국가 | 主权国家。¶~을 침범하다 | 侵犯主权。

ᵀ**주근깨** 〈生理〉【雀斑】quèbān ¶이 양은 얼굴에 ~가 좀 있다 | 李小姐脸上有一些雀斑。

주급[週給] 똉【周薪】zhōuxīn【周工资】zhōugōngzī ¶~으로 받다 | 领周工资。

ᵀ**주기**[週期] 똉【周期】zhōuqī ¶~ 운동 | 周期运动。

주년[周年] 똉【周年】zhōunián ¶1~기념 | 一周年纪念。

주눅들다 【羞羞答答】xiūxiūdādā【脸皮嫩】jiǎnpínèn【脸皮薄】liǎnpíbáo【畏缩】wèisuō【沮丧】jǔsàng ¶손님 앞에서 주눅이 들어 말도 못한다 | 在客人面前脸皮薄, 话也不敢gǎn说。

주니어[junior] 똉【年少者】niánshǎozhě【下级生】xiàjíshēng【青少年】qīngshǎonián

ᴬ**주다** 똉❶(제공하다)【给】gěi【给予】jǐyǔ【授与】shòuyǔ【予以】yǔyǐ【发】fā ¶그에게 먹을 밥을 ~ | 给他饭吃。¶그에게 보내 ~ | 送给他。¶도움을 ~ | 给予帮助bāngzhù。¶임금을 ~ | 发工资。❷(물을) 【浇】jiāo ¶물을 ~ | 浇水。❸(줄을) 【放】fàng ¶줄을 ~ | 放绳。❹(눈길을) 【注视】zhùshì ¶시선을 ~ | 注目。

주도[主導] 똉하자【主导】zhǔdǎo【先导】xiāndǎo【领先】lǐngxiān ¶~적 사상 | 主导思想。¶농업을 기초로 하고, 공업을 ~적인 것으로 삼다 | 以农业为基础, 工业为主导。¶~ 부문 | 先导部门。

주도[酒道] 똉【酒道】jiǔdào【酒德】jiǔdé ¶그는 ~를 모른다 | 他没有酒道。

주도권[主導權] 똉【领导权】lǐngdǎoquán【霸权】bàquán【主导权】zhǔdǎoquán【主动权】zhǔdòngquán ¶~을 다투다 | 争领导权。

ᵀ**주동**[主動] 똉하자【主动】zhǔdòng ¶~자 | 主动者。¶~적 지위에 서다 | 处于主动地位。

ᵀ**주되다**[主─] 똉【主要】zhǔyào ¶~주된 원인 | 主要原因。¶주된 문제 | 主要问题。

주둔[駐屯] 몡하자 【驻】zhù 【驻扎】zhù-zhā 【驻屯】zhùtún 【屯驻】túnzhù 【扎营】zhāyíng 【古驻】gǔzhù ¶일숭대가 황촌에 ~해 있다 | 一连驻在黄村。¶병사를 ~시키다 | 驻兵。¶산간지역에 많은 부대가 ~했다 | 山区驻屯了好多部队。

주둥이 몡 ❶ (동물·주전자 등이) 【嘴(儿)】zuǐ(r) ¶돼지 ~ | 猪zhū嘴。주전자 ~ | 壶hú嘴儿。❷ (새의) 【喙】huì

주둥이 싸다 관용 【嘴快】zuǐkuài ¶이 사람은 주둥이가 싸서, 방금 토론한 문제를 문을 나가자마자 입밖에 내뱉었다 | 这个人嘴快，刚讨论的问题一出门就说出去了。

주량[酒量] 몡 【酒量】jiǔliàng ¶이 세다 | 酒量大。¶~이 늘었다 | 酒量大了。

주렁주렁 부하형 【一嘟噜一嘟噜】yìdūlū yìdūlū 【累累】léiléi 【一簇簇】yícùcù 【一挂挂】yíguàguà ¶과일이 ~하다 | 果实guǒshí累累。

주력¹[注力] 몡하자 【致力】zhìlì ¶세계 평화에 ~하다 | 致力于世界和平。¶초전도 연구에 ~하다 | 致力超导研究jiū研究。

주력²[主力] 몡 【主力】zhǔlì ¶~ 부대 | 主力部队。¶그녀가 여자 배구의 ~이다 | 她是女排的主力。

주례[主禮] 몡하타 【证婚人】zhènghūnrén 【主婚人】zhǔhūnrén ¶~를 서다 | 当证婚人。

▲**주로**[主－] 부 【主要地】zhǔyào·de 【主要】zhǔyào ¶도시의 발전은 아직도 ~ 우리나라 경제의 부단한 발전에 달려있다 | 城市的发展主要还是依靠我国经济的不断进展。

`**수룩수룩** 부 ❶ (비 등이) 【滴里搭拉】dī·lidālā 【低里搭拉】dī·lidālā 【淅】sī 【哗啦哗啦】huālāhuālā 【淅淅沥沥】xī-xīlìlì ¶~ 비가 내리다 | 雨淅淅沥沥地下着。❷ (주름 등이) 【一条一条】yìtiáo yìtiáo 【淅】xīlì

주류[主流] 몡 【主流】zhǔliú 【干流】gānliú ¶문예창작의 ~ | 文艺创作的主流。¶우리는 ~와 지류를 분명히 해야 한다 | 我们必须分清主流和支流。

`**주르르** 부 ❶ (미끄러지는 모양) 【刺

棱】cīlēng 【味溜】chīliū 【淅溜】xīliū 【扑簌簌】pūsùsù 【一串串】yìchuànchuàn 【滴溜溜】dīliūliū ¶~하고 한바탕 미끄러졌다 | 味溜一下，滑huá了一交。❷ (액체가 흘러내리는 모양) 【哗哗】huāhuā 【淅沥】xīlì 【扑簌簌】pūsùsù ¶눈물이 ~ 흘러 내린다 | 眼泪哗哗流下玉。¶두 눈에서 눈물이 ~ 떨어졌다 | 两眼扑簌簌地掉下眼泪yǎnlèi来。

`**주름** 몡 【皱折】zhōuzhé 【皱纹】zhōuwén 【绺儿】liǔr 【褶子】zhě·zi 【皱褶】zhōuzhé 【纹路儿】wén·lur ¶치마의 ~ | 裙子上的褶子。¶~잡다 | 弄成皱折 / 打褶儿。¶~지다 | 出皱纹 / 出褶褶。

`**주름살** 몡 【皱纹】zhōuwén 【折纹】zhéwén 【褶子】zhě·zi 【摺子】zhě·zi 【褶儿】zhěr 【皱折】zhōuzhé 【纹路儿】wén·lur ¶장씨 아저씨의 온갖 풍상을 겪은 얼굴엔 ~이 가득하다 | 张大爷饱经风霜bǎojīngfēngshuāng的脸上布满bùmǎn了皱纹。¶얼굴이 온통 ~투성이다 | 满脸都是褶子。

주리다 동 ❶ (배곯다) 【饿肚子】èdù·zi 【挨饿】āi'è ¶어릴 때 집이 가난하여 사흘을 ~하고 배를 주렸다 | 小时候1家里穷qióng，三天两头挨饿。❷ (갈망하다) 【渴求】kěqiú 【渴望】kěwàng ¶정에 ~ | 感情饥渴望。

주마간산[走馬看山] 관용 【走马看花】zǒu mǎ kàn huā

주마등[走馬燈] 몡 【走马灯】zǒumǎdēng ¶~처럼 떠오른다 | 像走马灯似地浮现出来。

주막[酒幕] 몡 【客店】kèdiàn 【客栈】kèzhàn 【花栈】huāzhàn ¶~집 | 客店。

`**주말**[週末] 몡 【周末】zhōumò ¶~ 여행 | 周末旅行。¶그는 나에게 ~에 봄나들이 가자고 청했다 | 他约我周末去春游。

▲**주머니** 몡 【荷包】hébāo 【囊】náng 【口袋】kǒudài 【腰包】yāobāo ¶~ 안에 무엇이 있느냐 | 口袋里有什么。~칼 | 小刀。

▲**주먹** 몡 【拳头】quán·tou ¶~으로 때리다 | 拿拳头打。¶~밥 | 饭团。¶~질 | 挥拳 / 拳打。¶~코 | 蒜头

鼻.

주먹구구구[一九九] 몡 ❶ (손가락 셈)【屈指计算】qū zhǐ jì suàn【掰着指头算】bāi·zhe zhǐtóu suàn (어림)【大概的估计】dàgài·de gūjì【粗略估计】cūlüè gūjì【估算】gūsuàn【大致计算】dà zhì jì suàn【马马虎虎】mǎ·ma·hūhū ¶그는 일을 처리하는게 언제나 ~이다 | 他办事老是马马虎虎.

주먹다짐 몡하타【拳打】quándǎ【动武】dòng/wǔ ¶그들 둘은 말이 통하지 않자, 급기야 ~을 벌였다 | 他俩言语不沟通起就武.

ᴮ**주모**[酒母]몡【酒家老板娘】jiǔjiā lǎobǎnniáng

ᶜ**주모자**[主谋者]몡【主谋】zhǔmóu ¶그는 이 사건의 ~이다 | 他是这件事的主谋.

ᴮ**주목**[注目]몡하자타 ❶ (이목)【注目】zhùmù ¶그녀의 치장은 너무 사람의 ~을 끈다 | 她的打扮, 太引人注目了. ¶그는 그다지 ~받지 못하는 인물이다 | 他是个不太被注目的人物. ❷ (중시)【重视】zhòngshì ¶정부는 교육 사업을 발전시키는 데에 대해 ~하고 있다 | 政府对发展教育事业很重视.

주무[主务]몡하타【主管】zhǔguǎn ¶~부서 | 主管部门. ¶~관청 | 主管部门/主管当局.

ᴮ**주무르다** 동 ❶ (물건을)【揉】róu【揉捏】róuniē【揉搓】róu·cuo【揉弄】róunòng ¶힘줄이 당길 때에는 주무르면 된다 | 扭니了筋jīn, 揉揉就好了. ¶꽃을 주무르면 엉망으로 만들지 말라 | 别把鲜花揉坏了. ❷ (빨래)【洗洗小件东西】xǐxǐ xiǎojiàn dōngxī【揉洗】róuxǐ ¶손수건을 주물러 빨다 | 揉洗手绢儿. ❸ (농락하다)【摆布】bǎi·bu ¶남들이 다 주무르고 자기의 주장은 조금도 없다 | 一切听人摆布, 自己毫无主张.

ᴮ**주문**[注文]몡하타【订】dìng【预订】yùdìng【订购】dìnggòu【订货】dìng huò ¶미리 ~하다 | 预订. ¶~량 | 订货量. ¶그들은 회사에서 통조림 및 상자를 ~하여 구입하였다 | 他们向公司订购了几箱xiāng罐guàn头·tou. ¶견본에 의한 ~ | 样yàng本订货.

주물[铸物]몡【铸造】zhùzào【铸件】zhùjiàn ¶~ 공장 | 铸造工厂.

ᴮ**주민**[住民]몡【居民】jūmín ¶~등록 | 居民身份证. ¶[도시의 ~] | 城市居民. ¶~투표 | 居民投票.

ᶜᴮ**주발**[周钵]몡【铜饭碗】tóngfànwǎn【黄铜碗】huángtóngwǎn

주방[厨房]몡【厨房】chúfáng ¶~장 | 厨师长/厨司务. (참고) [锅guō房] [锅屋]

주번[週番]몡【直周】zhízhōu【直星】zhíxīng【值日】zhírì ¶이 교실을 정리하는 ~ | 打扫整理教室内部的直日生整理教室内部.

주범[主犯]몡〈法〉【主犯】zhǔfàn ¶~이 체포되었다 | 主犯被逮dǎi住了.

ᴮ**주변**[周邊]몡【周围】zhōuwéi【边缘】biānyuán【外部】wàibù【外廊】wàikuò【外围】wàiwéi ¶~에 많은 나무를 심었다 | 周围种了许多树木. ¶~ 환경 | 周围的环境. ¶~ 설비 | 外部设备. ¶~머리 | 周围/边缘.

주변[2] 몡하타【手腕】shǒuwàn【手段】shǒuduàn【本事】běn·shi【能耐】néng·nai ¶그는 꽤 ~이 좋다 | 他很有手段. ¶그는 맨입에 큰 소리칠 뿐, 별 ~은 없다 | 他只会空kōng口说大话, 没有真本事.

주변장치[周邊裝置;peripheral] 몡〈電算〉【外设】wàishè【外围设备】wàiwéi shèbèi

주부[主婦]몡【主妇】zhǔfù ¶가정 ~ | 家庭主妇.

주빈[主賓]몡【主要的客人】zhǔyào·de kèrén【主客】zhǔkè【主宾】zhǔbīn

주사[注射]몡하타〈醫〉【注射】zhùshè【扎针】zhāzhēn【打针】dǎzhēn ¶약물을 ~해서 넣다 | 把药物注射进去. ¶~액 | 注射液. ¶정맥 ~ | 静脉注射.

ᴮ**주사위**몡【骰子】tóu·zi【骰儿】tóur【投子】tóuzǐ【色子】shǎi·zi ¶~를 던져 승패를 가르다 | 掷zhì骰子定输赢. ¶~를 놀다 | 耍shuǎ骰子. ¶~를 던지다 | 掷zhì骰儿.

주색[酒色]몡【酒色】jiǔsè ¶~잡기 | 酒色和赌博. ¶~을 탐하다 | 贪恋酒色.

ᶜ**주석**[1][朱錫]몡〈化〉❶【黄铜】huángtóng ❷【锡】xī

주석²[註釋] 图하타 【注释】zhùshì 【注】zhù【附注】fùzhù【注解】zhùjiě ¶~을 달다｜加注/附注。¶두 줄 사이에 ~을 달다｜双行夹注。¶무릇 책 속의 이해하기 어려운 자구에는 모두 ~과 번역이 달려 있다｜凡是书内难懂的字句, 都有附注和翻译。

주석³[主席] 图【主席】zhǔxí ¶당 ~｜党dǎng主席。¶국가 ~｜国家主席。

주선[周旋] 图하타 【介绍】jièshào 【应酬】yìng·chóu 【照应】zhào·ying ¶친구의 ~으로 취업하였다｜经朋友介绍, 找到了一份工作。¶~인｜代理人/代办人。

주섬주섬 틘하자 ❶ (하나하나) 【一个个地】yí·ge·ge·de 【一把把地】yìbǎ·bǎ·de ❷ (동작이)【迟缓】chíhuǎn【不机灵】bùjīlíng

ᶜ**주성분**[主成分] 图 【主要成分】zhǔyào chéngfēn

ᴬ**주소**[住所；address] 图 【地址】dìzhǐ 【住址】zhùzhǐ 【居址】jūzhǐ ¶당신의 ~를 남겨 두시기 바랍니다｜请留下您的住址。¶그의 ~를 아는 사람도 한 사람도 없다｜没有一个人晓得他的地址。

주소록[住所録] 图【通信录】tōngxìnlù

주술[呪術] 图【咒术】zhòushù ¶~의 힘을 빌다｜借咒术的力量。

주스[juice] 图【果汁】guǒzhī ¶포도 ~｜葡萄汁儿。¶사과 ~｜苹果汁儿。

주시[注視] 图하타 【注视】zhùshì 【凝视】níngshì 【凝眸】níngmóu 【瞄】miáo 【定睛】dìngjīng ¶그는 뚫어지게 창밖을 ~하고 있다｜他目不转睛地注视着窗外。¶그녀는 나를 한참 동안 ~하더니 이윽고 웃기 시작했다｜她对我凝视了一会, 便笑了起来。

ᶜ**주식**[主食] 图 【主食】zhǔshí ¶한국사람의 ~은 쌀밥이다｜韩国人的主食是米饭。

ᴮ**주식**[株式] 图 【股票】gǔpiào 【株式】zhūshì 【股券】gǔquàn 【股份】gǔfèn 【证券】zhèngquàn ¶~ 거래｜股票交易。¶~ 금융｜股票贷款。¶~ 매매｜股票买卖。¶~ 배당｜股票分

홍。¶~ 보유고｜股份特有额。¶~ 시세｜股票行市。¶~ 시장｜股市/股票市场。¶~ 투기｜股票投机。¶~ 투자｜股票投资。¶~ 회사｜股分公司。

ᶜ**주심**[主審] 图 ❶【主要审查人】zhǔyào shěnchárén 【主考人】zhǔkǎorén ❷〈體〉【主裁判】zhǔcáipàn

주야[晝夜] 图하자【昼夜】zhòuyè【日夜】rì·yè ¶~로 쉬지 않다｜昼夜不停/昼夜不息xī。¶~로 지키다｜昼夜看守。¶~의 3교대로 계속 생산하다｜日夜三班轮流生产。¶~를 가리지 않고 일을 하다｜不分日夜地干活。

주어[主語] 图〈言〉【主语】zhǔyǔ

ᴮ**주어지다** 图【具备】jùbèi【完備】wánbèi【备全】bèiquán ¶모든 조건이 주어졌다｜具备了一切条件。¶~의 ~이 주어졌다｜我具备了一切条件。

주업[主業] 图【本业】běnyè【本行】běnháng ¶농사짓는 것이 나의 ~이다｜种地是我的本行。

주역[主役] 图【主角】zhǔjiǎo

주역[周易] 图【周易】Zhōuyì【易经】Yìjīng ¶그는 ~을 연구했다｜他研究过易经。

주연[主演] 图하타【主演】zhǔyǎn ¶이 영화는 그녀가 ~한다｜这部电影由她主演。

주연[酒宴] 图【酒宴】jiǔyàn ¶~을 베풀었다｜摆设了酒宴。

ᶜ**주옥**[珠玉] 图【珠玉】zhūyù【珠玑】zhū·jī【珍珠翠玉】zhēn zhū cuì yù【珠翠】zhūcuì ¶글자마다 ~ 같다｜字字珠玑。¶~ 같은 글귀가 가슴속에 가득하다｜满腹珠玑。

ᴮ**주요**[主要] 图하형【主要】zhǔyào ¶~원인｜主要原因。¶~ 인물｜主要人物。

주워담다 图【捡起来装】jiǎnqǐláizhuāng【往里捡】wǎnglǐjiǎn ¶흘린 곡식을 그릇에 ~｜把掉出来的谷粒捡到碗里。

ᴬ**주위**[周圍] 图 ❶ (둘레❷경)【周围】zhōuwéi 【四周】sìzhōu 【四围】sìwéi ¶~의 환경｜周围的环境。¶~에 사람이 빽빽이 둘러 싸고 있다｜四周全是人。¶~가 온통 나무들이다｜四围都是树木。❷ (주의 사람들)【相处的人】xiāngchǔ·derén【亲近的人】qīnjìn·de rén

주유[注油] 명|하자타 【加油】jiāyóu 【注油】zhùyóu ¶기계에 ~하다 | 往机器上油。¶~소 | 加油站/供油站。

°**주의**[主義] 명 【主义】zhǔyì ¶마르크스 레닌~ | 马克思Mǎkèsī列宁Lièníng主义。¶낭만~ | 浪漫làngmàn主义。¶자유~ | 自由主义。¶사회~ | 社会主义。¶자본~ | 资本主义。¶집단~ | 集团jítuán主义。

°**주의**[注意] 명 ❶ 하자타 (유의·주목) 【注意】zhù/yì 【关切】guānqiè 【关心】guān/xīn 【小心】xiǎo·xīn 【留神】liú/shén ¶~를 환기시키다 | 提醒tíxǐng注意。¶그녀는 청결 위생에 아주 ~한다 | 她很注意清洁qīngjié卫生wèishēng。¶강을 건널 때는 ~해야 한다 | 过河要小心。❷ (경고·충고) 【嘱告】zhǔgào 【忠告】zhōnggào 【提醒】tíxǐng ¶그에게 여러번 ~를 주었다 | 嘱告他好几次了。¶나는 이미 그에게 ~를 준 적이 있지만 그는 전혀 들으려 하지 않는다 | 我曾对他忠告过, 可是他偏不听。¶만약 내가 잊어버리면 네가 ~ 시켜다오 | 要是我忘了, 你提醒我一声儿吧。

^A**주인**[主人] 명 ❶ ("손님"과 대칭으로)【主人】zhǔ·ren 【物主】wùzhǔ ¶~과 하인 | 主人和下人。¶~의 안색을 살펴 일을 하다 | 看主人脸色liǎnsè行事。❷ (소유자)【主人】zhǔ·ren 东道主dōngdàozhǔ【当家人】dāngjiārén【管帐的】guǎnzhàng·de ¶물건을 ~에게 돌려주다 | 把东西归还主人。❸ (남편)【丈夫】zhàng·fu【男人】nán·ren【先生】xiān·shēng ¶그는 나의 ~이다 | 他是我的丈夫。

주인공[主人公] 명 【主人翁】zhǔrénwēng 【主人公】zhǔréngōng ¶청소년은 나라의 ~이다 | 青少年是国家的主人公。

^A**주일**[週日] 명 【星期】xīngqī 【礼拜】lǐ·bài ¶지난 ~ | 上(个)星期。¶일~ | 一个星期。¶개학한 지 이미 삼 ~이 지났다 | 开学已经三个礼拜了。

주임[主任] 명 【主任】zhǔrèn ¶사무실 ~ | 办公室bàngōngshì主任。¶작업장의 ~ | 车间chējiān主任。¶학과 ~ | 系xì主任。¶~ 교수 | 主任教

授。

주입[注入] 명|하타 【注入】zhùrù 【灌输】guànshū 【灌注】guànzhù ¶신선한 혈액을 ~하다 | 注入新鲜血液。¶새로운 문화와 사상을 ~하다 | 灌输新文化和思想。¶~ 교육 | 注入式教育。(참고) [倾倒qīngdào] [灌浇guànjiāo]

^A**주자**[走者] 명 ❶ 【赛跑运动员】sàipǎo yùndòngyuán ❷〈體〉【跑垒员】pǎolěiyuán

^A**주장**[主张] 명|하자타 【主张】zhǔzhāng 【主持】zhǔchí ¶나는 바로 행동할 것을 ~한다 | 我主张马上行动。¶그는 즉각 이 문제를 토론할 것을 ~한다 | 他主张立即讨论这个问题。¶정의를 ~하다 | 主持正义。

주장[主将] 명〈體〉【队长】duìzhǎng 【主将】zhǔjiàng ¶우리 팀의 ~이다 | 我们队的队长。

주재[主宰] 명|하타 【主宰】zhǔzǎi 【主持】zhǔchí 【掌管】zhǎngguǎn ¶인간의 운명은 하늘이 ~하는 것이다 | 人的命运mìngyùn是由上天主宰的。¶회의는 총장이 ~한다 | 会议由校长主持。

주재[駐在] 명|하자 【驻】zhù ¶북경 ~사무소 | 驻京办事处bànshìchù。¶~국 | 驻在国。

^B**주저**[躊躇] 명|하자타 【踌躇】chóuchú 【犹豫】yóuyù 【迟疑】chíyí ¶그는 앞으로 나가지 못하다 | 踌躇不前。¶너는 왜 ~하느냐? | 你为什么要犹豫呢?¶~하며 결정하지 못하다 | 迟疑不决。¶조금도 ~하지 않다 | 毫不迟疑。(참고) [蹰伫chóuzhù] [犹豫] [由豫]

주저앉다 동 ❶ (맥없이 앉다)【一屁股座到地上】yīpì·gu zuòdào dìshàng ¶땅바닥에 털썩 ~ | 一屁股座到地上。❷ (내려앉다)【塌】tā ¶천장이 ~ | 塌顶dǐng。❸ (포기하다)【畏缩不前】wèisuō bùqián 【打退堂鼓】dǎ tuì táng gǔ ¶조그마한 곤란에 부딪혔다 해서 이내 중도에서 주저앉을 수는 없다 | 不能遇到点困难, 就打退堂鼓。

주저주저하다[躊躇躊躇－] 동 【踌躇不定】chóuchú búdìng 【犹豫不定】yóuuyùbùdìng【缩头缩胸】suōtóusuōxiōng

주전[主戰]몡하짜【主战】zhǔzhàn ¶어떤 사람은 ~파이고, 어떤 사람은 화친파이다 | 有人主战, 有人主和.

^**주전자**[酒煎子]몡【壶】hú ¶차 ~ | 茶壶。¶~를 열다 | 开壶。¶술 한 ~를 데우다 | 烫壶一壶酒.

주점[酒店]몡【酒店】jiǔdiàn【酒家】jiǔjiā

주접스럽다혱【贪婪】tānlán【馋】chán ¶저 사람은 다소 ~ | 那个人多少有点馋嘴.

주정[酒酊]몡하짜【酒疯】jiǔfēng ¶~을 부리다 | 发酒疯/撒酒疯。¶~꾼 | 醉汉/酒鬼.

^**주정뱅이**몡【醉鬼】zuìguǐ【醉汉】zuìhàn【醉疯子】zuìfēng·zi

주제[主題]몡 ❶ (제재)【主题】zhǔtí ¶~가 | 主题歌。❷~음악 | 主题音乐。❷ (주요 의미)【中心意思】zhōngxīn yì·si ¶이 작품의 ~는 무엇인가? | 这部作品的中心意思是什么?

주제넘다혱【不自量(力)】bùzìliàng(·lì)【妄自尊大】wàng zì zūn dà【螳臂当车】táng bì dāng chē【大言不惭】dà yán bù cán ¶이렇게도 망나니 짓을 하다니, 너무나도 주제넘는다 | 如此狂妄kuángwàng, 太不自量。¶주제넘은 행동 | 妄自尊大的行动.

^**주조**[鑄造]몡하타【铸造】zhùzào【铸冶】zhùyě ¶기계 부품을 ~하다 | 铸造机器零件。¶~ 공장 | 铸造车间。¶~ 화폐 | 金属货币/铸造货币/硬币.

주종[主從]몡 ❶ (주체와 종속)【主从】zhǔcóng ¶~ 관계 | 主从关系。❷ (주인과 종자)【主仆】zhǔpú【主奴】zhǔnú

주주[株主]몡【股主】gǔzhǔ【股东】gǔdōng ¶~총회 | 股东年会/股东大会。¶~ 명부 | 股东名册míngcè.

주지[周知]몡하타【众所周知】zhòngsuǒzhōuzhī【都知道】dōu zhī dào ¶모두가 ~하는 바 | 众zhòng所周知。¶~의 사실 | 众所周知的事实.

^**주차**[駐車]몡하짜【停放车辆】tíngfàng chēliàng【停车】tíngchē ¶~료 | 停车费。¶~장 | 停车场/存库处。¶유료 ~ | 收费停车.

주창[主唱]몡하타【带头主张】dàitóu

zhǔzhāng【带头提倡】dàitóu tíchàng ¶표준어로 말할 것을 ~하다 | 带头提倡说普通话。¶근검 절약을 ~하다 | 带头提倡勤俭节约.

주책 없다[관용]【肆意乱来】sìyì luànlái【厚脸皮】hòuliǎnpí【不知分寸】bùzhī fēn·cun【不成体貌】bùchéng tǐmào【不知进退】bùzhī jìntuì【有天没日】yǒutiān-méirì

주체[主體]몡하타 ❶ (감당하다)【处置】chǔzhì【担当】dāndāng【处理】chǔlǐ ¶혼자서 ~하지 못하다 | 一个人担当不起。¶짐이 너무 많아 ~할 수 없다 | 行李太多, 无法处理。❷ (억제하다)【抑制】yìzhì ¶그는 마음속의 희열을 ~할 수가 없다 | 他抑制不住内心的喜悦xǐyuè.

^**주체**[主體]몡【主体】zhǔtǐ ¶농민은 국가의 ~이다 | 农民是国家的主体。¶~성 | 主体性.

주최[主催]몡하타【主办】zhǔbàn【主持】zhǔchí ¶전람회는 대외 무역부에서 ~할 것이다 | 展览会zhǎnlǎnhuì将由外贸部主办。¶~측 | 主办单位。¶~하다 | 主持办理.

주축[主軸]몡 ❶【主轴】zhǔzhóu ❷【传动轴】chuándòngzhóu【主动轴】zhǔdòngzhóu

주춤[부]하짜【霍地】huòdì【忽停】hūtíng ¶땅에 기어가는 뱀을 보자 그는 ~ 발걸음을 멈추었다 | 他看到爬pá行在地上的蛇shé, 霍地停住了脚步jiǎobù.

주춤거리다[동]【踌躇】chóuchú【犹豫不决】yóuyù bù jué【迟迟疑疑】chíchíyíyí ¶한참 동안이나 주춤거리다가 결국 직언하였다 | 踌躇了半天, 终于直说了.

^**주택**[住宅]몡【住宅】zhùzhái【住房】zhùfáng ¶이 일대는 모두 거주민jūmín들이다 | 这一片是居民jūmín住宅区。¶~ 문제 | 住房问题。¶~가 | 住宅区。¶~난 | 房荒/住房困难。¶~ 단지 | 公寓住宅群地区.

주특기[主特技]몡【特技】tèjì【特长】tècháng ¶당신은 ~가 뭐죠? | 你的特长是什么?

^**주파수**[周波數]몡〈物〉【频率】pínlǜ【频数】pínshù ¶~계 | 频率计jì。¶

~ 변조 | 频率周制.

주해[註解] 명[하타] 【注解】zhùjiě 【注释】zhùshì 【注疏】zhùshū 【附注】fùzhù ¶ 고서에 ~를 달다 | 给古籍注解.

주형[鑄型] 명 【铸型】zhùxíng 【模子】mú·zi 【翻砂模型】fānshāmóxíng 【铸模】zhùmú 【砂型】shāxíng

^A^**주홍**[朱紅] 명〈色〉【朱红色】zhūhóngsè ¶ ~빛 | 朱红色.

^B^**주황**[朱黃] 명 【朱黄】zhūhuáng ¶ ~빛 | 朱黄色.

^B^**죽**[粥] 명 【粥】zhōu 【稀饭】xīfàn 【稀粥】xīzhōu ¶ ~을 쑤다 | 熬鸟粥. ¶ 매일 아침 ~을 먹는다 | 每天早上喝稀饭.

^B^**죽²**[竹] 명 ❶ (줄곧) 【一直】yìzhí ¶ 이 길을 따라 ~ 끝까지 가시면 바로 북경대학 입니다 | 沿着这条路一直走到底点dī就是北京大学. ❷ (길게 이어진 모양) 【绵长】miáncháng 【绵亘】miángèn ¶ 수천리나 길게 ~ 뻗어있는 해안선 | 绵亘数千里的海岸线hǎiànxiàn. ❸ (단숨에) 【一口气】yìkǒuqì 【一下子】yíxià·zi ¶ 끝까지 ~ 읽었다 | 一口气读到了最后. ❹ (대강) 【一眼环视】yìyǎn huánshì ¶ 방안을 한 번 ~ 훑어보다 | 环视了一眼房间. ❺ (곧바로) 【笔直】bǐzhí ¶ 종이에 줄 나를 ~ 그었다 | 在纸上笔直地画了一条线.

^A^**죽다**[死다] 동 ❶ (사망하다) 【死】sǐ 【亡故】wáng gù 【殁】mò 【死亡】sǐwáng ¶ 그는 일곱 살 때 아버지가 죽었다 | 他七岁就死了父亲. ¶ 북경에서 병으로 죽었다 | 因病死于北京. ¶ 죽어도 잘못을 인정하지 않다 | 死不认错. ¶ 죽은 친구 | 亡友. ¶ 죽기 직전 사경 | 死亡边缘biānyuán. ❷ (불이) 【熄灰】xīhuī 【灭】miè ¶ 불이 ~ | 火灭了. ❸ (동작이 멎다) 【停住】tíngzhù ¶ 시계가 죽었다 | 钟停住了. ❹ (빛깔이) 【失色】shīsè 【褪色】tuìsè ¶ 옷 빛깔이 ~ | 衣服褪色. ¶ 얼굴이 다 죽어가다 | 面无血色. ❺ (기가) 【颓丧】tuísàng ¶ 어쩌다가 실패했는데 그리 기죽을 필요도 없다 | 偶然失败, 不必颓丧. ¶ 너 왜 그렇게 기가 죽어 있니? | 你为什么那样颓丧? ❻ (상실하다) 【丧失】sàngshī 【失掉】shīdiào

~ 우승 | 半决赛.

죽거[失去] shīqù 【缺少】quēshǎo ¶ 회원 자격이 ~ | 丧失会员资格. ❼ (바둑·장기) 【被吃掉】bèichīdiào ¶ 차(车) ~ | 车被吃了. ❽ (죽도록) 【尽死力】jìnsǐlì 【使死劲儿】shǐsǐjìngr 【拼命】pīn/mìng ¶ 죽도록 힘을 다해 일을 하고 있다 | 拼命地劳动着. ¶ 죽자 살자 공부하다 | 拼死拼活地学习.

죽마고우[竹馬故友] 【竹马之交】zhúmǎ zhī jiāo 【总角之交】zǒng jiǎo zhī jiāo

^B^**죽순**[竹筍] 명 【竹笋】zhúsǔn 【笋】sǔn ¶ 우후~ | 雨后竹笋.

죽 쑤어 개 준다[관용]【为人作嫁】wèi rén zuò jià 【猫爬甑子, 狗得福】māo pá zèng·zi, gǒu défú 【鸡衔骨头, 替狗累】jī xián gǔ·tou, tìgǒu lèi

죽은 목숨 명 【陷入绝境】xiànrù juéjìng 【濒临绝境】bīnlín juéjìng ¶ 너는 이제 ~이다 | 你现在已经濒临绝境了.

죽음[死음] 명 【死亡】sǐwáng 【死】sǐ 【殁】mò ¶ ~을 두려워하다 | 怕死.

죽이다 동 ❶ (살해하다) 【杀】shā 【弄死】nòngsǐ 【杀头】shā/tóu 【砍脑袋】kǎnnǎodài 【杀害】shāhài 【诛】zhū ¶ 사람을 ~ | 杀人. ¶ 찔러 ~ | 刺杀. ¶ 무고한 백성을 ~ | 弄死无辜百姓. ❷ (억제하다) 【屏住】bǐngzhù 【抑制住】yìzhìzhù 【屏息】bǐngxī ¶ 잠시 숨을 ~ | 暂时zànshí抑制住呼吸. ¶ 숨을 죽이고 가만히 듣다 | 屏息静听.

죽창[竹槍] 명 【竹枪】zhúqiāng 【竹矛】zhúmáo

죽치다 동 【蛰居】zhéjū 【闷在家里】mēnzài jiā·li ¶ 방안에서 ~ | 闷在屋里.

준-[準-] 접두 【准】zhǔn 【半】bàn ¶ ~교사 | 准教师.

준거[準據] 명[하자] ❶ 【根据】gēn·jù ❷ 【标准】biāozhǔn

준결승[準決勝] 명〈體〉【半决赛】bànjuésài 【复赛】fùsài ¶ 혼합 복식 ~ | 混合双合双shuāng打半决赛.

준공[竣工] 명[하타] 【竣工】jùngōng 【完工】wán/gōng ¶ ~식 | 落成典礼/竣工典礼. ¶ 이 빌딩은 이미 조기 ~되었다 | 这座大楼已提前竣工.

ᶜ**준법**[遵法] 圐쟈 【守法】shǒufǎ ¶공무를 중히 여기고 ~하다 | 奉公守法。¶~ 투쟁 | 守法斗争。¶~ 정신 | 守法精神。

ᴬ**준비**[準備] 圐하타 【准备】zhǔnbèi 【酝酿】yùnniàng 【筹备】chóubèi 【安排】ānpái 【整备】zhěngbèi ¶마음의 ~를 하다 | 心里准备。¶그 문제는 아직 충분히 ~되지 않았다 | 那个问题还没酝酿好。¶모든 것을 ~하느라 바쁘다 | 他忙着筹备一切。¶~운동 | 预备运动。

준설[浚渫] 圐타 【浚泥】jùnní 【疏浚】【疏通】shūtōng ¶~작업 | 疏通作业。¶~선 | 挖泥船。

준수¹[俊秀] 圐혀형 【帅】shuài 【俊】jùn 【俊秀】jùnxiù ¶아주 ~하게 생겼다! | 长zhǎng得好帅。¶그 분은 아주 ~하게 생겼다 | 这位长得好俊呀!

준수²[遵守] 圐하타 【遵守】zūnshǒu 【遵行】zūnxíng 【守】shǒu ¶교통 규칙을 ~하다 | 遵守交通规则guīzé。¶시간을 ~하다 | 守时间。

준엄[峻嚴] 圐하형 【严峻】yánjùn 【严厉】yánlì 【严正】yánzhèng ¶그의 안색이 아주 ~하다 | 他的脸色liǎnsè非常fēicháng严正。¶대령은 아주 ~하게 그들을 바라보고 있다 | 上校很严勇地看着大家。

준열[峻烈] 圐하형 【严厉】yánlì ¶~한 비판 | 严厉的批评。

준장[准將] 圐 【准将】zhǔnjiàng

준칙[準則] 圐 【准则】zhǔnzé 【守则】shǒuzé ¶행동 ~ | 行动准则。¶국제 관계 ~ | 国际关系准则。

준하다[準-] 圐쟈 【准】zhǔn 【以…为准】yǐ…wéizhǔn 【照】zhào 【据】jù 【按照】ànzhào ¶이 계획에 준해서 집행하다 | 准此计划执行。

준험[峻險] 圐하형 【陡峭】dǒuqiào 【险峻】xiǎnjùn 【验峻】yànjùn ¶이 험준한 산봉우리는 산양조차도 올라갈 수 없다 | 这个陡峭的山峰fēng连山羊shānyáng也上不去。

ᴮ**줄**¹[줄] 圐❶ (끈) 【绳子】shéng·zi 【线】xiàn 【弦】xián ¶~을 감다 | 把绳子缠chán起来。❷ (행) 【列】liè 【行】háng 【排】pái ¶두 ~ | 双shuāng行。¶맨 앞 ~에 서다 | 站在前列。¶~을 서

서 표를 사다 | 排队买票duìmǎipiào。¶나는 앞 ~에 앉아 있다 | 我坐在前排。❸ (선) 【线】xiàn 【道(儿)】dào(r) 【杠】gàng ¶~을 하나 긋다 | 画一条线。¶붉은 ~ | 红道儿。¶~을 많이 그렸다 | 画了许多红gāng子。❹ (관계) 【联系】liánxì 【关系】guān·xì ¶~이 끊어지다 | 联系断了/断了线。¶~을 잇다 | 接上关系。

ᴮ**줄**² 圐 【锉子】cuòzi 【锉刀】cuòdāo ¶~칼 | 锉刀。

줄³[의圐] ❶ (后面接"알다""모르다", 表示"会""不会""以为""认为" 等的意思) 【会】huì 【不会】búhuì 【以为】yǐwéi 【认为】rènwéi ¶노래를 부를 ~ 안다 | 会唱歌。❷ (后面接"아니다"的疑问形式, 表示"能不…吗?""会不…吗?") 【能不…吗】néngbù…ma 【会不…吗】huìbù…ma ¶그 일을 모를 ~ 아느냐? | 能不知道那件事吗?

줄거리 圐 ❶ (나물의 줄기) 【蔬菜茎】shūcàijīng ❷ 【树木的干】shùmù·de gàn 【梗基】gěngjī ❸ (글) 【大意】dàyì 【梗概】gěnggài ¶~는 이렇다 | 大意是这样。¶이야기의 ~ | 故事gùshì的梗概。

ᴮ**줄곧** 圐 【一直】yìzhí 【直】zhí 【一向】yíxiàng 【一个劲儿】yí·gejìnr 【劲直】jìngzhí 【常常】chángcháng ¶이틀 내내 ~ 비가 내렸다 | 雨一直下, 整整下了两天。¶나는 추위에 ~ 떨었다 | 我冷得直哆嗦。¶나는 ~ 북경에 살고 있다 | 我一向住在北京Běijīng。¶~ 귀찮게 따라다니다 | 一个劲儿地纠缠jiūchán不清。

줄기 圐 ❶ (나무의 줄기) 【梗(儿·子)】gěng(r·zi) 【干】gān 【穰梗】rǎnggěng ¶연(蓮)의 잎 ~ | 荷叶héyègěng。❷ (물 등의) 【下流】xiàliú 【山脉】shānmài ❸ (줄·차례) 【道】dào 【股】gǔ 【束】shù 【一场】yìchǎng 【一阵】yìzhèn ¶피어오르는 한 ~ 연기 | 冒出一道烟。¶한 ~의 샘물 | 一股泉水。¶한 ~ 소나기 | 一场大雨。

줄기차다 圐 【汹涌澎湃】xiōngyǒngpéngpài 【迅猛异常】xùnměngyìcháng ¶줄기차게 흐르는 강물 | 汹涌澎湃的江水。

ᴮ**줄넘기** 圐쟈 【跳绳】tiàoshéng 【跳长

绳】tiáochángshéng

^줄다[동] ❶ (단축되다)【缩小】suōxiǎo【缩短】suōduǎn【减少】jiǎnshǎo【降低】jiàngdī ¶체적이 ~ㅣ体积tǐjǐ缩小。¶하지 이후에 낮이 점점 준다ㅣ夏至以后, 白天渐jiàn渐缩短了。¶단점이 줄어들었다ㅣ缺点quēdiǎn减少了。❷ (퇴보하다)【退步】tuì/bù ¶기술이 ~ㅣ技术jìshù退步。❸ (약해지다)【减弱】jiǎnruò ¶바람의 기세가 줄었다ㅣ风势fēngshì减弱了。

^줄다리기[명]하저〈體〉【拔河】bá/hé ¶~ 경기ㅣ拔河比赛bǐsài。

^줄담배[명] (이어 놓은 잎담배)【烟叶】yānyè (줄대어 피우는 담배)【一根接一根地抽烟】yīgēnjiēyīgēn·de chōuyān ¶무엇이 초조한지 계속해서 ~를 피운다ㅣ不知为什么焦急jiāojí, 一根接一根地抽烟。❸ (담배를 많이 피우는 사람)【烟民】yānmín【烟鬼】yānguǐ

˙줄무늬[명]【线纹】xiànwén【条纹】tiáowén ¶얼룩말의 몸에는 ~가 있다ㅣ斑马mǎ身上有条纹。

˙줄이다[동]【缩小】suōxiǎo【缩短】suōduǎn【减少】jiǎnshǎo【裁减】cáijiǎn【精简】jīngjiǎn【省略】shěngluè【减去】jiǎnqù ¶범위를 ~ㅣ缩小范围fànwéi。¶보고를 반으로 ~ㅣ把报告缩短一半。¶옷소매를 줄였다ㅣ把袖子缩短了。¶인원을 ~ㅣ减少人员。¶이 단락은 줄일 수 있다ㅣ这一段文字可以省略。

˙줄자[명]【卷尺】quánchǐ【软尺】ruǎnchǐ【皮尺】píchǐ ¶~로 키를 재다ㅣ用皮尺量身。

줄줄[부] ❶ (흐르는 모양)【刷刷(地)】shuāshuā(·de)【簌簌】sùsù【唔唔】wū【咿唔】yīwú【骨碌巴唧】gǔlùbājī【哗哗】huāhuā【潺潺】qiánqián【簌簌】sùsù【源源】yuányuán ¶~ 글을 쓰다ㅣ刷刷地写。¶뜨거운 눈물이 ~ 흘러내리다ㅣ热泪rèlèi簌簌地流。❷ (따라다니는 모양)【老跟随】lǎogēnsuí ❸ (막힘없이)【流畅地】liúchàng·de ¶~ 외다ㅣ诗背得很流畅。

˙줄줄이[부] ❶ (줄마다 모두)【字里行间】zì lǐ háng jiān ¶이 시에는 조국을 사랑하는 마음이 ~ 넘치고 있다ㅣ这

首诗字里行间洋溢yángyì着热爱rèài祖国的感情gǎnqíng。❷ (줄을 지어)【成排】chéng/pái【成行】chéng/háng ¶~ 늘어선 수양버들ㅣ成排的垂杨。¶~ 서다ㅣ成排地站着。

^줄짓다[동]【排队】pái/duì【站队】zhàn/duì【列队】liè/duì ¶줄지어 앞으로 나아가다ㅣ排队前进qiánjìn。¶~ 환영하다ㅣ列队欢迎。

^줄타기[명]하저【走钢丝】zǒu gāngsī【走绳】zǒu/shéng【走索(子)】zǒusuǒ(·zi) ¶곡예사가 ~를 하다ㅣ杂技演员走钢丝。¶~ 외교ㅣ走钢丝外交。

줄행랑[-行郞][명]〈俗〉【逃跑】táopǎo【逃窜】táocuàn【远走高飞】yuǎnzǒugāofēi ¶36계 ~이 제일ㅣ三十六计走为上策。❷ (일종의 주랑)【在门两旁左右伸展的走廊】zàiménliǎngpáng zuǒyòu shēnzhǎn·de zǒuláng

ᴮ줌[의명]【撮】cuō【把(儿)】bǎ(r) ¶몇 ~의 흙ㅣ几撮土。¶쌀 한 ~ㅣ一小撮儿米/一把米。

줌 렌즈[zoom lens][명]【变焦镜头】biànjiāo jìng·tou

줌아웃[zoomout][명]〈電算〉【放大】fàngdà

줌인[zoomin][명]〈電算〉【缩小】suōxiǎo

ᴰ줍다[동]【拾】shí【拾取】shíqǔ【捡】jiǎn【摭】zhí【拣】jiǎn ¶연필 한 자루를 주웠다ㅣ拾了一支笔。¶땔나무를 ~ㅣ捡柴chái。¶만년필을 빨리 주으시오ㅣ快把钢笔拣起来吧。

ᴮ중[명]〈佛〉【和尚】hé·shang【僧】sēng【僧家】sēngjiā【僧侣】sēnglǔ【僧人】s-ēngrén

^중²[中][명] ❶ (가운데)【中】zhōng【当中】dāngzhōng ¶휴가 기간 ~ㅣ假期中。¶계획 ~에 이 항목은 없다ㅣ计划中没有这个项目。¶이 사람들 ~에서 그의 성적이 제일 뛰어나다ㅣ在这些人当中, 他的成绩最突出。❷ (진행 중)【正在】zhèngzài ¶많은 문제를 토론하고 있는 ~이다ㅣ正在讨论许多问题。¶저는 편지를 쓰고 있는 ~입니다ㅣ我正在写信。❸ (…동안에)【内】nèi ¶오늘 ~ㅣ今天内。

^중간[中間][명] ❶ (가운데)【中间】zhōngjiān【中间儿】zhōngjiànr【中】zhōng

【正当中】zhèngdāngzhōng【正中心】zhèngzhōngxīn【正中尺寸】zhèngzhōng chǐcùn ¶대전은 서울과 부산의 ~에 있다 | 大田在汉城和釜山之中间。¶달이 하늘 바로 ~에 있다 | 月亮在天空的中间儿。¶~고사 | 期中考试。¶~노선 | 中间路线。❷ (도중) 【中途】zhōngtú【半途】bàntú ¶귀가하는 ~에 비가 조금 오기 시작했다 | 在回家的中途下起小雨来了。

중개【仲介】圐하타【从中介绍】cóngzhōng jiè·shào【斡旋】wòxuán【中介】zhōngjiè【介绍】jièshào ¶민간 조직으로 ~하다 | 以民间organ组织zǔzhī为中介。¶~ 상인 | 经纪人/经纪商。¶~ 수수료 | 经纪费。

중개무역【仲介贸易】圐〈經〉【转口贸易】zhuǎnkǒu màoyì【过境贸易】guòjìng màoyì【通过贸易】tōngguò màoyì【局间贸易】júiiān màoyì【中介贸易】zhōngjiè màoyì ¶홍콩은 중국 대륙에 대한 ~에 의지하여 그것을 주요한 수입으로 하고 있다 | 香港xiānggǎng是依靠对中国大陆的转口贸易为主要收入的。

중개인【仲介人】圐【经纪人】jīngjìrén【中人】zhōngrén【中间人】zhōngjiānrén【桥梁】qiáoliáng【居间人】júiiānrén【介绍人】jiè·shaorén【过付人】guòfùrén【局间人】júiiānrén ¶그를 ~으로 하다 | 让ràng他作中间人。¶~ 역할을 하다 | 起桥梁作用。

중견【中坚】圐【中坚】zhōngjiān【骨干分子】gǔgàn fèn·zi【骨干】gǔgàn ¶~ 작가 | 中坚作家。¶~ 인물 | 中坚人物。

중계【中繼】圐하타 ❶ (중간에서 이어줌) 【中继】zhōngjì【传达】chuándá【传送】chuánsòng【过境】guò/jìng【转口】zhuǎn/kǒu ¶~ 기지 | 中转站。¶~료 | 中转费/转口费。~무역 | 过境贸易。❷ (방송) 【转播】zhuǎnbō ¶축구 시합 실황이 성(省)방송국에서 ~ 방송한다 | 足球比赛实况由省电视台转播 | 실황 ~ 방송 | 实况shíkuàng转播。

중계소【中繼所】圐【转播站】zhuǎnbōzhàn【中继站】zhōngjìzhàn ¶~를 설립하다 | 设立中继站。

중고【中古】圐【中古】zhōnggǔ【二手】èrshǒu ¶~품 | 二手货/半旧货。

중공업【重工业】圐【重工业】zhōnggōngyè

중과부적【寡寡不敌】圐【寡不敌众】guǎbùdí zhòng【寡不胜众】guǎbú shèng zhòng ¶그들은 많고 우리는 적어서, ~이니 빨리 도망가자! | 他们人多, 我们人少, 寡不敌众, 赶快gǎnkuài逃táo走吧!

중구난방【众口難防】관용【众口难防】zhòngkǒu nánfáng【众口难堵】zhòngkǒu nándǔ

중국【中國】圐〈地〉【中国】Zhōngguó ¶~ 인민폐 | 中国人民币。¶~ 요리 | 中国菜/中国菜肴。

중국어【中國語】圐【中国语】zhōngguóyǔ【汉语】hànyǔ【中文】Zhōngwén【中国话】zhōngguóhuà ¶그는 ~를 할 줄 안다 | 他会说中国话。

중금속【重金屬】圐〈化〉【重金属】zhòngjīnshǔ ¶~에 오염되다 | 被重金属污染了。

중급【中級】圐【中级】zhōngjí【中等】zhōngděng ¶~ 회화 | 中级会话。¶~ 인민 법원 | 中级人民法院。

중기【中期】圐【中期】zhōngqī ¶20세기 ~ | 二十世纪中期。

중년【中年】圐【中年】zhōngnián ¶~ 남자 | 中年男子。¶~이란 4, 50세의 연령을 가리킨다 | 中年指四十五岁的年龄。¶~ 나이가 되다 | 人到中年。

중노동【重勞動】圐【重劳动】zhòngláodòng【重活儿】zhònghuór

중단【中斷】圐하자타【中断】zhōngduàn ¶회담이 ~되었다 | 会谈中断了。¶연락을 ~했다 | 中断了联系。¶소식이 ~되었다 | 消息xiāoxi中断了。

중대[1]【重大】圐혱圐【重大】zhòngdà【重要】zhòngyào【严重】yánzhòng ¶~한 문제 | 重大问题/重要问题。¶~한 잘못을 범했다 | 犯fàn了严重错误cuòwù。¶~한 과실 | 重大过失。

중대[2]【中隊】圐〈軍〉【连】lián【连队】liánduì【中队】zhōngduì ¶제3~ | 第三连。[참고][弹弁bān]〔军jūn〕〔旅lǚ〕〔排pái〕〔棚péng〕〔团tuán〕〔营yíng〕

중도【中途】圐【中途】zhōngtú【半途】bāntú【半路(儿)】bànlù(r)【半道】bàndào ¶귀가하는 ~에 비가 조금 오기 시작했다 | 在回家的中途下起小雨来了。¶자동차가 ~에 고장이 나서 멈춰 섰다 | 汽车在中途抛pāo锚máo。¶~에서 그만두다 | 中途而废fèi。

중도²[中道] 圓 ❶ (중립적 입장)【中立】zhōnglì ¶~적 입장을 취하다 | 持中立立场。¶~하여 치우치지 않다 | 中立不倚yǐ。 ❷ (도중에)【中途】zhōngtú ¶~에서 배회하다 | 在中途徘徊páihuái。¶~에서 그만두다 | 中途而废。

중독[中毒] 圓【中毒】zhōngdú ¶식~ | 食物中毒。¶알콜 ~ | 酒精中毒。¶가스 ~ | 煤气中毒。

중동[中東] 圓〈地〉【中东】Zhōngdōng ¶~ 문제를 연구하다 | 研究中东问题。

중등[中等] 圓【中等】zhōngděng【中级】zhōngjí【中流】zhōngliú【中路(儿)】zhōnglù(r)【中常】zhōngcháng ¶~ 교육 | 中等教育。¶~ 학교 | 中等学校。

중량[重量] 圓【重量】zhòngliàng ¶~ 분석 | 重量分析。¶~비 | 重量比。¶~감 | 重量感。

중력[重力] 圓〈物〉【重力】zhònglì ¶~ 가속도 | 重力加速度。¶~ 선광 | 重力选矿。¶~ 이상 | 重力异常。

중령[中領] 圓〈軍〉【中校】zhōngxiào ¶~으로 승진하다 | 荣升róngshēng为中校。

중류[中流] 圓 ❶ (강의)【中流】zhōngliú【中游】zhōngyóu ¶그들이 잠시 강의 ~에 머무르다 | 他们暂停在河的中流。 ❷ (사회의)【中流】zhōngliú ¶~ 사회 | 中流社会。

중립[中立] 圓【中立】zhōnglì ¶~적 입장을 취하다 | 持中立立场。¶~을 취하여 치우치지 않다 | 中立不倚yǐ。¶~을 굳게 지키다 | 严守中立。¶~국 | 中立国。

중매[仲買] 圓하타【经纪】jīngjì【居间】jūjiān【中介】zhōngjiè ¶~상 | 居间商。¶~인 | 居间人/中介人。

중매²[中媒] 圓하타【说媒】shuō/méi【保媒】bǎoméi【媒介】méijiè【介绍】jièshào【做媒】zuò/méi【媒人】méi·ren

¶~인 | 说媒的/说媒人。¶결혼 상대를 ~하다 | 介绍对象。¶나는 그들을 ~하려 한다 | 我想给他们做媒。¶~ 결혼/介绍结婚。〔参考〕〔媒灼shuò〕【媒宾】【大宾】【大媒】【小媒】

중반[中盤] 圓【中局】zhōngjú ¶경기가 ~에 접어들다 | 比赛进入了中局。

중벌[重罰] 圓【重罚】zhòngfá ¶주범을 ~하다 | 重罚主犯。¶~을 받다 | 受到重罚。

중병[重病] 圓【重病】zhòngbìng ¶~에 걸렸다 | 得了重病。¶그는 몸에 ~이 있다 | 他重病在身。

중복[重複] 圓하타【重复】chóngfù【重叠】chóngdié ¶두 문장이 ~되었다 | 两个句子重复了。¶~된 행정 기구를 간소화하다 | 精简重叠的行政机构。

중부[中部] 圓【中部】zhōngbù ¶대경시는 흑룡강성 서남부와 송눈평원에 있다 | 大庆dàqìng市在黑龙江hēilóngjiāng省西南部, 松嫩sōngnèn平原píngyuán中部。

중사[中士] 圓〈軍〉【中士】zhōngshì

중산계급[中産階級] 圓【中产阶级】zhōngchǎn jiējí ¶그들은 ~이다 | 他们是中产阶级。

중상[重傷] 圓【重伤】zhòngshāng【重创】zhòngchuāng ¶적군에게 ~을 입히다 | 重创敌军。

중생[衆生] 圓〈佛〉【众生】zhòngshēng ¶수많은 ~ | 芸yún芸众生。

중성[中性] 圓【中性】zhōngxìng ¶~ 비료 | 中性肥料。¶~ 세제 | 中性洗剂。¶~ 토양 | 中性土/中性土壤。

중세[中世] 圓〈史〉【中世纪】zhōngshì·jì

중소[中小] 圓【中小】zhōngxiǎo ¶~ 기업 | 中小企业。¶~기업 은행 | 中小企业银行。

중수[重修] 圓하타【重修】chóngxiū ¶사원의 건물을 ~하다 | 重修庙宇。

중순[中旬] 圓【中旬】zhōngxún【中浣】zhōnghuàn ¶8월 ~ | 八月中旬。

중시[重視] 圓하타【重视】zhòngshì【器重】qìzhòng【器敬】qìjìng【赏识】shǎngshí ¶인재를 ~하다 | 重视人才。¶그는 젊은 사람을 아주 ~한다

| 他很器重年轻人。¶선생님은 그를 아주 ~한다 | 老师赏识很人。¶인재를 ~하다 | 器敬人材。

^A**중심**[中心] 몡 ❶ (한가운데) 【中心】zhōngxīn 【中央】zhōngyāng 【当中】dāngzhōng 정치의 ~ | 政治中心。¶~ 지역 | 市区中心。¶기념비는 광장 ~에 있다 | 记念碑jìniànbēi坐落在广场中央。❷ (중점) 【核心】héxīn 【中枢】zhōngshū 【枢轴】shūzhóu 【关键】guānjiàn 【焦点】jiāodiǎn 【重心】zhòngxīn ¶문제의 ~ | 问题wèntí的核心。¶~ 인물 | 核心人物。¶교통 ~ | 交通中枢。❸ 〈数〉【圆心】yuánxīn 【内心】nèixīn ¶~각 | 中心角/圆心角。

중압[重壓] 몡 【重压】zhòngyā 【高压】gāoyā ¶~감 | 重压感。¶물의 ~을 견디지 못하다 | 经不住水的重压。

^B**중앙**[中央] 몡 【中央】zhōngyāng 【中心】zhōngxīn 【中枢】zhōngshū ¶방 ~에 큰 식탁이 하나 놓여져 있다 | 房子中央放着一张大餐桌。¶광장 ~에 영웅 전사의 동상이 우뚝 세워져 있다 | 广场中心耸立着英雄战士的铜像。

중앙 처리 장치[中央處理裝置; CPU; central processing unit] 【中央处理器】zhōngyāngchǔlǐqì

^B**중얼거리다** 동 【自言自语】zì yán zì yǔ 【喃喃自语】nánnán zìyǔ 【叨咕】dāogu 【叨念】dāoniàn dào 【叨唠】dāo·lao 【嘟嚷】dū·nang 【嘀咕】dí·gu 【唧哝】jī·nong 【叽咕】jī·gu 【哩噜】liū 【哩哩啰啰】lī·liluōluō 【哩哩噜噜】lī·liluūlu 【咕哝】gū·nong 【叽哩咕噜】jī·lilūgūlu ¶그는 혼자 잘 중얼거린다 | 他爱自言自语。¶그는 무얼을 중얼거리는지 알 수 없다 | 他叽哩咕噜也不知道在说什么。

^C**중얼중얼** 學자 【喇喇哩哩】lā·laliīli 【喃喃】nánnán 【哇啦哇啦】wālā wālā 【哇啦】wālā 【哇喇】wālā

중역[重役] 몡 ❶ 【重责】zhòngzé 【重要作用】zhòngyàozuòyòng ❷ 【董事】dǒngshì 【董事和监察人】dǒngshìhéjiānchárén

중엽[中葉] 몡 【中叶】zhōngyè ¶20세기 ~ | 二十世纪中叶。

^A**중요**[重要] 몡형 【重要】zhòngyào

¶¶~한 문제 | 重要问题。¶이논문은 매우 ~하다 | 这论文lùnwén很重要。

중요시[重要視] 몡하타 【重视】zhòngshì ¶형식보다는 내용을 ~한다 | 比形式更重视内容。

중용[重用] 몡하타 【重用】zhòngyòng ¶능력 있는 사람을 ~하다 | 重用能人。¶~되다 | 得到重用。

중원[中原] 몡 【中原】Zhōngyuán ¶중국의 ~지방 | 中国的中原地方。

중위[中位] 몡 【中间位置】zhōngjiānwèizhì 【中等地位】zhōngděngdìwèi ¶~권 | 中等地位圈。

중위[中尉] 몡 〈軍〉【中尉】zhōngwèi

중위[中衛] 몡 〈體〉【中锋】zhōngfēng

중유[重油] 몡 【重油】zhòngyóu 【柴油】cháiyóu 【狄赛尔油】dísàiěryóu 【苏拉油】sūlāyóu ¶~기관 | 柴油机车。

중이 제 머리 못깎는다 관용 【刀利难削柄, 身脏看旁人】dāo lì nánxiāobǐng, shēn zāng kànpángrén 【脊背上的灰自己瞧不见】jǐbèi·shàng·de huī zìjǐ qiáo·bùjiàn 【自己刀削不了自己把】zìjǐ dāo xiāo·bùliǎo zìjǐ bà 【一个人看不到自己的预窗】yí·ge rén kàn·bùdào zìjǐ·de hòujǐngwō

중인[中人] 몡 〈史〉【中人】zhōngrén

중임[重任] 몡 ❶ (중대 임무) 【重任】zhòngrèn 【重责】zhòngzé ¶~을 맡다 | 身负fù重任。❷ (재임) 【再次担当】zàicì dāndāng 【重任】chóngrèn

중장[中將] 몡 〈軍〉【中将】zhōngjiàng

중장비[重裝備] 몡 【重装备】zhòngzhuāngbèi ¶~운전 | 操作重型装备。

중재[仲裁] 몡하타 【仲裁】zhòngcái 【排解】páijiě 【排介】páijiè 【打圆场】dǎyuánchǎng 【调解】tiáojiě 【调处】tiáochù 【调说】tiáoshuō 【作情】zuò·qing 【说和】shuō·he 【调停】tiáo·tíng 【调和】tiáo·hé 【和事】héshì ¶분규를 ~하다 | 排解纠纷jiūfēn。¶가정내의 분규를 ~하다 | 调解家庭内部纠纷jiūfēn。¶나더러 ~하게 하다 | 叫我去说和。¶중간에서 ~하다 | 从中调和。¶~인 | 和事老(儿)。

중절[中絶] 몡하타 【中断】zhōngduàn 【中止】zhōngzhǐ 【中绝】zhōngjué ¶

임신~ | 中止妊娠/打胎。

중점[重點] 圏 【重点】zhòngdiǎn 【优先】yōuxiān ¶~을 두드러지게 해야 한다 | 重点要突出。 ¶~ 사업 | 重点工作。 ¶~적으로 발전시키다 | 重点发展。

중죄[重罪] 圏 【重罪】zhòngzuì ¶그는 ~를 진 몸이다 | 他有重罪在身。

중증[重症] 圏 【重症】zhòngzhèng ¶~환자 | 重症患者。

중증호흡기증후군[重症急性呼吸器症候群] [重症急性呼吸综合征; SARS; Severe Acute Respiratory Syndrom] 圏 〈醫〉【非典型性肺炎】fēidiǎnxíngxìngfèiyán 【非典】fēidiǎn

¹**중지**[中止] 圏하타 【停止】tíngzhǐ 【中止】zhòngzhǐ 【中辍】zhòngchuò 【搁车】gē/chē ¶지불을 ~하다 | 停止付款/停止放款。 ¶담판은 ~되었다 | 谈判tánpàn中止了。 ¶운동회는 비 때문에 ~하였다 | 运动会因雨中辍。

²**중지**[中指] 圏〈生理〉【中指】zhòngzhǐ 【中拇指】zhòngmǔzhǐ 【将指】jiāngzhǐ 【三拇指】sānmǔzhǐ 【三指】sānzhǐ

중지[衆智] 圏 【众智】zhòngzhì 【集体智慧】jítǐ zhìhuì

중직[重職] 圏 【重要职位】zhòngyào zhíwèi 【要职】yàozhí ¶~을 맡다 | 担任重要职位。

중진[重鎭] 圏 【泰斗】tàidǒu【重镇】zhòngzhèn 【有影响的重要人物】yǒuyǐngxiǎng·de zhòngyào rénwù ¶학계의 ~ 교수 | 学界的泰斗教授。

중창[重唱] 圏 〈音〉【重唱】chòngchàng 【小合唱】xiǎohéchàng ¶이~ | 二重唱。

중책[重責] 圏하타 【重任】zhòngrèn 【重要责任】zhòngyào zérèn ¶~을 맡다 | 身负重任。

중천[中天] 圏 【中天】zhòngtiān 【天空中间】tiānkōng zhōngjiān 【当空】dāngkōng ¶해가 ~에 떴다 | 日挂中天。

중첩[重疊] 圏하타 【重叠】chòngdié 【重复】chóngfù 【重重】chóngchóng ¶두 개의 그림이 한데 ~되어 있다 | 两个图像túxiàng重叠在一起了。

중추[中樞] 圏 【中枢】zhōngshū 【枢纽】shūniǔ 【枢轴】shūzhóu ¶신경 ~ | 神经shénjīng中枢。 ¶교통의 ~ | 交通枢纽。

중추절[仲秋節] 圏 【中秋节】Zhōngqiū-jié 【中秋】Zhōngqiū 【八月节】bāyuèjié 【秋节】qiūjié 【团圆节】tuányuánjié ¶음력 8월 15일은 ~로, 우리나라 민간의 중대한 명절이다 | 农历nónglì八月十五日是中秋节, 是我国民间mínjiān的一个重大的传统chuántǒng节日。

중태[重態] 圏 【病危】bìngwēi ¶아이가 ~이나, 속히 병원으로 가 보시오 | 孩子病危, 请你速sù去医院。

중턱[中一] 圏 【中腰】zhōngyāo 【山腰】shānyāo 【半山腰】bànshānyāo ¶산~ 쪽에 정자가 하나 있다 | 半山腰上, 有一座凉亭liángtíng。

중퇴[中退] 圏 【中途退学】zhōngtú tuìxué

중판[重版] 圏 【重版】chóngbǎn ¶~ | 重版本。

중편[中篇] 圏 ❶ (제2권)【第二部】dì'èrbù 【第二篇】dì'èrpiān 【三部曲的第二部】sānbùqǔ·de dìèrbù ❷ (장편·단편에 대하여)【中篇小说】zhōngpiān xiǎoshuō

중풍[中風] 圏〈醫〉【中风】zhòng/fēng 【卒中】cùzhòng 【瘫痪】tānhuàn ¶그는 수년 동안 ~에 걸렸었다 | 那个人中风多年了。 ¶그는 ~에 걸렸다 | 他中了风。 **참고**〔瘫瘫 fēng〕〔风瘫瘫瘫〕

중하다[重一] 圏 ❶ (귀중하다)【珍贵】zhēnguì 【珍重】zhēn·zhòng 【重要】zhòngyào ¶우리의 행복을 중하게 여기다 | 珍贵我们的幸福。 ❷ (병·책임·임무 등이 무겁다)【重】zhòng 【严重】yánzhòng ¶병이 ~ | 病重。

¹**중학교**[中學校] 圏 【中学】zhòngxué ¶초급~/중학교 | 初级chūjí中学/初中。 ¶고급~/고등학교 | 高gāo级中学/高中。

중학생[中學生] 圏 【中学生】zhòngxuéshēng

중형[中型] 圏 【中型】zhòngxíng ¶~ 자동차 | 中型汽车qìchē。 ¶~ 사전 | 中型词典。

중형²[重刑] 몡【重刑】zhòngxíng【严刑】yánxíng【酷刑】kùxíng ¶~을 받다｜受严刑.

ᄂ**중화**[中和]〈化〉〈物〉【中和】zhōnghé【~제】中和剂jì.¶~반응｜中和反应.¶~열｜中和热.

중화학공업[重化學工業]몡【化学重工业】huàxué zhònggōngyè

중환[重患]몡【重病】zhòngbìng ¶~자｜重病号/重患者.

중후[重厚]몡하형【忠厚】zhōnghòu【厚重】hòuzhòng【沉稳】chénwěn ¶~한 작품｜厚重的作品.¶인품이 아주~하다｜人品忠厚.

ᄂ**중흥**[中興]몡하자【中兴】zhōngxīng ¶집안이 ~하다｜家道中兴.

^**쥐**몡〈動〉【老鼠】lǎo·shǔ【耗子】hào·zi【家鼠】jiāshǔ ¶~가 고양이에게 새배하다｜老鼠给猫māo拜年.¶~ 잡듯 하다｜抓zhuā耗子似的.(참고)〔老虫〕〔穴xué虫〕〔尖jiān嘴子〕

쥐구멍에도 볕들날이 있다관용【瓦片也有翻身日】wǎpiàn yě yǒu fānshēnrì【瓦片也有翻身日, 困龙也有上天时】wǎpiàn yě yǒu fānshēnrì, kùnlóng yě yǒu shàngtiānshí

ᄇ**쥐다**동❶〔붙잡다〕【抓】zhuā【握】wò【执】zhí【捏】niē【秉】bǐng【捉】zhuō【攥】zuàn【拿】ná ¶쌀을 한 움큼~ | 抓一把米.¶권력을 ~ | 握权.¶손에 흥기를 ~ | 手执红旗.¶코를 움켜 쥐고 지나가다 | 捏着鼻子走过去.¶붓을 쥐고 집필하다 | 持笔作书.¶손에 책 몇 권을 쥐고 있다 | 手里拿着几本书.¶손에 땀을 ~ | 手里攥着一把汗.❷〔정권·주도권 등을〕【掌握】zhǎng·wò【争取】zhēngqǔ ¶닭권을 ~ | 掌握党权.¶주도권을 ~ | 争取主动.❸〔밑천을〕【得到】dé/dào ¶밑천을 ~ | 得到本钱.❹〔교편을〕【任】rèn【当】dāng ¶그는 교편을 쥐었다 | 他当了教师.

쥐새끼몡❶〔어린 쥐〕【鼠崽】shǔzǎi【小老鼠】xiǎolǎoshǔ ❷〔비유하여〕【鼠窃狗盗之辈】shǔqièɡǒudàozhībèi ¶~같은 놈｜鼠窃狗盗之辈/鼠辈.

ᄂ**쥐색**[－色]몡【深灰色】shēnhuīsè

쥐약[－藥]몡【老鼠药】lǎoshǔyào【杀鼠剂】shāshǔjì ¶~먹고 죽다｜吃老

鼠药死了.

쥐어뜯다동❶〔찢다〕【扯】chě【撕】sī ¶옷을 ~ | 扯衣服.❷〔가슴을 태우다〕【揪心扒肝】jiū xīn bā gān【揪心拉肝儿】jiū xīn lā gānr/jī·ū·zhe xīn xīr【揪心】jiū/xīn【绞痛】jiǎotòng ¶가슴을 쥐어 뜯는 울음소리 | 揪心的哭声.

쥐어박다동【殴打】ōudǎ【揍】zòu ¶동생을 ~ | 揍弟弟.

쥐어짜다동❶〔액체를〕【拧】níng ¶빨래를 ~ | 把衣服拧干.❷〔머리를〕【绞尽脑汁】jiǎo jìn nǎo zhī ¶아무리 머리를 쥐어짜도 뾰족한 수가 안 나온다 | 绞尽脑汁也想不出什么好办法.❸〔우유 등을〕【挤出来】jǐ·chū·lái

쥐여지내다동【受人摆布】shòurén bǎi·bu【百依百顺】bǎi yī bǎi xù ¶그는 아내에게 쥐여지내는 공처가입니다 | 他是个受老婆气的"气管炎".

쥐 죽은 듯하다관용【鸦雀无声】yā què wú shēng【鸦雀无闻】yā què wú wén【悄然无声】qiǎorán wú shēng ¶주위가 쥐죽은 듯하여 무섭다 | 四周鸦雀无声, 令人害怕hàipà.¶이렇게 쥐죽은 듯이 고요한 환경에서는 나는 도리어 책을 읽을 수가 없다 | 在这鸦雀无声的环境huánjìng里, 我反倒fǎndào看不下书了.¶교실이 쥐죽은 듯 조용하다 | 教室里鸦雀无声.

ᄇ**쥐치**몡〈魚貝〉【鳞鲀】líntún【圆斑鳞鲀】yuánbān líntún【丝鳍单角鲀】sīqí-dānjiǎotún

쥐포[－脯]몡【鳞鲀干】líntúngān

즈음의몡【时候】shíhòu【之际】zhījì【大约】dàyuē ¶막 떠나려할 ~ 빗방울이 떨어지기 시작했다 | 要走的时候掉起了雨点.¶출발에 ~하여 | 在出发之际.¶일을 끝낼 ~에 찾아왔다 | 活快赶完时, 找来了.

즈음하다동【在…时候】zài…shí·hou【在…之际】zài…zhījì【值比】zhícǐ【迎接】yíngjiē ¶공화국 창건 100주년에 즈음하여 | 值此共和国成立一百周年之际.¶5·1 노동절을 즈음하여 | 迎接五一节.

^**즉**[卽]뮈【即】jí【就是】jiùshì【也就是】yě jiù·shi ¶해방 후의 첫해, ~ 1950년에 우리 고향에 첫번째 중학을 설립

하였다 | 解放后的头一年，即一九五零年, 我们乡办bàn了第一所中学。

즉각[即刻] 閉【即刻】jíkè【即时】jíshí【马上】mǎ·shang【立刻】lìkè【立即】jí·jí ¶~ 을 발하다 | 即刻出发。¶우리는 ~ 일을 시작할 것이다 | 我们马上就动手。¶~ 결정을 해야 된다 | 须要xūyào立即决定。참고〔立时〕〔立地〕〔立时刻〕〔立时巴刻〕〔立马〕〔立就〕

즉결[即决] 閉하타【法】【立时裁决】lìshí cáijué【立即解决】lìjí jiějué ¶~ 재판 | 即决裁判。¶~ 처분 | 即决处分。

즉사[即死] 閉하자【当场死掉】dāngchǎng sǐdiào【当场毙命】dāngchǎng wándàn ¶교통사고로 ~하다 | 因交通事故当场当场死亡。

즉석[即席] 閉【即席】jíxí【当场】dāngchǎng【就场】jiùchǎng【就地】jiùdì【当众】dāngzhòng【即刻】jíkè ¶~ 연설 | 即席演说。¶~에서 당첨을 발표하다 | 当场开奖kāijiǎng。¶~ 요리 | 快餐。

즉시[即时] 閉【即时】jíshí【即刻】jíkè【立刻】lìkè【立时】lìshí【马上】mǎ·shang【当即】dāngjí【立即】jí·jí ¶~ 대답하다 | 即时回答。¶~ 동의를 표시하다 | 即时表示同意。¶~ 돌려드리겠습니다 | 当即奉还。¶~ 사람을 보내야 한다 | 要立即打发人去。¶그녀는 태도를 ~ 바꿨다 | 她登时改了态度。참고〔立地〕〔立时刻〕〔立时巴刻〕〔立马〕〔立就〕

즉위[即位] 閉하자【即位】jí·wèi【登极】dēngjí【登基】dēngjī ¶태자가 ~한 후, 곧바로 개혁이 진행되다 | 太子即位后, 马上进行改革gǎigé。

즉효[即效] 閉【即刻见效】jíkè jiànxiào【即效】jíxiào【即刻生效】jíkè shēngxiào【立竿见影】lìgānjiànyǐng ¶이 약은 두통에 ~이다 | 这药对头痛立竿见影。

즉흥[即兴] 閉【即兴】jíxìng ¶~ 곡 | 即兴曲。¶~시 | 即兴诗。¶그는 ~적으로 곡 하나를 작곡했다 | 他即兴谱pǔ了一支zhī曲。

즐겁다 혱【喜爱】huānxǐ【愉快】yúkuài【愉悦】yúyuè【欢欣】huānxīn【欢乐】

huānlè【快乐】kuàilè ¶즐겁게 설을 지내다 | 欢欢喜喜地过春节。¶매우 즐겁게 생활하다 | 生活得很愉快。¶즐거운 장면 | 欢乐的景象。

즐겨찾기[favorite] 閉〈電算〉【个人收藏夹】gèrén shōucángjiā【收藏夹】shōucángjiā

즐기다 동【爱好】àihào【喜爱】xǐ·ài【喜欢】xǐhuān【欢赏】huānshǎng【安享】ānxiǎng【嗜】shì【嗜好】shìhào ¶야구를 ~ | 喜爱打棒球。¶인생을 ~ | 安享人生。¶술을 즐기다가 버릇이 되었다 | 嗜酒成成瘾癖liǎo了。

즐비[櫛比] 閉하타【鳞次栉比】lín cì zhì bǐ【栉比鳞次】zhì bǐ lín cì ¶새로운 주택이 ~하게 늘어서다 | 新住宅栉比鳞次。

즙[汁] 閉【汁(儿,子)】zhī(r,·zi)【汁液】yèzhī【汁液】zhīyè【汁水】zhīshuǐ【泥】ní【膏】gāo ¶과일~ | 果汁(儿)。¶꽃대에서 흰 ~이 나오다 | 花梗gěng里流白汁儿。

증[症] 閉【症】zhèng【病症】bìngzhèng ¶현기~ | 眩晕症。¶불면~ | 失眠症。

—증[證] 回【证】zhèng ¶신분~ | 身份证。¶자격~ | 资格证。¶학생~ | 学生证。

증가[增加] 閉하자타【增加】zēngjiā【加高】jiāgāo【增多】zēngduō【增大】zēngdà ¶생산량이 해마다 ~하고 있다 | 产量在逐zhú年增加。¶인구가 ~했다 | 人口增多了。¶~량 | 增量。¶~율 | 增长率。

증감[增减] 閉하자타【增减】zēngjiǎn【增损】zēngsǔn【增减】zēngsǔn ¶체중이 ~하다 | 体重增减。¶농촌의 인구는 ~이 별로 없다 | 农村的人口增减没有大变化。

증강[增强] 閉하타【增强】zēngqiáng【加强】jiāqiáng【强化】qiánghuà ¶체육 운동을 발전시켜 국민의 체력을 ~시키다 | 发展体育运动, 增强国民体质tǐzhì。¶병력을 ~하다 | 增强兵力。

증거[證據] 閉【证据】zhèngjù【左证】zuǒzhèng【佐证】zuǒzhèng【凭据】píngjù【凭证】píngzhèng【对证】duì·zhèng ¶~를 수집하다 | 搜集sōují证据。¶~가 확실하다 | 证据确凿quèzǎo。¶이것은 유력한 ~이다 | 这是有力的左证。¶~가 부족하다 | 缺少quēshǎo凭据。

증거물[證據物] 图〈法〉【证据】zhèngjù【证物】zhèngwù ¶~을 제시하다 | 出示证物。

증권[證券] 图〈經〉【证券】zhèngquàn【股券】gǔquàn【股份】gǔfèn【股票】g-ǔpiào ¶~ 거래소 | 证券交易所。¶~ 시장 | 证券市场。¶~ 투자 | 证券投资。¶~ 회사 | 证券公司。

증기[蒸氣] 图【蒸气】zhēngqì ¶~소독 | 蒸汽消毒。¶~선 | 蒸汽船。¶~압 | 蒸汽压。

증대[增大] 图하자타【增大】zēngdà【增多】zēngduō【增加】zēngjiā ¶소득~ | 收入增加。¶수요가 ~하다 | 需要增加。¶최근 흉악한 범죄가 날로 ~하고 있다 | 最近恶性犯罪一天比一天增加。

증류[蒸溜] 图하타【蒸馏】zhēngliú ¶~기 | 蒸馏器。¶~수 | 蒸馏水。¶~주 | 蒸馏酒。

증명[證明] 图하타【印证】yìnzhèng【证明】zhèngmíng【证实】zhèngshí【作证】zuòzhèng ¶두 사람이 서로 ~하다 | 两个人互相印证。¶나의 신분을 내가 ~할 수 있다 | 他的身份我能证明。¶그의 추론은 사실에 의해 완전히 ~되었다 | 他的推断被事实完全证实了。¶사실이 ~해 준다 | 事实作证。

증명서[證明書] 图【证明】zhèngmíng【证书】zhèngshū【证件】zhèngjiàn【文凭】wénpíng【照】zhào【执照】zhízhào【凭照】píngzhào【凭证】píngzhèng【号照】hàozhào ¶~를 발급하다 | 发证明。¶재학 ~ | 在学证明书。¶생산지 ~ | 产地证明书。¶품질 ~ | 质量证明书。¶졸업 ~ | 毕业证书/毕业文凭。¶차량 운행 ~ | 车照。¶영업허가 ~ | 牌照。

증발[蒸發] 图하자타 ❶〈物〉(액체가) [蒸] zhēng【蒸发】zhēngfā ¶물이 모두 ~하여 말라버렸다 | 水都蒸发干了。¶~량 | 蒸发量。¶~열 | 蒸发潜热。¶~접시 | 蒸发皿 ❷(사람·물건이 없어짐) 【不见了】bújiàn·le

실종[失踪] zhēn ¶김선생이 갑자기 ~되었다 | 金先生突然不见了。

증보[增補] 图하타【增补】zēngbǔ ¶~판 | 增补本。¶인원이 최근 약간 ~되었다 | 人员最近略微增补了。¶그 책은 내용이 ~되었다 | 该书内容有所增补。

증산[增産] 图하자타【增产】zēng/chǎn ¶~과 절약 운동 | 增产和节约jiéyuē运动。¶양식을 ~하다 | 增产粮食liángshí。

증상[症狀] 图【病情】bìngqíng【症状】zhèngzhuàng ¶~이 심하다 | 病情严重。¶자각 ~ | 对病情的自我感觉。

증서[證書] 图【证书】zhèngshū【凭单】píngdān【字据】zì·jù【文凭】wénpíng【契约】qìyuē【单据】dānjù【单证】dānzhèng【证明书】zhèngmíngshū ¶물품 수령 ~ | 取货qǔhuò证书。¶차용 ~ | 借款字据。¶~를 써서, 각기 한 장씩 보존하다 | 写好字据, 各存一张。

증세[症勢] 图【症候】zhèng·hou【症状】zhèngzhuàng ¶많은 ~가 있다 | 有许多症候。¶초기 ~ | 早期症状。¶~를 드러냈다 | 出现了症状。

증손녀[曾孫女] 图【曾孙女】zēngsūnnǚ

증손자[曾孫子] 图【曾孙】zēngsūn

증수[增收] 图하자타【增收】zēngshōu【多收】duōshōu ¶쌀의 ~를 꾀하다 | 致力于增收大米。

증식[增殖] 图하자타 ❶(증가) 【增值】zēngzhí【增加】zēngjiā ¶가산을 ~하다 | 增值家产。¶~율 | 增值率。❷〈生〉(번식) 【繁殖】fánzhí【增生】zēngshēng ¶뼈를 구성하는 물질이 ~하다 | 骨质增生。

증언[證言] 图하타【证言】zhèngyán【证明】zhèngmíng ¶~거부 | 拒绝做证言。¶유리하게 ~하였다 | 做了有利的证言。

증여[贈與] 图하자타【赠与】zèngyǔ【赠予】zèngyǔ【赠送】zèngsòng【赠给】zèng·gei【捐助】juānzhù【捐赠】juānzèng ¶재물을 가난한 빈곤 지역을 ~ | 捐助贫困地区。¶~세 | 赠与税/捐赠税。¶~ 재산 | 捐赠财产。

증오[憎惡] 图하타【憎恨】zēnghèn【憎恶】zēngwù【嫌恶】xiánwù【恨】hè-

n ¶그런 인간을 ~한다 | 嫌恶他那种
人。¶사람들은 다 그를 ~한다 | 人
们都恨他。

증원[增員] 명하타 【增加人員】zēngjiā
rényuán【增员】zēngyuán ¶50명에서
100명으로 ~하다 | 由五十名增至一
百名。

ᴮ**증인**[證人] 명 【证人】zhèngrén 【证明
人】zhèngmíngrén 【见证人】jiànzhèng
rén 【见证人】jiànzhèngrén ¶~이 되다 |
作证人。¶~ 신문 | 讯问xùnwèn证
人。¶~ 출두 | 证人出庭。

증자[增資] 명하타 【增资】zēngzī ¶~
주식 | 增资股票。¶~하여 투자하다
| 增加投资。

증정[贈呈] 명하타 【赠送】zèngsòng
【赠呈】zèngchéng 【递交】dìjiāo ¶선
물을 ~하다 | 赠送礼品。¶~식
~하다 | 赠送著作。¶~식 | 赠送仪
式yíshì。

ᶜ**증조모**[曾祖母] 명 【曾祖母】zēngzǔm-
ǔ【太婆】tàipó ¶외~ | 外祖太婆。

ᶜ**증조부**[曾祖父] 명 【曾祖父】zēngzǔfù
【曾祖】zēngzǔ 참고 [曾大父] [曾父]
〔曾祖王父〕〔大王父〕

ᶜ**증진**[增進] 명하자타 【增进】zēngjìn
【增强】zēngqiáng 【加强】jiāqiáng 【加
强】jiāqiáng 【促进】cùjìn ¶건강을 ~
하다 | 增进健康。¶체육 운동을 발
전시켜 국민의 체력을 ~시키다 | 发
展体育运动,增强国民体质。

증축[增築] 명하타 【增建】zēngjiàn
【扩建】kuòjiàn ¶~된 건물 | 增建的
建筑。¶~ 공사 | 扩建工程。

증표[證票] 명 【证件】zhèngjiàn 【凭
单】píngdān 【信物】xìnwù ¶사랑의
~ | 爱的信物。

지[의] 의명 (表示"以后" "之后"等的意思)
【以后】yǐhòu 【之后】zhīhòu ¶헤어진
~ 1년이다 | 分手已有一年了。¶이
동네 사신 ~ 얼마나 되었어요? | 在
这个村子住了多长时间了? ¶햇빛을
본 ~가 오래다 | 已经好久没见阳光
了。

ᴬ**—지**[어미] ● (表示反意的连接形式叙述
格助词,含有"嘛"的意思)【嘛】·ma ¶
그게 사과~ 배냐? | 那是苹果嘛,哪
是梨子? ❷ (表示陈述,疑问,感叹,相
当于"啊""吧")【啊】·a 【吧】·ba ¶그

가 누구~? | 他是谁啊? ¶나랑 같이
가~ | 和我一起去吧。❸ (表示否定)
【不】bù ¶춥~ 않다 | 不冷。¶가~
못한다 | 去不了。

지가[地價] 명 【地价】dìjià 【地皮价】dì-
píjià 【土地价格】tǔdì jiàgé 【土地价
值】tǔdì jiàzhí ¶요 몇 년간 ~가 엄청
나게 올랐다 | 这几年地价猛涨。

ᴬ**지각**[遲刻] 명하자 【迟到】chídào ¶
아침에 ~했습니다! | 早上我迟到了!
¶~하면 3점 감점 | 迟到扣kòu三
分。

지각²[知覺] 명하타 ● (알아서 깨달
음)【知觉】zhījué 【感觉】gǎnjué ¶~
할 수 있다 | 可以感觉到。❷ (철)
【懂事】dǒng/shì 【理智】lǐzhì ¶그는
아직 ~이 없다 | 他还不懂事。¶~
이 없는 사람 | 缺乏理智的人。

지각³[地殼] 명 〈地〉 【地壳】dìqiào ¶
~운동 | 地壳运动。¶~변동 | 地壳
变动。

ᴬ**지갑**[紙匣] 명 【钱包】qiánbāo 【钱袋】
qiándài 【钱荷包】qiánhébāo 【腰包】y-
āobāo ¶~이 가볍다 | 钱包很轻。

지검[地檢] 명 【地方检察厅】dìfāng jiǎn-
cháting

ᴬ**지게**[背架] 명 【背架】bèijià 【背夹(子)】bèijiā
(·zi) 【背水架】bèishuǐjià ¶~꾼 | 背
架夫/脚夫。

ᴮ**지겹다**[형] 【漫长而令人厌倦】mànchán
g ér lìngrén yànjuàn 【心烦】xīnfán
¶날씨가 너무 더워서 지겹게 한다 |
天气热得叫人心烦。

ᴮ**지경**[地境] 명 ● (형편) 【境地】jìngdì
【地步】dìbù ¶무아의 ~에 도달하다
| 达到无我的境地。¶일이 이미 이
런 ~에 이르렀다 | 事情已经闹nào到
这种地步。¶어쩌나 흥분했는지 잠
을 못 이룰 ~이다 | 兴奋xīngfèn得不
能入睡。❷ (경계) 【地界】dìjiè 【界
线】jièxiàn

지고하다[至高—] 형 【至高无上】zhì-
gāowúshàng 【最高尚】zuìgāoshàng ¶
지고한 사랑 | 至爱。

ᴬ**지구**[地區] 명 【地区】dìqū 【地域】dìyù
¶~ 재개발 | 地区重新chóngxīn发
展。¶~ 조합 | 地区工会。¶~상업~
| 商业区。

지구²[地球] 명 【地球】dìqiú ¶~ 과학
| 地球科学。¶~ 위성 | 地球卫星。

¶~ 환경 | 地球环境。

지국[支局] 몡【分局】fēnjú【分社】fēn-shè【支社】zhīshè ¶~장 | 分局局长。¶신문사~ | 报社分社。

^C**지그시** 분 ❶ (누르거나 당기는 모양)【轻轻地】qīngqīng·de【悄悄地】qiāo-qiāo·de ¶발로 바닥을 ~ 밟다 | 用脚轻轻踏地。¶~ 눈을 감다 | 轻轻地闭上眼睛。❷ (참는 모양)【强忍】qiáng rěn【耐心地】nàixīn·de【忍耐下去】rěnnài·xià·qù ¶이가 아픈 것을 ~ 참다 | 我强忍牙痛。

지그재그[zigzag] 몡【之字形的】zhīzì-xíng·de【锯齿形的】jùchǐxíng·de【弯曲的】wānqū·de ¶~로 걷다 | 走"之"字形。

^C**지극**[至極] 몡하형【至极】zhìjí ¶~히 반동적이다 | 反动至极。

지글거리다 동 ❶ (찌개 따위가 끓는 모양)【吱喇喇】zhīlālā ❷ (애가 타는 모양)【焦躁】jiāozào

^A**지금**[只今] 몡【现在】xiànzài【而今】érjīn【目前】mùqián【眼前】yǎnqián【时下】shíxià【目下】mùxià【刻下】kèxià【当今】dāngjīn【眼下】yǎnxià ¶~ 몇 시입니까? | 现在几点钟? | ¶~ 우리 농촌에도 대학생이 있다 | 如今咱们农村也有了自己的大学生。¶~ 너는 이미 성인이 되었다 | 而今你已长大成人了。¶~의 정세 | 目前形势。¶~의 세상 | 当今的天下。¶~은 바로 추수로 아주 바쁜 계절이다 | 眼下正是秋收大忙季节jié。

지금껏 분【直到现在】zhídào xiànzài【到现在为止】dàoxiànzài wéizhǐ ¶~ 한번도 본 적이 없다 | 直到现在还没有见过。

지급[支給] 몡【支付】zhīfù【付出】fù-chū【发给】fāgěi ¶기간이 되어 임금을 ~하다 | 定期支付工钱。¶월급을 ~하다 | 付出工资。

^C**지긋지긋하다** 형【令人厌恶】lìng rén yàn wù【令人厌烦】lìng rén yàn fán【腻烦】nìfán ¶지긋지긋한 생활 | 令人厌恶的生活。¶생각만 해도 ~ | 一想起来就烦。¶비도 지긋지긋하게 온다 | 雨下得真烦。

지긋하다 형【年纪较大而稳重】niánjì jiàodà ér wěnzhòng【上岁数】shàngsu-

ìshù【上年纪】shàngniánjì ¶나이가 지긋한 신사 | 上了年纪的绅shēn士。

지기[志氣] 몡【志趣】zhìqù【气志】zhì-qì ¶애국의 ~ | 爱国之志。

지기[知己] 몡【知己】zhījǐ【知交】zhījiāo【知心】zhīxīn ¶선비는 ~를 위해서 죽는다 | 士为知己而死。¶술이란 ~를 만나면 천 잔도 모자라는 것이다 | 酒逢知己千杯少。

-지기³ 접【看···人】kān···rén ¶문~ | 看门人。¶산~ | 看山人。

^B**지껄이다** 동【饶舌】náoshé【多言】duō-yán【喋喋不休】diédié bùxiū ¶하루 종일 | 整天喋喋不休。

지끈 분하자【咔嚓】kāchā【喀吧】kābā【咔吧】kābā ¶몽둥이가 ~ 두 동강이 나다 | 喀吧一声，棍gùn子撅juē成两截jié。

지끈지끈 분하자 ❶ (부서지는 소리)【咔嚓咔嚓】kāchākāchā【噼里啪啦】pī·lìpālā【劈里啪啦】pīlǐpālā ❷ (두통)【嗡嗡】wēngwēng

^A**지나가다** 동【经过】jīngguò【通过】tō-ng/guò【过去】guòqù【过】guò【掠过】lüèguò【穿过】chuānguò【路过】lù-guò【走过去】zǒu·guò·qù ¶길이 너무 좁아 자동차가 지나갈 수 없다 | 路太窄zhǎi, 汽车通不过。¶문 앞으로 막 차 한 대가 지나갔다 | 门口刚draw一辆汽车。¶골목을 지나가면 바로 큰길이다 | 穿过巷子就是大街。

^A**지나다** 동 ❶ (경과하다)【过】guò【过去】guò/·qù【逾】yú【经过】jīngguò ¶두 시간이 지났다 | 过了两个钟头了。¶기한을 ~ | 逾期。¶30분 지나 끝난다 | 经过三十分钟就结束了。❷ (통과·경유하다)【经由】jīngyóu【路过】lùguò ¶그들은 홍콩을 지나서 대만에 가다 | 他们经由香港到台湾。¶이곳을 지나~ | 过这里。

지나오다 동 ❶ (거쳐서 오다)【经过】jī-ngguò【通过】tōng/guò【过来】guò·ái【走过】zǒuguò ¶벌써 그 집을 지나온 것 같다 | 好像已经过了那所房子。❷ (겪다)【经历】jīnglì ¶갖은 풍랑을 지나왔다 | 经历风风雨雨。

지나치다 동 ❶ (정도를 넘다)【超过】chāoguò【超越】chāoyuè【过头】guòt-

过坐guòzuò 【过当】guòdàng **过度**guòdù 【过分】guò/fèn 【过甚】guòshèn 【过逾】guòyú 음주가 지나치면 건강에 해가 된다 | 饮酒过度对身体有害。❶지나치게 걱정하다 | 过分焦虑jiāolǜ。남을 지나치게 핍박하다 | 逼人过甚。¶말이 ~ | 言之过甚。❷ (방임하다) 【放过去】fàngguò·qù 【不注意】búzhùyì 【撒手不管】sāshǒu bùguǎn ¶이 문제를 무심히 지나쳐버려서는 안된다 | 这个问题不能不加注意地放过去。❸ (지나가다) 【闪过】shǎnguò ¶정류장을 ~ | 闪过汽车站。

^지난날 **명** 【过去】guòqù 【往日】wǎngrì 【宿昔】sùxī 【昔日】xīrì 【昔时】xīshí 【昔者】xīzhě 【平昔】píngxī ¶~의 감회 | 往日的情怀。¶오늘의 한국은 이미 ~의 한국이 아니다 | 今天的韩国已不是昔日的韩国。

지난달 **명** 【上月】shàngyuè 【上个月】shàng·geyuè ¶~에 그를 한 번 만났다 | 上个月见了他一次。

^지난번 **명** 【上一次】shàngyīcì ¶~에 받은 편지 | 上一次收到的信。¶이건 ~에 부산에서 산 것이다 | 这是上次在釜山买的。

^지내다 **동** ❶ (살아 나가다) 【过日子】guò rì·zi 【过】guò 【度日】dùrì 【生活】shēnghuó ¶행복하게 ~ | 幸福xìngfú地过日子。¶그럭저럭 ~ | 过得去。¶학생들과 함께 지낸다 | 跟学生生活在一起。❷ (교제하다) 【相处】xiāngchǔ ¶그녀는 이웃과 아주 잘 지낸다 | 她很会跟邻居línjū相处。¶그들은 함께 아주 잘 지낸다 | 他们相处得很好。❸ (어떤 지위 등을 누리다) 【当】dāng ¶그는 장관을 지낸 사람이다 | 他是当过部长的人。❹ (치르다) 【举行】jǔxíng 【过】guò ¶제사를 ~ | 举行祭祀。¶생일을 ~ | 过生日。

^지네 **명** 〈蟲〉 【蜈蚣】wú·gōng ¶~ 몸에는 독이 있다 | 蜈蚣身上有毒。

^지느러미 **명** 〈動〉 【鳍】qí ¶가슴 ~ | 胸xiōng鳍。¶꼬리 ~ | 尾wěi鳍。

지능 [知能] **명** 【智能】zhìnéng 【智力】zhìlì ¶~을 기르다 | 培养智能。¶~이 저하되다 | 智力低下。¶~검사

智能检查/智力测验。¶~지수 | 智能指数。

^지니다 **동** ❶ (몸에 지니다) 【带】dài 【藏】cáng ¶나는 돈을 지니고 있지 않다 | 我没有带钱。❷ (어떤 상태나 현상을 가지다) 【有】yǒu 【具有】jùyǒu 【负】fù 【负有】fùyǒu ¶이런 경향을 지니고 있다 | 有这种倾向。¶명망을 ~ | 负有名望。❸ (오랫동안 지니고 있다) 【素怀盛名】。❹ (간직하다) 【铭记】míngjì ¶마음속에 ~ | 铭记在心。¶가슴속에 원한을 ~ | 怀恨在心。

^지다¹ **동** ❶ (패배하다) 【输】shū 【败】bài ¶내가 졌다 | 我输了。¶그들이 한 골을 졌다 | 他们输了一个球。¶적군이 졌다 | 敌dí军败了。❷ (굴복하다) 【无能为力】wúnéngwéilì 【服】fú ¶부모가 자식의 고집에 ~ | 父母对子女的固执无能为力。

^지다² **동** ❶ (꽃·잎 등이) 【凋谢】diāoxiè 【枯萎】kūwěi 【谢】xiè ¶꽃이 ~ | 花凋谢了。¶낙엽이 ~ | 落叶落下来。❷ (이슬이) 【消失】xiāoshī 【消散】xiāosàn 【蒸发】zhēngfā ¶이슬이 졌다 | 露水消失了。❸ (얼룩이) 【擦掉】cādiào 【洗掉】xǐ/diào ¶얼룩들이 모두 졌다 | 斑点都擦掉了。¶아무리 씻어도 잘 지지 않는다 | 怎么也洗不掉。❹ (해·달이) 【落】luò 【落山】luò/shān 【平西】píngxī ¶해가 졌다 | 太阳落了。

^지다³ **동** ❶ (물건을 등에) 【背】bēi 【负】fù 【驮】tuó ¶물건을 (등에) ~ | 背东西。¶이 당나귀는 양식 두 자루를 졌다 | 这头小驴驮了两袋粮食。❷ (책임·의무 등을) 【担负】dānfù 【背】bēi 【负】fù ¶이 책임은 내가 질 수 있다 | 这个责任zérèn我还背得起。¶책임을 ~ | 负责任。❸ (신세를) 【添】tiān 【带】dài ¶그에게 신세를 많이 졌다 | 给他添了不少麻烦。

^지다⁴ **동** 【产生】chǎnshēng 【形成】xíngchéng 【出现】chūxiàn ¶그늘이 ~ | 形成绿荫。¶눈가에 주름이 ~ | 眼角有了皱纹。

지당하다 [至当-] **형** 【至当】zhìdàng 【十分妥当】shífēn tuǒdàng 【非常对】fēichángduì 【非常正确】fēichángzhèngquè ¶지당한 처사 | 妥当的处事。 ¶~한 말씀이십니다 | 说得非常正确。

^c**지대**[地帯] 〖圓〗【地帯】dìdài【地区】dìqū ¶위험~ | 危险wēixiǎn地带。¶공장~ | 工厂区。

지대하다[至大－]〖혱〗【最大】zuìdà【莫大】mòdà ¶지대한 공로 | 最大的功绩。¶지대한 관심을 표명하다 | 表现出莫大的关心。

^A**지도**¹[地圖] 〖圓〗【地图】dìtú ¶~첩 | 地图集。¶~투영법 | 地图投影法。

^c**지도**²[指導] 〖圓〗하타 ❶ (가르치다)【指导】zhǐdǎo ¶~ 방침 | 指导方针。¶~ 교수 | 指导教授。¶교사가 지금 학생에게 실험하는 것을 ~하고 있다 | 教师正在指导学生做实验shíyàn。❷ (이끌다)【领导】lǐngdǎo ¶네가 가서 이 반을 좀 ~해라 | 你去领导领导这个班吧。¶~ 방침 | 领导方针。¶~적 역할 | 领导作用。

^B**지독하다**[至毒－] 〖혱〗【至毒】zhìdú【狠毒】hěndú【特別厉害】tèbié lìhài ¶이번 감기는 ~ | 这次感冒特别厉害。

^c**지동설**[地動說] 〖圓〗【天】【地动说】dìdòngshuō

지랄 ❶〖醫〗【羊痫疯】yángxiánfēng【癫病】diānbìng【癫狂】diānkuáng ❷ (미친 짓)【胡作妄为】húzuòwàngwéi【逞凶发狂】chěngxiōng fākuáng【撒기】sāxī ¶적들이 무슨 ~을 할지 모르니 마음을 굳게 먹어야 한다 | 不知敌人怎样胡作妄为, 要坚定jiāndìng决心。

^c**지략**[智略] 〖圓〗【智谋】zhìmóu【谋略】móulüè ¶사람이 많으면 ~도 좋은 법이다 | 人多智谋高。¶이 사람은 자못 ~이 있다 | 此人颇有谋略。

^B**지렁이** 〖動〗【蚯蚓】qiūyǐn【地龙】dìlóng 〖참고〗【歌女】gēnǚ〖龙蟠gméi〗〖鸣砌míngqì〗〖曲芮qūruì〗〖蚰蟮qūshàn〗〖蛐蟮tán〗

지렁이도 밟으면 꿈틀거린다 〖관용〗【小鸡临死还要蹬蹬腿】xiǎojī línsǐ hái yào dēngdēngtuǐ【割断脖子的鸡, 还要扑棱一阵子】gēduàn bó·zi de jī, hái yào pūléng yízhèn·zi 【狼死不闭眼, 蛇死还挡路】láng sǐ bùbìyǎn, shé sǐ hái dǎnglù【蛇死要摆尾, 虎死跳三跳】

shé sǐ yào bǎiwěi, hǔ sǐ tiào sāntiào

^B**지레**¹ 〖吴〗【事先】shìxiān【事前】shìqián【预先】yùxiān ¶~ 겁먹다 | 事先害怕hàipà。

지레² 〖圓〗【撬棍】qiàogùn【杠杆】gànggǎn ¶~질 | 用撬棍撬。¶~로 들어 올리다 | 用杠杆撬起来。

지레짐작 【事先猜】shìxiāncāi【事先猜测】shìxiān cāicè【事先揣测】shìxiān chuāicè ¶나는 ~했다 | 我事先猜测到了。

지렛대 〖圓〗【杠杆】gànggǎn【撬棍】qiàogùn【撬棒】qiàobàng【撬杆】qiàogǎn【撬杠】qiàogàng

지력[知力; 智力] 〖圓〗【智力】zhìlì ¶그의 ~이 좋다 | 他的智力不错。¶~이 저하되다 | 智力低下。¶~이 남보다 아주 월등하다 | 智力超群。

지령[指令] 〖圓〗하타 【指令】zhǐlìng【批示】pīshì【指示】zhǐshì【命令】mìnglìng ¶상급 부서의 ~ | 上级的指令。¶~을 내리다 | 下指令。

지로[giro] 〖圓〗【直接转帐】zhíjiēzhuǎnzhàng ¶~제도 | 直接转帐制度。

지론[持論] 〖圓〗【一贯的主张】yíguàn·de zhǔzhāng【坚持的理论】jiānchí·de lǐlùn ¶~을 펴다 | 发表一贯主张。¶여성도 일을 해야 한다는 것이 나의 ~이다 | 妇女也应该就业是我一贯的主张。

^B**지뢰**[地雷] 〖圓〗【军】【地雷】dìléi ¶~를 설치하다 | 布直地雷。¶~를 터뜨렸다 | 炸地雷了。 〖참고〗【铁西瓜】

^B**지루하다** 〖혱〗❶ (따분하다)【厌烦】yànfán【厌闷】yànmèn【不耐烦】búnàifán【无聊】wúliáo【絮烦】xù·fan ¶그녀는 좀 한가하기만 하면, 지루를 느낀다 | 她一闲下来, 便感到无聊。¶지루한 일상 | 无聊的日常生活。❷ (길고 무료하다)【冗长】rǒngcháng ¶지루한 강연 | 冗长的讲话。¶지루한 이야기 | 冗长的故事。

^A**지르다**¹ 〖图〗 (叫)jiào【叫喊】jiàohǎn【喊叫】hǎnjiào ¶큰소리를 ~ | 高声叫。¶자기도 모르는 사이에 소리를 ~ | 不由自主地叫。

^B**지르다**² 〖图〗❶ (치다)【捅】tǒng ¶옆구리를 ~ | 捅腰yāo眼儿。❷ (차다)【猛踢】měngtī ¶힘껏 ~ | 用力猛

861

踢。❸ (넣다)【插】chā ¶두 손을 호
주머니에 ~ | 把双shuāng手插在口
袋dài里。❹ (꽂다)【扦】qiān【安上】
ān·shàng【插】문빗장을 ~ | 扦门。❺
(지름길로 가다)【抄近】chāojìn ¶가
까운 길로 질러 가다 | 抄近路走。❻
(냄새가 심하다)【扑】pū ¶향기가 코
를 ~ | 香气扑鼻bí。❼ (불을 내다)
【放火】fànghuǒ ¶불을 ~ | 放火。

ᴮ지름²〈數〉【径直】jìngzhí

ᶜ지름길【近路】jìnlù【抄道(儿)】chāo-
dào(r)【捷径】jiéjìng【便道(儿)】biàn-
dào(r)【便路】biànlù ¶~로 가다 |
走近路/走便道。¶성공의 ~ | 成功
的捷径。

ᴮ지리【地利】dìlì ¶시간적, ~
적 우세、天时地利。¶홈팀이 어퍼
이팀에 승리한 것은 ~적 우세의 요인
도 작용한 것이다 | 主队战胜客队, 地
利因素也起了作用。

지리멸렬【支離滅裂】【支离破
碎】zhī lí pò suì【分崩离析】fēn bēng lí
xī ¶사건의 처리가 ~하다 | 事件处
理得支离破碎。

－지만 [어미] (连结词尾, 表示转折) ¶
봄이 ~ 아직은 춥다 | 虽然是春天, 可
是还冷。

지망【志望】명하타【志愿】zhìyuàn ¶
국문과를 ~하여 응시하다 | 志愿报
了国文专业。¶교사를 ~하다 | 志愿
当老师。

ᶜ지면¹【地面】명【地面】dìmiàn ¶~보
다 다섯 자 높다 | 高出地面五尺。

지면²【紙面】명❶ (종이 위) 【纸面】zhǐ-
miàn ❷ (신문의) 【篇幅】piānfú【编
幅】biānfú【版面】bǎnmiàn ¶~이 제
한되어 있으므로 글을 좀 짧게 써 주시
기 바랍니다 | 篇幅有限, 希望文章写
得短些。

지명¹【地名】명【地名】dìmíng ¶~은
무엇인가? | 地名叫什么? ¶~ 사전
| 地名辞典cídiǎn。

지명²【知名】명【知名】zhīmíng ¶~ 인
사 | 知名人士。

ᴮ지명³【指名】명하타【指名(儿)】zhǐ/mí-
ng(r)【指名道姓】zhǐ míng dào xìng
¶그를 ~하여 비판했다 | 指名批评
了他。¶~ 수배 | 指名通揖。¶~
타자 | 指名打手。

지명도【指名度】명【知名度】zhīmíngd-
ù ¶그는 ~가 매우 높은 사람이다 |
他是个知名度很高的人。

지목【指目】명하타【指定】zhǐdìng【指
名】zhīmíng ¶그를 대회 발언자로 ~
하다 | 指定他做大会发言人。¶~를
받다 | 被指名。

지문【指紋】명【指纹】zhǐwén【指印
儿】zhǐyìn【斗箕】dǒujī【螺纹】luówén
【手指模】shǒuzhǐmó【手印】shǒuyìn
¶~을 확인하다 | 确认指纹。¶~을
찍다 | 摁手印。

지반【地盤】명❶〈建〉【地基】dìjī【地
盘】dìpán ¶~을 닦다 | 打地基。¶
~침하 | 地面沉下。❷ (지면)【地
面】dìmiàn【地盘】dìpán ¶~이 고르
지 않다 | 地面不平。❸ (기초·토대)
【基础】jīchǔ【地盘】dìpán ¶이곳이
그의 ~이다 | 这儿是他的地盘。¶활
동~ | 活动地盘。

ᴬ지방¹【地方】명【地区】dìqū ¶ (지역)【地区】dìqū ¶
~간의 가격차 | 地区差价chājià。
❷ (수도에 대비한)【地方】dìfāng ¶
~색 | 地方色彩。¶~ 정부 | 地方政
府。¶~특산물 | 土特产品。

지방²【脂肪】명【脂肪】zhīfáng ¶동물
~ | 动物dòngwù脂肪。¶식
물 ~ | 植物zhíwù脂肪。¶~ 세포 |
脂肪细胞。¶~ 조직 | 脂肪组织。
¶~ 간 | 脂肪肝。

지방³【紙榜】명【纸牌位】zhǐpáiwèi
【纸位牌】zhǐwèipái【纸神主】zhǐshé-
nzhǔ【纸神位】zhǐshénwèi

지방시【Givenchy】명〈商標〉【纪凡希】
Jìfánxī

ᴮ지배【支配】명하타 ❶ (통치)【统治】tǒ-
ngzhì ¶이 금융 재단이 금융계를 ~
하고 있다 | 这个金融jīnróng财团cái-
tuán统治着金融róng界。¶~ 계급 |
统治阶级。❷ (관리)【支配】zhīpèi
¶생각은 행동을 ~한다 | 思想支配
行动。❸ (주재)【主宰】zhǔzǎi ¶인
간의 운명은 하늘이 ~하는 것이다 |
人的命运mìngyùn是由上天主宰的。

ᶜ지배인【支配人】명【经理】jīnglǐ【帐房】
zhāngfáng【厂长】chǎngzhǎng【高级
管理人员】gāojí guǎnlǐ rényuán ¶총
~ | 总zǒng经理。¶부~ | 副经理。
¶~ 대리 | 代理经理

지병[持病] 명【痼疾】gùjí【頑症】wánzhèng【老毛病】lǎomáobìng ¶~으로 고생하다 | 因老毛病而遭罪。

지부[支部] 명【支部】zhībù ¶~ 위원회 | 支部委员会/支委会。¶~ 대회 | 支部大会。

지분[持分] 명〈法〉【份儿】fènr【分担额】fēndān'é【持有股份】chíyǒu gǔfèn

지불[支拂] 명하타【支付(出)】fùchū【开支】kāizhī【拨付】bōfù【总付】zǒngfù【支拨】zhībō【缴纳】jiǎonà【交款】jiāo/kuǎn【拨交】bōjiāo【付款】fù/kuǎn【出钱】chūqián【兑付】duìfù【兑给】duì·gei ¶비용을 ~하다 | 支付费用。¶기간이 되어 임금을 ~하다 | 定期支付工钱qián。¶~ 기일 | 付款日期。

A**지붕**[房顶]fángdǐng【屋顶】wūdǐng【楼顶】lóudǐng ¶박공 ~ | 双坡屋顶。¶~물매 | 屋顶斜面。

지비[GB] 명【電算】【国标】guóbiāo【国家标准】guójiābiāozhǔn ¶~코드 | 国际标码。

지비 코드[GB code] 명【電算】【国标码】guóbiāomǎ

B**지사**[支社] 명【分社】fēnshè【分公司】fēngōngsī【分支机构】fēnzhījīgòu【分号】fēnhào ¶미국 ~ | 美国分社。

지사[志士] 명【志士】zhìshì【有志之士】yǒu zhì zhī shì ¶우국 ~ | 忧国志士。

C**지사제**[止瀉劑] 명【止泻剂】zhǐxièjì【止泻药】zhǐxièyào

지상[至上] 명【至上】zhìshàng【无上】wúshàng【至高无上】zhì gāo wú shàng ¶~의 권력 | 至上的权力。¶~과제 | 至高无上的任务。

C**지상**[地上] 명【地上】dìshàng【地面】dìmiàn ¶~ 부대 | 地面部队。¶~ 식물 | 地上植物。¶~군 | 地面军/地上军。

C**지새우다**동【熬夜】áoyè【通宵】tōngxiāo【通宵达旦】tōng xiāo dá dàn ¶그는 밤을 꼬박 지새우고 나서야 글을 써낼 수 있었다 | 他熬áo了一夜，才把文章写出来。¶그들은 밤을 지새우며 노래를 부르고 술을 마셨다 | 他们通宵达旦地唱歌喝酒了。

지서[支署] 명【分署】fēnshǔ【支署】zhīshǔ ¶~에서 근무하다 | 在分署工作。

지성[知性] 명【智力】zhìlì【智性】zhìxìng ¶~인 | 知识分子/文墨人儿。¶그 사람에게 ~이 있는지 의심스럽다 | 他有没有智性值得怀疑。

지성[至誠] 명형【至诚】zhìchéng【真诚】zhēnchéng【热诚】rèchéng【诚挚】chéngzhì ¶~에서 우러나다 | 出于至诚。

지속[持續] 명하자타【持续】chíxù【继续】jìxù ¶그 의안은 삼일 동안 토론이 ~되었다 | 那个议案持续讨论了三天。¶~적 불균형 | 持续性不平衡pínghéng。¶긴장상태가 ~되다 | 持续紧张状态。

지수[指数] 명【指数】zhǐshù ¶물가 ~ | 物价指数。¶~ 분포 | 指数分布。¶~ 함수 | 指数函数。

지시[指示] 명하타【指示】zhǐshì【调配】diàopèi ¶이것은 총장의 ~이다 | 这是校长的指示。¶고분고분 ~대로 움직이다 | 服服贴贴fú·tiē地听从调配。

지식[知識] 명【知识】zhī·shi【智识】zhìshí【文化】wénhuà ¶과학 ~ | 科学知识。¶~집약형 산업 | 知识密集mì-jí型产业。¶~ 계급 | 知识分子。¶~층 | 知识分子阶层。¶~ 산업을 개발하다 | 开发知识产业。

지아비[外斗人]wàitóurén【(我的)男人】(wǒ·de)nánrén ¶~를 섬기다 | 侍候丈夫。

지양[止揚] 명하타【扬弃】yángqì【止扬】zhǐyáng

지어내다동 ❶ (만들어내다)【做出来】zuòchūlái【造出来】zàochūlái ❷ (꾸며내다)【编】biān【编造】biānzào【捏造】niēzào ¶거짓말을 ~ | 编出谎huǎng言/捏造谎言。¶그는 늘 거짓말을 지어낸다 | 他常常编造一些谎话。¶고대인들이 지어낸 신화 | 古代人编造的神话。¶이것이 그가 지어낸 거짓말이다 | 这是他捏造出来的假话。(참고)〔编排〕〔演派〕

A**지역**[地域] 명【地域】dìyù【地区】dìqū【地段】dìduàn ¶~ 개발 | 地域开发。¶~ 간의 가격차 | 地区差价。

¶~ 특별 수당 | 地区津贴dìqū jīntiē。¶ ~ 개발 정책 | 地区开发政策。¶~ 사회 | 地域社会。¶이 ~은 높은 건물 짓는 것이 금지되어 있다 | 这一地段禁止建高楼。

지연¹[遲延] 몡하자타 【推迟】tuīchí 【迁延】qiānyán 【拖延】tuōyán 【迟延】chíyán 【延迟】yánchí 【延搁】yángē ¶회답을 ~시키다 | 推迟回答。¶이 일은 잠시도 ~할 수 없으니 더 이상 시간을 ~해서는 안된다 | 这事刻不容缓huǎn, 不能再拖延了。¶제 때에 세금을 내야지 ~해서는 안된다 | 要按时纳税nàshuì 不得dé迟延。¶아프면 빨리 와서 치료를 받아야지 자꾸 ~해서는 안된다 | 有病早来治, 不要拖延时间。¶~작전 | 拖延战术。 참고〔延误yánwù〕〔拖迟〕〔拖宕〕〔推延〕

지연²[地缘] 몡 【地缘】dìyuán ¶~단체 | 地缘团体。¶~이나 학연을 따지다 | 讲究地缘, 学缘。

지열¹[止熱] 몡하자타 【止热】zhǐrè 【退热】tuìrè 【退烧】tuìshāo ¶~제 | 退烧剂zì。¶~작용 | 退烧作用。

지열²[地熱] 몡 〈地〉 ❶ 【地热】dìrè 【地下热】dìxiàrè ¶~학 | 地热学。¶~전력 | 地热电力。¶~ 능원 /地热能 | 地热能原/地热能。¶~ 발전 | 地热发电。❷ 【地面发热】dìmiàn fārè

지엽[枝葉] 몡 ❶ 〈가지와 잎〉 【枝叶】zhīyè ❷ 〈중요하지 않은 일〉 【枝节】zhījié 【小节】xiǎojié ¶~적인 문제 | 枝节问题。¶~적인 문제는 후에 다시 해결합시다 | 枝节问题以后再解决。¶~적인 일에 얽매이지 않다 | 不拘泥xiǎo小节。

ᶜ**지옥**[地獄] 몡 ❶ 〈宗〉 【地狱】dìyù ¶~에 떨어지다 | 下地狱。¶생 ~ | 活地狱。❷ 〈고통〉 【人间地狱】rénjiāndìyù ¶입시 ~ | 入学考试就像人间地狱。

ᴬ**지우개** 몡 ❶ 〈칠판용〉 【擦子】cā·zi ❷ 〈연필용〉 【橡皮】xiàngpí

ᶜ**지우다** 통 ❶ 〈생각 등을 없애다〉 【消除】xiāochú 【打消】dǎxiāo ❷ 〈감정을 ~ | 消除感情gǎnqíng。¶그녀는 학교 다닐 생각을 지워버렸다 | 她打消了念书的念头。❷ 〈문질러 없애버리다〉 【勾】gōu 【抹掉】mǒdiào 【勾除】gō-

uchú 【勾去】gōuqù 【擦掉】cādiào 【抹】mǒ 【勾销】gōuxiāo ¶이름을 지웠다 | 把名字勾销了。¶이 부분은 매우 중요한 부분이므로 지울 수 없다 | 这部分很重要所以不能抹掉。 참고〔勾消〕〔勾掉〕〔钩销〕〔钩消〕〔取销〕

ᶜ**지원**¹[支援;support] 몡하타 【支援】zhīyuán 【支持】zhīchí 【扶持】fúchí ¶이 물자를 수해지구 사람들에게 ~해 주다 | 把这批物资支援给灾区人民。¶아프리카 주민을 ~하다 | 支援非洲人民。¶~ 정책 | 扶持政策。

지원²[志願] 몡하타 【志愿】zhìyuàn ¶~입대 | 志愿入伍。¶대학입학을 ~하다 | 志愿上大学。

ᴮ**지위**[地位] 몡 【地位】dìwèi 【立场】lìchǎng ¶국제적 ~ | 国际地位。¶~가 매우 높다 | 地位很高。¶중요한 ~를 차지하다 | 占据重要地位。

지유아이¹[GUI;graphic user interface] 몡 〈电算〉 【图形用户接口】túxíng yònghù jiēkǒu

지유아이²[GUI;graphical user interface] 몡 〈电算〉 【图形用户界面】túxíng yònghù jièmiàn

ᴮ**지은이**[作者] 몡 【作者】zuòzhě 【著者】zhùzhě ¶이 책의 ~는 누구입니까? | 这本书的作者是谁?

지인[知人] 몡 【知人】zhīrén 【熟人】shúrén ¶~이 많다 | 熟人很多。

지자체[地自制] 몡 【地方自治制度】dìfāng zìzhì zhìdù

ᴮ**지장**¹[支障] 몡 【障碍】zhàng'ài 【妨碍】fáng'ài 【阻碍】zǔ'ài ¶사업에 적지 않은 ~을 주다 | 给工作造成zàochéng了不少障碍。¶아무런 ~도 없다 | 没有任何妨碍。

지장²[指章] 몡 【手印】shǒuyìn ¶~을 찍다 | 盖gài手印。

ᶜ**지저귀다** 통 ❶ 〈새가〉 【鸣啼】míngtí 【啁】shào 【叫】jiào 【嘤哨】yīngshào 【吱吱喳喳】zhīzhīchāchā 【喊喊喳喳】qiqichāchā 【唧唧啾啾】jījijiūjiū 【鸣啭】míngzhuàn ¶이 새의 지저귀는 소리는 매우 듣기 좋다 | 这鸟叫得很好听。❷ 〈비유〉【胡乱说】húluànshu- 【乱弹琴】luàn tánqín

ᴮ**지저분하다** 혱 【杂乱】záluàn 【乱七八糟】luàn qī bā zāo 【乱七杂八】luàn qī

zā bā 【难看】nánkàn 【丑恶】chǒu'è ¶서랍 속에 있는 물건들이 매우 ~ | 抽屉chōutì里的东西很杂乱。¶방이 ~ | 房间乱七八糟。

ᶜ**지적**¹[指摘] 명하타 ❶ (가리키다)【指出】zhǐchū 【指点】zhǐdiǎn ¶결점을 ~하다 | 指出缺点。¶그는 나에게 논문의 결점을 ~해 주었다 | 他给我指点论文的缺点。❷(지적하여 비판하다)【指摘】zhǐzhāi ¶늘 남·이나 하지 마라 | 别老是指摘别人。

지적²[地積] 명【地积】dìjī 【土地面积】tǔdìmiànjī

지적³[地籍] 명【地籍】dìjí ¶~대장 | 地籍簿/地籍册。¶~도 | 地籍图。

지적⁴[知的] 관【智力】zhìlì·de 【智力】zhìlì 【知识】zhìshí ¶~ 노동자 | 智力工作者。¶~ 능력 | 智能。¶~소유권 | 著作权。

지적 재산권[知的財産權;intellectual property] 명【知识产权】zhī·shichǎnquán

지점¹[支店] 명【支店】zhīdiàn 【分店】fēndiàn 【分公司】fēngōngsī ¶~을 개설하다 | 开设支店。¶해외~ | 海外分店。

ᴮ**지점**²[地點] 명【地点】dìdiǎn ¶출발~ | 出发地点。¶이 ~에서 저 ~까지 | 从这个地点到那个地点。

ᶜ**지정**[指定] 명하타【指定】zhǐdìng ¶~한 지점에 집합하다 | 到指定地点集合。¶상부에서 그를 반장으로 ~했다 | 领导指定他当班长。

지조[志操] 명【节操】jiécāo 【气节】qìjié 【志气】zhì·qì ¶~가 굳다 | 气节坚定。¶자신의 ~를 지키다 | 保持bǎochí自己的节操。

지족[知足] 명하지【知足】zhīzú ¶~할줄 알면 욕을 당하지 않는다 | 知足不辱rǔ。

지존[至尊] 명【至尊】zhìzūn 【最尊贵】zuìzūnguì ¶~한 존재 | 最尊贵的存在。

지주¹[支柱] 명【支柱】zhīzhù 【台柱子】táizhù·zi ¶정신적인 ~ | 精神支柱。¶그는 한 집안의 ~이다 | 他是一家人的台柱子。

지주²[地主] 명【地主】dìzhǔ ¶~ 계급 | 地主阶级。

지중해[地中海] 명〈地〉【地中海】Dìzhōnghǎi ¶~성 기후 | 地中海性气候。¶~식 농업 | 地中海式农业。

ᴮ**지지**¹[支持] 명하타【支持】zhīchí 【拥护】yōnghù 【赞许】zànxǔ ¶대중의 ~를 받다 | 得到群众的支持。¶그들은 나를 아주 ~한다 | 他们对我很支持。¶우리는 이 결정을 ~한다 | 我们拥护这个决定juédìng。

ᴮ**지지다**² 동 ❶ (끓이다)【熬】āo ¶명태를 ~ | 熬明太鱼。❷ (굽다)【煎】jiān ¶생선을 ~ | 煎鱼。¶두부를 ~ | 煎豆腐。❸ (불에 달군 물건으로)【烙】lào 【烫】tàng ¶머리를 ~ | 烫头发tóufa。

ᶜ**지지배배** 부【嘲啾】zhāojiū 【叽叽】jījī 【呢喃】nínán 【吡吡】bìbì ¶봄바람이 불어오니 제비가 ~ 우짖는다 | 春风吹来, 燕子呢喃。

지지리 부【非常】fēicháng 【简直】jiǎnzhí 【真】zhēn ¶그는 그림을 ~도 못 그렸다 | 他画得非常不好。¶~ 고생만 하다가 죽는다 | 真给穷死了。

ᶜ**지직하다** 형【稍稀】shāoxī 【微软】wēiruǎn 【稍湿润】shāoshīrùn ¶반죽이 좀 ~ | 面和得非常软。

ᴮ**지진**[地震] 명【地震】dìzhèn ¶~ 탐사법 | 地震探测法。¶~ 관측 | 地震观测guāncè。¶~에 의한 해일 | 地震海啸hǎixiāo。¶~계 | 地震表/地震计。¶~파 | 地震波。

지질[地質] 명 ❶【地质】dìzhì ¶~학자 | 地质学家。¶~ 구조 | 地质构造。¶~조사 | 地质调查。❷【土质】tǔzhì

지참[持參] 명하타【携带】xiédài ¶~금 | 出嫁时带来的财产/妆奁钱。¶주문하신 책을 ~했다 | 带上了订购的书。

지척[咫尺] 명【咫尺】zhǐchǐ ¶~지간 | 咫尺之间。¶~을 분간할 수 없다 | 咫尺难辨。

지척거리다 동【无力地走】wúlìdìzǒu 【拖着腿走】tuō·zhetuǐzǒu 【蠕动着身子走】rúdòng·zhe shēn·zi zǒu ¶힘없이 ~ | 无力地走。

지척지척 부하타【无力地一拖一拖地走】wúlì·de yìtuōyìtuō·de zǒu 【深一脚浅一脚地】shēn yìjiǎo qiǎn yìjiǎo·

de【疲疲塌塌】pí·pitātā【疲拉拉地】p-ílālā·de

지천【至賤】〔명〕〔하형〕❶ (매우 천하다)【极为下贱】jíwéixiàjiàn ❷ (풍부하다)【多得是】duō·de shì【有的是】yǒu·de shì【随处可见】suíchùkějiàn ¶꽃들이 ~으로 피어 있다 | 花随处可见。

ᶜ**지체**【遲滯】〔명〕〔하자〕【拖延】tuōyán【迟延】chíyán【耽搁】dān·ge【耽误】dān·wu ¶일분도 ~할 수 없다 | 一分钟也不能迟延。¶올해까지 (시간을) ~시켜 왔다 | 一直耽误到今年。〔참고〕〔担阁〕〔担阁〕〔耽阁gé〕

ᶜ**지축**【地軸】〔명〕〈地〉【地轴】dìzhóu

ᴮ**지출**【支出】〔명〕【支出】zhīchū【支付】zhīfù【开支】kāizhī【支拔】zhībá【花费】huāfèi【花钱】huā/qián ¶수입과 ~ | 收入和支出。¶비생산적인 ~을 극력 줄이다 | 尽量控制非生产性的支出。¶써서는 안 될 돈은 절대로 ~하지 않는다 | 不该用的钱，坚决不开支。¶~을 줄이다 | 减少开支。

지층【地層】〔명〕〈地〉【地层】dìcéng ¶~수 | 地层水。¶~학 | 地层学。

ᴮ**지치다**¹〔동〕❶ (피로하다)【累】lèi【累乏】lèifá【劳累】láoléi【疲劳】píláo【疲乏】pífá【疲顿】pídùn【疲意】píbèi【疲乏】pífá【疲顿】pídùn【精疲力尽】jīng pí lì jìn【筋疲力尽】jīn pí lì jìn【心力交瘁】xīn lì jiāo cuì ¶지치지 않니? | 你不累吗？¶그는 온 종일 뛰어 다니느라 지쳤다 | 他跑了一天，实在累乏了。¶심신이 ~ | 身心疲劳。¶상대를 지치게 만들다 | 把对方弄得疲惫意。❷ (물리다)【厌倦】yànjuàn

지치다²〔동〕❶ (滑)【滑】huá【溜】liū ¶얼음을 ~ | 滑冰bīng/溜冰。

지침【指針】〔명〕【指针】zhǐzhēn【指南针】zhǐnánzhēn ¶입시는 | 入学考试指南。¶교육의 ~ | 教育方针。〔참고〕〔定向针〕〔罗盘〕〔向盘〕

지칭【指稱】〔명〕〔하타〕【指称】zhǐchēng ¶하와이는 태평양의 낙원으로 ~된다 | 夏威夷被指称为太平洋的乐园。

ᴬ**지키다**〔동〕❶ (살피다)【守卫】shǒuwèi【坚守】jiānshǒu【保卫】bǎowèi【捍卫】hànwèi【扼守】èshǒu【守备】shǒubèi ¶병사들이 진지를 굳게 ~ | 战

土坚守阵地。¶조국을 지키는 것은 군인의 의무이다 | 保卫祖国是军人的义务yìwù。¶조국을 ~ | 捍卫祖国zǔguó。❷ (준수하다)【守】shǒu【遵守】zūnshǒu【信용을 ~ | 遵守信용。¶교통 규칙을 ~ | 遵守交通规则。¶모두들 시간을 아주 잘 지킨다 | 大家都很遵守时间。❸ (유지하다)【保持】bǎochí ¶침묵을 ~ | 保持沉默。

지탄【指彈】〔명〕〔하타〕【谴责】qiǎnzé【指控】zhǐkòng【指斥】zhǐchì ¶격분하며 파시즘을 ~하다 | 愤怒地fènnùdì谴责了法西斯主义fǎxīsīzhǔyì。¶세계 여론의 강력한 ~을 받다 | 遭到zāodào世界舆论yúlùn的强烈qiánglì谴责。¶이런 염치 없는 행동을 ~하다 | 指控这种无耻wúchǐ行经。〔참고〕〔指摘〕〔斥责〕

ᴮ**지탱**【支撐】〔명〕〔하자타〕【支撑】zhī·cheng ¶천정은 기둥으로 ~한다 | 房顶靠柱子支撑。¶이렇게 센 압력을 ~ | 能支撑这么重的压力。

ᴮ**지팡이**【杖】【手杖】shǒuzhàng【拐杖】guǎizhàng【拐棍(儿子)】guǎigùn(r·zi)【拐棒(儿)】guǎibàng(r)【棍(儿子)】gùn(r·zi) ¶~를 짚고 가다 | 扶杖而行。¶~를 짚다 | 拄zhǔ手杖。¶나무 ~ | 木棍。

ᴮ**지퍼**[zipper]〔명〕❶【拉链】lāliàn ❷ (상표명)【珀珀】qípō

ᴮ**지폐**【紙幣】〔명〕〈經〉【纸币】zhǐbì【钞票】chāopiào ¶한 뭉치의 ~ | 一沓dá钞票。¶~ 발행권 | 纸币发行权。¶~유통 | 钞票流通。

ᶜ**지표**【指標】〔명〕【指标】zhǐbiāo【指数】zhǐshù ¶교육의 ~ | 教育指标。¶경기~ | 景气指标。

지푸라기〔명〕【芥草】jiècǎo【草刺儿】cǎolár【稻草屑】dàocǎoxiè

지프[jeep]〔명〕❶【吉普车】jípǔchē【吉普杉】jípǔkā【越野车】yuèyěchē ❷〈商標〉【吉普】jípǔ

ᶜ**지피다**〔동〕【生火】shēng/huǒ【烧火】shāo/huǒ ¶불을 지펴 밥을 짓다 | 生火煮zhǔ饭。¶불을 지펴서 따뜻하게 하다 | 生火取暖qǔnuǎn。〔참고〕〔弄火〕〔点火〕〔笼火〕〔升火〕〔作火〕

ᴮ**지하**【地下】〔명〕【地下】dìxià ¶~수 | 地下水。¶~ 배수 | 地下排水。¶~

경제 | 地下经济。 ¶ ~ 공작 | 地下工作。 ¶ ~상가 | 地下商场。 ¶ ~ 자원 | 地下资源。 ¶ ~ 조직 | 地下组织。

ᄃ**지하도**[地下道] 몡【地道】dìdào

ᄇ**지하실**[地下室] 몡【地下室】dìxiàshì 【地窖(子)】dìjiào(·zi) 참고〔地窖yìn子〕〔窟kū窖〕

지하철[地下鐵] 몡 ❶ (지하)【地下铁】dìxiàtiě 【地铁】dìtiě ❷ (지상)【轻轨】qīngguǐ

지행[遲行] 몡【滞后】zhìhòu【拖后】tuōhòu【后行】hòuxíng ¶ ~ 지수 | 滞后指数。 ¶ ~ 곡선 | 拖后曲线。 ¶ ~ 지표 | 拖后指标。

지향¹[指向] 몡하타【意向】yìxiàng【目的所向】mùdìsuǒxiàng ¶ ~없이 가다 | 无目的地走。

지향²[志向] 몡하자타【向往】xiàngwǎng【志向】zhì·xiang ¶ ~성 | 志向。 ¶ 복지 국가를 ~ 하다 | 向往福利国家。

지혈[止血] 몡하자타〈醫〉【止血】zhǐ·xiě ¶ ~ 조치 | 止血措施cuòshī。 ¶ ~제 | 止血剂。

ᄃ**지형**[地形] 몡〈地〉【地形】dìxíng ¶ ~이 복잡하다 | 地形复杂。 ¶ ~ 측량 | 地形测量。 ¶ ~학 | 地形学。

ᄇ**지혜**[智慧] 몡【智慧】zhìhuì ¶군중의 ~는 무궁하다 | 群众的智慧是无穷wúqióng的。

ᄇ**지혜롭다**[智慧-] 혱【聪明】cōng·ming 【聪慧】cōnghuì【智】zhì ¶어릴 적부터 매우 ~ | 自小就很聪明。 ¶남들보다 훨씬 ~ | 聪明过人。 ¶난관에 부딪칠 때마다 그들은 더욱 지혜로와진다 | 吃一堑, 长一智。

ᄃ**지화자**[감]【哎嗨】āihāi【哎唷】āiyo

지휘[指揮] 몡하타【指挥】zhǐhuī ¶ ~대 | 指挥台。 ¶이 부대는 그가 ~ 한다 | 这支部队由他指挥。 ¶ ~봉 | 指挥棒bàng。 ¶ ~ 통수권 | 指挥统帅权。

ᄃ**지휘자**[指揮者] 몡【指挥者】zhǐhuīzhě 【指挥】zhǐhuī ¶그는 공사 총~이다 | 他是工程总指挥。 ¶허선생님이 악단의 ~이시다 | 许老师是乐队指挥。

직[職] 몡【职业】zhíyè【职务】zhí·wù【职责】zhízé ¶무슨 ~에서 일하시요? | 您的职业是什么?

직각[直角] 몡〈數〉【直角】zhíjiǎo ¶ ~자 | 直角尺。 ¶ ~ 삼각형 | 直角三角形。 ¶ ~ 프리즘 | 直角棱镜。

직감[直感] 몡하타【直感】zhígǎn【直觉】zhíjué【直接的感受】zhí·jiē·de gǎnshòu ¶내 ~이 빗나갔다 | 我的直觉错了。 ¶내 ~이 틀림없다 | 我的直觉没错。

직거래[直去來] 몡하자타【直接交易】zhíjiē jiāoyì【直接贸易】zhíjiē màoyì【当场买卖】dāngchǎng mǎimài ¶ ~ 시장 | 直接交易市场。

직결[直結] 몡하타【直接连结】zhíjiē liánjié【直结】zhíjié【直接耦合】zhíjiēǒuhé ¶생사에 ~되는 문제 | 与生死直接相关的问题。 ¶시민들에게 ~되어 있다 | 与市民有直接关系。

직경[直徑] 몡〈數〉【直径】zhíjìng

직계[直系] 몡【直系】zhíxì【嫡系】díxì【嫡派】dípài【嫡流】díliú【嫡系】díxì ¶ ~가족 | 直系亲(属)。 ¶ ~존속 | 直系尊属。 ¶ ~족 | 嫡族 | 直系家族。

직공[職工] 몡【工人】gōngrén【职工】zhígōng【劳工】láogōng ¶ ~모집 | 招工。

직관[直觀] 몡하타【直观】zhíguān ¶ ~상 | 直观上。 ¶ ~ 교수에 필요한 교육 자료 | 直观教具。

직권[職權] 몡【职权】zhíquán【职务权限】zhí·wù quánxiàn ¶ ~을 남용하다 | 滥làn用职权。 ¶공장장의 ~을 행사하다 | 行使厂长职权。 ¶이것은 내 ~ 범위 안에 있는 일이다 | 这是我职权范围之内的事。

직급[職級] 몡【级别】jíbié ¶ ~이 높으면 급료도 많다 | 级别高, 工资多。

직능[職能] 몡【职能】zhínéng ¶ ~ 분화 | 职能划分。 ¶ ~ 조직 | 职能组织。 ¶ ~ 대표제 | 职能代表制。

ᄃ**직렬**[直列] 몡〈物〉【串联】chuànlián【串连】chuànlián

직렬 포트[直列port; serial port] 몡〈電算〉【串口】chuànkǒu【串行口】chuànháng kǒu

직매[直賣] 몡하타【直接出售】zhíjiē chūshòu【直接销售】zhíjiē xiāoshòu ¶농산물을 산지에서 ~하다 | 在产地直接出售农产品。

직면[直面] 몡하자【面对】miànduì【面

临**miànlín【面向】miànxiàng【濒】bī**n ¶위기에 ~하다 | 面临危机wēijī。 ¶이런 일에 ~하면 어떻게 하지? | 面对这种事情该怎么办?¶지금의 우리 문화는 가장 큰 위기에 ~해 있다 | 我们文化目前面临重大的危机。

직명[職名] 명 【职称】zhíchēng【职别】zhíbié ¶그녀의 ~은 부교수이다 | 她的职称是副教授。

직무[職務] 명 【职】zhí【职务】zhí·wù ¶~를 다하다 | 尽职。¶~를 이행하다 | 履行职务。¶~가 잡다하니 많다 | 职务繁多。¶~ 권한 | 职务权限。¶~ 수당 | 职务工资。¶~ 평가 | 工种评价。

ᶜ**직물**[織物] 명 【纺织品】fǎngzhīpǐn【织物】zhīwù ¶~ 공장 | 纺织品工厂。¶~을 위탁 판매하다 | 经销fāngxiāo织物。

직분[職分] 명 【职守】zhíshǒu【职分】zhífèn【本分】běnfèn【职责】zhízé ¶자신의 ~에 충실하다 | 忠于自己的职守。¶교사의 ~을 다하다 | 尽教师的本分。

직사[直射] 명하자타 ❶ (광선의) 【直射】zhíshè ¶~광 | 直射光。¶~광선을 피해주세요 | 请避开光线直射。❷ (총포의) 【直接发射】zhíjiē fāshè ¶~포 | 直射炮/防坦克炮。

직사각형[直四角形] 명 【矩形】jǔxíng【长方形】chángfāngxíng 【直四角形】zhísìjiǎobiānxíng

ᶜ**직선**[直線] 명 【直线】zhíxiàn ¶~은 두 점 사이에서 가장 짧은 선이다 | 直线是两点之间最短的线。¶어휘량이 ~을 그으며 급격히 상승하다 | 捕息cǎobùyú量直线上升。¶~ 거리 | 直线距离。¶~ 운동 | 直线运动。

직성이 풀리다 관용 【事办如意】shì·qíng bàn·derúyì【心里舒服】xīn·li shū·fu【心里踏实】xīn·li tā·shi

직속[直屬] 명하자 【直属】zhíshǔ【隶属】lìshǔ ¶이 기구는 건설부에 ~되어 있다 | 这个机构是直属建设部的。¶~ 기관 | 直属机关。

직수입[直輸入] 명 【直接进口】zhíjiē jìnkǒu【直接轮入】zhíjiē lúnrù【直接输入】zhíjiē shūrù ¶~상 | 直接进口商。¶~품 | 直接进口商品。

직수출[直輸出] 명 【直接出口】zhíjiē chūkǒu【直接轮出】zhíjiē lúnrù ¶~액 | 直接出口额。¶~품 | 直接出口商品。

직시[直視] 명하타 【凝视】níngshì【直视】zhíshì ¶인생을 ~하다 | 凝视人生。¶현실을 ~하다 | 正视现实。

직언[直言] 명하타 【直言】zhíyán【直言无隐】zhí yán wú yǐn ¶~하여 질책하다 | 直言指责。

ᴬ**직업**[職業] 명 【职业】zhíyè【职事】zhíshì【行业】hángyè ¶~을 찾다 | 寻找xúnzhǎo职业。¶내 ~은 초등학교 교사이다 | 我的职业是小学教师。¶그에게 무언가 ~을 찾아 주자 | 给他找zhǎo个什么行业做做吧。

직역[直譯] 명하타 【直译】zhíyì ¶~을 사용하는 방식 | 用直译的方式。¶~과 의역 | 直译和意译。

직영[直營] 명하타 【直接经营】zhíjiē jīngyíng【自营施工】zìyíng shīgōng ¶~ 공사 | 自营工程。¶~ 제도 | 自营制度。

ᴮ**직원**[職員] 명 【职员】zhíyuán【工作人员】gōngzuò rényuán【服务人员】fúwùrényuán【公务人员】gōngwùrényuán ¶회사 ~ | 公司职员。¶동료 ~ | 同事。¶~ 신용보증 | 员工信用保证。

직위[職位] 명 【职位】zhí·wèi ¶김씨는 나보다 ~가 높다 | 老金比我职位高。

직인[職印] 명 【横式印章】héngshì yìnzhāng ¶학교장~ | 校长印章。

직임[職任] 명 【职掌】zhízhǎng【职司】zhísī【职责】zhízé ¶~이 무겁다 | 职责很繁重。

ᴮ**직장**[職場] 명 ❶【工作岗位】gōngzuò gǎngwèi【工作单位】gōngzuò dānwèi ¶~을 구하다 | 找工作单位。¶~ 소음 | 工作区噪音。¶~폐쇄 | 关闭厂房。❷【车间】chējiān ¶~ 설계 | 车间布局。

ᴮ**직전**[直前] 명 【就要…的时候】jiùyào…deshí·hou【即将】(即将)…之前】(jíjiāng)…zhīqián【前夕】qiánxī ¶그가 오기 ~에 | 在他到来之前。¶출발~ | 出发之前。

ᴮ**직접**[直接] 명 ❶ (중간에 어떤 매개 따

위를 두지 않고】【直接】zhíjiē【亲自】q-īnzì【亲手】qīnshǒu ¶나는 그와 ~적인 관계가 없다 | 我与他没有直接的关系。¶~ 가서 조사해 보고난 후에야 ~적인 느낌이 있었다 | 亲自调查后才有了直接的感受。❷ (부사적으로 쓰여)【直接】zhíjiē【亲自】qīnzì【亲手】qīnshǒu ¶무슨 일이 있으면 ~ 그를 찾아봐라 | 有什么事你可直接去找他。¶~ 손을 대다 | 亲自动手dòngshǒu。

직종[職種] 명【工种】gōngzhǒng【职别】zhíbié ¶~ 수당 | 岗位津贴。¶대란히 ~을 바꾸고 싶어하다 | 很想换个工种。

ᶜ**직진**[直進] 명하자【直进】zhíjìn【直前】zhíqián【一直前进】yìzhí qiánjìn ¶~신호 | 前进信号。

직책[職責] 명【职责】zhízé【职务】zhí·wù ¶마땅히 다 해야 할 ~ | 应尽的职责。¶~ 책임제 | 岗位责任制。

ᶜ**직통**[直通] 명하자 ❶ (바로 감)【直通】zhítōng【直达】zhídá ¶이 길은 북경으로 ~한다 | 这条路直通北京。¶상해까지 ~하는 차가 있다 | 有直达上海的车。¶~ 노선 | 直达路线。¶~ 운송 | 直达运송。¶~ 항구 | 直达港。❷ (효과 등이 바로 나타남)【立时生效】lìshí shēngxiào【立即见效】lìjí jiànxiào ❸ (막힘이 없이 바로 통함)【直通】zhítōng【直拨】zhíbō ¶~ 전화 | 直拨电话/直通电话。

직할[直轄] 명하타【直辖】zhíxiá ¶~ 기구 | 直辖机构。

직함[職銜] 명【官衔】guān·xián【职衔】zhíxián ¶그의 아버지의 최고은 장관이었다 | 他父亲的最高官衔是部长。¶~을 평가 심사하다 | 评审职衔。

ᴮ**직행**[直行] 명하자【直达】zhídá ¶~ 열차 | 直达列车。¶목적지까지 ~하다 | 直达目的地。

ᴮ**직후**[直後] 명【刚…之后】gāng…zhī·òu【…之后不久】…zhīhòu bùjiǔ ¶해방~ | 解放以后。

진¹[津] 명【油液】yóuyè【粘儿】niánr【胶】jiāo ¶대추나무 | 枣zǎo粘儿。¶복숭아 나무의 ~ | 桃胶。¶과실~ | 果胶。

진²[陣] 명【军】【阵】zhèn【阵势】zhènshì ¶대가가 산골짜기에 ~을 치고 있다 | 大队正在山谷里摆阵。¶~을 치다 | 摆阵势。

진³[jean] 명【牛仔裤】niúzǎikù【紧身裤】jǐnshēnkù

진가[眞價] 명【真正价格】zhēnzhèng jiàgé【真值】zhēnzhí【真实价值】zhēnshí jiàzhí ¶~를 발휘하다 | 发挥真实价值。¶作品의 ~ | 作品的真实价值。

진갑[進甲] 명【七十寿辰】qīshí shòuchén【进甲日】jìnjiǎrì ¶환갑 ~ 다 지난 노인 | 过了七十寿辰的老人。

ᶜ**진격**[進擊] 명하자【进攻】jìngōng【进军】jìnjūn ¶~명령 | 进攻命令。¶적진으로 ~하다 | 向敌人阵地进攻。

ᶜ**진공**[眞空] 명〈物〉【真空】zhēnkōng ¶~ 처리 | 真空处理。¶우리는 ~ 속에서 사는 것이 아니다 | 我们不是生活在真空里。¶~관 | 真空管。¶~ 청소기 | 真空吸尘器。¶~ 포장 | 真空包装。

진국[眞-] 명 ❶ (참되어 거짓이 없는 사람)【真实】zhēnshí【正直】zhèngzhí【真的】zhēn·de【老实】lǎo·shi ¶그는 ~이다 | 他真是个老实人。❷ (물을 타지 않은 진한 국물)【原汤】yuántāng【原汁】yuánzhī ¶정말 ~이다 | 真是原汁。

진군[進軍] 명하자【进军】jìnjūn ¶동북쪽으로 ~하다 | 向东北进军。¶~명령 | 进军令。

ᶜ**진귀**[珍貴] 명하형【珍贵】zhēnguì ¶~한 물건 | 珍贵的东西。

진급[進級] 명하자【升级】shēngjí【升班】shēngbān【晋级】jìnjí【晋升】jìnshēng ¶~이 좀 늦다 | 晋升慢一点儿。¶소령으로 ~하다 | 晋升为少校。

진노[震怒] 명하자【震怒】zhènnù【大怒】dànù ¶그가 ~하여 책상을 치다 | 他大怒之下拍桌子。¶그는 듣자마자 ~했다 | 他一听就大怒。

ᴮ**진눈깨비** 명【雨雪】yǔxuě【雨夹雪】yǔjiāxuě ¶~가 오다 | 雨雪交加。

ᴮ**진단**[診斷] 명하타【诊病】zhěn/bìng【诊断】zhěnduàn ¶그의 병에 대해서 아주 정확하게 ~을 내렸다 | 对他的病诊断得很准确。¶의사는 그가 암

에 걸렸다고 ~했다 | 医生诊断他得了癌症。¶~을 내리다 | 作出诊断。

^A**진달래** 圐〈植〉【金达莱】jīndálái 【杜鹃】dùjuān 【杜鹃花】dùjuānhuā 【映山红】yìngshānhóng 【红踯躅】hóngzhízhú 【山踯躅】shānzhízhú 【迎红杜鹃】yínghóngdùjuān 【金达菜】jīndácài

^B**진달래꽃** 圐 ☞ 진달래

진담 圐〈真谈〉zhēntán 【实话】shíhuà 【真言】zhēnyán ¶농담을 ~으로 듣다 | 把玩笑当真。¶너 그 말이 ~이니? | 你说的是真的吗?

진도 圐〈进度〉【进度】jìndù 【进程】jìnchéng ¶~ 계획 | 进度计划。¶공사의 ~가 빨라졌다 | 工程进度加快了。

^C**진동** 圐하자〈震动〉【震】zhèn 【震动】zhèndòng 【震荡】zhèndàng 【震颤】zhènchàn 【震撼】zhènhàn ¶~으로 유리가 부서지다 | 把玻璃震碎了。¶대포의 굉음이 해협 양안을 ~시켰다 | 大炮的轰鸣hōngmíng震荡着海峡两岸。

진동 圐하자〈物〉【振动】zhèndòng 【振荡】zhèndàng 【摇动】yáo/dòng ¶~ 주파수 | 振动频率pínlǜ。¶~면 | 振动面。¶~ 스펙트럼 | 振动谱。¶~수 | 振荡电路。¶~수 | 振动频率/频率。

진두 圐〈阵头〉【前头】qián·tou 【前列】qiánliè 【阵前】zhènqián 【第一线】dìyīxiàn ¶~지휘 | 阵前指挥。

진득하다 휑❶(점성이 강하다)【粘】nián 【韧】rèn ¶이 풀은 진득하지 않다 | 这 糨糊 jiànghú 不粘。❷(비유)【稳重】wěnzhòng 【稳庄】wěnzhuāng 【持重】chízhòng ¶그는 사람됨이 진득하고 일처리가 노련하다 | 他为人稳重, 办事老练。

^C**진딧물** 圐〈虫〉【蚜】yá 【蚜虫】yáchóng

진땀 圐〈急汗〉jíhàn 【冷汗】lěnghàn 【大汗】dàhàn 【躁汗】zàohàn 【粘汗】niánhàn ¶초조해서 ~을 흘리다 | 出急汗。¶~이 나다 | 出冷汗。¶온몸에 ~을 흘렀다 | 出了一身冷汗。

진력 圐하자〈尽力〉【尽/力】jìn/lì ¶이 일은 내가 이미 ~을 다하였다 | 此事我已经尽力了。¶~하여 돕다 | 尽力帮助bāngzhù。

^C**진로**〈进路〉【前进道路】qiánjìn dàolù【前途】qiántú ¶~선택 | 前进道路的选择。¶졸업 후의 ~ | 毕业后的前途。

^A**진료** 圐〈诊疗〉【诊疗】zhěnliáo 【诊治】zhěnzhì ¶~소 | 诊疗所。

^B**진리** 圐〈真理〉【真理】zhēnlǐ ¶~의 기준 | 真理的标准。¶~를 탐구하다 | 探索真理。

진맥 圐〈诊脉〉하타 【诊脉】zhěn/mài 【号脉】hào/mài ¶~을 보다 | 号脉。

진면목 圐〈真面目〉【真面貌】zhēnmiànmào 【真面目】zhēnmiànmù 【本色】běnsè 【真相】zhēnxiāng 【基本精神】jīběnjīngshén ¶그의 ~이 드러났다 | 他的真面目暴露出来了。¶한국 축구의 ~을 유감없이 발휘하다 | 充分发挥出韩国足球的本色。

진배없다 휑【等于】děngyú 【一样】yíyàng 【没有什么两样】méiyǒu shén·me liǎngyàng ¶글자를 모르면 눈뜬 장님과 ~ | 不识字就等于睁眼zhēngyǎn瞎子xiā·zi。¶죽은 거나 ~ | 跟死了没有什么两样。

진범 圐〈真犯〉【真犯】zhēnfàn 【真正犯人】zhēnzhèngfànrén ¶~이 잡히다 | 真正的犯人被抓住了。

^C**진보** 圐하자〈进步〉【进步】jìnbù 【前进】qiánjìn ¶~가 빠르다 | 进步快。¶~당 | 进步党派。

진보적 〈进步的〉관圐【进步】jìnbù 【先进】xiānjìn ¶~ 인사 | 进步人士。¶~ 사상 | 进步的思想。¶이런 실험 방법은 아주 ~이다 | 这种实验shíyàn方法非常先进。

진본 圐〈真本〉【原本】yuánběn ¶~을 잘 보관하라 | 原本保管好。

진부하다 [陈腐—] 휑 【陈腐】chénfǔ 【陈旧】chénjiù ¶진부한 말 | 陈腐之言。¶진부한 관념을 비판했다 | 批判pīpàn了陈腐的观guān念。¶이러한 생각은 매우 진부한 것이다 | 这种想法是很陈腐的。

^C**진분홍** 圐〈色〉【深粉红】shēnfěnhóng

^B**진사** 圐〈辰砂〉〈地〉【辰砂】chénshā 【朱砂】zhūshā

진상 圐〈真相〉【真相】zhēnxiāng 【实际情况】shíjì qíngkuàng 【真面目】zhēnmiànmù 【底细】dǐ·xi ¶~을 파악하다 | 了解真相。¶~이 확연히 드러

나다 | 真相大白。¶~은 아직 폭로
되지 않았다 | 真面目还没有暴pù
露。¶그들은 이 일의 ~을 잘 모른다
| 他们不了解这件事的底细。(참고)
〔底里〕〔底层深处〕〔真里深处〕

진솔하다[眞率─]〔휑〕【坦率】tǎnshuài
¶진솔한 대화를 나누다 | 进行坦率
的对话。

^B**진수**[眞髓]〔명〕【精髓】jīngsuǐ【精华】jī-
nghuá【真髓】zhēnsuǐ ¶이는 헤겔 철
학의 ~이다 | 这是黑格尔hēigēr哲
学的精髓。¶~를 취하고 찌꺼기를
버리다 | 取其精华, 去其糟粕zāopò。

진수성찬[珍羞盛饌]【山珍海味】sh-
ān zhēn hǎi wèi ¶그는 매일 ~을 먹
는다 | 他天天吃山珍海味。

진술[陈述]〔명〕〔하다〕❶ (자세히 말함)
【陈述】chénshù【申述】shēnshù【申
陈】shēnchén【申说】shēnshuō【铺
陈】pūchén ¶자기의 견해를 ~하다
| 陈述自己的见解。¶서면으로 ~ | 书
面陈述。¶구두로 ~ | 口头陈述。¶이
유를 자세하게 ~하다 | 申明理由。
❷〔法〕【口供】kǒugòng【口词】kǒucí
【供词】gòngcí ¶~을 강요하다 | 逼
口供。

^B**진실**[眞實]〔명〕〔하다〕【真实】zhēnshí【实
情】shíqíng【真相】zhēnxiàng【实心】
shíxīn【实意】shíyì【实话】shíhuà ¶
~된 이야기 실화 | 真实的故事。¶
~이 드러나지 않다 | 不露真相。¶
당신은 ~한 사람이다 | 你是个实心
的好人。

^B**진실로**[부]【真实】zhēnshí【真心】zhēnx-
īn【真正】zhēnzhèng【真的】zhēn·de
【确实】quèshí【的确】díquè ¶~로 뉘우
치다 | 真心悔改。¶~ 하는 말 | 真
心话。¶그는 이미 ~ 잘못을 깨달았
다 | 他已真正认识了错误。

^B**진심**[眞心]〔명〕【真心】zhēnxīn【衷心】
zhōngxīn【实心】shíxīn【诚心诚意】
chéngxīn chéngyì【实心实意】shíxīn
shíyì【诚挚】chéngzhì ¶~으로 뉘우
치다 | 真心悔改。¶그녀가 너한테는
오로지 ~뿐이야 | 她对你是一片真
心。¶~으로 감사하다 | 表示衷心的
感谢。¶~으로 감사하는 마음을 표
시하다 | 表示诚挚的谢意。

진압[鎭壓]〔명〕〔하다〕【镇压】zhènyā【平

息】píngxī ¶반란을 ~하다 | 镇压叛
乱。¶폭동은 아주 빨리 ~되었다 |
暴乱很快就被镇压下去了。

진앙[震央]〔명〕〈地〉【震央】zhènyāng
¶~거리 | 震央距离。

진열[陳列]〔명〕〔하다〕【陈列】chénliè【铺
展】pūzhǎn【铺陈】pūchén【展览】zhǎ-
nlǎn【陈设】chénshè ¶새로 들어온
상품을 ~하였다 | 陈列了新到的货hu-
ò物。¶~ 대 | 陈列柜guì/橱窗。¶
방에 번쩍번쩍하는 가구가 ~되어 있
다 | 屋里陈设着油光闪闪的家具。

^B**진영**[陣營]〔명〕❶【阵营】zhènyíng ❷
〈軍〉【阵地】zhèndì

진용[陣容]〔명〕【阵容】zhènróng ¶부대
의 ~이 반듯하고 위엄이 있다 | 部队
阵容整齐而威严wēiyán。¶이 운동
팀의 ~이 강대하다 | 这个球队qiúduì
的阵容很强。

진원[震源]〔명〕〈地〉【震源】zhènyuán
¶~은 서울에 있지 않다 | 震源不在
汉城hànchéng。

진위[眞僞]〔명〕【真伪】zhēnwěi【真假】
zhēnjiǎ ¶~를 구별하기 어렵다 | 真
假难辨。¶~를 분별해내지 못하다
| 看不出真假来。¶~를 확인하다 |
确认真假。

진의[眞意]〔명〕【真正意思】zhēnzhèng
yì·si【真实意图】zhēnshíyìtú ¶그가
말한 ~를 알았다 | 懂得了他讲的真
正意思。¶~를 밝히시오 | 说明真实
意图。

진입[進入]〔명〕〔하다〕〈軍〉【冲进】chōngj-
ìn【开进】kāijìn【进入】jìnrù【投入】tó-
urù ¶홍군이 서북에 ~하다 | 红军进
入西北。¶새로운 전투에 ~되다 |
投入到新的战斗。

^c**진작**¹[振作]〔명〕〔하다〕〔타〕【振作】zhènzuò
【振奋】zhènfèn【振兴】zhènxīng【振
起】zhènqǐ ¶사기가 ~되다 | 士气振
奋。¶사람을 ~시키다 | 振奋人心。

진작²〔부〕【早】zǎo【及早】jízǎo【趁早】
chènzǎo【早该】zǎogāi ¶왜 ~ 말하
지 않았니? | 为什么不早点儿说呢?

^c**진저리**〔명〕【冷噤】lěngjìn【寒噤】hánjìn
¶~치다 | 打冷噤。¶~ 쳤다 | 打了
一个寒噤。(참고)〔寒悸jì〕〔寒栗lì〕〔寒
战〕〔寒颤chàn〕〔冷战(儿)〕

진전[進展]〔명〕〔하다〕【进展】jìnzhǎn ¶

~이 무척이나 빠르다 | 进展神速。 ¶~이 있다 | 有进展。¶사업에 ~을 보다 | 工作有进展。

진절머리 몡【冷噤】lěngjìn【寒噤】hánjìn【反胃】fǎnwèi ¶나다 | 反胃。 이제 약에는 ~가 난다 | 现在一看到药就反胃。

ᶜ**진정**¹【眞正】몡하자타【真正】zhēnzhèng【真】zhēn·de ¶~한 친구 | 真正的朋友。¶~ 그렇다면 얼마나 좋겠니! | 真是那样的话, 该有多好啊!

진정²【眞情】몡【真情】zhēnqíng【真心】zhēnxīn【衷心】zhōngxīn【诚挚】chéngzhì ¶너는 이곳의 ~을 이해하지 못한다 | 你不了解这儿的真情。¶그들 둘은 ~이 없다 | 他俩没有真情实感。

진정³【陳情】몡하타【陈情】chénqíng ¶~서 | 陈情书。¶~을 받아들이다 | 接受陈情。

진정⁴【鎭靜】몡하타【定】dìng【镇静】zhènjìng【冷静】lěngjìng【稳定】wěndìng【镇定】zhèndìng ¶정신을 ~시키고 다시 말해보시오 | 定神再说。¶아이가 무사해서, 마음이 겨우 ~됐다 | 孩子没出事, 心才定了下来。¶애써 ~하다 | 努力镇静下来。

진종일【盡終日】몡【整天】zhěngtiān【整日】zhěngrì【一天到晚】yìtiān dàowǎn ¶그는 ~ 농사일에 바쁘다 | 他整天zhěngtiān忙于农活。¶~ 어슬렁거리며 일을 하지 않다 | 整日闲着不做事。

ᴮ**진주**【眞珠】몡【珍珠】zhēnzhū ¶모조 ~ | 假jiǎ珍珠。¶~조개 | 珠贝/珍珠母。

ᴮ**진지**¹【陣地】몡〈军〉【阵地】zhèndì ¶~공격 | 阵地攻击。¶몰래 ~로 진입하다 | 秘密mìmì地进入阵地。

ᶜ**진지**²【眞摯】몡형회【真挚】zhēnzhì【真诚】zhēnchéng【真挚】zhēnzhì ¶감정이 아주 ~하다 | 感情很真挚。¶그는 사람들에 대해서 아주 ~하다 | 他对人十分真诚。

진지³【眞지】(밥의 높임말)【饭】fàn【餐】cān ¶~ 드셨습니까? | 请问, 您吃饭了吗?

ᴬ**진짜** 몡【真】zhēn【真的】zhēn·de ¶~냐 가짜냐? | 是真的还是假的?

이것은 ~이다 | 这是真的。

진짜로 旵【真的】zhēn·de【果真】guǒzhēn【真正】zhēnzhèng【确实】quèshí

ᶜ**진찰**【診察】몡하타〈医〉【诊察】zhēnchá【诊候】zhěnhòu ¶도대체 무슨 병인지 의사에게 잘 좀 ~해 달라고 해야겠다 | 到底dàodǐ有什么病, 要请医生好好诊察。¶~을 받다 | 接受诊察。

진척【進陟】몡하자【进展】jìnzhǎn【进行】jìnxíng ¶공사가 잘 ~된다 | 工程进展得很好。

ᶜ**진출**【進出】몡하자 ❶ (앞으로 나아가다)【进军】jìnjūn【挺进】tǐngjìn【开进】kāijìn ❷ (어떤 방면으로 나서다)【走上】zǒushàng【走进】zǒujìn【登上】dēngshàng【发展】fāzhǎn【登场】dēng/chǎng【前进】qiánjìn【进入】jìnrù ¶사회에 ~하다 | 走上社会。¶국제 무대에 ~하다 | 走进国际舞台。

진취【進取】몡하타【进取】jìnqǔ ¶~심이 매우 강하다 | 进取心很强。¶~적 정신 | 进取精神。

진탕¹一旵【大吃大喝】dà chī dà hē【寻欢作乐】xún huān zuò lè ¶~ 먹고 마시다 | 大吃大喝。

ᴮ**진통**¹【鎭痛】몡하자【镇痛】zhèntòng【止痛】zhǐtòng ¶~제 | 镇痛剂zhǐ。¶침을 이용한 ~ | 针刺镇痛효과 | 镇痛效果。

진통²【陣痛】몡 ❶〈医〉(분만 시의)【阵痛】zhèntòng ¶~이 오다 | 产生阵痛。¶~의 느낌이 있다 | 有阵痛的感觉。 ❷ (큰 고통)【最大痛苦】zuìdà tòngkǔ【严重考验】yánzhòng kǎoyàn

진퇴양난【進退兩難】몡【进退两难】jìn tuì liǎng nán【进退维谷】jìn tuì wéi gǔ【进退失据】jìn tuì shī jù【左右为难】zuǒ yòu wéi nán ¶지금 나는 ~이어서, 어떻게 해야 할지 모르겠다 | 我现在是进退两难, 不知怎么办才好。

진품【眞品】몡【真品】zhēnpǐn【真货】zhēnhuò ¶이것은 가짜가 아니라 ~이다 | 这不是假的, 是真品。

ᴬ**진하다**【津一】형 ❶ (액체가)【浓】nóng【酽】yàn ¶이 차 한 잔은 너무 농도가 ~ | 这杯茶太浓。¶이 차는 너무 ~ | 这碗茶太酽了。 ❷ (색채 등)【深】shēn【暗】àn ¶진한 빨강 | 深

红。¶밤색이 조금 진해 보인다 | 枣红色稍深了一点。❸ (냄새가) 【冲】chōng【浓】nóng【浓烈】nóngliè ¶마늘 냄새가 ~ | 大蒜气味儿很冲。❹ (눈썹이) 【浓厚】nónghòu【浓黑】nónghēi ¶짙은 눈썹 | 浓眉。❺ (안개·공기 등이) 【浓厚】nónghòu【浓密】nóngmì【稠密】chóumì ¶산안개가 짙다 | 山雾浓厚。

ᶜ**진학**[進學] 명하자 【升学】shēng/xué【升入】shēngrù ¶~률 | 升学率。¶~하고자 하는 생각을 그만두었다 | 断了升学的念头。

ᴮ**진행**[進行] 명하자타 【进行】jìnxíng ¶토론을 ~하다 | 进行讨论。¶수술이 여덟 시간이나 ~되었다 | 手术进行了八个小时。

진화¹[進化] 명하자 【进化】jìnhuà【演化】yǎnhuà ¶~의 과정 | 进化的过程。¶생물의 ~ | 生物的演化。¶인류는 고대 류인원(類人猿)에서 나온 것이다 | 人类是由古猿演化而来的。¶그는 생물의 ~과정을 몰두하여 연구한다 | 他潜心qiánxīn研究生物的演化过程。참고〔达尔文dá'ěrwén主义〕

진화²[鎭火] 명하자타 【镇火】zhènhuǒ【消火】xiāohuǒ【救火】jiùhuǒ ¶~작업 | 救火作业。

ᴮ**진흙**[振興] 명 ❶ (점토) 【黄土】huángtǔ ¶노력하면 ~도 금이 된다 | 只要努力黄土也能变成金。❷ (물이 섞인 흙) 【泥】ní【泥土】nítǔ【泥巴】níbā【泥浆】níjiāng【泥尘】níchén ¶~ 속에서 미꾸라지를 잡다 | 在泥里抓zhuā泥鳅。¶꼬마들은 모두 ~장난 하기를 좋아한다 | 小孩子都爱玩泥巴。

진흥[振興] 명하자타 【振兴】zhènxīng ¶공업을 ~시키다 | 振兴工业。¶농촌 ~ 운동 | 振兴农村运动。

질[質] 명 【质量】zhìliàng【品质】pǐnzhì【质地】zhìdì【质】zhì ¶~을 높이다 | 提高tígāo质量。¶~이 우수하다 | 品质优良yōuliáng。¶이런 천은 ~이 아주 좋다 | 这种布质地优良。¶~과 양을 다같이 중시하다 | 质量并重。

-질² 回 (表示职业或行为) ¶바느~

| 针线活。¶도둑~ | 偷东西。

질겁하다 동 【大吃一惊】dà chī yìjīng【大惊失色】dà jīng shīsè ¶질겁해서 말을 못하다 | 惊得说不出话来。

질곡[桎梏] 명 【桎梏】zhìgù ¶각종 ~을 타파하다 | 打破pò各种桎梏。

ᴮ**질그릇** 명 【陶器】táoqì【瓷器】cíqì【罐】guàn【瓦器】wǎqì【坩】gān ¶박물관에 많은 ~이 진열되어 있다 | 博物馆bówùguǎn中陈列chénliè着许多xǔduō瓦器。

ᴮ**질기다** 형 ❶ (내구성이 있다) 【结实】jiē·shí【耐用】nàiyòng【耐久】nàijiǔ ¶이 우산은 질길 뿐더러 보기에도 좋다 | 这把伞又耐用又好看。❷ (목숨이) 【长】cháng ¶사람 목숨이 ~ | 人的命长。❸ (육질이) 【老】lǎo【硬】yìng【韧】rèn【皮】pí ¶시금치는 질기면 맛이 없다 | 菠菜老了不好吃。¶질긴 쇠고기 | 老牛肉。

질끈 閅 【紧紧】jǐnjǐn ¶~ 동여매다 | 紧紧地束起来。

ᴮ**질녀**[姪女] 명 【侄女】zhínǚ

ᴮ**질다** 형 ❶ (길이) 【泞】nìng【泥泞】nínìng【稀烂】xīlàn ¶길이 ~ | 路上很泞。¶비가 온 다음에는 길이 ~ | 雨停了以后, 路上稀烂。❷ (반죽·밥이) 【稀】xī【软】ruǎn ¶이 죽은 너무 ~ | 这粥zhōu太稀了。¶반죽이 ~ | 面和得稀。

질량[質量] 명 〈物〉【质量】zhìliàng ¶~ 보존 법칙 | 质量保持法则。¶~ 작용의 법칙 | 质量作用法则。

질러가다 동 【抄近路】chāo·lù【抄近儿】chāojìnr【走捷径】zǒujiéjìng ¶샛길로 ~ | 抄小道。¶산을 ~ | 抄近路过山。

ᴮ**질리다** 동 ❶ (진력나다) 【腻】nì【腻烦】nì·fán【腻人】nì/rén【腻透】nìtòu·le ¶~는데 질렸다 | 玩腻了。¶(너무 먹어) 질렸다 | 吃腻了。¶이렇게 기름진 고기는 정말 질렸다 | 这么肥的肉真吃腻了。¶그는 그 말을 자꾸만 반복해, 정말 질린다 | 他老重复那几句话, 真腻人。¶이런 나날은 나는 일찌기 질렸다 | 这种日子我早腻透了。❷ (기가) 【内疚】nèijiù【沮丧】jǔsàng【失魂】shīhún【丧胆】sàng/dǎn【气馁】qìněi

^A질문[質問] 명하타 《问》wèn 《询问》xúnwèn 《提问》tíwèn 《发问》fāwèn ¶한 가지 ~하겠다 | 我问你一件事。¶옆 사람에게 ~하다 | 向旁人询问。¶기 자의 ~에 답하다 | 回答记者的询问。¶학우 여러분 이해되지 않는 부 분은 손들어 ~하시오 | 同学们不懂的请举手提问。

질박하다[質樸一] 형 《俭朴》jiǎnpǔ 《质朴》zhìpǔ 《朴实》pǔshí ¶그는 꾸민데 없이 ~ | 他不刻意修饰, 很朴实。

^B질병[疾病] 명 《疾病》jíbìng ¶~을 예 방하다 | 预防yùfáng疾病。

^C질색[窒塞] 명하자 《(아주 싫어하다)》 《讨厌》tǎoyàn 《厌恶》yànwù ¶아이 가 우는 것은 ~이다 | 讨厌孩子哭叫。❷《(많이 놀라다)》 《吓得要死》xià·de yàosǐ ¶벌레만 보면 ~한다 | 看到虫子就吓得要死。

^D질서[秩序] 명 《秩序》zhìxù ¶회의장 의 ~를 준수하다 | 遵守会场秩序。¶~가 혼란스럽다 | 秩序混乱。¶~가 문란하다 | 秩序骚乱乱。

^E질소[窒素] 명 〈化〉《氮》dàn ¶~ 공업 | 氮化工业。¶~ 산화물 | 氮酸物。¶~ 화합물 | 氮化合物。

질시[嫉視] 명하타 《鄙视》bǐshì 《睥睨》pìnì 《仇视》chóushì ¶주위 사람 들로부터 ~를 받다 | 遭到周围人们的鄙视。

^F질식[窒息] 명하자 ❶《(숨이 막히다)》 《窒息》zhìxī ¶~해서 죽다 | 因窒息而死。¶~ 상태 | 窒息状态。¶연기에 ~되다 | 被烟窒息。❷《(비유하여)》 《扼杀》èshā ¶통치자가 민주화 운동을 요람 속에서 ~시키려 하고 있다 | 统治者企图把民主运动扼杀在摇篮yáolán里。

질의[質疑] 명하타 《质疑》zhìyí ¶대담 하게 ~하다 | 大胆质疑。¶~ 응답 | 答疑。¶~에 답변하다 | 对质疑进行答辩。

질적[質的] 관 《质的》zhì·de 《质量上的》zhìliàngshàng·de ¶~ 경쟁 | 质量竞争。¶~ 규제 | 质量控制。¶~ 변화 | 质量变化。¶~ 향상 | 质量提高。¶이 물건은 ~으로 별로 좋지 않다 | 这件东西质量上并不怎么样。

질주[疾走] 명하자 《奔驰》bēnchí 《奔

跑》bēnpǎo 《飞奔》fēibēn 《疾驰》jíchí ¶기차가 앞을 향해 ~하다 | 火车向前奔驰。

질질 부 ❶《(물건을 끄는 모양)》 《拖曳》tuōyè ¶신을 ~ 끌다 | 拖拉着鞋。❷《(액체따위가 흐르는 모양)》 《涔涔》cēncén ¶눈물을 ~ 흘리다 | 泪水涔涔。❸《(오래 끄는 모양)》 《拖拉》tuōlā 《拖拖拉拉》tuō·tuōlālā ¶일을 ~ 끄는 작폐를 극복해야 한다 | 要克服拖拉作风。¶그는 일 하는 것이 너무 ~ 끈다 | 他办起事来总是拖拖拉拉的。

질책[叱責] 명하타 《叱责》chìzé 《责备》zébèi 《谴责》qiǎnzé ¶그는 아들을 심하게 ~하였다 | 他严厉地责备了儿子。

질척거리다 동 《泥泞》nínìng 《稀烂》xīlàn 《湿润》shīrùn 《潮湿》cháoshī ¶길이 몹시 ~ | 路很泥泞。

질척질척 부하자 《吧唧》bājī 《吧即》bājī 《吧叽》bājī ¶그는 비를 맞으면서 맨발로 ~ 걸어갔다 | 他冒mào雨光着脚吧唧吧唧地在地上走。

질타[叱咤] 명하타 《叱咤》chìzhà 《叱咄》chìduō ¶한바탕 크게 ~ 당하다 | 被大声叱咤。

^G질투[嫉妬] 명하타 《嫉妒》jídù 《忌妒》jì·du 《忮》zhì 《吃醋》chīcù ¶~의 눈길 | 忌妒的眼睛。¶남편이 아름다운 여인과 친숙한 것을 보자 그녀는 감당할 수 없을 만큼 ~하였다 | 看到丈夫和一个漂亮的女人很亲热, 她就吃醋得不得了liǎo了。

질퍽거리다 동 《泥泞》nínìng 《稀烂》xīlàn ¶비가 그친 후 길이 질퍽거린다 | 雨停下了以后, 路很泥泞。

질펀하다 형 ❶《(그득하다)》 《散漫》sǎnmàn 《邋遢》lā·ta ❷《(게으르다)》 《懒洋洋》lǎnyángyáng ❸《(넓고 평평하다)》 《宽阔》kuānkuò 《辽阔》liáokuò 《荡坦》dàngtǎn

질풍[疾風] 명 《疾风》jífēng ¶~노도 | 疾风怒涛。¶~ 신뢰 | 疾风迅雷。

질환[疾患] 명 《疾病》jíbìng 《疾患》jíhuàn ¶간 ~ | 肝病。¶신경성 ~ | 神经性疾患。

^H짊어지다 동 ❶《(등에 짐을 메다)》 《背》bēi 《负》fù ¶책가방을 ~ | 背着书包。¶어깨에 기관총 1정을 ~ | 肩负一挺

机枪。❷(부담 등을 맡다)【负】fù 【担负】dānfù【承担】chéngdān ¶이 책임은 내가 짊어질 수 없다 | 我不能 负这个责任zérèn。¶일체의 차비와 비용은 내가 짊어진다 | 一切路费, 用 费, 都由我担负。

짐 〔명〕❶(하물)【行李】xíng·li【货】huò 【担子】dàn·zi【责任】zérèn【累赘】léi· zhui ¶~을 꾸리다 | 打行李。¶~을 내려놓고 좀 쉬지 | 放下担子歇歇xiē 吧! ¶~을 지다 | 挑起担子。❷ (부담)【责任】zérèn【担子】dān·zi ¶ ~을 벗은 기분이다 | 如释重负。

^A **짐승** 〔명〕【兽】shòu【禽兽】qínshòu【畜 生】chù·sheng【牲口】shēng·kou【野 兽】yěshòu ¶~보다 못하다 | 禽兽不 如。¶~ 같은 행위 | 禽兽行为。¶ 이 ~같은 놈 | 你这个畜生。

^B **짐작** 〔명·하타〕【算】suàn【摸】mō【估计】 gūjì【思量】sī·liang【掂算】diānsuàn 【估量】gū·liang【估摸】gū·mo【推测】 tuīcè【揣摩】chuāi·mó ¶그의 성격을 ~하다 | 摸他的脾气píqi。¶내 ~에 는 그는 월말이면 돌아올 수 있을 것이 다 | 我估摸着他月底就能回来。¶~ 이 맞다 | 估对了。

짐짓 〔부〕【故意】gùyì【假装】jiǎzhuāng ¶~ 모르는 체하다 | 假装不知道。

짐짝 〔명〕【行李】xíng·li

^A **집**[^1] 〔명〕❶(가옥)【房子】fáng·zi【房屋】 fángwū【舍】shè【宅】zhái ¶~을 ∕ 敝bì舍。¶기와~ | 瓦房。❷(가 정)【家】jiā【家庭】jiātíng ¶그의 ~은 북경에 있다 | 他的家在北京。¶~을 돌보다 | 顾家庭。¶집승의 보금 자리】【巢】cháo【窝】wō【窠】kē ¶새 ~ | 鸟巢/鸟窝。¶벌~ | 蜂fēng巢/ 蜂fēng窝。¶나무가지로써 ~을 짓 다 | 树木为巢。❹(케이스)【鞘】qiào· o【匣(儿,子)】xiá(r,·zi)【套(儿,子)】t- ào(r,·zi) ¶칼~ | 刀鞘。❺(양사) 【户】hù【家】jiā ¶~~마다 알리다 | 挨户通知。

^B **집게**【钳子】qián·zi【夹子】jiā·zi【镊 子】niè·zi ¶빨래 ~ | 洗衣夹子。¶ 옷 ~ | 衣服夹子。¶~로 물건을 집 다 | 用镊子夹jiā东西。 〔참고〕〔鳌áo〕

^B **집게손가락** 〔명〕〈생리〉【食指】shízhǐ

집결[集结]〔명·하자타〕【集合】jíhé【集

结]jíjié【集聚]jíjù ¶~하여 명령을 기 다리다 | 集结待命。¶사람들이 모두 무대 앞에 ~하였다 | 人都集聚在戏 台前了。

집계[集计]〔명·하타〕【总计】zǒngjì【合 计】héjì【共计】gòngjì ¶도서는 10만 책으로 ~된다 | 图书总计有十万册。 ¶대회에서 500여명이 출석했다고 ~ 하였다 | 大会总计出席五百多人。

집권[^1][执权]〔명·하자〕【掌权】zhǎng quá- n【执政】zhízhèng ¶~당 | 执政党。 ¶그는 40년 동안 ~했다 | 他执政了 40年。

집권[^2][集权]〔명·하자〕【集权】jíquán ¶중 앙 ~ 제도 | 中央集权制度。

집념[执念]〔명·하자〕【执心】zhíxīn【执 着】zhízhuó【信念】xìnniàn ¶~의 사 나이 | 执着的男人。¶~이 강하다 | 信念坚强。

^A **집다** 〔동〕❶(집게 따위로 잡다)【钳】qiá- n【夹】jiā【捏】niē ¶젓가락으로 요리 를 집어먹다 | 用筷子夹菜吃。¶쌀 속의 벌레를 집어내다 | 把米里虫chó- ng子捏出来。❷(줍다)【捡】jiǎn 【拾】shí ¶땅에 떨어진 물건은 집는다 | 把掉在地上的东西捡起来。

^A **집단**[集团]〔명〕【集体】jítǐ【集团】jítuán ¶~지도 | 集体领导。¶이 곳은 하 나의 작은 ~을 형성하고 있다 | 这里 正形成一个小集团。¶~ 방어 | 集体 防御。

집대성[集大成]〔명·하타〕【集大成】jí y- ī dà chéng【集大成】jídàchéng【集中 体现】jízhōng tǐxiàn ¶중국 고전 시가 를 ~하다 | 集中国古典gǔdiǎn诗歌 之大成。

집들이〔명·하자〕❶(새로 지은 집으로 이 사하다)【搬家】bānjiā【迁居】qiānjū ❷(새 집에 이사한 후 사람들을 초대 하는 일)【乔迁宴】qiáoqiānyàn【搬 家宴】bānjiāyàn

집무[执务] 〔명·하자〕【工作】gōngzuò 【办公】bàngōng ¶~ 시간 | 办公时 间。

집사[执事]〔명〕【执事】zhíshì

집사람【家里的】jiā·li·de【屋里的】w- ū·li·de【内人】nèi·ren【内眷】nèijuàn 【内子】nèizǐ【爱人】àiren ¶제 ~은 외 국에 나갔습니다 | 我内人出国了。

집성[集成] 명하타 【综合】zōnghé 【概括】gàikuò 【收集】shōují 【集成】jíchéng

집세[集貰] 명 【房租】fángzū 【房捐】fángjuān 【房税】fángshuì 【房屋税】fángwūshuì 【房钱】fángqián

^A**집안** 명 ❶ (집 내부) 【房间里】fángjiānlǐ 【屋里】wū·li ❷ (가정) 【家庭】jiātíng 【家】jiā ¶~을 돌보다 | 照顾家庭. ❸ (문벌) 【门户】ménhù 【门弟】méndì ¶~이 좋다 | 门户高. ¶~이 서로 엇비슷하다 | 门户相当. ❹ (일가) 【近亲】jīnqīn ¶그는 한국에 가까운 ~이 없고, 단지 당숙이란 분 계신다 | 他在韩国没有近亲，只有一个堂叔.

^B**집안일** 명 ❶ 【家务劳动】jiāwù láodòng ❷ 【家里的事情】jiā·li·de shìqíng

집약[集约] 명하타 【概括】gàikuò 【集约】jíyuē 【密集】mìjí ¶농업은 ~화의 발전 과정으로 가야만 한다 | 农业要走集约化的发展道路. ¶~ 경영 | 集约经营. ¶~ 노동 | 集约劳动. ¶~ 농업 | 集约农业.

집어넣다 동 ❶ (안에 넣다) 【放进】fàngjìn ¶물건을 안에 ~ | 把东西放进去. ¶입학시키다·취직시키다 | 【送进】sòngjìn ¶학교에 ~ | 送进学校. ❸ (삽입하다) 【插入】chārù 【插进】chājìn

집어던지다 동 ❶ (물체를) 【扔】rēng 【抛】pāo 【掷】zhì ¶공을 ~ | 扔球/抛球. ¶그는 동굴의 깊이를 알아보기 위해 돌을 하나 주워 안으로 집어던졌다 | 为了探测洞洞的深浅，他捡了一块石头向里边抛去. ❷ (일 따위를 포기하다) 【丢弃】diūqì 【拼弃】pīnqì 【放弃】fàngqì 【抛弃】pāoqì 【抛开】pāo·kāi ¶하던 일을 도중에 ~ | 中途放弃工作. ¶그는 영어를 집어 던져버렸다 | 他把英语抛在一边儿了.

집어먹다 동 ❶ (집어서 먹다) 【捡起来吃】jiǎnqǐláichī 【夹着吃】jiā·zhechī ❷ (착복하다) 【侵吞】qīntūn 【吞并】tūnbìng ¶공금을 ~ | 侵吞公款. ❸ (겁을) 【吃惊】chī·jīng 【被吓】bèixià ¶겁을 ~ | 吃惊.

집어삼키다 동 【吞】tūn 【吞掉】tūndiào 【吞并】tūnbìng 【侵吞】qīntūn ¶한 입에 ~ | 一口吞掉. ¶그는 사사로이 공금을 집어삼켰다 | 他私吞了一笔公款.

집어치우다 동 【扔下】rēngxià 【放弃】fàngqì 【丢掉】diūdiào 【抛弃】pāoqì 【摆开】bǎikāi ¶하던 일을 ~ | 扔下了手里的活儿.

집요하다[执拗-] 형 【顽固】wángù 【执拗】zhíyì 【顽强】wánqiáng 【执拗】zhíniù ¶성질이 ~ | 脾气执拗. ¶집요한 공격 | 顽强攻击.

집적거리다 동 ❶ (손대다) 【好管闲事】hào guǎn xián shì 【好动手】hàodòngshǒu ¶쓸데없이 ~ | 好管闲事. ❷ (건드리다) 【挑逗】tiǎodòu 【纠缠】jiūchán 【找碴儿】zhǎochár 【招惹】zhāo·re ¶그를 집적거리지 않는 게 좋다 | 你最好别招惹他. 참고〔勾搭gōu·da〕〔沾zhān惹〕〔挑tiǎo斗〕〔逗引〕

^B**집중**[集中] 명하자타 【集中】jízhōng ¶전력을 ~하다 | 集中全力. ¶시선이 그에게 ~되다 | 目光集中到他的身上. ¶~ 사격 | 集中射击. ¶~ 포화 | 集中炮击.

집집마다 부 【每家】měijiā 【家家户户】jiājiāhùhù 【家家(儿)】jiājiā(r) 【每家】měijiā ¶~ 신문을 돌리다 | 挨ái家挨户送报.

집착[执着] 명하자 【执着】zhízhuó 【迷】zhímí 【看重】kànzhòng ¶너무 ~한다 | 他太执着了. ¶돈과 명예에 ~하다 | 看重金钱和名誉.

집채 명 【房屋】fángwū 【房子】fáng·zi ¶~같다 | 像一所房子那么大. ¶~ 같은 파도 | 一房多高的巨涛. 참고〔硕shuò大〕

집터 명 ❶ 【地基】dìjī 【屋基】wūjī 【屋址】wūzhǐ 【地脚】dìjiǎo 【地皮】dìpí 【房基】fángjī ❷ 【盖房子的场所】gàifángzi·de chǎngsuǒ

집필[执笔] 명하타 【执笔】zhíbǐ 【写作】xiězuò ¶본문은 김선생님이 ~하다 | 本文由金老师执笔.

^C**집합**[集合] 명하자타 【集合】jíhé 【集聚】jíjù ¶민병이 이미 사당 앞에 ~였다 | 民兵已经在大庙前集合了. ¶~ 신호 | 集合号. ¶~ 개념 | 集合概念. ¶~체 | 结合体/集合体.

집행[執行] 똉하타 【执行】zhíxíng ¶이 명령은 즉각 ~해야 된다 | 这项命令要立即执行. ¶이 결정은 네가 ~을 감독해야 한다 | 这项xiàng决定è须由你监督jiāndū执行. ¶정책을 ~하다 | 执行政策zhèngcè. ¶~을 정지·停止执行.

집행 유예[執行猶豫] 똉⟨法⟩【缓期执行】huǎnqī zhíháng 【缓刑】huǎnxíng ¶그는 종범이어서, ~를 선고받았다 | 他是从犯, 所以被判了缓刑.

ᵃ**집회**[集會] 똉하자 【集会】jíhuì ¶군중 ~를 거행하다 | 举行群众集会. ¶~와 결사의 자유 | 集会和结社的自由.

짓 똉 【习惯动作】xíguàn dòngzuò 【动换】dònghuàn ¶몸~| 动换身子. ¶~| 手脚. ¶눈~| 动动眼睛.

짓궂다 혱【令人嫌】lìngrénxián 【令人厌烦】lìng rén yàn fán ¶짓궂은 날씨 | 厌烦的天气. ¶짓궂은 남자 | 令人厌烦的男子.

짓누르다 똉 【重压】zhòngyā 【压抑】yā-yì ¶걱정이 마음을 무겁게 ~ | 担心沉重地压抑在心头.

ᴬ**짓다** 똉❶ (만들다) 【做】zuò ¶옷을 ~ | 做衣服. ¶밥을 ~ | 做饭. ❷ (집을) 【盖】gài 【起】qǐ 【修建】xiūjiàn ¶집을 ~ | 盖房子. ¶평지에 빌딩을 ~ | 平地起高楼. ❸ (글을) 【写作】xiězuò 【编】biān 【做】zuò ¶노래한 곡을 ~ | 编一首歌儿. ¶글을 ~ | 做文章. ❹ (이름을) 【起】qǐ 【命名】mìng ¶이름을 ~ | 起名/命名. ❺ (약을) 【配】pèi 【抓】zhuā 【配制】pèi-zhì ¶약을 ~ | 配药. ¶첩을 지어 왔다 | 抓来了一付药. ❻ (농사를) 【种】zhòng 【耕种】gēngzhòng ¶농사를 ~ | 种庄稼. ❼ (표정·자태 등을) 【露】lòu 【显】xiǎn 【漾出】yàngchū 【做出】zuòchū ¶얼굴에 웃음을 ~ | 脸上露了笑容. ¶아이가 울 상을 ~ | 孩子做出要哭的样子. ❽ (한숨을) 【叹】tàn ¶길게 한숨 짓고는 말했다 | 长叹一口气说. ❾ (죄를) 【犯】fàn ¶죄를 ~ | 犯罪. ❿ (열을) 【成】chéng 【结】jié ¶줄을 ~ | 排成队.

ᶜ**짓밟다** 똉❶ (밟아서 뭉개다) 【踩】cǎi 【乱踩】luàncǎi 【践踏】jiàn·tà ¶잔디를 ~ | 乱踩草坪. ¶잔디를 함부로 짓밟지 마시오 | 请勿践踏草地. ❷ (유린하다) 【蹂躏】róulìn 【糟踏】zāo·ta 【糟践】zāo·jian 【摧残】cuīcán 【践踏】jiàn·tà ¶민중의 인권을 ~ | 蹂躏民众的人权. ¶민주주의를 ~ | 摧残民主. ¶그들이 제멋대로 제네바 협정을 짓밟다 | 他们恣意zìyì践踏了日内瓦Rìnèiwǎ协议.

짓이기다 똉 (진흙·반죽 등을) 【使劲和】shǐjìnhuó 【使劲搅和】shǐjìnjiǎohé ¶흙을 ~ | 使劲地和泥.

ᴮ**징** 똉⟨音⟩【锣】luó 【钲】zhēng ¶~하나 | 一面锣. 참고〔鸣míng锣〕

징검다리 똉 【蹬脚石】dēngjiǎoshí 【垫脚石】diànjiǎoshí 【迈石】màishí ¶그 나라에서는 홍콩을 로 삼으려 하고 있다 | 他们国家要把香港当dàng垫脚石.

징계[懲戒] 똉하타 【惩戒】chéngjiè ¶~ 처분 | 惩戒处分. ¶~ 위원회 | 惩戒委员会.

징그럽다 혱 【狰狞】zhēngníng 【厌恶】yànwù 【恶心】ě·xin 【肉麻】ròumá ¶얼굴 생김새가 ~ | 面目狰狞. ¶그의 말은 너무 ~ | 他的话太tài厌恶了. ¶보기만 해도 ~ | 一见到就肉麻.

징발[徵發] 똉하타 【征】zhēng 【征用】zhēngyòng 【征收】zhēngshōu 【征集】zhēngjí 【征发】zhēngfā ¶식량을 ~하다 | 征粮. ¶민가를 ~하여 쓰다 | 征用民宅.

징병[徵兵] 똉하타 【征兵】zhēng·bīng ¶~기피 | 逃避征兵. ¶~ 제도 | 征兵制度. ¶~ 연령 | 征兵年龄. ¶~ 검사 | 征兵审查.

징수[徵收] 똉하타 【征收】zhēngshōu ¶공출미를 ~하다 | 征收公粮. ¶영업세를 ~하다 | 征收商业税.

ᶜ**징역**[徵役] 똉 【徒刑】túxíng ¶유기 ~ | 有期徒刑. ¶무기 ~ | 无期徒刑. ¶~수 | 囚犯.

징역살이[懲役살이] 똉하자 【坐牢】zuò·láo 【坐狱】zuò/yù ¶~를 두려워하지 않고, 목 베이는 것을 무서워하지 않는다 | 不怕坐牢, 不怕杀头.

징용[徵用] 똉하타 【征工】zhēnggōng 【征用】zhēngyòng ¶나는 ~으로 공

장에서 강제 노동을 당했다 | 我被征用到工厂去强制劳动了。

징조[徵兆] 몡 【兆】zhào 【征兆】zhēngzhào 【预兆】yùzhào 【兆头】zhào·tou 【先机】xiānzhào 【苗头】miáo·tou 【征候】zhēnghòu 【征象】zhēngxiàng 【迹象】jìxiàng 【征】zhēng ¶불길한 ~ | 不吉之兆나 /不祥之兆。 ¶폭풍우가 몰아칠 ~ | 暴风雨bàofēngyǔ的征兆。 ¶환자는 이미 호전될 ~가 보인다 | 病人已有好转的征候。 ¶이것은 심상치 않은 ~이다 | 这是一种不寻常xúncháng的征象。

징집[徵集] 몡하타 【征】zhēng 【征募】zhēngmù 【征召】zhēngzhào ¶에 응하여 입대하다 | 应征入伍。 ¶군인을 ~하다 | 征召兵员。 ¶(병사를) ~하여 입대시키다 | 征召入伍。

징징거리다 동 【发牢骚】fā/láo·sao ¶하루 종일 ~ | 整天发牢骚。

징크스[jinks] 몡 【凶煞】xiōngshà 【晦气】huìqì 【厄运】èyùn 【凶咎】xiōngjiù ¶~를 깨다 | 驱除晦气。

징표[徵表] 몡 【标准】biāozhǔn 【标志】biāozhì

징후[徵候] 몡 【征象】zhēngxiàng 【征兆】zhēngzhào 【征候】zhēnghòu ¶가스중독의 ~는 두통과 구토 및 심장 박동의 증가 등이다 | 煤méi气中毒的征象是头痛, 恶心和心跳加速等。

짖다 동 【叫】jiào 【吠】fèi 【嗥】xiáo ¶개가 ~ | 狗叫。 ¶여러 마리의 개가 몹시 짖어 대다 | 群犬狂吠。

ᴮ**짙다** 혱 ❶ (빛깔이 강하다·밀도가 높다) 【浓】nóng 【深】shēn 【渥】wò 【浓密】nóngmì ¶짙은 구름이 하늘을 뒤덮다 | 浓云密布。 ¶짙은 빨강 | 深红。 ❷ (숲이 무성하다) 【茂盛】mào·shèng

ᴮ**짚** 몡 ❶【谷草】gǔcǎo 【草葺】cǎoqì 【秸杆】jiēgān ❷【稻草】dàocǎo

ᴮ**짚다** 동 ❶ (지팡이 등에 의지하다) 【拄】zhǔ ¶지팡이를 짚고 가다 | 拄着拐棍儿guǎigùnr走。 ¶(물체를 누르며) ~ 【按】àn 【叉】chā ¶책상을 ~ | 按桌子。 ¶두 손을 허리에 | 两手叉在腰yāo间。 ❸ (맥을) 【诊】zhěn ¶맥을 ~ | 诊脉。 ❹ (지적하다) 【指出】zhǐchū ❺ (짐작하다) 【推算】tuī-

suàn 【估计】gūjì 【猜测】cāicè ¶장사의 손익을 짚어보다 | 推算买卖的盈亏yíngkuī。 ¶짚어 말하다 | 猜测着说。

ᴮ**짚신** 몡 【草鞋】cǎoxié 【芒鞋】mángxié ¶~을 엮다 | 打草鞋。 ¶~골 | 草鞋楦头。

짜개다 동 【掰分】bāifēn 【掰开】bāi-ēnkāi 【切开】qiē·kāi 【劈开】pǐ·kāi 【剖开】pōukāi ¶대나무 조각을 반으로 | 把竹片儿对半劈开。

ᴬ**짜다** 동 ❶ (만들다) 【制作】zhìzuò 【做】zuò 【打】dǎ ¶탁자를 ~ | 做桌子。 ¶가구를 ~ | 打家具。 ❷ (뜨개질하다) 【织】zhī 【编】biān ¶털옷을 ~ | 织毛衣。 ¶대바구니를 ~ | 编筐kuāng子。 ❸ (입안·구성하다) 【组织】zǔzhī 【搭】dā 【编】biān ¶조를 ~ | 编组。 ❹ (계획하다) 【订】dìng 【制定】zhìdìng 【拟定】nǐdìng ¶계획을 ~ | 拟定计划。 ¶학습 계획을 ~ | 制定学习计划。 ❺ (액체를 내다) 【榨】zhà 【榨取】zhàqǔ 【挤】jǐ ¶기름을 ~ | 榨油。 ¶즙을 짜내다 | 榨取汁液zhīyè。 ¶우유를 ~ | 挤牛奶。 ❻ (머리를) 【挤】jǐ 【绞】jiǎo ¶우리의 학습시간은 짜낸 것이다 | 我们的学习时间是挤出来的。 ¶생각을 짜내다 | 绞尽脑汁。 ❼ (물기를 빼려고 비틀다) 【拧】nǐng 【绞】jiǎo ¶수건을 ~ | 拧手巾。 ¶수건을 비틀어 짜서 말리다 | 把毛巾绞干。

ᴬ**짜다**² ❶ (맛이) 【咸】xián ¶이 반찬은 너무 ~ | 这个菜太咸。 ❷ (성격·태도) ☞인색하다

──**짜리** 回 (표시가격의 票面额或商品의 단가) 【…的】…de ¶이건 얼마~요? | 这是多少钱的?

짜릿하다 혱 ❶ (저리다) 【麻酥酥】másūsū ¶침을 맞자는 ~ | 扎针的时候麻酥酥的。 ❷ (쑤시다) 【刺痛】cìtòng ¶관절이 ~ | 关节刺痛。

짜부라지다 동 ❶【被压瘪】bèiyābiě ❷【低落】dīluò 【衰颓】shuāituí

ᴮ**짜임새** 몡 ❶ (가구·편물에서) 【做工】zuò/gōng ¶~가 매끈하다 | 做工细。 ¶~가 거칠다 | 做工粗。 ❷ (구성이) 【结构】jiégòu ¶~가 좋은 글 | 结构好的文章。

짜증내다〖동〗【发脾气】fāpí·qi【厌烦】yànfán【使性(子)】shǐ xìng(·zi)【使性儿】shǐxìngr【使性气】shǐxìngqi【发脾气】fāpí·qi【闹脾气】nàopí·qi【发火】fāhuǒ ¶그는 이런 생활에 대해 오래전부터 짜증냈다 | 他对这种生活早已厌烦了。¶무슨 일을 하더라도 짜증내서는 안된다 | 干什么事都不能使性。

짜하다〖형〗【满城风雨】mǎn chéng fēng yǔ【众说纷纭】zhòng shuō fēn yún ¶이 일은 이미 소문이 ~ | 这事已闹得满城风雨。¶그들이 염문을 일으켜 소문이 ~ | 他们闹艳闻弄得满城风雨。

ᴮ**짝¹**〖명〗【只】zhī ¶양말 한 ~ | 一只袜子。¶이 신발은 ~이 맞지 않다 | 这两只鞋子不配对儿。

짝²〖명〗【双】shuāng【对(儿)】duì(r) ¶~을 맞추다 | 配对。

ᴮ**짝³**〖명〗【箱】xiāng【扇(儿)】shàn(r) ¶사과 한 ~ | 一箱苹果。¶갈비 한 ~ | 一扇排骨。

ᶜ**짝사랑**〖명〗하자타【单想思】dānxiǎngsī【单恋】dānliàn ¶그 사람이 내가 바로 ~하는 사람이다 | 他就是我单想思的人。

짝짓다〖동〗【配对】pèiduì【打伙】dǎhuǒ【搭伴儿】dābànr

ᴮ**짝짜꿍**〖명〗하자【拍手玩】pāishǒuwán【拍巴掌】pāi bāzhǎng ¶아이가 고사리 같은 작은 손으로 ~한다 | 小孩用小手玩拍掌。

ᴮ**짝짝**〖부〗【啪啪】pāpā【劈里啪啦】pī·lip-ālā【劈啪】pīpā【啪啦】pāpālā

짝짝이〖명〗【不成双的】bùchéngshuāng·de【不成对的】bùchéngduì·de ¶구두가 ~이다 | 皮鞋不成双。

짤랑짤랑〖부〗하자타【当啷当啷】dāngdāngdāngdāng【琳琅】línláng【玲玲】línglíng【玲玎】língdīng【玲琅】língláng ¶~ 맑은 옥소리를 내다 | 玲珑作响。

ᴮ**짤막하다**〖형〗【稍短】shāoduǎn【短短的】duǎnduǎn·de

ᴮ**짧다**〖형〗❶(시간·길이가)【短】duǎn【短暂】duǎnzàn【短促】duǎncù ¶겨울은 낮은 짧고 밤은 길다 | 冬天昼zhòu短夜yè长。¶시간이 너무 ~ | 时

간 太短。¶짧은 순간 | 短暂的一瞬shùn间。❷(부족하다)【浅薄】qiǎnbó【缺乏】quēfá【少】shǎo ¶지식이 ~ | 知识zhīshi很浅薄。¶경험이 ~ | 缺乏经验jīngyàn。

짬〖명〗【空】kòng【空隙】kòngxì【空闲儿】kòngxiānr【工夫】gōng·fu【时间】shíjiān ¶~을 낼 수가 없어 못 오게 된 것이다 | ❶~이 나면 놀러와라 | 有空闲儿来玩儿。¶너 ~이 좀 있니? | 你有工夫吗?

짬뽕〖하자타〗❶【混合】hùnhé【混酒】hùnjiǔ❷【炒麻面】chǎomámiàn【混菜】hùncài

짭짤하다〖형〗❶(맛이)【咸】xián ¶이 반찬은 ~ | 这个菜咸一点。❷(실속 있고 값지다)【值得】zhí·de【顺利】shùnlì ¶짭짤한 옷 | 值那个价的衣服。❸(쓸만하다)【还可以】háikěyǐ ¶수입이 ~ | 收入还可以。

쌍구〖명〗【凸额凸脑儿】tūétūnǎoshāo【第】dì ❶(순서·등급)【第】dì ¶첫~ | 第一。❷(연이어)【连续】liánxù【一直】yìzhí ¶며칠~ 연락이 없다 | 连续几天没有连系。❸(통째로)【整个】zhěng·ge【连】lián ¶껍질~로 먹다 | 连皮一块吃。

째깍째깍〖부〗하자【嘎嗒嘎嗒】gā·dag-ā·da ¶시계가 ~ 간다 | 钟飓嗒嘎嗒地走。

째다〖동〗【撕】sī【撕破】sīpò ¶책장을 ~ | 把书页撕破了。¶옷이 못에 걸려 째졌다 | 衣服被钉子给撕破了。

ᴮ**짹짹**〖부〗【喳喳】chāchā【啁啾】zhōujiū【吱吱】zhīzhī【叽叽】jījī【喃喃】nánnán【咿咿呀呀】yīyīxūxū【喳】zhā【嘲啾】zhāojiū【啾啾】jiūjiū【啾啾】jiūjiū ¶~ 울다 | 鸟儿喳喳叫。¶새 새끼가 ~하고 울다 | 小鸟喳地叫。¶새가 ~ 거리다 | 小鸟叽叽地叫。¶찬바람에 ~거리며 울다 | 寒风鸣啾啾。

쨍그랑〖부〗하자【当啷】dānglāng【哐】ku-āng【哐啷】kuānglāng【银珰】lángdāng【哐啷】pāchā ¶유리잔이 ~하고 사발이 땅에 떨어지면서 깨졌다 | 啪嚓一声, 碗wǎn掉diào在地上碎suì了。

ᶜ**쨍쨍**〖부〗【暴晒】bàoshài

쩌렁쩌렁하다〖형〗【洪亮】hóngliàng【宏

亮】hóngliàng ¶그의 목소리는 ~ | 他的声音宏亮。

쩍 〔부〕하자〕 【拍嗒】pāichā 【啪嚓】pāchā ¶~하는 소리가 들리더니, 나무 상자가 산산조각으로 부서졌다 | 就听到拍嗒一声, 木箱子被摔成碎片suìpiàn了。

─**쩍다** 〔미〕 【有点】yǒudiǎn ¶수상~ | 有点异常。¶미안~ | 有点对不起。

ᴮ**쩔쩔매다** 〔동〕❶ (어떻게 해야 할지 몰라서) 【手足无措】shǒu zú wú cuò 【惊惶失措】jīng huáng shī cuò 【惊慌失措】jīng huāng shī cuò 【一筹莫展】yì chóu mò zhǎn ¶고만한 일을 가지고 쩔쩔매다니 | 为这么点儿事你就手足无措。¶그는 갑자기 쩔쩔매며 어쩔 줄 을 몰라했다 | 他一下子惊惶失措了。❷ (바빠서) 【不可开交】bùkě kāijiāo ¶바빠서 ~ | 忙得不可开交。

쩝쩝 〔부〕하자〕 【啧啧】zézé ¶입을 ~ 다시다 | 啧啧咂嘴。

쩡쩡 〔부〕하자〕 【铿锵】kēngqiāng 【响亮】xiǎngliàng ¶강사의 목소리는 ~거린다 | 讲师的声音铿锵有力。¶~한 목소리 | 响亮有力的声音。

째째하다 〔형〕❶ (시시하다) 【微不足道】wēi bù zú dào 【没意思】méiyì·si 【不怎么样】bù zěn·meyàng ❷ (인색하다) 【小心眼儿】xiǎoxīnyǎnr 【小里小气】xiǎo·lixiǎoqì ¶너무 째째하게 굴지 말아라, 그깐 일로 화를 내다니 | 你别太小心眼儿了, 为这么点事也值得zhídé生气!

쪼가리 〔명〕 【片儿】piànr 【块儿】kuàir

ᶜ**쪼개다** 〔동〕❶ (가르다) 【劈开】pī·kāi 【剖开】pōukāi ¶대나무 조각을 반으로 ~ | 把竹片儿对半劈开。¶석류를 ~ | 掰开bāikāi 【切开】qiē·kāi 石榴liú。❷ (나누다) 【分配】fēnpèi ¶계획과제를 그들에게 쪼개주다 | 把计划任务分配给他们。

쪼개지다 〔동〕 【裂开】lièkāi 【劈开】pī·kāi ¶나무 판자가 쪼개졌다 | 木板裂开了。

쪼그리다 〔동〕❶ (움츠리다) 【弄瘪】nòngbiě ❷ (缩) suō 【蜷缩】quánsuō ¶조그만 벌레가 작은 공같이 몸을 쪼그렸다 | 小虫子蜷缩成一个小球儿。

ᶜ**쪼글쪼글** 〔부〕하형〕 【皱瘪瘪】zhòubiěbiě

【皱皱巴巴】zhòu·zhoubābā 【皱巴巴】zhòubābā

ᴮ**쪼다** 〔동〕❶ (정으로) 【凿】záo ¶구멍 하나를 ~ | 凿一个窟窿kūlong。❷ (새가) 【啄】zhuó ¶병아리가 모이를 ~ | 小鸡啄食。

ᶜ**쪼들리다** 〔동〕 【受折磨】shòuzhémó 【受逼迫】shòubīpò ¶가난에 ~ | 被贫困所逼。¶빛에 ~ | 被债所逼。

쪼르르 〔부〕❶ (한걸음에) 【一溜烟】yīliū·yān ¶아이는 아빠를 부르며 ~ 방안으로 달려와 아빠 품에 안겼다 | 孩子喊着爸爸, 一溜烟跑进屋, 投在爸爸的怀huái里。❷ (나란히 줄을 서 있는 모양) 【成行】chéng/háng 【成排地】chéngpái·de ¶버드나무가 밭가에 一 열을 지어 서 있다 | 柳树liǔshù成行排在地边上。❸ (빠르게) 【刺棱】cīlēng 【稀里呼噜】xī·lihūlū ¶고양이가 ~ 도망쳤다 | 猫māo刺棱一下跑g; 去了。

ᴬ**쪽¹** 〔명〕❶ (방향) 【方向】fāngxiàng 【方面】fāngmiàn ¶어느 ~ | 哪个方向。¶북경 ~으로 가는 손님들 | 往北京方面去的旅客们。❷ (당사자 사이의) 【方】fāng 【边】biān ¶앞~ | 前方。¶한~으로 기울다 | 一边倒áo。¶너는 어느 ~이냐? | 你是哪边儿的?

ᴬ**쪽²** 〔명〕 【页】yè ¶모두 몇 ~이냐? | 一共有几页? ¶삼~ | 第三页。

ᴬ**쪽³** 〔명〕❶ 【碎片(儿)】suìpiàn(r) ❷ 【一瓣儿】yībānr 【一块儿】yīkuàir

쪽⁴ 〔명〕 【蓝】lán 【蓝色】lánsè 【蓼蓝】liǎolán ¶~ 빛 하늘 | 蔚蓝的天空。

쪽문 〔명〕 【小门】xiǎomén 【单扇门】dānshànmén ¶~을 나서다 | 出了单扇门。

쪽박 〔명〕 【小瓢】xiǎopiáo

쪽발이 〔명〕❶ (외발) 【单脚】dānjiǎo 【单脚物】dānjiǎowù ❷ (발통이 두 갈래진 물건) 【偶蹄的东西】ǒutí·de dōng·xi ❸ (일본인에 대한 비칭) 【日本鬼子】rìběn guǐ·zi

쪽방 〔─房〕 【笼屋】lóngwū

쪽방 사람 〔명〕 【笼民】lóngmín

쪽빛 〔명〕 【蓝色】lánsè ¶~ 하늘 | 蓝色的天空。

쪽지 〔명〕 【条子】tiáo·zi 【纸条】zhǐtiáo

【字条】zìtiáo **【便条**(儿)**】**biàntiáo(r) ¶~를 한 장 쓰다 | 写一张条子。¶ 내가 그에게 오후에 회의를 열도록 ~를 한 장 남겼다 | 我给他留了一张条子, 叫他下午开会。

쫀득쫀득 뷰혱 **【粘】**nián **【韧】**rèn ¶~한 찰떡 | 粘粘的糯nuò米糕gāo。

°**쫄깃쫄깃** 뷰혱 **【粘】**nián **【韧】**rèn **【艮】**gěn ¶떡은 ~하게 만들어야 맛 있다 | 糕gāo要做得艮艮的才好吃。

ᴮ**쫓겨나다** 됭 **【被撵出去】**bèiniǎnchūqù **【被赶走】**bèigǎnzǒu

°**쫓기다** 됭 **❶**(뒤쫓기다) **【被逼】**bèibī **❷**(압박을 받다) **【被某种事所逼】**bèi mǒuzhǒng shìsuǒbī ¶시간에 ~ | 被时间所逼。

ᴮ**쫓다** 됭 **❶**(물리치다) **【驱逐】**qūzhú **【赶走】**gǎnzǒu **【赶出去】**gǎnchūqù ¶졸음을 ~ | 驱困。**❷**(범인·사냥감 등을) **【追】**zhuī **【追赶】**zhuīgǎn ¶범인의 뒤를 ~ | 追赶犯人。

ᴮ**쫓아가다** 됭 **【追赶】**zhuīgǎn **【赶】**gǎn ¶분발하여 앞선 것을 바싹 ~ | 奋起直追。¶적을 ~ | 追赶敌人。

쫓아내다 됭 **【驱逐】**qūzhú **【驱除】**qūchú **【赶走】**gǎnzǒu **【撵走】**niǎnzǒu ¶침략자를 ~ | 驱逐侵略者qīnlüèzhě。¶일 없이 그저 구경만 하는 자는 모두 쫓아내라! | 没事做, 净jìng看热闹的都给撵走! ¶좀도둑이 하나 걸어 들어왔는데 내가 쫓아냈다 | 进一个小偷liú, 让我撵走了。

쫙 뷰 **【哧】**chī ¶~하고 천조각 하나를 찢었다 | 哧的一声撕sī下一块布bù来。

ᴮ**쬐다** 됭 **❶**(볕을 몸에 받다) **【晒】**shài **【照射】**zhàoshè ¶햇볕을 ~ | 晒太阳。**❷**(불기운에 몸을) **【烤】**kǎo **【烤火】**kǎo/huǒ ¶축축한 옷을 불에 쬐어 말리다 | 把湿衣裳烤一烤。¶손을 내밀어 불을 ~ | 伸手烤火。

쭈그러들다 됭 **❶**(오그라들다) **【瘪】**biě ¶자동차 타이어가 쭈그러들었다 | 车胎dài瘪了。¶배가 쭈그러들었다 | 肚子瘪了。**❷**(줄어들다) **【萎缩】**wěisuō ¶살림이 날로 쭈그러든다 | 经济日趋萎缩。

쭈그러뜨리다 됭 **【弄瘪】**nòngbiě ¶모

자를 납작하게 ~ | 把帽子弄瘪了。

쭈그리다 됭 **❶**(오글아들게 하다) **【弄瘪】**nòngbiě **❷**(우그리다) **【缩】**suō **【蹲】**dūn ¶문 입구에 돌사자가 쭈그리고 앉아 있다 | 门口蹲着石狮子。¶땅에 쭈그리고 앉아 있다 | 蹲在地上。

쭈글쭈글 뷰혱 **【皱瘪瘪】**zhòubiěbiě **【皱巴巴】**zhòubābā **【皱皱巴巴】**zhòu·zhòubābā ¶~ 주름이 간 얼굴 | 皱瘪瘪的脸。

쭈뼛하다 혱 **❶**(입이) **【尖尖的】**jiānjiān·de **【撅嘴】**juē zuǐ **❷**(털이) **【竖毛】**shù/máo **【寒毛直竖】**hán·máo zhíshù ¶머리카락이 쭈뼛하게 곤두서다 | 头发根儿都竖起来了。

쭉 뷰 **❶**(줄을 긋는 모양) **【划】**huá ¶~ 긋다 | 用劲划线。**❷**(일렬로) **【成行】**chéng/háng **【成排】**chéngpái ¶버드나무가 밭가에 ~ 열을 지어 서있다 | 柳树liǔshù成行排chéngpái在地边上。**❸**(단숨에) **【一口气】**yìkǒuqì ¶물을 ~ 들이키다 | 把水一口气喝掉。**❹**(계속) **【一直】**yìzhí ¶이 길을 따라 곧바로 ~ 가시면 바로 종합청사입니다 | 沿yán着这条路直走到底就是行政大楼。¶3일간 ~ 비가 내렸다 | 直下了三天的雨。

쭉정이 몡 **❶**(알맹이에 대하여) **【瘪谷】**biěgǔ **【秕粒】**bǐlì **【干瘪的水果】**gānbiě·de shuǐguǒ **❷**(비유하여) **【傻瓜】**shǎguā **【傻大瓜】**shǎdàguā **【笨瓜】**bènguā **【二百五】**èrbǎiwǔ ¶사람 ~ 취급하지마 | 别当人是傻瓜!

쯧쯧 깝 **【啧啧】**zézé ¶~, 불쌍해라 | 啧啧, 真可怜!

－쯤 혱 (程度)chéngdù **【左右】**zuǒyòu **【前后】**qiánhòu ¶그 ~ 이야기했으면 그도 알아듣겠지 | 讲到那个程度, 大概他也能听得懂吧。¶오후 세 시~ | 下午三点左右。¶10월 말~이면 임무를 완성할 수 있겠다 | 到十月底前后就可以完成任务。

찌 몡 **【浮标】**fúbiāo **【浮子】**fú·zi **【漂儿】**piāor **【鱼漂】**yúpiāo

찌개 몡 **【煎】**jiān ¶두부~ | 煎豆腐。

찌그러지다 됭 **❶**(물체가) **【歪】**wāi

【瘪】bě【走样】zǒu/yàng【倒塌】dǎotā ¶찌그러진 모자 | 走了样的帽子。❷ (일이)【搞坏】gǎohuài【搞糟】gǎozāo ❸ (얼굴이)【皱脸】zhōuliǎn【褶纹】zhěwén

찌꺼기 몡 ❶ (침전물)【渣滓】zhāzǐ【糟粕】zāopò【渣子】zhā·zi ¶~는 버리고 알맹이를 취하다 | 弃其糟粕, 取其精华。❷ (나머지)【次品】cìpǐn ¶~를 늘어 놓고 전람을 하다 | 把次品排出来展览zhǎnlǎn。

찌다 통 (发胖)【发胖】fāpàng【长肉】zhǎngròu ¶병치레를 한 후 그녀는 온통 살이 쪘다 | 病后, 她长了一身肉。

[B]**찌다²** 통 ❶ (뜨거운 김에 익히다)【蒸】zhēng【焅】hū ¶식은 밥을 ~ | 把凉饭蒸一蒸。¶고구마를 ~ | 焅白薯shǔ。❷ (날씨가 아주 덥다)【炎热】yánrè ¶몹시 찌는 날씨라서 견디기 힘들다 | 炎热难当nándāng。¶날씨가 견디기 힘들도록 찐다 | 天气炎热得令人难受nánshòu。

[B]**찌다³** 통【结】jié ¶쪽을 ~ | 结发髻fàjì。

[A]**찌들다** 통 ❶ (더러워지다)【渍了油泥】zì·le yóuní【污坏】ōuhuài ¶땀에 찌든 속옷 | 被汗水泥坏了的内衣。❷ (고통받다)【受折磨】shòuzhé·mo【经受】jīngshòu ¶생활에 ~ | 受生活的折磨。

[B]**찌르다** 통 ❶ (뾰족한 것으로 들이밀다)【刺】cī ¶찔러 죽이다 | 刺杀shā。¶한 바늘 한 바늘 그의 가슴을 찔렀다 | 一针一针地刺在他们的心上。❷ (꽂아 넣다)【插】chā ¶손을 바지 주머니에 ~ | 把手插在裤子口袋里。¶머리 수건을 허리에 ~ | 把头巾掖在腰里。❸ (후각을 자극하다)【扑鼻】pūbí ¶술 냄새가 너무 코를 찌른다 | 这酒味太刺鼻chòuqī扑鼻。❹ (밀고하다)【告密】gàomì【告状】gàozhuàng ¶책임자에게 ~ | 向领导lǐngdǎo告密。

찌뿌드드하다 휑 ❶ (몸이)【不舒服】bùshū·fu ¶몸이 ~ | 身体不舒服。❷ (기분이)【沉郁】chényù【抑郁】yìyù【郁闷】yùmēn【不振】búzhèn ¶기분이 ~ | 精神不振。❸ (날씨가)【阴

沉】yīnchén ¶날씨가 ~ | 天色阴沉。

찌익 [튀]하자 【嗤】chī【呲啦】cīlā【刺啦】cīlā ¶~하고 찢어졌다 | 嗤的一声被撕sī破了。¶~하고 옷이 찢어져 구멍이 났다 | 刺啦一声, 衣服被撕了个口子。

찌푸리다 통 ❶ (얼굴을 찡그리다)【蹙眉】cùméi【皱眉】zhòuméi【颦眉】pínméi【聚缩眉头】jù suō méi tóu【收缩眉头】shōu suō méi tóu ¶그는 눈살을 한 번 찌푸렸다 | 他蹙了一下眉。¶아파서 얼굴을 찌푸렸다 | 疼得皱眉。❷ (날씨가 흐리다)【阴沉】yīnchén ¶오늘은 날씨가 잔뜩 찌푸린 것이 마치 비가 곧 올 듯하다 | 今天天气阴沉, 好像要下雨。

찍 튀 ❶ (물소리)【唰】shuā ❷ (미끄러지거나 찢을 때 나는 소리)【刺】cī【嚓】cā ¶~하고 미끄러져 곤두박질쳤다 | 刺的一声, 滑了一个跟头。¶~하고 미끄러졌다 | 嚓的一声滑倒了。❸ (선을 그을 때 나는 소리)【嗤】chā【刺】cī ¶~하고 줄을 그었다 | 喳的一声画了一条线。

[A]**찍다** 통 ❶ (도끼 등으로 내리치다)【劈】pī【砍】kǎn ¶나무를 ~ | 砍树。❷ (파다)【刨】páo ¶곡괭이로 땅을 ~ | 用十字镐刨地。❸ (도장·인쇄물 등을)【盖图章】gàitú·zhang ¶도장을 ~ | 盖图章。❹ (사진을 박다)【拍摄】pāishè【照】zhào ¶사진을 찍은 장 ~ | 拍一张照片。¶영화를 ~ | 拍电影diànyīng。❺ (묻히다)【蘸】zhàn【沾】zhàn ¶(잉크를 찍어서 쓰는) 철필 | 蘸水钢笔。¶설탕에 찍어먹다 | 蘸糖táng吃。¶파를 된장에 ~ | 大葱蘸大酱jiàng。❻ (지적하여 명시하다)【指名】zhǐmíng【指点】zhǐdiǎn ¶선생님이 시험에 나올 부분을 찍어주었다 | 老师把要考的部分指了出来。❼ (점을)【点】diǎn【打】dǎ ¶마침표를 ~ | 打句号。참고〔盖图书〕〔盖印yìn〕〔盖章〕〔扣载〕〔打图书〕〔打图章〕〔扣印〕〔加印〕

찍소리 몡【吭声】kēngshēng【吭气】kēngqì ¶~ 없다 | 不吭声。¶적들은 ~ 못하고 사로잡혔다 | 敌人连吭都没能吭一声, 就被活捉了。

ᶜ**찍찍** 튀하자 ❶ (물을 쏘는 소리) 【唰唰】shuāshuā ¶~ 물총으로 물을 쏘다 | 唰唰的用水枪射水。 ❷ (어지럽게) 【乱划拉】luànhuálā ¶~ 몇 자 갈겨쓰다 | 乱划拉了几个字。 ❸ (쥐·벌레 등이 내는 소리) 【叽叽】jījī 【吱】zī ¶쥐가 ~하며 도망쳤다 | 老鼠lǎoshǔ 吱的一声跑pǎo了。

찐득거리다 동 【粘】nián 【粘糊糊的】niánhūhú·de ¶땀이 나서 손이 ~ | 因为出汗, 手发粘。 ¶알사탕이 녹아서 ~ | 糖球tángqiú化了粘糊糊的。

찔끔찔끔 튀 ❶ (액체 등이 조금씩 나오는 모양) 【断断续续(地)】duàn·duànxùxù(·de) ¶비가 ~ 온다 | 雨yǔ断断续续地下着。 ❷ (조금씩) 【一点一点】yìdiǎn yìdiǎn ¶~ 흐르다 | 一点一点地流liú。

찔레 명 〈植〉 【野蔷薇】yěqiángwēi 【野玫瑰】yěméiguī ¶~꽃 | 野蔷薇花。

찔리다 동 【被扎】bèizhā 【被刺】bèicì ¶바늘에 ~ | 被针扎了。 ¶양심에 ~ | 良心上过不去。

ᶜ**찜** 명 【炖食】dùnshí ¶갈비~ | 炖排骨。

ᶜ**찜질** 명하자타 ❶ (약물이나 더운 물을 적신 헝겊을 대어 병을 고치는 일) 【敷】fū ¶삔 발목을 더운물로 ~하다 | 用热水敷一下窝wō了的脚脖bó子。 ¶냉~ | 冷敷。 ❷ (온천이나 뜨거운 물 혹은 모래에 몸을 담가 땀을 흘려 병을 고치는 일) 【热疗】rèliáo 【沙疗】shāliáo ¶모래~ | 沙疗。

찜찜하다 형 【犹预不决】yóu yù bù jué 【犯疑】fànyí ¶계약 내용이 ~ | 对合同内容犹预不决。

찜하다 동 【相中】xiāngzhòng 【看好】kànhǎo 【看中】kànzhòng

찡그리다 동 【皱眉】zhòuméi 【颦眉】pínméi 【蹙眉】cùméi ¶아파서 미간을 ~ | 疼得皱眉。

ᶜ**찡찡거리다** 동 【叫苦】jiàokǔ 【嘀咕】dígu ¶찡찡거리지 말고 그렇게 하여야만 할 것이면 그렇게 하여라 | 别嘀咕了, 该怎么办就怎么办吧。

ᴮ**찢다** 동 【撕】sī 【撕破】sīpò 【撕碎】sīsuì ¶책장을 잡아 ~ | 把书页撕破pò了。 ¶옷이 못에 걸려 찢어졌다 | 衣服让钉子给撕破了。

ᴮ**찧다** 동 ❶ (가루를 내다) 【捣】dǎo 【春】chōng ¶쌀을 ~ | 捣米。 ¶마늘을 ~ | 捣蒜suàn。 ❷ (내려치다) 【槌】chuí ¶공기 망치가 쇠덩이를 내려 찧는다 | 气锤qìchuí槌打铁块tiěkuài。 ❸ (넘어지다) 【摔】shuāi 【撞】zhuàng

大

ᴬ**차¹**[車] 명 ❶ (탈 것) 【车】chē ¶~ 한 대 | 一辆liàng车。¶~를 타다 | 坐车。¶~를 멀미하다 | 晕yūn车。¶~를 바꿔 타다 | 倒dǎo车/换车。¶~가 충돌하다 | 撞zhuàng车。¶~를 운전하다 | 开车。❷ (장기) 【车】jū ¶좋을 버리고 ~를 지키다 | 丢卒保车。

ᴬ**차²**[茶] 명 【茶叶】cháyè 【茶】chá 【茶水】chá·shuǐ 【茶树】cháshù ¶~를 마시다 | 喝hē茶。¶~를 한 잔 올리다 | 上一杯茶来。¶~를 따다 | 采茶。¶~ 재배 | 茶树栽培zāipéi。

ᴬ**차³**[差] 명 (차이) 【差异】chāyì 【差别】chābié ¶정도에 ~가 있다 | 程度有差。¶양적으로 ~가 있다 | 数量上有差别。❷ 〈數〉【差】chā 【差数】chāshù ¶7과 3의 ~는 4이다 | 七与三之差是四。

ᴬ**차⁴**[次] 의명 ❶ (순서) 【次】cì 【届】jiè ¶제2~ 세계대전 | 第二次世界大战。❷ 〈數〉【次】cì ¶2~ 방정식 | 二次方程式。❸ (…하려던 참) 【时】shí 【当口】dāngkǒu ¶지금 나가려던 ~였는데 그가 왔다 | 在刚要去的当口他来了。❹ (…하려고) 【为】wèi 【了】wèi·le ¶인사·선생님을 찾아뵙다 | 为了问候一声来见老师。

ᴬ**차갑다** 형 ❶ (기온·온도가) 【凉】liáng ¶날이 차가워졌다 | 天气凉了。¶물이 ~ | 水凉。❷ (사람·태도 등이) 【冷淡】lěngdàn 【无情】wúqíng ¶차갑게 거절하다 | 无情地拒绝jùjué。¶그는 사람 대하는 태도가 아주 ~ | 他待人态度很冷淡。

차고[車庫] 명 【车库】chēkù 【车棚】chēpéng 【汽车库】qìchēkù ¶~ 판매 | 车库买卖。 참고 〔车房〕

차곡차곡 부 【整齐地】zhěngqí·de ¶옷가지를 ~ 개다 | 把衣服整齐地叠好。¶벽돌을 ~ 쌓다 | 把砖头整整齐齐地堆起来。

차관[借款] 〈經〉 명 하자 【贷款】dài/kuǎn 【借债】jièzhài ¶외화 ~ | 外汇wàihuì贷款。

ᴮ**차관²**[次官] 명 【副部长】fùbùzhǎng ¶교육부 ~ | 教育部副部长。

ᴮ**차근차근** 부 【仔细地】zǐxì·de 【一丝不苟】yìsī bùgǒu·de 【循循】xúnxún 【有条有理】yǒutiáo yǒulǐ ¶~히 보다 | 仔细地一看。¶~히 연구하다 | 仔细地研究。¶~ 글을 쓰다 | 仔细地写。참고 〔有条有款〕

차근차근하다 형 【仔细】zǐxì 【细致】xìzhì 【细心】xìxīn 【有条有理】yǒu tiáo yǒu lǐ ¶그녀는 아주 ~ | 她很细心。¶차근차근한 사람 | 细心人。

차기[次期] 명 【下次】xiàcì 【下期】xiàqī 【下回】xiàhuí ¶~로 이월하다 | 由上期转到下期来。

차남[次男] 명 【次子】cìzǐ 【次男】cìnán ¶장남과 ~ | 长子和次子。참고 〔次息〕

차녀[次女] 명 【次女】cìnǚ 【二女儿】èrnǚ'ér

ᴬ**차다¹** 통 ❶ (가득하게 되다) 【满】mǎn 【充满】chōngmǎn 【充塞】chōngsè ¶회의장에 사람이 가득 찼다 | 会场里人都满了。¶방 안에 햇볕이 가득 찼다 | 屋子里充满阳光yángguāng。❷ (일정 수효나 정도에 이르다) 【达到】dá/dào 【足】zú 【到】dào ¶눈이 무릎까지 차지 않았다 | 雪没到了膝xī盖。¶달이 ~ | 足月。¶나이가 ~ | 到了岁数。

차다² 통 ❶ (발로) 【踢】tī ¶공을 ~ | 踢球。❷ (혀를) 【咂】zā ¶혀를 ~ | 咂嘴(儿)。

ᴬ**차다³** 통 【佩带】pèidài 【挎】kuà 【戴】dài ¶칼을 ~ | 佩带军刀。¶시계를 ~ | 戴手表。

차다⁴ ☞ 차갑다

차단[遮斷] 명 하다 ❶ (단절되다) 【断绝】duànjué 【绝断】juéduàn 【断】duàn 【隔断】géduàn 【卡住】kǎzhù ¶교통을 ~하다 | 隔绝交通。¶연락을 ~하다 | 断绝联系。¶관계를 ~하다 | 断了关系。¶자금을 ~하다 | 卡住了资金。❷ (전기를) 【断线】duànxiàn 【断路】duàn/lù ¶~기 | 断路器。

ᶜ**차도**¹[車道]〔몡〕【车道】chēdào 【车辙
(儿)】chēzhé(r)　【汽车道】qìchēdào
¶~와 인도 | 车道与人行道。¶~를
따라가다 | 顺车辙走。

차도²[差度]【有起色】yǒu qǐsè 【好
转】hǎozhuǎn 【见轻】jiànqīng ¶그의
병이 ~가 있다 | 他的病有起色了。

ᶜ**차돌**〔몡〕【石英】shíyīng 【白石】báishí

차드[Chad]〔몡〕【乍得】Zhàdé [아
프리카 중부에 있는 공화국. 수도는
"恩贾梅纳"(은자메나;Ndjamena)]

차등[差等]〔몡〕【差等】chāděng 【等级】
děngjí 【级别】jíbié ¶~을 매기다 |
定等级。¶사랑에는 ~이 없다 | 爱
无差等。

ᶜ**차디차다**〔톙〕【冷清】lěng·qing 【冷清清】-
lěngqīngqīng 【冰冷】bīnglěng 【冰凉】
bīngliáng ¶차디찬 달빛 | 冷清清的
月色。¶온 몸의 피가 ~ | 全身的血
都是冰冷的。

ᴮ**차라리**〔톙〕【宁可】nìngkě 【宁肯】nìngkěn
【毋宁】wúnìng 【倒不如】dào·bùrú 【莫若】-
mòruò 【干脆】gāncuì ¶비행기를 타는
것보다 ~ 배를 타는 것이 낫다 | 与其
坐飞机, 宁可坐船。¶그는 ~ 자기가
조금 손해 볼지언정 남을 손해보게
하지는 않는다 | 他宁可自己吃点亏,
也不叫别人吃亏。¶그는 기왕 입구
까지 온 바에는, ~ 따라 들어가 보는
편이 낫다고 생각했다 | 他想, 既然来
到了门口, 莫如跟着进去看看。¶약
을 먹는 것은 ~ 휴식을 하는 것보다
못하다 | 吃药倒不如休息为好。〔참고〕
〔宁自〕〔任可〕〔认可〕〔耐可〕〔尽可〕
〔情愿〕〔无宁〕〔不如〕

ᶜ**차량**[車輛]〔몡〕【车辆】chēliàng ¶~용
기자재 | 车辆用器材。

ᶜ**차렷**〔톙〕【立正】lìzhèng ¶벌떡 일어나
~ 자세를 취하다 | 腾地站起来作好
了立正姿势。

ᴬ**차례**[次例]〔몡〕❶ (순서) 【次序】cìxù
【顺序】shùnxù 【该】gāi 【轮次】lúncì
【批】pī 【递】dì 【序次】xùcì ¶~대
로 입장하다 | 接顺次序入场。¶이번에
네가 읽을 ~다 | 这回该你念了。¶
~가 되다 | 挨到轮次。¶~로 바꾸
다 | 递换。❷ (목차) 【目录】mùlù 【项
目表】xiàngmùbiǎo 【目次】mùcì ¶~

를 보다 | 看目录。

차례²[茶禮]〔몡〕【祭礼】jìlǐ 【祭祀】jì·sì
¶조상님께 ~를 올리다 | 给祖先祭
礼。〔참고〕〔祭筵sài〕

ᴮ**차례차례**[次例次例]〔톙〕【依次】yīcì 【取
次】qǔcì 【挨次】āicì 【循序】xúnxù 【逐
次】zhúcì 【轮班】lún/bān 【轮流】lúnliú
¶~ 앉다 | 依次入座rùzuò。¶모두
들 서로 밀지 말고, ~ 차를 타시오 |
请大家不要挤, 挨次上车。¶~ 당직
을 서다 | 轮流值班。〔참고〕〔轮拨儿〕
〔逐节〕

ᴮ**차리다**〔톰〕❶ (장만하여 갖추다) 【做】
zuò 【准备】zhǔnbèi 【置办】zhìbàn 【张
罗】zhāng·luo 【摆】bǎi ¶반찬을 많이
차렸다 | 做了很多菜。¶그는 저녁을
차렸다 | 他准备了晚饭。¶밥상을 ~
| 摆饭桌。❷ (옷 등을 갖추어 꾸미
다) 【穿】chuān 【打扮】dǎ·ban ¶매
우 소박하게 차려입고 있다 | 穿得很
朴pǔ来。¶아주 예쁘게 차려입었다
| 打扮得很漂亮piàoliàng。❸ (형식
을 갖추다) 【摆】bǎi 【走】zǒu ¶형식
을 ~ | 走形式。❹ (겉으로 드러내
다) 【注意】zhù/yì 【注重】zhùzhòng
【客气】kè·qi ¶체면을 ~ | 很客气。
❺ (욕심을 채우려 하다) 【满足】mǎn-
zú 【图】tú ¶욕심을 ~ | 图利。❻
(정신을 가다듬어 되찾다) 【振作】zhèn-
zuò 【抖擞】dǒusǒu 【强打】qiángdǎ
¶정신을 ~ | 振作精神。❼ (짐을 정
리하다) 【拾掇】shí·duo 【收拾】shōu·
shi ¶행장을 ~ | 收拾行李。❽ (방
법 등을 생각하다) 【想】xiǎng 【采取】
cǎiqǔ ¶우리가 방도를 차려 그를 도
와 주도록 합시다 | 我们想办法帮助
他。❾ (스스로 깨닫다) 【看出】kàn-
chū 【猜到】cāidào ¶그의 마음을 알
아차렸다 | 看出他的心思。

차림〔몡〕【装束】zhuāngshù 【穿戴】chuān-
dài 【衣着】yīzhuó 【打扮】dǎ·ban ¶
~에 신경을 쓰지 않는 사람 | 不讲究
穿戴的人。¶그녀의 옷~은 수수하
면서도 우아하다 | 她的装束朴pǔ素
大方。¶그녀는 학생 ~이다 | 她一
身学生打扮bàn。〔참고〕〔穿着zhuó〕

차마〔톙〕【忍心】rěn/xīn 【不堪】bùkān
【不忍】bùrěn ¶~ 들을 수 없다 | 不
堪耳wr。¶~ 상술할 수가 없다 |

不堪详述xiángshù。¶~ 눈뜨고 볼
수 없다 | 不忍目睹dǔ。

차멀미 圐【晕车】yùn/chē ¶나는 늘 ~
를 한다 | 我常晕车。

B**차별**[差别] 圐하타【差别】chābié 【歧
视】qíshì ¶인종 ~ | 人种歧视。
¶ 대우 | 差别待遇dàiyù/歧视待遇。¶
남녀의 ~이 없는 교육 | 无男女差别
的教育。

C**차분하다** 瓃【文静】wénjìng【平稳】píng
jìng ¶차분한 목소리 | 文静的声
音。¶차분한 마음으로 공부하다 |
以平稳的心情学习。

B**차비**[車費] 圐【车费】chēfèi【车钱】ch-
ē·qián【车马费】chēmǎfèi【车脚钱】
chējiǎoqián【车资】chēzī ¶한 번 왕복
에 적지 않은 ~를 썼다 | 一来一回,
花了不少车马费。 참고【车钿tián】

B**차비**[差備] 圐하타【准备】zhǔnbèi ¶
겨울~가 다 되었다 | 做好了过冬的
准备。

차석[次席] 圐【次位】cìwèi【第二席
位】dì'èr xíwèi ¶~검사 | 次位检察
官。

차선[次善] 圐【较善】jiàoshàn【次善】
cìshàn【次好】cìhǎo【第二位好】dì'è-
rwèihǎo ¶~책 | 较好的。

차선[車線] 圐【车道线】chēdàoxiàn
【行车线】xíngchēxiàn ¶~분리대 |
路栏。¶~위반 | 违反汽车路线。¶
4~도로 | 四个车道的路。

차압[差押] 圐하타〈法〉【查封】cháfē-
ng【封押】fēngyā【扣押】kòuyā【扣
留】kòuliú ¶가옥을 ~하다 | 查封房
屋。¶임금을 ~하다 | 扣押工资。참
고【发押】

차액[差額] 圐【差额】chā'é【差价】chā-
jià ¶무역 ~ | 贸mào易差额。¶~
을 보충하다 | 补bǔ充差额。¶도매
와 소매의 ~ | 批pī发和零售língshòu
的差价

차양[遮陽] 圐【遮阳】zhēyáng ¶~이
있는 모자 | 遮阳帽。

차오차오[chauchau] 圐〈動〉【松狮
犬】sōngshīquǎn

차원[次元] 圐 ❶〈物〉【因次】yīncì
【量纲】liànggāng【维】wéi【度】dù ¶
~ 분석 | 因次分析。¶3~ 공간 | 三
维空间。❷(입장·수준)【立场】lìchǎ-

ng【出发点】chūfādiǎn【起点】qǐdiǎn
¶~이 낮은 이야기 | 起点低的谈
话。

차이[差異] 圐【差异】chāyì【出入】chū-
rù【差距】chājù【比差】bǐchā【相异】x-
iāngyì【差】chā【差别】chābié ¶정도
의 ~일 뿐이다 | 仅jǐn仅是程chéng度
差异罢了。¶번역문과 원문이 얼마
간 ~가 있다 | 译文和原文有些出
入。¶양적으로 ~가 있다 | 数量上
有差别。

차이점[差異点] 圐【分歧点】fēnqídiǎn
【不同之处】bùtóngzhīchù ¶서로 ~
이 많다 | 相互间不同之处很多。

차이나타운[China town] 圐【中国城】
zhōngguóchéng【唐人街】Tángrénjiē
¶우리는 샌프란시스코의 ~에 관광
갔었다 | 我们曾到旧金山的唐人街观
光过。 참고〔华人街〕〔中华街〕【中国
街】

차일피일[此日彼日] 昷하타【一天拖
一天】yìtiān tuō yìtiān【一拖再拖】yì-
tuō zài tuō【今日复明日】jīnrì fùmíngrì
¶~미루다 | 一天拖一天。

차임[借入] 圐하타【借入】jièrù

C**차장**[次長] 圐【次长】cìzhǎng【副部
长】fùbùzhǎng ¶교육부 ~ | 教育次
长。¶~검사 | 副检察长。

B**차장**[車掌] 圐【售票员】shòupiàoyuán
【列车长】lièchēzhǎng

차제[此際] 昷【立即】lìjí【立刻】lìkè
【俟】sì【等】děng【之后】zhīhòu ¶~
에 결정을 해야 된다 | 须要xūyào立
即决定。¶그가 오는 ~에 다시 이야
기하자 | 等他来了再说。

C**차지** 圐하타【占居】zhànjū【占领】zhàn-
lǐng【占】zhàn【窃据】qièjù【归为己
有】guīwéi jǐyǒu ¶높은 자리를 ~하
다 | 窃据高位。¶더 많이 ~하다 |
多吃多占。¶찬성하는 사람이 다수
를 ~하다 | 赞成的占多数。

차질[蹉跌] 圐【差错】chācuò【差池】
chāchí ¶안심해라, ~이 생길 수가
없다 | 放心吧, 出不了差错。¶계획
에 ~을 빚다 | 计划有差池。

차차[次次] 昷❶(조금씩)【渐渐】jiàn-
jiàn【一阵比一阵…】yízhèn bǐ yízhè-
n… ¶청명이 지나자 날씨가 ~ 따뜻
해졌다 | 过了清明, 天气渐渐暖起来

了。¶～　좋아지다│渐渐变好。❷
(천천히)【慢慢】mànmàn ¶돈은 ～
갚으셔도 된다│钱慢慢还也行。

ᴮ**차창**[車窓] 몡【车窗】chēchuāng ¶～
밖을 내다보다│往车窗外边看。

ᴬ**차체**[車體] 몡【车身】chēshēn【车体】
chētǐ ¶～에 결함이 있다│车身有毛
病。¶～ 프레임│车架。

차출[差出] 몡하타 ❶ (임명하다)【任
命官员】rènmìng guānyuán【调任】diào
rèn ¶그는 이미 현장주임으로 되
었다│他已调任车间主任。❷ (선발
하여 보내다)【拨出】bōchū【拔出】bá
chū ¶사람을 ～하여 보내다│拨出
人。

차츰 閈【渐渐】jiànjiàn【稍稍】shāoshā
o【慢慢】mànmàn【愈益】yùyì【越来
越…】yuèláiyuè…【越发】yuèfā【更】
gèng ¶모두들 ～ 떠나갔다│大家稍
稍高去了。¶～ 좋아졌다│慢慢(地)
就好了。¶～ 더 바빠진다│越来越
忙mǎng。¶～ 교만해지다│越来越
骄傲jiāoào起来。¶나는 ～이곳을 ～
좋아하게 되었다│我更喜欢这个地方
了。〔参고〕〔精微〕〔俞益〕

차츰차츰 閈【渐渐】jiànjiàn【越来越
…】yuèláiyuè… ¶～ 좋아지다│越来
越好。

차치[且置] 몡하타【暂且搁置】zànqiě
gēzhì【暂且不说】zànqiě bùshuō ¶
비용은 ～하고│费用问题暂且搁置一
下。¶그것은 ～하고 이 문제에 대해
먼저 토의합시다│那个暂且不说，先
讨论这个问题。

차편[車便]【趁车来往之便】chènch
ē lái wǎng zhī biàn【顺路车】shùnlùch
ē ¶이곳에는 ～이 많다│这个地方顺
路车很多。

ᴮ**차표**[車票] 몡【车票】chēpiào ¶～를
예매하다│预售车票。

차후[此後] 몡【以后】yǐhòu【此后】cǐh
òu ¶오늘 ～로│从今以后。¶～
에 너 다시 오지 마라│此后你别再
来。〔参고〕〔自今以后〕

ᴮ**착**[着] 閈 ❶ (물건이 단단히 달라붙어 있
는 모양)【紧紧地】jǐnjǐn·de ¶모기가
팔에 ～ 달라붙다│蚊子紧紧地叮dī
ng在胳膊上。❷ (서슴없이·선뜻)
【一下子】yíxià·zi【毫不犹豫】háobù

yóuyù ¶미련없이 ～ 돌아서서 가버
리다│毫不犹豫地转身就走了。

착² 閈 ❶ (몸가짐이 태연스러운 모양)
【安详】ānxiáng ¶～ 앉아있다│安详
坐着。❷ (물체가 늘어져 있는 모
양)【弯状】wānzhuàng ¶～ 늘어진
버들가지│弯弯wān垂下的柳树枝。
―**착³**[―着] 몡【到达】dàodá ¶북경
～│到达北京。

ᴬ**착각**[錯覺] 몡하자타【错觉】cuòjué ¶
～에 빠지다│陷入错觉。¶사람은
가끔 ～을 일으킬 수 밖에 없다│人有
时难免有错觉。

착공[着工] 몡하타【开工】kāi/gōng
【动工】dòng/gōng ¶～식│开工典
礼。¶우리 집은 마침 ～하고 있습니
다│我家里正动着工呢。

ᴬ**착륙**[着陸] 몡하자【着陆】zhuó/lù【降
落】jiàngluò ¶～장│着陆场。

착복[着服] 몡하자타 ❶ (옷의) 【穿
衣】chuān/yī ❷ (재물의)【侵吞】qīnt
ūn【私吞】sītūn【贪污】tānwū ¶공금
을 ～하다│侵吞公款kuǎn。

착상[着想] 몡하자【构想】gòuxiǎng
【构思】gòusī ¶～이 좋다│构思很
好。¶기발한 ～이 떠오르다│一个
很奇特的构思浮上心头。

착색[着色] 몡하타【染色】rǎn/sè【着
色】zhuó/sè【有色】yǒusè ¶요즘의
식품은 대부분 ～한 것이다│近来的
食品大都是着色的。¶～유리│有色
玻璃。

착석[着席] 몡하자【就位】jiù/wèi【坐
下】zuò·xia ¶각자 ～하다│各就各
位。¶～하십시요│您请坐下！

ᴬ**착수**[着手] 몡하타【着手】zhuó/shǒu
【开始】kāishǐ【动手】dòngshǒu【入
手】rùshǒu ¶그 일은 이미 ～하였다│
那件事已经着手了。¶토론에 ～하다
│开始讨论。

ᴮ**착실**[着實] 몡하형 ❶ (구준하고 성실
하다)【诚实】chéng·shí【真实】zhē
nshí【敦厚】dūnhòu【忠厚】zhōnghòu
【扎实】zhā·shi ¶～하여 믿을 만하다
│诚实可靠kào。¶순박하고 ～하다
│质朴zhìpǔ敦厚。¶이 기초 과목을
그녀는 아주 ～하게 배웠다│这门基
础课她学得很扎实。❷ (충분하다)
【足足】zúzú【足有】zúyǒu ¶우리는

역에서 ~하게 한 시간을 기다렸다 | 我们在车站等了足足一个小时。

착안[着眼] 명하자 【着眼】zhuó/yǎn 【发现】fāxiàn ¶국가 이익을 ~하다 | 着眼国家利益。¶~점 | 着眼点。¶약간의 단서에 ~하다 | 发现一些线索。

착오[错误] 명하타 【错误】cuòwù 【谬误】miùwù ¶~를 범하다 | 犯错误。¶진리는 ~와의 투쟁 속에서 발전하는 것이다 | 真理是在同谬误作斗争中间发展起来的。

착용[着用] 명하타 ❶ (입다) 【穿】chuān 【穿鞋】chuānzhuó ¶매우 소박하게 ~하고 있다 | 穿得很朴pǔ素。¶제복을 ~하다 | 穿着制服。❷ (몸에 차다) 【携带】xiédài

착잡하다[错雜-] 형 【错综复杂】cuòzōng fùzá 【杂乱】záluàn 【纵横交错】zōnghéng jiāocuò 【心乱如麻】xīn luàn rú má ¶착잡한 심정 | 错综复杂的心情。

ᶜ**착지**[着地] 명하자 ❶ (비행기 등의 착륙) 【着陆地】zhuólùdì 【着陆场所】zhuólù chǎngsuǒ ❷ (도착지) 【抵达的地方】dǐdá·de dìfāng 【到达的地方】dàodá·de dìfāng ¶~ | 着地zhuódì

착착튀 ❶ (단단히 달라붙는 모양) 【紧紧】jǐnjǐn ¶젖은 바지가랑이가 다리에 ~ 들어붙는다 | 湿漉漉shīlùlù的裤腿kùtuǐ ~紧紧贴在腿上。❷ (질서 있게·순서대로) 【有条不紊】yǒutiáo bùwěn 【陆续】lùxù 【一个接一个地】yígè jiē yígè·de 【按部就班】àn bù jiù bān 【稳扎稳打】wěn zhā wěn dǎ 【稳做稳拿】wěn zuò wěn ná ¶~ 진행되고 있다 | 事情正有条不紊地进行着。❸ (가지런하게 접는 모양) 【整整齐齐】zhěng·zhengqíqí ¶이불을 ~ 개다 | 把被子叠dié得很整整齐齐。

ᶜ**착취**[榨取] 명하타 【榨取】zhàqǔ 【剥削】bōxuē 【盘剥】pánbō 【刮皮】guā/pí 【搜刮】sōuguā 【压榨】yāzhà 【榨取】zhàqǔ ¶지주가 농민을 ~하다 | 地主剥削农民。¶~ 계급 | 剥削阶级jiējí ¶자본가가 노동자를 ~하다 | 资本家zīběnjiā盘剥劳动láodòng人民。¶백성의 피와 땀을 ~하다 | 压榨老百姓的血汗/榨取人民的血汗。 참고 [搾取]

ᴬ**착하다** 형 【善良】shànliáng 【良善】liángshàn 【和善】héshàn 【乖】guāi ¶마음씨가 따뜻하고 착한 사람 | 又温和又善良的人。¶착한 얼굴 | 和善的面孔。¶이 아이는 정말 착하구나 | 这孩子多乖啊。

착화[着火] 명하자 【着火】zháo/huǒ 【点火】diǎn/huǒ ¶~를 방지하다 | 防止fángzhǐ着火。¶~장치 | 点火装置。¶~기 | 点火器。 참고 [走火]

찬[饌] 명 【菜】cài 【饭菜】fàncài ¶고구마는 밥 대신으로 먹을 수도 있고, ~으로 먹을 수도 있다 | 白薯也可以当饭吃, 也可以当菜吃。¶~이 입에 맞고 서비스도 좋다 | 饭菜可口, 服务周到。¶~거리 | 做菜的料。

찬동[贊同] 명하자타 【赞成】zànchéng 【赞同】zàntóng ¶두 손 들어 ~하다 | 双手赞成。¶우리들은 이 결의에 ~하다 | 我们赞同这项决议。 참고 [赞和]

ᴮ**찬란**[燦爛] 명하형 【灿烂】cànlàn ¶~한 전도(前途) | 灿烂的前程chéng。¶~한 문화 | 灿烂的文化。 참고 [粲烂] [璨càn烂]

ᴮ**찬물** 명 【冷水】lěngshuǐ 【凉水】liángshuǐ ¶~을 마시다 | 喝冷水。

찬물을 끼얹다 관용 【浇冷水】jiāo lěngshuǐ 【泼冷水】pō lěngshuǐ ¶그들에게 찬물을 끼얹지 마라 | 别给他们泼冷水了。

찬미[讚美] 명하타 【赞美】zànměi 【歌颂】gēsòng ¶위대한 조국을 ~하다 | 赞美伟大的祖国。 참고 [歌诵] [歌赞]

찬바람 명 【冷风】lěngfēng ¶~이 불다 | 刮guā冷风。

찬반[贊反] 명 【赞成或反对】zànchéng huò fǎnduì ¶~ 투표를 하다 | 赞成或反对投票表决。

찬밥 명 【凉饭】liángfàn 【剩饭】shèngfàn ¶그는 ~을 반 그릇 먹었다 | 他吃了半碗wǎn剩饭。

찬사[讚辭] 명 【赞词】zàncí 【赞辞】zàncí ¶그의 연기에 ~를 아끼지 않다 | 对他的演出赞不绝口。

ᴬ**찬성**[贊成] 명하타 【赞成】zànchéng

【赞同】zàntóng【赞许】zànxǔ ¶나는 너의 의견에 ~한다 | 我赞成你的意见。¶이 글의 관점에 대해 나는 완전히 ~한다 | 这篇文章的观点, 我完全赞同。¶모두가 그의 행위에 ~했다 | 大家赞许他的行动。

◦**찬송**[讚頌] 圐하타【赞颂】zànsòng ¶조국의 금수 강산을 ~한다 | 赞颂祖国的锦绣江山。¶남을 위해 자신을 희생하는 이러한 정신은 ~할 가치가 있다 | 这种舍己为人的精神值得赞颂。¶~가 | 赞颂歌/赞歌。

찬스[chance] 圐【机会】jī·huì ¶~는 얻기 어렵다 | 机会难得。¶중흥의 ~는 여기에 있다 | 中兴机会在此。

◦**찬양**[讚揚] 圐하타【赞扬】zànyáng 【赞美】zànměi【赞赏】zànshǎng【叹赏】tànshǎng【叹赞】tànzàn【歌颂】gēsòng ¶위대한 조국을 ~하다 | 赞美伟大的祖国。¶끊임없이 ~하다 | 叹赏不绝。¶~해 마지 않다 | 赞叹不已。 참고 〔歌诵〕〔赞赞〕

◦**찬장**[饌欌] 圐【碗柜】wǎnguì【碗橱】w-ǎnchú【碗架】wǎnjià ¶~을 하나 샀다 | 买了一个碗橱。

찬조[贊助] 圐하타【赞助】zànzhù【协助】xiézhù【捐赠】juānzèng ¶~ 출연 | 赞助演出。¶당신들에게 ~할 수가 없습니다 | 协助不了你们。¶여러분의 대대적인 ~에 매우 감사를 드립니다 | 我们非常感谢你们的大力协助。

찬찬하다 圀 ❶ (꼼꼼하다)【仔细】zǐxì 【细心】xìxīn【慎密】shènmì【过细】guòxì ¶찬찬히 보다 | 仔细一看。¶그녀는 아주 ~ | 她很细心。❷ (느리고 침착하다)【沉着】chénzhuó ¶찬찬한 태도 | 沉着的态度。¶찬찬히 응전하다 | 沉着应战zhàn。

찬탄[讚嘆] 圐하타【赞叹】zàntàn【感叹】gǎntàn ¶~해 마지 않다 | 赞叹不已。¶그는 매 과목 모두 공부를 잘해서 학우들이 진심에서 우러나오는 ~의 소리를 냈다 | 他每门功课学得都很好, 同学们发出由衷的赞叹。

찰기 圐【粘性】niánxìng ¶이 ~가 ~가 | 这浆糊不粘。¶~가 흐르다 | 粘糊糊的。

◦**찰나**[刹那] 圐【刹那】chànà【霎时】sh-

àshí【霎时间】shàshíjiān【瞬间】shù-njiān【顷刻】qǐngkè ¶~주의 | 瞬间主义。¶위급한 ~ | 危急的一刹那。 참고 〔刹子(间)〕

찰랑찰랑 貝하톙【满荡荡】mǎndàngdàng【满满当当】mǎnmǎndāngdāng【平槽】píng/cáo ¶물을 그릇에 ~거리도록 가득 채우다 | 放平槽水。¶사발에 물이 ~한다 | 碗里的水满满的。

찰스턴[Charleston] 圐〈地〉【查尔斯顿】Chá'ěrsīdùn [미국 "西弗吉尼亚Xīfújíníyà" (웨스트 버지니아; West Virginia) 주의 주도(州都)]

찰싹 貝하자타 ❶ (액체나 딱딱한 물건이 부딪는 소리)【哗哗】huāhuā【啪(儿)】pā(r) ¶파도가 바위를 ~ 때리다 | 波涛哗哗撞着岩石。❷ (붙어 있는 모양)【紧紧地】jǐnjǐn·de【吧嗒】bādā

찰칵 貝하자타【咔哒】kādā【喀哒】kād-ā ¶자물쇠가 ~ 열리는 소리가 나다 | 传chuán来了开锁kāisuǒ的咔哒声。

찰칵찰칵 貝하자타【咔哒咔哒】kādā k-ādā【嘀嗒嘀嗒】dídā dídā ¶시계소리만 ~ 울렸다 | 只有秒针miǎozhēn嘀嗒嘀嗒地响dǐxiǎng。

찰흙 圐【粘土】niántǔ ¶내화 ~ | 耐火nàihuǒ粘土。

^A**참**[1] 圐【真】zhēn ¶~에 가깝다 | 逼bī真。¶~과　　거짓 | 真和假。 참고 〔假〕

참[2][站] 圐 ❶ (일하다가 쉬는 짬)【休息时间】xiū·xishíjiān ❷ (일하던 중 쉴 때 먹는 음식)【干活休息时吃的东西】gānhuóxiū·xishí chī·dedōng·xi【加餐】jiācān【零食】língshí ¶~을 먹다 | 吃加餐。¶~으로 빵을 먹다 | 把面包当零食吃。❸〈史〉【驿站】yì-zhàn

^A**참**[3] 貝【真】zhēn【真正】zhēnzhèng【真的】zhēn·de【果然】guǒrán ¶이 이야기는 ~ 재미있다 | 这话真有意思。¶네가 ~으로 책임을 지느냐? | 你的负责吗? ¶~으로 명성 그대로이다 | 果然名不虚传。

^A**참**[4]갑 ❶ (생각이 남)【哎哟】āiyō ¶~, 잊어버렸네 | 哎哟, 忘了。❷ (딱하다

는 뜻〕【唉】āi|【啧】zé|【哎】āi ¶~, 별
일 다 있네|唉, 什么事都有啊。¶~,
정말 생각도 못했던 일이다|哎! 真
是想不到的事。

참²[站] 의통 ❶(用于动词词尾"-ㄴ
(은)""-ㄹ(을)"后, 表示时候)【时
候】shí·hou【一会儿】yīhuìr ¶쉬는
|休息的时候。¶한~을 쉬다|休息
了一会儿。❷(用于动词词尾"-ㄴ
(은)""-ㄹ(을)"后, 表示计划)【打
算】dǎsuàn【想】xiǎng ¶너는 몇 시에
갈 ~이냐?|你打算几点走?¶그는
천진에 한 번 가 볼 ~이다|他打算到
天津Tiānjīn去一趟tàng。

참-⁶ 뒤【真】zhēn【正】zhèng【上等】
shàngděng【真正】zhēnzhèng【好】hǎ
o ¶~숯|上等木炭。¶~교육|真
正的教育。

ᶜ참가[參加] 명하자타【参加】cānjiā【加
入】jiārù【参与】cānyù【赏光】shǎng/
guāng【光临】guānglín ¶초청 경기에
~하다|参加邀yāo请赛sài。¶토론
에 ~하다|参加讨论。¶정사service에 ~
하다|参与政事。（참고）〔參預〕〔赐光〕
〔光顾〕〔光降〕〔光驾〕〔光贲〕

ᶜ참게 명〈魚貝〉【河蟹】héxiè ¶~가 바
다 게보다 싱싱하다|河蟹比海蟹鲜xi-
ān。

ᴮ참견[參見] 명하자타【干预】gānyù
【管】guǎn【参与】cānyù【过问】guòwèn
【管闲事】guǎn xiánshì ¶~하지
말라는 할 일은 하지 않는다|不该
管的事不管。¶타국의 ~을 반대하
다|反对他国参与。¶외국 정부는
~할 권리가 없다|外国政府无权过
问。（참고）〔干与〕〔參與〕

ᴮ참고[參考] 명하타【参考】cānkǎo ¶
나는 이 논문을 쓰면서 몇 십 권의 전
문서적을 ~하였다|我写这篇论文,
参考了几十本专zhuān书。¶~ 문헌
|参考文献xiàn。¶~ 자료|参考资
料。

ᶜ참관[參觀] 명하타【参观】cānguān【观
摩】guānmó ¶전시품을 ~하다|参
观展品。¶~ 수업을 하다|观
摩教学jiāoxué。

ᴮ참기름 명【芝麻油】zhī·máyóu【香油】
xiāngyóu【麻油】máyóu ¶~에 무친
오이 조각|芝麻油拌黄瓜片。

ᴮ참깨 명〈植〉【芝麻】zhī·ma【胡麻】hú-
ma ¶~에 꽃이 피다|芝麻开花。（참
고）〔油麻〕〔脂麻〕

ᶜ참나무 명〈植〉【麻栎】máolì【柞树】zuò-
shù【橡碗树】xiàngwǎnshù【橡树】xi-
àngshù

ᴬ참다 통【忍耐】rěnnài【忍住】rěnzhù
【忍受】rěnshòu ¶가려워서 참을 수
없다|痒yǎng得忍不住。¶웃고 싶
은 것을 꾹 ~|忍住笑。¶울음을 ~
|忍住哭。

참다못해 뒤【忍不住】rěn·buzhù【受不
住】shòu·buzhù【难忍】nánrěn【忍无
可忍地】rěnwúkěrěn·de ¶그녀는 ~
울기 시작했다|她忍不住哭kū了起
来。

참담[慘憺] 명하형【凄惨】qīcǎn【惨
淡】cǎndàn【悲惨】bēicǎn【凄凉】qīliáng
¶~한 광경|凄惨的景象jǐngxiàng。¶더욱 ~한 결과를 초래하였다
|招致zhāozhì更悲惨的结果。¶~
한 생활을 하고 있다|过着凄凉的生
活。（참고）〔凄楚〕〔凄切〕〔凄凄〕

ᶜ참답다 형【真实】zhēnshí【真正】zhēn-
zhèng【诚实】chéng·shí ¶참된 이
야기|真实的故事。¶참다운 친구|
真正的朋友。

ᴮ참되다 형【真】zhēn【真正】zhēnzhèng
【真实】zhēnshí【实在】shízài ¶참된
것이라고 믿다|信以为真。¶참된
영웅|真正的英雄。¶참된 이야기|
真实的故事。¶그의 이번 말은 ~|
他这番话说得很实在。

ᶜ참뜻 명【真正的意思】zhēnzhèng·de yì-
si【真正的含意】zhēnzhèng·de hányì
【实意】shízhì

ᶜ참말 명【实话】shíhuà【真话】zhēnhuà
【真的】zhēn·de【实在】shízài【的确】
díquè ¶~을 말하다|说实话。¶~
이냐 거짓말이냐?|是真的是假的?
¶그의 이번 말은 ~이다|他这番话
说得很实在。

ᶜ참모[參謀] 명하자【参谋】cānmóu ¶
~본부|参谋总zǒng部。¶~ 총장
|参谋总长。

ᶜ참배[參拜] 명하자【参拜】cānbài ¶~
객|参拜的客人。¶묘소를 ~하다|
参拜陵墓língmù。

참변[慘變] 명【惨变】cǎnbiàn【惨剧】cǎnjù【惨事】cǎnshì

참사【惨事】명【惨案】cǎn·àn【悲惨事件】bēicǎn shìjiàn ¶~가 또 발생하였다 | 又发生了一起惨案。

참살【惨杀】명하타【惨杀】cǎnshā【残杀】cánshā【屠杀】túshā ¶이유 없이 ~하다 | 惨杀无辜gū。¶~당하다 | 遭zāo到残杀。¶나치가 유태인을 ~했다 | 纳粹nàcuì屠杀了犹太人。참고【惨毙】[残戮lù]【屠戮】

참상【惨状】명【惨状】cǎnzhuàng【悲惨的情景】bēicǎn·de qíngjǐng【惨景】cǎnjǐng ¶교통사고 현장의 ~은 차마 눈뜨고 볼 수 없었다 | 车祸现场的惨状, 令人不忍rěn目睹dǔ。¶지진이 지난 뒤의 그 ~은 차마 눈뜨고 볼 수가 없다 | 地震后的惨景真是惨不忍睹rěn睹dǔ。참고【惨情】[惨象]

[B]**참새**명〈鸟〉【麻雀】máquè【家雀儿】jiāqiǎr ¶~구이 | 烤麻雀。참고〔老家贼zéi〕[老家子]【老雀子】

[C]**참석**【参席】명하자【出席】chū/xí【参加】cānjiā【赏脸】shǎng/liǎn【赏光】shǎng/guāng ¶연회에 ~하다 | 出席宴会。¶대회에 ~하다 | 参加大会。¶아무쪼록 꼭 ~해주시기 바랍니다 | 请您务必赏脸光临。참고〔莅lì光〕

[C]**참선**【参禅】명하자【坐禅】zuòchán【参禅】cānchán ¶~하여 도를 깨닫다 | 参禅悟wù道。참고〔打禅〕

[C]**참신**【斩新】명형【新颖】xīnyǐng ¶이 문장은 아주 ~하다 | 这篇文章很新颖。¶무늬가 ~하다 | 花样huāyàng新颖。

[C]**참여**【参與】명하자【参与】cānyù【参预】cānyù ¶정치에 ~하다 | 参与政治。¶그는 이번 계획의 수립 작업에 ~하였다 | 他曾céng参与这个计划的制定工作。

[B]**참외**명〈植〉【甜瓜】tiánguā【香瓜】xiāngguā 참고〔果瓜〕【蜜瓜】

[B]**참으로**부【的确】díquè【真的】zhēn·de【果然】guǒrán【诚然】chéngrán【确实】quèshí ¶지금은 ~ 많이 진보하였다 | 现在的确进步多了。¶명성 그대로이다 | 果然名不虚传。¶그 아이는 ~ 귀엽다 | 那小孩儿诚然可爱。

참을성명【耐性】nàixìng【忍耐性】rě-

nnàixìng【耐心】nàixīn ¶우리는 ~이 좀 있어야 한다 | 我们要有点儿耐心。참고〔耐心烦(儿)〕

참작【参酌】명하타【参酌】cānzhuó【斟酌】zhēnzhuó【考虑】kǎolǜ【参照】cānzhào ¶스스로 ~하여 시행하십시오 | 请你自行参酌办理。¶과거의 경험을 ~하다 | 参考过去经验yàn。¶당신이 잘 ~해서 처리하시오 | 请您斟酌办理。참고〔估量〕[考量]

[C]**참전**【参战】명하자【参战】cānzhàn ¶2차 세계대전에 소련은 일찌기 ~하였다 | 第二次世界大战时, 俄é国早已参战了。

참조[1]【参照】명하타【参照】cānzhào【参考】cānkǎo【对照】duìzhào ¶많은 고서를 ~하여 번역본을 썼다 | 参照了不少古书写出了译本。¶전문적을 ~하다 | 参考了专zhuān书。

참조[2]【参照;CC;carbon copy】명 (공문을 참고하도록 보내는 곳)【复印件】fùyìnjiàn【抄送】chāosòng

참패【惨败】명하자【惨败】cǎnbài ¶적군이 ~하였다 | 敌dí军惨败。¶~를 당하다 | 遭zāo到惨败。

참하다형【纯真】chúnzhēn【文静】wénjìng【秀气】xiù·qi【好】hǎo【漂亮】piào·liang【清秀】qīngxiù ¶참한 목소리 | 文静的声音。¶매우 참하고 아름다운 아가씨 | 很秀气的姑娘。¶그녀의 용모는 아주 ~ | 她相貌长得十分清秀。참고〔清俊jùn〕[清妍yán]

참혹【惨酷】명형 ① (잔인하다)【残酷】cánkù ¶~하고 무자비하다 | 残酷无情。¶~한 폭행 | 残酷暴行。② (비참하다)【惨绝人寰】cǎn jué rén huán【残苛】cānkē【悲惨】bēicǎn【惨】cǎn ¶더욱 ~한 결과를 초래하였다 | 招致zhāozhì更悲惨的结果。¶그들의 생활은 너무나 ~ | 他们的生活huó太惨。¶그렇게도 ~히 죽었다 | 死sǐ得那样惨。

참화【惨祸】명【惨祸】cǎnhuò【浩劫】hàojié ¶~를 당하다 | 遭zāo受惨祸。¶한 번의 ~로, 재산을 거의 날렸다 | 一场浩劫, 家产殆dài尽。

참회【懺悔】명하타【忏悔】chànhuǐ ¶~록 | 忏悔记录。¶얼른 하느님께

~하여라 | 快向上帝dì忏悔吧.

^B**찹쌀** 몡【糯米】nuòmǐ【江米】jiāngmǐ ¶
~로 빚은 술 | 江米酒/酒酿niàng/醪
糟láozāo. ¶~ 가루 | 江米面. ¶~
떡 | 糯米糕. ¶~밥 | 糯米饭.

^B**찻길**［車－］몡❶ (차도)【车道】chēdà
o【车辙〔儿〕】chēzhé(r) ¶그는 온종
일 ~에서 빈둥거리며 돌아다닌다 |
他整zhěng天在车辙里滚gǔn~. ❷ (철
도)【铁路】tiělù ¶기찻길 한 선 | 一条
铁路. 참고〔铁道〕

^C**찻삯**［車－］몡【车费】chēfèi【车钱】chē-
qián【车脚钱】chējiǎoqián【车资】chē-
zī 참고〔车钿tián〕

^C**찻잔**〔茶盏〕몡【茶杯】chábēi【茶碗】ch-
áwǎn

찻집〔茶－〕몡【茶馆】cháguǎn【茶楼】
chálóu

^C**창**¹ 몡【鞋底】xiédǐ【鞋垫】xiéshù ¶~
을 갈다 | 换鞋底. ¶~을 깔다 | 垫di-
àn鞋垫.

^A**창**²〔窓〕몡【窗户】chuāng·hu【窗子】
chuāng·zi ¶~을 　열다 | 开kāi窗
户. 참고〔窗儿〕

^C**창**³〔槍〕몡【长枪】chángqiāng【扎
枪】zhāqiāng【戈矛】gēmáo【长矛】ch-
ángmáo ¶~끝 | 扎枪头子. ❷〈體〉
【标枪】biāoqiāng ¶~을 던지다 | 掷
zhí标枪. 참고〔投枪〕

창가〔窗－〕몡【窗户四周】chuāng·hus-
ìzhōu【窗边】chuāngbiān ¶~에 앉
다 | 坐在窗边.

창간〔創刊〕몡하타【创刊】chuàng/kā-
n ¶인민일보는 1948년 6월 15일에 ~
되었다 | 人民日报于一九四八年六月
十五日创刊. ¶~호 | 创刊号.

창건〔創建〕몡하타【建立】jiànlì【创建】
chuàngjiàn【成立】chénglì【缔造】dìz-
ào ¶레닌(Lenin)은 소련 공산당을 ~
하였다 | 列宁创建了苏联共产党.
¶근거지를 ~하다 | 建立根据地.

^B**창고**〔倉庫〕몡【仓库】cāngkù【栈】zhà-
n　【栈房】zhànfáng【堆栈】duīzhàn
【货房】huòfáng　¶군용　~ | 军用仓
库. ¶화물 ~ | 货栈. ¶곡물 ~ |
粮栈. ¶~ 안에 화물이 쌓여 있다 |
栈房里堆着货物. 참고〔仓房〕〔货栈〕
〔货棚〕〔栈坊〕

^C**창공**〔蒼空〕몡【苍空】cāngkōng【苍

天】cāngtiān【青空】qīngkōng【天空】
tiānkōng【穹苍】qióngcāng【穹窿】cā-
ngqióng ¶높고 푸른 ~ | 高高的穹
苍. 참고〔穹冥míng〕〔穹盖gài〕〔穹庐〕

^B**창구**〔窓口〕몡【窗口】chuāngkǒu【舱
口】cāngkǒu【橱窗】chúchuāng【服务
台】fúwùtái ¶~ 신고 | 舱口申报shēn-
bào. ¶~ 　정책 | 舱口政策. ¶~
지도 | 舱口指导.

창극〔唱劇〕몡〈藝〉【唱剧】chàngjù ¶
~조 | 唱剧调.

창녀〔娼女〕몡【娼妓】chāngjì【卖淫
妇】màiyínfù

창당〔創黨〕몡하자【成立党】chénglìdǎ-
ng【创建党】chuàngjiàndǎng【建党】ji-
àndǎng ¶~ 오십 주년 | 建党五十
年.

창던지기〔槍－〕몡【掷标枪】zhìbiāoqi-
āng

창립〔創立〕몡하타【创办】chuàngbàn
【创立】chuànglì【创设】chuàngshè
【创始】chuàngshǐ【建立】jiànlì ¶야학
한 　군데를 　~하다 | 创办一所夜yè
校. ¶새로운 연구소를 하나 ~하다
| 创设一个新的研究所.

^A**창문**〔窓門〕몡【窗〔儿·子〕】chuāng(r,
zi)【窗户】chuāng·hu ¶유리~ | 玻
璃窗. ¶~형　에어컨 | 窗户式空调
机.

^C**창백**〔蒼白〕몡하형【苍白】cāngbái【惨
白】cǎnbái【发青】fāqīng【煞白】shàb-
ái ¶안색이 ~하다 | 脸色苍白/脸脸
色惨白. ¶갑자기 얼굴이 ~해지다
| 脸色忽然hūrán煞白.

^C**창살**〔窓－〕몡【窗棂(子)】chuānggé(·
zi)【窗棂】chuānglíng 참고〔窗户凳
儿〕〔窗户碴儿〕〔窗棂儿〕

^C**창설**〔創設〕몡하타【创立】chuànglì【创
办】chuàngbàn【创设】xīnshè【创立】
chuànglì【建立】jiànlì ¶신학과를
~하다 | 创立新学派. ¶~자 | 创办
人.

창시〔創始〕몡하타【创始】chuàngshǐ
【创立】chuànglì【首创】shǒuchuāng
¶~자 | 创始人.

창안〔創案〕몡하타【创造发明】chuà-
ngzào fāmíng【合理化建议】hélǐhuà ji-
ànyì ¶그것은 그의 ~이다 | 那是他

的创造发明。

창업〔創業〕 圐 허타 【创业】chuàng/yè 【开业】kāi/yè 【开张】kāi/zhāng 【创立】chuànglì 【创办】chuàngbàn 【创始】chuàngshǐ ¶~하는 것은 어렵지만 망하기는 쉽다 | 创业百年, 败家一天。¶~한 후로 줄곧 장사가 잘 된다 | 自开业以来, 生意一直不错。¶농구 수리 공장을 ~하다 | 创办农具修配厂。참고 〔建立〕〔创设〕

ᶜ**창의**〔創意〕 圐 【创意】chuàngyì 【见识】chuàngjiàn ¶~가 풍부하다 | 富有创见。참고 〔倡议〕

ᴮ**창자**〔生理〕 圐 【肠子】cháng·zi ¶~가 끊어지다 | 断肠。

ᶜ**창작**〔創作〕 圐 허타 【创作】chuàngzuò 【创造】chuàngzào ¶장편소설 한 편을 ~하다 | 创作了一部长篇小说。¶~ 기교 | 创作技巧。¶~ 경험 | 创作经验。

ᴮ**창조**〔創造〕 圐 허타 【创造】chuàngzào 【首创】shǒuchuàng ¶~력 | 创办力。¶~적 지혜 | 创造性的才智。¶기적을 ~하다 | 创造奇迹qíjì。참고 〔独创〕〔创举〕

창창〔蒼蒼〕 圐 허형 ❶ (매우 푸르다) 【蔚蓝】wèilán 【碧蓝】bìlán ¶~한 바다 | 碧蓝海水。❷ (끝없이 멀다) 【远大】yuǎndà ¶~한 계획 | 远大的计划。¶~한 포부 | 远大抱负bàofù。참고 〔娇蓝蓝〕〔碧青〕

창출〔創出〕 圐 허자타 【首创】shǒuchuàng ¶새로운 문화를 ~하다 | 首创新的文化。

창틀〔窓－〕 圐 【窗框】chuāngkuàng ¶~이 잘 맞지 않는다 | 窗框不适合héshì。

ᴮ**창포**〔菖蒲〕 圐 〈植〉【菖蒲】chāngpú 【蒲子】pú·zi ¶~주 | 菖蒲酒。¶~꽃 줄기 | 菖蒲棒bàng儿。

ᴮ**창피**〔猖披〕 圐 허형 스형 【丢脸】diū/liǎn 【寒碜】hán·chen 【丢人】diū/rén 【羞愧】xiūkuì 【惭愧】cánkuì 【难为情】nánwéiqíng ¶이런 일을 저지르다니 정말 ~스럽다 | 做出这种事, 真丢人。¶그들은 조금도 ~스러워하지 않는다 | 他们都毫háo不羞愧。¶좀 큰소리로 말해라, ~해하지말고 | 大声一点儿说, 不要怕难为情。참고 〔寒伧c-

áng〕〔寒岭lǐng〕〔寒尘 chén〕〔寒蠹 chǔn〕〔含碜 chěn〕〔丢面子〕〔丢体面〕〔丢丑〕〔丢身分〕〔难乎为情〕〔难以为情〕

ᶜ**창호지**〔窓戶紙〕 圐 【窗户纸】chuāng·hu zhǐ ¶놀라서 얼굴까지 ~처럼 창백해졌다 | 吓xià得他脸liǎn都像xiàng窗户纸似的shì·de。

ᴬ**찾다** 匽 ❶ (사람·물건 등을) 【寻】xún 【找】zhǎo 【觅】mì 【寻找】xúnzhǎo 【追求】zhuīqiú 【探索】tànsuǒ 【挖掘】wājué 【查】chá 【叫】jiào 【唤】huàn ¶사람을 ~ | 寻人。¶물건을 ~ | 找东西。¶일거리를 ~ | 找工作。¶진리를 ~ | 追求真理。¶평화적인 해결을 ~ | 谋求和平解决。¶생명의 기원을 ~ | 探索生命的起源。¶지하자원을 ~ | 挖掘地下的财富。¶지도를 찾아보다 | 查地图。¶장씨가 너를 찾는다 | 老张叫你。❷ (되찾다가) 【解放】jiěfàng 【光复】guāngfù 【取】qǔ 【提】tí ¶사진을 ~ | 取照片zhàopiàn。¶은행에 가서 돈을 ~ | 到银行yínháng取款。¶예금을 ~ | 把存款提出来。❸ (방문하다) 【访】fǎng 【来访】láifǎng 【访问】fǎngwèn ¶친구를 ~ | 访友。¶손님이 찾아왔다 | 有客来访。¶우리나라를 찾아주신 것을 환영합니다 | 欢迎来访我国。❹ (사전 등을) 【查】chá ¶사전을 ~ | 查词典。❺ (발굴하다) 【寻求】xúnqiú ¶좋은 방도를 ~ | 寻求好的途径。

찾아내다 匽 【搜到】sōudào 【查到】chádào 【探到】tàndào 【发掘】fājué 【找到】zhǎodào 【清查出】qīngcháchū 【挖掘】wājué ¶고적을 ~ | 发掘古物gǔwù。¶지하자원을 ~ | 挖掘地下的财富。

ᴬ**채**[1] 圐 ❶ (가늘고 긴 물건) 【槌(儿,子)】chuí(r,·zi) 【拍子】pāi·zi ¶북~ | 鼓gǔ槌。¶배드민턴~ | 羽毛球拍子。¶파리~ | 苍蝇cāngyíng拍子。❷ 【鞭子】biān·zi

ᴮ**채**[2] 阜 〔尚〕【尚】shàng 【尚未】shàngwèi 【还未】háiwèi ¶~ 기일이 되지 않다 | 尚未到期。¶작업이 ~ 시작되지 않았다 | 工作尚未开展。

ᴬ**채**[3] 의명 〔幢〕【幢】zhuàng 【床】chuáng ¶한 ~의 다층 건물 | 一幢楼房。¶요·이

불 한 ~ | 一床被褥rù。¶붉은 비단
이불 한 ~ | 一床大红锦jǐn被。

채⁴ 의명 (表示"着"的意思) 옷을 입
은 ~ 물에 뛰어 들다 | 穿着衣服跳进
了水里。

ᴮ**채광**[採光] 명하자타 〈建〉【采光】cǎiguā-
ng ¶~ 계수 | 采光系数。¶~권 |
采光权。¶~창 | 天窗。

채권[債券] 명 〈經〉【债券】zhàiquàn
【债票】zhàipiào ¶~을 발행하다 |
发行债券。¶~표 | 债券表。

채권[債權] 명 〈法〉【债权】zhàiquán
【债权债务证书】zhàiquàn zhàiwù zh-
èngshū ¶~국 | 债权国。¶~자 |
债权人/债主(儿, 子)。¶~법 | 债权
法。¶~시장 | 债权市场。¶~양도
| 债权转让

채근[採根] 명하자타 ❶ (뿌리를 캐
다)【采植物的根】cǎi zhíwù·de gēn
❷ (재촉하다)【催】cuī【督促】dūcù
【督催】dūcuī ¶그를 빨리 오도록
하여라 | 催he快来。¶~을 받지 않게
미리 일을 해 두다 | 为了不受催
督促。¶앞다투어 임무를 완성하도록
노동자들을 ~하다 | 督促工人提早完
成任务。❸ (근원을 캐다)【追究】zhu-
ījiū【追根溯源】zhuīgēn sùyuán

채널[channel] 명 ❶ (텔레비전의)【频
道】píndào【播段】bōduàn ¶~을 맞
추다 | 调tiáo频道。¶~선택 버튼 |
选台。❷ (통로)【渠道】qúdào【途
径】tújìng ¶상호 연락 | 互相联系li-
ánxì的渠道。¶외교 ~ | 外交途径。

ᴮ**채다** 동 ❶ (홱 잡아당기다)【拉】lā
【拽】zhuài ¶낚시대를 잡아~ | 用力
拉钓鱼竿。¶억지로 잡아~ | 生拉硬
拽。❷ (낚아채다)【抓】zhuā【抢】qiǎ
ng ¶매가 병아리 한 마리를 채 갔다
| 老鹰抓走了一只zhī小鸡儿。¶그
는 나의 가방을 채갔다 | 他把我的皮
包pí bāo抢走了。❸ (눈치·낌새를)
【看出】kànchū【察觉】chájué ¶눈치
를 ~ | 看出了眼色。참고 (叮dīao)
〔偷tōu〕

채록[採錄] 명하타【采录】cǎilù【采记】
cǎijì ¶민가를 ~하다 | 采录民歌。
¶방언을 ~하다 | 搜集方言。

채무[債務] 명 〈法〉【债务】zhàiwù
【债】zhài ¶~자 | 债务人。¶~를 갚
다 | 还huán债。¶~를 독촉하다 |

讨债。¶~ 보증 | 债务担保。

채비[명하자【准备】zhǔnbèi【筹备】chó-
ubèi ¶마음의 ~를 하다 | 心里准
备。¶모든 것을 ~하느라 바쁘다 |
他忙着筹备一切。

채색[彩色] 명하자타【彩色】cǎisè ¶
~화 | 彩色画。

ᴮ**채소**[菜蔬] 명【蔬菜】shūcài ¶~ 재배
| 蔬菜栽培zāipéi。¶각종 ~을 공급
하다 | 供应各种蔬菜。¶~밭 | 菜园
/菜地。

채송화[菜松花] 명〈植〉【草杜鹃】cǎ-
odùjuān【半支莲】bànzhīlián【大花马
齿苋】dàhuā mǎchǐxiàn

채식[菜食] 명하자【素食】sùshí ¶~
주의 | 素食主义。¶그녀는 ~만 한
다 | 她只吃素食。

채용[採用] 명하타 ❶ (임용)【录用】lù-
yòng【雇用】gùyòng【吸收】xīshōu
¶재능을 가늠하여 ~하다 | 量材liáng-
cái录用。¶시험을 거쳐 회사에서 두
명의 젊은 남자를 ~했다 | 经过考试,
公司录用了两名男青年。¶~하여 입
당시키다 | 吸收入党rùdǎng。❷ (채
택)【采用】cǎiyòng ¶새로운 방법을
~하다 | 采用新的方法。

채우다 동 ❶ (자물쇠 등을 잠그다)
【锁】suǒ ¶원숭이를 사슬로 ~ | 把猴
子hòuzi锁起来。¶문을 ~ | 锁门。
❷ (단추를 잠그다)【扣】kòu ¶단추
를 ~ | 扣钮扣。❸ (가득하게 하다)
【冰上】bīngshàng 【冰镇】bīngzhèn
¶맥주를 얼음에 ~ | 冰镇啤pí酒。
¶얼음에 채운 수박 | 冰镇西瓜guā。
❹ (부족한 것을 보충하다)【补】bǔ
【凑足】còuzú【抵补】dǐbǔ ¶모자라면
당신이 채우시오 | 要是不够, 你补
上。¶오천이란 숫자를 족히 ~ | 凑
足了五千。¶손실을 ~ | 抵补损失。

채점[採點] 명하타【评分】píng·fēn
【打分数】dǎ fēnshù【批卷】pījuàn
【批卷儿】pī juànr ¶~표 | 评分表。
¶답안지를 ~하다 | 批卷儿。

ᴮ**채집**[採集] 명하타【采集】cǎijí【收集】
shōují ¶표본을 ~하다 | 采集标本。
¶민간 가요를 ~하다 | 采集民
间歌谣yáo。

채찍 명【鞭子】biān·zi ¶말 ~ | 马鞭
子。

채찍질 图하타 ❶ (매질하다) 【鞭打】biān dǎ 【抽鞭】chōubiān 【扬鞭】yángbiān ¶~하고 몽둥이로 치다 | 鞭打棍棒捶鞭 chuí. ❷ (격려하다) 【鞭策】biāncè ¶늘 스스로에게 ~하다 | 时时鞭策自己.

^c**채취**〔採取〕 图하타 【开采】kāicǎi 【挖掘】wājué ¶~권 | 开采权. ¶광석을 ~하다 | 开采矿石. ¶지하자원을 ~하다 | 挖掘地下的财富.

^c**채택**〔採擇〕 图하타 【采取】cǎiqǔ 【通过】tōngguò ¶완화 정책을 ~하다 | 采取缓和的政策. ¶합리적 원칙을 ~하다 | 采取合理的原则zé. ¶결의안을 ~하다 | 通过决议.

채팅〔chatting〕 图〔電算〕 【网上聊天】wǎngshàngliáotiān 【网聊】wǎngliáo 【聊天】liáotiān ¶~룸 | 聊天室.

^A**책**¹〔冊〕 图 ❶ (서적) 【书籍】shūjí 【书本】shūběn ¶~은 인류를 진보시키는 수단이다 | 书籍是人类进步的方法. ❷ (제본된 것) 【册子】cè· zi ¶이 한 질은 모두 5권이다 | 这套tào书一共五册. ¶~ 한 권 | 一本书. (참고)〔书册〕〔书卷〕〔本běn〕〔本子〕〔薄bù子〕

책²〔柵〕 图 【栅】zhà 【栅栏】zhàlán

[－]**책**³〔－責〕 回 【负责人】fùzérén ¶자금 | 资金负责人.

[－]**책**⁴〔－策〕 回 【策】cè 【对策】duìcè ¶대응 ~ | 对策. ¶보호 ~ | 保护对策.

^B**책꽂이**〔冊－〕 图 【书架】shūjià

책동〔策動〕 图하타 【阴谋】yīnmóu 【策划】cèhuà 【策动】cèdòng ¶막후에서 ~하는 | 幕后策划的. ¶내전을 ~하다 | 策划内战zhàn. ¶반동파의 정변을 ~하였다 | 策动反动派的政变. (참고)〔策画〕〔活动〕

책략〔策略〕 图 【计策】jìcè 【计】jì 【谋略】móulüè ¶~을 쓰다 | 使用策略. ¶~이 완전히 폭로되었다 | 策略完全暴露bàolù了. ¶좋은 ~ | 好计策.

책망〔責望〕 图하타 【责备】zébèi 【指责】zhǐzé 【责难】zénàn 【问责】wènzé 【申斥】shēnchì 【排揎】pái· xuan 【数落】shǔ· luo ¶그의 옳지 못한 행위를 ~하다 | 责备他的不正行为. ¶남의

태도를 ~하다 | 责难旁人的态度. ¶성난 목소리로 ~하다 | 厉声责问. ¶한바탕 ~을 들었다 | 挨ái了一顿申斥. (참고)〔申斥〕〔申叱〕〔斥责〕〔谴责〕

책무〔責務〕 图 【职务】zhíwù 【责任】zérèn 【义务】yìwù ¶~를 이행하다 | 履行职务. ¶국가에 대한 ~ | 对国家的责任. (참고)〔职事〕

^c**책받침**〔冊－〕 图 【垫板儿】shūbǎnr

책방〔冊房〕 图 【书店】shūdiàn 【书局】shūjú 【书亭】shūtíng 【书房】shūfáng (참고)〔书铺〕〔文房〕

책보〔冊褓〕 图 【包袱皮儿】bāo· fupír 【包袱】bāo· fu

^A**책상**〔冊床〕 图 【桌子】zhuō· zi 【书桌】shūzhuō 【写字台】xiězìtái 【办公桌】bàngōngzhuō ¶~ 위에 책이 쌓여져 있다 | 书案上堆着书本. ¶~머리 | 书桌边. ¶~보 | 台布/桌布.

책상다리〔冊床－〕 图하자 ❶ (책상의 다리) 【桌子腿】zhuō· zituǐ ❷ (앉음새) 【盘腿坐】pántuǐ zuò ¶그는 ~를 하고 앉았다 | 他盘着腿坐.

책임〔責任〕 图 【责任】zérèn 【任务】rèn· wu 【担子】dàn· zi ¶~을 지다 | 担负责任. ¶~이 무겁다 | 责任重大. ¶정치적 ~ | 政治任务. ¶~을 완성하다 | 完成任务. (참고)〔主管〕

^c**책임지다** 圐 【负任】fùrèn 【负责任】fù zérèn

책자〔冊子〕 图 【书籍】shūjí 【书本】shūběn 【册子】cè· zi ¶소~ | 小册子.

^c**책장**〔冊張〕 图 【书页】shūyè ¶~을 넘기다 | 翻书页.

^B**책장**²〔冊欌〕 图 【书柜】shūguì 【书厨】shūchú 【书橱】shūchú 【书架】shūjià ¶양쪽으로 문을 여닫는 ~ | 两边开门的书柜.

책정〔策定〕 图하타 【策划确定】cèhuà quèdìng 【按计划】àn jìhuà 【定】dìng ¶예산을 ~하다 | 按计划定下来. ¶가격을 ~ | 定价.

^c**챔피언**〔champion〕 图 【优胜者】yōushèngzhě

^c**챙기다** 圐 【整理】zhěnglǐ 【准备】zhǔnbèi 【摆】bǎi ¶옷을 가지런히 ~ | 把衣服整理好. ¶자료를 ~ | 整理资料. ¶밥상을 ~ | 摆饭桌.

^B**처**¹〔妻〕 图 【妻子】qī· zi 【爱人】àirén

【内人】nèi·ren【太太】tài·tài 저의 ~
는 외국에 나갔습니다 | 我内人出国
了。参考〔内眷〕〔内子〕【妻房】【妻室】
〔正房zhèngfáng〕〔正妻〕【正室】

B처[處]【处】chù 명 ❶인사 | 人事处。
总务zǒngwù处。 ❷연락 ~ | 通信处。

C처가[妻家]명【岳母家】yuèmǔjiā【妻
子家】【丈人家】zhàngrénjiā
처가살이 명하자【生活在岳母家】shē-
nghuó zài yuèmǔjiā【住在丈人家】zh-
ùzài zhàngrénjiā

처결[處決]【处决】하타【处理】【处置】
chǔlǐ 많은 문제를 ~하였다 | 处
理了很多问题。

C처남[妻男]명【内兄】nèixiōng【大舅
子】dàjiù·zi【小舅子】xiǎojiù·zi ❶의
댁 | 小舅子媳妇xí·fu。

처넣다동❶ (마구 넣다)【乱放】luànfà-
ng 책을 상자에 ~ | 把书乱放在箱
子里。 ❷ (감금하다)【投放】tóufàng
【投进】tóujìn 죄인을 감옥에 ~ | 把
犯人投进监狱。

B처녀[處女]【处女】명❶ (결혼하지 않거나 성
경험이 없는 여자)【姑娘】gū·niang
【闺女】guīnǚ ❷나이찬
大姑娘。 ~시절 | 当姑娘的时
候。 ❶~막 | 处女膜 ❷ (맨 처음의·
손대지 않은)【首次】shǒucì【处女】ch-
ǔnǚ ❶~작 | 处女作。 ❶~비행 | 首
次航行。 ❶~림 | 原始森林。

처단[處斷]명하자【处决】【惩
办】chéngbàn【处治】chǔzhì【枪决】qi-
āngjué ❶용서없이 ~하다 | 坚决处
决。 ❶법에 따라 ~하다 | 依法惩
办。 ❶엄중히 ~하다 | 必须严加处
治。参考〔杀〕

B처량[凄凉]부형【凄凉】qīliáng【凄
切】qīqiè【凄婉】qīwǎn ❶~한 생활을
하고 있다 | 过着凄凉的生活。 ❶~한
피리 소리 | 凄婉的笛声dísheng。参
考〔凄冷〕【清切】

－처럼조【像…一样】xiàng…yíyàng
❶평상시~ | 像平时一样。 ❶새 날
고 싶다 | 想像鸟一样飞。 ❶눈~ 희
다 | 像雪一样白。

B처리[處理]명하타【办理】bànlǐ【处理】
chǔlǐ【料理】liàolǐ【收拾】shōu·shi【处
置】chǔzhì【清理】qīnglǐ【受理】shòulǐ

【应付】yìng·fu【理事】lǐ·shì 안건을
~하다 | 办理案件。 많은 문제를
~하였다 | 处理了很多问题。 열~
热处理。 이 일을 아직 다 ~하지 않
았는데 내가 어떻게 갈 수 있는가? |
事情还没料理好,我怎么能走? 빨리
그를 ~하여라 | 快把他处置。 사고
현장을 ~를 이미 완료하다 | 事故现场
已经清理完毕。参考〔整理〕【掭liáo
理】〔撑pū拉〕

D처마〈建〉【房檐】fángyán【屋檐】wū-
yán【廊檐】lángyán ❶~밑에 두 사람
이 비를 피해 서있다 | 屋檐下站着两
个躲雨的人。 ❶~끝 | 檐端。 ❶~밑
| 屋檐下。

처먹다동【大吃】dàchī【乱喝】luànhē
【胡吃】húchī 그만 처먹고 일을 해
야 말이야 | 别再吃啦,干活吧。参考
〔喂肥〕

처박다동❶ (몹시 세게 박다)【使劲
钉】shǐjìndīng ❷ (가두다)【葬
埋】máizàng 이 곳에 처박아두지 말고
빨리 치워라 | 别把这儿了,快拾掇shí-
·i·duo吧。 ❸ (처넣다)【乱钉】luàndìn-
g

처방[處方]명❶〈醫〉【处方】chǔfāng
【方子】fāng·zi【配方】pèi/fāng ❶의
사에게 ~을 청하다 | 请大夫处方。
❶~에 따라 약을 조제하다 | 按处方
配pèi药。 ❶~(전)을 쓰다 | 开方
子。 ❶~전 | 处方笺。 ❷ (방안)【方
案】fāng'àn ❶한자 간화 ~ | 汉字简
化方案。参考〔药yào方〕

처벌[處罰]명하타【处罚】chǔfá【办】b-
àn【处分】chǔfēn【处治】chǔzhì【法办】fǎbàn 범인
을 ~하다 | 处罚犯人。 ❶~을 받다
| 受处罚。 ❶이 기관에서는 이미 그
를 ~하였다 | 本单位已处分他了。

처분[處分]명하타【处理】chǔlǐ【处分】
chǔfēn【处置】chǔzhì【清理】qīnglǐ
얼마간의 재고품을 ~하다 | 处理了
一批压库yākù商品shāngpǐn。 ❶~
증권 | 处分证券。 ❶~적 조항 | 处置
性条约。

처사[處事]명【办事】bàn/shì【处事】
chǔshì ❶공정한 ~ | 办事公正。 ❶
그릇된 ~ | 处事不当。

처세[處世]【处世】chǔshì【营生】yí-
ngshēng ❶~에 능한 사람 | 善于处

世的人。¶~술│处世之方。¶저 사람은 ~를 잘한다│那个人善于处世。

처소[處所] 몡 ❶ (거처) 【定处】dìngchù 【住地】zhùdì 【住处地点】zhùchù dìdiǎn ¶~를 정하다│定下住处。❷ (장소) 【场所】chǎngsuǒ

처신[處身] 몡하자 【立身处世】lì shēn chǔ shì 【为人处事】wéirénchùshì ¶입신하고 ~하는 데에 중시하는 것은 바로 "诚"자이다│立身处世，讲的是一个"诚"字。¶훌륭하게 ~하다│善于处事。 참고 〔守身〕

처우[處遇] 몡하타 【待遇】dàiyù 【相待】xiāngdài ¶~를 개선하다│改善待遇。

^A**처음** 몡튀 【开头】kāitóu 【第一次】dìyīcì 【初】chū 【起初】qǐchū 【起头】qǐtóu 【开始】kāishǐ 【起始】qǐshǐ ¶당신은 ~ 왔습니까?│你是第一次来吗？¶그는 ~으로 이곳에 왔으니 도와주어야 한다│他初到这儿，我们应该帮助他。 참고 〔始〕〔乍〕

처자[妻子] 몡 【妻与子】qī yǔ zǐ

처제[妻弟] 몡 【小姨(子)】xiǎoyí(·zi) 【姨妹】yímèi ¶나의 ~는 학생이다│我小姨妹是学生。

^B**처지**[處地] 몡 ❶ (형편) 【处境】chǔjìng 【立场】lìchǎng 【境地】jìngdì 【地位】dìwèi ¶~가 난처하다│处境困难。¶~가 위험하다│处境危险。¶어려운 ~에 빠졌다│我陷入了很困难的处境。❷ (사이) 【相处】xiāngchǔ ¶그와는 말을 트고 지내는 ~다│同他交谈相处。

처지다 통 ❶ (늘어지다) 【低垂】dīchuí 【耷拉下来】dā·la xià·lai ¶처진 수양버들 가지│低垂的杨柳。¶어깨가 ~│肩膀jiānbǎng耷拉下来。❷ (뒤지다) 【落后】luò/hòu 【掉下来】diàoxià·lai ¶행군 중에 그는 대퇴부에 상처를 입어 처졌다│在行军中，他因腿部受伤而落后了。¶그는 달리기에서 늘 처진다│他赛跑sàipǎo总是落后。 참고 〔沉下去〕〔磨破〕

처참[悽慘] 몡하형 【凄惨】qīcǎn 【凄苦】qīkǔ 【悲惨】bēicǎn ¶그는 만년에 아주 ~했다│他晚年很凄惨。¶~한 생활│凄苦的生活。¶~한 일생을

마치다│结束jiéshù了悲惨的一生。 참고 〔凄楚qīchǔ〕

처치[處置] 몡하타 【处置】chǔzhì 【处理】chǔlǐ ¶빨리 그를 ~하여라!│快把他处置了！¶얼마간의 재고품을 ~하다│处理了一批压压yā库商品。 참고 〔收拾〕〔干掉〕

^B**처하다**[處−] 통 ❶ (놓이다) 【处在】chǔzài 【处于】chǔyú 【所处】suǒchǔ ¶중요한 시점에 ~│处在紧要关头。¶곤경에 ~│处于困境。❷ (처벌하다) 【处罚】chùfá ¶사형에 ~│处以私刑。

처형[處刑] 몡하타 ❶ 【处刑】chǔxíng ❷ 【处死刑】chǔsǐxíng

척¹ 튀 ❶ (잘 붙는 모양) 【紧贴】jǐntiē ¶젖은 옷이 몸에 ~ 달라붙다│湿衣服紧贴在身上。❷ (선뜻·금방) 【一眼】yìyǎn 【一看】yíkàn ¶한 눈에 ~ 알아보다│一眼就认出来了。❸ (민첩하게) 【三把两把】sānbǎliǎngbǎ 【立马】lìmǎ ¶거수 경례를 ~ 붙이다│立马行了举手礼。

^B**척**²[隻] 의양 【艘】sōu 【只】zhī ¶배 한 ~│一只船。

척³ 의양 【装】zhuāng 【假装】jiǎzhuāng ¶아는 ~ 하다│装做知道。¶죽은 ~하다│装死。

척결[剔抉] 몡하타 【刨掉】páodiào 【铲除】chǎnchú ¶부정부패를 ~하다│铲除贪污腐败。

^C**척도**[尺度] 몡 ❶ (기준) 【尺度】chǐdù ¶실천은 진리를 점검하는 유일한 ~이다│实践jiàn是检验jiǎnyàn真理的唯wéi一尺度。¶가치의 ~│价值尺度。❷ (눈금) 【标尺】biāochǐ 【准绳】zhǔnshéng

척박하다[瘠薄−] 형 【贫瘠】pínjí 【瘠薄】jíbó ¶척박한 땅│贫瘠的土地。

척척 튀 ❶ (수월하게) 【顺利地】shùnlì·de 【顺顺当当】shùn·shundāngdāng ¶어려운 일도 ~ 잘 처리한다│能把困难的事儿很顺利地办。❷ (들러붙는 모양) 【紧巴巴地】jǐnbābā·de 【紧绷绷地】jǐnbēngbēng·de

^B**척추**[脊椎] 몡 (생리) 【脊椎】jǐzhuī ¶~동물│脊椎动物。¶~염│脊椎炎。

^A**천**¹[布] 몡 【布】bù 【布匹】bùpǐ ¶~을 끊다

| 买布。¶~을 짜다 | 织布。

^**천**²[千] ㊅ 【千】qiān ¶~ 개 | 一千个。

천거[薦擧] 명타 【推荐】tuījiàn ¶우수한 문학 작품을 ~하다 | 推荐优秀的文学作品。¶그를 학과장으로 ~하다 | 推荐他当系主任。

천고마비[天高气肥] 관용 【秋高气爽】qiū gāo qì shuǎng 【天高马肥】tiān gāo mǎ féi ¶~의 계절 | 秋高气爽的季节。

^**천국**[天國] 명 【天国】tiānguó 【天堂】tiāntáng ¶지상 ~ | 人间天堂。

천금[千金] 명 【千金】qiānjīn ¶~으로도 조그마한 남의 마음을 사기는 어렵다 | 千金难买一片心。¶남아일언은 중~ | 君子一言值千金。

천년[千年] 명 【千年万年。】¶~설 | 千年说。¶~왕국 | 千年王国。

천당[天堂] 명 【天堂】tiāntáng

천대[賤待] 명타하 【蔑视】mièshì 【虐待】nüèdài 【歧视】qíshì ¶아녀자를 ~해서는 안된다 | 不许虐待妇女。¶~를 받다 | 受蔑视。

ᵇ**천도교**[天道敎] 명 〈宗〉 【天道教】tiāndàojiào

ᵇ**천둥**[雷鸣] 명 【雷】léi ¶~이 치다 | 打雷。¶~소리 | 雷声。

천륜[天倫] 명 【天伦】tiānlún ¶~을 저버린 행동 | 违背天伦的行为。

천리[千里] 명 【千里】¶~나 되는 먼 길 | 千里远路。

ᶜ**천리마**[千里馬] 명 【千里马】qiānlǐmǎ 【快马】kuàimǎ ¶~도 다룰 줄 아는 사람이 있어야 한다 | 千里马还得有(有)千里人(骑手)。참고〔千里驹qiānlǐjū〕〔千里足qiānlǐzú〕

ᶜ**천막**[天幕] 명 【帐幕】zhàngmù 【帐棚】zhàng·péng 【帐篷】zhàng·péng 【营帐】yíngzhàng 【帐房(儿)】zhàngfáng(r) 【天幕】tiānmù ¶~을 치다 | 搭帐篷。¶~을 걷다 | 拆chāi帐篷。¶그들은 ~ 안에서 산다 | 他们住在帐篷里。

ᶜ**천만**[千萬] ㊅ 【一千万】yìqiānwàn 【千万】qiānwàn ¶이 성의 인구는 약 삼~이다 | 该省人口约三千万。¶이 나라의 인구는 오~이다 | 该国人口有五千万。

천만다행[千萬多幸] 명 【万幸】wànxìng 【很庆幸】hěnqìngxìng ¶이번 자동차 사고에서 사람이 다치지 않은 것은 정말 ~이다 | 这次车祸人没受伤，真是万幸。

천만뜻밖[出人意料] 【出人意料】chū rén yì liào 【出人意表】chū rén yì biǎo 【出人意外】chū rén yì wài 【出乎意外】chū hū yì wài 【意外】yìwài 참고〔万万没有料到〕

천만번[千萬番] 명 【千万次】qiānwàncì 【一再】yízài 【再三】zàisān ¶~ 부탁하다 | 一再拜托bàituō。¶그녀가 나에게 ~ 당부했다 | 她再三嘱咐zhǔfù我。

천만부당[千萬不當] 명하형 【千不该万不该】qiānbùgāi wànbùgāi 【很不对】hěn búduì 【很不合理】hěn bù hélǐ ¶~한 발언 | 千不该万不该的发言。

천만에[千萬一] 감 【哪里哪里】nǎ·lǐnǎ·lǐ 【哪儿的话】nǎr·dehuà 【不要客气】búyào kèqì ¶고맙다니, ~요 | 哪里哪里, 谈不上感谢。

천명¹[天命] 명 【天命】tiānmìng 【早有的幸运】hǎnyǒu·de xìngyùn 【天赋的命运】tiānfù·de mìngyùn ¶우리는 ~을 믿지 않는다 | 我们不信天命。

천명²[闡明] 명타하 【阐明】chǎnmíng 【论述】lùnshù ¶정부의 대내외 정책을 ~하다 | 阐明政府的对内对外政策。¶새롭게 ~하다 | 作了新的论述。

ᶜ**천문**[天文] 명 〈天〉 【天文】tiānwén ¶~단위 | 天文距离单位。¶~지리 | 天文地理。¶~항법 | 天文导航法。¶~대 | 天文台/观星台。

ᶜ**천문학**[天文學] 명 【天文学】tiānwénxué ¶항해 ~ | 航海天文学。¶~자 | 天文学家。

ᶜ**천민**[賤民] 명 【贱民】jiànmín 【良民】liángmín ¶~계급 | 贱民阶级。

천박[淺薄] 명하형 【肤浅】fūqiǎn 【浅薄】qiǎnbó 【肤泛】fūfàn ¶그의 견해는 매우 ~하다 | 他的见解太肤浅了。¶이 여자는 아주 ~하고 무지하다 | 这个女人太浅薄无知wúzhī。

ᶜ**천벌**[天罰] 명 【天罚】tiānfá 【雷劈】léipī 【雷霹】léipī 【天诛】tiānzhū 【报应】bàoyìng ¶~을 받다 | 遭天罚。

천부[天賦] 명[하타] 【天賦】【天分】tiānfēn 【天生】tiānshēng ¶그 아이는 ~적 재질은 그리 높지는 않지만 아주 열심이다 | 这孩子的天赋并不太高, 但很用功。¶~적인 재능이 뛰어나다 | 天分高。(참고)〔天资〕

천부당만부당[千不當萬不當] (관용)【千不该万不该】qiānbùgāi wànbùgāi 【很不恰当】hěn bù qiàdàng ¶~한 생각 | 千不该万不该的想法。

B**천사**[天使] 명 【天使】tiānshǐ 【安琪儿】ānqíér ¶그녀는 어머니 마음속의 ~이다 | 她是母亲心中的天使。¶어린 아이는 ~ 같아 정말 귀엽다 | 小孩子像安琪儿, 真可爱。

천상[天上] 명 【天上】tiānshàng ¶~에 구름이 없으면 비가 오지 않는다 | 天上无云不下雨。

천생[天生] 명 【天生】tiānshēng ¶~ 배필 | 天生一对。¶~연분 | 天生的缘分。

천성[天性] 명 【天性】tiānxìng 【赋性】fùxìng 【生性】shēngxìng 【禀性】bǐngxìng 【生就】shēngjiù ¶그는 ~적으로 움직이는 것을 좋아한다 | 他天性好动。¶~이 괴팍하다 | 生性古怪gǔguài。¶그는 ~적으로 말을 하기 잘하는 입을 가졌다 | 他生就一张能说会道的嘴。(참고)〔性天〕〔赋分〕〔赋禀bǐng〕〔赋质zhì〕〔生成〕

천수[天壽] 명 【天寿】tiānshòu 【天年】tiānnián ¶~를 누리다 | 安度天年。

천시[賤視] 명[하타] 【卑视】bēishì 【轻视】qīngshì 【轻看】qīngkàn ¶백성을 ~하다 | 卑视老百姓。

C**천식**[喘息] 명 〈醫〉 【气喘】qìchuǎn 【喘息】chuǎnxī 【喘病】chuǎnbìng 【哮喘】xiàochuǎn ¶~병 | 气喘病。(참고)〔痰tán喘〕〔痰火病〕〔喘〕

천신만고[千辛萬苦] 명 【千辛万苦】qiānxīn wànkǔ 【千难万难】qiānnàn wànnàn 【千难万苦】qiān nán wàn kǔ ¶~ 끝에 완성했다 | 经过千辛万苦才完成。

천연[天然] 명 ❶ (저절로 이루어진 상태) 【天然】tiānrán 【自然】zìrán ¶~고무 | 天然橡胶xiàngjiāo。¶이곳의 호수는 ~인 호수이다 | 这里的湖泊húpō는 天然的。¶~ 소다 | 天然

碱jiǎn。❷ (비슷하게) 【很像】hěnxiàng 【酷似】kùsì 【酷类】kùlèi 【酷肖】kùxiào ¶그는 웃는 모습까지 ~ 저의 아버지 같다 | 他连笑容都很像他的父亲。

C**천연두**[天然痘] 명〈醫〉 【天花】tiānhuā ¶~에 걸리다 | 出天花。(참고)〔痘疮〕〔花〕

C**천연색**[天然色] 명 【彩色】cǎisè 【五彩】wǔcǎi ¶~ 사진 | 彩色相片。¶~ 필름 | 彩色胶jiāo片。¶~ 영화 | 五彩影片/彩色片。

천연스럽다[天然-] 형 【自然】zìrán 【若无其事】ruò wú qí shì 【泰然】tàirán 【坦然】tǎnrán ¶태도가 ~ | 态度自然。¶그는 결국 천연스럽게 떠났다 | 他竟若无其事地走开了。¶남의 지위를 천연스럽게 차지하다 | 若无其事地霸占别人的地位。

B**천왕성**[天王星] 명 〈天〉 【天王星】tiānwángxīng

천운[天運] 명 ❶ (하늘의 운명) 【天运】tiānyùn ❷ (다행한 운수) 【红运】hóngyùn 【天幸】tiānxìng ¶~으로 목숨을 구하다 | 靠天幸救了命。

천인공노[天人共怒] 명[하지] 【天怒人怨】tiān nù rén yuàn 【令人发指】lìngrén fāzhǐ 【人怨天怒】rényuàn tiānnù ¶~할 만행 | 令人发指的野蛮暴行。

천일염[天日鹽] 명 【太阳晒制盐】tàiyángshàizhìyán

천자[天子] 명 【天子】tiānzǐ (참고)〔官家〕〔官里〕〔万乘〕

B**천장**[天-] 명 【天花板】tiānhuābǎn 【顶棚】dǐngpéng 【顶槅】dǐnggé 【天棚】tiānpéng ¶~형 에어컨 | 吸顶式空调机。¶~에 종이를 바르다 | 糊顶棚。(참고)〔承尘〕〔仰板〕〔望板〕

C**천재**[天才] 명 【天才】tiāncái 【天资】tiānzī 【天质】tiānzhì ¶~교육 | 天才教育。¶그는 문학 방면에 ~이다 | 他在文学方面, 是个天才。(참고)〔天分〕〔天赋〕

천재일우[千載一遇] 명 【千载一遇】qiānzǎi yì yù 【千载难逢】qiān zǎi nán féng 【千载一时】qiān zǎi yì shí ¶한국은 ~의 경제발전의 호기를 맞았다 | 韩国遇上了千载难逢的发展经济fāzhǎnjīngjì的好时机。

C**천적**[天敵] 명 〈生〉 【天敌】tiāndí ¶새

는 해충의 ~이다 | 鸟是害虫的天敌.

천제[天帝] 몡 【天帝】tiāndì 【上帝】shàngdì

B**천주교**[天主敎] 몡〈宗〉【天主敎】Tiānzhǔjiào 【加特力教】jiātèlìjiào | 그는 ~를 믿는다 | 他信天主教. 참고 〔罗马公教〕〔公教〕〔旧教〕

B**천지**[天地] 몡 ❶ (하늘과 땅) 【天地】tiāndì | ~ 창조 | 天地创造. | ~간 | 天地间/世界上. | 포성에 ~를 뒤흔들다 | 炮声震动zhèndòng天地. ❷ (세상·세계) 【天地】tiāndì 【世界】shìjiè | ~를 놀래키는 기적 | 惊天动地的奇迹. ❸ (많음) 【天下】tiānxià 【应有尽有】yīngyǒujìnyǒu 【世界】shìjiè | 집안에 먹을 게 ~이다 | 家里什么吃的都有.

천지개벽[天地開闢] 몡 【开天辟地】kāi tiān pì dì 【翻天覆地】fān tiān fù dì 【天翻地复变】tiān fān dì biàn 【天翻地覆】tiān fān dì fù 【平地一声雷】píng dì yì shēng léi | 천지가 개벽하는 정도의 큰 변화가 일어났다 | 发生了天翻地覆的变化. 참고 〔破天荒〕〔地覆天翻〕〔覆地翻天〕

천직[天職] 몡 【天职】tiānzhí 【神圣职业】shénshèngzhíyè | 교사를 ~으로 알다 | 教师是一个神圣的职业.

천진[天眞] 형형 【天真】tiānzhēn 【单纯】dānchún | 이 아이는 ~하다 | 这个孩子天真烂漫lànmàn. | 그녀는 마음이 선량하고 ~하다 | 她心地善良而单纯.

C**천진난만**[天眞爛漫] 몡형형 【天真烂漫】tiān zhēn làn màn | ~한 아이 | 天真烂漫的孩子.

천차만별[千差萬別] 몡형형 【千差万别】qiān chā wàn bié | 사람의 성격은 ~이다 | 人的性格xìnggé千差万别.

천착하다[穿鑿-] 동 【深钻】shēnzuān | 어려운 문제에 더 천착하여 연구하다 | 难题再深入钻研.

C**천천히**[慢-] 뷔 【慢】màn 【迟缓】chíhuǎn 【不慌不忙】bùhuāng bùmáng | 걸음을 천천히 하라 | 慢着步子走! | 그는 어떠한 경우에도 ~ | 他在任何场合还是不慌不忙的.

A**천천히**[慢-] 뷔 【慢慢地】mànmàn·de 【徐徐地】xúxú·de 【慢腾腾地】mànténgténg·de 【慢悠悠地】mànyōuyōu·de 【迟迟地】chíchí·de 【姗姗】shānshān 【缓缓地】huǎnhuǎn·de 【不慌不忙地】bùhuāngbùmáng·de 【慢吞吞地】màntūntūn·de 【冉冉】rǎnrǎn | ~ 걷다 | 姗姗而走. | 흰 구름이 ~ 떠간다 | 白云冉冉.

C**천체**[天體] 몡〈天〉【天体】tiāntǐ | ~ 관측 | 天体观测. | ~ 망원경 | 天文望远镜. | ~ 분광학(分光學) | 天体光谱学. | ~ 물리학 | 天体物理学. | ~ 역학 | 天体力学.

천치[天癡] 몡 【白痴】báichī 【傻子】shǎ·zi 【呆子】dāi·zi | 그는 다른 사람을 ~라고 여긴다 | 他以为别人全是傻子.

천태만상[千態萬象] 【气象万千】qì xiàng wàn qiān 【千姿百态】qiān zī bǎi tài

천편일률[千篇一律] 관용 【千篇一律】qiān piān yí lǜ | 이 단편소설들은 ~적이며 새로운 내용이 결핍되어 있다 | 这些短篇小说千篇一律, 缺乏quēfá新意.

천하[天下] 몡 【天下】tiānxià 【全世界】quánshìjiè | ~ 제일이다 | 天下第一. | ~의 큰 일도 작은 일에서부터 시작된다 | 天下大事, 从小事起. | ~무적 | 天下无敌. | ~ 일색 | 绝代佳人. | ~ 일품 | 天下一货. | ~태평 | 天下太平.

C**천하다**[賤-] 형 ❶ (지체·지위가 낮다) 【下贱】xiàjiàn 【卑贱】bēijiàn | 그는 출신이 ~ | 他出身下贱. ❷ (상스럽다) 【难看】nánkàn 【俗气】sú·qi 【下流】xiàliú | 이 천은 색깔이 수수하고 무늬도 우아하여 조금도 천하지 않다 | 这块布颜色素净sù·jìng, 花样也大方, 一点不俗气. | ~한 농담 | 下流的玩笑wánxiào. ❸ (흔하다) 【平常】píngcháng 【普通】pǔtōng 【不稀罕】bùxīhan

C**천하무쌍**[天下無雙] 몡 【举世无双】jǔ shì wú shuāng 【盖世无双】gài shì wú shuāng 【海内无双】hǎi nèi wú shuāng | 그는 ~의 영웅이다 | 他是一个举世无双的英雄.

천행[天幸] 몡 【幸好】xìnghǎo 【万幸】wànxìng ¶~으로 그가 자리에 없다 | 幸好他不在场。¶이번 자동차 사고에서 사람이 다치지 않은 것은 정말 ~이다 | 这次车祸chēhuò人没受伤, 真是万幸。

^A철[鐵] 몡 【铁】tiě 【钢铁】gāngtiě ¶강~ | 钢铁。¶~각 | 铁腿。

^B철²[節] 몡 【季节】jìjié 【时节】shíjié 【节令】jiélìng 【季儿】jìr 【喷儿】pènr ¶고기잡이~ | 渔汛xùn季节。¶수박~ | 西瓜季儿。¶지금 제~인 물건 | 正在季儿上的东西。

철³ 몡 【事理】shìlǐ ¶~이 들다 | 懂事。

^c철갑[鐵甲] 몡 ❶ (쇠로 만든 갑옷)【铁甲】tiějiǎ ¶~선 | 铁甲船。❷ (칠) 【上漆】shàngqī ¶~전기줄 | 漆电线。

^c철강[鐵鋼] 몡 【钢铁】gāngtiě 【铁和钢】tiě hé gāng ¶~을 생산하다 | 生产shēngchǎn钢铁。¶~업 | 钢铁业。¶~벨트 | 钢带。

철거[撤去] 몡하타 【拆除】chāichú 【拆迁】chāiqiān ¶불법으로 건축된 주택을 ~하다 | 拆除非法建筑zhù的房屋。¶도로 장애물을 ~하다 | 拆除了路障zhàng。 [참고] 〔撤走〕

^c철공소[鐵工所] 몡 【铁厂】tiě chǎng 【铁工厂】tiěgōngchǎng

철광[鐵鑛] 몡 ❶ (광석)【铁矿】tiěkuàng ❷ (광산) 【铁矿山】tiěkuàngshān

^c철교[鐵橋] 몡 【铁桥】tiěqiáo ¶한강~ | 汉江铁桥。¶~를 놓다 | 架铁桥。

^c철근[鐵筋] 몡 【钢筋】gāngjīn 【条钢】tiáogāng

^B철기[鐵器] 몡 【铁器】tiěqì ¶~시대 | 铁器时代。

^B철길[鐵 –] 몡 【铁路】tiělù 【铁道】tiědào 【铁轨】tiěguǐ 【钢轨】gāngguǐ ¶~수송 | 铁路运输。

^B철도[鐵道] 몡 【铁路】tiělù 【铁道】tiědào ¶~망 | 铁路网。¶~운임 | 铁路运输。¶~편 | 利用铁路。¶~공사 | 铁路公司。¶~수송 | 铁路运输。

철두철미[徹頭徹尾] 몡하형 【彻头彻尾】chè tóu chè wěi 【从头到尾】cóng tóu zhì wěi 【完全】wánquán ¶이것은 ~한 거짓말이다 | 这是彻头彻尾的是

谎huǎng言。¶~한 연구 | 彻头彻尾的研究。

철로[鐵路] 몡 【铁路】tiělù 【铁道】tiědào ¶~수송 | 铁路运输。

철망[鐵網] 몡 【铁丝网】tiěsīwǎng 【铁蒺藜】tiějíli

철면피[鐵面皮] 몡 【脸皮厚】liǎnpíhòu 【脸皮(儿)壮】liǎnpí(r)zhuàng 【厚脸皮】hòuliǎnpí 【厚颜无耻】hòu yán wú chǐ 【恬不知耻】tián bù zhī chǐ 【皮脸皮痴】pí liǎn pí chī 【无耻】wúchǐ 【无耻之尤】wú chǐ zhī yóu 【没羞没臊】méi xiū méi sāo ¶그는 대표적인 ~다 | 他是一个标准的厚脸皮。¶이 사람은 어려서부터 ~였다 | 这个人从小就羞没臊。

^c철모[鐵帽] 몡 【钢盔】gāngkuī 【钢帽】gāngmào ¶~를 쓴 낙하산병 | 戴着钢盔的伞兵sǎnbīng。

^c철모르다 통 【不懂事】bùdǒngshì ¶철모르는 아이 | 不懂事的孩子。¶그는 정말 철모른다 | 他真不懂事。

철문[鐵門] 몡 【铁门】tiěmén

철벅철벅 뫼하자 【吧唧】bājī 【吧即】bājī 【吧叽】bājī 【咕哧】gū·chī 【咕唧】gūjī ¶발 밑에서 줄곧 ~ 소리가 난다 | 脚底下咕唧咕唧地直响。

철봉[鐵棒] 몡 〈體〉 【单杠】dāngàng ¶~을 연습하다 | 练习liànxí单杠。

철부지 몡 ❶ (철이 없다)【不懂事儿】bùdǒngshìr ❷ (철이 없는 사람)【不懂事的人】bùdǒngshì·de rén

^c철분[鐵分] 몡 【铁分】tiěfēn 【铁的成分】tiě·de chéngfēn ¶~이 함유된 물질 | 含有铁的物质。

^c철사[鐵絲] 몡 【铁丝】tiěsī 【铁线】tiěxiàn 【钢丝】gāngsī ¶가시~ | 带刺铁丝/有刺铁丝。

^c철새 몡 【候鸟】hòuniǎo 【随阳鸟】suíyángniǎo 【时鸟】shínì'ǎo

^B철수[撤收] 몡하자타 【撤回】chèhuí 【撤退】chètuì 【撤走】chèzǒu 【收回】shōu/huí ¶군대를 ~하다 | 撤回军队。¶적군이 ~했다 | 敌df军撤退了。¶기지에서 ~하다 | 从基jī地撤走。¶주식을 ~하다 | 撤走股gǔ份。

철썩 뫼 ❶ (물소리) 【啪】pā ¶파도가 바닷가에 ~ 부딪쳤다 | 一个浪啪的一声打在了岩石上。❷ (때리는 소

리)【啪】pā ¶따귀를 ～ 때리다 | 啪, 打了一个耳光。

철야[徹夜] 명하자 【彻夜】chèyè 【彻宵】chèxiāo 【通宵】tōngxiāo 【通宿（儿）】tōngxiǔ(r) 【整夜】zhěngyè ¶아침까지 ～하다 | 通宵达dá旦dàn。¶그는 ～를 하고서야 글을 써낼 수 있었다 | 他熬áo了一个通宵，才把文章写出来。

철인[鐵人] 명 【铁人】tiěrén

철자[綴字] 명 〈言〉【拼写】pīnxiě ¶～법 | 拼写法。

ᶜ**철재**[鐵材] 명 【铁材】tiěcái 【钢材】gāngcái

ᶜ**철저**[徹底] 명하형 【彻底】chèdǐ 【澈底】chèdǐ 【完全】wánquán 【彻头彻尾】chètóu chèwěi 【坚决】jiānjué ¶이번에는 ～히 처리하겠다 | 这回干得很彻底。¶이 문제는 ～하게 토론하지 않았다 | 这个问题没有讨论tǎolùn彻底。¶～히 다르다 | 完全不同。

철제[鐵製] 명 【铁制】tiězhì ¶～ 가구 | 铁制家具。

ᶜ**철조망**[鐵條網] 명 【铁丝网】tiěsīwǎng 【铁蒺藜】tiějílí ¶～을 치다 | 拉铁丝网。

ᴮ**철쭉** 명〈植〉【山踯躅】shānzhízhú ¶～꽃 | 山踯躅花。

철창[鐵窓] 명 【铁窗】tiěchuāng 【铁栏】tiězhàlán 【监狱】jiānyù 【狱中】yùzhōng ¶그는 ～에서 20년을 보냈다 | 他在铁窗之中度过了二十年。¶～생활 | 狱中生活。¶～신세 | 狱中苦命。 참고 〔监牢láo〕

철책[鐵柵] 명 【铁栅】tiězhà ¶～을 치다 | 围铁栅。

철철 부 【满满】mǎnmǎn ¶저수지에는 언제나 물이 ～ 넘쳤다 | 水库里常常是满满当当的水。

철철이[철] 부 【按季节】àn jìjié 【每个季节】měi·ge jìjié ¶학교에서는 모든 학생들에게 ～ 교복을 지급한다 | 学校按季节给每个学生发制服。

철칙[鐵則] 부 【铁的原则】tiě·de yuánzé 【铁的纪律】tiě·de jìlǜ 【坚定不移的原则】jiāndìng bùyí·de yuánzé ¶단결이 우리의 ～이다 | 团结是我们的铁的原则。

ᶜ**철탑**[鐵塔] 명 【铁塔】tiětǎ

철통[鐵桶] 명 【铁桶】tiětǒng ¶～같이 에워싸다 | 包围得铁桶似的shì·de。

ᶜ**철퇴**[撤退] 명하자 〈軍〉【撤退】chètuì 【撤走】chèzǒu 【迁出】qiānchū ¶적군이 ～했다 | 敌dí军撤退了。¶기지에서 ～하다 | 从基jī地撤走。

ᴮ**철판**[凸板] 명〈印〉【凸版】tūbǎn 【活版】huóbǎn ¶～ 인쇄 | 活版印刷。

철폐[撤廢] 명하타 【撤消】chèxiāo 【撤销】qǔxiāo ¶이 규정은 너무 늦게 ～되었다 | 这项规定guīdìng取消得太晚了。¶계획을 ～하다 | 撤销计划。

ᶜ**철학**[哲學] 명 【哲学】zhéxué ¶～사 | 哲学史。¶생활 ～ | 生活哲学。¶～자 | 哲学家。

철회[撤回] 명하타 【收回】shōu/huí 【撤销】chèxiāo 【撤消】qǔxiāo ¶건의를 ～하다 | 收回建议。¶제안을 ～하다 | 提tí案撤回。¶그에 대한 처분을 ～하다 | 撤销对他的处chǔ分。 참고 〔吊销diàoxiāo〕

ᶜ**첨가**[添加] 명하타 【补充】bǔchōng 【添加】tiānjiā 【追加】zhuījiā 【增加】zēngjiā 【附有】fùyǒu ¶원료를 ～하다 | 补充原料。¶한 마디를 ～하다 | 补充一句。¶～제 | 添加剂。

ᴮ**첨단**[尖端] 명 【尖端】jiānduān 【最前面】zuìqiánmiàn 【先进】xiānjìn ¶～기계 | 尖端的机器设备。¶～과학 | 尖端科学。¶～기술 | 先进技术。¶～산업 | 先进产业。

첨벙 부 【噗通】pūtōng 【扑通】pūtōng 【泼剌】bōlà 【泼剌】bōlà 【扑拉】bālā 【咕咚】gūdōng ¶큰 돌덩이가 ～하고 물속으로 떨어졌다 | 大石头咕咚一声掉到水里去。

첨부[添附] 명하타 【附加】fùjiā 【补充】bǔchōng 【附有】fùyǒu 【追加】zhuījiā ¶참고서에는 그림까지 ～되어있다 | 参考书里还附有图片。¶～서류 | 附件/说明文件。¶～약관 | 附加条款。

첨부 파일[添附file；attached file] 〈電算〉【附加文件】fùjiāwénjiàn

첨예[尖銳] 명하형 【尖锐】jiānruì 【敏感】mǐngǎn ¶～한 비평 | 尖锐的批评。¶국제 정세의 ～화 | 国际情势

의 尖锐化。¶~한 사항ㅣ敏感项目。

다ㅣ这是入冬以来的第一场雪。

^C첩¹[妾] 圀【姜】qiè【姨太太】yítài·tai
【偏房】piānfáng【小老婆】xiǎolǎo·po
【二房】èrfáng ¶~을 들이다ㅣ纳妾。
¶~을 들였다ㅣ又添tiān了偏房。¶왕씨는 또 ~을 얻었다ㅣ老王
又娶qǔ了一房小老婆。 참고[别房]
[别室][偏室][如君][少房][少妻]
[庶室][外宝][下妻][小妇][小妻]
[袖香][姨奶奶][二奶奶][二太太]
[二姨太太][小夫人][小奶奶][小太
太][小姨奶奶][小的儿][小点子][小
老婆子]〔qǐao老婆姜〕〔姨yí太太〕

첫마디 圀【头一句话】tóuyíjù huà【第
一句】dìyíjù【一开头】yìkāitóu【一开
口】yìkāikǒu ¶~가 왜 왔느냐는 것이
다ㅣ头一句话就是为什么来。

첫머리 圀【开头】kāitóu【起首】qǐshǒu
【开端】kāiduān【前头】qián·tou【前
面(儿)】qiánmiàn(r)【起头】qǐ·tou
¶~부터 책을 읽다ㅣ从头读书。

첫발 圀【第一步】dìyíbù ¶~을 내디디
다ㅣ走出第一步。

첫사랑 圀【初恋】chūliàn ¶~을 잊지
못하다ㅣ初恋难忘。

^C첩²[贴] 圀[剂]jì【服】fú【付】fù ¶약 한
~을 먹으면 바로 낫게 된다ㅣ吃一服
药就好了。

첫 술에 배 부르랴 관용【一口饭吃不饱
人】yìkǒu fàn chī bùbǎo rén【胖子
不是一口吃大的】pàng·zi búshì yìkǒu
chīdà·de 【一口肉吃不成胖子】yìkǒu
ròu chī bùchéng pàng·zi【一把火煮
不熟一锅饭】yìbǎhuǒzhǔ·bushúyìguō-
fàn【一锄挖不成井，一笔划不成龙】y-
ìchūwā·buchéng jǐng, yìbǐhuà bùché-
ng lóng

첩경[捷径] 圀【捷径】jiéjìng【近路】jìnl-
ù ¶학문에는 ~이 없다ㅣ做学问不能
走捷径。¶문제 해결의 ~ㅣ解决问
题的捷径。

^C첩자[谍者] 圀【间谍】jiàndié【奸细】jiā-
n·xi【谍报员】diébàoyuán ¶~를 침
투시키다ㅣ派谍报人员潜入。

첫여름 圀【初夏】chūxià 참고[孟夏]
[首夏][第一个夏天]

첫인상[-印象] 圀【初次印象】chūcì y-
ìnxiàng【第一个印象】dìyí·ge yìnxià-
ng ¶~이 좋다ㅣ初次印象很好。
¶~이 중요하다ㅣ第一个印象很重要。

첩첩[叠叠] 圀형【重重】chóngchó-
ng【叠叠】diédié【重迭】chóngdié
【层层】céngcéng【嶙峋】línxún【茂
密】màomì ¶~이 쌓인 곤란을 극복
하다ㅣ克服重重困难。¶~산중ㅣ层
峦叠嶂。

^B첫째 쥐【第一】dìyī【头号】tóuhào【首
先】shǒuxiān【最】zuì【首要】shǒuyào
¶품질이 ~이다ㅣ质量第一。¶~가
는 기밀ㅣ头号机密。¶~로 중요하
다ㅣ最要紧。

첫¹ 관【首次】shǒucì【第一】dìyī【第一
次】dìyícì ¶~ 월급ㅣ第一个月的薪水。

청[请] 圀【要求】yāoqiú【请求】qǐngqiú
【请】qǐng【托】tuō ¶~ 발언을 하다ㅣ
要求发言。¶저는 당신에게 한 가지
~할 일이 있어서 왔습니다ㅣ我是为
了求您一件事儿来的。¶휴가를 ~하
다ㅣ请假jià。¶~을 넣다ㅣ托人说
情。

첫-² 두【初】chū【首次】shǒucì【第一】
dìyī ¶~가을ㅣ初秋。

첫걸음 圀【第一步】dìyíbù【正式开始】
zhèngshì kāishǐ【初步】chūbù【入门】
rùmén ¶천리행군의 ~을 내디디다
ㅣ迈开了千里行军的第一步。¶정치
학~ㅣ政治学入门。

청각[听觉] 圀〈生〉【听觉】tīngjué ¶
그는 ~이 아주 좋다ㅣ他的听觉很
好。¶~중추ㅣ听觉中枢。

^C첫날 圀【第一天】dìyìtiān【头一天】tóu-
yìtiān ¶대회 ~ㅣ大会第一天。¶오
늘은 개강 ~이다ㅣ今天是开学第一
天。

청강[聽講] 圀해자타 ❶(경정하다)
【听讲】tīngjiǎng ¶~하면서 필기를
하다ㅣ一面听讲，一面记笔记。❷(강
의를 듣다)【旁听】pángtīng ¶나는
이선생님의 수업을 ~할 생각이다ㅣ
我想旁听李老师的课。¶~생ㅣ旁听

첫날밤 圀【初夜】chūyè【新婚之夜】xīn
hūn zhī yè

첫눈¹ 圀【第一眼】dìyìyǎn【一见】yíjiàn
¶~에 반하다ㅣ一见钟情。

첫눈² 圀【初雪】chūxuě【第一场雪】dì-
yìchǎng xuě ¶이 눈은 올 겨울의 ~이

903

生.

청개구리[青─] 명〈動〉**青蛙**qīngwā

청결하다[清潔─] 형 **清洁**qīngjié 【整洁】zhěngjié ¶그녀의 집은 아주 ~ | 她的家里清洁得很. ¶청결함을 유지하도록 신경을 쓰다 | 注意zhùyì 保持bǎochí清洁. ¶청결한 교정 | 清洁的校园xiàoyuán.

ᶜ**청과**[青果] 명 **水果和蔬菜**shuǐguǒ hé shūcài

ᴮ**청구**[請求] 명하타 **请求**qǐngqiú 【申请】shēnqǐng 【要求】yāoqiú 【请付】qǐngfù ¶물자 ~ | 申请物资. ¶배상을 ~하다 | 要求赔偿péicháng. ¶수리 비용은 ~받을 수 있다 | 修理费用可以报账. 참고〔断偿〕

청국장[清麹醬] 명 **清麹酱**qīngqūjiàng [豆酱][豆瓣儿酱]

ᶜ**청년**[青年] 명 **青年**qīngnián ¶~조직 | 青年组织. ¶~기 | 青年时期. ¶~들에게 아주 큰 희망을 걸고 있다 | 对青年寄予yù了很大的希望.

ᶜ**청동**[青銅] 명 **青铜**qīngtóng ¶~기 시대 | 青铜时代/青铜器时代/铜器时代。 ¶~기 | 青铜器. ¶~화 | 青铜币.

청량음료[清凉飲料] 명 **冷饮**lěngyǐn 【清凉饮料】qīngliáng yǐnliào 【软饮料】ruǎnyǐnliào ¶~를 조금 샀다 | 买了一些冷饮.

ᶜ**청력**[聽力] 명 **听力**tīnglì 【听能】tīngnéng ¶침술 치료를 받고는 ~을 회복하였다 | 经过针刺恢复了听力. ¶내일 ~ 테스트가 있다 | 明天有听力考试.

청렴[清廉] 명하형 **廉洁**liánjié 【廉白】liánbái 【廉明】liánmíng 【清廉】qīnglián 【清高】qīnggāo 【玉洁】yùjié 【冰清】bīngqīng ¶~ 결백하다 | 清正廉洁. ¶~한 관리 | 清正廉洁的官吏guānlì. ¶그는 아주 ~하고 고상하다 | 他很清高.

ᶜ**청록색**[青綠色] 명〈色〉**青绿**qīnglù 【淡青】dànqīng 【翠绿色】cuìlǜsè

청명[清明] 명하형 **清脆**qīngcuì 【清亮】qīng·liang 【清朗】qīnglǎng ¶~한 목소리 | 清亮的声音. ¶달빛이 아주 ~하다 | 月色yuè色清朗.

ᴬ**청바지**[青─] 명 **牛仔裤**niúzǎikù

청부[請負] 명하타 **包工**bāo/gōng 【承包】chéngbāo 【承办】chéngbàn 【包办】bāobàn 【承揽】chénglǎn ¶공사만 ~ 맡고, 자재는 책임지지 않다 | 包工不包料. ¶현대 그룹이 이 공사를 ~ 맡았다 | 现代集团承包了这项工程. ¶전람회의 연회 음식 준비를 ~ 맡다 | 包办展览会的酒席xí. ¶~살인 | 承包杀人. 참고〔유접〕[包办所]

청빈[清貧] 명하형 **清贫**qīngpín 【清苦】qīngkǔ 【赤贫】chìpín ¶~하고 소박한 생활 | 清贫, 朴素的生活. ¶그는 일생을 아주 ~하게 보냈다 | 他的一生过得很清苦. 참고〔清寒qīnghán〕

청사[廳舍] 명 **大厦**dàshà 【办公楼】bàngōnglóu 【大楼】dàlóu ¶정부 종합 ~ | 政府综合办公楼.

ᶜ**청사진**[青寫眞] 명 **蓝图**lántú ¶국가 건설의 ~을 그리다 | 描绘国家建设的蓝图.

ᶜ**청산**¹[清算] 명하타 ❶ (채무·채권 관계를 매듭지음) 【清算】qīngsuàn 【了结】liǎojié 【清理】qīnglǐ 【清偿】qīngcháng 【还清】huánqīng ¶계좌를 ~하다 | 清算帐目zhàngmù. ¶빨리 잡고 있는 일을 ~해라 | 赶快gǎnkuài了结手头的工作. ¶빚을 깨끗이 ~하다 | 清理债务zhàiwù. ❷ (좌·과거 등을 결말지어 없앰) 【肃清】sùqīng 【清灭】xiāomiè 【清除】qīngchú ¶착취계급을 ~하다 | 消灭剥削阶级jiējí. ¶숨겨진 우환을 ~하다 | 清除隐患yǐnhuàn. ¶일찍이 ~했어야 하는건데 | 早就该清除了!

청산²[青山] 명 **青山**qīngshān ¶~도 흐르는 물을 막을 수 없으니, 결국에는 동쪽으로 흘러간다 | 青山遮不住, 毕竟向东流去.

ᴮ**청색**[青色] 명〈色〉**青色**qīngsè 【蓝】lán

ᴬ**청소**[清掃] 명하타 **清扫**qīngsǎo 【打扫】dǎsǎo 【扫除】sǎochú ¶교실을 말끔히 ~하다 | 清扫教室jiàoshì. ¶실내외는 매일 ~해야 한다 | 室内室外要天天打扫.

ᴮ**청소기**[清掃器] 명 **吸尘器**xīchénqì

ᶜ**청소년**[青少年] 명 **青少年**qīngshào─

904

onián ¶~ 교육을 중시하다 | 注意zh-ùyì对青少年的教育。

청소부[淸掃夫] 명【淸洁工】qīngjiégōng ¶~가 새벽 일찍 도로를 쓸다 | 清洁工清晨扫马路。

청순[淸純] 명하형【纯洁】chúnjié ¶~한 마음 | 纯洁的心。¶심성이 ~하다 | 心地纯洁。

청승 명【倒霉】dǎo/méi【晦气】huìqì ¶~을 떨다 | 令人倒霉。¶~꾸러기 | 倒霉鬼。

청신하다[淸新-] 형【清新】qīngxīn 【新鲜】xīn·xiān【清爽】qīngshuǎng ¶막비가 온 뒤라서, 공기가 ~ | 刚下过雨, 空气清新。¶밤바람이 불어와 매우 ~ | 晚风吹来, 十分清爽。

청아[淸雅] 명하형【优雅】yōuyǎ【清雅】qīngyǎ ¶문구가 ~하다 | 词句cíjù清雅。¶그녀의 노랫소리는 ~하여 사람을 감동시킨다 | 她的歌声gēshēng清脆动人。

ᶜ**청어**[靑魚] 명〈魚類〉【鲱鱼】fēiyú【太平洋鲱鱼】tàipíngyáng fēiyú【日本银带鲱】rìběn yíndàifēi

청원[請願] 명하타【请愿】qǐng/yuàn【申请】shēnqǐng【请求】qǐngqiú ¶~서 | 请愿书shū。¶~경찰 | 自雇警察。

ᴮ**청자**[靑瓷] 명【青瓷】qīngcí ¶고려 ~ | 高丽青瓷。

청장년[靑壯年] 명【青壮年】qīngzhuàngnián【青壮】qīngzhuàng ¶마을의 ~들은 모두 논밭으로 일하러 나갔다 | 村里的青壮年都下地了。¶~근로자 | 青壮劳力。

청정[淸淨] 명하형【清静】qīngjìng ¶마음이 ~한 사람 | 心里清静的人。¶~심 | 清静的心情。

ᶜ**청주**[淸酒] 명【清酒】qīngjiǔ ¶~ 한 잔을 마시다 | 喝杯一杯清酒。

청중[聽衆] 명【听众】tīngzhòng ¶~석 | 听众席。¶~을 열광시키다 | 使听众发狂。

ᶜ**청진**[聽診] 명하타〈醫〉【听诊】tīngzhěn ¶~기 | 听诊器。¶환자를 ~하다 | 给病人听诊。

청첩[請牒] 명하타【请帖】qīngtiě【请柬】qīngjiǎn ¶~장을 띄우다 | 发请帖。

청초하다[淸楚-] 형【清秀】qīngxiù ¶청초한 소녀 | 清秀的少女。

청춘[靑春] 명【青春】qīngchūn ¶~시기 | 青春年华niánhuá。¶~은 언제나 아름다운 것이다 | 青春啊, 永远是美好的。¶~을 조국에 바치다 | 把青春献给xiàngěi祖国。

청취[聽取] 명하타【收听】shōutīng【听取】tīngqǔ ¶~해 주셔서 감사합니다 | 谢谢收听。¶방송을 ~하다 | 收听广播。¶일기 예보를 ~하다 | 收听天气预报。

청탁[淸濁] 명 ❶ (맑음과 흐림)【清浊】qīngzhuó ❷〈言〉 (유성음과 무성음)【清浊】qīngzhuó【清浊音】qī-ngyīn hé zhuóyīn ❸ (사리의 옳고 그름)【是非曲直】shì fēi qū zhí【是非皂白】shìfēihǎobái ¶반드시 ~을 가려내야겠다 | 一定要辨清是非曲直。

청탁² [請託] 명하타【请托】qīngtuō【委托】wěituō ¶~을 받다 | 受委托。¶~을 사절하다 | 谢绝委托。

청하다[請-] 동 ❶ (부탁하다)【请求】qīngqiú【要求】yāoqiú ¶도움을 ~ | 请求帮助。❷ (초대하다)【请】q-ǐng【邀请】yāoqǐng ¶손님을 ~ | 邀请客人。❸ (잠을)【想】xiǎng ¶잠을 ~ | 想睡着。

청혼[請婚] 명하자【求婚】qiú/hūn ¶그는 미스조에게 ~을 했다 | 他向赵小姐求婚。참고〔求亲qiúqīn〕

ᴮ**제**¹ 명【筛子】shāi·zi ¶~를 치다 | 过筛子。

ᴮ**제**² [滯] 명하자【停食】tíngshí【撑】chēng ¶너무 빨리 먹으면 ~하기 쉽다 | 吃快了容易撑着。참고〔存食〕

제³ 의명【裝】zhuāng【裝做】zhuāngzuò ¶보고노 못 본 ~하다 | 装没看见。

ᶜ**-제**⁴ [-體] 미 ❶ (서체)【书体】shūtǐ【体】tǐ ¶명조 | 明朝体。¶고딕 ~ | 黑体。❷ (입체)【体】tǐ ¶사면~ | 四面体。¶결정~ | 结晶体。

체감[體感] 명【体感】tǐgǎn【触觉】chùjué【触感】chùgǎn ¶~온도 | 体感温度。

ᶜ**체격**[體格] 명【体格】tǐgé【身子骨儿】shēn·zigǔr【身板】shēnbǎn ¶~이 건

장하다 | 体格健全。 ¶~이 튼튼하다 |
身子骨儿结实。 ¶~ 검사 | 体格检
查。 **참고** 〔身子股 (儿)〕〔身子板 (儿)〕

체결[締結] **명하타** 【缔结】dìjié【签订】
qiāndìng【签定】qiāndìng【订】dìng
【订立】dìnglì ¶조약을 ~하다 | 缔结
条约tiáoyuē/订约。 ¶계약을 ~하
다 | 签订合同。 ¶쌍방이 기술 합작
합의서를 ~하였다 | 双方订立了技术
合作协议。

체계[體系] **명** 【体系】tǐ·xì【体制】tǐzhì
【结构】jiégòu【系统】xìtǒng ¶사상
~ | 思想体系。 ¶교육 ~ | 教育体制。
¶경제 ~ | 经济体制。 ¶자료에 대
해 과학적이고 ~적인 분류를 하다 |
把资料zīliào作了科学kēxué的, 结构
的分类fēnlèi。 ¶물리학 ~적으로
배웠다 | 系统地学过物理学wùlǐxu-
é。

체구[體軀] **명** 【体格】tǐgé【身躯】shē-
nqū【身板】tǐqū【身躯】shēnbǎn ¶~
가 건장하다 | 体格健全。 ¶건강한
~ | 健壮jiànzhuàng的身躯。 ¶~가
크다 | 身躯高大。 **참고** 〔身本〕〔身材〕

체급[體級] **명** 【身体级别】shēntǐ jíbié
【体重级别】tǐzhòng jíbié

체납[滯納] **명하타** 【拖欠】tuōqiàn【滞
纳】zhìnà【积欠】jīqiàn【积欠债务】jī-
qiàn zhàiwù ¶이 빚은 지금까지 아직
~하고 있다 | 这笔债zhài至今仍
拖欠着。 ¶~금 | 滞纳金。 ¶~액 |
拖欠额。

체내[體內] **명** 【体内】tǐnèi ¶~수정 |
体内受精。

체념[諦念] **명하타** 【断念头】duàn/nià-
n·tou【死心】sǐ/xīn ¶어쨌든 간에 희
망이 없다면 지금 바로 ~하는 것이 좋
다 | 要是无论如何也没希望不如现在
就断了这个念头。 ¶너 ~해라, 잃어
버린 돈은 다시 돌아올 수 없다 | 你死
了心吧, 丢了的钱不会再回来的。 **참
고** 〔断心〕

체득[體得] **명하타** 【领会】lǐnghuì【体
会】tǐhuì【学会】xuéhuì【学习】xuéxí
¶글의 대의를 ~하다 | 领会文章的
大意。 ¶그가 가서 직접 ~하게 하다
| 让他亲自去体会一下。 ¶선진 영농
법을 ~하다 | 学习先进耕作法。 **참고**
〔领悟〕〔领意〕〔体认〕

체력[體力] **명** 【体力】tǐlì【身体】shēntǐ
¶~이 견디지 못하다 | 体力不支。
¶~을 소모하다 | 消耗xiāohào体
力。 ¶~을 단련하다 | 锻炼身体。

체류[滯留] **명하자** 【逗留】dòuliú【淹
留】yānliú ¶~기간 | 滞留期。 ¶북
경에 ~하고 있다 | 逗留在北京。

체면[體面] **명** 【体面】tǐ·miàn【面子】
miàn·zi ¶~을 잃다 | 有失体面。 ¶
~을 중시하다 | 讲究体面。 ¶~을
세우다 | 看面子/给面子/讲面子。 ¶
그의 ~을 봐서 좀 양보하시오 | 给他
一个面子, 让他一点。

체벌[體罰] **명하타** 【体罚】tǐfá ¶학생
들을 ~해서는 안된다 | 不许体罚学
生。 ¶~을 받다 | 受到体罚。

체불[滯拂] **명하타** 【拖欠】tuōqiàn
【延期偿付】yánqī chángfù【延期支
付】yánqī zhīfù【延付】yánfù【延迟付
款】yánchí fùkuǎn ¶이 빚은 지금까
지 아직도 ~하고 있다 | 这笔债zhài
至今仍拖欠着。 ¶~이자 | 延付息。

체액[體液] **명** 〈生〉【体液】tǐyè【体内
的各种液体】tǐnèi·de gèzhǒng yètǐ

체온[體溫] **명** 【体温】tǐwēn ¶~계 |
体温表。 ¶아이의 ~를 재다 | 给孩
子量liáng体温。 ¶~을 조절하다 |
调整体温。

^A **체육**[體育] **명** 【体育】tǐyù ¶~ 활동 |
体育活动。 ¶오늘 오후에 ~ 수업이
시간이 있다 | 今天下午有一节体育
课。

체인[chain] **명** 【链】liàn【铁链】tiěliàn
【锁链】suǒliàn【连锁】liánsuǒ ¶~스
토어(store) | 连锁店/连锁商店。

체인지[change] **명하타** 【变化】biànhu-
à【改变】gǎibiàn【替代】tìdài

체재[體裁] **명** 【样子】yàng·zi【样式】y-
àngshì ¶~가 참신하다 | 样式新颖x-
īnyǐng。

체제[體制] **명** 【体制】tǐzhì【制度】zhìd-
ù【系统】xìtǒng ¶교육 ~ | 教育体
制。 ¶경제 ~ | 经济体制。 ¶방어 ~ |
防御fángyù系统。

^B **체조**[體操] **명하자** 〈體〉【体操】tǐcāo
¶~하다 | 练liàn体操。 ¶맨손 ~ |
空手体操。 ¶기계 ~ | 器械qìxiè体
操。

^B **체중**[體重] **명하형** 【体重】tǐzhòng ¶

~이 적지 않게 늘었다 | 体重增加zēngjiā了不少。

체증[遞增] 명하타【遞增】dìzēng【递加】dìjiā ¶~ |소득 | 递增报酬。 ¶신용장 | 递加信用证。 ¶~ | 연금 | 累进年金。 ¶~ | 형성 | 形成阻塞。

ᶜ체질[體質] 명【体质】tǐzhì ¶~을 강화하다 | 增强体质。 ¶그는 ~이 강건하다 | 他体质强健qiángjiàn。 ¶특이 ~ | 特异体质。 ¶~ | 개선 | 体质改善。

체취[體臭] 명❶ (몸의 냄새)【体臭】tǐxiù【汗臭】hànxiù ❷ (독특한 기분이나 버릇)【气味】qìwèi【气息】qìxī

체코 공화국[Czecho 共和國] 명【地】【捷克】Jiékè [체코슬로바키아가 1990년 연방 공화국이 되면서 분리된 나라. 수도는 '布拉格'(프라하;Praha)]

ᶜ체크[check] 명하타 ❶ (검사·대조)【核对】héduì【查对】cháduì ¶장부를 ~하다 | 核对帐目zhàngmù。 ¶자료를 ~하다 | 查对材料liào。 ❷ (바둑판 무늬)【方格】fānggé

체크 북[check book] 명【電算】【复选框】fùxuǎnkuàng

체통[體統] 명【体统】tǐtǒng ¶~을 지키다 | 维护体统。 ¶~을 잃다 | 有失体统。

ᶜ체포[逮捕] 명하타【逮捕】dàibǔ【捉拿】zhuōná【拿获】náhuò【拿住】názhù【捕捉】bǔzhuō【擒拿】qínná【擒住】qínzhù【辑拿】jiná ¶~하여 의법 처리하다 | 逮捕依法处治。 ¶흉악범을 ~하다 | 捉拿凶手。 ¶어제 밤에 좀도둑 두 명을 ~하였다 | 昨夜拿获了两个小偷xiǎotōu。 ¶도둑이 ~되었다 | 贼zéi被拿住了。 ¶~ | 감금죄 | 非法拘禁罪。 참고 [拘捕][捉拿]

ᴮ체하다 동【装做】zhuāngzuò【假装】jiǎzhuāng ¶모르는 ~ | 假装不知道的样子。 ¶자는 ~ | 假装睡觉。

체하다² 동【停食】tíngshí【撑】chēng ¶아침 먹은 것이 ~ | 早晨吃的东西撑着了。

ᶜ체험[體驗] 명하타【体验】tǐyàn【体会】tǐhuì【经验】jīngyàn【经历】jīnglì ¶몸소 ~하다 | 亲身体验。 ¶그가 직접 ~하게 하다 | 让他亲自体会一下。 ¶갖은 풍랑을 ~했다 | 经历过风浪。

체형[體型] 명【体型】tǐxíng ¶살찐 ~ | 肥胖的体型。 ¶그녀는 작고 뚱뚱한 ~이다 | 她是矮型的体型。

ᶜ첼로[이 cello] 명【大提琴】dàtíqín ¶~리스트 | 大提琴师。

ᴬ처다보다 동【仰望】yǎngwàng【仰视】yǎngshì【凝视】níngshì【注视】zhùshì【抬头看】táitóukàn ¶푸른 하늘을 ~ | 仰望苍天cāngtiān。 ¶밝은 달을 ~ | 仰望明月。 ¶그는 전방을 쳐다보며 한참 동안 말을 하지 않는다 | 他凝视前方，半天不说话。 ¶그는 뚫어지게 창 밖을 쳐다보고 있다 | 他目不转睛地注视着窗外。 참고 [瞩zhǔ望]

쳐들다 동【举】jǔ【撑起】chēngqǐ【昂着】áng·zhe【抬起】táiqǐ ¶고개를 ~

쳐들어가다 동【打进去】dǎ ·jìn ·qù【进攻】jìngōng ¶대대적으로 ~ | 大举进攻。

ᴮ쳐들어오다 동【打进来】dǎ ·jìn ·lái【攻进来】gōng ·jìn ·lái【进犯】jìnfàn ¶쳐들어온 일본군을 무찔렀다 | 打败进犯的日本军。

ᶜ쳐부수다 동【摧毁】cuīhuǐ【打碎】dǎsuì【打垮】dǎkuǎ【击溃】jīkuì【打败】dǎ·bài【击败】jībài ¶적의 진지를 ~ | 摧毁了敌人的阵zhèn地。 ¶적을 ~ | 打败了敌人。 참고 [捣dǎo毁][打坏huài]

쳐주다 동 ❶ (값을 매기다)【定】dìng【计】jì ¶값을 잘 ~ | 定了个好价钱。 ❷ (인정해주다)【认定】rèndìng【算作】suànzuò ¶맞은 것으로 ~ | 认定

ᴬ초¹ 명【蜡烛】là·zhú【洋蜡】yánglà【石蜡】shílà【蜡炬】làjù ¶~에 불을 붙이다 | 点蜡烛。

초²[秒] 명【秒】miǎo【分秒】fēnmiǎo ¶~를 다투는 상황 | 分秒必争的情况。

초³[初] 의명【初】chū【初次】chūcì ¶학기 ~ | 学期初。 ¶하루 ~ | 初一。

ᶜ초가을[初-] 명【初秋】chūqiū

ᴮ초가집[草家-] 명【草房】cǎofáng【茅屋】máowū【草舍】cǎoshè【草屋】cǎowū【茅舍】máoshè【茅轩】máoxuān ¶그는 산속의 ~에서 산다 | 他住在

산中의 한 間 茅屋里。 **參考**〔草蓬péng〕

초겨울[初－] 閏【初冬】chūdōng

초고[草稿] 閏【草稿】cǎogǎo【稿本】gǎoběn【草本】cǎoběn【草底儿】cǎodǐr【草样儿】cǎoyàngr【底稿】dǐgǎo【初稿】chūgǎo ¶～를 이미 다 썼다 | 已打好了草稿。¶～지 | 草稿纸cǎo zhǐ

ᶜ**초과**[超過] 閏하타【超过】chāoguò【超额】chāo/é【过剩】guòshèng ¶생산량이 원래의 계획을 ～했다 | 产量都超过了原yuán来计划jìhuà。¶정액의 20%를 ～하다 | 超额百分之二十。

ᶜ**초급**[初級] 閏【初级】chūjí【低年级】dīniánjí ¶～ 독본 | 初级读本。¶～ 중국어 | 初级汉语。

ᶜ**초기**[初期] 閏【初期】chūqī【早期】zǎoqī ¶～의 작품 | 初期作品。¶～의 정치 활동 | 早期政治活动。

초기화[初期化；default] 閏〈電算〉【初始化】chūshǐhuà

초년[初年] 閏 ❶ (처음 시기) 【初期】chūqī ¶～의 작품 | 初期作品。❷ (인생의 초기) 【年轻时节】niánqīng shíjié【少年期】shàoniánqī ¶～고생 | 少年苦。

ᴮ**초대**[招待] 閏하타【邀请】yāoqǐng【招待】zhāodài ¶～를 거절하다 | 拒绝jùjué邀请。¶방문해 달라고 그에게 ～하다 | 邀请他访问fǎngwèn。¶～권 | 招待券/红票。

ᶜ**초대**²[初代] 閏【第一任】dìyīrèn【首任】shǒurèn【初次】chūcì ¶～ 대사 | 第一任大使。

ᶜ**초대장**[招待狀] 閏【请帖】qǐngtiě【请柬】qǐngjiǎn【招待券】zhāodàiquàn ¶～을 띄우다 | 发请帖。 **參考**〔知单zhīdān〕

ᴮ**초등**[初等] 閏【初等】chūděng ¶～수학 | 初等数学。¶～ 교육 | 初等教育。

ᶜ**초라하다** 閏【寒碜】hán·chen【寒酸】hánsuān【酸寒】suānhán【不成样子】bùchéng yàng·zi ¶초라한 옷 | 寒碜的衣裳。¶가난하고 초라한 모습 | 寒酸相xiàng。**參考**〔简陋〕

초래[招來] 閏하타【招致】zhāozhì【造成】zàochéng【导致】dǎozhì【引起】yǐ-

qǐ【惹起】rěqǐ【引致】yǐnzhì【招来】zhāolái ¶의견의 불일치를 ～하다 | 招致意见分歧。¶극심한 오염을 ～하다 | 造成严重的污染。¶이로 인하여 시국의 긴장을 ～하다 | 由此导致时局的紧张。¶한바탕 화를 ～하다 | 引起一场祸huò事。

초록[抄錄] 閏【摘录】zhāilù【抄录】chāolù【抄写】chāoxiě【摘抄】zhāichāo ¶～만 보면 된다 | 看看摘要就行了。¶책에서 몇 단락을 ～하여 교재에 넣다 | 从书中节录了几段收入教材。

ᴮ**초록**²[草綠] 閏〈色〉【草绿色】cǎolǜsè

ᶜ**초롱**[－籠] 閏【灯笼】dēng·long ¶～을 켜다 | 打dǎ灯笼。¶종이로 바른 ～은 안이나 밖이나 다 밝다 | 纸糊的灯笼，里外亮。**參考**〔灯〕〔马灯〕〔风fēng雨yǔ〕

ᶜ**초롱초롱하다** 閏【亮晶晶】liàngjīngjīng【灼灼地闪光】zhuózhuó·de shǎnguāng【有神】yǒushén ¶초롱초롱한 눈 | 亮晶晶的眼睛。¶눈이 특별히 ～ | 眼睛特别有神。**參考**〔忽闪忽闪〕

초만원[超滿員] 閏【超满员】chāomǎnyuán【满座】mǎnzuò ¶관중이 ～을 이루다 | 观众爆满。

초면[初面] 閏【初次见面】chūcì jiànmiàn ¶～에 실례가 많았습니다 | 初次见面，难免有些失礼。

초목[草木] 閏【草木】cǎomù ¶～가 무성하게 자랐다 | 草木丛cóng生。

초반[初盤] 閏【首盘】shǒupán【第一盘】dìyīpán【开局】kāijú ¶～에는 이기더니 후반부터 점점 뒤진다 | 开局占上风，从后半开始慢慢落后了

ᶜ**초밥** 閏【寿司】shòusī

ᶜ**초벌**[初－] 閏【第一回】dìyīhuí【初次】chūcì【头遍】tóubiàn【打底】dǎdǐ ¶～그림 | 打底画。¶～구이 | 头遍烧出来的货。

ᶜ**초보**[初步] 閏 ❶【初步】chūbù【起码】qǐmǎ ¶나의 생각은 아직 ～ 단계이라 성숙되지 못했다 | 这只是初步的想法，还不成熟chéngshú。¶이것은 초보중의 ～이다 | 这是最起码的东西。❷〈電算〉 (초보자) 【菜鸟】càiniǎo ᶜ**초봉**[初俸] 몡【首月工资】shǒuyuè gōngzī ¶~이 많지 않다 | 首月工资不太多.

ᶜ**초빙**[招聘] 몡하타【聘请】pìnqǐng【招聘】zhāopìn【邀请】yāoqǐng【敦请】dūnqǐng【延聘】yánpìn【招请】zhāoqǐng ¶교수님 한 분을 ~하기로 하다 | 打算聘请一位教授. ¶각 방면의 인재를 ~하다 | 招聘各种人才. ¶~을 거절하다 | 拒绝jùjué邀请.

ᶜ**초사흗날**[初三] 몡【初三】chūsān

ᶜ**초상**[初喪] 몡【初丧】chūsāng ¶~을 치르다 | 办丧事.

초상집[初喪-] 몡【丧家】sāngjiā ¶사람을 만나면 몇 마디 위로의 말을 해야 한다 | 见着丧家得说两句吊慰diàowèi话.

ᶜ**초상화**[肖像畵] 몡【肖像画】xiàoxiànghuà【画像】huàxiàng ¶그는 한 장의 ~를 그렸다 | 他画huà了一幅fú肖像画.

ᶜ**초서**[草書] 몡【草书】cǎoshū【草体】cǎotǐ【草写】cǎoxiě ¶~체 | 草书体. (참고)[草字] [今草]

초석[礎石] 몡【基石】jīshí【础石】chǔshí【基础】jīchǔ【基根】gēnjī【奠基石】diànjīshí ¶민주주의의 ~을 건설하다 | 建设民主主义的基石. ¶~을 세우다 | 奠下基石.

ᶜ**초소**[哨所] 몡【哨所】shàosuǒ【岗哨】gǎngshào ¶해안 ~ | 海岸边上的岗哨.

ᶜ**초속**[秒速] 몡【秒速】miǎosù【每秒速度】měimiǎo sùdù ¶~입자 | 超速粒子.

ᴮ**초순**[初旬] 몡【上旬】shàngxún【初旬】chūxún ¶시월 ~ | 十月初旬. (참고)[上沈uūn]

ᴮ**초승달**[初-] 몡【新月】xīnyuè【月牙(儿)】yuèyá(r)【早月】zǎoyuè ¶~이 높이 떴다 | 一弯wān新月高高地挂在天空tiānkōng.

ᴮ**초식**[草食] 몡하자【草食】cǎoshí【食草】shícǎo ¶~류 | 草食类. ¶~동물 | 食草动物.

초안[草案] 몡【草案】cǎo'àn【初步计划】chūbù jìhuà ¶~을 작성하다 | 拟nǐ草案. ¶~을 수정하다 | 修xiū正草案.

ᶜ**초여름**[初-] 몡【初夏】chūxià

초연하다[悄然-] 혱【寂寞】jìmò【冷清】lěng·qing【寂寥】jìliáo【憔悴】qiáocuì【泄气】xiè/qì ¶마음속으로 매우 초연함을 느끼다 | 内心感到十分寂寞. ¶집안에 나 혼자만 남아있게 되어 무척 ~ | 家中只剩下我一个人了, 感到非常冷清.

초연하다[超然-] 혱【超然】chāorán【置身事外】zhì shēn shì wài ¶세속에 구속되지 않고 | 超然物wù外. ¶그는 줄곧 초연하며 개입할 의사가 없다 | 他始终置身事外, 无意介入.

초엽[草葉] 몡【初叶】chūyè【初期】chūqī ¶20세기 ~ | 二十世纪初叶.

ᶜ**초옥**[草屋] 몡【草屋】cǎowū【茅屋】máowū【茅舍】máoshè【茅轩】máoxuān【草房】cǎofáng【草棚】cǎopéng【草篷】cǎopéng ¶그는 산속의 ~에서 산다 | 他住在山中的一间茅屋里.

ᶜ**초원**[草原] 몡【草原】cǎoyuán ¶만주·지역의 대부분은 ~이다 | 满蒙地区的大部分是草原.

초월[超越] 몡하자타【超越】chāoyuè【超出】chāochū ¶모든 것을 ~하다 | 超越一切qiè. ¶시간과 공간의 제약을 ~하다 | 超越了时间和空间的限制. ¶예상을 ~하다 | 超出预yù料.

초인[超人] 몡【超人】chāorén ¶~적인 노력 | 超人的努力.

초인간적[超人間的] 관몡【超人的】chāorén·de【超越人的想象的】chāoyuè rén·de xiǎngxiàng·de

초인종[招人鐘] 몡【门铃】ménlíng ¶~을 누르다 | 按门铃.

초임[初任] 몡하자【初任】chūrèn ¶~지 | 初次上任的地方.

초장[初場] 몡❶ (시장의) 【开市】kāishì【开场】kāichǎng ❷ (일의 첫 미리판) 【开头】kāitóu【开始】kāishǐ ¶~부터 일이 잘 안 풀린다 | 刚开始就不顺利.

ᶜ**초저녁**[初-] 몡❶ (이른 저녁) 【傍晚】bàngwǎn【黄昏】huánghūn【下晚儿】xiàwǎnr ❷ (시작) 【开始】kāishǐ【开端】kāiduān ¶당신네들은 이미 일을 시작했는데, 우리는 지금 ~이라네 | 你们已经开始做了, 可是我们现在才开始. ¶이것은 아직 ~일 뿐이다

| 这还只是开始。

ᶜ**초점**[焦點] 圐【焦点】jiāodiǎn ¶논쟁의 ~ | 争论的焦点。¶여론의 ~ | 舆论的焦点。¶사진 초점이 잘 안 맞는다 | 照片焦点没对好。

ᴮ**초조하다**[焦燥-] 혱【焦急】jiāojí【焦热】jiāorè ¶마음이 ~ | 心里焦急。¶초조하게 기다리다 | 焦急地等待。

초지[初志] 圐【初志】chūzhì【初衷】chūzhōng【初意】chūyì ¶~일관 | 不改初衷。

초진[初診] 圐〈醫〉【初诊】chūzhěn ¶~료 | 初诊费。

ᶜ**초창**[草創] 圐【草创】cǎochuàng【初创】chūchuàng ¶~기 | 草创时期qī/初创阶段。

ᶜ**초청**[招請] 圐동타【请】qǐng【邀请】yāoqǐng【聘请】pìnqǐng【招请】zhāoqǐng ¶~을 거절하다 | 拒绝jùjué邀请。¶~에 응하라고 재촉하다 | 催cuī请。참고〔延yán请〕〔催cuī请〕

초췌하다[憔悴] 혱톙【憔悴】qiáocuì ¶그는 얼굴이 ~ | 他面容憔悴。참고〔蕉萃jiāocuì〕

ᶜ**초침**[秒針] 圐【秒针】miǎozhēn【忙针】mángzhēn【刻针】kèzhēn

초코파이[choco pie] 圐〈商標〉【巧克力派】Qiǎokèpài

ᴮ**초콜릿**[chocolate] 圐【巧克力】qiǎokèlì【巧克力糖】qiǎokèlìtáng【朱古力(糖)】zhūgǔlì(táng) ¶~ 쿠키 | 巧克力饼干bǐnggān。¶~ 케이크 | 巧克力蛋糕dàngāo。

초특급[超特急] 圐【超急】chāojí ¶~열차 | 特快列车。

ᴮ**초파리** 圐〈蟲〉【绿豆蝇】lǜdòuyíng

ᶜ**초파일**[初八日] 圐【阴历四月八日】yīnlì sìyuè bārì【初八】chūbā

초판[初版] 圐【初版】chūbǎn【第一版】dìyībǎn ¶~은 일주일도 못 되어 다 팔렸다 | 第一版还不到一个星期被抢购一空。

ᶜ**초하루**[初-] 圐【初一】chūyī ¶5월 1일 | 五月初一。¶정월 ~ | 大年初一。

촉각[觸覺] 圐〈生〉【触觉】chùjué【触感】chùgǎn ¶~ 기관 | 触觉器官qìguān。

ᶜ**촉감**[觸感] 圐【感觉】gǎnjué【感触】gǎn-

chù ¶~이 부드럽다 | 感觉柔软。

촉구[促求] 圐동타【催】cuī【催促】cuīcù【促使】cùshǐ【敦促】dūncù ¶계획을 실행하도록 ~하다 | 催促实行计划。

촉망[囑望] 圐동자【期望】qīwàng【希望】xīwàng【嘱望】zhǔwàng ¶이 말속에는 그에 대한 한없는 사랑과 그의 장래에 대한 무한한 ~이 담겨져 있다 | 这句话里包含着对他的无比的爱和对他未来的无限希望。참고〔期许qīxǔ〕〔期冀qījì〕〔期待qīdài〕

촉박[促迫] 圐동자【紧迫】jǐnpò【仓促】cāngcù ¶시간이 ~ | 时间紧迫。

촉발[觸發] 圐동자【触发】chùfā ¶노고의 자는 또 한 차례 새로운 파업을 ~하였다 | 被解雇的工人又触发了一次新的罢工。¶~ 지뢰 | 触发雷。¶~ 회로 | 触发电路。

촉수[觸鬚] 圐〈動〉【触须】chùxū【触手】chùshǒu ¶무척추 동물의 ~ | 无脊椎jǐzhuī动物的触须。

촉진[促進] 圐동타【促进】cùjìn【加速】jiāsù【刺激】cìjī ¶대중 운동을 ~시켰다 | 促进了群qún众运动。¶경제 개혁을 ~하다 | 加速经济改革。¶생산을 ~하다 | 刺激生产。

촉촉하다 혱【潮湿】cháoshī【湿潮】shīcháo【湿漉漉】shīlùlù【发潮】fācháo ¶두 눈이 촉촉해졌다 | 两只zhī眼睛潮湿了。

촌[村] 圐【村(儿,子)】cūn(r, zi)【农村】nóngcūn【乡村】xiāngcūn ¶향~ | 乡村。¶~에 다녀왔다 | 去了一趟tàng农村。¶~의 야경 | 乡村的夜景。

촌[寸] 의명 ❶【寸】cùn ❷ (촌수)【寸数】cùnshù ¶사~ 형제 | 堂兄弟。¶외사~ 형제 | 表兄弟。

-**촌**[村] 圐【村】cūn【区】qū ¶대학~ | 大学区。

촌각[寸刻] 圐【寸光阴】cùnguāngyīn【寸阴】cùnyīn【寸暑】cùnguī ¶~도 아까다 | 爱惜xī寸阴。¶~을 다투는 일 | 分秒必争。

촌놈[村-] 圐【乡巴佬】xiāng·bālǎo【乡下佬儿】xiāngxiàlǎor【土包子】tǔbāo·zi【怯八裔】qièbāyì ¶그는 ~이

910

다 | 他是一个乡巴佬。¶너야말로 ~
이다 | 你才是一个土包子呢。

ᴮ**촌락**[村落] 阌 【村落】cūnluò 【乡村】xiā-
ngcūn 【部落】bùluò ¶험준한 산들과 궁벽한
窮僻qióngpì의 乡村 | ¶~계획 | 农村
规划。¶~공동체 | 村落公社。

ᴮ**촌색시**[～色－] 阌【农村姑娘】nóngcūn gū·nia-
ng 【农村媳妇】nóngcūn xífù

ᴮ**촌수**[寸數] 阌 【辈分】bèi·fen 【辈数】b-
èishù ¶~를 논하다 | 论辈分。¶너
는 나이도 어리고, ~도 아래다 | 你年
纪儿轻qīng, 辈分又小。

촌스럽다[寸－] 阌 【土里土气】tǔ·li tǔ·qì 【粗
俗】cūsú ¶말하는 것이 ~ | 说话粗
俗。¶촌스러운 사람 | 土里土气的
人。

촌장[村長] 阌 【村长】cūnzhǎng 【村
董】cūndǒng 【村正】cūnzhèng ¶이번
에 이씨가 ~으로 당선되었다 | 这次
老李被选xuǎn为村长。

촌지[寸志] 阌 ❶【寸志】cùnzhì 【寸
心】cùnxīn ❷【小诚意】xiǎochéngyì
【小礼物】xiǎolǐwù 【小意思】xiǎoyìsi
¶이것은 저의 ~입니다 | 这是我的
一点小意思。

ᴮ**촌충**[寸蟲] 阌〈動〉【条虫】tiáochóng
【寸白虫】cùnbáichóng

촌티[寸－] 阌 【土里土气】tǔ·li tǔ·qì 【俗气】s-
ú·qì 【土气】tǔqì ¶이런 몸차림은 상
해에서 보면 ~난다 | 这身打扮在
上海看起来太土气了。¶~가 흐르다
| 满是土气。

촐랑거리다 唐 【轻浮】qīngfú 【轻率】qī-
ngshuài ¶이 사람은 아주 촐랑거린다
| 这个人轻浮得很。¶행동거지가 촐
랑거린다 | 举止zhǐ轻浮。¶말하는
것이 촐랑댄다 | 说话轻率。

촘촘하다 阌 【细密】xìmì ¶이 양말은
매우 촘촘하게 짰다 | 这双袜子织得
很细密。참고 〔密〕〔茂密〕

촛대 阌 【烛台】zhútái 【蜡台】làtái 【蜡
扦】làqiān ¶은색 ~ | 银色的烛台。

ᴮ**촛불** 阌 【烛火】zhúhuǒ 【烛光】zhúguā-
ng ¶~을 켜다 | 点烛火。

ᴮ**총**¹[銃] 阌 【枪】qiāng ¶~을 쏘다 | 打
枪。¶~ 한 자루 | 一枝枪。

ᴮ**종**²[總] 阌 【总共】zǒnggòng 【一共】yīg-
òng 【共】gòng 【全体】quántǐ ¶~ 얼

마니? | 总共多少钱?

ᴮ**총각**[總角] 阌 【小伙子】xiǎohuǒ·zi 【未
婚男子】wèihūn nán·zi ¶이 ~은 어
디에서 왔는가? | 这小伙子从哪儿来
的?

총격[銃擊] 阌 唐唐 【枪击】qiāngjī ¶~
전 | 枪击战zhàn。¶~ 사건 | 枪击
事件shìjiàn。

총결산[總決算] 阌 唐唐 【总决算】zǒngj-
uésuàn ¶지난 1년을 ~하다 | 对去
年一年进行总决算。

총계[總計] 阌 【总计】zǒngjì 【累计】lěijì
【累计总数】lěijì zǒngshù 【总额】zǒngé
【总数】zǒngshù 【合计】héjì 【共
计】gòngjì 【共合】gònghé ¶도서는 10
만책으로 ~되었다 | 图书总计十万
册。¶~가 3천만원이다 | 共计三千
万元。

총공격[總攻擊] 阌 唐唐 【总攻】zǒnggō-
ng 【总攻击】zǒnggōngjī ¶~을 전개
하다 | 展开总攻。¶곧 ~할 것이다 |
马上就要进行总攻击。

총괄[總括] 阌 唐唐 【总括】zǒngkuò
【概括】gàikuò 【综括】zǒngkuò ¶~
신용 | 总括放款。¶~ 저당 | 总括抵
押。

총구[銃口] 阌 【枪口】qiāngkǒu 【枪筒
子】qiāngtǒng·zi

총기¹[銃器] 阌 【枪支】qiāngzhī

총기²[聰氣] 阌 【聪明】cōng·ming ¶~
있고 드러나는 눈매 | 聪明毕bì露的眼
睛yǎnjīng。참고 〔聪睿ruì〕〔聪悟wù〕
〔聪颖yǐng〕

ᴮ**총대**[銃－] 阌 【枪杆】qiānggǎn 【枪管】
qiānggǎn 【枪身】qiāngshēn 【枪筒
(儿,子)】qiāngtǒng(r,·zi)

ᴮ**총독**[總督] 阌 【总督】zǒngdū 【督堂】d-
ǔtáng 【督宪】dūxiàn 【督院】dūyuàn
¶양광 ~ | 两广总督。¶~부 | 总督
府。

총동원[總動員] 阌 唐唐 【总动员】zǒ-
ngdòngyuán 【全部调动】quánbù dià-
odòng ¶전군의 ~을 실시하다 | 实
行全军总动员。¶수해 복구에 온 시
민이 ~되었다 | 为重建家园全民总动
员。

총력[總力] 阌 【全力】quánlì 【一切力
量】yíqiè lì·liang ¶~전 | 动员国家

全部力量的战争。¶~을 기울이다 | 尽—切力量。¶~을 다하다 | 竭尽jié-jìn全力。

ᶜ**총리**[總理] 몡하타【总理】zǒnglǐ ¶국 무원 ~ | 国务院总理。¶내각 ~ | 内阁总理。

ᶜ**총명**[聰明] 몡형ᴼ【聪明】cōng·ming【聪慧】cōnghuì ¶~하고 유능하다 | 聪明能干gàn。¶~함이 드러나는 눈매 | 聪明毕bì露的眼睛yǎnjīng。¶남들보다 훨씬 ~하다 | 聪慧过人。 참고〔聪悟ruì〕〔聪颖yǐng〕

총무[總務] 몡【总务】zǒngwù ¶~과 | 总务科。¶~처 | 总务处。¶그가 우리 부서의 ~이다 | 他是我们单位的总务。

ᶜ**총본산**[總本山] 몡〈佛〉【总寺院】zǒngsìyuàn

총부리[銃－] 몡【枪口】qiāngkǒu【枪头】qiāngtóu ¶~를 겨누다 | 瞄准枪口。

ᶜ**총사령관**[總司令官] 몡〈軍〉【总司令】zǒngsīlìng

ᶜ**총살**[銃殺] 몡하타【枪毙】qiāngbì【枪杀】qiāngshā【枪决】qiāngjué ¶살인범 한 명을 ~하다 | 枪毙了一个杀人犯shārénfàn。¶죄수를 ~하다 | 枪决了罪犯zuìfàn。 참고〔绞jiǎo决〕〔枪崩qiāngbēng〕

총상[銃傷] 몡【枪伤】qiāngshāng ¶~을 입다 | 受枪伤。

ᶜ**총선거**[總選擧] 몡【普选】pǔxuǎn【总选举】zǒngxuǎnjǔ【大选】dàxuǎn ¶전국 ~를 실시하다 | 实行shíxíng全国普选。

ᶜ**총성**[銃聲] 몡【枪声】qiāngshēng ¶~이 사방에서 들리다 | 枪声四起sìqǐ。

총수[總帥] 몡【总首领】zǒngshǒulǐng【总指挥】zǒngzhǐhuī ¶재벌 ~ | 财阀总指挥。

ᶜ**총수입**[總收入] 몡【总收入】zǒngshōurù【全部收入】quánbù shōurù【毛收入】máoshōurù【实收总额】shíshōu zǒng'é【总所得】zǒngsuǒdé

ᴮ**총알**[銃－] 몡【枪弹】qiāngdàn【子弹】zǐdàn【枪子(儿)】qiāngzǐ(r) ¶~을 무릅쓰고 용감히 전진하다 | 冒着mào·zhe枪弹勇敢前进。 참고〔枪鱼子〕〔枪子子zǐ·zi〕

ᶜ**총애**[寵愛] 몡하타【宠爱】chǒng'ài ¶노부부는 만년에 아이를 얻어 매우 ~한다 | 老两口晚年得子，非常宠爱。¶부모의 ~를 듬뿍 받다 | 备受父母的宠爱。

총액[總額] 몡【总额】zǒng'é【全部金额】quánbù jīn'é【整批】zhěngpī【整笔总付】zhěngbǐ zǒngfù【总数】zǒngshù【总合价值】zǒnghé jiàzhí ¶예금 ~ | 存款总额。¶임금 ~ | 工资总额。¶~을 산출하다 | 算出总额。

ᴮ**총장**[總長] 몡❶ (군대의)【总长】zǒngzhǎng【负责人】fùzérén ¶육군 참모~ | 陆军总长。❷ (학교의)【校长】xiàozhǎng ¶대학교 ~ | 大学校长。

ᶜ**총재**[總裁] 몡【总裁】zǒngcái ¶정당 ~ | 政党的总裁。

ᶜ**총지휘**[總指揮] 몡하타【总指挥】zǒngzhǐhuī ¶작전을 ~하다 | 总指挥作战。

ᶜ**총질**[銃－] 몡하자【鸣枪】míng/qiāng【放枪】fàng/qiāng【开枪】kāi/qiāng【发枪】fā/qiāng【打枪】dǎ/qiāng ¶~하여 경고하다 | 鸣枪警告。

총채[拂子]fú·zi【拂尘】fúchén

ᶜ**총체**[總體] 몡【总体】zǒngtǐ【总和】zǒnghé ¶생산 관계의 ~ | 生产shēngchǎn关系的总和。

총체적[總體的] 관몡【总的】zǒng·de【大体上】dàtǐ·shang ¶~인 추세 | 总的趋势。

ᵃᶜ**총총**[叢叢] 부형ᴼ【密密】mìmì【密密麻麻】mì·mimámá【密麻麻】mìmámá【星罗棋布】xīng luó qí bù【繁星闪烁】fánxīng shǎnshuò ¶~한 별 | 密密麻麻的星星。¶크고 작은 주점들이 ~히 널려 있다 | 大小酒店jiǔdiàn星罗棋布。 참고〔绵密〕

총총[悤悤] 부형ᴼ【匆忙】cōngmáng【急急忙忙】jíjímángmáng【急急】jíjí【急】jí【匆匆忙忙】cōngcōng mángmáng ¶그는 ~히 뛰어갔다 | 他匆忙地跑pǎo走了。¶승객들은 ~히 열차에 올랐다 | 乘chéng客们匆忙地上了火车。

총총걸음 몡【疾步】jíbù【快步】kuàibù ¶~으로 걸어가다 | 疾步行走。¶나는듯이 ~으로 걷다 | 快步如飞。

총출동〔總出動〕囹하좌【全员出动】quányuán chūdòng【全体出动】quántǐ chūdòng ¶부대원이 ~되다 | 部队战士全体出动.

총칼〔銃-〕囹【武力】wǔlì ¶~로 위협하다 | 以武力威胁.

゜**총탄**〔銃彈〕囹【枪弹】qiāngdàn【子弹】zǐdàn【枪子(儿)】qiāngzǐ(r) 참고〔枪鱼子qiāngyúzǐ〕〔枪子子zǐ·zi〕

총통〔總統〕囹 ❶하좌 (총괄하다)【统率】tǒngshuài ¶전군은 총사령관이 ~한다 | 全军由总司令统率. ❷ (대만(臺灣) 정부의 최고 관직)【总统】zǒngtǒng ¶대만 ~이 남아프리카를 방문하다 | 台湾总统访问南非共和国. ❸ (나치스같은 독재정부의 최고 관직)【统帅】tǒngshuài【元首】yuánshǒu

총파업〔總罷業〕囹【总罢工】zǒngbàgōng ¶노조가 ~을 결정하다 | 工会决定总罢工.

총회〔總會〕囹【总会】zǒnghuì【全体大会】quántǐ dàhuì【大会】dàhuì ¶주주 ~ | 股东大会.

촹자〔-〕囹〈電算〉【菜鸟】càiniǎo

゜**촬영**〔撮影〕囹하좌【摄影】shèyǐng【拍照】pāi/zhào ¶기념 ~을 하다 | 摄影留念. ¶적외선 ~ | 红外摄影. ¶이곳은 중요군사지역이므로 사진~을 금합니다 | 军事重地jūnshìzhòngdì, 不准zhǔn拍摄. 참고〔拍象〕〔照相〕

최-〔最-〕【最】zuì ¶~첨단 | 最尖端. ¶~고급 | 最高级.

최강〔最强〕囹【最强】zuìqiáng ¶~의 선수 | 最强的运动员.

゜**최고**〔最高〕囹【最高】zuìgāo ¶국가 권력 기관 | 最高国家权力机关. ¶~ 책임자 | 最高负责人. ¶~ 기록 | 最高记录. ¶~ 온도 | 最高温度. ¶~법원 | 最高法院.

최고급〔最高級〕囹【最高级】zuìgāojí【第一流】dìyīliú ¶~ 상품 | 最高级商品. ¶~ 농장 | 第一流的农场.

゜**최고봉**〔最高峰〕囹【最高峰】zuìgāofēng【顶峰】dǐngfēng【顶点】dǐngdiǎn ¶예술의 ~에 올라서다 | 攀登艺术的顶峰. ¶~에 도달하다 | 到达了顶峰.

최고조〔最高潮〕囹【最高潮】zuìgāoch-áo ¶선거전은 ~에 달했다 | 选举达到的最高潮. ¶선수들의 열전에 관중들의 흥분은 ~에 달했다 | 在选手的激烈奋战观众们已达到了最高兴奋点.

゜**최근**〔最近〕囹【最近】zuìjìn【当前】dāngqián ¶~의 소식 | 最近的消息. ¶~에 나는 북경에 다녀왔다 | 最近我到北京去了一趟. ¶~의 국제정세 | 最近的国际形势.

최다〔最多〕囹【最多】zuìduō ¶~득점 | 最多得分.

゜**최대**〔最大〕囹【最大】zuìdà【最大值】zuìdàzhí ¶~한의 능력을 발휘해내다 | 把能力最大限度地发挥出来. ¶~압력 | 最大压力.

゜**최대한**〔最大限〕囹【最大限度】zuìdà xiàndù【充分】chōngfèn【尽量】jǐnliàng ¶~으로 타다 | 充分燃烧ránshāo. ¶~으로 이용하다 | 充分利用. 참고〔充量〕〔十分〕

최대화 버튼〔最大化button；maximize button〕囹〈電算〉【最大化按钮】zuìdàhuàànniǔ

최루〔催淚〕囹【催泪】cuīlèi ¶~가스 | 催泪瓦斯. ¶~탄 | 催泪弹.

최면〔催眠〕囹【催眠】cuīmián ¶~상태 | 催眠状态. ¶~술 | 催眠术/麦斯默催眠. ¶~요법 | 催眠疗法.

최상〔最上〕囹【最上】zuìshàng【最高】zuìgāo【顶天(儿)】dǐngtiān(r)【至高无上】zhì gāo wú shàng【最大】zuìdà【超等】chāoděng【超级】chāojí ¶~의 가격 | 最高价格. ¶~의 온도 | 最高温度. ¶~의 지위 | 至高无上的地位. ¶~급 품질 | 最上质量. 참고〔超特一〕

゜**최선**〔最善〕囹 ❶ (가장 좋은 것)【最善】zuìshàn【最好】zuìhǎo ¶~의 방법 | 最好的办法. ❷ (전심전력)【全力】quánlì ¶~을 다하다 | 竭尽jiéjìn全力.

최소¹〔最少〕囹【最少】zuìshǎo ¶~의 노력으로 최대의 효과를 거두다 | 用最少的代价获得最大的效果.

최소²〔最小〕囹【最小】zuìxiǎo【最低】zuìdī ¶~ 규모 | 最小规模. ¶~ 매상고 | 最低销售额. ¶~ 비용 | 最低成本.

최소화 버튼[最小化button；minimize button] 몡〈電算〉【最小化按钮】zuìxiǎohuà ànniǔ

°**최소한**[最小限] 몡뷔【最小限度】zuìxiǎo xiàndù│【最低限度】zuìdī xiàndù ¶~의 요구│最低限度的要求.

°**최신**[最新] 몡【最新】zuìxīn【最新式】zuìxīnshì ¶~ 기술을 받아들이다│采纳新技术.│~ 정보│最新的情报.│~형│最新型.

°**최악**[最惡] 몡【最坏】zuìhuài ¶~의 경우│最坏的情况.│~의 결과를 낳다│导致了最坏的结果.

°**최우수**[最優秀] 몡【最优秀】zuìyōuxiù【最佳】zuìjiā ¶~작품│最佳作品.

°**최저**[最低] 몡【最低】zuìdī【下限】xiàxiàn ¶~ 속도│最低速度.│값은 ~를 記錄하였다│投票率创了最低记录.│~임금제│最低工资制. ¶이것이 우리들의 ~ 조건이다│这是我们的下限条件tiáojiàn.

최적[最適] 몡하형【最适】zuìshì【最适当】zuìshìdàng【最适宜】zuìshìyí

°**최전선**[最前線] 몡【最前线】zuìqiánxiàn【最前头】zuìqiántóu

°**최종**[最終] 몡【最后】zuìhòu【最终】zuìzhōng ¶~ 단계│最后阶段.│~ 목적│最终目的.│~적으로 청산하다│最终消除.│~ 생산물│最终产品.│~농촌 문제를 ~적으로 해결하다│最终解决农村问题.

°**최초**[最初] 몡【最初】zuìchū【最先】zuìxiān【起首】qǐshǒu ¶~의 상황│最初的情况.│~의 목적│最初的目的.│¶여기가 내가 ~로 학교를 다녔던 곳이다│这是我最初上学的地方.

최하[最下] 몡【最下】zuìxià【最低级】zuìdījí ¶~의 가격│最下的价格.

°**최후**[最後] 몡【最后】zuìhòu❶ (맨 끝)【最后】zuìhòu【末后】mòhòu❷ (죽음)【临终】línzhōng【临死】línsǐ【牺牲】xīshēng ¶그는 ~를 맞을때 의식이 아직 또렷했다│他临终的时刻，神志仍然很清醒qīngxǐng.

°**추**[錘] 몡❶ (저울의)【秤锤】chèngzhuī【秤砣】chèngtuó【秤锤】chèngchuí❷ (시계의)【钟摆】zhōngbǎi

추가[追加] 몡하타【追加】zhuījiā【补补】bǔbǔ【补】bǔ【添补】tiān·bu【额外】éwài【补遗】bǔyí【附加】fùjiā【增补】zēngbǔ【添加】tiānjiā ¶건설 투자를 ~하다│追加建设投资.│모자라면 당신이 ~하시오│要是不够，你补上.│~주看를 注册하다│添补注册.│人員이 최근 약간 ~되었다│人员最近略有增加.│작업 인원이 너무 많이 ~되었다│工作人员增补得太多.

°**추격**[追擊] 몡하타【追击】zhuījī【追踪】zhuīzōng ¶~전│追击战.│적을 ~하다│追击敌人.

추계[秋季] 몡【秋季】qiūjì ¶~가 되었다│到了秋季.

°**추곡**[秋穀] 몡〈農林〉【秋谷】qiūgǔ【秋粮】qiūliáng ¶~수매 가격│秋粮收购价格.

°**추구**[追求] 몡하타【追求】zhuīqiú【谋求】móuqiú【贪图】tāntú ¶개방과 개혁을 ~하다│追求开放和改革.│이윤을 ~하다│追求利润.│통일을 ~하다│谋求统一.

추구[追究] 몡하타【追究】zhuījiū【追究】zhuījiū ¶책임을 ~하다│追究责任.│사고의 원인을 반드시 철저히 ~해야 한다│事故的原因必须追究清楚.

추궁[追窮] 몡하타【追究】zhuī jiū【追查】zhuīchá【责问】zéwèn ¶사건의 책임을 ~하다│追究事件的责任.│헛소문의 근원지를 ~하다│追查谣言根源.│성난 목소리로 ~하다│厉声责问.

추근추근 뷔하형【粘粘糊糊】nián·nianhúhú【死皮赖脸】sǐ pí lài liǎn ¶그는 ~거리며 가려고 하지 않는다│他死皮赖脸地不肯走开.

°**추급**[追給] 몡하타【追加付给】zhuījiā fùgěi【补发】bǔfā ¶작년에 지급하지 못한 임금을 ~했다│补发了去年欠qiàn的工资.

추녀[醜女] 몡【丑女】chǒunǚ

추녀²[飛檐] 몡【飞檐】fēiyán ¶~마루│飞檐顶.│~ 허리│飞檐翘起的部分.

^**추다**[跳] 툉【跳】tiào ¶춤을 ~│跳舞.

추대[推戴] 몡하타【拥戴】yōngdài【推戴】tuīdài【推举】tuījǔ ¶여러 사람들

이 다 그를 학과장으로 ~했다 | 大家
一致拥戴他当系主任。¶사람들에게
서 ~받다 | 受人拥戴。¶모두가 일
치해서 그를 교장으로 ~했다 | 大家
一致推戴他当校长。¶그를 학습위원
으로 ~하다 | 推举他当学习委员

추도[追悼] 명하타 【追悼】zhuīdào【悼
念】dàoniàn | 애국 열사를 ~하다 |
追悼爱国烈士。¶죽은 군인을 침통
하게 ~하다 | 沉痛chéntòng悼念阵
亡zhènwáng的将士。

추돌[追突] 명하자타 【追撞】zhuīzhuà-
ng 【追尾】zhuīwěi | ~사고 | 追尾事
故。¶앞차를 ~하다 | 追尾前面的
车。

추락[墜落] 명하자 【坠落】zhuìluò | ~
엄금 | 切勿坠落。¶~손실 | 坠落损
害sǔnhài。¶비행기 ~사고 | 飞机坠
落事故。

추레하다 휑 【寒碜】hán·chen 【寒酸】h-
ánsuān | 추레한 옷 | 寒碜的衣裳。
¶추레한 모습 | 寒酸相xiàng。 참고
〔简陋〕

추론[推論] 명하타 【推论】tuīlùn | 이
런 ~에 따르자면 세상엔 좋은 사람은
없게 된다 | 按照这种推论, 世界上没
有好人了。

추리[推理] 명하타 【推理】tuīlǐ | ~식
| 推理式。¶~소설 | 推理小说。¶
이 두 가지 전제가 있으니 ~할 수 있
겠다 | 有了这两个前提就可以推理

추리다 동❶ (가려내다) 【选择】xuǎnz-
é 【挑选】tiāoxuǎn | 좋은 것만 추려
내다 | 只挑选很好的东西。❷ (요약
해내다) 【摘出】zhāichū 【摘记】zhāijì |
¶요점을 추려서 발표하다 | 摘要要
点发表。

ᶜ**추모**[追慕] 명하타 【悼念】dàoniàn 【凭
吊】píngdiào 【追念】zhuīniàn 【敬慕】
jìngmù | 희생된 급우를 ~하다 | 悼
念牺牲的同学。¶죽은 병사를 침통
하게 ~하다 | 沉痛chéntòng悼念阵
亡zhènwáng的将士。

추문[醜聞] 명 【丑闻】chǒuwén | 정계
의 ~ | 政界的丑闻。¶관계의 ~ |
官场丑闻。¶~을 일으키다 | 发生丑
闻。

추방[追放] 명하타 【驱逐】qūzhú 【逐

出】zhúchū 【流放】liúfàng 【放逐】fà-
ngzhú | 국외로 ~하다 | 驱逐出境ch-
ūjìng。¶그를 시베리아로 ~하다 |
把他流放到西伯利亚。¶반정부적 정
치가들은 모두 해외로 ~하다 | 反政
府的政治家都放逐到国外。

ᴮ**추분**[秋分] 명 【秋分】qiūfēn | ~점 |
秋分点。

추산[推算] 명하타 【推算】tuīsuàn 【估
算】gūsuàn 【估计】gūjì 【测算】cèsuàn
【约计】yuējì 【概算】gàisuàn 【掂算】di-
ānsuàn | 일식·월식이 발생하는 시
간은 정확하게 ~해 낼 수 있다 | 发生
日食月蚀的时间可以准确地推算出
来。¶입장객이 2만명이라고 ~하다
| 估计入场者有两万人。 참고〔掂掇〕
〔掐算qiā〕〔掐弄nòng〕〔估摸gū·mo〕
〔估量liàng〕

추상[抽象] 명 【抽象】chōuxiàng | ~
화하다 | 抽象化。¶말이 너무 ~적
이다 | 说法太抽象。¶~예술 | 抽象
艺术。¶~개념 | 抽象概念。

ᴮ**추상**[推想] 명하타 【推想】tuīxiǎng |
사람들은 눈앞의 일만 생각하지 그 누
구도 이후의 상황을 ~하려고 하지 않
는다 | 人们只顾眼前, 谁也不愿推想以
后的情形。

ᴬ**추석**[秋夕] 명 【中秋】zhōngqiū 【中秋
节】zhōngqiūjié | 음력 8월 15일은 ~
명절로, 우리나라 민간의 큰 전통 명
절이다 | 农历八月十五是中秋节,
是我国民间的一个重大的传统节日。
참고〔八月节〕〔团圆节〕

추세[趨勢] 명 【趋势】qūshì 【趋向】qū-
xiàng 【潮流】cháoliú 【倾向】qīngxià-
ng 【势头】shìtóu | 시대 발전의 ~ |
时代发展的趋势。¶날로 호전되는
~에 있다 | 日益趋向好转hǎozhuǎn。
¶사회적 ~ | 社会的潮流。¶좋
지 못한 ~에 대해서는 대담하게 비판
해야 한다 | 对不良倾向要大胆dàdǎn
批评píng。

추수[秋收] 명하타 【秋收】qiūshōu |
바삐 돌아가서 ~를 준비하다 | 忙着
回去准备zhǔnbèi秋收。¶~감사절
| 秋收感恩节。¶~철 | 秋收时节。
참고〔秋成〕〔秋获huò〕〔秋事〕〔秋收〕

추스르다 동❶ (치켜 올리다) 【向上
提】xiàngshàngtí 【向上弄】xiàngshà-

ngnóng 【向上耸】xiàngshàngsǒng ¶업은 아이를 ~ | 把背着的孩子向上耸了耸。❷ (수습하다)【善后】shànhòu ¶일을 ~ | 善后工作。❸ (몸을 가누어 움직이다)【坐稳】zuòwěn【动】dòng ¶환자는 몸을 추스리지 못한다 | 病人动不了身子。

주신[追伸] 명하타【再启】zàiqǐ【又及】yòují

주심[主審] 명하타【代收】dàishōu【托收】tuōshōu【催纳】cuīnà【催缴】cuījiǎo ¶~ 은행 | 代收银行。¶~ 대리 | 托收代理。

주악[醜惡] 명하형【丑恶】chǒu'è ¶~ 한 모습 | 丑恶面目。¶~ 한 몰골 | 丑恶的嘴脸zuǐliǎn。

주앙[仰望]【仰望】yǎngwàng【敬仰】jìngyǎng【瞻仰】zhānyǎng ¶그는 세인의 ~ 을 받고 있다 | 他受到世人的仰望。

B**주억**[追憶] 명하타【回忆】huíyì【回顾】huígù【追忆】huíyì【追忆】zhuīyì【追想】zhuīxiǎng【追念】zhuīniàn ¶당시의 상황을 ~ 하다 | 回想当年的情景。¶눈물을 머금은 채 옛날의 고통을 ~ 하다 | 含泪追忆过去的苦痛。

주월[追越] 명하타【超车】chāo/chē【抄车】chāochē【越越】chāoyuè ¶~ 금지! | 不准超车!¶~ 형 | 赶超型。

A**주위**[寒冷] hánlěng ¶~ 를 타다 | 怕冷。¶~ 에 약하다 | 御yù寒能力差。¶~ 가 누그러지다 | 寒冷逐渐消退。 참고〔凄冷qīlěng〕【清肃sù】

주이[推移] 명하자【推移】tuīyí【趋势】qūshì【趋向】qūxiàng【发展方向】fāzhǎn fāngxiàng【变迁】biànqiān【变化】biànhuà ¶시간의 ~ 에 따라 우리의 우의도 점점 깊어진다 | 随着时间的推移, 我们之间的友谊也越来越深。

주잡하다[醜雜-] 형【下流】xiàliú【卑鄙】bēibǐ【猥亵】wěixiè【秽亵】huìxiè【丑恶肮脏】chǒu'è āngzàng【不正经】bùzhèng·jing【不正派】bùzhèngpài ¶추잡하고 파렴치하다 | 下流无耻。¶추잡스럽기 짝이 없다 | 卑鄙不堪kān。¶이 사람은 너무 추잡스럽다 | 这人太下流了。

주장[酋長] 명【酋长】qiúzhǎng ¶원시부락의 ~ | 原始部落的酋长。

주적[追跡] 명하타【追迹】zhuījì【追击】zhuījī【追赶】zhuīgǎn ¶적을 ~ 하다 | 追击敌人。¶도둑을 ~ 하다 | 追赶小偷。¶~ 조사 | 追踪调查。

주접스럽다 형【难看】nánkàn【丑陋】chǒulòu ¶말과 행실이 ~ | 言行丑陋。

주정[推定] 명하타【推定】tuīdìng【推断】tuīduàn ¶이미 사망한 것으로 ~ 된다 | 推定已经死亡。¶여러 가지 증거에 의하여 사실의 진상을 ~ 해내다 | 根据种种证据, 推断出事实的真相来。

주종[追從] 명하타【附和】fùhè【追随】zhuīsuí【追赶】zhuīgǎn【仆从】púcóng ¶대세를 ~ 하다 | 附和大势。¶세태를 ~ 하다 | 追随潮流。¶~ 세력 | 仆从势力。 참고〔趋qū承〕【趋附】

B**주진**[推進] 명하타【推进】tuījìn【加紧进行】jiājǐn jìnxíng【进展】jìnzhǎn【加速】jiāsù ¶양국의 우호 관계를 새로운 단계로 ~ 하다 | 把两国之间的友好关系推进到一个新阶段。¶~ 이 무척이나 빠르다 | 进展神速。¶~ 력 | 推动力。

주징[追徵] 명하타【追征】zhuī/zhēng【补充征收】bǔchōng zhēngshōu【追加征收】zhuījiā zhēngshōu【追缴】zhuījiǎo【拖欠】tuōqiàn ¶세금을 ~ 하다 | 追征税款。¶~ 금 | 追罚税款/追加税。¶~ 처분 | 拖欠处分。¶~ 세 | 拖欠金。

B**주천**[推薦] 명하타【推荐】tuījiàn【引荐】yǐnjiàn【推选】tuīxuǎn ¶우수한 문학 작품을 ~ 하다 | 推荐优秀的文学作品。¶너에게 책을 한 권 ~ 하다 | 给你推荐一本书。¶~ 서 | 推荐书。¶주인에게 기술자를 한 명 ~ 하다 | 向老板推荐一个技术员。¶대표를 ~ 하여 선발하다 | 推选代表。

주첨[抽籤] 명하자타【抽签】chōu/qiān【抽彩】chōu/cǎi【摇奖】yáojiǎng【摇彩】yáocǎi ¶복권 ~ 은 언제 합니까? | 彩票cǎipiào几时摇奖? ¶~ 에 당첨되다 | 抽签抽中。 참고〔抓zhuā彩〕【开kāi彩】

주출[抽出] 명하타【提取】tíqǔ【抽出】

chōuchū【浸提】jìntí【抽提】chōutí
【浸取】jìnqǔ【采样】cǎiyàng ¶속에서
유효 성분을 ～하다 | 从中提取有效
成分. ¶용제 | 抽提溶剂. ¶표본
～ | 采样检查.〔萃取〕

^추측[推測] 명하타【推测】tuīcè【估计】
gūjì【猜想】cāixiǎng【揣度】chuǎiduó
¶누가 우승할 것인지는 지금으로서
는 매우 ～하기 어렵다 | 谁得冠军, 目
前很难推测. ¶나는 이 계획을 실현
시키는데 적어도 5년은 필요하다고
～한다 | 我估计要实现这个计划jìhu-
à, 起码需要五年的时间. ¶너는 이것
이 누가 한 짓인가 ～이가나? | 你
猜想得出这是谁干的吗? 참고〔猜思〕
〔猜测cè〕〔揣想〕

^추켜들다 통【高举】gāojǔ【抬起】táiqǐ
¶돌을 ～ | 抬起石头.

추태[醜態] 명【丑态】chǒutài【出丑】
chū·chǒu ¶～를 부리다 | 露出了
丑态. ¶～가 완전히 드러나다 | 丑
态毕露bìlù. ¶여러 사람 앞에서 ～를
보였다 | 在大家面前出了丑. 참고
〔现丑〕

추파[秋波] 명 ❶ (아침·은근한 눈짓)
【秋波】qiūbō ¶몰래 ～를 보내다 | 暗
送àngsòng秋波. ❷ (맑은 물결)【秋
水】qiūshuǐ

추하다[醜–] 형 ❶ (아름답지 않다)【丑】chǒ-
u ¶매우 추하게 생겼다 | 长得很丑.
❷ (망측하다·수치스럽다)【卑鄙】bē-
ibǐ【龌龊】wòchuò【下流】xiàliú ¶추
한 태도 | 卑鄙的态度. ¶돈만 아는
추한 마음보 | 唯利是图的丑陋的心
灵.

추행[醜行] 명【可耻的行为】kěchǐ·de
xíngwéi【卑鄙龌龊的行径】bēibǐ wò-
chuò·de xíngjìng

추호[秋毫] 명【丝毫】sīháo【秋毫】qiū-
háo【决】jué ¶～도 어긋남이 없다 |
丝毫不爽shuǎng. ¶～도 용서하지
않는다 | 决不饶恕. ¶그럴 생각은
～도 없다 | 丝毫没有那种想法.

추후[追後] 명【以后】yǐhòu【此后】cǐh-
òu【自今以后】zìjīn yǐhòu ¶～에는
너 다시 오지 마라 | 以后你别再来.
¶결과는 ～ 연락 드리겠습니다 | 结
果过段时间再告诉你.

^축¹[軸] 명〈機〉【轴】zhóu【轴子】zhō-

u·zi【轴儿】zhōur ¶차～ | 车轴.

^축²[무]【低垂】dīchuí【搭拉】dā·la ¶수
세미가 ～ 늘어져있다 | 丝瓜搭拉
着. ¶어깨가 ～ 처지다 | 搭拉着肩
膀.

축³[의명【辈】bèi【群】qún ¶나는 건강
한 ～에 든다 | 我属于健康的一类.
¶늙은 ～ | 老一辈.

축가[祝歌] 명【祝愿歌】zhùyuàngē
【赞歌】zàngē ¶～를 부르다 | 唱祝
歌.

^축구[蹴球] 명〈體〉【足球】zúqiú ¶～
팀 | 足球队. ¶～ 팬 | 足球迷mí.
¶～경기장 | 足球场. ¶～공 | 足
球. ¶～화 | 足球鞋.

축나다[縮–] 통 ❶ (수량이)【见少】ji-
ànshǎo【缺乏】quēfá【缺少】quēshǎo
¶돈이 ～ | 缺钱. ❷ (몸이)【消瘦】xiāo-
u【消瘦】xiāoshòu ¶며칠 앓고 나더
니 몸이 많이 축났다 | 病了几天了身
体消瘦多了.

^축대[築臺] 명【筑台】zhùtái【高台】gā-
otái【台子】tái·zi【平台】píngtái ¶～
를 쌓다 | 筑台.

축배[祝杯] 명【祝酒】zhù/jiǔ【干杯】gā-
n/bēi ¶총리는 연회에 참석하였으며,
～를 제의하였다 | 总理出席宴会并祝
酒. ¶(연회에서) ～사를 하다 | 致
祝酒词. ¶승리를 위해 ～하자 | 为
胜利shènglì而干杯!

^축복[祝福] 명하타【祝福】zhùfú ¶
두 사람의 결혼을 ～하다 | 为两个人
的婚姻祝福.

^축사[畜舍] 명【家畜圈】jiāchùjuàn
【牲口房】shēngkǒufáng

^축사[祝辭] 명하자【祝词】zhùcí【贺
词】hècí ¶～를 하다 | 致祝词. ¶～
를 낭독하다 | 朗读贺词.

^축산[畜産] 명【畜产】xùchǎn【畜牧
业】xùmùyè ¶～ 공해 | 畜产公害.
¶～업 | 畜牧业. ¶～업 협동조합 |
畜牧业公会.

^축소[縮小] 명하자타【缩小】suōxiǎo
【减少】jiǎnshǎo【裁减】cáijiǎn【精简】
jīngtǒng ¶범위를 ～하다 | 缩小范
围. ¶인원을 ～하다 | 减少人员.
¶군사 시설을 ～하다 | 缩减军备bèi.
¶군사비를 ～하다 | 裁减军费.

축소판[縮小版] 명【缩小版】suōxiǎobǎn 【缩印本】suōyìnběn 【缩影】suōyǐng ¶이 지방의 과거는 바로 중국의 최근 삼십년간의 ~이다 | 这个地方的过去, 正是中国三十年来的缩影.

축원[祝願] 몡하타 【祝愿】zhùyuàn 【预祝】yùzhù 【祝福】zhùfú 【谨祝】jǐnzhù 【祈求】qíqiú 【祈祷】qídǎo 【祈念】qíniàn ¶여러분의 건강을 ~합니다 | 祝愿各位健康. ¶가는 동안 내내 평안하시기를 ~합니다 | 祝你一路平安. ¶하느님이 보우해 주시기를 ~합니다 | 祈求上帝保佑bǎoyòu. ¶당신이 행복하게 만년을 보낼 수 있도록 하느님에게 ~합니다 | 为你向上帝祈祷, 愿你幸福地度过晚年.

축음기[蓄音機] 몡 【留声机】liúshēngjī 【唱机】chàngjī 【话匣子】huàxiá·zi 【戏匣子】xìxiá·zi ¶~판 | 唱片.

축의[祝儀] 몡 【贺礼】hèlǐ 【庆典】qìngdiǎn ¶~금 | 红包.

축이다 통 【弄湿】nòngshī 【润】rùn ¶목을 ~ | 润嗓子.

축재[蓄財] 몡하자 【储财】chǔcái ¶부정~ | 以不正当手段储财.

축적[蓄積] 몡하자타 【积累】jīleǐ 【积蓄】jīxù 【盘存】páncún ¶~된 경험은 문제 해결의 기본 조건이다 | 积累经验是解决问题的基本条件. ¶국민 소득의 ~과 소비 | 国民收入的积累和消费.

축전[祝電] 몡 【贺电】hèdiàn ¶~을 치다 | 打贺电. ¶~을 보내다 | 发贺电.

축제[祝祭] 몡 【联欢节】liánhuānjié 【庆祝会】qìngzhùhuì 【庆会】qìnghuì 【庆节】qìngjié ¶~일 | 喜庆日/节日.

축조[築造] 몡하타 【建造】jiànzào 【修筑】xiūzhù 【砌】qì ¶제방을 ~하다 | 修筑堤坝. ¶담장을 ~하다 | 砌墙qiāng.

축축하다 톙 【潮湿】cháoshī 【湿】shī 【湿潮】shīcháo ¶이 땅은 너무 ~ | 这地儿太潮湿了. ¶지면이 매우 ~ | 地皮很湿. ¶땀을 흘려 등이 ~ | 汗流得后背都湿了. 참고 〔湿漉漉〕

축출[逐出] 몡하타 【逐出】zhúchū 【驱逐】qūzhú ¶그는 학교에서 ~당했다 | 他被驱逐出学校. ¶간첩을 ~하다 | 驱逐间谍jiàndié. ¶국외로 ~하 다 | 驱逐出境chūjìng.

^**축하**[祝賀] 몡하타 【恭喜】gōngxǐ 【祝贺】zhùhè 【道喜】dào/xǐ 【庆贺】qìnghè 【庆祝】qìngzhù 【道贺】dào/hè 【恭贺】gōnghè ¶~합니다! 恭喜恭喜! ¶득남(得男)을 ~합니다! 恭喜您得了令郎! ¶그의 생일을 ~하다 | 祝贺他的生日. ¶~하러 왔습니다 | 我向您道喜来了. ¶장관직을 맡게 된 것을 삼가 ~드립니다 | 恭贺您当上部长.

축협[畜協] 몡 【牧畜业公会】mùxùyègōnghuì

춘계[春季] 몡 【春季】chūnjì ¶~ 접목 | 春季嫁jià接jiē. ¶~방학 | 春假.

춘곤[春困] 몡 【春困】chūnkùn ¶~과 가을의 피곤함 | 春困秋乏fá.

춘궁[春窮] 몡 【春荒】chūnhuāng 【青黄不接】qīnghuángbùjiē ¶~기 | 春荒时期. ¶~을 겪다 | 闹春荒.

춘분[春分] 몡 【春分】chūnfēn ¶~점 | 春分点. ¶~에는 남북반구 주야의 길이가 ~ | 春分那天南北半球昼zhòu夜都一样长.

춘삼월[春三月] 몡 【阳春三月】yángchūnsānyuè

춘추[春秋] 몡 **❶** (봄과 가을) 【春秋】chūnqiū ¶~복 | 春装服/春装和秋装. **❷** (연령) 【年度】niándù 【年纪】niánjì ¶올해 ~가 얼마나 되십니까? | 今年贵庚? ¶~가 한창이다 | 正当年. 참고 〔岁数(儿)〕

춘풍[春風] 몡 【春风】chūnfēng ¶~이 훈훈하게 불다 | 春风送暖. ¶~추우 | 春风秋雨.

출가[出家] 몡하자 【出家】chū/jiā 【在他乡干活】zài tāxiāng gànhuó ¶어려서부터 ~하여 중이 되었다 | 自幼yòu出家为僧sēng. ¶~득도 | 出家道. 참고 〔入道〕

출가[出嫁] 몡 【出嫁】chū/jià ¶~외인 | 嫁出去的女儿/女大外向. ¶그녀는 열여덟살에 ~했다 | 她十八岁就出嫁了. 참고 〔出聘〕〔出阁〕〔出门子〕

출간[出刊] 몡하타 【出刊】chūkān 【出版】chūbǎn

출감[出監] 몡하자 【出狱】chū/yù ¶~자 | 出狱者

출강[出講] 명하자타 【出讲】chūjiǎng ¶매주 수요일 저는 이 대학에 ~합니다 | 每个星期三我都到这个大学去讲课.

출고[出庫] 명하타 【出库】chūkù 【出栈】chūzhàn 【提货】tí/huò 【出货】chū/huò ¶~ 통지 | 提货通知. ¶매일 1 만여 근을 ~한다 | 每日出一万多斤货. ¶~증 | 出栈凭单.

출구[出口] 명하타 【出口】chūkǒu ¶~ 가 어디에 있느냐? | 出口在那儿. ¶~ 통로 | 出口通道.

출국[出國] 명하타 【出国】chū/guó 【出境】chū/jìng 【出疆】chū/jiāng ¶~ 수속을 하다 | 办理出境手续. ¶~ 신고서 | 出境申报单. ¶~ 비자 | 出境签证.

ᴮ**출근**[出勤] 명하자 【出勤】chū/qín 【上班】shàng/bān 【上工】shàng/gōng ¶~ 시간 기록부 | 出勤记录簿. ¶일요일에는 ~하지 않는다 | 星期天不上班. ¶우리 회사는 아침 8시에 ~한다 | 我们公司早上八点钟上班.

출금[出金] 명하자타 【出钱】chū qián 【支出金額】zhīchū jīn'é 【出款】chū/kuǎn 【出资】chūzī ¶~액 | 出资额. ¶~는 누가 하나? | 谁出资者.

ᴰ**출납**[出納] 명하타 【出纳】chūnà 【帐房】zhàngfáng 【收款处】shōukuǎnchù ¶이곳에서 ~한다 | 在此出纳. ¶~과 | 出纳科. ¶~원 | 出纳员. ¶~계 | 出纳/收支员.

ᶜ**출동**[出動] 명하자 【出动】chūdòng ¶~준비 | 出动准备. ¶~ 명령을 기다리다 | 待命令出动. ¶구급차를 ~시키다 | 出动救护车.

출두[出頭] 명하자 【报到】bào/dào 【出席】chū/xí ¶법정 ~ 명령 | 出庭命令. 참고〔出头〕〔出面〕

ᴰ**출렁거리다** 통 【荡漾】dàngyàng 【汹涌】xiōngyǒng 【滚滚】gǔngǔn 【물결이 ~】水波荡漾. ¶호수가 ~ | 湖水荡漾. ¶출렁거리는 성난 파도 | 汹涌的怒涛.

ᶜ**출력**[出力] 명하타 ❶ 【出力】chūlì 【功能】gōngnéng 【输出功率】shūchū gōnglǜ ¶~장치 | 输出装置. ❷〈電算〉【输出】shūchū

출마[出馬] 명하자타 【出马】chū/mǎ 【上

陣】shàng/zhèn ¶선거에 ~하다 | 出马竞选. ¶~를 선언하다 | 宣布出马.

출몰[出沒] 명하자 【出没】chūmò ¶밤에 큰길에 ~하였다 | 夜里出没于大街上. ¶적의 심장부에 ~하였다 | 出没于敌人心脏zàng.

ᴬ**출발**[出發] 명하자타 ❶ (길을 떠나) 【出发】chū/fā 【上路】shàng/lù 【起程】qǐchéng 【动身】dòng/shēn 【起身】qǐ/shēn 【启程】qǐchéng 【起行】qǐxíng 【启行】qǐxíng ¶¶현실로부터 ~하여 좋은 방법을 생각해 내다 | 从现实出发, 想出好方法. ¶이미 모든 준비가 되었으니, 우리 ~합시다 | 已准备妥当tuǒdàng, 咱们上路吧! ¶날이 밝자 ~하다 | 一大早起程. ¶너는 언제 ~하느냐? | 你什么时候动身? ❷ (시작) 【起跑】qǐpǎo ¶~선 | 起跑线. ¶~신호 | 起跑信号. ¶총소리가 울리면 바로 ~해라 | 枪声qiāngshēng一响立即起跑.

출범[出帆] 명하자 【开船】kāichuán 【出航】chū/háng ¶~하자마자 역풍을 만나다 | 一出航就遇到了风浪. ¶~일 증명서 | 开船证明书. ¶~ 명령 | 出航命令.

ᴮ**출산**[出産] 명하자타 【生育】shēngyù 【分娩】fēnmiǎn 【生】shēng ¶~ 능력 | 生育能力. ¶~휴가 | 产假. ¶~휴가를 신청하다 | 请产假.

ᶜ**출생**[出生] 명하자 【出生】chūshēng ¶~률 | 出生率. ¶~신고 | 出生登记. ¶~지 | 出生地. ¶그는 지주 가정에서 ~했다 | 他是出生在地主家庭.

ᴬ**출석**[出席] 명하자 【出席】chū/xí ¶~부 | 出席簿/名簿. ¶~을 매기다 | 记出席名单.

ᴬ**출세**[出世] 명하자 【飞黄腾达】fēi huáng téng dá 【显达】xiǎndá 【升官发财】shēng guān fā cái 【发迹】fā/jì 【出头】chū/tóu ¶그 사람처럼 벼락 ~한 것은 실로 동년배 중에는 흔치않은 것이다 | 能像他一样飞黄腾达的, 确实中实不多见. ¶그는 입신 ~한 이후 그를 도와주었던 사람들을 잊어버렸다 | 他显达以后, 就忘wàng了帮助bāngzhù他的人. ¶이 청년은 훗날 반

드시 ~할 것이다 | 这个青年人日后
定能发达。

ᴮ출신[出身] 몡 【出身】chūshēn ¶노동
자 ~ | 工人出身。¶~ 성분 | 家庭
成分/家庭出身。

ᶜ출연[出演] 몡하자 【上台】shàng/tái
【上场】shàng/chǎng 【演出】yǎnchū
【表演】biǎoyǎn ¶무대 ~하기는 쉬워
도 내려오는 것은 어렵다 | 上台容易,
下台难。¶나도 영화에 ~ 한다 | 电
影里我也出演角色。

ᴮ출입[出入] 몡하자타 【出入】chūrù ¶
~ 할 때마다 문을 닫으시오 | 出入随
手关门。¶~이 잦다 | 出入频繁。¶
~구 | 出入口。

출자[出資] 몡하자 【出資】chūzī 【投
資】tóu/zī 【出股】chūgǔ 【股票投資】
gǔpiào tóuzī 【付資】fùzī ¶~하여 기
업을 일으키다 | 出资兴办企业。¶그
는 수 천 만원을 ~해서 공장을 하나
세웠다 | 他投资几千万元兴建了一个
工厂。¶국가 ~ | 国家投资。

ᴮ출장[出張] 몡하자 【出差】chū/chāi ¶
공무로 ~가다 | 因公出差。¶그는
해외로 ~를 갔다 | 他到海外出差去
了。¶~지 | 出差地点。¶~여비 |
出差补助。

출전¹[出典] 몡 【出处】chūchù ¶이 성
어의 ~이 분명하지 않다 | 这个成语
的出处不明。

ᶜ출전²[出戰] 몡하자 ❶ (출정) 【出战】
chūzhàn 【参加战斗】cānjiā zhàndòu
❷ (경기 등의) 【参加比赛】cānjiā bǐ-
sài 【上阵】shàng/zhèn ¶오늘 저녁 시
합은 누가 ~하지? | 今晚比赛谁上
阵?

출제[出題] 몡하자타 【出题】chū/tí ¶
교재 안에서 ~하다 | 从课本里出
题。¶~범위 | 出题范围。¶~경향
| 出题倾向。

출중[出衆] 몡하형 【杰出】jiéchū 【出
衆】chūzhòng 【出类拔萃】chū lèi bá
cuì 【出群拔萃】chū qún bá cuì ¶이
선생님은 ~한 언어학자이시다 | 李
老师是一位杰出的语言学家。¶재능
이 ~하다 | 才华出众。¶~한 인재
들을 배양하다 | 培养出一批出类拔萃
的人才。

출처[出處] 몡 【出处】chūchù 【来源】ó-

iyuán ¶~를 밝히다 | 注明出处。¶
소식의 ~ | 新闻的来源。

출출하다 형 【饿】è ¶배가 몹시 ~ | 肚
子太饿了。

출타[出他] 몡하자 【去别的地方】qùbi-
é·de dì·fang 【外出】wàichū ¶아버
님께서는 ~중이다 | 父亲现在正外
出。

출퇴근[出退勤] 몡 【上下班】shàngxià-
bān ¶~시간에는 항상 붐빈다 | 上
下班时间经常拥挤。

ᴮ출판[出版] 몡하타 【出版】chūbǎn ¶
그 책은 이미 ~되었다 | 那部书已经
出版了。¶또 신간을 3종 ~하였다 |
又出版了三种新书。¶~의 자유 | 出
版自由。¶~계약 | 出版合同。

출하[出荷] 몡하타 【发货】fāhuò 【供
货】gōnghuò 【发运】fāyùn 【产品出厂】
chǎnpǐn chūchǎng 【运送】yùnsòng
【出货】chū/huò ¶~역 | 发货站。¶
~국 | 发货国。

출항[出航] 몡하자 【出航】chū/háng
【起碇】qǐ/dìng 【开航】kāi/háng 【结
关】jié/guān 【驶离港口】shǐlí gǎngkǒu
【离港】lí/gǎng 【出水】chūshuǐ ¶오후
3시에 ~하다 | 下午三点出航。¶지
금 막 ~하고 있다 | 正在出碇。¶~
선박 | 开航船只zhī。¶~ 허가증 |
出水单。

출현[出現] 몡하자 【出现】chūxiàn 【涌
现】yǒngxiàn ¶최근에 새로운 변화
가 가지가 ~했다 | 最近出现了一些
新的变化。¶새로운 사람과 새로운
일들이 끊임없이 ~하다 | 新人新事
不断涌现。

출혈[出血] 몡하자 【出血】chū/xuè ¶
~성 장염 | 出血性肠炎。¶내~ | 内
出血。

ᴬ춤 【舞】wǔ 【舞蹈】wǔdǎo ¶~을 추
다 | 跳舞。¶덩실덩실 기뻐하며 ~
추다 | 手舞足蹈。¶그녀는 ~추는
것을 너무 좋아한다 | 她太喜欢跳舞
了。

ᴬ춥다 형 【冷】lěng 【寒冷】hánlěng 【凄
冷】qīlěng 【清肃】qīngsù ¶날씨가 아
주 ~ | 天气很冷。¶추운 계절 | 寒
冷的季节jìjié。

ᴮ충[蟲] 몡 【虫子】chóng·zi

ᴮ충격[衝擊] 몡 ❶ (심한 타격) 【冲击】

chōngjī【冲撞】chōngzhuàng ¶국제 금융 시장에 ~을 주고 있다 | 冲击着国际金融市场。¶전류 ~으로 죽다 | 被电流冲击致死。¶맹렬한 ~을 받다 | 遭受猛烈冲击。❷(심한 마음의 동요) 【震感】zhèngǎn【冲动】chōngdòng【冲击】chōngjī ¶그의 학술보고는 과학계에 ~을 주었다 | 他的学术报告，震撼了科学界。¶어머니께서 매우 큰 ~을 받으셨다 | 母亲受到了很大的冲击。

충고[忠告] 명하자타【劝】quàn【忠告】zhōnggào【劝告】quàngào【忠言】zhōngyán【劝戒】quànjiè ¶그에게 술을 마시지 말라고 ~하다 | 劝他不要喝酒hējiǔ。¶~를 듣고 따르다 | 听从忠告。¶나는 너의 ~를 받아들이겠다 | 我接受你的忠告。¶친구의 ~를 듣다 | 听从tīngcóng朋友的劝告。¶의사는 그에게 휴식을 취하도록 ~했다 | 医生劝告他休息。

충당[充當] 명하타【补充】bǔchōng【充当】chōngdāng【充用】chōngyòng ¶원고료로 생활비를 ~하다 | 用稿费充当生活费用。¶원료를 ~하다 | 补充原料。

충돌[衝突] 명하자【冲突】chōngtū【冲击】chōngjī【碰撞】pèngzhuàng【碰】pèng【撞】zhuàng ¶이해 ~ | 利害冲突。¶무장 ~ | 武装冲突。¶부자 간의 의견 ~ | 父子间的冲突。

충동[衝動] 명하자 ❶(순간적 욕구) 【冲动】chōngdòng【感触】gǎnchù ¶일시적 ~ | 一时的冲动。¶매우 큰 ~을 일으켰다 | 引起很大的冲动。¶~을 억제하다 | 抑制冲动。❷(교사·선동) 【怂恿】sǒngyǒng【教唆】jiàosuō 【动】dòng ¶어떤 사람이 그를 ~했지만 그는 속임수에 넘어가지 않았다 | 有人怂恿他，他却没有上当。¶그가 작정한 다음부터 다른 사람이 그를 ~할 수가 없었다 | 他拿定主意后，谁也说不动他。

충만[充滿] 명하형【充满】chōngmǎn【充溢】chōngyì【满怀】mǎnhuái ¶그의 마음은 즐거움으로 ~하였다 | 他的心里充满着快乐。¶희열이 가슴에 ~하다 | 满怀喜悦。¶마음속에 승리의 자신감이 ~하다 | 满怀胜利的信

心。

충분[充分] 명하형【充分】chōngfèn【充量】chōngliàng【足够】zúgòu【十分】shífēn【实足】shízú【十足】shízú ¶그의 이유는 ~하지 못하다 | 他的理由很不充分。¶혼자 먹기에는 ~하다 | 足够一个人吃的。¶반드시 이 문제에 대해 ~히 유의해야 된다 | 必须针对这个问题。¶백 명은 ~히 된다 | 足有一百个人。

충성[忠誠] 명하자【忠诚】zhōngchéng【忠心耿耿】zhōng xīn gěng gěng ¶조국에 대해 대단히 ~스럽다 | 对祖国无限忠诚。¶국가를 위하여 ~스럽게 일하다 | 忠心耿耿地为国家服务。

충신[忠臣] 명【忠臣】zhōngchén ¶~은 두 임금을 섬기지 않고, 열녀는 두 남자에게 시집가지 않는다 | 忠臣不事二主，烈女不嫁二夫。

충실[充實] 명하형 ❶(실질·내용이 있음)【充实】chōngshí ¶문장이 유창하고 내용이 ~하다 | 文字流畅，内容充实。¶교육의 내용을 ~하게 하였다 | 充实教育内容。❷(튼튼함)【结实】jiē·shi【硬实】yìng·shi ¶그는 몸이 그다지 ~하지 않다 | 他身子不太结实。¶그는 신체가 아주 ~하다 | 他身体硬实得很。

충실[忠實] 명하형【忠实】zhōngshí【忠诚】zhōngchéng【认真】rènzhēn【笃实】dǔshí ¶원문에 ~하다 | 忠实于原文。¶다른 사람의 말을 ~하게 들어야 한다 | 应当认真听别人的话。

충실히[忠实地] 튄【忠实地】zhōngshí·de【认真】rènzhēn·de【忠心耿耿地】zhōngxīn gěnggěng·de

충심[衷心] 명【衷心】zhōngxīn【由衷地】yóuzhōng·de【从心理】cóngxīnlǐ ¶~으로 감사하다 | 表示衷心的感谢。

충전[充電] 명하자〈電〉【充电】chōng/diàn ¶~전류 | 充电电流。¶~기 | 充电器。

충절[忠節] 명【忠贞】zhōngzhēn ¶한 마음으로 ~을 다하다 | 忠贞不贰。¶~을 다하여 굽히지 않다 | 忠贞不屈。

충정[衷情] 명【衷情】zhōngqíng【衷

肠]zhōngcháng ¶~을 호소하다 |
倾诉衷肠.

충족[充足] 명하형 【充足】chōngzú
【满足】mǎnzú 【富裕】fùyù 【富足】fùzú
¶요구 사항을 ~하다 | 满足要求事
项.¶기대를 ~하다 | 满足期望.

충직[忠直] 명하형 【忠诚】zhōngchéng
【忠实】zhōngshí 【忠心耿耿】zhōng xī-
n gěng gěng ¶국가를 위하여 ~하게
일하다 | 忠心耿耿地为国家服务.

B**충치**[蟲齒] 명 【虫齿】chóngchǐ 【虫牙】
chóngyá 【蛀齿】zhùchǐ 【龋齿】qǔchǐ
【蛀牙】zhùyá ¶~를 몇 개 뽑았다 |
拔掉了几颗蛀虫齿.¶~가 생기다
| 长虫牙.¶이 애는 ~가 몇 개 있다
| 这孩子有几颗kē蛀齿.참고 〔虫蚀
牙〕[烂làn牙]

충혈[充血] 명하자 〈醫〉【淤血】yūxuè
【瘀血】yūxuè 【充血】chōngxuè 【目
赤】mùchì ¶뇌~ | 脑充血.¶~된
눈 | 充血的眼睛.

충효[忠孝] 명 【忠孝】zhōngxiào ¶~를
겸하다 | 忠孝两全.¶~사상 | 忠孝思
想.

C**췌장**[膵臟] 명 〈生理〉【胰脏】yízàng
B【胰】yí

C**취급**[取扱] 명하타 ❶ (일·문제를)
【办理】bànlǐ 【处理】chǔlǐ ¶안건을 ~
하다 | 办理案件.¶많은 문제를 ~
하였다 | 处理了很多问题. ❷ (물건
을) 【操纵】cāozòng 【管理】guǎnlǐ ¶
새 기기를 ~할줄 아는 노동자 | 会操
纵新机器的工人.¶도서를 ~하다 |
管理图书túshū. ❸ (사람을) 【对待】
duìdài 【看待】kàndài ¶특별~하다
| 另眼看待.¶그와 똑같이 ~하다
| 跟他一样对待.

취기[醉氣] 명 【醉】zuì 【醉意】zuìyì ¶
더 마시면 안되겠다, 나는 이미 ~가
온다 | 不能再喝了,　我已经有醉意
了.¶~가 오르다 | 有点儿醉了.

취득[取得] 명하타 【取得】qǔdé 【获
得】huòdé ¶이런 좋은 성적을 나는 한
번 밖에 ~하지 못했다 | 这样的好成
绩,我只取得过一次.참고 〔接jiē办〕

취락[聚落] 명 【聚落】jùluò 【村落】cūn-
luò ¶~지구 | 村落地区.

B**취미**[趣味] 명 【趣味】qùwèi 【兴趣】xì-
ngqù 【嗜好】shìhào 【风趣】fēngqù

【情趣】qíngqù 【爱好】àihào 【偏好】pi-
ānhǎo ¶나는 수영에 ~가 없다 | 我
对游泳yóuyǒng不感兴趣.¶나의 ~
는 바로 요리하는 것이다 | 我的爱好
就是做菜zuòcài.

취사[炊事] 명하자 【炊事】chuīshì ¶
~반·炊事班.¶~ 도구 | 炊事用
具.¶~병 | 炊事兵.

취사[取捨] 명하타 【取舍】qǔshě 【去
取】qùqǔ 【挑选】tiāoxuǎn ¶~선택하
기 어렵다 | 难于nányú取舍.¶~선
택을 결정하다 | 决定取舍.¶네가
마음대로 ~해라 | 由你自由挑选吧.

C**취소**[取消] 명하타 【取消】qǔxiāo 【撤
销】qùxiāo 【撤回】chèxiāo 【注销】zh-
ùxiāo 【收回】shōu/huí 【撤回】chèhuí
【废除】fèichú ¶그는 이미 회원자격이
~되었다 | 他已被撤消了会员资格.
¶계획을 ~하다 | 取消计划.¶우리
측에서 주문한 물품을 ~하지 않을 수
없습니다 | 我方所订的货,不得不取
销.¶제의를 ~하다 | 收回建议.¶
제안을 ~하다 | 把提promise议案撤回.¶그
들 두 사람은 결혼 약속을 ~했다 | 他
俩废除了婚约.참고 〔解除jiěchú〕〔勾
销gōuxiāo〕〔作废zuò/fèi〕

취약[脆弱] 명하형 【脆弱】cuìruò 【薄
弱】bóruò ¶~지구 | 薄弱地区.

C**취업**[就業] 명하자 【就业】jiù/yè ¶그
는 출판사에 ~하였다 | 他在出版社
就了业.¶~인구 | 就业人口.

C**취임**[就任] 명하자 【上任】shàng/rèn
【就任】jiù/rèn 【就职】jiù/zhí 【到任】dà-
orèn ¶신임 장관이 ~하다 | 新任部
长上任.¶총장으로 ~하다 | 就校长
之职.¶~식 | 就职典礼.¶~ 연설
| 就职演说.

취입[吹入] 명하타 ❶ (불어 들이다)
【吹入】chuīrù ❷ (음반을 녹음하다)
【灌音】guàn/yīn 【灌片】guànpiàn 【录音】lù/yīn 【灌制】guànzhì 참고
〔胶jiāo带〕〔收shōu音〕

취재[取材] 명하자 【采访】cǎifǎng ¶
뉴스를 ~하다 | 采访新闻.¶기자가
목격자를 ~하였다 | 记者采访了目击
jī者.

취조[取調] 명하타 【审问】shěnwèn
【审讯】shěnxùn ¶~실 | 审讯室.¶
피의자를 ~하다 | 审讯嫌疑人.

취중[醉中] 명 【醉中】zuìzhōng ¶~
진담 | 酒後吐真情/酒发心腹之言.

취지[趣旨] 명 【宗旨】zōngzhǐ 【主旨】
zhǔzhǐ 【意图】yìtú 【意思】yì·si ¶회의
의 ~를 설명하다 | 说明会议的宗
旨. ¶그들의 이 문장의 뜻은 무엇이
니? | 他们这篇文章的主旨是什么?

ᴮ**취직**[就職] 명하자 【就业】jiù/yè 【找
事】zhǎo/shì ¶그는 매일 나가 ~자
리를 찾는다 | 他每天出去找zhǎo事
做. ¶~시험 | 就业考试. ¶~난 |
就业难.

취침[就寢] 명하자 【就寝】jiùqǐn 【就
枕】jiùzhěn 【入寝】rùqǐn ¶~시간 |
就寝时间.

ᴬ**취하다**[醉－] 통 【醉】zuì 【陶醉】táozuì
ì ¶그는 겨우 두 잔을 마시고는 취했
다 | 他才喝了两杯就醉了. ¶온종일
바둑에만 취해있지 말라 | 别整天醉
于下棋. ¶나는 이 감동적인 경치에
취하였다 | 我被这动人的情景陶醉
了. ¶그는 승리의 기쁨에 취해 있다
| 他陶醉于胜利的幸福之中.

ᴬ**취하다**ᴾ[取－] 통 ❶ (방법 등을) 【采
用】cǎiyòng 【取用】qǔyòng 【取】qǔ
【采取】cǎiqǔ ¶새로운 방법을 ~ | 采
用新的方法. ¶완화 정책을 ~ | 采
取缓和政策zhèngcè. ¶부정당한 수
법을 ~ | 采取不正当的手段duàn.
❷ (선택하다) 【选】xuǎn ¶작은 것을
~ | 选小的. ❸ (섭취하다) 【摄取】
shèqǔ ¶영양을 ~ | 摄取营养.

취학[就學] 명하자 【就学】jiù/xué 【上
学】shàng/xué ¶~ 연령에 달하다 |
到了上学的年龄. ¶~률 | 就学率/
上学率. ¶~ 아동 | 就学儿童. ¶~
연령 | 就学年龄.

취항[就航] 명하자타 【通航】tōnghhángt
【开航】kāi/háng 【来往】láiwǎng ¶부
산·제주 간을 ~하는 배 | 来往于釜
山·济州之间的船.

취향[趣向] 명 【趣向】qùxiàng 【情趣】
qíngqù 【爱好】àihào ¶이 옷은 내 ~
맞지 않는다 | 这件衣服不适合我的情
趣. ¶그것은 개인의 ~문제이다 |
那是个人的爱好问题.

－**측**[－側] 回 【方】fāng ¶학교~ | 校
方. ¶상대~ | 对方.

측근[側近] 명 ❶ (가까운 곳) 【邻近】lí-

njìn ¶화약공장 ~에 주택을 건설하
는 것은 좋지 않다 | 化工厂邻近不宜
建住宅zhùzhái. ¶학교 ~에 공원이
있다 | 学校邻近有公园. ❷ (측근자)
【亲信】qīnxìn 【心腹】xīnfù ¶~ 인사
| 亲信人士. ¶그는 ~을 보내 정황
을 알아보도록 했다 | 他派亲信去探
听tīng情况.

측량[測量] 명하타 【测量】cèliáng 【丈
量】zhàngliáng 【测】cè ¶토지를 ~하
다 | 测量土地. ¶전답을 ~하다 | 丈
量地亩. ¶택지를 ~하다 | 丈量宅
基. ¶강우량을 ~하다 | 测雨量.

측면[側面] 명 ❶ (옆면) 【侧面】cèmià-
n ¶물체의 ~ | 物体的侧面. ¶~ 공
격 | 侧击. ❷ (관점) 【方面】fāngmià-
n 【点】diǎn 【角度】jiǎodù ¶두 가지 ~
에서 주의를 해야 한다 | 有两点要注
意. ¶어느 ~에서 문제를 보겠는가?
| 从哪个角度看问题呢.

측연[惻然] 명하형 【恻隐】cèyǐn ¶~
히 여기는 마음은 사람들마다 다 가지
고 있다 | 恻隐之心, 人皆有之.

ᶜ**측우기**[測雨器] 명 〈氣〉【测雨器】cèyǔ-
qì

측은[惻隱] 명하형 【恻隐】cèyǐn 【怜
悯】liánmǐn 【不忍之心】bùrěnzhīxīn
¶이 상황을 보니 갑자기 ~한 생각이
들었다 | 一看这情形, 顿dùn生恻隐之
心.

ᶜ**측정**[測定] 명하타 【测定】cèdìng 【测
量】cèliáng ¶수위를 ~하다 | 测定水
位. ¶면적을 ~하다 | 测定面积jī. ¶
측정 공구 | 测定工具. ¶혈압을 ~ |
血压yā测量.

ᴬ**층**[層] 명 ❶ (건물의) 【层】céng ¶이
건물은 15~인데, 나는 5~에 산다 |
这座楼lóu有十五层. 我住在第五层.
¶오~ 탑 | 五层的宝塔bǎotǎ. ❷
(계층·단계) 【阶层】jiēcéng ¶계~ |
阶层. ¶상부~ | 上部阶层. ¶고위
~ | 高级阶层.

ᶜ**층계**[層階] 명 【阶梯】jiētī 【楼梯】lóutī
¶~참 | 楼梯缓台. ¶이 ~는 정말
가파르다 | 楼梯真陡dǒu. ¶~를 내
려가다 | 走下楼梯. 參考 〔胡hú梯〕
〔台táijiē(儿)〕

층층[層層] 명 【层层】céngcéng 【每
层】měicéng ¶~이 포위하다 | 层层

包围wéi. ¶책을 ～으로 쌓다 | 把书堆成一层一层的。

층층이[層層－] 児【层层】céngcéng【一层一层】yìcéngyìcéng ¶벽돌을 ～쌓다 | 一层一层垒砖。

치¹[齒] 몡【齿】chǐ【牙】yá ¶～가 떨리다 | 牙齿打战。

^B**치**²[의명] 〈度〉【寸】cùn ¶열 ～가 한 자이다 | 十寸是一尺chǐ。

치³[의명] ❶ (사람)【家伙】jiāhuǒ【人】rén ¶장사 | 生意人。¶그 ～ | 那个家伙。❷ (물건)【份额】fèn·é【份】fèn ¶보름 ～식량 | 半个月(份额)的粮食。¶이 달～의 봉급 | 这个月份的工资。

치고 丞 (添意助词, 表示包括一切或限于局部) ¶주말～는 고속도로가 덜막힌다 | 就周末而言高速公路还不算堵。¶한국 사람 ～ 그것을 모르는 사람은 없다 | 凡是韩国人估计没有人不知道那个。

^B**치과**[齒科] 몡〈醫〉【牙科】yákē ¶～의사 | 牙科医生。¶～대학 | 牙科大学。

치근덕거리다 튕【纠缠】jiūchán【烦人】fánrén ¶그에게 치근덕거리지 마시오 | 你别纠缠他。¶이 아이가 정말 치근덕거리는구나! | 这孩子真烦人! 침고〔死皮赖脸〕纠缠 chě〕〔绞缠〕〔绞结〕

^A**치**¹ 튕 (파도가 일렁이다)【翻滚】fān-gǔn【拍】pāi【打】dǎ ¶파도가 (용솟음)～ | 白浪翻滚。¶큰 파도가 해안을 ～ | 大浪拍岸。¶천둥이 ～ | 打雷。

^A**치**²[] 튕 ❶ (때리다)【打】dǎ【抽打】chōudǎ ¶아이를 몇 차례 쳤다 | 打了孩子几下儿。¶주먹으로 한 대 쳤다 | 打了一拳。❷ (운동하다)【拍】pāi【打】dǎ ¶테니스를 ～ | 打网球。¶공을 ～ | 拍球qiú。❸ (소리내기 위해 때리다)【拍】pāi【鼓】gǔ ¶손뼉을 ～ | 拍手。¶박수를 ～ | 鼓掌。❹ (손으로 악기를)【打】dǎ【擂】léi【击】jī【弹】tán【撞】zhuàng【敲】qiāo ¶북을 ～ | 擂鼓/击鼓。¶피아노를 ～ | 弹钢琴gāngqín。¶종을 ～ | 撞钟。❺ (발신하다)【打】dǎ【拍】pāi ¶전보를 쳤니 안 쳤니? | 电报拍了没有?

¶한 통의 전보를 쳤다 | 拍了一份电报diànbào. ❻ (공격을 하다)【打击】dǎjī【打败】dǎ/bài【征伐】zhēngfá【征讨】zhēngtǎo ¶상대 진영을 ～ | 打击对方阵营zhènyíng. ¶쳐서 물리쳤다 | 打败了敌人。❼ (마구 흔들다)【拍】pāi【呼扇】hū·shān【扇动】shāndòng【摇】yáo ¶날개를 ～ | 拍翅膀chìbǎng. ¶개가 꼬리를 ～ | 狗摇尾巴。❽ (체질을 하다)【筛】shāi【沙】shā ¶쌀을 체로 ～ | 筛米。¶좁쌀안에 섞여있는 모래를 체로 ～ | 把小米里的沙子沙一沙。❾ (자르다)【割】gē【砍】kǎn ¶나뭇가지를 ～ | 把树枝砍下来。❿ (잘게 썰다)【擦】cā【剁】duò【切丝儿】qiēsīr ¶무를 채를 쳐서 실같이 만들었다 | 把萝卜luó·bo切成丝儿。¶쳐서 잘게 채를 ～ | 剁得很细。⓫ (양념 등을 넣다)【上】shàng【搁】gē【擦】cā ¶콩국에 설탕을 조금 ～ | 豆浆里搁点儿糖。¶기름을 ～ | 搁油。⓬ (못을)【钉】dīng【打】dǎ ¶못을 ～ | 钉钉子dīng子。⓭ (시계가)【敲】qiāo【打】dǎ ¶두 시를 ～ | 摆钟敲了两下。

^C**치다**³ 튕 ❶ (청소하다)【清扫】qīngsǎo ¶눈을 ～ | 扫雪。❷ (퍼내다)【开】kāi【掏】tāo【疏浚】shūjùn ¶변소를 ～ | 掏茅厕máocè。

^C**치다**⁴ 튕 ❶ (사육하다)【繁殖】fánzhí【生】shēng【饲养】sìyǎng【养】yǎng【喂】wèi ¶소를 ～ | 养牛。¶집에 닭 몇 마리를 치고 있다 | 家里喂着几只鸡。❷ (새끼를 낳다)【孵】fū ❸ (숙박시키다)【留宿】liúsù ¶하숙을 ～ | 留住(宿)。

치다⁵ 튕 ❶ (설치하다)【支】zhī ¶천막을 ～ | 支帐篷。❷ (내리다)【下】xià【挂】guà ¶커튼을 ～ | 挂帘子。❸ (소리를 지르다)【喊】hǎn ¶고함을 ～ | 高喊。❹ (선·점 등으로 표시하다)【画】huà【划】huà ¶동그라미를 ～ | 划圈儿。

치다꺼리 몡|하타| ❶ (바라지)【照顾】zhào·gù【帮助】bāngzhù ¶환자를 ～하다 | 照顾病人。❷ (일을 처리 넘)【要办的事】yàobàn·deshi【办事儿】bànshìr ¶손님～ | 帮人办点儿的事儿。

치닫다 图【往上跑】wǎng shàng pǎo ¶산 위로 ~ | 往山上跑.

치대다 图❶ (위쪽으로 대다)【从下往上贴】cóng xià wǎng shàng tiē ❷ (문지르다)【揉】róu【和】huó【搓】cuō ¶밀가루를 ~ | 揉面. ¶밀가루를 ~ | 和面miàn. ¶옷을 치대어 빨다 | 搓洗衣服.

치뜨다 图【往上睁眼】wǎng shàng zhēngyǎn【举目】jǔmù【抬眼】táiyǎn ¶눈을 ~ | 抬眼.

치료[治療]명하타【治疗】zhìliáo【医疗】yīliáo ¶이런 병은 입원해서 ~해야 한다 | 这病须要住院治疗. ¶그의 병은 수개월 동안 ~하고 나서야 좋아졌다 | 他的病治疗了几个月才见好. ¶장기 ~ | 长期治疗.

치르다 图❶ (지불하다)【支付】zhīfù【付出】fùchū ¶비용을 ~ | 支付费用. ¶기간이 되어 임금을 ~ | 定期支付工钱. ❷ (겪다)【考】kǎo ¶신입생 모집 시험을 ~ | 招考新生. ❸ (큰 일을)【过】guò【经受】jīngshòu【办】bàn ¶큰 일을 ~ | 办了大事.

치마명【裙子】qún·zi ¶꽃 무늬를 수놓은 ~ | 花裙子. ¶~바람 | 裙子带起的风/妈妈风.

치매[癡呆]명【醫】【痴呆】chīdāi ¶노인성 ~ | 老年性痴呆. ¶~증 | 痴呆病bìng.

치명[致命]명【致命】zhìmìng ¶~타 | 致命的打击. ¶~적 약점 | 致命的弱点. ¶~상 | 致命伤.

치밀다 图❶ (위로 솟다)【往上冒】wǎng shàng mào【涨】zhǎng ¶불길이 치밀어 오르다 | 火焰往上冒. ❷ (복받치다)【涌上】yǒngshàng【上来】shànglái ¶가슴에 뜨거운 것이 ~ | 心里涌上一股热流. ¶화가 ~ | 气儿上来. ❸ (위로 밀다)【往上推】wǎng shàng tuī【往上举】wǎng shàng jǔ ¶짐을 힘껏 치밀어 올리다 | 把行李用力往上举起来.

치밀하다[緻密]형❶ (촘촘하다)【精细】jīngxì【细致】xìzhì ❷ (세심하다)【周密】zhōumì【致密】zhìmì【细致】xìzhì ¶계획이 ~ | 计划周密. ¶치밀한 조사 | 周密的调查.

치부[致富]명자【发财】fā/cái【致富】zhìfù ¶가업을 발전시키고 ~하다 | 发家致富. ¶열심히 일해서 ~하다 | 勤劳致富.

치부[恥部]명❶【阴部】yīnhù【阴门】yīnmén ❷ (부끄러운 부분)【羞耻的部分】xiūchǐ·de bù·fen

치사[恥事]명하형【卑劣】bēiliè【卑鄙】bēibǐ【不要脸】búyàoliǎn【肮脏】āng·zang【厚脸皮】hòuliǎnpí【可耻】kěchǐ【下流】xiàliú ¶~한 행동 | 卑劣行径jìng. ¶~하기 짝이 없다 | 卑鄙不堪kān. ¶그는 갑자기 ~스럽다는 생각이 들어 그런 여자는 더 이상 생각을 말아야 한다고 생각했다 | 他忽然想起这是可耻的, 他不应该想那种女人. 참고〔厚脸〕〔厚颜〕

치사[致死]명하타【致死】zhìsǐ ¶과실 ~ | 过失致死. ¶~ 원인 | 致死量.

치성[致誠]명하자❶ (기도함)【许愿】xǔyuàn【祝祷】zhùdǎo ❷ (정성을 다함)【竭诚】jiéchéng ¶~껏 접대하다 | 竭诚招待. ¶우리 측은 당신들을 위해 꼭 ~을 다하겠습니다 | 我方一定竭诚为你们服务.

치솟다 图❶ (위로 힘차게 솟다)【往上冒】wǎng shàng mào【冲上】chōngshàng【蹿】zuān ¶제비가 하늘로 치솟아 오르다 | 燕子蹿天儿. ❷ (세차게 북받쳐 오르다)【涌上】yǒngshàng【奔腾】bēnténg ¶뜨거운 피가 ~ | 热血rèxuè奔腾.

치수[-數]명【尺寸】chǐ·cun【寸数】cùnshù ¶~가 견본과 일치하지 않다 | 尺寸与样品不符fú. ¶~를 내다 | 定尺寸.

치아[齒牙]명【生理】【齿牙】chǐyá

치안[治安]명하타【治安】zhì'ān ¶~을 유지하다 | 维持治安. ¶~을 강화하다 | 加强jiāqiáng治安. ¶~을 어지럽히다 | 扰乱rǎoluàn治安.

치약[齒藥]명【牙膏】yágāo ¶보건~ | 保健bǎojiàn牙膏.

치어[稚魚]명【鱼秧】yúyāng

치열하다[熾烈-]형【激烈】jīliè【剧烈】jùliè【炽烈】chìliè ¶논쟁이 ~ | 争论得激烈. ¶치열한 전투 | 激烈的战斗. 참고〔激烈jù〕〔剧烈〕

치욕[恥辱]명【耻辱】chǐrǔ【屈辱】qūr-

ǔ【坍台】tān/tái【悔辱】wǔrǔ ¶그는
회의에 참가할 수 없음이 못내 ~적이
라고 생각하였다 | 他觉得不能参加会
议, 简直是大耻辱了。¶남에게 ~을
당하다 | 让人侮辱。

^B**치우다¹** 居❶ (없애다·옮기다) 【放】fà
ng【搁】gē【搬】bān ¶너는 내가 보던
책을 어디다 치웠니 | 你把我正读的
那本书放在哪里了。¶이 돌을 치우
라 | 把这块石头搬开。❷ (정돈하다)
【收拾】shōu·shi【拾掇】shí·duo【整
顿】zhěngdùn ¶방을 잘 치우라 | 房
间要好好收拾。¶깨끗이 다 ~ 收
拾干净。¶탁자를 좀 치우라 | 把桌
子拾掇拾掇。❸ (그만두다)【中途停
止】zhōngtú tíngzhǐ【作罢】zuòbà【作
完】zuòwán【作为罢论】zuòwéibàlùn【拉
倒】lādǎo ¶쌍방이 모두 동의하지
않는 바에야 이 일은 치울 수밖에 없다
| 既然双方都不同意, 这件事就只好
作罢了。❹ (시집보내다)【嫁出去】ji-
à·chū·qù

치우다² 助动 (表示完全终了) ¶다 먹
어 ~ | 都吃掉。¶일을 해 ~ | 把活
儿干完。

^B**치우치다** 居【偏】piān【偏重】piānzhò
ng ¶그들은 교학에 치중하고, 우
리는 이론의 연구에 치중하고 있다 |
他们偏于教学, 我们偏于理论研究。
¶학습을 하면서 기억에만 치우치고
이해를 소홀히해서는 안된다 | 学习只
偏重记忆而忽略理解hūlüè是不行的。
参考〔偏倚〕

치유【治癒】 图하자【痊愈】quányù ¶治
愈zhìyù ¶그는 이미 완전히 ~되었
다 | 他已经痊愈了。参考〔痊可〕〔全
愈〕

치이다 居【被撞】bèizhuàng ¶차에 ~
| 被车撞死。

^B**치장**【治粧】 图하타【打扮】dǎ·ban【装
饰】zhuāngshì【装扮】zhuāngbàn【化
妆】huà·zhuāng ¶한참 동안 ~했다
| 打扮了好半天。¶아주 예쁘게 ~
을 했다 | 打扮得很漂亮piàoliang。
¶그 여자는 ~하는 것을 좋아하지 않
는다 | 她不爱装饰。

치적【治績】 图【功绩】gōngjì ¶~이 빛
나다 | 功绩彪炳biāobǐng。

치정【癡情】 图【痴情】chīqíng ¶한 쌍

의 남녀가 ~에 얽힌 사건 | 一对痴情
男女的杀人案。参考〔姘居pīnjū〕

치졸【稚拙】 图하형【拙劣】zhuōliè ¶~
한 태도 | 拙劣的态度。

치중【置重】 图하자【着重】zhuó/zhòng
【重视】zhòngshì ¶단지 형식에만 ~
하다 | 只着重于形式。¶정부는 교육
사업을 발전시키는 데에 대해서 대단
히 ~하고 있다 | 政府对发展教育事
业很重视。参考〔偏重 piānzhòng〕
〔为主wéizhǔ〕

치즈[cheese] 图【干酪】gānlào【牛奶
酥】niúnǎisū【奶饼】nǎibǐng【乳饼】rǔ-
bǐng【乞司】qǐsī【气斯】qìsī【奶酥】nǎ-
isū【吉士】jíshì【乳酪】rǔlào

치질【痔疾】 图〈醫〉【痔疮】zhìchuāng
¶~을 치료하다 | 治疗痔疮。参考
〔痔〕

치켜세우다 居❶ (똑바로 세우다)【竖
起来】shù·qǐ·lái ❷ (추켜 세우다)
【夸】kuā【夸奖】kuājiǎng ¶치켜세
워 격려하다 | 夸奖鼓励。

^C**치키다** 居【拉上】lā·shang【拉起】lā-
qǐ【提起】tíqǐ ¶바지를 치켜 올리다 | 提
裤子。

^C**치통**【齒痛】 图〈醫〉【牙痛】yátòng

^C**치하**【治下】 图 ❶ (통치아래)【统治
下】tǒngzhìxià ¶일제~ | 在日本帝国主义的
统治之下。❷ (통치구역)【统治区
域】tǒngzhìqūyù

^C**치하**²【致賀】 图하타【称赞】chēngzàn
【祝贺】zhùhè ¶구구절절이 ~하다 |
满mǎn口称赞。¶그의 사람됨을 모
두가 ~하다 | 大家都称赞他的为人。
¶대회의 성공적인 개최를 ~하다 |
祝贺大会胜利召开。

칙명【勅命】 图【敕令】chìlìng【手谕】sh-
ǒuyù【敕旨】chìzhǐ ¶박살하라고 ~
을 내리다 | 敕令扑杀。

^B**칙칙폭폭** 圓【哐啷哐啷】qiāngqiāng-
āngguāng【哄隆隆】hōnglónglóng ¶
기차는 ~ 안개 속을 달린다 | 火车哄
隆隆的在雾中奔跑。

칙칙하다 형【黑暗】hēi'àn【发暗】fā'àn
¶칙칙해 보이다 | 显得暗。

친-【親-】 接头 ❶ (직계의)【亲】qīn
¶~동생 | 亲弟弟。❷ (친밀한)【亲
近】qīnjìn ¶~미파 | 亲美派。

^C**친교**【親交】 图【亲密之交】qīn mì zhī jì-

ao

^A친구[親舊] 명【朋友】péng·you【好友】hǎoyǒu ¶~가 되다 | 成了朋友。¶그는 나와 제일 친한 ~이다 | 他是我要好的朋友。¶~를 사귀다 | 交朋友。¶술~ | 酒肉朋友。

^C친근[親近] 명하형【亲密】qīnmì【亲近】qīnjìn ¶형제들은 아주 ~하다 | 弟兄们很亲密。¶그들 둘은 아주 ~하다 | 他俩很亲近。¶~한 이웃 | 亲近的邻居línjū。

^C친목[親睦] 명하형【亲睦】qīnmù【亲密】qīnmì【和睦】hémù ¶~계 | 亲睦的圈儿内团体。¶~회 | 联谊会。

^B친밀[親密] 명하형【亲密】qīnmì【亲近】qīnjìn ¶선생과 학생 사이가 매우 ~하여 거리감이 없다 | 师生之间亲密无间。

친부모[親父母] 명【亲生父母】qīnshēng fùmǔ【亲爹妈】qīndiēmā【生身父母】shēngshēn fùmǔ ¶~처럼 돌보아 주다 | 像亲父母一样照顾。

친분[親分] 명【交情】jiāo·qing【私人交情】sīrén jiāoqíng【交谊】jiāoyì ¶나는 그와 ~이 두텁다 | 我和他交情很深。¶~을 맺다 | 建立交情。

친선[親善] 명【友好】yǒuhǎo【友善】qīnshàn ¶~ 대표단 | 友好代表团。¶~ 방문 | 友好访问。¶~ 동맹 | 友好同盟。¶~ 초청 경기 | 友好邀请赛yāoqǐngsài。

친숙[親熟] 명하형【亲密】qīnmì【熟识】shú·shi【亲睦】qīnmù ¶우리는 ~한 친구이다 | 我们是熟识的朋友。¶자매 사이가 매우 ~하여 거리감이 없다 | 姊妹zǐmèi之间亲密无间。

친아버지 명【生身父亲】shēngshēn fùqīn【亲爹】qīndiē【亲生父亲】qīnshēng fùqīn

친애[親愛] 명하타【亲爱】qīn'ài ¶~하는 조국 | 亲爱的祖国zǔguó。¶~하는 동민 여러분 | 亲爱的乡亲父老xiāngqīnfùlǎo。

친어머니 명【生母】shēngmǔ【亲生母亲】qīnshēng mǔqīn【生身母亲】shēngshēn mǔqīn【亲娘】qīnniáng【亲妈妈】qīnmā·ma【亲妈】qīnmā

^B친절[親切] 명하형【亲切】qīnqiè【关切】guānqiè【殷勤】yīnqín ¶~을 베

풀다 | 给以关切。¶선생님은 우리들에게 아주 ~하다 | 老师对我们十分亲切。

친절히[親切-] 부【亲切地】qīnqiè·de【热情地】rèqíng·de ¶고객에게 ~ 대하다 | 对顾客热情。

^B친정[親庭] 명【娘家】niáng·jia ¶~에 돌아가다 | 回娘家。¶~살이 | 住娘家。

^C친족[親族] 명【亲属】qīnshǔ【亲丁】qīndīng ¶~ 결혼 | 亲属结婚。¶~ 회의 | 亲属会议。参考〔亲戚qī〕【家属shǔ】

친지[親知] 명【亲人】qīnrén ¶그의 집에는 외삼촌 외에는 다른 ~가 없다 | 他家里除了外舅以外,没有别的亲人。

^B친척[親戚] 명【亲戚】qīn·qī【亲眷】qīnjuàn【亲串】qīnchuàn ¶~일가 | 一家亲戚。¶가까운 ~ | 近亲。参考〔本家〕【亲属qīnshǔ】

친탁[親一] 명하자【随父亲】suí fùqīn

친필[親筆] 명【亲笔】qīnbǐ【手笔】shǒubǐ ¶~ 서명 | 亲笔签名qiānmíng。¶이 한 폭의 글은 마치 노신 선생의 ~ 같다 | 这幅字像是鲁迅先生的手笔。

^A친하다 동【亲近】qīnjìn【亲密】qīnmì ¶그들 둘은 아주 ~ | 他俩很亲近。¶앞으로 친해지기를 바랍니다 | 以后可以多亲近亲近。¶그들은 친하게 같이 생활한다 | 他们亲密地生活在一起。

친형제[親兄弟] 명【亲兄弟】qīnxiōng·di【亲哥儿们】qīngērmen【胞兄弟】bāoxiōngdì【同胞兄弟】tóngbāoxiōngdì【嫡亲兄弟】díqīn xiōngdì ¶~간에도 계산은 분명해야 한다 | 亲兄弟明算帐/亲是亲, 财是财。

친히[親-] 부【亲自】qīnzì【亲身】qīnshēn ¶~ 착수하다 | 亲自动手dòngshǒu。¶이것들은 모두 내가 ~ 겪은 일이다 | 这些都是我亲身经历jīnglì的事。

^A칠[漆] 명하자하타【漆】qī【涂】tú【上】shàng【擦】cā【抹】mǒ【油饰】yóushì【敷】fū【粉刷】fěnshuā ¶대문을 붉은 색으로 ~했다 | 把大门漆成红色的。¶기름을 ~하다 | 擦油。¶풀을 한 겹 ~하다 | 抹一层糨糊jiànghú。¶

기름 ~해서 만든 목기 | 油饰木器。

^A**칠**²[七] 㑶 【七】qī【第七】dìqī

^C**칠기**[漆器] 몡【漆器】qīqì【漆货】qīhuò ¶이 작은 점포는 ~를 전문적으로 취급한다 | 这个小店专营zhuānyíng漆器。

칠레[Chile] 몡〈地〉【智利】Zhìlì [수도는 '산티아고'산티아고;Santiago)]

^B**칠면조**[七面鳥] 몡❶〈鳥〉【吐绶鸡】tǔshòujī【火鸡】huǒjī【绶带鸡】shòudàijī【七面鸟】qīmiànniǎo【绶鸟】shòuniǎo ❷(비유하여) 【善变的人】shànbiàn·de rén【多变的人】duōbiàn·de rén

^C**칠석**[七夕] 몡【七夕】qīxī 智고 [七巧] [七月七][女儿节] 乞巧[巧节] [巧乞o节][巧夕][巧夕]

칠순[七旬] 몡【七旬】qīxún【七十岁】qīshísuì ¶~노인 | 七旬老人。

칠십[七十] 㑶【七十】qīshí

칠월[七月] 몡【七月】qīyuè

^A**칠판**[漆板] 몡【黑板】hēibǎn ¶~에 붙이는 벽보 | 黑板报bào。 ¶~ 지우개 | 黑板擦cā(儿)/黑板擦子/板擦(儿)/板刷shuā/粉笔fěn刷。

칠흑[漆黑] 몡【漆黑】qīhēi ¶동굴안은 ~같이 어두워 아무것도 보이지 않는다 | 洞dòng子里漆黑漆黑的, 什么也看不见。 ¶~같은 밤 | 漆黑的夜yè。智고〔漆油儿黑〕黢qū黑

칡[葛] 몡〈植〉【葛】gé【葛根】|【葛藤】gěténg | 葛藤。

^A**침**¹[生理] 몡【唾沫】tuò·mo【唾液】tuò·yè【口水】kǒushuǐ【哈喇子】hālā·zi ¶~을 뱉다 | 吐tǔ唾沫。 ¶먹고 싶어서 연방 ~을 삼키다 | 馋chán得他直咽yàn唾液。 ¶배가 고프면 ~을 삼키려무나! | 肚子饿了, 只好多吞些口水! ¶(군)~이 온통 흘러내렸다 | 粘涎xián子都淌tǎng下来了。智고〔吐沫〕〔口水〕〔津沫液〕〔哈喇子〕

^C**침**²[針] 몡〈醫〉【针】zhēn ¶~구 요법 | 针灸jiǔ疗法。

^C**침공**[侵攻] 몡하태【侵略】qīnlüè【进攻】jìngōng【袭击】xíjī ¶우리나라의 영토를 ~하다 | 侵略我国的领土。 ¶몇 번 ~을 했다 | 侵略过几次。 ¶대대적으로 ~하다 | 大举进攻。

침구[寢具] 몡【寝具】qīnjù【床上用品】chuángshàng yòngpǐn【被褥】bèir·ù【铺盖】pū·gai ¶~를 수리하다 | 修理xiūlǐ寝具。 ¶~ 한 세트를 샀다 | 买了一床被褥。

^A**침대**[寢臺] 몡【床】chuáng【铺】pù【榻】tà ¶~에 눕다 | 卧wò床。 ¶스프링 ~/쿠션 | 弹簧dànhuáng床。 ¶임시로 ~를 꾸리다 | 临时搭dā铺。 ¶등나무 ~ | 藤téng榻。 ¶~시트 | 床罩。

침대차[寢臺車] 몡【卧车】wòchē【睡车】shuìchē【寝车】qǐnchē ¶~ 표 | 卧车床位票/卧车票/卧铺票。 ¶~에서 휴식을 취하다 | 在寝车休息xiū·xi。

^C**침략**[侵略] 몡하태【侵略】qīnlüè ¶우리나라의 영토를 ~하다 | 侵略我国的领土。 ¶우리는 ~전쟁을 반대한다 | 我们反对fǎnduì侵略战争zhēng。 ¶~적 야심 | 侵略野心yěxīn。 ¶~ 정책 | 侵略政策zhèngcè。

침몰[沈沒] 몡하자【沉没】chénmò【淹没】yānmò ¶화물선 두 척이 ~하였다 | 几艘sōu货船huòchuán船沉没了。

^B**침묵**[沈默] 몡하자【沉默】chénmò ¶~을 지키다 | 保持沉默。 ¶무거운 ~이 흐르다 | 保持着死一样沉默。

침범[侵犯] 몡하태【侵犯】qīnfàn【进犯】jìnfàn【进攻】jìngōng【占用】zhànyòng ¶다른 나라를 ~하다 | 侵犯他国tāguó。 ¶인권을 ~하다 | 侵犯人权rénquán。 ¶~해온 일본군을 무찔렀다 | 打败进犯的日本军。 ¶대대적으로 ~하다 | 大举进攻。

^C**침상**[寢床] 몡【床】chuáng【床铺】chuángpù ¶~에 눕다 | 卧wò床。 ¶~을 모두 준비해 두었다 | 床铺都按排好了。

침소[寢所] 몡【住处】zhù·chù【寝所】qīnsuǒ【卧房】wòfáng ¶~에 들다 | 进卧房。

침술[針術] 몡〈醫〉【针灸术】zhēnjiǔshù【针灸疗法】zhēnjiǔ liáofǎ

^C**침식**¹[侵蝕] 몡하태〈地〉【侵蚀】qīnshí ¶이 옛 건축물의 어떤 부분은 이미 ~되었다 | 这座古建筑jiànzhù有些地方已经被侵蚀了。 ¶~토 | 侵蚀土。 ¶~평야 | 侵蚀平原。

침식²[寢食] 몡【寝食】qīnshí【寝馈】qīnkuì ¶~을 잊다 | 寝食俱废jùfèi。

^B**침실**[寢室] 몡【寝室】qīnshì【卧室】wò-

shǐ【卧房】wòfáng ¶~에 에어컨을 달다 | 在寝室里安装ānzhuāng空调kōngtiáo.

˚**침엽**[針葉] 몡〈植〉【针形叶】zhēnxíngyè【针叶】zhēnyè ¶~수 | 针叶树.

침울[沈鬱] 몡하[형] ❶ (마음이)【沉郁】chényù【忧郁】yōuyù【阴沉】yīnchén【抑郁】yìyù【郁闷】yùmèn【阴郁】yīnyù ¶마음이 ~하다 | 内心抑郁. ¶심정이 ~하다 | 心情阴郁. ❷ (날씨가)【阴沉沉】yīnchénchén

˚**침입**[侵入] 몡하[자][타]【侵入】qīnrù ¶불법 ~ | 非法侵入.

침중[沈重] 몡하[형] ❶ (온중하다)【稳重】wěnzhòng【持重】chízhòng ¶행동이 ~하여졌다 | 行动持重起来. ¶노련하고 ~하다 | 老成持重. ❷ (심하다)【沉重】chénzhòng【重】zhòng ¶병이 ~하다 | 病重.

ᴮ**침착**[沈着] 몡하[형]【沉着】chénzhuó【稳健】wěnjiàn【从容】cóngróng【稳重】wěnzhòng【安静】ānjìng【沉毅】chényì【优柔】yōuróu【沉住气】chénzhù qì【稳住神】wěnzhù shén ¶이 사람는 언제나 ~하다 | 这个人一向稳健. ¶~하게 이 일에 대처하다 | 从容地应付yìngfù这些事情. ¶그는 사람됨이 ~하고 일처리가 노련하다 | 他为人稳重, 办事老练.

침체[沈滯] 몡하[자]【停滞】tíngzhì【呆滞】dāizhì【淤滞】yūzhì【不振】bùzhèn ¶공부를 하지 않으면 생각이 ~될 수 있다 | 如果不学习, 思想就会停滞. ¶~되어 앞으로 나아가지 못하다 | 停滞不前.

˚**침침하다**[침침―] 형【暗】àn【昏暗】hūn'àn【阴沉】yīnchén【阴暗】yīn'àn ¶교실이 너무 침침해 책을 읽을 수가 없다 | 教室太暗, 不能念书. ¶날이 이미 침침해졌다 | 天已经暗.

침통하다[沈痛―] 형【沉痛】chéntòng ¶침통한 말투 | 沉痛的语气.

˚**침투**[浸透] 몡하[자]【浸透】shèntòu【打进】dǎjìn【深入】shēnrù ¶~ 작용 | 浸透作用. ¶사상문화적 ~ | 思想文化渗透. ¶대중 속으로 깊이 ~하다 | 深入到群众之中.

침해[侵害] 몡하[타]【侵害】qīnhài【侵

残】qīncán【侵犯】qīnfàn【侵蚀】qīnshí ¶해충을 철저히 소멸시켜 농작물 ~를 방지하다 | 彻底消灭害虫, 以免侵害农作物. ¶권리를 ~하는 행위 | 侵害权利quánlì的行为. ¶백성들의 권리는 ~해서는 안된다 | 人民的权利不容侵犯.

칩[chip] 몡〈電算〉【芯片】xīnpiàn【电路片】diànlùpiàn【基片】jīpiàn【참고】〔薄片〕〔片屑〕

칩셋[chipset] 몡〈電算〉【芯片组】xīnpiànzǔ

ᴬ**칫솔** 【牙刷】yáshuā ¶~질 | 刷牙. ¶~질하고, 세수하다 | 刷牙洗脸. 【참고】〔牙刷〕〔牙粉〕〔牙膏〕

칭송[稱頌] 몡하[타]【称颂】chēngsòng【赞颂】zànsòng【颂扬】sòngyáng【誉】yù【称赞】chēngzàn【赞扬】zānyáng【表扬】biǎoyáng ¶비석 하나를 만들어 그의 공덕을 ~하였다 | 立一个石碑bēi称颂了他的功德. ¶영웅으로 ~하다 | 誉之为英雄. ¶그의 성과는 ~할 만하다 | 他的成就值得表扬.

칭얼거리다 몽【哭闹】kūnào【缠磨】chánmó ¶아이가 우유를 달라고 칭얼거린다 | 孩子哭闹着要牛奶.

ᴮ**칭찬**[稱讚] 몡하[타]【称赞】chēngzàn【赞扬】zānyáng【偷扬】tōuyáng【表扬】biǎoyáng【誉为】yùwéi ¶모두가 ~하다 | 众口称赞. ¶~을 받다 | 得到称赞. ¶~이 그치지 않다 | 称赞不止. ¶김군의 성적은 ~할 만하다 | 小金的成就值得表扬.

칭하다[稱―] 몽【称为】chēngwéi【叫做】jiàozuò ¶모범 근로자로 칭한다 | 称为模范mófàn工人. ¶이것을 자동차라고 칭합니다 | 这东西叫做汽车.

칭호[稱號] 몡【称号】chēnghào ¶~를 수여하다 | 授与称号. ¶박사~ | 博士称号.

ㅋ

카¹ 【부감】【嘘】xū 【嘘唏】xūxī ¶ ～, 코를 찌르는 고약한 냄새! | 嘘, 刺鼻cìbí의 坏huài味wèi道!

카² 【car】 【명】【小汽车】xiǎoqìchē 【轿车】jiàochē

카나리아 [스 canaria] 【명】〈鳥〉【金丝雀】jīnsīquè 【金丝鸟】jīnsīniǎo 【芙蓉鸟】fúróngniǎo 【黄鸟】huángniǎo 【小黄鸟】xiǎohuángniǎo 【白玉鸟】báiyùniǎo 【加那利雀】jiānàlìquè

카나마이신 [kanamycin] 【명】〈藥〉【卡那霉素】kǎnàméisù

카네기 홀 【Carnegie Hall】 【명】【卡内基大厅】Kǎnèijī dàtīng

카네이션 [carnation] 【명】〈植〉【康乃馨】kāngnǎixīn 【香石竹】xiāngshízhú

카누 [canoe] 【명】❶【独木舟】dúmùzhōu 【独木船】dúmùchuán ❷【體】【小划(子)】xiǎohuá(·zi) 【划子】huá·zi

카니발 [carnival] 【명】【表演会】biǎoyǎnhuì 【欢宴】huānyàn 【狂欢节】kuánghuānjié 【嘉年华会】jiānniánhuáhuì

카드 [card] 【명】❶ (일반적인)【卡】【卡片】kǎpiàn ¶～ 색인 | 卡片索引suǒyǐn. ¶크리스마스 ～ | 圣诞shèngdàn卡片. ¶연하 ～ | 贺hè年卡片. ¶～를 작성하다 | 做卡片. ❷ (트럼프의 패)【扑克(牌)】pūkè(pái) 【冬卡】dōngkǎ ¶～를 하다 | 玩扑克(牌)/打扑克(牌).

카드뮴 [cadmium] 【명】〈鑛〉【镉】gé

카드 섹션 [card section] 【명】【波浪游戏】bōlàngyóuxì 【返牌游戏】fǎnpáiyóuxì 【返牌图案】fǎnpái túàn

카디건 [cardigin] 【명】【卡迪根式茄克衫】kǎdígēnshì jiākèshān 【卡迪根开襟毛线衣】kǎdígēn shì kāijīnmáoxiàn yī

카라카스 [Caracas] 【명】〈地〉【加拉加斯】Jiālājiāsī 「委内瑞拉"(베네수엘라; Venezuela) 의 수도」

카랑카랑 【부하형】【清朗】qīnglǎng 【清脆】qīngcuì ¶～한 목소리 | 清朗的声音shēngyīn.

喱粉]

카르텔 [도 Kartell] 【명】【卡特尔】kǎtè'ěr 【卡德尔】kǎdé'ěr 【卡忒尔】kǎtè'ěr 【加迭尔】jiādié'ěr 【加特尔】jiātè'ěr 【企业联合】qǐyèliánhé ¶～ 组织 | 卡特尔组织zǔzhī. ¶～ 协定 | 卡特尔协定xiédìng.

카리브 [Carib] 【명】〈地〉【加勒比】jiālèbǐ

카리스마 [도 charisma] 【명】【领袖气质】lǐngxiù qìzhì 【神秘的个人魅力】shénmì·de gèrén mèilì ¶～적 인물 | 很有领袖气质的人物.

카메라 [camera] 【명】【照相机】zhàoxiàngjī 【照像机】zhàoxiàngjī 【开麦拉】kāimàilā 【摄影机】shèyǐngjī 【相机】xiàngjī ¶입체 ～ | 立体照相机. ¶～맨 | 摄影师. ¶～ 앵글 (angle) | 摄影角度.

카메라 폰 [camera phone; camera cell phone] 【명】〈電〉【拍照手机】pāizhàoshǒujī

카메룬 [Cameroon] 【명】〈地〉【喀麦隆】Kāmàilóng 「수도는 "雅温得"(야운데; Yaound)」

카멜레온 [라 chameleon] 【명】❶〈動〉【变色蜥蜴】biànsè xīyì 【变化龙】biànhuàlóng 【避役】bìyì 【变色龙】biànsèlóng 【十二时虫】shí'èrshíchóng 【五色守宫】wǔsèshǒugōng ❷ (비유하여)【风波人物】fēngbō rénwù

카바레 [프 cabaret] 【명】【夜总会】yèzǒnghuì 【卡巴莱】kǎbālái ¶그녀는 ～에 갔다. | 她去夜总会了.

카보베르데 [Cabo Verde] 【명】〈地〉【佛得角】Fódéjiǎo 「1975년 포르투칼에서 독립한 서아프리카에 있는 나라. 수도는 "普拉亚"(프라이아; Praia)」

카보틴 [Cabotine] 【명】〈商標〉【歌宝婷】Gēbǎotíng

카본 [carbon] 【명】〈物〉【碳精棒】tànjīngbàng 【碳】tàn ¶～페이퍼 | 碳素印相纸/复写纸.

카불 [Kabul] 【명】〈地〉【喀布尔】Kābù'ěr 「"阿富汗"(아프카니스탄; Afghanistan) 의 수도」

카뷰레터[carburetor] 圐【气化器】qìh-uàqì【化油器】huàyóuqì【汽化器】qìh-uàqì【增碳器】zēngtànqì

카빈다[Cabinda] 圐〈地〉【卡奔达】kǎ-bēndá [아프리카에 위치한 나라. 수도는 "卡奔达Kǎbēndá"(카빈다;Ca-binda)]

카빈총[carbine 銃] 圐【卡宾枪】kǎbī-nqiāng

카세인[casein] 圐【化】【酪朊】làoruǎn【酪蛋白】làodànbái【酪素】làosù【酪精】làojīng【干酪素】gānlàosù【干酪质】gānlàozhì

카세트[cassette] 圐【底片盒】dǐpiànhé【磁带盒】cídàihé ¶~테이프 | 盒式磁带.

카스텔라[포 castella] 圐【蛋糕】dàngāo【鸡蛋糕】jīdàngāo

카스트[caste] 圐【喀斯特】kāsītè【种姓】zhǒngxìng【婆罗门】póluómén【刹帝利】chàdìlì【吠舍】fèishè【首陀罗】shǒutuóluó ¶~제도 | 种姓制度.

카슨 시티[Carson City] 圐〈地〉【卡森城】Kǎsēnchéng [미국 "内华达Nèihu-ádá"(네바다;Nevada) 주의 주도(州都)]

카시오[Casio] 圐〈商標〉【卡西欧】Kǎ-xī'ōu

카엔[Cayenne] 圐〈地〉【卡宴】Kǎyàn ["圭亚那Guīyànà"(프랑스령 기아나;Guiana) 의 수도]

카우보이[cowboy] 圐【牧童】mùtóng【放牛工】fàngniúgōng【牛仔】niúzǎi

카운슬러[counsellor] 圐【顾问】gùwèn【辅导员】fǔdǎoyuán ¶법률 ~ | 法律顾问.

카운터[counter] 圐 ❶ (계산대) 【帐台】zhàngtái 【结帐处】jiézhàngchù【服务台】fúwùtái 收款处】shōukuǎn-chù ¶~ 직원 | 收款员. ❷ (계산원) 【计算员】jìsuànyuán 参考 [柜台]〔帐柜〕[帐房]〔售货处〕

카운트[count] 圐하자타 【计数】jìshù【呼数】hūshù ¶~다운 | 倒计时. ¶~아웃 | 数十判失败. ¶심판은 ~를 시작했다 | 裁判开始呼数.

카이로[Cairo] 圐〈地〉【开罗】Kāiluó ["埃及"(이집트;Egypt) 의 수도]

카자흐[Kazakh] 圐〈地〉【哈萨克】Hās-àkè ["独立国家联协(독립국가연합;CIS)중의 한 나라. 수도는 "阿拉木图"(알마아타;Alma Ata)]

카지노[이 casino] 圐【卡西诺赌场】kǎ-xīnuò dǔchǎng

카카오[스 cacao] 圐【可可】kěkě【谷古】gǔgǔ【蔻蔻】kòukòu ¶~ 열매 | 可可子. ¶~ 가루 | 可可粉.

카키색[khaki色] 圐〈色〉【咔叽色】kǎjī-sè【茶褐色】cháhèsè【茶色】chásè【黄褐色】huánghèsè

카타르[Qatar] 圐〈地〉【卡塔尔】Kǎtǎ'ěr [페르시아만에 있는 토후국. 수도는 "多哈Duōhā"(도하;Doha)]

카타르시스[그 catharsis] 圐【宣泄】xu-ānxiè【忧惧消解】yōujù xiāojiě【感情净化】gǎnqíng jìnghuà【宣泄作用】xu-ānxiè zuòyòng【精神发泄】jīngshén f-āxiè

카탈로그[catalogue] 圐❶【目录】mùl-ù ❷【手册】shǒucè【说明书】shuōmí-ngshū

카테고리[도 category] 圐【部门】bùm-én【范畴】fànchóu ¶~에 넣다 | 纳入范畴.

카톨릭[Catholic] 圐〈宗〉【天主教】Tiā-nzhǔjiào【天主力教】tiānzhǔlìjiào【罗马公教】luómǎgōngjiào【公教】gōngjiào【旧教】jiùjiào ¶그는 ~을 믿는다 | 他信天主教.

카투사[KATUSA;Korean Augmentation Troops to the United States Army] 圐【驻韩美军部队里工作的韩国军人】zhùhán měijūnbùduì·lǐ gō-ngzuò·de hánguójūnrén

카트만두[Kathmandu] 圐〈地〉【加德满都】Jiādémǎndū ["尼泊尔"(네팔;Nepal) 의 수도]

카페[프 café] 圐 ❶ (커피숍) 【咖啡馆】kāfēiguǎn【茶馆】cháguǎn【咖啡厅】kāfēitīng ❷【西餐馆】xīcānguǎn【酒馆】jiǔguǎn

카펫[carpet] 圐【地毯】dìtǎn

카피[copy] 圐하타 ❶ (복사) 【影印】y-ǐngyìn【拷贝】kǎobèi【拷贝】kǎobèi ❷ (발췌) 【抄】chāo【抄缮】chāoshàn【钞录】chāolù ¶이 인용문은 신문에서 ~한 것이다. | 这段引yǐn文是从报上抄来的.

카피라이터[copy writer] 몡【广告文字撰稿人】guǎnggào wénzì xuǎngǎo rén

각囝【咯】kǎ ¶생선 가시를 ~하고 내뱉다. | 吐鱼刺yúcì吐tù咯gē出cū来lái | ¶~하고 힘껏 찌르다. | 咯地用力刺cì。

칵테일[cocktail] 몡【鸡尾酒】jīwěijiǔ ¶~ 파티 | 鸡尾酒会。¶~바(bar) | 酒吧。

칸[間] 몡【房间】fángjiān ¶침실 두 ~ | 两间卧室wòshì。¶한 ~ 짜리 방 | 一间房间。

칸막이[하자타] 몡【隔间】géjiān

^칼 몡❶【刀】dāo ¶식~ 한 자루 | 一把菜刀。¶조각~ | 雕刻刀。❷(형틀)【枷】jiā【项械】xiàngxiè

칼국수 몡【刀削面】dāoxiāomiàn【刀切面】dāoqiēmiàn【切面】qiēmiàn【小刀儿面】xiǎodāormiàn ¶그녀는 ~를 즐겨 먹는다 | 她爱吃ài chī切面。

칼끝 몡【刀尖】dāojiān【锋芒】fēngmáng【锋铓】fēngmáng【锋颖】fēngyǐng

칼날 몡【刀口】dāokǒu【刀刃(儿)】dāorèn(r)

칼데라[스 caldera] 몡〈地〉【康德破火山口】kāngdépò huǒshānkǒu

^칼라[collar] 몡【衣领】yīlǐng【领子】lǐng·zi ¶빳빳한 ~ | 硬领子。¶싱글(single) ~ | 单领子。¶더블(double) ~ | 双领子。

칼라 디스프레이[colour display] 몡〈電算〉【彩色显示器】cǎisèxiǎnshìqì【彩显】cǎixiǎn

칼럼[colum] 몡【专栏】zhuānlán ¶~을 제일 열심히 읽는다 | 最爱看专栏报道。

^칼로리[calorie] 몡【卡路里】kǎlùlǐ【卡卡】kǎ【卡热】kǎrè【加路里】jiālùlǐ ¶몇의 열량이냐? | 多少duōshǎo卡路里热量rèliàng?

칼부림 몡[하자] 【挥刀】huīdāo【动刀子】dòngdāozi【飞刀】fēidāo【飞刀乱砍】fēidāoluànzhuō【飞剑】fēijiàn【动刀动枪】dòngdāodòngqiāng

칼슘[calcium] 몡〈化〉【钙】gài ¶질화~ | 氮dàn化氮。¶탄산~ | 碳酸tànsuān钙。

칼자국 몡【刀痕】dāohén【刀花】dāohuā【刀印】dāoyìn【走刀痕】zǒudāohén【刀疤】dāobā

칼자루 몡【刀把】dāobǎ【刀柄】dāobǐng【刀把子】dāobǎ·zi ¶~를 쥔 사람 | 握着刀把的人。

칼질 몡[하자] 【使刀】shǐdāo【刀法】dāofǎ ¶~이 서투르다 | 刀法不熟。

칼집 몡【鞘】qiào【刀鞘】dāoqiào ¶칼을 ~에 꽂다 | 把刀插入chārù刀鞘。

칼칼하다 혱【渴】kě【口渴】kǒukě ¶그는 목이 칼칼하여 냉수를 들이켰다 | 他口渴kǒukě喝了冷水。

칼텍스[Caltex] 몡〈社名〉【加德士】jiādéshì

^캄캄하다 혱❶(어둡다)【漆黑】qīhēi【黑暗】hēi'àn【漆油儿黑】qīyóurhēi【黢黑】qūhēi ¶캄캄한 밤 | 漆黑的夜晚。❷(모르다)【一无所知】yìwú suǒzhī ¶나는 컴퓨터에 관해서는 정말 ~ | 关于guānyú电脑diànnǎo的一无所知。❸(암담하다)【渺茫】miǎománg ¶그가 간 이후로 소식이 ~ | 他走后音信yīnxìn渺茫。¶앞길이 ~ | 前途qiántú渺茫。

캄팔라[Kampala] 몡〈地〉【坎帕拉】kǎnpàlā ["乌干达"(우간다;Uganda)의 수도]

캄푸치아[Kampuchea] 몡〈地〉【柬埔寨】Jiǎnpǔzhài [수도는 "金边"(프놈펜;Phnom penh)] 참고〔"高棉gāomián〕

캅셀[도 Kapsel] 몡❶【胶囊】jiāonáng ❷【密封舱】mìfēngcāng【航天舱】hángtiāncāng【小盒】xiǎohé【小封袋】xiǎofēngdài【胶壳】jiāoké

캐나다[Canada] 몡〈地〉【加拿大】Jiānádà [수도는 "渥太华"(오타와;Ottawa)]

^캐나다 ❶(파내다)【开采】kāicǎi【采采】cǎi【挖】wā【掘】jué【采】cǎi ¶약초를 ~ | 采药草。¶광석을 ~ | 开采矿kuàng石。❷(따져묻다)【寻根问底】xún gēn wèn dǐ【寻根究底】xúngēnjiūdǐ【追究】zhuījiū ¶원인을 ~ | 追究原因。

캐논[Canon] 몡〈商標〉【佳能】Jiānéng

^캐디[caddy] 몡〈體〉【球童】qiútóng

캐딜락[Cadillac] 몡〈商標〉【凯迪拉克】Kǎidílākè

캐럿[carat] 의말 【开】kāi 【克拉】kèlā 【加拉】jiālā 【开拉特】kāilātè 【开勒】kāilè 【加辣】jiālà 【卡刺特】kǎlàtè ¶18 ～ 다이아몬드 | 十八开钻la石。

캐롤라인제도[Caroline Islands] 명 〈地〉【加罗林群岛】Jiāluólín Qúndǎo [태평양 서부 적도 부근에 있는 제도]

캐릭터[character] 명〈電算〉【字符】zìfú

캐묻다 동【查问】cháwèn【追究】zhuījiū 【寻根问底】xún gēn wèn dǐ 【寻根究底】xúngēnjiūdǐ 【盘问】pánwèn 【盘诘】pánjié 【盘询】pánxún 【刨根儿问底】páogēnr wèndǐ ¶사건의 진상을 ～ | 对事情的真相刨根儿问底。

캐비닛[cabinet] ❶【内阁】nèigé ❷【陈列柜】chénlièguì 【公文柜】gōngwénguì ❸【机箱】jīxiāng 【机壳】jīké

캐스터[caster] 명【播报员】bōbàoyuán【报道员】bàodàoyuán

캐스터네츠[castanets] 명〈音〉【响板】xiǎngbǎn ¶～를 치다 | 打响板。

캐스트[cast] 명 ❶【分配角色】fēnpèijiǎosè ❷【扮演】bànyǎn

캐스트리스[Castries] 명〈地〉【卡斯特里】Kǎsītèlǐ ["圣卢西亚岛Miǎolūxīyàdǎo"(세인트루시아; St. Lucia)의 수도]

캐시[cash] 명【现款】xiànkuǎn 【现金】xiànjīn 【现洋】xiànyáng

캐시 머신[cash machine] 명【自动取款机】zìdòngqǔkuǎnjī 【自动柜员机】zìdòngguìyuánjī

캐시 메모리[cache memory] 명〈電算〉【高速存贮】gāosùhuǎncún 【缓存】huǎncún

캐어묻다 동【追究】zhuījiū 【刨根儿问底】páogēnrwèndǐ ¶진위를 ～ | 追究真伪。

캐주얼[casual] 명【便装】biànzhuāng 【便服】biànfú 【休闲装】xiūxiánzhuāng

캐치[catch] 명하자타 ❶【抓】zhuā ¶요점을 ～ 하다 | 抓住要点。 ❷【接球】jiē/qiú ¶～볼(ball) | 接投球。

캑 튄【咯】kǎ ¶생선 가시를 ～하고 내뱉다 | 把鱼刺yúcì咯出来。

캔디[candy] 명【糖果】tángguǒ

캔버라[Canberra] 명〈地〉【堪培拉】Kānpéilā 【坎拉】Kǎnlā 【坎柏剌】Kǎnbǎilà 【坎伯拉】Kǎnbólā 【康伯拉】Kāngbólā ["澳大利亚"(오스트레일리아; Australia)의 수도]

캔버스[canvas] 명【帆布】fānbù 【帆布制品】fānbù zhìpǐn 【油画布】yóuhuàbù

캔사스[Kansas; Kan.] 명〈地〉【堪萨斯】Kānsàsī [미국의 주명(州名). 주도(州都)는 "托皮卡Tuōpíkǎ"(토페카; Topeka)]

캔슬[cancel] 명하타【取消】qǔxiāo 【撤消】chèxiāo 【废除】fèichú 【弃除】qìchú ¶예약한 것을 ～하다 | 取消预定的。

캘리포니아[California; Calif.] 명〈地〉【加利福尼亚】Jiālìfúníyà [미국의 주명(州名). 주도(州都)는 "萨克拉门托Sàkèlāméntuō"(새크라멘토; Sacramento)]

캘린더[calendar] 명【日历】rìlì 【月历】yuèlì 【年历】niánlì 【月份牌(儿)】yuèfènpái(r)

캘빈클라인[Calvin Klein] 명〈商標〉【卡尔文克莱恩】Kǎ'ěrwénkèlái'ēn

캠코더[camcorder] 명【摄像机】shèxiàngjī 【小型摄像机】xiǎoxíng shèxiàngjī

캠퍼스[campus] 명【大学校园】dàxué xiàoyuán 【学校校园】xuéxiàoxiàoyuán

캠페인[campaign] 명【运动】yùndòng 【竞选运动】jìngxuǎn yùndòng ¶기술혁신 ～ | 技术革新运动。

캠프[camp] 명 ❶【军】【军营】jūnyíng 【兵营】bīngyíng 【兵舍】bīngshè 【阵地】zhèndì ❷ (야영)【野营】yěyíng 【露营】lù/yíng 【宿营】sùyíng 【营火会】yínghuǒhuì 【营火晚会】yínghuǒwǎnhuì ¶여름 방학에 이 아이는 두 주일간 ～생활을 하였다 | 暑假期间, 这孩子过了两个星期xīngqī的野营生活。

캠핑[camping] 명하자【露营】lù/yíng 【宿营】sùyíng ¶～을 가다 | 去露营。

캡슐[capsule] 명 ❶【胶囊】jiāonáng ❷【小盒】xiǎohé ❸【航天舱】hángtiāncāng 【胶壳】jiāoké 【米纸】mǐzhǐ 【蜡皮(儿,子)】bpí(r,·zi) 【小封袋】xiǎofēngdài 【密封舱】mìfēngcāng

캡틴[captain] 명 ❶ (지도자) 【领袖】língxiù 【首领】shǒulǐng ❷ (선장) 【船长】chuánzhǎng 【舰长】jiànzhǎng 【机长】jīzhǎng ❸ (우두머리) 【队长】duìzhǎng 【头领】tóulǐng 【头目】tóumù 【头子】tóu·zi 【主将】zhǔjiàng

캥거루[kangaroo] 명【动】【袋鼠】dàishǔ 【大袋鼠】dàdàishǔ

캥캥 부하자 【吭吭】kēngkēng ¶여우가 ～하고 울다 | 狐狸hú·li吭吭地叫。

카라멜[caramel] 명 【焦糖】jiāotáng 【焦糖果】jiāotángguǒ

─커녕 조 【别说】biéshuō 【不用说】búyòngshuō ¶교과서는 ～ 공책도 안가져왔다 | 不用说教科书, 就连笔记本也没带来。 ¶밥은 ～ 죽도 못 먹는다 | 不用吃饭, 连粥zhōu都没喝上。

커닝[cunning] 명하자타 【做弊】zuòbì ¶그는 ～하다가 들켰다 | 他考试时做弊被发现。

커다랗다 형 【大】dà 【重大】zhòngdà 【巨大】jùdà ¶커다란 항아리 | 大缸。 ¶커다란 손실 | 大的损失。 ¶커다란 기쁨 | 很大的喜悦。

커다래지다 동 【大起来】dàqǐlái 【变大】biàndà ¶눈이 ～ | 眼睛一下大起来了。

커리어[career] 명 【经历】jīnglì

커리큘럼[curriculum] 명 【课程】kèchéng 【教学课程】jiāoxué kèchéng

커뮤니케이션[communication] 명 【通讯】tōngxùn 【交换】jiāohuàn 【通讯系统】tōngxùnxìtǒng

커뮤니티[community] 명 【社会】shèhuì 【社区】shèqū 【团体】tuántǐ 【界】jiè

커미션[commission] 명 【手续费】shǒu·xùfèi 【佣金】yōngjīn 【代办费】dàibànfèi

커버[cover] 명하타 ❶ (덮개) 【套子】tào·zi 【外皮】wàipí ¶소파 ～ | 沙发shāfā套子。 ❷ (겉면) 【封面】fēngmiàn ¶～걸(girl) | 封面小姐。 ❸ (보호하다) 【掩护】yǎnhù 【覆盖物】fùgàiwù ¶어머니는 몸으로 나를 ～했다 | 妈妈用身体掩护了我。

커브[curve] 명 ❶ (곡선) 【曲线】qūxiàn ❷ (도로의 굽은 곳) 【弯】wān 【弯曲】wānqū 【拐弯儿】guǎi/wānr ¶～길 | 弯道。

커서[cursor] 명〈電算〉【光标】guāngbiāo

커지다 동 【变大】biàndà 【大起来】dàqǐlái 【增大】zēngdà 【加重】jiāzhòng ¶문제가 커졌다 | 问题变大了。

커트[cut] 명하타 ❶ (자르다) 【剪】jiǎn 【切】qiē 【割】gē ¶천을 몇 자 ～하여 옷을 짓다 | 剪几尺布做衣服。 ❷ (머리를 자르다) 【剪发】jiǎnfà ❸ (필름을 잘라 냄) 【删剪胶片】shānjiǎnjiāopiàn

커튼[curtain] 명 【窗帘】chuānglián 【窗帘儿】chuāngliánr ¶～을 달다 | 封窗帘。

커플[couple] 명 【夫妇】fūfù 【双】shuāng 【两个】liǎng·ge

커피[coffee] 명 【咖啡】kāfēi ¶인스턴트 ～ | 即溶咖啡。 ¶～색 | 咖啡色。 ¶～포트(pot) | 咖啡壶hú。

컨디션[condition] 명 【气色】qìsè 【状态】zhuàngtài 【状况】zhuàngkuàng ¶오늘은 ～이 아주 좋다 | 今天气色非常好。 ¶경기 ～이 좋지 않다 | 竞技jìngjì状态不佳。

컨버터[converter] 명〈電算〉【转换器】zhuǎnhuànqì

컨설턴트[consultant] 명 【顾问】gùwèn 【企业顾问】qǐyègùwèn ¶법률 ～ | 法律fǎlǜ顾问。 ¶기술 ～ | 技术顾问。

컨소시엄[consortium] 명 【企业集团】qǐyè jítuán 【企业群体】qǐyèqúntǐ 【财团】cáituán

컨테이너[container] 명 【集装箱】jízhuāngxiāng 【康太拿】kāngtàiná 【货柜】huòguì 【康太拿货箱】kāngtàináhuòxiāng ¶～선 | 集装箱船/货柜guì轮船。 ¶～ 전용 부두 | 集装箱专用码头mǎtou。 ¶～ 수송 | 集装箱运输。

컨텐츠[contents] 명〈電算〉【内容】nèiróng 【目录】mùlù

컨트롤[control] 명하타 【控制】kòngzhì 【指挥】zhǐhuī 【支配】zhīpèi 【管理】guǎnlǐ 【抑制】yìzhì 【统制】tǒngzhì 【管制】guǎnzhì ¶자신의 감정을 ～하다 | 控制自己的感情。 ¶경제건설 계

모를 ~하다 | 控制经济建设的规模。

컨트롤 키[control key] 몡〈電算〉【控制键】kngzhì jiàn

컨트리클럽[country club] 몡【乡间俱乐部】xiāngjiān jùlèbù【乡村俱乐部】xiāngcūn jùlèbù

칼러[color] 몡❶ (색) 【彩色】cǎisè ¶~판 | 彩色版bǎn。¶~ 유리 | 彩色玻璃bōli。¶~사진 | 彩色照片。❷ (특색) 【颜色】yánsè【特点】tèdiǎn ❸ (외모) 【外表】wàibiǎo

칼칼하다 휑❶ (갈증나다) 【渴】kě ¶목이 ~ | 口渴。❷ (소리가 쉬다) 【声音沙哑】shēngyīn shāyǎ 【粗声粗气】cū shēng cū qì

컴덱스[comdex] 몡〈電算〉【计算机大展】jìsuànjī dàzhǎn

컴백[comeback] 몡하자【回归】huíguī【恢复】huīfù【复原】fù/yuán【再返】zàifǎn ¶조국으로 ~하다 | 回归祖国。¶영화계에 ~하다 | 再返于影坛。

컴컴하다 휑❶【黑】hēi mò【黑洞洞】hēidòngdòng【黑漆漆】hēiqīqī【黑糊糊】hēihūhū【黑塔乎】hēidāhū【黑乎乎】hēihūhū【黑忽忽】hēihūhū【黑不溜秋】hēi-i-buliūqiū ¶날은 이미 ~ | 天已黑了。

컴파일[compile] 몡하타〈電算〉【编译】biānyì

컴팩[Compaq] 몡〈社名〉【康柏】Kāngbó

컴파스[compass] 몡❶ (걸음쇠) 【两脚规】liǎngjiǎoguī【圆规】yuánguī ❷ (나침반) 【向盘】xiāngpán【指南针】zhǐnánzhēn【罗经】luójīng【罗经仪】luójīngyí【罗盘仪】luópányí ❸ (보폭) 【步幅】bùfú

컴퓨터[computer] 몡【电脑】diànnǎo【计算机】jìsuànjī【电子计算机】diànzǐ jìsuànjī ¶~에 의한 자동 설계 | 计算机辅助设计。

컴퓨터 게임[computer game] 몡〈電算〉【计算机游戏】jìsuànjī yóuxì

컵[cup] 몡❶ (컵子) 【杯子】bēi·zi ❷ (奖杯) 【奖杯】jiǎng·bēi【玻璃杯】bō·libēi【茶杯】chá·bēi

컷[cut] 몡하타 ❶ (작은 삽화) 【小插图】xiǎochātú ¶~인(in) | 插入画面

/插入镜头。❷ (영화·필름의) 【剪辑】jiǎnjí【影片剪辑】yǐngpiàn jiǎnjí ¶~필름 | 单张胶片。¶필름을 ~하여 편집하다 | 剪辑照片。

컷[cut] 몡하타【剪发】jiǎnfà ¶~가위 | 削发剪子。

컁컁 튄【汪汪】wāngwāng ¶개가 ~짖다 | 狗汪汪叫。

케냐[Kenya] 몡(地) 【肯尼亚】Kěnníyà [干鸦】Gānyā【怯尼亚】Qièníyà [수도는 "内罗毕"(나이로비;Nairobi)]

케이블카[cable car] 몡【缆车】lǎnchē【电缆车】diànlǎnchē【索道车】suǒdàochē ¶~를 타고 산 정상에 오르다 | 坐缆车上山顶。

케이블 티비[cable TV;community antenna or access television] 몡〈電〉【有线电视】yǒuxiàndiànshì

케이스[case] 몡❶ (용기·그릇) 【盒】hé【匣】xiá【箱子】xiāng·zi ¶담배 ~ | 烟盒。❷ (사례) 【情况】qíngkuàng【境遇】jìngyù ¶이건 특수한 ~이다 | 这是特殊情况。

케이오[KO;knock out] 몡【击倒】jīdǎo ¶그는 ~승 했다 | 他击倒后取胜。

케이크[cake] 몡【蛋糕】dāngāo【糕饼】gāobǐng【糕点】gāodiǎn【鸡蛋糕】jīdàngāo ¶생일 ~ | 生日蛋糕。

케첩[ketchup] 몡【调味番茄酱】tiáowèi fānqié jiàng

케케묵다 휑【陈旧】chénjiù【陈腐】chénfǔ【陈朽】chénxiǔ ¶케케묵은 관념을 버리다 | 抛弃pāoqì陈旧的观念。

켄터키[Kentucky;Ky] 몡(地) 【肯塔基】Kěntǎjī [미국의 주명(州名). 주도(州都)는 "法兰克福Fǎlánkèfú"(프랭크폴트;Frankfort)]

켄트지[Kent 紙] 몡【图画纸】túhuàzhǐ

켕기다 통❶ (팽팽해지다) 【拉紧】lājīn【绷紧】bēngjīn ❷ (불안해지다) 【心虚】xīn xū【紧张】jīnzhāng ¶생각하면 생각할수록 뒤가 켕긴다 | 越想越心虚。

켜다 통❶ (톱으로 쪼개다) 【锯】jù ¶톱으로 ~ | 用锯锯开。¶나무 토막을 ~ | 锯木头。❷ (현악기를 연주하다) 【拉】lā ¶바이올린을 ~ | 拉小提琴xiǎotíqín。❸ (불을 밝게 하다) 【点灯】

diǎn/dēng 【开灯】kāi/dēng ¶전등을 ~ | 开电灯。 ¶호롱불을 ~ | 开盏灯。 ❹〈기지개를 하다〉【伸】shēn ¶기지개를 ~ | 伸懒腰打滚

^컬레 〔의미〕【双】shuāng ¶신 한 ~ | 一双鞋。¶양말 두 ~ | 两双袜子。

^코 〔명〕❶〈사람·동물의〉【鼻子】bí·zi ¶~가 높다 | 鼻子高。¶작으 | 扒鼻子。¶매부리~ | 鹰yīng钩鼻子。¶들창~ | 蒜suàn头鼻子。¶~구멍 | 鼻子眼儿。❷〈물건의〉【头儿】jiāntóu【尖儿】jiānr ¶버선의 ~ | 布袜子尖儿。❸〈콧물〉【鼻】bítì ~ | 딱지 | 鼻屎。¶~를 풀다 | 擤xǐng鼻涕。¶~를 흘리다 | 流鼻涕。

^코끝 〔생리〕【鼻尖】bíjiān【鼻子尖(儿)】bízijiān(r)【鼻端】bíduān ¶추위에 ~이 빨개졌다 | 被冻得鼻尖发红。¶~부스럼 | 鼻疔。

^코끼리 〔명〕〈動〉【大象】dàxiàng
코끼리 비스킷 먹는 격〔관용〕【老虎吃蝴蝶吃不饱】lǎohǔ chī húdié chī·bubǎo【有到喉咙没到肚】yǒudào hóulóng méidào dù

코나크리[Conakry] 〔명〕〈地〉【科纳克里】Kēnàkèlǐ 〔"几内亚"(기니;Guinea)의 수도〕

코냑 [프 cognac] 〔명〕【科涅克】kēnièkè【白兰地】báilándì【上等白兰地】shàngděng báilándì

^코너[corner] 〔명〕❶〈모퉁이·구석〉【角】jiǎo【边角】biānjiǎo ¶~아웃 | 出边角。¶~킥(kick) | 角球。❷〈궁지〉【绝路】juélù ¶~에 몰리다 | 推上绝路。❸〈백화점의〉【角】jiǎo ¶~녀복 | 淑女服角。〔참고〕〔壁bì角〕〔墙qiáng角〕

코네티컷[Connecticut;Conn] 〔명〕〈地〉【康涅狄格】Kāngnièdígé 〔미국의 주명(州名)。주도(州都)는 哈特福德Hātèfúdé"(하트포드;Hartford)〕

코닥[Kodak] 〔명〕〈商標〉【柯达】Kēdá
코드[1][chord] 〔명〕〈音〉【和弦】héxián【和音】héyīn【和谐】héxié

^코드[2][code] 〔명〕❶〈電算〉【代码】dàimǎ【内码】nèimǎ ❷〈密码〉mìmǎ 【电码】diànmǎ 【暗码(儿,子)】ànmǎ(r,·zi)【编号】biānhào 编码biānmǎ

코드[3][cord] 〔명〕【软线】ruǎnxiàn【塞绳】

sāishéng【电绳】diànshéng【花线】huāxiàn ¶~스위치 | 电绳开关。

코드 쉐어[code share] 〔명〕〈電算〉【内码共享】nèimǎgòngxiǎng

코드분할 다중접속[code 分割多重接续;CDMA;Code Division Multiple Access] 〔명〕〈电〉【码分多址】mǎfēnduōzhǐ

코딱지 〔명〕【鼻屎】bǐshǐ【鼻垢】bígòu ¶~를 후비다 | 抠鼻屎。

코란[Koran] 〔명〕〈宗〉【可兰经】Kělánjīng【古兰经】gǔlánjīng【苦兰经】kǔlánjīng

^코러스[chorus] 〔명〕〈音〉❶〈합창〉【合唱】héchàng ❷〈합창단〉【合唱团】héchàngtuán ¶~걸(girl) | 歌舞队女演员

코르셋[corset] 〔명〕【紧身褡】jǐnshēndā【紧身衣】jǐnshēnxiǎngyī

코르크[cork] 〔명〕❶〈软木〉ruǎnmù【软硬木】ruǎnyìngmù【栓皮】shuānpí ❷〈마개〉【软木塞】ruǎnmùsāi ¶~종이 | 软木纸。¶~로 만든 헬멧 | 软木帽。

코맹맹이 〔명〕【瓮鼻子】wèngbí·zi【瓮鼻(儿)】wèngbí(r)【齆鼻(儿)】nàngbí(r) ¶그는 ~소리를 한다 | 他话音发齆。

코멘드[command] 〔명〕〈電算〉【命令】mìnglìng

코멘트[comment] 〔명〕【评论】pínglùn【说明】shuōmíng【批评】pīpíng

코모로[Comoros] 〔명〕〈地〉【科摩罗】Kēēmóluó 〔수도는 "莫罗尼mòluóní"(모로니;Moroni)〕

코뮤니스트[communist] 〔명〕【共产主义者】gòngchǎn zhǔyìzhě【共产党党员】gòngchǎndǎng dǎngyuán

^코미디[comedy] 〔명〕〈藝〉〈희극〉【喜剧】xǐjù ❷〈우스운 일〉【喜剧性事件】xǐjùxìngshìjiàn【滑稽节目】huájījiēmù

코미디언[comedian] 〔명〕【喜剧演员】xǐjù yǎnyuán【滑稽演员】huájī yǎnyuán【丑角式人物】chǒujuéshì rénwù

코믹[comic] 〔명〕〔형〕【喜剧的】xǐjù·de

^코밑 〔명〕❶〈코의 밑〉【鼻子底下】bí·zi dǐxià ❷〈바로 앞〉【眼前】yǎnqián ¶~에 두고도 못 찾는다 | 东西放在眼

前也找不着zháo。

코방귀 图 【哼鼻子】hēngbí·zi 【响鼻(儿)】xiǎngbí(r)

코브라 [cobra] 图〈動〉【眼镜蛇】yǎnjìngshé ¶~에는 극독이 있다 | 眼镜蛇有剧毒jùdú。

코뿔소 图〈動〉【犀牛】xīniú ¶초원에 많은 ~가 있다 | 草原上有不少犀牛。

코스 [course] 图❶ (노선)【路线】lùxiàn ❷ (경주)【跑道】pǎodào ¶~라인 | 跑道线。¶~로프(rope) | 跑道绳。❸ (학과 과정)【过程】guòchéng 【程序】chéngxù ¶박사~를 밟다 | 修博士课程。

ᴮ코스모스 [cosmos] 图〈植〉【大波斯菊】dàbōsījú

코스타리카 [Costa Rica] 图〈地〉【哥斯达黎加】Gēsīdálíjiā 【歌斯达黎加】Gēsīdálíjiā [수도는 "圣约瑟(산호세; San José)"] ¶~ 공화국 | 哥斯达黎加共和国。

코앞 图❶ (바로 앞)【鼻下】bíxià 【眼前】yǎnqián ¶~에 있는 것을 못 보다 | 看不见眼前的东西。❷ (가까운 시일)【近在咫尺】jìn zài zhǐ chǐ 【近在眉睫】jìn zài méi jié 【迫在眉睫】pò zài méi jié ¶시험이 ~에 다가오다 | 考试迫在眉睫。

코에 걸면 코걸이 귀에 걸면 귀걸이 〔관용〕【嘴巴两张皮, 咋说咋有理】zuǐbā liǎngzhāng pí, zhǎ shuō zhǎ yǒulǐ 【嘴巴两胡皮, 反正能使唤】zuǐbā liǎnghú pí, fǎnzhèng néngshǐhuàn

코웃음 图【冷笑】lěngxiào 【嗤笑】chīxiào

코웃음치다 〔관용〕【冷笑】lěngxiào ¶그는 쌀쌀한 태도로 몇 번 코웃음을 쳤다 | 他冷笑了几声。

코일 [coil] 图【线圈】xiànquān

코치 [coach] 图하다 ❶ (행위)【教练】jiàoliàn ❷ (사람)【指导员】zhǐdǎoyuán 【指挥员】zhǐhuīyuán 〔참고〕〔私人教师〕

코카콜라 [CocaCola] 图〈商標〉【可口可乐】Kěkǒukělè

ᴮ코트 [coat] 图【风衣】fēngyī 〔참고〕〔春大衣〕〔风雨衣〕〔夹大衣〕

코팅 [coating] 图하다타 【护贝】hùbèi

ᴮ코파트 [copat] 图〈商标〉【高帕特】gāopàtè

코펜하겐 [Copenhagen] 图〈地〉【哥本哈根】Gēběnhāgēn 【歌本哈根】gēběnhāgēn ["丹麦"(덴마크; Denmark)의 수도임]

코피 图【鼻血】bíxuè 【鼻衄】bínǜ ¶~를 흘리다 | 流血бí流鼻血。

코흘리개 图❶【鼻涕鬼】bítìguǐ 【流鼻涕的孩子】liú bítì·de hái·zi ❷【毛孩子】máohái·zi

콕 图❶ (냄새가 심한 모양)【刺鼻】cìbí 【扑鼻】pūbí ¶~찌르는 고약한 냄새 | 刺鼻的怪guài味。❷ (찌르는 모양)【扎】zī ¶바늘로 ~찌르다 | 用针孔刺了一下。

콘돔 [condom] 图【避孕套】bìyùntào 【保险套】bǎoxiǎntào 【阴茎套】yīnjīngtào

콘서트 [concert] 图❶ (음악회)【音乐会】yīnyuèhuì 【演奏会】yǎnzòuhuì ¶~마스터(master) | 音乐指挥。~롤 | 音乐厅。❷ (협주곡)【协奏曲】xiézòuqǔ ¶~그랜드(grand) | 三角钢琴。

콘센트 [consent] 图〈電〉【插座】chāzuò 【插口】chākǒu 【插头】chātóu 【塞孔】sāikǒng ¶~를 달다 | 安上插座。

콘솔 [console] 图【控制台】kòngzhìtái 【仪表板】yíbiǎobǎn 【键盘架】jiànpánjià 【操纵台】cāozòngtái

콘스탄틴 [Constantin] 图〈商標〉【江诗丹顿】Jiāngshīdāndùn

콘크리트 [concrete] 图【混凝土】hùnníngtǔ ¶철근 ~ | 钢筋gāngjīn混凝土。¶~ 공사 | 混凝土工程。¶~도로 | 水泥铺装。¶~ 포장 | 混凝土铺路。

콘택트 렌즈 [contact lens] 图【隐形眼镜(儿)】yǐnxíng yǎnjìng(r) ¶~를 끼다 | 戴隐形眼镜(儿)。

콘 플레이크 [corn flakes] 图【玉米片】yùmǐpiàn

ᴮ콜라 [cola] 图❶ (나무)【可乐果树】kělè guǒshù ❷ (음료)【可乐】kělè ¶펩시~(Pepsi Cola) | 百事可乐。¶코카~ | 可口可乐。

콜럼버스[Columbus] 몡〈地〉【哥伦布】Gēlúnbù [미국 "俄亥俄Éhàié"(오하이오;Ohio) 주의 주도(州都)]

콜롬비아[Columbia] 몡〈地〉【哥伦比亚】Gēlúnbǐyà [미국 "南卡罗莱纳Nánkǎluóláinà"(사우스캐롤라이나; South Carolina) 주의 주도(州都)]

콜레라[cholera] 몡〈醫〉【霍乱】huòluàn【虎列拉】hǔlièlā【虎疫】hǔyì【绞肠痧】jiǎochángshā

콜레스테롤[cholesterol] 몡〈化〉【胆固醇】dǎngùchún【胆甾醇】dǎnzāichún

콜로라도[Colorado; Colo] 몡〈地〉【科罗拉多】Kēluólāduō [미국의 주명(州名). 주도(州都)는 "丹佛Dānfó"(덴버;Denver)]

콜록 旱【喀儿喀儿】kār kār ¶~하고 기침하다 | 喀儿喀儿地咳嗽késòu.

콜롬보[Colombo] 몡〈地〉【科伦坡】Kēlúnpō【可伦坡】kělúnpō ["斯里兰卡"(스리랑카;Sri Lanka)의 수도]

콜롬비아[Colombia] 몡〈地〉【哥伦比亚】Gēlúnbǐyà【歌伦比亚】gēlúnbǐyà【可伦比亚】kělúnbǐyà [남미 서북부에 위치한 나라. 수도는 "波哥大"(보고타;Bogota)]

콜콜 旱❶ (물 흐르는 소리)【咕嘟嘟】gūdū gūdū ¶~하며 흐르다 | 咕嘟咕嘟地流. ❷ (코고는 소리)【呼呼】hūhū ¶~하며 코를 골다 | 呼呼地打鼾.

콤마[comma] 몡【逗号】dòuhào ¶~이하 | 逗号以下.

콤비[combination] 몡❶ (파트너)【搭当】dādàng【搭配】dāpèi ¶명~ | 有名的好搭当. ❷ (상하가 다른 양복)【单身上衣】dānshēnshàngyī

콤팩트 디스크[compact disk] 몡❶【激光唱片】jīguāng chàngpiàn【CD唱片】CDchàngpiàn【电射唱片】diànshèchàngpiàn【数字唱片】shùzìchàngpiàn ❷【光盘】guāngpán

콤플렉스[complex] 몡❶【被压抑的情感】bèiyāyì·de qínggǎn ❷【自卑感】zìbēigǎn ¶그녀는 자신의 외모에 대해 ~를 가지고 있다 | 她对自己的外貌有自卑感.

콧구멍 몡【鼻孔】bíkǒng【鼻子眼儿】bí·ziyǎnr

콧날 몡【鼻梁(儿)】bíliáng(r)【鼻头】bí·tóu ¶~이 서다 | 出鼻头. ¶~이 오똑하다 | 鼻头高.

콧노래 몡【哼歌】hēnggē ¶~를 부르다 | 用鼻子哼歌. ¶~를 흥얼거리다 | 高兴得用鼻子哼着歌.

콧등 몡【鼻梁】bíliáng【鼻子】bí·zi ¶~이 찡하다 | 鼻子酸了.

콧물 몡【鼻涕】bítì ¶~을 흘리다 | 流鼻涕.

콧병 몡【鼻病】bíbìng【鼻炎】bíyán【鼻加答儿】bíjiādār

콧소리 몡【鼻音】bíyīn【嗡声嗡气】wēngshēngwēngqì ¶그는 감기가 걸려 심한 ~를 냈다 | 他感冒了鼻音很重.

콧수염 몡【髭】zī【胡髭】húzī【小胡子】xiǎohú·zi【猫胡子】māohú·zi ¶~을 기르다 | 留小胡子.

콩 몡【大豆】dàdòu【黄豆】huángdòu ¶~을 볶다 | 炒chǎo黄豆.

콩가루 몡【黄豆粉】huángdòufěn【豆面(儿)】dòumiàn(r)

콩고[Congo] 몡〈地〉【刚果】Gāngguǒ [수도는 "布拉柴维尔(브라자빌;Brazzaville)"]

콩코드[Concord] 몡〈地〉【康科德】Kāngkēdé [미국 "新罕布什尔Xīnhǎnbùshěnr"(뉴햄프셔;New Hampshire) 주의 주도(州都)]

콩국 몡【豆浆】dòujiāng【豆腐浆】dòufujiāng【豆汁】dòuzhī

콩기름 몡【豆油】dòuyóu【大豆油】dàdòuyóu ¶~을 거르다 | 打豆油.

콩깍지 몡【豆荚皮】dòujiápí

콩깻묵 몡【豆饼】dòubǐng

콩꼬투리 몡【豆荚】dòujiá ¶속이 꽉 찬 ~ | 饱满bǎomǎn的豆荚.

콩나물 몡【豆芽菜】dòuyácài【黄豆芽】huángdòuyá【豆芽(儿)】dòuyá(r) ¶~밥 | 豆芽饭. ¶~죽 | 豆芽粥.

콩밥먹다 동❶ (콩으로 지은 밥을 먹다)【吃豆饭】chī dòufàn ❷ (감옥생활을 하다)【坐牢】zuòláo【坐狱】zuòyù ¶하마터면 그는 콩밥을 먹을 뻔 했다 | 他差点儿坐了牢.

콩밭 몡【豆地】dòudì

콩 심은데 콩 나고 팥 심은데 팥 난다 관

콩알 ❶【콩】【豆粒】dòulì ❷ (아주 작은 것에 비유) 【极小】jíxiǎo

콩자반 명【酱黄豆】jiànghuángdòu

콩쿠르[프 concours] 명【文艺比赛会】wényìbǐsàihuì【文艺汇演】wényìhuìyǎn【观摩大会】guānmó dàhuì

콩트[프 conte] 명〈文〉【短篇小说】duǎnpiān xiǎoshuō【短篇冒险故事】duǎnpiān màoxiǎn gùshì【叙述体故事】xùshùtǐ gùshì

콩팥¹ 명【黄豆和小豆】huángdòu hé xiǎodòu

콩팥²〈生理〉【肾脏】shènzàng【腰子】yāo·zi【内肾】nèishèn ¶그는 ~에 문제가 생겼다 | 他肾脏出了问题。

콱 뷔 ❶ (세게)【猛刺】měngcì【猛扎】měngzhā【猛碰撞】měngpèngzhuàng【哗】huā ¶숨이 ~ 막히다 | 闭气。 ❷ (막히는 모양)【完全塞住】wánquán sāizhù

콸라룸푸르[Kuala Lumpur] 명〈地〉【吉隆坡】Jílóngpō【古隆坡】gǔlóngpō ["马来西亚"(말레이시아;Malaysia)의 수도)]

콸콸 뷔【汨汨】gǔgǔ【哗哗】huāhuā【哗啦哗啦】huālā huālā ¶강물이 논으로 ~ 흘러 들어가다 | 河水汨汨地流入田里。 ¶~ 물이 흐르다 | 哗地流水。

쾅 뷔【砰】pēng【轰】hōng【哐】kuāng【噔】dēng【咔】kā ¶~ 소리를 내고 판자가 넘어졌다 | 砰的一声, 木板倒下来了。 ¶~~거리면서 한 사람이 달려왔다 | 噔噔地跑过一个人来。 ¶~하고 책상을 주먹으로 쳤다 | 噔的一举打在桌子上。

쾅쾅거리다 동【哐哐响】kuāngkuāng xiǎng【砰砰响】pēngpēng xiǎng【轰轰响】hōnghōng xiǎng【隆隆响】lónglóng xiǎng ¶누군가가 문을 ~ | 不知谁把门推得哐哐响。

쾌감[快感] 명【快感】kuàigǎn【快意】kuàiyì【快乐】kuàilè ¶~을 느끼다 | 感到很快乐。 ¶마음속은 ~으로 충

만하다 | 心中充满快感。

쾌거[快举] 명【痛快的举行】tōngkuài·de jǔxíng【令人振奋的事情】lìng rén zhènfèn·de shì·qíng

쾌락[快乐] 명【快乐】kuàilè ¶~주의 | 快乐主义/享乐主义。 ¶~을 추구하다 | 追求快乐。

쾌속[快速] 명【快速】kuàisù【高速度】gāosùdù ¶~ 함정 | 快速军舰jūnjiàn。 ¶~력 | 高速度。 ¶~선 | 快速船。 ¶~정 | 快艇/气艇。

쾌유[快癒] 명하자【痊愈】quányù【痊可】quánkě【全愈】quányù【全好】quánhǎo ¶그는 이미 ~되었다 | 他已经痊愈了。

쾌재[快哉] 명【快哉】kuàizāi ¶~를 부르다 | 高喊快哉。

쾌적[快適] 명형【舒服】shūfu【爽快】shuǎng·kuai【痛快】tòng·kuài【适应】guóyìng【舒适】shūshì ¶마음이 매우 ~하다 | 心里很爽快。

쾌조[快調] 명【顺利】shùnlì ¶일의 진행이 매우 ~를 보이고 있다 | 事情进行得很顺利。

쾌차[快差] 명하자【痊愈】quányù【痊可】quánkě【全愈】quányù【全好】quánhǎo ¶~하기를 빕니다 | 祝您痊愈。

쾌활하다[快活-] 형【快活】kuài·huo【开朗】kāilǎng【愉快】yúkuài【明快】míngkuài ¶쾌활한 성격 | 开朗的性格。

쾨쾨하다 형【臭】chòu【有馊味】yǒusōuwèi ¶쾨쾨한 냄새 | 臭味儿。

쿠데타[프 coup d'État] 명【政变】zhèngbiàn ¶그들의 ~는 실현되지 못했다 | 他们的政变没有得逞déchěng。 ¶~를 일으키다 | 发动政变。

쿠바[Cuba] 명〈地〉【古巴】Gǔbā ["수도는 "哈瓦那"(아바나;Havana)]

쿠션[cushion] 명【软垫儿】ruǎndiànr

쿠웨이트[Kuwait] 명〈地〉【科威特】Kēwēitè ["수도는 "科威特"(쿠웨이트;Kuwait)]

쿠킹[cooking] 명【烹调】pēngtiáo【烹饪】pēngrèn【烹饪术】pēngyùshù

쿠폰[coupon] 명 ❶【赠购券】zènghuòquàn【礼券】lǐquàn【礼票】lǐpiào ❷【配给券】pèigěiquàn【票证】piàozhèng

쿡 圆【用力刺】yònglì cì 【用力捅】yòng lì tǒng ¶머리를 ~찌르다 | 用力刺上.

쿡 제도[Cook Islands] 圀〈地〉【库克群岛】Kùkè Qúndǎo 〔수도는 '阿瓦鲁阿"(아바루아; Avarua)〕

쿨 사이트[cool site] 圀〈電算〉【酷站】kùzhàn

쿨룩쿨룩 圆하죄【喀儿喀儿】kēr kēr ¶~기침을 한다 | 喀儿喀儿地咳嗽késòu.

쿨쿨 圆【呼噜】hūhū 【稀里呼噜】xī·lihū·lu 【呼噜呼噜】hūlū hūlū 【哗哗】huāhuā ¶~ 코를 곤다 | 呼呼地打鼾dǎhān. ¶그는 깊이 ~ 잠을 잔다 | 他稀里呼噜地睡得很香.

쿵덕 【冬】dōng

쿵쾅거리다 圎【轰隆隆地响】hōng lōng·lŏng·de xiǎng 【冬冬地响】dōngdōng·de xiǎng 【咕咚地响】gūdōng·de xiǎng 【噔噔地响】dēngdēng·de xiǎng ¶쿵쾅거리며 방을 나가다 | 冬冬地响着从房里出去了.

쿵쿵 圆【咚咚】dōngdōng 【怦】pēng 【砰砰】pēngpēng 【嗵嗵】tōngtōng 【突突】tūtū ¶아큐의 심장이 ~ 뛰었다 | 阿Q的心怦怦的跳了. ¶가슴이 ~ 방망이질했다 | 心嗵嗵嗵嗵直跳. ¶~거리는 심장 박동 소리 | 突突的心跳声.

쿼터[quarter] 圀【四分之一】sìfēn·zhī yī 【一刻】yíkè ¶~ 파이널(final) | 四分之一决赛/复赛.

퀘스천[question] 圀【问题】wèntí 【疑问】yíwèn ¶~마크 | 问号.

퀭하다 圎【凹陷】āoxiàn 【愣眼】lèngyǎn ¶퀭한 눈 | 深眼窝.

퀴즈[quiz] 圀【猜谜(儿)】cāimí(r) 【知识竞赛】zhīshíjìngsài ¶~쇼 | 智力竞赛. ¶~프로 | 智力竞赛节目.

퀴퀴하다 圎【臭】chòu 【有馊味】yǒusōuwèi ¶생선이 썩어 냄새가 ~ | 鱼腐烂变臭了.

큐[cue] 圀❶ (당구에서 공치는 막대기)【球杆】qiúgān❷ (신호)【信号】xìnhào 【提示】tíshì 【暗示】ànshì

ᴮ**크기** 圀【大小】dàxiǎo 【个头儿】gètóur

〜个儿gèr ¶~가 같다 | 大小一样. ¶이 신발은 내가 신으니 ~가 꼭 맞는다 | 这双鞋我穿上大小正合适.

크나크다 圎【巨大】jùdà 【非常大】fēicháng dà 【大又大】dàyòudà ¶부모님의 크나큰 은혜 | 父母的大恩大德.

ᴬ**크다** 圎❶ (부피·길이·넓이·숫자가)【大】dà ¶큰 집 | 很大的房子. ¶9는 3보다 ~ | 九比三大. ❷ (키·가치가)【高】gāo ¶그는 키가 ~ | 他个子很高. ¶가치가 ~ | 价值高. ❸ (옷이)【肥】féi ¶옷이 ~ | 衣服肥. ❹ (부담이)【重】zhòng ¶부담이 ~ | 负担很重. ❺ (오해·이해가)【深】shēn ¶그는 자본주의에 대한 오해가 매우 ~ | 他对资本主义的误解很深.

크라이슬러[Chrysler] 圀〈商標〉【克莱斯勒】Kèláisīlè

크래커[cracker] 圀【薄脆饼干】báocuì bǐnggān ¶~봉봉(bonbon) | 彩包爆竹.

크랙커[cracker] 圀〈電算〉【闯入者】chuǎngrùzhě【黑客】hēikè

크레디트[credit] 圀【信用】xìnyòng ¶~ 카드(card) | 信用卡kǎ. (참고〔贷〕〔贷款〕〔信贷〕

ᴮ**크레용**[프 crayon] 圀【蜡笔】làbǐ 【蜡棒】làbàng 【颜色笔】yánsè bǐ

크레인[crane] 圀【起重机】qǐzhòngjī 【举重器】jǔzhòngqì 【吊车】diàochē 【吊机】diàojī

ᴮ**크레파스**[craypas] 圀【颜色粉笔】yánsè fěnbǐ 【蜡笔】làbǐ 【蜡棒】làbàng 【颜色笔】yánsè bǐ ¶~화 | 蜡笔画.

크로아티아[Croatia] 圀〈地〉【克罗埃西亚】Kèluó'āixīyà 〔"南纳슬라夫"(유고슬라비아; Yugoslavia)로부터 1991년 분리 독립한 나라. 수도는 "札格拉比zhágélābǐ"(자그레브; Zagreb)〕

ᴮ**크로키**[프 croquis] 圀❶【草图】cǎotú 【略图】lüètú❷【速写】sùxiě 【素描】sùmiáo

ᴬ**크리스마스**[Christmas] 圀【圣诞节】Shèngdàn Jié ¶~ 선물 | 圣诞节礼物. ¶~이브(Eve) | 圣诞节前夕/圣诞前夜. ¶~캐럴(Carol) | 圣诞颂歌. ¶~트리 | 圣诞树.

크리스천[Christian] 圀〈宗〉【基督徒】jīīdūtū【基督教徒】jīdūjiàotú

크리스찬디올[Christian Dior] 몡〈商標〉【克丽丝汀迪奥】Kèlìsītīngdíʾào

ᴬ**크리스털**[crystal] 몡❶〈鑛〉【水晶】shuǐjīng【水精】shuǐjīng【水玉】shuǐyù ❷【結晶】jiéjīng【晶體】jīngtǐ【結晶體】jiéjīngtǐ【石英晶體】shíyīngjīngtǐ ¶～검파기｜晶体检波器。¶～글라스(glass)｜晶质玻璃。

ᴮ**크림**[cream] 몡❶(식용)【奶油】nǎiyóu【乳脂】rǔzhī【黄油】huángyóu【乳油】rǔyóu【乳脂肪】rǔzhīfáng ¶～분리기｜乳脂分离器fēnlíqì。❷(화장용의)【雪花膏】xuěhuāgāo【冷霜】lěngshuāng

ᶜ**큰길** 몡【马路】mǎlù【大路】dàlù【公路】gōnglù【街道】jiēdào【阳关大道】yángguāndàdào【阳关大道】yángguāndàdào【大道】dàdào

ᴮ**큰누나** 몡【大姐】dàjiě【大姐姐】dàjiě·jie

ᶜ**큰댁** 몡【大房】dàfáng【长房】zhǎngfáng

ᴮ**큰돈** 몡【大笔钱】dàbǐqián ¶～을 들이다｜花大钱。¶내게는 ～이 나올 데가 없다｜我没有来大钱的来路。

ᶜ**큰딸** 몡【大女儿】dànǚ'ér

ᶜ**큰북** 몡【大鼓】dàgǔ【大军鼓】dàjūngǔ

ᶜ**큰비** 몡【大雨】dàyǔ【霈】pèi ¶～가 억수로 쏟아지다｜大雨倾qīng盆/大雨如注rúzhù。

큰살림 몡【大家庭生活】dà jiātíng shēnghuó

큰소리 몡❶(크게 말하는 소리)【大声说话】dà shēng shuō huà ¶～로 이야기하다｜大声说话。❷(허풍)【说大话】shuōdàhuà【大吹法螺】dà chuī fǎ luó【吹牛】chuī/niú ¶그는 입으로는 ～처도 실은 대단치않다｜他嘴上说大话实际上不怎么样。

ᴮ**큰아들** 몡【大儿子】dà'ér·zi【老大】lǎoda【阿大】āda【大郎】dàláng

ᴮ**큰아버지** 몡【伯父】bófù【伯伯】bó·bo【阿伯】ābó【大爷】dà·ye

ᶜ**큰어머니** 몡【伯母】bómǔ【伯妈】bōmā【伯娘】bóniáng【大娘】dàniáng

ᴮ**큰언니** 몡【大姐】dàjiě【大姐姐】dàjiě·jie

ᴮ**큰오빠** 몡【大哥】dàgē

ᴬ**큰일** 몡❶(큰 사업)【大事】dàshì ¶～을 계획하다｜计划干大事。❷(중대한 사건)【事故】shìgù【事变】shìbiàn ¶～이 났다｜出了(大)事。❸(예식·잔치)【婚礼】hūnlǐ【丧礼】sānglǐ

큰절 몡하자 ❶(공손한 절)【屈膝躬身大礼】qūxī gōngshēn dàlǐ【鞠躬】jūgōng【大礼】dàlǐ ¶～을 올리다｜行大礼。❷(큰 사찰)【大寺】dàsì

큰집 몡❶(안채)【上房子】shàngfáng ❷(종가)【长房】zhǎngfáng ¶그녀는 ～의 며느리이다｜她是长房的媳妇xífù。

크코다지다 통【捅楼子】tǒnglóu·zi【大惹其祸】dà rě qí huò【闯大祸】chuǎng dàhuò ¶그렇게 사람을 믿었다가 큰코다쳤다｜那么相信别人，结果闯了大祸。

ᴮ**큰형** 몡【大哥】dàgē

클라란스[Clarins] 몡〈商標〉【娇韵诗】Jiāoyùnshī

클라리넷[clarinet] 몡〈音〉【单簧管】dānhuángguǎn【黑管】hēiguǎn【克拉立涅特】kèlālìniètè【洋箫】yángxiāo

클라이맥스[climax] 몡【顶点】dǐngdiǎn【最高峰】zuìgāofēng【高潮】gāocháo ¶～에 이르다｜达到顶点。

클라이언트[client] 몡〈電算〉【客户】kèhù

ᶜ**클래식**[classic] 몡형명❶【经典作品】jīngdiǎn zuòpǐn【古典作品】gǔdiǎn zuòpǐn ❷【古典的】gǔdiǎn·de【艺术杰作】yìshùjiézuò【典型的】diǎnxíng·de【典范的】diǎnfàn·de ¶～음악｜古典音乐。

클랙슨[Klaxon] 몡【汽车喇叭】qìchēlǎba【电喇叭】diànlǎ·ba【喇叭按钮】lǎbā'ànniǔ

ᴮ**클럽**[club] 몡【俱乐部】jùlèbù ¶독서～｜读书俱乐部。¶～활동｜俱乐部活动。

ᴮ**클로버**[clover] 몡【三叶草】sānyècǎo【红花草】hónghuācǎo【翘摇】qiáoyáo【白三叶】báisānyè【紫云英】zǐyúnyīng【小巢菜】xiǎocháocài

클로즈업[close-up] 몡하타 ❶(대상의 일부를 확대함)【特写镜头】tèxiě jìngtóu【接近的观察】jiējìn·de guānchá ¶주인공의 얼굴을 ～하다｜特写主

941

人公的面部。❷ (화제화됨)【热点】rèdiǎn ¶그 문제가 ～되고 있다 | 那个问题就成了热点。

클록 주파수 [clock frequency] 명〈電算〉【时钟频率】shízhōng pínlǜ

ᵇ**클리닝** [cleaning] 명하타【干洗】gānxǐ ¶양복은 반드시 드라이 ～을 해야 한다 | 西服必须干洗。참고〔洗衣〕〔洗衣服〕〔洗衣机〕

클릭 [click] 명〈電算〉【单击】dānjī

클린 [clean] 관형【清洁】qīngjié ¶～룸 | 清洁室。¶～빌 (bill) | 清洁提单。

ᶜ**클립** [clip] 명【夹子】jiā·zi【回形针】huíxíngzhēn

클립 보드 [clipboard] 명〈電算〉【剪贴板】jiǎntiēbǎn

ᵇ**클직하다** 형【大大的】dàdà·de ¶클직하게 글씨 쓰다 | 把字写得大大的。

^**키**¹ ❶ (신장)【身高】shēngāo【个子】gè·zi【个儿】gèr ¶내 ～는 175센티미터 | 我一米七五。❷ (높이)【高度】gāodù

키² [key] 명❶ (자판·건반)【键盘】jiànpán ❷ (관건)【键】jiàn【关键】guānjiàn【键板】jiànbǎn ¶～워드 | 关键词。❸ (열쇠)【钥匙】yào·shi ¶～를 잃어 버렸다 | 把钥匙丢了。❹〈音〉【调子】diào·zi ¶～가 너무 높다 | 调子太高。

키갈리 [Kigali] 명〈地〉【基加利】Jījiālì ["卢旺达lúwàngdá" (르완다;Rwanda)의 수도]

ᶜ**키다리** 명【细高个儿】xìgāo gèr【细高挑儿】xìgāo tiǎor【高个子】gāogè·zi【高个儿】gāogèr ¶그는 ～이다 | 他是一个细高挑儿。참고〔瘦shòu高挑儿〕〔细挑〕〔瘦长cháng〕

키르기스 [Kirgiz] 명〈地〉【吉尔吉斯】Jí'ěrjísī ["独立国家国协" (독립국가연합;CIS)중의 한 나라. 수도는 "伏龙芝" (프룬제;Frunze)]

키리바시 [Kiribati] 명〈地〉【基里巴斯】Jīlǐbāsī ["수도는 "拜里基bàilǐjī" (바이리키;Bairiki)]

ᶜ**키보드** [keyboard] 명〈電算〉【键盘】jiànpán【键板】jiànbǎn ¶새로운 컴퓨터 ～를 제조하다 | 制造新的电脑键盘。

ᵇ**키스** [kiss] 명하자【接吻】jiēwěn【亲嘴】qīnzuǐ ¶몰래 ～하다 | 偷偷的接个吻wěn。¶아이에게 ～를 하다 | 把孩子亲了一下。

키시네프 [Kishinev] 명〈地〉【基什尼奥夫】Jīshíní'àofu ["摩尔达维亚mó'ěrdáwéiyà" (몰도바;Moldavia)의 수도]

키에프 [Kiev] 명〈地〉【基辅】Jīfǔ ["乌克兰niǎokèlán" (우크라이나;Ukraina)의 수도]

ᵇ**키우다** 동 ❶ (양육하다)【哺育】bǔyù【抚养】fǔyǎng ¶새끼새를 ～ | 哺育雏鸟chúniǎo。¶자녀를 ～ | 抚养子女。❷ (육성하다)【造就】zàojiù【育】yǎngyù【培育】péiyù【培】péi【造诣】zàoyì【培植】péizhí【培养】péiyǎng ¶인재를 ～ | 造就人材。¶음악적 재능을 ～ | 培育音乐才能。

키워드 [keyword] 명【关键词】guānjiàncí

키위¹ [kiwi] 명〈鳥〉【鹬鸵】yùtuó【无翼鸟】wúyìniǎo【几维鸟】jǐwéiniǎo

키위² [kiwi] 명〈植〉【奇异果】qíyìguǒ

키 입력 [key입력;key input] 명〈電算〉【键入】jiànrù

키친 [kitchen] 명【厨房】chúfáng【锅房】guōfáng【锅屋】guōwū

키토 [Quito] 명〈地〉【基多】Jīduō

키퍼 [keeper] 명【守门员】shǒuményuán【门将】ménjiàng【大门儿】dàménr【球门手】qiúménshǒu

키 포인트 [keypoint] 명【要点】yàodiǎn【着眼点】zhuóyǎndiǎn【要端】yàoduān【要领】yàolǐng

키프로스 [Kypros] 명〈地〉【塞浦路斯】Sàipǔlùsī [키프로스 남단 지중해에 있는 섬 또는 그 공화국. 수도는 "尼科西亚níkēxīyà" (니코시아;Nicosia)]

킥복싱 [kick boxing] 명〈體〉【击斗技】jīdòujì

킥아웃 [kick out] 명〈體〉【踢球出界】tī qiú chū jiè

킥오프 [kick off] 명하타〈體〉【开球】kāiqiú

키 크고 싱겁지 않은 사람 없다 관용【十个大个儿十个俗气】shí·ge dàgèr shí·ge súqì

킨샤사 [Kinshasa] 명〈地〉【金沙萨】Jīnshāsà ["扎伊尔zhāyī'ěr" (자이르;Zaire)의 수도]

킨제이 보고[Kinsey 報告] 몡【金西报告】jīnxī bàogào

°**킬로**[kilo] 의명 【千】qiān ¶~그램(gram) | 公斤。 ¶~미터(meter) | 千升/千公升。 ¶~와트(watt) | 千瓦。 ¶~헤르츠(herz) | 千赫。

°**킬로그램**[kilogram] 의명【公斤】gōngjīn【千克】qiānkè ¶~ 원기 | 公斤原器。 ¶~칼로리 | 千卡/千卡路里。

°**킬킬거리다** 동【嗤嗤地笑】chīchī·de xiào【扑嗤地笑】pūchī·de xiào

킹스타운[Kingstown] 몡〈地〉【金斯敦】Jīnsīdūn ["圣文森特和林纳丁斯" (세인트빈센트그레나딘;St. Vincent and the Grenodines) 의 수도]

킹스턴[Kingston] 몡〈地〉【金斯敦】Jīnsīdūn ["诺福克岛nuòfúkèdǎo" (오스트레일리아령 노퍽섬;Norfolk Island) 의 수도] ["牙买加yámǎijiā" (자메이카;Jamaica) 의 수도]

ㅌ

타¹[他] 몡【大家】dàjiā【别的】bié·de【人家】rén·jia【他人】tārén ¶~의 모범이 되다 | 成为大家的模范.

타²[打] 의몡【打】dǎ ¶연필 다섯 ~ | 五打铅笔。 ¶양말 한 ~ | 一打袜子.

타개[打開] 몡하타【打开】dǎ/kāi【克服】kèfú ¶교착 상태의 국면을 ~하다 | 打开僵局jiāngjú. ¶우리는 여러 가지 어려움을 ~해야만 한다 | 我们得克服各种困难.

타격[打擊] 몡하타 ❶ (때려치기·기세를 꺾기·충격) 【打击】dǎjī【冲击】chōngjī ¶아주 큰 ~을 입다 | 受到很大的打击。 ¶홍수로 말미암아 농가의 ~이 크다 | 因洪水农户的打击很大. ¶국제 금융 시장에 ~을 주고 있다 | 冲击着国际金融市场. ❷ 〈體〉(야구)【打击】dǎjī ¶~률 | 打击率.

타결[妥結] 몡해자타【达成协议】dáchéng xiéyì【妥善解决】tuǒshànjiějué【和解】héjiě ¶노사가 오랜 협상 끝에 원만히 ~되었다 | 工人和顾主经长期协商得到了妥善的解决.

타계[他界] 몡하자【逝世】shìshì【去世】qùshì【死亡】sǐwáng【过世】guòshì【死】sǐ ¶~했다는 슬픈 소식 | 逝世的噩耗èhào. ¶고려 병원에서 ~하다 | 逝世于高丽医院.

ᴮ타고나다【天生】tiānshēng【天赋】tiānfù ¶먹을 복을 ~ | 天生有口福。 ¶그는 좋은 성대를 타고났다 | 天赋于他一副好嗓子.

타구¹[打球] 몡〈體〉【打球】dǎqiú【球】qiú

타구²[唾具] 몡【痰盂】tányú

타국[他國] 몡【他国】tāguó【别国】biéguó【异国】yìguó ¶멀리 ~에 가다 | 远适异国。 ¶~에서 자라다 | 在别国土地上长大.

타깃[target] 몡 ❶ (과녁)【靶子】bǎ·zi ¶~을 맞히다 | 打中靶子。 ❷ (대상·목표)【目标】mùbiāo【对象】duìxiàng【目的】mùdì

타깃 디스켓[target diskette] 몡〈電算〉【目的盘】mùdìpán

타나나리보[Tananarivo] 몡〈地〉【塔那那利佛】Tǎnānàlìfú ["马达加斯加"(마다가스카르;Madagascar)의 수도]

타내다동【得】dé【领】lǐng【讨取】tǎoqǔ ¶아버지한테 책값을 ~ | 从爸爸那儿讨取书款。 ¶예산을 ~ | 领预算.

ᴬ타다¹동 ❶ (불에)【烧】shāo【燃烧】ránshāo ¶장작이 ~ | 劈柴烧起来了。 ¶마른 장작은 쉽게 탄다 | 干柴容易燃烧。 ❷ (눋다)【焦】jiāo【煳】hú ¶밥이 탔다 | 饭烧焦jiāo了。 ¶빵이 타다 | 馒头烤煳了。 ❸ (햇볕으로 변색되다)【晒黑】shàihēi ¶일광욕으로 온몸이 고루 ~ | 因日光浴yù全身均晒黑。 ¶그의 피부가 햇볕에 타서 검게 되었다 | 他皮肤晒黑了。 ❹ (속이)【焦】jiāo【焦急】jiāojí【焦灼】jiāozhuó ¶기다리느라 속이 다 탔다 | 他急肤晒黑了。 ¶속이 ~ | 心里焦急。 ❺ (바싹 마르다)【枯萎】kūwěi ¶잇달은 가뭄으로 농작물이 다 타버렸다 | 连日的干旱使田里的庄稼都枯萎了.

ᴮ타다²동 ❶ (탈 것에 오르다)【乘】chéng【骑】qí【坐】zuò【蹬】dēng【搭】dā ¶말을 ~ | 骑马。 ¶온 종일 버스를 타서 피곤해 죽겠다 | 坐了一天汽车,累死了。 ¶차를 잘못 탔다 | 搭错了车。 ¶그의 차를 한 번 타본 적이 있다 | 搭过一次他的车。 ❷ (얼음 위를 닫다)【滑冰】huábīng【溜冰】liūbīng ❸ (틈을 이용하다)【趁】chèn【乘机会】chéngjīhuì ¶기회를 ~ | 乘机。 ¶한가한 틈을 타 차를 수리하거나 | 趁空kōng儿把车修xiū理一下。 ❹ (타다)【怕】pà ¶옻을 ~ | 怕生漆疮qīchuāng。 ¶부끄러움을 ~ | 怕羞。 ¶더위를 ~ | 怕热。 ❺ (전파·바람 등을 이용하다)【顺】shùn【乘】chéng ¶종소리가 바람을 타고 들려 왔다 | 钟声顺风传了过来.

ᴮ타다³동 ❶ (가리마를 타다)【分头】fēntóu ❷ (두 쪽으로 나누다)【开】kāi ¶박 한통을 ~ | 开一个瓜.

944

ᵇ타다⁴ 통【领】lǐng ¶이번 달 임금을 나
는 아직 타지 못했다 | 本月的工资我
还没有领到。¶상여금을 ～ | 领奖
金。

ᵇ타다⁵ 통【对】duì【加】jiā【放】fàng【搁】
gē【沏】qī【泡】pào【调】tiáo ¶물에
꿀을 좀 ～ | 水里对点儿蜂蜜。¶커
피에 설탕을 타다 | 咖啡里放糖。¶뜨
거운 물에 설탕을 풀다 | 用开水把糖tá-
ng沏开。¶차를 ～ | 泡茶。

타다⁶ 통【弹】tán【拉】lā ¶바이올린을
～ | 拉小提琴xiǎotíqín。¶손풍금을
～ | 拉手风琴shǒufēngqín。

ᶜ타당 명 형 【妥当】tuǒ·dang【妥当】
【恰当】qià·dang【适当】shìdàng【得
当】dédàng ¶이렇게 하는 것은 그다
지 ～하지 못하다 | 这样做不太妥
当。¶～하게 쓰였다 | 用得很恰当。
¶～한 기준 | 适当的标准。¶그 방
법은 매우 ～하다 | 这办法很得很
当。

타도[打倒] 명 하타 【打倒】dǎ/dǎo ¶
괴뢰 정권을 ～하다 | 打倒傀儡kuǐlěi
政权。¶군벌을 ～하자! | 打倒军阀!

타라와[Tarawa] 명〈地〉【塔拉瓦】Tǎ-
āwǎ ¶태평양의 "基里巴斯"(키리바
티;Kiribati) 공화국의 수도인 "拜филь
基"(바이리키;Bairiki)가 있는 섬의 이
름]

타락[堕落] 명 하자 【堕落】duòluò ¶부
패 ～하다 | 腐化堕落。¶더 이상 ～
해서는 안된다 | 不能再堕落下去了。

타래 명【绞】jiǎo【绺儿】liǔr【辫子】bià-
n·zi【团儿·子】tuán(r,·zi) ¶털실
한 ～ | 一绞毛绒。¶엉클어진 뜨개
실 ～ | 弄乱的毛线团。¶마늘 ～ |
蒜suàn辫子。

타령[打令] 명 ❶ (민요) 【打令】dǎlìng
【谣】yáo ¶방아～ | 水库谣。❷ (자
꾸 뇌까리는 것) 【念叨】niàn·dao |
신세～ | 念叨身世。

타박 명 하타 【指责】zhǐzé【斥责】chìzé
【怪】guài【赖】lài ¶指斥zhǐchì ¶이
일로 아무래도 너를 ～하지 않을 수 없
다 | 这件事我又不能不怪你。¶이것
으로 그를 ～할 수 없다 | 这不能赖
他。

ᶜ타박상[打扑伤] 명〈醫〉【打伤】dǎshā-
ng【殴伤】ōushāng【砸伤】zāshāng

【碰伤】pèngshāng ¶머리에 심한 ～
을 입다 | 头部受了严重的外伤。

타블로이드[tabloid] 명〈印〉【四开版】
sìkāibǎn ¶신문을 ～판으로 발행하
다 | 报纸用四开版发行。

타산[打算] 명 하타 【打算】dǎ·suan
【估计】gūjì【算计】suànjì ¶자신을 위
해서 ～하다 | 给自己打算。¶너는
너의 생각이 있듯이 나는 ～이 있다 |
你有你的主意，我有我的打算。¶～
적인 인간 | 很会计算的人。

타살[他杀] 명 하타 【被杀】bèishā【他
杀】tāshā ¶아무래도 ～ 같다 | 很可
能是他杀。

타성[惰性] 명 【惰性】duòxìng【习惯
性】xíguànxìng ¶～에 젖은 인간 | 染
上惰性的人。¶～을 극복해야 발전
한다 | 克服惰性才能发展。

타수[打手] 명〈體〉【击球员】jīqiúyuán

타슈켄트[Tashkent] 명〈地〉【塔什干】
Tǎshígān ["乌兹别克"(우즈베크;
Uzbeck)의 수도]

타악기[打乐器] 명〈音〉【打击乐器】dǎ-
jīyuèqì

타오르다 통 【燃烧】ránshāo 【烧起来】
shāoqǐlái ¶불이 ～ | 火烧起来了。
¶타오르는 욕망 | 燃烧的欲火。

타워[tower] 명【塔】tǎ ¶남산 ～ | 南
山塔。

타워형 케이스[tower型 case] 명〈電
算〉【立式机箱】lìshìjīxiāng

타원[椭圆] 명〈數〉【椭圆】tuǒyuán ¶
～운동 | 椭圆运动。¶～율 | 椭圆
率。¶～체 | 椭圆体。

타월[towel] 명【毛巾】máojīn【手巾】
shǒu·jīn ¶～ 한 ～장 | 毛巾布。¶～걸이
| 毛巾架jià。

타의[他意] 명 【他意】tāyì【别的意思】
bié·de yì·si ¶～는 없다 | 没有他
意。¶～에 의해서 물러나다 | 按他
意退出来。

타이[tie] 명 ❶ (끈) 【绳子】shéng·zi
【带】dài ❷ (넥타이) 【领带】lǐngdài ❸
(동점) 【平局】píngjú【平分】píngfēn
【无胜负】wúshèngfù ¶경기는 결국
～로 끝났다 | 比赛bǐsài最后打成平
局。¶～기록 | 相同的纪录。

ᵇ타이르다 명 【告诫】gàojiè 【劝】quàn
【劝说】quànshuō【劝导】quàndǎo【规

劝]guìquàn ¶좀 더 성실해지도록 그를 ~ |告诫他再诚实一些.

타이맥스[Timex] 圐〈商標〉【天美时】Tiānměishí

ˉ**타이머**[timer] 圐【计时器】jìshíqì【秒表】miǎobiǎo ¶~ 스위치 |定时旋钮.

타이베이[Taipei] 圐〈地〉【台北】Táiběi("台湾省"의 성도)

ˉ**타이어**[tyre] 圐【车胎】chētāi【轮胎】lúntāi ¶~에 바람을 넣다 |给车胎打气. ¶자동차 ~ |汽车轮胎. ¶고무 ~ |橡皮xiàngpí轮胎. 圏고〔牽胎〕〔车带〕皮带]皮轮

타이틀[title] 圐❶ (표제)【标题】biāotí【书名】shūmíng ¶~페이지 |标题页/书名页. ¶신문의 ~은 간단하고 눈에 잘 떠어야 한다 |报刊上的标题, 要简明醒xǐng目. ❷ (선수권)【选手权】xuǎnshǒuquán ¶~ 매치(match) |夺标赛/锦标赛.

타이틀 바[title bar] 圐〈電算〉【标题栏】biāotílán

타이프[type] ❶ (형태)【姿态】zītài【式样】shìyàng【类型】lèixíng ❷ (타자기)【打字机】dǎzìjī ¶~라이터 |打字机.

타인[他人] 圐【他人】tārén【别人】bié·ren【别人家】biérénjiā【人家】rénjiā ¶~의 명의로 된 재산 |他人名义的财产. ¶~의 의견을 진지하게 고려하다 |认真考虑的别人的意见. ¶~자본 |他人资本/借入资本.

ˉ**타일**[tile] 圐〈建〉【磁砖】cízhuān【瓷砖】cízhuān【花砖】huāzhuān ¶~을 깔다 |铺上磁砖.

타임[time] 圐❶ (시간)【时间】shíjiān ❷ (운동경기 등에서 일시 정지)【暂停】zàntíng ¶~을 요구하다 |要求暂停. ❸ (미국의 주간잡지)【时代】Shídài

타임 셰링[time sharing] 圐〈電算〉【分时】fēnshí

타입[type] 圐❶ (모양) 【样式】yàngshì【类型】lèixíng ¶그녀는 내가 좋아하는 ~이다 |她是属于那种我所喜欢的类型. ❷ (대표적인 형태)【典型】diǎnxíng ¶우등생 ~ |典型的优等生.

타자[打字] 圐하자【打字】dǎ/zì ¶그는 여전히 ~를 칠 줄 모른다 |他还不会打字. ¶~기 |打字机.

타자[打者] 圐【击球员】jīqiúyuán【击球手】jīqiúshǒu

타작[打作] 圐하자 ❶ (곡식의 알을 거두는 일)【打场】dǎcháng ¶그들은 ~하느라 바쁘다 |他们忙着打场. ¶~ |打谷场. ❷ (소작제도)【收租】shōuzū

타점[打點] 圐하자 ❶ (점을 찍음)【写标点】xiěbiāodiǎn ❷ (마음속으로 정하여 둠)【暗暗记住】àn'àn jìzhù ¶〈體〉【得分】dé/fēn

타조[駝鳥] 圐〈鳥〉【鸵鸟】tuóniǎo

타지방[他地方] 圐【外地】wàidì【他处】tāchù ¶~ 학생은 무료로 숙박할 수 있다 |外地学生可以免费住宿.

타지크[Tadzhik] 圐〈地〉【塔吉克】Tǎjíkè ["独立国家联合"(독립국가연합; CIS) 중의 한 나라. 수도는 "杜尚别"(뒤샴베;Dyushambe)] ¶~ 소비에트 사회주의 공화국 |塔吉克苏维埃社会主义共和国. 圏고〔达헤크〕

타진[打診] 圐하자 ❶〈醫〉【叩诊】kòuzhěn ¶~추 |叩诊锤. ¶~기 |叩诊器. ❷ (의향을 살피어는)【探询】tànxún【试探】shì·tan ¶상대방의 의향을 ~하다 |试探对方的意向. ¶그의 심중을 ~하다 |试探他的心.

ˉ**타파**[打破] 圐하자【打破】dǎ/pò【除破】chúpò ¶낡은 습관을 ~하다 |打破旧习惯jiùxíguàn. ¶미신을 ~하다 |打破迷mí信/破除迷信míxìn.

ˉ**타향**[他鄕] 圐【他乡】tāxiāng【异乡】yìxiāng【外乡】wàixiāng ¶10년이나 ~살이를 하다 |过了十年的他乡生活. ¶~에서 죽다 |死在他乡.

ˉ**타협**[妥協] 圐하자【妥协】tuǒxié【和解】héjiě ¶결코 ~하려 하지 않다 |决不妥协. ¶한 차례 ~했다 |妥协过一次. ¶그는 나쁜 세력과 ~했다 |他和恶势力妥协了. ¶~을 진행하다 |进行接洽. ¶상대방과 한 차례 ~하다 |跟对方接洽一下.

탁 凰❶ (트이어 시원한 모양)【豁亮】huòliàng ¶시야가 ~ 트이는 일대 |

視野豁亮的一帶 | 그녀의 목청은 탁 트였다 | 她的嗓子多么豁亮。❷ (부딪거나 터지는 소리)【噗】pū【啪】pā【吧嗒】bātā【吧达】bādá【戛然】jiárán【咔】kā【咔嚓】pāchā【啪嗒】pādā【啪啦】pā·la ¶~하고 서랍을 닫았다 | 吥的一声关上抽屉chōuti | ~하는 소리와 함께 떨어졌다 | 啪嗒一下儿掉diào下来 | ❸ (숨 막히는 모양)【呼地】hū·de ¶숨이 ~ 막히다 | 呼地感到呼吸不畅。

탁견 [卓見] 冏 【高見】gāojiàn【卓見】zhuójiàn ¶그의 제안은 ~이다 | 他的提案是高见。¶글 안에 대단히 ~이 있다 | 文章wénzhāng中颇pō有卓见。

ᵇ탁구 [卓球] 冏〈體〉【乒乓球】pīngpāngqiú ¶~를 치다 | 打乒乓球。¶~라케트 | 乒乓球拍pāi/乒乓板bǎn。¶~공 | 乒乓球。¶~대 | 乒乓球台。

탁상 [卓上] 冏 【桌上】zhuōshàng ¶~에 화분을 놓다 | 桌上放花盆。¶~시계 | 座钟。¶~전화 | 桌上电话。

탁상공론 [卓上空論] 冏 【纸上空谈】zhǐshàng kōngtán【纸上谈兵】zhǐ shàng tán bīng ¶토의가 ~으로 끝나다 | 讨论仅限于纸上谈兵。¶현실을 외면한 ~ | 脱离现实的纸上谈兵。¶그는 단지 ~만 할줄 알지, 실행할 줄 모른다 | 他只会纸上谈兵, 不会实干。

탁송 [託送] 冏 【托运】tuōyùn【运送】yùnsòng【输运】shūyùn ¶~ 회사 | 托运公司。¶~가격 | 交运价格。¶~수속 | 托运手续。

ᶜ탁아소 [託兒所] 冏 【托儿所】tuō'érsuǒ ¶~에 아이를 맡기다 | 把孩子交到托儿所。

탁월 [卓越] 冏하형 【卓越】zhuóyuè【卓然】zhuórán【卓尔】zhuó'ěr【卓绝】zhuójué【卓异】zhuóyì【杰出】jiéchū ¶~한 재능의 소유자 | 负有卓越才能的人。¶~한 성적 | 卓越的成绩。¶~한 공헌을 세웠다 | 作出了卓越的贡献。

ᶜ탁자 [卓子] 冏 【桌子】zhuō·zi【桌儿】zhuōr ¶~ 하나 | 一张桌子。¶~ 다리 | 桌子腿tuǐ。

탁탁 틧 ❶ (부딪쳐 나는 소리)【啪啪】

啪啪pāpā ¶손뼉을 ~ 치다 | 手掌拍得啪啪响。❷ (숨이 막히는 모양)【一阵阵】yízhènzhèn ¶숨이 ~ 막히다 | 一阵阵上不来气。

ᵇ탁하다 [濁─] 혱 ❶ (흐리다)【混浊】hùnzhuó ¶탁한 물 | 混浊的水。¶방안 공기가 ~ | 屋里的空气混浊。¶탁한 공기 | 混浊的空气。❷ (목소리가 거칠다)【粗】cū ¶목소리가 ~ | 嗓sǎng音很粗。

탄 [炭] 冏 【煤】méi ¶~ 찌꺼기 | 煤泥。¶~을 캐다 | 采煤。

탄광 [炭鑛] 冏 【煤矿】méikuàng ¶~을 열다 | 开办煤矿。¶~ 노동자 | 煤矿工人。

탄력 [彈力] 冏 【弹力】tánlì【弹性】tánxìng ¶~이 없어진 고무줄 | 失去弹力的橡皮圈xiàngpíquān。¶~적 수요 | 弹性需求。¶~있는 피부 | 有弹性的皮肤。

탄력성 [彈力性] 冏 【弹性】tánxìng【灵活性】línghuóxìng ¶~ 있는 유연한 태도 | 有弹性的柔软的态度。¶부드럽고 ~이 있는 양탄자 | 又软又有弹性的地毯dìtǎn。

탄로나다 [綻露─] 통 【暴露】bàolù ¶문제가 모두 ~ | 问题都暴露出来了。¶많은 약점이 탄로났다 | 许多弱弱点wěi点暴露出来。

ᵉ탄복 [歎服] 冏하타 【佩服】pèi·fú【钦服】qīnfú【钦敬】qīnjìng【叹服】tànfú【敬服】jìngpèi ¶사람들은 모두 그의 용감함에 ~한다 | 人人都佩服他勇敢yǒnggǎn。¶그의 해박한 지식에 ~ | 钦服他渊博的知识。

탄산 [炭酸] 冏〈化〉【碳酸】tànsuān ¶~가스 | 二氧化碳。¶~수 | 碳酸水。¶~ 암모늄 | 碳酸铵ǎn。

ᵇ탄생 [誕生] 冏하자 【诞生】dànshēng ¶매일 무수한 아기들이 ~한다 | 每天都有无数的婴儿出生。¶1948년 8월 15일 대한민국이 ~했다 | 一九四八年八月十五日, 大韩民国诞生了。¶~석 | 生命石。

탄성[1] [彈性] 冏〈物〉【弹性】tánxìng【伸缩性】shēnsuōxìng ¶~ 수요 | 弹性需求。¶~ 요소 | 弹性因素。¶~통화 | 弹性通货/货币。¶~고무 | 弹性高的橡胶。

탄성²[歎聲] 명 ❶ (탄식) 【叹息声】tànxīshēng ❷ (감탄) 【感叹声】gǎntànshēng 【赞叹声】zàntànshēng ¶~을 지르다 | 发出感叹声。

탄소[炭素] 명〈化〉【碳】tànsù 【碳】~동화작용 | 碳素同化作用。¶~강화법 | 渗碳处理法。

ᴮ**탄수화물**[炭水化物] 명〈化〉【碳水化合物】tànshuǐhuàwù

ᶜ**탄식**[歎息] 명하자타 【叹息】tànxī ¶하늘을 우러러 ~하다 | 望天叹息。

ᴮ**탄알**[彈−] 명 【子弹】zǐdàn 【弹丸】dànwán 【枪子(儿)】qiāngzǐ(r) ¶~에 맞아 죽다 | 中弹死亡。

ᴮ**탄압**[彈壓] 명하타 【镇压】zhènyā 【高压】gāoyā ¶언론을 ~하다 | 镇压言论。¶~ 정책 | 高压政策。

ᴮ**탄약**[彈藥] 명 【弹药】dànyào ¶~고 | 弹药库。

탄원[歎願] 명하타 【请愿】qǐngyuàn 【祈求】qíqiú ¶~서 | 请愿书shū。

탄자니아[Tanzania] 명 【坦桑尼亚】Tǎnsāngníyà [아프리카 동부의 공화국. 수도는 "달에스살라움"(다르에스 살람;Dar es Salam)]

탄탄[坦坦] 명하형 【平坦】píngtǎn 【坦荡广】píngtǎn kuānguǎng ¶지세가 ~하다 | 地势平坦。

탄탄대로[坦坦大路] 명 【坦坦大路】tǎntǎn dàlù 【康庄大道】kāng zhuāng dàdào 【平坦大道】píngtǎn dàdào ¶그들은 다 같이 부유해질 수 있는 ~로 나아갔다 | 他们走上了共同致富zhìfù的康庄大道。

ᶜ**탄탄하다** 명형 【结实】jiē·shi 【牢固】láogù 【坚固】jiāngù 【健壮】jiànzhuàng 【硬朗】yìng·lang ¶그는 몸이 그다지 탄탄하지 않다 | 他身子不太结实。¶지반을 아주 탄탄하게 닦다 | 地基打得挺牢固。¶그의 몸은 ~ | 他的身体健壮。

탄핵[彈劾] 명하타 【弹劾】tánhé ¶대통령을 ~하다 | 弹劾总统。¶~ 사건 | 弹劾事件。¶~ 소추권 | 弹劾诉追权。

ᴮ**탄환**[彈丸] 명 【子弹】zǐdàn 【弹丸】dànwán 【炮弹】pàodàn ¶~이 떨어지다 | 炮弹落了下来。

ᴮ**탈**¹ (가면) 【假面具】jiǎmiànjù 【假面】jiǎmiàn ¶~을 쓰다 | 戴dài假面具。¶사람의 ~을 쓴 악마 | 带人的假面具的恶魔。❷ (비유) 【外衣】wàiyī ¶제국주의자들은 늘상 종교의 ~을 걸치고 있다 | 帝国主义义者往往披着宗教的外衣。¶"평화"의 ~을 쓰다 | 披着"和平"的外衣。

ᴮ**탈**² [頉] 명 ❶ (사고) 【事故】shìgù 【故障】gùzhàng ¶~없이 일을 마치다 | 没有事故地完了。❷ (병) 【病】bìng ¶몸에 ~이 생겨 일을 못하다 | 因病不能干活。❸ (흠・핑계) 【毛病】máo·bìng 【缺点】quēdiǎn 【过失】guòshī ¶실패의 원인을 남의 ~로 돌리다 | 把失败的原因架祸给了别人。¶김씨는 성질이 급한 것이 ~이야 | 老金的毛病就是性急。

ᴮ**탈것**[乘坐的东西] 명 【乘坐的东西】chéngzuò·de dōng·xi 【交通工具】jiāotōng gōngjù

ᶜ**탈곡기**[脫穀機] 명 【脱粒机】tuōlìjī 【脱谷机】tuōgǔjī

탈구[脫臼] 명하자〈醫〉【脱臼】tuō/jiù 【脱骨】tuōgǔ 【脱位】tuō wèi ¶고관절 ~ | 活关节脱臼。¶그는 철봉을 연습하다가 ~되었다 | 他练单杠dāngàng时脱臼了。

ᴮ**탈나다**[頉−] 통 ❶ (사고가 나다) 【发生事故】fāshēng shìgù 【发生故障】fāshēng gùzhàng ❷ (병이 나다) 【生病】shēng/bìng ¶그는 탈났다 | 他生病了。

탈라하시[Tallahassee] 명〈地〉【塔拉哈西】Tǎlāhāxī [미국 "佛罗里达Fóluólǐdá"(플로리다;Florida) 주의 주도(州都)]

탈락[脫落] 명하자 【脱落】tuōluò 【落下来】luòxiàlái 【名落孙山】míng luò sūn shān ¶예선~ | 在预选中落选。¶이번 시험에서 그는 ~되었다 | 这次考试他名落孙山了。¶후보자 명단에서 ~되다 | 从候补名单中掉了下来。

탈린[Tallinn] 명〈地〉【塔林】Tǎlín ["爱沙尼亚"(에스토니아;Estonia)의 수도]

ᶜ**탈모**[脫毛] 명하자 ❶ (털이 빠지다) 【脱毛】tuō/máo ¶~제 | 脱毛剂。¶~증 | 脱毛症。❷ (털을 뽑다) 【拔毛】bámáo 【去毛】qùmáo

ᶜ**탈바가지** 명 ❶ (用葫芦瓢做成的)面

具](yònghú·lupiǎozuòchēng·de·miànjù **①**~를 쓰다 | 带葫芦·lu假面具。**②**[假面具]jiǎmiànjù【面罩】miànzhào **③**[钢盔]gāngkuī

탈바꿈[하자] **①**(動)(부화한 동물이 여러 가지 형태로 변함)【蜕变】tuìbiàn【蝉蜕】chántuì【变态】biàntài ¶낡은 사회로부터 새로운 사회로 ~하다 | 从旧社会蜕变到新社会。**②**(모양이 변함)【变样】biànyàng

탈상[脱喪] 명하자 【解丧】jiěsāng【丧毕】sāngbì ¶내일로 ~합니다 | 明天丧毕。

탈색[脱色] 명하타 【脱色】tuō/sè【去色】qùsè【掉色】diàosè ¶~방지 | 防止掉色。

탈선[脱線] 명하자 **①**(열차 등의)【脱轨】tuō/guǐ【出轨】chū/guǐ【越轨】yuè/guǐ ¶열차가 ~하였다 | 列车出轨了。¶~　전복　사고 | 出轨颠覆事故。**②**(행동 등의)【脱线】tuōxiàn【出轨】chūguǐ【越轨】yuèguǐ ¶그는 본분을 잘 지켜 절대로 ~하는 행위를 하지 않을 것이다 | 他安分守己，绝对不会出轨的行为。¶청소년의 ~행위 | 青少年的脱线行为。

탈세[脱稅] 명하자타 〈法〉【漏税】lòu/shuì【避税】bìshuì【逃税】táo/shuì ¶~를 막다 | 防止漏税。¶~　행위 | 逃税行为。

탈수[脱水] 명하자 【脱水】tuō/shuǐ ¶~기 | 脱水机。¶~제 | 脱水剂。¶~증상 | 脱水症状。

탈옥[脱獄] 명하자 【越狱】yuè/yù【逃狱】táoyù ¶~수 | 逃狱。¶~하여 몰래 도망갔다 | 越狱潜逃了。

탈의[脱衣] 명하자 【脱衣】tuōyī ¶~실 | 更衣室/衣帽间。

탈주[脱走] 명하자 【逃跑】táopǎo【逃走】táozǒu ¶그는 ~했다 | 他逃跑了。

탈진[脱盡] 명하자 【耗尽】hàojìn【筋疲力尽】jīnpí lìjìn【精疲力竭】jīngpí lìjié【精疲力尽】jīngpí lìjìn【力尽筋疲】lìjìn jīnpí ¶수술한 뒤 ~상태에서 회복하다 | 手术后耗尽的状态中恢复过来。¶~하다 | 耗尽体力。

탈출[脱出] 명하자타 【逃脱】táotuō【逃逸】táoyì【出走】chūzǒu ¶황급히 ~하다 | 仓卒cāngzú出走。¶그는 부득이하여 ~하는 수 밖에 없었다 | 他不得已，只能出走。

탈춤[―] 명【假面舞】jiǎmiànwǔ【化装舞】huàzhuāngwǔ ¶하회 ~을 추다 | 跳河回假面舞。

탈취[奪取] 명하타 【夺取】duóqǔ【夺回】duóhuí ¶무력으로 정권을 ~하다 | 武装夺取政权。

탈퇴[脱退] 명하자 【退出】tuìchū ¶조합에서　~하다 | 退出公会。¶그는 그 운동에서 ~했다 | 他从那种运动中退出。

탈피[脱皮] 명하자 **①**(곤충·뱀의)【蜕皮】tuì/pí ¶뱀이 ~했다 | 蛇脱皮。**②**(벗어나다)【剥皮】bāo/pí【抛开】pāokāi【摆脱】bǎituō ¶구습에서 ~하다 | 摆脱旧习。

탈환[奪還] 명하타 【夺回】duóhuí【夺还】duóhuán ¶고지를 ~하다 | 夺回阵地。¶진지를 ~하다 | 夺回阵地。

탐[貪] 명 【贪心】tānxīn【贪欲】tānyù ¶~나는 물건 | 引起贪心的东西。

탐구[探究] 명하타 【探求】tānqiú【探索】tànsuǒ【钻研】zuānyán【研究】yánjiū【探讨】tàntǎo ¶자연의 법칙을 ~하다 | 探求自然规律。¶깊이 ~하다 | 深入钻研。

탐나다[貪―] 동 【贪心】tānxīn【眼馋】yǎnchán【眼热】yǎnrè【眼红】yǎnhóng【垂涎】chuí xián【垂涎欲滴】chuí xián yù dī【垂涎三尺】chuíxián sānchǐ ¶볼수록 탐나는 보물 | 越看越贪心的宝物。¶이 물건은 탐난다 | 这东西令人眼馋。¶나는 볼수록 몹시 탐난다 | 我瞧着怪眼儿热的。¶그가 이것을 탐낸 것은 어제 오늘 시작된 것이 아니다 | 他贪这东西，不是一天了。

탐내다[貪―] 동 【使人眼馋】shǐrényǎnchán ¶보석을 ~ | 宝石使人眼馋。

탐문[探聞] 명하타 【打听】dǎ·ting【探听】tàntīng ¶삼촌의 소식을 사방으로 ~하다 | 到处打听叔叔的消息xiāoxi。¶~소식을 ~하다 | 探听消息。

탐방[探訪] 명하타 【探询】tànxún【探访】tànfǎng【采访】cǎifǎng【访问】fǎngwèn ¶~기사 | 采访记事。¶~기

자 | 采访记者。

탐사[探査] 몡[하타] 【勘探】kāntàn 【探勘】tānkān ¶석유 ~를 위한 시추선 | 为勘探石油的钻井线。¶천연가스 ~를 하다 | 勘探天然气气。

탐색[探索] 몡[하타] ❶ (조사) 【探索】tànsuǒ 【勘探】kāntàn 【刺探】cìtàn 【探讨】tāntǎo ¶~전 | 刺探战。¶사건의 원인을 ~ | 探讨事件的原因。❷ (수색) 【搜查】sōuchá 【搜寻】sōuxún ¶단서를 따라 ~하다 | 按照线索搜寻。

탐색기[探索器;explorer] 몡 〈電算〉 【资源管理器】zīyuánguǎnlǐqì

탐스럽다[探一] 휑 【令人可爱】lìng rén kě ài 【惹人喜欢】rě rén xǐ·huan ¶가을 햇살에 과일들이 탐스럽게 익어 간다 | 那些果实在秋阳下熟得惹人喜欢。

탐욕[貪慾] 몡[하타] 【贪欲】tānyù 【贪婪】tānlán ¶~이 끝이 없다 | 贪得无厌。¶재물에 대한 ~ | 对财物的贪婪。

탐욕스럽다[貪慾一] 휑 【贪婪】tānlán ¶탐욕스러운 눈으로 쳐다 보다 | 用贪婪的目光瞧。

탐정[探偵] 몡[하타] 【侦探】zhēntàn 【间谍】jiàndié ¶~소설 | 侦探小说。¶~사설~ | 私人侦探。

탐지기[探知機] 몡 【探索机】tànsuǒjī 【雷达】léidá

탐탁하다[探一] 휑 【令人满意】lìng rén mǎn yì 【令人喜爱】lìng rén xǐ ài 【包你满意】bāo nǐ mǎn yì ¶탐탁치 않다 | 不怎么样。¶그런 사람은 별로 탐탁치 않게 여긴다 | 那种人我觉得并不怎么样。

탐하다[貪一] 휑 【贪】tān 【贪图】tāntú ¶명리를 ~ | 贪图名利。¶재물을 ~ | 贪图财物。

탐험[探險] 몡[하타] 【探险】tàn/xiǎn ¶남극에 가서 ~하다 | 到南极去探险。¶~대 | 探险队。

탐험가[探險家] 몡 【探险家】tànxiǎnjiā

탑[塔] 몡 【塔】tǎ ¶기념~ | 纪念塔。¶방송중계~ | 广播电视塔。

탑승[搭乘] 몡[하타] 【搭乘】dāchéng ¶~객 | 乘客。¶비행기에 ~하고 북경으로 돌아가다 | 搭乘飞机回北京。¶~지 | 搭乘站zhàn。

탑재[搭載] 몡[하타] 【搭载】dāzài ¶핵무기를 ~한 유도탄 | 搭载核武器的导弹dǎodàn。

^**탓** 몡[하타] 【过错】guòcuò 【责怪】zéguài 【怪】guài 【埋怨】máiyuàn 【责备】zébèi 【谴责】qiǎnzé ¶이번 일의 실패는 모두 내 ~이다 | 这次的失败都怪我。¶제 잘못은 생각지 않고 남을 ~하다 | 不考虑自己的过错，而埋怨人。¶스스로가 잘못했으면 남을 ~하지 마라 | 自己做错了，不要埋怨别人。

탕[湯] 몡 【汤】tāng 【高汤】gāotāng ¶두부 ~ | 豆腐汤。¶계란 ~ | 蛋花汤。¶~에 밥을 말아 먹다 | 吃汤泡饭。

탕[湯] 몡 【浴池】yùchí ¶~에 들어가다 | 进浴池。

탕[부] 【哐】kuāng 【砰】pēng 【啪】吧】bā 【叭】bā 【嘭】pēng ¶~~는 몇 발의 총성 | 啪啪巴声枪响qiāngxiǎng。¶~ ~ 세 발을 쏘았다 | 吧吧吧打了三枪。

탕약[湯藥] 몡 〈醫〉 【汤药】tāngyào 【汤剂】tāngjì 【汤液】tāngyè ¶~을 먹는 것이 비교적 적합하다 | 喝汤药比较合适。

탕제[湯劑] 몡 〈醫〉 【汤剂】tāngjì 【汤药】tāngyào 【汤液】tāngyè ¶~를 복용하다 | 服用汤剂。

탕진[蕩盡] 몡[하타] 【挥霍干净】huīhuò gānjìng 【挥霍】huīhuò 【荡尽】dàngjìn ¶그 많은 유산을 ~하다니, 한심한 일이로군 | 那么多的财产都让你挥霍掉了, 真不像话。¶재산을 ~하다 | 荡尽家产。

탕탕[부][하타] ❶ (크게 부딪히는 소리·총소리) 【砰砰】pēngpēng 【梆】bāng 【劈里啪啦】pī·lipālā 【劈啪】pīpā 【噼啪】pīpā ¶~하고 두 발의 총성이 울리다 | 砰砰两声枪响qiāngxiǎng。❷ (큰 소리 치는 모양) 【大吹大播】dà chuī dà léi 【大吹大拍】dà chuī dà pāi 【胡吹法】húchuīpàng ¶아무 것도 없으면서 큰소리만 ~ 친다 | 什么也没有, 但竟说大话。

태[態] 몡 ❶ (맵시) 【姿态】zītài 【体态】tǐtài 【形】xíng 【派】pài ¶이 양복

은 그가 입으면 ~가 난다 | 这个西服 他穿上很有派。❷ (태도) 【风姿】fēngzī 【派头】pài·tou 【형은 외출하면 형님 ~를 낸다 | 哥哥外出总要拿出大哥的派头。

태²[胎] 명〈生理〉胎 tāi

태고[太古] 명【太古】tàigǔ【远古】yuǎngǔ【上古】shànggǔ【终古】zhōnggǔ ¶~적 사람들 | 远古人。

태교[胎教] 명【胎教】tāijiào ¶~를 하다 | 进行胎教。

ᴬ**태권도**[跆拳道] 명【跆拳道】táiquándào 【跆拳术】táiquánshù ¶~를 널리 보급하다 | 广泛普及跆拳术。

태그[tag] 명 ❶〈體〉【触手替换】chùshǒu tìhuàn 【触呈而致杀出局】chùlěi'érzhìshāchūjú ❷【价格标签】jiàgébiāoqiān 【价码标签】jiàmǎ biāoqiān 【签条】qiāntiáo 【货签】huòqiān ❸〈電算〉【标记】biāojì

태그매치[tag match] 명〈體〉【触手替换赛】chùshǒu tìhuànsài

ᴬ**태극**[太極] 명【太极】tàijí ¶~무늬 | 太极纹。¶~선 | 太极扇。

ᴬ**태극기**[太極旗] 명【太极旗】Tàijíqí

태기[胎氣] 명【胎气】tāi·qì ¶~가 있다 | 有了胎气。

ᴬ**태도**[態度] 명【态度】tàidù ¶~가 근엄하다 | 态度严肃。¶학습 ~ | 学习态度。¶꼭 하고야 말겠다는 백절불굴의 ~ | 一定要成功的百折不挠的态度。

태동[胎動] 명|하자| ❶【胎动】tāidòng ¶~하는 것이 벌써 느껴진다 | 已感到胎动。❷ (비유하여) 【酝酿】yùnniàng 【孕育】yùnyù 【抬头】táitóu ¶새로운 전쟁이 ~되고 있다 | 酝酿着新的战争。¶새로운 위기가 ~되고 있다 | 孕育着新的危机。¶개혁 세력이 ~하다 | 改革势力抬头。참고〖孕毓 méng〗〖萌动 méngdòng〗

태만[怠慢] 명|하형|【懒惰】lǎnduò 【怠惰】dàiduò 【怠慢】dàimàn ¶ (공부에) ~한 학생 | 懒惰的学生。¶이 사람은 너무 ~해서 아무것도 하지 않는다 | 这个人很怠惰，什么也不干。

태몽[胎夢] 명【胎梦】tāimèng ¶~을 꾸다 | 做胎梦。

태반[太半] 명【大半】dàbàn 【近一半

儿】jìnyíbànr 【过半】guòbàn 【强半】qiángbàn 【多半】duōbàn ¶그 넓은 밭을 어느새 ~이나 갈았다 | 把很大的地，不知什么时候翻耕了近一半儿。¶한나라 병사 중 죽은 자가 ~이 넘는다 | 汉兵死者过半。¶버스 사고로 승객의 ~이 크게 다쳤다 | 因客车事故，乘客的一大半儿受了重伤。

ᴬ**태산**[泰山] 명【泰山】Tàishān【万分】wànfēn 【高山】gāoshān ¶걱정이 ~같다 | 焦虑jiāolǜ万分。¶어버이 은혜는 ~보다 높다 | 父母的恩情比泰山高。

태생[胎生] 명 ❶ (출생)【出生】chūshēng ¶그는 지주 가정 ~이다 | 他是出生在地主家庭。¶서울 ~ | 出生于汉城。❷〈生〉【胎生】tāishēng ¶~동물 | 胎生动物。

ᴬ**태세**[態勢] 명【态势】tàishì 【状态】zhuàngtài 【姿态】zītài 【姿势】zī·shì 【气势】qìshì ¶전투 준비 ~를 하다 | 做好战斗准备态势。¶공격할 ~로 나타나다 | 以进攻的态势出现。¶물샐틈없는 경계 ~ | 水泄不通的警戒状态。

태스크 바[task bar] 명〈電算〉【任务栏】rènwùlán

ᴬ**태아**[胎兒] 명【胎儿】tāi'ér 【胚胎】pēitāi ¶~ 검사 | 胎儿检查。¶~를 낙태시키다 | 打胎。

ᴮ**태양**[太陽] 명【太阳】tài·yáng ¶~은 서쪽에서 떠오르지 않는다 | 太阳不会从西天出来。¶민족의 ~ | 民族mínzú的太阳。¶~ 숭배 | 崇拜太阳。

ᴮ**태양계**[太陽系] 명【太阳系】tài·yángxì 【日系】rìxì ¶~는 9개의 행성으로 있다 | 太阳系有九个行星。

ᴮ**태양열발전**[太陽熱發電] 명【太阳能发电】tàiyángnéngfādiàn

ᴮ**태어나다** 동【生】shēng 【出生】chūshēng ¶너는 몇 년에 태어났느냐? | 你是哪年生的? ¶그는 울산에서 태어났다 | 他生在蔚山。

태업[怠業] 명|하자|【怠业】dàiyè 【怠工】dài·gōng 【旷工】kuànggōng 【罢工】bàgōng 【劳动争议】láodòng zhēngyì 【磨洋工】móyánggōng ¶각지의 철도 노동자들도 ~하고 광산 노동자도 ~과 스트라이크에 들어갔다 | 各

처의 철도공 파업, 煤矿工人也实行
息工, 罢工.

태연[泰然] 圐ⓗⓗ【泰然】tàirán【坦然】tǎnrán【从容】cóngróng【不动声色】bù dòng shēng sè【不露声色】bú lù shēng sè【满不在乎】mǎn bú zài·hu【无动于衷】wúdòng yúzhōng【冷静】 lěngjìng【镇静】zhènjìng ¶마음이 ~하다 | 心中泰然. ¶~하게 이 일에 대처하다 | 从容应付yìngfù这些事情. ¶여전히 평소처럼 ~하다 | 依然镇静如常.

태연자약[泰然自若] 圐ⓗⓗ【泰然自若】tài rán zì ruò ¶그는 ~하게 걸어 들어왔다 | 他泰然自若地走了进来. ¶심한 타격에도 ~하다 | 面对沉重的打击也泰然自若.

태연히[坦然히] 甲tǎnrán·de【若有其事地】ruòyǒuqíshì·de ¶아주 ~ 거짓말을 하다 | 若无其事地说谎.

태엽[胎葉] 圐【发条】fātiáo ¶(시계 따위의) ~을 감다 | 上发条.

ᴮ**태우다**[1] 튐【烧】shāo ¶쥐불을 놓아 논둑을 ~ | 放烧shǔ火烧田埂gěng. ¶논 밭을 ~ | 烧农田. ❷(밥을) 【烧糊】shāohú ¶밥을 ~ | 饭烧糊hú了. ❸(그을리다)【晒】shài ¶일광욕으로 피부를 ~ | 在日光下晒皮肤fū. ❹(가슴・속을)【焦心】jiāoxīn ¶부모의 애간장을 ~ | 让父母焦心.

ᴮ**태우다**[2] 튐【上】shàng【荡】dàng ¶동생을 차에 ~ | 把弟弟送上车. ¶아기를 그네에 ~ | 让孩hái子荡秋千qiū·qiān.

태자[太子] 圐ㄆ【太子】tàizǐ【皇太子】huángtài·zi ¶~궁 | 太子宫. ¶~비 | 太子妃.

태초[太初] 圐【初】tàichū【太极】tàijí

ᶜ**태평**[太平] 圐ⓗⓗ【太平】【不愁】bùchóu【平安】píng·ān ¶~한 세월을 보내다 | 过太平日子. ¶끼닛거리가 없어도 ~하다 | 没有吃的也不愁. ¶~연월 | 太平岁月. ¶(몸이 평안함)安逸ānyì.

ᴮ**태풍**[颱風] 圐【气】台风【台风】táifēng ¶~ 경로 | 台风路径. ¶~이 불다 | 刮台风.

태풍의 눈 관용【台风眼】táifēngyǎn ¶

김 선수의 등판은 이 경기에서 ~으로 평가되었다 | 金选手的出场在这次比赛中被评为台风眼.

ᴬ**택시**[taxi] 圐【出租汽车】chūzū qìchē【出赁汽车】chūlìn qìchē【的士】dì·shi【计程车】jìchéngchē ¶문을 나서서 ~를 부르다 | 出门叫了一辆的士. ¶~ 기사 | 司机/驾驶员.

택시미터[taximeter] 圐【计价器】jìjiàqì【自动计费计】zìdòngjìfèijì

택일[擇一] 圐ㄆ【选择一个】xuǎnzé yī·ge【择其一】zé qíyī ¶양자 ~ | 两者择其一.

택일[擇日] 圐ㄆ【择日】zérì【选择吉日】xuǎnzéjírì

ᴮ**택하다**[擇一] 튐【选择】xuǎnzé【挑选】tiāoxuǎn【选】xuǎn ¶그는 자신이 좋아하는 일을 택했다 | 他选择了自己喜爱xǐ'ài的工作. ¶네가 마음대로 택해라 | 由你自由挑选吧. ¶많은 것 중에서 하나를 ~ | 在众多当中选了其中的一个.

ᴮ**탤런트**[talent] 圐【明星】míngxīng【才能】cáinéng【电视剧演员】diànshìjùyǎnyuán ¶텔레비전~ | 电视剧演员.

탬버린[tambourine] 圐〈音〉【泰姆勃兰】tàimǔbólán【铃鼓】línggǔ

탭댄스[tap dance] 圐【踢踏舞】tīdǎwǔ

탭 키[tab key] 圐〈電算〉【制表键】zhìbiǎojiàn

탯줄 圐【脐带】qídài

ᴮ**탱크**[tank] 圐❶〈軍〉【坦克】tǎnkè ❷(큰 통)【水柜】shuǐguì【油柜】yóuguì【贮油箱】zhùyóuxiāng

탱탱甲ⓗⓗ❶【坚固】jiāngù【坚硬】jiānnyìng【硬实】yìng·shi ❷【饱满】bǎomǎn【足足】zúzú ¶공기가 ~하게 차있는 축구공 | 气儿足的足球.

ᴬ**터**[1] 圐❶(자리)【基地】【地方】dì·fang ¶학교를 지을 ~를 잡다 | 选定盖学校的基地. ¶우리의 꿈을 마음껏 펼칠 ~ | 充分实现我们的理想的地方. ❷(기초)【基础】jīchǔ ¶~를 닦다 | 打基础. ¶~를 다지다 | 打基础.

ᴮ**터**[2] 의명❶(관계)【关系】guān·xi ¶오래 사귄 ~ | 深交的关系. ❷(예

정】【打算】dǎsuàn 【要】yào ¶나는
내일 갈 ~이다 | 我打算明天去。¶
기어이 해낼 ~이다 | 一定要做到。

ᴬ**-터**回【场】chǎng【室】shì【地方】dì-
fāng ¶놀이 ~ | 游乐场。¶일~ | 干
活的地方。

터널[tunnel] 圐【隧道】suìdào【地道】d-
ìdào【坑道】kēngdào

터놓다 圄❶(막힌 것을 치우다)【打
开】dǎ/kāi【敞开】chǎngkāi【扒开】bā-
kāi【解开】jiě·kāi【解除】jiěchú ¶방
의 칸막이를 ~ | 敞开房间的隔板。
❷(마음을 트다)【开诚布公】kāi chéng
bù gōng【开诚相见】kāi chéng xiāng
jiàn【肝胆相照】gān dǎn xiāng zhào
【知心】zhīxīn【敞开】chǎngkāi ¶그
는 지금까지 터놓고 사귀어 왔다 | 他一
向开诚相见。¶그와는 터놓고 지
내는 사이야 | 和他是知心朋友。¶탁
터놓고 마음속에 있는 말을 좀 해봐라
| 敞开心扉说出心里话。❸(금했던
것을 풀다)【开放】kāifàng【解禁】jiě/j-
ìn ¶금지령을 ~ | 开放禁令。¶무역
항을 ~ | 开放商埠。

터덜터덜 凰하자【哐哐哐啷啷】kuāng-
āng kuānglàng·de【唧叮咕咚】jīdīng
gūdōng　【唧唧咕咚】jī·donggūdōng
¶자갈길을 ~ 지나가고 있는 낡은 화
물 자동 차 | 哐啷哐啷啷啷过石子路的
旧货车。¶큰 차 한 대가 ~거리며 왔
다 | 有一辆大车唧叮咕咚地来着了。

ᶜ**터득**[攄得]圐하타【体会】tǐhuì【领会】l-
ǐnghuì【认识】rèn·shi ¶그가 가서 직
접 ~하게 하다 | 让他亲自去体会一
下。¶요령을 ~하다 | 领会要领。

ᴮ**터뜨리다** 圄❶(폭발물 등을)【裂开】liè-
èkāi【爆破】bàopò ¶폭탄을 ~ | 爆
破炸弹。❷(감정 등을)【放声】fàng-
ngshēng【发泄】fāxiè【激怒】jīnù ¶폭
소를 ~ | 放声大笑。¶불만을 ~ |
发泄不满。

터무니 圐【根据】gēn·jù【理由】lǐyóu
¶그의 이 말은 ~가 없다 | 他这话儿
缺少根据。

ᶜ**터무니없다** 圀【荒唐】huāng·táng【荒
唐无稽】huāng táng wú jī【荒谬】huā-
ngmiù【荒诞不经】huāng dàn bù jīng
【毫无根据】háo wú gēn jù ¶이 말은
정말 ~ | 这话真荒唐。¶터무니없는

거짓말 | 荒唐的谎话。¶터무니없이
비싼 값 | 毫无根据的高价。 찰고〔胡
说八道〕〔胡思乱想〕

ᴮ**터미널**[terminal] 圐❶【终点】zhōngdi-
ǎn【终点站】zhōngdiǎnzhàn ❷〈物〉
〈電算〉【端子】duānzǐ【终端】zhō-
ngduān

터미널 어댑터[terminal adapter] 圐
〈電算〉【终端适配器】zhōngduānshìp-
èiqì

터벅터벅 凰하자【拖着沉重】tuō·zhe
chénzhòng【有气无力地】yǒuqìwúlì·
de【沉重地】chénzhòng·de ¶고갯길을 ~
힘겹게 넘어 가다 | 拖着沉重的步子翻过山坡路。

터울 圐【相差】xiāngchà ¶~이 별로
나지 않는다 | 相差不大。¶우리 집
세 남매는 모두 네 살 ~이다 | 我家的
三个兄妹都相差四岁。

ᴮ**터전** 圐【地基】dìjī【基座】jīzuò【基地】j-
īdì【根基】gēnjī ¶생활의 ~ | 生活的
基地。¶~을 마련하다 | 准备基地。

ᴬ**터지다** 圄❶(갈라지다)【裂开】liè ¶손
이 얼어서 터졌다 | 手冻dòng裂了。
¶추위에 손발이 ~ | 手脚冻裂。❷
(갈라져서 무너지거나 뚫어지다)【裂
开】lièkāi【冲】chōng ¶쌀자루가 ~
| 米袋爆开了。¶둑이 ~ | 堤坝被冲垮
了。❸(낡아서 구멍이 나다)【破】pò
¶양말이 터졌다 | 袜子wàzi破了一
个洞。¶(말을 많이 하여) 입이 다
터졌다 | 嘴皮子爆话说破了。❹(갑자기
울려 퍼지다)【放声】fàngshēng【轰
起来】hōngqǐlái【响起】xiǎngqǐ【爆
发】bàofā ¶한 번 터진 울음이 그칠줄
을 모른다 | 放声哭起来没个完。¶군
중 속에서 환호성이 터졌다 | 人群中
爆发出一片欢呼huānhū声。¶(폭발
하다)【爆炸】bàozhà【爆裂】bàoliè
【爆发】bàofā【发生】fāshēng ¶터지
기 일보 직전의 상황 | 爆炸性的局
势。¶폭탄이 ~ | 炸弹爆炸了。¶화
산이 ~ | 火山爆发。❻(발생하다)
【爆发】bàofā【发生】fāshēng ¶전쟁
이 터졌다 | 战争爆发了。¶대형 사
고가 ~ | 发生大型事故。❼(갑자기
드러나다)【暴露】bàolù【泄露】xièlù
【泄漏】xièlòu ¶문제가 모두 터졌다 |
问题都暴露出来了。¶비밀은 터지게
마련이다 | 秘密终归要暴露的。❽

(꿰맨 것이 갈라지다)【开纵】kāizòng【破纵】pòzòng【开线】kāi/xiàn ¶바짓가랑이가 ~ | 裤腿开线了。❾(매를 맞다)【挨打】āidǎ ¶까불더니 결국 터지고 말았군 | 平时不太老实挺淘气táoqì, 结果挨了别人的打。❿(샘·피 등이)【流】liú ¶코피가 ~ | 流鼻血。

터치[touch] 명하자타 ❶(손으로 만짐)【触摸】chùmō【碰到】pèngdào ❷(짧게 논하거나 언급함)【涉及】shèjí【谈及】tánjí ¶그는 보고에서 몇 가지 문제를 ~하였다 | 他在报告中涉及到几个问题。❸(필체)【笔触】bǐchù【手法】shǒufǎ【风格】fēnggé【格调】gédiào ¶그는 예리한 ~로 현대사회의 각종 병폐를 풍자했다 | 他以锋fēng利的笔触讽刺fěngcì了现代xiàndài社会中的种种弊病bìbìng。❹〈體〉【触地】chùdì【触身】chùshēn【触球】chùqiú ¶~다운(down) | 攻防持球触地。¶~라인 | 边线/侧线。¶~아웃 | 触身出局。

터치 스크린[touch screen] 명〈電算〉【触摸屏】chùmōpíng

[C]**터키**[Turkey] 명〈地〉【土耳奇】Tǔ'ěrqí [중동의 공화국. 수도는 "安卡拉"(앙카라; Ankara)]

[B]**턱**[1] 명〈生理〉❶(입의 위·아래)【颚】è ¶위~ | 上颚。¶아래~ | 下颚。❷(아래턱의 바깥 부분)【下巴】xià·ba【下巴颏(儿)】xià·bakē(r) ¶그는 두 손으로 ~을 고이고 고민하고 있다 | 他用双手托tuō着下巴想心事。¶~을 괴고 앉아 사색에 잠기다 | 托着下巴陷入沉思。

턱[2] 명【隆起的地面】lóngqǐ·de dìmiàn【隆起的地方】lóngqǐ·de dì·fang ¶길에 ~이 져서 차 몰기가 불편하다 | 路上有隆起的地方, 所以开车不方便。

[C]**턱**[3] 명【请客】qǐng/kè【作东(儿)】zuòdōng(r) ¶오늘은 내가 한 ~ 내지 | 今天我请客。¶돌아가면서 한 ~내다 | 轮流请客。

턱[4] 의명【理由】lǐyóu【那样】nàyàng ¶그 사람이 간섭할 ~이 없다 | 那个人没有理由干涉。

턱[5] 부【霍然】huòrán【一下子】yíxià·zi【霍地】huò·de【完全】wánquán【突然】tūrán ¶손을 ~ 잡다 | 一下子握住手。¶어깨를 ~ 짚다 | 杠地搭肩。¶마음을 ~ 놓다 | 完全放心。

턱수염[-鬚髯] 명〈生理〉【胳腮胡子】gēsāihú·zi【腮胡子】sāihú·zi【颏下缘】kēxiàtāo

턱시도[tuxedo] 명【燕尾服】yànwěifú

턱없다 형 ❶(근거나 이유가 없다)【没有根据】méiyǒugēnjù【无缘无故】wúyuánwúgù ¶턱없는 소문 | 没有根据的谣言。❷(지나치다)【无礼】wúlǐ【过分】guòfēn ¶턱 없는 말을 하다 | 说无礼的话。¶턱없는 생활 | 过分的生活shēnghuó。

턱없이 부【荒谬地】huāngmiù·de【荒诞地】huāngdàn·de【荒唐地】huāngtáng·de【过分】guòfèn ¶값이 ~ 비싸다 | 过分地贵。

[A]**털** 명 ❶(사람이나 동물의)【毛】máo ¶깃~ | 羽毛。❷(식물의)【毛】máo ¶복숭아 ~ | 桃毛。❸(보풀)【毛】máo ¶이 천은 ~이 생겼다 | 这块布起毛了。

[C]**털가죽** 명【毛皮】máopí【皮张】pízhāng

[C]**털끝** 명 ❶(털의 끝)【毛的尖端】máo·de jiānduān ❷(조금)【丝豪】sīháo【秋毫】qiūháo【鸡毛蒜皮】jī máo suàn pí ¶그런 생각은 ~만큼도 없다 | 丝豪也没有那种想法。¶~만한 것까지도 똑똑히 알아내다 | 明察míngchá秋毫。

[B]**털다** 동 ❶(먼지 등을)【掸】dǎn【拂】fú【抖】dǒu ¶옷 위의 눈을 털어버리다 | 掸掉diào衣服上的雪。¶진흙을 살짝 털어 내다 | 轻轻拂着泥土。¶눈을 몸에서 털어버리다 | 抖掉身上的雪。❷(발을 쳐서 털어내다)【跺】duò ¶신발에 붙어 있는 흙을 (발로 탁탁 쳐서) 털어버리다 | 跺一跺鞋上的土。❸(손으로 쳐서 털어내다)【敲】qiāo【磕打】kēdǎ【抖】dǒu ¶손가락으로 담뱃재를 톡톡 ~ | 用手指抖烟卷灰。❹(전부 써버리다)【抖搂】dǒu·lou【倾】qīng【拿出】náchū ¶돈을 다 털어 써버리지 마라 | 别把钱抖搂光了。¶주머니를 톡톡 ~ | 倾囊。¶전 재산을 털어 학교를 세우다 | 拿出全部财产建学校。❺(도둑질을 하

다)【抢夺】qiǎngduó【盗窃】dàoqiè ¶시장을 ~ | 抢夺市场shìchǎng。

털리다 동【抖搂】dǒulōu【盗】dào ¶노름판에서 장사 밑천을 ~ | 在赌局，把买卖本钱全部给抖搂进去。¶봉급을 몽땅 ~ | 工资全部被盗。

`°`**털모자** [－帽子]圀【皮帽子】pímào·zi【毛皮帽子】máopímào·zi

털목도리 圀【毛皮围巾】máopí wéijīn【毛线围巾】máoxiàn wéijīn【围巾】máowéijīn

털보 圀❶ (턱수염이 많은 사람)【络腮胡】luòsāihú ❷ (털이 많은 사람)【毛多的人】máoduō·de rén

`°`**털신** 圀【毛皮鞋】máopíxié

`B`**털실** 圀【毛线】máoxiàn ¶~로 짠 조끼 | 毛线背bèi·心。¶~로 짠 목도리 | 毛线围巾 wéijīn。[참고] 【绒线】rōng线〔呢ní绒线〕【绒绳(儿)】〔线绳〕

`°`**털썩** 튀하자 ❶ (갑자기 주저 앉는 모양)【扑腾】pūténg ¶~ 주저앉았다 | 扑腾一屁股坐下。¶소파에 ~ 주저앉다 | 扑腾一屁股坐在沙发上。❷ (갑자기 무너지는 모양)【哗啦】huālā ¶~하고 담이 무너졌다 | 哗啦一声，墙倒了。¶장마로 흙담을 귀퉁이가 무너져 ~내려 앉았다 | 由于淫雨，土墙的一角哗啦一声塌了。

털어놓다 동【开诚布公】kāi chéng bù gōng【敞开胸怀】chǎng kāi xiōng huái【开怀畅谈】kāi huái chàng tán【和盘托出】hé pán tuō chū【全盘托出】quán pán tuō chū【吐露】tǔlù ¶혼자 끙끙 앓지 말고 털어놓고 이야기해 봐요 | 不要自己苦恼，要敞开怀谈一谈。¶마음속에 있는 말을 모두 털어놓았다 | 心里话全吐露出来了。

털어서 먼지 안 나는 사람 없다 관용【人非圣贤，孰能无过】rén fēi shèng xián，shú néng wúguò【圣人也有三分错】shèngrén yě yǒu sānfēn cuò【金无足赤，人无完人】jīn wú zúchì，rén wú wánrén【人无十足，裙无十幅】rén wú shízú，qún wú shífú【瓜无滚圆，人无十全】guā wú gǔnyuán，rén wú shíquán

`°`**털옷** 圀【皮衣】píyī

털장갑 [－掌匣]圀【毛线手套】máoxiàn shǒutào

털털 튀❶ (소리가)【突突】tūtū【掸掸】dǎndǎn ¶주머니속의 먼지를 ~ 털다 | 掸掸袋里的灰。❷ (걸음이)【拖着沉重】tuō·zhe chénzhòng ¶헛걸음으로 ~ 맥없이 돌아오다 | 白跑了一趟，就拖着沉重的脚步回来了。

털털하다 혱【随和】suíhé【随便】suíbiàn【豪爽】háoshuǎng ¶건강한 몸매와 털털한 성격이 그의 매력이다 | 健康的身材和豪爽的性格是他的魅力。

텀 [term]圀【期间】qījiān【期限】qīxiàn ¶~이 매우 짧다 | 期限很短hěnduǎn。

텀벙 튀【扑通】pūtōng【噗通】pūtōng ¶~ 소리를 내며 물속에 뛰어들었다 | 扑通一声，跳进水里。

텁석 튀【猛然】měngrán【一把】yībǎ ¶버선발로 뛰어나와 손목을 ~ 쥐었다 | 只穿着布袜子跑出来猛然抓住手腕子。

텁텁하다 혱 ❶ (맛이)【发涩】fāsè【苦】kǔ ¶입맛이 ~ | 口里味苦。❷ (성격이)【随便】suíbiàn【随和】suíhé ¶그는 성미가 ~ | 他的性格随和。

텃밭 圀【宅旁地】zháipángdì【屋旁宅后的地】wūpángzháihòu·de dì

텃세 [－勢]圀하자【欺生】qīshēng【瞧不起】qiáo·buqǐ ¶한두 달 먼저 왔다고 ~가 심하다 | 先到一两个月，就很瞧不起别人。

`B`**텅** 튀【空】kōng【空旷无人】kōngkuàng wúrén【空空】kōngkōng ¶~ 빈 방 | 空空的房间。¶~ 빈 집 | 空空的家。

텅텅¹튀하타【大吹大擂】dà chuī dà léi【大吹大拍】dàchuī dàpāi ¶그는 큰 소리 ~치기를 좋아한다 | 他就喜欢大吹大擂的。

텅텅²튀【空】kōng【空落落】kōngluòluò ¶마을이 ~ 비었다 | 村子空无一人。¶모두 다 나가고 집이 ~ 비었다 | 都出去了，家里空落落的。

`°`**테** 圀❶ (테두리)【箍(儿)】gū(r) ¶강철로 만든 ~ | 铁箍。¶철사로 옹기의 ~를 두르다 | 用铁丝围陶瓷的箍。❷ (띠)【边】biān ¶~를 두르다 | 镶xiāng金边。❸ (안경 등의)【框】kuàng ¶안경~ | 镜框。

테네시 [Tennessee；Tenn]圀〈地〉【田纳西】Tiánnàxī [미국의 주명(州名).

주도(州都)는 "나기빌 Nàshènwéi·ěr" (네시빌；Nashville)]

테니스[tennis] 圆〈體〉【网球】wǎngqiú ¶~를 치다｜打网球。¶~ 코트｜网球场。

^B**테두리** 圆 ❶ (범위) 【范围】fànwéi ¶법의 ~를 벗어난 행위는 응분의 제재를 받는다｜脱离法律范围的行为, 会得到相应的制裁。¶내가 아는 ~안에서｜在我所知道的范围内。❷ (가장자리)【周围】zhōuwéi 【边】biān ¶공장의 ~｜工厂周围。

^C**테러**[terror] 圆【恐怖】kǒngbù ¶~ 활동｜恐怖活动。¶~리스트｜恐怖分子。

테마[도 thema] 圆 ❶ (주제)【主题】zhǔtí ¶~소설｜主题小说。❷ (제목)【题目】tí·mù ¶논문 ~｜论文题目。

테스트[test] 圆하타【试验】shìyàn 【测验】cèyàn 【考试】kǎoshì 【测试】cèshì 【测定】cèdìng 【检查】jiǎnchá 【考查】kǎochá ¶이 스위치가 말을 잘 듣는지 한 번 ~해보다｜试一下这个开关灵不灵。¶지능 ~하다｜测试智力。¶그의 영어 수준을 ~해 보아라｜测试一下他的英语水平。

^B**테이블**[table] 圆【桌子】zhuō·zi 【餐桌】cānzhuō ¶~매너｜餐桌规矩。¶~ 스푼｜大餐匙。

^B**테이프**[tape] 圆 ❶ (종이·헝겊 등의)【彩带】cǎidài 【带子】dài·zi ❷ (접착용)【胶布】jiāobù 【胶带】jiāodài ¶접착 ~를 절연하다｜绝缘胶布。¶셀로판 ~｜透明玻璃tòumíng胶带。❸〈電〉【磁带】cídài 【胶带】jiāodài ¶녹화 ~｜录像带。¶~를 되감다｜倒带。¶~를 지우다｜洗胶片。¶녹음 ~｜录音磁带。참고〔录音(磁)带〕[录画磁带]

테크놀러지[technology] 圆【技术学】jìshùxué 【工艺学】gōngyìxué 【工业技术】gōngyè jìshù

테크닉[technic] 圆【技巧】jìqiǎo 【技能】jìnéng

테헤란[Teheran] 圆〈地〉【德黑兰】Déhēilán ["伊朗Yīlǎng" (이란；Iran)의 수도]

텍사스[Texas；Tes] 圆〈地〉【得克萨斯】Dékèsàsī [미국의 주명(州名). 주도(州都)는 "奥斯汀Àosītīng" (오스틴；Austin)]

텍스트[text] 圆 ❶ (원문)【原文】yuánwén 【文本】wénběn ❷ (본문)【正文】zhèngwén 【课文】kèwén ❸ (교재)【课本】kèběn

텍스트 파일[text file] 圆〈電算〉【文本文件】wénběn wénjiàn

^C**텐트**[tent] 圆【帐篷】zhàng·peng 【帐房(儿)】zhàngfáng(r) 【帐幕】zhàngmù 【帐棚】zhàng·peng ¶~를 치다｜搭帐篷。¶~를 걷다｜拆chāi帐篷。

텔넷[telnet] 圆〈電算〉【远程登录】yuǎnchéngdēnglù

텔레비전[television] 圆【电视】diànshì 【电视机】diànshìjī ¶~ 중계 방송｜电视转播。¶~ 시청률｜收视率。참고 〔德dé律维雄〕

텔레파시[telepathy] 圆【传心】chuánxīn 【通灵】tōnglíng 【精神感应】jīngshēngǎnyìng

템포[tempo] 圆【速度】sùdù 【拍子】pāi·zi 【节拍】jiépāi ¶~가 아주 빠른 곡｜快节奏拍曲子。

토굴[土窟] 圆【地洞】dìdòng 【地窖】dìjiào

토기[土器] 圆【陶器】táoqì ¶삼국 시대의 ~｜三国时代的陶器。

^A**토끼**[토] 圆〈動〉【兔子】tù·zi ¶~ 풀｜兔毛。¶~뜀｜像兔子似的一蹦一跳。

토끼를 다 잡으면 사냥개를 삶는다 困용【兔死狗烹】tù sǐ gǒu pēng 【鸟尽弓藏】niǎo jìn gōng cáng 【过河拆桥】guò hé chāi qiáo 【过河丢拐棍, 病好打太医】guòhé diū guǎigùn, bìnghǎo dǎ tàiyī

^c**토끼풀**[토] 圆〈植〉【白车铀草】báichē yóucǎo 【白三叶草】báisān yècǎo 【白花苜蓿】báihuā mù·xu

토너[toner] 圆〈電算〉【墨粉】mòfěn

토너먼트[tournament] 圆【锦标赛】jǐnbiāosài 【冠军决赛】guànjūn juésài 【联赛】liánsài 【循环赛】xúnhuánsài 【比赛】bǐsài 【竞赛】jìngsài

토닥거리다 困【梆梆敲打】bāngbāng qiāodǎ 【梆梆捶打】bāngbāng chuídǎ 【争吵】zhēngchǎo ¶아이들끼리 토닥

거리는데 어른들까지 역성들다니 | 孩子之间争吵, 　怎么连大人都参和呢。

토닥토닥 昗하자타 ❶ (가볍게 두드리는 모양)【梆梆】bāngbāng【轻轻】qīngqīng ¶아기 등을 ~ 두드리다 | 轻轻拍着孩子的背。❷ (다투는 모양)【争来争去】zhēng lái zhēng qù ¶두 아이가 아까부터 ~ 다투고 있다 | 两个孩子一直在争来争去地吵架。

토대[土臺] 명 ❶ (건축의)【地基】dìjī【地盘】dìpán【底子】dǐ·zi【根基】gēnjī【基础】jīchǔ ¶~를 쌓다 | 打地基。¶~가 확고하게 다져져 있다 | 根基打得牢。❷ (사물의)【基础】jīchǔ ¶~ 없이 시작한 사업이라 어려움이 많다 | 由于没有基础的情况下开始的事业, 所以困难很多。

^C**토라지다** 동 ❶ (성이 나서)【闹别扭】nàobiè·niu【不高兴】bùgāoxìng ¶저만 제쳐놓았다고 단단히 토라진 모양이다 | 他以自己被除外,　看来很不高兴。❷ (음식이)【食滞】shízhì【消化不良】xiāohuàbùliáng

^C**토란**[土卵] 명【植】【芋】yù【芋头】yùtóu【芋头】yù·tou ¶~줄기 | 芋艿茎。

^C**토란국**[土卵-] 명【芋艿汤】yùnǎitāng

토로[吐露] 명하타【吐露】tǔlù【抒发】shūfā【表露】biǎolù【倾吐】qīngtǔ【倾谈】qīngtán ¶진심을 ~ 하다 | 吐露真情。¶마음속의 비분을 ~ 하다 | 抒发心中的悲愤。¶그는 다른 사람 앞에서 감히 자기의 감정을 ~하지 못한다 | 他不敢在人面前把他的感情表露出来。¶그녀에게 애모의 정을 ~ 한다 | 向她倾吐了爱慕之情。

^B**토론**[討論] 명하타【讨论】tǎolùn【商量】shāng·liáng【研究】yánjiū【协议】xiéyì【商洽】shāngqià【洽商】qiàshāng ¶오늘 회의는 단지 세 가지 중요 문제만을 ~하기로 한다 | 今天的会议, 只研究三个重要问题。¶쌍방이 구매가격 인상을 ~ 하다 | 双方协议提高tígāo收购价格。

^B**토마토**[tomato] 명〈植〉【西红柿】xīhóngshì【番茄】fānqié ¶~ 주스 | 番茄汁。¶~케첩 | 番茄酱。参考【番柿shì】〔蕃fān茄〕【蕃柿】〔六liù月柿〕〔红

hóng茄〕〔外wài国茄子〕

^B**토막** 명 ❶ (부분)【片段】piànduàn【部分】bù·fen【一段】yíduàn【段子】duàn·zi ¶역사의 한 ~ | 历史长河中的一个片段。¶춘향전의 한 ~ | 春香传的一段。❷ (크고 덩어리진 도막)【段】duàn【块】kuài ¶노끈을 두 ~으로 잘랐다 | 把绳子剪成两段儿。¶고기 한 ~를 내다 | 把肉切成块儿。

토막내다 동【切块】qiēkuài ¶고기를 토막내어 굽다 | 把肉切成块儿烤。

토막치다 동【切】qiē【锯】jù【砍】kǎn【切块】qiēkuài ¶생선을 도마에 놓고 ~ | 把鲜鱼放在菜板上切成块儿。

토막토막 昗【一块一块】yíkuài yíkuài ¶생선을 ~ 자르다 | 把鲜鱼切成一块一块的。

토목[土木] 명【土木】tǔmù ¶~공사 | 土木工程。¶~건축 | 土木建筑。¶~기사 | 土木工程师。

토미[Tommy] 명〈商標〉【汤米】Tāngmǐ

^C**토박이**[土-] 명【土生土长】tǔ shēng tǔ zhǎng ¶그는 여기서 나고 자란 ~ 시장이다 | 他是这儿土生土长的市长。

토벌[討伐] 명하타【讨伐】tǎofá【剿】jiǎomiè【征讨】zhēngtǎo【征伐】zhēngfá ¶반역자를 ~하다 | 讨伐叛逆pànnì者。¶비적을 ~ 하다 | 剿灭匪贼。

^C**토산물**[土産物] 명【土产】tǔchǎn【土产品】tǔchǎnpǐn

토성¹[土星] 명〈天〉【土星】tǔxīng【镇星】zhènxīng ¶~ 둘레의 고리 모양의 테 | 土星光环。

토성²[土城] 명【土城】tǔchéng

토속[土俗] 명【土俗】tǔsú【风俗】fēngsú ¶~학 | 风俗学。

^B**토스터**[toaster] 명【烤面包器】kǎomiànbāoqì【多士炉】duōshìlú【面包炉】miànbāolú

^C**토스트**[toast] 명【吐司】tǔsī【烤面包】kǎomiànbāo【烤面包片】kǎomiànbāopiàn

토시[套袖] 명【套袖】tàoxiù ¶그녀는 흰 ~를 끼고 있다 | 她戴着白套袖。

토실토실 昗하힣【胖乎乎】pànghūhū ¶이 어린 아이의 볼이 ~하다 | 这个

小孩的脸蛋liǎndàn胖乎乎的。¶살이 오른 아기의 뺨 | 小孩胖乎乎的脸。

토양[土壤] 명【土壤】tǔrǎng ¶부식질이 풍부한 ~ | 多腐植质fǔzhízhì的土壤。¶~미생물 | 土壤微生物。¶~침식 | 土壤被侵蚀。

^A**토요일**[土曜日] 명【星期六】xīngqīliù

토요타[Toyota] 명〈商標〉【丰田】Fēngtián

^B**토의**[討議] 명하타【讨论】tǎolùn【商议】shāngyì【商量】shāngliáng ¶지금 열띤 ~가 진행 중에 있다 | 现在正在进行热烈讨论。¶저 문제를 ~대상으로 삼다 | 把那个问题作为讨论对象。

^C**토인**[土人] 명 ❶(미개화된 사람)【土人】tǔrén ❷(원주민)【土住民】tǔzhùmín

^C**토장**[土醬] 명【大酱】dàjiàng【黄酱】huángjiàng【豆瓣儿酱】dòubànrjiàng

^B**토지**[土地] 명【土地】tǔdì【地面】dìmiàn【土壤】tǔrǎng ¶비옥한 ~ | 肥沃的土地。¶~가격 | 地价。¶~개혁을 진행하다 | 进行土地改革。¶~개량 | 土地改良。¶~대장 | 土籍/土地调查资料集。

^C**토질**[土質] 명【土质】tǔzhì ¶~을 개량하다 | 改良土质。¶~분석 | 土质分析。

토착[土着] 명하자【土着】tǔzhuó ¶~민 | 土住民。¶~ 노동자 | 当地劳力。¶민주주의의 ~화 | 民主主义的地方化。

토켈라우제도[Tokelau Islands] 명〈地〉【托克劳群岛】Tuōkèláo Qúndǎo [수도는 "法考푸"(파카오포;Fakaofo)]

토큰[token] 명【民铸货币】mínzhù huòbì【代币】dàibì【辅币】fǔbì

토탈[total] 명【总计】zǒngjì【总数】zǒngshù【合计】héjì

토템[totem] 명【图腾】túténg ¶~숭배 | 图腾崇拜。

토픽[topic] 명【题目】tí·mù【主题】zhǔtí

^B**토하다**[吐-] 동 ❶(게우다·뱉다)【吐】tù【呕吐】ǒutù ¶토하고 설사하다 | 上吐下泻。¶나는 배 멀미로 가는 도중 내내 토했다 | 我因晕船yùnchuán吐了一路。 ❷(기백있게 말하다)【侃侃而谈】kǎn kǎn ér tán【发表】fābiǎo ¶열변을 ~ | 发表热情的演说。

톡 부 ❶(부러지거나 터지는 소리)【叭】bā ¶실이 ~ 끊어지다 | 叭一声线断了。¶비누 방울이 ~ 터지다 | 肥皂泡沫叭的破了。¶(부딪히는 소리)【啪嗒】pādā ¶볼펜이 마룻바닥에 ~ 떨어지다 | 圆珠笔啪嗒掉在地板上。 ❸(치는 모양·소리)【轻轻拍】qīngqīngpāi【轻轻拍打】qīngqīng pāidǎ ¶등을 ~ 치다 | 轻轻拍背。 ❹(튀어 오르는 모양)【轻轻蹦】qīngqīngbèng【溅】jiàn【砰】pēng ¶고무공이 ~ 튀어오르다 | 橡皮球砰的弹起来了。 ❺(튀어나온 모양)【突出】tūchū【凸出】tūchū ¶눈이 ~ 불거져나온 잠자리 | 眼睛凸出来的蜻蜓qīngtíng。 ❻(말을 쏘아붙이는 모양)【顶】dǐng ¶한 마디 ~ 쏘아 주다 | 顶了一句。

톡톡 부 ❶(가볍게 두드리는 소리)【啪啪】pāpā ¶~ 어깨를 치다 | 啪啪地拍pāi肩膀。 ❷(작은 것이 가볍게 터지는 소리)【劈劈啪啪】pīpī pāpā ¶콩알이 ~ 터졌다 | 豆子劈劈啪啪地爆裂了。 ❸(작은 것이 튀어오르는 소리)【一蹦一蹦】yíbèng yíbèng ¶벼룩이 ~ 튀다 | 跳蚤zǎo一蹦一蹦的。 ❹(말을 다부지게 쏘아붙이는 모양)【冷冷地】lěnglěng·de ¶앙칼진 목소리로 ~쏘아붙였다 | 冷冷地用尖厉jiānlì声音顶了一句。

톡톡하다 형 ❶(구중이 심하다)【狠狠地】hěnhěn·de ❷(재산 등이 많다)【齐全】qíquán【齐备】qíbèi【殷实】yīnshí【丰盛】fēngshèng ❸(피류가 도톰하다)【厚而密】hòu'érmì【结实】jiēshi ❹(액체가 묽지 않다)【绸】chóu ¶톡톡하게 끓인 찌개 | 汤熬得很绸。

톡톡히 부【狠狠地】hěnhěn·de【好好地】hǎohǎo·de【很大】hěndà ¶꾸지람을 ~ 듣다 | 狠狠地被批了一顿。¶이익을 ~ 보다 | 得到丰厚的利益。

톤[ton] 의명 ❶(톤)【吨】dūn【公吨】gōngdūn【米突吨】mǐtūdūn【法吨】fǎdūn ¶~수 | 吨数。❷ (선박의)【吨位】dūnwèi

톤²[tone]몡❶ (소리·음색)【音频】yīnpín【音质】yīnzhì【音色】yīnsè ❷ (색조)【色调】sèdiào ¶파스텔 ~ | 轻淡的色调。❸ (어조)【语气】yǔqì【口气】kǒuqì ¶말하는 ~ | 说话的口气。

톨【粒】lì【颗】kē ¶쌀 한 ~ | 一粒米。¶밤 한 ~ | 一颗栗子。

톨게이트[tollgate]몡【收费门】shōufèimén【收费处】shōufèichù【收费站】shōufèizhàn

ᴮ**톱¹**【锯】jù【锯子】jù·zi ¶~질하다 | 拉锯锯。¶전기~ | 电锯。¶~으로 켜다 | 拉锯子。

톱²[top]몡❶ (선두)【顶】dǐng【顶端】dǐngduān ¶~의 상단 | 头版头条 ❷【头版头条】tóubǎn tóutiáo ¶이 사건의 기사를 1면의 ~으로 다루었다 | 这一事件的报道登在了头版头条。

톱날【锯齿】jùchǐ【锯刃】jùrèn

톱뉴스[top news]몡【头条新闻】tóutiáo xīnwén【头手消息】tóushǒu xiāoxī ¶그의 건의를 ~로 삼다 | 以他的建议为头条新闻。

ᴮ**톱니**【锯齿】jùchǐ ❷〈生〉【锯齿状叶缘】jùchǐ zhuàngyèyuán

ᴮ**톱니바퀴**몡❶【齿轮】chǐlún

ᴮ**톱밥**【锯末儿】jùmòr

ᴮ**톱질**【锯】jù【拉锯】lā/jù ¶나무 토막을 ~하다 | 锯木头。

ᴮ**통¹**몡❶ (굵기)【粗细】cūxì ❷ (바지통·소매통)【筒儿】tǒngr【腿儿】tuǐr【筒】tǒng ¶~이 좁은 바지 | 裤腿瓦窄的裤子。¶소매~ | 袖筒儿。❸ (도량)【度量】dùliàng【胆量】dǎnliàng【气魄】qìpò ¶몸집은 작아도 ~은 크다 | 身材小，但度量大。

통²몡【圈子】quān·zi【团伙】tuánhuǒ ¶한 ~이 되어 사람을 속이다 | 结成团伙骗人。

통³몡 (배추의 심)【心儿】xīnr【柱儿】zhùr

ᴮ**통⁴**뭐 (전혀·도무지)【完全】wánquán【根本】gēnběn ¶그 놈의 꿍꿍이 속을 ~ 알 수가 없다 | 根本不知道他葫芦里装的是什么药。

ᴬ**통⁵**【桶】의몡❶ (큰 그릇 따위)【桶】tǒng【槽】cáo ¶물~ | 水桶。¶술 한 ~을 마시다 | 喝一桶酒。¶기름 ~ | 油yóu槽。❷ (속이 빈 물건)【筒】tǒng【筒子】tǒng·zi ¶우체~ | 邮筒。

통⁶【通】의몡❶【封】fēng【次】cì【个】gè【张】zhāng【本】běn ¶편지 한 ~ | 一封信。¶전화 한 ~ 걸다 | 打一次电话。¶서류 세 ~ | 三个文件。¶주민 등록 등본 두 ~ | 两本户口本。

통⁷의몡【棵】kē【个】gè【匹】pǐ ¶배추 한 ~ | 一棵白菜。¶수박 열 ~ | 十个西瓜。

-통ᵃ[-通]回【通】tōng【灵通人士】língtōngrénshì【老】lǎo ¶중국~ | 中国通。¶소식~ | 消息灵通人士。

통가[Tonga]몡〈地〉【汤加】Tāngjiā【东加】dōngjiā〔뉴질랜드(New Zealand) 동북쪽의 군도로 영연방내의 독립국. 수도는 "努库阿洛法"(누쿠알로파;NuKualofa)〕

통감【痛感】몡하타【痛切地感到】tòngqiè·de gǎndào ¶사태의 중요성을 ~하다 | 痛切地感到事态的重要性。¶그 때 나는 비로소 어머니의 사랑을 ~했다 | 那时我才痛切地感到母亲的爱。

ᴬ**통계**【统计】몡【统计】tǒngjì ¶~조사 | 统计调查。¶~치 | 典型统计量。¶관련 수치에 대해서 ~를 내었다 | 对有关数据进行了统计。

ᴬ**통계표**【统计表】몡【统计表】tǒngjìbiǎo【统计数字表】tǒngjì shùzìbiǎo

ᴬ**통고**【通告】몡하타【通知】tōngzhī【通告】tōnggào ¶결정 사항을 ~하다 | 通知决定的事项。¶전국에 널리 ~하다 | 通告全国。

ᴬ**통곡**【痛哭】몡하자【痛哭】tòngkū【嚎啕】háotáo【恸哭】tòngkū ¶그는 목이 메도록 ~하지 않을 수 없었다 | 他不禁失声枘哭。

ᴬ**통과**【通过】몡하자타【通过】tōng/guò【过境】guò/jìng【转口】zhuǎnkǒu【通行】tōngháng ¶~의례 | 通过仪式。¶길이 너무 좁아 자동차가 ~ 할 수 없다 | 路太窄，汽车通不过。¶제안이 만장일치로 ~되었다 | 提案已一致通过了。

ᴬ**통과의례**[通過儀禮]몡【通过仪式】tōngguǒyíshì

통관[通關] 몡하자타 【通关】tōngguān 【结关】jié/guǎn ¶~수속을 하다 | 办通关手续.

통괄[統括] 몡하타 【总括】zǒngkuò 【综括】zǒngkuò ¶사무를 ~하다 | 总括事务. ¶여러 의견을 ~하다 | 总括各种意见.

°**통근**[通勤] 몡하자 【上班】shàng/bān 【通勤】tōngqín ¶~ 시간이 한 시간이나 걸리는 곳에 거주하다 | 居住在通勤时间还需要一个小时的地方. ¶~거리 | 上下班距离.

통금[通禁] 【禁止通行】jìnzhǐ tōngxíng 【宵禁】xiāojìn ¶~시간 | 禁止通行时间.

통기타[简 guitar] 몡〈音〉【简吉它】tǒngjítā

°**통나무**[原木] 【原木】yuánmù ¶~로 집을 짓다 | 用原木盖房子.

°**통나무배** 몡【独木船】dúmùchuán 【独木舟】dúmùzhōu

통념[通念] 【一般概念】yìbān gàiniàn ¶사회~ | 社会的一般概念.

통달[通達] 몡하자타 【精通】jīngtōng 【融会贯通】róng huì guàn tōng ¶경제에 ~하다 | 精通经济. ¶사서삼경에 ~하다 | 精通四书三经.

통렬[痛烈] 몡하혱 【严厉】yánlì 【尖锐】jiānruì 【激烈】jīliè 【猛烈】měngliè ¶여론의 ~한 규탄 | 舆论yúlùn的严厉谴责qiǎnzé. ¶그를 ~히 비평했다 | 严厉地批评了他一顿dùn.

통례[通例] 몡【通例】tōnglì 【惯例】guànlì ¶창립 기념일에는 휴업을 하는 것이 ~다 | 在成立纪念日停业是通例. ¶아직은 장남이 부모를 모시는 것이 ~로 되어 있다 | 到现在长子供养父母仍成为惯例.

°**통로**[通路] 【通路】tōnglù 【渠道】qúdào 【过道】guòdào ¶상호 연락~ | 互相联系liánxì的渠道.

통마늘 몡【整头蒜】zhěngtóusuàn

통보[通報] 몡하타 【通报】tōngbào ¶관련 상황을 하급기관에 ~하다 | 通报了有关情况. ¶기상~ | 气象通报. ¶사건 발생의 ~를 받다 | 接到事件发生的通报.

통분[痛憤;痛忿] 몡하혱 【令人心痛】lìn-

ngrén xīntōng 【气愤】qìfèn ¶이 어찌 ~할 일이 아니겠는가? | 这难道不是令人心痛的事吗? ¶그들의 냉대에 ~했다 | 他们的冷淡让我气愤不已.

통사정[通事情] 몡하자 【恳求】kěnqiú 【百般恳求】bǎi bān kěn qiú ¶도와 달라고 ~을 하다 | 恳求帮忙. ¶~하고 보니 참 딱하더라 | 百般恳求后回想了一下, 真觉得不太容易.

°**통상**[通常] 몡【通常】tōngcháng ¶~적인 방법 | 通常的方法. ¶~적인 상황 | 通常的情况. ¶~ 겪는 일 | 通常经历的事情.

통상[通商] 몡하자 【通商】tōng/shāng 【交易】jiāoyì 【买卖】mǎimài 【贸易】màoyì ¶외국과의 ~을 활발하게 하다 | 振兴zhènxīng对外通商. ¶~협정 | 通商协定. ¶~조약 | 通商条约.

통성명[通姓名] 몡하자 【互通姓名】hù tōng xìng míng 【互相认识】hùxiāngrèn·shi ¶서로 ~이나 하고 지냅시다 | 互相认识一下吧.

통속[通俗] 몡❶(단체·집단) 【狐群狗党】hú qún gǒu dǎng 【狐朋狗友】húpéng gǒu dǎng ¶그 작자도 같은 ~이다 | 那个家伙也是同一个狐群狗党. ❷(음모) 【底细】dǐ·xi 【内幕】nèimù

통속[通俗] 몡【通俗】tōngsú ¶~적인 읽을거리 | 通俗读物. ¶이 작품은 아주 ~적이다 | 这部作品非常通俗.

°**통솔**[統率] 몡하타 【统率】tōngshuài 【指挥】zhǐhuī ¶전군은 총사령관이 ~한다 | 全军由总司令统率. ¶이 부대는 그가 ~한다 | 这支部队由他指挥.

°**통신**[通信] 몡하타 【通信】tōng/xìn 【通讯】tōngxùn 【函电】hándiàn ¶~교육 | 函授教育. ¶~위성 | 通讯卫星.

°**통신망**[通信網] 몡【通讯网】tōngxùnwǎng 【电信网】diànxìnwǎng 【通信网】tōngxìnwǎng

통신 판매[通信販賣] 몡【邮购】yóugòu 【函售】hánshòu 【通讯贩卖】tōngxùn fànmài 【邮寄销售】yóujì xiāoshòu 【邮售】yóushòu 【通讯销售】tōngxùn xiāoshòu 【函购业务】hángòu yèwù

¶~ 출판물 | 邮购刊物。 ¶~점 | 函售店。

ᶜ**통역**[通譯] 圐하타【翻译】fānyì ¶~을 맡다 | 当翻译。 ¶~수행 —원 | 随团翻译。

통용[通用] 圐【通用】tōngyòng ¶~화폐 | 通用货币bì。 ¶국제간에 ~되다 | 在国际上通用。

ᴬ**통일**[統一] 圐하타【统一】tǒngyī ¶일치 | 一致zhì ¶모두의 의견이 점차 ~되어 갔다 | 大家的意见逐渐统一了。 ¶조국 ~ | 祖国统一。 ¶말과 실천의 ~ | 言行的统一。 ¶의견 ~ | 意见一致。

ᴮ**통장**[通帳] 圐【折子】zhé·zi【摺子】zhé·zi【存簿】cúnkuǎnbù

통절[痛切] 圐혱【痛切】tòngqiè【悲痛欲绝】bēitōng yùjué ¶노신선생은 그해 다음과 같이 ~한 호소를 했습니다; 제발 좀 아이들을 구합시다 | 鲁迅先生当年曾发出痛切的呼吁hūyù; 救救孩子! ¶~하게 느끼다 | 痛切认识。

ᶜ**통제**[統制] 圐하타【控制】kòngzhì【统制】tǒngzhì【监督】jiāndū【管制】guǎnzhì【统一管理】tǒngyī guǎnlǐ【抑制】yìzhì【限定】xiàndìng ¶자신의 감정을 ~하다 | 控制自己的感情。 ¶출입을 ~하다 | 控制出入。 ¶수입을 ~하고 감시하다 | 管制进口jìnkǒu。

ᴮ**통조림**[桶—] 圐【罐头】guàn·tou ¶~식품 | 罐头食品。 ¶과일 ~ | 水果罐头。 ¶쇠고기 ~ | 牛肉罐头。 ¶~따개 | 开罐头刀。

ᴮ**통증**[痛症] 圐【疼痛症】téngtòngzhèng ¶~이 심하다 | 疼痛越来越厉害。

ᶜ**통지**[通知] 圐하타【通知】tōngzhī【通报】tōngbào【通告】tōnggào ¶그들에게 바로 출발하라고 ~하다 | 通知他们马上出发。 ¶~를 보내다 | 发出通知。 ¶선생의 위독한 사실을 사방에 ~하다 | 四处通知先生危急的情况。

통지서[通知書] 圐【通知单】tōngzhīdān

통째(로) 图【整块】zhěngkuài【整个】zhěng·ge【囫囵】húlún ¶이것은 ~로 팔 수밖에 없다 | 这只能整块地卖。 ¶~삼키다 | 囫囵吞下去。

통찰[洞察] 圐하타【洞察】dòngchá【观察】guānchá ¶미세한 것까지 ~하다 | 洞察秋毫。 ¶옳고 그름을 ~하다 | 洞察是非。 ¶예리한 ~ | 锐利的洞察。

통첩[通牒] 圐하타【通牒】tōngdié ¶최후 ~ | 最后通牒。

ᶜ**통치**[統治] 圐하타【统治】tǒngzhì ¶~집단 | 统治集团。 ¶침략자들이 이 나라를 ~했다 | 侵略者统治了这个国家。 ¶~기관 | 统治机关。

통칭[通稱] 圐【通称】tōngchēng【泛称】fànchēng ¶"옥수수"는 ~"玉米"라고 한다 | 玉蜀黍yùshǔshǔ通称玉米。 ¶"水银"은 "汞"의 ~이다 | 水银是汞gǒng的通称。

통쾌하다[痛快—] 혱【痛快】tòng·kuai ¶너의 말은 들으면 아주 ~ | 你的话让人听了感到痛快。 ¶통쾌한 승리를 거두다 | 取得痛快的胜利。

통탄[痛歎] 圐하타【痛叹】tòngtàn【叹息】tànxī ¶~해 마지않다 | 叹息不已。

ᶜ**통통¹** 튀【❶(발동기 소리)【突突】tūtū ¶트랙터가 ~거리며 다가왔다 | 拖拉机突突地开过来了。 ❷(구르거나 두드리는 소리)【噔噔】dēngdēng ¶마루를 ~ 구르다 | 把地板踩得噔噔响。

ᶜ**통통²** 튀하혱【胖乎乎】pànghūhū【胀鼓鼓】zhànggǔgǔ ¶발목이 ~ 부었다 | 脚脖子鼓鼓地肿了。

ᶜ**통틀어** 튀【一总】yìzǒng【总共】zǒnggòng【一共】yìgōng【全部】quánbù ¶~얼마니? | 总共多少钱? ¶~몇 명 있습니까? | 一共有几个人?

ᶜ**통풍**[通風] 圐하자【通风】tōngfēng【通气】tōngqì ¶~기 | 通风机。 ¶~구 | 通风口。

ᴬ**통하다**[通—] 图 ❶(막힘이 없이 트이다)【相通】xiāngtōng ¶이것은 두 칸이 서로 통하는 방이다 | 这是两间相通的屋子。 ❷(의사 등이 순조롭다)【相通】xiāngtōng【沟通】gōutōng【合得来】hé·delái ¶감정이 ~ | 感情相通。 ¶저 친구와는 잘 통하는 사이다 | 跟那位朋友是合得来的关系。 ❸(말이나 문장에 막힘이 없다)【通】tōng【通顺】tōngshùn ¶이 글은

문맥이 잘 통하지 않는다 | 这篇文章写得不通顺。❹(어느 분야에 대해 훤히 알다)【精通】jīngtōng ¶경제에 ~ | 精通经济。¶금석학에 ~ | 精通金石学。❺(교통기관·도로 등이 이어지거나 다니다)【通】tōng【打通】dǎtōng【通往】tōngwǎng【通向】tōngxiàng ¶길이 사방으로 ~ | 路通四方。¶시내로 통하는 도로 | 通向城内的道路。¶서울역으로 통하는 길 | 通往汉城站的路。❻(비밀히 연락하거나 관계 맺다)【私通】sītōng ¶다른 나라와 ~ | 私通外国。❼(전체에 걸치다)【通】tōng ¶사해(四海)를 통하여… | 通之四海。❽(사람·조직 등을 거치다)【通过】tōngguò【经过】jīngguò ¶학습을 통해 우리는 인식을 심화했다 | 通过学习, 我们加深了认识。¶텔레비전을 통하여 실황을 알리다 | 通过电视转播实况。❾(배설물이 몸밖으로 나가다)【顺畅】shùnchàng ¶대변이 잘 ~ | 大便很顺畅。

통학[通學] 명하자 【走读】zǒudú【通勤】tōngqín ¶~ 거리가 멀다 | 通勤的距离远。¶자전거로 ~하다 | 骑自行车通勤。¶~열차 | 通勤列车。

통한[痛恨] 명하타 【痛恨】tònghèn ¶~의 눈물 | 痛恨的泪水。¶남북이산 가족들이 보낸 ~의 사십 년 세월 | 南北离散家族度过的痛恨的四十年岁月。

통합[統合] 명하타 【合并】hébìng【归并】guībìng【结合】jiéhé【综合】zōnghé ¶세 가지 제의를 ~하여 토론하다 | 把三个提议tíyì合并讨论tǎolùn。¶야당 ~ | 野党合并。¶이 공장은 나중에 큰 공장에 ~되었다 | 这个厂后来归并到另一个厂里去了。¶도시와 농촌간의 ~ | 城乡结合。

°**통행**[通行] 명하자타 【通行】tōngháng ¶좌측 ~ | 靠左kàozuǒ通行。¶~규정 | 通行规定。¶~ 금지 | 禁止通行。

통행차단기[通行遮斷機] 명 【落杆】luògān

ᴮ**통화**[通話] 명하자 【通话】tōng/huà ¶북경과 뉴욕간에 ~했다 | 在北京

和纽约之间通话。¶두 번 ~했다 | 通了两次话。¶한 ~는 2분이다 | 一次通话是两分钟。

통화[通貨] 명〈經〉【通货】tōnghuò

퇴거[退去] 명하자 【迁移住址】qiānyízhùzhǐ【搬家】bān/jiā【迁出】qiānchū

퇴방[退房] 명하타 【退房】tuìfáng ¶~ 비용 | 搬家费fèi。¶~ 신고 | 退房申报。

ᴮ**퇴근**[退勤] 명하자 【下班】xià/bān【放工】fàng/gōng【放活】fànghuó ¶~ 시간 | 下班时间。¶그는 항상 정시에 ~한다 | 他老准时下班。

퇴락[頹落] 명하자 【衰败】shuāibài【破败】pòbài ¶~한 가옥 | 衰败的屋舍。

퇴물[退物] 명 ❶(쓰던 물건)【旧物】jiùwù ❷(물러난 사람)【退出来的人】tuìchūlái·de rén【破烂货】pòlànhuò

퇴보[退步] 명하자 【退步】tuì/bù【后退】hòutuì ¶그는 요즘 학업 성적이 ~했다 | 他近来学习成绩退步了。¶또 한 걸음 ~했다 | 又退了一步。

퇴비[堆肥] 명 【肥料】féiliào ¶~를 만들다 | 做肥料。

퇴색[退色;褪色] 명하자 【褪色】tuìshǎi【掉色】diào/shǎi【退色】tuìsè ¶이 옷감은 ~될 리가 없고, 세탁이나 착용에도 질기다 | 这种料子不会掉色, 耐洗耐穿。

퇴역[退役] 명하자 【退役】tuì/yì ¶~ 장군 | 退役将军。¶~ 연금 | 退役退休金。

ᴮ**퇴원**[退院] 명하자 【出院】chū/yuàn ¶~ 수속 | 出院手续。¶환자를 ~하게 하여내 | 让病人出院。

퇴임[退任] 명하자 【退休】tuìxiū【退职】tuìzhí ¶임기만료로 ~한 이사 | 任期完结的退休人士。

ᴮ**퇴장**[退場] 명하자 ❶(회의장 등에서)【退场】tuì/chǎng【退席】tuì/xí ¶대표단은 ~하기로 결정했다 | 代表团决定退席。❷(무대에서)【下场】xià/chǎng ¶무대에서 ~하다 | 从舞台上下场。❸(경기장 등에서)【被罚出场】bèifáchūchǎng

퇴적[堆積] 명하자타 ❶(쌓다)【堆积】duījī【积累】jīlèi【垛】duò【堆】duī【堆垛】duīduò ¶~비용 | 堆垛费。¶~장 | 堆垛置场。❷(지질)〈沉积

chénjī 【堆积】duījī 【冲积】chōngjī ¶
~작용 | 沉积作用。¶~층 | 堆积
层。¶~평야 | 冲积平原。

퇴직[退職] 몡하자 【退职】tuìzhí 【退
休】tuìxiū 【退归】tuìguī 【退闲】tuìxián
【下乡】xiàxiāng 【下海】xiàhǎi 【下
岗】xiàgǎng ¶정년 ~ | 到龄退职。
¶명예 ~ | 名誉退职。¶그는 이년
전에 ~했다 | 他两年前就退休了。¶
~수당 | 退职津贴。¶~금 | 退职
金。¶~연령은 60세이다 | 退休年龄
是六十岁。

퇴진[退陣] 몡하자 ❶〈軍〉【退阵】tuì-
zhèn 【撤退】chètuì ❷〈下台〉xià/tái
【退位】tuìwèi ¶그들은 수상의 ~을
요구했다 | 他们要求首相退位。

퇴짜놓다[退字-] 통 【拒绝】jùjué 【退
回】tuìhuí ¶퇴짜를 놓다 | 表示拒
绝。¶선 본 남자를 ~ | 拒绝了相亲
的男子。

퇴짜맞다[退字-] 통 【遭拒绝】zāojùju-
é 【被拒回】bèijùhuí 【不及格】bùjígé

퇴치[退治] 몡하다 【清除】qīngchú 【扫
除】sǎochú 【消除】xiāochú ¶문맹을
~하다 | 扫除文盲wénmáng。¶해
충을 ~하다 | 消除害虫。

퇴폐[頹廢] 몡 【颓废】tuífèi ¶그
는 ~적인 생활을 하고 있다 | 他过着
颓废的生活。¶~풍조 | 颓废风气。
¶~문학 | 颓废文学。

퇴학[退學] 몡하자 【退学】tuì/xué ¶
성행이 불량하여 ~을 당하다 | 由于
品行不良被退学。¶~처분 | 退学处
理。

퇴화[退化] 몡하자 〈生〉【退化】tuìhuà
¶~기관 | 退化器官。¶닭은 날개가
점점 ~하여 하늘을 날 수 없게 되었다
| 鸡的翅膀chìbǎng逐渐zhújiàn退化,
不会在空中飞行了。

뒷마루[退-] 몡 【木廊台】mùlángtái

투[套] 몡 【方式】fāngshì 【样子】yàng-
zi 【格式】gé·shi 【一套】yítào 【口气】k-
ǒuqì ¶편지쓰는 ~로 쓰다 | 用写信
的方式写。¶말하는 ~ | 说话的样子
/说话的口气。¶그 사람은 말하는 ~
가 건방지다 | 那个人说话的口气傲
慢。

투고[投稿] 몡하자 【投稿】tóu/gǎo
【投】tóu ¶그는 연달아 세 편을 ~했

다 | 他一连投了三篇稿。¶신문사에
~하다 | 向报社投稿。¶~란 | 投稿
栏。

투구[投球] 몡하자 〈體〉【投球】tóuqiú
~ 동작 | 投球动作。

투구[头盔] 몡 【钢盔】gāngkuī

투기[投機] 몡〈經〉【投机】tóu/jī 【投
机倒把】tóujī dǎobǎ ¶~매매 | 投机
买卖。¶부동산의 ~ 거래 | 房地产
的投机交易。¶~꾼 | 投机倒把分
子。¶~사업 | 冒险事业/投机事
业。¶~시장 | 投机市场。

투기[妬忌] 몡하자 【嫉妒】jídù ¶아낙
의 ~는 칠거지악의 하나였다 | 老娘
们的嫉妒是七去之恶一一。

투덜거리다 통 【嘟囔】dū·nang 【嘀咕】
dí·gu ¶계속 입 속으로 ~ | 嘴里不
住地嘟囔。¶혼자말로 ~ | 自言自语
地嘀咕。 참고 〔嘟囔〕〔嘀噜〕〔嘟嘟囔
囔〕〔嘟 嘟 哝 哝〕〔都哝〕〔都噜〕〔咕弄
囔〕

투덜투덜 뿐하자 【嘟囔】dū·nang 【嘀
咕】dí·gu 【嘟嘟囔囔】dūdūnāngnāng
【嘟嘟哝哝】dūdūnōngnōng 【都哝】dū-
nóng 【都噜】dūlū 【咕囔】gūnāng ¶~
혼잣말을 하다 | 自言自语地嘟囔。

투르크멘[Turkmen] 몡〈地〉【土库曼】
Tǔkùmàn 〔独立国家协〕(독립국가
연합;CIS) 중의 한 나라. 수도는 "阿Ā
什哈巴特"(아 슈 하 바트;Ashkha-
bad) 참고 〔土库克门〕〔土可曼〕

투명[透明] 몡하원 【透明】tòumíng 【清
朗】qīnglǎng ¶물은 무색 ~한 액체이
다 | 水是无色透明的液体。¶반~ |
半透明。¶불~ | 不透明。¶~유리 |
透明玻璃。¶~한 가을 하늘 | 清
朗的秋季天空。

투박스럽다 혱 【粗】cū 【粗鲁】cūlǔ ¶투
박스럽게 생긴 질그릇 | 外观粗造的
陶器。¶투박스럽게 내쏘다 | 粗鲁地
吐了一句。

투박하다 혱 【粗重】cūzhòng 【粗糙】cū-
cāo 【粗】cū 【粗鲁】cūlǔ ¶투박한 손
| 粗重的手。¶투박한 제품은 너무
~ | 这个手工制品太粗了。¶투박한
외투 | 粗制的外套。

투발루[Tuvalu] 몡〈地〉【图瓦卢】Tú-
wǎlú 〔수도는 "富纳富提"(푸나푸티;
Funafuti)〕참고 〔吐Tǔ瓦鲁〕

투병[鬪病] 몡하자【与疾病作斗争】yǔ-jíbìng zuò dòuzhēng ¶~일기 | 与疾病作斗争日记.

투사[鬪士] 몡【战士】zhànshì ¶항일 ~ | 抗日战士. ¶독립 ~ | 独立战士.

ㅡ투성이[휌] 몡【浑】hún【满】mǎn【全】quán ¶피~ | 浑身是血. ¶그 여자의 이야기는 모두 거짓말~였다 | 她的话全是谎言.

투수[投手] 몡⟨體⟩【投手】tóushǒu【投球手】tóuqiúshǒu

투숙[投宿] 몡하자【住宿】zhù ¶여관에 ~하다 | 住旅馆lǚguǎn.

투시[透視] 몡하타❶ (비치어 봄)【透视】tòushì【光】guāng ¶이 부위는 ~되어 나올 수 없다 | 这个部位透视不出来. ¶~도법 | 透视画法. ❷(X선의)【X光】Xguāng ¶~ 촬영 | X光摄影.

투신[投身] 몡하자❶ (몸을 던짐)【跳】tiào ¶~자살 | 跳楼自杀. ❷(종사함)【献身】xiàn/shēn【投身】tóushēn【致力】zhìlì ¶혁명에 ~하다 | 献身革命gémìng. ¶평생 동안 자선 사업에 ~하다 | 一生致力于慈善事业.

투약[投藥] 몡하자【投药】tóuyào【发药】fāyào ¶환자에게 ~하다 | 给患者投药.

투여[投與] 몡하타【给予】jǐyǔ【投药】tóuyào【开】kāi ¶항생제를 ~하다 | 开抗菌剂.

투영[投影] 몡【投影】tóuyǐng ¶~된 그림자가 그다지 분명하지 않다 | 投影不太清楚. ¶수면에 ~된 석탑 | 投影到水面的石塔.

투옥[投獄] 몡하타【下监牢】xiàjiānláo【监禁】jiānjìn【入狱】rùyù ¶살인 혐의를 받고 ~되다 | 受杀人嫌疑被入狱.

투우[鬪牛] 몡【斗牛】dòuniú ¶~사 | 斗牛士. ¶~장 | 斗牛场.

투입[投入] 몡하타❶ (던져 넣음)【装】zhuāng【掷】zhì【投】tóu ❷(재화·용역 등을 투자하다)【投入】tóurù【用】yòng【花费】huāfèi ¶자금을 ~하다 | 投入资金. ¶1개 중대를 전투

에 ~하다 | 把一个连队投入战斗. ¶자본을 엄청나게 ~하다 | 花费很多本钱.

투자[投資] 몡하자【投资】tóu/zī【拨款】bōkuǎn【付资】fùzī【提供资金】tígōng zījīn ¶그는 수천만원을 ~해서 공장을 하나 세웠다 | 他投资几千万元兴建了一个工厂. ¶~기금 | 投资基金. ¶~ 시장 | 投资市场. ¶~설비 | 设备投资.

투쟁[鬪爭] 몡하자【斗争】dòuzhēng ¶법정 ~으로 잘잘못을 가리다 | 以法庭斗争分是非. ¶임금 인상 ~ | 提高工资的斗争.

투정 몡하자타【挑拣】tiāojiǎn【挑刺儿】tiāo/cìr【耍赖】shuǎ/lài ¶반찬 ~ | 挑食. ¶여기는 ~을 부리는 곳이 아니다 | 这儿不是耍赖的地儿.

투지[鬪志] 몡【斗志】dòuzhì【斗争意志】dòuzhēng yìzhì ¶~를 불태우다 | 增强zēngqiáng斗志. ¶그 소식을 듣고 우리는 완전히 ~를 잃고 말았다 | 听了那个消息，我们完全丧失了斗志.

투척[投擲] 몡하타【抛掷】pāozhì【掷】zhì【投】tóu【投掷】tóuzhì ¶수류탄을 ~하다 | 抛掷手留弹shǒuliúdàn.

투철[透徹] 몡하협【透彻】tòuchè【鲜明】xiānmíng ¶논지가 ~하다 | 论点透彻. ¶~한 군인 정신 | 鲜明的军人精神.

투표[投票] 몡하자【投票】tóu/piào ¶누구에게 ~했느냐? | 投了谁的票? ¶반대 ~하다 | 投票反对. ¶무기명 ~ | 无记名投票. ¶~권을 행사하다 | 行使投票权.

투피스[two piece] 몡【女式两件套】nǚshì liǎngjiàntào

투하[投下] 몡하자【投弃货】tóuqìhuò【投货】sōngcāng【浮货】fúhuò【海上抛弃】hǎishàng pāoqì【投下】tóuxià【耗费】hàofèi ¶폭탄을 ~하다 | 投下炸弹. ¶막대한 자본을 ~하다 | 耗费巨大的资本.

투항[投降] 몡하자【投降】tóuxiáng ¶그들은 차라리 희생이 될지언정 적에게 ~하지 않는다 | 他们宁可牺牲, 也不投降敌人. ¶~을 권고하다 | 劝降.

투혼[鬪魂] 圓 【斗魂】dòuhún【斗争精神】dòuzhēng jīngshén 【意志】yìzhì ¶~을 불태우다 | 燃起斗争意志.

툭 圓 ❶ (튀어나온 모양) 【凸出】tūchū ¶이마가 ～ 불거지다 | 前额凸出来了. ❷ (물건이 가볍게 터지는 모양) 【砰】pēng ¶고무풍선이 ～ 터지다 | 气球砰的一声破了. ❸ (가볍게 두드리는 소리)【轻轻】qīngqīng ¶어깨를 ～ 치다 | 轻轻拍肩膀. ❹ (탄력성 있는 것이 튀어 오르는 모양)【砰】pēng ¶공이 ～ 튀어 오르다 | 球砰的一声弹上来了. ❺ (물건이 튀어 오르는 모양)【啪】pā ¶끈이 ～ 끊어지다 | 绳子啪的一声断了. ❻ (무겁지 않은 것이 떨어지는 소리)【咚】dōng ¶보따리를 ～ 떨어 뜨리다 | 包裹咚的一声被掉下来. ❼ (가볍게 한 마디 하는 모양)【顶】dǐng ¶한 마디 ～ 던지고 나가다 | 气鼓鼓顶一句就出去了.

툭탁거리다 圓 【推来推去】tuī lái tuī qù ¶아이들은 툭탁거리며 싸우다가도 금방 잊은 듯이 어울려 논다 | 孩子们刚才还推来推去地打架, 可是过了一会儿马上就没有事儿似地一起玩儿起来了.

툭툭 圓 【吧嗒】bātā 【吧嗒】bādā 【啪嗒】pādā ¶～ 하고 땅에 떨어졌다 | 吧嗒一声掉在地下了. ¶～하는 소리와 함께 떨어졌다 | 啪嗒一下儿掉diào下来了.

툭하면 圓 【动不动就】dòng bù dòng jiù 【动辄】dòngzhé ¶～ 오라 가라 한다 | 动不动就叫来叫去. ¶～ 그만두겠다고 투정을 부린다 | 动不动就挑刺儿, 声称不干了. ¶～ 성을 내다 | 动辄发怒.

툰드라[tundra] 圓〈地〉【冻原】dòngyuán【臺原】tāiyuán【冻土带】dòngtǔdài

툴 [tool] 圓 【工具】gōngjù

툴바 [tool bar] 圓〈電算〉【工具 ㅂ】gōngjùlán

툴툴거리다 圓 【嘟囔】dū·nang ¶무엇이 못마땅한 지 계속 툴툴거리기만 한다 | 好像有什么不满, 总是嘟嘟囔囔的.

퉁 圓 【笃】dǔ 【咚】dōng ¶북을 ～ 울리다 | 咚咚敲鼓.

퉁겨지다 圓 ❶ (어긋나다) 【脱节】tuō/

jié 【脱臼】tuō/jiù ❷ (불쑥 나오다)【露出】lòu·chu 【暴露】bàolù

퉁기다 圓 ❶ (버틴 것을) 【抽出来】chōuchūlái ❷ (뼈 등을) 【脱臼】tuō/jiù ❸ (악기를) 【弹】tán ¶기타를 ～ | 弹吉它.

퉁명스럽다 圈 【气鼓鼓】qìgǔgǔ 【生硬】shēngyìng 【不和气】bùhéqì ¶퉁명스럽게 쏘아 붙이다 | 气鼓鼓地顶了一句. ¶퉁명스러운 태도 | 生硬的态度.

퉁소 圓〈音〉【洞箫】dòngxiāo

퉁탕 圓 【嘡嘡】dāngdāng 【嘡嘡】tōngtōng 【隆隆】lónglóng ¶～거리며 복도를 뛰어오다 | 在走廊里嘡嘡地跑过来. ¶아이들이 복도를 ～거리며 뛰어다니다 | 孩子们在走廊里嘡嘡地跑来跑去.

퉁퉁 圓圈 【肥胖】féipàng 【肿】zhǒng 【胖胖】pàngpàng ¶추워서 얼굴이 얼어 ～ 부었다 | 冷得脸都冻肿了. ¶울어서 눈이 ～ 붓다 | 眼睛哭得肿肿的.

퉤퉤 圓 【呸呸】pēipēi ¶식사 중에 돌이 씹혀서 휴지를 받쳐들고 ～ 뱉아 놓았다 | 正在吃饭的时候, 嚼了沙子, 所以拿废纸往废纸里呸呸地吐了出来.

튀기다¹ 圓 ❶ (손가락으로) 【弹】tán 【拍】pāi 【打】dǎ 【拨】bō ¶손가락으로 ～ | 用手指弹. ¶고무줄을 탁 ～ | 叭的弹橡皮绳. ¶주판을 ～ | 打算盘. ❷ (뛰어 달아나게 하다) 【惊走】jīngzǒu 【惊跑】jīngpǎo ¶그때 기침소리가 토끼를 튀게 했다 | 那当儿咳嗽ké·sòu一声儿把兔子惊跑了. ¶도둑을 ～ | 把盗贼惊跑了.

튀기다² 圓 【油炸】yóuzhá 【炸】zhá 【炒】chǎo 【爆】bào ¶바삭바삭하게 튀겨졌다 | 炸得很脆. ¶통닭을 ～ | 炸整鸡. ¶옥수수를 ～ | 爆玉米.

튀김 圓 【油炸食物】yóuzhá shíwù ¶새우 ～ | 炸虾.

튀니지[Tunisie] 圓〈地〉【突尼斯】Tūnísī [1956년에 프랑스로부터 독립한 아프리카 북부의 지중해 연안의 공화국. 수도는 "突尼斯"(튀니스; Tunis)]

튀다 圓 ❶ (물·불똥 등이) 【溅】jiàn 【迸】bèng ¶온몸에 물방울이 튀었다 | 溅了一身水. ¶불똥이 ～ | 火花飞

灖。¶화로에서 군밤이 ～｜在炉子里, 栗子迸开了。❷(탄력있는 것이)【弹】tán ¶공이 ～｜球弹得很高。❸(갈라지거나 터지다)【裂开】lièkāi ¶활을 만들려고 휘던 대나무가 ～｜为了作弓, 把竹子压弯的时候裂开了。❹(달아나다)【跑掉】pǎodiào ¶도둑이 ～｜盗贼跑掉了。

튀어나오다 통 ❶(돌출)【突出】tūchū【突起】tūqǐ【隆起】lóngqǐ ¶광대뼈가 툭 ～ 估骨突出。¶튀어나온 광대뼈｜突起的估骨。

튕기다 통 【弹】tán ¶튕긴 공을 잡다｜抓住被弹起来的球。

튜브 [tube] 명 ❶【管】guǎn【管子】guǎn-zi ❷【软管】ruǎnguǎn【内 (车) 胎】nèi (chē) tāi【橡皮管】xiàngpíguǎn

튤립 [tulip] 【植】【郁金香】yùjīnxiāng【洋水仙】yángshuǐxiān

트다¹ 통 ❶(갈라지다)【裂开】lièkāi ¶논바닥이 ～｜农田裂开了。¶오랫동안 가뭄이 들어 ～｜天久不雨, 田地龟裂。¶(밝아지다)【亮】liàng【黎明】límíng【破】pò ¶동이 텄다｜天亮了。¶먼동이 ～｜天破晓。❸(돋아나다)【发芽】fā/yá【萌芽】méng/yá ¶새싹이 ～｜发新芽。¶(피부가 갈라지다)【皴】cūn ¶엄동의 찬 바람에 얼굴이 ～｜被严冬的寒风脸皴了。

트다² 통 ❶(막힌 것을 통하게 하다)【开】kāi ¶길을 ～｜산을 깎아 길을 ～｜挖山开路。❷(거래 관계를 맺다)【打开】dǎ/kāi【打】dǎ【建立】jiànlì ¶교역을 ～｜打贸易。¶동구권과의 교역을 ～｜建立与东欧圈的交易关系。

트랙 [track] 명 【体】【跑道】pǎodào ¶석탄재를 깔아 굳힌 ～｜煤渣méizhā跑道。¶플라스틱 ～｜塑料sùliào跑道。

트랙볼 [trackball] 명 【电算】【轨迹球】guǐjìqiú

트랙터 [tractor] 명 【拖拉机】tuōlājī【牵引机】qiānyǐnchē【牵引机】qiānyǐnjī【铁牛】tiěniú【曳引机】yèyǐnjī ¶경작용 ～｜农场拖拉机。

트랜지스터 [transistor] 명 〈电〉❶【晶体管】jīngtǐguǎn【晶体三极管】jīngtǐsānjíguǎn【半导体管】bàndǎo tǐguǎn

【半导体三极管】bàndǎotǐ sānjíguǎn ¶～ 회로｜晶体管电路。¶～라디오｜晶体管收音机。❷【晶体管收音机】jīngtǐguǎn shōuyīnjī【半导体收音机】bàndǎotǐ shōuyīnjī

트러블 [truble] 명 【口角】kǒujiǎo【不愉快】bùyúkuài ¶～을 일으키다｜发生了口角。¶가정의 ～｜家庭口角。

트럭 [truck] 명 【卡车】kǎchē【载重车】zàizhòng qìchē【货车】huòchē【运货汽车】yùnhuò qìchē ¶한 대의 ～｜一辆liàng卡车。

트럼본 [trumbon] 명 〈音〉【长号】chǎnghào

트럼펫 [trumpet] 명 〈音〉【小号】xiǎohào

트럼프 [trump] 명 【扑克 (牌)】pūkè(pái) ¶～를 하다｜玩扑克/打扑克。

트렁크 [trunk] 명 ❶(여행용 가방)【皮箱】píxiāng【旅行箱】lǚxíngxiāng【衣箱】yīxiāng【手提箱】shǒutíxiāng ¶～리드 (lead)｜行李箱。❷(자동차 뒤의 짐 싣는 곳)【后背箱】hòubèixiāng

트레이닝 [trainning] 명 【训练】xùnliàn【练习】liànxí【锻炼】duànliàn【培训】péixùn ¶～ 팬츠｜训练短裤。¶～ 센터｜培训中心。¶～ 프로그램｜培训计划。

트레이드 [trade] 명 【贸易】màoyì【商业】shāngyè【交易】jiāoyì ¶～마크 (mark)｜商标/牌号。

트레일러 [trailer] 명 【拖车】tuōchē【挂车】guàchē【载货挂车】zàihuò guàchē ¶～버스｜拖车汽车。¶～트럭｜铰接式卡车。

트로트 [trot] 명 ❶【快步】kuàibù【疾步】jíbù ❷【孤步舞】gūbùwǔ【孤步舞曲】gūbù wǔqǔ

트로피 [trophy] 명 【奖杯】jiǎngbēi【奖盾】jiǎngdùn【胜利纪念品】shènglì jìniànpǐn【奖品】jiǎngpǐn ¶우승~｜优胜杯。

트롬본 [trombone] 명 〈音〉【长号】chǎnghào【长喇叭】chánglǎba

트리 [tree] 명 〈言〉【树形结构】shùxíng jiégòu

트리니다드 앤 토바고 [Trinidad and Tobago] 명 〈地〉【特立尼达和多巴

哥]Tèlínídá hé Duōbāgē [수도는 "西班牙港" (포트오브스페인(Port of Spain)]

트리오[이 trio] 圆〈音〉【三重奏】sānchóngzòu 【三个人一组】sān·gè·rén yīzǔ ¶피아노~| 钢琴三重奏。

트리폴리[Tripoli] 圆〈地〉【的黎波里】Dìlìbōlǐ ["利比亚"(리비아;Libya)의 수도]

트릭[trick] 圆【诡计】guǐjì 【计谋】jìmóu 【花招】huāzhāo 【骗局】piànjú 【欺诈】qīzhà

트림圆하자【饱嗝】bǎogé 【打嗝儿】dǎgér

트빌리시[Tbilisi] 圆〈地〉【第比利斯】Dìbǐlìsī ["格鲁吉亚"(그루지야;Gruzija)의 수도]

트위스트[twist] 圆【扭摆舞】niǔbǎiwǔ 【扭扭舞】niǔniǔwǔ ¶~를 추다 | 跳扭摆舞。

트이다图❶(막혀 있던 것이)【敲开】qiāokāi【开朗】kāilǎng【开通】kāitōng ¶탁 트이고 밝아지다 | 豁然开通。¶선생님의 설명을 듣고 보니 막혔던 생각이 확트였다 | 听了老师的说明, 被堵塞的思维豁然开朗。¶고속 도로가 ~ | 高速公路被开通。❷(마음 등이)【大改】dàgǎi【顿开】dùnkāi【顺利】shùnlì ¶만사가 뜻대로 ~ | 万事顺利。

트집图❶(탈)【无理取闹】wú lǐ qǔ nào【耍无赖】shuǎwúlài【找茬儿】zhǎo/chár【差儿】chār ¶그는 ~ 잡기를 좋아한다 | 他爱找茬儿。¶~만 잡고 흥정은 뒷전이다 | 只找茬儿, 不想谈价钱。❷(틈)【缝隙】fèngxì ¶피리에 ~이 생기다 | 笛子出了缝。

트집잡다图【挑剔】tiāo·tì【抓小辫】zhuāxiǎobiàn【无事生非】wú shì shēng fēi【寻事生非】xún shì shēng fēi【惹事生非】rěshì shēngfēi ¶다른 사람의 트집을 잡다 | 挑别人的毛病。¶너는 공연히 트집잡지마 | 你别无事生非了!

특가[特價] 圆【特价】tèjià 【大减价】dàjiǎnjià【廉价】liánjià ¶~로 판매하다 | 特价出售。¶~판매 | 廉价抛售。

특강[特講] 圆【专题课】zhuāntíkè【特讲】tèjiǎng ¶생명 공학 | 生命工学

특讲。

특공대[特攻隊] 圆【敢死队】gǎnsǐduì【特攻队】tègōngduì

특권[特權] 圆【特权】tèquán ¶~ 층 | 特权阶层。¶외교 | 外交特权。¶~을 누리다 | 享受xiǎngshòu 특权。¶~을 향유하다 | 享有特权。¶~ 의식 | 特权思想/特权意识。

특급[特急] 圆【特级】tèjí【超级】chāojí ¶~ 열차 | 特快车。¶~ 호텔 | 特级饭店。

특기¹[特技] 圆【特技】tèjì【绝技】juéjì【绝活儿】juéhuór ¶~를 지니고 있다 | 身怀特技。¶~ 시범 | 特技表演。¶~병 | 特技兵。

특기²[特記] 圆하타【特别记载】tèbiéjìzài ¶~할 만한 업적을 남기다 | 留下了值得特别记载的业绩。

특대[特大] 圆【特大】tèdà ¶~호 | 特大号。¶~호 신 | 特大的鞋xié。¶~호 옷 | 特大号衣服。

특명[特命] 圆하타【特命】tèmìng ¶외국 방문의 ~을 완수하다 | 完成出访的特命。¶~ 전권 대사 | 特命全权大使。

특별[特別] 圆하혈【特别】tèbié【特殊】tèshū【卓越】zhuóyuè【高明】gāomíng ¶스타일이 아주 ~하다 | 式样很特别。¶~ 대우 | 特殊待遇。

특별시[特別市] 圆【直辖市】zhíxiáshì

특보[特報] 圆하타【快报】kuàibào ¶개표 결과를 ~하다 | 对开箱验票结果进行特别报道。

특사[特使] 圆【特使】tèshǐ ¶~를 파견하다 | 派特使。¶대통령 ~| 总统 zǒngtǒng特使。

특산물[特産物] 圆【特产】tèchǎn【名产】míngchǎn ¶소금에 절여 만든 오리요리는 남경의 ~이다 | 盐水鸭是南京的特产。¶~은 무엇입니까? | 贵国的特产是什么?

특산품[特産品] 圆【特产】tèchǎn【名产】míngchǎn ¶인삼은 한국의 ~이다 | 人参是韩国的名产。

특색[特色] 圆【特色】tèsè【特点】tèdiǎn ¶한국 소설의 주요 ~ | 韩国小说的主要特点。¶그녀는 아주 ~있는 작가이다 | 她是个很有特色的作家。

특선[特選] 圆하타【特别选出】tèbié xuănchū【特选】tèxuǎn

특성[特性] 명【特性】tèxìng【特征】tè-zhēng ¶동물의 ~│动物的特性。¶개인의 ~│个人的特征。¶배우의 ~│按个人的特征。

특수[特殊] 명형【特殊】tèshū【特异】tèyì¶여기의 상황이 아주 ~하다│这里的情况很特殊。¶그는 ~한 환경 속에서 일한다│他在特殊环境里工作。¶~학교│特殊学校。

특수성[特殊性] 명【特殊性】tèshūxìng¶모순의 ~│矛盾的特殊性。¶각각의 ~을 고려하다│考虑其每一个的特殊性。

특수화[特殊化] 명【特殊化】tèshūhuà¶~에 반대하다│反对特殊化。

특약[特約] 명하타【特约】tèyuē¶~원고│特约稿。¶~ 판매점/~점│特约经售处。

특유[特有] 명하형【特有】tèyǒu¶이런 풍속은 이곳 ~의 것이다│这种风俗为此地所特有。¶그 고장의 ~의 민속 놀이│那个地方特有的民俗娱乐活动。

특위[特委] 명【特別委員】tèbié wěiyuán ¶국정 조사 ~를 가동하다│动员国情调查特別委员。

ᴮ**특이**[特異] 명형【特异】tèyì【特殊】tèshū【特別】tèbié¶그가 그린 화훼 그림은 풍격이 ~하다│他画的花卉huàhuì有一种特异的风格。¶그는 체질이 ~하여 섭생에 남달리 신경을 쓴다│他由于体质特別，因此比别人更注重于养生。¶그의 ~한 제스처와 웅변이 군중을 사로잡았다│他那特别的姿势和雄辩牢牢抓住了群众的心。

특전[特典] 명【特惠】tèhuì¶세금 면제의 ~│免除税额的特惠。

특정[特定] 명하타【特定】tèdìng¶~인물│特定人物。¶~한 조건하에서│在特定的条件下。¶~의 상품│特定的商品。

특종[特種] 명【特种】tèzhǒng¶~기사│特种消息。

특질[特質] 명【独特的性质】dútè·dexìngzhì【特性】tèxìng¶동양 문화의 ~│东洋文化的特性。

특집[特輯] 명【特辑】tèjí【专集】zhuān-jí¶뉴스 ~│新闻特辑。¶~기사│

| 特辑记事。

ᴮ**특징**[特徵] 명【特征】tèzhēng【特点】t-èdiǎn¶얼굴 ~│面部特征。¶민족 특징。¶예술(적) ~│艺术特点。¶별다른 ~이 없다│没有什么特点。

ᴮ**특차**[特次] 형【特別】tèbié¶~ 시험│特別考试。

특출[特出] 명하형【出众】chūzhòng【特出】tèchū【卓越】zhuóyuè【杰出】ji-échū¶재능이 ~하다│才华出众。¶~한 인재│杰出的人才。¶이 사람은 아주 ~하다│这个人很出众。¶그 고장에서는 예로부터 ~한 인물이 많이 배출되었다│在那个地方，自古以来就涌现出很多杰出的人物。

특파[特派] 명하타【特派】tèpài¶해외지사로 ~하다│特派到海外分公司。

ᴮ**특파원**[特派員] 명【特派员】tèpàiyuán¶그는 중앙에서 파견된 ~이다│他是中央特派员。

특필[特筆] 명하타【特写】tèxiě¶대서 ~하다│大写特写。

특허[特許] 명【专利】zhuānlì【专利权】zhuānlìquán¶15년간 ~을 주다│给十五年的专利。¶~를 가지다│享有专利。¶~등록│专利注册。

특허권[特許權] 명【专利权】zhuānlìquán【特许权】tèxǔquán【特许经营权】tèxǔ jīngyíngquán¶~법│专利法。

ᶜ**특허품**[特許品] 명【专利品】zhuānlìpǐn¶~은 복제할 수 없다│专利产品，不得仿fǎng制。

특혜[特惠] 명【最惠】zuìhuì【特惠】tèhuì【偏爱】piān'ài

특효[特效] 명【特效】tèxiào¶~약│特效药。¶이 약은 ~가 있다│此药有特效。

ᴬ**특효약**[特效藥] 명【特效药】tèxiàoyào¶감기의 ~은 없다│没有感冒的特效药。

ᴬ**특-히**[特-] 문【特別】tèbié¶오늘은 ~ 덥다│今天特別热。¶환절기에는 ~ 감기에 조심해야 한다│在换季节的时候，特別要注意感冒。

ᴬ**튼튼하다** 형 ❶ (몸이) 【结实】jiē·shi【坚硬】jiānyìng【健壮】jiànzhuàng【健

康】jiànkāng【硬朗】yìng·lang ¶그는
70여세가 되었지만, 몸은 아직도 ~ |
他七十多了, 身子骨儿挺硬朗。❷ (물
건이)【结实】jiē·shi【牢固】láogù【牢
靠】láokào【坚固】jiāngù【坚强】jiāng·
áng【雄厚】xiónghòu ¶튼튼한 댐이
홍수를 막았다 | 牢固的水坝shuǐbà挡
dǎng住了洪水。¶진지가 ~ | 阵地
坚固。¶튼튼하고 질기다 | 坚固耐
用。

^B틀 圐❶ (창문·액자 등의 테두리)【框】
kuāng【模型】móxíng【相框】xiāngku·
àng【模式】móshì【套框】tàotào【模
子】mó·zi 圐❶창 ~ | 窗框。¶사진을
~에 끼워 벽에 걸다 | 把相片夹在相
框里挂在墙上。¶메주콩을 쑤어 ~
에 넣어 네모지게 만들다 | 把煮好的
黄豆放进模子里作成方块型。❷ (정
해진 형식·격식)【程式】chéngshì【框
框】kuāng·kuang ¶융통성 없이 낡은
~을 타파하다 | 勇敢地打破框框。¶~
에 박힌 말만 한다 | 只讲框框话。❸
(일정한 윤곽)【架子】jià·zi【派头】pà·
i·tou【大纲】dàgāng ¶사장으로서의
~이 잡히다 | 具备了作为社长的架
子。¶문장을 쓸려면 먼저 ~을 잘 잡
아야 한다 | 写文章首先要把大纲立出
来。❹ (재봉틀)【机器】jī·qi ¶내
누빈 누비이불 | 用机器纫háng的薄b·
áo被bèi子。

틀니 圐【全套假牙】quántào jiǎyá【成
套假牙】chéngtào jiǎyá

^A틀다 图❶ (비틀다)【扭】niǔ【拧】níng
¶그의 팔을 ~ | 扭他的胳膊。¶나
사를 ~ | 拧螺丝luósī。❷ (머리털을
뭉쳐 올려 얹이다)【盘】pán ¶머리를
틀어 올리다 | 把头发盘上去。¶상투
를 ~ | 盘了一个发髻jì。❸ (기계나
장치 등을 작동시키다)【开】kāi ¶라
디오를 ~ | 开收音机。¶전축을 ~
| 开电唱机。❹ (솜을 타다)【弹】tán
¶솜틀로 묵은 솜을 ~ | 用弹花机弹
旧棉花。❺ (일 등을 방해하다)【妨
碍】fáng'ài【捣乱】dǎo/luàn【不同意】
bùtóngyì ¶저쪽에서 트는 바람에 결
국 결렬되었다 | 由于他们不同意, 结
果破裂了。❻ (만들다)【编】biān ¶
똬리를 ~ | 编头顶垫子。❼ (집 따위
를 짓다)【作】zuò【累】lěi ¶새가 보금

자리를 ~ | 鸟把巢累上。¶암닭이
알 품을 자리를 ~ | 母鸡累抱蛋的
窝。

^A틀리다 图❶ (잘못되다)【不对】búduì
【不正确】búzhèngquè【错】cuò ¶이
렇게 하는 것은 틀렸다 | 这样做不
对。¶네가 틀렸다 | 你错了。¶도대
체 어디에서 일이 틀렸느냐? | 事情究
竟jiū哪错在哪儿。❷ (끝장나다)
【不行】bùxíng【不可能】bùkěnéng ¶
3개월간 앓아서, 이미 틀렸다 | 病了
三个月, 已经不行了。¶놀러 가기는
다 틀렸다 | 不可能去玩儿了。❸ (심
사가 나쁘다)【坏】huài【不正】búzhèng
¶심사가 틀렸다 | 心眼儿坏。¶마음가
짐이 틀렸다 | 心术不正。❹ (사이가
벌어지다)【关系坏】guān·xìhuài【伤
感情】shāng gǎnqíng【翻脸】fān/liǎn
¶사소한 일로 친구와 틀리게 되다 |
因小事与朋友翻脸了。

^B틀림없다 图【没错】méicuò【确实】què·
shí【肯定】kěndìng【的确】díquè ¶자
세히 보니 틀림없는 그 사람이었다 |
仔细一看确实是那个人。¶그는 그
일을 해낼 것임에 ~ | 他肯定会办好
那件事的。

^B틀림없이 圓【准】zhǔn【必然】bìrán【一
定】yídìng【准确地】zhǔnquè·de【准
定】zhǔndìng【保准】bǎozhǔn【肯定】
kěndìng ¶¶그가 오늘 오지 않는 것
은 ~ 일이 있을 것이다 | 他今天不
来, 必然是有原因的。¶이 소식을 들
으면 ~ 놀랄 것이다 | 听到这个消息,
他肯定会感到惊讶jīngyà的。¶그는 ~
~ 온다 | 他一定来。

^C틀어막다 图❶ (구멍을)【塞住】sāi·zh·
ù【堵住】dǔ·zhù ¶이 하수도는 퇴적
된 진흙에 틀어 막혔다 | 这下水道被
游泥堵住了。¶구멍을 ~ | 把扈隆塞
住/堵住窟窿kū·lóng。¶귓구멍을 솜으로
~ | 耳朵眼儿用绵花堵住。❷ (억제·
제지하다)【堵】dǔ   【妨碍】fáng'ài
【还】huán【堵塞】dǔsè ¶뇌물로 입을
~ | 用赂略堵住嘴。¶빚을 내어 빚
을 ~ | 借债勉强还钱。

틀어박다 图【塞进】sāijìn【打进】dǎjìn

틀어박히다 图【隔离】gélí【只呆在屋
里】zhǐdāi zàiwū·li【塞进】sāijìn【待】
dāi ¶밤낮 집에만 틀어박혀 있다 |

整天待在家里。

틀어쥐다 통【握】wò【掌握】zhǎngwò ¶소의 고삐를 잔뜩 틀어쥐고 있다 | 紧紧握住牛缰绳。¶이 단체를 틀어쥐고 좌지우지 한다 | 掌握这个团体tuántǐ并任意rènyì摆布。

틀어지다 통 ❶ (빗나가다) 【歪扭】wāiniǔ【歪】wāi ¶굴을 잘못 뚫어 한쪽으로 ~ | 洞打歪了。❷ (불화하다) 【别扭】bié·niu【疏远】shūyuǎn ¶사소한 다툼으로 사이가 틀어진대서야… | 因小小的争吵, 关系疏远的话…。❸ (일 등이 어긋나다) 【糟了】zāo·le【坏了】huài·le【吹了】chuī·le ¶일이 틀어졌구나! | 这件事办糟了! ¶이 혼사는 틀어졌다 | 这门婚hūn事吹了。¶그와 그녀는 사이가 틀어졌다 | 他跟她吹了。

^**틈** 명 ❶ (갈라진 자리) 【缝隙】fèngxì【缝】fèng【裂缝】lièfèng【缺口】quēkǒu ¶문 ~으로 밖을 보다 | 从门的缝隙中看外面。¶적군의 전선에 ~이 생겼다 | 敌军的阵线zhènxiàn暴露了缺口。❷ (불화) 【隔阂】géhé【翻脸】fān/liǎn ¶그는 일년 내내 밖에서 장사를 하다보니, 가족과 ~이 생겼다 | 他长年在外经商, 遂与家人有了隔阂。¶친구사이에 ~이 생기지 않도록 조심하여라 | 小心, 朋友之间不要翻脸。❸ (여가·기회) 【空】kòng【空闲】kòngxián【空暇】kòngxiá【工夫】gōng·fu【机会】jī·huì ¶~이 있으면 다시 오렴 | 有空再来。¶책을 읽을 ~이 없다 | 没有工夫念书。

^**틈나다** 통 ❶ (틈이 벌어지다) 【出缝】chūfèng【裂缝】liè/fèng ¶온돌 바닥의 틈난 데서 가스가 새다 | 从地板的裂缝处漏煤气。❷ (관계가 소원하다) 【疏远】shūyuǎn ¶서로 틈난 사이 互相疏远的关系。❸ (여유있다) 【有空】yǒukòng ¶틈나는 대로 한번 오너라 | 有空来一趟吧。

틈바구니 명 ☞틈

틈새기 명 【小裂缝】xiǎolièfèng

틈타다 통 【趁着】chèn·zhe【利用】lìyòng【乘】chéng ¶밤이 깊은 틈을 타기습을 감행하다 | 趁天黑, 进行突袭。¶점심시간을 틈타 은행에 다녀오다 | 乘中午吃饭的工夫到银行去了一

次。

^**틈틈이** 부 ❶ (틈마다) 【每个缝隙】měi·ge fèngxì ❷ (여가마다) 【一有空】yīyǒukòng【间歇】jiànxiē ¶일을 하는 ~ 책을 읽다 | 利用工作间歇读书。

티¹ 명 ❶ (먼지) 【碎片】suìpiàn【渣子】zhā·zi ¶눈에 ~가 들어 가다 | 眼睛里进了渣子。❷ (흠) 【瑕疵】xiácī【瑕颗】xiákē ¶~를 제거하면 순수한 옥이 된다 | 去掉qùdiào瑕疵是纯玉chúnyù。¶옥에도 ~가 있다 | 玉也有瑕疵。❸ (기색·작태) 【神色】shénsè【神态】shéntài【气色】qìsè ¶놀라서 아주 당황한 ~가 역력하다 | 吓得神色慌张。¶잘난 ~를 보이다 | 显出一副了不起的神态。

티² [tea] 명【茶】chá ¶~ 타임 | 喝茶的时间。¶ ~ 茶儿。

티³ [tee] 명〈體〉【发球处】fāqiúchù【球座】qiúzuò

티격태격 부하자【互不投合】hùbù tóuhé【争吵】zhēngchǎo【争闹】zhēngnào ¶그들 둘은 이 일 때문에 ~ 한 적이 한 두번이 아니라 | 为这件事他们俩争吵过不止一次了。¶만나기만 하면 ~ 한다 | 一见面就争吵。

^**티끌** 명 ❶ (먼지) 【尘埃】chénāi ❷ (아주 작은 것) 【丝毫】sīháo【一点】yīdiǎn ¶그럴 생각은 ~만큼도 없다 | 丝豪也没有那种想法。¶그에게는 ~만큼의 양심도 없다 | 他一丁点良心都没有。

티끌 모아 태산 관용【细雨落成河, 粒米积成箩】xìyǔ luò chéng hé, lìmǐ jī chéng luó【挑山成山, 滴水成河】tiāoshān chéngshān, dīshuǐ chénghé【集腋成裘】jí yè chéng qiú【聚沙成塔】jù shā chéng tǎ【滴水成河, 粒米成箩】dīshuǐ chénghé, lìmǐ chéngluó

티눈 명〈醫〉【鸡眼】jīyǎn ¶그녀의 다리에 ~이 생겼다 | 他脚上长了一个鸡眼。

티라나 [Tirana] 명〈地〉【地拉那】Dìlānà[阿尔巴尼亚"](알바니아 ; Albania)의 수도

티백 명【袋泡茶】dàipàochá

^**티셔츠** [T shirts] 명【T衫】Tshān【T衬衫】Tchènshān【T恤】T xù

^**티스푼** [tea spoon] 명【茶匙】cháchí

970

티없다 혱【天真无瑕】tiān zhēn wú xiá 【清朗】qīnglǎng ¶아기의 티없는 웃음 | 孩子那天真无瑕的笑。¶티없이 맑은 가을 하늘 | 清朗的秋季天空。

티켓[ticket] 몡【标】biāo【券】quàn 【车票】chēpiào【入场券】rùchǎngquàn 【定价表】dìngjiàbiǎo

^B**팀**[team] 몡【组】zǔ 【小组】xiǎozǔ 【队】duì【团】tuán ¶스터디 ~ | 学习小组。¶축구~ | 足球队。

팀부[Thimbu] 몡〈地〉【廷布】Tíngbù ["不丹"(부탄;Bhutan)의 수도]

팀워크[team work] 몡【协同工作】xiétóng gōngzuò【配合】pèi·he【结盟】jié /méng

^C**팁**[tip] 몡 ❶ (시중든 사람에게 감사의 뜻으로 주는 요금 이외의 작은 돈)【小费】xiǎofèi 【小帐(儿)】xiǎozhàng(r) ¶~을 주다 | 给小费。❷〈體〉【球擦过球棒】qiúcāguò qiúbàng【轻触】qīngchù

ㅍ

ㅍ¹ 뗑 〈植〉【葱】cōng ¶~ 한 뿌리 | 一根葱. 참고 〔洋葱〕〔青葱〕〔鹿胎〕

ㅍ² 【派】 뗑 【派】pài 【派別】pàibié 【派系】pàixì ¶두 ~의 학자들 | 两派学者. ¶세 개의 ~로 세력이 분열되다 노조 | 势力分裂成三个派别的劳动者组合. ¶~를 문제삼지 않다 | 不讲派系.

ㅍ³[이 fa] 뗑 〈音〉【发】fā 【四】sì 【长音阶的第四音】chángyīnjiē·de dìsìyīn－ㅍ[`-派] 回 【派】pài 〈家〉jiā ¶보수~ | 保守派. ¶인상~ | 印象派.

ㅍ격 [破格] 뗑 【破格常规】dǎpò chángguī 【破例】pò/lì ¶~적인 가격 | 破格的价格. ¶입사 1년 만에 과장 발탁이라니 대단한 ~이군! | 人社仅一年被提升为科长, 真算是打破了常规啊!

ㅍ견 [派遣] 뗑 하타 【派】pài 【派遣】pàiqiǎn 【遣】qiǎn ¶이미 두 사람을 ~하였다 | 已经派出了两个人. ¶외교 사절을 ~하다 | 派遣外交使节. ¶사람을 ~하여 알아 보다 | 遣人探听.

ㅍ경 [破鏡] 뗑 ❶【破镜】pò/jìng ❷【离婚】líhūn

ㅍ고 [波高] 뗑 【波高】bōgāo 【浪高】lànggāo ¶~계 | 浪高计.

ㅍ고들다 됨 ❶ (침투하다) 【钻进】zuānjìn 【深入】shēnrù 【深透】shēntòu ¶군중 속으로 파고 들어가다 | 钻进人群里. ¶새벽의 찬기운이 등골로 ~ | 清晨的凉气深透肌骨. ❷ (조사·검토하다) 【钻研】zuānyán 【追查】zhuīchá ¶업무를 ~ | 钻研业务. ¶이 문제를 여러분과 깊이 파고들기 시작한다 | 这个问题将待大家查查. ❸ (마음에 새기다) 【沁入】qìnrù 【打动】dǎdòng 【扣人心弦】kòu rén xīn xián ¶한 마디 한 마디가 가슴에 ~ | 句句沁入肺腑. ¶그의 말 한 마디가 어머니의 마음을 파고들었다 | 他的一句话打动了妈妈的心.

ㅍ고파고 [Pago Pago] 뗑 〈地〉【帕果帕果】Pàguǒ Pàguǒ [미국령 "东萨摩亚Dōngsāmóyà" (동사모아;Eastern

Samoa)의 수도]

ㅍ괴 [破壞] 뗑 하타 【破坏】pòhuài 【捣毁】dǎohuǐ ¶낡은 건축물을 ~하다 | 破坏旧建筑物jiànzhùwù. ¶~ 분자 | 破坏分子. ¶적의 소굴을 ~하다 | 捣毁敌巢. 참고 〔摧毁〕

ㅍ국 [破局] 뗑 【崩溃】bēngkuì 【破产的境地】pòchǎn·de jìngdì 【破产的局面】pòchǎn·de júmiàn ¶경제적 ~에 직면하다 | 面临经济崩溃. ¶~에 처한 경제 | 处于破产的局面的经济.

ㅍ급 [波及] 뗑 하타 【波及】bōjí 【影响】yīngxiǎng 【蔓延】mànyán 【遍及】biànjí 【离中趋势】lízhōng qūshì 【传播】chuánbō ¶전 세계에 ~되다 | 波及全世界. ¶시위가 농촌으로 ~되다 | 示威shìwēi游行蔓延到农村. ¶세계 구석구석 ~되어 있다 | 遍及世界各个角落jiǎoluò. 참고 〔牵qiān涉〕〔蔓衍yǎn〕〔传布〕

ㅍ기 [破棄] 뗑 하타 【废弃】fèiqì 【废除】fèichú 【撕毁】sīhuǐ 【弃除】qìchú 【撤消】chèxiāo ¶원심을 ~하다 | 撤消原审. ¶불평등 조약을 ~하다 | 废除不平等条约. ¶계약을 ~하다 | 撕毁合同. 참고 〔毁约〕

ㅍ김치 뗑 【葱泡菜】cōngpàocài

ㅍ김치가 되다 관용 【精疲力尽】jīng pí lì jìn 【精疲力竭】jīng pí lì jié 【力尽筋疲】lì jìn jīn pí 【人困马乏】rén kùn mǎ fá

ㅍ나마 [Panama] 뗑 〈地〉【巴拿马】Bānámǎ [중미 남부에 위치한 나라. 수도는 "巴拿马" (파나마;Panama)] ¶~ 운하 | 巴拿马运河.

ㅍ나마 운하 [Panama 運河] 뗑 〈地〉【巴拿马运河】bānámǎ yùnhé ¶~ 톤수증명서 | 巴拿马运河吨位证书.

ㅍ나소닉 [Panasonic] 뗑 〈商標〉【松下】Sōngxià

ㅍ내다 됨 ❶ (발굴하다·캐내다) 【挖出】wāchū 【发掘】fājué 【刨出】páochū 【开采】kāicǎi ¶감자를 ~ | 挖出土豆. ¶고적을 ~ | 发掘古物. ❷ (찾다) 【找出】zhǎochū ¶예술적 형상의

972

정수를 ~ | 找出艺术形象的精髓。

파노라마[panorama] 몡 【全景】quánjǐng 【全景画】quánjǐnghuà 【幻景画】huànjǐnghuà ¶~ 사진기 | 全景照相机。¶~ 촬영 | 全景摄影。

^A**파다** 통 ❶ (땅·구멍을) 【挖】wā 【刨】páo 【凿】záo 【剜】wān 【抠】kōu ¶귀를 ~ | 挖耳。¶구덩이를 ~ | 刨坑。¶구멍 하나를 ~ | 凿一个窟窿。¶강의 진흙을 파내다 | 剜河泥。❷ (새기다) 【刻】kè ¶도장을 ~ | 刻图章。❸ (파내다) 【掘】jué 【采】cǎi ¶우물을 ~ | 掘井。¶쇠돌을 ~ | 采矿。❹ (이치·문제 등을) 【抠】kōu 【挖掘】wājué 【钻研】zuānyán 【探索】tànsuǒ 【刺】cī ¶책만 파서는 소용없다 | 死抠书本没有用。¶예술의 신비를 파보려는 노력 | 努力探索艺术的神秘性。❺ (마시다) 【吮吸】shǔnxī ¶피를 ~ | 吸血。¶젖을 ~ | 吮奶。❻ (옷) 【挖】wā ¶옷깃의 둘레를 너무 팠다 | 领圈挖深了。¶목을 깊이 ~ | 领子挖深。

파다하다[^1][頗多-] 혱 【颇多】pōduō ¶그런 정도의 물품은 남쪽으로 내려가면 파다하다 | 那个程度chéngdù的东西, 南下就颇多。

파다하다[^2][播多-] 혱 【传遍】chuánbiàn 【传开】chuánkāi ¶이 소식이 전국에 ~ | 这个消息传遍了全国。¶온 동네에 소문이 ~ | 全村传개风闻。

^C**파닥거리다** 통 ❶ (새가) 【扑】pū 【扑棱】pūlēng 【扑愣】pūlēng 【扑噜扑噜】pūlūpūlū ¶날개를 파닥거리며 날아오르는 새 | 扑着翅膀起飞的鸟。¶파닥거리며 날갯짓하다 | 扑棱翅膀。❷ (물고기가) 【扑腾扑腾】pūténgpūténg ¶고기가 그물 속에서 계속 파닥거리다 | 在网里乱扑腾。

^B**파도**[波濤] 몡 【波】bō 【波涛】bōtāo 【波浪】bōlàng 【海浪】hǎilàng ¶~라고는 없는 잔잔한 바다 | 平静无波的海面。¶~가 세차게 일어나다 | 波涛汹涌。¶~가 세차게 일어 하늘에 닿을 듯하다 | 波浪滔天。

파동[波動] 몡 【波动】bōdòng ¶~역학 | 波动力学。¶정치 ~ | 政治波动。¶에너지 ~ | 能源波动。

파두츠[Vaduz] 몡〈地〉【瓦杜兹】Wǎdùcí ["列支敦士登"(리히텐슈타인; Liechtenstein)의 수도]

파라과이[Paraguay] 몡〈地〉【巴拉圭】Bālāguī [남아메리카 중부에 위치한 나라。수도는 "亚松森"(아순시온; Asunción)]

파라다이스[paradise] 몡 【伊甸(园)】Yīdiàn(yuán) 【乐园】lèyuán 【伊甸乐园】yīdiàn lèyuán 【埃田园】āitiányuán 【爱棣园】àidìyuán ¶이 세상에는 ~란 없다 | 世上没有什么伊甸。¶행복의 ~ | 幸福乐园。¶어린이의 ~ | 儿童乐园。

파라마리보[Paramaribo] 몡〈地〉【帕拉马里博】Pàlāmǎlǐbó ["苏里南Sūlǐnán"(수리남; Surinam)의 수도]

파라솔[프 parasol] 몡 【阳伞】yángsǎn 【遮阳伞】zhēyángsǎn ¶그녀는 ~을 쓰고 나갔다 | 她打着阳伞出门了。찰고 【雨伞】【御日伞】【旱伞】【凉伞】【洋伞】

파란[波爛] 몡 ❶ (파랑) 【波澜】bōlán ❷ (소동·분규·어려움) 【波澜】bōlán 【风波】fēngbō 【波折】bōzhé ¶평화롭던 집안에 뜻하지 않은 ~이 일다 | 和平的家庭掀起波澜。¶한바탕 ~을 일으키다 | 引起一场风波。¶온갖 ~을 다 겪다 | 艰难曲折。

^B**파랑** 몡 ❶ (녹색) 【绿的】lǜ·de ❷ (청색) 【蓝的】lán·de 【蓝】【蓝色】lánsè ¶~색연필 | 蓝铅笔。

^B**파랑새** 몡〈鳥〉❶ 【青鸟】qīngniǎo ❷ 【三宝鸟】sānbǎoniǎo

^A**파랗다** 혱 ❶ (창백하다) 【发青】fāqīng ¶그는 얼굴이 파랗게 질려 말을 못하였다 | 他脸色发青什么话也说不出来。❷ (청색이다) 【蓝】lán 【绿】lǜ ¶파란 잉크 | 蓝墨水。

파래〈植〉【莼菜】chúncài 【海青菜】hǎiqīngcài 찰고 【霉葵】【水葵】【缺盆草】

^C**파래지다** 통 【发青】fāqīng 【发绿】fālǜ ¶겁을 먹고 얼굴이 ~ | 吓得脸色发青。

파렴치[破廉耻] 몡 하혱 【无耻】wúchǐ 【寡廉鲜耻】guǎ lián xiǎn chǐ 【厚颜无耻】hòu yán wú chǐ 【死不要脸】sǐ bùyàoliǎn ¶~하기 그지없다 | 无耻之尤。¶~한 행위 | 无耻的行为。

파르르 튄하자 ❶ (끓는 소리나 모양)
【噗嚕嚕】pū·lu·lu 【噗碌碌】pū·lu·lu
¶물이 ~ 끓기 시작하다 | 水噗嚕嚕
地开了。 | 문풍지가 ~ 떤다 | 窗户
纸噗嚕嚕地颤动chàndòng。 ❷ (발끈
화를 내는 모양)【勃然】bórán ¶ ~ 화
를 내다 | 勃然大怒。 ¶갑자기 목에
핏대를 세우면서 ~ 성을 낸다 | 突然
粗着脖子勃然大怒。 ❸ (가볍게 자꾸
에 날리는 모양)【轻飘飘】qīngpiāopi
āo ¶가랑잎이 바람에 ~ 날린다 | 干
树叶被风刮得轻飘飘地飞。¶벽에 붙
인 광고지가 ~하고 바람에 날려갔다
어라 | 贴tiē在墙上的广告纸轻飘飘地被风
刮走。

파릇파릇 튄하형 【绿茸茸】lǜróngróng
【嫩绿】nènlǜ【微蓝】wēilán【微绿】wēi
lǜ ¶~한 모 | 绿茸茸的秧苗。 ¶풀
들이 ~ 빽빽이 난 잔디밭 | 一片绿茸
茸的草地。

파리 [Paris] 명 〈地〉【巴黎】Bālí [“法
国”｛프랑스；France｝의 수도] ¶국
제박람회 | 巴黎国际博览会。

파리 명〈蟲〉【苍蝇】cāng·ying 【蝇】yí
ng【蝇子】yíng·zi ¶~ 두 마리가 얼굴
에 기어 다닌다 | 两只苍蝇在脸上
爬。 | ~채 | 苍蝇拍。

파리 날리다 관용 【拍苍蝇】pāicāngyí
ng 【生意萧条】shēngyì xiāotiáo ¶매
일 파리 날리고 있으니 장사를 그만두
어라 | 每天只拍苍蝇收摊儿吧。

파리 목숨 관용 【命如蝼蚁】mìng rú lóu
yǐ 【人命如草菅】rénmìng rú cǎojiān

파리하다 형 【瘦削】shòuxuē 【蕉萃】jiāo
cuì 【憔悴】qiáocuì 【清癯】qīngqú ¶
파리한 얼굴 | 憔悴的面孔。 참고 [清
瘦]

파마 명하자 【烫发】tàngfà ¶~용 종이
| 烫发用的纸。¶그녀는 머리를 ~
했다 | 她烫头发了。

파먹다 동 ❶ (속에 든 것을 꺼내 먹다)
【挖食】wāshí【挖着吃】wā·zhechī ¶
떡의 속만 ~ | 只挖食糕点的馅。¶
원숭이가 수박을 ~ | 猴子挖西瓜
吃。 ❷ (먹어 들어가다)【蛀食】zhùshí ¶벌레가 감자를 ~ | 虫蛀食了土
豆。 ❸ (도식하다)　【光吃】guāngchī
【坐吃山空】zuò chī shān kōng【不劳
而食】bùláo ér shí ¶그 결과는 재산도

파먹기만 하면 없어진다는 것이다 |
其结果必然是坐吃山空。

파면 [罷免] 명하타 【罢免】bàmiǎn 【免
去】miǎnqù ¶직무에서 ~시키다 | 罢
免职务。 ¶뇌물 수수로 ~되다 | 因
行贿收贿被罢免。

파멸 [破滅] 명하자 【败破】bàipò 【崩
溃】bēngkuì 【毁灭】huǐmiè 【破灭】pò
miè 【破产】pòchǎn ¶~에 직면한 자
본주의 경제체제 | 面临崩溃的资本主
义经济体制。 ¶투기를 일삼다가 끝
내 ~의 길로 떨어지다 | 搞投机最终
走上毁灭之路。

파문 [波紋] 명 ❶ (수면에 이는 잔물
결)【水纹】shuǐwén 【波纹】bōwén ¶
돌을 던져 ~을 일으키다 | 扔石头激
起了波纹。¶바람에 ~을 일으키다
| 风激起波纹。 ❷ (영향)【风波】fē
ngbō 【影响】yǐngxiǎng ¶사회에 큰
~을 일으킨 사건 | 激起社会上一场
大风波的事件。 ¶그의 행동은 정계
에 큰 ~을 일으켰다 | 他的行动在政
界引起了很大的影响。

파묻다 동 ❶ (땅속에) 【埋】mái ¶지뢰
를 ~ | 埋地雷。 ❷ (일·사건을)【隐
藏】yǐncáng 【潜隐】qiányǐn 【埋没】
máimò ¶사실을 ~ | 隐藏事实。 ¶그
의 음악적 재능을 파묻을 수 없다 | 不
能埋没他音乐才能。

파묻히다 동 ❶ (묻히다·사라지다)【执
迷】zhímí 【隐没】yǐnmò 【陷】xiàn ¶그
녀의 두 다리가 진흙 속에 파묻혔다 |
她两脚陷在泥里了。 ❷ (감추어지다)
【埋没】máimò 【隐藏】yǐncáng 【湮没】
yānmò ¶사건은 미궁 속에 파묻히고
말았다 | 事情被埋没在迷宫之中。 ❸
(매장되다)【蕴藏】yùncáng ¶중국
각지에 파묻힌 철광은 매우 풍부하다
| 中国各地蕴藏的铁矿很丰富。

파발 [擺撥] 명 【驿站】yìzhàn 【驿亭】yìt
íng 【馆驿】guǎnyì ¶~꾼 | 驿站人。
¶~마 | 驿站马。

파벌 [派閥] 명 【集团】jítuán 【派系】pà
ixì 【流派】liúpài 【别派】biépài 【支派】
zhīpài ¶이 곳은 하나의 작은 ~을 형
성하고 있다 | 这处形成一个小集团。
¶~싸움 | 派系纠纷。

파병 [派兵] 명하자 【派兵】pàibīng ¶
싸움터에 ~하다 | 向战场派兵。

파사트[Passat] 명〈商標〉【帕萨特】Pà-sàtè

파산[破産] 명하자 【破产】pòchǎn 【倒闭】dǎobì 【关闭】guānbì 【崩溃】bēngkuì 【总崩溃】zǒngbēngkuì 【倒台】dǎo/tái 【倒塌】dǎotā ¶화재로 ~하다 | 因火灾而破产。¶~선고를 받다 | 受理破产宣告。¶그의 회사는 ~했다 | 他的公司倒闭了。¶정부는 국영기업 몇 개를 단호히 ~시켰다 | 政府断然关闭了几个国营企业。 참고 〔倒坍〕〔垮台〕

파생[派生] 명하자 【派生】pàishēng ¶이로부터 ~된 문제 | 由此派生出来的问题。¶한 사건에서 몇 가지 일이 ~되다 | 由一件事件派生出几件事。¶~적 소득 | 派生所得。¶派生收入。

파생어[派生語] 명〈言〉【派生词】pàishēngcí

파선[破船] 명하자 【船被破坏】chuánbèipòhuài ¶부두에 정박하고 있던 배들이 태풍에 ~되다 | 停泊在港口的船舶台风破坏了。

파손[破損] 명하자타 【破损】pòsǔn 【缺损】quēsǔn 【残缺】cánquē 【碰伤】pèngshāng 【碎损】suìsǔn 【毁坏】huǐhuài ¶유리가 ~되지 않도록 조심해라 | 小心玻璃, 以防破损。¶~을 막다 | 防止缺损。¶창문유리가 ~되다 | 窗户玻璃碎损了。¶화물이 ~되지 않도록 해야 한다 | 要保证货物不受毁坏。 참고 〔损坏〕〔破坏〕〔破裂〕

파수[把守] 명하타 【把守】bǎshǒu 【守卫】shǒuwèi ¶~꾼 | 把守的(人)。¶해안 경비병은 경각심을 가지고 조국 해안의 ~를 보고 있다 | 海防战士警惕地守卫着祖国的海疆。

파스[PAS] 명〈醫〉【对氨(基)水杨酸】duì'ān(jī) shuǐyángsuān 【派司】pàisī 참고 〔链霉素〕〔替比秆〕〔对氨柳酸〕

파스텔[pastel] 명 【彩色粉笔】cǎisè fěnbǐ 【彩色蜡笔】cǎisè làbǐ ¶~화 | 彩色粉笔画huà。

파시스트[fascist] 명 【法西斯分子】fǎxīsī fēnzǐ 【法西斯蒂】fǎxīsīdì 【法西斯】fǎxīsī ¶~당 | 法西斯党/国粹党/黑衣党。

파시즘[fascism] 명 【法西斯主义】fǎxī-sī zhǔyì 참고 〔棒喝主义〕〔棒斧主义〕

〔泛系主义〕〔国家社会主义〕

ᴮ악[把握] 명하타 ❶(확실하게 앎) 【把握】bǎwò 【掌握】zhǎngwò 【确认】quèrèn ¶문제의 핵심을 ~하다 | 把握问题的中心。¶정확한 인원 ~ | 确认人员。¶상황을 아주 정확하게 ~했다 | 情况掌握得很清楚。 ❷(이해함) 【认识】rèn·shi 【领会】lǐnghuì 【了解】liǎojiě 【理解】lǐjiě ¶현실에 대한 옳은 ~ | 对现实的正确认识。¶국가의 정책을 깊이 ~하다 | 深入领会国家的政策。¶나는 방금 와서 상황을 잘 ~하지 못한다 | 我刚来, 不了解情况。 참고 〔瞭解〕

ᴮ업[罷業] 명하자 【罢工】bà/gōng ¶하루 ~하다 | 罢工一天工。¶총~ | 总罢工/大罢工。¶항의 ~/경고성 ~ | 警告性罢工。¶~을 일으키다 | 闹罢工。 참고 〔怠工〕〔劳动争议〕

ᴮ열[破裂] 명하자 【破裂】pòliè ¶지진으로 수도관이 ~되다 | 因地震自来水管道被破裂pòliè。

파운데이션[foundation] 명 ❶(속옷) 【衬底】chèndǐ ❷(화장품) 【粉底霜】fěndǐshuāng

ᴮ울[foul] 명 ❶〈體〉【犯规】fàn/guī ¶일본팀은 ~을 하여 심판으로부터 페널티킥을 당하였다 | 日本队犯规被判罚点球。¶테크니컬[tecqueanical]~ | 技术犯规。❷〈體〉【界外球】jèwàiqiú ¶~라인 | 边线。¶~볼 | 界外球。 참고 〔界内球〕〔线外球〕

파워[power] 명 【权威】quánwēi 【权力】quánlì 【能力】nénglì 【动力】dònglì ¶이 학자는 아주 ~가 있다 | 这位学者很有权威。¶그의 ~는 아주 크다 | 他的权力很大。 참고 〔权柄〕

파이[pie] 명 【馅饼】xiànbǐng ¶애플 ~ | 苹果馅饼。

파이²[Ⅱ;π] 명 ❶【希腊语的第十六个字母】xīlàyǔ·de dìshíliù·ge zìmǔ ❷【圆周率】yuánzhōulǜ

파이낸스[finance] 명〈經〉【财经】cáijīng 【财政】cáizhèng ¶~ 규칙 | 财经纪律。¶~ 제도 | 财经制度。

파이어 월[firewall] 명〈電算〉【防火墙】fánghuǒqiáng

파이팅[fighting] 감 【加油】jiā/yóu 【叫劲儿】jiàojìnr ¶~, ~! | 加油, 加油!

^C파이프[pipe] 명 ❶(관)【钢管】gāngguǎn【管子】guǎn·zi【导管】dǎoguǎn ¶수도~|自来水管子。¶~ 장치|导管安装。¶~를 부설하다|铺设pūshè输油管。❷(담배)【烟斗】yāndǒu【烟袋】yāndài【烟管】yānguǎn【烟嘴】yānzuǐ

^C파인애플[pineapple] 명〈植〉【菠萝】bōluó【凤梨】fènglí

^C파일[file] 명 ❶(서류철)【文件】wénjiàn【文卷】wénjuàn【文件夹】wénjiànjiá【文件箱】wénjiànxiāng ❷〈電算〉【文件】wénjiàn【档案】dàng'àn ❸(사건기록)【案卷】ànjuàn【档案】dàng'àn ¶범죄의 기록 ~|犯事的案卷。¶X~|X档案。

파일럿[pilot] 명 ❶【飞行员】fēixíngyuán ❷【导航员】dǎohángyuán

파일 전송 프로토콜[File 電送 Protocol;FTP;File Transfer Protocol] 명〈電算〉【文件传轮协议】wénjiàn chuánshū xiéyì

파자마[pajamas] 명【睡衣裤】shuìyīkù

파장[罷場] 명하자 ❶(시장이 끝날 때)【散集】sǎnjí【收盘】shōupán ¶~ 물건이라 물건값이 싸다|因散集货价格便宜。❷(끝날 때)【结束的时候】jiéshù·de shí·hou【完决的时候】wánjué·de shí·hou ¶~에야 나타나서 혼자 다한 체 한다|快结束的时候出来装大头。

파전 명【葱饼】cōngbǐng

파종[播種] 명하자 【播种】bō/zhǒng【种植】zhòngzhí【播】bō【撤种】chèzhǒng【下种(子)】xiàzhǒng(·zi)【种种子】zhòngzhǒng·zi ¶적시에 ~하다|适时播种。¶~기|播种期。¶모를 너무 촘촘히 ~했다|秧苗种植得太密。¶~면적|种植面积/播种面积。

파지[破紙] 명【纸屑】zhǐxiè【废纸】fèizhǐ【破烂纸】pòlànzhǐ ¶~를 마구 버리지 말라|不要乱废纸。참고〔烂纸〕

^C파출부[派出婦] 명【计日打杂女佣】jìrì dǎzá nǚyōng

^B파출소[派出所] 명【派出所】pàichūsuǒ

파카오포[Fakaofo] 명〈地〉【法考福】Fǎkǎofú〔"托克劳群眩"(토켈라우제도;Tokelau Islands)의 수도〕

파코[Paco] 명〈商標〉【帕高】Pàgāo

파크[park] 명 ❶(공원)【公园】gōngyuán ¶주라기 ~|侏罗纪公园。❷(주차)【停车】tíng/chē

파키스탄[Pakistan] 명〈地〉【巴基斯坦】Bājīsītǎn〔인도와 인접하고 있는 회교 공화국. 수도는 "伊斯兰堡"(이슬라마바드;Islamabad)〕

파킹[parking] 명 ❶(주차)【停车】tíng/chē ❷(주차장)【停车场】tíngchēchǎng 참고〔停车处〕

파탄[破綻] 명하자 【破坏】pòhuài【失败】shībài【破产】pò/chǎn【粉碎】fěnsuì【瓦解】wǎjiě ¶경제적인 ~|经济失败。¶가정 생활이 ~에 이르다|家庭生活面临破损。

파텍 필립[Patek Philippe] 명〈商標〉【百达翡丽】Bǎidáfěilì

파트[part] 명 ❶(부분)【部分】bù·fen【局部】júbù【要素】yàosù ¶~타임|部分时间/非全日。❷(부서)【部门】bùmén ❸(음악·합창 등에서의 성부)【音部】yīnbù【声部】shēngbù ¶소프라노 ~|女高音声部。¶베이스 ~|男低音声部。

파트너[partner] 명【合股人】hégǔrén【合伙人】héhuǒrén【伙伴】huǒbàn

^C파티[party] 명【联欢会】liánhuānhuì【联谊会】liányìhuì【派对】pàiduì【舞会】wǔhuì【宴会】yànhuì ¶디스코 ~|迪斯科舞会。¶성대한 ~를 열다|举行盛大宴会。¶~에 참가하다|赴宴会。

파티션[partition] 명〈電算〉【分区】fēnqū

파파라치[이 paparazzi;paparazzo] 명【狗仔队】gǒuzǎiduì

^C파편[破片] 명【弹片】dànpiàn【碎片】suìpiàn ¶포탄의 ~이 몸에 박히다|炸弹弹片扎入体内。

파푸아뉴기니[Papua New Guinea] 명〈地〉【巴布亚新几内亚】Bābùyàxīnjǐnèiyà〔"New Guinea"동반부를 차지하고 있는 독립국. 1975년 독립. 수도는 "莫尔兹比港"(포트모르즈비;Port Moresby)〕

파피티[Papeete] 명〈地〉【帕皮提】Pàpítí〔"法属波利尼西亚Fǎshǔbōlìníxīy-

ㅍ

ò"(프랑스령　폴리네시아;French
Polynesia) 의 수도]

˚**파하다**[擺-] 图〖散〗sàn〖结束〗jiéshù
〖了结〗liǎojié〖作罢〗zuòbà ¶하루의
일과를 파하고 돌아가는 길 | 结束一
天的工作正在回家的路上.

파행[跛行] 图〖하자〗 ❶〔절뚝거림〕
〖跛行〗bǒxíng ¶~ 본위 제도 | 跛行
本位制. ❷〔균형이 잡히지 않음〕
〖不平衡〗bùpínghéng〖紊乱〗wěnluàn
¶공업과 농업의 ~적 발전 | 工业和
农业不平衡的发展.

ᴮ**파헤치다** 图 ❶〔땅을〕〖挖开〗wākāi
〖刨开〗páokāi〖掘开〗juékāi ¶무덤
속을 ~ | 挖开坟墓. ❷〔깊이 생각·
검토하다〕〖揭露〗jiēlù ¶숨겨진 비밀
을 ~ | 揭露隐藏的秘密.

˚**파혼**[破婚] 图〖하자〗〖取消婚约〗qǔxiāo
hūnyuē

팍 閏 ❶〔힘껏〕〖用力〗yònglì ¶~ 찌
르다 | 用力刺. ¶주먹으로 ~ 내지
르다 | 用拳头用力刺. ❷〔힘없이〕
〖无力地〗wúlì·de〖叭〗bā〖吧嗒〗bā-
da〖吧达〗bādá〖吧〗bā〖巴〗bā〖劈〗
pī ¶~ 거꾸러지다 | 无力地倒下
去. ¶한 대 맞고 팩없이 ~ 고꾸라지
다 | 挨了一拳无力地倒了.

팍삭 閏〖하자〗 ❶〔一屁股〕yípì·gu〖没有
力气地〕méiyǒulìqì·de〖瘫软〗tānruǎ-
n ¶너무 놀란 나머지 그대로 ~ 주저
앉고 말다 | 由于受惊,一屁股坐在地
上了. ❷〖扑棱棱〗pūsūsuō ¶오랜
초가 지붕이 ~ 내려앉았다 | 旧草屋c-
ǎowū顶扑棱棱地塌tā了下来.

팍팍하다 图〖面糊〗miàn·hu〖面〗miàn
¶고구마를 잘 삶으면 아주 ~ | 白薯
蒸熟了,很面糊. ¶이 사과는 매우 ~
| 这个苹果很面. ¶삶은 달걀을 물
없이 먹자니 ~ | 干吃鸡蛋有点儿
面.

ᴬ**판**¹[板] 图 ❶〔널빤〕〖板〗bǎn〖板子〗b-
ǎn·zi〖片儿〗piànr〖片子〗piàn·zi ¶
~에 박다 | 死板. ¶~을 짜다 | 制
板. ❷〔장기나 바둑을 두는〕〖棋盘〗
qípán ¶장기 ~ | 象棋棋盘.

판²图 ❶〔판국〕〖局面〗júmiàn〖场面〗
chǎngmiàn ¶싸움~ | 战斗场面. ¶
~이 벌어지다 | 场开了. ❷〔양
사)〖局〗jú〖盘〗pán ¶씨름 한 ~

다 | 摔shuāi一局. ¶다섯 ~을 내리
지다 | 连续输了五盘. ¶달걀 세 ~
을 실어보내다 | 装送了三盘鸡蛋.

판가름 图〖하타〗pànduàn ¶대
법원 판결로 ~하다 | 以法院的判决判
断pànduàn.

˚**판결**[判决] 图〖하타〗 ❶〔판단〕〖判断〗p-
ànduàn〖公断〗gōngduàn〖断语〗duàn-
yǔ ¶~을 내리다 | 下判断. ¶사람
들의 공평한 ~을 기다리다 | 听候众
人公断. ❷〈法〉〖判决〗pànjué〖作出
裁定〗zuòchū·cáidìng ¶~ 주문 | 判
决书主要部分. ¶유죄 ~을 하다 |
判决有罪/下有罪的判决. ¶법원의
~을 기다리다 | 等法院判决.

판공비[辦公费] 图〖办公费〗bàngōngfè-
i

판국[-局] 图〖局面〗júmiàn〖局势〗jú-
shì ¶어떠한 ~인지 보기나 하자 | 看
看究竟是怎样一个局面. ¶집안이 망
해 가는 ~ | 家庭面临崩坏. ¶위험
한 ~ | 危急的局势.

판권[版權] 图〖板权〗bǎnquán〖著作
权〗zhùzuòquán ¶~소유 | 板权所
有. ¶단, 당선된 원고의 ~은 본사가
가짐 | 只是被当选的原稿板权归本社
所有.〖参考〗〖版权〗

판다[panda] 〔动〕〖熊猫〗xióngmā-
o ¶~를 보호하다 | 保护bǎohù熊
猫.

˚**판단**[判斷] 图〖하타〗〖判断〗pànduàn ¶
~의 기준 | 判断标准. ¶정확한 ~
을 내리다 | 做出正确的判断. ¶상황
을 ~하다 | 判断情况.

판단력[判斷力] 图〖判断力〗pànduànlì
¶사물에 대한 ~이 없다 | 没有对事
物的判断力. ¶날카로운 ~ | 锐利的
判断力.

판도[版圖] 图〖版图〗bǎntú〖疆域〗jiā-
ngyù ¶전국적 ~ | 全国的版图. ¶
재계의 ~가 크게 달라지다 | 财界的
版图大有变化.

판독[判讀] 图〖하타〗〖判读〗pàndú ¶~
하기 어려운 옛 비문 | 判读费劲的古
碑文.

판례[判例] 图〈法〉〖案例〗ànlì〖判例〗
pànlì ¶이미 ~가 있다 | 已有案例.
¶국제법 ~ | 国际法判例. ¶~ 연
구 | 判例研究.

판로[販路]圐【销路】xiāolù【消路】xiāolù【销售渠道】xiāoshòu qúdào【销途】xiāotú ¶～를 개척하다 | 打开销路。¶～가 막히다 | 销路断了。¶～가 원활하지 못하다 | 销路不畅。참고〔销市〕〔销场〕

ᴮ**판매**[販賣]圐하타【出售】chūshòu【发售】fāshòu【贩卖】fànmài【售】shòu【售货】shòuhuò【售卖】shòumài【销卖】xiāomài【销售】xiāoshòu【行销】xíngxiāo ¶지금 칼라 텔레비전을 ～한다 | 正在出售彩色电视。¶차표를 ～하다 | 发售车票。¶낱개로 ～하다 | 零售。¶～시장 | 销售市场。¶새로운 ～전략 | 新的销售战略。¶전세계에 상품을 ～하다 | 行销全球。참고〔变卖〕〔推销〕〔贩卖〕〔折变〕

판명[判明]圐하자타【查明】chámíng【判明】pànmíng【剖白】pōubái ¶시비를 ～하다 | 查明是非。¶사건의 전모가 ～되다 | 判明真相。¶진상을 ～하기까지는 많은 시일이 걸렸다 | 判明真相用了好多天。참고〔察明〕

판박이圐❶(변화가 없다)【豪无变化】háo wú biànhuà【千篇一律】qiān piān yí lǜ ¶～한 듯이 단조로운 나날을 보내다 | 过着死板似的shǐ·de单调的日子。❷(꼭 닮은 사람)【一模一样】yìmú yíyàng ¶그 아이는 아버지의 ～다 | 那孩子和他父亲一模一样。

판별[判別]圐하타【判别】pànbié【判辨】pànbiàn【判断】pànduàn ¶시비를 ～하다 | 判别是非。¶사람의 눈이 ～할 수 있는 범위 | 用人的眼睛能判别的范围。

ᶜ**판사**[判事]圐〈法〉【审判官】shěnpànguān【审判员】shěnpànyuán

ᴮ**판서**[板書]圐하자타【板书】bǎnshū【黑板字】hēibǎnzì

ᴮ**판소리**圐〈音〉【清唱】qīngchàng【说唱】shuōchàng 참고〔坐唱〕〔彩唱〕

판연하다[判然－]圐〔判然－〕【分明】fēnmíng【明显】míngxiǎn【明确】míngquè【清楚】qīng·chu ¶판연하게 우열을 가릴 수 없는 경기 | 不可能具有分明优劣的比赛。¶판연히 다르다 | 分明不一样。참고〔清利〕

판이하다[判異－]圐【霍然相反】huòrán xiāngfǎn【迥然不同】jiǒngrán bùtóng【截然不同】jiérán bùtóng ¶듣던 바와는 ～ | 与所听到的迥然不同。¶판이한 현상 | 截然不同的现象。

ᶜ**판자**[板子]圐【木板】mùbǎn【板子】bǎn·zi【木条】mùtiáo ¶～벽 | 木板墙。¶～집 | 木板房。

판정[判定]圐하타❶〈體〉【核定】hédìng【鉴定】jiàndìng【判定】pàndìng【判断】pànduàn【评定】píngdìng ¶승부를 ～하다 | 判定胜负。¶～승 | 判定胜。¶심판 전원 일치의 ～패를 당하다 | 全体裁判员判定失败。❷〈法〉【裁定】cáidìng

판지[板紙]圐【纸板】zhǐbǎn【板纸】bǎnzhǐ【厚纸】hòuzhǐ【马粪纸】mǎfènzhǐ ¶～상자 | 纸板箱。참고〔咭纸〕〔厚板纸〕〔黄纸〕

판치다튑❶(제일 잘 하다)【独占鳌头】dú zhàn áo tóu【首位】shǒuwèi【数第一】shǔdìyī ¶출판계에서는 그가 판을 친다 | 在舞坛上，他独占鳌头。¶씨름판에서 ～ | 摔交场上数第一。❷(거리낌 없이 세력을 부리다)【称王称霸】chēng wáng chēng bà【称霸】chēngbà【横行霸道】héng xíng bà dào ¶부패가 판치는 세상은 지났다 | 腐败势力称霸的时代已过。

판탈롱[프 pantalon]圐【马裤】mǎkù

판판하다圐❶(평평하다)【平】píng【平坦】píngtǎn ¶종이를 판판하게 폈다 | 把纸铺平了。¶지세가 ～ | 地势平坦。❷(깨끗하다)【一扫而光】yì sǎo ér guāng【一扫而空】yì sǎo ér kōng ¶탁상 위의 음식을 모두 판판하게 했다 | 把桌上的菜一扫而光。¶우울한 마음이 판판해졌다 | 忧郁的心情一扫而光。참고〔平实〕

ᴬ**팔**圐❶(사람)【胳臂】gē·bei【胳膊】g-ē·bo ❷(동물)【臂】bì【膊】bó ¶～ | 胳膊gē·bo。

ᴬ**팔**[八]㜷【八】bā【第八】dìbā ¶5 더하기 3은 ～ | 五加三等于八。

ᶜ**팔각**[八角]圐【八角】bājiǎo ¶～기둥 | 八角柱。¶～정 | 八角亭。¶～형 | 八角形。

팔꿈치[肘(儿,子)]zhǒu(r,·zi)【胳

978

팔다

팔짱

膊肘儿]gēbózhǒu【鹰嘴】yīngzuǐ ¶
~를 들고 붓글씨를 쓴다 | 悬胳膊肘
儿学写毛笔字.

^**팔다** 통 ❶ (판매하다) 【出卖】
【出售】chūshòu【卖】mài【销售】xiā-
oshòu ¶가구를 ~ | 出售家具. ¶다
팔았다 | 卖光了. ¶염가로 ~ | 贱
卖. ¶외상으로 ~ | 赊卖. ❷ (배반
하다) 【背叛】bèipàn【出卖】chūmài
【反叛】fǎnpàn 자기 편을 ~ | 出卖
自己人. ¶그가 나를 팔았다 | 他把
我出卖了. ❸ (이름 등을) 【败坏】b-
àihuài【毁坏】huǐhuài ¶친구의 이름
을 팔고 돈을 얻어 쓰다 | 败坏朋友的
名字得钱花. ¶남의 이름을 ~ | 毁
坏别人的名誉. ❹ (한눈을) 【转移】
zhuǎnyí【不集中】bùjízhōng ¶정신
을 ~ | 不集中精神.

^**팔다리**[手脚]shǒujiǎo【四肢】sìzhī
【肢】zhī ¶~는 발달되었는데 두뇌는
너무 단순하다 | 四肢发达, 头脑简
单. ¶~뼈 | 肢骨. 참고〔指尖〕〔四
维〕

^**팔도**[八道] 명 【八道】bādào ¶~강산
| 八道江山.

팔딱팔딱 튀 【跳跃】tiàoyuè【蹦蹦跳
跳】bèngbèng tiàotiào【泼剌】pōlà
【拨剌】bōlà【泼剌】pōlà【吧嗒吧嗒】bā-
·da bā·da ¶개구리가 ~ 뛴다 | 青
蛙跳跃. ¶이 아이는 매우 활발하여
하루 종일 ~ 뛴다 | 这孩子好活泼, 成
天蹦蹦跳跳的.

팔뚝 명 【前臂】qiánbì【前膊】qiánbó
【小胳膊】xiǎogē·bo ¶~이 굵다 | 小
胳膊粗.

팔랑개비 명 ❶ (바람개비) 【风车(儿)】
fēngchē(r)【风葫芦】fēnghú·lu ❷
(출렁거리는 사람) 【轻浮的人】qīngf-
ú·de rén

팔레스타인[Palestine] 명 〈地〉【巴勒
斯坦】Bālèsītǎn【巴力斯坦】bālìsītǎn
[아시아 서남부의 지중해에 면해 있
는 고대 이스라엘 국토. 성지(Holy
Land)라고도 불리며 성서에서 말하
는 가나안(Canaan)에 해당됨] ¶
~ 해방 기구(PLO) | 巴勒斯坦解放
组织zǔzhī.

^**팔리다** 통 ❶【卖】mài ¶국산품이 잘
~ | 国产品好卖. ❷ (정신을 집중하

다) 【吸引】xīyǐn ¶이야기에 정신이
~ | 被故事所吸引.

팔목 명 〈生理〉【胳膊腕子】gē·bo wà-
n·zi【胳膊腕儿】gē·bo wànr【手腕
子】shǒuwàn·zi ¶그는 ~을 삐었다 |
他的手腕子扭niǔ了.

팔방미인[八方美人] 명 【八斗(之)才】
bā dǒu (zhī) cái【才高八斗】cái gāo
bā dǒu【多才多艺】duō cái duō yì【八
面玲珑】bā miàn líng lóng ¶네가 아
무리 ~이라 해도 이번 국면은 만회할
수 없을 것이다 | 你就是有八斗(之)
才, 也挽救不了这种局面. ¶그는 ~
이다 | 他是个多才多艺的人.

팔베개 명 【曲肱而枕】qūgōng ér zhěn
【用胳膊当枕头】yòng gē·bo dāng zh-
ěn·tou ¶~를 베다 | 枕着胳膊.

팔불출[八不出] 명 【饭囊衣架】fàn náng yī jià【酒囊饭袋】jiǔ
náng fàn dài【傻瓜】shǎguā【衣架饭
囊】yī jià fàn náng ¶그는 ~이다 | 他
是个酒囊饭袋.

팔뼈 명 〈生理〉【臂骨】bìgǔ ¶~가 부
러졌다 | 臂骨断了.

^**팔순**[八旬] 명 【八十岁】bāshísuì【八
旬】bāxún

팔씨름 명 [하다] 【掰腕子】bāiwàn·zi【扳
手腕】bānshǒuwàn【扳腕子】bānwà-
n·zi【比腕力】bǐwànlì

팔아먹다 통 ❶ (팔아버리다) 【卖出
去】màichūqù【卖掉】màidiào【推销】
tuīxiāo ¶상품을 ~ | 把商品卖掉.
❷ (장사거리로 삼다) 【背叛】bèipàn
【出卖】chūmài【叛卖】pànmài ¶나라
와 민족을 팔아먹는 민족반역자 | 出
卖国家背叛民族的民族败徒. ¶조국
을 ~ | 叛卖祖国.

^**팔자**[八字] 명 【八字】bāzì【命数】mì-
ngshù【命运】mìngyùn【生辰八字】sh-
ēngchén bāzì【运气】yùn·qi【运道】y-
ùndào ¶~가 좋다 | 运气好. ¶모두
가 ~ 탓이다 | 多怨运气.

팔짝 튀 【蹦跳】bèngtiào【进跳】bèngti-
ào【蹦蹦跳跳】bèngbèngtiàotiào
【跳】tiào ¶놀란 개구리는 ~ 뛰어 올
랐다 | 受惊的青蛙蹦跳上去了.

^**팔짱** 명 【抄手(儿)】chāo/shǒu(r)【褪
手】tūnshǒu【袖手】xiù/shǒu ¶그녀
는 두 손을 어디다 두어야 좋을지 몰라

잠깐 있다가 ~을 끼었다 | 她不知道两手放在哪儿好, 一会儿就抄起手来了.

팔찌 몡 ❶ (활을 쏠 때 매는 띠) 【吊袖的带子】diàoxiù·de dài·zi ❷ (팔가락지) 【钏】chuàn 【手镯子】shǒuzhuó-zi 참고〔玉钏〕〔镯子〕

팔팔 튀 【咕嘟咕嘟】gūdūgūdū 【噗噜噗吐】pūpūlútù ¶주전자의 물이 ~ 끓는다 | 水壶的水噗噜噗吐地开.

팔팔하다 혱 ❶ (성질이 괄괄하고 급하다) 【急躁】jízào ¶성미가 ~ | 性子急躁. ❷ (생기가 있다) 【活泼】huó·po 【生龙活虎】shēng lóng huó hǔ 【生气勃勃】shēngqì bóbó 【朝气勃勃】zhāoqì bóbó ¶팔팔하게 노는 아이들 | 朝气勃勃的孩子. ¶팔팔한 청년 | 朝气勃勃的青年.

팔푼이〔八一〕몡 【缺心眼儿】quēxīnyǎn-nr ¶그는 ~이다 | 他是个缺心眼儿.

팝송[pop song] 몡〈音〉【流行歌曲】liúxíng gēqǔ

팝업 메뉴[popup menu] 몡〈電算〉【上拉菜单】shànglācàidān

팝콘[popcorn] 몡 【爆玉米花】bàoyùmǐhuā

팡 튀 【砰】pēng 【奔】bēn ¶자전거 내피가 ~ 터졌다 | 自行车内胎nèitāi砰的一声破了了. ¶자동차 바퀴가 ~하고 터졌다 | 汽车轮胎砰地爆了.

팥 몡〈植〉【赤小豆】chìxiǎodòu 【红豆】hóngdòu 【小豆】xiǎodòu ¶~가루 | 小豆粉. 참고〔赤豆〕

팥떡 몡 【红豆糕】hóngdòugāo 【蘸上豆沙或放小豆馅的糕】zhàn·shàngdòu-shā huò fàngxiǎodòuxiàn·degāo

팥물 몡 【小豆液】xiǎodòuyè 【小豆酱】xiǎodòujiàng

팥밥 몡 【小豆干饭】xiǎodòugānfàn 【红米米饭】hóngmǐmǐfàn

패[牌] 몡 ❶ (무리) 【拨儿】bōr 【伙】huǒ 【流派】liúpài 【派】pài 【小集团】xiǎojítuán 【一伙】yìhuǒ ¶몇 ~로 나누어 입장하다 | 分几拨儿入场. ¶ ~가 다르다 | 流派不同. ¶두 ~로 나누어 다투다 | 分成两派争执. ¶지하에서 몇 사람씩 ~를 지어 활동하다 | 几个人一伙地秘密结成小集团进行活动. ❷ (카드놀이·화투 등의) 【牌】pái 【牌子】pái·zi

패거리[牌一] 몡 【党羽】dǎngyǔ 【分派】fēnpài 【伙】huǒ 【流派】liúpài 【派】pài 【一伙】yìhuǒ ¶질이 나쁜 ~와 어울리다 | 跟那伙坏人在一起. ¶두 ~로 나누어 출발하다 | 分两伙出发.

패권[霸權] 몡 【霸权】bàquán ¶~을 쥐다 | 掌握霸权.

패기[霸氣] 몡 【魄力】pò·lì 【气派】qìpài 【气魄】qìpò 【雄心】xióngxīn 【朝气】zhāoqì ¶그는 체구는 작지만 아주 ~가 있다 | 他人虽小, 而气派很大. ¶~가 대단하다 | 赋有气魄. ¶그는 ~에 가득 찬 젊은이다 | 他是个富有朝气的小伙子.

패다[1] 동 【出】chū 【抽穗】chōusuì ¶이삭이 ~ | 出穗穗.

패다[2] 동 【砍】kǎn 【劈】pī ¶장작을 ~ | 砍柴chái. ¶나무를 ~ | 劈木头.

패다[3] 동 【打】dǎ 【殴打】ōudǎ 【揍】zòu

패다[4] 동 【被冲坏】bèi·chōnghuài 【被冲刷】bèi·chōngshuā 【被冲塌】bèi·chōngtā 【被冲走】bèi·chōngzǒu 【被挖去】bèi·wāqù 【陷】xiàn ¶이틀 밤샘을 하더니 그의 눈이 움푹 패었다 | 连熬了两个夜, 他的眼睛陷进去了.

패랭이 몡 【竹编斗笠】zhúbiāndǒulì

패러그래프[paragraph] 몡 【段】duàn 【段落号】duànluòhào 【节】jié

패러독스[paradox] 몡 【诡辩】guǐbiàn 【矛盾说法】máodùn shuōfǎ

패러디[parody] 몡 【模仿作品】mófǎngzuòpǐn

패러럴 포트[parallel port] 몡〈電算〉【并行口】bìngxíngkǒu

패러미터[parameter] 몡〈數〉〈物〉【变量】biànliàng 【参数】cānshù ¶~증폭 | 变量放大. ¶~ 측정기 | 参数测定器.

패륜[悖倫] 몡하형 【没有伦理道德】méiyǒu lúnlǐ dàodé ¶~아 | 没有伦理道德的人.

패망[敗亡] 몡하자 【败亡】bàiwáng 【灭亡】mièwáng ¶제국주의는 반드시 ~한다 | 帝国主义必然灭亡.

패물[佩物] 몡 【饰物】shìwù 【装身饰品】zhuāngshēnshìpǐn

패배[敗北] 몡하자 【败北】bàiběi 【败仗】bàizhàng 【惨败】cǎnbài 【大败】dàbài 【溃败】kuìbài 【失败】shībài ¶싸움에서 ~했다 | 打了败仗了. ¶적군은 ~하여 황급히 도망쳐 버렸다 | 敌军溃败, 仓惶逃跑. ¶이번 구기시합에서는 대전팀이 ~했다 | 这场球赛, 大田队失败了.

패션[fashion] 몡 ❶(유행·풍조) 【流行】liúxíng 【流行款式】liúxíng kuǎnshì 【时装】shízhuāng 【时兴花样】shíxīng huāyàng ¶~ 쇼(show) | 时装表演. ¶~ 디자이너(designer) | 时装设计师. ¶~ 모델(model) | 时装模特儿. ❷(양복 등의 모양)【方式】fāngshì 【样子】yàng·zi

패스¹[pass] 몡하자타 ❶(합격) 【合格】hégé 【及格】jí/gé 【通过】tōng/guò ¶나는 ~하지 못할까 걱정된다 | 我害怕不及格. ❷(무료입장) 【免费入场券】miǎnfèi rùchǎngquàn 【免费车票】miǎnfèi chēpiào ❸〈體〉【传球】chuánqiú

패스²[path] 몡〈電算〉【路径】lùjìng

패스워드[password] 몡〈電算〉【口令】kǒulìng 【密码】mìmǎ

패스포트[passport] 몡【护照】hùzhào 【派司】pàisī ¶외교관 ~ | 外交护照. 참고 〔签证〕〔执照(儿)〕

패싸움[霸一] 몡【打群架】dǎ qúnjià 【派系斗争】pàixì dòuzhēng ¶~을 일삼다 | 专搞派系斗争. 참고〔全武行〕

패이스트[paste] 몡〈電算〉【剪贴】jiǎntiē

패자[败者] 몡【败者】bàizhě ¶승자도 ~도 없는 싸움 | 没有胜败者的仗. ¶~는 말이 없다 | 败者无话可说.

패잔[败残] 몡【败残】bàicán ¶~병·残兵/残兵败将.

패전[败战] 몡하자【打败仗】dǎ bàizhàng 【战败】zhànbài ¶~으로 인한 국고 손실이 엄청나다 | 因战败国库损失巨大. ¶~투수 | 打败仗的投球手. 참고〔打败〕

패주[败走] 몡하자【败走】bàizǒu 【溃逃】kuìtáo 【溃退】kuìtuì ¶~하는 적군 | 败走的敌军. ¶장개석 군대는 ~하여 대만으로 후퇴하였다 | 蒋介石溃退台湾.

패치[patch] 몡〈電算〉【补订程序】bǔ-

dīngchéngxù

패키지[package] 몡【部件】bùjiàn 【外壳】wàikè 【小邮包】xiǎoyóubāo 【一揽子】yìlān·zi ¶~ 거래 | 一揽子交易. ¶~ 프로그램 | 一揽子节目.

패키지 소프트[package soft] 몡〈電算〉【软件包】ruǎnjiànbāo

패킷[packet] 몡〈電算〉【封包】fēngbāo 【分组】fēnzǔ

패턴[pattern] 몡【模范】mófàn 【模式】móshì 【模特儿】mótèr 【模型】móxíng 【样本】yàngběn

패하다[败一] 툉【败】bài 【失败】shībài 【输】shū ¶이번 구기 시합에서 원정팀이 패했다 | 这场球赛, 客队败了.

팩[pack] 몡 ❶(작은 용기)【包】bāo 【包装】bāozhuāng 【填入】tiánrù ❷(미용법)【面膜】miànmó

팩스[fax] 몡 ☞ 팩시밀리

팩시밀리[facsimile] 몡〈電〉【传真】chuánzhēn 【传真电报】chuánzhēn diànbào

팬[fan] 몡【迷】mí ¶영화~ | 影迷.

팬더[panda] 몡 ☞ 판다

팬시[fancy] 몡【便士】biànshì

팬츠[pants] 몡【裤子】kù·zi 【短裤】duǎnkù

팬터마임[pantomime] 몡〈藝〉【默剧】mòjù 【哑剧】yǎjù ¶~의 동작표현은 아주 섬세하다 | 哑剧的动作表演biǎoyǎn十分细腻xìnì.

팬티[panty] 몡【内裤】nèikù 【裤头】kùtóu ¶~스타킹 | 连裤长袜.

팻말[牌一] 몡【木牌(子)】mùpái(·zi) 【木桩子】mùzhuāng·zi 【牌子】pái·zi

팽개치다 툉【抛】pāo 【扔】rēng 【甩】shuǎi 【掷】zhì ¶그는 아내와 아이들을 팽개치고 혼자 떠났다 | 他抛下妻子儿女, 独自走了. ¶신을 벗어 ~ | 把鞋脱下扔掉. ¶돌을 ~ | 甩石头. ¶~내~ | 弃掷.

팽그르르 튄 ❶(도는 모양)【滴溜溜转】dīliūliūzhuǎn ❷(어지러운 모양)【眩晕】xuānyūn 【一阵眩】yízhènxuàn

팽만[膨满] 몡하자【膨胀】péngzhàng ¶복부~ | 腹部膨胀.

팽배[澎湃] 몡하자【蓬勃】péngbó 【澎湃】péngpài 【蓬蓬勃勃】péng·péngbóbó 【汹涌澎湃】xiōng yǒng pēng pài

¶온몸에 열정이 ~하다 |满腔热情
涌涌澎澎。

^A**팽이** 【陀螺】tuóluó ¶~채 | 陀螺鞭
鞭。

¹**팽이치기** 【명】하자 【抽陀螺】chōutuóluó
【玩陀螺】wántuóluó

²**팽창** 【膨胀】 【명】하자 【扩展】kuòzhǎn 【膨
胀】péngzhàng 【延伸】yánshēn 【胀
起】zhàngqǐ ¶체적이 ~하다 | 体积
膨胀。¶인구가 날로 ~하다 | 人口
日益膨胀。

팽팽하다 [膨膨－] 【형】 ❶（켕기어서）
【绷直】bēngzhí 【紧绷绷】jǐnbēngbēng ¶빨랫줄을 팽팽하게 달아매다 |
晾衣绳绑得紧绷绷的。❷（실력이 비
슷하다）【不相上下】bùxiāng shàngxià ¶실력이 팽팽해서 금방 승부가 나
지 않는다 | 实力不相上下一时没有胜
负。

퍼내다 【舀出来】yǎochūlái 【舀】yǎo
¶국자로 국을 ~ | 用汤勺舀汤。

퍼덕이다 【동】（새가）【扑棱翅膀】pūlēng·zhe chìbǎng ¶꿩이 날개를 퍼
덕이며 날아갔다 | 野鸡扑棱着翅膀飞
走了。❷（물고기가）【扑腾扑腾地
跳】pūtēng pūtēng·de tiào ¶그물 속
의 물고기가 퍼덕인다 | 落网的鱼扑
腾着。❸（깃발이）【哗啦哗啦地飘】huālā huālā·de piāo ¶바람에 돛폭이
퍼덕인다 | 风吹着船帆哗哗啦啦地
飘。

퍼뜨리다 【동】【传播】chuánbō 【开开】chuánkāi 【鼓吹】gǔchuī 【流布】liúbù
【散播】sànbō 【散布】sànbù 【宣扬】xuānyáng ¶소문을 ~ | 散布谣言。¶
세상에 ~ | 流布四海。¶유언비어를
~ | 散播流言蜚语。¶이 일은 퍼뜨리
지 마세요 | 这件事可别拿出宣扬出
来。

퍼뜩 【부】【突然想起】tūrán xiǎngqǐ 【突
然出现】tūrán chūxiàn ¶어제 일이 ~
생각났다 | 突然想起了昨天的事。¶
산꼭대기에 ~ 불빛이 나타났다 | 山
巅上突然出现了一点火光。

^B**퍼렇다** 【형】❶（창백하다）【发青】fāqīng ¶얼굴이 퍼렇게 질려 말을 못하였다
| 脸色发青什么话也说不出来。❷
（청색이다）【蓝】lán 【绿】lǜ 【碧绿】bìlǜ 【碧蓝】bìlán

퍼레이드 [parade] 【명】【游行】yóuxíng
【阅兵式】yuèbīngshì

퍼머넌트 [permanent] 【명】【烫发】tàng/
fà ¶그는 지금 여자 단골손님에게 ~
해 주고 있는 중이다 | 他正给女顾客
烫发呢。

퍼먹다 【동】❶（떠서 먹다）【舀吃】yǎoáichī ❷（많이 먹다）【大吃】dàchī
【狼吞虎咽】láng tūn hǔ yàn 【塞】sāi
【填】tián 【吞食】tūnshí ¶그렇게 많이
퍼먹으면 체한다 | 那样大吃会撑满
¶물만두를 한 입 퍼먹었다 | 塞了一
嘴水饺。

퍼붓다 【동】❶（비가）【盆倒】péndào
【倾盆】qīngpén ¶어제 큰 비가 억수
같이 퍼부었다 | 昨天下了一场倾盆大
雨。¶큰 비가 퍼부어 온몸이 흠뻑 젖
었다 | 大雨浇得全身都湿透了 ❷
（말·욕설 등을）【纷纷】fēnfēn 【泼】pō
【倾卸】qīngxiè 【浇】jiāo ¶잇달아 질
문을 ~ | 接续纷纷提问。¶그는 마
음에 있는 말을 모두 퍼부었다 | 他把
心里的话通通泼了出来。참고 [瓢泼
大雨]

퍼석하다 【형】【松脆】sōngcuì 【酥脆】sūcuì 【苏脆】sūcuì ¶막 화로에서 꺼낸
과자는 ~ | 刚出炉的饼干, 好松脆。

퍼센트 [percent] 【명】【百分比】bǎifēnbǐ
【百分率】bǎifēnlǜ 【百分数】bǎifēnshù

퍼스널 컴퓨터 [personal computer] 【명】
〈電算〉【个人电脑】gèrén diànnǎo
【个人计算机】gèrén jìsuànjī 【微机】wēijī 【微型计算机】wēixíng jìsuànjī

퍼지 [fuzzy] 【명】〈電算〉【模糊】móhū

^B**퍼지다** 【동】❶（확대되다）【繁殖】shēnzhí 【繁殖】fánzhí 【扩大】kuòdà
【扩展】kuòzhǎn 【蔓延】mànyán 【满
堂】mǎntáng 【茂盛】màoshèng ¶불
길이 널리 ~ | 火势蔓延。¶자손이
~ | 子孙满堂。❷（유포·보급되다）
【传】chuán 【开开】chuánkāi ¶온 나
라에 ~ | 传遍全国。¶풍문이 널리
~ | 谣言开传。❸（불어서 커지다）
【发涨】fāzhàng ¶면발이 ~ | 面条发
涨。

^A**퍽** 【부】【很】hěn 【颇为】pōwéi 【甚为】shènwéi 【相当】xiāngdāng ¶~ 덥다 |
很热。¶~ 좋다 | 相当好。

퍽² 【부】❶【噗哧】pūchī 【叭】bā ¶~하

고 땅에 떨어졌다 ¶叭一声掉在地下了。❷【扑通(倒下)】pūtōng(dǎoxià)【无力地倒下】wúlì·de dǎoxià ¶맥없이 ~ 넘어졌다 ¶扑通地倒了下去。

펀드[fund] 명 【基金】jījīn 【公债】gōngzhài 【国债】guózhài

펀치[punch] 명 【打孔】dǎkǒng 【打孔机】dǎkǒngjī ¶~기 ¶打孔机/穿孔机. 참고〔钻孔〕

¹**펄떡** 부 【蹦跳】bèngtiào 【进跳】bèngtiào 【活蹦乱跳】huó bèng luàn tiào 【怦怦跳】pēngpēngtiào 【拨刺】bōlā 【泼刺】pōlā

²**펄떡거리다** 통 【蹦跳】bèngtiào 【蹦蹦跳】bèngbèngtiào 【蹦登蹦登跳】bèngdēngbèngdēng tiào 【进跳】bèngtiào 【活蹦乱跳】huó bèng luàn tiào 【怦怦跳】pēngpēng tiào ¶심장이 ~ 心在蹦蹦跳.

펄럭펄럭 부/의자 【忽忽】hūhū 【呼啦】hūlā 【呼啦】hūlā 【呼啦啦】hūlālā ¶붉은 깃발이 ~ 휘날린다 ¶红旗呼啦啦地飘piāo扬.

펄럭이다 통 【飞舞】fēiwǔ 【飘扬】piāoyáng 【飘扬】piāoyáng 【招展】zhāozhǎn ¶꽃종이와 오색테이프가 공중에서 펄럭인다 ¶花纸屑和彩带满天飞舞。¶옷자락이 바람에 펄럭인다 ¶衣角随风飘舞。¶깃대 위에는 올림픽기가 바람에 펄럭이고 있다 ¶旗杆上有奥林匹克会旗迎风招展.

펄스[pulse] 명 〈電算〉【脉冲】màichōng

¹**펄쩍** 부 ❶ (갑자기 뛰는 모양) 【飕】sōu ¶~ 뛰어 오르다 ¶飕地一下跳起来。❷ (갑자기 여는 모양) 【哗啦】huàlā 【哗拉】huàlā 【哗啦啦】huálālā ¶바람에 문이 ~ 열렸다 ¶风把门哗啦一声吹开了.

펄쩍 뛰다 관용 【雀跃】quèyuè 【暴跳起来】bàotiào qǐlai ¶그는 이 말을 듣더니 펄쩍 뛰었다 ¶一听这话, 他雀跃。¶그는 전혀 모른다고 펄쩍 뛰었다 ¶他暴跳起来, 说他根本不知道。¶그 소식을 듣고 놀라서 ~ ¶听了那消息惊讶jīngyà得暴跳起来。참고〔欣xīn跃〕

²**펄펄** 부 ❶ (끓는 모양) 【咕嘟】gūdū

물이 ~ 끓었다 ¶水咕咕嘟嘟烧开了。❷ (나부끼는 모양) 【哗喇喇】huálělě ¶줄지어 게양된 만국기가 ~ 날리다 ¶一排的万国旗哗喇喇地飘piāo动.

펄프[pulp] 명 【纸浆】zhǐjiāng 【纤维纸料】xiānwéi zhǐliào ¶크라프트 ~ ¶牛皮纸浆.

펌프[pump] 명 【帮浦】bāngpǔ 【泵】bèng 【泵浦】bèngpǔ 【抽水机】chōushuǐjī

¹**펑** 부 【砰】pēng 【嘣】bēng 【劈】pī ¶자동차 바퀴가 ~ 하고 터졌다 ¶汽车轮胎lúntāi砰地暴了。¶~하고 풍선이 터졌다 ¶嘣的一声气球qiú就暴bào了.

펑션키[function key] 명 〈電算〉【功能键】gōngnéngjiàn

펑크[puncture] 명 ❶【爆胎】bào/tāi 【出孔】chūkǒng 【刺孔】cìkǒng ¶자전거 앞바퀴가 ~났다 ¶自行车前轮lún爆胎了.

펑퍼짐하다 형 ❶ (평평하고 완만하다) 【平缓】pínghuǎn ¶평퍼짐한 산마루 | 平缓的山脊。❷ (둥그스름하고 편편하다) 【宽宽】kuānkuān ¶소들이 모두 엉덩이가 평퍼짐하게 살이 올랐다 ¶所有的牛臀tún部都宽宽地肥féi了.

¹**평평** 부/의자 ❶ (물 등이 세차게 쏟아지는 모양) 【哗哗】huáhuá ¶물이 ~ 쏟아져 나온다 ¶水从管里哗哗地喷出来。❷ (눈이 많이 내리는 모양) 【纷纷】fēnfēn 【必必剥剥】bìbìbōbō ¶눈이 ~ 쏟아진다 ¶大雪纷纷。❸ (돈을 마냥 쓰는 모양) 【挥霍】huīhuò ¶그렇게 ~거리다 나중에 후회한다 ¶那样挥虚最后悔的。❹ (터지는 소리) 【砰砰】pengpēng

페널티[penalty] 명 〈體〉【罚球】fáqiú ¶~ 킥(kick) | 罚点球。¶~골(goal) | 罚球得分.

페니실린[penicillin] 명 〈藥〉【盘尼西林】pánníxīlín 【配尼西林】pèinníxīlín 【青霉素】qīngméisù 【西林】xīlín ¶~알레르기 | 盘尼西林过敏guòmǐn。¶~알약 | 青霉素糖锭dìng。¶~연고 | 青霉素软膏.

페달[pedal] 명 【脚踏板】jiǎotàbǎn

【踏板】tàbǎn

페라가모[Ferregamo] 명〈商標〉【菲拉格木】Fēilāgémù

페라리[Ferrari] 명〈商標〉【法拉利】Fǎlālì

페루[Peru] 명〈地〉【秘鲁】Bìlǔ〔수도는 "리마"(리마; Lima)〕

페미니스트[feminist] 명【男女平等主义者】nánnǚ píngděng zhǔyìzhě【提高女权论者】tígāo nǚquánlùnzhě

페미니즘[feminism] 명【男女平等主义】nánnǚ píngděng zhǔyì

페시미즘[pessimism] 명【悲观主义】bēiguānzhǔyì

페어 플레이[fair play] 명【公平的比赛】gōngpíng·de bǐsài【正当的比赛】zhèngtáng·de bǐsài

B**페이**[pay] 명【报酬】bào·chou【报酬】bàoshì【工钱】gōngqián【工薪】gōngxīn【工资】gōngzī ¶〜가 높다 | 工资高。

B**페이지**[page] 명【页】yè【叶】yè ¶책의 제1〜에 있다 | 有书的第一页上。(참고)〈篇〉

페이퍼[paper] 명【纸】zhǐ【纸张】zhǐzhāng ¶〜백(back) | 平装本/纸面本。

C**페인트**[paint] 명❶【涂料】túliào【油漆】yóuqī ¶문과 창문에 〜 칠을 하다 | 把门窗油漆一下。❷〈電算〉【画图】huàtú

페치카[러 pechka] 명【壁炉】bìlú

B**펜**[pen] 명【钢笔】gāngbǐ【蘸水笔】zhànshuǐbǐ ¶〜 꽂는 통 | 笔筒。¶〜뚜껑 | 笔帽儿。

C**펜디**[pen-] 명【钢笔杆儿】gāngbǐgānr

펜디[Fendi] 명〈商標〉【芬迪】Fēndí

펜스[fence] 명〈體〉【栅栏】zhàlán

펜스²[pence] 명【本土】běnshì【便士】biànshì【辨士】biànshì【边士】biānshì (참고)〈镑bàng〉

펜슬[pencil] 명【铅笔】qiānbǐ

펜실베니아[Pennsylvania; Pa] 명〈地〉【宾夕法尼亚】Bīnxīfǎníyà〔미국의 주명(州名). 주도(州都)는 "哈里斯堡Hālǐsībǎo"(해리스버그; Harrisburg)〕

펜싱[fencing] 명〈體〉【击剑术】jījiàn-

nshù

펜치[pinchers] 명【铁钳】tiěqián

펜클럽[PEN Club] 명【国际笔会】guójì-bǐhuì

펜티엄[pentium] 명〈商標〉【奔腾】Bēnténg

펜티엄 엠엠엑스[pentium MMX] 명〈電算〉【多能奔腾】duōnéngbēnténg

펜팔[pen pal] 명【笔友】bǐyǒu

펩시콜라[Pepsi Cola] 명〈商標〉【百事可乐】Bǎishìkělè

C**펭귄**[penguin] 명〈鳥〉【企鹅】qǐ'é【王企鹅】wángqǐ'é

A**펴내다** 동【发行】fāxíng【发刊】fākān ¶고희기념 논문집을 〜 | 发行古稀的纪念论文集。

A**펴다** 동❶ (벌려 놓다·깔다)【放开】fàng·kāi【披】pī【铺】pū【铺开】pū·kāi【展开】zhǎnkāi ¶〜ㄴ방에 이불을 〜 | 屋里铺被。¶지도를 〜 | 把地图打开。❷ (곧게 하다)【弄直】nòngzhí【伸】shēn【申】shēn【伸出】shēnchū【伸开】shēnkāi【伸展】shēnzhǎn【伸直】shēnzhí【支开】zhīkāi【舒展】shū·zhǎn ¶구부러진 철사를 〜 | 把弯曲的铁丝弄直。¶손을 〜 | 把手伸开。¶허리를 〜 | 伸展腰。❸ (접힌 것을 벌리다)【撑开】chēngkāi【打开】dǎ·kāi【翻开】fānkāi ¶우산을 〜 | 撑开雨伞。¶책을 〜 | 打开书/翻开书本儿。❹ (구김이나 주름을 반반하게 하다)【弄平】nòngpíng【弄直】nòngzhí ¶구김살을 〜 | 把皱纹弄平。¶이마의 주름살을 〜 | 弄平额头上的皱纹zhòuwén。❺ (어떤 일이나 조직 따위를 늘이다)【设立】shèlì【布置】bùzhì ¶수사망을 〜 | 设立搜查网sōucháwǎng。¶경계망을 〜 | 布置警戒网jǐngjièwǎng。❻ (널리 실시하다)【传播】chuánbō【传布】chuánbù【开展】kāizhǎn【展开】zhǎnkāi ¶절전운동을 〜 | 展开节电运动。¶작업을 펼 수 없다 | 工作开展不下去。❼ (기세를 자유롭게 가지다)【舒气】shūqì【舒】shū ¶마음을 펴고 살다 | 过上舒心的日子。¶이제 허리를 펴고 살만하게 되었다 | 今后能舒腰yāo过好日子。¶이제 다리를 쭉 펴고 살게 되었다 | 今后能伸腿过舒适的日子。❽

(나누다)【分】fēn【分摊】fēntān【分给】fēngěi ¶그것을 열 사람에게 펴한 사람당 얼마씩 돌아가오 | 那东西分给十个人，一个人能分到多少。

^A**펴지다**통【好转】hǎozhuǎn

^A**편**¹【便】명❶ (한 패)【边】biān【方】fāng【方面】fāngmiàn【派】pài ¶너는 어느 ~이냐? | 你是哪边儿的? ¶승리한 ~ | 胜利shènglì的一方。¶우리 ~ 선수 | 我方选手。¶~을 갈라서 승부를 겨루다 | 分派比胜负。(인편·교통편)【乘便】chéngbiàn【顺便】shùnbiàn【随手】suíshǒu【坐】zuò ¶시내에 가는 사람~에 책을 사오라고 부탁하였다 | 乘人进城之便, 托他买一本书。¶기차 ~으로 가는 것이 좋겠다 | 坐火车去好一些。❸ (방향)【方】fāng【方向】fāngxiàng ¶바람부는 ~ | 风吹的方向。❹ (경향)【就算】jiùsuàn【算是】suàn·shi ¶이만하면 알아맞혔 ~이다 | 这就算你猜着了。¶이 근처에서는 이 상점이 제일 큰 ~이다 | 这个商店是附近最大的了。❷(방법)【方法】fāngfǎ ¶그 일을 미리 처리하는 ~이 좋겠다 | 事前处理那件事的方法好。

^B**편²**【篇】의명【编】biān【首】shǒu【篇】piān【册】cè ¶두 ~의 시 | 两首诗 ¶이 책은 모두 5~으로 되어 있다 | 这本书共分五册而成。¶문법~ | 语法篇。

^B**편견**[偏见]명【偏见】piānjiàn【僻见】pìjiàn ¶~을 가지다 | 怀有偏见。¶~을 버리다 | 丢弃偏见。

^C**편곡**[编曲]명하타〈音〉【编曲】biānqǔ ¶피아노곡으로 ~하다 | 编写钢琴曲gāngqínqǔ。

편달[鞭撻]명하타【鞭策】biāncè ¶지도 ~을 바라다 | 希望鞭策指导。

^C**편도**[片道]명【单程】dānchéng【单行】dānxíng ¶~ 기차표를 사다 | 买单程的火车票。

^C**편도선**[扁桃腺]명〈生理〉【扁桃体】biǎntáotǐ【扁桃腺】biǎntáoxiàn ¶~이 붓다 | 扁桃腺肿了。

^C**편도선염**[扁桃腺炎]명〈醫〉【扁桃腺炎】biǎntáoxiànyán

편두통[偏頭痛]명〈醫〉【边头风】biāntóufēng【偏脑疼】piānnǎoténg【偏头痛】piāntóutòng

편들다[便-]통【庇护】bìhù【偏护】piānhù【偏袒】piāntǎn【袒护】tǎnhù ¶편들어 주는 사람 | 庇护人。¶그의 편을 들다 | 袒护他。¶친구 편을 들다 | 偏袒亲友。

편력[遍歷]명하자타【游历】yóulì【周游】zhōuyóu ¶각지를 ~하며 식견을 넓히다 | 到各地去游历长长zhǎng·zhǎng见识。¶여러 고장을 ~하다 | 周游各地。

^C**편리**[便利]명하형【便当】biàn·dang【便利】biànlì【方便】fāngbiàn ¶물건이 많지 않아 치우기에 ~하다 | 东西不多, 收拾起来很便当。¶교통이 ~하다 | 交通便利。¶남에게 ~한 것이 자신에게도 ~하다 | 与人方便, 与己方便。¶이 책은 학생들이 학습하는데 아주 ~하다 | 这本书学生们用起来很方便。

편물[編物]명【编物】biānwù

편법[便法]명【简便的方法】jiǎnbiàn·de fāng·fǎ ¶~을 쓰다 | 用简便的方法。¶~을 강조하다 | 强调简便的方法。

편벽[偏僻]명하형❶ (성격이)【偏狭】piānxiá【偏性】piānxìng【僻性】pìxìng ¶~한 사람 | 偏性的人。❷ (지방이)【偏僻】piānpì ¶~한 지방 | 偏僻的地方。

편성[編成]명하타❶ (하나의 체계를 만듦)【编成】biānchéng ¶학급을 ~하다 | 编成班级bānjí。¶새로 ~된 예산 | 新编成的预算。❷ (편집함)【编排】biānpái ¶신화와 전설을 ~하다 | 编排神话和传说。¶프로그램(program)을 ~하다 | 编排节目jiémù。

편승[便乘]명하자❶ (교통편을 얻어 타다)【搭乘】dāchéng ¶친구의 차에 ~하다 | 搭乘朋友的车。❷ (기회를 틈타다)【趁】chèn【乘】chéng【借助于】jièzhùyú ¶시대의 흐름에 ~하다 | 乘时代的潮流。

편식[偏食]명하자【偏食】piānshí ¶육류만 ~한다 | 偏食肉类食品。¶~하는 어린이는 몸이 허약하다 | 偏食的孩子身体虚弱。

^B**편안**[便安]명하형【宓】mì【平安】pí-

ng'ān 【舒服】shū·fu 【舒适】shūshì
【舒坦】shū·tan 【舒心】shūxīn ¶~히
지내다 | 平安地过日子。¶이 의자는
앉기에 매우 ~하다 | 这把椅子坐着
很舒服。¶~한 노후 생활 | 舒适的
晚年生活。¶지내기가 아주 ~하다
| 日子过得很舒服。¶아주 ~히 잤
다 | 睡得很舒心。[참고〕〔得劲(儿)〕
〔合适〕〔平平安安〕[受用]

편애[偏愛] 图【偏爱】piān'ài〔偏
好〕piānhào ¶막내둥이를 ~하다 |
偏爱小儿子。¶그는 애를 너무 ~했
다 | 他太偏爱小儿子了。[참고〕〔偏宠〕
〔偏袒〕

편의[便宜] 图하형 【方便】fāngbiàn
【便利】biànlì ¶사용자의 ~를 도모하
다 | 使使用者方便。¶~상 그렇게
하다 | 为了方便那样做。¶~를 도모
하다 | 加强便利。

편의[便益] 图하형 【便利】biànlì ¶시
민들의 ~을 도모하다 | 为市民的便
利。

편입[編入] 图하자타 【编入】biānrù
【插班】chā/bān 【插入】chārù ¶3학
년에 ~되다 | 编入三年级。¶~ 시
험 | 考试。¶그는 ~하여 중국
어를 배우려 한다 | 他想插班学中
文。¶~생 | 插班生。

편저[編著] 图하타 【编著】biānzhù
¶그들은 삼년 만에 사전 하나를 ~하였
다 | 他们三年编了一本辞典。¶~
한 책을 모교에 증정하다 | 向母校赠
送编者的书。

편중[偏重] 图하타 【偏重】piānzhòng
¶수력에만 ~하던 전력공업의 일면
성을 극복하다 | 克服电力工业偏重水
力的片面性。¶경제 성장에 ~된 정
책 | 偏重于经济增长的政策。[참고〕
〔偏倚〕[并重]〔偏向〕

△**편지**[片紙;便紙] 图 【函件】hánjiàn
【书牍】shūdú 【书函】shūhán 【书翰】
shūhàn 【书简】shūjiǎn 【书柬】shūjiǎn
【书札】shūzhá 【书启】shūqǐ 【书套】sh-
ūtào 【书信】shūxìn 【信】xìn 【信件】xì-
njiàn ¶고향에 계신 부모님께 ~를 부
치다 | 给故乡的父母寄书信。¶~를
받고 마음을 놓았다 | 接到书信就放
心了。¶~ 한 통을 부치다 | 寄一封
信。

편집[偏執] 图【固执】gùzhí【顽固】wá-
ngù ¶그는 더욱 ~스럽게 변했다 |
他变得更固执了。¶~에 사로잡히다
| 顽固不化。

편집[編輯] 图하타 【编辑】biānjí〔编
集〕biānjí ¶간행물을 ~하다 | 编辑
刊物。¶이 자료를 ~해 보아라 | 把
这些资料zīliào编辑一下。¶~회의 |
编辑会议。¶~기능 | 编辑功能。

편차[偏差] 图 【偏差】piānchā
〔偏离〕piānlí ¶~가 1
밀리미터로 줄다 | 偏差减为一毫米。
¶~가 생기다 | 产生偏差。

편찬[編纂] 图하타 【编纂】biānzuǎn ¶
사전을 ~하다 | 编纂词典。

▼**편찮다**[便-] 혭 【不适】búshì 【不舒
服】bùshū·fu 【不舒坦】bùshūtǎn 【欠
佳】qiānjiā ¶어디 편찮으십니까? | 哪
里不舒服吗? ¶~ 데 | 肚子不舒
服。¶할아버지께서 몸이 편찮으시
니 나중에 오십시오 | 爷爷身体欠佳,
请过后再来。

편파[偏頗] 图하형 【偏枯】piānkū〔偏
面〕piānmiàn ¶보도의 ~ | 报道的偏
面。

편파적[偏頗的] 관图 【偏枯的】piānk-
ū·de〔偏面的〕piānmiàn·de ¶~인
처사 | 偏面的处理。

편편하다[便便-] 혭 ❶ (평평하다)
【平坦】píngtǎn ¶편편한 길 | 平坦的
路。❷ (편 안 하 다)【平安】píng'ān
〔平平安安〕píngpíng'ān'ān

△**편하다**[便-] 혭 ❶ (안락하다) 【安
稳】ānwěn 【舒服】shū·fu 【舒适】shū-
shì 【舒展】shū·zhǎn ¶편하게 잠을
잤다 | 睡安稳觉。¶마음이 ~니 몸도
편하다 | 心里舒服,身体也舒服。¶이 신발은 참 ~ | 这双鞋
很舒适。¶좀 움직였더니 몸이 훨씬
편한 것 같다 | 活动了一下,身子感到
舒展多了。❷ (편리하다)【便利】biàn-
lì 【方便】fāngbiàn ¶이 기계는 쓰기
매우 ~ | 这个机器用起来很便利。¶
전화가 있으면 매우 ~ | 有电话就方
便了。¶쓰기 편하게 만들다 | 造
得使用起来方便。

편향[偏向] 图하자 【偏差】piānchā〔偏
向〕piānxiàng 【倾向】qīngxiàng ¶~
을 바로잡다 | 纠正偏向。¶~된 교
육 | 偏向的教育。¶한중연맹을 약화

986

시키는 ~이 나타나지 않게 하다 | 防止产生削弱韩中联盟的倾向。

편협[偏狭] 명하형 【狭隘】xiá'ài 【狭窄】xiázhǎi 【度量小】dùliàngxiǎo 【气量小】qìliàngxiǎo ¶~한 경험만 가지고는 좋은 작품을 써 내기가 어렵다 | 只有狭隘的经验是写不出作品来的。¶마음이 ~하다 | 心地狭窄。¶~한 성격 때문에 대인 관계에 어려움이 많다 | 因狭窄的性格, 待人困难。

ᴮ**펼치다** 통 ❶ (벌리다) 【打开】dǎ/kāi 【翻开】fānkāi 【铺开】pū·kāi 【铺张】pūzhāng 【伸展】shēnzhǎn 【伸张】shēnzhāng 【舒展】shū·zhǎn 【展开】zhǎn/kāi ¶책을 ~ | 打开书本。¶담요를 ~ | 把毯子铺开。¶날개를 ~ | 展开翅膀。❷ (전개하다) 【展开】zhǎn/kāi 【展现】zhǎnxiàn 【指出】zhǐchū ¶절전운동을 ~ | 展开节电运动。¶가을의 금강산은 마치 한폭의 비단을 펼쳐 놓은 것같다 | 秋天的金刚山好像展开了一幅锦缎。¶새로운 국면이 우리의 눈앞에 펼쳐지다 | 新局面展现在我们眼前。

ᴮ**평**[評] 명하타 【评】píng 【评论】pínglùn ¶심사위원의 ~ | 审查员的评论。¶이 좋다 | 对此评论不错。¶작품에 대한 ~을 쓰다 | 写作品评论。

평가¹[平价] 명 【平价】píngjià ¶~태환 | 平价兑换。

ᴮ**평가²**[評價] 명하타 【估计】gūjì 【估价】gū/jià 【评】píng 【评定】píngdìng 【评价】píngjià 【评判】píngpàn 【估量】gū·liáng ¶과소~하다 | 估计过低。¶누구 말이 맞는지 네가 ~해 보아라 | 你来评评谁说得对。¶골동품을 ~하다 | 评价古董。¶회사의 재산을 ~하다 | 估价会社财产。¶실제보다 높은 ~하다 | 比实际评价高。¶~가 공평 타당하다 | 评判公允。참고〔估摸〕

ᴮ**평균**[平均] 명하타 【平均】píngjūn 【平衡】pínghéng ¶~속도 | 平均速度。¶~ 수명 | 平均寿命。¶~ 연령 | 平均年龄。¶학급 전체의 성적을 ~하다 | 平均班级总成绩。¶학과 성적이 ~보다 높다 | 学科成绩比平均高。참고〔均平〕〔拉平〕〔等分〕〔扯算〕〔通扯〕〔背拉〕

평년작[平年作] 【平年收成】píngnián shōucheng 【普通年成】pǔtōng niánchéng 【普通收成】pǔtōng shōuchéng

평당[坪當] 명 【每平】měipíng ¶~ 20 포기씩 심다 | 每平种二十株。¶~ 100만 원의 대지 | 每平一百万元的土地。¶~ 세멘트가 열 포대나 든다 | 每平用十袋水泥。¶~ 생산량을 산출하다 | 计算每平产量。

평등[平等] 명하형 【平等】píngděng 【同等】tóngděng ¶~사상 | 平等思想。¶모든 국민은 법 앞에 ~하다 | 法律面前全国民平等。¶남녀 ~ | 男女同等。

평론[評論] 명하타 【评论】pínglùn ¶문학 ~ | 文学评论。¶음악 ~ | 音乐评论。¶~집 | 评论集。

평면[平面] 명 【平面】píngmiàn ¶~기하학 | 平面几何学。¶~도형 | 平面图形。¶~측량 | 平面测量。

평민[平民] 명 【百姓】bǎixìng 【平民】píngmín 【平民百姓】píngmín bǎixìng 【平人】píngrén 【庶民】shùmín ¶지난날 ~과 귀족의 혼인은 용납되지 않았다 | 过去不容许平民和贵族的婚姻。참고〔老百姓〕〔庶黎 shùlí〕〔庶众 shùzhòng〕

평범[平凡] 명하형 【平常】píngcháng 【平淡】píngdàn 【平淡无奇】píngdàn wúqí 【平淡无味】píngdàn wúwèi 【平凡】píngfán 【平平凡凡】píngpíngfánfán 【平庸】píngyōng 【普通】pǔtōng 【无奇】wúqí ¶~하여 아무런 재미도 없다 | 平淡毫无趣味。¶그는 아무 일이나 ~하게 생각하지 않는다 | 他不会把什么事情都想得那么平凡。¶~히 차려 입다 | 穿带普通。¶이 사람은 아주 ~하다 | 这个人太平庸了。

ᴮ**평사원**[平社員] 명 【普通职员】pǔtōng zhíyuán

평상[平床] 명 【平板床】píngbǎnchuáng ¶여름이면 마당에 ~을 펴고 나와 앉는다 | 夏天院子里放平板床坐着。

평상복[平常服] 명 【便服】biànfú 【便衣】biànyī 【便装】biànzhuāng ¶~을 입다 | 穿上便服。참고〔便章〕〔礼服〕

ᶜ**평상시**[平常時] 图【平常】píngcháng 【平日】píngrì 【平时】píngshí 【平素】píngsù 【素常】sùcháng 【素日】sùrì 【凤日】sùrì 【往常】wǎngcháng ¶모두 당황하지 말고 ~처럼 행동하기를 바람 | 大家不要慌，希望和平常一样行动。¶그는 ~에는 말이 적지만 그릇된 것을 보고는 참지 못한다 | 他平时话不多，但对不良现象是很不客气的。¶내가 ~너에게 말하던 것이 곧 이것이다 | 我平素提醒你的就是这点

ᴮ**평생**[平生] 图【平生】píngshēng 【生平】shēngpíng 【一辈子】yíbèi·zi 【一生】yìshēng 【终身】zhōngshēn 【终生】zhōngshēng 【终世】zhōngshì 【终天】zhōngtiān ¶~의 소원을 이루었다 | 实现了平生的愿望。¶나는 ~ 너를 잊지 못할 것이다 | 我一辈子也忘不了你。¶~의 사업 | 终身的事业。¶~ 잊지 못하다 | 终生莫忘/终生难忘。

ᴮ**평소**[平素] 图【常日】chángrì 【平常】píngcháng 【平日】píngrì 【平时】píngshí 【平素】píngsù 【素常】sùcháng 【素日】sùrì 【往常】wǎngcháng ¶이 낱말은 ~에는 거의 쓰이지 않는다 | 这个词儿平常很少用。¶~에는 남의 이목을 끌지 않는 아이 | 平素不惹人注目的孩子。¶그는 ~에 술 마시기를 좋아한다 | 他素常喜好饮酒。¶오늘은 일이 있어서 ~보다 좀 늦게 돌아왔다 | 今天因为有事，所以比往常回来得晚。

평수[坪數] 图【平数】píngshù ¶이 집의 ~는 얼마나 되나? | 这屋子有多少平?

평안[平安] 图하형【平安】píng'ān 【平安无事】píng ān wú shì ¶내내 ~하다 | 四季都平安。¶댁내 두루 ~하십니까? | 家内都平安吗? 참고〔平平安安〕

ᶜ**평야**[平野] 图【平野】píngyě 【平原】píngyuán ¶~가 끝없이 아득하다 | 平野漠漠mò。¶드넓게 펼쳐진 ~지대 | 无边无际的平原。¶넓은 ~를 흘러내리는 강 | 流经辽阔平原的川河。 참고〔平川(地)〕

ᶜ**평온**¹[平穩] 图하형【安宁】ānníng 【宁静】níngjìng 【平静】píngjìng 【平稳】píng

ngwěn ¶~한 마을 | 宁静的村乡。¶~을 깨뜨리다 | 打破宁静。¶마음이 ~하다 | 心里平稳。

평온²[平溫] 图 ❶ (평상시 온도) 【常温】chángwēn ❷ (평균온도) 【平均温度】píngjūn wēndù

ᶜ**평원**[平原] 图【平原】píngyuán ¶광활한 ~ | 广阔的平原。

ᴮ**평이**[平易] 图【平易】píngyì 【浅近】qiǎnjìn 【浅近易懂】qiǎnjìn yìdǒng ¶~한 문제 | 浅近的问题。

ᶜ**평일**[平日] 图【平日】píngrì 【素日】sùrì ¶휴일은 복잡하니 ~에 가자 | 公休日复杂，平日去吧。

평점[評點] 图 ❶ (가치 평가의) 【评分】píngfēn 【评分数】píngfēnshù ❷ (중요한 곳에 찍는 점) 【着重点】zhuózhòngdiǎn

ᶜ**평정**¹[平定] 图하타【平定】píngdìng 【平靖】píngjìng 【平息】píngxī ¶내란을 ~하다 | 平靖内乱。¶반란을 ~하다 | 平息叛乱。¶폭동이 ~되었다 | 暴动平息了。

평정²[平靜] 图하형【平静】píngjìng ¶마음의 ~을 되찾다 | 恢复心里的平静。

평준[平準] 图하타 ❶ (수준기를 써서 수평이 되게 함) 【用水平器使水平】yòng pínghéng qìshǐ shuǐpíng ❷ (사물이 균일하도록 조정함) 【使平衡】shǐpínghéng 【使平等】shǐpíngděng

ᶜ**평지**[平地] 图【平地】píngdì 【平阳】píngyáng ¶이 지방은 ~가 적다 | 这个地方平地少。¶~에서 낙상하다 | 平地落伤/无妄之灾/飞灾横祸。

평탄[平坦] 图하형 ❶ (지면이 평평하다) 【平】píng 【平实】píngshí 【平坦】píngtǎn ¶~한 대로 | 平坦的大道。¶지세가 ~하다 | 地势平坦。 ❷ (마음이 편하고 고요하다) 【平静】píngjìng 【一帆风顺】yì fān fēng shùn ¶우리의 앞날이 ~하리라고는 생각하지 않는다 | 并没想我们的未来会一帆风顺。¶학업의 길은 결코 ~한 길이 아니다 | 学业的路绝不是一帆风顺平坦之路。

ᶜ**평판**[評判] 图하타【奥论】àolùn 【传闻】chuánwén 【风闻】fēngwén 【名气】míng·qi 【名声】míngshēng 【名头】mí ng·tou【评价】píngjià【评论】pínglùn【声价】shēngjià【声誉】shēngyù¶나도 그런 ~을 들었다｜我也听到了那种传闻。¶그는 대단히 ~이 있는 의사이다｜他是一位很有名气的医生。¶그 영화는 ~이 매우 좋다｜大家对那部影片评价很高。¶~이 나쁘다｜评价并非好。¶~이 높다｜声誉高。

^B**평평하다**[平平－]【平的】píng·de【平坦】píngtǎn【平平坦坦】píngpíngtǎntǎn¶수면처럼 ~｜像水面一样平的。¶바닥을 평평하게 하다｜把地面铺得平平坦坦。

평하다[評－]【评】píng【评论】pínglùn¶평하는 말｜评语。¶작품을 ~｜评论作品。

평행[平行]图하자【平行】píngxíng¶~사변형｜平行四边形。¶~선｜平行线。¶끝없이 ~하는 선｜无限平行的线。

평형[平衡]图하자【均衡】jūnhéng【平衡】pínghéng¶~을 유지하다｜保持平衡。

^A**평화**[平和]图하자【和平】hépíng¶~조약｜和平条约tiáoyuē。¶~는 앉아서 기다릴 것이 아니라 싸워서 쟁취하여야 한다｜和平不能坐着等, 应该以斗争来争取。¶~공존｜和平共处。

평화롭다[平和－]图【和睦】hémù【和平】pínghé¶평화로운 가정｜和睦的家庭。¶평화로운 마을｜和平的村庄。

^C**평화통일**[平和統一]图【和平统一】hépíngtǒngyī

^B**폐**[肺]图【肺】fèi【肺脏】fèizàng¶~로 호흡한다｜用肺呼吸。¶~순환｜肺循环。 참고〔肺腑〕

폐²[弊]图❶(남에게 끼치는 신세나 괴로움)【打扰】dǎjiǎo【打扰】dǎrǎo【麻烦】má·fan【取扰】qǔrǎo【叨扰】tāorǎo【讨扰】tǎorǎo【有搅】yǒujiǎo¶~를 끼쳐 죄송합니다｜对不起, 打搅你们了！¶빈번히 ~를 끼쳐서야 되겠나｜总那么麻烦你还行吗。¶오늘 정말 당신께 ~가 많았습니다｜今天可叨扰你了。❷☞폐단

폐－³[弊－]집【敝】bì¶~사｜敝公司。

폐결핵[肺結核]图〈醫〉【肺结核】fèijiéhé【病患】láobìng【肺病】fèibìng【肺劳】fèiláo¶김씨는 ~을 앓은 적이 있다｜老金害过肺结核。 〔痨疾〕〔痨病〕〔祛症〕

폐경[閉經]图〈醫〉【闭经】bìjīng¶~기｜闭经期。

폐교[廢校]图하자【停办学校】tíngbàn xuéxiào

폐기[廢棄]图하다❶(버리다)【废弃】fèiqì¶~물｜废弃物。¶오래된 서류를 ~ 처분하다｜废弃处理旧文件。❷(파기하다)【废除】fèichú¶불평등 조약을 ~하다｜废除不平等条约。

폐단[弊端]图【弊】bì【弊病】bìbìng【弊端】bìduān【弊害】bìhài【毛病】máo·bìng¶이런 ~은 없어질 것이다｜可以克服这种弊端。¶~이 잇달아 나타나다｜弊端百出。¶이러저러한 ~을 미리 막을 수 있게 하였다｜事前防止了这样或那样的弊病。 참고〔弊窦dòu〕

폐렴[肺炎]图〈醫〉【肺风】fèifēng【肺热病】fèirèbìng【肺炎】fèiyán¶아이가 ~에 걸리다｜孩子得了肺炎。

폐막[閉幕]图하다【闭幕】bìmù【结束】jiéshù¶체전의 ~｜运动会的闭幕。¶~ 후 출연자들과의 모임이 있다｜演出结束后, 同演员见了面。

폐문[閉門]图하자【闭门】bìmén【关闭】guānbì¶~시간｜闭门时间。

폐물[廢物]图【废物】fèiwù【废品】fèipǐn【无用之物】wú yòng zhī wù【朽物】xiǔwù¶~을 처리하다｜处理废物。¶저런 ~이 무엇을 하겠는가｜他那样的废物能做什么。

폐백[幣帛]图【聘礼】pìnlǐ【聘物】pìnwù【拜婆婆】bàipó·pi¶~을 드리다｜送拜婆婆礼。 참고〔下茶〕

폐병[肺病]图☞폐결핵

폐부[肺腑]图【肺腑】fèifǔ【肝腸】gāngcháng¶~를 찌르는 말｜扣人心弦的话, 感人肺腑/金玉良言。¶~에서 우러나는 말｜从肺腑说出的话。

^C**폐쇄**[閉鎖]图하다【闭门】bìmén【闭塞】bìsè【闭锁】bìsuǒ【查封】cháfēng【堵塞】dǔsè【封闭】fēngbì【封锁】fēngsuǒ【关】guān【关闭】guānbì¶~

회로ㅣ閉塞电路。¶학교를 ~하다ㅣ查封学校。¶낙석(落石)으로 길이 ~되었다ㅣ公路被塌下来的山石堵塞了。¶~된 사회ㅣ封闭的社会。¶출입구를 ~하다ㅣ封闭出入口。¶공장을 ~하다ㅣ关闭工厂。

폐수[廢水] 〖명〗【污水】wūshuǐ【废水】fèishuǐ【废液】fèiyè ¶생활 ~ㅣ生活污水。¶~ 처리장ㅣ废水处理场。 (참고) 〔그废〕

폐습[弊習] 〖명〗❶ (나쁜 습관)【坏习惯】huàixíguàn【恶习】èxí ❷ (나쁜 풍속)【坏风俗】huàifēngsú【陋习】lòuxí

폐암[肺癌] 〖명〗〈醫〉【肺癌】fèiái

폐업[廢業] 〖명〗하자【停业】tíng/yè【废业】fèiyè ¶장사가 되지 않아 ~하였다ㅣ由于生意不好,停业了。

폐인[廢人] 〖명〗❶ (정신적인)【废人】fèirén【废物】fèiwù【朽物】xiǔwù ¶정신이상으로 되고 말았다ㅣ精神因shén失常, 完全成了废废。¶그는 ~이다ㅣ他是一个废人。❷ (육체적인)【残废】cánfèi【残疾人】cánjírén

폐점[閉店] 〖명〗하자【关店】guāndiàn【商店停业】shāngdiàn tíngyè【商店倒闭】shāngdiàn dǎobì

폐지[廢止] 〖명〗하타【撤销】chèxiāo【废除】fèichú【废止】fèizhǐ【解除】jiěchú【取消】qǔxiāo【停止】tíngzhǐ【作废】zuò/fèi ¶허례허식을 ~하다ㅣ废除虚礼。¶통금을 ~ㅣ废除禁止通行。¶이 규정은 너무 늦게 ~되었다ㅣ这项规定取消得太晚了。

폐차[廢車] 〖명〗【废车】fèichē【报废车】bàofèichē

폐품[廢品] 〖명〗【残次品】cáncìpǐn【废料】fèiliào【废品】fèipǐn【废物】fèiwù【破烂】pòlàn ¶~ 회수ㅣ废品回收。¶~ 이용ㅣ废物利用。¶~을 거두다ㅣ收破烂。

폐하[陛下] 〖명〗【陛下】bìxià ¶~를 초나라 양왕에 비유하다ㅣ把陛下比成楚襄王。

폐하다[廢─] 〖동〗❶ (있던 제도·기관·풍습 등을 버리다)【废】fèi【废弃】fèiqì【废止】fèizhǐ ¶학업을 ~ㅣ废学业。¶남녀 차별법을 ~ㅣ废止男女差别。❷ (쓰지 않고 버려두다)【停

用】tíngyòng ¶이 비행장은 잠시 폐하다ㅣ这个机场暂时停用。

폐해[弊害] 〖명〗【弊病】bìbìng【弊端】bìduān【弊害】bìhài ¶미신의 ~ㅣ迷信的弊害。

폐허[廢墟] 〖명〗【废墟】fèixū【废址】fèizhǐ【灰堆】huīduī【灰烬】huījìn ¶~ 위에 아름다운 현대적 도시를 건설하였다ㅣ一片废墟上建设了美丽的现代化城市。

ᴬ포[脯] 〖명〗【脯】fǔ【干鱼】gānyú ¶~를 뜨다ㅣ秤肉脯。

ᴬ포[砲] 〖명〗❶ (장기)【炮】pào ❷ (무기)【大炮】dàpào【火炮】huǒpào【炮】pào

포개다 〖동〗【叠】dié【摞】luò ¶이불을 포개었다ㅣ把被子叠起来了。¶책상 위에 책을 포개어 쌓아 놓다ㅣ把书摞在桌子上。¶그릇을 포개어 놓다ㅣ摞器皿。

ᴬ포격[砲擊] 〖명〗하타 【炮轰】pàohōng【炮击】pàojī ¶~을 중지하다ㅣ停止炮击。¶적의 진지를 ~하다ㅣ炮击敌阵地dízhèndì。

ᴬ포경[捕鯨] 〖명〗하자【捕鲸】bǔjīng ¶~선ㅣ捕鲸船。¶~업ㅣ捕鲸业。

포고[布告] 〖명〗하타❶ (일반적)【布告】bùgào ¶~하다ㅣ发出布告。¶선전~ㅣ宣战布告。❷ (공식적)【宣布】xuānbù ¶계엄령을 ~하다ㅣ宣布戒严。

ᴬ포괄[包括] 〖명〗하타【包括】bāokuò【笼括】lǒngkuò ¶총액 만칠천오백 원에 모든 수입이 ~되어 있다ㅣ总数一万七千五百元, 所有的收入都包括进来了。¶모든 내용을 ~한 개념ㅣ包括所有内容的概念。¶국민 의사를 ~적으로 수용하다ㅣ包括性地接受国民的意思。

ᴬ포구[浦口] 〖명〗【码头】mǎ·tou【浦口】pǔkǒu【小港口】xiǎogǎngkǒu ¶~로 돌아오는 고깃배ㅣ回到小港口的渔船。

ᴬ포근하다 〖형〗❶ (폭신하고 부드럽다)【柔软】róuruǎn ¶포근한 이부자리ㅣ柔软的被褥。¶포근한 아기 이불ㅣ柔软的婴儿被。❷ (따뜻하다)【暖融融】nuǎnróngróng【温和】wēn·hé【温暖】wēnnuǎn ¶그녀의 마음을 포근한

게 해주고 있다 | 温暖着她的心。¶
포근한 봄 날씨 | 温暖的春天气候。

포기¹【蔸】dōu【根】gēn【棵】kē【窠】
kē【苗】miáo【穴】xué【株】zhū ¶배
추는 ~마다 싱싱하게 잘 자랐다 | 棵
棵白菜长得很好。¶배추 ~가 크다
| 白菜棵大。¶여러 번 속은 다음에
야 ~를 정한다 | 间了几次苗, 才定
苗。¶한 ~ 적게 심었다 | 少插chā一
穴。

^B**포기**²【抛弃】명하타【放弃】fàngqì【拚
弃】pànqì【抛】pāo【抛弃】pāoqì【抛
舍】pāoshě【抛掷】pāozhì【撇弃】piē
qì【弃置不顾】qì zhì bú gù【弃之不顾】
qì zhì bú gù【舍弃】shěqì ¶원래 계획
을 ~하다 | 放弃原来的计划。¶아무
리 어렵더라도 ~하지 말아라 | 再难
也不要放弃。¶출전을 ~하다 | 放弃
出战。

^C**포대**【布袋;包袋】명❶(자루)【袋】dài
【袋子】dài·zi【口袋(儿)】kǒu·dai(r)
❷(단위)【袋(儿)】dài(r)【包】bāo
¶쌀 세 ~ | 三包大米。

^B**포대기**명【襁褓】qiǎngbǎo【小被子】xi
ǎobèi·zi ¶갓 태어난 아기를 ~에 싸
서 안다 | 把刚生下来的婴儿yīngér包
在襁褓里抱bào着。

^C**포도**【葡萄】명〈植〉【葡萄】pú·táo ¶
~ 한 송이 | 一嘟噜葡萄/一挂葡萄/
一串葡萄。¶~ 덩굴 | 葡萄蔓子/葡
萄藤。(참고)[蒲桃][蒲陶]

^C**포도당**【葡萄糖】명〈化〉【葡萄糖】pú·t
áotáng ¶~을 복용하다 | 服用fúyò
ng葡萄糖。

포동포동부형【胖乎乎】pànghūhū
【胖乎呼】pànghūhū【乳胖】rǔpàng ¶
이 어린 아이의 볼은 ~하다 | 这个小
孩的脸蛋liǎndàn胖乎乎的。¶~한
손 | 胖呼呼的手。¶젖살이 올라 ~
한아기 | 乳胖的婴儿。

포드[Ford]명〈商標〉【福特】Fútè

포럼[forum]명❶【论坛】lùntán ❷
【讨论会】tǎolùnhuì【研讨会】yántǎo
ohuì

^C**포로**【捕虜】명【俘虏】fúlǔ【俘囚】fúqiú
【囚虏】qiúlǔ ¶여섯 명의 일본군을 ~
로 하다 | 俘虏六个日本兵。¶~ 석
방에 관한 문제를 논의하다 | 讨论有
关释放shìfàng俘虏的问题。¶사랑

의 ~ | 爱情的俘虏。

포르노[porno]명【色情作品】sèqíng z-
uòpǐn【色情描写】sèqíng miáoxiě

포르투프랑스[Fore de France] 명
〈地〉【法兰西堡】Fǎlánxībǎo ["马提
尼克岛"(프랑스령 마르티니크섬;
Martinique)의 수도]

포르말린[도 formalin]명【福尔马林】f-
ú'ěrmǎlín【甲醛水】jiǎquánshuǐ【甲醛
溶液】jiǎquánróngyè【蚁醛】yǐquán

포르쉐[Porsche]명〈商標〉【保时捷】
Bǎoshíjié

포르토노보[Porto Novo]명〈地〉【波
多诺伏】bōduōnuòfú

포르토프랭스[Port au Prince]명〈地〉
【太子港】Tàizǐgǎng ["海地"(아이티;
Haiti)의 수도]

포르투갈[Portugal]명〈地〉【葡萄牙】
Pútáoyá【葡国】púguó [수도는 "里斯
本Lǐsīběn"(리스본;Lisbon)]

포마드[pomade]명【发蜡】fàlà【美发
膏】měifàgāo

포만【飽滿】명하형【饱满】bǎomǎn
【丰满】fēngmǎn【满满】mǎnmǎn ¶
~하도록 먹다 | 吃得饱饱的。

포맷[format]명〈電算〉【格式化】géshì-
ihuà

포문【砲門】명【炮口】pàokǒu ¶~을
열다 | 打开炮口。

포물선【抛物線】명〈數〉【抛物线】pā-
owùxiàn【抛物弧】pāowù huíxiàn
【撇物线】piēwùxiàn

^B**포복**【匍匐】명하자❶【军】【匍匐】púf-
ú ❷【物】【蠕变】rúbiàn

포복절도【抱腹絕倒】관용【捧腹大笑】
pěng fù dà xiào【前仰后合】qián yǎ-
ng hòu hé ¶그의 이야기가 너무 우스
워 모두들 ~했다 | 他讲的故事太逗
了, 逗得大家都捧腹大笑。(참고)[前俯
后合][前俯仰后合][前仰后翻]

포부【抱負】명【抱负】bàofù【理想】lǐxi-
ǎng【希望】xīwàng【志向】zhì·xiàng
¶원대한 ~ | 远大的抱负。¶미래에
대해 큰 ~를 가지다 | 对未来满怀希
望。

포상【褒賞】명하타【褒奖】bāojiǎng

포섭【包攝】명하타【包含】bāohán【包
容】bāoróng【团结】tuánjié【吸收】xī-
shōu【争取】zhēngqǔ ¶학회는 그를

새 회원으로 ~하였다 | 学会吸收他 为新会员。¶오랜 인텔리들을 ~하 고 단절시키다 | 团结和争取老知识分 子。

포성[炮聲] 몡 〖炮声〗pàoshēng ¶~ 이 꽝꽝 울리다 | 炮声隆隆。

ᶜ**포수**¹[砲手] 몡 ❶〈사냥꾼〉〖猎户〗liè-hù〖猎人〗lièrén〖狩猎者〗shòulièzhě ❷〈軍〉〖炮手〗pàoshǒu

ᶜ**포수**[捕手] 몡〈體〉〖接手〗jiēshǒu〖接 球员〗jiēqiúyuán ¶3번 ~ | 三号接 手。

ᴮ**포스터**[poster] 몡〖标语牌〗biāoyǔpái 〖广告画〗guǎnggàohuà〖海报〗hǎibào〖街头画〗jiētóuhuà〖戏报子〗xìbào·zi〖宣传画〗xuānchuánhuà〖招贴〗zhāotiē〖招贴画〗zhāotiēhuà ¶노동자 를 모집하는 ~가 나붙었다 | 招工的 海报贴出去了。

포승[捕繩] 몡〖警绳〗jǐngshéng〖缧 绳〗léishéng〖缧索〗léisuǒ

포식[飽食] 몡하자타〖饱食〗bǎoshí 〖饱餐〗bǎocān

ᶜ**포악**[暴惡] 몡혱타〖暴戾〗bàolì〖暴虐〗 bàonüè〖残暴〗cánbào〖横暴〗hèngbào ¶~한 행위 | 暴虐的行为。

ᶜ**포옹**[抱擁] 몡하타〖搂〗lǒu〖拥抱〗yōngbào ¶양국 선수는 뜨겁게 ~을 하 고, 서로 인사를 나누었다 | 两国选手 热烈拥抱, 互致问候。

포용[包容] 몡하타〖包容〗bāoróng 〖款待〗kuǎndài〖宽容〗kuānróng〖团 结〗tuánjié ¶그들을 따뜻하게 ~해야 한다 | 应该热情地团结他们。

ᶜ**포위**[包圍] 몡하타〖包围〗bāowéi〖围〗 wéi ¶~선 | 包围线。¶겹겹이 ~하 다 | 团团围住。¶~를 풀다 | 解围。 ¶~를 돌파하다 | 突围。

포유동물[哺乳動物] 몡〖哺乳动物〗bǔrǔ dòngwù ¶고래는 ~이기 때문에 물고기가 아니다 | 鲸鱼不是鱼, 因为 它是哺乳动物。

포인트[point] 몡 ❶(활자의 크기 단 위)〖磅〗bàng〖点〗diǎn ¶3~ 글자는 너무 작으니 4~를 써야 한다 | 三磅 字太小, 应该用四磅。❷〈득점〉〖得 分〗défēn ❸(요점)〖要点〗yàodiǎn ¶~만 얘기해라 | 只说一下要点。

ᶜ**포장**[包裝] 몡하타〖包装〗bāozhuāng

〖打包〗dǎ/bāo〖装入〗zhuāngrù〖装 填〗zhuāngtián ¶~지 | 包皮/包装 纸。¶~용 상자 | 包装箱。¶~ 재 료 | 打包用品。¶~비 | 包装费。

ᶜ**포장마차**[布帳馬車] 몡 ❶〖有篷马车〗 yǒupéng mǎchē ❷〖路边摊儿酒篷〗lù-biān tānr jiǔpéng

ᶜ**포장지**[包裝紙] 몡〖包皮〗bāopí〖包装 纸〗bāozhuāngzhǐ

포주[抱主] 몡〖鸨母〗bǎomǔ〖老鸨〗lǎobǎo

포즈¹[pose] 몡 (자세)〖样子〗yàng·zi〖姿势〗zīshì ¶그들은 ~를 취하고 기 자들이 사진 찍어 주기를 기다린다 | 他们摆好了姿势, 等记者给他们照 相。

포즈²[pause] 몡 ❶〈經〉〖复苏过程中 的暂时衰退〗fùsū guòchéngzhōng·de zànshí shuāituì ❷(휴식·휴지)〖中 间休息〗zhōngjiānxiū·xi〖停顿〗tíngdùn

포지션[position] 몡 ❶〖地位〗dìwèi〖身份〗shēnfèn ❷〖和弦位置〗héxián wèizhì

ᶜ**포진**[布陣] 몡하자〖布阵〗bù/zhèn

포착[捕捉] 몡하타〖把握〗bǎwò〖捕 捉〗bǔzhuō〖抓〗zhuā〖抓住〗zhuā·zhu ¶기회를 ~하다 | 把握时机。¶ 익살스런 표정을 카메라로 ~하다 | 用照相机捕捉滑稽的表情。¶기회를 ~하다 | 抓住机会。

포커[poker] 몡〖扑克(牌)〗pūkè(pái) 〖扑克牌戏〗pūkè páixì ¶~를 하다 | 打扑克。

ᴮ**포켓**[pocket] 몡〖口袋〗kǒudài〖衣袋〗 yīdài〖小袋子〗xiǎodài·zi

ᶜ**포크**[fork] 몡〖叉(子)〗chā(·zi) ¶~ 로 사과 한 쪽을 찍어 들다 | 用叉子叉 起一片苹果。¶~로 양식을 먹다 | 用叉子吃西餐。

ᴮ**포탄**[砲彈] 몡〖炮弹〗pàodàn ¶~이 우리쪽으로 떨어졌다 | 炮弹向我们这 边儿落下来。

포탈[逋脫] 몡하타〖漏税〗lòushuì〖逃 税〗táo/shuì ¶해마다 세금을 ~하다 | 每年偷税漏税。

포털 사이트[portal site] 몡〈電算〉〖入 门网站〗rùmén wǎngzhàn

포트[port] 몡 ❶(暖壺)〖暖壶〗nuǎnhú〖电水

壶】diànshuǐhú ❷〈電算〉【端口】duānkǒu【接口】jiēkǒu

포트루이스[Port Louis] 명〈地〉【路易港】Lùyìgǎng [“毛里求斯”(모리셔스; Mauritius)의 수도]

포트모르즈비[Port Moresby] 명〈地〉【莫尔兹比港】Mò'ěrcíbǐgǎng [“巴布亚新几内亚”(파푸아뉴기니; Papua New Guinea)의 수도]

포트오브스페인[Port of Spain] 명〈地〉【西班牙港】Xībānyágǎng [“特立尼达和多巴哥Tèlìnídáhéduōbāgē”(트리니다드토바고; Trinidad and Tobago)의 수도]

C**포함**[包含] 명하타【包含】bāohán【包括】bāokuò【共】gòng【涵】hán【含】hán【列入】lièrù【算上】suàn·shang【属】shǔ ¶두부에 ~된 자양분은 아주 많다 | 豆腐含有的滋养料很多。¶운임 및 보험료가 ~되어 있다 | 运费和保险费都包括在内。¶이 단어에는 두 가지 뜻이 ~되어 있다 | 此词含有二义。¶예산에 ~하다 | 列入预算。¶식사를 하거나 옷을 입는 시간까지 모두 ~해야 한다 | 连吃饭穿衣的时间都得算上。

포화[飽和] 명〈物〉〈化〉【饱和】bǎohé ¶~ 전류 | 饱和电流。¶~ 용액 | 饱和溶液。¶~ 압력 | 饱和压力。¶~상태에 이른 공기를 다시 식히면 액체로 된다 | 把饱和的气体再冷却就会变成液体。

B**폭**[1][幅] 명 ❶(너비)【宽度】kuāndù【幅(儿)】fú(r)【幅度】fúdù ¶넓은 ~ | 宽幅。¶물가 등락의 ~ | 物价涨落的幅度。❷(범위)【面】miàn ¶지식의 ~을 넓히다 | 开阔知识面。❸(양사)【幅(儿)】fú(r) ¶한 ~의 그림 | 一幅画。¶열두 ~ 치마 | 宽幅裙子。

B**폭**[2] 부 ❶(꼭 감싸는 모양)【底】dǐ【紧紧的】jǐnjǐn·de ¶모자를 ~ 눌러쓰다 | 把帽子戴得很底。¶목도리로 머리를 ~ 싸다 | 用围巾把头包得紧紧的。❷(함씬 익도록 삶는 모양)【烂】làn ¶~ 삶은 고기 | 炖烂的肉。¶닭을 ~ 고다 | 把鸡煮得烂一些。❸(삭거나 썩은 모양)【沤烂】òulàn ¶풀을 ~ 썩이다 | 把草沤烂。¶새우젓이 ~ 삭다 | 虾酱泄沤烂。❹(작은 것으로 힘있게 찌르는 모양)【用力刺】yòng lì cì【用力扎】yòng lì zhā ¶바늘로 ~ 찌르다 | 用针用力扎。❺(또렷하게 패이는 모양)【深深地】shēnshēn·de ¶두 눈이 ~ 꺼져 들어가다 | 两眼睛深深地陷进去了。❻(아주 깊이)【深厚的】shēnhòu·de【熟】shú ¶그는 농촌에 정이 ~ 들었다 | 他对农村产生了深厚的感情。¶잠이 ~ 들다 | 熟睡。❼(소복하게 담는 모양)【多舀】duōyǎo ¶죽을 ~ 떠준다 | 给多舀点粥。❽(힘없이 주저 앉는 모양)【无力地】wúlì·de ¶그는 ~ 고꾸라졌다 | 他无力地倒下去了。❾(드러나지 않도록 잘 싸거나 덮는 모양)【严实】yánshí ¶아기를 포대기에 ~ 싸다 | 把婴儿严实地包在襁褓里。

B**폭격**[爆擊] 명하타【轰炸】hōngzhà【炸】zhà ¶~ 조준기 | 轰炸瞄准机。¶도시를 폐허가 되도록 ~하였다 | 把城市炸成了废墟。

C**폭격기**[爆擊機] 명【轰炸机】hōngzhàjī

폭도[暴徒] 명【暴徒】bàotú【歹徒】dǎitú ¶~는 반드시 응분의 제재를 받게 될 것이다 | 暴徒一定会受到应有的制裁zhìcái。

폭동[暴動] 명【暴动】bàodòng【起义】qǐyì ¶~을 일으키다 | 举行暴动。

C**폭등**[暴騰] 명하자【暴涨】bàozhǎng【扶摇直上】fú yáo zhí shàng【飞涨】fēizhǎng【剧增】jùzēng【猛涨】měngzhǎng ¶물가가 ~하다 | 物价暴涨。¶석유값이 계속 ~하다 | 油价继续扶摇直上。참고〔暴跌〕〔涨价〕〔跌价〕

폭락[暴落] 명하자【暴跌】bàodiē【暴落】bàoluò【惨跌】cǎndiē【大跌】dàdiē【急剧下降】jíjù xiàjiàng【急落】jíluò【猛跌】měngdiē【猛跌行情】měngdiēhángqíng【突降】tūjiàng【下跌】xiàdiē ¶주가가 ~하다 | 股价暴跌。¶~ 시세 | 惨跌市价。¶소고기 값이 ~하다 | 牛肉价猛跌。

C**폭력**[暴力] 명【暴力】bàolì ¶~에 항거하다 | 反抗暴力。¶~을 휘두르다 | 行使暴力。¶~배 | 暴徒。

폭로[暴露] 명하자타【暴露】bàolù【点破】diǎnpò【揭穿】jiēchuān【揭露】jiēlù

【说穿】shuōchuān 【说破】shuōpò 【弹劾】tánhé ¶问제가 모두 ~되었다 | 问题都暴露出来了。¶나 말을 안들으면 너의 비밀을 ~할테다 | 你要不听我的话, 我要揭穿你的秘密了。¶음모를 ~하다 | 揭穿阴谋。¶사건의 본질을 ~하다 | 揭露事件的本质。¶한 마디의 말로 그의 마음속을 ~했다 | 一句话说破了他的心事。

ᵇ**폭발**[爆發] 阋하자 【爆裂】bàoliè 【爆炸】bàozhà 【轰炸】hōngzhà 【爆发】bàofā ¶수류탄이 ~하다 | 手榴弹爆炸。¶인구가 ~ | 人口爆炸。¶화산이 ~하다 | 火山爆发。¶감정이 ~하다 | 感情爆发。

폭삭 图❶ (갑자기·온통) 【一下子】yíxià·zi 图¶~ 가라앉다 | 一下子沉下去。¶호박이 ~ 썩었다 | 南瓜一下子烂了。❷ (힘없이) 【无力地】wúlì·de【一下子】yíxià·zi ¶소년이 그 자리에 ~ 주저 앉다 | 少年在那里一下子跌坐下去。❸ (먼지가 일어남) 【一下子扬起】yíxiàzi yángqǐ

폭설[暴雪] 阋 【大雪】dàxuě ¶간밤의 ~로 교통이 두절되었다 | 因夜间的大雪交通瘫痪了。

폭소[爆笑] 阋하자 【大笑】dàxiào 【放声大笑】fàngshēng dàxiào 【捧腹大笑】pěngfù dàxiào ¶~ 연발 | 不停地大笑。

폭스바겐[Volkswagen] 阋 〈社名〉【大众】Dàzhòng

폭신폭신 昌하형 【毛茸茸】máoróngróng【软】ruǎn 【松软】sōngruǎn 【松松软软】sōng·sōngruǎn·ruǎn 【暖腾腾】xuān·teng ¶방에 ~한 침대가 놓여있다 | 屋里放着软床。¶~한 이불 | 松软的被子。¶모래땅이 ~해서 걷기 힘들다 | 沙土很暄腾, 不好走。

ᵇ**폭약**[爆藥] 阋 【炸药】zhàyào 【火药】huǒyào ¶~통 | 炸药筒 | ~ 주머니 | 炸药包。

폭언[暴言] 阋 【粗暴的话】cūbào·dehuà 【狂妄的话】kuángwàng·dehuà 【骂人话】màrénhuà ¶~을 퍼붓다 | 说出粗暴的话。

ᶜ**폭우**[暴雨] 阋 【暴雨】bàoyǔ ¶아마도 ~가 곧 내릴 것 같다 | 大概dàgài ~ 暴雨就要来了。

폭음¹[暴飮] 阋하타 【暴饮】bàoyǐn
폭음²[爆音] 阋❶ (폭발음) 【爆炸声】bàozhàshēng ❷ (비행기 등의 큰 소리) 【剧烈的响声】jùliè·de xiǎngshēng

폭주[暴走] 阋하자 【奔驰】bēnchí 【乱跑】luànpǎo 【不顾忌地跑】búgùjì·de pǎo ¶자동차가 ~하다 | 汽车疯狂地奔驰。

폭죽[爆竹] 阋 【爆竹】bàozhú 【爆仗】bàozhàng 【鞭炮】biānpào 【花炮】huāpào 【炮铳】pàochòng 【炮仗】pàozhú ¶~을 터뜨리다 | 放爆竹。¶~이 불발이다 | 爆竹没响。¶갑자기 멀지 않은 곳에서 ~소리가 울렸다 | 突然, 不远处响起了一声爆竹声。 参考 [麻má雷子] [妈妈雷子] [震zhèn地雷] [两响] [二踢脚] [双响(儿)] [飞天响] [百子鞭炮] [千祥鞭炮] [子孙万代]

ᵇ**폭탄**[炸彈] 阋 【炸弹】zhàdàn ¶시한 ~ | 定时炸弹 | ~을 떨어뜨리다 | 扔rēng炸弹。¶~을 적재하다 | 挂guà上炸弹。¶~선언 | 炸弹宣言。

ᶜ**폭파**[爆破] 阋하타 【爆破】bàopò 【炸坏】zhàhuài 【炸毁】zhàhuǐ ¶적의 진지를 ~하였다 | 爆破敌人的碉堡diāobǎo。¶연쇄 ~ | 连续爆破。¶도로가 ~되었다 | 路被炸坏。

ᵇ**폭포**[瀑布] 阋 【瀑布】pùbù 【瀑】pù ¶~수 | 瀑布水。¶한 줄기의 ~가 하늘에서 떨어지다 | 一条瀑布从天而降。 参考 [匹练]

ᵇ**폭풍**[暴風] 阋❶ 【暴风】bàofēng 【飓风】jùfēng 【狂风】kuángfēng ¶유리창이 ~에 깨졌다 | 玻璃被暴风刮坏了。¶~이 나무를 넘어뜨리다 | 飓风刮倒树木。❷ (비유하여) 【风暴】fēngbào ¶~ 전의 일시적 정적 | 风暴之前的寂静。¶혁명의 ~ | 革命的风暴。

ᵇ**폭풍우**[暴風雨] 阋 【暴风雨】bàofēngyǔ 【大风雨】dàfēngyǔ 【狂风骤雨】kuáng fēng bào yǔ 【狂风骤雨】kuáng fēng zhòu yǔ ¶~ 전의 고요 | 暴风雨前的平静。¶~ 경보 | 暴风雨警报。¶~가 휘몰아치는 어두운 밤 | 有暴风雨的黑夜。

폭한[暴寒] 圀【急寒流】jíhánliú 【严冬】yándōng

ㅂ**폭행**[暴行] 圀하타【暴行】bàoxíng ¶~외 설죄 | 暴行猥亵罪wěixièzuì。¶~죄 | 暴行罪。

폰 카메라[phone camera ; cell phone camera] 圀〈電〉【手机相机】shǒujīxiāngjī

폰트[font] 圀〈電算〉【字模】zìmó【字库】zìkù【字体】zìtǐ

폴더[folder] 圀〈電算〉【文件夹】wénjiànjiā

폴라로이드[Polaroid] 圀❶【偏振片】piānzhènpiàn ¶~ 카메라 | 偏振照相机。❷〈商标〉【宝丽来】Bǎolìlái

폴란드[Poland] 圀〈地〉【波兰】Bōlán [유럽 중부에 있는 나라。수도는 "华沙"(바르샤바;Warszawa)]

폴로[Polo] 圀❶〈體〉【马球】mǎqiú ❷〈商标〉【保罗】Bǎoluó【波罗】Bōluó

ㅂ**폴리에스테르**[polyester] 圀〈化〉【聚醚】jùmí【棉涤纶纱】miándílúnshā

폴짝 凰【噌地】chēng·de ¶고양이가 ~ 뛰어올랐다 | 猫噌地一下飞起来。

폴폴 凰【飞扬】fēiyáng【呼呼地】hūhū·de ¶먼지가 ~ 날리다 | 尘土飞扬。
(참고)〔飞飚yáng〕〔飞越〕

폼[form] 圀❶ (모양)【形态】xíngtài【形状】xíngzhuàng【状态】zhuàngtài ❷ (자세)【架子】jià·zi【姿态】zītài ¶이영호는 ~를 취하고 태권도를 시작하였다 | 老李拉开架子,打起太极拳。¶~잡다 | 做姿态。

폼재다 圐【摆架子】bǎi/jià·zi【摆样子】bǎi yàng·zi【出ාい象】chūzhāngxiàng ¶그는 사람들 앞에서 폼만 잰다 | 他在人前只能摆架子。(참고)〔摆格〕〔摆款〕〔摆面了〕〔扯架子了〕〔搭架子了〕〔端架子〕〔拿架子〕〔拿劲儿〕〔虚张声势〕

ㅂ**퐁당** 凰【扑通】pūtōng【噗通】pūtōng ¶~ 소리를 내며 물속에 뛰어들었다 | 扑通一声,跳tiào进水里。

ㅂ**표¹**[表] 圀❶ (표기·흔적)【标记】biāojì【记号】jìhào【痕迹】hénjì ¶~를 하다 | 做标记。¶읽던 곳을 ~해 두다 | 把所读的部分做标记。❷ (일람표)【表】biǎo【谱】pǔ ¶~를 하다 | 列成表。¶시간~ | 时间表。

ㄷ**표²**[票] 圀❶ (입장권)【票】piào ¶영화~가 다 팔렸다 | 电影票卖光了。¶~를 받다 | 收票。¶~ 끊다 | 买票。❷ (선거의)【票】piào ¶찬성15~ | 赞成十五票。

표결[表決] 圀하타【表决】biǎojué ¶~ 과정 | 表决程序。¶이 문제를 ~에 붙입시다 | 这个问题wèntí表决吧。¶충분한 토의를 거쳐 ~에 들어간다 | 经过充分的讨论进入表决。

ㄷ**표고버섯** 圀〈植〉【香菇】xiānggū ¶~을 넣어 고은 닭 | 香菇炖鸡dùnjī。(참고)〔香 菇〕〔香蕈〕〔香 荨 xún〕〔香信〕〔蘑菇 mógū〕〔香菇卫〕

표구[表具] 圀하타【裱褙】biǎobèi【裱背】biǎobèi【裱画】biǎo/huà ¶~점 | 裱褙铺pū。¶~한 지도 | 裱画地图。

표기[表記;標記] 圀하타 ❶ (기록)【记录】jìlù【记载】jìzǎi ¶한글로 ~하다 | 用韩语记录。¶이런 방침을 헌법에 ~하다 | 把这个方针记载在宪法中。❷ (문자나 부호로 써서 기록)【标记】biāojì【标志】biāozhì【记号】jìhào

표나다[表-] 圐【特点】tèdiǎn【特征】tèzhēng【特色】tèsè【显眼】xiǎnyǎn ¶그 물건은 어디다 가져다 놓아도 표가 난다 | 那件东西放在哪里都很显眼。¶그는 키가 커서 어디 가나 표가 난다 | 他个子高,无论到哪里都显眼。

표독[標毒] 圀하형【狠毒】hěndú【尖刻】jiānkè【凶狠】xiōnghěn【很毒】hěndú ¶~스러운 놈 | 狠毒的家伙。¶~한 계집 | 狠毒的女人。¶~스럽게 쏘아보다 | 凶狠的盯视。

ㄷ**표류**[漂流] 圀하자 ❶ (떠서 흘러감)【漂流】piāoliú ¶한 척의 작은 배가 ~하다 | 一只zhī小船在水面上漂流。❷ (정처 없이 돌아다님)【漂泊】piāobó【流浪】liúlàng ¶타향을 ~하다 | 漂泊异乡。(참고)〔漂游〕〔飘泊〕〔飘浮〕

ㄷ**표면**[表面] 圀【表面】biǎomiàn【浮面】fúmiàn【面】miàn【面子】miàn·zi【上边(儿)】shàng·bian(r)【外表】wàibiǎo【外面】wàimiàn ¶사물의 ~만 보아서는 안된다 | 不可只看事物的表面。¶그것은 ~적인 이유에 불과하다 | 那只不过是表面的理由。¶~을

닦아서 번쩍번쩍 빛나다 | 面儿磨得很光。(참고)[里][里子]

표면화[表面化] 명(하자) 【表面化】biǎomiànhuà ¶모순은 갈수록 ~되었다 | 矛盾越来越表面化了。¶쌓였던 불만이 ~하다 | 累积的不满表面化。

표명[表明] 명(하타) 【表白】biǎobái 【表明】biǎomíng 【表示】biǎoshì 【申明】shēnmíng 【申说】shēnshuō ¶자기의 관점을 ~하다 | 表白自己的观点。¶자신의 의사를 ~하다 | 表示自己的意见。¶입장을 정중히 ~하다 | 申明立场。

표방[標榜] 명(하타) 【标榜】biāobǎng ¶자유를 ~하다 | 标榜自由。¶만민 평등을 ~하다 | 标榜万民平等。

표백[漂白] 명(하타) 【漂】piǎo 【漂白】piǎobái 【去色】qùsè 【脱色】tuō/sè ¶~분 | 漂白粉。¶~한 천 | 漂白布。

ᶜ표백제[漂白劑] 명 【漂白剂】piǎobáijì ¶~로 옷을 씻다 | 用漂白剂洗衣服。

ᴮ표범[豹-] 명 〈動〉【豹(子)】bào(·zi) 【金钱豹】jīnqiánbào ¶~ 한 마리 | 一只豹子。

ᶜ표본[標本] 명 ❶ 〈실물·견본〉【标本】biāoběn 【样本】yàngběn 【样品】yàngpǐn ¶~벌레 | 标本昆虫。¶~실 | 标本室。¶~조사 | 检验品。❷ 〈견본〉【典型】diǎnxíng ¶~으로 만들다 | 使成为典型。

표상[表象] 명 【表象】biǎoxiàng 【表像】biǎoxiàng

표시[表示] 명(하타) ❶ 〈나타냄〉【表】biǎo 【表示】biǎoshì 【标】biāo 【表明】biǎomíng ¶깊은 동정을 ~하다 | 深表同情。¶우정의 ~ | 友情的表示。¶가격을 ~하다 | 标价格。¶물음표를 ~하다 | 标上问号。❷ 〈표적〉【表记】biǎojì 【胎记】tāijì ¶그는 몸에 어려서부터 ~가 하나 있다 | 他身上从小就有一个胎记。

ᴬ표어[標語] 명 【标语】biāoyǔ ¶~ 두 장을 눈에 잘 띄는 곳에 붙였다 | 把两张标语贴在醒xíng目的地方。(참고)〔口号(儿)〕

ᶜ표적[標的] 명 【靶子】bǎ·zi 【标的】biāodì 【目标】mùbiāo ¶~을 명중하다 |

打中靶子。¶~을 발견하다 | 发现目标。(참고)[把子][标靶]

표절[剽竊] 명(하타) 【抄袭】chāoxí 【剽窃】piáoqiè ¶남의 논문을 ~하다 | 抄袭别人的论文。¶~은 지적소유권에 저촉되는 것이다 | 剽窃是侵犯智慧财产权的。(참고)〔剽取〕〔剽袭〕〔剽贼〕〔剽袭〕

ᴬ표정[表情] 명 【表情】biǎoqíng 【神情】shénqíng 【神色】shénsè ¶그는 얼굴에 흥분된 ~을 띠었다 | 他的脸露着兴奋的表情。¶반가운 ~ | 欢喜的表情。¶~이 태연 자약하다 | 神色自若。¶~이 좋지 않은 걸로 보아 틀림없이 걱정거리가 있을 거야 | 气色不好,一定有心事。

표제[標題: 表題] 명 ❶〈책의 제목〉【书名】shūmíng ¶금박으로 박은 ~ | 烫tàng金字的书名。❷〈주제어〉【标题】biāotí 【题目】tí·mù ¶~어 | 标题语。¶~를 붙이다 | 加上标题。¶재미있는 책이었는데 ~가 생각 안 난다 | 是一本很有趣的书,不过题目忘了。

ᵇ표주박[瓢-] 명 【小瓢】xiǎopiáo

ᵇ표준[標準] 명 ❶〈기준〉【标准】biāozhǔn 【规格】guīgé 【基准】jīzhǔn 【准绳】zhǔnshéng 【规范】guīfàn ¶~에 미달하다 | 不够标准。¶그는 확실히 우리 시대의 ~ 인물이다 | 他确实是我们时代的标准人物。¶~ 시간 | 标准时。❷〈보통·평균〉【一般水平】yībānshuǐpíng ¶내 수입은 ~ 이상이다 | 我的收入是一般水平以上。

ᴮ표준어[標準語] 명 【标准语】biāozhǔnyǔ (참고)〔方言〕普通话]

ᴮ표지[表紙] 명 【封面】fēngmiàn 【书皮】shūpí ¶이번 호의 ~인물은 민족주의자 김구선생이다 | 本期封面人物是民族主义者金九。(참고)[封—]

ᶜ표창[表彰] 명(하타) 【表扬】biǎoyáng 【表彰】biǎozhāng ¶~을 받다 | 受到表扬。¶사람을 구한 청년을 ~하였다 | 表彰舍己救人的青年。

ᶜ표창장[表彰狀] 명 【奖状】jiǎngzhuàng 【奖凭】jiǎngpíng

표출[表出] 명(하타) ☞ 표현하다

표피[表皮] 명 【表皮】biǎopí ¶~세포 | 表皮细胞。¶~ 이식 | 表皮移植。

¶~ 조직 | 表皮组织。

ᶜ**표하다¹**[表一] 图 【表达】biǎodá【表示】biǎoshì【陈述】chénshù【致】zhì ¶관심을 ~ | 表示关心。¶사의를 ~ | 致谢。¶대회에 대하여 열렬한 축하를 ~ | 向大会致热烈的祝贺。

표하다²[標一] 图 【打印】dǎyìn【留下痕迹】liúxià hénjì【印】yìn【做标记】zuò biāojì ¶책 안표지에다 ~ | 在扉页上做标记。

ᴬ**표현**[表現] 图하타 ❶ (드러냄) 【表达】biǎodá【表示】biǎoshì【表演】biǎoyǎn ¶말로는 다 ~할 수 없다 | 很难用言语表达。¶감정의 ~ | 感情的表示。¶환영의 뜻을 ~하다 | 表示欢迎。❷ (형상화하여 나타냄) 【表现】biǎoxiàn ¶말은 우리가 ~하는 데 도움을 주기도 하고 방해하기도 한다 | 语言帮助我们表现, 同时也妨害我们。¶시적인 ~ | 诗歌式的表现。

푸 图 【噗】pū ¶그는 담배연기를 ~ 내뿜었다 | 他噗的一声把烟吐出来了。

푸근하다 图 ❶ (화기애애하다) 【温馨】wēnxīn ¶푸근한 가정 속에서 자라다 | 在温馨的家庭中长大。❷ (따뜻하다) 【暖和】nuǎn·huo ¶푸근한 바람이 불어온다 | 暖风吹来。¶눈이 내릴 듯한 푸근한 겨울 날씨 | 似要下雪的暖和的冬天气候。❸ (풍족하다) 【丰足】fēngzú【富裕】fùyù ¶추수 뒤의 푸근한 농촌 살림 | 秋收后富裕的农村生活。

푸나푸티[Funafuti] 图 〈地〉【富纳富提】Fùnàfùtí ［图瓦卢］(투발루; Tuvalu)의 수도。

푸념 图하타 【唠叨】láo·dao【牢骚】láosāo【埋怨】máiyuàn ¶영감は 날씨가 춥다고 ~하였다 | 老头子唠叨天气太冷。¶너는 또 무슨 ~을 하느냐? | 你又发什么牢骚? 참고 [瞞瞞怨]

ᴮ**푸다** 图 ❶ (그릇 따위에 든 것을 떠내다) 【盛】chéng【打】dǎ【汲】jí【舀】yǎo ¶밥을 ~ | 盛饭。¶우물에서 물을 ~ | 从水井盛水。¶국자로 국을 ~ | 用汤匙舀汤。❷ (물 따위를 자아올리다) 【抽水】chōu/shuǐ ¶양수기로 물을 ~ | 用抽水机抽水。

푸닥거리 图하타 【跳大神】tiàodàshén

푸대접[一待接] 图하타 【白眼相待】báiyǎn xiāng dài【怠慢】dàimàn【冷待】lěngdài【慢待】màndài【失礼】shīlǐ ¶손님을 ~하지 말라 | 别怠慢了客人。¶자기 사람들을 어떻게 ~하겠는가? | 怎能冷待自己人呢。참고 [薄bó待] [慢待] [简慢]

ᶜ**푸드득** 图하자 【刷拉拉】shuālālā【刷拉】shuālā【噌】cēng【砉】huā ¶까마귀가 나무 위에서 ~ 하고 곧게 날았다 | 乌鸦刷拉的一声从树上直飞起来。¶~ 하고 새 한마리가 날아 올랐다 | 刷拉一声, 飞起一只鸟来。

ᴬ**푸르다** 图 ❶ (청색이다) 【苍翠】cāngcuì【蓝】lán【绿】lǜ【青】qīng【青葱】qīngcōngcōng ¶푸른 소나무 | 苍翠的青松。¶푸른 가을 하늘 | 深蓝的秋天的天空。¶푸른 밀밭 | 青葱葱的麦田。❷ (서슬이 퍼렇다) 【汹汹】xiōngxiōng ¶서슬이 ~ | 气势汹汹。

푸르락붉으락 图하자 【红一阵青一阵】hóngyízhèn qīngyízhèn

푸르무레하다 图 【淡蓝】dànlán【淡绿】dànlǜ【淡青】dànqīng【灰白】huībái ¶푸르무레한 새싹이 돋아나다 | 冒出淡绿的嫩芽。¶동쪽 하늘이 푸르무레하게 밝아온다 | 东方一片灰白, 慢慢天亮了。

ᶜ**푸르스름하다** 图 【微微发蓝】wēiwēi fālán【微微发绿】wēiwēi fālǜ【微微发青】wēiwēi fāqīng ¶푸르스름한 천 | 微微发蓝的布。¶푸르스름한 달빛 | 微微发青的月光。

푸른곰팡이 图 〈植〉【黄青霉】huángqīngméi

ᶜ**푸릇푸릇** 图하탑 【蓝蓝】lánlán【绿森森】lǜsēnsēn【青青】qīngqīng【青又青】qīngyòuqīng【绿青青】lǜqīngqīng ¶봄 비람이 부는 곳이면 어디나 ~한 들풀이 있다 | 到处是青青的野草。

푸마[Puma] 图 〈商標〉【彪马】Biāomǎ

푸석하다 图 ❶ (붓다) 【浮肿】fúzhǒng【膀肿】pāngzhǒng ¶온 몸이 ~ | 浑身浮肿。¶병증이라 얼굴이 ~ | 因病脸膀肿。❷ (부스러지기 쉽다) 【松脆】sōngcuì【酥脆】sūcuì【喧】xuān ¶빵이 ~ | 面包很喧。

푸성귀 图 【蔬菜和野菜】shūcài hé yěc-

ㅐi

푸시[push] 몡〈電算〉【推播】tuībō

푸조[Peugeot] 몡〈商標〉【标致】Biāo·zhì

푸지다 혱【多】duō 【丰盛】fēngshèng ¶쌀 한 되로 떡을 했는데도 참말 ~ㅣ用一升米做的，但是糕点很多。¶음식을 푸지게 장만하였다ㅣ准备了丰盛饭菜。

푸짐하다 혱【丰盛】fēngshèng【足】zú 【足够】zúgòu¶결혼 잔칫상을 푸짐하게 차렸다ㅣ丰盛地摆了结婚酒席。¶푸짐한 대접을 받았다ㅣ受了丰盛的款待。

푸터[footer] 몡〈電算〉【页脚】yèjiǎo

푸푸 見【噗噗】pūpū¶~하고 담배연기를 내뿜는다ㅣ噗噗地抽吐出来。¶물을 입에 머금고 옷에 물을 ~내뿜는다ㅣ含一口水，噗噗地往衣服上喷口ēn。

푹 見❶ (뒤집어쓰거나 싸는 모양)【紧紧地】jǐnjǐn·de【低低】dīdī【湿透】shītòu¶이불을 ~ 뒤집어쓰다ㅣ紧紧地蒙mēng被子。¶모자를 ~ 눌러쓰다ㅣ把帽子戴得很低低的。❷ (흠씬)【烂】làn【熟透】shútòu¶두엄이 ~ 썩었다ㅣ肥料烂透了。¶옷이 ~ 젖었다ㅣ衣服湿透了。¶~ 삶은 빨래ㅣ把衣服煮zhǔ很长时间。❸ (잠자는 모양)【酣睡】hānshuì¶잠들어 깨지 않다ㅣ酣睡不醒。❹ (찌르는 모양)【用力刺】yònglìcì【用力扎】yònglìzhā¶젓가락으로 찐 고구마를 ~ 찌르다ㅣ用筷子用力刺煮熟的地瓜。❺ (힘없이 쓰러지는 모양)【瘫软】tānruǎn【无力地】wúlì·de【没(有)劲儿】méi(·you)jìnr¶그 자리에 ~ 주저앉다ㅣ在那里无力地跌坐下去。¶맥없이 ~ 쓰러지다ㅣ没(有)劲儿一下倒下去了。❻ (빠지거나 팬 모양)【深深】shēnshēn¶마당이 ~ 패다ㅣ院子深深地陷了下去。¶갯벌에 발이 ~ 빠지다ㅣ脚深深地陷入泥滩nítān里。❼ (가득)【满满】mǎnmǎn¶흙을 한 삽 ~ 퍼내다ㅣ挖了一锨满满的土。¶모래를 한 삽 ~ 뜨다ㅣ盛满满一锨沙子。❽ (먼지가 이는 모양)【飞起】fēiqǐ¶먼지가 ~ 일어나다ㅣ灰尘纷纷扬起。❾ (갑자기 줄어드는 모양)

푹 줄었다ㅣ工作量比昨天突然减少很多。❿ (기가 죽은 모양)【低垂】dīchuí【沮丧】jǔsàng¶고개가 ~ 숙이다ㅣ低着着头。

¹푹신하다 혱【暖和】nuǎn·huo【软软】ruǎnruǎn【松软】sōngruǎn【暄腾】xuānteng¶푹신한 침대ㅣ软软的床。¶푹신하게 찐 빵ㅣ蒸zhēng得暄腾的馒头。

푹푹 見❶ (찌르는 모양)【用力扎】yònglìzhā❷ (썩는 모양)【烂】làn【透】tòu¶고구마가 ~ 썩는다ㅣ地瓜全都烂透了。❸ (삶는 모양)【烂】lànlàn¶~ 삶다ㅣ煮得烂烂的。❹ (가득)【满满】mǎnmǎn❺ (날씨가 무더운 모양)【闷热】mēnrè¶~ 찌는 날씨ㅣ闷热的天气。

¹푼 의몡❶ (엽전단위)【分】fēn¶한 냥 닷 돈 서 ~ㅣ一两五钱三分。❷ (적은액수)【钱】qián¶한 ~도 헤프게 쓰지 마라ㅣ一分钱也不要乱花。❸ (무게)【分】fēn【份】fēn¶세 치 두 ~ㅣ三寸两分。❹ (길이)【分】fēn¶열 ~은 한 치이다ㅣ十分是一寸。❺ (백분율)【分】fēn¶월리 일 ~ㅣ月利一分。¶이할삼 ~ㅣ两成三分。

²푼돈 몡【零钱】língqián【小量的钱】xiǎoliàng·deqián¶~이 생기다ㅣ有了小量的钱。

푼수 몡[-數]【笨蛋】bèndàn【呆子】dāizi【傻瓜】shǎguā【傻子】shǎzi

푼푼이 見【一分一分地】yìfēnyìfēn·de¶~ 모은 돈ㅣ一分一分攒zǎn起来的钱。

＾풀¹ 몡【草】cǎo¶~ 한 포기ㅣ一根草。

＾풀² 몡【浆糊】jiānghú¶~을 쑤다ㅣ打浆糊。

풀³ 몡【气势】qìshì【气焰】qìyàn【意气】yìqì【朝气】zhāoqì¶~이 죽다ㅣ意气消沉。

＾풀다 동❶ (묶인 것 등을 끄르다)【解开】jiě·kāi【开】kāi¶두건을 ~ㅣ解开头巾。¶웃옷을 풀어 젖히다ㅣ解开上衣。¶단추를 ~ㅣ解开扣kòu儿。¶단추가 풀어졌다ㅣ扣子开了。❷ (모여 있던 것을 헤쳐 흩어지게 하다)【放】fàng【释】shì【释放】shìfàng

【松】sōng ¶내가 어릴 때는 소를 풀어 먹였다 ¶我小时候放过牛. ¶선거 자금을 ∼에 放政举经费. ❸ (액체에 다른 물질을 타다) 【冲】chōng 【勾】gōu 【溶解】róngjiě ¶꿀을 물에 ∼ 把蜂蜜冲在水里. ¶뜨거운 물에 설탕을 ∼ 用开水把糖tǎng沏开. ❹ (사람을 동원하다) 【出动】chūdòng 【派】pài 【遣】qiǎn ¶전 학생을 풀어 전교 대청소를 하다 ¶动员全体学生举行全校大扫除. ¶온 시내에 형사를 ∼ 派了满城刑警. ¶사람을 풀어 알아 보다 ¶遣人探听. ❺ (화 등을 가라앉히다) 【解】jiě 【宽宽】kuānkuān 【消除】xiāochú 【雪】xuě 【实现】shíxiàn ¶원한을 ∼ 解恨. ¶피로를 ∼ 消除疲劳. ¶그의 소망이 결국 풀어졌다 ¶他的愿望终于实现了. ❻ (문제 등을 해결하다) 【解除】jiěchú 【解决】jiějué 【破】pò ¶오해를 ∼ 解除误会. ¶문제를 ∼ 解决问题. ¶수수께끼를 ∼ 破谜语. ❼ (콧물을 나오게 하다) 【擤】xǐng ¶손으로 코를 ∼ 用手擤鼻子. ❽ (논으로 만들다) 【开】kāi 【开垦】kāikěn ¶논을 ∼ 开田. ¶물을 끌어 논을 ∼ 抽水开水田. ❾ (분만하다) 【分娩】fēnmiǎn 【生】shēng ¶그의 부인은 어제 저녁에 몸을 풀었다 ¶他太太昨晚分娩了. ¶몸을 ∼ 生孩子. ❿ (해설하다) 【释义】yìyì jiěshì ¶쉬운 말로 풀어 말하는 ¶用易懂的话语──解释.

풀다운 메뉴[pulldown menu] 몡 〈電算〉下拉菜单xiàlā càidān

ᴮ**풀리다** 통 ❶ (맺은 것・얽힌 것) 【解】jiě ¶헝클어진 실타래가 잘 ∼ 弄乱的线团顺手就解开了. ¶수수께끼가 ∼ 迷语被解. ❷ (화・의혹 등이) 【解除】jiěchú 【释】shì 【消散】xiāosàn 【消除】xiāochú ¶피로가 ∼ 疲劳被消除. ¶혐의가 ∼ 嫌疑被解除. ¶의문이 깨끗이 ∼ 涣huàn然冰释. ❸ (해방되다) 【释放】shìfàng 【投放】tóufàng ¶갇혔던 몸이 ∼ 囚禁的身子被释放. ¶시중에 돈이 ∼ 钱被投放在市场上. ❹ (추위・얼음 등이) 【解冻】jiě/dòng 【暖和起来】nuǎnhuó qǐlái ¶봄이 오니 강이 다 녹아 풀렸다

¶一到春天, 江河都解冻了. ¶날씨가 ∼ 天气暖和起来. ❺ (눈이) 【气馁】qìněi 【失神】shīshén ¶넋이 풀린 눈 失神的眼睛. ❻ (긴장이) 【缓解】huǎnjiě ¶긴장이 ∼ 紧张被缓解了. ❼ (일이) 【解决】jiějué ¶복잡하게 얽혀있던 일이 잘 ∼ 复杂地牵连qiānlián的事件解决得顺利.

ᶜ**풀무** 몡【排风机】páifēngjī ¶∼질하다 ¶排风. 참고 〔风匣 xiá〕〔风箱 bèi〕〔风柜〕

ᴮ**풀밭** 몡【草丛】cǎocóng 【草地】cǎodì 【草坪】cǎopíng ¶설산을 오르고 ∼을 넘다 ¶爬pá雪山过草地. ¶우리 집에는 작은 ∼이 하나 있다 ¶我家有一块小草坪.

ᴮ**풀벌레** 몡【草虫】cǎochóng

ᴮ**풀숲** 몡【草丛】cǎocóng 【草莽】cǎomǎng ¶∼에 우는 벌레소리 草丛中的唧唧虫声.

풀썩 몡【团团升起】tuántuán shēngqǐ ¶연기가 ∼ 일어나다 烟雾团团升起.

풀어내다 통 ❶ (얽힌 것을) 【理出】lǐchū ¶엉킨 실을 ∼ 理出乱线. ❷ (문제를) 【解决】jiějué ¶힘든 문제를 ∼ 解决难题.

풀어지다 ❶ (풀리다) 【解】jiě 【开】kāi ¶단추가 ∼ 扣儿开了. ❷ (국수・죽이 느슨히 풀리다) 【泡烂】pàolàn ¶국수가 풀어졌다 ¶面条泡烂了.

ᴮ**풀이** 몡하타 【分解】fēnjiě 【分析】fēn·xi 【解】jiě 【解答】jiědá 【解释】jiěshì ¶낱말 ∼ 单词解释. ¶다음 문제를 ∼하라 ¶解释下面的问题.

─풀이² 몡【实现】shíxiàn ¶소원∼ 实现所愿.

ᴮ**풀잎** 몡【草叶】cǎoyè ¶서리맞은 ∼ 霜打的草叶.

풀죽다 혱【垂头丧气】chuí tóu sàng qì 【沮丧】jǔsàng 【没精打采】méi jīng dǎ cǎi 【无精打采】wú jīng dǎ cǎi 【泄气】xièqì 【意气消沉】yì qì xiāo chén ¶그는 풀이 죽어 땅바닥에 앉아 있다 ¶他没精打采地坐在地下. ¶풀죽은 목소리 ¶泄气的声音. 참고 〔低头丧气〕

풀쩍 閆해자타 ❶ (뛰는 모양) 【蹦蹦】bèngbèng 【蹦蹦跳跳】bèngbèng tiàotiào 【一跃】yíyuè ¶축대에서 ∼ 뛰어 霜打的草叶.

999

내리다 | 貺台上蹦蹦跳跳下来。 ¶이 아이는 매우 활발하여 하루 ~ 뛴다 | 这孩子好活泼泼，成天蹦蹦跳跳的。 ❷ (갑자기 문이 열리는 모양)【哗啦】huā·lā ¶~ 문을 열다 | 哗啦一声打开房门。

^B**풀칠** 명|하자 ❶ (풀질)【抹浆糊】mǒjiānghú【上胶】shàngjiāo【刷浆】shuājiāng ¶우표에 ~을 하다 | 邮票yóupiào上抹浆糊。 ❷ (겨우 끼니를 이어감)【糊口】hūkǒu ¶겨우 입에 ~하다 | 勉强糊口。

풀풀 부|【纷纷】fēnfēn【纷纷飘飞】fēnfēn piāofēi

^B**풀피리** 명【草笛】cǎodí【草叶哨儿】cǎoyèshàor ¶~를 불다 | 吹草笛。

^B**품**¹ 명 ❶ (옷의 폭)【胸围】xiōngwéi ¶~이 맞다 | 胸围合适。 ¶저고리의 ~이 너르다 | 上衣胸围宽。 ❷ (가슴)【怀抱】huáibào【胸】xiōng【胸怀】xiōnghuái【心胸】xīnxiōng ¶고향의 ~으로 돌아가다 | 回到故乡的怀抱。 ¶어머니의 ~에 안기다 | 投在母亲胸怀。 ❸ (관심)【关怀】guānhuái【关照】guānzhào【照顾】zhào·gù ¶민족의 ~으로 돌아가다 | 回到民族的怀抱。

품² 명【工】gōng【工夫】gōng·fu【劳动力】láodònglì ¶이 담을 쌓는 데는 몇 사람의 ~이 필요한가? | 砌qì这道墙要几个人手? ¶~이 많이 드는 일 | 很费工的活儿。

품³ 의명 (情况)【情况】qíngkuàng【样子】yàng·zi ¶말하는 ~이 신사답다 | 说话的样子像个绅士shēnshì。

품격[品格] 명【品德】pǐndé【品格】pǐngé ¶~이 고상하다 | 品德高尚。 ¶~이 높은 산수화 | 品格高的山水画。

품귀[品貴] 명|하형|【短货】duǎnhuò【缺货】quē/huò ¶수요 과잉으로 ~현상이 빚다 | 因需求过大，导致缺货的现象。

^B**품다** 동 ❶ (안다)【抱】bào【搂】lōu ¶아이를 ~ | 把孩子搂在怀里。 ¶두 사람은 사발을 품고 마시기 시작했다 | 二人抱着碗wǎn喝起来。 ❷ (마음에 지니다)【抱】bào【蕴藏】yùncáng【带着】dài·zhe【怀】huái ¶굳은 결심

을 ~ | 抱着坚定的信念。 ¶그는 앙심을 품고 언제나 앙갚음하려 한다 | 他怀恨在心，总想报复。 ¶가슴에 큰 뜻을 ~ | 胸怀壮志。 ❸ (알을)【孵】fū ¶병아리를 ~ | 孵小鸡jī。

품목[品目] 명【货单】huòdān【品目】pǐnmù【品种】pǐnzhǒng【条款】tiáokuǎn【种类】zhǒnglèi ¶~별로 분류해 놓다 | 按物品品目分类。 ¶~을 다 갖추다 | 种类齐全。 참고 〔规条〕〔品色〕

^B**품삯** 명【工酬】gōngchóu【工钱】gōng·qian【工资】gōngzī【手工钱】shǒugōngqián ¶밀린 ~을 받다 | 收施欠的工钱。

품성[品性] 명【道德品质】dàodé pǐnzhì【风格】fēnggé【品德】pǐndé【品格】pǐngé【品性】pǐnxìng【品质】pǐnzhì ¶도덕적 ~을 도야하다 | 陶冶道德品性。 ¶그의 그런 고상한 ~은 우리가 배워야 할 영원한 모범이다 | 他那崇高的品质，永远是我们学习的榜样。

품속 명【怀里】huái·li【怀中】huáizhōng ¶어린애는 어머니의 ~에서 잠들었다 | 孩子在母亲的怀里睡着了。 ¶~에 감추다 | 藏在怀里。 ¶~의 깊은 뜻 | 怀里的深意。 ¶대자연의 ~에 안기다 | 在大自然的怀里。 참고 〔怀儿来着〕

품안 명 ❶ (가슴 안)【怀抱】huáibào【怀里】huái·li ¶~에 있어야 자식이라 | 抱在怀里才是儿。 ¶아기를 ~에 안다 | 把婴儿抱在怀里。 ❷ (세력이나 보호 범위의 안)【手下】shǒuxià ¶자기의 부하를 ~에 끼고 돈다 | 总是坦护自己的手下。

^B**품앗이** 명|하자|【变工】biàn/gōng【换工】huàn/gōng ¶장씨가 이씨에게 ~하며 모를 심다 | 张家跟李家换工秧。 ¶~로 이웃집의 논일을 하다 | 换工做邻居的水田活。 참고 〔拨工〕〔插工〕〔互助组〕

^B**품위**[品位] 명|하자| ❶ (품격)【品德】pǐndé【品格】pǐngé【体面】tǐ·mian【修养】xiūyǎng ¶~를 잃지 않은 행동 | 不失体面的举止。 ¶~를 유지하다 | 保持bǎochí体面。 ❷ (광석 중의 금속의 비율)【成分】chéng·fen【成色】chéngsè【品位】pǐnwèi ¶금속의 ~가 높

다 | 铁矿石的成色高。❸〈품계〉【品级和职位】pǐnjí·hé zhíwèi

ᵃ**품절**[品切]图**하자**【断档脱销】duàndàng tuōxiāo【断货】duàn huò【缺货】quē/huò【脱销断档】tuōxiāo duàndàng【无货供应】wúhuò gōngyìng【无现货】wúxiànhuò ¶상품은 ~되고 물가는 앙등하다 | 商品脱销, 物价高涨。¶이미 두 달 동안 ~이다 | 已经脱销了两个月。

ᶜ**품종**[品種]图【品种】pǐnzhǒng【色样】sèyàng ¶우량~ | 优良品种。¶~을 개량하다 | 改良品种。

ᴮ**품질**[品質]图【货色】huòsè【品质】pǐnzhì【质量】zhìliàng ¶~이 우수하다 | 品质优良yōuliáng。¶~을 높이다 | 提高质量。¶~개선 | 改进质量。

ᶜ**품팔이**[品─]图【出卖劳动力】chūmài láodònglì【打短工】dǎ duǎngōng【零工】línggōng【卖短工】mài línggōng【做短工】zuò duǎngōng ¶이전에 그는 매일 ~으로 겨우 생계를 유지해왔다 | 以前他每天靠打短工勉强维持生活。참고〔打短儿〕

ᴮ**품평**[品評]图**하자**【品评】pǐnpíng【品议】pǐnyì ¶~회 | 品评会。

ᶜ**품행**[品行]图【操行】cāoxíng【品德】pǐndé【品行】pǐnxíng【行为】xíngwéi ¶이 학생은 ~이 매우 좋다 | 这学生操行很好。¶~이 방정하다 | 品行端正。

풋─[접]【生的】shēng·de【未熟的】wèishú·de【青】qīng ¶~고추 | 青辣椒。¶~과일 | 未熟的水果。

풋내图❶〈풀냄새〉【青菜味】qīngcàiwèi❷〈덜익은 한티〉【不熟练】bùshúliàn【幼稚】yòuzhì【稚气】zhì·qì ¶아직 ~나는 애숭이 | 尚不熟练的新手, ¶얼굴에 온통 ~가 가득하다 | 一脸稚气。

ᵃ**풋내기**图【不熟练】bùshúliàn【初生牛犊】chūshēng niúdú【没见过世面】méijiàn·guò shìmiàn【生手(儿)】shēngshǒu(r)【生疏】shēngshū【新手】xīnshǒu ¶그는 아직 ~이다 | 他是没见过世面的人。¶이 젊은이들은 막 공장에 들어왔기 때문에 모두 ~이다 | 这些青年人刚进厂, 都是生手。

풍¹[風]图❶〈허풍〉【吹牛】chuī/niú【夸张】kuāzhāng ¶네가 이렇게 말하는 것은 너무 ~이 센 것 같다 | 你这样说未免太夸张了吧。❷〈중풍〉【风】fēng ¶~이 오다 | 抽风/中风。참고【吹呼】【吹胡芦】【吹喇叭】【吹擂】【吹牛膀股】【吹牛皮】【吹牛腿】

─**풍**[─風]回【风气】fēngqì【风习】fēngxí【样式】yàngshì【样子】yàng·zi ¶상인의 ~의 사나이 | 商人样子的人。

풍격[風格]图【风采】fēngcǎi【风格】fēnggé【气度】qìdù【容貌】róngmào【作风】zuòfēng ¶시대 ~ | 时代风格。¶~있는 글을 쓰다 | 写出有风格的文章。¶작가 저마다의 ~ | 作家各有各的风格。참고〔容象〕〔容颜〕〔相貌〕〔气概〕

풍경¹[風景]图【风光】fēngguāng【风景】fēngjǐng【景色】jǐngsè【景物】jǐngwù【景象】jǐngxiàng【景致】jǐngzhì【情景】qíngjǐng ¶계절변화에 따르는 ~ | 随着季节变化的风光。¶~사진 | 风景照。¶산천이 수려하여 ~이 마음에 들다 | 山川秀丽, 景物宜人。참고〔景儿〕〔景状〕

풍경²[風磬]图【风铃】fēnglíng

ᴮ**풍금**[風琴]图〈音〉【风琴】fēngqín ¶~을 치다 | 弹tán风琴。참고〔手风琴〕

ᴮ**풍기다**图❶〈냄새를〉【发】fā【泛】fàn【散发】sànfā【吐散】tǔsǎn ¶악취를 ~ | 泛臭chòu味儿。¶꽃이 맑은 향기를 풍기고 있다 | 花儿散发着清香。¶코를 찌르는 듯한 비린내가 ~ | 散发着刺鼻的腥臭味。❷〈새를〉【哄而散】yì hōng ér sàn ¶닭들이 놀라서 휙 풍긴다 | 小鸡吓得一哄而散。❸〈곡식을〉【扬─扬】yángyìyáng ¶콩을 ~ | 扬一扬黄豆。

ᶜ**풍년**[豐年]图【丰年】fēngnián【丰收】fēngshōu【丰收年】fēngshōunián【好年头】hǎoniántóu ¶금년은 ~이다 | 今年是丰年。¶~을 기원하다 | 祝愿丰收。참고〔荒年〕〔大年〕〔穰岁〕〔歉收〕

풍덩图【扑通】pūtōng【噗通】pūtōng ¶~소리를 내며 물속에 뛰어들었다 | 扑通一声, 跳tiào进水里。

ᶜ**풍뎅이**[蟲]图【金龟子】jīnguīzǐ【丽金龟】lìjīnguī 참고〔金虫〕〔金壳郎〕〔金

蜕(螂))

ᶜ**풍랑**[風浪] 圐【波涛】bōtāo【风浪】fēnglàng ¶~이 심한 바다에서 헤엄을 치다 | 在波涛汹涌xiōngyǒng的大海里游泳。¶갑자기 ~이 크게 일다 | 突然风浪大作。

ᶜ**풍력**[風力] 圐【风力】fēnglì【风势】fēngshì ¶~ 발전소 | 风力发电站。¶~계 | 风力表。참고〔风级〕

ᶜ**풍로**[風爐] 圐【风炉】fēnglú【炉子】lú·zi 참고〔鼓gǔ风炉〕

풍류[風流] 圐【风流】fēngliú ¶~를 찾아 몸을 선계에 두다 | 寻找风流,身处仙境。¶~를 즐기다 | 享受风流。

풍만[豐滿] 圐하휑 ❶ (넉넉하다)【丰富】fēngfù【丰盛】fēngshèng ¶~한 자원 | 丰富的资源。¶~하게 차린 음식 | 准备得丰盛的饭菜。❷ (살이 많다)【肥胖】féipàng【丰满】fēngmǎn ¶~한 몸집 | 肥胖的身躯。¶~한 가슴 | 丰满的胸脯。

풍모[風貌] 圐【风度】fēngdù【风貌】fēngmào ¶그는 신체가 장대하여, 대단한 군인의 ~를 지니고 있다 | 他身材魁梧kuíwú, 很有一种军人风度。¶중국 예술의 ~ | 中国艺术的风貌。

풍문[風聞] 圐【传说】chuánshuō【传闻】chuánwén【道听途说】dào tīng tú shuō【风声】fēngshēng【风闻】fēngwén【听说】tīngshuō【谣传】yáochuán ¶~으로 들어 어렴풋이 알고 있다 | 只是听到了一些传闻, 并不太清楚。¶이 소식은 결코 길에서 주워들은 ~이 아니다 | 这些消息决不是道听途说的。¶그가 고향에 돌아왔다는 소식을 ~에 들었다 | 听说他回故乡去了。참고〔风说〕〔风言〕〔风语〕〔风传〕〔传述〕

풍물[風物] 圐 ❶ (경치)【风景】fēngjǐng ¶그곳 ~은 아름답다 | 那里的风景很美。¶자연 ~을 즐기다 | 喜欢自然风景。❷ (농악기)【农乐器】nóngyuèqì

ᶜ**풍미**[風味] 圐【风味】fēngwèi【风致】fēngzhì ¶이 시는 민가적인 ~가 아주 많이 난다 | 这首诗很有民歌风味。¶고유의 ~를 살린 음식 | 发扬固有风味的饮食。

ᶜ**풍미**[風靡] 圐하자타【传遍】chuánbù

n【风靡】fēngmǐ ¶한국 가수들의 히트곡이 동남아 각국을 ~하다 | 韩国歌星的金曲风靡东南亚各国。¶일세를 ~하다 | 风靡一世。

ⁿ**풍부**[豐富] 圐하휑【丰富】fēngfù ¶~한 지식 | 丰富的知识。¶~하고 섬세한 감정 | 丰富而细致的感情。¶소질이 ~하다 | 素质丰富。

풍상[風霜] 圐 ❶ (바람과 서리)【风和霜】fēnghéshuāng ❷ (세상의 고난)【风浪】fēnglàng【风霜】fēngshuāng【困苦】kùnkǔ【辛苦】xīn·kǔ【折磨】zhé·mo ¶~을 겪고 나가다 | 冲破风浪。¶오랫동안 ~을 겪다 | 久经风浪。¶갖은 ~을 다 겪다 | 受尽了折磨。

ᵖ**풍선**[風船] 圐 ❶ (기구)【气球】qìqiú ¶~을 띄우다 | 放气球。❷ (바람으로 가는 배)【帆船】fānchuán ¶~ 고깃배로 고쳐만들다 | 把帆船改造为鱼船。

풍성[豐盛] 圐하휑【丰盛】fēngshèng【富饶】fùráo【富裕】fùyù ¶명절을 ~하게 쇠다 | 节日过得很丰盛。¶풍년이 들어 온갖 곡식이 ~하다 | 丰收了, 各种粮食丰盛。¶~한 살림 | 富裕的生活。참고〔丰美〕〔富润〕

ᵖ**풍속**[風俗] 圐【风尚】fēngshàng【风俗】fēngsú ¶이 곳 ~ | 当地风俗。¶고유한 ~ | 固有的风俗。¶~습관 | 风俗习惯。

풍속[風速] 圐【风速】fēngsú ¶~계 | 风速计/风力表/风速表。¶~기 | 风速器。¶~이 최대 30미터다 | 最大风速三十米。

풍수[風水] 圐【堪舆】kānyú【风水】fēng·shui ¶~도 | 风水图。¶~장이 | 风水先生/风水家/大风水/形家/堪舆师/堪舆家。¶~가 좋고 나쁜 것 | 风水好坏。

ᵖ**풍습**[風習] 圐【风气】fēngqì【风俗】fēngsú【风俗习惯】fēngsú xíguàn ¶이 곳 ~ | 当地风习。¶좋지 못한 ~을 혁신하다 | 革新不好的风俗。¶~은 지방마다 다르다 | 风俗习惯因地而异。

ᵖ**풍요**[豐饒] 圐하휑【丰美】fēngměi【富饶】fùráo【富裕】fùyù ¶아름답고 ~로운 한반도 | 美丽富饶的韩半岛。¶

¶사람들은 ~로운 생활을 노래한다 | 人们歌颂着富裕的生活。¶~한 생활을 누리다 | 过富裕的生活。 참고 〔富美xiàn〕〔富润rùn〕

^풍우[風雨] 명 【风雨】fēngyǔ

풍월[風月] 명 하다 ❶ (청풍명월) 【风月】fēngyuè 【清风明月】qīng fēng míng yuè ¶~을 벗으로 삼다 | 以风月为友。❷ (시가) 【赋诗】fùshī 【吟诗】yínshī ¶~이나 읊고 술이나 마시느라 부패한 생활을 하던 조선시대의 사대부 | 饮酒赋诗，生活腐化的朝鲜时代的士大夫。

풍자[諷刺] 명 하다 【讽刺】fěngcì 【讥讽】jīfěng ¶세상일을 ~하다 | 讽刺世事。¶시를 지어 조정을 ~하다 | 作诗讥讽朝廷cháotíng。 참고 〔讥讪shàn〕〔反语〕

풍작[豐作] 명 【丰稔】fēngrěn 【丰收】fēngshōu ¶해마다 ~이다 | 连年丰收。¶~을 이루었다 | 获得了丰收。¶~을 이룬 가을 들판 | 丰收的秋天的原野。 참고 〔歉收〕〔丰熟〕

풍전등화[風前燈火] 관용 【风前残烛】fēng qián cán zhú 【风前灯】fēngqiándēng 【风前灯火】fēng qián dēng huǒ 【风前烛】fēngqiánzhú 【风中之烛】fēng zhōng zhī zhú ¶나라의 운명이 ~의 지경에 놓이다 | 国家命运到达风前灯火之境。 참고 〔风前灯〕〔风灯〕

풍조[風潮] 명 【潮流】cháoliú 【风气】fēngqì 【倾向】qīngxiàng 【时势】shíshì ¶경제 개혁의 ~가 전국을 뒤덮었다 | 经济改革的潮流席卷全国。¶좋지 않은 ~에 대해서는 비평해야 한다 | 对不良倾向要大胆批评。

풍족[豐足] 명 하다 【充足】chōngzú 【丰饶】fēngráo 【丰足】fēngzú 【殷实】yīnshí 【丰实】fēngshí ¶~한 사회 | 丰饶的社会。¶의식주~하다 | 衣食丰足。

풍차[風車] 명 【风车】fēngchē

풍채[風采] 명 【风采】fēngcǎi 【风度】fēngdù 【气派】qìpài 【仪表】yíbiǎo 【仪容】yíróng ¶그는 ~가 점잖다 | 他风度翩翩。¶~가 수려하다 | 仪容秀丽。¶~가 준수하고 행동 거지가 대범하다 | 仪容俊秀，举止大方。 참고 〔仪观〕

풍치[風齒] 명 〈醫〉【牙周炎】yázhōuyán 【牙神经痛】yáshénjīngtòng 【牙龈炎】yáyínyán

풍토[風土] 명 【风土】fēngtǔ 【水土】shuǐtǔ ¶해당 지방의 ~에 익숙하게 되다 | 习惯于当地风土。¶의식 생활의 건전한 ~를 조성하다 | 形成意识生活的健全风土。¶~색 | 地方特色/地方风味。

풍파[風波] 명 【风波】fēngbō 【风潮】fēngcháo 【风尘】fēngchén 【风浪】fēnglàng ¶한바탕 ~를 일으키다 | 引起一场风波。¶~를 뚫고 나가다 | 冲破风浪。¶~를 겪어 보지 못한 처녀 | 没经过风险的姑娘。

풍향[風向] 명 【风向】fēngxiàng ¶~조절 스위치 | 摇头旋钮。

풍화[風化] 명 하다 〈地〉【风化】fēnghuà ¶~석회 | 风化石灰。¶암석이 ~되어 기형을 이루었다 | 岩石风化后变成奇异的形状。

퓨즈[fuse] 명 【保险丝】bǎoxiǎnsī ¶~가 끊어졌다 | 保险丝烧断了。

프놈펜[Phnom penh] 명 〈地〉【金边】Jinbian 【"柬埔寨"】(캄푸치아;Kampuchea)의 수도 참고 〔百奔〕

프라이[fry] 명 하다 【油炸】yóuzhà 【油炸肉】yóuzhàròu

프라이드[pride] 명 【自尊心】zìzūnxīn 【自豪】zìháo

프라이버시[privacy] 명 【私生活】sīshēnghuó 【隐私权】yǐnsīquán ¶~를 침해한다 | 侵害隐私权。

프라이아[Praia] 명 〈地〉【普拉亚】Pǔlāyà 〔"佛得角Fódéjiǎo"(카보베르데; Cape Verde, Cabo Verde)의 수도〕

^B프라이팬[fry pan] 명 【煎锅】jiānguō 【煎炒锅】jiānchǎoguō

프라하[Praha] 명 〈地〉【布拉格】Bùlāgé 〔"捷克"(체코;Czecho)와 "斯洛伐克"(슬로바키아;Slovakia)연방 공화국 및 "捷克"공화국의 수도〕

^B프랑스[France] 명 〈地〉【法国】Fǎguó 〔서유럽에 위치한 나라. 정식 명칭은 French Republic. 수도는 "巴黎"(파리;Paris)〕¶~ 호른(horn) | 法国铜角。¶~어 | 法国话。¶~ 플라타너스 | 法国梧桐。 참고 〔法兰西〕

프랑스령 과델루프 섬[Guadeloupe] 몡〈地〉【瓜德罗普岛】Guādéluópǔdǎo [수도는 "巴斯特尔" (바스테르[Basse Terre)]

프랑스령 기아나[Guiana] 몡〈地〉【圭亚那】Guīyànà [라틴 아메리카에 위치한 나라. 수도는 "卡宴" (카엔;Cayenne)]

프랑스령 뉴칼레도니아섬[New Caledonia] 몡〈地〉【新喀里多尼亚】Xīnkālǐduōníyà [수도는 "努美阿" (누메아[Nouméa)]

프랑스령 레위니웅[Réunion] 몡〈地〉【留尼汪(岛)】Liúníwāngdǎo [아프리카에 위치한 나라. 수도는 "圣但尼" (생드니;Saint−Denis)]

프랑스령 마르티니크섬[Martinique] 몡〈地〉【马提尼克岛】Mǎtíníkèdǎo [서인도제도 중의 프랑스령 섬. 수도는 "法兰西堡" (포트 드 프랑스;Fort de France)]

프랑스령 생피에르미클롱 제도[St, Pierre and Miquelon Islands]〈地〉【圣皮埃尔和密克隆岛】Shèngpí'āi'ěrdǎo hé Mìkèlóngdǎo [수도는 "圣皮埃尔" (생피에르;St Pierre)]

프랑스령 윌리스푸투나섬[Wallis and Futuna] 몡〈地〉【瓦利斯群岛和富图纳群岛】Wǎlìsīqúndǎohé fùtúnàqúndǎo [마塔纳图Mǎtǎwūtú" (마타우투;Mata Utu)]

프랑스령 폴리네시아[French Polynesia] 몡〈地〉【法属波利尼西亚】Fǎshǔ Bōlìníxīyà [하와이, 사모아와 더불어 대양주 3대 구역으로 일컬음. 수도는 "帕皮提" (파피티;Papeete)]

프랭크포트[Frankfort] 몡〈地〉【法兰克福】Fǎlánkèfú [미국 "肯塔基Kěntǎjī" (켄터키;Kentucky) 주의 주도(州都)]

ᶜ**프로 ❶** (백분율) 【百分比】bǎifēnbǐ 【百分率】bǎifēnlǜ ❷ ☞ 프로그램 ❸ ☞ 프롤레타리아 ❹ ☞ 프로페셔널

프로그래머[programer] 몡〈電算〉【程序设计员】chéngxù shèjìyuán 【编程员】biānchéngyuán 【程序编制员】chéngxùbiānzhìyuán 【制订计划人】zhìdìng jìhuàrén

프로그래밍[programing]　몡하자타

프로그래밍 언어[programing 言語; programing language] 몡〈電算〉【编程语言】biānchéng yǔyán

ᴮ**프로그램**[program] 몡 ❶ (목록) 【目录】mùlù ❷ (방송의 종목) 【节目】jiémù ¶오늘 저녁 만찬회의 ∼은 아주 좋다 | 今天晚会的节目很精彩。¶텔레비전 ∼ | 电视节目。¶∼ 편성표 | 节目表/节目单。¶∼ 사회자 | 节目主持人。❸〈電算〉 (처리 작업) 【程序】chéngxù 【程序表】chéngxùbiǎo 【程式】chéngshì ¶∼ 패키지 (package) | 程序包。¶새로 개발한 ∼ | 新开发的程序。

프로덕션[production] 몡 ❶【生产】shēngchǎn 【作品】zuòpǐn ❷ (영화) 【制片】zhìpiàn 【制作】zhìzuò

프로듀서[producer] 몡 ❶ (감독) 【监制人】jiānzhìrén 【制作人】zhìzuòrén ❷ (연출자) 【导演】dǎoyǎn 【演出人】yǎnchūrén 【制片人】zhìpiànrén ¶큰딸은 ∼이다 | 大女儿是电影导演。

프로비던스[Providence] 몡〈地〉【普罗维登斯】Pǔluówéidēngsī [미국 "罗得岛Luódédǎo" (로드 아일랜드; Rhode Island) 주의 주도(州都)]

프로젝트[project] 몡 ❶ (연구 과제) 【研究项目】yánjiū xiàngmù 【自我研究计划】zìwǒyánjiū jìhuà ❷ (사업계획) 【事业计划】shìyè jìhuà

프로 차트[flow chart] 몡〈電算〉【流程图】liúchéngtú

프로세서[processer] 몡〈電算〉【处理器】chǔlǐqì

프로토콜[protocol] 몡〈電算〉【协议】xiéyì 【规定】guīdìng

프로판[propane] 몡〈化〉【丙烷】bǐngwán 참고〖烷wán〗

ᶜ**프로판 가스**[propane gas] 몡〈化〉【丙烷煤气】bǐngwánméiqì 참고〖烷wán〗

프로페셔널[professional] 몡【内行】nèiháng 【专家】zhuānjiā 【专业】zhuānyè 【专业人员】zhuānyè rényuán

프로포즈[propose] 몡하자타 【求婚】qiúū/hūn ¶그는 미스 조에게 ∼ 했다 | 他向赵小姐求婚。참고〖求亲〗

프로필[profile] 몡 ❶ (측면 윤곽) 【侧

面]cèmiàn【剖面】pōumiàn ❷ (측면도) 【侧面图】cèmiàntú【剖面图】pōumiàntú ❸ (인물 약평) 【简历】jiǎnlì

프론트[front] 몡 ❶ (호텔의) 【前堂】qiántáng【大堂】dàtáng ❷〈電算〉【当前】dāngqián

프롤레타리아[proletariat] 몡 ❶ (무산자) 【无产者】wúchǎnzhě ¶ 전 세계의 ~들이 연합하라 | 全世界无产者联合起来。 ❷ (무산계급) 【无产阶级】wúchǎn jiējí ¶~ 독재 | 无产阶级专政。（참고）〔资产阶级〕〔工人阶级〕

프롤레타리아트[Proletariat] 몡【工人阶级】gōngrén jiējí【无产阶级】wúchǎn jiējí【普罗列塔利亚特】pǔ luó liè tǎ lì yà tè（참고）〔资产阶级〕

프롤로그[prologue] 몡【序曲】xùqǔ【序诗】xùshī

프룬제[Frunze] 몡〈地〉【伏龙芝】Fúlóngzhī ［吉尔吉斯(키르기스 ; Kirgiz)의 수도］

프리 랜서[free lancer] 몡【自由演员】zìyóu yǎnyuán【自由作家】zìyóu zuòjiā【自由职业者】zìyóu zhíyèzhě

프리미엄[premium] 몡 ❶ (초과액)【加付价】jiāfùjià【加价】jiājià【溢价】yìjià【超额】chāo/é ❷ (웃돈)【额外补贴】éwài bǔtiē【津贴】jīntiē【贴补】tiēbǔ ❸ (보험료)【保险费】bǎoxiǎnfèi【保费】bǎofèi

프리 소프트웨어[free software] 몡〈電算〉【免费软件】miǎnfèi ruǎnjiàn

프리 인스톨[pre install] 몡〈電算〉【预装】yùzhuāng

프리즘[prism] 몡〈物〉【棱镜】léngjìng【三棱镜】sānléngjìng ¶~을 이용해서 햇빛을 굴절하다 | 用三棱镜折射阳光。（참고）〔三角镜〕〔角棱镜〕

프리타운[Freetown] 몡〈地〉【弗里敦】Fúlǐdūn ［“塞拉利昂”(시에라리온 ; Sierra Leone) 의 수도］

프리토리아[Pretoria] 몡〈地〉【比勒陀利】Bǐlètuólì ［“南非”(남아프리카공화국 ; South Africa) 의 수도］

c**프린터**[printer] 몡〈電算〉【打印机】dǎyìnjī

프린트[print] 몡하타 ❶【油印】yóuyìn

¶~물 | 油印物。❷〈電算〉【打印】dǎyìn（참고）〔铅qiān印〕〔石印〕

프릴[frill] 몡【饰边】shìbiān【褶边】zhěbiān

플라밍고[flamingo] 몡〈鳥〉【红鹳】hónghè【火烈鸟】huǒlièniǎo

플라스크[flask] 몡〈化〉【烧瓶】shāopíng【长颈瓶】chángjǐngpíng（참고）〔烧杯shāobēi〕

ᴮ**플라스틱**[plastic] 몡【塑料】sùliào【可塑性物质】kěsùxìng wùzhì ¶~ 공해 | 塑料公害。¶~ 모형 | 塑料模型。¶~ 반도체 | 塑料半导体。¶~ 폭탄 | 塑料炸弹。

ᴮ**플라타너스**[리 platanus] 몡〈植〉【法国梧桐】fǎguówútóng【悬铃木】xiànlíngmù【县铃树】xiànlíngshù【筱悬木】xiǎoxuánmù

플라토닉[platonic] 몡하형【精神】jīngshén ¶~러브 | 精神的恋爱。

플래시[flash] 몡 ❶ (사진)【闪光】shǎnguāng ¶~를 터뜨리다 | 闪光。❷ (손전등)【手电筒】shǒudiàntǒng ¶~를 켜다 | 开手电筒。

플래시 메모리[flash memory] 몡〈電算〉【快闪存储器】kuàishǎn cúnchǔqì【移动U盘】yídòngshǎnpán

플래카드[placard] 몡【布告】bùgào【标语牌】biāoyǔpái【告示牌】gàoshìpái【招贴】zhāotiē ¶그들은 큰 ~를 손에 들고 있다 | 他们手持大幅的标语牌。（참고）〔招儿〕〔招条儿〕〔招子〕〔街头画〕〔宣传画〕

ᴮ**플랫폼**[platform] 몡 ❶【月台】yuètái【站台】zhàntái ¶~에 짐이 쌓여 있다 | 站台上堆duī着行李。❷〈電算〉【平台】píngtái

ᶜ**플러그**[plug] 몡【插塞】chāsāi【插头】chātóu【插座】chāzuò ¶~ 코드 | 连接liánjiē插头。

플러그 앤 플레이[plug and play] 몡〈電算〉【即插即用】jíchā jíyòng

플러스[plus] 몡하타 ❶〈數〉【加】jiā ¶2 ~ 5는 7 | 二加五等于七。❷ (마이너스에 대하여) ¶마이너스 곱하기 마이너스는 ~다 | 负乘负得正。❸〈醫〉【阳性】yángxìng ❹ (좋은 점) 【有好处】yǒuhǎochù【有益】yǒuyì

플레이보이[playboy] 몡 ❶ (한량)

【花花公子】huāhuā gōng·zi ¶그는 본업에 힘쓰지 않는 ~다 | 他是一个不务正业的花花公子。〔호색가〕

【好色漢】hàosèhàn ❷【花花公子】Huāhuāgōng·zi [미국의 월간 영문 잡지명]

플로리다[Florida;Fla] 몡〈地〉【佛罗里达】Fóluólǐdá [미국의 주명(州名). 주도(州都)는 "塔拉哈西Tǎlāhāxī"(탈라하시;Tallahassee)]

플로피 디스크[floppy disk] 몡〈電算〉【软盘】ruǎnpán【软磁盘】ruǎncípán

플로피 디스크 드라이브[floppy disk drive] 몡〈電算〉【软盘驱动器】ruǎnpán qūdòngqì

플리머스[Plymouth] 몡〈地〉【普利茅斯】Pǔlìmáosī [蒙特塞拉特岛Méngtèsāilātèdǎo"(영령　몬트세라트섬;Montserrat Island)의 수도]

^A^**피**¹ 몡〈生〉❶ (혈액)【鲜血】xiānxuě【血】xuě【血液】xuěyè ¶코에서 ~가 나다 | 鼻子出血。¶머리에 ~가 몰리다 | 头充血。¶매맞은 자리에 ~멍울이 맺혔다 | 挨打的部位瘀血。❷ (열정·원한) 【血】xuě ¶~와 땀으로 쟁취하다 | 用血汗换来。¶~맺힌 원수 | 血海深仇。¶서러운 가슴에 ~가 맺히다 | 悲愤的心里积大了血恨。❸ (혈연)【血统】xuětǒng【血缘】xuěyuán ¶~를 나눈 형제 | 血缘的兄弟。¶~를 나눈 형제끼리 이 무슨 짓이냐? | 同血缘的兄弟, 这是干什么?

피격[被擊] 몡하자【受攻击】shòugōngjī【遭袭击】zāoxíjī

^B^**피고**[被告] 몡〈法〉【被告】bèigào【被告人】bèigàorén ¶~인 | 被告人。¶~석 | 被告席。¶~측 증인 | 被告证人。참고【原告】

^A^**피곤**[疲困] 몡하형【乏】fá【乏倦】fájuàn【乏困】fákùn【倦意】juànyì【累】lèi【疲乏】pífá【疲】pí【疲惫】píbèi【疲劳】píláo【乏顿】fádùn ¶오늘 하루 종일 바빴기 때문에 너무 ~하다 | 今天忙了一天, 太累了。¶나는 어제 밤새 일을 해서 너무 ~하다 | 昨天熬了夜, 我太乏了。¶그는 너무 ~해서 책상위에 엎드렸다 | 他疲惫地伏在桌子上。

피골상접[皮骨相接] 몡하형【骨瘦如柴】gǔshòurúchái【骨瘦如柴】gǔshòu-

u rú chái【皮包骨(头)】pí bāo gǔ(·tou)【瘦骨嶙峋】shòugǔ línxún ¶여위어 피골이 상접하다 | 瘦shòu得皮包骨。

^B^**피나다**[刻苦] 몡【呕心沥血】ǒu xīn lì xuě【呕尽心血】ǒujìnxīnxuě ¶피나는 노력 | 刻苦努力。

피난[避亂;避難] 몡하자【避乱】bìluàn【避难】bì/nàn【避荒】táo/huāng【逃难】táo/nàn ¶그들은 ~하여 심산유곡로 왔다 | 他们为了避乱, 来到深山老林。¶타향으로 ~갔다 | 去他乡逃难去了。

피눈물 몡【血泪】xuělèi ¶~로 살아온 어머니 | 血泪度日的妈妈。¶~이 어려 있다 | 血泪斑斑bān。

피닉스[Phoenix] 몡〈地〉【菲尼克斯】Fēiníkèsī【凤凰城】Fènghuángchéng [미국 "亚利桑那Yàlìsāngnà"(아리조나;Arizona) 주의 주도(州都)]

^A^**피다**❶ (꽃봉오리가 벌어지다)【开】kāi【长】zhǎng ¶꽃이 ~ | 开花。❷ (불이 일어나거나 번지다)【燃烧】ránshāo ¶난로의 불이 잘 핀다 | 炉火烧得挺旺。❸ (얼굴·형편 등이)【出落】chū·luo【出脱】chūtuō【发胖】fāpàng ¶이 애가 점점 더 곱게 핀다 | 这孩子的模样出脱得更好了。¶몸이 ~ | 身子发胖。❹ (곰팡이가 생기다)【起毛】qǐmáo ¶이 사전은 너무 오래 써서 종이 귀퉁이가 피었다 | 这词典用得太久, 书角都起毛了。

피둥피둥 뷘하형【肥胖】féipàng【胖呼呼】pànghūhū【胖胖】pàngpàng【便便】piánpián ¶~살젠 사람 | 胖呼呼的人。¶배가 ~ | 大腹bù便便。

피땀 몡【膏血】gāoxuě【血汗】xuěhàn【脂膏】zhīgāo ¶~을 짜내다 | 压榨yāzhà。¶~ 흘려 번 돈 | 血汗钱。¶~ 흘려 가꾼 땅 | 以血汗种的地。참고〔汗血〕

피라미드[pyramid] 몡【金字塔】jīnzìtǎ

피력[披瀝] 몡하자【发表】fābiǎo【披沥】pīlì【披肝沥胆】pī gān lì dǎn ¶마음에 있는 말을 ~하다 | 披沥陈辞。

^B^**피로**[疲勞] 몡하형【累】lèi【困】kùn【疲劳】píláo【疲惫】píbèi【疲乏】pífá【疲倦】píjuàn【劳累】láolèi【乏】fá ¶사람도 말도 다 ~하다 | 人困马乏。¶~

가 극에 달하다 | 疲惫不堪kān。¶~
를 느끼다 | 感到疲乏。¶심신이 ~
하다 | 身心疲惫。

피로연[披露宴] 몡 【庆功宴】qìnggōng
nyàn

^A**피뢰침**[避雷針] 몡 【物】【避雷针】bìléi
izhēn

^A**피륙** 몡 【布匹】bùpǐ

^A**피리** 몡 〈音〉【笛(儿)】dí(r)【笛子】dí
zi ¶~ 한 대 | 一管笛子。¶~를 불
다 | 吹笛。

^C**피망**[piment] 몡 〈植〉【西班牙辣椒】Xī
bānyá làjiāo 【大辣椒】dàlàjiāo 【柿子
椒】shì·zijiāo

^C**피맺히다** 통 【彻骨】chègǔ 【血海】xuèh
ǎi ¶원한에 피가 맺히다 | 彻骨仇恨
chóuhèn。¶피맺히는 가난 | 彻骨的
贫寒pínhán。¶피맺힌 원한 | 血海
冤仇yuānchóu。

피멍 몡 【血肿】xuèzhǒng 【淤血】yūxuè
¶~이 든 가슴 | 淤血的心田。

피바다[-海] 몡 【血海】xuèhǎi 【血泊】xuèpō
¶쌍방간의 혈전으로 ~를 이루다 |
双方的血战成血海。

피범벅 【浑身是血】húnshēn shìxuè
【满身血污】mǎnshēn xuèwū 【血肉模
糊】xuèròu móhú

^C**피복**[被服] 몡 【被服】bèifú 【服装】fú
zhuāng 【衣服】yī·fu 【衣裳】yī·shang
¶~ 공장 | 被服厂。¶~을 공급하
다 | 供给服装。

피부[皮膚] 몡 【皮肤】pífū ¶~는 사람
의 체온을 조절한다 | 皮肤能调节人
的体温。¶~병 | 皮肤病。

^C**피부병**[皮膚病] 몡 【皮肤病】pífūbìng
【皮肤病】píbìng

피비린내나다 휑 【血腥】xuèxīng ¶피
비린내 나는 통치 | 血腥统治。¶피
비린내 나는 싸움 | 血腥的战斗。

피사체[被寫體] 몡 ❶ (사격받는 물
체)【被射击体】bèishèjītǐ ❷ (사진찍
히는 물체)【被照射体】bèizhào shètǐ

피살[被殺] 몡하자 【被害】bèihài 【被
杀】bèishā 【遇害】yù/hài ¶두 명의 아
동이 ~되었다 | 两名儿童被害。¶~
된 사체 | 被杀尸体。¶불행하게도
~당하다 | 不幸遇害。

피상적[皮相的] 몡 【表面的】biǎomiàn
·de 【浮浅的】fúqiǎn·de 【皮毛】pímáo

ǎo【皮相】píxiàng ¶~인 견해 | 浮浅
的见解。¶너는 너무 ~으로 말한다
| 你说得只是皮毛。¶~인 말 | 皮相
之谈。

피서[避暑] 몡하자 【避暑】bì/shǔ ¶두
사람은 ~하러 이곳에 왔다 | 两个人
到这儿来避暑的。¶유명 ~지 | 避暑
胜地。¶~객 | 游人。

피스톤[piston] 몡 【活塞】huósāi ¶액
체 | 液压活塞。¶~ 펌프 | 活塞
泵bèng。¶~ 몸체 | 活塞体。 참고

피스톨[pistol] 몡 【手枪】shǒuqiāng 참
고 〔短枪〕【小枪】【拳铳】

피시[PC；personal computer] 몡 〈電
算〉【PC机】PCjī【个人计算机】gèrénj
ìsuànjī【个人电脑】gèrén diànnǎo【微
机】wēijī

피시방[PC房] 몡 〈電算〉【网吧】wǎ
ngbā【公众电脑屋】gōngzhòngdiànn
ǎowū

피습[被襲] 몡하자 【被袭】bèixí 【被袭
击】bèixíjī

피식 튀하자 【嗤】chī ¶~ 소리내고 웃
다 | 嗤嗤地笑了。

피신[避身] 몡하자 【避身】bìshēn 【藏
躲】cángduǒ 【躲避】duǒbì ¶깊은 산
속으로 ~하다 | 躲避在深山里。¶위
험을 피하여 ~하다 | 躲避危险。 참
고 〔藏藏躲躲〕

^A**피아노**[piano] 몡 〈音〉【钢琴】gāngqín
【洋琴】yángqín ¶~의자 | 钢琴椅。

피아니스트[pianist] 몡 【钢琴家】gā
ngqínjiā

피아르[PR；public relation] 몡하타 【公
关】gōngguān 【公共关系】gōnggòng
guān·xì【公关活动】gōngguānhuódò
ng

피아제[Piaget] 몡 〈商標〉【伯爵】Bójué

피안[彼岸] 몡 【佛】【彼岸】bǐ'àn ¶~
의 경지 | 彼岸的境地。

피앙세[프 fiancée；fiancée] 몡 【未婚
夫】wèihūnfū 【未婚妻】wèihūnqī

^B**피어나다** 통 ❶ (불이 일다)【上来】shà
ng·lái 【着】zháo ¶숯불이 ~ | 木炭
火着起来了。❷ (꽃 등이 피게 되다)
【开出】kāichū 【长出】zhǎngchū ¶버

들가지에 잎이 파랗게 ~ | 柳树枝上已开出嫩绿nènlǜ。 ❸ (얼굴에 미소 등이 나타나다) 【浮着】fú·zhe 【显出】xiǎnchū 【涌出】yǒngchū ¶얼굴에서 미소가 ~ | 脸上涌出微笑。 ❹ (형편이 좋아지다) 【好转】hǎozhuǎn 【兴旺】xīngwàng ¶옹색했던 생활이 ~ | 拮据的生活好转。

피에로 [프 pierrot] 몡 【哑剧】yǎjù

피에르 [Pierre] 몡 〈地〉【皮尔】Pí'ěr [미국 "南达科他Nándákētā"(사우스 다코타; South Dakota) 주의 주도(州都)]

피앤피 [PnP ; plug and play] 몡 〈電算〉【即插即用】jíchā jíyòng

피엘오 [PLO; Palestine Liberation Organization] 몡 【巴勒斯坦解放组织】bālèisītǎn jiěfàng zǔzhī

ᴬ**피우다** 통 ❶ (불을 피게 하다) 【点燃】diǎnrán 【熏】xūn 【炷烧】zhùshāo ¶모기불을 ~ | 熏蚊烟。 ❷ (담배를) 【抽】chōu 【吸】xī ¶담배를 ~ | 抽烟。 ❸ (냄새를 퍼뜨리다) 【散发】sànfā ¶땀내를 ~ | 散发出汗味儿。 ❹ (부리다) 【耍】shuǎ ¶꾀를 ~ | 耍花招。 ❺ (먼지를 일으키다) 【扬起】yángqǐ ¶먼지를 ~ | 扬起灰尘huīchén。

ᶜ**피의자** [被疑者] 몡 〈法〉【嫌疑犯】xiányífàn 【疑犯】yífàn ¶두 명을 잡았다 | 逮住dàizhù了两个嫌疑犯。

ᶜ**피임** [避妊] 몡하자 【避孕】bì/yùn ¶~용 루프 | 避孕环。 ¶~용 콘돔 | 避孕套。 ¶~약 | 避孕药

피자 [pizza] 몡 【比萨】bǐsà 【比萨饼】bǐsàbǐng

피자헛 [pizza hut] 몡 〈商標〉【必胜客】bìshèngkè

피장피장 [彼此彼此] 몡 【彼此彼此】bǐ cǐ bǐ cǐ 【不相上下】bùxiāng shàngxià 【差不多】chā·buduō 【五十步笑百步】wǔshí bù xiàobǎi bù 【差不很多】chā bù hěn duō ¶무식하기야 서로 ~이지 | 你我都没文化, 彼此彼此。

피지¹ [皮脂] 몡 【皮脂】pízhī ¶~선 | 皮脂腺xiàn。

피지² [Fiji] 몡 〈地〉【斐济】Fěijì [남태평양의 섬나라. 수도는 "苏瓦"(수바; Suva)]

피차 [彼此] 몡昷 【彼此】bǐcǐ ¶한 문제에 대해 ~ 인식이 다르다는 것은 충분히 가능한 것이다 | 对一个问题, 彼此的认识rènshi不同, 这是完全可能的。 ¶~의 의견을 말하면 | 说彼此的意见。 ¶면목없기는 ~ 마찬가지 | 彼此都没脸见人了。

피차일반 [彼此一般] 몡 【彼此彼此】bǐcǐ bǐcǐ 【彼此一般】bǐcǐ yìyàng ¶수고하셨습니다! ~입니다 | 您辛苦啦! 彼此彼此!

피치 [pitch] 몡 ❶ (일정시간 내의 속도) 【频率】pínlǜ ❷〈體〉【投球】tóuqiú ❸〈音〉【音高】yīngāo

피크 [peak] 몡 【顶点】dǐngdiǎn 【尖顶】jiāndǐng 【末端】jiānduān 【山峰】shānfēng ¶즐거운 분위기가 ~에 달했다 | 欢乐的气氛达到了顶点。

피크닉 [picnic] 몡 【户外用餐】hùwài yòngcān 【郊游】jiāoyóu 【郊游野餐】jiāoyóu yěcān 참고 〔野餐〕

피타고라스의 정리 [Pythgoras-定理] 몡 〈數〉【毕达哥拉斯定理】bìdágēlāsī dìnglǐ

피폐 [疲弊] 몡하자 【衰退】shuāituì 【衰微】shuāiwēi ¶전쟁으로 국력이 ~하다 | 因战争国力衰微。

피폭되다 [被爆-] 통 【被炸】bèizhà ¶원자탄에 ~ | 被原子弹炸毁。

피피피 [PPP; point to point protocol] 몡 〈電算〉【点对点协议】diǎn duì diǎn xiéyì

ᴬ**피하다** [避-] 통 ❶ (회피하다) 【避】【避开】bìkāi 【闪开】shǎn·kāi 【避免】bìmiǎn 【躲避】duǒbì 【回避】huíbì 【让开】ràngkāi 【走开】zǒukāi 【躲藏】duǒcáng ¶남의 눈을 ~ | 避人眼yǎn目。 ¶차가 온다. 빨리 피해라! | 车子来了, 快闪开! ¶오해가 생기는 것을 ~ | 避免发生误会。 ¶충돌을 ~ | 避免冲突。 ¶그는 고의로 나를 피하다 | 他故意躲避我。 ¶깊은 산 속으로 몸을 피해 숨다 | 躲避在深山里。 ¶곤란 앞에서 피하지 말아야 한다 | 不应该躲避困难。 ¶피할래야 피할 수 없는 문제 | 无法回避的问题。 ❷ (비나 눈 따위를 맞지 않도록 하다) 【避】bì ¶천막 밑에서 소나기를 ~ | 屋檐yán底下躲避雷雨。 ¶비를 ~ | 避雨。

피해[被害]【명】【被害】bèihài【受害】shòu/hài【损害】sǔnshāi【遇害】yù/hài【灾害】zāihài【灾患】zāihuàn【灾祸】zāihuò ¶이번의 지진으로 5백여 명이 ~를 입었다 | 这次地震, 有五百余人受害。 ¶~가 적지 않다 | 受害不浅。 ¶불을 아주 빨리 꺼서 몇 가구만 ~를 봤다 | 火很快扑灭了, 只损失了一些家具。 ¶막대한 ~를 입다 | 蒙受很大的损失。

피혁[皮革]【명】【皮革】pígé ¶~제품 | 皮革制品。

픽【부】❶ (끊어지는 모양)【啪】pā ¶연줄이 ~ 끊어졌다 | 风筝线啪的一声断了。❷ (힘없이 쓰러지는 모양)【无力】wúlì ¶~ 쓰러지다 | 无力倒不下了。¶몇 걸음 떼어 놓지도 못하고 ~하고 쓰러지다 | 没走几步无力地倒下。❸ (바람 빠지는 소리)【噗哧】pū·chī【噗噗】pūpū【扑哧(儿)】pūchī(r) ¶~ 김이 새다 | 噗哧一声漏lòu气了。¶~하고 공의 바람이 빠지다 | 扑哧一声, 皮球撒了气。❹ (웃는 모양)【噗哧】pūchī ¶어이가 없어 ~ 웃고 말았다 | 无可奈何噗哧地笑了。❺ (갑자기)【猛然】měngrán ¶고개를 ~ 돌리다 | 猛然转一下头。¶~ 돌아서다 | 猛然转过身去。

픽셀[pixel]【명】〈電算〉【像素】xiàngsù

핀[pin]【명】【别针】biézhēn【大头针】dàtóuzhēn【针】zhēn

핀란드[Finland]【명】〈地〉【芬兰】Fēnlán [북유럽에 위치한 나라. 수도는 "赫尔辛基"(헬싱키; Helsinki)]

핀셋[pincette]【명】【铗子】jiá·zi【镊子】niè·zi【钳子】qián·zi ¶~으로 물건을 집다 | 用镊子夹jiā东西。

핀잔【명】【하다】【斥责】chìzé【面斥】miànchì【面责】miànzé【抢白】qiǎngbái ¶옆 사람이 뭐라고 ~해도 딴 전이야 | 无论旁人怎么斥责也不在乎。¶면전에서 몇 마디 ~을 주다 | 当面抢白了几句。(참고)〔花白〕

핀트[네 brandpunt]【명】❶ (초점)【焦点】jiāodiǎn ¶~ (렌즈의 ~)【透镜的焦点。❷ (요점)【要点】yàodiǎn【中心】zhōngxīn

필[匹]【의명】【匹】pǐ ¶한 ~ 한 ~ 자세하게 세다 | 一匹一匹地точclear楚。(참고)

필[筆]【의명】【块】kuài【块地】kuàidì ¶네 ~의 땅 | 四块地。¶밭 두 ~ | 两地。

필[疋]【의명】【匹】pǐ ¶붉은 포목 두 ~ | 二匹红布。(참고)〔疋pǐ〕

필경[畢竟]【명】【毕竟】bìjìng【到底】dàodǐ【结局】jié/jú【终归】zhōngguī【终究】zhōngjiù【终于】zhōngyú【总之】zǒngzhī ¶~ 효과를 보지 못했다 | 终归无效。¶한 사람의 힘은 ~ 한계가 있다 | 一个人的力量终究有限。¶너는 ~에는 알게 될 것이다 | 你终究会明白的。¶~ 봄은 봄이며, 이젠 더 이상 겨울처럼 춥지 않다 | 春天终究是春天, 不再像冬天那样冷了。(참고)〔终久〕〔总归〕〔总而言之〕

필기[筆記]【명】【하다】【笔记】bǐjì【记】jì【写】xiě【写笔记】xiěbǐjì ¶그가 말을 너무 빨리 해 누구도 ~할 수 없다 | 他讲得太快, 谁也不能记笔记。¶이 일들을 모두 노트에 ~하다 | 把这些事情都记在笔记本上。

필기시험[筆記試驗]【명】【笔答】bǐdá【笔试】bǐshì ¶박사 시험은 ~과 구술 시험으로 나누어 실행한다 | 博士考试分笔试和口试实行。(참고)〔口试〕

필독[必讀]【명】【하다】【必读】bìdú ¶~의 명작 | 必读的名作。

필두[筆頭]【명】❶ (붓의 끝)【笔尖】bǐjiān【笔端】bǐduān ❷ (연명의 첫째)【打头名】dǎtóumíng ¶그를 ~로 하여 | 以他打头。

필드[field]【명】❶〈體〉【田赛场地】tiánsài chǎngdì【田赛运动】tiánsài yùndòng ¶~ 경기에 참가하다 | 参加田赛。❷ (현실)【实地】shídì【现场】xiànchǎng【野外】yěwài ❸〈電算〉【字段】zìduàn

필라[Fila]【명】〈尚標〉【菲乐】Fēilè

필라멘트[filament]【명】〈物〉【白热线】báirèxiàn【灯丝】dēngsī【丝极】sījí ¶~ 전류 | 灯丝电流。¶~ 배터리 | 灯丝电池组。(참고)〔丝极〕〔白热丝〕〔白热线〕

필력[筆力]【명】【笔力】bǐlì【写文章的能力】xiěwénzhāng·de nénglì【笔势】bǐshì ¶~이 강하다 | 笔力扛鼎。¶~이 웅장하다 | 笔力雄健。

필름[film]【명】❶ (사진의 감광판)【胶

권jiāojuǎn 【底片】dǐpiàn 【画格】huàgé ¶사진의 ~을 아직도 보존하고 있다 | 照片的底片还保存着。❷ (영화) 【影片】yǐngpiàn 【胶片】jiāopiàn 【胶再现】

필리핀[Philippines] 똉〈地〉【菲律宾】Fēilǜbīn [아세아에 있는 섬나라. 수도는 "马尼拉" (마닐라;Manila)]

필립스[Philips] 똉〈商標〉【飞利浦】Fēilìpǔ

필명[筆名] 똉 【笔名】bǐmíng ¶~을 짓다 | 起笔名。

필사¹[必死] 똉하자 【必死】bìsǐ 【不顾牺牲】bùgù xīshēng 【拼命】pànmìng 【死命】sǐmìng 【殊事】suìshì ¶~적인 투쟁 | 必死斗争。¶~적인 저항 | 不顾牺牲的抵抗。¶그는 ~적으로 나를 반대한다 | 他拼命地反对我。

필사²[筆寫] 똉하타 【抄写】chāoxiě 【缮写】shànxiě 【誊写】téngxiě ¶~를 하다 | 缮写文书。¶~본 | 抄本/抄件。참고 원고를 ──하다 | 誊写书稿。〔抄抄〕〔抄缮〕〔抄写〕

필생[畢生] 똉 【毕生】bìshēng 【一生】yīshēng 【一辈子】yíbèi·zi ¶~의 사업 | 毕生的事业。

필수[必須;必需] 똉 【必需】bì bù kě shǎo 【必须】bìxū 【必需】bìxū 【必修】bìxiū 【必要】bìyào 【务须】wùxū ¶~지방산 | 必需脂肪酸。¶~ 과목 | 必修课/必修科目。¶~ 아미노산 | 必要氨基酸。참고〔需要〕〔务必〕

필순[筆順] 똉 【笔顺】bǐshùn

필승[必勝] 똉하자 【必胜】bìshèng 【必然胜利】bìrán shènglì ¶~의 신념 | 必胜信心。

필시[必是] 閏 【必定】bìdìng 【一定】yídìng ¶그는 ~ 돌아올 것이다 | 他必定会来的。¶~ 그가 올 것이다 | 他一定会来。참고〔必然〕〔必当〕

필연[必然] 똉 【必然】bìrán 【必然】yídìng ¶~의 결과 | 必然结果。¶남달리 노력하는 그는 ~ 성공할 것이다 | 他与众不同地努力, 必然会成功。

필연적[必然的] 관 【必然】bìrán·de ¶~ 법칙 | 必然的规律。¶~ 명제 | 必然的命题。¶~ 결과 | 必然的结果。¶~ 추세 | 必然的趋势。¶적들의 공격은 ~인 것이다 | 敌人的进攻是必然的。

필연코[必然─] 閏 【必定】bìdìng 【必将】bìjiāng 【势必】shìbì 【一定】yídìng ¶새로운 지식을 늘 배우지 않으면 ~ 뒤떨어지고 만다 | 不经常学习新知识, 势必要落后。¶이번에는 ~ 합격해야지 | 这次一定要合格。참고〔必然〕〔必当〕

ᴬ**필요**[必要] 똉하형 【必需】bìxū 【必须】bìxū 【必要】bìyào 【需要】xūyào ¶이 일에는 세 사람이 ~하다 | 这件工作必需三个人。¶그건 오히려 ~없다 | 那倒不必要。¶아직 더 연구할 ~가 있다 | 还有进一步研究的必要。¶적극적인 노력이 ~하다 | 需要积极的努力。¶어떤 방이 ~하십니까? | 你需要什么样的房间? 참고〔必须〕〔必要〕〔须要〕

필자[筆者] 똉 【笔者】bǐzhě 【撰稿人】zhuàngǎorén 【作者】zuòzhě ¶~가 이 글을 쓸 때 동료들의 가르침을 받았습니다 | 笔者在写作本文时请教了一些同仁。¶이 책의 ~ | 本书作者。

필적[匹敵] 똉하자 【匹敌】pǐdí ¶쌍방의 실력이 ~할 만하다 | 双方实力匹敌。¶그에 ~할 만한 사람이 없다 | 没有人与他匹敌。

필적[筆跡] 똉 【笔迹】bǐjì 【手迹】shǒujì 【题的字】tí·de zì 【遗墨】yímò 【字迹】zìjì ¶이 글은 ~으로 보아 누구의 글씨인가를 알 수 있다 | 从笔迹来看, 可以知道这是谁的字。¶선생님께서 직접 쓰신 ──이다 | 先生亲笔题的字。

필체[筆體] 똉 【笔法】bǐfǎ 【字体】zìtǐ ¶독특한 ~ | 独特的笔法。

필치[筆致] 똉 【笔法】bǐfǎ 【笔触】bǐchù 【笔锋】bǐfēng 【笔势】bǐshì 【笔调】bǐtiáo 【笔致】bǐzhì ¶~가 예리하고 생동감 있다 | 笔锋锐利生动。¶이 글자는 ~가 강력하다 | 这个字笔锋有力。¶풍자적인 ~로 묘사한 작품 | 用讽刺的笔调描写的作品。참고〔笔力〕

필코[Philco] 똉〈商标〉【飞歌】Fēigē

필터[filter] 똉❶ 【过滤】guòlǜ 【过滤】guòlǜn ❷〈電算〉【填充符】tiánchōngfú

^**필통**[筆筒]囤【筆筒】bǐtǒng【筆盒】bǐhé【筆匣】bǐxiá【鉛筆盒儿】qiānbǐhér

필하다[畢─]宮【結束】jiéshù【完畢】wánbì【完结】wánjié【完了】wánliǎo ¶병역을 ~ㅣ结束兵役bīngyì. ¶검사를 ~ㅣ完ърша检查jiǎnchá. (参考)〔완료(了)〕

필히[必─]튀【必须】bìxū【必得】bìděi【一定要】yídìngyào ¶우리는 ~ 진리를 고수해야 한다ㅣ我们必须坚持真理. (参考)〔불필(不必)〕〔불수(不须)〕〔무수(无须)〕

핍박[逼迫]囤하자타【逼迫】bīpò【迫拶】pòzǎn ¶~받다ㅣ被逼.

핏기[─氣]囤【血色】xuèsè ¶얼굴에 ~가 없다ㅣ脸上没有血色.

핏대囤【青筋】qīngjīn ¶그는 이마에 ~를 돋우었다ㅣ他的额角暴起青筋.

핏덩어리囤❶(피의 덩어리)【血饼】xuèbǐng【血块】xuèkuài ❷(갓난아기)【嬰儿】yīng'ér ¶저 ~가 언제 커서 인간 구실을 할꼬? ㅣ那婴儿何时长大成人?

핏발囤【充血】chōngxuè【血丝】xuèsī ¶~이 선 눈ㅣ充血的眼睛.

핏빛囤〈色〉【血色】xuèsè【鲜红】xiānhóng【火红】huǒhóng【血红色】xuèhóngsè ¶~으로 물들다ㅣ染血色. ¶~으로 무르익은 단풍ㅣ染得火红的枫叶.

^**핏줄**囤❶(혈관)【青筋】qīngjīn【血管】xuèguǎn【血脉】xuèmài ¶~이 툭툭 불거진 손등ㅣ暴出青筋的手背. ❷(혈통)【血统】xuètǒng【血缘】xuèyuán ¶우리민족은 하나의 ~을 이은 단일민족이다ㅣ我们是同一个血统的单一民族.

핑튀❶(도는 모양)【飞快地转】fēikuài·de zhuǎn ¶마을을 ~ 돌았다ㅣ飞快地转了一下村子. ❷(눈물이 어리는 모양)【滴溜溜地转】dīliūliū·de zhuǎn ¶눈물이 ~ 돌다ㅣ泪水在眼眶里滴溜溜地转. ❸(어지러운 모양)【昏昏沉沉】hūnhūn chénchén【眩晕】xuànyūn ¶그는 마치 구름에 올라탄 듯 머리가 ~ 돌았다ㅣ他感到头脑昏昏沉沉, 好像在腾云驾雾. ¶머리가 ~ 돌다ㅣ突然感到一阵眩晕.

ᴮ**핑계**囤하타【借口】jiè/kǒu【口实】kǒushí【托辞】tuōcí【推说】tuīshuō【由头】yóutóu【依口】yīkǒu【藉口】jièkǒu ¶그는 집에 일이 있다는 ~로 먼저 돌아갔다ㅣ他借口家里有事, 先回去了. ¶출장을 ~로 여행을 가다ㅣ以出差为口实去旅行. ¶그는 발이 아프다는 ~로 혼자 방에 남았다ㅣ他推说脚痛, 独自留在房间里. (参考)〔托词(词)〕〔说词(词)〕

핑계삼다[꿘용]【找借口】zhǎo jièkǒu ¶여러 가지를 핑계 삼아 수업에 나가지 않다ㅣ找各种借口不来上课.

핑크[pink]囤〈色〉【粉红】fěnhóng【粉红色】fěnhóngsè ¶~색 상의를 한 벌 샀다ㅣ买了一件粉红色的上衣.

ㅎ

ᴬ**하**¹ [下] 몡【下】xià ¶상·중·~ 세 등급
으로 나누다 | 分为上中下三等。¶성
적이 ~에서 상으로 올라갔다 | 成绩
从下升到了上。

하² 냅【嗨】hāi ¶~, 정말 큰일
났다 | 嗨, 真不得了bù·déliǎo了! ·
－**하**³ 귀 (用于部分汉字词后)【在…
下】zài…xià ¶이러한 상황 ~에서 |
在这种情况下。¶선생님의 지도 ~
에 논문을 쓰다 | 在老师的指导下写
论文。

하강 [下降] 몡【하자】❶ (내려오다)【下
降】xiàjiàng ¶비행기
가 ~하다 | 飞机fēi jī降落。¶기류
| 下降气流。❷ (낙후되다)【落后】lu-
ò/hòu 【退步】tuì/bù 【倒退】dàotuì
【衰落】shuāiluò

하객 [賀客] 몡【贺客】hèkè 【道贺的客
人】dàohè·de kèrén ¶밀려오는 ~ |
接踵而来的道贺客人。

하계 [夏季] 몡【夏季】xiàjì 【夏令】xiàlìn-
g【夏天】xiàtiān ¶~휴가 | 暑假。
－**하고** 조【和】hé ¶어머니·언니 모
두 출근하였다 | 母亲和姐姐都上班
了。¶나~ 가자 | 和我一起去吧。

ᶜ**하고많다** [－] 廛【很多很多】hěnduō hěnduō
【许许多多】xǔxǔduōduō 【多得没法
数】duō·de méifǎ shǔ ¶하고많은 물
건 가운데 이런 걸 골랐니? | 在那么
多的东西当中就选了这个吗?

ᶜ**하교** [下校] 몡【하자】☞ 【放学】fàng/xué
【下学】xià/xué 【散学】sàn/xué

하구 [河口] 몡【河口】hékǒu ¶한강~
| 汉江河口。

하권 [下卷] 몡【下卷】xiàjuàn ¶이 소
설은 상권과 ~으로 나뉜다 | 这部小
说分上、下卷。

ᶜ**하극상** [下剋上] 몡【下克上】xià dòu
shàng【下克上】xià kè shàng ¶정치
계에 ~의 상황이 발생하였다 | 政治
界发生了下克上的情形。

하급 [下級] 몡【下級】xiàjí 【基层】jīcé-
ng ¶~간부 | 下级干部gànbù。¶~
기관 | 下级机关jīguān。¶~ 장교 |
下级军官jūnguān。

하기는 뭰【说实在的】shuō shízài·de
【其实】qíshí 【实际上】shíjìshàng ¶
~ 이 일이 그 일보다 중요하다 | 说实
在的, 这件事比那件事重要。¶~ 걱
정할 필요가 없다 | 实际上也没什么
可担心的。

하기야 뭰【说实在的】shuō shízài·de
【说真的】shuō zhēn·de 【只要…就】
zhīyào…jiù ¶~ 열심히 노력하면 하
게 될 수 있지 | 只要努力就能成功。

ᴬ**하나**¹ 몡囹 ❶ (한 개)【一】yī 【一个】yī-
ge ¶~에 둘을 더하면 셋이 된다 | 一
加二等于三。¶나에겐 ~밖에 없다
| 我只有一个。❷ (한 사람)【一个
人】yī·ge rén ¶어떤 사람 ~가 지나
갔다 | 有一个人走过去了。❸ (동일)
【一样】yíyàng 【同心同德】tóng xīn tó-
ng dé 【一心一德】yì xīn yì dé 【统一】
tǒngyī 【同一】tóngyī 【单一】dā-
nyī ¶모두의 의견이 점차 ~로 되었
다 | 大家的意见逐渐统一了。❹ (조
차)【一点儿】yìdiǎnr 【完全】wánquán
¶~도 모르다 | 一点也不知道。❺
(유일)【唯一】wéiyī 【惟一】wéiyī

하나² 뭰【可是】kěshì 【但是】dànshì
【但】dàn 【不过】búguò 【然而】rán'ér
¶좋기는 ~ 조금 촌티가 난다 | 好可
是好, 有点儿俗sú气。¶일이 비록 바
쁘~ 학습을 조금도 소홀히 하지 않
았다 | 工作虽然忙, 但一点也没放松fà-
ngsōng学习。

ᶜ**하나님** 몡【하자】☞ 하느님

하나하나 몡【一个一个】yī·ge yī·ge
【一件一件】yíjiàn yíjiàn 【一一地】yīyī-
ī·de 【一五一十地】yī wǔ yī shí·de
【挨个儿地】āi·gèr·de 【逐一】zhúyī ¶
~ 다시 한번 세밀히 보다 | 一一地重
新细看。¶~ 검열하다 | 逐一检查。

하녀 [下女] 몡【女佣】nǚyōng 【丫头】y-
ā·tou

하노이 [Hanoi] 몡〈地〉【河内】Hénèi
"越南"(베트남; Vietnam)의 수도】

ᴬ**하느님** 몡〈宗〉【上帝】shàngdì 【上皇】
shànghuáng【天帝】tiāndì 【老天爷】l-
ǎotiānyé 【天爷】tiānyé 【老天】lǎotiān

【天嚙】tiānwēng 【天公】tiāngōng 【上天】shàngtiān ¶아이구! ~ 맙소사! 어떻게 그걸 잃어버렸느냐! | 哎呀! 我的老天爷呀! 你怎么把它丢了。

°하늘 图❶ (천공) 【天】tiān 【天空】tiānkōng 【苍穹】cāngqióng ¶푸른 ~ | 蓝天。¶~을 날아올랐다 | 飞上了天。¶~에 별이 있다 | 天上有星星。❷ (천국) 【天】tiān 【天上】tiānshàng 【天堂】tiāntáng ¶~나라 | 天国。¶~에 계신 우리 아버지 | 身在天堂的父亲。❸ (하느님) 【天】tiān ¶~이 내린 장군 | 天降的将军。

°하늘가 图 【天边】tiānbiān 【天际】tiānjì ¶저녁 노을이 ~를 붉게 물들였다 | 晚霞染红了天际。

하늘거리다 图 【摆动】bǎidòng 【飘动】piāodòng 【袅袅】niǎoniǎo 【飘摇】piāoyáo ¶오색테이프가 ~ | 彩带飘起i飘动。¶연기가 감돌면서 하늘거리며 피어 오르고 있다 | 烟云缭绕liáorào, 飘摇上升。

°하늘나라 图 〈宗〉【天国】tiānguó 【天堂】tiāntáng ¶이렇게 좋은 일은 ~에서나 있겠지 | 这种好事只有天国中才有。(참고)〔地狱yù〕

하늘 보고 침 뱉기 관용 【朝粪坑里扔石头, 屎尿溅在自己身上】cháo fènkēng·li rēngshí·tou, shǐniào jiànzài zìjǐ shēn·shàng

°하늘빛 图❶ (파란색) 【天蓝色】tiānlánsè ¶~ 천으로 만든 치마 | 用天蓝色衣料做的裙子。❷ (하늘의 색) 【天色】tiānsè ¶~이 갑자기 컴컴해졌다 | 天色顿时黑了下来。

°하늘색 图〈色〉【天蓝】tiānlán 【蔚蓝】wèilán 【淡蓝】dànlán 【天蓝色】tiānlánsè

하늘이 무너져도 솟아날 구멍이 있다 관용 【天无绝人之路】tiān wú juérén zhīlù 【车到山前必有路】chēdào shānqián bì yǒulù 【车到山前终有路, 船到桥头自然直】chēdào shānqián zhōng yǒulù, chuándào qiáo·tou zìrán zhí

^하다 图❶ (행하다) 【做】zuò 【办】bàn 【作】zuò 【干】gàn 【搞】gǎo 【闹】nào ¶밥을 ~ | 做饭。¶폐지~ | 作废。¶일을 ~ | 干活。¶장난을 ~ | 闹着玩儿。¶생산을 ~ | 搞生产。¶문

제를 분명히 ~ | 把问题闹清楚。❷ (표정·태도를 나타내다) 【现出】xiànchū 【带】dài ¶의아한 얼굴을 ~ | 现出惊讶的神色。¶어두운 얼굴을 ~ | 脸带阴。❸ (참여하다·종사하다) 【从事】cóngshì ¶사회운동을 ~ | 从事社会运动。¶육체 노동을 하는 사람 | 从事体力劳动的人。❹ (직업·노릇을) 【当】dāng 【担任】dānrèn ¶교사를 ~ | 当教师。¶사장을 ~ | 当经理。❺ (개업하다·경영하다) 【办】bàn 【开】kāi 【经营】jīngyíng ¶음식점을 ~ | 开饭馆。¶공장을 ~ | 开工厂。❻ (처리하다) 【办】bàn 【处理】chǔlǐ 【处分】chǔfēn ¶어떻게 하니? | 怎么办? ❼ (결정하다) 【决定】juédìng ¶내일 가기로 ~ | 决定明天去。❽ (부르다) 【称得上】chēng·de shàng 【叫做】jiàozuò ¶그런 사람을 바로 천재라고 한다 | 像打种人就叫天才。❾ (생각하다) 【认为】rènwéi 【以为】yǐwéi 【感到】gǎndào ¶내일 오나 했지 | 我以为明天来呢。❿ (여기다) 【以…当作】yǐ…dāngzuò ¶붓을 무기로 ~ | 以笔作为武器。⓫ (가격에) 【值】zhí 【价格】jiàgé ¶이 옷은 얼마나 합니까? | 这衣服多少钱。⓬ (말하다) 【据说】jùshuō 【听说】tīngshuō 【说】shuō ¶날씨가 춥다고 해서 외투를 입혔다 | 听说天气冷就让他穿上外套。⓭ (시간이 어느 정도에 이르면) 【那会儿】nàhuìr 【那阵子】nàzhèn·zi ¶12시쯤 해서 도착했어요 | 十二点钟那会儿到的。⓮ (말하자면) 【要说】yàoshuō ¶사과 하면 역시 대구산이지 | 要说苹果还是数大邱的。⓯ (하게하다) 【叫】jiào 【让】ràng ¶빨리 오라고 ~ | 叫他快点儿来。⓰ (하고 싶다) 【想】xiǎng 【要】yào ¶너를 만나려면 한다 | 是见到你就好了。⓱ (접어 某些名词之后代替相应的动词) ¶노래를 ~ | 唱歌。¶나무를 ~ | 砍柴。¶전화를 ~ | 打电话。⓲ (用于表示心理状态的形容词之后, 表示某种状态的行动化) ¶기뻐 ~ | 高兴。¶두려워 ~ | 害怕。⓳ (采取"할 것 없이"的形式, 表示"不管…还是"之意) 【不管…还是】bùguǎn…háishì 【无论】wúlún

¶사과, 배 할 것 없이 모두 가져와라 | 不管苹果还是梨，都拿来吧。❷(采取"하여"的形式，表示原因) ¶반가움과 기쁨으로 하여 말이 나오질 않았다 | 又高兴又欢喜，一句话也说不出来了。❹(与"듯"만"법"等连用，表示推测、价值、可能性) 【像似】xiàngsì 【可能】kěnéng ¶눈이 올 듯 ~ | 好像要下雪。

하다 못해 뷔 【如果实在不可能…就】rúguǒ shízài bùkěnéng… jiù 【哪怕是…也】nǎpàshì… yě 【只…也可以】zhǐ…yěkěyǐ ¶반기계화라도 해보자» | 哪怕是半机械化也要搞一搞。¶본인의 이름을 말해도 좋다 | 哪怕说一句自己叫什么名字也可以。

하단 【下段】 몡 【下段】xiàduàn ¶상단과 ~ | 上段和下段。

하도 뷔 【很】hěn 【太】tài 【非常】fēicháng 【极】jí 【过度】guòdù ¶그의 거동이 ~ 이상해서 물어 보았다 | 他的举动太不正常，问了一下。¶~ 많아서 무엇부터 정리해야할 지 모르겠다 | 太多了，不知道应该从哪儿开始整理。

하도급 【下都給】 몡 【法】 【分包】fēnbāo ¶~자 | 分承包人。

하드디스크 【hard disk】 몡 【電算】 【硬盘】yìngpán

하드웨어 【hardware】 몡 【電算】 【硬件】yìngjiàn 【硬设备】yìngshèbèi ¶컴퓨터는 ~와 소프트웨어 두 부분으로 나눌 수 있다 | 电脑可分为硬件和软件两个部分。참고〔软件ruǎnjiàn〕〔软件jiàn〕

하등¹ 【下等】 관몡 【下等】xiàděng 【下品】xiàpǐn 【低等】dīděng ¶~감각 | 下等感觉。¶~동물 | 低等动物。¶~식물 | 低等植物。

하등² 【何等】 관 【任何】rènhé 【毫无】háowú ¶그 일은 나와 ~의 관계도 없다 | 那件事跟我没有任何关系。¶~의 공통성도 없는 문제 | 没有任何共同性的问题。

하라레 【Harare】 몡 【地】 【哈拉雷】Hālā·léi ["津巴布韦" (짐바브웨；Zimbabwe) 의 수도]

하락 【下落】 몡 한자 【落下】luò·xià 【衰落】shuāiluò 【低落】dīluò 【跌落】diēluò

【贬值】biǎnzhí 【跌价】diējià 【下降】xiàjiàng 【下跌】xiàdiē 【下落】xiàluò 【淡跌】dàndiē ¶시세가 ~했다 | 行市hángshì落下来了。¶주식 가격이 ~하다 | 股价gǔjià跌落。¶물가가 많이 ~했다 | 物价wùjià多告下跌。참고〔升值〕〔涨价〕

하루 몡 ❶ (일수) 【一天】yìtiān 【整天】zhěngtiān ¶~ 걸리 | 隔一天。¶~ 휴가를 받다 | 告一天假。¶종일 바빴다 | 忙碌mánglù了一天。❷ (초하루) 【初一】chūyī ❸ (어느 날) 【有一天】yǒu yìtiān ¶~는 근교의 몇몇 절에 가 보았다 | 有一天到近郊的几座庙宇看了看。

하루갈이 몡 ❶ 【一天能耕完的地】yìtiānnéng gēng wán·de dì 【一垧地】yīshǎng de dì

하루 강아지 범 무서운줄 모른다 관용 【初生的犊儿不怕虎】chūshēng·de dúr bùpà hǔ 【初生之犊不畏虎】chūshēng zhīdú búwèi hǔ 【初生的牛犊不怕虎】chūshēng·de niúdú búpà hǔ 【小黄牛不识虎】xiǎohuángniú bùshí hǔ 【老虎嘴里讨食，胆大包天】lǎo·hǔ zuǐ·lǐ tǎoshí, dǎndǎ bāotiān 【老虎头上拍苍蝇，好大的胆子】lǎo·hǔ·shàng pāicāngyíng, hǎodà·de dǎn·zi

하루바삐 뷔 【早日】zǎorì 【尽快】jǐnkuài ¶~ 완공하다 | 早日完工。¶당신의 건강이 ~ 회복되기를 빕니다 | 祝你早日恢复健康。

하루빨리 뷔 ☞ 하루바삐

하루밤에 만리장성을 쌓는다 관용 【一夜夫妻百夜恩】yíyè fūqī bǎiyè ēn 【一日夫妻百日恩，百日夫妻一辈子亲】yírì fūqī bǎirì ēn, bǎirì fūqī yíbèi·zi qīn

하루살이 몡 ❶ 【虫】 【蜉蝣】fúyóu 【飞虫】fēichóng ❷ (비유하여) 【过一天算一天】guò yìtiān suàn yìtiān 【得过且过】dé guò qiě guò 【今朝有酒今朝醉】jīnzhāo yǒu jiǔ jīnzhāo zuì 【容头过身】róng tóu guò shēn 【这手来那手去】zhè shǒu lái nà shǒu qù 【乐一天是一天】lè yìtiān shì yìtiān ¶~ 생활이 아니면 집을 이 모양으로 만들 수가 있나 | 不是过一天算一天，能把屋子搞成这个样子吗。

하루아침 몡 ❶ (어느 날·어느 순간)

【一个早晨】yí·ge zǎochén【有一天早晨】yǒu yìtiān zǎochén【一旦】yídàn ¶~에 무너지다 | 毁于huǐyú一旦。❷ (빨리)【那么快地】nà·me kuài·de【一朝】yìzhāo ¶~에 헤어져야 한다니 이별을 감내하기 힘들다 | 一朝分散, 不忍相别。¶~에 운이 트이다 | 一朝走运了。

°**하루하루** 튀❶ (날마다)【天天】tiāntiān【每天】měitiān ❷ (점점 더)【一天天地】yìtiāntiān·de【一天比一天】yìtiān bǐ yìtiān【日益】rìyì ¶생활이 ~ 개선되다 | 生活日益改善。

ᴮ**하룻밤** 명 ❶ (하루)【一晚】yìwǎn【一夜】yíyè ¶~사이에 | 一夜之间。❷ (어느 날 밤)【某晚】mǒuwǎn【有一天晚上】yǒu yìtiān wǎn·shang

°**하류**¹【下流】명【下游】xiàyóu【下流】xiàliú ¶~ 작전 | 下游作战。¶황하강 ~ | 黄河下流。

°**하류**²【河流】명【河流】héliú ¶~ 침적 | 河流沉积chénjī。¶~ 쟁탈 | 河流袭夺xíduó。

°**하르툼**【Khartoum】명〈地〉【喀土穆】Kā·tǔmù "苏丹"(수단; Sudan)의 수도 참고 〖喀土木〗

°**하릴없다** 휑❶ (어쩔 수 없다)【没有必要另搞一套】méi yǒu bìyào lìng gǎo yí tào ¶욕을 먹어도 ~ | 即使挨骂也没有必要另搞一套。❷ (틀림없다)【一定】yídìng【必定】bìdìng【必然】bìrán【必当】bìdàng

°**하마**【河马】명〈動〉【河马】hémǎ

ᴮ**하마터면** 튀【差一点儿就】chà·yìdiǎnr jiù【险些】xiǎnxiē ¶~ 잘못을 뻔했다 | 差一点儿就闹出错儿来。¶~ 강물에 빠질 뻔했다 | 险些掉进河里。

°**하명**【下命】 명하자타【下令】xiàlìng【命令】mìnglìng ¶~하는 투의 어조 | 命令式的口气。¶중대장은 일소대에게 경계를 담당할 것을 ~했다 | 连长命令一排担任警戒jǐngjiè。

ᴬ**하모니**【harmony】명❶〈音〉【和声】héshēng【和声学】héshēngxué ❷ (조화)【和谐】héxié【调和】tiáohé

°**하모니카**【harmonica】명〈音〉【口琴】kǒuqín ¶~를 불다 | 吹口琴。

°**하며** 튀【何况】hékuàng【况且】kuàngqiě ¶성인일지라도 잘못이 있는데,

~ 우리들에게 있어서랴 | 圣人尚且有错处, 何况你我呢。

°**하반**【下半】명【下半个】xiàbàn·ge【下半】xiàbàn ¶~부 | 下半部。¶~신 | 下半身。

°**하복**【夏服】명【夏装】xiàzhuāng【夏衣】xiàyī【夏服】xiàfú ¶아이에게 ~을 한 벌 사주다 | 给小孩买了一套夏装。

°**하부**【下部】명 ❶ (아래쪽 부분)【下部】xiàbù【下面的部分】xiàmiàn·de bù·fen ¶~구조 | 下部结构。❷ (하급기관 혹은 사람)【下级】xiàjí ¶~조직 | 下级组织zǔzhī。

°**하사**【下士】명〈軍〉【下士】xiàshì

°**하사관**【下士官】명【军士】jūnshì ¶~으로 승급하다 | 升为军士。

°**하산**【下山】명하자타【下山】xià/shān

°**하소연**【ㅡ】명하타【倾诉】qīngsù【倾诉】sù/kǔ【吐苦水】tǔ kǔshuǐ ¶그녀에게 애모의 정을 ~하다 | 向她倾吐了爱慕àimù之情。¶괴로움을 ~하다 | 倾吐苦水kǔshuǐ。

°**하수**【下水】명【污水】wūshuǐ ¶생활~ | 生活污水。¶~ 정화 | 污水净化jìnghuà。¶~구 | 污水沟。

°**하수도**【下水道】명〈建〉【下水道】xiàshuǐdào【阴沟】yīngōu【暗沟】àngōu ¶~를 뚫다 | 疏通shūtōng下水道。

°**하수인**【下手人】명 ❶ (졸개)【手下】shǒuxià ❷ (살인자)【凶手】xiōngshǒu【下手者】xiàshǒuzhě ¶그는 가장음흉한 ~이다 | 他是最阴险yīnxiǎn的一个凶手。

°**하숙**【下宿】명하자【寄宿】jìsù【寄居】jìjū【寄寓】jìyù ¶~ 생활 | 寄宿房/公寓。¶~집 | 寄宿房/借宿房。

ᴮ**하순**【下旬】명【下旬】xiàxún【下浣】xiàhuàn ¶8월 ~에 날씨가 추워졌다 | 八月下旬, 天气转凉zhuǎnliáng了。¶이달 ~ | 本月的下旬。¶상순과 ~ | 上半月和下旬。

°**하야**【下野】명하자【下野】xià/yě【下台】xià/tái ¶대통령이 ~ 성명을 발표하다 | 总统发表下野声明。

ᴮ**하양** 명【白色】báisè ¶~ 물감 | 白色颜料。

ᴬ**하얗다** 휑【白】bái【雪白】xuěbái【白花花】báihuāhuā【白皑皑】bái'ái'ái ¶그

의 머리는 하얗게 셌다 | 他头发花白了。¶하얀 눈 | 白雪。¶¶벽을 하얗게 칠했다 | 把墙刷得雪白。

하얘지다[동] 【变白】biànbái 【发白】fābái ¶머리가 ~ | 头发发白。¶너무 무서워서 얼굴이 ~ | 因太恐怖, 脸色发白。

^**하여간**[何如間] [부] ☞ 하여튼

^**하여금**[부] 【使】shǐ 【叫】jiào 【令】lìng 【使得】shǐ·de 【让】ràng ¶모두로 ~ 만족하게 하다 | 使大家满意。¶그의 성공은 나로 ~ 매우 기쁘게 하였다 | 他的成功使我非常高兴。

^**하여튼**[何如—] [부] 【无论如何】wúlùn rúhé 【反正】fǎnzhèng 【无论怎样】wúlùn zěnyàng 【不管怎么样】bùguǎn zěn·meyàng ¶~ 이렇게 해야 한다 | 无论如何得这么办。¶~ 너는 나를 따라와야 한다 | 反正你得跟我走。

하염없다[형] ❶ (명하다) 【呆】dāidāi ¶그는 하염없이 오랫동안 꼼짝않고 서 있다 | 他呆呆地站zhàn了好半天, 一动不动的。 ❷ (아득하다) 【茫然而空虚】mángrán ér kōngxū 【漫无边际】mànwúbiānjì ¶하염없는 이야기 | 漫无边际的故事。

하오[下午] 【下午】xiàwǔ 【下半晌(儿)】xiàbànshǎng(r) 【下半天(儿)】xiàbàntiān(r) 【下晌】xiàshǎng 【午后】wǔhòu

하와이[Hawaii;Haw] [명] 〈地〉 【夏威夷】Xiàwēiyí [미국의 주명(州名). 주도(州都)는 "檀香山Tánxiāngshān"(호놀룰루;Honolulu)]

하우스[house] [명] 【房子】fáng·zi 【住宅】zhùzhái ¶모델 ~ | 样板楼。

하위[下位] [명] 【低职位】dīzhíwèi 【下位】xiàwèi 【地位低下】dìwèidīxià ¶~층 | 地位低下阶层。

하의[下衣] [명] 【下半身服装】xiàbànshēn fúzhuāng 【下装】xiàzhuāng ¶상의는 길고 ~는 짧다 | 上衣长, 下衣短。

하이라이트[highlight] [명] ❶ (가장 조명을 많이 받는 부분) 【最明亮的地方】zuì míngliàng·de dì·fang ❷ (가장 흥미있는 부분) 【最精彩的场面】zuì jīngcǎi·de chǎngmiàn 【快讯】kuàixùn 【特讯】tèxùn ¶스포츠 뉴스의 ~ | 体育新闻快讯。

하이테크[high-tech] [명] 【高科技】gāokējì 【高精技术】gāojīng jìshù 【高技术】gāojìshù

하이테크놀러지[high technology] [명] 〈電算〉 【高科技】gāokējì

하이틴[high teen] [명] 【十七到十九岁的青少年】shíqī dào shíjiǔ suì·de qīngshàonián ¶~스타 | 青少年名星。

하이파이[Hi-Fi] [명] 【高保真度的音响设备】gāobǎo zhēndù·de yīnxiǎng shèbèi

하이퍼 링크[hyper link] [명] 〈電算〉 【超链接】chāoliàn jiē

하이퍼 터미널[hyper terminal] [명] 〈電算〉 【超级终端】chāojí zhōngduān

하이퍼 텍스트[hypertext] [명] 〈電算〉 【超文本】chāowénběn

하이퍼 텍스트 생성 언어[Hypertext生成言語;HTML;Hypertext Markup Language] [명] 〈電算〉 【超文本标记语言】chāowénběn biāojì yǔyán

하이퍼 텍스트 전송 규약[;http;hypertext transfer protocol] [명] 〈電算〉 【超文本传输协议】chāowénběn chuánshū xiéyì

하이픈[hyphen] [명] 【连字符】liánzìfú 【连号(儿)】liánhào(r) 【连接号】liánjiēhào 【连字号】liánzìhào

하이 힐[high heeled shoes] [명] 【高跟鞋】gāogēnxié ¶그녀는 ~을 신고 있다 | 她穿着高跟鞋。

하인[下人] [명] 〈史〉 【下人】xiàrén 【底下人】dǐxiàrén 【仆人】púrén 【仆役】púyì 【奴才】núcái 【佣人】yōngrén ¶몇 몇 ~들을 시켜 물건을 지고 오게 했다 | 叫几个下人去把东西抬回来。

하자[瑕疵] [명] ❶ (흠·결점) 【瑕疵】xiácī 【缺陷】quēxiàn 【瑕疵】xiálèi 【缺点】quēdiǎn 【闪失】shǎnshī ¶~ 없는 물건 | 没有瑕疵的物品。❷ 〈法〉 (법률상 완전하지 않거나 조건이 결여된 상태) 【瑕疵】xiácī 【(证据)不足】(zhèngjù)bùzú 【缺憾】quēhàn ¶~담보 | 有瑕疵担保。¶~ 의사 표시 | 有瑕疵的意思表示。

하잘것없다[형] 【微不足道】wēi bù zú dào 【不怎么样】bù zěn·meyàng 【没(有)意思】méi(·yǒu) yì·si 【不够意

思}bùgòu yì·sī 이 약간의 돈은 ~
| 这点钱是微不足道的。 ¶하찮고 없
는 일로 다투다 | 为微不足道的事情
争执。

하중[荷重] 명 ❶ (구조물의 외력 또는
구조물이 견디는 무게)【荷重】hézhòng
【载重】hèzài【负荷】fùhè【载荷】z·
àihè ¶허용 ~ | 容许róngxǔ荷重。
¶안전~ | 安全负荷。 ❷ (짐의 무
게)【货物的重量】huòwù·de zhòngliàng

ᶜ**하지**[夏至] 명【夏至】xiàzhì

ᴬ**하지만** 젭【虽然那样】suīrán nàyàng
【可是】kěshì【然而】rán'ér ¶춥기는
~ 괜찮다 | 冷是冷, 可是不要紧。

하직[下直] 명하자타 ❶ (작별을 고
함)【告别】gào/bié【道别】dào/bié 선
생님께 ~ 인사를 하고 떠났다 | 向
老师告别后就动身了。 ¶악수를 하며
~ 인사를 하다 | 握手道别。 ❷ (떠나
다)【离开】lí/kāi【别离】biélí ¶고향땅
을 ~하고 여행길에 오르다 | 别离了
家乡, 踏上去旅途itǔ。

하차[下车] 명하자타【下车】xià chē ¶
앞문으로 타서 뒤문으로 ~하다 | 从
前门上, 从后门下车。

ᴮ**하찮다** 혱【鸡毛蒜皮的】jīmáo suànpí·
de【无关紧要的】wúguān jǐnyào·de
【不足轻重】bùzú qīngzhòng【微不足
道的】wēi bùzú dào·de【细枝末节】xì
zhī mò jié【不值一提的】bù zhí yì tí·
de ¶하찮은 일에 신경을 쓰다 | 用心
于无关紧要的事上。 ¶이런 하찮은
문제는 얘기할 필요가 없다 | 这些细
枝末节的事情。 ¶하찮은 일로 여
기다 | 当成不值一提的小事。

ᴮ**하천**[河川] 명【河川】héchuān【江河】j·
iānghé ¶~ 정리 사업 | 江河治理zhǐ·lǐ
工作。

하청[下請] 명【转包】zhuǎnbāo ¶~
공장 | 转包工厂。 ¶~업자 | 分承包
人/转包商。

하체[下體] 명【下体】xiàtǐ【下身】xià·
shēn【下肢】xiàzhī ¶그 아이는 ~가
튼튼하다 | 那小孩的下肢很结实。

하층[下層] 명 ❶ (아래 계급)【下层】xi·
àcéng【基层】jīcéng ¶~계급 | 下层
阶级。 ¶~사회 | 下层社会。 ❷ (아
래의 층)【下层】xiàcéng

하트[heart] 명 ❶ (심장)【心脏】xīnzà·
ng【胸】xiōng ❷ (애정)【心情】xīnqí·
ng【胸情】xiōngqíng【爱情】àiqíng ❸
(카드놀이의)【红心】hóngxīn【红桃】
hóngtáo【扑克(牌)】pūkè(pái)【红心
牌】hóngxīnpái

하트포드[Hartford] 명【地】【哈特福
德】Hātèfúdé [미국 "康涅狄格Kāngni·
èdígé"(코네티컷; Connecticut) 주의
주도(州都)】

하편[下篇] 명【下篇】xiàpiān

ᴬ**하품** 명하자【呵欠】hēqiàn【哈欠】hā·
qian【欠伸】qiànshēn【哈息】hā·xi
【哈吃】hāchī【哈站】hāzhàn【哈失】h·
ā·shi ¶그는 졸음이 오는지 자꾸 ~
을 한다 | 他可能困了, 老打呵欠。 ¶
연속적으로 몇 번 기지개를 켜며 ~을
하다 | 接连jiēlián打了几个欠伸。

ᴬ**하필**[何必] 凰【何必】hébì【何须】héxū
【怎么搞】zěn·me gǎo·de ¶~ 오
늘 가야 해요? | 怎么非要今天去啊。
¶~ 왜 제가 가야 합니까? | 怎么搞
的, 为什么我必须去呢?

ᴬ**하하** 凰閜 ❶ (웃음소리)【哈哈】hā·hā
¶~ 웃다 | 哈哈大笑 ¶~! 그가 감
히 나를 욕하다니! | 哈哈! 他竟敢骂
mà我! ❷ (놀라는 소리)【嘿】hēi
【嗨】hāi【嗬】hē ¶~, 너 정말 대단해
| 嘿, 你真行。 ¶~, 일이 그렇게 되
었구나 | 嗬, 原来事情是这样的呀。

하향¹[下向] 명【向下】xiàng xià
【看跌】kàndiē【看落】kànluò

하향²[下鄉] 명하자 ❶ (시골로 내려
감)【下乡】xià/xiāng【归乡】guīxiāng
【归田】guītián ¶그들은 − 했다 | 他
们下乡去了。 ❷ (고향으로 내려감)
【乡下】xiāng·xia ¶회사를 그만두고
~하다 | 辞掉公司的工作住在乡下。

하혈[下血] 명하자【醫】【子宫出血】zǐ·
gōng chūxuè【血崩】xuèbēng

ᴮ**학**[鶴] 명【鳥】【鹤】hè【仙鹤】xiānhè
【仙禽】xiānqín【白鹤】báihè【丹顶
鹤】dāndǐnghè

—학[―學] 미【学】xué ¶물리~ | 物
理wùlǐ学。 ¶수~ | 数学。 ¶문~ |
文学。 ¶고고~ | 考古学。

학계[學界] 명【学界】xuéjiè ¶그는 ~
의 원로이다 | 他是学界元老。 ¶~의
권위자 | 学界权威。

학과[學科] 몡【学科】xuékē【专业】zhuānyè ¶～시험 | 专业考试。

△학교[學校] 몡【学校】xuéxiào ¶전문～ | 专业学校。¶～ 교육 | 学校教育。¶～도서관 | 学校图书馆。

학구[學究] 몡❶(학문을 깊이 연구하는 일)【研究学问】yánjiū xué·wèn ¶～적 태도 | 研究学问的态度。¶～열 | 研究学问的热情。❷(글방 훈장)【私塾先生】sīshú xiān·sheng

ᴮ학급[學級] 몡【班级】bānjí【班】bān ¶일곱 ～ | 七个班级。¶～지도 | 班级指导。¶～신입생을 세 ～으로 나누었다 | 把新生分为三班。¶우리 ～의 학생은 모두 30명이다 | 我们班一共有三十个学生。

ᴮ학기[學期] 몡【学期】xuéqī ¶지난 ～ | 上学期。¶다음 ～ | 下学期。¶～ 말 시험 | 期末考试。

학내[學內] 몡【学校内部】xuéxiào nèibù【校园】xiàoyuán ¶～분위기 | 校园氛围。

ᴬ학년[學年] 몡❶(학습 기간)【学年】xuénián ¶～말 | 年末。¶～말 고사 | 学年考试kǎoshì。❷(학습 단계)【年级】niánjí ¶너는 몇 ～이냐? | 你是几年级？¶그는 중학교 일～이다 | 他是初中一年级。

학대[虐待] 몡하타【虐待】nüèdài【迫害】pòhài ¶아녀자를 ～해서는 안된다 | 不许虐待妇女。¶동물방지~협회 | 防止虐待动物协会。

ᶜ학도[學徒] 몡【学生】xué·sheng ¶～병 | 学生兵。

학력[學力] 몡【学力】xuélì【学问】xuéwèn ¶～을 기르다 | 增长zēngzhǎng学问。¶～이 저하되다 | 智育低下。

학력²[學歷] 몡【学历】xuélì ¶～을 묻지 않다 | 不问学历。¶그는 ～는 별로 없지만 지식은 풍부하다 | 他没有什么学历，但有渊博的知识。

학명[學名] 몡❶(학술상의 편의를 위하여 붙이는 이름)【学名】xuémíng ❷(학자로서의 명성)【学者名声】xuézhě míngshēng【大名】dàmíng ¶～이 높다 | 学者名声大。

ᴬ학문[學問] 몡하타【学问】xué·wen ¶심리학이란 이 ～은 이미 사람들에게 중시를 받고 있다 | 心理学这门学问已被人们重视zhòngshì。¶이것은 새로운 ～이다 | 这是新兴的学问。

학벌[學閥] 몡❶(출신학교의 지체)【学校门派】xuéxiào ménpài ¶～이 좋다 | 学校门派高。❷(같은 학교의 출신자나 같은 학파로 이루어진 파벌)【学派】xuépài ¶～을 타파하다 | 打破学派界限。

학보[學報] 몡【学报】xuébào ¶그는 ～ 편집을 맡고 있다 | 他主编zhǔbiān学报。¶～를 발간하다 | 创办学报。

학부[學府] 몡【学府】xuéfǔ ¶최고 ～ | 最高学府。

학부²[學部] 몡❶(계열)【系】xì ❷(예과에 대하여)【本科】běnkē ¶～생 | 本科生。

학부모[學父母] 몡【学生父母】xuéshēngfùmǔ

학부형[學父兄] 몡【学生家长】xuésheng jiāzhǎng【父兄】fùxiōng ¶～회 | 学生家长会。

학비[學費] 몡【学费】xuéfèi ¶～를 스스로 벌다 | 学费自理。

학사¹[學士] 몡【学士】xuéshì ¶～학위 | 学士学位。

학사²[學事] 몡【学校行政事务】xuéxiào xíngzhèng shìwù ¶～ 일정 | 学校教育行政工作日程。¶～보고 | 学校行政事务报告。

ᶜ학살[虐殺] 몡하타【屠杀】túshā【屠戮】túlù【残杀】cánshā【残戮】cánlù ¶많은 백성들이 무참하게도 ～을 당했다 | 许多老百姓惨遭cǎnzāo屠杀。¶서로 ～하지 말았어야 했다 | 不该gāi互相残杀。

ᴬ학생[學生] 몡【学生】xué·sheng【学徒】xuétú ¶～ 연극 | 学生话剧。¶～복 | 校服/学生打扮。¶～증 | 学生证。

학생 운동[學生運動] 몡【学运】xuéyùn【学生运动】xué·sheng yùndòng【学潮】xuécháo ¶～이 발생하다 | 发生学潮。¶～을 일으키다 | 闹nào学潮。

학생회[學生會] 몡【学生会】xuéshēnghuì ¶～ 간부 | 学生会干部。

학설[學說] 몡【学说】xiéshuō ¶새로운 ～ | 新的学说。¶혁명 ～ | 革命gémíng'학설.

학수고대[鶴首苦待]〖관용〗【渴望】kěwàng【渴想】kěxiǎng【望眼欲穿】wǎng yǎn yù chuān【望穿双眼】wàng chuān shuāng yǎn【望穿秋水】wàng chuān qiū shuǐ【翘首以待】qiáo shǒu yǐ dài ¶그는 줄곧 작가가 되기를 ~했다 | 他一直渴望当作家. ¶그녀는 ~하며, 아들 만나기를 기대하다 | 她望穿秋水, 盼望跟儿子见面.

ᶜ**학술**[學術]〖명〗【学术】xuéshù ¶~ 논문 | 学术论文. ¶~ 단체 | 学术团体. ¶~ 용어 | 学术用语. ¶~회의 | 学术会议.

학술원[學術院]〖명〗【学术院】xuéshùyuàn【学术研究院】xuéshù yánjiūyuàn ¶한국~ | 韩国学术研究院.

ᴮ**학습**[學習]〖명하타〗【学习】xué¶~ 환경 | 学习环境huánjìng. ¶3년간 외국어를 ~했다 | 学了三年外语. ¶~을 게을리하는 경향이 있다 | 有不正经学习的倾向. ¶~지도 | 学习辅导.

학식[學識]〖명〗【学识】xuéshí ¶~이 풍부하다 | 他学识丰富fēngfù. ¶~이 깊고 넓다 | 学识渊博yuānbó.

학업[學業]〖명〗【学业】xuéyè ¶~ 성적 | 学业成绩chéngjì. ¶~을 중단하다 | 中断学业. ¶~에 열중하다 | 热衷于学业.

ᴮ**학예**[學藝]〖명〗【学艺】xué/yì ¶~ 품 | 学生作品. ¶~회 | 学艺会. ¶~를 배울 당시의 사형과 우연히 만났다 | 碰见pèngjiàn了一位当年学艺时候的的师兄.

ᴮ**학용품**[學用品]〖명〗【文具】wénjù【学习用品】xuéxí yòngpǐn ¶~ 가게 | 文具店. ¶~을 정리하다 | 整理zhěnglǐ学习用品.

ᶜ**학우**[學友]〖명〗【学友】xuéyǒu【校友】xiàoyǒu【同学】tóngxué【同窗】tóngchuāng ¶같은 반 ~ | 同班同学.

ᶜ**학원**¹[學院]〖명〗【补习班】bǔxíbān【学校】xuéxiào ¶자동차 기술 ~ | 汽车技术学校. ¶외국어 ~에 다니는 학생 | 上外语补习班的学生.

ᴮ**학원**²[學園]〖명〗【校园】xiàoyuán【学园】xuéyuán

학위[學位]〖명〗【学位】xuéwèi【学衔】xuéxián ¶~논문 | 学位论文. ¶~수여식 | 授学位仪式. ¶명예~를 받다 | 获名誉学位.

ᶜ**학자**[學者]〖명〗【学者】xuézhě ¶저명한 ~ | 著名学者. ¶그는 물리~이다 | 他是物理学者.

학장[學長]〖명〗【校长】xiàozhǎng ¶이분이 우리학교 ~이십니다 | 这位是我们学校的校长.

학적[學籍]〖명〗【学籍】xuéjí ¶~부 | 学籍簿.

학점[學點]〖명〗【学分】xuéfēn ¶~이 모자라다 | 学分不够. ¶그는 졸업에 필요한 ~을 따지 못했다 | 他没有取得毕业所要求的学分.

학제[學制]〖명〗【学制】xuézhì ¶~를 개편하다 | 改编学制.

학질[瘧疾]〖명〗【疟疾】nüè·ji【脾寒】píhán【疟子】yào·zi ¶~에 걸리다 | 得了疟疾.

학창[學窓]〖명〗【学校】xuéxiào ¶~ 생활 | 学校生活.

학칙[學則]〖명〗【校规】xiàoguī ¶~이 아주 엄하다 | 校规很严. ¶~을 준수하다 | 遵守校规.

학파[學派]〖명〗【学派】xuépài【流派】liúpài【流别】liúbié【支脉】zhīpài ¶영남~를 창립하다 | 创立chuànglì了岭南lǐngnán学派. ¶~를 이루다 | 树立shùlì学派.

학회[學會]〖명〗【学会】xuéhuì ¶언어 ~ | 语言yǔyán学会.

한¹[限]〖명하타〗【限度】xiàndù【穷尽】qióngjìn【止境】zhǐjìng ¶기쁘기 ~이 없다 | 欢乐无穷. ¶그의 야망은 ~이 없다 | 他的野心没有穷尽.

한²[恨]〖명〗【怨恨】yuànhèn【怨望】yuànwàng【怨声】yuànshēng ¶~ 많은 세상 | 怨声载道. ¶··을 풀다 | 消除遗恨.

ᴬ**한**³〖관〗❶ (하나의)【一】yī ¶~ 알 | 一粒. ¶~ 걸음 | 一步. ❷ (대략)【大约】dàyuē【大概】dàgài ¶~ 이백 명 | 大约二百名. ❸ (모종의)【某】mǒu【谁】shuí ¶~ 일꾼 | 某一工作人员. ❹ (같은)【一样(儿)】yíyàng(r)【同】tóng ¶~ 가지 선물 | 一样礼品lǐpǐn. ¶~ 마을에서 살다 | 住在同一个村子里.

한[限] 【의미】❶ (범위 내) 【范围】fànwéi 【限度】xiàndù ¶될 수 있는 ~ | 尽可能的范围。¶힘이 자라는 ~ | 尽最大力量。❷ (조건) 【条件】tiáojiàn 【宁肯】nìngkě 【宁肯】nìngkě 【只要】zhǐyào ¶죽는 ~이 있어도 굴복하지 않는다 | 宁肯死，也不屈服。¶내가 살아 있는 ~ | 只要我还活着。

한-⁵ 【뷔】 【큰】 【大】dà ¶~길 | 大路。¶ (한창) 【盛】shèng 【酷】kù ¶~여름 | 盛夏。❸ (꼭) 【正】zhèng ¶~가운데 | 正中。

한가롭다 【형】 【悠闲】yōuxián 【清闲】qīngxián ¶한가롭게 책을 읽다 | 悠闲地读书。

한가운데 【명】 【正中间】zhèngzhōngjiān 【正中央】zhèngdāngzhōng 【当间】dāngjiān ¶다기를 탁자의 ~ 놓다 | 把茶具放在桌子正中。¶달이 하늘 ~ 있다 | 月亮在天空的正当中。

한가위 【中秋节】Zhōngqiūjié 【中秋】Zhōngqiū

한가지 【명】❶ (한 종류) 【一种】yìzhǒng ¶누구나 ~ 이상의 기술을 가져야 한다 | 人人都要学会一种以上的技术。❷ (같은) 【一样(儿)】yíyàng(r) 【同样】tóngyàng 【半斤八两】bàn jīn bā liǎng 【八两半斤】bā liǎng bàn jīn 【八两对半斤】bā liǎng duì bàn jīn ¶이렇게 하나 저렇게 하나 다 ~다 | 这样做和那样做都一样。¶좋다 해 봐야 매 ~이다 | 好也好不了多少，彼此bǐcǐ半斤八两。

한가하다 【형】 【悠闲】yōuxián 【空闲】kōngxián ¶한가한 시간 | 空闲的时间。

한갓 【뷔】 【只】zhǐ 【只是】zhǐshì 【就是】jiùshì 【总是】zǒngshì 【无非是】wúfēishì ¶~ 나무만 보고 숲을 못 본다 | 只见树木，不见森林。

한강[漢江] 【명】〈地〉〔汉江〕Hànjiāng

한걸음 【명】 【一步】yíbù ¶~ 다가서다 | 往前靠近一步。

한걸음에 【뷔】 【一口气】yìkǒuqì ¶~ 달려왔다 | 一口气跑了过来。

한겨울 【명】 【严冬】yándōng ¶~이 곧 지나간다 | 严冬即将过去。¶~에 사냥을 떠났다 | 在严冬的时候去打猎。

한결 【뷔】 【更加】gèngjiā 【更其】gèngqí 【更为】gèngwéi 【更进一步地】gèng jìn yíbù·de 【大大】dàdà ¶문제가 ~ 복잡해지다 | 问题更加复杂。¶요즘 그는 건강도 ~ 좋아졌다 | 最近他的身体也更加健康起来了。

한결같다 【형】❶ (일치하다) 【一致】yízhì 【共同】gòngtóng ¶모두 다 한결같이 동의했다 | 大家一致同意了。¶한결같이 노력하다 | 共同努力。❷ (일관성이 있다) 【始终一贯】shǐ zhōng yí guàn 【始终如一】shǐ zhōng rú yī 【始终不渝】shǐ zhōng bù yú 【终始如一】zhōng shǐ rú yī ¶그녀에 대한 그의 마음은 변함없어~ | 他对她的感情，始终如一。

한계[限界] 【명】 【边际】biānjì 【临界】línjiè 【界线】jièxiàn 【界限】jièxiàn 【限度】xiàndù ¶모든 일에는 ~가 있다 | 任何事情都有个限度。¶인내의 ~에 달했다 | 达到了忍耐的界限。¶~점 | 临界点。

한고비 【명】❶ (위기) 【关】guān 【重要关头】zhòngyào guāntóu 【紧要关头】jǐnyàoguāntóu ¶~를 넘기다 | 过了一关。¶병은 이제 ~를 넘겼다 | 病情已经过了紧要关头。❷ (절정) 【黄金时节】huángjīnshíjié

한곳 【명】 【一处】yíchù ¶~에 모여라 | 集中到一个地方吧。

한구석 【명】❶ (외진 곳) 【偏僻之处】piānpì zhī chù ❷ (한쪽 구석) 【一个角落】yí·ge jiǎoluò 【一角】yìjiǎo ¶방 ~에 앉다 | 坐在房间的一个角落。

한국[韓國] 【명】〈地〉 【韩国】Hánguó 【韩】Hán ¶~ 요리 | 韩国料理。¶~ 유행 | 韩流。

한국열[韓國熱] 【명】 【韩流】hánliú

한국팬[韓國fan] 【명】 【韩国迷】hánguómí 【韩国追星族】hánguó zhuīxīngzú

한국풍[韓國風] 【명】 【韩流】hánliú

한군데 【명】 【一处】yíchù 【一个地方】yí·ge dìfāng ¶책을 ~에 쌓아라 | 把书堆放在一个地方。

한글 【韓國文字】Hánguó wénzì 【韩文】Hánwén

한기[寒氣] 【명】❶ (추위) 【寒】hán 【冷】lěng ¶~가 들다 | 恶寒。❷ (오한) 【寒气】hánqì ¶~가 몸을 뚫고 들어

오다 | 寒气袭xí人。

°**한길** 명 ❶ (큰길) 【大路】dàlù 【马路】mǎlù 【大马路】dàmǎlù 【公路】gōnglù 【大道】dàdào ¶~에는 자동차가 달리고 있다 | 汽车在公路上奔驰。❷ (하나의 길) 【一条道】yìtiáodào 【人生之路】rénshēngzhīlù ¶그는 평생을 ~을 걸었다 | 他一生坚定地走过来的是同一条路。

ᵇ**한꺼번에** 튄 【一下子】yíxià·zi 【一起】yìqǐ ¶ ~ 해치우다 | 一下子干完。¶이 문제들은 이 다음에 ~ 해결합시다 | 这些问题留到以后一起解决吧。

°**한껏** 튄 【尽力】jìnlì 【尽情】jìnqíng 【尽意】jìnyì ¶ ~ 먹다 | 尽情吃。¶ ~ 즐기다 | 尽意享受。

°**한끝** 명 【一头】yìtóu 【一端】yìduān 【边缘】biānyuán 【边沿】biānyán 【缘边】yuánbiān ¶밧줄의 ~ | 绳子的一头。

한끼 명 【一顿】yídùn ¶나는 단지 하루 ~의 식사를 할 뿐이다 | 我一天只吃一顿饭。¶이 돈으로 나는 다음 ~가 걱정이다 | 吃一顿，挨ái一顿。

°**한나절** 명 【半天】bàntiān ¶놀았다하면 ~이다 | 一玩就是半天。¶그걸 끝내는데 ~이 걸린다 | 要作完那件事，得半天。

°**한낮** 명 ❶ (정오) 【正午】zhèngwǔ 【晌午】shǎngwǔ 【中午】zhōngwǔ 【日中】rìzhōng ¶ ~에 반 시간 동안의 휴식이 있다 | 中午有半个钟头的休息。❷ (백주) 【一个白天】yí·ge báitiān

°**한낱** 튄 ❶ (오직) 【唯一的】wéiyī·de ❷ (하잘 것 없는) 【只不过】zhǐbúguò shì ¶그것은 ~ 빙산의 일각에 불과하다 | 这只不过是冰山的一角。

ᵇ**한눈** 명 ❶ (한번 봄) 【一眼】yìyǎn 【看一眼】kàn yìyǎn 【一看】yíkàn ¶ ~에 반하다 | 一看就一见钟情。¶ ~에 알아보다 | 一看便知。❷ (한번에 바라보이는 범위) 【一目了然】yímùliǎorán 【尽收眼底】jìnshōuyǎndǐ ¶ ~에 내려다보이는 들판 | 下面的田野尽收眼底。

한달음에 튄 【一口气】yìkǒuqì 【一气儿】yíqìr 【径直】jìngzhí ¶ ~ 이곳까지 뛰어왔다 | 一口气跑到这儿来了。

한담[閑談] 명 【闲谈】xiántán 【闲聊】xiánliáo ¶ ~으로 시간을 보내다 | 用闲聊打发时间。

°**한대**[寒帶] 명 〈地〉【寒带】hándài ¶ ~기후 | 寒带气候。¶ ~ 식물 | 寒带植物。

한더위 명 【炎暑】yánshǔ 【炎热】yánrè ¶ ~가 사람을 찌다 | 炎暑蒸人。¶ ~가 견디기 힘들다 | 炎热难当。

한덩어리 명 【一块】yíkuài 【一体】yìtǐ 【一片(儿·子)】yípiàn(r·zi) ¶ ~로 합치되 | 融róng成一体。¶군중들과 ~가 되다 | 同群众打成一片。

ᵇ**한데** 명 ❶ (한군데) 【一个地方】yí·ge dì·fang 【一起】yìqǐ ¶ ~ 모이다 | 聚集在一个地方。¶ ~ 앉아 있다 | 坐在一起。¶ ~ 섞다 | 混合在一起。❷ (노천) 【露天】lùtiān 【露天地儿】lùtiāndìr 【野外】yěwài 【草地】cǎodì ¶ ~서 하루밤을 지냈다 | 在露天过了一天。¶계속해서 나흘 동안 ~서 잤다 | 一连四天睡在野外。❸ (정해진 곳의 밖) 【别处】biéchù 【别的地方】bié·de dìfāng ¶ ~로 나가다 | 到别的地方去了。

한도[限度] 명 【限度】xiàndù 【止境】zhǐjìng 【尽头】jìntou ¶최고 ~ | 最高限度。¶ ~를 초과하다 | 超过chāoguò了限度。¶참는 것도 ~가 있다 | 忍耐是有限度的。

한동안 명 【一个时期】yí·ge shíqī 【一度】yídù 【一时】yìshí 【一阵子】yízhèn·zi ¶그는 ~ 음악 공부를 한 적이 있다 | 他一度学过音乐。¶그는 ~ 대답이 없었다 | 他一时无言可对。¶고향에 돌아가서 ~ 머물다 | 回老家去住了一阵子。

한두 관 【一两(个)】yìliǎng(·ge) ¶ ~ 사람 | 一两个人。¶ ~번이 아니라 | 不止一两次。

한둘 명 【一两个】yìliǎng·ge 【一个两个】yí·ge liǎng·ge ¶사과 ~ | 一两个苹果。

한들거리다 동 【摇动】yáo·dòng 【摇摆】yáobǎi 【飘动】piāodòng ¶오색테이프가 ~ | 彩带cǎidài飘动。

°**한때** 명 ❶ (어느 때·잠시) 【一个时期】yí·ge shíqī 【一度】yídù 【有时】yǒushí 【有时候(儿)】yǒushí·hou(r) ¶그도 ~는 축구를 매우 좋아했다 | 他也一

度很喜欢踢足球。¶그는 ~ 자살하려고 했다 | 他一度想自杀。❷(같은 때)【同时】tóngshí ¶그들은 동시에 ~ 왔다 | 他们是同时一起来的。

한량[閑良] 명【大款】dàkuǎn ¶그 사람은~이에요 | 他是大款。

한랭[寒冷] 명[하형]【寒冷】hánlěng【凄冷】qīlěng ¶~전선 | 冷锋/冷空气前锋。¶날씨가 몹시 ~하다 | 天气寒冷。

한량없다[限量−] 형【无限】wúxiàn【无限量】wúxiànliàng【无垠】wúyín【不可限量】bùkě xiàn liàng【无可估量】wú kě gūliàng ¶한량없는 기쁨 | 无限的喜悦。¶한량없는 기쁨을 느끼다 | 感到无比高兴。

한류[寒流] 명【寒流】hánliú ¶~가 밀려오다 | 袭来了一股寒流。

한마디 명【一句话】yíjùhuà【一言】yìyán【一语】yìyǔ ¶인사 ~ 없이 떠났다 | 一句招呼也不打，就离开了。¶~로 말해서 | 总而言之。

한마음 명【一心】yìxīn【同心】tóngxīn【一条心】yìtiáo xīn ¶오로지 ~으로 답장만을 기다리고 있다 | 一心等待着回信。¶~으로 협력하다 | 同心协力。

한몫 명❶(한 사람 몫)【一份】yífèn【一股】yìgǔ ¶~ 끼다 | 入上一股。¶~잡다 | 大捞一把。❷(한 사람의 역할)【作用】zuòyòng ¶~ 단단히 하다 | 发挥很大的作用。

한문[漢文] 명【汉文】Hànwén【华文】Huáwén【文言文】wényánwén ¶~학 | 汉文学。

한물 명【旺季】wàngjì【旺季期】wàngjìqī【当令】dānglìng ¶토마토는 이미 ~ 갔다 | 西红柿已经过了旺季。참고 [淡旦季]

한민족¹[韓民族] 명【韩民族】Hánmínzú

한민족²[漢民族] 명【汉民族】Hànmínzú

한바퀴 명【一转】yìzhuǎn【一圈】yìquān ¶~ 돌다 | 绕一圈。

한바탕 명부【一阵】yízhèn【一场】yìchǎng【一顿】yídùn【一通】yítōng ¶~ 웃었다 | 笑了一阵。¶~ 비가 내렸다 | 下了一场雨。¶~ 혼냈다 | 骂了一顿。

한반도[韓半島] 명【韩半島】hánbàndǎo【朝鲜半島】cháoxiān bàndǎo ¶~의 긴장 상태 | 韩半岛的紧张局势。

한발[一步] 명【一步】yíbù ¶~ 늦었다 | 迟了一步。

한밤중[−中] 명【深夜】shēnyè【深更半夜】shēn gēng bàn yè【半夜三更】bànyè sāngēng【子夜】zǐyè【子时】zǐshí【半夜】bànyè ¶~까지 일하다 | 工作到深夜。¶~에 깨어 마당으로 나갔다 | 深夜半夜醒来走到院子里。¶~에 문 두드리는 소리가 나다 | 半夜传来了叩门声。

한방[韓方] 명【韩医】Hányī【韩医处方】Hányī chǔfāng【韩医开方】Hányī kāifāng ¶~약 | 韩药。

한번[一番] 명【一番】yìfān【一回】yìhuí【一会儿】yíhuìr【一次】yícì ¶나는 그를 단 ~ 만난 적이 있다 | 我只跟他见过一次。

한 번 실수는 병가지상사 관용【一胜一败，兵家常事】yìshèng yíbài, bīngjiā chángshì【胜败乃兵家之常】shèngbài nǎi bīngjiā zhīcháng【胜败兵家常事】shèngbài bīngjiā chángshì

한복[韓服] 명【韩国民族服装】Hánguómínzú fúzhuāng【韩服】hánfú ¶그녀에게 ~을 입혀 주었다 | 给她穿韩服。

한복판 명【正中间】zhèngzhōngjiān【中心(儿)】zhōngxīn(r)【当间儿】dāngjiānr ¶광장 ~에 영웅 전사의 동상이 우뚝 세워져 있다 | 广场中心竖立着英雄战士的铜像。¶그는 길 ~에 쓰러졌다 | 他跌倒在路当间儿。

한사코 부【偏要】piānyào【一定】yídìng【拼命】pīn/mìng【并骨】bìnggǔ【并命】bìngmìng【极力】jílì ¶너는 그를 좋아하지 않으나 그는 ~ 너와 친하고자 한다 | 你不喜欢他，他偏要和你好。¶~ 반대하다 | 极力反对。¶~ 부인하다 | 极力否认。

한산하다[閑散−] 형❶(조용하다)【僻静】pìjìng【背静】bèijìng【幽寂】yōujì【寂静】jìjìng【闲散】xiánsàn ¶한산한 교외 | 僻静的郊外jiāowài。❷(한가하다)【呆滞萧条】dāizhì xiāotiáo【清淡】qīngdàn ¶한산한 시장 | 市面清淡。

한세상[-世上] 명 ❶(평생)【一辈子】yìbèi·zi【一生】yìshēng ¶~ 먹는 걱정은 없다 | 一辈子不愁chóu吃喝了/一辈子花不完。 | 좀 편히 지내다 | 舒舒服服过一辈子。❷(한창 때)【好日子】hǎorì·zi ¶고생 끝에 ~ 보다 | 苦尽甘来。

한솥밥 명【一锅饭】yìguō fàn ¶그는 나와 ~을 먹는다 | 他跟我吃一锅饭。

한술 명【一勺】yìsháo【一点点】yìdiǎndiǎn【一口】yìkǒu ¶그는 회의가 있어서 밥을 ~ 뜨는 둥 마는 둥하고 나갔다 | 他因为要开会, 吃了一口饭就走了。

ᴮ한숨 ❶(잠·휴식)【一会儿】yíhuìr ¶이리 와서 ~ 주무시지요 | 到这里睡一会儿吧。 ¶ ~ 쉬고 떠나자 | 歇一会儿再上路吧。❷(탄식)【叹气】tàn/qì【叹息】tànxī【息】xī ¶~만 쉬어서는 문제를 해결할 수 없다 | 光叹气不顶事dǐngshì。 ¶~을 쉬며 한탄하다 | 唉声叹气。❸(호흡)【一口气】yìkǒuqì【一气儿】yìqìr ¶~을 돌리다 | 松一口气。 ¶~이 놓이다 | 松一口气。

한스럽다[恨-] 혱【悔恨】huǐhèn【痛恨】tònghèn ¶그 때 가지 못한 것이 ~ | 那时没能去, 真令人痛恨。 ¶한스러운 세월 | 痛恨的岁月。

한시¹[-時] 명 ❶(같은 시간)【同一时刻】tóngyī shíkè❷(잠시)【一会儿】yíhuìr【一刻】yíkè ¶난 너를 ~도 잊은 적이 없어 | 我一刻也没有忘记你。

한시름 명【一桩心事】yìzhuāng xīnshì ¶어쨌든 ~ 놓게 되었다 | 不管怎么样 总算了了一桩心事。

한식¹[寒食] 명〔날〕【寒食】hánshí

ᴬ한식²[韩式] 명【韩式】Hánshì ¶~집 | 韩式房屋。

ᶜ한심하다[寒心-] 혱【寒心】hánxīn【令人寒心】lìng rén hánxīn【不堪言】bùkānyán【不像样】búxiàngyàng ¶제품의 질이 ~ | 产品质量很不像样。 ¶생활이 정말 ~ | 生活实在不像样。

ᴮ한약[韩药] 명【韩药】Hányào【中药】Zhōngyào ¶~방 | 韩药房。 ¶~재 | 中药材。 ¶~으로 병을 치료하다 | 用中药治病。

한어[汉语] 명【汉语】Hànyǔ【普通话】pǔtōnghuà ¶~의 규범화 | 汉语规范化。 ¶~ 병음 자모 | 汉语拼音字母。

ᶜ한없다[限-] 혱【无限】wúxiàn【无限量】wúxiànliàng【无垠】wúyín ¶전도가 한없이 밝다 | 前途无限光明。 ¶~ 욕심이 | 贪得无厌。

ᶜ한여름 명【仲夏】zhòngxià【盛夏】shèngxià ¶무더운 ~ | 闷热的仲夏。 ¶~을 나다 | 度过盛夏。

한옥[韩屋] 명【韩式房屋】Hánshì fángwū

ᶜ한우[韩牛] 명【韩国牛】Hánguóniú

ᶜ한의사[韩醫師] 명【汉医师】hànyīshī【汉医】【韩医师】hányīshī【韩医】hányī

ᶜ한의원[韩醫院] 명【汉医院】hànyīyuàn【韩医院】Hányīyuàn

한인[韩人] 명【韩人】Hánrén【韩国人】Hánguórén ¶~사회 | 韩国人社会。

한입[-(儿)] yìkǒur(r) ¶~에 삼키다 | 一口吞tūn下。 ¶술 반 사발을 ~에 마셨다 | 把半碗wǎn酒一口喝下。

ᴬ한자[汉字] 명【汉字】Hànzì ¶~ 개혁 | 汉字改革gǎigé。 ¶~ 간화 방안 | 汉字简化jiǎnhuà方案fāng'àn。

한자리 명 ❶(같은 자리)【同座】tóngzuò❷(중요한 자리)【一官半职】yìguān bànzhí ¶~하다 | 混上一官半职。

한잔[-盏] 명하저【小杯】yìxiǎobēi【一盏】yìzhǎn ¶차 · 마실 사이 | 一盏茶时。 ¶~ 마시다 | 喝一盏。

한잠 명 ❶(깊이 든 잠)【睡一觉】shuìyíjiào【酣睡】hānshuì ¶저녁 먹기 전에 ~ 자다 | 在晚饭前睡一觉。❷(잠시 자는 잠)【冬眠】dōngmián【末眠】mòmián【睡】shuì ¶그 사람은 ~이 들면 누가 업어가도 모른다 | 他一睡下, 被谁背走都不知道。

한적[闲寂] 명하혱【闲寂】xiánjì【闲静】xiánjìng【安闲】ānxián【安静】ānjìng【清闲】qīngxián【寂寥】jìliáo【寂寞】jìmò【萧疏落寞】xiāoshū luòmò【冷清清】lěngqīngqīng ¶~한 생활을

하다 | 过闲静的生活。¶이 일대는 아주 ~하다 | 这一带很安静。¶~한 나날을 보내고 있다 | 过着清闲的日子。¶~한 산골 | 萧疏落寞的山谷。

ᵃ**한정**[限定] 몡 하타 【限制】xiànzhì 【限定】xiàndìng 【限度】xiàndù ¶~판·제한版/限定版。¶필요한 범위 이내로 ~하다 | 限制在必要的范围fànwéi内。¶인원수를 150명으로 ~하였다 | 人数限定为一百五十名。

한족[漢族] 몡 【汉族】Hànzú

한줌 몡 【一把】yìbǎ 【一小撮】yìxiǎocuō ¶쌀 ~ | 一把米。¶흙을 ~ 쥐다 | 抓zhuā一把土。

한중간[ー中間] 몡 【当当间】zhèngdāngjiān 【正中心】zhèngzhōngxīn 【正中间】zhèngzhōngjiān

한증[汗蒸] 몡 하타 【汗蒸】hànzhēng 【桑拿】sāngná ¶~막 | 汗蒸窑。

ᵃ**한지**[韓紙] 몡 【朝鲜土产纸】cháoxiǎn tǔchǎnzhǐ 【窗户纸】chuānghùzhǐ ¶~를 문에 바르다 | 往门上糊窗户纸。

한직[閑職] 몡 【闲职】xiánzhí 【悠闲的职务】yōuxián·de zhíwù 【不忙的职业】bùmáng·de zhíyè ¶그는 몇 번~에 있었다 | 他任rèn了几个闲职。

ᵃ**한집안** 몡 ❶ (한가족) 【一家】yìjiā 【一家人】yìjiārén ¶노소를 합한 ~ 사람 전부 | 一家老少。❷ (친척) 【家门】jiāmén ¶~관계 | 家门关系。

한차례 몡 【一回】yìhuí 【一次】yícì 【一圈】yìquān ¶나는 그를 딱 ~ 만난 적이 있다 | 我只跟他见过一次面。¶처음 ~ | 头一次。

ᵃ**한참** 몡 【好一会儿】hǎo yí huìr 【半天】bàntiān 【半晌】bànshǎng 【好大半天儿】hǎodà bàntiānr 【老半天】lǎobàntiān ¶~을 기다리다 | 等了好一会儿。¶그가 떠난 지 ~되었다 | 他走了好半天了。¶~ 동안 말이 나오지 않았다 | 老半天说不出话来。

ᵃ**한창** 몡 【正是时候】zhèngshì shí·hou 【正】zhèng ¶지금 ~ 수업 중이다 | 现在正上着课呢。¶~ 배우고 일할 나이이다 | 正是工作, 学习的年龄。

한창때 몡 【正盛】zhèngshèng 【正是时候】zhèngshì shí·hou 【正当年】zhèngshí dāngnián 【妙龄】miàolíng 【风

华正茂的时候】fēnghuá zhèng mào·de shí·hou ¶~의 젊은 나이 | 风华正茂的年轻人。

한철[ー季节] 몡 ❶ 【一季】yíjì 【一时】yìshí ❷ (한창 성한 때) 【旺季】wàngjì ¶메뚜기도 ~이다 | 正是蝗虫季节。

ᵇ**한층**[ー層] 튀 【进一步】jìn yíbù 【更加】gèngjiā 【更为】gèngwéi ¶더 나아가 농업의 기계화를 실현하다 | 进一步实现农业机械化。¶문제가 ~ 더 복잡해지다 | 问题更加复杂。¶생활에 ~ 여유가 생기다 | 生活更加富裕。

한치 몡 【一寸】yícùn 【半点】bàndiǎn 【丝毫】sīháo ¶~의 오차도 없다 | 丝毫没有误差。¶~도 양보하지 않다 | 半点儿也不让步。

한탄[恨嘆] 몡 하타 【叹息】tànxī 【叹气】tàn/qì 【悲叹】bēitàn 【嗟叹】jiētàn ¶~스레 호소하다 | 悲叹地诉说sù·shuō。¶한차례 ~하였다 | 悲叹了一声。

한턱 몡 하타 【请客】qǐng·kè 【作东(儿)】zuòdōng(r) ¶오늘은 내가 ~ 내지 | 今天我请客。

ᵃ**—한테** 존 ❶ (방향·위치) 【向】xiàng 【跟】gēn 【给】gěi ¶모르는 것은 선생님~ 물어봐라 | 有问题就问老师吧。¶그녀는 아이 ~ 화를 내었다 | 她跟孩子生起气来。¶어머니 ~ 간다 | 到母亲那里去。❷ (동작의 주체) 【被】bèi 【跟】gēn 【给】gěi ¶개 ~ 물렸다 | 被狗咬了。¶선생님 ~ 배운다 | 跟老师学。❸ (나누어지는 기준) 【给】gěi 【分给】fēngěi ¶세사람 ~ 한개씩이다 | 三个人一个。¶한 사람 ~ 한 권씩 나누어 주다 | 分给每人一本。

—한테로 존 【往…那里…】wǎng…nàlǐ… 【向…那里…】xiàng…nàlǐ… ¶친구 ~ 가다 | 往朋友那里去。

—한테서 존 【从…那里…】cóng…nàlǐ… 【从】cóng 【由】yóu ¶친구 ~ 돈을 꾸다 | 从朋友那里借钱。

한통속 몡 【同伙】tónghuǒ 【一伙】yìhuǒ 【一鼻孔出气】yìbíkǒng chūqì 【一孔出气】yìkǒng chūqì 【一丘之貉】yìqiū zhī háo ¶저 두 사람은 ~이다 | 他们俩是一鼻孔出气的。

한파[寒波] 몡 【寒流】hánliú ¶근래에

보기 드문 ~가 한국을 덮쳤다 ¦ 近来
罕见的寒流席卷了韩国。

한판 몡 **【一场】** yìchǎng **【一局】** yìjú **【一盘】** yìpán ¦ 씨름 ~ ¦ 一场摔交。¶
장기 ~ ¦ 一盘棋。

한패 몡 **【一伙】** yìhuǒ **【同伙】** tónghuǒ ¶ 이 녀석도 그들과 ~다 ¦ 这个家伙
和那帮家伙是一伙。

^**한편**[一便] 몡 ❶ 【같은 편】 **【一伙】** yìhuǒ **【同伙】** tónghuǒ ¶ 우리는 ~이다 ¦ 我们是同伙。❷ (한쪽) **【一边】** yìbiān ¶ ~으로 비키다 ¦ 躲到一边去。❸ (부사적으로 쓰여, …한 외에) **【另一方面】** lìng yìfāngmiàn **【同时】** tóngshí ¶ 학업 성적을 높이는 데 힘쓰는 ~ 몸을 단련하는 것에도 반드시 유의해야 한다 ¦ 在努力提高学习成绩的同时, 必须注意锻炼身体。

한평생[-平生] 몡 **【一生】** yìshēng **【一辈子】** yíbèi·zi **【平生】** píngshēng **【终身】** zhōngshēn ¶ ~을 바치다 ¦ 献出了自己的一生。¶ ~ 먹는 걱정은 없다 ¦ 一辈子不愁吃喝了／一辈子花不完。

한푼[-分] **【一分】** yìfēn **【一文】** yìwén **【分文】** fēnwén ¶ ~이라도 아껴쓰다 ¦ 即使是一分钱也要节省。¶ ~돈 ─ 안 쓰다 ¦ 一文不使, 两文不用。¶ ~도 없다 ¦ 身无分文。

한풀꺾이다 똥 **【减煞】** jiǎnshà **【低落】** dīluò ¶ 사기가 ~ ¦ 士气低落。¶ 한풀꺾인 정서 ¦ 低落的情绪。

한풀이[恨-] 몡하자 **【出气】** chū/qì **【解恨】** jiě/hèn **【解仇】** jiě/chóu **【解扣儿】** jiě/kòur **【雪恨】** xuě/hèn **【解冤】** jiěyuān

한치기[限-] 똥 **【限制】** xiànzhì **【限定】** xiàndìng ¶ 학생에 한하여 입장 ¦ 只限学生入场。¶ 1인 1매에 한함 ¦ 限一人一张。

^**한학**[漢學] 몡 **【汉学】** hànxué ¶ ~의 대가 ¦ 汉学大家。¶ ~은 유럽에서도 비교적 영향력이 있는 학문이다 ¦ 汉学在欧洲也是一门比较有影响的学问。

한해[寒害] 몡 **【寒灾】** hánzāi **【冷害】** lěnghài

ᴮ**할**[割] 의몡 **【成】** chéng ¶ 수입의 10~을 떼어 교회에 헌금하였다 ¦ 从收入

里拿出一成来捐 juān 给教会。

할당[割當] 몡하타 **【分配】** fēnpèi **【分摊】** fēntān **【配给】** pèijǐ **【配额】** pèi'é **【分发】** fēnfā **【调配】** diàopèi **【摊配】** tānpèi **【摊分】** tānfēn **【摊派】** tānpài ¶ 노동량에 따라 ~하다 ¦ 按劳分配。¶ 수입방직품의 ~액 ¦ 进口纺织品的配额。¶ 세대별로 ~하다 ¦ 按户摊派。

^**할딱거리다** 똥 **【喘吁吁】** chuǎnxūxū **【喘嘘嘘】** chuǎnxūxū **【上气不接下气】** shàngqì bùjiē xiàqì ¶ 피곤하여 ~ 累得喘吁吁的。¶ 무척 거릴 정도로 급히 달리다 ¦ 跑得上气不接下气。

할랑하다 혱 **【松】** sōng **【宽敞】** kuān·chang **【宽畅】** kuānchàng **【不紧】** bùjǐn ¶ 너무 할랑하게 묶었다 ¦ 咯 kǔn 得太松。¶ 규칙이 너무 ~ ¦ 规矩 guī·ju 太松。

^**할머니** 몡 ❶ (조모) **【祖母】** zǔmǔ **【奶奶】** nǎi·nai **【姥姥】** lǎo·lao ¶ 우리 ~ ¦ 家祖母。¶ 나는 ─ 혼자서 길러주신 ~家祖母。¦ 我是祖母一手抚养 fǔyǎng 成人的。❷ (늙은 여자) **【老大娘】** lǎodà·niang

^**할미꽃**[植] **【白头翁】** báitóuwēng **【猫头翁】** māotóuwēng **【老公花】** lǎogōnghuā **【走姑草】** zǒugūcǎo

할부[割賦] 몡하타 **【分期付款】** fēnqī fùkuǎn **【分期支付】** fēnqī zhīfù **【摊付】** tānfù **【整借零还】** zhěng jiè líng huán

^**할아버지** 몡 ❶ (조부) **【祖父】** zǔfù **【爷爷】** yé·ye ¶ ~께서 이미 여든이 되셨다 ¦ 祖父已八十岁了。¶ 그녀의 ~는 화가이시다 ¦ 她爷爷是个画家 huàjiā。❷ (노인) **【老大爷】** lǎodà·ye

^**할인**[割引] 똥하타 **【折扣】** zhé·kòu **【折价】** zhéjià **【打折扣】** dǎ zhékòu **【打折】** dǎ/zhé ¶ ~해줄 수 없습니까? ¦ 能不能打折扣? ¶ ~ 판매 ¦ 廉价出售／折扣出售。¶ ~ 가격 ¦ 折扣价。¶ 상점에서 물건을 팔 때 ~하지 않는다 ¦ 商店卖东西不打折扣。

할인권[割引券] 몡 **【优待券】** yōudàiquàn **【贴现券】** tiēxiànquàn ¶ ~으로 면세품을 사다 ¦ 凭优待券买免税商品。

할증[割增] 몡하타 **【加价】** jiā/jià **【附加】** fùjiā **【额外】** éwài **【增额】** zēng'é ¶ ~금 ¦ 附加保费／加水／申水。

ᵇ할퀴다 图【抓破】zhuāpò ¶손등을 ~ | 抓破了手背。¶할퀸 상처 | 被抓破了的伤口。

ᵇ핥다 图【舔】【餂】tiǎn ¶개가 내 손을 핥는다 | 狗舐我的手。¶혀로 한번 핥아라 | 你用舌头舔一下。¶수박 겉 핥기 식 | 舔西瓜皮似的shì·de。

핥아먹다 图【舔着吃】shì·zhe chī【餂着吃】tiǎn·zhe chī

ᵇ함 【函】图❶ (상자) 【箱】xiāng【箱子】xiāng·zi ¶나무~ | 木头箱子。❷ (통) 【匣〈儿〉】xiá(r)【盒】hé ¶작은 화장수~ | 梳头水饰匣儿。❸ (혼인할 때 혼서지와 예단 따위를 넣어 보내는 상자)【盒子】hé·zi【盒子花】hé·zi·huā ¶~을 지다 | 做盒子。

함구 【緘口】图하자【缄口】jiānkǒu【绝口】jué kǒu【缄口无言】jiān kǒu wú yán【默不作声】mò bù zuò shēng【三缄其口】sān jiān qí kǒu ¶~령 | 缄口令。¶다른 사람들은 모두 열심히 발언하는데 그만이 앉아 있고 있다 | 别人都热烈发言, 只有他坐在那里默不作声。

^함께 图【一起】yìqǐ【一块儿】yíkuàir【同时】tóngshí ¶~살다 | 坐在一起。¶동생과 ~ 영화를 보러 갔다 | 和弟弟一块儿看电影去了。

ᶜ함대 【艦隊】图〈军〉【舰队】jiànduì ¶태평양 ~ | 太平洋舰队。

ᶜ함락 【陷落】图하자타图❶ (땅의) (沉) chén【陷地】xiàndì【下陷】xiàxiàn ¶지반의 ~ | 地基下陷。❷ (적진의) 【失陷】shīxiàn【攻陷】gōngxiàn【攻下】gōngxià ¶북경이 ~되었다 | 北京失陷了。

함량 【含量】图【含量】hánliàng ¶~이 매우 높다 | 含量太高。¶높은 지방 ~ | 高脂肪含量。

함몰 【陷沒】图하자타图❶ (땅이나 물이 아래로 빠짐) 【下陷】xiàxiàn【沉陷】chénxiàn【塌陷】tāxiàn ¶도로가 ~하다 | 道路地面下陷。❷ (멸망함) 【失陷】shīxiàn【攻陷】gōngxiàn【攻下】gōngxià

ᶜ함박눈 图【鹅毛大雪】émáo dàxuě ¶~이 한바탕 내렸다 | 下了一场鹅毛大雪。

함부로 图【随便】suíbiàn【胡乱】húluàn

【随意】suíyì【恣意】zìyì【冒然】màorán ¶~ 손을 대지 마시오 | 请别随意动手。¶~ 침범하지 못하다 | 不敢冒然侵犯。¶~ 말하다 | 随便说。

함부르크 [Hamburg]图〈地〉【汉堡】hànbǎo ¶~규칙 | 汉堡规则。¶~항 자유무역지구 | 汉堡港自由贸易区。

함빡 图❶ (잔뜩 젖은 모습) 【湿透】shītòu ¶옷이 비에 ~ 젖었다 | 衣服被雨湿透。❷ (환하게 웃는 모습) 【笑容满面】xiào róng mǎn miàn ¶~웃는 모습 | 笑容满面的样子。

함석 图【白铁】báitiě【马口铁】mǎkǒutiě【洋铁】yángtiě ¶~지붕 | 白铁屋顶。¶~집 | 白铁皮屋顶的房子。

ᵇ함성 【喊聲】图【喊声】hǎnshēng【呼喊声】hūhǎnshēng【喊叫声】hǎnjiàoshēng ¶승리의 ~ | 胜利的呼喊声。

함수 【函數】图〈数〉【函数】hánshù【因变量】yīnbiànliàng ¶~ 관계 | 函数关系。¶~방정식 | 函数方程式。

함양 【涵養】图❶ (차차 길러냄) 【逐步养成】zhúbù yǎngchéng ¶민족정신을 ~하다 | 逐步养成民族精神。❷ (심성을 닦음) 【涵养】hányǎng【修养】xiūyǎng ¶도덕심을 ~하다 | 修养道德心。

함유 【含有】图하자【含有】hányǒu ¶약제에 다섯 가지 성분이 ~되어 있다 | 药剂中含有五种成分。¶철분을 ~한 물 | 含有铁的水。

함유량 [含有量]图【含量】hánliàng ¶~이 매우 높다 | 含量太高。¶단백질 ~ | 蛋白质的含量。

함자 【銜字】图【尊姓大名】zūn xìng dà míng【芳名】fāngmíng ¶~를 알고 싶습니다 | 想知道您的尊姓大名。

함정 [陷穽]图【陷阱】xiànjǐng【圈套】quāntào ¶~을 만들다 | 布设陷阱。¶~에 빠지다 | 掉人陷阱。

함지 图❶ (나무 그릇) 【木盆】mùpén【整村木盆】zhěngmùmùpén ❷ (금을 잡는) 〈鑛〉【淘金盆】táojīnpén

함지박 图【木盆】mùpén ¶~에 곡식을 담다 | 把粮食盛在木盆里。

함축 [含蓄]图하타【含蓄】hánxù【涵蓄】hánxù ¶~해서 간단히 쓰다 | 含蓄而简单地写。¶내용이 ~적인 글 | 内容含蓄的文章。

합[合] 명 ❶ (합계)【总共】zǒnggòng【一共】yígōng【合计】héjì ¶~해서 얼마니? | 总共多少钱? ❷〈数〉(더하기)【和】hé ¶두 수의 ~ | 两数之和。¶1과 2의 ~은 3이다 | 一跟二的和是三。

합격[合格] 명하자 ❶ (시험에 붙음)【及格】jí/gé ¶학기말 시험에 ~하다 | 期末考试及格。❷ (격식이나 조건에 맞음)【合格】hégé ¶검사에 ~하다 | 检查合格。¶~증 | 合格证。

합계[合计] 명하타【合计】héjì【累计】lěijì【累计总数】lěijì zǒngshù【总数】zǒngshù【合算】hésuàn【共计】gòngjì ¶~ 총액이 5만 달러로 | 累计总额为五万美元。¶~ 3천만원이나 | 共计三千万元。

합금[合金] 명〈化〉【合金】héjīn ¶~ 성분 | 合金成分。¶알루미늄 ~ | 铝的合金。

합당[合当] 명하형【适当】shìdàng【恰当】qià·dàng【切当】qiè·dàng【妥当】tuǒ·dang【稳妥适当】wěntuǒ shìdàng ¶~한 가격 | 价格适当。¶~하게 쓰였다 | 用得很恰当。¶이렇게 하는 것은 그다지 ~하지 못하다 | 这样做不太妥当。

합동[合同] 명하자타 ❶ (모아서 하나로 함)【联合】liánhé【联席】liánxí【连席】liánxí ¶~으로 개최하다 | 联合举办jǔbàn。¶~으로 서명하다 | 联合签名qiānmíng。❷〈数〉【全等】quánděng【重叠】chóngdié【合同】hétong【合并】hébìng ¶~형 | 全等形xíng。¶삼각형의 ~ 조건 | 三角形的合同条件。

합류[合流] 명하자 ❶ (합동)【汇合】huìhé【合为一处】héwéiyíchù ¶도중에서 ~하다 | 半道r半道 r合一处。❷ (강이 합침)【汇流】huìliú【合流】héliú ¶~점 | 汇流点。

합리[合理] 명하형【合理】hélǐ【妥当】tuǒ·dang【稳妥适当】wěntuǒ shìdàng ¶그의 말이 매우 ~적이다 | 他说的话很合理。¶이렇게 하는 것은 그다지 ~적이지 못하다 | 这样做不太妥当。

합리적[合理的] 명관【合理的】hélǐ·de ¶~ 사고 방식 | 合理的思惟方式。

합리화[合理化] 명하자타 ❶ (불합리를 없앰)【合理化】hélǐhuà【合理按排】hélǐ ānpái ¶과정을 ~하다 | 合理化过程guòchéng。❷ (변명함)【辩护】biànhù

합법[合法] 명【合法】héfǎ ¶이렇게 하는 것은 ~적이지 않다 | 这样做不合法。¶~적 수속 | 合法手续shǒuxù。¶~ 정부 | 合法政府zhèngfǔ。¶~적 상품 | 合法商品。¶~ 통화 | 合法货币。

합병[合併] 명하자타【合并】hébìng【联合】liánhé【联营】liányíng ¶세 가지 제의를 ~하여 토론하다 | 把三个提议tíyì合并讨论tǎolùn。

합병증[合併症] 명【并发症】bìngfāzhèng ¶예방 치료를 잘하여 ~이 오지 않게 하다 | 搞好预防治疗, 不使发生并发症。

합산[合算] 명하타【合算】hésuàn【合计】héjì ¶~을 내다 | 算出合计。

합선[合線] 명하자타〈電〉【短路】duǎnlù ¶~이 되다 | 发生短路。¶전기 ~으로 불이 났다 | 电器短路起了火。

합성[合成] 명하자타 ❶〈化〉【合成】héchéng ¶~ 고무 | 合成橡胶。¶~ 섬유 | 合成纤维。¶~ 세제 | 合成洗剂。❷〈物〉【合在一起】hé zài yìqǐ【合成】héchéng ¶~유전자 | 合成基因。

합성어[合成語] 명〈言〉【合成词】héchéngcí [두 개 이상의 형태소로 이루어진 낱말] 참고〔复合词〕

합세[合勢] 명하자【联合】liánhé【协力】xiélì【相配合】xiāng pèihé【汇合】huìhé【合力】hélì ¶그들과 ~하다 | 同他们联合。

합숙[宿舍] 명【集体宿舍】jítǐ sùshè【集体住宿】jítǐ zhùsù ¶~ 생활을 하다 | 住集体宿舍。

합승[合乘] 명하자【同乘】tóngchéng【合乘】héchéng ¶택시를 ~하다 | 合乘出租车。

합심[合心] 명하자【同心】tóng/xīn【齐心】qíxīn【一条心】yìtiáo xīn【同心齐力】tóngxīn qílì【齐心协力】qíxīn xiélì ¶~하여 힘을 모으다 | 同心协

力。

합의[合意] 명하자 【合意】hé/yì 【意见一致】yìjiàn yīzhì 【双方一致同意】shuāngfāng yīzhì tóngyì ¶~이혼 | 双方一致同意离婚。 ¶~가 이루어지다 | 取得双方一致同意。

합의²[合議] 명하타 【协商】xiéshāng 【讨论】tǎolùn 【协定】xiédìng ¶~기관 | 协商机关。 ¶문제가 있으면 ~하여 해결할 수 있다 | 有问题可以协商解决jiějué。

합일[合一] 명하자타 【合一】héyī 【合而成一】hé ér chéng yī ¶~점 | 合二为一点。

합자[合資] 명하자타 【合资】hézī 【合股】hégǔ ¶~기업 | 合资企业。 ¶~회사 | 合资公司/有限合资公司。 ¶~ 생산 | 合资生产。

합작[合作] 명하자타 【合作】hézuò 【协作】xiézuò 【打伙】dǎhuǒ 【合伙】héhuǒ 【互助】hùzhù ¶기술~ | 技术jìshù合作。 ¶~ 경영 | 合作经营jīngyíng。 ¶이 소설은 두 사람의 ~으로 된 것이다 | 这部小说是两个人合作的。 ¶서로 ~하여 일을 하다 | 合伙搞事业。

합장¹[合掌] 명하자 〈佛〉【合掌】hé/zhǎng ¶~하다 | 合掌héshí 【双手合十】shuāngshǒuhéshí ¶두 손을 ~하고 절하다 | 合掌鞠躬。

합장²[合葬] 명하타 【合葬】hézàng 【合成一墓】héchéng yìmù ¶그들 부부를 화산에 ~하다 | 他们夫妻合葬在华山。 ¶아버지와 어머니의 무덤을 ~하다 | 把父母的坟墓合成一墓。

ᴮ합주[合奏] 명하타 〈音〉【合奏】hézòu ¶관악~ | 管乐guǎnyuè合奏。 ¶기악~ | 器qì乐合奏。 ¶~곡 | 合奏曲。

ᴮ합창[合唱] 명하타 〈音〉【合唱】héchàng ¶~곡 | 合唱曲。 ¶~단 | 合唱队duì/合唱团tuán。

합체[合體] 명하자 ❶ (하나가 됨) 【融为一体】róngwéiyìtǐ ¶두 조직이 ~하였다 | 两个组织合二为一。 ❷ (마음을 하나로 모음) 【同心同德】tóngxīntóngdé

합치[合致] 명하자 【一致】yízhì ¶의견의 ~를 보다 | 意见一致了。 ¶~된 의견 | 一致的意见。

ᴮ합치다[合一] 통 【合】hé 【合并】hébìng 【归并】guībìng 【汇合】huìhé ¶도중에서 일행과 ~ | 半道上一行人汇合。

합판[合板] 명 【胶合板】jiāohébǎn 【胶夹板】jiāojiābǎn 【包板】bāobǎn

ᴮ합하다[合一] 통 【归并】guībìng 【合】hé 【合并】hébìng 【调合】tiáohé 【联合】liánhé 【加在一起】jiā zài yìqǐ ¶마음을 같이하여 힘을 합치다 | 同心合力。 ¶큰 것 작은 것을 ~ | 把大的小的合起来。

핫 도그[hot dog] 명 【热狗】règǒu 【红肠面包】hóngcháng miànbāo 【腊肠面包】làcháng miànbāo 【红脂面包】hóngzhàng miànbāo

핫바지 명 ❶ (솜바지) 【棉裤】miánkù ¶겨울에는 ~를 입어야 한다 | 冬天里, 应该穿棉裤。 ❷ (촌뜨기) 【土包子】tǔbāo·zi

핫 사이트[hot site] 명 【電算】 【热站】rèzhàn 【热门网站】rèménwǎngzhàn

핫 케이크[hot cake] 명 【薄煎饼】báojiānbǐng

핫 키[hot key] 명 【電算】 【热键】rèjiàn

핫 팬티[hot panty] 명 【女式超短裤】nǔshì chāo duǎnkù

항¹[項] 명 ❶ (내용을 구분하는 단위) 【项】xiàng ¶제5~ | 第五项。 ❷ (조항) 【项目】xiàngmù 【项头】xiàng·tou ❸ (사항) 【项】xiàng ¶사~ | 事项。 - 항²[-港] 명 〈地〉 【港】gǎng ¶부동~ | 不冻dòng港。 ¶남포~ | 南浦港。

항간[巷間] 명 【街头巷尾】jiē·tou xiàng wěi 【街坊】jiē·fang ¶~에 떠도는 옳지 못한 여론에 근거하여 사업을 해서는 안된다 | 不要根据街头巷尾的错误舆论进行工作。 ¶~에 전해지는 이야기 | 街头巷尾流传的故事。

항거[抗拒] 명하자 【抗拒】dǐkàng ¶~할 수 없는 역사 조류 | 不可抗拒的历史潮流。 ¶끝까지 ~하다 | 抵抗到底dàodǐ。

ᴮ항공[航空] 명 【航空】hángkōng ¶민간 ~ | 民用航空。 ¶~ 회사 | 航空公司。 ¶~ 학교 | 航空学校。 ¶~엽서 | 航空邮简。 ¶~ 우편 | 航空邮件/航空信。

ᴮ항공기[航空機] 명 【飞机】fēijī 【气机】qì汀【气艇】qìtǐng 【滑翔机】huáxiángjī ¶~ 보험 | 飞机机身险。¶~ 종합 보험 | 飞机综合保险。（参考）〖直升飞机〗【喷pēn气式飞机】【喷射shè式飞机】〖旋桨 xuánjiǎng式飞机〗【飞机女服务员】【空中小姐】【航空小姐】〖歼jiān击机〗【战斗机ì】〖轰炸 hōngzhà机〗【强击机】〖侦察机〗【教练机】

^A^**항구**[港口] 몡〈港口〉gǎngkǒu 〖口岸 kǒu·àn〗 ¶연안 ~ | 沿海yánhǎi港口。¶~별 운임차 | 不同港口运费差别。¶~도시 | 港都。

항구적[恒久的] 〖永久的〗yǒngjiǔ·de 〖长远的〗chángyuǎn·de ¶~인 평화 | 永久和平。

항렬[行列] 몡〈辈分〉bèi·fen ¶~을 논하다 | 论辈分。¶~을 따지다 | 论辈分排行páihàng。¶~에 따라서 그를 형이라 불렸다 | 按辈分叫他哥哥。

^C^**항로**[航路] 몡〈航路〉hánglù 【航线】hángxiàn 【航道】hángdào 【航程】hángchéng 【海路】hǎilù ¶정기 ~ | 定期dìngqī航线。¶~ 신호 | 航路信号。¶~표지 | 航标/航路标志。

항만[港灣] 몡〈港湾〉gǎngwān 〈港口〉gǎngkǒu ¶~ 적하량 | 港口吞吐量。

^C^**항목**[項目] 몡【项目】xiàngmù 【项头xiàng·tou】【节目】jiémù 【条款】tiáokuǎn 【规条】guītiáo ¶~별로 쓰다 | 按项目填写。¶모두 10개의 ~이 있다 | 共有十项条款。

^B^**항문**[肛門] 몡〈生理〉gāngmén 【粪门】fènmén 【屁股眼儿】pì·guyǎnr 【屁眼·zi】pìyǎn·zi ¶~괄약근 | 肛门伸缩筋。

^C^**항변**[抗辯] 몡하자타 【抗议】kàngyì 【抗辩】kàngbiàn 【抗论】kànglùn 【置辩】zhìbiàn ¶~을 제기하다 | 提出抗议。¶~할 여지가 없다 | 不屑置辩。

^C^**항복**[降伏; 降服] 몡하자타 【降服】xiángfú 【投降】tóuxiáng ¶무조건 ~ | 无条件投降。¶~하다 | 被降服。

^A^**항상**[恒常] 위 【经常】jīngcháng 【时刻】shíkè 【时常】shícháng 【时不常(儿)】shíbùcháng(r) 【时时】shíshí 【常常(儿)】chángcháng(r) 【一向】yíxiàng 【始终】shǐzhōng 【始末】shǐmò

항성[恒星] 몡〈天〉héngxīng ¶~천문학 | 恒星天文学。

항시[恒時] 위 【经常】jīngcháng 【时常】shícháng ¶그는 ~ 일찍 일어난다 | 他时常早起。

항아리[缸−] 몡【缸(儿,子)】gāng(r,·zi) ¶물~ | 水缸。¶~와 단지 | 缸和坛tán子。

항온[恒溫] 몡【恒温】héngwēn ¶~동물 | 温血动物/常温动物。¶~장치 | 恒温设备/保温装置。

^B^**항의**[抗議] 몡하자타 【抗议】kàngyì ¶~를 제기하다 | 提出抗议。¶~ 신청서 | 抗议书。¶~ 스트라이크 | 标志抗议的罢工。

^C^**항일**[抗日] 몡【抗日】kàngrì ¶~ 무장투쟁 | 抗日武装斗争。¶~ 전쟁 | 抗日战争。

항쟁[抗爭] 몡하자 【抗争】kàngzhēng 【抗战】kàngzhàn ¶결사적으로 ~하다 | 拼死抗争。¶격렬하게 ~하다 | 进行激烈的抗争。

항전[抗戰] 몡【抗战】kàngzhàn ¶용감하게 ~하다 | 勇敢地抗战。

^C^**항해**[航海] 몡하자 【航海】hánghǎi 【航行】hángxíng ¶~ 일지 | 航海术。¶~ 신호 | 航海信号xìnhào。¶태평양을 ~하다 | 航行于太平洋。

^A^**해**^1^ 몡 ❶ (태양) 【太阳】tài·yáng 【金乌】jīnwū 【金轮】wūlún 【炎精】yánjīng 【日头·tou】¶~는 서쪽에서 떠오르지 않는다 | 太阳不会从西天出来。¶~가 대지를 두루 비추다 | 炎精普照pǔzhào大地。❷ (연) 【年】nián ¶일한 지 벌써 세 ~가 되었다 | 工作已满三年。❸ (낮) 【天】tiān 【一天】yìtiān ¶~가 길다 | 天长。¶~가 짧다 | 天短。

^B^**해**^2^[害] 몡하타 【害】hài 【危害】wēihài 【损害】sǔnhài ¶국가의 독립과 주권이 ~를 입다 | 国家的独立和主权受

到损害。¶남에게 ~를 끼쳐서는 안 된다 | 不得危害他人。¶막대한 ~가 일어나다 | 造成严重的损害。

笑。

해³ 동 ❶("하여"의 준말) 【干】【做】zuò ¶~버리다 | 干完。¶~놓다 | 做好。❷("하다"의 명령형) 【干吧】gàn·ba 【做吧】zuò·ba ¶그에게 시키지 말고 네가 ~ | 别让他做, 你自己干吧。

-해⁴[-海] □ 【海】hǎi ¶동~ | 东海。¶카스피~ | 里海。¶지중~ | 地中海。

해갈[解渴] 명하자 ❶(갈증을) 【解渴】jiě/kě ¶차를 마셔 ~하다 | 喝杯茶解解渴。❷(가뭄을) 【旱情缓解】hànqínghuǎnjiě ¶이번 비로 ~은 된다 | 这场暴雨缓解了旱情。

ᴮ**해결**[解决] 명하타 【解决】jiějué ¶문제를 ~하다 | 解决问题。¶유일한 ~방법 | 唯一的解决办法。

해고[解雇] 명하타 【解雇】jiě/gù 【开除】kāichú ¶노동자 몇 사람을 ~했다 | 解雇了一批工人。¶~되다 | 被解雇。¶~ 통지서 | 解雇通知单。

ᴮ**해골**[骸骨] 명 【骸骨】hái gǔ 【骷髅】kū lóu 【尸骨】¶尸骸】shīhái ¶~바가지 | 脑壳。¶~산 | 骸骨山。

해괴[駭怪] 명하형 【怪异】guàiyì 【古怪】gǔguài ¶모양이 ~하다 | 形容xíngróng古怪。

ᴮ**해군**[海軍] 명 【海军】hǎijūn ¶~ 해안 방위병 | 海军岸防兵。¶~ 사관 학교 | 海军军事学校。

ᴮ**해금**[解禁] 명하자 【解禁】jiě/jìn ¶금순~이 되어, 어떤 당파라도 성립될 수 있다 | 现在解禁了, 什么党派都可以成立。¶~서적 | 解禁书籍。

ᴮ**해난**[海難] 명 【海难】hǎinàn 【海险】hǎixiǎn ¶~ 보고서 | 海难报告。¶~ 신호 | 海难信号xìnhào。¶또 ~ 사고가 발생했다 | 又发生了一起海难事故。

ᴮ**해내다** 동 【做出】zuòchū 【作出】zuòchū 【搞出】gǎochū 【担起】dānqǐ ¶큰일을 ~ | 做出大事。¶과학적인 결론을 도출해냈다 | 做出科学结论。

해녀[海女] 명 【海女】hǎinǚ

ᴮ**해님** 명 【太阳公公】tàiyánggōnggōng ¶~이 방긋 웃다 | 太阳公公微微

해답[解答] 명하자 【解答】jiědá 【答案】dá'àn ¶정확한 ~을 주다 | 作出正确的解答。¶~을 맞추어보다 | 核对答案。

ᴮ**해당**[該當] 명 ❶(관계되는) 【有关】yǒuguān 【有关系】yǒuguān·xi 【该】gāi ¶~ 기관 | 有关机关。¶~ 분야 | 有关方面。¶~ 문건을 열독하다 | 阅读有关的文件。❷(바로 들어맞음) 【相当】xiāngdāng ¶이것은 한달치 작업량에 ~하는 일거리이다 | 这是相当于一个月作业量的活儿。

해당화[海棠花] 명 〈植〉 【海棠花】hǎitánghuā

해대다 동 ❶(마구 대들다) 【吵架】chǎo/jià 【闹仗】nàozhàng 【争架】zhēngjià ¶그는 왕씨에게 한바탕 해댔다 | 他跟老王吵了一架。❷(일을 마구 몰아서 처리하다) 【赶着干活儿】gǎn·zhe gànhuór

해독[害毒] 명 【危害】wēihài 【毒害】dúhài 【破坏】pòhuài ¶그의 사상은 아직도 사람들에게 계속 ~을 끼치고 있다 | 他的思想还在继续毒害着人们。

해독²[解毒] 명하자타 〈醫〉 【解毒】jiě/dú ¶~제 | 解毒剂jì。¶~ 작용 | 解毒作用。

해돋이 명 【日出】rìchū ¶~를 구경하러 해변으로 나가다 | 到海边去看日出。¶동해의 장엄한 ~ | 壮观的东海日出。

해로[偕老] 명하자 【偕老】xiélǎo ¶백년~하다 | 白头偕老。

ᴮ**해롭다**[害-] 형 【有害】yǒu/hài ¶남아시아 지역의 평화와 안정에 ~ | 有害于南亚地区的和平和稳定。¶건강에 ~ | 对健康有害/有害于健康。

해류[海流] 명 【海流】hǎiliú 【洋流】yángliú ¶~를 타다 | 踏着海流。

해리스버그[Harrisburg] 명 〈地〉 【哈里斯堡】Hālǐsībǎo ¶[미국 "宾夕法尼亚Bīnxīfǎníyà"(펜 실 베 니 아;Pennsylvania) 주의 주도(州都)]

ᴮ**해마다** 부 【年年】niánnián 【每年】měinián 【逐年】zhúnián ¶나는 ~ 한 번씩 상해에 간다 | 我每年去上海一次。¶사람 수가 ~ 감소하다 | 人数逐年减少。

해말갛다[형]【白净】báijìng【白皙】báix-ī | 얼굴이 해말갛고 포만하다 | 白皙丰满。¶해말간 얼굴 | 白皙的面孔。

해맑다[형]❶(하늘이)【晴朗】qínglǎng❷(얼굴 등이)【白皙】báixī【明快】míngkuài | 해맑은 얼굴 | 明快的脸。

해먹다[동]❶(만들어 먹다)【做来吃】zuò lái chī |밥을 ~ | 做饭吃。❷(어떤 일을 업으로 삼다)【以…为】yǐ…wéi |장사를 해먹고 산다 | 以做生意为生。❸(일하다)【做】zuò |힘들어서 못 해먹겠다 | 太吃力, 做不了。

ᶜ**해면**[海面][명]【海面】hǎimiàn【海平面】hǎipíngmiàn ¶~이 평온하다 | 海面上一片平静。

해명[解明][명][하타]【解释】jiěshì【阐明】chǎnmíng【弄清】nòngqīng【弄清楚】nòngqīng·chu【查明】chámíng ¶명확하게 ~하다 | 作了明确的解释。¶기술 문제를 ~하다 | 弄清技术问题。

해몽[解梦][명][하자타]【圆梦】yuán/mèng ¶꿈보다 ~이 좋다 | 梦在圆而不在做。

해물[海物][명]【海产品】hǎichǎnpǐn【海味】hǎiwèi ¶~탕면 | 海味汤面。

해밀턴[Hamilton][명]〈地〉【汉密尔顿】Hànmì'ěrdùn [“百慕大群岛”(영령 버뮤다제도;Bermuda Is)의 수도]

ᴮ**해바라기**[명]〈植〉【向日葵】xiàngrìkuí【葵花】kuíhuā【望日葵】wàngrìkuí【向阳花】xiàngyánghuā【朝阳花】cháoyánghuā

해박[該博][명][하형]【渊博】yuānbó ¶지식이 ~하다 | 知识渊博。¶~한 학자 | 渊博的学者。

ᴮ**해발**[海拔][명]【海拔】hǎibá ¶~ 고도 | 海拔高度。¶~ 2,774 미터의 백두산 | 海拔两千七百七十四米的长白山。

ᴬ**해방**[解放][명][하타]【解放】jiěfàng【摆脱】bǎituō【摆开】bǎikāi ¶민족 ~ | 民族解放。¶사상을 ~하다 | 解放思想。¶여성들을 가사 노동으로부터 ~시키다 | 把妇女从繁重的家务劳动中解放出来。

ᶜ**해변**[海邊][명]【海滨】hǎibīn【海边】hǎibiān ¶~ 식물 | 海边植物。¶~ 휴양소 | 海边休养所。¶~을 산책하다 | 在海边散步。

해병[海兵][명]【海军士兵】hǎijūn shìbīng【水兵】shuǐbīng ¶~대 | 海军部队。

ᶜ**해보다**[동]【试试看】shì·shi·kan【试一下】shì yíxià【干一下】gàn yíxià ¶시험해보자는 태도 | 试试看的态度。¶네가 한번 해봐라 | 你来试试看。

ᶜ**해부**[解剖][명][하타]❶(생명체를 절개하여 내부를 조사하는 것)【解剖】jiěpōu ¶시체를 ~하다 | 解剖尸体shìtǐ。¶때마침 자신의 영혼을 ~하다 | 时时解剖自己的灵魂línghún。¶생체 ~ | 活体解剖。❷(분석)【剖析】pōuxī【剖解】pōujiě ¶그의 성격을 ~해 보자 | 剖析一下他的性格。

ᴮ**해산**[解産][명][하자]【生产】shēngchǎn ¶그의 부인은 어제 저녁에 ~했다 | 他太太昨晚分娩了。¶~ 미역 | 给产妇吃的裙qún带菜。¶~ 바라지 | 护理产妇/伺候月子。

해산[解散][명][하자타]【解散】jiěsàn ¶국회를 ~하다 | 解散国会。¶그들은 내부분열로 인해 이 조직을 ~하였다 | 他们因为内讧nèihòng而解散了这个组织。

ᶜ**해산물**[海産物][명]【海产品】hǎichǎnpǐn【海物】hǎiwù【海味】hǎiwèi【海鲜】hǎixiān【海产物】hǎichǎnwù【海产】hǎichǎn ¶~이 풍부하다 | 海产品丰富。¶~상 | 海味店/海味行/海味铺pū。

ᴮ**해삼**[海参][명]〈魚貝〉【海参】hǎishēn

ᴮ**해상**[海上][명]【海上】hǎishàng

해상도[解像度;resolution][명]〈電算〉【清度】qīngxīdù【分辩率】fēnbiànlǜ

ᶜ**해서**[楷書][명]【楷书】kǎishū【真书】zhēnshū【楷体】kǎitǐ【楷写】kǎixiě

ᴬ**해석**[解釋][명][하타]【解释】jiěshì ¶법률을 ~하다 | 解释法律。¶문제의 ~ | 问题的解释。¶헌법의 ~ | 宪法xiànfǎ的解释。

ᴮ**해설**[解說][명][하타]【解说】jiěshuō【讲解】jiǎngjiě【解释】jiěshì ¶과학 이론을 쉽게 ~하다 | 把科学理论解释得容易一些。

해소[解消][명][하타]【解除】jiěchú【消除】xiāochú【缓解】huǎnjiě ¶근심을 ~하다 | 解除顾虑gùlǜ。¶교통난을

~하다 | 缓解交通困难。

해수[海水] 몡【海水】hǎishuǐ ¶이용 공업 | 海水工业gōngyè。¶~욕장 | 海水浴场yùchǎng。

해수욕[海水浴] 몡【海水浴】hǎishuǐyù 【海藻】hǎizǎo

해시계[一時計] 몡【日晷】rìguǐ

해안[海岸] 몡【海岸】hǎi'àn【海边】hǎibiān【海滨】hǎibīn ¶~에 설치한 대포 | 海岸炮pào。¶~ 포대 | 海岸炮台。¶~ 기후 | 海洋气候。

해안선[海岸線] 몡【地】【岸线】ànxiàn【海岸线】hǎi'ànxiàn【海滨线】hǎibīnxiàn

해약[解約] 몡【解約】jiě/yuē【撤回】chèhuí【解除合同】jiěchú hé‧tong ¶계약을 ~하다 | 解除合同。

해양[海洋] 몡【海洋】hǎiyáng ¶~ 개발 | 海洋开发。¶~ 관측 | 海洋观测。

해지다 동【磨破】mópò【咬破】yǎopò【穿破】chuānpò【弄破】nòngpò ¶옷이 ~ | 衣服磨破了。¶입이 다 닳아 해어질 지경이다 | 磨破了嘴。¶소매끝이 이미 다 해어졌다 | 袖口已全磨破了。

해역[海域] 몡【海域】hǎiyù ¶끝없이 넓은 ~을 보유하고 있다 | 拥yōng有辽阔liáokuò的海域。

해열[解熱] 몡【退热】tuì/rè【退烧】tuì/shāo【解热】jiě/rè ¶~ 주사 | 退烧针。

해외[海外] 몡【海外】hǎiwài【国外】guówài【境外】wàijìng ¶그는 ~에서 몇년간 일했다 | 他在海外工作了几年。¶~로 가다 | 到国外去。¶~여행 | 海外旅行/出国旅游。

해운[海運] 몡【海运】hǎiyùn【航运】hángyùn【海洋运输】hǎiyáng yùnshū

해이[解弛] 몡하자【松弛】sōngchí【松懈】sōngxiè【松劲】sōngjìn【松弛懈怠】sōngchí xièdài ¶규율이 ~하다 | 纪律松懈。¶精神状态가 ~해지다 | 精神状态松懈。

해일[海溢] 몡〈地〉【海啸】hǎixiào【海吼】hǎihǒu ¶격랑이 ~처럼 일어나다 | 激情像海啸般汹涌澎湃。

해임[解任] 몡하타【免职】miǎn/zhí【罢免】bàmiǎn ¶직무에서 ~시키다 | 从

| 罢免职务。¶삼분의 이의 다수표만 있으면 어떤 사람이라도 ~시킬 수 있다 | 只要有三分之二的多数票，就可以罢免任何人。

해장[解醒] 몡하자【解酒】jiěchéng【醒酒】jiě/jiǔ【醒酒】xǐngjiǔ ¶~국 | 醒酒汤。¶~탕 | 解醒酒。

해저[海底] 몡【海底】hǎidǐ ¶~ 수뢰 | 海底水雷léi。¶~ 채광 | 海底采矿。¶~ 자원 | 海底资源zīyuán。¶~곡 | 海底谷。

해적[海賊] 몡【海贼】hǎizéi【海盗】hǎidào【海鬼】hǎiguǐ【海寇】hǎikòu【水贼】shuǐzéi ¶~ 사건 | 海盗事件。¶~선 | 海盗船chuán。¶~ 행위 | 海盗行为。

해적판[海賊版;illegal copy] 몡〈電算〉【盗版】dàobǎn

해전[海戰] 몡하자【海战】hǎizhàn ¶~에서 실패하여, 인천항을 빼앗겼다 | 海战失利，被夺去仁川港。

해제[解除] 몡하타 ❶ (특정 상태나 제약을 취소함)【解除】jiěchú【免除】miǎnchú ¶경보를 ~하다 | 解除警报。¶무장을 ~하다 | 解除武装。❷ (어떤 법률 관계를 없앰)【取消】qǔxiāo【撤回】chèhuí【解除】jiěchú ¶계약 | 解除合同。

해지[解止] 몡하타【废除】fèichú【废止】fèizhǐ ¶계약 | 废除契约。

해직[解職] 몡【解职】jiě/zhí【解任】jiě/rèn【免职】miǎn/zhí ¶~교수 | 免职教授。¶~처분 | 免职处分。

해질녘 몡【傍晚】bàngwǎn【傍黑(儿)】bànghēi(r) 【黄昏】huánghūn【下晚儿】xiàwǎnr 【薄暮】bómù ¶~에 가랑비가 내렸다 | 黄昏时分，下起了小雨。¶이때는 이미 ~이었다 | 此时已有薄暮之际。

해체[解體] 몡하자타 ❶ (해산시키다·해산되다)【使解体】shǐ jiětǐ ¶정당을 ~하다 | 使政党解体。¶재벌을 ~하다 | 使财阀解体。❷ (분해)【拆卸】chāixiè【拆毁】chāihuǐ ¶기계를 ~하다 | 拆卸机器。¶가옥을 ~하다 | 把房子拆毁。❸ (해부하다)【解剖】jiěpōu ¶~ 실험 | 解剖实验。

해초[海草] 몡【海草】hǎicǎo

해충[害蟲] 몡〈動〉【害虫】hàichōng

해치다[害-]【動】【害】hài【有害】yǒuhài【有碍】yǒu'ài ¶사람을 ~ | 害人. ¶담배는 건강을 해친다 | 抽烟有害健康.

ᴮ해치우다【動】❶〔끝을 내다〕【完成】wán/chéng ¶기준량을 해치웠다 | 完成了定额dìng'é. ¶앞당겨 ~ | 提前tíqián完成. ❷〔죽이다〕【除掉】chú/diào ¶그 놈을 어서 해치워라 | 把那家伙除掉.

해커[hacker]【電算】【黑客】hēikè【闯入者】chuǎngrùzhě

해탈[解脱]【名】해자타】【解脱】jiětuō ¶생로병사의 괴로움으로부터 ~ 하다 | 解脱了生老病死的痛苦.

ᶜ해태【名】【獬豸】xièzhì【荐】jiàn

ᶜ해태[海苔]【名】【植】【海苔】hǎitái【乾苔】gāntái【紫菜】zǐcài【甘紫菜】gānzǐcài【绿紫菜】lǜzǐcài

해풍[海風]【名】【海风】hǎifēng ¶~이 세게 몰아치다 | 海风吹得很猛.

해프닝[happening]【名】【突发事件】tūfā shìjiàn ¶웃지 못할 ~이 벌어지다 | 发生了哭笑不得的突发事件.

해피 엔딩[happy ending]【名】【大团圆】dàtuányuán【皆大欢喜】jiē dà huān xǐ

해학[諧謔]【名】【谐谑】xiéxuè【幽默】yōumò【滑稽】huájī ¶~적인 언어 | 谐谑的语言. ¶~ 소설 | 幽默小说.

ᶜ해해【副】하자】【嘻嘻】xīxī【嬉嬉】xīxī【唏唏】xīxī ¶~거리며 웃다 | 嘻嘻地笑xiào.

ᶜ해협[海峽]【名】【地】【海峡】hǎixiá【海腰】hǎiyāo ¶~을 건너다 | 过海峡.

해후[邂逅]【名】하자】【邂逅】xièhòu ¶30년만에 ~하다 | 三十年后邂逅相遇.

ᴮ핵[核]【名】【核】hé ¶세포~ | 细胞xìbāo核. ¶~에너지 | 核力/核能. ¶~질 | 核质.

핵가족[核家族]【核心家庭】héxīn jiātíng

ᴮ핵무기[核武器]【名】【核裁军】hécáijūn【核武器】héwǔqì【核子武器】hézǐ wǔqì【原子武器】yuánzǐ wǔqì ¶~ 실험 | 核子武器试验

핵실험[核實驗]【名】하자】【核试验】héshìyàn【核试验】héshìyàn ¶고공 ~ | 高空gāokōng核试验. ¶지하 ~ | 地下dìxià核试验. ¶대기권 ~ | 大气

圈核试验.

ᴮ핵심[核心]【名】【核心】héxīn ¶~ 역량 | 核心力量lìliàng. ¶문제의 ~ | 问题wèntí的核心. ¶~ 인물 | 核心人物.

핸드[hand]【名】【手】shǒu【亨德】hēngdé ¶~ 드릴 | 手钻. ¶~브레이크 | 手闸. ¶~타월 | 洗浴巾.

ᶜ핸드백[handbag]【手提包】shǒutíbāo【提包】tíbāo【手提儿】shǒutír【手袋】shǒudài

핸드폰[hand phone]【手机】shǒujī【大哥大】dàgēdà【携带电话】xiédài diànhuà【移动电话】yídòng diànhuà

핸들[handle]【手把(儿)】shǒubǎ(r)【手柄】shǒubǐng【柄子】bǐng·zi【把】bà【方向盘】fāngxiàngpán【回而盘】huí'érpán【舵轮】duòlún ¶(자동차의) ~ | 方向盘.

핸디캡[handicap]【障碍】zhàng'ài【不利条件】búlì tiáojiàn ¶~을 깨끗이 제거하다 | 扫清障碍.

핸섬[handsome]【好看】hǎokàn【漂亮】piào·liang【英俊】yīngjùn【潇洒】xiāosǎ

핼쑥하다【形】【苍白】cāngbái ¶오래 앓고 나서 얼굴이 ~ | 病了很久, 脸色苍白.

ᴮ햄[ham]【名】【火腿】huǒtuǐ ¶~소세지 | 火腿肠. ¶~샐러드 | 火腿色拉. ¶통조림 | 罐头火腿.

ᴮ햄버거[hamburger]【名】【汉堡】hànbǎo ¶~스테이크 | 汉堡牛排.

ᴮ햅쌀【名】【新米】xīnmǐ ¶~이 벌써 나왔네 | 新米经下来了.

햇-[新]【新的】xīn·de【今年的】jīnnián·de ¶~ 품종 | 新品种pǐnzhǒng. ¶~과일 | 下来的水果. 参考 ㅣㅂㅣ시ㅣ 老늙

햇곡식[-穀食]【新谷】xīngǔ ¶이 것은 한해의 수확으로 ~이 날 때까지 먹을 수 있다는 말이다 | 这是说拿一年的收成吃到出新谷的时候.

햇병아리【名】【鸡仔】jīzǎi【小鸡(儿,子)】xiǎojī(r,·zi)

ᴮ햇볕【名】【日光儿】rìguāngr【太阳光】tàiyángguāng ¶~을 쪼이다 | 晒太阳. ¶그녀의 피부는 ~에 잘 탄다 | 她的皮肤怕见太阳光.

ᴮ**햇빛** 명【阳光】yángguāng【日光】rìgu-
āng ¶따뜻한 ~ | 温暖wēnnuǎn的阳
光。¶~이 매우 강렬하다 | 日光太
毒了。

ᴮ**햇살** 명【光线】guāngxiàn【阳光】yā-
ngguāng ¶눈부신 ~ | 耀yào眼的光
线。

햇수 [一数] 명【年数】niánshù【年所】
niánsuǒ ¶고향을 떠난 지 어느 5년이
다 | 按年数, 离开故乡已经五年了。

행¹[行] 명【行】xíng ¶비파~ |
琵琶pípá行。¶병거~ | 兵车行。

행²[行] 명【行】háng ¶~을 바꾸다 |
换行。¶두 ~ | 双shuāng行。¶팔
~시 | 八行诗句。

ᶜ**-행**³[一行] 回【开往】kāiwǎng ¶북경
~열차 | 开往北京的列车。

행각[行脚] 명하자 ❶ (승려가 수행하
기 위해 돌아다님) 【行脚】xíngjiǎo ❷
(여러 곳을 돌아다님) 【走江湖】zǒu ji-
ānghú【周游】zhōuyóu

행간[行间] 명【行间】hángjiān【行距】
hángjù ¶~이 좁다 | 行距窄。

행군[行军] 명하자《军》【行军】xíng/j-
ūn ¶야간~ | 夜行军。¶~ 거리 |
行军距离jùlí。

ᴬ**행동**[行动] 명하자【行动】xíngdòng
¶어떻게 ~할 생각이냐? | 你打算怎
么行动? ¶계획에 따라 ~하다 | 按计
划行动。¶군사 ~ | 军事行动。¶~
기준 | 行动准则。¶이 수상하다 |
行动可疑。¶~ 과학 | 行为科学。

행동거지[行动举止] 명【举动】jǔdòng
【举措】jǔcuò ¶경솔한 ~ | 轻率qī-
ngshuài的举动。

행락[行乐] 명하자【行乐】xínglè ¶~
객 | 行乐的人。

ᶜ**행랑채**[行廊-] 명【下房】xiàfáng ¶
~에 살다 | 住下房。

ᶜ**행렬**[行列] 명【行列】hángliè 【队
伍】duì·wu【矩阵】jǔzhèn ¶~의 맨
앞 | 行列的最前面。¶~의 선두에
서다 | 站在队伍的前列。¶시위 ~ |
游行队伍。¶~ 회계 | 矩阵会计。

ᶜ**행로**[行路] 명【道路】dàolù ¶인생
~에는 어려움이 많다 | 人生道路难处
很多。

행방[行方] 명【下落】xiàluò【下跌】xià-
diē【去向】qùxiàng ¶30여 년간 그녀

는 줄곧 남편의 ~을 찾고 있다 | 三十
多年来, 她一直在探寻丈夫的下落。
¶그의 ~을 찾아야 한다 | 要搞清gǎo-
qīng他的去向。

행방 불명[行方不明] 명【去向不明】qù-
xiàng bùmíng【下落不明】xiàluò bù-
míng ¶아이가 ~되다 | 孩子的去向
不明。

행보[行步] 명【步子】bù·zi【步伐】bùf-
á

ᴬ**행복**[幸福] 명하자【幸福】xìngfú ¶~
한 기억 | 幸福的回忆。¶~의 추구
| 对幸福的追求。

ᶜ**행사**¹[行使] 명하자【行使】xíngshǐ ¶
전제정치를 ~하다 | 行使专政zhuā-
nzhèng。¶거부권을 ~하다 | 行使
否决权fǒujuéquán。

ᴮ**행사**²[行事] 명【活动】huó·dòng ¶축
| 庆祝活动。¶~ 비용 | 活动
经费。¶기념 ~ | 纪念活动。¶오후
에 무슨 ~가 있습니까? | 下午有什么
活动吗?

ᶜ**행상**[行商] 명하자【行商】xíngshāng
【行贾】xínggǔ【客商】kèshāng 【叫
卖】jiàomài【走卖】zǒumài ¶그는 광
주에 가서 ~을 하려고 한다 | 他想去
广州行商。¶~을 떠나다 | 出去做买
商。

행색[行色] 명 ❶ (차림새) 【穿戴】chu-
ānzài ¶~을 보아하니 그는 농촌에
서 온 농장 간부 같다 | 看穿戴, 好
像是从农村来的农场干部。❷ (태도)
【举止行动】jǔzhǐ xíngdòng ¶그의 ~
을 보니 장사꾼 같지는 않다 | 看他的
举止行动不像个做买的。

행선지[行先地] 명【目的地】mùdìdì ¶
~를 밝히다 | 弄清目的地。

행성[行星] 명《天》【行星】xíngxīng

행세¹[行勢] 명하자【作威作福】zuò wēi
i zuò fú【作福作威】zuò fú zuò wēi ¶
~꾼 | 作威作福的人。¶~하던 집안
| 作威作福的家庭。

행세²[行世] 명 ❶ (척하다) 【以…自
居】yǐ…zìjū ¶주인 ~를 하다 | 以主
人自居。❷ (처신하다) 【处世为人】
chùshìwéirén ¶~를 잘못하다 | 处
世为人不怎么样。

행실[行實] 명【品行】pǐnxíng【表现】b-
iǎoxiàn ¶~이 바르다 | 品行端正zh-

ㅓng. ¶~이 나쁘다 | 表現差.

행여[幸-] 閉【兴许】xīngxǔ【也兴】yě-xīng【或许】huòxǔ【也许】yěxǔ ¶그는 ~ 내일 올지도 모른다 | 他明天兴许会来. ¶~ 비가 내릴 지도 모른다 | 也许要下雨吧.

행운[幸運] 閉【幸运】xìngyùn ¶~을 빌다 | 祝你好运.

행운아[幸運兒] 閉【幸运儿】xìngyùn-ér ¶군에도 가지 않았으니 박군은 ~이다 | 小朴是一个幸运儿, 连兵役bīngyì都逃过了.

행위[行爲] 閉【行为】xíngwéi ¶비열한 ~ | 卑劣bēiliè的行为. ¶의로운 ~ | 正义zhèngyì的行为. ¶불법 ~ | 非法fēifǎ的行为. ¶~ 능력 | 行为能力.

행인[行人] 閉【行人】xíngrén ¶저녁이 되자 ~의 발길이 끊어졌다 | 一到晚上就没了行人的踪迹.

행장[行裝] 閉【行装】xíngzhuāng ¶~을 갖추다 | 整理行装. ¶~을 준비하다 | 准备zhǔnbèi行李. ¶~을 꾸리다 | 打点行李.

행적[行績] 閉【行迹】xíngjī【去向】qù-xiàng

행정[行政] 閉【行政】xíngzhèng ¶~ 구역 | 行政区域. ¶~ 명령 | 行政命令. ¶~소송 | 行政起诉. ¶~ 처분 | 行政处置.

행주[行珠] 閉【抹布】mābù ¶~로 한번 닦다 | 用抹布擦一下儿. ¶~질 | 用抹布擦.

행진[行進] 閉吲자【行进】xíngjìn ¶~하는 속도가 점점 빨라지다 | 行进的速度sùdù越yuè来越快. ¶대원이 가파른 산길에서 천천히 ~하고 있다 | 队伍在陡峭的山路上缓慢地行进.

행차[行次] 閉【出行】chūxíng【起行】qǐxíng【登程】dēngchéng ¶어느 분의 ~이신가? | 哪一位出行啊?

행태[行態] 閉【行径】xíngjìng【行迹】xíngjī ¶그 놈들의 ~ | 那些家伙的行迹.

행패[行悖] 閉吲자【作恶】zuò/è ¶그는 일년 내내 ~를 부린다 | 他长cháng年作恶. ¶온갖 ~를 부리다 | 作恶多端duān.

행포[行暴] 閉吲자【胡作非为】húzuòf-

ēiwéi【丧尽天良】sàngjìntiānliáng ¶이게 무슨 ~요? | 你这是在哪儿胡作非为啊!

ᵇ행하다[行-] 吲❶(거행하다)【进行】jìnxíng【举行】jǔxíng ¶혼례를 ~ | 举行婚礼. ❷(실행하다)【办】bàn ¶그의 말대로 행하였다 | 按他的话办了.

향[香] 閉【香】xiāng ¶~을 피우다 | 烧香.

ᵇ향교[鄕校] 閉【乡校】xiāngxiào

ᵇ향긋하다[微香-] 匐【微香】wēixiāng【清香】qīngxiāng ¶향긋한 꽃 냄새 | 清香的花香.

ᵇ향기[香氣] 閉【香味】xiāngwèi【香气】xiāngqì ¶~가 있는 꽃 | 有香味的花. ¶~가 그윽하다 | 香气浓郁nóngyù.

ᵇ향기롭다[香氣-] 匐【芬芳】fēnfāng【芳香】fāngxiāng ¶향기로운 꽃송이 | 芬芳的花朵. ¶들꽃이 향기로운 냄새를 풍기다 | 蔷薇花散发着沁人心脾的芳香.

향나무[香-] 閉〈植〉【香木】xiāngmù【檀香】tánxiāng

향내[香-] 閉【香味】xiāngwèi【香气】xiāngqì ¶~가 나다 | 散发出香味. ¶비누~ | 香皂香味.

향년[享年] 閉【享年】xiǎngnián【终年】zhōngnián ¶~ 84세이시다 | 享年八十四岁suì.

향락[享樂] 閉吲자【享乐】xiǎnglè ¶~만 추구해서는 안된다 | 不能只顾gù享乐.

ᵇ향로[香爐] 閉【香炉】xiānglú【香斗】xi-āngdǒu【睡鸭】shuìyā

ᵇ향상[向上] 閉吲자【提高】tí/gāo【增加】zēngjiā ¶업무 능력이 아주 빠르세 ~되었다 | 业务能力提高得很快. ¶교원의 자질을 ~시키다 | 提高教师的素质. 참고〔减少jiǎnshǎo〕

향수¹[享受] 閉吲태【享受】xiǎngshòu ¶권리를 ~하다 | 享受权利quánlì.

향수²[香水] 閉【香水】xiāngshuǐ ¶~를 뿌리다 | 喷香水.

향수³[鄕愁] 閉【乡愁】xiāngchóu【怀乡病】huáixiāngbìng ¶갑자기 ~가 일다 | 顿生乡愁. ¶~에 젖다 | 满心乡愁.

ᶜ**향신료**[香辛料] 몡【调料】tiáoliào【调味料】tiáowèiliào【作料】(儿)zuòliào(r)

향연[饗宴] 몡【筵席】yánxí ¶～을 크게 열다 | 大摆筵席.

향유[享有] 몡하타【享有】xiǎngyǒu ¶살 권리를 ～하다 | 享有生存权. ¶남녀가 같은 권리를 ～하다 | 男女享有同样的权利.

ᶜ**향토**[鄕土] 몡【乡土】xiāngtǔ【家乡】jiāxiāng【故乡】gùxiāng【家园】jiāyuán ¶～ 문학 | 乡土文学. ¶～적 정서 | 家乡风味. ¶~예비군 | 民兵. ¶～색 | 地方特色/乡土色彩.

ᴬ**향하다**[向一] 동【面向】miànxiàng【向】xiàng【面对】miànduì【响】xiàng 해바라기는 태양을 피기 때문에 "向日葵xiàngrìkuí"라고 부른다 | 葵花kuíhuā는 是向着太阳开的, 所以叫向日葵. ¶태극기를 향해서 엄숙히 선서하다 | 面向太极旗庄严宣誓.

향후[向後] 몡【今后】jīnhòu【从今以后】cóngjīn yǐhòu ¶～ 당신과 함께 일하고 싶습니다 | 往后想和你一起做事.

허¹ 캄【呵】hē【啊】ā ¶～ 하고 웃다 | 呵呵地笑. ¶～, 이렇게 많은 사람이 왔구나 | 呵, 来了这么多的人.

허² 캄【嘿】hēi【嗨】hāi【嗬】hē ¶～, 너 정말 대단해 | 嘿, 你真行. ¶～, 정말 큰일났다 | 嗬, 真不得了!

ᴮ**허가**[許可] 몡하타【许可】xǔkě【准许】zhǔnxǔ【批准】pīzhǔn【认可】rènkě【核准】hézhǔn【允许】yǔnxǔ ¶～를 얻다 | 得到许可. ¶영업 ～를 받다 | 得到允许. ¶입국을 ～하다 | 允许入境.

허겁지겁 캄하타【惊惶失措】jīng huáng shī cuò【慌慌张张】huāng-huāng zhāngzhāng ¶그는 갑자기 ～하며 어쩔 줄을 몰라했다 | 他一下子惊惶失措了. ¶무슨 일이 생겼는지 그가 ～달려왔다 | 不知出了什么事, 他慌慌张张地跑来了.

허공[虛空] 몡【空中】kōngzhōng【高空】gāokōng ¶새가 ～에서 날다 | 鸟在空中飞.

허구¹[許久] 몡하헝【许久】xǔjiǔ【好久】hǎojiǔ【长久】chángjiǔ ¶～한 세월 | 长久的岁月.

허구²[虛構] 몡하타◆【虚构】xūgòu ¶예술의 허구. ¶예술의 허구.

허기[虛飢] 몡【饿】è ¶몹시 ～지다 | 太饿了. ¶～를 느끼다 | 感到有点儿饿. ¶일에 몰두한 나머지 ～질 줄도 모르다 | 埋头工作, 连肚子饿也不知道. 참고【他饿肚】

허다하다[許多一] 헝【许多】xǔduō ¶허다한 예 | 许多的例子. ¶허다한 물건 | 许多东西.

허덕거리다 동【(숨이 차다)气喘吁吁】qìchuǎn xūxū ②【(애쓰다)挣扎】zhēngzhá【挣揣】zhèngchuài【扎挣】zhǎ·zheng ¶불황으로 ～ | 由于不景气, 困难苦苦挣扎.

허덕이다 동❶【(고생하다)挣扎】zhēngzhá【挣揣】zhèngchuài ②【(손발을 자꾸 놀리는 모양)手脚乱动】shǒujiǎoluàndòng ¶그는 물에 빠져 허덕이다 | 他掉在水里, 手脚乱动, 勉强被救了.

ᶜ**허둥거리다** 동【慌张】huāng·zhāng【慌忙】huāngmáng ¶허둥거리며 달려오다 | 慌忙跑过去.

ᶜ**허둥지둥** 퇌하자【踉跄】liàngqiàng【慌忙】huāngmáng【急忙】jímáng ¶그는 책 몇 권을 쥔 채 ～ 문밖으로 나가 버렸다 | 他拣起几本书, 踉跄地跑出门外. ¶그는 수화기를 내려놓자마 자 바로 ～ 병원으로 갔다 | 他放下电话就转身慌忙跑到医院去了.

허드렛일 몡【杂活】(儿)záhuó(r) ¶늘 하루 종일 ～을 했다 | 今天做了一整天杂活.

ᴮ**허락**[許諾] 몡하타【许可】xǔkě【允许】yǔnxǔ【允准】yǔnzhǔn【答应】dāying ¶～을 얻다 | 得到许可. ¶방청을 ～하다 | 允许旁听. ¶그의 발언을 ～하다 | 允许他发言. ¶마지못해 ～하다 | 勉强miǎnqiǎng答应.

허름하다 헝❶【(낡다)破旧】pòjiù ¶허름한 옷 | 破旧的衣服. ¶허름한 가구 | 破旧的家具jiājù. ❷ (싸다)【便宜】pián·yi ¶허름한 가격에 팔다 | 以便宜价卖.

ᴬ**허리** 몡【腰】yāo ¶～가 쑤시고 등이 아프다 | 腰酸背痛suānbèitòng. ¶

양손을 ~에 대다 | 两手叉chā腰。¶
가냘픈 ~ | 水蛇shuǐshé腰。¶~춤
| 腰间。

^c**허리끈** 몡 ☞ 허리띠

^B**허리띠** 몡 ❶【裤带】kùdài ❷【腰带
(子)】yāodài(·zi) ¶~를 조르다 | 勒lè
紧腰带。

허리케인[hurricane] 몡〈氣〉【飓风】jùf-
ēng【大旋风】dàxuánfēng ¶~이 나
무를 넘어뜨리다 | 飓风刮倒树木。

허망[虚妄] 몡하형 ❶ (허무함)【荒
谬】huāngmiù ¶이런 관점은 너무나
~하다 | 这种观点太荒谬了。¶~한
소리 | 荒谬的话。❷ (거짓이 많음)
【虚妄】xūwàng ¶~한 이야기 | 虚妄
的故事。¶~한 일 | 虚妄的事。

허무[虚無] 몡하형 ❶【虚无】xūwú【空
虚】kōngxū ¶~한 인생 | 虚无的人
生。¶삶에 대한 ~를 느끼다 | 对生
活感到空虚。

허무맹랑[虚無孟浪] 몡하형 【荒唐无
稽】huāngtáng wújī【荒谬绝伦】hua-
ngmiù juélún【虚无缥缈】xū wú piāo
miǎo ¶사람이 달나라로 간다는 것은
과거에는 ~한 생각으로 여겨졌으나
오늘날에 이르러서는 현실로 되었다
| 人到月球上去，这曾被认为是虚无
缥缈的想法，但现在已经成为现实。

허물[缺陷] 몡 ❶【缺陷】quēxiàn【毛病】máo·bì-
ng【瑕疵】xiácī【瑕颣】xiálèi【过失】
guòshī【过误】guòwù【过错】guòcuò
¶~을 덮어 주다 | 掩饰缺陷。¶~
을 용서하다 | 容忍缺点。

허물² 몡 ❶ (살갗의)【表皮】biǎopí ¶
햇볕에 타서 ~이 벗겨졌다 | 晒了太
阳，脱皮了。❷ (매미·뱀 등의)【壳】k-
é【皮】pí ¶뱀이 ~을 벗다 | 蛇脱
皮。

^B**허물다** 동 【拆】chāi【破坏】pòhuài ¶집
을 ~ | 拆房子。¶낡은 건축물을 ~
| 破坏旧建筑物jiùjiànzhùwù。

허물어뜨리다 동 【拆】chāi【拆毁】chā-
ihuǐ【毁掉】huǐdiào ¶민가를 ~ | 拆
毁民房。¶네가 그녀의 앞날을 허물
어뜨렸다 | 你毁掉了她的前程。

^c**허물어지다** 동 【倒塌】dǎotā【倒坍】dǎ-
otān【坍塌】tāntā ¶광산의 갱도가 허
물어졌다 | 矿井坍塌了。

허물없다 형 【亲密无间】qīnmì wújiān

【随便】suíbiàn【随和】suíhé ¶그들
두 사람은 ~ | 他们俩亲密无间。¶
선생과 학생 사이에 ~ | 师生之间亲
密无间。¶사람을 허물없이 대하다
| 待人很随和。

허벅다리 몡 【大腿上部】dàtuǐ shàngbù
¶~를 내놓다 | 露出大腿上部。

허벅지[~지] 몡〈生理〉【大腿】dàtuǐ【大腿的
内侧】dàtuǐ·de nèicè

허브¹[hub] 몡 ❶〈電算〉【集线器】jíxiàn-
qì ❷【中枢】zhōngshū【中心】zhō-
ngxīn ¶~ 항구 | 中枢港口。

허브²[herb] 몡〈植〉【香草】xiāngcǎo
¶~에도 질병의 치료와 예방의 효과
가 있다 | 香草有治疗疾病和预防的
效果。

허비[虚費] 몡하타 【白費】báifèi【浪
费】làngfèi ¶귀중한 시간을 ~하다 |
白费宝贵的时间。¶한 푼이라도 ~
해서는 안된다 | 一分钱也不应该浪
费。

허사[虚事] 몡 【落空】luò/kōng【脱空】t-
uō/kōng【漏空】lòu/kōng ¶나의 꿈,
나의 희망, 이 모든 것이 ~가 되었다
| 我的梦，我的希望，这一切都落空
了。¶계획했던 일이 모두 ~가 되었
다 | 计划的事情都落空了。

허상[虚像] 몡 ❶〈物〉【虚像】xūxiàng
❷ (참모습과 다르게 만들어진 모습)
【假像】jiǎxiàng ¶그들의 번영은 ~
에 불과했다 | 他们的繁荣不过是一种
假像。

^c**허세**[虚勢] 몡 【虚势】xūshì【虚假】xūji-
ǎ【胡吹】húchuī【虚张声势】xū zhāng
shēng shì ¶그들이 이렇게 하는 것은 ~
에 불과하다 | 他们这样做不过是虚
张声势而已。¶~를 부리다 | 胡吹。

허송[虚送] 몡하타 【虚度】xūdù ¶시간을 ~
세월을 하다 | 虚度光阴guāngyīn。

^c**허수아비** 몡 ❶ (풀로 만든 인형)【草
人】cǎorén【稻草人】dàocǎorén ¶~
를 만들다 | 扎zhā好草人。¶~가 여
기저기 서 있는 보리밭 | 各处立着草
人的小麦地。❷ (무능한 사람)【傀儡】
kuǐlěi ¶~ 정권 | 傀儡政权。¶이 대
통령은 ~에 지나지 않는다 | 他这个
总统不过是一个傀儡而已。

허술하다 형 ❶ (초라하다)【破旧】pòji-
ù【褴褛】lánlǚ ¶허술한 옷차림 | 有些

破旧的衣服。❷ (부주의하다)【松懈】sōngxiè【松弛】sōngchí ¶경비가 ~ |警备很松懈。

허스키[husky]【喉咙发干的】hóulóng fāgān·de【嘶哑的】sīyǎ·de

허심 탄회[虚心坦懷]【허형】【开诚布公】kāi chéng bù gōng【坦率】tǎnshuài ¶자신의 의견을 ~하게 말했다 |坦率地说出了自己的意见。

허약[虚弱]【형허형】【虚弱】xūruò【孱弱】chánruò ¶~한 몸을 이끌고 끝까지 회의를 주재했다 |他拖着虚弱的身躯，坚持jiānchí主持了会议huìyì。

허영[虚榮]【명】【虚荣】xūróng ¶~을 좋아하다 |爱虚荣。¶~에 들뜨다 |爱慕虚荣。

허옇다[白]【형】【白】bái ¶그는 머리가 ~ |他头发花白了。¶그는 얼굴이 ~ |他脸liǎn色很白。

허욕[虚慾]【명】【贪心】tānxīn【妄想】wàngxiǎng ¶그는 ~을 가지고 있다 |他很贪心。

허용[許容]【명】【허타】【许容】xǔróng【容许】róngxǔ ¶자유 행동은 ~할 수 없다 |不能容许自由行动。¶그런 행위는 결코 ~할 수 없다 |决不能容许那种行为。

허우대【명】【傻大个】shǎdàgè

허우적거리다【잡틀】【挣扎】zhēngzhá【挣揣】zhēngchuài【乱蹬蹬】luàntǐdēng ¶아이가 물에 빠져 허우적거린다 |小孩失足落水，在水中挣扎。

허울[外表]【外面】wàibǎo【外面(儿)】wàimiàn(r)【外貌】wàimào【表面】biǎomiàn ¶~뿐인 자유 |只是表面自由。¶~은 그럴 듯 하다 |外表像回事儿。

허위[虚僞]【명】【虚伪】xūwěi【舞弊】wǔbì【作弊】zuòbì【谎】huǎng【挂名】guàmíng【窜改】cuàngǎi ¶~ 보도 |虚伪报道。

허전하다【형】❶ (어느 공간이) 【空荡荡】kōngdàngdàng ¶겨울 들녘이 ~ |冬天的原野空荡荡的。❷ (마음이) 【空虚】kōngxū【没着没落】méizhuómèiluò ¶속이 ~ |心里没着没落。

허점[虚點]【명】【空子】kòng·zi【漏洞】lòudòng ¶~ 투성이다 |漏洞百bǎi出。

¶이것은 제도상의 ~으로 방법을 강구하여 메워야 한다 |这是制度上的漏洞，要设法堵住。

허탈[虚脫]【명】【虚脱】xūtuō【空虚】kōngxū ¶~감 |空虚感。¶~상태에 빠질 가능성이 있다 |有虚脱的可能。

허탕【명】【白费劲儿】báifèijìnr【白干】báigān ¶~치다 |白干了。¶모든 노력이 ~이 되었다 |所有的努力都白费了。

허튼수작[-酬酌]【명】【胡说】húshuō【胡话】húhuà【练贫】liànpín【废话】fèihuà【闲话】xiánhuà ¶~하지 마라 |别废话。

허파【생리】【肺】fèi【肺脏】fèizàng【肺腑】fèifǔ

허풍[虚風]【명】【夸张】kuāzhāng ¶내가 이렇게 말하는 것은 지나친 ~같다 |你这样说未免太夸张了吧。

허풍떨다[虚風-]【동】【吹牛】chuī/niú【吹法螺】chuīfǎluó【吹胡芦】chuī/hú·lu【吹嘴】chuī/zuǐ【车大炮】chēdàpào ¶그는 허풍떨기만 좋아하지 진정한 능력은 결코 없다 |那个人就爱吹牛，并没什么真本事。

허하다[虚-]【형】❶ (속이 비다)【空】kōng ¶뱃속이 ~ |肚子里空。❷ (약하다)【虚弱】xūruò【孱弱】chánruò ¶그는 몸이 매우 ~ |他身体shēntǐ很虚弱。¶그는 늘 ~해진 노인들을 위로한다 |他每天安慰wèi那些孱弱的老人。

허허【감】❶ (웃음소리)【嘿嘿】hēhē ❷ (놀람 등의 탄식 소리)【唉】āi ¶~, 그렇게 말하지 마시오 |唉, 你别那样说了! ¶~! 참으로 가엾구나! |唉! 真可怜!

허황[虚荒]【명】【허형】❶ (황당하다)【荒唐】huāngtáng ❷ (허구적이다)【虚幻】xūhuàn ¶~한 꿈 |虚幻的梦。

헌[舊]【관】【旧】jiù【老】lǎo ¶~-책 |旧书。

헌금[獻金]【명】【허자타】【捐献】juānxiàn【捐输】juānshū ¶국민으로부터 ~을 모으다 |向国民募捐。

헌납[獻納]【명】【허타】【献纳】xiànnà ¶모든 재산을 사회에 ~하다 |把所有的财产献给国家。

헌법[憲法]【명】〈法〉【宪法】xiànfǎ ¶~

을 어기다 | 触犯宪法。¶~ 위원회
| 宪法委员会。¶~ 재판소 | 宪法裁
判所。¶~을 제정하다 | 制定宪法。

헌병[憲兵] 몡**【宪兵】**xiànbīng 【三道
头】sāndàotóu

헌신[獻身] 몡하짜 **【献身】**xiàn/shēn
【忘我】wàng/wǒ **【牺牲】**xīshēng ¶혁
명을 위하여 ~하다 | 献身革命gémìng。
¶사회에 ~하다 | 献身社会shè-
huì。

헌신짝[破鞋] **【破鞋】**pòxié **【破鞋烂袜】**pò-
xiélànwà ¶~같이 | 像破鞋。

헌장[憲章] 몡**【宪章】**xiànzhāng ¶유
엔 ~ | 联合国liánhéguó宪章。

헌혈[獻血] 몡하짜 **【献血】**xiànxuè 【捐
血】juānxuè ¶~운동 | 献血运动。¶
병원에서 ~했다 | 在医院献了血。

헌화[獻花] 몡하짜 **【献花】**xiànhuā ¶고인
의 영전에 ~하다 | 在故人灵前献
花。

헐값[歇一] 몡**【廉价】**liánjià **【低价】**dīji-
à ¶~으로 부동산을 경매에 부치다
| 以廉价拍卖pāimài房产。

ᴮ**헐거워지다** 톙**【松】**sōng **【大】**dà ¶나사가
좀 헐거워지니 좀 조여라 | 螺丝luósī有
点儿松, 弄紧一点儿。

ᴮ**헐다** 통 ❶ (낡아지다) **【陈旧】**chénjiù
【破烂】pòlàn ¶헐어서 누더기가 되다
| 成了一堆破烂。❷ (상처) **【溃疡】**k-
uìyáng ¶입 안이 ~ | 嘴里溃疡了。
❸ (허물다) **【拆】**chāi ¶집을 ~ | 拆
房子。

헐떡거리다 통**【气喘】**qìchuǎn **【喘气
(儿)】**chuǎnqì(r) **【气喘吁吁】**qìchuǎn
xū·xu ¶헐떡거리며 산을 넘었다 | 气
喘吁吁地爬上了山。¶헐떡거리며 달
려왔다 | 气喘吁吁地跑来了。

ᴮ**헐뜯다** 통**【中伤】**zhòngshāng **【诽谤】**fě-
ibàng **【毁谤】**huǐbàng ¶뒤에서 남을
~ | 在后面中伤他人。¶동료를 헐뜯
는 것은 비도덕적이다 | 诽谤同事是
不道德的。

헐렁거리다 통 ❶ (헐거워서 흔들거리
다) **【松】**sōng **【大】**dà **【旷里旷当】**kuà-
nglǐkuāngdāng ¶바지가 커서 ~ | 裤
子大, 旷里旷当。❷ (행동을 조심하
지않다) **【轻浮】**qīngfú **【轻佻】**qīngtiā-
o **【轻脱】**qīngtuō **【轻俏】**qīngqiào ¶
침착하지 못하고 ~ | 不沉着, 老轻

浮。

헐렁하다 톙**【松】**sōng **【大】**dà **【肥】**féi
¶옷이 ~ | 衣服肥肥的。

헐레벌떡 튀하짜타 **【气喘吁吁】**qìchuǎ-
nxū·xu **【哼哧】**hēngchī ¶~ 달려오
다 | 气喘吁吁地跑来。

헐리다 톙**【被拆】**bèichāi ¶집이 ~ |
房子被拆。

헐벗다 톙 ❶ (사람이 누더기를 입다)
【穿不暖】chuān·bunuǎn ¶우리나라
에는 헐벗은 사람은 한 명도 없다 | 我
国没有一个穿不暖的人。❷ (나무가
없다) **【光秃秃】**guāngtūtū ¶헐벗은
산에 나무를 심자 | 在光秃秃的山上
植树。 참고 [穿得暖]

험난[險難] 몡하짜 ❶ (위험하고 어려
움) **【险阻】**xiǎnzǔ **【险涩】**xiǎnsè **【险
峻】**xiǎnjùn ¶울퉁불퉁하고 ~한 산길
| 崎岖qíqū险阻的山路。❷ (고생스
러움) **【艰险】**jiānxiǎn ¶전도가 ~하
다 | 前途艰险。¶~한 인생살이 | 险
险的人生。

험담[險談] 몡하짜 **【诽谤的话】**fěibà-
ng·de huà ¶~을 늘어놓다 | 乱说了
一通别人的坏话。

험상궂다[險狀一] 톙**【凶恶】**xiōng·è ¶
형세가 ~ | 势头shìtóu凶恶。¶얼굴
생김새가 ~ | 面孔miànkǒng凶恶。

험악[險惡] 몡하형 ❶ (길·날씨 등이)
【险峻】xiǎnjùn **【陡峻】**dǒujùn **【陡峭】**
dǒuqiào ¶산세가 ~하다 | 山势shā-
nshì险峻。❷ (형세가) **【险恶】**xiǎn·è
【险厄】xiǎn·è ¶사태가 ~해졌다 | 事
态险恶。❸ (생김새가) **【凶恶】**xiōng·è
【难看】nánkàn ¶얼굴 생김새가 ~
하다 | 面孔miànkǒng凶恶。

험준[險峻] 몡하형 **【险峻】**xiǎnjùn **【陡
峻】**dǒujùn **【陡峭】**dǒuqiào ¶~한 절
벽 | 险峻的绝壁。

ᴮ**험하다**[險一] 톙 ❶ (험준하다) **【险峻】**
xiǎnjùn **【陡峻】**dǒujùn **【陡峭】**dǒuqiào
¶지세가 ~ | 地势险峻。❷ (험악하
다) **【凶恶】**xiōng·è **【凶险】**xiōngxiǎn
¶인상이 ~ | 长相凶恶。❸ (거칠
다) **【艰巨】**jiānjù ¶험한 일 | 艰巨的
工作。

헛一 튀**【空】**kōng **【无用】**wúyòng **【白】**
bái ¶1년을 ~되이 지냈다 | 空过了
一年。¶~되이 부르다 | 叫空了。¶

~고생 | 白费劲儿。

°**헛간**[－間] 명 **【库房】**kùfáng **【杂物房】**záwùfáng ¶세 농기구를 꺼내오다 | 从库房里拿出农具来。

헛기침[ㅣ하자] 명 **【干咳】**gānké **【干咳嗽】**gānkésòu ¶일부러 ~하다 | 故意干咳。

헛되다 형 **【徒劳】**túláo **【虚劳】**xūláo **【无益】**wúyì **【白费】**báifèi **【白干】**báigàn ¶이렇게 하는 것은 자신에게나 남에게나 모두 헛된 것이다 | 这样做对己对人都无益。¶헛되이 애를 쓰다 | 白费心机。

헛디디다 동 **【失足】**shī/zú **【失脚】**shī/jiǎo ¶발을 헛디뎌 물에 빠지다 | 失足落水。

헛발 명 ❶(잘못 디딘 발)**【失足】**shī/zú **【失脚】**shī/jiǎo **【踢空】**tīkōng ¶~질 | 踢不中/踢空。¶~을 짚어 넘어지다 | 失脚跌倒diēdǎo。❷(위족)**【伪足】**wěizú

헛배 명 **【胀肚】**zhàng/dù ¶~가 부르다 | 肚子很胀。

헛보다 동 **【看错】**kàncuò ¶어두운 밤이라 나무를 사람으로 헛보았다 | 因为是黑夜,把树错看成了人。

°**헛소리** 명 하자 ❶(혼미 중에 하는 소리)**【胡话】**húhuà ¶그는 열이 올라 줄곧 ~를 한다 | 他发烧烧得直说胡话。❷(허튼 말)**【空话】**kōnghuà **【空谈】**kōngtán ¶온통 ~만 잔뜩 늘어놓다 | 空话连篇。

°**헛소문**[－所聞] 명 **【谣言】**yáoyán **【风谣】**fēngyáo ¶~을 퍼뜨리다 | 造谣言/制造 zhìzào谣言/散布 sǎnbù谣言。

°**헛수고** 명 하자 **【白费劲】**báifèijìn ¶괜한 ~하지 마라 | 别无谓地白费劲。

°**헛일**[ㅣ하자](쓸모없는 일) 명 ❶(무용한 일)**【无用的事】**wúyòng·de shì ❷(허탕)**【白干的事】**báigàn·deshì **【白做的事】**báizuò·de shì

헝가리[Hungary] 명 **〈**地**〉 【匈牙利】**Xiōngyálì[유럽 중부의 공화국. 수도는 "布达佩斯"(부다페스트;Budapest)]

^**헝겊** 명 **【布】**bù **【碎布】**suìbù ¶그녀는 ~으로 인형을 만들었다 | 她用碎布缝 féng了一个布娃娃。

헝클다 동 **【弄乱】**nòngluàn **【搅乱】**jiǎo-

luàn **【搅混】**jiǎohùn **【打搅】**dǎjiǎo ¶실을 헝클었다 | 把线弄乱了。¶그가 일을 몽땅 헝클어 놓았다 | 他把事情都搅乱了。

B**헝클어지다** 동 **【弄乱】**nòngluàn **【搞乱】**gǎoluàn **【蓬乱】**péngluàn **【杂乱】**záluàn **【纷乱】**fēnluàn **【乱麻】**luànmá **【纠结】**jiūjié ¶일이 헝클어졌다 | 事情搞乱了。¶머리가 헝클어졌다 | 头发蓬乱。

헤 뤔 **【嗨嗨】**hēihēi **【傻笑】**shǎxiào **【傻乐】**shǎlè

헤드[head] 명 ❶(머리)**【头】**tóu ❷(제일 앞·앞)**【首领】**shǒulǐng **【头目】**tóu·mù **【头脑】**tóunǎo **【头子】**tóu·zi **【头领】**tóulǐng **【头儿】**tóu·tour

°**헤드라이트**[headlight] 명 **【前灯】**qiándēng **【大灯】**dàdēng ¶~를 켜다 | 打开前灯。

°**헤드폰**[headphone] 명 **【耳机】**ěrjī **【头戴式受话器】**tóudàishì shòuhuàqì ¶~잭 | 耳机插座。

헤딩[heading] 명 하타 **〈**體**〉 【头球】**tóuqiú **【顶球】**dǐngqiú ¶그는 ~으로 한 골(goal)을 성공시켰다 | 他用头球攻入一个球。

헤르쯔[hertz;Hz] 명 **〈**物**〉 【赫兹】**hèzī **【赫】**hè

B**헤매다** 동 ❶(돌아다니다)**【徘徊】**pái-huái **【俳回】**páihuí **【低徊】**dīhuái ¶그는 이곳에서 한참을 헤맸다 | 他在这里徘徊了很久。¶길을 잃고 ~ | 迷了路,徘徊不定。❷(어찌할 바를 모르다)**【犹豫不定】**yóu yù bù dìng ❸(고통스럽다)**【挣扎】**zhēngzhá **【扎挣】**zhá·zheng

°**헤벌어지다** 형 **【张开】**zhāng/kāi ¶신발 밑창이 헤벌어졌다 | 鞋底张开。

B**헤아리다** 동 ❶(수량을 세다)**【数】**shù **【点】**diǎn ¶수를 ~ | 数数。¶하늘에는 별들이 헤아릴 수 없이 많다 | 天上有数不清的星星。❷(짐작으로 가늠하다)**【弄清】**nòngqīng **【弄清楚】**nòngqīng·chu **【分辨】**fēnbiàn **【猜测】**cāicè ¶옳고 그름을 ~ | 弄清是非。¶그의 말뜻을 헤아려보다 | 猜测他说话的意思。

B**헤어**[hair] 명 **【头发】**tóu·fa **【发】**fà ¶

~로션 | 润发液 ¶~살롱 | 美发店.

ᶜ**헤어나다** 图 【脱出】tuōchū【解脱】jiětuō【开脱】kāituō ¶곤경에서~ | 摆脱困境. ¶헤어날 수 없는 곤경 | 无法解脱的困境.

ᴬ**헤어지다** 图 ❶ (흩어지다)【散】sàn【散开】sànkāi ¶회의에 참석한 사람들이 모두 헤어졌다 | 来开会的人都散了. ¶뿔뿔이 ~ | 各自散去. ❷ (이별하다)【分离】fēnlí ¶그와 헤어진 지 벌써 삼년이 되었다 | 同他分离已经三年了. ❸ (갈라지다)【裂】liè ¶손이 얼어서 헤어졌다 | 手冻dòng裂了.

ᴬ**헤엄** 图하자 【游泳】yóu/yǒng ¶강에서 ~치다 | 在河里游泳. ¶~칠 줄을 모른다 | 不会游泳.

헤이그[Hague] 图〈地〉【海牙】Hǎiyá ¶~ 만국 평화 회의 | 海牙和平会议. ¶~ 규칙 | 海牙规则.

헤적거리다 图【扒拉】bā·la【扒搂】bā·lou【爬拉】pálā【拱】gǒng ¶서류를 ~ | 把文件扒拉来扒拉去.

헤집다 图【扒拉】bā·la【跑】pǎo ¶밥지는 않고 밥을 헤집기만 한다 | 不吃饭, 老扒拉着玩.

ᴮ**헤치다** 图 ❶ (파헤치다)【扒开】pákāi ¶무덤을 ~ | 扒开坟墓. ❷ (풀다)【解开】jiě·kāi ¶보따리를 ~ | 解开包袱. ❸ (극복하다)【克服】kèfú ¶우리는 여러 가지 어려움을 헤쳐 나가야만 한다 | 我们得克服各种困难.

헤프다 图 ❶ (물건이)【费】fèi ¶그는 구두를 너무 헤프게 신는다 | 他穿皮鞋太费. ❷ (몸가짐이)【不紧】bùjǐn【多】duō ¶그는 평소에 말이 ~ | 他平时话多. ❸ (씀씀이가)【大手大脚】dàshǒudàjiǎo【不值钱】bùzhíqián ¶돈 씀씀이가 유달리 ~ | 花钱格外大手大脚.

핵타르[hectare] 의图【公顷】gōngqǐng【合搭尔】hédā'ěr

ᶜ**헬기**[－機] 图【直升机】zhíshēngjī【直升飞机】zhíshēng fēijī ¶모형~ | 直升飞机模型.

헬레나[Helena] 图〈地〉【赫勒纳】Hèlènà [미국 "蒙大拿Měngdànà"(몬타나;Montana) 주의 주도(州都)]

헬멧[helmet] 图【头盔】tóukuī【铜盔】tóngkuī【安全帽】ānquánmào ¶~을 쓰다 | 戴头盔.

헬싱키[Helsinki] 图〈地〉【赫尔辛基】Hè'ěrxīnjī ["芬Fēn兰"(핀란드;Finland)의 수도]

헷갈리다 图【错乱】cuòluàn ¶정신이 ~ | 精神错乱. ¶뒤죽박죽 ~ | 颠倒diāndǎo错乱.

ᴮ**헹구다** 图【漂】piǎo ¶물로 좀 헹구시오 | 用水漂一漂.

ᴬ**혀** 图【舌】shé【簧】huáng【舌头】shétou ¶~가 잘 돌아가지 않다 | 舌头不听使唤. ¶~를 굴리다 | 饶舌. ¶~를 차다 | 咂舌.

혀끝 图〈生理〉【舌尖】shéjiān ¶~이 짧아 말이 새다 | 舌短的人说话.

혁대[革帶] 图【皮带】pídài【腰带】yāodài ¶가죽~ | 皮腰带.

혁명[革命] 图하자타【革命】gémìng ¶~적인 독창정신 | 革命首创精神. ¶기술~ | 技术jìshù革命. ¶산업~ | 产业chǎnyè革命.

ᶜ**혁신**[革新] 图하타【革新】géxīn【刷新】shuā/xīn【创新】chuàng/xīn ¶기술~ | 技术jìshù革新. ¶~ 세력 | 革新势力. ¶~적 성과를 이룩하다 | 取得革新成就.

혁혁[赫赫] 阜형형【赫赫】hèhè【辉煌】huīhuáng ¶전공이 ~하다 | 战功zhàngōng赫赫. ¶눈부신 성과를 얻었다 | 取得了辉煌的成就.

ᴬ**현**－[現－] 阋【现】xiàn【目前】mùqián【眼前】yǎnqián ¶~단계 | 现阶段jiēduàn. ¶~정세 | 目前情况.

현격[懸隔] 图형형 ❶ (차이가 뚜렷하다)【悬殊】xuánshū ¶그들 둘은 나이 차이가 ~하다 | 他们俩年龄niánlíng悬殊太大. ¶기후 차이가 ~하다 | 气候悬殊. ❷ (거리가 멀다)【悬隔】xuángé【离得远】lí·de yuǎn

ᶜ**현관**[玄關] 图【门洞】méndòng【前门(儿)】qiánmén(r)【正门】zhèngmén【门廊】ménláng

ᴮ**현금**[現金] 图【现金】xiànjīn【现洋】xiànyáng【现款】xiànkuǎn【头寸】tóucùn【现钱】xiànqián【见钱】xiànqián ¶~을 손에 넣다 | 抓zhuā现金.

현금지급기[現金支給機] 图【自动取

현기증[眩氣症] 〈명〉【眩晕】xuànyūn【头晕】tóuyūn

현대[現代] 〈명〉【现代】xiàndài ¶～ 작가 | 现代作家。¶～ 경제학 | 现代经济学。¶～ 국가 | 现代国家。¶～ 문학 | 现代文学。 참고〔当代〕〔近代〕

현대화[現代化] 〈명〉하자타【现代化】xiàndàihuà ¶국방의 ～ | 国防现代化。¶～된 설비 | 现代化设备。¶～된 공업과 농업 | 现代化的工业和农业。

현란[絢爛] 〈명〉하형【绚烂】xuànlàn【灿烂】cànlàn ¶～하고 다채롭다 | 绚烂多彩duōcǎi。¶～한 옷차림 | 绚烂夺目的装束。

현명[賢明] 〈명〉하형【明智】míngzhì【英明】yīngmíng【贤明】xiánmíng ¶～한 태도를 나타내다 | 表现出明智的态度。¶～하고 결단성 있다 | 英明果断guǒduàn。¶～한 교장 | 贤明的校长xiàozhǎng。

현물[現物] 〈명〉【实物】shíwù【现货】xiànhuò ¶～로 징수하다 | 实物征收zhēngshōu。

현미[玄米] 〈명〉【糙米】cāomǐ【粗米】cūmǐ

현미경[顯微鏡] 〈명〉【显微镜】xiǎnwēijìng ¶～으로 관찰하다 | 用显微镜观察。

현상[現狀] 〈명〉【现状】xiànzhuàng【现形】xiànxíng ¶～유지 | 维持现状。¶～타파 | 打破现状。

현상[現象] 〈명〉〈哲〉【现象】xiànxiàng【情况】qíngkuàng【情形】qíngxíng ¶이런 ～은 지금에서야 비로소 생긴 것은 아니다 | 这种现象不是现在才有的。¶지진은 일종의 자연 ～이다 | 地震是一种自然现象。

현상[現像] 〈명〉하타【显象】xiànxiàng【现影】xiànyǐng【显影】xiàn/yǐng ¶～지/인화지 | 显影纸zhǐ。¶～용 접시 | 显影盘pán。¶～기 | 洗片机。¶～액 | 显影液。

현상[懸賞] 〈명〉하타【悬赏】xuán/shǎng【悬红】xuán/gōng【悬金】xuán/jīn【有奖】yǒujiǎng ¶～금 | 悬赏金。¶～ 모집 | 有奖征集。

현세[現世] 〈명〉〈佛〉【现世】xiànshì【现生】xiānshēng ¶～ 인류 | 现世人类。

현수막[懸垂幕] 〈명〉【帷幕】wéimù【帷幔】wéimàn

현실[現實] 〈명〉【现实】xiànshí【实际】shíjì ¶～의 조건은 그에게 유리하다 | 现实的条件tiáojiàn有利于他。¶～에 직면하다 | 面对现实。¶사람들이 너무 ～적이어서는 안된다 | 为人不可太现实。¶그들의 계획이 가장 ～적이다 | 他们的计划是最实际的。

현악[絃樂] 〈명〉〈音〉【弦乐】xiányuè ¶～ 사중주 | 弦乐四重奏。

현악기[絃樂器] 〈명〉〈音〉【弦乐器】xiányuèqì ¶그는 ～에 능하다 | 他擅长shàncháng弦乐器。

현안[懸案] 〈명〉【未决事件】wèijué ànjiàn【积案】jī'àn ¶～을 내놓다 | 提出了悬案。¶여러 가지 ～을 처리했다 | 处理了一批积案。¶～이 산처럼 쌓이다 | 积案如山。

현역[現役] 〈명〉〈軍〉【现役】xiànyì ¶～ 군인 | 现役军人jūnrén。¶～에 복무하다 | 服役现役。

현자[賢者] 〈명〉【贤人】xiánrén【贤彦】xiányàn

현장[現場] 〈명〉【现场】xiànchǎng【工地】gōngdì【工点】gōngdiǎn【当地】dāngdì ¶사건 ～ | 作案zuò'àn现场。¶～을 보존하여 조사하는 데 편리하게 하다 | 保护bǎohù现场，以便进行调查diàochá。¶작업 ～ | 工作现场。¶건축 ～ | 建筑zhù工地。

현재[現在] 〈명〉【现在】xiànzài【现时】xiànshí ¶～의 상황 | 现在的情况。¶～ 노동 인민은 국가의 주인이다 | 现在劳动人民是国家的主人。참고〔过去〕〔将来〕

현저[顯著] 〈명〉하형【显著】xiǎnzhù ¶성적이 ～하게 뛰어나다 | 成绩chéngji显著。¶～한 성과를 얻다 | 取得qǔdé显著的成果chéngguǒ。

현존[現存] 〈명〉하자타 ❶〔현재에 있음〕【现存】xiàncún【现有】xiànyǒu【目前】mùqián【眼前】yǎnqián ¶～하는 원고 | 现存的手搞shǒugǎo。¶～ 세력 | 现有势力shìlì。❷〔살아 있음〕【活着】huó·zhe【在世】zàishì ¶만약

그의 어머니가 아직 ～해 계신다면, 이렇게 훌륭한 광경을 보고 틀림없이 매우 기뻐하셨을텐데!｜他妈妈要是还在世, 看到这样的好光景, 该有多高兴啊!

현주소[現住所] 圀【现在住址】xiànzài zhùzhǐ ¶～가 어디입니까?｜现住址是哪儿?

ᵉ**현지**[現地] 圀【现场】xiànchǎng【当地】dāngdì【实地】shídì【本地】běndì【就地】jiùdì ¶～답사｜现场调查.｜～ 말씨｜本地口音.｜～ 조사하다｜实地考察kǎochá.｜～에서 시험하다｜实地试验.

현직[現職] 圀【现职】xiànzhí ¶～경찰｜现职警察.｜～교사｜现职教师.

현찰[現札] 圀【现金】xiànjīn【现款】xiànkuǎn【现洋】xiànyáng ¶～을 손에 넣다｜抓zhuā现金.

ᵉ**현판**[懸板] 圀【匾额】biǎn'é【扁额】biǎn'é【榜额】bǎng'é【牌幅】tiáofú【牌扁】páibiǎn ¶금글씨로 된 ～이 높이 걸려있다｜上面高挂着金字牌扁.

현학[玄學] 圀〈哲〉【玄学】xuánxué ¶그는 위진 ～를 배웠다｜他学了魏晋玄学.

현행[現行] 圀하자타【现行】xiànxíng【通行】tōngxíng ¶～법규｜现行法规.｜～법｜现行法.

현행범[現行犯] 圀〈法〉【现行犯】xiànxíngfàn ¶몇 명의 ～을 재판하다｜审判shěnpàn了几个现行犯.

현혹[眩惑] 圀하자타【眩惑】xuànhuò【迷惑】mí·huo ¶달콤한 말로 우리를 ～시킬 수 없다｜花言巧语迷惑不了我们.

ᵉ**현황**[現況] 圀【现状】xiànzhuàng【现形】xiànxíng ¶～을 보고하다｜报告现状.

ᴮ**혈관**[血管] 圀〈生理〉【血管】xuèguǎn ¶～염｜脉管炎.｜～이 파열하다｜血管破裂.

혈기[血氣] 圀【血气】xuèqì ¶～왕성한 학생들｜血气旺盛的学生들.｜～성한 청년｜血气方刚的青年.

혈당[血糖] 圀〈生理〉【血糖】xuètáng ¶～치｜血糖值.

혈색[血色] 圀【血色】xuèsè【脸色】liǎnsè【气色】qìsè ¶그녀는 여러 날 동안 아파서 ～이 아주 나쁘다｜她病了好几天, 脸色很难看.｜그는 요즈음 ～이 좋다｜他最近zuìjìn气色不错cuò.

혈서[血書] 圀【血书】xuèshū ¶그는 ～를 썼다｜他写了一份血书.

혈안[血眼] 圀【拼命】pīn/mìng【疯狂】fēngkuáng【急眼】jíyǎn ¶～이 되어 노동하고 있다｜拼命地劳动着.｜～이 되어 일을 하다｜拼命干活儿.

혈압[血壓] 圀〈生理〉【血压】xuèyā ¶～을 재다｜量liáng血压.｜～이 높아졌다｜血压升高shēnggāo了.｜～계｜血压计.

혈액[血液] 圀〈生理〉【血液】xuèyè ¶～응고｜血液凝结.｜～ 검사｜血液检查.｜～ 순환｜血液循环.

ᴮ**혈액형**[血液型] 圀【血型】xuèxíng ¶～ 감정｜血型鉴定jiàndìng.

혈연[血緣] 圀【血缘】xuèyuán【血肉】xuèròu ¶그들 둘은 ～관계에 있다｜他俩有血缘关系guān·xi.｜～ 사회｜血缘社会shèhuì.｜～ 단체｜血缘集团.

혈육[血肉] 圀【血肉】xuèròu【骨肉】gǔròu ¶내게는 단 하나밖에 없는 ～이다｜我就这么一个亲骨肉啊!

혈전[血戰] 圀하자【血战】xuèzhàn ¶～이 벌어지고 있다｜开展一场血战.

혈통[血統] 圀【血统】xuètǒng ¶～주의｜血统主义.¶그는 한국～을 가진 중국인이다｜他是韩国血统的中国人.

혈투[血鬪] 圀하자【搏斗】bódòu ¶파도와 ～하다｜与波涛bōtāo搏斗.｜～를 빌이다｜搏斗. 참고 [格斗][肉搏]

혈흔[血痕] 圀【血痕】xuèhén ¶그의 바지에 ～이 묻었다｜他的裤子上沾上了血痕.

혐오[嫌惡] 圀하타【嫌恶】xiānwù【憎恶】zēngwù ¶그런 인간은 ～한다｜嫌恶他那种人.¶나쁜 사람을 ～하다｜憎恶坏人. 참고 [嫌恨][嫌厌]

혐의[嫌疑] 圀하자타【嫌疑】xiányí【可疑】kěyí ¶간첩 ～가 있다｜有间谍jiāndié嫌疑。¶그의 언행에는 분명한 ~가 있다 | 他的言行很有可疑的地方。

협객[俠客] 몡【俠客】xiákè【俠士】xiáshì ¶나무숲 속에서 몇몇이 출현했다 | 树林shùlín里出来了几个侠客。

협곡[峽谷] 몡〈地〉【峽谷】xiágǔ【峽中】xiázhōng ¶~에 물이 흐르다 | 峡谷中有一股gǔ水流。

협공[夾攻] 몡하타【夾攻】jiāgōng【夾击】jiājī ¶양면 ~을 받다 | 受到两面夹攻。¶좌우로 ~하다 | 左右夹攻。

협동[協同] 몡하자【協同】xiétóng【協力】xiélì【合營】héyíng【協作】xiézuò【合作】hézuò ¶~작전 | 协力作战/配合作战。¶한 마음으로 ~하다 | 同心协力/协力同心。¶기술 ~ | 技术jìshù合作。¶경제 ~ | 经济jīngjì合作。¶~ 정신 | 协作精神。

협동 조합[協同組合] 몡〈經〉【合作社】hézuòshè【合作组织】hézuò zǔzhī【協同組合】xiétóng zǔhé ¶농업 ~ | 农业生产合作社。¶수산 ~ | 渔业生产合作社。¶소비 ~ | 消费合作社。¶신용 ~ | 信用合作社。

ᵇ협력[協力] 몡하자【協力】xiélì【合作】hézuò【協作】xiézuò【互助】hùzhù ¶대중과 잘 ~하다 | 跟群众合作得很好。¶경제 ~ | 经济合作。¶그들은 여러 번 ~했다 | 他们之间进行了多次协作。¶~ 회사 | 互助公司。

ᵇ협박[脅迫] 몡하타【脅迫】xiépò【劫持】jiéchí ¶~죄 | 胁迫罪。 참고 [要挟]〔挟持〕

ᵇ협상[協商] 몡하타【協商】xiéshāng【商量】shāng·liáng【磋商】cuōshāng【商議】shāngyì ¶~을 통해서 해결하다 | 通过协商解决。¶~할 여지가 없다 | 没有商量的余地。¶각 관계 부처와 ~을 하다 | 与各有关部门进行磋商。¶~ 가격 | 议价。

협소[狹小] 몡하형【狹隘】xiáài ¶산길이 ~하여 차가 지나가기가 어렵다 | 山道狭隘, 车很不好过。¶~한 산길 | 狭隘的山道。

협약[協約] 몡하타【協定】xiédìng【商定】shāngdìng【協約】xiéyuē【協議】xi-éyì ¶과학기술협력 ~ | 科学技术合作协定。¶정전 ~ | 停战tíngzhàn协定。¶~을 개정하다 | 修改协约。¶~을 위반하다 | 违背协约。

ᵃ협의[協議] 몡하타【協商】xiéshāng【協議】xiéyì【商量】shāng·liáng【商定】shāngdìng【約定】yuēdìng【磋商】cuōshāng ¶~ 이혼 | 协商离婚。¶그와 한 가지 일을 ~하다 | 跟他商量一件事情。¶~를 한 후, 쌍방은 각자 합리적인 양보를 하기로 동의하였다 | 经过磋商之后, 双方同意各自作出合理的让步。¶구체적 ~를 하다 | 进行具体的磋商。

ᵇ협의[狹義] 몡【狹義】xiáyì ¶~와 광의 | 狭义和广义。

협잡[挾雜] 몡하타【欺騙】qīpiàn【騙人】piàn rén【欺詐】qīzhà ¶~꾼 | 骗子/骗手。 참고 [欺瞞]〔欺蒙méng〕〔欺罔wǎng〕

ᵃ협정[協定] 몡하타【協定】xiédìng【協約】tiáoyuē【合同】hé·tong【合約】héyuē【協約】xiéyuē【協議】xiéyì ¶무역 ~ | 贸易màoyì协定。¶정전 ~ | 停战tíngzhàn协定。¶~을 맺다 | 订dìng合同/立hé约。

ᵇ협조[協助] 몡하타【協助】xiézhù【幫助】bāngzhù【援助】yuánzhù【助力】zhù/lì【協作】xiézuò ¶당신들께 ~해 드릴 수가 없습니다 | 帮助不了你们。¶여러분의 대대적인 ~에 매우 감사를 드립니다 | 我们非常感谢你们的大力协助。¶환자들에게 ~를 구하다 | 要求病人协作。

ᵇ협조[協調] 몡하자타【協調】xié tiáo ¶~관계 | 协调关系。

협주곡[協奏曲] 몡〈音〉【協奏曲】xiézòuqǔ ¶바이올린 ~ | 小提琴xiǎotíqín协奏曲。¶피아노 ~ | 钢琴gāngqín协奏曲。

협찬[協贊] 몡하타【贊助】zànzhù ¶이 도로를 건설하는 데에 각 부서의 적극적인 ~이 필요하다 | 修筑这条公路, 需要各单位积极赞助。

ᵇ협회[協會] 몡【協会】xiéhuì ¶~의 규정 | 协会条款tiáokuǎn。¶작가 ~ | 作家协会。

헛바늘 몡【舌乳頭炎】shérǔtóuyán【楊梅舌】yángméishé ¶~이 돋다 | 长

양매설.

^혓바닥[혈] 【명】【舌面】shémiàn

^형¹[兄]【명】【兄】xiōng 【哥哥】gē·ge ¶사촌~ | 堂兄。¶먼 친척 ~ | 远房哥哥。

^형²[形]【명】【形(儿)】xíng(r)【形状】xíngzhuàng【形式】xíngshì【形态】xíngtài ¶사각~ | 方形。¶삼각~ | 三角形。

^B형광[螢光]【명】【萤光】yíngguāng【荧光】yíngguāng ¶~등 | 萤光灯/日光灯。¶~판 | 荧光屏。¶~도료 | 萤光涂料。

형국[形局]【명】【形势】xíngshì ¶~의 변화 | 形势的变化biànhuà。

형기[刑期]【명】〈法〉【刑期】xíngqī ¶~가 단축되었다 | 刑期缩短suōduǎn了。

^B형님[兄-]【명】【兄】xiōng【老兄】lǎoxiōng【哥哥】gē·ge【大哥】dàgē

^형무소[刑務所]【명】【监狱】jiānyù【监牢】jiānláo ¶~는 범인을 개조하는 학교이다 | 监狱是改造犯人的学校。

형벌[刑罰]【명】【하타】〈法〉【刑罚】xíngfá ¶~에 처하다 | 处以chǔyǐ刑罚。

^B형부[兄夫]【명】【姐夫】jiě·fu

^B형사[刑事]【명】❶〈法〉【刑事】xíngshì ¶~책임을 지다 | 负刑事责任。¶~법정 | 刑事法庭。❷(경찰)【刑警】xíngjǐng

형상[形象]【명】【하타】【形象】xíngxiàng ¶아이들은 ~사유를 잘한다 | 孩子们善于形象思维。¶열사의 ~이 영원히 사람들의 마음속에 살아있다 | 烈士的形象永活在人们的心里。

^C형성[形成]【명】【하자타】【形成】xíngchéng ¶비가 공중에서 저온을 만나면 우박을 ~한다 | 雨点在空中遇冷形成冰雹。

^C형세[形勢]【명】【形势】xíngshì【情况】qíngkuàng ¶~의 변화 | 形势的变化。¶~가 아주 위급하다 | 情况万分危急wēijí。참고〔情形〕〔势头〕

^B형수[兄嫂]【명】【嫂嫂】sǎo·sao【嫂子】sǎo·zi

^A형식[形式]【명】【形式】xíngshì【表格】biǎogé ¶~과 내용의 통일 | 形式与内容统一。¶예술 ~ | 艺术形式。¶~미 | 形式美。¶~적 | 形式的。

형식상[形式上]【명】【名义】míngyì 【形式上】xíngshì·shang ¶~의 일치 | 形式上的一致。¶~의 독립 | 形式上的独立dúlì。

형언[形言]【명】【하타】【形容】xíngróng ¶많은 단어를 사용하여 국화를 ~하다 | 用了许多词对菊花加以形容。¶~해내기 어렵다 | 很难nán形容出来。

형용[形容]【명】【하타】❶(서술하다)【形容】xíngróng ¶이 사람은 정말 ~해낼 수가 없다 | 实在无法形容这个人。¶이루 ~할 수 없는 고통 | 无法形容的痛苦。❷(생긴 모양)【容貌】róngmào

^C형용사[形容詞]〈言〉【形容词】xíngróngcí ¶~는 품사의 하나이다 | 形容词是一种词类cílèi。

형이상학[形而上學]〈哲〉【形而上学】xíng'érshàngxué ¶~적으로 문제를 관찰하다 | 形而上学地观察问题。

형이하학[形而下學]〈哲〉【形而下学】xíng'érxiàxué

형장[刑場]【명】【刑场】xíngchǎng【法场】fǎchǎng ¶~에서 처형하다 | 在刑场处刑。

^A형제[兄弟]【명】【兄弟】xiōngdì ¶~국가 | 兄弟国家。¶~의 애 | 兄弟之爱。¶~자매 | 兄弟姐妹。참고〔昆仲〕

형질[形質]【명】【形质】xíngzhì ¶유전~ | 遗传形质。

^C형체[形體]【명】【形体】xíngtǐ ¶문자의 ~ | 文字的形体。

^C형태[形態]【명】❶(사물의 생김새)【形状】xíngzhuàng【样子】yàng·zi ❷(하나의 통합된 유기체)【形态】xíngtài ¶의식 ~ | 意识形态。¶관념 ~ | 观念形态。

형통[亨通]【명】【하자】【亨通】hēngtōng【顺利】shùnlì ¶만사가 ~하다 | 万事wànshì亨通。¶이형의 관운이 ~하다 | 老李是官运亨通呵。

^B형편[形便]【명】❶(상태)【情况】qíng·xing【情况】qíngkuàng ¶두 곳의 ~이 크게 다르다 | 两地情形大不相同。¶~이 위급하다 | 情况万分wànfēn危急wēijí。❷(살림 형세)【情况】qíngkuàng【生活状况】shēnghuó qíngkuàng ¶집안 ~ | 家中情况。¶~이 펴다 | 情况好起来了。

형편없다 〔형〕【不像样】búxiàngyàng【不像话】búxiànghuà ¶형편없는 책 | 不像话的书。¶품질이 ~ | 品质不像样。

형평 [衡平] 〔명〕【平衡】pínghéng ¶~을 유지하다 | 保持平衡。

형형색색 [形形色色] 〔명〕【形形色色】xíngxíngsèsè【各种各样】gèzhǒng gèyàng ¶이 소설은 지식인들의 ~의 이미지를 형상화했다 | 这部小说塑造sùzào了形形色色的知识zhīshí分子的形象xíngxiàng。

B**혜성** [彗星] 〔명〕❶〈天〉【彗星】huìxīng ❷〈비유하여〉【明星】míngxīng ¶~처럼 나타난 작가 | 像启明星一样露头的作家。〔참고〕[长chǎng星][帚zhǒu星][扫sǎo帚星]

C**혜택** [惠澤] 〔명〕【恩惠】ēn·huì【沾光】zhānguāng ¶그가 내게 베풀어준 ~은 영원토록 잊을 수 없다 | 他给我的恩惠, 永远难忘。¶국가의 ~을 입다 | 沾国家的光。

A**호**[戶] 〔명〕【户】hù ¶마을 전체가 30~이다 | 全村三十户。

B**호²**[弧] 〔명〕〈數〉【弧】hú ¶~탄력성 | 弧线弹性。

C**호³**[湖] 〔명〕【湖】hú ¶동정~ | 洞庭湖。

호⁴[號] 〔명〕❶ (본명외의 이름)【号】hào【别号】biéhào ¶국~ | 国号。¶암~ | 暗号。❷ (번호)【号】hào ¶17~ | 十七号。

호가 [呼價] 〔명〕하타〕【报价】bào/jià【出价】chū/jià【喊价】hǎn/jià ¶귀측에서 ~를 내어 상담의 기초로 삼을 수 없겠는지요? | 贵方能否以报价格, 做为商讨的基础chǔ? 〔참고〕[报盘][递dì价][递盘][提tí价]

B**호각** [號角] 〔명〕【号角】hàojiǎo【警笛】jǐ·ngdí【哨子】shào·zi

호감 [好感] 〔명〕【好感】hǎogǎn ¶그는 미스 박에게 ~을 가지고 있다 | 他对朴小姐有好感。¶~이 가는 얼굴 | 有好感的脸蛋。

호강 〔명〕하타〕【养尊处优】yǎng zūn chǔ yōu ¶그는 줄곧 ~하여 이런 고통을 감내하기 힘들다 | 他一向养尊处优, 吃不了这种苦。

호걸 [豪傑] 〔명〕【豪杰】háojié【英雄】

oxióng ¶영웅 ~ | 英雄yīngxióng豪杰。¶~풍 | 豪杰之气。

호구[戶口] 〔명〕【户口】hùkǒu ¶~세 | 户税。¶~조사 | 户口调查。

C**호국** [護國] 〔명〕하자〕【护国】hùguó ¶~정신 | 护国精神。¶~영령 | 护国英灵。

호기¹ [好奇] 〔명〕【好奇】hǎoqí ¶그는 무엇이든지 ~가 많다 | 他对什么都好奇。¶~심 | 好奇心。

호기² [好機] 〔명〕【良机】liángjī【好机】hǎojī ¶~를 놓치지 말라 | 莫失mòshī良机。

호기³ [豪氣] 〔명〕【豪气】háoqì【豪情】háoqíng【豪放】háofàng【大方】dà·fang ¶~가 흘러넘치다 | 豪情洋溢yángyì。¶성격이 ~롭다 | 性情xìngqíng豪放。

호남아 [好男兒] 〔명〕【好男儿】hǎonán'ér【好汉】hǎohàn【好男】hǎonán

호놀룰루 [Honolulu] 〔명〕〈地〉【檀香山】Tánxiāngshān【火奴鲁鲁】Huǒnúlǔlǔ [미국 "夏威夷Xiàwēiyí" (하와이; Hawaii)주의 주도(州都)]

호니아라 [Honiara] 〔명〕〈地〉【霍尼亚拉】Huòníyàlā ["所罗门" (솔로몬; Solom)의 수도]

호도 [糊塗] 〔명〕하타〕【掩饰】yǎnshì ¶진상을 ~하다 | 掩饰真相。

B**호되다** 〔형〕【严厉】yánlì【狠狠】hěnhěn ¶그를 호되게 한바탕 비평했다 | 严厉地批评pīpíng一顿dùn。¶호되게 때리다 | 狠狠地揍。

B**호두** [胡-] 〔명〕〈植〉【胡桃】hútáo【核桃】hé·tao ¶~ 껍질 | 核桃壳ké(儿)。¶~의 속알맹이 | 核桃仁rén(儿)/桃瓤ráng(儿)/桃仁(儿)。¶~기름 | 核桃油yóu。〔참고〕[合hé核][羌qiāng桃]

호들갑 〔명〕【胡闹】húnào【咋乎】zhāhū ¶그런 작은 일로 ~을 떨어댄다 | 为那样小事咋乎乎。

호떡 [胡-] 〔명〕【馅饼】xiànbǐng

호락호락 〔부〕하형〕【好欺neg<!-- -->】hǎoqīwǔ【轻易】qīngyì ¶절대로 그것을 ~ 넘겨줄 수는 없다 | 绝对不要轻易把那个东西给人。

A**호랑이** 〔명〕〈動〉【老虎】lǎohǔ ¶종이 ~ | 纸老虎。

ᶜ**호령**[號令] 圀하타【命令】mìnglìng【吆喝】yāo·he【大声斥责】dàshēng chìzé ¶~하는 투의 어조 | 命令式的口气。¶중대장은 일소대에게 경계를 담당할 것을 ~했다 | 连长命令一排担任警戒。참고〔호唤〕〔吹呼〕

ᶜ**호롱불** 圀【煤油灯】méiyóudēng

ᴮ**호루라기** 圀【哨子】shào·zi ¶~를 불다 | 吹哨子/打哨子。¶~ 소리가 나자 모두가 자동적으로 줄을 섰다 | 哨子一响, 大家便自动排好了队。

호르몬[도 Hormon] 圀〈生〉【荷尔蒙】hé'ěrméng【荷蒙】héméng【激素】jīsù ¶~샘 | 荷尔蒙腺。¶~제 | 荷尔蒙剂。

호리다 图【迷惑】mí·huo【骗】piàn ¶달콤한 말로 우리를 호릴 수 없다 | 花言巧语迷惑不了我们。

호리호리하다 옝【瘦长】shòucháng【细长】xìcháng ¶호리호리한 신체 | 瘦长的身材。¶호리호리한 몸매 | 细长的身材。

호명[呼名] 圀하타【点名】diǎn/míng【呼名】hū/míng【叫名字】jiào míngzì ¶수업하기 전에 먼저 ~하다 | 上课前先点名。

호미 圀【薅锄】hāochú【小锄】xiǎochú

ᴬ**호박**〈植〉【南瓜】nánguā ¶~꽃 | 南瓜花。¶~범벅 | 瓜头粥。

호반[湖畔] 圀【湖畔】húpàn

호방[豪放] 圀하혱【豪放】háofàng ¶성격이 ~하다 | 性情xìngqíng豪放。참고〔奔bēn放〕

호봉[號俸] 圀【号俸】hàofèng【定岗年薪】dìnggǎngniánxīn ¶~을 높이다 | 提高定岗年薪。¶~을 책정하다 | 确定定岗年薪。

호비다 图【抠】kōu【挖】wā【掏】tāo ¶호비어 파다 | 抠出; 抠出。¶옥수수 알을 호벼 내다 | 把玉米粒儿抠下来。¶귀를 ~ | 挖耳。

호사스럽다[豪奢-] 옝【豪奢】háoshē ¶호사스럽게 차려 입다 | 打扮得豪华奢侈。

호색[好色] 圀하타【好色】hàosè【贪色】tānsè ¶~가 | 好色之徒tú。¶~한 | 好色徒/好色汉。

ᴮ**호소**[呼訴] 圀하타【号召】hàozhāo ¶군중들에게 일어나 투쟁할 것을 ~하다 | 号召群众qúnzhòng起来斗争dòuzhēng。

호송[護送] 圀하타【押运】yāyùn【押解】yājiè【押送】yāsòng ¶군량과 마초를 ~하다 | 押运粮草。¶포로를 ~하다 | 押送俘虏fúlǔ。¶현금을 ~하다 | 押送一批pī现款xiànkuǎn。¶~차 | 囚车。

ᶜ**호수**[湖水] 圀〈地〉【湖】hú【湖水】húshuǐ ¶동정~ | 洞庭湖。¶인공~ | 人工湖。

호수[號數] 圀【号数】hàoshù【序号】xùhào ¶~발행 | 发行序号。

호스[hose] 圀【胶皮管】jiāopíguǎn【水龙】shuǐlóng【软管】ruǎnguǎn

호스트[host] 圀❶【主人】zhǔ·ren【东道主】dōngdàozhǔ❷〈電算〉【主机】zhǔjī【虚拟主机】xūnǐzhǔjī

호스티스[hostess] 圀【女主人】nǚzhǔ·ren【女东道主】nǚdōngdàozhǔ

호스팅[hosting] 圀〈電算〉【主机提供】zhǔjītígōng【主机托管】zhǔjītuōguǎn

호시탐탐[虎視眈眈] 관용【虎視眈眈】hǔ shì dān dān ¶~ 기회를 노렸다 | 虎视眈眈地寻找机会。

호신[護身] 圀【护身】hùshēn ¶~총 | 护身枪。¶~술 | 护身术。

호언[豪言] 圀【大话】dàhuà ¶우리는 ~하거나 허풍떠는 것을 싫어한다 | 咱们不喜欢说大话, 吹chuī牛。¶~하지만, 진짜 능력은 조금도 없다 | 竟jìng说大话, 没点儿真本事。참고〔大言〕〔大吹大擂〕

호외[號外] 圀【号外】hàowài ¶오늘의 ~는 정말 볼만한 것이 있다 | 今天的号外很有看头kàntóu。

호우[豪雨] 圀【豪雨】háoyǔ ¶집중~ | 暴雨集中。¶어제밤 ~가 한바탕 내렸다 | 昨夜下了一场豪雨。

호위[護衛] 圀하타【警卫】jǐngwèi ¶~자 | 保镖。¶대통령의 ~를 맡다 | 当总统的警卫。

호응[呼應] 圀하타【响应】xiǎngyìng ¶그의 의거는 많은 사람들의 ~을 얻었다 | 他的倡仪chàngyí得到了许多人的响应。¶조국의 부름에 ~하다 | 响应祖zǔ国的号召zhào。

호의[好意]【好意】hǎoyì【善意】shànyì ¶~로 도와주다 | 善意帮助。¶

~냐 악의냐? | 是善意还是恶意èyì?

호의호식[好衣好食] 몡 『吃的穿的好』chī·de hǎo chuān·de hǎo【好衣好食】hǎoyī hǎoshí

호적[戶籍] 몡 『户口』hùkǒu【户籍】hùjí ¶~에 올리다 | 编入户口。¶~을 말소하다 | 注销户口。¶~ 등본 | 户籍誊本抄本。¶~ 초본 | 户籍誊本抄本。

호전[好轉] 몡 하타 『好转』hǎozhuǎn【改良】gǎiliáng ¶병세가 ~되었다 | 病势bìngshì好转。¶~ 요소 | 好转因素。

호젓하다[형] 『寂寞』jìjìng【孤寂】gūjì ¶호젓한 산길 | 寂静的山道。

호조[好調] 몡 『好调』hǎotiáo【好势头】hǎoshìtóu ¶수출이 ~를 보이다 | 出口状况好。

호족[豪族] 몡 『豪族』háozú 참고 〔宗zōng〕

호주[戶主] 몡 『户主』hùzhǔ【户头】hùtóu ¶~와의 관계 | 与户主的关系。¶~권 | 户主权。 참고 〔户长〕

호주²[濠洲] 몡〈地〉 『澳大利亚』Àodàlì·yà

호주머니[衣袋] 몡 『衣袋』yīdài 『口袋』kǒudài ¶~를 뒤지다 | 翻口袋。¶~에 한 푼도 없다 | 口袋里没有一分钱。

호출[呼出] 몡 하타 『呼叫』hūjiào 『传呼』chuānhū 『叫出』jiàochū 『传唤』chuánhuàn ¶~ 신호 | 呼叫信号。¶옆집 사람을 ~하다 | 传呼邻居。¶증인을 ~하다 | 传唤证人。

호출기[呼出器] 몡 『呼叫器』hūjiàoqì【寻呼机】xúnhūjī【铐机】kàojī【哔哔机】bìbìjī【BP机】BPjī【呼叫机】hūjiào【呼机】hūjī

호치키스[Hotchkiss] 몡 『订书机』dìngshūjī【装订机】zhuāngdìngjī

호칭[呼稱] 몡 하타 『呼称』hūchēng

호쾌[豪快] 몡 하형 『豪放』háofàng ¶~한 성격 | 豪放的性格xìnggé。 참고 〔奔bēn放〕

호탕[豪宕] 몡 하형 『豪放』háofàng【豪荡】háodàng ¶~성격 | 性情xìngqíng豪放。 참고 〔奔bēn放〕【豪诞dàn】

ᴬ호텔[hotel] 몡 『饭店』fàndiàn【大饭店】dàfàndiàn【宾馆】bīnguǎn【大酒店】dàjiǔdiàn【旅馆】lǚguǎn ¶~로비

(lobby) | 酒店的大厅。 참고 〔旅店〕〔旅社〕〔旅舍〕〔客kè店〕〔客栈〕〔栈zhàn房〕

호통 하타 『大声斥责』dàshēng chìzé【呵斥】hēchì ¶그는 항상 아랫 사람을 ~친다 | 他常呵斥下属xiàshǔ。

호평[好評] 몡 하타 【好评】hǎopíng ¶~을 받다 | 受到好评。

호피[虎皮] 몡 『虎皮』hǔpí ¶~ 방석 | 虎皮垫子。

호프[hof] 몡 『啤酒』píjiǔ【生啤酒】shēngpíjiǔ【麦酒】màijiǔ

ᶜ호호[戶戶] 몡 『家家』jiājiā【家家户户】jiājiāhùhù【每家】měijiā

호화[豪華] 몡 하형 『豪华』háohuá ¶~로운 결혼식 | 豪华的结婚典礼。¶~ 찬란 | 豪华灿烂。

호환[互換] 몡 하타 『互换』hùhuàn【兼容】jiānróng【相容】xiāngróng ¶이런 프린터는 서로 ~된다 | 这种打印机可以相容。

호환기[互換機; compatible computer] 몡 『电算』【兼容机】jiānróngjī

호환성[互換性; compatible] 몡〈電算〉【兼容性】jiānróngxìng

호황[好況] 몡 『好况』hǎojǐng【好况】hǎokuàng【繁荣】fánróng【高涨】gāozhǎng【经济繁荣】jīngjì fánróng ¶~기 | 繁荣时期。¶~ 산업 | 景气产业。¶~을 누리다 | 安享好景况。

ᴺ호흡[呼吸] 몡 하자타 **❶** (숨) 『呼吸』hūxī ¶~작용 | 呼吸作用。¶공기를 ~하다 | 呼吸空气。 **❷** (일을 함께 할 때의 장단) 『合deⅰ来』hé·de·lái ¶그 친구와 ~을 맞추다 | 和那个朋友合得来。

혹¹ 몡 『瘤子』liú·zi ¶~이 나다 | 长瘤子。

ᴮ혹²[或] 몜 『或』huò 『或许』huòxǔ 『或者』huòzhě 『也许』yěxǔ ¶~ 안 올지도 몰라 | 或许来不了。

혹독[酷毒] 몡 하형 『毒辣』dúlà【残酷】cánkù【残苛】cánkē【严酷】yánkù ¶~한 수단 | 毒辣手段。¶~하다 | 残酷无情。¶우리가 처한 현실은 너무 ~했다 | 我们面对的现实太残酷了。

혹사[酷使] 몡 하타 『作践』zuòjiàn【胡乱使用】húluàn shǐyòng【拼命使用】pīnmíng shǐyòng ¶몸을 ~하다 | 作践身体。

혹설[或說] 몡【有的说法】yǒu·de shuō·fǎ【一说】yìshuō

^B**혹시**[或是] 閂❶ (어쩌다가) 【有时】yǒushí【间或】jiānhuò ¶~ 술을 한 잔 할 때도 있다 | 有时也喝一杯酒。❷ (만일) 【万一】wànyī【如果】rúguǒ ¶~ 그가 오면 저한테 일러주세요 | 如果他来了, 就告诉我吧。❸ (행여나·어쩌면) 【怎么】zěn·me ¶~ 합격될지 알아? | 能不能合格, 你怎么知道呢?

혹자[或者] 명【有的人】yǒu·de rén ¶~는 이렇게, ~는 저렇게 이야기하다 | 有人这样说, 有人那样说。

혹평[酷評] 명하타【苛刻的评语】kēkè·de píngyǔ【苛刻的评论】kēkè·de pínglùn ¶그의 작품은 ~을 받았다 | 他的作品受到了苛刻的评语。

혹한[酷寒] 명【酷寒】kùhán【严寒】yánhán ¶~을 겁내지 않다 | 不怕pà严寒。¶나는 ~을 무릅쓰고 오랫동안 떠나 있었던 고향으로 돌아갔다 | 我冒mào了严寒, 回到久别的故乡。

^B**혼**[魂] 명【魂】hún【灵魂】línghún ¶민족~ | 民族魂。¶~이 나가다 | 掉魂儿。

혼곤하다[昏困-] 혱【疲惫】píbèi【昏睡】hūnshuì【恍惚】huǎnghū ¶정신이 ~ | 精神恍惚。

혼기[婚期] 명【婚期】hūnqī ¶~를 놓치다 | 错过婚期。

^B**혼나다**[魂-] 동【要命】yào·mìng【够呛】gòuqiàng【挨整】áizhěng ¶배가 고파 ~ | 肚子饿得要命。

혼내다[魂-] 동【整】zhěng【训】xùn ¶내가 그를 한 번 혼내 주어야겠다 | 我得狠狠地整他一顿。

혼다[Honda] 명〈商標〉【本田】Běntián

혼담[婚談] 명【亲事】qīn·shi【婚事】hūnshì【提亲】tí/qīn ¶자녀의 ~ | 儿女亲事。¶주임에게 가서 ~을 꺼내도록 청하다 | 请主任去提亲。 ⟨참고⟩〔提媒〕〔提亲事〕〔提人家〕〔说亲〕

혼돈[混沌·渾沌] 명혱❶ (태초에 하늘과 땅이 나뉘어지지 않은 상태) 【混沌】hùndùn ¶~의 세계 | 混沌世界。❷ (분명하지 않은 상태) 【混乱】

혼란[混亂] 명하혱【混乱】hùnluàn【无秩序】wúzhìxù【骚乱】sāoluàn ¶사상이 ~하다 | 思想混乱。¶질서가 ~하다 | 秩序zhìxù混乱。¶~상 | 混乱相。

혼령[魂靈] 명【灵魂】línghún

혼례[婚禮] 명【婚礼】hūnlǐ ¶~식을 거행하다 | 举行jǔxíng婚礼。 ⟨참고⟩〔婚-hūn礼〕

혼미[昏迷] 명하혱【昏迷】hūnmí ¶ (의식이) ~하여 깨어나지 못하다 | 昏迷不醒xǐng。

혼백[魂魄] 명【魂魄】húnpò

혼사[婚事] 명【婚事】hūnshì【喜事】xǐshì ¶~를 치르다 | 办婚事。 ⟨참고⟩〔红hóng事〕

혼색[混色] 명하타【混色】hùnsè ¶빨강과 검정을 ~하다 | 混合红色和黑色。

혼선[混線] 명하자❶ (전신·전화국의) 【串路】chuànlù ¶전화가 ~되다 | 电话串路了。❷ (혼란) 【弄混】nònghùn【搅在一起】jiǎozàiyīqǐ ¶~을 빚다 | 搅乱了。

혼성[混成] 명하자타【混成】hùnchéng【混合】hùnhé【综合】zōnghé【混交】hùnjiāo ¶~부대 | 混合部队。¶~팀 | 混合队。¶~형 컴퓨터 | 混合计算机。

혼수[昏睡] 명하자❶ (정신 없이 깊이 잠듦) 【昏睡】hūnshuì ¶그는 ~상태로 죽었다 | 他在昏睡中死去。❷ (의식을 잃음) 【昏迷】hūnmí ¶~상태에 빠지다 | 处于昏迷状态。

혼수[婚需] 명【结婚物品】jiéhūn wùpǐn【结婚费用】jiéhūn fèiyòng

혼식[混食] 명하자타【大米里参点儿杂粮吃】dàmǐlǐ cāndiǎnr záliáng chī

혼신[渾身] 명【浑身】húnshēn【混身】hùnshēn【周身】zhōushēn【全身】quánshēn ¶그는 ~의 힘을 다해 달렸다 | 他使出全身力气跑了。

혼용[混用] 명하타 【混用】hùnyòng ¶국한문 ~ | 混用韩文和汉字.

ᴮ혼인[婚姻] 명하자 【婚姻】hūnyīn ¶~의 자유 | 婚姻自由. ¶~신고 | 婚姻登记.

ᴬ혼자 [부] 【独自】dúzì 【单独】dāndú 【一个人】yí·ge rén ¶~ 결정하다 | 独自决定. ¶~서는 이 일을 할 수 없다 | 单独一个人干不了这个活儿.

ᶜ혼잡[混雜] 명하형 【混乱】hùnluàn ¶질서가 ~하다 | 秩序混乱. ¶일대를 ~을 이루다 | 形成一大混乱.

ᶜ혼잣말 [自言自语] zì yán zì yǔ

ᶜ혼전[混戰] 명하자 【混战】hùnzhàn ¶한바탕의 ~ | 一场混战. ¶두 팀이 ~을 벌이다 | 两个队进行混战.

혼절[昏絶] 명하자 【昏倒】hūndǎo ¶그 소식을 듣고 ~하였다 | 听了那个消息, 就昏倒了.

혼줄나다[魂-] 관 【失魂少魄】shī hún shǎo pò

혼처[婚處] 명 【结婚对象】jiéhūn duìxiàng ¶마땅한 ~가 나서다 | 有一个合适的结婚对象.

혼탁[混濁·渾濁] 명하형 　　【混浊】hùnzhuó ¶~한 공기 | 混浊的空气.

ᶜ혼합[混合] 명하자타 【混合】hùnhé 【合成】héchéng 【联合】liánhé 【复合】fùhé ¶남녀 ~ 복식 | 男女混合双打. ¶~액 | 混合液. ¶~주 | 混合酒.

혼혈[混血] 명 【混血】hùn/xuè ¶~아 | 混血儿.

홀[hall] 명 【大厅】dàtīng ¶~에서 연회를 거행하다 | 大厅里举行宴会欢晤.

ᶜ홀가분하다 형 【轻松】qīngsōng 【轻便】qīngbiàn ¶시험이 끝나서 마음이 ~ | 考试结束, 心情也轻松了.

홀대[忽待] 명하타 【慢待】mǎndài ¶손님을 ~하다 | 慢待客人.

ᶜ홀딱 부 ❶ (벗는 모양) 【光光的】guāngguāng·de ¶옷을 ~ 벗다 | 衣服脱得光光的. ❷ (여지없이) 【完全】wánquán ¶돈을 ~ 날리다 | 钱全用光了. ❸ (반한 모양) 【一下子】yíxià·zi ¶여자한테 ~ 반하다 | 一下子就被女人迷住了.

ᶜ홀랑 부 ❶ (벗는 모양) 【光光的】guāngguāng·de ¶이마가 ~ 벗어지다 | 前额头发脱得光光的. ❷ (뒤집히는 모양) 【一下子】yíxià·zi ¶배가 ~ 뒤집히다 | 船一下子翻了过来.

홀로 부 【单独】dāndú 【一个人】yí·ge rén ¶이 일을 할 수 없다 | 单独一个人干不了这活儿.

홀리다 동 【迷惑】mí·huo ¶달콤한 말로 우리를 홀릴 수 없다 | 花言巧语迷惑不了我们. ¶여우에게 ~ | 被狐狸迷惑.

홀몸 명 【单身】dānshēn 【独身】dúshēn 【只身】zhǐshēn ¶십여 년 동안 ~으로 객지에 있었다 | 十几年独身在外. ¶외지에서 ~으로 살다 | 只身在外.

ᶜ홀수[-數] 명 【奇数】jīshù 【单数】dānshù ¶~와 짝수 | 单数和双数. ¶~좌석 | 单号座位.

홀아비 명 【鳏夫】guānfū 【光棍儿】guāngùnr 【单身汉】dānshēnhàn ¶~로 지내다 | 过单身汉生活.

홀어미 명 【寡妇】guǎ·fù 〔참고〕〔寡鹤hù〕〔寡鹤hè〕〔寡妇〕〔孤女媰〕

홀연히 부 【忽然】hūrán ¶~ 비가 내리기 시작했다 | 天忽然下起雨来了. ¶~ 나타난 사람 | 忽然出现的人.

ᶜ홀짝 부 ❶ (한번에)【一下子】yíxià·zi ❷ (단숨에) 【一口气】yìkǒuqì ¶소주를 ~ 마시다 | 把烧酒一口气喝了.

홀치다 동 【使劲绑】shǐjìn bǎng 【使劲捆】shǐjìn kǔn 【绑紧】bǎngjǐn 【绑牢】bǎngláo 〔참고〕结死扣儿.

ᶜ홈[home] 명 ❶ (집·가정) 【家庭】jiātíng 【家】jiā ¶~드라마 | 家庭连续剧. ¶~ 웨어(wear) | 家庭便服. ¶~ 바(bar) | 家庭酒巴. ❷ (고향) 【故园】gùyuán 【故乡】gùxiāng ¶~병(sick) | 想家病/思乡病.

홈² 명 【槽(儿,子)】cáo(r,·zi) ¶~을 파다 | 开槽/挖沟槽. ¶~을 파다 | 在木板上挖沟槽.

홈 그라운드[home ground] 명 ❶ (근거지) 【根据地】gēnjùdì 【本地】běndì ❷ (선수나 팀의 근거지) 【主场】zhǔchǎng

홈런[home run] 명〈體〉【本垒打】běnlěidǎ 【全垒打】quánlěidǎ

홈 팀[home team] 명〈體〉【主队】zhǔduì 【先守队】xiānshǒuduì ¶~이 이겼다 | 主队胜了.

홈 페이지[home page] 명〈電算〉【网页】wǎngyè【主页】zhǔyè

홍당무[紅唐-] 명〈植〉❶【红皮萝卜】hóngpí luó·bo ❷【胡萝卜】húluo·bo【红萝卜】hóngluó·bo

홍두깨 명❶ (다듬이질의)【棒】bàng【棒子】bàng·zi【棍】gùn ¶~다듬이 |捶打。❷〈農林〉【漏翻的地】lòufān·de dì〈소의 홍두깨살〉【牛臀部上的肉】niútúnbù·shang·de ròu

홍보[弘報] 명 하타【广告】guǎnggào ¶~ 전단 | 广告传单。¶~ 우편물 | 广告信件xìnjiàn。

홍삼[紅蔘] 명【红参】hóngshēn ¶~근 | 红参根。

ᴮ홍수[洪水] 명❶ (큰 물)【洪水】hóngshuǐ【大水】dàshuǐ ¶~가 나다 |发fā大水。¶~ 경보 | 洪水警报。¶~ 예보 | 洪水预报。¶~ 조절 | 洪水调节。❷ (쇄도)【红流】hóngliú【海洋】hǎiyáng ¶책의 ~속 | 书的海洋中。

홍시[紅柿] 명【红柿】hóngshì【熟透了的柿子】shútòu·le·de shì·zi

홍어[洪魚] 명〈魚貝〉【斑鳐】bānyáo

ᶜ**홍역**[紅疫] 명〈醫〉【麻疹】mázhěn ¶~을 앓다 | 得麻疹。참고〈麸fū疮〉〔糠kāng疮〕〔疹shā子〕疹yǐ〔疹子〕

ᴳ**홍익인간**[弘益人間] 명【弘益人间】hóngyì rénjiān

홍일점[紅一點] 명【一点红】yìdiǎnhóng【一枝独秀】yìzhīdúxiù ¶그녀는 우리 반의 ~이다 | 她在我们班可算得上是一枝独秀。

홍조[紅潮] 명【红潮】hóngcháo【红量】hóngliàng【红光】hóngguāng ¶얼굴에 ~가 떠오르다 | 脸上泛起红潮。

ᴮ**홍차**[紅茶] 명【红茶】hóngchá ¶~를 타다 | 沏qī红茶。

홍콩[Hong Kong] 명〈地〉【香港】Xiānggǎng ¶~달러 | 港币。¶~ 예탁증권 | 香港存单。¶~ 환 | 港汇。

홍합[紅蛤] 명〈魚貝〉【贻贝】yíbèi

홑 뒤【单】dān ¶~이불 | 单被子。¶~바지 | 单裤。¶~껍데기 | 单衣/夹被。¶~옷 | 单衣。¶~겹 | 单层。

홑눈 명【单眼】dānyǎn

ᴬ**화**[火] 명【脾气】pí·qi【火儿】huǒr ¶~내다 | 闹nào脾气/发脾气fāpíqì。¶톡하면 ~를 내다 | 动不动就发火。

ᴬ**화**[禍] 명【祸】huò【灾祸】zāihuò ¶~를 일으키다 | 惹rě祸。¶국가와 민족에 ~를 미치다 | 祸国殃民。

-화³[-化] 回【化】huà ¶전문~ | 专门化。¶기계~ | 机械化。

-화⁴[-畵] 回【画】huà ¶동양~ | 东洋画。

ᴮ**화가**[畵家] 명【画家】huàjiā【画手】huàshǒu【画工】huàgōng ¶풍경~ | 风景画家。

화강암[花崗巖] 명〈地〉【花岗岩】huāgāngyán

화공[化工] 명【化工】huàgōng【化学工业】huàxué gōngyè ¶~ 제품 | 化工产品。

화교[華僑] 명【华侨】huáqiáo

화근[禍根] 명【祸根】huògēn【根源】gēnyuán ¶~을 남기다 | 留祸根儿。¶~을 제거하다 | 铲除chǎnchú祸根。참고〈祸胎tāi〕

화급[火急] 명【火急】huǒjí【十万火急】shíwànhuǒjí ¶~한 용무 | 十万火急的公务。

ᶜ**화기**[火氣] 명❶ (불기운)【火毒】huǒdú ❷ (노기)【怒气】nùqì ¶그의 ~가 가라앉았다 | 他的怒气消了。

화기애애하다[和氣靄靄-] 형【亲切和蔼】qīnqiè hé'ǎi【和睦】hémù【和和气气】héhéqìqì ¶화기애애한 분위기 | 和和气气的气氛。

화끈[早하자]【热呼呼】rèhūhū【热乎乎】rèhūhū【火辣辣】huǒlàlà ¶얼굴이 ~해지다 | 脸火辣辣的。

화끈거리다 동【热烘烘】rèhōnghōng·de【火辣辣】huǒlàlà【烧乎乎】shāohūhū ¶너무 창피해서 얼굴이 ~ | 太丢人了,脸烧乎乎的。

화나다[火-] 동【生气】shēng/qì【冒火】mào/huǒ【恼火】nǎohuǒ【恼怒】nǎonù【使性子】shǐxìng·zi【火气】huǒqì【窝火(儿)】wō/huǒ(r) ¶말을 채 몇 마디 하지도 않았는데 그가 화를 발끈 내었다 | 才没说几句话他就冒火啦。¶그의 반대가 부친으로 하여금

화나게 했다 ▮ 他的反对使父亲有些恼怒了。¶작은 일로 성을 내지 말아라 ▮ 别为一点儿小事就起性子。(참고) 〔愤怒fènnù〕

화낭년[명]【婊子】biǎo·zi【婊子】biǎo·zi

화내다[동]【发脾气】fā pí·qi【发火】fāhuǒ ¶내가 한 게 아니야, 나한테 화내지마 ▮ 不是我干的, 别跟我发脾气。

화닥닥[부]【猛孤丁】měnggūdīng ¶뛰어나가다 ▮ 猛孤丁霍地跑出去了。

ᵇ**화단**[花壇]【명】【花坛】huātán ¶~에 꽃을 심다 ▮ 花坛里种了花。

화답[和答]【명】하자타】【和答】hèdá【和诗歌】hèshīgē

화덕[火－]【명】❶【火盆】huǒpén ❷【火炉】huǒlú

화두[話頭]【명】❶ (말머리)【话题】huàtí【话头】huàtóu ¶~를 돌리다 ▮ 引开话题。❷〈宗〉【难题】nántí【话头】huàtóu

화란[和蘭]【명】〈地〉【荷兰】Hélán〔유럽에 위치한 나라. 수도는 阿姆斯特丹"(암스테르담; Amsterdam)〕

ᵇ**화랑**[畵廊]【명】【画廊】huàláng

ᵇ**화려하다**[華麗－]【형】【华丽】huálì ¶웅장하고 화려한 궁전 ▮ 宏伟华丽的宫殿。¶화려체 ▮ 华丽体。

ᵇ**화력**[火力]【명】【火力】huǒlì ¶~ 발전소 ▮ 火力发电站。

ᵇ**화로**[火爐]【명】【火盆】huǒpén【火炉】huǒlú ¶~에 불을 넣다 ▮ 在火炉里点火。

ᵃ**화면**[畵面]【명】❶ (그림의)【画面】huàmiàn ❷ (영화·텔레비전의)【屏幕】píngmù【银幕】yínmù ¶~이 어둡다 ▮ 屏幕不够亮。

화면²[畵面; screen]【명】〈電算〉【屏幕】píngmù

화면 보호기[畵面保護器; screen saver]【명】〈電算〉【屏幕保护程序】píngmù bǎohù chéngxù

ᵃ**화목**[花木]【명】【花木】huāmù ¶학교 정원의 ~을 보호하다 ▮ 爱护校园中的花木。

ᵇ**화목**²[和睦]【하형】【和睦】hémù ¶~하게 지내다 ▮ 和睦相处。

ᵃ**화물**[貨物]【명】【货物】huòwù【商品】shāngpǐn【货品】huòpǐn ¶~ 대금 ▮ 商品价格。¶~ 열차 ▮ 货运列车。

운임 ▮ 货运费。

화물선[貨物船]【명】【货轮】huòlún【货船】huòchuán ¶정기 ~ ▮ 定期货船。

화방[畵房]【명】【画房】huàfáng ¶최근 그가 ~을 열었다 ▮ 最近他开了个画房。

화백[畵伯]【명】【画家】huàjiā ¶동양화 ~ ▮ 东洋画伯。

화병[花瓶]【명】【花瓶】huāpíng ¶~에 꽃을 꽂다 ▮ 在花瓶里插花。

화복[禍福]【명】【祸福】huòfú ¶인생의 ~ ▮ 人生的祸福。

ᵇ**화분**[花盆]【명】【花盆】huāpén ¶꽃~ ▮ 花盆。

화사하다[華奢－]【형】【光彩照人】guāngcǎi zhàorén ¶그녀가 나타나자 분위기가 화사해졌다 ▮ 她一出现, 整个气氛光彩照人了。

화산[火山]【명】〈地〉【火山】huǒshān ¶활~ ▮ 活火山。¶사~ ▮ 死火山。¶~재 ▮ 火山灰。¶~암 ▮ 火山岩。¶~분출 ▮ 火山爆发。¶~현상 ▮ 火山现象。

ᵇ**화살**[箭矢]【명】【箭矢】jiànshǐ ¶~대 ▮ 箭杆儿。¶~표 ▮ 箭头符号。

ᵃ**화상**¹[火傷]【명】〈醫〉【火伤】huǒshāng【烧伤】shāoshāng ¶3도 ~ ▮ 三度烧伤。¶~을 크게 입다 ▮ 大面积烧伤。

화상²[和尙]【명】〈佛〉【和尙】héshàng (참고)【法师】

화상·전화[畵像電話; video phone]【명】〈電算〉【可视电话】kěshìdiànhuà

화상·회의[畵像會議; videoconference; teleconference]【명】〈電算〉【视频会议】shìpín huìyì【电视会议】diànshì huìyì

화색[和色]【명】【血色】xuèsè【红光】hóngguāng ¶얼굴에 ~이 돌다 ▮ 满面红光。

ᵇ**화석**[化石]【명】【化石】huàshí ¶~ 인류 ▮ 化石人。¶~연료 ▮ 化石燃料。

화선지[畵宣紙]【명】【画宣纸】huàxuānzhǐ

ᵇ**화성**[火星]【명】〈天〉【火星】huǒxīng ¶~로켓 ▮ 火星火箭。

화소[畵素; pixel]【명】〈電算〉【像素】xiàngsù

화술[話術]【명】【说话的技术】shuōhuà·

de jìshù【三寸不烂之舌】sāncùn bùlànzhīshé ¶~에 말려들다 | 被三寸不烂之舌绕了进去。

ᶜ**화신**[化身] 몡해자【化身】huàshēn ¶정의의 化身。 ¶악마의 ~ | 魔鬼的化身。

화실[畫室] 몡【画室】huàshì ¶~에 누드 모델 두 명이 앉아 있다 | 画室里坐着两个裸体模特儿。

ᴮ**화약**[火藥] 몡【火药】huǒyào ¶~고 | 火药库。 ¶~통 | 火药桶tǒng。

ᴮ**화엄종**[華嚴宗] 몡〈佛〉【华严宗】huáyánzōng

화염[火焰] 몡【火焰】huǒyàn ¶~방사기 | 火焰喷射器。 ¶~병 | 火焰瓶。 참고〔火苗miáo(儿子)〕

ᴬ**화요일**[火曜日] 몡【星期二】[周二]zhōu'èr

ᶜ**화원**[花園] 몡【花园】huāyuán ¶~에 놀러가다 | 去花园玩儿。

ᶜ**화음**[和音] 몡〈音〉【和声】héshēng ¶불협~ | 不协和音。

화이트[white] 몡【白色】báisè

화자[話者] 몡【话者】huàzhě ¶~의 관점 | 话者的观点。 ¶청자와 ~ | 听者和话者。

ᴮ**화장**¹[化粧] 몡해자타【化妆】huà/zhuāng 【打扮】dǎ·ban ¶~품 | 化妆品。 ¶아주 예쁘게 ~을 했다 | 打扮得很漂亮piàoliang。 ¶~ 도구 | 化妆工具。

화장²[火葬] 몡하타【火葬】huǒzàng 【火化】huǒhuà ¶~터 | 火葬场/火化场。 ¶~을 제창하고, 토장을 폐지하다 | 提倡火葬, 废止土葬。

ᴮ**화장대**[化粧臺] 몡【梳妆台】shūzhuāngtái ¶~ 앞에 앉아 화장하다 | 坐在梳妆台前化妆。

ᴬ**화장실**[化粧室] 몡【卫生间】wèishēngjiān 【化妆室】huàzhuāngshì 【厕所】cèsuǒ ¶~은 어디입니까? | 卫生间在哪儿?

화장지[化粧紙] 몡【手纸】shǒuzhǐ 【卫生纸】wèishēngzhǐ 【草纸】cǎozhǐ ¶두루말이~ | 成卷卫生纸。

ᴮ**화재**[火災] 몡【火灾】huǒzāi 【焚毁】fénhuǐ ¶~ 발생을 방지하다 | 防止火灾发生。 ¶~ 경보 | 火警。 ¶~방지 | 防火。

ᶜ**화적**[火賊] 몡【火贼】huǒzéi ¶~질 | 火贼质。

ᶜ**화전**[火田] 몡【火田】huǒtián ¶~ 농사 | 烧畬/游垦。 ¶~민 | 种火田的农民。

화제[話題] 몡【话题】huàtí ¶~를 돌리다 | 扭转niǔzhuǎn话题。 ¶~가 풍부하다 | 话题丰富。

화차[貨車] 몡【货车】huòchē 【铁路货车】tiělù huòchē 【车厢】chēxiāng

ᶜ**화창하다**[和暢-] 톙【和畅】héchàng ¶봄바람이 ~ | 春风和畅。

ᶜ**화초**[花草] 몡【花卉】huāhuì ¶공원의 ~를 보호합시다 | 请爱护公园里的花草。

화촉[華燭] 몡【花烛】huāzhú ¶~동방 | 花烛洞房。 ¶~을 밝히다 | 洞房花烛。

화친[和親] 몡해자【讲和】jiǎng/hé ¶~조약 | 和亲条约。 ¶우리 지금 ~합시다 | 我们现在讲和吧。

화투[花鬪] 몡【牌九】páijiǔ ¶~놀이 | 玩花斗。 ¶~를 치다 | 推牌九。

ᶜ**화폐**[貨幣] 몡〈經〉【货币】huòbì 【钱币】qiánbì 【通货】tōnghuò ¶~ 단위 | 货币单位。 ¶~ 유통량 | 货币流通量。 ¶~ 자본 | 货币资本

화포[火砲] 몡〈軍〉【火炮】huǒpào ¶~로 적의 진지를 폭파하다 | 用火炮轰hōng敌人的碉堡diāobǎo。

화폭[畫幅] 몡【画幅】huàfú ¶~은 비록 그리 크지 않지만 표현된 세계는 오히려 대단히 광활하다 | 画幅虽然不大, 所表现的天地却十分广阔。

화풀이[火-] 몡해자【解愤】jiě/fèn 【出气】chū/qì ¶그에게 ~를 하다 | 拿他出气。

화풍[畫風] 몡【画风】huàfēng ¶호방한 ~ | 豪放的画风。

화하다[化-] 통【转】zhuǎn 【变】biàn ¶슬픔이 기쁨으로 ~ | 转悲为喜。 ¶액체가 기체로 ~ | 液体变成了气体。

ᶜ**화학**[化學] 몡【化学】huàxué ¶~ 변화 | 化学变化。 ¶~ 에너지 | 化学能。 ¶~반응을 일으키다 | 起化学反应。

ᶜ**화합**¹[和合] 몡해자【和解】héjiě 【融

洽]róngqià ¶두 나라가 ~을 도모하다 | 两国谋求móuqiú和解. ¶부부가 서로 ~하다 | 夫妇之间相互都很融洽.

화합²[化合] 圐하자 【化合】huàhé ¶~력 | 化合力/亲和力. ¶~물 | 化合物.

°**화해**[和解] 圐하자 【和解】héjiě 【调解】tiáojiě ¶~에 의한 중재 재정 | 根据和解作出的仲裁裁决. ¶가정내의 분규를 ~시키다 | 调解家庭纠纷. ¶~해결 | 和解解决. 참고 〔调处〕〔调说〕〔调停〕

화환¹[花環] 圐하자 【花环】huāhuán 【花圈】huāquān ¶장관도 직접 나가, ~을 드렸다 | 部长也亲自去, 敬献了花圈.

화환²[貨換] 圐자 〈經〉 【汇票】huìpiào 【汇单】huìdān 【跟单】gēndān ¶~ 발행 통지서 | 汇票通知书. ¶~ 어음 | 跟单期票/跟单票据. ¶~ 어음 계정 | 跟单汇票账户.

화훼[花卉] 圐자 【花卉】huāhuì ¶~ 원예 | 花卉园艺.

확튀 ❶(갑자기 세게 불거나 내뿜는 모양) 【刷啦】shuālā ¶바람이 ~ 불다 | 刷啦刮起了大风来. ❷(날래고 힘차게 행하는 모양) 【哗啦】huálā ¶~ 밀다 | 哗啦推开.

°**확고**[確固] 圐하형 【坚定】jiāndìng 【彻底】chèdǐ 【明确】míngquè 【牢牢】láoláo 【确定】quèdìng ¶의지가 ~하지 않다 | 意志不坚定. ¶~히 뿌리를 내리게 하다 | 牢牢生根.

확고부동[確固不動] 圐하형 【坚定不移】jiāndìng bùyí 【确定不移】quèdìng bùyí 【不可动摇】bùkě dòngyáo ¶~한 개혁개방 | 坚定不移地改革开放. ¶~한 결론 | 确定不移的结论.

°**확답**[確答] 圐자 【确切的回答】quèqiè·de huídá 【明确的回答】míngquè·de huídá ¶~을 받다 | 得到确切的回答.

°**확대**[擴大] 圐하타 【扩大】kuòdà 【扩充】kuòchōng 【扩张】kuòzhāng ¶범위를 ~하다 | 扩大范围. ¶시야를 ~하다 | 扩大视野. ¶역량을 ~하다 | 扩充力量. ¶세력을 ~하다 | 扩张势力.

°**확률**[確率] 圐 〈數〉 【几率】jīlǜ 【盖然率]gàiránlǜ 【概率】gàilǜ 【或然率】huòránlǜ ¶출현할 ~은 많지 않다 | 出现的几率不大. ¶~ 밀도 함수 | 概率密度函数.

°**확립**[確立] 圐하자타 【确立】quèlì 【树立】shùlì 【建立】jiànlì ¶세계관을 ~하다 | 确立世界观shìjièguān. ¶기초를 ~하다 | 建立基础.

확보[確保] 圐하타 【切实保障】qièshí bǎozhàng 【确保】quèbǎo ¶물증을 ~하다 | 确保物证.

확산[擴散] 圐하자 【扩散】kuòsàn ¶유언비어가 널리 ~되었다 | 谣言四处扩散了. ¶~ 능력 | 扩散本领. 참고 〔弥散〕

확성기[擴聲器] 圐 【扩音机】kuòyīnjī 【扩大机】kuòdàjī 【扩声机】kuòshēngjī 【扩声器】kuòshēngqì 【扩音器】kuòyīnqì 【播音机】bōyīnjī ¶~로 선전하다 | 用扩音机宣传. 참고 〔话筒〕〔麦克风〕〔微音器〕〔扬声器〕

확신[確信] 圐하타 【确信】quèxìn 【坚信】jiānxìn ¶진실이라고 ~한다 | 确信以为真. ¶나는 그들이 반드시 성공하리라고 ~한다 | 我坚信他们一定会成功.

°**확실**[確實] 圐하형 【确实】quèshí 【确切】quèqiè ¶~하게 이해하다 | 了解得很确实. ¶~히 그러하다 | 确实如此. ¶~한 증거 | 确切证据zhèngjù. 참고 〔确定〕

확약[確約] 圐하타 【约定】yuēdìng 【保证】bǎozhèng ¶성공을 ~하다 | 保证成功. ¶생산이 정상으로 진행될 것임을 ~한다 | 保证生产正常进行.

확언[確言] 圐하타 【肯定地讲】kěndìng·de jiǎng 【肯定】kěndìng ¶그가 오늘 올지 안 올지 ~할 수 없다 | 他今天来不来没法~.

°**확연**[確然] 圐하형 【分明】fēnmíng 【清楚】qīng·chu ¶이 일은 시비가 ~해서, 논쟁의 여지도 없다 | 这件事情是非分明, 无可争辩. ¶상황이 벌써 ~해졌다 | 情况已经很清楚了.

°**확인**[確認] 圐하타 【确认】quèrèn 【弄清】nòngqīng 【证实】zhèngshí 【调查核实】diàochá héshí 【保兑】bǎoduì ¶3일 전에 예약한 비행기표를 ~하

다 | 提前三天确认所订的机票。¶문제의 소재를 ~하다 | 弄清问题所在。¶그의 추론은 사실에 의해 완전히 ~되었다 | 他的推断被事实完全证实了。

°확장[擴張] 图[하타] 【扩张】kuòzhāng 【扩大】kuòdà 【扩展】kuòzhǎn 【推广】tuīguǎng 【扩建】kuòjiàn ¶세력을 ~하다 | 扩张势力。¶영토를 ~하다 | 领土扩张。¶불기운이 사방으로 ~되어나갔다 | 火势向四面扩展。¶~비 | 扩展费。¶개발지구를 ~하다 | 扩建开发区。 참고〔扩充〕[伸开][推广]

확장명[擴張名;extension] 图〈電算〉【扩展名】kuòzhǎnmíng 【后缀】hòuzhuì

확장성[擴張性;extensity] 图〈電算〉【可扩展性】kěkuòzhǎnxìng

확장 슬롯[擴張slot;extension slot] 图〈電算〉【扩展槽】kuòzhǎncáo

확장자[擴張子;extension] 图〈電算〉【扩展名】kuòzhǎnmíng 【后缀】huòzhuì

확정[確定] 图[하타] 【确定】quèdìng 【定局】dìngjú 【固定】gùdìng 【最终】zuìzhōng ¶장소를 ~하다 | 确定地点dìdiǎn。¶~된 인원 | 确定的人数。¶~ 기일 | 固定日期。

확증[確證] 图[하타] 【确证】quèzhèng 【证明】zhèngmíng ¶사실들이 이 판단이 정확하다는 것을 ~해 준다 | 事实证明这个判断是正确的。 참고〔明证míngzhèng〕〔确据quèjù〕

확충[擴充] 图[하타] 【扩充】kuòchōng 【加强】jiāqiáng 【扩大】kuòdà 【增加】zēngjiā ¶역량을 ~하다 | 扩充力量。¶군사력을 ~하다 | 加强军事力量。¶생산력을 ~ | 生产力扩大。

확확 图❶ (바람·연기 등이) 【刷啦刷啦】shuālāshuālā ¶술 냄새를 풍기다 | 酒味刷刷刷散开了。❷ (불길이) 【呼呼地】hūhū·de ¶~ 타오르는 불길 | 呼呼燃烧的火势。❸ (얼굴이 나 빨이) 【呼呼】hūhū ¶얼굴이 ~달아오르다 | 他呼呼涨红了脸。

°환[換] 图〈經〉【汇兑】huìduì ¶우편~ | 邮政汇兑。¶~ 중매인 | 汇兑(经纪)商。¶~관리 | 汇兑管制。

환각[幻覺] 图 【幻觉】huànjué ¶~이 일어나다 | 发生幻觉。¶~법 | 幻觉法。¶~제 | 幻觉剂。

환갑[還甲] 图 【花甲】huājiǎ 【六十花甲子】liùshí huājiǎzǐ 【六十寿辰】liùshí shòuchén ¶~날 | 花甲日。¶~잔치 | 花甲宴。

ᴬ환경[環境] 图 【环境】huánjìng ¶~ 보호 | 环境保护。¶~ 오염 | 环境污染wūrǎn。¶~의 질 | 环境质量。

환관[宦官] 图〈史〉【宦官】huànguān

ᴬ환기¹[喚起] 图[하타] 【唤起】huànqǐ 【引起】yǐnqǐ 【引致】yǐnzhì 【惹起】rěqǐ ¶주의를 ~시키다 | 唤起注意。¶특히 사람들의 주의를 ~시키다 | 特别引起人们的注意。

ᴬ환기²[換氣] 图[하자] 【换气】huàn/qì 【通风】tōng/fēng ¶창문을 열어 ~좀 시켜라 | 把窗子打开，通通风。¶~장치 | 换气机。

환담[歡談] 图[하자] 【畅谈】chàngtán ¶그와 ~을 나누다 | 和他一起畅谈。

환대[歡待] 图[하타] 【热情接待】rèqíng jiēdài 【款待】kuǎndài ¶~를 받다 | 受到款待。

환도[還都] 图[하자] 【返都】fǎndū 【返回首府】fǎnhuí shǒufǔ

환락[歡樂] 图[하자] 【欢乐】huānlè 【乐趣】lèqù ¶인생의 ~ | 人生乐趣。

환멸[幻滅] 图 【幻灭】huànmiè 【失望】shīwàng ¶이상이 ~로 변하였다 | 理想幻灭了。¶갑자기 공부에 ~이 느껴졌다 | 突然对学习感到失望了。

환부[患部] 图 【患处】huànchù 【病位】bìngwèi ¶약을 ~에 바르다 | 把药抹在患处。

환불[還拂] 图[하타] 【退赔】tuìpéi 【退还】tuìhuán 【抵前】dǐqián 【退钱】tuì/qián ¶횡령한 공금은 반드시 ~해야 | 侵吞qīntūn的公款必须退赔。 참고〔归还〕

ᴬ환산[換算] 图[하타] 【换算】huànsuàn 【折合】zhéhé 【折换】zhéhuàn ¶~율 | 折合率。¶100엔은 인민폐로 얼마에 상당하는지 ~해 보시오 | 请折合一下，一百日元等于多少人民币。

환상[幻像] 图 【幻像】huànxiàng 【幻影】huànyǐng ¶~이 보인다 | 眼前出现了幻影。

환생[還生]圐囤卧【轮回】lúnhuí【还生】huánshēng

환성[歡聲]圐【欢声】huānshēng【欢呼声】huānhūshēng ¶교실의 ~이 귀에 가득 울려 퍼진다 | 教室里欢声盈yíng耳。

환송[歡送]圐卧【欢送】huānsòng ¶공항으로 ~을 나가다 | 去机场欢送。

환심[歡心]圐【欢心】huānxīn ¶남의 ~을 사다 | 讨别人的欢心。（參考）[拉拢]〔讨好〕

환약[丸藥]圐〈藥〉【丸药】wányào【丸剂】wánjì ¶~을 복용하면 비교적 편리하다 | 服用丸剂比较方便。

환언[換言]圐卧자타【换言之】huàn yán zhī【换句话说】huàn jùhuà shuō ¶~하면 다음과 같다 | 换句话说, 如下。

환영[幻影]圐【幻影】huànyǐng【幻像】huànxiàng ¶~을 보다 | 看见幻影。

환영[歡迎]圐卧타【欢迎】huānyíng ¶~사 | 欢迎词。¶귀빈을 ~하다 | 欢迎贵宾。

환영회[歡迎會]圐【欢迎宴会】huānyíng yànhuì【招待会】zhāodàihuì【联欢会】liánhuānhuì【联谊会】liányìhuì ¶신입생 ~ | 欢迎新生联欢会。

환원[還元]圐卧자타【还原】huán/yuán ¶~법 | 还原法。¶~제 | 还原剂。¶~품 | 还原品。

환율[換率]圐〈經〉【汇率】huìlǜ【兑换率】duìhuànlǜ【比价】bǐjià【外汇率】wàihuìlǜ【外汇牌价】wàihuì páijià【外汇行情】wàihuì hángqíng【汇价】huìjià【汇兑率】huìduìlǜ【汇兑市价】huìduì shìjià【汇兑行市】huìduì hángshì ¶고정・固定汇率。¶변동・浮动汇率。¶자국 화폐의 ~을 변경하다 | 改变gǎibiàn本国货币bì的汇率。

^환자[患者]圐【患者】huànzhě【病人】bìngrén【病号】bìnghào【伤员】shāngyuán ¶폐결핵 ~ | 肺结核患者。¶장기 ~ | 老病号。¶~복 | 病号服。¶~의 가족 | 病人家属。

환장[換腸]圐卧자【发疯】fā/fēng【发神经】fāshénjīng ¶그것만으로도 ~

^환전[換錢]圐卧타〈經〉【换钱】huàn/qián【兑换】duìhuàn ¶~창구 | 外币兑换处。¶미국 달러를 중국돈으로 ~하다 | 用美金兑换人民币。

환절기[換節期]圐【变换季节期】biànhuàn jìjiéqī ¶~만 되면 삐마디가 아프다 | 一到换季骨头节就痛。

환청[幻聽]圐卧【幻听】huàntīng ¶~에 시달리다 | 受幻听的折磨。¶~을 듣다 | 听见幻听。

환풍기[換風器]圐【换气扇】huànqìshàn【排风机】páifēngjī【排风扇】páifēngshàn

^**환하다** 활 ❶ (밝다) 【亮】liàng【明亮】míngliàng【亮堂】liàng·tang【明朗】mínglǎng ¶불빛이 장내를 환하게 비추었다 | 火光把场地照得很亮。¶불이 ~ | 灯光明亮。¶그의 얼굴이 환해 졌다 | 他的脸liǎn也亮堂了。¶탁 트이고 환해지다 | 豁然huòrán亮堂。¶화창한 날씨는 밝음을 일으켜준다 | 晴朗qínglǎng的天气鼓舞着豁亮的心。❷ (명백하다) 【明显】míngxiǎn【明露（儿）】mínglù(r) ¶그의 의도가 매우 환히 드러났다 | 他的意图太明显了。❸ (정통하다) 【精通】jīngtōng【了如指掌】liǎorúzhǐzhǎng【一清二楚】yìqīng èrchǔ ¶시세에 ~ | 对市场行情了如指掌。¶중국 전 문학에 ~ | 对中国古典文学很熟悉。

환호[歡呼]圐卧자【欢呼】huānhū ¶손뼉치며 ~하다 | 鼓掌gǔzhǎng欢呼。¶~성 | 欢呼声。¶~작약 | 欢呼雀跃。

환후[患候]圐【病情】bìngqíng【病况】bìngkuàng【病势】bìngshì ¶김선생님의 ~가 호전되었다 | 金老师的病情有好转。

환희[歡喜]圐【喜悦】xǐyuè ¶그녀 마음속의 ~는 말로써는 형용할 수 없는 것이었다 | 她内心的喜悦是难nán以用言语形容的。（參考）[欢喜]〔高兴〕

환히[歡喜]圐【明亮地】míngliàng·de【明朗地】mínglǎng·de ¶웃다 | 明朗地笑。

^**활**圐 ❶ (무기) 【弓（儿・子）】gōng(r,·zi) ¶~을 잡아 당기다 | 拉gōng弓。¶

~ 모양 | 弓形。❷ (현악기의) 【弓子】gōng·zi ¶호금 | 胡琴弓子。

ⁿ활개치다 통❶ (사람의 두 팔을 휘두르다) 【摇动两臂】yáodòng liǎngbì 【大摇大摆】dà yáo dà bǎi 【趾高气扬】zhǐ gāo qì yáng 【朝气蓬勃】zhāoqì péngbó 【朝气勃勃】zhāoqì bóbó 【生气勃勃】shēngqì bóbó 【横行霸道】héngxíng bàdào ¶활개치며 문을 나섰다 | 大摇大摆地走出了大门。❷ (새가 날개짓하다) 【展翅】zhǎnchì

ⁿ활기 [活氣] 명 【朝气】zhāoqì 【活跃】huóyuè 【生气】shēngqì 【有力】yǒulì ¶그는 ~가 가득찬 젊은이이다 | 他是个朝气的小伙子。

활달 [豁達] 명형 【豁达】huòdá 【开阔】kāikuò 【大方】dà·fang 【开扩】kāikuò ¶~하고 도량이 크다 | 豁达大度。¶마음까지 자신도 모르게 ~해졌다 | 心情也不由自主开阔起来。¶거동이 ~하다 | 举止大方。

ˆ활동 [活動] 명하자 【行动】xíngdòng 【活动】huó·dòng ¶계획에 따라 ~하다 | 按计划行动。¶정치 ~ | 政治行动。¶교내 ~ | 校内活动。

활동가 [活動家] 명 【活动家】huódòngjiā ¶그는 사회 ~이다 | 他是社会活动家。

활력 [活力] 명 【活力】huólì 【精力】jīnglì 【生命力】shēngmìnglì 【生气】shēngqì ¶이 작은 소나무는 매우 ~이 있다 | 这个小松树很活力。¶~소 | 活力素。¶~이 넘치다 | 充满活力。

활로 [活路] 명 【活路】huólù 【生路】shēnglù ¶~를 찾다 | 谋求生路。¶생각하면 생각할수록 ~가 없다 | 越想越无生路。

ⁿ활발 [活潑] 명형 【活泼】huó·po 【活跃】huóyuè 【兴旺】xīngwàng 【兴隆】xīnglóng ¶팔림새가 여전히 ~하다 | 生意仍然兴隆。¶~한 시황 | 活跃的市场。

활보 [闊步] 명하자 【阔步】kuòbù 【大步】dàbù 【大踏步】dàtà bù ¶고개를 들고 ~하다 | 昂首阔步。

활성 [活性] 명 〈化〉 【活性】huóxìng ¶~ 염료 | 活性染料rǎnliào。¶~ 물질 | 活性物质。

활성 [活性; active] 명 〈電算〉 【激活】jī-

huó

활성 데스크탑 [活性desktop; active desktop] 명 〈電算〉 【活动桌面】huódòngzhuōmiàn

활성창 [活性窗; active window] 명 〈電算〉 【活动窗口】huódòng chuāngkǒu

활성화 [活性化] 명하타 〈物〉 【活化】huóhuà 【活性化】huóxìnghuà 【激化】jīhuà ¶~에너지 | 活化能。

활시위 명 【弓弦】gōngxián

ⁿ활약 [活躍] 명하자 【活跃】huóyuè 【活动】huó·dòng ¶눈부신 ~이 기대된다 | 期望有令人瞩目的大活动。

활엽수 [闊葉樹] 명 〈植〉 【阔叶树】kuòyèshù

활용 [活用] 명하타 【活用】huóyòng 【利用】lìyòng 【应用】yìngyòng 【运用】yùnyòng ¶폐물을 ~하다 | 活用废物。¶그는 시간을 잘 ~한다 | 他很会利用时间。¶언어 자료를 ~하여 어법을 연구하다 | 运用语料研究语法。

활자 [活字] 명 〈印〉 【活字】huózì ¶~로 찍은 판본 | 活字版。¶~판 | 活字盘。¶~본 | 活字本。¶~를 짜다 | 造活字。

활주 [滑走] 명하자타 【滑行】huáxíng ¶~로 | 滑道。¶비행기가 활주로를 ~하고 있다 | 飞机在滑道上滑行。 참고 〔滑翔〕

활짝 튀❶ (날씨가 맑게 개인 모양) 【光光】guāngguāng 【清朗】qīnglǎng ¶~ 갠 하늘 | 晴得光光的(天)。❷ (시원스럽게 열어젖힌 모양) 【大大】dàdà ¶창문을 ~ 열다 | 把窗户开得大大的。❸ (넓게 트인 모양) 【无际】wújì 【豁然】huòrán ¶~ 트인 들판 | 豁然开阔的田野。❹ (꽃 따위가 흐드러지게 핀 모양) 【盛】shèng ¶꽃이 ~ 피다 | 花儿盛开。❺ (환하게 웃는 모양) 【欢】huān 【满面】mǎnmiàn ¶~ 웃는 얼굴 | 满面笑容。

활화산 [活火山] 명 〈地〉 【活火山】huóhuǒshān

활활 튀 【呼呼】hūhū 【翩翩】piānpiān 【哗哗】huāhuā 【哗地一下】huā·de yíxià ¶불이 ~ 타다 | 火呼呼燃烧。

핫김에 [火-] 튀 【气头上】qìtóu·shang ¶~ 술을 마셨다 | 气头上喝了

酒。¶그는 ~ 부인에게 책을 던졌다 | 他气乎乎地把书扔向了太太。

황[黃]圐〈化〉**硫**liú

°**황공하다**[惶恐-]圐【惶恐】huángkǒng【冒昧】màomèi ¶황공하오나 저의 행동에 대해 해명하고자 합니다 | 我想冒昧地解释一下我的行为。¶황공무지로소이다 | 无地自容。〔웜고〕[过意不去][不安][不敢当][磨不开]

°**황금**[黃金]圐❶(금)【黃金】huángjīn ¶~ 광맥 | 黃金矿脉。❷(화폐)【金钱】jīnqián ¶~에 눈이 어둡다 | 被金钱迷住了。❸(가치가 큰 것)【黃金】huángjīn ¶~ 시장 | 黃金市场。¶~ 시간 | 黃金时间。¶~ 분할 | 黃金分割。

황급[遑急]圐하형【慌张】huāng·zhāng【着慌】zháo/huāng【着忙】zháo/máng ¶그때 가서 ~해지 않도록 미리 준비를 해 두어라 | 你先准备吧, 省得到时候儿着慌。

황당[荒唐]圐하형【荒唐】huāng·táng ¶이 말은 정말 ~하다 | 这话真荒唐。¶~무계 | 荒唐无稽。

황량[荒凉]圐하형【荒凉】huāngliáng ¶마을이 ~하고 적막하다 | 村子荒凉。¶뜰이 ~해져 차마 볼 수가 없게 되었다 | 院子荒凉得不忍心看。

황망[慌忙]圐하형【慌忙】huāngmáng【荒忙】huāngmáng【急忙】jímáng【慌张】huāng·zhāng ¶나는 ~하게 떠나는 바람에 가방을 잊었다 | 我走的时候慌慌忙忙, 忘了带提包。

°**황무지**[荒蕪地]圐【荒地】huāngdì ¶~불하 | 承领荒地。

황사[黃砂]圐【黃沙】huángshā ¶~ 현상 | 黃沙现象。

황산[黃酸]圐〈化〉【硫酸】liúsuān ¶~ 알루미늄 | 硫酸铝lǚ。¶~ 구리 | 硫酸铜/胆矾。¶~ 나트륨 | 硫酸钠。〔웜고〕[坏水(儿)]

ᴮ**황새**[-]圐〈鳥〉【鹳】guàn【白鹳】báiguàn ¶~걸음 | 大步。¶~걸음으로 걷다 | 迈开大步走。

황색[黃色]圐❶〈색〉【黃色】huángsè ¶~인종 | 黃色人种。❷(선정적인·저속한)【黃色】huángsè ¶~잡지 | 黃色杂志。❸(온정적인)【黃色】huángsè ¶~노동조합 | 黃色工会。

ᴮ**황소**[黃-]圐【大公牛】dàgōngniú【黃牛】huángniú【牡牛】mǔniú ¶~같이 일한다 | 像黃牛似的shì·de干活。¶~걸음 | 牛步。

황송[惶悚]圐하형【惶恐】huángkǒng【过意不去】guò yì bù qù【不安】bù'ān【不敢当】bùgǎndāng【磨不开】mó·bukāi ¶선생님께 누차 걱정을 끼쳐 드려서 정말 ~하게 생각합니다 | 屡次让您费心, 实在过意不去。

황실[皇室]圐【皇室】huángshì【皇家】huángjiā ¶~재산 | 皇室财产。

황야[荒野]圐【荒野】huāngyě ¶~에서 말을 달리다 | 在荒野上跑马。

황인종[黃人種]圐【黃色人种】Huáng-sè Rénzhǒng

°**황제**[皇帝]圐【皇帝】huángdì ¶~ 폐하 | 皇帝陛下。

황천[黃泉]圐【黃泉】huángquán【泉下】quánxià ¶~객이 되다 | 命赴黃泉。¶~길 | 去黃泉的路/死路。

황태자[皇太子]圐〈史〉【皇太子】huángtàizǐ ¶~를 책봉하다 | 册封皇太子。¶~비 | 皇太子妃。

ᴮ**황토**[黃土]圐【黃土】huángtǔ【黃砂】huángshā ¶노력하면 ~도 금이 된다 | 黃土变成金。

황폐[荒廢]圐하자형【荒废】huāngfèi【荒芜】huāngwú ¶~지구 | 荒芜区。¶마을에는 ~한 땅이 조금도 없다 | 村里没有一亩荒废的土地。

황혼[黃昏]圐【黃昏】huánghūn【下晚儿】xiàwǎnr【暮色】mùsè ¶~ 무렵, 가랑비가 내렸다 | 黃昏时分, 下起了小雨。¶~이 어둑어둑하다 | 暮色苍茫cāngmáng/暮色苍然。

°**황홀하다**[恍惚-]형❶(화려하다)【富丽堂皇】fùlì tánghuáng【辉煌灿烂】huīhuáng cànlàn ❷(무아지경이다)【入迷】rù/mí【恍惚】huǎng·hū【恍忽】huǎng·hū【出神】chū/shén ¶너무나 아름다운 풍경에 난 황홀했다 | 我被那非常美丽的景色迷住了。¶~경 | 迷人之境。

황후[皇后]圐【皇后】huánghòu ¶봉건 시대에는 ~를 국모라고 칭했다 | 封建时代称皇后为国母。

홰圐❶(옷 따위를 거는 나무 막대)【衣架】yījià ¶~대 | 衣架。❷(닭、

새】【架(儿,子)】jià(r, ·zi) ¶~에 오른
닭 | 上了架的鸡儿.

해치다 통【拍翅膀】pāi chìbǎng【扑打
着翅膀】pūdǎ·zhe chìbǎng【报晓】b-
àoxiǎo ¶새벽닭이 ~ | 晨chén鸡jī报
晓. ¶장닭이 ~ | 报晓雄xióng鸡.

핵 뮌❶ (갑작스럽고 날쌘 모양)【突
然】【猛地】měng·de ¶가방을
~ 낚아채 달아나다 | 猛地把包抢跑
了. ❷ (바람이 갑자기 세게 부는 모
양)【嗖】sōu【呼地】hū·de ¶바람이
~ 불다 | 风呼地刮起来. ❸ (날쌔게
지나가는 모양)【嗖】sōu ¶옆으로 ~
지나가다 | 嗖地从旁边过.

^**횃불** 명【火炬】huǒjù【火把】huǒbǎ ¶
~ 릴레이 | 火炬接力jiēlì. ⟮參고⟯〔火
枝〕〔明子〕

횅하다 혱❶ (잘알다)【精通】jīngtōng
【烂熟】lànshú ¶경제에 ~ | 精通经
济. ¶대사를 횅하게 외우다 | 台词
背得烂熟. ❷ (구멍이 크게 나다)
【大】dà ¶구멍이 횅하게 뚫려 있다 |
穿了一个大洞. ❸ (텅 비어 있다)
【空荡荡】kōngdàngdàng

^**회**¹【會】명하자 ❶ (모임)【会】huì ¶학
생~ | 学生会. ¶적십자~ | 红十字
会. ❷ (조직)【会议】huìyì ¶~를 거
행하다 | 举行会议/举办会议. ¶각
료~ | 部长会议. ¶교무~ | 校务会议.

회²【脍】명하타【生拌】shēngbàn ¶생
선~ | 生拌鱼片.

^**회**³【回】의명【回】huí【次】cì【届】jiè ¶
제1~ | 第一回. ¶제3~ 졸업생 | 第
三届毕业生.

^**회갑**【回甲】명【花甲】huājiǎ【六十花甲
子】liùshí huājiǎzǐ ¶~연 | 花甲宴/
六十寿宴.

회개【悔改】명하타【悔改】huǐgǎi ¶철
저히 ~ 하다 | 彻底悔改. ¶죽어도
~하지 않는 완고파 | 死不悔改的之
顽固派.

^**회견**【会见】명하자【会见】huìjiàn【会
晤】huìwù【会面】huì/miàn ¶한국 대
통령이 중국 총리와 ~했다 | 韩国总
统会见了中国总理. ¶양국 총리가
정기적으로 ~하다 | 两国总理定期会
晤. ¶한 번 ~한 적이 있다 | 会过一
次面.

^**회계**【會計】명하타 ❶ (계산)【计算】jì-
suàn ¶일수에 따라 ~하다 | 按日计
算. ¶수요의 비용을 ~해내다 | 计
算出需要的费用. ❷ (금전 출납에 관
한 일)【算帐】suàn/zhàng ¶~를 잘
못하다 | 算错帐. ❸ (금전 출납 담당
자)【会计】kuàijì ¶공인 ~사 | 高级
会计师. ¶~학 | 会计学.

회고¹【回顧】명하타【回顾】huígù【回
想】huíxiǎng ¶과거를 ~하다 | 回顾
过去. ¶삼십년 동안 걸어온 길을 ~
하다 | 回顾三十年来所走过的道路.
¶~해 보면 | 回想起来. ¶당시의
상황을 ~하다 | 回想当年的情景.

회고²【懷古】명하타【怀古】huáigù【怀
念】huáiniàn ¶옛날의 그 좋았던 시절을
~하다 | 很怀念过去那段好时光.

회관【会館】명【会馆】huìguǎn【(馆】gu-
ǎn ¶영빈~ | 宾bīn馆.

회귀【回歸】명하자【周转】zhōuzhuǎn
【回归】huíguī ¶자금이 ~하지 않다
| 资金周转不过来。¶~선 | 回归
线.

회담【会談】명하자타【会谈】huìtán
【谈判】tánpàn ¶양국의 대표가 지금
~을 하고 있다 | 两国代表正在谈
判. ¶~을 진행하다 | 进行谈判. ¶
~에 들어가다 | 摆到了谈判桌上.

^**회답**【回答】명하자타【回答】huídá【回
信】huí/xìn【回函】huíhán【答复】dá-
fù ¶만족스런 ~ | 满意的回答. ¶속
히 ~해 주기를 바랍니다 | 希望早日
回信. ¶긍정적 ~을 하였다 | 做肯
定的答复. ¶저에게 나에게 ~하시오
| 赶gǎn紧给我答复吧. ⟮參고⟯〔复回〕
〔复简jiǎn〕〔复书shū〕〔复文wén〕〔复
信xìn〕

회동【会同】명하자【会同】huìtóng【碰
头会jù】pèngtóuhuì ¶여야 대표의 ~ |
朝野两党代表开碰头会.

회랑【回廊】명【建】【回廊】huíláng【游
廊】yóuláng【走廊】zǒuláng ¶~의 의
자 | 走廊里椅子.

회로¹【回路】명 (돌아오는 길)【归路】
guīlù【归途】guītú.

회로²【回路; circuit】명〈物〉【电路】diàn-
lù【回路】huílù【轮道】lúndào ¶~소
자 | 电路原件.

회벽【灰壁】명【用石灰粉刷的墙壁】yòng shíhuīfěn shuā·de qiángbì 【粉墙】fěnqiáng〔粉皮墙〕fěnpíqiáng

회보[回報]圓[하타]【汇报】huìbào ¶제때에 임무 수행에 대한 상황을 ~하다 | 及时汇报完成任务的情况。¶~요 강 | 汇报提纲。

ᴮ**회복**[恢復]圓[하자타]【恢复】huīfù【复苏】fùsū【重振】chóngzhèn【跌后复升】diē hòu fù shēng ¶질서가 ~되다 | 秩序恢复。¶명예를 ~하다 | 恢复名誉。¶중국의 경제가 완만하게 ~되고 있다 | 中国的经济正在缓慢地复苏。

회부[回附]圓[하타]【支给】zhī·gěi【交付】jiāofù【递交】dìjiāo【提交】tíjiāo ¶지원서를 ~하다 | 提交志愿书。¶이문제를 안전 보장 이사회의 ~하여 심의하다 | 把这项问题提交安理会审议。參考〔支给〕

ᶜ**회비**[會費]圓【会费】huìfèi ¶~를 거두다 | 收会费。¶~를 내다 | 交纳会费。

ᴬ**회사**[會社]圓【公司】gōngsī【企业】qǐyè【商社】shāngshè【商号】shānghào ¶합작 ~ | 合作公司。¶주식 ~ | 股份gǔfèn(有限)公司。¶무역 ~ | 进出口jìnchūkǒu公司。

ᶜ**회상**[回想]圓[하타]　　　【回想】huíxiǎng【回忆】huíyì【回顾】huígù【回味】huíwèi ¶~해 보다 | 回想起来。¶나는 지금 오늘 하루 동안의 일을 ~하고 있는 중이다 | 我正在回味着今天一天的事。

ᴮ**회색**[灰色]圓〈色〉【灰色】huīsè ¶~분자 | 灰色分子/政治态度暧昧的人。

회생[回生]圓[하자]　　　【回生】huíshēng【复苏】fùsū ¶기사 ~하다 | 起死回生。¶중국의 경제가 완만하게 회복되고 있다 | 中国的经济正在缓慢地复苏。

회선[回線]圓〈電〉【线路】xiànlù【回路】huílù【电路】diànlù ¶전화선 | 电话diànhuà线路。參考〔轮lún道〕

ᶜ**회선**[回旋]圓[하자타]【回旋】huíxuán ¶~운동 | 回旋转头运动。¶비행기가 공중에서 ~하고 있다 | 飞机在上空回旋着。

ᶜ**회수**[回收]圓[하타]　　　【收回】shōu/huí

【回收】huíshōu【赎回】shúhuí【赎出】shúchū【追回】zhuīhuí【追还】zhuīhuán【回赎】huíshú ¶대여금을 ~하다 | 收回贷款dàikuǎn。¶비용을 ~하다 | 收回成本。¶폐품을 ~하다 | 回收废品。參考〔追偿cháng〕

ᶜ**회식**[會食]圓[하자]【会餐】huì/cān ¶학생회관에서 ~하다 | 在学生会馆会餐。¶~중이다 | 正在会餐。

회신[回信]圓[하자]【回信】huí/xìn【回报】huíbào【回单】huídān ¶제때에 임무 수행에 대한 상황을 ~하다 | 及时回报完成任务的情况。

ᶜ**회오리바람**[－]〈氣〉【旋风】xuànfēng ¶그는 ~처럼 날쌔게 여기에 왔다 | 他旋风似地来到这儿。

ᶜ**회원**[會員]圓【会员】huìyuán ¶정~ | 正式会员。¶~수 | 会员人数。¶~ 자격 | 会员资格zīgé。¶~ 회사 | 会员公司gōngsī。¶~국 | 会员国。¶~을 모집하다 | 招集会员。

회유[懷柔]圓[하타]【怀柔】huáiróu【劝诱】quànyòu【劝导】quàndǎo ¶문화적 ~정책 | 文化的怀柔政策。¶~정책 | 怀柔政策。

회의[會議]圓[하자]【会】huì【会议】huìyì【开会】kāi/huì ¶~를 열다 | 开会。¶~를 거행하다 | 举行会议/举办会议。¶각료 ~ | 部长会议。¶교무 ~ | 校务会议。¶3일간 ~를 열었다 | 开了三天会。

회의²[懷疑]圓[하타]【怀疑】huáiyí【疑心】yíxīn ¶~를 품다 | 抱bào有怀疑。¶~주의자 | 怀疑主义者。

회임[懷姙]圓[하자]【怀孕】huái/yùn【怀妊】huái/rèn【怀胎】huái/tāi【身孕】shēnyùn ¶그녀는 ~한 몸이다 | 她怀孕了。

ᴬ**회장**[會長]圓【会长】huìzhǎng ¶부~ | 副fù会长。¶명예 ~ | 名誉会长。

ᴮ**회장**²[會場]圓【会场】huìchǎng【会议场所】huìyì chǎngsuǒ ¶박람~ | 博览lǎn~。

회전[會戰]圓[하자]❶ (어울려 싸움)【会战】huìzhàn ¶낙동강에서 ~을 벌이다 | 在洛东江会战。❷ (경기)【局】jú ¶(게임의) 제3~ | 第三局比赛。

냄)【送往后方】sòngwǎng hòufāng ¶부상병을 ~하다 | 把伤员送往后方。❷ (압송)【押送】yāsòng ¶죄인을 ~하다 | 押送罪犯。

후실[後室]【妻】hòuqī【后室】hòushì ¶~로 들어가다 | 做小老婆。

후예[後裔]【嗣】hòusì【后裔】hòuyì【后胤】hòuyìn ¶그는 귀족의 ~다 | 他是贵族的后裔。

후원[後援]【后援】hòuyuán【援助】yuánzhù【支持】zhīchí【后盾】hòudùn【仗身】zhàngshēn ¶적의 ~을 차단하다 | 切断敌人的后援。¶재난을 당한 사람을 ~하다 | 援助受难者。¶대중의 ~을 받다 | 得到群众的支持。

후유[감]【嘘】xū ¶~ 한숨을 쉬다 | 嘘的一声叹了口气。

후유증[後遺症]【后遺症】hòuyízhèng ¶~을 남겨 놓았다 | 留下了后遗症。¶~ 예측 | 预测后果。

후의[厚意]【厚意】hòuyì ¶선생님의 ~에 깊이 감사드립니다 | 多谢老师的厚意。

후일[後日]【后日】hòurì【以后】yǐhòu ¶~ 다시 만나자 | 以后再见。¶~을 기약하다 | 以后再定。

후임[後任]【后任】hòurèn【继承人】jìchéngrén ¶~자 | 后任者。

후자[後者]【后者】hòuzhě ¶전자가 ~보다 낫다 | 前者比后者强。

후줄근하다[혱]❶ (몸이 지쳐 기운이 없다)【不挺】bùtǐng【软勒咕唧】ruǎnlegūjī【无力】wúlì ¶며칠 열이 나더니 온몸이 후줄근하고 힘이 없다 | 发了几天烧周身都软勒咕唧的没有劲儿。¶몸이 ~ | 身上无力。❷ (옷이 젖어 풀기가 없다)【湿漉漉】shīlùlù

후지[Fuji]【商標】【富士】Fùshì

후지쯔[Fujitsu]【商標】【铃木】Língmù

ᄃ**후진**[後進]【후진】❶ (후배)【后进】hòujìn【后辈】hòu·bèi【晚辈】wǎnbèi ¶~을 이끌다 | 带动后进后进。❷ (미발달)【不发达】bùfādá【落后】luòhòu ¶~국 | 不发达国家。¶~성 | 落后性。¶~국가 개발 계획 | 后进国开发计划。❸ (후퇴)【往后走】wǎng hòu zǒu【后退】hòutuì ¶어려움

을 만날지라도 결코 ~하지 않겠다 | 遇到困难决不后退。❹ (뒤로 감)【倒车挡】dǎochēdǎng ¶~등 | 倒车灯。

ᄀ**후처**[後妻]【妻】hòuqī【后室】hòushì ¶그는 ~를 얻었다 | 他要了个后室。

후천[後天]【后天】hòutiān ¶지식은 ~적으로 얻는 것이다 | 知识是后天获得的。

ᄇ**후추**[植]〈植〉【胡椒】hújiāo ¶~가루 | 胡椒面儿/胡椒粉。

후탈[後頉]【后患】hòuhuàn ¶~이 같이 없다 | 后患无穷。

ᄀ**후퇴**[後退]【后退】hòutuì【撤退】chètuì ¶어려움을 만날지라도 결코 ~하지 않겠다 | 遇到困难决不后退。¶전선(戰線)으로부터 ~하다 | 从前线撤退下来。

후편[後篇]【下册】xiàcè【下卷】xiàjuàn【下集】xiàjí ¶이 책의 ~은 아직 출판되지 않고 있다 | 这部书的下册还没出版。

후하다[厚-]【혱】❶ (대우가)【优厚】yōuhòu【丰厚】fēnghòu ¶대우가 ~ | 待遇dàiyù优厚。¶우리에겐 후한 보답을 해주었다 | 给了我们优厚的报答。❷ (성격이) 寬厚】kuānhòu【厚道】hòu·dao【敦厚】dūnhòu ¶사람됨이 ~ | 为人厚道。¶온유하며 ~ | 温柔敦厚。

후학[後學]【后上来的学者】hòushànglái·de xuézhě ¶~을 양성하다 | 培养后上来的学者。

ᄇ**후회**[后悔]【后悔】hòuhuǐ【悔悟】huǐwù【懊悔】àohuǐ ¶지금 ~해도 좋아질 것이 없다 | 现在后悔也没有用。¶그는 이렇게 무리하게 하지 말았어야 했다고 ~했다 | 他懊悔不该这么蛮干mán干了。【참고】〔追zhuī悔〕〔悔悟回头〕

후회막급[後悔莫及]【悔之无及】huǐzhī wú jí【后悔莫及】hòu huǐ mò jí【悔之晚矣】huǐ zhī wǎn yǐ【嗞脐莫及】shì qí mò jí ¶지금 ~해도 이미 때가 늦었다 | 今日虽悔, 噬脐莫及。【참고】〔悔之已晚〕〔悔之不及〕〔悔之何及〕〔嗞脐何及〕〔噬脐无及〕

후후[臮]【하타】【呼呼】hūhū ¶입김을 ~ 내불다 | 呼呼地哈气。

후히[厚-] 튀 【厚厚地】hòuhòu·de 【厚道地】hòudào·de 【隆重地】lóngzhòng·de ¶점수를 ~ 받다 | 得分很高.

훅 튀 ❶(입김을 내뿜는 소리) 【呼】hū 【噗】pū ¶~하고 숨을 내쉬다 | 呼出一口气. ¶~하고 단숨에 등불을 불어 껐다 | 噗的一声把灯吹灭了. ❷(단숨에 마시는 소리) 【呼噜】hūlū ¶국물을 ~ 들이마시다 | 呼噜一下就把汤喝掉了. ❸(뛰어넘는 모양) 【嗖】sōu·de ¶~ 담을 뛰어넘다 | 嗖的一下跳过墙去.

훈계[訓戒] 阅 하타 【训诫】xùnjiè ¶~방면 | 训诫赦免.

훈기[薰氣] 阅 【暖烘烘的气】nuǎnhōnghōng·de qì 【和暖的气流】hénuǎn·de qìliú ¶이 방은 ~가 있다 | 这屋子里的气流很暖和.

ᴮ**훈련**[訓練] 阅 하타 【训练】xùnliàn 【操练】cāoliàn 【培训】péixùn ¶전술 ~ | 战术zhànshù训练. ¶군사 ~ | 军事jūnshì训练. ¶민병은 그곳에서 두 달간 ~했다 | 民兵在那里操练了两个月. ¶간부를 ~시키다 | 培训干部.

ᴮ**훈민정음**[訓民正音] 阅 【训民正音】xùnmín zhèng yīn

ᴮ**훈방**[訓放] 阅 하타 【训戒赦免】xùnjiè shèmiǎn

훈수[訓手] 阅 하타 【参谋】cānmóu 【军师】jūn·shī 【指点】zhǐdiǎn 【点子】diǎn·zi 【支着儿】zhīzhāor ¶네가 장기를 두면, 我来给你当军师. ¶우리 둘이 바둑을 한 판 겨룰텐데 여러분은 절대로 ~하지 마시오 | 我们俩下一盘棋见个高低, 诸位千万别支着儿.

훈시[訓示] 阅 하타 【训示】xùnshì 【训诂】xùngǔ 【训】xùn ¶~로 삼기에는 부족하다 | 不足为训.

훈장[勳章] 阅 【勋章】xūnzhāng ¶~을 달다 | 戴勋章.

ᶜ**훈장**[訓長] 阅 【私塾老师】sīshú lǎoshī 【教书匠】jiāoshūjiàng ¶~질 | 当私塾老师.

훈화[訓話] 阅 하자 【训话】xùnhuà ¶교장선생님이 학생들에게 ~하고 있다 | 校长xiàozhǎng向学生训话.

ᶜ**훈훈하다**[薰薰-] 阅 ❶(기온이) 【暖

융융[融融]nuǎnróngróng 【暖烘烘】nuǎnhōnghōng 【和暖】hénuǎn ¶집안은 ~ | 屋内暖烘烘的. ❷(마음이) 【舒展】shūzhǎn ¶어머니의 마음이 훈훈해졌다 | 母亲的心情舒展了.

훌떡 튀 ❶(벗어진 모양) 【脱光】tuōguāng ¶웃도리를 ~ 벗다 | 脱光上身. ❷(삼키는 모양) 【一下子】yīxià·zi ¶찰떡 다섯 개를 ~ 먹어치웠다 | 一下子吃完了五块粘糕. ❸(뛰어넘는 모양) 【嗖地】sōu·de

훌렁 튀 ❶(벗어진 모양) 【光】guāng ❷(단숨에 하는 모양) 【一下子】yīxià·zi

ᴬ**훌륭하다** 阅 【很好】hěnhǎo 【了不起】liǎo·buqǐ 【出色】chūsè 【卓越】zhuōyuè 【优秀】yōuxiù ¶중국어를 일년 배워서 그렇게 유창하게 말하다니 정말 ~ | 汉语学了一年就说得那么流利, 可真了不起. ¶그는 훌륭한 책이다 | 他干得很出色. ¶훌륭한 작품 | 优秀的作品.

훌뿌리다 동 ❶(비·눈이) 【粉飞】fěnfēi ❷(마음대로 던지다) 【乱扔】luànrēng 【乱摔】luànshuāi ¶공을 ~ | 把球乱扔. ❸(뿌리치다) 【用】shuǎi ¶소매를 훌뿌리고 가버렸다 | 袖子xiùzi一甩就走了.

ᴬ**훌쩍** 튀 ❶(단숨에) 【一下子】yīxià·zi ¶~ 마시다 | 一下子喝下去. ❷(잡자기) 【很快地】hěnkuài·de 【忽然】hūrán ¶~ 가버리다 | 忽然离去. ❸(코를) 【抽泣】chōuqì 【啜泣】chuòqì

훌쩍이다 동 ❶(액체를 들이마시다) 【吸吸】chōuxī 【啜饮】chuòyǐn 【吸溜】xī·liu ¶쉴 새 없이 코를 ~ | 不住地啜饮鼻涕. ❷(울다) 【抽抽】chōutāi 【抽泣】chōuqì 【啜泣】chuòqì 【抽搭】chōu·da ¶몰래 혼자 ~ | 暗自抽泣. ¶아이는 억울함을 당해서고 저기에서 계속 훌쩍이고 있다 | 孩子受了委屈wěiqū, 在那儿啜泣不止. 참고 抽搐 | 抽噎yē | 抽咽

훌쩍훌쩍 튀 ❶(액체를) 【连续抽吸】liánxù chōuxī 【连续吸溜】liánxù xī·liu ❷(계속 우는 모양) 【连续抽抽】liánxù chōutāi 【连续抽泣】liánxù chōuqì 【抽抽搭搭】chōu·choudādā 【哭哭啼啼】kūkūtítí ❸(날거나 뛰는

모양】【连续很快】liánxù hěnkuài

홀쭉하다【形】❶ (가늘고 길다)【细长】xì-cháng【瘦长】shòucháng ¶홀쭉한 몸매 | 细长的身材 shēncái。 ¶홀쭉한 얼굴 | 瘦长脸。 ❷ (야위다)【瘪】biě【干瘪】gānbiě ¶배가 홀쭉해졌다 | 肚子瘪了。 ¶홀쭉하여 주름투성이인 노인 | 干瘪老头儿。

홀홀【副】❶ (나는 모양)【翩翩】piānpiān【翩翻】piānfān ¶나비가 ~ 난다 | 蝴蝶húdié翩翩飞舞fēiwǔ。 ❷ (던지거나 뿌리는 모양)【呼呼地】hū·hū·de ¶씨앗을 ~ 뿌리다 | 呼呼地撒播种子。 ❸ (옷 등을 벗어부치는 모양)【随随便便】suísuí biànbiàn ¶옷을 ~ 벗다 | 随随便便地脱下衣服。 ❹ (옷의 먼지 등을 터는 모양)【轻轻地】qīngqīng·de ¶옷을 ~ 털다 | 轻轻地掸衣服。 ❺ (부채질하는 모양)【呼啦呼啦地】hūlā hūlā·de ¶~ 부채질하다 | 呼啦呼啦地扇扇子。 ❻ (마시는 모양)【咕嘟咕嘟】gūdū gūdū ¶국을 ~ 마시다 | 咕嘟咕嘟地喝汤。 ❼ (뛰는 모양)【嗖地】sōu·de ¶~ 냇물을 뛰어 건넜다 | 嗖地一下跳进小溪。 ❽ (불타는 모양)【呼呼地】hūhū·de ¶불이 ~ 타다 | 火呼呼地燃烧。

훑다【动】❶ (붙은 것을 부시어내다)【捋】luō ¶나뭇잎을 ~ | 捋树叶儿shùyèr/捋叶子。 ❷ (알갱이를 털어내다)【脱粒】tuō/lì【脱谷】tuō/gǔ ¶훑이로 벼를 ~ | 用脱粒机脱粒。 ❸ (샅샅이 살펴보다)【打量】dǎ·liang ¶그녀는 자세히 자신을 훑고서 문을 나섰다 | 她仔细zǐxì打量了一下自己zì·jǐ，才出了门。 ❹ (긁어내다)【掏出】tāochū【捋】lū ¶나뭇잎을 한웅큼 훑었다 | 捋了一把树叶子。

B훑어보다【动】【打量】dǎ·liang【扫】sǎo【端相】duān·xiàng【端详】duānxiáng ¶그는 나를 아래 위로 죽 훑어보았다 | 他把我上下打量了一番fān。 ¶온 방안을 한동안 훑어보았다 | 满屋里扫了一下。

훔쳐내다【动】❶ (닦다)【擦干】cāgān ¶너 세숫대야의 물기를 훔쳐내라 | 你把脸盆liǎnpén擦干。 ❷ (물건을 훔치다)【偷东西】tōu dōng xi【偷】tōu【偷盗】tōudào【盗窃】dàoqiè ¶남의 돈을 ~ | 偷人家的钱。 ¶재물을 ~ | 偷盗财物。

훗날【后－】【名】【以后】yǐhòu【将来】jiānglái【改日】gǎirì【改天】gǎitiān ¶어려서 책 읽지 않으면, 무엇을 할게니? | 小时候不读书, 将来干什么呢? ¶그는 ~을 기약하고 집을 떠났다 | 他说好了以后的事情, 就离开了家。

훗날【后－】【名】【以后的事情】yǐhòu·de shìqíng

훔쳐먹다【动】【偷吃】tōuchī ¶이것들은 손님께 드릴 것이니, 훔쳐먹지마라 | 这些都是请客人吃的, 你别偷吃。

훔쳐보다【动】【偷看】tōukàn【偷眼】tōuyǎn ¶남의 답안지를 몰래 ~ | 偷看他人的答卷dájuàn。 ¶그는 어머니의 안색을 슬쩍 훔쳐보았다 | 他偷眼看了一下母亲的神色。

B훔치다【动】❶ (닦다)【拭】shì【擦】cā【揩】kāi ¶눈물 자국을 ~ | 拭去泪痕lèi·hén。 ¶바닥을 ~ | 擦地板。 ❷ (도둑질하다)【偷】tōu【偷盗】tōudào【盗窃】dàoqiè ¶남의 돈을 ~ | 偷人家的钱。 ¶재물을 ~ | 偷盗财物。

훤칠하다【形】【修长】xiūcháng【颀长】qícháng ¶훤칠한 몸매 | 修长的身材shēncái。

훤하다【形】❶ (밝다)【亮】liàng【明亮】míngliàng ¶그 등불은 훤하지 않다 | 那盏zhǎn灯dēng不亮。 ¶날이 훤해졌다 | 天亮了。 ❷ (분명하다)【明显】míngxiǎn【明白】míng·bai【清楚】qīng·chu ¶그의 의도가 매우 훤히 드러났다 | 他的意图太明显了。 ¶그는 아직도 어린 시절의 생활정경을 훤하게 기억하고 있다 | 他还清楚地记得童时代的生活情景qíngjǐng。 ❸ (트이다)【开阔】kāikuò【广阔】guǎngkuò ¶시야가 갑자기 훤해졌다 | 视野一下子开阔起来。 ❹ (잘생기다)【白净大方】báijìng dàfāng【漂亮】piào·liang ¶훤하게 생긴 얼굴 | 脸长得白净大方。

A훨씬【副】【更】gèng【显著】xiǎnzhù【大大】dàdà ¶그는 너보다 ~ 더 일찍 왔다 | 他比你来得更早。 ¶성적이 ~ 뛰어나다 | 成绩chéngjī显著。 ¶금년의 면화 생산량은 작년을 ~ 상회했다 | 今年的棉花产量大大超过了去年。

B휠휠【副】❶ (나는 모양)【翩翩】piānpiān【翩翻】piānfān ¶나비가 ~ 날다 | 蝴

蝶húdié翩翩飞舞fēiwǔ。❷〔불타는 모양〕【呼呼】hūhū ¶장작이 아궁이에 서 ~ 타다 | 灶里劈柴呼呼地烧起来了。❸〔부채질하는 모양〕【哗哗】huāhuā ¶~ 부채질을 하다 | 哗哗地扇扇子。❹〔서두르는 모양〕【很快地】hěnkuài·de ¶아이들은 옷을 벗더니 강으로 뛰어들었다 | 孩子们很快地脱下衣服, 就跳到河水里了。

ᶜ**훼방**[毁謗] 阅하러]【妨碍】fáng'ài ¶~꾼 | 妨碍者。¶~ 놓다 | 妨碍·捣乱。¶남의 일에 ~하지 마라 | 别妨碍别人的事儿。

훼손[毁損] 阅하자타]　【毁损】huǐsǔn 【毁害】huǐhài【毁坏】huǐhuài【毁伤】huǐshāng【破坏】pòhuài【破损】pòsǔn【损坏】sǔnhuài【沾污】zhānwū【沾辱】zhānrǔ ¶농작물·가축 모두 ~했다 | 庄稼, 牲畜都遭受到毁害。¶명예를 ~하다 | 毁坏名誉。

휑뎅그렁하다 혭【空空的】kōngkōng·de【空荡荡(的)】kōngdàngdàng(·de) ¶거리는 휑뎅그렁하여, 사람의 그림자조차 보이지 않는다 | 马路上空荡荡, 连个人影也没有。참고〔空荡〕〔空落落(的)〕

휑하다 혭〔공허하다〕【空虚】kōngxū ¶그는 정신이 휑하여 여러 가지 육체적 자극을 찾는다 | 他精神空虚, 寻找各种肉体刺激。¶가슴이 ~ | 心里空虚。❷〔눈이 쑥 꺼지다〕【眼睛无神】yǎn·jing wúshén ❸〔휑뎅그렁하다〕【空】kōng【宽敞】kuān·chang ¶침대를 밖으로 내가니 방안이 ~ | 把床抬出了出去，屋子就显得宽敞了。❹〔잘 알다〕【精通】jīngtōng【熟悉】shú·xī〔烂熟〕shú ¶경제에 ~ | 精通经济。¶그는 이곳 지리에 ~ | 他很熟悉此地的地理。

휘 ❶〔바람소리〕【呼】hū ¶북풍이 ~ 분다 | 北风呼呼吹。❷〔휘파람 소리〕【嘘】xū ❸〔숨소리〕【嘘】xū ¶하늘을 쳐다보며 ~ 한숨짓다 | 仰天而嘘。❹〔둘러보는 모양〕【环视】huánshì【环顾】huángù ¶주위를 ~ 둘러보다 | 环视四周。

ᶜ**휘감기다** 통☞ 휘감다

ᶜ**휘감다** 통【缠】chán【缠绕】chánrào

머리를 헝겊 조각으로 ~ | 头上缠着一块布bù。¶손에 붕대를 ~ | 手上缠绕着绷bēng带。

ᵇ**휘날리다** 통 ❶〔나부끼다〕【飘扬】piāoyáng【飘舞】piāowǔ【招展】zhāozhǎn【飘飏】piāoyáng ¶눈꽃이 휘날린다 | 雪花飘舞。¶버드나무가지가 바람에 휘날린다 | 柳条liǔtiáo迎风yíngfēng飘舞。¶깃발 위에는 올림픽기가 바람에 휘날리고 있다 | 旗杆上有奥林匹克会旗迎风招展。❷〔이름을〕【扬名】yáng/míng ¶후세에 이름을 ~ | 扬名后世。

ᵇ**휘다** ❶〔구부러지다〕【窝】wō【弯】wān【折弯】zhéwān ¶철사를 둥그랗게 ~ | 把铁丝窝个圆圈。¶나뭇가지가 눈에 눌려 휘어졌다 | 树枝都被雪压弯了。❷〔의지, 기개 등을 격다〕【屈】qū ¶죽을지언정 휘지 않다 | 宁死níngsǐ不屈。❸〔구부리다〕【压弯】yāwān【弄弯】nòngwān ¶나뭇가지를 ~ | 把树枝弄弯。

휘달리다 통【奔走】bēnzǒu【东奔西走】dōng bēn xī zǒu【东跑西颠】dōng pǎo xī diān【团团转】tuántuán zhuàn ¶사방팔방으로 ~ | 奔走四方。¶그는 이 일로 열심히 휘달리고 있다 | 他正在为这件事奔走。

ᵇ**휘돌다** 통 ❶〔마구 돌다〕【转动】zhuàndòng ¶바퀴가 휘돌아가는 것이 아주 빠르다 | 轮子转动得很快。❷〔물 등이 휘감고 흐르다〕【蜿蜒而流】wān tíng ér liú【环绕流】huánrào·zhe liú ❸〔굽이를 따라 돌다〕【转一圈儿】zhuàn yìquānr ¶마을을 한바퀴 휘돌았다 | 在村里转了一圈儿。❹〔공기가 휘몰아치다〕【刮来】guālái【笼罩着】lǒngzhào·zhe

ᵇ**휘두르다** 통 ❶〔돌리다〕【挥动】huīdòng【抡】lūn【甩】shuǎi ¶주먹을 ~ | 挥动拳头。¶큰 쇠줄을 휘둘러 열 몇차례 내리쳤다 | 抡起大链锤zá了十几下。¶팔을 ~ | 甩胳膊gēbo。❷〔제뜻대로 하다〕【摆布】bǎi·bu ¶모두 남에게 휘둘려 자기의 주장은 조금도 없다 | 一切听人摆布, 自己毫无主张。¶남에게 휘둘리다 | 任人摆布。❸〔드러내다〕【显摆】xiǎnbǎi【玩弄】wánnòng ¶솜씨를 ~ | 显摆一下手

艺. ❹ (얼을 빼다) 【蒙头转向】mé-ngtóu zhuǎnxiàng ¶정신이 얼떨떨하게 ~ | 弄得使人蒙头转向.

ᴮ**휘말다** 图 ❶ (적셔서 더럽히다) 【弄得又湿又脏】nòng·de yòushī yòuzāng ¶아이가 흙탕물에 옷을 휘말았다 | 小孩在泥水里把衣服弄得又湿又脏. ❷ (마구 말다) 【卷】juǎn ¶발을 ~ | 卷帘子.

ᶜ**휘몰다** 图 ❶ (말·차 등을 급히 몰다) 【赶】gǎn 【驱赶】qūgǎn 【驱使】qūshǐ ¶양떼를 산으로 ~ | 把羊群赶到山上去. ❷ (휩쓸다) 【卷】juǎn ¶바람이 낙엽을 휘몰아갔다 | 风卷走了落叶落叶.

휘몰아치다 图 ❶ (휘)【刮】guā 【卷起】juǎnqǐ ¶바람이 휘몰아쳤다 | 刮起风来了. ¶온 산에 검은 연기가 ~ | 漫山卷起一片黑烟.

휘발 【挥发】 图[하자] 挥发】huīfā ¶~물 | 挥发物. ¶~성 | 挥发性.

ᴮ**휘발유** 【挥发油】 图 【汽油】qìyóu 【挥发油】huīfāyóu ¶~ 절약하다 | 节省jié-shěng 汽油. (참고) 〔气油〕〔电水〕〔电油〕〔戏gài司林〕

휘어넘어가다 【受骗】shòu/piàn 【上当】shàng/dàng 【中计】zhòng/jì ¶너희들은 모두 휘어넘어갔다 | 你们都受骗了. ¶그는 또 휘어넘어갔다 | 他又中计了.

휘어들다 图 ❶ (구부러지다) 【屈】qū 【弯曲】wānqū ¶참대가 ~ | 竹子弯曲了. ❷ (굽혀지다) 【弯】wān ¶허리가 ~ | 腰弯了. ❸ (의지가 꺾이다) 【软下来】ruǎnxiàlái 【向人屈伏】xiàngrén qūfú 【向人底头】xiàngrén dītóu ¶그렇게 우기던 사람이 휘어들기 시작했다 | 原来那样固执己见的人终于软下来了.

휘어박다 图 ❶ (넘어지다) 【摔倒】shuāidǎo 【打倒】dǎ/dǎo ¶발 밑에 미끄러하여 바로 휘어박았다 | 脚下一滑就摔倒了. ¶그는 주먹 한 방으로 상대를 땅에 휘어박았다 | 他一拳打倒对方. ❷ (굴복하게 하다) 【压服】yā/fú 【压伏】yāfú ¶누구도 그를 휘어박을 수 없습니다 | 谁压服不了他.

ᶜ**휘어잡다** 图 ❶ (장악하다) 【掌握】zhǎng·wò 【管住】guǎnzhù ¶외국어 하

나를 휘어잡았다 | 掌握一门外国语. ❷ (손아귀에 넣고 부리다) 【握住】wò-zhù 【薅住】hāozhù ¶나뭇가지를 ~ | 握住树枝. ¶머리채를 ~ | 薅住头发.

휘어지다 图 【窝】wō 【弯】wān ¶철사가 ~ | 铁丝弯了.

휘영청 图 【皎皎】jiǎojiǎo 【皎洁】jiǎojié 【皎白】jiǎobái ¶~ 밝은 달빛 | 皎洁的月色/皎洁的月光.

휘장 【挥帐】 图 【帷帐】wéizhàng 【幔帐】mànzhàng 【窗帘】chuānglián ¶~을 치다 | 挂一圈挥帐.

휘적거리다 图 【摇晃】yáo·huang 【摆动】bǎidòng ¶팔을 휘적거리며 걸어간다 | 摆动着两臂走.

휘적휘적 图[하다] 【摇摇晃晃】yáoyáo huànghuàng 【摇摇摆摆】yáoyáobǎibǎi ¶~하며 걸으면서 노래를 부르다 | 摇摇摆摆地, 一边走还一边唱歌.

ᴮ**휘젓다** 图 ❶ (뒤섞다) 【搅】jiǎo ¶죽을 좀 휘저어라 | 把粥搅一搅. ❷ (흔들다) 【摇动】yáo/dòng 【摆动】bǎidòng 【摇摇摆摆】yáoyáo bǎibǎi ¶지팡이를 ~ | 摇动拐棍儿. ❸ (어지럽게 하다) 【搅乱】jiǎoluàn ¶마음의 평화를 ~ | 平静的心绪被搅乱了.

휘청거리다 图 ❶ (휘어지다) 【颤动】chàndòng 【颤悠】chàn·you 【摇晃】yáo·huang 【呼扇】hū·shān ¶판자가 얇으면 휘청거리게 된다 | 木板薄了就会颤动. ¶발판이 너무 길어서 발을 걸으면 자꾸 휘청거린다 | 跳板太长, 走到上面直呼扇. ❷ (힘이 없어 흔들리다) 【趔趄】liè·qie ¶그는 휘청거리며 교실로 걸어 들어온다 | 他趔趄着走进教室.

ᴮ**휘파람** 图 【口哨】kǒushào ¶소년은 ~을 길게 불었다 | 少年吹着长长的口哨.

휘하 【麾下】 图 【麾下】huīxià 【率领】shuàilǐngxià ¶나는 당신의 ~에서 삼년간 근무했다 | 我在您麾下服务了三年.

휘황찬란하다 [辉煌灿烂─] 혭 【辉煌灿烂】huīhuáng cànlàn ¶휘황찬란한 야경 | 辉煌灿烂的夜景.

휘황하다 [辉煌─] 혭 【辉煌】huīhuáng

【光辉】guānghuī ¶휘황한 문화 | 辉煌的文化.

휘휘 톤 ❶ (바람소리) 【呼呼】hūhū ¶북풍이 ~분다 | 北风呼呼地刮. ❷ (휘파람소리) 【嘘嘘】xūxū ¶휘파람을 ~ 불다 | 嘘嘘吹口哨. ❸ (휘두르는 모양) 【挥动】huīdòng 【搅动】jiǎodòng ¶붉은 깃발을 ~ 휘두른다 | 挥动红旗. ❹ (감는 모양) 【缠绕】chánrào.

획 톤 ❶ (동작이 매우 날쌘 모양) 【嚯】huò 【噗】pū 【飕】sōu 【嗖】sōu ¶찬기운이 방안으로 ~ 몰려들다 | 一股冷气地嗖吹进屋里. ¶새끼 고양이가 침대 위로 ~ 뛰어 올라오다 | 小猫xiǎomāo嗖地跳tiào上床来. ❷ (갑작스운 모양) 【突然】tūrán 【蓦地】mòdì 【猝然】cūrán ¶어떤 사람이 뛰어 들어왔다 | 突然闯chuǎng进一个人来. ¶그는 ~ 일어섰다 | 他蓦地站起来.

획획 톤 ❶ (바람이 갑자기 세게 부는 모양) 【呼呼地】hūhū·de 【嗖嗖u·de ❷ (갑작스러운 모양) 【突然】tūrán 【蓦然】mòrán ¶생각이 ~ 떠올랐다 | 突然想起来了. ❸ (빠르게 지나가는 모양) 【闪】shǎn 【一闪一闪】yìshǎn yìshǎn ¶차창밖으로는 푸른 가로수들이 ~ 지나간다 | 车窗外闪过一排一排嫩青的 모양 ❹ (일을 재빠르게 해치우는 모양) 【很快地】hěnkuài·de 【一气儿】yìqìr 【一下子】yíxià·zi

ㅇ**휠체어** [wheel chair] 명 【轮椅】lúnyǐ 【椅子车】yǐ·zichē ¶그는 ~에 앉아 책을 본다 | 他坐在轮椅上看书. 참고〔搖yáo手车〕

휩싸다 톤 ❶ (감아 싸다) 【包裹】bāoguǒ ¶천으로 상처를 ~ | 用布把伤shāng口包裹起来. ❷ (온통 뒤덮다) 【笼罩】lǒngzhào ¶온 회의장이 우울한 분위기에 휩싸였다 | 整个会场被悲伤的气氛笼罩住了. ❸ (가리다) 【抱】bào ¶두손으로 얼굴을 ~ | 两手抱住脸. ❹ (덮다·감추다) 【掩盖】yǎngài 【掩饰】yǎnshì ¶큰 눈이 들판을 가득 휩싸고 있다 | 大雪掩盖着田野. ¶결점을 휩싸지 마라 | 别掩盖缺点.

ㅇ**휩싸이다** 톤 【被包裹】bèibāoguǒ 【被笼罩】bèilǒngzhào 【被抱】bèibào 【被掩盖】bèiyǎngài 【被掩饰】bèiyǎnshì

휩쓸다 톤 ❶ (일소하다) 【扫】sǎo 【荡平】dàngpíng 【席卷】xíjuǎn ¶폭풍이 대초원을 ~ | 暴风席卷大草原. ❷ (널리 퍼져있다) 【传遍】chuánbiàn 【遍及】biànjí ¶이 소식이 전국을 휩쓸었다 | 这个消息传遍了全国. ❸ (뒤덮다·가득하다) 【笼罩】lǒngzhào 【充斥】chōngchì ¶백화점에 일본 상품이 휩쓸고 있다 | 百货公司里充斥着日本货.

휩쓸리다 톤 【被荡平】bèidàngpíng 【被传遍】bèichuánbiàn 【被笼罩】bèilǒngzhào 【被充斥】bèichōngchì

휴가 [休暇] 명 【休暇】xiūxiá ¶~를 받다 | 得到休暇. ¶월차~ | 月别休暇.

ㅁ**휴강** [休講] 명 하자 【停讲】tíng jiǎng 【停课】tíng kè ¶그 수업은 오늘 ~이다 | 那门课今天停讲.

휴게 [休憩] 명 【休息】xiū·xi 【稍憩】shāoqì 【稍歇】shāoxiē ¶~실 | 休息室shì. ¶~소 | 过路店. 참고〔休歇xiē〕

휴관 [休館] 명 하자타 【闲馆】xiánguǎn 【闭馆】bìguǎn ¶금일 ~ | 今日闭馆.

휴교 [休校] 명 하자 【停课】tíng kè ¶학교는 이미 ~했다 | 学校已停课. ¶폭우로 ~되다 | 由于暴雨, 学校停课.

휴대 [携帶] 명 하타 【携帶】xiédài ¶~식량 | 携带口粮. ¶~용 라디오 | 袖珍收音机. ¶~전화 | 携带电话机/大哥大. ¶~품 | 携带品/随身行李.

휴대형 컴퓨터 [携帶型computer; portable computer] 명 【電算】【便携】biānxiéjī 【小型计算机】xiǎoxíngjìsuànjī

휴머니스트 [humanist] 명 【人道主义者】réndào zhǔyìzhě 【人文主义者】rénwén zhǔyìzhě

휴머니즘 [humanism] 명 【人道主义】réndào zhǔyì 【人文主义】rénwén zhǔyì 【人本主义】rénběn zhǔyì ¶~을 실행하다 | 实行人道主义. ¶~을 숭상하다 | 崇尚人文主义.

휴무 [休務] 명 하자 【停职】tíng/zhí 【停

业]tíng/yè ¶~일 | 工休日. ¶재고
품 정리로 이틀간 ~하다 | 清理存货,
停业两天.

ᵃ**휴식**[休息] 몡하자 【休息】xiū·xi 【歇】xiē·ē 【歇息】xiē·xi ¶~시간이 되었다 |
休息的时间到了. ¶너는 너무 피곤
한 것 같으니 ~하는 게 좋겠다 | 你太
累lèi了, 还是休息休息吧. ¶잠시 ~
을 취하고 나서 갑시다 | 歇息一下再
走吧!

ᶜ**휴양**[休養] 몡하자타 【休養】xiūyǎng
¶병이 난 후 그는 일년간 ~했다 | 病
了, 他休养了一年. ¶이곳은 ~하기
좋은 곳이다 | 这里是休养的好地方.
¶~지 | 休养地.

휴업[休業] 몡하자 【停业】tíng/yè 【关
闭】guānbì 【停工】tíng/gōng 【歇业】
xiē/yè 【休业】xiū/yè ¶재고품 정리
로 이틀간 ~하다 | 清理存货, 停业两
天. ¶공장은 ~하고, 학교는 수업을
중단하다 | 工厂停工, 学校停课. ¶
당사는 하루 ~한다 | 本公司休业一
天.

ᴮ**휴일**[休日] 몡 【假日】jiàrì 【休息日】xiū-
xīrì 【公休日】gōngxiūrì ¶단지 ~에
만 부모님 댁에 돌아갈 수 있다 | 只有
假日才能回父母家.

휴전[休電] 몡하자 【停用器机设备】tíng-
yòng qìjī shèbèi 【停电】tíng/diàn
【断电】duàndiàn ¶이 도시는 자주 ~
된다 | 这个城市经常停电.

ᶜ**휴전**[休戰] 몡하자 【休战】tíng/zhàn
【休战】xiūzhàn 【停火】tíng/huǒ 【息
兵】xī/bīng ¶~협정에 조인하였다
| 在停战协定上签了字. ¶~선 | 停
战线. ¶쌍방 모두 ~에 동의하다 |
双方同意停战.

휴지[休止] 몡하자 【休止】xiūzhǐ 【停
止】tíngzhǐ 【中间休息】zhōngjiān xiū-
ǔ·xī ¶이 화산은 ~ 상태로 들어갔다
| 这座火山已进入休止状态.

ᴬ**휴지**[休紙] 몡 ❶ (폐지) 【废纸】fèizhǐ
【字纸】zìzhǐ ¶~를 마구 버리지 말라
| 不要乱扔废纸. ¶~화 | 废纸化.
❷ (뒤지) 【卫生纸】wèishēngzhǐ 【草
纸】cǎozhǐ 【手纸】shǒuzhǐ

ᴮ**휴지통**¹[休紙桶] 몡 【字纸篓(儿)】zìzhǐ-
lǒu(r) 【纸篓(儿)】zhǐlǒu(r) 참고 〔字
纸篓lǒu〕

휴지통²[休紙桶;recycled] 몡 〈電算〉
【回收站】huíshōuzhàn

휴직[休職] 몡하자 【停职】tíng/zhí 【休
假】xiūjià 【停职休息】tíngzhí xiūxī 【离
职】lí/zhí ¶그는 ~하고 통신대학에
서 공부한다 | 他离了职到电大学习.

휴진[休診] 몡하자 【休诊】xiūzhěn 【停
诊】tíngzhěn

휴학[休學] 몡하자 【休学】xiūxué ¶~
을 신청하다 | 申请shēnqǐng休学. ¶
~ 신청서 | 休学申请书. ¶일년간
~하다 | 休学一年.

ᵃ**흉**[凶] 몡 ❶ 【缺点】quēdiǎn 【短处】du-
ǎn·chu 【毛病】máo·bìng ¶~을 지
적하다 | 指出缺点. ❷ (흉터) 【伤
疤】shāngbā 【伤痕】shānghén ¶얼굴
에 ~이 났다 | 脸上留下块伤疤.
¶그의 몸에는 ~이 많다 | 他身上伤
痕累lèi累. ❸ (모방) 【学样】xué/yà-
ng 【模仿】mófǎng ¶~ 내기를 좋아
하다 | 喜欢学样子.

흉가[凶家] 몡 【凶宅】xiōngzhái 【鬼屋】
guǐwū ¶이 ~에는 늘 귀신이 나온다
| 这凶宅常闹鬼nàoguǐ.

ᵃ**흉계**[凶計] 몡 【诡计】guǐjì 【诡谋】guǐm-
óu 【鬼八卦】guǐbāguà 【阴谋】yīnm-
óu 【鬼把戏】guǐbǎxì ¶적의 ~에 걸려들
다 | 中敌人的诡计. ¶그들의 ~를
간파하다 | 识破了他们的鬼把戏. 참
고 〔鬼点儿〕〔鬼点子〕

흉금[胸襟] 몡 【胸襟】xiōngjīn 【胸怀】xi-
ōnghuái 【气量】qìliàng ¶~이 넓다 |
胸怀宽广. ¶~이 좁다 | 心胸狭窄xi-
ázhǎi. ¶그는 ~이 크지 못하다 | 他
的气量不大.

흉기[凶器] 몡 【凶器】xiōngqì ¶살인
~ | 杀人shārén凶器.

ᵃ**흉내** 몡 【仿效】fǎngxiào 【效仿】xiàofǎ-
ng 【模仿】mófǎng 【学样】xué/yàng
【照猫画虎】zhào māo huà hǔ 【依葫
芦瓢】yī hú·lu piáo ¶어린 아이는 언
제나 어른의 행동을 ~내기 좋아한다
| 小孩子总喜欢模仿大人的动作. ¶
그는 단지 책상을 만드는 흉내만 내었
다 | 他依葫芦瓢, 也做了一张桌子.

ᶜ**흉년**[凶年] 몡 【荒年】huāngnián 【歉
年】qiànnián 【歉岁】qiànsuì 【凶年】xiō-
ngnián ¶~이 들다 | 荒年饥岁.

흉모[凶謀] 몡 【阴谋】yīnmóu 【诡计】

guǐjì【诡谋】guǐmóu【鬼八卦】guǐbāguà ¶~ 수단 | 阴谋手段。¶적의 ~에 걸려들다 | 中zhòng敌人的诡计。 참고〔诡计〕[鬼点儿][鬼点子]

흉몽[凶梦]【恶梦】èmèng【噩梦】èmèng ¶정말 한 차례 ~을 꾼 것 같다 | 真像是做了一场恶梦。¶~에서 깨어나자 맑게 개어 있었다 | 噩梦醒xǐng来是晴天。

흉물[凶物] 명【难看的人或动物】nánkàn·de rén huò dòngwù【丑八怪】chǒubāguài ¶이 사람은 어쨌든 ~이다 | 这个人简直jiǎnzhí是个丑八怪。

흉보다[통]【笑话】xiào·hua【取笑】qǔxiào【褒贬】bāobiǎn ¶뒤에서 남을 흉보지 말고 의견이 있으면 면전에서 말해라 | 别要当面提tí，别在背bèi地里褒贬人。

흉부[胸部] 명〈生理〉胸 xiōng【胸部】xiōngbù【胸脯】xiōngpú ¶~를 쭉 펴다 | 挺tǐng胸。¶~ 수술 | 胸部手术。

흉악[凶恶] 명[하]형【凶恶】xiōng'è【歹毒】dǎidú【恶毒】èdú ¶얼굴 생김새가 ~하다 | 面孔凶恶。¶그는 너무 ~해서 그와 감히 친구로 사귀려는 이가 없다 | 他太歹毒了，没人敢和他交朋友。 참고〔歹牛〕

흉작[凶作] 명【歉收】qiànshōu ¶금년은 밭이 ~이다 | 今年粮食歉收。

흉잡다[통]【找茬儿】zhǎo/chár【抓小辫子】zhuā xiǎobiàn·zi【挑毛病】tiāo·máo·bìng ¶그가 내 글의 흉을 잡아주었다 | 他给我的文章挑毛病。

흉측하다[凶测－]형【阴脸】yīnliǎn【怕人】pàrén ¶흉측한 놈 | 阴脸的家伙。

흉터 명【伤痕】shānghén ¶~가 오래 간다 | 伤痕久不愈合。

흉포[凶暴] 명[하]형【凶暴】xiōngbào【残暴】cánbào ¶토비들은 아주 ~하다 | 土匪tǔfěi十分凶暴。¶반동파는 인민에 대해 매우 ~하였다 | 反动派pài对人民非常凶暴。 참고〔凶恶残暴〕

흉하다[凶－]형 ❶ (못생기다)【丑】chǒu【狰狞】zhēngníng【难看】nánkàn ¶매우 흉하게 생겼다 | 长得很丑。¶얼굴 생김새가 ~ | 面m

---

狞。❷ (마음씨 등이 나쁘다)【阴险】yīnxiǎn ¶그는 흉하게 몇 번 웃었다 | 他阴险地笑了几声。❸ (불길)【凶】xiōng ¶길함과 흉함을 점치다 | 占卜zhānbǔ吉凶。

흉허물 명【缺点】quēdiǎn【短处】duǎn·chu【毛病】máo·bìng ¶~을 지적하다 | 指出缺点。

흉허물없다형【亲密无间】qīnmì wújiàn【不见外】bújiànwài ¶선생과 학생 사이가 ~ | 师生之间亲密无间。

흉흉하다[洶洶－]형 ❶ (인심이)【凶险】xiōngxiǎn【惶惶】huánghuáng ¶흉흉한 나날을 보내다 | 惶惶不可终日。❷ (물결이)【汹涌】xiōngyǒng ¶흉흉한 성난 파도 | 汹涌的怒涛。❸ (외모가)【难看】nánkàn【不忍目睹】bùrěn mùdǔ ¶이 개는 털이 거의 다 빠져서 정말 ~ | 这条狗毛都快掉光了，实在难看。

흐느끼다[통]【呜咽】míngyè【抽泣】chōuqì【啜泣】chuòqì【哽咽】gěngyè【抽抽咽咽】chōu·chouyèyè【抽搭】chōu·da ¶낮은 소리로 ~ | 低声抽泣。¶한참 지나서야 비로소 흐느끼면서 말했다 | 好半天才抽泣着说。 참고〔抽搭〕[抽噎yē][抽咽yè]

흐느적거리다[통]【摆动】bǎidòng【扭】niǔ【摇曳】yáoyè ¶연못의 연꽃잎이 바람에 흐느적거린다 | 池塘chítáng里的荷叶héyè在风中摇摆。¶빨리 좀 걸어라, 흐느적거리지 말고 | 快点儿走吧，别扭啦。

흐늘거리다[통] ❶ (흔들리다)【摆摆】yáobǎi【摇动】yáodòng【摇曳】yáoyè ¶연못의 연꽃잎이 바람에 ~ | 池塘chítáng里的荷叶héyè迎风摇摆。¶대위의 촛불이 흐늘거린다 | 台上的烛光zhúguāng摇曳。❷ (행동이 굼뜨다)【慢腾腾】mànténgténg ¶흐늘거리며 걸어서야, 언제 도착할 수 있겠느냐 | 这样慢腾腾地走，什么时候才能走到呢。❸ (놀고 지내다)【游手好闲】yóu shǒu hào xián【逍遥自在】xiāoyáo zìzài ¶하는 일이 없이 흐늘거리며 지내다 | 过着无事可做，游手好闲的日子。

흐드러지다형 ❶ (썩 탐스럽다)【令人喜爱】lìngrén xǐ'ài【令人眼谗】lìngrén

yǎnchán ¶꽃이 흐드러지게 피었다 | 花儿开得令人喜爱。❷〔넉넉하다〕【富富有余】fùfùyǒuyú

흐려지다〔동〕【被浑】bèihūn【不清】bùqīng ¶판단이 ~ | 判断不清。

ᴬ**흐르다**〔동〕❶〔유동하다〕【流】liú ¶물은 아래로 흐른다 | 水向下流。¶땀이 ~ | 流汗hàn。❷〔시간이 지나가다〕【流逝】liúshì ¶세월이 유수처럼 빨리 흐르고 또 한 번 가면 돌아오지 않는다 | 时光流逝, 一去不回。❸〔공중이나 물에서 미끄러지듯 가다〕【浮动】fúdòng【飘动】pǎodòng【飞滚】fēigǔn ¶흰구름이 흐른다 | 白云飘动。❹〔점점 퍼지다〕【涌向】yǒngxiàng ¶시위행렬은 큰거리로 흘러갔다 | 游行示威队伍涌向了大街。❺〔전류가〕【通电】tōng/diàn ¶넓은 농촌 지역에도 이미 전기가 흐른다 | 广大农村地都已通了电。❻〔가득 차서 넘치다〕【漾】yàng【溢】yì ¶얼굴에 웃음이 넘쳐 흘렀다 | 脸上漾出了笑容。❼〔어떤 상태나 기운 따위가 드러나다〕【焕发】huànfā【满是…味儿】mǎnshì…wèir ¶얼굴에 흥분된 빛이 흐르고 있다 | 脸上焕发着兴奋的神采。¶촌티가 ~ | 满是土包子味儿。❽〔아래로 쳐지다〕【下堕】xiàduò【掉下】diào/·xia ¶〔마음에 걸려〕흘러버릴 수 없다 | 心中掉不下。❾〔새거나 빠지다〕【漏】lòu ¶비밀이 흘러나가다 | 走漏风声。❿〔쏠리다〕【陷入】xiànrù【走向】zǒuxiàng【滚落】gǔnluò ¶사상교육을 강화하지 않으면 이기주의적 편향으로 흐를 수 있다 | 如不加强思想教育, 就会陷入个人主义泥坑。¶평화의 큰 길로 흘러가다 | 走向和平的大道。

흐름〔명〕【流】liú【潮流】cháoliú ¶공기의 ~ | 空气流。¶역사의 ~ | 历史潮流。

ᴮ**흐리다¹**〔형〕❶〔물이〕【混浊】hùnzhuó ¶흐린 물 | 混浊的水。¶흐림도 | 混浊度。❷〔날씨나 공기가〕【阴沉】yīnchén【沉郁】chényù【暗淡】àndàn【沉重】chénzhòng ¶날이 흐렸다 | 天阴了。¶방안의 공기가 매우 ~ | 屋里的空气十分沉重。❸〔보이는 것이〕【模糊不清】móhu bùqīng【不明

确】bùmíngquè ¶오래되어 글씨가 흐려 알아볼 수가 없다 | 天长日久, 字迹模糊不清, 难以辨认。❹〔눈이〕【蒙胧】ménglóng【迷糊】mí·hu ¶흐린 눈 | 蒙胧的眼睛。❺〔목소리가〕【低沉】dīchén【沙哑】shāyǎ ¶목소리가 흐린 ~ | 嗓音沙哑/喉咙沙哑。

흐리다²〔동〕❶〔불분명하다〕【慢】màn【不精】bùjīng【马虎】mǎ·hu ¶셈이 ~ | 算细慢。¶일을 처리함에 흐리게 할 수 없다 | 干事不能太马虎。❷〔혼탁하게 하다〕【弄浑】nònghún【弄混浊】nònghùnzhuó【搅乱】jiǎoluàn【玷污】diànwū ¶그가 일을 몽땅 흐려놓았다 | 他把事情都搅乱了。❸〔명예나 명성 따위를 더럽히다〕【败坏】bàihuài ¶사회 풍기(風紀)를 ~ | 败坏了社会风气。❹그의 명성을 흐리다 | 玷污了他的名声。❹〔뒤섞여 분간할 수 없게 하다〕【混淆】hùnxiáo ¶진위가 흐려지다 | 真伪混淆。¶시비를 흐려놓다 | 混淆是非。❺〔언짢은 기색을 하다〕【沉】chén【阴】yīn【昏】hūn【暗涩】ànsè ¶흐린 얼굴을 하고 아무 말도 하지 않다 | 沉下脸不声不响。❻〔애매하게 하다〕【弄模糊】nòngmó·hu【含糊】hán·hu ¶말끝을 ~ | 含糊其词。

흐리멍덩하다〔형〕【含糊不清】hán·hu bùqīng【糊里糊涂】hú·li hú·tú【迷迷糊糊】mímíhúhú【恍恍忽忽】huǎnghuǎnghūhū【昏暗】hūnàn【昏昏沉沉】hūn·hun chénchén ¶기억이 ~ | 记忆含糊不清。¶그는 고열이 나서 흐리멍덩하여 이틀 동안을 잤다 | 他发高烧, 昏昏沉沉地睡了两天。

흐리터분하다〔형〕【模糊】mó·hu【昏沉】hūnchén【阴沉】yīnchén ¶인식이 ~ | 认识模糊。

흐릿하다〔형〕❶〔날이〕【阴沉】yīnchén ¶하늘이 ~ | 天色阴沉。❷〔불분명하다〕【模糊】mó·hu ¶필적이 ~ | 字迹模糊。❸〔뿌옇다〕【有些混浊】yǒuxiē hùnzhuó ¶흐릿한 물 | 有些混浊的水。

흐물흐물〔부·하·형〕【烂】làn ¶고기를 ~ 하게 삶다 | 把肉煮烂。

ᴮ**흐뭇하다**〔형〕【满足】mǎnzú【满意】mǎn/yì【心满意足】xīn mǎn yì zú ¶그는

1073

여태 기존의 성과에 흐뭇하지 않았다 | 他从不满足于已有的成绩。¶흐뭇한 웃음을 띠다 | 现出满意的笑容。¶그녀는 아주 흐뭇해하며 미소를 지었다 | 她心满意足地微笑了。

흐지부지 [부] [하타] ❶ (애매하게) 【含糊不清】hán‧hu bùqīng ¶말끝을 ~ 얼버무리다 | 使话尾含糊不清。❷ (대충) 【稀里糊涂】xī‧lihútú 【马马虎虎】mǎ‧mahū‧hū 【消声匿迹】xiāoshēngyánxì ¶돈을 ~ 다 써서는 안된다 | 不要把钱稀里糊涂地都用光了。

ᶜ**흐트러뜨리다** [동] 【弄乱】nòngluàn 【弄散】nòngsàn ¶실을 ~ | 把线弄乱了。

흐트러지다 [동] 【乱】luàn 【蓬乱】péngluàn 【散】sàn ¶방안이 몹시 흐트러져 있으니, 네가 정리 좀 해라 | 屋里很乱, 你把它给收拾shōushí收拾 ¶머리카락이 ~ | 头发蓬乱了。

ᶜ**흥흥** [부] [하자] ❶ (웃음) 【嘻嘻】xīxī 【嬉嬉】xīxī 【唏唏】xīxī ¶~ 웃다 | 嘻嘻地笑。❷ (음흉한 웃음) 【嘿嘿】hēihēi

흑 [부] 【唏呵】xīhē ¶~ 느껴 울다 | 唏呵唏呵抽泣着哭。

흑갈색 [黑褐色] [명] 【色】 【黑褐色】hēihèsè

흑막 [黑幕] [명] 【黑幕】hēimù 【内幕】nèimù ¶사건의 ~을 밝히다 | 事件的内幕真相大白。

흑맥주 [黑麦酒] [명] 【黑啤酒】hēipíjiǔ 【波特酒】bōdájiǔ

ᴮ**흑백** [黑白] [명] 【黑白】hēibái 【皂白】zàobái ¶~이 뒤섞인 무늬 | 黑白花儿。¶~ 사진 | 黑白照。¶~ 영화 | 黑白片(儿)/黑白电影。¶~ 텔레비전 | 黑白电视机。❷ (선악·옳고 그름) 【是非】shìfēi ¶~을 명백히 가리다 | 明辨是非。

흑백 디스플레이 [黑白 display; monochrome display] [명] 〈電算〉【单色显示器】dānsè xiǎnshìqì

흑색 [黑色] [명] 【黑色】hēisè ¶~ 선전 | 黑色宣传。¶~ 인종 | 黑色人种。

흑설탕 [黑雪糖] [명] 【红糖】hóngtáng 【黑糖】hēitáng 【黄糖】huángtáng 【赤砂(糖)】chìshā(táng)

흑심 [黑心] [명] 【贪心】tānxīn 【黑心肠】hēixīncháng ¶그는 ~을 갖고 있다 |

他很贪心。 〔참고〕[黑心肝]

흑연 [黑鉛] [명] 〈鑛〉【黑铅(粉)】hēiqiān(fěn) 【石墨】shímò 【笔铅】bǐqiān ¶~ 그리스(grease) | 石墨膏。 〔참고〕[铅粉] [铅笔粉]

흑인 [黑人] [명] 【黑人】hēirén ¶~ 영가 | 黑人灵歌。¶~종 | 黑色人种。

흑자 [黑字] [명] ❶ (검은 글자) 【黑字】hēizì ❷ (수입이 지출보다 많음) 【盈余】yíngyú 【顺差】shùnchā 【赢余】yíngyú ¶200만원의 ~가 있다 | 有二百万元的盈余。¶200원의 ~를 보다 | 盈余二百元。¶무역 ~ | 贸易顺差。

흑판 [黑板] [명] 【黑板】hēibǎn ¶~에 붙이는 벽보 | 黑板报bào。¶~ 지우개 | 黑板擦cā(儿)/黑板擦子/板擦(儿)/板刷shuā/粉刷。

흔들거리다 [동] 【摇动】yáo‧dòng 【摇摆】yáobǎi 【摇·huang 摇晃】 ¶연못의 연꽃잎이 바람에 ~ | 池塘chítáng里的荷叶héyè迎风摇摆。¶촛불이 바람에 ~ | 烛光在风中摇摆。

ᴬ**흔들다** [동] ❶ (잇달아 움직이게 하다) 【摇动】yáo‧dòng 【挥动】huīdòng ¶그들은 작은 기를 흔들었다 | 他们摇动着小旗xiǎoqí。¶두 손을 들어 ~ | 挥动双手。❷ (감동·동요시키다) 【震撼】zhènhàn 【扣动】kòudòng 【打动】dǎdòng ¶사람의 마음을 ~ | 震撼人心。¶그는 쉽게 돈에 마음이 흔들린다 | 他容易被钱打动。❸ (파장을 일으키다) 【震动】zhèndòng ¶그의 말 한마디가 온 집안을 ~ | 他的一句话震动了整个家庭。

ᴮ**흔들리다** [동] ❶ (물체가) 【被摇】bèiyáo❷ (동요되다) 【被动摇】bèidòngyáo

흔들의자 [－椅子] [명] 【摇椅】yáoyǐ ¶~에 앉아 밖의 풍경을 감상하다 | 坐在摇椅, 观赏guānshǎng外面的风景fēngjǐng。

흔들이 [명] 【摆】bǎi 【摆锤】bǎichuí ¶~가 멈추었다 | 钟摆停了。

흔들흔들 [부] [하자타] 【摇摇摆摆】yáoyáo bǎibǎi 【摇摇晃晃】yáoyáo huànghuà ng【晃晃悠悠】huàng·huang yōuyōu ¶~ 걸으면서 노래를 부르다 | 摇摇摆摆地, 一边走还一边唱着歌。¶배가 ~ 뒤집힐 것 같다 | 摇摇晃晃地要翻船了。

흔연하다[欣然-] 형【欣然】xīnrán【欣欣】xīnxīn ¶흔연히 승낙하다 | 欣然允诺yǔnnuò。

ᴮ**흔적**[痕迹] 명【痕迹】hénjì【印子】yìn·zi【形迹】xíngjì【迹象】jìxiàng ¶비에 젖은 ~ | 被雨淋yǔlín的痕迹。¶~을 남기다 | 留下痕迹。¶이것은 심상치 않은 ~이다 | 这是一种不寻常的迹象。

흔쾌히[欣快-] 부【欣然】xīnrán ¶~ 받아들이다 | 欣然接受。¶그는 ~ 동의했다 | 他欣然同意了。

ᴮ**흔하다**[흔] 형【多】duō【多的是】duō·de shì【有的是】yǒu·de shì ¶이 고장은 땔나무가 흔한 곳이다 | 这个地方烧柴多得很。¶공적을 쌓을 기회는 ~ | 立功的机会是有的。

ᴮ**흔희**[欣喜] 명【欣喜】xīnxǐ【欢喜】huānxǐ ¶~작약 | 欣喜雀跃。

ᶜ**흘겨보다** 동【怒目】nùmù【斜视】xiéshì【瞟】piǎo【乜斜】miē·xie ¶흘겨보지 않다 | 目不斜视。¶그를 한 번 흘겨보았다 | 瞟了他一眼。

흘긋 부하자타【瞟】piǎo ¶옆의 사람을 ~ 보고 그대로 따라한다 | 向旁边的人瞟一下, 就跟着做起来。

ᶜ**흘기다** 동【怒目斜视】nùmù xiéshì【瞟】piǎo【乜斜】miē·xie ¶그를 한 번 흘겨 보았다 | 瞟了他一眼。¶그는 이야기하면서 이선생을 흘겨 보았다 | 他一面说话, 一面用眼瞟老李。

흘긋거리다 동【一瞟一瞟】yìpiǎo yìpiǎo ¶그는 무엇이 못마땅한지 눈을 흘긋거렸다 | 不知什么事不合他心思, 眼睛一瞟一瞟的。

흘낏 부【瞟】piǎo ¶~ 쳐다보다 | 瞟一眼。

ᶜ**흘러가다** 동【流】liú【流逝】liúshì【逝去】shì qù ¶물은 아래로 흘러간다 | 水向下流。¶세월이 꿈처럼 ~ | 岁月梦一般地逝去。

ᶜ**흘러나오다** 동❶ (유출되다)【流出】liúchū ¶쇳물이 ~ | 铁水流出。❷ (만들어지다)【从…出】cóng …chū【渊

源于】yuānyuányú【产生于】chǎnshēngyú ¶본질에서 ~ | 从本质中发的。

ᴮ**흘러내리다** 동❶ (떨어지다)【流下】liúxià【涌出】yǒngchū【冲毁】chōnghuǐ ¶끊임없이 흘러내리는 눈물 | 不断涌出的泪水。❷ (미끄러지다)【滑】huá ¶아이 바지가 ~ | 孩子的裤子滑下来了。

ᴬ**흘리다** 동❶ (액체를)【流】liú【洒】sǎ【掉】diào【咽下】yèxià ¶땀을 ~ | 流汗。¶눈물을 ~ | 洒泪/掉泪。❷ (귀담아 듣지 않다)【当耳边风】dàng ěr biān fēng【当耳旁风】dàng ěr páng fēng ¶한 귀로 듣고 한 귀로 ~ | 左耳听右耳出。❸ (글씨를)【草写】cǎoxiě ¶흘려서 쓴 글씨 | 草写的字。❹ (잃어버리다)【丢】diū【落】luò ¶돈을 길바닥에 ~ | 把钱丢在路上。❺ (조금씩 나누어 주다)【分期发给】fēnqī fāgěi

흘수[吃水] 명【吃水】chīshuǐ ¶~선 | 吃水线/吃水标志。¶이 배는 ~가 깊다 | 这船吃水很深。

ᴬ**흙** 명【土】tǔ ¶모래와 | 沙土。¶~을 파다 | 挖土。¶~을 메우다 | 填土。¶~뭉치 | 土块。

흙내【土味儿】tǔwèir ¶~ 맡다 | 扎下根。¶~ 나는 감자 | 散发着土味的土豆。

흙더미【土堆】tǔduī ¶산사태로 집이 ~ 속에 묻혔다 | 由于山崩, 房子都埋了土堆里。

ᴮ**흙덩이**【土块】tǔkuài【土坷拉】tǔkē·lā

ᴬ**흙먼지** 명【尘土】chéntǔ

ᶜ**흙손**【泥镘(子)】nímàn(·zi)【泥刀】nídāo【抹子】mǒ·zi ¶~끝 | 小泥抹子。¶~으로 틈을 쌓다 | 用泥刀砌墙qiáng。

흙장난 명하자【玩泥】wánní

ᴮ**흙탕**【泥泞】nínìng【烂泥塘子】lànnítáng·zi ¶~에 빠지다 | 陷入泥泞。¶~물 | 泥水。¶위에 이 가득 덮여있다 | 上面挂满了泥水。

ᴮ**흙투성이**【满是泥】mǎn shì ní ¶온몸이 ~가 되다 | 满身是泥。

ᴮ**흠**[欠] 명❶ (상처)【伤疤】shāngbā【伤痕】shānghén ¶얼굴에 ~이 남았

다 | 脸上留了块伤疤。¶그의 몸에는 ~이 많다 | 他身上伤痕累累hén lěi。❷ (물건의) 【裂缝】lièfèng ¶밥상이 오래되어 ~이 생겼다 | 饭桌用久了, 有了裂缝。❸ (결점) 【缺陷】quēxiàn 【缺点】quēdiǎn 【短处】duǎnchù 【毛病】máo·bìng 【瑕疵】xiácī ¶~을 지적하다 | 指出缺点。¶김씨의 ~은 성질이 급한 것이다 | 老金的毛病是性急。

흠내다 [欠-] 통 ❶ (사람을) 【使…露出缺】shǐ…lùchū quē 【揭短(儿)】jiē/duǎn(r) ¶남을 욕은 하더라도 흠내지는 말라 | 骂人不可揭短。❷ (물건을) 【弄出毛病】nòngchūmáo·bìng 参고 〔揭币bǐ〕〔挑挑tiāo〕

흠모 [钦慕] 명 하타 【钦仰】qīnyǎng 【敬仰】jìngyǎng 【景仰】jǐngyǎng 【仰慕】yǎngmù ¶김양을 아주 ~하다 | 十分景仰金小姐。¶저는 줄곧 당신의 재주와 학문을 ~해 왔습니다 | 我一向仰慕您的才学。参고 〔钦佩景仰〕〔仰企〕〔企qǐ慕〕〔景慕〕

흠뻑 閈 ❶ (넉넉한 모양) 【充分】chōngfēn 【充足】chōngzú 【足足】zúzú ¶비가 ~ 오다 | 雨下足了。❷ (물 따위가 푹 배도록 젖은 모양) 【湿透】shītòu 【淋湿】línshī 【淋透】líntòu ¶땀이 그의 옷을 ~ 적셨다 | 汗水湿透了他的衣服。

흠씬 閈 ❶ (넉넉한 모양) 【充分】chōngfēn 【充足】chōngzú ¶옷이 ~ 젖었다 | 衣服湿了个透。¶~ 두들겨 맞다 | 被狠揍了一顿。❷ (푹 익은 모양) 【烂熟】lànshú 【熟透】shútòu ¶~ 익은 감 | 熟透了的柿子。

흠잡다 [欠-] 명 【找缺点】zhǎo quēdiǎn 【挑毛病】tiāo máo·bing 【挑剔】tiāo·ti 【抓碴儿】zhuā/chár 【抓荏儿】zhuā/chár 【揭短(儿)】jiē/duǎn(r) 【吹毛求疵】chuī máo qiú cī ¶남의 흠을 잡다 | 挑别人的毛病。¶그가 흠잡을 만한 이유는 없다 | 没有让他挑别的理由。参고 〔揭币bǐ〕〔揭挑tiāo〕〔吹浮土找裂缝〕

흠집 [欠-] 명 【瑕疵】xiácī 【瑕颣】xiálèi 【伤痕】shānghén 【伤疤】shāngbā ¶~을 제거하면 순수한 옥이 된다 | 去掉qùdiào瑕疵是纯玉chúnyù。

흠칫 閈하자 【惊颤】jīngchàn 【愣怔】lèng·zheng 【一怔】yìzhēng 【一震】yízhèn ¶~ 놀라다 | 吓得身子一震。

흡사 [恰似] 명하형 ❶ (거의 같음) 【恰似】qiàsì 【好像】hǎoxiàng 【犹如】yóurú ¶용모가 아버지와 ~하다 | 长得很像父亲。❷ (부사적으로 쓰여, 마치) 【好像】hǎoxiàng 【很像】hěnxiàng 【非常像】fēichángxiàng ¶벚꽃이 만발하여 ~ 눈이 내린 것 같다 | 梅花满开, 好像下雪似的shì·de。参고 〔恰如〕〔如同〕

흡수 [吸收] 명 하타 【吸收】xīshōu 【吸取】xīqǔ 【收取】shōuqǔ ¶식물의 뿌리는 토양에서 수분을 ~한다 | 植物zhíwù的根从土壤tǔrǎng里吸收水分。¶~ 작용 | 吸收作用zuòyòng。¶~량 | 吸收量。

흡연 [吸烟] 명하자 【吸烟】xī/yān 【抽烟】chōuyān ¶~실 | 吸烟室shì。参고 〔吃chī烟〕

흡인 [吸引] 명하타 【吸引】xīyǐn ¶~력 | 吸引力。¶~ 요법 | 吸引疗法。

흡족 [洽足] 명하형 【满足】mǎnzú 【满意】mǎn/yì 【足够】zúgòu ¶얼마가 있어도 ~하지 않다 | 有多少也不满足。¶역시 ~하지 못한 점이 있다 | 亦有不满意处。¶~한 웃음을 띠다 | 现出满意的笑容。

흡혈귀 [吸血鬼] 명 【吸血鬼】xīxuèguǐ ¶그는 ~이다 | 他是一个吸血鬼。

흥¹ [兴] 명 【兴致】xìngzhì 【兴味】xìngwèi 【兴头】xìng·tou ¶노래를 불러 ~을 돋구다 | 唱歌助兴。¶그는 이런 종류의 오락에는 ~이 안난다 | 他这种娱乐没有兴味。

흥² 閈 〔哼〕hēng ¶~, 누가 너를 믿겠니! | 哼! 谁信你的!

흥건하다 형 【湿漉漉】shīlùlù 【水汪汪】shuǐwāngwāng ¶웅덩이에 물이 흥건하게 되었다 | 坑里水汪汪的。

흥겨웁다 [兴-] 형 【高兴】gāoxìng 【高高兴兴】gāogāoxìngxìng 【喜气洋洋】xǐ qì yáng yáng 【喜气轩眉】xǐqì xuānméi 【愉快】yúkuài 【愉乐】yúlè 【快活】kuài·huo ¶마음이 ~ | 心情愉快。

흥나다 [兴-] 형 【兴致勃勃】xìngzhì bóbó 【起劲】qǐjìn

ᴮ**흥미**【興味】몡【兴趣】xìngqù【兴味】xìngwèi【興致】xìngzhì ¶그는 중국고전문학에 깊은 ~가 생겼다 | 他对中国古典文学产生了浓厚的兴趣。 ¶~진지하다 | 富有兴味/兴致勃勃bó bó。 ¶그는 이런 종류의 오락에는 ~가 없다 | 他对这种娱乐没有兴趣。

ᴮ**흥분**【興奮】몡【자】【兴奋】xìngfèn【感情冲突】gǎnqíng chōngtū【激昂】jī'áng ¶환자를 ~하게 하지 마세요! | 请不要使病人心情兴奋! ¶~해서 잠을 이루지 못하다 | 兴奋得睡不着觉shuì·bùzháojiào。 ¶회의장에서 ~된 구호 소리가 울려퍼지다 | 会场上响起激昂的口号声。

흥성【興盛】몡【하】【兴隆】xìnglóng【兴盛】xìngshèng【繁荣】fánróng【兴旺】xìngwàng【欣欣向荣】xīn xīn xiàng róng ¶우리나라는 나날이 ~하고 있다 | 我们的国家日益兴盛。 ¶사업이 매우 ~하다 | 事业shìyè非常兴盛/买卖兴旺。 ¶민족이 ~하다 | 民族mínzú兴旺。

흥얼흥얼【부】【하】【자타】【哼哼唧唧】hēng·hēngjī jī ¶그는 ~ 노래한다 | 他在哼歌。

흥업【興業】몡【하】【兴业】xìngyè ¶~채권 | 兴业银行发行的债券。 ¶~사 | 工业公司。 ¶~비 | 开办费。

ᴮ**흥정**몡【하】타① (값을 따지는 일)【讨价还价】tǎo jià huán jià【要价还价】yào jià huán jià【讨价】tǎojià【讲价钱】jiǎng·jià·qian ¶~거리 | 要价还价的对象 ¶값을 ~하다 | 讨价还价。② (매매)【生意】shēngyi【买卖】mǎimài ¶~이 없다 | 没生意。

흥청거리다【동】【肆意挥霍】sìyìhuīhuò ¶무어라 마셔고 하며 ~ | 推杯换盏肆意挥杠。

흥청망청【부】【자】【穷奢极欲】qióng shē jí yù【穷奢极侈】qióng shē jí chǐ ¶~한 생활을 하다 | 过穷奢极欲的生活。

흥취【興趣】몡【兴趣】xìngqù【兴味】xìngwèi ¶~가 나다 | 产生兴趣。

흥행【興行】몡【하】【卖艺】mài/yì ¶~물 | 卖艺表演biǎoyǎn的东西。 ¶~사 | 卖艺师。

흩날리다【동】【飞散】fēisàn【飘散】piāos-àn【飘动】piāodòng【卷扬】juǎnyáng ¶바람에 꽃이 ~된 | 花被风吹散。 ¶머리카락이 바람에 ~ | 头发随风飘扬。

흩뜨리다【동】【驱散】qūsàn【弄散】nòngsàn ¶주의력을 ~ | 分散注意力。

흩어지다【동】【散】sàn【分散】fēnsàn【散开】sànkāi【溃散】kuìsàn【离散】lísàn【散去】sànqù ¶구름이 흩어졌으니 날이 곧 개일 것이다 | 云彩yúncǎi散了, 天快晴了。 ¶떠들썩하던 구경꾼들이 흩어졌다 | 看热闹的群众散开了。 ¶육친들이 뿔뿔이 ~ | 亲人离散。 ¶여러분, 둘러서서 보지말고 흩어지세요 | 请大家散开, 不要围观wéiguān。

ᴮ**희곡**【戱曲】몡【戏剧】xìjù ¶~을 쓰다 | 写剧剧。

ᶜ**희귀**【稀貴】몡【형】【珍稀】zhēnxī【少有】shǎoyǒu【不多见】bùduōjiàn ¶참으로 ~한 일이다 | 真是少有的事 참고〔貴重〕〔珍貴〕

희극【喜劇】몡 ① (비극에 대한)【喜剧】xǐjù【滑稽剧】huájijù ¶~배우 | 喜剧演员yǎnyuán。 ¶~적 | 喜剧性。② (소극)【滑稽】huá·jī【诙谐】huīxié ¶~영화 | 滑稽片。

희끄무레하다【형】【微白】wēibái【范白】fànbái ¶희끄무레한 얼굴 | 脸色范白。

희끗거리다【동】【发晕】fāyūn【头昏】tóuhūn【晕眩】yūnxuàn

희끗희끗【부】【하】【点点白发】diǎn diǎn bái fà【斑白】bānbái ¶양쪽 살쩍이 ~하다 | 两鬓bìn斑白。 참고〔斑发〕〔班白〕〔颁白〕〔花白〕

ᵛ**희다**【형】【白】bái ¶그의 머리는 희어졌다 | 他头发fà白了。 ¶흰 종이 | 白纸。

희롱【戱弄】몡【하】【자】【타】【戏弄】xìnòng【玩弄】wánnòng【愚弄】yúnòng【捉弄】zhuōnòng ¶여성을 ~하다 | 玩弄女性。

희맑다【형】【白净】bái·jing【洁白】jiébái ¶희맑은 피부 | 白净的皮肤。

ᴬ**희망**【希望】몡【하】【타】【希望】xīwàng【企盼】qǐpàn【志向】zhì·xiang【志望】zhìwàng【愿望】yuànwàng ¶너의 ~은 실현 가능성이 크지 못하다 | 你那个

希望可行性不大。¶너는 우리 가문의 ~이다｜你是我们家族的希望。¶이것은 우리들이 여러 해 동안 −하던 바이다｜这是我们多年所企盼的。¶외국으로 유학 가려던 그의 ~이 마침내 실현되었다｜他出国留学的愿望终于实现了。

B**희미**[稀微] 〖명〗〖형〗 【朦胧】ménglóng 【微暗】wēiàn 【昏暗】hūn·àn 【微弱】wēiruò 【模糊】mó·hu 【恍惚】huǎng·hū 【恍忽】huǎnghū 【淡漠】dànmò 【淡薄】dànbó ¶−하여 알지 못하다｜昏暗不明。¶−하게 기억된다｜恍惚记得。¶이 일은 사람들의 기억 속에서 이미 ~해졌다｜这件事在人们记忆里已经淡漠了。

희박하다[稀薄−] 〖형〗 ❶ (공기·가스 등이) 【稀薄】xībó 【疏稀】shūxī 【稀疏】xīshū ¶고산지대는 공기가 ~｜高山地带dìdài空气稀薄。❷ (엷다) 【淡薄】dànbó 【浅薄】qiǎn·bó 【肤浅】fūqiǎn 【不够】búgòu ¶지식이 ~｜知识浅薄。❸ (아주 적다) 【很小】hěnxiǎo 【不大】búdà ¶합격할 가능성이 아주 ~｜合格的可能性不大。

희보[喜報] 〖명〗 【喜报】xǐbào 【喜信】xǐxìn 【喜讯】xǐxùn 【好消息】hǎoxiāo·xi ¶한 장의 ~가 날아오다｜送来了一张喜报。¶공을 세운 ~｜立功喜报。

희비[喜悲] 〖명〗 【悲喜】bēixǐ ¶~쌍곡선｜悲喜交集。¶~애락｜悲喜哀乐。

희사[喜捨] 〖명〗〖하타〗 【乐损】lèsǔn 【损助】sǔnzhù 【损赠】sǔnzèng ¶~금｜损助金。

희색[喜色] 〖명〗 【喜色】xǐsè 【喜气】xǐqì 【笑容】xiàoróng ¶~이 얼굴에 가득하다｜笑容满面mǎnmiàn。

희색만면[喜色滿面] 〖명〗 【满面喜色】mǎn miàn xǐ sè 【满面春风】mǎn miàn chūn fēng 【满脸春风】mǎn liǎn chūn fēng ¶그녀가 장군을 알고 난 후, 최근에는 희색이 만면하다｜她认识小张后, 最近满面春风。

B**희생**[犧牲] 〖명〗〖하타〗 【牺牲】xīshēng 【损躯】sǔnqū 【损生】sǔnshēng ¶~ 정신｜牺牲精神jīngshén。¶전사 몇 명을

또 ~시켰다｜又牺牲了几个战士zhàn·shi。¶~타｜牺牲的一击。

C**희생물**[犧牲物] 〖명〗 【牺牲品】xīshēngpǐn 【替死鬼】tìsǐguǐ 【替罪羊】tìzuìyáng 【替死】tìsǐ ¶그는 봉건주의의 ~이 되었다｜他当了封建主义fēngjiànzhǔ·yì的牺牲品。¶결과적으로 그가 ~이 되었다｜结果他当了替罪羊。

희석[稀釋] 〖명〗〖하타〗〈化〉 【稀释】xīshì 【冲淡】chōngdàn ¶~제｜稀释剂。¶~화 방지 조항｜反冲淡条款。¶~열｜稀释热。¶~효과｜稀释效果。

희소[稀少] 〖명〗〖형〗 【稀少】xīshǎo 【缺货】quēhuò 【稀缺】xīquē 【稀有】xīyǒu ¶~한 물품｜稀有之物。¶~ 가격｜缺货价格。¶~한 가치｜稀有价值。¶~ 자원｜稀有资源。¶~ 주식｜稀有股票。

희소식[喜消息] 〖명〗 【喜讯】xǐxùn 【喜信(儿)】xǐxìn(r) 【好消息】hǎoxiāo·xi ¶너희들에게 ~을 알려 주마｜给你们送个喜讯吧。

희열[喜悅] 〖명〗〖하자〗 【喜悦】xǐyuè ¶그녀의 마음속의 ~이란 말로써는 형용할 수 없는 것이었다｜她内心的喜悦是难以用语言形容xíngróng的。

C**희한**[稀罕] 〖명〗〖형〗 【稀罕】xī·han 【罕见】hǎnjiàn 【罕靓】hǎngòu ¶~한 현상｜罕见的现象xiànxiàng。¶이런 상황은 몇 년 만의 ~한 것이다｜这种情况, 为历年来所罕见的。〔참고〕〔新鲜〕

희화[戱畵] 〖명〗 【怪画】guàihuà 【漫画】mànhuà 【讽刺画】fěngcìhuà

흰머리 〖명〗 【白发】báifà ¶~ 노인｜白发老人。¶~에 붉은 마음｜白发红心。

C**흰빛** 〖명〗 【白色】báisè ¶~ 분말｜白色粉fěn末。¶~이 도는 하늘색｜白湖色。

A**흰색** 〖명〗〈色〉 【白色】báisè

흰소리 〖명〗 【大话】dàhuà 【吹牛】chuī/niú ¶우리는 ~ 치거나 허풍떠는 것을 싫어한다｜咱们不爱说大话, 吹牛。¶그는 ~ 치기만 좋아하지 진정한 능력은 결코 없다｜那个人就爱吹牛, 讲什么真本事。

C**흰쌀** 〖명〗 【白米】báimǐ 【大米】dàmǐ ¶~

밥 | 大米饭。

흰자위 몡 ❶ (계란의)【蛋白】dànbái 【卵白】luǎnbái ❷【蛋清(儿)】dànqīng(r) ❷ (안구의)【白眼珠】báiyǎnzhū

흰죽[-粥] 몡【大米粥】dàmǐzhōu ¶～을 쑤다 | 熬大米粥。

히로뽕[Philopon] 몡【白粉】báifěn

히스테리[Hysterie] 몡 ❶【歇斯底里】xiē sī dǐ lǐ ¶그녀는 ～를 일으켰다 | 她歇斯底里。❷【狂】kuáng 【狂人】kuángrén

히어로[hero] 몡【英雄】yīngxióng

히어링[hearing] 몡【听力】tīnglì 【听能】tīngnéng【听】tīng ¶내일 ～ 테스트가 있다 | 明天有听力考试。

히죽히죽 뷔하자【笑嘻嘻地】xiào xī xī·de

히터[heater] 몡【加热器】jiārèqì【电炉】diànlú ¶～를 켜다 | 打开加热器。

히트[hit] 몡하자 ❶〈體〉【打出】dǎchū 【安打】āndǎ ¶～율 | 安打率。❷ (명중)【打中】dǎzhòng【击中】jīzhòng ¶적함 한 척을 ～시키다 | 击中一艘敌舰sōudíjiàn。❸ (대성공)【成功】chéng·gōng【反响】fǎnxiǎng ¶노래는 ～할 수 없다 | 你的歌儿成不了功。¶～ 송(song) | 打响的歌曲。

히트수[hits數] 몡〈電算〉【点击数】diǎnjīshù

힙[hip] 몡【臀部】túnbù ¶～에 주사 한 대를 놓다 | 在臀部打一针。

히피[hippie] 몡【嬉皮士】xīpíshì 【嬉皮派】xīpípài ¶앞에 ～족이 몇 명 왔다 | 前边来了几个嬉皮士。

ᵃ히히 뷔하자【嘻嘻】xīxī【嘻嘻】xīxī【唏唏】xīxī ¶··· 웃다 | 嘻嘻地笑。

히히거리다 됭【嘻嘻哈哈】xīxī hāhā 【嘻嘻哈哈】xīxī hāhā【唏唏哈哈】xīxī hāhā ¶세 여인이 히히거리며 이야기를 하고 있다 | 三个女人嘻嘻哈哈地谈笑tánxiào。

힌두교[Hindu 教] 몡〈宗〉【印度教】Yìndùjiào

힌트[hint] 몡【暗示】ànshì ¶다른 사람도 그에게 ～를 주었다 | 别人也给他暗示。¶～를 받다 | 得到暗示。

ᵃ힐끔힐끔 뷔하타【一瞟一瞟】yìpiǎo yì

piǎo【瞟】piǎo ¶그를 한 번 ～ 보았다 | 瞟了他一眼。

ᵇ힐끗 뷔【瞟】piǎo【一晃(儿)】yìhuǎng(r)【乜斜】miē·xie ¶～ 보다 | 一瞟一晃 yìpiǎo ¶그를 한 번 ～ 보았다 | 瞟了他一眼。¶창 밖에 사람 그림자가 ～ 거리더니 사라져 버렸다 | 窗外有个人影, 一晃就不见了。

힐난[詰難] 몡하자【责难】zénàn【责怪】zéguài ¶～하다 | 남의 태도를 ～하다 | 责难旁人的态度。

ᴬ힘 몡 ❶ (체력)【力量】lì·liang【劲儿】j-(r)【力气】lì·qi ¶～을 주다 | 用力。¶～이 세다 | 很有力气。¶～을 내다 | 出力气。¶몸이 나른하고 사지에 ～이 하나도 없는 것 같다 | 觉得身子软绵绵ruǎnmiánmián的, 四肢sī-zhī没有力气。❷ (물리적인 힘)【动力】dònglì【功率】gōnglǜ ¶～이 좋은 엔진 | 发动机功率大。❸ (위력)【力量】lì·liang【力气】lì·qi ¶사람이 많으면 ～도 크다 | 人多力量大。¶단결하지 않으면 ～이 없고 또 처지를 개선할 수도 있다 | 不团结tuánjié, 就没有力量, 就翻不了身。❹ (도움)【帮忙】bāngmáng ¶～이 되어 주다 | 成了帮手。

힘겹다 됭【吃力】chīlì【费劲】fèijìn ¶힘겨운 일 | 吃力的活。

ᶜ힘껏 뷔【尽力】jìn/lì【使劲(儿)】jìn(r)【用力】yòng/lì ¶～ 돕다 | 尽力帮助。¶～ 잡아 당기다 | 使劲拉。¶～ 문을 밀었다 | 用力把门推了一下。

힘닿다 됭【力所能及】lì suǒ néng jí ¶힘닿는 범위 내에서 다른 사람을 돕다 | 在力所能及的范围fànwéi内帮助别人。¶내 힘이 닿는다면 반드시 그것을 완수하겠다 | 只要我力所能及, 一定把它做好。

ᴬ힘들다 됭【费力】fèilì【费劲(儿)】fèi/jìn(r)【劳累】láolèi【费事】fèi/shì【困难】kùn·nan ¶힘든 것을 두려워하지 않다 | 不怕费力。¶이 일을 하려면 매우 힘이 든다 | 这件事说出来挺劲的。¶일년 내내 힘들게 일하다 | 终年劳累。¶너희들에게 마실 물을 좀 끓여 주는 것은 그리 힘들지 않다 | 给你们烧点水喝, 并不费事。¶상황

이 매우 ~ | 情况十分困难。

ᶜ**힘들이다** 图 【吃力】chīlì 【费力】fèilì 【繁重】fánzhòng 【辛辛苦苦】xīnxīnkǔkǔ ¶힘을 들이다 | 吃力费力。 ¶힘들인 보람이 없다 | 费力不讨好。 ¶힘들여 일을 하다 | 辛辛苦苦地做事。

ᶜ**힘세다** 阌 【有力】yǒulì 【有力气】yǒu lì qi 【力气大】lìqìdà ¶보통 사람은 모두 오른손이 힘이 세다 | 一般人都是右手有力。 ¶그는 매우 힘이 세다 | 他很有力气。

ᶜ**힘쓰다** 图 【用力】yònglì 【努力】nǔlì ¶힘을 써서 문을 밀었다 | 用力把门推了一下。 ¶그는 공부에 아주 힘을 쓴다 | 他学习很努力。

힘없다 阌 【无力】wúlì 【有气无力】yǒu qì wú lì 【有气没力】yǒu qi méi lì 【乏力】fálì ¶사지에 힘이 없다 | 四肢无力。 ¶그는 말하는 게 힘이 없다 | 他说起话来有气无力。 ¶온 몸에 힘이 없게 느껴지다 | 感到四肢无力。

ᴮ**힘입다** 图 【得到帮助】dé dào bāng zhù

힘있다 阌 【有劲(儿)】yǒu/jìn(r) 【有力】yǒulì 【有魄力】yǒupòlì ¶힘있게 걷다 | 走得很有力。 ¶이 문장은 간결하면서도 힘있게 쓰여 있다 | 这篇文章写得简短有力。

힘주다 图 ❶(육체적으로) 【使劲(儿)】shǐ/jìn(r) 【用力】yònglì ¶너무 힘주지 마 | 别使劲了。 ¶힘주어 문을 밀었다 | 用力把门推了一下。❷ (강조하다) 【着重】zhuó/zhòng 【致力】zhìlì 【强调】qiángdiào ¶힘주어 지적하다 | 着重指出。 ¶이 점에 힘을 주다 | 强调这一点。

힘줄 몡 〈生理〉❶ (근육) 【筋(儿,子)】jīn(r,·zi) 【腱子】jiàn·zi ¶~을 접질렸다 | 扭伤了筋。❷ (혈관) 【血管】xuèguǎn

ᴮ**힘차다** 阌 【充满力量】chōngmǎn lìliàng 【朝气蓬勃】zhāoqì péngbó 【朝气勃勃】zhāoqì bóbó 【雄赳赳】xióngjiūjiū 【有力】yǒulì 【气势磅礴】qì shì páng bó ¶힘찬 무관 | 雄赳赳的武官wǔguān。 ¶힘찬 반격 | 有力的回击。

부록 목차

(1) 汉语拼音方案

＊1957年 11月1日 国务院全体会议 第60次 会议에 통과함
1958年 2月11日 第一届 全国人民代表大会 第五次 会议에서 비준됨.

一. 字母表

Aa	Bb	Cc	Dd	Ee	Ff	Gg
ㄚ	ㄅㄝ	ㄘㄝ	ㄉㄝ	ㄜ	ㄝㄈ	ㄍㄝ
Hh	Ii	Jj	Kk	Ll	Mm	Nn
ㄏㄚ	ㄧ	ㄐㄧㄝ	ㄎㄝ	ㄝㄌ	ㄝㄇ	ㄋㄝ
Oo	Pp	Qq	Rr	Ss	Tt	
ㄛ	ㄆㄝ	ㄑㄧㄡ	ㄚㄦ	ㄝㄙ	ㄊㄝ	
Uu	Vv	Ww	Xx	Yy	Zz	
ㄨ	ㄪㄝ	ㄨㄚ	ㄒㄧ	ㄧㄚ	ㄗㄝ	

＊「v」는 외래어·소수 민족 언어·방언 등에만 쓰임. 자모(字母)의 필기체는 라틴 자모의 일반적인 자체를 따름.

＊발음을 표시할 때, zh ch sh는 ẑĉŝ로 표기하기도 함.

二. 声母表

b	p	m	f	d	t	n	l
ㄅ玻	ㄆ坡	ㄇ摸	ㄈ佛	ㄉ得	ㄊ特	ㄋ讷	ㄌ勒
g	k	h		j	q	x	
ㄍ哥	ㄎ科	ㄏ喝		ㄐ基	ㄑ欺	ㄒ希	
zh	ch	sh	r	z	c	s	
ㄓ知	ㄔ蚩	ㄕ诗	ㄖ日	ㄗ资	ㄘ雌	ㄙ思	

三. 韵母表

		i	u	ü
		ㄧ衣	ㄨ乌	ㄩ迂
a	ㄚ啊	ia ㄧㄚ呀	ua ㄨㄚ蛙	
o	ㄛ喔		uo ㄨㄛ窝	
e	ㄜ鹅	ie ㄧㄝ耶		üe ㄩㄝ约
ai	ㄞ哀		uai ㄨㄞ歪	
ei	ㄟ欸		uei ㄨㄟ威	
ao	ㄠ熬	iao ㄧㄠ腰		
ou	ㄡ欧	iou ㄧㄡ忧		
an	ㄢ安	ian ㄧㄢ烟	uan ㄨㄢ弯	üan ㄩㄢ冤
en	ㄣ恩	in ㄧㄣ因	uen ㄨㄣ温	ün ㄩㄣ晕
ang	ㄤ昂	iang ㄧㄤ央	uang ㄨㄤ汪	
eng	ㄥ亨的韵母	ing ㄧㄥ英	ueng ㄨㄥ翁	
ong	(ㄨㄥ)轰的韵母	iong ㄩㄥ雍		

(1)「知」「蚩」「诗」「日」「资」「雌」「思」 등의 운모는 i를 씀. 즉 이들의 음은 zhi, chi, shi, ri, zi, ci, si 등으로 병음(拼音)함.

(2) 운모 儿은 er로 표기하며, 운미(韵尾)로 쓰일때는 r로 표기함. 예를 들면, 「儿童」은 ertong, 「花儿」은 huar로 병음함.

(3) 운모 ㄝ가 단독으로 쓰일 때는 ê로 표기함.

(4) i행(行)의 운모는 앞에 성모(声母)가 없을 때는 yi(衣), ya(呀), ye(耶), yao(腰), you(忧), yan(烟), yin(因), yang(央), ying(英), yong(雍) 등으로 표기함.

u행의 운모는 앞에 성모가 없을 때는 wu(乌), wa(蛙), wo(窝), wai(歪), wei(威), wan(弯), wen(温), wang(汪), weng(翁) 등으로 표기함.

ü행의 운모는 앞에 성모가 없을 때는 yu(迂), yue(约), yuan(冤), yun(晕) 등으로 표기하여 ü위의 「¨」를 생략함.

ü행의 운모가 성모 j, q, x와 함께 병음될 때는 ju(居), qu(区), xu(虚) 등으로 표기하여 ü위의 「¨」를 생략함. 그러나, 성모 n, l과 함께 병음될 때는 생략하지 않고 nü(女), lü(吕)로 표기함.

(5) iou, uei, uen 앞에 성모가 첨가될 때는 iu, ui, un으로 표기함. 예를 들면, niu(牛), gui(归), lun(论) 따위.

(6) 발음을 표시할 때, ng는 ŋ로 표기하기도 함.

四. 声调符号

| ¯ : 阴平 | ´ : 阳平 | ˇ : 上声 | ` : 去声 |

성조부호는 음절의 주요 모음 위에 표시하며, 경성은 표시하지 않음. 예를 들면:

妈mā	麻má	马mǎ	骂mà	吗ma
(阴平)	(阳平)	(上声)	(去声)	(轻声)

五. 隔音符号

a, o, e로 시작하는 음절이 다른 음절 뒤에 이어져, 음절 구분이 혼동되기 쉬운 곳에는 격음 부호(')로 한계를 명확히 함. 예를 들면 pí'ǎo(皮袄), míng'é(名额) 따위.

1

(2) 〈普通话异读词审音表〉에 의한 修正音一覧

중국「国家语言文字工作委员会」에서 1985년 12월 수정 공포한 〈普通话异读词审音表〉에 의한 수정음은 다음과 같음.

보기: 1. ⇒:구음(舊音)이 전부 수정음으로 바뀐 경우를 표시함.
2. →:구음 중 일부 음이 수정음으로 바뀐 경우를 표시함.
3. ⊗:문어음(文語音), ⓪:구어음(口語音)을 나타냄.

漢字	舊音	修正音	該當語·例語	備考
呆	ǎi	⇒ dāi	呆板 áibǎn→dāibǎn	
秘	mì	→ mì	便秘 biànbì→biànmì	「秘魯」는 Bìlǔ
魄	bó	⇒ pò	落魄 luòbó→luòpò	「落泊」는 luòbó, 「落拓」는 luòtuò
橙	chén	⇒ chéng	橙子 chén·zi→chéng·zi	
臭	chòu	→ xiù	乳臭 rǔchòu→rǔxiù	「香臭」는 xiāngchòu
闯	chuǎng	⇒ chuǎng	闯荡 chuǎngdàng→chuǎngdàng	
从	cōng	⇒ cóng	从容 cōngróng→cóngróng	
幅	fú	⇒ fú	幅儿 fúr→fúr	
葛	gé	→ gě	诸葛 Zhūgé→Zhūgě	성(姓)에서는 모두 Gě
骨	gǔ	→ gǔ	骨头 gǔ·tou→gǔ·tou	「骨朵」는 gū·duo, 「骨碌」는 gū·lu
迹	jī	⇒ jì	踪迹 zōngjī→zōngjì	
绩	jī	⇒ jì	成绩 chéngjī→chéngjì	
汲	jī	⇒ jí	汲取 jīqǔ→jíqǔ	
脊	jī	⇒ jǐ	脊梁 jī·liang→jǐ·liang	
嗟	jē	⇒ jiē	嗟叹 jētàn→jiētàn	
蓝	lán	→ lan	苤蓝 piě·la→piě·lan	
擂	lèi	→ léi	擂鼓 lèigǔ→léigǔ	「擂台」「打擂」에서는 lèi
潦	liǎo	⇒ liǎo	潦草 liǎocǎo→liǎocǎo	
拎	līng	→ līn		
嬷	mā	⇒mō	嬷嬷 mā·ma→mó·mo	
牤	māng	⇒ māng		māng은 속음(俗音)
眯	mī	mí		「눈에 티가 들어가다」는 뜻일 때는 mī를 mí로 수정
盟	míng	⇒ méng	盟誓 míngshì→méngshì	
澎	pēng	⇒ pēng	澎湃 pēngpài→pēngpài	
曝	pù	→ bào	曝光 pùguāng→bàoguāng	「一曝十寒」에서는 pù
槭	qī	⇒ qì	槭树 qīshù→qìshù	
荨	qián	⇒ ⊗ qián	荨麻 ⊗ qiánmá	
	·la	⓪ xún	荨麻 ⓪ xúnmá	
绕	rǎo	⇒ rào	缭绕 chánrǎo→chánrào	
霰	sǎn	⇒ xiàn	榴霰弹 liúsǎndàn→liúxiàndàn	
啥	shà	⇒ shá	为啥 wèishà→wèishá	
胜	shèng	⇒ shèng	胜任 shēngrèn→shèngrèn	
蜇	shì	⊗ shí / ⓪ zhē		
芒	wāng	⇒ máng	麦芒 màiwāng→màimáng	
往	wǎng	⇒ wǎng		전치사(介词)인 경우도 wǎng
萎	wēi	⇒ wěi		
唯	wěi	⇒ wéi	唯唯诺诺 wěiwěinuònuò→wéiwéinuònuò	
哮	xiāo	⇒ xiào	咆哮 páoxiāo→páoxiào	

부록

寻 xín	⇒ xún	寻思 xínsī→xúnsī	
驯 xún	⇒ xùn	驯服 xúnfú→xùnfú	
沿 yàn	⇒ yán	河沿 héyàn→héyán	
荫 yīn	⇒ yìn	荫蔽 yīnbì→yìnbì	「林荫道」「树荫」의 「荫」은 「阴」으로 씀
猹 zhā	⇒ chá		
帧 zhèng	⇒ zhēn	装帧 zhuāngzhèng →zhuāngzhēn	
指 zhī	⇒ zhǐ	指甲 zhī·jia→zhǐ·jia	
指 zhī	⇒ zhǐ	指头 zhí·tou→zhǐ·tou	
筑 zhú	⇒ zhù		
筑 zhú	⇒ zhù		
卓 zhuō	⇒ zhuó	卓见 zhuōjiàn→zhuójiàn	
作 zuō	⇒ zuò	自作自受 zì zuō zì shòu →zì zuò zì shòu	「作坊」에서는 zuō
凿 zuò	⇒ záo	穿凿 chuānzuò→chuānzáo	

(3) 상용 문장부호[标点符号] 용법표

명 칭		부호	용 법	용 례
중 국	한국			
句 号 jùhào	마침 표	。/.	하나의 문(句子)이 완결되었음을 나타냄.	一九九二年韩中两国已经建交了。
逗 号 dòuhào	쉼표	,	하나의 문 안에서의 휴지(休止)를 나타냄.	全世界各国人民的正义斗争，都是互相支持的。
顿 号 dùnhào	작은 쉼표	、	병렬된 낱말(词)이나 구(词组) 사이의 휴지를 나타냄.	能源是发展农业，工业，国防，科学技术的重要物质基础。
分 号 fēnhào	쌍반 전	;	병렬된 문과 문 사이의 휴지를 나다냄.	不批判唯心论，就不能发展唯物论；不批判形而上学，就不能发展唯物辩证法。
冒 号 màohào	쌍점	:	앞 뒤의 문이 나타내는 의미가 서로 같거나 앞 문이 뒤의 문을 이끌어낼 때 쓰임. 편지나 원고등의 사람 칭호 뒤에 쓰임.	民主主义，有两大网目：一是平均地权，一是节制资本。俗语说：一年之计在於春，一日之计在於晨。小平仁兄：来信收到了。
问 号 wènhào	물음 표	?	의문문임을 나타냄.	这句话的意思你明白了吗？

3

感情号 gǎnqínghào (感叹号, 惊叹号)	느낌 표	!	강렬한 정서·희 망·명령·질책·절 규등을 나타냄.	说来说去，原来你还没听懂 啊! 朋友! 仔细想想吧!
双引号 shuāngyǐnhào	따옴 표	" "	인용문을 표시하 며, 가로쓰기에는 " " ' '를 쓰고, 세로쓰기에는 『 』 와 「 」를 씀. 인용어 속에 또 다 른 인용어가 있을 때는 " "나 『 』를 먼저 쓰고 ' '와 「 」를 속에 씀.	他一再说:"大家应该牢记 '有请为成功之本' 这句话"。 「咖啡」跟「沙发」一样， 都是 「外来语」。
	겹낫 표	『 』		
单引号 dānyǐnhào	작은 따옴 표	' '		
	낫표	「 」	특별히 들어내 보 이거나 책이름표 대신에 이 기호를 쓰기도 함.	
小〔圆〕括号 xiǎo〔yuán〕 kuòhào	소괄 호	( )	주석이나 간단한 설명을 보낼때 적당한 크기의 괄 호를 골라 씀.	大海中的海水温差蕴含着 巨大的能量(约有四十万亿 千瓦)，可以用来发电。
中〔方〕括号 zhōng〔fāng〕 kuòhào	중괄 호	〔 〕		
大〔花〕括号 dà〔huā〕kuò hào	대괄 호	{ }		
双括号 shuāngkuò hào	쌍괄 호	(( ))		
省略号 shěnglüèhào	줄임 표	……	말이 생략되었거 나 다하지 않은 말이 있음을 나타 냄. 6개점으로 두 글자의 길이와 같 음.	这个工厂现在可以生产车床， 电机,电线……上百种产品。
破折号 pòzhéhào	말바 꿈표	—	말의 내용이 바뀌 었거나 뜻이 점차 적으로 확대되어 갈때 표시함. 괄호대신에 쓰이 기도 하고 따옴표 대신에 쓰이기도 함. 두 글자의 길 이 만큼 길게 그 음.	全队同志捧着铁人老队长留 给他们的无价宝——《矛盾 论》和《实践论》读了起来。 团结——批评和自我批评— —团结。

连接号 liánjiēhào	붙임 표	—	시간·장소·숫자등 의 앞에 쓰이거 나, 서로 관련된 사람이나 사물을 표시함. 한글자의 길이 만큼 그음.	抗日战争时期(1937年— 1945年), "北京—上海" 直 达快车.今晚球赛:北京队— 广东队.
双书名号 shuāng shūmínghào	《 》	책이 름표	서적·문서·신문· 저작물·문장 등의 이름에 쓰이며 이 러한 문헌 속에 다시 서명을 인용 하거나 그속에 있 는 편명을 나타낼 때는 《 》를 먼저 쓰고 속에 〈 〉를 씀.	《毛泽东选集》《人民日报》 《学习〈为人民服务〉》
单书名号 dānshūm ínghào	〈 〉			
间隔号 jiāngéhào	가운 데점	·	월(月)과 날짜 사 이에 쓰임. 음역 된 외국인명의 이 름과 성 사이에 씀.	"五·四"运动 诺尔曼·白求恩
着重号 zhuó zhònghào	힘줌 표	·	특별히 강조할 부 분의 글자 아래 쓰임.	党不仅要向前迈进, 而且要 带领千百万群众.

(4) 간지표(干支表)

天干	發音	地支	發音	動物	時刻
甲	jiǎ	子	zǐ	鼠(shǔ)	1~l a.m.
乙	yǐ	丑	chǒu	牛(niú)	1~3
丙	bǐng	寅	yín	虎(hǔ)	3~5
丁	dīng	卯	mǎo	兔(tù)	5~7
戊	wù	辰	chén	龙(lóng)	7~9
己	jǐ	巳	sì	蛇(shé)	9~11
庚	gēng	午	wǔ	马(mǎ)	11~1 p.m.
辛	xīn	未	wèi	羊(yáng)	1~3
壬	rèn	申	shēn	猴(hóu)	3~5
癸	guǐ	酉	yǒu	鸡(jī)	5~7
		戌	xū	狗(gǒu)	7~9
		亥	hài	猪(zhū)	9~11

부록

(5) 24절기표(二十四節氣表)

季節	節氣名		陽 曆	季節	節氣名		陽 曆
春	立春	lìchūn	2月 3日~ 5日	秋	立秋	lìqiū	8月 7日~ 9日
	雨水	yǔshuǐ	2月18日~20日		处暑	chǔshǔ	8月22日~24日
	惊蛰	jīngzhé	3月 5日~ 7日		白露	báilù	9月 7日~ 9日
	春分	chūnfēn	3月20日~22日		秋分	qiūfēn	9月22日~24日
	清明	qīngmíng	4月 4日~ 6日		寒露	hánlù	10月 8日~ 9日
	谷雨	gǔyǔ	4月19日~21日		霜降	shuāngjiàng	10月23日~24日
夏	立夏	lìxià	5月 5日~ 7日	冬	立冬	lìdōng	11月 7日~ 8日
	小满	xiǎomǎn	5月20日~22日		小雪	xiǎoxuě	11月22日~23日
	芒种	mángzhòng	6月 5日~ 7日		大雪	dàxuě	12月 6日~ 8日
	夏至	xiàzhì	6月21日~22日		冬冬至	dōngzhì	12月21日~23日
	小暑	xiǎoshǔ	7月 6日~ 8日		小寒	xiǎohán	1月 5日~ 7日
	大暑	dàshǔ	7月22日~24日		大寒	dàhán	1月20日~21日

(6) 省·自治區·直轄市 약칭표

名称	簡稱·別稱	所在地
北京市	京 Jīng	北京 Běijīng
天津市	津 Jīn	天津 Tiānjīn
河北省	冀 Jì	石家庄 Shíjiāzhuāng
山西省	晋 Jìn	太原 Tàiyuán
内蒙古自治区	内蒙古 Nèiménggǔ	呼和浩特 Hūhéhàotè
辽宁省	辽 Liáo	沈阳 Shěnyáng
吉林省	吉 Jí	长春 Chángchūn
黑龙江省	黑 Hēi	哈尔滨 Hā'ěrbīn
上海市	沪 Hù	上海 Shànghǎi
江苏省	苏 Sū	南京 Nánjīng
浙江省	浙 Zhè	杭州 Hángzhōu
安徽省	皖 Wǎn	合肥 Héféi
福建省	闽 Mǐn	福州 Fúzhōu
江西省	赣 Gàn	南昌 Nánchāng
山东省	鲁 Lǔ	济南 Jǐnán

河南省	豫 Yù	郑州 Zhèngzhōu
湖北省	鄂 È	武汉 Wǔhàn
湖南省	湘 Xiāng	长沙 Chángshā
广东省	粤 Yuè	广州 Guǎngzhōu
广西壮族自治区	桂 Guì	南宁 Nánníng
海南省	琼 Qióng	海口 Hǎikǒu
四川省	川 Chuān 蜀 Shǔ	成都 Chéngdū
贵州省	贵 Guì 黔 Qián	贵阳 Guìyáng
云南省	云 Yún 滇 Diān	昆明 Kūnmíng
西藏自治区	藏 Zàng	拉萨 Lāsà
陕西省	陕 Shǎn 秦 Qín	西安 Xī'ān
甘肃省	甘 Gān 陇 Lǒng	兰州 Lánzhōu
青海省	青 Qīng	西宁 Xīníng
宁夏回族自治区	宁 Níng	银川 Yínchuān
新疆维吾尔自治区	新 Xīn	乌鲁木齐 Wūlǔmùqí
台湾省	台 Tái	台北 Táiběi

(7) 친족 칭호표

一. 父 系

우리말 호칭	성별·명칭	호 칭
할아버지, 조부	남·祖父	爷爷 yé·ye
할머니, 조모	여·祖母	奶奶 nǎi·nai
아버지, 부친	남·父亲	爸爸 bà·ba, 爹 diē
어머니, 모친	여·母亲	妈妈 mā·ma, 娘 niáng
형	남·兄	哥哥 gē·ge
형수	여·嫂	嫂子 sǎo·zi, 嫂嫂 sǎo·sao
누나	여·姐	姐姐 jiě·jie
자형	남·姐夫	姐夫 jiě·fu
남동생	남·弟	弟弟 dì·di
제수, 계수	여·弟妹,弟媳妇	弟妹
여동생	여·妹妹	妹妹 mèi·mei
매부, 매형	남·妹夫	妹夫 mèi·fu
아들	남·儿子	
며느리, 자부(子婦)	여·儿媳妇儿, ·媳妇儿	

6

우리말 호칭	성별·명칭	호칭
딸	여·女儿	
사위	남·女婿, 姑爷	
큰아버지, 백부	남·伯父	伯伯bó·bo, 大爷dà·ye
큰어머니, 백모	여·伯母	大娘dà·niang, 大妈dàmā
작은아버지, 숙부	남·叔父	叔叔shū·shu
작은어머니, 숙모	여·叔母	婶婶shěn·shen, 婶娘shěnniáng, 婶子shěn·zi, 婶儿shěnr
고모	여·姑母	姑姑gū·gu, 姑妈gūmā
고모부	남·姑父	姑父gū·fu
사촌형, 종형(從兄)	남·堂兄, 叔伯哥哥	哥哥gē·ge
사촌형수, 종형수(從兄嫂)	여·堂嫂	嫂嫂sǎo·sao, 嫂子sǎo·zi
사촌누나, 종자(從姉)	여·堂姉	姐姐jiě·jie
사촌자형	남·堂姐夫	姐夫jiě·fu
사촌남동생, 종제(從弟)	남·堂弟, 叔伯兄弟	弟弟dì·di
사촌제수, 종제수(從弟嫂)	여·堂弟妹	弟妹dìmèi
사촌여동생, 종매(從妹)	여·堂妹	妹妹mèi·mei
사촌매부	남·堂妹夫	妹夫mèi·fu
고종형, 내종형(內從兄)	남·姑表兄	表哥biǎogē
고종형수, 내종형수	여·姑表嫂	表嫂biǎosǎo
고종자, 내종자(內從姉)	여·姑表姐	表姐biǎojiě
고종자형	남·姑表姐夫	表姐夫biǎojiě·fu
고종제, 내종제(內從弟)	남·姑表弟	表弟biǎodì
고종제수, 내종제수	여·姑表弟妹	表弟妹biǎodìmèi
고종매, 내종매(內從妹)	여·姑表妹	表妹biǎomèi
고종매부	남·姑表妹夫	表妹夫biǎomèi·fu
조카, 종자(從子)	남·侄儿, 侄子	
조카며느리, 질부(姪婦)	여·侄媳妇儿	
조카딸, 질녀(姪女)	여·侄女	
조카사위, 질서(姪壻)	남·侄女婿	
생질(甥姪)	남·外甥	
생질부(甥姪婦)	여·外甥媳妇儿	
생질녀(甥姪女)	여·外甥女儿	
생질서(甥姪壻)	남·外甥女婿	
손자	남·孙子	
손자며느리, 손부(孫婦)	여·孙媳妇儿	
손녀	여·孙女儿	
손녀사위, 손서(孫壻)	남·孙女婿	
외손자	남·外孙子	
외손부(外孫婦)	여·外孙媳妇儿	
외손녀	여·外孙女	
외손서(外孫壻)	남·外孙女婿	

二. 母 系

우리말 호칭	성별·명칭	호칭
외할아버지, 외조부	남·外祖父	外公wàigōng, 老爷lǎo·ye
외할머니, 외조모	여·外祖母	外婆wàipó, 姥姥lǎo·lao
외삼촌, 외숙부	남·舅父	舅舅jiù·jiu
외숙모	여·舅母	舅母jiù·mu, 舅妈jiùmā
이모	여·姨母	姨妈yímā, 姨yí
이모부	남·姨夫	姨夫yí·fu
외사촌형, 외종형(外從兄)	남·舅表兄	表哥biǎo·ge
외사촌형수,외종형수(外從兄嫂)	여·舅表嫂	表嫂biǎosǎo
외사촌누나, 외종자(外從妹)	여·舅表姐	表姐biǎojiě
외사촌자형	남·舅表姐夫	表姐夫biǎojiě·fu
외사촌남동생, 외종제(外從弟)	남·舅表弟	表弟biǎodì

부록

외사촌자형	남·舅表姐夫	表姐夫biǎojiě·fu
외사촌남동생, 외종제(外從弟)	남·舅表弟	表弟biǎodì
외사촌제수, 외종제수(外從弟嫂)	여·舅表弟妹	表弟妹biǎodìmèi
외사촌여동생, 외종매(外從妹)	여·舅表妹	表妹biǎomèi
외사촌매부	남·舅表妹夫	表妹夫biǎomèi·fu
이종사촌형	남·姨表兄	表哥biǎo·ge
이종사촌형수	여·姨表嫂	表嫂biǎosǎo
이종사촌누나	여·姨表姐	表姐biǎojiě
이종사촌자형	남·姨表姐夫	表姐夫biǎojiě·fu
이종사촌남동생	남·姨表弟	表弟biǎodì
이종사촌제수	여·姨表弟妹	表弟妹biǎodìmèi
이종사촌여동생	여·姨表妹	表妹biǎomèi
이종사촌매부	남·姨表妹夫	表妹夫biǎomèi·fu

三. 夫婦系		
(一) 夫　系		
우리말 호칭	성별·명칭	호칭
시아버지, 시부(媤父)	남·公公	爸爸bà·ba, 爹diē
시어머니, (媤母)	여·婆婆	妈妈mā·ma, 娘niáng
시아주버니	남·大伯	哥哥gē·ge
시누이(손위)	여·大姑子	姐姐jiě·jie
남편	남·丈夫, 爱人	我wǒ, 你nǐ, 他tā,
시동생	남·小叔子	弟弟dì·di
시누이(손아래)	여·小姑子	妹妹mèi·mei
(二) 妻　系		
우리말 호칭	성별·명칭	호칭
장인	남·岳父	爸爸bà·ba, 爹diē
장모	여·岳母, 丈母娘	妈妈mā·ma, 娘niáng
처형(손위)	남·内兄, 大舅子	哥哥gē·ge
손위 처남댁	여·内嫂	嫂嫂sǎo·sao, 嫂子sǎo·zi
처형	여·大姨子	姐姐jiě·jie
처자형	남·襟兄	姐夫jiě·fu
처, 부인	여·妻子, 爱人	我wǒ, 你nǐ, 他tā, 媳妇儿xífùr
처남(손아래)	남·内弟,小舅子	弟弟dì·di
손아래 처남댁	여·内弟妹	弟妹dìmèi
처제	여·小姨子	妹妹mèi·mei
처매부	남·襟弟	妹夫mèi·fu
처조카, 처질(妻姪)	남·内侄	
처조카딸, 처질녀(妻姪女)	여·内侄女儿	
(三) 기　타		
우리말 호칭	성별·명칭	호칭
바깥사돈	남·亲家	亲家qīn·jia
안사돈	여·亲家母	亲家qīn·jia
수양아버지	남·干爹, 干爸	干爹gāndiē, 干爸gānbà
수양어머니	여·干妈, 干娘	干妈gānmā, 干娘gānniáng
수양아들	남·干儿	
수양딸	여·干女儿	
의붓아버지	남·继父	继父jìfù
의붓어머니	여·继母, 后妈	继母jìmǔ, 后妈hòumā
의붓아들	남·义子	
의붓딸	여·义女	

(8) 中國 歷史 年代表

朝代			创建者	国都
夏(BC21—16C)			启	安邑(山西夏县西北)
商(BC26—11C)			汤	亳bó(河南商丘) 殷(河南安阳)
周 (BC11C —BC256)	西周(BC11C—BC771)		姬发(武王)	镐京(西安西南)
	东周 (BC770 —BC256)	春秋(BC770-BC476)	姬宜臼jiù(平王)	洛邑(洛阳)
		战国(BC475-BC221)		
秦(BC221-BC206)			嬴yíng政(始皇)	咸阳(陕西咸阳东北)
汉(BC202 —AD200)	西汉(BC202-AD25)		刘邦(高祖)	长安(西安)
	东汉(AD25-220)		刘秀(光武帝)	洛阳
三国 (220-280)	魏(220-265)		曹丕pī(文帝)	洛阳
	蜀(221-263)		刘备(昭烈帝)	成都
	吴(222-280)		孙权(大帝)	建业(南京)
晋 (265-420) 十六国 (304-439)	西晋(265-316)		司马炎(武帝)	洛阳;长安(西安)
	东晋(317-420)		司马睿ruì(元帝)	建康(南京)
	汉;前赵(304-329)		刘渊;刘曜yào	左国城(山西离石北) 长安(西安)
	成汉(306-347)		李雄(太宗武帝)	成都
	前凉(317-376)		张轨;张寔(昭公)	姑臧(甘肃武威)
	后赵(319-351)		石勒(高祖明帝)	襄国(河北邢台); 邺yè(河南安阳北)
	前燕(337-370)		慕容皝(太祖文明帝)	邺yè(河南安阳北)
	前秦(351-394)		苻坚(高祖景明帝)	长安(西安)
	后燕(384-409)		慕容垂(世祖成武帝)	中山(河北定县)
	后秦(384-417)		姚苌(太祖昭武帝)	长安(西安)
	西秦(385-431)		乞伏国仁(烈祖宣烈王)	苑川(甘肃榆中东北)
	后凉(386-403)		吕光(太祖懿yì武帝)	姑臧(甘肃武威)
	南凉(397-414)		秃发乌孤(烈祖武王)	乐都(在清海)
	南燕(398-410)		慕容德(世家献武帝)	广固(山东益都)
	西凉(400-421)		李暠(太祖武昭王)	酒泉(在甘肃)
	北凉(401-439)		沮渠蒙逊(太祖武宣王)	张掖yè(在甘肃)
南北朝 (386-589)	南朝 (420-589)	夏(407-431)	赫连勃勃(世祖武烈帝)	统万城(内蒙古乌审旗南白城子)
		北燕(409-436)	冯跋(太祖文成帝)	龙城(辽宁朝阳)
		宋(420-479)	刘裕(武帝)	建康(南京)
		齐(479-502)	萧道成(高帝)	建康(南京)
		梁(502-557)	萧衍(武帝)	建康(南京)
		陈(557-589)	陈霸先(武帝)	建康(南京)
	北朝 (386-581)	北魏(386-534)	拓跋珪(道武帝)	平城(大同);洛阳
		东魏(534-550)	垣yuán善见(孝静帝)	邺(河南安阳北)
		北齐(550-577)	高羊(宣帝)	邺(河南安阳北)
		西魏(535-557)	垣宝炬(文帝)	长安(西安)
		北周(557-581)	宇文觉(孝闵帝)	长安(西安)

早見

隋(581-618)			杨坚(文帝)	长安(西安)
唐(618-907)			李渊(高祖)	长安(西安)
五代十国 (902-979)	五代 (907-960)	后梁(907-923)	朱温(太祖朱晃)	开封
		后唐(923-937)	李存勖xù(庄宗)	洛阳
		后晋(936-947)	石敬瑭(高祖)	开封
		后汉(947-951)	萧衍(武帝)	开封
		后周(951-960)	郭威(太祖)	开封
	十国 (902-979)	吴(902-937)	杨行密(太祖)	广陵(扬州)
		前蜀(907-925)	王建(高祖)	成都
		吴越(907-978)	钳镠Qián Liú(吴越王)	杭州
		闽(909-945)	王审知(太祖)	福州
		南汉(917-971)	刘龑yǎn(高祖)	番禺
		南平(荆南)(924-963)	高季兴(武信王)	荆州(湖北江陵)
		楚(927-951)	马殷(武穆王)	潭州(长沙)
		后蜀(934-965)	孟知祥(高祖)	成都
		南唐(937-965)	李升(南唐前主)	金陵(南京)
		北汉(951-979)	刘崇(世祖)	晋阳(太原南)
宋 (960-1279)	北宋(960-1127)		赵匡胤yìn(太祖)	东京(开封)
	南宋(1127—1279)		赵构(高宗)	临安(杭州)
辽(947-1125)			耶律阿保机(太祖) 耶律德光(太宗)	上京(先蒙古巴林石旗)
西夏(1038-1227)			李元昊(景帝)	兴庆府(宁夏银川)
金(1115-1234)			完颜阿骨打(太祖)	中都(北京)
元(1271-1368)			孛儿只斤·成吉思汗(太祖) 孛儿只斤·忽必烈(世祖)	大都(北京)
明(1386-1644)			朱元璋(太祖)	应天(南京);北京
清(1636-1911)			爱新觉罗·努尔哈赤(太祖) 爱新觉罗·皇太极(太宗) 爱新觉罗·福临(世祖)	京师(北京)
中华民国(1912-1949)			孙中山	南京;北京;南京;重庆;南京
中华人民共和国(1949--)			毛泽东	北京

(9) 중국의 중요 성씨(姓氏)

획 수	한자	발 음	한국음	획 수	한자	발 음	한국음
二画	卜	Bǔ	복	七画	曲	Qū	곡
	丁	Dīng	정		巩	Gǒng	공
	刁	Diāo	조		关	Guān	관
三画	弓	Gōng	궁		匡	Kuāng	광
	马	Mǎ	마		乔	Qiáo	교
	上官	Shàngguān	상관		纪	Jǐ	기
	千	Qiān	천		祁	Qí	기
四画	孔	Kǒng	공		吉	Jí	길
	公孙	Gōngsūn	공손		那	Nà	나
	仇	Qiú	구		年	Nián	년
	区	Ōu	구		农	Nóng	농
	邓	Dèng	등		达	Dá	달
	毛	Máo	모		米	Mǐ	미
	文	Wén	문		朴	Piáo	박
	方	Fāng	방		师	Shī	사
	卞	Biàn	변		成	Chéng	성
	水	Shuǐ	수		孙	Sūn	손
	王	Wáng	왕		安	Ān	안
	尤	Yóu	우		吕	Lǚ	여
	牛	Niú	우		延	Yán	연
	韦	Wéi	위		邬	Wū	오
	尹	Yǐn	윤		伍	Wǔ	오
	仉	Zhǎng	장		阮	Ruǎn	원
	从	Cóng	종		刘	Liú	유
	车	Chē	차		戎	Róng	융
	贝	Bèi	패		阴	Yīn	음
	丰	Fēng	풍		伊	Yī	이
五画	甘	Gān	감		任	Rén	임
	古	Gǔ	고		全	Quán	전
	邝	Kuàng	광		齐	Qí	제
	乐	Lè	낙		朱	Zhū	주
	卢	Lú	노		仲	Zhòng	중
	白	Bái	백		池	Chí	지
	边	Biān	변		汤	Tāng	탕
	史	Shǐ	사		毕	Bì	필
	司	Sī	사		向	Xiàng	향
	司马	Sīmǎ	사마		许	Xǔ	허
	司徒	Sītú	사도		邢	Xíng	형
	石	Shí	석		华	Huà	화
	帅	Shuài	수		谷	Gǔ	곡
	申	Shēn	신		贡	Gòng	공
	乐	Yuè	악		邱	Qiū	구
	艾	Ǎi	애		来	Lái	내
	厉	Lì	여		冷	Lěng	냉
	冉	Rǎn	염		劳	Láo	노
	叶	Yè	엽		佟	Tóng	동
	甯	Níng	영		杜	Dù	두
	龙	Lóng	용		麦	Mài	맥
	印	Yìn	인		巫	Wū	무
	田	Tián	전		闵	Mǐn	민
	左	Zuǒ	좌		佘	Shé	사
	包	Bāo	포		沙	Shā	사
	冯	Féng	풍		邵	Shào	소
	皮	Pí	피		苏	Sū	소
	弘	Hóng	홍		萧	Xiāo	소
六画	江	Jiāng	강		宋	Sòng	송

획 수	한자	발 음	한국음
八画	时	Shí	시
	辛	Xīn	신
	沈	Shěn	심
	杨	Yáng	양
	严	Yán	엄
	余	Yú	여
	连	Lián	연
	芮	Ruì	예
	吴	Wú	오
	沃	Wò	옥
	陆	Lù	육
	汪	Wāng	왕
	应	Yīng	응
	李	Lǐ	이
	岑	Cén	잠
	张	Zhāng	장
	狄	Dí	적
	迟	Chí	지
	陈	Chén	진
	邹	Zōu	추
	邰	Tái	태
	何	Hé	하
	轩辕	Xuānyuán	헌원
	花	Huā	화
	居	Jū	거
	经	Jīng	경
	季	Jǐ	계
	欧	Ōu	구
	欧阳	Ōuyáng	구양
	国	Guó	국
	屈	Qū	굴
	金	Jīn	김
	罗	Luó	나
	郎	Láng	낭
	孟	Mèng	맹
	茅	Máo	모
	苗	Miáo	묘
	武	Wǔ	무
	宓	Mì	밀
	房	Fáng	방
	庞	Páng	방
	范	Fàn	범
	法	Fǎ	법
	尚	Shàng	상
	单	Shàn	선
	冼	Xiǎn	선
	岳	Yuè	악
	郁	Yù	이
	易	Yì	이
	林	Lín	임
	郑	Zhèng	정
	宗	Zōng	종
	周	Zhōu	주
	竺	Zhú	축
	卓	Zhuō	탁
九画	杭	Háng	항
	柯	Kē	가
	姜	Jiāng	강

획 수	한자	발 음	한국음
十画	宫	Gōng	궁
	骆	Luò	낙
	娄	Lóu	누
	段	Duàn	단
	闻	Wén	문
	栢	Bǎi	백
	封	Fēng	봉
	费	Fèi	비
	查	Zhā	사
	胥	Xū	서
	宣	Xuān	선
	荀	Xún	순
	施	Shī	시
	荣	Róng	영
	饶	Ráo	요
	姚	Yáo	요
	禹	Yǔ	우
	柳	Liǔ	유
	俞	Yú	유
	赵	Zhào	조
	祖	Zǔ	조
	种	Chóng	종
	钟	Zhōng	종
	祝	Zhù	축
	郗	Xī	치
	贺	Hè	하
	郝	Hǎo	학
	项	Xiàng	항
	革	Gé	혁
	荆	Jīng	형
	胡	Hú	호
	洪	Hóng	홍
	宦	Huàn	환
	侯	Hóu	후
	贾	Jiǎ	가
	耿	Gěng	경
	顾	Gù	고
	高	Gāo	고
	郭	Guō	곽
	栾	Luán	난
	凌	Líng	능
	谈	Tán	담
	党	Dǎng	당
	唐	Táng	당
	陶	Táo	도
	莫	Mò	막
	班	Bān	반
	秘	Mì	비
	桑	Sāng	상
	徐	Xú	서
	席	Xí	석
	聂	Niè	섭
	柴	Chái	시
	晏	Yàn	안
	倪	Ní	예
	敖	Áo	오
	翁	Wēng	옹
	容	Róng	용

획수	한자	발음	한국음
十一画	原	Yuán	원
	袁	Yuán	원
	殷	Yīn	은
	钱	Qián	전
	诸	Zhū	제
	诸葛	Zhūgé	제갈
	晁	Cháo	조
	晋	Jìn	진
	秦	Qín	진
	铁	Tiě	철
	浦	Pǔ	포
	夏	Xià	하
	海	Hǎi	해
	奚	Xī	해
	姬	Jī	희
	康	Kāng	강
	龚	Gōng	공
	寇	Kòu	구
	鹿	Lù	녹
	屠	Tú	도
	麻	Má	마
	梅	Méi	매
	盘	Pán	반
	符	Fú	부
	萨	Sà	살
	常	Cháng	상
	盛	Shèng	성
	续	Xù	속
	梁	Liáng	양
	阎	Yán	염
	隗	Wěi	외
	隗	Kuí	외
	尉	Wèi	위
	隆	Lóng	융
	章	Zhāng	장
	曹	Cáo	조
	戚	Qī	척
	崔	Cuī	최
十二画	扈	Hù	호
	黄	Huáng	황
	葛	Gě	갈
	景	Jǐng	경
	鲁	Lǔ	노
	琴	Qín	금
	覃	Tán	담
	董	Dǒng	동
	童	Tóng	동
	傅	Fù	부
	富	Fù	부
	谢	Xiè	사
	舒	Shū	서
	粟	Sù	속
	温	Wēn	온
	越	Yuè	월
	游	Yóu	유
	将	Jiāng	장

획수	한자	발음	한국음
十三画	储	Chǔ	저
	程	Chéng	정
	曾	Zēng	증
	递	Dì	체
	焦	Jiāo	초
	彭	Péng	팽
	韩	Hán	한
	嵇	Jī	혜
	蒯	Kuǎi	괴
	裘	Qiú	구
	靳	Jìn	근
	蓝	Lán	남
	路	Lù	노
	赖	Lài	뇌
	雷	Léi	뇌
	窦	Dòu	두
	腾	Téng	등
	蒙	Méng	몽
	筱	Xiǎo	소
	廉	Lián	염
	雍	Yōng	옹
	虞	Yú	우
	褚	Chǔ	저
	甄	Zhēn	진
十四画	詹	Zhān	첨
	楚	Chǔ	초
	鲍	Bào	포
	蒲	Pú	포
	解	Xiè	해
	管	Guǎn	관
	谭	Tán	담
	缪	Miào	무
	裴	Péi	배
	廖	Liào	요
	熊	Xióng	웅
	蔺	Lìn	인
	臧	Zāng	장
	翟	Zhá	적
	蔡	Cài	채
十五画	稽	Jī	계
	滕	Téng	등
	潘	Pān	반
	樊	Fán	번
	颜	Yán	안
	黎	Lí	여
十六画	冀	Jì	기
	霍	Huò	곽
	穆	Mù	목
	薄	Bó	박
	薛	Xuē	설
	燕	Yān	연
十七画	鞠	Jū	국
	戴	Dài	대
	糜	Mí	미
	魏	Wèi	위
十八画	瞿	Qú	구
	鄷	Fēng	풍

부록

⑽ 도량형(度量衡) 일람표

1. 公制(미터법)

길 이

微微米	埃	毫微米	微 米	忽 米	丝 米
마이크로미크롱	옹스트롬	밀리미크롱	미크론	센티밀리미터	데시밀리미터
$\mu\mu$	A	$m\mu$	μ	cmm	dmm
10^{-12}m	10^{-10}m	10^{-8}m	10^{-6}m	10^{-5}m	10^{-4}m

毫 米	厘 米	分 米	米	公 里	海 里[浬]
밀리미터	센티미터	데시미터	미터	킬로미터	해리
mm	cm	dm	m	km	n.m
10^{-3}m	10^{-2}m	10^{-1}m	1m	1,000m	1,852m

면 적

平方毫米	平方厘米	平方分米	平 方 米	平方十米[公亩]	平方百米[公顷]	平方公里
mm²	cm²	dm²	m²	a	ha	km²
10^{-6}㎡	10^{-4}㎡	0.01㎡	1㎡	100㎡	10^{5}㎡	10^{6}㎡

체 적

立 方 毫 米	立 方 厘 米	立 方 分 米	立 方 米
입방밀리미터	입방센티미터	입방데시미터	입방미터
mm³	cm³	dm³	m³
10^{-9}m³	10^{-6}m³	0.001m³	1m³

용 량

微升	毫升	厘升	分升	升	十升	百升	千升
마이크로리터	밀리리터	센티리터	데시리터	리터	데카리터	헥토리터	킬로리터
$\mu\ell$	$m\ell$	$c\ell$	$d\ell$	ℓ	$D\ell$	$h\ell$	$k\ell$
$10^{-6}\ell$	0.001ℓ	0.01ℓ	0.1ℓ	1ℓ	10ℓ	100ℓ	1000ℓ

중 량

微克	毫克	厘克	分克	克	十克	百克	公斤[千克]	公担	吨
마이크로그램	밀리그램	센티그램	데시그램	그램	데카그램	헥토그램	킬로그램	퀸틀	톤
μg	mg	cg	dg	g	Dg	hg	kg	q	t
10^{-9}kg	10^{-6}kg	10^{-5}kg	10^{-4}kg	0.001kg	0.01kg	0.1kg	1kg	100kg	1,000kg

2. 市 制

길 이

市 毫	市 厘	市 分	市 寸	市 尺	市 丈	市 引	市 里
	10市毫	10市厘	10市分	10市寸	10市尺	10市丈	150市丈
0.003333cm	0.03333cm	0.33333cm	3.3333cm	0.3333m	3.3333m	33.333m	0.500km

면 적

平方市寸	平方市尺	平方市丈	平方市里	市 分	市 亩	市 顷
	100平方市寸	100平方市尺	22,500平方市丈	6平方市丈	10市分	100市亩
11.11cm²	0.1111㎡	11.1111㎡	0.2500km²	66.6666㎡	6.6667a	6.6667ha

체 적

立 方 市 寸	立 方 市 尺	立 方 市 丈
1.000立方市分	1,000立方市寸	1,000立方市尺
37cm³	0.0370m³	37,0370m³

용 량

市 撮	市 勺	市 合	市 升	市 斗	市 石
	10市撮	10市勺	10市合	10市升	10市斗
0.001 ℓ	0.01 ℓ	0.1 ℓ	1 ℓ	10 ℓ	100 ℓ

중 량

市 丝	市 毫	市 厘	市 分	市 钱	市 两	市 斤	市 担
	10市丝	10市毫	10市厘	10市分	10市钱	10市两	100市斤
0.0005g	0.005g	0.05g	0.5g	5g	50g	0.5000kg	0.5000q

(11) 도량형(度量衡) 비교표

	公 制	市 (用) 制	舊營造庫平制	英 制(碼磅制)
長	1 公里(km)	2 市里	1.736 營造里	0.621 英里
	1 米 (m)	3 市尺	3.125 營造尺	3.281 英尺
	0.5 公里	1 市里	0.868 營造里	0.311 英里
	0.333 米	1 市尺	1.042 營造尺	1.094 英尺
	0.576 公里	1.152 市尺	1 營造里	0.358 英尺
	0.32 米	0.96 市尺	1 營造尺	1.050 英尺
度	1.609 公里	3.219 市里	2.794 營造里	1 英里(mile)
	0.305 米	0.915 市尺	0.953 營造尺	1 英尺(feet)
地	1 公頃(ha)	15 市亩	16.28 營造頃	2.471 英亩
	1 公亩(a)	0.15 市亩	0.163 營造頃	0.025 英亩
	6.667 公頃	1 市頃	1.085 營造亩	16.177 英亩
	6.667 公亩	1 市頃	1.085 營造亩	0.165 英亩
積	6.144 公亩	0.922 市亩	1 營造亩	0.152 英亩
	40.468 公亩	6.072 市亩	6.587 營造亩	1 英亩(acre)
容	1 升 (l)	1 市升	0.966 營造升	0.220 英加仑
	1 升(l)	1 市升	0.966 營造升	0.220 英加仑
量	1.036 升	1.036 市升	1 營造升	0.228 英加仑
	4.546 升	4.546 市升	4.390 營造升	1 加仑(gallon)
重	1 公斤(kg)	2 市斤	1.673 庫平斤	2.205 英磅
	0.5 公斤	1 市斤(10市两)	0.838 庫平斤	1.102 英磅
量	0.597 公斤	1.194 市斤	1 庫平斤(16两)	1.316 英磅
	0.454 公斤	0.907 市斤	0.760 庫平斤	1 英磅(pound)

약력

편저 강식진

    한국외국어대학교 중국어과 졸업
    대만(臺灣) 보인대학(輔仁大學) 중국문학 석사
    대만(臺灣) 사범대학(師範大學) 중국문학 박사
    현, 부산대학교 인문대학 중어중문학과 교수
    주요 저서 : 『老乞大朴通書研究』
              『진명 중한사전』
              『진명 한중사전』
              『뉴밀레니엄 중한사전』
              『7차 고등학교 중국어 교과서』

    이수진

    부산대학교 박사과정 수료
    동의대학 강사
    동서대학 강사

총괄 최은영

    東京 テザイナ- 學院 졸업
    현, (주)진명출판사 제작팀

진명 뉴밀레니엄 한중소사전

초판 발행   2005년 1월 31일(14,000권)

편저   강식진 · 이수진
총괄   최은영

발행   (주)진명출판사 김현철
등록   1994년 4월 4일 제10-959호
연락   서울 중구 태평로1가 84 SFC 21층 ⊕ 100-101
            TEL 구입문의 3782-4577 / 내용문의 3782-4572
            FAX 3782-4579
            E-MAIL seoul@jinmyong.com
            동경 TEL/FAX 3200-9353
            WEB SITE jinmyong.com

제작   유순복

용지   (주)페이퍼라인
            면지 – 미색 매직쉐도우지 150g/㎡ 3.8연
            본문 – 라이온코트지 50g/㎡ 506연
            케이스 – 아트지 150g/㎡ 3.8연
인쇄   면지 · 케이스 – (주)중앙P&L
            본문 – 신일기획문화(주)
라미네이팅   (주)중앙P&L
케이스   대흥지기
비닐표지   명문비니루
제책   명지문화

정가 32,000원

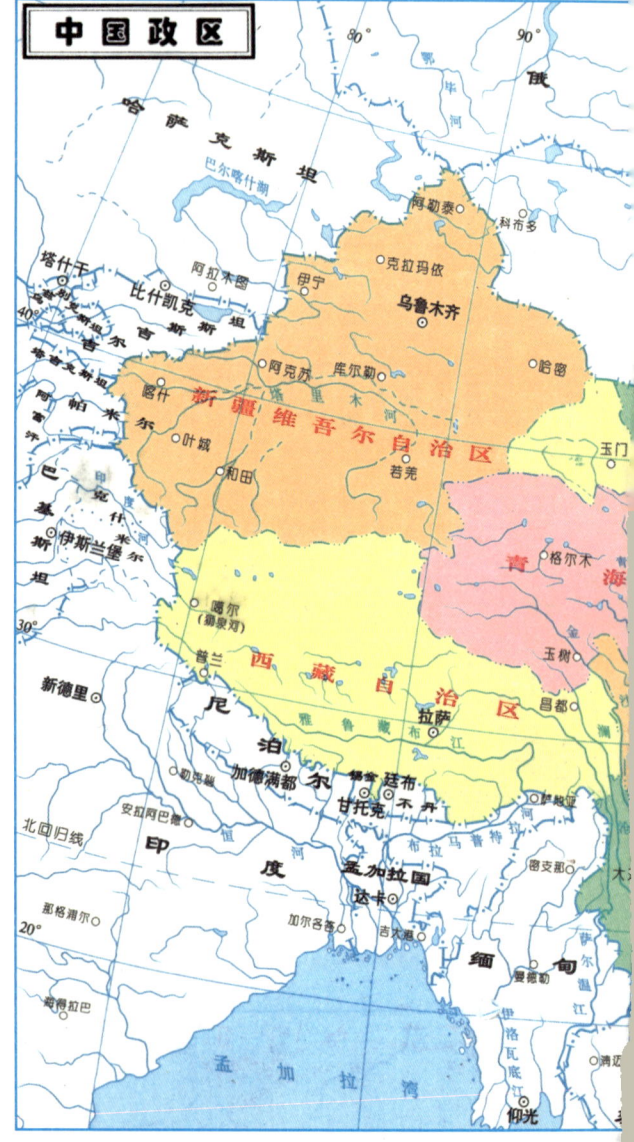